U0063125

中华大字典

（第 2 版）

学术顾问：曹先擢

主　　编：魏　励

商务印书馆国际有限公司

中国·北京

编纂、修订工作人员

第 1 版

学术顾问： 曹先擢

主　　编： 魏　励

撰 稿 人：（按汉语拼音为序）

暴国霞　曹　健　郭小武　黄佑源　康小梅
李　丽　李咸菊　刘　霞　刘振远　沈庶英
王逸鹤　王永平　魏　励　徐向东　叶　青
岳　琳　翟广臣　郑维琦　周济萍

技术支持： 马益新

第 2 版

修 订 者： 魏　励　张秋霞

目　录

序

早在2006年春季，魏励带着本书的选题策划方案（包括体例、样条）来征求意见。我认为该选题的基本构想切合图书市场的实际需要，就选题的体例及编写方法提出了一些具体想法。

本书的书名与中华书局1915年出版的《中华大字典》重名。一百年前出版的《中华大字典》收字头48000多个，是继清代《康熙字典》之后的一部力作，在汉语工具书的历史上占据重要地位，中华人民共和国成立以后多次重印。由于编纂时间较早，其内容已不适合今天的读者使用。魏励对原《中华大字典》有专门研究，撰写了《〈中华大字典〉述评》一文，呼吁并身体力行修订原《中华大字典》。说是修订，实际是脱胎换骨的改造，本书字头增加近万个，注音、释义等编写体例也与原书截然不同。

本书继承发扬《康熙字典》、原《中华大字典》的优良传统，学习《新华字典》《汉语大字典》的辞书编纂理念和方法，依据国务院2013年批准发布的《通用规范汉字表》，在收字、释义等方面下了不少功夫。

本书与《汉语大字典》（第2版）比较，进行大幅度精简，同时做了以下几方面工作：

一、增加新字头。如：

钕（鉝），现释为：lì ❶金属元素，有放射性。❷里拉（意大利货币单位）的旧译写法。（“钕”是全国科技名词审定委员会给116号元素的命名。《通用规范汉字表》未收，《汉语大字典》未收简化字和金属元素义项。）

蝽，现释为：chūn 又称椿象，昆虫。（见《通用规范汉字表》，《新华字典》已收。）

庻，现作为“庶”的异体字。（见《通用规范汉字表》，《新华字典》已收。）

二、调整某些字头的简繁体、异体关系。如：

惧,原释为:同“懼”。现以“惧”为简化字,“懼”为繁体字。

猪,原释为:同“豬”。现以“猪”为正字,“豬”为异体字。

剿,原释为:同“勦”。现以“剿”为正字,释为:㊀ jiǎo 讨伐;消灭。㊁ chāo 同“抄”,抄袭。

三、补充或修改某些字的注音。如:

璴,原无注音和释义。现补:chǔ 玉制饰物。

期,原只收一个读音:qī。用于“期年”“期月”一般读 jī,现补音项 jī。

垺,原释为:㊀ fū ❷同“郛”,外城。“郛”注音为 fú。这两个字是异体,读音应一致,现改“垺”注音为 fú。

四、补充或修改某些字的释义。如:

薁,原只有一个读音,释为:yù ……。现增加音项并补释义:ào 有机化合物,是萘的同分异构体。

莔,原注音 sī,无释义。现改读音并补释义:sì 同“笥”。

狪,原释为:㊀ tóng ❷同“猦”。猦,原释为:同“狪”。这里是循环释义。现改释为:猦,也作“狪”,传说中的动物,像猪。

本书稿经编者精心编纂与认真修改,即将定稿付梓。从部分书稿来看,其体例设计、编写质量都是很好的。

是为序。

[签名]

凡　例

一　收字规模、特色、读者对象

1. 本书以国务院批准发布的《通用规范汉字表》、国家标准《信息技术中文编码字符集》为收字范围，收不同的字头 57806 个。《信息技术中文编码字符集》中的日本汉字、韩国汉字、越南汉字收得很少，音义均未详的字没有收。

2. 本书是一部收字量大、方便实用的新型汉语字典。为使有限的篇幅容纳更多信息，在通用字的注音、释义方面力求简明扼要。

3. 本书供中等以上文化程度的读者使用。

二　字头和字形

1. 字头包括规范字（简化字）、繁体字、异体字、传统旧字形、义未详字、音未详字、无音义的汉字部件等。字头用大号字体排印。

2. 繁体字指结构较繁杂的有对应简化字的字，类推简化范围依据《通用规范汉字表》和《信息技术中文编码字符集》。繁体字一般加符号“()”排在简化字之后。简化字的读音不止一个时，繁体字排在相应的音项号之后。繁体字如果词义与简化字不完全相等，则在左上角标出义项号；如果另有音义需要列字头注解，则在该字条释文后另起一行标出“另见某页”，用符号“◆”表示。

3. 异体字指与正字音义相同的字，分成两类：一类为《通用规范汉字表》附件 1《规范字与繁体字、异体字对照表》中的规定异体字，一类为这个对照表之外的其他异体字。

规定异体字一般加符号“[]”排在正字之后。正字的读音不止一个时，异体字排在相应的音项号之后。异体字如果词义与正字不全同，则在左上角标出义项号；如果另有音义需要列字头注解，则在该字条释文后另起一行标出“另见某页”，用符号“◆”表示。

其他异体字分成两种：一种与正字音义相同而字形差异较小，加符号“{}”排在正字之后。另一种音义相同而字形差异较大，或音义不全同，则另立字头，释为同“某”，有的予以释义。

4. 儿化词语中的“儿”用小号字体排印，如“酒窝儿”“压根儿”。

三　注音

1. 用汉语拼音注音。

2. 多音字用㈠㈡㈢等分列音项。

3. 多音字音项次序一般为本义或较早义读音在前。

4. 多音字仅列一两个义项并均释为“同‘某’”时，为节省篇幅，只提示性地注一个读音。

5. 复音词、联绵词条目中的生僻字或易读错的字注音，其余字音用符号“-”代替。

6. 释文中易读错的字注音。

7. 音无考的字注为“音未详”，一般标明出处。

8. 汉字部件一般不注音。

四　释义

1. 多义字义项次序一般为：本义或较早义，引申义，假借义，地名，姓，人名，带注解的复音词。

2. 多义字用❶❷❸等分列义项。一个义项中再分若干小项，用1.2.3.等表示。

3. 古今用法相同的义项，一般只举现代例，不举古代例；古今用法不同的义项，分别举例；只有一个义项时一般不举例。

4. 举例中用符号“～”替代本字头或本条目（个别容易混淆时不用符号），

不同举例之间用符号“|”分隔。

5. 假借义一般释为“通某”。

6. 个别字难以确切释义，照录古代字书或韵书。

7. 义无考的字注为“义未详”，一般标明出处。

8. 辨析提示。对古今词义演变、同义词的差别、字词使用习惯等需要说明的情况予以辨析或提示，用符号“☞”表示。

五 其他

1. 正文字头按读音次序排列。

2. 声调排列次序：阴平，阳平，上声，去声，轻声。

3. 读音相同的字头按笔画数由少至多排列。如果笔画数相同，按起笔笔形一、丨、丿、丶、乛依次排列。

4. 多音字的释文集中排在音项㊀的音节处。如果音项㊀不是常见读音，则在常见读音的音节处标出“见某页”。

5. 正文前有《汉语拼音音节索引》和《部首索引》。

6. 音未详字、汉字部件按部首排列，放在附录。

7. 本书依据的主要标准及规范：

（1）《通用规范汉字表》（教育部、国家语言文字工作委员会组织研制，国务院 2013 年 6 月批准发布）

（2）国家标准 GB 18030-2022《信息技术中文编码字符集》（国家市场监督管理总局、国家标准化管理委员会 2022 年 7 月发布）

（3）《简化字总表》（中国文字改革委员会、中华人民共和国文化部、中华人民共和国教育部 1964 年 3 月联合发布）

（4）《普通话异读词审音表》（普通话审音委员会 1985 年 12 月修订）

（5）《汉字部首表》（中华人民共和国教育部、国家语言文字工作委员会 2009 年 1 月发布）

（6）《GB 13000.1 字符集汉字部首归部规范》（中华人民共和国教育部、国家语言文字工作委员会 2009 年 1 月发布）

汉语拼音音节索引

【说明】1. 本索引所列为基本音节，未分声调。2. 每一音节举一个较常用的字作例，可按例字检索同音节的字头。3. 例字右侧的数字是该音节在正文中的页码。

shou
收 877

shu
书 879

shua
刷 886

shuai
摔 887

shuan
拴 887

shuang
双 888

shui
水 889

shun
顺 890

shuo
说 891

si
司 892

song
松 898

sou
搜 900

su
苏 903

suan
酸 908

sui
虽 909

sun
孙 913

suo
所 916

T

ta
他 918

tai
台 922

tan
贪 924

tang
汤 929

tao
涛 932

te
特 936

teng
疼 937

ti
梯 938

tian
天 943

tiao
条 948

tie
贴 950

ting
听 951

tong
通 954

tou
头 958

tu
突 960

tuan
团 964

tui
推 965

tun
吞 967

tuo
托 969

W

wa
挖 974

wai
歪 976

wan
弯 976

wang
王 981

wei
危 984

wen
温 995

weng
翁 998

wo
窝 1000

wu
乌 1002

X

xi
夕 1011

xia
虾 1027

xian
先 1031

xiang
乡 1041

xiao
消 1046

xie
些 1052

xin
心 1061

xing
兴 1064

xiong
凶 1068

xiu
休 1070

xu
须 1073

xuan
宣 1081

xue
学 1087

xun
寻 1090

Y

ya
压 1095

yan
烟 1099

yang
央 1112

yao
要 1118

ye
也 1126

yi
一 1130

yin
因 1153

ying
英 1162

yo
哟 1168

yong
拥 1168

you
优 1172

yu
于 1181

yuan
元 1198

yue
月 1203

yun
云 1208

Z

za
杂 1212

zai
灾 1213

zan
咱 1216

zang
脏 1217

zao
早 1219

ze
则 1221

zei
贼 1224

zen
怎 1224

zeng
增 1225

zha
扎 1226

zhai
摘 1231

zhan
占 1232

zhang
张 1237

zhao
招 1239

zhe
哲 1243

zhen
珍 1247

zheng
争 1252

zhi
之 1257

zhong
中 1273

zhou
周 1278

zhu
朱 1281

zhua
抓 1289

zhuai
拽 1289

zhuan
专 1290

zhuang
庄 1292

zhui
追 1293

zhun
准 1296

zhuo
桌 1297

zi
资 1303

zong
宗 1308

zou
走 1313

zu
足 1314

zuan
钻 1317

zui
最 1319

zun
尊 1319

zuo
作 1321

部首索引

一　说明

（一）本索引收录书中全部字头（包括附录《音未详字、汉字部件》）。以《汉字部首表》为依据，主部首 201 个。附形部首放在括号里，数量稍有增加。

（二）部首顺序按笔画数由少至多依次排列。

（三）据形定部，根据字形结构特点选择部首。合体字提取部首时尽量成字切分，不破坏汉字结构的理据性。

（四）确定部首方法

1. 如果是部首，则归入该部。

2. 不是部首的独体字，按起笔笔形归部，如“井”归一部，“凸”归丨部，“年”归丿部，“之”归丶部，“民”归乛部。

3. 分析不出部首的合体字，按起笔笔形归部，如“奉”归一部，“畅”归丨部，“卵”归丿部，“举”归丶部，“甬”归乛部。

4. 左右、左中右结构的字，取部首先左后右，如“烟”归火部，“颗”归页部，“树”归木部。

5. 上下、上中下结构的字，取部首先上后下，如“符”归竹部，“哲”归口部，“崽”归山部。

6. 包围或半包围结构的字，从外边取部首，如“国”归囗部，“句”归勹部，“问”归门部，“氧”归气部，“连”归辶部，“匡”归匚部，“氹”归乛部。

7. 如果部首在四角，按左上、左下、右上、右下的顺序选取，如“疑”归匕部，“毓”归母部，“耀”归羽部，“赜”归贝部。

（五）某些可归入两个以上部首的，采用多开门，以便检索，如“思”分别归入田部和心部，“氹”分别归入乛部和水部，“鸿”分别归入水部和鸟部。

（六）部首表中主部首左侧数字是部首序号；附形部首大多加圆括号单立，其左侧部首序号加有方括号；部首右侧数字是部首检字表页码。部首检字表中字右侧数字是正文页码。

二 部首表

三 部首检字表

13 勹部

鼆 649
顛 190
賭 585
黨 655
鼆 649
蠠 659
額 278
鼆 649

20
凵部

凵 495

1–3 画

凵 507
由 1063
凶 1068
函 707
凼 275
击 394
凷 513
凷 513
凸 305
户 226
出 1204
凷 1256
凷 1302

4–6 画

凷 1302
回 335
囟 1302
凼 174
凷 1307
肉 115
凶 1063
凶 1265
凶 1068
凹 276
西 366
凷 1307
凷 116
函 68
凼 96
卣 1207
画 366
凼 96
函 327

7 画以上

面 651
凷 116
凷 961
函 83
函 327
凷 1207
函 327
凼 116
凷 151
凷 340
凷 933
凷 513
凷 933
凷 674
凷 1208
凷 934
凷 53

21
卩(㔾)部

卩 443
㔾 443

1–3 画

卫 992
卩 443
叶 869
印 1115
卯 786
卮 1291
卭 443
印 1161
卯 630

4–6 画

杲 220
吹 860
卬 407
却 808
邲 40
即 400
卲 854
卻 808
卶 116
卷 480
卺 452

7 画以上

卸 1056
即 400
卻 1012
卻 1202
御 1190
卿 787
卿 787
卽 401
卺 453
卶 116
卾 228
卻 1016
斜 835
卺 206
卿 569
鄉 1173
卷 767
卷 767
卷 767

22
刀(刂
⺈)部

刀 175
刂 175
⺈ 1325

1–3 画

刃 817
刄 817
刁 233
产 984
切 779
刈 1140
分 249
办 136
切 464
刅 149
刖 193
瓜 895
刄 662
刭 953
召 1241
岙 984
刕 984
刅 423
刋 771
刏 1141
刉 394
刌 186
刍 128
刚 475

4 画

刧 762
刲 763
刑 1065
刑 1065
刓 977
制 115
刚 507
危 984
刎 854
刚 279
负 268
刘 1141
刎 19
刎 1274
创 137
刜 115
刎 997
刑 169
刨 1002
刎 295
忍 1141
争 1252
刐 483
刖 14
刑 137
刕 546
刭 91

5 画

利 1265
捌 289
剕 137
划 91
剕 1141
刼 443
刦 443
剛 59
夯 332
剤 546
刻 443
刎 133
刌 152
刮 191
刞 803
奂 372
别 55
免 650
别 55
删 846
刪 306
刚 56
刵 284
刨 553
创 284
令 581
刣 296
删 846
卵 591
刎 976
刨 715
刻 1033
判 712
刨 1114
刈 38
劳 551
免 895
刡 657
刺 261
劭 193
到 459
刮 1274
刹 886
剁 1277

6 画

刑 1065
捌 137
封 517
刮 763
刧 443
刵 1073
刵 289
刺 146
刌 17
剁 509
刵 146
刺 118
刵 1134
制 1265
刵 929
删 846
券 250
刚 1099
兔 963
兔 963
刿 317
删 846
剀 494
刚 62
侖 436
角 142
制 1265
舀 1038
剉 804
剀 317
刹 842
剑 763
刜 947
剑 1247
剑 127
剁 222
剎 842
剖 616
剡 221
刻 436
刺 502
刻 502
刻 502
券 807
冠 308
刵 535
剆 615
刷 886
剙 466
剁 222
削 573
剡 573

7 画

剉 1065
刜 947
刼 763

30 艹（艹 艸）部

38
囗部

41 彳部

44

夂(夊)部

2 画

5–8 画

9 画以上

45

丬(爿)部

1–4 画

5–7 画

8–10 画

11 画以上

46

广部

2–3 画

4 画

5 画

49

辶(⻍辵)部

1–3 画

4 画

5 画

6 画

7 画

50 彐(⺕ 彑)部

51 尸部

52
己（已巳）部

53
弓部

54
子部

59 幺部

62 无(旡)部

67 歹(歺)部

75 日（日冃月）部

80 手（扌 龵）部

103

龙(龍)部

107 罒(网罓𦉪⺳⺲冈)部

132
肉部

133
缶部

140 色部

143
羊(⺷⺶)部

145
聿（⺻
⺺⺻）部

9 画

10 画

11 画

12 画

13 画

14 画

15 画

鯮 675
鰋 1108
䲡 527
鯻 527
鯻 528
鲾 38
鰏 38
鰒 291
𫚔 566
鰊 566
鯖 973
鰔 278
鰔 986
鯝 1234
鲺 904
鰈 825
鲙 95
鳀 941
鯷 941
鲗 1224
鰑 1115
鰅 1186
鳁 996
鰮 996
鯹 1065
鰪 230
鲾 1336
鳂 986
鰃 986
鰖 995
鳃 834
鰓 834
鳄 230
鰐 230
鲴 309
鳎 366
鳅 794
鰍 794
鰌 794

𩹎 1277
𩹎 1277
鳆 271
鰒 271
鰖 1242
鯾 48
鮻 902
鳇 377
鰉 377
鮟 17
鳈 806
鰁 806
鰃 992
鯸 353
鳂 332
鰀 374
鯼 1310
鳚 986
鳉 431
鯙 953
鰚 8
鳀 941
䲙 1176
鲝 1229
鮺 1229
鳅 796
鰌 794
796
鰽 688
鰦 1305
鰔 291
鰔 291
鰝 1336
鰹 1336
鮥 226
鮻 902
鯶 373
鳊 48
鯿 48

鰰 1336
鯚 413
鱀 412
鱀 412
鰕 1027
鲟 1075
鱘 1075
鰖 1237
鯡 245
鰺 860
鯠 519
鰫 740
鳋 838
鰠 838
鰇 823
鰵 667
鰬 1201
鱲 576

10 画

鳌 11
鰲 11
鰤 688
鰢 620
鳡 278
鳍 755
鰭 755
鰪 226
鱯 1336
鯕 860
魦 844
鰖 1336
鯽 413
鯦 287
鰱 562
鱄 744
鱄 744
鰯 287
鯿 48
鰝 439

鱲 576
鯮 675
䲖 1284
鯯 1273
鱃 1044
鯱 769
鯱 769
䲓 917
鰣 870
鮅 47
鰋 1108
鳎 918
鰨 918
鯔 1305
鱧 324
鳏 308
鰥 308
鰮 996
鰷 949
鯸 353
鰶 1019
鳠 364
鰞 1004
鰤 868
鰏 728
鯟 894
鳐 1121
鰩 1121
鰧 934
鰫 94
鰛 999
𩸩 1255
鳛 590
鰡 590
鰝 338
鰿 413
䲥 931
鰹 71
鳑 243

鰟 243
鰚 132
鱃 1071
鲢 772
鰱 772
鰫 1170
鳣 1236
鰯 831
鯝 305
鰺 837
鲵 673
鯢 673

11 画

鰿 413
鯬 550
鰔 315
鰲 1273
鰲 1273
鳓 539
鰳 539
鱑 377
鰻 623
鰝 323
鰶 750
鱡 93
鳟 1290
鰟 243
鰽 797
鰲 578
鰸 800
鲸 421
鳔 54
鰾 54
鳕 1088
鱈 1088
鱋 800
鱋 597
鳗 623
鰻 623

鰴 523
鰥 309
鱲 550
鳘 658
鰵 658
鰵 658
鰋 1109
鰅 1186
鰎 426
鰼 1033
鰅 1186
鱌 1046
鱁 514
鲚 413
鱭 413
鰒 272
鳒 498
鰜 498
鳙 1170
鱅 1170
鯥 560
鱆 1238
鱁 1316
鱁 1316
鱹 1084
鱤 226
鱲 938
鳖 55
鱉 55
鰶 167
鳘 682
鳚 995
鱥 995
鳚 995
鳜 223
鳉 431
鳛 1020
鰼 1020
鯝 305

鲹 838
鱜 1336
鱢 1220

12 画

鱛 82
鱁 514
鱙 652
鱝 253
鱚 1022
鱚 1022
鱕 722
鱦 1336
鱡 895
鱵 1249
鱎 288
鯨 459
鯔 1305
鱳 579
鰲 578
鰲 578
鱏 1092
鰖 992
鱬 826
鳜 318
鱖 318
鱛 82
鱶 1336
鱰 1336
鲣 430
鰹 430
鱎 460
鯔 1305
鱓 850
851
鱳 231
鱦 309
鱋 345
鮇 1006
鯬 550

186 音部

187 首(𩠐)部

188 髟部

190
鬥部

191
高(髙亯)部

9画以上

192
黄(黃)部

8–9画

10画以上

193
麻部

5–8画

9画以上

ā

吖 ㊀ā ❶叹词,表示轻微的惊讶:～唷|～,都认得的? ❷用于译音:～嗪(有机化合物)|～啶硫(西药名)。
㊁yā ❶喊:叫天～地。❷拟声词,叫声:高声的叫～～。

阿 ā 见224页ē。

呵 ā 见338页hē。

啊 ㊀ā 叹词,表示赞叹或惊讶:～,这花多好看|～,天亮了!
㊁á 叹词,表示追问或反问:～,怎么又坏了?|～,你再说一遍!
㊂ǎ 叹词,表示疑惑:～,到底怎么回事?|～,不对吧?
㊃à 叹词。1.表示赞叹或惊讶(音较长):～!黄河!2.表示应答或感悟等(音较短):～,就这样|～,马上就去|～,原来如此!
㊄a 助词。1.表示感叹:真好看～!|您好～!2.表示列举之后的停顿:吃的～,用的～,样样不缺。

锕(錒) ā 见224页ē。

錒 ā 无机化合物"氨"的旧译写法。

腌 ā 肮脏;恶劣。

āi

娭 āi 人无德行。

哎 āi ❶叹词。1.表示提醒:～,你看谁来了?2.表示惊讶:～,你怎么来了? ❷助词,表示舒缓语气:这的是知恩～报恩|只见那浓阴冉冉,翠锦～模糊。

哀 āi ❶悲伤;悲痛:～伤|～痛|喜怒～乐。❷怜悯;同情:～怜|～矜|～其不幸。❸悼念:默～。

埃 ㊀āi ❶灰尘;尘土:尘～|玉宇澄清万里～。❷古代质量单位,用于计微量。❸长度单位,1埃等于10^{-10}(一百亿分之一)米。
㊁zhì 同"雉",古代计量单位,用于城墙面积。

挨 ㊀āi ❶从后推击,引申为靠近:～近|肩～着肩。❷挤:众人看榜,～满在十字路口。❸依次;顺次:～门逐户|仍照考取注册名次～补。
㊁ái ❶遭到;忍受:～打|～饿。❷艰难地度过:～日子|终于～过危险期。❸拖延:～时间。

唉 āi 叹词,表示招呼或提醒。

唉 ㊀āi 叹词。1.表示应答:～,予知之|～,知道啦|～,我来了。2.表示叹息:～,竖子不足与谋|～,实在没有办法|爷爷～～地直叹气。
㊁ài 叹词。1.表示伤感、痛惜等:～,真是没办法|～,年纪轻轻的|～,真不该去!2.表示赞许:～,这回做对了。

捱 ㊀āi 同"挨"。1.靠近:～身边坐下。2.依次:～次|～年纂辑。
㊁ái ❶同"挨",遭受:～不住|～耳光。❷同"挨",艰难地度过:～过炎夏。❸同"挨",拖延:～到如今。❹研磨:～墨。

烪 ㊀āi ❶热;非常热:～热。❷烧。
㊁xī 火盛。

欸 ㊀āi ❶大声呵斥。❷叹息:～秋冬之绪风。❸叹词,表示同意的应答。
㊁ǎi[欸乃]拟声词。1.摇橹声:～一声山水绿。2.划船时歌唱声:棹歌～下吴舟。
㊂ēi 叹词,表示招呼:～,我跟你说一件事。
㊃éi 叹词,表示诧异:～,这件事你怎么事先不跟我打招呼?
㊄ěi 叹词,表示不以为然:～,这点儿小事还值得跟领导汇报?
㊅èi 叹词,表示应允:～,这件事交给我就行了。

揍 āi 依次排列;推论:细以篇目相～。

憹 āi 同"哀"。

A

娭 āi 对母亲的称呼:穷～。

嗳(嗳) ㊀ āi 同"哎",叹词,表示应答、提醒或呼唤:～,注意别摔倒|～!快来呀。
㊁ ǎi ❶打嗝儿,呃逆:～气|吃西瓜,食子不～。❷叹词,表示不同意或否定:～,不说罢了|～,这样可不行。
㊂ ài ❶叹息:起身～道:不理我,我也睡去。❷叹词,表示懊恼或悔恨:～,真不该来|～,早知如此,何必当初!❸吐:喷云～雾。

锿(鎄) āi ❶金属元素,由人工合成获得,有放射性。❷金属元素"铱(銥)"的旧译写法。

瘶 āi 忧郁的病。

ái

倠 ái 代词,我:～迎阿郎在河边。

啀 ái ❶狗相互争斗撕咬的样子,也指狗叫声:～喍|野犬～～。❷吸饮:罚～。❸通"捱(挨)",艰难地度过:更漏永,怎地～?

皑(皚) ái 洁白的样子:～如山上雪|～～白雪。

溰 ái 同"皑(皚)"。

啀 ái 同"啀(啀)"。

溰 ái 见1136页yí。

殪 ái 杀羊取胎。

猲 ái 同"齸"。

嘊 ái 同"啀",拟声词,狗叫声。

癌 ái 同"癌"。

踕 ái 同"捱(挨)",拖延。

瘖 ái 痴呆。

艒 ái 船名。

殪 ái "殪"的讹字。

譺 ái 谨慎。

癌 ái 恶性肿瘤:～症|肝～。

霭 ái 同"皑(皚)"。

皑 ái[赖皚](lái-)见530页"赖"字条。

鬓 ái 头发长的样子。

齸 ㊀ ái 牙齿相摩切。
㊁ gāi 牙齿。

ǎi

毐 ǎi 品行不端的男子,用于人名:嫪～(战国时秦国人)。

昹 ǎi 星名。

腁 ǎi 同"腆"。

廙 ǎi 倚坐的样子。

娾 ㊀ ǎi 喜乐;欢乐。
㊁ ái 女子容貌丑。
㊂ è 容貌美丽。

躷 ǎi 同"矮"。

嗳(嗳) ǎi 见2页āi。

矮 ǎi ❶身材短:～人|他个子～。❷高度小:～墙|小～树。❸等级、地位低:我比他～了两个年级。❹低下;卑下:说～话|到了此时,不觉威风～了一半。

欸 ǎi[欸靄](-ǎi)同"欸乃"。

壒 ǎi 屋舍。

蔼(藹) ǎi ❶树木茂密的样子:郁萧条其幽～兮。❷多;繁茂:纷～|～～王多吉士|离芳～之方壮兮。❸遮蔽;笼罩:寒翠～空祠|流云～青阙。❹和善;和气:和～|～然可亲。❺通"霭(靄)",云气;云集的样子:倾云结流～|～然若夏之静云。

矲 ǎi 同"矮",不高。

覞 ㊀ ǎi ❶看。❷笑着看。
㊁ yá 同"睚"。

覬 ǎi 同"覞"。

嗚 ǎi 恳求:人怕～,米怕筛。

躷 ǎi 同“矮”，一说同“㾢”。

㕌 ǎi ❶屋舍。❷止。

濭 ǎi［晻濭］（ǎn-）同“晻藹”，云气阴沉的样子：露夜零，昼～。

𩅿 ǎi 同“靄（霭）”，云气：暮～｜雾～。

䐢 ǎi 肥。

靄（霭） ǎi ❶云气：云～｜暮～｜雾～。❷烟雾；轻烟：烟～｜夜深香～散空庭。❸笼罩：宫阙～春烟｜一池春水～余晖。

覮 ǎi 同“䁗”。

藹 ǎi 同“藹（蔼）”。

𩆠 ǎi “靄（霭）”的讹字。

ài

艾 ㊀ài ❶又称艾蒿，多年生草本植物，叶可供药用：采～｜越人薰之以～。❷尽；停止：夜未～｜方兴未～。❸美好；美女：娇～｜少～才俊。❹古地名，在今江西。❺姓。
㊁yì 通“乂”。1. 后作“刈”，收割，引申为砍倒：一年不～而百姓饥｜～旗。2. 惩治；安定：自怨自～｜天下～安。

艾 ài 同“艾”。

㝵 ài 义未详。（《改并四声篇海》）

叆 ài 同“㤅（愛，爱）”。

屃 ài 尾巴。

𡉚 ài 同“艾”，用于古地名。（《集韵》）

忢 ㊀ài 同“爱（愛）”。
㊁xì 息。

㝵 ài “㝵（碍）”的讹字。

峣 ài ❶危险。❷困窘。

㕈 ài 张幕。（《玉篇》）

砹 ài 非金属元素，有放射性。

爱（愛） ài ❶喜爱，对人或事物有深厚的感情：～民｜～国｜友～。❷特指男女之间的感情：恋～｜相～｜～情。❸爱惜；爱护：～公物｜～集体荣誉。❹喜好：～唱歌｜～游泳｜～干净。❺容易出现（某种变化）；常常发生（某种行为）：铁～生锈｜春天～刮风｜小李开会～打瞌睡。❻保护；护卫：剑可以～身｜鸟以羽翼覆～其身。

硋 ài 同“碍（礙）”，阻碍：乘虚不坠，触实不～。

㤅 ài 同“爱（爱）”。

𠲾 ài 同“僾”。

𢙐 ài 同“爱（爱）”。

𡋤 ài 同“𡓼（堨）”。

豥 ài ❶豕三毛聚居者。（《集韵》）❷老猪。

𧲝 ài “豥”的讹字。

𡙇 ài 同“爱（爱）”。

唉 ㊀ài 叹词，表示哀叹或惋惜：～，这才几天就病成这样｜～，好好的一套书弄丢了一本。
㊁ê（又读 éi）叹词，表示诧异或忽然想起：～，小王怎么没来？｜～，家门钥匙忘记带了。

隘 ㊀ài ❶地势狭窄，引申为人的气量小：～巷｜地～骑迮，不得骋｜待人以宽而去其～。❷险要处：三峡之～｜一人守～，万夫莫向。❸穷困；窘迫：常思困～之时。
㊁è 同“厄”。1. 阻隔：塞民之养，～其利途。2. 阻止：太子辞于齐王而归，齐王～之。

𡓼 ài 同“𡓼”。

塧 ài 同“隘”。

䳽 ài 同“鴳”。

碍（礙） ài ❶阻止；限制：独往独来，独出独入，孰能～之｜圣人之治天下也，～诸以礼乐。❷遮挡；遮蔽：林萝～日夏多寒｜垂杨只～离人目。❸妨碍；妨害：～手～脚｜有～观瞻｜命名相同的甚多，亦有何～。❹牵挂：身入空门，一身无～，万缘俱寂。

䀳 ài 义未详。（《龙龛手鉴》）

A

殨 ài同"殪",死。

賹 ài贮存。

嗌 ài同"崖"。

鴱 ài同"鴱"。

僾 ài同"爱(愛)"。

懓 ㊀ài同"爱(愛)"。㊁xì止息。

隘{隘} ài同"隘"。

嫒(嬡) ài[令嫒]也作"令爱",尊称对方的女儿。

瑷(璦) ài ❶美玉。❷[瑷珲](-huī)地名,在黑龙江,也作"爱辉"。

叆(靉) ㊀ài ❶浓云密布的样子,引申为云:～若气融结|郁薄霄乎夕～。❷[叆叇](-dài)云层密布的样子。❸[叆霼](-fèi)同"叆叇"。
㊁yǐ[叆霼](-xì)1.云的样子:已入云～。2.仿佛,不明朗的样子,也作"依稀":仿像其色,～其形。

援 ài同"爱(愛)"。

暧(曖) ài ❶昏暗;隐约不明:昏～|杳～|日光～～。❷隐蔽;掩蔽:轻云～松杞。❸云的样子:～乎如时雨。❹[暧昧]1.用意含糊,不明显:态度～。2.行为不光明,不可告人:关系～。❺[暧曃](-dài)昏暗;不明。

僾 ài同"僾"。

薆 ài同"爱(愛)"。

懝 ài[㤅㦝](jiá-)悭吝,也指悭吝的人。

㦝{㦝} ài谨慎。

壒 ài同"壒(堨)"。

薱 ài覆盖。

賹 ài人名。(《字汇补》)

曖{曖} ài日色,一说日光不明亮。

穞 ài小把稻子。

僾 ài ❶所见不分明:～然。❷呼吸不畅:如彼遡风,亦孔之～。

壒 ài也作"堨",尘埃;尘土。

瞹 ài不听。

鴱 ài(又读yì)雌性鹪鹩。

薆 ài ❶隐蔽;遮掩:分渚～青莎|婉婉相闻,音尘不～。❷草木繁茂的样子:南园～兮果载荣。❸[薆薱](-duì)草木繁茂的样子:郁(鬱)薱～。

噫 ㊀ài ❶胃里气体从嘴中发出并带有声音,后作"嗳(噯)":腹胀善～。❷呼;吹:～气。
㊁yī叹词,表示叹息、惊异等:～,天丧予!|～!这一去,果无好路朝西域。
㊂yì同"抑",连词,表示转折:～亦要存亡吉凶,则居可知矣。

穛 ài相承。(《龙龛手鉴》)

瘷 ài ❶拟声词,病重呻吟声。❷羸弱;瘦弱。

𠑊 ài同"僾"。

瞹 ài不听。

橀 ài用于人名:朱由～(明代人)。

殪 ㊀ài死。㊁kè也作"溘",忽然。

蝫 ài昆虫,吸食草木叶。

嗷 ài拟声词,嘶咽声。

餲 ㊀ài食物经久而变质有异味:食饐而～。
㊁hé饼类食品。

懝 ㊀ài ❶痴呆。❷惶恐;恐惧:竦～。㊁yì同"嶷",小儿懂事的样子。

檥 ài ❶树名。❷同"礙(碍)",阻碍。

譺 ㊀ài同"懝"。1.痴呆。2.惶恐。㊁chī同"痴(癡)"。

曖 ài隐,一说"暧(曖)"的讹字。

闔 ài闹。

䨴 ài 香气：晚～。

曖 ài［曖曖］明亮而洁白：冰轮～（冰轮：指月亮）。

蝬 ài 义未详。（《龙龛手鉴》）

艪 ài 同"曖"。

馤（馧） ài 香气似有似无。

籆 ài 隐蔽；遮掩。

癥 ài 拟声词，病人呻吟声。

藹 ài 同"䨴"。

鑀 ài 金属元素"镲（鎄）"的旧译写法。

譺 ài 同"譺"。

譺 ㊀ ài ❶ 说话不流畅：～～自言明。❷ 嘲弄；欺哄：调～。

㊁ yí 端肃、诚敬的样子。

蘙 ài 同"䨴"。

鬷 ài［䴡鬷］（lí－）见550页"䴡"字条。

靉 ài 同"叆（靉）"，浓云密布的样子。

䨠｛䨠｝ ài 同"隘"。

鴱 ài 义未详。（《字汇补》）

䨠 ài 同"隘"。

黱 ài［黱黛］（－dài）昏暗不明。

䨠 ài 同"䨠（隘）"。

ān

安 ān 同"安"。

尪 ān 同"尪"。

岦 ān 同"安"。

安 ān ❶ 平静；稳定：～定｜～居乐业｜国泰民～。❷ 使平静；使稳定：～神｜～民告示。❸ 安全；平安：治～｜居～思危｜转危为～。❹ 设置；装设：～装｜～电话｜把灯管～上。❺ 存有；怀着（某种念头，多指不好的）：没～好心｜不知道他～的什么心。❻ 代词，哪里：～能如此｜沛公～在？❼ 连词，于是：因久坐，～从容谈三国之相怨。❽ 量词，安培（电流强度单位）的简称，导体横截面每秒通过的电量是1库时，电流强度是1安。❾ 姓。

尪 ān 辛苦行不得的样子。（《玉篇》）

厄 ān 同"尪"。

侒 ㊀ ān 同"安"，安逸；安适。

㊁ ǎn［侒侒］（－ǎn）不惧。

㊂ àn 同"按"。查考：～语｜～此小说中所载。

郊 ān 古乡里名，在今湖北。

咹 ㊀ ān 同"唵"，叹词，表示应答：～，知道了。

㊁ ǎn 叹词，表示怀疑、质问等：～，你在这里挖坑？｜～，你想干什么？

峖 ān 古山名。（《集韵》）

骇（駭） ān 同"鞍"。

桉 ㊀ ān 常绿乔木，木材可用于枕木、矿柱、桥梁、建筑等，枝叶可提制桉油。

㊁ àn 同"案"，器具名。

晻 ān 义未详。（《字汇补》）

氨 ān 氮氢化合物，无色气体，有刺激性臭味，易溶于水，可制硝酸、肥料、冷却剂等。

偣 ān 同"侒"。

菴 ān 同"菴"。

菴 ㊀ ān ❶［菴蕳］（－lǘ）草本或半灌木植物，种子可供药用。❷"庵"的异体字。

㊁ yǎn［菴蔼］树木茂盛的样子：茂八区而～焉。

掩 ān 跛。

唵 ㊀ ān 叹词，表示应答：～，是的。

㊁ ǎn ❶ 手抓食物往嘴里塞：抓起馒头就往嘴里～｜偷米～之。❷ 叹词，表示疑问：手机放哪儿了，～？❸ 用于佛教咒语译音。

A

庵[菴] ān ❶圆形草屋,泛指草屋:茅～|结草为～。❷小寺庙(多指尼姑修行和居住的地方):～堂|尼姑～。☞庵/庙/寺/观(guàn) 见895页“寺”字条。
◆“菴”另见5页“菴”字条。

盦 ān[盦𥂥](-cán)大盂。

谙(諳) ān ❶熟悉;知晓:未～诸事|素～音律|～前代旧典。❷熟记;背诵:皆～其数|一览便～。❸经历;尝:～了无限磨难|～尽孤眠滋味。

挬 ān 挬种。(《字汇补》)

葊 ān 同“菴(庵)”,小寺庙:本～有耆旧。

菩 ān 野草。

淹 ān 同“腌”。

猪 ān 拟声词,洞中狗叫声。

䩀 ān(又读 ānbǎi)量词,一种旧时面积计算单位。

婄 ān 不净。

鹌(鵪) ān 鹌鹑,鸟名,像小鸡。

脻 ān 同“腤”。

腤 ān 用盐、豉、葱、姜等与肉类一同煮。

痷 ㊀ān ❶[痷婪]浮泛。❷一种泡茶方法:～茶。
㊁yè ❶病,微病,也作“殗”。❷瘦。

菴 ān 同“菴”。

麤 ān 同“庵”,圆形草屋。

諳 ān 同“謫”。

鞍[鞌] ān ❶放在马、骡等背上供人骑坐或承载重物的器具:马～|给青牛加～。❷古地名,在今山东。

櫂 ān 树名。

嗃 ān[嗃啖](-tán)少味。

竰 ān(又读 ānlí)量词,一种旧时面积计算单位。

盫 ān ❶古代器皿的盖子,引申为覆盖:～盖|～酒。❷古代盛食物的器皿。❸通“菴(庵)”,圆形草屋,泛指草屋。

誁 ān 同“谙(諳)”。

韽 ān 同“韽”。

馣 ān ❶香;香气:花无千日长～。❷[馣䭘](-tán)香气。

雗 ān 同“鶕(鹌,鵪)”。

盫 ān 同“盦”。

鶕 ㊀ān 同“鶕(鹌,鵪)”。
㊁hàn[撼鶕]雷霆轰动的样子:轰雷努风,～千嶾。

諳 ㊀ān 同“谙(諳)”,熟悉。
㊁àn 背诵。

䛟 ān[䛟阿](-ē)言语不决。

鵪 ān 同“鹌(鵪)”。

鶁 ān 同“鶕(鹌,鵪)”。

韽 ān 声音低沉或微小、不清脆:叩之清越微声～。

鶕 ān 同“鶕(鹌,鵪)”。

鷂 ān 同“鶕(鹌,鵪)”。

齚 ān 牙龈。

鵮 ān 同“鹌(鵪)”。

讇 ān 同“谙(諳)”。

韽 ān 同“韽”。

鷂 ān 同“鹌(鵪)”。

án

犴 án 止牛。(《集韵》)

玵 ㊀án 美玉。
㊁gān 同“玕”。

唵 ㊀án ❶[唵呓](-yì)说梦话:眠中～呻呼。❷[唵咔](-lòng)拟声词,鸟叫声：～飞走。
㊁ ān［唵默］缄默不语：公卿～唯唯。

雸 án 霜。

㗴 án "唵"的讹字。

㾝 án 梦话。

儑 ㊀ án 不聪慧，引申为灰心丧气、意志消沉：穷则弃而～。
㊁ àn［儑㑊］（-dá）闲散不做事的样子。

㟁 án 山高的样子。

諳 án 同"㟁"。

譺 ㊀ án ❶ 不聪明。❷ 玩笑话。
㊁ è［讍譺］（kè-）见 504 页"讍"字条。

ǎn

垵 ㊀ ǎn 同"埯"，小土坑。
㊁ ān 用于地名：新～｜曾厝～（均在福建）。

俺 ǎn 代词，我；我们：～村｜～不干｜～就是讨个说法。

俨 ㊀ ǎn 仰头的样子。
㊁ yǎn 同"伇"。

埯 ㊀ ǎn ❶ 小土坑。❷ 挖小坑点种作物：～瓜｜～豆子。❸ 量词，用于点种的作物：一～儿花生。
㊁ yǎn 掩埋，以土覆盖。

铵（銨） ǎn ❶ 铵根，由氨衍生出的带正电荷的根，在化合物中的地位相当于金属离子。❷ 金属元素"锑（銻）"的旧译写法。

𠸄 ǎn 同"唵"，用于佛教咒语译音。

揞 ǎn ❶ 掩藏：风声儿惹起如何～。❷ 揩拭：春衫双袖漫漫将泪～。❸ 用手指把药粉等按在伤口上：快在伤口上～些消炎粉。

穿 ㊀ ǎn 窒。
㊁ yǎn 同"弇"，掩盖。

晻 ǎn 耕种田地。

罯〔罯〕 ǎn ❶ 覆盖：～画｜～筋。❷ 渔网：持～。

嬆 ㊀ ǎn ❶ 含怒的样子。❷ 难知。
㊁ yǎn ❶ 美。❷ 同"俨（儼）"，庄重：有美一人，硕大且～。

葊 ǎn 繁茂。

醅 ǎn［醅醪］（-cǎn）忧愁悲伤的样子。

黭 ǎn 同"黯"，青黑色。

灛 ǎn 大水涌至。

àn

犴 ㊀ àn ❶ 同"豻 ❶❷"：狱～填满｜诉～积年不平。❷ 姓。
㊁ hān 也作"犴"，驼鹿，一种大型鹿。

听 àn 声。

岸［屽］ àn ❶ 江、河、湖、海等大面积水域连接的陆地：河～｜海～｜船靠～。❷ 高大：伟～。❸ 高傲：～然。

屽 àn "屽（岸）"的讹字。

狣 àn 同"犴"。

妔 àn 同"媶"。

顸（頇） ㊀ àn 头无发。
㊁ hān ❶ 线形的东西粗；圆柱形的东西大：这线太～｜～杠子｜粗声～气。❷［颟顸］（mān-）见 622 页"颟"字条。

按 àn ❶ 用手（指）压：～铃｜～钮｜～脉。❷ 用手击或弹奏：陈钟～鼓｜～管调弦于茶坊酒肆。❸ 止住；控制：～捺不住｜～兵不动。❹ 考查；研求：～验｜～察。❺ 介词，依照；根据：～理｜～质论价｜～计划竣工。❻ 也作"案"，（编者、作者等）在正文之外所加的说明或论断：～语｜编者～。

荌 àn 草名。

洝 ㊀ àn 温水。
㊁ yàn 古水名。（《集韵》）
㊂ è［洿洝］（wū-）见 1003 页"洿"字条。

垾 ㊀ àn 同"岸"：方且结草苇，以自托于坏堤毁～之上。
㊁ hàn ❶ 小堤防：堤、堰、圩、～，率皆破损。❷ 用堤堰拦阻水流：筑堤～水为田。❸ 用于地名：中～（在安徽）。

晋 ㊀ àn 同"暗"。
㊁ wǎn 同"晚"。

𣅝 àn 义未详。（《改并四声篇海》）

A

豻 àn ❶古代北方的一种野狗，像狐狸，黑嘴巴。❷古代乡亭的拘留所，泛指牢狱，引申为诉讼之事：狱～不平。❸猿类动物：腾～。

胺 àn 见 227 页 è。

犴 àn 同"犴"，古代乡亭的拘留所，后泛指牢狱。

洝 àn 大水。

案 àn ❶器具名。1. 古代盛食物的短腿木托盘：举～齐眉。2. 休憩的坐榻：毡(氊)～。3. 长方形桌或台面：伏～|～板|拍～而起。❷记事的文件、卷宗：～卷|备～|有～可查。❸有关建议、计划的文件：方～|提～|议～。❹事件：～件|破～|惨～。❺同"按"，正文之外所加的说明或论断：～语|编者～。

垾 àn 同"岸"。

桉 àn 同"案"。

犴 àn 同"犴(豻)"，古代称北方的一种野狗。

案 àn 碾压谷穗以脱粒。

陪 àn 同"暗"，黑暗，光线不足：～然。

婩 ㊀ àn 女子容貌端庄美丽。
㊁ nüè［婩斫］(-zhuó)不明白、不开窍的样子。

堓 àn 义未详。(《改并四声篇海》)

䎏 àn 同"暗"。

歒 àn 义未详。(《改并四声篇海》)

晻 ㊀ àn "暗"的异体字。
㊁ ǎn［晻蔼］(-ǎi)1. 云气阴沉的样子：浮云～。2. 盛大或繁盛的样子：芳风～|木树青～。
㊂ yǎn ❶［晻晻］(-yǎn)1. 日无光：光～|日～其将暮兮。2. 云起欲下雨的样子：有～凄凄，兴云祁祁。❷覆盖；重合：～然|重葩～叶。

厣 ㊀ àn ❶广厚。❷唇。
㊁ yǎn 同"广"，仰。

暗［晻、闇］ àn ❶没有光线；不明亮：昏～|～中摸索|屋里太～。❷无光泽；不鲜艳：色彩～淡|颜色太～。❸隐秘的；默不作声的：～号|～杀|～自高兴。❹糊涂；不明白：～于大体|兼听则明，偏信则～。
◆"晻"另见 8 页"晻"字条。
◆"闇"另见 8 页"闇"字条。

槕 àn 同"案"。

矮 àn 小。

貋 àn 同"豻"。

鮟(鮟) ㊀ àn 鱼名。
㊁ ān［鮟鱇］(-kāng)鱼名，生活在海中。能发出像老人咳嗽一样的声音，故俗称老头儿鱼。

䏵 àn 长大。

㵵 àn［灡㵵］(màn-)见 625 页"灡"字条。

錌 àn 柔铁。

闇 ㊀ àn ❶闭门：～阁读书。❷"暗"的异体字。
㊁ ān 同"谙(諳)"，熟悉：～练|军镇道里与骑卒之数，皆能～计之。
㊂ yǎn 通"奄"。忽然：～然如雷击之。

顊 àn 额。

鬜 àn 头发长。

䮗 ㊀ àn 马额至唇皆白。
㊁ yàn 马头。

黭 àn 垢腐的样子。

䬓 àn［䬓䬄］(-yú)飓风。

騕 àn"䮗"的讹字。

鮨 àn 鱼名，生活在热带浅海。

黯 àn ❶深黑色；黑色：～然而黑。❷昏暗无光：～色|星～。❸心神沮丧的样子：～然销魂|～然泪下。

䯅 àn 头骨高的样子。

āng

肮(骯) āng 见 333 页 háng。

䀚 āng 叫喊：鬼～。

𩫇 āng 义未详。(《改并四声篇海》)

áng

茚 áng 菖蒲的别称。

岇 áng［岇藏］(-cáng)山高的样子。

昂 áng ❶头抬起；仰起：～首挺胸｜～起头。❷高：左～右低｜南～北俯。❸价格等上涨：～贵｜物价踊～｜工价日～。❹精神振奋的样子：斗志～扬｜情绪激～｜器宇轩～。

昻 áng 抬起眼睛看。

枊 áng ❶［飞枊］斜角的方椽子。❷同"枊"，系牛马的柱子。

靰 áng 同"鞅"。

鞅 ㊀áng 又称鞅角，木屐。
㊁yìng 同"硬"，坚硬：坚～。

䩕 áng 昂头。

䭹 áng ❶［䭹䭹］也作"昂昂"，马受惊而暴跳的样子，单用义同。❷千里驹。

鞦 áng"鞅"的讹字。

驡 áng 同"䭹"。

顒 áng 义未详。(《改并四声篇海》)

ǎng

英{䇦} ㊀ǎng 竹名。
㊁yīng 笋。

骯 ǎng ❶马头高。❷同"䭹"，马受惊而暴跳的样子。

àng

岇 àng 古山名，在今浙江。

仰 àng［𠙡仰］(yào-)行不正。

柳 àng ❶拴马桩：马～。❷枓栱(斗拱)：飞～。

瓶 àng 同"甇(盎)"。

甇 àng 同"盎"。

盎 àng ❶陶制容器，腹大口小：盆～｜～中无斗储。❷盛；洋溢：佳趣～溢｜春意～然。❸［盎司］量词，英美制质量单位，1盎司等于1/16磅，合28.3495克。

醠 àng 同"醠"。

榼 àng［榼椿］(-chūn)树名。

磕 àng 同"甒(盎)"。

暡 àng［暡䁎］(-nài)太阳无光。

甒 àng 同"盎"。

餴 àng 食无廉。(《集韵》)

醠 àng 浊酒，一说清酒。

āo

凹 āo 周围高，中间低：～陷｜～透镜｜～凸不平。

呋 ㊀āo 淫声。
㊁ào 叹词，表示惊讶：～，原来是一班童子戏耍哩！

坳 āo 同"凹"。

柪 ㊀āo 曲木。
㊁ào 树木纠曲。

梎 ㊀āo［梎柌］(-cí)镰刀柄。
㊁yòu 树名。

軪 ㊀āo ❶［軪轧］(-yà)奇特的样子。❷拟声词，车相戛声。
㊁ào 有机车。

嗷 āo 鸦鸣。

爊 āo 把食物埋在灰火中煨熟，后作"爊"。

擃 ㊀āo［擃糟］也作"鏖糟"，鏖战，血战。
㊁póu 同"捊"，引取；牵引：～缕。

𩒐 āo ❶眼睛深陷的样子：两眼～如白。❷头凹，泛指凹、幽深：砚斫(斵)正须～｜～径岐杂。

爊 āo ❶把食物埋在灰火中煨熟，或在微火上烧烤。❷炼：～为黄金。

鴢 āo［鴢鷯顤］(-náoliáo)头大、鼻梁高、眼眶深陷的样子。

䯫　㊀ āo 马行走的样子。
㊁ jiāo“驕(骄)”的讹字。

𤒎　āo“爊”的讹字。

爊　āo 菜名。

𤓎　āo 同“爊”。

áo

𡊄　áo“缶”的讹字。

敖{敖、敖}　㊀ áo ❶ 出游,游玩,后作“遨”:以～以游|丘园放～。❷ 通“熬”,煎熬:天下～然,若烧若焦。❸ 古地名,在今河南。❹ 姓。❺［敖包］蒙古族人作为路标和界标的堆子,用石、土、草等堆成,常作为神灵住地来祭祀。
㊁ ào 狂妄,傲慢,后作“傲”:～不可长,欲不可从(纵)。

㟼　áo 同“𢧢”。

䵅　㊀ áo 皮坚。
㊁ bì 拟声词,皮干声。

𣵀　áo 同“敖”,用于人名:管黔～。(《墨子》)

厫　áo 同“廒”,粮仓。

隞　áo 也作“敖”或“嚣(嚻)”,古地名,商代中丁的都城,在今河南。

𨞄　áo 同“嗷”。

嶅　㊀ áo ❶ 山多小石:岑～之峰。❷ 山名,一在山东,一在广东。❸［嶅阴］地名,在山东。
㊁ ào 山高的样子。

遨　áo 游玩;游逛:～游。

𡑶　áo 义未详。(《龙龛手鉴》)

𦺈　áo 又称蘩缕、鸡肠草,一种野草。

嗷　áo ❶ 拟声词,鸣叫声;呼号声;喊叫声:哀鸣～～|～～待哺|疼得～～叫。❷ 声音嘈杂:～嘈|百姓欢(讙)～|众人徒～～。

𡾰　áo 同“嶅”。

𦺈　áo 同“嶅”。

獓　áo 同“獒”。

廒　áo 粮仓,也用于地名:仓～|西公～(在辽宁)。

滶　áo 古水名,在今河南。

璈　áo 古代打击乐器。

𣞤　áo 同“𤜧”。

獒　áo 一种凶猛的狗。

𢧢　áo 戟的锋刃。

𣋽　áo 日光。

摮　㊀ áo 侧击;击打:遽出刀而～杀之。
㊁ qiāo 同“敲”,横击。

𤑌　áo 同“熬”。

熬　㊀ áo ❶ 放在火上烤干或用微火煎干:～盐。❷ 用微火长时间地煮:～粥|～药。❸ 忍受;尽力支撑:～夜|～红了眼|苦～岁月。
㊁ āo 把蔬菜等放到水中煮:～白菜|～茄子。

𥁞　áo 同“嶅”,山名,在广东。

鷔(鷔)　㊀ áo 又称黄鷔,传说中的不祥鸟,像雁。
㊁ ào 同“傲”:桀～。

𤢤　áo 同“熬”。

磝　㊀ áo 山多小石:山～～|小～。
㊁ qiāo 同“硗(磽)”,坚硬的石头。

厫　áo 同“廒”。

聱　㊀ áo ❶ 听不进别人的意见:～焉无所入也。❷ 文词艰涩,读起来不顺口:佶屈～牙|～讹者且未读。
㊁ yóu［聱耴］(-yì)1. 拟声词,鱼或鸟群聚嘈杂声:鱼鸟相～。2. 鱼或鸟群聚的样子:参差～,飒沓缤纷。

螯　áo ❶ 螃蟹等节肢动物的第一对脚,像钳,能开合,用以捕食或自卫:蟹六跪而二～。❷ 蟹的一种:～蟹。

𦪈　áo 船接头木:锐～。

𧍱　áo 同“螯”。

嫯 áo同“熬”。

螯 áo同“鳌”。

翱［翺］{翶} áo鸟振翅回旋地飞，也指鸟展翅高飞：凤凰～兮于紫庭|～翔四海之外。

澂 áo同“滶”。

遨 áo同“遨”。

嶅 áo同“聱(鳌)”。

聱 ㊀áo ❶不领会别人的话。❷诋毁：訾～|诽～旧典。❸［聱聱］(－áo)哭声不止，也指众人发出的悲叹声：悲声～|天下～。㊁ào ❶高大的样子：～乎大哉，独成其天。❷通“傲”，骄傲；傲慢：暴～不循令|～然不顾。

嶅 áo长大的样子。

蔜 áo同“蔜”。

蹵 áo同“嶅(聱，鳌)”。

謸 áo同“謷”。

燉 áo同“熬”。

擎 áo同“擎”。

熬 áo同“熬”。

鳌(鰲)[鼇] áo传说中的大龟或大鳖，生活在海中。

聱 áo同“鳌”。

颾 áo拟声词，风声。

翱 áo同“翱(翶)”。

骜 áo同“聱(鳌)”。

鏖 áo ❶铜盆。❷激战；苦战：～战|～兵|～斗。❸通“熬”，长时间地煮：百上下而汤～。

聱 áo同“聱”。

盭 áo同“鳌”。

䳅 áo同“鶅”。

鷔 áo同“熬”，煮；煎。

鬏 áo头发的样子。

蟞 áo同“嶅”。

翱 áo同“翱(翶)”。

謷 áo同“謷”。

鏊 áo同“熬”。

麯 áo同“熬”。

鏖 áo ❶用于温热东西的器具。❷金器。❸用慢火烂煮肉、菜等：～肉|～菜。❹苦战，激战，后作“鏖”。

鼇 áo同“鼇”。

鼈 áo同“鼇”。

聱 áo同“聱(鳌)”。

鏊 áo同“鏊(熬)”。

鰲 áo同“鰲(鳌)”。

鑣 áo同“鏖”。

鼇 áo同“鼇(鳌，鰲)”。

ǎo

芺 ǎo又称苦芺，一种味苦的草，嫩时可食。

帄 ǎo［帄帧］(－zhēng)巾。

㑃 ǎo同“拗”。

怮 ǎo(又读ào)同“懊”，悔恨：唯怀～恼，不生余念。

拗［抝］㊀ǎo折；折断：～花|～矢|～断竹筷。㊁ào不顺；不依从：～口|违～。㊂niù固执；不驯顺：执～|他脾气很～。

袄(襖) ǎo有衬里的上衣，泛指上衣：夹～|棉～|绿裤红～。

A

镺 ǎo ❶［镺䠙］（-nǎo）长；长的样子：不掩群而取～，不涸泽而渔。❷长：卉木～蔓｜发（鬓）辫繁～。

镻 ǎo“镺”的讹字。

㕭 ǎo 同“拗”。

㿰 ǎo 同“拗”。

䴈 ǎo 同“鴹”。

媪｛媼｝ ㊀ ǎo ❶对老年妇女的尊称。❷妇女的通称：老～。❸母亲。❹祖母。
㊁ yǔn 用于女子人名。
㊂ wò［媪蚋］（-nà）稍胖。

顉 ǎo［頞顉］（kǎo-）见499页“頞”字条。

㑃 ǎo 同“拗”。

䴠 ㊀ ǎo［䴠䴞］（-chǎo）面曲，脸歪斜。
㊁ yǒu［䴠䴬］（-qiǔ）脸丑陋。

䵮 ǎo 瓜蔓。

䮍 ǎo 马名。

鴹（鴹） ǎo ❶同“䴈”，鸟名。❷［鶆鴹］（lái-）见529页“鶆”字条。

䴈 ㊀ ǎo 鸟名。
㊁ wò 同“鹜”。

䯠 ǎo 腰骨。

ào

抝 ào（又读 yāo）量；称：～糖。

均 ào 同“坳”。

岙 ào 山间平地，多用于地名：山～｜松～（在浙江）｜薛～（在浙江）。

岰 ào 同“坳”。

垇 ào 同“坳”。

坳［坳］ ào（又读 āo）❶低洼的地方：塘～｜覆杯水于～堂之上，则芥为之舟。❷山间平地：山～。

拗［拗］ ào 见11页 ǎo。

岰 ào 山曲折的地方。

㟼 ào 同“墺”。

垗 ào 同“墺”。

垳 ào 同“墺”。

㘬 ào 同“坳”。

砌 ào 石不平的样子，后作“凹”。

墺｛墺｝ ào 同“墺”。

奡 ào ❶上古传说中的大力士。❷矫健有力（多形容文章风格）：苍～｜排～。❸通“傲”，傲慢：桀～。❹用于村名：～村（在河南）。

傲 ào ❶自高自大：骄～｜高～｜～骨（指高傲不屈的性格）。❷轻视；小看：～视｜红梅～霜雪。☞傲／骄 见434页“骄”字条。

奥｛奧、奥｝ ㊀ ào ❶室内的西南角，引申为室内深处：居～｜堂～｜～室。❷幽深的地方：穷～｜～域。❸含义深；不容易懂：深～｜～义｜～秘。
㊁ yù 同“澳”，水边弯曲的地方；水边：淇～。

嫯 ào 同“傲”，傲慢。

骜（驁） ào ❶骏马：骥～。❷马不驯服，比喻傲慢、狂妄：桀～不驯｜放～。

㑃 ào ❶［㑃㑩］（-yē）也作“獓狿”，传说中的动物。❷同“傲”，傲慢。

慠 ㊀ ào 同“傲”。
㊁ áo［慠慠］（-áo）忧心。

嫐 ào 同“傲”，傲慢。

㥿 ào 同“慠”。

㩠 ㊀ ào 动。
㊁ áo 同“擎”，击打。

奡 ào 同“奥”。

奥 ào 同“奥”。

隩 ㊀ ào（旧读 yù）❶河岸弯曲的地方：荫潭～，被长江。❷通“墺”，可居住的地方：掩观九～，靡地不营。❸通“奥”。

1. 室内西南角：入其～隅。2. 深：高林转幽～｜其俗之～厚可知。
㊁ yù ❶ 通“燠”，热；温暖：厥民～。❷ 古州名，在今山西。

頼 ào 同“聱”。

墺 ào 同“墺”。

墺 ào ❶ 可居住的地方：四～既宅。❷ 靠近水边的地方。❸ 山间平地：深山野～。

擙 ào 磨。

薁 ㊀ ào 有机化合物，是萘的同分异构体。
㊁ yù 郁李，落叶小灌木。种子称郁李仁，可供药用。

嶴 ào 同“嶴”。

嶴 ào ❶ 同“岙”，山深处，也指山间平地，多用于地名：薛～｜八～。❷ 海湾；水中小岛：无～可泊｜悬～。

澳 ㊀ ào ❶ 江边、海边凹进可停船的地方：无港～以容舟楫｜东～。❷ 澳水，古水名，泌阳河支流，在今河南。❸ 澳门（地名）的简称：港～（香港和澳门）同胞。❹ 澳大利亚（国名）的简称，在南太平洋和印度洋之间。❺ 澳洲（澳大利亚洲，地名）的简称，即大洋洲。
㊁ yù 水边弯曲的地方；水边：淇～｜溪～。

懊 ào ❶ 悔恨；烦恼：～悔｜～丧｜～恼。❷ 烦乱：心悸～热。❸［懊侬］（-náo）悔恨，引申为烦乱：～烦躁。❹［懊憹］（-lào）后悔。

奥 ào 同“奥”。

嫯 ào 忌妒。

氭 ào 气体元素，由人工合成获得，有放射性。

膄 ㊀ ào ❶ 鸟胃。❷ 藏肉。
㊁ ǎo 同“髞”，腰骨。

奧 ào 同“奥”。

澚 ào 同“澳”。

澳 ào 同“澳”。

瘓 ào 痛。

奧 ào 同“奧（奥）”。

慹 ào 同“傲”。

鏊 ào ❶ 饼鏊，烙饼器具，浅平底，下有三足。❷ 烧器。

鐓 ào 同“鏊”。

聱 ào［聱頼］（-yáo）也作“顤顤”，头狭长的样子。

顤 ào 同“聱”。

譈 ào ❶ 告诉。❷ 隐语。

驐 ào 同“驁（骜）”。

饃 ào 妒食。（《玉篇》）

顥 ào 同“顤（聱）”。

鑿｛鑿｝ ào 同“鐓（鏊）”。

鰊 ㊀ ào 鰊鱼，又称小鰌，即小泥鳅。
㊁ yǒu 鰊鱼，又称金鳞鰊，鱼名。

ao

呅 ao 助词，表示语气，有时含有“是不是”或“对不对”意味。

B

bā

八 bā ❶数词，七加一的和，也表示序数第八：～天｜～月。❷［八卦］古代的一套有象征意义的符号。❸［八音］古代指金、石、土、革、丝、木、匏、竹八种材质制成的乐器。

仈 bā 姓。

巴 ㊀bā ❶传说中的大蛇：～蛇食象。❷企盼：～到天明，梳洗罢，便到裴府窥望。❸攀缘；攀附：那一个不想～高望上，不想出头的？❹黏结着的东西：锅～｜泥～｜盐～。❺粘住；紧贴：粥～锅了｜爬山虎～在墙上。❻贴近；靠近：前不～村，后不着店。❼巴士（公共汽车）的简称：大～｜中～。❽量词。压强单位，1巴等于10^5帕。以前气象学上多用毫巴，现已改用百帕。❾周代诸侯国名，在今四川东部和重庆一带，后指四川东部和重庆一带：～山蜀水｜～蜀文化。❿姓。
㊁ba 后缀（一般读轻声）：尾～｜干～｜试～试～。

扒 ㊀bā ❶抓住；把着：～车｜～墙头｜～着窗台。❷刨；挖：～坑｜～堤｜～出一个大洞。❸剥；脱：～皮｜～衣服｜～掉伪装。❹拨动：～算盘｜～开草丛。
㊁pá ❶用耙搂，聚拢或散开：～草｜～土｜～粪。❷搔；抓：～痒。❸炖烂；煨烂：～羊肉。
㊂pā 同"趴"，上身伏在别的物体上：猫～在他的腿上。

叭 bā 拟声词，物体的断裂声、撞击声、枪声等：～的一声，琴弦断了｜～的一声，手机掉在了地上｜传来～～两声枪响。

玐 bā 拟声词，玉石等碰击声。

朳 bā ❶无齿耙，用来平土、聚拢谷物的农具。❷扫除用具。

叭 bā 挖；扒：～出。

玐 bā 玉。

芭 ㊀bā ❶香草名。❷［芭蕉］又称大蕉，多年生草本植物，叶可造纸，根茎和花蕾可供药用。果实像香蕉，可食。
㊁pā ❶同"葩"，草木的花。❷用于人名。

奤 bā ❶大。❷用于地名：奤～屯（在北京）。

吧 ㊀bā ❶拟声词或用于拟声词：～的一声落在了地上｜～嗒一声，门锁上了｜～唧，摔了个跤。❷用于译音，指具备特定功能或设施的场所：酒～｜网～｜～台。❸抽（烟）：只低头～烟。
㊁ba 助词。1. 用于句末，表示肯定、祈使、商量、推测等语气：好～｜快来～｜还行～？｜东西是你的～？2. 用于句中，表示假设、不敢肯定的语气：买～，价格不便宜；不买～，又怕日后更贵。

岜 bā ❶石山。❷用于地名：～饶（在贵州）｜～关岭（在广西）。

峇 bā 同"岜"。

犯 bā 同"豝"。

钯（鈀） bā 饼类食品，后作"粑"。

坔 bā 山腰里不陡的坡地。

朳 bā 同"朳"，无齿耙。

玐 bā ❶玉名。❷神名，一说"玻"的讹字。

毑 bā［毤毑］（jī-）见394页"毤"字条。

犯 bā 牛角相背。

皅 bā 敛。

毑 bā［鸡毑］同"毤毑"。

玻 bā ❶玉名。❷神名。

柭 ㊀bā 棍；杖。
㊁fú 同"柫"，农具名，即连枷。
㊂pèi 树生枝叶：千年老树，根柞～栐。

䟦 bā 同“蚆”。

钯（鈀） ㊀ bā ❶古代兵车。❷箭头的一种。
㊁ pá ❶古代兵器：铁～｜执～有势。❷平土、除草的农具：犁～｜铁～。❸用钯耕地：锄田～地。
㊂ bǎ 金属元素，可用来制合金、催化剂、电器、仪表、牙科材料等。

疤 bā ❶疮口或伤口愈合后留下的痕迹：～痕｜疮～｜伤～。❷物体上像疤的痕迹：杨树上长出了树～｜搪瓷碗上摔了个～。❸［疤瘌］(-la)瘢痕。

皅 bā ❶［皅皶］(-zhā)鼻病。❷同“疤”。❸通“巴”，盼望：人在眼中～。

捌 bā ❶用手分开：～格｜摧拉～裂。❷无齿耙，后作“朳”。❸数词“八”的大写。

蚆 bā 海蚆，一种海贝。

叭 bā 鸟叫，也指鸟叫声。

笆 bā ❶用竹或柳条编制的器物或遮挡物：～斗｜车～｜篱～。❷又称棘竹，一种带刺的竹子。

釟 bā 治金。

钖 bā 金。

羓 bā ❶加工过的大块肉干：羊～。❷干制食品：淮北葡萄十月熟，纵可作～也无肉。❸一种较珍贵的羊：番～。

粑 bā ❶饼类食品：糍～｜糖～｜玉米～～。❷粘贴：把画儿～在墙上。❸依恋：平素间多～我的。

柭 ㊀ bā ❶树名。❷同“朳”，无齿耙。
㊁ bèi 契券。
㊂ biē 古代兵器的柄。

軷 bā 兵车。

豝 bā ❶母猪。❷一岁的猪，也指一岁或两岁的兽。

䀛 bā 同“蚆”。

㖠 bā［㖠挞］也作“叭哒”，拟声词：～一声，一个弹子打在厅柱上。

貏 bā ❶兽丑的样子。❷同“豝”。

馬八 bā 八岁的马。

鲃（䰾） ㊀ bā 鱼名，生活在水流湍急的涧溪中。
㊁ bà 同“鲅（鮁）”，马鲛鱼。

鎊 bā 同“钖”。

魞 bā 同“鲃（䰾）”。

㹚 bā 义未详。（《字汇补》）

蟲巴 bā 虫名。

齙 bā 牙齿不齐而外露的样子。也说齙齖。

bá

犮 bá 同“犮”。

犮｛犮、叐｝ bá 狗奔跑的样子。

坺 bá ❶同“墢”，也作“垡”，耕田，也指翻耕起来的土块。❷尘土的样子。

拔 ㊀ bá ❶抽出；拉出；吸出：～刀相助｜～牙｜～毒。❷攻克；攻取：连～数城。❸选取；提升：提～｜～擢。❹超出；高出：海～｜～地而起｜出类～萃。❺急速：～来赴往。
㊁ bèi 枝叶茂盛的样子：柞棫斯～。

抜｛拔、抶｝ bá 同“拔”。

茇 bá ❶草木的根：根～｜禾～。❷在草舍歇宿：勿翦勿伐，召伯所～。

菝 bá 同“茇”。

废 bá 屋舍。

妭 ㊀ bá ❶美丽的妇女：～媚于宫，女惑于室。❷通“魃”，传说中的旱神：风雨纵横，去～邪而不便。
㊁ bō 古代羌族对妇女的称呼。

胈 bá ❶人体大腿上的细毛：股无～。❷洁白的肉：～项（白净的脖子）。

颰（颰） ㊀ bá 疾风。
㊁ fú 同“颰”。1. 小风。2. 疾风。

炦 bá 火气。

胧 bá “胈”的讹字。

癶 bá 同"癹"。

癹 bá 用脚踏除草。

犮 bá ❶［犮姑］(-qià)1. 矮的样子。2. 巴结。❷ 矮人行走的样子：～呀～的，两边乱走。

疲 bá ❶ 足病。❷ 腹痛。

菝 bá［菝葜］(-qiā)又称金刚刺、金刚藤，落叶攀缘灌木，地下块根茎可供药用。

䔍 bá 同"茇"，草木的根。

䟦 bá ❶ (又读 bó)同"迹"，行走的样子。❷ 同"跋"。

撥 ㊀ bá 同"癹"。
㊁ bō 同"拨(撥)"。

蕟 bá 同"癹"。

軷 bá ❶ 祭祀路神，祭后驱车从祭牲上碾过，以求行路畅通无险。❷ 通"跋"，翻山越岭。

跋 bá ❶ 踏草而行；翻山越岭：～涉｜～山涉水｜不知疲倦地～着山道。❷ 文体的一种，在书籍或文章后面，多为评介内容或说明写作经过：～文｜～语｜题～。❸［跋躠］(-sǎ)也作"跋蹳"。1. 行走的样子。2. 行走不端正的样子：因强起～过帝祠，欲投地，身不能屈。

䟑 bá 同"跋"。

詙 ㊀ bá 用于传说中的人名：听～。
㊁ bó［评詙］评论；估量：枉惹得百姓每～。

登 bá"癹"的讹字。

颰 bá 同"飏(颺)"。

魃 bá"魃"的讹字。

飒 ㊀ bá 同"飏(颺)"。
㊁ xín 姓。

魃 bá ❶ 传说中能带来旱灾的鬼怪：旱～。❷ 鬼妇。

颰 bá 同"飏(颺)"。

馛 bá(又读 bó)［馛翰］(-hán)又称汗血马，汉代西域大宛国所产良马。

駊 bá"馛"的讹字。

鞁 bá 义未详。(《改并四声篇海》)

鼥 bá［鼧鼥］(tuó-)见 972 页"鼧"字条。

鼣 bá 同"鼥"。

bǎ

把 ㊀ bǎ ❶ 握持；掌握：～钺｜～玩｜～舵。❷ 看守：～守｜～门儿。❸ 自行车、手推车等的手柄：车～｜撒～。❹ 可用手拿或扎成的小捆：火～｜拖～。❺ 介词，将；拿：～西瓜切开｜你能～他怎么样？❻ 量词：一～韭菜｜三～椅子。
㊁ bà 物体上便于手拿的部分：刀～儿｜印～子。
㊂ pá ❶ 同"爬"，搔：～搔无已。❷ 姓。

屉 ㊀ bǎ［屉屉］(-ba)屎；粪便。
㊁ pā 量词：一～牛粪。

挹 bǎ 同"把"。

䶕 bǎ 用手击物。

靶 bǎ 靶子，练习射箭或射击用的目标。

韜 bǎ"䶕"的讹字。

攞 bǎ 把持，也作"把"：～拦着。

bà

坝(❶❷垻、壩) bà ❶ 拦截水流或保护堤岸的水工建构：水～｜拦河～。❷ 平地，平原，多用于地名：～子｜平～｜留～(在陕西)｜沙坪～(在重庆)。❸ 沙滩，沙洲，多用于地名：葛洲～(在湖北)。
◆"垻"另见 17 页"垻"字条。

弝 bà ❶ 弓背中央手握持的地方：铁～｜玉～。❷ 器物的柄部：剑～。

虮 bà ❶［虮蝦］(-xià)即赑屃，传说中一种像大龟的动物。❷［虮蜡］(-zhà)蝗虫。

爸 bà 父亲(叠用义同)：阿～｜老～｜好～～。

䎬 bà［䎬䆉］(-yà)同"䆉稏"，稻名。

耙 ㊀ bà ❶ 用来弄碎土块和平整土地的农具：钉齿～｜圆盘～。❷ 用耙弄碎土块和平整土地：～地｜这块地已经～过了。㊁pá ❶工具名，用来聚拢或散开谷物、柴草等，也用来平整土地：钉～｜粪～。❷用耙子劳作：～草｜～地。

垻 ㊀bà "坝❶❷"的繁体字。㊁bèi 坡。

跁 bà［跁踦］（-qiǎ）同"跁跒"。

罢（罷） bà 见 726 页 pí。

跁 ㊀bà ❶［跁跒］（-qiǎ）1. 不肯向前。2. 行走的样子：～行｜何苦怒号争～。❷［跁踦］（-qī）矮小的人。㊁pá ❶［跁跒］（-qiǎ）蹲；下蹲的样子：～松形矮｜怒猊～龙蜿蜒。❷伏地而行，后作"爬"：～起来又是笑，心中怒恼。

皅 bà 同"吧"，色不真。

爸 bà 同"爸"。

朝 bà 同"霸"。

肥 bà ❶刀柄，后作"把"。❷足胫骨。

鲅（鮁） bà 见 62 页 bō。

鲌（鮊） ㊀bà 鲌鱼，即鲅鱼，又称马鲛鱼，生活在海中。㊁bó 白鱼，又称鱎，生活在江河、湖泊中。

䟦｛踝｝ ㊀bà 矮人站立的样子。㊁pī 行走不稳的样子。

欏（欛） bà 同"耙"。

覇 bà 同"霸"。

覇｛覊｝ bà 同"霸"。

霸 bà 雨。

罷｛罷｝ bà 同"罷（罢）"。

㔥 ㊀bà［㔥㔥］（-kǎi）1. 恶怒。2. 疲。㊁pí 同"疲"。

覇 bà 同"霸"。

䩗 bà 同"朝"。

覇 bà 同"霸"。

鲌 bà 同"鲌（鮊）"。

矲 bà ❶身材矮的样子：短～。❷［矲矮］（-yà）矮的样子。❸［矲䂒］（-kǎi）人的身材矮。

䆉 bà［䆉䆉］（-yà）也作"罢亚"。1. 稻名：十里溪风䆉䆉香。2. 稻摆动的样子：新香浮䆉䆉。3. 稻多的样子：罢亚百顷稻。

鲃 bà 同"鲌（鮊）"。

霸［覇］ bà 见 742 页 pò。

灞 bà 同"灞"。

欛 bà 同"欛"。

䎬 bà 义未详。（《改并四声篇海》）

灞 bà 灞河，水名，在陕西。

欛 bà ❶同"把"，器物的柄：刀～。❷同"耙"，农具名：拽～扶犁。

壩 bà 同"壩（坝）"。

鲅 bà［鲅鲅］（hóu-）见 353 页"鲅"字条。

ba

犯 ba［獬犯狗］（hǎ--）哈巴狗。

bāi

刮 bāi［刮划］（-huai）也作"擘画"。1. 筹划；安排：这件事让我来～吧。2. 修理；整治：闹钟让孩子～坏了。

悖 bāi［悖怐］（-kòu）自容人。（《集韵》）

掰 bāi ❶用双手把东西分开或折断：～下一穗玉米｜把饼～成两半。❷扳：～腕子｜～着指头算｜把弯了的别针～直。❸撕开；揭穿：～谎。❹喻指情谊破裂：我们～了。

踯 bāi 跛，瘸：～足｜脚都跑～了。

bái

白 ㊀bái ❶像雪或乳汁的颜色：～纸｜～头发｜胡子～了。❷清楚；明亮：不～之冤｜真相大～｜东方发～。❸空空的，没

有加上其他东西的:空～|～水|～卷。❹陈述;说明:道～|自～|对～。❺副词。1.没有效果地:～干|～说|血没有～流。2.不付代价地:～给|～吃|～饶。❻白银:言神仙黄～之术。❼白族,少数民族名,主要分布在云南、贵州、湖南。❽姓。
㊁ bó 通"帛",一种丝织品:民被～布。

𦣻 bái 同"白"。

𦣹 bái 同"白"。

皅 bái 同"白",白色。

筶 bái 白皮竹。

鸱 bái ❶[鸱郁]也作"鸱鸻",鸟名。❷[鸱鹖](-hé)鸟名。

bǎi

会 bǎi 义未详。(《改并四声篇海》)

百 bǎi ❶数词,十个十:三～人。❷概数,表示众多:～年大计|～炼成钢。❸(旧读 bó)用于地名:～色(在广西)。❹[百里]姓。

㔷 bǎi 同"百"。

佰 bǎi ❶古代军队编制,百人为佰。❷数词,"百"的大写。

柏㊀[栢] bǎi(旧读 bó)❶常绿乔木,有侧柏、圆柏、罗汉柏等,木材可用于建筑、制造器物等。❷古国名,在今河南。❸姓。
㊁ bó[柏林]德国首都。
㊂ bò[黄柏]同"黄檗"。

捭{押、捭} bǎi ❶两手横向往外击:拉虎～熊|拉～摧藏。❷(又读 bò)分开;排去:纵横～阖|外天地,～山川。

竡 bǎi 也作"竡",海克脱立脱尔(旧时法国容积单位译音)的略写,一升的百倍。

拜 bǎi 同"摆(擺)"。

粨 bǎi 也作"粨",量词。长度单位"百米"的旧译写法。

絔 ㊀ bǎi 补。
㊁ mò 同"帞",头巾。

摆(擺、❺襬) bǎi ❶安放;排列:～放|～平|～设。❷列举;陈述:～看法|～事实,讲道理。❸来回摇动;来回摇动的东西:～手|摇～|钟～。❹显示;夸耀:～阔|～威风|～老资格。❺衣、裙等最下面的部分:裙～|雨衣的下～。◆"襬"另见 30 页"裡"字条。

瓸 bǎikè 质量单位"百克"的旧译写法。

擘 bǎi 同"擺(摆)"。

bài

艽 bài 草名。

尖 bài 义未详。(《龙龛手鉴》)

拝 bài 同"拜"。

豜 bài 义未详。(《龙龛手鉴》)

败(敗) bài ❶损坏;毁坏:～坏|身～名裂|伤风～俗。❷破旧;腐烂:～絮|破～|馁鱼～肉。❸凋残;衰落:开不～的花朵|叶残花～。❹输;失利:一～涂地|反～为胜|敌军～了。❺使失败:打～|大～侵略者。❻事情不成功;做事未能达到目的:功～垂成|是非成～。❼解除;消除:～火|～毒。❽(不好的事情、行为)暴露:～迹|罪行～露。

拜 bài 同"拜"。

拜 bài ❶旧时一种表示敬意的礼节:朝～|叩～。❷行礼表示祝贺:～年|～寿。❸敬辞,表示敬意或客气:～访|～托|～读。❹用一定的礼节授予某种名义、职位,或结成某种关系:～将|～师|～把子。☞拜/坐/跪/跽 见 317 页"跪"字条。

犕 bài 义未详。(《改并四声篇海》)

庍 bài 舍别。

拏 bài 同"拜"。

粺 bài 同"拜"。

退 bài ❶跑散。❷同"败(敗)",败坏。

拜 bài 同"拜"。

猈 ㊀ bài 短腿狗。
㊁ pí 用于人名:史～(春秋时人)。

捭 bài 同"擺(拜)"。

葬 bài 灰菜，一年生草本植物，幼苗可食，全草可供药用。

㨃{㨃} bài 同"拜"。

蹞 bài 同"㿻(拜)"。

㿻 bài 同"拜"。

稗 bài 同"稗"。

稖 bài 同"稗"。

稗[❶粺] bài ❶稗子，杂草名：秕～｜野～。❷微小琐碎的；非正式的：～官｜～史｜～说。❸坏的：～政。❹[稗榏](-ài)稻种。❺古县名，在今山东。

◆"粺"另见19页"粺"字条。

皡 bài 白皮。

皨 bài 同"皡"。

猈(灑) bài 古水名。(《玉篇》)

㴽 bài 同"灑(猈)"。

墹 bài 小堤。

䑰 bài 插在木船尾部用以停船的长木。

粺{粺} bài ❶精米。❷"稗❶"的异体字。

㸑 bài 同"败(敗)"。

㩍 bài 同"拜"。

㟪 bài ❶山谷险要处。❷山谷间的田地。

㯔 bài 同"拜"。

擺 bài 同"拜"。

鞴 bài 同"韛"。

韛 bài 同"韛(鞴)"。

韛 bài 同"韛(鞴)"。

韛 bài 同"韛(鞴)"。

敱 bài 同"败(敗)"。

敗 bài 同"败(敗)"。

擺 bài 同"拜"。

橐 bài 同"韛(鞴)"。

韛 bài 同"韛"。

韛 ㊀bài 同"韛"，鼓风吹火用的皮囊。㊁fú 同"箙"，盛箭器。

韛 bài 同"韛(鞴)"。

糱 bài 同"粺"，精米。

韛 bài 同"韛(韛，鞴)"。

橐 bài 同"橐(韛，鞴)"。

橐 bài 同"橐(韛，鞴)"。

㩍 bài 同"拜"。

bai

呗 bai 同"呗(唄)"，助词，表示语气：不懂就学～｜说去就去～。

bān

畢 bān 同"華"。

刏 bān ❶同"放"。❷同"搬"：～板凳。

扳 ㊀bān ❶往下或往里拉；拨动：～动｜～道岔｜～着指头算。❷挽回；扭转：～平｜～回败局。

㊁pān 同"攀"。1. 攀缘；攀附：～缘｜～贵官。2. 攀折：～残草色。

華 bān 有柄的畚箕类用具。

攽 bān (又读 bīn) ❶分；分给。❷同"颁(頒)"，颁布：～命｜～立学官。

般 bān ❶同"班"，分给；赏赐。❷[般般]也作"般般"，有文采的样子。

瓟 bān 瑞瓜。

班 bān ❶把瑞玉从中间一分为二,双方各执一半作为凭据:乃日观四岳群牧,～瑞于群后。❷分开:挥手自兹去,萧萧～马鸣。❸军队作战后返还:～师振旅|～军而还。❹军队编制单位,在排之下:炊事～|三排二～。❺学习或工作的单位:～级|装卸～。❻工作的时间段落:夜～|加～。❼在岗位上从事的工作:值～|下～。❽定时开行的(交通工具):～车|～机。❾姓。

珽 bān 同"班"。

般 bān 见711页pán。

颁(頒) ㊀bān ❶鬓。❷同"斑",须发半白:～白。❸赏赐:～犒|以时～其衣裘。❹公布:～诏|～布|命令昨～。㊁fén 头大的样子(一说众多的样子):鱼在在藻,有～其首。

敒 bān "敒(斒)"的讹字。

敒 bān 同"斒"。

萯 bān 同"粪"。

粠 bān 义未详。(《龙龛手鉴》)

癹 bān 同"班"。

玭 bān 同"班",分瑞玉。

斑 bān ❶一种颜色中夹杂的别种颜色的点子或花纹:～痕|～马|两鬓～白(花白)。❷灿烂多彩的样子:～斓|日暮烟霞～。

搬 ㊀bān 同"扳":被我～过那年纪小的来。㊁pān 同"攀":一个～脊梁不着的大汉。

撇 bān 同"搬"。

搬 bān ❶移动;迁移:～砖|～运|～家。❷移用;依照着用:～用|照～|生～硬套。❸请来;求助:～请|～法宝|～救兵。❹挑拨;拨弄:～弄|～是非。❺扳;掰:～开手指头也数不清。

哵 bān 宋杂剧的散段,也作"班""扮"。

斒 bān 颜色驳杂,灿烂多彩:～衣红袖。

羒 bān 一种像羊的动物。

覫 bān 同"羒"。

擊 ㊀bān 同"搬",迁运。㊁pó ❶清扫;扫除。❷敛聚。

粪 bān 分配工作。

璸 bān 同"辩(斑)"。

鳻(鳻) bān[鳻鸠]同"斑鸠"。

磐 ㊀bān ❶石纹,也作"斑"。❷石铺的样子。㊁pán 同"磐",大石头。

鳰 bān 鸟名,大鸠。

鳻 ㊀bān[鳻鸠]鸟名,即斑鸠。㊁fén ❶[鳻鶞](-chūn)也作"鳻盾",候鸟春鳸的别称。❷同"鳻",鸟聚集的样子。

獱 bān 哺乳动物。

瘢 bān 同"瘢"。

瘢 bān ❶皮肤上的创伤或疮疖愈后留下的疤痕:～痕|疮～|刀～。❷皮肤上长的斑点:雀～|黄褐～。❸过失;缺点:恶则洗垢索～|他人纵有杰作,必索一～以诋之。

虨 bān 同"虨"。

虨 bān 虎纹。

螁 bān 同"螌"。

䈲 ㊀bān ❶竹篾编的捕鱼具。❷竹名。㊁pán[䈲箓](-tú)竹名,也单称䈲。

螌 ㊀bān[螌蝥](-máo)也作"螌蝥""螌蝥",即斑蝥,昆虫,可供药用。㊁pán[负螌]也作"负盘",蟑螂。

褩 ㊀bān 衣表。㊁pán 同"幋"。

畨 bān 同"黺(播)"。

播 bān 同"黺"。

黺 ㊀bān 类;辈:～党。㊁fān 同"番",量词,次;回:一～金,一～银,三～鼓手来娶亲。

瘢 bān 皮肤上长的斑点。

辬 ㊀ bān 同“斑”。
㊁ biàn 通“徧(遍)”,周遍:乃列祀典,～于群神。

瓣 bān 义未详。(《改并四声篇海》)

瘢 bān 同“瘢”。

䰉 bān 同“顩”。

顩 bān ❶ 须发半白。❷ 髯多的样子。

斒 bān 文武全才。

黰 ㊀ bān 黑色。
㊁ pán 同“鬆”。

bǎn

劥 bǎn “劥”的讹字。

劥 bǎn[铑劥](lǎo-)见 538 页“铑”字条。

阪 bǎn ❶“坂”的异体字。❷ 山腰小道:羊肠～。❸[大阪]地名,在日本。

坂[阪、岅] bǎn 山坡;斜坡:～有桑|～上走丸(比喻迅速)。
◆“阪”另见 21 页“阪”字条。

瓪 bǎn 同“瓪”。

板(❺闆) bǎn ❶ 剖开的薄木片,泛指片状的硬物:木～|钢～|玻璃～。❷ 民族乐器中打拍子的乐器,也指拍节、节奏:檀～|～眼|快～。❸ 僵硬,不灵活:死～|呆～|动作表情太～。❹ 露出严肃的表情:～起面孔|～着脸。❺[老板]通常指私营业主、资本家。
◆“闆”另见 712 页“闆”字条。

瓪 bǎn ❶ 破瓦片。❷ 阴瓦,仰盖的瓦。

昄 bǎn ❶ 大:土宇～章。❷ 用于地名:～大(在江西)。

版 bǎn ❶ 木板,泛指板状物:门～|～屋|玉～。❷ 筑土墙用的夹板:～筑。❸ 户籍:～图(户籍和地图,引申为国家的疆域)。❹ 用木板或金属制成的带有文字、图形的东西,用于印刷等:木～书|活字～|线路～。❺ 印刷物排印的次数:初～|再～|第 10～。❻ 报纸的一面称一版:头～头条新闻|本期报纸共 12～。

㝸 bǎn 张目。

钣(鈑) bǎn ❶ 饼状的金块或银块:～锭|～金。❷ 板块状的金属材料,也作“板”:钢～|铝～|～金工。

皈 bǎn 同“阪(坂)”。

舨 bǎn[艟舨](tóng-)船。

粄 bǎn 糍粑类食品。

跁 bǎn 用力挣扎:横～顺跳。

粯 bǎn 同“粄”。

粓 bǎn 同“粄”。

鉼 bǎn 用米粉或麦粉做成的饼。

蝂 bǎn[蝜蝂](fù-)见 270 页“蝜”字条。

蛗 bǎn 同“蝂”。

鲃 bǎn ❶ 比目鱼。❷ 某些鲷类鱼:长旗～(长棘鲷)。

䉽 bǎn 同“粄”。

bàn

办(辦) bàn ❶ 处理;惩罚:～事|～公|首恶必～。❷ 置办;置备:～货|～装|～酒席。❸ 创立;设置:～工厂|～公司|～学校。

半 bàn ❶ 数词,二分之一:～个|～斤|～价。❷ 在中间:～夜|～路上|～山腰。❸ 不完全的:～成品|～透明|～文盲。

扮 bàn “扮”的讹字。

扮 bàn 见 252 页 fěn。

吩 bàn[吩嗲](-yàn)也作“畔嗲”,失礼,鲁莽,一说刚强的样子。

伴 bàn ❶ 在一起生活或活动的人:同～|老～儿|结～而行。❷ 陪同;伴随:～游|～奏|～唱。

扶 ㊀ bàn 同“伴”。
㊁ fú 同“扶”。
㊂ hè 同“赫”,显赫:～～弥章。

拌 bàn 见 712 页 pàn。

怑 bàn[怑涣](-huàn)不顺。

姅 bàn 妇女月经或产后出血。

绊(絆) bàn ❶用绳索把马足拴住,引申为束缚:骐骥～而不试|何用浮荣～此身? ❷行走时被别的东西挡住或缠住:～马索|被一块砖头～倒了。❸比喻阴谋;圈套:尽在暗地里使～儿。

服 bàn 肉。

料 bàn 古代量物取其容量的一半。

秚 bàn 物与物相掺和。

拹 bàn 同"扮"。

湴 bàn ❶烂泥:泥～。❷用于地名:源～(在江西)。

䐴 bàn 肤肉松弛的样子。

鉡 ㊀bàn 锹。
㊁pán 同"柈(盘,盤)"。

靽 bàn ❶驾具,套在牲口尾部的皮带。❷同"绊(絆)",用绳子把马足拴住,引申为约束、牵制。

㩯 bàn ❶绊。❷引击。

䮽 bàn[䮽騜](-àn)1.马行走。2.马的样子。

鉼 bàn 同"绊(絆)"。

䬳 bàn 义未详。(《改并四声篇海》)

辦 bàn 两股之间。

瓣 bàn ❶瓜类植物的籽实:瓜～。❷植物的籽实、果实或球茎可分开的小块儿:豆～|橘子～|蒜～。❸组成花朵的各片:花～。❹量词,用于分开的小块儿或片状物:两～蒜|盘子摔成几～|把西瓜切成四～。

䈲 bàn 箢。

辦 ㊀bàn 同"辦(办)"。
㊁biàn 同"辩(辯)",一说同"辨"。

bāng

邦 bāng ❶古代诸侯的封国,泛指国家:宁国以礼,治乱～以法|邻～|～交。❷国都;大城镇;泛指地方:旧～|负海之～|来到这南京大～去处。

邫 bāng 同"邦"。

鞤 bāng 同"邦"。

邦 bāng 同"邦"。

帮(幫)[幇、幫] bāng ❶鞋、船等物体的边沿部分:鞋～|船～|白菜～子。❷协助;辅助:～助|～忙|～凶。❸集团;团体:～会|青红～|拉～结伙。❹量词,用于成群的人:一～人|两～土匪。

垹 bāng 土精,生于地下的人参类药物,像小儿手掌。

莗 bāng 义未详。(《改并四声篇海》)

啷 bāng 拟声词,敲打木头或用木棒等击打声:门被敲得～～响|～!多么沉重的一棒啊!

郝 bāng 同"邦"。

羟 bāng 义未详。(《字汇补》)

峀 bāng 同"邦"。

鄁 bāng 同"邦"。

梆 bāng ❶[梆子]1.旧时用于报时、报警、传达信号等的竹木制敲击响器。2.民族打击乐器,多用于戏曲,也简称梆:河南梆子|陕西梆子|随梆唱曲。❷拟声词,某些撞击声:金鱼缸～的一声摔碎了。

浜 ㊀bāng ❶小河沟:小～别派。❷用于地名:张华～(在上海)|沙家～(在江苏)。
㊁bīn 同"滨(濱)"。

挹 bāng 同"邦"。

眷 bāng 同"邦"。

氉 bāng 义未详。(《改并四声篇海》)

羪 bāng 同"邦"。

挈 bāng ❶捍卫。❷同"帮(幫)",相助:～辅。

犅 bāng 犏牛,即白脊牛。

粑 bāng 同"邦"。

㹯 bāng 同"帮(幫)",鞋帮。

𩨷 bāng 同"邦"。

縍 ㊀ bāng 同"帮(幫)",鞋帮。㊁ bàng 劣质絮。

幫 bāng 同"帮(幫)",帮助:～闲。

䰷 bāng 加杯上酒。

艕 bāng 同"䰷"。

鞤 bāng 同"幫(帮)",鞋帮,特指革制鞋帮。

鞤 bāng 同"帮(幫)",鞋帮。

鞤 bāng 鞋帮。

bǎng

绑(綁) bǎng ❶用绳、带等缠绕或捆扎:捆～|松～|～住腿。❷指用强力劫持人:～架|～匪|～票。

㮄 bǎng 同"榜"。

㿶 bǎng 同"膀(榜)"。

㲂 bǎng 方纹或斜纹的毛织品。

㾦 bǎng "毻"的讹字。

毻 bǎng 同"㲂"。

榜[牓] bǎng 见 36 页 bēng。

㲳 bǎng 同"㲂"。

膀 bǎng 见 714 页 páng。

㲂 bǎng 同"㲂"。

毻 bǎng 同"㲂"。

毻 bǎng 同"㲂"。

蒡 bǎng[牛蒡]同"牛蒡",又称恶实,二年生草本植物,根和嫩叶可做蔬菜,果实、茎叶和根可供药用。

䋝 bǎng 同"绑(綁)"。

bàng

勹{匔} bàng(又读 bū)相次第的样子。

庲 bàng 同"玤",古地名,在今河南。

㭋 bàng[㭋㑂](-yǎng)同"棒㑂"。

玤 bàng ❶次于玉的石,古人制成小璧,系在衣带上,用于悬挂佩物。❷古地名,在今河南。

枺 bàng 同"棒"。

琣 bàng 同"玤"。

搒 bàng 同"搒"。

硥 bàng ❶石的样子。❷同"玤",次于玉的石。❸同"崩":～牙。

琫 bàng 同"玤"。

蚌 ㊀ bàng 软体动物,介壳多椭圆形,有的可产珍珠。㊁ bèng[蚌埠](-bù)地名,在安徽。

傍 bàng 同"傍"。

㾦 bàng 同"玤"。

搒 bàng 同"搒"。

蚌 bàng 同"蚌"。

蚌 bàng 同"蚌"。

傍 bàng 同"傍"。

㭋 bàng[㭋㑂](-yǎng)乖戾。

棒 bàng ❶棍;棍状物:木～|铁～|冰～。❷用棒打:～杀。❸强;好:身体～|字写得～|真是～极了!❹硬,不柔软(多指食物):肉没煮烂,还～着呢!

棓 ㊀ bàng ❶棍;棒,后作"棒":～杀坑中。❷连枷,打谷脱粒的农具。❸根。㊁ pǒu ❶铺在悬高而不平处的跳板:踊于～而窥客。❷树名。㊂ bèi[五棓子]盐肤木因五棓子蚜虫寄生

B

而形成的虫瘿,可供药用,也可用于制革、制墨或做染料。

䅭 bàng 同"棓",耜类农具。

傍 ㊀ bàng ❶ 靠近;临近:依山～水|～亮|～晚。❷ 依靠:依～|依山～险|～大款。㊁ páng 同"旁",旁侧:～观必审|执法在～。

谤(謗) bàng ❶ 指责;责备:怨～|～议|厉王虐,国人～王。❷ 诋毁:诽～|弭～|万～不容口。

陦 ㊀ bàng 同"傍",靠近。㊁ péng 同"軿(輣)",拟声词,车行声。

塝 bàng 田边土坡,沟垄的边,也用于地名:田～|张家～(在湖北)。

幐 bàng 书帖。

稖 bàng ❶ 同"棓",耜类农具。❷[稖头]玉米,也作"棒头"。

徬 ㊀ bàng ❶ 人在车辕旁驱赶拉车的牛马等。❷ 同"傍",临近;接近。㊁ páng[徬徨]徘徊;犹豫:～乎海外|心里也～的很。

棓 ㊀ bàng 耜类农具。㊁ póu 耕。

槵 bàng 同"棓",木杖。

蜯 bàng 同"蚌"。

蠯 bàng 同"蚌"。

镑(鎊) bàng 见 713 页 pāng。

鲆 bàng ❶ 鱼名。❷ 同"蚌"。

謗 bàng 同"謗(谤)"。

搒 bàng 农具,连枷的别称。

棒 bàng 同"棓"。

艕 bàng ❶ 两船并连。❷ 船。

榜 bàng 义未详。(《龙龛手鉴》)

艕 bàng 同"艕"。

鰟 bàng 同"鲆(蚌)"。

驡 bàng 姓。

bāo

勹 ㊀ bāo 裹,后作"包"。㊁ 称包字框或包字头,汉字偏旁或部件。

包 bāo ❶ 用纸、布或其他薄片物裹扎:～裹|～扎|把这几件东西～起来。❷ 包裹好的东西:邮～|～袱|行李～。❸ 装东西的袋子:书～|背～|皮～。❹ 量词,用于成包的物品:一～红枣|两～花生米。❺ 总括在内:～含|～藏|～括。❻ 全部买下或租用;完全负责:～月|～车|～你没事。❼ 鼓起的疙瘩:鼓～|脓～。❽ 包子,一种有馅的面食:糖～儿|肉～子。❾ 姓。

㘬 bāo 同"包(胞)",胎衣。

郇 bāo ❶ 古地名。(《说文》) ❷ 姓。

苞 bāo ❶ 草名,可制席子和草鞋:～屦。❷ 草木的根和茎,引申为茂盛丛生:竹～松茂。❸ 花苞,花开之前包着花或花序的叶形小片:含～欲放。❹ 通"包",包裹;包容:楚～九夷|善恶相～。

岜 bāo 古山名。(《集韵》)

孢 bāo ❶ 孕育。❷ 孢子,某些低等生物的生殖细胞。

胞 bāo ❶ 胞衣,女人妊娠期子宫内包裹胎儿的膜质囊。❷ 同一父母所生的或嫡亲的:～兄|～叔。❸ 同国的或同民族的人:同～|侨～。

肥 bāo 同"胞"。

笣 bāo 竹名,其笋冬生。

䩌 bāo 义未详。(《龙龛手鉴》)

菢 bāo ❶ 盟。❷ 用于人名:孙～(三国时吴国君主孙休第四子)。

菢 bāo 同"菢"。

裒 ㊀ bāo 同"褎(褒)",衣襟宽大。㊁ póu ❶ 聚集:～兵|～辑。❷ 搜求:～敛。

龅(齙) bāo 牙齿突出在唇外:～牙(突出唇外的牙齿)。

煲 bāo ❶ 壁较陡直的锅:沙～|瓦～|电饭～。❷ 用煲煮或熬:～粥|～汤|～芋头。

𧛾 bāo 同"褒(襃)"。

𧝐 bāo 同"褒(襃)"。

蕔 bāo 草名。

𠍬 bāo 同"褒"。

褒［襃］ bāo ❶衣襟宽大：～衣博带。❷赞扬；夸奖：～扬｜～奖。

裦 bāo 同"褒(襃)"。

𡫨 bāo"寚(寚)"的讹字。

閍 bāo 同"褒"，赞扬；赞美。

褎 bāo 同"褒(襃)"。

龅 bāo"龅(齙)"的讹字。

báo

皱 báo ❶同"膑"，腐肉凸起，一说皮破。❷同"皺"，表皮凸起。

肑 báo 同"皱"。

窇 báo ❶土室；地窖。❷刨；挖：连夜～窆。

雹 báo 同"雹"。

雹 báo 同"雹"。

韵 báo 用于佛经译音。

雹 báo 冰雹，空中水蒸气遇冷凝结成的冰粒或小冰块，常在夏季随暴雨降下：～灾。

箹 báo 车篷带。

霙 báo 同"雹"。

篃 ㊀báo 竹名。㊁fú 织具。

瀑 báo 水流激荡。

霤 báo 同"雹"。

腷 báo 义未详。(《龙龛手鉴》)

霸 báo 同"雹"。

膑 ㊀báo 肉凸起；肿。㊁bó 皮破：其物～然破散。

靁 báo 同"雹"。

皺 báo ❶［皺皱］(-báo)表皮凸起，单用"皺"义同。❷同"膑"，腐肉凸起。

鑤 báo 杵颈。

靁 báo 同"雹"。

臈 báo 同"膑"。

靄 báo 同"雹"。

bǎo

𠦃 bǎo 担保，后作"保"。

𠦃 bǎo 同"𠦃"。

呆｛杀｝ bǎo 同"保"。

保 bǎo 同"保"。

饱(飽) bǎo ❶吃足了，不觉饿：吃～｜温～。❷满足：一～眼福。❸充足；充分：～满｜～学｜～经风霜。

怉 ㊀bǎo 悖谬。㊁bào 怀抱。

宝(寶)［寳］ bǎo ❶珍贵或贵重的东西：珠～｜国～｜传家～。❷珍贵的；贵重的：～石｜～刀｜～物。❸珍藏：家不～龟，不藏圭。❹钱币：元～｜通～。❺旧时一种角制或木制的方形赌具：押～｜开～。❻敬辞，称与对方有关的事物：～眷｜～地｜～号(对方的店铺)。

宗 bǎo ❶宝藏，后作"寶(宝)"。❷珍惜；看重：～身。

垛 bǎo 同"堡"。

菒 bǎo 同"葆"。

保 bǎo ❶抚养，引申为安抚：推恩足以～四海｜以宽徭役，～士民。❷尽力看护，使不受损害或丧失：～卫｜～护｜～健。❸维持(原状)，使不消失或减弱：～温｜～暖。❹担保；负责：～证｜～质～量｜旱涝～收。

❺旧时户籍编制单位，若干户为一甲，若干甲为一保。❻通“宝(寶)”：展九鼎～玉。

孯 bǎo“孫”的讹字。

鸨(鴇) bǎo ❶又称地鹔，鸟名，像雁稍大，不善飞。❷妓院的老妓女或女老板：老～|～母。

宲 bǎo 同“宲(宝，寶)”。

珤 bǎo 同“宝(寶)”。

琔 bǎo 同“宝(寶)”。

垛 bǎo 同“堢(堡)”。

孫 bǎo 同“保(保)”。

狫 bǎo 义未详。(《龙龛手鉴》)

琛 bǎo 同“宝(寶)”。

珤 bǎo 同“宝(寶)”。

倸 bǎo 同“保”。

庲 bǎo 同“宲”。

鸨{鴇} bǎo 同“鸨(鴇)”。

翍 bǎo 同“翍”。

翍 bǎo ❶彩色羽毛：羽～车。❷箭羽。

堢 bǎo ❶[堢壔](-dǎo)土堆。❷同“堡”，堡垒。

葆 ㊀bǎo ❶丛生的草木：嫩～|头如蓬～。❷隐藏：～光|谄谀～诈。❸通“保”，保持：不可常～|永～青春。❹通“宝(寶)”，珍宝：恒有三～|时～其书。❺姓。

㊁bāo ❶通“褒”，高大：不乐～大。❷通“包”，包裹：～而去亓冠。

鸨 bǎo 同“鸨(鴇)”。

琝 bǎo 同“琛(宝，寶)”。

偎 bǎo 同“宝(寶)”。

堡 ㊀bǎo ❶土筑的小城，泛指军事防御建筑：～垒|碉～|暗～。❷土堤。

㊁bǔ 堡子，有城墙的村镇，多用于地名：柴沟～(在河北)|瓦窑～(在陕西)。

㊂pù 同“铺(鋪)”，驿站，多用于地名：十里～(在江苏)。

倸 bǎo“倸(保)”的讹字。

庲 bǎo 同“宲”。

㝹 bǎo 同“宲”。

媬 bǎo 古代负责抚养、教育贵族子弟的妇女，也作“保”。

駂 bǎo 同“鴇”。

偎 bǎo 同“宝(寶)”。

餇 bǎo 同“饏(饱，飽)”。

寚 bǎo 同“寶(宝)”。

寚 bǎo 同“寶(宝)”。

駂 bǎo 同“鴇”。

瑑 bǎo 同“宝(寶)”。

駂 bǎo 同“鴇”。

飾 bǎo 同“饱(飽)”。

鸨 bǎo 毛色黑白相杂的马。

饏{饏} bǎo 同“饱(飽)”。

寶 bǎo 同“寶(宝)”。

褓[緥] bǎo 包裹婴儿的被子。

鴇 bǎo 同“鸨(鴇)”。

餖 bǎo 同“飾”。

餒 ㊀bǎo 同“饱(飽)”。

㊁něi 饥饿：馁～。

㊂piǎo 同“殍”，饿死的人：饿～。

餜 bǎo 同“饱(飽)”。

寶 bǎo 同“寶(宝)”。

髼 bǎo 同“髼”。1. 发髻。2. 发未长。

鴇 bǎo“駂(鴇)”的讹字。

鍄 bǎo 同“饱(飽)”。

賲 bǎo ❶有。❷藏粟。

鮑 bǎo 同“鸨(鴇)”,鸟名。

鴄 bǎo 同“鸨(鴇)”,鸟名。

鬃 bǎo 同“鬃”。

鍄 bǎo“鍄”的讹字。

餜{餜} bǎo 同“饱(飽)”。

餜 bǎo 同“饱(飽)”。

饓 bǎo 同“饱(飽)”。

葆 bǎo 同“葆”。

鵖 bǎo 同“鸨(鴇)”。

鍄 bǎo 同“饱(飽)”。

鬃 bǎo ❶发髻。❷发未长。

餜 bǎo 同“饱(飽)”。

鍄 bǎo 同“鍄(饱,飽)”。

鴇 bǎo 同“鸨(鴇)”。

鴇 bǎo 同“鸨(鴇)”。

寚 bǎo 同“寶(宝)”。

寚 bǎo 同“寶(宝)”。

寚{寚} bǎo 同“宝(寶)”。

寶 bǎo 同“寳(寶,宝)”。

鑜 bǎo 义未详。(《龙龛手鉴》)

寶 bǎo 同“寶(宝)”。

鑜 bǎo 同“鑜”。

鵏 bǎo 鸟名,一说同“鸨(鴇)”。

鑤 bǎo(又读 yù)义未详。(《改并四声篇海》)

bào

勽 bào 同“抱”。

垘 bào 义未详。(《改并四声篇海》)

报(報) ㊀bào ❶断狱,判决犯人:～而罪之|虽黥罪日～,其势不止。❷报答;酬谢:知恩图～|吾必重～母|惠难遍,施难～。❸复仇:～复|我有深怨积怒于齐,而欲～之二年矣。❹回复;给回信:～以掌声|阙然久不～,幸勿为过。❺传达;告知:～告|～案|～捷。❻传达信息的文字或信号:电～|墙～|警～。❼定期或不定期的出版物:～刊|晚～|画～。

㊁fù 通“赴”,快走,引申为急速:拔来～往。

刨[鉋、鑤] bào 见 715 页 páo。

袌 bào 同“抱”。

抱 bào ❶用手臂围住:拥～|～小孩儿。❷围绕;环绕:山环水～|群山环～。❸心里存着;带着:～怨|～憾|～病。❹领养:～养。❺孵:～窝|～小鸡。

犳 bào 同“豹”。

毢 ㊀bào 同“菢”。
㊁qú 一种用毛织的毯子。

攴 bào 手击。

毰 bào 同“菢”。

报 bào 同“报(報)”,报告:～捷。

䶤 bào 瞪眼睛的样子。

铇(鉋) ㊀bào 同“刨”。
㊁páo ❶同“刨”。❷摇马具。

豹 bào ❶哺乳动物,像虎而小,身有斑点或花纹:金钱～|管中窥～。❷像豹的动物:～猫|海～。

猇 bào 同“犳(豹)”。

菢 bào 同“菢”。

B

菢 bào 鸟类孵(卵成雏):～小鸡|鹤翎不天生,变化在啄～。

蚫 bào 同"鲍(鮑)",即鳆,软体动物。

裦 ㊀bào ❶怀抱,后作"抱":躬自～帝登太极前殿|髫年～秋心。❷衣前襟。
㊁páo 同"袍",夹层中有棉絮的长衣。
㊂pào[裦襛](-nàng)衣服宽松的样子。

襃 ㊀bào 怀抱,后作"抱":～帝登殿|～秋心。
㊁páo 同"袍",长衣。

酡 bào ❶酒的颜色。❷同"皰",面疮。

報 bào 同"報(报)"。

叟 bào 同"叟"。

嗷 bào 夸。

鉋 bào 同"鉋(铇)"。

鲍(鮑) ㊀bào ❶用盐腌制的咸鱼:如入～鱼之肆。❷古称鳆,俗称鳆鱼、鲍鱼,软体动物,生活在海中,贝壳可供药用。❸姓。
㊁páo 通"鞄",鞣制皮革的匠人。
㊂bāo 用于人名:申～胥(春秋时楚国人)。
㊃pāo 鱼名。

犳 bào 树名。

焜 bào 同"爆"。

鞄 bào ❶鞄起,发硬:两胁里～时痛。❷硬结:结～不散。❸硬:小腹肿大～如石。

皰 bào(又读pào)❶同"皰(疱)",面疮。❷水泡。

骲 bào 骲头,骨或木制的箭镞。

鴝 bào 鸟名。

遑 bào 同"报(報)"。

叟 bào 姓。

虣 bào 同"虣"。

髱 bào 胡须多的样子。

皰 bào 同"皰"。

暴 bào 见746页pù。

虣 bào ❶猛兽:伏～藏虎。❷同"暴",暴虐:～君|禁～止戈。

虣 bào 同"虣"。

虣 bào 同"虣"。

皰 bào(又读pào)同"皰"。

麭 bào 黍豉皮。(《改并四声篇海》)

儤 bào 古代官吏连日值班。

襮 bào 衣前襟。

鉋 bào ❶耕地。❷钝刀。

儤 bào 同"儤"。

遑 bào 同"报(報)"。

瀑 ㊀bào ❶暴雨;急雨:终风且～。❷水飞溅:拊拂～沫。❸瀑河,水名,在河北。
㊁pù 瀑布,从高山上陡直倾泻如白布状的水流:悬流飞～|崖高～自长。
㊂bó 波浪翻涌:溭漏渍～。

曝 bào 见747页pù。

儤 bào"儤"的讹字。

爆 ㊀bào ❶猛然破裂或迸出:～裂|～炸|～火星。❷燃烧:未～先烟。❸薪柴等燃烧时发出的声音:～响|沸耳作惊～。❹突然发生:～发|～冷门|～出特大新闻。❺把鱼、肉等放在沸油中快煎,或放在开水中稍微一煮就取出:～炒|～肚儿。
㊁bó[爆烁](-shuò)剥落,叶稀疏的样子。

㷂 bào 同"爆"。

鞄 bào(又读páo)同"鞄",治革的匠人。

礴 bào 拟声词,物体落地声、迸裂声等:～然落去。

儤 bào 同"儤"。

儤 bào 同"儤(儤)"。

爆 bào 同"爆"。

襃 bào 同“褒”。

醵 bào ❶酒名。❷一夜酿成的酒。

蹕 bào 急速行走的样子。

嚗 bào 同“謈(謈)”。

謈 ㊀bào[謈譟(噪)]恶。
㊁báo 同“暴(暴)”,因疼痛而大声叫喊。

爆 bào 同“爆”。

爆 bào 同“爆”。

謈 bào 同“謈”。

bēi

丕 bēi 同“杯”。

陂 ㊀bēi ❶山坡;斜坡:～田|生于～上。❷倾斜;坍塌:～路|岸峭则～。❸壅塞:九泽既～。❹池塘、湖泊:汪汪如万顷之～。
㊁bì 偏斜;不正:险～倾侧|守正而不～。
㊂pō[陂陀]也作“陂陁”。1.险阻;倾斜不平:一路～屈曲。2.倾斜不平的坡地:缘～种松百余万株。
㊃pí[黄陂]地名,在湖北。

杯[桮、盃] bēi ❶盛饮料的器具:酒～|茶～|玻璃～。❷竞赛中优胜者获得的杯状奖品:奖～|金～。❸量词:一～酒|两～茶|连干(乾)三～。
◆“桮”另见29页“桮”字条。

卑{卑} bēi ❶低下;低贱:地势～湿|～贱|自～。❷低劣;品质卑劣:～劣|～鄙|为人巧佞～谄。❸谦辞,用于自称:～职。

匼 bēi 同“桮(杯)”。

背[揹] bēi 见31页bèi。

𢆉 bēi 同“卑”。

𦈢 bēi 同“桮(杯)”,盛饮料的器皿。

㾱 bēi 症结痛。

桮 bēi ❶“杯”的异体字。❷[桮落](-luò)盛放杯盘的竹笼。

𢍰 bēi 同“卑”。

㡟 bēi 古代礼冠名。

𣭘 bēi 义未详。(《龙龛手鉴》)

椑 ㊀bēi ❶[椑柿]油柿,又称漆柿,柿树的一种,果实可制柿漆。❷鼠李,小乔木或灌木,种子可提取润滑油,果肉、根、皮可供药用。木材可制家具,也用于雕刻。❸古县名,在今山东。❹用于地名:～木(在四川)。
㊁pí 古代一种扁圆形的盛酒器。
㊂bì 内棺,最里层的棺。一说大棺。

悲 bēi ❶哀痛;伤心:～痛|～伤|～喜交集。❷哀怜;怜悯:～悯|慈～|余～之。

𡜊 bēi[𡜊𡟎]同“婢𡟎”。

㾯 bēi 结痛。

榼 bēi 同“盃(杯)”。

碑{碑} bēi ❶古代所立的竖石。1.在宫门前用于测日影。2.在宗庙庭院内拴祭祀用的牛、羊、猪。3.用于牵引棺木入墓穴。❷刻有文字或图案,用来纪念事业、功勋或作为标记的竖石:～文|纪念～|里程～。

𤰞 bēi 同“䡶(𤱝)”。

䡶 bēi 同“𤱝”。

𤱝 bēi ❶田。❷壅水灌田。

𤗚 bēi 别;分解。

𦉪 bēi ❶同“桮(杯)”,盛饮料的器皿。❷缶。

鹎(鵯) bēi ❶[鹎鶋](-jū)也作“卑居”,鸟名,即寒鸦。❷雀形目鹎科鸟类的通称:白头～|红耳～。

𧍪 bēi 义未详。(《改并四声篇海》)

𦨣 bēi 义未详。(《字汇补》)

𧼮 bēi 小行。

B

嘘 bēi 同"悲"。

褂（襬） ㊀ bēi 裙子。
㊁ bǎi 同"摆❺"，衣、裙等最下面的部分。
◆"襬"另见 18 页"摆"字条。

糶（耀） ㊀ bēi 同"鑼"。
㊁ bà 同"耙"。

篦 bēi 同"簏"。

鵯 bēi 同"鹎（鵯）"。

錍 ㊀ bēi 短斧：铁～。
㊁ pī ❶ 箭头的一种，也作"鈚"：武将齐贯～。❷ 古代酒器，像壶。
㊂ bī 同"鎞"，钗：金～｜钗～。

匿 bēi 同"桮（杯）"。

蕉 bēi 同"蘢"。

蘢 bēi ❶ 草名。❷ 古代舞蹈时所持的牛尾。❸ 古代悬挂钟磬架柱的饰物。

鵯 bēi 同"鹎（鵯）"。

籠 bēi 竹名。

蔗 bēi 同"蘢"。

鑼 ㊀ bēi 轧碎土块使田地平整的农具。
㊁ bà ❶ 耕；耙地。❷ 大铁杖。

襬 bēi 同"褂（襬）"，裙子。

籮 bēi"蕉（蘢）"的讹字。

鑣 bēi 同"鑼"。

běi

北 běi 见 30 页 bèi。

怫 běi 依赖。

蛍 běi 蟹类动物。

鈚 běi 金属元素"锫（錇）"的旧译写法。

bèi

贝（貝） bèi ❶ 有壳软体动物的总称，如蛤蜊、蚌、鲍、螺等。❷ 古代用贝壳做的货币，或用石、骨、陶、铜等做成的贝壳形货币：～币｜骨～｜铜～。❸ 锦上的贝形花纹：～锦｜织～。

北 ㊀ bèi 相背；背离，后作"背"：士无反～之心。
㊁ běi ❶ 方向，早晨面对太阳时左手的一边：～方｜～风｜往～走。❷（军队）打败仗：败～｜逐～（追击败逃的敌人）｜三战三～。

米 bèi（又读 pō）草木繁茂的样子。

孛 ㊀ bèi ❶ 草木茂盛的样子：～散。❷ 彗星出现时闪光的现象：星辰不～。
㊁ bó ❶ 变色，后作"勃"。❷ 姓。

朿 bèi 同"孛"。

邶 bèi ❶ 周代诸侯国名，在今河南。❷ 姓。

狈（狽） bèi 传说中的动物，像狼，前腿很短，走路时需趴在狼身上随狼行动。

苝 bèi 野薤，多年生草本植物。

赤 bèi 行走的样子。

犻 ㊀ bèi 狗龇着牙齿的样子。
㊁ pèi 同"犻"，狗发怒的样子。

攸 bèi 物件歪斜错杂。

毦 bèi［毦毤］（-nài）多毛。

敀 bèi 同"攸"。

昁 bèi 同"昁"，不明。

牀 bèi"犻（犻）"的讹字。

犻 bèi 同"犻"。

犻 bèi ❶ 二岁的牛。❷ 身长的牛。❸ 牛脚长大。

犻 bèi 也作"犻"，牛身长。

俻 bèi 同"备（備）"。

备（備）［俻］ bèi ❶ 齐全：齐～｜完～｜求全责～。❷ 副词，表示完全：～尝艰辛｜～受欢迎｜关怀～至。❸ 预先准备：～耕｜～料｜有～无患。❹ 具有：具～｜配～｜德才兼～。❺ 设备：武～｜军～｜装～。

悖 bèi 同"悖",逆。

㣁 bèi 同"備(備,备)"。

背 ㊀bèi ❶脊背,躯干后部从肩到后腰的部分:后～|袒而示之～。❷物体的后部或反面:椅～|手～|～面。❸用背部对着:～光|～灯|～水一战。❹违背;违反:～约|～信弃义。❺凭记忆诵读:～诵|～书|全篇都～得烂熟。❻不顺利:～时|～运。❼偏僻:～静|这条胡同行人稀少,很～。❽听觉不灵敏:耳朵有点儿～。

㊁[揹] bēi ❶用脊背驮东西:～行李|～孩子。❷承受;担负起:～债|～责任。

孛 bèi 同"悖"。

钡(鋇) bèi ❶铜铁矿石。❷金属元素,可用来制合金、烟火等,是重要的工业原料。

犕 bèi 同"㭭(犻)"。

犻 bèi 同"犻"。

㣛 bèi 柔软的皮革,也作"鞁"。

葡 bèi 同"葡"。

貝 bèi[貝母]同"贝母",多年生草本植物,鳞茎可供药用。

辈 bèi 姓。

倍 bèi 同"倍"。

倍 bèi ❶跟原数相等的数:三的二～是六|精神百～(形容精神旺盛)。❷增加跟原数相等的数;加倍:勇气～增|事半功～|每逢佳节～思亲。❸通"背"。1.违背;违反:遁天～情,忘其所受。2.背叛;反叛:师死而遂～之。

悖[❶❷誖] bèi ❶混乱;违反:～乱|有～常理|并行不～。❷谬误;糊涂:先生之言～|不达其意而师～。❸掩蔽:～其心迹|～德隐恶。❹姓。

被 ㊀bèi ❶被子,睡觉时覆盖身体的东西:～套|棉～|毛巾～。❷覆盖:～覆秋兰～涯。❸受到;遭到:～表扬|～抛弃。❹介词,引进行为的主动者:脚～狗咬了一口|这样做会～人耻笑。

㊁pī 覆盖,后作"披":～明月兮佩宝璐|军士吏～甲。

㊂pèi 同"帔",古代披在肩背上的服饰:翠～豹舄。

娞 bèi 用于女子人名。

琠 bèi 贝饰。

棏 bèi[棏多]也作"贝多",梵语译音,即贝叶树,常绿乔木。叶称贝叶,用水沤后可代纸,古印度人多用来写佛经,故称佛经为贝叶经。

㤳 bèi 同"悖"。

奞 bèi 大。

輩 bèi "輩(辈,辈)"的讹字。

鄁 bèi 同"邶"。

葡 ㊀bèi 齐备,后作"備(备)"。㊁fú 同"箙",盛箭的器具。

晜 bèi 昏暗。

犋 bèi 同"犻"。

偝 bèi 同"背"。1.背对着:～立。2.违背;背弃:～约|民不～。

偹 bèi 同"備(备)"。

㑰 bèi 用于人名:～督(晋代人)。

琲 bèi 成串的珠子。

棑 bèi 同"犕"。

辈(輩) bèi ❶等列;同类(指人或动物):我～|无能之～|蝼蚁～。❷辈分;世代:前～|晚～|他比我大一～。

輩 bèi 同"辈(輩)"。

犕 bèi 同"犕"。

備 bèi 同"備(备)"。

牗 bèi 同"牗"。

㣁 bèi 日珥,太阳旁的云气,也作"倍"。

颰 bèi 义未详。(《龙龛手鉴》)

B

惫(憊) bèi ❶极度疲乏:疲～|精神固已～矣。❷危殆:善治病者,不使至危～。

焘 bèi 同"焙"。

焙 bèi 同"焙"。

焙 bèi ❶用微火烘烤:～药|～茶。❷焙茶的烘房。

蓓 bèi[蓓蕾](-lěi)花骨朵儿,含苞待放的花:～初开。

蓓 bèi[黄蓓]草名。

悖 bèi 同"悖"。

碚 bèi ❶[碚礧](-lěi)同"蓓蕾",花骨朵儿,未开的花:入林看～。❷用于地名:荆门十二～|北～(在重庆)|蛤蟆～(在湖北)。

琲 bèi 同"琲"。

蛽 bèi 同"贝(貝)"。

焙 bèi 同"焙"。

憊 bèi 同"憊(惫)"。

褙 bèi "褙"的讹字。

弸 bèi ❶以筋帖弓。(《广韵》)❷以丝被弓。(《集韵》)

弸 bèi 同"弸"。

鞁 ㊀bèi ❶鞍、辔等马具的统称:～乘。❷把鞍、辔等套在马身上:～马|黄骝～绣鞍。
㊁bì 皮。

棓 bèi 盐肤木,落叶灌木或小乔木,嫩枝、根、皮、叶、花可供药用。

𩠐 bèi 义未详。(《龙龛手鉴》)

背 bèi 同"背",违背。

䟺 ㊀bèi ❶步行时两脚向外撇开,走不快。❷同"狈(狽)",传说中的动物。
㊁pèi ❶快步行走的样子。❷[赖䟺]也作"蹶䟺",行走时身体重心不稳。

骳 ㊀bèi[骫骳](wěi-)见990页"骫"字条。
㊁pí[骫骳](wán-)见990页"骫"字条。

犕 bèi ❶把鞍、辔等套在牛、马等身上:～牛乘马|～马。❷八岁或六岁的牛。

犕 bèi 同"犕"。

備 bèi 同"備",织席用的草。

牑 bèi ❶床上的横板。❷窗户。

牑 bèi 同"牑"。

糌 bèi 同"犕"。

憊 bèi 同"憊(惫)"。

褙 bèi ❶短衣。❷把布或纸一层一层地粘贴在一起:裱～|～纸。

勸 bèi ❶挟。❷壮。

揹 bèi 吹火。

愂 bèi 同"愂(悖)"。

愂 bèi "愂"的讹字。

賁 bèi 壮賁。(《玉篇》)

鲱 bèi 河豚。

㿜 bèi 同"憊"。

輹 bèi 同"鞴"。

緋 bèi 同"褙",短衣。

㩃 bèi 混乱。

鞁 bèi 同"鞴"。

誖 bèi 同"誖(悖)"。

憊 bèi 同"憊(惫)"。

鞴 bèi 同"鞴(犕)"。

鮴 bèi 同"鲱"。

㿜 bèi 义未详。(《字汇补》)

糒 bèi 干粮。

俻 bèi 等辈。

誖 bèi 同"誖(悖)"。

糒 bèi 同"糒"。

犕 bèi 同"犕"。

奰 bèi 媚。

僃 bèi 同"誖(悖)"。

餔 bèi 同"糒"。

鞴 ㊀ bèi 把鞍、辔等套在马身上：～马｜～雕鞍。
㊁ bài 鼓风吹火用的皮囊，俗称风箱。

鞴 bèi 同"鞴"。

韛 bèi 同"鞴"。

韝 bèi 同"鞁"。

麱 bèi 同"糒"。

鼊 bèi 同"贝(貝)"。

癵 bèi 同"痡(僃)"。

鞴 bèi 同"鞴"。

麷 bèi 同"糒"。

瀵 bèi ❶ 水流激涌的样子。❷ 古水名。(《集韵》)

鐾 bèi(旧读 bì)把刀的刃部放在布、皮、缸沿等物上反复摩擦，使锋利：～刀｜～刀布。

僃 bèi 同"备(備)"。

bei

呗(唄) ㊀ bei 助词，表示语气：认错就行了～｜你实在不愿意去，就算了～。
㊁ bài 用于梵文译音，指佛经中赞颂佛法的短偈，引申为诵经的声音：顶礼归依，歌～赞德｜梵～｜讽～外闻。

啡 bei 同"呗(唄)"，助词，表示语气。

嗷 bei 同"呗(唄)"，助词，表示语气。

啡 bei 同"啡"。

bēn

逩 bēn 同"奔"。

奔[奔、逩]㊀[❶犇] bēn ❶ 急走；跑：飞～｜～驰｜万马～腾。❷ 逃跑：出～｜夜～｜东～西窜。❸ 女子未经父母等长辈许可，与男子共同生活或一起逃走：私～。☞奔/走/跑/行/步/趋/亡　见 333 页"行"字条。
㊁ bèn ❶ 直往；投向：直～学校｜投～｜～向前线。❷ 接近；将近：我已是～七十的人了。❸ 为某种目的而尽力去做：～材料｜～来两张电影票。
◆"犇"另见 33 页"犇"字条。

泍{泍} ㊀ bēn 水流湍急的样子。
㊁ bèn 泉涌的样子。

贲(賁) bēn 见 41 页 bì。

奔 bēn 同"奔(奔)"。

奔 bēn 同"奔"。

跰 bēn 同"奔"。

渀 bēn ❶ 同"奔"：雷～电泄(洩)。❷ 古水名，在今湖南。

骄(驕) bēn 马奔跑的样子。

犇 bēn ❶ "奔㊀ ❶"的异体字。❷ 用于人名。

锛(錛) bēn ❶ 锛子，削平木料的平头斧。❷ 用锛子等砍削：～木头｜用镐～地。❸ 刃部出现缺口：斧口～了｜刀砍～了。

蹳 bēn 同"奔"。

鶅 bēn 同"鵏"。

蹻 bēn 同"奔"。

鐼 bēn 同"錛(锛)"。

鵏 bēn 同"鵏"。

黼 bēn 黑。

犇 bēn 同"奔"。

驞 bēn 同"骈(騈)",也作"奔"。

鷬 bēn(又读 fén)传说中的鸟,白身,赤尾,三只眼,六条腿。

黵 bēn 同"黪"。

蠜 bēn 同"蟦"。

蠢 bēn 同"蠜(蟦)"。

běn

本 běn ❶草木的根:根～|～末|木～水源。❷草的茎或树的干:草～花|木～植物。❸事物的根源:忘～|舍～逐末。❹中心的;主要的:～科|～题。❺原来:～心|～性|～色。❻自己这方面的:～校|～省|～地区。❼现在的:～月|～年|～世纪。❽用来做生意、生利息等的钱财:～金|资～|还～付息。❾根据:有所～|～着节约的原则去办。❿书册;版本:练习～|户口～|精装～。⓫量词,用于书册:两～书|头～《西游记》。

夲 běn "夲(本)"的讹字。

苯 běn ❶[苯蓴](-zǔn)草丛生的样子:～蓬茸|禾卉～。❷有机化合物,可制染料、溶剂等。

畚 běn 同"畚"。

床 běn 姓。

畚 běn 同"畚"。

奄 běn 同"畚"。

畚 běn 同"畚"。

畚 běn ❶簸箕,用竹篾、柳条、木板、铁皮等做成的器具,可簸粮食、撮除垃圾等。❷撮:～土|～炉灰。

栩 běn ❶飞起。❷跑。

畓 běn 同"畚"。

嵒 běn "畚(本)"的讹字。

畚 běn 同"本"。

畚 běn 同"本"。

畚 běn 同"畚"。

畚 běn 同"畚"。

畚 běn 同"本"。

畚 běn "畚(畚)"的讹字。

艓 běn 舟篷。

畚 běn 同"本"。

bèn

坌 bèn ❶聚积:～尘垢|幅裂污～。❷同"坋",尘土:～布域中|霭霭集微～。❸翻土;刨:～地|～土。❹涌出的样子,引申为呼吸急促:～涌|女子～息急奔而入。❺通"笨",不灵巧,引申为质地粗劣:蠢～身材|～绢。

坌 bèn "坌"的讹字。

体 bèn 愚笨;不聪明。

笨 bèn 同"笨"。

荃 bèn 以草为界。

倴 bèn ❶同"笨"。❷用于地名:～城(在河北)。

泍 bèn ❶拟声词,水流动声。❷水涌出的样子。

拚 bèn 同"笨",费力气的:～功。

捹 bèn 手乱的样子。

桻 bèn 同"楍"。

笨 bèn ❶竹黄,又称竹白,竹子的内层。❷物件大而沉重;不精致;费力气的:这柜子太～|羸牛～车|～活。❸不聪明;不灵敏:愚～|嘴～|～手～脚。

倴 bèn 同"笨",不聪明:徒弟也不～。

輽 ㊀bèn 车横木。
㊁fàn 同"軬"。

捹 bèn 古代支撑车篷的车弓。

飫 bèn 粗食。

榃 ㊀ bèn 船篷。
㊁ fàn 同"畚"。1. 车篷。2. 棚屋。

搼 bèn 同"捹",古代支撑车篷的车弓。

獖 ㊀ bèn 狗的一种。
㊁ fèn 羊名:～羊。
㊂ fén 同"豮(豶)"。

麎 bèn 去皮的麻秆。

麖 bèn 牡麋。

輽 ㊀ bèn 车。
㊁ fàn 同"畚",车篷。

穦 bèn[稳穦]谷子未簸的样子。

bēng

伻 bēng ❶ 使;令:乃～我有夏。❷ 往来的使者:～来喜对草堂图|遣～告其亲族。

闳(閍) bēng ❶ 用作祭名。❷ 宫中门。❸ 巷门。

凼 bēng 同"絣",绷直墨绳。

甭 ㊀ bēng 同"崩"。
㊁ yòng 同"用"。

抨 bēng 大;大力。

祊 ㊀ bēng ❶ 古代宗庙内的祭祀,也指设祭之处:祝祭于～。❷ 春秋时邑名,在今山东。
㊁ fāng 祭名,指四方之祭,也作"方":致禽以祀～。

崩 bēng 同"崩"。

垪 bēng 土冢的口穴。

拼 bēng "垪"的讹字。

删 bēng 斫。

劥 bēng 同"抨"。

硼 ㊀ bēng 同"崩",倒塌。
㊁ bèng 山名。

荂 bēng "傰"的讹字。

奟 bēng 同"抨"。

崩 bēng "崩"的讹字。

崩 bēng 同"崩"。

崩 bēng ❶ 倒塌:～塌|～溃|山～地裂。❷ 爆裂;破裂:车胎～了|气球吹～了|两个人谈～了。❸ 爆裂或弹射出来的东西击中、击伤:一炮～碎了大门|放爆竹～了眼睛。❹ 枪毙:枪～|一枪把敌人～死。❺ 崩症,又称血崩,中医指一种妇女病。❻ 古代称帝王、皇后及太子死:驾～。

傍 bēng 同"傰"。

崩 bēng 崩。

绷(綳)[繃] ㊀ bēng ❶ 缠束;包扎:～带|衣服～在身上不舒服|桐棺三寸,葛以～之。❷ 张紧,扯紧,比喻紧张:～直|～紧弓弦|神经紧～。❸ 弹起:弹簧～飞了。❹ 稀疏地缝:～被头|～几针。❺ 勉强支撑:～场面|～个平手。❻ 骗取(财物):坑～拐骗。
㊁ běng ❶ 板着(脸):～起面孔|～着个脸。❷ 硬撑;坚持:～住劲儿|～住不放。
㊂ bèng ❶ 裂:～开一道缝儿。❷ 副词,非常;特别:～硬|～亮|～脆。

荓 bēng 同"絣",绷直墨绳。

殩 bēng[殩殍](-hēng)同"殩殍"。

犇 bēng 义未详。(《改并四声篇海》)

舽 bēng ❶ [艣舽](lǔ-)船具。❷ 船名。

斨 bēng 斨。

絣 ㊀ bēng ❶ 编织:～绣|朝～暮织。❷ 继续:将～万嗣。❸ 缠缚;捆绑:腿～护膝|教狱子～在廊上。❹ 绷直墨绳。
㊁ pēng 无花纹的丝织品。

蒯 bēng "傰"的讹字。

嗙 ㊀ bēng 叹词,呵斥声。
㊁ pǎng 夸口;吹牛:瞎～|胡吹乱～。

嵭 bēng 崩塌。

傰 ㊀ bēng ❶ 朋党;辈:败则～。❷ 通"崩",倒塌:高而倚者～。

㊁ péng 姓。

痭 ㊀ bēng 妇女血崩病。
㊁ péng 腹胀满。

褵 bēng 同“𧜟(繃,绷,綳)”。

裲 bēng 同“绷(綳)”。

祊 bēng 同“祊”。

隫 bēng 同“崩”,倒塌。

𨘗 bēng ❶ 急行的样子。❷ 幽。

榜 ㊀ bēng ❶ 矫正弓弩的器具:～檠矫直。❷ 古代刑罚之一。
㊁［牓］bǎng ❶ 张贴的文告或名单:张～招贤｜名列～首｜光荣～。❷ 匾额:金～｜～额｜～书。❸ 题写;书写:独～其所居室曰“思无邪斋”而铭之｜俱～之以略,考名责实。
㊂ bàng ❶ 船桨,引申为船:齐吴～以击汰｜旅～前年过洞庭。❷ 划船:便欲南归～小船。❸ 击打;鞭打:～笞｜～频｜～死。

嘣 bēng ❶ 拟声词,跳动、爆裂、折断等声音:心～～跳｜～的一声,气球爆了｜琴弦～的一声断了。❷ 指斥;批评:挨～｜让老师～了一顿。❸ 枪毙:拉出去～了!❹ 副词,狠;非常:～脆｜～甜。

弸 bēng 弓。

嫲 bēng 谨慎。

㣟 ㊀ bēng 狗。
㊁ péng 狗健壮的样子。

霦 bēng ❶ 大雨。❷ 浑然不明:一气分万～。

𧝓 bēng 同“繃(绷,綳)”。

襒 bēng 同“鬃(祊)”。

鬃 bēng 同“祊”。

繸 bēng 结。

繃 bēng “繃(绷,綳)”的讹字。

béng

甭 béng “不用”的合体字,副词,不用;不要:～惦记他｜～说了,快上车吧!

běng

俜 běng 诡诈的人。

瓞 běng 瓜结果多的样子。

迸 běng ❶ 出。❷ 行走急。

埄 ㊀ běng 同“埲”,尘土飞扬的样子。
㊁ fēng 宋代立于田地边角的界际:立土为～｜毁坏～界。

埲 ㊀ běng ❶［埲塕］(-wěng)也作“塕埲”,尘土飞扬的样子:日夕尘～。❷ 遍地尘垢。
㊁ bàng 用于地名:蒙石～｜穷来～(均在贵州)。

菶 běng［菶菶］1. 草木茂盛的样子:～萋萋。2. 散乱:掠须不～。

唪 ㊀ běng ❶ 大笑:海晏河清欢～。❷［唪唪］(-běng)果实累累的样子:瓜瓞～。
㊁ fěng 高声念诵:～经｜～诵。

琫 běng 刀鞘口的装饰。

琣 ㊀ běng 同“琫”。
㊁ pěi 用于人名:循～(唐代人)。

頩 ㊀ běng 耳根。
㊁ lèi 同“颣”,头颈歪斜。

𦓓 běng 急。

䩬 ㊀ běng 同“絣”,枲履,一说小儿皮履。
㊁ bāng 同“鞤”,皮革制的鞋帮。

鞛 běng［得鞛子］曲名。

𧚍 běng 同“絜(絣)”。

絜 běng 同“絣”。

絣 běng ❶ 麻鞋。❷ 小儿皮鞋。

𨗨 běng 同“迸”。

鞛 běng ❶ 同“琫”。佩刀鞘上的装饰。❷ 皮鞋。

鞛 běng 同“琫”。

蠭 běng 虫乱飞的样子。

䳞 běng 鸟乱飞的样子。

bèng

堋 bèng 同"塴"。

泵 bèng ❶用于把液体、气体抽出或压入的一种机械：水～｜油～｜气～。❷用泵抽出或压入：～油｜～出｜～入。

迸{迸} bèng ❶跑散：百姓扰扰，皆～山野。❷喷射而出；溅出：～发｜～溅｜银瓶乍破水浆～。❸爆裂；突然碎裂：～裂｜～碎。

堋 bèng 同"甭(堋)"。

堋 ㊀bèng 下葬，将棺椁放入墓穴或埋入土中：既～，复痛哭。
㊁péng ❶分水灌溉的堤堰：蜀～成而陆海兴。❷张设箭靶的小土墙，又称射垛：横弓先望～。
㊂pīng 拟声词：山之杭杭兮水～～。

搒 bèng ❶拖拖拉拉；拖延时间：唔～时间（别磨时间）。❷耗费时间：好～工夫。

迸 bèng 同"迸"。

趙 bèng ❶奔走：奔波～红尘。❷同"迸"，散；逃：跳～。

塴 bèng 塘。

跰 ㊀bèng ❶［跰跰］（-bèng）奔走的样子：利逃～，盗德婴城。❷同"迸"，跑散。
㊁pián［跰蹮］（-xiān）也作"跰跹"，走路摇摆不稳的样子：少有筋骨之疾，晚而加剧，年且六十矣……～行也。

胼 bèng 腹胀的样子。

甭 bèng 同"堋"，下葬。

塴 bèng 同"堋"，下葬。

堋 bèng 同"堋"，下葬。

霁 bèng ❶雷。❷拟声词，雷声。

菶 bèng［菶茸］（-rǒng）草杂乱的样子。

𡋯 bèng［𡋯坲］（-bó）烟尘纷起的样子。

趙 bèng 同"趙"。

甏 bèng 瓮。

镚(鏰) bèng［镚子］原指清末不带孔的小铜币，十个相当于一个铜元，后泛称小硬币，也单称镚：钢镚子｜钢镚儿｜我一个镚子也没有。

誁{誁} bèng 在旁帮着说话。

馡 bèng 香气浓烈。

颷 bèng 风起的样子。

蹦 bèng ❶双脚并拢跳，泛指跳动：～下汽车｜连～带跳跑过来｜胸中～火苗。❷决裂：刚开头还谈得很亲热，可是没谈上十句话就～了。❸［蹦跶］（-da）蹦跳，比喻挣扎：秋后的蚂蚱～不了几天了。

𩪦 bèng［骰𩪦］（tóu-）见958页"骰"字条。

𨇨 bèng（又读pèng）［蹁𨇨］（bìng-）同"蹁𨇨"。

䨻 bèng 拟声词，雷声。

bī

屄 bī 女子外生殖器的俗称。

狴 bī ❶［狴犴］（-yàn）哺乳动物。❷旧时对仡佬族的称谓。

偪 ㊀bī ❶"逼"的异体字。❷姓。
㊁fù［偪阳］古国名，在今山东。

逼［偪］ bī ❶接近；迫近：～真｜追～｜大军直～城下。❷强迫；威胁：～迫｜～上梁山｜暑气～人。❸强行索取：～租｜～债｜勒～。❹狭窄；不宽绰：～仄｜地～势胁｜上饶奢，下俭～。
◆"偪"另见37页"偪"字条。

毴 bī 同"屄"。

豍(騙) bī［驼豍］也作"豍駞"，哺乳动物。

楅 bī ❶为防止牛顶伤人而绑在牛角上的横木：饰其牛牲，设其～衡。❷插箭的器具：若特射无侍射之人，则不设～。❸木门后连接门板的横衬：门后用罗文～。

榌 bī 木梯。

幒 bī 帘子；车帷。

㷶 bī［㷶𩑶］（-jī）短小的样子。

B

陛 bī 牢狱。

豍 bī［豍豆］同"蓖豆"。

颷 ㊀bī ❶小风。❷姓。㊁bì 风寒，也作"滭"。

悂 bī 同"性"，意并。

睥 bī 同"箄"，冠饰。

豍 ㊀bī［豍豆］豌豆。㊁biǎn 同"藊"，藊豆，即扁豆。

觯 ㊀bī 横角牛。㊁bēi 牛角横。

觯 bī 同"觯"，横角牛。

楪 bī 同"楪"。

榉 bī 栖。

螕 ㊀bī 寄生在牛、马、鸡、狗等牲畜身上的小虫，吸食血液，能传染疾病。㊁pí［螕蜉］（-fú）同"蚍蜉"。

鵖 bī［鴔鵖］（fú-）见 265 页"鴔"字条。

踔 bī［踔豆］也作"蓖豆"，豌豆。

鲾（鰏） bī 鲾鱼，生活在热带近海。

髩 ㊀bī 古代称帽子上的装饰品。㊁bān 同"䰉"，须发半白。

鞞 bī 同"睥(箄)"，冠饰。

鎞 ㊀bī ❶钗，妇女的发饰：金～。❷古代治眼病的医疗器械：以金～疗其祖目。㊁pī 同"錍(鈚)"，箭头的一种。

飍 bī 同"颷"。

bí

洎 bí 同"洎"。

荸 bí［荸荠］（-qi）多年生草本植物，地下茎可食或制淀粉。

湢 bí 涕。

鼻 bí 同"鼻"。

鼻 bí ❶嗅觉器官，也是呼吸器官的一部分：～孔｜～涕｜高～梁儿。❷器物上凸出像鼻子一样带孔的部分或零件：门～儿｜针～儿｜扣～儿。

廪 bí 同"廪"。

廪 bí 用于人名：楼～（战国时人）。

bǐ

匕 bǐ ❶古代取食器具，像汤勺。❷匕首，短剑；短刀：图穷～见（xiàn）。

比 ㊀bǐ ❶（旧读 bì）靠近；挨着：～邻｜～肩｜鳞次栉～。❷比较；较量：～赛｜～大小｜欲与天公试～高。❸表示两个同类数的比较，前项是后项的几分之几，或后项是前项的几倍：表演系学生男女比例是一～三（即男生是女生的三分之一，或女生是男生的三倍）。❹表示比赛双方得分的对比：这次足球赛，甲队以三～二战胜乙队。❺模拟；譬喻：她用手～了一个圆形｜把老专家～作长青树。❻介词，用来比较程度或性状的差别：坚～金石｜现在的生活～过去好多了。㊁pí［皋比］（gāo-）虎皮。

帔 bǐ 残帛绽裂。

妣 bǐ 同"妣"。

朼 bǐ 同"枇"，大木匙，祭祀时用于挑取祭牲或盛取饭食的器具。

夶 bǐ 同"比"。

礼 bǐ 同"祉"。

帔 bǐ 同"帔"。

秕 bǐ 同"秕"。

彼 bǐ 邪；不正。

疕 bǐ ❶头疮。❷头痛。

沘 bǐ 水名。1. 安徽的淠河。2. 河南的泌阳河及其下游的唐河。3. 云南的澜沧江支流。

剡 bǐ［剡剥］拟声词，雨点落树叶声。

妣 bǐ ❶已故的母亲：先～｜考～延年｜如丧考～。❷祖母及祖母辈以上的女性祖先：似续～祖｜追尊四代考～为帝后。

筫 bǐ 同"笔(筆)"。

彼 bǐ代词。1.那;那个:～岸|～处|由此及～。2.他;对方:知己知～。

祉 bǐ用小猪祭司命神。

柀 bǐ ❶框。❷离析;破裂:环涂击～其后|直穴播壤,～入内中。

酏 bǐ同"酏"。

秕[粃] bǐ ❶籽实中空或不饱满:～粒|～糠|～谷子。❷坏;恶:军无～政。

吡 bǐ明白:～是非曰智。

肢 bǐ ❶肉。❷同"䏶"。

匣 bǐ同"箄"。

匜 bǐ田器。(《字汇补》)

裳 bǐ衣袖。

笔(筆) bǐ ❶书写、绘画的用具:毛～|钢～|铅～。❷书写;记载:代～|亲～|至于为《春秋》,～则～,削则削。❸手迹:遗～|绝～。❹笔画:～顺|～形|～势。❺(书写、绘画、文章的)技巧或特色:～法|败～|伏～。❻量词。1.用于笔画、书画:"凹"字有五～|写一～好字。2.用于款项、生意等:筹集一～钱|欠下两～账|谈妥三～生意。

俾{俾} bǐ ❶使:无～民忧|～便考察。❷[俾倪](-nì)同"睥睨",斜着眼睛往旁边看。

舭 bǐ ❶[舭艀](-dá)船名。❷船底和船侧之间的弯曲部位,起平衡稳定作用。

酏 bǐ酒名。

啚 ㊀bǐ鄙吝,后作"鄙"。
㊁tú同"圖(图)":然后～行|容～后世。

畐 bǐ同"啚"。

俾 bǐ同"俾"。

椑 bǐ树名。

敉 bǐ同"鞁"。

鞁 bǐ[鞁皱](-ní)1.毁坏。2.拟声词,击声。

庇 bǐ诋毁。

滗 bǐ古水名。(《水经注》)

婢 bǐ ❶旅居外地的人。❷牵扯:牵三～四。

鄙 bǐ ❶周代地方行政区划名,五百家为鄙。❷边邑,边远的地方:边～|西～|旁震八～。❸粗俗;低劣:～俗|～陋|卑～。❹谦辞,用于自称:～人|～意|～见。❺轻视;看不起:～视|～薄|～弃。

髀 bǐ同"髀"。

鄙 bǐ"鄙"的讹字。

擗 bǐ扶持。

聛 bǐ ❶耳壳。❷侧耳。

蓖 bǐ又称鼠莞,草名,纤细如龙须。

麬 bǐ义未详。(《改并四声篇海》)

箄 ㊀bǐ笼、篓类器具。
㊁bēi竹制的捕鱼具:张～捕鱼。
㊂bī ❶冠饰。❷也作"笓",捕虾的竹器。
㊃bì同"箅",用于蒸锅的竹屉,泛指起间隔作用的有空隙的器具。
㊄pái同"簰❶"。

層 bǐ[屋層](qǐng-)臀部。

貏 bǐ[貏豸](-zhì)山势渐平的样子。

璕 bǐ ❶青白色的玉管。❷青色的玉。

髀 bǐ相分解。

貏 bǐ同"貏"。

僊 bǐ ❶停。❷同"罢(罷)",释放罪人。

鄙 bǐ同"鄙"。

簰 bǐ同"箄"。

蹕 bǐ跑;跑的样子。

穲 bǐ黍类作物。

B

bì

币 ㊀（幣）bì ❶古代用作祭祀的丝织品，泛指车马、皮帛等礼物：事之以皮～｜使人以～先焉。❷财物；货币：资～｜金～｜纸～。
㊁ yìn 同“印”。

佖 bì 劣。

必 bì ❶坚决；坚定：其诛杀猛而～。❷固执；坚持已见：毋意，毋～，毋固，毋我。❸副词。1. 必定；一定：～到｜骄兵～败。2. 必须；一定要：不～多说｜事～躬亲。

畀 bì 拟声词，出气声。

邲 bì 同“弼”，辅助。

邲 ㊀ bì 同“弼”，辅助。
㊁ bèi 同“邶”。

毕（畢）bì ❶古代田猎用的长柄网，也指用网捕猎：～弋｜～之罗之。❷完；结束：～业｜礼～｜话犹未～。❸完全；全部：～生｜群贤～至｜凶相～露。❹星名。❺古国名，在今陕西。❻姓。

闭（閉）bì ❶关；合：～嘴｜～门造车｜～关自守。❷阻塞不通：～塞｜～气。❸结束；停止：～会｜～经。

坒 bì 配合：阴阳～参。

坒 bì ❶相连接：骈～｜鳞～。❷用于地名：五～（在浙江）。

妼 bì 用于女子人名。

吡 ㊀ bì［吡吡］（-bì）拟声词，鸟叫声。
㊁ bǐ ❶同“諀”，诋毁；诽谤：～其所不为者｜争时者～其遇。❷通“比”，比较：异类不～。❸用于译音：～啶（有机化合物）。

畐 bì 同“畐”。

佖 bì 铺满：～路。

狓 ㊀ bì 哺乳动物，像猪。
㊁ pí 同“貔”。

庇 bì ❶遮蔽；遮掩：～荫｜～风雨。❷掩护；袒护：～护｜包～。

敝 bì 破旧衣服。

咇 bì ❶主宰。❷美好的样子。

邲 ㊀ bì ❶古地名，在今河南。❷姓。
㊁ biàn 水名，即汴水。

诐（詖）bì ❶辩论，假借为偏颇；不正：～辞｜言未尝～｜不从俗而～行。❷谄媚：险～｜～险。

鄪 ㊀ bì 同“鄪”，古邑名，也作“费（費）”。
㊁ fèi 同“费（費）”，古地名，在今河南。
㊂ fú 姓。

陈 bì 古邑名。（《五侯鲭字海》）

拯 ㊀ bì 捶击：撞～。
㊁ bié ❶扭转：～巧乃纯。❷撬开：～门。

苾 ㊀ bì［苾苾］（-bì）浓香，芳香，单用义同：苾苾芬芬｜苾乎如入兰芷之室。
㊁ bié 菜名。

柴 ㊀ bì 古地名。（《龙龛手鉴》）
㊁ pī 同“枇”，即楖栗，树名。

畀 bì ❶赐予；给予：亲挈大宝，～予兄弟｜以五千元～之。❷托付；委任：不可不举国民而悉～以参政权。

畁 bì 同“畀”。

畀 bì 同“畀”。

咇 bì ❶拟声词：把直裰带子都～～剥剥扯断了。❷［咇哔］（-zhì）言语细碎。❸［咇茀］（-bó）也作“馝馞”“苾勃”，香气浓烈。

帗 bì 帐幕。

㘠 bì 闭。

泌 ㊀ bì ❶狭窄的山溪或泉水：～之洋洋。❷水名。1. 在河南，唐河上游的别称。2. 在山东，现称卫鱼河。❸过滤：～糟粕。❹［泌阳］地名，在河南。
㊁ mì 液体由细孔排出：分～｜～尿。

怭 bì 轻浮，不庄重：威仪～～。

怶 ㊀ bì 邪僻；不正。
㊁ pī ❶恐惧。❷忧愁。

粤 bì 同“弼”。

弢 bì 用丝和皮革装饰的弓。

妼 bì 女子仪容美好。

珌 bì 古代刀鞘下端的饰物。

贲(賁) ㊀bì ❶文饰:~若草木|有所废缺,辄为增~。❷华美;有光彩的样子:~临(客人盛装光临)。
㊁bēn ❶通"奔",奔走;快跑:虎~(古代指勇士、武士)。❷(旧读 féi)姓。
㊂pān[贲禺](-yú)旧县名,即番禺,在广东。

荜(蓽) bì ❶[荜拨]多年生藤本植物,果穗可供药用。❷同"筚(篳)"。

柲 bì ❶古代兵器的柄,泛指器物的柄:戈~|铖~。❷弓檠,绑在弓内用以保护弓的竹片。

毖 bì ❶谨慎;小心:上~下宁|惩前~后。❷密;缜密:~藏。❸告诫;教导:儆~之言|先兄~余。

庳 bì 劈麻苎庳头。(《篇海类编》)

䟆 bì 被。

哔(嗶) bì ❶拟声词:~剥|灯捻~~剥剥地响着。❷用于译音:~叽(斜纹纺织品)。

㣬 bì[㣬傺](-qǐ)迈步走路。

偲 bì"佖"的讹字。

𠈸 bì 同"辟"。

疪 bì 同"痹",湿病。

欪 bì 吹。

敝 bì 义未详。(《字汇补》)

弻 bì 同"弼"。

怫 ㊀bì 同"弼"。
㊁fú 同"怫",愁闷。

陛 bì ❶殿堂的台阶,泛指阶梯:阶~|~级。❷官阶等级:举杰(傑)压~。❸[陛下]对君主的尊称,也单称陛:倘陛下弛于上,则诸臣必逸于下|仰戴堂陛。

坒 bì ❶下。❷同"陛",宫殿的台阶。

𦱊 bì 义未详。(《改并四声篇海》)

𦱡 bì 草名,一说"蓖"的讹字。

毙(斃)[獘] bì ❶仆倒,跌倒:倒~|~于车中。❷死:~命|枪~|击~。❸开枪打死:一枪就把拒捕的劫匪给~了。❹败亡;失败:多行不义必自~。
◆"獘"另见44页"獘"字条。

枈 bì 同"枈"。

眍 ㊀bì ❶直视。❷惭愧。
㊁mà 恶视。

铋(鉍) ㊀bì ❶同"柲",矛、戟等古代兵器的柄。❷金属元素,又称苍铅,可用来制低熔合金、保险丝、安全阀等。
㊁sè 同"瑟",古代乐器。

毴(毴) bì[毴毡](-jī)也作"哔叽",密度较小的斜纹毛织品。

秕 ㊀bì[秕稚](-zhì)禾再生的样子。
㊁bó[秕稡](-zú)1. 禾结穗。2. 禾穗向上的样子。

偪 bì 同"辟"。

狴 bì 狴犴,传说中的凶猛动物,一说龙子,古代牢狱门上常画有其形象,代指牢狱:~狱|重~。

𤝲 bì 同"弼(弻)"。

痹 bì 大小便不畅。

烨(燁) bì ❶[烨爔](-fú)也作"烨爩",火燃烧的样子。❷拟声词,烈火燃烧时发出的声音。

滗 bì 同"滗(潷)"。

袐 bì 刺。

弻 bì 同"弼"。

陛 bì 同"陛"。

拂 bì 同"畀"。

拂 bì 同"畀"。

聪 bì"眍"的讹字。

莄 bì 同"蓖"。

梐 bì ❶[梐枑](-hù)古代官府门前限制人马随意通行的障碍物,用木料交叉制成,俗称行马,又称拒马叉子。❷牢笼。

庳 bì 义未详。(《龙龛手鉴》)

B

粊 bì 恶米，长得不饱满的稻米。

畢 bì 同"畢(毕)"。

閇 bì 同"閉(闭)"。

閈 bì 同"閉(闭)"。

蜌 bì 黑蜂，一说大蜂。

犃 bì［犃犃］牛马行走的样子。

僻 bì 同"辟"。

脾 bì ❶胃：还吾心，还吾～。❷同"髀"，大腿：～髀。

庳 bì 同"庳"。

庳 bì ❶房屋矮小：宫室卑～。❷矮；小：～屋｜～车。❸短促：音～。❹［有庳］古地名，在今湖南。

敝 bì ❶破旧；破烂：～衣｜～帚自珍｜舌～唇焦。❷衰败：凋～｜道衰文～。❸损害：因人之力而～之｜受～则迁。❹谦辞，称跟自己有关的事物：～人｜～姓｜～处。

庳 bì 同"庳"。

陴 bì 山崩。

婢 bì ❶女奴；女仆：奴～｜～女。❷谦辞，古代妇女的自称：寡君之使～子侍执巾栉。❸妾：使吾二～子夹我。

紕 bì 把分散的麻纤维制成绳。

埤 bì(又读pì) ❶土块：泥～。❷拟声词：其声～然。

𨋢 bì 同"拂"，辅佐；帮助：鼎～(鼎力相助)。

淢 ㊀bì 同"滗"，泉水涌出的样子。
㊁yù 同"淢"，急流。

酳 bì 同"醠"，饮酒时喝光。

皕 bì 数词，二百。

睥 bì 义未详。(《龙龛手鉴》)

賁 bì 以物辗转给人：赔～。

閉 bì 同"闭(閉)"。

閇 bì 同"闭(閉)"。

跸 ㊀bì 踢。
㊁bié 同"扸"，扭转：～右以压左。

屃(贔) bì ❶［屃屃］(-xì)也作"贔屭"，单用"屃"义同。1.壮猛有力的样子：巨灵～。2.蠵龟的别称，一说鳌或雌鳌。❷巨大；壮猛：～响外发｜～然其躯｜～风。❸［屃怒］汹涌澎湃，气势磅礴的样子：波涛～｜浑洪～，鼓若山腾。

毴 bì 毛。

秡 bì 同"秘"。

稫 bì 同"馝(苾)"。

筚(篳) bì ❶用竹木、荆条等编成的篱笆、门等屏蔽物：～门｜蓬门～户。❷［筚篥］(-lì)同"觱篥"。

俾 bì 同"趩(蹕，跸)"。

偪 bì 雄大；有威仪。

腷 bì 同"辟"。

滭 bì［滭沷］(-fú)风寒。

湢 bì ❶浴室：不共～浴。❷整肃的样子：军旅之容，～然肃然固以猛。

愊 bì ❶至诚：言多悫～。❷［愊臆］也作"愊抑"，愤怒、悲哀郁结于心：愊抑失声。

愎 bì 乖戾；固执：～而虐｜刚～自用。

禆 bì 同"裨"。

裨 bì 同"裨"。

弼[弻] bì ❶辅佐；辅助：辅～。❷辅佐的人：忠臣良～。

舭 bì 同"鄪"。

弻 bì 同"弼"。

弻 bì 同"弼"。

陛 bì 同"陛"。

辟 bì 同"辟"。

鞑 bì ❶同“鞑”,车上用于捆绑固定的皮带。❷鞋。

萞 bì同“蓖”。

蓖 bì[蓖麻]一年或多年生草本植物,叶可饲蓖麻蚕,种子可榨油。

萆 bì同“蓖”。

蔽 bì同“蔽”,遮挡:～匿。

軙 ㊀bì 车轼。
㊁fù同“鞎”,车伏兔。

䠋 bì止。

閟 bì ❶关门,泛指关闭:～门|幽～|～极则达。❷遮掩;隐藏:～匿|自～。❸病名,大小便不通畅:其病癃～|小便淋～。

畢 bì“畢(毕)”的讹字。

跸(蹕) bì ❶也作“趩”,帝王出行时清道,禁止行人通过:警～。❷帝王的车驾和巡行之处:扈～|驻～。❸站立不端正:立不～。

螕 bì蚌的一种,介壳狭长,俗称马刀。

嶩 bì ❶道边堂如墙。❷终南山古道名。

䅭 bì古县名,在今山东。

楅 bì ❶同“副”,剖分;破开。❷薄版。

㪏 bì同“蹕(跸)”。

飶 bì食物的香气。

腷 bì[腷臆]也作“臆腷”,心中郁闷。

狴 bì哺乳动物。

痹[痺] bì ❶中医指因风、寒、湿等的侵袭而引起的肢体疼痛或麻木的病:风～|麻木痿～。❷气郁闷:胸～|诸～。❸麻木;疏忽:～不得摇|麻～大意。

痺 ㊀bì同“痺(痹)”。
㊁bēi通“卑”,低下:小大高～|旧城～薄而隘。

幣 bì同“币(幣)”。

煏 bì用火烘干:火～取干。

滭 bì ❶泉水涌出的样子:～浡滵汩。❷泉水。

滗(潷) bì用器物挡着渣滓等把汁液倒出或滤出:～米汤|把药汤～出来。

滭 bì同“滗(潷)”。

裨 ㊀bì ❶补缀短衣。❷增加;补益:～益|无～于事。
㊁pí ❶祭祀时穿的次等礼服:大祝～冕。❷副;辅佐的:偏～|～将。❸姓。

辟 ㊀bì ❶法度;刑罚:立法制～|三～之兴|大～(死刑)。❷君主;君位:惟～作威|末代已来,明～盖寡|复～。❸官吏;首领:百～|民～。❹征召:～召|～书|～之以号令。❺通“避”:～暑甘泉宫|退三舍～之。
㊁(❶❸闢) pì ❶打开;开拓:开～|另～蹊径|开天～地。❷驳斥;排除:～除|～谣|～邪说。❸透彻:精～|透～|鞭～入里。❹通“僻”。1.偏僻:～陋|～在山中。2.邪僻;不诚实:邪～文过|淫～不轨|诡经～说。

弼 bì ❶射:～日。❷弦。

㢸 bì同“弼”。

婢 bì ❶母亲。❷通“毕(畢)”,完结:～姻(完婚)。

璧 bì同“珌”。

碧 bì ❶青绿色的玉石:青～|锡～金银。❷青绿色:～绿|～竹|～瓦。❸浅蓝色:～空如洗。☞碧/苍/蓝/绿/青 见786页“青”字条。

髲 bì同“髮”。

搠 bì ❶批打,用手掌等轻轻击打。❷用刀反复刮蹭:(武松)提起刀来望那妇人脸上便～两～。

鞑 ㊀bì车上用于捆绑固定的皮带。
㊁pèi同“辔(轡)”,驾驭牲口的嚼子和缰绳。

蓽 bì同“蓽(荜)”。

蔽 bì ❶遮掩;遮挡:遮～|掩～|旌旗～日。❷隐蔽;掩饰:～林间窥之|毋～汝恶|不敢自～。❸概括;总结:一言以～之。❹缺欠;毛病:好勇不好学,其～也乱|将更百年～。❺[蔽膝]古代朝见或祭祀时

披戴在下衣前的一种服饰，形制、图案花纹、颜色按不同等级有所区别，泛指围在下衣前用以蔽护膝盖的大巾，也指系在衣前的围裙。

B

椑 bì 树名。

裶 bì 同“粊(粜)”。

睤 bì 眥，眼角。

斁 bì ❶完了，终结，后作“毕(畢)”。❷画。

馝 bì 浓香；芳香。

稨 bì “稨(苾)”的讹字。

箅 bì 蒸器中的竹屉，泛指有空隙、起间隔作用的器具：甑～｜炉～子｜雨～子。

箆 bì 同“篦”。

熂 bì 同“熂(煏)”。

皕 ㊀ bì 头发白的样子。
㊁ pó［皕皕］勇舞的样子。(《龙龛手鉴》)

魊 ㊀ bì 冥衣。
㊁ mèi 同“魅”。

狴 bì 同“狴”，牢狱。

獙 bì［獙獙］传说中的动物，像狐，有翅膀。

粺 bì 同“粊”。

弊［獘］ bì ❶破旧；破烂：～车驽马｜黄貂之裘～。❷害处；毛病：～病｜～端｜兴利除～。❸通“蔽”，蒙蔽；欺诈蒙骗的行为：作～｜营私舞～。

禆 bì 祭灶。

弻 bì 同“弼”。

鄪 bì 古邑名，在今山东。

弻 bì 同“弼”。

韠 bì 也作“柲”，弓檠，护弓器。弓卸弦后缚在弓内侧，或发弦时缚在弓背，以防弓受损。

綼 bì 衣边的装饰。

稫 bì ❶禾。❷治黍豆。

髲 bì ❶假发(鬘)。❷［髲髲］(-ě)也作“駊騀”，高大的样子。

駜 bì 马肥壮的样子：～彼乘(shèng)黄(乘黄：四匹黄色的马)。

撶 bì 刺。

勒 bì 同“筚(篳)”。

椑 bì 同“梐”。

槲 bì 树名。

鬅 bì 同“鬅”。

幤 bì 同“币(幣)”。

鞸 bì 同“韠”。

踔 bì 同“髀”，大腿。

蹕 bì 同“蹕(跸)”。

嗶 bì 鸣。

罼 bì ❶同“畢(毕)”，捕鸟或兔等的长柄网：不知重云外，何处避～弋。❷帝王的仪仗：翠盖耀澄，～帟凝晨。

畢 bì 同“罼”。

頧 bì ❶长子，第一个儿子。❷母狗生的第一只小狗。

遻 bì 同“避”。

貏 ㊀ bì 哺乳动物。
㊁ bǐ 同“貏”。

綮 bì “綮”的讹字。

痺 bì 脚麻；脚肌肉痉挛：足～。

糒 bì 同“㶛(煏)”。

獘 bì ❶“毙(斃)”的异体字。❷同“獙”。

嫳 bì 义未详。(《龙龛手鉴》)

獘 bì 哺乳动物，像狗，身上有花纹。

辟 bì 同“辟”。

𡓪 bì 同“辟”，法度。

彃 bì 同“弼”。

弻 bì 同“弼”。

𩙿 bì 飞。

䌘 bì 同“䌘”。

縪 bì 缉。

𡏖 bì “㙄”的讹字。

壀 bì 同“埤”。

鞞 bì 鞞鞋，鞋。

鞸 bì 同“珌”。

蔽 bì 同“蔽”。

薜 ㊀ bì ❶［薜荔］又称木莲，常绿藤本植物，果实可做饮料或凉粉，茎叶可供药用。❷ 姓。
㊁ bò ❶ 当归，多年生草本植物，根可供药用。❷ 山麻。

觱 bì ❶［觱篥］（-lì）也作“觱栗”“筚篥”，古代管乐器。❷［觱沸］也作“滭沸”，泉水涌出的样子。

頙 bì “頧”的讹字。

髀 bì 同“髀”。

穪 bì 同“稨”。

篦 ㊀ bì ❶ 篦子，梳理头发的用具，齿细密：发（髮）短不胜～。❷ 用篦子梳理：～头。
㊁ pí ❶ 同“笓”，捕虾的竹器。❷ 用以打人的刑具：打四十竹～。

僃 bì 同“僬”。

熌 bì 同“煏”。

熚 bì 同“煏”。

㵨 bì 同“避”。

鮅 bì ❶ 赤眼鳟。❷ 鲂鱼。

獙 bì［獙邪］同“鷩邪”。

廦 ㊀ bì 同“壁”。
㊁ pì 同“廦”。

辟 bì 同“壁”。

壁 bì ❶ 墙壁：～灯｜～报｜家徒四～。❷ 营垒：～垒｜坚～清野｜作～上观。❸ 像墙壁一样直立的山崖：悬崖峭～｜陡～｜绝～。❹ 某些物体或生物器官中作用像墙壁的部分：井～｜胃～｜细胞～。❺［壁虎］又称蝎虎，旧称守宫，爬行动物。

𢍰 bì 同“𢍰”。

避 bì ❶ 躲开；让开：～风｜～暑｜扬长～短。❷ 避免；防止：～嫌｜～孕｜～雷针。❸ 辞让；亚于：～贤｜今海内为一，土地人民之众不～汤、禹。

𦐊 bì 弶，捕捉鸟兽的工具。

嬖 bì ❶ 宠爱；宠幸：～爱｜不偏富贵，不～颜色。❷ 宠妾，泛指受宠的人：宠～｜外～。

縪 bì ❶ 缝缀在冠（帽）上：外～。❷ 用带子约束。❸ 同“韠（韍，韨）”，蔽膝。

綼 bì 同“碧”。

趩 bì 同“蹕（跸）”。

䕗 bì 草名。

薜 bì 同“蔽”。

蔽 bì 同“蔽”。

蔽 bì 同“蔽”。

殢 bì［殢㱱］（-xī）欲死的样子。

䫾 bì 同“頙（頧）”。

閟 bì ❶ 同“闭（閉）”，关门。❷ 门户。

蜌 bì 虫名。

罼 bì 同“罼”。

嶧 bì 用于古地名：赤～（在今湖北，后作“赤壁”）。

髀 bì 同“髀”。

髀{髀} bì ❶大腿:弹筝搏～。❷大腿骨:髋～之所。❸古代测量日影的表:周～长八尺。

髍 bì(又读 bī)同"屄"。

馝 bì同"苾",芳香;浓香。

稫 bì满。

篦 bì ❶篳衣车户。(《集韵》)❷博戏所用的筹。

諀 bì ❶敬。❷说话完毕,也作"毕(畢)"。

獘 bì同"弊"。

熚 bì[熚烞](-pò)也作"烨烞",拟声词,物体燃烧时发出的爆裂声。

愊 bì[憉愊](péng-)见 721 页"憉"字条。

腷 bì同"臂"。

壁 bì同"璧"。

辟 bì同"辟",法度。

嬖 bì[嬖娎](-xī)同"襒㩉"。

躄 bì两腿瘸而不能行走。

臂 ㊀bì ❶胳膊,由肩至腕的部分:～膀|双～|振～高呼。❷动物的前肢:螳～挡车|其状如马,文～,牛尾。
㊁bei[胳臂](gē-)胳膊。

嚊 bì用于佛经译音。

奰 bì ❶壮大:多力而～。❷怒:内～|怨～|～怒。❸[奰屃](-xì)也作"奰屭",壮大的样子。

羃 bì同"鼊"。

幣 bì裙子。

㷶 bì同"煏"。

稫 bì同"㷶(煏)"。

䅭 bì同"㷶(煏)"。

簞 bì同"簞(筚)"。

鎞 bì竹筒,用于写信。

饆 bì[饆饠](-luó)1.又称饽饽,饼类食品:樱桃～。2.张罗安排:快去～。

譬 bì同"诐(詖)"。

糒 bì同"粃(𥻳)"。

獘 bì同"幣(币)"。

鄨 bì ❶古县名,在今贵州。❷鄨水,古水名。(《广韵》)

㵥 bì行走不停的样子。

灦 bì同"鷩(鷩,鷩)"。

璧 bì ❶平圆形、正中有孔的玉器:白～一双|完～归赵。❷美玉的通称:累～重珠。❸仪容美好:～人。❹退回赠送的礼品;归还借用之物:奉～|～谢不收。

襞 bì同"辟"。

瑰 bì同"碧"。

騞 ㊀bì ❶[騞駽](-xuān)神马名,也单称騞。❷同"駜"。
㊁bó同"驳(駁)",马色。

韠 ㊀bì ❶同"韠(韨,韍)",蔽膝。❷同"鞞",车上用于捆绑固定的皮带。
㊁bǐng同"鞞",刀、剑的鞘。

鷩 bì同"鷩"。

蠯 bì[蚼蠯](gōu-)同"鼅鼄"。

髀 bì同"髀"。

髊 bì同"髀"。

簯 bì ❶竹簯。(《玉篇》)❷捕鸟工具。

魓 bì星名,北斗七星之一。

飅 bì ❶风吼。❷也作"滭",寒风。

癉 bì ❶病。❷病人手冷。

鷩 bì同"鷩"。

襣 bì合裆的贴身内裤。

臂 bì 同"臂"。

襞 bì ❶折叠衣被:锦衾不复～。❷衣服上、肠胃上的皱褶:置(寘)钩于巾～中|胃～。❸裂开;剖分:～笺(牋)而献。

繴 bì 又称覆车网,装有机关的捕鸟兽的网,能自动覆盖。

韠 bì 同"韍(韨)",蔽膝。

驆 bì 同"跸(蹕)",帝王的车驾。

貏 bì 同"鼊"。

躃 bì ❶仆倒:迷闷～地。❷同"躄",腿瘸不能行走:跛～。

鼻 ㊀bì 母狗生的第一只小狗。一说长子,即第一个儿子。
㊁bí 首,头,脑袋。

躄 bì 腿瘸不能行走:～步。

麨 bì[麨饠](－luó)也作"饆饠",饼。

鷝 bì[鷝鴋](－fāng)1.鸟名。2.神名。

鐴 ㊀bì 犁耳,装在铧或镵上的铁板,用于破碎、翻转土壤。
㊁bèi(旧读bì)同"鐾"。

麛 bì 野鹿。

鏎 bì 同"鮅"。

髀 bì 又称弓弭,弓末的弯曲处。

鷩 bì ❶又称赤鷩、赤雉,鸟名,即锦鸡,雉的一种。❷绣有鷩形图案的礼服:～冕。

觱 bì[觱篥]也作"觱篥",羌人所吹兽角,用以惊马。

贔 bì 同"奰"。

爂 bì 同"煛(熩)"。

爑 bì 同"煛(熩)"。

蠯 bì[蠯邪]传说中的奇异动物,身像兽,嘴像鸟。

灦 bì 同"滗"。

鼊 bì[鼁鼊](gōu－)也作"蠝鼊",龟类动物。

贔 bì 同"贔(奰)"。

灋 bì 水的样子,也指水激荡汹涌的样子。

biān

边(邊) biān ❶物体的外延部分:海～|马路～。❷国家或地区之间的交界处:～疆|～防|戍～。❸镶或画在物体边沿的条状装饰:绲～儿|金～儿眼镜。❹尽头;界限:～际|无～无际|力量大无～。❺近旁:旁～|身～|长亭外,古道～。❻方面:双～会谈|多～协商。❼[边……边……]用在动词前,表示动作同时进行:～干～学|～说～笑。❽姓。

攴 biān 同"鞭"。

砭 biān 同"砭"。

攴 biān 同"鞭"。

攴 biān"攴"的讹字。

砭 ㊀biān ❶古代用石针扎皮肉治病:～灸|～割。❷古代治病用的石针:～针|～石。❸刺;救治:～人肌骨|针～时弊|以～世盲。
㊁biǎn 山坡:正走在一道～上。

砭 biān"砭(砭)"的讹字。

进 biān 同"邉(边,邊)"。

邉 biān 同"边(邊)"。

笾(籩) biān ❶祭祀或宴会时盛果品的竹器,像豆:掌四～之实。❷古代宫中从事杂役的奴隶:～人|女～。

碧 biān 同"砭"。

萹 ㊀biān[萹蓄]又称萹竹(萹竹),一年生草本植物,可供药用。
㊁pián[萹蕃](－xiān)草木摇动的样子。
㊂biǎn[萹豆]同"藊豆",即扁豆。

邊 biān 同"边(邊)"。

猵 ㊀biān 獭的一种。
㊁piàn[猵狙](－jū)哺乳动物,身像猿,头像狗。

B

编（編） biān ❶古代穿联竹简的皮条或绳，引申为顺次排列：韦～三绝｜～排｜～辑。❷书或书的一部分：简～｜人手一～｜下～。❸创作；撰写：～撰｜～曲｜～剧本。❹把头发或细条、带子等交叉组织起来：～辫子｜～草帽｜～织。❺捏造：～瞎话｜胡～乱说｜纯属瞎～。

殦 biān 义未详。（《篇海类编》）

牑 biān 床板。

邉 biān 同"边（邊）"。

猵（獱） biān 同"猵"，獭的一种。

煸 biān 在烹煮之前把菜肴炒到半熟，也指把蔬菜、肉等放在热油里炒：～炒｜干～。

甂 biān 小瓦盆。

蝙 ㊀ biān［蝙蝠］（-fú）哺乳动物，头和身像老鼠，前后肢有皮质膜与身相连，张开如翅。
㊁ pián 鱼名。

箯 biān ❶［箯舆］竹制的便轿。❷用于盛饭的竹器。

䈮 biān 同"笾（籩）"。

邎 biān ❶振绳墨。❷行不绝。

遵 biān 同"笾（籩）"。

𧍪 biān 义未详。（《改并四声篇海》）

𦥎 biān "䈮"的讹字。

匾 biān 同"笾（籩）"。

籐 biān 同"箯"。

㣐 ㊀ biān 身子不正。
㊁ pián［㣐跹］（-xiān）也作"㣐僊（仙）""翩跹"，舞姿轻快的样子。

邉 biān 同"邊（边）"。

鞭 biān 古代兵器。

鍽 biān 金鍽。（《玉篇》）

鳊（鯿） biān ❶鱼名，又称鲂。❷鲤科鳊属鱼类名，生活在江河、湖泊中。

鞭 biān ❶驱使马等牲畜的用具，泛指鞭子：马～｜～长不及马腹｜教～。❷用鞭子打马，泛指用鞭子抽打：骏马不劳～｜～尸｜～策（比喻督促前进）。❸古代兵器，没有锋刃，有节：三棱～｜竹节～。❹编连成串的爆竹：～炮｜放～｜一挂～。

邊 biān 同"邊（边）"。

邊 biān 同"邊（边）"。

瀍 biān 同"邊"。

鞭 biān 同"鞭"。

鶣 biān 义未详。（《龙龛手鉴》）

㣐 ㊀ biān 身不正。
㊁ pián［㣐跹］（-xiān）也作"蹁跹""翩跹"，舞姿轻快的样子。

鯾 biān 鯾鱼，即鲂鱼，也作"鳊（鯿）"。

鳊 biān 同"鯾"。

瀍 biān 水名，也作"邊（边）"。

臱 biān "臱"的讹字。

臱 biān 缝。

趨 ㊀ biān ❶跑。❷跑的样子。
㊁ diān 跑路跌倒。

繨 biān 义未详。（《改并四声篇海》）

邉 biān 同"籩（笾）"。

籩 biān 同"籩（笾）"。

鯿 biān 同"鳊（鯿）"。

匾 biān 同"笾（籩）"。

𨏊 biān 同"边（邊）"。

biǎn

贬（貶） biǎn ❶减低；降级：～值｜～职｜～黜。❷给予不好的评价：～低｜～损｜褒～不一。

昪 biǎn 同"贬(貶)"。

貶 biǎn 小。

窆 biǎn ❶棺木下葬,泛指埋葬:～不临其穴|灵骨～于普觉塔之东。❷墓穴;坟茔:孤～|发卒护其～。

扁 ㊀ biǎn ❶物体平而薄:～铧|饮料罐被踩～了。❷姓。
㊁ piān[扁舟]小船:一叶～。

扁 biǎn 同"扁"。

导 biǎn 同"贬(貶)"。

扁 biǎn[扁虒](－sī)薄的样子。

匾 biǎn ❶用竹篾编成的器具,用来养蚕或盛粮食等:竹～|针线～。❷题有标记或赞扬文字的横牌,挂在门、墙的上部:～额|横～|绣金～。❸[匾匮](－tī)薄;薄的样子。

贬 biǎn 同"贬(貶)"。

㝵 biǎn ❶倾覆。❷同"贬(貶)":～君自损。

㔆 biǎn 义未详。(《改并四声篇海》)

揙 biǎn ❶抚。❷同"扁",扁形的:～刀。

惼 biǎn 同"褊",心胸狭隘;急躁:～心之人|～悁逾剧。

㦚 biǎn 同"扁"。

㝵 biǎn 同"㝵"。

搧 biǎn[搧扎]也作"匾扎",捆绑。

碥 biǎn ❶上下车用的垫脚石。❷山路的石级。❸水流急、山崖险的地方,多用于地名:燕子～|阎王～(均在陕西)。

稨 biǎn[稨豆]同"藊豆",即扁豆。

遍 ㊀ biǎn[遍递(遞)]同"匾匮"。
㊁ biàn 同"遍"。

褊 ㊀ biǎn ❶衣服狭小,泛指狭小:～小|地～衣寒。❷急躁:～急|清介而性～。❸同"扁":～桃。
㊁ pián[褊褼](－xiān)衣服飘动的样子。

藊 biǎn[藊茿](－zhú)同"萹茿"。

稨 biǎn "稨(稨)"的讹字。

腨 biǎn 淫。

糄 ㊀ biǎn 烧稻取米。
㊁ biān 米。

稨 biǎn 同"稨(稨)"。

鶣 biǎn 鹰、鹞子两岁时的羽毛颜色,也指苍鹰。

藊 biǎn[藊豆]今作"扁豆",又称鹊豆、蛾眉豆,一年生草本植物,嫩荚是常见蔬菜,种子可供药用。

匾 biǎn 同"扁",不圆:～眼豆。

㴜 biǎn 水的样子;水急流的样子。

矏 ㊀ biǎn ❶初生儿眼睑未睁开。❷回头看。
㊁ huán ❶大眼睛的样子。❷闭着眼睛。

辩 biǎn 同"辩"。

辮 biǎn ❶忧愁。❷急迫。

稨 biǎn 门稨。(《字汇补》)

辮 biǎn "辩"的讹字。

矏 biǎn 同"矏"。

稨 biǎn 同"稨"。

稨 biǎn 同"稨(稨)"。

稨 biǎn 同"稨(稨)"。

鶣 biǎn[鶣鷈](－tī)同"匾匮",薄;薄的样子。

biàn

卞 biàn ❶法度:临君周邦,率循大～。❷急躁:～急|性躁～。❸姓。

弁 biàn ❶古代男子戴的帽子:皮～。❷放在前头的:～言(序言、引言)。❸旧时称低级武职人员:武～|马～|哨～。

平 biàn 同"采"。

抃 biàn 同"拚",拍手;鼓掌:～舞|中外闻者,罔不快～。

苄 biàn［苄基］旧称苯甲基，一种有机化合物的基。

咔 biàn 义未详。（《改并四声篇海》）

釆 ㊀ biàn 辨别，分别，后作"辨"。
㊁ biǎn 兽爪。

汳 biàn 古水名，在今河南。

汴 biàn ❶ 古水名，在今河南。❷ 古州名，在今河南开封。❸ 河南开封（地名）的别称。

忭 biàn 喜乐：欢～｜～舞。

邦 biàn ❶ 古邑名。（《玉篇》）❷ 姓。

玣 biàn 同"琕"，玉名，也作"弁"。

拚 biàn 同"拚"。

拚 ㊀ biàn 拍手；用手击：～射壶博。
㊁ pàn（又读 pīn）同"拼"，舍弃；不顾惜：～命｜～死。
㊂ fèn 同"坌（粪，糞）"，扫除：既～盥漱。
㊃ fān 通"翻"，上下飞翔：～飞维鸟。

莽 biàn［雀莽］草名。

变（變） biàn ❶ 跟原来不同；更改：～更｜～化｜～质。❷ 能变化的；已变化的：～数｜～态。❸ 有重大影响的突然变化：事～｜政～｜～乱。❹ 变文，唐代兴起的一种说唱文学：目连～。

洴 biàn 引导水流使平缓。

琕 biàn ❶ 玉名。❷ 玉饰弁。

栟 biàn 同"閞"，门柱上的斗拱。

覍 biàn "覍"的讹字。

昪 biàn 同"昪"。

昪 biàn ❶ 喜乐的样子。❷ 光明。

便 biàn 见 731 页 pián。

变 biàn 同"变（變）"。

覍 biàn 同"弁"，古代男子戴的帽子。

覍 biàn 同"弁"，古代男子戴的帽子。

㝸 biàn 同"弁"。

彰 biàn 同"变（變）"。

㑹 biàn 同"便"。

㝸 biàn 同"弁"。

㝸 biàn 同"覍（弁）"。

㝸 biàn 同"弁"。

詈 biàn 同"辩（辯）"。

詈 biàn "詈"的讹字。

詈 biàn "詈"的讹字。

彭 biàn 同"变（變）"。

閞 ㊀ biàn 同"閞"。
㊁ bì 同"閉（闭）"。

昪 biàn 光。

啶 biàn 用于译音。

彭 biàn 同"彭"。

徧 ㊀ biàn "遍"的异体字。
㊁ piān 同"偏"，偏激；不正：～多。

湹 biàn 小便。

遍 biàn 同"徧（遍）"。

遍［徧］ biàn ❶ 到处；全部：～地｜～体鳞伤｜漫山～野。❷ 量词，次；回：再说一～｜鸡叫头～｜这部电影我看了两～。

◆"徧"另见 50 页"徧"字条。

缏（緶） ㊀ biàn 把麻、草等编成辫状。
㊁ pián 用针缝合，也指把两条边对合缝上：～得红罗手帕。

䚒 biàn 看。

擗 biàn 同"拚"。

叚 biàn 同"变（變）"。

彭 biàn 同"变（變）"。

閞 ㊀ biàn 门柱上的斗拱。
㊁ guān 同"闗(关)"。

毞 biàn［毞毲］(-pú)也作"毞㲘"，毛乱而打结。

閞 biàn 搏击。

彯 biàn 同"变(變)"。

辡 biàn 同"辩(辯)"，辩解；争辩。

頩 ㊀ biàn ❶冠名：～帻。❷脸：题～。
㊁ fàn 无发(髮)。

㜸 biàn 同"变(變)"。

彯 biàn 同"变(變)"。

艑 biàn 大船。

鍂 biàn 白金。

諚 biàn 用于佛经译音。

輲 biàn 小车。

罾 biàn 同"辩(辯)"。

諞 biàn 同"辩(辯)"。

辨 ㊀ biàn ❶区别；分析：～认｜～析｜明～是非。❷通"辩(辯)"，辩论；辩解：雄～如锋｜不复一一自～。❸古州名，在今广东。❹姓。
㊁ bàn 通"辦(办)"，具备；治理：以～民器｜实～天下｜何事而不～？

辩(辯) biàn ❶办理；治理：～其狱讼｜任官～事。❷说明是非或真假；争论：～白｜～论｜答～。❸善于言辞；口才好的人：能言善～｜～足以饰非。❹通"辨"，辨别；分别：目能～色｜两涘渚崖之间，不～牛马。

辧 biàn 同"辨"。

㾫 biàn 肉㾫。(《篇海类编》)一说"瘺"的讹字。

辮 biàn ❶旋流。❷急流。

辫(辮) biàn ❶把头发分股交叉编成的带状物：发～｜梳小～儿。❷形状像辫子的东西：蒜～子｜草帽～儿。

編 biàn 同"緶(缏，緶)"。

緶 biàn 同"缏(緶)"。

緶 biàn 同"缏(緶)"。

髍 biàn 骨髍生的样子。(《广韵》)

辮 biàn ❶水波。❷旋流。

鞭 biàn 纳鞋底，一说鞋底。

鑴 biàn ❶小缶。❷纺锤。

鹹 biàn 盐。

瘺 biàn 骨风病。

黼 biàn 同"鞭"。

變 biàn 同"變(变)"。

變 biàn 同"變(变)"。

罾 biàn 同"辩(辯)"。

罾 biàn 同"罾(詈)"。

變 biàn 同"變(变)"。

籓 biàn 竹简。

矎 biàn 闭上眼睛。

biāo

朲 biāo 飞火。

灬 ㊀ biāo 烈火。
㊁ huǒ 同"火"。
㊂称四点底，同"火"，汉字偏旁或部件。

标(標) biāo ❶树梢，泛指末梢或顶端：～枝｜大本而小～｜～颠。❷非根本的部分：本～相应｜～本兼治。❸记号；标志：浮～｜～点符号｜商～。❹榜样；标的(dì)：～率｜～准｜招～。❺用文字或其他方式显示：～价｜～新立异｜～了牌票。

飑(颮) ㊀ biāo 同"飙(飆)"，暴风。
㊁ páo ❶拟声词，风声。❷风大而急：风～电激。

骉(驫) biāo 群马奔腾的样子:万马～驰。

髟 ㊀biāo 长发下垂的样子:斑鬓～以承弁。
㊁piào 动物颈上的长毛:特麌昏～。

猋 biāo“猋”的讹字。

焱 ㊀biāo 同“熛”。
㊁è 盖。

票 ㊀biāo 同“熛”,火星迸飞;迸飞的火星:见～如累。
㊁piāo 轻举;敏捷:～然逝|～轻。
㊂piào ❶钱;纸币:钞～|零～。❷印的或写的凭证:车～|饭～|选～。❸戏曲、曲艺等行业非职业性的表演:～友|玩～儿。❹被绑架劫持以勒取赎金的人质:绑～|撕～(指杀死人质)。

猋 biāo 同“熛(熛)”。

彪 biāo 同“彪”。

彪 biāo ❶虎皮上的花纹,比喻文采鲜明:彌中而～外。❷老虎;小老虎:～口|～尾|～虎。❸比喻人身材魁梧:马面～身|～形大汉。❹量词,队:一～人|一～军马。

滮 ㊀biāo 水流的样子,后作“滮”。
㊁hū 古水名,即今滹沱河。
㊂hǔ 同“浒(滸)”。

摽 biāo 同“标(標)”。

藨 biāo 同“藨”。

猋 biāo ❶狗或群狗奔跑的样子,引申为奔跑:～远举兮云中。❷暴风,旋风,后作“飙(飆)”或“飚”:～风暴雨。

膘 ㊀biāo 同“臕(膘)”,肥肉。
㊁biào 同“俵”,分给:～分|～养。
㊂biǎo ❶同“婊”:～子。❷用于地名:法～(在云南)。

彪 ㊀biāo ❶丢;扔:布袋～开。❷挥打;砍下:鞭～|～了前膊。❸量词,用于军队人马,也作“彪”:一～军|一～人马。
㊁diū 抛掷:八下里砖～。

颮 biāo 同“飙(飆)”。

飑 biāo 同“飙(飆)”。

飚(飈) biāo ❶同“飙(飆)”。❷小火。

摽 biāo 同“标(標)”。

瞟 biāo 注视。

飈 biāo 同“飚(飙,飆)”。

墂 biāo 同“标(標)”,堆土为标志,也指用土、石等竖立的标志物:江～。

藨 ㊀biāo ❶同“秒”,禾穗的芒尖:秋分～定,～定而禾熟。❷末尾:至月～始安。❸浮萍:～生萍藻。
㊁piào 用于地名:～草乡(在重庆)。

槱 biāo 同“標(标)”。

幖 biāo ❶标志,后作“標(标)”:～帜(幟)。❷量词,用于书卷:有书数千～。

滮 biāo ❶水流动的样子:厥流孔～。❷古水名,又称圣女泉、高都水,在今陕西。

骠(驃) biāo 见 734 页 piào。

蔈 biāo 同“蔈”,香草。

嘌 biāo 虎皮毛上的花纹。

熛 biāo 同“熛”。

膘 ㊀[臕] biāo ❶[膘腺](-xiāo)同“膫腺”。❷肥肉(多用于牲畜):～满脂肥|上～(长肉)。
㊁piǎo 牲畜小腹两边的肉。

飚 biāo 同“飙(飆)”。

熛 biāo ❶火星迸飞,也指迸飞的火星或火焰:芒～|士纵火焚西南,～延城中。❷闪光:雷动电～。❸迅疾:气冲郁而～起。

蔈 biāo 末:此万物之本～。

磦 biāo ❶也作“嶓”,山峰突出的样子。❷山峰。❸朱磦,一种红色颜料。

飙(飆) biāo ❶暴风;旋风:狂～。❷风:凉～|轻～|祥～。

嗷 biāo 同“彪”。

镖(鏢) biāo ❶用于投掷的兵器。1.又称镖枪,像矛。2.也作“镳(鑣)”,像矛头的暗器:飞～。❷刀剑鞘末端的铜饰物。❸旧时称由人保护押送的财物:走～|～局|～师。

穮 ㊀biāo 稻抽穗。
㊁miǎo 同“秒”,禾芒。

膘 biāo[膘腺](-xiāo)红肿将要溃烂。

飈(飆) biāo 同"飙(飆)"。

瘭 biāo[瘭疽](-jū)中医指手指头肚儿或脚指头肚儿发炎化脓的病,比喻隐患、祸害,单用"瘭"义同:中国之困,胸背瘭疽|践坚乘危,条变画奇,瘭毒既除,膏熨以治。

穮 biāo 同"穮(穮)"。

瞟 biāo ❶恶视的样子。❷望。

穮 biāo"穮"的讹字。

篻 biāo 竹名。

儦 biāo[儦儦]1.小步快走:～俟俟。2.众多:行人～。

飆 biāo 同"飈(飆)"。

藨 biāo ❶藨草,多年生草本植物,可编织器物或造纸。❷鹿藿。❸芦苇的花穗。❹通"穮",耘田除草:～蓘致功。

臕 biāo 同"臕(脿)"。

臕 biāo 同"臕(脿)"。

熛 biāo 同"熛"。

儦 biāo 同"儦"。

謤 ㊀ biāo 言有所止。
㊁ piāo 言轻。

旚 biāo 旌旗飞扬的样子。

旚 biāo 同"旚"。

瀌 biāo 北方的水。

瀌 biāo ❶[瀌瀌]雨雪大的样子:雨雪～。❷用于地名:～草沟(在湖北)。

賆 biāo 一种贝。

賆 biāo 同"賆"。

爂 biāo 脆:轻～。

臕 biāo 同"脿"。

髟 biāo 身体强壮。

镳(鑣) biāo ❶马具,马嚼子两头露在马嘴外的部分,代指马:分道扬～|今日里天上人间不共～。❷同"镖(鏢)",旧时用于投掷的兵器,像矛头。

穮 ㊀ biāo ❶耘田除草:～蓘致功。❷给秧田施粪肥。
㊁ pāo[穮穮](-máo)禾柔弱的样子。

穮 ㊀ biāo 同"穮",耘田锄草。
㊁ páo 耕。

藨 biāo 同"藨"。

幖 biāo 同"幖"。

鱢 biāo 义未详。(《龙龛手鉴》)

鏢 biāo 同"镖(鏢)"。

鑣 biāo"镳(鑣)"的讹字。

飈 biāo 同"飙(飆)"。

瘭 biāo 同"瘭"。

飆 biāo 同"飙(飆)"。

驫 biāo 同"骉(驫)"。

檦 biāo"檦(标,標)"的讹字。

檦 biāo 同"标(標)"。

鼂 biāo 义未详。(《改并四声篇海》)

鏢 biāo 同"镖(鏢)"。

臕 biāo 同"膘"。

觻 biāo ❶同"镳(鑣)",马具名。❷角名。

爂 biāo 同"熛"。

鑣 biāo 同"镳(鑣)"。

轆 biāo 同"镳(鑣)"。

驃 biāo 同"镳(鑣)",马具,马嚼子两头露在嘴外的部分。

鑣 biāo"鑣"的讹字。

鑣 biāo 同"镖(鏢)"。

B

鱇 biāo 鱼苗。

鬣 biāo 古代器物名。（《三代吉金文存》）

瀌 biāo 拟声词，水声。

biáo

嫑 biáo（又读 báo）"不要"的合体字，副词，不要：～去｜～着急｜～指望。

biǎo

表（❺錶） biǎo ❶外衣，也指加上外衣：～素｜～裘｜～而出之。❷衣服的外层，引申为外面、外部：今反以～为里兮｜～皮｜～里如一。❸显示；显扬：～扬｜略～心意。❹标准；榜样：～率｜为人师～。❺计时或测量某种量的器具：手～｜电～｜温度～。❻分类、分项记录事物的东西：时间～｜统计～｜对照～。❼姓。

衪 biǎo 同"衪（褾）"，袖端。

表 biǎo 同"表"。

衪 biǎo 同"褾"。

袠 biǎo 同"表"。

褜 biǎo 同"表"。

婊 biǎo ❶［婊子］妓女的俗称。❷用于女子人名。

裱 biǎo 装潢字画、书籍等：装～｜～画｜重新～过。

嶫 ㊀ biǎo 山巅。
㊁ biāo 山峰独出的样子。

蔈 ㊀ biǎo 草名。
㊁ biāo 香草。

諘 biǎo 称赞。

褒 biǎo 同"表"。

褾 biǎo "褾"的讹字。

嶹 biǎo 同"嶫"。

幖 ㊀ biǎo 同"䙚（褾）"。
㊁ biāo 同"嶫"。

褾 biǎo ❶袖端。❷衣帽的绲边。❸书画轴两端所裱褙的丝织物：宝轴锦～。❹书皮；书套：青缣为～。❺同"裱"，用纸、丝织物裱褙书画：装～｜～以回鸾墨锦。

擙 biǎo "檦（欂）"的讹字。

檦 biǎo ❶柱子等：～林欂栌，以相支持。❷表记；标志：列～建旌。

褒 biǎo 同"表"。

襃 biǎo 同"表"。

䙚 biǎo 袖端䙚。（《字汇补》）

檂 biǎo "檦"的讹字。

䙚 biǎo 同"褾"。

襮 biǎo 同"襮（表）"。

襮 biǎo 同"表"，外衣。

襮 biǎo 同"褾"。

biào

受 biào 给予；付给：～良马。

俵 biào 分给；散发：～分。

裱 biào 同"俵"。

貓 ㊀ biào 哺乳动物，像羊，嗜睡。
㊁ nǎo 同"貓"。

摽 biào 见732页 piāo。

敼 ㊀ biào 同"摽"，击。
㊁ pāo 同"抛"，抛弃。

敼 biào 同"敼"。

賮 biào 散匹帛与三军，也作"俵"。

鳔（鰾） biào ❶鱼鳔，多数鱼体内的囊状器官，可胀缩，用以调节鱼体上浮或下沉。❷鱼胶，又称鳔胶。❸用鳔胶粘连，比喻结合（也作"摽"）：把断了的椅子腿～一～｜大家～成一股劲儿｜他俩整天～在一块儿。❹赌输赢：或是使碗又使瓢，咱把酒量～一～。

鰾 biào 同"鳔(鰾)"。

鱇 biào 同"鳔(鰾)"。

biē

奫 biē 同"勫"。

䎬 biē 曝干。

奊 biē［尬奊］(gà-)见273页"尬"字条。

㶡 biē 烧焦。

稝 biē ❶［稝秘］不相分离。❷ 禾苗行列整齐。

勫 biē ❶ 大。❷ 大力。

勧 biē 同"勫"。

㾘 biē 肿胀:胀~~。

䙡 biē ❶ 衣袖。❷ 破衣。

紥 biē ❶ 编绳。❷ 弩腰钩带。

蝴 biē［蝴蛦］(-yí)又称山鸡,鸟名。

㷠 biē 同"㷭"。

㷭 ㊀ biē 火。
㊁ chéng 朋。

𩲒 biē 义未详。(《改并四声篇海》)

蹩 biē 跳。

𡐨 biē ❶ 古山名。(《玉篇》) ❷ 泥㙮。(《篇海类编》)

憋 biē 同"憋"。

𣉙 biē 晒干。

𢡞 biē 同"憋",急性的样子。

𤎵 biē 同"㶡"。

憋 biē ❶ 急性的样子:~性。❷ 赌气;闹别扭:特故把愁人做脾~。❸ 抑制;极力忍住而不泄:~足了劲儿|~着一肚子话|~不住笑出了声。❹ 感到气闷:~闷|~得慌|~得透不过气来。

𤏛 biē 同"𤎵(㶡)"。

𪏺 biē 同"憋"。

瘪 biē ❶ 同"㾘",肿胀。❷ 同"憋",勉强忍住而不泄:~一口气|闭着这个嘴不说话,却是~杀我!

蟞 ㊀ biē ❶ 同"鳖(鱉)"。❷［蟞蚨］(-fú)蝶类昆虫的总称,今专指蝴蝶。
㊁ bié［蟞蜉］(-fú)蚍蜉。

𧒀 biē 同"蝴"。

鳖 biē 鱼游动的样子。

鷩 biē ❶ 同"鷩",雉类鸟。❷ 同"鷩",即鸺鹠。

鷩 biē ❶［鷩鵂］(-fū)传说中的怪鸟,身像鸡,三个头,六只眼,六条腿,三只翅膀。❷ 鸺鹠。

鳖(鱉)㊀［❶鼈］ biē ❶ 又称甲鱼、团鱼,俗称王八,爬行动物,像龟,生活在江河、湖泊中:烹鱼炮(páo)~。❷ 通"憋",抑制:不言语,我又~的慌|难道你还不叫我说,叫我~死了不成!
㊁ biě 通"瘪(癟)",引申为低劣、不好:饿得干~了|把人看~了。

虌 biē 蕨菜,蕨的嫩叶,可食。

鼈 biē 同"鼈(鳖,鱉)"。

蘥 biē 同"虌"。

鼊 biē 同"鼈(鳖)"。

bié

八 bié 同"别"。

别{別} ㊀ bié ❶ 分开;分离:分~|离~|告~。❷ 分辨;区分:辨~|区~|分门~类。❸ 差别;差异:天壤之~。❹ 类;分类:类~|性~|派~。❺ 另外;另外的:~人|~名|~有所图。❻ 副词,不要(表示禁止或劝阻):~随地吐痰|天要下雨,~去逛公园了。

㊁(彆) biè［别扭］不顺:闹~|心里~|他的话听起来有点儿~。

◆“弩”另见56页“弩”字条。

刖 bié 同“别”。

辺 bié 义未详。(《龙龛手鉴》)

胇 ㊀ bié 肥肉。
㊁ bì[胇肸](-xī)同“胇肸”,大的样子。

莂 bié ❶同“箣”:举逋欠契～百纸悉焚之。❷佛家文体:经受记～。

峛 bié[大峛]山名。

秘 bié 同“馝”。

怭 bié 丑气。(《广韵》)

跐 bié 同“蹩(扨)”。

蛂 bié 金龟子,昆虫,幼虫称蛴螬,对农作物有害。

馞 ㊀ bié 骤香。
㊁ hān 同“馠”,香。

箣 bié 古代把写于竹简上的契约从中分开,双方各执一半,作为凭据。

慼 bié[慼僁](-xiè)同“徶徆”。

奊 bié 行为不正。

馛 bié 同“馝”。

徶 bié[徶徆](-xiè)衣服飘舞的样子。

諯 bié ❶同“别”,分别。❷辩论。

馜 bié 同“馝”。

馝 bié 也作“馝馝”,微香。

䫾 bié[䫾䫼](-qiè)短的样子,也指矮人。

襒 bié ❶衣服的样子。❷拂拭,也作“撇”:侧行～席。

幣 ㊀ bié 同“襒”。
㊁ bì 同“幣(币)”。

蹩 bié 同“蹩”。

蹩 bié ❶[蹩躠](-xiè)1.用心力的样子:～为仁。2.回环而行的样子:～躠跹。3.行走时身体重心不稳:参差～而行。❷跛,也指脚腕子扭伤:马足～|走路不小心～了脚。❸躲躲闪闪地走动:他～进檐下,靠门立住了。

馝 bié 同“馝”,浓香;芳香。

䁟 bié 莹白。

馝 bié 同“馝”。

諯 bié 同“諯”。

馝 bié 同“馝”。

鷩 bié 马名。

biě

瘪(癟)[癟] ㊀ biě(旧读 bié)❶枯瘦;物体表面凹下;不饱满:干～|轮胎～了|谷粒太～。❷气馁:看到对方人多势众,他就～了。❸扁:掌柜娘把嘴一～说道|你再胡闹,看我不把你揍～了!
㊁ biē ❶同“憋”,闷在心里:他～了一肚子委屈,说不出来。❷[瘪三]旧时上海人对城市无业游民的称呼,现也泛指流氓无赖。

癟 biě“癟(瘪)”的讹字。

biè

弽 biè 同“弼”。

弼 biè 同“弩”,弓末端反曲处。

弽 biè 同“弼”。

弽 biè 同“弼”。

䉰 biè 用于梵语译音。

弩 biè ❶弓末反曲处。❷同“憋”,强忍住,不使表露出来:～口气|～的脸紫胀。❸“别㊁”的繁体字。

繁 ㊀ biè ❶编绳。❷剑带。
㊁ bì 劣质丝绵。

彇 biè“弼”的讹字。

bīn

宀 bīn 义未详。(《字汇补》)

份 ㊀bīn 同"彬",富有文采的样子。㊁fèn ❶整体里的一部分:～子|股～|每人都有～。❷用在"省、县、年、月"后边,表示划分的单位:省～|年～|月～。❸量词。1.用于成组的东西:一～工作|两～饭|三～礼物。2.用于报刊、文件等:一～报纸|两～杂志|合同一式三～。

邠 bīn ❶也作"豳",古地名、古国名,均在今陕西。❷姓。

肎 bīn 同"賓(宾)"。

玢 ㊀bīn ❶玉名:选珠而囊～十粒。❷[玢豳](-bīn)玉的纹理:～文鳞。㊁fēn[赛璐玢](-lù-)玻璃纸的一种,多用于包装。

攽 bīn 气分;气。

砏 ㊀bīn 石名:～石。㊁pīn[砏磤](-yīn)拟声词。1.石相击声。2.巨大的雷声。

宕 bīn 同"賔(賓,宾)"。

哄 bīn[哄嗽]吞吐说唱。

豩 bīn 同"豳"。

涥 bīn"濒"的讹字。

涥 bīn 同"滨(濱)"。

宾(賓) bīn 客人:来～|～至如归|喧～夺主。

彬 ㊀bīn ❶[彬彬](-bīn)1.文雅的样子:文质～|～有礼。2.兴盛的样子:文墨之～|～辈出。❷富有文采:文帝～雅。㊁bān 文采鲜明:白黑～斑,瞭然飞动。

豳 bīn 同"邠"。

豝 bīn 同"邠"。

梹 bīn 木分。

傧(儐) bīn ❶引导,接引宾客:～者|前～旁扶。❷旧指接引宾客的人,今指婚礼中陪伴新郎、新娘的人:男～|女～。❸通"摈(擯)",排斥;抛弃:排～。

斌 bīn[斌斌]同"彬彬"。

賔 bīn 同"賔(賓,宾)"。

瑸 ㊀bīn[璘瑸](lín-)见577页"璘"字条。㊁bān 玉文。

豳 bīn 同"豳"。

賔 bīn 同"斒"。

滨(濱) bīn ❶水边:湖～|海～。❷边;边境:～塞|率土之～。❸同"濒(瀕)",靠近;迫近:～海|～于死。

缤(繽) bīn[缤纷]繁多而杂乱:五彩～|落英～。

璸(瓊) ㊀bīn 同"玢",玉的纹理:～斒文鳞。㊁pián(又读pín)同"玭",珍珠:金榜洞开,道～晖于帝幄。

豩 ㊀bīn ❶两只猪。❷猪乱群。㊁huān 顽劣:～豪。

虨 bīn 同"虨"。

賓 bīn 义未详。(《玉篇》)

賓 bīn 同"宾(賓)"。

賓 bīn 同"賓(宾)"。

賓 bīn 同"賓(宾)"。

賓 bīn 同"賓(宾)"。

镔(鑌) bīn 镔铁,精炼的铁。

濵 bīn 同"滨(濱)"。

賓 bīn"賓"的讹字。

賓 bīn 同"賓(宾)"。

虨 bīn 同"虨"。

濒(瀕) bīn ❶水边:河～|湘～。❷靠近;迫近:～海|～危|～于绝境。

賓 bīn 同"賔(賓,宾)"。

隫 bīn 同"濒(瀕,滨,濱)",靠近(水边):～海。

頻 bīn"顮(濒,瀕)"的讹字。

豳 bīn 古地名、古国名,均在今陕西。

彪 bīn 虎纹。

濵 bīn 同"濱(滨)"。

繽 bīn 同"缤(繽)"。

辬 bīn 斑驳，颜色杂。

毰 bīn［毰毻］(-fēn)纷纷降落的样子。

瀕 ㊀bīn 同"滨(濱)"，水边。
㊁pín 同"嚬(颦,矉)"，皱眉:满城～翠蛾。

霦 bīn［璘霦］(lín-)玉光色。

頻 bīn"顮"的讹字。

虨 bīn 同"彪"。

翸 bīn 飞的样子。

繽 bīn 同"繽(缤)"。

鬩 bīn ❶争斗。❷［鬩鬩］(-fēn)同"缤纷"，繁多杂乱的样子。

豩 bīn 同"豩"。

覩 bīn［覩覫］(-fán)醉眼迷糊而睁不开的样子。

覵 bīn 同"覩"。

頻{顮} bīn 同"濒(濒)"。

闠 bīn 同"闠(闠)"。

鑌 bīn 同"鑌(镔)"。

虨 bīn 同"彬"。

瀕 bīn"濒(濒)"的讹字。

蘔 bīn 也作"鷃"，小雀。

髕 bīn 同"髌(髕)"。

魕 bīn 同"魒"。

顮 bīn ❶愤懑:～其心之怊怊。❷头骨。

魒 bīn ❶鬼的样子。❷鬼名。

顮 bīn 同"顮"。

鬭 bīn 同"鬭"，争斗。

霦 bīn 同"彪"。

鶣 bīn ❶飞的样子。❷鸟名。

鶣 bīn 同"翸"。

bǐn

膑 ㊀bǐn 小腿上的肌肉。
㊁biàn［䏲膑］(tī-)见 196 页"䏲"字条。

bìn

摈(擯) bìn 抛弃;排除:～弃｜～除｜～诸门外。

豩 bìn 用于梵语译音。

髩 bìn 同"鬓(鬢)"。

髩 bìn 同"鬓(鬢)"。

殡(殯) bìn 停放灵柩;把灵柩送到墓地去:出～｜～仪馆(代办丧事的场所)。

膑(臏) bìn ❶同"髌(髕)"。❷胫骨。

鬂 bìn 同"鬓(鬢)"。

壙 bìn 同"殡(殯)"。

擯 bìn 同"擯(摈)"。

殯 bìn 同"殡(殯)"。

髌(髕) bìn ❶髌骨，即膝盖骨:王与孟说举鼎，绝～。❷古代指剔去膝盖骨的酷刑:昔者司马喜～脚于宋。

燹 bìn 不见的样子。

鬓(鬢) bìn 面颊两旁靠近耳朵的头发:～角｜霜～｜两～苍苍。

鬢 bìn 同"鬢(鬓)"。

鬢 bìn 同"鬢(鬢,鬓)"。

鬢 bìn 同“鬢(鬂,鬓)”。

鬢 bìn 同“鬢(鬓)”。

bīng

冫 ㊀bīng 也作“仌”,水冻结成的固体,后作“冰”。㊁汉字偏旁或部件。

仌 bīng 同“冰”。

仌 bīng 同“冰”。

冰[氷] bīng ❶水因冷凝结成的固体:～雪|～川|结～。❷因接触凉的东西而感到寒冷:河水有点儿～手。❸把东西贴近冰或放在凉水里使温度降低:～西瓜|把啤酒～一～。

㝅 bīng 义未详。(《改并四声篇海》)

兵 bīng ❶兵器;武器:～不血刃|短～相接。❷士卒;军队:士～|炮～|～强马壮。❸军事;战争:～法|～书|纸上谈～。

氷 bīng 同“冰”。

乒 bīng 同“兵”。

冰 bīng 同“冰”。

阱 bīng 屋蔽,也作“屏”。

倂 bīng 同“兵”。

𠊧 bīng 同“兵”。

𠨺 bīng 同“兵”。

栟 ㊀bīng[栟榈](-lǘ)棕榈。㊁bēn[栟茶]地名,在江苏。

掤 bīng 箭筒盖子。

梹 bīng 同“槟(檳)”。

㠒 bīng 同“兵”。

𠫞 bīng 同“兵”。

掤 bīng“掤”的讹字。

荓 bīng 草茂密。

槟(檳) ㊀bīng[槟榔](-lang)常绿乔木。果实可食,也可供药用。㊁bīn[槟子]苹果树的一种。果实比苹果小,可食。

搠 bīng 同“掤”。

箳{箳} bīng 盛絮笼。

靰 bīng ❶套在服马(古代一车四马,当中的两匹马)胸部的皮革。❷车。

檳 bīng 同“檳(槟)”。

䴵 bīng 黑饰。

bǐng

丙 bǐng 天干的第三位,常用作顺序的第三:～班|～等。

刐 bǐng 同“邴”,古地名。(《字汇补》)

邴 bǐng ❶春秋时郑国邑名,在今山东。❷姓。❸[邴邴]喜悦的样子:未尝不～乎其喜也。

权 bǐng 同“秉”。

陃 bǐng 用于人名:鲍～(宋代人)。

抦 bǐng ❶执持:操～。❷同“柄”。把柄:玉～。

苪 bǐng ❶草名。❷通“炳”,显著。

秉 bǐng 同“秉”。

昞 bǐng 同“丙”。

秉 bǐng ❶拿着;握着:～承|～笔|～烛夜游。❷掌握;主持:～政|～公办事。

怲 bǐng 十分忧愁的样子:忧心～～。

柄 bǐng ❶斧把,泛指器物的把:刀～|剑～|把～。❷根本:谦,德之～也|仁义者,天下之大～。❸权力:权～|国～|奸人窃～。❹执掌,后作“秉”:～政|～国。❺被人掌控或取悦的言行材料:授人以～|话～|笑～。❻植物枝、茎、叶相连的部分:花～|叶～|果～。❼量词,用于带柄的器物等:一～锄头|两～大刀|风荷～～香。

B

昞 ㊀ bǐng 明亮。
㊁ fǎng 同"昉",日初明。

昺 bǐng 同"炳",明亮。

眪 bǐng 同"昞"。

畚 ㊀ bǐng 同"丙"。
㊁ tóng 义未详。(《龙龛手鉴》)

饼(餅){餠} bǐng ❶ 扁圆形的面食:馅～|月～|煎～。❷ 像饼的扁圆形物品:铁～|豆～|柿～。❸ 量词,用于饼状物:遗金一～。

炳 bǐng ❶ 明亮;显著:～如观火|～若日星|～著。❷ 照耀;显现:日月～天|烈～千秋|国之吉凶,先～祥异。❸ 明白:～然|真相～焉。❹ 点燃:～烛。

鬲 bǐng 同"寎"。

寎 bǐng[䆔寎](tài-)见924页"䆔"字条。

眪 ㊀ bǐng 目明。
㊁ fǎng 看不真切。

昺 bǐng 同"昞"。

窉 bǐng[瘔窉](tài-)同"瘔寎(䆔寎)"。

閅 bǐng 同"寎"。

菌 bǐng[菌菌](tài-)见924页"菌"字条。

窉 bǐng ❶ 穴。❷ 农历三月的别称。

摒 bǐng 同"抦"。

蒹 bǐng 同"秉"。

炳 bǐng 同"炳"。

蛃 bǐng ❶ 蛃鱼,又称衣鱼、蠹鱼、壁鱼、白鱼,蛀食衣物的小虫。❷[石蛃]昆虫名。

偋{偋} bǐng 同"屏",除去;排除。

棅 bǐng 同"柄"。

崵 bǐng 人名(宋代人)。

稴 bǐng 同"棅(柄)"。

鋲 bǐng 坚固。

禀[稟] bǐng 见579页 lǐn。

逮 bǐng 量词,与"竍"同。

鞆 bǐng 日本汉字,射箭时戴在左臂上的皮套。

鉼 ㊀ bǐng 饼状金块或银块:～金|银～。
㊁ píng ❶ 壶类器皿,后作"瓶":琉璃～|银～。❷ 古地名,在今山东。

鞞 bǐng 皮带。

蒖 bǐng 藤名。

鮩 bǐng ❶ 蚌。❷ 鱼尾。❸ 鳊鱼。

鞞 ㊀ bǐng 刀、剑的鞘:～琫容刀。
㊁ pí 通"鼙",鼓名。

絣 bǐng ❶ 索絣。❷ 同"饼(餅)"。

鞞 ㊀ bǐng 同"鞞",刀、剑的鞘。
㊁ bì 同"韠"。

𦦨 bǐng 义未详。(《龙龛手鉴》)

鞞 bǐng 同"鞞"。

稟 bǐng 同"禀"。

𠙻 bǐng 南方。

bìng

并{幷}㊀[❶併、❷❹竝、❷❹並] bìng ❶ 兼并,引申为合并:吞～|归～|～官省职,费减亿计。❷ 一齐;平排着:～肩|～排|～驾齐驱。❸ 副词。1. 同时;一起:两说～存|相提～论|齐头～进。2. 加强否定语气:～不糊涂|～非不知道。❹ 连词,并且:讨论～通过了这个方案。☞并/並 见60页"並"字条。
㊁ bīng 并州,山西太原(地名)的别称。
◆"並"另见60页"並"字条。

竝 bìng 同"竝(并)"。

泤 bìng[泤湓](-pìng)拟声词,飞声。

並 ㊀ bìng ❶"并㊀ ❷-❹"的异体字。❷ 古音声纽用字:～纽。❸ 姓。☞並/并 二字古音不同,"并"是清声母,"並"是浊声母。用为音韵学声纽代表字，中古音韵三十六字母表和《广韵》声类等中的“並”，不宜改为“并”。
㊁ bàn［同並］古县名，在今云南。

庰 bìng 隐蔽。

栟 bìng［拼栟］（pèng-）拟声词，砍树木声。

㮆 bìng 同“栟”。

併 bìng 同“併(并)”。

竝 bìng ❶直。❷罗列。❸副词，皆；都。

病 bìng ❶生理上或心理上失去健康的状态：疾～｜治～｜心脏～。❷得病：～了一个月｜大～一场。❸弊端；错误：通～｜语～｜弊～。❹责备；指责：诟～｜为世所～。☞病/疾　古人有时以“病”指病情加重或重病，“疾”指较轻的病，但并无严格区分，后来不再区别。

痹 bìng 同“病”。

摒 bìng 排除：～除｜～弃｜～之门外。

竝 bìng 同“並(并)”。

徬 bìng 旁；侧。

庰 bìng 同“庰”。

寎 ㊀ bìng 卧惊病。
㊁ bǐng 嗜睡。

㾕 bìng 同“病”。

輧 bìng［軯輧］（pēng-）拟声词，车行声。

鉼 bìng 礼器。

誁 bìng ❶说。❷在旁帮着说话。

蛢 bìng［蛢蛢］（tíng-）见953页“蛢”字条。

㢈 bìng 同“庰”。

鬅 ㊀ bìng 毛粗。
㊁ fǎng 同“仿”，相似。

鉼 bìng 礼器。

蝀 bìng［蛢蝀］（tíng-）同“蛢蛢”。

蓱 bìng 草茂盛的样子。

鮩 ㊀ bìng 鲌鱼的别称。
㊁ bì 鱼名。

氆 bìng［氆毵］（-nèng）犬毛。

膔 bìng 肿满的样子。

碥 bìng［碥礚］（-pèng）也作“碥礚”，拟声词，石碰击声。

鮩 bìng 同“鮩”。

髩 bìng 毛相。

蹦 bìng［蹦躉］（-bèng）也作“蹦躉”，拟声词，踏地声。

霦 bìng［霦霦］拟声词，雷声。

bō

刂 bō 同“剥”。

叨 bō 同“刂(剥)”。

叨 bō“刂”的讹字。

癶 ㊀ bō 两脚相背，行路不便。
㊁称登字头，汉字偏旁或部件。

㲛 bō 同“癶”。

帗 bō 同“帗”。

帔 bō 同“帗”。

帗 bō 巾。

拨（撥） bō ❶治理；整顿：～乱反正｜～世之言。❷不正：夫绳，扶～以为正。❸用手指、棍棒等推移或挑动：～动｜把钟～准了｜～弄琴弦。❹分给；调配：～款｜调～。❺量词，用于成批的、分组的：分成两～儿。

匧 bō 同“播”。

址 bō 同“癶”。

吱 bō ❶助词，表示语气：冷淡交，唯三箇（个），除此外更谁插～。❷拟声词：大卡车～～地叫着开过去了。

B

帗 ㊀bō 一幅宽的巾。
㊁fú ❶五色帛制成的舞具：舞～｜执～。❷同"韨(韍)"，蔽膝：赤～。

刚 bō 同"剥"。

波 ㊀bō ❶江河、湖、海等起伏的水面：～浪｜洪～涌起。❷关涉；影响：～及。❸指眼神：秋～｜眼～。❹物理学指振动在物体或空气中的传播：声～｜光～｜电～。❺跑；急走；逃散：奔～｜东奔西～｜各自～逃。❻姓。
㊁bì 沿着水边行走：～河西行。

盋 bō "盋(钵，鉢)"的讹字。

驋(驋) bō ❶马奔跑。❷马暴跳。❸马摇头。

玻 bō［玻璃］(-li)也作"玻瓈"。1. 天然水晶，后指用石英砂等高温溶解、冷却后制成的一种透明物质：～碗｜窗～｜～门。2. 像玻璃一样透明的：～纸｜～雨衣。

盋 bō 同"盋(钵，鉢)"。

袯 bō "袯"的讹字。

砵 bō ❶同"钵(鉢)"，陶制容器。❷用于地名：东～(在广东)｜铜～(在福建)。

番 bō 同"播"。

趵 ㊀bō ❶脚踏或踢。❷拟声词，脚踏或踢而发出的声：旱块敲牛蹄～～。
㊁bào 跳跃；(水)往上涌：～突之泉｜有泉，～～如颗。
㊂páo 同"跑"，兽用前足扒地。

钵(鉢)［缽、盋］ bō ❶盛食物等的敞口器具：饭～｜乳～｜花～。❷梵语"钵多罗"的省称，僧人用的食具，因世代相传而引申为前人留下的思想、学术、技能等：～盂｜衣～｜儒冠缪学，祖～滥传。

饽(餑) bō［饽饽］馒头、面饼类食品，也指糕点，单用义同。

溊 bō 同"波"。

袚 bō 同"袯"，少数民族服装。

袯 ㊀bō 古代称少数民族服装。
㊁fú 同"帗"。1. 五色帛制成的舞具。2. 敝膝。

袹 bō 同"袯"。

剥{剝} ㊀bō ❶割裂；脱落；损坏：～离｜～落｜～蚀。❷强制夺去：～夺｜～削。❸去掉外面的皮、壳等：～皮｜～花生。
㊁bāo 同"剥㊀❸"。

碆 bō 石箭头，也作"磻"。

菠 bō ❶［菠菜］又称菠薐、菠薐菜，一年或二年生草本植物，是常见蔬菜。❷［菠萝］多年生草本植物，果实可食。

啵 ㊀bō 拟声词：耳朵里灌满了轰、轰、轰！轧、轧、轧！～、～、～！
㊁bo 助词，表示商榷、祈使等语气，吧：你老吩咐～。

紴 ㊀bō 绦类、锦类织品。
㊁bì 装束的样子。

尳 bō ❶［尳㞜］(-zā)足大。❷［尳尯］(-huó)行走的样子。

豰 bō 豸。

皲 bō 义未详。(《龙龛手鉴》)

溊 bō 同"波"。

嘞 bō［哔嘞］拟声词：火势正旺，不时发生～的响声。

铍(鈹) bō 金属元素，由人工合成获得，有放射性。

鲅(鮁) ㊀bō ❶［鲅鲅］(-bō)鱼调尾而游的样子。❷鱼名，像鲤而赤色。
㊁bà 鲅鱼，即马鲛鱼，又称䲠鱼，生活在海中。

碆 bō 同"磻"，缴箭的生丝绳另一端所坠系的石块。

笲 bō 同"磻"，缴箭的生丝绳另一端所坠系的石块。

僠 bō［僠僠］勇敢；勇猛。

播 ㊀bō ❶撒种：～种｜春～｜点～。❷传布；传扬：转～｜广～｜～放。❸分散：北～为九河｜祸延凶～。❹逃亡；迁徙：～臣｜南～。❺背弃；放弃：～天命｜～规矩以背度。
㊁bǒ 通"簸"，簸扬；上下震荡：鼓笑～精｜被风浪颠～的十分难过。

礴 ㊀bō ❶石。❷石砌的河岸。
㊁zhuō［礴砾］(-lì)大石。

嶓 bō 用于地名：～冢山(古地名，在今甘肃)｜～溪(在陕西)。

髮 bō 妇女的大髻。

嚩 bō 义未详。(《龙龛手鉴》)

襏 bō 挡风板。

皺 bō 同"播"。

餑 bō 同"饔"。

磻 ㊀ bō 缴箭的生丝绳另一端所坠系的石块：～不特絓｜流～平皋(皋)。
㊁ pán［磻溪］又称磻溪河，水名，在陕西。

饔 bō［饔饔］同"饽饽"。

蹳 bō 同"蹳"。

蹳 bō ❶用脚拨开；踢。❷拟声词，踏草声。

鏺 bō 同"剥"。

鬟 bō［鬟鬟］(-zàn)1.鬓多毛的样子。2.胡须多的样子。

鱍 bō（又读 pō）❶鱼尾长的样子。❷鱼游动的样子：池鱼～～随沟出。

bó

仢 bó［仢约］流星。

旳 bó 叹词，发怒声。

庍 bó 同"箔"。

迹 bó ❶行走的样子。❷急走。

伯 ㊀ bó ❶兄弟排行中指老大：～仲叔季｜～兄。❷伯父，父亲的哥哥，也用于尊称年龄大、辈分高的男人：大～｜堂～｜老～。❸古代五等爵位(公、侯、伯、子、男)的第三等：～爵。
㊁ bǎi［大伯子］丈夫的哥哥。

肑 ㊀ bó ❶同"肑"，拟声词，手脚指节的响声。❷肥胦。
㊁ dí ❶腹下的肉。❷腋下到肋骨尽处的部分。

犻 ㊀ bó 狗凶猛不驯服。
㊁ pèi 狗发怒的样子。
㊂ fèi 同"吠"，狗叫。

攴 bó 同"攥"。

驳(駁)［❶❸駮］bó ❶马的毛色不纯，泛指杂色：～杂｜斑～。❷传说中的一种猛兽，像马，能吃虎豹。❸说出自己的理由，否定别人的观点或意见：～斥｜反～｜真理是～不倒的。❹用船分载转运大批货物：起～｜～运｜～船。

孛 bó "勃"的讹字。

帛 bó 丝织品的总称：布～｜～画。

瓟 bó ❶小瓜。❷草名。

敀 ㊀ bó 同"畝"。
㊁ jiào 同"教"。

泊 ㊀ bó ❶停船靠岸，引申为止息、停留：停～｜漂～｜～车。❷恬静：淡～。
㊁ pō 湖；沼泽：湖～｜罗布～(在新疆)。

怕 ㊀ bó 恬淡，也作"泊"：～乎无为，憺乎自持。
㊁ pà ❶畏惧：害～｜不～困难｜胆小～事。❷禁受不住：～冷｜～旱。❸副词，恐怕，表示猜想或担心：看照片他～有六十多岁了吧｜你去的话，～有生命危险。❹姓。☞怕/恐/惧/畏 见992页"畏"字条。

拔 bó 击。

郣 bó ❶［郣海］汉代郡名，也作"渤海"。❷地面隆起处。

勃 bó ❶争斗：～谿｜～诤。❷旺盛；兴旺：～起｜蓬～｜生机～～。

殁 bó 腐气。

悖 bó ❶暴戾；强横。❷怨恨。

瓿 bó ❶瓦屋不泥。❷［甋瓿］(tóng-)井壁。

勃 bó 同"勃"。

胉 bó（又读 pò）❶牲体的两胁。❷同"膊"，肩；肩膀。

飑(颮) bó［飑飐］(-zhuō)盛夏开始时刮起的强劲东南风。

埻 bó ❶尘土：～土。❷尘土扬起的样子：～腾腾｜～～腾腾。❸果实或茎叶表面泛起的霜苔：翠粉苔～新｜麻有黄～者则刈。

拨 bó 拔：～拔其根。

菩 bó 菩蓝，蓝或蓼蓝的别称。

瓬 bó 井甓。

峬 bó 山。

钹（鈸） bó ❶铃。❷又称铜钹、铜盘，打击乐器，圆片形，中心鼓起呈半球状，两片合击发声：铙～。

铂（鉑） bó ❶同"箔"，薄金，用金屑打成的薄片。❷白金，金属元素，可用来制坩埚、化学仪器、催化剂等。

秡 bó 禾伤。

瓟 ㊀bó 同"瓝"，小瓜。
㊁páo 同"匏"。

亳 bó 用于地名：～州｜～县（均在安徽）。

浡 bó ❶涌出：原流泉～｜鸿（洪）水～出。❷同"勃"，兴起的样子：～尔俱作｜苗～然兴之矣。❸同"渤"，渤海。

袯（襏） bó［袯襫］（-shì）粗而结实的蓑衣等：身衣～。

赽 bó ❶同"踄"。❷同"迹"。

萆 bó 草名。

萡 bó 同"箔"。

桲 ㊀bó ❶连枷，打谷脱粒的农具。❷用于地名：～罗台（在河北）。
㊁po［榅桲］（wēn-）见1211页"榅"字条。

毝 bó［毝毢］（-sù）毛短的样子。

敫 ㊀bó 同"勃"。
㊁bèi 通"悖"，悖逆：～慢。

跛 bó（又读fèi）急急行走的样子。

哂 bó 咒神。

犻 bó 母牛。

舶 bó 船；大船。

瓝 ㊀bó 小瓜。
㊁báo［马瓝儿］一种蔓草，果实圆形。

脖［❷❸頸］ bó ❶［脖胦］（-yāng）肚脐，也指脐下的针灸穴位。❷脖子，头和躯干连接的部分：～颈｜～领｜围～。❸像脖子的部分：手～子｜脚～子｜这个花瓶～儿长。☞脖/项/颈/领 见587页"领"字条。

亳 bó 同"亳"。

炦 bó 烟起的样子。

淿 bó 同"泊"。

袹 ㊀bó［袹腹］兜肚。
㊁mò 男子服丧时戴的头巾，泛指头巾。

艴 ㊀bó 生气，不高兴的样子：～然不悦｜～然而返。
㊁fú ❶浅色。❷画工设色。

埻 bó 同"垺"。

博［❶❷愽］ bó ❶多；宽广：～学｜～览｜地大物～。❷通晓，透彻地了解：～古通今。❸谋求；讨取：～求｜～得同情｜聊～一笑。❹古代一种棋戏，后指赌博：～局｜～徒。

挬 bó 同"拵"。

葧 bó ❶［蒡葧］（páng-）白蒿，一年或二年生水生草本植物。❷花蕊。

鹁（鵓） bó ❶［鹁鸠］又称鹁鸪，鸟名。❷［鹁鹔］（-sù）鸟名。

嗷 bó［咆嗷］同"蓬勃"，旺盛的样子。

躭 bó 快步走。

鈢 bó 同"迹"。

餑 bó［餑饦］（-tuō）同"馎饦"。

誟 bó 同"誖"。

渤 bó ❶水腾涌的样子：滂～｜～溢。❷渤海，中国内海，在辽东半岛和山东半岛之间。

搏 bó ❶捕捉；握持：谁其～而斫（斲）之者？｜以手～其耳。❷抓取；拾起：～耆龟｜虽贪者不～。❸击；拍：被发（髮）及地，～膺而踊｜微风鼓浪，水石相～。❹对打；奋争：～斗｜肉～｜拼～。❺跳动：～动｜脉～。

艳 bó 同"艴"。

雉 bó 同"駮"。

嘷 bó 也作"齙"，咬、嚼硬物。

罛 bó 网衣。

肑 bó 拟声词，手脚关节的响声。

敎 bó 同"教"。

猼 bó ❶狗名。❷传说中的动物，身像羊，九条尾，四只耳。

饽（餑） bó［饽饦］（-tuō）面食，多为饼形。

粰 bó 米的粉末。

㶿 bó 同"焞"。

駮 bó 同"駁（驳）"。

莪 bó 同"葧"。

䨥｛䨥｝ bó 古代南楚对农民的蔑称。

僰 bó ❶古代西南地区少数民族名：～人。❷放逐到边远的少数民族地区：～之寄之。

僰 bó 同"僰"。

暷 bó 暴。

踍 bó 蹦：～跳｜东跳西～。

骲 ㊀bó ❶肩。❷肩胛骨。㊁fèi 骨头端部。

犦 bó［犦犵］（-tuó）也作"犦犵"，哺乳动物。

馛 bó ❶也作"馛馛"，香气浓烈。❷香气。

馞 bó 同"馞"。

箔 bó ❶门帘，多指竹制的：珠～｜门不施～｜隔～大骂。❷养蚕用的竹筛、竹席等：蚕～｜满～吴蚕茧渐稠。❸金属薄片或涂敷金属粉的薄纸：锡～｜金～｜以金银为～。

僰 bó 同"僰"。

欂 bó 屋顶板。

舶 bó 同"舶"。

鈸 bó"鈸（钹）"的讹字。

膊 bó 见742页pò。

爆 bó 煎炒或烤干食物，也作"爆"。

渤 bó 同"渤"。

襮 bó 同"膊"。

駁 bó 同"駁（駁，驳）"。

駖 bó 同"騂"。

趵 bó 也作"踣"，倒仆。

薄 bó 同"薄"。

䶈 bó 用于清代帮派三合会的旗号。

嚗 bó 同"嚗"。

踣 bó ❶倒下；倒毙：马触木而～｜鹿应弦而～。❷陈尸：凡杀人者，～诸市，肆之三日。❸颠覆；败亡：～其国家｜设用无度，国家～。

镈（鎛） bó ❶锄类农具。❷古代打击乐器，像钟而口缘平。

箹 bó 同"肑"。

賊 bó ❶病气。❷同"殕"，腐气。

鋍 bó ❶同"鬻"，釜中水沸溢出。❷古代打击乐器：钟磬铙～。❸金属元素"铍（鈹）"的旧译写法。

颰 bó 疾风。

敨 bó 同"肑"。

爈 bó 同"㶿（焞）"。

爆 bó 同"爆"。

溥 bó［溥潗］（-jí）水的样子。

愽 bó 心起。（《集韵》）

屖 bó 义未详。（《改并四声篇海》）

襮 bó ❶短袖衫。❷单衣。

駹 bó 同"驳（駁）"。

薄 ㊀bó ❶草木丛生的地方，引申为扁平物体厚度小：单～｜浅～｜尖嘴～舌。

❷ 数量少;微小:略至～酬|红颜～命|～技在身。❸ 看不起;轻视:鄙～|厚古～今|妄自菲～。❹ 迫近,接近:～暮|日～西山。❺ 姓。
㊁ báo ❶ 同"薄㊀ ❶":～冰|～片|好～的纸。❷ 淡:～雾浓云|～酒一杯。❸ 冷淡,感情或情义不深:人情淡～|待我不～。❹ 贫瘠,土地不肥沃:～地|～田。
㊂ bò[薄荷](-he)多年生草本植物,茎叶可供药用。
㊃ bù[蔄薄](lǔ-)草名。

檂 bó 桲檂。(《字汇补》)

𪍰 bó 同"麳"。

鵓 bó 同"鵔"。

㬧 bó 连领于衣。

螛 bó[螛蟭](-jiāo)螵蛸。

馞 ㊀ bó 香气浓烈。
㊁ pò 香的样子。

鵔 bó ❶ 水鸟名,像野鸭。❷ 鸟名,像野鸡。

皪 bó 麻白。

颰 bó 风骤的样子。

䟛 bó 拟声词,接物声。

羒 bó ❶ [羒羖](-tuó)传说中的怪兽,像羊,四只耳,九条尾。❷ 阉割过的白羊。

爝 bó 同"焞"。

䌟(䌟) ㊀ bó 织丝为带子。
㊁ bì 通"澼",漂洗:～絖。

騁 bó[騁马]哺乳动物,也单称騁。

豰 ㊀ bó 小猪。
㊁ hù ❶ 同"穀"。❷ 猪名。

薄 bó 壁柱。

欂 bó 壁柱。

䴬 bó 腐臭之气。

轉 ㊀ bó 同"轐",车下索。
㊁ pò 车名。

䨚 bó 云气;云的样子。

䴟 bó 小而硬的豆。

貊 bó 同"猼"。

膊 bó"膊"的讹字。

擈 bó 击;掷击;敲击:～杀|细雨～瓦。

敷 bó 设仓。

麳 bó ❶ 屑麦。❷ 粉末。

礴 bó"礴"的讹字。

𪍰 bó 同"麳"。

曝 ㊀ bó 拟声词,物落地声、迸裂声等:～然放杖而笑|核桃～然分为两半。
㊁ bào[曝燥](-zào)声音嘈杂。

猷 bó"馞(馞)"的讹字。

馞 bó 同"馞"。

簙 bó 也作"博",古代一种棋戏。

鲟 bó 鲌鱼。

懪 bó ❶ 烦闷。❷ 悖。

轐 ㊀ bó 车下索。
㊁ fú 车上囊。
㊂ fù 同"輹"。

欂 bó"擈"的讹字。

蘗 bó 义未详。(《龙龛手鉴》)

霰 bó 云的样子。

駁 bó 同"擈"。

𣀔 bó 同"駁"。

皪 bó 同"荦(犖)",明显;分明。

髆 ㊀ bó ❶ 肩。❷ 肩膀。
㊁ pò ❶ 腰骨。❷ 腰部。

髇 ㊀ bó ❶ 骨端。❷ 骨头。
㊁ jué 骨坚白。

犦 bó 一种野牛,一说单峰驼。

B

䶈 bó 同"䶈"。
䈾 bó "箔"的讹字。
䈾 bó ❶养蚕用具。❷同"箔"。
䵝 bó 祭祀用的肉。
䰊 bó 釜溢。
䰊 bó ❶头发。❷头发稀疏的样子。
欂 bó ❶栱的别称，又称欂栌。❷树名。
𡅊 bó 同"噃"。
䭦 bó 同"饽(餑)"。
䐿 bó 同"膊"。
瀑 bó [潏瀑](xuè-)同"潏瀑"。
懪 bó 同"懪"。
襮 bó ❶绣有花纹的衣领，泛指衣领：素衣朱～|银鼠～。❷外表：～顺而里藏。❸暴露：～著于外。
穛 bó [穛稍](-shuò)也作"穛槊"，古代仪仗队执持的兵器。
㩧 bó 同"㩧"。
麱 bó [麱麩](-tuō)也作"馎饦"，古代面食，多为饼状。
礴 bó 冲击：浪相～而起千状。
曝 bó 同"曝"。
犦 bó 同"犦(犦)"。
䵝 ㊀ bó 清除黍、禾、豆等作物根部的枯叶。
㊁ bì 黏。
鑮 bó 同"镈"。
餺 bó 同"餺(馎)"。
懪 bó 同"懪"。
纀 bó 同"襮"。

韝 bó 同"韝"。
懪 bó 同"懪"。
穛 bó 同"縠"。
餺 bó [餺饇](-yù)饱。
韝 bó [鞋韝](dù-)同"鞋韝""鞋韝"。
轐 bó ❶车饰。❷同"韝"，车中坐垫。
鼱 bó ❶[鼱鼪](-táng)鼠名。❷某些中小型袋鼠的统称：丛～|岩～|红领～。
臄 bó 同"臄(膊)"。
襮 bó 同"襮"。
穛 bó "穛"的讹字。
䰊 bó 釜中水沸溢出。
鑮 bó 同"镈(鎛)"。
餺 bó 饼类食品。
䰊 bó 同"鱄"。
韝 ㊀ bó ❶[韝軨](-tú)鞋垫。❷[鞋韝](dù-)见211页"鞋"字条。
㊁ fù 同"韝(韝)"。
齰 bó ❶咬、嚼硬物。❷拟声词，咬、嚼硬物声。
𩏂 bó 同"博"。
麱 bó 同"餺"。
鱄 bó 鱼名，像鲤。
齰 bó 同"齰"。
齰 bó 同"齰"。

bǒ

䟛 bǒ 同"跛"。
彼 bǒ 同"跛"。

跛 ㊀bǒ 瘸，腿脚有毛病，走路身体不平衡：～脚｜～鳖千里｜走路一颠一～。
㊁bì 偏用一只脚站立：立而不～。

踱 bǒ 同"跛"。

箥 ㊀bǒ 同"簸"。
㊁pǒ［箥罗］同"笸箩"。

䵗 bǒ 同"鼊"。

鼊 bǒ 蟾蜍。

簸 ㊀bǒ ❶将簸箕上下颠动，以扬去谷物中糠秕、尘土等杂物：～扬｜～糠弃粒。❷摇动；振荡：颠～｜～荡。
㊁bò［簸箕］（-ji）1. 扬去谷物中糠秕、尘土等杂物的器具。2. 簸箕形的装垃圾工具。

鼊 bǒ 龟类动物。

bò

擘 bò（又读 bāi）裂开；破开：～玉石｜～瓜瓠。

馛 bò 仆倒。

潒 bò 喜言人恶。

僠 bò 同"馛"。

啵 bò 义未详。（《改并四声篇海》）

孽 bò 同"擘"。

檗 bò 即黄檗，也作"黄柏"，又称黄波椤，落叶乔木，木材可用于建筑、制作航空器材及枪托，茎可制黄色染料，皮可制软木或供药用。

擘 bò ❶分裂；剖：～开｜剖析毫釐，～肌分理。❷劈：薄～｜～长二寸许。❸大拇指：～指｜巨～。

譒 bò ❶同"播"，传布。❷谣。

糪 bò 半生半熟的饭。

擗 bò 同"擘"。

蘗 ㊀bò 同"檗"。
㊁bì 同"薜"。

爆 bò 义未详。（《改并四声篇海》）

嚗 bò［嚗鸪］拟声词，鸠叫声。

穳 bò 同"檗"。

bo

卜（蔔） bo 见 69 页 bǔ。

bū

囨 bū 义未详。（《龙龛手鉴》）

逋 bū ❶逃亡；逃亡的人：～逃｜逃～。❷拖欠：～欠｜～债。❸拖延：～延｜～留｜久～王命。

峬 bū［峬峭］山石峻峭，比喻风姿、文笔优美。

钸（鈽） bū 金版。

庯 bū ❶平顶屋。❷石门。

逋 bū 同"逋"。

晡 bū ❶申时，即下午三时至五时，也指黄昏时：～时｜日未～。❷夜；晚：晓～｜今～十五月圆圆。

睎 bū 同"晡"。

竨 bū 物体两端。

逋 bū 同"逋"。

粭 bū 同"餔"。

趡 bū［趡趓］（-tū）匍匐，伏地而行，单用"趡"义同。

誧 bū ❶说大话。❷规劝。

鵏 bū 同"鹔（鵏）"。

餔 ㊀bū ❶吃：作糜～之。❷给食，喂食，后作"哺"：乞乳～孩。
㊁bù ❶［餹餔］（táng-）糕点。❷用糖渍的干果：果～。

盙 bū 同"餔"。

逋 bū 同"逋"。

鯆 bū 同“鯆”，江豚。

䴺 bū 同“餔”。

鵏（鵏） ㊀ bū［鵏鶆］（-lái）鸠。㊁ pū 鹅。㊂ bǔ［地鵏］大鸨的别称，鸟名。

䴺 bū 同“鵏（鵏）”。

bú

䳰 bú 同“䳰”。

䳰 bú［䳰雉］（-zhì）黄色野鸡。

䑖 bú“醭”的讹字。

䅤 bú 义未详。（《改并四声篇海》）

轐 bú 车伏兔。

醭 bú（旧读 pú）酒、醋、酱油等因腐败或受潮后表面所生的白霉。

bǔ

卜 ㊀ bǔ ❶ 占卜，用龟甲、兽骨等预测吉凶：～卦｜求签问～。❷ 预料；推测：预～｜生死未～。❸ 选择：～居｜～宅｜～邻。❹ 姓。

㊁（蔔）bo［萝卜］见 614 页“萝”字条。

⺊ bǔ 同“卜”。

卟 ㊀ bǔ 用于译音：～吩｜～啉（均为有机化合物）。㊁ jī 同“乩”，也作“稽”，占卜问疑。

㳍 bǔ ❶ 古水名。（《玉篇》）❷ 同“濮”。

玔 bǔ 玉器。

䀯 bǔ 眼骨。

补（補） bǔ ❶ 缝缀衣服，修复破损，引申为补救：缝～｜修～｜将功～过。❷ 增添或填入空缺：增～｜～课｜～漏洞。❸ 裨益：～益｜于事无～。❹ 滋养身体：滋～｜～养。❺ 委任官职：～官｜候～。❻ 旧时官服的绣饰：绣～｜蟒～｜豸～银带。

捕 bǔ 捉；逮：～鱼｜搜～｜～风捉影。

哺 ㊀ bǔ ❶ 咀嚼，泛指吃：秉耒甘～糠｜～糟食余，无裨实用。❷ 鸟用嘴喂食，泛指喂食：乌鸦反～｜～乳｜～育。❸ 嘴中所含的食物：辍饭吐～。㊁ bū 同“餔”，给食，喂食。

𧚒 bǔ 同“補（补）”。

㨐 bǔ ❶ 轻拍衣被振去尘土。❷ 击：骈黄钟，～大吕。

𡋟 bǔ 用于人名：石～（战国时人）。

𦂆 bǔ 同“補（补）”。

䪁 bǔ ❶ 铺首，衔门环的底座。❷ 闠门。

𡟫 bǔ 用于女子人名。

𨎹 ㊀ bǔ 车下䡴。（《玉篇》）㊁ fù 内裤。

䩘 bǔ“䩘（䩘）”的讹字。

𥢶 bǔ 义未详。（《龙龛手鉴》）

䩘 bǔ 同“䩘”。

䰉 bǔ 同“䰉”。

䩘 bǔ ❶ 牛络头。❷ 络发（鬟）。

䰉 bǔ 须髯。

䩘 bǔ 同“䩘”。

𩀨 bǔ 同“䴺”。

䩱 bǔ 同“䩱”。

䩱 ㊀ bǔ 同“䩱”。㊁ bó 同“䪇”。

䴺 bǔ 乌䴺，又称鵁、青鴋，水鸟名。

𪃶 bǔ 同“䴺”。

𪃶 bǔ 同“䴺”。

𪃶 bǔ 同“䴺”。

bù

不 ㊀ bù ❶ 无;没有:～日有曈。❷ 副词。1. 表示否定:～好｜我～去｜～大好办。2. 表示否定对方的话:你刚来吧? ～,来了很长时间了。3. 表示否定效果:搬～动｜禁～住｜看～清楚。4. 加在名词前,构成形容词:～法｜～轨。5. 表示疑问:你还记得～?｜你喜欢这本书～?
㊁ fū 通"柎",花萼:常棣之华,鄂～韡韡。
㊂ pī 通"丕",大:～德｜～显～承。

布［❷-❹佈］ bù ❶ 用棉纱、麻纱等织成的可做衣服等物件的材料:棉～｜花～。❷ 宣告,对众陈述:宣～｜发～｜开诚～公。❸ 散开:阴云密～｜星罗棋～。❹ 安排:～置｜～局｜～下网。❺ 古代钱币:～货｜抱～贸丝。❻ 姓。

系 bù 同"不"。

希 bù 同"布"。

步 bù ❶ 行走;跟随:安～当车｜～其后尘｜～入大厅。❷ 脚步,行走时两只脚之间的距离:大～前进｜寸～难行。❸ 指步兵:自率～骑二万拒之。❹ 地步;境地(多指不好的):没想到会落到这一～。❺ 推算:迎日～气,以追寒暑之序。❻ 旧制长度单位,一步等于五尺。❼ 通"埠",水边停船的地方,多用于地名:船～｜盐～(均在广东)。☞① 步/跬　古人以左右两只脚各迈出一次为"步",等于今天所说的两步;一只脚迈出一次为"跬",即今天所说的一步。"跬步"指半步,比喻极近的距离、极少的数量。②步/奔/走/跑/行/趋/亡　见 333 页"行"字条。

吥 bù［唝吥］(gòng-)见 351 页"唝"字条。

歩 bù 同"步"。

玐 bù 同"珄"。

埗 bù 用于地名:茶～(在福建)。

抪 ㊀ bù 击。
㊁ pū 散布:尘埃～覆。
㊂ bá［抪摅］(-hù)同"抪摅(跋扈)"。

走 bù 同"步"。

步 bù "步"的讹字。

咘 bù ❶ 用于地名:～泉(在广西)。❷ 用于译音。

㡍 bù 巾。

庯 bù 列。

𣲷 bù 古地名。(《集韵》)

怖 bù ❶ 惊惧;害怕:恐～｜可～｜祸至则～。❷ 恐吓:诈～愚民。

姉 bù ❶ 美女。❷ 女子貌美。

柨 ㊀ bù 树名。
㊁ pū［蔽柨］树名。

都 bù 同"部"。

𠝏 bù ❶ 裁刀。❷ 截断。

郶 bù 古亭名。(《玉篇》)

𢇁 bù 同"不"。

埔 ㊀ bù［大埔］地名,在广东。
㊁ pǔ［黄埔］地名,在广东。

埗 bù 同"埠",码头,也用于地名:～头｜高～(在广东)｜深水～(在香港)。

捗 ㊀ bù［捗攎］(-lù)收敛。
㊁ pú［捗护］(-lú)同"荹护",收乱草。
㊂ zhì 打。

荹 ㊀ bù 喂牛马的草。
㊁ pú［荹护］(-lú)收乱草。

𥑰 bù 非金属元素"硼"的旧译写法。

㾟 bù 同"痡"。

部 ㊀ bù ❶ 统率;统属:～领｜～属｜所～三百人。❷ 治理:分民而～之。❸ 古代军事编制单位,泛指军队,引申为军队领导机构或其所在地:～队｜司令～｜团～。❹ 机关或企业按业务范围分设的单位:教育～｜编辑～｜门市～。❺ 门类;类别:分作四～,甚有条贯。❻ 部分,全体中的一份:内～｜局～｜胸～。❼ 量词,用于书籍、影片、车辆等:一～词典｜两～电视剧｜三～拖拉机。
㊁ pǒu 姓。

勏 bù［勏劶］(-kǒu)用力。

悑 bù 同"怖"。

瑼 bù［瑼瑶］也作“步摇”，附在簪钗上的一种首饰。

埠 bù ❶停船的码头：～头｜船只抵～。❷有港口码头的商业城镇，泛指大城市：商～｜开～｜外～。

歨 bù 同“步”。

蛂 bù［蝮蛂］（fù-）见 270 页“蝮”字条。

舶 bù 同“艄”。

輤 bù 义未详。（《改并四声篇海》）

脴 ㊀ bù 肉酱。
㊁ péi 姓。

痡 bù 复病。

郶 bù 义未详。（《改并四声篇海》）

瓿 bù（旧读 pǒu）［瓿甊］（-lǒu）小瓮，也单称瓿。

蔀 bù ❶席棚，用于覆盖。❷用草席等覆盖，泛指遮蔽：～其家｜发～。❸幽暗：日中冥～。❹古代历法称七十六年为一蔀。❺［蓁蔀］（zhēn-）地名，在浙江。

艕 bù 同“艄”。

廍 bù 用于地名：菜～（在台湾）。

粭 bù［餹粭］（táng-）同“餹餔”。

賻 bù 用财物酬谢。

踄 bù 步行：有劳远～。

鎑 bù 同“瓿”。

駂 bù 马名。

瘖 bù［瘖瘻］（-lù）痞病。

郶 bù 同“部”。

輔 bù 靴。

箁 bù 同“篰”。

篰 bù ❶简牍；简册。❷竹篓：大竹～。❸量词：雪梨、甜榴各一～｜贩鱼数百～。

餢 bù［餢飳］（-tǒu）也作“餢鍮”，饼类食品。

騲 bù 遛马，也作“步”。

艄 bù 短而深的小船：短～。

颮 ㊀ bù 风。
㊁ fǒu 风细微的样子。

霺 bù 同“蔀”，遮蔽。

簿 bù 竹器。

鮬 bù 鱼名。

麯 bù（又读 bó）［麯麰］（-tǒu）饼类食品。

簿 ㊀ bù ❶册子；本子：账～｜点名～｜练习～。❷文书：对～｜上～｜曾对～公庭。❸笏，手板：以～击颊。❹姓。
㊁ bó 通“薄”。1. 扁平物体厚度小：岂谓钱之锲～、铢两轻重哉？2. 迫近，接近：五官～之而不知。

鯆 bù［魼鯆］（dù-）见 211 页“魼”字条。

C

cā

陊 cā［陒陊］（yà-）见 1144 页“陒”字条。

蔡 cā 同“縩”。

麐 cā 鹿的样子。

攃 cā 摩擦，后作“擦”。

擦 cā ❶搓；摩：～澡｜～燃火柴｜摩拳～掌。❷揩拭：～脸｜～汗｜～桌子。❸搽；涂：～粉｜～油｜～紫药水。❹贴着；靠近：～黑｜～边｜～肩而过。

嚓 ㊀ cā 拟声词：汽车～的一声刹住了｜～～的响声。
㊁ chā 用于拟声词：啪～｜喀～。

鼕 ㊀ cā 拟声词，鼓声。
㊁ zá 击打鼓的边缘。

礤 cā［磋礤］（jiāng-）见 431 页“磋”字条。

鞷 cā 义未详。（《改并四声篇海》）

縩 ㊀ cā 薄丝绸；薄绢。
㊁ cài［綷縩］（cuì-）拟声词，衣服摩擦时发出的声音：花裙～步秋尘。

蹽 cā［蹉蹽］（jiāng-）见 431 页“蹉”字条。

cǎ

礤 cǎ（旧读 cā）❶粗石。❷同“擦”，磨，后指把瓜、萝卜等擦成丝状：～冬瓜｜把萝卜～成丝做馅。❸［礤床］把瓜、萝卜等擦成丝的器具。

磧 cǎ 同“礤”。

cà

辛 cà 义未详。（《汉语大字典》）

遪 cà 跑；行走。

遪 cà 同“遪”。

囃 ㊀ cà 讲；说：乱～。
㊁ zhā［囃呼］同“咋呼”，口快话多：他的脾气囃囃呼呼的。
㊂ zǎ 同“咋”，代词，怎么：你～着这么想不开？

灖 ㊀ cà 沸腾的样子。
㊁ zá 绝了的样子。

礸 cà 石多的样子。

磐 cà 同“礸”。

cāi

赵 ㊀ cāi 因猜疑而缓行，后作“猜”。
㊁ chāi ❶起去。❷跑。

偲 ㊀ cāi 有才能。
㊁ sī［偲偲］（-sī）形容互相切磋、互相监督：朋友切切～。

猜 cāi ❶恨；嫉恨：忘尔大劳，～尔小利。❷怀疑；疑心：～疑｜～忌｜两小无～。❸恐惧；害怕：了无惊～｜心空了无～。❹推想；推侧：～测｜～谜｜这个人让我～不透。❺助词，表示感叹语气：被你风韵韵煞人也～！

趖 cāi 跑。

跴 cāi 踩：为两～之船｜脚儿～在肩膀上。

cái

才（❹纔） cái ❶能力：～干｜口～｜多～多艺。❷有才能的人：人～｜天～｜奇～。❸贬称某类人：奴～｜蠢～。❹副词。1. 表示以前不久：方～｜刚～｜怎么～来就要走？2. 表示事情发生或结束得晚：大雪到夜里～停止｜他熬夜到凌晨两点～睡觉。3. 对比起来表示数量小、程度低：这个舞蹈班～20人。4. 表示强调所说的事情：他不知道～怪呢！❺姓。☞才／材　两字同源，木有用为“材”，人有用为“才”，在资质、才能意义上相通。现代汉语中这两字有分工，“才能”“人才”不宜写作“材能”“人材”。

◆“纔”另见73页“纔”字条。

邠 ㊀ cái 古乡名。(《字汇》)
㊁ zài 同“𢦏”。

茡 cái 草名。

材 cái ❶木料，引申为各类原料和资料：木～｜钢～｜教～。❷棺木：寿～｜我想好几口～都要带回去。❸通“才”，有才能的人，也指人的资质、才能：任官惟贤～｜因～施教。❹通“裁”，裁夺；安排：治万变，～万物，养万民。❺通“财(財)”：还所敛民钱～。☞材/才 见72页“才”字条。

财(財) cái ❶金钱和物资的总称：～物｜～富｜理～。❷通“纔(才)”，副词，仅：计程～百里。❸通“材”，木料；树木：～以工化｜殖～种树。

𬶬 cái 同“财(才)”，副词，仅：两山壁立，～容车骑。

裁{裁} cái ❶用剪子或刀把布、纸等割裂开：剪～｜～衣服｜～纸。❷削减；去掉一部分：～减｜～员｜～军。❸安排取舍：独出心～。❹断定；决定：～断｜～判｜～决。❺杀：自～。❻通“材”，材器；材质：～大者，众之所比也。

䝮 ㊀ cái 同“财(財)”。
㊁ zhù 同“贮(貯)”：废居积～。

𧛧 cái 同“裁”。

𪌈 cái 饼状酒曲，泛指酒曲，用以酿酒。

麱 cái 同“𪌈”。

纔 cái 同“才(纔)”，副词：谈笑至晚，方～作辞回家。

䞗 cái 同“财(財)”。

纔 ㊀ cái “才❹”的繁体字。
㊁ shān 黑里带红的颜色。

cǎi

𠄎 cǎi 同“采”。

𢒱 cǎi 同“彩”。

采 ㊀[❶-❸採] cǎi ❶摘取：～摘｜～茶。❷开掘：开～｜～煤｜～矿。❸选取；收集：～取｜～集｜～购。❹神色；精神：风～｜神～｜兴高～烈。❺有彩色花纹的丝织品，后作“彩(綵)”：文～千匹｜衣必文～。❻彩色，后作“彩”：命妇官染～｜尧眉八～。❼文采；辞藻：众不知余之异～｜是以联辞结～，将欲明经。
㊁[寀] cài 采地，又称采邑，古代卿大夫的封地：大夫有～，以处其子孙。

◆“採”另见73页“採”字条。

埰 ㊀ cǎi 坟墓。
㊁ cài 同“采(寀)”，采地，古代卿大夫的封地。

採 ㊀ cǎi “采㊀❶-❸”的异体字。
㊁ zǎi 通“宰”：其心之出，有物～之。

啋 ㊀ cǎi ❶喜幸；幸运：大吉来～(特别幸运)。❷通“睬”，理睬；理会：不要～他。
㊁ cāi 叹词，哎；喂：～！咱两人好生的说话。

彩[❺綵] cǎi ❶色彩；光彩：烟云献～｜日华月～。❷色彩艳丽的饰品：车辂垂～。❸文采：词～。❹多种颜色：～色｜～虹｜～霞。❺彩绸或有彩色花纹的丝织品：剪～｜张灯结～。❻战斗中受伤流血：挂～。❼赌博或某些竞赛中给获胜者的财物：中～｜得～｜～金。❽称赞、夸奖的欢呼声：喝～。

◆“綵”另见73页“綵”字条。

𤞙 cǎi 义未详。(《改并四声篇海》)

倸 ㊀ cǎi ❶奸邪。❷恨。
㊁ cāi 同“猜”，恨；嫉恨。

婇 cǎi ❶宫女。❷用于女子人名。

绥(綵) cǎi 同“彩❺”。

棌 cǎi 树名。1. 柞栎，即麻栎。2. 槲。

𥝩 cǎi 义未详。(《改并四声篇海》)

䐆 cǎi 肚子膨胀。

睬[倸] cǎi 理会；答理：不理不～｜他～也不～。

𨂝 cǎi ❶追踪：～缉。❷“踩”的异体字。

𤸁 cǎi 病。

踩[𨂝] cǎi 践踏，脚底向下接触地面或物体：～高跷｜～油门｜不小心脚底～滑，摔倒了。

◆“𨂝”另见73页“𨂝”字条。

䌽 cǎi 同“彩”。

䌽 cǎi 义未详。(《改并四声篇海》)

䌽 cǎi 义未详。(《字汇补》)

䌽 cǎi 同“䌽”。

C

cài

菜 cài ❶可帮助下饭的植物:蔬～|海～。❷特指油菜:～籽|～花黄。❸经过加工烹饪的佐食肴馔:素～|荤～|川～。❹通“采”,摘取:躬～菱(蔆)藕。

蔡 ㊀cài ❶野草:继以兮微～|～莽螫刺。❷占卜用的大龟,泛指龟:卜晴将问～|清池养神～。❸周代诸侯国名,在今河南。❹姓。
㊁sà ❶流放:周公杀管叔而～蔡叔。❷通“殺(杀)”,减少:三百里夷,二百里～。

髮 cài“鬃”的讹字。

滐 cài 古水名。(《集韵》)

嫖 cài 用于女子人名。

縩 cài 丝类物:乱～难理。

鬃 cài ❶发髻。❷头巾。❸美好的头发。

𧄍 cài 同“蔡”。

䌽 cài 同“鶔”。

鑅 cài 同“粲”,流放。

騋 cài 马名。

鶔 cài 鸠类鸟。

cān

叅 cān 同“參(参)”。

参(參)[叅] ㊀cān ❶加入:～加|～与|～军。❷配合:笔～造化|天地相～。❸进见,旧指下见上:～见|～谒|～拜。❹旧指弹劾、检举:～他一本。❺探究并领会(道理、意义等):～禅|～透|～破。❻为了学习、研究等查阅有关资料:～阅|～考。
㊁sān 数词,同“三”,后作“叁”:大都不过～国之一。
㊂cēn[参差](-cī)1.长短、高低、大小等不齐:～不齐|～错落。2.大约:～十万人家。3.几乎:～被虏。4.箫名:吹～兮谁思?
㊃[❷蓡、❷蔘] shēn ❶星名:～商|仰盼愁横～。❷人参、党参等的统称,通常指人参,多年生草本植物,可供药用:～汤。
◆“蓡”另见859页“蓡”字条。

叅 cān 同“參(参)”。

叄 cān 同“參(参)”。

湌 cān ❶同“湌(餐)”:渴饮饥～。❷同“飧”,熟食:以一壶～得士二人。

嬠(嬠) ㊀cān ❶贪婪。❷容貌美丽的样子。
㊁sēn 淫。

叄 cān 同“參(参)”。

骖(驂) cān 古代驾车套在车前两侧的马。

喰 ㊀cān 同“餐”,吃,进食:甘甜美味,妻子长～。
㊁sūn 同“飧”,简单的饭食:盘～无异味。

湌 cān 同“餐”。

叄 cān 同“參(参)”。

叅 cān 同“參(参)”。

飡 ㊀cān 同“餐”。
㊁sūn“飧”的异体字。

飱 cān 同“飧”。

飡 cān 同“餐”。

曑 cān 同“曑(参,参)”。

餐(飡) cān ❶吃(饭):聚～|野～|风～露宿。❷饭食:午～|西～|谁知盘中～,粒粒皆辛苦。❸量词,用于吃饭的次数:一日三～|每日只供早、午两～。

嬠 cān 贪婪。

餐 cān“餐”的讹字。

嫚 cān 同“嫚(嫚)”。

趁 ㊀ cān ❶［趁趈］(-tán)驱赶的样子，单用“趁”义同：白马趁趈赤尘起｜两轮出没无停趁。❷快速：～视数顾。
㊁ cà 跑；赴会。

鰲 cān 鱼名，即白鲦。

穇 cān［白穇］稻名。

篸 cān 竹签。

艕 cān［底艕］战舰内贯穿的大木。

餮 cān 义未详。(《改并四声篇海》)

趍 cān 同“趁”。

篸 cān 同“篸”。

艖 cān 船名。

燦 cān 野炊。

驂 cān 同“驂(骖)”。

餸 cān 义未详。(《康熙字典》)

鰺 cān 同“鰺(鰲)”。

鰺 cān 同“鰲”。

鰺 cān 同“鰲”。

cán

歺 cán 同“奴”。

奴 cán ❶残穿。❷穿凿。❸残败。

殀 cán 同“残(殘)”。

残(殘) cán ❶毁坏；伤害：～害｜摧～｜自～。❷凶恶：～暴｜～忍。❸不完整；有毛病的：～缺｜～品｜～破不全。❹剩余；余下的：～存｜～局｜～冬。

努 cán 杀害。

蚕㊀(蠶) cán ❶昆虫，家蚕又称桑蚕，吃桑树叶，吐的丝可织绸缎；柞蚕又称野蚕，吃柞树叶，吐的丝可织柞绸。❷养蚕：桑土既～｜耕而食，～而衣。
㊁ tiǎn［蛩蚕］(qiǎn-)见770页“蛩”字条。

殉 cán 同“残(殘)”。

努 cán “努”的讹字。

叏 cán 多。

蚕 cán 同“蚕(蠶)”。

蚃 cán 同“蚕(蠶)”。

殉 cán 同“残(殘)”。

惭(慚)［慙］ cán ❶为自己的错误或缺点而感到羞愧：～愧｜自～形秽。❷耻辱：一～之不忍，而终身～乎？

慚 cán 忮。

腠 ㊀ cán 禽兽吃剩的东西。
㊁ zhàn 腹大的样子。

戲 cán 残。

鄀 cán 同“鄀”。

蝅 cán 同“蚕(蠶)”。

鄿 ㊀ cán 古亭名，在今山东。
㊁ tì 古亭名。(《集韵》)

蠶 cán 同“蠶(蚕)”。

賢 ㊀ cán 害物贪财。
㊁ hài 深坚。

璻 cán 义未详。(《改并四声篇海》)

薞 cán 草名。

暫 ㊀ cán 斩取。
㊁ zàn 击打：～鼓。

褳 cán 同“蚕(蠶)”。

鲞 cán “蚕(蠶)”的讹字。

蝅 cán 同“蚕(蠶)”。

賤 cán 害物贪财。

鄿 cán 古亭名。(《字汇补》)

C

殘 cán 同“殘”。

殘 cán[盦殘](ān-)见6页“盦”字条。

蝅 cán 同“蚕(蠶)”。

慙 cán 同“惭(慚)”。

鸇 cán ❶同“鷐”,雕。❷鹳,水鸟名。

蹔 cán 同“蹔”。

蹔 cán 止。

黵 cán 黵黵。

蠺 cán 义未详。(《改并四声篇海》)

蠶 cán 同“蚕(蠶)”。

藖 cán[藖菜]白花益母草,嫩苗可食。

鷐 ㊀cán ❶鸟名,即雕。❷鹗的别称。
㊁zhàn 鸟名,像雕而有白色斑纹。

蠺 cán 同“蠶(蚕)”。

醦 cán 因羞愧而脸红。

蠺 cán 同“蠶(蚕)”。

蠺 cán 同“蠶(蚕)”。

cǎn

惨(慘) cǎn ❶凶残;狠毒:～毒|～案|～无人道。❷忧伤;凄楚:悲～|～不忍睹|～然不乐。❸程度深;严重:～败|输得～|损失～重。

朁 ㊀cǎn 副词,表示出乎意料,竟:～不畏明。
㊁qián[於朁](yú-)古县名,在今浙江。
㊂jiàn 同“僭”,虚假。

䅟(穇) ㊀cǎn 䅟子,草名,籽实可吃,也可做饲料。
㊁shān[穁䅟](liàn-)见1035页“穁”字条。

𥝰 cǎn 同“䅟(穇)”。

憯 cǎn 同“惨(慘)”。

噆 cǎn 同“噆”。

噆 cǎn ❶衔:～味含甘。❷咬;叮:～食|蚊虻～肤。

憯 cǎn 同“憯”。

憯 cǎn ❶惨痛。❷忧伤:～～日瘁。❸繁杂:法令烦～。❹副词,曾;竟然:民言无嘉,～莫惩嗟。

憯 cǎn 同“憯”。

㦧 cǎn 同“惨(慘)”。

㿊 cǎn 同“憯”。1.痛;惨痛:毒螫～肤。2.忧伤。

𨄽 cǎn 义未详。(《改并四声篇海》)

噆 cǎn 同“噆”。

憯 cǎn 同“憯”。

𩈣 cǎn 人脸的样子。

黪(黲) cǎn ❶浅青黑色。❷暗色。

穇 cǎn 同“䅟(穇)”。

càn

灿(燦) càn 光彩耀眼:～烂|～若云霞。

㛑 càn 同“㛑(奻)”。

奻 càn ❶三个女子。❷美物。

㛑 càn 同“㛑(奻)”。

㛑 càn 同“奻”。

㵤 càn 水清澈的样子。

粲 càn 同“粲”。

粲 càn 同“粲”。

粲 càn ❶精米,上等白米:白～|授子之～。❷鲜明的样子:众星～以繁|风光～。❸笑的样子:笑～|～然一笑。❹明白;清楚:条目～列。❺众多:三英～兮|门客～成行。

傪 càn 同“参(參)”,鼓曲名:渔阳～挝。

粲 càn 同“粲”。

澯 càn 同“粲”。

璨 càn 同“璨”。

傪 càn 同“灿(燦)”。

燦 càn“燦(灿)”的讹字。

蔡 càn 草名,可编席。

黪 càn 文采斑斓的样子。

瞭 càn 同“瞭”。

畛 càn 田垄相连。

潻 càn 水清澈。

㻮 càn 同“婺(效)”。

璨 càn ❶玉的光彩。❷美玉。❸灿烂;明亮:天河漫漫北斗～|所获舍利,～若珠玉。

瞭 càn 同“瞭”。

謲 ㊀ càn 相怒。
㊁ zào 同“噪”,喧噪:静夜闻鼓声而～。

鬖 càn 头发有光泽。

濲 càn 息绝。

鷚 càn 鸟名。

cāng

仓(倉) cāng 贮藏谷物的房屋类建筑,泛指储存物品的场所。

仺 cāng 同“仓(倉)”。

仝 cāng 同“仓(倉)”。

伧(傖) ㊀ cāng 鄙陋;粗俗:～俗。
㊁ chen[寒伧]同“寒碜”。

苍(蒼) cāng ❶草色,引申为深蓝或暗绿色:～天|～山|～松。❷灰白色:～白|～髯|两鬓～～。❸通“仓(倉)”,仓猝:～卒之间|～然五情热。❹[苍耳]一年生草本植物,种子可供药用或榨油。❺姓。☞苍/蓝/绿/青/碧 见786页“青”字条。

沧 cāng 同“滄”。

沧(滄) cāng ❶同“滄”,寒;凉:～热燥湿|～～凉凉。❷水深绿色:～海|～流|～波。❸水名,发源于北京,流至河北注入桑干河。❹古州名,在今河北。

苍 cāng 同“蒼(苍)”。

㟵 cāng 同“仓(倉)”。

沦 cāng 同“沧(滄)”。

鸧(鶬) cāng ❶[鸧鹒](-gēng)也作“仓庚”,鸟名,即黄鹂。❷[鸧鹒](-xǐng)水鸟名。

舱(艙) cāng 船或飞机、飞船等内部用于载人或物的空间部分:客～|货～|底～。

㳻 cāng 同“沧(滄)”。

峼 ㊀ cāng 同“蒼(苍)”。
㊁ qiàng 同“跄(蹌)”。

匨 cāng 古代器物名。

滄 cāng 寒;凉。

嵢 cāng 山势。

獊 cāng[獊囊]也作“伧囊”,乱的样子:～而乱天下。

牄 cāng 牛名。

艙 cāng 同“舱(艙)”。

蒼 cāng 同“苍(蒼)”,深蓝或暗绿色。

螥 cāng 蝇。

滄 cāng 同“滄(沧)”。

鶬 cāng 同“鸧(鶬)”。

䅮 cāng 食。

䢻 cāng 义未详。(《改并四声篇海》)

cáng

匨 cáng 同"𧂍(臧)",收藏。

牂 cáng 同"藏"。

𠩦 cáng 同"藏"。

𡑒 cáng 同"𧂍(臧)"。

藏 ㊀ cáng ❶ 隐避;躲避:隐～｜埋～｜～在暗室。❷ 收存;保管:储～｜～书｜秋收冬～。❸ 怀有;蓄有:～垢怀耻｜知机～往。❹ 姓。
㊁ zàng ❶ 存储珍贵物品的地方:宝～。❷ 埋葬,也指葬地:因山为～,不复起坟。❸ 内脏,后作"臟(脏)":夫心者,五～之主也。❹ 佛教、道教经典的总称:大～经｜博晓经～。❺ 西藏(地名)的简称。❻ 藏族,少数民族名,主要分布在西藏、青海、四川、甘肃、云南。
㊂ zāng ❶ 草名。❷ 通"臧",善;好:中心～之,何日忘之｜谋竟不可以～。

𧂍 cáng 同"臧",收藏。

𡾰 cáng［𡾰崔］山石高耸的样子。

𡽗 cáng［岇𡽗］(áng-)见 9 页"岇"字条。

𣿅 cáng 沉没。

𡿑 cáng［𡿑崔］山石高耸的样子。

𤅢 cáng 沉没。

𨣻 ㊀ cáng 同"藏":糟～猪肉。
㊁ zā［醃𨣻］(ā-)见 1100 页"醃"字条。

鑶 cáng 拟声词,铃声。

càng

䢢 càng 过。

𥢔 càng 禾倒伏。

賶 càng 积货。

cāo

𡗒 cāo 人或动物在不大不小之间:～人｜～狗。

捺 ㊀ cāo "操"的异体字。
㊁ chān 同"摻(掺)"。

撡 cāo 同"操",一说同"摻(掺)"。

耖 cāo ❶ 用荆条等编制的平整土地的农具。❷ 用耖平整土地。

操［捺、撡］ ㊀ cāo ❶ 抓在手里;掌握:～刀｜稳～胜券｜～纵自如。❷ 做;从事:～作｜～劳｜～之过急。❸ 使用某种语言或方言:～英语｜～闽方言。❹ 练习军事、体育等技能:～练｜上～｜体～。❺ 品德;品行:～守｜情～。❻ 姓。
㊁ cào 同"肏"。
◆"捺"另见 78 页"捺"字条。

糙 cāo ❶ 脱壳未舂或舂得不精的米:～米。❷ 不光滑;不细致:粗～｜毛～。❸ 不值钱的:送过点儿～东西来。❹ 粗鲁:他是个～人,不懂得那些规矩。

㯥 cāo "鄵"的讹字。

鄵 cāo 同"操"。

𣀔 cāo 同"鄵(操)"。

澡 cāo［澡澡］将沸腾。

𥽷 cāo 同"糙"。

cáo

曺 cáo 同"曹"。

𤸱 ㊀ cáo 饥饿病。
㊁ zhǒu "疛"的讹字。

曹 cáo ❶ 古代指诉讼的原告和被告为两曹(也作"两造")。❷ 古代分科办事的官署或部门:兵～｜刑～｜坐～治事。❸ 辈;类:我～｜尔～｜卿～。❹ 周代诸侯国名,在今山东。❺ 姓。

𣍘 cáo 同"曹"。

𣉛 cáo 同"曹"。

蓸 cáo 草名。

嘈 cáo 喧闹；声音繁杂：～杂｜～乱｜耳～～以失听。

嶆 cáo［嶆嶆］（láo-）见537页“嶆”字条。

䐬 cáo 同“槽”。

䄻（䄻） cáo ❶食品馅。❷饥饿：肚子～。

漕 cáo ❶通过水路运输粮食等：～运｜～粮｜～船。❷明、清时的田赋，因经水路运输而得名：收～。

嶆 cáo 容貌美丽的样子。

槽 cáo ❶长条凹形的盛饲料的器具：猪～｜鸡食～｜三马同食一～。❷指某些两边或四边高起、中间凹陷的器具：水～｜石～｜凿个～儿。❸凹形的或凹陷的：～钢｜～牙。

䡢 cáo 粗劣：～朽｜～旧。

䒃 cáo 同“曹”。

曹 cáo 天色晚。

䐬 cáo 用于古地名：～牍堰（在今河南）。

䏆 cáo ❶脆。❷腹鸣。

䄻 cáo 同“褿”。

䄻 cáo ❶祭猪神。❷福祐。

䡢 cáo ❶同“曹”。❷周匝，一周天。

䃶 cáo ❶采矿的坑道：～硐多水。❷用于地名：斫～（在湖南）。

䍐 cáo［䍐网］捕鱼具。

褿 cáo ❶披肩。❷垫席；尿布。

䏆 cáo 耳鸣。

螬 cáo［蛴螬］（qí-）见753页“蛴”字条。

䈤 cáo 竹名。

艚 cáo ❶漕运所用的船：方～｜运～。❷泛指船：大～｜空～。

䐬 cáo 同“䏆”。

䡢 cáo 车轴䡢。（《字汇补》）

䡢 cáo 日出东方。

鏪 cáo 穿。

䡢 cáo 同“曹”。

䯆 cáo 高；高的样子。

䗬 cáo 同“螬”。

䐬 cáo 同“嘈”。

䐬 cáo 同“漕”。

䕊 cáo 同“曹”。

䐬 cáo 同“槽”。

䄻 cáo 同“褿”。

䗬 cáo 同“螬”。

cǎo

屮 cǎo 同“草”。

草 ㊀［❶❷艸］cǎo ❶高等植物中除栽培植物以外的草本植物的统称：青～｜野～｜荒～。❷稻、麦、谷类作物的茎和叶：稻～｜柴～｜～绳。❸粗糙，不细致：潦～｜～率｜～～了事。❹开创；起始：～创｜～拟。❺未确定的（文件等）：～图｜～稿｜～案。❻草书，汉字的一种字体：行～｜真～隶篆。❼雌性的（家禽或家畜）：～鸡｜～驴。❽姓。

㊁zào 栎实或柞实，也指黑色，后作“皂（阜）”。

䒠 cǎo 同“䒠（草）”。

䒠 cǎo 同“草”。

䒠 cǎo 同“草”。

嘈 cǎo［嘈嘈］（-lǎo）也作“懆恅”，寂静，没有人的样子。

愺 cǎo［愺恅］(－lǎo)1. 心里烦乱。2. 寂静:～澜漫。

艹 cǎo同“草”。

懆 ㊀cǎo ❶忧虑不安:念子～～。❷通“躁”:焦～｜～恶。
㊁sāo同“慅”,骚动。

騲 cǎo母马,泛指母畜,也作“草”:～驴｜～狗。

騲 cǎo“騲”的讹字。

懆 cǎo同“懆”。

cào

肏 cào男子性交动作的俗称。

鄵 ㊀cào ❶古地名,在今河南。❷姓。
㊁sōu同“郰(鄹)”。

褿 cào衣。

cè

册[冊]{册} cè ❶古代称编串好的简册,今指装订好的纸本子:挟～按图｜画～｜纪念～。❷量词,用于书籍:第三～｜人手一～。

囲 cè同“册”。

厕(厠)[廁] cè ❶厕所,大小便的地方:如～｜公～｜男～。❷猪圈:～中豕群出。❸参与;混杂其中:～下大夫之列｜～身其间。

侧(側) ㊀cè ❶旁边:～面｜两～｜旁敲～击。❷歪斜着:～身｜～视｜～耳细听。
㊁zè同“仄”:～声(仄声)。
㊂zhāi倾斜;不正:～棱(leng)｜～歪(wai)。

荝(萴) cè［荝子］也作“侧子”,即附子,多年生草本植物乌头侧根旁生出的块根,可供药用。

拺 ㊀cè马鞭。
㊁sè择取。

畟 cè“畟”的讹字。

𥫗{𥫗} cè在竹片上写文以祝告神明或告诫臣民,后作“冊(册)”。

笧 cè同“策”。

𥫗 cè同“𥫗”。

测(測) cè ❶测量水深,引申为度量;查检:以篙～江｜～试｜～验。❷料想;揣度:推～｜预～｜深不可～。

恻 cè同“㥽”。

恻(惻) cè忧伤;悲痛:心中～怆｜俱死王事,深～朕心。

敇 cè击马,后作“策”。

畟 ㊀cè ❶［畟畟］(－cè)耒耜在田中快速向前深耕的样子:～良耜,俶载南亩(亩)。❷清晰;整齐:城郭楼橹～然｜栋宇齐～。
㊁jì同“稷”,五谷总名。

萴 cè同“策”。

荣 cè“筞(策)”的讹字。

笧 ㊀cè ❶同“册”。❷同“策”,计谋;谋略:棋(碁)多无～。
㊁zhà(又读shàn)藩篱,用竹木等做成的遮挡物。

粣 ㊀cè粽子。
㊁sè用熟米粉掺和羹。

埙 cè ❶土筑的障碍物。❷充塞:～满充遍。

萴 cè同“策”。

踋 cè义未详。(《龙龛手鉴》)

䀯 cè覆盖。

剟 cè同“畟”。

𠔏 cè同“策”。

策[❶-❻筞、❶-❻䇲] cè ❶古代驾车驭马用的竹鞭:仆执～立于马前｜举～而先。❷鞭打;驱赶:鞭～｜～励｜～进。❸拐杖,也指拄着拐杖:倚～眺两湖｜～杖而行。❹竹简,泛指书籍、文书:简～｜～书｜赐～。❺计谋;谋划:献计献～｜～反。❻算筹,古代用以计算或占卜:善数不用筹～｜数～占兆。❼姓。
◆“䇲”另见415页“䇲”字条。

箣 cè同“笧”。

糭 ㊀cè 同“粣”。㊁sè 饼相互粘在一起。

糆 cè 同“栅”。

糷 cè 同“栅”。

幐 cè 同“策”。

揼 cè 同“揀”。

萗 cè ❶用谷杂草料喂马。❷小声说话的样子。

蕍 cè 同“萗”。

恖 cè 同“恻（恻）”。

遪 cè 同“厕（厕）”，一说同“恻（恻）”。

墄 cè 台阶；石级。

稘 cè 禾苗稠密的样子。

箣 cè 同“策”，筭筹。

箣 cè（又读 zhuó）同“策”，筭筹。

筞 cè 同“筞（策）”。

箣 cè ❶箣竹，又称大簕竹，竹名。❷同“策”，筭筹：诸灵数～，莫如汝信。

箣 cè 同“笧（册）”。

臏 cè 用于人名：～涿（春秋时人）。

憤 ㊀cè 耿介；正直。㊁zé 同“责（责）”，责备：心怀敬仰，恐怖自～。

揀 cè ❶扶持：扶～。❷取：～土｜～谷物。

藪 ㊀cè 草名。㊁cuì 草长出的样子。㊂chuà 除草。

箾 ㊀cè 拟声词，折断声。㊁zhá 断草。

憡 cè 疼痛。

耰 cè 犁上的铧。

簎 cè 击。

簎 cè 击。

憤 cè 同“情”。

愢 cè 同“恻（恻）”。

揀 cè“揀”的讹字。

藪 cè“藪”的讹字。

簎 ㊀cè 用叉刺取水中鱼、鳖等。㊁jí 捕鱼的竹箔。

灖 cè 同“测（测）”。

籍 cè ❶用竹篱围捕鱼。❷同“策”。

闠 cè 义未详。（《龙龛手鉴》）

簎 cè 同“簎”。

cēn

嵾（嵾）㊀cēn ❶［嵾嵳］（-cī）也作“嵾嵯”“参差”，山高低不齐的样子，泛指事物高低、长短、大小不齐。❷用于地名：～岭（即武当山）。㊁cān 山的样子。

嵾 cēn 同“嵾（嵾）”。

篸（篸）㊀cēn［篸箑］（-cī）也作“篸差”“参差”。1. 长短不齐的样子。2. 箫名。㊁zān 通“簪”。1. 簪子：玉～。2. 插戴在头上：玉钗斜～云鬟重。㊂cǎn 篸子，一种竹制盛物器。

嵾 cēn 同“嵾（嵾）”。

cén

屵 cén 进入山谷深处的样子。

岑 cén ❶小而高的山：孤～。❷姓。❸［岑崟］（-yín）山石高峻、奇特的样子。

罖 cén 网名。

笒 ㊀cén 竹名。㊁jìn 竹签。

㊂ hán 同“答(篙)”。

涔 cén ❶ 涝,连续下雨而积水多:～旱灾害之患。❷ 牛马蹄迹中的积水:蹄～。❸ 流泪不止:～泪。❹［涔涔］1. 雨多的样子:～寒雨繁。2. 流泪的样子:～泪下。❺ 水名。1. 澧水支流,在湖南。2. 汉水支流,在陕西。

[illegible] cén 义未详。(《龙龛手鉴》)

[illegible] cén ❶ 足履峻。❷ 通“涔”,牛马蹄迹中的积水:蹄～。

[illegible] cén 同“岑”。

[illegible] ㊀ cén ❶ 熟酒曲。❷ 酿酒久藏。
㊁ dān 沉溺,迷恋,也作“酖”:～酒。

[illegible] ㊀ cén 禾将吐穗开花。
㊁ qián 禾名。

[illegible] cén 同“[illegible]”,拟声词,雨声。

[illegible] ㊀ cén ❶［[illegible][illegible]］(-cén)拟声词,雨声。❷ 久下不止的雨。
㊁ shèn 下雨的样子。

[illegible] cén 同“[illegible]”。

[illegible] ㊀ cén 鳣类鱼。
㊁ jīn ❶ 鱼名。❷ 鱼鲊。

[illegible] cén 荒。

cēng

噌 ㊀ cēng ❶ 拟声词,短促摩擦声;快速行动声:～的一声把火柴划着了｜～地跳了起来。❷ 叱责:爸爸～了他一顿。
㊁ chēng［噌吰］(-hóng)拟声词,钟鼓声、波涛声等:～如钟鼓不绝｜涛声～。

[illegible] cēng 拟声词,金属碰击声:～的一声,火剪被砍作两段。

céng

层(層) céng ❶ 重复;重叠:～山｜～出不穷｜～峦叠嶂。❷ 重叠的事物或其中的一部分:云～｜大气～｜基～。❸ 量词,用于重叠的事物:两～布｜三～楼｜双～玻璃。

曾 céng 见 1225 页 zēng。

嶒 ㊀ céng［崚嶒］(líng-)见 582 页“崚”字条。
㊁ zhēng 同“崝”。

[illegible] céng 同“嶒”。

[illegible] céng 缯帛。

[illegible] céng 室。

[illegible] céng 牛名。

[illegible] céng 肥。

䁬 céng［瞢䁬］(méng-)见 639 页“瞢”字条。

竲 céng ❶ 没有顶盖的露天楼台。❷ 高峻的样子。

[illegible] céng［崚[illegible]］(líng-)高峻重叠,比喻皮肤粗糙:手掌～赛赤铜。

[illegible] céng 竹名。

[illegible] céng 同“竲”。

[illegible] céng 同“[illegible]”。

驓 céng 膝下白色的马。

[illegible] céng 同“嶒”。

cèng

[illegible] cèng 刀伤。

鬙 cèng 毛伸展开的样子。

蹭 cèng ❶［蹭蹬］(-dèng)险阻难行,比喻命运乖舛、遭遇挫折、不得意:若乃绝岭悬坡,～蹉跎｜仕途～｜一世～,未尝发迹。❷ 缓步而行;慢吞吞地行动:一步步往前～｜磨～。❸ 拖延时间:别急,～两天再说｜皇上家的工,慢慢儿的～。❹ 摩擦;拭抹:用脚～｜～破皮｜～不掉。❺ 因擦或碰而沾染:～了一手油｜袖子上～了块胭脂。❻ 故意占便宜:～饭｜～吃喝。

chā

叉 ㊀ chā ❶ 一端有柄,一端有两个以上长齿而便于扎取东西的器具:渔～｜钢～。❷ 用叉子扎取:～鱼。❸ 手指交错,泛指交错:～手｜交～｜三～神经。❹ 形状

为“×”的符号,表示错误、作废或否定等:作业本上打了两个～|同意的画钩,不同意的画～。
㊁chà ❶同“杈”,树杈:树～。❷[劈叉](pǐ-)体操或武术动作,两腿向相反方向分开成一字形,臀部着地。

邖 chā 义未详。(《龙龛手鉴》)

岔 chā[岔岈](-yá)山峰参差耸立的样子。

犲 chā 狗吃食。

犮 chā[犮獠](-lǎo)古代南方地区少数民族名。

肻 chā 同“差”。

臿 chā 同“臿”。

挓 chā 同“插”。

垞 chā 田间小水沟。

髮 chā 同“差”。

臿 chā ❶舂捣,舂去谷物的外皮:红莲米新～。❷同“锸(鍤)”,锹形挖土工具。❸夹杂,穿插,后作“插”:杂～其间。

臽 chā 同“臿”。

剬 chā 同“臿”。

舣 chā 同“艖”。

差 ㊀chā ❶不同;不同之处:～异|偏～|千～万别。❷错误:～错|阴错阳～。❸差数,两数相减的余数:五减三的～是二。❹副词,略微;颇:～强人意|卷首皆有目录,于文虽烦,寻觅～易。
㊁chà ❶欠缺:还～一辆汽车|八点～一刻。❷不相当;不相合:～不多|相～甚远。❸错误:搞～了|说～了。❹不好;不够标准:质量～|成绩～|技术水平太～。
㊂chāi ❶派遣去做事:～遣。❷被派遣去做的事:～事|出～|兼～。❸被派遣做事的人:～役|邮～。
㊃cī[参差](cēn-)见74页“参”字条。

扠 chā 利。

揷 chā 同“插”。

捶 chā 同“插”。

昬 chā 日照水。

剷 chā 同“剷”。

臿 chā 同“臿”。

臿 chā 同“臿”。

剷 chā 拟声词,切物声。

偛 chā ❶[偛㑳](-zhū)小人。❷[偛傺](-chè)狡黠。

徆 chā“徆”的讹字。

痄 chā 痴呆的样子。

揷 chā 同“插”。

插[揷] chā ❶栽入;挤入;放入;扎入:～秧|别～队|双手～兜|碎玻璃～进脚底了。❷加入;参与:～图|～班|～话。

靫 chā 同“靫”。

靫 chā 盛箭器。

嗏 chā ❶助词,表示语气,啊;呀:我～,有句叮咛话。❷叹词,表示提醒、应答等:～,路人休问他|～,何物叫喳喳!

遖 chā 同“徆”。

徆 ㊀chā 行走的样子。
㊁shà 走得快。

馇(餷) ㊀chā ❶边煮边搅拌猪饲料或狗食:～猪食。❷熬(粥):～粥。
㊁zha[饹馇](gē-)见284页“饹(餎)”字条。

瘥 chā 同“痄”。

剶 ㊀chā 刺物。
㊁chāi 小矛。

媕 ㊀chā ❶插话;打断别人的话。❷怯懦。
㊁shà 女人的样子。
㊂zhá[媕䶎](-yà)戏谑。

嫱 chā 同“媕”。

楂 ㊀chā 拟声词,树木折断声。
㊁qì[楂椏](-zhí)林木的样子。

𦉰 chā 同“喳”。

𡾏 chā 同“𨂿”。

𧿳 chā 义未详。(《龙龛手鉴》)

𦚒 ㊀ chā 味美的肉。
㊁ zhá 通“闸(閘)”:堰～|石～。

锸(鍤) chā ❶ 锹形挖土工具:负笼荷～。❷ 一种长针,做衣服时插在衣料四周,以保持平整。❸ 同“臿”,舂捣。

𨦲 chā 捕鱼器具。

𦑢 chā 飞的样子。

𥇍 chā 同“臿”。

𢀶 chā 同“差”。

艖 chā ❶ 小船:小～|渔～。❷ 船名。

𨭃 chā 同“锸(鍤)”,锹形挖土工具。

𦦒 chā 舂。一说同“𦦜(臿)”。

𦔣 chā 扬麦用的锹形农具。

𨭈 chā 同“锸(鍤)”。

𩞄 chā 饵,糕饼。

𨯆 chā 錾。

𦪾 chā 同“艖”。

𦧇 chā 同“臿”。

𦪴 chā 同“艖”。

𪙨 chā[𪙨齺](-nà)齿动的样子。

𪚑 chā 同“𪙨”。

𦫃 chā 同“艖”。

chá

𣱵 chá 义未详。(《改并四声篇海》)

秅 ㊀ chá ❶ 古代计量单位,用于禾稼,一秅等于四百把。一说禾把的总称。❷ 古县名,在今山东。
㊁ ná[乌秅](yā-)见 1002 页“乌”字条。

垞 chá 土丘,也用于地名:～子里(在辽宁)。

茬 ㊀ chá ❶ 作物收割后残留在地里的茎和根,也指未剃净或剃后又长出的短须发:豆～儿|玉米～儿|胡子～儿。❷ 量词,指在同一块土地上作物种植或生长的次数:头～|二～|换～。❸ 也作“碴”,别人刚提到的事或刚说过的话头:话～儿|接～儿|答～儿。
㊁ chí ❶ 古县名,在今山东。❷ 姓。

茶 chá ❶ 茶树,常绿灌木,嫩叶经加工即为茶叶。❷ 茶叶或用茶叶沏成的饮料:龙井～|喝～|清～一杯。❸ 指某些饮料或煎汁食品:杏仁～|奶～|面～。❹ 唐代对小女孩的美称:牙牙娇语总堪夸,学念新诗似小～。

查[査] ㊀ chá ❶ 同“楂”,木筏:有巨～浮于西海|何人系钓～。❷ 检查;调查:盘～|～账|～办。❸ 翻检(图书):～字典|～地图|～资料。
㊁ zhā ❶ 同“樝(楂)”,山楂。❷ 姓。
㊂ chái[查郎]旧时官吏的俗称。

㾐 chá 同“瘵”。

𥦗 chá[窫𥦗](yā-)见 1095 页“窫”字条。

㛼 chá 美好的样子。

𡟖 chá 同“㛼”。

𥠋 chá 敞开的屋。

庛 chá ❶ 敞开的屋。❷ 古县名,在今山东。

搽 chá 涂抹:～粉|～油|～药膏。

𦺨 chá 水中浮草。

嵖 chá[嵖岈](-yá)1. 山名,在河南。2. 古山名,在今山东。

猹 chá 哺乳动物,像獾。

𤺥 chá 瘢痕,疮痕。

䆛 chá[窊䆛](wā-)深的样子。

詧 chá “詧(察)”的讹字。

楂 ㊀ chá ❶伐木后剩余的残桩：根～。❷水中浮木；木筏：独鸟赴行～｜眠～海月边。❸姓。
㊁ zhā［山楂］也作“山查”，落叶乔木，果实可食或供药用。

秺 chá 含舌的样子。

隵 chá 小丘，一说同“陼(渚)”。

梌 ㊀ chá 同“茶”。
㊁ tú ❶楸，落叶乔木。❷同“荼”，茅草的白花。

碴㊀［䂳］ chá ❶物体的小碎块：碗～子｜冰～儿｜玻璃～儿。❷器物上的破处：露出了白木～儿｜碗上有个破～。❸皮肉被碎片碰破或划破：别～了手｜手被碎玻璃～破了。❹嫌隙；事端：他俩有～儿｜找～儿吵闹。❺别人刚提到的事或刚说过的话头：话～儿｜接～儿｜答～儿。
㊁ chā［胡子拉碴］胡子乱蓬蓬的样子。

瑳 chá 同“差”，差错。

鉈 chá［鉈尾］也作“獭尾”，古代腰带端的饰物。

䐤 chá 房屋将损坏的样子。

察［詧］ chá ❶仔细看；知晓：明～秋毫｜闻之而未～。❷考察；审查：不～之患｜得言不可以不～。

樏 chá 同“檫”。

噆 chá 小声说话。

鍦 chá 同“鉈”，一说“铊(鉈)”的讹字。

臜 chá 同“瘵”。

糦 chá 糦子，玉米等磨成的碎粒。

蹅 chá ❶［蹅跱］(-zhì)行走艰难。❷踏：把一只脚～在雪里。

蔡 ㊀ chá ❶草名。❷草芥：草～。
㊁ chuì 草污地。

懆 chá 详察。

檫 ㊀ chá 落叶乔木，木材可用于建筑、造船、制作家具。
㊁ sà 拟声词，草木摇动声。

瞭 chá 察看的样子。

餷 chá 添食。

黸 chá 义未详。(《改并四声篇海》)

chǎ

衩 chǎ 见85页chà。

笅 chǎ 竹名。

蹅 ㊀ chǎ 踩；踏：～着脚｜独木单梁人怎～?｜手拉手地～过小河。
㊁ zhā 拟声词，脚踏声。

鑔 chǎ ❶明代创制的兵器。❷戳；刺。❸同“镲(鑔)”，小钹。

镲(鑔) chǎ 小钹，打击乐器。

chà

汊 chà 河流的分支，也指河流分岔处：百～清泉｜河～｜湖～。

侘 chà 同“侘”。

杈 chà 不修。

奼 chà 同“诧(詫)”。

杈 ㊀ chà ❶植物的分枝：树～｜枝～｜棉花～。❷桠杈：朱漆～子。
㊁ chā 一端带长齿的长柄农具，可用来挑去柴草等，也指渔叉：木～｜三股～｜鱼～。

岔 chà ❶分歧的；由主干分出的(山脉、河流、道路等)：山～｜～流｜三～路口。❷打岔，转移话题：拿话～开。❸错开；互相让开：～开｜把两个会议的时间～一下。❹事故；差错：小心别出～子。

衩 chà “衩”的讹字。

侘 chà ❶［侘傺］(-chì)失意的样子：心郁(鬱)邑余～兮。❷同“诧(詫)”，夸耀：即欲以～鄙县。

刹 chà 见842页shā。

衩 ㊀ chà 衣衩，衣裙下侧或正中开口的地方。
㊁ chǎ［裤衩］贴身短裤。

诧(詫) chà ❶夸耀:过～|以自夸～|老妪～鲜鱼。❷欺骗:甘言～语|毛钱(无钱)～一场。❸告诉:踵门而～。❹惊讶;感到奇怪:惊～|～异|～为奇事。

奼 chà[奼莭](-méi)也作"奼薇",黄芩的别称,多年生草本植物。

㹽 chà 哺乳动物,生活在水中。

㑭 chà[疵㑭]有罪被贬官的人。

侘 ㊀chà ❶惊诧:古命有之,仲泥何～。❷[侘傺](-chì)1.疑而未定。2.同"侘傺",失意的样子:～不得志以老。㊁duó 思忖。

姹 chà ❶美女;少女:～女。❷美丽;艳丽:小女～|～紫嫣红|莺娇燕～。

紁 chà 同"衩",衣裙下侧或正中开口的地方。

跤 chà ❶踏:赤脚～泥冷似冰。❷歧路;岔道:枯木岩前～路多。

莿 chà 草名。

翻 chà 同"𦐇"。

䶪 chà ❶幕宇甲声。(《字汇补》)❷雪中行。

魕 chà 同"魕"。

魸 chà 同"魕"。

盉 chà 同"䁥(䁥)"。

𦐇 chà 飞的样子。

賵 chà 博戏名。

䞣 chà 同"賵"。

魕 chà 同"魕"。

䟕 chà[䟕趣](-qǔ)古地名,在今河北。

䛽 chà 异言。

䁥 chà 和五味以烹。

䁥 chà 同"䁥"。

䠍 chà 跌足。

䁥 chà 同"䁥"。

黪 chà 黑。

魕 chà[罗魕]1.同"罗刹",佛教称恶鬼。2.古国名,在婆利国(今印度尼西亚加里曼丹岛或巴厘岛)东面。

齸 chà ❶齿利断物。❷锋利:铁刃我枪～。

齸 chà 同"齸"。

chāi

扠 chāi "扠"的讹字。

扠 ㊀chāi 用拳击打:以拳～地为井。㊁chā ❶同"叉㊀❶❷":钢～|江鱼或共～。❷打;交手:你敢和我～一～么?❸推;搡:～出去。❹重叠成叉形:～手。㊂zhǎ 同"拃",量词,张开大拇指和中指后两端的距离:三～宽。

芆 ㊀chāi 草名。㊁chā 草芽。

拆 ㊀chāi(又读 chè)❶裂开;绽开:不～不副,无灾(菑)无害|登时间肉～血洒。❷把合在一起的弄开:～信|～线|～毛衣。❸毁掉;毁坏:～台|～迁|过河～桥。㊁cā 排泄(大小便):～烂污(喻指不负责任)。

钗(釵) ㊀chāi ❶古代妇女插在发髻上的叉形饰物:金～|玉～|花～。❷借指妇女:～满高楼|金陵十二～。㊁chā 古代兵器,也作"叉":三股～|斧钺钩～。

觙 chāi 同"钗(釵)"。

瓶 ㊀chāi[瓶甐](-chuǎng)用碎瓦石磨去污垢。㊁qì 甃。

䫴 chāi[颔䫴]颐旁,单用"䫴"义同。

膗 ㊀chāi[膗膞](-duàn)肉干。㊁cuó 腹鸣。

䐤 chāi 同"膗"。

chái

犲 chái 同“豺”。

侪(儕) chái ❶同辈;同类的人:吾～何知焉|同～则莫有附之者。❷等同:～于隶人。❸共同:长幼～居。

犲 chái 同“犲(豺)”。

豺 chái 狼类动物。

柴 ㊀chái ❶小木散材,也指烧火用的木头、树枝等:～草|劈～|砍～。❷烧柴祭天:～于上帝。❸干瘦;不松软:牛肉有点儿～,咬不烂。❹古县名,在今山东。❺姓。㊁zhài ❶用树木、柴草等覆盖或围护四周:揜其上而～其下。❷用于防卫的栅栏等障碍;营垒:鹿～|～篱|立～自保。

儕 chái 同“侪(儕)”。

豺 chái 又称豺狗,哺乳动物,像狼。

祡 chái 烧柴祭祀天神:钦～宗祈。

茈 ㊀chái[茈葫]也作“茈葫”,同“柴胡”,多年生草本植物,根可供药用。
㊁zuī 同“蘃”。

喍 chái[啀喍](ái-)也作“喍啀”,狗相互争斗撕咬的样子。

豺 chái 古山名,在今湖北。

犲 chái 同“豺”。

禬 chái 同“祡”。

娸 chái[娃娸]美好可爱的样子。

輂 chái 同“簊(輂)”。

瘵 chái“瘵”的俗字。

輂 chái ❶连车。❷退车于堂下。

簊 chái 同“輂”。

瘵 ㊀chái 瘦。
㊁zhài 病。
㊂chí[瘛瘵](yè-)疫病。

簊 chái 同“輂”。

儕 chái 同“儕(侪)”。

輂 chái 同“輂”。

簊 chái 同“輂”。

簊 chái“簊”的讹字。

簊 chái 同“輂(輂)”。

chǎi

茝 chǎi“茝”的讹字。

茝 ㊀chǎi 香草名。
㊁zhǐ 白芷,多年生草本植物。

茝 chǎi“茝”的讹字。

䶪 chǎi(旧读cè)碾碎了的豆子,可做糕点或熬粥。

chài

虿(蠆) chài 蝎类毒虫:蜂～之毒。

袃 chài[袃蒯](-kuǎi)也作“袃芥”,刺鲠。

訍 ㊀chài ❶疑心。❷攻击他人的短处。
㊁chā ❶揭发他人的阴私。❷混乱。

翍 chài 飞快的样子。

蠆 chài 同“蠆(虿)”。

瘥 ㊀chài ❶治病;病愈:能～百病|久病初～。❷事情好转,有起色:学术治道,庶有～焉。
㊁cuó ❶病;轻度流行传染病:～疠|～疫。❷缺点:微疵玉之～。❸劳累:受～。

雅 chài 飞快的样子。

誻 ㊀chài 异言。
㊁cuò 言失。

蕿 chài[蕿芥](-jiè)心中的疙瘩。

蠆 chài 毒虫。

瘥 chài 同“瘥”。

蠆 chài 同“蠆(蠆,虿)”。

蠆 chài“蠆(蠆)”的讹字。

蠤 ㊀ chài 同“蠆(虿)”。㊁ lì 通“厉(厲,砺,礪)”,磨刀石。

蠆 chài 毒虫。

囆 chài 用于人名:公孙～(春秋时人)。

囆 chài 同“囆”。

蠆 chài 同“蠆(虿)”。

賰 chài 别寄异物。

譫 chài 同“訾(訾)”。

譿 chài 同“譫”。

贀 chài 同“賰”。

蠆 chài 同“蠆(虿)”。

蠆 chài 同“蠆(虿)”。

蠆 chài 同“瘥”。

chān

延 chān[延延]缓步而行的样子。

辿 chān 同“辿”。

辿 chān 缓步行走,也用于地名:龙王～|黄草～(均在山西)。

姑 ㊀ chān ❶小弱。❷女子多技艺,动作轻盈而善跑。
㊁ diǎn 用于女子人名。

觇(覘) chān 窥视;察看:～望|～视|掩户而入～之。

怗 chān(又读 zhān)[怗懘](-chì)同“怗懘”。

痄 chān 皮肤脱屑。

痄 chān 同“痄”。

梴 chān 树木修长的样子:松桷有～。

欸 chān 欣。

痄 chān 同“痄”。

痄 chān 同“痄(痄)”。

掺(摻) ㊀ chān ❶混杂;混合:～假|～和|～杂。❷同“搀(攙)”,扶:～扶。
㊁ càn 古代一种鼓曲:渔阳～。
㊂ shǎn 握;持:～手|～执。

帴 chān 同“幨”。

䊷 chān[䊷䄠](-rán)多。

䊷 chān 多。

痄 chān 同“痄(痄)”。

娑 chān[娑妗](-xiān)也作“妗娑”,嬉笑或爱笑的样子。

跕 chān 同“髻”。

搀(攙) chān ❶同“掺(摻)”,混杂:多～白水江湖酒|～许多小钱。❷扶;在旁边扶助:～扶|～着他走。❸抢夺:～夺|互～互夺。

笘 chān 把物件削薄。

鉆 ㊀ chān ❶铁夹,铁钳类工具。❷古代用于车毂加油的器具。
㊁ qián ❶同“钳(鉗)”。1.夹取。2.古代刑具,束缚在颈项上的铁圈。❷楔子,也作“櫼”:以大铁～钉入大树一边。

裧 ㊀ chān ❶同“幨”,车帷。❷同“襜”,蔽膝。
㊁ chàn 同“幨”,披衣。

遈 chān 同“延”。

鋓 chān ❶锐利。❷把东西削薄。

獑 chān 咬;狗咬。

幨 chān 同“幨”,帷幕。

幨 ㊀ chān ❶帷幕:车～|拥盖垂～。❷床帐:床～。❸皱起:筋之所由～。
㊁ chàn ❶披衣。❷衣襟:豹～。

襜 ㊀ chān ❶蔽膝:终朝采蓝,不盈一～。❷衣服整齐的样子:衣前后,～如也。❸通“幨”,车帷:问俗卷彤～。❹[襜褕](-yú)短衣。

㊁ chàn 同“幨”，衣襟，一说披衣：貂～。
㊂ dān［襜褴］（-lán）汉代北方部落名。

劖 chān 抄。

䄠 chān 同“襜”。

𪍑 chān［㜮𪍑］（lán-）见531页“㜮”字条。

韂 ㊀ chān ❶同“襜”，蔽膝。❷单层短衣。㊁ chàn 同“韂”。

𩏿 chān［䍀𩏿］（lán-）见532页“䍀”字条。

䪜 chān［䪝䪜］（liàn-）见566页“䪝”字条。

chán

㶣 ㊀ chán 燎。㊁ yín 光明。

坐 chán 同“壥”。

𡷗 chán 同“毚（巉）”。

毚 chán 同“巉”。

㢆 chán 同“廛”。

鄽 chán 同“廛”。

儳 chán 同“儳”。

谗（讒） chán ❶说别人的坏话：～言｜～害忠良。❷陷害人的坏话：进～｜忧～畏讥。

婵（嬋） chán［婵娟］1.姿态美好的样子：花～｜月～。2.指美女：嬉游来往多～。3.指月亮：但愿人长久，千里共～。

棎 chán 树名，果实像柰。

巉 chán 同“巉”。

鋋 chán 鸟啄物。

馋（饞） chán ❶贪吃；专爱吃好的：嘴～｜又～又懒｜～涎欲滴。❷贪图；羡慕：眼～｜心里～得慌。

瀍 chán “瀍”的讹字。

禅（禪） chán 见849页 shàn。

孱 ㊀ chán 懦弱；瘦弱：～弱。㊁ càn［孱头］软弱无能的人。

壥 chán 同“廛”。

𡑞 chán［𡑞门聚］古地名，在今河南。

棎 chán 同“棎”。

腫 chán［沭腫］罔象，传说中的水怪。

梟 chán ❶同“欃”，彗星的别称，一说树名。❷同“蕲”，树叶凋零。

烕 chán 钳。

婵 chán 同“嬋（婵）”。

缠（纏） chán ❶盘绕：～绕｜～足｜以布～裹。❷纠缠；骚扰：～磨｜琐事～身｜孩子～人。❸应付；对付：他可真难～，对这件事总不放心。

壥 chán 同“廛”。

蝉（蟬） ㊀ chán ❶蝉类昆虫的通称，种类多，雄蝉腹部有发声器，能连续发出尖锐的“知了”声，故俗称知了：～鸣。❷连续不断：～联。❸［蝉蜕］（-tuì）蝉的幼虫变为成虫时脱下的壳，可供药用。㊁ tí［黏蝉］（nián-）汉代县名，在今朝鲜境内。

鋋 chán（又读 yán）❶古代铁柄小矛：刀～。❷刺杀：格暇蛤，～猛氏（暇蛤、猛氏，均为哺乳动物）。

獑 chán［獑猢］（-hú）也作“獑胡”，哺乳动物，像猿。

談 chán 义未详。（《篇海类编》）

誗 chán 言语流利华美。

㿻 chán 同“孱”。

闡 chán 同“闡”。

儃 ㊀ chán［儃佪］（-huái）也作“儃徊”，徘徊。㊁ tǎn［儃儃］（-tǎn）舒闲的样子：～然不趋。

鋍 chán 同“镵（鑱）”。

廛 chán ❶城邑中平民一家所居的房地：愿受一～而为氓。❷城邑中的房屋：盈～｜数～。❸市中存储和出售货物的地方：

市～｜设肆开～。❹ 古代指百亩耕田：农不离～｜愿受一～地。

潹 chán 同"潺"。

潺 chán ❶［潺潺］拟声词，泉水、溪水等流动声：～流水。❷［潺湲］（-yuán）1. 水缓缓流动的样子：溪水～。2. 水声：河汤汤兮激～。❸ 古水名，在今四川一带。

緾 chán 同"缠(纏)"。

藁 chán 同"梟"，树叶凋零。

磛 chán［磛礹］（-yǎn）山石险峻的样子。

鄽 chán 同"鄽(廛)"。

磛 chán 同"磛"。

躔 chán 同"躔"。

鄻 chán 同"鄽"。

澶 ㊀ chán［澶渊］古湖泊名、古县名，均在今河南。
㊁ dàn［澶漫］1. 放纵：～为乐。2. 广阔；长远：～山东一百州｜～靡迤，作镇于近。

隆 chán 同"隆"，地名。

黇 chán 赤黄色。

廛 chán 同"廛"。

蟐 chán 义未详。(《改并四声篇海》)

嚵 chán 同"嚵"。

巉 chán 同"巉"。

鑱 chán "镵(鑱)"的讹字。

饞 chán 同"饞(馋)"。

毚 chán ❶ 狡兔：～兔。❷ 狡猾；狡诈：～愚。

鄽 chán 同"廛"。

瀍 chán 同"瀍"。

瀺 chán 同"瀺"。

壥 chán 同"廛"。

黗 chán ❶ 黄色。❷ 赤黄色。

黗 chán "黗"的讹字。

欃 chán 同"欃"。

獑 chán［獑胡］也作"獑猢"，哺乳动物。

廛 chán 同"廛"。

瀍 chán 瀍河，水名，在河南。

鬖 chán 义未详。(《改并四声篇海》)

黵 chán 同"黗"，黄色。

轉 ㊀ chán［轉輹］（-jué）车辋。
㊁ dān［轉輹］（-jué）车名。

蟾 chán ❶［蟾蜍］（-chú）俗称癞蛤蟆，两栖动物，也单称蟾。❷ 传说月中有蟾蜍，故用为月的代称：～光｜～宫｜开户半～生。❸ 古代屋檐下的排水设备：涧中寒溜注铜～。

儳 ㊀ chán ❶ 杂乱不齐：鼓～。❷ 相貌丑陋：～妇。
㊁ chàn ❶ 迅疾；便捷：～道。❷ 随便插嘴：～言。❸ 轻贱；不庄重：不以一日使其躬～焉，如不终日。

劖 chán ❶ 剜；割：刃～｜碎～。❷ 凿；铲：镌～｜～平。❸ 刺：～刺｜～血。

鄽 chán ❶ 春秋时宋国地名。❷ 姓。

劖 chán 同"劖"。

憸 chán 吝啬。

隆 ㊀ chán 古地名。(《玉篇》)
㊁ zhàn 陷。

壥 chán 同"廛"。

蠦 chán［蠦蠦］（lú-）见 600 页"蠦"字条。

嚵 chán ❶ 尝。❷ 喙。❸ 同"饞(馋)"：～涎｜～狼饿虎。

巉 chán ❶［巉巖］（-yán）也作"巉巘""巉岩"，高险的山石。❷ 山势险峻的样子：孤～。❸ 高耸的样子：～崄｜～削｜～绝。

鑱 chán 小凿。

劖 chán 同“劖”。

獑 chán ❶拟声词，狗叫声。❷同“毚”，狡兔。

鄽 chán“鄽（廛）”的讹字。

瀍 chán 同“瀍”。

瀺 chán ❶［瀺灂］（-zé）1. 拟声词，水声：巨石溺溺之～兮。2. 沉浮、出没的样子：鱼龙～｜池鱼～。❷汗液：～水。

欃 chán ❶檀，落叶乔木。❷彗星的别称，又称欃枪。

闤 chán 同“闤”。

嚵 chán 同“嚵”。

歠 chán 笑。

譝 chán 同“讒（谗）”。

顫 chán 取。

躔 chán 移动。

矙 chán ❶怒视。❷眼睛深陷的样子。

躔 chán ❶踩；践踏：古之设爵位，盖欲英雄～。❷麋鹿的足迹，泛指足迹、行迹：迹～。❸日、月、星辰运行，也指其运行轨迹：日月初～｜～次｜～度。

镵（鑱） chán ❶犁铁，即犁头，用于开垦生地或掘土。❷刺：以刃～腹。❸中医九针之一。

饞 chán 同“饞（馋）”。

纏 chán 同“纏（缠）”。

黇 chán 黄。

闤 chán 市门。

躚 chán 同“躔”。

蟾 chán 蟹类动物。

艬 chán 船。

鑳 chán 鑳钏。

艬 chán“艬”的讹字。

闤 chán“闤”的讹字。

觾 chán 角的样子。

讒 chán 同“巉”。

鑱 chán 鱼名。

黵 chán 刊书谬。（《集韵》）

鼶 chán ❶［鼶鼠胡］（-hú）也作“獑猢”，猿类动物。❷鼠的样子。

齈 chán 鼻子高的样子。

齴 chán［齴齾］（-yán）齿高凸的样子。

chǎn

产（産）{產} chǎn ❶生育；人或动物繁殖幼体：～子｜～妇｜～院。❷制造、种植或自然生长：～钢｜～稻｜增～。❸制造、种植或自然生长的东西：物～｜水～｜土特～。❹财产：房～｜家～｜不动～。

刬 chǎn 同“铲（鏟）”。

刬（剗） ㊀ chǎn 同“铲（鏟）”。
㊁ chàn［一刬］副词。1. 一概；一律：～新｜～都是平川。2. 一味；总是：～地忍让。

旵 ㊀ chǎn ❶日光照。❷用于地名：～冲（在安徽）。❸用于人名：窦～（唐代人）。
㊁ chāng 同“昌”。

帴 chǎn 用于围身体下部的浴巾。

斺 chǎn（又读 chuáng）旗杆。

弗 ㊀ chǎn 烤肉用的铁签子：以肉贯～。
㊁ chuàn 同“串”：贯～｜钱一千六百～。

旂 ㊀ chǎn 旗杆。
㊁ jiè 补膝。

峼（嵼） chǎn［嵰峼］（quán-）特起的样子。

C

浐(滻) chǎn ❶浐河,水名,在陕西。❷流泪的样子。

陷 chǎn 同"產(产)"。

蚩 chǎn 虫向前爬行。

谄(諂) chǎn 献媚;奉承:~谀|~佞|不~不骄。

戋 chǎn 义未详。(《龙龛手鉴》)

铲(鏟)[剷] chǎn ❶用于削平或撮取的铁制工具,长柄,平头:~刀|煤~|锅~。❷用铲子撮取:~土|~煤。❸除掉;消灭:~除。❹古代兵器,像铁铲:天篷~。

狻 chǎn ❶狗咬的样子。❷狗吃食。

阐(闡) chǎn ❶打开;开拓:待月~东扉|~并天下。❷讲述;说明:~述|~明|~发。❸同"單"。

犁 chǎn 假子。(《清稗类钞》)

缠(繟) chǎn ❶宽松的丝带。❷舒缓;坦然:~然而善谋。

蒇(蕆) chǎn 完成;解决:侧立南天未~勋|五十年而著述之事始~。

鏩 chǎn 同"剗(刬)"。

傞 chǎn 身材高的样子。

焯(燀) ㊀chǎn ❶炊:~之以薪|~热冷茶。❷燃烧:火无灾~。❸中药炮制法,把桃仁、杏仁等放在开水中浸泡,便于取皮尖。
㊁dǎn 过热:~热|夏无炎~。

遱 chǎn 行走。

搉 ㊀chǎn 击。
㊁chī 拟声词,摩擦声;撕扯声:~~的新磨净钢斧|~的扯破锦被。

閳 chǎn 同"阐(闡)"。

嘫 chǎn[嘫嗛](-qiān)痴呆的样子。

擿 ㊀chǎn 以手触动或移动物体。
㊁sùn 挥。

蕹 chǎn 同"簅",也作"產(产)",古代管乐器名,像短笛。

閶 chǎn 同"阐(闡)"。

軸 chǎn 同"弗",烤肉用的铁签子。

犓 chǎn 牛行缓慢。

憻 chǎn 美德。

陴 chǎn 也作"阐(闡)",春秋时鲁国地名,在今山东。

樺 chǎn 树名,果实像桃。

闡 chǎn 同"闡(阐)"。

幝 ㊀chǎn 车帷等破旧的样子:檀车~~。
㊁chàn 车帷。

犍 ㊀chǎn 畜生。
㊁shèng 母牛。

膗 chǎn ❶皮起。❷皮。

骣(驏) chǎn 骑马、牛等牲畜,不加鞍辔或垫坐物:~骑|~牛。

瞕 chǎn "鏟(铲)"的讹字。

簅 chǎn 大籥,古代管乐器,像短笛。

鏟 chǎn 拉扯长。

鏟 chǎn 同"鏟(铲)"。

鏟 chǎn 同"鏟(铲)"。

蹍 chǎn 骑未配鞍的马。

僤 chǎn 傻;愚笨。

鏟 chǎn ❶平木器具。❷同"铲(鏟)"。

鐣 chǎn "鏟"的讹字。

饘 chǎn 长味。

辴(囅) chǎn 笑的样子:~然而笑。

缕 chǎn ❶偏缓。❷缠。

韂 chǎn ❶骖马鞍辔的统称。❷收丝器。

僱 chǎn 僱行。(《广韵》)

臓 chǎn 同"臟"。

譂 ㊀ chǎn 妄言。㊁ dàn 同"憚(惮)",畏惧:以～其众。

譱 chǎn 同"谄(諂)"。

繟 chǎn 同"缕"。

闡 chǎn 义未详。(《改并四声篇海》)

僴 chǎn 痴;呆傻。

闡 chǎn 同"闡"。

鬘 chǎn 同"铲(鏟)"。

驏 chǎn ❶马名。❷马生小马。

儳 chǎn 行儳。(《海篇直音》)

臟 chǎn ❶［脸臟］用猪肠熬的羹汤。❷肉羹。

醶 chǎn 同"臟"。

黵 chǎn ❶黄色。❷黄黑色。

躙 chǎn 踮起脚跟往远处望。

讇 chǎn ❶同"谄(諂)",谄媚:～谗｜～以甘言。❷说梦话:于眠中～语。

灛 chǎn 古水名,汶水支流,在今山东。

劘 chǎn 同"划(剗)"。

醶 ㊀ chǎn ❶醋。❷也作"醶",醋的样子。㊁ qiǎn 醋味。

躝 chǎn 同"躙"。

躙 chǎn 同"躙"。

齼 chǎn 幼儿的牙齿。

chàn

忏 ㊀(懺) chàn ❶向神、佛表示悔过,请求宽恕:～悔｜愧～｜～其重恶。❷僧尼、道士代人拜祷忏悔,也指当时所念的经文:拜～｜齐宣宝～｜《玉皇～》。㊁ qiān 怒。

貼 ㊀ chàn 同"觇(覘)",看;窥视。㊁ diān ❶眼皮下垂。❷［貼賺］(-lián)淫邪惑人的目光。

硟 chàn 同"硟"。

硟 chàn ❶用石具碾压缯帛,使平展而有光泽。❷碾压缯帛的石具。

覘 chàn 候。

㬋 chàn［㬋㬋］1.(-nǎn)温暖而湿润。2.(-nàn)颜色微赤。

摲 ㊀ chàn ❶芟除;消灭:～灭。❷攻取:麾城～邑。㊁ cán 同"嶄",斩取。

硟 chàn "硟"的讹字。

墠 chàn 蔽。

牖 chàn 屋顶端板。

懴 chàn 同"懺(忏)"。

璮 chàn［珑璮］粉糖果名。

麨 chàn ❶麨麦。(《玉篇》)❷谷麦麨。(《广韵》)

蹖 chàn 同"蹡"。

颤(顫) ㊀ chàn(又读 zhàn)❶头摇动不定。❷身体抖动;物体振动:～抖｜～动｜发～。㊁ zhàn 发抖:打～｜～栗。

韂 chàn "韂"的讹字。

蹡 chàn 马快走。

儳 chàn 同"儳"。

韂 chàn "韂"的讹字。

甗 chàn ❶盎、缶类器皿。❷盛淘米水的大盎。

羼 chàn ❶混杂:胡～。❷掺杂:～水｜～入。

韂 chàn 马鞍下的垫子。

齼 chàn 同"韂"。

鏟 chàn 鱼名。

癵 chàn 病。

糶 ㊀ chàn 粗舂的米。㊁ chǎn ❶磨粟。❷舂过了再舂。

韂 chàn 同"韂(韂)"。

攙 chàn 插。

躔 chàn ❶行走的样子。❷[躔跙](-qiě)足利。

饞 ㊀ chàn 贪吃。
㊁ jié 食。

韂 chàn 同"韂"。

C

chāng

伥(倀) ㊀ chāng ❶狂妄:～子。❷传说中被虎咬死或吃掉的人变成鬼,又助虎伤人:为虎作～(比喻帮助坏人作恶)。
㊁ zhèng[伥悖](-hèng)疏率,粗疏轻率。

昌 chāng 同"昌"。

昌 chāng ❶美好的样子:子之～兮。❷兴旺;兴盛:～明|～盛|五世其～。❸显明;公开:妙丽苦不～|～言无忌。❹有生命之物:百～皆生于土而反于土。

肙{肙} ㊀ chāng 同"昌"。
㊁ bū 同"晡"。

菖 chāng[菖蒲]也作"昌蒲",多年生水生草本植物,有香气,根茎可供药用。

倡 chāng 同"裮"。

猖 chāng 肆意妄为:～狂|～獗。

阊(閶) chāng[阊阖](-hé)神话传说中的天门,也指宫门,泛指门。

淐 chāng 水名。

娼 chāng 妓女:～妓|～妇|嫖～。

琩 chāng 琩琉,耳饰。

唱 chāng 用于人名:顾～离(见《字汇补》)。

锠(錩) chāng 器名。

稖 chāng 糠。

裮 chāng 披衣而不结带。

蜎 chāng 小蠃。

魅 chāng 鬼。

鲳(鯧) chāng 鲳鱼,又称鲳鯸鱼、平鱼,生活在海中。

閶 chāng 同"阊(閶)"。

騆 chāng 马名。

齒昌 chāng 卤渍。

鶬 chāng[鶊鶬](guǎng-)见312页"鶊"字条。

緼 chāng 义未详。(《字汇补》)

鼞 chāng ❶拟声词,鼓声:～鼓轩。❷舞动的样子:拜舞轩～。

闛 chāng[闛阖](-hé)也作"闛阖",即"阊阖"。

鯧 chāng 同"鲳(鯧)"。

cháng

长(長) ㊀ cháng ❶空间或时间的两点之间距离大:～凳|～江|天～日久。❷两点间的距离:身～|周～|全～。❸优点;特有的技能:特～|扬～避短|一无所～。❹对某事做得特别好:擅～|他～于书法篆刻。❺副词,常;经常:茅檐～扫静无苔|～到我们这里来坐坐。❻(旧读zhàng)多余;剩余:家中无～物|文体省静,殆无～语。❼姓。
㊁ zhǎng ❶生出;发育:生～|～尾巴|揠苗助～。❷增加;提高:滋～|～知识|教学相～。❸年高;年纪较大:年～|太后春秋～,诸吕弱。❹排行第一的;年龄大或辈分高的:～子|～兄|～辈。❺年龄大或辈分高的人:师～|家～|尊～。❻领导;负责人:校～|首～|列车～。❼[长孙]姓。

夫 cháng 同"长(長)"。

𠑿 cháng 同"长(長)"。

兏 cháng 同"长(長)"。

场(場)[塲] ㊀ cháng ❶祭坛旁的平地:祭礼坛～|筑室于～。❷晒打粮食的平坦空地:打～|～院|九月筑～圃。❸集市:赶～|初一、十五逢～。❹量词,用于一次事件的全过程:大战

一～｜一～空｜一～辩论｜一～秋雨一～凉。㊁ chǎng ❶供人群进行某种社会活动的场所：广～｜会～｜剧～。❷某事发生的特定地点；某种活动的特定范围：现～｜赌～｜情～。❸文艺舞台：上～｜登～。❹物质存在的一种基本形式及相互作用的范围：电磁～｜引力～。❺量词。1. 戏剧中故事的一个段落，表演中的一个片断：～次｜开～戏｜三幕五～。2. 体育、文娱、考试等活动完整的一次：一～球赛｜跳两～舞｜考试共分三～。◆"塲"另见 851 页"塲"字条。

㚘 cháng 义未详。（《改并四声篇海》）

兘 cháng 同"长(長)"。

镸 cháng 称肆字旁，同"長"，汉字偏旁或部件。

兏 cháng 同"长(長)"。

苌(萇) cháng［苌楚］也作"长楚"，又称羊桃，一种像猕猴桃的乔木，果实可食。

镹 cháng 同"長(长)"。

镺 cháng 同"長(长)"。

镻 cháng 同"長(长)"。

镼 cháng 同"長(长)"。

兵 cháng 同"長(长)"。

肠(腸)[膓] cháng ❶人和高等动物的消化器官，长管形，分大肠、小肠两部分。❷在加工过的羊或猪的肠子里塞进肉、淀粉等制成的食品：香～｜腊～｜火腿～。❸指心思、情怀：愁～｜衷～｜肝～寸断（形容非常悲痛）。

镽 cháng 同"長(长)"。

镾 cháng 同"長(长)"。

尝(嘗)[甞、❶嚐] cháng ❶用口舌辨别滋味：～食｜～咸淡。❷经历；体验：～试｜备～艰苦。❸副词，曾经：未～｜何～｜母媪，～息大泽之陂。

瓺 cháng 盎、缶类器皿，口小腹大。

塲 ㊀ cháng 同"场(場)"。㊁ zhàng 同"墇"。

萇 cháng 草名。

瓺 cháng 同"瓺"。

常 cháng ❶同"裳"，下衣，泛指衣服：泣涕于～。❷长久：～绿树｜冬夏～青。❸副词，经常；时时：～～见面｜～来～往。❹普通的；一般的：～识｜～态｜习以为～。❺姓。

偿(償) cháng ❶归还；补还：～还｜补～｜得不～失。❷满足：得～夙愿｜如愿以～。❸代价；报酬：无～｜有～服务。

徜 cháng［徜徉］(-yáng) 也作"倘佯"。1. 徘徊。2. 安闲自在地来回走：～武夷山水之间。

镸 cháng 发髻。

嘗 cháng 同"嘗(尝)"。

髟 cháng 发髻。

嘗 cháng 同"嘗(尝)"。

裳 ㊀ cháng 下衣，泛指衣服：绿衣黄～｜猿鸣三声泪沾～。☞裳 / 衣 / 服 见 1131 页"衣"字条。
㊁ shang［衣裳］衣服。

蟐 cháng［蟐螭］(-lí) 蛐蜒。

嫦 cháng［嫦娥］又称姮娥，神话中后羿的妻子，因偷吃不死药而飞入月宫成仙。

瑺 cháng 玉名。

嘗 cháng 同"嘗(尝)"。

嘗 cháng 同"常"。

踼 cháng［踼跆］(-wù) 跪拜。

蘠 cháng 鸡蘠菜，菜名。（《集韵》）

鶬 cháng 同"鶬"。

鋿 cháng ❶磨。❷绕在车轮上的铁。

鲿(鱨) cháng ❶黄鲿鱼，又称黄颡鱼。❷毛鲿鱼。❸鲵鱼。

嘗 cháng 眼睛。

鶬 ㊀ cháng［鶬鶬］（chóng-）同"鶬鶬"。㊁ chǎng 鸟名。

雟 cháng 同"鶬"。

鋿 cháng 同"鋿"。

醋 cháng 同"嘗(尝)"，尝味。

鶬 cháng［鶬鶬］（chóng-）见 123 页"鶬"字条。

鱨 cháng 同"鱨(鲿)"。

chǎng

厂（廠） chǎng 见 329 页。

场（場）［塲］ chǎng 见 94 页 cháng。

昶 chǎng 同"昶"。

锬（鋹） chǎng 锐利。

昶 ㊀ chǎng 白天时间长。㊁ chàng 通"畅(暢)"，畅通；舒畅：雅～｜天网自～。

萇 chǎng［畅萇］同"鬯罔"，诣毁。

廠 chǎng 同"廠(厂)"。

惝 chǎng（又读 tǎng）❶ 怅惘；失意：～然若有亡。❷ 恍惚；不清楚：～然若有所见。

敞 chǎng ❶ 高大宽阔而没有遮蔽：轩～｜宽～｜～亮。❷ 打开；露出：～开｜～门｜～胸露怀。

敞 chǎng 义未详。（《龙龛手鉴》）

廠 chǎng 同"廠(厂)"。

僘 chǎng 同"敞"。

僘 chǎng 同"惝"。

獙 chǎng 义未详。（《改并四声篇海》）

憿 chǎng 同"惝"，怅惘；失意：～然自失。

氅 chǎng ❶ 鹙鸟的羽毛：鹙～。❷ 用鸟类羽毛制成的外衣，泛指外衣、外套：乘高舆，被鹤～裘｜～衣｜大～。❸ 古代仪仗中用鸟类羽毛装饰的旗幡等：麾～｜领军卫赤～。

䁪 chǎng 同"塲(場，场)"。

磢 chǎng 用于古地名：碇～。（《天下郡国利病书》）

鶬 chǎng 同"氅"。

chàng

玚（瑒） ㊀ chàng 祭祀用的圭形玉器。㊁ yáng 玉名，用以祭天。

怅（悵） chàng 失意；失望：～恨｜～平生，交游零落，只今余几！

凼 chàng 同"鬯"。

畅（暢） chàng ❶ 没有阻碍：通～｜～销｜～行无阻。❷ 舒展；尽情：～谈｜～饮｜～游长江。

囪 chàng 同"凼(鬯)"。

茔 chàng 香草。

鬯 chàng"鬯"的讹字。

倡 ㊀ chàng 发起；带头：～议｜～导｜提～。㊁ chāng 歌舞艺人：～优｜～伎。

鬯 chàng ❶ 祭祀或宴饮用的香酒。❷ 一种香草。

省 chàng 义未详。（《改并四声篇海》）

唱 chàng ❶ 领唱；领奏：一～而三叹｜竽～则诸乐皆和。❷ 歌唱；演奏：～歌｜～戏｜～一段山东快书。❸ 歌曲：唱个～儿｜小～儿。❹ 倡导，引导：首～大义｜为天下～。❺ 高声呼叫：～名｜～票。❻ 称赞：～善｜～之者有其人。

猂 chàng 同"怅(悵)"。

淌 ㊀ chàng 大波浪。㊁ tǎng ❶ 流动；流出：流～｜～汗｜眼泪往下～。❷ 量词，摊：血，一大～。

焻 chàng ❶ 气。❷ 盛行：王道熄而霸术～。

瞋 ㊀ chàng 同"怅"，失意。㊁ zhāng 眼睛大。

暢 chàng “暢(畅)”的讹字。

倀 chàng 同“暘”。

稆 chàng 穧稆。(《改并四声篇海》)

暘 chàng ❶田地荒芜,不长谷物。❷通“畅(暢)”:～然|复～其说。

穇 chàng ❶穧。❷同“鬯”。

稖 chàng 同“穇”。

誯 chàng 同“唱”。

憋 chàng[憋憋]急速的样子。

韔 ㊀chàng 同“韔”。
㊁zhāng 弓上弦,开弓,也作“张(張)”。

韔 chàng 同“蘑”。

蘑 chàng 草木茂盛。

韔 chàng ❶弓袋。❷把弓收藏于袋中。

鯧 chàng 同“唱”。

chāo

抄 ㊀chāo ❶叉取:～獑猢。❷掠夺:匈奴数～郡界。❸从侧面或近路过去:包～|～小道。❹搜查而没收:～家|～斩。❺誊写,照原文写:～写|～袭|传～。❻双手交叉插在袖筒里:～着手看热闹。❼姓。
㊁chǎo 通“吵”,吵闹:燕～莺闹|当面闹～～。

吵 chāo 打断别人的话。

帊 chāo 细丝。

怊 chāo ❶悲伤;难过:～荒忽其焉极。❷怅恨;失意:怂怂忽忽,～怅自失。

弨 chāo ❶弓弦松弛:弓强发久～。❷弓:箭离～。

钞(鈔) chāo ❶强取、掠夺,后作“抄”:攻～郡县|无相～犯。❷同“抄”,誊写:～诗|手～。❸纸币:钱～|现～|～票。❹经选录结成的文集:《清稗类～》|《北堂书～》。

欩 chāo 健壮的样子。

颵 chāo 同“颮”。

颮 chāo ❶[颮飍](-xiāo)风吹的样子。❷热风。

訬 ㊀chāo ❶吵闹;烦扰:闹～～。❷矫健、敏捷:轻～任侠之徒。❸狡狯;轻佻:～轻|愚嚣轻～。
㊁miǎo 高:～以竦峙。

超 ㊀chāo ❶跃上;跳过:左右射,～乘而出|挟太山以～北海。❷从后面赶到前面:～越|～车。❸高出一定数量或范围:～额|～员|～龄。❹在某种范围之外;不受限制:～现实|～自然|～阶级。❺姓。
㊁chào 逾越:逸轨爰～。

牊 chāo 以角挑物。

颭 chāo 风起。

閯 chāo 义未详。(《龙龛手鉴》)

颾 chāo 凉风。

弨 chāo 同“弨”。

巢 chāo 同“罺”,捕鱼的小网。

罺 chāo 捕鱼的小网,也指用罺捕鱼。

摷 chāo 同“摷”,取。

謀 chāo 代人说或回答。

魈 chāo ❶剽轻为害的鬼。❷捷疾的样子。

謀 chāo 同“謀”。

cháo

柖 cháo ❶几。❷床的别称。

晁 cháo 见1240页zhāo。

秫 ㊀cháo 再生稻。
㊁tiāo 稻。
㊂táo[秫黍]高粱。

淖 cháo 同“潮”。

巢［巢］ cháo ❶鸟窝，也指其他动物的窠穴：鸟～｜蜂～｜有鼠在树上为～。❷简陋的居处，也指盗贼或敌人盘踞的地方：山栖～居｜还山寻故～｜不数月必覆贼～。❸栖息；居住：鹪鹩～于深林｜～身蜗室。❹古代乐器，大笙。❺姓。

朝 cháo 见 1240 页 zhāo。

鼂（鼂） ㊀ cháo ❶虫名。❷姓。
㊁ zhāo 通"朝"，早晨。

秖 cháo 同"䄻"。

鄛 cháo 古乡名，在今河南。

㟵 cháo 用于古地名：～阳｜～陵城（均在今山东）。

蔛 cháo 蔛麦，草名。

巢 cháo［巢嶚］（-liáo）山高的样子。

漅 cháo 古湖名，即今安徽的巢湖。

窲 cháo "窲"的讹字。

㷅 cháo 用于女子人名。

樔 ㊀ cháo ❶泽中用于守望的草楼。❷同"巢"。
㊁ chāo 同"罺"，抄网，捕鱼的小网。

嘲 ㊀ cháo ❶讥笑；调笑：～弄｜～笑｜冷～热讽。❷吟咏：～风弄月｜～风雪，弄花草。
㊁ zhāo ❶鸟叫：林鸟朝～。❷［嘲哳］（-zhā）同"啁哳"。

㵹 cháo［㵹漯］（-tà）潮湿。

潮 cháo ❶海水因受日、月的引力而定时涨落的现象：～水｜～汐｜涨～。❷像潮水般汹涌起伏的事物：寒～｜风～｜心～起伏。❸湿；潮湿：～气｜东西受～｜阴天返～。❹成色差；技术低：～金｜手艺～。❺广东潮州（地名）的简称：～菜｜～剧｜～绣。

窲 cháo［寥窲］（liáo-）见 569 页"寥"字条。

磲 ㊀ cháo 石室。
㊁ suǒ 同"琐"，小石。

氉 cháo 毛布。

䎐 cháo 同"巢"，古代乐器，大笙。

轈 cháo 古代军营中监视敌军动向的兵车，也作"巢"。

䟁 cháo 走得快。

謿 cháo 同"嘲"，讥笑；调笑。

轈 cháo 同"轈"。

鼂 cháo 同"鼂（鼂）"。

鸼 cháo［山鸼鹂］（-chuáng-）鸟名。

chǎo

吵 ㊀ chǎo ❶喧闹，不安静：～闹｜～得人睡不着｜别把孩子～醒了。❷争执；打嘴架：～架｜争～｜～嘴。
㊁ chāo ❶［吵吵］（-chao）吵嚷：别～｜瞎～。❷人名（宋代人）。

炒 chǎo 同"炒"。

䏚 ㊀ chǎo 少。
㊁ miǎo 季胁下方挟脊两旁的空软部分。

炒 chǎo ❶把食物放在锅里，翻动着加热使熟：～菜｜～花生。❷为获利而频繁买进卖出；为扩大影响而反复宣传：～股票｜～新闻。

昭 chǎo 用眼神挑逗人。

䏚 chǎo 同"䏚"，少。

焣 chǎo 同"炒"。

𤆑 chǎo 同"炒"。

麨（麨） chǎo 同"麨"。

㷅 chǎo 同"聚（炒）"。

聚 chǎo 同"鬻（炒）"。

煼 ㊀ chǎo 同"聚（炒）"。
㊁ jù ❶取，也作"聚"。❷姓。❸用于人名：～子（见《汉书》）。

𩞄 chǎo 同"麨（麨，麵）"。

𤎲 chǎo 同"炒"。

煰 chǎo 同"炒"。

翲 chǎo 毛多。

麨 chǎo［醽麨］（ǎo－）见 12 页"醽"字条。

煼 chǎo"煼"的讹字。

煼 chǎo 同"炒"。

熬 chǎo 同"炒"。

熠 chǎo"煼(炒)"的讹字。

煼 chǎo ❶同"炒"，烹饪法：～蚕蛹｜～肉片。❷熏：把一双眼～红了。

䵸 chǎo 同"䴭"。

鬻 chǎo 同"炒"。

鬻 chǎo 同"炒"。

鬻 chǎo 同"鬻(炒)"。

麨 chǎo 同"麨(麨)"。

燺 chǎo 同"炒"。

䴭 chǎo 也作"麨(麨)"，糗，米、麦等炒熟后磨粉制成的干粮。

鬻 chǎo 同"炒"。

鬻 chǎo 同"炒"。

鬻 chǎo 同"炒"。

巐 chǎo ❶山的样子。❷气息的样子。

鬻 chǎo ❶同"炒"，把食物放在锅里翻拨使熟或干。❷炒干的饼饵。

chào

仦 chào 同"仯"。

仯 ㊀ chào 小孩子。
㊁ miǎo［僬仯］（jiāo－）见 435 页"僬"字条。

眇 chào 耕田。

耖 chào ❶农具名，用于耙地后把土块弄得更碎：扶～泥涂未得闻。❷用耖平整土地：田要耕，地要～。

艄 chào 船不安稳。

趠 chào 踱。

觘 chào 角上。

紹 chào 粗劣的绢，一说"縐(绉)"的讹字。

軺 chào 车篷架。

遖 chào 充。

鈔 chào 同"鍬"。

鍬 chào 鏊，烙饼用的平底锅。

醮 chào 醉醮。(《玉篇》)

chē

车(車) ㊀ chē ❶有轮子在陆地上行驶的交通工具：火～｜马～｜自行～。❷有轮轴转动的机械工具：纺～｜水～｜滑～。❸泛指机器：～床｜～间｜试～。❹用车床切削东西：～圆｜～光｜～零件。❺用水车打水：～水。❻牙床或牙床骨：辅～相依。❼姓。❽［车伏兔］古代车箱底板与车轴相钩连的部件，因形状像伏兔而得名。又称车钩心、钩心木。
㊁ jū 同"车(車)㊀❶"，中国象棋棋子名。

俥(俥) ㊀ chē 船上的动力机器，也指掌控船上动力机器的人：试～｜停～｜大～。
㊁ jū 同"车(車)"，中国象棋棋子名，用于红方。

砗(硨) chē［砗磲］（－qú）1. 软体动物，生活在热带海底。2. 次于玉的美石。

萒 chē［萒萷］（－qián）同"车前"，多年生草本植物，叶和种子可供药用，种子称车前子。

唓 chē［唓嗻］（－zhē）也作"唓遮"。1. 显赫：又是～大官府第出身。2. 厉害：瘦得来～。3. 突然：他来的～。

崋 chē 古山名。(《集韵》)

琿 chē［琿璖］(-qú)同"砗磲"。

輒 chē 同"砗(硨)"。

䡉 chē 同"车(車)"。

蛼 chē［蛼螯］(-áo)也作"车螯"，蛤类动物，肉可食，肉和壳均可供药用。

𩏰 ㊀ chē 牙床骨。
㊁ rǒng 同"𩊴"。

轋 chē 同"车(車)"。

ché

𧙃 ché 单衣。

chě

扯［撦］ chě ❶展开；撕开：～衣蝴蝶飘｜把信～开。❷拉；牵：～住不放｜牵～别人。❸不拘内容、形式而漫无边际地谈：闲～｜胡～｜～起来没完。

偖 chě 裂开。

𢬁 chě 击。

𧻓 chě 同"趀"。

趀 ㊀ chě 抵拒；用脚踏弩：～张。
㊁ chè ❶乖离；分裂：主主臣臣，上下不～者，其国强。❷半步。
㊂ qiè 脚斜着站立。

𣶒 chě［㥽𣶒］(zé-)见1222页"㥽"字条。

䰠 ㊀ chě［丑䰠］1. 相貌丑恶。2. 吓人，使人感到可怕。
㊁ dū 山鬼。

䰩 chě［丑䰩］同"丑䰠"。

𥙐 chě 义未详。(《字汇补》)

chè

屮 ㊀ chè 草木初生的样子。
㊁ cǎo 同"艸(草)"：刺～｜～木｜～实。
㊂称半叶草，汉字部件。

彻(徹) chè ❶车迹，后作"辙(轍)"：善行无～迹。❷遵循常轨：天命不～，我不敢效(傚)。❸通；透：～夜(通宵)｜响～云霄｜寒风～骨。❹通达；通晓：质性警～｜精于数学，通天～地。❺遍；满：紫气毫光～于天地。❻尽；终了：长夜沾湿何由～?｜须臾弹～韶音。❼彻底；完全：为人须为～｜～是个急猴子。❽取；剥取：～彼桑土，绸缪牖户。

坼 chè ❶裂开；绽开：～裂｜天旱地～｜二月东风来，草～花心开。❷拆开；离散：～书｜离～｜～我家室。❸裂缝：补缺塞～｜田地都晒得开了～。

迠 chè 行走。

呫 ㊀ chè 低声细语：～嗫｜～嗫耳语。
㊁ tiè 尝；啜：～血之盟。
㊂ chān［呫哔］诵读：穷年～。

𫄨(𦃀) chè 用绳捆绑：～之以练(练：白绢)。

㡿 chè 同"坼"。

𤗅 chè "𤿲"的讹字。

𠩺 chè "坼"的讹字。

炘 chè 同"坼"。

𨻰 chè 能行。

𤿲 ㊀ chè 皮肤皱裂。
㊁ lè 姓。

烢 chè 裂开：～散。

㴙 ㊀ chè［淁㴙］(jiē-)见441页"淁"字条。
㊁ rè 水的样子。

㥉 ㊀ chè 心动的样子。
㊁ dié［㥉𢡚］(-xiè)志轻。

㨋 chè 同"掣"。

𡑞 chè 同"坼"。

䏙 chè 古代军法以箭穿耳的刑罚。

㱀 chè 裂。

𦙍 chè 肉动。

㾔 chè "㾐"的讹字。

哲 chè ❶摘取;采摘:～采。❷撤除;捣毁:尢隆既～,七绾亦坠。

墒 chè 同"坼"。

摘 chè 同"墒(坼)"。

掣 chè ❶拉;扯:～曳|～肘|～后腿。❷抽;拔:～签|～出尖刀。❸急闪过去:风驰电～。

䐑 chè 同"䐑"。

痸 chè 泄。

跅 chè 歧道。

牓 ㊀chè 同"牓(坼)",裂开。㊁tuò 同"榜(柝)",判木;剖开。

摩 chè 同"掣"。

焎 chè ❶火烧残。❷火旺盛的样子。

摰 chè 同"挚"。

撦 chè 同"撦(掣)"。

瓞 chè "䐑"的讹字。

靳 chè［䩞靳］(hù-)缠束在佩刀柄上的皮绳或皮革,单用"靳"义同。

挚 ㊀chè 同"掣",拽;拉。㊁niè 危;不坚固:大而短则～。

撤 chè ❶除去;免除:损肉～酒|～销|～职。❷退;收回:～退|～兵|～诉。❸减轻;减退:～味儿|～分量|～火。

䨁 chè［䨁霎］(-shà)小雨。

䈀 chè 竹叶。

觯 chè 同"觫"。

觫 chè 同"觫"。

摩 chè 同"掣"。

澈 chè ❶水澄清:清～|眼睛像清水般～亮。❷同"徹(彻)",穿过;透:～日光下|～骨的美趣。

㜆 chè ❶女子态。(《刊谬补缺切韵》)❷前却不媚。(《集韵》)

䞣 chè 同"趚",半步。

摰 chè 同"掣"。

䵻 chè 黄色。

瞮 ㊀chè 滋润眼睛。㊁zhé 瞪起眼睛。

瞮 chè 明亮。

徹 chè 同"徹(彻)"。

犇 chè 同"掣"。

䬝 chè［䬝䬀］(-xū)风。

觫 chè ❶角。❷旧时妇女首饰,由两股合成的叉状簪子。❸总角(古代未成年人头上扎成的发髻)的别称。

㾕 chè［㾕瘷］(-sè)寒病。

瞮 chè 明。

徹 chè 同"徹(彻)"。

䝽 chè ❶发射。❷同"撤"。

㯙 chè 同"徹(彻)"。

艥 chè ❶船名。❷船行进。

澈 chè 同"澈"。

㒤 chè ❶心服。❷同"慑(慴)",畏惧。

䜯 chè 同"掣"。

爡 ㊀chè［爡爡］烧起。㊁tài［爡烑］(-ài)烟的样子。

chēn

抻 chēn 扯;拉:～面|越～越细的钢筋。

䚞 chēn 狂。

䑣 chēn ❶船行进。❷船行相续。

郴 ㊀chēn ❶郴州,地名,在湖南。❷姓。㊁lán 大(古代齐国方言)。

秤 chēn 禾名。

抻 ㊀ chēn 拉长；扯，使平展：～面｜床单皱了，～一～。
㊁ tiǎn ❶ 撑；推：～开了船。❷ 扭；拨弄：～开了锁。❸ 轻手轻脚；趁人不备：～入卧室，偷了银两。❹ 同"腆"，胸部或腹部挺起：～起胸｜～着肚子。

䐜 chēn 同"瞋"。

綝（綝） ㊀ chēn ❶ 止。❷ 善良。
㊁ shēn［綝纚］（-lí）也作"襂纚"，毛羽或衣裳下垂的样子：舒佩兮～｜佩～以辉煌。

琛 chēn ❶ 珍宝；美玉：来献其～。❷ 珍贵：土物～丽。

䟢 chēn 义未详。(《改并四声篇海》)

䀼 ㊀ chēn 同"瞋"，睁大眼睛。
㊁ rèn ❶［䀼眩］瀎。❷ 同"眒"。

䟴 chēn 跑的样子。

獭 chēn［獭獴］（-chuān）同"獭獴"。

隊 chēn 古地名。(《改并四声篇海》)

䙔 chēn 同"䙔(䙔)"。

䙔 chēn 同"䙔"。

缜（縝） ㊀ chēn 丝缕。
㊁ zhěn ❶ 精致；细润：玉～则折｜色较～润。❷ 仔细；周密：详～｜～密。❸ 通"鬒"，头发黑而密：～发（鬓）｜有情知望乡，谁能～不变？

裖 chēn ❶ 带子。❷ 丝缕，也作"缜(縝)"。

琛 chēn 同"琛"。

惪 ㊀ chēn 同"謓(嗔)"，怒。
㊁ shèn 同"慎"。

瞋 chēn 胀起；胀大：～胀｜股脚～如。

䙔 chēn 同"䙔"。

獭 chēn 同"獭"。

隊 chēn 地名。

綝 chēn 同"裖"。

琛 chēn 同"琛"。

謀 chēn 同"諃"。

瞋 ㊀ chēn ❶ 睁大眼睛，多指发怒时瞪大眼睛：～目｜～视。❷ 发怒；生气：～胆｜～怪。
㊁ shēn 同"眒"，睁大眼睛。

䙔 chēn "䙔"的讹字。

䙔 chēn "䙔"的讹字。

賝 chēn ❶ 同"琛"，珍宝；所赠献的财物：献～｜来输八国之～。❷ 宝色。

獭 chēn［獭獴］（-chuān）绵延不断的样子。

獭 chēn 同"獭"。

諃 chēn 善于言辞。

䐜 chēn "䐜"的讹字。

賝 chēn 同"賝"。

䙔 chēn 悄悄探出头看。

謓 ㊀ chēn 同"嗔"，怒。
㊁ zhèn 冷笑。

霃 chēn 义未详。(《龙龛手鉴》)

鎮 chēn 同"缜(縝)"，丝缕。

chén

𠩐 chén 同"辰"。

臣 chén ❶ 战俘：～则左之。❷ 奴隶：～妾逋逃。❸ 君主时代的民众：率土之滨，莫非王～｜市井之～。❹ 君主时代的官吏：君明～忠｜乱～贼子。❺ 古代官吏对君主的自称：～本布衣。

𠩐{𠩐} chén 同"辰"。

尘（塵） chén ❶ 尘土，极细的灰土：灰～｜粉～｜扬～。❷ 尘世，佛家、道家指人间：～俗｜看破红～。

芜 ㊀ chén 草名。
㊁ yín 热。

𠩸 chén 同"辰"。

辰 chén ❶ 振动,震动,后作"振":囷肇萌而先~。❷ 地支的第五位。❸ 辰时,指上午7时至9时。❹ 时日,时间、日期:生~|诞~|良~美景。❺ 日、月、星的统称,泛指众星:三~|星~。

𢀱 chén 同"臣"。

吣 chén 同"沈(沉)"。

沉 chén ❶ 祭水神的仪式,向水中投祭品:尸祝斋戒以~诸河。❷ 没入水中,引申为陷入、落下:~没|地基下~|~下心来。❸ 程度深:~思|~睡|~痛。❹ 分量重:~重|~甸甸|箱子很~。❺ 镇定,不慌张:~稳|~着。

忱 chén ❶ 诚信。❷ 情意;心意:热~|代达谢~。

忱 chén 同"忱"。

陈(陳) ㊀ chén ❶ 摆放;排列:~列|~设|~诗展义。❷ 述说:~述|~诉|慷慨~词。❸ 显示;张扬:相~以功|事君欲谏不欲~。❹ 久;旧:~物|~腐|新~代谢。❺ 堂下至院门的通道:彼何人斯,胡逝我~。❻ 周代诸侯国名,在今河南。❼ 朝代名,南朝之一,陈霸先所建(557-589年)。❽ 姓。
㊁ zhèn 同"阵(陣)",军队的行列或作战队形,引申为布阵:卫灵公问~于孔子|~于商郊。

阵 chén 同"陈(陳)"。

邸 chén 古地名。(《说文》)

㫳 chén 同"辰"。

㫳 chén 同"辰"。

迧 chén 同"陈(陳)"。

犰 chén 又称潜牛,像牛的海兽。

疢 chén 同"疹"。

忎 chén 同"忱"。

茞 chén 草名。

恧 chén 同"臣"。

鄘 chén ❶ 古国名,在今河南。❷ 姓。

㕴 chén 同"辰"。

疣 chén 同"瘎"。

疣 chén 同"瘎"。

疣 chén 同"疢(瘎)"。

莀 ㊀ chén 草多的样子。
㊁ nóng 同"農(农)"。

莐 chén[莐藩](-fán)也作"沈藩",知母,多年生草本植物。

酖 chén 同"酖"。

笂 chén 竹名。

笐 chén "笂"的讹字。

宸 chén ❶ 屋檐:~宇。❷ 帝王住的宫殿,代指王位、帝王:紫~|~衷(帝王的心意)|~翰(帝王的墨迹)。

梣 chén(又读qín)又称白蜡树,落叶乔木,枝条可编筐,木材可制家具、农具、车等。皮可供药用,称秦皮。

軙 ㊀ chén 同"陈(陳)"。
㊁ qí 轮。

軙 chén 同"陈(陳)"。

㫳 chén 同"晨"。

㕵 chén ❶ 击。❷ 拟声词,击声。❸ 喜而动的样子。

㕵 chén 同"㕵"。

晨 chén ❶ 清早,太阳出来的时候:清~|~曦|~练。❷ 鸡鸣报晓:牝鸡无~。

訦 chén ❶ 诚信:久益克~,家邦归仁。❷ 怒斥。

谌(諶) ㊀ chén ❶ 诚信;真诚:天命不易,天难~|天生烝民,其命匪~? ❷ 副词,诚然;确实:~荏弱而难持。❸ 姓。
㊁ shèn 姓。

敶 chén 同"敶(陈,陳)"。

鸩（䴸） chén 小鸟。

鈂 chén 臿类工具。

鈊 chén 同"鈂"。

銑 chén 同"鈂"。

湛 ㊀chén ❶沉没，后作"沈（沉）"。❷深邃：～恩汪濊｜加以～思。
㊁dān 沉醉；迷恋：～乐于酒｜～心利禄。
㊂zhàn ❶露水浓厚的样子：～露垂。❷清澄；清澈：湖水清～｜～～青天。❸深：～蓝｜技艺精～。

愖 ㊀chén 同"忱"，诚信。
㊁dān 同"媅"，安乐：优以继～。

陳 chén 同"陳（陈）"。

蔯 chén［茵蔯］（yīn-）同"茵陈"。

晨 chén 天将明之时，后作"晨"。

煁 chén 古代可移动或携带的火炉。

滖 chén 同"湛"。

棟 chén［棟棪］（-chuán）也作"棟椽""陈椽"，驰逐：扶嵚崟以～｜～其间得所欲。

諶 chén 义未详。（《改并四声篇海》）

瘎 chén ❶腹病。❷病，也指病复发。

敶 chén 同"陈（陳）"。

敶 chén 同"敶（陈，陳）"。

樼 chén 同"梣"。

塵 chén 同"尘（塵）"。

霃 chén 同"霃"。

霃 chén ❶久阴不晴，也作"沈"。❷下雨不止，也指雨露充足：雨露～。

霃 chén 同"霃"。

瞋 chén［珉瞋］（mín-）见656页"珉"字条。

瘎 chén 腹病。

㙺 chén 同"尘（塵）"。

螴 chén［螴蜳］（-dūn）1. 内心不安定的样子：～不得成，心若悬于天地之间。2. 虫行动的样子。

墋 chén 同"塵（尘）"。

蘑 chén［堇蘑］（yīn-）见1154页"堇"字条。

敶 chén 同"尘（塵）"。

麎 chén 雌性麋鹿。

鷐 chén 同"鷐"。

晨 chén 星名。1. 房星，也作"晨"。2. 北极星，后作"辰"。

曟 chén 同"晨"。

曟 chén（又读 huì）日月合宿，也作"辰"。

櫄 chén 同"梣"。

鷐 chén［鷐风］也作"晨风"，即鹯。

曟 chén 义未详。（《改并四声篇海》）

𡓳 chén 同"𡓳（塵，尘）"。

𡓳 chén 同"塵（尘）"。

𡓳 chén 同"塵（尘）"。

𡓳 chén 同"塵（尘）"。

𡓳 chén 同"塵（尘）"。

chěn

趻 chěn［趻踔］（-chuō）也作"踸踔"，跳跃：～而行。

跣 chěn［跣踔］（-chuō）同"趻踔"，进退不定的样子。

硶 chěn 同"碜（磣）"。

碜（磣） chěn ❶食物里夹杂沙子；眼睛里落入沙尘而不舒服：咀嚼砂砾～｜眼～｜尘～。❷丑；难堪：出～｜这等～东西。❸［寒碜］也作"寒伧"。1. 丑；难看：长得～。2. 使人没面子：～人。

硶 chěn 同“碜(磣)”。

墋 chěn ❶同“碜(磣)”，食物中混杂有沙子。❷混浊不清：茫茫宇宙，上～下黩。

碄 chěn 同“碜(磣)”。

墚 chěn 同“墋”。

㣁 chěn 多的样子。

磣 chěn 同“碜(磣)”。

碪 chěn 同“碜(磣)”。

踸 chěn［踸踔］(－chuō)1. 进退不定的样子，引申为迟滞，单用“踸”义同：步履遂踸踔而乍却｜踸踔于短韵｜蠢蠢踸缘苑。2. 迅速滋长：～而兴｜马兰～而日加。3. 失去常态，单用“踸”义同：震骇踸踔不能已｜客踸不能立。4. 跳跃，单用“踸”义同：天马忽腾空，踸踔不可縶｜载踸载跷(蹻)。

磟 chěn 同“碜(磣)”。

鍖 ㊀ chěn［鍖銋］(－rěn)声音舒缓的样子：行～以和(龢)啰(形容箫的声音)。
㊁ zhēn 同“椹”，砧板；垫板：夕鼎朝～｜铁～。

頣 ㊀ chěn［頣顭］(－jìn)懦劣的样子，单用“頣”义同。
㊁ shèn［頣頣］(－shèn)1. 头的样子。2. 懦弱。

醦 ㊀ chěn ❶醋。❷醋味；醋味浓厚。
㊁ chǎn 同“醶”，醋的样子。

賝 chěn 赌。

醰 chěn 醋味浓厚。

chèn

迧 chèn 同“趁”。

衬(襯) chèn ❶内衣：～衣｜～衫｜～裙。❷在里面或下面再托上一层：～布｜～里儿｜～上一张纸。❸烘托；配搭；相帮：红花～绿叶｜映～｜帮～。

䏡 chèn “朕”的讹字。

疢 chèn ❶热病，也泛指疾病：～毒｜～疾。❷灾患：人之有德慧术知者，恒存乎～疾。

龀(齔) chèn ❶小孩子换牙，乳牙脱落，长出恒牙：未～者不得入军门。❷乳牙：～齿。❸年幼或年幼的儿童：童～｜自髫～以上。

疹(瘎) chèn 同“疢”，热病。

瘀 chèn 同“疹(瘎,疢)”。

儭(儭) chèn ❶布施；布施给僧人的钱：独注～百钱｜斋～。❷同“襯(衬)”，衬托；陪衬：笼裙～紫巾｜譬犹～长风写作静水。

趁 ㊀［趂］ chèn ❶追；追逐：～鹿｜～蝶｜遥见前途有两人，疾～之。❷跟随；伴随：～伴｜～队起哄｜舞女～节体自轻。❸利用(时间、机会)：桃李～时栽｜～热打铁。❹搭乘：～轻帆｜给～这便船。❺挣；赚：～得钱来｜这多金是～不成了。
㊁ zhēn 趁趲，行不进的样子。

徝 chèn［徝徝］跑的样子。

瘱 chèn 同“疹(瘎,疢)”。

榇(櫬) ㊀ chèn ❶内棺，泛指棺材：不殡于庙，无～｜解缚焚～｜灵～。❷梧桐的一种，又称青桐，木材可制棺。
㊁ qìn 木槿，落叶灌木或小乔木，树皮可造纸，花、根和树皮可供药用。

隮 chèn 隗隮。(《玉篇》)

趰 chèn 同“趁”，利用：又～风势。

齓 chèn 同“龀(齔)”。

齗 chèn 同“龀(齔)”。

齣 chèn “齔(龀)”的讹字。

齓 chèn 同“齗(龀,齔)”。

齔 chèn 同“龀(齔)”。

齜 chèn 同“龀(齔)”。

嚫 chèn 布施，施舍财物给僧尼：恭～｜～珠。

谶(讖) ㊀ chèn 预言吉凶、兴亡、得失的语言文字或图记：～语｜～记｜应了前日梦中之～。
㊁ chàn 通“懺(忏)”，忏悔：以～前过。

C

齓 chèn 同“龀(齔)”。

𥗼 chèn 水石。

䜟 chèn 同“讖(谶)”。

䞋 chèn ❶ 旧时施舍财物给僧人，也指施舍给僧人的财物：食罢行～，随力所能｜所得～施。❷ 赐；赠送：～物百车。

𧬐 chèn 应答之言。

𧬏 chèn 义未详。(《字汇补》)

chēng

阷 chēng 山丘。

𠗲 chēng 寒冷的样子。

泟 chēng 同“浾”。

𤤻 chēng 同“赪(赬)”。

𧹞 chēng 同“赪(赬)”。

柽㊀(檉) chēng ❶ 柽柳，又称河柳、红柳，落叶小乔木，枝条可编筐篓，叶可供药用。❷ 古地名，在今河南。
㊁ jué 同“橛(橛)”。

𧿒 ㊀ chēng［跉𧿒］(líng-)见 583 页“跉”字条。
㊁ zhēng［跉𧿒］(líng-)见 583 页“跉”字条。
㊂ dīng［跉𧿒］(líng-)见 583 页“跉”字条。

爯 ㊀ chēng 用手举起东西，后作“稱(称)”。
㊁ chèng 大。

琤 chēng 拟声词。1. 玉器碰击声：金撞而玉～。2. 物体相击声：壁挂洋钟，恰～然鸣八声。

棦 chēng 木束。

𩂣 chēng ❶ 雨。❷ 下雨的样子。

称(稱) ㊀ chēng ❶ 测量重量：～体重｜～一～有多重。❷ 举；兴起：～觞(举起酒杯)｜～兵。❸ 赞扬：～赞｜～许｜～颂。❹ 说：～病｜～谢｜拍手～快。❺ 叫；叫作：自～｜～兄道弟｜人们都～他为活地图。❻ 名号：～号｜别～｜通～。
㊁ chèn 符合；相当：～心｜～职｜对～。
㊂ chèng 同“秤”，测量物体轻重的器具。

浾 chēng 棠枣汁。

淡 chēng 同“浾”。

蛏(蟶) chēng 蛏子，软体动物，生活在近海区，可人工养殖。

铛(鐺) ㊀ chēng ❶ 古代用于温热东西的器具，像锅，三足：酒～｜茶～｜药～。❷ 平底浅锅：饼～。
㊁ dāng ❶ 女子的耳饰：玉珮金～。❷ 拟声词：～地一响，皮匣盖自己翻开了。
㊂ tāng ❶ 古代兵器，像半月，有柄。❷ 一种小铜鼓。

𦓤 chēng 耒。

偁 chēng ❶ 同“稱(称)”，称赞；称谓。❷ 姓。❸ 用于人名：王禹～(宋代人)。

敞 chēng 同“撐”。

堂 chēng 支撑，后作“撑”。

𤴂 ㊀ chēng 支撑，后作“撑”：维角～之。
㊁ shàng 正。

穪 chēng 同“称(稱)”。

㛵 chēng 用于女子人名。

赪(赬) chēng ❶ 红色；浅红色：～霞｜～栏。❷ 颜色变红：枫林晓渐～｜徒～其肩(指瓜果)。

𥈃 chēng 同“瞠”，正视。

𩑢 chēng ❶ 正。❷ 人名(见《字汇补》)。

摚 chēng ❶ 支撑；抵拒：冒雪～风。❷ 触；撞：～突｜～跌在地。

䞓 chēng 同“赪(赬)”。

蛏 chēng 蛤类动物。

僜 ㊀ chēng［儚僜］(méng-)行走不稳、不清醒的样子：尽日醉～。
㊁ dēng ❶ 同“登”，登车。❷ 僜人，古代少数民族名，分布在今西藏的察隅一带。
㊂ dèng［倰僜］(lèng-)见 545 页“倰”字条。

憆 chēng 同“瞠”。

𩑢 chēng “頙”的讹字。

撐 chēng 同“撐(撑)”。

撐［撑］ chēng ❶抵住;支持:～腰|～竿跳|～门面。❷用篙使船前进:～船。❸张开;使张开:～开|～伞|～口袋。❹装得过满;饱胀到容不下的程度:裤兜～破了|肚皮～圆了。

樘 ㊀chēng 同“撐(撑)”,支撑。
㊁táng ❶门、窗的框:门～|窗～。❷量词,用于门或窗,副:一～木门|两～双扇窗。

鎗 chēng 拟声词,金属碰击声。

饛(䭬) chēng 也作“饛餕”,吃得过饱而肚子发胀。

緽 chēng 同“赪(赬)”,红色;浅红色。

赬 chēng 同“赪(赬)”。

橕 chēng 同“樘(撑)”,支柱;支撑。

檬 chēng 同“橕”。

瞠 ㊀chēng ❶瞪着眼睛看:～然莫对。❷吃惊地看:李媪又大惊叫,众目亦益～,口亦益张。
㊁zhèng 同“瞪”,凝目而视。

嶒 chēng 众山奇异之形。

藭 chēng［巨藭］芝麻的别称。

瞸 chēng 同“瞠”。

瞪 chēng 同“瞠”。

瞕 chēng ❶瞪:～大只眼(瞪大眼睛)。❷睁:眼～唔开(眼睛睁不开)。

覙 chēng 同“覴”。

覴 chēng ❶正视。❷通“赪(赬)”,赤色:如鱼～尾。

鐺［鐺］ chēng 平底锅。

鎗 ㊀chēng(又读 qiāng)❶拟声词,金属碰击声,钟声,也作“锵(鏘)”:～然击金。❷鼎类炊具:长～江米熟。❸酒器,一说温酒器:元日上寿银酒～。
㊁qiāng ❶“枪(槍)㊀❶❷❹”的异体字。❷同“玱(瑲)”,拟声词,玉声。
㊂qiàng 髹漆工艺的一种:～金|～银。

秤 chēng 同“再”。

穪 ㊀chēng 同“稱(称)”。
㊁bì 同“秘”。

繒 chēng［繒紘］(-hóng)同“噌吰”。

鐣 chēng 同“鎗”。1.拟声词,钟声。2.鼎类炊具。

鏿 chēng 同“铛(鐺)”,烙饼用的平底浅锅。

鑜 chēng 同“鏿(铛,鐺)”。

鏳 chēng 拟声词,金属、玉器相撞击声,也作“琤”“铮(錚)”。

饛 chēng 同“饛(饛)”。

chéng

朾 ㊀chéng ❶撞击;敲击:便～喜鼓,便与成亲。❷［朾螘］(-yǐ)也作“虰螘”,赤色大蚂蚁。
㊁chēng(又读 tīng)也作“柽(檉)”,古地名,在今河南。

成 chéng ❶事情做好了或办好了:～事|不为不～|这件事办～了。❷成为;变为:百炼～钢|水冻～冰|她～了明星。❸成果;业绩:一事无～|事业有～。❹事物成长发展到定形阶段:～虫|～人|～熟。❺定形的;已定的:～衣|～规|～见。❻可以;能行:这可不～|～,就这么办。❼表示数量、重量等达到一定程度:～千上万|～年累月|～车的粮食。❽量词,整体的十分之一:七～。❾姓。

丞 chéng 见 1255 页 zhěng。

呈 chéng ❶显现;露出:～现|皮肤～红色|面～难色。❷恭敬地递交:～交|～上|谨～。❸下级报告上级的文件:～文|辞～。

宬 chéng 小突。(《玉篇》)

枨(棖) ㊀chéng ❶古代斜立在门两旁的木柱,泛指支柱:木～。❷触动:～触|窃钟～物|时往事易,～感遂深。❸姓。
㊁cháng 用于人名:申～(春秋时人)。

郕 chéng ❶周代诸侯国名,在今山东。❷古邑名,在今山东。❸姓。

烝 chéng 同“承”。

诚(誠) chéng ❶真心实意：真～|～心～意|推～相见。❷副词，果真；确实：～然|～有其事|～如所言。❸连词，如果：～听臣之计，可不攻而降城。

承 chéng ❶捧；托着：～尘(天花板)|～重|～受。❷承担；担当：～包|～办|～印。❸敬辞，接受到(别人的好意)：～蒙|～情|～教。❹继续；接连：继～|～接|～先启后。

C

郕 chéng 古地名。(《集韵》)一说同"郕"，古邑名，在今山东。

丞 chéng 同"承"。

城 chéng ❶城墙，以土、石等修筑的防御工事，多围绕在都邑周围：～郭|～门|万里长～。❷城墙以内的地方；城市：～里|进～|满～风雨。❸大型商场或服务实体：商～|图书～|美食～。☞城/郭/郛三字皆指城墙。"城"可特指内城。"郭"和"郛"指为保卫内城而修筑的外城。"城"与"郭"对举时一般分别指内城和外城，"城郭"常泛指城。"郛郭"指外城，也泛指城。

荿 chéng ❶草名。❷织布用的竹梭子，也作"筬"。

戚 chéng 同"成"。

峸 chéng 古山名。(《玉篇》)

宬 chéng ❶同"盛㊁"。❷姓。

舡 chéng 同"衜"。

洆 chéng 没；沉没。

宬 chéng 古代藏书室。

宬 chéng 同"瀓(宬)"。

丞 chéng 同"承"。

娍 ㊀chéng 用于女子人名。
㊁shèng 女子身材高而美好的样子。

珹 chéng ❶玉名。❷珠宝。

埕 chéng ❶酒瓮：酒～子|开～十里香。❷沿海地区晒盐的田：盐～。❸东南沿海一带养蛏的田：蛏～。

捏 chéng ❶择。❷举。

瓿 ㊀chéng 瓴。
㊁shèng 同"墭"。

哼 chéng 大声叫喊。

乘[乘、椉] ㊀chéng ❶骑；坐：～马|～车|～船。❷就着；顺应：～便|～机|～势。❸数学运算方法之一，使数目变成自身的若干倍：三～以二等于六。
㊁shèng ❶量词，古代称一辆四匹马拉的兵车为一乘：千～之国。❷春秋时晋国的史书，后泛指史书：史～|野～。

窚 chéng 同"乘"。

娖 chéng 用于女子人名。

珵 ㊀chéng ❶美玉。❷佩玉。
㊁tǐng 同"珽"，大圭。

振 chéng 触；碰撞。

硎 chéng 拟声词。1.破声。2.石相击声。

鞁 chéng 义未详。(《龙龛手鉴》)

赗(賵) chéng 同"成"，十分之一。

铖(鋮) chéng 用于人名：阮大～(明代人)。

乗 chéng 同"乘"。

脭 chéng 精美的肉。

窚 chéng 义未详。(《改并四声篇海》)

宬 chéng 同"宬"。

瀓 chéng 同"宬"。

裎 chéng 姓。

掁 chéng ❶同"朾"，撞；撞击：切须防御，其教～触。❷鼓槌：若鼓之有～，擿挡则击。

殸 chéng ❶推。❷同"敹"，揬。

程 chéng ❶十根毛发并列起来的宽度，引申为古代长度单位、度量衡的总称：惟天垂象，惟圣作～。❷规矩；法度：～式|规～|事～。❸计算；度量：不～其力|计日～功。❹行进的距离：旅～|航～|里～碑。

❺道路;道路的一段:登～|征～|送一～。❻事情发展的经过;次序:～序|日～|流～。❼古地名,在今陕西。❽姓。

筬 chéng ❶竹名。❷筬筐,织具。

脪 chéng 义未详。(《字汇补》)

惩(懲) chéng ❶鉴戒;警戒:～戒|～前毖后|不诛过则民不～而易为非。❷止:～忿窒欲|民之讹言,宁莫之～。❸处罚:～罚|～办|劝善～恶。❹苦于:～山北之塞,出入之迂也。

椉 chéng 同"乘"。

兖 chéng 同"乘"。

敦 chéng "敦"的讹字。

裎 ㊀chéng ❶裸体:捐甲徒～|同浴不讥～。❷系玉佩的带子。
㊁chěng 对襟单衣:～衣。

骋(騁) chéng 马停步不前。

絾 chéng 织絾。(《玉篇》)

帡 chéng ❶头发。❷以巾束发。❸头巾。

堘 chéng 同"塍"。

郕 chéng 古地名。(《字汇补》)

筳 ㊀chéng ❶竹席。❷竹名,可做笛子。
㊁tīng[笭筳](líng-)见582页"笭"字条。

觵 chéng 角长。

塍[塖] chéng ❶田间土埂,泛指园圃里的土埂:田～|花～。❷小堤:塘～。

敦 chéng 同"朾"。

敦 chéng 同"敦"。

毂 chéng "敦"的讹字。

溗 chéng ❶水不流。❷水波前后相叠,也作"凌溗"。❸水名。

酲 chéng ❶酒醉后引起的神志不清的病态:午夜宿～犹未消。❷酒醒;清醒:雾豁天～。❸酒醉不醒:眊然如～|如～之忽醒。

椉 chéng 同"乘"。

睈 ㊀chéng 仔细察看的样子。
㊁tíng 目眵,眼屎。
㊂chēng 同"瞠",直视。

踜 ㊀chéng 同"程",行期。
㊁jìng 同"胫(脛)",小腿。

畻 chéng 同"塍",田间土埂子。

椉 chéng 同"乘"。

頳 chéng 颈项。

畻 chéng 同"畻(塍)"。

塍 chéng 同"塍"。

觩 chéng 同"觩(觵)"。

𨍏 ㊀chéng 车一乘。
㊁shèng 副车,古代天子侍从的属车。

澂 chéng ❶"澄㊀❶❷"的异体字。❷用于人名:吴大～(清代人)。

澯 chéng 同"溗"。

澄 ㊀[❶❷澂] chéng ❶水清而平静:～澈|～江如练。❷澄清,使清明:～思励精|创党开天～广宇。❸古水名。1.今浙江的灵江。2.今海南的南渡河支流。
㊁dèng 使液体中的杂质沉淀,清澈纯净:把水～清|～一～再喝。
◆"澂"另见109页"澂"字条。

憕 ㊀chéng[憕㤋](-hóng)失志。
㊁dèng[懵憕](měng-)见642页"懵"字条。

弸 chéng 拟声词,弓弦声。

棖 chéng 同"朾",撞击。

橙 ㊀chéng ❶常绿小乔木,果实可食。❷橙色,红、黄合成的颜色。
㊁dèng 同"凳",无靠背的坐具:几～。

敦 chéng 触;碰。

敦 chéng 同"敦"。

毂 chéng "敦"的讹字。

敦 chéng 同"揨(朾)",撞;触。

C

斆 chéng 同"斅"。

斆 chéng"斅"的讹字。

𤼸 chéng 同"成"。

䱕 chéng 同"衠"。

䡕 chéng 同"䆵"。

鷔 chéng 鸟名。

敾 chéng 触;撞。

膳 chéng 同"塍"。

䆵 chéng［䆵竑］(-hóng)也作"䆵宏"。1. 高而深的大屋。2. 拟声词,屋内回声。

𣊍 chéng 舂。

澂 chéng 同"澄"。

蹭 chéng 距,一说同"踜"。

艙 chéng 同"塍"。

騬 chéng ❶公马被割去睾丸;阉割的马:～马。❷割去牲畜的睾丸或卵巢:～猪。

驖 chéng"騬(騬)"的讹字。

鬡 chéng［鬡鬤］(-níng)也作"鬡鬤",头发散乱。

飌 chéng 风起。

䬞 chéng［䬞飍］(-hóng)也作"䬞飍",拟声词,风声。

驋 chéng 同"騬"。

䤨 chéng 同"城"。

驫 chéng 义未详。(《改并四声篇海》)

chěng

侱 chěng 役使。

逞 chěng ❶通达,引申为急行:山岸泥滑,马不能～。❷快意;满足:思～无厌之欲｜怨素意之不～。❸放纵;放任:～性子｜～性妄为｜哪怕敌人～凶狂。❹显示;卖弄:～强｜～威风｜欲～其才。❺实现意愿,达到目的(多指坏的):得～｜以求一～。

徎 ㊀chěng 同"逞",急行。
㊁zhèng 小路。

悜 chěng 忧愁。

骋(騁) chěng ❶(车、马)快速行进:驰～。❷放任;尽量展开:～目｜～怀｜～望。

庱 chěng ❶古地名,在今江苏。❷姓。

踜 chěng 停止。

睈 chěng［睈睈］照视。

㥉 chěng 愚笨的样子。

㤽 chěng［㤽㥉］(-chěng)愚笨的样子。

㥉 chěng［㤽㥉］(chěng-)见110页"㤽"字条。

騁 chěng"骋(騁)"的讹字。

䮴 chěng 同"骋(騁)"。

chèng

孙 ㊀chèng 川。
㊁kǒng 同"孔"。

秤 ㊀chèng ❶测量物体轻重的器具:磅～｜过～｜电子～。❷古代质量单位,一秤等于十五斤。
㊁chēng 同"称(稱)"。1. 称量重量:～二两给他。2. 权衡;衡量:天将～其德而甘其家。
㊂píng［天秤］天平,称量重量的器具。

牚 ㊀chèng ❶斜柱,也作"樘":枝～杈枒而斜据。❷桌、椅等家具腿儿间的横木。
㊁chēng 同"撑",支撑。

䞓 chèng 馈。

賵 chèng ❶卖不得。❷卖。

䝼 chèng 同"賵"。

䕘 chèng 降服。

chī

吃㊀［❶-❺喫］chī ❶用嘴摄取食物、饮料或气体等：～饭｜～茶｜～烟。❷吸收(液体)，引申为耗费：这种纸不～墨｜～力｜～劲。❸吞并；消灭：～车(下棋术语)｜～掉敌人一个营。❹承受；遭受：～苦｜～惊｜～亏。❺依靠；凭借：～老本｜～劳保｜靠山～山，靠水～水。❻(旧读jí)说话结巴，不流利：口～。
㊁qī［吃吃］(-qī)拟声词，笑声：～笑着回答｜闻笑声～不止。

吃{吃} chī 同"吃"，说话结巴，不流利。

岻 chī 同"蚩(嗤)"，嗤笑，讥笑：受～。

妛 chī 同"媸"。

迟 chī 跑的样子。

蚩 chī 同"蚩"。

眵 chī 同"眵"。

哧 chī 同"嗤"。

俿 chī 同"痴(癡)"。

蚩 chī 同"蚩"。

彨 chī 同"螭"，传说中的无角龙。

哧 ㊀chī 拟声词：噗～(笑声)｜呼～(喘息声)｜～～地笑着。
㊁xià(又读hè)同"吓(吓)"。

胵 ㊀chī ❶鸟胃。❷鸟兽五脏的总名。
㊁zhì ❶同"膣"，肥。❷［郁胵］也作"郁郅"，古县名，在今甘肃。

鸱(鴟) chī ❶又称鹞鹰、老鹰，即鹞子。❷又称角鸱，即鸺鹠。❸［鸱鸮］(-xiāo)1.鹪鹩，即鹪鹩。2.猫头鹰类鸟。❹［鸱鹲］(-mèng)鸟名。❺传说中的怪鸟，一个头，三个身子。❻鸱夷，盛酒器：等身万卷酒百～。❼轻：～义奸宄。

蚩 chī ❶虫名。❷敦厚；痴愚：氓之～～｜宗室无～者。❸同"媸"，丑陋：妍～好恶。❹轻侮：～眩边鄙。❺通"嗤"，讥笑：～辱｜～其不能。

翍 chī 羽毛多的样子。

絺(絺) ㊀chī ❶细葛布，也指细葛布做的衣服：织葛～纻(紵)｜四气相新，～裘代进。❷古邑名，在今河南。❸姓。
㊁zhǐ ❶刺绣，也作"黹"：～绣(繡)。❷比喻修饰文辞：～句绘章｜～绘浮华之册。

鸱(鴟) chī 同"鸱(鴟)"。

眵 chī 俗称眼屎，眼中分泌出的淡黄色糊状物及其凝聚物。

笞 chī 用鞭、杖、板子等击打，也指采用这种方式的刑罚：其子强梁不材，故其父～之｜其用刑有五：一曰～。

瓻 chī 古代盛酒器。

瓻 chī 同"瓻"。

䶵 chī 同"螭"。

粚 chī 同"黐"。

粚 chī 同"黐"。

嗤 chī 同"嗤"。

筶 chī 竹名。

魑 chī 同"魑"。

諰 chī(又读chì)暗中窥察。

痴 chī 同"痴"，呆傻。

隑 ㊀chī 古地名。(《玉篇》)
㊁zhì 古山名。(《集韵》)

媸 chī 同"媸"。

絺 chī 同"絺(絺)"。

摛(攡) chī ❶舒展；散布：～锦布绣｜英名远～。❷铺陈：～文｜～藻。❸用于地名：龙～田(在湖南)。

翅 chī 同"翍"。

輊 chī 同"喫(吃)"。

噄 chī 同"喫(吃)"。

C

嗤 chī ❶讥笑：～笑|～之以鼻。❷叹词，表示鄙视等：～，这个话才叫怪。❸拟声词：～的笑了|～啦一声|～～～扯碎布袍。

蚩 chī 传说中的山中怪兽。

箬 chī 竹器。

雎 chī 同"鸱(鴟)"。

獡 chī 一种猛兽。

猪 chī 打猎。

痴［癡］ chī ❶呆傻；愚笨：～呆|～人说梦。❷极度迷恋，形近呆傻：～迷|如醉如～。❸极度迷恋某种事物的人：情～|书～。

瘖 chī 同"痴(癡)"，呆傻：痴～。

糎 chī 同"粑(黐)"。

离 chī "离"的讹字。

媸 chī ❶容貌丑：不辨妍～。❷痴呆。

搭 chī 同"笞"。

雉 chī 同"鸱(鴟)"。

瞝 chī "瞝"的讹字。

魑 chī 同"魑"。

膸 chī 泪凝。

諆 chī 同"誺"，不知。

熇 ㊀ chī 火焱。(《玉篇》)
㊁ lí 帷中火。(《广韵》)

魗 chī 同"猪"。

歖 chī 同"嗤"，讥笑。

榃 chī 同"笞"。

鵄 chī 同"鸱(鴟)"。

噄 chī 同"喫(吃)"。

瞝 chī 看；历观：～九州。

瞌 chī 同"眵"。

魑 chī 同"魑"。

鉉 chī 同"鮏"。

獡 ㊀ chī 同"螭"。
㊁ qín 同"禽"：飞～。

誺 ㊀ chī ❶相问而不知。❷以言相诬。
㊁ lài 误。

謻 chī 不知。

噭 chī 同"喫(吃)"。

螭 chī ❶传说中的无角龙，常用作古代建筑或工艺品上的装饰：～龙|～陛|～纽。❷传说中的凶猛动物，像虎而有鳞：挟师(狮)豹，拖熊～。❸同"魑"：～魅(魑魅)。

蚩 chī 同"嗤"。

鴟 chī 同"鸱(鴟)"。

膪 chī 同"黐"。

鮏 chī 鮏，指某些口大的鱼。

謧 ㊀ chī 同"誺"，不知。
㊁ chì 言语缓慢的样子。

噭 chī 同"喫(吃)"。

魊 chī 同"魑"。

魌 chī 同"魑"。

貙 chī 哺乳动物。

颸 chī 同"魑"。

鮏 chī 同"鮏"。

諸 chī 怒。

騀 ㊀ chī 大；大的样子。
㊁ ér 同"駬"，小马。

黐 chī 义未详。(《改并四声篇海》)

颸 chī 同“魑”。

糲 chī 同“黐”。

噒 chī 同“吃”，口吃，说话结巴。

鴟 chī 同“鸱”。

魑 chī 也作“魑魅”，传说中的山神，泛指山林里能害人的鬼怪。

貔 chī 同“螭”。

飀 chī 同“魑”。

鴟 chī 同“鸱(鴟)”。

齝 chī 同“齝”。

齝 chī 牛反刍。

魑 chī 同“魑”。

黐 chī 同“黐”。

齝 chī 同“齝(齝)”。

絺 chī 一种丝织品，一说“缡”的讹字。

彲 chī 同“螭”。

黐 chī（又读 lí）❶ 木胶，用苦木皮等捣取胶液制成，可粘捕鸟等。❷ 黏或黏性物质：面筋～（用麦屑和水舂捣而成）。

齸 chī 同“齝”。

黐 chī 同“黐”。

chí

汷 chí 同“坻”，水中小洲或高地。

池 ㊀ chí ❶ 护城河：城～｜金城汤～。❷ 天然或人工修造的水塘：～沼｜养鱼～｜游泳～。❸ 形状像池的：舞～｜花～｜便～。❹ 水名。1. 淮河支流，在安徽。2. 汉水支流，在陕西。❺ 姓。
㊁ tuó［虖池］（hū－）同“滹沱”，古水名，即今滹沱河，在河北。

弛 chí ❶ 松开弓弦，引申为放松、松懈：松～｜文武之道，一张一～。❷ 解除：～禁｜废～。

驰（馳） chí ❶ 车、马等快速行进：飞～｜奔～｜背道而～。❷ 向往：神～｜情～｜心～神往。❸ 传播：～名｜～誉。

坘 chí “坻”的讹字。

坘 chí 同“坻”。

坛 chí 同“坘(坻)”。

均 chí 同“坘(坻)”。

坘 chí 同“坘”。

屹 chí “岻”的讹字。

岻 ㊀ chí 古山名。（《集韵》）
㊁ mín 同“岷”。

迟（遲） ㊀ chí ❶ 慢；缓：～缓｜事不宜～｜～～不决。❷ 晚，比规定的或合适的时间靠后：～到｜推～｜来～了。❸ 不灵敏：心～眼钝。❹ 犹豫：～疑｜寻声暗问弹者谁，琵琶声停欲语～。❺ 姓。
㊁ zhì ❶ 等待：临江～来客。❷ 等到：～将军到｜～其至也。

坛 chí 同“坻”。

坨 chí 同“坻”。

坻 ㊀ chí 水中的小块陆地：乘流则逝兮，得～则止。
㊁ dǐ ❶ 山坡：～颓于前。❷［宝坻］地名，在天津。
㊂ zhǐ “坻”的讹字：物乃～伏。

坘 chí 同“坘(坻)”。

埕 chí 同“坘(坻)”。

茌 chí 用于地名：～平（在山东）。

岻 chí 古山名。（《玉篇》）

遅 chí 同“迟(遲)”。

弛 chí 同“弛”。

持 chí ❶ 拿着；握住：～笔｜手～钢枪｜～刀抢劫。❷ 主张；掌管：～反对意见｜勤俭～家。❸ 扶助；支撑：扶～｜支～。❹ 对抗；互不相让：争～｜相～不下。❺ 胁迫；控

制:劫～|挟～。

茌 chí ❶刺榆,落叶小乔木,木材可制农具、车等。❷[茌藸](-chú)五味子,落叶藤本植物,果实可供药用。

峙 chí 同"持"。

笹 chí 同"篪"。

翄 chí[翅翄](cī-)见143页"翅"字条。

赿 chí 跑的样子。

墀 chí "堨"的讹字。

埸 chí 同"坻"。

垊 chí 义未详。(《龙龛手鉴》)

跱 ㊀chí[跱蹰](-chú)也作"跱躇",同"踟蹰",徘徊不前的样子:五马立～|～不得共。
㊁zhì 通"偫",积蓄;储备:～粮|储～。

跑 chí[跅跑](tuò-)见973页"跅"字条。

趆 ㊀chí 同"迟(遲)"。
㊁dī 同"趆"。

坻 chí 同"坻"。

蓍 chí "荮"的讹字。

荮 chí 草名。

荳 chí 草名。

堤 chí 同"匙"。

匙 ㊀chí 舀取液体或粉末的小勺子:汤～|每次吃两～。
㊁shi[钥匙](yào-)开锁的用具。

貾 chí 同"貾"。

蚳 ㊀chí ❶蚂蚁卵,可做食用酱。❷与"蟁"同。❸姓。
㊁chī[蠪蚳](lóng-)见595页"蠪"字条。
㊂dì[蚳蝀](-dōng)同"螮蝀",虹。

筂 chí 同"篪(篪)"。

御 chí 行走。

飺 chí 用米、麦芽熬成的糖浆。

墀 chí 义未详。(《改并四声篇海》)一说同"墀"。

蒫 chí ❶[蒫母]知母,多年生草本植物。❷通"堤",瓶、罐等的底座:甂瓯有～。

貾 chí 有黄质、白点的贝。

箎 chí 同"篪"。

䶵 chí[咸䶵]也作"咸池",古代乐曲名。

遟 chí 同"遲(迟)"。

漦 chí 同"漦"。

趍 ㊀chí ❶[趍赵]行走迟缓。❷奔驰;奔跑:～千里。
㊁qū ❶同"趨(趋)":车驰人～,各尽其力。❷偏;不正:表～者景(影)邪。

墀 chí 同"墀"。

榪 ㊀chí 同"匙",舀汤等的小勺子。
㊁yí 同"椸"。1.衣架;晾衣竿。2.床前的几案。

踟 ㊀chí 同"踟"。
㊁zhì 同"智"。

提 chí 毒出虿尾。

徲 chí 同"迟(遲)"。

蚳 chí 同"蚳",蚂蚁卵。

渚 chí 同"坻",水中小洲或高地。

遲 ㊀chí 同"遲(迟)":～暮|风～山尚响。
㊁xī[遲迟](-chí)也作"犀迟""栖迟",滞留不进。

虒 chí 同"弛"。

虒 chí 同"弛"。

漦 chí "漦"的讹字。

箈 ㊀chí 竹名。
㊁tái 同"苔"。

䶵 chí 同"䶵"。

漦 chí ❶渗流。❷鱼、龙等的涎沫:鳞～|鲸～。❸古水名,在今陕西。

趑 chí 同"趍"。

墀 chí ❶古代宫殿中经过涂丹的地面：丹～｜赤～。❷台阶；台阶上的地面：阶～｜玄～｜瑞雪盈～。

漦 chí “漦(嫠)”的讹字。

趍 ㊀chí［趍趍］(-chí)群飞的样子，也作“提提”。

㊁chī 同“蚩”。

踟 chí［踟蹰］(-chú)也作“踟躇”。1.徘徊不前的样子：～不前。2.犹豫不决：颇费～｜旬月～。3.相连的样子：西厢～以闲宴。

褫 chí 衣。

馳 chí 同“驰(馳)”。

蚳 chí 同“蚳”。

蚔 chí 同“蚳(蚳)”。

蜂 chí 虫名。

喺 chí 同“嗁”。

篪 chí 同“篪”。

箎 chí 古代管乐器，像笛，横吹。

隋 chí［袆隋］(huī-)见 379 页“袆”字条。

趍 ㊀chí［趍鹭］(-zhì)1.轻薄。单用“趍”义同。2.鄙薄，不尊重：～诸师。

㊁dì 轻。

墀 chí “墀”的讹字。

麹 chí 义未详。(《改并四声篇海》)一说“趋(趨)”的讹字。

蚳 chí 同“蚳”，蚂蚁卵，可做食用酱。

鍉 chí［錍鍉］(jūn-)见 490 页“錍”字条。

蚳 chí 同“蚳”。

謘 chí 也作“謘”，说话迟钝。

褫 chí 同“褫”。

齝 chí 牙龈外露。

嚱 chí 说话缓慢。

褆 chí “褆”的讹字。

䶵 chí 义未详。(《改并四声篇海》)

遲 chí 义未详。(《改并四声篇海》)

䭾 chí 同“驰(馳)”。

謘 chí 同“謘”。

齝 chí 同“齝”。

謘 chí 同“謘”。

鶙 chí［鶙鵳］(-jiān)同“鵳鶙”。

褆 chí 同“褫(褫)”。

謘 chí 失言。

鯱 chí 同“鯱”。

鯱 chí 同“篪”。

鯱 chí 同“篪”。

鯱 chí 同“鯱(篪)”。

chǐ

尺 ㊀chǐ ❶测量长度或绘图的器具：皮～｜卷～｜丁字～。❷长度单位，1尺等于10寸，10尺等于1丈，1尺约合33.3厘米。❸形状像尺的东西：戒～｜镇～｜计算～。

㊁chě 中国民族音乐音阶上的一级，也是乐谱记音符号，相当于简谱的“2”。

叺 chǐ 义未详。(《改并四声篇海》)

㓼 chǐ 同“㓼”。

伬 chǐ 同“尺”。

囟 chǐ 同“齒(齿)”。

刐 chǐ 割物。

呎 chǐ (又读 yīngchǐ)英美制长度单位，现作“英尺”，1英尺等于12英寸，合

0.3048 米。

胣 chǐ 同“胣”。

齿（齒） chǐ ❶门牙，泛指牙齿：唇亡～寒｜犬～｜挂～（谈到；说到）。❷像牙齿形的东西：～轮｜锯～｜梳子～儿。❸年龄：～德俱尊。❹并列；同等：君子不～。❺列举；提及：～及｜不足～数。

侈 chǐ ❶浪费，用财物过度：奢～｜～靡。❷放纵：放辟邪～。❸夸大：～谈｜～言无验。❹扩大：～苑囿之大。❺大；广：～口｜修鼻～鳃。

㑜 chǐ 同“侈”。

胝 chǐ［膍胝］（pí-）鸟类的胃。

叕 chǐ 度量大。

郊 chǐ “叕”的讹字。

垑 chǐ 土地多，一说同“侈”。

垮 chǐ 同“垑”。

拸 chǐ ❶去；舍弃：介者～画。❷拍打：脱下那小鞋底，照着嘴儿只管～。

耻 chǐ 同“恥（耻）”。

齒｛凿｝ chǐ 同“齒（齿）”。

台 chǐ 同“齒（齿）”。

胣 chǐ 剖腹刳肠。

庱 ㊀ chǐ 同“㢋”。
㊁ shǐ 同“厔”，用于人名：謵～（见《庄子》）。

恀 chǐ（又读 shì）凭借；依赖：俭然～然。

耻［恥］ chǐ ❶侮辱：～匹夫，不可以无备，况～国乎？❷耻辱；羞愧：雪～｜不～下问｜引以为～。

鼓 chǐ 同“豉”。

蚩 chǐ 同“蚳”。

蚳 chǐ 虫伸行。

蚇 chǐ［蚇蠖］（-huò）即尺蠖，尺蠖蛾的幼虫，体细长，行动时一屈一伸，俗称步屈，又称造桥虫。

炵 chǐ 同“烗”。

烗 chǐ ❶盛火。❷盛。

䶔 chǐ 啮，用牙啃或咬。

彖 chǐ 猪。

紕 chǐ 量词，绩苎一纰为紕。

豉 chǐ 豆豉，用煮熟的大豆发酵后制成的食品，可用于调味等。

齒 chǐ 同“齒（齿）”。

齒 chǐ “齒（齿）”的讹字。

齒 chǐ 同“齒（齿）”。

猘 chǐ 哺乳动物。

訮 chǐ 同“誃”。

㢋 chǐ 广大。

袳 chǐ “袳（移）”的讹字。

袳 chǐ ❶衣服宽大。❷春秋时宋国地名，在今安徽。

豉 chǐ 同“豉”。

齒 chǐ “齒”的讹字。

齒 chǐ 同“齒（齿）”。

鉹 chǐ 同“鉹”。

豉 chǐ 同“豉”。

雌 ㊀ chǐ ❶鸟类。❷雌。
㊁ qí ❶［鹏雌］（pì-）同“鹏鴟”，鸡，也单称雌。❷同“鴟”，雁。

袲 chǐ 同“袳”。

褫 chǐ 同“褫”。

禠 chǐ 禘祭。

敪 ㊀ chǐ 同“䶔”，啮；啃咬。
㊁ chuài 同“嘬”，大口吞食。

豙 chǐ 同"豙"。

㶴 chǐ 颏。

歗 chǐ 同"歗(欼)"。

褫 chǐ 同"褫"。

袲 chǐ 同"袳"。

䶵 chǐ 同"䶵"。

遈 chǐ 近。

鉹 chǐ ❶小刀。❷甑，蒸食炊器；盛物的瓦器。

歗 chǐ 同"欼"。

袲 chǐ 同"袳"。

頱 chǐ ❶面大。❷面黑。

齒 chǐ 同"齒(齿)"。

嗲 chǐ 同"袳"，衣服宽大。

𦥮 chǐ 同"齿(齒)"。

褫 chǐ ❶剥去衣服，引申为去掉、解除：衣尽～｜～皮藏之｜～缨投簪。❷丧失威风、神志：稍～其威｜～权奸魄。❸废弛：～散｜极礼而～。

䶵 chǐ 同"䶵"。

踶 chǐ 同"跂"。

齒 chǐ 同"齒(齿)"。

䰡 chǐ 义未详。(《龙龛手鉴》)

䶵 chǐ 同"䶵"。

䕦 chǐ［馬䕦］马齿苋，一年生草本植物，茎叶可食或供药用。

齺 chǐ 同"齿(齒)"。一说读 yōu，同"幽"。

䶵 chǐ 移蚕。

䶵 chǐ 同"䶵"。

chì

彳 ㊀chì［彳亍］(-chù)小步慢走或走走停停的样子。
㊁称双人旁或双立人，汉字偏旁或部件。

叱 chì ❶大声呵斥、责骂：～骂｜当街一～百吏走。❷呼喊；吆喝：呼～｜回车～牛牵向北。❸拟声词：他把烟杆塞到嘴里，～的吹了一下。

斥 ㊀chì ❶使退去；使离开：～逐｜～退｜排～。❷责备；责骂：～责｜驳～｜痛～。❸开拓：～大｜～土未广。❹众多；宽广：充～｜夷～。❺拿出：～资。
㊁zhè 姓。

㚰 chì 女子行为不检点。

厈 chì 同"斥"。

㔭 chì 同"敕"。

劮 chì "㔭"的讹字。

迟 chì 跛。

肔 chì 肉肥的样子；很肥的肉：㹀～。

庠 chì 同"㡿(斥)"。

赤 chì ❶红色，也指浅红色：～红｜～骝｜～小豆。❷纯真；忠诚：～诚｜～心｜～胆忠心。❸象征革命：～旗｜～卫队。❹尽；空无所有：～贫｜～地千里｜～手空拳。❺裸露；光着：～脚｜～膊上阵｜～着脊梁。☞赤/朱/丹/绛/红/彤/赫　古汉语中，"赤"指红；"朱"指大红，颜色比"赤"深，被视为正色；"丹"指朱红，比"赤"浅些；"绛"指深红，颜色比"朱"更深；"红"指粉红，即浅红；"彤"指朱红；"赫"指火红。现代汉语中以"红"为这类颜色的通名。

夫 chì 同"灻(赤)"。

灻 chì 同"赤"。

卤 chì 姓。

饬(飭) chì ❶整治；整顿：整～｜～政教｜厉兵～士。❷谨慎；恭敬：谨～｜循循雅～。❸通"敕"，命令；告诫(旧

时多用于上级对下级):～令|～知|～派。❹指责:挑～|申～。❺通"饰(飾)",修饰:子女不～。

杘 chì 络丝车的摇把。

剌 chì "刺"的讹字。

抶 chì 用鞭、杖或竹板类的东西打。

庍 chì 同"斥"。

戻 chì 簍柄。

剚 chì 同"剺"。

畁 chì 农具名。

伬 chì 惊恐不安。

殏 chì 同"魅"。

畢 chì ❶农具名。❷古地名。(《广韵》)

帙 chì 习。

翨 chì 羽毛盛多的样子。

柣 chì 同"抶"。

脠 chì 义未详。(《改并四声篇海》)

痄 chì 同"斥"。

庰 chì 同"斥"。

炽(熾) chì ❶热;(火)旺盛:～热|～烈。❷强盛:繁～。

恜 chì 惊恐不安:卜得恶卦,反令～～。

屎 chì 同"杘"。

屏 chì 同"庰(斥)"。

翅[翄] chì ❶鸟、昆虫等的飞行器官:双～|展～高飞。❷展翅:有鸟止南方之阜,三年不～不飞不鸣。❸鱼翅,用鲨鱼的鳍制成的食品。❹通"啻",仅;只:只是阴阳于人,不～于父母。

貣 chì 哺乳动物。

眙 ㊀chì ❶直视,目不转睛地看:目～不禁。❷吃惊地看:愕～|女慨然华妆出,一堂尽～。
㊁yí ❶抬头看的样子:～而望之,不暇他视。❷用于地名:盱～(在江苏)。

鸱(鴟) chì[鸱鷃](-yàn)小雀。

羝 chì 同"翄(翅)"。

䴔(鵣){鶒} chì[鸂鶒](xī-)同"鸂鶒"。

赿 chì 超。

赽 chì ❶超。❷行。

梀 chì 同"杘"。

敕[勅、勑] chì ❶告诫:戒～|申～|君臣相～。❷帝王的诏书、命令:～令|～建|～封。❸言行谨慎:各自检～|廉介自～。❹治理:～武备|明罚～法。
◆"勑"另见529页"勑"字条。

剢 chì "剺"的讹字。

痓 chì 中医指抽风、惊厥等病症。

啇 chì "啻"的讹字。

烾 chì 同"赤"。

愭 chì 同"愭"。

趩 ㊀chì 同"趍(跐)"。
㊁yì 同"跐",超越。

晢 chì ❶瞥。❷目光。❸眼睛美或明亮。

剺 chì "剺"的讹字。

敇 chì "敕"的讹字。

遫 chì 长。

峌 chì 待;止;停留。

眡 chì 同"晢"。

啻 ㊀chì 副词，仅；只：不～兄弟｜何～天壤。㊁dì ❶高声。❷同"谛(諦)"，审慎。
湁 chì［湁潗］(-jí)也作"湁濈"，水沸或腾涌的样子：～鼎沸｜酾流更～。
懘 chì 小怒。
慸 chì 懈惰。
剢 chì ❶割伤。❷拟声词，割声。
雴 chì［雴霫］(-xí)大雨。
啲 chì 同"啻"。
跮 ㊀chì［跮踱］(-duó)走路时忽进忽退：往复～。
㊁dié［跮跮］(-dié)由前退后的样子，单用义同：跮跮而却｜忽跮而蹶。
傺 chì 停留；逗留。
鉓 chì 妆；饰。
腟 chì 肉生。
鴟 chì 拟声词，鸟叫声。
瘌 chì ❶痴病。❷同"瘛"，小儿瘛疭病。
戠 chì 同"炽(熾)"。
翅 chì 同"剢"。
踅 ㊀chì 一条腿走路。
㊁xué ❶盘旋：龙卷风～地～天｜疏(疎)林外昏鸦乱～。❷转身回来；来回走：警察忽然又～过来｜摇着串铃满街～了一趟。
遫 chì 张；张开。
鶒(鷘) chì［鸂鶒］(xī-)见1018页"鸂"字条。
銐 ㊀chì 除草器：～刀。
㊁lì 锐利。
奭 chì 打猎。
啸 chì 同"叱"。
踥 ㊀chì 跳的样子。
㊁qì 跛。
翤 chì 同"翅"。

魆 chì 同"魅"。
魅 chì ❶厉鬼。❷魑魅类精怪。
魈 chì 同"魅"。
铆 chì 同"銐"。
饎 chì 同"饎"。
彝 chì 牵。
餝 chì 同"飭(饬)"。
獙 chì 义未详。(《改并四声篇海》)
瘛 chì 同"瘈"。
懘 chì［侘傺］(chà-)见86页"侘"字条。
剢 chì "剢"的讹字。
慗 chì 从。
魋 chì 同"魅"。
戭 chì 同"炽(熾)"。
魅 chì 同"魅"。
铼 chì 金属元素"锶(鍶)"的旧译写法。
瘳 chì 牵引；牵掣：目～。
瘛 chì［瘛疭］(-zòng)也作"瘈疭"，痫病，俗称抽风，中医指手脚痉挛的病。
禘 chì 福。
嫛 chì 女子姿态。
翨 chì 同"翨"。
翨 chì ❶鸟的翅膀和尾部长而大的羽毛。❷同"翅"，鸟的翅膀。
縶 chì 结固。
趩 chì 超越；超远。

C

𨬡 chì 同“𨬖”。

𨧼 chì 同“𨥭”，除草器。

𥳑 ㊀chì ❶胡竹。❷杖。
㊁tú 同“筡”，剖取竹篾。

𩛆 chì 同“饎”。

𧈅 chì 分蚕。

𧤾 ㊀chì 角。
㊁tì 触，一说同“揥”，古代首饰。

𢧐 chì 赤土的样子。

𢨀 chì 同“炽(熾)”。

𡓅 chì 忿怒而乖戾。

𨭁 chì ❶除。❷利。

翄 chì 同“翅”。

𩜁 chì 同“饎”。

𤺺 chì 同“瘛”。

𡔏{𡔐} chì 同“𨬖”。

趩 chì ❶拟声词，行走的声音：其来～～。❷踟蹰不前。❸跑的样子。

𦔏 chì 同“𠜱(𫥳)”。

𦔐 chì 同“𦔏”。

𨗥 ㊀chì ❶去：～入水而前去。❷同“趩”，一条腿行走。
㊁dài 姓。

𤐠 chì 同“炽(熾)”。

𨇹 chì 同“趩”。

𩝁 chì 同“饎”。

𩶀 chì 赤鱼，又称青松鱼，生活在海中。

𧫢 chì ❶同“誺”，相问而不知。❷[诌𧫢](chōu-)见1277页“诌”字条。

糦 chì 同“饎”。

懘 chì[沾懘](zhān-)见1233页“沾”字条。

𦔐 chì 同“𦔏”。

𣀷 chì 痛：～瞎顶门三只眼。

𧆛 chì 同“熾(炽)”。

𣨊 chì 同“𤓞(懘)”。

𧭁 chì “𧫢”的讹字。

𪆤 chì 同“鶒(𫛶)”。

𤓞 chì 同“懘”。

𩟗 chì 同“饎”。

饎 chì ❶酒食；熟食。❷烹煮食物。

𩥹 chì[𩥹𩥹]马快跑。

𩦈 chì 同“𩥹”。

𪅱 chì 同“鶒(𫛶)”。

𪈼 chì 同“鶒(𫛶)”。

𪇆 chì 同“鶒(𫛶)”。

𩦺 chì 同“𩥹”。

𪈓 chì 同“鶒(𫛶)”。

𪉂 chì 同“鶒(𫛶)”。

𩠉 chì 同“饎”。

𪉃 chì 同“鶒(𫛶)”。

𦔸 ㊀chì 耕。
㊁yì 同“䆿”。

𪉉 chì 同“鶒(𫛶)”。

𪉊 chì 同“鶒(𫛶)”。

𩧲 chì 同“𩥹”。

chōng

冲㊀(❶-❸衝) chōng ❶通行的大道:要~|~要|首当其~。❷快速往前直闯:~锋|~出重围|横~直撞。❸直上;向上钻:~入云霄|豪气~天。❹水流撞击;用开水等浇:河堤被洪水~垮了|~茶|用开水~一下。❺互相抵销:~账。❻山间的平地,也用于地名:韶山~(在湖南)。

㊁(衝) chòng ❶介词,对着;向着:大门~南开|脸~前坐着|有话~我说。❷劲头猛烈;气味浓烈刺鼻:水流得很~|他干活真~|大蒜气味~。❸介词,凭借;根据:~你的面子,这事就不再追究了。❹金属加工:~床|~压。

充 chōng ❶长大,引申为肥胖:~肥|肥~。❷满;足实:~足|~实|~分。❸填满;装满:~满|~电|~耳不闻。❹担任;当作:~任|~当|半匹红纱一丈绫,系向牛头~炭直。❺假装;装作:冒~|~行家。

冭 chōng 同"充"。

沖 chōng ❶同"冲(衝)㊀❹-❻"。❷空;空虚:~虚|~而徐盈。❸幼小:幼~|~人(幼儿)。

忡 chōng 忧虑不安的样子:忧心~~|瘁心神~。

茺 chōng[茺蔚]益母草,一年或二年生草本植物。

浺 chōng 同"沖"。

㳘 chōng ❶山泉流淌。❷拟声词,流水声。

㑖 chōng 同"憃(忡)"。

㤝 chōng 心动不安的样子:久㤝兮~~。

窜 chōng 穿。

琉 chōng 琉耳,也作"充耳",古代冠冕两侧垂到耳旁的玉饰,用以塞耳,表示不听信谗言。

莌 chōng 同"茺"。

笇 chōng 竹名。

浺 chōng[浺瀜](-róng)水深广的样子:~沆漭。

翀 chōng 鸟向上直飞。

舂{舂} ㊀chōng ❶用杵臼捣去谷物的外皮或捣碎某种物体:~米|~药。❷通"冲(衝)",冲击:洪涛~天。❸刺击:长戈莫~。

㊁chuāng 古代少数民族名。

衮 chōng 同"冲(衝)"。

衝 chōng ❶同"劊",刺:~其胸。❷短矛。

裗 chōng[裗褔](-jué)没有边饰的直裙短单衣。

躳 chōng 伸直。

盅 chōng 虚;空虚,后作"冲(冲)"。

鲎 chōng 古地名。(《广韵》)

䖝 chōng 草名。

畚 chōng 同"舂"。

搑 chōng 撞击;冲击。

噇 chōng 吃东西的样子。

䆔 chōng 同"舂"。

劊 chōng 刺:~其胸杀之。

種 chōng 同"穜"。

惷 chōng ❶愚蠢:方~迂阔|愚夫~妇。❷失意的样子:~怅立兮涕滂沲沱。

髡(鬞) chōng[髡鬆](-sōng)头发散乱的样子。

徸 ㊀chōng 行走的样子。

㊁zhǒng 同"踵"。

膧 chōng 同"傭(佣)",齐整;公平。

䜋 chōng 贪。

憧 ㊀chōng ❶[憧憧](-chōng)1.意不定:心~若涉大川|魂~而至曙。2.往来不绝的样子:驿路使~。3.摇曳不定的样子:光耀~|窗影~。❷通"舂",愚蠢:~愚|愚~。❸通"冲(衝)",向上冲:臭~于天。

㊁zhuàng[戇憧](zhuàng-)见1293页"戇"字条。

䖝 chōng 黄色。

蟲 chōng［蟲蝑］(-shǔ)蚣蝑，即螽斯。

窿 ㊀ chōng 空。
㊁ tǒng［窿寵］(-lǒng)暗。

褈 ㊀ chōng［褈褣］(-róng)也作"童容"，又称敞衣，宽大的直襟单衫。
㊁ chóng 同"緟(重)"，重复。

C

䆔 chōng 短矛。

蹖 chōng 踩；踏。

衝 chōng 同"衝(冲)"。

艟 ㊀ chōng［艨艟］(méng-)见641页"艨"字条。
㊁ zhuàng 短船名。
㊂ tóng 同"艟"，船。

䡴 chōng ❶古代战车，也作"衝(冲)"：～车｜梯～并进。❷同"幢"，刻有佛号或经咒的石柱：石～。

豵 chōng ❶土猪。❷土精如豘在地下。

衝 chōng 同"衝(冲)"。

憃 chōng 同"憃(忡)"。

驡 chōng［驡騆］(-yóng)驽马，也单称驡。

憃 chōng 同"忡"。

鶇 ㊀ chōng ❶［鶇鶵］(-chú)也作"舂鉏"，鸟名，即白鹭。❷［鸀鶇］(dú-)也作"鸀驡"，杜鹃鸟。
㊁ zhuāng［青鶇］也作"青驡""青庄"，水鸟名，即苍鹭。

鷟 chōng 同"鶇"。

鷄 chōng 鸟不能飞。

驡 chōng 同"鶇"。

䡛 chōng 直。

黷 chōng 深穴中黑。

憃 chōng 同"憃(忡)"。

躘 chōng 同"䡛"。

chóng

虫 ㊀(蟲) chóng ❶古代泛称动物，现多称昆虫：长～｜大～(老虎)｜蚊～。❷称某类人：懒～｜书～｜可怜～。❸姓。
㊁(蟲) tóng［虫虫］(蟲蟲，tóngtóng)热气蒸腾的样子，后作"爞爞"，也作"烔烔"：旱既大甚，蕴隆～。
㊂ huǐ 毒蛇，又称蝮，后作"虺"。

虫 chóng 同"虫"。

䖝 chóng 同"虫"。

崈 chóng "崇"的讹字。

郜 chóng 同"崇"，古国名。(《集韵》)

崇 chóng ❶高耸；高大：～山峻岭｜～高。❷尊重；敬重：～敬｜～拜｜尊～。

崈 chóng 同"崇"。

崈 chóng 同"崇"。

隀 chóng 古地名。(《玉篇》)

憃 chóng 忧愁。

剠 chóng 臿类工具。

豵 chóng 虫；豸。

褈 ㊀ chóng 同"緟"，重复。
㊁ chōng［褈褣］(-róng)也作"褈褣"，敞衣。
㊂ zhòng 同"緟"，缯缕。

蝩 ㊀ chóng 晚蚕，一说夏蚕。
㊁ zhōng 蝩蠡。

䍠 chóng 同"䡴"，在浅水中拉船行进。

緟 ㊀ chóng 同"重"，重复。
㊁ zhòng 缯缕。

徸 chóng 行。

餯 chóng［餯馋］贪吃。

䌬 chóng 同"緟"。

緟 chóng 同"緟"。

餯 chóng［餯馋］也作"馋餯"，贪吃。

饊 chóng［馋饊］不廉。

輴 chóng ❶拉纤。❷干革，一说革干。

鶄 ㊀chóng［鶄鶬］（-cháng）鸟名。
㊁chǒng 同"翀"，小鸟飞的样子。

䲔 chóng 义未详。（《字汇补》）

疊 chóng 同"重"，重复。

壘 chóng 同"重"，重复。

䢵 chóng"䢵"的讹字。

爞 ㊀chóng ❶熏炙；热气蒸腾。❷旱热之气。
㊁tóng［爞爞］（-tóng）同"烔烔"。

䳯 chóng（又读chōng）同"傭（佣）"，均等：胫臂～圆。

䢵 chóng 同"緟（重）"，重复。

䢵 chóng"䢵"的讹字。

䢵 chóng"䢵"的讹字。

chǒng

宠（寵） chǒng ❶尊崇：哗众取～。❷荣耀：～辱不惊。❸偏爱；溺爱：～爱｜～信｜孩子被～坏了。❹受偏爱的人：内～｜新～。

㹐 chǒng 恐惧。

𧼮 chǒng 小儿行走的样子。

翀 chǒng 羽。

𩒔 chǒng 充。

䳯 chǒng ❶雀。❷小鸟飞的样子。

chòng

揰 chòng ❶跳，指生气而跑开：说着，竟像大不高兴的～了出去。❷撞击：打不开，石头～。

梳 chòng 树种。

硫 chòng 同"铳（銃）"。

睆 chòng 困倦极了而打瞌睡：～一个盹儿。

铳（銃） chòng ❶斧子上安柄的孔。❷旧时用火药发射弹丸的火器，像枪：火～｜鸟～。❸用铳射击：一枪～了他。❹铳子，打眼儿的金属器具。❺用铳子做工：～眼儿。❻顶撞：不服气地～了他一句。

揰 chòng 推击。

筅 chòng 竹尖。

橦 ㊀chòng 木梳，树种。
㊁tóng 同"橦"，即木棉。

𨘗 chòng 逸。

𧾷 ㊀chòng［挵𧾷］（nòng-）斜着走，单用"𧾷"义同。
㊁dòng 跑。

㣚 chòng 义未详。（《改并四声篇海》）

儱 chòng 斜儱。（《改并四声篇海》）

chōu

肌 chōu 同"䏝"。

䏝 ㊀chōu 同"瞀"，眼睛不正。
㊁jiǎo 眼睛重睑。
㊂yǎo 同"窅"，眼睛深陷的样子。

䏛 chōu 同"肌（䏝）"。

抽 chōu ❶从中取出：～查｜～时间｜～薪止沸。❷植物发芽、长出：～芽｜～穗。❸吸：～烟｜～血｜～水机。❹收缩；减缩：～搐｜这种布料下水就～。❺用细长的东西打：～打｜用鞭子～。

妯 ㊀chōu 扰动；不平静：忧心且～。
㊁zhóu［妯娌］（-li）兄妻与弟妻的合称：她们～俩关系和睦。

绸（紬） chōu 见124页chóu。

搊 chōu 同"搊"。

C

搊 chōu 同“搊”。

䀞 chōu 同“䀞(䀺)”。

痳 chōu 同“瘳”。

搊 chōu 同“擂(抽)”。

㛢 chōu 义未详。(《龙龛手鉴》)

搊 chōu 同“搊”。

䇞(篘) chōu ❶滤酒的竹器:竹～|酒～。❷滤酒:酒新～。❸代指酒:新～香又清。

榴 chōu 同“榴”。

䀞 chōu 同“䀞(䀺)”。

㑇 chōu 同“㑇”。

㑇 ㊀chōu 目光不正或闪烁不定:目～而缓。
㊁tāo ❶眼生白翳而不明。❷双眼皮。

搊 ㊀chōu 同“抽”:～心|～思。
㊁liù 筑;捣(土)。

搊 chōu ❶弹拨(弦乐器):～筝|～琵琶。❷束紧:～腰带。❸从下往上用力搀扶或掀起:把爷爷～起来吃药|把石头～下山坡。

篘 chōu 同“䇞(篘)”。

㨨 chōu 同“擂(抽)”。

榴 chōu ❶牛桊,穿在牛鼻中系绳的小竹木棍或小铁环。❷板木不正。

篘 chōu 同“䇞(篘)”。

糬 chōu 糬粉。(《改并四声篇海》)

擂 chōu 同“抽”。

酮 ㊀chōu 酒名。
㊁chóu 酒味浓。

醔 chōu 同“䇞(篘)”,滤酒。

篗 ㊀chōu 同“䇞(篘)”,滤酒。
㊁sǒu 同“筊(籔,籔)”。

瘳 chōu 同“瘳”。

瘳 ㊀chōu ❶疾病减轻;病愈:～愈。❷减损;损害:有加无～。
㊁lù ❶病。❷通“戮”,杀;害:身必有～。

糏 chōu 滤取粉。

瘳 chōu 同“瘳”。

篸 chōu 竹相合。

犨 chōu ❶拟声词,牛喘息声。❷牛名,一说牛叫。❸当;正对着:南家之墙～于前而不直。❹用于地名:～河(在河南)。

犨 chōu 同“犨(犨)”,用于古人名。

犨 chōu 同“犨”。

chóu

仇 ㊀[讐、讎] chóu ❶仇敌:损怨益～。❷仇恨,很深的怨恨:～怨|～视|恩将～报。
㊁qiú ❶同伴;伴侣:携我好～。❷配偶:来为君子～。❸匹敌:神功莫～。❹姓。
◆“讐”“讎”另见126页“讐”字条。

𠃬 chóu 同“𠃬”。

怞 ㊀chóu 伤悼;忧恐:忧心且～。
㊁yóu 忧愁的样子:永余思兮～～。

𠷎 chóu 同“畴(疇)”。

䌷(紬) ㊀chóu 同“绸(綢)”,粗绸:红～软帘。
㊁chōu ❶抽引;引出:～绎。❷缀集:～奇册府,总百代之遗编。☞《通用规范汉字表》把“紬”作为“绸”的异体字,今简作“䌷”,又作规范字。
◆“紬”另见125页“绸”字条。

苬 chóu 草名。

㐜 chóu 同“仇”。

俦(儔) chóu ❶同伴;伴侣:～侣。❷同辈;同类:吾～。❸匹敌;伦比:不能～。

𠷎 chóu 同“畴(疇)”。

帱(幬) ㊀chóu 草名。
㊁zhòu 同“䓙(薵)”,用草裹住东西。
㊂dào 覆盖。

栦 chóu 树名。

帱(幬) ㊀ chóu ❶床帐：～帐｜～茵(帐褥)。❷车帷：～幔。㊁ dào 覆盖：～载(覆盖承载)。

俦(儔) chóu 忧愁深重：惧吾心兮～～。

畗 chóu 同"畴(疇)"。

𠷎 chóu 古代耕田农具。

菗 chóu[菗蒢](-chú)地榆，多年生草本植物，根可供药用。

㡡 chóu 同"帱(幬)"。

𢅈 chóu 义未详。(《改并四声篇海》)

惆 ㊀ chóu ❶失意；哀伤：～怅｜～惋｜心～焉而自伤。❷[惆㤙](-chú)同"踌躇"，犹豫：空教我意下～。㊁ dāo[氐惆](dī-)见184页"氐"字条。

𣪇 chóu 悬物捣击，后作"毃"。

𦐃 chóu 义未详。(《改并四声篇海》)

绸(綢)[❶紬] chóu ❶薄而软的丝织品：纺～｜～缎。❷通"稠"，稠密：～直如发(髮)｜往来～密。❸[绸缪](-móu)1. 紧密缠绕：～束薪。2. 缠绵：情意～。3. 比喻事先做好准备工作：未雨～。
◆"紬"另见124页"䌷"字条。

椆 ㊀ chóu ❶树名。❷[椆树塘]地名，在湖南。❸[椆水]古水名，在今河南。㊁ diāo[椆苕](-tiáo)树名。

𢜗 chóu"愁"的讹字。

畴(疇) chóu ❶田地：田～。❷类；同类：范～｜草木～生，禽兽群焉。❸助词，无实义：予～昔之夜，梦坐奠于两楹之间。❹代词，谁；哪个人：消灾解难～之功?

畤(疇) chóu ❶同"𠭰(畴,疇)"。❷父没名。

𢘻 chóu 同"雠(讎)"。

𠷈 ㊀ chóu 叹词，嗟叹声。㊁ shòu 同"壽(寿)"。

𣊺 chóu 同"𠷈"。

紬 chóu 纨，一种细绢。

𣏳 chóu 古地名，在今湖北。

𢜬 ㊀ chóu 义未详。(《龙龛手鉴》)㊁ bì 义未详。(《改并四声篇海》)

酬[酧、醻、❷-❺詶] chóu ❶敬酒；劝酒：～酢。❷用财物报答：～报｜～谢｜～劳。❸因使用别人的劳动、物件等而支付的钱物：报～｜～金｜同工同～。❹应对；答对：应～｜～答｜～对。❺实行；实现：壮志未～。
◆"醻"另见126页"醻"字条。
◆"詶"另见1280页"詶"字条。

𠷏 chóu 同"酬"。

幬 chóu 同"帱(幬)"。

稠 chóu ❶多而密：～密｜～人广众｜秧苗太～。❷浓：～粥｜墨研得略～些。

愁 chóu 忧虑；苦闷：忧～｜发～｜～眉苦脸。

筹(籌) chóu ❶竹、木等制作的窄薄片或小棍儿，用以计数和计算：算～｜～码。❷谋划；谋略：运～｜～谋｜一～莫展。❸壶箭，古代投壶用具，像箭。

晭 chóu ❶明。❷缯白。(《篇海类编》)

𤎖 chóu 同"愁"。

裯 ㊀ chóu 被子；床帐：衾～｜拥～起坐。㊁ dāo[祗裯](dī-)见182页"祗"字条。

㦞(𢥞) chóu 同"帱(幬)"。

踌(躊) chóu[踌躇](-chú)也作"踌蹰"。1. 犹豫：～不决｜颇费～｜～了半天，最后决定不去了。2. 停留；徘徊不前的样子：骥～于弊辇兮｜哀裴回以～。3. 从容自得的样子：～四顾｜～满志。

𤳳 chóu 同"畴(疇)"。

儔 chóu 同"俦(儔)"。

𠷊 chóu 代词，谁，哪个人，后作"畴(疇)"。

𠷋 chóu 同"畴(疇)"，代词，谁。

𦽞 chóu 同"籌(筹)"。

幬 chóu 同"帱(幬)"。

㵞 ㊀chóu 古山谷名。(《玉篇》)
㊁xiāo 山谷大而深的样子。

鲥(鰣) chóu 大鱼。

𠷎 chóu 同"畴(疇)",谁。

𥣎 chóu 同"稠"。

擙 chóu 同"愁"。

鄯 ㊀chóu 古地名,在今四川。
㊁shòu 古水名,在今四川。

𦼮 chóu 同"菗"。

覴 chóu 不高兴地看。

雔 chóu ❶成对的鸟。❷相当:难～之价。❸[雔由]野蚕名。

湫 chóu ❶腹中有水气,引申为郁积不散:漻然～然。❷水气不和而发出声响。

𣼩 chóu 同"湫"。

㪡 chóu 同"㪠"。

𢿐 chóu 同"㪡(㪠)"。

𢡗 chóu 同"雠(讎)"。

醻 chóu 同"醻(酬)"。

嚋 ㊀chóu 谁。
㊁zhōu 同"譸(诪)"。

𤳉 chóu 田。

𪑩 chóu 义未详。(《改并四声篇海》)

𥶜 chóu[𥶜箸](-zhù)同"踌躇",犹豫;徘徊不前。

𠌨 chóu 同"雠(讎)"。

𥈻 chóu 同"畴(疇)",代词,谁。

𡢭 chóu 用于女子人名。

𣪗 chóu ❶抛弃。❷讨取。❸欺诈。

𣪘 chóu 同"𣪗"。

㪠 chóu 悬物捣击。

𢣸 chóu 同"懤(㤽)"。

𤳧 chóu 田。

雠(讎)[讐] ㊀chóu ❶对答:无言不～|前者未～。❷同"仇㊀"。1.仇敌:世为仇～|外举不弃～。2.仇怨;仇恨:白刃起相～。❸报复:睚眦之怨必～。❹校勘,校对文字:校～|～定群书。
㊁shòu 通"售",卖;出售:～其货|酒～数倍。
◆"讎""讐"另见124页"仇"字条。

𦠅 ㊀chóu 腊脯。(《广韵》)
㊁zhǒu ❶髀后。(《集韵》)❷同"疛",即腹水,腹病。

燽 chóu 同"𤎼"。

𤎼 chóu 显著。

𨣧 chóu 同"醻(酬)"。

𨇗 chóu 同"躊(踌)"。

𢄑 chóu 同"帱(幬)"。

𥶜 chóu 同"𥶜"。

𥷑 chóu 同"𥶜"。

𥸍 chóu 同"籌(筹)"。

醻 ㊀chóu "酬"的异体字。
㊁shòu 通"壽(寿)":汉群臣上～刻石。

𧮢 chóu 义未详。(《改并四声篇海》)

䴑 chóu 同"鵃"。

𥷮 chóu 同"籌(筹)"。

鵃 ㊀chóu 野鸡名。
㊁táo[鵃河]也作"淘河",即鹈鹕。

讐 chóu 同"雔"。

𩹺 chóu 鱼名。

chǒu

丑(❹❺醜) chǒu ❶地支的第二位。❷丑时,指凌晨1时至3

时。❸戏剧里的滑稽或反面角色：～角。❹相貌难看：～陋｜长得～。❺可耻的；不好的：～名｜出～｜家～。❻姓。
◆"醜"另见127页"醜"字条。

丒 chǒu 同"丑"。

吜 chǒu 声音。

杽 chǒu 古代铐手的刑具。

釗 chǒu 同"鈕"，姓。

杻 chǒu 同"杻(杽)"。

鈕 chǒu ❶同"扭"。❷姓。

鈕 chǒu 同"杽"。

瞅［䁘、䐢］ chǒu 看。

醜 chǒu"醜"的讹字。

醜 chǒu ❶"丑❹❺"的繁体字。❷类：竹之～有四｜民有五～。

懤 chǒu 恶视。

鞧 chǒu 鞧束。(《玉篇》)

䐢 chǒu 同"懤"。

歠 chǒu 同"謉"。

䣠 chǒu 同"謉"。

鞻 ㊀chǒu 同"鞧"，鞧束。
㊁zhōu 皮革皱纹。

蘸 chǒu 薄荷。

謅 chǒu 乐音悦耳动听。

謉 chǒu 同"醜(丑)"，可恶；丑恶：不以为～。

chòu

殠 chòu 同"殠(臭)"。

臭 chòu 见1072页xiù。

㚖 chòu 同"臭"，香气：续其～芬。

簉 chòu 姓。

遚 chòu ❶匿。❷不进。

臰 chòu 同"臭"，难闻的气味：久而不闻其～。

蓨 chòu 杂草丛生的样子。

蓨 chòu 同"蓨"。

溴 ㊀chòu 水气。
㊁xiù 非金属元素，有毒，有刺激性和腐蚀性，可用来制染料、照相底版和镇静剂等。

殠 chòu 腐臭的气味，后作"臭"。

䢜 chòu 齐。

chū

出(❻齣) chū ❶从里面到外面：～门｜～汗｜外～。❷来到：～场｜～席。❸产生；发生：～品｜～错｜层～不穷。❹显露：～名｜～示｜～风头。❺超出；超过：～众｜～界｜突～。❻量词，传奇中的一回；戏曲的一个独立剧目：第三～｜一～戏。

岀 chū 同"出"。

初 chū ❶开始；第一个；第一次：天地果无～乎？｜～稿｜～恋。❷开始的一段时间；原来的状况：年～｜～衷｜和好如～。❸最低的：～等｜～级。❹副词，才；刚刚：稻子～熟｜曙光～照演兵场。

邮 chū［邮江］地名，在四川。

刞 chū 同"初"。

衸 chū"初"的讹字。

岀 chū 叹词，唤人声。

貙(貙) chū ❶虎类动物，像狸而大。❷大虎，一说五趾的虎。

觕 chū 牛角。

㔘 chū 同"初"。

㔘 chū 同"初"。

嗵 ㊀ chū 叹词，呵斥声。
㊁ nà［嗐嗵］（shà-）见 844 页"嗐"字条。
㊂ zhōu 同"诌（謅）"，随意编造，随口乱说：胡～｜说谎吊皮，片口张舌，～出来的。

摴 ㊀ chū ❶［摴蒱］（-pú）也作"樗蒱"，古代类似掷色子的博戏：入胡作～。❷姓。
㊁ chī［摴里］古地名。（《集韵》）

貙 chū 同"貙（貙）"。

樗 chū ❶臭椿，古代称恶木，视为无用之材。❷［樗蒲］（-pú）同"摴蒱"。❸［樗里］1. 古地名，在今陕西。2. 姓。

䯢 ㊀ chū［骨䯢］成疙瘩状的坚质物。
㊁ duō 同"䐾"。

嘘 chū 呵斥。

䢺 chū 同"䢺（初）"。

䝏 chū 义未详。（《改并四声篇海》）

䢺 chū 同"初"。

䢺 chū 同"初"。

䢺 chū 同"䢺（初）"。

䢺 chū 同"初"。

䢺 chū 同"初"。

䝗 chū 舒。

䢺 chū 同"䢺（初）"。

chú

刍（芻） chú ❶割草：～荛｜有～水旁。❷喂牲畜的草：～秣｜反～。❸谦辞，称自己的（言论、见解等）：～言｜～见。

㛀（媰） ㊀ chú ❶怀孕：～妇。❷用于女子人名。
㊁ zhòu 美好。

䓥 chú 同"刍（芻）"。

凥 chú 同"除"。

除 ㊀ chú ❶宫殿的台阶，泛指台阶：赵王扫～自迎｜一死报丹～｜黄叶已盈～。❷去掉；消灭：根～｜消～｜～恶务尽。❸脱掉（丧服）：～服｜～丧。❹任命，拜官授职，也指任官的公文：初～之官｜自江州司马～忠州刺史｜梦中判官，数日果～到。❺不计算在内：～此之外｜～了他没别人。❻数学运算方法之一：加减乘～。❼姓。
㊁ zhù ❶给予：何福不～。❷（光阴）过去；消逝：今我不乐，日月其～。
㊂ shū 农历四月，一说农历十二月：日月方～。

䅳 chú"芻（刍）"的讹字。

䓥 chú 同"刍（芻）"。

䓥 chú 同"刍（芻）"。

䟞 chú 同"蹰（躕）"。

蒢 chú［黄蒢］一年或多年生草本植物，可供药用。

厨［廚、廚］ chú ❶厨房，做饭菜的地方：下～。❷厨师，以做饭菜为业的人：名～｜～子。

豠 chú 猪的一种。

锄（鋤）［鉏、耡］ chú ❶锄头，松土、除草的农具：荷～｜银～。❷用锄松土、锄草：～地｜～草。❸铲除：～奸。
◆"鉏"另见 474 页"钼"字条、129 页"鉏"字条。
◆"耡"另见 128 页"耡"字条。

犓 chú 同"犓"。

犓 chú 同"犓"。

滁 chú ❶水名，发源于安徽，流至江苏注入长江。❷［滁州］地名，在安徽。

耡 chú ❶古代税法名。❷"锄（鋤）"的异体字。

趎 chú ❶同"跦"，跳行的样子。❷用于人名：南荣～（见《庄子》）。

蒭｛蒭｝ chú 同"芻（刍）"。

廚 chú"廚（厨）"的讹字。

啫 chú 同"𨅬（躇）"。

蜍 ㊀ chú 蟾蜍的简称：天边～兔｜认取仙～颔下书。
㊁ yú［蝳蜍］(dú-)同"蝳"字条。

耝 chú 同"耡"。

鉏 ㊀ chú ❶"锄(鋤)"的异体字。❷古地名，在今河南。
㊁ jǔ "钼"的繁体字。

雏(雛) chú ❶幼鸟；幼儿：鸡～｜凤～｜丈夫生儿有如此二～。❷幼小的(动植物)：～虎｜～莺乳燕｜～松。

㕑 chú 同"厨"。

䅳 chú 同"媰"。

墸 chú 同"躇"。

蒢 chú［茎蒢］(chí-)同"茎藸"。

㹼 chú 同"狃"。

㥏 chú 同"㥏"。

犓 chú ❶用草料喂牛羊。❷泛指牛羊。

𥨍 chú［窊𥨍］(wā-)也作"窊窣"，深的样子。

䎌 chú 同"雏(雛)"。

䧢 chú 同"雏(雛)"。

蒣 chú［蒣萸］(-yù)同"薯蓣"。

䟞 chú 同"躇"。

峱 chú［峙峱］(chí-)见 114 页"峙"字条。

㡡 chú 橱形的帷帐。

䅷 ㊀ chú 稷秆。
㊁ zōu 禾秆。

篨 chú［籧篨］(qú-)见 802 页"籧"字条。

䅳 chú［䔧䅳］(chóu-)葱名。

橱［櫥］ chú 放置衣物、食品等的家具：衣～｜书～｜～柜。

䳈 chú 同"鶵(雛,雏)"。

䳈 chú 同"鶵(雛,雏)"。

𢅥 chú 同"㡡"。

㡡 chú［惆㡡］(chóu-)见 125 页"惆"字条。

䳈 chú 同"雛(雏)"。

藸 ㊀ chú［茎藸］(chí-)见 114 页"茎"字条。
㊁ zhū［藸蕏］(-ná)草名。
㊂ zhā［藸蒘］(-ná)乱草。

櫉 chú 同"櫥(橱)"

躇 ㊀ chú ❶践踏的样子：～步跳蹈。❷踌躇；徘徊：握佩玖兮中路～。
㊁ chuò 跨越，不按阶次：～阶而走。

躍 chú ❶［峙躍］(chí-)同"峙峱(踟蹰)"。❷止；停止。

㡡 chú 同"㡡"。

蹰［躕］ chú［踟蹰］(chí-)见 115 页"踟"字条。

躕 chú 同"躕(蹰)"。

䳈 chú 同"雛(雏)"。

鶵 chú 同"雛(雏)"。

䅳 chú 粮食。

鸀 chú［鸀鸀］(chōng-)见 122 页"鸀"字条。

chǔ

处{処}(處) ㊀ chǔ ❶居住：穴居野～。❷存在；置身：～心积虑｜设身～地｜～于有利位置。❸对待；交往：泰然～之｜相～｜～不来。❹办理；判罚：～理｜～罚｜惩～。
㊁ chù ❶地方：住～｜远～｜各～。❷机关；机关团体中的一个部门：办事～｜财务～。

贞 chǔ 义未详。(《字汇补》)

杵 ㊀ chǔ ❶舂米、捣物、捶衣等用的棒状物：～臼｜砧～｜铁～磨成针。❷古代兵器名，像棒，一端较粗大：降魔～。❸捣；戳；捅：舂～｜用手指～了他一下｜把墙～了一个洞。
㊁lǔ 通“橹(櫓)”,古代防卫的兵器,大盾牌:血流漂～。

础(礎) chǔ ❶垫在房屋柱子底下的石墩:～石|柱～。❷事物的根基:基～。

楚 chǔ 同“楚”。

処 chǔ 同“處(处)”。

處 chǔ 同“處(处)”。

處 chǔ 同“處(处)”。

楮 chǔ ❶又称构(構)、榖,落叶乔木,木材可制家具,皮纤维可造纸,果实和根皮可供药用。❷纸的代称:春色入毫～|临～草草,不尽所言。❸纸币,中国宋元时期发行的纸币,多用楮树皮制成,又称楮币、楮卷:值水灾,捐万～以振之。

處 chǔ “處(处)”的字。

储(儲) chǔ ❶积蓄:～蓄|～存|～备。❷皇位继承人:立～|皇～|～君。❸姓。

楚 chǔ ❶牡荆,灌木名。❷旧时的刑杖或小杖:棰～|鞭～。❸痛苦:痛～|苦～|凄～。❹华美;鲜明:～服|衣冠～～。❺清晰;整齐:清～|一清二～。❻周代诸侯国名,在今湖北、湖南北部、河南南部、安徽一带。❼朝代名,五代十国时期,907-951年。❽地名,指湖北和湖南,特指湖北。❾姓。

楙 chǔ 同“楚”,周代诸侯国名。

雾 chǔ 同“處(处)”。

褚 chǔ 见1285页zhǔ。

楙 chǔ 同“楚”,周代诸侯国名。

雾 chǔ“霰”的讹字。

霰 chǔ 同“處(处)”。

褔 chǔ 行。

楚 chǔ 同“楚”。

䃼 chǔ 山坡。

齼 chǔ 同“處(处)”。

蟵 chǔ 虫名。

濋 chǔ 古水名,济水支流,在今山东。

憷 ㊀chǔ 痛。
㊁chù ❶心利。❷害怕;畏缩:发～|～场|他最～的还是学物理。

䙘 ㊀chǔ 美好的样子。
㊁zú 衣服色泽鲜明。

璴 chǔ 玉制饰物。

檚 chǔ 同“楚”。

㡡 chǔ 同“楚”,痛;痛苦。

襊 chǔ 同“䙘”。

礎 chǔ 同“礎(础)”。

齼(齼) chǔ ❶吃酸食物后牙齿发软,不敢咬东西:齿～。❷凄楚;悲伤:言还～。❸胆怯;害怕:～夏。

雛 chǔ 同“鸀”。

齭 chǔ 同“齼(齼)”。

黸 chǔ[黸黸]同“楚楚”,鲜明整洁的样子:锦绣～。

齺 chǔ 同“齭”。

鸀 chǔ 同“鸀(鸀)”。

齼 chǔ 同“齼(齼)”。

鸀 ㊀chǔ 山乌,又称赤嘴乌,鸟名,即红嘴山鸦。
㊁zhú[鸀鳿](-yù)水鸟名。
㊂chù 同“鸀”,传说中的怪鸟。

獨 chǔ 同“鸀”。

鸀 chǔ 同“鸀”。

chù

亍 chù[彳亍](chì-)见117页“彳”字条。

处(處) chù 见129页chǔ。

俶 chù 忧。

玑 chù 正。

庢 chù "庢"的讹字。

豖 chù[豖豖]猪绊脚难行的样子。

狱 chù ❶哺乳动物。❷[狱踢]也作"趹踢",传说中的动物,有两个头。

怵 chù 恐惧;害怕:心里发～|怵虞～深渊。

怞 chù 忧愁:忧～千般。

绌(絀) chù ❶短缺;不足:盈～|相形见～|经费支～。❷低劣:短长优～。❸通"黜",废除;罢官:罢～|～退。

庢 chù 同"閦"。

舭 chù 同"皐(触,觸)"。

设 chù 同"琡"。

欪 ㊀chù ❶[咄欪](duō-)没有愧心。❷无心,一说无知。❸呵斥。
㊁xì 同"咥",笑。

豥 chù 同"豸(豖)"。

致 chù 义未详。(《改并四声篇海》)

敊 ㊀chù 病痛的样子。
㊁shōu 同"收",收获。

俶 ㊀chù ❶开始;最初:～载南亩。❷整理:～装。
㊁tì[俶傥](-tǎng)同"倜傥"。

畜 ㊀chù 禽兽,特指家养的:牲～|～力车|六～兴旺。
㊁xù ❶饲养(禽兽):～养|～产|～牧业。❷养育;养殖:不足以～妻子|所～小景有豆板黄杨。❸培养:君子以多识前言往行,以～其德。❹熏;呛:那里面秽气～人。❺姓。

彭 chù 同"豸(豖)"。

嫐 chù 同"触(觸)"。

琡 chù 整齐:整～。

琢 chù 牛马践踏处。

埱 ㊀chù 土气升出地面,引申为开始,也作"俶"。
㊁tòu 同"透",穿透;穿通:～气|～出。

豉 ㊀chù ❶勇。❷为。
㊁chǐ 同"豉"。

豸 chù 同"豖"。

閆 chù 直开。

閦 chù 同"閦"。

觕 chù 同"触(觸)"。

皐 chù 同"触(觸)"。

琡 chù 八寸的璋。

趀 chù ❶跑的样子。❷跑出。

磀 chù 小石。

硫 ㊀chù 不光滑的石头。
㊁liú 硫黄,非金属元素,可用来制硫酸、火药、药物等。

埱 chù 至;到。

跊 chù[跊踢]传说中的怪兽,两个头。

盄 ㊀chù 盂。
㊁chuò 杯。

傗 chù 同"滀",脸色平和而有光泽。

琡 ㊀chù 同"琡",整齐。
㊁qì 用于人名。

鄐 chù ❶古地名,在今河南。❷姓。

嫐 chù 同"触(觸)"。

蒀 chù 同"罝"。

埱 chù 土。

搐 chù 牵动;肌肉抖动:抽～|～动。

蓫 ㊀chù 羊蹄菜,多年生草本植物。根可供药用,称土大黄。
㊁zhú[蓫薚](-tāng)商陆,多年生草本植物,根可供药用。

閳 chù 同"閦"。

C

䐢 chù 同“臄”，美食。

犭畜 chù 同“畜”，牲畜。

触（觸） chù ❶用角抵顶，泛指碰撞：羝羊～藩｜～槐而死｜船～礁沉没。❷冒犯；冲撞：～犯｜～怒｜去礼义，～刑法。❸接触；遇到：～电｜～景生情｜一～即发。❹感动；引发：～动心思｜感～万端｜她听罢心里忽然动了动，倒像～起从前一件事来。

㑈 chù 腹痛。

遆 chù ❶行走的样子。❷驰，车、马等快速行进。

粶 chù［糏粶］（chè-）见1245页“糏”字条。

滀 ㊀chù ❶水积聚，引申为脸色平和而有光泽：镜湖～众水｜～乎进我色也。❷郁结：忿～之气。❸湍急：～水高陵。
㊁xù［滀仕］（-shì）地名，在越南。

㹪 chù ❶羽毛。❷羽毛整齐的样子。❸飞的样子。

豉 chù 小粒的豆。

閦 chù 同“閦”。

閦 chù 同“閦”。

閦 chù 同“閦”。

閦 chù 众多。

閦 chù 同“閦”。

踀 ㊀chù 谨慎的样子，也作“躕（龊，齪）”。
㊁cù 绊脚：凌波半弯～衬足。

犡 chù 同“畜”，家畜。

閦 chù 同“閦”。

閦 chù 佛名。

豖 ㊀chù 跑。
㊁zhuó 跳。

䍧 chù 同“嘼”。

嘼 ㊀chù 牲畜，后作“畜”。
㊁shòu 同“兽（獸）”。

僁 chù 不滑。

諔 ㊀chù［諔诡］奇异诡谲：以～幻怪之名闻｜～可观。
㊁jì 同“寂”，寂静。

㶖 chù 火行。

䧁 chù 入下的样子。

蘽 chù 同“蓛”，鸟巢。

䣊 chù 齐。

躕 chù 腿或脚。

歜 ㊀chù ❶盛怒。❷气味浓厚。
㊁zàn 切断的菖蒲根，可食或供药用。

黜 chù 罢免或降职：罢～｜～退｜～职。

斶 chù 用于人名：颜～（战国时人）。

臅 chù 胸腔中的脂肪：～膏。

蟵 chù 同“黜”。

趠 chù ❶直的样子。❷直着向前跑的样子。

憷 chù 同“馀”，忧愁。

鱁 chù 鱼名。

矗 chù 直立；高耸：～立｜高～。

鸀 ㊀chù 传说中的怪鸟，身黄，赤足，六首。
㊁dú［鸀鳿］（-chōng）也作“鸀鵏”，杜鹃鸟。

觸 chù 同“触（觸）”。

chuā

孨 chuā［孨妫］（-mó）讨老婆：三十夜～。

剻 chuā 同“剻”。

劉 chuā 同“剻”，断。

剻 ㊀chuā ❶断。❷拟声词，割声；割断声。
㊁zhá 切碎。

穛 chuā ❶谷物名。❷茙葵，即蜀葵，二年生草本植物。

蘸 chuā“纂”的讹字。

纂 ㊀ chuā 黄黑而白。
㊁ zhuó ❶ 短而黑。❷ 身体困倦。

chuǎ

喽 chuǎ 恶口。

溇 chuǎ 泥。

嗖 chuǎ 恶言。

粿 chuǎ 树分杈。

纂 chuǎ 同“粿”。

chuà

頫 chuà［頫頢］(-kuò)1. 脑袋小。2. 脸短。

灖 chuà［灖灖］(huá-)见 365 页“灖”字条。

chuāi

搋 chuāi 同“搋”。

搋 ㊀ chuāi ❶ 以手用力压和揉，用拳击打，也作“扠”：～面｜～衣服。❷ 藏；收藏：见钱怀中便～。❸［搋子］疏通下水道的工具，用木柄插入橡皮碗制成。
㊁ chǐ 夺；夺取。

搋 chuāi 同“搋”。

擠 chuāi 同“搋”或“扠”，用拳击打人或物。

chuái

䵵 chuái ❶ 灾䵵。(《改并四声篇海》) ❷ 邪。

膗 chuái 肥胖而肌肉松弛：他长的多～。

揣 ㊀ chuái 损。
㊁ zhuài 拉。

㩁 chuái“揣”的讹字。

chuǎi

巛 chuǎi 北方。

揣 chuǎi 同“揣”。

搁 chuǎi［没搁地］也作“没揣的”，不意地；猛然地：把明皇～揣过来。

揣 chuǎi 同“揣”。

揣 ㊀ chuǎi ❶ 量度；衡量：～高卑，度厚薄｜手～斤两。❷ 猜测；推想：～测｜～摩｜～想。❸ 姓。
㊁ chuāi 怀；藏；放在衣服里：各～心机｜～着一把尖刀｜把信～在口袋里。
㊂ chuài［挣揣］挣扎：有心～｜你自～去。
㊃ zhuī 捶击：汝翁复骂者，吾必～之。

敪 ㊀ chuǎi 同“揣”，揣度；试探。
㊁ duǒ 同“捶”，掂量(轻重)。

chuài

嘬 ㊀ chuài 同“歠”，咬。
㊁ chuò 同“歠(歠)”，饮。

歠 ㊀ chuài ❶ 咬。❷ 同“嘬”，大口吞食。
㊁ chuò 同“歠”，饮；喝。

闧 chuài［石抑闧］谷种名。

醊 chuài 酱。

鹼 chuài 同“齸”。

齸 chuài ❶ 盐。❷ 酱。

齸 chuài 剔牙齿。

chuān

川 chuān ❶ 河流：～流不息｜高山大～。❷ 平地；平原：山～｜平～｜米粮～。❸ 四川(地名)的简称：～剧｜～菜｜～妹子。

巛 ㊀ chuān 同“川”。
㊁称三拐，汉字部件。

吅 chuān 义未详。(《龙龛手鉴》)

刹 chuān 去皮。

C

氚 chuān 又称超重氢，氢的同位素之一，有放射性，用于热核反应。

穿 ㊀ chuān ❶ 刺破；使通透：～墙而过｜屋漏瓦～｜子弹把窗玻璃～了一个洞。❷ 通过(孔隙、空间等)：～针引线｜把珠子～成串｜从胡同～过去。❸ 贯通；串：贯～｜赍钱三百万，皆用青丝～。❹ 把衣服、鞋袜等套上：～衣服｜脚上～了一双皮鞋。❺ 用在动词后，表示通透或揭开：说～｜看～｜拆～。

㊁ chuàn 同“串”。1. 串通：～连。2. 交换：～个双喜杯。

窜 chuān 同“穿”。

穿 chuān 同“穿”。

剶 chuān ❶ 修剪枝条：～树枝。❷ 削。

䨏 chuān 义未详。(《龙龛手鉴》)

㹟 ㊀ chuān (又读 chuàn) ❶ 野兽发情。❷ 野兽奔跑的样子：兽不得～。

㊁ shān 哺乳动物。

家 chuān 同“穿”。

穿 chuān 同“穿”。

瑏 chuān 玉。

嗗 chuān 义未详。(《龙龛手鉴》)

趨 chuān 同“㹟”。

巛 chuān 同“川”。

chuán

传(傳) ㊀ chuán ❶ 转递；转授：～球｜～阅｜言～身教。❷ 流露；表达：～神｜眉目～情。❸ 推广；散布：宣～｜～道｜喜讯～遍学校。❹ 召；叫来：～唤｜～讯｜～票。❺ 传导，热或电等从这部分传到另一部分：～热｜～电｜～染。

㊁ zhuàn ❶ 解释经书的著作或文字：经～｜《尚书大～》。❷ 记载某人生平事迹的文字：自～｜别～｜外～。❸ 叙述历史故事的作品，多用于书名：《水浒～》｜《吕梁英雄～》。

㳟 chuán 同“遄”。

犾 chuán 哺乳动物，像豹，皮毛花纹较少。

舡 chuán 同“船”。

舩 chuán 同“船”。

船 chuán 同“船”。

舩 ㊀ chuán “船”的异体字。

㊁ fán 船舷。

船[舩] chuán ❶ 水上主要交通运输工具：帆～｜渔～｜轮～。❷ 用船运载或行船：蔡人告饥，～粟往哺｜大雨连十许日，湖涨，城中可～。❸ 太空间交通工具：太空～｜宇宙飞～。

◆“舩”另见 134 页“舩”字条。

䒔 chuán 同“篅”。

遄 chuán 急速：～急｜～流｜逸兴～飞。

圌 ㊀ chuán 同“篅”：～廪｜～囤。

㊁ chuí 圌山，山名，在江苏。

笧 chuán 同“篅”。

椯 ㊀ chuán ❶ 树名。❷ 同“腨”，小盛酒器。

㊁ duǒ ❶ 箠。(《说文》) ❷ 同“揣”，度量：～其物力。

椽 chuán ❶ 椽子，屋檩上承托屋顶的木条。❷ 量词，房屋一间为一椽：茅斋八九～。

崇 chuán 同“椯”。

甎 ㊀ chuán 盆。

㊁ zhuān 同“甎(砖，磚)”。

椽 chuán[槺椽](chén-)同“槺椽”。

遄 chuán 同“遄”。

磚 chuán 制作陶器的旋盘，也作“膞”。

暷 chuán 太阳移动。

遄 chuán “遄”的讹字。

篅 ㊀ chuán 用竹篾、草编制的圆形粮囤或容器。

㊁ duān 同“篅”。

䑘 chuán 义未详。(《改并四声篇海》)

櫷 chuán 同"椯"。

輲 chuán ❶同"辁(輇)"。❷载运棺柩的车。

瞁 chuán 眼睛动。

巢 chuán 同"椯"。

篅 chuán 同"篅"。

遄 chuán 同"輲"。

chuǎn

舛 chuǎn ❶违背;相矛盾:本末～逆|阴阳～和。❷不顺;不幸:命运多～。❸差异;不同:世易俗异,事势～殊。❹错误;错乱:～错|～误|言无烦～。

歼 ㊀chuǎn 残;尽。㊁mò 同"殁"。

殇 ㊀chuǎn 同"歼"。㊁bù 同"布",商代货币用字。

舛 chuǎn 同"歼"。

荈 chuǎn 采摘较晚的茶树老叶,即粗茶,也泛指茶:茶～|饮不～。

荈 chuǎn 同"荈"。

堾 ㊀chuǎn 同"踳"。㊁chūn 用于地名:～坪(在山西)。

喘 chuǎn ❶急促呼吸,泛指呼吸:气～吁吁|累得直～|～息。❷轻声说话:～而言,臑而动。❸气息:苍生～为苏|万劫付一～。

篺 chuǎn 用竹贯穿东西。

歂 ㊀chuǎn 同"喘",急促呼吸。㊁chuán 姓。

歂 chuǎn 同"歂"。

僢 chuǎn 同"舛"。

嚅 chuǎn 同"喘"。

蝙 ㊀chuǎn[蜷蝙](quán-)见806页"蜷"字条。㊁chuǎi 虫动的样子。

踳 chuǎn 同"舛",违背;相矛盾:趋行～驰|其为书也,芜而杂,～而鄙,去古人风雅之道或远矣。

躕 chuǎn 同"踳"。

嗎 chuǎn 同"喘"。

chuàn

汌 chuàn 古水名。(《玉篇》)

玔 chuàn 玉环。

串 ㊀chuàn ❶连贯:～联|～珠|～讲。❷连贯起来的东西:珠子～|羊肉～。❸勾结:～通|～骗|～供。❹四处走动:～亲戚|～门|～街游乡。❺扮演:～演|客～|反～。㊁guàn ❶习惯;习俗:国法禁拾遗,恶民之～以无分得也。❷亲狎,也指亲狎的人:～昵。

眒 chuàn 专心注视的样子。

钏(釧) ㊀chuàn 镯,又称镯子:玉～|银～|金～。㊁chuān 车钏。(《集韵》)

瘒 chuàn[疬瘒](lì-)瘰核。

羭 chuàn 长尾羊。

賗 chuàn 支取财物的字据。

豩 chuàn 尾巴长。

蕠 chuàn 同"豩",野兽奔跑的样子。

蹸 chuàn 行走:沿门～。

篓 chuàn 同"篡",略春。

鋅 chuàn 同"钏(釧)"。

雜 chuàn 同"鶨"。

鸞 chuàn 兔罝。

篡 ㊀chuàn 略春。㊁chuò 声。(《集韵》)

篡 chuàn 同"篡"。

C

𣀔 chuàn 同“𣀔”。

鶨 ㊀ chuàn 又称鳭老、鳩鶨，鸟名。㊁ zhì 同“雉”。

chuāng

刅 chuāng 同“创(創)”，创伤。

冊 chuāng 同“窗”。

囱 ㊀ chuāng 屋顶上的天窗，后作“窗”。☞囱/窗/牖/向 “囱”是本字，“窗”是后起字，指屋顶上的天窗。“牖”本指朝南开的窗。“向”本指朝北开的窗。“囱”很少用，其余三字都泛指窗户，后来只用“窗”。㊁ cōng ❶ 烟囱，炉灶、锅炉排放烟尘的筒状通路。❷［囱囱］（-cōng）同“匆匆(悤悤)”，急促；急忙：～不尽所怀。

疮(瘡) chuāng ❶ 溃疡，皮肤上或黏膜上发生溃烂的病：口～｜冻～｜头上长～。❷ 伤口，外伤，也作“创(創)”：刀～｜金～迸裂。

摐 chuāng 同“摐”。

牕 chuāng 同“牎”。

摤 chuāng 同“摐”。

牎 chuāng 同“牎(窗)”。

瘡 chuāng 同“疮(瘡)”。

窗 ㊀［窓、牕、窻、牎、牕］chuāng 屋顶上的天窗，泛指房屋、车、船上通气透光的洞口或装置：～下｜玻璃～｜～明几净。☞窗/囱/牖/向 见 136 页“囱”字条。㊁ cōng 烟囱：烟～。

窻 chuāng 同“窗”。

摐 chuāng ❶ 撞击；敲击：～金铎。❷ 高耸：乔木维～。❸ 纷错：万象～然。

窻 chuāng 同“窗”。

䅚 chuāng ❶ 祭祀不恭敬。❷ 祭坛不毁。

䚒 chuāng 同“䁮”。

䅚 chuāng 禾未吐穗结实。

䘤 chuāng 破旧的短衣。

瘡 chuāng 同“疮(瘡)”。

𥎊 chuāng 矛。

䚒 chuāng 同“䁮”。

䁮 chuāng ❶ 看东西模糊不清晰。❷ 直视。

𥳑 chuāng 篱笆。

chuáng

床［牀］ chuáng ❶ 供人躺卧睡眠、休息的器具：～铺｜双人～｜卧～不起。❷ 像床的东西：车～｜机～｜河～（河槽）。❸ 井栏：露井冻银～。❹ 量词，用于被褥等：一～铺盖｜两～棉被。

㕄 chuáng 同“噇”。

𠯿 chuáng ❶ 同“噇”，吃；大吃大喝：～酒｜～的又醉又饱。❷ 拟声词，射箭声：搭箭当弦，～的一声射去。

𢂰 chuáng 同“床”。

噇 chuáng 吃，特指无节制地大吃大喝：～鱼肉｜～的烂醉。

幢 ㊀ chuáng ❶ 古代用作仪仗的旗帜：旗～｜麾～。❷［幢旄］（-máo）也作“幢牦”，古代旌旗名。❸ 书写或刻有佛号、经咒的绸伞或石柱：经～｜石～｜高～。㊁ zhuàng ❶ 车、船上形如车盖的帷幔：鸿～｜青油～。❷ 量词，用于建筑物或其他矗立物：两～楼｜一～纪念碑｜稻场上堆着五七～稻草。

𨱑 chuáng 拟声词，金属碰击声。

𩂣 chuáng［𩂣𩂣］急雨。

𦡆 chuáng 同“幢㊀”。

𢅥 chuáng 同“旛(幢)”。

𥕢 chuáng 石的样子。

𥟖 chuáng 播种。

𪄹 chuáng［山𪄹鷯］（--cháo）鸟名。

䃀 chuáng 同“𧬈”。

𢊫 chuáng 同“幢”。

𩟣 chuáng 爱吃;贪饱。

𧬈 chuáng 质。(《玉篇》)

𧭿 chuáng 同“𩪺”。

䚒 ㊀ chuáng 看不清晰。
㊁ zhuàng［𧡾䚒］(chuāng-)直视。

𩞐 chuáng 同“𩟣”。

𩠀 chuáng 同“噇”。

𩪺 chuáng［𩪺腔］(-qiāng)尾骨。

chuǎng

闯(闖) chuǎng ❶猛冲;突然进出:～关|横冲直～|刀山火海也敢～。❷为一定目的奔走活动:～荡|～关东|～江湖。❸经历;摸索:～练|～一条新路子。❹引发;惹起:～祸。

𨵢 chuǎng 同“闯(闖)”。

㼽 chuǎng 同“𤭄”。

傸 chuǎng 恶。

𡾖 chuǎng 山相连的样子。

𤭄 ㊀chuǎng 用碎瓦石磨去污垢,也作“甀𤭄”。
㊁ shuǎng 未烧透的瓦器。

磢 chuǎng ❶峡谷:北折如～。❷石。❸用瓦石擦洗污垢;涤除:～体去垢|涤～百年腥膻之风。❹磨擦;磨炼:飞涝相～,激势相沏|撒淬铲～,忠良辈出。

𢤱 chuǎng 众心齐。

𨷯 chuǎng 同“闯(闖)”,撞闯。

chuàng

创(創) ㊀［刱、剏］chuàng 开始;开始做:～始|～造|开～。
㊁ chuāng 伤:～口|刀～|重～敌军。

𠛳 chuàng 同“创(創)㊀”。

刱 chuàng 同“𠛳”。

怆(愴) ㊀ chuàng 悲伤而凄凉:悲～|～然泪下。
㊁ chuǎng［怆恍］(-huǎng)失意的样子。
㊂ cāng ❶通“沧”,寒冷;凉:不忧至寒之凄(悽)～。❷通“仓(倉)”:正～慌之间,渐渐的东方发白。(仓慌:同“仓皇”。)

刱 chuàng 同“创(創)”。

剏 chuàng 同“创(創)”。

𠝤 chuàng 同“创(創)”。

𣍿 chuàng 同“刱(创,創)”。

𣉐 chuàng 同“𣉐”。

剙 chuàng 同“刱(创、創)”。

𨛖 chuàng 古地名。(《篇海类编》)

𠠾 chuàng 同“创(創)”。

𥊑 chuàng 直视。

𥆯 chuàng 同“𣉐”。

𠢄 chuàng 同“創(创)”。

chuī

吹 chuī ❶合拢嘴唇用力吐气:～箫|～口哨|～毛求疵。❷夸口;奉承:又有一番好～|～捧|～～拍拍。❸鼓动;(空气)流动:～风机|春风～拂。❹(事情)不遂;(感情)破裂:生意～了|两人～了。❺喝;吸:对瓶(口)～|～去～来～不饱。

炊 chuī 烧火做饭,煮熟食物。

𠯿 chuī 同“吹”。

犨 chuī 牛名。

龡 chuī 同“吹”。

龡 chuī 同"吹"。

𪛉 chuī 同"龡(吹)"。

𪛊 chuī 同"龡(吹)"。

chuí

𠂹 ㊀chuí 同"垂"。
㊁shā 同"杀(殺)"。

𢒄 chuí 同"垂"。

垂{埀} chuí ❶边疆,边际,后作"陲":疆～不丧｜会合天之～。❷旁边:兄弟哭路～。❸靠近:千金之子不～堂。❹东西的一头向下挂:低～｜～柳｜～钓。❺敬辞,多用于长辈或上级对自己的行为:～爱｜～念｜～询。❻流传下去:永～不朽｜名～千古。❼副词,接近:～暮｜～危｜功败～成。

𥔳 chuí 草名。

𡍮{𡍮} chuí 同"垂"。

𣏌 chuí 同"槌"。

𡍯 chuí 同"垂"。

倕 chuí 传说中的一位巧匠。

𠂹 chuí 同"垂"。

陲 chuí ❶边疆:边～｜慎守封～。❷边缘:凿井庭之～｜插翅飞天～。❸流传,也作"垂":大义箸明,～于后嗣。

捶[搥] ㊀chuí ❶用拳头或棍棒等敲打:～背｜～鼓｜河边～衣。❷锤炼,也作"锤(錘)":炉～之间｜～章炼句｜～字坚而难移。
㊁duǒ ❶锻;捶打:～钩。❷掂量物的轻重。
◆"搥"另见138页"搥"字条。

𢱭 chuí 同"搥(捶)"。

䅜 chuí 荆条类,古代用于灼龟甲占卜。

𡍲 chuí 同"垂"。

陲 chuí 同"陲"。

搥 ㊀chuí "捶"的异体字。
㊁duī 抛弃:～提仁义｜提～往事。

㨃 chuí "搥(捶)"的讹字。

棰[箠] chuí ❶棍棒:～杖｜一尺之～。❷鞭子;马鞭:执～拊以鞭笞天下｜御车失～。❸敲打,鞭打,也作"捶":笞～｜鞭～｜～杀。
◆"箠"另见138页"箠"字条。

睡 chuí 古地名。(《玉篇》)

𢙐 chuí "垂"的讹字。

腄 ㊀chuí ❶手掌或脚底长的老茧。❷马或鸟胫上的结骨。❸臀部。
㊁chuái［膗腄］(léi-)同"膗膗",形貌或样子丑恶。
㊂zhuì 古县名,在今山东。

槌 ㊀chuí ❶敲打、捶击用的短木棍:棒～｜鼓～。❷敲打、捶击:～床便大怒。
㊁zhuì 搁架蚕箔的柱子:一～得安十箔。

锤(錘)[鎚] chuí ❶古代质量单位,一锤等于八铢,一说六铢或十二两。❷秤砣:秤～。❸古代兵器,球状,短柄:铜～｜鞭锏镢～。❹锤子,敲钉东西的工具,也指锤形物:钉～｜铅～｜纺～。❺锻;敲:千～百炼｜～打｜～碎。

𨱹 chuí 同"甀"。

𦈲 chuí 同"甀"。

箠 ㊀chuí "棰"的异体字。
㊁zhuī 竹节。

𠋢 chuí 同"倕"。

𨻰 chuí 同"陲"。

𢲯 chuí 同"捶"。

𩠹 chuí 同"䭘"。

𣟼 chuí 树枝下垂。

𦉘 chuí 小口瓮,后作"甀"。

䪑 chuí ❶额头突出。❷脊椎骨,后作"椎":上至肾,当十四～。

腄 chuí 同“腄”。

鬌 chuí ❶发髻。❷同“鬌”，头发脱落。

韛 chuí 义未详。(《改并四声篇海》)

鍷 chuí 同“𨱍”。

箠 chuí 同“箠”。

錗 chuí 同“锤(锤)”。

鬌 ㊀chuí 毛发脱落；头秃。
㊁tuǒ(又读duǒ)❶儿童剪发时留下的一部分不剪的头发。❷头发美好：～鬌。

鉳 chuí 同“锤(锤)”。

錘 chuí 同“锤(锤)”。

鲢 chuí［鮣鲢］(yīn－)见1155页“鮣”字条。

鍾 chuí 同“锤(锤)”。

鬌 chuí 同“鬌”。

鑴 chuí 同“鎚(锤，錘)”。

chuǐ

𤇯 chuǐ 火久。

chuì

祟 chuì 祟。

䅜 chuì 卖粮。

㯑 chuì 佛经称男性生殖器官缺陷，不能生子。

蕵 chuì 草名，一说“蔨”的讹字。

chūn

𡈼 chūn 人名。(《袁良碑》)

杶 chūn 同“椿”，香椿。

春［旾］chūn ❶春季，四季中的第一季：～雨|～种秋收|一年之计在于～。❷指一年：已历九～|报得三～晖|一卧东山三十～。❸生机：万物皆～|病树前头万木～。❹男女情欲：怀～|～心萌动。❺酒：玉壶买～。

旾 chūn 同“春”。

旹 chūn 同“春”。

輴 ㊀chūn 古代车箱上用来缠束格栏的东西。
㊁xún 通“巡”，巡视：亲～远方。

萅 chūn 同“旾(春)”。

媋 chūn ❶女子貌美。❷用于女子人名。

瑃 chūn 同“璓”，玉名。

椿 chūn ❶香椿，落叶乔木，嫩叶有特殊香味，可做菜肴或调味。❷臭椿，又称樗，落叶乔木，叶有臭味，根和皮可供药用。❸传说中的一种大树，比喻高寿，也借指父亲：～寿|～年|～庭。❹［椿象］又称蝽，昆虫。

𣚈 chūn 同“椿”。

暙 chūn 人名(元代高丽君主)。

䐇［𦞪］chūn 同“春”。

萶 chūn 同“春”。

蝽 chūn 又称椿象，昆虫。

箺 chūn 竹名。

𧾩 chūn 跑的样子。

橁 chūn 同“輴”，古代用于泥路上的交通工具。

櫄 chūn 香椿。

輴 chūn ❶载运棺柩的车：～车|灵～。❷古代用于泥路上的交通工具：泥～。

䞐 chūn 义未详。(《改并四声篇海》)

𪊶 chūn 用于清代帮派三合会的旗号。

䳢 chūn 同“鶞”。

鰆(鰆) chūn 䲠鱼,即鲅鱼,又称马鲛,生活在海中。
櫄 chūn 同"杶(椿)"。
橁 chūn 同"杶(椿)"。
鶞 chūn 鸟名。
鶽 chūn(又读 chōng)"鶽(鶞)"的讹字。
鶞 chūn[鳻鶞](fén-)见 20 页"鳻"字条。
櫄 chūn 同"杶(椿)"。
䡅 chūn 义未详。(《改并四声篇海》)

chún

奄 chún 同"纯(純)",大。
牨 chún 迟。
犉 chún 牛行缓慢。
纯(純) ㊀ chún ❶蚕丝:～绵。❷同一颜色的丝织品,引申为同一颜色:服其身,则衣之～|～牺|～牛。❸专一;不杂:～金|～白|动机不～。❹大:文王之德之～|众好～誉之人。❺熟练:～熟|功夫不～。❻副词,表示范围,都;完全:～系捏造|～属谎言。
㊁ zhǔn 边缘:九州之大,～方千里。
㊂ tún ❶包裹;捆扎:野有死鹿,白茅～束。❷量词,古代称织物的一段为一纯:文绣千～。
陙 chún 水边,一说小阜。
紑 chún 同"纯(純)"。
莼 chún 草名。
莼(蒓)[蓴] chún 又称水葵、凫葵,多年生水生草本植物,嫩叶可食。
◆"蓴"另见 964 页"蓴"字条。
唇 ㊀[脣] chún ❶嘴唇:～齿|～膏|～亡齿寒。❷圆形物体的外圈:薄如钱～。❸物体的边缘:鬓～|耳～。
㊁ zhèn 惊,后作"震"。
厚 chún 同"淳"。
漘 chún 同"漘"。
醇 chún ❶美,也作"纯(純)"。❷同"醇",酒质浓厚。
淳 chún 见 1296 页 zhūn。
犉 chún(又读 rún)❶黄毛黑唇的牛。❷身长七尺的牛。
𦠦 chún 同"纯(純)"。
毴 chún 义未详。(《龙龛手鉴》)
啍 chún 同"唇"。
鹑(鶉) chún ❶鹌鹑。❷赤凤。❸比喻破烂的衣服:山童衣百～|衣～韦以御寒暄。❹星宿名。
滣 chún 同"漘"。
蓴 chún[牛蓴]泽泻,多年生草本植物,茎叶可做饲料,根茎可供药用。
犉 chún 同"犉"。
漘 chún 水边:在河之～。
槆 chún 树名。
醇[醕] chún ❶酒味浓厚:～酒|南溪酒熟清而～|北京～(酒名)。❷纯粹;专一不杂:～粹|大～而小疵|政事惟～。❸同"淳",敦厚;淳朴:山深民多～。❹有机化合物的一大类,是烃分子中的氢原子被羟基取代后的衍生物:乙～(酒精)。❺[醇淦](-gàn)金属取代醇中羟基的氢的产物。
脣 chún 同"脣(唇)"。
䔚 chún 同"䔚"。
顧 ㊀ chún 同"脣(唇)"。
㊁ zhèn 头动;头动的样子。
䔚 ㊀ chún ❶烹煮食物。❷纯熟。
㊁ dūn 同"敦"。
䳡 chún 同"鹑(鶉)"。
𪄀 chún 同"鹑(鶉)"。

犉 chún 同"犉"。
鶉 chún 同"鹑(鶉)"。
錞 chún 器名。
鯙 chún 鱼名，生活在海中。
䫃 chún 同"唇(脣)"。
犉 chún 同"犉"。
醇 chún 同"醇"。
雜 chún 同"鹑(鶉)"。
醇 chún 同"醇"。
鶉 chún 同"鹑(鶉)"。
䵷 chún 义未详。(《字汇补》)

chǔn

肑 chǔn "朐"的讹字。
秾 chǔn 同"蠢(蠢)"。
朐 chǔn［朐䏰］(-rùn)古县名，在今重庆。
偆 chǔn 喜乐的样子：春之为言犹～～。
萶 chǔn ❶草名。❷杂。(《玉篇》)
唇 chǔn 吹。
䮞(騃) chǔn ❶马纹驳杂。❷杂乱：～驳｜音辞～互。
蠢 chǔn 同"蠢"。
敨 chǔn 同"春(蠢)"，骚动。
敨 chǔn 同"敨"。
䞐(䞐) chǔn 丰厚；富有。
僐 chǔn 同"偆"。

腊 ㊀ chǔn 肥。
㊁ shǔn［腪腊］(yùn-)见1210页"腪"字条。
截 chǔn "截(蠢)"的讹字。
截 chǔn 同"蠢"。
睶 chǔn 大眼睛。
晴 chǔn 白。
截 chǔn 同"蠢"。
截 chǔn 同"蠢"。
蕙 chǔn 同"春(蠢)"。
截 chǔn 同"蠢"。
闈 chǔn 中门。
蠢［❷惷］ chǔn ❶虫子爬动，泛指动：幽蛰～动｜～动而相使｜～～欲动。❷愚蠢；笨拙：～人｜～才｜～陋。
截 chǔn 同"蠢"。
截 chǔn 同"蠢"。
蠶 chǔn 同"蠢"。
蠶 chǔn 同"蠢"。
蠢 chǔn 同"蠢"。
蠢 chǔn 同"蠢"。

chuō

逴 chuō ❶远：～绝｜～行殊远而粮不绝。❷超越：远～｜四月时鱼～浪花。❸行走；巡行：～连城｜百骑巡～。
趠 chuō 同"趠"。
趠 ㊀ chuō ❶同"逴"，远；远走：～不希騄駬之踪。❷同"踔"，跳跃：腾～｜凌～。
㊁ zhuō ❶特出；高超：～绝｜～厉。❷跑；快步行走：～于庭中。
踔 chuō ❶踩；践踏：天跳地～颠乾坤。❷跳；跳跃：猿之～虚。❸超越：～宇

宙而遗俗｜日夜～数舍。❹遥远：地～远。

戳 chuō ❶（用物体尖端）触击；捅：用手指～了他一下｜窗户纸被～破了。❷因猛力触击硬物而受伤或受损：打球把手～伤了｜笔尖被～坏了。❸竖立；直立：～立｜把秫秸～起来｜他把拐杖往地上一～，摇晃着走了几步。❹图章：手～｜邮～｜盖个～儿。

擉 chuō ❶刺：～瞎｜～地。❷［擉敊］（-chù）非常痛。

趠 chuō"趠"的讹字。

chuò

辵 chuò ❶忽走忽停：步～～。❷快跑：～而走。

肙 chuò 同"龟"。

㲋 chuò 同"龟"。

逫 chuò 跑。

叕 chuò（又读 zhuó）❶连缀，后作"缀（綴）"。❷短；不足：愚人之思～。

龟 chuò 也作"㲋"，哺乳动物，像兔而较大。

茍 chuò 草名。

娕 ㊀ chuò 谨慎。
㊁ lài 容貌美好的样子。

娖 ㊀ chuò ❶同"娕"，谨慎。❷整顿；整理；整齐：东城～队矣｜厨架整～｜篆法整～。
㊁ zhuō 通"捉"：手持汉节～秋月。

啜 ㊀ chuò ❶品尝；吃；喝：～茗｜～菽饮水｜～了一口酒。❷哭泣抽噎：～泣。
㊁ zhuó 同"諁"，话多不止，唠叨不停。
㊂ chuài 姓。

涰 chuò 同"啜"，哭泣抽噎的样子。

惙 chuò ❶忧愁：忧心～～。❷疲乏：虚～｜气力恒～。

婼 ㊀ chuò ❶背逆；不顺从。❷姓。❸用于女子人名。
㊁ ruò ❶汉代西域国名，后作"婼羌""若羌"，在今新疆。❷用于地名：那～（在云南）。

绰（綽） ㊀ chuò ❶宽缓；宽裕：宽～｜～～有余。❷姿态柔美：柔情～态，媚于语言。
㊁ chāo ❶同"焯"，把蔬菜等放在开水中略煮一下就捞出：～藕片。❷抓取；抓起：～刀纵马｜～起一根棍子就打。❸试探：～战｜～了他一口气道：我的葫芦，也是那里来的。

辍（輟） chuò ❶车队行列间断后又连接起来。❷中止；停止：～学｜～笔｜日夜不～。❸废去；舍弃：～冬｜～汝而就。

𢿭 chuò 义未详。（《改并四声篇海》）

腏 ㊀ chuò ❶挑取骨头之间的肉。❷骨髓。
㊁ zhuì 同"餟"。1. 把酒洒在地上表示祭奠。2. 连续祭祀。

㲋 chuò 同"龟"。

皵 chuò 表皮破损、剥落。

裲 chuò 短衣。

醛 chuò 腌的咸菜。

磩 chuò ❶石。❷同"礈"。

㲋 chuò 同"龟"。

婕 chuò 同"娕"。

嚽 chuò 同"啜"。

艔 chuò 同"擉"。

縌 chuò 义未详。（《字汇补》）

龊（齪） chuò ❶拟声词，上下牙齿接触声。❷整治；整齐：整～｜点～。❸［龊龊］拘谨；谨小慎微的样子，单用义同。

䡗 chuò 同"辍（輟）"。

歠 chuò 同"歠"。

擉 chuò 戳；刺：～鳖于江。

醛 ㊀ chuò ❶酒腐败变味。❷腌的咸菜。
㊁ quán 有机化合物的一类，由醛基和烃基（或氢原子）连接而成：甲～｜乙～。

磭 chuò 大唇。

䃏 chuò 击。

㗬 chuò 用于梵语译音。

䮕 chuò 续骨。

婥 chuò 同“娕”。

趠 chuò 同“娕”。

䮝 chuò 同“绰(綽)”。

䮝 chuò 同“䮝(绰,綽)”。

嚽 chuò 同“歠”。

歠 chuò ❶饮;喝;给人喝:小～|～粥|～主人。❷羹、汤类食品:进热～。

嚽 chuò 同“啜”,吃;尝:～菽饮水。

𧾷 chuò ❶行走。❷走得快。

齱 chuò[握齱]也作“龌龊”,急促的样子。

𨇨 chuò 同“齪(龊)”。

鑡 chuò 同“鏃”。

齵 chuò 同“齪(龊)”。

鏃 chuò 鉼鏃。(《玉篇》)

鑡 chuò 铁鑡。(《改并四声篇海》)

饢 chuò 同“啜”,喝。

鑡 chuò 义未详。(《改并四声篇海》)

䮝 chuò 同“䮝(绰,綽)”。

cī

屎 cī 同“觇(覘)”,偷看。

迩 cī[迩雎](-jū)同“趑趄”。1. 行走困难。2. 犹豫不前。

殊 cī 同“骴”。

㞴 ㊀cī 同“胔(脔)”,小肠。
㊁zǐ 古县名,在今四川。

呲 ㊀cī ❶斥责;责骂:挨～儿|～了他两句。❷决裂:他俩弄～了。
㊁zī ❶同“龇(齜)”,露出(牙齿):～牙咧嘴。❷喷;射:～水|带硝味的青烟,～了他两脸黑青。
㊂cí 同“餈”,嫌食;厌食。

拏 cī 挐。

殊 cī “殊”的讹字。

趀 cī 仓猝。

䚦 cī 同“覗”。

疵 ㊀cī ❶病;痛:民病瘟疫,～发风生|眼晕头～。❷缺陷;缺点:瑕～|小～|吹毛求～。❸非议;挑剔:不～细瑕|资人～摘。❹黑斑;痣:目中有～|眉后有～。
㊁zī[卑疵]谄媚的样子:～而前。
㊂jì[瘠疵](yì-)见1147页“瘠”字条。

覗 cī[覗覷](-qù)窥视;偷看。

羋 cī 羊名。

傑 cī[傑池]参差不齐。

覞 cī “覗”的讹字。

骴 cī 同“骴”。

胔 cī 同“骴”。

骴 cī ❶鸟兽残骨。❷肉未烂尽的尸骨。

搓 cī 同“翍”。

縒 ㊀cī[参縒](cēn-)同“参差”,纷乱不齐:～乖异。
㊁cuò[縒综]同“错综”,错乱。

蠀(蠀) ㊀cī[蠀螬](-cáo)蛴螬。
㊁jí[蠀蝛](-zú)尺蠖,昆虫。

翍 cī[翍翄](-chí)也作“搓翄”,燕飞的样子,一说燕飞不至。

縒 cī 同“縒”。

欟 cī 栀。

䶡 ㊀cī 同“骴”。
㊁cuō 也作“磋”,把牙、骨、角等材料磨

制成器物。

趦 cī 同"趑"。

髊 cī 同"髊(骴)"。

縒 cī 同"縒"。

縒 cī 同"縒"。

齜 cī 同"齹"。

齹 ㊀ cī 牙齿参差不齐。
㊁ cuó ❶ 牙齿根部。❷ 同"齹"。

齹 cī 同"齹"。

齹 cī 同"齹"。

髊 cī 同"髊"。

齹 cī 同"齹"。

齹 cī 同"齹"。

齹 cī 同"齹(齹)"。

cí

孠 cí 义未详。(《改并四声篇海》)

词(詞)[䛐] cí ❶ 语言最小单位：～汇｜～性｜～义。❷ 说的话；写出的语句：祝～｜歌～｜题～。❸ 又称诗余、长短句，古代文体的一种：～律｜宋～。❹［词牌］词(古代文体)的调子名。☞词/辞 用于言词或文词义，这两个字是同义词。先秦时多作"辞"，如"修辞""楚辞"；汉代以后渐以"词"代"辞"，如"文词""诗词"。现代汉语中多用"词"，如"词语、词条、词义"；有的习惯用"辞"，如"辞赋、辞书、《辞海》"。

瓻 cí 同"瓷"。

詞 cí 同"词(詞)"。

茨 cí ❶ 用茅草或苇子盖房子，泛指覆盖：以草～屋｜～墙。❷ 茅草屋顶：茅～｜蓬～。❸ 蒺藜：棘～。

柌 cí 镰刀柄，泛指柄。

垐 cí 同"垐"。

垐 cí 以土铺垫道路。

祠 cí ❶ 祭祀名，春祭，泛指祭祀：春～｜～于先王。❷ 祭祀鬼神、祖宗、有功德的人的庙宇或房屋：神～｜宗～｜～堂。

枇 cí 一种小樟树。

瓷 cí 用高岭土等黏土烧制而成的质料，所做器物比陶器细致、坚硬：～器｜～瓶｜～都(指江西景德镇)。

祠 cí 祠祎。(《佩觿》)

礠 cí 雌黄石。

鹚(鷀) cí ❶ 水鸟名：飞～。❷ 同"雌"，雌鸟：孤～鸣而独归。❸［鹚鸕］(-lǎo)秃鹙。

粢 cí 同"粢(餈,糍)"。

慈 cí 同"慈"。

絧 cí 补。

瓷 cí 同"瓷"。

榌 cí 同"枇"。

雌 cí 同"雌"，母鸟。

辝 cí 同"辤(辞,辭)"。

榌 cí 同"枇"。

酳 cí 糟。

辞(辭)[辤] cí ❶ 讼词；口供：听其狱讼，察其～。❷ 言词，有组织的语言、文字：～藻｜修～｜严～拒绝。❸ 借口；理由：托～｜无～伐国。❹ 不接受；躲避：～职｜推～｜不～辛苦。❺ 告别：告～｜～行。❻ 解雇：～退｜被老板～了。❼ 古代文体的一种：～赋。☞辞/词 见144页"词"字条。

甆 cí 同"瓷"。

慈 cí ❶ 仁爱；和善：～母｜～祥｜心～手软。❷ 父母疼爱子女：父母威严而有～。❸ 对父母孝敬奉养：～以旨甘｜事亲则

～孝。❹指母亲：家～｜先～｜～训。❺通“磁”：～石（磁石）。

雌 cí 同“辝（辞，辭）”。

䛐 cí 同“辞（辭）”。

甆 cí 同“瓷”。

礠 cí 同“磁”。

磁 cí ❶磁性，物质能吸引铁、镍等金属的性质：～石｜～铁｜～卡。❷同“瓷”：～窑｜～器｜白～。❸古州名，在今河北。❹县名，在河北。

雌 cí ❶雌鸟，泛指生物中能产生卵细胞的：～狮｜～蕊｜～性。❷柔弱：知其雄，守其～。

鹚（鷀）［鶿］ cí［鸬鹚］（lú-）见599页“鸬”字条。

㯃 cí 同“柌”。

䳄 cí 同“雌”。

餈 cí ❶嫌食；厌食：～者多所恶。❷可憎；憎恶：～恶。

䈘 cí 竹名。

䰩 cí 同“䳄（雌）”。

辤 cí 同“辭（辞）”。

粢 cí 同“糍（餈）”。

糍［餈］ cí 糍粑，又称稻饼，以糯米为主要原料做成的食品。

㨋 cí 义未详。（《龙龛手鉴》）

薋 ㊀cí ❶草多的样子。❷古县名，在今河北。
㊁zī ❶白芨的别称。❷水生植物。

嗞 cí［咨嗞］（yí-）也作“咨嗞”，惭愧的样子。

糍 cí 同“餈（糍）”。

濨 cí 古水名，约在今河北。

䳐 cí 同“鶿（鹚，鷀）”。

嬨 cí ❶女子性情宽厚温顺。❷用于女子人名。

䳄 cí 同“雌”。

餈 cí 同“餈（糍）”。

辭 cí 同“辞（辭）”。

饝 cí 糍粑，后作“糍”。

礠 cí 同“磁”。

辭 cí 同“辭（辞）”。

䈘 cí 同“䈘”。

辭 cí 同“辞（辭）”。

䨏 cí 次第。

辭 cí 同“辞（辭）”。

醷 cí 同“慈”。

饝 cí 同“餈（糍）”。

鷀 cí 同“鹚（鶿）”。

cǐ

𣥠 cǐ 同“此”。

此 cǐ 代词。1.这；这个：～人｜～地｜～事。2.这里；这时：由～向东｜至～为止｜到～结束。

佌 cǐ 小；卑微。

㑒 cǐ 同“佌”。

逊 cǐ ❶同“越”，浅渡。❷异，不同。

䶊 cǐ 行走的样子。

泚 ㊀cǐ ❶清澈；清澈的水：寒流自清～｜芦根泪如～。❷出汗；汗出的样子：其颡有～｜田夫汗流～。❸蘸墨：～笔作书。❹通“玼”，鲜明的样子：新台有～。
㊁zǐ 古水名，在今湖南。

玼 ㊀cǐ 玉的色泽鲜明，泛指鲜明的样子：～兮～兮。
㊁cī 玉石上的斑点，泛指缺点：一语之～。

玼 cǐ ❶白色。❷同"玼",玉的色泽鲜明。

翍 cǐ 飞的样子。

趀 cǐ 浅渡。

跐 cǐ 同"跐"。

跐 ㊀cǐ ❶践踏;踩:躇步～蹈｜～着门槛｜～着梯子上房。❷偶;双:必有菅屩～蹄、短褐不完者。
㊁cī 脚下滑动:脚下一～,也就溜下去了。

䰍 cǐ 同"佌(佌)"。

䮟 cǐ 同"䮟"。

蕬 cǐ 枲耳。(《字汇补》)

䮞 cǐ 马名。

cì

朿 cì 义未详。(《改并四声篇海》)

朿 cì 草木的针刺。

茦 cì 同"次"。

次 cì ❶等第;顺序:～第｜名～｜车～。❷依次;依次编排:陈胜、吴广皆～当行｜孔子因史文～《春秋》。❸排在第二的:～子｜～日。❹质量、品质较差或次一级的:～货｜～品｜～要。❺出外远行时途中停留的处所:途～｜旅～｜舟～。❻量词,用于动作回数:第一～坐飞机｜到北京旅游过三～。

朿 cì 同"朿"。

刺 ㊀cì ❶用尖锐的东西穿进或穿透物体:～绣｜针～麻醉。❷感觉器官受到尖厉声音、强烈光线或气味等刺激而感觉不舒服:～耳｜～眼｜～鼻。❸杀;暗杀:～杀｜～客｜行～。❹侦探;暗中打听:～探。❺像针一样尖锐的东西:芒～｜鱼～｜～猬。❻名帖:手～｜通～倪宽,结胶漆之交。❼姓。
㊁cī 拟声词,撕裂声、摩擦声等:～溜一声滑倒了｜～～地冒火花。

庛 cì 义未详。(《改并四声篇海》)

剌(剌) cì 同"刺"。

欶 cì 义未详。(《改并四声篇海》)

佽 cì ❶帮助;资助:罄所有～之。❷通"次",依次;顺次:比～以进。

庛 cì 同"庛"。

茦 cì 也作"莿",草木的芒刺。

茍 cì 同"次"。

庛 cì 偏屋。

庛 cì 古代指犁下端装犁铧的一段木头。

屖 cì[屖匱](-qù)足前却。

枨 cì ❶楣枨,门上的横木。❷疮、疖等:脚生肉～。

堆 cì 同"䳄"。

偱 cì 同"次"。

莿 cì ❶同"茦"。❷用于地名:～桐(在台湾)。

覗 cì 盗视。

蛔 cì 同"蛓"。

皋 cì "皋(次)"的讹字。

蛓 cì[蛓蟗](-qiū)也作"次蟗",蜘蛛。

蛓 cì 毛虫,俗称洋辣子,一种蛾的幼虫。

赐(賜) cì ❶赏给,多用于上级给下级,长辈给晚辈:赏～｜恩～｜天～良机。❷给予的财物或恩惠:厚～｜可～甚厚｜受～良多。❸敬辞,称别人施于自己的行为:～顾｜不吝～教｜请予～复。

皋 cì 同"次"。

絘 cì 给器物涂漆,也作"髹(髤)"。

絘 cì ❶绩麻成线。❷絘布,古代币名、税名。

軟 cì 用赤黑漆涂饰车。

翗 cì 飞的样子。

鴭 cì 鸟名。

誎 cì 列举别人过失而加以规劝。

庛 cì 同"庛"。

䟄 cì 以漆涂器。

䏁 cì 听不相当。

蛓 cì［蛓蟔］（-mì）又称蛗螽，即蟑螂。

螆 cì 同"蛓"。

螆 cì［螆蛦］（-yí）一种动物，像龟。

髊 cì 假发（髮）。

蟴 cì 同"蛓"。

廲 cì 同"庛"。

䨏 cì 人名（见甲骨文）。

屩 cì 同"屎"。

鶿 cì 枭、鸺鹠类鸟。

蠀 cì 蝎子。

䃗 cì 义未详。（《改并四声篇海》）

蠓 cì 同"蛓"。

蟍 ㊀ cì 同"刺"，刺探。
㊁ lí 通"犁"，用犁耕地：深～。

cōng

匆［悤、怱］ cōng 急促；急忙：～促｜～忙｜来去～～。
◆"悤"另见147页"悤"字条。

田 cōng 同"囱"。

囪 cōng 同"囱"。

苁（蓯） ㊀ cōng［苁蓉］1. 草苁蓉，一年生草本植物名，全草可供药用。2. 肉苁蓉，多年生草本植物，茎可供药用。
㊁ zǒng［葑苁］（fēng-）芜菁。
㊂ sǒng［冲（衝）苁］相入的样子：骚扰～。

㕅 cōng 傍晚。

囪 cōng 同"囱"。

囱 cōng 见136页chuāng。

纵 cōng 迁。

䓤 cōng 同"葱"。

枞（樅） ㊀ cōng ❶ 冷杉，常绿乔木，木材可用于建筑，造纸等。❷ 又称崇牙，钟磬架上悬挂钟、磬的部分。❸ 姓。
㊁ zōng［枞阳］地名，在安徽。

忩 cōng 同"悤（匆）"。

悤 cōng ❶ 同"聪（聰）"，聪明：～明上通。❷"匆"的异体字。

茵 cōng 同"蔥（葱）"。

苁 ㊀（蓯） cōng 有病变而不能用的竹子。
㊁ mǎn 竹名。

廖 cōng 同"廖"。

菍 cōng ❶ 同"葱"：蘼芜兮青～。❷ 通"匆"：行步～～。

廖 cōng 同"廖（廖）"。

䓤 cōng 同"葱"。

瑽 cōng 同"璁"。

葱［蔥］ cōng ❶ 多年生草本植物，茎叶有辣味，常用于调味或做蔬菜。❷ 青色：草木青～｜郁郁～～。

棇 ㊀ cōng 同"䆫"，尖头担。
㊁ sōng 同"檧"，小笼。

嵸 cōng 山的样子。

熜 cōng"熜"的讹字。

從 ㊀ cōng 慢步行走。
㊁ sǒng［從從］（-sǒng）迅疾的样子。

鍯 cōng 同"鏦"。

聡 cōng ❶ 病。❷ 赤色。

C

𦛗 cōng 赤色。

𢊕 cōng 同“廖”。

焧 cōng ❶煴器。❷同“熜”,微火;热气。

𡟨 cōng 用于女子人名。

骢 cōng 同“骢(驄)”。

璁 cōng 同“璁”。

𨱂 cōng 义未详。(《改并四声篇海》)

聦 cōng 同“聰(聪)”。

蔥 cōng 同“蔥(葱)”。

𧎓 cōng 同“螂”。

𦝨 cōng 病。

聡 cōng 同“聪(聰)”。

聪 cōng 同“聰(聪)”。

蓯 ㊀ cōng 同“從”,慢步行走。
㊁ zōng 同“踪(蹤)”,踪迹。

廖 cōng 屋阶的中央交会处。

潨 cōng 汲。

瑽 cōng 瑽渊,古渊名。(《集韵》)

嵸 cōng 用于女子人名。

𥎊 cōng 同“鏦”,短矛。

骢(驄) cōng 又称菊花青马,青白色相杂的马,泛指马。

璁 cōng 像玉的美石。

瑽 cōng[瑽瑢](-róng)1. 身上挂着佩玉行走的样子。2. 拟声词,身上佩玉相碰击声。

聰 cōng 同“聰(聪)”。

聪(聰) cōng ❶听觉灵敏:耳～目明。❷听力;听觉:失～。❸聪明,智力强:～颖|～慧。

樬 cōng 同“棇”。

輚 cōng 同“轇”。

䁓 cōng 电光。

蟌 cōng 蜻蜓。

篵 ㊀ cōng 竹名。
㊁ sōng 同“樬”。

鏓 cōng 同“鏦”,矛;小矛。

膔 cōng[膔胧]明亮。

縱 cōng ❶肥胖病。❷肥。

轇 cōng 同“轇”。

醲 cōng[醲醾](-méng)浊酒。

瞛 cōng 目光;目生光:怒目电～|～其目,瞿然有求。

蹤 cōng[蘢蹤](lóng-)见 595 页“蘢”字条。

穏 cōng[穏移]治禾。

𥎊 cōng 同“鏦”,矛。

騘 cōng 同“骢(驄)”。

蟌 cōng 同“螂”。

鬆 cōng 头发散乱。

驄 cōng 同“骢(驄)”。

轇 ㊀ cōng ❶拟声词,车行声。❷囚车。
㊁ zǒng 车轮。

醲 cōng 同“醲”。

繱 cōng 同“繱”。

騘 cōng 同“骢(驄)”。

鏦 cōng ❶短矛。❷用矛、戟等刺杀:～杀|刺虎～蛟。❸一种方形柄孔的斧子。

繱 cōng ❶浅蓝色的帛。❷细绢。

醲 cōng 同"醲"。

醲 cōng 同"醲"。

cóng

从(從){従} ㊀ cóng ❶跟随:～师学艺|愿～其后|投笔～戎。❷跟随的人:随～|侍～。❸追赶:伴北勿～。❹依顺;听从:胁～|～善如流|言听计～。❺参与;参加:～军|～政|家贫多故,二十七方～乡试。❻介词。1.表示起点:～古至今|～无到有|～山后爬上去。2.表示经过:～桥上通过|～门缝里看人|～小路走。❼副词,一向;向来(用于否定):～不说谎|～未见过。❽姓。
㊁ zòng 后作"縱(纵)"。1.(旧读 zōng)南北方向:艺麻如之何,衡～其亩。2.直;竖:豺狼～目|暮见吴山～。3.放纵:欲不可～。4.连词,纵然;尽管:～其有皮,丹漆若何?
㊂ zōng 踪迹,后作"蹤(踪)":变事～迹安起?

刅 cóng 同"从(從)"。

劢 cóng 同"从(從)"。

冊 cóng 孔。

丛(叢) cóng ❶草木杂生,引申为聚集:～生|～集。❷聚集在一起的人或物:人～|草～|～书。❸姓。

匧 cóng 盛米器。

冉 cóng 从。

刎 cóng 义未详。(《龙龛手鉴》)

匨 cóng 同"匧"。

彸 cóng 同"从(從)"。

㣊 cóng 同"從(从)"。

㕘 cóng 同"从(從)"。

迦 cóng 同"迦"。

迦 cóng 同"从(從)"。1.听从。2.介词,表示起于何时或何处:～叔阳以来。

徔 cóng 同"從(从)"。

悰 cóng ❶布名。❷同"賨",汉代南方少数民族赋税所缴纳的布。

悰 cóng 安。

逖 cóng 同"從(从)"。

淙 cóng ❶拟声词,水流声:～潺|水声～～。❷瀑布:百丈注悬～|悬崖巨石飞流～。

悰 cóng ❶快乐;乐趣:戚戚苦无～。❷心情;思绪:离～|幽～。

孮 cóng 多子多孙。

婃 cóng 用于女子人名。

琮 cóng ❶玉质礼器,方柱形,中有圆孔。❷姓。

㖀 cóng 用于译音。

潨 cóng 同"潨"。

㴌 cóng 同"潨"。

潨 cóng 同"潨"。

漎 ㊀ cóng 同"潨"。
㊁ sǒng [漎漎](－sǒng)迅疾的样子:风～而扶辖兮。

慒 ㊀ cóng 谋虑。
㊁ cáo ❶乱。❷[慒懵](－zā)心慢怠。

賨 cóng 同"賨"。

瓮 cóng 瓮类器皿。

誴 cóng[谋誴]快乐。

潨 cóng ❶小水汇入大水,也指水汇合处:凫鹥在～。❷急流:奔～|奔湍飞～。❸同"淙",拟声词,水声:～～射平陆。

賨 cóng ❶古代少数民族名,分布在今四川、重庆、湖南一带:～人|～民。❷古时賨人所交赋税的称呼:～布|～钱|～货。

藂 cóng 同"叢(丛)",草木丛生,引申为聚集。

𨑗 cóng 同"从(從)"。

聡 cóng［聡瑢］（-róng）同“从容”，不慌忙；镇定。

藂 ㊀cóng 同“叢（丛）”：～积｜草木～茂。
㊁còng 草新长出。

螢 cóng［螢蝑］（-xū）蚣蝑。

鏦 cóng 同“鶯”。

鶯 cóng 同“鏦（鶯）”。

螺 cóng 虫名。

篆 cóng 又称笼篆，取鱼器具。

潨 cóng 拟声词，流水声。

鬉 cóng 毛发聚生。

叢 cóng 同“叢（丛）”，草丛生的样子。

嚵 cóng 嘬口出声：能～相唤。

灇 cóng 同“潨”。

欉 cóng 同“叢（丛）”，草木杂生。

騣 cóng 同“鏦（鶯）”。

鶯 cóng 鸡的别称。

爜 cóng 火的样子。

霥 cóng 义未详。（《龙龛手鉴》）

懵 cóng 同“憎”。

賨 cóng 同“賨”。

纕 cóng 合丝织。

cǒng

褶 cǒng 单衣。

còng

愡 còng 同“憁”。

憎 còng 同“憁”。

愡 còng 同“憁”。

憁 ㊀còng［憁恫］（-dòng）1. 鲁莽无知的样子。2. 不得志的样子。3. 奔走；钻营：～官府之间。
㊁sōng［惺憁］明白；机警：天眼～｜见他夫妇～，难以下手。

謥 còng 同“謥”。

謥 còng［謥詷］（-dòng）言语急促。

譲 còng 同“謥”。

cōu

廀 cōu 拟声词，崩裂声。

cǒu

赱 cǒu［赱赱］熟练驾驭车马的样子：～六马。

còu

灱 còu 火土。（《改并四声篇海》）

凑［湊］ còu ❶聚集；聚合：～合｜～钱｜～在一起。❷接近；靠拢：往前～｜～上去｜～到耳边悄声说。

揍 ㊀còu ❶通“腠”，肌肉纹理：动必顺时，解必中～。❷通“凑”，凑集：更乞～作二百万贯。
㊁zòu ❶打（人）：挨～｜～他一顿。❷打碎：小心别把碗～了。

菆 còu 鸟巢。

楱 ㊀còu 橘类水果：黄柑橙～。
㊁zòu［镉楱］（lòu-）也作“镉鎒”，铁齿耙。

辏（輳） còu ❶车轮上的辐条内端集中于车毂：辐～。❷同“凑”。1. 聚集：～石累卵｜相～相赴。2. 添加：再～上些柴头。3. 靠近：把船略拢来，～在岸边。

暎 còu 半春。

腠 còu ❶皮肤纹理：～理｜肤～。❷皮肤，引申为事物的表层：疾在～理，不治将恐深｜承役人不及沿垢丈步，止将草绳绕～

围转，便将丈人只计之，以见畝（亩）数，殊未均确。

榛 còu 鸟巢。

暙 còu 半舂。

潹 còu 同"凑（凑）"。

豨 còu 猪。

鍎 ㊀ còu 梭子。
㊁ zhòu［锅鍎］（lòu－）见 598 页"锅"字条。

榛 còu 树名。

鹺 còu 古代某些少数民族对盐的称呼。

鯪 còu［鯪鯐］（－hàn）蚌类动物。

cū

姦 cū 义未详。（《龙龛手鉴》）

姦 cū 义未详。（《改并四声篇海》）

眬 cū 瞪着眼睛。

皴 cū［皴皵］（cūn－）皮肤粗糙皴裂，单用"皵"义同。

趄 cū 浅渡。

犓 ㊀ cū "粗 ❷-❻"的异体字。
㊁ chù 同"触（觸）"。

粗［麤、❷-❻犓］ cū ❶ 糙米；粗粮：吾食也执～而不臧｜粱则无矣，～则有之。❷ 糙；不精细：～布衣｜～茶淡饭｜去～取精。❸ 物体径围大：～大｜～壮｜～沙。❹ 疏略；不周密：～疏｜～略｜～心大意。❺ 鲁莽；鄙俗：举止～野｜～声～气。❻ 副词，略微；大致：～知一二｜～具规模。
◆"麤"另见 151 页"麤"字条。
◆"犓"另见 151 页"犓"字条。

麁 cū 同"麤（粗）"。

麄 cū 同"麤（粗）"。1. 粗劣：得～亡精。2. 粗大：大者～十围。3. 粗疏：一生精细一时～。4. 粗鲁：～人。5. 轻贱：俗吏～官。6. 大略：～分菽麦。

糠 cū 同"麤（粗）"。

糲 cū 同"粗"。

麤 cū 同"麤（粗）"。

麤 cū "麄（麤，粗）"的讹字。

麤 cū ❶ 行超远。❷ "粗"的异体字。

蘼 cū 草鞋，也作"麤"。

cú

退 cú 同"徂"，往。

徂 cú ❶ 往；到：自西～东｜自春～夏。❷ 以往的；过去的：～年｜～岁。❸ 开始：六月～暑｜炎炎夏日～。❹ 通"殂"，死亡：君夏而～，寿五十五。

殂 cú 也作"徂"，死亡：～殒｜崩～。

殂 cú 同"殂"。

莅 cú 草莅。（《改并四声篇海》）

殂 cú 同"殂"。

㫚 cú 同"殂"。

䣯 ㊀ cú［䣯䤈］（－mú）醍醐类饮料。
㊁ tiǎn "靦（靦）"的讹字。

䏣 cú 同"殂"。

翐 cú 同"殂"。

胙 cú 同"殂"。

殂 cú 同"殂"。

遺 cú 同"退"。

cǔ

犆 cǔ 驱使牛。

cù

㨒 cù 摩。

𢭃 cù 摩。

狲 cù 同“猝”。

促 cù ❶靠拢;靠近:～近|～膝谈心。❷时间极短;急迫:短～|急～|迫～。❸催;推动:催～|督～|～进。

逤 cù 同“卒(猝)”,忽然。

敇 cù ❶心中不安的样子:～然。❷悲伤的样子:敓～。

庲 ㊀cù 同“庲”。
㊁là 同“痢”。

紭 cù 索。

㼒 cù 迫。

䃚 cù 形容风、火急骤猛烈的情状和声响:～律律(也作“卒律律、足律律、促律律”)。

腠 ㊀cù[弗腠](chǎn-)烤肉用的铁签子。
㊁jí 同“膌(瘠)”。

猝 cù ❶匆忙;急迫:～难赴援|事不前定不可以应～。❷副词。1.忽然;突然:暴风～起|～不及防。2.立刻:不可～绝|颇难～下断语。

酢 ㊀cù ❶同“醋”,调味用的酸味液体。❷酸味;腐败变酸:色斑而味～|～败。
㊁zuò 客人用酒回敬主人,引申为应对、报答:或献或～|～尔征人|酬～。

㼤 cù 急迫;快速。

㪡 cù ❶容貌丑。❷老年妇女。❸美好的样子。

𡡷 cù 同“㪡”。

瘄 cù ❶疹子,也特指麻疹。❷同“厝”,放置。

趗 cù ❶[趗织]也作“促织”,蟋蟀的别称。❷催促。❸行步局促。

蔟 cù“蔟”的讹字。

蔟 ㊀cù ❶蚕蔟,用麦秆等制成,供蚕在上面结茧:上～。❷聚积:起草～成鸾凤台。❸巢,鸟窝:鵕鶿栖(棲)兮柴～。
㊁còu[太蔟]也作“大蔟”,古代乐律名。

㗤 cù 忧愁的样子。

𧿹 cù 同“促”。

躿 cù 同“蹴”。

獥 cù 强劲。

諫 cù 说话急促。

諔 cù 心急而说话急促。

𢅥 cù 展开的画幅。

𢅥 cù 同“𢅥”。

绒(緎) cù ❶丝织品上的彩纹。❷收缩;退缩:以观于海,～水成岸。

趣 cù 同“趋(趨)”,急速。

醋 ㊀cù ❶调味用的酸味液体,用酒糟、粮食等酿制:米～|陈～。❷味酸:～味|～溜溜。❸(在男女关系上)嫉妒:～意|～劲儿|吃～。
㊁zuò 客人以酒回敬主人:以～主人。

噈 cù ❶口相接触。❷通“蹙”,皱眉头:嚬～辞觞。

䋡 cù 同“绒(緎)”。

𠐌 cù 同“蹙”。

膕 cù[脚膕](jí-)见402页“脚”字条。

𩟬 cù[弗𩟬](chǎn-)烤肉用的铁签子。

粣 ㊀cù 里。
㊁mì 爱。

憱 cù 忧愁;不高兴:～然不悦,形于颜色|～然推琴,喟然而叹。

䃚 ㊀cù[碌䃚](luò-)见603页“碌”字条。
㊁zú 同“镞(鏃)”。

瘯 cù ❶[瘯蠡](-lí)也作“族蠡”,癣疥类皮肤病,单用“瘯”义同:不疾瘯蠡|父有少疾瘯|牛羊以族蠡传者。❷同“族”,聚集:蚁之垤,～如也。

𥫁 cù 站立着等。

鼀 cù“鼀”的讹字。

纝 cù 同"緅(緎)"。

簇 ㊀ cù ❶ 丛生的小竹,也指小竹丛生。❷ 聚集:～坐(团聚而坐)|花团锦～|人们将到丁字街口,便突然立住,～成一个半圆。❸ 量词,用于聚集成群的:一～红霞|一～鲜花|一～房屋。❹ 皱眉:～娥眉|眉头一～,计上心来。❺ 副词,很;极:～新(崭新、非常新)。
㊁ còu ❶ 靠近:手～秋千(鞦韆)架。❷ 拼凑:旋挑生菜～春盘。

諫 cù 同"諫",古代器物名。

鼀 cù 蟾蜍。

蹙 cù ❶ 紧迫;急促:政事愈～|语咽气复～。❷ 困窘:悲忧穷～|官食民膏民日～。❸ 逼近;近:督促诸军四面～之|以至相～。❹ 缩小;皱缩:国～赋更重|～眉|颦～(皱眉头)。❺ 狭窄;狭小:势盘地～|所得浅～。❻ [蹙踒](-zuǒ)行走的样子。

蹴 cù 同"蹙"。

簸 cù 同"籧"。

鏂 cù 金涂。

醋 cù 同"醋"。

鼀 cù 蟾蜍。

蹴[蹵] ㊀ cù ❶ 踩;践踏:～尔而与之|白马～微雪。❷ 踢:～其户。❸ 追逐:乘势～之。❹ 不安:～然逡遁。
㊁ zú 恭敬的样子:～然辟席而对。
㊂ jiu [圪蹴](gē-)见 1141 页"圪"字条。

臧 cù 同"臧"。

顣 cù 同"蹙",皱缩:频～|～然。

鼵 cù[鼵鼩](-qú)小鼠。

嚜 cù ❶ 口嚜。(《玉篇》)❷ 同"唶"。

鼀 cù 同"鼀"。

蠿 cù "鼀"的讹字。

籧 cù 同"籧"。

顣 cù 同"蹙",紧迫。

襹 cù 美好;鲜明。

纞 cù 同"緅(緎)"。

躝 cù 同"蹙"。

籧 cù 掌,斜柱。

蹵 cù 同"蹙"。

cuān

汆 cuān ❶ 把食物放到开水中稍微煮一下:～汤|～丸子。❷ 用汆子烧开水:～了一汆子水。❸ 烧水用的薄铁筒,细圆形,可插入炉子火口中。

殺 cuān 矛。

撺(攛) cuān ❶ 扔;抛掷:将尸首～入涧中。❷ 怂恿;教唆:～掇|～弄|～唆。❸ 蹿;跳:～上墙头。❹ 匆忙地做:临时现～。❺ 发怒:话还没说完他就～儿了。

鋑 ㊀ cuān 刀。
㊁ jiān 锥。
㊂ juān 同"镌(鐫)"。

镩(鑹) cuān 见 154 页 cuàn。

蹿(躥) cuān ❶ 向上或向前跳:～房越脊|他向上一～把球接住了|从河中～出一条鱼来。❷ 奔跑:松鼠在树上～来～去|快～轻跐,乱走胡奔。❸ 喷射:顺鼻子、嘴往外～血。

攛 cuān 同"撺(攛)"。

cuán

秴 cuán 同"欑(欑)"。

攢 cuán 同"攒(攢)"。

巑 cuán 同"巑"。

儹 cuán[儹伉](-wán)也作"儹仇",迷路的样子。

攒(攢) ㊀ cuán ❶ 聚集;拼凑:～集|～三聚五|～一台电脑。❷ 同

"攥",用手握住:～着辫子|把钱～在手里。
㊁ zǎn 积蓄;积聚:积～|～零用钱。
㊂ zuān 通"鑽(钻)",穿孔;进入:～沙|～下水去了。

欑 cuán 同"欑"。

篹 cuán 同"穳"。

穳 cuán 同"穳"。

穳 cuán 同"穳(欑)"。

酇 cuán 同"攒(攢)"。

巑 cuán ❶［巑岏］(-wán)1. 山峰高而尖的样子。2. 山峰并列耸立的样子。❷高耸:～兽石。

巑 cuán 同"巑"。

欑 ㊀ cuán ❶积竹杖,即殳。❷树木或木材聚集,泛指聚集:立～柱绝水道|多士如星～。❸同"殰",暂时安置灵柩而不葬:逾月不～。
㊁ zuàn 同"鑽(钻)",穿;钻孔。

殰 cuán 暂时安置灵柩而不葬。

穳 ㊀ cuán 禾聚积。
㊁ zàn ❶禾苗因施肥过多而死。❷禾茂盛而未结实。

cuàn

窜(竄) ㊀ cuàn ❶隐藏:～身|贤人～兮将待时。❷放逐;驱逐:～三苗于三危。❸逃走;乱跑:逃～|东跑西～|抱头鼠～。❹修改文字:～改|点～|渍墨～旧史。
㊁ cuān 逃入穴中。

隴 cuàn 同"竄",藏匿。

竄 cuàn 同"竄(窜)"。

焚 cuàn 同"爨"。

䠥 cuàn 同"窜(竄)"。

殩 cuàn［殩孝］古代秦地人称馈赠丧家食物。

篡［簒］ cuàn ❶劫;夺取:～人之家|～取。❷臣子夺取君位;以阴谋手段夺取权位:～位|～权|争夺～弑之祸。❸取,特指巧取:～钱|鸿飞冥冥,弋人何～焉。❹歪曲;改动:～易|～改。

熶 cuàn 同"爨"。

竄 cuàn 同"竄(窜)"。

镩(鑹) ㊀ cuàn 短矛:排～手。
㊁ cuān ❶冰镩,铁制凿冰器具,头部锥形,有倒钩。❷用冰镩凿(冰):～冰。

𤆬 cuàn 同"爨"。

𤇾 cuàn 同"爨"。

爆 cuàn 灼爆。(《改并四声篇海》)

竄 cuàn 同"竄(窜)"。

擸 cuàn ❶攒擸。(《玉篇》)❷同"篡"。

𤈧 cuàn 同"爨"。

竄 cuàn "竄(窜)"的讹字。

鑹 cuàn 同"鑹(镩)"。

鑹 cuàn 同"鑹(鑹,镩)"。

爨 cuàn 同"爨"。

爨 cuàn 同"爨"。

爨 cuàn 同"爨"。

爨 cuàn 同"爨"。

爨 cuàn 同"爨"。

爨 cuàn ❶烧火做饭,泛指烧煮:分～(分家)|同房各～|～炙。❷炉灶;厨房:厨～。❸烧火做饭的人:下至屠～贩卒。

cuī

嶉 cuī 同"崔"。

崔 cuī ❶高大:南山～～。❷春秋时齐国邑名,在今山东。❸姓。❹［崔嵬］(-wéi)有石的土山,泛指高山:陟彼～|西

望～。

催 cuī ❶催促，叫人赶快行动或做事：～办｜～人奋发｜～他早点儿出发。❷使事物的产生、变化加快：～生｜～眠｜～熟。

漼 cuī［漼溰］（-ái）白雪积聚的样子。

隓 ㊀cuī［隓崩］崩塌。
㊁zuī［隓隓］（-zuī）也作"崔崔"，高大。
㊂duì（又读duī）［隓隗］（-wěi）同"隓隗"。1.高峻。2.不平，单用"隓"义同：隓焉若沮岑崩崖。

缞（縗） cuī 古代用粗麻布做的丧服，披在胸前，也作"衰"，又称齐缞。

墔 cuī［墔堆］也作"堆墔"，土聚积在一处的样子。

摧 cuī ❶折断：～折｜～枯拉朽｜～眉折腰。❷挫败：～其锋｜一战～大敌。❸毁坏；伤害：～毁工事｜精神～残。❹忧愁；悲伤：中心怆以～｜心～泪如雨。

榱 cuī 椽子：绘栋雕～。

嶉 ㊀cuī 高的样子，也作"崔"。
㊁zuǐ 山盘曲的样子。

催 cuī 急行的样子。

獕 cuī［猥獕］相貌丑陋；庸俗。

慛 cuī 忧愁；悲伤：万夫惨～。

嗺 cuī 用于女子人名。

㯔 cuī 树名，可做手杖。

犩 cuī 白色牛。

膗 cuī［膗賥］（-tuí）也作"隓隤"，崩塌；房屋将倾倒的样子。

襊 cuī 同"缞（縗）"。

𨘥 cuī 进的样子。

磪 cuī ❶［磪嵬］（-wéi）也作"崔嵬"，山高。❷通"摧"，伤痛：肝～意悲。

糀 cuī 精米。

趡 cuī 催促。

躍 cuī［躟躍］（rǎng-）见815页"躟"字条。

鏙 cuī ❶烧茶或温酒的器具：茶～｜酒～。❷［鏙错］鳞甲等间杂交错的样子：鳞甲～。

cuǐ

滜 cuǐ 同"漼"，水深的样子。

漼 ㊀cuǐ ❶水深的样子：有～者渊。❷流泪的样子：～然下泣。❸古水名，即桂水，在今湖南。
㊁cuī ❶［漼溰］（-ái）霜雪积聚的样子：霜雪兮～。❷通"摧"，毁坏：权纲～弛｜名节～以隳落。

璀 cuǐ ❶［璀璨］（-càn）珠玉等光彩鲜明的样子，单用"璀"义同：璀璨夺目｜星光璀璨｜丹华灼烈烈，璀彩有光荣。❷玉名。

趡 ㊀cuǐ ❶动。❷跑；腾跃。
㊁wěi 同"踓"，跑的样子。

毳 cuǐ 同"㲎"。

㲎 ㊀cuǐ 同"䯿"，毛发的样子。
㊁suī 同"毸"。

䧽 cuǐ "䧽"的讹字。

䧽 cuǐ 细颈。

䮔 cuǐ 哺乳动物。

㨎 cuǐ 摸。

皠 cuǐ 洁白；洁白的样子：落羽～｜素帆～～。

漼 cuǐ 清。

㵏 cuǐ 水色新鲜的样子。

粹 cuǐ 红米。

䊫 cuǐ ❶物粗。❷同"粹"，红米。

cuì

伜 cuì 同"倅"。

苹 cuì 同"萃"。

浖 cuì 同"淬"。

倅 cuì 同"悴"。

㡜 cuì 巾。

瘁 cuì 同"瘁"。

厜 cuì 古地名。(《玉篇》)

倅 cuì ❶副:~车。❷副官;副职:州~。

C

脆[脃] cuì ❶容易断裂或破碎,也专指食物容易嚼碎:这纸很~|油饼又香又~|~枣。❷身心柔弱:~弱|人生危~。❸声音响亮、清爽:清~|~嗓子。❹爽快、利落:干~|办事很~。

淬 cuì 寒冷。

粹 cuì 同"粹"。

淬 cuì "淬"的讹字。

翠 cuì 同"翠"。

綷 cuì 同"綷"。

萃 cuì ❶草木丛生且茂盛的样子,引申为栖止、止息:~止|莫知所~。❷汇聚;集中:荟~|异端奇术,总~其中。❸群;类:擢自群~|出乎其类,拔乎其~。❹通"悴",憔悴、困苦:劳苦顿~而愈无功。

啐 ㊀cuì ❶尝;小饮:西向~饮。❷用力从嘴里吐出:~了一口痰。❸叹词,表示鄙弃或轻蔑:~,不要脸!|~!原来是梦。
㊁zá[嘈啐]同"嘈囋",话多;声音繁杂。

淬 cuì ❶淬火,将加热或烧红的金属件投入水或油等中冷却以增加硬度的工艺,引申为磨炼、激励:~剑|~励。❷沉没;潜入:~入水内|~在水里。❸冒着:身~霜露|久~冰雪。

悴[顇] cuì ❶忧愁:愁~。❷困苦:寒~|穷~终身。❸枯萎;憔悴:春苗萎~|形骸枯~。
◆"顇"另见157页"顇"字条。

㥞 cuì 同"悴"。

翆 cuì 同"翠"。

琗 cuì ❶珠玉的光彩。❷通"綷",文采相杂:瑶珠怪石~其表。

㓹 ㊀cuì 小割;小伤。
㊁ruì 同"锐(鋭)"。

脺 cuì "脆"的讹字。

毳 ㊀cuì ❶鸟兽的细毛;绒毛:鸟~|短~|~毛(人体皮肤表面的细毛,又称汗毛、寒毛)。❷鸟兽毛加工后的制品:~衣|冬~夏葛。❸通"脆",脆弱;脆嫩:是事小敌~|甘~食物。❹姓。
㊁qiāo 同"橇",在泥路上行走的乘具:泥行乘~。

脺 ㊀cuì 同"脆(脃)"。
㊁suì ❶面容光泽。❷脑。

焠 cuì ❶烧灼:~草|~手。❷同"淬",淬火,又称蘸火,把金属工件或玻璃制品加热到一定温度后浸入水、油等中,以增加硬度或强度:清水~其锋。❸浸染:以药~之。❹暖。

碎 cuì ❶石磨。❷磨;磨砺:~磨。

䑸 cuì 同"臎"。

瘁 cuì ❶病困:殄~|寒~|村农告~。❷忧伤:国~人哀。❸过度劳累:身心交~|鞠躬尽~。❹憔悴;枯萎:懵懵日~|荣~。

䘹 cuì 衣游缝。(《龙龛手鉴》)

䢪 cuì 断。

䲀 cuì 同"毳"。

毳 cuì 同"毳"。

粹 ㊀cuì ❶纯净无杂质的米:播精而择~。❷纯;不杂:纯~|~而不杂。❸精华:精~|文~|国~。❹精通;擅长:善属辞,~论议。❺通"萃",汇聚:~于群下|所欲未尝~而来也。
㊁suì ❶碎米。❷通"碎",破碎:~折|玉~。

翠 cuì ❶翠鸟,鸟名,羽毛青绿色,生活在水边。❷翠鸟羽毛,可做装饰品:张~帷,建羽盖。❸翡翠,一种绿色的玉:珠~|~花。❹青绿色:~绿|~玉|~竹。

綷 cuì ❶五彩相杂的丝织品,也作"䌫"。❷五彩相杂,泛指混杂:~众彩|~以紫榛。❸五彩:~羽|~毛。

橴 cuì 同"椊",木朽。

䫵 cuì 断。

幉 cuì［幉项］古代服装。

膵 cuì 胰脏的旧称。

螆 cuì 虫名。

熣 cuì［燋熣］（qiáo-）同“憔悴”。

竁 cuì 同“竄”。

竅 cuì“竅（竄）”的讹字。

竄 cuì 边塞，也指放逐。

毳 cuì 重捣。

餴 cuì“瘁”的讹字。

臎 cuì 同“脆”。

襊 cuì 衣游缝。（《字汇补》）一说“襊”的讹字。

襊 cuì 同“襊”。

憃 cuì 恭谨。

纂 cuì 再次或多次祭祀。

毳 cuì 同“毳”。

斵 cuì“斵”的讹字。

毳 cuì 同“毳”。

顇 ㊀ cuì“悴”的异体字。
㊁ zú［顧顇］（wù-）见 1010 页“顧”字条。

顇 cuì“顇”的讹字。

濢 ㊀ cuì 小湿；一说下湿。
㊁ zuǐ 汁渍。

竁 cuì ❶ 挖墓穴，泛指挖地：～地丈许。❷ 墓穴：～穴｜预作二～。❸ 孔；洞：以铁固鼓腹之～。

竄 cuì 同“竄”。

襊 ㊀ cuì 衣游缝。（《玉篇》）
㊁ cuō ❶ 衣领。❷ 衣服上的皱褶。❸ 帽子。

騂 cuì 马卒。

騂 cuì 同“騂”。

蹴 cuì 同“躐”。

毳 cuì 谷再舂。

穘 cuì“穘”的讹字。

毳 cuì 断。

斵 ㊀ cuì 断。
㊁ chuā 同“欻”，拟声词，割声。

毳 cuì 舂；用力捣。

毳 cuì 小舂。

臎 cuì ❶ 鸟尾肉。❷ 臀骨，尾骶骨。❸ 肥；肥实。

竄 cuì“竄（竄）”的讹字。

蝨 cuì 虫名。

毳 cuì 义未详。（《字汇补》）

躐 cuì 行走的样子。

臎 cuì 同“臎（脆）”。

竄 cuì 同“竄（竄）”。

穘 ㊀ cuì 有黏性的稻子。
㊁ mèi 撒种：～种。

竄 cuì“竄（竄）”的讹字。

cūn

邨 cūn 古乡名。（《玉篇》）

邨 cūn ❶“村”的异体字。❷ 用于人名。

村［邨］cūn ❶ 乡间农民聚居处，泛指聚居处：～庄｜乡～｜度假～。❷ 粗俗；土气：言语不妨～｜老的少的，～的俏的，没颠没倒，胜似闹元宵。
◆“邨”另见 157 页“邨”字条。

屯 cūn 同“邨（村）”。

屯 cūn 同“邨（村）”。

裈 cūn 裤管。

皴 cūn ❶皮肤因受冻或风吹而干裂：手～了。❷皮肤上积存的泥垢和脱落的表皮：～泥｜一脖子～。❸中国画技法，多用于表现山石、树木的脉络纹理：善用～法，画风古朴。

皵 cūn 同"皴"。

䞭 ㊀cūn 行走迅速的样子。㊁qiū ❶进。❷奔。

澊 ㊀cūn 古水名。(《玉篇》)㊁cún 水的样子：渟滓沦～。

𪍿 cūn 卵；蛋。

竴 cūn 喜悦的样子。

cún

存 cún ❶在；活着：～在｜～亡｜生～。❷思念：匪我思～。❸慰问：～慰｜～问｜～恤。❹保留；留下：～留｜～疑｜去伪～真。❺储蓄；积蓄：～款｜～本取息｜零～整取。❻寄放：～包｜～车处。

𡿨 cún 同"纯(純)"。

郁 cún［郁鄢］(-mǎ)古县名，在今四川。

侟 ㊀cún 同"存"：～志。㊁jiàn 同"荐(薦)"：～绅｜～魂。

拵 ㊀cún 据。㊁zùn 插。

廌 cún 同"存"。

踆 cún ❶迹。❷同"蹲"：下～｜水畔～身。

壿 cún［壿壿］同"蹲蹲"，舞蹈的样子：～舞我。

𪓑 cún 义未详。(《字汇补》)

cǔn

刌 cǔn ❶切断：分～。❷断送：把锦片似前程～。

刋 cǔn "刌"的讹字。

拵 cǔn 同"刌"。

忖 cǔn ❶揣度；估量：～度｜～摸｜自～。❷掌握：～得住手劲。

cùn

寸 cùn ❶长度单位，10 寸等于 1 尺，1 寸约合 3.33 厘米。❷比喻短小：～步难行｜手无～铁｜一～光阴一～金。❸姓。

吋 cùn (又读 yīngcùn)英美制长度单位，现作"英寸"，1 英寸等于 1 英尺的 1/12，合 2.54 厘米。

籿 cùn 量词，长度单位"分米"的旧译写法。

鑳 ㊀cùn 纺锤，古代用于捻线的工具。㊁xiǎn 小缶。

cuō

搓 cuō［攫搓］(jué-)搏。

㱜 cuō (日)西斜：日～西。

搓 cuō ❶双掌或两指互相揉擦；用手掌揉擦：～绳｜～手｜～澡。❷急迫：促轸雁声～。

猏 cuō 狗发狂。

瑳 cuō ❶玉的色泽明亮皎洁，泛指颜色洁白：～兮～兮，其之展也。❷通"磋"：切～。

𨓏 cuō "遳"的讹字。

遳 cuō ❶缓缓行走的样子。❷脆弱：禀质～脆。❸身材矮小，也作"矬"：～陋。

篕 cuō 同"笙"。

笙 cuō 竹名。

撮 cuō 同"撮"。

磋 cuō ❶把象牙、骨、角等磨制成器物：如切如～｜～玉。❷仔细商讨：～商｜切～｜相切相～。

𥫗 cuō 同"笙"。

瑳 cuō 同"瑳"。

撮 ㊀cuō ❶聚拢，多指用簸箕等归拢：～合｜～徒成党｜把垃圾～走。❷簇拥：

～拥｜众人～他上马。❸用手指捏取：～药｜～一点桂花。❹摘取文章要点：～要｜～举。❺量词。1.用于手指捏取的东西或极少量的人或事物：一～米｜一～葱花｜一小～歹徒。2.容积单位，1撮等于1毫升。
㊁zuǒ 量词，用于毛发：一～胡子。
㊂zuì［会撮］（kuò-）后颈的椎骨。

蹉 cuō ❶跌倒，比喻差错：～跌｜转出旁～｜小有～失。❷经过；过：孟公结重关，宾客不得～｜行尽青溪日已～。❸踩踏；用脚蹂搓：不觉一脚～了个空，半截身子掉下塘去｜以脚～，令破作两段。❹赶路：连夜～程｜又得～前五里程。❺［蹉跎］（-tuó）1.行走时不小心跌倒：中坂～。2.光阴虚度：岁月～｜白日忽～。3.山势险峻，比喻经历坎坷：岁华蹭蹬，身事～。

篸 ㊀cuō 盛物的竹器：竹～｜～篮。
㊁cī［篸篸］（cēn-）见81页"篸"字条。

擻 cuō 同"搓"。

瑳 cuō 同"瑳"。

髊 cuō 同"蹉"。

撮 ㊀cuō 取。
㊁zuǒ 搦。

熸 cuō 同"撮（撮）"。

鬆 cuō 发髻。

躦 cuō 同"蹉"。

黸 cuō 黑。

cuó

𠂹 cuó 义未详。（《改并四声篇海》）

桗 cuó 李子树的一种。

虘 cuó ❶虎的性情凶暴狡猾。❷虎纹。

荖 cuó 荠菜籽。

厝 cuó 同"嵯"。

睉 ㊀cuó 眼睛小：～眼。
㊁zhuài［睉睽］（-nài）眼睛恶。

嵯 ㊀cuó［嵯峨］山势高峻的样子。
㊁cī［嵾嵯］（cēn-）同"嵾嵳"。

嵳 cuó 同"嵯"。

矬 cuó ❶短；矮：～陋尪弱｜个子～。❷腰背弯曲：～身｜把身一～，侍立阶前。❸下坠：膨裂坍～｜日已～西。❹逼：～得紧。

痤 cuó ❶痤疮，俗称粉刺，一种皮肤上长小疖子的病：破痈溃～。❷痈：～然若不可治矣。❸［痤瘭］（-yāo）病名。

蒫 cuó 同"蔖"。

鄌 cuó 同"鄼（酇）"，古县名，在今河南。

矬 cuó 同"矬"。

蔖 ㊀cuó 蒯草。
㊁cǔ 草枯死。
㊂zhā 水芹。

椊 cuó 同"桗"。

殀 ㊀cuó 同"痤"，病。
㊁zuō 未婚而夭亡。

瘥 cuó ❶荒芜的零块田地。❷清除：垡土～秽。

皴 ㊀cuó 皮肤起粟粒。
㊁cāo 同"糙"，粗米未舂。

睉 cuó 舂捣。

醝 ㊀cuó ❶酒；白酒：白～。❷同"鹾（鹺）"，盐：～筵。
㊁cuǒ［山醝］栗名。

鹾（鹺） cuó ❶味咸：～鱼。❷盐：～务。

㟇 cuó 同"嵯"。

皶 cuó "皴"的讹字。

蔖 cuó 同"醝"。

䨿 cuó 拟声词，雨声。

蹉 ㊀cuó ❶踏。❷拟声词，足踏声。
㊁chá ❶跪；屈膝：马后蹄～将下去，把他闪下马来。❷堵塞：人太多，～住了，走不过去｜把这儿先～住，不许走人。

巑 cuó 同"嵯"。

䰈 cuó 同"鹾（鹺）"。

鬊 cuó 头发美好。

C

䴬 cuó 磨麦。

䴭 cuó 同“䴬”。

醝 cuó 同“醛”。

䁶 cuó 同“瑳”。

齹 cuó “鹺(䣜,䣜)”的讹字。

鹺 cuó 同“䣜(䣜)”。

麰 cuó 同“䴬”。

齰 cuó 同“齹”。

躜 cuó 同“蹪(蹪)”。

蹪 cuó 同“蹪(蹪)”。

齹 cuó 牙齿参差不齐的样子。

躜(蹪) ㊀ cuó 同“踳”,踏:腊马～,春牛吼。
㊁ zuān ❶［躜跃］(-wán)蹲;聚足的样子。❷钻,进入:母狼～篱笆——进退两难。❸向上或向前冲:上下～动｜～上～下｜一跳一～。

鹾 cuó 同“鹺(䣜,䣜)”。

齹 cuó 同“齹”。

鬐 cuó 同“髪”。

䴬 cuó 同“䴬”。

䣜 cuó 同“䣜(䣜)”。

cuǒ

砓 cuǒ 同“硰(硰)”。

䂳 cuǒ 同“脞”。

硰 cuǒ 同“硰”。

脞 ㊀ cuǒ ❶小;细碎:～语｜～说｜～记。❷切肉。❸［脞取］(-nài)同“睉取”。
㊁ qiē 脆弱:～脆。

硰 ㊀ cuǒ ❶碎石。❷通“挫”,挫伤。
㊁ chǎ 药石名,雌黄。

cuò

剉 cuò ❶挫伤,挫折,后作“挫”:廉则～｜～吾锐气。❷“锉(銼)❶❷”的异体字。

郰 cuò 古山名。(《玉篇》)

挫 cuò ❶不顺利;失败:～折｜～败｜受～。❷打击;压下去:～敌锐气｜～伤积极性｜抑扬顿～。❸通“错(錯)”:我的～处没半点｜今番～过,后次难逢。

剒 cuò ❶同“错(錯)”,琢磨;雕刻:～犀。❷同“斮”,斩;割:～趾｜～断。

㓤 cuò 同“剒”。

莝 cuò ❶草名。❷拟声词,草的声响。

莝 cuò 铡成小段的饲草:～豆｜军厩刍～。

厝 cuò ❶放置:～火积薪(把火种放在柴堆下边,比喻隐藏着很大的祸患)。❷把灵柩停放某处待葬,或浅埋以待改葬:暂～。

䂳 ㊀ cuò ❶山动。❷山崩。
㊁ cuó 古山名。(《集韵》)

𢒉 cuò 形。

䂳 cuò 古代甲士跪拜时膝未及地的失礼行为。

㟇 cuò 折挫。

措 cuò ❶安放;处置:～重宝于道路｜手足无～｜～置不当。❷废置;舍弃:物莫～其所修,而用其所短也｜学之弗能,弗～也。❸筹划;设法办理:～办｜筹～资金。

掿 cuò ❶拭。❷遇。

逪 cuò 同“错(錯)”,交错:逡～。

𡾊 cuò 同“䂳”。

棤 cuò 树皮粗皱。

锉(銼)［❶❷剉］ cuò ❶用来打磨金属、竹木、皮革等的钢制工具:～刀｜圆～｜板～。❷用锉磨削:～铁｜～锯齿｜～平。❸又称锉鑹、钴鉧,小釜:土～｜～冷。
◆“剉”另见160页“剉”字条。

𢫫 cuò 同“挫”。

蓌 cuò ❶同“㛗”：～拜。❷挫：枝节一～，全车悉败焉。

错（錯） ㊀cuò ❶用金、银镶嵌或用金属液体、颜料等涂饰：～银｜～彩镂金｜～画其臂。❷加工玉的粗磨石，也指打磨玉石：他山之石，可以为～｜攻～｜切～琢磨。❸杂；交叉：～杂｜交～。❹岔开；避开，使不冲突：～车｜把会议时间～开。❺不正确；过失：～字｜算～账｜认～。❻差；坏：手艺不～｜成绩～不了。㊁xì 金属元素“钸（鈽）”的旧译写法。

厝 cuò 同“厝”。

𨂿 cuò ❶闪失；疏忽：年老脚～，自家跌死。❷同“蓌（㛗）”。

剒 cuò 同“剒”。

措 cuò 同“措”。

𥖿 cuò 同“厝”，磨刀石。

遳 cuò 同“遳”。

鲝 cuò 鲨鱼，又称鲛鱼。

鍇 cuò 同“错（錯）”。

䰈 cuò 用于古代器物人名。

鰿 cuò 同“鲝”。

C

汉字主要形体历史分期简表

文字形体	通行时代
甲骨文	商、西周
金文	商、西周、春秋、战国
籀文	春秋、战国
六国古文	战国
篆书	战国、秦、西汉
隶书	战国、秦、西汉、东汉
草书	西汉、东汉、魏晋以后
楷书	东汉、魏晋以后
行书	魏晋以后

D

dā

垯 dā 行列:莳秧看前～。

咑 dā ❶(发音短促)叹词,吆喝牲口前进的声音。❷用于古地名。(《字汇补》)

墶(墶) ㊀ dā 地方;处所:几眼新窨在这～|死在一～。
㊁ da[圪墶](gē-)见1141页"圪"字条。

耷 dā ❶大耳朵。❷[耷拉]向下垂:～着头|～着尾巴。

哒(噠) dā 拟声词,也作"嗒":马蹄～～地响。

笚 ㊀ dā 竹相击。
㊁ xiá 同"箧",竹名。
㊂ nà 同"笝",拴船的竹索。

搭 dā ❶支起;架设:～桥|～积木|～凉棚。❷共同抬或搬:把桌子～到门外去。❸附挂;放在支撑物上:勾肩～背|把外衣～在椅背上。❹连接;配合:～伙|牵桥～线|前言不～后语。❺乘坐:～船|～便车。

塔 dā 地之区处。(《集韵》)

嗒 ㊀ dā ❶舐:呧嘴～舌。❷拟声词:呱～|吧～|～～响。
㊁ da 助词,表示语气,了:梅花盛开～!
㊂ tà[嗒然]失意、惆怅的样子:～若失|～坐下。

剳 dā 从高处、远处钩取东西。

愘 dā 心里害怕。

绪(縎) dā[绪缒](-lian)同"褡裢",中间开口,两头装钱物的口袋。

噶 dā 口动的样子。

皶 dā 同"皾"。

腤 ㊀ dā[腤膊]也作"搭膊",在衣服外面的长而宽的腰带。
㊁ da[肐腤](qì-)形容动作迅速:两只手就势把大虫顶花皮～地揪住,一按按将下来。

腤 dā 同"皾"。

墶 dā "墶(墶)"的讹字。

皾 dā 瘦而皮肤松弛的样子。

瘩[瘩] dā 见164页 dá。

褡 dā ❶衣服破旧。❷[褡裢](-lian) 1.中间开口,两头装钱物的口袋:皮～。2.摔跤运动员穿的用多层布制成的上衣。

墖 ㊀ dā 地方;处所:哪～。
㊁ da[圪墖](gē-)同"疙瘩"。

撘 dā 同"搭"。

聗 dā 耳大而下垂。

躂 dā "躂(跶)"的讹字。

翻 dā 飞的样子。

躂 dā 同"躂(跶)"。

躂 dā 同"躂(躂,跶)"。

鎝 dā 也作"剳",钩;搭钩。

褡 dā 同"褡"。

聺 dā 同"聗"。

餂 dā[餂饷](-nà)吃的样子。

鞳 ㊀ dā ❶皮衣。❷热的样子。
㊁ tà 同"鞳"。

dá

达 ㊀(達) dá ❶通;到:四通八～|通宵～旦|直～广州。❷到

了(某种目标或程度)：～标｜不～目的决不罢休｜人口已～五百多万人。❸通晓;彻底弄懂:练～｜通情～理｜通权～变。❹告知;表达:传～｜转～｜词不～意。❺心胸开阔,不为世俗观念所束缚:～观｜豁～｜旷～。❻有名望地位的:显～｜～官显贵。❼姓。❽[达奚]姓。
㊁tì ❶足滑,泛指滑:顺叙卑～。❷同"迭"。
◆"達"另见163页"達"字条。

迏 dá"达"的讹字。

迖 dá"达"的讹字。

迚 dá 义未详。

苴 ㊀dá 蕈。
㊁dàn 草名。

呾 ㊀dá ❶相互呵责:不肖者之～。❷用于译音:～叉始罗(古印度城遗址)。
㊁dàn 元代称唱曲子:唱歌～曲｜玉人齐声～。

沓 dá 见919页tà。

羍 dá 同"羍"。

怛 dá ❶痛苦;忧伤:痛～｜～伤｜悲泗淋漓,诚～人心。❷惊恐;害怕:怀～｜知其所由然,则无所～。

妲 dá ❶通"诞(誕)",荒诞:～语。❷用于女子人名:～己(商纣王的妃子)。

幸 dá ❶同"羍",小羊羔。❷生。

荙(薘) dá 车前,多年生草本植物,叶和种子可供药用,种子称车前子。

荅 dá ❶小豆。❷应答;回答,后作"答"。

羍 dá(又读tà)小羊羔。

悬 ㊀dá 同"怛"。
㊁dàn 差错。

炟 dá ❶火起。❷用于人名:刘～(汉章帝)。

偺 dá[傝偺](àn-)见7页"傝"字条。

畗 ㊀dá 同"答"。
㊁fú 同"福"。

逹 dá"達(达)"的讹字。

迣 dá 同"达(達)"。

钛(鐽) dá ❶金属元素,由人工合成获得,有放射性。❷金属元素"钽(鉭)"的旧译写法。

笪 dá ❶箬,竹皮。❷粗竹篾编制的席,用于盖屋顶或做船篷。❸拉船的长大绳索。❹击;打:～答。

畣 dá 同"答"。

㿯 dá 瘦而皮肤松弛。

匒 dá[匒匌](-gé)重叠的样子。

瘩 ㊀dá 肥的样子。
㊁hè 寒病。
㊂da[疙瘩](gē-)同"疙瘩"。

燵 dá 同"炟"。

達 ㊀dá"达㊀"的繁体字。
㊁tà[挑達]1.往来自由的样子:不如侬家任～。2.轻薄:嗜酒好色,～无度。

逹 dá 同"達(达)"。

迏 dá 同"達(达)"。

图 dá 义未详。(《改并四声篇海》)

惮 ㊀dá 同"怛",忧伤:中心～兮(中心:内心)。
㊁chè[惮惮](-chè)心动。

答 ㊀dá ❶应对;回复:回～｜对～如流｜～非所问。❷还报;酬谢:～拜｜～谢｜报～。❸对问题的解析:～案｜～数｜这道题～错了。❹竹名:～竹。
㊁dā ❶同"答㊀❶":～应｜～理(理睬)。❷拟声词,后作"嗒":钟表在嘀～嘀～地响｜破竹五七尺,摇之～～然。

詚 dá[兜詚]不静。

澾 dá 水流出来的样子。

溚 ㊀dá(又读tà)古水名,在今山东一带。
㊁tǎ 用于译音,焦油的旧称,用煤或木材干馏制成,通常用作涂料:煤～｜木～。

嗒 dá[嗒姶](-è)女人的样子。

瑢 dá 用于译音。

搨 ㊀dá ❶打;掴:前后八～。❷落;压:无业障～了脚｜大沉枷锁项上～。❸贴:血色金罗轻汗～｜看你们那衣裳湿的,老让它这么湿湿地～着。
㊁ tà ❶“拓㊂”的异体字。❷涂抹；信笔写或画：画上颜色，再也～不开｜～了几笔。❸收缩；耷拉：垂头～翼｜垂头～耳。

榙 dá［榙樑］（-tà）也作“榙楱”，树名，果实像李子。

跶（躂） ㊀ dá ❶以石筑成的蓄水、泄水的水利设施：石～。❷溪流中的石头。❸用于地名：～石（在广东）。
㊁ tǎ 用于地名：～石（在浙江）。

搨 dá 同“搨”，打；掴。

迏 dá 同“达（達）”。

靼 dá 柔软的皮革：熟～。

瘩［瘩］ ㊀ dá［瘩背］中医指长在背部的痈，又称搭手。
㊁ da［疙瘩］（gē-）见1142页“疙”字条。

撘 ㊀ dá ❶同“搨”，打；掴。❷搭；覆盖：以布冷水淹～之。
㊁ lā 同“拉”，摧折：～灭。

鞑（韃） dá［鞑靼］（-dá）1.中国古代北方少数民族的统称。2.俄罗斯联邦的一个民族。

瞎 dá 大垂目的样子。

黙 dá “黙”的避讳字（因避唐睿宗李旦讳而缺笔）。

逹 dá 同“达（達）”。

黕 dá ❶黑而艳。❷古县名。（《说文》）

髶 dá 头发。

騔 dá［駊騔］（sà-）马行；马行的样子。

蝰 dá［蝲蝰］（là-）见527页“蝲”字条。

艍 dá［舭艍］（bǐ-）见39页“舭”字条。

鐊 ㊀ dá ❶金鍚。（《玉篇》）❷鍚钩。（《五音集韵》）
㊁ tà 金属元素“铊（鉈）”的旧译写法。

鞳 dá 同“鞜”。

韃 dá 同“韃（鞑）”。

韇 dá 同“靼”。

dǎ

打 ㊀ dǎ ❶击；敲；攻击：～击｜～门｜围城～援。❷根据所涉及的人或事物，表示各种相应的动作、行为：～（做）家具｜～（拨）算盘｜～（举）灯笼｜～（写）证明｜～（开）枪｜～（买）油｜～（挖）井｜～（玩）球。❸因撞击而破碎：鸡飞蛋～。❹介词，自；从：～现在起｜～哪儿来？
㊁ dá 量词，一打是十二个：一～铅笔｜两～袜子。

礓 dǎ 矿物名，雌黄。

dà

大 ㊀ dà ❶面积广、容量多、体积占空间多：～山｜～海｜高楼～厦。❷数量多：～量｜～众。❸程度深；范围广：～红｜～快人心｜奇耻～辱。❹声音响亮：嗓门～｜动静不～。❺敬辞，称跟对方有关的事物：～作｜～名鼎鼎。❻［大夫］古代官名。
㊁ dài ❶［大夫］医生。❷［大王］古代小说、戏曲中对国王、大帮强盗首领等的称呼。
㊂ tài ❶通“太”。1.最：～上有立德，其次有立功，其次有立言。2.过分：彼谮人者，亦已～甚。❷通“泰”，安定：天下～而富。

亣 dà 同“大”。

夰 dà 同“大”。

奿 dà 姊。

玚 dà 义未详。（《改并四声篇海》）

畋 dà［畋畋］尽。

嗒 dà 尝。

歂 dà［歃歂］（zā-）见1316页“歃”字条。

逹 dà［逹逹］（-da）称父亲，单用义同。也作“达达（達達）”。

da

嶅 da［屹嶅］（gē-）同“疙瘩”。

跶（躂） ㊀ da［蹓跶］（liū-）见588页“蹓”字条。

㊁tà 跌倒：一齐～了双脚，翻筋斗颠下陷马坑里去。

繨 da［纥繨］（gē-）见339页“纥”字条。

饚 da［餎饚］（gē-）见1024页“餎”字条。

dāi

呆 ㊀［❶❷獃］ dāi ❶傻；愚笨：～子｜～傻｜～头～脑。❷死板；发愣：～板｜发～｜～～地站在那里。❸同“待”，停留；逗留；迟延：～了两年｜～一会儿再走。

㊁bǎo 同“保”。

呔 ㊀dāi 叹词，为引人注意而突然发出的大喝声：～！你给我站住！｜～！住口！

㊁tǎi 说话带外地口音。

呡 ㊀dāi 叹词，为引人注意而突然发出的大喝声：～！住手！

㊁dǎi 吃：你～饭了吗？

槑 dāi 用于咒语译音。

掬 dāi 扭；揪。

獃 dāi 同“獃(呆)”。

艜 dāi 船。

懛 dāi ❶痴呆；笨拙：～子。❷［懛劏］（-kǎi）也作“懛呆(獃)”，失意的样子。

dǎi

歹 dǎi 同“歹”，恶；坏：或好或～。

歹 dǎi 见226页è。

傣 dǎi 傣族，少数民族名，主要分布在云南。

觫 dǎi 角心。

觪 dǎi ❶角。❷同“觫”，角心。❸通“歹”，恶；坏。

dài

伏 dài 海岛名。

代 dài ❶代替：～办｜替～｜取而～之。❷接替；交替：及瓜而～｜转相攻伐，～为雌雄。❸代理：～销｜～厂长｜～主任。❹历史上划分的时期：年～｜当～｜古～。❺有血统关系的人相传的辈分：下一～｜第二～｜～～相传。❻地质年代分期的第二级，在宙之下，纪之上：古生～｜新生～。

☞①代/替 用于代替、替代义，上古汉语用“代”，中古以后也用“替”，如“从此替爷征”。②代/世 见872页“世”字条。

岱 dài 古岛名。(《字汇补》)

呔 dài 尝。

炌 ㊀dài 火发色。

㊁huǒ 火发声。

轪（軑） dài ❶古代包在车毂端部的铁皮或铜皮。❷车轮：紫～｜行～。❸古国名、古县名，均在今河南。

诒（詒） ㊀dài 欺骗；欺诈：骨肉相～。

㊁yí 通“贻(貽)”。1. 赠送：使人～子产书。2. 遗留：犹～之法。

甙 dài 有机化合物糖苷的旧称。

苲 dài 草的样子。

甞 dài ❶甜。❷同“甙”。

吣 dài 义未详。(《龙龛手鉴》)

俩 dài 同“戴”。

垈 dài 用于地名：～湾(在江苏)。

岱 dài 泰山(山名)的别称：～宗｜～岳。

帒 dài 同“袋”。

迨 dài 介词。1. 等到：～他日再议｜～其国力稍见充实，终必出于一战。2. 趁着：～其未毕济而击之｜～此暇时须痛饮。

绐（紿） dài ❶破旧的丝。❷至：出百死而～一生。❸通“诒(詒)”，欺骗；欺诈：恶公子之～。

玳［瑇］ dài［玳瑁］（-mào）1. 爬行动物，像龟，生活在海里，甲壳可做装饰品或供药用。2. 华丽精美，单用“玳”义同：海燕双栖玳瑁梁｜玳梁翻贺燕。

带（帶） dài ❶衣带，泛指用皮、布或纱线等做成的长条物：皮～｜腰～｜鞋～。❷轮胎：车～｜补～。❸携带；佩挂：佩～｜～着行李｜禁止～包入内。❹引导；

率领：～路｜～兵｜～领。❺显现；有：面～微笑｜～花纹的盘子。❻顺便做；连着一起做：把门～上｜捎～发封信｜连看电视～织毛衣。☞带／戴 见167页“戴”字条。

殆 dài ❶危险：危～｜知己知彼，百战不～。❷副词。1. 几乎；差不多：死伤～尽。2. 大概；可能：所见闻～与余同。3. 仅仅：此～空言，非至计也。

柋 dài 搁架蚕箔的柱子。

㑀 dài［㑀𠐐］（-sài）身体颤动的样子。

贷（貸） dài ❶借出或借入：借～｜放～｜～款。❷借出或借入的钱：农～｜信～｜高利～。❸原谅；饶恕：严惩不～。❹推卸（责任）：责无旁～。

待 ㊀ dài ❶等；等候：～命｜～业｜严阵以～。❷对待；招待：～客｜优～｜～人接物。❸需要：自不～言。❹要；打算：～理不理｜正～出门，外面下起大雨。
㊁ dāi 停留，逗留，也作“呆”：你～在那别动｜由于失业，在家里～了一年。

宙 dài 义未详。（《改并四声篇海》）

怠 dài ❶轻慢：～慢｜意～。❷松懈，不努力：懈～｜～惰｜～工。❸疲惫：倦～｜～而昼寝。

㱰 dài 同“䒫”。

帯｛帶｝ dài 同“带（帶）”。

帶 dài 同“带（帶）”。

䍝 dài［䍝帽］（-mào）同“玳瑁”。

逮 dài 同“逮”。

埭 dài ❶防水的土坝，常用于地名：～下｜开渎｜花～｜钟～（在浙江）。❷往来船舶的征税处。❸量词，趟；次：我去一～就来。

埭 dài 同“埭”。

軑 dài 同“轪（軑）”。

軩 dài［輆軩］（kǎi-）不平。

蚮 dài 同“蝳”。

蝳 ㊀ dài 蚱蜢。
㊁ dié 蛇蝎毒。

袋 dài 用布、皮、纸等材料制成的盛东西的器物：口～｜衣～｜麻～。

紿 dài 量词，纤度单位“旦尼尔”的旧译写法。9000米长的纤维或纱线在公定回潮率时重量是多少克，其纤度即多少紿。

逮 ㊀ dài ❶到；及：～及｜力有未～。❷捉拿；捕：～捕。
㊁ dǎi 同“逮㊀”，用于口语：～蛐蛐｜猫～老鼠｜把小偷～住了。

瑇 dài 玉名。

軩 dài 车不平。

酟 dài 同“䒫”。

曃 dài［曖曃］同“暧曃”，暗。

噡 dài［嚎噡］（tǎi-）见923页“嚎”字条。

僓 dài 同“贷（貸）”。

詒 dài 同“詒（诒）”。

碌 dài 同“埭”。

䲦｛䲦｝ dài［䲦帽］（-mào）同“玳瑁”，爬行动物。

帶 dài 同“带（帶）”。

僓 dài “僓”的讹字。

鉄 dài 未获公认的一种金属元素。

墑 dài 同“埭”。

冥 dài 同“戴”。

帶 dài 同“带（帶）”。

靆 dài［靉靆靉靉］（--àiài）（妇女）丰满富态的样子。

箕 dài 狭长形浅竹篮。

馱 dài 传说中的鸟，像枭，有三只眼。

廗 ㊀ dài 房屋倾斜。
㊁ xí 同“席”：避～｜旃～。

瘖 dài 病。

逮（逮） dài［叆逮］（ài－）见 4 页“叆”字条。

槥 dài 搁架蚕箔的柱子。

戴 dài 同“戴”。

曃 dài［暧曃］（ài－）见 4 页“暧”字条。

默 ㊀ dài ❶ 黑。❷ 墨迹。
㊁ tài 很黑。

僀 dài 同“贷（貸）”。

駄 dài “驮”的讹字。

緿 dài 同“绐（紿）”。

勣 dài［叆勣］（ài－）同“叆逮”。

曃 dài “曃”的讹字。

逮 dài 同“逮”。一说读 tà，“逻”的俗字。

眊 dài［眊鶥］（－mào）同“玳瑁（毒冒）”。

戴｛戴｝ dài ❶ 把东西顶在头上，或放置在面、颈、胸、臂、手、脚等处：～项链｜～红花｜～脚镣。❷ 推崇；拥护：推～｜拥～｜爱～。❸ 古国名，在今河南。❹ 姓。❺［戴胜］鸟名。俗称呼哱哱、鸡冠鸟、臭姑鸪。☞戴／带　“戴”指把物品放置在身体的某一部位，以使其能够发挥功能作用，即正处于应用状态。“带”指随身携带，并不强调使其处于应用状态。“戴着眼镜（看书）”“戴着手铐（受审）”与“（随身）带着眼镜”“带着手铐（巡逻）”含义不同。

黛 dài［叆黛］（ài－）同“叆逮”。

螮 dài 虫名。

黛 dài 一种青黑色的颜料，古代女子用来画眉：～眉｜粉～（借指女子）。

艜 dài 长而浅的小船。

隶 dài 及，到，后作“迨”。

簣 dài 同“簣”。

廗 dài 同“贷（貸）”。

隷 dài 同“逮（逮）”。

靆 dài［叆靆］（ài－）香烟缭绕；香气浓郁。

瀻 dài 酒不清。

隸 dài 同“隶（迨）”。

黱 ㊀ dài 同“黛”：～黑｜浅～。
㊁ zhèn 黑色。

鮘 dài［紅鮘］鱼名。

襶 dài［褦襶］（nài－）见 675 页“褦”字条。

dān

丹 dān ❶ 丹砂，即朱砂，一种朱红色的矿物：～漆。❷ 朱红色，比喻赤诚：～顶鹤｜～心。❸ 道家用丹砂等炼制的药物，引申为颗粒状或粉末状的中成药：炼～秘术｜丸散膏～｜灵～妙药。☞丹／赤／朱／绛／红／彤／赫　见 117 页“赤”字条。

日 dān 同“丹”。

冃 dān 同“丹”。

苒 dān 草名。

冋 dān 同“丹”。

舢 dān 山舢。（《龙龛手鉴》）

泮 dān 红色。

妉 dān 同“媅”。

妧 dān 同“妉（媅）”。

彤 dān 同“丹”。

担（擔） ㊀ dān ❶ 用肩膀挑：～水｜～柴。❷ 负起；承当：～负｜～重任｜～风险。
㊁ dàn ❶ 担子，扁担和挂在扁担两头的东西，喻指工作任务：你牵着马，我挑着～｜勇挑重～。❷ 量词，用于成担的东西：一～水｜一～白菜。❸ 质量单位，1 担等于 100 斤，

D

合50千克。

旽 dān 日晚色。

单(單){单、单} ㊀ dān ❶单独;一个:孤～|～身|～枪匹马。❷奇数的:～数|～日|～号。❸种类少;不复杂:简～|～纯|～调。❹衣物只有一层的:～衣|～裤|～鞋。❺贫寒:家本～寒|恩泽不逮于～门。❻覆盖用的布:被～|床～。❼记载事物的纸片:名～|传～。
㊁ shàn ❶用于地名:～县(在山东)。❷姓。
㊂ chán[单于]1.古代匈奴的君主。2.姓。

砃 dān 白石。

眈 dān[眈眈]眼睛注视的样子:虎视～。

眲 dān 同"聃"。

明 dān 同"聃"。

耽[❷-❹躭] dān ❶耳大而垂至肩上:方口～耳。❷沉湎于欢乐,引申为沉湎、着迷:和乐且～|～色|～于幻想。❸滞留;拖延:～搁|～误|～一会儿。❹通"担(擔)",承担;担负:～惊受怕|不～这个干系。
◆"躭"另见168页"躭"字条。

耴 dān 同"耽"。

躭 dān 同"躭(耽)"。

㐷 dān 多。

郸(鄲) ㊀ dān ❶用于地名:～城(在河南)|邯～(在河北)。❷姓。
㊁ duō 古地名,在今河南。

訦 dān 义未详。(《龙龛手鉴》)

耼 dān 同"聃"。

聃 dān ❶耳朵长大:～耳属肩。❷同"耽",玩乐:～于色。

酖 dān 同"酖",嗜酒。

酖 ㊀ dān 嗜酒;以酒为乐:～酒|昼夜～酣。
㊁ zhèn "鸩(鴆)"的异体字。

眈 dān 同"耽(躭)",乐。

躭 dān 同"聃"。

躭 dān 同"躭"。

躭 dān 同"躭(耽)"。

躭 dān 同"儋"。

躭 dān ❶怀孕:十月怀～|母亲～我十个月。❷"耽❷-❹"的异体字。

庴 dān 义未详。(《龙龛手鉴》)

殚(殫) dān 尽;竭尽:～力|～心|～精竭虑。

躭 dān 同"聃"。

𣯊 dān 同"丹"。

媅 dān 安乐,也作"妉"。

哦 dān 声。(《集韵》)

躭 dān 同"聃"。

湛 dān ❶湿。❷浸淫。❸水大的样子。

匰 dān 古代宗庙内安放神主的器具。

頕 ㊀ dān 面颊松弛。
㊁ diàn 垂下头。

箪(簞) dān ❶盛饭食的带盖竹器,也指小竹篮:～食壶浆|饥餐一～饭|与之一～珠。❷盛谷物的竹器,可容数斗。❸竹名。

醰(醰) dān 浊酒。

罩 dān 同"嶂"。

嶂 dān ❶[嶂孤]古山名。(《玉篇》)❷独立的山。

嶂 dān 同"嶂"。

儋 dān ❶用于地名:～州(在海南)。❷同"担(擔)":负任～荷。

勯 dān 力量竭尽:力～。

覘 ㊀ dān 同"眈":～～虎视。
㊁ dàn 慢慢细看。

膻 dān[膻胡]大腹。

甔 dān 古代瓦制盛物器。

襌 dān ❶单衣。❷单薄。

襜 dān［襜襤］（-lán）古代北方少数民族名。

蘫 dān［蘫棘］草名。

曋 dān 日光。

聸 dān 垂耳。

鄲 dān 同"鄲(郸)"。

鐔 dān 同"甔"。

繵 dān 缓。

檐 dān 同"担(擔)"。

躭 dān 同"躭(耽)"。

軃 dān 同"躭(耽)"。

韇 dān 义未详。(《改并四声篇海》)

dǎn

伔 dǎn 同"抌",击。

弇 dǎn 拟声词,石击水声。

刐 dǎn 割。

抌 ㊀ dǎn 击;刺。
㊁ shěn 系物的桩子。

吙 dǎn ❶拟声词,鸟叫声。❷高声。

紞(紞) dǎn ❶古代冠冕两旁用来悬瑱的带子。❷缝于被头以标明上下的丝带。❸敲击:～鼓催鸡。❹拟声词,击鼓声等:～～城头鼓|投之江中,～然有声。

玬 dǎn 玉名。

瓭 ㊀ dǎn ❶盎、缶类器皿。❷小罂。
㊁ dān 同"甔"。

敁 dǎn 同"抌",刺;击。

炦 dǎn 同"敁"。

砃 dǎn 拟声词,以石击水声。

眈 dǎn 义未详。(《改并四声篇海》)

胆 ㊀(膽) dǎn ❶胆囊,体内储存胆汁的袋状器官:苦～|卧薪尝～。❷胆量,不怕危险的精神或勇气:～怯|～大心细|浑身是～。❸某些器物的内层:球～|暖瓶～。❹姓。
㊁ dá［膈胆］(gé-)见527页"膈"字条。

衴 dǎn 被子边缘。

疸 ㊀ dǎn 黄疸,又称黄病,人的皮肤、黏膜和眼球巩膜等发黄,常见于某些肝病、胆囊病和血液病。
㊁ da［疙疸］(gē-)同"疙瘩"。

掸(撣) ㊀ dǎn 用东西轻轻抽打或拂去尘土等:～土|～掉身上的雪。
㊁ shàn ❶古书上对傣族的一种称呼。❷缅甸民族之一,大多数居住在缅甸的掸邦。

亶 dǎn ❶仓廪谷物多,引申为笃厚:～厥心肆其靖之。❷诚信;诚实:诞告用～其有众。❸副词,实在;诚然:～聪明。

㽎 dǎn 萌。

𥓓 dǎn 同"礵"。

黕 dǎn ❶污垢:～点|夏～|沾衣皆～。❷黑暗;黑的样子:翠幕～以云布|玄云～其四塞。

黮 dǎn 同"黕"。

獚 dǎn 哺乳动物。

虩 dǎn 义未详。(《改并四声篇海》)

廩 dǎn 偏舍。

澸 dǎn 水洼。

葴 dǎn 箱子类器具。

簟 dǎn 同"簟(篋)"。

礵 dǎn［石礵］也作"石胆",中药名。

篢 dǎn 竹名。

D

篢 dǎn 同"簦"。

癉 ㊀dǎn ❶病;风病。❷劳病。❸憎恨:彰善～恶。
㊁dàn 瘅。
㊂tán 疫病。

礵 dǎn 同"礴"。

窸 dǎn ❶竹名。❷箱类器具。

簟 dǎn 同"窸"。

黮 dǎn 同"黵"。

黵 ㊀dǎn ❶像桑葚熟透后的黑色:～袍。❷不明净:～寥廓。❸[黵黖](-duì)黑。
㊁tàn[黵闇](-àn)不明的样子。

鴠 dǎn 同"鶙"。

黮 dǎn 同"黵"。

鶙 dǎn 猫头鹰类鸟。

黵 ㊀dǎn ❶污黑;黑。❷古代在犯人或士兵脸上刺字:～面。❸用笔墨涂去文字:～易字。
㊁zhǎn 污染;弄脏:白衬衫不禁～|墨水把本子～了。

黶 dǎn 同"黵"。

籫 dǎn 同"籫(窸)"。

籫 dǎn 同"窸"。

dàn

旦 dàn ❶天明;早晨:～暮|枕戈待～|通宵达～。❷某一日:元～。❸传统戏曲里扮演女性人物的角色:花～|老～|～角。

虳 dàn 用于人名:～安(唐代人)。

饨 dàn ❶同"髧"。❷停止。

帎 dàn 冠俯前。(《集韵》)

伔 dàn 同"饨"。

但 dàn 见927页tǎn。

偅 ㊀dàn 大。
㊁yán 通"延",拖延:俄～(流连拖延)。

狚 dàn ❶旧时戏曲行当名,今作"旦"。❷旧时少数民族名,分布在今广西。

亶 dàn 小舍。

沮 dàn 把蔬菜等放入开水中略煮后捞出。

诞(誕) dàn ❶言而不实;虚妄不实的言论:多～而寡信。❷荒唐;失实:怪～|荒～不经|虚～之事。❸放肆:背～|放～无礼。❹生育;出生:～生|～辰。❺生日:华～|寿～|圣～。

炟 dàn[炟炟]拟声词,水声。

柦 dàn 像几案而无腿的木器。

這 dàn 同"诞(誕)"。

倬(僤) ㊀dàn 盛;大:～怒。
㊁dān 竭尽:～财。
㊂shàn[婉倬]行进迂回的样子。

狚 dàn 同"狚"。

疍 dàn[疍户]又称疍民,旧时广东、广西、福建内河和东南沿海一带的水上居民,多以船为家,从事渔业和水上运输业。

萏 ㊀dàn[菡萏](hàn-)见330页"菡"字条。
㊁jiù 药草名。

啖[啗、噉] dàn ❶吃;给吃:～食|～养(饲养)|～虎狼以肉。❷引诱:以利～之。
◆"噉"另见171页"噉"字条。

甋 dàn 义未详。(《龙龛手鉴》)

蜑 dàn 同"疍"。

淡 dàn ❶味薄,不咸或不浓:味～|～水湖|菜太～了。❷所含成分少;稀薄:～绿|～妆|云～风轻。❸不热情:冷～|～漠|～～地应了一声。❹不丰厚;不兴盛:粗茶～饭|～季|生意～。❺无聊;无关紧要:扯～|～话|轻描～写。

惮(憚) dàn ❶怕;畏惧:肆无忌～|过则勿～改|岂～路途遥。❷通"弹(彈)",动弹:不思量茶饭,怕待动～。

弹(彈) ㊀ dàn ❶弹弓:左挟～,右执丸。❷用弹力发射的小丸:～丸|铁～|石～。❸装有爆炸物可杀伤人、炸毁物体的东西:炮～|炸～|～坑。
㊁ tán ❶利用弹力发射:从台上～人。❷拨弄或敲击乐器:～奏|～琵琶|～钢琴。❸用力伸开被其他手指压住的手指:～指|～冠相庆|把帽子上的灰土～下去。❹检举揭发(违法失职的官吏):～劾|～章。

蛋 dàn ❶鸟类或龟、蛇等产的卵,有外壳:鸡～|蛇～。❷形状像蛋的东西:泥～儿|脸～儿。❸后缀,用于骂人的话:混～|滚～。

啿 dàn ❶啖,吃:举饼～之。❷[啿啿]也作"湛湛",丰厚的样子:群生～,惟春之祺。

氮 dàn 气体元素,无色无味,是动植物蛋白质的主要成分。

蜑 dàn ❶古代南方少数民族名。❷南方以打渔或水上运输为业的水上居民:～民|～户。❸蜑民的船:乘～并海。❹同"蛋",鸟类或龟、蛇等产的卵。

膨 dàn ❶肉。❷肴。❸一同喝酒或吃饭。

觛 dàn 圆形小酒器,古代礼器。

窞 dàn 同"窞"。

萏 dàn 同"萏"。

酖 dàn 同"酖"。

酖 dàn[酖醒](-xìng)顽劣的样子,单用"酖"义同。

酟 dàn 同"酖"。

啗 dàn 同"啗(啖)"。

䜓 dàn 同"诞(誕)"。

瘅(癉) ㊀ dàn(又读 dǎn)❶病;劳苦:下民卒～|民～。❷憎恨:彰善～恶|人世彰～。❸热:脾～|～疾。❹厚;盛:阳～愤盈|近夏～热。
㊁ dān ❶[瘅疟](-nüè)中医称一种疟疾。❷[火瘅]小儿病。❸通"殚(殫)",尽;竭尽:财～而民荒|～精瘁力。
㊂ tán 手足风病,即风瘫。

窞 dàn ❶坑;深坑:坎～|～穽(阱)。❷洞穴:巖居～处。

窞 dàn "窞(窞)"的讹字。

髧 dàn 头发下垂的样子。

駄 ㊀ dàn 马睡觉的样子。
㊁ dǎn 马名。

噉 ㊀ dàn "啖"的异体字。
㊁ hǎn 通"喊",呼叫:大～数声|高声叫～。

鞭 ㊀ dàn ❶马带。❷古代帝王、后妃、王公、大臣等出行时仪仗队中备用的散马。
㊁ chān 皮鞋。

菡 dàn[菡菡](hàn-)同"菡萏"。

萏 dàn[菡萏](hàn-)同"菡萏"。

醈 dàn 酒、醋味薄。

嘾 ㊀ dàn 深含(嘴里)。
㊁ tán 特别喜欢:谈经～道,致身圣门。

澹 dàn 同"澹"。

窞 dàn "窞"的讹字。

駩 dàn 散马。

鴠 dàn 同"蛋":鸳鸯～。

㦗 dàn 同"憚(惮)"。

襢 dàn 衣服敞开。

氹 dàn 气体元素"氮"的旧译写法。

餤 ㊀ dàn ❶同"啖"。1.吃:～刍豆。2.引诱:～以甘言。❷饼类食品。
㊁ tán 进食。

澹 ㊀ dàn ❶水波起伏的样子:水～～而盘纡|池色～金波。❷安静;安定:～泊|恬～。❸同"淡",味道、颜色、光线等不浓厚:～而不薄|洗多红色～|月已暗～。❹古水名,在今湖南。❺姓。❻[澹泞](-zhù)也作"淡泞",水深而清澄;明净:泱漭～|～洞庭山。❼[澹澉](-hàn)洗涤:～手足。❽[澹濧](-duì)水夹带沙子流动的样子,也指物影在水中晃动的样子:倒影垂～|～神岛连。
㊁ tán ❶姓。❷[澹台]姓。
㊂ shàn 满足,供给,后作"赡(贍)":物不能

～则必争。

憺 dàn ❶安然；安定：观者～兮忘归｜蜂虿螫指而神不能～。❷同“惮（憚）”，畏惧：心中～～。

禫 dàn 祭名，除去丧服的仪式。

駹 dàn 同“駚”。

萏 dàn［菡萏］（hàn-）同“菡萏”。

橝 ㊀ dàn 树名。
㊁ lǎn［橄橝］（gǎn-）同“橄榄”。

霮 dàn［霮䨴］（-duì）同“霮䨴”。

霮 dàn［霮䨴］（-duì）云的样子。

曋 dàn 曛。

噉 dàn 同“啖”。

骸 dàn 同“胲”。

箪 dàn 竹名。

篸 dàn 竹名，即淡竹。

膻 ㊀ dàn ❶［膻中］中医指人体胸腹间横膈膜。❷袒露。
㊁［羶、羴］ shān 像羊身上的气味，也指羊肉：～气｜～恶｜腥～。
◆“羶”另见847页“羶”字条。
◆“羴”另见847页“羴”字条。

窞 dàn 曲内。

襢 dàn 同“禫”。

癚 dàn 痴呆的样子。

潭 dàn 沉入水底。

藺 dàn［菡藺］（hàn-）见330页“菡”字条。

賧 dàn ❶买卖东西时预付或预收钱。❷又称玉池，书册或书画卷轴卷头上贴绫之处：绣褫锦～｜～首瘦金御书。

噣 dàn 同“啗（啖）”。

餤 dàn 同“餈”。

襢 ㊀ dàn ❶单衣。❷束腰大带。
㊁ tán 绳索：牵～。
㊂ chán 同“缠（纏）”：～缘（缠绕）。

黮 dàn 同“黮（霮）”。

霮 dàn［霮䨴］（-duì）1.云的样子，也指浓云：云覆～｜湿云垂～。2.露水多的样子：宵露～。

餈 dàn 食无味：～淡。

儋 dàn 同“擔（担）”，担负。

黮 dàn 同“霮”。

顄 dàn［顄顩］（-àn）头的样子。

禫 dàn 同“禫”。

霮 dàn 久下不止的雨。

嚪 dàn 同“嘾”。

禫 dàn 同“禫”。

黵 dàn 黑。

黮 dàn 同“黵”。

dāng

尸 dāng 义未详。（《改并四声篇海》）

当 dāng 同“当（當）”。

当（當）㊀（❻嘡） dāng ❶对等；相匹配：相～｜门～户对｜旗鼓相～。❷担任；做：担～｜充～｜毕业后～医生。❸主管；主持：～权｜～家做主。❹应该：应～｜本～如此｜不～说的不说。❺顶端；头：瓜～｜瓦～。❻拟声词，玉石、金属器物等撞击声：丁～｜～啷｜铃声～～响。
㊁ dàng ❶适宜；合宜：适～｜恰～｜妥～。❷抵得上；作为：一个人～两个人用｜以茶～酒｜安步～车。❸用实物抵押借钱：典～｜～铺｜用戒指～了两千元钱。❹用作抵押的物品：赎～｜绝～。

峜 dāng 同“当（當）”。

珰(璫) dāng ❶玉质的瓦当：翠～楹榴。❷汉代武官(多为宦官)帽子上的饰品，借指宦官：假貂～之饰｜数二～之罪。❸耳坠：耳著明月～。❹拟声词：珂马～～度春陌｜飞起一石子，～的一声，正打中那熟铜狮子盔。

畲 dāng 同"當(当)"。

裆(襠) dāng ❶两条裤腿相连的部分，也指两条腿之间：裤～｜腿～。❷裤：绣～襦。❸坎肩；背心：金错绣～。

筜(簹) dāng 车当，车前后的屏蔽。

儅 ㊀dāng 同"当(當)"：伴～｜家～。㊁tǎng［倜儅］(tì-)同"倜傥"。

噹 dāng 同"當(当)"。

蕾 dāng 草名。

猎 dāng 哺乳动物。

澢 dāng 水。

甑 dāng ❶瓯类器皿。❷瓦当，滴水瓦的瓦头，圆形或半圆形，上有图案或文字。

艡 dāng 义未详。(《龙龛手鉴》)

𩙦 dāng 义未详。(《改并四声篇海》)

膛 dāng 同"璫"。

瓽 dāng 瓜瓤。

稽 dāng［稂稽］(láng-)禾的样子。

璫 dāng 同"璫(珰)"。

蟷 dāng 同"蟷"。

蟷 dāng［蟷螂(蜋)］(-láng)也作"蟷蠰"，即螳螂。

艡 dāng［舡艡］(dì-)见187页"舡"字条。

轞 dāng 车轞，也作"档(檔)"。

鐺 dāng 食。

鸘 dāng 鸟名。

鱨 ㊀dāng 鱼名。㊁hān 同"鲱(蚶)"。

dǎng

挡(擋)㊀［攩］ dǎng ❶阻拦：阻～｜抵～｜一条小河～住了去路。❷遮蔽：遮～｜～住视线。❸遮拦用的东西：炉～｜风～｜窗～。❹汽车上用来控制速度及倒车的装置：挂～｜换～｜倒～。
㊁dàng［摒挡］(bìng-)收拾；整理。
◆"攩"另见173页"攩"字条。

鄌 dǎng ❶地名。❷同"党(黨)"，古代地方户籍编制单位；亲族：乡～｜一鄌一～，莫或无有湘人之踪。

党(❶-❻黨) dǎng ❶古代地方户籍编制单位，五百家为党。❷亲族；朋辈：宗～｜妻～｜吾～。❸为私利而结合的一群人：朋～｜死～｜结～营私。❹政党，特指中国共产党：～章｜～旗｜～风。❺偏袒：～同伐异｜不偏不～。❻姓。❼［党项］古代少数民族名，羌族的一支。
☞党/黨 两字原为不同的姓，汉字简化后已难以区分。

谠(讜)｛説｝ dǎng ❶正直的言论：～言｜～辞｜忠规～论。❷正直敢言的人：忠～。

浤(灙) dǎng ❶古水名，在今陕西。❷通"淌"，流淌：～下泪来。❸通"荡(蕩)"，游荡：刚刚剩得一个本身，流来～去。❹［浤漭］(-mǎng)也作"漭浤"，水面广阔的样子：～潺湲。

棁(欓) ㊀dǎng 樗叶花椒，又称欓子、食茱萸，落叶乔木，果实可食，果油可用于调味。
㊁tàng 木桶：水～。

䣣 dǎng 同"鄌"。

譡 dǎng 同"谠(讜)"。

讜 dǎng 同"谠(讜)"。

黨 dǎng 用于佛经咒语译音。

鄺 dǎng 同"鄌"。

讜 dǎng 同"谠(讜)"。

攩 ㊀dǎng "挡(擋)㊀"的异体字。㊁tǎng 推；捶打：～挄。

蘫 dǎng 草名。

獽 dǎng［貉獽］（hé－）云南少数民族的旧称。

穕 dǎng［顿穕］黄谷名。

鱑 dǎng 鱼名。

dàng

氹 dàng 同"凼"，多用于地名：～仔岛（在澳门）。

圵 dàng 高田。

凼 dàng 水坑；小水塘。

砀（碭） dàng ❶ 有花纹的石头：墉垣～基。❷ 砀山，山名，在安徽。❸ 地名，在今河南。

囥 ㊀ dàng 同"圙"，拟声词，碎石声。㊁ tuó 同"橐"。

宕 dàng ❶ 通"荡（蕩）"。1. 流动；飘荡：流～｜驰魂～魄。2. 放纵，不受拘束：豪～。❷ 延迟；拖延：延～｜这一百吊暂时～一～，我再想法子报销。

垱（壋） dàng ❶ 横筑于河中或低洼田地中以挡水的小堤坝：筑～挖塘。❷ 同"凼"，水坑；小水塘：打～｜小～变大塘。

荡（蕩）㊀［❷-❺盪］ dàng ❶ 积水长草的浅湖、洼地：芦～｜东陂南～。❷ 洗涤；清除：～涤｜扫～｜倾家～产。❸ 摇动；来回摆动：飘～｜～来～去｜～秋千。❹ 闲逛：游～｜～子｜在街上闲～。❺ 放纵，行为不加约束或不检点：放～｜淫～｜浪～。❻ 姓。
㊁ tāng 古水名，源出今河南，后作"汤水"。
㊂ tàng［莨荡］（làng－）见 536 页"莨"字条。
◆"盪"另见 175 页"盪"字条。

档（檔） ㊀ dàng ❶ 横木的框格，也指器物上分隔的条状或棍状物：框～｜床～｜十三～算盘。❷ 存放文件、案卷资料的橱架：归～｜存～。❸ 分类保存的文件、材料等：～案｜查～。❹ 等级：～次｜高～。❺ 量词，件；桩；伙：那～子事｜出了一～事｜来了一～人。
㊁ dāng ❶ 树名。❷ 床。

窖 dàng 同"宕"。

菪 dàng［莨菪］（làng－）见 566 页"莨"字条。

圙 dàng 拟声词，砸碎石头声。

偒 dàng 同"荡（蕩）"，行为不受拘束。

璗（瑬） dàng ❶ 黄金。❷ 玉名。

甇 dàng ❶ 大瓮。❷ 井壁。

逷 ㊀ dàng ❶ 跌倒：大醉～地。❷ 不走正路。
㊁ táng ❶ 摇荡；冲击：周身热，脉盛者为重阳。重阳者，～心主。❷ 突：蘱以迭～。

愓 ㊀ dàng 放荡；放纵：～悍而不顺。
㊁ shāng［愓愓］（－shāng）身体挺直而快步行走的样子：行容～。

婸 ㊀ dàng 淫逸；放荡。
㊁ yáng 用于女子人名。

雸 dàng 同"宕"，洞屋。

閪 ㊀ dàng 门不开。
㊁ qiāo 同"敲"。

嵣 ㊀ dàng［嵣嵣］（－mǎng）也作"嵣嵣"，山高大的样子。
㊁ táng［岇嵣］（máng－）古山名。（《玉篇》）

斱 dàng 义未详。（《康熙字典》）

瓽 dàng 同"甇"。

儩 dàng 同"荡（蕩）"。

潒 ㊀ dàng 同"潒（荡，蕩）"，水波动荡的样子。
㊁ xiàng 远。

潒 ㊀ dàng ❶ 水波动荡的样子，后作"荡（蕩）"：弥望广～。❷ 荡涤，也作"荡（蕩、盪）"。
㊁ xiàng［漭潒］（mǎng－）水急的样子。

盪 dàng 同"盪（荡）"。

像 dàng 同"愓"，放荡；放纵。

趤 dàng［趤趤］（làng－）逸游。

逿 dàng 同"逷"。

瞊 dàng 看不清楚。

蕩 dàng 同"崵"。

簜 dàng ❶ 同"簜"。❷ 盛酒竹器。

暘 dàng 舂。

盪 dàng 同"蕩(荡)"。

𥂁 dàng 同"荡(蕩,盪)"。

婸 dàng 侮慢;戏弄。

愓 dàng 同"像"。

潒 dàng 同"荡(蕩)"。

𢢍 dàng[𢢍恿(慂)](-yǒng)动的样子。

𢡈 dàng 同"像(愓)"。

碭 dàng[蔄碭](làng-)见536页"蔄"字条。

𢉤 dàng 义未详。(《龙龛手鉴》)

𨏔 dàng 同"盪(荡,蕩)"。

盪 ㊀ dàng "荡(蕩)㊀ ❷-❺"的异体字。
㊁ tàng ❶ 通"烫(燙)",灼伤或用热水温物:借你那炉子～一～。❷ 通"趟",量词:走那一～|请老哥去辛苦一～。

礑 dàng 底部,最下面的部分。

𡻣 dàng 古山名。(《字汇补》)

簜 ㊀ dàng ❶ 一种高大的竹子:篠～既敷。❷ 笙箫类乐器:～在建鼓之间。
㊁ tāng 也作"汤(湯)""荡(蕩)",古水名,在今河南。

𤃌 dàng 摇动。

蘯 dàng 同"盪(荡,蕩)"。

簹 dàng 竹名。一说同"欓(棁)",木桶。

闣 dàng (又音 duó)义未详。(《改并四声篇海》)

dāo

刂 ㊀ dāo 同"刀"。
㊁ 称立刀或立刀旁,汉字偏旁或部件。

刀 dāo ❶ 用来切、割、斩、削、刺等的工具:菜～|镰～|铅笔～。❷ 形状像刀的东西:冰～|瓦～。❸ 古代一种钱币:～币。❹ 量词,用于纸张,通常1刀是100张。❺ 姓。

叨 ㊀ dāo[叨唠]同"唠叨",单用"叨"义同:唠唠叨叨|叨叨起来没完。
㊁ dáo[叨咕](-gu)也作"叨叨咕咕",小声不停地说:叨咕什么呢?|嘴上叨叨咕咕的。
㊂ tāo ❶ 同"饕",贪:～富贵|满口只图～酒肉。❷ 谦辞,表示受到好处或给别人添了麻烦:～光|～扰|～教。

汈 dāo[汈汈]灵活;流动的样子:溜～。

忉 dāo ❶ 忧愁的样子:疚寸心其如～|无思远人,劳心～～。❷ 絮烦;唠叨:苦没～～言语。

朷 ㊀ dāo ❶ 树名;果实名。❷ 树心。
㊁ tiáo 枝落。

氘 dāo 又称重氢,氢的同位素之一,用于热核反应。

舠 dāo ❶ 小船,泛指船:轻～|小～|游～。❷ 大酒杯:金～。

釖 dāo ❶ 同"刀",用来切、割、斩、削、刺等的工具,也是兵器。❷ 金属元素"钍(釷)"的旧译写法。

鱽(魛) dāo 鱽鱼,现多作"刀鱼",体长像刀,北方地区称带鱼。也指鲚鱼的一种,即刀鲚。

舸 ㊀ dāo 同"舠",小船。
㊁ diāo 同"船",船名。

蛁 dāo 一种寄生虫,像蛔虫而长。

䫠 dāo[䫠顥](-háo)大脸庞的样子。

dǎo

导(導) dǎo ❶ 引领;带领:～航|～游|前～。❷ 指引;教诲:开～|教～|劝～。❸ 疏通:疏～|～管|～尿。❹ 传导;传递:～热|～电|～体。

岛(島)[㠀] dǎo 四周被大面积水域包围的陆地,三面临水的称半岛:～屿|群～|孤～。

㠀 dǎo "岛(島)"的讹字。

陦(隯) dǎo 同"岛(島)"。

捣(搗)[擣、擣] dǎo ❶ 砸;舂:～蒜|～米。❷ 冲击;攻打:～毁|直～敌巢。❸ 搅扰:～乱|～鬼。

倒 ㊀ dǎo ❶ 倒下;横躺下来:～塌|摔～|～头就睡。❷ 失败;垮台;使垮台:～台|～闭|～阁。❸ 转换;轮换:～车|～手|～班。❹ 买入卖出,从中获利:～买～卖|～汇|～邮票。❺ 食欲变得不好:～胃口。
㊁ dào ❶ 上下或前后颠倒:～立|～影|东西放～了。❷ 向后或往回退:～退|～车|～行逆施。❸ 倾倒出来:～茶|～水|～垃圾。❹ 副词,反而;却:一口气爬到六楼,～不觉得累。

祂 dǎo 同"祷(禱)"。

捯 ㊀ dǎo 同"擣(捣,搗)"。
㊁ dáo ❶ 双手替换着拉回线、绳等:～回风筝|～录像带。❷ 双脚交替着快速向前:双腿紧～。❸ 追溯;追究原因:～根儿。

祷(禱) dǎo ❶ 向神求福或求助:～告|祈～。❷ 请求;书信中用作敬辞,表示期望或请求:夫人～我退贼之策|为～|盼～。

禂 dǎo 同"祷(禱)"。

禑 dǎo 同"祷(禱)"。

禂 dǎo 祈祷牲畜肥壮。

嶋 dǎo 同"島(岛)"。

禱 dǎo 同"祷(禱)"。

禡 dǎo 同"祷(禱)"。

隝 dǎo 同"嶋(島,岛)"。

搗 dǎo 同"擣(捣)"。

嶹 dǎo 同"島(岛)"。

嶌 dǎo 同"島(岛)"。

壔 dǎo 同"壔"。

擣 dǎo 同"擣(捣,搗)"。

蹈 dǎo 同"蹈"。

壔 dǎo 同"壔(壔)"。

蹈 dǎo 同"蹈"。

瘍 dǎo 同"癟(疇)"。

導 dǎo 同"導(导)"。

壔 dǎo 土堡。

蹈 dǎo ❶踩;践踏,引申为投入:若～虎尾|～东海而死|赴汤～火。❷ 跳;顿足踏地:舞～|手舞足～|舞者循声而～节。❸ 登上:或过山脊,或～岭峡。❹ 遵循;实行:循规～矩|当～其言。❺ 乘;利用:～我之隙|无瑕之可～。

嶹 dǎo 同"岛(島)"。

儳 dǎo 同"导(導)"。

衜 dǎo "衜(導,导)"的讹字。

癟 dǎo 同"疇"。

騔 dǎo 同"禂"。

衜 dǎo 同"導(导)"。

衟 dǎo 同"導(导)"。

疇 ㊀ dǎo 病。
㊁ zhǒu 同"疛",心腹病。
㊂ chóu 心悸。

曍 dǎo 同"擣(捣,搗)"。

禱 dǎo 同"禱(祷)"。

騔 dǎo 同"禂"。

鬹 dǎo 同"捣(搗)",砸;舂。

驕 dǎo 同"禂"。

鬹 dǎo 同"擣(捣,搗)",砸;舂。

鸗 dǎo 同"祷(禱)"。

dào

到 dào ❶ 来到;达到:车～站了|春天～了|坚持～最后。❷ 去;往:～外地读大学|～基层去锻炼|～祖国最需要的地方去。❸ 周到,全照顾到:忠实恳～|有不～

之处请原谅。❹用在动词后，表示动作有结果或效果：说～做～｜办得～｜想～一个好办法。❺通“倒”，颠倒：刀尺颠～者，则恐人之议己也。☞到／至／致 “到”和“至”都有来到、到达义。古汉语的“到”多用作及物动词，带宾语，如“靡国不到”（宾语前置）“功施到今”；“至”多用作不及物动词，不带宾语，如“秦师又至”“风雨骤至”。“致”是“至”的后起字，也有达到、使到来义。

陙 dào 同“盗(盜)”。

受 dào 姓。

厥 dào 同“瓙”。

焱 dào 同“盗”。

受 dào 姓。

焘(燾) ㊀ dào 覆盖；荫庇：～以黄土｜～其族。
㊁ tāo 同“焘㊀”，多用于人名。

叡 dào 老；七十岁，一说九十岁。

菿 ㊀ dào 草长且大的样子，引申为大。
㊁ dǎo 草名。

厥 dào “厥”的讹字。

厥 dào 同“盗”。

啩 dào［啩喇］古代剧种名。

盗{盜} dào ❶偷窃：偷～｜～墓｜掩耳～铃。❷偷窃或抢劫财物的人：～贼｜强～｜江洋大～。❸骗取：欺世～名｜～虚声者多，有实学者少。☞盗／贼 用于名词时，古汉语的“盗”指偷东西的人，“贼”指乱臣、犯上作乱的人；现代汉语的“盗”指抢夺别人财物的强盗，“贼”指偷东西的小偷。

悼 dào ❶恐惧：窃～后之危败。❷哀伤；悲痛：闻而～之｜哀戚甚～。❸追念死者：追～｜～念｜～词。

跕 dào 长的样子。

逭 dào 同“道”。

悳 dào 同“悼”。

帱 dào 同“纛”。

道 ㊀ dào ❶路；通道：街～｜管～｜怨声载～。❷方向；途径：门～｜同～｜志同～合。❸方法；技艺：茶～｜养生之～｜生财有～。❹道德；正义：～义｜大逆不～｜得～多助。❺说；讲：～喜｜～谢｜说长～短。❻学术或宗教的思想体系：传～｜卫～｜离经叛～。❼道教；道教徒：～观｜～士｜～袍。❽线条：横～儿｜书上画了不少红～。❾量词：一～河｜两～题｜上了三～漆。☞道／路／途／径／蹊 古汉语中，“道、路、途”本义都指能容车辆通行的道路，“径”“蹊”本义都指不能通行车辆的小路。“径”常指直而近的小路，“蹊”常指经行人反复踩踏而成的小路。
㊁ dǎo ❶疏通：九河既～｜小决使～。❷引导：虞人～前，鹰犬罗后。❸开导；教导：以教～民，必躬亲之。❹治理：～千乘之国。

翢 dào 同“翿”。

菿 dào “菿”的讹字。

稻 dào 同“叡”。

硐 dào 同“碧”。

厥 dào 同“盗(盜)”。

碧 dào 石名。

痒 dào 同“悼”。

檮(檮) ㊀ dào ❶覆。❷黏。
㊁ chóu 稠粥。

衜 dào 同“道”。

衟 dào 同“道”。

稻 dào 同“稻”。

箌 ㊀ dào 同“菿”，大：～彼甫田。
㊁ zhào 同“罩”，捕鱼的竹笼。

賊 dào 同“盗(盜)”。

翢 ㊀ dào 同“纛”。
㊁ zhōu［翢翢］（-zhōu）鸟名。

翿 dào 义未详。（《龙龛手鉴》）

夏 dào 义未详。（《字汇补》）

遀 dào 同"導(道)",说。

稻 dào ❶谷类作物,通常指水稻:～熟鱼肥。❷古代计量单位,用于玉带宽度:所赐玉带,阔十四～。

䆃 dào 同"𨇤"。

衜 dào 同"道"。

艔 dào ❶由机动船牵引的客船。❷渡船。

噵 dào 同"道",说;解释。

𩭔 dào 头发长。

檤 dào 树名。

衟 dào 同"道"。

𥢶 dào 同"檤"。

翿 dào 同"翿"。

䌦 dào 同"道"。

𥢶 dào ❶良禾名,一茎六穗。❷挑选米。

翿 dào 同"翿"。

䭾 dào 长。

𧽯 dào 同"盜(盗)"。

幬 dào 同"梼(檮)",棺木。

翿 dào 同"翿"。

𪏽 dào 义未详。(《字汇补》)

翿 dào 同"纛"。

翿 dào 又称羽葆幢,古代羽舞或葬礼所用的旌旗。

𩪳 dào 同"𦒉"。

翿 dào 同"纛"。

𦄯 dào 绿色。

𦒉 dào 同"耄",九十岁。

𨇤 dào[躼𨇤](lào－)见539页"躼"字条。

瓙 dào 玉。

翿 dào 同"纛"。

纛 dào 同"纛"。

纛 dào(又读dú)❶古代以雉尾或牦牛尾做成的舞具,也用作帝王的车饰:及葬,执～。❷古代军中或仪仗队的大旗:高牙大～。

dē

嘚 ㊀dē ❶拟声词,马蹄声:传来～～的马蹄声。❷[嘚嘚](－de)也作"嘚啵",絮絮叨叨地说:～起来没完|瞎～。
㊁dēi 叹词,驱赶驴、骡等的吆喝声。

dé

㝵 ㊀dé 同"得"。
㊁ài 同"碍(礙)":无～。

旻 dé 同"得"。

垈 dé 土。

恴 dé 同"德"。

貝 dé 同"得"。

㝵 dé 同"得"。

䙷 dé 同"㝵(得)"。

䙷 dé 同"得"。

悳 dé 同"德"。

得 ㊀dé ❶得到;取得:～奖|～胜|～不偿失。❷适合;中意:～当|～法|～心应手。❸完成:饭菜～了|房屋装修过两天就～。❹可以;许可:不～大声喧哗|会议室内不～吸烟。❺用于某种语气。1.表示禁止:～了,别唠叨了。2.表示同意:～,就按你说的办。3.表示无可奈何:～,火车赶不上了。
㊁děi ❶必须;需要:要想取得好成绩,就～下苦功|完成这项工程至少～三个月。❷会

（估计必然如此）：不赶紧出门，就～迟到了。❸满意；舒适：休息日在家看看书，听听音乐，挺～。

㊂de 助词。1. 用在动词后，表示可能或许可：搬～动｜说不～。2. 用在动词、形容词后，连接表示结果或程度的补语：干～好｜大～出奇。☞得/的/地 见186页“的”字条。

淂 dé ❶古水名。（《玉篇》）❷同“得”，取得。

悳 dé 同“悳（德）”。

棏 ㊀dé ❶树名。❷通“得”，取得：～其事迹。

㊁zhé 同“杘”，蚕箔搁架的横挡。

恴｛悳｝ dé 同“悳（德）”。

毣 dé 毛少。

㝵 dé 同“得”。

悳 dé 同“德”。

毦 dé 毛少。

锝（鍀） dé 金属元素，由人工合成获得，有放射性，可用来制铜铁防锈材料。

得 dé “得（得）”的讹字。

得 dé 同“得”。

㝵 dé 病。

軡 dé 弱的样子。

徳 dé 同“德”。

㮷 dé 同“棏”。

䙷 dé 行走的样子。

德［悳］ dé ❶道德，人的生活及行为的准则、规范：～行｜公～｜美～。❷好的品行：缺～｜～高望重｜～才兼备。❸信念；心意：同心同～｜一心一～。❹恩惠；情义：功～｜感恩戴～｜以怨报～。

遳 dé 同“德”。

遳 dé 同“德”。

㯖 dé 同“棏”。

䝶 dé 取。

㾥 dé 同“㝵”。

㥀 dé 同“悳（德）”。

𨗮 dé 同“悳（德）”。

䨁 dé 约。

de

的 de 见186页dì。

哋 de［呲哋］（cī-）斥责：别老～人。

dèn

扽 dèn 同“扽”。

扽 dèn（又读dùn）❶振物或猛拉，使伸直或平整：把绳～直｜把衣服～平。❷拉紧：使劲～着骡子的笼头。

𢫬 dèn 同“扽”。

撜 dèn 同“扽”。

dēng

灯㊀（燈） dēng ❶照明或利用光线传递信号的器具：台～｜探照～｜信号～。❷特指元宵节张挂的灯彩：～节｜～会｜观～。

㊁dīng 火。

㢠 dēng “㢠”的讹字。

豋 dēng 同“登”。

登 dēng ❶从下而上；从低到高：～山｜～高｜～峰造极。❷升迁；提拔：～以为上卿之佐。❸刊载；记载：以～于卷｜～报｜～记。❹踩踏；穿（鞋）；腿脚向下用力：如～平地｜脚～缎靴｜抬脚用力一～。❺（谷物）成熟：五谷丰～。❻用于祭祀的食器：卬盛于豆，于豆于～。❼副词，当即；立刻：～即相许和｜甘雨～降。

豋 dēng 古代盛肉食的器具，也用作祭祀礼器。

𡙁 dēng 同"登"。

𡚣 dēng 同"登"。

𠠲 dēng 钩。

𥰊 dēng 义未详。(《字汇补》)

萱 ㊀ dēng［金萱草］草名。
㊁ chéng 同"橙"，常绿乔木或灌木。

噔 dēng 拟声词，重物落地或撞击声：咯～｜～～的脚步声。

嬁 dēng 美女的样子。

𡚱 dēng 同"登"。

璒 dēng 像玉的美石。

毴 dēng 同"毲"。

甑 dēng 同"甄"。

毲 dēng 哺乳动物：～皮。

甄 dēng 瓦豆，古代礼器。

瞪 dēng 病；病情严重。

蹬 dēng［蹬蹬］站立的样子。

襏 dēng ❶ 毛织的带子。❷ 香囊：锦麝～。

鼟 dēng 拟声词，鼓声。

簦 dēng ❶ 古代雨具，形似笠而有柄，像后世的雨伞：～笠｜朝借一经覆以～。❷［簦篬］(－céng)笠。

趥 dēng 同"登"。

蹬 dēng 同"登"。

蹬 ㊀ dēng ❶ 脚底用力着地或着物：两脚一～，纵身跃过｜～三轮车。❷ 踩；踏：～梯子上房｜桌子被～翻了。❸ 穿(鞋、裤等)：脚～皮靴｜急急忙忙的～上裤子走出来。
㊁ dèng［蹭蹬］(cèng－) 见 82 页"蹭"字条。

覴 dēng ❶ 直视；长时间看。❷ 同"瞪"。

闣 dēng ❶ 登。❶ 增加：分兵～备(备：戒备)。

鬙 dēng［鬙鬡］(－nái)头发很乱的样子。

䜥 dēng 同"燈(灯)"。

鵦 dēng ❶［鵦鶛］(－jiē)鸟名，即秧鸡。❷ 鸺鹠。

děng

丼 děng 同"等"。

䒭 děng 同"等"。

等 děng 同"等"。

䓁 děng 同"等"。

等 děng ❶ 整齐竹简，引申为平齐、相同：相～｜～同｜生死～鸿毛。❷ 级别：五～爵｜优～生｜进秩三～。❸ 辈；类：我～｜公～｜有这～事？❹ 等待；等候：～人｜～一会儿｜这件事～～再说。❺ 称小量东西的衡器，后作"戥"：玉～子｜取～来称称。❻ 助词，表示列举未尽：长江、黄河、黑龙江、珠江～四大河流｜纸张文具～～。

戥 děng ❶ 戥子(也作"等子")，一种小型的秤，用来称金、银、药品等分量微小的东西。❷ 用戥子称：把这个金戒指～一～。

䁮 děng 白。

𢼌 děng 义未详。(《改并四声篇海》)

dèng

邓(鄧) dèng ❶ 用于地名：～州(在河南)。❷ 姓。

㨺 dèng 背负；担：～至坐间(坐：座位)。

橙 dèng 同"㨺"。

䳾 dèng 用于佛经译音。

隥 dèng ❶ 同"磴"，山路的石阶，引申为台阶、楼梯：凌～道而超西墉｜其楼曰万花，～曰丹梯。❷ 险坡：关～｜左关巖～。

凳［櫈］ dèng 登床的家具，后指无靠背的坐具。

墱 ㊀ dèng 台阶：～道。
㊁ dēng［墱墱］（-dēng）筑墙的样子。

嶝 dèng ❶小山坡。❷登山的小路：～石｜～级。

螣 ㊀ dèng 扁担两端挂有东西，也指两端挂着的东西轻重差不多。
㊁ téng 同“螣”。

殩 dèng［殑殩］（lèng-）见583页“殑”字条。

憕 dèng 击。

磴 ㊀ dèng ❶山路的石阶：石～｜绝～。❷台阶、楼梯或梯子的层级：相次九～｜这梯子只有三个～。❸有台阶的石桥：悬～｜松～。❹石凳：青石板～。
㊁ dēng 通“蹬”，踩；踏：把我个竹眼笼的球楼～折了四五根。

瞪 dèng ❶用力睁大眼睛：～圆双眼｜目～口呆。❷睁大眼睛怒视：～视｜他～着店主，十分气愤地说。

镫（鐙） ㊀ dèng ❶（又读dēng）古代盛熟食的器具：实于～。❷马镫，挂在马鞍两旁的脚踏：鞍～｜在～中跌足。
㊁ dēng ❶膏镫，又称锭，古代照明器具：兰膏明烛，华～错些。❷也作“燈（灯）”，油灯：明～｜楼上有～。

蹬 ㊀ dèng［蹬蹬］（-dèng）行走的样子。
㊁ téng［踜蹬］（lèng-）同“踜蹭”。

輊 dèng 车羽。（《玉篇》）

餕 dèng ❶祭祀用的贡品。❷饱；胀：～食。

鞍 dèng 同“镫（鐙）”。

黔 dèng 云色。

鐙 dèng 同“鐙”。

驒 ㊀ dèng 行欲倒。
㊁ tēng 马伤谷病。

藤 ㊀ dèng［薆藤］（mèng-）见643页“薆”字条。
㊁ téng［藤瞢］（-méng）睡眠不足或没睡醒、双目无神的样子。

鐙 dèng 同“鐙”，挂在马鞍两旁的脚踏。

黯 dèng 米变坏发黑。

dī

伍 dī 同“低”。

伭 dī 同“低”。

杢 dī 同“氐”。

侌 dī 同“氐”。

低 dī ❶由下到上距离小；离地面近：～空｜～洼｜水位降～了。❷在一般标准或平均程度之下：～能｜～价｜眼高手～。❸等级在下的：～年级｜～级｜～等。❹声音细小：～音｜～声说话。❺向下垂；俯下：～头｜风吹草～见牛羊。

彽 dī 同“彽”。

沟 dī 义未详。（《改并四声篇海》）

杢 dī 同“氐”。

氐 ㊀ dī 大。
㊁ tì 同“嚏”，喷嚏。

昛 dī 日下。

彽 dī［彽徊］（-huái）徘徊。

姼 dī 用于女子人名。

眂 dī 日。

喎 dī 同“啲”。

鉏（鉏） dī［鉏鉾］（-móu）兜鍪（头盔）类兵器。

偲 dī 同“伍（低）”。

狉 dī 哺乳动物。

砠 dī 同“䃅（磾）”。

罠 ㊀ dī 网。
㊁ dǐ 捕兔网。

瓺 dī 同“瓶”。

瓬 dī 同“瓶”。

祇 dī［祇裯］(-dāo)贴身短衣。

陁 dī 同“隄”,传说中的山名。

紭 dī“紙”的讹字。

赿 dī 同“趆”。

趆 dī 同“越”。

埞 dī 同“隄(堤)”。

剆 dī 用刀剖开。

啲 dī 少许;一点儿:落～糖(放一点儿糖)。

㿵 dī“衺”的讹字。

羝 dī ❶公羊。❷三岁白公羊。

羧 dī 同“羝”。

隄 dī ❶“堤㊀❶”的异体字。❷防范;防止:立法以～民|不以教化～防之,不能止也。❸传说中的山名,产骏马。

紙 dī 丝的渣滓。

趆 dī 快走的样子。

趧 dī“趆”的讹字。

堤 ㊀［❶隄］dī ❶用土、石等修筑的防水建筑物:～坝|河～|决～。❷瓶、罐等的底座:瓶瓯有～。
㊁ shí［堤封］总计:衣食之源,～五万。
㊂ wéi［洡堤］(zhū-)古郡名。(《集韵》)
◆“隄”另见182页“隄”字条。

媞 dī 同“媞”。

羜 dī 同“羝”。

鞮 dī 同“鞮”,皮鞋。

磾(䃅) dī ❶古代染缯用的黑石。❷用于人名:金日(mì)～(汉代人)。

㨂 dī 同“媞”。

傂 dī 同“低”。

腥 dī［脷腥］(lì-)强脂。(《玉篇》)

頔 dī 头下垂的样子。

羝 dī 同“羝”。

滴 dī ❶液体一点一点地落下:～眼泪|～眼药|～水穿石。❷一点一点落下的液体:水～|汗～|油～。❸量词,用于点滴状的液体:一～血|几～药水|数～香油。

堤 dī 同“堤”。

喥 dī 同“嚁”。

嗁 dī 同“嚁”。

嘀 dī 同“嚁”。

嘀 dī 小声说话。

渧 dī 同“滴”。

媞 dī［媞㩦］(-xié)提携;牵引而行。

鍉 ㊀ dī ❶古代歃血用器:奉盘错～,遂割牲而盟。❷中医九针之一。
㊁ chí 钥匙:～以启钥。
㊂ dí 同“镝(鏑)”,箭头:销锋～。
㊃ shì 金属元素“铥(銩)”的旧译写法。

澵 dī 同“滴”。

鞮 dī ❶古代一种皮鞋。❷古代北方、西方少数民族的别称。

嚁 dī ❶用于译音。❷古城名。(《龙龛手鉴》)

dí

亣 dí 入。

廸 dí 同“迪”。

狄 ㊀ dí ❶古代对北方少数民族的泛称。❷古地名,在今山东。❸姓。
㊁ tì 通“剔”,用刀刮去毛发,引申为治理:桓桓于征,～彼东南。

苖 dí 羊蹄菜,又称羊蹄,多年生草本植物。根可供药用,称土大黄。

矿 dí 同“磩”。

迪 dí ❶道路，引申为道理：惠～吉，从逆凶。❷引导；开导：启～｜～民。❸遵循；继承：允～厥德｜汉～于秦，有革有因。

迪 ㊀dí 从容平易而行。
㊁zhòu 同“宙”，古往今来的所有时间。

籴（糴） dí 买进粮食：～米｜～谷。

荻 dí 多年生草本植物，像芦苇，茎可编席或造纸。

啾 dí 同“嘀”。

敌 ㊀**（敵）** dí ❶敌人；仇人：仇～｜～情｜分清～我。❷敌对的：～国｜～军｜～意。❸对抗；抵挡：寡不～众｜所向无～｜试看天下谁能～。❹同等；相当：匹～｜势均力～｜势头不～。
㊁huá 尽。

焍 dí 同“炮”。

涤（滌） dí ❶洗：洗～｜～荡。❷清除：～除｜净心～虑。

楸 dí 树名。

頔（頔） dí 美好。

笛 dí ❶俗称笛子、横笛，竹制管乐器：竹～。❷像笛子的吹奏乐器：竖～｜短～｜长～。❸声响尖厉的发音器：警～｜汽～。

逓 dí 同“迪”。

炮 dí 望见火光的样子。

靮 dí 马缰绳。

觌（覿） dí ❶见；相见：～面不认｜三年不～。❷显示；显现：～露机锋｜昼隐夜～。❸访问；探视：使往～焉｜花红复来～。

滌 dí “滌（涤）”的讹字。

髢 dí（又读 dì）同“鬄”，假发（髮）。

馰 dí ❶［馰顙］（-sǎng）也作“的顙”“的卢”，额头白色的马，也单称馰。❷骏马。

蔋 dí［蔋蔋］也作“涤涤（滌滌）”，荒山秃岭无草木的样子。

跌 dí 同“踧”。

敵 dí 同“敵（敌）”。

蔐 dí 同“荻”。

藡 dí 同“蔋”。

踧 dí 同“踧”。

嘀 dí 见 1244 页 zhé。

得 dí［得滴］水少。

犝 dí 同“犏”。

濂 dí 同“涤（滌）”。

嫡 dí ❶宗法制度下称正妻，也指正妻所生的儿子、家族的正支：～母｜～子｜～出。❷家族中血缘关系最近的：～亲｜～堂兄弟。❸正宗的；正统的：～传｜～系。

翟 ㊀dí ❶又称雉，长尾野鸡。❷古代乐舞所持的雉羽。❸古代绘有雉图案的衣服，也指用雉羽装饰的车。❹通“狄”，周代北方民族名，又称其所建之国。❺姓。
㊁zhái 姓。

樀 ㊀dí ❶屋檐。❷卷丝工具。
㊁zhí 磨床，放置磨盘的木架。

踧 ㊀dí 平坦的样子：～～周道。
㊁cù ❶［踧踖］（-jí）1. 恭敬小心的样子：仍旧～的含糊的答应了一声。2. 徘徊不前。❷吃惊的样子：或人～尔曰。❸通“蹙”。1. 困窘：穷～无聊。2. 逼近：以我强（彊）兵～之。3. 皱缩：～眉啼泣。❹［踧踖］（-qù）屈伸的样子。

黹 dí 妇人面饰。

犏 dí 公牛。

鬴 dí ❶量。❷量器。

嬉 dí 同“嫡”。

藤 dí 同“蔋”。

樀 ㊀dí 同“樀”，屋檐。
㊁shì 树名。

磾 dí ❶坠落。❷碓，舂米的器具。

靌 dí［靌靌］雨；下雨的样子。

镝（鏑） ㊀dí 箭头，也指箭：锋～｜鸣～（响箭）。

㊁dī 金属元素，可用于核工业、激光材料等。

篴 ㊀dí 同“笛”，竹制管乐器。
㊁zhú 竹名。

糴 dí 同“糴（籴）”。

敵 dí 同“敌（敵）”。

髢 dí 也作“髢髰”，发髻；假髻。

藡 dí 同“荻”。

熵 dí 光的样子。

嚁 dí［激嚁］声音急速。

巆 dí 义未详。（《改并四声篇海》）

篴 dí 同“笛”。

鬄 dí［鬄髰］同“髢髰”，发髻；假髻。

蔋 dí 同“藡（荻）”。

樀 ㊀dí 同“樀”。1. 屋檐。2. 卷丝工具。
㊁zhé ❶同“杍”，蚕箔搁架的横挡：蚕～。❷书橱：书～。
㊂通“擿”，投掷：～玉毁珠。

豴 dí 同“蹢”，蹄子：四～皆白。

蹢 ㊀dí 蹄子：有豕白～。
㊁zhí ❶止步。❷足垢。

鰍 dí 鱼名，又称马鰍，生活在海中。

墼 dí 堞，城上矮墙。

滌 dí 同“涤（滌）”。

礄 dí ❶石。❷同“礄”。

蹢 dí 同“蹢”，蹄子。

糴 dí 同“糴”。

鏑 dí 同“镝（鏑）”。

糴 dí 谷物名。

鏑 dí ❶龙锁。❷同“镝（鏑）”，箭头，也指箭。

鸐 dí 雉类鸟。

鸐 dí 同“鸐”。

覿 dí 丑陋。

鹻 dí 咸。

鸐 dí 又称鸐雉、山雉、山鸡，鸟名，即长尾野鸡。

覿 dí 义未详。（《改并四声篇海》）

dǐ

氐 ㊀dǐ ❶根基，根本，后作“柢”：深根固～。❷至，抵达，后作“抵”：南至于～。
㊁dī ❶低下，后作“低”：～首。❷古代西部的少数民族名。❸［氐惆］（-dāo）昏闷。❹［氐道］古县名，在今甘肃。
㊂zhī［氐池］古县名，在今甘肃。

底 dǐ 同“底”。

厎 dǐ 同“抵”。

邸 dǐ 同“邸”。

邸 dǐ 同“邸”。

庡 dǐ 同“底”。

𠂆 ｛𠂆｝ dǐ 同“氐”。

阺 dǐ 同“阺”。

阺 dǐ 同“阺”。

扺 dǐ 同“抵”。

厎 dǐ ❶同“砥”。1. 磨刀石：周道如～。2. 磨砺：饰甲～兵。❷平均：～定｜～其远近。❸致；来：～行。❹至；终：～止。

迡 dǐ 同“遞”。

呧 dǐ 同“呧”。

呧 dǐ 同“呧”。

邸 dǐ ❶战国时诸国客馆；汉代诸郡王侯为朝见而在京城设置的住所：敝衣闲步之～。❷高级官员、贵族办事和居住的地方：官～｜府～｜鼓钟出朱～。❸旅舍：～

舍｜客～｜且日暮,急于问～。❹储存物资的处所:储～｜为～为阁。❺集市的店铺:～店｜茶～。

诋(詆) dǐ ❶谴责;辱骂:～尽流俗｜～大酋当死。❷毁谤;诬蔑:～毁｜巧言丑～。

弤 dǐ 同"弤"。

弦 dǐ 同"弤"。

阺 dǐ 土山坡。

扺 dǐ 同"抵"。

抵 ㊀[❷牴、❷觝] dǐ ❶支撑;顶住:把门～上｜他掏枪～住绑匪的脑门。❷牛、羊等用角顶、触,引申为阻挡、抗拒:～触｜～挡｜～制。❸代替;相当:～押｜～偿｜收支相～。❹到达:～京｜～达。

㊁zhǐ 同"扺",侧击;拍:～掌｜～掌而谈。

坟 dǐ 同"砥"。

呧 dǐ 同"诋(詆)",斥责;谴责。

呧 dǐ 同"呧(诋,詆)"。

牴 dǐ 同"牴(抵)"。

迡 ㊀dǐ 怒不进。

㊁dì 惊不进。

狋 dǐ 狗名。

底 ㊀dǐ ❶物体最下面的部分:锅～｜鞋～｜井～之蛙。❷基础;可留做根据的:～稿｜～账｜刨根问～。❸图案的衬托面:白～青花的瓷瓶。❹末了:月～｜年～。❺代词,何;什么:～事?｜～处?

㊁de 同"的",助词,表示定语与后边的名词是所属关系:我～志愿｜我～处境。

弤 dǐ 漆成红色的用于装饰的弓。

柢 dǐ(又读dì)树根,喻指事物的本源或基础:根～｜根深～固｜病之生也,有根有～,有渐有积。

砥 dǐ 同"砥"。

呧 dǐ 同"呧(诋,詆)"。

牴 dǐ 同"牴(抵)"。

牴 dǐ 同"牴(抵)"。

䟡 dǐ"䟡"的讹字。

䟡 dǐ 同"䟡"。

䟡 dǐ 隐。

砥 dǐ 同"砥"。

砥 dǐ(旧读zhǐ)❶也作"底",磨刀石。❷磨:宝剑未～｜～墨濡毫。❸磨炼;修养:～德修政｜～节洁志。❹平直;平坦:～平｜～路。❺阻滞;阻挡:～乱流｜石～中流。❻[砥砨](-è)宝玉名。

咀 dǐ 同"呧(呧)"。

邸 dǐ 同"邸"。

掋 dǐ 同"抵"。

菧 dǐ[菧苨](-nǐ)又称杏叶菜,多年生草本植物,嫩叶可食,根可供药用。

軧 dǐ 同"軧(軝)"。

軧 dǐ 同"軝"。

砥 dǐ 同"砥"。

砥 dǐ 同"砥"。

觝 dǐ 同"觝(抵)"。

詆 dǐ 同"詆(诋)"。

榐 dǐ ❶樀。(《类篇》)❷同"柢"。

軝 ㊀dǐ 大车后部。

㊁chí 车两尾。

牴 dǐ 同"牴(抵)"。

觝 dǐ 同"觝(抵)"。

觝 dǐ 同"觝(抵)"。

詆 dǐ 同"詆(诋)"。

楴 ㊀ dǐ 同“柢”，树根。㊁ shì 树名。㊂ tì 钗、簪类头饰。

骸 dǐ 同“骶”。

聜 dǐ 同“聜”。

坘 dǐ 同“诋(詆)”。

骶 dǐ ❶背后。❷骶骨，原指尾骨，后指腰部下面、尾骨上面的部分。

軧 dǐ ❶轮。❷同“軝”，大车后部。

踶 dǐ 行走。

聜 ㊀ dǐ ❶不听。❷耳病。㊁ zhì 听觉不灵敏。

觝 dǐ 同“觝(抵)”。

觝 dǐ 同“觝(抵)”。

dì

才 dì 同“第”。

手 dì 同“弟”。

刋 dì 断。

帝 dì 同“帝”。

地 ㊀ dì ❶地球；地壳：天～｜～震｜上天入～。❷陆地；自然形成的地势：山～｜盆～｜沼泽～。❸地面：～板｜水泥～｜碧血满～。❹田地；土地：菜～｜种～｜～租。❺地区；地方：本～｜各～｜殖民～。❻处所；地点：发祥～｜根据～｜目的～。❼路程；里程：两站～｜十里～。❽地位；境地；门第：置之死～｜留有余～｜人非和顺，～实寒微。❾[地支]子、丑、寅、卯、辰、巳、午、未、申、酉、戌、亥的统称，常用来表示次序。
㊁ de 助词：天气渐渐～冷了｜高质量～完成了施工任务｜出得门来慢慢～行。☞地／的／得　见186页“的”字条。

攸 dì 义未详。(《改并四声篇海》)

弟 dì “弟”的讹字。

弔 dì 同“的”，箭靶。

玓 dì［玓瓅］(－lì)明珠发光的样子。

杕 ㊀ dì 树木挺立的样子：有～之杜。㊁ duò 同“柁(舵)”，船舵。

的 dì 同“的”。1.鲜明。2.妇女面饰。

坔 ㊀ dì 同“地”。㊁ làn 平地涌泉：～水。

弟 ㊀ dì ❶次第，次序，后作“第”：乱必有～。❷弟弟，同父母或亲属中同辈而年龄比自己小的男子：二～｜堂～｜妻～。❸称呼年龄比自己小的男子：小～｜老～｜师～。
㊁ tì 敬爱兄长，后作“悌”：入孝出～，人之小行也。

逓 dì 至，来，也作“弔”。

帝 dì 同“帝”。

杕 dì 同“杕”。

帝 dì 同“帝”。

弟 dì 同“弟”。

罤 dì ❶鱼触网。❷系鱼，泛指系：贯鳃～尾｜～以铁锁。

毴 dì 毛根。

的 ㊀ dì ❶鲜明：～然｜～翠｜～其若丹。❷白色：归吟鬓～霜。❸箭靶的中心：有～放矢｜众矢之～。❹目标；标准：目～｜以功用为～｜准～无依。
㊁ dí 副词，确实；实在：～确｜～当｜～系人身。
㊂ de 助词。1.用在定语后，表示修饰关系或领属关系：整洁～环境｜北京～建筑｜我们～母校。2.用在词或词组后，组成“的”字结构，表示人或事物：男～｜红～｜新买～。3.用在句末，表示肯定语气：刚才说好～｜他是坐飞机来～｜这件事她不会同意～。4.同“得(de)”，用在中心词和补语中间：打～那店小二口中吐血｜几日不见，就瘦～这样了。☞的／地／得　作为现代汉语的结构助词，“的”用在定语后，“地”用在状语后，“得”用在补语前。
㊃ dī 的士(小型出租汽车)的简称：面～(形如面包的出租车)｜打～(雇用出租车)｜～姐(称女性出租车司机)。

怟 dì 憋闷。

逓 dì 同"逓"。

哋 ㊀ dì 助词，表示人称代词复数，们：我～。
㊁ diè 用于咒语。

俤 dì ❶ 容貌，引申为相似：～影。❷ 同"弟"，多用于人名。

衪 dì 数学名词，微积分符号之一。

瓻 dì［瓻甇］（-dàng）大瓮。

帝 dì ❶ 天神，宗教或神话中称宇宙的创造者和主宰者：上～｜天～｜玉皇大～。❷ 君主；皇帝：称～｜～王将相｜三皇五～。

逆 dì 同"遞（递）"。

棣 dì ❶"棣"的讹字。❷［游棣］姓。（《通志》）

蝃 dì［蝃蝀］（-gōng）螮蝀，虹的别称。

埊 dì 同"地"。

遰 dì 同"遞（递）"。

舣{舣} dì 同"舣"。

逓 dì 同"递（遞）"。

递（遞） dì ❶ 传送；传交：传～｜～眼色｜～给他一个包。❷ 副词，依次，顺着次序：～加｜～进｜～补。❸ 轮流；交替：列星随旋，日月～照。
◆"遞"另见188页"遞"字条。

遰 dì 同"递（遞）"。

娣 dì ❶ 古代同嫁一夫的姐姐对妹妹的称呼，泛称妹妹：姊～。❷ 诸妾：诸～｜群～。❸ 古代兄妻称弟妻为娣，弟妻称兄妻为姒：～姒。

珶 ㊀ dì 佩玉。
㊁ tí［珶瑭］（-táng）也作"瑅瑭"，玉名。

㮛 dì ❶ 同"揥"，撮取；掠取。❷ 两指急持。

菂 dì 莲子。

睇 dì 同"睇"，斜视。

踶 dì 同"踶"。

棣 dì"棣（棣）"的讹字。

第 dì ❶ 顺次；次序：乱必有～｜次～。❷ 等级：上～赐位郎中｜为三等之～以分配之。❸ 有等级之分的较大住宅：府～｜宅～。❹ 科举应试合格录取：及～｜落～｜屡试不～。❺ 前缀，附着在基数前，组成序数词：～一｜～二天｜～十名。❻ 副词。仅仅；姑且：故初视之亦～罗曼派言情之作｜不得已，～从其言。❼ 连词。但；只是：乃知此物世尚多有，～人不识耳。❽［第五］姓。

偙 dì［偙㑰］（-huì）困劣的样子。

遞 dì 同"遞（递）"。

䑭 dì［䑭䑼］（-dāng）战船。

釱 dì ❶ 古代刑具，像后来的脚镣。❷ 金属元素"钇（釔）"的旧译写法。

埅 dì 同"埊（地）"。

㢩 dì 㢩栢。（《龙龛手鉴》）

啇 dì 动植物的基趾部位，如树根、果蒂、野兽脚掌等。

焍 dì 荆枝，古代用来灼龟甲，占卜吉凶。

祶 dì 同"禘"。

谛（諦） ㊀ dì ❶ 审慎；仔细：～视｜～听｜～思。❷ 明白；了解：虽入于耳而不～于心｜或有未～，循循诱之。❸ 佛教指真理：真～｜妙～。
㊁ tí 同"啼"：哭泣～号｜蹐局（跼）而～，通夕不寐。

䟡 dì 快跑的样子。

摕 dì 同"揥"。

蒂［❶蔕］ dì ❶ 植物花朵、果实与茎相连的部分：花开并～｜瓜熟～落。❷ 末尾：纸烟～｜扫清～欠。
◆"蔕"另见188页"蔕"字条。

棣 ㊀ dì ❶ 棠棣。❷［棣棠］落叶灌木，花、枝叶可供药用。❸ 兄弟；弟，旧时多用于书信：贤～｜览～台画，不觉如置身千山万水中矣。❹ 姓。

㊁ tì 通达:万物～通。
㊂ dài[棣棣](-dài)文雅安和的样子:威仪～。

遰 dì 同“遞(递)”。

睇 ㊀ dì 斜着眼看:～视。
㊁ tī 看;望:仰～天路。

踶 ㊀ dì 踏。
㊁ zhī 同“胝”,手、脚上的茧子。

踧 dì 同“踶”。

舭 dì 同“舭”。

遆 ㊀ dì 同“递(遞)”。
㊁ tí ❶ 用于地名:北～(在山西)。❷ 姓。

渧 ㊀ dì ❶ 水慢慢渗下。❷ 滴水。❸[渧漉](-lì)也作“渧瀝”,过滤。
㊁ tí 同“嗁(啼)”,啼哭:三三五五暗中～。
㊂ dī 同“滴”,水滴;水点:～水不通。

墬 dì 同“地”。

隆 dì 同“地”。

媂 ㊀ dì ❶[点媂]女人的样子。❷ 神名。
㊁ tí 用于女子人名。

缔(締) dì ❶ 固结不解,引申为结合:～合|～结|～约。❷ 结构;建造:～构|～造|～怨。

琋 dì[玛琋脂]用沥青加填充料拌合而成的膏状物。可用来粘贴防水卷材、油地毡、墙面砖和地面砖等。

鞮 dì 刀鞘。

鞈 dì 同“靪”。

鞨 dì 同“靪”。

題 dì 小盆。

蜥 ㊀ dì[蜥蝀](-dōng)同“螮蝀”,虹。
㊁ xué[江蜥]动物名,像蟹。

僀 dì 同“偙”。

遞 ㊀ dì “递”的繁体字。
㊁ shì 同“逝”,往:仪形长～。

艜 dì 船。

鉪 dì 同“鈦”。

腣 dì[腣脃](-guī)腹大;腹部肥胖。

禘 dì ❶ 祭名。1. 帝王在郊外祭天。2. 宗庙五年一次的大祭。3. 宗庙每年夏季举行的祭祀。❷ 细察:观者～心,能各见瑞相。

掃 dì 撮取;掠取。

墒 dì ❶ 台阶。❷ 同“的”,箭靶中心。

靪 ㊀ dì 也作“靪”,补鞋底。
㊁ dī 同“鞮”,皮鞋。

蔕 ㊀ dì “蒂 ❶”的异体字。
㊁ dài 草木根。

遰 ㊀ dì ❶ 去;往:九月～鸿雁。❷ 同“遞(递)”,迭次;依次:～高行之美迹|中外～迁。
㊁ shì ❶ 同“逝”,往:凤漂漂其高～兮。❷ 刀鞘。

碲 dì 非金属元素,是半导体材料,也用于钢铁、陶瓷和玻璃工业。

蝃 ㊀ dì[蝃蝀](-dōng)同“螮蝀”。
㊁ zhuō[蝃蝥](-wú)蜘蛛。

隆 dì 同“地”。

慸 dì ❶ 困顿。❷[慸芥]也作“蔕葪”,细小的梗塞物,比喻嫌隙:细故～兮,何足以疑!❸[慸价](-jiá)也作“懘价”,心不安。

螮(蝃) ㊀ dì[螮蝀](-dōng)虹,后也指桥:映日飘摇～|插天～玉腰阔。
㊁ dài ❶ 蜂。❷ 蛇。

蕪 dì[须蕪]也作“须蘴”,天名。

鍉 dì 同“题”。

僀 dì 同“地”。

甋 dì 瓴甋,长方砖。

毤 dì 同“毤”。

薹 dì 同“蒂(蔕)”。

踶 ㊀ dì 踢:群起而交～之。
㊁ zhì[踶跂](-zhī)用心力的样子:～为义。
㊂ tí 同“蹄(蹏)”:去马之～。
㊃ chí ❶[踶蹰]同“踟蹰”,徘徊不前的样

子。❷通“驰(馳)”,快跑:奔～。

嵏 dì 同“地”。

遰 ㊀ dì 同“遭”。
㊁ dài 同“带(帶)”。

墬 dì 同“地”。

遰 dì 同“递(遞)”,交替:文与气运～升降。

篴 dì[篴钟]古代乐器。

僀 dì 聪慧;敏捷。

䵂 dì 同“的”,鲜明;显著。

髰 ㊀ dì 假发(髲)。
㊁ tì 也作“剃”,剃发。

蔕 dì 通“蒂”,去掉瓜果的蒂,也指瓜果的蒂。

墬 dì 同“墬(地)”。

墬 dì 同“地”。

墬 dì 同“地”。

諦 dì 同“谛(諦)”。

蔕 dì 同“蔕”。

蔕 dì 同“帝”。

蔕 dì 姓,一说同“蔕”。

墬 dì 同“地”。

䵂 dì 同“地”。

灖 dì 同“地”。

diǎ

嗲 diǎ ❶形容娇声或娇态:～声～气|发～(撒娇)|～得让人受不了。❷好;出色:球打得真～!

diān

心 diān 姓。

居 diān 尼。

战 diān[战敠](－duō)也作“掂掇”。1.用手托或拿着东西估量轻重。2.忖度,心里估量、斟酌:心下～|冷眼～。

掂 diān ❶用手托着东西估量轻重:～量|～～分量。❷计较:你这小蹄儿,要～多少过儿才罢!❸拿;提:～夜壶|～着步枪。

聑 diān 较小的耳垂。

唸 diān 念;念叨。

厧 diān 同“顚”。

傎 diān 同“颠(顛)”。

䀡 diān 同“䀡”,眼皮下垂。

嵮 diān 同“巅(巔)”。

猸 diān 义未详。(《龙龛手鉴》)

滇 ㊀ diān ❶滇池,又称昆明湖,湖名,在云南。❷古国名,在今云南。❸云南(地名)的别称:～剧|～北。❹姓。
㊁ tián[滇滇](－tián)同“阗阗”,盛大的样子:泛泛～从高斿(游)。
㊂ zhēn ❶古水名,在今河南。❷[滇阳]古县名,在今河南。

骟(騆) diān 额上带白星的马,也作“颠(顛)”。

槙 ㊀ diān 树梢,也指树倒仆,后作“颠(顛)”。
㊁ zhěn ❶木质纹理坚密。❷土杉,又称罗汉松,常绿乔木。

槙 ㊀ diān 同“槙”。
㊁ zhēn 日本汉字,一种常绿乔木。

瘨 diān “瘨”的讹字。

髻 ㊀ diān[髻鬑](－lián)1.鬓发稀疏。2.头发下垂。
㊁ chān 发髻。

詀 diān 同“诂(詀)㊂”。

瘨 ㊀ diān ❶同“癫(癲)”。1.癫痫病。2.癫狂;狂放:发～|诗性～。❷灾害:旱弗～兮涝弗禳。
㊁ chēn 腹胀病。

D

颠(顛){巔} ㊀ diān ❶头顶，泛指耸立物的顶端：有马白～｜山～｜～峰。❷倒仆；倒置：～覆｜～扑不破｜～倒。❸上下震动；跳动：～簸｜连跑带～｜跑跑～～。❹通"癫(癲)"，癫狂；疯：～疾｜～狂。❺姓。
㊁ tián［颠颠］(-tián)忧思的样子：色容～。

趚 ㊀ diān ❶奔跑时向前跌倒。❷跑的样子。❸悄然行进的样子：跨上马，一弯腰，顺着街就～下去了。
㊁ diàn 跑。

蹎 diān ❶跌倒；颠仆：～仆气竭｜执事恐～。❷奔走；跋涉：不辞他往返～，甘将这辛苦肩。

䨹 diān ❶拟声词，雨声。❷雨过大。

巅(巔){巓} diān 山顶，也作"颠(顛)"。

黇 diān［𪏮黇］(lián-)见564页"𪏮"字条。

蕇 diān 同"颠(顛)"。

㾬 diān 冢，一说同"颠(顛)"。

傎 diān ❶同"颠(顛)"。❷陨落。

癫(癲) diān ❶精神病，精神错乱，也比喻像得癫病似的精神状态或行为：～狂｜乐～～｜疯疯～～。❷［癫痫］(-xián)俗称羊痫风、羊角风，一种由脑部疾患或脑外伤引起的病。

顛 diān 同"颠(顛)"。

攧 diān ❶跌；摔：～下水中｜～碎玉盏。❷顿足，跺脚：绣鞋重～｜三转身，两～脚。

蕻 diān 草叶末梢。

寘 diān 同"颠(顛)"。

殜 diān 殒。

齻 diān 又称真牙、智牙、智齿，牙床末端最后长出的两对大牙。

蹎 diān ❶顿(足)：～着双足。❷跑：硬住脚往外～。

䵤 diān［䵤䵷］(-xí)蛙类动物。

蹎 diān 同"蹎"。

齻 diān 同"齻"。

diǎn

奌 diǎn 同"点(點)"。

典 diǎn ❶经典，典范性书籍：字～｜法～｜引经据～。❷标准；法则：～范｜～章｜～要。❸隆重的仪式：～礼｜盛～｜大～。❹典故，诗文中引用的古书里的故事或词句：用～。❺抵押：～当｜～押。

耂 diǎn ❶老人面部黑斑。❷老。

点(點) diǎn ❶小黑点，引申为小的水滴或痕迹：雨～｜斑～｜污～。❷一定的位置或程度的标志：起～｜落～｜沸～。❸事物的方面或部分：优～｜缺～｜特～。❹汉字的一种笔画，形状是"、"。❺用笔写或画上点子：～句｜评～｜画龙～睛。❻一起一落地动作：～头｜蜻蜓～水。❼使一点一滴地落下：～播玉米｜～眼药。❽逐个查对；从中挑出：～名｜～货｜～播歌曲。❾时间单位；规定的时间：钟～｜下午三～｜火车晚～了。❿量词，用于想法、意见等：两～建议｜三～要求。

畠 diǎn 同"典"。

㙛 diǎn 同"典"。

岐 diǎn 义未详。(《改并四声篇海》)

耂 diǎn 同"耂"。

萁 diǎn 同"典"。

㫾 diǎn 义未详。(《改并四声篇海》)

玷 diǎn 瓦器缺损。

婰 diǎn 用于女子人名。

敟 diǎn 同"典"。

蒧 diǎn ❶草名。❷也作"點"，用于人名：曾～(孔子的弟子，春秋时人)。

碘 diǎn 非金属元素，其酒精溶液称碘酊或碘酒，可用来制药和染料等。

皵 diǎn 皮起。

筻 diǎn ❶同“典”，经典。❷又称钓丝竹，竹名。

簞 diǎn 同“典”。

蕇 diǎn 葶苈。

踮 diǎn ❶提起脚跟，用脚尖着地，也特指跛足人走路用脚尖点地：～着脚擦上边的窗玻璃｜～脚。❷用脚尖着地轻快行走：一地里快蹿轻～，乱走胡奔｜待～着个鞋底儿去拣那浅中行。

點 diǎn 同“點(点)”。

嚸 diǎn 同“點(点)”。

diàn

甸 diàn 同“有”。

有 diàn 坚硬；坚实。

电(電) diàn ❶闪电，阴雨天气空中云层的放电现象：～闪雷鸣｜雷～交加。❷一种重要能源，能发光、发热、产生动力等：～力｜发～｜～脑。❸触电，受电流打击：小心～了人｜手被电门～了一下。❹电报，用电信号传递的文字等信息：急～｜通～｜贺～。❺打电报：～告｜～贺｜～汇。

刮 ㊀ diàn 玉上的瘢痕、残缺之处，引申为缺点，后作“玷”。
㊁ diǎn 斫：～杀。

佃 diàn 见 944 页 tián。

甸 diàn ❶古代王城周围五百里以内之地，引申为远郊：郊～。❷甸子，放牧的草地，多用于地名：草～｜桦～(在吉林)｜宽～(在辽宁)。

阽 diàn(又读 yán) ❶危险，引申为临近(危险)：～余身而危死兮｜～于死亡｜数～于危。❷临近：～焦原而跟止。

坫 diàn“坫”的讹字。

坫 ㊀ diàn ❶古代室内搁置食物、器物的土台。❷古代商贾置放货物的土台，类似柜台，后作“店”。❸文坛：文～｜弱冠后，雄长坛～。
㊁ zhēn 停放灵柩待葬。

殎 diàn 义未详。(《龙龛手鉴》)

店 diàn ❶旅馆；客栈：旅～｜住～｜大车～。❷商店；铺子：药～｜饭～｜零售～。❸用于地名：驻马～(在河南)｜长辛～(在北京)。

玷 diàn ❶玉上的斑点或瑕疵，比喻污点或缺点：白珪之～｜使良工琢之，去～以成器｜终身之～。❷污损；使受辱：～污｜～辱。

垫(墊) diàn ❶地面下陷，泛指下陷、沉没：水乡民三舍～为池｜濒水者多～溺。❷支撑；衬托：桌子腿下～了几块砖｜把报纸～在书下边。❸垫子，垫在下面的东西：鞋～｜座～｜靠～。❹暂时替别人付钱：～付｜你～的钱，过几天就归还。❺先少吃一点儿东西：饿了就先～点儿东西｜喝酒前先吃点儿馒头～～。

欿 diàn 义未详。(《改并四声篇海》)

扂 diàn ❶门闩。❷关门。

眲 diàn 义未详。(《改并四声篇海》)

靟 diàn 同“扂”。

淔 diàn 同“淀”，浅水泽，多用于地名：浮鸡～。

椚 diàn 门押。(《篇海类编》)

梛 diàn“椚”的讹字。

蚸 diàn(又读 tíng)同“蜓”。

唸 ㊀ diàn[唸㕿](-xī)也作“念咿”，呻吟：民之方～。
㊁ niàn ❶“念❹❺”的异体字。❷嘴里发出(声音)：不～声。

硰 diàn 用木柱等支撑倾斜的房屋。

淀(❷澱) diàn ❶浅水湖泊，也用于地名：荷花～｜茶～(在天津)｜白洋～(在河北)。❷未溶解的物质沉积到底层：沉～｜积～｜～粉。

惦 diàn 挂念；思念：～记｜～念。

婝 diàn 用于女子人名。

琔 diàn 玉的色泽。

䍄 diàn 铺垫在器物底下使平稳，后作“垫(墊)”。

D

𦶟 diàn 同“䓦”。

蜓 ㊀ diàn[蝘蜓](yǎn-)见1107页“蝘”字条。
㊁ tíng[蜓蚞](-mù)又称蟌蟌,即蟪蛄。

㱧 diàn[㱧呬](-xī)同“唸呬”,呻吟。

奠 diàn ❶ 陈设祭品向死者致敬:祭~|~仪(旧指送给死者家属的钱,以代祭品)。❷ 稳定地建立或安置:~定|~基(打下建筑物的基础)|~都(确定国都的地址)。

䨟 diàn“電(电)”的讹字。

蜔 diàn[螺蜔]见614页“螺”字条。

㱛 diàn“殿”的讹字。

𡫡 diàn 山下穴。

𣢲 diàn 呻吟。

殿[殿、殿] diàn ❶ 高大的房屋,后专指供奉神佛或帝王处理政事的房屋:佛~|官~|金銮~。❷ 行军走在最后,泛指在最后:~军|~后|~诸忠而无愧色。

㼭 diàn 同“奠”。

電 diàn 同“電(电)”。

䨮 diàn 同“電(电)”。

𡪹 diàn ❶ 房屋倾斜下陷。❷ 睡觉时心口处受压抑而做恶梦。

𥨍 diàn 同“𡪹”。

霮 diàn 同“電(电)”。

蝘 diàn[蝘蜧](yǎn-)同“蝘蜓”。

嵮 diàn 古山名。(《集韵》)

𢕙 diàn[𢕙𢙷](-xiàn)也作“𢙷𢕙”,行走的样子。

澱 diàn 同“澱(淀)”。

㼭 diàn ❶ 储备。❷ 同“垫(墊)”:~板。

靛 diàn ❶ 靛青,又称蓝靛,蓝色染料。❷ 深蓝色:~青|~蓝色的天空。

𡐝 diàn 同“壂”。

𦼮 diàn[𦼮𧁊](-táng)大果榆,落叶乔木或灌木,嫩果可食,种子可供药用。

橂 diàn 木质纹理坚密。

㗴 diàn[㗴呬](-xī)同“唸呬”。

壂 diàn ❶ 同“殿”,殿堂:宗~。❷ 铺;砌:庭中皆~以文石。❸ 地基:基~。❹ 同“淀(澱)”,沉淀物;渣滓:积日久,~日浅。

𢅏 diàn 义未详。(《改并四声篇海》)

磹 ㊀ diàn 同“垫(墊)”:醉饱睡卧高~足起。
㊁ tán 用于地名:~口(在福建)。

𩂷 diàn 同“電(电)”。

𥢶 diàn[𥢶穇](-cǎn)谷类作物。

𡑥 diàn 同“𡪹”。

𡒓 diàn 同“𡪹”。

簟 diàn ❶ 用竹篾或芦苇编的席:~席|如锋芒刺于衾~。❷ 竹名。

𥳁 diàn 竹名。

癜 diàn 癜风,皮肤病的一种。

㙟 ㊀ diàn 同“琔”,玉的色泽。
㊁ tiàn 同“瑱”。

𦆘 diàn 有花纹的丝织品。

𩅹 diàn ❶ 寒冷。❷ 早霜。

𩃰 diàn 同“電(电)”。

𩄶 diàn 同“電(电)”。

𥷏 diàn 义未详。(《改并四声篇海》)

𩆏 diàn 同“𩅹”。

黗 diàn ❶ 沉渣。❷ 蓝色染料。

𪑤 diàn 同“黗”。

潬 diàn[潬沿](-yǎn)水满。

驔 diàn ❶脊毛黄色的黑马。❷马小腿有长毛。
𩅜 diàn 同"𩄱"。
䵎 diàn 同"黗"。
簟 diàn 同"簟"。
黷 diàn 同"黗(黗)"。
驔 diàn 同"驔"。

diāo

刁 diāo ❶狡猾;无赖:～滑|～棍(恶人)|她很～。❷诱骗:将我茶茶小姐～拐将去了。❸姓。
汈 diāo 山穴。
刐 diāo 断;断取。
叼 diāo 用嘴衔或用牙咬住:嘴上～支烟|猫把鱼～走了。
汈 diāo[汈汊](-chà)湖名,在湖北。
刟 diāo 割断。
虭 ㊀ diāo[虭蟧](-liáo)也作"蛁蟟",蝉名。㊁ dāo[虭蟧](-láo)同"叨唠""唠叨"。
犯 diāo ❶短尾狗。❷同"貂"。
袑 diāo ❶以绢贴于棺中。❷给衣服加上皮毛的里子。
矵 diāo ❶短。❷短尾犬。
凋 diāo 同"雕"。
凋 diāo ❶草木零落:～零|～落|～谢。❷衰落;衰败:～残|～敝。
裯 diāo 古代一种衣服,也指一种少数民族衣服。
裯 diāo 棺衣。
雅 diāo 同"鵰"。
奝 diāo 同"㚋"。
蛁 diāo ❶虫名。❷[蛁蟟](-liáo)也单称蛁,蝉名。

舠 diāo ❶吴船。❷船名。
奝 diāo[奝然]也作"奝然",北宋时日本僧人名。
弴 diāo 有纹饰的弓。
琱 diāo ❶像玉的美石。❷"雕❷❸"的异体字。
貂 diāo 哺乳动物,毛皮珍贵。
蒲 diāo[蒲葫]菰米,菰(茭白)的果实。
碉 diāo ❶石头盖的房子:山～|负峒阻～。❷碉堡,军事上用于防守的建筑物:～楼|明～暗堡。
鳭 ㊀ diāo[鳭鷯](-liáo)也作"鵰鷯",即鹪鹩。㊁ jiāo 同"鹪(鷦)"。
鵰 ㊀ diāo[鵰鷯](-liáo)鸟名。㊁ zhāo[鵰鶇](-náo)鸟名,即黄鸟。
蔮 diāo[蔮葫]同"蒲葫"。
篙 diāo[袟篙](zhì-)见1266页"袟"字条。
㚋 diāo ❶大。❷多。
鼦 diāo 同"貂"。
鼦 diāo 同"貂"。
鵰 ㊀ diāo 仔细看。㊁ dōu[鵃鵰](huān-)传说中的怪鸟,喙像鸟,面部像人,有翅膀却不能飞。
雕[❶❷鵰、❷❹彫、❷❸琱] diāo ❶老雕,鸟名,性凶猛,捕食野兔、鼠等。❷在竹、木、玉、石、金属等上面刻形象或文字:～刻|～花|木～泥塑。❸用彩画装饰:～饰|～弓|～栏画栋。❹通"凋",草木枯萎;衰落:茎弱易～|风教～薄。
◆"琱"另见193页"琱"字条。
鲷(鯛) diāo 鲷科鱼的总称,常见的有真鲷、黄鲷、黑鲷,生活在海中。
鮉 diāo 同"鲷(鯛)"。
鵰 ㊀ diāo[鵰鷯](-liáo)也作"鵰鷯",鸟名。㊁ tiáo[鵰毷](-xiāo)也作"毷毷",鸟尾上的翘毛。㊂ xiāo[鵰毷](-xiāo)也作"翻毷",毛的样子。

鵰 diāo 同“雕”，鹰类鸟。

鼦 diāo 同“貂”。

弴 diāo 同“弴”。

鸍 diāo 同“鵰(雕)”。

diǎo

㇊ diǎo ❶悬挂：了～。❷男性生殖器。

幻 diǎo 同“𠃋”。

𠃋 diǎo 悬物的样子。

扚 ㊀ diǎo 速击；旁击。
㊁ dí 引，拉开：劲～国门之关。

帎 diǎo 绢布头。

扐 diǎo 同“扚”。

杓 diǎo ❶禾穗下垂的样子。❷悬物。

紵 diǎo 同“鳥(㇊)”。

屌 diǎo 男子外生殖器的俗称。

秧 diǎo 同“杓”。

袦 diǎo 同“褐”。

幔 diǎo 绢幔。(《玉篇》)

褐 diǎo 短衣。

篤 diǎo 竹名。

鳥 diǎo 同“㇊”。

diào

弔 diào 同“弔(吊)”。

弔 diào 同“弔(吊)”。

吊[弔] diào ❶祭奠死者；慰问遭到丧事的人家或团体：～丧｜～孝｜～唁。❷怜悯；安抚：～民伐罪。❸追思：凭～古今。❹悬挂：～灯｜～桥｜棚上～着两个葫芦。❺用绳索等系住提起或放下：～车｜～水｜把集装箱～下来。❻提取；调用；没收：～档｜～卷｜～销。❼旧时货币单位，一吊一般等于一千个制钱或等值的铜钱。☞吊/弔 在异体字整理前，表示悬挂义多用“吊”，表示慰问、体恤义多用“弔”。

佻 diào［佻儅］(－dāng)不经常；不长久。

钓(釣) diào ❶用饵诱鱼、虾等上钩：～鱼｜～虾｜～具。❷钓钩：操竿下～｜无饵之～。❸用手段谋取、引诱：～名｜～利｜沽名～誉。

㧅 diào 古代农用器具。

莜(蓧) ㊀ diào 古代农用器具，可盛杂草：荷～衰翁。
㊁ tiáo ❶同“蓨”，即羊蹄菜，多年生草本植物。❷通“条(條)”：烟梢露～，交翠低昂。
㊂ dí 古代盛放种子的器具。

朓 diào 同“眺”。

瓝 diào 同“铫(銚)”。

訋 diào ❶挐。(《玉篇》)❷声。(《集韵》)

窎(窵) diào ❶［窎窅］(－yǎo)深邃的样子。❷远；长：～远｜～长｜迢迢天样～。

调(調) diào 见948页tiáo。

䂪 diào ❶杠。❷床板。

絩 diào 用绳捆绑。

掉 diào ❶摇摆；摆动：～臂而去｜尾大不～。❷回头；回转：～头｜～转方向。❸落下；落在后面：～泪｜～队。❹丢失；遗漏：钱包～了｜这一行～了两个字。❺减损；降低：～价｜～色｜～膘。❻用在动词后表示动作完成：改～｜戒～｜吃～。

畇 diào ❶田不耕而火种。❷同“垗”。1.祭坛四周的边界。2.墓地。

铞(銱) diào［铞子］用于煎药或烧水的罐状器皿：药～。

朓 diào 同“䂪”。

蓧 diào 同“莜(蓧)”。

敁 ㊀ diào 扑。
㊁ chuò 夺取物。

銚 diào 也作"铫(銚)",铫子,煎药或烧水用的器具。

盄 diào 同"莜(蓧)",古代农用器具。

鈟 diào 同"钓(釣)",钓鱼。

碍 diào[硗碍](qiāo-)石名。

竨 diào[竨竨](-yào)高危的样子。

葯 diào 草名。

霏 diào[霄霏]虚无寂寞。

魡 diào 同"钓",钓鱼。

寫 diào"寫(窎)"的讹字。

擲 diào 同"掉"。

儨 diào 独自站立。

鋽 diào ❶古代煮食器,一说同"铫(銚)"。❷未炼的铁。

瘹 diào ❶狂病。❷小儿病。

藋 ㊀ diào 藜类植物。
㊁ dí[藋粱]植物名。
㊂ zhuó[蒴藋](shuò-)见 892 页"蒴"字条。

䨟 diào 䨟习。(《玉篇》)

篛 diào 竹名。

殩 diào 牛羊死。

蓧 diào 同"藋",藜类植物。

鑃 diào ❶同"铫(銚)",大口、有柄有流的罐形烹煮器。❷[句鑃](gōu-)见 295 页"句"字条。

藋 diào 同"藋",藜类植物。

鑵 diào 同"铫(銚)",大口、有柄有流的罐形烹煮器。

diē

爹 diē ❶父亲(叠用义同):～妈|亲～～。❷对老年男子或年长男子的尊称:老～|阿～。❸祖父:阿～。

跌 diē ❶失足摔倒;(身体)失衡:～倒|～跤|～～撞撞。❷摔下;落下:从楼上～下来|～入水中。❸跺(脚):～足长叹。❹比喻行文、音调等起伏顿挫:～宕|腾～。❺(物价等)下降:～价|价格下～|股市暴～。

惵 ㊀ diē[惵惵](-diē)不自安。
㊁ dì(旧读 chài)[惵价](-jiá)同"懘价"。

褺 diē 同"褺"。

褺 diē 重衣。

褻 diē 同"褺"。

蹛 ㊀ diē 同"跌"。
㊁ dān[蹛襤](-lán)同"襜襤",汉代北方部落名。
㊂ zhì 同"滞(滯)",停滞;囤积:留～无所食|～财役贫。

褺 diē 同"褺(褺)"。

dié

殅 dié 义未详。(《改并四声篇海》)

苵 dié 草名。

迭 dié ❶交替;轮流:更～|～为宾主。❷副词,屡次;连着:～次|～有新作|高潮～起。❸及:忙不～|叫苦不～。☞迭/叠 "迭"多表示发展变化的时间频次,"叠"多表示事物在空间中的重复。

戜 dié 同"戜(戜)"。

揲 ㊀ dié 同"抶"。
㊁ shè 同"摄(攝)",摄取;吸取:荡魂～魄。

垤 dié ❶蚂蚁做窝时堆在洞口的小土堆:一～蚁追奔|螘～之比大丘。❷小山丘;小土堆:丘～|人莫跌于山而跌于～。

昳 ㊀ dié 太阳偏西:自晡至～,始罢席。
㊁ yì 通"逸",特出:身体～丽。

囯 dié 下入。

峌 dié 同"嵽(嵽)"。

佴 dié［佴僁］(-xiè)轻佻的样子。

瓞 dié "瓞"的讹字。

胅 dié ❶骨肉凸起：～出｜～起。❷臀部。

闺(閨) dié 关闭：静把柴门～。

恎 dié 凶狠。

屖 dié 同"屧"。

绖(絰) dié 古代服丧时扎在头上或腰部的葛麻布带：首～｜衰～。

臷 dié 同"戜"。

耊 dié 同"耋"。

迭 dié［迭逽］(-xiè)跑的样子。

硃 dié［砲硃］(báo-) 见716页"砲"字条。

殜 dié 义未详。(《龙龛手鉴》)

眣 dié 眼睛不正。

眰 dié 同"眣"。

咥 dié［咥哫］(-dōu)话多。

瓞 dié 同"瓞"。

瓞 dié 小瓜。

瓞 dié 同"瓞"。

跌 ㊀ dié 触。
㊁ zhì 手拔物。

渫 dié ❶冷。❷同"渫"。

屟 dié 下。

堞 dié 同"堞"。

戜 dié ❶锋利。❷古国名。(《玉篇》)

眰 ㊀ dié 同"眣"。
㊁ zhì 同"觊"，看。

戜 dié 同"戜"。

曡 dié 同"叠"。

啑 ㊀ dié "喋㊀❷"的异体字。
㊁ shà ❶"喋㊂"的异体字。❷［啑喋］(-zhá)同"唼喋"。

喋 dié 同"喋"。

腜 ㊀ dié 同"胅"。
㊁ tī ❶［腜腷］(-biàn)薄。❷有机化合物。

跌 dié 同"跌"。

渫 dié［浹渫］(xiá-) 见1027页"浹"字条。

惵 dié 同"惵"。

谍(諜) dié ❶刺探；侦察：～虚实｜初～城中无兵。❷刺探情报的人：间～｜～报敌骑至。❸通"喋"，啰唆，话多：～利口捷给哉！

跌 dié 又称蛩，毒蛇名，蝮蛇的一种。

堞 dié 城上齿状凹凸形矮墙(又称女墙)，泛指城墙：城～｜古～｜水国恃舟，犹陆恃～。

截 ㊀ dié 老：时迈齿～。
㊁ tiě 通"驖"，赤黑色的马。
㊂ zhí 传说中的古国名。(《山海经》)

趃 ㊀ dié ❶大步前行。❷同"跌"。
㊁ tú 跑的样子。

耋 dié 年老，七八十岁的高龄，也指高龄老人：～老｜遗～。

殜 dié 同"殜"。

喋 ㊀［❷啑］ dié ❶啰唆，话多：胡～｜～～不休。❷流血的样子：～血｜尸僵血～。
㊁ zhá［唼喋］(shà-) 1.水鸟、鱼等吃食：～青藻。2.拟声词，水鸟、鱼等吃食声：～争食。
㊂［啑］ shà 通"歃"，歃血为盟：～血｜～盟。
◆"啑"另见196页"啑"字条。

曡 dié 积，一说同"叠"。

啑 dié 同"啑(喋)"。

嵽 dié［嵽嵲］(-niè)高山。

𡸣(𡸣) ㊀ dié ❶［𡸣嵲］(-niè)1. 高山；山的高处。2. 小而不安的样子。❷山高的样子。
㊁ dì［岧𡸣］(tiáo-)1. 山高的样子。2. 远的样子。

怗 dié 安。

𡺚 dié 同“𡸣(𡸣)”，山高的样子。

㯲 dié 同“牒”。

𦢊 dié 同“牒”。

𩗴 dié 同“颭”。

詄 dié ❶遗忘：天门开，～荡荡。❷误。

惵 dié 恐惧：～惧｜小豌亦勿～。

𨻫 dié 用于佛经译音。

𩬮 dié 同“跌”。

殜 dié（又读 yè）❶病。❷［殜殜］（气息）微弱的样子：气息～｜气～然微动。

𨶲 dié［閪𨶲］(xié-) 见 1054 页“閪”字条。

蛈 dié 同“蝶”。

𧒂 dié 同“蝶”。

𨾇 dié 同“鴃”，鸟名，杜鹃鸟。

𣯫 dié 同“氎”。

牒 dié ❶简札，古代用于书写的竹片、木片等：简～｜玉～。❷文书；凭证：～文｜度～｜通～（两国交换意见的文书）。❸家谱：家～｜谱～。❹诉状；讼词：讼～。❺古代授官的簿籍：图～｜县～。❻床板。

𦜓 dié 同“胅”。

𧩼 dié 同“詄”。

𧜓 dié 同“褋”。

𤗉 dié 床板。

叠［曡、曡、疊］ dié ❶重复堆积；重复：～床架屋｜～罗汉｜重见～出。❷折叠（衣被、纸张等）：～衣服｜铺床～被｜把信～好装入信封。☞叠/迭　见 195 页“迭”字条。

𡐨 dié 同“堞”。

㩸 dié ❶擿。❷摘。

𦵾 dié 同“苵”。

碟 dié 盛食物的器具，比盘子小。

𥉮 dié 同“眣”。

𣊖 dié 同“𥉮(眣)”。

𧍓 dié ❶“蝶㊀”的异体字。❷海蟹的一种。

𣰆 dié 同“氎”。

𡺚 dié ❶［𡺚嵲］(-niè)山的样子。❷同“嵽𡸣(𡸣)”。

嵽 dié 同“𡸣(𡸣)”。

㡇 dié 同“褶”。

𨫒 dié 同“堞”。

𦢊 dié 同“牒”。

褋 dié 单衣。

𧜟 dié “褶”的讹字。

鞊 dié［鞊韘］(-shè)也作“鞢韄”，胡服上的金属饰件。

𪒻 dié 义未详。（《改并四声篇海》）

緤 dié 外国布名。

㙶 dié 同“堞”。

𣩷 dié 同“殜”。

𤦴 dié 同“绖(経)”。

𠻤 dié 同“喋”。

𡁻 dié 同“咥”。

踈 dié 同"蹀"。

蹀 dié 同"蹀"。

蝶 ㊀[蜨] dié 蝴蝶:身轻如～|花丛乱数～。
㊁ tiē[蝶蜡](-tà)虫名。
◆"蜨"另见 197 页"蜨"字条。

螲 dié "螲"的讹字:～蟷(螲蟷)。

骮 dié 同"胅"。

牒 dié 治。

艓 dié 小船。

諜 dié 同"諜(谍)"。

諜 dié 同"諜(谍)"。

載 dié 同"苵"。

殜 dié 同"殜"。

瞮 dié[瞮䁾](-xuè)恶的样子。

蹀 dié ❶蹈;踏脚:～足|足～阳阿之舞。❷跺,顿足:～足。❸蹀躞,小步走:抬起左脚向一条～到他脚边的小狗猛力踢了一下。

鴃 ㊀ dié 同"鴃",鸟名。
㊁ hú 隼。

牒 dié 同"牒"。

鴃 ㊀ dié 杜鹃鸟。
㊁ yì 水鸟名。

磾 dié 同"㬪"。

褶 ㊀ dié ❶夹衣。❷穿在最外层的衣服。❸上衣。
㊁ xí 古代一种骑服:中官紫～。
㊂ zhě 衣服、布、纸、皮肤等上面的折皱:百～裙|纸上压出两道～儿|一脸～儿。

韘 dié 古代缝纫时戴在手指上的皮革指环,以防针刺,像后来的顶针。

榺 dié 屋笮板。

蹀 dié 同"蹀"。

鴃 dié 同"鴃",杜鹃鸟。

鰈(鲽) ㊀ dié 鲽鱼,比目鱼的一类,常见的有叶鲽、星鲽、高眼鲽等,生活在近岸浅海。
㊁ qiè 同"鯜",鱼名。
㊂ zhá[魻鰈](xiā-)见 1029 页"魻"字条。

襍 dié 同"褋"。

縪 dié 结。

疊 dié 同"𨇚"。

𨇚 dié ❶绊足。❷小步。

蹴 dié 同"𨇚"。

蹓 ㊀ dié 同"𨇚"。
㊁ xiè[蹓蹀](-dié)同"躞蹀":连手～舞春心。

顊 dié[顊頰](-jié)脑袋小的样子。

疊 dié 同"氎"。

艓 dié 同"𦫃"。

艓 dié 同"𦫃"。

鰈 dié 同"鰈(鲽)"。

疊{疊} dié 同"叠"。

黩 dié 同"黩"。

黩 dié 同"黩"。

疊 dié 同"氎"。

黩 dié 竹里黑。

篠 dié 簸。

嚸 dié[嚸窨](-yìn)也作"嚸喑",唉声叹气,隐忍不语:终朝嚸喑。

蠂 dié 同"蜨(蝶)"。

氎 dié 同"氎"。

籐 dié 簸。

䲜 dié 同"耋"。

鰈 dié 同"鲽(鰈)",比目鱼。

嚸 dié 同"咥"。

劃 dié 刺。

擪 dié ❶排。❷收。

攂 dié 同"擪"。

欔 dié 树名。

欙 dié 树名。

氎{氎、㲲} dié ❶细毛布;细棉布:～巾|染～。❷用细毛布或细棉布做的大衣外套:被～|失～。

疊 dié"疊"的讹字。

㲲 dié 同"氎"。

褶 dié 同"氎"。

疊 dié 同"氎"。

轞 dié 拟声词,车行声。

躡 dié 拟声词,跑或行走声。

纚 dié 同"氎"。

鸓{鷃} dié 传说中的怪鸟,像鹊,两个头,四条腿。

diě

㢋 diě 义未详。(《改并四声篇海》)

diè

㾀 diè 用于梵语译音。

䩞 diè 同"䩞(㾀)"。

䩞 diè 同"㾀"。

dīng

丁 ㊀ dīng ❶钉子,后作"钉(釘)":以所贮竹头作～装船。❷天干的第四位,常用作顺序的第四。❸强壮:～强武猛。❹成年男人:成～|壮～。❺从事某些工作的人:园～|门～(旧指看门人)。❻人;人口:添～|人～兴旺。❼肉、蔬菜等切成的小方块:鸡～|萝卜～。❽遭逢;遇到:～忧|～兹盛世。❾姓。❿同"叮",蜂、蚊子等虫类吸食:在上的变成无数的黄蜂,扑头扑脑乱～。

㊁ zhēng[丁丁](-zhēng)1. 拟声词,伐木声、弹琴声等:伐木～|宜围棋,子声～然。2. 雄健的样子:黑鵰～。

亇 dīng 同"丁"。

仃 dīng[伶仃](líng-)见581页"伶"字条。

阞 dīng 古丘名。(《说文》)

叮 dīng ❶蚊子等虫类吸食:蚊～虫咬|被蚂蟥～了一下。❷追问:～问。❸反复嘱咐:～嘱|～咛。❹用于拟声词:～当作响|泉水～咚|～～当当。

帄 dīng 补丁,补在衣服破损处上的布块等。

行 dīng[伶行](líng-)见581页"伶"字条。

玎 dīng 拟声词,玉石等碰击声:～玲|～珰。

盯 dīng 注视,集中注意力看:～着前方|～住目标。

钉(釘) ㊀ dīng ❶用于楔入或衔接物体的物件:竹～|铁～|螺丝～。❷紧跟不放:～梢|～住五号球员。❸催;督促:～着问|这事儿你得勤～着点儿。

㊁ dìng ❶打进;楔入:～钉(dīng)子|～楔子|～在墙上。❷缝;连缀:～扣子|～被子|～个本子。

疔 ㊀ dīng 疔疮,中医指一种毒疮,小而根深,形状像钉。

㊁ nè 同"疒"。

耵 dīng[耵聍](-níng)耳垢,又称耳屎,耳孔分泌的黄色蜡状物。

虰 ㊀ dīng[虰蛵](-xīng)也作"丁蛵""虰蜻",又称负劳,即蜻蜓。

㊁ chēng[虰螘](-yǐ)也作"朾螘",赤色斑驳的大蚂蚁。

D

靪 dīng ❶ 补鞋底：～前掌。❷ 也作"镫(鐙)"，马鞍两侧的踏脚镫。

馰 dīng 义未详。(《改并四声篇海》)

䴿 dīng［鹲䴿］(líng-)鹡鸰的别称。

豍 dīng 哺乳动物。

蝏 dīng 同"虰"。

dǐng

奵 ㊀ dǐng［嫇奵］(mǐng-) 见 659 页"嫇"字条。

㊁ dīng 用于女子人名。

顶(頂) dǐng ❶ 人的头顶；事物的最高端：摩～放踵｜山～｜科学～峰。❷ 以头承载或撞击：～技｜～天立地｜一头～过去。❸ 冲撞；冒犯：～嘴｜～撞尊长。❹ 对面迎着；承受：～风冒雨｜～着压力｜快来帮一把，我～不住了。❺ 自下而上拱起；托起：禾苗～出土来｜用千斤顶把汽车～起来。❻ 相当；抵得上：老将出马，一个～俩。❼ 替代：～班｜冒名～替。❽ 副词，最；极：～好｜～多｜～拿手的。❾ 量词，用于有顶的东西：三～草帽｜两～帐篷｜一～轿子。

酊 ㊀ dǐng［酩酊］(mǐng-) 见 660 页"酩"字条。

㊁ dīng 医药上指酒精和药物配制成的液剂：碘～｜颠茄～。

凬 dǐng 义未详。(《改并四声篇海》)

鼎 dǐng 同"鼎"。

䦤 dǐng 同"顶(頂)"。

鼑{鼑} dǐng 同"鼎"。

頂 dǐng 同"頂(顶)"。

鼎 dǐng ❶ 古代烹煮用的器物，也用于礼器，多为圆形，也有方形，一般三足两耳：古铜～。❷ 像鼎足而三分并立：～立｜～峙。❸ 古代以鼎为传国宝器，比喻王位或政权：～祚再隆｜问～中原｜运随～去。❹ 大；显赫：～力｜～族｜高门～贵。❺ 副词，正；正当：～盛｜～来｜年～七十。

鼑 dǐng 同"鼎"。

鼒 dǐng 同"鼎"。

鼏{鼏} dǐng 同"鼎"。

鼐 dǐng "鼎"的讹字。

鼑 dǐng 同"鼎"。

薡 dǐng "薡"的讹字。

䫡 dǐng 同"頂(顶)"。

鼑 dǐng 同"鼎"。

嵿 dǐng ❶ 古山名。(《玉篇》) ❷ 山顶。

濎 dǐng［濎泞］(-nìng) 同"濎泞"。

薡 dǐng［薡董］(-dǒng) 长苞香蒲，多年生草本植物，叶子可编席、蒲包等。

䵺 dǐng 义未详。(《改并四声篇海》)

濎 ㊀ dǐng ❶ 古水名。(《玉篇》) ❷［濎泞］(-nìng) 水的样子：淥流～。

㊁ tìng［濎濙］(-yíng) 也作"濎滢"，小水：梁弱水之濎濙兮｜濎滢寒泉。

鼑 dǐng 同"鼎"。

㷱 dǐng 用于人名：王～(明代人)。

鼑 dǐng 同"鼎"。

䶂 dǐng 义未详。(《改并四声篇海》)

鼑 dǐng 同"鼎"。

鼑 dǐng 同"鼎"。

鐤 dǐng 同"鼎"。

顁 dǐng 同"顶(頂)"，人的头顶。

顁 dǐng "顁"的讹字。

dìng

订(訂) dìng ❶ 评议：二论相～，是非乃见。❷ 建立；议定：～婚｜～计划｜～合同。❸ 预定：～货｜～阅｜～车

票。❹修改：修～|～正|～误。❺装订：～书机|～个本子。☞订/定 两字在现代汉语中都有预先确定的意义，"订"强调经过了协商，"定"强调确定的结果不可更改，如"订金"与"定金"意义有别。"订单、订货、订婚"现不作"定单、定货、定婚"。

饤(飣) dìng［饤饾］(-dòu) 1. 把食品叠放在器皿中，一般只供摆设，单用"饤"义同。2. 罗列；堆砌：～残花|～逞能。

忊 ㊀dìng［忊憕］(-yìng)怨恨。
㊁tìng［忊憕］(-yìng)不得志的样子。

肕 dìng 同"饤(飣)"。

乭 dìng 同"定"。

粔 dìng 米制食品。

㝎 dìng 同"定"。

定 dìng ❶安稳；平静：安～|心神不～。❷不变的；不动的；规定的：～论|～量|行踪不～。❸确定，使不变动：决～|～案|～胜负。❹预先约好(现多作"订")：～货|～亲|～票。❺副词，必然地：～能取胜|～可马到功成。❻通"颠"，额头：麟之～。☞定/订 见201页"订"字条。

㝎 dìng 余声。

萣 dìng［茄萣］(jiā-)地名，在台湾。

啶 dìng 用于译音：吡～|密～(均为有机化合物)。

铤(鋌) ㊀dìng ❶铜铁矿石。❷同"锭"，熔铸成条块状的金或银。❸锭子，纺车、纺纱机上绕纱线的机件。❹箭头插入箭杆的部分。❺量词，用于块状物：一～墨|黄金一～。
㊁tǐng 快步跑的样子：～而走险|兽～亡群。

饦(飣) dìng［饦胜］糕点类食品。

腚 dìng 臀部。

熄 dìng 用于人名(清代人)。

碇［椗、矴］ dìng ❶船停泊时沉入水中以固定船身的石墩：下～|危樯落～。❷船停泊下碇：～泊|～宿大海中。

睈 dìng 看：东～西望。

锭(錠) dìng ❶古代食器，有足。❷锡制的：～器。❸金属、药材等制成的块状物：金～|万应～|香烛纸～。❹锭子，纺车或纺纱机上绕线的机件：纱～。❺量词，用于金银、墨等块状物：内有金银数百～|一～墨。

碠 dìng ❶同"矴(碇)"。❷石亭。

蝊 dìng "碇"的讹字，拴船用的石柱。

舵 dìng 船。

箵 dìng 竹器。

碵 dìng 同"矴(碇)"。

顁 ㊀dìng 额头，也作"定"。
㊁dǐng 同"顶(頂)"，头顶。

簞 dìng 竹器。

鲵 dìng 鲵鱼，鱼名。

diū

丢{丟} diū ❶遗落；失去：～失|～脸(失去面子)|钱包～了。❷放下；抛开：～开|～弃|早把这件事～到脑后去了。

哣 diū［哣儿］一点儿：炒豆儿，杜梨子，咕咕～。

铥(銩) diū 金属元素，可用来制X射线源等。

颩 diū 采摘。

dōng

东(東) dōng ❶方向，早晨太阳出来的那一边：～方|～风|黄河以～。❷主人：～家|房～|股～。❸请客的主人：做～。❹姓。❺［东方］姓。❻［东郭］姓。

冬(❷鼕) dōng ❶冬季，四季中的第四季，气候最冷：严～|隆～|过～。❷同"咚"，拟声词，敲鼓或敲门等的声音：～～响。

倲(倲) ㊀dōng［儱倲］(lóng-) 见594页"儱"字条。
㊁dòng［㑝倲］(lòng-)见596页"㑝"字条。

D

咚 dōng 同“昪(冬)”。

苳 dōng 草名。

咚 dōng 拟声词,击鼓、敲门、重物落地等声音:～～响|～地响了一声。

崠(崬) dōng 用于地名:～罗(在广西)|～庄(在河南)。

㤗 dōng 同“𩜍”。

㚵 dōng 用于女子人名。

玖 dōng[玎玖](dīng-)拟声词,金石相碰击声。

昸 dōng 同“冬”。

昪 dōng 同“冬”。

氡(氭) dōng 气体元素“氡”的旧译写法。

氡 dōng 气体元素,有放射性,无色无味,可用于医疗。

鸫(鶇) dōng ❶[鸫鸝](-guān)鸟名。❷鹩的别称。❸鸫亚科鸟类的通称:黑～|红尾斑～。

㫡 dōng 同“冬”。

㒵 dōng 同“冬”。

埬 dōng 用于古地名。(《广韵》)

菄 dōng[菄风]又称东风菜,草名。

蝀(蝀) dōng 蝃蝀的简称,虹。

崠 ㊀ dōng 山名,也用于地名:鹅公～|寨～(均在江西)。
㊁ dòng 山脊:高山～。

笗 dōng 竹名。

徚 dōng 行走的样子。

㫡 dōng 同“冬”。

狫 dōng 同“㺨”。

涷 dōng ❶暴雨:～雨。❷水名,即浊漳水,发源于山西,流至河北汇入清漳。

㨂 dōng 愚蠢的样子。

婡 ㊀ dōng 古国名。(《玉篇》)
㊁ dòng 用于女子人名。

琜 dōng[玎琜](dīng-)拟声词,玉石相碰击声。

貎 dōng 哺乳动物,像豹,有角。

雺 dōng 雨;下雨的样子。

㫡 dōng 同“冬”。

暕 dōng 古地名。(《集韵》)

倲 dōng 同“㑈(倲)”。

𤸪 dōng 恶气所伤的病。

㺨 dōng 又称㺨㺨,哺乳动物,一只角。

趚 dōng 狂跑。

鼕 dōng 同“鼕(冬)”。

鶇 dōng 鸟名。

㫡 dōng 同“冬”。

餗 dōng 东郡馆名。

鮗 dōng 鱼名,生活在近海。

鸡 ㊀ dōng 水鸟名。
㊁ zhèn 同“鸩(鴆)”,毒鸟名。

鼕 dōng[鼕鼕]拟声词,鼓声。

鉖 dōng 成色好的金。

魗 dōng ❶鬼杀人。❷丑陋的样子。❸鬼名。

鍊 dōng 同“鉖”。

騑 dōng 马名。

鼕 dōng 同“鼕(冬)”。

鶇 dōng 同“鶇(鸫)”。

鰊 dōng 鱼名,像鲤鱼。

鼜 dōng 同“鼕(鼕,冬)”。

鼕 dōng 同"鼕(冬)",拟声词,敲鼓声。

蝀 dōng[蛞蝀](kuò-)见524页"蛞"字条。

dǒng

硐 dǒng ❶坠石。❷拟声词,石坠落声。

揀 dǒng 打;击。

董 dǒng 同"董"。

啑 dǒng 话多。

董 dǒng ❶监察督导;管理:～理其事。❷正;端正:～此不虔。❸董事(由股东选举产生的负责监督管理业务活动的人)的简称:商～|校～|张～。❹姓。

墥 ㊀dǒng[埬墥](dǐng-)见954页"埬"字条。
㊁tuǎn 同"疃"。

蕫 dǒng 藕根。

篂 dǒng ❶竹器。❷竹名。

貄 dǒng 同"湩"。

諌 dǒng 同"啑"。

灂 dǒng 拟声词,物体落水发出的声音。

懂 dǒng 明白;理解:～事|～道理|听不～。

嬞 dǒng 用于女子人名。

橦 dǒng[橦棕](-zōng)棕榈类树木。

腫 dǒng 肥。

籦 dǒng ❶竹器。❷竹名。

懂 dǒng 同"懂"。

穜 dǒng[拢穜]不上之意。(《字汇》)

黏 dǒng[黏黐](-lǒng)黏的样子。

鼞 dǒng[鼞鼞]拟声词,鼓声。

dòng

动(動)[❺働] dòng ❶改变原来的位置或静止状态:改～|变～|流～。❷行为;动作:行～|举～|一举一～。❸使有行为或动作:～手|～笔|～脑筋。❹开始做:～工|～身(起行)。❺[劳働]同"劳动",创造物质或精神财富的活动。
◆"働"另见204页"働"字条。

冻(凍) dòng ❶(液体或含水分的东西)遇冷凝结:～结|～冰|天寒地～。❷汤汁等凝结成的半固体:肉～|鱼～|果～。❸受到或感到寒冷:小心别～着|衣服穿少了,～得慌。

洞 dòng 冷。

诇(詷) ㊀dòng ❶说大话,言语虚夸。❷同"恫",吓唬:～喝。
㊁tóng 用于人名。

垌 ㊀dòng 田地,多用于地名:田～|儒～(在广东)|合伞～(在贵州)。
㊁tóng[垌冢](-méng)地名,在湖北。
㊂tǒng ❶缶垌。(《玉篇》)❷姓。

挏 dòng ❶来回摇动;拌动:～动。❷从上往下掷。

栋(棟) dòng ❶房屋的正梁,又称脊檩:～梁。❷重要的人或事物:太子,国之～也|重莫如国,～莫如德。❸量词,用于独立的房屋:一～楼|两～房子。

舯 dòng 系船缆的大木桩。

迵 dòng 洞彻;通达。

敞 dòng 同"峒"。

胨(腖) dòng ❶肉胨。❷蛋白胨(有机化合物)的简称,医学上用作细菌的培养基,也可治疗消化道疾病。

洞 ㊀dòng ❶急流,引申为水流急、急:～泄|震风～发。❷贯穿:～胸达掖。❸通;敞开:～穿|门窗～开。❹深透;明晰:～察|～悉|～若观火。❺孔穴:山～|鼠～|弹～。❻拟声词:投以小石,～然有水声。
㊁tóng ❶[澒洞](hòng-)水无涯或连续不断的样子:运清浊之～兮|～不可掇。❷用于地名:洪～(县名,在山西)。

恫 ㊀ dòng 恐惧;吓唬:～恐｜～疑｜～吓(hè)。
㊁ tōng 哀痛;痛苦:哀～中国｜常～于怀。

姛 dòng 颈项伸直的样子。

驷(駧) dòng ❶马快跑。❷快速行动:驱～。

戙 dòng 船板木,一种驾船工具。

胴 dòng ❶大肠:～肠。❷躯干:～体。

甋 dòng 罂类器皿。

迵 dòng 同"動(动)"。

腖 dòng 同"栋(棟)"。

湩 ㊀ dòng ❶乳汁:乳～｜马～。❷拟声词,鼓声:～然击鼓。
㊁ dǒng 水浑浊。

絧 ㊀ dòng[鸿絧]连续,一说直驰的样子:徽车轻武,～綼猎。
㊁ tóng 布名。

硐 dòng 赤色。

働 dòng ❶"动(動)❺"的异体字。❷日本汉字,劳动;工作。

揰 dòng 义未详。(《改并四声篇海》)

眮 dòng 看的样子。

眮 dòng 同"敒(姛)"。

詷 dòng 义未详。(《改并四声篇海》)

穜 dòng 同"湩",乳汁。

霘 dòng[霟霘](hóng－)见 350 页"霟"字条。

䵒 dòng 同"湩",乳汁。

䵔 dòng 同"䵒(湩)"。

鬞 dòng[鬞鬆](－sōng)头发散乱的样子。

趥 dòng 跑的样子。

䂢 dòng 拟声词,钟声。

䪝 dòng 同"䂢"。

鼕 dòng 拟声词,钟声。

鼟 dòng 拟声词,鼓声。

dōu

吺 ㊀ dōu[讘吺](niè－)也作"吺哆",啰唆,话多:前志讘吺｜莫怪小男女吺哆语。
㊁ rú[嗫吺](niè－)同"嗫嚅",说话吞吞吐吐的样子。

䮘 dōu ❶轻言。❷逗;逗引。

哣 dōu 叹词,呵斥声,多用于旧小说或戏曲中:～!看打!｜～!你往哪里逃!

皃 dōu "兜"的讹字。

兜[兠]{兜} dōu ❶头盔,引申为便帽:西僧皆戴红～帽。❷用手或衣襟等做成口袋形装东西:串枝分叶,敲了三个果,～在襟中｜用衣襟～着几个鸡蛋｜船帆～风。❸形状和作用像口袋的东西:裤～｜网～｜～布。❹环绕;围绕:～圈子｜从屋前～到屋后。❺承担下来:别担心,有问题我～着。❻通"陡",突然:可怎生到门前～的又回身?

豆乍 dōu 同"豍",豆小裂。

豍 dōu ❶豆荚小裂的样子,泛指稍裂开。❷同"剅"。1.堤坝下排水、灌水的小孔。2.割。

眗 dōu[眗眵](－chī)同"睨",又称眵、眼屎。

覕 dōu 同"兜"。

皃兜 dōu 同"兜"。

覘 dōu 同"皃兜(兜)"。

斷 ㊀ dōu[斲斷](ōu－)见 706 页"斲"字条。
㊁ tóu 同"斢"。

挽 dōu 兜揽;拢住:解绳索～住他的肚皮。

撓 dōu 同"挽"。

蔸 dōu ❶某些植物的根和靠近根的茎:禾～|～距。❷量词,棵;丛:一～草|两～树|三～白菜。

䢮 dōu"䀀"的讹字。

䟫 dōu 跌。

䨬 dōu 义未详。(《改并四声篇海》)

橷 dōu ❶树名。❷同"蔸"。

㖨 dōu 用于佛经译音。

桄 dōu 同"橷"。

䨬 dōu 义未详。(《龙龛手鉴》)

䁓 dōu ❶[䁓眍](-kōu)眼睛深陷。❷目蔽垢,也作"䀀"。

篼 dōu ❶盛饲料喂马的竹器。❷竹篾、藤条等编的器具:背～|粪～。❸又称篼、篼子、篼笼,竹制小轿。

鍪 dōu[鍪鍪](-móu)同"兜鍪",古代将士戴的头盔。

䀀 dōu 俗称眼屎,眼中分泌出的黄色黏液凝聚物。

䋠 dōu 结缕囊。

䪷 dōu[䫲䪷](ōu-)面折,脸凹不平。

䋠 dōu 兜,用于咒语。

䁓 dōu 同"䀀"。

䯦 dōu[䯦鬆](-sōu)1. 白头;白头人。2. 头发散乱。

嘟 dōu 话多。

dóu

唞 dóu 歇;休息:～一阵(歇一会儿)。

dǒu

斗 dǒu 同"斗"。

斗 ㊀ dǒu ❶旧时量粮食的器具,多为方形,容量是1斗。❷形状像斗的东西:漏～|熨～。❸呈圆形的指纹。❹星名。❺容积单位,1斗等于10升。❻姓。

㊁(鬥)[鬪、鬭、鬦] dòu ❶对打:～殴|搏～|战～。❷使动物争斗:～鸡|～蛐蛐儿。❸比赛争胜:～智|～力|～嘴。❹拼合;凑近:～榫|用布头儿～成一件短衫|～眼(眼睛内斜视)。

◆"鬥"另见206页"鬥"字条。

◆"鬭"另见207页"鬭"字条。

㪷{㪷} dǒu 同"斗"。

㪷 dǒu 同"斗"。

戋 dǒu 同"斗"。

阧 dǒu ❶同"陡",陡峻。❷水闸类建筑。

抖 dǒu ❶甩动;振动:～空竹|～去身上的土。❷哆嗦;战栗:发～|颤～。❸揭露,全部公开:～他的老底|当面给～搂亮了。❹振作;振奋:精神～擞。❺因突然发迹而得意:他这两年可～起来了。

㞳 dǒu 古山名。(《玉篇》)

迠 dǒu 用于人名:袁大～(太平天国起义军首领)。

枓 dǒu"枓"的讹字。

毭 dǒu 毛脱落。

斗 dǒu 同"斗"。

衴 dǒu 衫袖。

陡 dǒu ❶山势峻峭,斜度近于垂直:～山|～壁悬崖|山坡很～。❷突然:波澜～起|脸色～变|夜来～觉霜风急。❸哆嗦,也作"抖":今夜情魂不住～|战～～的蹲在床底。

蚪 dǒu[蝌蚪]见501页"蝌"字条。

㪷 dǒu 古代酒器。

陡 dǒu 同"陡"。

㪷 dǒu 同"斗",量粮食的器具。

斜 dǒu 姓。

蚪 dǒu 同“蚪”。

枓 dǒu 同“枓”。

麫 dǒu 麦麸，破碎的麦壳。

蚪 dǒu 蝌蚪。

蚪 dǒu 同“蚪”。

蚪 dǒu 同“蚪”。

dòu

斗(鬥)[閗、鬬、鬭] dòu 见 205 页 dǒu。

豆[❸❹荳] dòu ❶古代盛食器，像高脚盘，有的有盖：～无余蔬。❷古代容器，也作容积单位：有面数～。❸豆类作物，也指豆类作物的种子：黄～｜～芽｜～浆。❹像豆粒的东西：金～｜花生～儿｜山药～儿。❺姓。

◆“荳”另见 206 页“荳”字条。

豆 dòu 同“豆”。

昰 dòu 同“豆”。

郖 dòu ❶古渡口名，在今河南。❷姓。

皃 dòu “㿟(豆)”的讹字。

㿟 dòu 同“豆”。

豋 dòu 同“豆”。

陡 dòu 高峻。

荳 dòu ❶“豆❸❹”的异体字。❷[荳蔻](-kòu)也作“豆蔻”，多年生草本植物，种子可供药用。

毭 dòu 同“豆”，植物名。

逗 dòu ❶停留：～留｜～宿故人家｜于此～孤舟。❷一句话中的一般性停顿：～号｜～点。❸临；到：～晚添衣并(併)数重｜～归来，折得花枝教人看。❹招引；惹人或引人发笑：～引｜～笑｜妈妈～孩子玩。❺有趣；可乐：小王说话特～｜相声不～还叫什么相声？

鬥 dòu ❶“斗㊁”的繁体字。❷同“逗”，引逗；招引：～他要来｜～的众人好笑。

狟 dòu 拟声词，狗叫声。

饾(餖) dòu 饤饾。

庢 dòu ❶古代器物名。❷祭祀的场所。❸厨房。

浢 dòu 古水名，又称仪家沟，在今山西。

豈 dòu 同“豆”，古代食器。

短 dòu[短譳](-nòu)同“詎譳”，不能说话。

罜 dòu 同“鋀”。

梪 dòu 同“豆”。1. 古代食器或礼器：俎～｜甑～。2. 古代容积单位，一豆等于四升。

毭 ㊀ dòu[毴毭](fēn-)见 250 页“毴”字条。
㊁ nuò 质地细密的毡类制品。

酘 dòu(又读 tóu)❶酒再酿：～酒。❷因酒饮得过量，过一会儿或第二天再饮一些以解酒：再买几碗～他一～。

脰 dòu ❶颈项：枷～械手。❷肴馔。

窨 dòu 同“窦(竇)”。

裋 dòu 祭福。

閗 dòu 同“鬭(斗)”。

餖 dòu[饤餖](dìng-)同“饤饾”。

痘 dòu ❶痘疮，即天花，一种急性传染病：～毒｜出～。❷牛痘疫苗(用牛痘病毒制成的疫苗，接种到人体可预防痘疮)的简称：种～。

窦 dòu ❶同“窦(竇)”。❷用于地名：西～(在广西)

陞 dòu 同“陡”。

郖 dòu 同“郖”。

笠 dòu 古代盛食器，也作“豆”。

鋀 dòu 同“罜(鋀)”。

粔 dòu 义未详。(《龙龛手鉴》)

窦(竇) dòu ❶孔穴:狗～|鼻～。❷门旁小门,泛指房门:开～而睡。❸水沟;水道口:水～|决～。❹古州名,在今广东。❺姓。

娌 dòu[娌孺](-nòu)同"逗孺",不能说话。

荍 dòu 同"荍"。

奞 dòu 取。

閗 ㊀dòu 同"鬭(斗)"。
㊁yòu 同"閗(祐)"。

逗 dòu[逗孺](-nòu)不能说话,也作"逗孺"。

閘 dòu 同"閗(鬭,斗)"。

蔸 dòu ❶圆形草垫子。❷草名。

輗 dòu ❶驾具,指马腹带系辔环中的舌。❷车鼓名。

閜 dòu 同"鬭(斗)"。

斣 dòu(又读 zhù)❶交换物相等。❷同"斠",古代量谷物时用器物使谷物与斗斛平齐。

槊 dòu 义未详。(《改并四声篇海》)

譊 dòu ❶同"逗"。❷[譊孺](-nòu)同"逗孺"。

斣 dòu 同"斣"。

瀆 dòu ❶古水名,也作"瀆"。(《广韵》)❷拟声词,水声。

鬪 dòu 同"鬪(斗)"。

噣 dòu 话多。

鋀 ㊀dòu 盛酒器。
㊁tōu 同"鍮(鍮)"。

鬬 ㊀dòu 同"鬭(斗)"。
㊁dǒu 姓。

鬦 dòu 同"鬭(斗)"。

鐙 dòu 同"鋀"。

鬭 dòu 同"鬭(斗)"。

鬭 dòu 同"鬭(斗)"。

鬭 dòu 同"鬥(斗)"。

瀆 dòu ❶同"窦(竇)",孔洞;水道。❷古水名。(《玉篇》)

䜴 dòu 同"脰"。

鬭 dòu ❶"斗㊁"的异体字。❷同"逗",逗引:～引|～弄。❸相对:双堤～起。

竇 dòu 同"竇(窦)"。

鬭 dòu 同"鬭(斗)"。

鬭 dòu 同"鬭(斗)"。

讀 dòu 同"读(讀)",也作"逗",句中稍作停顿之处。

dū

厾 dū ❶用指头、棍棒等轻击轻点:点～|～两个点儿。❷助词,表示语气:拆开纸包,看那银子,果是雪～。

肚 dū[肚胍](-hù)肥大的样子。

胣 dū 大肠。

肑 dū 同"肚"。

都 ㊀dū ❶城市,多指大城市:～市|～会|通～大邑。❷国都,首都,国家最高行政机关所在地:～城|建～|兴复汉室,还于旧～。❸建立国都:天下已定,金革已平,～于洛阳。❹汇聚;聚集;汇总:吾闻京师人所～,盖将访而学焉|把文章～为一册,出版刊行。❺姓。
㊁dōu 副词。1.全;完全:全家～去旅游了|八股无论新旧,～在扫荡之列。2.已经:天～黑了,怎么还没回家?|～三年没见面了,哪能没说的呢?3.表示强调,加重语气:这个道理连小孩子～懂|你常来瞧瞧我,就比贴什么膏药～强。

匔 dū 伏行。

阇(闍) ㊀dū 城门上的台,泛指高台:城～|～台。
㊁shé[阇梨]也作"阇黎",梵语译音词阿阇梨(黎)的省称,佛教指高僧,泛指僧人(和尚)。

督 dū 同"督"。

殺 ㊀dū ❶用棍棒击物。❷拟声词,击声。
㊁zhuó 同"斀(斀)"。

督 dū同“督”。

瓡 dū盛醋器。

督 dū“督”的讹字。

督 dū同“督”。

蔀 dū草名。

督 dū ❶察看：监～｜～察｜～名审实。❷责怪；责罚：父子相怒，夫妻相～｜不敢以苛法～吏民。❸监管指导：～办｜～战｜～学。❹执掌监督权的官员或军中统帅：总～｜都～｜以周瑜、程普为左右～。❺料理：子幼不能～家业。

嘟 dū ❶噘(嘴)：～起嘴在生气｜～着嘴，一声不吭。❷拟声词：～地一声喇叭响｜响起～～的哨音｜蟋蟀～～地叫着。❸［嘟囔］(-nang)也作“嘟嘟囔囔”，自言自语：口内嘟囔说｜他嘟嘟囔囔地骂着。

裻 dū同“裻”。

裻 dū ❶拟声词，穿新衣时发出的摩擦声。❷衣背中缝。

褚 dū衣背中缝，也作“裻”。

都 dū同“都”。

醏 dū菜名：～菜。

䪜 dū同“都”。

䪜 dū同“都”。

闍 dū闍水，古水名。(《集韵》)

篰 dū竹名。

賭 dū赌胜。(《广韵》)

韇 dū ❶析皮具。❷牛牵船。

鄐 dū同“都”。

襨 dū同“裻”。

闍 dū同“阇(闍)”。

䙱 dū同“褚”。

𧞭 dū［𧞭𧞭］(-sù)新衣的样子。一说拟声词，衣服摩擦声。

dú

㕻 dú同“匵”。

独 dú同“独(獨)”。

匵 dú同“匵”。

毒 dú ❶对生物体有害的性质或物质：中～｜～气｜～品。❷对思想品质有害的事物：流～。❸毒品：吸～｜贩～｜禁～。❹用有毒的东西杀死或伤害：～死｜～老鼠｜～杀害虫。❺祸患：巧黠刻削，～加百姓。❻狠毒；猛烈：～计｜下～手｜盛夏的太阳真～。❼通“笃(篤)”，甚：天～降灾荒殷邦。

独(獨) dú ❶单一；只有一个：君子必慎其～｜～奏｜～一无二。❷特异：～特｜～见｜才藻～构。❸年老无子女：鳏寡孤～。❹专断：～断｜～裁。❺副词，只；仅仅：～当一面｜大家都同意，～有他反对。❻猿类动物，性喜独居。❼姓。❽［独孤］姓。

匵 dú“遺”的讹字。

毒 dú同“毒”。

毒 dú“毒”的讹字。

痛 ㊀dú同“讟”，怨恨。
㊁chóu同“怞”，忧恐。

读(讀) ㊀dú ❶念：～书｜朗～｜宣～。❷阅；看：～物｜～者｜值得一～。❸指上学：～高中｜走～｜大学没～完。❹宣露；说出：中冓(内室)之言，不可～也。
㊁dòu文句的短暂停顿处，今以逗号表示，也作“逗”：句～｜～用尖点，句用圆点。

傳 dú扰动，不平静，也作“妯”。

渎(瀆) ㊀dú ❶水沟；小渠：沟～。❷大河流，古代称江(长江)、淮(淮河)、河(黄河)、济(济水)为“四渎”(四大河流)。❸轻慢；不敬：亵～｜～职(不尽职)。
㊁dòu通“窦(竇)”，洞；穴：自墓门之～入。

毒{毒、毒} dú 同"毒"。

蕃 dú 同"薵"。

椟(櫝) dú ❶匣、柜类器具:买～还珠|遗经在～传家学。❷放置椟中(收藏):～而藏之|囊帛～金。❸小棺;棺材:棺～|给梏～葬埋。❹梳木。

殰(殰) dú 胎儿死腹中:胎生者不～。

犊(犢) dú 牛犊,小牛。

牍(牘) dú ❶又称木简,古代书写用的木片。❷书信;公文:书～|尺～|案～。❸书籍:篇～|～尾。❹古代乐器名,用竹制作。

碡 dú 落石。

峙 dú 同"蹢"。

獃 dú 同"獨(独)"。

鼣 dú 鼠名。

犢 dú 义未详。(《龙龛手鉴》)

蔐 dú 同"毒"。

遺 dú "遺"的讹字。

薵 dú 萹蓄。

螭 ㊀ dú[螭蜍](-yú)蜘蛛。
㊁ dài[螭蝐](-mào)同"玳瑁"。

轒 dú 义未详。(《改并四声篇海》)

盝 dú 艘舌。(《玉篇》)

蹢 dú 行走不端正。

獸 dú 同"獨(独)"。

瀆 dú "瀆(渎)"的讹字。

匵 dú 同"椟(櫝)"。

劅 dú 义未详。(《改并四声篇海》)

獸 dú 同"獨(独)"。

屬 dú 义未详。(《篇海类编》)

犢 dú 同"犊(犢)"。

潰 dú 同"瀆(渎)",轻慢。

隫 dú 沟洫。

擅 dú 抽。

遺 dú 亵渎。

劗 dú ❶刀伤。❷剑鞘。

豰 dú[豰豰](-sù)一种动物。

嘖 dú 同"读(讀)"。

嬻 dú 污辱,不恭敬。

璸 dú ❶玉名。❷玉器,一说圭名。

蘱 ㊀ dú[蘱葀](-huó)同"独活",一般指多年生草本植物毛当归的根,可供药用。
㊁ shǔ 菜名。

氈 dú 同"纛"。

膭 dú 同"殰(殰)"。

羯 dú 六尺长的羊。

隮 dú 同"隫"。

驨 dú ❶马奔跑。❷拟声词,两匹马并排奔跑声。

韇 dú ❶同"韣(韥)",收藏弓箭的器具。❷滑:新丰路兮峻仍～。

遺 dú 同"遺"。

磧 dú 石名。

竇 dú[竇罷](-lù)同"罜罷",小渔网。

黩(黷) dú ❶污浊;黑:先贞而后～。❷污辱;玷污:～敬|亵～。❸不恭敬;不郑重:～贱|～武(滥用兵力)。

髑 dú 同"獨(独)"。

鰢 dú 鱼名。

D

韇 dú［韇丸］（-huán）也作“韇丸”，收藏弓箭的器具，也单称韇。

犢 dú 同“犢(犊)”。

餶 ㊀ dú ❶ 粥。❷ 蠹；蛀：蝼蚁～之。
㊁ yì 同“饐”。

趟 dú 行走的样子：其来～～。

鄭 dú 同“鱝”。

遭 dú 同“遺”。

韣 dú 同“韣”。

顯 dú 同“髑”。

髑 dú［髑髅］1. 头骨，一般指死人头骨。2. 骷髅。

饋 dú 同“渎(瀆)”，沟渠。

鱝 dú 同“殡(殰)”。

韣 dú ❶ 弓套：雕(彫)弓绣～。❷ 收藏；束缚。

騸 dú 马行走的样子。

鑟 dú 印匣。

韇 dú ❶ 盛放或收藏弓箭的器具。❷ 古代卜筮用的蓍草筒。

麴 dú［麴麱］（-lù）煮饼。

韥 dú 同“韣”。

騳 dú 也作“騸”，马行走的样子。

讟 dú ❶ 怨恨，也指怨言：获～于群弟｜民～｜怨～。❷ 诽谤：谤～。

dǔ

笃(篤) dǔ ❶ 厚实；深厚：恩宠～焉｜交谊最～。❷ 忠实；专一：～信｜～学｜～行不倦。❸ 安稳；确定：～定｜～悠悠｜～～定定。❹（病势）沉重：病～｜今见汝病至～。❺ 甚；深：其年～老｜～好斯文｜～念旧思。

堵 ㊀ dǔ ❶ 墙壁：环～之室｜观者如～。❷ 堵塞；阻塞：～车｜～漏洞｜把嘴～上。❸ 心里憋闷：心里～得慌｜别给我添～了。❹ 量词，用于墙壁等：两～墙｜一～烟尘。❺ 姓。
㊁ zhě ❶ 古县名。(《广韵》) ❷ 古水名，一在今湖北，一在今河南。

胥 dǔ 用于人名：仇～(见《太平广记》)。一说“胥”的讹字。

帾 dǔ ❶ 覆盖棺材的帐幔。❷ 旗帜。

琽 dǔ 玉名。

敨 dǔ 伴。

赌(賭) dǔ ❶ 用财物等作注比输赢：～博｜～场｜禁～。❷ 约定条件争输赢：打～｜～胜。

碏 dǔ 砑。

篤 dǔ “篤(笃)”的讹字。

䓛 dǔ 瓠名。

睹［覩］ dǔ ❶ 看见：～景伤情｜耳闻目～。❷ 观察：在阵前～之良久，无破敌之策，回寨商议。❸ 了解；明白：不务深迂而难～。☞睹／看／视／见 四字在古汉语中都有看的意思，“睹”和“见”指看到，表示视觉行为的结果；“视”和“看”指视觉行为的动作，不涉及结果。“视”一般指从近处看。“看”本指望远，后泛指视。

箮 dǔ 同“竺(笃，篤)”，厚。

賭 dǔ 同“赌(賭)”。

豬 dǔ 同“堵”。

䵻 dǔ 同“堵”。

dù

芏 dù［芏草］茳芏。

坧 ㊀ dù ❶ 大盆。❷ 小瓦缶。
㊁ kān 瓦器。

杜 ㊀ dù ❶ 杜梨，又称棠梨、甘棠，落叶乔木，枝叶可供药用，也指其果实。❷ 堵塞；阻绝：～门不出｜～小人之口。❸ 排斥；拒绝：～黜忠功｜依违～谏。❹ 古国名，在今陕西。❺ 姓。
㊁ dǔ 姓。
㊂ tú 姓。

殁 dù 同“殬”。

肚 ㊀ dù ❶ 人和动物的腹部：～皮｜～子｜～兜。❷ 物体或器物圆而凸起像肚子的部分：腿～子｜手指头～儿｜大～儿坛子。❸ 指思维器官：面结口头交，～里生荆棘｜她资性高，记性好，～里记得许多名篇佳句。㊁ dǔ 肚子，人或动物的胃（多指用作食品的动物的胃）：猪～子｜羊～儿。

妒［妬］ dù 因别人有长处或成绩而忌恨：忌～｜嫉贤～能｜无意苦争春，一任群芳～。
◆“妬”另见 211 页“妬”字条。

肚 dù 义未详。（《改并四声篇海》）

疕 dù 乳痈。

妬 dù ❶“妒”的异体字。❷ 乳痈。

度 ㊀ dù ❶ 计量长短的器具或单位：～量衡。❷ 按一定计量标准划分的单位：硬～｜温～｜湿～。❸ 标准；法则：制～｜法～。❹ 事物所达到的程度：高～｜广～｜知名～。❺ 器量；心胸：～量｜气～｜大～。❻ 过；经历：～假｜～日如年｜虚～春秋。☞度／渡 现代汉语中的“度”通常指时间上的经过，“渡”通常指空间上的跨越。“渡过难关”“过渡时期”中的“渡过”和“过渡”是比喻用法。㊁ duó 计算；推测：揣～｜～德量力。

疮 dù“疕”的讹字。

浤 dù 同“渡”。

耈 dù 同“蠹”。

荰 dù［荰蘅］（-héng）也作“杜衡”，多年生草本植物，叶可提取芳香油或供药用。

杜 dù 同“蠹”。

蚕 dù 同“蠹”。

秺 dù 汉代国名，在今山东。

妬 dù 忌妒。

皵 dù 桑皮。

隶 dù 义未详。（《改并四声篇海》）

秺 dù 同“秺”。

廜 ㊀ dù 房舍。㊁ tú 同“廜”。

塵 dù 同“杜”，填塞；堵塞：～门不出。

摉 ㊀ dù 拉；撕。㊁ zhè“樜”的讹字。（《墨子间诂》）

鞋 dù ❶［鞋韊］（-bó）车中座垫。❷ 盛箭器。

蒑 dù 香草。

钍（釷） dù 金属元素，由人工合成获得，有放射性。

渡 dù ❶ 通过江河、湖、海的水面（到彼岸）：～河｜～船｜远～重洋。❷ 通过；越过：～槽｜～过难关｜过～时期。❸ 渡口，过河的地方，也用于地名：野～｜风陵～（黄河渡口，在山西）。❹ 渡船：轮～。☞渡／度 见 211 页“度”字条。

詫 dù 祭祀时把酒洒在地上的仪式。

皵 dù 桑皮。

蠧 dù 同“蠹”。

殬 dù 败。

犊 dù 义未详。（《改并四声篇海》）

废 dù 同“敷”。

敷 dù 关闭，堵塞，后作“杜”：～门绝交游。

塢 dù［塢鹃］同“杜鹃”，鸟名。

跿 ㊀ dù 赤足，光着脚。㊁ zhà［跿踦］（-qiǎ）徘徊不前。

镀（鍍） dù 用电解或其他化学方法，使一种光泽较强的金属薄层附着在另一种金属或物体表面：～金｜～铬｜电～。

鄘 dù 义未详。（《改并四声篇海》）

魠 dù［魠鲋］（-bù）也作“杜步”，即杜父鱼。

鱼 dù 同“魠”。

黗 dù ❶ 深黑色。❷ 浊黑。

D

篷 dù 细竹针。

𤻼 dù 同“度”。

𧒉 dù 同“蠹”。

篴 dù 格笞。

殬 dù 败坏：彝伦攸～（彝伦：治国的常理）。

簬 dù 格笞。

闍 dù 同“詫”。

螙 dù 同“蠹”，蛀虫。

𧐡 dù 同“蠹”。

蠧 dù 同“蠹”。

𧕶 dù 同“蠹”。

𧓍 dù 同“蠹”。

蠹 dù ❶ 同“蠹”。❷ 食禾虫。

蠹 dù ❶ 蛀虫：～虫｜书～。❷ 虫蛀蚀，引申为侵蚀、损害：户枢不～｜～政害民。

𧖣 dù 同“蠹”。

duān

耑 ㊀ duān ❶ 同“端”。❷ 姓。❸ 用于人名。
㊁ zhuān “专（專）”的异体字。

剬 ㊀ duān 切断。
㊁ zhì 同“制”。1. 制作；制定：～义。2. 制约；节制：～下｜～有司。

偳 duān 小。

竩 duān “端”的讹字。

㟨 duān 古山名。（《集韵》）

媏 duān 用于女子人名。

𥝖 duān 同“稿”。

禓 duān 用于人名：李～（唐代人）。

稿 duān ❶ 禾穗下垂的样子。❷ 禾颖的末端。

端 ㊀ duān ❶ 开头，引申为事物的一头或一方面：尖～｜开～｜末～。❷ 思绪；心绪：忧～｜长恨～｜百～交集。❸ 不歪斜；正直或正派：～正｜～坐｜品行不～。❹ 用手平正地拿着：～茶｜～起碗｜～上酒菜。❺ 应当；必须：～办一船多贮酒，敢辞送老向南湖。❻ 副词。1. 正巧：妾薄命，～遇竟宁前。2. 特地；故意：明日～复饮于市，欲遇而刺杀之。3. 究竟：容华坐销歇，～为谁苦辛？❼ 姓。❽［端木］姓。
㊁ chuǎn 通“喘”：～而言，蠕而动，一可以为法则。

褍 ㊀ duān ❶ 衣的正幅。❷ 衣长。
㊁ tuān 衣宽。

𥢄 duān 同“稿”。

䚴 duān［角䚴］也作“角端”，哺乳动物，像猪，角长在鼻子上方。

𦺵 duān 草名。

鍴 duān ❶ 小矛。❷ 锁。❸ 觯，饮酒器。

𧤗 duān 同“䚴”。

騙 duān 马名。

𧜣 duān 同“褍”。

𨆻 duān 行不正的样子。

篅 duān 竹名。

𥗺 ㊀ duān 同“𨆻”。
㊁ guàn 同“罐（罐）”。

duǎn

短 duǎn 同“短（短）”。

拉 ㊀ duǎn 同“短”：命有悠～，无可奈何。
㊁ dòu ❶ 接起：短～｜～榫头。❷ 同“逗”，句中停顿：限于字数，五字必二～，七字必四～。❸ 量词，一拉为四捧。

𥎊 duǎn 同“短（短）”。

矩 duǎn 同“短（短）”。

矩 duǎn 同"短"。

短 duǎn ❶空间或时间长度小：～途｜～裤｜～期。❷缺少；不足：～缺｜气～｜尺有所～，寸有所长。❸缺点；过失：揭～｜护～｜取长补～。

短豈 duǎn 同"矩(短)"。

賰 ㊀duǎn［腕賰］(wǎn-)稍有一些钱财。㊁zhuàn 同"赚(賺)"，得利：～钱。

攣 duǎn 转。

攭 duǎn 同"攣"。

欓 duǎn 义未详。(《字汇补》)

duàn

段 duàn ❶锤击：以铁椎～其头数十下乃死。❷质地厚实而有光泽的丝织品，后作"缎(緞)"：彩～｜细色北～。❸量词。1. 用于条形物、空间距离或时间的一截：挥剑截蛇数～｜一～路｜一～时间。2. 用于某些事物的一部分：一～话｜这篇文章分为三～｜听了两～相声。❹某些企业的行政单位：工～｜车辆～。❺围棋棋手的等级，最高为九段。❻姓。❼［段干］(-gàn)姓。

䈣 duàn 同"断(斷)"。

剆 duàn 同"断(斷)"。

㫁 duàn 同"断(斷)"。

敓 duàn "段"的讹字。

毀 duàn 投物。

㱭 duàn 同"段"。

叚 duàn 同"段"。

断(斷) duàn ❶长东西截成两段或几段：截～｜砍～｜腿摔～了。❷隔绝；不连续：～交｜～奶｜～了音讯。❸戒除：～荤｜～酒｜～烟。❹判断；裁决：诊～｜～案｜当机立～。❺副词，一定；绝对：～无此理｜周之事迹，～可见矣。

㱭 duàn 险。

㮦 duàn "㱭"的讹字。

塅 duàn 面积较大的平坦地区，多用于地名：大～(在江西)｜田心～(在湖南)。

揔 ㊀duàn 捶打。㊁wàn 同"腕"。

葮 duàn 同"椴"，落叶乔木。

斷 duàn 同"断(斷)"。

𣃔 duàn 同"断(斷)"。

缎(緞) duàn 质地厚密，一面光滑的丝织品。

瑖 duàn 像玉的美石。

椴 duàn ❶落叶乔木，木材可用于建筑、造纸及制作家具。❷木桩。❸通"籪(簖)"，插在河溪或水中捕鱼、蟹用的竹栅栏：水落枯萍黏蟹～。

㫁 duàn 同"断(斷)"。

殶 duàn 同"㱭"。

䈣 duàn 同"断(斷)"。

腶 duàn［腶脩］(-xiū)也作"腶修"，加入姜、桂等捣治而成的肉干。

煅 duàn ❶同"锻(鍛)"，打铁；锤击。❷中药制法之一，把药材放在火里烧：～石膏。

煆 duàn "煅"的讹字。

碫 duàn ❶锻打用的石砧，泛指石头：以～投卵。❷磨刀石。❸磨砺：耕者～乃锄，樵者砺乃斧。

斷 duàn 同"𣃔(断，斷)"。

锻(鍛) duàn ❶金属加热后，通过锤打成器或改变其形状及物理性质，俗称打铁、锻打：～造｜～件｜～炼。❷锤击：取石来～之。❸同"碫"，打铁用的砧：取厉取～。

斷 duàn 同"断(斷)"。

䟕 duàn 同"䟕"。

䟕 duàn 同"𣃔(断，斷)"。

緞 duàn 同"緞(缎)"。

斷 duàn 同"断(斷)"。

踹 ㊀ duàn ❶ 腿;脚。❷ 跳脚;顿足:～足而怒。
㊁ chuǎn 胫肠,小腿肚子。
㊂ chuài ❶ 踩,践踏,引申为穿鞋:～着他们的肩膀和头顶爬上去|足～皮靴。❷ 用脚底蹬:～开门|～了他一脚。❸ 通"揣",揣度:～然其为分等也。

毈 duàn 卵坏而孵不出雏鸟,有时用于骂人的话:鸟卵不～。

毈 duàn "毈"的讹字。

簖(籪) duàn ❶ 安插水中拦捕鱼、蟹等的栅栏:鱼～|蟹～。❷ 用簖拦捕:打鱼笼虾,～蟹翻凫。

鞎 duàn 同"毈"。

鍴 duàn 同"锻(鍛)"。

鞍 duàn 履后帖。(《说文》)

騠 duàn [款騠]也作"款段",马行缓慢的样子。

鐵 duàn 同"斷(断)"。

蹬 duàn 也作"躖",践踏之处;足迹,引申为践踏。

躖 duàn 同"蹬"。

蹭 duàn "蹬"的讹字。

躖 duàn 同"蹬"。

duī

𠂤 duī 同"堆",小土山。

垍 duī 同"堆"。

邰 duī 用于古地名。(《居延汉简》)

垍 duī 同"堆"。

洎 duī 同"堆"。

娟 duī 用于女子人名。

琄 duī 治玉:～琢。

堷 duī 同"堆"。

雇 duī 同"堆"。

坐 duī 同"雈(堆)"。

陮 duī [陮隗](-wěi)1. 高峻。2. 不平。

堆 duī ❶ 堆积,聚积在一起:～放|～砌|脸上～下笑来。❷ 堆积物:土～|煤～|问题成～。❸ 量词,用于成堆的东西或成群的人等:两～煤|现场围了一～人|检查出一～问题。

硝 duī ❶ 拟声词,石碰击声。❷ 行走:步～还家。

硝 duī ❶ 石。❷ 同"磓"。

崮 duī 同"堆"。

峭 duī 同"堆"。

陥 duī 同"堆"。

塠 duī ❶ 同"堆",沙土堆。❷ 落。

慥 duī [慥惕]也作"垍惕",旧时用于鬼名。

媞 duī 同"娟"。

雇 duī 高的样子。

雈 duī 同"堆"。

䂙 duī ❶ 坐的样子。❷ 久坐。

諳 duī 谴责。

痽 duī 病名。

瘅 duī 肿。

磓 ㊀ duī ❶ 聚石成堆,泛指堆聚:垒珍珠,～白玉。❷ 坠落;以绳系石使下坠:玉石相～|深者～石五丈,不得其所止。❸ 撞击:五岳鼓舞而相～。
㊁ zhuì 同"硾",敲;击:～碎|～玉星。

雈 duī "雈(堆)"的讹字。

餡 duī 同"䭔"。

潍 duī［滟滪潍］同"滟滪堆"。

醩 duī 䀇醩。

䭔 duī 骨起。

諄 duī 同"詯"。

糙 duī 同"䭔"。

譴 duī 同"詯"。

瘄 duī 义未详。(《字汇补》)

䴞 duī 同"䭔"。

䳄 duī 雀类鸟。

䭔 duī 饼类食品。

𪐁 duī ❶谪。❷掷。❸同"塠",落。

duǐ

𠢕 duǐ 用力拉。

掉 ㊀duǐ 排。
㊁chéng 同"朾",撞。

䪜 ㊀duǐ 头不正的样子。
㊁duī ❶［毋䪜］(wú-)也作"毋追",古代冠名:总戎用高官,沐猴戴～。❷高阜,也用于古地名:虾蟆～。(《水经注》)

䫴 duǐ 高高肿起的样子。

duì

队(隊) duì 见1294页zhuì。

对(對) duì ❶回答;应答:～答如流|听言则～|无言以～。❷朝着;向着:面～|～天发誓|把枪口～着敌人。❸对面的:～岸|～门|～方。❹互相:～调|～唱|～流。❺介词,引进动作对象或相关的情况:她～人和气|形势～我们有利|大家～这件事有意见。❻对待;对付:～事不～人|刀～刀,枪～枪。❼核对,比照着检查:校～|～账目|～笔记。❽正确;正常:数目不～|神色不～。❾量词,双:一～手镯|两～夫妻。❿同"兑",掺和(多用于液体):～水|又～了二十斤烧酒,一点水也不掺|昨日他姨娘家送来的好茶面子,倒是～碗来你喝罢。

兊 duì 同"兑"。

兊 duì 同"兑"。

兑{兌} ㊀duì ❶孔穴,一说通"隧":塞其～,闭其门。❷八卦之一,代表沼泽。❸兑换;交换:～款|～现|汇～。❹掺和;混合:～水|勾～。❺象棋对局中牺牲己方棋子以吃掉对方棋子:～马|～子儿。
㊁ruì 通"锐(鋭)",尖锐:～则若莫邪之利锋,当之者溃。
㊂yuè 通"悦",高兴:见由则～而偈。

兊 duì "兊(兑)"的讹字。

㳔(濧) duì 浸渍;沾濡:泉流之淡～。

祋 duì ❶古代兵器,即殳。❷悬挂羊皮的竿子,古代用来拦阻牛马肆意闯入街市。❸［祋祤］(-yǔ)汉代县名,在今陕西。

陮 duì 高。

峞 duì 古山名。(《广韵》)

剁 duì 削。

䘚 duì 同"祋"。

怼(懟) duì ❶怨恨:怨～|今事急矣,卿勿以为～。❷凶狠:强(彊)御多～。

埻 duì ❶墙堕。❷通"兑",孔穴:塞其～,闭其门。

峗 duì［浍峗］(kuài-)沟壑深平的样子。

绲(綐) duì 一种较细的绸。

蓷 duì 草名。

碓 ㊀duì ❶舂米的工具:水～|捣～|～房。❷捣;舂:～米|～成细粉。
㊁duī［离碓］古山名,后作"离堆",在今四川。

镦(鐓) ㊀duì ❶矛、戟柄部下端的平底金属套。❷祭器,俗称西瓜鼎,器盖相合如球状。

D

㊁ chún 錞于，古代打击乐器，常用于军中：金～｜鼓～相望。

䃍 duì ❶［磊䃍］重叠堆积。❷树木果实下垂的样子。

粠 duì 屑；米屑。

䭔 duì［陲䭔］（chuí-）沉重的样子。

䭔 duì 同"䭔"。

憞 ㊀ duì 同"懟"。
㊁ dùn［憞溷］（-hún）烦乱的样子：故其风中人状，直～郁（鬱）邑。
㊂ tūn［憞惃］（-gǔn）心不明。

鞔 duì ❶缝纳；钉补：～来曲折就方圆｜连～铁钉。❷蒙上；粘上：～圈子上｜一千层桦皮～做脸。

對 duì 同"對（对）"。

僓 duì 兑换，后作"兑"。

颼 duì ❶风入。❷小风。

懟 duì ❶怨恨；憎恶：怨～｜流离感慨，无一～汉之词。❷凶恶，也指恶人：元凶大～｜荡夷凶～。

薱 duì［薱薱］草木繁茂的样子。

霻 duì［霼霻］（dàn-）同"霼霸"，云的样子。

譵 duì 对答。

嶵 duì ❶山的样子。❷高的样子：～若崇山。

嶵 duì 同"嶵"。

镦（鐓） ㊀ duì ❶同"镎（錞）"，矛、戟柄部下端的平底金属套。❷置物于地上。
㊁ duī ❶下垂。❷用于夯筑的器具，由多人抛起并落下以夯实。
㊂ dūn ❶用锻或冲压加工金属坯料，常温加工称冷镦，热加工称热镦。❷同"驐"。

懟 duì 同"懟（怼）"。

檓 duì 车箱。

霻 duì 同"霻"。

暩 duì 茂盛的样子。

䨴 duì 骨。

䨴 duì 同"暩"。

霴 duì［霮霴］（dàn-）同"霮霸"。

鐓 duì 同"镎（錞）"。

譈 duì 同"懟"，憎恶；怨恨。

瀩 duì 下垂的样子：冰溏～于井干（幹）。

䨺 duì 同"䨺"。

靅 duì 同"靅"。

霸 duì 同"霸"。

黵 duì "黵"的讹字。

甈 duì 同"敦"，古代食器。

鐜 duì 同"镦（鐓）"。

瀢 duì 水的样子。

懟 duì 同"懟（怼）"。

䨺 duì ❶齑，细切或捣碎的姜、蒜、韭菜和肉等。❷腌藠头。

黟 duì 同"黟"。

譵 duì 同"怼（懟）"。

䜃 duì 同"䃍"。

霸 duì 霮霸，云的样子：～无光彩生愁霧。

靆 duì 同"霸"。

黧 duì 同"黵（黟）"。

䨺 duì 同"䨺"。

黵 ㊀ duì［黕黵］（dǎn-）见170页"黕"字条。
㊁ dài 同"黛"，昏暗。

黟 duì ❶黑云行的样子。❷同"黵"，黑。

𪎅 duì 同"懟(憝)"。

𨼶 duì 同"鐜"。

𨽂 duì 同"鐜"。

鐓 duì 同"镦(鐓)"。

懟 duì 同"憝"。

黗 duì 同"黝"。

𪏹 duì 同"黗(黝)"。

𪐊 duì 同"黝"。

鐵 duì 同"镦(鐓)"。

鐜 duì 同"鐜(镦,鐓)"。

鐜 duì 同"鐜(镦,鐓)"。

靉 duì 云的样子。

dūn

吨 ㊀(噸) dūn 量词。1. 质量单位,1吨等于1000千克。英制1吨(长吨)等于2240磅,合1016.05千克。美制1吨(短吨)等于2000磅,合907.18千克。2. 船只容积单位,1吨(登记吨)等于100立方英尺,合2.83立方米。
㊁ tún[吨吨](-tún)说话不清。

敦 dūn 同"敦"。

惇[愔] dūn ❶忠厚;诚实:～厚|～谨。❷重视;推崇:～信明义。❸劝勉:～诲故老。

瓨 dūn 陶器,像瓯。

敦[敨] ㊀ dūn ❶督促:～促|～匠。❷勤勉:～于除害|上惠其道,下～其业。❸厚道;诚恳:～厚|～请|～聘。❹亲密;和睦:～族|～邻好|～睦邦交。❺同"蹾",(把东西)用力放下:～葫芦摔马勺|他把背包往地板上重重一～。❻姓。
㊁ duī ❶治理:～商之旅。❷逼迫:王事～我。
㊂ duì 古代盛黍稷的青铜器具。

蜳 ㊀ dūn[蟨蜳](chén-)见104页"蟨"字条。
㊁ tūn 同"蛻"。

墩[墪] dūn ❶土堆:土～|孤～|垒土为～。❷墩子,根基部分:门～|桥～|树～。❸像土墩的东西或坐具:石～|菜～|蒲～。❹一种擦地板工具,也指用其擦地板:～布|把地板～一～。❺同"蹾",用力猛地往下一放:把手中的茶杯往桌上一～,站起身来。❻量词,用于丛生的植物:一～稻秧。

撴 dūn ❶同"蹾",重重地往下放:把杠铃往下一～。❷揪住:伸手把她～住。

莟 ㊀ dūn 同"蘋",草名。
㊁ duī 草繁盛的样子。

獤 dūn ❶貂皮。❷狗名。

㪟 dūn 山的样子。

蘋 dūn 草名。

橔 ㊀ dūn 枯。
㊁ tuí 同"橔",棺木上的覆盖物。

𡾰 dūn 同"蹲"。

犜 dūn 牛名。

𢷏 dūn 用拳头打人。

𡊞{𡊞} dūn 同"敦"。

礅 dūn 厚而粗大的整块石头。

䃦 dūn 同"礅"。

𥃢 dūn 古代食器,用于盟会时盛血,也作"敦"。

𩏼 dūn ❶重复的样子。❷[𩏼𩏼]圆圆的样子。

𧟊 dūn 衣褚。

蹾 dūn ❶蹲:～在地下|在石凳之下～着。❷用力猛地往下一放:把饭碗往锅台上使力一～|这里都是怕磕怕碰的东西,可别～啊砸的!

蹲 ㊀ dūn(旧读cún)❶两腿弯曲如坐,臀部不着地:～在路边闲聊|一～身跳将下来。❷坐,引申为物体立于地面:熊罴对我～|西泠饭店～在山脚上。❸待着;闲居:敌人～在坚固的堡垒里|整日～在家里

没什么事做。❹蹲苗，在一定时期采取措施控制茎叶徒长，以利植株生长：小麦长得太快，该～一～了。☞蹲/踞/坐 见1322页“坐”字条。

㊁ cún ❶［蹲蹲］(-cún) 1. 舞蹈的样子：舞～，鼓逢逢。2. 行为稳重而合乎礼节：穆穆肃肃，～如也。3. 从聚茂密的样子：荆棘郁(鬱)～。❷腿、脚猛然落地而震动受伤：不小心～了脚。

㊂ qǔn［蹲循］退让：忠谏不听，～勿争。

㦃 dūn 同“惇”。

驐 dūn 同“敦”。

鞼 dūn［鞊鞼］(jié-) 古代少数民族用的酒器。

餐 dūn 贪吃。

驐 dūn 割去雄性家畜、家禽的睾丸。

壿 dūn 同“墩”。

蟫 dūn 同“蜳”。

dǔn

盹 dǔn 很短时间的睡眠：打～。

趸(躉) dǔn ❶副词，整批；整数：～积｜～账｜每年四节，一大～儿送礼。❷整批买进或卖出：～买｜～卖｜～售。

䟪 dǔn 收钱完毕。

蹲 dǔn 同“躉(趸)”。

dùn

囤 dùn 同“囤”。

伅 dùn［倱伅］(hùn-) 见388页“倱”字条。

庉 dùn 同“庉”。

沌 dùn 同“沌”。

囤 ㊀ dùn 用竹篾、荆条等编成的或用席箔等围成的贮存粮食的器物：粮～。

㊁ tún 贮存；存储：～货｜～积居奇。

庉 ㊀ dùn 楼墙。

㊁ tún 火炽盛的样子。

沌 ㊀ dùn ❶水不通。❷［沌沌］(-dùn) 同“忳忳”，愚昧无知的样子。

㊁ zhuàn ❶沌河，水名，在湖北。❷用于地名：～口｜～阳(均在湖北)。

遁 dùn［迗遁］(é-) 见224页“迗”字条。

砘 dùn ❶石砘子，播种后用以压实松土的石制农具。❷用石砘子压实松土：这块地已～过了。

钝(鈍) dùn ❶不锋利：～器｜利～｜刀太～，该磨了。❷迟缓；笨拙：～拙｜驽～｜鲁～。

笔 dùn 同“笔(笹)”。

笔 dùn 同“笹”。

盾 dùn ❶盾牌，古代打仗时遮挡敌方刀箭防护身体的武器：矛～｜带剑拥～入军门。❷盾形的东西：金～｜银～｜U～。❸越南、印度尼西亚等国的本位货币。

揗 dùn 推，一说“搁”的讹字。

莲 dùn 药草名。

菌 dùn 同“篅(囤)”。

盾 dùn 同“盾”。

顿(頓) ㊀ dùn ❶以头触地、磕头：～首。❷跺；叩击地面：～足捶胸｜以杖～地。❸止；停留：停～｜～笔｜说到这里就～住了口。❹整理；安置：整～｜安～。❺副词，忽然；即刻：～悟｜～时。❻量词，次；回：三～饭｜挨了一～骂｜痛打一～。

㊁ dú［冒顿］(mò-) 汉代初年匈奴族一个君主的名字。

笹 dùn 储存谷物的器具，多用竹篾编成，后作“囤”。

砘 dùn “砘”的讹字。

鈍 dùn 同“鈍(钝)”。

遁 ㊀［遯］ dùn ❶逃；逃走：逃～｜远～｜宵～。❷隐蔽；消失：～行｜～迹｜隐～。

㊁ qūn 同“逡”：九国之师～巡而不敢进。

循 dùn 同“遁”。

遯 ㊀ dùn 同"遁",逃走;隐蔽:～逃|～影。
㊁ tún 同"豘(豚)",小猪。

楯 ㊀ dùn 同"盾",盾牌,古代兵器:右执戈,左执～。
㊁ shǔn 栏杆的横木,也指栏杆:～轩|栏～。

篖 dùn 同"笆(囤)"。

猷 dùn 狗。

戫 dùn 同"盾"。

碷 ㊀ dùn 农具名。
㊁ zā 逼迫。

碷 dùn 同"楯"。

僒 dùn 同"遁"。

遜 dùn 同"遁"。

滕 dùn 同"遯(遁)"。

瀦 dùn 同"盾"。

瀲 dùn 大水。

踲 dùn 同"遁(遯)",逃;逃走。

遯 dùn 同"遁"。

艕 dùn 大船。

諯 dùn［㯒諯］(nèn-)见683页"㯒"字条。

顐 dùn［顐顐］(-wèn)秃头。

遯 dùn 同"遁"。

踲 dùn 同"遁"。

韜 dùn 同"顿(頓)"。

遯 dùn 同"遯(遁)"。

duō

夛 duō 同"多"。

多 duō ❶ 数量大:～灾～难|人～力量大。❷ 有余;比一定的数量大:～余|两年～|皮球～出一个。❸ 多余的;不必要的:～嘴|～心|～疑。❹ 相差程度大:好～了|快得～。❺ 副词。1. 表示惊异、赞叹或程度高:这么办～好!|西瓜长得～大!|瞧他～精神。2. 表示询问程度或数量:孩子～大?|江面有～宽?|北京到香港有～远?

夛 duō 同"多"。

㚊 duō 同"多"。

䂜 duō 同"多"。

夛 duō 同"多"。

咄 duō ❶ 叹词。1. 表示惊诧:～哉|～～怪事。2. 呵斥声,表示斥责:～,你这光棍!那么简单! ❷ 呵斥:～叱|相～|公～之。

哆 ㊀ duō［哆嗦］(-suo)颤抖;战栗:打～|手直～|吓得浑身～。
㊁ chǐ ❶ 嘴张着的样子:～然如饿狼|～着口还想说什么。❷ 嘴角松弛下垂的样子。

咐 duō 同"嘭(咄)"。

㛆 duō 同"陲",山的样子。

觪 duō 角短的样子。

剟 duō ❶ 削;删除:～定|～繁补阙。❷ 刺;击:刺～|～肤。

埵 duō 用于地名:塘～(在广东)。

掇 ㊀ duō ❶ 拾取;摘取:～拾|～弄。❷ 用双手拿(椅子、凳子);用手端:自～胡床|～了一个食盒来。❸ 姓。
㊁ zhuō 通"𩨨",短或矮的样子:逿而不闷,～而不跂。

陲 ㊀ duō 小山的样子。
㊁ duǒ 山的样子。

𦏺 duō［羖𦏺］(gǔ-)见303页"羖"字条。

㪜 duō 用于人名:王～(战国时人)。

墮 duō 用于梵语译音。

㐤 duō 同"多"。

敠 ㊀ duō［敠敪］(-zòng)不迎自来。
㊁ què 断绝。

毲 duō 古代西南少数民族织的毛毡。

敪 duō 同"敠"。

裰 duō 缝补：补～。

掇 duō 义未详。(《康熙字典》)

鄲 duō 古地名。(《改并四声篇海》)

詘 duō［䯏詘］(gǔ-)见 303 页"䯏"字条。

翗 duō 同"多"。

嚉 duō 同"咄"。

duó

夺(奪) duó ❶抢；强取：～取｜争～｜强词～理。❷争取得到：～标｜～魁(夺取冠军)｜～丰收。❸使改变：先立乎其大者，则其小者不能～也｜秉节持重，有不可～之志。❹失去；使失去：勿～农时｜剥～。❺脱漏(文字)：～文｜讹～。❻冲出：～门而出｜泪水～眶而出。❼做决定：定～｜裁～｜酌～。

沰 ㊀ duó［滴沰］拟声词，雨点声。
㊁ tuō ❶落。❷赭色。

毤 duó 行走。

敓 duó 同"敚"，强取。

敓 duó 同"夺(奪)"。

铎(鐸) duó ❶大铃，像铙、钲，用于宣布政令或战事时：木～｜振～。❷小铃，挂在牛、马颈下或建筑的檐处：铃～｜宝～含风，响出天外。

剫 ㊀ duó 切割、加工木材：山有木，工则～之。
㊁ dù ❶同"敷"，闭。❷涂饰；涂抹。

敚{敚} ㊀ duó 强取，后作"夺(奪)"：抄～。
㊁ duì 通"对(對)"，答对：～曰。

涠 duó 同"沰"，滴。

喥 ㊀ duó 语言无度：～头(语言无度的人)。
㊁ zhà 同"吒"。

頊 duó ❶［頊颅］头骨；脑盖。❷额。

夐 duó 同"奪(夺)"。

瘐 duó ❶马胫伤。❷捋伤，泛指伤。

愯 duó ❶同"忖"，思忖。❷惩治。

奪 duó 同"奪(夺)"。

跜 duó 同"踱"，慢慢行走。

奪 duó 同"夺(奪)"。

凙 duó 冰；房檐下的冰。

轅 duó［輚辂］(-lù)也作"輚轹"，转动。

踱 ㊀ duó 慢慢行走：～起方步｜～来～去。
㊁ chuò 同"踔"，越级，不按阶次：～阶而走。

謥 duó 欺。

腥 duó 肥的样子。

鲵 duó 小的鳢鱼。

觯 duó 同"腥"。

鶊 duó［䨼鶊］(hù-)见 363 页"䨼"字条。

鞸 duó［鞣鞸］(suǒ-)见 917 页"鞣"字条。

duǒ

呆 duǒ 同"朵"。

朵［朶］ duǒ ❶树木枝叶、花、果实下垂的样子，引申为花朵，植物的花或苞：粉片妆梅～。❷量词，用于花或成团的东西：两～莲花｜一～蘑菇｜黑云万～。

朵 duǒ 同"朵"。

呆 duǒ 同"朵"。

陊 duǒ 同"垛"。

剁 duǒ 用巴掌打;打耳光。

隙 duǒ 同"隙"。

隙 ㊀duǒ 同"垛"。1. 古代设于堂中两楹间的土台。2. 箭靶。
㊁duò 小堆。

朶 duǒ 同"朵(朶)"。

垛[垜] ㊀duǒ ❶垛子,墙上向外或向上的突出部分:～口|门～子|城～子。❷设置箭靶的小土墙,引申为箭靶:射～|箭～|箭不着～。
㊁duò ❶整齐地码放:拆其瓦木,各～一处|把砖块～在一起码好。❷成垛堆放的东西:草～|麦～|砖～。❸量词,用于成垛的东西:一～柴|两～砖|地上堆着几～书。

挆 ㊀duǒ ❶度量。❷同"朵",量词:花一～。
㊁duò 同"剁":碎～尸骸。

揉 duǒ 同"挆"。

茱 duǒ 同"朵(朶)"。

哚 duǒ 用于译音:吲～(有机化合物)。

埵 duǒ ❶坚硬的土。❷小土堆:～堁|～块。❸堤坝:～防。❹古代冶铸时鼓风用的铁管:鼓橐吹～,以销铜铁。

惰 duǒ 懒惰。

褓 duǒ[裲褓](hán-)见328页"裲"字条。

绖(絰) duǒ[绖子]绫的一种。

綒 duǒ 同"綵"。

琗 duǒ 同"埵"。

聻 duǒ 同"睡"。

聻 duǒ 同"睡"。

埽 duǒ ❶动:～颐。❷同"垛"。

蜾 duǒ[蛤蜾](gé-)见286页"蛤"字条。

綵[緥] duǒ 帽子前面的垂饰。

趓 duǒ ❶同"躲",隐藏;避开:～在绿阴深处|且去别处～几时。❷同"垛":～楼(门侧小楼)。

趖 duǒ 同"趓"。

锗(鍺) ㊀duǒ 车锏,车轴毂间用以减少摩擦的金属件。
㊁dǔ 古代计量单位,用于编悬乐器,十六枚悬于一簴,也作"堵"。
㊂zhě 金属元素,制作半导体、电子器件的重要材料。

躲 duǒ ❶避开;避让:～避|～雨|明枪易～,暗箭难防。❷隐藏:～藏|东～西藏|家中大小,～得没半个影儿。

躱 duǒ 同"躲"。

琛 duǒ 同"垛"。

璪 duǒ 同"垛"。

睡 duǒ 耳轮下垂的样子。

犏 duǒ 牛无尾。

鍒 duǒ 同"鍒"。

鍒 ㊀duǒ 缺。
㊁duò 同"剁",砍;砍碎。

鬌 ㊀duǒ(又读 tuǒ)同"鬌"。
㊁shèng 同"聖(圣)"。

墮 duǒ 同"埵"。

髊 duǒ 秃;光秃。

艃 duǒ 义未详。(《篇海类编》)

頢 duǒ 同"躲"。

頦 duǒ[頦吶](-huī)也作"哆吶",丑的样子,单用"頦"义同。

鬌 duǒ ❶头发下垂。❷同"鬌",婴儿剪发时留下的一部分不剪的头发。

霥 duǒ 云不聚集。

聻 duǒ 同"睡"。

嚲(嚲) duǒ ❶垂下:～翅|～鞭|烛焰只往下～。❷软弱无力:～和风|心悠步～。❸躲藏:～避|～免。

褞 duǒ ❶女子貌美。❷长大的衣服。

䐇 duǒ 同"睡"。

躱 ㊀duǒ［躱躱］(-duǒ)幼儿行走的样子。
㊁duò 僵仆。

軃 ㊀duǒ ❶下垂：～罗袖｜钗～鬓松。❷躺下休息而不入睡：榻床浪来～～哩。❸介词，向；朝：～着你脸上直拳。❹同"躲"：～避｜投狱无少～。
㊁tuǒ 垂下：～脚｜袖管长得快要～过膝头。

齺 duǒ 义未详。(《改并四声篇海》)

D

䠤 ㊀duǒ 富厚。
㊁chě 宽大。

䩔 duǒ 同"䠤(奲)"。

duò

陀 ㊀duò 崩塌；毁坏：岸崝者必～。
㊁tuó ❶同"坨"，成块或成堆的东西：肉～｜泥～子。❷量词：野菜西山锄几～。❸［陀螺］儿童玩具，圆锥形，能直立旋转。

剁 duò 用刀向下砍；砍碎：～碎｜～肉馅。

饳(飿) duò［馉饳］(gǔ-) 见302页"馉"字条。

陏 ㊀duò 瓜类的果实，也作"蓏"：果～。
㊁suí 春秋时国名，后为县名，在今湖北，也作"随(隨)"。

陊 duò ❶坠落，引申为陷入：～落｜～江｜正～其计。❷破坏；破败：众心日～｜刑政崩且～｜～殿荒墟。

陒 duò 同"陀"。

刴 duò 同"剁"。

柁 ㊀duò 同"舵"。
㊁tuó 房柁，木结构房架前后两柱之间的大横梁。

柮 ㊀duò 断。
㊁zuó［柮椆］(-wò)柱端木。

尮 duò 同"㝵"。

㝵 duò 尮尢。(《玉篇》)

媣 ㊀duò ❶揣量：～量直枉(枉：曲)。❷女子貌美。
㊁duǒ 用于女子人名。

嫷 duò 同"媣"。

琛 duò 玉名。

挅 duò 同"垛"，设置箭靶的小土墙。

桗 duò 同"桗"。

椯 duò ❶树根。❷同"朵"，量词：两～莲花。

殩 duò 贫殑。

沲 ㊀duò 同"沱"，水的样子。
㊁tuó 同"沱"，水潭。

㴐 ㊀duò 同"沱"，水的样子。
㊁tuó 水潭。

积 duò ❶堆积。❷禾秆堆。

舵 duò 同"舵"。

舵 duò 船、飞机、汽车等控制行进方向的设备或装置：掌～｜～轮｜～盘。

隋 ㊀duò ❶残余的祭肉，泛指祭品：既祭，则藏其～。❷同"堕(墮)"，坠落；垂下：～星。❸通"惰"，懒惰：善言～行｜民气解～。
㊁suí ❶周代诸侯国名，在今湖北。❷朝代名，杨坚所建(581-618年)。❸姓。

堕(墮) ㊀duò ❶掉；落：～马｜～地｜如～五里雾中。❷通"惰"，懒；懈怠：～怠｜～民。
㊁huī 同"隳"，毁坏：～坏｜伐国～城｜犹以锥刀～太山。

陏 duò 同"堕"。

箠 ㊀duò 又称篃箠，竹名。
㊁zhuā 同"檛"，棍杖；鞭。

箠 duò 同"箠"。

惰 duò ❶不敬；轻慢：～而多涕｜诸客肃然起敬，无敢有～容。❷懒；懈怠：懒～｜怠～。❸不容易改变的：～性。

鞍 ㊀duò 鞋跟的缘边。
㊁pán 同"鞶"。

跺［跥］ duò 脚用力踏地：～脚｜那是一片～一脚都冒油的好地。

跢 ㊀duò ❶幼儿行走的样子。❷也作"跺"，顿足：～脚｜～了～脚跳下江去了。❸踢：～门。
㊁chí［跢跦］(-chú)同"踟蹰"，徘徊不前

的样子，单用“跢”义同：观骑立跢趺｜涉何地，跢朱履，解金貂。

稑 ㊀ duò 禾积。㊁ chuí 禾穗下垂的样子。㊂ tuǒ 禾穗。

諈 duò 言相夸。

焇 duò 火。

煂 duò 火。

惰 duò 同“惰”。

墒 duò 同“堕(墮)”。

熔 duò 同“焇”。

惰 duò 同“惰”。

褙 duò 无袖衣。

隋 duò 同“堕(墮)”。

隊 duò 同“豬(猪)”。

隓 duò ❶山狭长的样子：山之～～。❷小山。

墮 duò 同“惰”。

鞢 duò 同“鞁”，鞋跟的缘边。

毃 duò 击。

憜 duò ❶同“墮(堕)”：～水｜～马。❷通“惰”：弛～不力。

鞢 duò 同“鞢(鞁)”。

隓 duò 同“堕(墮)”。

隓 duò 同“惰”。

豬 duò 猪名。

蹐 duò 同“堕(墮)”。

襨 duò 同“褙”。

隓 duò 同“惰”。

雞 duò 同“鵽”。

穗 duò “稑(稑)”的讹字。

穗 duò 同“稑”。

篟 duò 同“箉”，竹名。

錆 duò ❶（又读 duì）也作“鐏”。1. 车辖。2. 大犁。❷秤锤。

饋 duò ❶同“堕(墮)”，落下。❷泔水。

懥 duò 同“惰”。

懥 duò 同“惰”。

墮 duò “墮(堕)”的讹字。

鯗 duò 同“鰖”。

鏞 ㊀ duò［钤鐪］(qián－)见 768 页“钤”字条。㊁ duì［鍊鐪］(jiàn－)见 565 页“鍊”字条。

鵽 duò ❶［鵽鸠］又称寇雉、突厥雀、毛腿沙鸡，鸟名。❷青鵽，传说中的忘母鸟。

躞 duò ❶光着脚的样子。❷闯入：要往里边～。

篹 duò［篹篹］(hán－)见 328 页“篹”字条。

饋 duò 落。

鑪 duò 同“鐪”。

鰖 ㊀ duò（又读 tuǒ）刚孵化出的鱼苗。㊁ wěi 小蟹。

鰖 duò 同“鰖”。

鰖 duò 同“鰖”。

duo

聧 duo［耳聧］耳朵。

ē

阿 ㊀ē ❶大土山，引申为山坡、山下：崇～｜白日沦西～。❷山阜弯曲的地方，泛指弯曲处：山～｜～门。❸水边：饮于河之～。❹迎合；逢迎：～谀奉承｜～世媚俗｜刚正不～。❺徇私；偏袒：皇天无私～｜不～其所好者。❻通"婀"，轻盈柔美的样子：隰桑有～。❼古地名，在今山东：东～｜～胶（又称驴皮胶，用驴皮加水熬成的胶，可供药用，原产于山东东阿，故名）。❽姓。
㊁ā ❶前缀，多用于姓名称谓之前：～强真能干｜～娇金屋｜～爷无大儿。❷助词，表示感叹、肯定等语气，后作"啊"：好苦恼～！｜是～，我想办一桩事，总得先立个威。
㊂á 叹词，表示疑惑，后作"啊"：～也，怎的不见了？｜～，你怎的这样客气起来？
㊃à 副词，用于问句，表示加强语气，可：～好？（好不好？）｜～去？（去不去？）

妸 ㊀ē ❶姓。❷用于女子人名。
㊁ě［妸娜］（-nuó）同"婀娜"。

妿 ē同"娿"。

娿 ē古代传授妇道的女教师。

匼 ē［匼匼］（-ǎn）也作"阿匼"，阿谀迎合。

峨 ē山坡。

钶（鈳） ㊀ē［钶鏻］（-mǔ）小釜。
㊁kē 金属元素"铌"的旧译写法。

屙 ē排泄大小便。

娿 ㊀ē ❶"婀❶"的异体字。❷［媕娿］（ān-）见1107页"媕"字条。
㊁ě姓。

婀［❶娿］ ē（旧读ě）❶［婀娜］（-nuó）1.姿态轻盈柔美的样子：华容～｜～多姿。2.在风中轻轻摇曳的样子：临风～｜～随风转。❷同"妸"，用于女子人名。

磀 ē［磼磀］（zé-）见1223页"磼"字条。

痾 ē同"屙"。

屙 ē同"屙"。

絅 ē同"綱"。

锕（錒） ㊀ē［锕鏻］（-mǔ）也作"钶鏻"，釜类炊具。
㊁ā 金属元素，有放射性。

綱 ē ❶细密的丝织品。❷白绢。

磀 ē同"磀"。

榱 ē（又读ě）［榱榱］（-nuó）枝条柔软细长或树木繁茂的样子。

é

讹（訛）［❶❸譌］ é ❶谬误；差错：～字｜～误｜以～传～。❷谣言：～言｜止～之术，在乎识断。❸变化：岁月迁～｜无奈这秋光老去何，香消翠～。❹威吓索取；借端敲诈：～人｜～诈｜～赖。

迗 é［迗迍］（-dùn）违天下。

吪 é ❶同"讹（訛）"，错误：梵呗语淆（殽）～。❷同"哦"，歌唱：娇～道字歌声软｜硬字干（乾）音信口～。❸行动：尚寐无～。

囮 é ❶囮子，也作"圝子"，捕鸟时用来引诱同类鸟的鸟：为～所危。❷诱惑物：私募之～｜长奸之～。❸同"讹"，讹诈；诱骗：利～｜～着猷子。

狔 é同"貌"。

枙 ㊀é［科枙］也作"科厄"，木节。
㊁è ❶同"轭（軛）"，驾车时套在牛、马颈上的器具。❷驾驭：河畔～轻轮。

貌 é同"狔（貌）"。

展 é同"峨"。

铫(銚) é ❶去掉棱角使变圆;削。❷圆:其音沈浊而～钝。❸损坏:碑～废祠榛莽中。

俄 é ❶时间很短:～而|～顷。❷俄罗斯或俄罗斯联邦(国名,在欧洲东部和亚洲北部)的简称:～语|中～友好。

莪 é ❶[莪蒿]多年生水生草本植物,嫩叶可食。❷[莪术](-zhú)多年生草本植物,根块茎可供药用。❸蘑菇的别称。

哦 ㊀é 吟咏:吟～。
㊁ó 叹词,表示惊疑、惊讶:～,是他画的?|～,真没想到。
㊂ò 叹词,表示领悟:～,我知道了|～,原来是这样!

峨[峩] é ❶山势高峻,泛指高大:巍～|～冠博带。❷山名,在云南。❸[峨眉]也作"峨嵋",山名,在四川。

涐 é ❶古水名,即今四川的大渡河。❷用于地名:向～(在四川)。

娥 é ❶美女:宫～|舞～|秦～。❷美好,多形容女子姿态。

珴 é 捧圭璋的样子。

跜 é 大跛。

觤 é 角。

祴 é 祭名。

硪 ㊀é ❶石崖。❷同"峨"。
㊁wò 打夯用的石制工具:土工次第～筑|石～。

豟 é"豟"的讹字。

豟 é 大猪。

睋 é ❶看;望:睎秦岭,～北阜。❷通"俄",俄顷,短时间:～而有间,恭人暴卒。

哦 ㊀é 同"吪"。
㊁yóng 同"喁"。

鹅(鵝)[鵞、䳘]{鵞} é 鸟名,也是家禽,略像鸭而大,颈长。

皒 é[皒皒]白色。

裿 é 衣盛饰。

蛾 ㊀é ❶蛾子,昆虫,像蝴蝶:飞～扑火。❷蛾眉,比喻女子美而长的眉毛:扬～微眺|佯展修～。❸某些寄生植物:木～(木耳)|桑～(桑耳)。❹通"俄",短时间:始为少使,～而大幸。❺姓。
㊁yǐ 蚂蚁,后作"蚁(蟻)":扶服～伏。

䊾 é 同"峨"。

蝁 é 同"蛾"。

䑶 é 大船。

豟 é 同"豟"。

䟘 é 同"硪"。

圔 é[圔子]同"囮子"。

誐 ㊀é 嘉善;美言:～以溢我。
㊁ě(又读 é)同"哦",吟哦。

䳗 é 同"鹅(鵝)"。

鲕 é 同"䱿"。

䱿 ㊀é 鱼名。
㊁huà 同"鮀",鱼名。

頟 é ❶"额(額)"的异体字。❷[頟頟]不休息:罔昼夜～。

额(額)[頟] é ❶额头,眉上发(髮)下的部位,俗称脑门儿,也指某些动物头上类似部位:前～|～角|焦头烂～。❷物体靠近顶端的部位:碑～|崖～|帘～。❸牌匾:匾～|横～。❹规定的数目:定～|超～|～外。
◆"頟"另见225页"頟"字条。

䕏 é 同"莪"。

䫷 é 同"额(額)"。

䖸 é 同"峩(峨)"。

䮭 ㊀é 马行。
㊁ě 同"騀"。

䩹 é 同"鞨",补鞋。

䞩 é 蹉行。

鞨 ㊀é ❶补鞋。❷鞋头。
㊁kuò 同"鞹(鞟)"。

䟘 é 同"吪"。

蠚 é 蚕蛾,也作"蛾"。

䳗 é［䴉䳗］（xuān-）见1083页“䴉”字条。

闟 é 闭。

鰪 é［鰝鰪］（gé-）见287页“鰝”字条。

鮥 é 同“鰪”。

䳘 é 同“䳘”。

囮 é（又读 éi）叹词，表示诧异：～，这旨本是孤王御笔亲书，焉能有假？

䖸 é 同“蝵（蛾）”。

鰪 ㊀ é［鰪鰶］（-jiāng）鱼名。㊁ gé 鱼名。

䛖 é 义未详。（《改并四声篇海》）

蠈 é 同“蝵（蛾）”。

鰪 é 同“鰪”。

ě

砨 ě［硪砨］（wǒ-）见1000页“硪”字条。

砨 ě 义未详。（《龙龛手鉴》）

恶（惡、噁）ě 见227页 è。

砨 ě 同“砨”。

砨 ě 同“砨”。

裹 ě 同“裹”。

砨 ě 同“砨”。

裹 ě 柔弱的样子。

旖 ㊀ ě［旖旎］（-nuǒ）见704页“旎”字条。
㊁ yǐ［旖旎］（-nǐ）同“旖旎”。

噁（噁）㊀ ě 同“恶（惡）㊃”。㊁ è［二噁英］有机化合物，能致畸致癌。
㊂ wò［噁噁］（-wò）拟声词，禽鸟叫声：小鸡～地叫个不休。
㊃ wù［喑噁］（yìn-）见1155页“喑”字条。

閜 ě 同“閜”。

閜 ě 门倾斜不正。

頋 ě ❶ 整齐。❷ 倾斜。

鬌 ě［髲鬌］（bì-）见44页“髲”字条。

騀 ㊀ ě 马摇头。
㊁ é［騀鹿］像鹿的马。

鵞 ě 同“騀”。

è

歹 ㊀ è 同“歺”。
㊁ dǎi 恶；坏：～意｜～徒｜为非作～。
㊂ dāi 同“待”，停留；逗留：在城里～着｜在杭州～了两个月。

厄［戹、❸阨］è ❶ 灾难；困苦：～运｜困～｜遭～。❷ 阻塞；受困：阻～｜～于陈、蔡之间。❸ 险要的地方：～塞｜险～｜闭关据～。
◆“阨”另见227页“阨”字条。

乢 è 山弯曲处。

卢 ㊀ è（又读 dǎi）同“歹”。
㊁ zhēn 同“贞（貞）”。

歺 è 也作“歹”，剔去肉的残骨。

屵 ㊀ è ❶ 岸高。❷ 高山的样子。
㊁ yǎn 仰。

厄｛戹｝è 同“厄”。

歺｛歺、户｝è 同“歺”。

戹 è 同“戹（厄）”。

歺 è“歺”的讹字。

户 è 同“歹（歺）”。

圾 ㊀ è 动；震动的样子：天动地～。
㊁ jí 同“岌”。

伌 è 同“厄”。

戹 è 同“厄”。

戹 è 同“厄”。

阨 ㊀è ❶“厄 ❸”的异体字。❷控制；据守：无寸崄可～|分～要塞。
㊁ài 同“隘”。1. 险要处：闭关据～。2. 狭隘：抱关之～陋兮，有肆志之扬扬。

扼[搤] è ❶用力掐着；抓住：～腕|力能～虎|～要。❷把守；控制：～守|～制|～喉拊背。
◆“搤”另见229页“搤”字条。

苊 è 碳氢化合物的一类，可用作媒染剂。

呃 ㊀è 同“嗝”，打嗝儿，因膈痉挛引起急促吸气出声：～逆|打～。
㊁e 助词，表示赞叹、惊讶等语气：果真是块好玉～！
㊂ài 叹词。1. 表示招呼：～，你把这包放在篮子里。2. 表示猛然醒悟：～，又是在车间里。

沍 è 同“阨(厄)”。

阸 ㊀è ❶阻塞；阻隔：沟渎～而不遂|其路在闽者，陆出则～于两山之间。❷灾难；危难：灾～|君子不困人于～。❸逼迫：提湘军八十营，～攻九十里，往往彻夜不休。
㊁ài ❶险要之地，引申为据守险要之地：据要～|～而用之。❷同“隘”，狭隘：～狭(陿)之间。

搤 è 同“扼”。

砐 è[砐硪](-é)高大的样子。

轭(軛) è ❶牛、马等拉车或其他东西时驾在颈上的曲木：车～|牛～。❷控制；束缚：～民|已脱幽居之～。

呝 ㊀è[嘈嘈呝呝](---è)拟声词，杂乱声。
㊁zá[嘈呝]同“嘈杂”，声音杂乱；喧闹。

哷 è 相呵拒。

呢 è 同“呃”。

陒 è 同“阸”。

垩 ㊀(堊) è ❶白色的土，泛指用于涂饰的各色土：白～|黄～。❷用白垩、白灰等粉刷墙壁，泛指涂饰：土垣不～|～以黄土。❸向田地里施肥：～肥。
㊁(埡) yā 同“垭(埡)”，两山之间狭窄的地方：山～谷口。
㊂shèng 同“圣(聖)”：传～旨。

咢 è ❶古代称只击鼓而无其他乐器伴奏的歌唱，泛指无伴奏的歌吟：或歌或～|歌～。❷惊讶，后作“愕”。

㖦 è 同“呢(呃)”。

啐 è 同“吝”。

呯 è 同“吝”。

峉 è 山高大的样子。

舩 ㊀è 同“船”。
㊁sà 船行速度快。

欹 è[欹歅](-zé)笑语。

吝 è 同“吝”。

咅 è 怒声相拒。

窊 ㊀è 窟。
㊁ruǎn 柔皮革。

欹 è“欹”的讹字。

姶 è ❶容貌美好的样子。❷姓。❸用于女子人名。

恶(惡) ㊀è ❶罪过；罪行：作～|罪大～极|惩～扬善。❷不好的：～人|～疾|穷山～水。❸凶狠的；残酷的：～狗|～战。
㊁wù 讨厌；憎恨：嫌～|憎～|好逸～劳。
㊂wū ❶代词，表示疑问，怎；何：百姓虽劳，又～可以已矣哉？❷叹词，表示惊讶等语气：～！是何言也？
㊃(噁) ě[恶心]1. 要呕吐的感觉：有点儿～|～气闷。2. 令人不舒服，生厌：～人|叫人～。
㊄hū[恶池](-tuó)同“滹池”，即滹沱，水名。
◆“噁”另见226页“噁”字条。

悪 è 同“惡(恶)”。

砨 è[磕砨](kě-)也作“磕碑”，石的样子。

砨 è[砥砨](dǐ-)见185页“砥”字条。

堊 è 同“堊(垩)”。

蚅 è 乌蠋，即蝎蠋。

唔 ㊀è 同“吝”。
㊁xīn[咕唔]杂环有机化合物。

胺 ㊀è 肉类腐败发臭。
㊁àn 有机化合物，由氨分子中的氢原

子被烃基取代而成。

匎 è[匎刍](-chú)不奢侈。

饿(餓) è ❶严重的饥饿,泛指胃里空了想吃东西:饥～|挨～。❷使挨饿:～了两顿|别～着孩子。☞饿/飢/饑/饥/馑 见394页"饥"字条。

𠥥 è"㕎"的讹字。

𠥦 è同"㕎"。

𠥧 è同"㕎"。

悪 è同"恶(惡)"。

硆 è同"礘"。

覎 è同"覨"。

蚅 è同"蚅"。

𠝹 è同"锷(鍔)"。

咢 è上腭。

鄂 è ❶古国名,在今河南。❷古邑名,在今山西。❸古县名,一在今湖北,一在今河南。❹湖北(地名)的别称。❺(又读ào)姓。

罯{罖、罯} è鸟网。

偔 è多。

䱦(鮣) ㊀è鱼名。㊁qiè风干的鱼。㊂jì[白䱦豚]白鳖豚。

詻 è同"呃"。

阏(閼) ㊀è阻止;阻塞:～其势|～聪|～明。㊁yān[阏氏](-zhī)1.汉代匈奴王后的称号。2.山名,在甘肃。3.古县名,在今甘肃。

谔(諤) è ❶直言,正直的话:世谁受忠～。❷[谔谔]正直或直言的样子:～乎无所隐也|千夫之诺诺,不若一士之～。

隑 è ❶重叠的山。❷同"鄂",古国名,在今河南。

琧 è同"垩"。

堨 ㊀è ❶堰;堤坝:渠～|筑～。❷用于地名:富～(在安徽)。㊁ài同"壒",尘埃;尘土:扬尘起～。

堮 è作为分界的田埂,引申为边际:垠～。

萼[蕚] è花萼,环列在花瓣下部的绿色小片。

軶 è同"轭(軛)"。

碎 è[礚碎](kě-)同"礚砢",石的样子。

遌 è同"遏"。

遏 è ❶阻止;抑制:～制|响～行云|怒不可～。❷遮拦;遮蔽:～夺|壅～|片善亦不～。

蝉 è鳄鱼,后作"鳄(鰐)"。

逞 è同"遻"。

遻 è同"遻"。

遌 è ❶意外相遇,泛指相遇、遇到:途～|～物。❷抵触:掌距劫～。

啰 è同"齶(腭)"。

㖾 è同"咢"。

幄 è缝补。

崿 è ❶山崖:峻～|石～。❷高峻:穹石～崎。❸古山名。(《玉篇》)

嵑 è同"崿"。

峉 è同"峉(客)"。

峉 è同"客"。

胺 è同"胺",肉腐败变臭。

船 ㊀è船动的样子。㊁chuán"船"的讹字。

鈪 è镯子:金～|脚～。

餩 è同"餩"。

匎 è ❶妇女发髻上的花饰。❷彩绘。

覨 è吃惊地看的样子。

悪 è同"恶(惡)"。

熀 è ❶用灰烬掩盖着的火种:焚~充膳。❷农产品因堆积、封闭而发热:若~则黑不香。

溽 è古水名。(《广韵》)

愕 è ❶吃惊;发愣:惊~|~然。❷直言:未尝切~。

搹 è同"扼"。

趌 ㊀è跛。
㊁xiá跑的样子。

搤 ㊀è"扼"的异体字。
㊁yì拉。

堊 è白玉。

軛 è同"轭(軛)"。

靶 è"軛(轭)"的讹字。

櫂 è穽。

遌 è同"遻"。

遻 è同"遻"。

齃 è同"陀"。

惡 è同"恶(惡)"。

餩 è ❶饥饿。❷拟声词,饱声。

膢 è同"腭"。

腭[齶] è口腔上壁,前部称硬腭,后部称软腭。

諮 è[諮諮]1.教令严:言容~。2.同"谔谔(諤諤)",直言争辩:~之士。

廅 è ❶山旁穴:潜~洞出。❷藏匿:~缺。❸草药名:~药。

瘂 è同"瘟"。

彉 è ❶束弓弩。❷束弓弩的外罩。

蕚 è同"萼(蕚)"。

蝁 è蝮蛇类动物。

碍 è ❶用于地名:~嘉(在云南)。❷[碪碍](ǎn-)见1248页"碪"字条。

腭 è同"愕"。

甗 è ❶瓦器。❷瓷器。

蝹 ㊀è虫名。
㊁yè[蝹蝶]蝴蝶。

鹗(鶚) è又称鱼鹰,水鸟名。

剭 è同"剽"。

鄂 è同"鄂"。

膺 è[骸膺](bó-)骨高的样子。

锷(鍔) è剑端;刀剑的刃:剑~|敛其~。

僫 è同"恶(惡)"。

亶 è义未详。(《龙龛手鉴》)

瘟 è同"瘟"。

溽 è浑浊。

寧 è义未详。(《改并四声篇海》)

髴 è幼儿的发(髪)式。

趣 è[趣趣](-zá)跑的样子。

堮 è同"堮"。

軏 è"轭(軛)"的讹字。

輴 è同"鞥"。

㕭 è大呼用力。

踚 è ❶跛疾。❷行走时身体重心不稳。

蝴 è同"蚱(鳄,鱷)"。

蛤 è虫名。

颚(顎) è ❶牙帮;牙床。❷某些节肢动物摄取食物的器官。❸严肃;恭敬。

E

遻 è 同"遌"。

鄂 è"鄂"的讹字。

崿 è 同"崿"。

崿 è 同"崿"。

崿 è 同"崿"。

箬 è ❶ 竹名。❷ 桂。

稚 è 绘画。

匐 è 同"匐"。

瘂 ㊀ è 跛病。
㊁ kè 疲病。
㊂ kài 喉病。

熾 è 烹菜。

愕 è 同"愕"。

頞 ㊀ è ❶ 鼻梁:蹙～。❷ 同"额(額)",额头:～上。
㊁ àn 用于人名:常～(秦代人)。

瑦 è 同"瑦"。

撧(擨) è 击打。

䫨 è 义未详。(《龙龛手鉴》)

噩 è 可怕而惊人的;不吉利的:～梦|～运。

蹃 è[蹃蹬](-dēng)弯曲一条腿起舞的样子。

覨 è 长久注视。

䩹 è 同"鄂"。

餩 è 同"餩"。

餩 è ❶ 噎。(《玉篇》) ❷ 拟声词,打嗝声:酒声频～～。

腭 è 同"齶(腭)"。

瘂 è 同"瘂"。

璔 è 妇女首饰。

鞥 è 车具。

䳘 è 同"鹗(鶚)"。

囐 è 众声。(《玉篇》)

鳄(鱷)[鱷] è 俗称鳄鱼,爬行动物,生活在热带和亚热带海滨及江河、湖泊中。

鰐 è"鳄(鰐)"的讹字。

譺 è 声音。

鳶 ㊀ è 同"鹗(鶚)",雕类猛禽。
㊁ yuān 同"鸢(鳶)"。

黬 ㊀ è 同"匐",彩绘。
㊁ yǎn[黬画溪]罨画溪,古水名,在今浙江。

䁤 è 睡;睡的样子:～睡呓语。

歞 è[欸歞](kè-)见 496 页"欸"字条。

嶺 è 同"客"。

壥 è 同"堮"。

蝁 è 水蛇的别称。

鰪 è 鱼名。

礘 ㊀ è[礘礘](-è)1. 石的样子。2. 动的样子。
㊁ qì[砬礘](lá-)拟声词,石碰击声。

巘 è ❶ 同"崿"。❷ 山峰。

鍔 è 同"锷(鍔)"。

鐲 è 同"锷(鍔)"。

鮞 ㊀ è ❶ 同"鰪",鱼名。❷ 同"蝁",水蛇的别称。
㊁ yā[鮞鮍](-pī)小咸鱼。

䚰 è 同"谔(諤)",正直的话。

櫮 è ❶ 花盛开的样子。❷ 同"萼"。

鰐 è 同"鳄(鰐)"。

齶 è 断齿的样子。

嶺 è 同“嶺”。

髁 è 同“髁”。

譆 è 声音。

顛 è 同“顛”。

齾 è［齣齾］（kè-）见 762 页“齣”字条。

顡 è［骰顡］（sà-）也作“骰髁”，头颤动或摇晃的样子。

髁 è［骰髁］（sà-）见 833 页“骰”字条。

鶚 è 水鶚，鸟名。

顛 è 同“颚（顎）”，严肃；恭敬。

齾 è 同“腭（齶）”。

顒 è 同“頞”，鼻梁。

鰐 è 同“鳄（鰐）”。

讍 è 同“谔（諤）”。

齷 è 同“腭（齶）”。

鑩 è 钩。

鰨 è 同“鳄（鰐）”。

顎 è 同“颚（顎）”。

齾 è［齾齾］（yà-）残缺不全的样子。

ēn

奀 ㊀ ēn 瘦弱：～叔。㊁ dí 物件小：～张。

衵 ēn 同“衮”。

恩［㤙］ ēn ❶ 恩惠，给予的好处：～赐｜～将仇报｜～多威少。❷ 宠爱；情爱：～爱｜一日夫妻百日～。❸ 感谢：母子两个，千～万谢。

衮 ㊀ ēn 用微火烤肉：～猪头。㊁ āo 同“爊”，把食物埋在火灰中煨熟。

𡘋 ēn 义未详。（《改并四声篇海》）

蒽 ēn ❶ 草名。❷ 有机化合物，是制染料的原料。

嗯 ēn 用于女子人名。

煾 ㊀ ēn 同“衮”，用微火烤肉。㊁ yūn 同“煴”，没有火焰的微火。

ěn

峎 ěn 山。

峎 ěn［峎崿］（-è）也作“㞦崿”，山石的棱角或边缘。

㞦 ěn 古山名。（《玉篇》）

䅰 ěn 草名。

èn

摁 èn 用手按压：～电铃｜～倒在地。

饐 èn 饻。

䭓 èn 同“䭓”。

饐 èn 吃饱。

èng

鞥 èng 马缰绳。

ér

儿 ㊀（兒） ér ❶ 小孩子：～歌｜～科｜孤～。❷ 年轻人（多指男性）：男～｜健～。❸ 儿子，男孩子：～女｜～媳妇｜生有一～一女。❹ 雄性的：～马。❺ 后缀。1. 加在名词后，表示小：碗～｜球～｜小孩～。2. 使动词、形容词等名词化：拐弯～｜逗笑～｜亮～。3. 表示具体事物抽象化：门～｜根～。
㊁ rén 同“人”。
㊂汉字部件。
◆“兒”另见 232 页“兒”字条。

E

而 ér ❶颊毛:作其鳞之～。❷连词。1.表示并列,和;与:光荣～伟大|聪明～勇敢。2.表示承接:学～时习之|有其名～无其实。3.表示假设,如果:人～无信,不知其可也|学习～不努力,进步就慢。4.表示转折,却;然而:出污泥～不染|骨已尽,～两狼之并驱如故。5.连接状语和动词谓语:匆匆～来|挺身～出|侃侃～谈。6.表示从某到某:自上～下|由小～大。❸同"尔(爾)",代词,你;你的:余知～无罪也|～翁归,自与汝覆算耳!❹助词,表示语气:为仁由己,～由人乎哉?|已～已～!今之从政者殆～!

児 ér 同"兒(儿)"。

旵{児} ér 同"兒(儿)"。

侕 ér 众多的样子。

兒 ㊀ ér "儿㊀"的繁体字。
㊁ ní ❶周代诸侯国名,在今山东。❷姓。☞《通用规范汉字表》把"兒"作为"儿"的繁体字,今又作规范字。

皃{皃} ér 同"兒(儿)"。

尳 ér "尳"的讹字。

陑 ér ❶古山名,在今山西。❷用于地名:雷～(在福建)。

挧 ㊀ ér 挐。
㊁ rǔ 同"擩",按;揉。

荋 ér 草多或草多叶的样子。

咡 ér 嘴唇。

峏 ér 古山名。(《广韵》)

尳 ㊀ ér 手搓物使转动。
㊁ nuò 同"愞(懦)",懦弱。

洏 ér ❶温水。❷[涟洏]泪流不止的样子:涕泪～。

婳 ér ❶女子姿态美好。❷用于女子人名。

栭 ér ❶枓,斗拱:绣～云楣。❷栭栗,即茅栗,落叶小乔木,果实可食,木材可做器具。❸同"栮",木耳。

瓸 ㊀ ér 瓦。
㊁ liè 同"瓻(甄)"。

胹 ér ❶烂熟。❷煮:～鳖炮(bāo)羔。❸调和:调～。

烲 ér 同"胹"。

鸸(鴯) ér[鷾鸸](yì-)鸟名,即燕子,也单称鸸。

聏 ér 调和。

袻 ér 衣服有皱褶。

聏 ㊀ ér 调和:～合|从容调～。
㊁ nǜ 同"恧",惭愧:～于中。

需 ㊀ ér 连系。
㊁ rú 同"蠕",蠕动:～然者不病。

陾 ér 同"陑"。

輀 ér 载运棺柩的车。

鲕 ér 同"鸸(鴯)"。

鲕(鮞) ér ❶鱼苗;小鱼。❷鱼名,生活在海中。

䰰 ér 注。

隭 ér 同"陑"。

緛 ér[緛繻](-xū)缯美的样子。

髵 ér ❶颊毛:～鬛。❷多的毛:头尾各有～。

聏 ér 同"聏"。

醽 ér 同"胹"。

臑 ér 同"胹"。

隭 ér 同"陑"。

醹 ér 同"胹"。

騀 ér ❶小马。❷公马。

轜 ér 同"輀"。

醶 ér 同"醽(胹)"。

轜 ér 同"輀"。

鼠兒 ér ❶鼠。❷鼠兒鼠,又称负鼠,有袋囊,尾细长。

ěr

尔(爾)[尒]{尓、尒} ěr ❶代词。1. 你；你的：～父｜～辈。2. 那；其(用于时间)：～时｜～后。❷同“耳”，助词，表示语气，罢了；而已：其以强为弱，以存为亡，一朝～也。❸后缀，然：卓～｜率～｜莞～一笑。

耳 ěr ❶耳朵，人和动物的听觉器官：～聋｜～语(贴近别人耳朵小声说话)｜～聪目明。❷形状像耳朵的：木～｜银～。❸位置像耳朵在两侧相对应的：～房｜～门。❹助词，表示语气，罢了；而已：技止此～｜前言戏之～。

尒 ěr 同“尔(爾)”。

[illegible] ěr 同“迩(邇)”。

[illegible] ěr 同“迩(邇)”。

迩(邇) ěr ❶(距离或时间)近：路～人遐｜行远自～｜元宵在～。❷接近：不～声色｜狼毒不可～。❸浅近：～言。

饵(餌) ěr ❶糕饼：饼～｜果～｜香～。❷钓鱼时用来引鱼上钩的鱼食：鱼～｜钓～。❸引诱：～敌｜～以重利。

洱 ěr ❶古水名。1. 约在今河南。2. 今云南的西洱河。❷洱海，湖名，在云南，因湖形像耳，故名。

[illegible](䋙) ěr [[illegible][illegible]]也作“耳耳”，繁多的样子。

[illegible](駬) ěr 良马名。

珥 ěr ❶又称瑱，用珠玉制成的耳环等饰物：玉～｜瑶簪宝～。❷剑鼻，剑柄上端像两耳的突出部分。❸日、月两旁的光晕：晕～｜月晕有两～，白虹贯之。❹贯耳，引申为插：～两青蛇｜～两鸟羽。

栮 ěr 也作“栭”，木耳，真菌的一种，生长于腐朽的树木上，像耳朵，可食用。

[illegible] ěr 同“衈”，祭祀仪式，杀牲取血以涂抹器物。

[illegible] ěr 用于古代器物名。

铒(鉺) ěr 见234页èr。

[illegible] ěr 同“饵(餌)”。

[illegible] ěr 同“饵(餌)”。

[illegible] ěr ❶祭祀。❷同“饵(餌)”。1. 糕饼。2. 食物。

[illegible] ěr 小虫。

[illegible] ěr 义未详。(《龙龛手鉴》)

[illegible] ěr 同“爾(尔)”。

[illegible] ěr 同“饵(餌)”。

[illegible] ěr 同“爾(尔)”。

薾 ěr ❶花朵繁茂的样子。❷倦怠疲乏的样子：久病疲～。

[illegible] ěr 同“[illegible]”。

[illegible] ěr 鼠名。

[illegible] ěr 义未详。(《龙龛手鉴》)

[illegible] ěr 同“爾(尔)”。

[illegible] ěr 同“邇(迩)”。

[illegible] ěr 同“饵(餌)”，糕饼。

èr

二 èr ❶数词，一加一的和，也表示序数第二：～人｜～年级。❷两样；有区别：三心～意｜言不～价。❸不专一；不忠诚：必报德，有死无～｜况敢逃其死而～其心乎？

☞①二/贰 “二”是数词。“贰”本指副的或附属的，后假借为数词，在账目、票据上用于“二”的大写形式。②二/两 见567页“两”字条。

[illegible] èr 同“二”。

[illegible] èr 削。

弍{[illegible]} èr 同“二”或“贰(貳)”。

刵 èr 古代割去耳朵的刑罚。

佴 ㊀èr 放置；停留：～之蚕室。㊁nài 姓。

贰(貳){貳} èr ❶副职，引申为副的：建其正，立其～｜～车｜～室。❷协助：～公弘化｜使我～群牛，事南亩。❸有二心，不专一：无～尔心｜修道而不～。❹两样；不一致：市贾不～。❺再；重复：不迁怒，不～过｜处不重席，食不～味。❻数词“二”的大写。❼姓。☞贰/二 见233页“二”字条。

咡 ㊀èr ❶口旁；口耳之间：负剑辟～诏之。❷蚕吐丝，引申为以丝做琴弦：～丝｜黄丝～素琴。❸用于地名：咪～（在云南）。㊁ér 同“咰”。

婣 èr 用于女子人名。

毦 èr ❶用鸟羽、兽毛做的装饰。❷用羽毛编织的衣服。

毭 èr 同“毦”。

胹 èr 筋腱。

聏 èr 用牲血等涂抹器物以祭神：～用鱼。

铒(鉺) ㊀èr 钩；钩形饰物：金叉环～。㊁ěr 金属元素，可用来制特种合金、激光器、有色玻璃、陶瓷等。

晒 èr 同“衈”。

衈 èr（又读ěr）❶祭祀仪式，杀牲取血以涂抹器物：～社（社：社神）。❷祭祀名，杀鸡等有羽毛的牲以祭祀。❸中医指眼、耳出血。

酮 èr 重酿酒。

貮 èr 同“二”。

誀 ㊀èr 引诱。㊁chǐ 同“耻”，耻辱。

僙 èr 同“贰(貳)”。

聕 èr 专心听。

幁 èr 饰。

樲 èr 又称酸枣，枣树的一种。

羸 èr 义未详。（《改并四声篇海》）

刵 èr 同“刵”。

汉字结构分类表

类别		例字
独体字		十大井民里雨
合体字	上下结构	台写室思星符
	上中下结构	享牵崽鼻器裹
	左右结构	江现称到烟颗
	左中右结构	班狱街掰粥辩
	全包围结构	回围园国图圈
	半包围结构	凶风问区病连句氧
	镶嵌结构	巫坐幽乖乘爽噩畿爽

fā

发㊀(發) fā ❶放射：～射｜～光｜弹不虚～。❷送出；交付：分～｜～货｜～信。❸打开；揭露：～掘｜穿堑～渠｜揭～。❹产生；发生：～芽｜～电｜～病。❺散开；分散：～散｜挥～｜蒸～。❻散发；显现：～臭｜～潮｜脸上～黄。❼表达；说出：～言｜～誓｜～命令。❽感到(多用于令人不舒服的情况)：手～麻｜头～晕｜皮肤～痒。❾因得到大量资财而兴旺：～家｜暴～户。❿量词，用于枪弹、炮弹：一～子弹｜三百～炮弹。

㊁(髮) fà 头发：理～｜护～｜千钧一～。

◆"發"另见235页"發"字条。

癹 fā 同"發(发)"。

泼 fā ❶寒冷。❷疏浚。

跛 fā 义未详。(《字汇补》)

發 fā 同"發(发)"。

發 ㊀fā "发㊀"的繁体字。

㊁bō[發發](-bō)拟声词，疾风声；鱼跃声：飘风～｜鳣鲔～。

撥 fā 同"跛"。

䕾 fā 同"发(發)"。

䥍 fā 同"發(发)"。

譾 fā 出言。

fá

乏 fá ❶缺少：～味｜不～其人｜回天～术。❷疲倦：疲～｜人困马～。

乏{乏} fá 同"乏"。

乏 fá 同"乏"。

伐 fá ❶砍(树)：～木｜采～。❷征讨；攻打：讨～｜北～｜口诛笔～。❸夸耀；自夸：矜功自～。

姂 fá ❶妇女的样子。❷美好的样子。

吠 fá 同"瞂"。

垡 fá 同"垡"。

茷 ㊀fá 草叶繁密茂盛的样子。

㊁bá 同"茇"，草木的根。

罚(罰)[罸]{罰} ㊀fá ❶过错；罪过：贪色为淫，淫为大～。❷处分；惩治：处～｜责～｜惩～。

㊁fā 通"发(發)"：～誓｜～下这等无头愿。

垡 fá ❶翻耕田地：耕～。❷翻耕起的土块：打～｜晒～。❸用于地名：～头(在北京)｜落(lào)～(在河北)。

疺 ㊀fá ❶瘦。❷疲乏。

㊁biǎn 病。

戏 fá 同"䟐"。

阀(閥) fá ❶仕宦人家；名门望族：名～｜门～｜～阅之家。❷凭借权势在某方面有特殊支配地位的人或集团：军～｜财～｜学～。❸阀门，管道或机器中调节控制流体的流量、压力和流动方向的装置：水～｜气～｜安全～。

栰 fá ❶同"橃"，海中大船。❷"筏"的异体字。

㶀 fá 火。

䟐 fá "䟐"的讹字。

筏 fá "筏"的讹字。

䟐 fá 伫立。

墢 fá 同"墢"。

筏［栰］ fá ❶筏子，水上交通工具，用竹、木等平铺编扎而成，也有的用牛羊皮或橡胶等制成：竹～｜橡皮～｜舍～登岸。❷同“橃”，海中大船。◆“栰”另见235页“栰”字条。

傠 fá 同“伐”，讨伐：勇侏之～。

舤 fá 同“筏”。

酦 fá 酿酒一成。

跋 fá 同“伐”。

罚 fá［罚多］古水名。（《穆天子传》郭璞注）

暛 fá 义未详。（《改并四声篇海》）

䥽 fá 同“酦”。

鞁 fá 同“瞂”。

厩 fá “瞂”的讹字。

罰 fá 同“罚（罰）”。

罸 fá 同“罚（罰）”。

瞂 fá 古代兵器。

墢 fá（又读bá）耕地起土，也指耕地翻起的土：一～土。

橃 fá ❶同“筏”，竹、木制作的水上运输工具。❷海中的大船。

藅 fá 草名。

𡒄 fá 同“墢”。

艠 fá 同“筏”。

𦪙 fá ❶同“橃”，海中大船。❷同“筏”，用竹、木等编扎成的水上运输工具。

fǎ

玡 fǎ 玉名。

金 fǎ 同“法”。

法［❶-❻灋、❶-❻浤］ fǎ ❶国家制定的律令、规章、条例等：宪～｜～律｜～规。❷标准、规范：～则｜～帖｜～绘。❸措施；手段：用～｜方～｜没～儿办。❹仿效：效～｜师～｜～乎其上。❺教义：佛～｜道～｜～事。❻方术：～术｜仗剑作～。❼量词，法拉（电容单位）的简称，电容器充入1库电量时，电势升高1伏，电容为1法。

泟 fǎ 同“法”。

𫆗 fǎ 箭的样子。

鍅 fǎ 古代乐器。

灋 fǎ 同“灋（法）”。

fà

发（髮） fà 见235页fā。

珐［琺］ fà［珐琅］（-láng）用石英等烧制成的像釉子的涂料，涂在金属表面作为装饰，也可防锈，多用来制景泰蓝、徽章、纪念章等。

猶 fà 同“发（髮）”，用于古代器物名。

頞 fà 同“发（髮）”。

娟 fà 同“发（髮）”。

髮 fà 同“髮（发）”。

須 fà 同“发（髮）”。

䫿 fà 同“发（髮）”。

髮 fà 同“髮（发）”。

髮 fà 同“髮（发）”。

髮 fà 同“髮（发）”。

髮 fà 同“髮（发）”。

髮 fà 同“髮（发）”。

髮 fà 同“髮（髮，发）”。

頞 fà 同“发（髮）”。

䯻 fà 同“发(髮)”。

䯽 fà 同“发(髮)”。

髮 fà 同“髮(发)”。

蕟 fà 草名。

䯾 fà 同“髮(发)”。

鬘 fà 同“髮(发)”。

fān

帆[帆、颿] fān ❶挂在船桅上利用风力使船前进的布篷:扬～|～船|一～风顺。❷帆船:归～|沉舟侧畔千～过。

◆“颿”另见237页“颿”字条。

㤆 fān 同“帆(帆)”。

帆 fān “帆”的讹字。

舤 fān 同“帆”。

汎 fān 水深。

訙 fān 言急。

番 fān 见238页fán。

駅 fān 同“颿”,马奔跑的样子。

勫 fān 强健。

噃 ㊀fān 声。(《集韵》)

㊁bo 助词,表示提醒、劝告等语气:外面落雨～|你唔好唔记得～(你别忘了)。

幡 fān ❶垂直悬挂的长条形旗帜:招魂～|接引～。❷抹布。

䪛 fān 同“帆”。

颿 fān 同“帆”。

憣{憣} fān ❶心动:为谁书到便～然。❷通“翻”,改变;变动:～校四时,冬起雷,夏造冰。

嬏 fān 用于女子人名。

旙 fān 同“幡”。

藩 ㊀fān ❶篱笆,比喻屏障:～篱|墙～|卫～。❷古代称属国或属地:～国|～属|外～。❸姓。

㊁fán[㳘藩](chén-)见103页“㳘”字条。

篵 fān 同“藩”。

䉒 fān 船上的装饰物。

翻[飜、❺繙] fān ❶鸟飞;飞翔:上下～飞|云垂大鹏～。❷歪倒;上下或内外移位:～身|～动|车～了。❸改变:～案|花样～新|～然醒悟。❹(数量)成倍增加:～番|产量～两番。❺翻译,把一种语言文字译成另一种语言文字:把古文～成现代汉语|把中文～成英文|这句话～得不准确。

◆“繙”另见237页“繙”字条。

旛 fān 上下长、横向窄的长条形旗子,后作“幡”。

䌂 fān 同“翻”。

繙 ㊀fān ❶反复:～十二经以说。❷翻动;翻阅:～银叶|～辑疏录。❸同“幡”,旗帜:画～。❹“翻❺”的异体字。

㊁fán[繙帑](-yuān)乱。

颿 fān ❶马奔跑的样子。❷“帆”的异体字。

轓{轓} fān ❶车箱两侧的遮蔽物:羽盖朱～。❷车:华～|鹿～。

䬓 fān 同“颿”。

潘 fān “旛(旛)”的讹字。

旛 fān 同“旛”。

籓 fān 同“藩”。

籓 ㊀fān ❶大簸箕。❷同“藩”,篱笆;屏障:～门竹径|要～。

㊁pān 姓。

瀿 fān 大波浪。

鞼 ㊀fān ❶群鞼,泛指群。(《玉篇》)❷平而方的革。

㊁fán 韦裹。(《集韵》)

鱕 fān 鱼名,又称鱕鲳,生活在海中。

fán

凡［凣］{㔶} fán ❶概要;要略:～例|大～|发～起例。❷副词。1.总共;总计:全书～二十卷。2.所有的:～事要多动脑筋|～本单位员工均可报名。❸平常;普通:平～|～人|自命不～。❹人世间:下～|思～|～世。❺中国民族音乐音阶上的一级,也是乐谱记音符号,相当于简谱的“4”。

邟 fán 古地名。(《玉篇》)

杋 fán 同“朳”。

朳 fán 俗称水桴木,树名,树皮俗称水桴。

匥 fán 同“笲”。

沨(渢) ㊀fán［沨沨］(-fán)形容歌乐声婉转悠扬,单用义同:美哉!沨沨乎!|沨沨移人|沨乎不极。
㊁fēng(又读féng)［沨沨］(-fēng)拟声词。1.宏大的声音:大声～,震摇六合。2.风声:空谷来风,有声～。

釆 fán“𤰕”的讹字。

釆 fán“𤰕”的讹字。

杍 fán 树名,一说杯的别称。

矾(礬) fán 某些金属硫酸盐的含水结晶:明～(白矾,硫酸铝钾)|胆～(硫酸铜)|绿～(硫酸亚铁)。

钒(釩) fán 见240页fǎn。

舤 fán 同“颿”。

犿 fán 同“獦”。

料 fán 同“蹯”。

𤰕 ㊀fán 同“番(蹯)”,野兽的脚掌。
㊁bǒ ❶簸米的器具。❷同“簸”“播”,簸扬。

砜 fán 同“矾”。

舧 fán 同“颿”。

𦉨 fán 义未详。(《龙龛手鉴》)

舧 fán 同“颿”。

烦(煩) fán ❶热头痛,引申为烦躁、烦闷:～恼|心～意乱|在家里待得太久了,～得很。❷厌烦;使厌烦:不耐～|这些话都听～了|这种事太～人。❸又多又乱:絮～|～琐|要言不～。❹敬辞,表示请托:～劳|～交|～请。☞烦/繁 两字都指多,“烦”侧重于多而杂乱,让人产生厌恶感;“繁”侧重于多,基本属于中性词,没有这种感情色彩。

袢 ㊀fán ❶夏天穿的白内衣。❷溽热:～暑。
㊁pàn 同“襻”。

𤰪 fán 同“蹯”。

笲 fán 古代盛干果等的竹器。

颿 fán ❶船舷。❷船。

畨 fán 同“番(蹯)”,野兽的脚掌。

絣 ㊀fán 同“緐”,马鬣上的饰物。
㊁biàn 同“弁”,古代的帽子。

梵 ㊀fán 同“颿”,船舷:中流遗其剑,遽契其舟～。
㊁fàn 同“范(範)”,模型;模子。

棥 fán 篱笆,后作“樊”。

番 ㊀fán ❶野兽的脚掌,后作“蹯”。❷通“蕃”,茂盛:～茂|～昌。
㊁fān ❶轮流;更替:～休|轮～|更～值班。❷量词。1.遍;次:一～好意|三～五次|产量翻了两～。2.种;样:另有一～景象|别有一～滋味。❸中国西部少数民族的或外国的:西～|～邦|～语。❹通“藩”,篱笆:樱茨～闲。❺通“翻”:～修|～悔|把恩情～成仇(雠)敌。
㊂pān ❶［番禺］(-yú)地名,在广东。❷姓。

粃 fán(又读pán)义未详。(《龙龛手鉴》)

緐 ㊀fán ❶马鬣上边的饰物。❷同“緐(繁)”,繁多:～英。
㊁pó 姓。

緐 fán 乱丝。

𤳉 fán 同"蹯"。

墦 fán 坟墓。

蕃 ㊀ fán ❶ 草木繁茂:～茂｜～昌｜草木～。❷ 滋生;繁殖:～息｜夏余鸟兽～。❸ 众多:锡马～庶｜硕茂早实以～。
㊁ fān ❶ 通"藩",篱笆,比喻屏障:四国于～。❷ 旧指中国西部边境少数民族或外国,后作"番":～客｜～国｜～使。
㊂ bō［吐蕃］(tǔ-)古代少数民族名,分布在今青藏高原,唐代曾建立政权。
㊃ pí ❶ 汉代县名,在今山东。❷ 姓。

樊 fán ❶ 篱笆:～篱。❷ 关鸟兽的笼子:～笼。❸ 杂乱:～然淆乱。❹ 姓。

獖 ㊀ fán 拟声词,狗相争斗声。
㊁ biàn 轻捷迅疾的样子:～疾。

𤜶 fán 同"蹯"。

𫘪(䮳) fán 生养,也作"蕃"。

璠 fán［璠玙］(-yú)又称玙璠,简称璠,美玉。

㯏 fán［㯏挼］(-ruó)也作"㯏撋",两手搓摩。

蘋 fán 草名,像莎草而大。

橎 fán 树名,一说刚木,不开花而结果。

𣟭 fán 同"樊"。

𩊚 fán 同"䪛(𩎑)"。

膰 ㊀ fán ❶ 祭祀用的熟肉:执～。❷ 赠送祭肉:只鸡斗酒定～吾。❸ 肝。
㊁ pán 大腹。

燔 ㊀ fán ❶ 焚烧:～烧。❷ 烘烤:～炙。❸ 通"膰",祭祀用的烤肉:～肉不至。
㊁ fén 同"焚"。

䊩 fán 同"膰"。

𧿇 fán 同"番(蹯)",野兽的脚掌。

𦅸 fán 同"䌓",马鬣上的饰物。

蘩 fán 同"蘩"。

礬 fán 同"礬(矾)"。

𨟆 fán 同"鄱"。

鐇(鐇) fán ❶ 宽刃斧。❷ 铲;铲除:～𫓯株林。❸ 金属元素"钒(釩)"的旧译写法。

䉒 fán 稻名。

繁［緐］ ㊀ fán ❶ 众多:～多｜频～｜～星。❷ 茂盛:～荣｜～花似锦｜枝～叶茂。❸ 复杂:～杂｜～复｜删～就简。❹ 衍生:～衍｜～殖｜六畜易～。❺ 古县名,在今四川。☞繁/烦 见238页"烦"字条。
㊁ pó 姓。

𦃕 fán "繁"的讹字。

𪆟(𪆟) fán［𪆟鹀］(-wǔ)鸟名。

𫋈 ㊀ fán［𫋈襟］(-yuān)擦拭或覆盖东西的布帕。
㊁ bò 长袖。

𫙺 fán 同"蹯"。

𦅸 fán 同"𦅸(緐)"。

蘩 fán 草名。

蟠 ㊀ fán 又称蛜蝛、委黍,即鼠妇,甲壳动物。
㊁ pán ❶ 屈曲或盘绕而伏,引申为弯曲:龙～于泥｜～木。❷ 遍及;充盈:～满九州｜～际渺西东。

羳 fán 黄腹的羊。

䊩 fán "䪛(𩎑)"的讹字。

𪍬 fán(又读 pān),同"潘",淘米水。

𤄊 fán ❶ 养生。❷ 生育。

薠 fán［茝薠］(chén-)同"茝蕃"。

𣟭 fán 同"䉒"。

礬 fán "礬(矾)"的讹字。

蹯 ㊀ fán ❶ 野兽的脚掌:熊～｜人有置系蹄者而得虎,虎怒,决～而去。❷ 野兽踪迹。
㊁ pán 徘徊:桀马～而不进。

蹯 fán 同"蹯"。

蘩 fán ❶白蒿,一年或二年生水生草本植物。❷款冬,多年生草本植物。

蕃 fán 同"䪛(膰)"。

蹞 fán ❶同"蹯",野兽的脚掌:熊～。❷[蹞蹂](-ruí)1.两脚踏。2.弩名。

䪛 fán 同"膰"。

䳪 fán 同"鷭(鷭)"。

䰪 fán 同"䴓"。

䪤 fán 宗庙祭祀用的熟肉,后作"膰"。

蹮 fán 同"蹞(蹯)"。

瀿 fán ❶水暴溢:灌以～水。❷古水名。(《广韵》)

䴓 fán 同"䴓"。

𩑊 fán 同"𩑊"。

蠜 fán 蠜蚕。

蘨 fán 小蒜,一说百合蒜。

䪛 fán 同"膰"。

覙 fán[覙覙](bīn-)见58页"覙"字条。

鄱 fán 古乡名,在今陕西。

𩕊 fán 很丑的样子。

覙 fán 同"覙"。

驜 fán[驜駤](-zhì)停止;马踌躇不前的样子。

鼶 fán ❶白鼠。❷瓮底虫。

fǎn

反 fǎn ❶翻转;颠倒:～戈一击|～败为胜|易如～掌。❷翻转的;颠倒的:～面|适得其～|衣服穿～了。❸回;还:～击|～攻|～咬一口。❹返回,往返,后作"返":使者三～。❺背叛:～叛|造～|官逼民～。❻反对:～浪费|～腐败。❼类推:举一～三。❽反切,旧时汉语注音方法,取上一字声母与下一字韵母和声调相拼:塑,桑故～。❾副词,反而;相反地:他遇到挫折没有灰心,～更坚持做下去|人皆以数入为荣,贵人～以为忧。

扲 fǎn 取。

仮 fǎn 同"反"。

饭 fǎn 同"反"。

彶 fǎn 同"返"。

返 fǎn ❶回;归:～校|往～|～老还童。❷归还:～税|～其璧|尽～所取。❸违反:任情～道,劳而无获。

钒(釩) ㊀fǎn 器皿。
㊁fán 金属元素,可用来制合金钢等。

忛 fǎn 义未详。(《海篇直音》)

疲 ㊀fǎn 恶;恶骂。
㊁fàn 恶心呕吐。

軓 fǎn 古代车箱两旁遮挡尘泥的部分。

訉 fǎn 权言合道。(《集韵》)

䐹 fǎn 淫肿。

fàn

仉 fàn 轻薄。

㔶 fàn 同"犯"。

犯 fàn ❶侵害;进攻:侵～|秋毫无～|井水不～河水。❷违反;抵触:～法|～忌讳|～上作乱。❸发生;发作:～病|～错误|老毛病又～了。❹值得:实则信口开河,～不上抄录。❺犯罪的人:罪～|逃～|诈骗～。

犳 fàn 同"犯"。

氾 ㊀fàn "泛㊀"的异体字。
㊁fán ❶古地名,在今河南。❷也作"汎",姓。❸用于人名。

呪 fàn 义未详。(《龙龛手鉴》)

㤆 fàn 用于女子人名。

汎 ㊀ fàn ❶ "泛㊀" 的异体字。❷ 古水名，沔水支流，在今湖北。❸ 也作"氾"，姓。
㊁ fá［汎渫］（-jiē）声音微小。一说拟声词，急流声：又似流波，泡溲～。

㶗 fàn 同"㤆"。

芝 fàn 草浮出水面的样子。

瓪 fàn 瓦。

岮 fàn 古山名。（《玉篇》）

犯 fàn 同"犯"。

饭（飯） fàn ❶ 吃；吃饭：廉颇老矣，尚能～否？｜～后的谈资。❷ 给人或牲畜吃东西：～信（拿食物给韩信吃）｜酌之～之｜～犊郊原。❸ 煮熟的米谷，多指大米饭：米～｜稀～｜炒～。❹ 人每天定时吃的食物：早～｜做～｜开～。

庝 fàn 同"番"，更替；轮换。

泛 ㊀［汎、氾］ fàn ❶ 浮；在水上漂浮：～舟｜萍～无休日。❷ 浮现；透出：脸上～出红晕｜纸窗上～出鱼肚白｜酒瓶～出一股浓香。❸ 大水漫流：～滥｜河水决濮阳，～郡十六。❹ 范围广；普遍：广～｜～览｜～爱。❺ 一般地；浮浅：空～｜～交｜～～而论。
㊁ fěng 覆；翻：大命将～，莫之振救｜自起～戹｜～驾之马。
◆ "汎" 另见 241 页 "汎" 字条。
◆ "氾" 另见 240 页 "氾" 字条。

饭 fàn ❶ 恶心。❷ 急性。❸ 悔恨。

茧 fàn 同"芝"。

范（❶-❹❻範） fàn ❶ 铸造器物用的模子：陶～｜铁～｜钱～。❷ 法则；榜样：～本｜典～｜示～。❸ 一定的界限或区域：～围｜～畴｜就～。❹ 限制；约束：防～｜轨物～世。❺ 用于地名：～县（在河南）｜～镇（一在山东，一在江西）。❻ 姓。☞范／範 两字在汉字简化前用于不同的姓，现已混同。

奔 fàn 上部大。

肌 fàn 同"䀀"。

䀀 fàn 大眼睛。

贩（販） fàn ❶ 买货物出卖并获取利润的人：商～｜小～｜摊～。❷ 买货出卖：～卖｜～运｜～药材。❸ 叛卖：～君卖友。

浱 fàn 人死后下葬。

娑 fàn 生多。

軓 fàn 同"軬"。

畈 fàn ❶ 成片的田，多用于地名：满～麦，金黄黄｜马～（在河南）｜白水～（在湖北）。❷ 量词，用于大片田地：一～田。

眨 fàn 同"盌"。

䒦 ㊀ fàn 浮。（《字汇补》）
㊁音未详。"扶弓" 的合体字。（《广雅疏证》）

軬 fàn 古代车箱的掩板，在轼前。

㽹 fàn 义未详。（《改并四声篇海》）

訉 fàn "訉" 的讹字。

訉 fàn 同"訉"。

訉 fàn 话多。

盌 fàn 杯，也特指酱杯。

䕰 fàn 用于古人名：史～。（《南疆逸史》）

䔾 fàn 同"范"。

䫶 fàn ❶ 同"瓪"。❷ 瓶的样子。

蝂 fàn 虫名。

笵 fàn 模子；法则，后作"范（範）"。

粄 fàn 粉。

盁 fàn 同"盌"。

盌 fàn 同"盌"。

F

䣲 fàn 同"畚"。

飰 fàn 同"饭(飯)"。

䬦 fàn 义未详。(《字汇补》)

㼝 fàn 同"盨"。

嬔 ㊀ fàn ❶ 同"嬎",生子多且素质都不错。❷ 纵情翱翔的样子。
㊁ miǎn 同"娩"。

畚 fàn 同"畚"。

䡊 fàn ❶ 车篷:薄～车|苇～车。❷ 棚屋。

㽹 fàn 同"䡊"。

畚 fàn ❶ 一宿酒。❷ 东西变旧、变坏:～红|酒～了。

䡊 fàn 义未详。(《改并四声篇海》)

餅 fàn 同"饭(飯)"。

蠜 fàn 蜂。

㳘 fàn 浮的样子。

䪛 fàn 同"嬎"。

嬎 ㊀ fàn ❶ 生子多且素质都不错。❷ 蕃殖:～息。❸ 禽类生蛋:～蛋。
㊁ fù 刚出生的小兔。

販 fàn 同"贩(販)"。

䭵 fàn 义未详。(《改并四声篇海》)

灊 fàn 同"𤅡"。

嬔 fàn 同"嬎"。

噼 fàn 恶心呕吐。

篵 fàn ❶ 竹器。❷ 车篷盖。

範 fàn 法式。

嬻 fàn 匹偶。

鬵 fàn "𤅡"的讹字。

㵣 fàn 古水名,在今河南。

𤅡 ㊀ fàn 喷涌的泉水。
㊁ fán 古泉名,在今河南。

嚹 fàn 同"噼"。

䴀 fàn 同"嬎"。

䴀 fàn 同"嬎"。

孆 fàn 同"嬎"。

fāng

匚 ㊀ fāng 方形盛物器。
㊁称区字框或三框,汉字偏旁或部件。

匚 fāng 同"匚"。

方 ㊀ fāng ❶ 相并的两船,引申为两船并行:江之永矣,不可～思。❷ 并;并排:～舟而济于河。❸ 比拟;比方:论功则汤武不足～|暴风疾霆不足以～其怒。❹ 方形:长～|正～|见～。❺ 方向;方面:东～|前～|四面八～。❻ 办法:～法|千～百计|教导有～。❼ 药方,配药的单子:秘～|偏～|开～子。❽ 副词。1. 才:年～二八|书到用时～恨少。2. 正;正当:来日～长。❾ 量词。1. 平方米或立方米的简称:一～木材|三～沙子。2. 用于方形的东西:一～手帕|两～图章。❿ 姓。
㊁ fēng 量词,响度级单位,0 方约相当于人耳刚能听到的 1000 赫兹响度级。

邡 fāng[什邡](shí-)地名,在四川。

坊 ㊀ fāng ❶ 城镇中的街巷,多用于街巷名称:街～四邻|白纸～(在北京)。❷ 市肆;店铺:茶～|书～|～间(也指街巷里)。❸ 牌坊,旧时以石、木等建构的旌表性纪念物:忠烈～|贞节～。❹ 古州名,在今陕西。❺ 姓。
㊁ fáng ❶ 作坊,小手工业者的工作场所:织～|酒～|染～。❷ 同"防"。1. 堤防:祭～|青泥～。2. 防止;防范:刑以～淫|～民正俗之意。

芳 fāng ❶ 花草的香气,引申为香:芬～|～香。❷ 香草,泛指花卉:群～|～草萋萋|孤～自赏。❸ 美好的,喻指美好的名声或高尚的德行:～名|～姿|流～千古。

F

汸 ㊀ fāng 水名。㊁ pāng 同“滂”,水势盛大,比喻多:财货浑浑如泉源,~~如河海。

枋 ㊀ fāng ❶ 树名,木质细而坚硬,可制车。❷ 木桩围筑的堰:洪~巨堰。❸ 方柱形木材:梁~|细~。
㊁ fǎng 同“舫”,竹木编成的筏:乘~箄下江关。

牥 fāng ❶ 古代指单峰驼,能在沙漠中远行:~牛。❷ 未经训练的牛。

祊 fāng 见 35 页 bēng。

钫(鈁) fāng ❶ 古代方形壶,多为青铜制作。❷ 锅类炊具。❸ 金属元素,有放射性。

䄱 fāng 禾名。

蚄 ㊀ fāng [虸蚄](zǐ-)见 1306 页“虸”字条。
㊁ bàng 同“蚌”,软体动物。

⿰牜⿰方弓 fāng 同“方”。

⿱竹方 fāng ❶ 竹器。❷ 竹名。

淓 fāng 古水名,也作“汸”。(《玉篇》)

匚 fāng 同“匚”。

⿱非方 fāng 义未详。(《改并四声篇海》)

⿰方鬼 fāng 星名。

鴋 ㊀ fāng [鸊鴋](bì-)见 47 页“鸊”字条。
㊁ fǎng 同“鶭”。

⿰鼠方 fāng 地鼠。

⿰阝鳥 fāng 同“鴋”。

fáng

防 fáng ❶ 堤坝,引申为筑堤:以~止水|善~者水淫之。❷ 堵塞:~川|川不可~,言不可弭。❸ 防备:~火~盗|以~万一。❹ 防御:~守|国~。❺ 有驻军防守的关口要塞:关~|边~。

妨 fáng ❶ 忌妒。❷ 同“妨”,妨害;损害。

妨 fáng ❶ 损害:~害|~兄之弟|天公尚有~农过。❷ 阻碍:~碍|无~大局|足软~行便坐禅。❸ 相克:~死老子~死娘|绝子嗣,~公婆,克丈夫。

肪 fáng 脂肪,也特指动物腰部肥厚的油脂。

⿸户方 fáng 同“房”。

房 ㊀ fáng ❶ 供人居住或存放东西的建筑物:草~|楼~|库~。❷ 形状或作用像房子的:蜂~|花~|心~。❸ 家族的一支:大~|长~长孙。❹ 妻室:填~(续娶的妻)|偏~(妾)。❺ 姓。☞ 房/室/宫/堂/屋　见 293 页“宫”字条。
㊁ páng(又读 fáng)[阿房宫](ē--)秦朝宫殿名,在今陕西。

⿸厂方 fáng 同“房”。

⿸厂防 fáng 同“房”。

埅 ㊀ fáng 同“防”,堤。
㊁ fāng 同“坊”。
㊂ dì 同“地”:天告灾时,~生反物。

⿰阝⿱方土 fáng 同“埅”。

⿱枋土 fáng 同“防”。

鲂(魴) fáng ❶ 古代称鳊鱼。❷ 鲤科鲂属鱼类名,生活在江河、湖泊中。

⿰骨方 fáng 同“肪”。

⿰方風 fáng 风。

鳑(鰟) ㊀ fáng 同“鲂(魴)”,鱼名。
㊁ páng [鳑鲏](-pí)鱼名,生活在江河、湖泊中。

⿰魚房 fáng 同“鲂(魴)”,鱼名。

鱄 fáng “鳑(鰟)”的讹字。

fǎng

仿[❶髣、❷-❹倣] fǎng ❶ [仿佛](-fú) 1. 像;类似:他不见老,模样跟十年前相~。2. 副词,似乎;好像:天~要下雨|我~在哪里见过他。❷ 效法,照样做:~造|~制|~古。❸ 类似;像:父子相貌相~|二人年龄相~。❹ 依照范本

写的字:写了一张～。

访(訪) fǎng ❶咨询;征求意见:～于箕子|承手笔～以所疑。❷查访;调查:～查|采～|明查暗～。❸看望;探视:～友|拜～|有客来～。

𢪛 ㊀fǎng 同"仿",相似。
㊁bēng 同"搒",相牵。

𠯁 ㊀fǎng[𠯁咈](-fú)同"仿佛"。
㊁fēng 量词,响度级单位,今作"方"。

俩 fǎng 同"仿"。

𨑘 fǎng 急行。

纺(紡) ㊀fǎng ❶把丝、棉、麻、毛、人造纤维等制成纱或线:～纱|～线|～棉花。❷素色纱绢,后指平纹丝织品:束～|～绸|富春～。
㊁bǎng 缠缚,后作"绑(綁)":～囚梁上|～于庭之槐。

昉 fǎng ❶日初明;明亮。❷起始;初始:众～同疑|世皆呼黑为青,莫究所～。

昘 fǎng 同"昉",用于人名:张～(汉代人)。

F

瓬 fǎng ❶也作"旊",古代制作瓦器的匠人。❷瓶。❸瓦。

眆 fǎng 同"仿"。

舫 fǎng 船,特指游船:画～|游～。

旊 fǎng ❶古代制作瓦器的匠人:～人。❷瓦器:陶～。

旕 fǎng 义未详。(《改并四声篇海》)

𨈱 fǎng 同"鶭"。

䜴 fǎng 同"访(訪)"。

髣 fǎng[髣髴](-fèi)散乱的头发,也作"髣髴"。

鶭 fǎng 又称泽虞、护田鸟,水鸟名。

fàng

放 ㊀fàng ❶把有罪的人驱逐到边远地方:～逐|流～。❷解除约束,使自由:释～|～行|把笼子里的鸟～了。❸赶牲畜、家禽到野外觅食:～牛|～鸭子。❹发给:～赈|～粮。❺借给人钱并收利息:～高利贷。❻扩展:～大|～宽。❼发出:～炮|～光|～电。❽使燃烧或爆发:～火|～爆竹。❾花开:百花齐～|心花怒～。❿搁置:存～|～进柜子里|这个事情先～一～。
㊁fǎng 同"仿",仿效;模拟:依～。

趽 ㊀fàng 曲胫马,俗称拐脚马。
㊁páng 小腿弯曲的样子,也指小腿弯曲。
㊂fāng 趼,趼子。

𨾐 fàng 鸟名。

踼 fàng 同"趽"。

fēi

飞(飛) fēi ❶鸟或昆虫利用翅膀在空中往来活动:～鸟|蝴蝶～走了。❷飞机等依靠动力机械在空中行动:～行|人造卫星～上天空。❸物体在空中飘浮移动:～沙走石|尘土～扬|大雪纷～。❹像飞一样快:～奔|～驰|～速。❺无缘故的;无根据的:～灾|流言～语。

妃 ㊀fēi ❶配偶,妻,特指皇帝的妾,太子、王侯的妻:黄帝正～|王～|贵～。❷女神的尊称:从南湘之二～|有西华之紫～。
㊁pèi 通"配"。1.婚配:子叔姬～齐昭公,生舍。2.相配;相称:五行各相～合。

妃 fēi 同"妃"。

飞 fēi 同"飞(飛)"。

非 fēi ❶违背;不合于:～法|～礼。❷错误;邪恶:是～不分|为～作歹|痛改前～。❸不;不是:答～所问|～亲～故|～卖品。❹副词。常跟"不"呼应使用,表示必须、一定:要取得好成绩,～下苦功不可|不让他说,他～说。❺非洲(地名)的简称:西～(非洲西部)|亚～拉(亚洲、非洲、拉丁美洲)。

婓 fēi 同"妃"。

飛 fēi 同"飞(飛)"。

菲 ㊀fēi ❶花草繁茂、芬芳:满园芳～。❷有机化合物,可制染料、炸药等。
㊁fěi ❶又称葸菜,一种似蔓菁的植物。❷微薄:～薄|～材|～礼。
㊂fèi 同"屝":足下无～。

婓 fēi ❶［婓婓］往来不停的样子：～迟迟而周迈。❷丑陋的样子。

啡 ㊀fēi 用于译音：吗～｜咖～。
㊁pèi 拟声词。1.吐唾沫声，引申为叹词，表示鄙弃。也作“呸”。2.睡眠时发出的声息。

斐 fēi 轻。

婓 fēi 同“妃”。

渄 fēi 水名，湘水支流。

婔 fēi 同“婓”。

骓（騑） fēi 又称骖马，驾在车辕两旁的马。

绯（緋）fēi 红色：～红｜～桃如火。

猆 fēi 哺乳动物。

毳 fēi 同“蠹”。

昢 fēi 日色。

暃 fēi 日色。

扉 fēi ❶门扇；像门扇的东西：柴～｜窗～｜心～。❷［扉页］书刊封面之后、正文之前的一页，印有书名、著者等。

飛 fēi 同“飛（飞）”。

眥 fēi 大眼睛。

睢 fēi 同“眥”。

犻 fēi 传说中的动物，像牛，头白色，一只眼。

裶 fēi［裶裶］1.衣服长大的样子：衯衯～。2.旗飘动的样子：建太常兮～。

䬠 fēi 同“飞（飛）”。

霏 fēi ❶雨雪很大的样子：雨雪其～｜淫雨～～。❷云气：云霞收夕～。❸弥漫；笼罩：孤城不见天～雾｜玉鼎～烟。❹飘洒；飞扬：如锯木屑，～～不绝｜湍浪泻，万珠～。

閈 fēi 同“扉”，门扇。

霏 fēi 同“霏”。

餥 fēi 古人相见时请吃麦饭。

馡 fēi［馡馡］也作“菲菲”，香。

騛 fēi［騛騟］（-tù）也作“騛兔”“飞兔”，飞奔如兔的骏马，也单称騛。

鵗 fēi 鸟名。

靟 fēi 细毛；细毛的样子。

鲱 fēi ❶鱼名。❷飞鱼，又称鳐鱼、文鳐，生活在海中。

騑 fēi 同“骓（騑）”。

騤 ㊀fēi 同“骓（騑）”。
㊁fěi 马名。

䨾 fēi 同“飞（飛）”。

飝 fēi 义未详。（《改并四声篇海》）

féi

肥 féi 同“肥”。

肥 féi ❶胖，脂肪多：～猪｜～肉｜减～。❷土地富含适合植物生长的养分：～沃｜～力｜地很～。❸使土地增加适合植物生长的养分：～田。❹肥料，能供给植物生长所需养分的物资：化～｜施～｜追～。❺衣服、鞋袜等宽大：这件衣服穿起来有点儿～。❻收入或好处多的：～活儿｜～差（chāi）。

淝 féi 古水名，即今东淝河，在安徽。

䳋 féi［蠹䳋］（dù-）鸟名，也单称䳋。

腓 féi ❶又称腿肚子，人的小腿肌。❷古代剐除膝盖骨或断足的酷刑。❸躲避；庇护：君子所依，小人所～。❹通“痱”，病；枯萎：秋日凄凄，百卉具～。

笰 féi 竹名。

痱 ㊀féi 中风病：良久乃闻，闻即恚，病～，不食欲死。
㊁［疿］fèi 痱子，又称汗疹，夏天因皮肤出汗不畅而生出的成片小疹。
㊂fěi 鬼痱病。

疤 féi 同“痱”，中风病。

蜰 féi 同“蜰”。

箷 ㊀ féi ❶ 竹名。❷ 竹茂盛的样子。
㊁ bā 同"笆",用竹或柳条编制的器物或遮挡物。

蜰 ㊀féi ❶ 臭虫,又称床虱、壁虱,吸食人、畜血液。❷ 蠦蜰,即蟑螂。
㊁ fèi[蜰螱](-wèi)也作"肥螱",传说中的怪蛇,一个头,两个身子,六条腿,四只翅膀,出现时天下大旱。

䨽 féi 义未详。(《改并四声篇海》)

蟦 ㊀ féi ❶ 又称蟦蛴,即蛴螬。❷ 水母,专指海蜇,腔肠动物,生活在海中。
㊁ bēn 牡蛎,又称蚝、海蛎子,软体动物。

fěi

朏 ㊀ fěi ❶ 农历初三、初四时不明亮的月光,引申为每月初三日的代称。❷ 天色将明。❸ 用于地名:～头(在福建)。
㊁ kū ❶ 臀部。❷ 胯骨。❸ 脚弯曲。

蚏 fěi 同"朏",农历初三、初四时不明亮的月光。

匪 fěi ❶ 筐类器具,后作"篚"。❷ 通"非",副词,不;不是:获益～浅|～来贸丝。❸ 通"斐",有文采的样子:～色|有～君子。❹ 强盗:土～|惯～|～穴。

诽(誹) fěi 言非其实,引申为非议、诋毁:～议|～谤|怨～。

奜 ㊀ fěi 大。
㊁ fēi 同"斐",姓。

砒 fěi ❶ 分解。❷ 鸟名。

悱 fěi ❶ 想说而说不出的样子:不愤不启,不～不发。❷[悱恻](-cè)心中悲苦的样子:缠绵～。

棐 ㊀ fěi ❶ 辅正弓弩的器具。❷ 辅助:執神不～。❸ 用于古地名:～林(在今河南)。
㊁ féi[即棐]也作"即裴",古县名,在今河北。

斐 fěi ❶ 有文采:～然成章。❷(业绩等)显著:成绩～然。❸ 姓。

腓 fěi 同"朏",农历初三、初四时不明亮的月光。

秠 fěi 禾穗的样子。

惟 fěi 同"悱"。

缉(緋) fěi ❶ 蜀锦名。(《字汇》)❷ 同"匪(篚)",筐类器具。

䀰 fěi 同"䀻"。

䀻 fěi 用于人名:赵～(唐代人)。

榧 fěi 又称香榧,常绿乔木,木材可用于建筑、造船。种子称榧子,仁可食,也可榨油或供药用。

蜚 ㊀ fěi ❶ 蝽类小飞虫。❷[蜚蠊](-lián)蟑螂,也单称蜚。❸ 传说中的怪兽,像牛,一只眼,尾像蛇。
㊁ fēi 通"飞":～虫|～短流长|～声文坛。

翡 fěi[翡翠]1. 鸟名,有艳丽的蓝色和绿色羽毛。2. 半透明的有光泽的玉,多为绿色、蓝绿色,可做装饰品。

蜰 fěi 同"蜚",蝽类小飞虫。

菲 fěi ❶ 草名。❷ 骤然;突然:～相见。

悲 fěi 惆怅失意。

棐 fěi "棐"的讹字。

䅏 fěi 稻名。

篚 fěi ❶ 车箱。❷ 盛物的圆形竹器:筐～|筥～。❸ 量词:束帛一～|金币纹绮三～。

𠏁 fěi 代词,其;彼。

霏 fěi 云的样子。

鸄 fěi 同"翡"。

䳕 fěi 同"鸄"。

𧒂 fěi 同"蜚"。

蠹 fěi 同"蜚"。

蠹 fěi 同"蜚"。

fèi

吠 fèi ❶ 狗叫:狂～|蜀犬～日(蜀地多阴天,狗见到太阳出来就叫,比喻少见多怪)。❷ 鸟叫;蛙鸣:～鹊|～鸦|～蛙。

杮 fèi 同"柿"。

柿 ㊀ fèi ❶ 削木,削下的木片,也指削除木简上的错讹。❷ 木牍:投其～于江。

㊁ bèi 树木茂盛的样子。

柹 ㊀ fèi 伐树时砍下的碎木片。
㊁ shì "柿" 的异体字。

肺 ㊀ fèi 人和高等动物的呼吸器官：～炎｜～活量。
㊁ pèi［肺肺］(-pèi)茂盛的样子：东门之杨，其叶～。

狓 fèi 同 "吠"。

狒 fèi［狒狒］1. 哺乳动物，身像猴，头像狗。2. 传说中的动物，像野人，身有毛。

废(廢)［❺癈］ fèi ❶ 荒芜；衰败：荒～｜～园｜～墟。❷ 黜免：～立。❸ 停止；放下：～寝忘食｜半途而～｜～书长叹。❹ 失去或没有效用的：～料｜～水｜修旧利～。❺ 残疾：～疾。

沸 ㊀ fèi ❶ 水波翻涌的样子：百川～腾｜深～漩涡溢。❷ 液体受热到一定温度时的翻涌状态：～点｜～水。❸ 形容声音喧闹，情绪激昂：人声鼎～｜人群～腾了。
㊁ fú ❶ 洒：～汗如雨。❷ 拟声词，水声：～乎暴怒，汹涌澎湃。

彿 fèi 义未详。(《龙龛手鉴》)

䨽(䨽) fèi 同 "𩉬"。

蜚 fèi 同 "辈"。

昲 fèi ❶ 晒；晒干：酒未清，肴未～。❷ 光；日光。

哦 ㊀ fèi 同 "吠"：～尧。
㊁ fá 用于佛经咒语译音。
㊂ fa 助词，表示语气。1. 表示疑问，吗：有啥人到我们屋里来过～？2. 表示祈使，吧：拨伊(给他)看看～！3. 表示感叹，呀：买酒～！买酒～！

胇 ㊀ fèi 同 "肺"，肺脏。
㊁ bì［胇肸］(-xī)大的样子。

费(費) fèi ❶ 消耗；用掉：耗～｜花～｜～工夫。❷ 用在某方面的钱：经～｜水电～｜免～乘车。❸ 消耗得多；用得多：铺张浪～｜他穿衣服太～｜锅炉没改造前很～煤。❹ 语句多余、烦琐：辞～｜若游(遊)辞～句，无取于实录者，宜悉除之。❺ (又读 bì)古地名，在今山东。❻ (又读 bì)姓。

𣎴 fèi 同 "沸"。

厞 fèi 隐蔽；隐蔽处：～薪｜～司旌。

剕 fèi 同 "刖"，古代把脚砍掉的酷刑。

𥇄 fèi 同 "䀻"。

䈈 fèi 舂捣，舂去谷物的外皮。

𢁽 fèi 同 "䈈"。

俷 fèi 背弃；败坏：毋～德。

𦍷 fèi 同 "𦍩"，姓。

䀻 fèi 眼睛不明。

陫 ㊀ fèi 隐蔽，狭隘，也作 "厞"：隐思君兮～侧。
㊁ péi ❶ 古山名。(《玉篇》) ❷ 古地名。(《篇海类编》)

萉 ㊀ fèi 麻籽，麻的果实，也指麻。
㊁ féi 躲避；藏匿：安慆慆而不～。
㊂ fú［芦萉］同 "芦菔"。

𡊄 fèi 尘土。

𢃳 fèi 同 "陫(厞)"。

𥆩 fèi 同 "䈈"。

𩵋 fèi 同 "𩸝"。

厞 fèi 同 "𢃳(厞)"。

屝 fèi 用草、麻、皮革等做的鞋。

𩭹 fèi 同 "髴"，散乱的头发。

犕 fèi ❶ 两牛分别拉着犁杖相向而耕。❷ 复耕之后再种植。

𢪛 fèi 覆手。

𤋱 fèi 同 "𡊄"。

𩶿 fèi 同 "𩵋(𩸝)"。

誹 fèi 话多。

𧙕 fèi 衣袖。

𨻶 fèi 同 "陫(厞)"。

𩐋 fèi "𩏍" 的讹字。

𥸬 fèi同“狒”。

痱[疿] fèi见245页féi。

𧍖 fèi同“䵳(狒)”。

镄(鐨) fèi 金属元素,由人工合成获得,有放射性。

蟦 fèi[蟦蟦](-wèi)同“蟦蟦”。

𤺺 fèi同“癈(废,廢)”。

𧒇 fèi同“狒”。

攢 fèi ❶搏击:苍鹰翼～。❷拂;搔:手足之～疾蠢。❸击仆:～冯豕。

𧖂 fèi同“狒”。

跸 fèi同“剕”。

𩵽 fèi鱼名。

𢊭 fèi手起物。

濆 ㊀fèi同“沸”,泉水涌出的样子。㊁pài[滂濆]同“澎湃”。㊂bì人名(春秋时郑悼公)。

𩑶 fèi同“䨽”。

𧶘 fèi赋敛。

樻 fèi ❶树名。❷碎木片。

暩 fèi同“昲”,晒;晒干。

𧍖 fèi同“䵳”。

𧍖 fèi同“䵳”。

錍 ㊀fèi小钉。㊁pī铍针,中医九针之一。

鲱(鯡) ㊀fèi鱼卵。㊁fēi ❶同“鯡”,鱼名,像鲥。❷鲱鱼,又称青鱼、鰊鱼,生活在海中。

𦪑 fèi同“䒀”。

𧶘 fèi同“𧶘”。

𧶘 fèi赋敛;征税。

䵳 fèi同“䵳”。

𪕔 fèi鼠名。

𣅁 fèi副词,表示否定,不会;不要:～开|～走路|～烦人。

癀 fèi[癀痱](-xìn)热闷,一说肿胀严重的样子。

襸 fèi服。

髴 fèi猝然相遇。

𥳁 fèi同“篚”。

蟦 fèi虫名。

𥂰 fèi益。

𥳁 fèi同“篚”。

𦪑 fèi ❶船舶钉鐨。(《广韵》)❷船边木。

瀿 fèi同“𥂰”。

𥂰 fèi同“𥂰”。

鬻 fèi同“沸”。1.沸腾。2.煮熟。

櫠 fèi柚类常绿乔木,果实可食。

蹳 fèi同“跸(剕)”。

穳 fèi同“穳”。

𪕔 fèi同“𪕔”。

䒀 fèi古代射鸟时收回系箭绳的器具。

𧍖 fèi传说中的怪兽。

穳 fèi同“穳”。

穳 fèi同“穳”。

穳 fèi同“穳”。

篚 fèi粗竹席。

鬻 fèi同“沸”,沸腾。

鬒 ㊀ fèi 头发。
㊁ bì［鬒鬛］(-sāi)也作“髬(鬉)鬛”，多胡须的样子。

翼 fèi“閛”的讹字。

稵 ㊀ fèi 一种紫茎、不黏的稻子。
㊁ fèn 同“粪(糞)”，施肥。

翼 fèi 同“萬(狒)”。

鸓 fèi 同“翼(狒)”。

靅 fèi 云的样子。

穛 fèi 同“穙”。

靆 fèi［叆靆］(ài-)见 4 页“叆”字条。

翼 fèi 同“閛(閛)”。

閛 fèi［閛閛］狒狒，哺乳动物。

鬻 fèi 同“鬻(沸)”。

黷 fèi“閛(狒)”的讹字。

鸓 fèi 同“狒”。

fēn

分 ㊀ fēn ❶ 分开；区划开：～类｜～解｜～散。❷ 分配；分派：～工｜～红｜～到第三组。❸ 辨别：～辨｜～清是非｜不～皂白。❹ 表示分数：三～之一｜百～之五。❺ 计量单位。1. 长度，10 分等于 1 寸，1 分约合 3.33 毫米。2. 地积，10 分等于 1 亩，1 分约合 66.67 平方米。3. 质量，10 分等于 1 钱，1 分合 0.5 克。4. 币制，10 分等于 1 角。5. 时间，60 分等于 1 小时，1 分等于 60 秒。6. 利率，月利率 1 分按百分之一计，年利率 1 分按十分之一计。7. 表示成绩：球赛赢了 5～｜考试得了 100～｜距录取分数线只差几～。
㊁ fèn ❶ 分寸；界限：过～｜非～｜恰如其～。❷ 职责、权利的限度：本～｜～内｜～外。❸ 成分：水～｜糖～｜养～。❹ 旧同“份”。

芬 fēn ❶ 植物散发的香气：清～｜～芳。❷ 比喻美名、盛德：诵先人之清～｜扬～千载之上。

吩 ㊀ fēn［吩咐］也作“分付”，分派；指令：～下去｜有何～？｜再三～，早去早回。
㊁ pèn 同“喷(噴)”。

岔 fēn“岎(芬)”的讹字。

帉 fēn ❶ 揩物大巾：佩～。❷ 揩拭：用布～。

帉 fēn 同“帉”。

忿 ㊀ fēn 纷乱：～然而封戎。
㊁ fèn 同“忿”，忿怒；恨。

岎 fēn 同“芬”。

纷(紛) fēn ❶ 众多；杂乱：～乱｜大雪～飞｜议论～～。❷ 纠纷，争执的事情：解～｜谋解时～｜闲居离世～。❸ 拭物的佩巾，抹布，也作“帉”。

昐 fēn 日光。

氛［雰］ fēn ❶ 古代指预示吉凶的云气，也单指凶气或祥气：丧～｜～邪岁增。❷ 寒气：～雾冥冥。❸ 情势；周围的情景：气～｜～围。
◆“雰”另见 250 页“雰”字条。

毜 fēn 毛脱落。

旄 fēn 毛脱落。

竕 fēn 也作“竕”，特西立脱尔(旧时法国容积单位译音)的略写，一升的十分之一。

衯 fēn 衣服长大的样子。

棼 fēn“棻”的讹字。用于人名：董～。(《字汇补》)

翁 fēn 同“翂”。

衮 fēn 同“衯”。

岎 fēn 同“芬”。

翂 fēn［翂翂］飞的样子。

棻 fēn ❶(又读 fén)同“棼”，香木。❷ 草木茂盛的样子，也作“纷(紛)”：桑麻铺～。

兝 fēnkè(又读 gōngfēn)质量单位“分克”的旧译写法。

酚 fēn 有机化合物的一类，由羟基与芳香环连接而成，多为无色晶体，可做防腐剂、杀菌剂：苯～。

踨 fēn 蹶；踏：据地～天。

訜 ㊀ fēn［訜訟］（-yún）言语不定。㊁ bīn 人不知。

雰 fēn ❶“氛”的异体字。❷［雰雰］雪下得很大的样子：雨雪～。

閍 fēn 火气。

鈖 fēn 玉名。

馚 fēn 同“馚”。

氛 fēn［氛氲］（-yūn）也作“氛氲”。1. 祥瑞的云气。2. 旺盛、浓郁的样子：香气～。

𩨝 fēn 义未详。（《龙龛手鉴》）

閅 fēn 同“闅”。

馚 fēn 马快跑的样子。

馚 ㊀ fēn 马跑。㊁ fèi 马跑的样子。

餴 fēn 同“饙”。

棻 fēn 同“棻”。

馚 fēn“馚（馚）”的讹字。

毴 fēn［毴毭］（-dòu）也作“毭毴”，氆氇类织物。

餴 fēn 同“饙”。

𫄀 fēn 同“𫄀”。

𣍐 fēn“勿曾”的合体字，不曾；未曾：～到过｜我～去。

霒 fēn 同“雰”。

餗 fēn 同“饙”。

饙 fēn 同“饙”。

餴 fēn 同“餴（饙）”。

餴 fēn 同“餴（饙）”。

饙 fēn 同“饙”。

饙 fēn 同“餴（饙）”。

饙 fēn 同“餴（饙）”。

餴 fēn 同“餴（饙）”。

饙 fēn 蒸米饭，一般先把米煮至半熟，捞出后再蒸熟。

闅 fēn［闅闅］（bīn-）同“缤纷”。

饙 fēn 同“饙”。

闅 fēn“闅”的讹字。

闅 fēn 同“闅”。

闅 fēn［闅闅］（bīn-）见 58 页“闅”字条。

fén

坟（墳） ㊀ fén ❶ 地面上隆起的土堆，特指坟墓：～堆｜孤～。❷ 堤岸；高地：遵彼汝～。❸ 指古代典籍：～籍｜三～五典。☞坟 / 墓 / 冢 / 丘 / 陵 见 669 页“墓”字条。
㊁ fèn ❶ 隆起：地～｜水转成陆，海～为山｜颈项中的筋，都喊得～起。❷ 土地肥沃：厥土黑～。

岎 ㊀ fén［岎崟］（-yín）山势高峻的样子。㊁ chà 同“岔”。

汾 fén ❶ 汾河，黄河第二大支流，在山西。❷ 古州名，在今山西。

妢 fén［妢胡］古国名，在今湖北、湖南一带。

枌 fén ❶ 白榆，榆树的一种。❷ 通“棼”，阁楼的脊檩：双辕承～，丹梁端直。

宩 fén 性。

犱 fén ❶ 公牛。❷ 四岁的牛。

炃 ㊀ fén 同“焚”。㊁ bèn 火艳。（《集韵》）

肦｛朌｝ ㊀ fén 同“颁（頒）”。1. 头大的样子。2. 众多的样子。
㊁ bān ❶ 大头。❷ 同“颁（頒）”。1. 赏赐；赐予：～肉｜～御府之珍。2. 颁布，发布：～布｜合诸侯而～大命。

羒 fén 白羊。

炃 fén 同“焚”。

葐 fén［葐川］古县名，在今湖北。

F

蚡 fén 同“鼢”。

蚠 fén 同“蚡(鼢)”。

羒 fén ❶ 白公羊。❷ 母羊。

梤 fén 同“棻”。

棼 fén 香木。

𪀦 fén 同“鳻”。

谾 fén 古山谷名，在今山西。

羵 fén 白公羊。

蒶 ㊀ fén［蒶蒀］(-yūn)香气或烟气盛。
㊁ pén［蒛蒶］(quē-)见 808 页“蒛”字条。

棼 ㊀ fén ❶ 阁楼的脊檩，也指楼阁：列～橑以布翼｜起～橹。❷ 交错；紊乱：～错｜如丝之～｜林～彩仗。❸ 麻布：素车～蔽。
㊁ fēn［棼棼］(-fēn)犹“纷纷”，纷扰的样子：泯泯～。

焚 fén ❶ 火烧荒山野草，泛指烧：～烧｜～书｜忧心如～。❷ 干，干燥。

焚 fén 同“焚”。

焚 fén 同“焚”。

濆(濆) ㊀ fén ❶ 水边；沿河的高地：水～｜江～。❷ 古水名，即今河南的沙河。
㊁ pēn ❶ 同“喷(噴)”：～泉｜～涌。❷ 水波涌起：冲荡～激。

帉 fén 同“汾”。

鞥 fén 义未详。(《龙龛手鉴》)

蕡 fén 同“蕡”。

蒶 fén［蒶蕴］蕴积。

馚 fén［馚馧］(-yūn)也作“馩馧”，香气弥漫的样子。

坆 fén 同“墳(坟)”。

隫 fén ❶ 同“坟(墳)”，坟墓：旧～。❷ 同“濆(濆)，水边；沿河的高地。

攅 fén 拭。

蕡 ㊀ fén ❶ 杂草的清香。❷ 草木果实累累的样子：桃之夭夭，有～有实。
㊁ fèi 大麻的籽实，也指大麻：朝事之笾，其实麷、～｜强(彊)檕用～。

幩 fén 缠挂在马衔两侧的绸布条，用作装饰，也可给马扇汗。

鳻 ㊀ fén 鸟聚集的样子。
㊁ fēn 飞的样子。

魵 ㊀ fén 又称鰕、斑鱼，即斑文鱼。
㊁ fèn 同“鲼”。

廥 fén 崩。

鼖 fén 同“鼖”。

橨 ㊀ fén 又称枰仲，树名。
㊁ fèn 器物的足部。

燓 fén 同“焚”。

豮(豶) fén ❶ 阉割后的猪。❷ 公猪，泛指雄性牲畜：～猪。

賁 fén 同“墳(坟)”。

頒 fén 大头。

燌 ㊀ fén 同“焚”，烧：灼～。
㊁ bèn 同“炃”，火艳。

鼖 fén 同“鼖”。

鼖 fén 同“鼖”。

鼢 fén 古水名。(《集韵》)

鼢 fén 鼠的一类。在地下打洞，故俗称地老鼠。

鼖 fén 古代军队用的大鼓。

簣 fén［帅簣］弦。

羵 fén 传说中的土中神怪。

轒 fén ❶［轒辒］(-yūn)也作“轒輼”。1. 攻城的兵车。2. 匈奴的兵车。❷ 又称车盖弓，车篷骨架。

轒 fén “轒”的讹字。

豶 fén 同“豮(豶)”。

轒 fén 同“轒”，兵车。

鐼 ㊀fén ❶铁类金属。❷僧人食具，小钵。㊁bēn 同“锛(錛)”。

轒 fén 同“蕡”。

馩 ㊀fén［馩馧］(-yūn)香气弥漫的样子。㊁wén 嗅：～香。

蘔(蘔) fén 同“蕡”。

黂 fén“黂”的讹字。

蕡 fén 同“蕡(蘔,蘔)”。

黂 fén ❶大麻的果实，俗称麻子。❷结籽实的麻，即苴麻、苧麻。❸乱麻。

䴂 fén 同“黂”。

黂 fén“黂”的讹字。

鼢 fén 同“鼢”。

fěn

扮 ㊀fěn ❶握持：～之请焚天下之秦符。❷合并：地则虚三，以～天之十八也。㊁bàn 化装：打～｜～演。

粉 fěn ❶化妆用的粉末，泛指粉末：香～｜面～｜涂脂抹～。❷使破碎成粉末：～碎｜～身碎骨。❸表面上带有粉状物的；白色或粉红色的：～墙｜～蝶｜～牡丹。❹涂刷；装饰表面：～刷｜～饰｜非以～名。❺用淀粉制成的食品：～条｜凉～｜米～。

㣥 fěn 义未详。(《改并四声篇海》)

拹 fěn 动。

哛 fěn 义未详。(《改并四声篇海》)

葐 fěn 草名。

粈 fěn“拹”的讹字。

黺 fěn 彩色花纹。

fèn

份 fèn 见 57 页 bīn。

坋 fèn ❶尘土：～埃。❷同“坌(粪,糞)”，扫除。❸用于地名：古～(在福建)｜石～(在广东)。

弅 fèn 山丘高起的样子：先～起而后陷。

坋 fèn 同“坋(坌)”。

奋(奮) fèn ❶鸟振羽展翅：～飞｜鸣鸠～其羽。❷振作；鼓劲：～斗｜勤～｜～发图强。❸举起；挥动：～臂高呼｜～笔疾书。☞奋/愤 两字都与“发”搭配，意思不同。“奋”指用力、振作、鼓劲，“发奋”指精神振作起来，情绪高涨地去做某事，如“发奋读书”；“愤”指因郁积或不满而情绪激动，“发愤”指抒发胸中的愤懑，如“发愤以抒情”。

坋 fèn［坱坋］(yǎng-)见 1116 页“坱”字条。

忿 fèn ❶生气；怨恨：～怒｜～恨｜～～不平。❷通“奋”：～不顾身｜～力向前来救。❸［不忿］不服气：气～儿(看到不公平的事，心里不服气)。

坌 ㊀fèn 同“坌”。㊁biàn 平土。

坌 fèn 同“粪(糞)”，扫除；清除。

盼 fèn［盼泉］也作“蚡泉”，春秋时鲁国地名，在今山东。

秎 fèn ❶收获：～获。❷禾把。

坌 fèn 同“坌”。

偾(僨) fèn ❶仆倒：～于豚上。❷败坏；破坏：～事｜～军。❸亢奋：～兴。

粪(糞) fèn ❶扫除；清除：～除。❷屎：～便｜牛～｜～土。❸施肥：～地｜～田。

愤(憤) fèn ❶郁结于心：～懑｜不～不启。❷生气；怨恨：～怒｜气～｜报私～。☞愤/奋 见 252 页“奋”字条。

坌 fèn 同“坌”。

戭 fèn 义未详。(《改并四声篇海》)

瞾 fèn 同“粪(糞)”。

墫 fèn 同“坌(粪,糞)”。

莽 fèn 同“粪(糞)”，扫除；清除。

壿 fèn 同“坌(粪,糞)”。

噴 fèn 怒。

弅 fèn 同"坌"。

憤 fèn 同"憤(愤,憒)"。

蕡 fèn 同"糞(粪)"。

瞓 fèn 睡:～街(露宿街头)。

糞 fèn 同"糞(粪)"。

糞 fèn 同"糞(粪)"。

憒 fèn 同"愤(憤)"。

奮 fèn 奮迅。(《篇海类编》)

殨 fèn ❶死。❷同"殨(殨)"。

牘 ㊀ fèn 床板。
㊁ fén[牘牀](-qiú)也作"牘牀",器物的足部。

糞 fèn"糞(糞,粪)"的讹字。

膹 fèn ❶肉羹。❷切熟肉。

糞 fèn 同"糞(粪)"。

糞 fèn 同"糞(粪)"。

牘 ㊀ fèn 床板。
㊁ fén[牘牀](-qiú)也作"檳梂",器物的足部。

糞 fèn"糞(糞,粪)"的讹字。

鲼(鱝) fèn 又称蝠鲼、角鲂、角燕,鱼名,生活在热带和亚热带海中。

癀 ㊀ fèn ❶病闷。❷[癀瘆](-xìn)也作"癀脪",热肿。
㊁ fén[癀沮](-jǔ)1. 痱子。2. 忧愁的样子。

糞 fèn 同"糞(粪)"。

糞 fèn 同"糞(粪)"。

瀵 fèn 同"瀵"。

糞 fèn 同"糞(粪)"。

糞 fèn 同"糞(粪)"。

糞 fèn 同"糞(粪)""坌",扫除;清除。

幩 fèn 谷囊盛满而裂开。

膹 fèn 同"膹"。

膹 fèn"膹"的讹字。

鲼 ㊀ fèn ❶同"鲼(鱝)"。❷鱼小。
㊁ pèn 小鱼。

憒 fèn 同"愤(憤)"。

攢 fèn 同"拚(坌)",扫除。

瀵 fèn ❶水从地下深处喷出:～涌于庭。❷地深处涌出的泉水:～水|～魁。❸水名。1. 又称洽水,在陕西。2. 在山西。

墳 fèn 同"坌(粪,糞)"。

墳 fèn 同"歕"。

歕 fèn 同"坌(粪,糞)"。

歕 fèn 同"坌(粪,糞)"。

歕 fèn 同"坌(粪,糞)"。

瀵 fèn 同"瀵"。

fēng

丰(❸-❺豐) fēng ❶(草木)茂盛;茂密:～草|罗～茸之游树兮。❷容貌、姿态美好:～采|～姿|子之～兮。❸豆(古代盛食器)中所盛食物多,引申为多:～富|～年|～衣足食。❹大:～碑|～功伟绩。❺姓。☞丰/豐 在汉字简化前,"丰"一般形容容貌、神态和仪容美好,"豐"可形容各种事物,侧重于表示事物的丰富、繁多。

风(風) ㊀ fēng ❶空气大致跟地面平行流动的现象:北～|旋～|春～。❷风气;习俗:世～|～土人情|移～易俗。❸消息;传闻;没有确实根据的(消息):闻～而至|～闻|～传。❹景象:～景|～光。❺人的节操、作风:～度|先生之～,山高水长。❻声势;气势:望～而逃|好臧否

F

人物,王公贵人望~惮之。❼古代称民歌:土~|国~|采~。❽走失:马牛其~,臣妾逋逃。❾中医病名:中~|抽~|羊痫~。❿姓。
㊁ fěng 通"讽(諷)"。1.讽谏;规劝:~议。2.讽诵:~咏。

凬 fēng 同"风(風)"。

丯 fēng 同"丰"。

仹 fēng ❶传说中的仙人名。❷同"丰"。

佩(偑) fēng ❶古地名。(《广韵》)❷姓。

凨 fēng 同"風(风)"。

圭 fēng 同"封"。

芊 ㊀ fēng 同"丰",草木茂盛:憔悴谢华~|金刹映~茸。
㊁ xiá 同"䓘"。

岺 fēng 同"峯(峰)",山峰。

凮 fēng 同"風(风)"。

凬 fēng 同"凬(风,風)"。

沣(灃) fēng ❶沣河,水名,在陕西。❷周代地名,在今陕西。

峯 fēng 同"丰"。

妦 fēng 丰满;美好。

封 fēng 同"封"。

枫(楓) fēng 枫树,又称枫香树,落叶大乔木,木材可制箱板,树脂、根、叶、果实可供药用。叶秋季变红,故又称红枫、丹枫。

凬 fēng 同"風(风)"。

凬 fēng 同"風(风)"。

凬 fēng 同"風(风)"。

封 fēng ❶聚土植树为界,引申为田界:制其畿疆而沟~之|使田有~洫。❷疆界;边界:欲肆其西~|县越其~。❸古代帝王把土地、爵位或称号给予亲属、臣子:~地|~侯|~号。❹古代帝王筑坛祭天的盛典:天子接千岁之统,~泰山。❺密闭;严密堵住或关住:密~|~门|~闭。❻用来封东西或封起来的纸袋、纸包等:~皮|~套|信~。❼量词,用于封起来的东西:三~信|一~厚礼。

砜(碸) fēng 有机化合物,由硫酰基与烃基或芳香基结合而成:二甲~|二苯~。

眫 fēng 同"眸"。

𡉚 fēng 同"封"。

峯 fēng 同"峯(峰)"。

疯(瘋) fēng ❶精神失常:~癫|发~|~牛病。❷农作物枝叶生长过旺而不结果实:这片谷子长~了|~枝不打,棉桃不发。❸偏头疼:头~病。

娏 fēng "娏"的讹字。

荖 ㊀ fēng 草芽新生出。
㊁ péng 同"蓬"。

峰[峯] fēng ❶高而尖的山顶:山~|险~|~峦。❷形状像峰的东西:驼~|洪~|高~(山的顶峰,比喻事物的最高点)。

夆 ㊀ fēng 使。
㊁ fèng 烧灼龟甲产生的裂纹,古人据以占卜。

凬 fēng 同"風(风)"。

峯 fēng 义未详。(《龙龛手鉴》)

娏 ㊀ fēng 同"妦"。
㊁ péng 用于女子人名。

琒 fēng 同"峰"。

桻 ㊀ fēng 树梢。
㊁ fèng[桻子]肩负竹篓的商贩。

犎 fēng 同"犎"。

夆 fēng 同"烽"。

詳 fēng 语喘。

烽 fēng ❶古代边防报警放的烟火:警急~常报。❷举火把:走马上林下~驰逐。

膵 fēng 义未详。(《改并四声篇海》)

䢺 fēng 古地名。(《玉篇》)

埲 fēng 同“封”。

葑 ㊀ fēng 芜菁。
㊁ fèng 菰根(茭白根)。

㛔 fēng 用于女子人名。

睥 fēng 目睬,用眼睛查看。

䴶 fēng 同“豐(丰)”。

蚌 fēng 同“蜂(蠭)”。

崶 fēng ❶又称龙门山,山名,在广东。❷用于地名:三～寺(在湖南)。

锋(鋒) fēng ❶刀、剑等器械的尖端或锐利的部分:剑～|～刃|交～。❷器物等的尖锐部分;势头:笔～|词～|～不可当。❸军队的前列;在前面带头的人:前～|敌～|先～。❹古代农具。❺地球物理学指性质不同的两种气团的狭窄过渡区域:～面|～线|冷～。

猦 fēng[猦狚](-mǔ)哺乳动物。

犎 fēng 野牛,一说单峰驼。

鞛 fēng[鞛䩯](-róng)鞍饰,也单称鞛。

蜂[蠭、䗬] fēng ❶昆虫,种类多,喜群居,多有毒刺,能蜇人,特指蜜蜂:马～|～蜜|养～。❷比喻成群地;众多:～起|～聚|～拥而至。
◆“蠭”另见 255 页“蠭”字条。

峯 fēng 同“峰”。

酆 fēng 肥醾。

逢 fēng 同“夆”。

蠭 fēng 同“蜂”。

鏠 fēng 同“鋒(锋)”。

烽 fēng 同“烽”,古代边防报警的烟火。

諷 fēng 同“詳”。

豐 fēng 同“豐(丰)”。

鄷 fēng 同“酆”。

篈 fēng 竹名。

僼 fēng 同“僼”。

韸 ㊀ fēng[韸䩯](-róng)同“鞛䩯”。
㊁ féng 同“韼”。

蠭 fēng 同“蜂”。

檒 fēng ❶风从树上刮过。❷同“风(風)”。

㷭 fēng 同“烽”。

鏠 fēng 同“锋(鋒)”。

鏠 fēng 同“锋(鋒)”。

蠭 fēng 同“蜂”。

蠭 fēng 同“蠭(蜂)”。

𥼶 fēng 同“麷”。

酆 fēng ❶古国名、古地名,均在今陕西。❷也作“澧”“豐(丰)”,古水名,在今陕西。❸[酆都](-dū)旧县名,今作“丰都”,在重庆。❹姓。

僼 fēng[偓僼](wò-)见 1001 页“偓”字条。

蘴 ㊀ fēng 也作“葑”,即芜菁。
㊁ sōng 同“菘”。

豐 fēng 古山名。(《玉篇》)

豐 fēng 同“豐”。

寷 fēng ❶大屋。❷大。

蠭 ㊀ fēng “蜂”的异体字。
㊁ páng[蠭门]人名,善射箭。(《荀子》)

檒 fēng 同“檒(风,風)”。

䉶 fēng 小竹名。

麷 fēng 同“麷”。

䙪 fēng “麷”的讹字。

飌 fēng 同“风(風)”。

靊 fēng 云层厚密的样子。

䩬 fēng 竹名。

麷 fēng ❶ 炒麦。❷ 蒲草。

飍 fēng 义未详。(《字汇补》)

féng

叿 féng 副词,仍;再: ～功(攻)。

冯(馮) féng 见 738 页 píng。

肍 féng 乳汁。

夆 ㊀ féng ❶ 相逢。❷ 同"丰(豐)",丰厚:其德乃～。
㊁ páng 姓。

逄 ㊀ féng 同"逢",遇: ～春|今～大妹真有幸。
㊁ páng ❶ 也作"逢",姓。❷［逄门］也作"逢门",姓。

捀 féng 双手托物,后作"捧"。

逢 ㊀ féng ❶ 遇见;碰到:相～|～凶化吉|千载难～。❷ 迎合;讨好: ～迎。
㊁ péng［逢逢］(-péng) 1. 拟声词,鼓声:鸣鼓～。2. 盛多的样子: ～白云。
㊂ páng(又读 féng) ❶ 姓。❷［逢门］姓。

浲 féng ❶ 同"漨",古水名。(《集韵》) ❷ 用于地名:田～|杨家～(均在湖北)。

堸 féng 虫子巢穴。

滏 féng 同"浲(漨)",古水名。

秂 ㊀ féng［秂秾］(-róng) 矛的一种。
㊁ fēng 矛类兵器。

摓 ㊀ féng 同"缝(縫)",用针线连缀: ～衣。
㊁ pěng 同"捀(捧)",双手托物: ～策定数。

艂 féng ❶［艂舡］(-chuán) 船。❷ 船名。

漨 ㊀ féng 古水名。(《广韵》)
㊁ péng［漨浡］(-bó) 烦郁。

㡝 féng ❶ 喜悦。❷ 爱。

缝(縫) ㊀ féng ❶ 用针线连缀: ～补|～衣服|伤口～了七针。❷ 弥合:弥～。
㊁ fèng ❶ 缝合或接合的地方:衣～|无～钢管。❷ 缝隙;空隙:门～|见～插针|墙上裂了一道～儿。

绛 féng 同"缝(縫)"。

鄬 féng 古国名。(《说文》)

䙜 féng "䙜(䙜)"的讹字。

䙜 féng 传说中的山神名。

蠭 féng 虫窟。

䙜 féng "䙜"的讹字。

䅶 féng 同"秂"。

渢 féng 拟声词,水声。

韸 féng ❶ 被缝。❷ 拟声词,鼓声。

fěng

讽(諷) fěng(旧读 fèng) ❶ 背诵;诵读: ～诵|～书|～经念佛。❷ 用含蓄的话暗示、劝告或指责: ～刺|讥～|借古～今。

𠂔 fěng 同"覂"。

覂 ㊀ fěng ❶ 翻覆: ～驾之马,设衔策以驱之。❷ 缺乏:公私～竭|官用告～。
㊁ bǎn 舍弃。

跃 ㊀ fěng 同"覂",反复: ～驾之马。
㊁ fǎn ❶ 候。❷ 疾。

諷 fěng 同"諷(讽)"。

靯 ㊀ fěng ❶ 军人皮。(《玉篇》) ❷ 车边皮。
㊁ bāng 同"鞤(幫,帮)"。

麷 fěng 扬麦;扬场。

鬴 fěng 也作"閛",鬲的足架或支撑臼的架子。

fèng

凤(鳳){鳯} fèng ❶ 凤凰,传说中的神鸟,为百鸟之王,多象征祥瑞。一说雄的称凤,雌的称凰,通常单称凤: ～冠|～毛麟角。❷ 姓。

𡙇 fèng 同"奉"。

奉 fèng ❶恭敬地捧着，引申为献给(多指对上级或长辈)：高祖～玉卮，起为太上皇寿｜双手～上。❷(恭敬地)接受：～命｜～旨。❸尊重；遵守：～行｜～公守法。❹信仰；遵循：信～｜～为圭臬。❺供养；伺候：～养｜侍～。❻敬辞，用于自己的行为涉及对方时：～陪｜～告｜～还。❼通"俸"，俸禄：不能恃无功之尊，无劳之～。

甮 fèng 不用：～客气了。

俸 fèng ❶旧称官吏的薪金：～禄｜薪～｜月～。❷姓。

凨 fèng 同"赗(赗)"。

焨 fèng 火气。

葑 fèng ❶深泥。❷同"葑"，菰根，即茭白根。

幪 fèng ❶巾。❷落款。

赗(赗) fèng ❶送给办丧事人家的财物：赙～甚厚。❷用车、马等财物帮助别人办丧事：～以所御马｜诏～帛七百匹。

鹏(鹏) ㊀fèng 同"鳳(鳳，凤)"。㊁péng 大鹏，传说中的大鸟。

熢 fèng 焚。

𡚸 fèng 同"奉"。

摓 fèng 同"奉"。

鴌 fèng 同"凤(鳳)"。

瞠 fèng[眯(䁼)瞠](mī-)同"眯缝"，眼皮合拢而不全闭上。

澍 fèng 用泥封闭。

鷵 fèng 同"凤(鳳)"。

䩬 fèng 义未详。(《改并四声篇海》)

𪅬 fèng 同"凤(鳳)"。

䩬 fèng 同"䩬"。

髼 fèng ❶古人占卜时烧灼龟甲呈现的裂纹。❷胸骨缝。

鵬 fèng(又读 péng)同"鹏(鹏)"。

鶴 fèng 同"鳳(凤)"。

鵬 fèng 同"鳳(凤)"。

fiào

覅 fiào "勿要"二字的合音，不要：～做｜侬～管(你不要管)。

嫑 fiào 同"覅"。

嫑 fiào 同"覅"。

fó

仏 fó 同"佛㊁"。

佛 fó 同"佛㊁"。

佛 fó 见 261 页 fú。

坲 fó 尘土飞扬的样子：坌～｜埃～～兮。

艴 fó 大船。

𩲵 fó 同"佛㊁"。

𠍿 fó 同"佛㊁"。

fōu

𠀡 fōu 见。

䨮 fōu 拟声词，破声。

焨 fōu 烘干。

𥊚 fōu 说梦话。

𥊚 fōu 拟声词，寐声。

fóu

虾 ㊀fóu[虮虾](pí-)同"蚍蜉"。㊁fú[虮虾](pí-)同"蚍蜉"。

紑 fóu ❶衣服鲜亮的样子。❷丝织品色泽鲜明。

fǒu

缶 fǒu 同“缶”。

缶 fǒu ❶盛酒浆等的器皿，大腹小口，一般为瓦制，也有铜制的。❷汲水的瓦器。❸古代瓦质打击乐器：击～而歌。❹古代容积单位，一缶等于十六斗或三十二斗。

否 ㊀fǒu 副词，不。1.用于疑问句：能～？|可～？|是～？2.用于答话：～，此非吾意。3.表示不同、不一样：人皆从而渡，我独～。
㊁pǐ ❶坏；恶：～极泰来（坏的到了尽头，好的就来了）。❷贬斥：臧～（说好说坏，即褒贬、评论）。

妚 ㊀fǒu 女子仪容美好。
㊁pī 同“邳”，古国名。（《字汇补》）

郚 fǒu 地名。

娝 fǒu 同“妚”，女子仪容美好。

缻 fǒu 同“缶”，瓦器。

炰 fǒu 同“炰”。

炰 fǒu 蒸煮。

烋 fǒu 同“炰”。

缹 fǒu 同“缻”。

皓 fǒu 白。

殕 ㊀fǒu 物腐败而生白膜。
㊁bó 同“踣”，向前仆倒而毙命。

雬 fǒu 同“雺”，雾。

雺 ㊀fǒu 雾。
㊁fù 降雨不止。

蚼 fǒu 蚕卧。

鴀 fǒu［雉鴀］（fū-）见313页“雉”字条。

fòu

杏 fòu 同“音”。

音 fòu 叹词，表示拒绝的语声。

咅 fòu 同“音”。

啽 fòu 同“音”。

謈 fòu 同“音”。

fū

夫 ㊀fū ❶成人男子；从事某种体力劳动的人：农～|渔～。❷旧时称服劳役的人：～役|拉～。❸丈夫，女子的配偶：～妻|妹～。
㊁fú 助词，表示发议论或感叹、疑问等语气：～战，勇气也|逝者如斯～！|人定胜天，信～？

邞 fū 古县名，在今山东。

伕 fū ❶同“夫”，丈夫。❷旧时对某些体力劳动者的称呼，也指被迫做苦工的人：伙～|车～|拉～。

呋 fū ❶同“趺”。❷用于译音：～喃（有机化合物）|～喃西林（西药名）。

帗 fū 同“袂”。

怤 fū 怡悦。

妋 ㊀fū 贪婪的样子。
㊁yōu 懊悔的样子。

玞 fū［珷玞］（wǔ-）见1007页“珷”字条。

枎 fū 同“柎”。

吙 fū 同“趺”。

姇 fū 女子貌美。

肤（膚） fū ❶皮肤，人体表面的皮：～色|肌～|切～之痛。❷表面的；浅薄的：～见|～浅。

炥 fū［炥炭］也作“烰炭”“麸炭”，木柴烧剩下的块状物，经闭熄而成，多用于引火。

袂 fū 祭名。

荂 fū ❶草木的花：异～|浅～深萼照华池。❷茂盛：荣～|松枯不～。

柎 ㊀fū ❶钟鼓架的足,泛指器物的足。❷花托、花萼,也指草木子房:青～含素萼|条～而结繁。❸斗上的横木:狡兔跧伏于～侧。
㊁fǔ同"弣",弓把的中部。

庯 fū岩石突兀凸出。

砆 fū ❶同"玞"。❷用于地名:～石(在湖南)。

铁(鈇) ㊀fū ❶铡刀,铡草工具,古代也用于处决的刑具。❷金属元素,有放射性。
㊁fǔ同"斧":亡～|～钺。

秩 fū ❶再生稻。❷黑稻,一说黑黍。❸同"稃"。

怤 fū ❶思。❷喜悦;快乐。

袪 fū ❶衣服的前襟。❷裤子。

陓 fū"陓(孵)"的讹字。

荴 fū散开;铺陈:函菱～以俟风。

莕 fū花盛开的样子。

尃 ㊀fū同"敷",敷布;散布:～惠。
㊁bù同"佈(布)",普遍。

秿 fū同"稃"。

孵 fū同"孵"。

婷 fū用于女子人名。

絥 fū同"袪"。

麸(麩)[麱、粰] fū ❶又称麸皮,小麦磨碎筛出面粉后剩下的麦皮和碎屑,泛指麦类作物的皮屑。❷以某些植物籽实皮屑制成的饼状物,用作肥料,也指碎薄如麦麸的片状物:～金|金～。
◆"粰"另见264页"粰"字条。

[illegible] fū树木丛聚的样子。

[illegible] fū同"敷"。

趺 fū ❶同"跗"。1.脚背:摩～攘臂。2.脚:双～。3.山脚:山～。❷双足交叠而坐:僧～|～足捻(撚)髯。❸足迹:双～宛然。❹花萼:白华降～|绿萼(蕚)承～。❺碑的石座,泛指器物底座:～石|铸金为二狮子以为～。

跊 fū同"跗",脚;腿。

[illegible] fū黑唇牛。

[illegible] fū ❶鸟解毛。(《集韵》)❷毡类制品。

粖 fū同"稃(稃)"。

紨 ㊀fū ❶布名。❷粗绸。
㊁fù同"缚(縛)",捆绑人或东西的绳。

[illegible] fū同"麬"。

[illegible] fū[[illegible]萮](-yú)花开的样子。

跗 ㊀fū ❶脚背:蹶泥则没足灭～。❷脚;腿:双～。❸物体的足部:石～|钟鼓之～。❹条状物的末端:剑～|笔管以错宝为～。
㊁fù用于人名:俞～(传说中的上古名医)。

稃 fū ❶谷壳,粗糠,一说麦麸。❷草本植物籽实外面包着的硬壳。

鲋(鮒) fū[鲋䱻](-qí)鱼名。

筟 fū ❶又称筳、筦、篗(籰)头,纺机部件,用于布控纬线:～车(纺车)。❷竹腔薄膜。

[illegible] fū同"鴩"。

鄜 ㊀fū❶古地名,在今陕西。❷姓。
㊁lù古地名。(《广韵》)

[illegible] fū同"鄜"。

[illegible] fū同"[illegible]"。

[illegible] fū ❶粗网。❷大。

[illegible] fū同"敷"。

[illegible] fū同"敷"。

[illegible] ㊀fū猪喘息。
㊁pū发怒而大声喘息。

跦 fū同"趺"。

踣 fū脚。

孵 fū鸟类伏在卵上,或用人工方法使卵内胚胎发育成雏鸟:～化|～育|～小鸡。

鴂 ㊀ fū［鴂鴀］（－fǒu）鸟名，即火斑鸠。㊁ guī［子鴂］同“子规”，即杜鹃鸟。

蒪 fū 花叶展布。

柎 fū 同“柎”，花萼，也指草木子房。

麸 fū 同“麸（麩）”。

敷 fū ❶布置；铺开：～设｜～席｜～座。❷施行；传布：～政｜～教｜～之文德。❸陈述；宣布：～文｜～陈｜～告天下。❹涂抹；搽上：～粉｜～药｜外～。❺足；够：～用｜入不～出｜粮草不～，事可忧矣。

跗 fū 同“跗”，脚；腿。

筟 fū 竹子的青皮。

鈇 fū 同“麸（麩）”。

麇 fū 鹿类动物。

麸 fū 同“麸（麩）”。

鵂 fū［鵂鵂］（biē－）见55页“鵂”字条。

糐 fū 同“欂”。

毻 fū ❶细毛。❷羽。

毻 fū 同“毻”。

痡 fū “膚（肤）”的讹字。

鄜 fū 同“鄜”。

擻 fū 张；扬。

藪 fū 花叶舒展的样子。

蕍 fū［地蕍］同“地肤”，又称地肤草，一年生草本植物。果实称地肤子，可供药用。

麵 fū 同“麸（麩）”。

麵 fū 同“麸（麩）”。

鲟 fū［鲟鲱］（－bèi）也作“鳟鲟”“鯆鲟”，即江豚。

嬔 fū 同“娐”。

欂 fū［欂槛］（－jiàn）树名。

憨 fū ❶［憨憨］急速的样子。❷同“怤”。

膚 fū 同“肤（膚）”。

鄜 fū 同“鄜”。

糏 fū 米粉饼。

纀 fū 同“紨”。

fú

市 fú 同“韨（韍）”，古代朝见或祭祀时披戴在下衣前的一种服饰。

艮 fú 治，从事某工作，后作“服”。

弗 fú 副词，不：～去｜～许｜自愧～如。

攸 fú 同“攸（艮）”。

伏 fú ❶趴，脸向下，身体靠在物体上：～案｜～在地上。❷低下去：起～｜此起彼～。❸隐藏：埋～｜潜～｜～兵。❹屈服，承认错误或受到惩罚：～输｜～罪｜～法。❺伏天，夏至后第三个庚日（有“庚”字的日子）起十天称初伏，第四个庚日起十天称中伏，立秋后第一个庚日起十天称末伏，统称三伏，这段时间天气最热：入～｜出～。❻量词，伏特（电压单位）的简称，1安的电流通过电阻为1欧的导线时，导线两端电压是1伏。❼姓。

甶 fú 鬼头。

肍 fú 同“服”，使用。

凫（鳧）｛梟、梟｝ fú ❶鸟名，即野鸭。❷某些适于在浅水中捕食鱼虾的鸟：田～｜跳～。❸在水里游：～水。

叏 fú 同“艮”。

岂 fú 同“市”。

扶 ㊀ fú ❶搀，用手支持人或物，使不倒：搀～｜～老携幼。❷帮助；援助：～植｜～危济困。❸用手按着或把持着：～梯｜沙发～手。

㊁ pú［扶服］同“匍匐”：～五百里及门。

芙 fú［芙蓉］1. 又称芙蕖，即荷花。2. 木芙蓉，俗称芙蓉花，落叶灌木或小乔木，可供药用。

芾 ㊀ fú ❶ 草木繁盛的样子。❷ 同“韍（韨）”，蔽膝：赤～在股。
㊁ fèi ❶［蔽芾］植物幼小的样子：～甘棠。❷ 姓。

苢 fú ❶［芣苢］（-yǐ）也作“芣苡”，即车前，多年生草本植物，叶和种子可供药用，种子称车前子。❷ 古山名，在今河南。

佛 ㊀［❶佛、❶髴］fú ❶［仿佛］见 243 页“仿”字条。❷ 通“拂”，违背；不顺：谈者有悖于目而～于耳。
㊁ fó ❶ 佛陀，佛教徒称修行圆满的人，特指佛教创始人释迦牟尼：立地成～｜我～慈悲。❷ 佛教，世界主要宗教之一：～家｜～经｜～门。❸ 佛像：一尊铜～。☞佛／神／仙 见 860 页“神”字条。
◆“髴”另见 265 页“髴”字条。

孚 ㊀ fú ❶ 同“俘”，捉住敌人：～人万三千人。❷ 诚信；信用：成王之～。❸ 使人信服：不～众望。❹ 符合；相应：情意不～。
㊁ fū 孵化，后作“孵”：～化｜鸿鹄之未～于卵。

冹 fú［滭冹］（bì-）见 42 页“滭”字条。

刜 fú 砍；砍断。

艴 ㊀ fú 多力的样子。
㊁ fèi 勇猛的样子。

彿 ㊀ fú 同“艴”。
㊁ bì 同“弼”。

弅 fú 义未详。（《龙龛手鉴》）

抚 fú 同“扶”。

㧯 fú 同“扶”。

拂 ㊀ fú ❶ 拭；掸去：～拭｜～尘。❷ 轻轻擦过：春风～面｜微风～煦。❸ 接近：～晓。❹ 甩动；抖动：～袖而去。❺ 违背；不顺：～意｜忠言～耳。
㊁ bì 同“弼”。1. 辅佐；帮助：无法家～士。2. 辅佐的人：国之辅～。3. 矫正；纠正：矫～｜匡～｜弯弧～箭。

苻 ㊀ fú ❶ 又称鬼目草、白英，多年生草本植物，枝叶可供药用。❷ 通“莩”，芦苇等植物茎秆内的白膜。❸（旧读 pú）姓。
㊁ pú［萑苻］（zhuī-）也作“萑蒲”，古泽名，在今河南。

茀 ㊀ fú ❶ 杂草多：～芜｜田～不及耕｜道～不可行。❷ 古代车上的遮蔽物：载驱薄薄，簟～朱鞹。❸ 通“福”：～禄尔康。
㊁ bó［咇茀］（bì-）见 40 页“咇”字条。
㊂ bèi 古代指一种彗星：～星将出。
㊃ bì 姓。

枎 fú ❶ 树名。❷［枎疏］也作“扶疏”，枝叶繁茂、四下分布的样子。

奆 fú 大。

昳 fú 日。

咐 ㊀ fú 吐气：呕～。
㊁ fù［吩咐］见 249 页“吩”字条。

咈 fú 违逆，后作“拂”：无有废～。❷ 同“艴”，愤怒：～然作色｜～然不乐。❸ 拟声词，鼻子嗅闻或用嘴吹等声音：只觉身后～～哧哧，似有闻嗅之声｜～！～！～！火太旺，醪糟滚得几乎漫到铜瓢外面。

岪 fú 同“茀”。

茀 fú ❶ 半山腰的路。❷［茀茀］兴起的样子。

帗 fú 束发的网套。

舥 fú ❶ 同“服”。❷ 船大。

舦 fú 同“舥”。

舩 fú 衣。

服 ㊀ fú ❶ 使用；任用；承受：日～其镈｜必先～能｜五罚不～。❷ 顺从；信服：～从｜～贴｜心～口～。❸ 习惯；适应：水土不～。❹ 穿戴；佩戴：～文采，带利剑｜～太阿之剑。❺ 衣服：～饰｜校～｜羽绒～。❻ 吃（药）：～药｜口～。❼ 思念：求之不得，寤寐思～。❽ 古代一车驾四马，指中间的两匹马：两～入厩｜千里之～。❾ 用牛、马驾车：～盐车而上太行。❿ 姓。☞服／衣／裳 见 1131 页“衣”字条。
㊁ fù 也作“付”，量词，用于中药，一剂或煎一次：一～药｜定取金丹作几～。

泭 fú 筏，用竹、木等平摆着编扎成的水上交通工具，后作“桴”。

怫 ㊀ fú ❶ 愁闷，不高兴：～郁｜～然不悦。❷ 郁结；滞留：～热｜久在湖中，则水性～而不畅。❸ 隆起的样子：～胂｜其身大，～然不知其所病。
㊁ fèi ❶ 愤怒的样子：～然而怒｜怒气～然不可犯。❷［怫愲］（-wèi）心中不安：～烦冤。
㊂ bèi 通"悖"，违反；悖逆：～异｜有～志之言。

弫 fú 同"弗"。

㪄 fú 同"㚕"。

㚕 fú 同"㚕"。

绂（紱） fú ❶ 古代系官印的丝带：印～｜怀玺藏～。❷ 蔽膝：朱～。

绋（紼） fú ❶ 大绳索：释～纚｜舞～抛珠。❷ 牵引灵车的大绳：助葬必执～｜止～恸哭。❸ 系官印的丝带：上使人加～而封之。

玸 fú ❶ 玉名。❷ 玉的纹理。

韨（韍） fú ❶ 蔽膝：受绿～衮冕衣裳。❷ 同"绂（紱）"，系印玺的带子：玺～。

垘 fú 壅塞不通：川塞溪（谿）～。

苪 fú 同"芾"。

茯 fú［茯苓］（-líng）真菌名，寄生于松树根上，可供药用。

枹 ㊀ fú ❶ 鼓槌：援～而鼓。❷［枹蓟］（-jì）白术，草名，根茎可供药用。❸［枹罕］古郡名、古县名，均在今甘肃。
㊁ bāo 又称枹栎、小橡树，落叶乔木，木材可制器具和车轮。

柫 fú ❶ 连枷，打谷脱粒的农具。❷ 击。

畐 ㊀ fú ❶ 满。❷ 容器名，无足的鬲。❸ 同"幅"。
㊁ bì 逼迫；壅塞，也作"偪"或"逼"：～塞虚空。

䏸 fú 希望。

䏸 fú 同"䏸"。

畉 fú 耕田。

罘 fú ❶ 捕兔网：兔勿近罝～。❷［罘罳］（-sī）也作"罦罳"。1. 设在屋檐下或窗上放鸟雀筑巢的网。2. 古代设在门外的屏风。❸［芝罘］山名，在山东。

罦 fú 古代设有机关的捕鸟兽的网。

氟 fú 气体元素，淡黄色，味臭，有毒，腐蚀性很强，是制造特种塑料、橡胶和冷冻剂的原料。

俘 fú ❶ 打仗时捉住（敌人）：～获｜被～。❷ 打仗时捉住的敌人：战～｜遣～。

孚 fú 同"孚"。

郛 fú ❶ 外城，古代指内城外围的大城：伐宋，入其～。❷ 不切实；不实在：～言｜积之者不～。☞郛／郭／城 见108页"城"字条。

炥 fú ❶ 火的样子。❷ 热气。

洑 fú ❶ 漩涡：～洄｜～波｜湍～。❷ 水在地下潜流，也作"澓"：～流｜～泉｜～绝大山，出于海。❸ 水泊名：太子～｜刘郎～（均在湖北）。❹ 古水名：～溪（在今江苏）｜～水（在今湖南）。❺ 用于地名：～东（在江苏）。

祓 ㊀ fú ❶ 古代消灾求福的祭祀：斋～｜～于洛水。❷ 清除；消除：～除｜～清愁。❸ 洗濯，使洁净：～濯。
㊁ fèi 汉代国名，在今山东。

祓 fú 同"祓"，消灾求福的祭祀。

䵾 ㊀ fú 狗的样子。
㊁ fèi 同"狒"。

毴 fú 同"拂"，擦拭；掸除灰尘。

敷 fú ❶ 破。❷ 同"黻"，理。

㚕 fú 同"髴"。

㚕 fú 同"炥"。

垺 ㊀ fú ❶ 同"郛"，外城。❷ 用于地名：南仁～（在天津）。
㊁ fóu 盛大。

巷 fú 同"莕"。

莕 fú 姓。

莩 ㊀ fú ❶ 莩草，多年生草本植物，可用来覆盖房顶。❷ 芦苇等植物茎秆内的白膜，也指种子外皮：～余｜琼～｜舂～作饭。
㊁ piǎo 通"殍"，饿死，也指饿死的人：饿～。

桴 fú 房梁。

砩 ㊀ fú 氟石,矿物名。
㊁ fèi 以石头拦水,引申为堤坝:～长十余里。

蚨 fú ❶［青蚨］又称蚨母。1.传说中的飞虫,母子不相分离,可还钱。2.钱的别称,单用“蚨”义同:囊里无青蚨｜月俸蚨钱数甚微。❷［蚨虶］(-yū)蛐蜒的别称。

咈 fú 同“咈”,乖戾。

哹 fú 吹气,也指吹气声。

罦{䍖} fú 同“罦”,覆车网。

峬 fú 古山名。(《集韵》)

艴 fú 同“服”。

彩 fú 义未详。(《龙龛手鉴》)

浮 fú ❶漂浮,飘在水或其他液体上:沉～｜～萍｜～桥。❷表面的:～皮｜～土｜～雕。❸流动的;不固定的:～生｜～财｜～记。❹不沉静;不沉稳:轻～｜心～气躁。❺空虚;不切实际:～泛｜～名｜～华。❻超出;多余:～费｜～额｜人～于事。

紼 fú ❶同“绂(紱)”,系印的丝带。❷绥。

琈 ㊀ fú 玉的色彩。
㊁ fū 同“璷”。

捬 fú 掌手。

莆 fú［莆箖］(-lín)也作“拂菻”,波斯语音译,指地中海东岸欧洲人,也指东罗马帝国及西亚地中海沿岸诸地。

巷 fú 同“菴(菴)”。

菴 fú 同“菴”。

菔 fú［芦菔］见599页“芦”字条。

桴 fú 同“枹”,鼓槌。

桴 fú ❶竹、木编成的小筏:乘～浮于海。❷通“枹”,鼓槌:～鼓相应。❸脊檩的别称:栋～。

軩 fú 车辖。

虙 fú ❶虎的样子。❷通“伏”:～瘕｜～羲氏(伏羲氏)。

符 fú ❶古代用于传达命令、调兵遣将出入关口等的凭信:兵～｜～节。❷符箓,道士所画的一种图形或线条,据称能驱邪化吉:～咒｜护身～。❸记号;标记:～号｜音～｜休止～。❹吻合;相合:～合｜与事实相～。❺姓。

茀 ㊀ fú ❶古代车箱后面的遮蔽物或门户。❷一种杆上带绳的箭。
㊁ fèi 削箭竹使之渐细。

躹 fú 同“服”。

匐 fú［匍匐］(pú-)见744页“匍”字条。

詄 fú 同“夫”,助词,用于句首,起提示作用。

烰 ㊀ fú［烰烰］(-fú)也作“浮浮”,火气上行的样子,单用义同:烝之烰烰(烝:同“蒸”)。
㊁ fū［烰炭］木柴燃烧后剩下的块状物,经闭熄而成,多用于引火。

涪 fú 同“涪”。

涪 ㊀ fú ❶涪江,水名,发源于四川,流至重庆注入嘉陵江。❷用于地名:～陵(在重庆)。
㊁ póu［涪沤］(-ōu)水泡。

袱 fú ❶妇女的头巾:首取帛为～。❷用来包裹、覆盖衣物的布单:包～｜锦～。

翡 fú 义未详。(《改并四声篇海》)

紼 fú 同“绋(紼)”。

翇 fú 同“翇”。

翇 fú 古代乐舞所持的雉羽。

紱 fú 同“绂(紱)”。

趚 fú ❶跑的样子。❷同“趺”,跳。

葍 fú ❶旋花,多年生缠绕草本植物,根茎可酿酒或供药用。❷［葍藼］(-juàn)草名。

蒬 fú［蒬茈］(-cí)荸荠。

棴 fú［棴常］树名。

烕 fú 火盛的样子。

烕 fú 同“烕”。

趹 ㊀fú 跳。
㊁fèi 同"跡"。

幅 fú ❶布帛等的宽度:~面|~宽|双~。❷泛指宽度:~度|~员|振~。❸量词,用于布帛、书画等:一~缎子|三~油画。

罦{罯} fú ❶同"罘",捕兔网。❷同"罦",覆车网。

罦{罦} fú ❶覆车网,一种附设有机关的捕鸟兽的网:鸿罹于~。❷覆盖:~于墙屋。

𤝔 fú 同"㹿"。

匐 fú 同"匐"。

痡 fú 火疡。

涪 fú ❶同"涪",古水名,约在今湖南。❷同"凫(鳧)",在水里游:~水。

罘 fú[罘思]同"罘罳",古代宫阙内的屏风。

婏 fú 用于女子人名。

缊(縕) fú 同"幅",布帛的宽度。

紱 fú 车紱,覆盖在车轼上的饰物。

𣂋 fú 小畚箕。

颫 fú[颫飖](-yáo)也作"扶摇",大风,也单称颫。

㨗 fú 同"扶"。

垺 fú 同"郛",外城。

垺 fú 同"郛",外城。

㵟 fú 同"鬛(茙)"。

雭 fú 下雨的样子。

霁 fú 云的样子。

辐(輻) fú ❶又称輮,连接车辋和车毂的直条:~条|~集。❷通"輹",车伏兔。

趺 ㊀fú 同"匐",伏地。
㊁bó 跌倒。

蜉 fú ❶[蜉蝣](-yóu)也作"蜉蝤""蜉蝣",昆虫,成虫生存期短,仅数小时至六七日:借问~辈,宁知龟鹤年。❷大蚂蚁。

哹 fú 同"呼"。

鳧 fú 同"鳧(凫)"。

𩙪 fú 同"福"。

艀 fú 小船。

鉜 fú[鉜鏂](-ōu)1.镜匣上的装饰。2.大钉子。

鉘 fú ❶饰。❷已被否定的金属元素。

𤞑 fú 狐。

颫 fú 同"飒"。

𡖇 fú 多。

逯 fú 看见鬼怪而惊恐的样子。

粰 ㊀fú ❶[粰梳](-liú)馓子,又称寒具、环饼。❷粥。
㊁fū"麸(麩)"的异体字。

惝 fú 心明。

福 ㊀fú ❶古代称富、贵、寿等齐备;幸福:五~|享~|~利。❷降福;护佑:~民|~佑|小信未孚,神弗~也。❸祭祀用的酒肉:速祠而归~|买了神~。❹旧时称妇女行礼致敬,又称万福:恭恭敬敬~了一~。❺福建(地名)的简称:~橘。❻姓。
㊁fù ❶藏:邦~重宝。❷通"副",相称;相同:仰~帝居。

韍 fú 同"紱"。

綍 fú ❶绳索,引申为帝王诏书:王言如纶,其出如~|远承如~之旨|捧对纶~,不知所图。❷牵引棺材的粗绳,也作"绋(紼)":诸侯执~|四~二碑。

㙏 fú 炙。

鞴 fú 同"茀",古代车箱后面的遮蔽物。

榑 ㊀fú[榑桑]即扶桑,传说中的神树,是太阳升起的地方。
㊁bó 同"欂"。

敷 fú 同"拂"。

罦 fú"罦"的讹字。

稪 fú 谷类作物。

箙 fú 用竹、木、兽皮等制作的盛箭器具：矢～。

颫 fú 风；风的样子。

誹 fú 乐声戛然而止。

𨑳 fú 邪。

澓 fú ❶同"泭"，木筏；竹筏。❷古水名。(《篇海类编》)

𡪢 fú 同"伏"。

韠 fú 同"韨"。

韍 fú ❶同"绋(紼)"，出殡时牵引棺材的大绳子。❷同"韨(韍)"。

媍 fú 用于女子人名。

𣣻 fú 同"伏"。

琫 fú 车栏间的皮夹，用以装玉器、弓矢等。

髴 ㊀fú ❶"佛㊀❶"的异体字。❷妇女的首饰：蓬首不加～。❸戴首饰：首忘～。
㊁fèi 散乱的头发：～髻｜人面朱～。

趚 fú 同"趉"，跑；跑的样子。

鞦 fú 同"紱"。

蕧 fú 同"菔"。

雬 fú［雬雬］也作"浮浮"，下雪的样子。

蝠 fú ❶［蝙蝠］(biān-)见48页"蝙"字条。❷通"蝮"：～蛇其心，纵毒不辜。

幞 fú ❶包裹衣被、行装等的包袱：被～。❷幞头，古代男子用的头巾：高～广带。

鳧 fú 同"鳺"。

鳬 fú 同"鳺"。

艒 fú［艒艗］(-sù)大船。

艆 fú 同"服"。

雃 fú 同"鵩"。

鳺 fú［鳺鴔］(-bī)也作"鴔鳺"，鸟名，即戴胜。

䢸 fú 同"逯"。

𥡧 fú 义未详。(《龙龛手鉴》)

澓 fú ❶水回流：迅～增浇。❷同"洑"，水在地下潜流。

𡪢 fú "𡪢"的讹字。

𩉸 fú 同"紱"。

縛 fú 同"绋(紼)"。

駥 fú 马名。

趞 ㊀fú ❶跑的样子，一说"趉"的讹字。❷逃；逃走：得手～了为上计。
㊁zhì［趩趞］(jué-)缓慢行走的样子。

趨 ㊀fú［趙趨］(bū-)同"匍匐"，小儿伏在地上爬行。
㊁bì 跑。

蔔 fú 同"葍"。

蒀 fú 同"莧"。

蕌 fú 同"蔔"。

闅 fú 门槛。

踾 ㊀fú［踾踧］(-cù)1.聚集紧促的样子。2.行走急迫的样子。
㊁bì ❶拟声词，踏地声。❷踏。

箺 fú 又称浮竹，节上有纹的竹子。

翇 fú 飞的样子。

魸 fú 星名。

頯 fú 义未详。(《改并四声篇海》)

鯆 fú ❶海鱼。❷［鲂鯆］(fáng-)又称火鱼，生活在海中。

諨 fú 言辞周密。

澓 fú 古水名，约在今湖南。

寱 fú 拟声词，吹声。

蕌 fú 草名，一说"葍"的讹字。

黻 fú ❶古代礼服上绣的黑与青相间的亞形花纹，泛指花纹：～绣｜龙章凤～。

❷同“韨(韍)”，蔽膝。❸同“绂(紱)”，系印玺的带子。

鵩 fú同“鵩”。

馥 fú食。

㾈 fú病复发。

粰 fú同“稃”。

襆 ㊀fú同“幞”。㊁pú同“纀”。

髴 fú[髣髴](fǎng－)同“仿佛”，似乎；好像。

韠 fú皮带。

鞴 ㊀fú❶同“箙”。❷同“韠”。㊁fù同“鞴(鞲)”。

蹈 fú同“蹈(匐)”。

踾 fú同“匐”。

鼖 fú❶拟声词，鼓声。❷军鼓声震耳：震鼓～。

鵩 fú[鵩鸠]鳺鸹。

纀 fú同“幞”。

髻 fú“髻”的讹字。

髻 fú同“髻”。

髻 fú妇女首饰。

貘 fú哺乳动物。

鵩 fú鸟名，像鸮，古人认为是不祥鸟。

鵩 fú同“鵩”。

襆 fú同“襆”。

戴 fú同“戴”。

黻 fú同“拂”。

鶝 ㊀fú[鶝鶔](－róu)鸟名。㊁bì[鶝鵖](－yù)鸟名，即戴胜。

黻 fú同“戴”。

黻 fú同“戴”。

鵩 fú同“鸡”。

箙 fú同“箙”。

韠 fú同“韠”。

鵩 fú同“鵩”。

髻 fú同“髻”。

韠 fú同“韠”。

髻 fú妇女首饰。

蠹 fú同“蜉”。

黻 fú治。

髻 fú同“髻”。

蠹 fú[蚍蠹](pí－)同“蚍蜉”。

fǔ

匚 fǔ同“簠”。

辶 fǔ同“辶(抚，撫)”。

辶 fǔ❶同“抚(撫)”。❷追。

匡 fǔ同“匚(簠)”。

抚(撫) ㊀fǔ❶轻轻地按着：～摸｜～今追昔。❷拍；轻击：～掌｜～膺。❸拨弄；弹奏：～琴｜小时学～的时候。❹扶持；保护：～育｜～养成人。❺慰问：安～｜～恤。
㊁mó同“摹”，模仿：～本｜篆文印样皆出诸印石，尝～得之。

甫 fǔ❶古代在男人名字下加的美称，后指人的表字：仲尼～(称孔子，孔子名丘，字仲尼)｜台～(旧时问别人表字的敬辞)。❷副词，刚；才：大病～愈｜年～十五。❸姓。

呒(嘸) ㊀fǔ惊愕：～然｜皆～曰：“诺。”㊁ḿ❶无；没有：～饭吃｜～规～矩。❷不；不要：～该(不敢)｜～嫁。❸不论：～多～少。

㕮 fǔ［㕮咀］（-jǔ）1. 中医指为使中药便于煎服，用嘴将其咬成碎粒，后指将其切片、捣碎或锉成末：凡四种，皆～，渍酒中。2. 咀嚼：～赤苋汁饮之。3. 斟酌；品味：隽永得～。

𤆼 fǔ 煮。

㕙 fǔ 同“𢼄”。

𢊁 fǔ 同“府”。

𢼄 fǔ 同“抚(撫)”。

拊 ㊀ fǔ ❶ 抚摸：～其背｜～之流涕｜～膺长叹。❷ 轻拍；弹奏：凤凰应奏，舒翼自～｜～弦安歌。❸ 抚爱；保护：～爱子其民｜天兵神～。
㊁ fū 用于人名：张山～（汉代人）。

㤔 fǔ 义未详。（《改并四声篇海》）

㓡 fǔ ❶ 也作“弣”，刀柄、弓背中央手握持的地方。❷ 用刃掘取物。

斧 fǔ “斧”的讹字。

斧 fǔ ❶ 砍东西用的工具。❷ 古代兵器，也用作杀人的刑具。

府 fǔ ❶ 储藏文书、财物的地方：～库｜天～。❷ 贵族、官吏办公或居住的地方，泛指国家政权机关：王～｜官～｜政～。❸ 事物或人物汇聚之处：乐～｜学～。❹ 旧时行政区划名，等级在县和省之间：京兆～｜～城｜～学。

弣 fǔ 弓背中央手握持的地方。

郙 fǔ ❶ 古亭名，在今河南。❷ 古乡名。（《广韵》）

釓 fǔ 同“㓡”。

俌 fǔ 辅佐，帮助，后作“辅(輔)”：左龙右虎～之。

釡 fǔ “釜”的讹字。

胕 ㊀ fǔ ❶ 同“腑”。❷ 同“腐”，腐败变质：食～。
㊁ fū 同“肤(膚)”，皮肤。
㊂ fú 浮肿：～肿。

䟮 fǔ 义未详。（《改并四声篇海》）

俯［❶頫、❶俛］ fǔ ❶ 脸向下，低头：～视｜～冲｜～拾即是。❷ 蛰伏；卧伏：蛰虫咸～在内｜三～三起。❸ 敬辞，旧时公文、书信中用来称对方的动作：～允｜～念｜～就此职。❹ 通“拊”，抚摸：～其背。
◆“頫”另见 267 页“頫”字条。
◆“俛”另见 650 页“俛”字条。

釜｛鬴、𨥨｝ fǔ ❶ 古代炊具，像锅：～底抽薪｜破～沉舟。❷ 古代量器名，也用于计量单位，一釜等于六斗四升。

蚥 fǔ［蝜蚥］也作“蝜父”，瓜虫。

㓦 fǔ 同“斧”，用斧砍：～紫兰。

捬 fǔ ❶ 捍卫：～迎中庭。❷ 同“抚(撫)”，安抚；抚养：～循和辑｜～育孩婴。

䩉 fǔ 同“辅(輔)”。

辅(輔) fǔ ❶ 绑在车轮外用以增强轮辐载重力的两条直木。❷ 面颊或颊骨：～车相依。❸ 佐助；帮助：～助｜～导｜相～而行。

𤘎 fǔ 牛肉干。

脯 ㊀ fǔ ❶ 干肉：～腊。❷ 熟肉：嗜其～。❸ 干燥脱水的瓜果：桃～｜杏～｜以蜜炙为～。❹ 通“晡”，傍晚：自旦及～。
㊁ pú 胸部：胸～。

䏰 fǔ 同“胕”。

𥁒 fǔ 同“簠”。

䃽 fǔ ❶［䃽䃚］（-jǔ）磨。❷ 大石。

頫(頫) fǔ ❶ 低头，后作“俯”：～首｜～瞰。❷ 低：～仰｜～纳群流。❸ 用于人名：赵孟～（元代人）。
◆“頫”另见 267 页“俯”字条。

腑 fǔ ❶ 人体内部器官胃、胆、大肠、小肠、三焦、膀胱的总称：脏～｜五脏六～｜肺～之言。❷ 同“腐”：靡弊～冷。

㢊 fǔ 同“腐”。

𤆿 fǔ 同“腐”。

𪏮 fǔ 义未详。（《改并四声篇海》）

剖 ㊀ fǔ 割草。
㊁ pǒu 草名。

蚹 ㊀ fǔ 一种小蟹。
㊁ pú 蛤类动物。

䩉 fǔ 义未详。(《改并四声篇海》)
滏 fǔ 滏阳河,水名,在河北。
蜅 fǔ 又称叶甲,虫名,也专指金花虫。
𪊲 fǔ 同"腐"。
腐 fǔ ❶朽烂;变质:～朽|～烂|～败。❷臭:～井|流水不～。❸思想陈旧;行为堕落:陈～|迂～|～化。❹古代指宫刑,引申为宦官:死罪欲～|憸～秉权。❺豆腐(豆制食品)的简称:～皮|～乳。
䟶 fǔ 同"簠"。
䋨 fǔ 整理旧絮。
䯱 fǔ 同"䯱"。
䈏 fǔ 同"簠"。
阋 ㊀fǔ 俯;低下:～首。
㊁yuè 同"阅(閲)"。
頫 ㊀fǔ 俯:～臣。
㊁guī 法则;法规:～矩。
𢉖 fǔ 同"府"。
䩉 fǔ 同"輔"。
䩉 fǔ 面颊,后作"辅(輔)"。
魊 fǔ 北斗星名。
𨭐 fǔ 同"斧"。
䩉 fǔ 同"黼(黼)"。
䯱 fǔ 义未详。(《龙龛手鉴》)
䩉 ㊀fǔ 同"釜"。
㊁lì 同"鬲"。
䩉 fǔ "頫(頫)"的讹字。
簠 fǔ 古代盛食器,也用作祭器。
𦂳 fǔ ❶缫丝剩下的渣滓。❷丝。
𢷤 fǔ 同"撫(抚)"。
黼 fǔ ❶古代礼服上绣的黑与白相间的斧形花纹,也指有这种花纹的礼服。❷绣:～绘。
鴏 fǔ 鸟名。
䳕 fǔ 同"鴏"。
𪋑 fǔ 同"腐"。
䩉 fǔ 同"釜"。
䰲 fǔ 同"魊"。
䩉 fǔ "黼"的讹字。

fù

父 ㊀fù ❶父亲;爸爸:～子关系|知子莫若～。❷对男性长辈的称呼:祖～|叔～|姑～。
㊁fǔ ❶古代对年长男子的尊称:～知之乎?❷也作"甫",古代对男子的美称:孔～|长乐王回深～。❸古代对从事某些行业的老年男子的通称:渔～|樵～|田～。
讣(訃) fù ❶报丧:～告|～文|～闻。❷报丧的文字:捧～号呼|举发哀～。
付 fù ❶交给:～款|～印|～诸实施。❷寄托:至身死之日,无所寄～。❸量词。1.同"副",用于成套的东西:一～手套|一～对联|一～笑脸。2.同"服",用于中药:三～药。❹姓。
仪 fù 同"父"。
负(負) fù ❶以背载物:～重|～荆请罪。❷承担;担任:～责|身～重任。❸倚仗;倚靠:～险固守|～隅顽抗。❹亏欠;拖欠:～债。❺违背;背弃:～约|～心|忘恩～义。❻失败:胜～难分|～于对手。❼指两方面中与"正"相对的另一面:～面|～电。❽小于零的:～数。
妇(婦)[媍] fù ❶已婚女子,泛称女性:新～|～女|～幼保健。❷妻:夫～。❸儿媳:媳～|长～。☞妇/女 见702页"女"字条。
岪 fù 古山名。(《玉篇》)
汷 fù ❶凫水;游水:～水。❷用于地名:湖～(在江苏)。
附 ㊀[❸❹坿] fù ❶靠近;贴近:～近|～耳密语|足寒时不要

即～火。❷附带;从属:～设|～属|～件。❸依从:依～|～议|随声～和。❹增添;增益:～点本钱|～以诡术|为之聚敛而～益之。❺寄送;捎带:一男～书至|若有家书就与小子～去。❻姓。
㈡ póu[附娄]也作"部娄",小土山:～无松柏。
◆"坿"另见269页"坿"字条。

坿 ㈠ fù "附㈠❸❹"的异体字。
㈡ fú 白坿,即白石英,矿物名。

咐 fù 见261页fú。

帲 fù 帛。

复 fù "复"的讹字。

阜{𨸏} fù ❶土山,泛指山:山～|石～|如山如～。❷高;大:有堂孔～|～成兆民|百物殷～。❸丰盛;多:～通货贿|物～民丰。❹强健;肥壮:四牡孔～|尔牛孔～。❺厚度大:肠胃～敦。❻忠厚;纯朴:民安俗～。

狲 ㈠ fù 同"猼"。
㈡ chái 同"犲(犲,豺)"。

弅 fù 登。

怤 fù 心附。

驸(駙) fù ❶同拉一辆车的几匹马中位于旁边的马。❷[驸马]驸马都尉,汉代官名。后因皇帝女婿常被封此职,便成为公主丈夫的专称。

赴 fù ❶快走,引申为前往;到某处去:～京|～宴|～汤蹈火。❷(为某种理由或事件)奔走出力:～急|共～国难。❸快跑报丧,后作"讣(訃)":～告大国|以死状～。❹游泳:～水|在水中如走旱路,看看～到金山脚下。☞赴/如/适/之/往/去见982页"往"。

趴 ㈠ fù 同"赴",趋,快步行走。
㈡ bó 同"踣",倒下;倒毙。

复(❶-❻復、❼❽複) fù ❶返;回去:循环往～|翻来～去。❷回答;回报:～信|～仇|回～。❸还原;使如旧:～原|光～|恢～。❹副词,再;又:死灰～燃|一去不～返。❺连词,与;又:长安千门～万户。❻助词,表示反问语气:古来登高人,今～几人在?❼重复;重叠:～习|～印|山重水～。❽众多的;不是单一的:～杂|～音词|～分数。☞复(復)/再 见1214页"再"字条。
◆"複"另见271页"複"字条。

阜 ㈠ fù ❶同"阜",土山。❷细土。
㈡ niè 同"𠂤"。

祔 fù ❶祭祀名,新死者附祭于先祖:凡君薨,卒哭而～。❷合葬:以子礼～葬陵次。

莩 fù 药草名。

砆 fù 白石。

蚹 ㈠ fù[王蚹]蝉类昆虫。
㈡ fǔ[蜛蚹](jū-)见470页"蜛"字条。

砮 fù 同"砆"。

疛 fù ❶脊椎弯曲,不能仰起。❷短。❸水肿:～肿。

怗 ㈠ fù 同"愊",怒。
㈡ dòu 欺骗。

袝 fù ❶华美的服装。❷衣服整齐的样子。

陚 ㈠ fù 小土山。
㈡ wǔ 平原。

隉 fù 同"䨱"。

赴 fù 同"趏"。

萯 fù[萯郁(欝)]香草名。

副 fù 见729页pì。

蚹 fù ❶蛇腹下用于爬行的横鳞,也指像蛇一样爬行:蛇～|～行。❷蛇皮:蜕～。

蛗 fù 同"蚹"。

偩 fù ❶依照;模仿:礼乐～天地之情。❷同"负(負)",仗恃:自～而辞助。

復 fù 免除(赋税徭役),也作"復"。

复 fù 同"復"。

复 fù 同"复(復)"。

敀 fù 同"妇(妇)"。

婏 fù ❶同"嬔"。❷疾速。

迸 fù 同"赴"。

塸 fù 同"復"。

萯 fù[王萯]草名。

覄 fù同“覆”。

雬 fù义未详。(《改并四声篇海》)

賦 fù同“赋(賦)”。

蝜(蝜) fù ❶[蝜蛴](-bù)虫名,像蚬。❷[蝜蝂](-bǎn)也作“负版”,小虫名。❸[蝜蠜](-fán)虫名。

赋(賦) fù ❶旧指田地税、兵役税等:地～|田～|以九～敛财贿。❷征收(赋税):～以重税。❸授予;给予:～予|天～人权。❹天生的资质、才情等:禀～|天～。❺吟诵或写作(诗、词等):横槊～诗|屈原放逐,乃～《离骚》。❻古代文体的一种,盛行于汉魏六朝:汉～|《茶花～》|诗词歌～。☞赋/税　两字都用于税收义,“赋”多指田赋、兵赋,“税”多指田赋以外的其他税。工业、商业的税多说“税”,而不说“赋”。

F

稨 ㊀ fù 禾捆。
㊁ bū 割禾成捆。
㊂ pū 同“穙”。

傅 fù ❶辅助;教导:～弼|强卧而～太子。❷师傅,负责教导的人:太～|少～|贤师良～。❸附着:～粉|皮之不存,毛将安～?❹姓。

𨈈 fù[𨈈毹](-shù)1.穿衣。2.衣服名。

瓿 fù 瓦器,一说同“缶”。

蝩 fù[蝩螽](-zhōng)同“蝮螽”。

雓 fù同“鳼”。

鲋(鮒) fù[吐鲋]又称杜父、黄鲋、船钉鱼,鱼名。

詂 fù 言有所依。

焥 fù 炽盛。

富{冨} fù ❶钱财多:～有|～豪|贫～不均。❷多;充裕:丰～|～裕|～于创新精神。❸财产;资源:财～|～源。❹姓。

𢻫 fù“婦(妇)”的讹字。

椱 fù 织布机上卷布的木轴。

傅 fù[皮傅]也作“皮傅”,牵强附会。

腹 fù ❶肚子,人和动物胸下腿上的部分:～部。❷厚:～而有之|水泽～坚。❸内心:～诽|披～陈否臧。❹中心部位:～地|～居。❺前面:～背受敌。

鲋(鮒) fù ❶鲫鱼:～鱼。❷蛤蟆:井谷射～。

复 fù同“復(复,複,復)”。

缚(縛) fù ❶捆绑;限制:束～|手无～鸡之力|不为法度所～。❷捆绑人或物的绳:亲释其～|以～即炉火烧绝之。

駙 fù同“驸(駙)”。

駁 fù 牡马,公马。

趏 fù ❶到。❷同“仆”,一说同“踣”。

趕 ㊀ fù ❶行走。❷同“赴”,奔。
㊁ fú 行走的样子。

蕧 fù 草名。

榎 fù同“椱”。

蝮 fù同“蝩(蝩)”。

蝜 fù[鼠蝜]同“鼠妇”,俗称鼠妇虫,又称蛜蝛,甲壳动物。

㠯 fù同“𠂤(阜)”。

𠂤 fù“㠯”的讹字。

赙(賻) fù ❶送财物帮助别人办丧事:～金|～仪|～赠。❷送给办丧事人家的布帛、财物等:求～|死虽当得法～,勿受。

蝩 fù同“蝩”。

复 fù同“復(复)”。

復 fù同“復(复)”。

複 fù同“復(复)”。

復 fù 重复,后作“复(複,復)”。

腹 fù同“腹”。

澓 fù 同"詂"。

㾈 fù 病复发。

瘊 fù 朽。

䧞 fù 姓。

福 fù ❶充满:~乎天地之间。❷藏:邦~重宝。❸同"副",相称;符合:以~海内欣戴之望。

複 fù ❶夹衣:~襦|随时单~,出入闺庭。❷"复❼❽"的繁体字。

賦 fù 同"赋(赋)"。

髶 fù 假髻。

趦 fù 同"趀"。

㙏 fù 同"䨱(寝)"。

䨱 fù 同"寝"。

蕧 fù 覆盆子,落叶灌木,果实可食或供药用。

蕾 fù ❶蕾草。❷[蕾蔫](-juàn)同"蕾蔫"。

馥 fù 有。

蝮 fù ❶蝮蛇,古称虺、土虺,俗称草上飞,一种毒蛇,毒液可供药用。❷[蝮蜪](-táo)蝗的幼虫。❸[蝮蛸](-yù)也作"复(復)蛸"。1.蝉的幼虫。2.蝉蜕。

褔 fù 同"寝"。

貸 fù 同"赋(赋)"。

䘀 fù 两阜之间。

複 fù 同"復(复)"。

䳕 fù [䳕鸡](-wén)又称越鸟、越父,鸟名,也单称鸡。

愊 fù 怒。

緮 fù 绢緮。(《篇海类编》)

緮 fù 同"緮"。

駙 fù 马肥大。

趦 fù 同"趀"。

輹 ㊀fù 车伏兔。
㊁fú 通"辐(輻)",车辐。

顐 fù 同"辅(輔)",面颊。

閜 fù 开门。

耩 fù 农具名。

䈏 fù 小盛酒器。

䨱 fù 同"䨱(复,複,復)"。

瘦 fù 同"㾈"。

䙀 fù 同"複(复)"。

駐 fù 同"騂",一说"駘"的讹字。

駙 fù 同"驸(駙)"。

蝮 fù 同"蝮"。

麰 fù 同"馥"。

䉀 fù 簸。

鬾 fù 同"鳺"。

艒 fù 同"艒"。

鍢 fù 同"鍑"。

鍑 fù 釜类炊具。

鳆(鰒) fù ❶鳆鱼,即鲍鱼。❷沙鱼的别称。

寝 fù ❶土室;洞穴:巖~。❷挖地修建土室。

騂 fù ❶马盛。❷增益。

趦 fù 同"趀"。

輹 fù 同"輹"。

畐 ㊀fù 同"副",居第二位的;次要的。
㊁pì 多;密:~然|严伸~塞。

覆 fù ❶翻转;倒过来:~舟|天翻地~|反~无常。❷倾败;灭亡:颠~|恶利口

之～邦家者|以少～众。❸遮盖;盖住:～盖|天～地载|功业～于天下。❹同"复",重复;回复。

贕 fù 同"賦(赋)"。

䪙 fù 同"馥"。

馥 ㊀fù ❶香气浓郁:寒卉冬～。❷香气散发:异香～林塘。❸香气:余～。㊁bì 拟声词,箭射入鸟兽身上声:～焉中镝。

箙 fù 竹实。

蝜 fù "蝮"的讹字。

蝮 fù 同"蝮"。

艒 fù ❶船载多。❷船名。

鮒 fù 同"鲋(鲋)"。

馥 fù 同"馥"。

韍 fù 同"韡"。

髻 fù 假髻。

馥 fù 同"馥"。

婦 fù[巧婦]也作"巧妇",即鹪鹩。

蝜 fù 同"蝮(蝮)"。

鍑 fù 同"鍑"。

鵩 fù 鹞子类鸟。

鮒 fù 同"鲋(鲋)"。

鵏 fù 同"婦"。

韠 fù(又读 pò)裹着皮革的车軛。

麩 fù 麦再生。

覆 fù 同"覆"。

覆 fù 同"覆"。

覆 fù 理。

覆 fù 同"覆"。

蝮 fù[蝮螽](-zhōng)也作"阜螽",蚱蜢。

鵩 fù 鹞子的别称。

蕧 fù 又称乌蕧,即通草。

霈 fù ❶大雨。❷下得适量的雨。

鵩 fù 同"鸡"。

鬒 fù 同"髻"。

鰒 fù 同"鳆(鳆)"。

鵩 fù 同"鸮"。

蝮 fù 蝗,昆虫。

篗 fù 竹盖。

䨱 fù 疾,急速的样子,后作"赴"。

馥 fù 同"馥"。

䨱 fù 同"䨱"。

鰒 fù 同"鳆(鳆,鳆)"。

覆 fù 同"覆"。

覆 fù 同"覆"。

襆 fù 同"复(複)"。

gā

吉 gā［吉吉］(-lá)同"旮旯",缝。

胳 ㊀ gā［胳肢窝］(-zhi-)也作"夹肢窝",腋窝。

㊁［肐］gē ❶腋下。❷［胳膊］(-bo)又称胳臂。上肢,肩膀以下、手腕以上的部分。

㊂ gé 牲畜的后胫骨,后作"骼"。

◆"肐"另见759页"肐"字条。

嘎［嘎］ ㊀ gā ❶拟声词:～叭｜～吱｜～～响。❷打赌:～个东儿｜～点儿什么?｜～五十块钱。

㊁ gá［嘎嘎］(-gá)同"尜尜"。

㊂ gǎ ❶顽皮:～小子。❷性情古怪:那人太～,不好相处。

gá

钆(釓) gá 见794页qiú。

尜 gá［尜尜］1.又称尜儿,儿童玩具,两头尖,中间大,可在地上旋转。2.像尜尜的:～枣｜～汤(用玉米面等做的食品)。

嘎 gá ❶古山名。(《字汇补》)❷拟声词,树干或树枝等折断声。

錷 gá 金属元素"钆(釓)"的旧译写法。

gǎ

生 gǎ 同"嘎",脾气乖僻;调皮:～古。

尕 gǎ 小:～娃｜～李。

gà

尬 gà"尬"的讹字。

尬 gà［尬奥］(-biē)行为不正。

尬 gà 同"尬"。

尬 gà 同"尬"。

尬 gà 同"尬"。

尲 gà［尴尲］(gān-)同"尴尬"。

尲 gà［尴尲］(gān-)同"尴尬"。

魀 gà［魀魀］(gān-)同"尴尬"。

魀 gà［魀魀］(gān-)见277页"魀"字条。

魀 gà 同"尬"。

gāi

侅 gāi 同"侅"。

侅 gāi ❶［奇侅］非常;特殊:敢作～。❷噎住:～溺。

郂 ㊀ gāi 古乡名,在今河南。

㊁ hái 古邑名。(《集韵》)

该(該) gāi ❶同"赅(賅)",具备;完备:无所不～｜罔不详～。❷应当:应～｜～当何罪｜本～如此。❸欠;欠账:～他五十元｜谁都不～谁。❹代词,指代所言的人或事物:～员｜～地｜～项目。

陔 gāi ❶殿堂台阶的层次,泛指层次:系鼓蹈～,不得相逾(踰)。❷田间土埂,借指孝敬父母:循彼南～,言采其兰｜娱情～养。❸同"垓",数词,一万万:数之以(目)～兆。

垓 gāi ❶界限;边际:设于无～坫之宇｜长江如练浮天～。❷数词,一万万,形容极多:以京～秭载计者,不胜偻指焉。❸［垓下］古地名,在今安徽。

荄 gāi 草根:枯～｜弱草之～。

峐 gāi ❶山上不长草木。❷古山名。(《玉篇》)

姟 gāi 数词，古代指一百兆。

核 ㊀ gāi ❶ 树名，古代某些少数民族以其皮做镜匣等。❷ 通"荄"，草根：入地则孕毓根～。

㊁［❶❸❹覈］hé ❶ 果实中坚硬并包含果仁的部分：杏～｜桃～。❷ 像核的东西；中心或主要部分：细胞～｜～心。❸ 仔细对照、考察：～查｜～实｜考～。❹ 实在；真实：雅而不～｜其文直，其事～。❺ 原子核（原子的核心部分）的简称；核能：～武器｜～装置｜～电站。

㊂ hú［核儿］口语，指果核或像果核的东西：枣～｜煤～｜冰～。

◆"覈"另见 342 页"覈"字条。

晐 gāi 兼备；赅备：大抵此四家足以～之。

赅（賅） gāi ❶ 完备：～备｜言简意～。❷ 包括：～括｜举一～百。

胲 ㊀ gāi ❶ 脚拇指，一说牲蹄。❷ 军中约：五音奇～。

㊁ gǎi 脸颊：颊～。

㊂ hǎi 有机化合物的一类，是羟胺的烃基衍生物，也指羟胺。

豥 gāi 同"荄"。

毅 ㊀ gāi［毅改］（-yǐ）古代用来驱鬼避邪的佩饰，用金属或玉制成。

㊁ kāi［毅段］（-hāi）拟声词，笑声。

眩 gāi 眼睛大的样子。

晐 gāi 同"垓"。

祴 gāi 古代乐章名：～夏（也作"陔夏"）。

蛒 gāi 虫名。

絯 ㊀ gāi 拘束；约束：方且为物～｜不～于富贵声名。

㊁ hài ❶ 大丝。❷ 通"骇（駭）"，惊骇：天地大～。

豥 gāi 四蹄白色的猪。

賌 gāi 同"赅（賅）"。

餩 ㊀ gāi 饴糖。

㊁ ài ❶ 打嗝。❷ 同"餲"，食物经久而变味。

賅 ㊀ gāi 肥。

㊁ guī 畜胎。

㊂ kǎi 肉美。

貕 gāi 同"豥"。

gǎi

芥 gǎi 草名。

忋 gǎi 依靠；依赖。

改 gǎi ❶ 变更；更换：～革｜～朝换代｜～天换地。❷ 修改：～衣服｜～文章。❸ 改正：～邪归正｜知过必～。

鼻 gǎi 义未详。（《字汇补》）

菝 gǎi 义未详。（《改并四声篇海》）

叚 gǎi 义未详。（《龙龛手鉴》）

頙 gǎi 同"胲"，脸颊。

絠 gǎi 拉弦张弓。

鎅（鎅） gǎi 锯开（木料）：～匠（木匠）。

gài

丐［匄、匃］ gài ❶ 乞求：～食｜～助。❷ 讨饭为生的人：乞～｜～帮。❸ 给予；施舍：沾～后人。

屵 gài 同"乢"。

乢 gài 义未详。（《龙龛手鉴》）

阣 ㊀ gài 山势高峻。

㊁ yì［阣崒］（-zú）也作"屹崒"，高耸直立的样子，单用"阣"义同。

匃 gài 同"匃（丐）"。

陔 gài 山高而陡。

抚 gài 同"摡"。

扢 ㊀ gài 磨。

㊁ hài 取。

㊂ niè 击。

杚 ㊀ gài 同"概（槩）"，量谷物时用来刮平斗斛的用具。

㊁ gé［杚棟］（-dōu）老树根。

杚 gài 同"杚"。

匃 gài 同"匄(丐)"。

钙(鈣) gài 金属元素,是生物体的重要元素,其化合物在工业和医药上有广泛用途。

杳 gài 同"蓋(盖)"。

沓 gài"沓"的讹字。

慨 gài 主。

盖(蓋) ㊀ gài ❶古代车上的伞,有遮蔽作用:车～|华～|倾～如故。❷器物顶部有遮蔽作用的部分:锅～|瓶～。❸遮掩;蒙上:遮～|掩～|身上～着棉被。❹建造(房屋):～房|～大楼。❺副词,表示推测:观者如云,～近千人也。❻连词,说明理由或原因:有所不知,～未学也。❼古州名、旧县名,均在今辽宁。❽姓。
㊁ gě ❶古地名,在今山东。❷姓。

摡 ㊀ gài 洗涤:濯～|～尘垢。
㊁ xì 取。

葢 gài 同"蓋(盖)"。

溉{漑} gài ❶灌注;浇灌:灌～|～沃万顷。❷洗涤:～之釜鬵。❸水名,在山东。

概[槩]{槪} gài ❶古代量谷物用于刮平斗斛的器具:执～取盈。❷用器具刮平:釜鼓满则人～之,人满则天～之。❸气度;气量:气～。❹状况;景象:胜～忆桃源。❺大略:大～|梗～|～况。❻副词,表范围,一律;都:～不负责|～不回答。
◆"槩"另见 275 页"槩"字条。

戤 gài"戤"的讹字。

鄿 gài 同"鄿"。

槩 gài ❶"概"的异体字。❷姓。

戤 gài ❶以实物抵押:～典|～十两银子。❷旧指仿造他人商品牌号图利:影～。❸倚;靠:～在墙角|～着牌头(比喻依仗别人的势力)。❹用于地名:～效(在江苏)。

戤 gài ❶深坚意。(《玉篇》)❷耦(偶)。(《广雅》)

鄿 gài 古地名。(《玉篇》)

摡 gài 同"摡"。

㠹 gài 义未详。(《字汇补》)

瓂 gài 用于人名:向～(晋代人)。

gān

干㊀(❹-❽乾)[❹-❽亁、❹-❽乹]
gān ❶盾,古代兵器:～戈戚扬|执～而舞。❷冒犯;触犯:～犯|有～禁例。❸关联;牵连:相～|与你无～。❹没有水分或水分少:～燥|～旱|～柴。❺水分很少的食品:饼～|笋～|豆腐～ル。❻枯竭;净尽;空虚:河～了|～杯|外强中～。❼副词,空;徒然:～笑|～等|～着急。❽拜认的(亲属):～妈|～儿子。❾姓。❿[干支]天干、地支的合称,可配成六十组,用来表示年、月、日的次序等。⓫[干将]春秋时铸剑良匠;古宝剑名。

㊁(幹)[❶榦] gàn ❶事物的主体或主要部分:树～|躯～|～线。❷干部,机关团体的领导或管理人员,也指一般公职人员:转～|～校|～群关系。❸有能力的:～练|～将|～才。❹做;搞:～劲|实～|从早～到晚。❺坏;糟糕:事情要～了|～了,迟到了。
◆"乾"另见 768 页"乾"字条。
◆"幹"另见 278 页"幹"字条。
◆"榦"另见 278 页"榦"字条。

甘 gān 同"甘"。

凵 gān 同"甘"。

甘 ㊀ gān ❶美味,味道好:～味|～脆。❷甜:～甜|～泉|苦尽～来。❸美好:～雨|芳草～木。❹情愿;乐意:～愿|心～情愿|不～落后。❺通"柑":～子正熟。❻甘肃(地名)的简称。❼姓。
㊁ hān 同"酣":～寝|～战。

迀 gān 进,引申为求取。

尲 gān 尲股。(《广韵》)

忓 ㊀ gān ❶疲惫。❷触犯;干扰:惧～季孙之怒|无～时事。

G

㊁ hàn ❶善。❷抵。

甘 gān 同“甘”。

奸 ㊀[❶姦] gān ❶通“干”，干犯；冒犯：邪不～正｜寒暑不和，贼气相～｜各守其职，不得相～。❷求取：以～忠直。

㊁[❶-❸姦] jiān ❶男女间发生不正当的性行为：～淫｜通～｜强～。❷狡诈；邪恶：～笑｜～臣｜你休要呆里撒～。❸狡诈、邪恶的人；出卖国家、民族或集团利益的人：黜～举才｜内～｜锄～。❹姓。☞奸/姦/奷 “奸”本读gān，义为干犯，引申为求取。“姦”本读jiān，义为男女私通、淫乱，引申为邪恶、邪恶的人。“姦”的俗字写作“奷”，如“贤人进而奷民退”。“奷”又省去一个女，写作“奸”，于是“奸”“姦”二字混淆。

◆“姦”另见419页“姦”字条。

玕 gān［琅玕］(láng-)见534页“琅”字条。

攼 gān ❶求。❷得。❸进。

杆 gān 见278页gàn。

肝 gān ❶人和高等动物的消化器官之一：～脏｜猪～。❷指人的内心：心～｜永激壮士～｜不在我～上的事。

忓 gān 同“干(乾)”。

尶 gān“尲”的讹字。

盂 gān ❶盘子。❷大碗。

坩 gān ❶陶制容器，泛指盛物器皿：银～｜红莲饭熟出破甑，菊花醸美开新～。❷［坩埚］(-guō)熔化金属等物质的耐高温器皿，用瓷土、石墨等制成。

𤯌 gān［𤯌蔗］(-zhè)即甘蔗，一年或多年生草本植物，茎是主要的制糖原料。

苷 gān ❶甘草，药草名。❷［糖苷］简称苷，旧称甙，有机化合物的一类。

岶 gān ❶山。❷古山名。(《集韵》)

饳(鉗) gān ❶饵。❷食：～毒。❸甜。

泔 ㊀ gān ❶淘米水，引申为洗涮锅碗用过的脏水：～汁｜～水。❷古水名，在今山东。

㊁ hàn［泔淡］1. 盛满，一说美味：秬鬯～。2. 水的样子。

怗 gān 心服。

瓶 gān 同“坩”。

柑 gān 常绿乔木或小乔木，果实似橘而大，树皮、叶、花、果皮、种子可供药用。

乹 gān 同“乾”。

竿 ㊀ gān ❶竹子主干，泛指竹竿状的东西：竹～｜旗～｜百尺～头。❷特指钓竿：持～垂钓。❸量词，用于竹，棵；株：数～幽竹｜新竹千～。☞竿/杆/秆 三字都指细长而挺直的棍状物，“竿”的本义为竹子主干，多指竹竿；“杆”的本义为树名，多指木棍；“秆”指某些农作物的茎。

㊁ gǎn ❶同“笴”，箭杆：严秋筋～劲。❷同“杆”，量词，用于有杆的器物：百～鸟枪。

刣 gān 割禾工具。

疳 gān 疳积，中医指小儿因营养障碍而面黄肌瘦、腹部膨大的病。

紺 gān 丝的样子。

琩 gān 同“玕”。

雃 gān［雃鹄］(-hú)鹊。

戟 gān 同“干”，盾。

笛 ㊀ gān 竹名，笋味甘美，故又称甜竹。

㊁ gǎn 大竹。

粓 gān 同“泔”，淘米水；洗涮锅碗用过的脏水。

凲 gān 同“尲(尴，尷)”。

鄿 gān 古地名，在今河北。

尴(尷) gān［尴尬］(-gà)1. 事情不易处理；处境窘困：～事｜处境～。2. 神态不自然或不正常：脸上很～｜这个开酒店的汉子又～，也是鬼了。3. 不安全；危险：～去处。

尲 gān 同“尴(尷)”。

箪 gān［镇箪］古镇名，在今湖南。

飤 gān 风。

鳱 ㊀ gān［鳱鹊］喜鹊。

㊁ hàn［鳱鴠］(-dàn)鸟名，即寒号鸟。

𢓭 gān 同"尴(尷)"。

𣹟 gān 干燥,后作"乾(干)":后土何时而得～?

鼾 gān 鼎。

𪉃 gān 调和。

𪉄 gān 同"𪉃"。

尴 gān 同"尴(尷)"。

𩏩 gān 同"鞯"。

𪌴 gān 同"尴(尷)"。

𪉅 gān 同"𪉃"。

𩴧 gān[𩴧𩴩](-gà)同"尴尬"。

魐(𩼿) gān[魐魀](-gà)同"尴尬"。

𧄒 gān 义未详。(《改并四声篇海》)

gǎn

仠 ㊀ gǎn 长。
㊁ hàn 同"扞(捍)",捍卫。

杆[桿] gǎn 见 278 页 gàn。

衦 gǎn 义未详。(《龙龛手鉴》)

𥯴 gǎn 同"皯"。

𢧫 gǎn 同"感"。

秆[稈] gǎn 稻、麦、高粱等植物的茎:麦～儿｜麻～儿｜高～作物。☞秆/杆/竿 见 276 页"竿"字条。

衦 gǎn 用手把衣物上的皱纹压平展。

皯 gǎn❶皮肤黑。❷[皯䵴](-zèng)也作"皯黯",脸上有黑气。

䊻 gǎn 摩压衣物使平展。

赶(趕) gǎn 见 768 页 qián。

笴 gǎn(又读 gě)❶箭杆,也指箭:箭～｜一～他年下百城。❷通"杆"。1. 器物上细长的棍状部分:银～枪。2. 量词,用于有杆的器物:一～枪。❸笋制品:笋～。

𣪏 gǎn 同"敢"。

𣪐 gǎn 同"𣪏(敢)"。

𢽛 gǎn 同"敢"。

𣪘 gǎn 同"敢"。

敢 gǎn ❶有勇气;有胆量(做某事):～于进取｜～做～当｜不～忘德。❷岂敢;怎敢:～辱高位｜道义争担～息肩。❸谦辞,表示冒昧地请求:～请｜～问｜～烦。❹莫非;大概:～街市上有甚新闻么?｜～是老王回来了?

酐 gǎn 同"皯"。

赶 gǎn 同"趕(赶)"。

𢾏 gǎn 同"敢"。

榦 gǎn 同"橄"。

感 ㊀ gǎn ❶觉;觉到:～觉｜预～｜深～意外。❷触动:～动｜～化｜～人至深。❸心情:读后～｜自豪～｜百～交集。❹心怀谢意:～谢｜～恩｜请勿推辞为～。
㊁ hàn 通"撼",动;摇动:舒而脱脱兮,无～我帨兮｜轻风～之。

閜 gǎn 閜门。(《玉篇》)

𢿅 gǎn 同"敢"。

𧺝 gǎn "赶"的讹字。

澉 ㊀ gǎn ❶味淡。❷用于地名:～浦(在浙江)。❸姓。
㊁ hàn[澹澉](dàn-)见 171 页"澹"字条。

橄 gǎn 柄。

橄 gǎn[橄榄](-lǎn)又称青果,常绿乔木,种子可榨油。果实可食,也可供药用。

䵟 gǎn ❶同"皯",黑色。❷脸上黑斑。❸[䵟黯](-zèng)脸上有黑气。

𥳃 gǎn 同"笴"。

擀 gǎn ❶用棍棒来回碾轧:～面条｜～饺子皮。❷来回细擦:用水把窗玻璃擦净后再～一过儿。

簳 gǎn 同"秆(稈)",草茎,也指树干:稻～|枝条茎～。

磩 gǎn 也作"瞰",用于人名译音:～密模末腻(唐代大食国酋长)。

礷 ㊀ gǎn ❶ 帝王封禅时贮藏玉匮、玉册的石匣,泛指石匣:石～。❷ 以石遮盖。
㊁ hàn 通"撼",摇动:～远。

艬 gǎn[艬堂]大船的两侧。

簳 ㊀ gǎn ❶ 小竹,可制箭杆。❷ 箭杆,也代指箭:箭～|白翎金～|乃以朔蓬之～射之。
㊁ gàn 箭羽。

醶 ㊀ gǎn 同"鱤",咸味。
㊁ jiǎn 同"碱",盐卤。

鰔 ㊀ gǎn 同"鳡(鳡)",即鳡鱼。
㊁ jiān 鱼名。
㊂ xián 同"鳒(鳒)",大青鱼。

篰 gǎn"簳"的讹字。

鳡(鳡) gǎn 鳡鱼,又称黄钻、竿鱼,生活在江河、湖泊中。

䲺 gǎn 鱼名,一说同"鳡(鳡)"。

灨 gǎn 盖。

鱤 ㊀ gǎn 咸味。
㊁ gàn ❶ 无味。❷ 同"䶗"。

醬 gǎn ❶ 酒味浓烈。❷ 酒味苦。

gàn

杆 ㊀ gàn 树名。1. 檀树。2. 柘树。
㊁ gān 细长木棍或类似的东西:旗～|桅～|电线～。☞杆/杆/竿　见276页"竿"字条。
㊂[桿] gǎn ❶ 器物上细长的棍状部分:秤～|笔～|烟袋～儿。❷ 量词,用于有杆的器物:一～秤|一～笔|一～枪。
◆"桿"另见330页"桿"字条。

旰 ㊀ gàn 晚上:宵衣～食。
㊁ hàn[旰旰](-hàn)盛大的样子:皓皓～|锵锵～。

汵 ㊀ gàn 同"淦"。
㊁ hán 同"涵"。1. 水泽多。2. 包容。
㊂ cén 池。

矸 ㊀ gàn 山石白净的样子:南山～。
㊁ gān ❶[丹矸]也作"丹干",朱砂。❷ 夹杂在煤等矿物中的石块:～子|煤～石。

盰 gàn 睁大眼睛:～目陈兵。

绀(紺) gàn 青红色;深青色。

倝 gàn 日初升,光芒闪耀。

皯 gàn 半干,一说"澉"的讹字。

骭 gàn 同"骭"。

淦 gàn[醇淦](chún-)见140页"醇"字条。

澉 gàn ❶[澉澉]水流急促的样子。❷ 水的波纹。

淦 ㊀ gàn ❶ 水渗入船中。❷ 河工术语,大溜;激溜。❸ 水名,在江西。❹ 姓。
㊁ hán 同"涵(涵)",沉没,特指船沉没。

𠦝 gàn 同"倝"。

骭 gàn ❶ 胫骨。❷ 小腿。❸ 肋骨。

詌 gàn 口闭。

幹 ㊀ gàn ❶"干㊁"的繁体字。❷ 谋求:～衣食|争先～功|用钱营～。❸ 姓。
㊁ hán 水井的围栏,也作"韩(韓)":井～。

䃭 gàn 同"旰"。

灨 gàn 同"赣(贛)",古水名,在今江西。

榦 ㊀ gàn ❶ 古代筑墙时竖在夹板两侧的起固定作用的木柱。❷"干㊁ ❶"的异体字。
㊁ hán 水井的围栏,也指井栏上支撑辘轳的架子。

𩈩 gàn 同"榦"。

乾 gàn 干燥。

𩞃 gàn 同"榦(干)"。

滏 gàn 用于古地名:涂(塗)～。(《新唐书》)

骭 gàn 同"骭"。

澸 gàn 用于地名:～井沟(在重庆)。

𩠔 gàn"幹(干)"的讹字。

骭 gàn 同"骭(骭)"。

䲨 gàn 拟声词,鸟叫声。

蘓 ㊀gàn 草名。
㊁gǎn 同"秆"。

䵎 gàn ❶赤色。❷大赤。

檊 gàn 同"杆",树名。1.檀树。2.柘树。

蘓 gàn"蘓"的讹字。

䵎 gàn 同"䵎"。

䊻 gàn 同"蘿"。

龥 gàn 龟。

赣（贛）[贑]㊀[灨] gàn ❶古县名,在今江西。❷赣江,水名,在江西。❸江西(地名)的别称。
㊁zhuàng 同"戇(戆)",憨厚而刚直。

贑 gàn"贛(赣)"的讹字。

醶 gàn 义未详。(《改并四声篇海》)

鹹 gàn[鹹醶](-yàn)味过咸而苦,单用"鹹"义同。

贑 gàn 同"贛(赣)"。

贑 gàn 同"贛(赣)"。

贑 gàn 同"贛(赣)"。

鹽 ㊀gàn 咸;苦:～苦。
㊁tàn[䣳鹽](gàn-)见429页"䣳"字条。

蘿 gàn 薏苡。

gāng

冈（岡）{罔} gāng 山脊,泛指山岭或小山。

亢 ㊀gāng ❶颈;咽喉:搤其～。❷要害:批～捣虚。
㊁kàng ❶(音调、地势等)高:高～。❷高傲:不卑不～。❸过甚;急:～奋|～进。❹姓。

江 gāng 姓。

刚（剛） gāng ❶坚硬;坚强:～强|～健|～柔相济。❷副词。1.正好;恰好:～好|～巧|～合适。2.才;刚才:～来就走|～买的就坏了|～吃完午饭。

伃 gāng 同"冈(岡)"。

扨（㧏） gāng ❶同"扛",举;抬:乘八～舆。❷顶住:～住钯齿。

杁 gāng 同"纲(綱)"。

罓 gāng 同"岡(冈)"。

信 gāng 同"刚(剛)"。

但 gāng 同"刚(剛)"。

肛[❷❸疘] gāng ❶肿胀:膖～。❷肛门,直肠末端的出口。❸肛管和肛门的总称:～裂|脱～。
◆"疘"另见279页"疘"字条。

纲（綱） gāng ❶网的总绳,比喻事物的要领或关键部分:若网在～|～领|～举目张。❷旧时成批运输货物的组织:盐～|花石～。❸生物分类系统的等级,在门之下,目之上:鸟～|双子叶植物～。

枫（棡） gāng 俗称青㭎,即橡树。

矼 ㊀gāng ❶石桥:石～|断～。❷石岗:由～而下,即所谓后海也。❸用于地名:大～(在浙江)。
㊁qiāng ❶坚实。❷诚实:德厚信～。❸被坚硬物碰伤:～了他的牙。

罡 gāng 同"岡(冈)"。

犺 gāng ❶水牛。❷同"㸰",公牛。

疘 gāng(旧读gōng)❶脱疘,今作"脱肛",直肠脱垂的病。❷"肛❷❸"的异体字。

㼚 gāng ❶盎、缶类器皿。❷大瓮,后作"缸"。

㽘 gāng 同"岡(冈)"。

罡{罡} gāng ❶[鞅罡]无赖。(《字汇补》)❷同"罡"或"岡(冈)"。

刚 gāng 同"刚(剛)"。

钢（鋼） ㊀gāng 铁和碳的合金,硬度比生铁柔韧,比熟铁坚硬,是重要的工业原料。

G

㊁ gàng ❶ 把刀在布、皮、石或缸沿等物上反复摩擦,使锋利:～刀布｜把菜刀～一～。❷ 刀口用钝后,回炉加钢重新打造,使锋利。

缸 gāng ❶ 大瓮,古代陶制容器,长颈,腹大口小。❷ 盛东西的容器,用陶、瓷、搪瓷、玻璃等制成,一般口大底小:水～｜漱口～｜鱼～。❸ 像缸的器物:汽～｜烟灰～。❹ 油灯;灯盏:银～高照。❺ 缸瓦,用沙子、陶土等混合而成的一种质料:～砖｜～盆。

瓨{瓬} gāng 同"甀(瓨)"。

堽 gāng 同"堽(冈,岡)"。

掆 gāng 同"㧏(掆)"。

罡 gāng ❶ 星名,即天罡星:仗剑作法,踏～步斗,敕起五雷。❷ 同"冈(岡)",山冈:南山高～。

冚 gāng 同"岡(冈)"。

囥 gāng 义未详。(《龙龛手鉴》)

舡 gāng 同"舩"。

颃(頏) ㊀ gāng 同"亢",颈项;喉咙。㊁ hàng (旧读 kàng) 同"吭",咽;吞。
㊂ háng ❶ 鸟飞而下:饥禽或下～｜燕燕于飞,颉之～之。❷ 飞奔:～野马而荡灭。❸ [颉颃] (xié－) 见 1054 页"颉"字条。

陞 gāng 同"冈(岡)"。

綗 gāng 同"纲(綱)"。

堈 gāng ❶ 同"缸",盛东西的容器:小麦三斗著～中。❷ 用于人名:弇～弔(见《庄子》)。

菌 gāng 草名。

㖵 gāng 吵闹:三天一吵,五天一～。

崗 gāng 同"冈(岡)"。

剛 gāng 同"剛(刚)"。

剛 gāng 同"剛(刚)"。

釭 gāng (又读 gōng) ❶ 车毂孔内用于穿轴抗磨损的铁圈(套)。❷ 古代宫室壁带上的环状金属饰物。❸ 油灯:兰～当夜明。❹ 箭头。

舩 gāng ❶ 举角。❷ 扛;举:～鼎。

㧏 gāng 举,一说"㨭"的讹字。

棡 gāng 同"纲(綱)"。

㓻 gāng 同"刚(剛)"。

甀 gāng 同"瓨"。

犅 gāng 公牛。

堽 gāng ❶ 同"岡(冈)",山冈;山脊:结罝绕～。❷ 同"缸",大瓮:见屋内一大～。

㨭 gāng 同"㧏(掆)"。

對 gāng 同"刚(剛)"。

㟠 gāng 同"冈(岡)"。

牰 gāng 同"犅"。

㭎 gāng ❶ 同"㧏(掆)",举;抬。❷ 同"刚(剛)"。

䂢 gāng 义未详。(《龙龛手鉴》)

甄 gāng 同"甀(瓨)"。

鋼 gāng ❶ 同"瓨",盎、缶类器皿:瓦钵磁～列土床。❷ 同"缸",用陶、瓷等制的容器:奉造龙～。

罡 gāng 网。

綱 gāng 同"綱(纲)"。

綡 gāng 同"纲(綱)"。

鋥 gāng ❶ 同"钢(鋼)"。❷ 同"刚(剛)",坚硬;坚强:～柔。

頏 gāng 同"颃(頏)"。

鱫 gāng 鳡鱼。

gǎng

岗(崗) ㊀ gǎng ❶ 隆起的土坡:土～子｜黄土～。❷ 守卫的位置,泛指位置、职位:门～｜～位｜下～职工。

㈡ gāng 同"冈(岡)",山脊。

旽 gǎng"䀡"的讹字。

䀡 gǎng ❶边境。❷田埂。❸傣族地区旧时农村行政单位,下辖若干村寨:受封管理着两个～的领地。

䣼 gǎng 同"䴚",盐泽。

崗 gǎng 同"岗(崗)"。

崗 gǎng 同"岗(崗)"。

港 ㈠ gǎng ❶江河、湖泊的支流,多用于河流名:河湖～汊|常山～(在浙江)。❷可供船只、飞机停驻的口岸或场所:海～|军～|航空～。❸香港(地名)的简称:～币|～澳地区|～人治～。❹姓。
㈡ hòng[港洞]相通;开通:～坑谷。

䴚 gǎng 盐泽。

䴚 gǎng"䴚"的讹字。

澵 gǎng 同"港"。

䴚 gǎng 同"䴚"。

㶂 gǎng 同"港"。

gàng

杠 ㈠[槓] gàng ❶较粗的棍子:木～|门～|～杆。❷某些装有棍状物的器械:单～|高低～|～铃。❸用红笔等画的粗线,也指画线表示删去:这段文字下画有红～|把这一段～去。
㈡ gāng ❶床桯,床前横木。❷竹木竿:竹～。❸桥:石～飞梁。
㈢ gōng[杠里]古地名。(《集韵》)

𡍼 gàng ❶山冈,多用于地名:牯牛～(在安徽)|浮亭～(在浙江)。❷狭长的高地、土岗子,多用于地名:大～|吊～(均在福建)。

焵 gàng ❶刃。❷煅烧刀刃使更坚硬。

焵 gàng"焵"的讹字。

筻 gàng[筻口]地名,在湖南。

gāo

仚 gāo 同"高"。

㤖 gāo 知。

㤖 gāo"㤖"的讹字。

皋[臯、皐] ㈠ gāo ❶水边高地;高地:江～|山～|东～。❷沼泽:九～|～原(沼泽和原野)。❸姓。❹[皋陶](-yáo)传说中东夷族的领袖,曾被舜任命为掌管刑罚的官。
㈡ háo 通"嗥",呼告:～舞。
㈢ gū[橐皋](tuó-)古地名,在今安徽。

高{髙} gāo ❶由下到上距离大;离地面远:山～|～空|～楼大厦。❷高度:身～|塔～十丈|新建的大楼有100米～。❸在一般标准或平均程度之上:～速|～价|～血压|劳苦功～。❹等级在上的:～官|～年级|～等教育。❺声音响亮:～声|～歌一曲|呼声很～。❻敬辞,用于称别人的事物:～论|～见|～寿。❼尊重;重视:贵财贱义,～富下贫。❽姓。

羙 ㈠ gāo 同"羔":～皮冷角。
㈡ měi 同"美":～其服|～语。

羔 gāo ❶小羊:～羊|～皮。❷黑羊:缁衣～裘。❸幼小的动物或植物:鹿～|松～。

䓘 ㈠ gāo ❶[白䓘]又称臯苏(蘇),植物名。❷草名,果实可供药用。
㈡ jiù 草名。

羙 gāo 同"羔"。

羠 gāo 同"羔"。

桕 ㈠ gāo 同"槔",桔槔。
㈡ jiù 柏,落叶乔木。
㈢ jú 同"椈"。

鄗 gāo 同"鄗"。

膏 gāo 同"膏"。

䔌 gāo 葛类植物。

嵲 gāo"嵲(嵲)"的讹字。

嵲{嵲} gāo"嵲"的讹字。

嵲 gāo［嵲 峣］（-láo）1. 古亭名。（《玉篇》）2. 古山名。（《集韵》）3. 山的样子。

滜 ㊀ gāo 同"皋（臯）"，沼泽。
㊁ zé 同"泽（澤）"，光洁润滑。
㊂ háo 通"嗥"，叫：秭鳺先～。

槔 gāo 树名。

簝 gāo 同"篙"。

暠 gāo 同"皋（臯）"。

鄗 ㊀ gāo 古乡名，在今河北。
㊁ hào 同"郹（鄗）"。

睾 gāo 睾丸，男子或雄性哺乳动物生殖器官的一部分，能产生精子。

膏 ㊀ gāo ❶ 肥肉；油脂：～粱（肥肉和细粮）｜焚～继晷｜春雨如～。❷ 像膏的糊状东西：～药｜梨～｜牙～。❸ 肥沃：～腴｜～壤。
㊁ gào ❶ 把油加在轴承或机械经常转动的地方使润滑：～油｜～车。❷ 把毛笔蘸上墨汁在砚台边上掭：～墨｜～笔。

䓘 gāo 同"藁"。

槹 gāo 同"槔"。

橰 gāo 同"槔"。

𡾰 gāo 同"嵲"。

潷 gāo 同"滜"。

㤟 gāo 同"㤿"。

鼛 gāo 同"鼛"。

槹 gāo 同"槔"。

篙 gāo 撑船的竹竿或木杆：竹～｜以～测江。

羔 gāo 同"羔"。

糕 gāo 同"糕（餻）"。

糕［餻］gāo 用米粉、面粉等制成的食品：蛋～｜年～｜～点。

櫜 gāo 同"櫜"。

稾 gāo 禾名。

䚁 gāo 同"䚁"。

餻 gāo 同"餻（糕）"。

䅗 gāo 饴；糖稀。

餲 ㊀ gāo 同"餻（糕）"。
㊁ kào 同"犒"，犒劳。

糕 gāo "糕"的讹字。

鼛 gāo 鼓。

櫜 gāo ❶ 囊，也指收藏弓箭、盔甲的器具：垂～而入。❷ 收藏：载～弓矢。

䚁 gāo 看。

韟 gāo 收藏弓箭、盔甲的器具。

槁 gāo 同"篙"。

篙 gāo 同"篙"。

雗 gāo 同"鷎"。

𢷎 gāo 同"羔"。

羮 gāo 同"羔"。

鼛 gāo ❶ 古代用于役事的大鼓：～鼓。❷ 古代乐器：鼓钟伐～｜～鼓而食。

鷎 gāo 同"鷎"。

韟 gāo 同"櫜"，收藏盔甲、弓箭的器具。

鼛 gāo 同"鼛"。

鷎 gāo［鵖鷎］（láng-）见535页"鵖"字条。

鷱 gāo 同"鷎"。

gǎo

杲 gǎo ❶ 明亮；光明：～～日出｜如日之～。❷ 高远：～乎如登于天。❸ 白：联萼千里～。❹ 姓。

臭 ㊀ gǎo 大白。
㊁ zé 同"泽（澤）"。

𣅠 gǎo "臭"的讹字。

臭 gǎo“臭”的讹字。

𣅿 gǎo 义未详。(《改并四声篇海》)

菒 gǎo 干草;枯草。

稾 gǎo 同“稾(稿)”。

搞 gǎo 见 775 页 qiāo。

碻 gǎo[女碻]像玉的美石。

裛 gǎo 素衣。

缟(縞) gǎo ❶白色精细的丝织品:履丝曳～。❷未经染练的生帛:～衣而养老。❸白色:纯～|～鹤|～身朱鬣。

槁[槀] ㊀gǎo ❶干枯:枯～|～木死灰|木叶已～而未落。❷枯木:振～|败～布地。❸死:立～|木尽而蠡亦～必矣。
㊁gāo ❶树名。❷通“篙”,撑船的竿子:～工。

滈 gǎo[滈汗](-hàn)水势浩大的样子。

镐(鎬) gǎo 见 337 页 hào。

稿[稾] gǎo ❶禾秆,谷类作物茎秆:束～为人|马无～草。❷干枯,也作“槁”:形如～木。❸草稿,诗文或图画的草底:手～|初～|拟～。❹写成的诗文、画成的图画等:约～|投～|～酬。

𤻬 gǎo[𤻬痨](-lǎo)疮疥。

薧 gǎo 同“槁”,干枯。

褱 gǎo 义未详。(《玉篇》)

藁 gǎo ❶同“槁(槀)”,干枯:菀～不荣。❷同“稿(稾)”。1.禾秆:马无～草。2.草稿:草～未定。❸用于地名:～城(在河北)。

顥 gǎo 头。

𥡴 ㊀gǎo ❶屈曲不伸。❷树名。
㊁hào 禾名。

藳 gǎo 同“稾(稿)”。

橰 gǎo 树名。

顥 gǎo 同“顥”。

顥 gǎo 同“顥”。

顥 ㊀gǎo 广大的样子。
㊁háo 大脸庞的样子,也作“顥顥”。

gào

告{告} ㊀gào ❶上报;报告:～之于帝|不～而娶。❷告诉;告诫:～知|奔走相～|忠～。❸揭发;提起诉讼:～发|控～|被～。❹请求:～饶|～假|～老还乡。❺明确表示:～辞|～退|自～奋勇。❻宣布;表示出现某种情况:大功～成|～急。
㊁gù[告朔](-shuò)1.天子每年十二月将第二年的历书颁给诸侯:颁～于邦国。2.诸侯于朔日(农历初一)告祭祖庙:闰月不～,非礼也。

吿 gào ❶同“告”。❷通“郜”,古邑名,在今河南。

㸤 gào 同“诰(誥)”。

峼 gào[峼哩](-lǐ)有通路的山坳冈脊。

郜 gào ❶古国名,在今山东。❷古邑名,一在今河南,一在今山西。❸姓。

勂 gào 告假。

诰(誥) gào ❶告;特指上告下:以施命～四方。❷告诫:自～。❸告诫的文辞,后专指帝王任命或封赠的文书:《酒～》|～命|～封。

郜 gào 同“郜”。

峼 gào 同“峼”。

筶 gào ❶同“告”。❷同“诰(誥)”。

峼 gào 山的样子。

祮 gào 同“祰”。

婄 gào 用于女子人名。

祰 gào 天子、诸侯出行前告祭祖先。

锆(鋯) gào 金属元素,可用来制合金、闪光粉等,也用于核工业。

筶 gào ❶同"筊(珓)",占卜用具。❷用于地名:～杯(在福建)。

叡{叡} gào 同"诰(誥)"。

慉 gào 烦。

覕 gào 长时间注视的样子。

禞 gào 同"祰"。

檺 gào 树名,苦木。

鞫 gào 义未详。(《龙龛手鉴》)

gē

戈 gē ❶古代兵器,横刃长柄,泛指武器:～矛|枕～待旦|同室操～。❷战争;战乱:偃武息～。❸姓。

仡 ㊀gē[仡佬族]少数民族名,主要分布在贵州。
㊁yì[仡仡](-yì)1.强壮勇敢的样子:～勇夫。2.昂首;抬头:～奋|～然不应。

圪 gē 见1141页yì。

郃 gē 春秋时期诸侯国名,在今河南。

刉 gē 同"割"。

犵 gē[犵狫](-lǎo)仡佬族的旧称。

或 gē 古地名。(《改并四声篇海》)

戓 gē 义未详。(《龙龛手鉴》)

钊 gē 同"割"。

创 gē 同"割"。

吪 gē 杙,木桩。

奇 gē 同"吪"。

牫 ㊀gē 群角。
㊁zāng 同"牂"。

刡 gē 同"割"。

疙 gē 见1142页yì。

戓 gē "吪"的讹字。

舸 gē "舸"的讹字。

饹(餎) ㊀gē[饹馇](-zha)用豆面做的饼形食品。
㊁le[饸饹](hé-)见416页"饸"字条。

䝞 gē 义未详。(《龙龛手鉴》)

䛿 gē ❶楷法;典范。❷知。

哥 gē ❶兄,同父母及同辈亲属年龄比自己大的男子:大～|表～|～～。❷泛称年龄比自己大或差不多的男子:老～|王大～|老大～。

舸 gē 船名。

胳[肐] gē 见273页gā。

䣖 gē 酒的颜色。

铪(鉿) ㊀gē 铤,箭头插入箭杆的部分。
㊁kē[铪匝](-zā)同"匼匝",环绕:紫帷～。
㊂hā 金属元素,可用来制耐高温合金,也用于X光射线和核工业等。

鸽(鴿) gē 鸟名,飞行能力强,有的经训练可传递信件。

袼 ㊀gē ❶挂肩,衣袖靠腋下的部分。❷衣袖。❸[袼褙](-bei)用几层布或加衬纸裱糊成的厚片,用来做布鞋帮、书套、纸盒等。
㊁luò[褹袼](yī-)见1132页"褹"字条。

搁(擱) ㊀gē ❶放下;停止进行:～笔|耽～|～浅。❷放;加入:东西～这儿吧|菜里再～点儿盐。
㊁gé 禁受;承受:～得住打|～不住揉搓。

鄗 gē 义未详。(《改并四声篇海》)

䧺 ㊀gē 同"鸽"。
㊁yì "雉"的讹字。

鬲 gē 土釜;砂锅。

骼 gē 同"胳",腋下。

骬 ㊀gē[骬臂]同"胳臂",胳膊。
㊁qì 义未详。(《改并四声篇海》)

割 gē ❶切断;截下:～草|～去阑尾。❷舍弃;分割:～舍|～爱|～地求和。

婎 gē［婎姥］仡佬族的旧称。

哥 gē 哥母，树名，也指其果实。

哥戈 gē "吪"的讹字。

咯 gē ❶拟声词：～嘣～嘣响。❷助词，表示语气，呀：没～，这里有嘛个土匪？

斛 gē 义未详。（《龙龛手鉴》）

衙 gē 义未详。（《改并四声篇海》）

滒 gē ❶汁多。❷黏稠：甚淖而～。

駄 gē 义未详。（《改并四声篇海》）

戠 gē 同"哥戈（吪）"。

甋 gē［合甋］居结栋。（《集韵》）

歌［謌］ gē ❶唱：～咏｜高～一曲｜载～载舞。❷能唱的文辞：～谣｜山～｜诗～。❸古代诗体的一种，常用于标题：《长恨～》｜《茅屋为秋风所破～》。❹颂扬：～颂｜～功颂德。

雒 gē 同"鸽（鴿）"。

鳵 gē 鸟名。

歌｛歌｝ gē 同"歌"。

鴚 ㊀gē［鴚鵞］（-é）也作"駉鹅"，又称鸿雁，即野鹅。
㊁kě［鴚鴅］（-huí）鸟名。

蝌 gē 虫名。

駉 gē［駉鹅］同"鴚鵞"。

鴐 gē［鴐鹅］同"鴚鵞"。

駕 gē 同"鴐"。

鎶 gē ❶金属元素，具有强放射性。❷金属元素"铌（鈮）"的旧译写法。

謌 gē 同"歌"。

鵅 gē 同"鴚"。

𣰽 gē 义未详。（《改并四声篇海》）

gé

帢 gé ❶蒲席制的盛米器。❷车上的草垫子。

旮 ㊀gé［旮旯］（-lá）1. 角落：墙～。2. 极热：晴来好～。
㊁kē［旮旯王］（-lá-）地名，在河南。

胳 gé 财多。

佮 gé 相合；聚合。

佫 ㊀gé 至，到达。
㊁hè 姓。

匌 gé 周匝；周围：～匝。

挌 ㊀gé 打；击打。
㊁hè ❶［挌挌］（hén-）牵引。❷通"垎"，坚硬：五粟之土，干（乾）而不～。

革｛革｝ ㊀gé ❶经过加工、去了毛的兽皮：皮～｜制～｜～制品。❷皮肤：肤～充盈。❸革制的甲胄：休兵～，养息天下。❹古代八音之一，指皮革制的乐器，如鼓。❺更改；改换：改～｜变～｜～新。❻除去；撤销（官职或职务）：开～｜以～其弊｜～职。❼姓。
㊁jí 通"亟"，（疾病）危急：病～。

茖 ㊀gé［茖葱］又称山葱，多年生草本植物，茎、叶和种子可供药用。
㊁luò 同"落"，归属：霝～人手。

洛 gé ❶至，来，后作"格"。❷登。

阁（閣）［閤］ gé ❶门敞开后，用以顶门的木橛，以防止关合。❷放东西的架子：束之高～。❸像楼房的建筑物：佛香～｜亭台楼～。❹旧指女子的卧室：闺～｜出～（出嫁）。❺置放，搁置，后作"搁（擱）"：～笔｜书卷琴上～｜船头～在沙滩上。❻古代中央官署名：台～｜～臣。❼内阁，明、清两代大臣在宫中处理政务的机关，现指某些国家的最高行政机关：组～｜入～｜～员。❽姓。
◆"閤"另见338页"合"字条、341页"閤"字条。

柗 ㊀gé 剑鞘。
㊁hé［柗椿］（-hūn）树名。

格 ㊀gé ❶树木的长枝条：枝～相交。❷方形、长方形或几何图案的框或面：

窗～|花～布|打～子。❸标准;尺度:～式|规～|合～。❹品质;风格:品～|人～|别具一～。❺阻碍;限制:～～不入|～于成例。❻正;纠正:绳愆纠缪,～其非心。❼推究:致知在～物,物～而后知至。❽来;至:暴风来～|欢声～于九天。❾击打:～斗|～杀。
㊁gē[格格](-gē)也作“咯咯”,拟声词,笑声、禽鸟叫声等。

敋 gé ❶捕。❷争斗;格斗。❸击。

挌 gé 枝丫,后作“格”。

毼 gé[毼毢](-sā)睫毛长。

㭘 gé 同“枱”。

敆 ㊀gé 同“挌”,击。
㊁guó 同“掴(掴,摑)”,打;打耳光。

敋 gé 同“敋”。

跲 gé 义未详。(《龙龛手鉴》)

嗝 gé[火唝喃国]也作“大葛兰(藺)国”,古国名,在今印度西南一带。

谺 gé 同“敋”。

挰 gé 改;更改。

葛 ㊀gé ❶多年生藤本植物,茎皮纤维可织葛布或造纸,块根可食或供药用。❷用葛织的布,也指一种表面有横棱的纺织品:～衣|～巾|毛～。❸古国名,在今河南。
㊁gě ❶姓。❷[诸葛]姓。

𨂝 gé 同“佫”,至;来。

嗝 gé ❶拟声词,雉鸣声。❷助词,表示语气,的:有数(啥)说～:莫信直中直,须防人不仁。

哥 gé[哥哥]竖干的样子。

蛤 ㊀gé ❶[蛤蚧](-jiè)壁虎类动物,可供药用。❷[蛤鲦](-duǒ)古地名,在今山东。❸[蛤蜊](-lí)软体动物,生活在浅海泥沙中,也可养殖,肉可食,也单称蛤。
㊁há[蛤蟆](-ma)也作“虾蟆”“蝦蟇”,青蛙和蟾蜍的统称。
㊂hā 食油或含油食物变质涩口:吃在嘴里～嘴～舌头。

蛒 ㊀gé ❶又称蛭蛒,即蛴螬。❷毒蜂名。
㊁luò[蛒蟑](-wèi)也作“络纬”,又称莎鸡,即纺织娘,昆虫,像蚱蜢。

畧 gé 耕。

䧙 ㊀gé 同“蛤”。
㊁è 虫。

獦 gé 人名。(《字汇补》)

愅 gé 同“諽(革)”,改变。

㢔 gé 闭。

袼 gé ❶衣襟:衣～。❷衣服,也指僧衣:白纱～|～中诗|僧振～而相迎。

袼 gé “袼”的讹字。

隔{隔} gé ❶阻断;阻塞:～断|～绝|～岸观火。❷距离;间隔:远～万里|～两天再来。❸空间或时间距离远:疏～|悬～|年代已～。

塥 gé 沙石地,多用于地名:青草～(在安徽)。

嗝 gé ❶拟声词,野兽叫声:果子狸鸣～～。❷胃里气体从嘴出来或因膈痉挛引起急促吸气而发出的声:打～儿|打饱～。

㗆 gé 声。(《集韵》)

膈 gé 同“膈”。

觡 gé ❶实心的兽角:角～。❷麋鹿等有分叉的角,泛指麋鹿等的角:双～|鹿～。

滆{滆} gé 湖名,又称西滆湖,俗称沙子湖,在江苏。

敆 gé 同“挌”。

頶 gé 同“颌”。

𩊚 gé[胁𩊚](xié-)盾类兵器。

鄗 gé ❶古乡名,在今湖北。❷同“葛”,姓。

槅 gé ❶车轭,架在牲口颈上的曲木:商旅联～。❷古代食器:肴～四陈。❸门窗上的格子,也指房屋或器物的隔板:窗～|顶～|一～一～,或贮书,或安置笔砚。

䩐 gé ❶病。❷[䩐䩑](-dé)草生。

搿 gé 两手用力合抱，引申为结交：～朋友。

膈 gé 同"隔"。

膈 ㊀ gé ❶又称膈膜、横膈膜，人或哺乳动物胸腔和腹腔之间的膜状肌肉。❷钟类乐器，一说悬钟的格子。
㊁ gè［膈应］讨厌；腻味。

愅 gé 智慧。

裓 gé 同"裓"。

隔 gé 同"隔"。

隔 ㊀ gé 同"隔"。
㊁ yè 义未详。(《改并四声篇海》)

鞈 ㊀ gé 古代用革制的胸甲。
㊁ tà 通"鼛"，拟声词，鼓声。

翮 gé ❶翅膀。❷羽毛。

瞎 gé 眼睛不正。

噶 ㊀ gé ❶噶点儿，赌咒：师傅先合你～下个点儿。❷拟声词：捆得鹅～～的山叫｜～唧唧一阵铃声。
㊁ gá 用于译音：～尔(县名，在西藏)｜～伦堡(印度城镇名)。

骼 gé 骨骼，骨头。

篙 ㊀ gé［篙簕］(-sǎn)竹名。
㊁ qià 同"篙"。

獦 ㊀ gé［獦狚］(-dàn)同"猲狚"。
㊁ xiē 同"猲"，短嘴巴的狗。
㊂ liè 同"猎(獵)"，猎捕禽兽：不～猛禽。

滆 ㊀ gé 古水名。(《广韵》)
㊁ yì 清。

慅 gé 同"愅"。

韐 gé 古代的士所系的韨，赤黄色。

璖 gé 像玉的美石。

韗 gé 同"韗"。

輵 ㊀ gé［轇輵］(jiāo-)同"轇轕"。
㊁ yà 拟声词，车行声：轰～车万辆。
㊂ è［輵辖］(-hé)转动的样子：左顾右盼，令人～。

蛒 gé［蛒蜡］(-tà)蛘，米象。

獦 gé 同"獦"。

諽 gé ❶整饬；谨慎。❷同"革"，改变。

辨 gé 义未详。(《龙龛手鉴》)

鞥 gé 同"韐"。

麧 gé 麦碎。

輻 gé 同"槅"，车轭。

鮯 gé 传说中的怪鱼，六足，尾像鸟。

謌 gé ❶慧；狡猾。❷听不进别人的话。

槅 gé 同"阁(閣)"。

簓 gé 篇子，竹障。

譁 gé "諽"的讹字。

鞸 gé 同"革"。

顄 ㊀ gé［顄车］牙床骨，也单称顄。
㊁ kài 头骨。

轕 gé［轇轕］(jiāo-)见 435 页"轇"字条。

鞷 gé 也作"膈"，钟类乐器。

虩 gé 拟声词，虎吼声。

彨 gé 同"虩(虢)"。

籠 gé 同"篙"。

鞻 gé 同"鞻"。

鸐 gé 鸟名。

虢 gé 拟声词，虎吼声。

㺂 gé 同"虩(虢)"。

虩 gé ❶同"虢"，拟声词，虎吼声。❷虎与猎物相搏而发怒的样子。

鮥 gé 海鱼名，像鳊而大。

鰏 gé［鰏鰃］(-é)鯸鱼。

G

韚 gé 同“鞈(𩏂)”。

𩔁 gé 同“𩓥”。

䲦 gé［紫䲦］同“紫葛”，植物名。

𩏂 gé ❶重复。❷同“䩐”。

韊 gé 辔首，也作“革”。

gě

舸 gě 同“舸”。

笴 gě 义未详。(《篇海类编》)

哿 gě 称许；赞许：～矣富人。

舸 gě 大船，泛指船：弘～｜轻～｜百～争流。

葛 gě 见 286 页 gé。

騔(騔) gě 同“駒”。

嗰 gě 代词，那：～个｜～边。

駒 gě 马快跑。

箇 gě 同“箇”。

笴 gě 竹笋，一说用盐腌制的笋干：笋～。

騔 gě 同“駒”。

gè

个｛个｝㊀(個)［箇］ gè ❶量词，用于单独的人或事物等：三～人｜两～梨｜一～愿望。❷代词，此；这：～中奥妙｜白发三千丈，缘愁似～长。❸助词，有的相当于“地”“的”：老翁真～似童儿｜略开些～未多时｜委实是屈招～。❹单独的：～人｜～体。❺物体大小：馒头～儿真大｜高～儿｜小～子。

㊁(個) gě［自个儿］也作“自各儿”，代词，自己。

㊂ gàn 箭靶左右伸出的部分。

◆“箇”另见 288 页“箇”字条。

各 ㊀ gè ❶代词，每个：～种｜～处｜～位。❷副词，各自(表示分别做或具有)：～尽所能｜～得其所｜～有利弊。

㊁ gě ❶特别，与众不同(含贬义)：他挺～｜老先生的脾气真～。❷［自各儿］同“自个儿”，自己。

咯 gè 用于人名：张～(汉代人)。

虼 gè ❶［虼蚤］(-zao)跳蚤。❷［虼螂］(-liáng)蜣螂(蜣螂)。

箇 gè ❶“个(個)㊀”的异体字。❷姓。

gěi

给(給) gěi 见 406 页 jǐ。

gēn

𣏟 gēn 同“根”。

杢 gēn 同“根”，草木的根部。

根 gēn ❶植物长在土中(或水中)的部分：树～｜直～｜块～。❷事物的基部、初始或本源：墙～｜病～｜～治。❸量词，用于细长的东西：一～绳子｜两～铁管｜四～柱子。❹数学名词。1.代数方程的解：这道方程有两个～。2.方根的简称：平方～｜立方～。❺化学名词，带电的原子团：氨～｜硫酸～。

𡵧 gēn 同“跟”。

棍 gēn 同“根”。

跟 gēn ❶脚后部或鞋袜的底后部：脚～｜袜～｜高～儿鞋。❷追随于后：～随｜～踪｜～不上。❸鞋袜合适：～脚。❹旧指女子嫁人：你～上我，有吃有穿。❺连词，和；与：张玉～张兰是双胞胎姐妹｜有人愿意给小二黑～小芹做媒人。❻介词，同；与；向：～他爸长得一样｜～家人商量｜～大伙说说。

跟 gēn 同“跟”。

gén

哏 ㊀ gén ❶滑稽、可笑，也指滑稽、有趣的语言或动作：真～儿｜逗～。❷稍微

G

停顿：他打了一个～，稍后又继续说了下去。
㊁ hěn 同“狠”：～声响若春雷吼｜怒～～咬碎银牙。

gěn

頣 gěn ❶ 颊后，下颌骨的末端。❷ 颊高起的样子。❸ 俯首：虎～头山（山名，在福建）。

頣 gěn 同“頣（頣）”。

頣 gěn 颊后，下颌骨的末端，后作“頣”。

gèn

亙｛亙｝ gèn 同“亙（亘）”。

亘 ㊀［亙］ gèn（旧读 gèng）❶ 连接；延续不断：绵～｜山岭连～。❷ 贯串；贯通：～古及今｜经～数十里。
㊁ xuān ❶ 回旋。❷ 同“宣”，宣布；宣扬：王略所～，九服率从。

艮 ㊀ gèn ❶ 八卦之一，代表山。❷ 姓。
㊁ gěn ❶ 牙齿被硬物硌痛：～了牙。❷ 食物坚硬而不松脆：～萝卜不好吃｜花生米有点儿发～。❸（性情）不随和；（说话）生硬：这个人真～！｜他的话太～。

目 ㊀ gèn 同“艮”。
㊁ yǎn 同“眼”。

星 gèn 同“艮”，卦名。

恒 gèn 同“亘”。

舟 gèn 同“亙（亙，亘）”。

揯 gèn 同“掬（揯）”。

茛 gèn［毛茛］多年生草本植物，可供药用。

揯 gèn 拉紧；绷紧。

搄 gèn 同“揯”。

莄 gèn 同“椬”。

桓 gèn 同“椬”。

椬 gèn 同“亘（亙）”。

逗 gèn 走止。（《集韵》）

揯 gèn 同“揯”。

揯 gèn 同“掬（揯）”。

椬 gèn 同“椬”。

gēng

刱 ㊀ gēng 同“耕”。
㊁ chuàng 同“刱（创，創）”。

更 ㊀ gēng ❶ 改；改变：～动｜～换｜～衣。❷ 经历：少不～事。❸ 旧时夜间计时单位，一夜分五更，每更大约两小时：三～半夜｜打～（击梆子敲锣报时巡夜）。
㊁ gèng 副词。1. 再；又：～上一层楼。2. 更加；越发：～大｜～多｜～坏。

刯 gēng 剖。

庚 gēng ❶ 天干的第七位，常用作顺序的第七：～午｜～子赔款。❷ 年龄：年～｜同～｜贵～（用来询问对方的年龄）。

庚 gēng “庚”的讹字。

叓 gēng 同“更”。

畊 gēng 同“耕”。

耕［畊］ gēng ❶ 犁田，用犁把土翻松：～耘｜牛～｜深～细作。❷ 从事农业劳动：～稼｜一农不～，民或为之饥。❸ 比喻致力于某种事业：笔～｜舌～｜目～。

聠 ㊀ gēng 传说中的神名。
㊁ shèng 同“聖（圣）”。

逋 ㊀ gēng 兔子走的路。
㊁ háng 同“远”，兽迹。

叓 gēng 同“更”。

峺 gēng 用于地名：格～｜遂～（均在广西）。

狸 gēng ❶ 哺乳动物。❷ 一种小猎狗。

庚 gēng 同“庚”。

浭 gēng 古水名，又称还乡河，即今河北蓟运河的上游。

莄 gēng 草名。

耕 gēng 同“耕”。

猼 gēng［狓猼］（pí-）狗名。

袥 gēng 义未详。（《玉篇》）

梗 gēng 长大笨重。

赓（賡） gēng ❶ 继续；连续：～续｜百寮～歌。❷ 抵偿；补偿：～本。

焿 gēng 用于地名：～子寮湾（在台湾）。

菥 gēng 同“耕”。

鹒（鶊） gēng［鸧鹒］（cāng-）见 77 页“鸧”字条。

羮 gēng 同“羹”。

䍶 gēng 同“庚”。

踁 gēng 同“逦”。

羹 gēng 同“羹”。

椣 gēng 同“耕”。

賡 gēng “赓（赓）”的讹字。

羹 gēng 同“羹”。

絚 ㊀ gēng ❶ 粗大的绳索：愁霖不绝如贯～。❷ 绷紧（琴弦）：～之朱丝弦。
㊁ gèng 竟，整，从头至尾：～以年岁。

緪 gēng 同“絚”。

鹒 gēng 同“鹒（鶊）”。

賡 gēng “赓（赓）”的讹字。

賡 gēng “赓（赓）”的讹字。

鬻 gēng 同“羹”，肉羹。

臒 gēng “臛”的讹字。

羹 ㊀ gēng ❶ 带汁的肉食，泛指用肉、菜或水果做成的汁状、糊状或冻状的食品：肉～｜莲子～｜豆腐～。❷ 烹煮：～蟹｜～鱼。☞羹／汤／浆 上古时“羹”指带汁的肉食，“汤”指热水，中古后两字才指菜汤，如“三日入厨下，洗手作羹汤”。“浆”在上古时指一种微酸的饮料，后来泛指酒、饮用水等，引申为较浓的液体。
㊁ láng［不羹］也作“不更”，古地名，在今河南。

鬻 ㊀ gēng 同“羹”，五味调和的浓汤。
㊁ pēng 同“烹”，煮。

膹 gēng 同“臛”。

臛 gēng ❶ 肉汤，也作“羹”。❷ 熟肉。

鬻 gēng 同“羹”。

鬻 gēng ❶ 同“羹”，五味调和的浓汤。❷ 煮。

gěng

郠 gěng 古邑名，在今山东。

勈 gěng 义未详。（《康熙字典》）

埂 gěng ❶ 地面凸起处或地势高起处：土～｜田～｜山～。❷ 泥土构筑的堤防：堤～｜～堰。

挭 gěng 搅。

耿 gěng ❶ 耳朵贴于脸颊。❷ 光明：山头孤月～犹在｜～命。❸ 正直；刚正不阿：～直｜～介。❹ 姓。

莄 gěng ❶ 草。❷ 草茎。

哽 ㊀ gěng ❶ 声气阻塞：～咽｜哀～。❷ 食物阻塞食管：～着了｜口不容而强吞之者必～。❸ 阻塞；堵住：凡道不欲壅，壅则～｜（她）总爱用三句话，～住人家的喉咙。
㊁ ǹg（又读 ń）❶ 叹词，表示疑问或不满：（鸦片）屡禁不绝，为什么？～！❷ 拟声词：一群猪～～地直叫唤。

峺 gěng 山岭险阻之处。

悙 gěng 怨恨。

绠（綆） gěng 井上用于汲水的绳子，泛指绳索：～短者不可以汲深｜预以铁～贯大钩授骁健者。

絙 gěng 同“绠（綆）”，井上用于汲水的绳子。

絚 ㊀ gěng 同“绠（綆）”，井上用于汲水的绳子。

㊁ dǎn 同"紞(𬘘)",古代冠冕两旁用来悬瑱的带子。

梗 gěng ❶植物的枝或茎:叶～|花～|菜～。❷(草木)刺人:虽枯不～。❸挺直,比喻率直:～着脖子|～直。❹阻塞;障碍:～塞|～阻|作～。❺刺榆。

郠 gěng 同"郠"。

哽 gěng ❶日光。❷日高。

腰 gěng 同"鲠(鯁)",骨头卡在喉咙中。

綆 gěng 同"綆"。

埂 gěng 同"埂"。

挭 gěng 同"挭"。

嗄 gěng 同"哽"。

痩 gěng 也作"梗",病。

㝕 gěng[㝱㝕](měng-)见 642 页"㝱"字条。

莄 gěng 芋头的茎,泛指嫩茎。

梗 gěng 同"梗"。

硬 gěng 用于地名:石～(在广东)。

蛃 gěng 虫名。

耿 gěng 忧愁。

瞥 gěng[瞥瞪](-měng)有余视。(《玉篇》)

𩂣 gěng 云的样子。

鲠(鯁)[骾] gěng ❶鱼骨头;鱼刺:如～在喉,不吐不快。❷鱼刺或骨头等卡在喉咙中:噎～。❸阻塞:饷道一～,兵安所仰食?|仿佛有块石头～在心上。❹正直、直率,也指正直的人:性刚～,有不可夺之志|疏远奸谀,进用忠～。❺通"哽",哽咽:～涕|～噎。

緶 gěng 同"绠(綆)"。

蕪 gěng 同"莄"。

骾 gěng 同"骾(鲠,鯁)"。

鯁 gěng 同"鲠(鯁)"。

𪉼 gěng 同"耿"。

gèng

豙 gèng 聚。

更 gèng 见 289 页 gēng。

亙 gèng 同"恒(恆)"。

脰 gèng 竟。(《类篇》)

䱭 gèng 同"䱭"。

䱭 gèng 同"䱭(恆,恒)",上弦月渐趋盈满。

䀎 gèng 眼睛凸起的样子。

堩 gèng 道路。

堩 gèng 同"堩"。

胻 gèng 同"䱭(䱭)"。

䱭 gèng 同"䱭(䱭)"。

緪 gèng 同"緪",竟,整,从头至尾:～洞房些。

䱭 gèng 同"䱭"。

䱭 gèng 同"恆(恒)",上弦月渐趋盈满。

砸 gèng 石相连的样子。

䱭 gèng 同"䱭"。

䱭 gèng 同"䱭(䱭)"。

䱭 gèng[䱭䱭](-méng)也作"䱭䱭",鲟类鱼。

䱭 gèng 同"䱭"。

gōng

𠃋 ㊀ gōng 同"肱"。
㊁称撇折,汉字笔画或部件。

G

工 gōng ❶工人;工匠:木～|技～|女～。❷工作;生产劳动:做～|加～|手～。❸精巧:～巧|异曲同～|说者虽～,不能喻矣。❹擅长;善于:～书善画|～于心计。❺工程:施～|动～|～期。❻工业:化～|～商界。❼中国民族音乐音阶上的一级,也是乐谱记音符号,相当于简谱的"3"。❽通"功",功效:此言多资之易为～也。

厷 gōng 同"肱"。

弓 gōng ❶发射箭或弹丸的器具:～箭|弹～|弯～射鸟。❷形状像弓的器具:胡琴～子|三两棉花一张～。❸弯曲:～腰|～着身子睡觉。❹旧时丈量土地的器具。❺量词,旧时丈量土地的单位,一弓等于五尺,二百四十平方弓等于一亩。❻姓。

厸 gōng 同"厷"。

厷 gōng 同"肱"。

公 gōng ❶属于国家或集体的:～物|～款|大～无私。❷公平;公正:～允|～道|秉～办事。❸使公开;让大家知道:～布|～告|～之于世。❹共同的;大家承认的:～约|～理|～海。❺古代五等爵位(公、侯、伯、子、男)的第一等:～爵。❻姓。❼[公丕](-pī)姓。❽[公羊]姓。❾[公孙]姓。❿[公冶](-yě)姓。⓫[公晳]姓。

厾 gōng 同"肱"。

刉 gōng ❶短镰。❷收割。

功 gōng ❶事情;事业:上入执官～|～遂身退。❷功效;成效:急～近利|徒劳无～。❸功绩;功劳:立～|～臣|丰～伟绩。❹工夫,占用的时间:用～|下苦～。❺精良:器械不～|从师苦而欲学之～。❻古代丧服名:大～(丧期九个月)|小～(丧期五个月)|外无期～强近之亲。❼物理学上把用力使物体移动称为做功。

巨 gōng 同"工"。

玒 gōng 同"工"。

乭{巨} gōng 同"工"。

帊 gōng 义未详。(《改并四声篇海》)

忊 gōng 心急。

攻 gōng ❶打击;进击:～打|围～|～其不备。❷指责别人的过失或错误:～人之短|群起而～之。❸治理;加工:他山之石,可以～玉。❹专心从事;致力学习、研究:～书|～读|专～物理学。

共{共} ㊀gōng ❶供给,后作"供":令百官府～其财用。❷通"恭",恭敬:不能～事天地。❸古地名,一在今甘肃,一在今河南。

㊁gǒng ❶拱手,后作"拱":圣人～手。❷环绕:譬如北辰,居其所而众星～之。

㊂gòng ❶共同占有或承受:愿车马,衣轻裘,与朋友～,敝之而无憾|同甘～苦|患难与～。❷相同的;都具有的:～同|～识|～性。❸副词。1.表示总、合计:～计|～总|～有10头牛。2.表示一齐、一同:～勉|有目～睹|同舟～济。❹共产党的简称,特指中国共产党:中～|国～合作。

芯 ㊀gōng 草名。
㊁sōng 同"菘"。

杛 gōng 树名。

吰 ㊀gōng 众口不一的样子。
㊁sòng 同"讼(訟)",争讼。

台 gōng 同"公"。

邛 gōng ❶古邑名。(《玉篇》)❷古亭名,在今江西。❸古山名。(《集韵》)❹姓。

肱 gōng 臂,胳膊:～骨|曲～而枕。

衳 gōng 衣身。

纺 gōng 同"功"。

刹 gōng 同"工"。

耵 gōng 耳闻鬼。(《玉篇》)

进 gōng 义未详。(《龙龛手鉴》)

罡 gōng ❶同"罞",网满。❷网纲。

籸 gōng 义未详。(《龙龛手鉴》)

宫{宮} gōng ❶房屋的通称:入于其～不见其妻|上古穴居而野处……圣人易之以～室。❷帝王、后妃和太

子的住所：～殿｜后～｜东～。❸神话中神仙的住所；庙宇：天～｜龙～｜上清～。❹一些文化娱乐场所：文化～｜少年～｜青年～。❺宫刑，古代阉割男子生殖器的酷刑。❻古代五音之一。❼姓。☞宫/室/堂/房/屋 上古汉语中，"宫""室"是同义词，都指房屋。秦汉以后，"宫"成为帝王居所的专称，指宫殿，与"室"有了区别。古代的房屋建在庭院内的高台上，前边的房屋称为"堂"，后边的房屋称为"室"。室东西两侧的房屋称为"房"。"屋"是"幄"的本字，指像宫室的帐幕，引申为房屋。

恭 gōng ❶肃敬，谦逊有礼貌：～敬｜～贺｜恐去迟了不～。❷奉行；从事：今予惟～行天之罚｜夙夜～职。❸端正：手容～，目容端｜～楷。❹拱手作揖：连连打～｜朝上又打三～。☞恭/敬 两字在古汉语中义近，"恭"侧重表示外在的谦恭有礼，"敬"侧重表示内心敬重和修养。

軖 gōng ❶车轴。❷同"釭"，车毂孔内用于穿轴抗磨损的铁圈（套）。

蚣 ㊀ gōng［蜈蚣］见1005页"蜈"字条。㊁ zhōng［蚣蝑］（-xū）也作"蜙蝑""蚣蝑"，即螽斯。

倗 gōng 同"邦"。

躬［躳］ gōng ❶身；身体：鞠～｜深深鞠了一个～。❷自己；自我：反～自问｜～以简俭为天下先。❸亲身；亲自：～行｜～逢其盛｜事必～亲。❹弯曲（身体）：～身下拜｜向前～步｜把腰一～。

恭｛恭｝ gōng 同"恭"。

䳍（鵟） gōng ❶鸟名。❷鸟纲，鹀形目各种类的通称。

龚（龔） gōng ❶供给，后作"供"：无敢不～。❷通"恭"。1.恭敬：～敬多让。2.奉；奉行：～行。❸姓。

畊 gōng 韭畦。

罞 gōng 网满。

輁 gōng 同"軖"。

碽（碽） gōng ❶拟声词，撞击声。❷拱形石；拱形桥：石～。

觥 gōng 用于清代帮派三合会旗号。

舩 gōng 同"躳（躬）"。

𫸩 gōng［𫸩𫸩］（-qióng）恭敬的样子。

塨 gōng 用于人名：李～（清代人）。

塨 gōng "塨"的讹字。

軖 gōng 同"軖"，车轴。

幁 gōng 衣巾。

腂 gōng［膨腂］（péng-）见721页"膨"字条。

觥 gōng ❶古代用兽角、青铜等制作的饮酒器：以巨～为寿。❷大；丰盛：～羊｜～饭（盛馔）。

觵 gōng "觥"的讹字。

愩 gōng ❶心烦乱。❷恐惧。

𢡃 gōng 同"愩"。

閤 gōng 同"公"。

腔 gōng 同"宫"，即腐刑，古代酷刑，指男子阉割生殖器，女子断绝生育机能。

橐 gōng 同"罞"。

畊 gōng 同"畊"。

躬 gōng［躬躬］也作"𫸩𫸩"，恭敬、谨慎的样子。

鸡 ㊀ gōng 鸟名，像鹰而小。㊁ sōng［爵鸡］也作"爵䳍"，鸟名，像鹰而小。

膭 ㊀ gōng 肥的样子。㊁ huáng 病肿。

魟 gōng ❶［魟鱖］（-xué）螃蟹的一种。❷赤尾的白鲦鱼。

𫸩 gōng 同"𫸩"。

詵 gōng 义未详。（《改并四声篇海》）

𨔃 gōng 同"公"，无私。

鬃 gōng［鬃鬆］（-sōng）同"鬆鬆"。

𩅰 gōng 用于人名：孙～（三国时吴国君主孙休次子）。

蜎 gōng［守蜎］同"守宫"，即壁虎。

笉(篢) ㊀gōng 又称笉笠,斗笠:～子编成细箬新。
㊁gǎn 同“籫”。
㊂lǒng ❶箱笼。❷用于地名:织～(在广东)|花～(在广西)。

縨 gōng 古县名。(《篇海类编》)

䲲 gōng 同“觥”。

霟 gōng“䨓”的讹字。

䐐 gōng 同“䐵”。

龏 gōng ❶同“恭”,恭谨。❷升。

𪏆 gōng 义未详。(《改并四声篇海》)

𪏇 gōng 义未详。(《改并四声篇海》)

灨 gōng 义未详。(《改并四声篇海》)

gǒng

廾 ㊀gǒng 双手捧物。
㊁称弄字底,汉字偏旁或部件。

収 gǒng 同“廾”。

巩(❷-❹鞏) gǒng ❶同“巩”,抱。❷牢固;使牢固:～固|～其门户。❸用于古地名:～县(在今河南)|～州(在今甘肃)。❹姓。

玐 gǒng 同“珙”。

汞 gǒng 通称水银,金属元素,有毒,可用来制温度表、血压计、水银灯等。

巪 gǒng ❶抱。❷物体鼓胀。

昇 gǒng ❶同“廾”。❷扶。

巬 gǒng 同“巩”。

𠬞 gǒng 同“廾”。

拱 gǒng ❶双手相合于胸前或抱拳上举,以表敬意:～立|他连连～手。❷环绕:～卫|～护|众星～月。❸身体弯曲成弧形:～腰|～肩缩背。❹弧形的(建筑物):～门|～桥。❺向上或向前推;顶动:～芽|猪～地。

𠃶 gǒng 同“巩”。

恭 gǒng 恐惧。

珙 gǒng 璧。

𤬪 gǒng 瓶、缶类器皿。

𢫬 gǒng ❶拥,抱持,也作“巩”。❷作画方法,堆聚或拱出:～画。

桊 gǒng 同“拲”。

拲 gǒng 古代刑罚,把双手铐在一起,也指铐双手的木制刑具:凡死罪枷而～|书其姓名及其罪于～,而杀之市。

栱 gǒng[枓栱](dǒu-)见 1285 页“枓”字条。

𦈄 gǒng 瓴。

碧 gǒng ❶水边大石:～屿。❷同“拱”,呈弧形的孔洞:石～|高～若桥。

𢫦 gǒng 同“𢫬”。

𢫭 gǒng 同“𢫬”。

硔 gǒng(又读 hóng)❶同“䂬”,沟壑,也用于地名:石～|～池(在山西)。❷矿石:火盛～镕。

耕 gǒng 义未详。(《改并四声篇海》)

𠞰 gǒng 用头钻入,也作“𥦬”。

䂬 gǒng 同“碧”。

輂 gǒng ❶车辋。❷轹。

巽 gǒng 同“鞏(巩)”。

鞏 ㊀gǒng ❶车辋。❷车轮碾压。
㊁gòng 曲辕。

輁 gǒng[輁轴]载运棺柩的车,也单称輁。

琪 gǒng 用于人名:伯～(宋代人)。

𥦬(𥨵) gǒng ❶挖:～墙|～窟剜墙。❷钻:泾河龙淤泥里便～。

輂 gǒng 同“鞏(巩)”。

鮏 gǒng ❶鱼卵。❷鱼名，即鲲。

劕 gǒng 同“䂬”。

韇 gǒng 生皮。

醺 gǒng 咸菜。

舉 gǒng 姓。

gòng

共 gòng 见292页gōng。

佽 gòng 同“供”。

贡（貢） gòng ❶古代属国、臣民向帝王献物品，也指献的物品：～奉｜纳～｜～品。❷封建时代选拔人才，推荐给朝廷：～举｜～生｜～院。☞贡/供/献 三字都有奉献义。“贡”本指向朝廷进献地方特产，常特指向帝王敬献；“供”指祭祀时把物品陈放在祖先、神灵的牌位或画像之前，引申为祭品；“献”通常指恭敬地以物赠人。

供 ㊀gòng ❶陈设；摆放：乃盛礼乐～帐｜长桌上～着水仙和时钟之类。❷向神佛或死去的先辈奉献祭品：～佛｜～桌｜灵位前～着鲜果。❸奉献的祭品：上～｜蜜～。❹从事；担任：～事｜～职。❺受审者陈述案情：～认｜招～｜逼～。❻供词，受审者陈述的案情：口～｜录～｜～状。☞供/贡/献 见295页“贡”字条。
㊁gōng ❶准备钱物、提供条件等给需要的人使用：～给（jǐ）｜～不应求｜仅～参考。❷通“恭”，肃敬，谦逊有礼貌：富而能～。

洪 gòng 凝结。

箸 ㊀gòng ❶用于盛放杯、盘等器皿的竹笼。❷筷笼子。
㊁xiáng［箸篗］（-shuāng）同“篗”。

𢁾 gòng 义未详。（《字汇补》）

埧 gòng 同“䡗”。

菁 gòng 草木子丛生。

嫃 gòng 用于女子人名。

餠 gòng 同“供”。

熕 gòng［熕船］也作“䑵船”，船名。

粦 gòng 同“共”。

竇 gòng 从内向外钻或顶。

䑵 gòng 船名。

檳 ㊀gòng 同“䡗”，小杯子。
㊁dǎn 箱类器具。
㊂jù［檳䉋］（-xǔ）顶在头上用来盛东西的器具。

豐 gòng 同“供”，向神佛或死去的先辈奉献祭品。

鑋 gòng 同“共”。

䲨 gòng 鸟让食。

鷬 gòng “䲨”的讹字。

䡗 gòng 古地名。（《集韵》）

䡗 ㊀gòng 小杯子。
㊁gǎn ❶覆盖；笼罩：天～四山青。❷器具的盖：箸～。

gōu

勾 ㊀gōu ❶弯曲：轻举奋～喙。❷勾住：会合势相～。❸用笔画钩，表示删去或截取：～销｜把重要的句子～出来。❹用线条描画出形象的边缘或轮廓：～画｜～勒｜～图样。❺用石灰或水泥等抹平建筑物上砖、瓦或石块之间的缝隙：～墙缝｜～抹房顶。❻招引；引：～引｜～搭｜～魂。❼做菜时加淀粉等使调和发黏：～芡｜～卤。❽姓。
㊁gòu ❶［勾当］（-dàng）事情（多指坏事情）：见不得人的～。❷姓。

句 ㊀gōu ❶同“勾”。❷姓。❸［句鑃］（-diào）祭祀、宴飨时用的乐器，像铎，敲击发声。❹［高句丽］见553页“高丽”。
㊁gòu ❶姓。❷［句当］（-dàng）同“勾当”，事情，多指坏事情：罪恶～。
㊂jù ❶由词和词组构成的能表示一个完整意思的话：语～｜造～｜病～。❷量词，用于语句：两～话｜这首诗共有八～。

刎 gōu 同“钊”。

佝 ㊀ gōu ❶ 矮小,躯体畸形。❷［佝偻］(-lóu)1. 脊背向前弯曲:~着身子。2. 俗称小儿软骨病,病名,主要症状是鸡胸、驼背、两腿弯曲等。
㊁ kòu［佝瞀］(-mào)同“怐愗”。

刨 gōu 同“鉤(钩,鈎)”,镰刀。

沟(溝) gōu ❶ 田间水道,泛指排水道或流水道:~渠|垄~|排水~。❷ 像沟的东西:瓦~|车道~。❸ 疏通;使通达:通~江淮之间|相互~通。

冓 gōu 同“句”。

岣 gōu 义未详。(《改并四声篇海》)

钩(鈎)[鉤] gōu ❶ 形状弯曲,用于悬挂、探取、连接等的物件:鱼~|秤~|衣帽~儿。❷ 古代兵器,像剑而弯曲:男儿何不带吴~,收取关山五十州? ❸ 镰刀:持鉏~田器者。❹ 形状像钩形的:~针|鹰~儿鼻子。❺ 汉字的一种笔形,如“亅、乛、𠃌、乚”等。❻ 表示同意或正确的符号,形状为“√”:打~儿。❼ 用钩状物挂或探取,引申为探索、研究:~鱼|把井下水桶~上来|~沉(探索幽微)。❽ 用带钩的针编织或连缀:~花儿|~围巾|~贴边儿。
◆“鉤”另见 296 页“鉤”字条。

袧 gōu 同“袧”。

畇 ㊀ gōu 田间小路。
㊁ qú［畇町］(-dīng)也作“句町”,古县名,在今云南。

舸 gōu 同“艕(舸)”。

瓠 gōu［瓠瓤］(-lóu)王瓜,多年生攀缘草本植物,块根可供药用。

鸲(鴝) gōu 见 800 页 qú。

溝 gōu 同“沟(溝)”。

袧 gōu 皱褶在两侧的丧服。

舸 gōu［舸艛］(-lù)也作“艕艛”,船;杂船名。

袌 gōu 同“袧”。

餇 gōu 同“餇”。

缑(緱) gōu ❶ 缠在刀、剑等柄上的绳。❷ 姓。

緱 gōu 舒。

椈 gōu 同“枸”,树木弯曲,一说树名。

構 gōu ❶ 甲衣。❷ 同“褠”,单衣。

鉤 ㊀ gōu “钩(鈎)”的异体字。
㊁ qú［鉤町］(-dīng)古国名。(《集韵》)

餉 gōu ❶ 半饱。❷ 同“饇”,饱。

褠 gōu 同“袧”。

㼙 gōu 同“瓠”。

褠 gōu 同“褠”。

篝 gōu 同“篝”。

够 gōu 多。

褠 gōu ❶ 直袖的单衣。❷ 同“韝”。

緱 gōu 同“缑(緱)”。

鉤 gōu 草名,也作“鉤(钩,鈎)”。

篝{篝、篝} gōu ❶ 熏笼:~暖故衣裘|香~熏素被。❷ 竹笼:谷满~|秦~齐缕。❸［篝火］用竹笼罩着的烛火,后指在旷地或野外架柴燃烧的火。

艕 gōu 同“舸”。

緱 gōu 同“缑(緱)”。

鉤 gōu 同“鉤(钩,鈎)”。

韝 gōu 同“韝”。

韝 gōu 射箭或架鹰时套在臂上的皮套:锦~。

篝 gōu 同“篝”。

篝 gōu［篝𥴰］(-duān)也作“钩端”,竹名,桃枝竹的一种。

韝 gōu ❶ 同“韝”:射~|~上鹰。❷ 风箱:炉~。

篝 gōu 同“篝”。

gǒu

茍 gǒu 同“苟”。1.菜名。2.(又读gòu)姓。

岣 gǒu 同“岣”。

苟 gǒu ❶草名;菜名。❷苟且;随便:君子于其言,无所~而已矣|一丝不~。❸副词,姑且;暂且:~安|~延残喘。❹连词,如果;假如:~富贵,毋相忘|~可以利民,不循其礼。❺(又读gòu)姓。

岣 gǒu[岣嵝](-lǒu)1.山名,衡山的主峰,在湖南。2.山顶。

狗 gǒu ❶又称犬,哺乳动物,也是家畜。❷熊、虎的幼崽。

玽 gǒu ❶像玉的美石。❷玉名。

耇{耉、耈} gǒu ❶又称寿斑,老人面部的色素沉淀。❷年老;高龄:~老|年其逮~。

枸 gǒu 见474页jǔ。

夠 gǒu 句。

蒟 gǒu 同“苟”。

罒句 gǒu 同“笱”。

笱 gǒu 同“笱”。

葍 gǒu 草名。

蚼 ㊀gǒu(又读gōu)[蚼犬]蚼犬。㊁qú(又读jū)又称玄蚼,即蚍蜉。

笱 gǒu 捕鱼用的竹笼。

猗 gǒu 同“狗”。

蓍 gǒu 同“苟”。

椇 gǒu[椇杞](-qǐ)同“枸杞”。

朐 gǒu 绵朐。(《字汇补》)

耇 gǒu 同“苟”。

豿 gǒu 熊、虎幼崽名,也作“狗”。

貊 gǒu 同“豿(狗)”。

豞 gǒu 同“狗”。

椈 gǒu 同“枸”,即枸杞。

鍣 gǒu 义未详。(《龙龛手鉴》)

gòu

均 gòu 同“垢”。

寺 gòu 同“均(垢)”。

构(構)[❶-❸搆] gòu ❶搭架、构筑房屋等,引申为房屋等建筑:~木为巢|筑土~木,以为宫室|华~重屋。❷组合;结成:~造|虚~|一战而不胜,则祸~矣。❸构思,写作,引申为作品:~巧词以悦之|佳~|妙~。❹构树,又称榖,即楮,落叶乔木。

◆“搆”另见298页“搆”字条。

购(購) gòu ❶悬赏征求;重金收买:~求|~捕。❷买:~买|~置|采~。☞购/买 两字都有用钱换取物品义,古汉语中“购”多指用重金收买,“买”指一般的买;现代汉语中“购”和“买”同义,但前者一般不单用,后者可单用。

诟(詬) gòu ❶耻辱:忍辱含~|~莫大于宫刑。❷怒骂;痛斥:~骂|~病。

垢 gòu ❶灰尘;污秽物:尘~|油~|藏污纳~。❷污浊;肮脏:~污|~腻|蓬头~面。❸污辱;耻辱:含~|蒙~|藏~怀耻。

姤 ㊀gòu ❶相遇。❷好;善:其人夷~。㊁dù 忌妒;忌恨:只是心田生~害。

冓 gòu ❶架积木材,后作“構(构)”。❷相遇,后作“遘”:不~大雨。❸宫室的深处,一说夜,后作“冓”:中~之言。

夠 gòu 同“夠(够)”。

购 gòu ❶治。❷廪给,俸禄。

够[夠] gòu ❶足,数量或程度上满足一定的限度:~数|~用|材料不~了。❷太多而使人无法承受或不耐烦:受~了|听~了。❸达到;及:~得着|~不到|不~格。❹副词,表示程度高:东西~贵的|天气真~热的。

遘 gòu 同“遘”。

G

购 gòu ❶禀给。❷货赎。

詬 gòu 同"诟(詬)"。

遘 gòu ❶相遇;碰上:～疾|生不～时。❷通"构(構)",构成;造成:～患|～祸|～罪。

搆 gòu ❶"构(構)❶-❸"的异体字。❷通"购(購)",买:不惜重价,差人四处～取名花异卉、怪石奇峰。

彀 ㊀gòu ❶张满弓。❷箭靶;目标。❸箭能射及的范围,比喻事物的范围或程式:～中|入～。❹善于射箭的人;射手:～者|～士。❺通"够":每年所入不～所出之半|～不着。
㊁kōu 同"彄",弓弩两端系弦处。

㲉 gòu ❶哺乳。❷幼儿。❸愚蒙。

㝅 gòu 同"㰯"。

𣫜 gòu 取牛、羊乳汁。

𣪷 gòu 同"㰯"。

𣪉 gòu 同"㲉"。

冓 gòu 积草。

㺃 gòu 同"構(构)"。

嗀 gòu 同"雊",雄雉鸣叫。

㗗 gòu 同"構(构)"。

㝤 gòu 同"遘"。

雊 gòu ❶雄雉鸣叫。❷[雊瞀](-wú)汉代县名,在今河北。

篝 gòu 同"冓❸",宫室的深处。一说夜。

媾 gòu ❶结为婚姻:婚～|通媒～。❷交好;讲和:～和。❸两性交合:交～。

𡓱 gòu 同"彀"。

觏(覯) gòu ❶遇见:罕～|海夜～明灯。❷遭逢:～闵既多。❸通"构(構)",构成:土薄水浅,其恶易～。

㰯 gòu 取牛、羊的乳汁。

㲓 gòu 同"彀"。

𢸍 gòu 同"搆"。

煹 gòu 手举火把或灯烛:～灯而入。

𣫭 gòu 同"㲉(㰯)"。

𣫬 gòu 同"㲉(㰯)"。

𣫫 gòu "㲉(㰯)"的讹字。

覯 gòu 同"覯(觏)"。

𥔲 ㊀gòu ❶登车用的踏脚石。❷诛杀;讨伐。
㊁gōu[𥔲碻](-què)坚。

覯 gòu 看。

𧴤 gòu 同"購(购)"。

𧶆 gòu 同"購(购)"。

𥨍 gòu 穴。

𪏆 gòu 取羊乳汁。

𦽅 gòu 同"冓"。

𨘧 gòu 同"遘"。

㲉 gòu 同"㲉",哺乳。

𣫮 gòu 取牛、羊乳汁。

𩃳 gòu 大雨。

𧸘 gòu 同"購(购)"。

𧸙 gòu 同"购(購)"。

𧅕 gòu 蒿类植物。

鸜 gòu[鸜鹆](-yù)鸟名。

gū

估 ㊀gū(旧读gǔ)❶揣测;大致推断:～计|评～|低～。❷价格:加～。
㊁gù[估衣]旧指出售的旧衣服,或材料较差、做工粗糙的新衣服。

阸 gū 古地名。(《玉篇》)

苽 ㊀ gū 同"菰":雁宜麦,鱼宜～。
㊁ guā 同"瓜":种～|～子。

夻 gū 大。

咕 gū ❶ 拟声词,鸟叫声、刹车声等:～～叫|～的一声,一辆轿车在他身后停下。❷[咕哝](-nong)含混地自言自语,也指低声说悄悄话:悄悄地～说。

沽 gū ❶ 水名。1. 古水名,在今河北。2. 大沽河,在山东。❷ 天津(地名)的别称。❸ 买:～酒|～名钓誉。❹ 卖:平～|待价而～。

泒 gū 水名,发源于山西,流至天津注入渤海。

孤 gū ❶ 幼年丧父或父母双亡:～儿|～寡。❷ 单独:～独|～证|～掌难鸣。❸ 谦辞,用于古代君主的自称:～家|～王|称～道寡。

姑 gū ❶ 丈夫的母亲:翁～|父殁而子嗣,～死而妇代。❷ 父亲的姐妹:～妈|大～。❸ 丈夫的姐妹:小～|～嫂。❹ 妇女的通称,也指出家的女子:村～|尼～|三～六婆。❺ 副词,表示暂且:～妄言之|～置勿论|多行不义必自毙,子～待之。

辜 gū 同"辜"。

柧 gū 棱角,也指有棱角的树木。

泵 gū 同"夻"。

轱(軲) gū ❶ 车。❷[轱 辘](-lu)1. 车轮:车～。2. 滚动:足球～到场外去了。

哌 gū 同"呱"。

胍 ㊀ gū[胍肫](-dū)也作"肫胍"。1. 大腹。2. 大椎。
㊁ hù[肫胍](dū-)见 207 页"肫"字条。
㊂ guā 有机化合物,可用于制药和染料等。

瓳 ㊀ gū 瓜名。
㊁ rǔ 干菜。

鸪(鴣) gū[鸪鹚](-xí)鸟名。

罛{罛} gū ❶ 大渔网:投木枝以聚鱼,施～围而取之。❷ 高峻深邃的样子:睽～庨䆞。

罟{罟} gū 船上渔网。一说"罛"的讹字。

铒(鈲) gū ❶ 铁鈲,冶炼后除去渣滓的铁水。❷ 系纤绳的用具。

菇 gū"鮎(辜)"的讹字。

跍 gū 同"辜"。

鮎 gū 同"辜"。

辜 gū 同"辜"。

菰 gū ❶ 多年生水生草本植物。嫩茎基部经黑粉病菌寄生后膨大,称茭白,是常见蔬菜。果实称菰米,可食用。❷ 同"菇",蕈类生物。

菇 gū 蘑菇,蕈类生物,无毒的可食:香～|金针～。

蛄 ㊀ gū ❶ 蝼蛄:嚓嚓湿～声。❷[蛄螿](-shī)蛘,米象。
㊁ gǔ[蝲蛄](là-)见 527 页"蝲"字条。

㕰 gū 同"呱"。

箛 gū 同"箍"。

跍 gū 同"辜"。

善 gū 同"辜"。

結 gū[結缕]草名。

菁 gū ❶[菁蓉]一种开花不结实的草。❷[菁葖](-tū)1. 菁葖果,果实的一类。2. 花骨朵儿。

菰 gū"菰"的讹字。

辜 gū 同"辜"。

辜 gū ❶ 罪;犯罪:无～|伏～|死有余～。❷ 古代肢解人体或暴尸于市的酷刑:～谏者|～磔于市。❸ 亏负;违背:～负|～恩误国。❹ 姓。

軱 gū 大骨;盘骨。

酤 gū ❶ 一夜酿成的薄酒,泛指酒:清～|～千酿。❷ 买酒,卖酒,也作"沽":～酒。❸ 谋取:～荣利。

瓠 gū 同"觚",古代盛酒器。

觚 gū ❶ 古代盛酒器,后世也用为陈设品:献以爵而酬以～|左边几上摆着汝窑美人～。❷ 多棱角的器物,引申为棱角:破～

而为圆。❸古代书写用的木简、绢帛或纸：操～（执笔写作）。❹通“孤”，独特：言行奇～。

觚 gū同“觚”。

䵻 gū［巫䵻］1.古代神祠名。2.旧时迷信称一种因鬼引起的小儿病。

䶜 gū同“辜”。

雄 gū同“鸪（鴣）”。

槔 gū同“槔”。

䖛 gū同“䖛”。

罛 gū同“罛”，大渔网。

箍 gū ❶用竹篾或金属条等束紧器物：～木盆｜把木桶～紧。❷围束器物等的圈或环套：铁～｜头～｜打～儿。

箛 gū ❶竹名。❷古代吹奏乐器，一说笳：云～清引｜吹鸣～。

罛 gū同“孤”。

菰 gū同“苽（菰）”。

嘷 gū同“呱”，拟声词，小儿啼哭声。

箍 gū同“箍”。

憃 gū胆怯。

嫴 gū ❶保任。❷通“姑”，姑且。❸估计，后作“估”。

䉉 gū同“嫴”。

橭 gū ❶山榆，也作“枯”。❷树枝向四面分布。

䖛 gū姑息；休息。

鴣 gū同“鸪（鴣）”。

䐻 gū大脯。

鮕｛鮕｝ gū义未详。（《龙龛手鉴》）

䤾 gū同“酤（沽）”，买酒。

觚 ㊀gū古代书写用的木简，也作“觚”。㊁hú棱（稜）。

譸 gū罪恶。

鏬 gū［镤鏬］（pú-）也作“仆鏬”“仆姑”，箭名。

䡯 gū同“辜”。

gǔ

夃 ㊀gǔ买卖多而得利。㊁yíng同“赢（赢）”。

古 gǔ ❶时代久远的；过去的：～籍｜～代｜～为今用。❷质朴而有古代风格：～朴｜～拙｜人心不～。❸姓。

扢 ㊀gǔ擦拭；涂抹：～嘉坛｜被人儿早～了眉窝翠粉。
㊁qì ❶击：中国步兵有强弩利刃之锐，足以～之。❷兴奋或喜悦的样子：～然执干而舞。
㊂jié拉；拽：～其缨而绝之。

兆 gǔ壅蔽；蛊惑。

兒 gǔ同“兆”。

兒 gǔ同“兆”。

劼 gǔ同“鼓”，发动；振作：～劲。

谷㊀（❺-❼穀） gǔ ❶两山之间的水流：江河所以长百～者，能下之也。❷两山之间的狭长水道：流水通春～｜万丈深～。❸两山之间的狭长地带：逢大雪，坑～皆满，士多冻死｜山～｜虚怀若～。❹比喻没有出路的困境：进退维～。❺粮食作物的总称：登我百～｜五～丰登。❻又称粟，一年生草本植物，籽实碾去皮壳后称小米，是重要的粮食作物。❼稻，也指稻的籽实：糯～｜粳～｜轧～机。❽姓。
㊁yù［吐谷浑］（tǔ-hún）古代少数民族名，居住在今甘肃、青海一带。隋唐时曾建立政权。
㊂lù［谷蠡王］（-líwáng）匈奴官名，负责军事和行政事务。
◆“穀”另见302页“穀”字条。

㕕 gǔ出。

汩 ㊀gǔ ❶治水；治理：决～九川。❷淹没；湮没：～没｜人欲横流天理～。❸［汩汩］（-gǔ）拟声词，水流动声：浤浤～｜山泉～流淌｜拿起茶壶，嘴对嘴～地灌了几口。

㊁ yù 迅疾的样子：～余若将不及兮｜～乎吾生何飘零。

诂（詁） gǔ 用后代通行语言解释古代语言或方言，也指字、词的意义：～训大义｜释～｜解～。

𠭯 gǔ 同"谷"。

𧟰 gǔ 同"𠑹"。

尳 gǔ 同"𣍧"。

股 gǔ ❶大腿，自胯至膝盖部分：～肱｜～骨。❷事物的一部分。1.资金或财物中的一份：～份｜～票｜～东。2.绳、线等的组成部分：三～绳｜合～线。3.机关、企业、团体中的一个部门：总务～｜人事～。❸量词。1.用于成条或成批的东西：一～泉水｜两～敌军｜一～势力。2.用于气味、力气等：一～香味｜一～热气｜一～劲。❹古代称不等腰直角三角形中构成直角的较长的边。

☞股／腿／胫　见460页"胫"字条。

夃 gǔ 同"夃"，买卖多而得利。

砨 gǔ 磨。

峼 gǔ 山。

罟 gǔ 同"罟"。

骨 ㊀ gǔ ❶骨头，人和脊椎动物体内的坚硬组织，有支持身体的作用：～骼｜肋～｜钢筋铁～。❷比喻物体内部起支撑作用的架子：伞～｜钢～水泥。❸比喻品格；气概：～气｜傲～｜媚～。

㊁ gū ❶［骨朵儿］（-duor）尚未开放的花朵：花～。❷［骨碌］（-lu）滚动；翻转：一～爬起来｜在地上打～。

𣱪 gǔ 同"𣱪"。

牯 gǔ ❶母牛。❷阉割过的公牛。❸泛指牛：老～｜水～牛。

𣪊 gǔ 同"穀（谷）"，一说同"殺（杀）"。

𡰪 gǔ 同"𣍧"。

肐 gǔ ❶同"股"。❷用于地名：宋～（在山西）。

𥨍 gǔ 同"罟"。

贾（賈） ㊀ gǔ ❶坐商（储货坐卖的商人），泛指商人：行商坐～｜书～｜商～。❷做买卖：多钱善～。❸买：平子每岁～马。❹卖：余勇可～（还有剩余的力量可使出来）。❺求取（多指以不光彩的手段）：因缘行诈，以～国利｜交权幸以～虚名。❻招致：～祸｜～害｜以宠～怨。

㊁ jià 价格，价值，后作"價（价）"：求善～而沽诸｜抑～买民物得罪。

㊂ jiǎ ❶古国名，在今山西。❷姓。

眡 gǔ 瞪眼睛。

嗗 gǔ 鸟叫；野鸡叫。

唃 ㊀ gǔ 同"嗗"。

㊁ zuǐ 同"觜"，鸟嘴：玃鸟金刚～。

罟｛𦉪｝ gǔ ❶捕鱼或鸟兽的网：结绳而为罔～，以佃以渔。❷法网；罗网：岂不怀归？畏此罪～。❸用网捕鱼或鸟兽：罔～禽兽｜俱网～为业。❹揽；把持：独～家私。

𠘧 gǔ 同"古"。

钴（鈷） ㊀ gǔ ❶［钴𬭤］（-mǔ）也作"钴鉧"。1.熨斗：婚嫁用铁～为聘材。2.大口的釜；小锅：蕃厮夜歌铜～。❷金属元素，可用来制合金、瓷器釉料等，放射性钴可用于治疗恶性肿瘤。

㊁ hú 同"鍸（瑚）"，古代宗庙中盛黍稷的礼器。

羖 gǔ ❶黑公羊。❷山羊。❸阉割过的羊。

㯏 gǔ［不㯏］同"不穀"，古代诸侯表示谦逊的自称。

殆 gǔ［殆殊］（-sù）死，死的样子，一说临死恐惧的样子。

蛊（蠱） gǔ ❶传说中人工培养的毒虫，可用来害人：～虫。❷害人的邪术：为～祝诅。❸诱惑；迷惑：～惑｜～世｜被～了。

◆"蠱"另见304页"蠱"字条。

蛌 ㊀ gǔ［喇喇蛌］（làlà-）蝲蝲蛄，蝼蛄的俗称。

㊁ tún "蛌"的讹字。

啒 gǔ 忧愁的样子。

愲 gǔ 同"愲"。

舡 gǔ［舡艚］（-cáo）清代一种内河战船。

粘 gǔ 同“羖”。

淈 ㊀gǔ ❶搅浑;扰乱:～其泥而扬其波|书恶淫辞之～。❷水涌流的样子:汩～|潏潏～～。❸稀泥。
㊁jué 竭尽:极赏则～。

賈 gǔ 同“贾(賈)”,做买卖;商人。

尳 gǔ 膝病。

賆 gǔ 同“賈”。

睔 gǔ ❶眼睛睁开。❷大眼睛。❸同“睔”,眼睛动。

馉(餶) gǔ[馉饳](-duò)一种面食。

愲 gǔ 烦闷;心乱:心结～兮伤肝|念思～结。

缗(縎) ㊀gǔ ❶结;打结:心结～兮折摧。❷结不解。
㊁hú 缯类织品。

鼓[皷] gǔ ❶打击乐器,多为圆柱形,中空,鼓面蒙有皮革:腰～|～乐队|锣～喧天。❷敲鼓,泛指击拍而发声:一～作气|～琴|～掌。❸发动,使振作起来:～动|～舞|～足干劲。❹凸起;使凸起:～起两颊|～～囊囊|裤袋装得～～的。

鼓 gǔ 击鼓,也作“鼓”。

毂(轂) ㊀gǔ 车轮中心部分,有圆孔,可插轴。
㊁gū[毂辘]同“轱辘”。

鞁 gǔ 同“鼓”。

鞁 gǔ 同“鼓”。

鼓 gǔ 同“鼓”。

榾 gǔ ❶又称构榾树,树名。❷树木砍伐后所剩连根的部分:古墓深处尽株～。❸[榾柮](-duò)也作“梼柮”,树疙瘩;短木头:～烧残地炉冷|坐在香火厅前去烤～火。

殟 gǔ 义未详。(《字汇补》)

骰 ㊀gǔ 同“股”。1.胯至足踵部分。2.大腿,胯至膝盖部分。
㊁tóu 骰子,即色(shǎi)子,赌具,也用于游戏。

牯 gǔ 牛名。

潉 gǔ 同“尳”。

鶻 gǔ[鶻觫](-sù)多。

浩 gǔ 义未详。(《改并四声篇海》)

縠 ㊀gǔ 同“榖”,即构(楮),落叶乔木。
㊁què 粗糙的竹杖,旧时为居父丧所用。

鼓 gǔ 同“鼓”。

榖 gǔ 又称楮,即构树,落叶乔木。

散 ㊀gǔ ❶足背。❷牲畜的后脚。
㊁què 皮甲。

鞊 gǔ 同“鼓(鼓)”。

嘏 gǔ(又读jiǎ)❶大:～命。❷福:祝～|承天之～。❸用于地名:府～(在陕西)。

鸪 gǔ 同“鹘(鶻)”。

鹘(鶻) ㊀gǔ[鹘鸼](-zhōu)鶌鸠。
㊁hú ❶隼类鸟。❷[回鹘]即回纥,古代西北地区少数民族名。

稭 gǔ 禾的茎秆。

箶 gǔ 同“菌”,刷子。

鹘 gǔ 同“鹘(鶻)”。

魁 gǔ 义未详。(《字汇补》)一说“魅”的讹字。

痻 gǔ 同“尳”,膝病。

穀 gǔ 同“穀(谷)”。

穀 gǔ ❶“谷㊀❺-❼”的繁体字。❷善;美:耳目～,衣食足|达者以为～。❸春秋时齐国地名,在今山东。❹古水名,一在今河南,一在今安徽、江苏。❺姓。❻[穀梁]复姓。❼[不穀]古代诸侯表示谦逊的自称。☞①《通用规范汉字表》把“穀”作为“谷”的繁体字,今又作规范字。用于“不穀、穀梁、《穀梁传》”等不简化。②“穀”与“谷”是不同的两个姓。

穀 gǔ 同“穀(谷)”。

穀 gǔ 同“穀(谷)”,庄稼和粮食的总称:种～。

鴰 gǔ 同"鴟(鹘,鶻)"。

殦 ㊀ gǔ[殦鵰](-diāo)也作"鹘雕",鸟名。
㊁ chī 同"鸱(鴟)"。

氭 gǔ 义未详。(《改并四声篇海》)

鴰 gǔ 同"鹘(鶻)"。

羖 gǔ[羖羺](-duō)羊名。

漋 gǔ 同"淈"。

鼔 gǔ 同"嶻"。

毂 gǔ 同"豰"。

縠 gǔ 同"縠"。

瞉 gǔ 土。

敹 gǔ 同"縠(縠)"。

磬 gǔ 同"鼓"。

毊 gǔ 同"縠(縠)"。

蘢 gǔ[茏蘢](lóng-)荭草。

盬 gǔ 周围陡直的深锅。

毂 gǔ "縠(縠)"的讹字。

縠 gǔ 同"縠"。

闞 gǔ 独扇门。

嶻 gǔ 古山名。(《集韵》)

猾 gǔ[猾貀](-duò)哺乳动物。

甜 gǔ 同"古"。

蝥 ㊀ gǔ ❶ 豆名。❷ 豆茎。
㊁ móu[蝥蝓](-yú)脱粒后的豆荚和豆茎。

鼛 gǔ 同"鼓"。

鼓 gǔ 同"鼓"。

藙 gǔ 药草名。

錞 gǔ ❶[錞鍱](-duǒ)骨朵,古代兵器,后用为仪仗,俗称金瓜。❷ 金属元素"钙(鈣)"的旧译写法。

臌 gǔ 身上某部位胀起或凸起:~胀|~满|~起腮帮子。

瀫 gǔ"瀔"的讹字。

磬 gǔ 同"鼓"。

瞽 gǔ ❶ 眼睛失明,比喻黑暗:~者|天竟~。❷ 不达事理,没有见识:~语。❸ 古代乐师名,代称乐官。

縠 gǔ"縠(縠)"的讹字。

鞈 gǔ 同"鞾(鼓)"。

藙 gǔ 同"藙"。

盬 gǔ 同"盬"。

盬 gǔ ❶ 古代盐池。❷ 未经炼制的大粒盐。❸ 粗糙;不坚固:器用~恶|甲弊兵~。❹ 吸吮:伏己而~其脑。❺ 止息:王事靡~。

鼓 gǔ 义未详。(《改并四声篇海》)

瀔 gǔ 古水名,今作"谷水",一在湖南,一在河南。

騔 gǔ[騔騇](-duō)哺乳动物。

瞽 gǔ 同"瞽"。

瞽 gǔ 同"瞽"。

鼀 gǔ 义未详。(《海篇直音》)

鶻 gǔ 同"鶻(鹘)"。

盬 gǔ 同"盬"。

盬 gǔ 同"盬",未经炼制的大粒盐。

鼛 gǔ 同"鼓"。

鼚 gǔ 同"鼓"。

鼙 gǔ 同"鼛"。

鼓 gǔ 同"鼛"。

鼛 gǔ 鼬鼠,指黄鼠狼,哺乳动物。

蠱 ㊀ gǔ "蛊"的繁体字。㊁ yě 妖艳:咸姣丽以～媚兮。

瀫 gǔ 同"鶻(鹘)"。

鼔 gǔ 同"鼛"。

鶻 gǔ [布鶻]也作"布穀(谷)",即杜鹃鸟。

瀔 gǔ [水瀔]虫名,一说虫病(即血吸虫病俗称)。

gù

固 gù ❶坚牢;结实:坚～|牢～|稳～。❷使坚牢、结实:～本|～防。❸坚硬:～体。❹坚定;不变动:～定|～请|～守。❺副词,本来;原来:～有|～当如此。

故 gù ❶原因;缘由:原～|无缘无～|不知何～。❷意外或不幸的事情:变～|事～|多～之秋。❸死亡(用于人):身～|病～|～去。❹原来的;旧时的:～交|～乡|～官。❺副词,有意;存心:～意|～作姿态|明知～犯。❻连词,因此;所以(表示因果关系):天降暴雨,～航班延迟。

顾 ㊀(顧) gù ❶回头看,泛指看:回～|环～四周|相～一笑。❷探视;造访:光～|～客|三～茅庐。❸照看;照管:照～|～此失彼|奋不～身。❹连词,但;但是:上有大泽,则惠必及下,～上先下后耳|～诵读遗嘱者多,遵循遗嘱者少。❺姓。
㊁(頋) ě 静。

涸 gù 因寒冷而凝固、闭塞。

痼 gù ❶同"痼",久病。❷口生疮。

堌 gù ❶土堡,土城,也用于地名:筑～以居|青崖～。❷河堤,多用于地名:青～集(在山东)|牛王～(在河南)。

摑 gù [摑阳]同"稒阳",汉代县名,在今内蒙古。

菌 gù 草名。

梏 gù ❶古代刑具,木制的手铐:桎～|毁～逾(踰)垣出。❷戴上手铐,泛指拘系、束缚:～其手足于榻|徒以曲畏为～,儒学自桎。❸套在牛角上用于防止触人的横木。

崓 gù ❶岛:岛～。❷同"崮":晏～。

崮 gù 四周陡峭而顶部较平的山,多用于地名:孟良～|抱犊～(均在山东)。

牿 gù ❶关牛、马的圈栏:～牢。❷绑在牛角上避免伤人的横木。❸同"梏",桎梏,束缚:不以见闻～其心|世法如炭,形骸若～。

崮 gù "崮"的讹字。

棝 gù 棝斗,古代射杀老鼠的器具。

雇 gù 见363页hù。

祻 gù 祭祀。

罟 gù [罶罟](lù-)见605页"罶"字条。

锢(錮) gù ❶用金属液充塞铸器的空隙:冶铜～其内|～漏。❷禁止出任官职;禁止出版、发行:禁～勿令仕|小说的出版曾被～多日。❸监禁:～其家|党～。❹封闭;闭塞:～藏里中|自作聪明耳目～。❺通"痼"。1. 顽疾:沈～|～疾。2. 长期养成的难以改掉的癖好或习惯:～习。

稒 gù [稒阳]汉代县名,在今内蒙古。

痼 gù ❶久治难愈的病;积弊:沉～|～疾|慰民心,苏民力,解缠起～。❷长期养成而难改变的:～习|～癖|～不可变。❸同"锢(錮)",禁闭:～蔽|～之床下。

啩 gù [喉啩]咽喉。

瞉{瞉} gù(又读kòu)同"瞉(瞉)",雀子;鸡雏。

鲴(鯝) gù ❶鱼肠。❷鱼肚。❸黄鲴鱼。❹鲴鱼,生活在江河、湖泊中。

魌 gù 神名。

齰 gù ❶治理象牙使白。❷拟声词,牙齿声。

鹱 gù "鹱(顧,顾)"的讹字。

guā

瓜 guā 蔓生植物,果实可吃,也指这种植物的果实:黄～|南～|切～。

舌 guā“昏”的讹字。

刮 guā 割。

昏 guā 塞口;堵塞。

抓 guā 击打:副瓜～枣。

呱 ㊀ guā ❶ 用于拟声词:～唧|～哒|叽里～啦。❷［呱呱］(-guā)形容好:～叫(非常好)|顶～(特别好)。
㊁ guǎ［拉呱］聊天,谈闲话。
㊂ gū 拟声词,小儿哭声:～泣|～～而索乳|～～坠地(指婴儿出生)。

刮(❹颳) guā ❶ 用刀具平削物体或去掉物体表面的东西:～冬瓜皮|～鱼鳞|～脸。❷ 擦拭:～目相看|俯首～席,不敢视。❸ 搜刮:～民血汗|～尽了金银粪土。❹(风)吹动:～风|狂风～倒了大树。
◆“颳”另见305页“颳”字条。

姡 guā 用于女子人名。

苦 guā［苦蒌］(-lóu)同“栝楼”。

昏 guā 同“昏”。

刮 guā 同“刮”。

契{契} guā［龂契］(xiè-)见1057页“龂”字条。

菩 guā 同“苦”。

眽 guā 同“睸”,眼睛。

胋 ㊀ guā 脂肪。
㊁ tián 同“餂”,肥。

骉(騧) guā 黑嘴黄毛的马。

哵 guā［哵喇］拟声词:～的一声。

鸹(鴰) guā ❶ 麋鸹,又称鸧鸹,鸟名。❷［老鸹］乌鸦,鸟名。

焻(煱) guā 义未详。(《字汇补》)

踻 guā 同“蹻”。

䠞 guā ❶ 脚掌上的纹路。❷ 趴伏;爬:行者变得小小的,～在咽喉之内|我一顿拳头,打得你满地～。

歄 guā［歄歁］(-wā)微弱的样子。

趏 ㊀ guā 跑的样子。
㊁ huó 结草为席,也作“越”。

剮 guā 除去腐肉。

睸 guā 眼睛。

菰 guā［菰瓠］(-lóu)王瓜,多年生攀缘草本植物,块根可供药用。

劀 guā 刮去,割,后作“刮”。

緺 guā ❶ 紫青色的绶:诸国贵人、相国皆绿～。❷ 通“涡(渦)”,盘结的像漩涡一样的发髻:一～凤髻绿如云。

駈 guā 同“骉(騧)”。

劀 guā 同“劀”。

蹻 ㊀ guā 同“䠞”,脚掌上的纹路。
㊁ guǎ［蹻𨅬］(-zhǎ)行跨的样子。

䯏 ㊀ guā ❶ 骨头端部。❷ 肩端骨。
㊁ huá［骱䯏］(mà-)见620页“骱”字条。

鍩 guā 同“銛(铦)”,断。

颳 ㊀ guā ❶ 恶风。❷“刮❹”的繁体字。
㊁ jǐ 风。

䫚 guā 不正。

髺 guā 同“䯏”。

頢 guā 头短。

鴰 guā 同“鸹(鴰)”。

鱊 guā 同“鰢”。

鰢 guā 鱼名。

驕 guā 同“骉(騧)”。

鸖 guā［鶈鸖］(qī-)鸟名。

guǎ

𠆢 guǎ 同“寡”。

凸 guǎ 同“冎”。

另{另} guǎ 同“呙(咼,剐,剮)”。

冎 guǎ 割肉离骨,后作“剐(剮)”。

㒚{㒚} guǎ［㒚㒙］(-zhǎ)行走的样子。

咼 ㊀ guǎ 同“呙(咼)”。
㊁ jiōng 明亮。

剐(剮) guǎ ❶从骨头上剔肉,特指古代从犯人身上分块割肉致死的酷刑,又称凌迟:千刀万～。❷被尖锐的东西划破:衣服～破了|腿上～了个口子。

㒚 guǎ［㒚㒙］(-zhǎ)行走的样子。

寡 guǎ 同“寡”。

筒 guǎ［篗筒］(yuè-)络丝工具。

寡 guǎ 同“寡”。

寡 guǎ 同“寡”。

寡 guǎ ❶少;缺少:～不敌众|多～不一|优柔～断。❷妇女死了丈夫:～居|～妇。❸谦辞,古代君主的自称,也用于臣下对别国人称本国君主和夫人:～人|～君|～小君。

觚 guǎ［觚觰］(-zhǎ)也作“觰觚”,牛角向左右张开。

guà

朴 guà 义未详。(《海篇直音》)

㐌 guà 义未详。(《改并四声篇海》)

卦 guà 占卜用的符号,象征吉凶。

坬 ㊀ guà 土堆;山坡。
㊁ wā 用于地名:朱家～|王～子(均在陕西)。

诖(註) guà ❶贻误;牵累:～乱天下|～误吏民。❷欺骗:～上误朝之罪。

挂［掛、❶❸罣］ guà ❶附着或悬吊于某处:悬～|～图|把横幅～上去。❷钩住;连接:衣服被钉子～住了|把那几节车厢～上。❸惦记;思念:牵～|记～|牵肠～肚。❹登记:～号|～失。❺打电话;切断电话:给小张～个电话|你先别～,我再说几句。❻量词,多用于成套或成串的东西:一～珠子|几～鞭炮。

啩 guà 助词,表示语气,吧。

罣 guà 同“罣(挂)”。

罫 ㊀ guà(旧读 huà)阻碍;绊住。
㊁ guǎi ❶罗网的方孔:属刚～以潜拟。❷棋盘上画的方格子:所务不过方～之间。

䆫 guà 同“罫”。

褂 guà 上衣;外衣:外～|大～|马～(一种短外衣)。

㕵 guà 同“卦”。

銈 guà “掛(挂)”的讹字。

䛡 guà 同“诖(註)”。

諣［謌］ guà 同“诖(註)”。

諕 guà 同“诖(註)”。

guāi

㡿 guāi 断。

乖 guāi 同“乖”。

𠂔 guāi 同“乖”。

乖 guāi ❶违背;不顺:～背|有～人情|天人相违,赏罚～也。❷分离:死生路异兮从此～。❸机灵;伶俐:这孩子嘴～|他现在学～了|唐牛儿是个～的人。❹(孩子)顺从;听话:～孩子|宝宝很～。

𠂷 guāi 同“乖”。

𦲸 ㊀ guāi 同“乖”。
㊁ kuā 不正。

㘢 guāi 㘢楼。(《玉篇》)

掴(摑) guāi(又读 guó)用巴掌打;打耳光:～了他一巴掌。

𦽸 ㊀ guāi 草名。
㊁ kuā［𦽸杂］斜的样子。

𡈝 guāi 义未详。(《龙龛手鉴》)

乖 guāi 背脊。

菲 guāi "菲"的讹字。

乖石 guāi ❶碎。❷石参差不齐的样子。

瘝 guāi ❶极痒的疥疮。❷极痒:~癞。

獒 guāi ❶狗名。❷狗相互追逐。

guǎi

丫 guǎi ❶羊角。❷通"拐",走路不稳或手臂不灵便的样子:~脚~手。

拐[❶枴] guǎi ❶手杖,支撑走路用的棍子:~杖|~棍|双~。❷跛,走路不稳:他走路一~一~的|猴王纵身跳起,~呀~的走了两遍。❸转变方向:~弯|从里面~将过来。❹骗;诈骗:~骗|~卖|孩子被人~走了。

枴 guǎi 同"枴(拐)"。

枽 guǎi 同"拐(枴)"。

柺 guǎi 同"枴(拐)"。

蛃 guǎi 蛙类动物。

箉 ㊀guǎi ❶鱼笼上的竹具。❷竹杖。㊁dài 筛谷箉,竹制的筛谷农具。

guài

夬 guài 同"怪"。

拔 guài 吵;扰。

泾 guài 古水名。(《玉篇》)

恠 guài 同"怪"。

怪[恠] guài ❶奇异;不寻常的:奇~|~事|~声~气。❷奇异的事物;传说中的怪物:妖~|鬼~|神仙幽~。❸惊异;疑惑:大惊小~|少见多~|见而~之。❹埋怨;责备:~罪|责~|不~他。❺副词,挺;很:~熟的|~可怜的|~有意思的。

砝 guài 像玉的美石。

砼 guài 像玉的美石。

怪 guài "怪"的讹字。

缺 ㊀guài 细丝。㊁jué(又读 xué)同"絘",麻线;丝线。

硂 guài 同"砝"。

硅 guài 同"砝"。

鈌 guài 同"夥"。

夥 ㊀guài 大。㊁kuī 多。

夥 guài 同"夥"。

擓 guài 收;收拾。

鮭 guài 鱼名。

鮭 guài 同"鮭"。

獪 guài 哺乳动物。

guān

冠 guān 同"官"。

关(關) guān ❶闭;合拢:~闭|~门|把窗户~上。❷古代在险要地方或国界设立的守卫处所,引申为征收进出口货税的机构:~口|~外|海~。❸重要的转折点或不易度过的一段时间:难~|紧要~头。❹起转折关联作用的地方:~节|~键。❺牵连;连属:相~|无~紧要|不~我的事。❻姓。

观(觀) ㊀guān ❶看:参~|~赏|走马~花。❷看到的景象或样子:景~|奇~|改~。❸对事物的认识或看法:乐~|人生~|价值~。㊁guàn ❶古代宫门外高台上的望楼,泛指高大的建筑物:台榭楼~。❷道教供奉神仙的地方:道~|玄都~。❸姓。☞观/庵/庙/寺 见895页"寺"字条。

官 guān ❶古代官府;官署:法则度量正乎~|诸~奴婢十万余人。❷官员,在政府机关、军队中担任一定级别职务的人:张~置吏,以理万人|贪~污吏|军~。❸官职;官位:吏称其~|不辞小~|高~厚禄。

G

❹ 指属于国家政府或公家的：～兵｜～方｜～办。❺ 旧时用作对人的尊称：客～（客人）｜看～（观众）。❻ 器官，生物体上有特定机能的部分：五～（耳、目、口、鼻、心）｜感～｜～能。

☞官／吏 "官"本指官府，即政府的行政办事机构，引申为官员、官职。"吏"本指官员，后来多指官位低微或没有品级者。

冠 guān 同"冠"。

官 guān 同"官"。

冠 ㊀ guān ❶ 帽子：～冕｜凤～｜衣～不整。❷ 形状像帽子或在顶端的东西：鸡～｜花～｜树～。
㊁ guàn ❶ 戴帽子：～黄葛巾。❷ 居第一位：～军｜勇～三军。❸ 把某种名号加在前面：～名权｜在他的名字前～以大师的称号。

观 guān 同"观(觀)"。

莞 ㊀ guān ❶ 蒲草，可用于编席：～蒲为席。❷ 莞草编的席子：下～上簟，乃安斯寝。❸ 姓。
㊁ wǎn 微笑的样子：～尔而笑｜可供一～。
㊂ guǎn［东莞］1. 古郡名，在今山东。2. 地名，在广东。

豙 guān 义未详。（《改并四声篇海》）

倌 guān ❶ 旧时某些行业中做杂事的人：堂～儿。❷ 农村中专门饲养某些家畜的人：牛～儿｜猪～儿。

宲 guān 同"棺"。

冠 guān 同"冠"。

絲 guān 同"綸"。

唁 guān［唁唁］也作"关关(關關)"，拟声词，和鸣声：其语～。

帽 guān 同"冠"。

冠 guān 同"冠"。

宮 guān 玩。

綸 {絻、綸} guān 织绢时用丝线穿过梭子。

莨 guān ❶ 草名。❷［莨苯］(-běn) 有机化合物。

棺 ㊀ guān 棺材，装殓死人的器具：～木｜水晶～｜盖～定论。
㊁ guàn 用棺殓尸：死而～之。

嗴 guān 同"唁"。

蒄 guān "蔻"的讹字。

闗 guān 同"關(关)"。

寬 guān 古地名。（《改并四声篇海》）

嫆 guān 用于女子人名。

綸 guān 织布梭。

蔲 guān 同"蔲(莞)"。

瞵 guān［瞵瞵］看的样子。

蜎 ㊀ guān 蚂蚁。
㊁ guǎn 雨下虫名。（《广韵》）

関 guān 同"關(关)"。

綸 guān "綸"的讹字。

蔮 guān 也作"莞"，蒲草类植物。

蔮 guān "蔮"的讹字。

觮 guān 同"鰥(鳏,鰥)"。

瘝 guān "瘝"的讹字。

瘝 guān ❶ 病患；疾苦：恫～｜民～。❷ 旷废：～官。❸ 爱怜；疼爱。

鰥 guān 同"矜(鳏)"，寡。

罴 guān 同"鳏(鰥)"。

觼 guān ❶ 同"觼"，角弯曲的样子。❷ 同"鳏(鰥)"，成年男子无妻或丧妻。

關 {関} guān 同"關(关)"。

關 guān 同"關(关)"。

観 guān 同"觀(观)"。

鏍 guān 犁铧。

鳏 (鰥) guān ❶ 鳏鱼。❷ 成年男子无妻或丧妻：～夫｜～居｜～寡孤独。

癏 guān 同“瘝”。

繺 guān 古县名。(《改并四声篇海》)

闗 guān 同“关(關)”,关闭。

鳏 guān 同“鳏(鰥)”。

䲘 guān ❶ 角弯曲的样子。❷ 同“鳏(鳏,鰥)”。

擺 guān 关连:～神明而定摹。

䙺 guān 同“观(觀)”。

囒 guān［囒囒］拟声词,鸟和鸣声。

鑵 guān 同“观(觀)”。

鰥{鰥} guān 同“鳏(鰥)”。

雚 guān 同“观(觀)”。

籊 guān 同“观(觀)”。

籗 guān 竹杼,旧时织布机上的竹梭。

鱹 guān 同“鳏(鰥)”。

鳤 guān ❶ 鳤鱼,鱼名。❷ 同“鳏(鰥)”,成年男子无妻或丧妻。

覌 guān 同“观(觀)”。

䙹 guān 同“观(觀)”。

䌯 guān 同“观(觀)”。

鹳 guān 义未详。(《改并四声篇海》)

guán

婠 guán 用于女子人名。

guǎn

脘 guǎn 肥脘。(《龙龛手鉴》)

馆(館)［舘］ guǎn ❶ 招待宾客或旅客居住的房舍:宾～|旅～。❷ 居住于客馆:虚上舍而自～之|师还,～于虞。❸ 房舍建筑的通称:楼堂～所|离宫别～。❹ 旧指教学的地方:家～|蒙～|坐～。❺ 外交人员在外国常驻的处所:大使～|领事～。❻ 某些服务业店铺的名称:饭～|理发～|照相～。❼ 开展文化、体育活动的场所:图书～|博物～|体育～。

琯 ㊀ guǎn ❶ 也作“管”,古代玉制管乐器,泛指管乐器:玉箫金～。❷ 姓。
㊁ gùn 打磨金玉,使焕发光彩。
㊂ guān 像玉的美石。

閞 guǎn 同“閞”。

筦 guǎn 同“筦”。

筦 guǎn ❶ 络丝的竹管。❷ “管❶❹❺”的异体字。❸ 通“莞”,草席:松床～席。❹ 姓。

痯 guǎn ❶ 忧郁;忧愁:无甚病～。❷［痯痯］1. 忧郁病。2. 疲劳的样子:四牡～。

裈 ㊀ guǎn 裤筒。
㊁ guàn ❶ 裤的别称。❷ 皮裤。

管［❶❹❺筦］ guǎn ❶ 管乐器的通称:箫～|～弦乐|歌～楼台声细细。❷ 筒状物的通称:钢～|煤气～道|～窥蠡测。❸ 量词,用于管状物:一～笔|两～牙膏。❹ 也作“輨”,古代车毂上的金属套,与辖配合使用以固定车轮,引申为统辖、治理、约束等:～辖|～理|～教。❺ 钥匙:～钥|掌其北门之～。❻ 包;保证:～食宿|～退～换|～保满意。❼ 介词,把;论;任凭:～他叫爸|不～是谁|～他怎样。❽ 姓。

◆“筦”另见 309 页“筦”字条。

輨 guǎn 又称轪,包裹在车毂上的金属套,多为圆环形。

闗 guǎn 钥匙,也作“管”。

錧 guǎn ❶ 同“輨”。❷ 犁刃的别称:犁～。

鞘 guǎn 鞍、辔等马具的统称。

癏 guǎn 同“痯”。

轁 guǎn 同“輨”。

鳤(鱛) guǎn 鳤鱼,生活在长江流域。

guàn

毌 guàn ❶ 贯穿,后作“贯(貫)”。❷ 姓。

丱{卝} ㊀ guàn ❶总角，旧时儿童头上束发梳成的两个小角：方羁～，即诵书日千言。❷年幼：童～之年｜童男～女。
㊁ kuàng 同"卝(矿，礦)"。

毌{丳} guàn[毌赖]诬陷人。

甴 guàn 篮子、水桶等的提梁：菜篮～｜水桶～｜茶壶～。

贯(貫) guàn ❶古代穿铜钱的绳子：京师之钱累巨万，～朽而不可校。❷量词，古代用绳子穿铜钱，每一千个是一贯：十五～｜家有万～(形容家里非常富裕)。❸穿成串的东西：尝在路得人所遗金珠一～。❹穿连：累累乎殷如～珠。❺连贯；通晓：～穿｜～通｜学～古今。❻事例；成例：一仍旧～。❼原籍，出生地或世代居住的地方：籍～｜远离乡～。

盁 guàn 同"盥"。

盥 guàn 同"盥"。

掼(摜) guàn ❶扔；掷：～纱帽｜～手榴弹。❷握住东西的一端而摔另一端：～稻子。❸跌；使跌：～跤｜把他～了一个跟头。❹披戴：顶盔～甲。

涫 guàn ❶沸；沸腾：～汤(沸水)｜～～纷纷。❷通"盥"，盥洗：进～漱巾栉。

悺 guàn 同"悹"。

悹 guàn 同"悺"。

惯(慣) guàn ❶习以为常，积久成习的：～例｜～犯｜吃不～。❷纵容；放任：娇～｜娇生～养｜～孩子。

爟 guàn 同"爟"。

溋 guàn 同"灌(盥)"。

悹 guàn 忧虑。

祼{祼} guàn ❶祭名，祭祀时把酒洒在地上：～享之礼。❷祭祀时酌酒敬宾客：以～宾客。

锁(鏆) guàn 钏，手镯。

鄻 guàn 古亭名。(《玉篇》)

潅 guàn 同"灌"。

遦 guàn ❶行走。❷习惯，也作"惯(慣)"。

樌 guàn 从生的树木，也作"灌"。

殰 guàn 殚。

瞡 guàn 看的样子，也作"鳏(鰥)"。

貫 guàn 同"贯(貫)"。

毌 guàn 同"贯(貫)"。

瞶 guàn 直视的样子。

盥 guàn ❶洗(手、脸)，泛指洗涤：～洗｜～漱｜～涤。❷盥器，用以洗手、脸等的器具：盆～｜爱洁其～。❸灌祭(祭祀名)，泛指浇灌：筑地成窍，置虫于中，沃～其上。

雚 ㊀ guàn ❶芄兰。❷同"鹳(鸛)"，水鸟名。
㊁ huán ❶同"萑"，即荻。❷姓。

蟦 guàn 螺。

鑵 guàn 同"罐"。

躀 guàn 摔倒。

鸛 guàn 同"鹳(鸛)"。

灌 guàn 同"灌"。

灥 guàn 同"盥"。

灌 guàn ❶以水浇田：～溉｜～渠。❷倒入；装入：～肠｜～暖瓶｜百川～河。❸浇注：万辟千～｜不～不淬。❹饮；强迫使饮；放开量喝：赐～｜～醉｜一碗蛋汤，～得老倌子舒服透了。❺录制：～影碟｜～唱片。❻古水名，在今河南。❼姓。

瓘 guàn ❶玉名。❷玉升。

甗 guàn 同"罐"。

爟 guàn ❶举火，指祭祀用桔槔举火，以祛除不祥。❷祭祀用的火炬：～火｜爝～俱熄。❸古代边防报警的烽火：烽～灭焰。

鹳(鸛) ㊀ guàn 水鸟名，像鹤，也是鹳科鸟类的通称：白～｜黑～。
㊁ huān[鹳鷒](-tuán)传说中的鸟名，像鹊，一说寒鸦。

㊂ quán［鹳鹆］（-yù）也作“鸛鹆”，鸟名，即鸲鹆。

欟 guàn 同“欟(罐)”。

礶 guàn 同“罐”。

矔 ㊀guàn ❶目光灌注。❷转头向后看。❸瞪眼怒视。

㊁ quán 眼眶。

襹 guàn 衣带。

罐［鑵］ guàn 盛物或汲水的器皿，用陶或金属制成，泛指各种圆筒形的盛物器：茶叶～｜煤气～｜易拉～。

瓘 ㊀guàn［瓘瓘］（-guàn）同“悹悹”，忧郁病。

㊁ huàn 同“肒”。

欟 guàn 同“罐”。

鑵 guàn 用于人名：鳞～（春秋时人）。

灌 guàn 同“鹳(鸛)”。

guāng

光｛炗｝ guāng ❶光线，照射在物体上能使视觉感知的物质：阳～｜激～｜～芒。❷景物；景色：春～｜风～｜观～。❸荣誉；光彩：～荣｜为国争～｜脸上无～。❹发扬光大：诚宜开张圣听，以～先帝遗德。❺敬辞，用于对方的行为：～临｜～顾。❻平滑：～滑。❼没了；无剩余：饭吃～了｜把敌人消灭～。❽裸露着：～头｜～膀子。❾副词，只：～说不做｜～吃饭，不干活｜～顾自己，不顾别人。

昦 guāng 同“光”。

炗 guāng 同“光”。

侊 guāng 盛大；丰盛：～饭。

灮 guāng 同“光”。

炛 guāng 同“炗(光)”。

陎 guāng 同“垙❶”。

垙 guāng ❶田间小路。❷用于地名：上～（在北京）。

茪 guāng［茳茪］（jué-）也作“芵茪”，即芵明（决明）。

咣 ㊀guāng 拟声词，撞击、振动或大的声响：～啷｜～～响｜～的一声炮响。

㊁ gōng 能说会道。

洸 ㊀guāng ❶波动闪光：澄澹汪～。❷古水名，汶水支流，在今山东。❸用于地名：洽～（在广东）。

㊁ huàng［洸洸］（-huàng）水势汹涌的样子。

浂 guāng 同“洸”。

姯 guāng ❶女子貌美。❷用于女子人名。

珖 guāng ❶珖琯，玉做的笛。❷玉名。

桄 ㊀guāng［桄榔］（-láng）又称糖树、砂糖椰子，常绿乔木，花汁可制糖，茎髓可制淀粉。

㊁ guàng ❶车、船、床、梯、织机等器物上的横木。❷桄子，绕线的用具。❸把线绕在桄子上，也指缠绕：把线～上｜～毛线。❹量词，用于线等：一～线。

轻（輄） guāng 车下横木：横～｜纵～。

胱 guāng［膀胱］（páng-）1. 又称尿脬，人和高等动物体内暂存尿液的囊状器官。2. 胁。

羪 guāng 同“炗(光)”。

眖 guāng 同“垙❶”。

晄 guāng 同“眖(垙)”。

皝 guāng 同“光”。

債 guāng 勇武有力的样子。

銧 guāng 金属元素“镭(鐳)”的旧译写法。

輄 guāng［輄輄］武勇的样子。

頪 guāng 耳后骨。

膭 guāng 同“臏”。

龚 guāng 同“光”。

臏 guāng 床下横木。

𤆻{𤆻} guāng 同"灮(光)"。

䡅 guāng 同"铣(銧)"。

𪍿 guāng 同"𪍿"。

闛 guāng 门关闭。

𪕷 guāng 鼠。

𩦸 guāng［阕𩦸］(què-)背上有旋毛的马。

guǎng

广 ㊀(廣) guǎng ❶宽阔;大:～场|～厦|地～人多。❷多:大庭～众|～畜积,以实仓廪,备水旱。❸扩大;扩充:～播|推～|以～见闻。❹宽解;宽慰:以～主上之意,塞睚眦之辞|著书自～,亦将以传授于人。❺地名。1.广东或广州的简称:～柑|京～线。2.广东和广西的合称:湖～|两～。❻姓。
㊁ ān 同"庵",多用于人名。

犷(獷) guǎng ❶野兽猛而不驯服,引申为粗野:粗～|～～嗜利。❷勇猛;强悍:～勇|～悍。

𠑹 guǎng 盛物的器皿。

𢍰 ㊀ guǎng ❶惊跑。❷往来。
㊁ jiǒng 同"冏",用于人名:伯～(周代人)。

𪏱 guǎng 同"𪏱",死禾。

獷 guǎng 同"犷(獷)"。

𧝓 guǎng "獷(犷)"的讹字。

𢊏 guǎng 张大的样子。

𪏱 ㊀ guǎng 死禾。
㊁ qiāo 同"硗(磽)",土地多石而瘠薄。

𪇳 guǎng［𪇳鶬］(-chāng)也作"广鶬",凤凰类的鸟。

guàng

晄 guàng 明亮。

俇 guàng［俇俇］惶惶无措,心神不安。

佂 guàng "俇"的讹字。

徃 ㊀ guàng 行走慌张的样子。
㊁ wǎng 同"往"。

逛 ㊀ guàng 闲游;游览:闲～|游～|～公园。
㊁ kuáng 同"诳(誑)",欺骗。

惩 guàng 同"趪",行走慌张的样子。

𢝋 guàng ❶谬误。❷欺骗。

晄 guàng 义未详。(《改并四声篇海》)

𧼮 guàng 同"俇"。

𧿒 ㊀ guàng 乖违;违背。
㊁ jiǒng 同"囧",用于人名:伯～(见《集韵》)。

𢕘 guàng 同"𧼮"。

𢕘 guàng 同"𧼮(俇)"。

撗 guàng 充。

趪 ㊀ guàng 同"徃",行走慌张的样子。
㊁ kuāng 同"跓"。

𢤱 guàng 同"𢝋"。

臩 guàng 肿的样子。

𥠶 guàng 饰色。

𧬚 guàng 𧬚声。(《改并四声篇海》)

guī

归(歸) ㊀ guī ❶出嫁;嫁娶:之子于～,宜其室家|士如～妻,迨冰未泮。❷返回;回到原处:～家|～程|满载而～。❸还给:～还|～本还原|物～原主。❹趋向:殊途同～|众望所～。❺合并:～并|～拢|～类。❻属于:这事～小李办。❼姓。
㊁ kuì 同"馈(饋)",赠送。

圭 guī ❶古代贵族举行礼仪活动时手执的玉器,长条形,上尖下方。❷圭表,古代测日影长短的仪器。❸古代容积单位,表示微量,一升的十万分之一。❹古代质量单位,十粟等于一圭,十圭等于一铢。

龟(龜){龜} ㊀ guī ❶ 爬行动物,身体长圆而扁,背部、腹部都有硬甲,头、尾和脚能缩入甲壳中:海～|金钱～。❷ 龟甲,古人用来占卜:～卜|～鉴|未～合并。❸ 古代印纽多作龟形,故代称印章:～纽|金～紫绶。
㊁ jūn 通"皲(皸)":～裂|不～手之药。
㊂ qiū[龟兹](-cí)汉代西域国名,在今新疆。

妫(媯){嬀} guī ❶ 古水名,在今山西。❷ 古州名,在今河北。❸ 妫水河,水名,在北京。❹ 姓。

规(規)㊀[❶❷槼] guī ❶ 圆规,画圆形的工具:两脚～|不～自圆,无矩而方。❷ 法则;章程;标准:～章|～范|循～蹈矩。❸ 谋求;谋划:～利|～划|使必尽力以～其功。❹ 劝告:～劝|～谏|宁以他事～我。❺ 姓。
㊁ guì[规规](-guì)因惊骇而不能自持的样子:～然自失|～然若丧父母。
◆"槼"另见 313 页"槼"字条。

邽 guī ❶ 古县名,在今甘肃。❷ 用于地名:上～(在甘肃)。❸ 姓。

珀 guī 同"瓌(瑰)"。

茥 ㊀ guī 覆盆子,落叶灌木,果实可食或供药用。
㊁ guì 同"桂"。

皈 guī ❶ 同"归(歸)",返回:六载不～。❷[皈依]也作"归依",佛教的入教仪式,也指信仰佛教或参加其他宗教组织。

龟 guī 同"龜(龟)"。

闺(閨) guī ❶ 上圆下方的小门。❷ 宫中的小门。❸ 旧指女子的卧室:～房|深～|香～。

珪 guī 同"圭",古代玉器。

瑰 guī 同"瓌(瑰)"。

瓺 guī 同"窐",甑下小孔。

𣢜 guī ❶ 欯声。(《玉篇》) ❷ 邪的样子。

帰 guī 同"歸(归)"。

鼓 guī 器名。

皈 guī 归:～还|～衣(皈依)。

胿 ㊀ guī[膍胿](dì-)见 188 页"膍"字条。
㊁ kuì 孔。

隔 guī 同"歸(归)"。

㧓 guī ❶ 则。❷[㧓㧡](-dōu)也作"㧡㧓",裂开。

硅 guī 旧称矽,非金属元素,是重要的半导体材料。

峗 guī 古山名。(《汉语大字典》)

龜 guī 同"龜(龟)"。

桂 ㊀ guī 农具名。
㊁ wā 耕。

傀 ㊀ guī ❶ 大;高大:白服裙帽,望之～然。❷ 怪异:～怪|～奇。
㊁ kuài 通"块(塊)",孤独的样子:天下不知之,则～然独立天地之间而不畏。
㊂ kuǐ[傀儡](-lěi)1. 木偶戏里的木头人:造～|撮～。2. 比喻没有自主权的受人操纵的人或组织:他是～|～政府|～政权。

亀 guī 同"龜(龟)"。

窐 ㊀ guī ❶ 甑下小孔。❷ 古代门旁的圭形小洞:门～。
㊁ wā ❶ 同"洼",低陷;低洼处:以～为突。❷ 使变成凹形:～土为杯。

袿 ㊀ guī ❶ 古代妇女穿的上等长袍:佳人炫绣～。❷ 衣后襟:罗～徐转。❸ 衣袖:各各扬轻～。
㊁ guà 同"褂":黄马～。

逯 guī 同"歸(归)"。

癸 guī 义未详。(《字汇补》)

槼(槼) guī 同"规(規)㊀❶❷"。

鴂 ㊀ guī[子鴂]同"子规",即杜鹃鸟。
㊁ fū[鴂鴀](-fǒu)同"鳺鴀",即火斑鸠,鸟名。

帰 guī 同"歸(归)"。

𪚦 guī 同"龜(龟)"。

龜 guī 同"龜(龟)"。

鞋 guī ❶ 农具名,多齿耙。❷ 耕地,翻松土壤。

幌 guī[幌帏](-wéi)彩色丝绸。

規 guī 同"规(規)"。

G

甈 guī “瓹(窐)”的讹字。

竈 guī 同“龟(龜)”。

瑰［瓌］ guī ❶美玉;美石:琼～玉佩。❷珍奇;奇异:～材|～宝|～辞。❸通“傀”,大;高大:～称|～其形。

規 guī 同“规(規)”。

邦 guī 同“邽”。

硅 guī 同“硅”。

頍 guī 同“规(規)”。

睯 guī 同“瞽”。

蜆 guī 同“螝”。

瑰 guī 同“嫢”。

槼 guī 同“槻”。

嫢 guī ❶审慎。❷腰细而美。

摫 guī 裁;剪裁。

柬 guī 臿类工具。

嶲 guī 古山谷名,在今陕西。

傀 guī 同“傀”。

鲑(鮭) ㊀guī ❶河豚。❷鱼名,生活在江河、湖泊中。
㊁xié 鱼类菜肴的总称:～珍|～菜|鱼～。
㊂wā［鲑蠪］(-lóng)传说中的神名。
㊃kuí［鲑阳］姓。

摫 guī 同“摫”。

槻 guī 树名。

螝 ㊀guī(又读guì)蛹。
㊁huǐ 同“虺”。1.蝮蛇。2.传说中的怪蛇,一身两头。

歸 guī 同“歸(归)”。

璝 guī 同“瑰”。

瓌 guī 同“璝(瑰)”。

攧 guī “摫”的讹字。

睍 guī ❶［睍睍］1.见识短浅。2.自得的样子。❷同“觏”,看:博学无所弗～。

蜆 guī 同“螝”。

歸 guī 同“歸(归)”。

膭 ㊀guī 肥的样子。
㊁kuì ❶肥大。❷月朓。

䙆 ㊀guī 同“睍”。
㊁kuí 同“睽”。

嫢 guī “嫢”的讹字。

龜 guī 同“龜(龟)”。

槶 guī 同“䫜(頯)”。

頯 guī ❶小头的样子。❷同“规(規)”,画圆的工具:～榘未合。

䫜 guī 同“頯”。

䢅 guī 同“歸(归)”。

傀 guī 同“傀”。

歸 guī 同“歸(归)”。

龜 guī 同“龜(龟)”。

麈 guī 鹿类动物。

竈 guī 龙。

䢅 guī 同“䢅(歸,归)”。

鬹(鬶) ㊀guī 古代炊具,有嘴、把柄和三个中空的短足,多为陶制。
㊁xié 也作“鑴”,大盆。

䫜 guī 同“䫜(頯)”。

巂 ㊀guī 又称子规,即杜鹃鸟:鸣～。
㊁xī 同“嶲”。
㊂juàn 古地名,在今山东。

儫 guī 同“傀”。

鯠 guī 同“歸(归)”。

鯢 guī “鯢”的讹字。

龜 guī 同"龜(龟)"。

窐 guī 同"龜(龟)"。

瓌 guī 同"傀"。

騩 ㊀guī ❶浅黑色的马：～马。❷古山名。1. 大騩山，在今河南。2. 在今甘肃。
㊁tuí 白马。

顝 guī "頯"的讹字。

嚷 guī 呼。

鬹 guī 同"騩"。

龜 guī 同"龜(龟)"。

龜 guī 同"龜(龟)"。

櫷 guī 槐树的一种。

鸎 guī 子规，即杜鹃鸟。

甗 guī 同"窐"，甑下小孔。

鱖 guī 河豚。

鴂 guī［子鴂］杜鹃鸟。

瞶 ㊀guī 眼睛。
㊁guì 同"瞶"，看的样子。

鸛 guī［鸛周］燕子。

guǐ

攴 guǐ 同"宄"。

边 guǐ 同"轨(軌)"。

汎 guǐ 同"氿"。

氿 ㊀guǐ ❶从山侧洞穴流出的泉水：有洌～泉。❷小泉：两～。
㊁jiǔ 湖名，在江苏，分东氿、西氿。

宄 guǐ 内乱，也指犯法作乱的人：奸～。

轨(軌) guǐ ❶车迹；车辙：兵车之～。❷车子两轮之间的距离，泛指车：车同～｜回～易途。❸轨道，一定的路线，也指铺设轨道的钢条：脱～｜钢～｜无～电车。❹比喻应遵循的规则：越～｜步入正～｜不～行为。

皀{皂、皀} ㊀guǐ 同"簋"。
㊁bī 粒；一粒：豆～。
㊂jí(又读 xiāng)稻谷的香气。

庋 guǐ ❶放东西的架子。❷搁置；放置：～置｜～藏。

庪 guǐ 同"庋"。

叜 guǐ 同"宄"。

匭(匭) guǐ ❶同"簋"，古代盛食器。❷匣子；小箱子：票～。

牪 guǐ 牛。

佹 guǐ ❶背离；不相合：相～。❷通"诡(詭)"，诡异：～诗。

衏 guǐ 同"轨(軌)"。

郈 ㊀guǐ［陆郈］古山名。(《广韵》)
㊁qī 古地名。(《集韵》)
㊂wéi 古邑名。(《集韵》)

庬 guǐ 同"鬼"。

沇 guǐ 同"厬"。

祪 ㊀guǐ 祭山名。(《集韵》)
㊁zhī 同"禔"，安；福。
㊂guāi 通"乖"，乖戾：～刺。

诡(詭) guǐ ❶责成；要求：～令立功以自赎。❷欺诈；虚假：～计｜～辩｜～言。❸怪；奇异：～异｜～谲｜～俗异礼。❹悖；违反：言行相～｜～于天理。

陒 guǐ 同"垝"，坍塌；残缺。

垝 guǐ ❶坍塌；残缺：～垣。❷城墙最高处，引申为高而险的地方：水深灭～｜鹊上城之～｜鹤集于郎门之～。❸坫，古代室内搁置食物、器物的土台。

拖 ㊀guǐ 毁撤。
㊁wěi 悬。

茊 guǐ 古山名。(《字汇补》)

軓 guǐ 同"轨(軌)"。

哫 guǐ 诡诈。

鬼 guǐ ❶迷信的人指人死后的灵魂：～神｜妖魔～怪。❷偷偷摸摸，不光明正大：～～祟祟｜～头～脑。❸不可告人的打算、勾当：捣～｜心里有～。❹对人的蔑称或憎称：小气～｜酒～｜吸血～。❺对人的爱称：小～｜机灵～。❻机灵：～心眼｜～聪明｜这个人真～。

衜 guǐ“衜”的讹字。

攱 ㊀guǐ ❶同“庋”，搁置；收藏。❷掎。㊁guì 把东西往上托举。

恑 guǐ 诡变；变异：恢～憰怪。

宄 guǐ 同“宄”。

陒 guǐ 同“陒”。

姽 ㊀guǐ 女子体态娴雅、美好：～婳。㊁wá ❶婢女。❷女子体弱的样子。

癸 guǐ ❶揆度；估量。❷天干的第十位，常用作顺序的第十。

鬼 guǐ 同“鬼”。

牯 guǐ 拟声词，牛叫声。

歋 guǐ 极度疲倦。

庪 guǐ ❶檐口檩条。❷同“庋”。

祪 guǐ 已遭毁庙的远祖。

癸 guǐ 同“癸”。

鬼 guǐ 同“鬼”。

毁 guǐ 同“簋”。

魁 guǐ 同“鬼”。

毁 guǐ 同“簋”。

觤 guǐ“觤”的讹字。

窟 guǐ ❶穴。❷居住：万年是～（永居于此）。

矪 guǐ 短矛。

蓈 guǐ 香草。

壼 guǐ“簋”的讹字。

匭 guǐ 同“簋”。

匭 guǐ 同“簋”。

晷 guǐ“晷”的讹字。

晷 guǐ ❶日光；亮光：焚膏继～。❷日影，也比喻时间：白日未及移其～｜余～｜日无暇～。❸日晷，又称日规，测日影以定时刻的仪器：立～测影。

蛫 guǐ ❶蟹的一种。❷传说中的奇异动物，像龟，身白色，头红色。❸猿类动物。

幉 guǐ 衣裤。

盙 guǐ 同“簋”。

羪 guǐ 同“觤”。

漸 guǐ ❶古水名。（《篇海类编》）❷同“氿”。1. 侧出的泉水。2. 水枯竭。

湀 guǐ［湀辟（闢）］（-pì）大河流，泛指流水：其发而为诗也，若～。

䰳 guǐ 也作“鬼”，鬼方，古代民族名。

魁 guǐ 同“鬼”。

觤 guǐ 羊角一短一长。

掎 ㊀guǐ 同“庋”。㊁jì 戴。

蓋 guǐ 同“簋”。

厬 guǐ ❶旁出的泉水：～泉。❷干涸。

鉇 ㊀guǐ ❶臿类工具。❷有光泽的铁。㊁wěi 以捩锯齿。

雃 guǐ 同“鵖”。

鞼 guǐ ❶角不齐。❷鞼。

魈 guǐ 同“鬼”。

潳 guǐ 同“厬”。

簋 guǐ ❶古代盛食器，也用作礼器。❷碗、罐类器皿的雅称。

魍 guǐ 同“鬼”。

鵖 guǐ 鶗鵖。

蝸 guǐ（又读 wēi）传说中的水中精怪，像蛇，一头两身。

䰎 guǐ 同“鬼”。

guì

乔 guì 姓。

劌 guì ❶筋疲力尽：弊～之民。❷极瘦弱。

㐆 guì 同“贵(貴)”。

柜 ㊀(櫃) guì ❶匣，后泛指收存衣服、物件的器具：衣～｜书～｜保险～。❷商店的钱柜；售货台：～台｜掌～的｜现款交～。

㊁jǔ ❶[柜柳]也作“榉柳”，即枫杨，落叶乔木，种子可榨油。❷桂栢。❸古县名，在今山东。

殃 guì[殃殃]死的样子。

刿(劌) guì 割伤；刺伤：廉而不～(有棱角而不会伤人)。

贿(賵) guì ❶资。❷赌：～金千两。

刽(劊) guì ❶砍断。❷[刽子手]又称刽子，旧指以执行斩刑为业的人，比喻镇压、屠杀人民的人。

肒 guì 同“臂”。

炔 ㊀guì ❶冒烟的样子。❷姓。

㊁quē 有机化合物的一类：～烃｜乙～。

贵(貴) guì ❶价格高；价值大：昂～｜洛阳纸～｜春雨～如油。❷值得珍视或重视：宝～｜珍～｜难能可～。❸以某种事物、情况为重要；有价值：～在坚持｜兵～神速｜人～有自知之明。❹指地位显要的：～族｜显～｜达官～人。❺敬辞，称跟对方有关的事物：～姓｜～校｜高抬～手。❻贵州(地名)的简称。

蛈 guì[螇蛈](qī-)见 750 页“螇”字条。

映 guì“蛈”的讹字。

庬 guì 同“宨”。

宨 ㊀guì 毁。

㊁guǐ 通。

敊 guì ❶放。❷侵。

桂 guì ❶肉桂树，常绿乔木。皮称肉桂，含挥发油，可制香料，也可供药用。❷桂皮树，常绿乔木，皮称桂皮，可供药用或制香料。❸桂花树，又称木樨，常绿小乔木或灌木。花可供观赏，也可制香料。❹月桂，即月桂树，常绿乔木，果实可供药用，叶可制香料。❺指珍贵的木材、昂贵的薪柴：食贵于玉，薪贵于～｜珠～愈腾，人不聊生。❻广西(地名)的别称。❼姓。

桧(檜) ㊀guì(又读 kuài) ❶圆柏，又称桧柏，常绿乔木，木材可制家具、工艺品或用于建筑，枝叶可供药用。❷同“郐(鄶)”，古国名，在今河南。

㊁huì 用于人名：秦～(南宋奸臣)。

祮 guì 同“桂”。

昋 guì 昋㳇。(《字汇补》)

匮(匱) ㊀guì 用来收藏衣物的家具，后作“柜(櫃)”：卞和之～多美玉。

㊁kuì ❶竭尽；缺乏：～竭｜～乏。❷通“篑(簣)”，盛土筐：为山九仞，功亏一～。

皶 ㊀guì 同“劌(皶)”，疲倦。

㊁qí 同“皶”，不正。

鞼 guì 皮革。

椢(槶) guì ❶器物的中空部分，也指筐或箱子。❷(又读 guó)也作“帼(幗)”，古代妇女的首饰。

晷 guì 义未详。(《改并四声篇海》)

筀 guì 竹名。

獩 guì ❶[犷獩](guǎng-)强壮而勇敢的样子：～争先。❷粗野，强悍。

輩 guì 义未详。(《改并四声篇海》)

欳 guì[鼷欳](qī-)见 750 页“鼷”字条。

趉 ㊀guì ❶奔。❷同“跪”，两膝着地。

㊁kuǐ 截断一只脚。

蓕 guì 草名。

廞 guì 迫迮。(《集韵》)

賭 guì 同“贿(賵)”。

跪 guì ❶屈膝，一个或两个膝盖着地：～拜｜下～｜～在地上求他。❷足，腿或脚，特指蟹足：刖～｜蟹六～而二螯。☞跪/坐/拜/跽 古汉语中，“跪”指抬起臀部，保

G

持准备拜伏的恭敬姿势；"坐"指身体放松，臀部落在脚后跟上的姿势；"拜"指由跪姿再弯腰把头叩至地面的姿势；"跽"指一种跪姿，双膝着地，上身挺直，又指半跪，单膝着地。

膭 guì 腰部突然作痛：～腰。

瞶(瞆) ㊀guì 眼睛失明的人；眼睛昏花：～眩。㊁wèi 眼病。

瞡 guì 大视；看的样子。

撌 guì ❶排去；排除：烧不暇～。❷通"鞼"，折断：坚强而不～。

賈 guì 同"贵(貴)"。

篑 guì ❶车弓，用竹木制作的弓形车骨架。❷同"篋(槶)"，筐。

簝 guì 同"筀"。

貴{賫} guì 同"貴(贵)"。

獩 guì 同"猤"。

獩 guì［獴猤］(měng-) 也作"蒙贵"，哺乳动物，像猿而小，善捕鼠。

懀 guì 谐。

繢 guì 缯。

鬹 guì 义未详。(《改并四声篇海》)

膭 guì 义未详。(《改并四声篇海》)

鴂 ㊀guì［鶗鴂］(tí-) 见941页"鶗"字条。㊁jué 同"鴃(鴂)"，即伯劳，鸟名。

襶 guì 义未详。(《改并四声篇海》)

禬 guì ❶祭名。1.会福祭。2.消灾除病祭。❷春秋时诸侯汇集财物接济盟国之礼：～礼。

鞼 guì 也作"鞼"，马缰绳。

髖 guì［髖䯄］(-duì) 愚蠢的样子；蠢人。也单称髖。

鱝 guì 同"鞼"。

癐 guì 病。

襘 ㊀guì 衣领交叉处：领～。㊁huì 衣缓带。

鞼 guì ❶同"鞼"。❷同"鞼"。

頯 guì ❶大口。❷头。

篸 guì 同"跪"。

䅅 guì 义未详。(《篇海类编》)

蹶 guì ❶小溺。❷疲倦。

歸 ㊀guì 使。㊁guī 往。

鳜(鱖) ㊀guì 鳜鱼，也作"桂鱼"，又称鯚花鱼，生活在江河、湖泊中。㊁jué［鳜鯞］(-zhǒu) 又称鰤鱼，即鳑鲏。

鞼 guì ❶有文采的皮革。❷马缰绳。❸折断：坚强而不～。

瞶 guì 同"瞶(瞆)"。

㔷 guì 义未详。(《改并四声篇海》)

韇 guì 同"鞼"。

鐀 guì 同"鐀(匱，匱)"，用来收藏衣物的柜子。

韇 guì 同"鞼"。

藬 guì 有病的样子。

蹫 guì ❶同"蹶"。1.僵。2.跳。❷急速行走的样子。

韇 guì 同"韇(鞼)"。

鱥 guì ❶同"鳜(鱖)"，鳜鱼。❷鱥鱼，生活在溪流中。

鞼 guì 同"鞼"。

gǔn

丨 ㊀gǔn 上下相通。㊁称竖，汉字笔画或部件。

𠃌 ㊀gǔn 钩的倒尖。㊁称横折钩，汉字笔画或部件。

棻 gǔn 大束。

衮{衮} gǔn 帝王或诸侯穿的礼服，所绣花纹有等级区别：～服。

惓 ㊀gǔn 同"衮"，帝王、王公等穿的绣有龙形的礼服。

㊁ juǎn 同"卷",收束。

衮 gǔn 同"衮"。

惃 gǔn ❶乱。❷昏迷。

绲(緄) gǔn ❶编织的带子:～带。❷绳:麻～。❸量词,捆;束:束组三百～。❹在衣服边缘镶上带子等:～边。㊁ hùn 通"混",混淆:以成功为统纪,岂可～乎?

辊(輥) gǔn ❶滚动;转动:～轻尘|～雪球。❷能滚动的圆柱形机件的统称:～轴|轧～。

梱 gǔn 再耕。

毥 gǔn 毛转。(《改并四声篇海》)

舩 gǔn 同"鲧(鯀)"。

掍 gǔn 转。

蓘 gǔn "蓘"的讹字。

蓘 gǔn 给苗根培土。

碮 gǔn ❶钟声不响亮。❷拟声词,石碰击声。❸滚动:绣球飞～|来往～于地上。❹石磙,石制的碾轧农具。

滚{滚} gǔn ❶大水奔流的样子,引申为急速流泄:不尽长江～～来|杀的他尿流屁～。❷水沸而翻腾:～汤|水～了。❸旋转着移动:打～|～铁环|～来～去。❹走开;离开(多含斥责意):～出去!|快～!❺副词,非常;特别:～热|～烫|～圆。

蓘 gǔn 同"蓘"。

棍 gǔn 耕。

骨昆 gǔn ❶细骨。❷同"鲧(鯀)",夏禹的父亲。

褏 gǔn 同"衮(衮)"。

惃 gǔn 同"惃"。

橐 gǔn 同"橐"。

磙 gǔn ❶石制的圆柱形的碾压工具:石～。❷用磙子碾轧:～地|～路面。

鲧(鯀) gǔn ❶鱼名。❷传说中上古部落联盟首领夏禹的父亲。

滖 gǔn 同"滚"。

碮 gǔn 同"磙"。

骸 gǔn 同"鲧(鯀)",夏禹的父亲。

鯀 gǔn 同"鲧(鯀)",夏禹的父亲。

鶤 gǔn 烧烤的鸭或鹅。

褌 gǔn 同"衮(衮)"。

輥 gǔn 同"辊(輥)"。

橐 gǔn 束;捆。

櫜 gǔn 同"橐"。

襽 gǔn 同"衮(衮)"。

襽 gǔn 同"衮(衮)"。

gùn

棍 ㊀ gùn ❶棒:木～|铁～|一根粗～。❷称坏人、无赖,或有恶癖的人:恶～|讼～|赌～。㊁ gǔn 箜篌等乐器上缠弦的旋纽,泛指绕线的用具:线～。㊂ hùn ❶树名。❷捆扎:～申椒与菌桂兮。❸混同:形之美者,不可～于世俗之目。

睔 gùn 同"睔"。

睔 gùn 眼睛圆大;睁大眼睛:眼～～而明月不没|他紧闭着嘴,两眼～得很大。

剥 gùn 削。

壼 gùn 土的样子。

瞈 gùn "睔"的讹字。

暉 gùn ❶眼珠大而凸出。❷看的样子。

崐 gùn 山的样子。

琿 gùn 同"琯",打磨金玉,使焕发光彩。

諢 gùn ❶顺言。❷戏弄人。

G

諢 gùn 同“謴”,戏弄人。

䵪 ㊀ gùn 纯黑色。㊁ hùn［黗䵪］(tùn－) 见 969 页“黗”字条。

⿰月衮 gùn 圆。

guō

⿱艹戈 guō 草名。

⿸广瓜 guō 同“⿸疒瓜(瘑)”。

⿰氵过(濄) ㊀ guō ❶ 古水名,即今河南的涡河。❷ 姓。㊁ wō 水流回旋:江曲～山下。

埚(堝) guō［坩埚］(gān－) 见 276 页“坩”字条。

郭 ㊀ guō ❶ 春秋时国名,在今山东。❷ 外城,古代在内城外围加筑的城墙:城～|～门|出～迎接。❸ 物体的外框或外壳:轮～|耳～。❹ 扩张;扩大:～胸胁。❺ 姓。☞郭/城/郛 见 108 页“城”字条。㊁ guǒ 通“椁”:棺～。

⿸疒瓜 guō 同“瘑”。

⿰阝享 guō 同“崞”。

啯(嘓) guō ❶［啯啯］1. 话语繁琐的样子:口～。2. 拟声词,蛙、昆虫等的叫声:蛙鸣～|～的叫声。❷ 拟声词,吞咽食物声:～地吞下一口酒|拿起来～的都咽在肚里|～嘟～嘟地喝了下去。

崞 guō ❶ 山名,在山西。❷ 旧县名,在今山西。

聒 guō 喧哗;声音嘈杂而令人厌烦:～噪|～耳。

⿰咼戈 guō 同“锅(鍋)”。

锅(鍋) guō ❶ 烹煮食物的器具:饭～|砂～|高压～。❷ 像锅形的物体:烟袋～儿|罗～儿(驼背)。

⿰钅戈 guō ❶ 同“锅(鍋)”。❷ 戈:碧砮文～之珍。❸ 金属元素“铌(鈮)”的旧译写法。

墎 guō 同“郭”,外城。

⿰耳咼 guō 同“聒”。

⿰咼斗 guō 同“锅(鍋)”。

⿰身舌 guō 同“聒”。

瘑 guō ❶ 疮。❷ 病。

⿰鬲戈 guō［⿰鬲戈鏍］(－luó) 也作“锅鏍”,锅形炊具。

⿰鬲斗 guō 同“⿰咼斗(锅,鍋)”。

蝈(蟈) guō ❶［蝈蝈］(－guo) 昆虫,雄虫前翅能摩擦发声。❷ 蛤蟆。

⿰口過 guō 叹词,小儿相应声。

彉 guō 同“彍”。

⿱郭皿 guō 义未详。(《改并四声篇海》)

⿰郭阝 guō 同“郭”。

⿰氵聒 guō 拟声词,水声,也作“活”。

⿱聒心 guō 同“聒”。

⿰耳郭 guō 大耳朵。

𩫏{𩫖、𩫗} ㊀ guō 外城,后作“郭”。㊁ yōng 同“墉”,城墙。

⿸疒裹 guō ❶ 禾苗虫伤病。❷ 疮病。

⿱艹鳥 guō 同“⿺辶⿰咼鳥”。

彍 guō ❶ 张满弓弩:～弩。❷ 扩张:～义滂仁。❸ 快捷:驾尘～风。

⿱聑金 guō 同“聒”。

⿰郭阝 guō 同“郭”。

⿰土𩫏 guō 同“⿰土𩫏(埻)”。

⿰土𩫏 guō［⿰土𩫏端］也作“埻端”,古国名。(《集韵》)

⿰山𩫏 guō 同“崞”。

⿰咼鳥 guō 同“⿺辶⿰咼鳥”。

⿰耳廣 guō 同“⿰耳郭”。

⿺辶⿰咼鳥 guō［⿺辶⿰咼鳥蠃］(－luó) 又称工雀,即鹪鹩。

⿰鳥過 guō 同“⿺辶⿰咼鳥”。

鞹 guō 同“郭”。

鶡 guō［鶡公］也作“郭公”，又称鴶鵴，即杜鹃鸟。

guó

旺 guó 同“国(国,國)”。

囯 guó 同“国(國)”。

囻 guó 同“国(國)”。

囸 guó 同“国(國)”。

囫 guó 同“国(國)”。

戜 guó 同“聝”。

国(國) guó ❶国家：～际｜祖～｜保家卫～。❷代表国家的：～旗｜～徽｜～歌。❸属于本国的，特指中国的：～画｜～货｜～学。❹姓。

囶 guó 同“国(國)”。

圀 guó 同“国(國)”。

圐 guó 同“国(國)”。

囻 guó 同“国(國)”。

屋 guó 义未详。(《龙龛手鉴》)

盼 guó 眼睛的样子。

圀 guó 同“国(國)”。

圀 guó 同“国(國)”。

或 guó 同“国(國)”。

瓸 guó 同“甌”。

瓹 guó 同“甌”。

摑 guó 同“掴(摑)”。

帼(幗) guó 古代妇女戴的发(髮)饰：巾～(妇女用的头巾和发饰，后指妇女)。

腘 guó 膝盖后面的腿弯。

涸(漍) guó 水名，也用于地名：北～(在江苏)。

戜 guó 同“国(國)”。

埻 guó 同“国(國)”。

䁥 guó 闭眼睛的样子：～目开口。

䝤 guó 同“虢”。

腘(膕) ㊀ guó 膝盖后面的腿弯。㊁ huò 两腿相并拢。

𡒃 guó 同“国(國)”。

碅 guó ❶击石。❷破。

國 guó 同“國(国)”。

甌 guó 同“甌”。

聝 guó ❶古代割取所杀敌人的左耳以计功。❷古代割取的所杀敌人的左耳，泛指耳朵：搴旗执～｜被淫言乱嘱，聪～以不处。

蔮 guó 古代妇女戴在头发上用以固定冠的首饰，也作“帼(幗)”：左右一横簪之，以安～结。

甌 guó 同“甌”。

䵿 guó 狗血。

幗 guó ❶心乱。❷恨。

戳 guó 同“国(國)”。

彍 guó 同“掴(摑)”。

䬎 guó 同“掴(摑)”。

甌 guó 瓦器。

虢 guó ❶周代诸侯国名，西虢在今陕西、河南一带，东虢在今河南，北虢在今河南、山西一带。❷姓。

嘓 guó 拟声词，口中发出的声音。

䵷 guó “虢”的讹字。

䐸 ㊀guó 同"蔮""帼(幗)",古代妇女戴在头发上用以固定冠的首饰。
㊁guì 也作"檟",筐。

颬 ㊀guó［颬颴］(-huò)赤气热风。
㊁xù 风的样子。

䤋 ㊀guó 也作"聝"。1.古代作战时割下被杀敌人的左耳(用以计功):翦～｜～百人。2.割下的被杀敌人的左耳:献～｜受～｜倭～。
㊁xù 脸:黄～｜黧～。

擴 guó 揭开;刮掉。

躪 guó［躪䠰］(-lì)裸体。

觸 ㊀guó 同"掴(摑)"。
㊁yuè"觸(篗)"的讹字。

漷 ㊀guó ❶水受阻而分流:三折五折水,一佩一环～。❷拟声词,咽水发出的声音:我～的咽(嚥)了。
㊁huò［漷漷］(-huò)拟声词,水流动声:泉流～。

滮 guó 古水名。(《改并四声篇海》)

趪 guó［趪趚］(-suǒ)脚长的样子。

蟈 guó［蟈䗍］(-lì)拟声词,鼓声。

摑 guó 同"掴(摑)"。

膕 guó 同"腘(膕)"。

馘 guó 同"䤋"。

鐹 guó ❶铁器。❷青铜食器。

譃 guó 话多的样子。

謔 guó［謔謔］话多。

聝 guó 同"䤋"。

嘓 guó 同"国(國)"。

guǒ

盄 guǒ 盘子。

果［❶菓］guǒ ❶果实,某些植物结出的含有种子的部分:水～｜干～(指花生、栗子等)。❷饱满;充实:三餐而反,腹犹～然。❸结果,事情的结局或成效:成～｜恶～｜因～。❹坚决;勇敢而有决断:～断｜～敢｜言必信,行必～。❺副词,确实:～不其然｜～不出所料。❻姓。

杲 guǒ 同"果"。

剌 guǒ 割。

帿 guǒ 同"裹"。

猓 ㊀guǒ［猓然］也作"果然",哺乳动物,即长尾猿。
㊁luǒ［猓猓］(-luǒ)也作"卢鹿""罗罗",旧时对彝族的称谓。

馃(餜) guǒ 馃子,糕点、油炸面食等。

淉 ㊀guǒ 水名。
㊁guàn 同"祼",古代酌酒灌地的祭礼。

惈 guǒ 勇敢,果敢,今作"果"。

椁［槨］guǒ ❶外棺,内棺的外层,泛指棺材:棺～｜欲葬无～。❷测度:～其漆内而中诎之。❸树名。

裹 guǒ 同"裹"。

锞(錁) ㊀guǒ ❶同"輠",车上用于盛润滑油的器具。❷金属元素"镓(鎵)"的旧译写法。
㊁kè 锞子,小块状的金锭或银锭。

蜾 ㊀guǒ［蜾蠃］(-luǒ)又称蠮螉,俗称细腰蜂,一种寄生蜂。
㊁luǒ 螔蝓。

裹 guǒ ❶缠绕;包扎:～足不前｜～伤口｜用纸～上。❷包扎着的东西:包～｜药～。

粿 guǒ ❶米、麦碾压成的粉末。❷用米、麦的粉末做成的食品。

綶 guǒ 同"裹",缠裹:罗縠～锋铓。

輠 ㊀guǒ ❶用润滑膏油涂车轴端部。❷车轴端涂润滑膏油之处。❸车上用于盛润滑膏油的容器。
㊁huì 车轮转动的样子。

磆 guǒ ❶［磆轤］(-luò)拟声词,车行声。❷同"椁"。

輵 guǒ 同"輠"。

鞟 guǒ 义未详。(《改并四声篇海》)

G

䴹 ㊀ guǒ 饼䴹食。(《广韵》)
㊁ luǒ 面粉。
㊂ hún 用带皮壳的麦制成的酒曲。
㊃ kē 同“稞”:青～麦(青稞)。

鵽 guǒ 义未详。(《改并四声篇海》)

蜾 guǒ 同“蜾”。

鐹 ㊀ guǒ 刈钊,即镰刀。
㊁ guō 车釭。
㊂ zhuā 同“檛”,古代兵器,像棍杖:鞭锏～锤。

麜 guǒ 义未详。(《改并四声篇海》)

褁 guǒ 同“裹”。

蟖 guǒ 同“蜾(蜾)”。

蠝 guǒ 同“蜾(蜾)”。

纏 guǒ 同“裹”。

櫎 guǒ 同“椁”。

䵽 guǒ “䴹”的讹字。

蠣 guǒ “蜾(蜾)”的讹字。

禚 guǒ 神享。(《海篇直音》)

蠮 guǒ “蜾(蜾)”的讹字。

鰈 guǒ 鱼名。

guò

过(過) ㊀ guò ❶ 经过;从这里到那里:～江|～路|招摇～市。❷ 使经过:～滤|～目|～筛子。❸ 度过(某段时间):～冬|～日子|生活～得幸福。❹ 过去:～世|雨～天晴|事～境迁。❺ 从一方转移到另一方:～户|～继|媳妇～了门。❻ 超过:～期|言～其实|大喜～望。❼ 过失;错误:～错|改～自新|将功补～。❽ 助词(多读轻声),表示曾经、已经:看～|听～|去～。
㊁ guō ❶ 古涧名:溯其～涧。(《诗经》毛传)❷ 古国名,在今山东。❸ 姓。

涾 guò 古水名。(《玉篇》)

迵 guò 同“過(过)”。

過 guò 同“過(过)”。

偣 guò 义未详。(《改并四声篇海》)

詚 guò 迟。

惆 guò 同“過(过)”,过失。

幗 guò 旧时酿造豆豉用的布。

蝸 guò[不蝸]也作“不过”,螳螂的别称。

餜 guò 食。

hā

哈 ㊀hā ❶张口呼气：～气｜～一口气。❷拟声词，笑声：～～笑｜今天天气，～～～。❸叹词，表示得意或惊喜：～，这盘棋我赢啦！❹上身向前弯曲：～着腰｜点头～腰。
㊁hǎ ❶傻：莫说～话。❷姓。❸用于译音：～达（藏族和部分蒙族人表示礼节用的长条丝巾或纱巾）。
㊂hà ❶［哈巴］（-ba）走路时两膝向外弯曲：～着腿走｜～腿。❷［哈士蟆］（-shimá）又称哈什蚂，蛙的一种，雄性的腹内有胶质脂块，可入药。

躿 hā 身体微弯，表示礼貌，后作"哈"：点头～腰。

há

虾（蝦）｛鰕｝ ㊀há［虾蟆］（-ma）蛤蟆，两栖动物青蛙和蟾蜍的统称。
㊁xiā 水生节肢动物：大～｜对～｜～米。

嗄 há 叹词：～吓。

hāi

陔 hāi ❶古地名。（元刊本《玉篇》）❷［刻陔］（kāi-）见 274 页"刻"字条。

孩 hāi 微笑。

咍 ㊀hāi ❶嘲笑：～笑｜为众人所～。❷欢笑；喜悦：欢～｜一张～口露金牙。❸叹词，表示慨叹：～！怎不肯回过脸儿来？
㊁tāi 姓。

欬 hāi 饮。

痎 hāi ❶病。❷久病不愈。

揩 hāi 触。

嗨 ㊀hāi 同"咳"，叹词，表示惋惜或惊讶：～！可惜，可惜！｜～！帮着刷家伙！我不是谁的使唤丫头！
㊁hēi 同"嘿"，叹词，表示惊异：～！你真行！

hái

还（還） hái 见 369 页 huán。

孩 hái 同"孩"，幼童。

孩 hái 同"骸"。

孩 hái ❶幼童：～童｜～儿。❷幼小动物：毋杀～虫。

咳 hái ❶笑。❷同"咳"，小儿笑。

躯 hái 同"骸"。

趑 ㊀hái 延搁不去。
㊁kuī ❶脚歪斜。❷斜着跑。

骸 hái 同"骸"。

骸 ㊀hái ❶胫骨：～欲小而长。❷骨骼；骨头：～骨｜尸～。❸身体：病～｜遗～。
㊁gāi 同"胲"，足大指上长毛处的肉。

頦 hái 首；脑袋。

麧 hái ❶硬麦粒。❷糜中块。

骸 hái 同"骸"。

趩 hái 跑。

趩 hái 留意。

軆 ㊀hái［躴軆］（láng-）身材长大的样子，单用"軆"义同。
㊁kǎi 坐下歇息：～一～（坐下歇一歇）。

鳢 hái［鰁鳢］（láng-）见 535 页"鰁"字条。

hǎi

海 hǎi 同“海”。

毐 hǎi 同“海”。

海 hǎi ❶靠近陆地、连通大洋的水域：渤～｜黄～｜～岸。❷用于湖泊名：青～｜洱～。❸比喻数量多的人或事物：人～｜林～｜文山会～。❹比喻大的：～碗｜～量｜夸下～口。❺从海外、国外传入的或回来的：～棠｜～归。❻旧时上海（地名）的简称：～派｜京（北京）～之争。❼姓。

盍 hǎi 同“榼”，盛酒器。

氯 hǎi 同“海”。

烸 ㊀hǎi 燥。
㊁méi 同“煤”：燺～（炱煤）。

榼 hǎi 古代木制酒器。

醢 hǎi ❶［醢鸡］同“醯鸡”。❷同“醢”，肉酱。

醢 hǎi “醢”的讹字。

醢 hǎi 同“醢（醢）”。

醢 hǎi 同“醢”。

醢 hǎi 同“榼”。

醢 hǎi 同“醢”。

醢 hǎi ❶肉酱，也泛指酱：醯～｜盐～。❷古代酷刑，把人剁成肉酱：杀而～之。

醢 hǎi 同“醢”。

醢 hǎi 同“醢（醢）”。

醢 hǎi 同“醢”。

醢 hǎi 同“醢”。

hài

丐 hài 同“亥”。

犭 hài 同“亥”。

豕 ㊀hài 同“亥”。
㊁shǐ 同“豕”。

灭 hài 同“亥”。

亥 hài ❶地支的第十二位。❷亥时，指晚上21时至半夜23时。

帚 hài 同“亥”。

夆 hài 相遮要害。

夆 hài ❶在险要处设置障碍。❷用于地名：～亭。

妎 ㊀hài ❶忌妒：人无～物之心。❷不明白。
㊁jiè 用于女子人名。

妎 hài 同“妎”。

犭 hài 义未详。（《改并四声篇海》）

拸 ㊀hài ❶撼动。❷减。
㊁wèi 担；担负：～得背驼驼。

周 hài 同“害”。

疒 hài 同“疫”。

该 hài 跑。

恔 hài 愁苦。

害 hài 同“害”。

骇（駭） hài 马受惊，引申为惊惧、可怕：～人听闻｜惊涛～浪。

氦 hài 气体元素，无色无味，可用来填充灯泡、霓虹灯管等，也用来制造泡沫塑料，液态氦常用作冷却剂。

诃 hài 矮人。

害 ㊀hài ❶伤害；使受损伤：危～｜～人｜～群之马。❷杀死（人）：被～｜遇～。❸灾难；灾患：灾～｜虫～。❹祸患；坏处：祸～｜有～无益｜为民除～。❺有损的：～虫｜～鸟。❻心理上产生某种情绪：～怕｜～羞｜～臊。
㊁hé ❶通“何”，什么：～浣～否？归宁父母。❷通“曷”，何不：时日～丧？予与汝偕亡。

家 hài 同“害”。

疫 hài 病。

谚 hài 神名。

陔 hài ❶［竖（豎）陔］传说中的人名。❷起。

薢 hài 蒿。

翗 hài 飞的样子。

趩 hài ❶快步行走。❷行走的样子。

嗐 hài 叹词，表示伤感、惋惜、恼恨等：～，真没想到｜～，可惜了｜～，真是不像话！

餀 hài 食物变质发臭。

慖 hài ❶快。❷惊吓：～的些野鹿山猿半痴憨。

嫴 hài 同“妎”。

鼓 hài 义未详。（《改并四声篇海》）

猲 ㊀ hài 哺乳动物。
㊁ huī［貘猲］（mò－）传说中的怪兽，身像人，爪像虎。

駴 hài 同“骇（駭）”。

髂 hài 骨。

馦 hài 香气。

餲 ㊀ hài 同“餀”，食物变质发臭。
㊁ hè 狗的臭气。

饚 hài 臭气。

鰭 hài［鰭鯠］（－zhài）臭。

驖 hài “駴（骇，駭）”的讹字。

饚 hài 同“餀”。

hān

佄 hān 同“酣”。

欦 hān 同“憨”，傻；痴呆。

吽 hān 同“鼾”。

哻 hān 同“鼾”。

犴 hān 驼鹿。

憨 hān 放纵。

蚶 ㊀ hān 蚶子，又称魁蛤，俗称瓦楞子，软体动物，肉可食，壳可供药用。
㊁ hán 同“蜬”，小螺。

欿 hān ❶含笑。❷贪欲。

谽 hān［谽谺］（－xiā）也作“䗙谺”。1. 山谷空阔的样子：山石～。2. 涧谷。

酣 hān ❶饮酒尽兴：～饮｜酒～耳热。❷沉湎于酒；醉：～荡之人｜半～｜微～。❸尽兴；痛快：～笑｜～睡｜～战。

賅 ㊀ hān 戏乞，骗取。
㊁ tàn 同“赕（賧）”，古代南方地区某些民族以财赎罪。
㊂ hàn［赚賅］（làn－）见534页“赚”字条。

䗙 hān［䗙閜］（－xiǎ）1. 陵谷之形：雕牗～｜巨石～。2. 闪烁：耀碧霄以～。

䶃 hān 赤色。

酣 hān ❶酒的颜色。❷同“酣”。❸同“酣”。

䗙 hān［䗙谺］（－xiā）1. 山谷空阔的样子，也作“谽谺”：惊见～洞门坼。2. 空深的山谷：栈阁盘虚，下临～。3. 山石险峻的样子：二壁～，高岸嶙峋。

瘨 hān 同“憨”，傻；痴呆。

嫨 ㊀ hān ❶老年妇女的样子。❷怒。
㊁ nǎn 同“戁”，敬。

馠 hān 用于佛经译音。

䈄 hān 同“癁”。

憨 hān ❶傻；痴呆：狂～｜～痴｜问佯装～。❷朴实：～厚｜～直。❸天真可爱：～态。❹粗大：～葱。

酣 hān 脸红褐色。

馠 hān ❶香。❷香味浓厚。❸微香。

蚶 ㊀ hān 桑虫。
㊁ hàn 瓜虫，对农作物有害。

榳 hān 节约：～柴积。

鼾 hān 俗称打呼噜，熟睡时的鼻息声：打～｜～睡。

癁 hān 同“憨”。

憞 hān 同"憨"。

䶃 hān 同"鼾"。

㦑 hān 同"憨"。

讐 hān 爱。

𧝇 hān 不脱去衣帽睡觉。

hán

邗 hán ❶古国名,在今江苏。❷[邗江]地名,在江苏。

讦 hán 义未详。(《龙龛手鉴》)

圅 hán 受物器。

邯 hán ❶[邯郸](-dān)1.古都邑名,在今河北。2.地名,在河北。3.姓。❷古水名,在今青海。

含 hán ❶嘴里放着东西,不吞下也不吐出:～血喷人|～辛茹苦|把糖～在嘴里。❷里面包藏或存有:隐～|～水分|眼里～着泪。❸带有某种意思、情感等:～怒|～笑|～羞。❹古代安葬死者时放在其口中的珠、玉、贝等,后作"琀",也指在死者口中放琀:大丧,共～玉|卒,而视,不可～。

砛 ㊀hán 排橐(古代用于冶炼的鼓风器)与炉相连接的通风管。
㊁qiàn 有耳的小陶瓶。

瓴 hán 同"砛"。

肣 ㊀hán ❶同"圅(函)",舌头:扼腕奋～。❷干的肥牛肉。
㊁hàn 牛腹。
㊂qín 收敛:足开足～。

臽 ㊀hán 包容;包含。
㊁xián 匮;柸。

函[圅] hán ❶舌头。❷匣子:镜～|剑～|石～。❸封套:全书共十～。❹信件:来～|公～|～授。

欦 ㊀hán 同"澉"。
㊁xián 气起的样子。

䑐 hán 船沉没。

䑐 hán 同"䑐"。

浛 ㊀hán 同"涵",沉。
㊁gān 古水名。(《字汇补》)

虷 ㊀hán 孑孓:～蟹与科斗(蝌蚪)。
㊁gān 通"干",干犯:白虹～日。

囦 hán 同"函"。

㖤 hán 同"含"。1.包容:齐枣夜～霜。2.通"琀",死者口中含的玉:吾妇卒之日,吾方北游,莫视～。

凾 hán 同"函"。

𠍗 hán 同"韩(韓)"。

啥 hán ❶吃,也作"含":～糗|～菽饮水。❷用手抓东西吃。❸古代安葬死者时把珠、玉、贝等放在其口中,也作"琀""含":～以槁骨|勉哀而哭,手自～袭。❹拟声词:有蛇长丈余,～～有声。

崡 hán ❶[崡岈](-xiā)也作"谽谺",山谷深而空的样子:～豁闻。❷大山谷。

岺 hán 同"崡"。

涵 hán 同"涵"。

澉 ㊀hán 或:～如是(或如此)。
㊁gàn 也作"咁",这么;这样。

娢 hán 用于女子人名。

琀 hán 古代安葬死者时放在其口中的珠、玉、贝等,也作"含"。

梒 hán 樱桃树。

硆 ㊀hán 硆瓺,像瓶而有耳的瓦器。
㊁gān 腹大口小的器皿。

晗 hán 天将明。

唅 hán[唅呣](-hú)1.生气的样子:嗔(瞋)～以纡郁(鬱)。2.发音不清晰,也作"含胡""含糊":能作人语,绝不～。

崡 hán 古山名、古地名,后称函谷,在今河南。

凾 hán 同"凾(函)"。

涵 hán "涵"的讹字。

涵 hán 水进入船中。

瓴 hán 同"砛"。

焓 hán 旧称热函,热学上表示物质系统能量状态的一个参数。

涵 hán ❶水泽多。❷包容;包含:包～|～盖|内～。❸沉浸水中:～泳|～

淹。❹道路下面横向通过的排水管道或孔洞:～洞|～闸。

䏷 hán 同"邯"。

韩(韓) hán ❶水井的围栏:井～。❷周代国名,在今河南中部、山西东南部一带。❸1897-1910年朝鲜的国名。❹韩国(国名,在亚洲东部的朝鲜半岛南部)的简称。❺姓。

梒 hán ❶树名。❷同"函",匣子。

硆 hán[硆岈](-xiā)同"崤岈",山谷深而空的样子。

晗 hán 义未详。(《龙龛手鉴》)

崡 ㊀hán[岚崡](lán-)见530页"岚"字条。
㊁dǎn 山间平地,多用于地名:～口|王家～(在广西)。
㊂dǎng 用于地名:～村(在广西)。

腖 hán 同"圅(函)",舌头。

涵 hán 寒冷。

寒 hán ❶冷:～风|御～|天～地冻。❷贫困;卑贱(谦辞):贫～|～舍|～士。❸害怕;畏惧:～心|胆～。❹中医指一种来自体外的致病因素:外感风～|～疾。☞寒/冷/凉 见566页"凉"字条。

虎 hán ❶白虎。❷凶暴:～凶。

筨 hán 同"篏"。

翰 hán 小鸟飞的样子。

涵 hán 同"涵"。

袷 hán "裍(裲)"的讹字。

裲 ㊀hán[裲褋](-duǒ)衣袖。
㊁hàn 同"幡"。

賖 hán 同"肣"。

蜬 hán ❶小螺。❷水贝。

篏 hán[篏箲](-duò)也作"筨箲",实心竹名,也单称篏。

膕 hán 同"圅(函)",舌头。

蒬 hán[蒬蒋]又称酸浆草,一年或多年生草本植物,果实可供药用。

鞥 hán 膜。

檐 hán 同"飏(瓴)"。

鋡 hán 受;容纳。

漍 hán 同"洽",沉没。

澸 hán 同"寒"。

寒 hán 同"寒"。

裍 hán 同"裲"。

霝 hán 同"霤"。

噉 ㊀hán 吼:面似虎威声要～。
㊁gǎn 拟声词,鸟叫声:哈～哈～的叫。
㊂hǎn 同"喊"。

鋡 hán 铠甲。

鲋 ㊀hán 蛤。
㊁hān 同"蚶",又称魁陆。

蟗 hán[蟗蠊](-xiǎn)也作"寒蠊""蝭蠊",即蚯蚓。

篏 hán 同"笿(篏)"。

鼢 hán ❶鼸鼠的一种。❷蜥蜴。

寒 hán 同"寒"。

霤{霤} hán 同"霤"。

霤 hán 多雨;久下不止的雨。

蝭 hán[蝭蠊](-xiǎn)同"蟗蠊"。

鍿 hán 同"鋡"。

韓 hán 同"韓(韩)"。

寒 hán 同"寒"。

蘁 hán[白蘁]草名。

鼢 hán 同"鼢"。

寒 hán 同"寒"。

騝 ㊀hán ❶马多的样子。❷马名。
㊁qiān 同"骞(騫)"。

hǎn

厂 ㊀hǎn 山崖洞穴：石～。
㊁ān 同"庵"，多用于人名或字号。
㊂（廠）{厰} chǎng ❶有屋顶没有墙壁的简陋房屋，像棚子：别筑墙匡，开小门，作小～，令鸡避雨日｜枳篱茅～共桑麻。❷有空地可存货或进行加工的场所：煤～｜木材～。❸工厂，进行工业生产或加工的单位：～房｜～家｜钢铁～。❹明代设立的特务机构：内廷故事，监印与～，必两人分掌｜东～｜西～。
㊃称厂字头、偏厂儿，汉字偏旁或部件。

圻 hǎn 同"厂"，山崖洞穴。

厈 ㊀hǎn 同"厂"，山崖。
㊁àn 同"岸"。
㊂chì 同"斥"，开拓：以～王国。

罕 ㊀hǎn ❶捕鸟用的长柄小网。❷少；稀少：～见｜～闻｜人迹～至。❸姓。
㊁hàn［枹罕］（fú-）古县名、古郡名，均在今甘肃。

罕{罕、罕} hǎn 同"罕"。

穻 hǎn 同"罕"：子～（子罕，春秋时人）。

罕 hǎn 同"罕（罕）"。

哻 hǎn 同"喊"。

浫 hǎn 古水名。（《玉篇》）

罕 hǎn 同"罕（罕）"。

喊 hǎn ❶大声呼叫：叫～｜呼～｜～口号。❷召唤；招呼：～他来一趟｜～了一辆车。❸品尝味道；口味：能～，不能齐不齐之口｜众～莫齐。

罕 hǎn 同"罕（罕）"。

猳 hǎn 同"獭"。

獭 hǎn ❶小狗叫，泛指狗叫。❷小狗。❸［獭乡（鄉）］古地名，在今河南。

㘎 hǎn 叹词，怒声，也作"喊"。一说喊声。

槛 hǎn 树干裂开的样子。

噉（嚂） hǎn 虎怒吼：哮～｜跳踉大～。

䫲 ㊀hǎn ❶裂开的样子：～如地裂，豁然天开。❷溪谷幽深的样子：～若洩溟涬。
㊁gǎn 也作"礉"，用于人名译音：～蜜莫末腻（唐代大食国酋长，《新唐书》）。

䎋 hǎn 飞的样子。

䞁 hǎn 跑的样子。

嚂 ㊀hǎn 同"喊"。
㊁lán 同"婪"，贪婪。

闞 hǎn 同"阚（闞）"，虎吼声；怒声。

䫲 hǎn 同"䫲"，裂开的样子。

hàn

马 hàn 花苞。

吗 hàn 同"马"。

𠃑 hàn 同"翰"。

汉（漢） hàn ❶汉江，又称汉水，长江最长的支流，发源于陕西宁强，流至湖北武汉注入长江。❷指银河：河～｜霄～。❸朝代名。1.汉高祖刘邦所建（公元前206－公元220年），分为西汉（公元前206－公元25年），又称前汉；东汉（25－220年），又称后汉。2.十六国时期，成汉（304－347年）。3.五代之一，沙陀族刘知远所建（947－950年），史称后汉。4.十国时期有南汉（917－971年）、北汉（951－979年）。❹汉族，中国人数最多的民族：～民｜～语。❺汉语：～字｜英～词典。❻成年男子：老～｜山东大～｜英雄好～。❼姓。

阡 hàn［阡闞］也作"扞闞"，古关名。（《汉语大字典》）

扞 ㊀hàn ❶"捍㊀"的异体字。❷抵制；抗拒：～格｜～诏｜～州县之令。❸通"悍"，勇猛；骠悍：猛夫～将。
㊁gǎn "捍㊂❶"的异体字。

屽 ㊀hàn 同"岸"，山名。
㊁àn 同"岸"。

启 hàn［启嘾］（-dàn）乳汁状。

闬（閈） ㊀hàn ❶里巷的门，泛指门：北～｜～闳。❷墙垣：～庭。
㊁bì 同"闭（閉）"。

汗 ㊀hàn ❶人和部分动物由身体毛孔排出的液体：出～｜～水｜～腺。❷姓。

H

㊁ hán［可汗］（kè-）见 502 页"可"字条。

犴 hàn ❶古关名。(《玉篇》) ❷古县名。(《集韵》)

㽎 hàn 义未详。(《改并四声篇海》)

旱 hàn ❶长时间不下雨,缺水:～灾|天～|久～逢甘露。❷跟水无关的;陆地上的:～伞|～船|～田|～路。❸陆地交通:起～|～则资车。

㖤 hàn 同"马"。

旰 hàn 同"皔"。

邗 hàn 古邑名,在今河南。

垾 hàn 同"汗"。

豻 hàn 豕奔跑的样子。

捍 ㊀［扞］ hàn ❶保卫;防御:～卫|～御|～风雨,卫室家。❷通"悍",勇猛;强悍:无私剑之～,以斩首为勇。

㊁ xiàn［捍㩅］（-chǎn）摇动。

㊂［❶扞］ gǎn ❶同"擀",碾平;轧薄:～面杖|～了些面(麵)。❷通"桿(杆)",量词:抬出一～九股叉。

◆"扞"另见 329 页"扞"字条。

莟 hàn 同"菡"。

莟 hàn ❶同"菡",菡萏:欲问红蕖几～开。❷花开。❸花蕊。

桿 hàn "捍"的讹字。

崿 hàn 崿山,也作"旱山",山名,在陕西。

涆 hàn(又读 gàn) ❶［涆涆］水流迅急的样子:滮滮～|入海流～。❷干燥。

涅 hàn 同"汗"。

浛 ㊀hàn 水与泥、物相掺和:谁言畜衫袖,长代手中～。

㊁ hán ❶同"涵"。1. 沉浸水中。2. 涵洞:渠～。❷古水名,又称湟水、洭水、洸水,即今广东的连江。❸用于地名:～洸(在广东)。

悍 ［猂］ hàn ❶勇敢;勇猛:～夫争命|强～|一员～将。❷凶暴;蛮横:凶～|～妇|～然不顾。❸坚固:～石|愈久而愈～。

弴 hàn 同"犴"。

菡 hàn［菡萏］（-dàn）含苞待放的荷花,泛指荷花。

桿 ㊀ hàn 树名。

㊁ gǎn "杆㊁"的异体字。

戟 ㊀ hàn 同"扞(捍)"。

㊁ hé 同"皒"。

敦 hàn 同"戟"。

晘 hàn ❶日出的样子。❷同"旱"。

幩 hàn 遮蔽耳朵的巾。

釬 hàn ❶臂铠,作战时用于保护臂部的铠甲。❷射箭时戴在臂上的皮套。❸戈、矛下端圆锥形金属帽。❹"焊❷"的异体字。

脝 hàn［膹脝］（zhì-）见 1273 页"膹"字条。

㟏 hàn 草木垂实。

焊 ［❷釬、❷銲］ hàn ❶同"暵",干涸;干枯。❷用熔化的金属(或非金属)连接、修补工件或金属器物:～接|电～|铜～。

◆"釬"另见 330 页"釬"字条。

漢 hàn 同"汉(漢)"。

淊 ㊀ hàn ❶泥水相和的样子。❷缫丝所用的沸水。

㊁ yān 同"淹",淹没。

㊂ yǎn［潭淊］（diàn-）见 192 页"潭"字条。

㊃ hán 同"涵(涵)",沉没。

撼 hàn 动摇,也作"撼":摇山～城。

靬 hàn 勤。

鞁 hàn 射韝,又称射韝,古代射箭时套在左臂上的皮套。

睅 hàn ❶眼睛鼓出的样子。❷瞪大眼睛:～其目。

皔 hàn 白;白的样子。

馯 ㊀ hàn 马性情凶悍、暴烈:～马。

㊁ hán ❶古代东方地区少数民族中的一支。❷姓。

菌 hàn［菌蔺］（-dàn）同"菡萏"。

晗 ㊀ hàn 眼睛深陷的样子。

㊁ qià 同"䀫"。

蛿 hàn 同"蜭"。

嗡 hàn 同"颔(頷)"。

幨 hàn 用巾围住耳朵。

僕 hàn 姓。

僘 hàn［覱僘］(zhàn-)高而险峻的样子。

舺 hàn［舺艚］(-táng)船名。

颔(頷) hàn ❶下巴:～下｜满～白髭须。❷点头:～首｜～之而已。

滩(灘) ㊀hàn 草被水浸渍而枯萎。㊁tān ❶水边淤积的平地或水中的沙洲:海～｜沙～｜～地。❷江河中水浅石多而流急的地方:急流险～。

藒 hàn 同"蔊"。

蔊 hàn(又读 hǎn)［蔊菜］一年生草本植物,茎叶可做饲料,全草和种子可供药用。

䩌 hàn 野兽的鬃毛或长毛。

㦌 hàn 健。

踔 hàn 偏立。

蚧 hàn 同"蜭"。

蜭 hàn 蛓。

䍐 hàn 古代卿、大夫以上官员所戴礼帽,后专指皇冠。

嶮 ㊀hàn 山的样子。㊁yán 山势险峻。

鳱 ㊀hàn 同"鴅㊁"。㊁yàn 同"鴈(雁)"。

颰 hàn ❶拟声词,风声。❷风定的样子。

諢 hàn ❶话多。❷说大话。

謡 hàn 同"譀"。

熖 hàn 灼烂。

㵄 ㊀hàn 同"漢(汉)"。㊁yù 同"域":北～。

澮 hàn 同"浛"。

翰 hàn "翰"的讹字。

鴅 hàn 同"鴅"。

暵 hàn ❶枯槁;干涸:岁旱泽如～。❷曝晒:大小麦皆须五月六月～地。❸干旱:旱～。

䀔 hàn 眼睛深陷的样子。

骱 hàn 同"颔(頷)"。

銲 hàn 刃,一说刀。

旛 hàn "翰"的讹字。

熯 ㊀hàn ❶干燥;热:～乎火｜不～不焦。❷烘烤;曝晒:～熟｜～地。❸焙;用极少的油煎。❹焚烧:～一炬火｜～天炽地。❺同"焊❷",焊接,比喻被人冷落:一声吆喝,哄堂而去,把个老爷～在堂上。㊁rǎn 恭敬:我孔～矣。

嫸 hàn 同"嬸(嬸)"。

撼 hàn 摇动;震动:摇～｜震～人心｜～天动地。

雗 hàn 同"鶾"。

螒 hàn 又称莎鸡,昆虫名。鸣叫声如纺车,故俗称纺织娘。

翰 hàn ❶高飞:～飞戾天｜龙～于天。❷又称锦鸡、赤羽山鸡,鸟名。❸长而硬的羽毛:饰以翠～。❹毛笔:挥～｜～墨。❺诗文;书信:文～｜书～｜华～。

瞙 hàn 耕田。

䯶 hàn 同"颔(頷)"。

䫲 hàn 风。

澸 hàn 澸泥。(《改并四声篇海》)

憾 hàn ❶怨恨,也指心怀怨恨的人:私～｜～之不已｜众～来相排。❷不满足;不满意:无～｜美哉,犹有～｜天地间第一～事。

嬸 hàn 同"嬸"。

耩 hàn 同"瞙"。

騂 hàn 马凶悍,也指凶悍的马。

翰 hàn "翰"的讹字。

𩐈 hàn 清酒。

㘚 hàn 声音。

𤢤 hàn ❶虎啸。❷恶狗狂叫不止。❸凶猛的狗。

𤎻 hàn “熯”的讹字。

𣿲 hàn 同“漢(汉)”。

顄 hàn 腮;下巴:面～亡髦|侈口蹙～。

𥢴 hàn 同“嫺(嬚,嬸)”。

𡢗 hàn 恶性。

𦐇 hàn 飞的样子。

𩓍 hàn “顄”的讹字。

𩬞 hàn 短发;头发短的样子。

鵫{𩿠} hàn ❶［鵫鷽］(-xué)山鹊,鸟名。❷白鹇,鸟名。

鶡 ㊀hàn［鶡鴠］(-dàn)又称鶡鴠,即寒号鸟。

㊁hé 同“鶡(鶡)”。

譀 hàn 同“譀”。

譀 ㊀hàn ❶说大话。❷嘲弄。❸怒吼:袒而𧇾～。

㊁xiàn［譀譪］(-hài)也作“譀譪”,争骂发怒的样子。

𤏩 hàn 同“熯”。

䕿 hàn ❶草名。❷同“菡”,花开。

鶾 hàn 同“鶾”。

顑(顑) ㊀hàn［顑顑］(kǎn-)也作“顑颔”,吃不饱而面黄肌瘦,单用“顑”义同:只嫌顑顑,金门苦饥。

㊁kǎn 头颤动。

𩙦 hàn 同“翰”。

𩏩 hàn 同“翰”。

䲷 hàn “鯇”的讹字。

瀚 hàn ❶水势大,泛指广大:浩～|浩浩～～。❷［瀚海］1.北方的湖名:饮马～。2.指北方大沙漠,泛指北方及西北少数民族地区:孤城当～|～苍茫入望迷。

𩕄 hàn 同“顄”。

蘫 ㊀hàn 腌瓜。

㊁làn 腌菜。

𩦎 ㊀hàn 长毛马。

㊁hán［駊𩦎］(bá-)见16页“駊”字条。

鯇 hàn［鯪鯇］(còu-)见151页“鯪”字条。

鶾{𪂴} hàn ❶翰音,祭祀用的肥鸡。❷也作“翰”,又称天鸡、山鸡,鸟名。

𩽼 hàn 鱼名。

𩟔 hàn 吃不饱:遨游～。

㷳 hàn 烤火。

𧃹 hàn 草名。

𪈎{𪈎、𪈎} hàn 同“滩(灘)”,草被水浸渍而枯萎。

hāng

夯 ㊀hāng ❶砸实地基的工具:石～|铁～|打～。❷用夯砸:～地|～实。❸冲撞;膨胀:有口难言,气～破胸脯。

㊁bèn 同“笨”:蠢～。

夰 hāng 同“夯”。

𡗾 hāng 同“夯”,冲撞;膨胀:气～。

𣢷 hāng［欴𣢷］(láng-)见534页“欴”字条。

𩲸 hāng 鬼。

𤹡 hāng 气病。

䟘 hāng 黑的样子。

𨳡 hāng ❶开。❷香。

𪕴 hāng 义未详。(《改并四声篇海》)

háng

行 ㊀háng ❶道路:岂不夙夜,谓～多露。❷行列;排:双～|第二～|绿树成～。

❸ 量词，用于成行的东西：三～树｜两～字。❹ 兄弟、姊妹的长幼次第：排～｜老张～三。❺ 行业：外～｜内～｜各～各业。❻ 某些营业性机构：银～｜车～｜电料～。

㊁ xíng ❶ 行走；外出：步～｜日～千里｜千里之～，始于足下。❷ 疏导；运行：～河水｜天～有常。❸ 流通；传布：～销｜通～全国｜风～一时。❹ 做；实施：～医｜～不言之教｜多～不义必自毙。❺（旧读 xìng）行为：言～｜品～｜罪～。❻ 能干：你真～，这么快就把电脑修好了。❼ 副词，将要：～将竣工。❽ 可以：不知这样做～不～？❾ 行书，汉字的一种字体。❿ 姓。☞行／走／奔／跑／步／趋／亡 在古汉语中，"行"相当于今天所说的"走"或"走路"。"走"略相当于今天所说的"跑"。"奔"与"走"同义，但"走"通常指主动行为，而"奔"带有被迫的意味，多特指出奔（为政治避难而逃到别国去）和私奔。"跑"中古以后才用于奔跑义。"步"指缓慢而行。"趋"指快步而行。"亡"指逃亡，也特指出奔。

㊂ héng［道行］（-heng）僧道修行的功夫，也比喻技能、本领：～深｜有～。

苀 háng 草名。

吭 ㊀ háng 喉咙：引～高歌｜断～而死。㊁ hàng 嗓音：嵩～｜商～清切。㊂ kēng 出声；说话：不～气｜一声不～｜连大气都不～。

迒 ㊀ háng ❶ 兽迹：虎～兔蹊。❷ 道路：～杜蹊塞。㊁ xiáng 车迹：轨尘掩～。

杭 ㊀ háng ❶ 同"航"。1. 渡：谁谓河宽，一苇～之。2. 渡船：～绝浮渚。❷ 浙江杭州（地名）的简称：～纺｜京～大运河。❸ 姓。

㊁ kāng［杭庄］同"康庄"，宽阔平坦的大道：通之～之间。

肮 ㊀ háng 大脉。㊁ gāng 同"亢"，颈项；咽喉：绝～而死｜入其～，食其心。

㊂（骯）āng［肮脏（骯髒）］（-zāng）1. 不清洁，也比喻丑恶：环境～｜灵魂～。2. 糟蹋：～一世。

◆"骯"另见 498 页"骯"字条。

斻 háng ❶ 两船相并。❷ 同"航"，渡水：北～泾流。

䢚 háng 同"斻（航）"。

忼 háng 喜悦。

绗（絎） háng ❶ 衣边。❷ 用针线粗缝，使棉花和布连在一起：～被褥。

蚢 háng ❶ 一种野蚕。❷ 同"魧"。1. 大贝。2. 鱼膏。

笐 ㊀ háng ❶ 竹制弦乐器，像琴。❷ 竹名。㊁ hàng 用竹木架构的挂衣物或晾禾的桁架：满～舞衣裳｜收稻必用禾杆（扦）～架。

衏 háng［衏衏］（-yuàn）也作"衏衏""衏院"。1. 妓女；妓院：～人家。2. 行业：做屠户的这些～。

航 háng ❶ 船：两三～｜长鲸吞～。❷ 船在水上行进：～行｜～海｜领～。❸ 渡过：谁云江水广，一苇可以～。❹ 飞机、飞船等在空中行驶：～行｜～空｜～天。

颃（頏） háng 见 280 页 gāng。

翃 háng 同"鴴"。

盳 háng ❶ 看：燕以狂～｜燕～莺转。❷ 通"翃"，鸟从高处往下飞：鱼颉而鸟～。

貥 háng 大贝。

䘕 háng 义未详。（《改并四声篇海》）

筕 háng［筕篖］（-táng）也作"筕筜"，竹编的粗席。

舤 háng ❶ 同"斻（航）"，方舟，两船相并连：大～。❷ 城濠上的渡桥：朱雀～。

雃 háng 同"鴴"。

魧 háng 同"航"。

魧 háng ❶ 鱼膏。❷ 赤尾白鱼。❸ 同"貥"，大贝。

鴴 háng 鸟从高处往下飞：鸟～。

衖 háng［衖衛］（-yuàn）同"衏衏"。

齗 háng 啮。

𤸷 háng ❶ 拟声词，病人的呻吟声。❷［𤸷瘬］（-láng）拟声词，病危时喉中用力咳痰声。

hǎng

田干 hǎng 含碱质的土壤。

hàng

沆 hàng ❶大水：漭～｜～茫。❷［沆瀣］(-xiè)夜间的水汽。

㳅 hàng 同"沆"。

酐 ㊀ hàng 苦酒。
㊁ gān 酸酐，旧称无水酸，是含氧的无机酸或有机酸缩水而成的氧化物，如醋酸酐、二氧化硫等。

𩋂 hàng 同"䘕"。

䟘 hàng 同"䟘"。

䟘 hàng 伸小腿；腿伸直。

㰠 hàng［莽㰠］倔强的样子。

𨓈 hàng 同"㰠"。

𠛟 hàng 同"㰠"。

䘕 hàng［鞭䘕］风名。

笐 hàng 同"笐"，竹竿，也指用竹木架构的挂衣物或晾禾的桁架。

hāo

㧋 hāo 同"薅"，拔去杂草。

茠 ㊀ hāo 同"薅"。
㊁ xiū 同"休"，休息：得～越下。

𣭲 hāo 义未详。（《改并四声篇海》）

㨶 hāo 同"㧋(薅)"。

𣗶 hāo 同"薅"。

𦬼 hāo 义未详。（《改并四声篇海》）

𣭲 hāo 搅；揉。

蒿 hāo ❶蒿子，草本植物的一类，有的可供药用，如青蒿、艾蒿、蒌蒿等：呦呦鹿鸣，食野之～。❷通"耗"，消耗；枯竭：敛民利以成其私欲，使民～焉｜王孙之居山恒～然。

蓐 hāo 同"薅"。

撓 hāo 同"薅"。

貉 hāo 又称貉子、皮狐子，貉类动物，像狗，色白而尾小。

搞 hāo 同"薅"。

𦽏 hāo 同"蒿"。

薧 ㊀ hāo［薧里］墓地。
㊁ kǎo ❶干的食品、腌制品。❷干枯：阳荣阴悴，生濡死～。

薅 hāo 拔去杂草，泛指拔除、去掉：～草｜～苗｜～下几根头发。

嚆 hāo 呼叫：～矢(带响声的箭，借喻事物的先声或开端)。

嵩 hāo 古山名。（《集韵》）

獢 hāo 猪名。

𧮪 hāo 同"𧮪"。

薧 hāo 同"薧"。

𧮪 hāo［𧮪䜰］(-láo)1.深谷的样子。2.深的样子。3.深谷名，也单称𧮪。

𧮪 hāo 同"𧮪"。

髐 hāo 头发的样子。

háo

乚 ㊀ háo 同"毫"，10丝。
㊁称竖弯钩或竖折钩，汉字笔画或部件。

号(號) ㊀ háo ❶拖长声音呼喊，引申为大声哭：呼～｜～叫｜哀～。❷呼啸：狂风怒～。❸［号啕］(-táo)也作"嚎啕"，形容大声哭：～大哭｜～痛哭。
☞号／啼／哭／泣　见509页"哭"字条。
㊁ hào ❶命令；召唤：发～施令｜～令三军｜～召。❷标志：记～｜暗～。❸名称：牌～｜称～｜国～。❹称；宣称：～为刚直｜项羽兵四十万，～百万。❺排定的次序或等级：编～｜小～｜头～人物。❻量词，用于人数：几十～人。❼吹奏的喇叭等，也指吹出的声音：军～｜吹～｜冲锋～。❽指店铺：老字～｜只此一家，别无分～。☞号／號　用于《说文》部首、《广韵》和《集韵》韵目等，写"号"，不写"號"。

回 háo 义未详。(《龙龛手鉴》)

逥 háo 义未详。(《龙龛手鉴》)

郘 háo 汉代乡名,在今河南。

毜 háo 同"毫"。

呺 ㊀ háo 同"号(號)",大声呼喊,也指大风发出声音:万窍怒～|风～穴怒。
㊁ xiāo 大而中空:～然虚其中。

嗰 háo 同"嗥(噑)"。

竓 háo 也作"毫升",密理立脱尔(旧时法国容积单位译音)的略写,一升的千分之一。

蚝 ㊀[蠔] háo 牡蛎,又称海蛎子,软体动物:～壳|～油。
㊁ cì ❶ 幼蚕。❷ 同"䖪":痒肌遭～刺。

宺 háo 同"毫"。

唬 háo 同"嗥(噑)"。

毫 háo ❶ 长而尖细的毛:～毛|狼～笔。❷ 特指毛笔:挥～。❸ 副词,极少;一点儿(用于否定式):～无诚意|～不费力。❹ 秤或戥子上的提绳:头～|二～。❺ 长度和质量单位,10 丝等于 1 毫,10 毫等于 1 厘。❻ 与某物理量单位连用,表示该量的千分之一:～米|～克|～秒。❼ 同"角",货币单位,用于银圆,也指银圆:单～(一角)|一枚双银～。

勢 háo "勢"的讹字。

勢 háo 豪杰,后作"豪"。

椃 háo 同"號"。

諤 háo 同"呺"。

嗥 [噑、❶獆]{嘷} háo ❶ (野兽)吼叫:～叫|狼～|虎啸熊～。❷ 通"號(号)",大声哭叫:儿子终日～。
◆"獆"另见 335 页"獆"字条。

獆 {獋} háo 同"嗥"。

壕 ㊀ háo 同"壕",播种翻土或为防沙而挖的沟,也用于地名:公山～|安定～(均在内蒙古)。
㊁ hào 同"秏":～土。

颵 háo 拟声词,风声。

豪 háo ❶ 豪猪,又称箭猪,哺乳动物,身上有许多长而硬的刺:白～。❷ 具有杰出才能的人:～杰|英～|文～。❸ 有钱有势的人:土～|富～。❹ 有气魄;直爽痛快;没有拘束的:～迈|～爽|～情壮志。❺ 强横;有特殊势力的:巧取～夺|～强|～门。❻ 大;华丽而奢侈:～雨|～华|～宅。❼ 通"毫",长而尖细的毛:令离娄见秋～之末,不能以明目易人。

隍 háo ❶ 壕沟。❷ 城下道。

榬 háo 树名。

嘐 háo 违反;违背。

踬 háo 同"號(號,号)"。

號 háo 同"號(号)"。

獆 ㊀ háo "嗥 ❶"的异体字。
㊁ gāo 用于人名:夷～(春秋时晋灵公)。

諕 háo 同"諕"。

諕 ㊀ háo 同"号(號)",大声呼叫。
㊁ xià ❶ 欺骗:诳～|他做的事瞒神～鬼。❷ 同"唬",恐吓;害怕:～得颤着一团。
㊂ huò 同"謋",拟声词,迅速分解声。

虢 háo 同"號"。

儫 háo 同"豪"。

嚎 {嚎} háo 同"嚎(豪)"。

濠 háo 同"号(號)",呼喊:令～,其音气败。

隱 háo 同"隍"。

壕 háo ❶ 同"濠",城壕,护城河:雁迷寒雨下空～。❷ 沟:～沟|战～|防空～。

擃 háo 比较数目或容量多少。

嚎 háo ❶ 鸣叫;呼叫:狼～|鸡～天欲白|昼夜风不止,寒树～未休。❷ 同"号(號)",大声哭喊:哀～|连哭带～。

嶆 háo ❶ 山口。❷ 同"峭",古山名。(《集韵》)

獴 háo 狗一胎生一崽。

亳 háo 同“豪”。

壕 háo 同“毿”。

譹 háo 声音。

濠 háo ❶城壕，护城河：城高地险，堑阔～深。❷水名，分东濠水、西濠水，均在安徽。❸用于地名：～江（澳门）的别称。

𧯶 háo 同“豪(豪)”。

貘 háo 同“嗥(嗥)”，野兽吼叫。

豪 háo “豪(豪)”的讹字。

豪 háo 同“豪”。

艨 háo 船仓。

譹 háo 同“謕”。

譹 háo 同“嚎”。

hǎo

玟 hǎo 同“好”。

孜 hǎo 同“好”。

好 ㊀ hǎo ❶女子貌美：毛嫱、西施，善毁者不能蔽其～｜有一个女儿生得十分～。❷优点多的；令人满意的：～人｜～事多磨难。❸友爱；和睦：友～｜他俩从小～。❹易于；便于：这件事不～办｜你留个电话，今后～联系。❺完成：饭～了｜准备～了就开始。❻表示同意、赞许或结束等口气：～，就这么办｜～，今天的会就开到这里。❼副词，很：～热｜你在这儿躲清静，让我～找。
㊁ hào ❶喜爱：爱～｜～读书｜～高骛远。❷容易（发生某种变化）：～哭｜铁～生锈。

玗 ㊀ hǎo 同“好”，优点多。
㊁ hào 同“敔(好)”，喜欢；喜爱。

郝 hǎo ❶古乡名，在今陕西。❷姓。

瓕 hǎo 同“瓕(好)”。

瓕 hǎo 同“好”。

hào

夰 hào ❶放纵轻佻的样子。❷气：泰～。

号(號) hào 见334页háo。

奔 hào “夰”的讹字。

垊 hào ❶瘠薄；粗疏：～土。❷通“耗”，消减：积土之气～。

郈 hào 古邑名。（《改并四声篇海》）

玫 ㊀ hào 通“好”：无有作～。
㊁ niū 姓。

姙 hào 同“魹”。

妞 ㊀ hào 同“玫”。
㊁ niū ❶对女孩儿的昵称：～儿｜小～儿｜把～～抱过来。❷姓。

昊 hào 广大的天，引申为广大：～天｜～空｜～穹。

岤 hào 古山名。（《集韵》）

猇 hào ❶拟声词，狗叫声。❷狗名。

毋 hào 同“㚥”。

毐 hào 同“㚥”。

㚥 hào 同“好”，喜爱；喜欢。

荮 ㊀ hào 草名。
㊁ hāo 同“薅”。

畀 hào 同“昊”。

秏 ㊀ hào ❶稻类作物。❷同“耗”，减损：改煎金锡则不～。❸姓。
㊁ mào 通“眊”，惑乱；混乱：天下～乱，万民不安。

耗 ㊀ hào ❶同“秏”，稻类作物。❷庄稼欠收：用地小大，视年之丰～。❸瘠薄；粗疏：～土。❹减损；消费：～减｜～神｜～电。❺拖延：～时间｜整天在家～着。❻音信；消息：音～｜噩～｜自春至秋，杳无一～。
㊁ mào 混乱：官职～乱，刑罚不中。

鄗 hào 同“鄗”。

晃 hào 夏天。

颢 hào 同"號(号)"。

哠 hào 话多。

浩 ㊀ hào ❶ 水势盛大,引申为盛大、广大:～瀚｜～渺｜～～荡荡。❷ 众多;繁多:～繁｜～如烟海。
㊁ gé [浩亹](-mén) 1. 古水名,一在今青海,一在今甘肃。2. 古地名,在今甘肃。

悎 ㊀ hào 恐惧。
㊁ jiào 心惊。
㊂ jué 同"觉(覺)",省悟;明白:～悟。

恏 hào 欲望。

秏 hào 矛类兵器。

晧 hào 同"皓"。

皓{皓} hào 同"皓"。

諕 hào 也作"耗",消息;音信。

淏 hào 水清澄的样子。

墟 hào 同"壉(𧇊)"。

秏 ㊀ hào 用草木叶肥田。
㊁ mào 同"芼"。

傐 hào 古地名。(《字汇》)

皓[❶❷皜、❶❷暠] hào ❶ 光亮;明亮:～彩｜～月当空。❷ 白;洁白:～齿｜～首(指人老或老人)。❸ 指老人、老翁:他年来访南山～。❹ 姓。
◆ "暠" 另见 337 页 "暠" 字条。

鄗 ㊀ hào ❶ 古地名。1. 同"镐(鎬)",周武王的国都,在今陕西。2. 春秋时属晋国,战国时属赵国,在今河北。3. 春秋时属齐国,在今山东。❷ 姓。
㊁ qiāo 古山名,在今河南。

隔 hào 同"鄗",古地名,在今河北。

聕 hào 听。

酕 hào 义未详。(《改并四声篇海》)

魹 hào 虚厉。(《集韵》)

滈 ㊀ hào ❶ 久雨。❷ 水势大并泛白光的样子:滈乎～～,东注太湖。❸ 滈河,水名,在陕西。
㊁ xuè ❶ 水的样子。❷ 拟声词,水激荡声。❸ [滈瀑](-bó) 水腾涌的样子。

㬶 hào 同"皞"。

暤{暤} hào 同"皞"。

皜 hào 同"暠"。

暠 ㊀ hào "皓❶❷" 的异体字。
㊁ gǎo 明白。

顥 hào 白发(髪)人。

皞 hào "皞" 的讹字。

镐(鎬) ㊀ hào ❶ 镐京,西周初年的国都,在今陕西。❷ 古地名,在今宁夏。❸ 古水名,在今陕西。❹ 姓。
㊁ gǎo ❶ 掘土或采矿、凿岩石的工具:丁字～｜风～｜电～。❷ 金属元素"钴(鈷)" 的旧译写法。

皞 hào ❶ 洁白明亮的样子:～气。❷ 舒畅的样子:万方熙～｜熙熙～～而不自知。❸ 通"昊",广大:～天。

㚪 hào 同"昊"。

貄 hào [禺貄](yú-) 也作"禺号(號)",神名。

澔 hào "澔(皓)" 的讹字。

澔 hào 同"浩"。

嫭 hào ❶ 姓。❷ 用于女子人名。

璪 hào 玉。

灝 hào [灝灝] 同"浩浩",辽阔无边。

蒿 hào [蒿葔](-hóu) 也作"蒿侯",莎草的别称。

暤 hào 同"暤(皞)"。

虠 hào 同"虢"。

皡 hào 同"皞"。

璩 hào 像玉的美石。

颢(顥) hào ❶ 白头的样子,引申为白头老人、白而亮的样子:南山四

～|天白～～。❷通"昊",广大的天空,引申为大:～天|～气|守～然之气。

虠 hào 敞口陶锅。

諕 hào［諕讃］(-huì)相欺。

號 hào 同"虠"。

鰝 hào 一种大海虾。

灝(灝) hào ❶豆浆。❷通"浩",水势大:～溔潢漾|秋水连天～。

顥 hào 同"颢(顥)"。

灦 hào 同"浩"。

瀬 hào 同"灦(浩)"。

hē

乚 hē 气行畅达。

诃(訶) hē ❶同"呵",怒责:～斥。❷［诃子］又称藏青果,常绿乔木。果实像橄榄,可供药用。

抲 ㊀hē 指挥。
㊁hè 同"荷",担;扛。

呵 ㊀hē ❶怒责;大声斥责:～禁|～责|～斥。❷呼气;哈气:～了一口气|一气～成。❸叹词,表示惊讶:～,这小伙子真棒!❹［呵呵］(-hē)1.拟声词,笑声:～地笑。2.笑的样子:笑～地说。
㊁ā 同"啊",叹词,表示赞叹或惊讶:～,青春,愿你光芒四射!
㊂hā 同"哈",弯(腰):～下腰去扶|他很大方地～一～腰,就走了出去。

欱 ㊀hē 同"呵"。1.拟声词,笑声。2.呼气;哈气。
㊁qiè 张口大笑。

訶 hē 同"诃(訶)"。

袔 hē 祭名。

呿 hē 拟声词,开口声。(《集韵》)

欱 ㊀hē ❶饮;吮吸。❷合。
㊁xiá 同"欱",尝。

萪 hē 同"蠚"。

喝 hē［喝喝］拟声词,笑声:～然而笑。

喝 ㊀hē 饮;食(液体或流质食物):～水|～酒|～粥。
㊁hè ❶大声呼喊:～彩|吆～|大～一声。❷呵责;吓唬:厉声～之。

歁 hē 同"欱"。

嗬 hē ❶叹词,表示惊讶:～,跑得够快的!❷［嗬嗬］同"呵呵":～地笑着|整天笑～地。

欱 hē ❶受寒而咳嗽。❷同"欱",饮;吮吸。

蓋 hē 同"蠚"。

頋 hē 倾头看的样子。

蠚 hē 同"蠚"。

謌 hē 同"訶(诃)"。

歔 hē 同"齁"。

齁 hē "齁"的讹字。

蠚 hē ❶有毒腺的动物蜇刺别的生物,比喻毒害:蝮～手则斩手|群雄猬(蝟)起,毒～九州。❷虫毒:腹蛇～生。

齁 hē［齁齁］(-hōu)也作"齁齁",鼻息声。

齃 hē 同"齁"。

齁 hē［齁齁(-hōu)同"齁齁",鼻息声。

㰤 hē 义未详。(《改并四声篇海》)

hé

禾 hé ❶古代指粟,即谷子,脱壳后称小米:～麻菽麦。❷谷类作物的统称:～苗|锄～日当午,汗滴～下土。

卢 hé 义未详。(《改并四声篇海》)

合 ㊀(❶❸閤) hé ❶闭;合拢:～眼|～抱|乐得～不上嘴。❷聚集;共同:～办|～唱|～作。❸总共;全部:～计|～家欢乐。❹符合;不违背:～格|～法|～理。❺合计;折算:做这件羽绒服连工带料～350元|一米～三尺。❻中

国民族音乐音阶上的一级,也是乐谱记音符号,相当于简谱的"5"。❼姓。
㊁gě ❶旧时量粮食的器具。❷容积单位,10勺等于1合,10合等于1升。
◆"閤"另见285页"阁"字条、341页"閤"字条。

纥(紇) ㊀hé ❶[回纥]又称回鹘,古代西北地区少数民族名。❷姓。❸人名(孔子之父)。
㊁gē ❶[纥繨](-da)纱线、绳等纠结而成的小球形或块状物:线~。❷[纥梯纥榻]某种声音:更著一双皮屐子,~出门前。

何 hé 见342页hè。

𠡎 hé 同"劾"。

𦬆 hé 草名,一说同"莫"。

𠯑 hé 同"咊",小儿啼哭。

𥞍 hé 义未详。(《改并四声篇海》)

和 ㊀[❶-❹龢、❶-❹咊] hé ❶协调;融洽:~谐|~睦|天时地利人~。❷平和;不激烈:谦~|心平气~|风~日丽。❸结束战事或平息争端:~好|~谈|议~。❹棋类和某些球类比赛不分胜负:~棋|~局|握手言~。❺连带:~衣而卧|~盘托出。❻介词,对;向:这事~他没关系|你~老师说话要有礼貌。❼连词,同;与:我~他同龄|周六~周日都在家休息。❽两个以上的数相加所得的数:~数|总~。❾姓。❿指日本:~服|汉~词典。
㊁[咊] hè ❶在言语、行动上跟随别人:附~|应~。❷和谐地跟着唱:曲高~寡|一唱百~。❸依照别人诗词的题材或体裁来写作诗词:~诗|唱~|酬~。
㊂huó 在粉状物中加水或其他液体搅拌、揉弄,使黏在一起:~面|~泥。
㊃huò ❶掺和;加水搅拌:~药|~点儿麻酱。❷量词,次:煎二~药|衣服已洗了三~。
㊄hú 打麻将或斗纸牌时,某一家的牌达到规定要求而取胜:开~|诈~。
◆"龢"另见342页"龢"字条。

秇 hé ❶不易舂捣去壳的谷粒。❷也作"麧""籺",米糠。

郃 hé ❶[郃阳]旧县名,在今陕西,也作"合阳"。❷用于地名:郃~(在河南)。❸姓。

劾 ㊀hé 检举、揭发罪状或过错:弹~。
㊁kài 勤勉;努力:~步渐趋。

𠢃 hé 同"劾"。

河 hé ❶专指黄河:~套|~西走廊。❷水道的通称:~沟|~湖港汊|运~。❸银河,又称天河,天空密集如河流的带状星群:秋~曙耿耿|~汉运转,天晓之候。☞河/江/水 见889页"水"字条。

𣲖 hé 古水名。(《玉篇》)

𡚾 hé ❶仪态娴雅。❷用于女子人名。

𣏩 hé 同"𦙶"。

吱 hé 击。

𢻭 hé 同"吱"。

曷 hé ❶代词,表示疑问。1.何;什么:~令不行?|亦~故哉!2.何日;何时:~至哉?|~归?3.怎么:~怨人?|~能至此?❷副词,表示反问语气。1.何不:~饮食之?|~避之?2.岂;难道:~若是而可以持国乎?|礼云礼云,~其然哉!

峆 hé[峆嵤](-tà)山重叠的样子。

𡈁 hé 同"合"。

𥝩 hé 同"和"。

𥟍 hé 同"秇"。

𥝢 hé ❶棺头。❷同"𦙶"。

𦙶 hé 棺当,棺材前后两头的挡板。

𨑹 hé 行相及。(《玉篇》)

狢 ㊀hé(又读háo)同"貉"。
㊁mò 同"貊(貉)"。

𠠱 hé 同"劾"。

𠢑 hé"𠢃(劾)"的讹字。

阂(閡) ㊀hé ❶阻碍;妨碍:隔~|见钱~行。❷止;停:不踬不~。❸界限;限制:无~|~于资格。
㊁gāi 通"陔",台阶的层次:九~。

籺 hé ❶同"麧",米糠,泛指粗食:糠~。❷泛指稻、麦等的籽粒:穮~相杂。❸米粉。

H

盍[盇]{盍} hé ❶覆盖。❷合;聚合:～簪(朋友聚合)。❸副词,怎么;何不:花开酒美～不归?|～各言尔志?

荷 ㊀hé ❶莲,也指荷叶:攀～弄其珠。❷荷兰王国(国名,在欧洲西部)的简称:～人|中～贸易。❸[荷花]莲的花,也指莲。
㊁hè ❶担;扛:～担|～锄|～枪实弹。❷承载;担任:～重|肩～重任。❸敬辞,承受恩惠,多用于书信中表示感激或客气:感～|请予批准为～|甚～不外,留叙三日。

核[覈] hé 见274页gāi。

齕 hé 上下牙咬合。

辂(輅) ㊀hé 古代车辕上绑缚的供人拉车的横木。
㊁lù 车名,多指帝王用的大车。

呵 hé(又读hè)[啊啊]也作"訶訶",拟声词,众多的声音。

哲 hé 息。

柯 hé 义未详。(《改并四声篇海》)

盉 hé 古代盛酒或水的器皿,像壶,多为三足。

敂 hé[敂鼓](-zhuī)不齐。

敆 hé 同"敆(合)"。

敆 hé 同"合",合拢;聚集。

籺 hé 同"麧"。

涧 hé 同"菏(満)",古泽名。(《字汇补》)

茹 hé 同"茱",草名。

菏 ㊀hé ❶菏蘼草,草名。❷[菏泽]地名,在山东。
㊁gē(又读hé)古湖名,在今山东。

郃 hé 同"郃"。

龁(齕) hé ❶用牙咬:～草|食其肉而～其骨。❷吞噬:～滇畺(疆)。

毼 hé 同"毼"。

蚵 ㊀hé ❶[蚵蠪](-lóng)蜥蜴。❷[蚵蚾](-bǒ)1.蟾蜍类动物。2.蜃。
㊁kè 牡蛎,软体动物。

啝 hé 小孩啼哭。

秴 ㊀hé 同"秴",耕。
㊁gé 种。

稖 hé 禾类作物,像黍而小。

秮 hé 同"秌"。

盒 hé 底盖相合可盛东西的器物:果～|饭～|火柴～。

貈 hé 同"貉"。

貈 hé 同"貉"。

脨 hé 肉。

脴 ㊀hé 同"颌(頜)"。
㊁hán 同"肣",干的肥牛肉。

跲 hé 同"跲"。

烚 hé 烧麦子。

渮 hé 同"菏"。

涸 hé ❶水干枯:干～|泉～|水源～竭。❷竭;尽:积于不～之仓|立～而无余。

淴 hé[淴涫](-guàn)水浪翻腾的样子。

郃 hé ❶古地名。(《字汇补》)❷池。

啚{啚} hé 会。

琈 hé 同"和"。

匼 hé[匼匝](-zā)周绕。

郝 hé 古地名,在今山东。

菡 hé 草名。

虖 hé 义未详。(《改并四声篇海》)

嗃 hé 义未详。(《改并四声篇海》)

蜇 hé 义未详。(《龙龛手鉴》)

惒 hé 用于梵语译音。

颌(頜) ㊀hé(又读gé)口腔上下部的骨头和肌肉组织:上～|下～。

H

㊁ gé 姓。

訸 hé 同“和”。

趷 hé ❶僵。❷狂跑。

蒚 hé 同“渮”。

榔 hé ❶角械。❷树名。

榕 hé ❶鞍格。(《广韵》)❷衣架。

毼 ㊀ hé ❶粗毛布：毛～|绒～。❷通“鹖(鶡)”：～鸡。❸[氀毼](lǘ-)见606页“氀”字条。

㊁ kě 不加彩饰的：～豆(豆：古器皿)。

㊂ dā[氀毼](dōu-)见606页“氀”字条。

幍 hé 吹火幍。(《龙龛手鉴》)

犵 ㊀ hé 牛名。

㊁ jiān 同“犍”，阉割过的牛。

鉌 hé 古代悬在车上的铃铛，也作“和”。

峆 hé 两山相合。

貈 ㊀ hé 同“貉”。

㊁ mò 同“貊”。

貈 hé 同“貈(貉)”。

貉 ㊀ hé 貉子，哺乳动物，像狐。

㊁ háo 同“貉㊀”：～子|～绒(拔去硬毛的貉子皮，质地轻软)。

㊂ mò 同“貊”。

鲄(魺) ㊀ hé 河豚。

㊁ gě 经腌制加工的鱼。

詥 ㊀ hé 和谐。

㊁ gé 会合众意。

阖(闔) hé ❶门扇：排～|拔刀穿～。❷关闭：～门|～户|～眼皮。❸全：～家|～城|～朝危惧。

滐 hé 水深的样子。

熆 hé 同“熆”，吹火。

趦 hé 倒，一说“趷”的讹字。

麧 hé 米糠，多指粗食。

䫘 hé 用于清代帮派三合会的旗号。

閤 ㊀ hé “合㊀❶❸”的繁体字。

㊁ gé ❶小门；旁门：门～。❷“阁(閣)”的异体字。

闟 hé 同“阂(閡)”，阻碍；妨碍。

鹖(鶡) ㊀ hé ❶又称鹖鸡，鸟名。❷也作“鴿”，鸟名。

㊁ hè 同“鹤(鶴)”。

嗃 hé 同“齕”，吃。

毾 hé 同“毼(褐)”，粗毛布。

熆 ㊀ hé 吹火。

㊁ yàn 同“焰”。

盍 hé 同“盍”。

麧 hé 同“麧”。

翮 hé “翮”的讹字。

碣 hé 地贫瘠多石。

皠 hé ❶羽毛洁白而有光泽：～～白鸟。❷同“皬”，白：～然白首。

溯 hé 同“澥”。

糲 hé 白米。

滆 hé ❶水的样子。❷古水名。(《篇海类编》)

蘢 hé 同“藒”，菜名。

轄 hé ❶车。❷车前横木。

翮 hé ❶翎管，鸟翎的茎：六～|矫翼厉～。❷鸟的翅膀：鸟～|敛～|奋～高飞。❸泛指鸟：苍～|林间～。

䫘 hé 用于清代帮派三合会的旗号。

闔 hé 同“阂(閡)”。

蝔 ㊀ hé[蝎蝔](è-)龙摇目吐舌的样子。

㊁ xiá 又称仙姑，即蝼蛄。

嗬 ㊀ hé 同“欱”，大笑。

㊁ xiā[谽嗬](hān-)同“谽谺”，山谷空阔的样子：趋～之洞穴。

篕 hé[篕棪](-yǎn)也作“篕棪”，粗竹席。

鉌 hé 饮酒器。

瀚 hé 同“澥”。

H

縭 hé 生丝。

藒 hé 水草名。

闔 hé 同"闔(阖)"。

闔 hé 同"闔(阖)"。

闔 hé "闔(闔,阖)"的讹字。

諡 ㊀ hé 静。
㊁ kē 话多。

鞨 ㊀ hé 鞋。
㊁ shé 治皮革。
㊂ mò［鞨巾］束发的头巾。

磝 ㊀ hé ❶ 同"覈(核)",核实。❷ 严峻;苛刻:刻～｜惨～。
㊁ qiāo ❶ 同"硗(磽)",坚硬的石头:礌～。❷ 石砌的堤坝:石～。
㊂ jī 通"激":荡洲～岸｜慷慨～愤。

齕 hé 同"齕(龁)"。

顒 ㊀ hé［頛顒］(mò－)见 664 页"頛"字条。
㊁ jié［頠顒］(hóu－)急迫发言。
㊂ kě 鬓发脱落的样子。

髑 hé［髑骬］(－yú)胸骨。

襒 hé 衣领衬。

鞨 hé［靺鞨］(mò－)同"靺鞨",宝石名。

翯 hé 同"翮",翎管,鸟翎的茎。

覈 hé ❶ "核㊁❶❸❹"的异体字。❷ 麦糠里的粗屑,后作"麧""籺":糠～。

覈 hé 同"覈(核)"。

齕 hé 同"齕(龁)"。

闔 hé 同"闔(阖)"。

鼦 hé 鼦鼠,像土拨鼠而头大。

貈 hé 同"貈(貉)"。

鼲 hé 同"鼦"。

瀡 hé 煎盐。

驩 hé ❶ 白额的马。❷ 驩苑,汉代苑名。

輅 hé 同"辂(輅)"。

貗 hé 同"貉"。

澔 hé 同"涸"。

鞨 hé 同"鞨",鞋。

覈 hé 同"覈(核)",核实。

皬 hé ❶ 白:～然白首。❷ 白而不纯。

鑉 hé ❶［鑉铲］(－lú)箭名。❷ 金属元素"铍(鈹)"的旧译写法。

貈 hé 同"貉"。

謍 hé 咏唱。

穚 hé 同"龢(和)"。

龢 hé ❶ "和㊀❶－❹"的异体字。❷ 用于人名:翁同～(清代人)。

齃 hé［齧齃］(là－)拟声词,啮物声。

鼉 hé 同"鼉(河)"。

鼉 hé 同"河"。

糵 hé 麦糠里的粗屑,也作"覈"。

纈 hé 衣领内。

鶡 hé［鵖鶡］(bái－)见 18 页"鵖"字条。

齃 hé 同"齃"。

hè

何 ㊀ hè ❶ 担,挑,背,后作"荷":尔牧来思,～蓑～笠。❷ 承受;承担:殷受命咸宜,百禄是～。
㊁ hé ❶ 代词,表示疑问。1. 什么:～人｜～地｜～时。2. 哪里:～在｜～往｜～去～从。3. 表示反问,为什么:～不｜～值一提｜谈～容易?❷ 副词,表示程度,甚;多么:～其｜吏呼一～怒,妇啼一～苦。❸ 助词,用在句中:莲叶～田田。❹ 姓。

垎 hè 同"赫"。

服 hè肥。

胺 hè肥。

洛 hè ❶冰:冻~。❷[洛澤](-duó)冰的样子:冰冻兮~。

垎 hè 土地干燥而坚硬:下田停水处,燥则坚~,湿则污泥。

赤 hè"赫"的讹字。

哧 hè同"嚇(吓)"。

贺(賀) hè ❶庆祝:~喜|~礼|祝~。❷姓。

抲 hè同"荷",担;扛。

袔 ㊀hè衣袖。㊁kè夹衣。

隺 ㊀hè ❶鸟往高处飞。❷同"鹤(鶴)":~足。
㊁què[隺然]心志高的样子。

萮 hè同"蔚"。

嗃 hè叹词,慢应声。

焃 ㊀hè同"赫",火盛的样子。㊁huò同"焳",火光。

寉 hè同"隺",鸟往高处飞。

䒳 hè同"赫"。

壑 hè同"壑"。

碻 hè[礭碻](luǒ-)见616页"礭"字条。

嗃 ㊀hè[嗃嗃](-hè)严酷的样子:家人~。
㊁xiāo大声呼叫:铮镄訾~。
㊂xiào[嗃嗃](-xiào)拟声词,嗥叫声:野猪~。

壑 hè"壑"的讹字。

㬃 ㊀hè大。㊁qiāo同"敲",打击。

焊 hè烧。

赫 hè ❶火红色:~如渥赭|火光~然属天。❷明亮:~日当空|骄阳~而不吾灼|日月不高则光辉不~。❸显著;盛大:显~|声势~~。❹发怒:~然加怒|皇震其威,~如雷霆。❺炎热的样子:大旱炎~。❻赫兹(振动频率单位)的简称,1秒钟振动1次是1赫兹。❼[赫连]姓。☞赫/彤/赤/朱/丹/绛/红 见117页"赤"字条。

覤 hè见。

覔 hè同"覤"。

覡 hè同"覤"。

叡 hè同"壑"。

壡 hè同"壑"。

㕡 hè同"壑"。

皜 hè白色:~然。

訶 hè ❶[訶訶]拟声词,众多的声音。❷同"呵"。

熇 hè火。

熇 ㊀hè ❶火势旺盛:熏~。❷烧:~焚。㊁xiāo热气;炎热:~暑。
㊂kào烘烤:~燥好薪。

褐 hè ❶粗布或粗布衣服:短~|无衣无~。❷比喻卑贱的人:内~|~之父。❸黑黄色:~煤|~锦。

翯 hè同"翯"。

蔼 hè ❶菜名。❷用于佛经译音。

鹖 hè同"鸖(鹤,鶴)"。

鲄 ㊀hè[魶鲄](nà-)鱼名。㊁zā鱼口动的样子。

齃 hè义未详。(《龙龛手鉴》)

濩 hè古水名。(《玉篇》)

鹤(鶴) hè ❶水鸟名:仙~|丹顶~|松~延年。❷比喻白色:~发童颜。

蔼 hè[薄蔼]同"薄荷"。

嗬 hè同"喝",大声呼喝。

豁 hè义未详。(《改并四声篇海》)

翯 ㊀hè［翯翯］（-hè）色白而有光泽的样子，单用义同：白鸟翯翯｜须眉翯然。㊁hào 白色羽毛。

豰 hè 同“㹱”，拟声词，猪叫声。

壑 hè（旧读 huò）❶山谷；山沟；护城河：丘～｜沟～｜实墉实～。❷大水坑：水归其～。

謞 ㊀hè［謞謞］（-hè）炽热、激烈的样子：～然炽盛也｜～之言而有是非。㊁xiào 同“詨”，呼唤；大叫。

𤸱 hè 心病。

熇 hè 同“熇”。

谷 hè 同“壑”。

褐 hè 同“褐”。

䙐 hè 衣袖。

霍 hè 云散。

爀 hè 同“赫”，火红色：～如烽燧俱燎。

熇 hè 同“熇”。

豁 hè 义未详。（《字汇补》）

䙗 hè 同“褐”。

嚇 hè 目赤。

幱 hè［幱㡗］（-tí）1. 红纸。2. 薄纸片。

壑 hè 同“壑”。

謮 hè 表示应诺。

讘 hè［譀讘］（xiàn-）发怒的样子。

壑 hè 同“壑”。

鹄 ㊀hè 同“鹤（鶴）”。㊁hú 古地名。（《集韵》）

鸢 hè 义未详。（《直音篇》）

鶴 hè 同“靍（鹤，鶴）”。

齃 ㊀hè 鼾声。㊁è 同“頞”，鼻梁。

豁 hè 同“臛”。

鶴 hè 同“靏（鶴，鹤）”。

鸖 hè 同“鹤（鶴）”。

靎 hè 同“鹤（鶴）”。

靏 hè 同“鹤（鶴）”。

靍 hè 同“鹤（鶴）”。

壑 hè 同“壑”。

灂 hè 同“靏（鶴，鹤）”。

hēi

黑｛𪐫｝ hēi ❶像煤或墨的颜色：～布｜～板｜～鞋油。❷昏暗，光线不足：～夜｜天～了｜小仓房里很～。❸隐秘的；非法的：～话｜～市｜～社会。❹恶毒：～心。❺黑龙江省（行政区划名）的简称。❻姓。

𠩺 hēi［𠩺酥］（-sū）一种食品罐头。

嘿 ㊀hēi ❶拟声词，笑声：～～地笑｜～地一声冷笑。❷叹词。1. 表示招呼或提醒：～，老李｜～，小心点儿。2. 表示惊异或赞叹：～，你想哪儿去了？｜～，这盆花真漂亮！㊁mò 同“默”，闭口不说话：～则思，言则诲。

潶 hēi 古水名，在今山西、陕西一带。

㥤 hēi 惛。

䃥 hēi 拟声词，石裂声。

㱄 hēi 同“黑”。

默 ㊀hēi ❶拟声词，唾声。❷咳嗽。㊁mò 同“嘿（默）”，闭口不语。

锞（鐶） hēi ❶金属元素，由人工合成获得，有放射性。❷金属元素“锰（錳）”的旧译写法。

儵 hēi 义未详。（《改并四声篇海》）

鱀 hēi 鳒。

hèi

黣 hèi 同"黔(黭)"。

黔(黭) hèi 浅黑色。

hén

拫 hén ❶牵引；拉。❷排挤；排斥：～抑｜排～。

胉 hén ❶同"跟"，脚后跟。❷肉眼。

痕 ㊀hén ❶伤疤：创～｜伤～累累。❷印迹：斑～｜泪～。
㊁gèn 肿。

輥 hén 同"鞎"。

鞎 hén 古代车箱前的遮蔽物或饰物。

檭 hén 平量木。(《集韵》)

齦 hén 同"鞎"。

韗 hén 同"鞎"。

hěn

佷 hěn ❶凶狠；毒辣：独夫昏～。❷刚愎：多自～用。

退(詪) hěn 言语不顺从。

很 hěn ❶违逆；不听从：今王将～天而伐齐。❷同"狠"，凶狠；凶暴：贪～｜好勇斗～。❸副词，甚；非常：～好｜～高｜～不错。

狠 ㊀hěn ❶残忍；凶恶：～毒｜凶～｜心～手辣。❷严厉：对敌人要～。❸坚决；下定决心，不顾一切：要有一股～劲｜～下一条心，非完成任务不可。❹副词。1.尽全力：～抓薄弱环节。2.旧同"很"，表示程度很高：远得～｜篇幅～短。
㊁hǎng 怨恨：～得他爆嗓如雷。

㣯 hěn 同"很"。

蒗 ㊀hěn 草名。
㊁xié［蒗蕧］(-fú)草名。

誏 hěn 同"退(詪)"。

hèn

㥕 hèn 同"恨"。

恨 hèn ❶后悔；不称心：遗～｜相见～晚｜不能畅聆大教，真是～事。❷怨恨；仇恨：愤～｜痛～｜～之入骨。

㦧 hèn 同"恨"。

hēng

亨 ㊀hēng ❶通达；顺利：～通。❷量词，亨利(电感单位)的简称。电路中电流强度1秒内的变化是1安、产生的电动势是1伏时，电感是1亨。
㊁pēng 同"烹"：～豚｜～牛食士。

哼 ㊀hēng ❶呻吟；呻吟声：病中，他没～一声｜疼得直～～。❷用嗓眼儿、鼻子低声吟唱：～着小曲｜～着歌。❸拟声词，由鼻孔发出的声音：～的一声，鼻孔里放出一道白光。
㊁hng(又读hèng)叹词，表示鄙视、不满、愤慨等：～，我才不信呢！｜～，有什么了不起！｜～，走着瞧！

涥 hēng 姓。

悙 ㊀hēng［憉悙］(péng-)见721页"憉"字条。
㊁hèng［伥悙］(zhèng-)见94页"伥"字条。

殍 hēng［殑殍］(péng-)见721页"殑"字条。

脝 hēng［膨脝］(péng-)见721页"膨"字条。

舿 hēng 盐舿。(《字汇补》)

héng

𡍃 héng "恆(恒，恆)"的讹字。

恒 héng 同"恒"。

宊 héng 同"衡"。

南 héng 同“衡”。

衎 héng 同“衡”。

恒［恆］ ㊀ héng ❶ 持久不变：～心｜～温｜永～。❷ 通常、经常的：～例｜～言。❸ 恒山，山名，五岳之一，在山西东北部。❹ 姓。
㊁ gèng ❶ 上弦月渐趋盈满：如月之～。❷ 同“亘”，延续不断：～以年岁。

姮 héng［姮娥］嫦娥，传说中的月中女神。

珩 héng 一组成套佩饰上面的横玉。

桁 ㊀ héng 又称檩子、桁条，屋梁或门、窗上的横木。
㊁ háng ❶ 古代加在犯人脚上或颈部的大型刑具，也指把刑具加于犯人：死罪者～之。❷ 同“航”，连船而成的浮桥：城北水旧有～。❸ 量词，用于成行的东西：一～晴山倒碧峰｜一～水田渔宅。
㊂ hàng 衣架：衣～｜～挂新衣裳。

胻 héng ❶ 胫骨上部，也指脚胫：～痠｜壮士斩其～。❷ 肚。

烆 héng 火炬。

奥 héng 同“衡”。

奧 héng 同“衡”。

稨 héng 义未详。（《龙龛手鉴》）

奥 héng 同“奥（衡）”。

鸻（鴴） héng ❶ 飞鸟。❷ 鸻科、燕鸻科部分鸟类的通称，多生活在水边。

衡 héng 同“衡”。

㥓 héng 同“恆（恒）”。

奥｛奧｝ héng 同“衡”。

葙 héng［葙山］药草名。

鶱 héng 义未详。（《字汇补》）

甑 héng 小瓦。

横｛橫｝ ㊀ héng ❶ 指方向。1. 东西方向：长安街～贯北京城。2. 左右方向：～书｜～排本｜～剖面。3. 与长形物体垂直的方向：～渡｜～跨｜～穿马路。❷ 泛指平直的：～梁｜～额｜～幅。❸ 使物体成左右方向：～着扁担｜立马～刀。❹ 交错：蔓草～生｜沧海～流｜～冲直撞。❺ 不顺情理；野蛮：～加指责｜～行乡里｜～征暴敛。❻ 充溢：～乎四海｜老气～秋｜舞剑闻鸡意气～。❼ 汉字的一种笔画，形状是“一”。❽ 姓。
㊁ hèng ❶ 强蛮；不驯：蛮～｜强～｜说话太～。❷ 意外的：～财｜～祸｜～死街头。

骱 héng ❶ 同“胻”。1. 胫骨上部。2. 脚胫。❷ 牛脊后骨。

衡 héng 同“衡”。

飈（飉） héng ❶［飈颱］（-yù）风的样子，暴风，单用“飈”义同。❷［飈飊］（-chéng）也作“飈飈”，狂风。

衡 héng 同“衡”。

衡 héng ❶ 古代为防止牛顶伤人而绑在牛角上的横木：夏有楅～。❷ 车辕前端的横木：有摧～折轭之患。❸ 同“横”：～陈其师｜袤千八百里，～五百里。❹ 称东西轻重的器具：～律｜度量～｜悬～而量则不差。❺ 称重量：～器｜～其轻重｜物胜权而～殆。❻ 比较；评定：～量｜权～得失。❼ 平；不倾斜：平～｜均～｜藏气不政，肾气不～。❽ 姓。

襩｛襩｝ héng［襩褡］（-dā）小被。

衡 héng 同“衡”。

鍈 héng 同“鍈”。

颸 héng 同“飈（飉）”。

潢 héng ❶ 小渡口。❷ 用船渡水。❸ 船；筏子。

蘅 héng［杜蘅］也作“杜衡”，多年生草本植物，叶可提取芳香油或供药用。

䵧 héng 同“䌸”。

飆 héng 同“飈（飉）”。

䌸 héng ❶ 一种藤。❷ 织。

輴 héng 同“衡”。

鑅 héng 拟声词，钟声。

hèng

啈 ㊀ hèng 哄骗:休把人厮(厮)～,你甚胡来我怎信?
㊁ hēng 叹词,表示禁止:～,不许胡闹!

堼 hèng 用于地名:～店(在湖南)|大～上(在天津)。

hm

噷 ㊀ hm 叹词,表示申诉、禁止或不满:～,还闹哇!|～,别得便宜卖乖。
㊁ xīn ❶亲吻:紧抱着～。❷动口;开口:咱～这口,待酬言(酬言:对方的应答)。
㊂ hěn 同"狠",多用于形容词后缀:恶～～披袍贯甲。

hōng

叿 ㊀ hōng 同"哄",言语嘈杂:只听得～～的说话响。
㊁ hóng 同"訌",大声。

吰 hōng 同"吽",佛教六字真言之一。

灴 hōng ❶火旺盛。❷同"烘",烧;烤。

轰(轟) hōng ❶拟声词,雷鸣、炮击等的巨大响声:雷声～～|炸弹～的一声爆炸了。❷炮击或用炸药爆破:炮～|～击|～炸。❸驱逐;驱赶:～蚊子|把入侵者～出国门。

砙 hōng 同"硡"。

訇 hōng ❶拟声词,很大的声响:～然|～的一声,炸开一个洞。❷[阿訇]伊斯兰教主持教仪、讲授经典的人。

訇 hōng 同"訇"。

烘 hōng ❶烤干;烤热:～衣服|～手|～箱。❷像火一样热:～然中暄。❸衬托;渲染:～托|～云托月。

軥 hōng 同"轰(轟)"。

裏 hōng 同"轰(轟)"。

訇 hōng 同"訇"。

揈 ㊀ hōng ❶挥;驱赶:～着牲口。❷推销:把货物～出去。
㊁ hóng 击;敲击:～大鼓。

耾 hōng 耳鸣。

硡 hōng 拟声词。1.宏大的声音:内声～峒。2.石坠落声。

翃 hōng 弄羽声。(《字汇补》)

猲 hōng 义未详。(《改并四声篇海》)

焢 hōng 火气的样子。

渹 ㊀ hōng 拟声词,浪涛冲击声:～溸澎湃。
㊁ qìng 同"濪",寒冷:冷～～。

愌 hōng [惆愌](péng-)见721页"惆"字条。

狥 hōng 同"翁"。

輷 ㊀ hōng 同"轰(轟)",群车行声。
㊁ chūn 同"軘"。

哄 hōng 同"哄",声。

唝 hōng 同"哄"。

碿 hōng 拟声词,石碰击声,泛指其他声响。

粠 hōng 光色。

礐 hōng 拟声词,石头掉落声。

轟 hōng "轟(轰)"的讹字。

谾 ㊀ hōng ❶山谷空深的样子:～壑奥窦。❷拟声词:～然|谷声～～。
㊁ lóng 同"巃",长大的山谷:空～。

颫 hōng ❶拟声词,风声。❷大风。

誆 hōng 大声,也作"誆誆"。

翝 hōng 羽声。(《改并四声篇海》)

翝 hōng ❶拟声词,飞声。❷同"翁",飞。

薨 hōng ❶古代指诸侯或有王位、爵位的高官去世:武王～|本命而～。❷[薨薨]拟声词。1.昆虫群飞声:虫飞～。2.填土声:度之～。

蔓 hōng 同"翁",鸟飞。

輷 hōng [輷輷]拟声词,众车行声,单用义同,也指雷鸣等巨大响声。

䲨 hōng 同“谾”。

䎕 hōng 鸟飞，也指鸟飞声。

䫹 hōng［䫹䫹］头闷的样子。

轟 hōng 同“轰(轟)”。

䰥 hōng 同“烘”。

䗥 hōng 同“烘”。

嚝 hōng ❶慨叹；感叹：～喟。❷拟声词，钟鼓声。

鍧 hōng［铿鍧］(kēng-)钟声或钟鼓相杂并作声，单用“鍧”义同：钟鼓铿鍧｜鸿钟鍧。

愩 hōng 同“㥂(惽)”。

䡌 hōng 同“轰(轟)”。

飍 hōng 拟声词，风声。

嗊 hōng 用于佛经咒语译音。

儚 hōng 昏迷。

瀇 hōng 同“渹”，浪涛冲击声。

㥂 hōng 同“惽”。

蘳 hōng 同“薨”。

懜 hōng 同“惽”。

礚 hōng 同“䃔”。

飉 hōng 同“颮”。

顭｛顭｝ hōng 同“儚”，昏迷。

飌 hōng ❶风的样子。❷大风，也作“飚(飙)”。❸同“颮”，风声。

鑾 hōng 同“鍧”。

鸏 hōng［蒲鸏］(pú-)古水名。(《山海经》)

鸗 hōng 同“鞫”。

hóng

弘 hóng 同“弘”。

仜 hóng 肥胖，腹大。

弘 hóng ❶大：～愿｜～图｜～旨。❷扩充；光大：～扬｜～化｜～道。

阬 hóng 同“陮”。

妅 hóng 同“娂”。

红(紅) ㊀hóng ❶粉红、桃红色的布帛，后指粉红、桃红、红色：～紫不以为亵服｜浅～｜～旗。❷象征喜庆的布帛，引申为喜庆的事：还有两匹～送给宝二爷｜披～挂绿｜～白喜事。❸指花：残～｜落～｜绿肥～瘦。❹指血：便～｜吐～｜着枪(鎗)的两臂流～。❺兴旺；成功：～火｜走～｜开门～。❻革命；进步：～军｜～色政权｜又～又专。❼利润；收益：～利｜～包｜分～。❽姓。☞红/赤/朱/丹/绛/彤/赫 见117页“赤”字条。

㊁gōng ❶通“工”，指女子从事的纺织、缝纫、刺绣等工作：女～。❷通“功”，古代丧服名：大～｜小～。

玒 hóng 玉名。

弜 hóng 同“弘”。

吰 hóng 同“宏”：崇论～议。

屸 hóng［嶒屸］(céng-)深空的样子。

宖 hóng 同“屸”。

闳(閎) hóng ❶里巷的门。❷宏大：～议｜～大广博。

浤 hóng ❶［泓浤］(hóng-)水势回旋的样子。❷［浤浤］水汹涌奔腾的样子。

宏 hóng ❶广大；广博：～伟｜～图｜取精用～。❷发扬：～道｜～揖让之风。❸姓。

弦 hóng［弸弦］(péng-)拟声词，弓声。

纮(紘) hóng ❶帽子上的带子：朝冠飘彩～。❷维系：天网纵，人～弛。❸网绳：罘网连～，笼山络野。❹通“宏”，宏大：天地之道，至～以大。

玜 hóng 同“玒”。

弘 hóng ❶［藤弘］芝麻的别称。❷同"鞃"。

吰 hóng 拟声词，牛叫声。

泓 hóng ❶水深而广：～澄｜合流～洄｜极～量而海运。❷潭，泛指湖、塘：～下蛟｜～面有烟云之气。❸古水名，在今河南。❹量词，用于清水：一～碧水｜有泉百余～。

愩 hóng［憕愩］（chéng-）见 109 页"憕"字条。

宖 hóng 房屋幽深而有回音。

垬 hóng 坑。

㟴 hóng［从（從）㟴］古山名，在今云南，也单称㟴。

拡 hóng 虫飞。

垬 hóng 土坝。

玒 hóng 同"虹"。

蛩 hóng 同"虹"。

翃 hóng 同"翝"。

翝 ㊀ hóng 拟声词，飞声。
㊁ gòng 到：～天门。

荭（葒） hóng［荭草］又称水荭、红蓼，一年生草本植物，可供药用。

虹 ㊀ hóng ❶（单用又读 jiàng）日光与空中水气相映，发生折射和反射作用形成的七色弧形彩晕，多出现在雨后或日出、日没时。通常有两个，红色在外、颜色鲜艳的称虹，又称正虹；红色在内、颜色较淡的称霓，又称副虹：彩～｜气势如～｜仰见双～雨外明。❷比喻桥：横截春流架断～。
㊁ hòng［虹洞］相连的样子：天地～，固无端涯。
㊂ gòng 古县名，在今安徽。

唝 hóng 同"訌"，大声。

帪 hóng 旌旗的一种。

竑 hóng ❶量度。❷广大；博大：～议。❸强壮。

粠 hóng ❶变质发红的陈米。❷红米。

洪 hóng ❶大水：～水｜～波涌起｜山～暴发。❷大：～流｜～福｜～亮。❸姓。

宏 hóng ❶［寶宏］（chéng-）1. 高而深的大屋。2. 拟声词，屋内回声。❷同"宏"，大。

娂 hóng 用于女子人名。

玜 hóng 同"翝"。

赨 hóng 皮肉红肿。

耾 hóng ❶耳聋。❷耳中声。❸耳语。

翃 hóng（昆虫等）飞。

蚿 hóng 虫名。

嗱 hóng "嗱"的讹字。

喏 hóng 同"吰"。

浤 hóng ❶［浤浤］也作"汯汯"，水汹涌奔腾的样子：崩云屑雨，～汩汩。❷同"泓"。

浲 hóng 同"泓"。

䆖 hóng ❶同"宖"。❷幽深的样子。

狨 hóng 同"翃"。

琟 hóng 同"鸿（鴻）"，大雁。

恭 hóng 同"洪"。

軲 hóng 同"鞃（鞃）"。

硡 ㊀ hóng 拟声词，山石崩坠声。
㊁ hāng 同"夯"。1. 砸实地基的一种工具。2. 用硡砸实地基。

峪 hóng 同"谾"。

圅 hóng 空。

铗（鉷） hóng 弩牙，弩上钩弦发箭的机件。

谾 hóng ❶山谷空深的样子。❷深；精深：崇论～议。❸同"铗"，桥下通水道：桥～开。

鸿（鴻） hóng ❶鸿鹄，即天鹅：～飞遵渚。❷鸿雁，即大雁：轻如～毛。❸书信：来～｜千里片～。❹大：～沟｜

～儒|～篇巨制。

紭 hóng 同“纮(紘)”。

軥 hóng 同“軦”。

荭 hóng ❶同“荭(葒)”。❷蕹菜。❸同“篊”，长大的竹编鱼具。

軦 hóng 同“軦”。

铱(鋐) hóng ❶古代器物名。❷声音宏亮：其声～以远。

炫 hóng 壮大。

鈜 hóng［铿鈜］(kēng-)也作“锵鈜”，拟声词，金属声；钟鼓声。

谷占 hóng 义未详。(《改并四声篇海》)

颫 hóng 同“飈”。

訌 hóng 大声。

竑 hóng 同“竑”。

粠 hóng 同“粠”。

浤 hóng ❶［溃浤］(kuì-)1.水势沸涌的样子。2.水势广阔的样子：～泮汗。❷拟声词，水声。

聃 hóng 同“耾”。

鞃 hóng 同“軦”。

砖 hóng 同“碚”。

飒 hóng 大风。

霟 hóng 同“霐”。

鈜 hóng 用于人名：谭～(清代人)。

硔 hóng ❶深谷；大沟：石～。❷桥拱，桥下的通水道：桥～。❸同“洪”，大水：山～。❹用于地名：鲁～(在安徽)。

颹 hóng 同“飒”。

翃 hóng “翃”的讹字。

綋 hóng 同“纮(紘)”。

瑀 hóng 同“鸿(鴻)”，大雁。

靭 hóng “軦”的讹字。

軦 hóng 车轼的中部，乘车人凭靠或手扶之处。

轱 hóng 同“竑”，量度。

碚 hóng(又读 qióng)［碚礲］(-lóng)1.拟声词，也作“礲碚”，石坠落声等巨大响声：投奔闹～|叩之虚～。2.形状奇特的石头：巧匠到处搜～。

蚺 hóng 同“虹”。

嗊 ㊀ hóng ❶话多。❷歌声。
㊁ dòng 大声歌唱。

魟 hóng 鳐鱼类，多生活在海中。

溠 hóng 同“洪”。

鸿 hóng 同“鸿(鴻)”，天鹅；大雁。

纮 hóng 同“紭(纮，紘)”。

犀 hóng 义未详。(《改并四声篇海》)

閎 hóng 同“闳(閎)”。

蜎 hóng 同“蚺(虹)”。

篊 hóng ❶成捆的竹木。❷又称鱼梁，长大的竹编捕鱼具。❸引水。

霐 hóng ❶幽深的样子：～寥窲以峥嵘。❷古水名。(《五音集韵》)

澒 hóng 同“洪”。

黉(黌) hóng ❶古代称学校：～学。❷用于地名：～山(在山东)。

環 hóng［弸環］(péng-)1.拟声词，弓弦声。2.帷帐鼓起的样子。

霟 hóng［霟霘］(-dòng)水浪急。

蝸 hóng 义未详。(《改并四声篇海》)

潢 hóng 渍。

飈 hóng ❶拟声词，风声。❷大风。

灇 hóng 大波浪。

鸿 hóng 同“鸿(鴻)”，天鹅；大雁。

灇 hóng 同"澂(洪)"。

鬞 hóng 同"黉(黌)"。

鬨 hóng 同"黉(黌)"。

hǒng

忼 hǒng 梦魇中鼾声。

哄 hǒng 见 351 页 hòng。

攱 hǒng 击。

敂 hǒng 同"攱"。

晎 hǒng[晎晎]日欲明。

唝(嗊) ㊀ hǒng[啰唝曲]也作"罗唝曲",词牌名,又称《望夫歌》。
㊁ gǒng 同"拱",向上或向前推;顶动:八戒～着嘴道｜千里巨鱼身,仰～大海水。
㊂ gòng[唝吥](-bù)柬埔寨旧地名,今作"贡布"。

䀧 hǒng ❶[䀧䀧]月不明。❷清代三合会专用字,义同"月"。

䁅 hǒng[曚䁅](méng-)见 641 页"曚"字条。

䫹 hǒng[䉚䫹](měng-)见 642 页"䉚"字条。

澒 hǒng ❶水面上的风。❷风吹小池塘。

䤟 hǒng 醉后走路踉跄的样子。

䪦 hǒng 肥的样子。

顜 hǒng 肥的样子。

戇 ㊀ hǒng 心神恍惚的样子。
㊁ zhuàng 同"戆",迂愚而刚直。

hòng

讧(訌) hòng 纷争;溃乱:外阻内～｜外～内叛。

荭 hòng 同"蕻",菜薹。

哄 ㊀[鬨、閧] hòng ❶吵闹;喧哗:起～｜一～而散。❷争斗;战斗:内～｜战～｜彼以仇～。
㊁ hōng ❶许多人同时发出声音:～堂大笑｜～抬物价｜～传着谣言。❷拟声词,许多人同时发出的笑声或喧哗声:大家～的一声笑了起来。❸副词,忽然;一下子:～的脸晕｜～的丢了魂灵。
㊂ hǒng ❶用假话欺骗;诱导:～骗｜别听他～｜净在～人。❷用言语、行为慰藉或安抚:～孩子｜经他一～,孩子不哭了。
◆"閧"另见 351 页"閧"字条。

㖫 hòng[㖫㖫]拟声词,某些声音:鸣声～｜大声～。

烘 hòng[烘烘]火的样子。

宖 hòng[宖宖]空的样子。

蛬 hòng"蚤"的讹字。

蚤 hòng 虫名。

蕻 hòng ❶同"蕻",茂盛。❷草木新生。

嵤 hòng[嵤峒](-dòng)山谷深的样子。

嶝 hòng 同"嵤"。

閧 ㊀ hòng"哄㊀"的异体字。
㊁ xiàng 同"巷",胡同:一～之市。

颫 hòng"颬"的讹字。

撔 hòng ❶撗。❷揣。

瞢 hòng[瞢瞢](méng-)见 639 页"瞢"字条。

銾 ㊀ hòng 拟声词,钟声。
㊁ gǒng 同"汞"。

澒 hòng ❶水银,后作"汞"。❷水流转的样子:混～回转｜～以长澜。

澋 hòng[泂澋](jiǒng-)见 463 页"泂"字条。

䫺 hòng ❶头直的样子。❷头昏。

顭 hòng"䫺"的讹字。

蕻 ㊀ hòng ❶菜薹:嫩～。❷茂盛。
㊁ hóng[雪里蕻]也作"雪里红",一年生草本植物,芥菜的变种,是常见蔬菜,通常腌成咸菜。

闀 ㊀ hòng 同"閧(鬨,哄)",争斗。
㊁ xiàng 同"巷",胡同。

篊 hòng 烘烤东西的竹器。

颫 hòng 风的样子。

閧{鬨} hòng 同“閧(哄)”。

𧾷 hòng 义未详。(《改并四声篇海》)

hōu

呴 hōu 笑的样子。

齁 hōu 同“齁”。

齁 ㊀ hōu ❶ 喘息声:痰～|寒～|睡息～～。❷ 病名,即哮喘病。❸ 副词,很;非常:～咸|～酸|～热。
㊁ kù 鼻子折断。

鶪 hōu 鸟名。

飍 hōu 风。

hóu

厌 hóu“厌(侯)”的讹字。

厌 hóu 同“矦(侯)”。

侯 hóu“侯”的讹字。

侯 ㊀ hóu ❶ 古代用布、兽皮等做成的箭靶:终日射～。❷ 古代五等爵位(公、侯、伯、子、男)的第二等:～爵|封～。❸ 君主:诸～|质尔人民,谨尔～度。❹ 泛指达官贵人:～门公府。❺ 姓。
㊁ hòu 用于地名:闽～(在福建)。

矦 hóu 同“侯”。

𢘍 hóu 和解的样子。

𠈁 hóu 同“侯”。

帿 hóu“帿”的讹字。

郈 hóu 古地名,在今河南。

郈 hóu 同“郈”。

葔 hóu[蒿葔](hào-)见 337 页“蒿”字条。

喉 hóu 呼吸、发声的器官,位于呼吸道前端咽和气管之间:咽～|～舌|如鲠在～。

㗋 hóu 同“喉”。

㟯 hóu 古山名。(《玉篇》)

帿 hóu 同“侯”,箭靶。

𡸁 hóu 同“㟯”。

猴 hóu ❶ 猴子,哺乳动物,略像人,有尾巴。❷ 像猴子一样地蹲伏:～下身子|～在马上。❸ 机灵;顽皮:这孩子真～。

㺅 hóu 同“猴”。

㤧 hóu 同“㤧”。

㤧 hóu[㤧㥳](-xì)发怒的样子。

㗋 hóu 用于女子人名。

𡟓 hóu 用于女子人名。

瑂 hóu 同“侯”。

㬋 hóu 同“𣕨”。

𣕨 hóu[𣕨桃]果实名,即猕猴桃。

睺 hóu ❶[罗睺]也作“罗睺”,星名。❷ 用于人名:周罗～。(《字汇补》)

𧮫 hóu 古山谷名,在今河南。

𦢊 hóu ❶ 咽。❷ 腻,油脂多:肥而不～。

𦢊 hóu 同“喉”,咽喉。

𣣢 hóu[𣣢欱](-xiá)1. 气出的样子。2. 咽病。

猴 hóu“猴”的讹字。

𥙾 hóu 祭神求福。

睺 hóu 眼睛半失明。

䁳 hóu ❶ 眼睛半失明。❷ 眼睛深陷。

锻(鍭) hóu 古代田猎、射礼用的金属箭头的箭,泛指箭、箭头。

鍭 ㊀hóu［鏂鍭］（ōu-）见706页“鏂”字条。
㊁xiàng 同“缿”，古代接受告密文书的器具。

瘊 hóu 瘊子，皮肤上长的小疣。

褔 hóu［褔褕］（-yú）短衫。

矦 hóu 矛类兵器。

猴 hóu 同“猴”。

蝬 ㊀hóu［螄蝬］（sī-）见1137页“螄”字条。
㊁hòu 水中怪物名，像龙。

骺 hóu 骨骺，长骨两端的膨大部分。

篌 hóu 同“篌”。

篌 hóu 竹名。

翭 hóu 同“翭（翭）”。

餱 hóu 同“餱（糇）”。

糇［餱］ hóu 干粮。

翭 hóu 同“翭”。

翭 hóu ❶羽毛根部。❷细小羽毛初生的样子。❸同“锻（鍭）”，箭名。

蹮 hóu 蹇行，跛行。

蹀 hóu “睺”的讹字。

嗾 hóu “喉”的讹字。

篌 hóu 同“篌”。

鍭 hóu 同“鍭”。

鍭 hóu 同“鍭”。

霚 hóu 雨。

鬷 hóu 用于清代帮派三合会的旗号。

鍭 hóu 同“锻（鍭）”。

餱 hóu 同“餱（糇）”。

鶮 ㊀hóu 同“翭（翭）”。
㊁qú ❶鸟羽。❷鸟左足白。

骺 hóu 同“骺”。

骺 hóu 同“骺（骺）”。

頯 hóu［頯頢］（-xiá）1. 言不正。2. 言语无度。

鯸 hóu 同“鶮”。

鯸 hóu 同“鶮”。

鶮 hóu 雕。

鯸 hóu ❶［鯸鮐］（-yí）也作“鯸鲐”，河豚的别称。❷［鯸鱰］（-bà）鱼名。

黲 hóu 义未详。（《字汇补》）

鯸 hóu 同“鯸”。

hǒu

吽 ㊀hǒu 牛叫，也作“吼”：有数牛～～而来。
㊁hōng 佛教咒语六字真言之一。

吼 hǒu ❶人大声叫喊：怒～｜大～一声。❷大型动物或猛兽发出叫声：狮～。❸泛指自然界或物体发出巨大声响：风在～｜万炮齐～｜怒～吧，黄河！

犼 hǒu 哺乳动物。

呴 hǒu 盛怒或情绪激动时大声叫喊，后作“吼”。

牨 hǒu ❶牛犊。❷牛叫。

哅 hǒu 牛叫。

犺 ㊀hǒu 小牛。
㊁ǒu 公牛。

犺 hǒu 义未详。（《改并四声篇海》）

犺 hǒu “犺”的讹字。

趜 hǒu ❶趋行不进的样子。❷［趢趜］（lù-）颗粒状物：碎则有～，末则有药砂。

hòu

后（❶-❹後） hòu ❶空间在背面或反面的：～门｜～路｜幕～。❷时间较晚的或未到的：～期｜事～｜先斩～奏。❸次序靠近末尾的：～任｜～排｜～五名。❹后代；子孙：～人｜～裔｜无～。❺古代称帝王，也称帝王的妻子：商之先～（先王）｜皇～｜太～。❻姓。☞后/後 见354页“後”字条。

◆“後”另见354页“後”字条。

㫗 hòu 同“厚”。

郈 hòu 同“郈”。

郈 hòu ❶古邑名，在今山东。❷姓。

茩 hòu（又读gòu）［薢茩］（xiè-）见1059页“薢”字条。

厚 hòu ❶扁平物体上下两个面之间距离大：～实｜肥～｜天高地～。❷厚度，扁平物体上下两个面之间的距离：下了半尺～的雪｜铁板～3毫米。❸深；重；浓：～望｜～礼｜酒味很～。❹不刻薄：～道｜憨～｜忠～。❺重视；推崇：～此薄彼｜～今薄古。❻姓。

厚 hòu 同“厚”。

旱 hòu 同“厚”。

垕{垕} hòu ❶同“厚”。❷用于地名：神～（在河南）。

逅 hòu 邂逅，偶然相遇：通人达士，岂奚易～。

後 hòu ❶“后❶-❹”的繁体字。❷姓。☞後/后 两字在汉字简化前都用于姓，现已混淆。

洉 hòu 沾湿。

逡 hòu 同“後（后）”。

厚 hòu 同“厚”。

㫗 hòu 同“厚”。

候 hòu ❶守望；观察：窥～风云。❷问候；问好：～问｜致～。❸等；等待：～补｜～诊｜～车室。❹时节：气～｜季～｜～鸟。❺时间单位，每五天为一候：～温（五天的平均气温）。❻征兆；情状：症～｜火～。❼姓。

㢖 hòu 同“厚”。

厚 hòu 同“厚”。

眪 hòu ❶怒目相视的样子：远～近掊。❷偷看。

候 hòu 同“候”。

傢 hòu 同“候”。

後 hòu 同“後（后）”。

祏 hòu 义未详。（《龙龛手鉴》）

垕 ㊀hòu 同“厚”。
㊁guō 物体的外框、外围：外～。

堠 hòu ❶古代瞭望敌情的土堡：烽～｜亭～｜～鼓日夜鸣。❷古代标志里程的土堆，通常每隔五里置一堠：～程。❸用于地名：～北庄（在山西）。

堠 hòu 同“堠”。

厚 hòu 同“厚”。

豿 hòu 猪叫。

㖃 hòu 吐。

䞀 hòu ❶行走艰难的样子。❷跛足。

㺅 hòu 石蜜膜。

鲎（鱟） hòu ❶鲎鱼，又称东方鲎、中国鲎，节肢动物，生活在浅海。❷虹。

㺅 hòu 石蜜膜，一说石膜。

㺅 hòu 同“㺅”。

䪷 hòu（又读gòu）［䪷䪷］勤劳，单用义同。

鲘（鮜） hòu ❶鱼名，即鳠。❷用于地名：～门（在广东）。

䬲 hòu 同“飕”。

睺 hòu ❶［睺瞜］（-lòu）贪财的样子。❷龙眼，又称桂圆，常绿乔木。果实可吃，也可供药用。

詬 ㊀hòu 说话的样子。
㊁hù 同“護（护）”。

詬 hòu 同“詬”。

𡌥 hòu “𡌥（厚）”的讹字。

霟 hòu 虹。

㖃 hòu 同"厚"。

颬 hòu 风的样子。

鷉 hòu［鷉鷅］（-piāo）同"鸑鷅"。

鸑 hòu［鸑鷅］（-piāo）野鸭。

hū

虍 hū 同"乎"。

乎 hū ❶助词。1. 表示疑问或反问语气，相当于"吗"：王侯将相宁有种～？｜此岂抗战之用意～？2. 表示推测或感叹语气，相当于"吧""啊"：日食饮得无衰～？｜嗟～，天不我予！❷介词，相当于"于(於)"：游于江海，淹～大沼｜德隆～三皇，功羨于五帝。❸后缀：巍巍～｜出～意料｜合～情理。

匢 hū 同"囫"。

虍 ㊀hū ❶虎纹。❷未见的样子。㊁称虎字头，汉字偏旁或部件。

囙 hū 同"回(曶)"。

𣆪 hū 日出未甚明。

㣟 hū 同"忽"。

回 hū 同"曶"。

囘 hū 同"曶"。

昒 ㊀hū 同"曶"。㊁wěn 同"吻"，符合：与今～合。

㫚 hū 同"忽"。

垀 hū ❶外城墙。❷繁细：嬴～有无之精。

苸 hū 草名。

昒 hū ❶天将明而未明之时：～旦｜～爽。❷昏昧不明白：夕昭然，而今～然。

呼 hū 同"呼"。

呼 ㊀［❷❸虖、❷-❹嘑、❷❸謼］hū ❶吐气，通过口、鼻把体内的气体排出来：～气｜～吸｜～嘘。❷大声叫喊：欢～｜高～口号｜奋臂一～。❸召唤；叫：～唤｜～之欲出｜直～其名。❹拟声词，风声等：～地一声跳下车｜北风～～地刮着。❺姓。❻［呼延］姓。㊁xū 同"吁"，叹词，因疲倦而发出的嘘气声：瞿然曰："～！"

◆"虖"另见355页"虖"字条。
◆"謼"另见357页"謼"字条。

曶 hū ❶急速；瞬息之间：雪转飘～｜淹～藏形。❷量词，古代极微小的数量单位：数出于杪～，以成毫氂。❸通"忽"，忽视：时人皆～之。

忽 hū ❶忘，引申为轻视、粗心、不注意：～视｜疏～｜玩～职守。❷迅疾，引申为副词，忽然；忽而：桀、纣罪人，其亡也～焉｜～发奇想｜～明～暗。❸恍惚，不分明的样子：眇眇～～。❹量词，长度和质量单位，10忽等于1丝，10丝等于1毫。

浒 hū 同"滹"。

寣 hū 义未详。(《改并四声篇海》)

拍 hū 高的样子，一说"楻"的讹字。

轷(軤) hū ❶车。❷拟声词，车行声。

烀 hū 得。

烀 hū 把食物半蒸半煮弄熟：～土豆。

恗 ㊀hū ❶胆怯。❷忧伤。㊁kuā 自大。

𡙇 hū 迅疾。

匫 hū 古代器物名。

㽇 hū 同"匫"。

淴 hū 同"溜"。

揔 hū ❶击。❷去尘。

葱 hū 床葱。(《篇海类编》)

棡 hū 同"楻"。

虖 hū 同"虖"。

虖 hū ❶虎吼。❷同"乎"：明～天下之所以乱者｜陷主于不谊～？❸"呼㊀

❷❸”的异体字。

冡 hū同“豕(㣻)”。

嘑 hū ❶同“呼”,拟声词:～啦啦|～地一声,大风把帐篷掀起来了。❷[嘑哨]把手放在嘴里吹出声:打～。

豰 hū同“㣻”。

淴 hū同“㴵”。

㴵 ㊀hū青黑色。
㊁mǐn同“湣”。
㊂wěn水断流的样子。
㊃tuì浸渍去色。

滹 hū ❶[滹泱](-yāng)水流急的样子:潏湟～。❷用于地名:～～水村(在河北)。

惚 hū[惚恍](-huǎng)1.模糊,不清晰:寥廓惚恍|惚兮恍兮,其中有象。2.幽微:奇怪～,不可备论。

㷤 hū佛名。

軏 hū同“乾”。

乾 ㊀hū捆紧。
㊁gē[乾靼](-dá)同“疙瘩”。

榴 hū高的样子。

雺 hū[雺雷]也作“䨚雷”,雷响。

歑 hū同“歊”。

歊 hū同“歑(歊)”。

嗯 hū同“吻”。

㣻 hū猪类动物。

迴 hū窖。

殻 hū击。

謼 hū同“評”。

評 hū ❶呼唤,后作“呼”。❷鸣。

瘔 hū多睡病。

覔 hū姓。

睧 hū指从入睡到醒来这段时间:若是猫儿睡得落～了,才放心大胆尽量的偷偷。

颮 hū ❶风起的样子。❷同“颮”,疾风。

虖 hū同“虍”。

虧 hū鸟名。

嘑 hū同“嘑(呼)”。

艉 hū[艉艉](wēi-)见986页“艉”字条。

滹 hū同“滹”。

滹 hū[滹沱](-tuó)又称滹沱河,发源于山西,流至河北与滏阳河汇合为子牙河。

寣 hū ❶睡一觉,从睡到醒称为一寣。❷拟声词,小儿啼哭声。❸叹词,呼声。

嵂 hū同“崒”。

縠 hū微细。

麴 hū饼类食品。

戲 hū同“呼”。

歑 hū呵气;出气。

㪉 hū义未详。(《改并四声篇海》)

幠 hū覆盖:～用敛衾(敛衾:盖在尸体上的被子)。

魖 hū同“魑”。

䨚 hū下雨,也指下雨的样子。

嘑 hū同“呼”。

㝁 ㊀hū ❶精明而憨厚。❷熟睡。
㊁xù睡醒。

膴 ㊀hū ❶无骨的肉干。❷大块鱼肉。❸法则:民虽靡～,或哲或谋。
㊁wǔ ❶(土地)肥美:周原～～。❷厚;盛:～仕|民蕃物～。

颮 hū同“颮”。

鯱 hū鲼。

𩨌 hū 同"幠"。

𪕏 hū 哺乳动物。

𣿄 hū 同"滹"。

𥩣 hū 同"寣"。

魖 hū 鬼名。

𩴾 hū 同"虤"。

虤 hū ❶鬼的样子。❷虎伥，传说中被虎咬死的人变成的鬼，常助虎伤人。

䬍 hū 疾风。

㶻 hū 同"滹"。

𩙫 hū 同"䬍"。

謼 ㊀ hū ❶"呼㊀❷❸"的异体字。❷惊吓，也作"謔"：～得皇帝洽背汗流。
㊁ xiào 同"詨"，呼唤；大叫。

𪎭 hū 同"麨"。

𩪃 hū 同"幠"。

𩞤 hū 义未详。(《字汇补》)

𧢼 hū "𩙠(䬍)"的讹字。

𧢿 hū 同"𧢼"。

𩙠 hū 同"䬍"。

hú

弗 hú 义未详。(《字汇补》)

扫 hú "扣"的讹字。

扣 ㊀ hú 同"搰"，发掘。一说"掘"的古字：～其谷而得其铁。
㊁ gǔ 也作"滑"，搅乱：水之性清，土者～之，故不得清。

囫 hú［囫囵］(-lún) 完整；整个的：～吞枣。

𦐋 hú 同"鬍(胡)"。

玹 hú 同"瑚"。

狐 hú 狐狸，哺乳动物。

犻 hú 拟声词，狗叫声。

弧 hú ❶木弓。❷圆周的任意一段：～形｜～线｜～长。

㚢 hú 同"㭌"。

𦓃 hú 同"胡"。

瓳 hú［瓿瓳］(pān-) 见 710 页"瓿"字条。

胡(❺鬍)［❻衚］ hú ❶牛及野兽颔部下垂的肉：狼跋其～。❷古代称中国北方和西方地区的少数民族，也指来自北方和西方地区少数民族的，或来自外国的：～人｜～琴｜～萝卜。❸副词，表示乱来或随意做某事：～闹｜～说｜～写。❹代词，表示疑问，为什么：～不归？｜～禁不止？❺胡子，嘴周围和连着鬓角长的毛：～须｜络腮～。❻［胡同］(-tòng) 巷，较窄的街道。❼姓。

砵 hú 义未详。(《龙龛手鉴》)

𡔷 hú 同"壶(壺)"。

壷 hú 同"壶(壺)"。

壶(壺){壷、壼} hú ❶盛放液体的容器，有壶嘴，有提梁或把：茶～｜酒～｜喷～。❷古代计时用具：铜～滴漏。❸古代宴会时的娱乐用具，宾客依次将壶箭投入壶中，投中多者获胜，输者须饮酒。

斛 hú 同"斛"。

盙 hú 同"壶(壺)"。

猢 hú 同"犻"。

𤞷 hú［𤞷狗］(-gǒu) 小狗。

𤵺 hú 同"瑚"。

𡔺 hú 同"壶(壺)"。

𦓃 hú 人名。(《龙龛手鉴》)

醐 hú 同“醐”。

䤕 hú 同“醐”。

咽 hú 同“胡”，牛及野兽颔部下垂的肉。

箛 hú 同“箶”。

貀 hú 哺乳动物。

斛 hú 古代量粮食等的器具，方形，口小底大，容量为十斗，后改小为五斗。

瓡 hú 同“狐”。

粐 hú 同“黏”。

焀 hú 火的样子。

弧 hú 同“虢”。

虠 hú 弓。

搰 ㊀ hú ❶ 挖；掘出：棺薄土浅，竟为群犬～食，残骸狼藉。❷ 扰乱；乱：文墨生端，齿牙为～，倒是非而易黑白。
㊁ kū［搰搰］（-kū）用力的样子：～然用力甚多而见功寡。

葫 hú ❶［葫芦］（-lu）一年生草本植物，果实可做器皿，有的可做舀水瓢。❷ 大蒜。

菰 hú 草多的样子。

𡼡 hú 古山名。（《集韵》）

𢉖 hú 𢉖露出。（《广韵》）

㗅 hú 喉咙，也作“胡”。

喖 hú 咽喉。

䛘 hú 义未详。（《改并四声篇海》）

鹄（鵠） ㊀ hú ❶ 鸿鹄，又称黄鹄，即天鹅：燕雀安知鸿～之志哉！❷ 治理象牙，引申为白（色）：～缨｜～发（髮）。❸ 古地名，在今山西。
㊁ gǔ 箭靶的中心，引申为目标、目的：各射己之～｜其～惟在于刑｜功利为～。
㊂ hè 通“鹤（鶴）”：越鸡不能伏～卵。

狐 hú 同“狐”。

猢 hú［猢狲］（-sūn）猴子。

廂 hú 平。

湖 hú ❶ 陆地环围的大片水域：～泊｜～畔｜～光山色。❷ 古水名，在今河南。❸ 地名。1. 指浙江湖州：～笔｜～绉。2. 指湖南、湖北：两～｜～广行署。

媩 hú 用于女子人名。

絗 hú 丝缕萦绕。

瑚 hú 宗庙中盛黍稷的礼器，一说簠。

壷 hú 同“壶（壺）”。

瓠 hú ❶［瓡讘］（-niè）也作“狐讘”“瓡讘”，古县名，在今山西。❷ 同“瓠”，姓。

壹 hú 器。

瓶 hú 同“瓳”。

椈 hú［椈椒］胡椒，常绿灌木，果实可做调料或供药用。

壼 hú 同“壶（壺）”。

狐 hú 同“弧”。

䏲 hú 义未详。（《改并四声篇海》）

䬀 hú 同“䴴（糊）”。

粘 hú 同“粘（糊）”。

煳 hú 食品、衣物等烧得焦黑或发黄：馒头烤～了｜衣服熨～了。

趈 ㊀ hú 跑。
㊁ zào 同“造”，作。

壺 hú 同“壶（壺）”。

縠 hú 拟声词，水声：腹中～～（形容饥饿）。

蔛 hú ❶［石蔛］也作“石斛”，多年生草本植物，茎可供药用。❷［蔛草］又称蔛荣，草名。

頶 ㊀ hú 同“胡”，牛颔部下垂的肉：牛～。
㊁ kū 下巴颏儿。

鹕（鶘） hú［鹈鹕］（tí-）见 939 页“鹈”字条。

嘝 hú 英美制容积单位，现作“蒲式耳”，用于计量干散颗粒，1 蒲式耳等于 8 加仑。

英制 1 蒲式耳合 36.37 升，美制 1 蒲式耳合 35.24 升。

觡 hú ❶ 治象牙。❷ 治角。

觳 hú 同"觫"。

瑚 hú ❶［瑚嗛］（-xiān）喉病。❷［瑚瘸］（-huò）物阻咽喉不下的病。

熩 hú 烧。

䊀 hú 衣裓。

䶀 hú 义未详。（《改并四声篇海》）

壺 hú 草名。

蝴 hú 蜂类昆虫。

槲 hú 柞栎，又称栎。

欂 hú 酒器。

黏 hú 同"糊"。1. 黏合。2. 粥类食品。

閜 hú 拟声词，门声。

蝴 hú［蝴蝶］也作"胡蝶"，昆虫。

鹄 hú 同"鹘（鶻）"，鹰类鸟。

雓 hú 同"鹄（鵠）"。

箶 hú ❶ 竹名。❷ 又称箶簏，盛箭的器具：箭～。

鰗 hú 同"鯝"。

鯝 ㊀ hú［当鯝］鲥鱼。
㊁ hù 同"鳠（鱯）"，鱼名。

斛 hú 同"斛"。

槲 hú 同"槲"。

觳 hú 同"斛"。

糊 ㊀［❶❸餬、❶粘］hú ❶ 粥；稠粥：漫漫欲似～｜玉米面～～。❷ 糨糊：用面一斗为～。❸ 黏合；粘贴：裱～｜～顶棚｜～灯笼。❹ 同"煳"。
㊁ hū 用较稠的糊状物涂抹或黏合，使封闭起来：～墙缝｜把小窟窿～上。
㊂ hù ❶ 像粥一样的食物：辣椒～。❷［糊弄］1. 敷衍，不认真做：这项工作要认真做，不能～。2. 蒙混；欺骗：别～人。

螜 hú 蝼蛄。

縠 hú 浊酒。

螜 hú 虫名，蝼蛄。

縠 hú 绉纱类织品。

聕 hú 耳鸣。

醐 hú 同"醐"。

槸 hú 枣树的一种。

樉 hú 枣名。

醐 hú［醍醐］（tí-）见 941 页"醍"字条。

踘 hú［踘跪］1. 古代少数民族一种屈膝的礼节。2. 屈膝：～尊前｜佛前～。

頶 hú 鼻梁高。

榭 hú "槲"的讹字。

箻 hú 被。

餬 hú ❶ 饼类食品。❷ 同"餬（糊）"，稠粥。

膴 hú 浊垢。

觳 ㊀ hú ❶ 古代贮酒器。❷ 古代量器名，也作容积单位，一觳等于一斗二升。❸［觳觫］（-sù）也作"觳觫"。1. 恐惧发抖的样子：～哀啼。2. 代指牛：～车｜牧人御～归村落。
㊁ què ❶ 土地瘠薄。❷ 简朴；节俭。❸ 脚背。❹ 牲畜后蹄。
㊂ jué 通"角"，较量：强（彊）弱不～力。

斛 hú 同"觳"，古代量器。

醫 hú 浊酒。

螌 hú 同"螌"。

鹘 hú 同"鸑（鹕，鶘）"。

輥 ㊀ hú 转物轴。
㊁ gǔn 同"辊（輥）"。

瞴 ㊀hú 浊垢。
㊁méng 同“瞢”，眼睛看不清楚。

黏 hú ❶黏。❷煮米和面为粥。

黏 hú 同“黏”。

箛 hú ❶箱子；大箱子。❷盛米的器具。

盬 hú 器皿。

㼦 hú ❶瓦坯。❷瓦器。

鍸 hú 同“瑚”，宗庙中盛黍稷的礼器。

餬 hú 同“餬(糊)”。

𧝎{𧝎} hú 同“䊀”。

醐 hú 浊酒。

𦗍 hú ❶耳鸣。❷耳朵上的黑斑。❸污垢。

鞠 hú［鞠簏］(-lù)也作“箶簏”，盛箭的袋。

餬 hú 同“餬(糊)”。

槲 hú 同“槲”。

槲 hú 同“核”，果核。

鼿 hú［斩鼿］也作“斩鼬”，斩鼬鼠，哺乳动物。

斛 hú 同“斛”。

𢊭 hú 传说中的仙山。

壶 hú 饮器。

瀫 hú ❶拟声词，水声。❷古水名，即今浙江的衢江。

縠 hú［縠縠］拟声词，衣服摩擦声。

鹕 hú［鵚鹕］(tú-)见963页“鵚”字条。

𪎭 hú 同“黏”。

醐 hú 浊酒。

餬 hú 同“餬(糊)”。

鰗 hú［鰗鮧］(-yí)河豚。

𪎭 hú 同“黏”。

𥴧 hú 𥴧被。(《广韵》)

𩮀 hú 义未详。(《改并四声篇海》)

鬻 hú 同“糊”，粥类食品。

縠 hú 同“縠”。

鼬 hú［鑱鼬］(chán-)见91页“鑱”字条。

簌 hú 簑，也作“簑”，络丝工具。

鼬 hú 同“鼬”。

羔 hú 小羊。

鼬 hú “鼬(鼬)”的讹字。

hǔ

乕{乕、乕} hǔ 同“虎”。

汻 ㊀hǔ 同“浒(滸)”，水边。
㊁huǎng 姓。

虎 ㊀hǔ ❶老虎，哺乳动物，性凶猛。❷比喻威武、勇猛：～将｜将门～子。❸比喻凶狠、残暴：～狼之心｜～吏。❹脸色突变而露出严厉或凶恶的表情：～起了脸大骂。
㊁hù［虎不拉］伯劳，鸟名。

虍 hǔ 同“虎”。

浒(滸) ㊀hǔ 水边，也用于地名：水～｜江～｜～湾(在河南)。
㊁xǔ 用于地名：～湾(在江西)｜～浦(在江苏)｜～墅关(在江苏)。

虝 hǔ 同“虎”。

虖 hǔ 同“鄠”，古地名，在今山东。

俿 ㊀hǔ 同“虎”：画～。
㊁chí 车轮：车累其～。

萀 hǔ ❶草名。❷豆类植物。

虝 hǔ 同“虎”。

唬 ㊀hǔ ❶威吓;蒙混:你别～人了。❷通"虎",脸色下沉:～起了脸,十分生气的样子。❸用于拟声词:小工友们又～通～通地快干起来。
㊁xià 同"吓(嚇)",恐吓:～得魂飞魄丧。
㊂xiāo 拟声词,虎怒吼声。

琥 hǔ 同"琥"。

琥 hǔ ❶虎符或瑞玉,古代调兵用的虎形凭证,初为玉制,后多为铜铸,分两半,一半存朝廷,另一半交统兵将帅。❷[琥珀](-pò)松柏树脂的化石,可做装饰品、香料等。

彪 hǔ"虝"的讹字。

鄌 hǔ 古地名,在今山东。

虝 hǔ 同"虎"。

蜅 hǔ 虫名,像大蛇。

蜣 hǔ ❶[蜣蛄](-wěi)蝾螈。❷蝇虎,蜘蛛的一种。

箎 ㊀hǔ 竹名。
㊁chí 同"篪"。

鄌 hǔ 同"鄌(鄌)"。

虝 hǔ 同"虎"。

錿 hǔ 义未详。

虝 hǔ 同"虎"。

虝 hǔ 同"虎"。

hù

乐 hù 同"互",副词:～有同异|六国～峙。

互 hù ❶收绳器具,后作"笠"。❷副词,互相;彼此:～助|～利|～动。

幺 hù 同"互",副词。

户{戶、戸} hù ❶单扇门,泛指门:门～|～外|夜不闭～。❷人家:～主|贫困～|千家万～。❸门第:门当～对。❹量词,用于家庭:村里只有三十余～人家。❺户头,账簿上有账务关系的团体或个人:账～|开～。☞户/门 见637页"门"字条。

弖 hù 同"互",一说同"氐"。

乐 hù 臾。

戶 hù 同"户"。

屺 ㊀hù 同"扈"。
㊁jié 同"岊"。

屼 hù 同"扈"。

芐 ㊀hù 地黄,又称芑,多年生草本植物。根茎可供药用,新鲜根茎称鲜地黄或鲜生地,干燥后称生地,加工后称熟地。
㊁xià ❶蒲席:～蒻不纳。❷姓。

庠 hù 杼,一说"庢"的讹字。

冴 hù 同"冱"。

沍 hù 同"冱(沍)"。

冱 hù ❶冻结;凝结:河汉～而不能寒|～涸|凝～。❷闭塞:穷～惟沙漠。

妒 hù 同"嫭"。

护(護) hù ❶保卫;照看:～航|～林|看～病人。❷爱护:于故人子弟为吏及贫昆弟,调～之尤厚。❸偏袒;包庇:～短|庇～。

苸 hù 同"苦"。

苦 hù 草名。

芦 hù"苦"的讹字。

芸 hù"苦"的讹字。

岵 hù 美石。

岵 hù 小山的样子。

狜 hù 哺乳动物,像长尾猿。

狜 hù 同"狜"。

冴 hù"沍(冱)"的讹字。

沍 hù 同"冱"。

冱 hù 同"冱"。

H

泘 ㊀hù 水满而溢。
㊁chí 同"泜"。
㊂hé 同"涸"。

沪(滬) hù ❶捕鱼的竹栅:鱼～。❷古水名。1. 玄沪水,即玄扈水,在今陕西。2. 沪渎,即今上海吴淞江下游近海处的一段。❸上海(地名)的别称:～上|～剧|～杭铁路。

帍 hù[帍裱](-biǎo)女子的披巾,泛指领巾。

枑 hù 同"桓"。

桓 hù 梐桓。

柆 hù "桓"的讹字。

岵 hù 同"户"。

昈 hù ❶明,分明:～分殊事。❷红光;红色花纹:赫～～以弘敞。❸文采;斑斓的色彩:五彩杂～|锦烂绣～。

岵 hù ❶有草木的山。❷用于地名:～山镇(在福建)。

岵 hù 同"岵"。

回 hù 同"笏"。

怙 hù ❶依靠;倚仗:～其俊才|～势作威。❷指父母,特指父亲:儿少失～。

戽 hù ❶戽斗,斗形的汲水灌田的旧式农具。❷用戽斗汲水:～水。

怘 ㊀hù ❶护。❷安。
㊁gù 同"固"。

楞 hù "楞"的讹字。

昈 hù "昈"的讹字。

罘 hù "罝"的讹字。

罝{罝} hù 捕兔网。

罛 hù 网。

婟 hù 同"嫭"。

嫭 hù[嫭卤](-lǔ)贪。

袓 hù 短衣。

袏 hù "袓"的讹字。

祜 hù 福;大福:受天之～。

楞 hù 栗子成熟裂开。

鄠 hù 同"鄠",古地名,在今陕西。

罛 hù 同"罛"。

笨 hù 同"笠"。

笠 hù ❶收绳器具。❷纺车的别称。❸竹名,又称苦笋。

笏 ㊀hù 又称手板,古代君臣朝会时所执的狭长板子,按品级分别用玉、象牙、竹木等制成,记事备忘:～板|执～。
㊁wěn[箟笏](mǐn-)手按笛孔吹奏的样子:～抑隐。

綒 hù 同"絚"。

絚 hù 同"笠",收绳器具。

瓠 ㊀hù ❶瓠瓜,一年生草本植物,果实嫩时可做蔬菜。❷(又读 hú)姓。
㊁huò[瓠落]也作"廓落",大的样子:～无所容。
㊂gū(又读 hú)[瓠讘](-niè)也作"瓡讘",古县名,在今山西。

虍 hù 义未详。(《改并四声篇海》)

跍 hù[跍跪]同"跍跪",单膝或双膝着地。

跍 ㊀hù[跍跪]单膝或双膝着地。
㊁dì 同"踶",踏。

踻 hù 同"跍"。

罛 hù 网。

瓟 hù 同"瓠"。

詁 hù 同"詁",记;认。

詁 ㊀hù 记;认。
㊁dǐ 同"诋(詆)",毁谤。

詓 ㊀hù 记。
㊁dǐ 同"诋(詆)",毁谤。

淴 hù 同"戽"。

怘 hù 同"怙"。

扈 hù ❶侍从;随行人员:～从|～驾。❷随从:前导后～。❸古国名,在今陕

西。❹春秋时郑国地名。❺姓。

㦿 hù 义未详。(《字汇补》)

婟 hù ❶恋惜,舍不得:~权不欲归。❷同"嫮",忌妒;忌恨:~戾忿肆。

婷 hù 同"嫮"。

敋 hù 同"嗀"。

楛 ㊀hù 荆类植物,枝条可制作箭杆或编制器物。
㊁kǔ ❶粗劣;不坚固或不精细:~耕伤稼|物之有良~。❷不正当或态度恶劣:问~者,勿告也。

婟 hù 同"嫮"。

雇 ㊀hù 同"鳸"。
㊁[僱] gù ❶出钱让人给自己做事:~保姆|~临时工。❷租赁车、船、牲畜等为自己服务:~车|~船|~牲口。

嗀 hù 同"嗀"。

嗀 hù ❶呕吐。❷拟声词,呕吐声。

䋯 hù 佩挂印章的丝带。

瓠 hù 同"瓠"。

鄠 hù ❶古地名,在今陕西。❷姓。

雩 ㊀hù 用于人名:子桑~(见《庄子》)。
㊁hū 姓。

滬 hù "滬(沪)"的讹字。

擄 ㊀hù 拥障。(《集韵》)
㊁chū 同"摴"。

穀 hù 哺乳动物,像虎、豹,一说像狗。

搋 hù[抪搋](bá-)见739页"抪"字条。

嗀 hù 同"嗀"。

嗀 ㊀hù 同"穀",朝霞。
㊁xuè 拟声词,火声。

嶇 hù[萑嶇](zhuī-)色彩缤纷。

䋯 hù "䋯"的讹字。

嶇 hù ❶山矮而大。❷山大的样子。

嫮 hù 同"嫭"。

嫭 hù ❶美好:玲珑万玉~交加。❷美女:众~。❸忌妒。

琥 hù 玉名。

嗀 hù 同"穀"。

槴 hù ❶书匣;函套:画筒书~。❷捕鱼工具。

熩 hù 光。

鳸 hù 农桑候鸟的通称。

鳸 hù 同"鳸"。

虎 hù 义未详。(《改并四声篇海》)

黏 hù(又读hú)❶黏。❷同"黏"。

瘑 hù 治病。

嫭 hù 同"嫭"。

穀 hù 朝霞;朝霞的样子。

瓠 hù 同"瓠"。

穫 hù 禾名。

簄 hù 篓子。

簄 hù 捕鱼的竹器。

嫭 hù 血污。

鍙 hù 同"鋈"。

鋈 hù 银。

穀 hù 同"穀"。

嶇 hù 同"嶇"。

嚛 ㊀hù ❶味道过分浓烈,对口腔有刺激:酸而不~。❷大喝大饮,也指大喝大饮的声音。
㊁yo 助词,表示语气:儿~!|天~!

鹱(鸌) hù ❶[鹱鹏](-duó)水鸟名,也单称鹱。❷鸟类的一科,大型海鸟:白额~。

H

蔰 hù 菜名。

麮 hù 麦的别称。

豰 hù 拟声词，猪声。（《集韵》）

䕶 hù 同“護”。

䨼 hù 石青类颜料。

鳠（鱯） hù ❶鱼名，像鲇鱼。❷鳠鱼，生活在南方江河、湖泊中。

䲝 hù “鳠（鱯）”的讹字。

韄 hù ❶缠束在佩刀柄上的皮绳。❷束缚：内～｜外～。

鹱 ㊀hù 同“扈”，农桑候鸟名。㊁gù 同“顾（顧）”，回头看。

頀 hù［大頀］上古时乐曲名。

韄 hù 同“韄”，缠束在佩刀柄上的皮绳或皮革。

蘴 hù［神蘴］草名。

䨼 hù 同“䨼”。

鸌 hù 同“鹱（鸌）”。

鱯 hù 同“鳠（鱯）”。

huā

华（華） ㊀huā ❶花：桃之夭夭，灼灼其～｜彼采其～，我收其实。❷开花：始雨水，桃李～，仓庚鸣。
㊁huá ❶光辉，引申为事物最好的部分：其～照下地｜精～｜英～。❷美丽而有光彩：～美｜～丽｜～灯。❸时光；岁月：韶～｜年～。❹粉：铅～。❺敬辞，用于跟对方有关的事物：～翰（书信）｜～诞（生日）。❻中华民族；中国：～夏｜～侨｜驻～大使。❼指汉语：《英～大词典》。
㊂huà ❶华山，山名，在陕西东部。❷姓。

花［❶苍、❶蘤］ huā ❶花朵，种子植物的有性生殖器官。很多花形状美丽，可供观赏。也泛指可供观赏的植物：春暖～开｜菊～｜浇～。❷样子或形状像花的东西：雪～｜浪～｜棉～。❸比喻年轻漂亮的女子：校～｜姊妹～｜交际～。❹供观赏的一种烟火：烟～｜礼～｜放～。❺战斗中负伤流血：挂～｜杀敌挂了～。❻有花纹的；颜色错杂的：～布｜～边｜～白双鬓。❼虚伪不实的；迷惑人的：～账｜～言巧语｜耍～招。❽眼睛视物模糊不清：眼～｜老～眼｜老眼昏～。❾用掉；耗费：～钱｜～时间｜～精力。❿姓。

䅿 huā 剖开：～竹子。

哗（嘩） ㊀huā 拟声词：水～～地流｜～地一声，铁门被推开了。
㊁［譁］huá 人声嘈杂；喧闹：喧～｜全场～然｜～众取宠。

澕 huā 古水名。（《玉篇》）

蕐 huā 斜，不正的样子。

椛 huā 日本汉字，即“曲（麴）”，酒曲。

蕐 huā “蕐”的讹字。

錵 huā 金属元素“钬（鈥）”的旧译写法。

嚆 huā 同“嚆”。

嚆 huā 口歪。

蘤 huā 同“蘤（花）”。

醿 huā 酒名。

䔢 huā 消食。

闀 huā 开门。

䑐 huā 舌短的样子。

蘤 huā 同“蘤（花）”。

蘤 huā “蘤（花）”的讹字。

huá

划 ㊀（❸劃）huá ❶用桨拨水使船行进：～船。❷合算，按利益多少计算是否相宜：～算｜～得来｜～不来。❸用刀等把别的东西割开或在上面擦过：～玻璃｜手上～了一道口子｜～火柴。
㊁（劃）huà ❶区分；分开：～分｜～界限。❷设计：谋～｜计～｜策～。

❸ 分出拨给：～款｜～账。
㊂（劃） huai［刮划］（bāi-）见 17 页“刮”字条。

华（華） huá 见 364 页 huā。

苿 huá 同“铧（鏵）”，犁铧，犁刃。

夸 huá 同“华（華）”。

哗（嘩）［譁］ huá 见 364 页 huā。

峅（嶪） huá［峅㟖］（-lì）古山名。（《字汇补》）

婲 ㊀ huá 容貌丑。
㊁ huó ❶ 羞愧的样子：羞～～。❷ 狡诈。

骅（驊） huá［骅骝］（-liú）1. 红色骏马。2. 古代良马名。

蕐 huá 同“華（华）”。

㗾 huá 同“啎”，气息；喘息。

敌 huá ❶ 尽。❷ 画文。

婳 huá 同“婲”，容貌丑。

铧（鏵） huá ❶ 安装在犁杖前下端用来破土起垄的尖状厚铁：犁～。❷［铧鐛］（-mèng）臿尖端安装的刃口。

鹁（鷨） huá 鸟名，像雉。

釫 ㊀ huá 同“釫（铧，鏵）”，耕地翻土的农具。
㊁ wū 同“杇”，泥镘，俗称瓦刀，泥工抹墙的工具。

夸 huá 同“雩（华，華）”。

猾 huá ❶ 狡黠；奸诈：狡～｜奸～。❷ 奸恶的人：宿～弗除。

滑 ㊀ huá ❶ 光润，不粗涩：光～｜～溜｜溜光水～。❷ 溜；浮行：～冰｜～了一跤｜～翔。❸ 奸狡；不诚实：油～｜奸～｜油头～脑。❹ 姓。
㊁ gǔ 乱；扰乱：～夫二川之神｜美恶不～其心。

揈 huá 同“划”，划船。

搳 huá［搳拳］也作“划拳”“豁拳”，即猜拳，饮酒时一种游戏。

雩 huá 同“華（华）”。

㦊 huá 心侈。（《集韵》）

蕐 huá 同“華（华）”。

磆 ㊀ huá［磆石］也作“滑石”，中药材名。
㊁ gū［磆碌］也作“骨碌”，滚动。

睰 huá［䁹睰］（bì-）直视的样子。

䋀 huá 细绸。

鋘 huá 同“鋘”。

譁 huá 顽。

蕐 huá 同“華（华）”。

蕚 huá 同“華（华）”。

螖 huá［螖蠌］（-zé）海边寄居虫名，像蜘蛛，有螯如蟹。一说彭螖，一种小蟹。

䅿 huá 禾苗茂盛。

鋘 ㊀ huá 同“铧（鏵）”，耕田翻土的农具。
㊁ wū 同“杇”，泥镘，泥工抹墙的工具。
㊂ wú［锟鋘］（kūn-）同“锟铻”。

趏 huá 跑的样子。

蒚 huá［蒚骝］（-liú）同“骅骝”，古代良马名。

蕚 huá 同“華（华）”。

麫 huá 酒曲。

麬 huá 同“麫”。

蟌 huá 大蛇。

駴 huá 同“骅（驊）”。

䔢 huá 同“華（华）”。

鞾 huá 同“鷨”。

鏵 huá 同“鏵（铧）”。

澕 huá ❶［澕澕］1. 不干净。2. 话不明了。❷［澕灟］（-chuà）不干净。

蘛 huá 同“蒚”。

蘳 huá 同“蘛（蒚）”。

鳚 huá ❶传说中的能发光的飞鱼。❷花鳚，鲤科鱼名，生活在东亚淡水水域。

驊 huá 同"驊(骅)"。

譁 huá 同"譁(哗，嘩)"。

齰 huá 拟声词，咬骨声。

髓 huá 同"齰"。

huà

匕 huà 变化，后作"化"。

化 ㊀huà ❶性质或状态改变；使改变：熔～｜～装｜～险为夷。❷死：惟君平昔聪明绝人，今虽～去，夫岂无物？❸使思想、行为等转变：感～｜教～｜潜移默～。❹焚烧：火～｜～了众纸马，烧了荐亡文疏。❺僧人、道人募集财物：～缘｜～斋。❻化学(研究物质的组成、结构、性质和变化规律的学科)的简称：～工｜～纤｜～肥。❼后缀：绿～｜美～｜现代～。❽姓。
㊁huā 同"花"，用掉；耗费：～钱｜父母～了很多精力。

夻 huà ❶喧哗：不～不敖。❷大口。

吴 huà ❶大声喧哗：～言。❷夸大：～词。

画 huà 同"画(畫)"。

𢁓 huà 同"婳"。

佸 huà 同"化"。

桦 huà 木芙蓉，俗称桦皮树，落叶乔木，花、叶可供药用，皮可制绳索。

画(畫) huà ❶划分界限：～野分州。❷用笔等做出图形或文字标记：绘～｜～图｜～押。❸画成的作品：油～｜壁～｜～展。❹汉字的一笔称为一画：笔～｜"大"字是三～。❺谋划；筹划：谁为陛下～此计者？❻计谋；计策：后乃谋臣献～。

婳 huà 击踝，一说互相斗殴。

画 huà 同"画(畫)"。

话(話)[譮] huà ❶语言：说～｜谈～｜实～。❷说；谈：～别｜～家常｜共～当年。❸故事：～本｜～中说｜光阴听～移。❹助词，表示假设语气：这件事如果办不成的～，就算了。

画 huà 同"画(畫)"。

㕦 huà "㕦"的讹字。

桦(樺) huà 桦木，又称白桦，落叶乔木，木材可制器具和用于建筑，皮可造纸。

或 huà 同"劃(划)"。

画 huà 同"劃(划)"。

㕦 huà "㕦"的讹字。

婳 huà 同"婳"。

崋{𡶷、𡸕} huà 同"華(华)"。1. 山名，即华山。2. 古州名。(《广韵》)3. 姓。

迲 huà 置放；收藏。

㕦 huà 青丝或麻制作的鞋。

畫 huà 同"畫(画)"。

䀨 ㊀huà ❶看：江湖之涨不足～。❷怒视的样子。
㊁guā 眼睛不明。

澅(澅) huà 水名，在山东。

畫 huà 同"畫(画)"。

婳(嫿) huà ❶娴静美好：婳～｜明～瞭慧。❷奔驰的样子：徽～霍奕，别骛分奔。

磆 huà 拟声词，石碰击声。

䀨 huà 同"䀨"。1. 看。2. 怒视的样子。

畫 huà 同"畫(画)"。

䰟 huà "䰟"的讹字。

稞 ㊀huà ❶颗粒饱满的好谷子。❷去掉外壳的谷粒，即米。
㊁kē 青稞，麦的一种。

䰟 huà 鬼的变化。

H

𠑷 huà 同"傀"。

傀 huà 同"化"。

魤 huà 鱼名。

觟 ㊀ huà ❶有角的母羊。❷角的样子。❸姓。
㊁ xiè［觟觽］(-zhì)獬豸。

劃 huà 同"畫(画)"。

畫｛畵｝ huà 同"畫(画)"。

畵 huà 同"畫(画)"。

嫿 huà ❶女子容貌美丽。❷用于女子人名。

摦 huà 宽;粗大。

暭 huà 古地名。(《广韵》)

㝈 huà 海船。

詻 huà 同"话(話)"。

畫 huà 同"畫(画)"。

槬 huà 钟身宽大。

嚽 huà 大口的盛酒器。

㦎 huà 拟声词,撕开布帛声。

諣 ㊀ huà 疾言。
㊁ guā ❶懒;懈怠。❷［諣詬］(-wā)懒惰。

譮 huà 同"詻(话,話)"。

劃 huà 同"劃(划)"。

劃 huà 同"劃(划)"。

摦 huà 同"摦"。

樺 huà 同"桦(樺)"。

舙 huà［舙艇］船名。

悘 huà 同"化":万物将自～。

窾 huà 同"摦",宽大。

黊 huà 鲜黄色。

䛡 huà 同"话(話)"。

䜅 huà 同"䛡(话,話)"。

繣 huà ❶系东西的绳。❷拟声词,破裂声:～瓦解而冰泮。

鱯 huà 又称鳠,即鮰鱼。

闟 huà 破开。

譌 huà 同"諣"。

譮 ㊀ huà 同"譮(话,話)"。
㊁ huì 悟。(《集韵》)

䜑 huà "䛡(话,話)"的讹字。

huái

佪 huái 同"佪(徊)"。

怀 ㊀(懷) huái ❶想念;思念:～古｜～旧｜～乡。❷心情;心意;心胸:伤～｜正中下～｜壮～激烈。❸胸;胸前:敞～｜～抱着孩子。❹存有:～疑｜心～不满｜身～绝技。
㊁ fù 怒。

徊 huái 同"徊",徘徊;犹豫不前:俳～(徘徊)。

淮 huái 淮河,水名。1. 发源于河南,流至江苏注入洪泽湖。2. 秦淮河,长江支流,在江苏。

裏 huái 同"褢"。

槐 huái ❶槐树,落叶乔木,木材可用于建筑和制器物。❷续断,二年或多年生草本植物。❸姓。

踝 huái ❶踝骨,小腿和脚交接处左右两旁凸起的部分:内～｜～关节｜雨来三日泥没～。❷脚:腾一～去。

褢 huái ❶衣袖。❷同"怀(懷)",怀藏;怀抱:～诚秉忠｜幼～锋颖。

褱 huái 同"怀(懷)"。

懷 huái 同"懷(怀)"。

H

褢 huái［崴褢］(wēi-)1. 高低不平的样子：隐赈～。2. 畏缩的样子：那复敢～。

攊 ㊀ huái 同"懷(怀)"。
㊁ huài 同"壞(坏)"。

巙 huái 同"褢"。

瀤 ㊀ huái 古代称北方水名。
㊁ wāi［瀩瀤］(wā-) 见 974 页"瀩"字条。

孃 huái 安和。

櫰 ㊀ huái 槐类树木。
㊁ guī 树名，像棠，果实像木瓜。

犪 huái 传说中的动物，像牛。

礥 ㊀ huái 石不平的样子。
㊁ guī 小石。

襶 huái 同"褱"。

耲 huái 翻土农具。

蘹 huái［蘹香］又称香丝菜，即茴香。

𩴹 huái 同"𪙠"。

𪙠 huái［齳𪙠］(wēn-)见 996 页"齳"字条。

𪚀 huái"𪙠"的讹字。

huài

坏㊀(壞) huài ❶ 损坏；倒塌；拆毁：破～｜天雨墙～｜～井田，开阡陌。❷ 不好的；恶劣的；令人不满的：～人｜～事｜～习惯。❸ 使变坏：车子～了｜～了肚子｜你～了大事。❹ 坏心思；坏主意：使～｜冒～｜一肚子～水。❺ 用在动词或形容词后，表示程度深：累～了｜乐～了｜忙～了。
㊁ pī ❶ 一重的山丘：万马盘一～。❷ 同"坯"，未烧过的砖瓦、陶器：～冶一陶。
㊂ péi 同"阫"，屋的后墙：凿～以遁。

咶 ㊀ huài 气息；喘息：～复苏。
㊁ guā 拟声词：～～｜～哒｜咕咕～～。
㊂ guō 同"聒"，声音嘈杂：鸟噪～｜闹吵吵～杀人。
㊃ shì 同"舐"，舔：～盐｜～其叶。

瘣 huài 同"壞(坏)"。

敤 huài 同"敦(坏，壞)"。

敥 huài 同"敤"。

澅 huài［澒澅］(hōng-)水势汹涌激荡的样子，也指水流激荡声。

黊 huài 同"壞(坏)"。

䵷 huài 同"䵷"。

壊 huài 同"壞(坏)"。

䵷 huài［𪏽䵷］(mài-)顽恶。

蘾 huài［崴蘾］(wǎi-)见 985 页"崴"字条。

殨 huài 同"坏(壞)"，腐烂。

櫰 huài 树名，皮可编绳索拉船。

𣀔 huài 同"坏(壞)"。

𣀥 huài 同"𣀔(坏，壞)"。

𡣱 huài 同"殨(坏，壞)"。

蘾 huài 又称乌蘾，草名。

䅿 huài［䆊䅿］(mài-)见 622 页"䆊"字条。

𩞄 huài 食物变质。

huān

欢(歡)［懽、讙、驩］ huān ❶ 快乐；高兴：～乐｜～喜｜～呼。❷ 喜爱：喜～｜～心。❸ 古代男女相爱，女称男子为欢，泛指喜爱的人：唱尽新词～不见｜新～。❹ 活跃；起劲；旺盛：孩子们玩得很～｜马跑得真～｜炉火着得正～。

◆"讙"另见 369 页"讙"字条。
◆"驩"另见 369 页"驩"字条。

犿 ㊀ huān 同"獾"。
㊁ fān［连犿］宛转或相从的样子：其书虽瑰(瓌)玮而～无伤｜讽刺诙怪，～杂揉。

粯 huān 白米。

鄻 huān 同“酄”。

䑕 huān［䑕兜］也作“驩兜”，传说中尧舜时流放的四个民族首领之一。

歓 huān 同“欢（歡）”。

鴅 huān 同“欢（歡）”。

鴅 huān 鸟名。

犨 huān 劣。

雚 huān ❶ 始。❷ 化。

犨 huān 同“犨”。

鴅 ㊀ huān［鴅鷒］（-tuán）同“鸛鷒”。㊁ guān［鸫鴅］（dōng-）见 202 页“鸫”字条。
㊂ guàn 同“鹳（鸛）”，鹳雀。

酄 ㊀ huān 春秋时鲁国邑名，在今山东。㊁ quān 古乡名，在今山西。

隺 huān 同“酄”，春秋时鲁国邑名，在今山东。

騅 huān 同“驩”。

藋 huān 同“雚”。

藋 huān 同“雚”。

舊 huān 同“嚾”。

䨏 ㊀ huān 同“雚”，化。㊁ kàn 妇女给孩子断奶。

嚾 ㊀ huān 喧嚣；喧哗：怨言～流｜～～然不知其非。
㊁ huàn 同“唤”：翔凤纷以相～。

獾［貛、獾］ huān 哺乳动物，种类较多，常见的有狗獾、猪獾等。

曤 huān 姓。

驩 huān 同“驩（欢，歡）”，欢乐。

𨠰 huān 矮的样子。

讙 ㊀ huān ❶ “欢（歡）”的异体字。❷ 古地名，在今山东。❸ 姓。
㊁ huàn 同“唤”，呼唤。

鸛 huān 斗星名。

驩 huān ❶ 马名。❷ 古州名，在今越南北部。❸ “欢（歡）”的异体字。

䕺 huān 同“歡（欢）”。

鸛 huān［鸛鷒］（-tuán）同“鸛鷒”。

huán

岏 huán 同“峘”。

汍 huán 同“峘”。

还（還） ㊀ huán ❶ 返回；复原：～乡｜～原｜返老～童。❷ 归还；偿付：～书｜～债｜偿～。❸ 回报：～礼｜～击｜以牙～牙。❹ 姓。
㊁ hái 副词。1. 仍旧；依然：多年前的往事～没有忘记｜夜深了，他～在埋头苦读。2. 更加：今天比昨天～热｜他的成绩比我～好。3. 再；又：明年我～去｜此外，～有一点要注意。4. 表示勉强过得去：她身体～好｜这篇文章写得～行。5. 尚且，表示进一步推论：你～那么费劲，别人就更不行了。6. 表示出乎意料：车坏成这样，他～真就修好了。

戊 huán 屋上仰盖的槽瓦。

环（環） huán ❶ 圆形而中间有孔的玉器：玉～。❷ 圆形中空的东西：铁～｜花～｜连～。❸ 环绕；围绕：～抱｜～视｜～城赛跑。❹ 量词，用于射击、射箭比赛时射中环靶的环数：三枪打了 28 ～。

㿪 huán 皮病。

萓 huán 多年生草本植物，可供药用，古代用以调味。

栢 huán “桓”的讹字。

岴 huán 同“峘”。

奙 huán 大：奢～（夸大）。

峘 huán 小山高于大山。

狟 huán ❶ 狗行走。❷ 大狗。❸ 同“貆”，貉类动物。

洹 huán 洹河，又称安阳河，水名，在河南。

㡪 huán 袋。

H

堚 huán 同“垸”。

垸 ㊀ huán ❶ 修补垣墙。❷ 用漆掺和骨头灰涂抹器物。❸ 通“锾(鍰)”，古代质量单位。
㊁ yuàn 湖南、湖北等地围绕房屋、田地等修建的类似堤坝的防水建筑，也指堤内地区：堤～|～田。

桓 huán ❶ 又称桓表、华表，古代立在驿站、道路、墓地、官署等建筑旁的柱状标志，多为木制。❷ 树名，叶似柳。❸ 大：玄王～拨(桓拨：拨乱反正而大治)。

奤 huán 同“査”。

狟 huán 同“狟”。

洹{洹} huán 同“洹”。

奂 huán ❶ 围墙。❷ 院落。

绕(綄) ㊀ huán 古代测风仪，用五两鸡毛绑在高杆顶上制成，故又称五两。
㊁ huàn 缠绕：以白布～之。

馬 huán 一岁的马。

莧 huán 细角山羊。

梪 huán 同“桓”。

馵 huán 同“馬”。

㾜 huán 同“馵(馬)”。

墠 huán 同“圭”。

圭 huán 土；土块。

萑 huán 也作“萑”，猫头鹰的一种，鸟名。

還 huán 同“还(還)”。

頑 huán 脑盖；囟门。

寏 huán 古地名。(《玉篇》)

寏 huán 同“寏”。

絙 ㊀ huán 绶带。
㊁ gēng 同“緪(緪)”，粗大的绳索：聂悬～过河|系以巨～。

瑔 huán 同“环(環)”。

迴 huán 同“桓”，盘桓。

貆 huán 同“貆”。

貆 ㊀ huán ❶ 貉类动物。❷ 貉之子：县(悬)～。❸ 豪猪：～猪。
㊁ huān 同“貛(獾)”。

獂 huán 同“貆”。

羦 huán ❶ 同“莧”，细角山羊。❷ 一种像羊的动物。

寰 huán 同“寰”，用于古代器物名。

緪 huán 同“絙”。

綄 huán 同“绕(綄)”。

萑 huán 荻类植物。

貆 huán 同“貆(獂)”。

還 huán 同“还(還)”。

锾(鍰) huán ❶ 同“环(環)”，圆环：铜～。❷ 钱：罚～|得～甫一串。❸ 古代质量单位，其制不一，一锾等于六两或六两大半两。

貆 huán 同“貆”。

麈 huán 鹿一岁，一说鹿三岁。

懁 huán 慢。

寏 huán 同“寏”。

輦 huán 同“圭”。

環 huán 同“環(环)”。

雈 huán 荻类植物，后作“萑”。

壞 huán 同“環(环)”。

闤 huán ❶ 阛。❷ 深阁。

髖 huán 同“髋”。

髋 huán 同“垸”，用漆掺和骨头灰涂抹器物。

𢕍 huán 同“还(還)”。

阛(闤) huán 环绕市区的围墙，也指市区或市区的道路。

䮝 huán “䮝(萈)”的讹字。

䮝 huán 同“䮝(萈)”。

瀎 ㊀ huán 水波。
㊁ mò[瀎岶](-pò)同“嵲岶”，细密的样子。

澴 huán ❶ 水名，发源于河南，流至湖北注入涢水。❷ 水回旋涌起的样子：漩～荥潆｜～波怒溢。

寰 huán ❶ 广大的地域：～宇｜～区｜人～。❷ 京城周围千里之内的土地：～内。

缳(繯) huán ❶ 捕兽网：～网。❷ 绳索做的套环；用绳套勒死：投～而死｜～首。❸ 旗上的结带：红蜺为～。

瓛(瓛) huán 桓圭，圭名。

檈 huán 古代圆形有足的食物托盘。

貆 huán ❶ 豪猪：帚～。❷ 战国时期西北少数民族邑名，汉代为貆道县，在今甘肃。

貆 huán 同“獂(貆)”。

劆 huán[撲劆]也作“樸劆”，古县名，在今甘肃。

䴉 huán 鹿类动物。

䮝 huán 同“萈”。

澴 huán “澴”的讹字。

寰 huán “寰”的讹字。

寰 huán “寰”的讹字。

還 huán 同“还(還)”。

鹮(䴉) huán(又读 xuán)❶[䴉目]也作“䴉目”，水鸟名。❷ 鸟纲鹳形目䴉科部分鸟类的通称：朱～。

镮(鐶) ㊀ huán 金属圈，泛指中间有孔的环形物品，也作“环(環)”：刀～｜玉～｜铜～。
㊁ xuàn 车环。

環 huán 同“環(环)”。

檈 huán 同“檈”。

嚾 huán 拟声词，猪大口吃食声。

鐶 huán 同“镮(鐶)”。

糫 huán 膏糫，又称粔籹，古代食品名，像今天的麻花、馓子。

還 huán 同“澴”。

鬟 huán “鬟”的讹字。

䴉 huán 坚硬。

䴉 huán 一种大而圆的饼状面食。

繯 huán 同“繯(缳)”。

繯 huán “统(統)”的讹字。

轘 huán 也作“镮(鐶)”，环状物。

翾 ㊀ huán 禽鸟飞绕的样子。
㊁ xuān 同“翾”，小飞。

鬟 huán ❶ 古代妇女梳的环形发髻：云～。❷ 丫鬟(丫环)，年轻的女仆：小～。

騵 huán 同“馵(馯)”。

闤 huán 同“闤(阛)”。

䴉 ㊀ huán 䴉饼，即粼餿，又称寒具、馓子，油炸的面食。
㊁ huàn ❶ 黄蒸䴉子。❷ 以带皮壳的麦子制成酒曲。

鹮 huán 同“鹮(䴉)”。

鐶 huán 同“环(環)”。

鬟 huán 同“鬟”。

huǎn

睆 huǎn 同“睆”。

睆 huǎn ❶ 眼睛凸出的样子。❷ 明亮：～彼天上星。❸ 浑圆：有杕之杜，有～其实。❹ 美好的样子：文旄～榻。

H

僈 huǎn［傲僈］（kuǎn-）见 514 页“傲”字条。

缓（緩） huǎn ❶松弛；宽松：衣带日以～。❷柔弱；无力：手～不能举觞。❸平和；使平和：和～｜～和。❹慢：～慢｜～步而行｜～不济急。❺怠慢：～贤忘士。❻推迟；延迟：～期｜～办｜～刑。❼恢复正常：～苗｜～过气来。

睅 huǎn ❶明亮。❷姓。

篡 ㊀ huǎn［篃篡］（mǎn-）见 624 页“篃”字条。
㊁ yuàn 竹断，泛指断折：枝节一～，全车悉败。

猨 huǎn 飞的样子。

覞 huǎn 大视。（《说文》）

澣 huǎn 弄水。

繯 huǎn 同“缓（緩）”。

擐 huǎn 木栅，引申为拘禁、束缚：～如囚拘。

簑 huǎn 帘。

纀 huǎn 同“繯（缓，緩）”。

癏 huǎn ❶痛。❷病。

huàn

厶 huàn 同“幻”。

𠃋 huàn 同“幻”。

幻 huàn ❶虚无的；不真实的：梦～｜～觉｜～想。❷奇异变化：变～｜～术（魔术）。

𢆯 huàn 同“幻”。

芄 huàn 草名。

𠂎 huàn 同“幻”。

肒 huàn 手搔皮肉而生成的疮。

奂｛奐｝ huàn ❶盛大；众多：巍～。❷文采鲜明，后作“焕”：美哉～焉｜～其丽饰。❸换取，后作“换”。

肒 huàn［睕肒］（wàn-）见 979 页“睕”字条。

侒 huàn 同“宦”。

皃 huàn 义未详。（《改并四声篇海》）

疣 huàn 痈疽类恶疮。

肒 huàn 同“肒”。

皃 huàn 义未详。（《字汇补》）

奂 huàn 同“奂”。

宦 huàn ❶做官：仕～｜～途。❷官吏：官～｜名～｜乡～。❸太监；内臣：～官｜～党。❹姓。

换｛換｝ huàn ❶对调；交易：～工｜交～｜～点零钱。❷更替；改变：变～｜～床单｜改天～地。

唤｛喚｝ huàn ❶呼叫；喊：召～｜～醒｜叫～。❷啼叫：晨鸡登坛～｜美睡常嫌莺～起。

峘 ㊀ huàn ❶古山名。（《集韵》）❷山多的样子。
㊁ huán 同“峘”。

奐 huàn 同“焕”。

㚓 huàn “奂（奐）”的讹字。

涣 huàn 同“浣（涴）”，一说水大的样子。

浣 huàn 同“涴”。

涣｛渙｝ ㊀ huàn ❶流散；离散：～然冰释｜雷随风～｜军心～散。❷水势盛大，泛指盛大：溱与洧，方～～兮｜纂辞奋笔，～若不思。
㊁ huì ❶水名，发源于河南，流至安徽注入淮河。❷古县名，在今安徽。

浣［❶❷澣］ huàn ❶洗；漂洗：～衣｜～纱。❷唐代官制，每十天休息沐浴一次，每月分上浣、中浣、下浣，后借作上旬、中旬、下旬的别称。❸浣江，古水名，在今浙江。
◆“澣”另见 373 页“澣”字条。

悗｛悗｝ huàn 跛扈。

郇 huàn 古国名。（《改并四声篇海》）

瑍{瑍} huàn ❶文采。❷朗。

梙 huàn 同"槵"。

睆 huàn 同"睆(皖)",一说"皖"的讹字。

暵 huàn ❶鲜明;光亮:~矣昀昀。❷[玺暵](xǐ-)传说中的国名。

睆 huàn 同"皖"。

患 huàn ❶忧;忧虑:~得~失|~不知人也|不~寡而~不均。❷祸;灾难:祸~|隐~|有备无~。❸病;生(病):疾~|~者|~病。

倌 huàn 同"宦"。

腕 huàn 肥。

涣 huàn[涣斓](-lán)文采。

豢 huàn 同"豢"。

焕{焕} huàn ❶火光。❷鲜明;光亮:华~|~若随珠|~然一新。❸放射(光芒或光彩):星斗~光芒|万千焰火九天之外~光彩。

逭 huàn ❶逃避;避开:~暑|不可~之灾。❷宽恕;免除:~罪|~于一死|有恶必惩,不以贵而少~。❸更迭;改易:肆意涂~。

宦 huàn 同"宦"。

瓶 ㊀huàn 大口陶器。
㊁huà 同"嘛",大口盛酒器。

嗳 ㊀huàn ❶呼。❷悲愤;怨恨。
㊁yuán 哀:下笔辄自~。

嵈 huàn 古山名。(《广韵》)

秼 huàn 禾名。

皖 ㊀huàn ❶明星。❷明亮的样子。❸白净。
㊁wǎn ❶古国名,在今安徽。❷安徽(地名)的别称:~南。

痪{瘓} huàn(旧读 tuǎn)因神经机能发生障碍,肢体丧失运动功能:瘫~|左瘫右~。

裷 huàn 衣褔,幼儿的围嘴。

嚻 huàn 同"唤"。

覍 huàn 同"唤"。

嗖 huàn 叹词,指使狗声。

豢 huàn ❶设围栏喂养猪、狗等,泛指喂养,比喻以利收买:~养。❷贪图:~安|~于富贵,安于顺境。❸肉类:刍~。

窒 huàn "宦"的讹字。

睌 huàn 同"唤"。

嚾 huàn 同"唤",呼唤。

鲩(鯶) huàn 同"鲩(鯇)"。

獾 huàn 义未详。(《改并四声篇海》)

猭 huàn 哺乳动物。

熳 huàn 同"焕"。

漶 huàn[漫漶]也作"曼漶",文字、图画等因磨损而模糊不清:~不清|字迹~。

槵 huàn 又称无患子,落叶乔木,木材可制器具,根、果实可供药用。果核可做念珠,俗称菩提子。

闂 huàn 同"患"。

闂 huàn 同"患"。

踣 huàn 同"逭"。1. 逃避;避开。2. 更迭;改易。

黕 huàn 同"肒"。

鲩(鯇) huàn 鲩鱼,即草鱼,生活在江河、湖泊中。

瓇 huàn 同"瑍"。

瓊 huàn 同"瑍"。

擐 ㊀huàn 穿;贯:~甲执兵。
㊁juǎn 系(繫):~左襻|~于马项之下。

闂 huàn "闂"的讹字。

瘓 huàn 同"痪"。

澴 huàn "涣"的讹字。

澣 ㊀huàn "浣❶❷"的异体字。
㊁hàn 同"瀚",瀚海。

䁝 huàn［玺䁝］传说中的国名，在大漠中。

㺒 huàn 同“豢”。

豢 huàn 同“豢”。

䍺 huàn 传说中的动物，像羊。

擐 huàn 同“擐”。

䕕 huàn 同“藨”，藨草。

䍺 huàn 义未详。（《改并四声篇海》）

貒 huàn 哺乳动物。

㥣 huàn 同“患”。

鯇 huàn 同“鲩（鲩）”。

𤺺 huàn 同“瘓”。

羱 huàn 同“䍺”。

䆠 huàn 同“逭”。

轘 ㊀ huàn 古代用车肢解人体的一种酷刑。

㊁ huán［轘辕］古山名、古关名，均在今河南。

鰀 huàn 同“鲩（鲩）”。

瀚 huàn 同“澣（浣）”。

轘 huàn 同“轘”。

䴉 huàn 同“唤”。

𠼯 huàn 同“唤”。

䴉 huàn 同“唤”。

爟 huàn 同“逭”。

huāng

𢁏 huāng 同“慌（㡆）”。

巟 huāng 同“巟”。

㠩 huāng 同“巟（巟）”。

𢉿 huāng 义未详。（《改并四声篇海》）

㡆 huāng ❶ 巾；头巾。❷ 覆盖东西的织物。

巟 huāng ❶ 水面宽广，泛指广大。❷ 同“荒”，荒废：不废～兮。

𠪡 huāng 人名。（《龙龛手鉴》）

𦫇 huāng 同“荒”。

𣅑 huāng 同“晀”。

㡆 huāng 幭㡆。（《改并四声篇海》）

𠂤 huāng 同“荒”。

肓 huāng 古代医学指心脏和膈膜之间的部位，认为是药力达不到的地方：病入膏～。

𠪡 huāng 同“𠪡”。

㷎 huāng 火。

䀮 huāng 古县名。（《玉篇》）

𨛍 huāng 同“䀮”。

荒 huāng ❶ 田地无人耕地而长满野草，也指荒地：～芜｜～地｜开～。❷ 遭受灾害而庄稼严重歉收或没有收成，也指灾害：～年｜备～｜灾～。❸ 严重缺乏：粮～｜水～｜煤～。❹ 偏僻而人迹稀少：～凉｜～野｜～无人烟。❺ 废弃；久未练习而生疏：学业～废｜～疏。❻ 不合情理的：～谬｜～诞。❼ 不确定的：～信｜～数儿。

䒤 huāng 同“荒”。

㤺 huāng 同“㡆（㡆）”。

㡆 huāng ❶ 煮丝染色的工匠。❷ 遮拦；覆盖。

㡆 huāng 同“㡆”。

㡆 huāng 同“㡆”。

肓 huāng 同“肓”。

衁 huāng ❶ 血液：无～｜～池。❷ 蟹黄。

帡 huāng 同“帍”。

㡆 huāng 同“幌”。

㼾 huāng 用于女子人名。

衁 huāng 血上心。(《改并四声篇海》)

𧖴 huāng 同“衁”。

晄 huāng 旱热。

𣈬 huāng 同“晄”。

㡐 huāng 同“帍”。

㼹 huāng 器名。

𦻉 huāng 同“穅(荒)”。

𦟛 huāng 同“𥆼”。

𥆼 huāng 眼睛不明。

㠆 huāng 同“荒”。

𣍿 ㊀ huāng 翌日;明日。
㊁ máng 同“忙”,急忙。

𤭒 huāng “㼹”的讹字。

塃 huāng 开采出的矿石:挖～｜松(鬆)～。

𥆾 huāng 同“𦟛(𥆼)”。

𥇊 huāng 同“𦟛(𥆼)”。

㡃 huāng 同“幌”。

㴁 huāng 同“㠆”,水广。

慌 huāng 见 378 页 huǎng。

㡛 huāng 丝蔓延。

䌙 huāng 同“㡛”。

𧡊 huāng 看。

肓 ㊀ huāng 肉间。
㊁ hāng[狼肓]古代南方少数民族国名。

㊂ huǎng[膅肓](tǎng-)见 932 页“膅”字条。

𧢕 huāng 同“𧡊”。

㠧 huāng “㴁”的讹字。

𡠣 huāng 义未详。(《改并四声篇海》)

𥕢 huāng 同“塃”,在矿层表面开采的矿石。

𣉹 huāng 同“晄”。

穅 huāng 同“穅(荒)”。

𥡦 huāng 同“荒”,庄稼严重歉收或没有收成。

𥢰 huāng 同“穅(荒)”。

𦑋 huāng 同“𣍿”。

𡣋 huāng 同“𡠣”。

𦃄 huāng 同“㡛”。

駺 huāng 马奔跑。

𩢡 huāng 同“駺”。

𩿂 huāng 同“駺”。

𪀤 huāng 同“駺”。

鳨 huāng 鳨雀,雀类鸟。

𩣄 huāng 同“駺”。

huáng

㞷{㞷、𡉀} ㊀ huáng 草木长势猛。
㊁ fēng 同“封”。
㊂ wǎng “徃(往)”的古字。

皇 huáng ❶大;盛大:～极｜～～巨著。❷君主:～帝｜～宫｜女～。❸天;天神:吉日兮良辰,穆将愉兮上～。❹发扬光大:念兹戎功,继序其～之。❺通“惶”,迟疑不决:督听则奸塞不～。❻通“遑”,闲暇:夙夜不～康宁。❼姓。❽[皇甫]姓。

𠙱 huáng 义未详。(《字汇补》)

H

皇 huáng 同“皇”。

皇 huáng 同“皇”。

皇{皇} huáng 同“皇”。

翌 huáng ❶[翌舞]古代一种乐舞，头上插着羽毛舞蹈。❷同“凰”：鸾～。

黄{黃} huáng ❶像金子或向日葵花的颜色：金～|杏～|颜色发～。❷变黄；成熟：叶子～了|秋风吹来谷子～。❸指黄帝，传说中的上古帝王：炎～子孙|～老之操，身中恬淡，其治无为。❹事情失败；计划落空：闹～了他的事|那件事～了|这项工程～不了。❺指与色情有关的：～色小说|扫～。❻黄河，中国第二大河，发源于青海，流至山东注入渤海：～泛区|引～工程。❼姓。

偟 huáng ❶闲暇：～暇。❷恣纵：心气一～，则欲不～。❸同“遑”，急遽：战不胜，～。

皐 huáng 同“皇”。

郋 huáng ❶古县名，在今浙江。❷古地名，在今河南。

皇 huáng 同“皇”。

凰 huáng 凤凰，一说雌的称凰。

㚅 huáng 同“黄”。

隍 huáng 无水的护城壕：城～。

堭 huáng 同“隍”，无水的护城壕。

揘 huáng [揘毕]也作“揘觱”，击；击刺。

葟 huáng ❶花朵美丽的样子。❷草木繁茂。

喤 huáng 拟声词，婴儿哭泣声、钟鼓鸣响声等：其泣～～|钟鼓～～|耳朵里～的一声，似乎发昏了。

崲 huáng 古地名。(《集韵》)

㿠 huáng 同“皇”。

遑 huáng ❶闲暇；空闲：～息|不～|不敢怠～。❷急迫；匆促不安：～赴。❸通“惶”，惊惧：诸郡～急|举家～如。

徨 huáng ❶往。❷[徨徨]也作“惶惶”，心神不安或心神不安的样子：～所欲|黎庶～。

猹 huáng 同“獚”。

湟 huáng ❶水名。1. 在青海。2. 广东连江的上游。❷积水的洼地：～潦生苹。

惶 huáng ❶恐惧：惊～|～恐不安|～～不可终日。❷迷惑：稽验则不～。

媓 huáng ❶传说中舜的妻子的名字。❷古代对母亲的称呼。

瑝 huáng 拟声词，小件玉器相碰击声。

鄭 huáng 古国名。(《玉篇》)

楻 huáng 同“艎”，船；船舱：～板。

喤 huáng 同“喤”。

㷄 huáng 义未详。(《龙龛手鉴》)

煌 huáng ❶火光：～火。❷明亮；鲜明：辉～|～然。

禋 huáng [禖禋](péng-)见721页“禖”字条。

墴 huáng 同“堭”。

锽(鍠) huáng ❶拟声词，钟声、鼓声等(多叠用)：钟鼓～～|耳边充满～～～的锣声。❷古代兵器，像钺。

程 huáng [穙程](páng-)见714页“穙”字条。

獚 huáng 狗名，是猎狗良种。

瘟 huáng ❶同“癀”，黄疸病。❷瘟疫：瘟～阵。

熿 huáng 同“煌”。

潢 ㊀ huáng ❶积水池：～潦|～污行潦之水。❷港汊：河道多～|断港绝～。❸水名。1. 古水名，即今内蒙古西拉木伦河。2. 俗称小黄河，发源于湖北麻城，流至河南注入淮河。❹染纸，引申为装饰：染～|装～。

㊁ huàng 同“滉”，水深广的样子：～然兼覆之。

璜 huáng ❶一种半璧形的玉器。❷黄色石。

蝗 huáng 昆虫，俗称蚂蚱：飞～|～灾。

犷 huáng 牛名。

篁 huáng ❶竹田:编町成～。❷竹林:幽～。❸竹名:～竹。❹泛指竹子:修～。❺笙管类乐器:幽处往往闻笙～。

艎 huáng 船,特指渡船:泛～|归～|长江天堑,飞～难渡。

粡 huáng ❶同"稈"。❷同"餭"。

熿 ㊀huáng ❶同"煌",火光。❷辉映:炫～于道。
㊁huǎng ❶同"晄(晃)",明亮;光亮。❷照耀:北～幽都。

趪 huáng 跑的样子。

锽(鐄) huáng ❶钟声,也指大钟。❷大镰。❸锁簧,也作"簧":把门关上,插上一把两～铜锁。

穔 huáng 野谷子。

艎 huáng 同"諻(锽)"。

艎 huáng 同"艎"。

諻 huáng ❶语声;大声。❷乐。

癀 huáng ❶黄疸病。❷牛、马、猪、羊等家畜患的炭疽病。

蟥 huáng [蚂蟥](mǎ-)见620页"蚂"字条。

簧 huáng ❶乐器内用于振动发声的薄片装置:～片|单～管|巧舌如～。❷笙、竽等带簧的乐器:吹笙鼓～|假～以舒忧。❸竹名,节长,枝叶少,可做笙簧。❹有弹力的机件:弹～|锁～。❺又称步摇,古代妇女首饰:冠帻簪～结发(髮)纽。

艎 ㊀huáng [艅艎](yú-)同"艅艎"。
㊁héng 同"潢",筏。

雞 huáng ❶也作"葟",花开得旺盛。❷花蕊。

餭 huáng [餦餭](zhāng-)见1238页"餦"字条。

臢 huáng 肿病。

鳇(鰉) huáng 鳇鱼,又称鲟鳇鱼、鳣,生活在近海和河口。

諻 huáng 同"諻"。

糗 huáng 同"䵋",酒曲的尘末。

趪 ㊀huáng ❶[趪趪](-huáng)1.负重用力的样子:猛虡～。2.威武的样子:尹京～。3.洪大;洪亮:～声彻天门重。❷横持:雄戟～而跃厉兮。
㊁guāng ❶跑的样子。❷同"侊",威武的样子。

鍠 huáng 同"鍠(锽)"。

韹 ㊀huáng 也作"韹韹、鍠鍠、喤喤",拟声词,音乐声。
㊁yīng 拟声词,铜器声。

騜 huáng 黄白色相间的马。

蠵 huáng 同"蟥"。

韹 huáng 义未详。(《改并四声篇海》)

餚 huáng 糜。

騜 huáng 同"騜"。

韹 huáng 同"煌"。

鷬 huáng 同"凰"。

雞 huáng 同"葟"。

騹 huáng 同"騜"。

鷬 huáng 蛋黄。

韹 huáng 同"煌"。

雞 huáng 同"葟"。

鶶 huáng [鹂鶶](lí-)同"鹂黄",即黄鹂,鸟名。

鱑 huáng 同"鳇(鰉)"。

雞 huáng 同"雞(葟)"。

蟥 huáng 同"蝗"。

huǎng

怳 huǎng ❶惊恐的样子:惊～。❷失意的样子:～然自失|望美人兮未来,临风～兮浩歌。❸"恍"的异体字。

炾 huǎng [炉炾](kuàng-)宽广明亮。

恍[怳] ㊀huǎng ❶模糊;不清楚:～兮惚兮,其中有物。❷仿佛;好像：～如昨｜～若仙子。❸猛然醒悟：～然大悟｜心下～悟。❹［一恍］同"一晃"，一闪而过：只见迎面有个人影～｜～的时候，轿子已到上房阶下。❺通"慌"：惊～。
㊁ guāng 勇武的样子：～～乎干城之具。
◆"恍"另见 377 页"恍"字条。

慌 huǎng 同"慌"，模糊；不真切。

宺 huǎng 同"宺"。

宺 ㊀ huǎng 广。
㊁ huāng 居。

晄 huǎng 同"晃"，明亮。

晃 ㊀ huǎng ❶明亮；光亮：明～～的刺刀｜不识三光之～朗｜你头上放毫光，打扮的特来～。❷光芒闪耀：～眼｜光线太亮，～得我睁不开眼｜别用手电筒～人的脸。❸很快地闪过：一～而过｜虚～一枪。❹姓。
㊁［搌］ huàng 摇动，摆动：～动｜摇～｜摇头～脑。
◆"搌"另见 378 页"搌"字条。

宺 huǎng 同"宺"。

奛 huǎng 同"爌"，光明。

谎（謊） huǎng ❶假话：撒～｜弥天大～｜没说过～。❷说假话；哄骗：～报军情｜～了一府州县士民人等。

慌 ㊀ huǎng［慌忽］模糊；迷茫：～兮远望｜追～于地底兮。
㊁ huāng ❶急忙；忙乱：～忙｜～乱｜～了手脚。❷恐惧；不安：恐～｜惊～｜心里发～。❸用作补语，表示难以忍受：累得～｜闷得～｜腻得～。

茪 huǎng 草名。

晄 huǎng 旱热。

幌 huǎng ❶帐幔；帘子：窗～｜交绮对～。❷幌子，酒店或店铺门前的标志物：酒～｜布～。❸同"晃"，很快地闪过：～一～｜左右～漾。

詤 huǎng ❶梦话。❷同"謊（谎）"，说谎话。❸通"恍"，恍惚。

謊 huǎng "詤"的讹字。

諕 huǎng 同"詤"。

曂 huǎng "晄"的讹字。

膵 huǎng［臁膵］（tǎng－）同"臁胱"。

旐 huǎng 同"旐"。

熀 ㊀ huǎng 明亮。
㊁ yè 同"烨（爗）"。

旐 huǎng 酒家望子。

櫎 ㊀ huǎng ❶放置物品的架子，也专指兵器架。❷同"幌"，帷幔，也指窗棂：房栊对～｜犹悬北窗～。❸屏风；帷屏。
㊁ guàng 官府定的价格：国谷（穀）之～。
㊂ gù 估计：以功业直时而～之。

黋 huǎng 同"晄"。

huàng

晃［搌］ huàng 见 378 页 huǎng。

皝 huàng 面色因气血虚少而发白的病症。

搌 huàng ❶通"榥"，读书床。❷"晃㊁"的异体字。

皝 huàng 同"晃"，摇晃。

滉 huàng ❶［滉瀁］（－yǎng）水深广的样子，泛指深广：洪流～｜达者之怀，则～而无涯。❷同"晃"，摇动：云水～初阳。❸染纸。

愰 ㊀ huàng ❶心明。❷摇动；摇摆不定：～荡金乌欲出｜好一似照着了那秦宫宝镜一般，～得人胆气生寒。
㊁ huǎng［愰懩］（－yǎng）心神不定的样子。

榥 huàng ❶读书床。❷窗棂：交绮对～。❸量词：几～疏棂。

曂 huàng［曂眼］（－lǎng）明亮，光明的样子。

睆 ㊀ huàng 眼睛大的样子。
㊁ huǎng［睰睆］（mǎng－）见 627 页"睰"字条。

皝 huàng 用于人名：慕容～（十六国时前燕国君）。

縨 huàng 绳束。

鎤 huàng 拟声词，钟声。

鎤 huàng "皝"的讹字。

爌 huàng 同"晄（晃）"。

huī

灰 huī ❶物体燃烧后剩下的粉末状的东西：炉～|～烬|死～复燃。❷尘土：～尘|地板上一层～。❸石灰，常用的建筑材料：抹～|～顶。❹灰色，介于黑白之间的颜色：～白色|～蒙蒙。❺意志消沉：～心丧气|心～意懒。

匃 huī 同"辉(輝)"。

烎 huī 同"灰"。

㧑(撝) ㊀ huī ❶同"挥(揮)"。1. 挥散：发～。2. 指挥：～军|～兵骑。3. 挥动：～手|～玉斧。4. 挥手呵斥或示退：～之曰|招之则集，～之则退。❷谦抑；退让：～谦|～让。
㊁ wéi 相佐；辅佐：～肃。

吰(嗚) huī 口不正：吟诗口吻～。

毜 huī 同"麾"。

佀 huī 同"倠"。

诙(詼) huī 戏谑；调笑：～谐|～笑。

拻 huī 同"豗"，相击；相摩。

挥(揮) huī ❶舞动；摇摆：～舞|～毫作画|～手告别。❷抹掉；甩出：～泪分手|～汗如雨。❸散出；散发：发～水平|～金如土。❹指挥；命令：～师北上。

茠 huī 草名。

逐 huī 同"恢"。

虺 huī 同"豗"。

虺[虺] huī [虺𩫛](-tuí) 1. 马疲劳生病，泛指生病。2. 病坐的样子。

咴 huī [咴咴](-huī) 拟声词，骡、马等的叫声。

洃 huī 和面，用水调合面粉。

恢 huī ❶弘大；宽广：～谈硕议|天网～～。❷扩大；张大：～我疆宇|谁～天网致凤麟？❸恢复；收复：就西粤～中原。❹完备；周全：有事则有不～矣。

祎(禕) ㊀ huī ❶王后的祭服，上有雉形图案。❷蔽膝；佩巾。❸[祎隋](-chí) 同"倭迟"，逶迤：～在公。
㊁ yī 美好：汉帝之德，侯其～而。

珲(琿) ㊀ huī [瑷珲](ài-) 见 4 页"瑷"字条。
㊁ hún ❶美玉。❷[珲春] 地名，在吉林。

差 ㊀ huī 毁。
㊁ zuǒ 同"左"。

豗[豗] huī ❶撞击；相击：相～|奔～|冰雪～。❷喧嚣：喧～|巨象～。❸马病：人马饥～。

豴 huī ❶猪。❷猪拱土，也作"豗"。

晖(暉) huī ❶阳光：春～|朝～|余～。❷光辉；光彩：朝朝清汉～|芙蓉发红～。❸照耀；辉映：日月～于外|云润星～。

蚘 huī 哺乳动物。

倠 huī [仳倠](pí-) 见 728 页"仳"字条。

烣 huī 同"恢"。

眭 ㊀ huī 目光深深注视的样子：～然能视。
㊁ xié 眼睛凶狠地看。
㊂ suī 姓。

婎 huī ❶[姿婎] 姿情放纵自己。❷容貌丑。

掬 huī 同"挥(揮)"。

辉(輝)[煇] huī ❶闪射的光彩：光～|～煌|满室生～。❷照耀：～映|与日月同～。
◆"煇"另见 380 页"煇"字条。

狎 ㊀ huī 传说中的动物，身像狗，面部像人：山～。
㊁ xūn 同"獯"。

㶣 huī 同"恢"，大。

䀹 huī 同"㶣"。

㾯 huī 同"恢"。

隓 ㊀ huī ❶倒塌的城墙。❷同"隳"，毁坏：国故不～。
㊁ duò 同"陊"，坠落。

媈 huī 用于女子人名。

H

翚(翬) huī ❶振羽疾飞:高～|～然云起。❷有五彩羽毛的雉,也指雉类鸟的五彩羽毛:如～斯飞|其～有光。❸通"挥(揮)",挥动;舞动:～终葵,扬关斧。

撝 huī 同"挥(揮)"。

楎 huī ❶三爪犁,即用于播种的耧车,一说犁上曲木。❷钉在墙上挂物衣的木橛。

煇 huī 同"獋"。

豗 huī 同"豗"。

睢 ㊀huī 仰视:万众～～,惊怪连日。㊁suī ❶睢河,古水名,在今河南。❷用于地名:～县(在河南)|～宁(在江苏)。❸姓。

蝝 huī 猪用鼻拱物:猪相～触。

犚 huī ❶犁牛头。❷牛名。

雟 huī 同"雉"。

㾯 huī 姿㾯。(《广韵》)

旂 huī 同"旗"。

煇 ㊀huī "辉(輝)"的异体字。㊁hún 赤色:彤庭～～。㊂yùn 同"晕(暈)",日、月周围的光圈。

禈 huī ❶祭名。❷祭服。

睳 huī ❶瘦人看的样子。❷顾盼不定。

㣛 huī 同"徽"。

暉 huī 白。

鉥 huī 金属元素"钾(鉀)"的旧译写法。

豨 ㊀huī 哺乳动物。㊁xī ❶哺乳动物。❷同"豨"。

㚄 huī 恣肆;放纵。

瘣 ㊀huī [瘣瘣](-tuǐ)风病。㊁tuí 同"癀",人阴部疾病。

㾾 huī "㾾(恢)"的讹字。

旄 huī 旌旗飘动的样子。

衛 huī 美。

㖢 huī 同"嚊(吻)"。

翚 huī 同"挥(揮)"。

麾 huī ❶古代用于指挥军队的旗帜:望～而进。❷指挥;挥动:秉白旄以～|举手一～。❸同"挥(揮)":蒸暑～汗。

㢜 huī 同"㾯"。

旜 ㊀huī ❶同"徽(徽)",标志;旌旗。❷同"挥(揮)",舞动;摇动。㊁gǔn 旗名。

隳 huī 同"隳"。

㪇 huī 同"翚(翬)"。

麾 huī 同"麾"。

鴪 huī 鸟名。

徽[❶-❸徽] huī ❶三股线结成的绳子,引申为系琴弦的绳子:解其～弦|今夫弦者,高张急～。❷标志;符号:国～|帽～|～章。❸美好:～音|～称。❹安徽徽州(地名)的简称:～商|～墨。

輝 huī 同"輝(辉)"。

隳 ㊀huī 也作"隓",毁坏:～坏|～人之城郭。㊁duò 通"惰",怠惰:将骄卒～|财用足则～于用力。

墟 ㊀huī (又读xū)同"墟"。㊁kuì 毁。

撝 huī 同"挥(揮)"。

豶 huī 猪吃食。

糧 huī 同"辉(輝)"。

黴 huī 浅黑色。

灉 huī ❶竭。❷振去水。

譼 huī ❶毁谤。❷推诿。

鬳 huī 义未详。(《改并四声篇海》)

H

瞺 huī［瞡瞺］（miè－）脸上有垢。

燿 huī 同“煇（辉，輝）”。

蘳 huī ❶草木的黄花。❷花叶的样子。

䗀 huī 同“辉（輝）”。

䜐 huī 义未详。（《改并四声篇海》）

鰴 huī 体型大而有力的鱼。

䲴 huī ❶大鱼。❷蒲鱼。

麾 huī 同“麾”。

䰯 huī 同“豗”。

鷴 huī 义未详。（《字汇补》）

鰴 huī 同“徽”。

huí

囘 huí 同“回”。

犼 huí 古地名，在今河南。

回（❶迴）［❶廻、❶逥］ huí ❶环绕；旋转：迂～｜峰～路转｜水深而～。❷从别处走向原来的地方：～来｜～家｜～国。❸掉转方向：～头看｜不堪～首｜～过身来。❹答复；报答：～信｜～话｜～邮件。❺量词。1. 用于事件、动作的次数：第一～｜来过三～。2. 用于中国长篇小说的章节：《红楼梦》第八～。❻回族，少数民族名，分布在宁夏、甘肃等中国大部分地区。❼姓。

囬 huí 同“回”。

廻 huí 同“迴（回）”。

圓 huí 同“回”。

垇 huí［垇瑶］（－yáo）地名，在福建。

茴 huí［茴香］1. 小茴香，多年生草本植物，嫩茎叶可食，籽实可做香料或供药用。2. 大茴香，又称八角茴香，常绿小乔木。果实呈八角形，称八角或大料，是常见调料，也可供药用。

郋 huí 古乡名，在今河南。

哂 huí 拟声词，念咒语声。

逥 huí 同“迴（回）”。

徊 ㊀ huí 同“回（迴）”，环绕；回转：～肠伤气｜～翔。
㊁ huái ❶［低徊］（dī－）见 181 页“低”字条。❷［徘徊］（pái－）见 709 页“徘”字条。

洄 huí ❶逆流而上，引申为追溯往昔：溯～从之｜游今～古。❷水流回旋，也指回旋的水流：～注｜～水｜清～。

恛 huí 昏乱的样子：疑～～。

桐 huí 树名。（《植物名实图考》）

蚘 ㊀ huí “蛔”的异体字。
㊁ yóu［蚩蚘］（chī－）也作“蚩尤”，传说中东方九黎族首领。

烠 ㊀ huí 光；光辉。
㊁ huǐ 火的颜色。
㊂ ǎi 灿烂的样子。

硘 huí 山路盘旋。

峘 huí 义未详。（《龙龛手鉴》）

蛕 ㊀ huí “蛔”的异体字。
㊁ huǐ 毒虫名。

蛔［蛕、蚘、蜖、痐］ huí 蛔虫，人和牲畜肠内的寄生虫，像蚯蚓。
◆“蛕”另见 381 页“蛕”字条。
◆“蚘”另见 381 页“蚘”字条。

𧽤 huí 行走的样子。

䣀 huí 同“郋”。

蜖 huí 同“蛔”。

駉 huí 马名。

鮰 huí 同“鮰”。

鴄 huí 鸟名。

鮰 huí 鮰鱼，即鮠鱼。

鼊 huí 大龟。

huǐ

虺 ㊀ huǐ ❶ 蜥蜴类动物：～蜴。❷ 又称土虺，蛇名：维～维蛇｜雄～九首。❸ 古地名，在今安徽。❹ 姓。
㊁ huī［虺隤］(-tuí)也作"虺𤸃"，疲劳生病：我马～。

脜 ㊀ huǐ［脜腲］(-huǐ)也作"腲脜"，肿大的样子。
㊁ duī 同"痽"，肿。

悔 huǐ ❶ 悔恨；后悔：～不当初｜追～莫及｜九死犹未～。❷ 改过；反悔：～改｜～过自新｜～亲。

㥟 huǐ 同"悔"。

焜 ㊀ huǐ 同"燬"，火；烈火。
㊁ méi 引火之物：～头。

㷄 huǐ 同"焜"。

烠 huǐ 火。

㴰 huǐ 水流的样子。

毁 huǐ 同"毁"。

毁 ㊀［❶❷燬、❸譭］huǐ ❶ 破坏；使不存在：～坏｜～损｜摧～。❷ 烧掉：烧～｜焚～。❸ 诽谤，说别人的坏话：～谤｜诋～。❹ 把较大的旧物改成较小的：把旧睡衣～成三角裤衩。
㊁ huì 儿童脱换乳齿：～齿。
◆ "燬"另见 382 页"燬"字条。

毇 huǐ 同"毁"。

腲 huǐ［腲脜］(-huǐ)也作"脜腲"，肿大的样子，单用"腲"义同。

煋 huǐ 同"燬(毁)"。

㷇 huǐ 火，烈火，也作"燬(毁)"。

毀 huǐ 同"毁"。

壂 huǐ 同"毁"。

擊 huǐ 同"擊"。

蘳 huǐ 草名。

䁤 huǐ 同"矊"，怒视。

嫛 huǐ ❶ 诽谤。❷ 容貌丑。❸ 用于女子人名。

毇 huǐ ❶ 舂米或谷使精细：～米。❷ 馇，稠粥。

颰 huǐ 同"虺"，蝮蛇。

譭 huǐ 同"毁"，诋毁。

嫛 huǐ 同"嫛"。

檓 huǐ 树名，即花椒。

礭 huǐ 同"毁"，毁坏。

䨚 huǐ 震雷；雷声。

擊 huǐ 击伤；毁坏。

㲚 huǐ 同"毁"，用于古代器物名。

觖 ㊀ huǐ 鱼名。
㊁ hóng 赤尾的白鱼。

㷐 huǐ 同"燬(毁)"。

燬 huǐ ❶ 火；烈火：王室如～。❷ 燃烧：水深不可测，～犀角而照之。❸ "毁㊀❶❷"的异体字。

䘉 huǐ 血面。

䵻 huǐ 黄病。

篾 huǐ 同"籔"。

槼 huǐ 同"毇"。

糓 huǐ 同"毇"。

瀫 huǐ 古水名。(《字汇补》)

黖 huǐ 同"毁"。

籔 huǐ 同"毇"，舂米或谷使精细。

籔 huǐ 同"籔"。

籔 huǐ 舂(米)。

huì

乙 huì 同"会(會)"。

卉{芔} huì 各种草的总称：花～｜奇花异～。

屷 huì 同"岃"。

岃 huì 同"会(會)"。

汇(匯、❷❸彙)[滙] huì ❶水流会合在一起：～成江河｜百川所～。❷会聚在一起的东西：词～｜总～。❸聚合；综合：～聚｜～集｜～编。❹通过邮局、银行等把款项转付给收款人：～款｜～兑｜电～。❺外国货币：外～｜创～｜～市。
◆"彙"另见 384 页"彙"字条。

卉 huì 同"卉"。

会(會){會} ㊀ huì ❶聚合；聚在一起：～合｜～诊｜～餐。❷见面；相见：～客｜约～。❸有一定目的的集会：晚～｜舞～｜报告～。❹某些团体：工～｜商～｜学生～。❺时机：机～｜适逢其～。❻一小段时间：这～儿｜一～儿｜等～儿。❼理解；懂得：～意｜心领神～。❽擅长；掌握：能写～算｜～游泳。❾可能；能够：他不～不懂｜目标一定～达到。❿副词，正好；恰巧：～有客来｜～天大雨，道不通。⓫必然；应当：长风破浪～有时。
㊁ kuài 总计：～计(管理、计算财务的工作或人)。
㊂ kuò[会撮](-zuì)后颈的椎骨。

讳(諱) huì ❶避忌；隐瞒：忌～｜～疾忌医｜直言不～。❷避忌的事物：避～｜入门而问～。❸死的婉称：奄闻凶～，祸出不意。❹称死去的帝王、尊长的名：避圣～｜先主姓刘，～备，字玄德。

帍 huì 同"会(會)"。

庈 huì 同"会(會)"。

直 huì 同"惠"。

烔 huì 烔烂。

沬 ㊀ huì 洗脸：～血饮泣。
㊁ mèi ❶古水名。(《广韵》)❷古地名，在今河南。

泋 huì 水波纹。

荟(薈) huì ❶汇聚；聚集：～萃｜～集。❷草木茂盛的样子：潜～葱茏｜林木～蔚。

卦 huì 外卦，一种卦象。

恚 huì 同"恚"。

诲(誨) huì ❶教导：教～｜训～｜～人不倦。❷劝谏或教导的话：朝夕纳～｜高～世所闻。❸诱使：～淫～盗｜抚教万民而利～之。

芔 ㊀ huì 同"卉"。
㊁ hū 同"欻(歘)"。

绘(繪) huì ❶五彩刺绣：锦～｜藻～。❷绘画；描画：～图｜～形～声。❸图画：图～。

琻(璯) ㊀ huì 玉饰冠缝。
㊁ kuài 用于人名：钱～(晋代人)。

恚 huì 忿怒；怨恨：忿～之心｜愤～而死。

惠 huì 同"惠"。

晦 huì 同"诲(誨)"。

贿(賄) huì ❶财物：货～｜有妄取民一文者，议法。❷用来买通别人的财物：受～｜索～｜～金。❸为了谋取某种私利而用财物等买通别人：～赂｜～选｜行～。

會 ㊀ huì 同"會(会)"。
㊁ dá 同"答"。

誨 huì 同"诲(誨)"。

烩(燴) huì 把食物略炒后加浓汁烧煮，或把多种食物混在一起煮：～虾仁｜～豆腐｜大杂～。

彗 huì ❶扫帚：大～｜拥～先驱。❷扫；拂：～云｜～日。❸彗星，俗称扫帚星，星名，拖有长光像扫帚的星体。

晦 huì ❶农历每月的最后一天：自朔至～｜朝菌不知～朔。❷日暮；夜晚：昼书不倦，～诵竟旦。❸昏暗：～暝｜昼～｜白日变幽～。❹意思等艰深难懂：～涩｜隐～｜章句之言有显有～。❺隐藏：～迹｜～藏｜自～其能。

嵼 huì 山上无草木。

H

秽(穢) huì ❶杂草,引申为荒芜:～草|芜～。❷杂乱:烦～|～累。❸缺点:文无瑕～|朱紫不别,～莫大焉。❹肮脏,不洁净:～土|～气|污～。❺丑恶;下流:～行|～闻|淫～。

㑰 huì"𤸎"的讹字。

𡎦 huì 地形回屈。(《集韵》)

惠 huì ❶好处:恩～|实～|加～于人。❷给人以好处:～及百姓|互利互～|口～而实不至。❸仁爱:其养民也～。❹敬辞,用于他方对本方有益的行为:～临|～赠|～存。❺姓。

㥣 huì 食果。

喙 huì ❶鸟、兽、鱼、虫的嘴:长～|蚌合而拑其～。❷借指人的嘴:百～莫辩|毋庸置～。

翙(翽) huì ❶[翙翙]拟声词,鸟飞的声音:凤皇于飞,～其羽。❷飞:鸾翔凤～。❸显扬:名～鸾诰。

廆 ㊀huì 墙壁。
㊁guī 古山名,在今河南。
㊂wěi 用于人名:慕容～(西晋末鲜卑族首领)。

阓(闠) huì 市区的门,也指市区。

湏 ㊀huì 同"沬",洗脸。
㊁mǐn 同"湣",水流动的样子。

彚 huì 同"彙(汇)"。

缋(繢) huì ❶布帛的头和尾:以五色～为绳。❷绘画,也指彩色花纹图案:～画|作～宗彝。

絵 huì 同"绘(繪)"。

彙 huì 同"彙(汇)"。

𢛁 huì 同"𢡱(惠)"。

殨 huì[殨㱣](-tuǐ)1.不平。2.不知的样子。

㱱 huì 困极。

颒(頮) huì 洗脸,后作"沬"。

㑹 huì 同"会(會)"。

詯 huì 同"詯"。

詯 huì 胆气壮,声势压过人。

彙 huì 同"彙(汇)"。

嬇 ㊀huì 不高兴。
㊁yè[娆嬇](ráo-)女人的姿态。

彙 huì ❶哺乳动物,即刺猬,后作"猬(蝟)"。❷"汇❷❸"的繁体字。

㨹 ㊀huì ❶同"㩓",裂。❷挂。
㊁xuě 扫灭。

蕙 huì 同"惠"。

䔧 huì ❶[王䔧]地肤,又称地肤草,一年生草本植物。果实称地肤子,可供药用。❷同"彗",扫;拂:～地。

䔧 huì 同"䔧"。

䃣 huì 石的形态。

㩓 huì 同"薉(穢)"。

嘒 huì ❶鸣叫:高蝉不复～。❷[嘒嘒]拟声词,柔和而细微的声音:～管声|鸣蜩～。❸晶莹明亮:～彼小星。

賄 huì 同"贿(賄)"。

㯈 huì 同"彙(彚,汇)"。

幩 huì 洗手用的巾。

𢍰 huì 同"彙(汇)"。

𡝗 huì[㛮𡝗](kuì-)见520页"㛮"字条。

𢡱 huì 同"惠"。

鉞 huì 金鉞。(《玉篇》)

詼 huì 言长。

瘣 ㊀huì ❶病名,特指结块,肿瘤:在腹之～,倏然破堕。❷树木生出木瘤而不长枝条:～木。❸山势高峻的样子:阜陵别岛,嵔瘣嵬～。
㊁lěi[魁瘣]树木根节或枝叶盘结的样子。

𤸎 huì 困极。

𨗷 huì"𨗽"的讹字。

㦤 huì 忌。

谌(譓) huì ❶ 也作“譿”，同“慧”，聪明，多智谋：今阳子之情～矣。❷ 顺服；顺从：义征戡于不～。

隗 huì 陲名。

䪑 huì 同“䫎”。

䅏 huì 同“穗”。

繢 huì 衣领边缘。

彙 huì 同“彙(汇)”。

慧 huì ❶ 聪明；智慧：早～｜好行小～｜甚有姿～。❷ 狡黠：便辟佞～。

摠 huì 同“撠”。

蕙 huì ❶ 蕙草，香草名：树～之百亩(畝)。❷ 蕙兰，兰花的一种。❸ 芳香；秀美：风流～兮水增澜｜南国丽人，～心纨质，玉貌绛唇。

蔧 huì ❶ 草名。❷ 菜名。

槥 huì ❶ 小棺材：令士卒从军死者为～。❷ 同“槵”。

憓 huì 同“惠”。

頮 huì 大头。

憓 huì 义未详。(《改并四声篇海》)

薉 huì 同“秽(穢)”。

嘒 huì ❶ 小星；小星的样子：～彼小星，三五在东。❷ 众星的样子。

嚖 huì［嚖嚖］同“嘒嘒”，拟声词，柔和而细微的声音。

圚 huì 圈；套：锦～头。

澓 huì ❶ 古水名，在今安徽。❷ 古泉名，在今湖南。

滙 huì 同“滙(汇)”。

憓 huì 同“谌(譓)”。

寭 huì 察。

蕙 huì 同“惠”。

薉 huì ❶ 荒凉且多杂草：荒～｜田～稼恶。❷ 杂草：草～｜榛～。❸ 同“秽(穢)”，肮脏，不洁净：涂～则塞｜情纯洁而罔～。

槵 huì 树名。

醶 huì 同“頮”，脸胖。

闠 huì 义未详。(《改并四声篇海》)

頮 huì 洗脸，后作“沬”。

螋 huì 义未详。(《改并四声篇海》)

噦 huì 同“㱱”，困极。

儶 huì［儶儶］屋宇宽敞的样子。

儈 huì［儈儈］屋宇宽敞的样子。

遺 huì 迹。

餯 huì 同“餯”。

誨 huì 同“詯”。

滙 huì 同“滙(汇)”。

濊 ㊀ huì ❶ 水多的样子：云滂洋，雨汪～。❷ 深广的样子：湛恩汪～｜～泽。❸ 通“秽(穢)”，污浊：荡涤浊～。
㊁ huò［濊濊］(-huò)拟声词，撒网入水声；水流受阻声：施罛～｜卧听鱼槎声～。

嬒 huì ❶ 女子皮肤黑。❷ 用于女子人名。

蘬 ㊀ huì 又称怀羊，草名。
㊁ huí 不好的芋。

櫘 huì 同“槥”。

達 huì “遳”的讹字。

轊 huì 同“轉”，车轮转动的样子。

䶑 huì 义未详。(《龙龛手鉴》)

噲 huì 义未详。(《改并四声篇海》)

篲 huì (旧读 suì) ❶ 同“彗”。1. 扫帚：操拔～以侍门庭。2. 扫；拂：～云｜～扶桑。3. 彗星：举长～以布新。❷ 竹名。❸ 通“彗”，地肤草。

篴 ㊀ huì (旧读 suì)同“彗”。
㊁ xí 又称檜(簷)篴，修船的工具。

H

儶 huì 同"儶"。

餯 huì 食物腐败发臭。

䜐 huì"䜐"的讹字。

䜋 huì ❶远。❷违背。

䫭 huì 义未详。(《龙龛手鉴》)

㩨 huì 同"䎚"。

㩢 huì ❶裂。❷挂。

靧 huì ❶脸胖。❷同"颒(䩨),洗脸。

嘒 huì 同"嘒"。

䁤 huì 眉目之间。

蟪 huì[蟪蛄](-gū)也作"惠蛄",蝉的一种,也单称蟪:蟪蛄不知春秋|女墙吊(弔)月啼寒蟪。

幭 huì 布巾。

篲 huì 一种节距较长的竹子。

䜗 huì 无违。

㵨 huì 同"秽(穢)"。

蕙 huì 同"惠"。

嬇 huì 同"嬇"。

䎚 huì 鸟翅羽茎的末端。

繪 huì 同"繪(绘)"。

槥 huì 同"槥"。

嘒 huì 同"嘒"。

讃 ㊀ huì ❶中止:师多则人～。❷觉悟。
㊁ kuì 通"愧",惭愧:无～于先王。

濊 huì 同"濊"。

濊 huì 同"濊"。

彚 huì 同"彙(汇)"。

彙 huì 同"彙(汇)"。

犡 huì 哺乳动物。

儶 ㊀ huì[俤儶](dì-)见187页"俤"字条。
㊁ xié 同"攜(携)",提。

鏸 huì ❶尖锐。❷三棱矛。

譿 huì ❶声音。❷众声。

蟪 huì 同"惠"。

繢 huì 同"缋(繢)"。

靧 huì 洗脸:盥～而出。

霻 ㊀ huì 雨。
㊁ wèi 小云。

顪 huì ❶无头发的样子。❷[顪顪]头的样子。

篲 huì 同"彗"。

鐬 huì[鐬鐬]也作"钺钺""哕哕",拟声词,车铃声。

嬇 ㊀ huì ❶愚钝、憨直的样子。❷容貌美丽的样子。
㊁ xié 传说中的北方神名:神～。

䎚 huì 同"䎚"。

繢 huì 同"缋(绩)"。

顪 huì ❶下巴上的胡须:接其鬓,攈其～。❷面颊:顪～之间。

譓 huì 同"慧",聪明,多智谋。

齳 huì 咸。

讃 ㊀ huì 同"讃"。
㊁ kuì 通"愧",惭愧:无～于先王。

醴 huì 同"靧"。

闠 huì 同"闠(阓)"。

𩑶 huì 同"靧"。

鼒 huì 小鼎。

鼒 huì 同"鼒"。

翽 huì 同"翽(翙)"。

hūn

百 hūn 同"昏"。

旦 hūn 同"昏"。

昏 ㊀[昬] hūn ❶ 日暮,天将黑的时候:黄～|晨～(早晚)。❷ 黑暗:～暗|～黑|天～地暗。❸ 神志不清;认识糊涂:发～|～头～脑|～～沉沉。❹ 失去知觉:～迷|～死|～过去了。❺ 结婚,后作"婚":新～于卫|上书求～。
㊁ hùn 姓。

荤(葷) hūn ❶ 鸡、鸭、鱼、肉等食物:～菜|～素搭配|不吃～。❷ 葱、蒜等有特殊气味的菜:五～。❸ 粗俗的;下流的:～话|～段子。

殙 hūn 同"殙(殙)"。

俖 ㊀ hūn 昏暗:幽～。
㊁ hùn 老而健忘。

皆 hūn 同"睧",一说"昏"的讹字。

唔 ㊀ hūn[唔唔](-hūn)眼睛所看不见的。
㊁ wěn 同"吻"。

㛰 hūn 同"俖"。

䁗 hūn 义未详。(《改并四声篇海》)

敃 hūn 同"婚"。

阍(閽) hūn ❶ 看门人。❷ 宫门,泛指门。

涽 hūn ❶ [涽涽]纷乱;昏乱:～之浊世。❷ [滑涽](gǔ-)乱而不定的样子:置其～。

惛 ㊀ hūn ❶ 糊涂,不明白:利令志～|忽于至道,皆～于教。❷ 同"昏":～睡|～迷。
㊁ mèn 通"闷(悶)",烦闷:～忧|不见是而无～。

㫧 hūn[㫧方]古国名。(《字汇补》)

婚 hūn ❶ 妻的家。❷ 妻的父亲:～姻娉内,送逆无礼。❸ 姻亲:至于～友|誓重结～。❹ 因婚姻而结成的夫妻关系:定～|结～|离～。❺ 结婚:未～|～后|新～夫妇。

耗 hūn 年老;高龄。

棔 hūn 合欢树,又称合棔,落叶乔木,木材可做枕木或制家具,皮、花可供药用。

殙 ㊀ hūn ❶ 昏乱,神志不清:以黄金注者～(注:下赌注)。❷ 病。❸ 未成名而死。
㊁ mèn 气绝。

睧 hūn 同"昏"。

㖧 hūn 同"睧"。

歄 hūn 不可知。

湣 ㊀ hūn 同"涽",纷乱;昏乱:～～之浊世。
㊁ mǐn 用于谥号,也作"闵(閔)":齐～王|鲁～公。

惽 ㊀ hūn 同"惛",糊涂,不明白:吾～,不能进于是矣。
㊁ mǐn 通"悯(憫)",同情:因之以饥馑,物故流离以十数万,臣甚～焉。

婫 hūn 同"婚"。

殙 hūn 同"殙"。

婚 hūn 同"殙"。

睯 hūn 目光暗淡。

䎘 hūn 同"昏"。

歄 hūn 同"歄"。

煮 hūn 同"荤(葷)"。

䁐 hūn 闷。

胃 hūn 同"昏",不清醒。

轋 ㊀ hūn 车前套在马、牛等颈上的曲木。
㊁ xuān 轿。

輴 hūn "轋"的讹字。

闇 hūn 同"阍(閽)"。

䫟 hūn 同"昏"。

㛰 hūn 同"婚"。

轋 ㊀ hūn 同"輼"。
㊁ xuān 车前举。(《龙龛手鉴》)

爂 hūn 同“婚”。

㛰 hūn 同“婚”。

爂 hūn 同“婚”。

䡣 hūn 义未详。(《改并四声篇海》)

hún

㚣 hún 同“魂”。

忶 hún ❶心闷。❷心乱。

浑(渾) ㊀hún ❶污浊不清：～浊｜河水又黄又～。❷混合；融汇：～齐万象以冥观｜意与境～。❸头脑不清；不明事理：～话｜犯～｜～～噩噩。❹质朴；天然：～厚｜～朴。❺全；满：～身是汗｜～身不舒服。❻副词，都；简直：汀草岸花～不见｜人人和柳～相类。❼水名。1.浑河，辽河支流，在辽宁。2.浑河，桑干河上游支流，在山西。3.浑江，发源于吉林，流至辽宁注入鸭绿江。❽姓。
㊁hùn 同“混”。1.混杂；混同：～淆｜阴阳相～。2.胡乱；随意：～杀人马｜～推～赶。

骅(驊) hún 传说中的动物，身像羚羊，四只角，尾像马。

梡 ㊀hún 未劈开的木柴。
㊁kuǎn(又读 huán)❶俎，祭祀时用以陈列牲体的礼器，像几案。❷树名，果实可食。

倱 hún 姓。

馄(餛) hún［馄饨］(-tun)面食，有馅，煮熟连汤吃，也单称饨。

珲 hún 同“珲(琿)”。

魂［䰟］ hún ❶迷信的人指能脱离肉体而存在并主宰肉体的精神：灵～｜鬼～｜～不附体。❷泛指人的精神；情绪：神～颠倒｜国～｜诗～。

搵 hún 用手推：～席而去。

殙 hún 义未详。(《改并四声篇海》)

棞 ㊀hún ❶未劈开的木头。❷完整；笼统：俄而撮其一二，又～不理析。
㊁huá 树名。

粡 hún 同“馄(餛)”。

溷 hún 同“混”。

㥵 hún 同“忶”。

槵 hún 树名。

緷 hún 缝。

䴷 ㊀hún 䴷子，用带皮壳的麦子制作的酒曲，也作“麲”。
㊁huàn 同“䴜”，黄蒸䴜子。

麲 hún 同“䴷”，用带皮壳的麦制成的酒曲。

鼲 hún 灰鼠，身小，尾像松鼠。

hǔn

緄 hǔn 结。

䅙 hǔn 黑。

hùn

诨(諢) hùn ❶逗趣，开玩笑，也指逗趣的话：打～｜善～｜～名(外号)｜发～之资。❷逗趣的人：优～。

俒 hùn 完全。

圂 hùn 同“混”，混合：～而为一。

圂 hùn ❶猪圈：豕出～舞。❷厕所；垃圾堆：与下同～。

倱 hùn［倱伅］(-dùn)1.传说远古帝鸿氏之子。2.同“混沌”，蒙昧无知的样子。

掍 hùn ❶同；混合：纷蒙笼以～成。❷缘边；滚边。

混 ㊀hùn ❶水势盛大：汩乎～流。❷掺和；夹杂：～合｜～凝土｜～为一谈。❸蒙混；冒充：～过去了｜鱼目～珠。❹苟且度过；消极对待：～日子｜～饭吃。❺副词，胡乱：～闹｜～出主意。❻［混沌］(-dùn)1.传说中宇宙未开时的浑然状态。2.糊涂；不清楚。也说“混混沌沌”。
㊁hún 同“浑(渾)❶❸❺”：～水摸鱼｜～人｜～身发颤。
㊂kūn［混夷］也作“昆夷”，古代西北地区少数民族名。

H

焄 hùn 火;火的样子。

蔉 hùn 草名。

恩 hùn “慁”的讹字。

棍 hùn ❶草。❷捆草。

溷 hùn 同“溷”。

觝 hùn 角。

溷 ㊀ hùn ❶混乱;混杂:世～浊而不分|事类～错。❷污秽;粪便等污秽物:近流水而不～|擢其发(髮),以～沃其头。❸同“圂”。1. 厕所;粪坑:～轩|窜伏～中。2. 猪圈:猪～。
㊁ hún［惇溷］(dùn－)见216页“惇”字条。

㥵 hùn 同“慁”。

歕 hùn ❶气逆。❷动。

䑓 hùn 同“掍”。

慁 hùn ❶忧虑;担心:舍不为暴,主不～宾。❷打扰;烦劳:是天以寡人～先生。❸杂乱:烦而不～者,事理明也。❹玷辱:不～君王。

䐊 hùn 肥的样子。

觩 hùn 牛角上水。(《篇海类编》)

䚠 ㊀ hùn ❶角圆的样子。❷兽角。
㊁ hún 角完整。

諢 hùn 说话不清楚。

䤸 hùn 醨酒相沃。(《广韵》)

踾 hùn 行走。

臗 hùn 肥。

䫟 hùn ❶面色发黄的样子。❷头脸都呈圆形。

䪞 hùn 义未详。(《改并四声篇海》)

㬂 hùn 大土山。

譁 hùn 同“诨(諢)”。

霼 hùn(又读 hūn)同“惛”,不明白;糊涂。

huō

吙 huō ❶叹词,表示惊讶:～!一片那么宽大的地方。❷家:不到你～来。

剨 huō 拟声词,破裂声:～然震响。

耠 huō ❶用来松土的农具,比犁轻便。❷用耠子松土,一说耕:～地|～青耘草。

砉(騞) huō ❶拟声词,刀割开东西发出的声音,泛指破裂声:奏刀～然|～的一声,将右臂砍下。❷忽然;快速:～然跃起|其触物也,～然而过。

锪(鍯) huō 锪孔,金属加工工艺,即用专门的刀具对工件已有孔进行加工,刮平端面或切出锥形、圆柱形沉孔。

劐 huō ❶用刀、剪等的尖端插入物体后划开或割开:～开鱼肚子|皮上衣被～了个口子。❷用耕具划开土壤:用犁铧～地。❸同“耠”,用来翻松土壤的农具。

閄 huō 拟声词,开门声:有声～然。

耠 huō 同“耠”。

髿 huō 尾巴摇动:摇头～尾。

擭 huō ❶手翻覆:挥～。❷把堆在一块儿的东西铲起来掀到别处去:～土|～煤机。

騞 huō 同“砉(騞)”。

闟 huō 义未详。(《改并四声篇海》)

huó

佸 huó 相会;到达:曷其有～。

活 huó 冰。

尳 huó［尳尳］(bō－)见62页“尳”字条。

佸 huó 同“佸”。

活 ㊀ huó ❶生存;使生存:存～|复～|～命之恩。❷不固定的;生动的;不呆板的:～水|灵～|～泼。❸副词,非常;简直:

～受罪｜～像鬼。❹［活ㄦ］1. 生计；工作：干～｜农～｜木匠～。2. 制品；产品：～干得好｜出～。
㊁ fù 在水中游：～水｜引得那条鱼～上水来。

秮 huó“秙”的讹字。

湉 huó 同“活”。

祰 huó 为消灾免祸举行的祭祀。

秙 ㊀ huó 不易舂捣去壳的谷粒或麦粒。
㊁ kuò 禾皮。

䄆 huó 同“祰”。

稭 huó 同“秙”。

䑟 huó 船行进。

漷 huó 同“活(湉)”。

䄆 huó 同“祰”。

醅 ㊀ huó 未过滤的酒。
㊁ tián 同“甜”。

賊 huó 义未详。(《改并四声篇海》)

稭 huó 同“秙”。

濉 huó 同“湉(活)”。

huǒ

火 huǒ ❶ 物体燃烧时发出的光和焰：～光｜～苗｜烈～。❷ 像火一样的红色：～红｜～狐｜～鸡。❸ 指枪炮、弹药：军～｜开～｜～力。❹ 紧急：～急｜～速。❺ 发怒；暴躁：发～｜他一听就～了｜～暴脾气。❻ 中医指引起发炎、红肿、烦躁等的病因：虚～｜上～｜败～。❼ 五行之一。

伙(❶-❹夥) huǒ ❶ 同伴，一同做事的人：～伴｜同～ㄦ。❷ 结伴，联合起来：～同｜～办。❸ 由同伴组成的集体：合～｜入～｜散～。❹ 量词，用于人群：一～人｜五人一～｜分成三～。❺ 伙食，多指部队、机关、学校等集体办的饭食：起～｜包～｜～房。
◆“夥”另见 390 页“夥”字条。

邩 huǒ 古地名。(《说文》)

灾 ㊀ huǒ 同“火”。
㊁ zāi 同“栽(災,灾)”。

钬(鈥) huǒ 金属元素，可用来制磁性材料。

㶡 huǒ 同“焻(邩)”。

焻 huǒ 同“邩”。

瓠 ㊀ huǒ 瓜。
㊁ guǒ 同“果”。

焥 huǒ 同“火”。

夥 huǒ ❶ 多：地狭人～｜获益甚～。❷“伙❶-❹”的繁体字。

䙀 huǒ 同“夥”。

鍋 huǒ 同“夥”。

huò

囮 ㊀ huò 叹词，拉船纤时的号子声。
㊁ duō 拟声词，用力声：～地一声。

𠩐 huò 同“货(貨)”。

𢦏 huò 同“或”。

𢦕 huò 同“或”。

吅 huò 拟声词，吐声。

沎 huò 古水名。(《玉篇》)

或 huò 见 1190 页 yù。

咱 ㊀ huò 同“嚄(嚯)”。
㊁ pā 同“啪”，拟声词：只听～的一声，脸上挨了一巴掌。

货(貨) huò ❶ 财物：～贿｜杀人越～。❷ 商品，供出售的物品：百～｜订～｜～真价实。❸ 由运输部门运送的物品的总称：～运｜～船｜～舱。❹ 钱币：～币｜通～。❺ 骂人时指人：笨～｜蠢～｜可见不是好～。

祸 huò 同“祸(禍)”。

䀜 huò 义未详。(《改并四声篇海》)

咟 huò 同“嚄(嚯)”。

貨 huò 同“货(貨)”。

捇 ㊀ huò 裂开。
㊁ chì［捇拔］同“赤发”,古代官名。

获(❶❷獲、❸穫) huò ❶捉到:擒~|捕~|俘~。❷得到;取得:~奖|~胜|~取。❸收割庄稼:收~|秋~冬藏。
◆“穫”另见393页“穫”字条。

眓 huò 眼睛向上看的样子。

閄 ㊀ huò 躲在暗处突然发出使人惊吓的声音。
㊁ shǎn 躲在暗处突然走出来。

俰 huò 和。

掝 ㊀ huò 裂开。
㊁ xù 拟声词,裂开声。

楇(楇) ㊀ huò(又读 guǒ)同“輠”,古代车上用于盛润滑膏油的容器。
㊁ guō 纺车上收丝的器具。

帠 huò 同“喊”。

㺢 huò 水流的样子。

瓠 huò 义未详。(《改并四声篇海》)

眓 huò“眓”的讹字。

喊 ㊀ huò ❶大笑的样子。❷吹气。
㊁ guó［喊喊］(-guó)也作“啯啯(嘓嘓)”,话语繁琐的样子。
㊂ xù 声。

嚄(嚄) huò［嚄啧］(-zé)叫呼:~怒语。

㖪 huò 拟声词,巾帛被风吹拂而发出的声。

铬(鉻) ㊀ huò 剃发(髪)。
㊁ gé 钩类兵器。
㊂ gè 金属元素,可用来制特种钢或镀金属。

咸 huò 同“或”。

湱 huò 同“濊”。

㥯(㥯) huò ❶乖戾:~~不道车。❷愚昧;不明白:在生已可知,来缘~无识。❸划分清楚:辨~二家|纤毫~然。

祸 huò“祸(禍)”的讹字。

祸(禍)［既］ huò ❶灾殃;灾难:~根|灾~|大~临头。❷损害;危害:~国殃民|有~人之心。❸通“过(過)”,谴责:勿予~适。☞祸/灾/殃 三字都有灾祸义。“祸”和“灾”主要指事件本身,其中前者多指人为造成的,后者多指自然发生的。“殃”侧重指灾祸造成的危害。

禍 huò 同“祸(禍)”。

禍 huò 同“祸(禍)”。

惑 huò ❶疑惑;不明白:困~|解~|四十而不~。❷迷乱;欺骗:~乱|诱~|谣言~众。

殕 huò 同“祸(禍)”。

碣 huò ❶同“既(祸,禍)”。❷拟声词,因惊骇而发出的声。

賊 huò 同“眓”。

濊 huò 拟声词,波涛激荡声:洄~澎湃|迅湍急濑鸣~~。

愭 huò 心惊的样子。

祹 huò 同“祸(禍)”。

禍 huò 同“祸(禍)”。

禬 huò 同“禍(祸,禍)”。

蒦 ㊀ huò(又读 yuē)尺度;法度。
㊁ wò 草名。

瞢 huò 睡眼朦胧的样子。

媧 huò 同“祸(禍)”。

賊 huò 同“眓”。

甝 huò 义未详。(《字汇补》)

僓 huò 同“货(貨)”。

熇 huò 火光。

愯 huò 恐惧的样子。

裍 huò 同“祸(禍)”。

禍 huò 同“祸(禍)”。

H

禍 huò 同"祸(禍)"。

矐 huò 暂明。

艧 huò 同"祸(禍)"。

臛 huò(又读 hè)❶肉羹。❷香气。

𨘻 huò 同"𨙊"。

憶 huò 同"懤(㦜)"。

谿 huò 同"豁"。

禍 huò "祸(禍)"的讹字。

𤡈 huò ❶拟声词,鸟飞声。❷飞。

擭 ㊀ huò 同"掝",裂开。
㊁ huá 同"划(劃)",用尖利物把东西割开:~破。

樺 huò 同"檴"。

𧤥 ㊀ huò 同"嚄"。
㊁ yù 豆。

瞲 huò 吃惊地看。

熇 huò 同"㸌"。

過 huò 过头话,也指说过头话。

遳 huò 同"𨙊"。

奯 huò ❶孔窍大。❷眼睛睁得大;用力睁大眼睛:睛之~|~目。

霍 huò ❶鸟疾飞声,引申为迅速:~地站起身|~然病愈。❷姓。❸[霍霍]1.拟声词,磨刀声:磨刀~。2.迅速闪动的样子:电光~。

䰥 huò 同"䰥",鬼䰥。

嚄 ㊀ huò(又读 huō)❶叹词,表示赞叹或惊讶:~,何藏之深也!|~,好大的船!❷拟声词,猿啼、鸟鸣、猪叫、喧闹等声音:~咋|~喈|~~。
㊁ ǒ 叹词,表示惊讶:~,这是怎么搞的?
㊂ wò 同"䪝",无味;味薄。

𩙢 huò 同"祸(禍)"。

䰥 huò 同"艧(祸,禍)"。

臛 ㊀ huò 曲脚中。(《广韵》)
㊁ guó 同"腘(膕)"。

𩗩 huò 热风。

𢉁 huò[廓𢉁]空远的样子。

熿 huò[荧熿]同"荧惑",星名。

濩 ㊀ huò ❶雨水沿屋檐流下;向下流:溟海浑~涌其后。❷煮:~茶。❸[濩泽]古地名,在今山西。
㊁ hù 分布;散开:无所不~|除草~粪。

愯 huò ❶心动。❷惊:~动。

擭 huò 同"捇"。

歗 huò ❶吐声。❷吐气。

檴 huò 又称椰榆,榆的一种。

樗 huò 同"𣘺(檴)"。

䰥 ㊀ huò[鬼䰥]旋风,一说鬼借风势害人。
㊁ yù 鬼名。

奯 huò 同"奯"。

矐 huò 眼病。

貨 huò 同"货(貨)"。

䜭 huò 同"豁"。

臒 huò(又读 wò)青色或红色的可做颜料的矿物,泛指好颜色:丹~|金~。

謋 huò 拟声词,迅速分解声:动刀甚微,~然已解。

豁 ㊀ huò ❶畅通的山谷:长~。❷开阔;敞亮:~达|显~|~然开朗。❸排遣;消散:~情散哀|一~积郁|坐觉妖氛~。❹免除:~免|~其赔偿。
㊁ huō ❶残缺;裂开:~口|~唇|裤子~了个口子。❷舍弃;狠心付出高代价:~出去了|~出去几天|~出性命去干!

䨥 huò 紧束;箍紧:~其头。

靃 ㊀ huò[霬靃](yì-)见1148页"霬"字条。
㊁ shuāng 同"雙(双)",两;对:~舆|~飞燕。

矆 ㊀ huò(又读 xuē)吃惊地看。
㊁ yuè 远望。

䨥 huò 同"䨥"。

镬(鑊) huò ❶古代烹煮器,似鼎无足:鼎～|汤～。❷锅:炊～|洗～烧饭。❸煮,也作"濩":是刈是～。

穫 ㊀ huò "获❸"的繁体字。
㊁ hù [焦穫]周代地名,在今陕西。

䝿 huò 同"㦜(祸,禍)"。

癯 huò [瘑癯](hú-)见359页"瘑"字条。

爄 huò ❶[燿爄](huò-)火旺盛时火苗闪烁的样子。❷热。

濩 huò ❶水的样子。❷流水的样子。

䄆 huò [褡䄆](dā-)又称搭护。元明时期一种蒙古族外衣,与今蒙古袍类似。

䅩 huò 同"穫(获)",收割谷物。

邈 huò 急速。

壔 huò 义未详。(《龙龛手鉴》)

藿 ㊀ huò ❶豆叶。❷藿香,多年生草本植物,茎叶可供药用。
㊁ hè [藿首]也作"霍首",草名。

蠖 huò 同"蠖"。

嚯 ㊀ huò ❶叹词,表示惊讶或赞叹:～,好大的个儿头!❷拟声词:～地站了起来|～～地笑着。
㊁ xuè 同"谑(謔)":～索。

蠖 ㊀ huò [尺蠖]也作"蚇蠖",昆虫,尺蠖蛾的幼虫。
㊁ yuè [蠖略]行步进止的样子:～相连。

篗 huò 取鱼的竹器。

艧 ㊀ huò 船名:金～。
㊁ wò 同"臒":青～|粉～。

獲 huò [獲猢狓](-jiāpí)哺乳动物,像长颈鹿而小。

䨮 huò 味辣。

濩 huò ❶水名,一在河南,一在湖北。❷[濩沸](-huì)拟声词,波浪声:～濩渭,荡云沃日。

曤 huò 明亮。

嚯 huò 夸,一说"嚆"的讹字。

臛 huò 肉羹;做成肉羹。

爗 huò ❶火光闪烁的样子,引申为闪烁:～火|～～刀刃光。❷急速:～如羿射九日落。

䨥 huò [霬䨥](yì-)同"霬霍"。

矐 huò ❶重目。❷使眼睛失明:～其目。❸通"霍",迅速:～然四除,万里光彩。

嚯 huò [嚯嚯]夸的样子。

䨥 huò 同"䨥(鑊,臛)"。

癨 huò 霍乱。

䎀 huò [翽䎀](xù-)快飞。

䨥 huò ❶拟声词,骨声。❷肥美的肉。

䆎 huò 黍做的干粮。

瀖 huò [瀖瀖]同"灖灖",拟声词,水流动声:有泉出石中,流入寺,～有声。

靃 ㊀ huò 同"霍",拟声词,鸟急飞声,泛指急速声:鸾刀若飞,应刃落俎,～～霏霏。
㊁ suǐ [靃靡](-mí)草随风摆动的样子:薠草～。

鑊 huò 同"镬(鑊)"。

䨥 huò 同"臛"。

䨥 huò 同"䨥(臛)"。

矆 huò 吃惊;吃惊地看:～然相顾。

䨥 huò 黑色。

䨥 ㊀ huò 同"藿"。
㊁ suǐ 草木花开的样子。

䨥 huò 同"䨥(臛)"。

䨥 huò 同"矆"。

H

J

jī

几 ㊀(❸-❼幾) jī ❶低矮的小桌子:条～|茶～|窗明～净。❷[几几](-jī)1.装饰繁盛:赤舄～。2.偕同的样子:饮食～。❸隐微,不明显:～事不密则害成|计～微之故。❹事情的先兆:见～而作,不俟终日。❺事物发展的内部规律:极深而研～。❻接近:汉之为汉,～四十年矣。❼副词,接近;差不多:民虽吴人,～为伧鬼|～自刭死|～为所害。❽姓。

㊁(幾) jǐ ❶询问数量多少:～时|～匹马?|来～个月了?❷大于一而小于十的不确定的数目:十～个|买～本书|所剩无～。

丌 ㊀jī 器物的底座或垫。㊁qí 同"亓"。

讥(譏) jī ❶非议;指责:忧谗畏～。❷嘲讽:～笑|～刺|反唇相～。❸劝谏:殷有惑妇,何所～?❹查问:关市～而不征。

击(擊) jī ❶打;敲打:～鼓|～掌|朝敌人猛～一拳。❷攻打:攻～|袭～|～溃。❸刺;杀:～剑|反戈一～。❹碰;触动:撞～|冲～。

叽(嘰) jī 拟声词,小鸟、小鸡等的叫声;人语声:～～|～～喳喳|～～咕咕。

禾 jī 树梢因受阻碍而弯曲,不能向上长。

刉 jī 同"刏"。

饥(飢、饑) jī ❶饿,吃不饱:～饿|充～|～寒交迫。❷庄稼收成不好或没有收成:～荒|～馑。☞飢/饑/饥/饿/馑 "飢"本指饿,吃不饱,"饑"本指饥荒,五谷不收,两字中古后渐通用,汉字简化时合并为"饥"。"饿"本指长期的、程度严重的吃不饱,如"家有常业,虽饥不饿"。"馑"本指饥荒,但程度比"饑"更严重,指连可食的野菜、野草都没有了。

刌 jī 受。

玑(璣) jī ❶小而不圆的珠子:珠～。❷古代观测天文的仪器:璇～。

圾 jī 见443页jié。

圀 jī 同"箕"。

㙨 jī 同"箕"。

芨 jī ❶白芨,也作"白及",多年生草本植物,可供药用。❷蒴藋。

机 ㊀(❸-❿機) jī ❶桤树,后作"桤(榿)"。❷通"几",几案:隐～而坐|堆案盈～。❸弩牙,古代弩弓上的发射装置,泛指制动装置:弩～|枢～|扳～。❹关键;重要的事情:存亡之～|～要|日理万～。❺时宜;恰当的时候:乘～|随～应变|痛失良～。❻灵活;善于应变:～智|～巧|～警。❼心思;念头:心～|动～|暗藏杀～。❽有生命的:～能|～体|有～物。❾机器,用于生产制作的装置或具有某些功能用途的设备:发电～|收音～|计算～。❿飞机的简称:客～|专～|～票。
㊁wèi 砧板:～上肉。

刏 jī ❶以刀取物。❷同"剞",剞劂(剞劂),古代刻镂工具。

丕 jī 同"基"。

乩 jī 扶乩,也作"扶箕",利用占卜询问吉凶。

刏 jī ❶划破;割断:～羊献血。❷杀。

𣯶(❷𣰽) jī ❶[𣯶毰](-bā)男性或公畜、雄兽的生殖器。❷[毴𣯶](bì-)见41页"毴"字条。

气 jī 同"刏"。

肌 jī ❶肌肉,人和动物体内的基本组织:胸～|心～|面黄～瘦。❷皮肤:～肤|～理细腻|佳人洗处冰～滑。❸植物表皮以下的物质:今赭魁南中极多,肤黑～赤,似何首乌。☞肌/肉 "肌"指人的肌肉,不用

于禽兽。"肉"在先秦指禽兽的肉,也用于死人,如"朽其肉而弃之,然后埋其骨";汉代以后也用于活人。

rong jī 同"机",几案或无靠背的凳类家具。

奵 jī 同"姬"。

丞 jī 同"基"。

坜 jī 同"基"。

矶(磯) jī ❶水流冲击岩石,引申为激怒、触犯:洄流~激|声不敢~激。❷水边突出的岩石、石滩,多用于地名:采石~(在安徽)|燕子~(在江苏)。

囟 ㊀jī 同"箕"。㊁xìn 同"囟"。

层 jī 同"屐"。

层 jī 同"屐"。

登 jī 同"跻(躋)"。

鸡(鷄)[雞] jī 鸟名,多为家禽,公鸡能报晓。

其 jī 同"箕"。

其 ㊀jī ❶簸箕,后作"箕"。❷助词,表示疑问语气:彼人是哉,子曰何~?❸用于人名:郦食~(lìyìjī,西汉人)。
㊁qí ❶代词。1.他;他们:任~自流|劝~宽心。2.他的;他们的:人尽~才|各得~所。3.这;那;那些:~间|~次|查无~事。❷副词。1.表示揣测:~是之谓乎?2.表示反诘:一之谓甚,~可再乎?❸词缀:极~|尤~。

枅 jī ❶柱、房梁之间承重的方木。❷门上的方木。❸挂大秤的横木。

囟 jī 同"箕"。

钘(軒) jī 车两轓。

要 jī [要姦](-jiān)也作"鸡奸",男人与男人发生非法性行为。

氨 jī 同"钊"。

竹 jī 同"箕"。

跻(躋) jī ❶登;上升:由宾阶~|势若~而终坠。❷虹:朝~于西,崇朝其雨。❸云:群~相应和。❹坠落:颠~。

兟 ㊀jī 同"幾(几)"。㊁duì 姓。

赵(趚) ㊀jī 跑。㊁xī 同"趘"。

畐 jī 义未详。(《改并四声篇海》)

敉 jī 射箭。

咭 ㊀jī 拟声词:~叮|~~呱呱|~~喳喳。㊁xī 笑的样子。㊂kǎ 同"卡㊁❶":贺年~|信用~。

图 jī 义未详。(《改并四声篇海》)

飢 jī "飢"的讹字。

氨 jī "氨"的讹字。

笄 jī 同"簊"。

箕 jī 同"箕"。

匪 jī 同"箕"。

剞 jī ❶[剞劂](-jué)同"剞劂"。❷[剞劂](-jué)1.古代弯刀形刻镂工具:~罔掇。2.雕版印书:付之~。❸劫夺:劫~。

郬 jī 同"攲"。

基 jī 同"基"。

跂 jī 同"踑"。

咮 jī 同"嘰"。

唧{喞} jī ❶用筒状器物抽水或喷射:~筒(汲水的器具)|~了他一身水。❷拟声词:啾~(细碎的声音)|~~咕咕|~~哝哝。

員 jī 同"箕"。

积(積) jī ❶堆积谷物,泛指聚集:迺~迺仓|~累|~少成多。❷长时间聚集起来的;长久形成的:~雪|~垢|~劳成疾。❸中医指积久形成的疾病,特指儿童消化不良的病:痰~|奶~|捏~。❹乘法运算的得数:乘~。

笄 jī ❶同"箕"。❷竹名。

笄{筓} jī ❶簪子:头戴左~帽。❷古代女子的成年礼:十有五年而

J

～。❸特指女子十五岁或成年:及～|～年|有女始～。

屐 jī 登山或走泥路的木头鞋,底部有齿防滑,泛指鞋:木～|草～|～齿。

陓 jī 同"跻(躋)"。

隮 jī 同"跻(躋)"。

姬 ㊀jī ❶妇女的美称:淑～|仙～|吴～。❷妾:侍～|宠～|～妾。❸歌女;舞女:歌～。❹姓。

㊁yí ❶君王之妻的别称。❷众妾的总称。

基 jī ❶房屋等建筑物的地基,引申为基础:～石|房～|根～。❷根本的;开始的:～层|～调|～数。❸根据:～于上述理由。❹又称根,化学上指化合物的分子中所含的一部分原子被看作一个单位:氢～|氨～。

㒻 jī 同"箕"。

朞 ㊀jī 同"箕"。

㊁jì 同"跽",盘足而坐。

跻 jī 同"踑"。

㞓 jī 同"箕"。

㟗 jī 同"跻(躋)"。

肌 jī 同"肌"。

鉒(鉒) jī 金圭。

㧗 jī[螕㧗](bī-)见37页"螕"字条。

稩 jī 同"稽"。

䝨 jī 同"饥(飢)"。

飢 jī 同"饥(飢)"。

飢 jī 同"饥(飢)"。

朞 jī 同"期",周期;周年。

桾 jī 同"朞"。

赍(賫)[賷、齎] jī ❶把东西送给别人:～发|～赏。❷怀着;带着:～恨|～志而亡。

◆"齎"另见1305页zī。

棋 jī 同"枅"。

攲 ㊀jī 用筷子取东西。

㊁qī 倾斜不正:～侧|～斜。

敧 ㊀jī 用筷子取东西。

㊁qī ❶倾斜不正:～梁。❷依;倚:～枕。❸[𢻱敧](qín-)多少不齐的样子。

敧 jī 同"攲"。

㪷 jī 同"剞"。

朞 jī 同"期",周期;周年。

㞓 jī 同"箕"。

唧 jī 同"唧"。

嵇 jī 同"嵇"。

嵇 jī(旧读xí)❶古山名,在今安徽。❷姓。

嫢 jī 用于女子人名。

笸 jī 同"筐"。

僟 jī 小。

僟 jī 同"饥(饑)"。

餀 jī 同"饥(飢,饑)",饥饿;饥荒。

羇 jī[羇羅羊](-lǐ-)传说中的羊名。

隮 jī 同"跻(躋)",登;升。

缉(緝) ㊀jī(旧读qì)❶把麻搓捻成线:女事纺绩～缕之所作也。❷继续:～已坠之遗功。❸搜捕;捉拿:～捕|～毒|通～。

㊁qī 密缝;缝衣边:～鞋口|～边儿。

㊂jí ❶聚集:以～华裔之众。❷通"辑(輯)"。1.和谐;协调:衣冠未～。2.整理和编辑文字:刊～经籍。

毄 ㊀jī ❶击;打击:～兵。❷拂拭:和弓～摩。❸勤苦努力。

㊁jì 同"系(繫)"。1.拴缚,拘系,引申为豢养牲畜:无所农桑～畜。2.依附:知礼之～乎某物。

閲 jī 门臼。

畸 ㊀jī ❶不方正的田地,引申为不规则的,不正常的:～形|～变。❷零星;剩余的:～零。❸偏;斜:～轻～重|中则可从,～则不可为。❹单;孤独:～日听政|～孤坎壈。
㊁qí 同"奇",特殊;不寻常:～人|以～用兵|无论怎么怪,怎么～,总有一个限制。

跻(躋) jī ❶登上;上升:有路可直～莲花峰|～于世界前列。❷下坠:颠～。

嘰 jī 拟声词:～～|～哩哗啦。

貫 jī 同"箕"。

锜(錤) jī[镃锜](zī-)见1304页"镃"字条。

稘 ㊀jī ❶同"期",一个周期的时间:未及一～,盗贼屏息|当十七～中叶。❷禾秆。
㊁qí 同"萁",豆类植物的茎。

稩 jī 同"稘"。

稦{稦} jī 同"朞(期)"。

稽 jī 同"稽"。

筸 jī 篦子,梳理头发的用具。

焙 jī 义未详。(《字汇补》)

襀(襀) jī[襞襀](bì-)也作"襞积",衣裙上的皱褶。

鸡 jī 同"鷄(鸡)"。

櫅 jī 树名,像枫。

賫 jī 同"賫(赍)"。

毄 jī 同"毄"。

墼 jī 同"墼"。

賷 jī 同"齎(赍,賫)"。

嵆 jī 同"笄"。

羁 jī 同"羁(羈)"。

箕 jī ❶簸箕:大冠若～。❷盛土或垃圾的器具:畚～|～帚。❸簸箕形指纹:斗～。❹两腿向前大大分开的一种不礼貌的坐姿:～踞|～坐高视。❺姓。

僟 jī 通"幾(几)",近:数将～终。

赍 jī 同"齎(赍,賫)"。

糭 jī 最洁白的米。

緝 jī 同"缉(緝)"。

劗 jī 切。

墼 jī 同"畿"。

蘷 jī[菹蘷](zū-)草名。

麪 jī 麦掉麸。

犄 ㊀jī 用筷子夹取:鸡肉～了不够几块ル。
㊁guī 载。

踑 ㊀jī ❶[踑踞](-jù)也作"箕踞",两腿向前大大分开的一种不礼貌的坐姿。❷足迹。
㊁jì 同"跽",长跽。

躋 jī 同"跻(躋)"。

躋 jī 同"跻(躋)"。

稽{稽} ㊀jī ❶留止;拖延:～留|～滞|～延时日。❷考核;查考:～查|～考|无～之谈。❸计算:筲～乡民|算所不能～。❹计较;争论:反唇而相～。❺姓。
㊁qǐ[稽首]古代跪拜礼,叩头至地:起身～。

稽 jī 同"稽"。

篘 jī 同"簊"。

躸 jī 只身一人。

觭 ㊀jī ❶角一俯一仰。❷偏向;侧重:～重。❸通"奇",单一;数目不成双:～偶|～轮|～日。
㊁qǐ 牛角。
㊂qí 通"奇",怪异:～梦幻想。

諅 ㊀jī 语相戏。
㊁qǐ 妄语。

齑(齏) jī ❶细切或捣碎的姜、蒜、韭菜和肉等:黄～|淡～。❷细的;碎的:～葛|～粉。

隮 jī 同“跻(躋)”。

畿 jī 古代称国都附近地区:京～。

鐖 jī 同“畿”。

穦 jī 同“積(积)”。

鼜 jī 拟声词,鼓声。

藙 jī 草名。

墼 jī ❶砖,也指未烧过的砖坯:筑～|土～。❷炭屑、粪渣等压制而成的砖状物,可用于取暖:炭～|粪～。

懟 jī 忧愁。

塈 jī 同“墼”。

暩 jī 义未详。(《改并四声篇海》)

螏 jī ❶蛾子。❷萤火虫。

稽 jī “稽”的讹字。

簊 jī 竹屐。

饑 jī 同“饥(飢、饑)”。

雞 jī 同“雞(鸡,鷄)”。

臐 jī ❶面颊肉。❷同“肌”:～肉。

齍 jī 同“齏(齑)”。

激 jī ❶水受外力或阻遏而溅起、涌起:岸边～浪|船头～起水花。❷阻遏水势:～而行之|～溪水四十里。❸(冷水)冲或淋:用凉水～一下|让雨～感冒了。❹鼓动;触动:～发|～怒|～励。❺情绪不平;感情冲动:～动|愤～|慷慨～昂。❻急切;猛烈:～进|～战|数量～增。

竅 jī “竅”的讹字。

竅 jī 向上翘起:～尾。

禨 ㊀jī 祭鬼神以求福。
㊁jì 也作“醮”,沐后饮酒,也指沐后饮的酒。

畿 jī 同“畿”。

藙 jī 草名。

䩭 jī 同“羁(羈)”。

蘄 jī 同“蘄(蕲)”,古县名,在今安徽。

鄿 ㊀jī ❶古县名,在今安徽。❷姓。
㊁qí 草名。

輾 jī 同“輾”。

輾 jī ❶车伏兔。❷转。

霓 jī 雨鬼。

韲 jī 同“齑(齏)”。

蠐 jī(又读 zé)❶软体动物,有狭长的介壳。❷虫名。

羁(羈)[覊] jī ❶马笼头:白马饰金～。❷束缚:～绊|～押|狂放不～。❸寄居;停留:～旅|～留|不可久～。

齏 jī 同“齑(齏)”。

稽 ㊀jī [峻稽山]也作“浚稽山”,古山名,在今蒙古国境内。
㊁qǐ 同“稽”,叩头至地:～首获益。

簊 jī 竹名。

憝 jī 同“懒”,急速。

韲 jī 同“齑(齏)”。

韲 jī 同“齑(齏)”。

賫 jī 同“賫(赍,賷)”。

積 jī 同“積(积)”。

襀 jī 同“襀(襀)”。

穖 jī 耕。

擊 jī 同“墼”。

檟 ㊀jī ❶树名,可制大车轴。❷白枣,枣树的一种。
㊁jì 折断的树木。

匿 jī 同“箕”。

曒 ㊀jī 眼睛一眨也不眨，一说眼睛模糊不清。
㊁jiǎo 明；明亮。

踑 jī 同"基"。

羇 jī 同"羁(羈)"。

穦 jī 同"積(积)"。

籛 jī 竹名。

諆 jī 同"諆"。

璣 jī 同"鐖"，一种祭祀仪式。

鐖 jī ❶一种祭祀仪式。❷同"钊(刉)"。

蠿 jī 同"鐖"。

璣 jī 同"璣(玑)"。

璣 jī 同"璣(玑)"。

躋 jī 踞。

羈 jī 同"羁(羈)"。

羇 jī 义未详。(《篇海类编》)

錤 jī［镃錤］(zī-)同"镃锜"。

臓 jī 同"胑"。

穧 jī 同"齑(齏)"。

韲 jī 同"齑(齏)"。

韲 jī 同"齏(齑)"。

屭 jī 义未详。(《改并四声篇海》)

隮 jī 同"阶(隮)"。

齏 jī 同"穧(齑,齏)"。

韲 jī 同"齑(齏)"。

韲 jī 同"齑(齏)"。

韲 jī 同"齑(齏)"。

穧 jī 同"齑(齏)"。

歔 jī 同"敧"。

羈 jī 同"羁(羈)"。

羈 jī 同"羁(羈)"。

鐖 ㊀jī 鱼钩上的倒刺。
㊁qí 大镰刀。

懠 jī 同"懠"，懠疑，懠疑，猜疑。

躋 jī 同"跻(躋)"。

鞿 jī ❶马嚼子；马笼头：～羁。❷系马。❸牵制；束缚：局束为人～|～我使臣。

蘻 jī［蘻苁(莈)］也作"鸡苁"，蘑菇类生物，可食。

羈 jī 同"羇"。

癪 jī 㾏积，中医病名。

韲 jī 同"齏(齑)"。

隮 jī 回陀。(《集韵》)

鶺 jī 鸟名。

韲 jī 同"齑(齏)"。

韲 jī 同"齑(齏)"。

韲 jī 同"齑(齏)"。

羈 jī 同"羁(羈)"。

鑇 jī ❶切。❷齐整。

韲 jī 同"齏(齑)"。

韲 jī "韲"的讹字。

羈 jī 同"羁(羈)"。

鐖 jī 鸟名。

鷩 jī 同"鷩"。

韲 jī 同"齑(齏)"。

鷄 jī 义未详。(《字汇补》)

鶩 jī 又称鶅鶅，鸟名。

齏 jī 同"齑(齏)"。

霽 jī 同"羈(羇，羈)"。

齏 jī 同"齑(齏)"。

羈 jī 同"羈(羇)"。

齏 jī 同"齑(齏)"。

羈 jī 同"羈(羇)"。

jí

亼{亼} jí 同"集"，聚集；会合。

亽 jí 同"亼(集)"。

及 jí ❶追赶上；达到：望尘莫～｜由表～里｜力所能～。❷比得上：我不～他。❸趁着：～时｜～早。❹连词，和：工人～农民｜领导～群众｜买了笔、纸～其他学习用品。

弓 jí 同"及"。

廿 jí 同"疾"，疾病。

亼 jí 义未详。(《改并四声篇海》)

伋 jí ❶同"急"：～来唤。❷用于人名：孔～(战国时人，孔子之孙)。

汌 jí ❶水喷洒而出。❷涉水；游水。

卅 jí 同"疾"，疾病。

阪 jí 石阶，也作"级(級)"。

吉 jí ❶吉祥；吉利：～日｜凶多～少｜天下大～。❷善；好：～人｜～礼。❸朔日，农历每月第一天：正月之～｜二月初～。❹吉林(地名)的简称：～剧｜沈～铁路。❺姓。

岌 jí ❶山高，泛指高：小山～大山(小山高于大山)｜白浪若山～。❷危险的样子：～～可危。❸[岌嶫](-kè)拟声词，用锤打铁声。❹[岌嶬](-yǐ)也作"岌嶬"，山势高峻的样子。

㔾 jí 有志力。(《集韵》)

彶 jí 急急行走。

汲 jí ❶从井里向上提水，泛指由下向上打水，引申为引荐、吸收：～水｜～引｜～取。❷[汲汲]急切的样子：～于功名。❸姓。

忣 jí 同"忣(急)"。

亟 jí 同"亟"。

级(級) jí ❶丝织物的等次，引申为等次、层次：等～｜品～｜高～。❷石阶：分～而立｜拾(shè)～而上。❸年级，学校的编制单位：留～｜跳～｜同～不同班。❹量词。1. 用于台阶、楼梯、塔层等：二十～台阶｜七～浮屠｜塔共九～。2. 用于砍下的人头：获首虏万五千～。☞级/届两字用于学习时限或单位有区别："级"指年级，哪一年入学即哪一级，如2005年入学称2005级，简称05级；哪一年毕业即哪一届，如2006年毕业称2006届，简称06届。

极(❶❽❿極) jí ❶即栋，房屋的正梁，又称脊檩。❷顶点，最高的地位，引申为尽头、最高的：登峰造～｜四～｜～刑。❸达到极点、尽头：终则复始，～则复反｜满目萧然，感～而悲。❹竭尽：～力否认｜～目远望｜穷奢～欲。❺副词，表示最高程度：～少数｜妙～了｜穷凶～恶。❻准则；法则：士也罔～｜人不可不务也，此天下之～。❼通"亟"，急速：出入甚～，莫知其门。❽地球的南北两端；磁体的两端；电路的两端：南～｜阴～｜正～。❾驴背上驮物的木架。❿姓。

皀 jí(又读xiāng)同"皀"，稻谷的香气。

忞 jí 同"急"。

戾 jí 门闩：门～。

即{卽} jí ❶就食，引申为走近、靠近：若～若离。❷登上：～皇帝位。❸当时；当场：～刻｜～席赋诗｜～兴表演。❹副词，就；便：一触～发｜召之～来｜用完～归还。❺就是(表示判断)：非此～彼｜番茄～西红柿。

郘 jí ❶古地名。(《玉篇》)❷用于古山名：～成。(《龙龛手鉴》)

J

杋 jí 杋摘,一说"扱"的讹字。

佶 jí ❶健壮:既~且闲。❷[佶屈]曲折:~聱牙(文句拗口)。

𠇢 jí 极度疲劳。

疲 jí ❶病弱无力;将生病:虚~。❷低劣。

洼 jí 稀泥乱溅的样子。

亟 ㊀jí ❶急速;赶快:我死,乃~去之。❷副词,急切地:~待解决。❸通"极(極)",达到极点、尽头:上帝降祸,凶灾必~。㊁qì 副词,屡次:~来问讯|好从事而~失时。

故 jí 同"姞"。

圾 jí 同"彶"。

报 jí "圾(彶)"的讹字。

掇(掇) jí 盖印章:~印。

笈 jí ❶装书等便于背负携带的小箱子:负~游学。❷书籍;典籍:古~|孤本秘~。❸携带、背负(文章、书籍等):~文远来。

皍 jí 同"即"。

亂 jí 同"𠇢"。

㔕 jí 同"𠇢",极其疲劳。

𠕁 jí 同"㔕(𠇢)"。

急 jí ❶性情急;焦躁不安:性~|焦~。❷羞恼;恼怒:发~|谁说跟谁~。❸紧迫;紧要的:~事|应~|当务之~。❹迫切;抓紧(行事):着~|~功近利|~于求成。❺快;快速:~行|~剧|~转弯。❻紧:缚虎不得不~也|大弦~,则小弦绝矣。☞急/速/迅/快/疾 见904页"速"字条。

欧 jí 同"㚸"。

弪 jí 义未详。(《龙龛手鉴》)

姞 jí ❶谨慎。❷姓。

娟 jí 同"嫉"。

珐 jí 拟声词,金石相碰击声。

琜 jí 同"璾"。

趍 jí 行走的样子;直行的样子。

揤 jí ❶抓;揪。❷拭。

疾 jí 同"疾",疾病。

蚍 jí 又称蜻蛚,即蟋蟀。

蚧 jí 同"尐",有花纹的雌蚕。

骨 jí 同"卙"。

欲 jí ❶同"㑳",疲倦。❷同"𠇢"。

舨 jí 同"彶"。

疾 jí ❶病:残~|讳~忌医|积劳成~。❷痛苦:~苦。❸急速;猛烈:~驰|手~眼快|大声~呼。❹痛恨:痛心~首。❺毛病;缺点:寡人有~,寡人好色。☞①疾/病 见61页"病"字条。②疾/急/速/迅/快 见904页"速"字条。

㴕 jí[㴕溜]伶俐;漂亮;精细。

垐 ㊀jí ❶火烧过的土;烧土为砖。❷燃烧过的烛芯。㊁cí 同"垐"。

㚸 jí 久。

趌 jí 同"趍"。

皷 jí 皮黑。

卙 jí[卙卙]盛多的样子。

𠭇 jí 同"亟"。

蒰 jí 同"亟"。

㭲 jí 同"极",驴背上驮物的木架。

硁 jí 义未详。(《改并四声篇海》)

㥛 jí 同"亟"。

卙 jí 聚集。

峪 jí “嵴”的讹字。

𡽱 jí 古山名。(《玉篇》)

偮 jí 人多的样子。

㑵 jí 同“疾”,疾病。

䟌 jí 足相踦䟌,行走劳累而腿脚一瘸一拐的样子,一说极其疲劳。

脚 jí［脚膌］(-cù)1. 膏泽。2. 有光泽的样子。

厝 ㊀ jí 古县名,在今河北。
㊁ jī 古县名,在今四川。
㊂ cuò 同“厝”。

痸 ㊀ jí 同“膌(瘠)”,瘦。
㊁ cì［风痸］皮肤病。
㊂ sè［瘮痸］(shèn-)寒病。

㾊 jí 同“疾”,疾病。

㕤 jí 义未详。(《改并四声篇海》)

㶭 jí ❶ 同“爀”,煨,一说余烬。❷ 同“堲”,火烧过的土。

㥛 jí ❶ 急。❷ 恭谨慎重的样子。

㕻 jí 错喉。(《玉篇》)

㾊 jí 同“疾”,疾病。

亟 ㊀ jí 急;疾速。
㊁ qì ❶ 多次。❷ 急遽。

揤 jí 义未详。(《字汇补》)

䓗 jí 蒴藋。

𨒪 jí 同“及”。

棘 jí ❶ 酸枣,枣树的一种,茎上多刺,泛指有刺的草木:披荆斩～。❷ 针形的刺:～皮动物。

殛 jí ❶ 诛杀:～毙|天命～之。❷ 惩罚:罚～。❸ 通“极(極)”,流放偏远之地:～死|～我越荒州。

戢 jí ❶ 收敛兵器,停息战争:～兵|～弓矢而散牛马。❷ 收敛:～翼|～秋霜之威。❸ 止息:～怒。

咠 jí(又读 qì)同“咠”,进谗言的样子。

吅 ㊀ jí 众口,也指喧哗。
㊁ léi ❶ 同“雷”。❷ 有机化合物名,又称吖吩。凡吖吩的衍生物,称为吖啉或吅族化合物。

笈 jí “笈”的讹字。

集 jí ❶ 群鸟栖止树上,引申为聚、会合:聚～|～会|～思广益。❷ 完成:大业未～|事若不～。❸ 汇辑单篇作品编成的书:诗～|画～|全～。❹ 某些篇幅较长或较多的作品中相对独立的部分:上～|第一～|二十～电视剧。❺ 定期或临时交易的市场:～市|赶～。

㑵 jí 同“嫉”。

𧘨 jí 绢。

膌 jí 肉肥而溢出油脂。

㺱 jí “猤”的讹字。

湒 jí 雨水落下的样子,也指下雨声。

㥛 jí 同“㥛”。

趌 ㊀ jí ❶［趌趨］怒冲冲离去。❷ 直着走。
㊁ jié ❶［趌趉］(-jué)跳起。❷［趌趌］(-jié)跳动的样子;搏动的样子:割取心掷地,仍～跳数十回|心～然跳不止。

塉 jí ❶ 贫瘠的土地:处～则劳。❷ 土地瘠薄:肥～。

搘 jí 击。

蒺 jí［蒺藜］(-lí)1. 一年生草本植物。果实有棘刺,可供药用。2. 像蒺藜的带刺障碍物:铁～|木～。

蒺 jí “蒺”的讹字。

蓍 jí 草名。

菰 jí 冬瓜,一年生草本植物,果肉可食,种子和外果皮可供药用。

楫［檝］ jí ❶ 船桨:舟～|中流击～。❷ 划船;划水:丞徒～之|一手附舟傍,一手～水而至岸。❸ 林木:有若山之～。

辑(輯) jí ❶ 车箱,泛指车:齐～乎辔衔之际。❷ 聚集,搜集,特指文字整理和编纂:～录|编～|纂～。❸ 整套书籍、资料按内容或发表次序分成的部分:专～|丛书第一～|合订本第三～。❹ 和睦;

和谐：～睦｜孰敢不～。

瞡 jí 睁大眼睛。

戢 jí 同"戢"。

蝍 jí ❶[蝍蛆](-jū)蜈蚣，一说蟋蟀。❷[蝍蛸](-sù)尺蠖，昆虫。❸飞虫。

嗾 jí[啾嗾](cù-)声。

嵴 jí 山脊。

嫉 jí 同"疾"，疾病。

䬶 jí 同"飒"。

膱 jí ❶油脂。❷同"膱"，油脂露出。❸创伤溃出的样子。

猣 jí 狗一胎生三只崽。

跡 jí 义未详。(《改并四声篇海》)

遬 jí 同"疾"，急速：其行迅～。

㾊 jí ❶病。❷气急。

㥛 jí 同"嫉"。

䄲 jí 同"藾"。

嫉 jí ❶因别人比自己好而怨恨：～妒｜～贤妒能。❷憎恨：～恶如仇。

耤 ㊀jí ❶帝王重视农业生产，亲自到田间耕种，也指帝王亲耕的田地，后作"藉"：亲祭先农，～于千亩之甸。❷同"藉"，租税：实亩实～。❸用于地名：～口(在甘肃)。
㊁jiè 同"藉"。1.祭祀所用衬垫物。2.借助：以躯～友报仇。

揤 jí 同"擳"。

䓫 ㊀jí ❶草木生长的样子。❷茅草芽。
㊁jú 同"蘜"。

楖 jí 栱的别称。

㮨 jí 屋櫋木。

䔱 jí 同"蕀"。

輯 jí 同"辑(輯)"。

棘(棘) jí 同"棘"，酸枣，枣树的一种。

瞁 ㊀jí 目动。
㊁zí 同"瞰"，流泪的样子。

稷 jí 禾苗稠密。

㑺 jí 同"集"。

鈷 jí 轧；压：机械～轧。

膌 jí 同"瘠"，瘦。

䳭 jí[䳭鸠]鹡鸠。

㤩 jí 同"嫉"。

㷊 jí 义未详。(《龙龛手鉴》)

鋻 jí 锄类农具。

踖 jí[踖蹙](-cù)也作"蹙踖"。1.急迫。2.跑。

㾊 jí 同"疾"，疾病。

堞 jí 泉水出于土中。

蕀 jí 同"亟"。

蕀 jí[颠蕀]天门冬，多年生攀缘草本植物。块根简称天冬，可供药用。

蕺 jí 蕺菜，又称鱼腥草，多年生草本植物，嫩茎叶和根可食，全草可供药用。

蕖 jí 草名。

碏 jí 同"瘠"，土地瘠薄。

踖 ㊀jí 踩；践踏：～席｜～其面而蹈其心。
㊁qì[踖踖](-qì)1.敏捷而恭敬的样子：执爨～。2.惭愧的样子：劳～，心爽蒙。

噍 jí 咀嚼；吃喝：六群比丘嗺～作声食。

㠎 jí 古山名。(《集韵》)

嵴 ㊀jí ❶[嵴嶪](-yè)山高峻的样子。❷同"嵥"。
㊁jié 山的样子。

嵥 jí ❶[嵥岌](-jí)山高峻的样子。❷山名。

㾊 jí 同"疾"，疾病。

䓫 jí 同"䓫"。

箿 jí ❶编竹器的边缘。❷覆。

艥 jí 同"艥(楫)"。

諔 jí 说话迟钝吃力。

瘠 jí ❶身体瘦弱,也作"膌":～瘦|～弱。❷土地不肥沃:～土|贫～。❸贫穷;贫民:民～|以救流～。❹简单:繁～|～义肥辞。

鹡(鶺) jí[鹡鸰](-líng)1.水鸟名:～摇羽至。2.比喻兄弟:难分是～。

濈 ㊀jí ❶[濈濈](-jí)聚集:尔羊来思,其角～|万汇～。❷出汗;水往外流:～然汗出|流湍投～。❸迅速的样子:～然凫没。㊁shà[歃濈](xià-)见1030页"歃"字条。

潗 jí ❶[湁潗](shì-)同"湁湒"。❷同"沏",用沸水泡(茶):～茶。❸拟声词,水涌动等声音:澒泬～潘|啾啾～～。

䑻 jí 船行进。

蠿 jí 同"蠿"。

蠿 jí 同"蠿"。

䣑 jí(又读zuó)❶古地名,在今四川。❷古水名,在今四川。❸姓。

璾 jí[垂璾]1.玉名。2.古地名,产美玉。(《玉篇》)

輯 jí 同"辑(輯)"。

輯 jí 同"辑(輯)"。

螏 jí[螏蟍](-lí)也作"蒺蛰",蝍蛆的别称。

嘰 jí 喻。

戢 jí 同"戢",收敛。

膱 jí 油脂露出。

觯 jí 兽角多的样子。

瘠 jí 同"瘠"。

螏 jí[螏蛰](-lí)蝍蛆的别称。

蠿 jí ❶危。❷切磨。

趚 jí 快跑。

鞊 ㊀jí 急,也作"革"。㊁qì 皮革坚硬。

蕀 jí 同"蕀"。

橨 jí 柽柳。

䁒 jí ❶流泪的样子。❷眼睛动。

蹐 jí 小步走:～步。

嚁 jí 同"嚁"。

鍓 jí "㾊(疾)"的讹字。

鍓 jí 同"鏶"。

誮 jí 言语急促。

癪 jí 病。

雧 jí 同"嗅"。

䙕 jí ❶衣领。❷衣襟。

䑻 jí 殳立的样子。(《集韵》)

䃠 jí 石的样子。

覝 jí 看见。

嚱 jí 拟声词,虫鸣、鼠叫等声音。

嚁 jí 义未详。(《字汇补》)

䅺 jí 同"耤"。

䅺 jí 同"耤"。

魖 jí 鬼名。

艥 jí 同"楫",船桨。

鏶 jí[鏶鑗](-lí)古代作战用具,铁制,像蒺藜籽。

鵋 jí 同"鹡(鶺)"。

J

鷑 jí 同"鶺(䳭)"。

𪗼 jí 义未详。(《改并四声篇海》)

輯 jí 同"辑(輯)"。

踖 jí 同"踖"。

雧 jí 同"鹡"。

鰶 jí [鰶鱼]章鱼。

觙 jí ❶ 同"觪",牛多角。❷ 角坚硬的样子。❸ 同"戢",收藏:匿～。

瘠 jí 同"瘠"。

轚 jí 车辖互相撞击,泛指车、船碰撞。

霵 jí 下雨;下雨或暴雨的样子。

籍 jí ❶ 簿书;书册:户～|古～|典～。❷ 登记:～记|～吏民|赋车～马。❸ 古代刑罚,没收罪人的家财并罚其家属为奴:～没|～其门。❹ 税,也指征税:赋～|其～敛厚|役不再～。❺ 祖居地或出生地:～贯|原～。❻ 个人与国家或组织的隶属关系:国～|学～|党～。❼ 同"耤",古代礼仪,春耕时帝王亲耕,以示劝农,也指帝王亲耕的田地:～田|宣王即位,不～千亩(畝)|修帝～之千亩。❽ 姓。☞籍/藉/借见450页"藉"字条。

鏶 jí ❶ 金属薄片。❷ 炙铁。

鶺 jí 鸟名。

蹐 jí 同"踖"。

雧 jí 物相重累。

鹡 jí [鹡鸠]又称鶺鹡、乌鸱,鸟名。

驖 jí [驖驖]马行走的样子。

霵 jí 同"霵"。

嚿 jí [嚿嚿](xī－)同"嚿霵"。

蕀 jí 同"棘"。

躤 jí 同"踖",踩;践踏:蹈～。

籍 jí 同"籍"。

雧 jí 同"集"。

雧 jí 同"集"。

霵 jí 同"霵"。

驫 ㊀ jí 树木繁茂的样子。
㊁ shēn ❶ 众多:～然喙之。❷ 很多马行走的样子。

驫 jí "驫"的讹字。

jǐ

几(幾) jǐ 见394页jī。

己 jǐ ❶ 天干的第六位,常用作顺序的第六。❷ 代词,自己;自身:舍～救人|知～知彼|身不由～。

㔾 jǐ 同"己"。

邔 jǐ 古地名。(《说文》)

丮{丮} jǐ 握持。

丮 jǐ 同"丮"。

屺 jǐ 古山名。(《说文》)

犱 jǐ 哺乳动物,像兔。

犱 jǐ 同"犱"。

㠯 jǐ 说。

改 jǐ ❶ 姓。❷ 用于女子人名。

呞 jǐ 同"哏"。

伃 jǐ 行走。

犱 jǐ 哺乳动物。

泲 jǐ ❶ 水名,也作"济(濟)"。❷ 同"挤(擠)",用手挤出:～马奶。

虮 ㊀(蟣) jǐ ❶ 虮子,虱子的卵。❷ 酒面上的浮沫:浮～星沸。
㊁ jī [密虮]虫名。

紪 jǐ 义未详。(《改并四声篇海》)

丝 jǐ 同“幾(几)”。

挤(擠) jǐ ❶互相推、拥,用身体排开人或物:总算从人群中～出来了|车门～坏了。❷排斥:排～|～占。❸用压力使排出;设法腾出:～压|～牙膏|～时间。❹人或物紧紧挨着;事情集中在同一时间内:拥～|水面上～～挨挨的都是鱼|所有事情全～一块儿了。

趴 jǐ 义未详。(《龙龛手鉴》)

嘰 jǐ 声。

狮 jǐ 同“犽”。

迯 jǐ 义未详。(《龙龛手鉴》)

给(給) ㊀jǐ ❶供与;供应:供～|补～|自～自足。❷富裕;充足:家～人足|秋省敛而助不～。❸供事;服役:～事尚书|催～河(黄河)役。❹及:剑锋不～搏|弗能～也。❺姓。
㊁gěi ❶交付;付与:～点儿钱|～份工作|只～饭吃,不～酒喝。❷介词。1.为;替:～人看病|～大家办事。2.被;让:东西～人抢走了|鱼～猫叼走了。3.对;向:～大家拜年|～人家赔礼。❸助词:叫风～刮跑了|收音机～修好了|你～我出去!

閅 jǐ 门。

脊 jǐ ❶人和动物背部中间的骨头:～椎|～髓|～背。❷物体中间高起的部分:山～|屋～|书～。

掎 jǐ ❶拖住;牵引:各以其物为媒而～之。❷牵制:～其后|～角之势。

鮆(鮆) jǐ 鱼名,生活在海底岩礁间。

屜 jǐ 同“屜”。

戟 jǐ 古代兵器,长柄,顶端有直刃,两旁各有横刃。

戟 jǐ 同“戟”。

㥛 jǐ 同“㑞”,劳累;疲倦。

屩 jǐ 赤舄,红色鞋子。

幾 jǐ 同“幾(几)”。

鞿 jǐ 马鞍。

麂 jǐ 同“麂”。

麂 jǐ 鹿类动物,像麝,雄性头上有短角。

戟 jǐ 同“戟”。

撠 jǐ ❶击刺:搏～。❷接触;挨上:～胶葛。❸抓住;握持:～其腋|～掖玄造。

蕺 jǐ 药草名。

嘰 jǐ 同“嘰”。

膌 jǐ 同“脊”。

邋 jǐ 同“几(幾)”。

橶 jǐ 同“橶(撠)”。

橶 jǐ 同“撠”,拘持;抓住。

踦 jǐ 站立不正。

瘠 jǐ 同“脊”。

蟣 jǐ 同“蟣(虮)”。

穖 ㊀jǐ 禾籽像相连成串的珠玑。
㊁jì 同“穊”,稠密。

麿 jǐ “麿(麂)”的讹字。

麿 jǐ 同“麂”。

踦 jǐ 站得端正。

鵋 jǐ 鸟名,即凫。

蹝 jǐ 跑;跑的样子。

罾 jǐ 滤酒,泛指用手挤压使汁液排出。

鬏 jǐ 髭的样子。

𪗉 jǐ 同“挤(擠)”。

jì

彑 ㊀jì 猪头。
㊁称彝字头,汉字部件。

旡{旡} jì 饮食时气逆而哽塞。

计(計) jì ❶算;核算:～时|统～|不～其数。❷策略;谋划:～划|千方百～|为将来～。❸测算时间及其他数据的仪器:时～|体温～|血压～。❹算法;算术:八岁善～。❺姓。

旡 jì“旡”的讹字。

记(記) jì ❶把见闻、事物写下来:～载|～笔记|登～。❷把印像留在脑子里:～忆|忘～|博闻强～。❸载录事物的书册、文字、文体:札～|游～|日～。❹标志;符号:～号|标～|印～。❺体肤上生出的斑迹:胎～|脸上有块黑～。❻量词,用于某些动作的次数:一～耳光|一～劲射,球应声破门。☞记/纪 见407页“纪”字条。

旡 jì同“旡”。

迒 jì ❶迒人,古代官名。❷助词,表示语气,哉。

伎 jì ❶同“技”,技巧;手段:工无二～|故～重演。❷以歌舞为业的女子:歌舞～。❸［伎俩］(-liǎng)花招,不正当的手段。

旡 jì同“旡”。

纪(紀) ㊀jì ❶记载:～事|～年|～元。❷时间单位。1. 古代的一纪,一般指十二年,有时指十年或一千五百年。2. 一百年称为一世纪。❸地质年代分期的第三级,其上为代:新近～|侏罗～。❹法度;制度:～律|军～|违法乱～。❺旧史书体裁,记述帝王生平事迹:《史记·秦始皇本～》|《汉书·武帝～》。❻姓。☞纪/记 两字都用于记载义。现代汉语中,“纪”多指经过整理加工后的记录或记载,如“纪要、纪实、纪录片”;“记”泛指纪录或记载,也用于文体名称,如“日记、散记、杂记”。

㊁jǐ姓。

邑 jì义未详。(《改并四声篇海》)

进 jì同“迒”,助词,表示语气,哉。

丕 jì同“忌”。

技 jì ❶才能;手艺:画～|绝～|雕虫小～。❷工匠;有才艺的人:百～所成,所以养一人|才童妙～。

扫 jì同“扨(椋)”。

芰 jì ❶菱,又称菱角。❷用于地名:～塘金(在浙江)。

垦 jì同“塈”。

氣 jì义未详。(《改并四声篇海》)

饮 jì同“钦”。

忌 jì ❶嫉妒;憎恨:猜～|～恨|～贤妒能。❷怕;畏惧:顾～|肆无～惮|横行无～。❸禁戒;戒除:～口|～食生冷|～酒。

忌 jì同“忌”。

际(際) jì ❶两面墙相合的缝隙,引申为交界处、事物分界、边缘:天～|边～|一望无～。❷中间,内里,引申为处所:胸～|脑～|不辨身在何～。❸交会;人与人的交往:与道为～|群与群之相～|人伦之～。❹彼此之间:国～|校～|夫妇之～。❺时候:用人之～|新旧交替之～。❻恰逢;正当:～此盛会|忽～暴雨|身～清平之世。❼达到;接近:高不可～|～海皆苍山。

妓 jì ❶也作“伎”,古代称以歌舞、杂技为业的女子:歌～|艺～。❷以卖淫为生的女子:～女|～院|狎～。

玠 jì同“垦”。

忍 jì同“惎”。

迹 jì同“迹”。

钦 ㊀jì同“冀”,希望:～幸。

㊁qì给与。

季 jì ❶初生的禾苗,引申为年幼、年幼的人:～材|～女|一翁二～对相望。❷兄弟排行中的老四或最小的:伯仲叔～|～弟|～父(小叔)。❸一年分春、夏、秋、冬四季,三个月为一季:～度|～刊|换～。❹指农历每季的末一个月:～春|～秋。❺某个朝代、时期的末了:清～|～世|～年。❻特定的某一段时间:雨～|瓜～|淡～。❼姓。

欣 jì义未详。(《改并四声篇海》)

忌 jì ❶思。❷恶。

郎 jì古山名。(《改并四声篇海》)

剂(劑) jì ❶剪断;割破:～面而变容。❷调节;调和:调～|～和众

味。❸配合而成的药:药～|制～|清凉～。❹量词,用于水煎服的中药:一～药|只消两三～,这病就治好了。❺某些有化学作用的物品:催化～|防腐～。

宊 jì 同"寂"。

家 jì 同"寂"。

宨 jì 同"宗(寂)"。

垍 ㊀jì 坚硬的土:其土坚～。㊁jī 陶器。

坖 jì 同"垩(塈)"。

芨 ㊀jì 同"芰"。㊁duō[鹿芨]汉代少数民族名,分布在今云南大理一带。

荠(薺) ㊀jì ❶[荠菜]一年或二年生草本植物,嫩叶可食,全草可供药用。❷[荠苨](-nǐ)又称甜桔梗、杏叶沙参,多年生草本植物,根可供药用。㊁qí[荸荠](bí-)见38页"荸"字条。㊂cí 蒺藜:天边树若～。

迹 jì 同"迹"。

苟 jì 自急敕,自己警诫自己。

跡 jì 义未详。(《龙龛手鉴》)

哜(嚌) ㊀jì ❶稍尝一点儿,引申为品尝、欣赏:祭～|既味我泉,亦～我诗。❷吃;吸:不～其胾|可～其甜汁。㊁jiē[哜哜](-jiē)拟声词。1.管弦声:管弦～。2.鸟叫声:鹍鸡鸣以～。

岦 jì 古代算法名,也作"计(計)"。

秔 jì 同"概"。

琵 jì 玉名。

前 jì[洪前]古地名,在今福建。

佳 jì 义未详。(《龙龛手鉴》)

欿 jì 同"欲"。

孛 ㊀jì 同"季"。㊁bèi 同"孛"。

迹[跡、蹟] jì ❶遵循;效法:前轨可～。❷脚印:足～|踪～|蛛丝马～。❸留下的印痕:痕～|血～|笔～。❹前人留下的事物:古～|遗～|陈～。❺事业:事～|奇～。

疺 jì(又读yì)同"疙",痴呆。

洎 jì ❶往锅里添水:～镬水|多～之则淡而不可食。❷肉汁:煮肉～。❸水名,在江西。❹及;到:自古～今|泽～幽荒。

济(濟) ㊀jì ❶渡过,过河,引申为度过:同舟共～|共～艰危。❷渡口:～有深涉。❸成;成就:有忍乃有～|不～事。❹救助;补益:救～|扶危～困|宽严相～。❺齐备;充足:文武兼～|精力不～。㊁jǐ ❶水名,发源于河南,流至山东注入渤海。❷用于地名:～南|～宁(均在山东)|～源(在河南)。❸[济济](-jǐ)人很多的样子:～一堂|人才～。

泲 jì 同"济(濟)"。

宗 jì 同"寂"。

窃 jì 同"寂"。

既{既} jì ❶食尽,泛指尽、终了:食～|言未～|人貌荣名,岂有～乎?❷副词。1.已经:～成事实|～得利益。2.既然,常与"就""则"呼应:～要去,就早点儿动身|～来之,则安之。❸连词,与"又""且"等呼应,表示两者兼备或并列:～快又好|～高且大。

骔(騌) jì ❶同"骥(驥)"。❷企望;仰慕:希～|～思。

勣(勣) jì ❶同"绩(績)",功业;成果。❷用于人名:李～(唐代人,本名徐世勣)。

◆"勣"另见410页"绩"字条。

髟 jì 同"髻"。

捉 jì "㮑"的讹字。

蒿 jì "蓍(苟)"的讹字。

萁 ㊀jì 草名。㊁qí 豆秆,后作"其"。

惎 jì 同"萁"。

垩 jì 墍。

觊(覬) jì ❶贪图:非敢有所贪～。❷希望;求取:事亹亹而～进兮|父

兄鬻卖,以～其利。

俸 jì “悸”的讹字。

欻 jì 同“欿”。

剤 jì 同“劑(剂)”。

悰 jì 同“宋(寂)”。

惎 jì 恭敬。

宋 jì 同“寂”。

寀 jì 同“寂”。

寂 jì 同“寂”。

寂 jì 同“寂”。

惎 jì 怒。

祭 jì “祭”的讹字。

剂 jì 同“剂(劑)”。

继(繼) jì ❶连续;接着:～续|～往开来|夜以～日。❷随后;接着:明日暴雨来,～以雷大震|或与学士商榷古今,～以文章著述。❸接济;增益:周急～乏|宜假以钱货,～其用之不给。☞继/续 两字都有连接义,“继”多指时间上前后相承,“续”多指把空间上的事物连接在一起。

紒 ㊀jì 束发为髻,也指发结,后作“髻”:魁头露～。
㊁jié 同“结(結)”,用线、绳等打结或编织,也指结成之物:解绳之～以计事。
㊂jiè 紫青色的绶带。

郪 jì ❶古国名,也作“蓟(薊)”,在今北京。❷姓。

誩 jì 同“暨”。

擠 jì 同“擠(挤)”。

碁 jì 同“曁”,盘足而坐。

蒿{蒿、蒿} jì 同“苟”。

荠 jì 同“薺(荠)”。

梞 jì 又称梞栿,控制发射的机关:铁～。

跡 jì 同“跡(迹)”。

啾 ㊀jì 寂静无声,后作“寂”。
㊁zhù[啾啾](-zhù)叹词,赞叹声。

嚌 jì 同“嚌(哜)”。

臮 jì “臮”的讹字。

徛 jì ❶浅水中用以过河的踏脚石。❷站立。

欿 jì 倦欿。(《玉篇》)

觙 jì “觙”的讹字。

觤 jì 角。

祭 ㊀jì ❶祭祀,用供品供奉祖先、鬼神等:～祖|～天|～神。❷对死者表示追悼、敬意:～奠|公～。❸念咒语施法或使用法宝:以盆盛水作～,鱼龙立见(xiàn)|～起一件法宝来。❹杀:～兽戮禽。
㊁zhài ❶春秋时国名,在今河南。❷姓。

浡 jì 古水名。(《集韵》)

済 jì 同“濟(济)”。

溰 jì 同“济(濟)”。

惎 jì 同“惎”。

悸 jì 因害怕而心跳剧烈:心～|惊～|心有余～。

寄 jì ❶寄居,引申为依靠、依附:～宿|～人篱下|淹留～他方。❷托付;寄托:～放|～卖|～希望于未来。❸邮递,托人传送:邮～|～信|～包裹。❹相认的(亲属):～父|～女|～子。

寂 jì ❶安静,没有声音:～静|～然无声|万籁俱～。❷冷落;冷清:孤～|萧～。❸又称圆寂、涅槃,佛教指僧尼死:复为灵隐长老,寿至百余始～。❹[寂寞]1.寂静无声:～幽以玄|里边什么动静也没有,好像它是～的发源地。2.冷清;孤单:山家～兮难久留|～无聊|独自在家很～。❺[寂寥](-lì)寂寥;无人。

曁 ㊀jì 盘足而坐:～居。
㊁qǐ 同“杞”,古国名,在今河南。

堲 jì 同“暨”,一说同“墍”。

绩(績)[❷勣] jì ❶把麻搓捻成线或绳:~麻|纺~。❷功业;成果:业~|功~|成~。❸承继;继嗣:远~禹功|伯尊其无~乎?❹下衣:皮弁素~。
◆"勣"另见408页"勣"字条。

絽 jì同"纪(紀)"。

琜 jì玉名。

惎 jì ❶祸害;毒害:~间王室|~害其子弟。❷忌恨;憎恶:赵襄子由是~知伯。❸教导;指点:人~之谋|有不至必~之。

葪 jì同"蓟(薊)"。

蔇 ㊀jì ❶草多的样子。❷同"暨",来;到:以劝来者,犹惧不~|重爵不~,则以国姓赐之。
㊁xì春秋时鲁国地名,在今山东。

稘 jì同"稷"。

稪 jì同"稷"。

箩 jì网罟类工具。

笔 jì义未详。(《改并四声篇海》)

臮 jì与,及,后作"暨"。

腈 jì肢解牲口躯体。

脿 jì义未详。(《字汇补》)

膪 jì同"跽"。

諔 jì谋划。

湆 jì同"泲(济,濟)"。

溰 jì同"泲(济,濟)"。

塈{塈} ㊀jì ❶涂抹屋顶,泛指涂饰:破屋欠涂~|朱丹~门,且壮且丽。❷取:摽有梅,顷筐~之。
㊁xì休息:民之攸~。

裚 jì ❶折断:~领而刎颈。❷裁断;决断:~割。

辪 jì义未详。(《龙龛手鉴》)

蓟(薊) jì ❶多年生草本植物,可供药用。❷用于地名:~县(在天津)|~门桥(在北京)。❸姓。

蒛 jì草名。

酨(醑) jì ❶酱。❷味道咸。❸酒名:~酒|玉~浮觞。

跡 jì同"迹"。

嚌 jì同"嚌(哜)"。

罽 jì同"罽(罽)",毡类制品。

䅭 jì"稷"的讹字。

稘 jì"稘(稷)"的讹字。

稷 jì"稷"的讹字。

稷 jì同"稷"。

箟 jì竹名。

魌 ㊀jì冥衣。
㊁qí小儿鬼,幼儿死后变成的鬼。

諔 jì谋划。

誋 jì同"寂"。

跫 jì义未详。(《改并四声篇海》)

痵 jì因害怕而心跳过速,也作"悸"。

冀 jì同"冀"。

濟 jì同"濟(济)"。

濟 jì同"濟(济)"。

髻 jì同"髻"。

絜 jì树木下垂的样子。

継 jì同"继(繼)"。

綌 jì ❶连针。❷秤紵,秤毫。

髻 jì同"髻"。

墍 jì同"塈"。

蘮 jì小草。

薊 jì 同"蘮"。

楖 jì 水松,落叶小乔木,木材可做桥梁,枝叶可供药用。

罽 jì 同"繝",毡类制品。

霽 jì 同"霁(霽)"。

霁(霽) jì ❶雨后或雪后天气放晴:雨～|雪～。❷明朗;开朗:～日|光风～月。❸怒气止息或消除:～威|色～|气平怒～。

鲚(鱭) ㊀jì 鲚鱼,即刀鱼,也作"鮆鱼"。㊁cǐ 鳀科鲚属鱼类名,生活在近海。

䐚 jì 古代器具。

䠙 jì 寻找。

跽 jì ❶长跪,即双膝着地,上身挺直,也指半跪,即单膝着地:项王按剑而～|一人～左足,蹲右足,以手捧膝作缠结状。❷中医指足大趾下面接近趾端的部分。☞跽/跪/坐/拜 见317页"跪"字条。

蟣 ㊀jì 蝉名。㊁qī 长脚蜘蛛。

臮 jì 同"暨"。

犪 jì 牛名,即犤牛。

犑 jì 义未详。(《改并四声篇海》)

稩 jì ❶禾长穗。❷禾长。

穊 jì 稠密:深耕～种。

徛 jì 同"徛"。

鲚(鱭) jì 鲚鱼,鱼类名,主要有刀鲚鱼、凤鲚(凤尾鱼),生活在近海。

諅 jì 同"忌"。

痵 jì 皮肤上长的深色斑。

蘮 jì 用于佛经译音。

漈 jì ❶水边、岸边,也用于地名:河边水～|若无津～|大～(在浙江)。❷瀑布。

漃 jì 水清净:～漻莽蔘。

毄 jì ❶系。❷尽。

𡪹 jì 同"寂"。

褉 jì 同"稷"。

暨{暨} jì ❶到;至:～今|自商～周。❷连词,与;及;和:总理～夫人一行|开学典礼～新教学楼落成仪式。

塈 jì ❶器名。❷"暨"的讹字。

綤 jì 义未详。(《改并四声篇海》)

㡭 jì 同"继(繼)"。

諅 ㊀jì 同"忌",嫉妒:～富贵之在己上。㊁jī 谋划。

䠙 jì 同"䠙"。

暩 jì 光。

罽 jì 同"罽(罽)"。

罽 jì 同"罽"。

臮 jì 同"臮(暨)"。

覬 jì 同"覬"。

稩 jì "稩"的讹字。

稷 jì ❶谷类作物。1.粟,小米。2.不黏的黍。3.高粱。❷五谷的总称,也指谷神:祠～|社～(土地神和谷神,代指国家)。❸姓。

穧 jì 同"穧"。

訾 jì 同"计(計)"。

鲫(鯽) ㊀jì 也作"鰿",鲫鱼,生活在江河、湖泊中。㊁zéi 同"鲗(鰂)",乌贼。

魥 jì 同"鱀(鱀)"。

瘠 jì 同"瘠"。

漈 jì 同"瀱"。

㶒{㶒} jì 古水名。(《说文》)

濟 jì 同"濟(济)"。

𡐡 jì 同"塈",涂抹屋顶。

𤅢 jì 同"济(濟)"。

𥨍 jì 义未详。(《改并四声篇海》)

𦂳 jì 丝结。

𪇐 jì 同"郹"。

𧑁 ㊀ jì 同"季"。
㊁ zá 同"蠤(蠽)"。

髻 jì 挽在头顶或脑后的发(髮)结:发~|高~。

蘎 jì 草名。

蘮 jì 同"芰"。

𪐿 jì 声。

冀 jì ❶ 希望;希图:希~|~望|~其成功。❷ 古地名,在今河北。❸ 河北(地名)的别称:~中平原。❹ 姓。

𢊁 jì 用于清代帮派三合会的旗号。

蹻 ㊀ jì 腿或脚。
㊁ kuí 同"跻"。1. 小腿肉。2. 曲胫。

𦋺 jì 同"罽"。

穊 jì 同"季"。

穄 jì 穄子,又称糜子,黍类作物,籽实不黏。

𧬈 jì 同"剂(劑)",刀割。

𡫸 jì 同"寂"。

𧮅 jì 语无伦次。

𨂃 jì 同"髻"。

檕 jì ❶[檕梅]山楂。❷ 桔槔上端的横木,一段系重物,一段系水桶,上下移动可汲水。

霽 jì 同"霁(霽)"。

霁 jì 同"霁(霽)"。

踶 jì 同"跽"。

𠻵 jì 义未详。(《改并四声篇海》)

罽{**𦋺**} jì ❶ 渔网。❷ 也作"䍤",毡类制品:花~|紫~。

𦌵 jì 渔网。

𡾊 jì 古山名。(《集韵》)

𢅍 jì 缉。

𩨗 jì 小骨。

𢣡 jì"㰟"的讹字。

𩜦 jì 赠送生食。

𩶿 jì 同"鮆(鲨)"。

𨣧 jì 同"醑(酻)"。

濟 jì"濟(济)"的讹字。

𤅢 jì"濟(济)"的讹字。

鱀(**鱀**) jì[白鱀豚]又称白鳍豚,哺乳动物,生活在长江流域。

璾 ㊀ jì 玉的斑点或瑕疵。
㊁ zī ❶ 像玉的美石。❷ 同"齍",古代盛谷物的祭器。

𩔿 jì 义未详。(《改并四声篇海》)

䨖 jì 同"䨖"。

檵 jì ❶ 檵木,常绿灌木或小乔木,枝叶可提取栲胶,种子可榨油,花、茎、叶可供药用。❷[枸檵](gǒu-)枸杞。

䃔 jì 同"祭"。

𨅾 jì"跽"的讹字。

穧 jì 同"稷"。

𨭐 jì 同"鑙"。

鰶 jì 同"鱀(鱀)"。

𤅠 jì ❶ 猛火煮饭。❷ 盛。

𤒹 jì 同"𤅠"。

鵋 jì［鵋鵙］（-qí）鵂鶹。

蘮 jì 通“驥(驥)”，好马：赤～。

蘻 jì 草名。

醾 ㊀jì ❶秫酒名。❷同“禨”，沐后饮酒，也指沐后饮的酒。❸酒或米酒的颜色。❹好酒名。
㊁jǐ 酒浮，旧时行酒令罚酒。

覬 jì ❶目赤。❷向远处看。

穧 ㊀jì ❶收割。❷已割倒而未捆的谷物：此有不敛～。
㊁zī 同“稽”，积聚收割的禾稼。

鰶（鰶） jì 鰶鱼，生活在浅海。

鯚 jì 鯚鱼，又称鯚花鱼，即鳜鱼。

諅 jì 同“惎”。

諆 jì 同“惎”。

廙 jì 也作“冀”，用于人名：咸～（唐代人）。

癠 jì ❶病：亲～｜仰药不～。❷短小；瘦小。

懻 jì 强狠；强直：～忮｜忌～。

蠐 jì 同“鱭”。

骥（驥） jì 好马；千里马。

惎 jì 同“惎”。

蘮 jì［蘮蒘］（-rú）也作“蘮蕠”，草名，像芹，可食。

鑇 jì ❶同“济(濟)”，渡过。❷船。

黀 jì 同“稘”。

蠽 jì［蠽英］也作“继英”“继蟆”，虫名。

穊 jì ❶获。❷同“把”，用于割禾的数量。

篘 jì 同“篘(篘)”。

鱀 jì 同“鱀(鱀)”。

瀱｛瀱｝ jì ❶［瀱汋］（-yuè）井水时有时竭。❷泉水涌出的样子。

鷩 jì ❶鸟名。❷同“鵋”。

纊 jì ❶同“罽”，毡类制品。❷渔网。

繝 jì 同“罽”。

篘 jì 同“篘”。

鰿 jì 同“鲫(鯽)”，鲫鱼。

鯖 jì 同“鲫(鯽)”，鲫鱼。

讀 jì 同“剂(劑)”。

寱 jì 熟睡。

繼 jì 同“繼(继)”。

蘻 jì 又称狗毒，草名。

鰿 jì ❶同“鲫(鯽)”，鲫鱼。❷小贝。

爁 jì 同“癠”。

瓖 jì 玉。

齌 jì 同“齎”。

猘 jì 同“猘”，狂犬。

篲 jì 竹名。

鐖 jì 同“鐖”。

鑇 jì 坚。

罽 jì 毡类制品。

驥 jì 同“驥(骥)”。

驥 jì［驥驥］1. 马群整齐而快速奔跑的样子。2. 草茂盛的样子。

鱀 jì 鯚鱼，即鳜鱼。

鰿 jì 同“鰿”。

齏 jì 同“齎”。

鱭 jì 咸。

𧓬 jì 同"季"。

鱀 jì 同"𩸚(鱀)"。

䶩 jì 同"齌"。

鰶 jì 同"鲚"。

齌 jì ❶[齌齝](－yì)1.啮。2.齿生。❷牙齿整齐平正。

穧 jì 义未详。(《改并四声篇海》)

jiā

𠨬 jiā 义未详。(《清朝野史大观》)

加 jiā ❶添上本来没有的东西：～封条｜～引号。❷使数量更多、程度更深、等级更高：～价｜～热｜～强。❸超过：牺牲玉帛，弗敢～也，必以信。❹施以某种行为：～以注意｜施～压力｜严～管教。❺副词，更：邻国之民不～少，寡人之民不～多，何也？❻数学运算方法之一，合并在一起：～减乘除｜一～一等于二。

夹(夾) ㊀jiā ❶从两旁钳住：～菜｜把照片～在书里。❷被两旁的东西限制住：～道｜两棵乔木～着一棵灌木。❸从两旁来的：～击｜～攻。❹掺杂：～杂｜～生｜～七杂八。❺夹东西的用具：皮～｜活页～子。

㊁[❶袷、❶袷] jiá ❶两层的(衣、被等)：～衣｜～被。❷姓。

㊂gā[夹肢窝](－zhi－)同"胳肢窝"。

◆"袷"另见762页"袷"字条。

扢 jiā 挈，提起。

伽 jiā 见780页qié。

浹 jiā 同"浃(浹)"。

拁 ㊀jiā 取。

㊁yá 慈。

㗎 jia 群山森列高峻的样子。

岈 jiā 用于山名：～护山(在湖南)。

佳 jiā 美；好：～节｜～人｜～作。

豭 jiā 同"猳"。

泇 jiā 同"冲(浃,浹)"。

泇 jiā 泇河，水名，分东、西两支，发源于山东，流至江苏注入大运河。

穷 jiā 同"家"。

架 jiā 义未详。(《龙龛手鉴》)

珈 jiā 古代妇女的一种首饰。

敁 jiā 义未详。(《龙龛手鉴》)

枷 ㊀jiā ❶连枷，打谷脱粒的农具。❷古代套在犯人颈部的刑具：～锁｜～打示众。

㊁jià 通"架"，衣架：男女不杂坐，不同椸～。

浃(浹) ㊀jiā ❶湿；透彻：汗流～背｜不～于骨髓。❷洽；融洽：情义益～｜人吏～和。❸周匝：～日(十天)｜～月(一个月)。

㊁xiá[浃渫](－dié)水流汹涌澎湃的样子：长波～。

挐 jiā 同"枷"。

笔 jiā[笔笔](－shā)同"袈裟"，僧衣。

垊 ㊀jiā 水边陆地。

㊁xiá 同"陕(峡,峽)"，峡谷：高丘之下必有大～。

梜(梜) jiā ❶护书的夹板，也指盛物的匣子：黄金为之～。❷同"筴(筴)"，筷子：羹之有菜者用～。

砌 jiā 同"砉"。

秎 jiā ❶禾。❷同"耞"，也作"枷"，连枷，用以脱粒的农具。

痂 jiā 伤口或疮口表面结成的硬壳，痊愈后自然脱落：疮～｜嗜～之癖。

家 ㊀(❽-❿傢) jiā ❶家庭；人家：～产｜两～人｜勤俭持～。❷家庭住所：回～｜找不到～。❸人工饲养的：～畜｜～兔。❹经营某种行业的人家；具有某种专长或学识，水平很高的人：酒～｜歌唱～｜科学～。❺学术流派：儒～｜道～｜百～争鸣。❻相对各方中的一方：对～｜上～｜下～。❼量词，用于家庭、企业等：一～人不吃两～饭｜有三～连锁店｜宣布破产的公司达十几～。❽[家伙](－huo)1.指工具或武器：手里拿着～｜操起～就打。2.指人(含轻视或戏谑意)：他这个～不干正经事｜

你这个～还真有两下子。3. 指牲畜、野兽等：这～见生人就咬｜那个～真凶，一下子就把羊给扑倒了。❾［家具］指床、柜、桌、椅等家庭用具。❿［家什］（-shi）用具；器物：厨房里的～收拾得很干净｜锣鼓～敲得叮当响。㊁ jia 后缀：姑娘～｜学生～｜自～。㊂ jie 助词，地；的：整天～｜成年～｜每日～。

砉 jiā 石。

耞 jiā 也作“枷”，连枷，用以脱粒的农具。

咖 jiā 用于佛经译音。

迦 jiā［迦嗅（謏）］脏话。

笳 jiā ❶ 古代北方少数民族吹奏乐器：胡～。❷ 簪子。

蛪 jiā 生于米中的小黑甲虫。

痂 jiā 同“痂”。

袈 jiā［袈裟］（-shā）僧人披在外边的法衣。

桨 jiā 米。

葭 ㊀ jiā ❶ 新生的芦苇：汀～稍靡靡。❷ 通“笳”，古代管乐器：鸣～｜吹～。❸ 古州名、旧县名，均在今陕西。❹ 姓。㊁ xiá 通“遐”，远：以边垂为忧，忿～萌发。

迦 ㊀ jiā ❶［迦互］相互牵制，令不得行：罗网周密，虞侯～。❷ 勒索钱财。㊁ jià［迦枒］（-yà）木如蒺藜，上下相距。

跏 jiā ❶［跏趺］（-fū）也作“加趺”，佛教徒的规定坐法，分降魔坐、吉祥坐两种：～坐｜为留一榻待～。❷ 行走时脚向内盘：～的跛的，老的少的。

筴（筞） ㊀ jiā ❶ 夹东西的用具，也专指筷子：火～｜尚有羹濡～。❷ 箝制：掇黄冈，～汉阳。㊁ cè 小箕：鼓～播精，足以食十人。

猳 jiā 猪。

猳 jiā ❶ 同“豭”，公猪。❷ 猴类动物。

詉 jiā 诬。

廗 jiā 同“麚（麚）”。

家 jiā 同“家”。

家 jiā 同“家”。

家 ㊀ jiā 同“家”。㊁ zhuàn 同“篆”。

家 jiā“家（家）”的讹字。

家 jiā 同“家”。

嗏 jiā 拟声词，鸟叫声。

犌 jiā 力气大的牛。

鉫 jiā ❶ 器具。❷ 金属元素“镓（鎵）”的旧译写法。

腵 jiā 肠病。

猲 jiā 玃，一种大猴子。

夾 jiā 同“夹（夾）”。

家 jiā 同“家”。

既 jiā 同“毠”。

毠 jiā［毠毟］（-shā）同“袈裟”，僧衣。

畣 jiālún“加仑（侖）”的合体字，同“呞”。

嘉 jiā ❶ 美好：～宾｜～言懿行。❷ 赞美；称赞：～许｜～奖｜精神可～。

鞏 jiā 义未详。（《龙龛手鉴》）

擖 ㊀ jiā ❶ 拟声词，刮物声：铿～。❷ 折；砍：～山草。㊁ yè 箕舌，指接在簸箕底部向前延伸的板：执箕膺～。

跏 jiā 义未详。（《龙龛手鉴》）

镓（鎵） jiā 金属元素，可用来制合金、半导体和光学玻璃。

篋 jiā 同“笳”。

羖 jiā 公羊。

槼 jiā 同“袈”。

耞 jiā 耕。

豭 jiā ❶ 公猪：出～｜寄～。❷ 泛指猪：～喙｜～尾。❸ 雄性动物：～豚｜～鼠。

貑 jiā［貑羆］(-pí)熊的一种。

鴐 jiā［鴐鮔］(-qí)也作"鴐鯽""加吉"，俗称家鸡鱼，某些鲷类鱼的别称。

麚 jiā同"麚"。

嘉 jiā草名。

葭 jiā草名。

豭 jiā义未详。(《改并四声篇海》)

麚 jiā雄鹿。

穄 jiā［穄支］谷类作物。

jiá

夹(夾) jiá见414页jiā。

圿 jiá污垢：垢～｜埃～。

扴 jiá ❶刮；磨擦。❷弹奏：室宴丝晓～。

扲 jiá同"扴"。

戛 jiá大。

忦 jiá ❶怨恨。❷担忧；忧惧。

斞 jiá量。

拺 jiá指尽。(《改并四声篇海》)

郏(郟) jiá ❶古邑名，在今河南。❷郏县，地名，在河南。

迊 jiá人名。(《广韵》)

斻 jiá同"斞"。

荚(莢) jiá豆类作物包裹着种子的长形果实，也指某些树木的翅果：豆～｜皂～｜榆～。

饫(餗) jiá饼类食品。

饸(餄) ㊀jiá同"饫(餗)"。
㊁hé［饸饹］(-le)又称河漏，用荞麦面等轧成的长条形面食。

恝 jiá淡然无忧的样子：～然置之｜终而寄情于～。

唊 ㊀jiá ❶胡言乱语。❷啰唆，话多。
㊁qiǎn ❶猴子用颊囊藏食物。❷老蚕腹下两旁的丝腺。

戛［戞］ ㊀jiá ❶戈，一说为长矛：立戈迤～。❷敲击；叩击：摩～｜～瑶琴。❸拟声词，鸟鸣声、琴声等：～然欲鸣｜～然而止。
㊁gā用于译音：～纳(法国地名)。

眕 ㊀jiá ❶眼睛小。❷眼睫动。
㊁tǔn 朦胧欲睡的样子。

铗(鋏) jiá ❶冶铸用的大铁钳：铁～｜持～向炉。❷剑柄，也指剑：弹～｜长～。

秧(稜) jiá割禾捆把。

颊(頰) jiá面部的两侧部位：面～｜两～绯红。

蛱(蛺) jiá［蛱蝶］1.蝶类昆虫的总称，今指蛱蝶的一类。2.蝴蝶花，多年生草本植物，可供药用：他如紫白～、春罗、秋罗皆此花之附庸也。

鞈 jiá衬马鞍的垫子。

梜 jiá ❶搁置。❷鼓。

晍 jiá同"瞩"。

瞩 jiá同"瞩"。

瞩 jiá［睥瞩］(bì-)直视的样子。

跲 jiá ❶绊倒：退则～其尾。❷窒碍：言前定则不～。❸退却：据守不～。❹蹢跐：蹢～。

骱 ㊀jiá骨坚硬。
㊁jiè骨节间衔接处：脱～。

骱｛骱｝ jiá同"骱"。

餌 jiá同"饸(餄)"，饼类食品。

骱 jiá同"骱"。

蒃 jiá草名。

骶 jiá同"骱"。

鋏 jiá同"铗(铗)"。

詼 jiá同"唊"，胡言乱语。

䩡 jiá 同“颊(頰)”。

蛱 jiá 草名。

頰 jiá 同“颊(颊)”。

羺 jiá 同“羠”。

鞈 ㊀ jiá [鞈沙]古代前边没有护套的靴子。
㊁ gé 同“韐”，古代用革制的胸甲。

蘔 jiá 草名。

䶓 jiá 舌伸出的样子。

羠 jiá 阉割过的羊。

鴶 jiá [鴶鵴](-jú)又称鸤鸠，即杜鹃鸟。

𤗻 jiá 同“颊(頰)”。

䳩 jiá 同“鴶”。

𧝐 jiá 同“袷(夹，夾)”。

𪃺 jiá 杜鹃鸟。

𩕳 jiá 同“頰(颊)”。

𤺺 jiá ❶ 羊蹄病。❷ 疮。

鷞 jiá [鵳鷞](jié-)见447页“鵳”字条。

𩣡 jiá 同“鷞”。

𪆂 jiá 同“鷞”。

jiǎ

甲 jiǎ ❶ 某些动物身上的硬壳：龟～|～虫|～骨文。❷ 用皮革、金属等做成的防护装备：盔～|～板|装～车。❸ 手指或脚趾上的角质层：指～|趾～|美～。❹ 天干的第一位，常用作顺序的第一：～等|～级。❺ 居首位，超过其他的：桂林山水～天下。

𠆨 jiǎ 同“甲”。

岬 jiǎ ❶ 岬角，伸进海中的尖形陆地，多用于地名：野柳～(在台湾)。❷ 两山之间：山～。

叚 jiǎ “叚”的讹字。

𠆨 jiǎ 同“甲”。

玾 jiǎ 玉名。

胛 jiǎ 肩胛，肩膀后方靠近脖子的地方。

㕛 jiǎ 同“叚(假)”。

叚 ㊀ jiǎ “假㊀”的异体字。
㊁ xiá ❶ 通“瑕”，过错：为德无～。❷ 通“遐”，长久：～不黄耇。❸ 姓。

贾(賈) jiǎ 见301页gǔ。

岬 jiǎ ❶ 山侧。❷ 山峡。

钾(鉀) jiǎ ❶ 同“甲”，铠甲：身穿金～。❷ 铜椑，盛酒的铜扁壶：铜～。❸ 金属元素，其化合物在工农业中用途广泛。

叚 jiǎ 同“叚(假)”。

斝 jiǎ 同“斝”。

假 ㊀[叚] jiǎ ❶ 借贷：求～于人，则十倍其息|唯器与名，不可以～人。❷ 借用；利用：～手于人|～公济私|不～思索。❸ 虚伪的；不真实的：～肢|～发(髮)|～话。❹ 据理推断，有待验证的：～定|～设|～说。
㊁ jià 按照规定或经过批准，可暂时停止工作或学习的时间：～期|放～|请～。
◆“叚”另见417页“叚”字条。

踋 jiǎ ❶ 蹄：金饰其～。❷ 行走的样子。

斝 jiǎ 古代酒器，圆口三足，借指酒杯。

徦 ㊀ jiǎ ❶ 至。❷ 来。
㊁ xiá 同“遐”，远。

婽 jiǎ 容貌美丽。

𣂷 jiǎ 同“斝(斝)”。

椵 ㊀ jiǎ 柚类常绿乔木。
㊁ jiā ❶ 古代拘限狗的器具。❷ 同“枷”，刑具。

𣥺 jiǎ 止。

𦙶 jiǎ 姓，一说“假”的讹字。

J

徦 jiǎ“假”的讹字。

榎（檟） jiǎ ❶也作“榎”，即楸，落叶乔木。❷茶树，也指茶。

榎 jiǎ 同“檟（檟）”，即楸，落叶乔木。

斝 jiǎ 同“斝”。

䰳 jiǎ 窃鬼。（《改并四声篇海》）

髀 jiǎ 同“胛”。

魍 jiǎ 同“䰳”。

瘕 ㊀ jiǎ ❶妇女腹中结块的病，泛指腹内结块：～聚｜破～。❷腹中生虫的病：积～｜～痛。❸同“瑕”，污点；缺点：疵～｜痕～。
㊁ xiā 喉病。

瘕 jiǎ 同“瘕”。

鞈 jiǎ［鞈鞦］（-shā）同“鞅沙”。

鼳 jiǎ 传说中的旱魃，造成旱灾的鬼怪。

鷃 ㊀ jiǎ 鹰类鸟。
㊁ zhān 同“鸇（鹯）”。

jià

价 ㊀（價） jià ❶价钱，商品所值的钱数：～格｜物～｜无～之宝。❷身价：一登龙门，则声～十倍。❸原子价（化学名词，又称化合价，用来表示一个原子或原子团能和其他原子相结合的数目）的简称：氢是一～的元素。
㊁（價） jie 助词，用于加强语气：不～｜别～｜震天～响。
㊂ jiè 旧时称派遣传送物品或传达事情的人：来～｜小～。

驾（駕） jià ❶把车套在马等牲畜身上：～辕｜～牛车。❷乘：乘云～轻鸿｜余寒～春风。❸驾驶，操纵使开动：～车｜～船｜～飞机。❹古代车乘的总称，后用于敬辞，称对方：～到｜劳～｜大～光临。❺帝王的车，借指帝王：护～｜～崩（帝王死去）｜～前武将。

架 jià ❶搁置物体的器具或支撑、承载的构件：书～｜葡萄～｜脚手～。❷量词，用于机械或带支撑物的东西：两～飞机｜一～书｜满～葡萄。❸搭设；支起：～桥｜～电线。❹抵抗；遮挡：招～｜～不住打｜用刀～住。❺殴斗、争吵等行为：打～｜吵～｜劝～。❻通“驾（駕）”，超越；凌驾其上：专相凌～。

胷 ㊀ jià［胷膥］（-zhā）不密，单用“膥”义同。
㊁ jiā 同“痂（瘕）”，疮痂。

犃 jià 同“驾（駕）”。

舿 jià 具舟，备船。

掮 jià［腰掮］腰肢。

摞 jià 同“架”，构建；架设。

㢑 jià 同“架”，构建；架设。

幏 jià 古代西南地区少数民族所织布名，多用作贡赋。

豭 jià 同“嫁”：～女。

㤎 jià 心不安。

嫁 jià ❶女子到男方家成亲，泛指女子结婚：出～｜婚丧～娶。❷转移祸害、怨恨给别人：转～｜～怨｜～祸于人。❸嫁接，改良果树品种的一种方法：～李法。

榢 jià 同“架”。

駱 jià 同“駕（驾）”。

稼 jià ❶播种；种植：～穑｜耕～。❷谷物：禾～｜庄～｜秋～。

艐 jià 同“舿”。

矎 jià 看。

jiān

㐲 jiān 义未详。（《龙龛手鉴》）

戋（戔） ㊀ jiān［戋戋］（-jiān）少；小：为数～｜～无几。
㊁ cán 同“残（殘）”。

戔 jiān 同“戋（戔）”。

幵 jiān（又读 qiān）❶平。❷羌族的分支。❸姓。

㡘 jiān 同“緘”。

J

尖 jiān ❶物体末端细小或锐利的部分：塔～｜笔～｜针～。❷物体末端细小锐利：竹签削得很～。❸人或物品超出同类：冒～｜拔～｜拿～。❹声音高而细：～嗓子｜～声～气。❺感觉敏锐：眼～｜耳朵～。

奸［姦］ jiān 见276页gān。

歼（殲） jiān ❶全部消灭；消灭：～灭｜全～｜围～。❷死：志决身～。

坚（堅） jiān ❶坚硬；牢固：～域｜～冰｜～如磐石。❷坚硬或坚固的事物：披～执锐｜攻～克难｜无～不摧。❸使坚固；加固：～壁清野。❹坚持；不动摇：～守｜～信｜穷且益～。

间（間） ㊀jiān ❶中间，两种事物或两段时间相接处：父子之～｜黑白之～｜课～活动。❷在一定的地方、人群或时间之内：田～｜人～｜晚～新闻。❸房间，一间屋子：车～｜套～｜卫生～。❹量词，用于房屋：一～小草屋｜三～大瓦房｜广厦千～。
㊁jiàn ❶空隙；缝隙：～隙｜当～儿｜亲密无～。❷隔开；不相连：～隔｜～断｜晴～多云。❸制造嫌隙，挑拨使人不和：离～｜反～计。❹除去（多余的）：～苗｜～果。

[illegible] jiān 同"坚（堅）"。

玪 ㊀jiān［玪塾］（-lè）次于玉的美石。
㊁yín（又读qián）玉名。
㊂lín 同"琳"，美玉。

茾 jiān 同"菅"。

[illegible] jiān 同"犍"。

㦰 jiān 同"𢦔"。

𢦔 jiān ❶断绝；灭尽。❷刺。

[illegible] jiān ❶志。❷进。

肩 jiān ❶肩膀，人的脖子旁边与胳膊上边相连的部分：～章｜双～｜并～战斗。❷担负：身～重任。

[illegible] jiān "𢦔"的讹字。

艰（艱） jiān ❶艰难；困难：～苦｜～巨｜哀民生之多～。❷指父母的丧事：以居母～去官。

砛 jiān 同"玪"。

[illegible] jiān 同"肩"。

[illegible] jiān 同"肩"。

[illegible] jiān "[illegible]（肩）"的讹字。

[illegible] jiān 同"肩"。

[illegible] jiān 同"姦（奸）"。☞[illegible]／奸／姦 见276页"奸"字条。

姦 jiān ❶"奸㊁ ❶-❸"的异体字。❷盗窃：～符节，盗管金。☞姦／奸／[illegible] 见276页"奸"字条。
㊁gān "奸㊀ ❶"的异体字。

[illegible] jiān 农具名。

[illegible] jiān 同"幵"。

监（監） jiān 见427页jiàn。

[illegible] jiān 同"[illegible]（姦，奸）"。

[illegible] jiān "𢦔"的讹字。

[illegible] jiān ❶农具。❷尽。

兼 jiān ❶同时涉及或具有几种事物：～职｜～顾｜德才～备。❷加倍，把两份并在一起：～程｜～旬｜～并。❸尽：纵其欲，～其情。

[illegible] jiān 同"肩"。

[illegible] jiān "[illegible]"的讹字。

菅 ㊀jiān ❶菅茅，多年生草本植物，根可做炊帚或供药用。❷通"奸（姦）"，盗窃：野芜旷则民乃～。❸姓。
㊁guān 春秋时宋国地名，在今山东。

[illegible] jiān 蜀葵，二年生草本植物。

[illegible]（樫） jiān［[illegible]鸟］又称槠鸟、橿鸟，鸟名，像乌鸦。
◆"樫"另见421页"樫"字条。

[illegible] jiān 同"碊"。

豜｛豣｝ jiān 三岁的野猪，泛指大猪、大的野兽。

[illegible] jiān 同"奸（姦）"。

趼 ㊀jiān 久行伤脚。
㊁jiǎn 也作"茧（繭）"，手、脚上的茧子：老～｜踏折水车～生趾。

J

笺(箋)[❸❹牋、❸❹椾] jiān ❶古书注释的一种:~注|~疏|《毛诗~》。❷古代公文的一种体裁:~奏|降~。❸写信或题写诗词用的小幅纸:信~|便~|~纸。❹书信:长~|华~|~札。

◆"椾"另见420页"椾"字条。

豜 jiān 同"豜"。

惤 jiān 汉代县名,在今山东。

靬 ㊀jiān ❶干皮革。❷[黎靬]也作"犂靬""犛靬",即大秦,汉代西域国名。

㊁qián[丽靬]也作"骊靬",古县名,在今甘肃。

菺 jiān 同"蔳"。

蔳 jiān ❶同"菅",菅茅。❷同"蕑",兰草。

尌 jiān 义未详。(《龙龛手鉴》)

戔 jiān 同"戔(戋)"。

劗 ㊀jiān 割去牲畜的睾丸。

㊁qián 削。

閒 ㊀jiān 同"閒(间,間)"。

㊁guān 同"關(关)"。

悬 jiān "悬"的讹字。

幨 jiān 同"幨"。

毯 jiān 毛类制品。

犍 ㊀jiān 犍牛,阉割过的公牛:黄~。

㊁qián[犍为]1.古郡名,在今四川。2.地名,在四川。

箋 jiān 同"笺(箋)"。

蒹 jiān 同"兼"。

旃 jiān 旗帜。

湔 ㊀jiān ❶洗;洗雪:~洗|~浣|以~国耻。❷古水名,在今四川。

㊁jiàn 同"濺(溅)",液体受冲击而向四处飞射:请以臣之血~其衽。

㊂qián[湔葫]草药名。

逮 ㊀jiān 至。

㊁jīn 同"津",渡。

逮 jiān 同"逮"。

弼 jiān 义未详。(《龙龛手鉴》)

靬 jiān[犛靬](lí-)也作"犛靬""黎靬",汉代西域国名。

姦 jiān 同"奸"。

缄(緘)[❸❹椷] jiān ❶捆东西的绳子:箧~。❷捆扎:谷(榖)木之棺,葛以~之。❸封闭,闭上,为书信封口:~口|泪下不能~|李~。❹书信;信函:绣~|发~|开~见手札。❺寄:~词千里|题诗~恨去。❻量词,用于信件,封;件:一~幽信|出书一~。

◆"椷"另见420页"椷"字条。

絚 jiān 同"緊(坚,堅)"。

瑊 jiān[瑊玏](-lè)像玉的美石。

搛 ㊀jiān(用筷子)夹:~菜|~起一块肉。

㊁lián 同"鬑",击鼓。

蒹 jiān 未长出穗的芦苇。

椷 ㊀jiān ❶匣子;小箱子。❷杯子。❸"缄(緘)❸❹"的异体字。

㊁hán 同"函",容纳:间(閒)可~剑。

椾 ㊀jiān "笺(箋)❸❹"的异体字。

㊁zhàn 同"栈(棧)",栈道。

碊 ㊀jiān ❶棚;阁。❷山坡。❸[碊碊]岩石杂乱的样子。

㊁zhàn 同"栈(棧)",栈道。

㊂cán 通"残(殘)",残破:蜀地~破。

戩 jiān 同"歼(殲)"。

閖 ㊀jiān 同"閒(间,間)"。

㊁xì 门扇。

㊂mǎ ❶小山庄,多用于地名:李家~|吉家~。❷城镇空地或街道:庙~|上~|下~。

菚 jiān 同"笺(箋)"。

煎 jiān 同"湔"。

煎 jiān 同"煎"。

煵 jiān 同"煎"。

煎 ㊀jiān ❶熬:~药|~茶|水~服。❷把食物放在少量的油里加热或弄熟:~饺子|~鸡蛋。❸比喻内心痛苦:~熬。❹量词,用于熬中药的次数:头~药|二~。

㊁ jiàn ❶［甲煎］香名。❷同“饯(餞)”，用蜜或糖浸渍的果品：蜜～｜糖～。

裺 jiān 襺。

遱 jiān 同“建”。

缣(縑) jiān 双丝织成的细绢：～帛｜～囊｜～书。

揵 jiān［揵子］摴蒱，古代博戏名。

蕲 ㊀ jiān［蕲蕲］(-jiān)麦芒伸长的样子：麦秀～兮。
㊁ shān 通“芟”，除草，引申为除掉：～去不义诸侯。

淺 jiān 精美的小幅彩色纸张。

煎 jiān 同“煎”。

㗻 jiān［咪唎㗻］国名“美利坚”（美国）的旧译写法。

犍 jiān 同“犍”。

糙 jiān 同“熸”。

皶 ㊀ jiān 取。
㊁ qiān 同“鸽(鴿)”。

鳽 jiān ❶鸡鹊，水鸟名，即池鹭。❷鹳形目鹭科鸟类的通称：黑～｜大麻～。

蔄 jiān 同“蕑”，兰草。

蕑 jiān 同“蕑”。

蕑 jiān ❶兰草。❷莲，一说莲子。

䖍 jiān 瓜病。

樫 jiān ❶“樫”的繁体字。❷日本汉字，栎树。

椾(檮) jiān 沉香，又称伽南香，常绿乔木。木材重而有香气，可供药用。

槕 jiān［槕子］古代博戏樗蒲的彩名。

睯 jiān 看。

豜 jiān 同“豜”。

閰 jiān 义未详。(《改并四声篇海》)

羂 jiān 丝网。

鍵 jiān 同“犍”。

鰹(鰹) jiān 鲣鱼，生活在热带和亚热带海中。

麉 jiān 同“麗”。

鹣(鶼) jiān［鹣鹣］鸟名，即比翼鸟，传说中的一种鸟，只有一只翅膀，一只眼睛，雌雄相伴而飞，多比喻恩爱夫妻，也单称鹣。

熸 jiān ❶同“熸”，熄灭。❷尽。

熞 jiān 把烧红的铁制工件浸入水中淬火。

濺 jiān 同“湔”。

瀐 jiān 同“湔”。

濺 jiān［濺濺］同“溅溅(濺濺)”“浅浅(淺淺)”，水流急的样子。

櫼 ㊀ jiān 小栗子。
㊁ jiàn 山梅。

劗 jiān 细切成薄片。

霎 jiān “霙”的讹字。

霙 jiān 同“䨴”。

煎 jiān 同“煎”。

煎 jiān 同“煎”。

嚍 jiān 拟声词：蛙鸣蝉噪，耳边～唧。

秉 ㊀ jiān 同“兼”。
㊁ bǐng 同“秉”。

鍵 jiān 同“餰”。

熸 jiān 同“熸”。

熸 jiān ❶熄灭：火立～。❷消亡；灭亡：天下之人～亡尽矣。

雔 jiān 同“鳽”。

麙 jiān 一种力气极大的鹿。

韉 jiān 同“鞯(韉)”。

鞬 ㊀ jiān 佩带在马身上的盛弓箭的器具。
㊁ jiàn 缠束：～腰。

J

黚 jiān 义未详。(《龙龛手鉴》)

餞 jiān ❶同"栈(檴)",沉香,常绿乔木,有香气。❷香气。

餰 ㊀jiān 粥:～粥。
㊁zhān 同"饘(饘)"。

艥 jiān 义未详。(《龙龛手鉴》)

覸 jiān 远视的样子。

緊 jiān 紧。

韉(韀) jiān 垫在鞍下的垫子。

鞬 jiān 同"鞬(餰)"。

豜 jiān "豣"的讹字。

饘 jiān 同"餰"。

籛 jiān 同"籛",用于人名。

瀸 jiān 同"瀸"。

瓏 jiān 同"甗"。

鞿 jiān 窑工所用工具。

黬 ㊀jiān 同"黚",黄色。
㊁miǎn 黄。

藍 jiān 义未详。(《直音篇》)一说同"藍(蓝)"。

覵 jiān 看。

櫼 jiān 同"櫼"。

櫼 jiān 同"櫼"。

瑊 jiān 玉名。

鬋 jiān ❶坚持己见。❷口闭。

歟 jiān 同"緊"。

礛 jiān ❶锋利:被～磻,引微缴。❷[礛诸]也作"礛储",治玉用的磨石:玉待～而成器。

殲 jiān 同"殲(歼)"。

瞷 jiān 看。

瞯 jiān 同"覸"。

覸 jiān 看。

鶼 jiān[鵜鶼](chí-)同"鵜鶘"。

緘 jiān 同"緊"。

纏 jiān 同"韉(韉,鞯)"。

韉 jiān 同"鞯(韉)"。

艱 jiān 同"艱(艰)"。

嚵 jiān[嚵㘈](-jū)不廉。

幨 ㊀jiān 揩拭。
㊁qiān 标志;标记。

瀸 jiān ❶浸润,引申为滋养:～涩(濇)肌肤|～润庶类。❷和洽:～于民心。❸泉水时有时竭:阴流泄漏,～没渝溢。

韉 jiān 义未详。(《改并四声篇海》)

艱 jiān 同"艱(艱,艰)"。

櫼 ㊀jiān ❶木楔,用于固定卯榫。❷木签。❸枊,科栱(斗拱)。
㊁shān 同"樧(杉)"。

霰 ㊀jiān ❶小雨。❷古县名。(《龙龛手鉴》)
㊁jiàn 把东西放入水中。

蠘 jiān 同"蠘"。

蠘 jiān 同"蠘(蠘)"。

艦 jiān 角。

爔 jiān 同"熸"。

鬣 jiān 龙脊背上的鳍。

瓏 jiān 同"甗"。

囏 jiān 同"艰(艱)"。

韉 jiān 同"韉(鞯)"。

纏 jiān 同"鞯(韉)"。

囏 jiān 同"艰(艱)"。

囏 jiān ❶同"艰(艱)"。❷用于人名：堵敖～(春秋时楚国国君)。

虃 jiān 又称地蜈蚣草、百足，草名。

霴 jiān 同"靈"。

蠘 jiān 虫名。

鑯 jiān 同"鐵"。

鬜 jiān 同"鹹"。

鹹 jiān ❶啮；咬嚼的样子。❷拟声词，咀嚼声。

鬵 jiān 同"餰"。

鬻 jiān 同"饘"。

霴 jiān(又读 shān)❶小雨。❷浸渍。

鑯 ㊀jiān ❶尖锐，后作"尖"。❷铁器。㊁qiān 刻，也作"锓(鋟)"。

韀 jiān 同"鞬"。

韉 jiān 同"鞬"。

囏 jiān 同"艰(艱)"。

囏 jiān 同"艰(艱)"。

黬 jiān ❶人皮肤白而脸黑。❷锅底黑。

jiǎn

㓦 jiǎn 同"謇"。

刅 jiǎn "㓦(謇)"的讹字。

囝 ㊀jiǎn 儿子；儿女：阿～。
㊁nān ❶小孩儿，也作"囡"：小～。❷某些幼小的动物：鱼～。

拣(揀) jiǎn ❶挑选；选择：挑～｜挑肥～瘦。❷挑剔：吾爱其风骨，粹美无可～。❸同"捡(撿)"，拾取。

枧(梘) jiǎn ❶同"笕(筧)"，引水的竹木管槽。❷用槽输送：从槽道中～注而下。❸肥皂：番～｜香～。

戬 jiǎn 同"戩"。

岍 jiǎn 义未详。(《龙龛手鉴》)

佥 jiǎn 同"俭(儉)"。

茧 ㊀(繭)[❶蠒] jiǎn ❶蚕或某些昆虫幼虫在变成蛹之前吐丝做成的壳，家蚕的茧是缫丝的原料：蚕～。❷也作"趼"，茧子，手、脚上因长时间摩擦而生的硬皮：重～｜满手老～。
㊁chóng 草名。

柬 jiǎn ❶信件、名片、帖子等的统称：～帖｜请～｜具～。❷选择，后作"拣(揀)"：～理。❸简略，后作"简(簡)"：遴～布章。

疌 jiǎn 义未详。(《改并四声篇海》)

耕 jiǎn 同"棄(弃)"。

俭(儉) jiǎn ❶行为约束而有节制：恭～｜晋公子广而～，文而有礼。❷节省，不浪费：～省｜～朴｜省吃～用。❸质朴：礼恭而意～。

洇 jiǎn 泄水通道。

屚 jiǎn 义未详。(《改并四声篇海》

挸 jiǎn 拭。

捡(撿) ㊀jiǎn ❶拾取：～球｜～贝壳。❷同"拣(揀)"，挑选；选择：择一个日子，～一个极大的地方。
㊁liǎn 拱手。

崟(嶮) jiǎn 用于地名：周家～(在陕西)。

囲 jiǎn 同"囝"。

笕(筧) ㊀jiǎn 田间或檐下用于引水的长竹管：～水潺潺。
㊁xiàn 竹名。

倹 jiǎn 同"儉(俭)"。

棄 jiǎn 同"棄(弃)"。

捡 jiǎn 同"撿(捡)"。

检(檢) jiǎn ❶古代指封书题签：～署｜封～。❷法度：～式｜节奏同～。❸约束：～束｜～点｜行为不～。❹察看；查点：～查｜～阅｜～验。❺通"拣(揀)"，挑选：～上好的肥肉切来｜～日子请

喜酒。❻通“捡(撿)”,拾取:～柴|～贝壳。

减[減] jiǎn ❶由原数量中去掉一部分:～价|～租|～少。❷降低程度;衰退:～色|～肥|～退。❸数学运算方法之一:加～乘除。

◆“減”另见424页“減”字条。

剪 jiǎn ❶同“翦”,除掉:～除|～灭。❷剪子,利用两刃交错铰开或铰断东西的用具:～刀。❸用剪子使东西分开或断开:～断|～头发|～贴。❹像剪子的器具:夹～|火～。

湔 jiǎn 水名,在湖北。

堿 ㊀jiǎn“碱”的异体字。㊁xián 用于地名:～厂(在辽宁)。

揃 jiǎn ❶剪断;剪下:自～其爪。❷翦除;消灭:～刈|～平。

梘 jiǎn 同“檢(检)”。

硷(鹼) ㊀jiǎn 同“碱”。㊁xiǎn 同“险(險)”。

剸 jiǎn 同“剪”。

莿 jiǎn 同“剪”。

睑(瞼) jiǎn 眼睑,俗称眼皮,眼睛周围能开闭的皮,边缘长有睫毛。

稘 jiǎn 同“稟(稟)”。

減 jiǎn ❶“减”的异体字。❷古水名。(《山海经》)❸姓。

裥(襇) jiǎn ❶衣裙上的皱褶:百～|裙儿细～。❷杂;不纯:～色衣。

瑐 jiǎn 玉名。

稟{稟} jiǎn ❶捆扎:以茅～束。❷小捆的东西:～欲小。❸量词,禾一稟为十把。

暕 ㊀jiǎn 明亮,阴雨后露出阳光。㊁lán 阴干。

睒 jiǎn 同“瞼(睑)”。

踕 jiǎn 行走的样子。

简(簡) jiǎn ❶古代用以书写的狭长竹片:～牍|竹～|汉～。❷书信:书～|短～。❸简单,不复杂:～体|～化字|删繁就～。❹节略;使省减:～省|精～|精兵～政。❺怠慢;轻视:～怠|～慢|循天性,～小节。❻通“柬(拣,揀)”,选择:～选|～拔|汰去老弱,～精壮者更代。❼通“簡”,明察:～在帝心。❽姓。

㒹 jiǎn 义未详。(《字汇补》)

葥 jiǎn 同“翦”。

謇 jiǎn 口吃,也作“讓”。

謇 jiǎn ❶弓强。❷难。

谫(譾) jiǎn 浅薄:～陋|～劣|～材。

䄯 jiǎn 矛类兵器。

絸 jiǎn 同“茧(繭)”。

擶 jiǎn 同“揃”。

戬 jiǎn ❶同“翦”,除掉;歼灭:～商(灭亡商朝)。❷福禄;吉祥:～福|人生大～。

碱[堿、鹼、鹻] jiǎn ❶化合物,通常指纯碱,可用作洗涤剂或中和发面的酸味。❷被盐碱侵蚀:那堵墙全～了。❸盐卤,又称卤水。

◆“堿”另见424页“堿”字条。

鞬 jiǎn 同“稟(稟)”。

戩 jiǎn 同“戬”。

蝀 jiǎn 生(孩子):～娃儿。

劗 jiǎn 同“翦”。

繞 jiǎn 义未详。(《改并四声篇海》)

攕 jiǎn 同“揃”。

撍 jiǎn[撍搌](-zhǎn)也作“搌撍”,丑而长的样子。

繭 jiǎn“繭(茧)”的讹字。

瀸 jiǎn 蕑蒋。

蕑 jiǎn 地肤,又称地肤草,一年生草本植物。果实称地肤子,可供药用。

羷 jiǎn 同“稟(稟)”。

嚵 jiǎn 也作“讓”“謇”,口吃:讷口～吃。

巉 jiǎn 同“嚵”。

穛 jiǎn 小束。

僿 jiǎn 同“倦”。

籓 jiǎn 小束，一说小柬。

翦 jiǎn 同“翦”。

翦 jiǎn ❶剪整齐，引申为除掉、歼灭：共～此虏｜～商（灭亡商朝）。❷姓。

隱 jiǎn 同“倦”。

黰 ㊀ jiǎn 黑；黑皴。
㊁ xiàn 黑的样子。

黶 jiǎn 同“黰”。

墘 jiǎn 门前空地：～上｜～畔。

攕 jiǎn 同“揃”。

擹 jiǎn 同“攕”。

剸 jiǎn 同“蚕”。

翲 jiǎn 同“翦”。

筏（籛） ㊀ jiǎn 竹名。
㊁ jiān 皮鞭、鞍辔等马具。

僿 jiǎn 同“倦”。

譾 jiǎn 同“谫（譾）”。

襺 jiǎn 丝绵棉袄。

縷 jiǎn 收缩。

蘬 jiǎn 义未详。（《改并四声篇海》）

蕳 jiǎn 草名。

櫼 jiǎn 同“翦”，砍伐。

醎 jiǎn 卤水。

篷 jiǎn 竹名。

鏩 jiǎn 同“剪”。

歛 jiǎn 同“檢（检）”。

譾 jiǎn 同“譾”。

謰 jiǎn 同“謇”。

蹇 jiǎn ❶跛；行走困难：～驴。❷艰难；不顺利：～涩｜～滞｜命运多～。❸劣马或瘸驴：驽～｜策～｜跨～。❹姓。

謇 jiǎn ❶口吃，言辞不顺畅：～吃｜因～而徐言。❷正直；忠诚：～愕｜好修～～｜忠～。

襇 jiǎn 同“裥（襇）”。

攦 jiǎn 同“揃”。

蘭 jiǎn 同“繭（茧）”。

蘮 jiǎn 同“蒲”。

翦 jiǎn 同“翦”。

簡 jiǎn 同“簡（简）”。

籣 jiǎn 察阅；明察。

籈 jiǎn 竹名。

籣 jiǎn 竹名。

鬋 jiǎn ❶妇女鬓发下垂的样子；下垂的鬓发：长发曼～。❷比喻下垂的针叶：低松湿垂～。

攥 jiǎn 同“搄”。

醐 jiǎn 同“醐”。

醐 jiǎn 同“鹹”，盐卤。

僿 jiǎn 傲慢。

衞 jiǎn 同“謇”。

臝 jiǎn 同“茧（繭）”。

鰎 jiǎn ❶鱼名。❷腌咸鱼。

鬋 jiǎn 同“鬋”。

蹇 jiǎn 同“謇”。

謇 jiǎn ❶薄味。❷尝食。

䵖 jiǎn 同“蘖(蘗)”。

噻 jiǎn 同“謇”,口吃。

巘 jiǎn［巘嵼］(－chǎn)1. 山势盘曲的样子:此山～悬河外。2. 回旋、蜷曲的样子:金楼旦～|黑云高～。3. 文思郁结:～而乏气象。4. 处境不顺:～偏州。

譾 jiǎn 语烦。

讓 jiǎn 同“謇”,口吃。

瀽 jiǎn 泼;倾倒:～去|盆翻瓮～。

攡 jiǎn 同“挸”。

虈 jiǎn 紫萁,蕨类植物。

蘻 jiǎn 同“蔺(茧)”。

饊 jiǎn 小吃。

灡 jiǎn 同“灡”。

瀸 jiǎn 淘米。

蠒 jiǎn “蠒(趼)”的讹字。

蠒 jiǎn “蠒(趼)”的讹字。

虈 jiǎn 同“虈”。

櫼 jiǎn 栈。

曮 jiǎn 笑的样子。

鰎 jiǎn 同“鰎”。

譾 jiǎn 同“谫(譾)”。

繭 jiǎn 同“趼”,手、脚上的茧子。

囏 jiǎn 同“謇”,口吃。

黵 jiǎn 色弱。

饗 jiǎn 同“饗”。

纗 jiǎn ❶丝绵做的衣服。❷丝绵。❸怀抱:～玉琴。

襇 jiǎn 同“裥(襇)”。

蹇 jiǎn 同“蹇”。

譾 jiǎn 同“讓(謇)”。

譾 jiǎn 同“謇”,口吃。

醎 jiǎn 同“碱”。

躝 jiǎn 同“茧(蠒)”。

黬 jiǎn 也作“黰”,黑;黑皴。

襽 jiǎn 同“襽”。

鹼 jiǎn 同“碱”。

鐗 jiǎn 同“鐗”。

鐗 jiǎn 同“锏(鐧)”,古代兵器,像鞭。

鹼 ㊀jiǎn 同“碱”。
㊁qiān 同“佥(僉)”。

驏 jiǎn 同“蹇”,劣马或瘸驴。

鰎 jiǎn 鱼名。

襽 jiǎn “襽”的讹字。

jiàn

见(見) ㊀jiàn ❶看到:眼～为实|喜闻乐～|前不～古人,后不～来者。❷会面;相遇:会～|接～|一～如故。❸接触;碰到:汽油～火就着|得这种病怕～凉风。❹看得出;显现出:～效|～分晓|日久～人心。❺主张;看法:～识|远～|固执己～。❻指明出处或可参看的地方:～前|～附录|参～《史记·孔子世家》。❼助词。1. 用在动词前表示被动:信而～疑,忠而被谤。2. 用在动词前表示客气:～谅|～教|承您～告。3. 用在动词后表示结果:听～有人敲门|遇～一位老朋友。☞见/睹/看/视 见210页“睹”字条。
㊁xiàn 同“现”,显露;露出:图穷匕首～|眼前突兀～此屋。

件 jiàn ❶分;分列:～错理微|具～阶级数。❷量词,用于个体事物:一～衣服|

两～事情｜三～套。❸可一一计算的事物；某些事物的一部分：构～｜铸～｜零～。❹文书等：文～｜来～｜急～。

诋（諓） jiàn［诋诋］1.巧辩之言：刁～之辞。2.进谗言的样子：谗人～～。3.浅薄：惟～善竫言｜是～者不足以云。

饯（餞） jiàn ❶设酒席送行：～行｜～别。❷用蜜或糖浆等浸渍（果品），也指经蜜或糖浆等浸渍过的果品：蜜～。

建 jiàn ❶竖立；竖起：～朱幡。❷修；造：修～｜～造｜～筑。❸设置；成立：～都｜～国｜筹～。❹提出（主张等）：～议｜～言献策。❺福建（地名）的简称：～漆｜～茶｜～兰。❻通"瀽"，倾倒：居高屋之上～瓴水。

荐（❶❸❺薦） jiàn ❶草席；草垫子：草～｜～席｜既无余席，便坐～上。❷进献：～于诸侯｜～于鬼神｜可以～嘉客。❸向他人推介人才或物品：推～｜毛遂自～。❹副词，一再；屡次：～饥｜～食上国｜军旅～兴，民不堪命。❺姓。

贱（賤） jiàn ❶价格低廉：～卖｜～价｜谷～伤农。❷地位低微：～民｜贫～｜卑～。❸（品格、行为等）卑鄙：下～｜～骨头。❹谦辞，称跟自己有关的事物：～姓｜～恙。

㷆 jiàn ❶用木柱等支撑倾斜的房屋，使恢复平正。❷用土、石等堆砌起来的挡水设施。

剑（劍）［劒］ jiàn ❶古代兵器：宝～｜佩～。❷剑术；用剑刺杀：学～｜～道｜手～父雠（仇）。

洊 ㊀jiàn 水至，引申为再次、相继：水～至｜～罹祸殃。
㊁cún［洊鄢］（-mǎ）同"郁鄢"，古县名，在今四川。

洴 jiàn［北洴］地名，在越南。

袸｛袸｝ jiàn 衣服。

瑐 jiàn 玉名。

栫 ㊀jiàn 用柴木堵塞或围住，也指篱笆：若处～棘之台。
㊁zùn 树名。

监（監） ㊀jiàn ❶同"鉴（鑒）"，古代铜质镜子：金～｜天～作照，幽明毕觌。❷照视：人无水～，当于民～。❸借鉴；参考：前～不远，覆车继轨。❹明；明白：有知人之～｜名利之实，不顺于理，不～于道。❺古代官名或官府名：太～｜中书～｜国子～（古代最高的教育管理机关或学府）。❻监生（明、清两代在国子监读书或取得该资格的人）的简称：相公既有才学，何不捐他一个～进场？❼姓。
㊁jiān ❶督察；视察：～察｜～视｜～考。❷监禁；关押：予～一室｜将其～下｜长～不放。❸牢狱，关押犯人的地方：收～｜探～｜～外就医。

俴 jiàn ❶浅；薄：～收｜～秦车。❷不着铠甲，只穿单衣：～者。

㑵 jiàn 腿脚好，能走路。

健 jiàn ❶强壮，身体好：～壮｜～康｜保～。❷使强壮、健康：～胃｜～脾｜～身。❸善于：～谈｜～忘（容易忘，记忆力差）。

舰（艦） jiàn 大型军用船只：～队｜军～｜航空母～。

劎｛劎｝ jiàn 同"劍（剑）"。

涧（澗） jiàn ❶山间的水沟或流水：山～｜溪～。❷古水名，在今河南。

袸 jiàn 衣服。

隁 jiàn 小土山。

筋 jiàn 同"腱"。

後 jiàn 同"践（踐）"。

徤 jiàn 同"健"。

劒 jiàn 同"劍（剑）"。

渐（漸） ㊀jiàn ❶水名。1.后称浙江，也特指其上游的新安江，发源于安徽，流至浙江注入东海。2.古水名，又称澹水，在今湖南。❷病情严重或加剧：疾大～。❸疏导：～九川。❹逐渐发展的过程：积～积微｜冬月风作有～。❺征兆；苗头：防微杜～。❻副词，逐渐；缓慢地：～变｜～进｜年齿～长。☞渐/少/稍/小 见853页"稍"字条。
㊁jiān ❶流入：东～于海。❷沾湿：水珠～衣。❸沾染：～染｜～渍邪恶。

谏（諫） jiàn ❶规劝（帝王、尊长等），使改正错误：劝～｜进～｜从～如流。❷更改；挽回：往者不可～，来者犹可追。

袒 jiàn“衽”的讹字。

裤 jiàn 小衣带。

瑾 jiàn 节。

葥 ㊀ jiàn ❶ 悬钩子，又称山莓，灌木，果实可食，也可酿酒或供药用。❷（又读jiǎn）同“蒲”。

㊁ qián［车葥］同“车前”，多年生草本植物，叶和种子可供药用，种子称车前子。

楗 jiàn ❶ 门内竖插门闩上使门拨不开的短木构件，也指以木闩关门：关～｜～户御风。❷ 壅塞水流的竹木桩：堤～。❸ 遏制；堵塞：以～东土之水。

瑏 jiàn ❶ 到；再到。❷ 重；再：～加。❸ 用于人名：张～（见《广韵》）。

訾（譼） jiàn 同“监（監）”。

践（踐） jiàn ❶ 踩踏：～踏｜不～苗稼。❷ 登临：不～其土｜枉～佳景。❸ 履行；实现：实～｜～约｜修身～言。❹ 承袭：～诸侯位｜初～大位。❺ 任；担当：～祚｜往～厥职。

锏（鐧） ㊀ jiàn 古代车轴、车毂间用于减少摩擦保护车轴的铁件。

㊁ jiǎn 古代兵器，像鞭，四棱无刃。

毽 jiàn 毽子，一种用脚踢的游戏用具。

腱 jiàn 肌腱，连接肌肉与骨骼的结缔组织。

揵 jiàn 捷。

溅（濺） ㊀ jiàn 液体受冲击而向四处飞射：浪花四～｜～了一身泥｜以颈血～大王。

㊁ jiān［溅溅］（-jiān）同“浅浅（淺淺）”：伊水～相背流｜鸣～｜声～。

謇 jiàn ❶ 一个人单独击磬。❷ 同“謇”，口吃。

蕳 jiàn 同“葥”。

鉴（鑒）［鑑、鍳］ jiàn ❶ 古代盛水器，金属制，像大盆。一说陶制，像瓮而口大，用来盛冰贮存食物：春始治～。❷ 铜质镜子，引申可作为警戒或引为教训的事：以铜为～｜借～｜前车之～。❸ 照视，引申为察看、观赏：清可～人｜～别｜～赏。

賎 jiàn 同“賤（贱）”。

瞷 ㊀ jiàn 同“腱”：～拏佛提。

㊁ jiān 用眼睛默数。

鞬 jiàn 同“毽”，毽子。

键（鍵） jiàn ❶ 鼎上通贯两耳的横杠。❷ 车辖，安在车轴两端，使车轮不脱落的铁棍。❸ 门闩，引申为锁钥：无～而不可开｜掌授管～。❹ 机器上起连接、固定作用的条形或楔形零部件。❺ 乐器、打字机、电脑等使用时按动的装置：琴～｜～盘｜按～。

瘥 jiàn 小痒。

廌 jiàn 同“薦（荐）”。

揵 jiàn 覆，倾倒，也作“建”。

橬 ㊀ jiàn 树名，一说竹名。

㊁ jìn 鼓名。

槛（檻） ㊀ jiàn ❶ 关牲畜、野兽的圈或栅栏：圈～｜樊～。❷ 囚笼、囚车，也指关押在囚笼、囚车里：破～出之｜缚而～之｜～送。❸ 栏杆：殿～｜～外长江空自流。

㊁ kǎn 门槛，门框下部挨着地面的横木或石条：户～｜房门～。

監 jiàn 同“監（监）”。

瞌 jiàn 同“監（监）”。

箾 jiàn 同“箭”。

鏟 ㊀ jiàn 竹名。

㊁ shà（又读 zhá）❶ 行书：使徒隶助官书草（艸）～以为行事。❷ 悬挂肉类的竿子：及腊日祀炙～。

僭 jiàn ❶ 超越本分，古代指地位在下的冒用在上的名义或礼仪、器物等：～越｜～礼｜～号。❷ 虚假；诈伪：小人之言，～而无征。

衜 jiàn ❶ 足迹。❷ 踏。

餞 jiàn 同“餞（饯）”。

趝 jiàn 快跑的样子。

譼 jiàn 同“监（監）”。

賫 jiàn 同“賤（贱）”。

J

踺 jiàn ❶ 行走，引申为践踏：蹄～而踣。❷ 踺子，体操或武术中的翻身动作。

𡾰 jiàn 同"涧(澗)"。

𡾰 jiàn 同"涧(澗)"。

箭 jiàn ❶ 竹名。❷ 又称矢、镞，用弓发射的利器：弓～｜～在弦上。❸ 指箭能射到的距离：一～之地｜还有半～多路就到了。

劎 jiàn 同"劍(剑,劍)"。

糋 jiàn 煎饼。

濫 jiàn 同"滥(濫)"，泉水涌出。

澗 jiàn 同"澗(涧)"。

監 jiàn 同"监(監)"。

鋻 ㊀ jiàn ❶ 刚硬。❷ 给刀剑刃淬火，使坚硬。
㊁ jiān ❶ 质刚硬的铁。❷ 古代农具，用于割禾。

闥 jiàn 同"楗"，关门的木闩。

鞕 jiàn 同"谏(諫)"。

簮 jiàn 同"箭"。

艦 jiàn 船名。

鍊 jiàn(又读 liàn)"鍊"的讹字。

劍 jiàn 同"劍(剑)"。

劒 jiàn 同"劍(剑)"。

濺 jiàn 同"濺(溅)"。

瀳 jiàn 同"瀳"。

蔪 jiàn 麦芒伸长的样子。

瞓 jiàn 同"蹔"。

蹔 jiàn "蹔"的讹字。

蟨 jiàn 同"螹"。

磵 jiàn 同"涧(澗)"。

礀 jiàn 同"涧(澗)"。

螹 ㊀ jiàn［螹离］也作"螹蠊"。1. 鱼名，一说甲壳动物。2. 无角龙。
㊁ chán［螹胡］也作"獑胡"，哺乳动物，像猿。

篛 jiàn 同"箭"。

鍵 {鍵} jiàn 同"键(鍵)"。

毽 jiàn 毽子，后作"毽"。

趣 jiàn 同"蹔"。

揃 jiàn 射倾斜令正。

蔪 ㊀ jiàn 同"蘄"。
㊁ shǎn 割草或砍树。

蹔 ㊀ jiàn 向前移动；往前跑。
㊁ zàn 时间短暂：～侵。

𨣻 jiàn 把东西沉入水中使冷却。

𨣻 jiàn 同"𨣻"。

篛 jiàn 同"箭"。

廳 jiàn 义未详。(《龙龛手鉴》)

繝 jiàn 同"繝"。

繝 jiàn 锦纹。

蘻 jiàn 草名。

薊 jiàn［薊草］射干。

薦 jiàn 同"薦(荐)"。

轞 jiàn 车輺，包裹车轴的铁皮，以使坚固耐磨。

𨣻 jiàn 𨣻"的讹字。

鹹 ㊀ jiàn 咸味。
㊁ jiǎn 同"碱"。
㊂ gàn ❶ 同"鹹"，味过咸。❷［鹹艦］(-tàn)无味。

覵 ㊀ jiàn 同"瞯"，窥视；偷看：王使人～夫子。
㊁ biǎn 看的样子。

䏲 jiàn 瘦的样子。

J

篤 jiàn 筏上的居室。

鏩 ㊀ jiàn［鏩鏩］(-jiàn) 1. 锐进的样子：每事必欲～为不可犯。2. 火焰升腾的样子：挫厥～。
㊁ zàn 同"鏨(錾)"，在石头或金属上雕刻：～花｜～画斜文。

瀾{㵎} jiàn 同"涧(澗)"。

瀳 ㊀ jiàn ❶ 水至。❷ 古水名。(《广韵》)
㊁ zùn 水涌出的样子。

糵 jiàn 粥。

驗 jiàn 米豆。

鐗 jiàn "鐗"的讹字。

鐧 jiàn 同"鐗(锏)"。

鶣 jiàn 鸟名。

糮 jiàn 同"糵"。

聻 ㊀ jiàn(旧读 jí) 迷信称鬼死。
㊁ nǐ 助词，表示疑问语气或陈述结束：何故～?｜未见桃花时～。

虋 jiàn "虋(薦,荐)"的讹字。

轞 jiàn ❶ 囚车，也作"檻(槛)"：～车｜囚～。❷［轞轞］拟声词，车行声：戎车～。

罿 jiàn ❶ 网车。❷ 同"轞"。

闞 jiàn 门次。(《玉篇》)

穮 jiàn 同"薦(荐)"。

鐱 jiàn ❶ 金。❷ 同"剑(劍)"。

鑳 jiàn 同"键(鍵)"。

譼 jiàn 同"譖(谮)"。

醬 jiàn ❶［醬醬］(-rǎn) 味薄。❷ 酱。

虆 jiàn 同"薦(荐)"。

齺 jiàn "齺"的讹字。

鰗 jiàn 同"鰗"。

鰹 jiàn 鱼名。

闥 jiàn 同"闥"。

鑬 jiàn 同"鑑(鉴,鑒)"。

麠 jiàn 同"麠"。

鸐 jiàn 毛相鸐。(《改并四声篇海》)

鑳 jiàn 同"键(鍵)"。

醶 jiàn 人脸的样子。

齺 ㊀ jiàn 同"㘕"。
㊁ jiān 同"奸"。

齺 jiàn 同"齺"。

鑬 jiàn 同"鑑(鉴,鑒)"。

鑒 jiàn 同"鑒(鉴)"。

jiāng

江 jiāng ❶ 专指长江，中国第一大河，发源于青海唐古拉山脉，流至上海注入东海：～淮｜～东父老｜大～东去。❷ 大河流的通称：～水｜湘～｜翻～倒海。❸ 姓。☞江 / 河 / 水　见 889 页"水"字条。

抈 jiāng 同"㧃"。

衦 jiāng 衣带。

洃 jiāng 同"浆(漿)"。

㧃 jiāng 扶持，后作"將(将)"：扶～。

茳 jiāng ❶［茳芏］(-dù) 又称席草，多年生草本植物，茎可织席。❷［茳蓠］(-lí) 也作"江蓠"，一种香草。

岘 jiāng 古山名。(《五侯鲭字海》)

㸿 jiāng 同"将(將)"。

将(將) ㊀ jiāng ❶ 扶持；扶助：出郭相扶～。❷ 介词。1. 用；以：～功补过｜～计就计。2. 把：～门打开｜～工作做好。❸ 保养：～养｜～息。❹ 下象棋时攻击对方的将或帅：～军（也比喻使人为难）｜跳马～。❺副词，将要；快要：车～开了｜天～下雨｜明日～出发。❻连词，和；与：暂伴月～影，行乐须及春。
㊁ jiàng ❶统率（军队）：～兵。❷军队统帅；高级军官：～在外，君命有所不受｜名～｜～门之后。❸军衔名，在元帅之下，校级之上：上～｜中～｜少～。❹具有某种技能的高手：棋坛老～。
㊂ qiāng 请；愿：～进酒，君莫停｜～子无怒，秋以为期。

姜（❶薑） jiāng ❶多年生草本植物，根茎有辣味，是常用调味品，也可供药用。❷姓。

豇 jiāng［豇豆］一年生草本植物，嫩荚和种子可食用，种子也可供药用。

畕 jiāng 同“畺（疆）”。

谾 ㊀ jiāng 古山谷名，在今湖北。
㊁ hóng 同“谼”，大山谷；深沟：双～凿断海门开。

浆（漿） ㊀ jiāng ❶一种微酸的饮料，泛指酒、饮用水等：引车卖～者流｜酒～｜倦者无～马无草。❷较浓的液体：糖～｜泥～｜岩～。❸用米汤或粉浆等浸渍：～洗｜把衣服～一～。☞浆/汤/羹 见 290 页“羹”字条。
㊁ jiàng 同“糨”：～糊。

胡 jiāng［钵罗胡］智慧（梵语）。

鄞 jiāng 鄞水，古水名。（《山海经》）

萋 jiāng 山草。

笙 jiāng ❶竹名。❷筷子。

滌 jiāng 同“漿（浆）”。

葟 jiāng 同“薑（姜）”。

畺 jiāng 同“疆”。

犊 jiāng 同“犟”。

搿 ㊀ jiāng 同“将”，扶。
㊁ qiàng 刺。

礓 jiāng［礓磜］（-cā）也作“姜磜”“礓磜”，台阶。

螿 jiāng 同“螿（螀）”。

猄 jiāng［猄猄］鹊行走的样子。

壃 jiāng 同“壃（疆）”。

橿 jiāng 同“犟”。

僵［❶❷殭］ jiāng ❶仰倒；仆倒：～柳复起｜百足之虫，死而不～。❷（肢体）直挺挺；不灵活：～硬｜～尸｜手冻～了。❸发呆；发愣：立在那里发～｜他被吓糊涂了，直挺挺地～在那里。❹相持不下而使事情处于停滞状态：～持｜～局｜闹～了。
◆“殭”另见 431 页“殭”字条。

澢 jiāng 冻僵。

螀（螿） jiāng 寒螀，即寒蝉，一种小蝉，深秋时鸣叫。

壃 jiāng 同“疆”。

蹉 jiāng［蹉蹉］（-cā）用砖、石砌成的有棱角的慢坡。

缰（繮）［韁］ jiāng 拴牲口的绳子：～绳｜脱～野马｜信马游～。

橿 jiāng ❶橿，树名。❷锄柄：锄耰棘～。

殭 jiāng ❶死而不朽：～蚕。❷干枯；枯死：李树代桃～。❸“僵❶❷”的异体字。

犟 jiāng ❶长脊牛。❷白牛。

櫐 jiāng 树名。

鳉（鱂） jiāng ❶古代指大鲳鱼。❷鳉鱼，又称青鳉，多生活在水沟、池沼中。

鱂 jiāng 同“鳉（鱂）”。

漿 jiāng 同“漿（浆）”。

礓 jiāng ❶小石：黄～石。❷［礓磜］（-cā）同“礓磜”。

疅 jiāng 同“疆”。

薑 jiāng 同“薑（姜）”。

蠅 jiāng ❶僵蚕，因白僵病而死的干蚕，可供药用。❷蚕僵死的样子。

鳉 jiāng 同“浆（漿）”。

J

疆 jiāng ❶ 边界;国界:边～|～界|～土。❷ 边;界限:万寿无～。❸ 新疆(地名)的简称:南～|北～。❹ 通“强(彊)”:治乱存亡,安危～弱|～御不能夺其守。

繮 jiāng “繮(缰)”的讹字。

韁 jiāng 僵硬。

䊪 jiāng 同“浆(漿)”。

䊪 jiāng 同“浆(漿)”。

礓 jiāng 同“礓”。

薑 jiāng 同“薑(姜)”。

jiǎng

讲(講){講、講} jiǎng ❶ 讲和;和解:欲割河东而～|已得～于魏。❷ 说;谈论:～话|～理|不～条件。❸ 说解:～授|宣～|听～。❹ 商谈:～情|～价。❺ 谋求;重视:～文明|～团结|～信修睦。❻ 演习;练习:演文～武。

奖(奬)[獎] jiǎng ❶ 劝勉;勉励:～劝将来|篇末殷勤～后生。❷ 奖励;表扬:～金|～状|嘉～。❸ 为了鼓励或表扬而给予的荣誉、财物等:评～|获～|三等～。❹ 彩金,某种游戏或活动中给予获胜者的奖金:～券|中～。

冓 jiǎng 义未详。(《字汇补》)

桨(槳) jiǎng 划船的工具,也指划桨:双～|船～|船肚里～着。

塂 jiǎng 丘陵。

蒋(蔣) ㊀ jiǎng ❶ 周代国名,在今河南。❷ 姓。
㊁ jiāng 菰:卧～黑米吐。

傋 ㊀ jiǎng [傋偟](-mǎng)也作“偟傋”,粗而不媚。
㊁ gòu [傋㪇](-mào)也作“傋霿”,愚昧无知。

奨 jiǎng 同“奬(奖)”。

㢡 jiǎng 同“奬(奖)”。

塂 jiǎng 丘陵。

奨 jiǎng 同“奬(奖)”。

䁰 jiǎng 眼病。

奨 jiǎng 同“奬(奖)”。

樉 jiǎng 同“槳(桨)”。

耩 jiǎng 同“耩”。

耩 jiǎng ❶ 耕。❷ 用耧车播种;用粪耧施肥:～棉花|～地。

膙 jiǎng ❶ 筋头。❷ 趼子,手、脚上的茧子。

奬 jiǎng 大。

墏 jiǎng 塞。

篣 jiǎng ❶ 剖开而未去节的竹子,可做桨。❷ 古代儿童习字或记事的木制工具。❸ 席子。

䑿 jiǎng 同“蔣(桨,槳)”。

顜 jiǎng ❶ 明晰:～若列眉。❷ 严明正直:萧何为法,～若画一。❸ 和协:僚属辑力,文武～心。

鞨 jiǎng 义未详。(《改并四声篇海》)

篣 jiǎng 同“蔣(桨,槳)”。

蔣 jiǎng ❶ 用于稳定船桨的小木橛。❷ 同“桨(槳)”。

jiàng

匞 jiàng 同“匠”。

匠 jiàng ❶ 木工:大～无弃材。❷ 有专门手艺的人:石～|铁～|能工巧～。❸ 在某方面有很深造诣的人:文学巨～。❹ 灵巧;巧妙:～心。

夅 jiàng 同“降”。

弜 jiàng ❶ 强,弓的弹力大。❷ 同“柲”,矫正弓的器具。

𤕭 jiàng 同“将(將)”。

降 ㊀ jiàng ❶ 从高处落下:～落|～雨|从天而～。❷ 降低:～价|～级|～职。❸ 下;低:自天地以～|廓高里～,有同釜底。❹ 诞生,引申为生日:～生|不拘一格～人

材｜今日老夫贱～。❺赐给；给予：～福｜～诏｜～罪。
㊁ xiáng ❶制伏；驯服：～伏｜～龙伏虎｜一物～一物。❷投降：诱～｜劝～｜宁死不～。❸投降的人：招～纳叛｜虐～致叛。❹姓。
㊂ xiàng［降娄］星名：～中而旦。

隆 jiàng 同"降"。

将（將） jiàng 见 430 页 jiāng。

洚 jiàng（又读 hóng）❶洪水：～水。❷古水名，在今河北。

浲 jiàng 同"洚"。

恈 jiàng 恨。

绛（絳） jiàng ❶大赤，深红色：～衣｜～葩。❷一种丝织品。❸绛草，一种可做染料的草：纶组紫～。☞绛/赤/朱/丹/红/彤/赫 见 117 页"赤"字条。

秤 jiàng 禾下垂。

袶 jiàng［衱袶］（jié-）草名。

屛 jiàng 同"降"。

弶 jiàng ❶捕捉鸟兽的工具：猎～。❷用弶捕捉鸟兽。

牆 jiàng 同"酱（醬）"。

殏 jiàng 尸体僵硬。

袶 jiàng［衱袶］（jié-）草名。

屛 jiàng"降"的讹字。

趥 jiàng 行走的样子。

酱（醬） jiàng ❶用发酵后的豆、麦等加盐做成的调味品：黄～｜甜面～｜豆瓣～。❷用酱、酱油腌制或腌制的：把萝卜～一～｜～萝卜｜～牛肉。❸像酱的糊状食品：芝麻～｜虾～｜肉～。

傹 jiàng 同"犟"。

滰 jiàng 将淘过的湿米沥干：～淅而行。

搵 jiàng 同"弶"。

蜣 jiàng［蜣台山］西倾山，在青海东部和甘肃西南部。

酱｛牆｝ jiàng 同"醬（酱）"。

糨 jiàng 同"弶"。

犟 jiàng 固执，倔强，也作"强"：～劲｜～脾气｜有个～眼子劲。

醬 jiàng 同"醬（酱）"。

鴹 jiàng［女鴹］又称鴹雀，巧妇鸟。

鱂 jiàng［鱼鱂山］山名，在湖南。

醤 jiàng 同"酱（醬）"。

糡 jiàng 同"糨"。

鱂 jiàng 同"鱂"。

糨 ㊀ jiàng ❶糨糊，又称糨子，用面等做成的有黏性的糊状物，可用于粘贴其他东西。❷稠；浓：粥熬得太～了。
㊁ jiāng 同"浆（漿）"，用粉浆或米汤浸布、衣物，使干后发挺。

䕭 jiàng 僵仆。

𠪐 jiàng 同"弶"。

疆 jiàng 同"蜣"。

餳 jiàng 硬食。（《类篇》）

謽 jiàng 言语倔强。

鬤 jiàng 鬼名。

鐾 jiàng 铅类金属。

jiāo

艽 jiāo 同"艽"。

艽｛芁｝ jiāo［秦艽］同"秦艽"，多年生草本植物，根可供药用。

交 jiāo ❶交叉；交错：～织｜立～桥｜兽蹄鸟迹之道，～于中国。❷相连；接触：～界｜～锋｜目不～睫。❸（时间或地区）相连接的地方：春夏之～｜太行山位于河北、山西两省之～。❹互相来往联系：～往｜～际｜～朋友。❺（人）性交；交配：～媾｜～

尾｜杂～。❻交情；友谊：旧～｜邦～｜绝～。❼付给；托付：～款｜～货｜这件事～给我办吧。❽副词。1.互相：～换｜～谈｜水乳～融。2.一起；同时：风雨～加｜饥寒～迫｜百感～集。3.更迭，一个接一个：我入自外，室人～遍（徧）谪（讁）我。❾通"跤"，跟头：吃～时掉下了一个枣木梳｜把那看的人，一推一～。❿通"教"，叫；使：免～憔悴望西陵。

姣 jiāo 同"姣"。

旱 jiāo 古地名。（《改并四声篇海》）

茈 jiāo 同"艽（艽）"。

郊 jiāo ❶城外，城市周围的地区：城～｜四～｜～游。❷祭祀天地的典礼：～祀｜～社之礼。❸古地名，在今山西。❹姓。

茮 ㊀ jiāo 同"椒"，花椒。
㊁ niǎo［葯茮］（yǎo-）见1122页"葯"字条。

帚 jiāo 同"県"。

県 jiāo 同"旱"。

県 jiāo ❶断首倒悬的酷刑。❷分裂肢体的酷刑。

峧 jiāo 用于地名：～头（在浙江）｜西～（在河北）。

迹 jiāo 交会，交错，也作"交"：一经一纬，～遣而成。

浇（澆） jiāo ❶灌溉：～灌｜～地。❷淋，液体洒落：～花｜全身让雨～个透湿｜火上～油。❸铸，把液体倒入模型：～铸｜～版。❹酒薄，引申为世风不好，人情淡薄：～薄｜～风｜机巧～伪。

憍（憍） jiāo ❶同"骄（驕）"，骄傲：～吾以其美好兮｜～则恣，恣则极物。❷高仰：方虚～而恃气。

娇（嬌） jiāo ❶姿态美好可爱：～娆｜～小｜～娃。❷柔弱；脆弱：侍儿扶起～无力｜风～雨秀｜～气。❸宠爱；爱怜过甚：～儿｜～惯｜～生惯养。❹美女：采莲～｜金屋藏～。

姣 ㊀ jiāo（旧读 jiǎo）❶容貌美好：～好｜长～美人。❷姓。
㊁ xiáo 淫乱：弃位而～。

骄（驕） jiāo ❶马高大健壮：四牡有～。❷自满；自高自大：～横｜～兵必败｜戒～戒躁。❸猛烈：～阳似火。☞

骄/傲　在古汉语中，两字都用于骄傲义。"骄"指自满，是心理活动；"傲"指傲慢，没有礼貌，是行为表现。

茮 jiāo"茮"的讹字。

莽 jiāo"艽"的讹字。

栎 jiāo 同"椒"。

胶 ㊀（❷-❼膠） jiāo ❶也作"交"，日月相交。❷具有黏性的物质，可用来粘合物件：～水｜鳔～｜万能～。❸用胶粘合；黏合；黏着：把挂钩～在柜门内侧｜～柱鼓瑟｜～着状态。❹拘泥：～于成规。❺像胶一样有黏性的：～泥。❻指橡胶，高分子化合物：～鞋｜～皮。❼姓。
㊁ xiáo 胫骨。

迹 jiāo 会。

浇 jiāo 同"浇（澆）"。

剿 jiāo 义未详。（《改并四声篇海》）

勦 jiāo 同"剿"。

椒 jiāo 同"椒"。

鸡（鵁） ㊀ jiāo［鸡鶄］（-jīng）水鸟名，即池鹭。
㊁ xiāo 又称鳺头、鱼鸡，水鸟名。

浇 jiāo 同"浇（浇）"。

椒 jiāo ❶花椒，落叶灌木或小乔木，果实可做调料或供药用，种子可榨油。❷胡椒，常绿灌木，果实可做调料或供药用。❸辣椒，一年生草本植物，果实可做蔬菜或调味。❹山巅：山～｜登～穷邃。

椒 jiāo 同"椒"。

蛟 jiāo ❶传说中的一种龙，能兴云雨，发洪水，一说无角龙，也指小龙或母龙：～龙｜腾～起风。❷指鳖、鳄、鲨鱼等。

鉸 jiāo 古代吹奏乐器，埙类。

隻 jiāo 同"焦"。

焦 jiāo ❶物体受火烤或强热而变黄或成炭样：衣服被烧～了｜禾苗枯～｜一片～土。❷干燥：唇～舌燥。❸着急；烦躁：～急｜～虑｜心～。❹焦炭，固体燃料：煤～｜

炼～。❺焦耳(能量、功、热等计量单位)的简称,1牛(牛顿)的力使其作用点在力的方向上位移1米所做的功,是1焦。❻姓。

粄 jiāo[粄粡](-zhōu)米饼。

嫶 jiāo 用于女子人名。

趫 jiāo 同"这"。

鞒 jiāo 同"䩍"。

跤 ㊀jiāo 跟头:跌～|绊了一～。㊁qiāo 同"骹",胫骨挨近脚的较细部分。

艞 jiāo 同"鲛(鮫)"。

䩍 jiāo 口袋。

墽 jiāo 伏土为卵。

蕎 jiāo 同"艽",秦艽。

僬 jiāo ❶[僬侥](-miǎo)眼睛一睁一闭的样子。❷[僬侥](-yáo)传说中的小矮人。

鲛(鮫) jiāo ❶鲨鱼。❷传说中的龙,也作"蛟"。

虠 ㊀jiāo 拟声词,虎吼声。㊁háo 同"號(号)"。

澆 jiāo 同"浇(澆)"。

䴔 jiāo 义未详。(《改并四声篇海》)

蕉 jiāo ❶[香蕉]又称甘蕉,多年生草本植物,是常见水果。❷指某些有芭蕉一样大叶子的植物:美人～|屏上暗红～。

鵁 jiāo 义未详。(《龙龛手鉴》)

嶕 jiāo ❶[嶕峣](-yáo)1.高的样子。2.山名,在山西。❷山名。❸同"礁",礁石。

嶣 jiāo[嶣嶢](-yáo)同"嶕峣",高的样子。

鱿 ㊀jiāo ❶鱼名。❷同"焦"。㊁qiū"鳅(鰍)"的讹字。

䴖(鷮) jiāo 乌木。

較 jiāo 同"䩍"。

瞧 jiāo 看。

稿 jiāo"穚"的讹字。

毷 jiāo 古代头盔上的羽毛饰物。

膲 jiāo ❶肉不满:皮肉宛～而弱。❷[三膲]三焦,中医指自舌的下部沿胸腔至腹腔的上、中、下三部分,分别称为上焦、中焦、下焦。

燋 ㊀jiāo ❶用来引火的柴枝等:用～取火|～烬。❷通"焦",烧焦;焦虑:～头烂额|名乃苦其身,～其心。㊁qiáo 通"憔",憔悴:其色～然|～红尚恋枝。

鞽 jiāo 同"韡"。

礁 jiāo ❶海洋、江河、湖泊里接近水面的岩石:～石|暗～|触～。❷珊瑚虫遗骸堆积成的岩石状物:珊瑚～。❸矿物名,也指煤焦:每～百斤|慢～三日不熄。

镄(鐎) jiāo ❶镄斗,也作"刁斗",古代用于温热东西的器具,盆形,三足,有柄。军中也用以打更。❷温酒器。

穚 jiāo ❶禾抽穗。❷莠茂盛的样子。

鹪(鷦) jiāo ❶[鹪鹩](-liáo)鸟名,也单称鹪。❷[鹪鹏](-míng)也作"鹪明",传说中的神鸟,像凤,也单称鹏。

鵁 jiāo[鵁鶄](-jīng)同"鸡鹊"。

鐃 jiāo 戟类兵器。

瀥 jiāo 同"澆(浇,澆)"。

䴔 jiāo 义未详。(《改并四声篇海》)

轇 ㊀jiāo ❶[轇轕](-gé)也作"轇輵"。1.广阔深远的样子:～之宇。2.杂乱;交错:纷纭～|～不清。❷胶结;纠合:～结。㊁xiǎo[轇輵](-gé)车多。

穛 jiāo ❶蒜束。❷束。

蟭 jiāo[蟭螟]传说中一种极微小的虫。

簥 jiāo ❶又称大管,古代管乐器。❷古代农具名。❸通"轿(轎)",轿子:自禁中乘～以出。

漻 jiāo ❶[漻滆](-gé)水深且广的样子:～渺(淼)茫。❷水名。

𦈚 ㊀jiāo ❶布类织品。❷未浸泡的生麻。

㊁ qiāo 麻因雨淋而变坏。

轇 jiāo［轇轕］（-gé）车杂乱的样子。

驕 jiāo 同"骄(驕)"。

䲶 jiāo 同"䳭(焦)"。

䳭 jiāo 同"䳭(焦)"。

鷮 jiāo 同"鷮"。

鬿 jiāo 椎状发髻。

䰘 jiāo 毛饰物。

灂 jiāo 占卜时龟甲烧焦而显不出兆纹。

爝 jiāo 同"灂"。

纟蕉 jiāo ❶ 生麻。❷ 布类织品。

鷦 jiāo 又称鷦雉，鸟名，雉的一种。

鵁 jiāo 同"鵁(鵁)"。

鷍 jiāo 同"鵁(鵁)"。

鵰 jiāo 同"鵁(鵁)"。

鸂 jiāo "鵁(鵁)"的讹字。

䰾 jiāo 同"焦"。

䳭 jiāo 同"䰾(焦)"。

蟭 jiāo 同"蟭"。

jiáo

嚼 ㊀ jiáo ❶ 用牙磨碎食物：～蜡｜～而无味。❷ 辨味；品味：吟～五味足｜苦～味不尽。
㊁ jué 同"嚼㊀ ❶"：咀～｜大～。
㊂ jiào［倒嚼］（dǎo-）反刍，某些动物把粗嚼咽下的食物反回嘴里细嚼后再咽下。

jiǎo

疙 jiǎo "疝"的讹字。

朻 jiǎo 树梢高的样子。

朻 jiǎo 树梢高的样子，一说"朻"的讹字。

角｛角｝ ㊀ jiǎo ❶ 牛、羊、鹿等头上长出的坚硬突出物：犀～｜独～龙｜凤毛麟～。❷ 形状像角的东西：菱～｜皂～｜触～。❸ 物体边沿相接的地方：桌～｜墙～｜天涯海～。❹ 突入海中的尖形陆地，多用于地名：澳～（在福建）｜成山～（在山东）。❺ 数学上指从一点引两条射线所成的图形：直～｜锐～｜钝～。❻ 货币单位，人民币1圆（元）等于10角。❼ 量词，用于从整块划分成角形的：一～饼。
㊁ jué ❶ 竞争；争胜：～斗｜～力｜～逐。❷ 古代盛酒器，像爵：卑者举～。❸ 古代五音之一。❹ 演员，也指演员在戏剧中扮演的人物：～色｜主～｜配～。❺ 行当，根据戏曲演员所扮演人物的性别、性格等划分的类型：旦～｜丑～。❻ 姓。

疞 ㊀ jiǎo 同"疝"，腹中急痛：～痛。
㊁ xiǔ 病：劳～。

疝 ㊀ jiǎo 腹中绞痛。
㊁ jiū［疝瘤］肌肉某处隆起。

侥（僥）㊀［儌］ jiǎo［侥幸］由于偶然的原因获得利益或免去不幸：心存～｜～踢进一个球。
㊁ yáo［僬侥］（jiāo-）见435页"僬"字条。

佼 ㊀ jiǎo ❶［佼佼］超出一般的：～者。❷ 通"姣"，美好：～好。
㊁ jiāo 通"交"，交往：私～。

臽 jiǎo 同"角"。

刘 jiǎo 剪，剪断：～断。

挢（撟） ㊀ jiǎo ❶ 翘；举：～舌｜～首高视。❷ 纠正：必～其偏。
㊁ jiāo 取：揽物引类，览取～援。

殀 jiǎo 夭。

狡 jiǎo ❶ 少壮的狗，也指匈奴地域产的一种狗。❷ 传说中的动物，身有豹纹，角像牛。❸ 年少而美：～童。❹ 奸诈；诡计多端：～诈｜～猾｜～兔三窟。

饺（餃） jiǎo 饺子，有馅的半圆形面食。

恔 ㊀ jiǎo 聪明；狡黠。
㊁ xiào 畅快：于人心独无～乎？

绞（絞） ㊀ jiǎo ❶ 拧；挤压：～干毛巾｜～尽脑汁。❷ 扭结；缠绕：～

麻绳｜生丝～作琵琶弦。❸用绳索把人勒死或吊死：～杀｜～刑｜～索。❹把绳索一端固定在轮轴上，转动轮轴，使系在另一端的物体移动：～车｜～盘｜～链起锚。❺同"搅(攪)"：心如刀～｜是非～在一起。❻急切；偏激：好直不好学，其蔽也～｜性方实，好～直。❼量词，用于纱、毛线等：一～毛线。
㊁ xiáo ❶束死者用的饰带：～衾。❷苍黄色：绣丝～布之裘。

捁 ㊀ jiǎo 同"搅(攪)"，搅扰；搅乱：～其州。㊁ kù 打。

晈 jiǎo 同"皎"。

筊 jiǎo 同"筊"。

烄 ㊀ jiǎo 燃木祭天：～木。㊁ yào 煎。

脉 jiǎo 看的样子。

铰(鉸) jiǎo ❶剪刀：～刀。❷用剪刀剪：～布｜～鞋样儿｜～铁皮。❸钉铰，用薄片金属装饰器物：宝～星缠。❹机械工业上提高工件孔眼精度的加工方法。

矫(矯) ㊀ jiǎo ❶把弯曲的箭等弄直：～箭控弦｜～然后直。❷纠正；改正：～正｜～形｜～枉过正。❸违背：～情(故意违反常情，表示与众不同)｜～世俗｜前后相～。❹假托；诈称：～命｜～饰。❺强健；勇武：～健｜～捷。❻姓。
㊁ jiáo［矫情］(-qing)强词夺理，无理取闹：犯～｜他太～。

皎 jiǎo ❶月光洁白明亮：～月｜～洁的月亮。❷明亮；光明：明星～｜～如秋水光。❸白；洁白：～鹤｜～～白驹。❹清楚；明白：～然｜～如雕刻。

脚［腳］ ㊀ jiǎo ❶小腿，引申为人和某些动物身体最下部接触地面的部分，用于行走：～面｜～印｜赤～。❷某些物体的最下端：山～｜墙～｜床～。❸从事传递或运输的人，也指运输费：雇～搬载｜～夫｜漕运七百万石，省～三十余万贯。❹帮手：要他作～。❺沉淀物或残渣：滓～｜汤～。❻细小而密集的痕迹：线～｜针～。
☞脚／足　见1314页"足"字条。
㊁ jué 旧同"角"：～色。

㹾 jiǎo 同"狡"。

疞 jiǎo 腹中绞痛。

袨 jiǎo［袨衬］(-liǎo)1.小套裤。2.古代打渔的套服。

隙 jiǎo 同"湫"，低洼；低湿。

㚣 ㊀ jiǎo 同"皎"，洁白光明。㊁ miǎo 同"渺"。

搅(攪) jiǎo ❶打扰；扰乱：～闹｜胡～蛮缠。❷翻拌；拌匀：～拌｜～匀。

挍 jiǎo ❶接物。❷戾。

帑 ㊀ jiǎo 居丧者的头饰。㊁ qiāo 同"幧"，古代男子束发的巾。

筊 ㊀ jiǎo ❶竹索。❷小箫。❸竹笋。㊁ jiào 同"珓"，占卜用具。用竹、木等制成，两片相合，掷于地，观其俯仰以定吉凶。

敫 jiǎo 同"烄"。

痁 jiǎo 义未详。(《龙龛手鉴》)

敹 jiǎo "敫"的讹字。

湫 ㊀ jiǎo 低洼；低湿：其地卑～｜～隘嚣尘。㊁ jiū ❶古水名，即今山西的湫水河。❷古湖名，在今宁夏。
㊂ qiū 水池；潭，也用于地名：～水｜火井龙～｜大龙～(瀑布名，在浙江)。

湫 jiǎo 同"湫"。

敹{敫} jiǎo "敫"的讹字。

撟 jiǎo 同"撟(挢)"。

皎 jiǎo 同"皎"。

䁶 jiǎo［拗䁶］(ào-)执拗、倔强人的目光。

蹻 jiǎo 同"脚"。

篙 jiǎo 同"矫(矯)"。

黎 jiǎo 同"湫"。

敫 ㊀ jiǎo ❶光影闪耀或晃动。❷姓。㊁ jiào 人名，也作"嫩"(见《集韵》)。

燩 jiǎo 变色。

剿 jiǎo 同"剿"。

剿[勦、勦] ㊀ jiǎo 讨伐;消灭:~匪|~灭|围~。
㊁ chāo 同"抄",抄袭:毋~说,毋雷同。

摷 ㊀ jiǎo ❶ 击;拘击。❷ 通"剿",讨伐;消灭:~揃。
㊁ chāo 取;水中捞物:~昆鲕,殄水族。

暞 jiǎo 同"皦"。

剹 jiǎo 同"勦(剿)",讨伐;消灭。

踋 jiǎo 同"脚"。

鄗 jiǎo 古国名。(《玉篇》)

撹 jiǎo 同"攪(搅)"。

殩 jiǎo 同"勦(剿)",讨伐;消灭。

曍 jiǎo 明。

蟉 jiǎo(又读 què)义未详。(《改并四声篇海》)

劋 ㊀ jiǎo ❶ 同"剿",讨伐;消灭:先其未发往~之。❷ 砍;削:~竹箭。
㊁ chāo 同"抄",掠取;抄袭。

剿 jiǎo 同"剿"。

幧 jiǎo 擦拭。

嫶 jiǎo 同"孂(矫)",强健;勇武。

趭 jiǎo 跑的样子。

僥 jiǎo 同"侥(僥)"。

敫 jiǎo 义未详。(《改并四声篇海》)

蟜 jiǎo 虫名。

𧞼 jiǎo 裹腿布。

敿 jiǎo 系连。

敽 jiǎo 同"敿"。

繳 jiǎo 同"敿"。

敫 jiǎo 同"烄"。

憿 ㊀ jiǎo ❶ 同"儌",侥幸。❷[憿憭](-liǎo)以诚相告。
㊁ jī 急速。

盨 jiǎo 同"瀥"。

缴(繳) jiǎo 见 1300 页 zhuó。

剿 jiǎo 同"剿"。

勦 jiǎo 同"剿"。

勦 jiǎo 同"勦(剿)"。

璬 jiǎo 玉佩。

鬏 jiǎo 发髻。

皦 jiǎo 明,清明的样子:~然不污于法。

膲 jiǎo 同"晈"。

觽 jiǎo 同"觽"。

襍 jiǎo 同"幧"。

盨 jiǎo "盨(瀥)"的讹字。

蟜 ㊀ jiǎo ❶ 毒虫名。❷ 传说中的野人,身有虎纹。❸ 姓。
㊁ qiáo[蠪蟜](lóng-)一种大蚂蚁,身有赤色斑点,也单称蠪。

篍 jiǎo 笋。

皦 jiǎo ❶ 玉石洁白:譬如玉石,~然可知。❷ 同"皎",洁白;明亮:月出~兮|有如~日。❸ 分明;清晰:清浊异流,~焉殊别。❹ 清白:~然不污于法。

熬 jiǎo 同"烄"。

摷 jiǎo ❶ 剽截。❷ 同"摷",拘击。

撹 jiǎo 同"搅(攪)"。

䁶 jiǎo 耳鸣。

藮 jiǎo 山荠,草名。

闟 ㊀ jiǎo 降低原定丧服的等级。
㊁ liú 同"闟"。

闟 jiǎo 同"闟"。

蹻 jiǎo "蹻"的讹字。

觽 ㊀jiǎo ❶角高的样子。❷角不正。❸角长。
㊁qiáo 角弯曲。
簥 jiǎo 同"灂"。
譑 ㊀jiǎo 话多。
㊁jiāo 通"挢(撟)",收取:贪利纠～。
灂 jiǎo ❶钨鐈。❷混浊;搅动使混浊。
潐{灂} jiǎo ❶滤酒。❷竭尽。
灂 jiǎo 同"嬓"。
嬓 jiǎo 恭敬的样子。
簋 jiǎo 同"嬓"。
鐓 jiǎo 鐓耳。(《字汇补》)
鱎 jiǎo 同"鱎"。
蹻{蹻} jiǎo 大跨步地跑。
韆 jiǎo 义未详。(《字汇补》)
鱎 jiǎo 鱎鱼,即鲌鱼,又称阳鱎、白鱼。
灚 jiǎo 拟声词,搅水声。

jiào

卂 jiào 同"訆"。
讫 jiào "卂(訆)"的讹字。
叫 jiào 同"叫"。
叫[呌] jiào ❶呼喊:大～一声|疼得直～。❷动物等发出声音:鸡～|远处传来汽笛的～声。❸召唤:～他过来|有人～你|～一辆车。❹称呼;称为:她～小红|管他～爷爷|这～天文望远镜。❺使;令;让:～人骗了|这件事～人头疼|是你～我这么说的。❻介词,被:纸片～风刮跑了。
叫 jiào 同"叫"。
訆 jiào 行走的样子。
吋 jiào 同"叫"。
礼 jiào 祝。
件 jiào "訆"的讹字。
孝{斈} jiào 同"教"。
芁 jiào 草互相缠绕的样子。
效 ㊀jiào 同"教"。
㊁bó 手指、足趾关节作响,也作"舫"。
效 jiào 同"教"。
效 jiào 同"教"。
挍 ㊀jiào 同"校",比较;报复。
㊁jiāo 乱。
訆 jiào ❶同"叫",呼叫:其音如～。❷妄言。
觉(覺) jiào 见 483 页 jué。
斈 jiào 同"孝(教)"。
珓 jiào 占卜用具。
校 ㊀jiào ❶古代囚具,枷械的统称:令荷重～,绳系其颈。❷栅栏;用围栏猎取:铁～|～猎。❸古代军队建制;军职:五～大夫|～尉。❹考核;比较:～之以功|～雌雄|～场。❺计较;考虑:短长终不～|其间得失何足～。❻订正:～对|～勘|～样。
㊁xiào ❶学校,专门从事教育的机构或处所:～园|～庆|高～。❷军衔名,在将之下,尉之上:少～|中～|大～。❸姓。
轿(轎) jiào ❶古代用于行走山路的一种轻便小车:走山路坐～。❷旧式交通工具,由人抬着走:花～|抬～。
较(較) jiào 见 484 页 jué。
窖 jiào 同"窖"。
斆 jiào 同"敩"。
敎 jiào 交炊木。
窌 ㊀jiào 地洞,地窖,后作"窖":垣～。
㊁liáo ❶深空的样子:廖～。❷针灸穴位名:肩～|肘～。
㊂liù[石窌]春秋时齐国地名。
教{教} ㊀jiào ❶教诲;指导:～导|指～|因材施～。❷(旧读 jiāo)

使;令;让:～人为难|～他早点走|但使龙城飞将在,不～胡马度阴山。❸宗教:佛～|～会|～徒。❹姓。
㊁jiāo ❶传授(知识或技能):～书|～唱歌|手把手地～他写字。❷介词,被:好花～风雨僝。

瓠 jiào 瓜名。

粞 jiào 同"斠"。

窌 jiào 地窖。

穽 jiào "窌"的讹字。

敎 jiào 同"教"。

嘄 jiào 同"叫"。

嘄 jiào 同"嘄(叫)"。

窖 jiào ❶贮藏东西的坑或地洞:菜～|酒～|地～。❷坑;穴:粪～|千载遗踪一～尘。❸把东西埋藏或收藏在窖里:～在地下|～萝卜|把酒～起来。

窌 jiào 同"窖"。

皛 jiào 同"訆(叫)"。

歈 jiào ❶楚歌。❷古代乐器。

滘 jiào ❶水道分支处:穿河过～。❷用于地名:双～|沙～(均在广东)。

斠 jiào ❶古代量谷物时用器物使谷物与斗斛平齐,也指平斗斛的器物。❷主持公平:～若画一。❸校正;校订:～订|～补。

酵 jiào ❶酒酵,即酒母。❷发酵,有机化合物在酶和某些真菌的作用下产生的分解过程,如发面、酿酒等。❸酒滓。

酻 jiào 同"酵"。

醛 jiào 同"酵"。

噐 jiào 同"訆"。

訆 jiào ❶同"叫",喊叫:～呼。❷古代乐器,大埙。

嘄 jiào 同"叫"。

曑 jiào 连词,只要。

馠 jiào 同"教"。

潡 jiào ❶古水名。(《玉篇》)❷用于地名:东～(在广州)。

窖 jiào 同"窖(窖)"。

鞍 jiào ❶囊。❷也作"鲛(鮫)",鲛鱼皮。

噍 ㊀jiào(又读jiáo)❶同"嚼":～食|咀～。❷活着的人或动物:～类|遗～。
㊁jiāo 声音急促:其声～以杀。
㊂jiū[噍噍](-jiū)同"啾啾",拟声词,鸟的细小叫声。

僑 jiào 行走的样子。

潐 ㊀jiào 水尽。
㊁qiáo 古水名。(《集韵》)

澪 jiào "滘"的讹字。

窖 jiào 同"窖"。

戳 jiào 同"较(較)"。

酵 jiào 同"酵"。

嗷 ㊀jiào ❶叫;呼喊:～呼|有～声而应。❷拟声词,哭声:～然而哭。
㊁qiào ❶口(用于马、牛等牲畜):马蹄～千(口与蹄共一千,指二百匹马)。❷量词,口;匹:得马千～。

穛 jiào 同"穛"。

穛 jiào 物缩小:肌丰埋～核。

穛 jiào 同"穛"。

歑 jiào 同"釂"。

歑 jiào 同"釂"。

徼 ㊀jiào ❶边境;边界:封～。❷边境险要处的城堡:深沟壁垒,分卒守～乘塞。❸巡察;巡逻:行～|～官戒井。❹姓。
㊁jiǎo[徼幸]也作"儌幸",同"侥幸"。

獥 jiào ❶狼崽。❷母狼。

樵 jiào 同"醮"。

嬓 jiào 用于女子人名。

轎 jiào 同"轎(轿)"。

醉 jiào 同“酵”。

藠 jiào ❶草名。❷藠头，即薤。

嘄 jiào 同“嘄(叫)”。

蹻 jiào［蹽蹻］(liǎo-)见 571 页“蹽”字条。

趭 jiào ❶奔跑：狂～｜腾～。❷躁动。

轎 jiào 同“轿(轎)”。

轇 jiào 车轴头。

醮 ㊀jiào ❶古代冠礼、婚礼的一种仪节。❷祭祀，也指僧、道设坛祈祷：～坛｜斋～｜平安～。❸嫁：再～｜改～｜既～之妇，使从夫家之戮。❹水、酒、财等尽：利爵之不～｜弄得手里～～的。
㊁qiáo 通“憔”，憔悴：满心戚～。
㊂zhàn 沾：～油涂体｜倒影～轻罗｜两碗稀粥把盐～。

䱚 jiào 同“醮”。

澩 jiào 冰面裂开。

邀 jiào ❶偃。❷小道。❸同“徼”。1. 边境；边界。2. 巡察；巡逻。

謷 jiào ❶同“噭(叫)”。❷揭发别人的阴私。

譤 jiào 同“警”。

憿 jiào 性急。

皭 jiào 同“皭”，洁净，多用于人名：谢～(宋代人)。

皭 jiào “皭”的讹字。

鷮 jiào 同“蹻”。

矈 jiào ❶目冥。❷瞋目。

皭 jiào ❶白色。❷洁净：～然泥而不滓。

皭 jiào 同“釂”。

寤 jiào 睡醒。

釂 jiào 干杯，把酒饮尽。

皦 jiào 义未详。(《改并四声篇海》)

皭 jiào 同“皭”。

醮 jiào 同“釂”。

jiē

阶(階)［堦］ jiē ❶台阶，泛指阶梯：站在～前｜陂～台砌。❷梯子，引申为官爵的等级：虞人设～｜无～朝廷｜事绩显著者皆得加授～。❸途径：功名利禄之～｜乱之所生也，则言语以为～。❹缘由，引申为导致：近弭祸乱之～｜多怨而～乱。

疖(癤) jiē 疖子，一种皮肤或皮下组织局部化脓性炎症。

皆 jiē 同“皆”。

皆 jiē ❶比；比拟：无人可～。❷普遍：降福孔～。❸副词，全；都：～大欢喜｜人人～知｜谁知盘中餐，粒粒～辛苦。

接 jiē ❶靠近；碰着：～触｜交头～耳｜水天相～。❷连成一体；连续：～骨｜～二连三｜上气不～下气。❸替换；继承：～替｜～班｜～力赛。❹收取；承受：～纳｜～球｜用盆～水。❺迎候：～风｜～待｜～生。

菨 ㊀jiē［菨馀］(-yú)荇菜。
㊁shà 同“翣”，垂于棺材两旁的饰物。

秸［稭］ jiē 农作物脱粒或去穗后剩下的茎秆：豆～｜麻～｜玉米～。

稭 jiē 同“稭(秸)”。

痎 jiē 隔日发作的痢疾，泛指痢疾。

湝 ㊀jiē［湝澈］(-chè)刚出水的样子，一说水流出的样子。
㊁dié 水的样子。

䟐 ㊀jiē ❶同“嗟”，叹息。❷古山名，在今山东。
㊁zuǒ 古丘名。(《集韵》)

揭{揭} ㊀jiē ❶高举：～旗｜～竿而起。❷使显露：～露｜～穿｜～短。❸撕下；掀开：～邮票｜～锅盖｜～开序幕。❹姓。
㊁qì 提起衣裳：涉冰～河。

椄 ㊀jiē 嫁接花木，后作“接”，引申为连接，连续：夜以～日。
㊁jié［椄槢］(-xí)连接桎梏两孔的木梁。

J

睫 jiē［睫曬］(-liè)日欲没。

喈 jiē同“嗟”。

喈 jiē ❶［喈喈］1.拟声词,禽鸟叫声;钟声;铃声;小儿啼哭声:鸡鸣～|鼓钟～|小女啼～。2.形容和洽:噰噰～,民协服也。❷风雨迅疾的样子:北风其～。

嗋 jiē箱子:皮～。

嗟 jiē ❶感叹;叹息:还～李广不封侯|民间不～食无盐矣。❷叹词,表示打招呼、赞美、感慨等:～!人无哗,听命|～尔幼志,有以异兮!|～我白发,生一何早!

鞋 jiē器好。

街 jiē ❶城市中两旁有房屋的宽阔道路:～衢|大～小巷。❷市集:～里喝杀|往～上吃三杯。

腱 jiē ❶接。❷肩头。

湝 jiē水流动的样子:淮水～～|古井无～。

媘 jiē用于女子人名。

嫅 ㊀jiē用于女子人名。
㊁suǒ女人的样子。

菨 jiē同“藒(秸)”。

楷 ㊀jiē黄连木,落叶乔木,木材可用于建筑,种子可榨油,皮、叶可制栲胶。
㊁kǎi ❶法式;典范:～模|～范|后世以为～。❷效法;学习:天下～模李元礼(膺)|为世所～。❸楷书,汉字的一种字体,又称正楷、真书:小～|～体|～法。

甑 jiē ❶牡瓦,俗称阳瓦,俯盖的瓦。❷器名。

腊 jiē ❶瘦。❷肥。

膯 jiē义未详。(《改并四声篇海》)

謍 jiē同“嗟”。

褚 jiē同“稭(秸)”。

稭 jiē同“秸(稭)”。

碏 ㊀jiē同“階(阶)”,山石。
㊁xié同“瑎”,像玉的黑石。

瘖 jiē同“疥”。

綷 jiē同“緌”。

緌 jiē连接:外内交～。

髽 jiē“䯰(鬑)”的讹字。

擑 jiē同“接”。

礷 jiē义未详。(《改并四声篇海》)

毤 jiē义未详。(《龙龛手鉴》)

蝔 jiē传说中的虫名,大如笔管,能预知下雨。

鮨 jiē同“腊”。

擨 jiē同“揭”,高举。

謍 jiē同“嗟”。

䟆 jiē同“嗟”。

擖 jiē同“揭”。

黠 jiē同“秸(稭)”。

雖 jiē同“鶛”。

颴 jiē疾风。

謍 jiē同“嗟”。

骱 ㊀jiē同“腊”,瘦。
㊁hái同“骸”。

颭 jiē同“飄”。

謯 ㊀jiē愚笨。
㊁zhā［謯駁］(-lo)嗓音尖:～着嗓子哭起来。
㊂zǔ同“诅(詛)”,诅祝,诅咒:为媚道,祝～后宫有身者。

譮 jiē同“謍(嗟)”。

癤 jiē同“疖(癤)”。

鶛 ㊀jiē雄鹌鹑。
㊁jiè鸟名。

癥 jiē同“疖(癤)”。

黠 jiē同“秸”。

J

䕸 jiē 同“嗟”。

䕸 jiē 同“藉(秸)”。

䕸 jiē 黑竹。

jié

丩 jié[丩丩](jué-)见482页“丩”字条。

卩 ㊀jié 同“卪(节,節)”。㊁称单耳旁或单耳刀,汉字偏旁或部件。

丩 jié 同“丩”。

㔾 ㊀jié 同“卪(节,節)”。㊁xiān 姓。㊂称卷字底或仓字底,汉字偏旁或部件。

孑 ㊀{孑} jié ❶无右臂。❷单独;孤单:～立｜～身｜～然一身。❸[孑孓](-jué)蚊子的幼虫,生活在水中。㊁称子字旁,汉字偏旁或部件。

卪 {㔽} jié 同“节(節)”,符节。

𡭔 ㊀jié ❶少。❷小:～雏。㊁jí 有花纹的雌蚕。

仔 jié 同“孑”。

节 jié 同“节(節)”。

弓 jié 同“卪(節,节)”。

引 jié 同“卪(節,节)”。

节(節) ㊀jié ❶茎秆长叶处;物体各段连接处:竹～｜骨～｜关～。❷段落:季～｜章～｜音～。❸节操:气～｜晚～｜高风亮～。❹节日;节气:国庆～｜教师～｜清明～。❺省减;限制:～约｜～电｜开源～流。❻删略:～本｜～选。❼事项:情～｜细～｜不拘小～。❽量词,用于某些分段的事物:两～电池｜三～课｜八～车厢。❾量词,航海速度单位,1小时航行1海里是1节。❿姓。
㊁jiē ❶[节子]木材上的疤痕:树～。❷[节骨眼儿]比喻能决定事物发展的关键环节或时机:抗洪防汛正值～,绝不能疏忽大意。

杰 jié 同“杰”。

岊 jié 同“岊”。

岊 jié 同“岊”。

伃 jié 同“孑”。

衤 jié 义未详。(《字汇补》)

讦(訐) jié 攻击、揭发他人的过失或阴私:～发｜～告｜相互攻～。

岊 jié 同“岊”。

圾 ㊀jié 土块。㊁jí 同“岌”,危险:殆哉～乎天下!㊂jī[垃圾]见526页“垃”字条。

刏 jié 同“截”。

冎 jié 理冎。(《龙龛手鉴》)

抾 ㊀jié 摘。㊁jiā 挈,提起。

劫 [刦、刧、刼] jié ❶掠取;抢夺:抢～｜～狱｜趁火打～。❷胁迫;威逼:～持｜～机。❸灾难;祸患:浩～｜～数｜～后余生。

刼 jié 同“刦(劫)”。

吷 jié 同“吷”。

吣 jié 鸣。

㞜 jié 同“㞜”。

㞜 jié[屇㞜](qì-)见760页“屇”字条。

岊 jié 高山;山峰。

岊 jié ❶山的转弯处:山岳之～。❷山峰:桂～。❸岊山,古山名,在今江苏。❹用于地名:白～(在陕西)。

攽 jié(又读fú)同“艮”。

扻 jié 宴会食物未吃而打包带回。

劼 jié ❶勤勉。❷谨慎。

杰 [❶❷傑] jié ❶才能出众的人:豪～｜俊～｜人～。❷特异,超出一般:～出｜～作。❸用于人名:𪓰～(见《广韵》)。

J

赳 jié 迅速。

䢊 jié 草名。

秸 jié ❶禾把。(《集韵》)❷禾名。

诘(詰) ㊀jié ❶问;究问:～问|～责|盘～。❷追究;查办:～奸慝|～诛暴慢。
㊁jí[诘屈]也作"诘诎""诘曲",同"佶屈",曲折。

衱 jié ❶衣服后襟。❷古代交叉式衣领。❸裙带:珠～佩囊。

絜 jié 清白;贞洁。

拮 ㊀jié[拮据](-jū)1.辛苦;劳苦:辛勤～。2.经济困难;缺钱:生活～|手头～。
㊁jiá 同"戛",敲击:～而杀之。

迼 jié 跳。

倢 jié 同"截"。

狤 ㊀jié(又读 jí)❶[狤獠](-lǎo)西南地区少数民族的旧称。❷[狤猸](-jué)又称风狐狸,古西域的哺乳动物。
㊁kuài 同"狯(獪)"。

桀 jié 同"桀"。

鸷(鷙) jié 凶暴;蛮横:骄～|～骜。

潔 jié 同"潔(洁)"。

洁㊀(潔)[❶-❸絜] jié ❶干净:清～|～净|～白。❷清白:贞～|廉～|～身自好。❸语言简约:简～|文以辨～为能。❹姓。
㊁jí 水名。
◆"絜"另见 445 页"絜"字条。

骷(駂) jié 马名。

结(結) ㊀jié ❶用条状或带状物交联成疙瘩或形成物品:～绳|～网|张灯～彩。❷打成的疙瘩或物品:活～|领～|中国～。❸像结的凸出物:喉～。❹建立;交接:～亲|～盟|缔～。❺构成:～庐|～构|～晶。❻终了:了～|～局|～账。❼旧指字据:具～|保～。
㊁jiē ❶植物长(果实):～果|～瓜|～籽。❷[结实]1.同"结㊀❶":开花～。2.坚硬;牢固;耐用:土太～,刨不动|墙砌得真～|这双鞋很～。3.健壮:肉长得～|身体很～。

紒 jié 丝束。

㝏{㝏} ㊀jié ❶头倾斜的样子。❷勇斗。
㊁qiè[类㝏](liè-)见 1053 页"类"字条。

莭 jié 同"節(节)",草节。

桔 ㊀jié ❶[桔梗]多年生草本植物,根可供药用。❷[桔槔](-gāo)装置于井上,利用杠杆原理汲水的工具。
㊁jú 同"橘"。
㊂xié[桔柣](-dié)春秋时郑国城门名。

砝 ㊀jié 硬。
㊁fǎ[砝码]也作"法码""法马",天平上用作质量标准的东西,金属制成。

岊 jié 同"岊(岊)",山高的样子。

㑘 jié 同"刧(劫)"。

倢 jié ❶同"捷",灵敏;便捷。❷[倢伃](-yú)同"婕妤",汉代宫中女官名。

桀 jié ❶小木桩,也指像木桩似的:鸡栖于～|练垂～立。❷才能出众的人,也指特异,出众,后作"傑(杰)":邦之～兮|于时之～|最为秀～。❸凶悍;暴虐:～骜|横～。❹夏朝末代君主癸的谥号,相传是暴君。

岊 jié 同"岊"。

䢡 jié 同"赳"。

絓 jié 同"结(結)"。

捷[捷] ㊀jié ❶战胜;成功:初战告～|～报频传。❷快速;迅速:～径|快～|～足先登。❸姓。
㊁qiè[捷捷](-qiè)口舌声,一说谗言:～幡幡,谋欲谮言。

㨗 jié 同"捷"。

瓿 jié ❶未烧透的瓦。❷瓦相掩。

毦 jié 同"睫"。

逮 jié 快跑。

眏(眏) ㊀jié 同"睫"。
㊁zhǎ 同"眨",眨眼:～眼|～一～眼。
㊂jiá 同"晗"。1.眼睛小。2.眼睫动。

㊃ yà［婭朠］（zhá-）见 83 页“婭”字条。

崨 jié ❶同“嶕”，山的样子。❷［崨嶫］（-yè）1. 山高峻的样子。2. 山势绵延的样子。

𡶜 jié 同“崨”。

倢 jié 同“倢”。

偈 ㊀ jié ❶快速奔跑：～兮若驾驷马。❷［偈偈］（-jié）用力的样子：～乎揭仁义。

㊁ jì 颂，佛经中的唱词，四句为一偈：～语｜日诵千～。

釨 jié ❶戟，也指无刃戟。❷矛。

鸶（鶩） jié［鸶骜］（-ào）也作“桀骜”，凶暴倔强。

䓣 jié“莫”的讹字。

庴 jié 人名。（《史记》）

羠 jié 同“羯”。

衱 jié 义未详。（《龙龛手鉴》）

袺 jié ❶用手提起衣襟（兜东西）：采采芣苢，薄言～之。❷衣袖。

婕 ㊀ jié ❶［婕妤］（-yú）汉代宫中女官名。❷用于女子人名。

㊁ qiè 女人的样子。

絜 ㊀ jié ❶“洁㊀ ❶-❸”的异体字。❷整理；修饰：～其衣服。❸姓。

㊁ xié 用绳度量物体的粗细，引申为衡量、比较：～之百围｜度长～大｜无度以～之。

搳 jié 断绝。

掟 jié 同“捷”。

捷 jié 同“捷”。

砓 jié 同“砝”，硬。

砎 jié［石砎］同“石蜐”，甲壳动物，肉可食或供药用。

䞤 jié 同“睫”，眼睫毛。

睷 jié 急视。

蛣 ㊀ jié ❶［蛣蜣］（-qiāng）蜣螂。❷［蛣蝠］（-qū）也作“蛣蚍”，又称蝎，木中蛀虫。❸［蛣蟩］（-jué）孑孓。

㊁ qiè［蛸蛣］（suǒ-）见 917 页“蛸”字条。

蛚 jié 同“劫”。

毷 jié 同“睫”。

毽 jié 同“睫”。

毮 jié 同“睫”。

毤 jié 同“睫”。

羬 jié 同“羯”。

羪 jié 同“羯”。

婕 jié 同“婕”。

㮮 jié 同“榤”。

搩 ㊀ jié ❶担；负：～刀去。❷抱；持：不意～住了婆婆的腿。

㊁ zhé（又读 zhǎ）用手度量物体：等闲～手量青天。

葉 jié 草名。

楬 ㊀ jié ❶用作标志的小木桩：殓而置～焉。❷标志；揭示：～著其姓名｜无由～明。

㊁ qià 敔，古代打击乐器：乐声洞椌～。

榕 jié 同“楶”。

磼 jié［礣磼］（liè-）见 528 页“礣”字条。

㑴 jié［㑴实］同“结实”。

睫 jié ❶眼睑边缘的细毛：眉～｜美～。❷眨眼：一～眼｜眼时～无已。

毷 jié 同“睫”。

睱 jié 同“睞（睞）”，睫毛。

蝴 jié 同“蜐”。

蜐 jié 石蜐，甲壳动物，肉可食或供药用。因像龟脚，故又称龟足。

嵥 jié 独立高耸的样子：～然中峙。

倢 jié 同“倢”。

J

鉣 jié 马肚带上的铁饰件。

魝 ㊀jié ❶剖鱼。❷割。㊁jì 解剖。

楶 jié 枓,泛指枓栱(斗拱):雕梁镂~。

煯 jié 烘干。

滐 jié ❶水激回旋的样子。❷水浪高涌的样子。

窫 jié 覆。

緳 jié[緳纅](-niè)缝补。

髮 jié 同"鬣"。

髭 jié 同"鬣"。

截 jié ❶断开;切断:~开|~肢|~长补短。❷阻拦;拦住:拦~|~车|~流。❸(到一定时间)停止:~止|~至今日。❹量词,段,用于长形物体的一部分:一~路|断成两~|上半~儿。

摣 jié "捷"的讹字。

擮 jié 同"捷"。

蕺 jié 草帘。

槔 jié[槔橰](-gāo)桔槔,井上汲水工具。

榤 jié 鸡栖息的木桩,泛指木桩,也作"桀"。

碣 ㊀jié ❶高耸独立的石头;高耸独立的样子:~以崇山。❷圆顶的石碑:~石|墓~|残碑断~。㊁kě 石的样子。㊂yà[碣磍](-xiá)刻石上的猛兽形象。

睫 jié 同"睫"。

蜐 jié 海中动物名。

稭 ㊀jié ❶禾刚吐穗。❷长禾。㊁gé 谷皮。

鴶 jié 鸟名。

鲒(鮚) ㊀jié 古书上说的一种蚌。㊁qià 同"鰫",鱼名。

潔 jié 同"洁(洁)"。

竭 jié ❶承载;揭举:~磐石|以情自~。❷穷尽;用尽:~力|~诚|取之不尽,用之不~。❸干涸:池之~矣|~泽而渔。

鞊 ㊀jié 皮子。㊁jí 套在牛、马颈部的皮带。

蕗 jié 草名。

榶 jié 细枝。

截 jié 同"截"。

睫 jié 同"睫"。

踕 jié 行走急速,也指行走的样子。

蜐 jié 水中动物名。

镼 jié 同"睫"。

穃 jié 同"稭"。

偼 jié 同"节(節)"。

鉣 jié 同"鉣"。

劕 jié 同"魝"。

誱 jié ❶话多。❷言语急促。

羯 jié ❶阉割了的公羊。❷阉割。❸传说中的动物,大尾。❹古代北方民族名,匈奴的别支。❺[羯磨]佛教指作业或做事,常表示命运或缘分等。

㨗 jié 同"结(結)"。

睫 jié 同"睫"。

睫 jié 同"睫"。

㨥(縔) jié 古代南方少数民族所贩财货、布帛的总称:~贿纷纭。

趌 ㊀jié ❶跑的样子。❷越过:~凶河。㊁jué 怒冲冲离去。

趨 jié 同"趪"。

擑 jié 同"捷"。

橰 jié[橰槔](-gāo)同"桔槔"。

睫 jié 同"睫"。

蠞{蟥} jié ❶又称蠸蟥、蠸,瓜类植物主要害虫。❷蝗类昆虫。

㦢 jié 揩拭。

鍻 jié 同“鉣”。

譑 jié 义未详。(《龙龛手鉴》)

㦢 jié ❶心贞的样子。❷心有度。

趨 jié 义未详。(《改并四声篇海》)

攕 jié 同“截”。

蠘 jié 同“蠽”。

髶 jié 同“睫”。

蹥 jié 同“踕”。

巀 jié[巀嵲](-niè)山高峻的样子。

巀 jié 同“嶻”。

穤 jié 同“秸”。

蹵 jié 同“跲”,绊倒。

鍻 jié 金鍻。(《广韵》)

爀 ㊀jié 灯烛余烬。
㊁jí 煨。

疌 jié 同“疌”。

趌 jié 同“趞(趞)”。

趌 jié 同“趞”,旁出前。

趌 jié 同“趞(趞)”。

蠘 jié 整治,也作“截”。

攕 jié 同“抾”,摘。

鸀 jié 鸟名。

櫭 ㊀jié ❶木钉。❷同“楬”,小木桩。
㊁jì 车辖。

嶻 jié[嶻嶭](-niè)1.古山名,又称嵯峨山、慈娥山,在今陕西。2.山高峻的样子。

㦢 jié 同“嶻”。

䝤 jié 同“睫”。

襟 jié 同“秸㊀”。

䂿 jié 同“䂿(碣)”。

謯 jié 同“謯”。

瀐 jié ❶水流出的样子。❷小水。❸洒水。

䂿 jié 同“䂿(碣)”。

孅 jié 容貌美丽。

䶢 jié 义未详。(《改并四声篇海》)

顢 jié 脑袋小的样子,也作“额顢”。

蠘 jié 同“螱”。

蠘 jié 一种海蟹。

䂿 jié 同“碣”。

鸛 jié[鸛鹖](-jiá)野鸭类水鸟。

蠘 jié 同“螱(蠽)”。

蠘 jié 俗称梭子蟹,海蟹的一种。

巀 jié 同“嶻”。

籛 jié 竹契,一说“籤(签)”的讹字。

鍥 ㊀jié ❶镰刀的一种。❷金属元素“镍(鎳)”的旧译写法。
㊁qì 刻。

襳 jié 小衣。

襳 jié 小衣。

鐵 jié “鬣”的讹字。

鸛 jié 同“鸛”。

趞 jié 同“趞”。

鸛 jié “鸛(鸛)”的讹字。

J

⿱截虫 jié 同“蠽”。

⿺走截 ㊀ jié 旁出前。
㊁ jí ❶ 跑。❷ 跑的样子。

⿰食截 jié 同“⿰食截”。

⿰絜鳥 jié［⿰絜鳥鶡］(-jiá)同“⿰契鳥鶡”。

⿺走薊 jié ❶ 跑。❷ 跑的样子。

⿰契鳥 jié “⿰契鳥(⿰絜鳥)”的讹字。

⿰食截 jié 食。

⿱髟截 jié 同“⿱髟截”。

⿰魚節 jié 鰟鮍。

⿱髟戴 jié 同“⿱髟截(⿱髟截)”。

⿱髟截 ㊀ jié 罩在布帛或网套中的头发。
㊁ jì 露髻，发髻外不罩布帛或网套等。

⿱髟截 jié 同“⿱髟截(⿱髟截)”。

⿱截黽 jié 同“蠽”。

⿰截鳥 jié ❶ 小鸟。❷ 小鸡。

⿱髟戴 jié “⿱髟截”的讹字。

蠽 jié ❶［蠽蝒］(-mián)一种大蝉。❷［蟊蠽］(máo-)同“蟊蜩”。

⿰鼠截 jié［⿰鼠截⿰鼠胡］(-hú)猿类动物。

jiě

姐 ㊀ jiě ❶ 古代为母亲的别称。❷ 古代对年轻女子的爱称：女儿唤做玉～。❸ 称同父母而年龄比自己大的女性，泛称年龄比自己大的女性：～弟｜表～｜师～。
㊁ zū［⿰女蒦姐］(yuè-)形容女子姿态。

毑 jiě 母亲，也作“姐”。

⿰毋巴 jiě “毑”的讹字。

媎 jiě 古代对母亲的称呼，也作“姐”。

飷 jiě 食无味。

觧 jiě 同“解”。

解 ㊀ jiě ❶ 剖开；分开：～体｜分～｜迎刃而～。❷ 把束缚着或系着的东西打开，松开：～扣｜慷慨～囊｜～铃还须系铃人。❸ 除去；废除：～毒｜～恨｜～聘。❹ 分析；说明：～释｜～答｜讲～。❺ 懂得；明白：误～｜一知半～｜大惑不～。❻（又读 xiè）杂技、武术的技艺：跑马卖～｜使出浑身～数。❼ 解手，排泄大便或小便：大～｜小～。❽ 求代数方程中未知数的值：～方程。❾ 代数方程中未知数的值。
㊁ jiè 押送财物或犯人：押～｜起～｜～饷。
㊂ xiè ❶ 用于地名：～池(湖名，在山西)｜～县(旧县名，在山西)。❷ 姓。❸［解廌］(-zhì)也作“解廌”，同“獬豸”。

⿰亻解 jiě［⿰亻解⿰亻廌］(-zhǎi)也作“⿰犭廌獬”，强横的样子。

⿱觧刅 jiě 同“解”。

⿰彳解 jiě［⿰彳廌⿰彳解］(zhǎi-)见 1232 页“⿰彳廌”字条。

檞 jiě(又读 xiè)树名，即構，又称松構。

jiè

介 jiè ❶ 田界，界限，后作“界”：无此疆尔～｜所得神书百七十卷，皆缥白素朱～青首朱目。❷ 边际；侧畔：悲江～之遗风。❸ 在两者之间；使两者发生联系：～于两山之间｜中～｜媒～。❹ 放在心里：～意｜～怀。❺ 赐予：神之听之，～尔景福。❻ 大：受兹～福｜遇九皋之～鸟。❼ 铠甲；甲壳：～胄｜～虫。❽ 旧时戏曲脚本里指示动作、表情、效果的用语：坐～｜笑～｜鸡鸣～。❾ 量词，个(用于人，多表示微贱)：一～书生。❿ 姓。

⿱介廾 jiè 同“界”。

⿱艹亇 jiè 同“芥”。

⿸厂介 jiè 同“届”。

夵 jiè 同“介”。

⿱人丰 jiè 草巷。(《改并四声篇海》)

介 jiè 同“界”。

戒 jiè ❶ 防备：～备｜～心｜不～之失。❷ 警惕而不犯错误：～骄～躁｜闻者足～。❸ 禁止、除去（多用于不良嗜好）：～酒｜～烟｜～毒。❹ 佛教约束教徒的条规；禁止做的事情：受～｜清规～律｜大开杀～。❺ 戒指（戴在手指上的环形饰品）的简称：钻～｜金～。❻ 通“界”，界限；分界：而一行以为天下山河之象，存乎两～。

芥 ㊀ jiè ❶ 芥菜，一年或二年生草本植物，是常见蔬菜。种子磨成粉称芥末，用作调味品，也可榨油。❷ 小草，比喻细微的事物：草～｜纤～｜～视。❸ 梗塞：～蒂｜岂有一焉能～其胸者。
㊁ gài ［芥菜］也作“盖菜”，芥（jiè）菜的变种，是常见蔬菜。

乔 ㊀ jiè 同“夰”。
㊁ bēn 同“奔”。

夰 jiè 同“介”，大。

𢍰 jiè 同“戒”。

吤 ㊀ jiè 拟声词，喉中哽塞而发出的声音：嗌中～～然数唾。
㊁ gè 助词，唱词中的衬字：为何郎去你～匆留留！

岕 jiè 同“岕”。

岕 jiè ❶ 古山名。（《集韵》）❷ 两山之间或山间平坦处，多用于地名：罗～｜丁字～（均在浙江）。

帉 jiè 头巾。

㑘 jiè 同“价㊂”。

𠆲 jiè“𠆲”的讹字。

庎 jiè ❶ 放置餐具的搁板或架子。❷ 供导流水以洗涤的厨房器具。

汴 jiè 用于人名：欧阳～。（宋代人，《青琐高议后集》）

齐 jiè ❶ 同“介”，单独。❷ 独居。

骱（騔） jiè 马尾结。

玠 jiè 大圭，古代礼器。

矿 jiè 同“砎”。

垒 jiè 同“玠”，用于古代器物名。

戎 jiè 同“戒”。

毞 ㊀ jiè 兽的细毛。
㊁ gà ［毼毞］（gān-）见 812 页“毼”字条。

犗 jiè 四五岁的牛。

届［屆］ jiè ❶ 到：～时｜～期｜年～五十。❷ 量词，次；期：上～｜应～毕业生｜第三～运动会。☞届/级 见400页“级”字条。

戒 jiè 同“戒”。

砎 jiè ❶ 石的样子。❷ 坚硬：～石｜～如石焉。

㓞 jiè 同“戒”。

畍 jiè 同“界”。

界 jiè ❶ 地界，泛指两个范围相交的地方：～碑｜国～｜边～。❷ 一定的范围，也特指按职业、性别等划分的范围：眼～｜文艺～｜妇女～。❸ 生物分类系统的最高一级，其下为门：动物～｜真菌～。❹ 地质系统分类单位的第二级，在宇之下，系之上：古生～｜新生～。❺ 同“介”，量词，个：一～凡僧。

𠏉 jiè 同“价㊂”。

疥 jiè ❶ 疥疮，传染性皮肤病：癣～。❷ 污；弄脏：～壁留诗。

疬 jiè 同“疥”。

诫（誡） jiè ❶ 警告；劝戒：训～｜告～｜小惩而大～。❷ 同“戒”，戒备；警惕：引以为～｜前车覆，后车～。❸ 敕令；文告：发～布令。❹ 古代文体的一种，内容为劝戒或教诲：《女～》｜《十～》。❺ 佛教的戒律：以五～为教，绝酒不淫。

衸 jiè 同“衸”。

衸 jiè 裙子正中开衩的地方。

砎 jiè“砎”的讹字。

蚧 jiè ❶ 介壳虫，多为果树、林木及农作物的害虫。❷ 海蚌。

𢄼 jiè 同“帉”。

借（❸❹藉）jiè ❶暂时使用属于别人的人、财物等：～人手｜～债｜～用。❷把属于自己的人、财物等暂时给别人使用：～给施工队三个小伙子｜～给她一本书。❸假托：～故｜～口｜～古讽今。❹凭借；依靠：～助｜～尸还魂。☞借／藉／籍 见450页“藉”字条。

◆“藉”另见450页“藉”字条。

悈 jiè ❶警戒；警惕：～于中国｜～而不信。❷衰老。

悔 jiè 义未详。（《改并四声篇海》）

偕 jiè 同“借”。

舺 jiè 义未详。（《龙龛手鉴》）

疰 ㊀jiè 病。
㊁yá 痴呆的样子。

犰 jiè 杂。

阶 jiè 同“界”。

尬 jiè 同“玠”。

堺 jiè 同“界”。

喍 jiè 同“界”，边境。

悈 jiè 同“悈”。

琾 jiè 同“玠”。

蒯 jiè 同“芥”。

楴 jiè 同“疥”，搁置食器的架子。

髟 jiè 同“髫”。

髫 jiè ❶发髻：冠～。❷假发（髲）。

髫 jiè 同“髫”。

砎 jiè 同“砎”。

犗 jiè ❶阉割过的牛：巨～。❷阉割：～刑。❸健壮的牲畜。

偕 jiè 同“借”。

瘵 jiè 同“疥”。

褯 jiè 同“褯”。

蠈 jiè 同“届”。

蚧 jiè 同“蚧”。

鴶 jiè 同“鴶”。

鴶 jiè 鸟名。

魪 jiè 同“魪”。

魪 jiè 比目鱼。

褯 jiè ❶包裹婴儿的被子。❷褯子，婴儿的尿布。

褯 jiè 上衣。

闇 jiè 义未详。（《改并四声篇海》）

黠 jiè 同“黠”。

魪 jiè 同“魪”。

誡 jiè 同“誡（诫）”。

諽 jiè 同“诫（誡）”。

藉 ㊀jiè ❶垫在下面的东西：草～｜以茅为～。❷衬垫；铺垫：枕～｜铺沙～路。❸安慰：慰～。❹连词，表示假设，如果；假使：失期当斩，～第令毋斩，而戍死者固十六七。❺“借❸❹”的繁体字。
㊁jí ❶纷杂；多而乱：名声～甚｜所弃铠仗、牛马～～山野不可计。❷践踏；欺凌：欲使马～杀之｜今我在也，而人皆～吾弟。❸同“耤”，帝王亲自到田间耕种，也指帝王亲耕的田地，引申为劳役地租，即借民力耕作公田：古者公田～而不税。❹姓。❺［狼藉］也作“狼籍”，乱七八糟；杂乱不堪：杯盘～｜一片～。☞藉／籍／借 “藉”与“籍”古代多通用，如“藉田”“狼藉”也作“籍田”“狼籍”，但“书籍”“籍没”通常不作“书藉”“藉没”。现代汉语中“藉”读jiè时，用于“藉口”“凭藉”简作“借”，用于“慰藉”“枕藉”不简化；读jí时不简化。

鎅 jiè 锯；切；割：～木｜～玻璃｜～纸刀。

襤 jiè 同“褯”。

襭 jiè 小孩衣带。

藉 jiè 同“藉”。

𦋕 jiè 义未详。(《改并四声篇海》)

齘 ㊀ jiè 拟声词,睡中咬紧牙齿声。
㊁ jiá 牙齿。

jīn

巾 jīn 用来擦东西或覆盖、包裹东西的纺织品:毛～|头～|围～。

斤［❸觔］ jīn ❶ 古代砍伐树木的工具,像斧:斧～。❷ 加在某些以重量计算的物名后,做该物的总称:煤～|盐～。❸ 质量单位,1 斤等于 10 两,合 0.5 千克。
◆ “觔”另见 451 页“觔”字条。

今 jīn ❶ 现在;现代:～昔|古为～用|厚古薄～。❷ 当前:～日|～年|～晚。❸ 代词,此;这:～次|～番|～生～世。

乎 jīn 义未详。(《改并四声篇海》)

凧 jīn 日本汉字,风筝。

㠊 jīn ❶ 以巾覆物。❷ 覆巾名。

弞 jīn 弓的末端。

㚡 jīn 伯。

㐭 jīn 义未详。(《改并四声篇海》)

兓{兟} ㊀ jīn［兓兓］锐利。
㊁ zān 同“簪”。

金 jīn ❶ 又称金子、黄金,金属元素,是贵重的金属:～砂|淘～|镀～。❷ 金、银、铜、铁等金属的总名:五～|合～|～戈铁马。❸ 钱财:现～|奖～|拾～不昧。❹ 比喻贵重:～榜|～玉良言|保重～体。❺ 像金子的颜色:～毛狗|～发女郎|～光闪闪。❻ 五行之一。❼ 古代八音之一,指金属制打击乐器,如锣。❽ 朝代名,女真族完颜阿骨打所建(1115-1234 年)。❾ 姓。

衿 jīn 同“巾”。

荕 jīn 同“筋”。

釿(釿) ㊀ jīn ❶ 同“斤”,斧头:良匠善能运～。❷ 秦代以前的金属质量单位及货币单位。
㊁ yǐn 截断,扭断,一说剪刀的别称。

金{𨥈、𨤾、𨤿} jīn 同“金”。

觔 jīn ❶ 同“筋”:～骨|～脉。❷“斤❸”的异体字:得盐一十二～一两|铜锤重三四百～。

津 jīn ❶ 渡口:～渡|问～。❷ 涯岸:～涯|一片苦海望无～。❸ 体液;口液:遍体生～|望梅生～。❹ 滋润,引申为补益:润叶～茎|～贴。❺ 天津(地名)的简称:～沪|京～。

衿 ㊀ jīn ❶ 衣服的交领,也作“襟”。❷ 古代读书人穿的衣服,代称秀才:青～|幸得一～|绅～。
㊁ qìn ❶(又读 jīn)系衣服的带子。❷ 系结:～缨|～衣。

𦘔 jīn ❶ 笔饰。❷ 赞叹;羡慕。

珒 jīn 玉名。

埐 ㊀ jīn 地。(《说文》)
㊁ qín 古地名。(《广韵》)

㚬 jīn “𨤾(金)”的讹字。

紟 ㊀ jīn ❶ 系衣服的带子。❷ 布帛名。
㊁ jìn 单被。

觔 jīn 同“觔”。

悇 jīn 利。

琻 jīn 贵重的玉,比喻金玉良缘。

筋 jīn ❶ 肌腱或骨头上的韧带:蹄～|抽～剥皮。❷ 肌肉:～力强健|～疲力尽|劳其～骨。❸ 体表的静脉血管:～脉|青～暴起。❹ 像筋的东西:叶～(叶脉)|钢～|橡皮～。

肆 jīn 同“津”。

𡎺 jīn 润泽。

溒 jīn 同“津”。

璡 ㊀ jīn 次于玉的美石。
㊁ duī 同“珀”,治玉:～琢。

璶 jīn 同“琎”。

𤩏 jīn 同“璶(琎)”。

埐 jīn 同"埐"。
笒 jīn 同"笙"。
衿 jīn 衣襟，后作"襟"。
惍 jīn 同"矜"，怜悯；怜惜。
琎 jīn 也作"璡(琎)"，人名(晋代人)。
舭 ㊀ jīn 同"肆(津)"。
㊁ wéi 船名。
膧 ㊀ jīn 同"筋"。
㊁ jiàn 同"腱"。
裣 jīn 同"衿(襟)"。
絟 jīn 同"紟"。
綸 jīn 同"紟"。
黅 jīn 黄色。
齡 jīn ❶ 苦。❷ 通"矜"。1. 怜悯。2. 自大：君子不～。
嶜 jīn 同"嶜"。
嶜 ㊀ jīn ❶［嶜崟］(-yín)高峻尖锐的样子。❷ 山高大的样子。
㊁ qín［嶜岑］(-yán)山的样子。
筋 jīn ❶ 同"筋"，动物的韧带，也指肌肉：柔～脆骨｜劳～苦骨。❷ 竹名。
盡 jīn 同"盡"。
艀 jīn 同"津"。
艀 jīn 同"舭(津)"。
盡 jīn 有机体的体液，后作"津"。
盡 jīn 同"盡(津)"。
䄎 jīn"齡"的讹字。
䌢(䌢) ㊀ jīn 丝。㊁ jìn 同"绀(紺)"，青红色；深青色。
䃢 ㊀ jīn 小石块：石～千枚。
㊁ qín 石门。
齡 jīn 同"齡"，苦。

笙 jīn 竹名，根、叶可供药用。
艀 jīn 同"津"。
釿 ㊀ jīn 同"钎(釿，斤)"，斧头。
㊁ yǐn 同"钎(釿)"，截断。
盡 jīn 气液。
襟 jīn ❶ 衣的交领，后指衣的前幅或后幅：对～｜大～｜后～。❷ 像衣襟一样作为前面的屏障：～以山东之险。❸ 胸怀：胸～｜推～送抱｜清言涤烦～。❹ 姐妹的丈夫之间的关系：连～｜～兄｜～弟。
雂 jīn 同"雂"。
雂 jīn 鸡，也作"鶄"。
蹸 jīn ❶ 坐。❷ 禁闭；停留：浴之则矜寒，使药～不发。
黅 ㊀ jīn ❶ 黄黑色。❷ 浅黄色。
㊁ qián 同"黔"。
鬒 jīn 同"齰"。
鏫 jīn 箭头。
鶄 jīn 同"雂"。
齰 jīn 同"齰"。
齰 jīn 高鼻子。
蓋 jīn 义未详。(《字汇补》)

jǐn

仅(僅) ㊀ jǐn 副词，表示限于某个范围，只：～供参考｜绝无～有。
㊁ jìn 副词，将近；几乎：山城～百层｜士卒～万人。
尽(儘) jǐn 见 454 页 jìn。
侭 jǐn 同"儘(尽)"。
卺{巹} jǐn ❶ 恭敬地承受。❷ 古代婚礼用的瓢形酒器：合～(成婚仪式，后指新郎新娘喝交杯酒，也指成婚)。
巹 jǐn"卺"的讹字。
荩 jǐn 同"堇"，堇菜。

堇 jǐn 同"堇"。

紧(緊)[緊、緊] jǐn ❶ 丝、线等缠得用力,不松弛,泛指不松弛:绷～|～绷着脸|～握手中。❷ 使牢固、不松动:握～|上～螺帽|～一～弦。❸ 距离或间隙小:抽屉～|～隔壁|～挨着。❹ 严细:钱抠得～|门关得～。❺ 经济不宽裕:手头儿～。❻ 急:任务～|风声～|不～不慢。❼ 重要:要～|～要。❽ 副词,长时间地;一直:～睡不醒|别～闲着。

卺 jǐn 同"卺",恭敬地承受。

卺 jǐn "卺(卺)"的讹字。

卺 jǐn 同"卺"。

堇 ㊀ jǐn ❶ 又称堇菜,多年生草本植物,可供药用。❷ [堇堇](-jǐn)同"仅仅(僅僅)",副词,表示限于某个范围:豫章出黄金,然～物之所有。
㊁ jìn ❶ 乌头,多年生草本植物,可供药用。❷ [堇阴]古地名,在今山西。
㊂ qín 黏土,也作"墐"。

堇 jǐn 同"堇"。

堇 jǐn 同"堇"。

䔿 jǐn 同"锦(錦)"。

卺 jǐn "卺"的讹字。

卺 jǐn 同"卺"。

堇 jǐn 同"堇"。

堇 jǐn "堇(堇)"的讹字。

廑 jǐn 同"廑"。

锦(錦) jǐn ❶ 有彩色纹饰的丝织品:～缎|宋～|蜀～。❷ 比喻花样多而美好的东西:集～。❸ 色彩艳丽:～鳞|～霞|～绣河山。❹ 旧时敬辞,用于书信中:～念|此差足以慰～注者。

谨(謹) jǐn ❶ 慎重;小心:～慎|拘～|恭～。❷ 副词,郑重而恭敬地:～启|～致谢忱。❸ 礼仪;礼节:大行不顾细～。

堇 jǐn 同"堇"。

堇 jǐn 同"堇"。

堇 jǐn 同"堇"。

堇 jǐn 同"堇"。

堇 jǐn "堇(堇)"的讹字。

馑(饉) jǐn ❶ 荒年,蔬菜和谷物歉收:～年|虽有饥～,必有丰年。❷ 缺乏:多者不独衍,少者不独～。☞馑/饿/飢/饑/饥 见394页"饥"字条。

廑 ㊀ jǐn ❶ 小而质量差的房屋。❷ 同"仅(僅)",副词,只:遗简～存。
㊁ qín ❶ 同"勤",勤劳;尽心尽力:～身从事。❷ 怀念;挂念:～想明德|犹～慈母情。

瑾 jǐn ❶ 清。❷ 渍。

𡟰 ㊀ jǐn 美好的样子。
㊁ jìn 用于女子人名。

瑾 ㊀ jǐn 美玉。
㊁ jìn 红色玉。

堇 jǐn "堇(堇)"的讹字。

勤 jǐn 同"僅(仅)"。

堇 jǐn 同"堇"。

堇 jǐn 同"堇"。

卺 jǐn 同"卺"。

槿 jǐn 木槿,落叶灌木或小乔木,茎皮可造纸,花、根和树皮可供药用。

犍 jǐn ❶ 善。❷ 牛驯服。

篁 jǐn [茶篁](nié-)见693页"茶"字条。

瑾 jǐn "瑾"的讹字。

䜳 jǐn 黏。

廑 jǐn 同"廑"。

謹 jǐn "謹(谨)"的讹字。

廑 jǐn 同"廑"。

縉 jǐn 织纹致密。

璶 jǐn 同"瑾"。

槿 jǐn 树名。

檔 jǐn 盂。

礏 jǐn 石名。

醑 jǐn ❶歃酒，饮酒。❷甘甜。❸美。

鐔 jǐn 同"锦(錦)"。

鞼 jǐn 同"馑(饉)"。

饍 jǐn 同"䤐"。

䤐 jǐn ❶美好。❷甜；稍甜。

謹 jǐn 同"謹(谨)"。

jìn

劤 jìn 同"劲(勁)"。

尽㊀(盡) jìn ❶完；完毕：用～｜说～｜取之不～。❷终了；达到极端：～头｜～善～美。❸死：自～｜同归于～。❹全部用出或使出：～力｜～心｜仁至义～。❺副词，全；都：～是空话。❻全部；所有的：～数｜～人皆知｜应有～有。❼姓。

㊁(儘) jǐn ❶力争达到最大限度：～早｜～快｜～量。❷介词，放在最先：～先｜座位先～着老人和妇女坐。❸副词，极；最：～里头｜～后边｜～底下。

进(進) jìn ❶向前移动：～军｜挺～｜高歌猛～。❷善；长进：喜弟文章～。❸从外面到里面：～城｜闲人免～｜汽车～站。❹呈上；奉上：～贡｜～香｜～谏。❺吃；喝：～餐｜～膳｜滴水未～。❻收入；买入：～款｜～货｜日～斗金。❼推荐；举荐：～贤用能。❽量词，用于平房院落内房屋的前后层次：三～的院子。

岸 jìn 同"近"。

近 jìn ❶空间或时间的距离短：～郊｜～日｜舍～求远。❷接近：～似｜年～花甲｜平易～人。❸某种关系亲密：～亲｜亲～｜他俩关系很～。❹浅显；易懂：浅～｜言～旨远。

劲(勁) jìn 见460页jìng。

枃 jìn 梳理丝线的用具。

斤 jìn 同"近"。

岓 jìn 同"近"。

犿 jìn 牛舌病。

㸯 jìn 同"犿"。

荩(藎) jìn ❶荩草，一年生草本植物，茎、叶可做黄色染料，纤维可造纸，全草可供药用。❷通"进(進)"，善；忠诚：～臣｜忠～｜建国多～筹。

唫 jìn "唫(吟)"的讹字。

浕(濜) ㊀jìn 水名。1.古水名，又称沙河，在今湖北。2.又称白马河，在陕西。

㊁jīn 津液：敢来调唇，自招人唾骂，费我香～。

舲 jìn ❶同"犿"，牛舌病。❷同"噤"，闭口不说话：气～不言。

搢 jìn 击。

晋[晉] jìn ❶进；向前：～京｜～见｜～谒。❷升；提高：～升｜～级。❸周代国名，在今山西、河北南部、河南北部、陕西东部一带。❹朝代名。1.司马炎所建(265-420年)。史分西晋(265-317年)，建都洛阳(今河南洛阳)；东晋(317-420年)，建都建康(今江苏南京)。2.五代之一，石敬瑭所建(936-947年)，史称后晋。❺山西(地名)的别称：～商｜～剧。❻姓。

㡁 jìn 同"岓(近)"。

赆(贐) jìn 临别时赠送的钱财礼物：～仪｜～送｜奉～。

舲 jìn 船。

㖵 jìn 同"舲"。

痉 jìn 同"犿"。

烬(燼) jìn ❶物体燃烧后剩下的东西：灰～｜烛～｜炉～。❷残余：余～(也指遗民)。

浸 ㊀jìn ❶灌溉，引申为教化：～彼稻田｜仁义～生民。❷渗入；渗透：～透｜～

湿|～润。❸泡;渍:沉～|～泡|把种子放入水中～一～。❹副词,逐渐;渐渐:交往～密|～微～衰。
㊁qīn[浸淫]浸湿;濡染。

㤐 jìn心坚固。

㶳 jìn同“㶳(烬)”。

琎(璡) jìn像玉的美石。

䜌 jìn同“近”。

㡡 jìn石地。

㴆 jìn同“浸”。

祲 jìn❶古代指象征不祥的妖气,引申为灾祸:～氛|灾～|岁～。❷日旁云气,古人认为可预示吉凶:黄～。❸盛大:～威盛容|～盛之礼。

盡 jìn同“盡(尽)”。

㪱 jìn击。

蕈 jìn同“藎(荩)”。

禁 jìn承樽的几案。

晋 jìn同“晋”。

㶳 jìn同“烬(㶳)”。

浸 jìn同“浸”。

㪱 jìn同“㨷”。

㨷 jìn深掘。

搢 jìn❶插:～笏|～箭。❷摇动:～铎。

𠟭 jìn割。

靳 jìn❶套在服马(古代一车四马,当中的两匹马)胸部的皮革,代指服马:马～|后先骖～。❷吝惜:～借不肯出|悔不小～。❸惋惜:以不及为～。❹姓。

禁 ㊀jìn❶法令、习俗所限制避忌的:～令|犯～|～忌。❷止;制止:～止|～烟|违～物品。❸旧称帝王居住的地方:宫～|～中|紫～城。❹不能随便通行的地方:～地|～区。❺禽兽的圈:禽兽之～。❻监狱:～卒|～子。❼拘押:囚～|监～|～闭。
㊁jīn❶承受;受得住:弱不～风|这双鞋很～穿。❷忍住:情不自～|～不住笑了起来。

賮 jìn同“赆(贐)”。

𡾋 jìn古山名。(《玉篇》)

𢓊 jìn制。

䑢 jìn同“舲”。

溍 jìn❶古水名。(《玉篇》)❷水的样子。

𣹟 jìn同“浸(寖)”。

浸 jìn同“浸”。

浸 jìn同“浸”。

寖 jìn同“浸”。

祲 jìn同“祲”。

搢 jìn同“晋”。

缙(縉) jìn❶浅红色的帛:～缘。❷通“搢”,插:～绅(古代称官僚或做过官的人)。

瑨 jìn次于玉的美石。

墐 ㊀jìn❶用泥涂塞,引申为密闭门窗:塞向～户|～塞罅漏|～户围炉。❷通“殣”,掩埋:行有死人,尚或～之。
㊁qín同“堇”,黏土:～土|～泥。

㨷 jìn拂拭。

殣 jìn“殣”的讹字。

晉 ㊀jìn同“晋”。
㊁zī同“鄑”,古地名,在今山东。

𣹟 jìn同“浸”。

𣹟 jìn同“浸”。

祲 jìn同“祲”。

盡 jìn同“盡(尽)”。

觐(覲) jìn❶诸侯朝见天子,泛指朝见君主,也指朝拜圣地:朝～|～

见|南眺禹穴,北～阙里。❷显现;显示:以～文王之耿光。❸通"仅(僅)",副词,只;仅仅:鲁日以削,至于～存,三十四世而亡。

歁 ㊀jìn 张口舒气。㊁qūn 气盛。

勬 jìn 用力。

勥 jìn 同"勬"。

㬐 jìn 同"噤"。

殣 jìn ❶路旁坟冢:四境盈垒,道～相望。❷饿死:天之饥馑,道无～者。❸掩埋:路见坏冢露棺,驻辇～之。

噤 jìn 同"噤"。

噷 jìn 同"噤"。

僸 jìn 古代少数民族乐曲名。

凚 jìn ❶非常寒冷:寒～。❷打寒战的样子。❸［凚瀿］(-shěn)寒冷的样子。

濅 jìn 同"濅(浸)"。

寖 jìn 同"濅"。

瞃 jìn 同"晋"。

蘗 jìn 草名。

藎 jìn 同"藎(荩)"。

晉 jìn 同"晋"。

噤 jìn ❶闭口,不作声:～口不语|～若寒蝉。❷关闭:～门而莫启。❸闷:心～难捱。❹因寒冷而身体颤抖:时天夜雪,～冻久之。

螹 jìn 同"蜝"。

穫 jìn 穰草。

瀿 jìn 同"凚"。

濅 jìn 同"浸"。

懍 jìn ❶(又读jīn)同"凚",打寒战的样子:斗酒散～颜|四方铁网罗布,欲走无路,～然定住。❷同"怜"。

濅 ㊀jìn 同"浸",渐。㊁jǐn 汉代县名,在今河南。

濅 jìn 同"浸"。

賮 jìn 同"賮"。

賮 jìn ❶古代指见面时赠送的礼物。❷赠给远行人的财物。❸进贡的财物。❹献;赠送:～宝|～之财。

嬔 jìn 同"妗",舅母。

墐 jìn 同"墐"。

墊 jìn ❶羊名。❷［墊亭］沈亭,古地名,在今河南。

歀 jìn 用于人名:刘～(汉代人)。

襟 jìn 竹木格,一说用以扞门。

蜝 jìn ❶虫名。❷又称蝛蜝,蛤类动物。

嚍 jìn 愤。

嬧 jìn 用于女子人名。

璶 jìn 像玉的美石。

殣 jìn 同"殣"。

晉 jìn 同"晉(晋)"。

晉 jìn 同"晉(晋)"。

搢 jìn 同"搢"。

藎 jìn 同"藎(荩)"。

颣(顭) jìn［颣龂］(-xiè)1.闭口,牙齿相摩切的样子。2.咬牙发怒的样子,单用"颣"义同:权威颣龂。

濅 jìn 同"濅(浸)"。

齘 jìn 同"矜"。

𨗨 jìn 同"进(進)"。

覲 jìn 同"覲"。

覲 jìn 同"觐(覲)"。

晉 jìn "晉(晉,晋)"的讹字。

J

覲 jìn 同“覲(觐)”。

蠘 jìn[蝛蠘](lián-)见562页“蝛”字条。

濜 jìn 古水名。(《玉篇》)

遖 jìn 同“进(進)”。

濅 jìn“濅”的讹字。

縉 jìn 同“缙(縉)”。

齽 jìn ❶牙齿向内弯曲。❷牙齿酸噤。❸同“噤”,闭口,不作声。

jīng

⺧(巠) ㊀jīng ❶同“经(經)”,织布机上的纵线。❷水脉。㊁xíng 同“陉(陘)”,古地名。(《集韵》)

巠 jīng“巠(⺧)”的讹字。

坙 jīng 同“经(經)”。

狏 jīng 哺乳动物。

茎(莖) ㊀jīng ❶植物的主干,某些植物生有地下茎:秋兰兮青青,绿叶兮紫~。❷形状像茎的:剑~|阴~。❸量词,用于条状物:几~小草|数~白发。㊁yīng[姚茎](yáo-)草名。

坔 jīng 同“巠(⺧)”。

京 jīng ❶人工筑起的高丘:于堑里筑~,皆高五六丈。❷高大:燎~薪。❸国都;首都:~师|~城。❹古代数词,一京为一千万。❺北京(地名)的简称:~剧|~腔|~广铁路。❻京族。1.中国少数民族名,主要分布在广西。2.越南的主要民族名。❼姓。

帍 jīng 同“京”。

泾(涇) jīng ❶泾河,水名,发源于宁夏和甘肃,流至陕西注入渭河。❷用于地名:~县(在安徽)。❸沟渠:沟~|一条小船在~上慢慢地划着。

经(經) ㊀jīng ❶织物的纵线:~线。❷南北的方向或南北向的道路,泛指道路或主要河道:国中九~九纬|~途|~流。❸中医学指人体气血运行的通路:~脉|~络。❹地理学指沿地球表面连接南北两极并与赤道垂直的线:东~|西~。❺长久不变的;正常的:~常|荒诞不~。❻指妇女的月经(一种生理现象):行~|~期|~血不调。❼奉为典范的著作或宗教典籍:~典|佛~|圣~。❽治理;管理:~天纬地|治军~武|~商。❾经过;经受:途~上海|身~百战|饱~沧桑。❿缢;上吊:自~。

㊁jìng ❶纺织:~布|吾始~之而不可更也。❷在织机上梳理经线:~纱|忆侬~绞时。

荆 jīng ❶灌木或小乔木,枝条柔韧,可用来编筐、篮等,古代也用其枝条做刑具:紫~|~条|负~请罪。❷古国名,春秋时楚国的别称。❸姓。

荊 jīng 同“荆”。

莿 jīng 同“荆”。

臯 jīng 同“京”。

𢀖 jīng 同“经(經)”。

亰 jīng 同“京”。

旍 jīng 同“旌”。

旍 jīng 同“旍(旌)”。

菁 jīng ❶韭菜等的花,泛指盛开的花、华彩:韭~|江离载~|丽服飏~。❷菜名,即蔓菁:秋韭冬~。❸水草:青~。❹[菁菁]草木茂盛的样子:其叶~。

葏 jīng 同“旌”。

猄 jīng 哺乳动物。

尌 jīng 同“京”。

庼 jīng 方形仓库。

旌 jīng ❶饰有牦牛尾或五色羽毛的旗子,泛指旗子:~旗。❷表彰;表扬:~表|~丰功。

旍 jīng 同“旌”。

惊㊀(驚) jīng ❶骡、马等因害怕而狂奔不受控制:马~了。❷人受到意外刺激而恐惧或精神不安:~慌|~恐|胆战心~。❸震动;惊动:~堂木|~天动地|打草~蛇。

㊁ liàng 同"悢",悲伤。

婛 jīng 用于女子人名。

経 jīng 同"經(经)"。

荆 jīng"荆"的讹字。

葏 jīng 草木茂盛的样子。

晶 jīng ❶ 光亮:~莹|~光烁亮|亮~~。❷ 明净:八月凉风天气~|石不润而燥,纹甚细而~。❸ 水晶,石英的晶体:茶~|墨~。❹ 晶体,原子、离子或分子按一定空间次序排列形成的固体,比喻果实、成果:结~|单~硅|人民的意志和希望结了~。

曐 jīng 同"晶"。

腈 jīng ❶ 精肉。❷ 有机化合物的一类,由烃基和氰基的碳原子连接而成。

曑 jīng 同"晶"。

旌 jīng 同"旌"。

綎 jīng 同"经(經)"。

経 jīng"經(经)"的讹字。

鹡(鶄) ㊀ jīng 鵁鶄。㊁ qīng[鶄鹤]鸟名。

睛 ㊀ jīng ❶ 眼珠:目不转~|画龙点~。❷ 眼睛:偷~斜望。

㊁ qǐng[眳睛](míng-)见 659 页"眳"字条。

痵 jīng 义未详。(《改并四声篇海》)

粳[秔、稉、杭] jīng 粳稻,稻的一种。

◆"秔"另见 498 页"糠"字条。

聙 jīng 听觉敏锐。

兢 jīng[兢兢]小心、谨慎的样子:战战~|~业业。

稉 jīng 同"秔(粳)"。

精 jīng ❶ 精米,挑选出的优质米,引申为精华,提炼出来的纯粹部分:酒~|味~|糖~。❷ 纯净;完美;最好:~品|~美|~益求~。❸ 工致;细密:~致|~密|~打细算。❹ 功力深厚;专一:~通|~于书法|博而不~。❺ 精力;精神:殚~竭虑|聚~会神。❻ 精液;精子:射~|受~。❼ 妖怪:妖~|~灵|成~。❽ 副词,表示程度、范围等,非常;十分;全部:~湿|饿得~瘦|输得~光。

粡 jīng 同"精"。

漇 jīng 同"滐"。

滐 jīng 古水名。(《玉篇》)

猜 jīng 同"旌"。

䍴 jīng 同"旌"。

髻(鬐) jīng 量词,用于头发:千~发(鬓)。

蕫 jīng 同"葏"。

鵛 jīng 同"䴖"。

綡 jīng 帽带。

鶄 jīng 同"鹡(鶄)"。

蘏 jīng 藤类植物。

鲸(鯨) jīng ❶ 俗称鲸鱼,哺乳动物,像大鱼,生活在海中:长~。❷ 大:~滩|~波|~量。

韺 jīng[六韺]也作"六茎",古代乐曲名。

頵 jīng[頵顋](-sī)1. 头不正。2. 美好的样子。

蘵 jīng 黄精,多年生草本植物,根茎可供药用。

嘒 jīng 义未详。(《字汇补》)

鬿 jīng 义未详。(《改并四声篇海》)

競{競} jīng 同"兢"。

䴖 jīng ❶[与(與)䴖]也作"鸒䴖",传说中的怪鸟。❷ 鸟颈,也作"颈(頸)":延~而鸣。

曔 jīng 义未详。(《龙龛手鉴》)

艋 jīng 义未详。(《龙龛手鉴》)

鯖 jīng[鮫鯖](jiāo-)见 435 页"鮫"字条。

鶁 jīng［羌鶁］（qiāng－）鸟名。

麠 jīng 水鹿，又称马鹿、黑鹿，鹿的一种，身体高大粗壮。

䜘 jīng 同“誙”。

鯨 jīng 义未详。（《改并四声篇海》）

麖 jīng 同“麠”。

蜻 jīng［䗴蛚］（－liè）同“蜻蛚”。

鶄 jīng［鶄鴝］（－qú）鸜鴝。

麢 jīng 同“麠”。

鱉 jīng 同“鲸（鯨）”。

麢 jīng “麢（麠）”的讹字。

鱷 jīng 同“鲸（鯨）”。

麢 jīng 同“麠”。

鶺 jīng［鶺鴷］（－liè）鷦鷯。

jǐng

井 jǐng ❶ 挖成或钻成的能取出地下水的深洞：水～｜机～｜一口～。❷ 形状像井的：油～｜矿～｜天～。❸ 乡里、人口聚居的地方：市～｜离乡背～。❹ 整齐：～～有条｜秩序～然。❺ 姓。

丼 ㊀ jǐng 同“井”。
㊁ dǎn 日本汉字，类似盖浇饭的食品。

邢 jǐng 古地名，在今河北。

阱［穽］ jǐng ❶ 陷阱，为捕猎、擒人、防御等设置的陷坑：兽穷于～。❷ 囚禁人的地方：囚于～室。
◆“穽”另见 459 页“穽”字条。

坓 ㊀ jǐng 坑；陷阱。
㊁ xíng 同“型”。

郱 jǐng 同“邢”。

坪 jǐng 陷阱。

汫 jǐng ❶ 同“阱”。❷ 用于地名：～洲（在广东）。

穽 jǐng 也作“穽”，房舍中的水井。

刭（剄） jǐng 用刀割脖子：～取其首｜自～。

汬 jǐng 同“阱”。

肼 jǐng 有机化合物，可制药，也用作火箭燃料。

畚 jǐng 传说中的鬼怪名。

垐 jǐng 同“坓”。

舣 jǐng 窖。

烃（烴） ㊀ jǐng ❶ 温。❷ 焦臭。㊁ tīng 有机化合物的一类，由碳和氢两种元素构成。

穽 ㊀ jǐng “阱”的异体字。
㊁ xíng 通“刑”：尹子～于棘。

舜 jǐng 同“㓝”。

㓝 jǐng 陷阱。

畊 jǐng 同“阱”。

舜 jǐng “舜（㓝）”的讹字。

颈（頸） ㊀ jǐng ❶ 脖子的前部，泛指脖子：刎～之交｜长～鹿｜引～受戮。❷ 器物像颈的部分或部位：瓶～｜壶～。
☞颈/领/项/脖 见 587 页“领”字条。
㊁ gěng［脖颈］也作“脖梗”，脖子的后部，泛指脖子。

霁 jǐng 同“穽（阱）”。

景 jǐng 见 1166 页 yǐng。

䤚 jǐng 同“阱”。

鉼 jǐng 义未详。（《改并四声篇海》）

蹔 jǐng 同“颈（頸）”。

儆 jǐng ❶ 警告，使警醒而不犯错误：～戒｜惩一～百。❷ 警报：边庭多～。❸ 警戒；戒备：～备｜晨夜～守。

憬 jǐng［憬颇］今作“景颇”，少数民族名，主要分布在云南。

頚｛頸｝ jǐng 同“頸（颈）”。

J

璄 jǐng 同"璟"。

頸 jǐng 同"頸(颈)"。

幜 jǐng 古代贵族妇女外出时穿的罩衣。

儆 jǐng 同"憼"。

憬 jǐng ❶觉悟：～彼江黄之众。❷远行的样子；远：怀仁～集｜荒～尽怀忠。

璥 jǐng 玉名。

璟 jǐng 玉的光彩。

憼 ㊀jǐng ❶尊敬。❷同"儆"，警戒；戒备：～革贰兵｜斩首祭旗，以～贼人。㊁jìng 同"敬"，恭敬；礼貌客气。

暻 jǐng ❶明亮。❷同"景"。

蟼 jǐng 蛤蟆的一种。

蟩 jǐng 虫。

擏 jǐng 除。

警 jǐng ❶告诫：～告｜～句｜惩一～百。❷戒备：～戒｜～惕｜～卫。❸紧急的信息：报～｜火～｜边城多～急。❹敏锐；敏悟：～觉｜机～｜聪～。❺警察的简称：民～｜户籍～｜公安干～。

譤 jǐng 同"警"。

鱁 jǐng 鱼名，生活在黄河上游等流域。

jìng

坓 jìng 义未详。(《改并四声篇海》)

併 jìng 同"径(徑)"。

肕 jìng 同"劤(劲，勁)"。

侄(侄) jìng 同"径(徑)"。

姘 jìng 女子贞洁。

劲(勁) ㊀jìng ❶强健；健壮：～者先，疲者后。❷刚强有力：刚～｜～弩｜～敌。❸坚韧；坚硬：疾风知～草｜木益枯则～。❹猛烈：～酒｜风～角弓鸣。㊁jìn ❶力气；力量：有～｜使～干。❷效力；作用：药～｜酒～。❸精神；情绪；兴趣：起～｜～头｜这个电影真没～儿。

劲 jìng 同"劲(勁)"。

劲 jìng 同"劲(勁)"。

径(徑)[❶❷❹逕] jìng ❶小路：山～｜曲～通幽处。❷达到目的的门道、方法：门～｜捷～。❸副词，表示直接去或做：～返上海｜～行办理｜～与有关人士接洽。❹数学指直径，两端以圆周为界，通过圆心的线段：半～｜口～。☞径／途／路／道／蹊 见177页"道"字条。

◆"逕"另见460页"迳"字条。

净[淨] jìng ❶清洁；干净：～水｜～土｜把萝卜洗～。❷洗；擦洗干净：～面｜～手｜～一～桌面。❸明净；无杂念：团团素月～｜卿居心不～。❹没有剩余：钱用～了｜把碗里的饭粒吃～。❺纯粹的：～重｜～利。❻副词。1. 只；仅仅：这两天～下雨｜～剩下他的了。2. 全；都：～说废话｜周围～是陌生人。❼传统戏曲中的角色，即花脸：～扮鲁智深，领卒子上。

弪(弳) jìng 弧度的旧称。

迳(逕) jìng ❶用于地名：～头(在广东)。❷用于人名。

◆"逕"另见460页"径"字条。

桱(桱) jìng ❶床前的几案。❷树名，像杉而硬。❸经丝具。

胫(脛)[踁] ㊀jìng 小腿：～骨。☞胫／股／腿 古汉语的"胫"指小腿(自膝部至脚跟)；股"指大腿(自胯部至膝部)；"腿"是后起字，最初专指小腿，后为大腿和小腿的总称。

㊁kēng[胫胫](-kēng)同"硁(硜)"，拟声词，敲击石头声。

◆"踁"另见461页"踁"字条。

凊 jìng[凊凊](-shěng)寒冷的样子。

滘 jìng 寒噤。

浄 jìng 同"净(淨)"。

婙 jìng 同"婧"。

竧 jìng 同"竞(競)"。

啰 jìng ❶拟声词,猿叫声。❷胡言乱语:胡～|调～。

倞 ㊀jìng 强劲。
㊁liàng 同"亮",明亮。

痉(痙) jìng[痉挛](-luán)肌肉紧张而不由自主地收缩,俗称抽筋。

淨 jìng 同"净(淨)"。

竞(競) jìng ❶比赛,争胜:～争|～赛|～走。❷争着;比着:～修第宅|众皆～进以贪婪兮。❸强盛;强劲:心则不～|南风不～。
◆"競"另见462页"競"字条。

彭 jìng ❶素妆,也作"靚"。❷清净:时弗获～,心往形留。❸也作"靓(靚)""靘",妆饰艳丽。

桨 jìng 洁。

䁰 jìng 义未详。(《龙龛手鉴》)

徑 jìng 同"徑(径)"。

竟 jìng ❶终了;完毕:读～|未～之事。❷整,从头至尾:～日|～夜。❸副词。1.到底;终于:有志者事～成。2.居然(表示出乎意料):这次测验～不合格|发生那么大的事情,我～不知道。

竫 jìng ❶安静:～立安坐|～潜思于至赜兮。❷编造(谎言):～言。❸通"靖",谦恭:～恭祈福。

婧 jìng ❶女子有才能或贞洁:～女。❷纤弱的样子:舒妙～之纤腰兮。❸[婧婧]矫健的样子。

靓(靚) ㊀jìng ❶妆饰:丰容～饰|浅妆匀～。❷艳丽;美好:小莲出水红妆～|霞光新～。
㊁liàng 漂亮;好看:～女|妹丑郎～|又平又～。

葝 jìng 同"葝",鼠尾草。

敬 jìng 同"敬"。

敬 jìng ❶做事严肃认真:～尔君事|吏～其职。❷警惕;戒备:夙夜～止|既～既戒。❸恭敬;礼貌客气:～请|～受命|毕恭毕～。❹尊重,有礼貌地对待:尊～|～重|～仰。❺有礼貌地送上(酒、茶等):～酒|～茶|先～客人一杯。☞敬/恭 见293页"恭"字条。

彰 jìng 同"静"。

啨 jìng(又读jiàng)义未详。(《字汇》)

赗(賙) ㊀jìng 赐予:～赐|～他上分之馔。
㊁qíng ❶接受赐予:看你积将家业,却有谁～。❷承受:～受|～现成的。

竧 ㊀jìng 用于人名。
㊁zhěn 同"躻"。

景 jìng 日色。

傹 jìng 同"竟",完结。

靖 jìng ❶安定;平安:四边安～。❷平定(叛乱);使社会安定:～乱|安国～民。❸通"静",清净;不动:为政清～|～以待命。

静 jìng ❶停止不动的:～止|～态|风平浪～。❷没有声响:幽～|～悄悄|夜深人～。❸安详;文静:～女其姝。❹使安定:～乱济世|平心～气|～下心来想一想。❺通"净",洁净:笾豆～嘉。

境 jìng ❶疆界;边境:～内|国～|出入～。❷区域;处所:渐臻佳～|如入无人之～|结庐在人～。❸状况;境地:处～|家～|～遇。

蒉 jìng 草名。

踁 ㊀jìng "胫(脛)"的异体字。
㊁kēng[踁踁](-kēng)同"硁硁(硜硜)",固执的样子:以身尝祸,虽有～之称,而非大雅之致。

獍 jìng 传说中的恶兽。

誩 jìng 竞言,争论。

巠(巠) jìng 隔绝。

霒 jìng 义未详。(《龙龛手鉴》)

踭 jìng 同"胫(脛)"。

箐 jìng 竹名。

靚 jìng ❶容貌美好的样子:～首。❷也作"净",传统戏曲角色行当之一。

竸 jìng 同"竸(競,竞)"。

靜 jìng 同"静"。

竸 jìng 义未详。(《改并四声篇海》)

䔔 jìng 同“敬”。

曔 jìng ❶明亮;日明。❷干(乾)。

镜(鏡) jìng ❶显现、摄取形象的器具:铜～|望远～|显微～。❷照;借鉴:君子不～于水而～于人。

竸 jìng 同“競(竞)”。

閪 jìng 义未详。(《改并四声篇海》)

瀞 jìng 同“净(淨)”。

蔜 jìng 同“敬”。

競 jìng 同“競(竞)”。

譩 jìng 同“竟(競)”。

瀞 jìng 同“净(淨)”。

䈞 jìng 同“箐”。

箐 jìng 竹名。

誩 jìng 同“競(竞)”。

競 jìng ❶“竞”的繁体字。❷通“境”:边～。

竸 jìng 同“競(竞)”。

競 jìng 同“競(竞)”。

譶 jìng 同“誩”。

jiōng

冂 ㊀jiōng 都邑的远郊。
㊁jiǒng 空。
㊂称同字框,汉字偏旁或部件。

冋 ㊀jiōng 同“冂”。
㊁jiǒng 同“冂”。

冏 jiōng 义未详。(《字汇补》)

坰 jiōng ❶同“冂”,城邑的远郊:旧～|郊～。❷用于地名:大～(在广西)。

扃 jiōng 同“扃㊀”。

絅(絅) ㊀jiōng 用力快拉。
㊁jiǒng 罩在外面的单衣。

垧 ㊀jiōng 同“坰”。
㊁shǎng 旧时地积单位,其制不一,一垧在东北地区一般等于十五亩,在西北地区等于三亩或五亩。

駉(駉) jiōng ❶牧马苑:在～之野。❷骏马:飞～。❸马肥壮的样子:駉马～。

扃 ㊀jiōng ❶从外面关门用的门闩或门钩:～关|～键。❷门;门户:山～|重～|幽～。❸关闭;锁上门闩:朱门～|～蓬户。
㊁jiǒng[扃扃](-jiǒng)同“炯炯”,明察的样子:我心～。

埛 jiōng 同“坰”。

帱 jiōng 巾。

嶍 jiōng 同“坰”。

槁 jiōng 树名,一说“樇”的讹字。

闁 jiōng 同“扃”。1.从外边关门的门闩。2.用以贯穿两个鼎耳的横杠。

鼏 jiōng 古人抬鼎所用木杠。

駫 jiōng[駫駫]也作“駉駉”,马肥壮的样子,单用义同。

駧 jiōng 同“駉(駉)”。

鍋 jiōng 同“扃㊀”。

鼨 jiōng[鼨鼩](-líng)斑鼠,哺乳动物。

蘔 jiōng 同“絅(絅)”。

蘏 jiong 同“絅(絅)”。

鼬 jiōng“鼨”的讹字。

鼲 jiōng 同“鼨”。

jiǒng

迥 jiǒng 同“迥”。

冏 ㊀jiǒng 光明;明亮:～朗|～若金玉。
㊁jiōng 同“冋”。

囧 jiǒng ❶明亮的样子,也作“冏”。❷郁闷;无奈;尴尬:～事|～途|～人。

囧 jiǒng 同“囧❶”。

囧 jiǒng 同"冏❶"。

泂 jiǒng 寒冷。

沯 ㊀jiǒng 见。
㊁guì 姓。

炅 ㊀jiǒng ❶明亮：～乎琼华之室。❷热：得～则痛立止。
㊁guì 姓。

迥[逈] jiǒng ❶远：～远｜山高地～。❷相差很远；差别极大：～异｜～然不同｜～若两人。

洞 ㊀jiǒng ❶寒冷。❷远，后作"迥"：～酌彼行潦。
㊁yǐng 同"颍(潁)"，古水名。(《字汇补》)

桐 jiǒng 同"檀"。

倨 jiǒng 同"僒"，困迫。

涧 jiǒng 寒冷。

炯[烱] jiǒng ❶明亮：～烛｜清～｜目光～～。❷明白；显著：～戒｜实～前书。

逈 jiǒng 同"迥"。

淴 jiǒng 同"泂"。

泂 jiǒng[泂潆](-hòng)水流回旋的样子：泓汯～。

惘 jiǒng ❶记忆。❷[惘惘]心中有事而失眠：～不寐。

窘 jiǒng 同"窘"。

檀 jiǒng 枰床。

煛 jiǒng ❶火。❷日光。

僒 jiǒng "僒"的讹字。

颎(熲) jiǒng ❶火光、明亮，也作"炯"：～光。❷忧虑不安：～然伤之。

窘 jiǒng ❶使陷于困境；困迫；穷困：又～阴雨｜生活～迫｜日子过得很～。❷使难堪或为难；难堪或为难：数～汉王｜～态毕露｜她的样子显得很～。

䁃 jiǒng 目惊的样子。

絅 jiǒng 同"䌹(絅)"，单外衣。

餇 jiǒng 饱。

絧 jiǒng 同"緗"。

緗 jiǒng 布名。

煚 jiǒng ❶大眼睛。❷目光。

僒 jiǒng 同"窘"，困迫：～若囚拘。

蝙 jiǒng[蝙蠕](-nìng)动物名，像蛙而小。

餇 jiǒng 同"餇"。

熲 ㊀jiǒng 箧。
㊁yǐng ❶锥柄。❷刀环。

褧 jiǒng 用麻或轻纱做的单罩衫。

潁 jiǒng 清。

㷡 jiǒng 同"煚"。

顈 jiǒng 火光，一说"熲(颎)"的讹字。

顈 ㊀jiǒng ❶草名，似苎麻，可织布：如三年之丧，则既～。❷同"褧"，用麻布做的单衣：被～黼。
㊁xiàn 缀。

寵{寵} jiǒng 同"窘"。

𦘦 jiǒng 同"冏"。

頴 jiǒng 同"顈"。

𥨍 jiǒng 同"寵(窘)"。

jiū

丩{丩} jiū 互相纠缠，后作"纠(糾)"。

氿 jiū 同"丩"。

叫 jiū 同"氿(丩)"。

勼 jiū 同"纠(糾)"，纠集；聚集。

宄 jiū 义未详。(《改并四声篇海》)

号 jiū 同"丩"。

刉 jiū 大刀。

㔾 jiū 大力;绝力。

𠘧 jiū 同“糺”。

纠(糾)[糺] ㊀ jiū ❶ 绞合的绳索,引申为缠绕、聚结:~缠|~结|~集。❷ 矫正:~偏|~正|匡~流俗。❸ 监督;告发:~察|举~。❹ 拧,抓,后作“揪”:~脸|~耳朵|~住不放。❺ 姓。
㊁ jiǎo[窈纠](yǎo-)舒缓的样子:舒~兮。
◆“糺”另见 464 页“糺”字条。

朻 jiū ❶ 高大的树木。❷ 同“樛”,树木向下弯曲。

朹 jiū 同“朻”。

牞 jiū 大公牛。

牞 ㊀ jiū 牛大力。(《玉篇》)
㊁ lè 古国名。(《字汇补》)

茾 jiū 同“䓘(䟸)”。

鸠(鳩) ㊀ jiū ❶ 外形像鸽一类的鸟:斑~|山~。❷ 聚集(多含贬义):~聚|~合|~敛。
㊁ zhì 通“豸”,解决:庶有~乎?|痛除八股而大讲西学,则庶乎其有~耳。

疞 jiū 同“疚”。

疚 jiū 腹急病。

疜 jiū 病,一说“疞”的讹字。

究 jiū(旧读 jiù)❶ 穷尽:不能~其礼。❷ 深入探求;追查:博~儒术|追根~底|违法必~。❸ 副词,毕竟;到底:万马齐喑(瘖)~可哀|如此办理~属不妥。

斜 jiū 义未详。(《改并四声篇海》)

糺 ㊀ jiū“纠(糾)”的异体字。
㊁ jiǔ 古代军队名。

赳 jiū 同“赳”。

究 jiū 同“究”。

剢 jiū 同“糾(纠)”。

糺 jiū 同“糾(纠)”。

赳 jiū“赳”的讹字。

赳 ㊀ jiū ❶ [赳赳](-jiū)健壮、威武的样子:~武夫|雄~,气昂昂。❷ 强劲的样子:~然有阵大风从东南来,刮得山谷震动。
㊁ jiù[赳蜈](-xiù)同“虬蜈”。

茾 jiū 同“䟸”。

勼 jiū 同“赳”。

軋 ㊀ jiū 车长轸。
㊁ jiù 轸上干(榦)。

𤣤 jiū 同“剢(纠,糾)”。

閄 jiū 讼。

雉 jiū 同“鸠(鳩)”。

阄(鬮) jiū ❶ 抓阄时用的纸团等:拈~。❷ [抓阄]为赌胜负后决定事情而各自抓取做好记号的纸团等。

莽 jiū 草相互纠结。

蒲 jiū 绕生的草。

嵬 jiū 义未详。(《改并四声篇海》)

愀 jiū 同“勼(纠,糾)”,纠集;聚集。

揪[揫] jiū 紧抓;扭住:~辫子|~心|她~住了他的衣领。
◆“揫”另见 464 页“揫”字条。

揂 ㊀ jiū 聚;聚集。
㊁ yóu 掩。

啾 jiū ❶ 歌吟:~发投曲。❷ 吹奏:平头奴子~银笙。❸ 拟声词,小而细碎声:~~|~唧。

啉 jiū 同“啾”。

剢 jiū 同“剢(纠,糾)”。

窔 jiū 同“究”。

揫 jiū ❶“揪”的异体字。❷ 聚集:~敛|~散兵保南阳。❸ 束:左右列几个彩衣绣服、丫髻两~的女童。

鳶 jiū 同“鳩(鸠)”。

鳩 jiū 同“鳩(鸠)”。

𡤿 jiū 同"揫",束。

𥦈 jiū 同"究"。

𠜋 jiū 同"丩"。

摎 ㊀ jiū ❶ 缚杀;绞死。❷ 纠结;缠绕:～结|死生相～。
㊁ qiú 通"求",寻求:～天道。
㊂ jiǎo [摎蓼](-liǎo)搜索:～浶浪,干(乾)池涤薮。

𦱗 jiū 草相互绕生。

䆡 jiū 同"䅢",禾苗初生。

𦷞 jiū 草交相缠绕。

樛 ㊀ jiū ❶ 树木向下弯曲:～木。❷ 姓。
㊁ liáo 树名。

𥨪 jiū "𥨪(究)"的讹字。

𣛪 jiū 同"樛"。

𨶯 jiū 同"鬮(阄)"。

𠹺 jiū 同"啾",拟声词,小儿声;小儿哭声。

𥨧 jiū "𥨪(究)"的讹字。

𥩚 jiū 同"究"。

鬏 jiū 假发(髲)。

𧥶 ㊀ jiū(又读 qiú)同"觓"。
㊁ chù 同"触(觸)"。

𥨻 jiū [𥨻窀](-qī)拟声词,穴中鼠声。

𥨱 jiū 同"𥦈"。

鬏 jiū ❶ 头发盘成的髻。❷ 假髻。

𩰠 jiū 同"鬮(阄)"。

𩰧 jiū 同"鬮(阄)"。

𩰩 jiū 同"鬮(阄)"。

𥩜 jiū 同"究"。

𩰪 jiū 同"鬮(阄)"。

𩽊 jiū 同"䶫(𪏆)"。

𪏆 ㊀ jiū 收束,紧缚,也指捆麻。
㊁ qiāo ❶ 麻因多日连续下雨而根部坏死。❷ 生麻,未经沤泡的麻。

鬮 jiū 同"鬮(阄)"。

鬮 jiū 同"鬮(阄)"。

𪏇 jiū 同"𪏆"。

䶫 jiū 同"𪏆"。

𪏆 jiū ❶ 同"揫"。❷ 髻。

𪏈 jiū 同"𪏆"。

jiǔ

九 ㊀ jiǔ ❶ 数词,八加一的和,也表示序数第九:～州|～月。❷ 表示多次或多数:～死一生|～牛一毛|～霄云外。❸ 时令名,从冬至日起每九天为一个"九",从"一九"数到"九九",这段时间天气最冷:数～寒天|冬练三～。
㊁ jiū 通"纠(糾)",聚合:～杂天下之川。

久 jiǔ ❶ 时间长:年深日～|～经考验。❷ 时间的长短:离别十年之～|这次出国多～回来?

夂 jiǔ 同"久"。

糺 jiǔ 辽、金时军队的名称,担任护卫或守卫边疆。

妏 jiǔ ❶ 寡妇守节,不再嫁。❷ 用于女子人名。

𡛖 jiǔ 同"妏"。

𠬛 jiǔ 同"灸"。

汣 jiǔ 同"氿"。

汥 jiǔ 同"氿",湖名,在江苏。

㚹 jiǔ 同"妏"。

玖 jiǔ ❶ 次于玉的黑色美石:佩～|琼～。❷ 数词"九"的大写。

灸 jiǔ ❶ 中医疗法,用艾炷或艾条烧灼、熏烤人体穴位表面:针～。❷ 烧灼:～灼|～破其面。

灸 jiǔ同“炙”。

玖 jiǔ“玖”的讹字。

乱 jiǔ以舌取物。

刹 jiǔ出罪。(《改并四声篇海》)

韭[韮] jiǔ韭菜，多年生草本植物，叶和嫩花可食。

欧 jiǔ同“久”。

咻 jiǔ义未详。(《改并四声篇海》)

酒 jiǔ用粮食或水果等经发酵制成的含乙醇的饮料，有刺激性：白～|啤～|茅台～。

斨 jiǔ镜。

泉 jiǔ同“酒”。

畣 jiǔ同“酒”。

雀 jiǔ姓。

烈 jiǔ出罪。(《字汇》)

雀 jiǔ姓。

jiù

匛 jiù同“柩”。

旧(❶-❸舊) jiù ❶过去的；过时的：～式样|～眼光|因循守～。❷经过长时间而变形或变色：～书|～家具|衣服～了。❸过去的人或事物；老交情或老朋友：叙～|怀～|故～|访～。❹同“臼”。

囚 jiù同“旧(舊)”。

玔 ㊀jiù玉器。
㊁qiú同“玌”。

臼 jiù ❶舂米的器具，一般用石头或木头制成，中部下凹如盆。❷像臼的东西：～齿。❸星名。

灾 jiù ❶同“疚”。1.病。2.贫穷。❷久居。

乱 jiù同“踋”。

臼 jiù义未详。(《改并四声篇海》)

咎 jiù ❶灾害；灾祸：休～(吉凶)|变～为祥|自取其～。❷过失；罪过：引～辞职|归～于他|动辄得～。❸怪罪；追究：既往不～。

舅 jiù同“舅”。

咎 jiù“咎”的讹字。

疚 jiù ❶病患；缺点：无饥馑疾～祸罪之殃|忧思成～|令章靡～。❷对自己的过失感到惭愧或痛苦：内～|愧～|负～。

弶 jiù同“彊”。

救 ㊀jiù同“救”。
㊁shè同“赦”。

匶 jiù同“柩”。

柩 jiù同“柩”。

柩 jiù装有尸体的棺材：灵～|棺～|扶～。

踋 jiù ❶[踋蹴](-qiù)走路不正的样子。❷行走的样子。

趴 jiù同“乱(踋)”。

廐 jiù同“厩”。

救 jiù同“救”。

桕 jiù ❶乌桕，落叶乔木，叶可制黑色染料，种子可榨油，皮、叶可供药用。❷旧式门上合榫的槽：门～|推门入～。

偺 ㊀jiù毁谤。
㊁zán“咱”的异体字。

凰 jiù义未详。(《字汇补》)

逍 jiù[出逍]弄巧成拙。

救[捄] jiù ❶帮助；使免于或脱离危险、困难：～援|～灾|求～。❷通“纠(糾)”，纠正：～正此弊|以～其谬。◆“捄”另见469页“捄”字条。

救 jiù同“救”。

恣 jiù同“悚(救)”。

厩[廄、廏] jiù马棚，泛指牲口棚：马～|～肥。

𩚬 jiù 同"䭦"。

䭦 jiù"䭦"的讹字。

𤸫 jiù 同"疚"。

𣪘 jiù"𣪍"的讹字。

𣪍 jiù 强击。

𣪘 jiù ❶ 揉屈。❷ 强击。

𠒂 jiù 同"舅"。

𣉢 jiù 义未详。(《改并四声篇海》)

臭 ㊀ jiù 熟干米粉。
㊁ qiǔ 同"糗",炒熟的米、麦。

䭃 jiù 同"䭦"。

就 jiù ❶ 接近;靠近:避重~轻|~着灯光看书。❷ 开始从事:~学|~业|~寝。❸ 完成:造~人才|一挥而~|功成名~。❹ 随同着吃或喝下去:小米粥~咸菜|~着花生米喝酒。❺ 介词,趁着;顺着:~便|~地取材|~近上学。❻ 副词。1. 表示事情很快就会发生;不用经过很长时间:火车~要开了|他来了,我~走。2. 表示事情已经发生或早已存在:他昨天~回家了|这里的地铁早~开通了。3. 只;仅仅:他~爱打篮球|这件事~你、我两个人知道。4. 表示强调、肯定语气:这么一来~好办了|我~不相信完不成任务。❼ 连词,就是;即使:路~再远我也不怕|你~送来,我也不能要。

𡬫 jiù 同"就"。

㽱 jiù 同"舅"。

舅 jiù ❶ 母亲的兄长或弟弟:大~|三~。❷ 古代称丈夫的父亲:昔者吾~死于虎。❸ 古代称妻子的父亲:献帝~车骑将军董承。❹ 妻子的弟弟或兄长:妻~|小~子。

𨦋 jiù 同"䭦"。

𦥹 jiù"𦥹(厩)"的讹字。

詯 jiù 同"咎"。

𤹉 jiù 病。

𨗷 jiù 弯腰行走,以示恭谨。

𥡵 jiù ❶ 稻谷成熟。❷ 税。

𠎝 jiù"僦"的讹字。

𨾛 jiù 同"鴭"。

𦑏 jiù 同"鹫"。

僦 jiù ❶ 租赁;雇:~屋。❷ 租金;佣金:与~一里一钱|酬~。

䭦 jiù 饱。

𧨺 jiù 同"救"。

廄 {廏} jiù 同"廄(厩)"。

𢷾 ㊀ jiù 揽。
㊁ zú 狠狠地打。

𢢔 jiù ❶ 谨慎。❷ 喜悦。

鳩 jiù 同"鹫(鷲)"。

𧢛 jiù 众视。

𡾰 jiù 用于山岭名:灵~|洙~宾。

𣈹 jiù 同"𣈹(舅)"。

諮 jiù ❶ 毁。❷ 同"咎"。

就 jiù 同"就"。

𥼶 jiù 稻粒。

駋 jiù 八岁的马。

舊 jiù 同"舊(旧)"。

𣨛 jiù ❶ 终。❷ 殄。

𩿨 jiù 同"駋"。

䐢 jiù 下痕。

𡬫 jiù 同"就"。

𨗷 jiù 行动谨慎。

J

鳩 jiù ❶［鸟鳩］俗称铁连甲,鸟名。❷同"鷲",百舌鸟。

鷲 ㊀jiù 百舌鸟。
㊁jú 鸟名。

鮈 jiù 同"鮊"。

鮊 jiù ❶鱼名。❷同"鰌"。

鹫（鷲） jiù ❶鸟名,即雕。❷鹰科部分鸟类的通称:秃～｜兀～。❸山名,灵鹫山的省称:～室｜～窟。

邂 jiù 行动谨慎。

匶 jiù 同"柩"。

鰌 ㊀jiù 鲥鱼。
㊁ǎi 又称叔鲔,鱼名。

諔 jiù 谄媚;奉承。

麔 jiù 雄性麇鹿。

鸐 jiù 同"鹫(鷲)"。

彊 jiù 弓强。

櫹 jiù 同"桕"。

齨 jiù ❶老人牙齿。❷八岁以上的马齿。

鶁 jiù 同"鷲(鹫)"。

櫃 jiù 同"柩"。

匶 jiù 同"柩"。

jū

凥 jū 同"居",居处。

抅 jū 同"拘"。

郥 jū 古乡名,在今陕西。

拘 ㊀jū ❶逮捕或扣押:～押｜～留所。❷约束;限制:～束｜不～小节｜不～一格。❸固执,不变通:～泥｜～礼。
㊁jǔ［拘涧］古水名,在今河北。

苴 ㊀jū ❶［苴麻］又称种麻、子麻,植物名,大麻的雌株,开花后结实。❷大麻的籽实,泛指麻:九月叔～。❸通"粗",粗劣;粗糙:～服｜～杖(指竹杖)。
㊁chá 枯草:如彼栖(棲)～｜草～比而不芳。
㊂zhǎ［蓾苴］(lǎ-)见526页"蓾"字条。
㊃bāo 古代少数民族名,巴人的一支。

迌 jū "趄"的讹字。

呪 jū 义未详。(《龙龛手鉴》)

岨 ㊀jū(又读 qū)覆盖着土层的石山,多用于地名:梁家～(在陕西)。
㊁jǔ［岨峿］(-yǔ)❶山的样子。❷不安的样子。

狙 jū ❶古书上指猕猴:众～各丰肥。❷狡诈:纵其～诡,延其变诈。❸窥伺:～击｜～觑。

匊 jū ❶满手;满捧:盈～。❷捧;捧起:～黄羊血。

庡 jū 人相依。

沮 ㊀jū ❶水名。1. 古水名,即今陕西的漆沮水。2. 又称沔水,在陕西。3. 在湖北。❷古县名,在今陕西。❸姓。
㊁jǔ ❶阻止;终止:何以～劝｜邪赢之计～矣。❷坏;败:事～不胜。❸颓丧;消沉:～丧｜气～｜败亦不可～。
㊂jù 湿;湿润:～泽｜～洳。
㊃zǔ［沮阳］古县名,在今河北。

泃 ㊀jū 水名,发源于河北,流至天津注入蓟运河。
㊁gōu 拟声词,水声。

泦 jū 同"涺"。

宔 jū 同"居"。

居 jū ❶坐:～,吾语女(rǔ)。❷居住:～家｜分～｜穴～野处。❸住处:新～｜故～｜蜗～。❹处在;处于:～中｜～高临下｜～安思危。❺当;担任:～官｜以前辈自～。❻囤积;积蓄:奇货可～｜囤积～奇。❼表示经过的时间,过了:～有顷,倚柱弹其剑｜～数月,北攻亢父。❽姓。

屋 jū 同"居"。

驹（駒） jū ❶少壮的马:马～｜千里～。❷幼畜;幼兽:马～｜驴～｜麒麟之～。

弆 jū 同"掬"。

庢 jū "屋"的讹字。

祢 jū[祢祢](nǐ-)山名。

捄 ㊀jū 以臿类工具挖土以筑墙:~之陾陾。
㊁qiú 长而弯曲的样子:有~棘匕。
㊂jiù "救"的异体字。

砠 ㊀jū ❶ 也作"岨",覆盖着土层的石山。❷[砠碚](-yǔ)也作"岨峿",参差不齐的样子。
㊁zū 秤锤。

眗 ㊀jū 左右惊视:~然视而走。
㊁kōu 眼睛深陷。

罝 jū"罝"的讹字。

罝{罝、罝、罝} jū(又读 jiē)❶ 捕兔网,泛指捕鸟兽的网:兔~|结~。❷ 捕捉;驾驭:逸马难~。

毬 jū 同"毱(鞠)"。

胐 jū 肥。

疽 ㊀jū 中医指一种毒疮,局部皮肤肿胀、坚硬而颜色不变:痈~。
㊁jǔ[瘪疽](qǐn-)痒病。

痀 jū(又读 gōu)曲脊;驼背。

弆 jū 同"掬"。

窅 jū 同"岨"。

郿 jū 古国名。(《玉篇》)

居 jū 同"居"。

陱 jū 同"鞠"。1. 养育;抚养。2. 多;充盈。

掬 jū ❶ 双手捧起:~水|笑容可~(形容笑得明显)。❷ 撅;翘起:~着嘴|从地上~起一块四方石板。❸ 量词,捧:一~水|两~土。

菹 jū[苴菹](jū-)草名。

梮 jū ❶ 同"梮",抬举食物的用具,像案。❷ 抬土的工具。❸ 走山路的小轿子,一说走山路时穿着的底下带钉的鞋,可防滑。

啾 ㊀jū[嘰啾](jiān-)见 422 页"嘰"字条。
㊁sǒu 同"嗾",指使狗时发出的声音。

崌 jū[崌嵎](-yú)1. 高崖。2. 山石相向的样子。

崓 jū ❶ 山。❷ 同"崌"。

崌 jū ❶ 古山名。(《山海经》)❷ 古州名,在今四川。

毱 jū 同"毱(鞠)"。

匊 jū 同"匊"。

涺 jū 古水名。(《说文》)

涺 jū 同"涺"。

寁 jū ❶ 同"居",住房。❷ 存储;积蓄:宝~。

屐 jū 小的样子。

娵 jū ❶ 美女。❷[娵觜](-zī)也作"娵訾""陬訾",星名。❸ 姓。

娵 jū 用于女子人名。

琚 jū 佩玉,一说红色玉或次于玉的美石。

趄 ㊀jū 阻隔:~尘。
㊁qiè ❶ 倾斜:~坡|~着身子。❷ 翘起:把屁股~着。
㊂qie[趔趄](liè-)见 574 页"趔"字条。

椐 jū ❶ 又称灵寿木,树名,多肿节,可做手杖。❷ 同"榉(欅)"。❸ 篱笆。

跔 ㊀jū 筋脉抽搐,手足关节不能屈伸:天寒足~。
㊁qǔ 同"趋",行走的样子:拨转马头,向北一道烟~。

賏 jū 义未详。(《字汇补》)

赌(賭) jū ❶ 卖。❷ 也作"寁",存储;积蓄:~贮|~酒。

锔(鋦) ㊀jū ❶ 锔子,又称抓钉,用于修、拼接破裂陶瓷器,或拼接、加固木构件的两脚钉:铁~。❷ 用锔子连接器物:~碗|~缸|既设门扉,又以铁~。
㊁jú ❶ 金属元素,由人工合成获得,有放射性,可用于航天工业。❷ 同"焗",利用蒸汽使容器中的食物变熟。

毱 jū 同"鞠",古代用于游戏的皮球。

毱 jū 同"毬(毱,鞠)"。

腒 jū 女性外生殖器。

腒 jū 鸟肉干,泛指肉干。

毦 jū同"毱(鞠)"。

毩 jū同"毱(鞠)"。

䀠 ㊀jū怒目斜视。
㊁jù同"眗",心里害怕而左右环顾。

雎 jū ❶[雎鸠]又称王雎,古书上说的一种鸟。❷古水名,在今湖北。❸姓。

毱 jū同"毬(毱,鞠)"。

毴 jū同"毱(鞠)"。

稙 jū同"苴"。

椐 jū[糖椐](táng-)见930页"糖"字条。

鮈(鮈) ㊀jū鮈亚科鱼类名,生活在江河、湖泊中。
㊁qú用于人名:鲋~(汉代长沙王)。

緅 jū束。

䝒 jū[佝䝒](gōu-)瘦弱。

裾 ㊀jū ❶衣服的前襟或后襟:曳长~|~长到踝。❷衣服宽大:~衣博袍。
㊁jù ❶通"倨",傲慢:为人廉~。❷通"据(據)":因长川之~势。

㞐 jū女子生殖器。

趄 jū"趄"的讹字。

鞫 jū同"掬"。

鞫 jū同"掬"。

頊 jū下巴。

蜛 jū ❶[蜛蝫](-zhū)也作"蜛蝫"。1.水生虫名,像蚕,左右有脚,尾有数条。2.蛤蟆。❷[蜛蚁](-fǔ)螳螂的别称。

艍 jū船。

滤 jū古水名,也作"沮水",在今陕西。

䵕 jū舀取。

䶄 jū"䵕"的讹字。

碿 jū同"砠"。

踑 jū同"跔",筋脉抽搐,手足关节不能屈伸。

踘 jū ❶踏;践踏。❷也作"鞠",即毬,古代体育运动用具,球形:蹴~。

毱 jū同"毱(鞠)"。

簐 jū同"簐(籍)"。

鋦 jū同"锔(鋦)"。

鋦 jū同"锔(鋦)",用锔子连接器物。

鮈 jū同"鮈(鮈)"。

颶 jū风的样子。

諊 jū同"籍"。

窾 jū"窾(窾)"的讹字。

䋧 jū同"拘"。

趄 jū"趄"的讹字。

鞠 jū同"鞠"。

䴗 jū[王䴗]又称雎鸠,即鱼鹰。

罝 jū同"罝"。

罝 jū同"罝"。

罝 jū同"罝"。

簐 jū同"籍"。

簐 jū同"籍"。

簐 jū同"籍"。

鋦 jū同"锔(鋦)"。

簐 jū弯腰。

䵕 jū同"䵕",舀取:~露。

䶄 jū同"䵕"。

鞠 ㊀jū ❶古代体育运动用的球(毬):蹴~|踏~。❷弯曲:~躬。❸养育;抚养:

～育｜～养。❹多;充盈:降此～讻。❺姓。
㊁ qiōng[鞠竆](-qióng)芎竆。

鞠 jū 义未详。(《改并四声篇海》)

䡞 jū ❶酌;舀取:～酒浆｜斟～。❷舀水器。

䈮 jū“䈮(籍)”的讹字。

䶙 jū 义未详。(《龙龛手鉴》)

鞫 jū ❶审问;查问:～审｜～讯。❷同“鞠”。1.古代体育运动用的球(毬):充其胃以为～,使人执之,多中者赏。2.养育;抚养:夫人乃接受而～粥之。

璵 jū 同“璵(琚)”。

䡞 jū 同“䡞”。

䡞 jū 同“䡞(䡞)”。

䕮 jū 同“鞠㊀❶”。

䕮 jū“䕮”的讹字。

䳔 jū ❶同“岨”,覆盖着土的石山。❷同“鵴”,鵴鸠,鸟名。

䕮 jū 同“鞫”。

窾 jū 穷。

鶋 jū[鶢鶋](yuán-)见1201页“鶢”字条。

䡞 jū“䡞(䡞)”的讹字。

䕮 jū 同“鞠㊀❶”。

䕮 jū 同“鞠㊀❶”。

鞫 jū 同“鞫(掬)”。

窾 jū“窾(窾)”的讹字。

璵 jū 同“琚”。

窾 jū“窾(窾)”的讹字。

窾 jū 同“窾”。

窾 jū 同“窾(窾)”。

鞠 ㊀ jū 同“鞠”。1.古代体育运动用的球(毬)。2.姓。
㊁ qū 同“麴(麹,曲)”,酒曲。

䈮 jū 审理罪犯。

䕮 jū 同“鞠㊀❶”。

䈮 jū 同“䈮”。

䈮 jū 同“䈮(䈮)”。

䕮 jū 同“鞠㊀❶”。

jú

㞐 jú 持。

𡰪 jú 同“㞐”。

𡊄 jú 义未详。(《龙龛手鉴》)

𡱈 jú 同“㞐”。

𡱝 jú 同“𡱈(㞐)”。

臼 ㊀ jú ❶叉手。❷敛手。❸同“匊”。
㊁ jǔ 同“举(舉)”。

局[❷跼、❷侷] jú ❶弯曲,引申为狭隘:谓天盖高,不敢不～｜意～而辞野。❷拘束;拘谨:～限｜～促。❸棋盘;下棋时双方对阵的形势:棋～｜对～。❹量词,用于棋类等比赛:三～两胜｜下了两～。❺事情的情况、形势:全～｜时～｜～势。❻机关及团体组织中按业务划分的单位:教育～｜公安～｜外事～。❼某些企事业单位的名称:书～｜邮～｜电话～。
◆“跼”另见472页“跼”字条。

阸 jú 也作“隈”,曲岸外侧:有园在洨水之～。

垷 jú 同“阸”。

岘 jú[岘峣](-ào)宫室的深处。

泦 jú ❶水波纹。❷同“阸”。

𡱥 jú 同“局”。

狊 jú ❶犬视的样子。❷猿类动物。❸鸟张开双翅的样子。

J

椈 jú 同"泦"。

肻 jú 姓。

肮 jú "肻"的讹字。

扃 jú 同"局",机关单位名。

挶 jú ❶握持:化虫枯～茎。❷同"梮",古代运土器具。

則 jú 分割。

寚 jú 不敢伸。

驹(駶) jú 马站立不稳。

菊 jú 菊花,多年生草本植物,品种多,黄菊、白菊可供药用。

郹 jú ❶古邑名,在今河南。❷古地名,在今山东。❸姓。

啹 jú 吮吸:～奶。

倶 jú 狡黠。

腒 jú ❶身。❷肥。

猲 jú 哺乳动物。

焗 jú ❶盖严锅盖焖煮:盐～鸡。❷气温高、湿度大,使人感到憋闷:～热。❸一种染发、护发方法:～油|把白头发～成黑色。

淗 jú 同"泦"。

惐 jú 谨慎。

婅 jú 用于女子人名。

綐 jú 古山谷名。(《集韵》)

� jú 蓬乱的头发。

椇 jú 同"檋"。

椈 jú 枸子。

椈 jú 柏,常绿乔木。

暴 jú 抬举食物的用具,像案。

跼 jú 足。

蒀 jú 同"鞠"。

湨 jú 水名,在河南。

耜 jú ❶农具名。❷耕。

弆 jú 同"鞫"。

越 jú ❶跑。❷逾越;越过。

蓻 jú 同"蘜(菊)"。

輂 jú ❶用马拉的大车。❷运载土石的器具。

蘜 jú 同"蘜(菊)"。

暴 jú 同"暴"。

畹 jú 韭畦。

犑 jú 牛名。

暴 jú 同"暴"。

擧 jú 两手托物。

𢍰 jú 同"擧"。

鶪(鶪) jú 又称伯劳,鸟名。

暴 jú 约束;拘束。

閰 jú ❶闲。❷闭。

跼 jú ❶"局❷"的异体字。❷马行不进的样子:马鸣～不肯前。

蝌 ㊀jú[蝌鼃]蟾蜍。
㊁qū 蚯蚓。

耥 jú 同"梮"。

箘 jú 竹根。

僪 ㊀jú ❶狂:狂～。❷狂鬼,迷信指一种无头恶鬼:～狂。❸通"谲(譎)",怪异:～佹。
㊁yù 日旁云气:倍～。

粷 jú 粷粉。

𩭲 jú 头发散乱。

趜 jú ❶穷,困窘。❷体不伸。

䕮 jú 菜名,种子可做香料。

䡓 jú 同“輂”。

輂 jú ❶大车直辕上缠绕的皮革。❷直辕车。

𧵸 jú 同“䴗(鵙,鶪)”。

𣋡 jú 同“暴”。

𨈉 jú[𨈉躬]同“鞠躬”。

𧮯 jú 古山谷名,在今山西。

𣝗 jú “橘”的讹字。

橘 jú 俗作“桔”,常绿乔木,果实可食用,果皮、种子、叶可供药用。

䣳 jú 同“郹”。

𧤼 jú 曲角。

𩲡 jú 同“𩴸”。

𩞿 jú 稠粥。

𦢊 ㊀jú 古代纪月的名称,月阳在乙。
㊁xuè 生疮的样子。

𩀨 jú 同“鶪”。

𩯠 jú[䯱𩯠](qū-)见799页“䯱”字条。

檋 jú 古代走山路的底下带钉的鞋,一说走山路的小轿子。

𨿅 jú 同“䴗(鵙)”。

𦒎 jú “輂”的讹字。

𪂹 jú[𪂹鸠]也作“鶪鸠”,鸟名。

鞠 jú ❶裹。❷同“鞠”。

𪃲 jú 同“鶪”。

䭰 jú 同“𩥉”。

𪀁 jú 同“鵙(鶪)”。

𨃊 jú 同“跼”。

𩴸 jú 静。

𩶉 jú 鱼名。

𧾣 jú ❶狂跑的样子。❷同“𧼴”,行走的样子。

蘜 ㊀jú 菊花,后作“菊”。
㊁qū[蘜蘲](-chén)花色青黄。

𧅫 jú 同“蘜(菊)”。

𣟼 jú 同“檋”。

𣟽 jú 同“檋”。

𨣘 ㊀jú 酱。
㊁jué 蚌酱。

𧸖 jú 贝。

𨇨 jú ❶行走时身体重心不稳。❷同“𧾣”,狂跑的样子。

𦇀 jú 同“素”,本色的丝织品。

𩸣 jú 江豚。

𪆷 jú[鴶𪆷](jiá-)见417页“鴶”字条。

𧄼 jú 草名。

𧆋 jú 同“蘜(菊)”。

𡾋 jú 山高的样子。

𪕹 jú “鼳”的讹字。

𧽚 jú 行走的样子。

擢 ㊀jú ❶抓取,索取,也作“攫”:～财而出。❷除去:不～所有。
㊁qú 枝叶等敷布的样子:木大者根～。

蘜 jú 大兰,多年生草本植物。

𩴵 jú 狂鬼,传说中的无头恶鬼。

𩵅 jú 同“𩴵”。

鼳 ㊀jú 又称鼹鼠,哺乳动物。
㊁xí 松鼠。

鶪 jú同"鵙"。

鱊 jú同"鱊"。

蘜{蘜} jú同"鵴"。

犑 jú牛名。

鶪 jú同"鵙"。

鵴 jú同"鶪(鵙)"。

驧 jú ❶马的脊背弯曲。❷马跳跃。

欅 jú同"椈"。

鵴 jú同"鵙"。

籟 jú同"鵴"。

鶪 jú［秸鶪］(jiē-)也作"鴶鵴",杜鹃鸟。

驧 jú同"驧"。

鵴 jú同"鵙"。

鶪 jú同"鵙"。

jǔ

舁 jǔ同"举(舉)"。

郘 ㊀jǔ古亭名,在今湖南。
㊁qú同"鄡",古代村落名。

夆 ㊀jǔ同"举(舉)"。
㊁féng同"夆"。

秉 jǔ同"举(舉)"。

奉 jǔ同"举(舉)"。

弆 ㊀jǔ收藏;保藏:藏～|～藏|家～一编。
㊁qǔ彻。

咀 ㊀jǔ ❶细嚼,引申为细细玩味、体会:～嚼|含英～华。❷配药方:～药。
㊁zuǐ同"嘴❷",用于地名:黑山～(在河北)|尖沙～(在香港)。

牵 jǔ"牵"的讹字。

莒 jǔ ❶芋头。❷古国名、古邑名、古州名,均在今山东。❸用于地名:～县|～南(均在山东)。

枸 ㊀jǔ ❶［枸橼］(-yuán)又称香橼,常绿小乔木或大灌木,叶、根、果实、种子可供药用。❷蒌叶,又称蒟酱、扶留藤。❸枳枸,即枳椇。
㊁gǒu［枸杞］(-qǐ)又称枸檵,落叶小灌木。果实称枸杞子,可供药用。
㊂gōu ❶也作"椈",树木弯曲:～木。❷［枸橘］枳树。

眗 jǔ ❶视,看,一说"眀"的讹字。❷同"瞿",害怕地看的样子。

昷 jǔ人名(三国时吴国君主孙休第三子孙𩑋的字)。

矩［榘］ jǔ ❶画方形或直角的曲尺:～尺|泥坛方合～,铸鼎圆中规。❷法度;准则:循规蹈～|不逾～。

举(舉)［擧］ jǔ ❶两人一起抬举东西,泛指向上抬、向上托:～手|～杯|～重。❷发起;兴起:～办|～行|～兵。❸推荐;选拔:～荐|选～|～贤任能。❹提出:～例|列～|不胜枚～。❺动作行为:创～|壮～|一～一动。❻全,整个:～国|～世|～座皆惊。
◆"擧"另见1181页"𢪏"字条。

丵 jǔ同"举(舉)"。

龃(齟) jǔ［龃龉］(-yǔ)1.不协调;不相配合:圆凿而方枘兮,吾固知其～而难入。2.不安的样子。
◆"齟"另见128页"锄"。

跙 jǔ行走的样子。

冡 jǔ同"擧(举)"。

轝 jǔ同"冡(擧,举)"。

擧 jǔ姓。

椇 jǔ ❶枳椇,又称拐枣,落叶乔木,皮、叶可供药用,木材用于建筑及制作精细家具。果实可食,也可酿酒。❷俎案的一种,古代放置祭品的礼器。

椈 jǔ ❶树名。❷果实名。

筥 jǔ ❶又称筲、筲箕,古代盛饭食的圆形竹器。❷箱、笼等盛物器。❸量词,禾四把为一筥。

蒟{蒟} jǔ ❶［蒟蒻］(-ruò)魔芋,多年生草本植物。块茎加工后可食,也可供药用。❷［蒟酱］蒌叶。

榉(櫸) jǔ 落叶乔木。1.榉树,像榆,木材可用于建筑和造船,叶、皮可供药用。2.山毛榉,木材可用于制枕木、家具。3.榉柳,同"柜柳"。

碽 jǔ[硧碽](fǔ-)见267页"硧"字条。

龃(齟) ㊀jǔ[龃龉](-yǔ)1.也作"龃齬"。牙齿上下对不齐,比喻意见不合:其志~。2.比喻不相聚:两地尘沙今~。3.不平正:车道平拓,无~之虞。
㊁zhā 同"齇",牙齿不整齐。

腢 jǔ 同"瞩",闻声而惊。

禹 jǔ 同"㧖"。

瞩 jǔ 吃惊地看的样子。

篋 jǔ 同"簴(簇,筥)"。

粔 jǔ[粔粔](-lǚ)一种山羊,身小,角尖。

聥 jǔ ❶有所听闻。❷闻声而惊。

篥 jǔ[篥篓](-jù)校正车轮的器具。

踽 jǔ ❶[踽踽]1.独行孤单的样子:独行~|~飘零客。2.独行的样子,单用义同:行何为踽踽凉凉?|曳锡踽步,千里游学。❷半跪,旧时妇女相见的礼节。

嫜 jǔ 姓。

齟 jǔ 同"齟(龃)"。

簵 jǔ 同"簇(筥)"。

篪 jǔ 同"篆"。

舉 jǔ 同"舉(举)"。

篆 jǔ ❶圆筐,用于盛饲料喂牛或盛桑叶养蚕。❷承杯用的盘子。

懙 jǔ 恭谨。

欅 jǔ "欅(榉)"的讹字。

欅 jǔ 同"欅(榉)"。

縪 jǔ[舌縪]舌举,翘起舌头不放下,比喻词穷。一说"后缚(反缚)"的讹误。

鄺 jǔ 同"筥"。

jù

厶 jù 同"巨"。

上 jù 同"五(巨)"。

五 jù 同"巨"。

丞 jù 同"巨"。

巨[❷鉅] jù ❶木工用的画方形或直角的曲尺,后作"矩":成功之术,必有~矱。❷大:~浪|~变|事无~细。❸姓。
◆"鉅"另见476页"钜"字条。

句 jù 见295页gōu。

刞 jù ❶用于地名:~庄(在安徽)。❷姓。

讵(詎) jù ❶副词。1.岂;怎么;难道:~料|~知|良辰~可待?2.曾;曾经:一别~几何|暑往~几时。❷介词,至;到:~今四月尚无消息。❸连词。1.假如;如果:~非圣人,不有外患,必有内忧。2.不料;没想到:~日久弊生|~接了回条,又是推辞。

拒 jù ❶抵御;抵抗:~守|~敌|抗~。❷回绝,不接受:~绝|来者不~。

苣 ㊀jù ❶火把,后作"炬":燔~|束~乘城。❷灯花:犹结同心~。❸[苣藤](-shèng)芝麻的别称。
㊁qǔ[苣荬菜](-mai-)多年生草本植物,嫩茎叶可食。

岠 jù ❶大山。❷通"距",离;到:~齐州以南|元龟~冉长尺二寸。

郇 jù 古地名。(《说文》)

狟 jù 同"駏"。

洰 ㊀jù 水中物多。
㊁qú 同"渠",水道。

怇 jù ❶怠慢。❷恐惧。

恂 jù 同"怐"。

姖 jù[吴姖]传说中的山名。

抝 jù 同"据(據)"。

岠 jù ❶同“拒”,抵拒;抗拒:～战|～而不受。❷同“距”,距离:相～。

昇 jù同“具”。

具 jù ❶准备;备办:初～规模|为五万人～食|将～小酌,邀兄一饮。❷酒食;备办酒食:食以草～|请语魏其～。❸器具;器物:工～|家～|农～。❹量词:一～尸体|一～棺材。❺才能;人才:才～|有治世之～。❻齐备;完备:百官虽～,非以任国。❼详尽;详细:～言客有过|道其险甚～。❽副词,皆;都:火烈～举|君臣欢康,～醉熏熏。☞具/俱 “俱”是“具”的后起字。用作副词时,最初多用“具”,后来多用“俱”。“具”往往强调宾语的范围,指一人处理全部的事,如“良乃入,具告沛公”;“俱”往往强调主语的范围,指两人以上同做一件事,如“父母俱存”。

昛 jù明亮,一说暗。

犯 jù义未详。(《改并四声篇海》)

炬 jù ❶火把:火～。❷蜡烛:蜡～。❸点燃;焚烧:付之一～。

怚 ㊀jù骄傲:克行遂节谓之必,反必为～。
㊁cū粗心;粗鲁:秦王～而不信人。

怐 ㊀jù恐惧。
㊁kòu[怐愗](-mào)愚昧无知。

罝 jù渔网。

钜(鉅) jù ❶质地坚硬的铁:宛～铁鉇。❷钩:网～。❸用于地名:～鹿(古郡名、古县名,均在今河北)|～兴(在安徽)。❹用于人名。
◆“鉅”另见475页“巨”字条。

秬 jù ❶黑黍。❷黑:其谷(穀)～。

朐 jù义未详。(《改并四声篇海》)

粔 jù同“秬”,黑黍。一说“粔”的讹字。

眀 jù同“瞿”,心里害怕而左右环顾。

蚷 jù[商蚷]又称马蚿,即马陆,节肢动物。

笸 jù同“炬”,火把。

俶 jù俶促。(《玉篇》)

俱 ㊀jù ❶在一起,同去或同来:朝夕相与～|道可载而与之～。❷一起;一同:兽同足者而～行|虽与之～学,弗若之矣。❸副词,全;都:百废～兴|万事～备|面面～到。☞俱/具 见476页“具”字条。
㊁jū姓。

倶 jù同“俱”。

倨 jù ❶傲慢,不谦逊:～傲|前～后恭。❷通“踞”,伸开腿坐,古人认为是傲慢不敬的坐姿:～床。

粔 jù[粔籹](-nǚ)也作“粔粱”,古代食品,像今天的麻花、馓子。

炬 jù“炬”的讹字。

惣 jù同“怚”,骄傲。

冣 ㊀{冣} jù积聚;聚合:大～乐戏于沙丘。
㊁zuì“最”的异体字。

袓 ㊀jù爱美。
㊁jiē[袓厉]古县名。

剧(劇) jù ❶厉害;猛烈:～痛|～变|～烈。❷困苦:～哉行役人。❸游戏:折花门前～。❹戏剧,一种文艺形式,依据剧本,利用舞台化装演出:京～|喜～|～场。❺姓。

埧 jù堤塘。

据 ㊀(據)[擄] jù ❶凭借;倚仗:～点|～险固守。❷介词,按照;依照:～事直书|～实报告|～理力争。❸可用作证明的事物:字～|数～|单～。❹占;占有:窃～|割～|～为己有。❺姓。
㊁jū[拮据](jié-)见444页“拮”字条。

埾 jù聚积的土。

酟 jù同“醵”。

距 jù ❶鸡、雉及野兽爪或腿后凸出像脚趾的部分,也指鼎足:鸡～|鳞角爪～可畏|两耳三～位当中。❷古代兵器锋刃或钓钩上的倒刺:锋～|钩箴芒～。❸至;到达:决九川,～四海。❹相离;相隔:相～甚远|～今五百年。❺相隔的长度:株～|行～|差～。❻通“踞”,蹲坐:虎～龙翔。❼通“拒”,抗拒:敢～大邦。

䏧 jù ❶同“距”,雄鸡爪后凸出的尖锐物。❷刀锋的倒刺。❸哺乳动物,角像鸡距。

焗 jù同“炬”。

J

沮 jù 同“沮”,湿;湿润。

惧(懼) jù ❶害怕:恐～|临危不～。❷恐吓:～之以患害|民不畏死,奈何以死～之。❸警惕:临事而～,好谋而成。☞惧/畏/恐/怕 见992页“畏”字条。

怐 jù 同“怐”。

跙 ㊀jù 行走困难:驷马～～。
㊁jū[趑跙](zī-)同“趑趄”。
㊂qiě[躐跙](chàn-)见94页“躐”字条。
㊃qiè 侧脚而立:～足隐身,在窗下站听。
㊄zhù 行走歪斜,一说马蹄痛病:行多马蹄～|登山马～蹄。

犋 jù 牵引犁、耙等农具的畜力单位,能拉动一张犁、耙等农具的一头或几头牲畜为一犋。

飓(颶)[颶] jù 飓风,强烈风暴,今指发生在大西洋西部和西印度群岛一带海洋上的热带气旋,风力常达12级以上,伴有暴雨。

孺 ㊀jù 孤。
㊁rú 同“孺”,幼稚;少小:子～。

蘧 jù 同“蘧”。

鞋 jù 鞍、辔等的统称。

虞 jù 同“虡”。

豦 jù ❶两兽相斗,难解难分。❷大猪。❸哺乳动物,像猕猴。

虡 jù ❶古代悬挂钟、磬的架子两侧的柱子,泛指悬挂钟、磬的架子。❷较高的几案。

瞿 jù 同“眗”。

锯(鋸) ㊀jù ❶用薄钢片或铁板制成的带齿的切割工具:～条|钢～|电～。❷用锯截:～木板|～钢筋。❸古郾(燕)国兵器,像戈或戟。
㊁jū 同“锔(鋦)”,用锔子连接器物:～碗|～缸。

稘 jù “俱”的讹字。

瘨 jù 义未详。(《龙龛手鉴》)

駏 jù[駏驉](-xū)也作“狟狿”“距虚”,哺乳动物,像骡,可供骑乘。

攄 jù 同“據(据)”。

擄 jù 同“攄(据)”。

聚 jù 同“聚”。

郰 ㊀jù 古亭名,在今陕西。
㊁zōu 同“邹(鄒)”。

聚 jù ❶会合;集合:～会|欢～|～少成多。❷村落:百人之～|往来市～。❸积蓄;储备:积～|～粮屯兵。

虡 jù 同“虡”。

愳 jù 同“懼(惧)”。

篕 jù[篕篨](-xǔ)同“欂篨”。

懅 jù 同“懅”。

寠 ㊀jù ❶居处简陋。❷同“窭(窶)”,贫穷。
㊁lóu[瓯寠](ōu-)小块坡地,也作“瓯窭”。

窭(窶) ㊀jù ❶无财备礼,泛指贫穷:贫～无资|终～且贫。❷浅薄;鄙陋:～陋。❸器量小:～小。
㊁lóu[瓯窭](ōu-)同“瓯寠”。

婥 ㊀jù 骄。
㊁qù 忌妒。
㊂chá 用于女子人名。

蒸 jù 同“聚”。

麮 jù 同“粔”。

鴡 jù 鸟名。

劇 jù 同“劇(剧)”。

勮 jù ❶同“劇(剧)”,困苦:民～则败。❷强求。

界 jù ❶因惊恐而抬头看。❷往远处看。

踞 jù ❶蹲:虎～龙盘|踡兔蹲而狗～。❷伸开腿坐:～床|～门限。❸倚;依靠:下马～鞍|三面～山。❹占据;占领:盘～|目的在抢掠物资,本无久～之意。❺通“倨”,傲慢,不谦逊:骄～|～嫚无礼|～见青山,傲视白云。☞踞/蹲/坐 见1322页“坐”字条。

鴡 ㊀jù 同“鴡”。
㊁jiū 同“鸠(鳩)”,鸟名。

鮔 jù 鱼名，一说同“艍”。

艍 jù ❶同“距”，公鸡爪后凸出像脚趾的部分。❷哺乳动物。

諊 jù 言有则。

屨（屦） jù 古代的一种鞋，用草、麻、葛等制成。

壉 jù 古地名。（《集韵》）

樚 jù 同“虡（虡）”。

遽 jù ❶古代送信或文件的车马：传～｜边～｜使～告于郑。❷急速：丧事虽～，不陵节｜修名既立，老至何～。❸匆忙；仓促：匆～｜见有虫伏棘根，～扑之。❹害怕；慌张：惶～｜～容｜疾言～色。

篛 jù ❶织具。❷竹名。

懅 jù 同“惧（懼）”。

餵 jù［寒餵］也作“寒具”，馓子类食品。

豦 ㊀jù 同“豦”，哺乳动物，像猕猴。㊁qú 狗咬恶人。

澽 jù ❶干枯。❷水名，在陕西。

懅 jù ❶惧怕；惶急：惊～｜惶～流涕。❷羞惭：惶恐惭～。

據 jù 同“据（據）”。

埾 jù ❶同“坚”，土积。❷筑。

篮 jù 竹。

䫀 jù 义未详。（《龙龛手鉴》）

樸 jù 同“虡”。

鵴 jù 鸟名。

虞 jù 同“虡”。

瞿 ㊀jù 鸟类受惊而环视的样子，引申为惊动：闻名心～。

㊁qú ❶古代兵器名：执～。❷姓。

噱 jù 同“噱”，笑声不止：～语。

镰（鐻）{鐻} ㊀jù ❶古代乐器，形状像猛兽，多夹置于钟旁：销锋铸～｜削木为～。❷同“虡（虡）”，古代悬挂钟、磬的架子两侧的柱子。❸通“锯（鋸）”，锯子；锯开：以～～之。

㊁qú 金银制的耳环，也指金银器：金～｜环～。

簴 jù 同“虡（虡）”。

簴 jù 同“簴”。

篴 jù 竹器。

貗 ㊀jù 小野猪。

㊁lóu 同“貗（貗）”。

瀏 jù 同“澽”。

寠 jù 同“寠”。

褬 jù 衣。

蘧 ㊀jù 草名。

㊁qú ❶［蘧麦］今多作“瞿麦”，多年生草本植物，可供药用。❷（又读jù）［蘧然］惊喜的样子：戚然寐，～觉。❸姓。

蘡 jù ❶草名。❷木耳。

齟 jù 牙龈肿大，固齿不牢。

䆽 jù 同“秬”，黑黍。

簴 jù 古代悬挂钟鼓、磬的架子中的立柱。

鮔 ㊀jù 鱼名，即银牙鰄，生活在海中。

㊁jū［鮔鰫］（-zhū）也作“蛆蠩”，虫名。

醵 jù ❶聚会时凑钱饮食：君民聚～然。❷聚集；聚敛：～金｜～资｜遂～于民。

豦 jù 猪。

躆 jù ❶踞，占据：～苍昊而俯视。❷通“豦”，两兽相斗，难解难分：～战喈喈。

黏 jù ❶黍。❷黏。

賨 jù 质钱。

魖 jù 义未详。（《龙龛手鉴》）

䣰 jù 同“聚”，村落。

曜 jù 姓。

鐻 jù 同“虡”。

蘻 jù 同“聚”。

鑮 jù 同“虡(虡)”。

驧 jù 义未详。(《改并四声篇海》)

juān

芎 juān［芎明］也作“蓇明”，草名。

蓇 juān 同“蓇”。

涓 juān 同“涓”。

屑 juān 尻。

娟 juān 同“娟”。

捐 ㊀juān ❶舍弃;抛弃:～弃｜为国～躯。❷献出;用财物帮助:～款｜～助｜募～。❸赋税的一种:车～｜苛～杂税。☞捐/弃 两字都有舍弃义,“捐”一般指把好的东西拿出去,“弃”一般指把不好的或认为不好的东西扔掉。

㊁yuán［捐毒］汉代西域国名,在今新疆。

蓇 juān［蓇明］也作“蓇明”,草名。

涓 juān ❶细小的水流:～滴｜～流虽寡,浸成江河。❷［涓涓］细水缓流的样子,单用义同:涓涓源水｜泉涓涓而始流｜春液夏不涓。❸洒扫;清洁:～人(古代从事清洁的人)｜～除不洁。❹选择:～吉｜～辰。❺水名。1.古水名,在今山东。2.湘江支流,在湖南。

娟 juān ❶［便娟］(pián-)1.轻盈美丽的样子:丰肉微骨,体～只。2.飞舞的样子:初～于墀庑。❷秀丽;美好:～丽｜～美。

睊 juān 清明。

瓹 ㊀juān 陶器。
㊁juàn 瓮底部的滤孔,用于过滤米酒。

焆 ㊀juān 明亮:流映扬～。
㊁yè 烟的样子。
㊂yuè 火光。
㊃yuān 火的样子。

鹃(鵑) juān［杜鹃］1.鸟名,又称布谷、子规,也单称鹃:几回听得啼鹃,不如归去。2.又称映山红,常绿或落叶灌木,花多为红色,也单称鹃:遍青山啼红了杜鹃｜有川鹃自川来者。

稍 juān 稻、麦的茎。

悁 juān 心急。

裐 juān 衣服短小。

諣 juān 同“涓”。

勬 juān 同“勬”。

酮 juān 滤酒。

勬 juān ❶勤。❷强健。

輚 juān 牵车者。

蝶 juān 义未详。(《改并四声篇海》)

鵑 juān 同“鹃(鵑)”。

镌(鐫) juān 雕刻:～刻｜～碑｜～号题名。

鞏 juān 义未详。(《改并四声篇海》)

鵑 juān 同“鹃(鵑)”。

䅌 juān 同“稍”。

雋 juān 同“镌(鐫,鎸)”。

鋗 juān 鱼名。

蠲 juān 除去:以～烦疾。

鎸 juān 同“鐫(镌)”。

鐫 juān 同“鎸(镌,鐫)”。

蠲 juān 同“蠲”。

蠲 juān ❶马蠲,即马陆,节肢动物,一说萤的一种。❷洁净;使洁洁:汤～体以祷祈｜隔年～的雨水,那有这样清淳?❸减免;除去:～免｜～除。

鐫 juān 同“鎸(镌,鐫)”。

蠲 juān 同“稍”。

juǎn

弓 juǎn 同"卷"。

弖 juǎn 同"卷"。

弓 juǎn 同"卷"。

flat juǎn 同"卷"。

呟 juǎn 大的声音。

卷㊀(捲) juǎn ❶把东西弯转成圆筒形：～帘子｜～上裤腿儿｜把行李～起来。❷某种很大的力量把东西撮起、带动或裹住：席～｜～入漩涡｜风～着沙石漫天飞舞。❸弯转成的筒形的东西：纸～｜胶～｜行李～儿。❹量词，用于成卷的东西：一～纸｜两～字画。❺卷子，一种面食：花～｜春～｜金银～。
㊁juàn ❶可舒卷的书画：手～｜长～。❷书籍：经～｜开～有益｜手不释～。❸考试写答案的纸：试～｜答～｜交～。❹机关里分类保存的档案或文件：案～｜～宗。❺量词，用于书的一部分：第三～｜藏书万～。
◆"捲"另见480页"捲"字条。

卷 juǎn 同"卷"。

巻 juǎn 同"卷"。

埍 juǎn 古代服苦役的犯人所住的土牢，也指女牢房或乡亭所设的牢狱。

隆 juǎn 古村落名，在今山西。

捲 ㊀juǎn "卷㊀"的繁体字。
㊁quán 通"拳"：攘～一捣，则折胁伤干(幹)。
㊂juàn［西捲］古县名，在今越南。

菤 juǎn［菤耳］也作"卷耳"，即苍耳。

馔(饡) juǎn 卷筒形食品，也作"卷"。

菤 juǎn 同"卷"。

詃 juǎn 诱骗：～引｜诱～。

莽 juǎn 同"菤"。

锩(錈) juǎn 刀剑卷刃：刀刃～了。

臇 juǎn 同"臇"。

膞 juǎn 同"臇"。

卷 juǎn 同"卷"。

膌 juǎn 大肆。

臇 juǎn ❶稠羹。❷做稠羹。

熇 juǎn ❶火的样子。❷同"臇"，稠羹。

熼 juǎn 同"臇"。

蠵 juǎn 同"蠲"。

膐 juǎn 同"臇"。

臇 juǎn 同"臇"。

韡 juǎn 义未详。(《字汇补》)

蠲 juǎn 同"蠲"。

蠲 juǎn 昆虫吮食。

鬈 juǎn 同"卷"。

蠲 juǎn 同"蠲"。

juàn

奆 juàn 甚大。

绢(縳) ㊀juàn ❶白色细绢。❷缚；捆绑：～弩｜门卫欲～之。
㊁zhuàn 量词，古代羽毛数量单位，十根为一绢。

劵 juàn 疲劳，后作"倦"。

弮 juàn 同"弮"。

帣 ㊀juàn 有底的囊袋。
㊁juǎn 卷起袖口等：～韝。

弮 juàn ❶弓弦：空～｜控～。❷可连续发箭的弩弓。❸同"卷"，书卷。

奆 juàn 大。

弮 juàn 同"弮"。

隽［雋］ ㊀juàn ❶鸟肉肥美，引申为文辞意味深长：～永｜名篇～句。❷姓。
㊁jùn 同"俊"，才智出众；才智出众的人：～士｜～才｜～杰。

倦 juàn 同"倦"。

倦［勌］ juàn ❶疲乏：疲～｜困～。❷懈怠：厌～｜诲人不～。
◆"勌"另见481页"勌"字条。

劵 juàn 同"眷"。

弮 juàn 饭团儿。

狷［獧］ juàn ❶偏激；急躁：～急｜～忿｜～傲。❷正直；耿直：～直｜～介。❸跑得快；行动敏捷：～捷｜轻～。

桊 ㊀juàn 牛拘，穿在牛鼻上的小铁环或小木棍。
㊁quān 同"棬"，曲木制成的盂。

㢧 juàn 同"勌"。

勌 ㊀juàn "倦"的异体字。
㊁juān 同"㢧"。

绢（絹） juàn 一种薄的丝织物，也指用生丝等制成的织品：天香～｜～花｜～本。

埢 ㊀juàn 弯曲。
㊁juǎn 墓冢上的土。
㊂quān 围墙。
㊃quán［埢垣］（-yuán）弯曲的围墙。

鄄 juàn ❶古邑名，在今山东。❷用于地名：～城（在山东）。❸姓。

䀊 juàn 同"狷"。

㷷 juàn 同"弮"，抟饭，把饭捏成团儿。

皀 ㊀juàn 同"㲃"。
㊁chuò 同"皀"。

桊 juàn 同"豢"。

眷［❶❷睠］ juàn ❶回头看：～西路而长怀。❷关怀；爱恋：～顾｜～～之情。❸亲属：家～｜女～｜侨～。

盏 ㊀juàn 盂。
㊁quán 碗。
㊂quān 同"棬"，曲木制成的盂。

涺 juàn ❶古水名。（《玉篇》）❷水流回旋的样子。

㥤 juàn 同"倦"。

惓 ㊀juàn ❶同"倦"，疲倦；劳累：仰天而天不～。❷危殆：病者已～而索良医。❸回顾：～此先鞭。
㊁quán［惓惓］（-quán）忠谨；恳切：～之义｜～深情。

菤 juàn 柔弱。

睊 juàn［睊睊］侧目相视的样子，单用义同：睊睊狼顾｜睊然眮然以思世之一便己。

罥｛羂、䍛｝ juàn ❶捕鸟兽的网：设罝张～｜雉兔触～于笼牢。❷用绳索拴系鸟兽，泛指悬挂、缠绕：高者挂～长林梢｜雨后虫丝～碧纱。

衏 juàn 同"狷"。

㢾 juàn 同"券"。

蚕 ㊀juàn［蚕蠋］（-zhú）1. 蛴螬。2. 蜘蛛。
㊁juān［蚕蛎］（-lì）蛸螵。

絭 juàn（又读quàn）❶束腰或衣袖的绳。❷束缚：～其首尾。❸弩弦：异～同机。

彋 juàn 弓的末端弯曲处。

睠 juàn 义未详。（《改并四声篇海》）

䀒 juàn 眼圈。

衞 ㊀juàn ❶车摇，古代车上的物件。❷车槽。
㊁xuān 也作"轩（軒）"，车后重。

豋 juàn 豆类食器。

餋 ㊀juàn 同"餋"。
㊁yǎng 同"養（养）"。

菌 ㊀juàn 鹿藿。
㊁jùn 同"菌"，蕈类生物。

毾 juàn 柔毛。

桊 juàn 同"桊"。

晋 juàn 同"眷"。

㦢 juàn 回顾。

鄄 juàn 同"鄄"。

嫶 juàn［姻嫶］也作“姻眷”，姻亲。

繾 juàn 同“縳（纻）”。

蔨 juàn［蔨蔨］（fú－）见 263 页“蔨”字条。

棬 juàn 同“圈”，养牲畜的木栏：～户。

睠 juàn 同“眷”。

餋 juàn 祭祀。

䄅 juàn 同“鐫”。

桊 juàn 用于人名：统～（明末清初人朱奄的谱名）。

橗 juàn 树名。

䀈 juàn 看。

罥 juàn 同“羂”。

篸 juàn ❶ 竹名。❷ 笆（囤）类储存谷物的竹器。

瘸 juàn 很痒。

鐫 juàn 同“鐫”。

鐫 juàn ❶ 履缝饰。（《类篇》）❷ 缘编。（《玉篇》）

羂 juàn ❶ 同“罥”，捕鸟兽的网。❷ 张网捕兽。

䖯 juàn 同“眷”。

䟐 juàn 同“獧”。1. 跑得快；行动敏捷。2. 急。

羂 juàn 同“羂（罥）”。

譞 juàn ❶ 流言。❷ 营求；追求。

䛼 juàn 同“䜌”。

䜌 juàn ❶ 酒舀子。❷ 舀；汲取。

䍐｛䍐｝ juàn 同“罥”。

䜌 ㊀ juàn 舀。
㊁ fàn ❶ 量。❷ 盂。

䍐 juàn 同“罥”。

韏 juàn 鞣制皮革。

juē

孱（屩） juē 草鞋。

撅 juē 断绝，一说“蒦”的讹字。

撅 ㊀ juē ❶ 翘起；翘：～尾巴｜小辫～着。❷ 折；折断：～断｜把竹竿～折了。❸ 使人为难：～人。
㊁ jué 同“掘”，挖掘：～地｜～就的坑。
㊂ juè 通“倔”，倔强：～老头子。

噘 juē ❶ 也作“撅”，翘起（嘴）：～着嘴。❷ 骂：～人｜挨～。

䋉 juē 同“绝”，断绝；折断。

鞽 juē 同“䩡（鞽）”，草鞋。

屩 juē 同“屩（孱）”。

屩 juē 同“屩（孱）”。

jué

亅 ㊀ jué 倒须钩。
㊁称竖钩，汉字笔画或部件。

𠄌 ㊀ jué 旧时读书时用作标记的符号。
㊁称竖提，汉字笔画或部件。

孓｛孑｝ jué ❶ 无左臂。❷［孑孓］（jié－）见 443 页“孑”字条。

𠃌｛屯｝ jué［𠃌丩］（－jié）动的样子。

夬｛史｝ ㊀ jué 同“玦”，扳指。
㊁ guài ❶ 六十四卦之一，乾下兑上。❷ 坚决；果断：柔中有刚～。

亥 jué 同“孓（孓）”，无左臂。

身 jué 同“厥”，树桩、短木桩。

𠂔 jué 邑。

𡕒 jué 同“夬”。

抉｛抉｝ jué 以杖掘出。

𦚔 jué 同“厥”，树桩、短木桩。

𡿧 jué 同"橛",树桩、短木桩。

决[決]{泧} ㊀ jué ❶疏导水流,引申为堤岸被水冲开口子:疏九江,～四渎|～口|～堤。❷断;斩断:人有置系蹄者而得虎,虎怒,～蹯而去|挥剑～浮云。❸做出判断;拿定主意:判～|～议|迟疑不～。❹决定最后胜败:～赛|～战。❺执行死刑:枪～|处～。❻一定;必定:～不退缩|～无异言|～不能错过。❼通"抉",剜去:自皮面～眼,自屠出肠,遂以死。❽通"诀(訣)",辞别:与我～于传舍中。❾通"赽",急速:～起而飞。❿古水名,今称史河,发源于大别山,流至河南注入淮河。

㊁ quē 通"缺",破裂:衣履穿～,形容枯槁|人生居世间也,譬犹骋六骥过～隙也。

◆"决"另见483页"泱"字条。

诀(訣) jué ❶辞别;离别:沥泣共～|与其母～。❷永别;与死者告别:～别|永～|遽与我～。❸高明或关键性的方法:秘～|要～|～窍。❹根据事理编成的顺口、便记的语句:口～|歌～。

刔 jué 剔。

陕 ㊀ jué ❶开凿山陵通道。❷崩缺:～坏。

㊁ pì 地裂。

抉 jué ❶剔出;挖出:～眼|～脐。❷举;撬开:～举县门|力能～关。❸戳穿:～堑而入。❹揭发;揭示:构～过失|～其症结。

芵 jué[芵明]也作"决明",又称草决明,一年生草本植物。种子称决明子,可供药用。

帙 jué 佩巾。

谷{㕁} jué ❶口内上腭曲处。❷同"噱",大笑。

狭 jué ❶哺乳动物。❷野兽狂奔的样子。❸狂。

泱 ㊀ jué"决"的异体字。

㊁ quē 通"缺",破裂:衣履穿～|骋六骥过～隙。

玦 jué 同"玦",扳指。

駃(駃) ㊀ jué[駃騠](-tí)1.古书上说的一种骏马。2.驴骡。

㊁ kuài ❶快马:～马。❷同"快":～流|～雨。

玦{玞} jué ❶环形有缺口的佩玉:玉～。❷扳指,射箭时戴在大拇指上,用来钩弦的器具,多以象牙制成。

柍 jué 碗;盂。

昳 jué 日蚀色。

𣂑 jué 同"橛",树桩、短木桩。

肤 jué 肛门。

𣃔 jué 同"橛",树桩、短木桩。

泬 ㊀ jué ❶水从洞穴中奔泻而出。❷水名,即潏水,在陕西。

㊁ xuè[泬寥](-liáo)天高气爽的样子:～兮天高而气清。

肘 jué 同"爵"。

珏{玨} jué 合在一起的两块玉。

挗 jué 同"抉"。

栓 jué 同"橛"。

砄 jué 石头,也用于地名:石～(在吉林)。

殃 jué 同"殌"。

眏 ㊀ jué ❶眼疾。❷眼睛美。

㊁ xuè 同"瞲",害怕地看。

蚗 jué 鼠。

傄 jué 同"㗾(㗾)"。

疦 ㊀ jué 嘴歪斜。

㊁ xuè ❶疮内中空。❷疮大。

觉(覺) ㊀ jué ❶(人或动物的器官)对外界刺激的感受和辨别:听～|感～|不知不～。❷睡醒;醒悟;明白:～醒|～悟|如梦初～。❸发现;感知到:～察|发～|全然不～。

㊁ jiào 睡眠:睡～|午～|一～醒来天已大亮。

鴂(鴂) ㊀ jué ❶同"鶪(鶪,䴗)",伯劳,鸟名。❷杜鹃鸟。

㊁ guī 子规,又称布谷,即杜鹃鸟。

鸩(鴂) jué 同"鴂(鴂)"。

绝(絶) jué ❶断丝,引申为断,不相连属:断～|～望|络绎不～。❷横渡;穿越:～江河|横～四海。❸净尽;极尽:弹尽粮～|～处逢生|走上～路。❹灭除:杜～|～其后路。❺独一无二的;好极

的：～技｜～色｜书画双～。❻旧诗体裁名：～句｜七～。❼副词。1.最；极：～妙｜～大多数。2.绝对；无论如何：～非易事｜～无此意｜～不允许。

珏 jué 同"珏"。

赽 jué ❶翘尾奔跑。❷同"趉"，跑的样子。

赳 jué 同"赽"。

赳 jué 同"赽"。

捔 ㊀ jué 搏斗，竞力，也作"角"：～巧骋奇｜求～神力。
㊁ zhuó 刺取；刺穿：搀～。

茓 jué 同"芵"。

较（較） ㊀ jué ❶古代车箱两旁车栏上的横木，有的饰有曲铜钩：俯倚金～。❷车箱：为舆倚～。
㊁ jiào ❶两种事物或情况相比；计较：比～｜～量｜斤斤计～。❷明显：～然不同｜彰明～著。❸副词，表示相比之下更进一层，或具有一定程度：贡献～大｜成绩～好｜气候～冷。

蚗 ㊀ jué［蚲蚗］（yī-）见1131页"蚲"字条。
㊁ quē［蛚蚗］（liè-）同"蛚蛱"。

猏 jué 同"捔"。

欮 jué ❶同"瘚"，气逆病。❷通"蹶"，跌倒；挫折：已贵以高将恐～。

剧 ㊀ jué［剞剧］（jī-）见395页"剞"字条。
㊁ guì［剖剧］割断。

勪 jué 同"蹶"。

絘 jué 断。

赽 ㊀ jué ❶踢，马以蹄击人。❷马快跑。❸急速：～战攻。
㊁ guì［趧赽］（tí-）见940页"趧"字条。

掘 jué ❶刨；挖：～土｜～井｜挖～。❷通"倔"，倔强：汉子惹着他也～。

桷 jué ❶方形的椽子：细木为～。❷屋角斜柱。❸搁架蚕箔的柱子。

較 ㊀ jué 古代车箱两旁车栏上的横木，后作"较（較）"。
㊁ jiào 兵车，也作"较（較）"。

輆 jué ❶同"较（較）"。❷车。

厨 jué 同"厥"。

殌 jué 死。

覐 jué 同"觉（覺）"，觉悟：皤然而～。

趹 ㊀ jué ❶马快跑的样子：秦马之良，探前～后｜通途逞蹄～。❷快步行走：～步｜敕跷（蹻）～，跋涉山川。
㊁ guì 骡马用后脚踢：踶～嗥蜥｜有蹄（蹏）者～。

蛥 jué "蚗"的讹字。

嘟 jué 同"嚼"。

崛 jué ❶山陡立而高耸的样子：～岉。❷高起；突出：～九霄之峥嵘。

御 jué ❶（又读jǐ）劳累；疲倦。❷须臾，一会儿。

覎 jué 同"覐"。

腳 jué 义未详。（《龙龛手鉴》）

觖 ㊀ jué ❶不满足；不满意：～望｜～然失望。❷通"抉"，挑剔：擿～。
㊁ kuì 企求；希望：以～一切之功｜非所敢～。

觩 jué 同"捔"。

猸 jué［猪猸］（jié-）见444页"猪"字条。

爴 jué 同"爵"。

㥯 jué 同"㥯（御）"。

强 jué 勇猛的样子。

逫 ㊀ jué 远。
㊁ zhú［逫律］缓慢地吹：驰散涣以～。

珊 jué ❶［珊琦］（-qí）同"屈奇"，奇异：～妙帐。❷玉名。

趉 ㊀ jué ❶突然行走的样子。❷同"趉"。
㊁ jú 同"趜"，行走的样子。

桂 jué "掘"的讹字。

椐 jué 折断的树木。

厬 jué 同"厥"。

厥 jué ❶发射石块，引申为石块：和之璧，井里之～也。❷通"橛"，树桩、短木桩：吾处身也，若～株拘。❸代词，其；他的：～父｜～后｜大放～词。❹副词，乃；才：左丘

失明,～有《国语》。❺气闭;晕倒:昏～|痰～|惊～。

殭 jué 僵。

瞲 jué 眼睛动。

跌 jué 同"趹"。

趉 jué 跑的样子。

嗟 ㊀jué 同"噱"。
㊁niā 助词,表示直陈或命令语气:这都亏得从前书报的功效～|来～!

斪 jué 义未详。(《改并四声篇海》)

嘞 jué 大笑。

㓌 jué 同"𢶀(攫)"。

㑛 jué 同"㑛(𠊎)"。

㑛 jué 同"𠊎"。

㑛 jué 同"𠊎"。

衙 jué 疲惫。

鈌 jué ❶刺:～云剑。❷马的金属饰物:马不带～。❸通"缺",缺损:月亮圆～|苔阶泉流～。

㚇 jué 小兔。

訣 jué 同"訣(诀)"。

炪 jué 同"爝"。

覚 jué 同"覺(觉)"。

爵 jué 同"爵"。

屩 jué 短尾巴狗。

雉 jué 同"鴂"。

貜 jué 同"觉(覺)"。

蜙 jué 同"蟨"。

㞢 jué[㞢㞢]短的样子。

箵 ㊀jué 竹榱,竹制的椽子。
㊁wò 竹名。

㑛 jué 同"𠊎"。

鈌 jué 同"鈌"。

腝 jué ❶[腝腝]大笑。❷牛舌。

㚣 jué 哺乳动物,像猩猩。

覐 jué 同"觉(覺)"。

裾 jué 没有边饰的无袖或半袖的短衣,多为妇女穿着。

趉 jué 同"趉"。

瑴 jué ❶成对的玉,也作"玨":赐玉五～。❷玉名:～玉。

橛 jué[橛株]古山名。(《集韵》)

劂 jué[剞劂]割断;雕刻。

劂 jué 同"勥"。

勥 jué 倔强。

噱 jué 同"噱"。

噱 jué 同"噱"。

噱 jué 同"噱"。

嚼 jué 同"嚼"。

㒒 jué 庄稼倒伏。

㩴 jué 同"攫"。

羖 ㊀jué 羊病。
㊁chuò 羊跳跃。

爵 jué 同"爵"。

谲(譎) jué ❶诡诈;善权变:～诈|险～多端|晋文公～而不正。❷怪异:奇～|怪～|奇物～诡。

隩 jué 隔绝。

絶 jué 同"绝(絶)",切断;截断。

绱 ㊀ jué 同“绝(絶)”。
㊁ xuē 拽。

繘 jué[繘狘]也作“阙狄”“屈狄”,古代王后的服装。

鷢 jué 义未详。(《改并四声篇海》)

䠇 jué 同“裾”。

趧 jué 同“趯”,跳跃的样子。

趨 jué 同“趉”。1.突然起行;突然行走的样子。2.跑。

撧 jué ❶折断:~葱。❷抓:~耳挠腮。

蕨 jué 多年生草本植物。嫩叶称蕨菜,可食。根状茎可制淀粉或供药用。

蕝 jué(又读 zuì)❶古代朝会礼仪,把成束茅草立在地上,用以标志不同等级的位次:置茅~|建表~。❷标志:揭旗树~|~地以藏,为文而告。❸拦河捕鱼的器具:鱼~。❹古代行泥路的乘具:泥行乘~。

豩 jué 同“豩”。

蹶 jué 足有力的样子。

蚓 jué[渠蚓]蜣螂(蜣蜋),又称天社或天柱。

䣊 jué 同“攫”。

嶡 jué 古山名,在今河南。

嶡 ㊀ jué 上古祭祀时陈列大型祭品的器具,四足,木制。
㊁ guì 崛起的样子:吾之卓尔之道,浩然之气,~乎与天地一。

蠿 jué 同“绝(絶)”。

臄 jué 同“攫”。

獗 jué[猖獗]1.疯狂而放肆;任意横行:~一时。2.困窘:遂用~。

觼 jué 角触。

瘚 jué 病。

瘚 jué 气逆,也作“厥”。

爝 jué 同“爝”。

潏 jué 水名,涢水支流,在湖北。

憰 jué 欺诈:恢恑~怪,道通为一。

屫 jué ❶短的样子。❷曲。

豩 ㊀ jué 猪拱土。
㊁ jùn 猪寻食。

㡭 jué 同“绝(絶)”。

撅 jué 同“掘”。

鞠 jué 义未详。(《改并四声篇海》)

橛[橜] jué ❶短木桩,引申为桩状物:木头~|石~。❷古代竖在门中间作为限隔的短木:门~。❸树木或庄稼的残根:树~|土滋冒~。❹马口所衔的横木,俗称马嚼子:衔~。

尉 jué 同“爵”。

厥 jué 同“厥”。

橜 jué 同“橛”。

臀 jué 尻。

擘 jué 同“掘”。

㷾 jué 同“爵”。

噱 ㊀ jué ❶大笑:一~散千忧|相对~谈。❷口腔,一说禽兽奔跑疲惫,张口吐舌的样子:遥~乎纮中。
㊁ xué 笑;发笑:发~|~头。

崛 jué 同“崛”。

犡 jué 牛名。

爵 jué“爵”的讹字。

膕 jué 同“臀”。

禞 jué 不祥。

礮 jué 发射石块。

𥗻 jué 同"礰"。

䡈 jué 义未详。(《改并四声篇海》)

镢(鐝) jué 镢头,用于刨地、起垄的农具。

镉(鐍) jué ❶同"觼",有舌的环,用以系辔。❷锁钥:扃～。

爵 jué "爵"的讹字。

爵 jué ❶古代酒器,有三足。❷量词,用于酒:酒三～。❸爵位,君主国家贵族封号的等级:公～|侯～|～禄。

𦢊 ㊀ jué ❶同"谷",口内上腭曲处。❷舌。❸切肉。❹笑的样子。
㊁ jū 同"腒",鸟肉干。

𤸬 jué 同"瘚"。

𤏫 jué 火炽盛。

𧞤 jué 短衣。

𧞤 jué[裪𧞤](táo-)见935页"裪"字条。

𦇺 jué 同"𢺨(攫)"。

𪏎 jué 同"绝(絶)"。

𩮭 jué 同"𡹞"。

𪎘 jué 义未详。(《改并四声篇海》)

𪊩 jué ❶哺乳动物。❷孑孓。

𧐐 jué 同"𪊩"。

矍 ㊀ jué 明;眼睛明亮。
㊁ wù 瞪圆眼睛。

𠑃 jué 同"傕",用于人名:李～(即李傕,汉代人)。

𦪏 jué ❶𦪏头船。(《改并四声篇海》)❷同"橛",短木桩。

𤔲 jué "𤔲(爵)"的讹字。

𪋻 jué 同"𪊩"。

𦎐 jué 羊名。

𪆴 jué[鸋𪆴](níng-)也作"鸋鴂",即鹪鹩。

趣 ㊀ jué ❶跳跃的样子。❷马失前足。
㊁ guì 同"蹶",动。

𪊩 jué 同"蹶"。

蹶 ㊀ jué ❶跌倒,比喻失败或受挫:马～|一～不振|贤能遁逃国乃～。❷快跑:～而趋之,唯恐弗及。❸急遽的样子:～然而起|～身爬起来,望外飞跑。❹踏:～厚地|以足～之。❺踢:举足而～|二马同槽,不能相容,互踢～起来。
㊁ juě[尥蹶子](liào--)骡、马等用后腿向后踢。
㊂ guì ❶动:天之方～|簸林～石鸣风雷。❷姓。

𡾱 ㊀ jué 古山名。(《玉篇》)
㊁ huò 古山名,即南岳衡山,在今湖南,也作"霍"。

𣦵 jué 同"掘"。

觼 jué 角有所触发。

觼 jué 同"觼"。

𪍌 jué 同"爵"。

𤓐 jué 同"爝"。

鸖 ㊀ jué[鸖鸠]又称鹘鸼,一种小鸠。
㊁ qū[鸖鸜](-jū)鸟名。

𢷾 jué ❶择。❷削。

𩍐 jué[蝉𩍐]古代车名。

𪈒 jué 同"鹰"。

𨰲 jué 磨。

矍 jué ❶惊惶四顾的样子:～然失容|睡眼忽惊～。❷急速看的样子;急遽:不～～于进取。❸[矍踢](-shāng)惊动的样子。❹姓。

𨶒 jué 同"陕",开凿山陵通道。

𩪐 jué 同"𩩍"。

𩩍 jué 尾骨,人或动物脊柱的末端。

𨢺 jué 同"爵"。

玃 jué 同“玃”。

觼 jué 同“觼”。

爝 jué（又读 jiào）❶ 古代燃烧芦苇扎成的火炬，以去除不祥：～以爟火。❷ 火炬；小火把：～火｜～光。

灍 jué 同“瀱”。

虧 jué 同“爵”。

酅 jué 古乡名，在今山西。

彏 jué 同“矍”。

觼 jué 有舌的环，用以系辔。

燪 jué 同“爝”。

攫 jué 抓取；夺取：～取｜～为己有。

欔 jué“攫”的讹字。

夒 jué 健壮的样子。

鷢 jué 同“鷢”。

鷢 jué［白鷢］鸉，白鹞子。

躩 jué ❶ 往。❷ 行走的样子。

爵 jué 同“爵”。

玃 jué ❶ 一种大猴子，泛指猴子：～猴。❷ 通“攫”，抓取：肉～者臊。

癯 jué 倒病。

戄 jué ❶ 吃惊的样子：～然。❷ 急视，一说审视。

彏 jué 急速拉开弓：～矢弧。

欔 jué ❶ 树名。❷ 锹类工具。

麐 jué“麔”的讹字。

虋 jué 义未详。（《玉篇》）

爵 jué 同“爵”。

蹶 jué 同“蹶”。

镢（鐝）jué ❶ 大锄。❷ 铲除；挖掘：镭～株林｜～地种药。

穙 jué 一种可做黑色染料的草。

鐍 jué 同“爵”。

觻 jué 同“角”。1. 古代五音之一。2. 古代乐器。

爝 jué 同“爝”。

爦 jué 同“爝”。

矡 jué ❶ 矛类兵器。❷ 锥。

驠 jué 同“驨”，白额的马。

蠼 ㊀ jué ❶ 同“玃”，一种大猴子，泛指猴子。❷ 龙的形貌：诎折隆穷～以连卷。㊁ qú ❶［蠼螋］（-sōu）也作“蠷螋”，俗称长脚蜈蚣，昆虫。❷［蠼蛈］（-shū）多足虫。

趯 jué 大步行走。

轚 jué 车辐。

躩 jué ❶ 快步行走的样子：蹇裳～步。❷ 跳：十步两～跃。

貜 jué 同“玃”，俗称马猴，一种大猿。

觼 jué 同“觻”。

韄 jué［鞸韄］（zhái-）包裹刀柄的皮革。

貜 jué 传说中的奇异动物，身像鹿，足像马，长有手。

鸐 jué“鸐”的讹字。

鸐 jué 传说中的怪鸟，三个头，三条腿。

齼 jué［龃齼］（jǔ-）同“咀嚼”。

juě

覐 juě 同“觉（覺）”。

覍 juě 同“觉（覺）”。

jué

倔 ㊀ juè 性情直，态度生硬：～头～脑｜老头子很～。
㊁ jué ❶［倔强］（-jiàng）刚强不屈；固执：性格～。❷通"崛"，高起；突出：～起。

𨈆 juè 同"倔"。

𨈆 juè 同"𨈆（倔）"。

𨈆 juè 同"𨈆（倔）"。

jūn

军（軍） jūn ❶军队，武装部队：～需｜参～｜敌～。❷军队编制单位，师的上一级：～部｜第三～。❸泛指有组织的集体：岳家～｜支农大～。

均 ㊀ jūn ❶平均；公平：～分｜～等｜势～力敌。❷衡量；比较：～之二策，宁许以负秦曲。❸调节；调和：～两浙杂税｜万殊莫不～。❹副词，皆；全；都：～为兄弟｜老幼～安｜与会代表～已报到。❺汉代计量单位，用于酒，一均等于二千五百石。❻通"钧（鈞）"，古代用作制陶器的转轮，比喻国家政权：运～｜秉国之～。
㊁ yùn "韵（韻）"的古字：音～不恒。

扚 jūn 同"均"。

𡊄 jūn 同"均"。

𡧍 jūn 义未详。（《改并四声篇海》）

沟 jūn 水名，即均水，汉水支流之一。

君 jūn ❶古代称帝王、诸侯等：～主｜～王｜国～。❷主宰者：言有宗，事有～｜心者，形之～也。❸统治：～国｜各～其邦。❹古代封号：商～｜孟尝～｜信陵～。❺敬辞，称对方：张～｜诸～｜先～（称先人）。

妁 jūn 女子开始妆扮。

𡗝 jūn "㝵（军，軍）"的讹字。

𡗝 jūn 同"军（軍）"。

坡 jūn 同"畯（畇）"，垦田。

攷 jūn 同"坡"。

袀 jūn 同"均"。

㝵 jūn 同"军（軍）"。

㕙 jūn 同"君"。

㕙 jūn 同"君"。

钧（鈞） jūn ❶古代质量单位，一钧等于三十斤：赐金一～｜千～一发（髮）。❷衡量轻重：～此二者｜度量难～。❸古代用作制陶器的转轮，比喻国家政权：陶～｜秉国之～。❹敬辞，用于尊长或上级，表示尊贵和敬重：～座｜～鉴｜～定。❺通"均"，均等：井地不～｜才～智同。

㕙 jūn 同"㕙（君）"。

㔶 jūn 同"軍（军）"。

㝵 jūn 同"军（軍）"。

袀 jūn ❶［袀服］也作"均服"，古代将帅和士兵统一的军服。❷纯一：尸祝～袨｜阳气～粹清明。

𡈄 jūn 同"君"。

姰 ㊀ jūn 男女均等或平等。
㊁ xuàn 女妆。

莙 jūn ❶又称牛藻、马藻，水藻名。❷［莙荙菜］（-dá-）又称厚皮菜、牛皮菜，一年或二年生草本植物，嫩叶可食。

蚐 jūn 马陆，节肢动物。

㔶 jūn 同"㔶（军，軍）"。

㝵 jūn 同"军（軍）"。

桾 jūn［桾櫏］（-qiān）也作"桾櫏""桾杄"，即梬枣，又称黑枣。

皲（皸） jūn 手足皮肤因受冻或干燥而开裂：手脚～裂。

㕙 jūn 同"君"。

𨥤 jūn 同"鈞（钧）"。

㛯 jūn "姰"的讹字。

硱 jūn［硱磳］（-zēng）也作“硱磳”，山石高耸的样子。

䅐 jūn 同“君”。

銁 jūn 同“鈞（钧）”，古代质量单位。

𨥂 jūn 同“銁（鈞，钧）”。

覠 jūn 大视。（《玉篇》）

皸 jūn 同“皲（皸）”。

鲪（鮶） jūn ❶虫名，又称水鲪。❷鲪鱼，生活在近海礁石间。

麇 jūn “麕”的讹字。

麇 ㊀jūn ❶獐子。❷春秋时国名，在今陕西。❸春秋时地名。（《左传》注）
㊁qún 成群：～至｜～集。

𧾷 jūn 跑。

鍕 jūn ❶［鍕鋕］（-chí）也作“军持”，梵语译音，净瓶，又称双口澡罐，千手观音第四十手中所持。❷金符。

麕 jūn “麕”的讹字。

麕 jūn “麕”的讹字。

麕 jūn “麕”的讹字。

麏 jūn 同“麇”。

麕 jūn “麕（麇）”的讹字。

麕 jūn 同“麇”。

䍡 jūn ❶宗。❷天群。

纆 jūn 束。

jǔn

㞺 jǔn 储积。

jùn

呁 jùn ❶吐。❷唁。

晙 jùn 同“畯”，一说同“允”。

俊［❶儁、❶㑺］ jùn ❶才智过人的人：～杰｜～士｜才～。❷容貌清秀美丽：～秀｜～俏｜英～。

郡 jùn ❶古代地方行政区划，秦代以前比县小，秦代以后比县大。❷姓。

陖 jùn 同“峻”。

陖 jùn ❶同“峻”。1. 山高而陡：径～赴险｜修路～险。2. 严厉：～文｜岂令不严、刑不～哉？❷古亭名，在今陕西。

郡 jùn 古地名。（《玉篇》）

捃 jùn 拾取；摘取：～拾｜～摭。

埈 jùn ❶同“陖（峻）”。❷古亭名，在今陕西。

峻 jùn ❶山高而陡：陡～｜险～｜崇山～岭。❷严厉；苛刻：严～｜～急｜严刑～法。

馂（餕） jùn ❶吃后剩下的食物：～余。❷吃别人吃剩的食物：得～其余。❸分享祭品：分～｜享～。

浚 ㊀［❶❷濬］ jùn ❶疏通；深挖：～河｜～井｜疏～。❷深：～谷。❸索取：～财｜～民膏。❹古水名，在今河南。
㊁［濬］ xùn 用于地名：～县（在河南）。

骏（駿） jùn ❶好马：驽～杂而不分。❷大；高大：～命｜～功｜～业。

珺 jùn 美玉。

菌 ㊀jùn ❶蕈。❷姓。
㊁jūn 低等植物的一大类，如细菌、真菌、黏菌等。

晙 jùn 同“畯”。

晙 jùn ❶天明。❷敬。

咽 jùn 欲吐或呕吐的样子。

訫 ㊀jùn 欺骗。
㊁yùn 同“韵”。

焌 ㊀jùn 烧火；燃火灼龟甲，占卜吉凶：～火｜～契。
㊁qū ❶火烧；烫：以～紫衣。❷把燃烧的物体放入水中，使熄灭：把烟～了。❸把作料放入热油锅中，再放蔬菜并迅速炒熟：～豆芽。❹同“黢”，黑：～黑。

祾 jùn 褅祀。

珚 jùn 红玉。

蔘 jùn 獦皮裤。

蔀 jùn 芝类植物或生物。

梱 jùn 树名。

睿 ㊀ jùn 同"濬(浚)"。
㊁ ruì 同"睿(叡)":听曰聪,思曰~。

畟 jùn 同"畯"。

畯 jùn ❶ 西周时管理奴隶耕种的官吏,也指农神:田~|农~。❷ 通"俊",才智出众:登崇~良。❸ 通"峻",崇高:朝之~德|以须~望。

陖 jùn 同"峻"。

腘 ㊀ jùn ❶ 腹部或肠中积聚的脂肪。❷ 肌肉的凸起部分:大肉~坚。❸ 腹中胎。
㊁ zhūn 腹中积聚成块形的膜。

竣 jùn 事情完毕:~事|~工|刻期告~。

郷 ㊀ jùn ❶ 大水。❷ 古水名。(《玉篇》)
㊁ yá 古县名,在今陕西。

埈 jùn 同"峻"。

隂 jùn 同"陖"。

睏 jùn 大眼睛。

啃 jùn 同"呁"。

嗑 jùn 同"呁"。

箬 jùn ❶ 同"箘"。❷ [箬簽](-qiān)也作"箬籤",竹名。

餕 jùn 危。

寯 jùn 同"寯"。

鼤 jùn 义未详。(《龙龛手鉴》)

輚 jùn 车饰。

蜠 jùn(又读 jǔn)一种大贝。

箟 jùn[箟簬](-lù)也作"菎蕗",即箘簬,竹名。

箘 ㊀ jùn ❶ [箘簬](-lù)也作"箘簵""箘露",竹名,可做箭杆,也单称箘。❷ 棋子。
㊁ qūn 箘桂,桂树的一种。

逡 jùn 同"竣"。

郡 jùn 同"郡"。

皴 jùn"皴"的讹字。

睏 jùn 同"蜠"。

嶲 jùn 同"峻"。

濬 jùn 同"睿(濬,浚)"。

儁 jùn 聪慧。

寯 jùn ❶ 积聚。❷ 同"儁(俊)",才能杰出的人。

皴 jùn 狡兔。

雋 jùn 同"鵔"。

蕈 jùn 同"菌",即蕈。

豱 ㊀ jùn 小野猪名。
㊁ jūn 猪。

歔 jùn 同"皴"。

褒 jùn 同"麟(麇)"。

熸 jùn 同"焌",烧火。

濬 jùn 同"濬(浚)"。

濬 jùn 同"濬(浚)"。

蕎 jùn 同"馂(餕)"。

譆 jùn 同"嗑"。

濬 jùn 同"濬(浚)"。

雋 jùn 同"儁(俊)"。

鵔 jùn ❶ [鵔鸃](-yí)又称鷩雉,鸟名,即锦鸡。❷ 传说中的不祥鸟,像鸮。

襃 jùn 同"襃(䪿)"。

䳫 jùn 鸡无尾。

鵔 jùn 同"鵔"。

攈 jùn 拾;拾取。

䴛 jùn 饼类食品。

襃 jùn 同"䪿"。

濬 jùn "濬(濬,浚)"的讹字。

濬 jùn "濬(濬,浚)"的讹字。

䪿 jùn 古代打猎时穿的皮裤。

鼱 jùn 鼩鼠。

襃 jùn 同"襃(䪿)"。

䙬 jùn "䙬(攟)"的讹字。

攟 jùn 同"捃"。

巂 jùn 同"陖(峻)"。

谾 jùn 同"谾"。

谾 jùn ❶深谷。❷同"睿(濬,浚)"。

攟 jùn 同"攟(捃)"。

䙬 jùn "攟"的讹字。

䪿 jùn 同"䪿"。

五行相生相克图

五行相生图

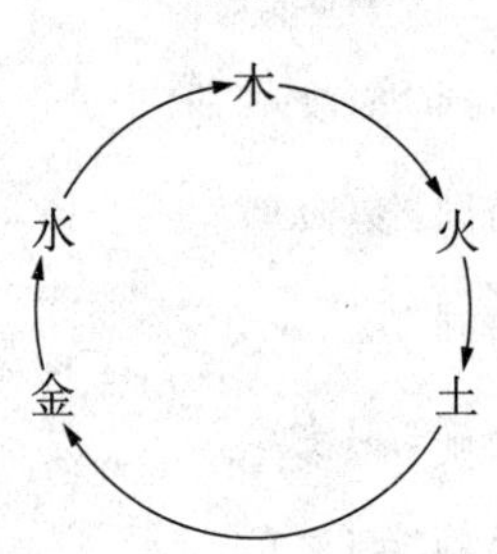

五行相克图

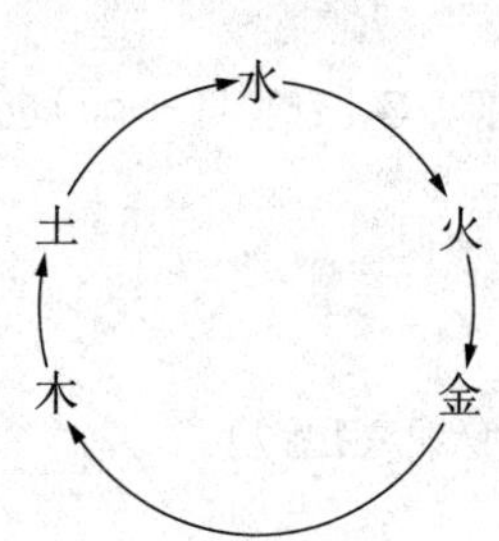

【注】五行相生相克说:木生火,火生土,土生金,金生水,水生木;水克火,火克金,金克木,木克土,土克水。

kā

咔 ㊀ kā 拟声词：～的一声上了锁｜～喳一声，树枝断了｜～！～！传来两声枪响。
㊁ kǎ 用于译音：～唑（有机化合物）｜～叽（一种较厚的斜纹布）。

咖 ㊀ kā［咖啡］1. 常绿灌木或小乔木，种子可制饮料。2. 咖啡树种子研成的粉末，也指用其制成的饮料。
㊁ gā［咖喱］（-lí）用胡椒、姜黄、茴香等制成的调味品。

喀 ㊀ kā ❶ 呕吐，引申为倾吐：～血｜知贤英能～出肺腑，以示千载。❷ 拟声词。1. 响声：～嚓｜～吧｜～哒。2. 笑声：房东太太鸭子叫似的～、～笑起来。3. 呕吐声；咳嗽声：他～～地咳嗽了两声。❸ 用于译音：～布尔（阿富汗首都）｜～什（地名，在新疆）｜～喇沁（地名，在内蒙古）。
㊁ kè 白要：叫我～了一块炸糕吃。
㊂ ke 助词，表示语气：我一百个放心～。

峈 kā（又读 kè）也作"喀"，呕吐：～血｜～唾。

嗑 kā 同"喀"。1. 呕吐。2. 拟声词，呕吐、咳嗽声。

kǎ

卡 kǎ 见 762 页 qiǎ。

佧 kǎ［佧佤］（-wǎ）佤族的旧称。

咔 kǎ 见 493 页 kā。

咯 ㊀ kǎ ❶ 用气力把东西从咽头或气管中咳出：～痰｜把鱼刺～出来。❷ 咳：～血。
㊁ gē 拟声词：～噔｜～嘣｜～～笑。
㊂ lo 助词，表示语气，了；啦：好～｜这下麻烦～｜大家都急坏～。
㊃ luò［吡咯］（bǐ-）有机化合物，无色液体，有刺激性气味，可供制药。

胩 kǎ 异腈，有机化合物的一类。

鉲 kǎ 金属元素"镉（鎘）"的旧译写法。

kāi

开（開） kāi ❶ 开门，泛指把关闭着的东西打开：～锁｜～口｜～幕。❷ 攻下；占领：一夫当关，万夫莫～。❸ 使通；使显露出来：～路｜～矿｜～发。❹ 江河解冻：～冻｜河～了。❺ 沸：水～了｜～锅了。❻ 发动；操纵：～车｜～枪｜～动。❼ 起始：～学｜～工｜～演。❽ 创办；设立：～办｜～设｜～银行。❾ 放在动词后，表示趋向或结果：推～窗户｜消息传～了｜嘴张不～。❿ 按比例或若干分之一分开：三七～（三份对七份）｜对半～。⓫ 量词。1. 用于整张印刷纸按比例分开的份数：八～纸｜十六～本。2. 黄金中含纯金量的计量单位（24 开为纯金）：18～金的项链。

奒 kāi 大的样子。

揩 kāi 擦；抹：～汗｜～油｜～黑板。

彥 kāi 义未详。（《改并四声篇海》）

閞 kāi"開（开）"的讹字。

鉌 ㊀ kāi 器名。
㊁ qǔ 藏。

徦 kāi［徘徦］（pái-）行恶。

夥 kāi 多；大。

揩 kāi 同"揩"。

開｛鬪｝ kāi 同"開（开）"。

鍇 kāi 器名。

獃 kāi 哺乳动物。

糏 kāi 米的别称。

䅣 kāi 矛类兵器。

䊐 kāi 大丝。

闓 kāi 同"開(开)"。

開 kāi 同"開(开)"。

闿 kāi 同"開(开)"。

kǎi

丂 kǎi 戾。

𠄏 kǎi 同"丂"。

剀(剴) kǎi ❶大镰刀。❷磨;磨刀。❸[剀切]切实;中肯:～详明|～教导。

凯(凱) kǎi ❶军队得胜归来所奏的乐曲:～歌|～旋|奏～而还。❷温和;温暖:～风。❸通"恺(愷)",欢乐:天子大～。

垲(塏) kǎi 地势高而干燥:别墅在都南,尤胜～|祇园轩豁爽～。

闿(闓) kǎi ❶打开门,泛指开启:～门|～大关。❷通"恺(愷)",欢乐:吏逸民～。

恺(愷) kǎi ❶安乐;欢乐:中心物～|天下既平,天子大～。❷军队得胜后所奏的凯乐,也作"凯(凱)":～乐|期奏～以言旋。

铠(鎧) kǎi ❶古代将士穿的缀有金属片的战衣:～甲|铁～。❷金属元素"铯(銫)"的旧译写法。

蒈 kǎi 有机化合物。

楷 kǎi 同"楷"。

嘅 ㊀kǎi "慨"的异体字。
㊁gé 助词,的:我～|噉样做嗾啱～(这样做是对的)。

慨[嘅] kǎi ❶愤激;激昂:愤～|慷～激昂|～然有澄清天下之志。❷感叹;忧伤:感～|～叹|仰屋～平生。❸大方,不吝惜:～赠|～允|见他～爽,甚不过意。
◆"嘅"另见494页"嘅"字条。

豈 kǎi 同"塏(垲)"。

楷 kǎi 见442页jiē。

楷 kǎi 同"楷"。

輆 ㊀kǎi ❶[輆軩](-dài)不平。❷阻碍:～于砭石。
㊁kài[輆沐]古国名。(《集韵》)

嵦 ㊀kǎi ❶山的样子。❷山。
㊁ái[崍嵦](lái-)山的样子。

輪 kǎi "輆"的讹字。

暟 kǎi ❶照。❷美;美德。

锴(鍇) ㊀kǎi(又读jiē)❶铁的别称。❷好铁;精铁。
㊁jiě 坚;坚硬。

锴 kǎi[耀锴](bà-)见17页"耀"字条。

勓 kǎi 同"凯(凱)"。

暟 kǎi ❶明。❷照。

劈 ㊀kǎi[勸劈](bà-)见17页"勸"字条。
㊁xiè 同"懈"。

廩 kǎi 隐。

颽 kǎi[颽风]也作"凯风",南风,也单称颽。

颾 kǎi 同"颽"。

蘁 kǎi 义未详。(《字汇补》)

kài

忾 ㊀**(愾)** kài ❶愤怒:愤～|同仇敌～。❷通"慨",激昂;愤激:感～|慷～。
㊁qì 喜悦,也作"忔"。
㊂**(愾)** xì 叹息:～我寤叹|浩然发深～。

炌 kài ❶明火。❷同"炫",炽。

炏 ㊀kài 同"炫"。
㊁yán 同"炎"。

欬 ㊀kài 咳嗽;逆气。
㊁ài 同"噫",胃内气体从嘴出来并发出声音。
㊂ké "咳㊀"的异体字。

炫 kài 炽盛。

勓 kài 同"劾",勤勉;努力。

烗 kài 同"炫"。

烗 kài 火炽盛的样子。

㕢 kài 茎。

㲉 ㊀ kài 讨伐;攻击。
㊁ kě 敌。

瘣 kài 同"欬"。

㦛 kài 同"愒",贪。

燺 kài 火。

鎎 kài 同"忾(愾)",愤怒;恨:敌～。

㿗 ㊀ kài 喉病。
㊁ è 短气。

kān

刊［栞］ kān ❶ 砍;削:随山～木。❷ 削除;订正:～误｜～谬补缺｜不～之论。❸ 雕刻:～刻｜～石｜～印。❹ 印刷出版:～行｜创～｜复～。❺ 出版物,也指某些专版:～物｜丛～｜期～。

戋 kān 刺,杀,后作"戡"。

砍 kān 岩洞。

勘 kān ❶ 核对;校订:校～｜～正｜～误表。❷ 探测;实地查看:～测｜～探｜～查。

㦰 kān 同"戋"。

刣 kān 义未详。(《字汇补》)

龛(龕) ㊀ kān ❶ 较小的窟穴或房屋:瓦～｜诗～。❷ 供奉佛像、神位等的石室或小阁子:神～。❸ 贮存僧人遗体的塔或塔下石。❹ 古山名,在今浙江。
㊁ kè 副词,可:～有杀子像。

栞 kān 同"栞(刊)"。

堪 kān ❶ 地面凸起之处:西去～二尺。❷ 经得起;忍受:难～｜不～凌辱｜狼狈不～。❸ 可以;能够:～称表率｜不～入目｜苦不～言。❹［堪抒］(-xù)传说中的鱼名。

戡 kān 同"戋"。

嵁 ㊀ kān［嵁岩］1. 陡峻的山岩。2. 高低不平的样子。
㊁ zhàn 悬崖峭壁。

戡 kān 刺,杀,引申为武力平定:～乱｜边虏稍～。

顩 ㊀ kān 丑。
㊁ qiān［顩颐］(-yí)也作"頷颐",丑的样子。

䐤 kān［腒䐤］(jū-)裂开。

嵌 kān 啄:鸦～鹊啄。

覞 kān 义未详。(《龙龛手鉴》)

龕 kān 同"龛(龕)"。

嚨 kān ❶ 同"嵌"。❷ 古代少数民族乐曲名。

kǎn

凵 ㊀ kǎn 同"坎",地面凹陷处。
㊁ qiǎn 张口:轻肆～语。
㊂称凶字底或凶字框,汉字偏旁或部件。

凵 kǎn 盖;遮盖:～大布被。

坎 kǎn 同"砍"。

坎［❶❻埳］ kǎn ❶ 坑,地面低陷之处:坑～土石｜～井之蛙。❷ 田野中条状凸起的土埂,比喻生活中的障碍:田～｜土～｜没有过不去的～。❸ 八卦之一,代表水。❹ 拟声词:～其击鼓｜～～伐檀兮。❺ 量词,坎德拉(发光强度单位)的简称,一个光源发出频率为 540×10^{12} 赫的单色辐射,在这个方向上的辐射强度为1/683瓦每球面度时的发光强度是1坎。❻［坎坷］(-kě)道路坑洼不平的样子,比喻不顺利,不得志。
◆"埳"另见496页"埳"字条。

侃［❶偘］ kǎn ❶ 刚直;理直气壮:～然以天下为己任。❷ 闲谈;聊天:胡～｜瞎～｜他很能～。❸［侃侃］理直气壮、从容不迫的样子:～而谈。

偘 kǎn 同"侃"。

砍 kǎn ❶ 用刀、斧等猛力劈:～伐｜～柴｜把树枝～断。❷ 挖:镢头落到地上,～不了两寸深。❸ 除去;削减:机构大精简,～掉三分之一的部门。❹ 同"侃",闲谈;商量:闲～｜～大山｜～价。

K

莰 kǎn 又称莰烷，有机化合物。

埳 ㊀ kǎn “坎❶❻”的异体字。
㊁ xiàn 同“陷”。

峆 kǎn ❶ 同“坎”，坑穴。❷ 山势险峻的样子。

惂 kǎn ❶ 忧困。❷ 恨。

欿 kǎn 动的样子。

欿 ㊀ kǎn ❶ 贪；贪欲。❷ 不自满：自视～然。❸ 忧愁的样子：～然以为己病。❹ 同“坎”。1. 坑。2. 卦名。
㊁ dàn［坎欿］古地名，在今河南。

窞 kǎn［窞窞］（-dàn）高低不平的样子：路～难行。

埳 kǎn “埳（坎）”的讹字。

虓 ㊀ kǎn 一种白虎。
㊁ hàn ❶ 虎发怒的样子。❷ 拟声词，虎吼声。

歁 ㊀ kǎn ❶ 没吃饱。❷ 通“坎”，坑：～窦。
㊁ kè［歁歁］（-è）痴呆的样子。

豏 kǎn ❶ 猪的样子。❷ 猪。

欿 kǎn “欿”的讹字。

顑 kǎn 颣疾。

歁 kǎn 同“欿”。

輡 kǎn ❶［輡轗］（-lǎn）1. 车行不平。2. 不得志。❷［輡轲］（-kě）不得志。

歁 kǎn 同“欿”。

滥 kǎn 浊。

墈 ㊀ kǎn［墈坷］（-kě）同“坎坷”，不平的样子。
㊁ hǎn 土起。

輱 kǎn［輱轗］（-lǎn）同“輡轗”。

譀 kǎn 反。

虥 kǎn 一种白虎。

馦 ㊀ kǎn 饥。
㊁ sǎn 同“糂”。

顄 kǎn 脸凹。

轗 kǎn 同“轗”。

顑 ㊀ kǎn ❶［顑颔］吃不饱而面色发黄的样子，单用“顑”义同：举室常顑颔。❷ 顑骨，骨名，也指腮：头角～痛。
㊁ yàn 头或脸狭长。

轗 kǎn［轗轲］（-kě）同“坎坷”。1. 道路不平：水陆一时遭～。2. 不顺利；不得志：～流落｜～长苦辛。

竷 ㊀ kǎn ❶ 边歌边舞，一说舞曲名：～～舞我。❷ 拟声词，鼓声。❸ 古代乐器，即箜篌。
㊁ kàn 击鼓。

竷 kǎn 同“竷”。

kàn

肙 kàn 同“看”。

石 kàn 岩洞。

迀 kàn 义未详。（《龙龛手鉴》）

看 ㊀ kàn ❶ 望远，泛指视，使视线接触到：～见｜～电影｜～热闹。❷ 观察；认为：观～｜～透｜我～他是病了。❸ 访问；探望：～望｜～朋友。❹ 照应；对待：～重｜～待｜另眼相～。❺ 诊断治疗：～牙｜医生把她的病～好了。❻ 助词，表示尝试一下：说说～｜做做～。☞看／视／见／睹　见210页“睹”字条。
㊁ kān ❶ 守护；照管：～护｜～孩子｜～管仓库。❷ 监视：～押｜～守所。

衎 ㊀ kàn ❶ 快乐；愉快：～宾｜宴～。❷ 安适自得：～尔｜～而。❸ 姓。
㊁ kǎn 诚信；刚直：其节～然。

衎 kàn “衎”的讹字。

忢 kàn 忆。

崁 kàn 用于地名：～顶｜赤～（均在台湾）。

看 kàn 同“看”。

峟 kàn 义未详。（《龙龛手鉴》）

韬 kàn 同“看”。

墈 kàn 高而陡峭的堤岸，多用于地名：老～脚底｜～上（在江西）。

圔 kàn 同“看”。

㸝 kàn 血羹。

𡶼 kàn 同“嵁(㸝)”。

阚(闞) ㊀ kàn ❶望,俯视,后作“瞰”:窥～|俯～。❷春秋时鲁国地名,在今山东。❸姓。
㊁ hǎn ❶拟声词,虎声:～如虓虎。❷怒声;大声:共～喝之|聋者语～。❸口大张开的样子:而口～然。

𨉚 kàn 同“看”。

䜶 kàn 豆豉滋味浓厚。

𣈶 kàn 日出的样子。

嵁 kàn 同“㸝”。

磡 kàn ❶岩崖之下:～有废庵。❷高的堤岸,多用于地名:淘河砌～|～上(在浙江)|朱～(在广东)。

瞰[矙] kàn ❶看:有奔出～客者|篇章户牖,左右相～。❷俯视,向下看:～临城中|～下如临井。❸窥伺;偷看:高明之家,鬼～其室|驱驰十万众,怒目～中原。

𡾊 kàn 同“㸝”。

闞 kàn 同“阚(闞)”。

䵇 kàn 咸味浓厚。

𧮖 kàn 同“㸝”。

𥊽 kàn 同“瞰”。

矙 ㊀ kàn 同“瞰”,看。
㊁ yǎn 同“俨(儼)”,恭敬;庄严。

𧮚 kàn ❶器。❷器盖。❸箱类器具。

𧮛 kàn 同“㸝”。

kāng

岏 kāng[岏崀](-lǎng)也作“嵻崀”,古山名。(《汉语大字典》)

忼 ㊀ kāng 同“慷”。
㊁ hàng 傲慢。

砊 ㊀ kāng[砊磕](-kē)拟声词,雷声。
㊁ kàng[砊硠](-láng)拟声词,石声。

航 kāng 同“躿”。

康 kāng ❶安宁;无病:～宁|安～|健～。❷富裕;丰盛:～年|小～。❸四通八达的大路:～庄大道。❹同“糠”,空;空虚:这萝卜有点儿～。❺旧西康省(今西藏昌都地区)的简称:～藏高原。❻姓。

瓶 ㊀ kāng 同“甗”,陶器。
㊁ huāng 同“甂”,器名。

跄 kāng[跄踻](-qiǎ)蹀足,顿足。

鄌 kāng 古地名。(《玉篇》)

康 kāng 同“穅(糠)”。

𤬪 kāng 同“康”。

㱂 kāng 同“漮”,水的中心有空处。

塃 kāng[盛塃]地名,在湖北。

嵻 kāng[嵻崀](-lǎng)1.也作“岏崀”,古山名,在今甘肃。2.山空的样子。

𥻆 kāng 同“糠”。

粇 kāng 同“糠”。

漮 kāng ❶水虚,水的中心有空处。❷古水名,在今河南。

慷 kāng[慷慨]1.情绪激昂:～陈词|言多～。2.性情豪放:～有大节|他是个～丈夫。3.感叹:～有余哀|～惟平生。4.大方;不吝惜:～解囊|他不是个～之人,作事悭吝。

㝩 kāng ❶屋宇空旷。❷空虚。

㝩 kāng ❶安。❷用于女子人名。

槺 kāng[槺梁]同“㝩㝗”“康㝗”,屋宇空旷。

踉 kāng 顿足。

甗 kāng ❶瓦。❷陶器。

歑 kāng ❶腹中饥饿空虚。❷谷物无收成。

磏 kāng ❶拟声词,石声。❷[磏磕](-kē)拟声词,大声。

䁓 kāng［映䁓］（yāng-）眼睛的样子。

漮 kāng 同"濂"。

𡪱 kāng［𡪱㝗］（-láng）也作"嵻㝗"，屋宇空旷。

㝩 kāng 同"嵻"。

螊 kāng［螊蛜］（-yī）蜻蛉，即蜻蜓。

糠［穅、粇］ kāng ❶从稻、麦、谷子等籽实上脱下的皮或壳：糟～｜吃～咽菜。❷（萝卜等）失水而内部发空，质地变得虚而不实：～心儿｜萝卜～了。◆"粇"另见458页"粳"字条。

䡉 ㊀ kāng ❶车箱空处。❷古代祭奠死者用的纸制品，像屏。
㊁ liáng 同"辌(輬)"。

𨃈 kāng 跰。

躿 kāng［躿躴］（-láng）也作"躴躿"，身材长大。

鏮 kāng 金属元素"钪(鈧)"的旧译写法。

鱇（鱇） kāng［鮟鱇］（ān-）见8页"鮟"字条。

káng

扛 ㊀ káng 用肩膀承担：～枪｜～麻袋｜～活(旧指做长工)。
㊁［摃］ gāng ❶两手举重东西：力能～鼎。❷抬东西：两个人～着一个大箱子。

摃 káng 同"扛"，用肩担负。

kǎng

䡖 kǎng［䡖䡔］（-ǎng）车名。

㰠 kǎng 遮盖住。

骯 ㊀ kǎng ❶［骯髒］（-zǎng）1. 盘曲：～空谷中。2. 体胖：～之马。3. 高亢刚直的样子：余生～｜～辞故园。❷［骯髒］（-mǎng）体胖，也作"骯髒"。
㊁ āng "肮㊁"的繁体字。

嗛 kǎng 拟声词，咳嗽声。

嵻 kǎng［嵻㟴］（-lǎng）山谷空旷。

𩨗 kǎng 同"骯"。

kàng

伉 kàng ❶对等；相称(指配偶)：～俪(配偶；夫妇)。❷高的样子：乃立皋门，皋门有～。❸强壮：～健习骑射者皆从军。❹正直；直率：～直｜事胜辞则～。❺通"抗"，抵御；抵抗：廷说诸侯之王，杜左右之口，天下莫之能～。❻姓。

邟 kàng 同"邟"。

郐 kàng 同"邟"。

邟 ㊀ kàng ❶［邟乡］古地名，在今河南。❷姓。
㊁ háng［馀邟］（yú-）古县名，在今浙江。
㊂ kāng 古城名，在今河南。

抗 ㊀ kàng ❶抵挡；抵御：顽～｜八年～战。❷拒绝，不接受：～议｜～命。❸对等；相当：～衡｜分庭～礼。❹呈现；暴露：吾之所短，吾～而暴之，使之疑而却。❺促进；振作：卑湿重迟贪利，则～之以高志。
㊁ gāng 同"掆(㧉)""扛"，举；抬；承担：各式事情，兄弟都替他～下来了。

囥 kàng 藏。

犺 ㊀ kàng 健壮的狗，引申为健壮。
㊁ gǎng［犺狼］（-lǎng）又称狼犺，哺乳动物，像猴。

闶（閌） ㊀ kàng 门高大的样子，泛指高大：～门丰屋｜台阁高～。
㊁ kāng［闶阆］（-láng）建筑物中空旷的部分，又称闶阆子。

炕［❶匟］ kàng ❶北方用砖、坯等砌成的睡觉的台，内有通道，可烧火取暖：火～｜～席｜～头儿。❷烤干，也专指在炕上烤干：～谷子｜把湿衣服～干。❸干渴：不饿不～。

钪（鈧） kàng 金属元素，可用来制特种玻璃、轻质耐高温合金等。

㹅 kàng"犺"的讹字。

焿 kàng 同"炕"。

㶳 kàng 同"炕"。

䡉 kàng［䩨䡉］(qiào－)高低不平的样子。
㶳 kàng 同“㶳(炕)”。
䡎 kàng“䡎”的讹字。
䡎 kàng 黄色。
䡎 kàng“䡎”的讹字。

kāo

尻 kāo 臀部，俗称屁股。
𡰦 kāo 同“尻”。
𦙶 kāo 同“尻”。
𡰣 kāo 同“尻”。
𩨌 kāo 骶骨和尾骨。
𩨌 kāo ❶明。❷净。
髛 kāo 尾骨。

kǎo

丂 ㊀ kǎo 同“考”。
㊁ yú 同“于”。
考 kǎo 同“考”。
考［❷-❻攷］ kǎo ❶老，年纪大：寿～｜疲疠不流，民获～饱。❷父亲，后称已故的父亲：先～｜显～｜如丧～妣。❸敲击：金石有声，不～不鸣。❹研究；推求：思～｜～证｜～古。❺检查：～察｜～核｜～勤。❻测试；测验：～试｜～数学｜～上了大学。❼通“拷”，拷打：～杀｜有囚实不杀人而被～自诬。
攷 kǎo 同“攷”。1. 敲击。2. 研究；推求。
栲 kǎo 日本汉字。三思而后行。
拷 kǎo ❶打；用刑：～问｜毒刑～打。❷拷贝，复制(多指用计算机复制)：～文件｜～张光盘。
椃 ㊀ kǎo 同“栲”，落叶灌木或小乔木。
㊁ jú ❶树名。❷同“檋”，古代用于登山的带钉木屐。
洘 ㊀ kǎo ❶水干涸。❷用于地名：～溪(在广东)。
㊁ kào 用水车车水。
栲 kǎo 同“栲”。
栲 kǎo ❶又称野鸦椿、山樗，落叶灌木或小乔木，木材可制器具，花、根、干果可供药用。❷通“拷”，拷打：严～｜～折下截。❸［栲栳］(－lǎo)1. 又称笆斗，用柳条或竹篾编成的圆形盛物器具：～量金。2. 像栲栳一样的：～轮盖｜～圈银交椅。
烤 kǎo ❶把东西放在火周围使干或熟：～衣服｜～白薯｜～箱。❷向着火取暖：～手｜围炉～火。❸曝晒：烈日～人｜炎热的阳光～着他瘦长的身子。
箸 kǎo［箸箸］(－lǎo)也作“栲栳”，用竹篾、荆条等编成的盛物器。
粩 kǎo［粩跌蹓］(－－liū)傣族糯米糕。
薧 kǎo 同“薧”，干枯。
殦 kǎo 干。
槁 kǎo 同“栲”。
顝 ㊀ kǎo［顝顇］(－ǎo)大头。
㊁ kào［顝顤］(－ào)大头。

kào

𣇸 kào 姓。
铐(銬) kào ❶束缚手的刑具：手～。❷戴手铐：把犯人～起来。
蛤 kào 蝎。
䎋 kào 飞。
犒 kào 用酒食、财物等慰劳：～劳｜～赏｜～军。
膪 ㊀ kào 同“犒(犒)”，犒劳。
㊁ hè 同“脽”，肉羹。
鲓(鮳) kào 干制的小鱼：龙头～。
䩨 kào 同“靠”。
靠 kào ❶背对着：～月坐苍山。❷倚着；挨近：倚～｜～墙摆放｜船～岸。❸依靠；依赖：～劳动致富｜～不懈努力，终于获

得成功。❹ 可依靠;信赖:可～|～得住|～不住。

靠 kào 相违。

鮳 kào 鱼名。

𨘢 kào 同“靠”。

㸆 kào[逼㸆]逼迫。(《红楼梦》)

㸆 kào 用微火使鱼、肉等菜肴的汤汁变浓或耗干。

鎬 kào 同“铐(銬)”。

kē

坷 ㊀ kē ❶[坷垃]也作“坷拉”,土块:粪土～。❷ 用于古亭名:～亭。(《说文》)
㊁ kě[坎坷]见 495 页“坎”字条。

苛 kē ❶ 小草;小草丛生。❷ 琐细;繁杂:～细|小节～礼|～捐杂税。❸ 暴虐;过分:～政|～求|～责。

匼 ㊀ kē ❶[匼匝](-zā)环绕:参差树若插,～云如抱。❷ 用于地名:～河(在山西)。
㊁ ē[乌匼]古代头巾名:晚风爽～。
㊂ ǎn[阿匼](ē-)见 224 页“阿”字条。

犐 kē ❶[郭犐]古代良牛名。❷ 牛无角。

珂 kē ❶ 次于玉的美石,一说白玛瑙:～珮。❷ 马笼头上的装饰,借指马:玉～|共看芳草有离～。❸[珂罗版]印刷用的照相版。因以涂过感光胶层的玻璃片做版材,又称玻璃版。

柯 kē ❶ 斧柄:伐～。❷ 草木的枝茎:茎～。❸ 常绿乔木,木材可用于建筑和制作器物,皮可供药用。❹ 姓。

殉 kē 死的样子。

轲(軻) ㊀ kē ❶ 由两根木头连接做车轴的车,泛指车:画～。❷ 用于人名:孟～(孟子,战国时人)。
㊁ kě[轗轲](kǎn-)见 496 页“轗”字条。

牱 kē 同“牁”。

析 kē 同“科”。

科 kē ❶ 枝条:准夷而高～削。❷ 等级;学术或业务等的类别:强弱殊～|学～|理～。❸ 机关企业内按工作性质分设的办事单位:～室|财务～|宣传～。❹ 生物分类系统的等级,在目之下,属之上:猫～|豆～。❺ 法律条文:～条|金～玉律|作奸犯～。❻ 判处;判定:～刑|～罪|～以罚金。❼ 征收:～税|～派。❽ 科举考试,也指科举考试的科目、等级、年份等:～场|登～|开～取士。❾ 旧时培养戏曲演员的教学组织:～班|坐～|出～。❿ 古代戏曲剧本中指示角色表演动作、表情等的用语:笑～|饮酒～|插～打诨。

胢 kē 同“䶗”。

㾧 ㊀ kē[㾧匝](-zā)也作“㾧帀”,环绕:髻高花～|～几重山。
㊁ wā 同“凹”,低下:瑞云低～～。

牁 kē 拴船用的木桩。

跒 kē[跒蹬蹬](-dēngdēng)拟声词,器物撞击声:猛然一阵狼虫过,吓得人心～惊。

疴 ㊀[痾] kē(旧读 ē)❶ 疾病:沉～|养～|染～。❷ 同“屙”,排泄大小便:独吃自～。
㊁ qià 小儿受到惊吓的病。
◆“痾”另见 500 页“痾”字条。

㾑 kē 同“廅”。

砢 kē 同“峇”,山窟。

跒 kē 用于译音。

搁 kē“㪙”的讹字。

萪 kē ❶ 藤名,茎可制杖,篾可编绳系船或制席。❷ 草名,又称海葱。

棵 kē ❶ 量词,用于植物:一～树|一～小草|两～白菜。❷[棵儿]指植物的体积:～不小|这棵白菜～挺大。

䞹 kē 同“珂”。

痾 kē(旧读 ē)❶“疴㊀”的异体字。❷ 宿怨;旧仇:捐弃百～。

颏(頦) ㊀ kē ❶ 下巴,脸的最下部位:下巴～儿。❷ 面颊。
㊁ ké[红点颏]又称红靛颏儿,鸟名。
㊂ hái 貌丑。

搕 ㊀ kē 敲击:～烟袋|～诈农工商。
㊁ è 以手覆盖。

榼 kē 同“榼”。

K

㞹 kē"㞹"的讹字。

嵑 kē 同"嵯"。

犐 kē 无角牛;牛无角。

稞 kē 同"稞",青稞。

㰤 kē 美好的样子。

窠 kē ❶鸟类巢穴,泛指某些动物的栖息处:鸟～|蜂～|鸡犬同～。❷居室:移～|山中诗酒～。❸通"棵":欲舞腰身柳一～。❹通"颗(顆)",枚:日暮归来印几～?

薖 kē ❶草名。❷宽大的样子:硕人之～|茶新到腹～。

榼 kē ❶古代盛酒器:执～承饮。❷盒类器具:果～|银粉～。

磕 kē 同"磕"。

颗(顆) kē 见502页kě。

頣 kē 同"颏(頦)"。

嵯 kē 用于梵语译音。

𡩥 kē 关门。

磕 ㊀kē ❶拟声词,石头撞击声:礌石相击,硠硠～～。❷碰撞在硬物上:～破|～断|脑袋～在石头上。❸叩头,旧时的跪拜礼:～头谢罪|跪着～几个响头。
㊁kè 通"嗑",咬开(有壳的或硬的东西):～瓜子儿。

瞌 kē ❶困倦欲睡:体倦目已昏,～然遂成睡。❷[瞌睡]困倦欲睡;处于睡眠或半睡眠状态:打～|昨夜没睡好,今天白天～得很。

蝌 kē[蝌蚪](-dǒu)也作"科斗"。1.蛙、蟾蜍等两栖动物的幼体,有长尾,生活在水中。2.又称蝌蚪文、科斗书、科斗篆,古文字体的一种,笔画头粗尾细,像蝌蚪,故名。

蚪 kē[蚪蚪](-dǒu)同"蝌蚪",蛙、蟾蜍等两栖动物的幼体。

䈖 kē 竹名。

篙 kē 竹枝相摩,一说树枝交连。

緙 kē ❶理丝。❷文采。

礚(磕) kē 同"磕",拟声词,石头撞击声。

窼 kē 同"窠"。

轗 kē ❶车。❷拟声词,车行声、雷声等。

醘 kē 同"榼",古代盛酒器。

髁 ㊀kē ❶骨头上呈圆丘状凸起的部分,多长在关节两端。❷股骨,大腿骨。❸膝骨;膝部。
㊁kuà 髋骨。

餜 kē[餜斗]也作"麬斗",像蝌蚪形的面食。

檷 kē 同"柯"。

醘 kē 同"榼",古代盛酒器。

麬 kē[麬斗]像蝌蚪形的面食。

䑖 kē 同"榼",酒器。

䶗 kē 义未详。(《改并四声篇海》)

轟 kē 义未详。(《改并四声篇海》)

ké

咳 ㊀[欬] ké(旧读kài)呼吸器官受到刺激后,口腔急促呼气或声带振动发声:～嗽|干～|～痰。
㊁hāi ❶叹息:～声叹气。❷叹词。1.表示惋惜或后悔:～,我真糊涂!|～,真不该错听他的话!2.表示招呼或提醒:～,吃饭了|～,别忘了!
◆"欬"另见494页"欬"字条。

拤 ㊀ké ❶卡住:抽屉～住了|鞋小～脚。❷刁难:故意～人|别拿这事～我。
㊁qiā 扼,用力掐住:～杀。

翗 ké 飞的样子。

嗽 ké 同"咳",咳嗽:～唾。

kě

可 ㊀kě ❶是,对,表示准许或同意:许～|认～|不置～否。❷能够:～见|～食|牢不～破。❸值得:～爱|～怜|～歌～

泣。❹适合：～身｜～口｜～心。❺副词。1.加强语气：他跳得～高了｜这本书～读完了。2.表示疑问：这事你～知道？｜这话～是真的？3.大约：长～三米｜年～四十许。
㊁ kè［可汗］(-hán)古代鲜卑、突厥、回纥、蒙古等族君主的称号。

岢 kě［嵑岢］(kě-)同“嶱嵑”。

岢 kě［岢岚］(-lán)山名、地名，均在山西。

哿 kě［砢哿］(luǒ-)击。

炣 kě 火。

㱾 kě 行走困难。

渇 kě 同“渴”。

㞹 kě 义未详。(《改并四声篇海》)

敤 kě ❶研治。❷击。❸［敤手］也作“敤首”，传说中上古帝王舜的妹妹。

㪙 kě 同“敤”。

嵑 ㊀ kě［嶱嵑］(kě-)见502页“嶱”字条。
㊁ jié ❶山石突兀耸立。❷同“碣”。

渴 kě 同“渴”。

渴 ㊀ kě ❶口干想喝水：口～｜如饥似～。❷急切：～望｜～求｜～贤。❸姓。
㊁ jié ❶水干涸，后作“竭”。❷干燥；干枯：肺～多因酒损伤｜实成而叶～。

腂 kě 组名。

㑃 kě 同“可”。

颗(顆) ㊀ kě ❶小头。❷土块。
㊁ kē ❶小而圆的形状或粒状物：牡丹含露真珠～｜～盐｜～粒。❷量词。1.粒；枚：两～珍珠｜日啖荔枝三百～。2.株；棵：亲自手种一～柳树。3.块：蒸饼一～。

㵣 ㊀ kě 暑热病，中暑，也作“暍”。
㊁ hài 同“痎”，病。

嶱 kě［嶱嵑］(-kě)山石高峻的样子。

㬰 kě 同“渴”。

𣉻 kě “㬰(渴)”的讹字。

㵄 kě ❶同“渴”。1.口干想喝水。2.急切：～葬未有铭。❷通“愒”，荒废：～岁。

礣 kě 同“碣”，石的样子。

𪓰 kě ❶蛙类动物。❷拟声词，蛙声。

kè

㓥 kè 同“刻”。

克(❷-❹剋)［❸❹尅］ kè ❶能；能够：～勤～俭｜不～分身。❷克服；抑制：～己｜～制｜以柔～刚。❸攻下据点；战胜：连～数城｜～敌制胜｜攻无不～。❹严格限定(时间)：～期动工｜～日完成。❺质量单位，1克等于1千克(1公斤)的千分之一。
◆“剋”另见504页“剋”字条。
◆“尅”另见504页“剋”字条。

㕸 kè 同“剋(尅)”。

㕉 kè 窟穴：～窟。

亮{亮} kè 同“克”。

刻 kè 同“刻”。

刻 kè ❶雕；用刀子挖：雕～｜～图章｜木～。❷伤害；虐待：侵～百姓｜大～于民。❸不厚道：～薄｜尖～｜苛～。❹时间，也指短暂的时间：春宵一～值千金｜即～｜顷～。❺量词，用于时间。1.古代用漏壶计时，一昼夜分为一百刻。2.现代用钟表计时，1刻是15分钟。

㓝 ㊀ kè 同“刻”。
㊁ hé 同“劾”。

亯 kè 同“克”。

㕁 kè 同“克”。

勀 kè 同“剋(克)”。

㪙 kè 同“剋(克)”。

峇 ㊀ kè ❶［岌峇］(jí-)见400页“岌”字条。❷山窟。
㊁ bā［峇厘］(-lí)印度尼西亚岛名，今作“巴厘”。

㕋 kè 同“克”。

恪 kè ❶恭敬：～谨天命｜辞意谦～。❷庄严：容止严～｜高～寡素。

𡧊 kè 同"容",合。

客 kè ❶客人;来宾:请～|～厅|不速之～。❷离家乡在外地的:～居|～商|～死他乡。❸出门旅行的:～车|～流|～票。❹四处奔走从事某种活动的人:说～|掮～|侠～。❺顾客:～满|食～|乘～。❻量词,用于论份出售的食品:一～葱花猪肉烧饼|两～蛋炒饭。

㕉 kè 山左右有岸。

㕊{㖞} kè 同"克"。

𠅥 kè 同"尅(剋)"。

𣆶 kè 见。

𧺆 kè 同"𣆶"。

咵 kè ❶拟声词:～哩～哩。❷[罗咵]啰唆。

𢙐 kè 同"恪"。

课(課) kè ❶考核:成器不～不用。❷旧指教书或学习:～子|～徒|夜～书,间又～诗。❸分段进行的教学及教学科目:～程|～本|开～。❹征收赋税:～税|～米三十斛。❺赋税:国～|完粮交～|～额日以增。❻占卜的一种:起～|摇～|问～。❼旧时机关中分设的单位:会计～|秘书～。

娔 kè 同"婉"。

堁 kè ❶尘土:扬～。❷土堆;沙堆:埵～。

𣉕 kè 同"克"。

嗑 kè 啃;咬。

氪 kè 气体元素,无色无味,能吸收 X 射线,可用作 X 射线工作时的屏蔽材料。

㐪 kè 同"克"。

𡧊 ㊀ kè[容合]相当。
㊁ āo 同"凹"。

㕊 kè 义未详。(《改并四声篇海》)

𡱝 ㊀ kè 同"髁"。
㊁ kuà 同"胯"。

骒(騍) kè 雌性的(马或骡子):～马|～骡。

𡽗 kè ❶山旁洞穴:潜～。❷崩损:～珠。

㕒 kè 同"㕉"。

嗑 kè 同"嗑"。

溘 kè 同"溘"。

渮 kè 同"𦨭(艐)"。

𦨭 kè 同"艐",船触沙滩搁浅。

婉 kè 对妇女的蔑称。

缂(緙) kè 织纬,一种丝织手工艺。其成品为缂丝(也作"刻丝")。

㕒 kè 拟声词,给器物扣盖子时发出的声。

嗑 ㊀ kè ❶用门牙咬带壳的或硬的东西:～瓜子儿|老鼠把箱子～了个洞。❷说话:闲～。
㊁ kē 话;话语:唠～儿|有几句～|他的嘴闲不住,～真多。
㊂ hē 通"喝",吸食:～酒|～西北风。
㊃ xiá 笑声:～然而笑。

剻 kè 同"刻"。

艐 kè 同"艐"。

溘 ㊀ kè ❶突然;忽然:朝霞～至|～然长逝。❷掩盖;凭依:～埃风|香露～蒙菉。
㊁ kài 船触沙滩而搁浅。

𥦗 kè 匝。

𥨊 kè 同"恪"。

𣪠 kè 敲打。

𥔲 kè 义未详。(《南齐书》)

碦 kè ❶石坠落。❷石坚。

𡳐 kè 拟声词,关门声。

殟 ㊀ kè ❶死:前后生与～。❷同"溘",突然;忽然。
㊁ ài 同"殪",死。

𦞣 kè 欲睡的样子。

篕 kè ❶杯。❷笼。

K

艐 ㊀kè 船触沙滩搁浅。
㊁jiè 同“届”，至；到。

謌 kè［謌謋］（-è）笑语。

褡 kè［褡裆］1. 一种背心。2. 妇女长衣。

褔 kè ❶同“𧝭”，裘的内里。❷薄。

瞌 kè 疲倦欲睡的眼神。

勀 kè 辛勤劳作。

襤 kè 同“褡”。

𧝭 kè 同“𧝭”。

㲉 ㊀kè 坚硬。
㊁huò 拟声词，鞭声。

㲉 kè 同“㲉”。

鶡 kè “鶷”的讹字。

虩 kè 拟声词，虎吼声。

𧝭 kè 裘的内里。

𧝭 kè 同“𧝭”。

kēi

剋 ㊀［尅］kēi 打；斥责：～架｜挨～｜狠狠～了他一顿。
㊁kè “克❷-❹”的繁体字。

kěn

肎 kěn 同“肯”。

肻 kěn 同“肯”。

肻 kěn 同“肯”。

肯［❶肎］kěn ❶骨头上附着的肉：～綮（筋骨结合的地方，比喻事物的关键）。❷许可；愿意：首～（点头答应）｜不～服输｜积极～干。❸能够：孰～辨无辜。❹副词。1. 岂：风流～落他人后？2. 恰；正：～如十度谒侯门｜匹马～寻山雨中。

肯 kěn 同“肯”。

肎 kěn 同“肎（肯）”。

齿 kěn 义未详。（《改并四声篇海》）

肎｛肎｝kěn 同“肯”。

垦（墾）kěn ❶用力翻土耕地：耕～｜～地。❷开辟荒地：开～｜～荒｜～殖。

肯 kěn 同“肯”。

啃 kěn 啃；咬：～羊骨｜狗～骷髅。

恳（懇）kěn ❶诚信；真诚：诚～｜～谈｜～求。❷请求：转～｜敬～｜至今见面不交一言，我又何必～他。

啃 ㊀kěn 从较硬的东西上一点点往下咬，比喻刻苦钻研或攻克难点：～骨头｜～书本。
㊁kēng 拟声词，咳嗽声。

婧 kěn 小孩。

𡑼 kěn 同“墾（垦）”。

豤 ㊀kěn ❶猪啃物，泛指啃物，后作“啃”。❷通“恳（懇）”，诚恳：～乎其诚｜～～数奸死亡之诛。❸通“垦（墾）”，翻耕：以其受田之数，无～不～。
㊁kūn 减；减损。

貇 ㊀kěn 同“豤（啃）”。
㊁mào 同“貌”。

貇 kěn 同“豤”。

豤 kěn 同“豤”。

隁 kěn 迟。

豤 kěn “豤”的讹字。

錹 kěn 金属元素“钪（鈧）”的旧译写法。

詪 kěn 同“恳（懇）”。

𤀹 kěn 迟缓。

懇 kěn 同“懇（恳）”。

懇 kěn 同“懇（恳）”。

硍 kěn 石的样子。

K

墾 kěn 同“垦(墾)”。

齦 kěn 同“龈(啃)”。

齦 kěn 同“豤”。

囓 kěn 同“啃”。

kèn

掯 kèn ❶卡;按:～着脖子。❷强迫;刁难:～勒财物。

裉 kèn 上衣靠近腋下的接缝部分:煞～(把裉缝上)。

褃 kèn 同“裉”。

kēng

劥 kēng 信。

劥 kēng[劥勈](-kuāi)有力。

阬 ㊀kēng ❶“坑”的异体字。❷姓。㊁gāng 大山坡;大土山:跐峦～|陈众车于东～。

坑[阬] kēng ❶地面洼陷处:泥～|水～|一个萝卜一个～。❷积粪便的洞穴,也指厕所:粪～|茅～|蹲～(上厕所)。❸地洞;地道:银～|矿～|～道作业。❹(将人)活埋:～杀|焚书～儒。❺设计陷害:～人|～害|你为啥要～我? ◆“阬”另见505页“阬”字条。

妔 ㊀kēng ❶美女。❷女子性情暴躁。㊁háng 用于女子人名。

欥 kēng ❶咳。❷欬欥。

埉 kēng 同“坑”。

硄 kēng 破石。

挳 kēng 同“摼”。

堩 kēng 同“坑”。

揁 kēng ❶同“铿(鏗)”,拟声词,琴瑟、钟鼓、金石等清脆响亮的声音。❷引。

硁(硜) kēng ❶拟声词,敲击石头声:扣其声～～然。❷固执:～～然,小人哉!|～执小节。

岼 ㊀kēng 古山谷名。(《广韵》)㊁xíng 同“陉(陘)”,山脉中断处:山～|绝～。

欿 kēng 咳。

硎 kēng 拟声词,石声。

峌 kēng “岼”的讹字。

牼 kēng 牛胫骨,牛膝下的直骨。

竉 kēng 义未详。(《改并四声篇海》)

軭 ㊀kēng 同“輷”。㊁jú 纺车。

硎 kēng ❶古山谷名。(《集韵》)❷[临硎]古山名。(《玉篇》)❸磨刀石。

铿(鏗) kēng ❶拟声词,钟、琴瑟、咳嗽等声音:钟声～|鼓瑟希,～尔|其动～禁瞀厥。❷撞击:～鸣钟。

硻 ㊀kēng 拟声词,击石声。㊁kěng 固执:岂可～执小节。

摼 ㊀kēng 撞(钟)。㊁qiān 同“牵(牽)”。

誙 kēng ❶言语确实。❷[誙誙]奔逐竞争的样子,一说颠倒是非:吾观夫俗之所乐,举群趋者,～然如将不得已。

鞕 kēng 车鞭。

輷 kēng[輷輘](-léng)拟声词,车行声。

鍞 kēng ❶撞。❷同“铿(鏗)”:～鎗(铿锵)。

輷 kēng 同“輷”。

轄 kēng 拟声词,车行声。

磴 kēng ❶简陋:器多坚～。❷同“硁(硜)”,拟声词,敲击石头声。

瞪 kēng[瞪矇](-méng)也作“瞪瞢”,看不清楚。

蘋 kēng 菜名。

轒 ㊀kēng 拟声词,车行声。㊁zhěn ❶车的样子。❷同“轸(軫)”,车后横木。

轒 kēng 同“轒”。

鎮 kēng[鎮锵](-qiāng)也作“鍞鎗”“铿锵”,拟声词,金石撞击声。

䡩 ㊀ kēng 车坚。(《说文》)
㊁ kěng 拟声词,车行声。
㊂ gǔ 同"轂(轂)"。

䃘 kēng 不可近。

䡰 kēng 同"䡩",车坚。

kōng

𡶒 kōng 同"空",天空。

空 ㊀ kōng ❶ 里面没有东西或实质内容:～房｜～手｜～话。❷ 没有着落或结果:计划落～｜扑了个～。❸ 天空:碧～万顷｜～军｜航～。❹ 副词。1. 徒然;白白地:～欢喜一场｜～跑了一趟｜～断送一生。2. 只;仅:边兵尽东征,城内～荆杞｜昔人已乘黄鹤去,此地～余黄鹤楼。
㊁ kòng ❶ 腾让出来:～出三个座位｜把这间房子～出来做阅览室｜每段开头～两格。❷ 闲着的;没被利用的:～房｜～地｜～格。❸ 没被充分利用的空间或时间:车厢里挤得一点儿～儿都没有｜没～儿闲聊｜抽～儿去一趟。

夯 ㊀ kōng 大。
㊁ kuāng 拟声词,狗叫声。

埪 kōng ❶ 龛,供奉佛像、神位等的石室或小阁子。❷ 用于地名:庙～(在广东)。

䅝 kōng 草名。

崆 kōng ❶ [崆峒] (-tóng) 1. 山名,在甘肃。2. 岛名,在山东。❷ [崆峣] (-lóng) 山石高峻的样子。

𡸅 kōng 同"崆"。

悾 kōng ❶ 巾。❷ 衣袖。

涳 ㊀ kōng ❶ 水直流的样子。❷ [涳濛] (-méng) 也作"空濛",迷茫、朦胧的样子:烟雨～｜山色～。
㊁ náng 姓。

悾 kōng 诚恳:不任～款｜～～而不信。

𢻹 kōng 击。

𣪍 ㊀ kōng ❶ 同"𢻹",击。❷ 控。
㊁ zhōng 尽杀。

硿 ㊀ kōng ❶ [硿礲] (-lóng) 崖石突出的样子:石～而成象。❷ 拟声词,石坠落声或其他声响:其余～然倒卧道上｜剥蚀而声～～者。
㊁ kòng 用于地名:～南｜～尾(均在广东)。

䅝 kōng 稻秆。

䘬 kōng 衣袖。

䃔 kōng [䃔䃔] 拟声词,石声。

蛭 kōng ❶ 蝉蜕。❷ 虫蜕,虫脱下的皮。

箜 kōng ❶ [箜篌] (-hóu) 也作"空侯",古代弦乐器,有竖式、卧式两类,竖式像竖琴,卧式像瑟:尊前一曲～弦。❷ 竹篮。

錓 kōng 古代器物。

𢲳 kōng [𢲳篌] (-hóu) 同"箜篌",古代乐器。

髼 kōng [髼鬆] (-sōng) 头发散乱的样子。

椌 kōng 同"箜"。

鵼 kōng 传说中的怪鸟。

鼞 kōng 拟声词,鼓声,也指中空物体的叩击声:叩之～然。

𪇗 kōng 同"空"。

kǒng

孔 kǒng ❶ 小洞;窟窿:针～｜九～桥｜在墙上钻个～。❷ 副词,很;甚:德音～昭｜明堂～阳。❸ 量词,用于窑洞、隧道等:两～土窑。❹ 姓。❺ 指孔子,春秋时期思想家、教育家,儒家学派创始人:～学｜～孟之道。

𢖻 kǒng 同"恐"。

扎 kǒng 同"孔":楼～。

杋 kǒng 义未详。(《改并四声篇海》)

玑 kǒng 玉。

悲 kǒng 同"恐"。

穵 kǒng [穵竉] (-lǒng) 洞穴。

恐 kǒng 同"恐"。

恐 kǒng ❶畏惧;害怕:～惧|～高症|惊～不安。❷使人畏惧的事:国有大～|其邑有～。❸副词,表示担心或揣测,恐怕;也许:～不足信|～有不测。☞恐/惧/畏/怕 见992页"畏"字条。

恿 kǒng 同"恐"。

倥 ㊀kǒng[倥偬](-zǒng)1.事情紧迫匆促:戎马～(形容军务繁忙)。2.穷困;困苦:～屈厄。
㊁kōng[倥侗](-tóng)蒙昧无知的样子。

忎 kǒng 同"恐"。

㤟 kǒng 同"恐"。

葱 kǒng 莨菪的别称。

㥕 kǒng 同"恐"。

𡨦 kǒng 古地名。(《玉篇》)

𢝌 kǒng 同"恐"。

kòng

控 kòng ❶开弓,拉开弓弦:弓不再～。❷节制;驾驭:～制|遥～|程～电话。❸告发;指出罪恶:～告|～诉|指～。❹使人的头部朝下,吐出食物或水;使容器的口朝下,让残液流出:把耳朵里的水～出来|把油瓶～干净。

腔 kòng 穿垣。

𡻝 kòng 穿垣。

䅮 kòng 丝类物品。

鞚 kòng ❶带嚼子的马笼头:银鞍紫～。❷驾驭:自～|老仆～之。❸马:飞～。❹古代乐器,鼓的一种。

kōu

芤 kōu 草名。

囗(𠧧) kōu 剜:痛如～。

抠(摳) kōu ❶提起:两手～衣。❷投掷:以瓦～者巧,以钩～者惮。❸用手指或细小的东西掏、挖:～眼睛,捻鼻子|在木板上面～出槽形。❹雕刻(花纹):～镜框的花边。❺不必要地过分深究:～字眼儿|死～书本。❻吝啬,小气:～门儿|这个人太～。

芤 kōu ❶葱的别称。❷中医脉象,指脉搏浮大而软,按之中空。

弓区(彄) kōu ❶弓弩两端系弦处:弓不受～。❷环类器物:～环|指～。

㧑 kōu 射箭时套在右手拇指上的扳指,用以钩弓弦。

眍(瞘) kōu 眼睛深陷:～䁖|他病得不轻,眼睛都～进去了。

𢃇 kōu 同"㧑"。

𥈤 kōu 同"眍",眼睛深陷。

𨭃 kōu 同"囗(𠧧)"。

kǒu

口 kǒu ❶嘴:～水|开～说话|虎～脱险。❷家庭成员:人～|拖家带～。❸某些器物通外面的部位;出入通过的地方:瓶～|窗～|港～。❹破裂的地方:裂～|伤～|决～。❺骡、马等的年龄(可由牙齿多少及磨损程度来判断):六岁～。❻量词,用于人、牲畜、器物等:三～之家|两～猪|一～井。

𠮛 kǒu 同"口"。

𡆧 kǒu 同"口"。

叩 kǒu 古乡名,在今陕西。

㺘 ㊀kǒu 牛名。
㊁hǒu 牛鸣。

劶 kǒu 同"励"。

励 kǒu[劶励](bù-)见70页"劶"字条。

𧈧 kǒu 拟声词,闭口声。

kòu

叩[❶❷敂] kòu ❶敲打;撞击:～门|～钟。❷询问;打听:～问|～以文义。❸磕;磕头(一种旧式礼节):

K

～头｜～拜｜～谢。

扣[❷❹釦] kòu ❶ 用圈、环等东西套住或拢住;环环相～｜把门～上｜把衣服～好。❷ 绳结;衣纽:绳～｜活～儿｜纽～。❸ 把器物口朝下放或覆盖东西:把碗～在桌上｜把草帽～在头上。❹ 向下击打;敲击:～球｜～门｜～人心弦。❺ 强留:～留｜～押｜～作人质。❻ 从中减除:～除｜克～｜不折不～。

◆"釦"另见 508 页"釦"字条。

敂 kòu 同"敂(叩)"。

敏 kòu 同"敂(叩)"。

寇 kòu 同"寇"。

訌 kòu 同"叩",问;盘问。

寇 kòu 同"寇"。

寇 kòu 同"寇"。

釦 kòu ❶ 用金、银等装饰器物的口部:雕镂～器。❷"扣❷❹"的异体字。

寇[寇、寇] kòu ❶ 入侵:～边｜入～中原。❷ 入侵者;强盗:敌～｜倭～｜日～。❸ 姓。

敂 kòu 同"寇"。

愸 kòu 义未详。(《改并四声篇海》)

蔻 kòu"蔻(蔻)"的讹字。

蔲 kòu 药名。

筘 kòu 也作"簆",又称杼,织布机上的机件。

寇 kòu 同"寇"。

寇 kòu 同"寇"。

婺 kòu[婺瞀](-mào)无暇。

蔻 kòu 同"蔻"。

蔻 kòu 同"蔻"。

鋷 kòu 同"彀"。

寇 kòu 同"寇"。

蔻 kòu[豆蔻]多年生草本植物,花、果实和种子可供药用。

蔻 kòu 同"蔻"。

滱 kòu 水名,在河北。

滱 kòu 同"滱"。

愆 kòu[愆愆]勤力。

愆 kòu 同"愆"。

瞉 ㊀ kòu[瞉霿](-mào)鄙吝;心不明。㊁ jì 长时间地看。

鷇(鷇) ㊀ kòu ❶ 待母哺食的幼鸟:雀～。❷ 雀子;鸡雏。㊁ gǔ[布鷇]也作"布鸐""布谷",即杜鹃鸟。

蔻 kòu 同"蔻(蔻)"。

闞 kòu 同"阔(闊)"。

㲄 kòu 未烧过的砖瓦、陶器等的坯。

瞀 kòu[瞀瞀](-mào)眼睛昏花。

瀔 kòu 古水名。(《字汇补》)

簆 kòu 同"筘"。

簆 kòu 同"簆(筘)"。

鸐 ㊀ kòu 同"鷇(鷇)",待母哺食的幼鸟。㊁ gǔ[布鸐]也作"布鷇""布谷",即杜鹃鸟。

鷇 kòu 同"鷇(鷇)"。

鷇 kòu 同"鷇(鷇)"。

鷇 kòu 同"鷇"。

鷇 kòu"鷇"的讹字。

鷇 kòu 同"鷇(鷇)"。

鷇 kòu[鷇雉](-zhì)也作"寇雉",即鵽鸠。

鷇 kòu 同"鷇"。

鷇 kòu 同"鷇"。

鷇 kòu“鷇(鷇)”的讹字。

鷇 kòu 同“鷇”。

鷇 ㊀kòu 同“鷇(鷇)”,待母哺食的幼鸟。㊁kū ❶卵已孵。(《类篇》)❷鸟卵。

鷇 kòu 同“鷇(鷇)”。

鷇 kòu 同“鷇(鷇)”。

kū

劶 kū[劶劶]极度劳累的样子。

扝 ㊀kū 播扬。㊁wū 引。

矻 kū 用心。

夻 kū 义未详。(《龙龛手鉴》)

郀 kū 同“郀”。

敂 kū[敂敂](lù-)见 602 页“敂”字条。

矻 ㊀kū ❶石:～抽砢插。❷[矻矻](-kū)辛勤不懈的样子:孜孜～|终日～。㊁qià 同“硈”。

刳 ㊀kū ❶剖开:～竹|～破。❷挖出;挖空:～木为舟。❸杀:～白马而盟。❹开凿:划崇墉,～浚洫。㊁kōu 同“剾(剾)”,剜。

郀 kū[郀首]古地名,在今山西。

𡿨 kū 不利。

哭 kū 同“哭”。

岵 kū ❶山。❷同“崫”。

钴 kū[敂钴](lù-)同“敂敂”。

弤 kū 小弓。

枯 kū ❶草木失去水分,引申为干涸:干～|～燥|～井。❷芝麻、大豆、菜籽等榨油后剩下的渣滓:油～。❸肌肉干瘪;面容憔悴:～瘦如柴|容颜不～。❹皱:～起眉毛。

殆 ㊀kū ❶枯干。❷损毁:销～。㊁gū 同“辜”,罪。

哭 kū 同“哭”。

桔 kū 同“枯”。

胐 kū 同“胐㊁”。

陼 kū ❶大土山。❷[陼阜](-fù)古土山名,在今陕西。

桍 kū ❶树名。❷空,也指器物上的柄孔。

郀 kū 同“郀”。

姑 kū 同“殆”。

哭 kū ❶因痛苦悲哀或过分激动而流泪并发声:痛～流涕|～～啼啼|她激动得～了。❷吊唁:使人～之。❸伤心地诉说:你有牛,有猪,鸡鸭成群,还～什么穷?☞哭/泣/号(háo)/啼 四字在古汉语中都指哭。“哭”有泪有声;“泣”有泪无声;“号”指拖长声音呼喊,引申为大声哭,常特指哭死去的人,边哭边诉说和呼号;“啼”常用于小儿和妇女出声的哭。

唊 kū 同“哭”。

腔 kū 臀部。

刳 kū 同“刳”。

堀 ㊀kū 洞穴,后作“窟”:～室|～穴|尘～。㊁jué 同“掘”,挖掘;穿穴:～地。

崫 ㊀kū 同“嶇”。㊁jué 同“崛”。

勖 kū 也作“勖勖”,用力;勤。

毂 kū 同“毂”。

跍 kū 蹲:但见乌鸦～几堆。

毁 kū 同“哭”。

崫 kū 同“窟”。

圐 kū[圐圙](-lüè)库伦,蒙古语音译词,围起的草场,多用于地名:薛～(在山西)。

頜 ㊀kū ❶秃而无毛,特指头秃:头复～秃。❷颊旁骨,一说颊高起的样子。㊁yà 行走不稳:摇脚～手。

腒 kū ❶臀部。❷骨肉凸起。

窛 kū 同“窟”。

磬 kū 同“毂(毂)”。

毂 kū 砖坯，未烧的砖。

頶 kū 同“頊”。

頊 ㊀ kū 同“頊”。
㊁ gěn 同“頣”。1. 颊后，下颌骨的末端。2. 颊高起的样子。

秙 kū 禾成熟。

窟 kū ❶ 洞穴：石～｜银～｜狡兔三～。❷ 某种人或事物汇集之处：魔～｜贫民～｜牡丹～。

䀰 kū 目衮。(《改并四声篇海》)

骷 kū［骷髅］(-lóu)没有皮肉的尸骨或头骨。

屛 kū 义未详。(《海篇直音》)

窟 kū 同“窟”。

蛸 ㊀ kū 同“窟”：月～｜花之～。
㊁ duō 古人指一种能以叫声预示吉凶的鸟。

鮎 kū 麸饼。

磬 kū 突。(《改并四声篇海》)

㲉 kū 义未详。(《改并四声篇海》)

堀 kū ❶ 同“窟”，洞穴。❷ 掘地为室。

堀{堀} kū 同“堀”。

䠴 kū“踺”的讹字。

嚧 kū 拟声词，蒸汽机车行进声：～！～！～！哞——，火车进站了。

嵑 kū［嵑屼］(-wù)1. 山的样子。2. 山上不长草木。

澑 kū ❶［潏澑］(yù-)也作“潏淈”，水涌出的样子。❷ 水深的样子。

踺 kū 囚徒逃出。

䯞 kū 臀部。

鮬 kū 鮬鱼，即鳑鲏，又称鳜鳊、妾鱼。

鮬 kū 同“鮬”。

穀 kū 同“纊”。

䃔 kū 同“嵑”。

顝 kū(又读 kuī)❶ 大头；头骨大。❷ 独处的样子：～羁旅而无友。

箍 kū 篾，一说“簬(簬)”的讹字。

䪝 kū 眼睛凸出的样子。

纊 kū 未经练制的麻缕。

䴛 kū 饼状酒曲。

麫 kū 同“䴛”。

䴛 kū 同“䴛”。

麴 kū 同“䴛”。

kú

𥪖 kú(又读 gōu)❶ 蹲：亮处不～，～黑处。❷ 向下俯身。

kǔ

苦 ㊀ kǔ ❶ 苦菜，即荼：采～采～，首阳之下。❷ 像胆汁或黄连的味道：～药｜酸甜～辣。❸ 劳累；难受：劳～｜艰～｜困～。❹ 使难受；使受苦：良药～口｜这些年可～了她。❺ 因某种情况而感到难受或困难：～夏｜～旱｜～于资金不足。❻ 副词，耐心地；尽力地：～劝｜～学｜冥思～想。❼ 去掉过多；损耗过大：指甲剪～了｜鞋底磨得太～。❽ 姓。
㊁ hù 古地名，在今河南。

狜 kǔ［狜猔］(-zōng)古代少数民族名，来源于吐蕃的一个部落，分布在今云南。

𦬁 kǔ 同“苦”。

笘 ㊀ kǔ 竹名，笋味发苦，故又称苦竹。
㊁ gǔ 同“罟”，捕鱼的网。

媎 kǔ 媎妗。

䒰 kǔ［大䒰］也作“大苦”，古山名，即今河南的大熊山。

箬 kǔ 竹名。

kù

库(庫) kù ❶贮存东西的房屋或地方：粮～｜水～｜～存。❷量词，库仑（电荷量单位）的简称，电流强度为1安时，1秒钟内通过导体横截面的电量是1库。❸姓。

佶 kù 同"喾(嚳)"。

绔(絝) kù 套裤：羊裘皮～｜纨～子弟（指富家子弟）。

跍 ㊀ kù 同"胯"，两大腿之间。
㊁ wù 蹲着。

跨 kù 同"跍"。

秙 kù ❶［秙穮］(-lián)禾麦未结籽实。❷同"枯"，禾苗枯槁。

焅 ㊀ kù ❶旱气；热气：～热｜～毒。❷把食物炒后再烹煮：五味～鸡鹅。❸同"酷"，残酷：～虐。
㊁ kào 同"熇"，烘烤。

袴 kù ❶"裤(褲)"的异体字。❷通"胯"，两大腿之间：俯(俛)出～下。

蛄 kù 虫名。

秸 kù 禾成熟。

喾(嚳) kù 高辛氏，传说中的上古帝王名。

裤(褲)[袴] kù 有两条筒状部分的下衣：短～｜毛～｜～兜。◆"袴"另见511页"袴"字条。

嘛 kù［嘛哧］(-chī)拟声词，笑声：憋不住"～"一声跑出去了。

瘔 kù 同"苦"，困。

軲 kù "酷"的讹字。

酷 kù ❶酒味浓厚：～酒。❷残暴：～刑｜～吏｜残～。❸极；甚：～寒｜～似｜～爱。❹人潇洒英俊或表情冷峻：他的样子很～。

蔃 kù 腌韭菜。

醋 ㊀ kù 同"蔃"。
㊁ dǐng 苦味。

䇢 kù 同"䓦"。

䓦 kù 茱萸酱。

嚳 kù 哭声。

藍 kù 同"蔃"。

kuā

夸(❶❷誇) kuā ❶说大话；自我吹嘘：～口｜自～｜～～其谈。❷称赞；赞扬：～赞｜～奖｜人人都～她唱得好。❸［夸父］古代神话中的人名：～逐日。

夲 ㊀ kuā 同"夸"。
㊁ běn 同"本"。

夸 kuā 同"夸"。

㕦 kuā ❶歪歪扭扭；不方正：～邪。❷分割；离析：离～。

夰 kuā 同"夸"。

夸 kuā 同"夸"。

囸 kuā 义未详。（《改并四声篇海》）

姱 ㊀ kuā ❶美好：～容修态｜修名～节。❷夸饰；夸大：耀～｜～丽而鲜双。
㊁ hù［婡姱］(lài-)性不端良。

䛛 kuā 同"誇(夸)"。

硂 kuā 磐石。

姡 kuā ❶女娃。❷［姱娃］(kuā-)女人的样子。

絓 ㊀ kuā ❶丝结。❷一种粗绸子：敝衣～履。
㊁ guà ❶绊住；牵连：骖～于木而止｜使吾等名～叛逆。❷触犯：～法入罪｜～于刑书。❸构成：～祸。

遧 kuā 义未详。（《改并四声篇海》）

骻 kuā［骻骳］(-pí)也作"夸毗"，卑躬屈膝地顺从别人。

躤 kuā 同"骻"。

諣 kuā 同"誇(夸)"。

譁 kuā 同"誇(夸)"。

絓 kuā 同"絓"，丝结。

閪 kuā 同"闖"，门不正开。

髃 kuā ❶［髃骩］（-wá）髂上骨。❷髂骨。

kuǎ

侉 kuǎ ❶语音不正，特指口音与本地语音不同（含轻视意）：他说话有点儿～。❷粗大；粗笨；土气：这个箱子太～｜～大个儿｜这件衣服有点儿～。

垮 kuǎ ❶倒塌；坍塌：～塌｜～台｜洪水把河堤冲～了。❷崩溃；伤损：打～了敌人｜身体累～了。

咵 kuǎ ❶言语乖张。❷说话土气；方音浓重：他说话真～。❸拟声词：～嗒｜～的来个立正｜队列～～地走了过去。

帢 kuǎ ❶袍子。❷小衫。

㡁 kuǎ 帛衣。

銙 kuǎ ❶古代腰带上的扣版，多用作装饰。❷銙茶，一种茶叶。像带銙，故名。

䠸 ㊀kuǎ ❶同"銙"，古代附于腰带上的扣板。❷茶名，福建所产建茶的一种。㊁kù 同"绔（絝）"，套裤。

kuà

干 kuà 同"跨"。

中 kuà "干"的讹字。

挎 kuà ❶弯起胳膊挂住或钩住：她～着篮子上街｜她俩～着胳膊。❷在肩头、腰间或脖子上挂住：～着腰包｜～着照相机。

徍 kuà 行走。

跒 kuà 同"跨"。

胯 kuà 同"胯"。

胯 ㊀kuà ❶从腰侧到大腿之间的部分，也指两大腿之间：～骨｜～下。❷同"跨"，分开两腿坐或骑：执剑拈枪～征鞍。❸量词，古代用于茶叶：供进新茶千～。㊁kuǎ 矮胖的样子。

跻 kuà 同"跨"。

膀 kuà 同"胯"。

跨 ㊀kuà ❶抬起一只脚向前或向旁边迈出：～过门槛｜～进大门｜向右～一步。❷骑，两腿分在两边坐或站立：～马｜～在墙头｜～着门槛。❸建筑物等横架其上：～河大桥｜铁桥横～长江两岸｜离宫别馆，弥山～谷。❹越过时间、地区或行业之间的界限：～年度｜～地区｜～行业。❺附在旁边：旁边～着一行小字｜住的是一个～院，有两小间房。㊁kuǎ［踒跨］（wǎ-）见975页"踒"字条。

踤 kuà 同"跨"。

矮 kuà 短的样子。

闊 kuà ❶大开门的样子。❷同"阔（闊）"。

踨 kuà 同"跨"。

骻 kuà 同"胯"。

躤 kuà 蹲。

kuāi

勈 kuāi［劥勈］（kēng-）见505页"劥"字条。

kuǎi

㧟（擓） kuǎi ❶搔；抓：～头皮。❷弯起胳膊挎着：～竹篮。❸舀：～水。

苬 kuǎi 同"蒯（蒯）"。

蒯 kuǎi 同"蒯"，蒯草。

蒯 kuǎi 同"蒯"，蒯草。

蒯 kuǎi 同"蒯（蒯）"，蒯草。

蒯 kuǎi "蒯"的讹字。

蒯 kuǎi 同"蒯"，蒯草。

蒯 kuǎi 同"蒯"，蒯草。

擓 kuǎi 同"擓（㧟）"。

蒯 kuǎi ❶蒯草，多年生草本植物，多丛生于水边，茎叶可编席或造纸。❷古地名，在今河南。❸姓。

蒯 kuǎi "蒯(蒯)"的讹字。

擓 kuǎi 同"擓(𢭏)"。

kuài

巜 kuài 同"浍(澮)"，田间水沟。

圦 kuài 同"块(塊)"：罩以大玻璃三～。

凷{凷} kuài 同"块(塊)"，土块。

块(塊) kuài ❶土块，泛指块状的东西：雨不破～｜石～｜糖～。❷安然或孤独的样子：～然受之｜～独｜～然独立。❸量词。1. 用于块状物及某些片状、条状物：三～糖｜两～毛巾｜一～实验田。2. 用于钱币，圆(元)：一～银圆｜两～钱。

快 kuài ❶高兴；称心；舒服：大～人心｜亲痛仇～｜身子不～。❷爽；直捷：爽～｜心直口～｜～人～语。❸锋利：刀真～｜～刀斩乱麻。❹迅速；敏捷：跑得～｜加～速度｜手疾眼～。❺赶紧；从速：赶～｜～点儿走｜～把门关上。❻副词，即将；马上：～下雨了｜事情～办完了。☞快/疾/急/速/迅见904页"速"字条。

侩(儈) kuài 旧指介绍买卖双方，从中谋利的人，引申为商人：牙～｜商～｜书～。

郐(鄶){鄶} kuài ❶周代国名，在今河南。❷姓。

浍 kuài 同"浍(澮)"。

快 kuài 同"快"。

㓮 kuài 断。

郙 kuài ❶古乡名，也作"蒯"，在今河南。❷姓。

哙(噲) ㊀kuài ❶吞咽；咽下。❷动物的嘴：蚑行～息。❸通"快"，快意；称心：～～其正｜～然得卧。❹姓。

㊁wèi 同"喂"，叹词，表示打招呼：～！站住！

狯(獪) kuài 狡诈：狡～｜敏～。

浍(澮) ㊀kuài 田间水沟：沟渠～川，十百相通。

㊁huì 浍河，水名。1. 发源于河南，流至江苏注入洪泽湖。2. 汾河支流，在山西。

脍(膾) kuài ❶切得精细的肉：食不厌精，～不厌细｜～炙人口(比喻诗文等被人传诵)。❷细切肉类，泛指切、割：今由俎上肉，任人～截。

浍 kuài 同"巜(浍，澮)"。

墤 kuài 同"塊(块)"。

筷 kuài 筷子，夹取食物或其他东西的棍状物：竹～｜碗～｜火～子(火箸的俗称)。

㱮 kuài 钱。

鲙(鱠) kuài ❶鲙鱼，即鳓鱼。❷同"脍(膾)"，细切的肉。

凷 kuài 同"凷(块，塊)"。

髋(髖) kuài ❶古人用来束发(髮)的骨器。❷束发(髮)。

䈛 kuài 竹名，即箶竹。

𥱼 kuài 义未详。(《改并四声篇海》)

巜 kuài［巜峗］(-duì)也作"浍峗"，沟壑深平的样子，一说沟壑宽大相连的样子。

廥 kuài ❶存放木柴、草料的地方：刍～。❷仓库，多指粮仓：官～｜国～。

䈛 kuài 同"䈛"。

鱠 kuài 同"鱠(鲙)"。

凷 kuài 同"凷"。

穭 kuài 糠。

檜 kuài 农具名。

旝 kuài ❶作战的令旗：旃～｜～动而鼓。❷作战的发石器械，也指发射的石块：造云～｜身当矢～。

穭 kuài 同"穭"。

郶 kuài 同"鄶(郐)"。

䭝 kuài ❶食。❷同"脍(膾)"。

駔 kuài 同"侩(儈)"。

kuān

衮 kuān 同“宽(寬)”。

宽(寬) kuān ❶ 阔；广：～阔｜～广｜～幅。❷ 物体横向的距离；长方形多指短的一边：江面有一百多米～｜显示屏长 30 厘米，～16 厘米。❸ 放宽；宽大，不严格：～限｜～容｜坦白从～。❹ 解开；脱下：～衣。❺ 富余；富裕：～裕｜手头不～。

寛 kuān 同“寬(宽)”。

寬 ㊀ kuān 同“寬(宽)”。
㊁ mì 同“觅(覓)”。

裛 kuān 同“衮”。

寬 kuān 同“寬(宽)”。

髋(髖) kuān ❶ 同“髋(髖)”，臀部；股骨。❷ 身体：～皮充肌。

寬 kuān 同“寬(宽)”。

髋(髖) kuān 髋骨，又称胯骨，组成骨盆的大骨，左右各一，由髂骨、耻骨、坐骨合成。

臗 kuān 同“髋(髖)”。

kuǎn

欵 kuǎn 同“款”。

欵 kuǎn 同“款”。

欵 kuǎn 同“款”。

歀 kuǎn 同“款”。

歀 kuǎn 同“款”。

款［欵］ kuǎn ❶ 诚恳；殷勤招待：～待｜～留｜～客。❷ 缓慢：～步｜点水蜻蜓～～飞。❸ 条目；分别列举的事项：条～｜第三条第二～。❹ 格式；样式：～式｜长～｜新～。❺ 钱财；经费：～项｜拨～｜存～。❻ 古代器物上刻的字：钟鼎～识。❼ 书画、信件上的题名：上～｜下～｜落～。

欵 kuǎn 同“款”。

欵 kuǎn 同“款”。

稾 kuǎn 禾病。

歀 kuǎn 同“款”。

擨 kuǎn 捉。

薂 kuǎn［薂冬］同“款冬”，多年生草本植物。花蕾称款冬花或冬花，可供药用。

徽 kuǎn［徽徯］(-huǎn)也作“款缓”，缓慢而行。

潡 kuǎn ❶ 古水名。(《集韵》) ❷ 水流动的样子。

窾 kuǎn 同“窾”。

薂 kuǎn 同“薂”。

樕 kuǎn 同“梡”。

窾 kuǎn 同“窾”。

窾 kuǎn 同“窾”。

窾 kuǎn ❶ 孔穴；空隙：披隙透～｜有蛟龙伏其～。❷ 中空；不实：见～木浮而知为舟｜～言不听。

鐓 kuǎn ❶ 烧铁久。❷ 署记：～缝。

鱖 kuǎn 同“鱖”。

鱖 kuǎn ❶ 鱼名。❷ 拟声词，鱼触撞网罩声。

kuāng

匡 kuāng ❶ 筐，后作“筐”：蚕则绩而蟹有～。❷ 纠正：～正｜～谬｜九合诸侯，一～天下。❸ 辅助；救助：佐天子～王国｜～助｜～救。❹ 粗略计算；估算：～算｜～计｜～一～。❺ 姓。

邼 kuāng 古乡名，在今山西。

劻 kuāng ❶ 辅助：～襄(辅佐)｜～救。❷［劻勷］(-ráng)匆忙不安的样子。

敀 kuāng 同“敀”。

诓(誆) kuāng 谎骗；哄骗；哄：～骗｜～人钱财｜～孩子。

K

茥 kuāng 草名。

匩｛匡｝ kuāng 同"匡"。

哐 ㊀ kuāng 拟声词，较大的撞击或震动声：～啷｜～的一声，门踢开了｜锣敲得～～响。
㊁ qiāng 同"腔"：不开～就肯了一半。

狂 kuāng［狂勷］（-ráng）同"劻勷"。

洭 kuāng 水名，在广东。

洸 kuāng "洭"的讹字。

恇 kuāng ❶ 恐惧；害怕：时国无嗣主，内外～惧。❷ 虚弱的样子：行步～然｜精泄则病甚而～。

匩 kuāng 园圃的四周。

眶 ㊀ kuāng 体腔，动物体内藏脏器的空腔。
㊁ kuàng 腹中宽。

硄 ㊀ kuāng 拟声词，海浪冲击礁石的声音。
㊁ guāng 有光泽的石头。

滙 kuāng 同"洭"。

鄺 kuāng 同"邼"。

閆 kuāng "闛"的讹字。

蛭 kuāng 海中大虾。

筐 kuāng ❶ 用竹篾、荆条、柳条等编成的盛物器，初为方形，后多为圆形：土～｜菜～｜一～苹果。❷ 簪子：～不可以持屋。

惬 kuāng 同"恇"。

趘 kuāng 同"跓"，疾行。

軭 kuāng 车轮扭曲。

跓 kuāng［跓躟］（-rǎng）快步行走的样子。

篚 kuāng 同"筐"。

闛 kuāng ❶ 门框。❷ 古代天文仪器上的框形部件。

骯 kuāng［骯髖］（-láng）股骨，大腿骨，也指股肉，大腿肉。

鬞 kuāng［鬞鬤］（-ráng）头发散乱的样子。

駏 kuāng ❶ 马耳曲。❷ 同"诓（誆）"，欺骗：～骗。

轊 kuāng 车。

kuáng

抂 ㊀ kuáng［抂攘］（-rǎng）乱的样子。
㊁ wǎng 同"枉"。1. 曲：挢～过其正。2. 冤枉：血流满市，～法陵（李陵）母。

狂 kuáng ❶ 狗发疯，引申为人精神失常、疯癫：早岁，犬多～死｜疯～｜发～。❷ 纵情；无拘束：～饮｜～笑｜～欢。❸ 傲慢，极度自高自大：～妄｜口出～言｜这个人太～了，谁都瞧不起。❹ 气势猛；声势大：野马～奔｜～风暴雨｜力挽～澜。

犴 kuáng "狂"的讹字。

忹 ㊀ kuáng 同"狂"。
㊁ wǎng 斜曲；不正。

诳（誑） kuáng 欺骗；瞒哄：欺～｜～骗｜～惑。

狌 kuáng 同"狂"。

軖 kuáng ❶ 手摇的缫丝车。❷ 独轮手推车。

軠 kuáng "軖（軖）"的讹字。

誆 kuáng 同"誑（诳）"。

狱 kuáng 同"狂"。

鵟（鵟） kuáng ❶ 鹲鸟，像凤，五色，有冠。❷ 茅鸱，同"鸫鸱"。❸ 又称土豹，鸟名，像老鹰。

疰 kuáng 热病。

輄 kuáng 同"軖"。

軽 kuáng 同"軖"。

軴 kuáng 同"軖"。

逛 kuáng 义未详。（《改并四声篇海》）

鵟 kuáng 同"鵟（鵟）"。

諻 kuáng 同"誑（诳）"。

鲑 kuáng 大鱼。
𤞣 kuáng 同“鲑”。

kuǎng

夼 kuǎng 两山之间的大沟，也指洼地，多用于地名：大～|刘家～（均在山东）。
懭 kuǎng ❶强悍：顽～。❷[懭悢]（-lǎng）失意的样子：心～以冤结兮。

kuàng

邝（鄺） kuàng 姓。
圹（壙） ㊀ kuàng ❶墓穴：～穴|打～。❷[圹埌]（-làng）原野空旷的样子。
㊁ kuǎng 挖地洞。
纩（纊） kuàng ❶丝绵絮：缯～。❷量词，丝八十缕为一纩。❸通“旷（曠）”：心迁境迁，心～境～。
旷（曠） kuàng ❶光明；心境开朗：～若发曚|～达|心～神怡。❷开阔；空间宽大：～野|野～天清|地～人稀。❸空缺；荒废：～工|～课|～日废时。❹远；久远：并力固守，尚～日月。❺旧指无妻室的成年男子或无丈夫的成年女子：～夫怨妇|～女鳏男。❻姓。
况［況］ kuàng ❶比；比拟：比～|以古～今。❷情形：情～|实～|路～。❸连词，况且；何况：～仓卒吐言，安能皆是？|此事成人尚不能为，～幼童乎？
応 kuàng 同“應”。
炉（爌） ㊀ kuàng 同“曠（旷）”，光明：鸿～炾。
㊁ huǎng 同“晄（晃）”，明亮：日～。
㊂ huàng 同“晃”，摇；摆动：荡（盪）～。
矿（礦）［鑛］ kuàng（旧读gǒng）❶矿物，蕴藏在地层中的自然物质：铁～|煤～|探～。❷开采矿物的场所或企业单位：～山|～井|厂～。
◆“鑛”另见517页“鑛”字条。
岲 kuàng 古山名。（《玉篇》）
岿 kuàng 同“岲”。
砿 kuàng 同“矿（礦）”。

眖 kuàng 同“旷（曠）”。
贶（貺） kuàng ❶赐予；赠给：天～|厚～|且～佳品。❷赐赠之物：佳～|美～。
脫 kuàng ❶古水名。（《玉篇》）一说山名。（《广韵》）❷同“贶（貺）”，赐；赠。
脫 kuàng 同“脫❷”。
框 kuàng ❶嵌在墙上的门窗外架：门～|窗～。❷镶在器物外缘的架子：镜～。❸加在文字、图画周围的线条：外～线。❹事物固有的格式、范围或传统做法，引申为限制、约束：旧的条条～～|被老经验～住了。
眖 kuàng 看。
卝（𨇨） kuàng ❶同“旷（曠）”，远；久远。❷缓慢：脚～行迟。
筐 kuàng 觅鱼具。
榧 kuàng 门框。
砯 kuàng 同“卝（矿，礦）”。
眶 kuàng 眼的四周：眼～|泪水夺～而出。
蚬 kuàng［黄蚬］虫名。
釙{鉟、鉲} kuàng 同“鑛（矿，礦）”，矿石。
絖 kuàng 同“纩（纊）”。1.丝绵絮。2.量词，丝八十缕。
貺 kuàng 同“贶（貺）”。
賧 kuàng 同“贶（貺）”。
滙 kuàng 同“旷（曠）”。
臩 kuàng ❶仰视的样子：～然举目。❷“臦”的讹字。
頣 kuàng 同“眶”。
鋛 kuàng 同“鑛（矿，礦）”，矿石。
鉟 kuàng 同“鑛（矿，礦）”，矿石。
磺 ㊀ kuàng 同“矿（礦）”，矿石。
㊁ huáng ❶石名。❷硫黄：硝～|～水。
曠 kuàng 同“旷（曠）”。

儣 kuàng[儣俍](-lǎng)不平。

爌 kuàng ❶[爌朗]光明的样子:至其腹忽～有穴,透天光如圆月。❷同“爌”,明亮:日～。

𡾟 kuàng 古山名。(《玉篇》)

曠 kuàng 同“曠(旷)”。

𢋁 kuàng ❶广阔。❷空虚,后作“旷(曠)”:众僚久～,未得其人。

矌 ㊀ kuàng 眼睛失明;目光呆滞:打这厮鼻凹眼～。
㊁ guō 睁大眼睛的样子。

穬 kuàng ❶谷芒,也指稻、麦等有芒的谷物。❷稻未舂。

穬 kuàng 同“穬”。

觵 kuàng 角刺。

穬 kuàng 谷芒,也作“穬”。

麴 ㊀ kuàng 同“穬”。
㊁ huáng 酒曲的尘末。

鑛 kuàng ❶“礦(矿)”的异体字。❷通“圹(壙)”,坟墓:～穴。

𧅄 kuàng 义未详。(《改并四声篇海》)

穬 kuàng ❶穬麦,大麦的一种。❷麦麸。

kuī

亏 ㊀(虧) kuī ❶缺损;短少:月有盈～|血～|～本。❷毁坏:不～不崩,不震不腾。❸损失:吃～。❹辜负;对不起:～负|～心。❺幸而,表示侥幸:幸～|多～|～得发现早。
㊁ yú 同“于”:傅～后稷,历载五百。

刲 kuī ❶刺杀:～羊豕。❷割取:～其肉。

岿(巋) kuī 高峻屹立的样子:～然不动。

悝 kuī ❶嘲笑;诙谐:～缪公于宫室。❷用于人名:李～(战国时人)。

剈 kuī 同“刲”。

盔 kuī ❶盆、盂类器皿:瓦～。❷保护头部不受伤害的帽子,多用金属制成:～甲|头～|钢～。

揆 kuī 中钩。

黟 kuī 同“虧(亏)”。

窥(窺)[闚] kuī 从孔洞、缝隙或隐蔽处偷看:～视|偷～|管～蠡测。

聧 kuī ❶极聋。❷私吁。

蕻 kuī 同“蘬”。

骩 kuī ❶牲畜头部的骨骼。❷肩骨。

觟 kuī 盾牌上的手柄。

窥 kuī 同“窺(窥)”。

窺 kuī “窺(窥)”的讹字。

虧 kuī 同“虧(亏)”。

鑑 kuī 同“盔”。

墉 kuī 同“虧(亏)”,毁坏。

闚 kuī 同“窺(窥)”。

鼪 kuī 拟声词,鼻息声。

媿{媿} kuī 用于女子人名。

蘬 ㊀ kuī 荭草。
㊁ guī 葵菜。

虧 kuī 亏损。

窺 kuī 同“窺(窥)”。

䴧 kuī 同“覽”。

覽 ㊀ kuī 目不转睛地看。
㊁ guì 看的样子。

巋 kuī 同“岿(巋)”。

kuí

夻 kuí 弓箭或刀的手持部位。

尯 kuí “馗”的讹字。

奎 kuí ❶星名。❷姓。

尯 kuí 同"馗"。

盔 kuí 钵。

刲 kuí 同"奎",星名。

眭 kuí 眭别。(《龙龛手鉴》)

痎 kuí 疾病。

逵 kuí ❶四通八达的道路,泛指大道:~路|九门十二~。❷水中连通的穴道:潜~傍通。

魁 kuí "魁"的讹字。

侯 kuí 同"睽"。

頄 kuí ❶同"頯",颧骨,泛指面颊:壮于~,有凶|一语及学,则~为之赤。❷额。

馗 ㊀kuí 同"逵"。
㊁qiú[中馗]大菌。

郯 kuí ❶古地名,也作"葵",一在今山西,一在今山东,一在今河南。❷姓。

堇 kuí 土。

蝰 ㊀kuí 蝎类动物。
㊁wā 同"蛙"。

揆 kuí ❶估量;推测:~度|~古察今。❷道理;准则:千载一~。❸管理;掌管:~百事。❹旧称总揽政务的人,如宰相等:阁~|~席(宰相之位)。

葵 kuí ❶葵菜,又称冬葵,二年生草本植物,嫩叶可食,种子、全草可供药用。❷向日葵,又称葵花,一年生草本植物。种子称葵花子,可食或榨油。❸蒲葵,常绿乔木,叶可制蒲扇、斗笠和蓑衣。❹通"揆",估量;推测:莫我敢~。

馗 kuí 同"馗"。

喹 kuí 用于译音:~啉(有机化合物)。

锎(鐦) ㊀kuí 同"魁"。㊁kāi 金属元素,由人工合成获得,有放射性。

隻 kuí 同"侯"。

魁 kuí 同"魁",星名。

傒 kuí 同"侯"。

㨒 kuí 同"馗"。

慄 kuí 惊恐;惧怕。

騤(騤) ㊀kuí[骙骙](-kuí)马行走有气势的样子,单用义同。㊁jué[骙騜](-guāng)也作"阕騜",背上有旋毛的马。

揆 kuí 同"揆"。

蔡 kuí 同"葵"。

葵 kuí 同"葵"。

楏 kuí 锄柄。

楑 kuí ❶树名。❷通"揆",估量;推测:以~天地。

暌 kuí ❶日入,日落。❷分离;隔离:~离|~别多日|~违数载。

魁 kuí 同"魁"。

魁 kuí 同"魁"。

魁 kuí ❶长柄汤勺。❷首领;居第一位的:~首|夺~|罪~祸首。❸(身材)高大:~伟|~梧|身~力壮。❹魁星,北斗七星中的第一星,也指第一星至第四星。

膑 kuí[臛膑](quán-)见806页"臛"字条。

戣 kuí 古代兵器,像戟。

睽 kuí ❶两眼不能集中视线同视一物。❷视线乖离;违背不合:上悖日月之明,下~山川之精。❸[睽睽]张大眼睛注视的样子:众目~。

踦 kuí ❶小腿肉。❷曲胫。❸跳。

魁 kuí 义未详。(《改并四声篇海》)

瓠 kuí 同"蘷"。

蝰 kuí ❶蛹;蚕蛹。❷蝰蛇,毒蛇的一种。

蝰 kuí 虫名。

蘷 kuí 同"蘷"。

醆 kuí 醨。

聢 kuí 同"夔"。

覫 kuí 用淫荡的目光看。

頯 kuí"頯"的讹字。

頯 kuí ❶ 颧骨：黥颜～。❷ 淳厚质朴的样子：～然长者。❸ 额头高、头发美的样子：頯～然。

壝 ㊀ kuí 同"逵""馗"，四通八达的道路。㊁ guì 累土。

蘷 kuí"夔"的讹字。

蔡 kuí［蔡菇］也作"蔡姑"，即王瓜，多年生攀缘草本植物，块根可供药用。

槐 kuí 同"魁"，汤匙。

魍 kuí 同"魁"。

鍷 kuí 铲子。

鍨 kuí 同"戣"。

雞 kuí 同"鶟(鸏)"。

逵 kuí 同"逵"。

夔 kuí 同"夔"。

夔 kuí 同"夔"。

夔 kuí 同"夔"。

夔 kuí 也作"夔"，用于人名：伊～(见《移元徵君书》)。

頍 kuí 义未详。(《改并四声篇海》)

夔 kuí 同"夔"。

犪 kuí 同"犪"。

鰇 kuí 鱼名。

夔 kuí 同"夔(夔)"。

鶟 kuí 同"鸏"。

夔 kuí 同"夔"。

夔 kuí 同"夔"。

夔 kuí 同"夔"。

夔 kuí ❶ 传说中的奇异动物，像龙，一只脚。❷ 夔州，古地名，在今重庆。❸ 姓。

騤 kuí 同"騤(骙)"。

夔 kuí 同"夔"。

鶟 kuí［鶟鸠］小鸠。

蘷 kuí 菜名。

巎 ㊀ kuí 用于人名：李昌～(唐代人)。㊁ náo 同"猱"。

蘷 kuí 同"蘷(夔)"。

犪 ㊀ kuí 也作"夔"，古代西南山区的一种大野牛。㊁ ráo 同"犪"，牛驯服。

襶 kuí 祭祀仪式中做杂务的人。

躨 kuí［躨跜］(-ní)兽动的样子：虎形～｜领若动而～。

躨 kuí 同"躨"。

魖 kuí 同"魖"。

魖 kuí 鬼怪名。

kuǐ

屄 kuǐ 义未详。(《改并四声篇海》)

颏(頍) kuǐ ❶ 抬头。❷ 用来束发和固定冠冕的头饰。

尳 kuǐ 砍掉一只脚。

圭 kuǐ 同"跬"。

趌 kuǐ 同"跬"。

跬 kuǐ ❶ 一步，一只脚迈出一次的距离：不积～步，无以致千里。❷ 近：敝～誉无用之言。☞跬/步 见70页"步"字条。

崛 ㊀ kuǐ［崛然］独立的样子。㊁ jué 同"倔"。

熍 kuǐ 火燃烧的样子。

傀 ㊀ kuǐ［傀儡］（-tuǐ）长大的样子。
㊁ huì 物价。

頍 kuǐ “颏(頍)”的讹字。

跬 ㊀ kuǐ［跬踽］（-jǔ）两腿或双脚分开的样子。
㊁ wěi 迈开双脚行走的样子。

頍 kuǐ 古代用来束发和固定冠冕的头饰。

蹞 kuǐ 同“跬”。

蹞 kuǐ 同“跬”。

魌 kuǐ ❶ 头不正。❷ 大头。

殨 ㊀ kuǐ 多。
㊁ kuì ❶ 多得。❷ 多估。

蹞 kuǐ 同“跬”。

蹞 kuǐ 同“趌(跬)”。

kuì

火 kuì 同“蒉”,草、竹编的筐。

尯 ㊀ kuì ❶ 疲倦。❷ 跛。
㊁ kuǐ 刖足。

敂 ㊀ kuì 同“喟”,叹息：～然叹曰……。
㊁ kuài 同“蒯”。

匎 kuì 同“喟”,叹息。

殨 kuì 同“尯”,倦;跛。

餽 kuì 同“馈(饋)”。

敂 kuì 同“敂(喟)”。

敂 kuì 同“敂”。

敂 kuì 同“喟”。

嵳 kuì “腃”的讹字,筋节屈伸。

嵳 kuì 同“嵳(腃)”。

尯 kuì 同“尯”。

匎 kuì “匎”的讹字。

蒉(蕢) ㊀ kuì 用草、竹等编的筐。
㊁ kuài ❶ 赤苋,一年生草本植物。❷ 污秽;腐败。❸ 姓。

喟 kuì 叹;叹息：～叹｜感～不已｜～然长叹。

嘳 kuì 同“喟”。

腃 ㊀ kuì 筋节屈伸。
㊁ quān（又读 juàn）身体弯曲：身～项缩。
㊂ quán 嘴唇：口～。

馈(饋)［餽］ kuì ❶ 进食：寝～不宁。❷ 赠送：～赠｜～送。❸ 传送：反～。
◆“餽”另见 521 页“餽”字条。

溃(潰) ㊀ kuì ❶ 大水冲破堤坝：～决｜～堤。❷ 散溢;乱流：黄水四～,不复归海。❸ 败;散乱：～退｜一触即～｜～不成军。❹ 肌肉腐烂：～疡｜～烂。
㊁ huì 疮溃烂：～脓。

愦(憒) kuì 头脑昏乱糊涂：昏～｜～眊。

愧［媿］ kuì ❶ 惭愧：～疚｜不～于人｜当之无～。❷ 使惭愧：不以人之所不能者～人｜这句话一～,这位小爷索性呜呜咽咽的痛哭起来。
◆“媿”另见 520 页“媿”字条。

媿 ㊀ kuì “愧”的异体字。
㊁ chǒu ❶ 同“丑(醜)”。❷ 姓。

殨(殨) kuì 溃烂,后作“溃(潰)”。

䯤 kuì［䯤䯨］（-huì）短小的样子。

䯤 kuì 同“腃”,筋节屈伸。

禬(禬) ㊀ kuì ❶ 衣纽。❷ 拴;套：把牛～上｜～个禬儿。❸ 用绳子、带子等拴成的结：肠～儿里穿芳径。
㊁ huì 同“绘(繪)”,绘画。

褛 kuì 衣衩。

聩(聵) kuì ❶ 先天性耳聋,泛指耳聋：盆倾耳双～｜振聋发～。❷ 糊涂;不明事理：昏～｜开聋启～。❸ 佯装不知道：尔乃～祸玩灾(翫烖)。

魄 ㊀ kuì ❶ 同“媿(愧)”,惭愧;羞愧。❷ 耻辱：报惠王之～。
㊁ ěr 通“饵(餌)”,以物诱人：～敌。

聵 kuì 同“聩(聵)”。

噴 kuì ❶同"喟",叹息:～然而叹|～息激昂。❷哀怜。

蕢(簣) kuì 盛土的竹器:功亏一～。

聵 kuì 同"聩"。

嬇 kuì 用于女子人名。

樻 kuì ❶椐。❷同"匮(櫃,柜)",收存衣物等的家具。

醋(醋) kuì 无味:淡而不～。

䫥 kuì 同"餽(馈,饋)",馈赠:得厚～。

嘳 kuì 同"喟"。

䰎 kuì 同"謉"。

謽 kuì 同"謉"。

鬶 kuì 同"嬀"。

謉 kuì 同"愧"。

嬀 kuì 人名(见《新书》)。

蕢 kuì 同"蒉(蕢)"。

媿 kuì 同"愧"。

餽 kuì ❶祭祀鬼神:餔～。❷"馈(饋)"的异体字。

潰 kuì "濆(溃)"的讹字。

蕢 kuì "蕢(蒉)"的讹字。

蘬 kuì 草名。

蕢 kuì 同"蕢(蒉)"。

蟦 kuì 虫名。

嘳 kuì 同"喟"。

瀢 kuì 同"潰(溃)"。

憒 kuì 同"憒(愦)"。

聵 kuì 同"聩(聵)"。

聵 kuì 同"聵(聩,聵)"。

櫃 kuì 同"樻"。

䙡 kuì 同"襀(襀)"。

遺 kuì 同"匮(匱)"。

矆 kuì 同"聩(聵)"。

簣 kuì 装土的竹笼。

鐀 ㊀ kuì ❶栏。❷姓。
㊁ guì 同"匮(匱)",用来收藏衣物的柜子。

聵 kuì 同"聵(聩)"。

蘬 kuì 草名。

髖 ㊀ kuì 膝盖骨。
㊁ guì 头骨的样子。

鬢 kuì 盘发为髻。

鐀 kuì 同"鬢"。

饋 kuì 同"饋(馈)"。

髖 kuì 同"髖"。

鬢 kuì 同"鬢"。

kūn

巛 kūn 同"坤"。

夘 kūn 同"鲲(鯤)",鱼卵;鱼苗。

完 kūn 同"髡"。

巛 kūn 同"坤"。

坤[堃] kūn ❶八卦之一,代表地。❷阴性的;女性的:～宅|～车|～表。

◆"堃"另见522页"堃"字条。

昆 ㊀[❻崑、❻崐] kūn ❶同;齐:嗺嗺～鸣。❷兄,哥哥:～仲|～弟。❸子孙;后裔:后～。❹多;众:无水旱～虫之灾。❺姓。❻[昆仑]旧也作"崑崙""崐崘",山名,西起帕米尔高原,

横贯新疆、西藏交界处,东延至青海。❼[昆夷]古代西北地区少数民族名。
㊁ hún[昆仑]广大无垠的样子:~旁薄。
㊂ hùn 通“混”,混同;混淆:~于黑,不知白。

䨅 kūn 同“髡”。

䁓 kūn 同“昆”,兄,哥哥。

臾{臾、昗} kūn 同“坤”。

䯊 kūn 同“髨(髡)”。

堒 kūn 同“昆”。

菎 kūn ❶ 香草名。❷ 通“琨”,美石;美玉:~蔽象棋(棊)。

臾 kūn 同“坤”。

晜 kūn 同“昆”,兄:弟~。

帍 kūn 同“裈(褌)”。

猑 kūn ❶ 哺乳动物。❷ 大狗。

堃 kūn ❶ “坤”的异体字。❷ 用于人名。

裈(褌) kūn 满裆裤,古代一种有裆的裤子。

婫 ㊀ kūn 用于女子人名。
㊁ hùn 覆盖:人人裹饭,~以鸭肉。

琨 kūn ❶ 美石;美玉。❷ 佩玉名。

髨 kūn 同“髡”。

頎 kūn 同“髡”。

蚰 kūn 通“昆”,虫类动物的总称:鸟兽~虫。

幝 kūn 同“裈(褌)”。

腸 ㊀ kūn 同“蜫(蚰)”。
㊁ hún[腸肫](-tún)同“馄饨”,一种面食。
㊂ hùn 圆长的样子:颈欲得~而长,颈欲得重。

焜 kūn ❶ 明亮;辉映:~耀|~如星火。❷ 火光。

祼 kūn 祭名。

髡 kūn ❶ 剃发:~头|~其头。❷ 古代剃去男子头发的刑罚:~其后子。❸ 剪去树木枝条:~柳|岁~二百树。❹ 僧尼:群~|狂~|富僧巨~。

鹍(鵾) kūn ❶[鹍鸡]鸟名。❷ 通“鲲(鯤)”,大鱼。

锟(錕) ㊀ kūn[锟铻](-wú)传说中的山名,产有优质铁,以其铸刀剑,削铁如泥,也指宝刀或宝剑,单用“锟”义同:锟铻不是寻常铁|锟铻刀|锟钢。
㊁ gǔn ❶ 车釭。❷ 同“绲(緄)”:~边儿。

裩 kūn 同“裈(褌)”。

髨 kūn 同“髡”。

髠 kūn “髡”的讹字。

蒐 kūn 同“菎”,香草名。

蜫 kūn 同“蚰”。

瑻 kūn 同“琨”。

醌 kūn 有机化合物的一类,是芳香族母核的两个氢原子各由一个氧原子所代替而成的。

熴 kūn 同“焜”。

鵾 kūn 同“鹍(鵾)”。

頵 kūn 同“顐”。

鲲(鯤) kūn ❶ 传说中的大鱼:~鱼|~鹏。❷ 鱼卵;鱼苗:鱼禁~鲕。

罤 kūn 同“昆”,兄。

顐 kūn ❶ 无发(鬓)。❷ 耳门。

騉 kūn[騉蹄]马名,蹄子平正,善于登山。

䵪 kūn 同“罤(昆)”。

鯤 kūn 同“鵾(鹍)”。

麇 kūn 鹿类动物。

蘽 kūn 同“菎”,香草名。

罽 kūn 网。

鶤 kūn[鶤鸡]同“鹍鸡”,也单称鶤。1. 大鸡。2. 水鸟名,像鹤而大。3. 凤凰的别称。4. 大鸟。

鰥 kūn 同"鯤"。

鯤 kūn 同"鯤(鲲)",鱼苗的总称。

騉 kūn[騉干]不可知。

鯀 kūn 同"騉"。

鰥 kūn 同"鯤(鲲)",鱼苗。

蠠 kūn 同"昆",昆虫。

kǔn

囲 kǔn 同"壼(壸)"。

捆[綑] kǔn ❶把散的东西用绳扎起来:～扎｜～绑。❷量词,用于捆在一起的东西:一～书｜一～报纸。
◆"綑"另见 523 页"綑"字条。

阃(閫) kǔn ❶门橛;门槛:～石。❷女子的卧室:～闱｜～奥。❸妇女;妻子:～范｜～德｜尊～。❹统兵在外的将帅或机构:～职｜开～｜列～。❺也作"壸(壼)",宫中道路,也指内宫:～闱｜过～穿闱。

悃 kǔn 真诚;诚心:陈见～诚｜聊表谢～｜面倾鄙～。

挶 kǔn"捆"的讹字。

壸(壼) kǔn ❶古代宫中道路,也代称后妃所居内宫:～闱｜礼始中～。❷泛指妇女所居内室:～阁｜～德｜～范。

梱 kǔn ❶同"閫",门橛;门限。❷使齐平:取矢～之。

悃 kǔn 同"悃"。

裍 kǔn"捆"的讹字。

硱 kǔn[硱磳](-zēng)山石高耸的样子。

稇 kǔn 同"稛"。

裍 kǔn 成就。

骨 kǔn 义未详。(《龙龛手鉴》)

稛 kǔn ❶用绳捆束:～载。❷成熟;成就。

裍 kǔn 同"稛"。

綑 kǔn ❶织。❷"捆"的异体字。

壼 kǔn 同"壸(壼)"。

壼 kǔn 同"壸(壼)"。

壼 kǔn 同"壸(壼)"。

踙 kǔn ❶"踞"的讹字。❷足迹。

壼 kǔn 同"壸(壼)"。

壼{壼} kǔn 同"壸(壼)"。

踙 kǔn 也作"皲(皸)",皮肤因寒冷或过分干燥而皲裂。

圞 kǔn 同"稛"。

壼 kǔn 同"壸(壼)"。

閫 kǔn 同"閫(阃,壸)",宫中道路。

麇 ㊀kǔn 同"稛",用绳捆绑。
㊁mí 同"縻",分。

麕 kǔn 同"稛"。

kùn

困(❹❺睏) kùn ❶处境艰难、穷苦:～难｜～境｜穷～。❷使处境艰难:为病所～。❸包围住:围～｜～兽犹斗｜敌人被～在城里。❹疲乏想睡:～乏｜～极了。❺睡:～觉｜～醒了｜一夜没～。

朱 ㊀kùn 同"困"。
㊁kǔn 同"阃(閫)",门橛;门槛。

庮 kùn 仓廪。

涃 kùn 古水名。(《玉篇》)

晲 kùn 日光。

蜠 kùn 虫名。

睐 kùn 义未详。(《改并四声篇海》)

鱶 kùn 义未详。(《龙龛手鉴》)

kuò

扩(擴) kuò 放大;展开;推广:～音器|～展|～充。

拡 kuò 同"扩(擴)"。

挄 ㊀ kuò 同"扩(擴)",扩充;张大:开～。㊁ guāng 哄骗:～嘴吃。

括[搭] kuò ❶ 扎;束:～发(束起头发)|～约肌。❷ 包含;容纳:～号|概～|囊～。❸ 搜求;搜刮:大～人马军士|朘～人民脂膏。

栝 kuò 义未详。(《改并四声篇海》)

逜 kuò 同"适",迅疾。

瓡 kuò 瓜。

瓳 ㊀ kuò 瓜名。㊁ guā 同"苦"。

萿 kuò[菝萿](bá-)也作"茇苦",即薄荷。

萿 ㊀ kuò 又称麋舌草,草名。㊁ huó[独萿]同"独活",一般指多年生草本植物毛当归的根,可供药用。

蛞 ㊀ kuò ❶[蛞蝓](-yú)蜒蚰。❷[蛞蝼](-lóu)蝼蛄。❸[蛞蠹](-dōng)蝌蚪。㊁ shé[蛞蚗](-jué)也作"蛥蚗",蝉名。

筈 kuò 也作"栝",箭尾搭触弓弦的部位:箭～|离合非有常,譬彼弦与～。

阔(闊)[濶] kuò ❶ 面积或范围宽;宽广:广～|辽～|高谈～论。❷ 时间长:～别。❸ 钱财多;生活奢侈:～人|～气|摆～。❹ 不切实际:迂～|疏～。

煱 kuò 把菜肴主料煮熟盛在盘里,再浇上勾芡的原汁:～什锦。

湹 kuò 义未详。(《改并四声篇海》)

擲 kuò 同"扩(擴)"。

跕 kuò 蹵(蹴)。

啝 ㊀ kuò 拟声词,敲击声。㊁ guō 嘘。

嵪 kuò 同"廓"。

廓 kuò[廖廓](liáo-)山谷深空。

瘝 ㊀ kuò 秃病。㊁ luǒ 同"瘰"。

廓 kuò ❶ 广大;空阔:宏～|寥～|～落。❷ 开拓;扩大:～大|～之以广大。❸ 物体的外缘:轮～|耳～。❹ 清除;扫除:～清|～氛霾。

漷 ㊀ kuò 古水名,即今山东的南沙河。㊁ huǒ ❶ 水名,又称新河,在北京。❷ 用于地名:～县镇(在北京)。

頢 kuò 同"頢(頢)"。

頢 kuò ❶ 脸型短。❷ 小头;小头的样子。

澵 kuò 水流,一说同"活"。

髺 ㊀ kuò 束发(髮)。㊁ yuè 器物的足折断,形体歪斜。

礭 kuò 拟声词,石硬声。

闊 kuò 同"阔(闊)"。

頢 kuò 同"頢"。

劀 kuò 解开;劃裂:面血淋漓,一目已～。

鬠 kuò 同"髺"。

鞹 kuò ❶ 皮革:朱～|羊～。❷ 用皮革包裹:～其拳。❸ 靴子:引～。

闊 kuò[希闊]也作"希阔",久远。

鍩 kuò 无知的样子。

濶 kuò "濶(闊,阔)"的讹字。

鞛 kuò 同"鞹"。

劃 kuò 同"劀"。

霩 kuò ❶ 云散雨停的样子。❷ 空阔,开朗,后作"廓":虚～|～然性得其养。

闊 kuò 同"闊(阔)"。

懖 kuò 听不进善意的规劝。

鞱 kuò 同"鞹(鞹)"。

鞱 kuò "鞱"的讹字。

鞹 kuò 同"鞹"。

鬠 kuò 同"鬠"。

廓 kuò 同"廓"。

鞹 kuò 同"鞟(鞹)"。

鬠 kuò 同"鬠"。

濶 kuò 同"濶(阔,闊)"。

䯞 ㊀ kuò 拟声词,咀嚼声。
㊁ huá 拟声词,牙齿声。

鬠 kuò 同"鬠",一说同"聒"。

䯞 kuò 同"䯞"。

鬠 kuò 同"鬠"。

漷 kuò 同"漷"。

鬠 kuò 同"鬠",束发:~笄。

劃 kuò 同"劃"。

廓 kuò 同"廓"。

漷 kuò 同"漷"。

霩 kuò 同"霩"。

霩 kuò 同"霩"。

鞹 kuò 同"鞹(鞟)"。

四象二十八宿表

东方苍龙七宿	角、亢、氐、房、心、尾、箕
北方玄武七宿	斗、牛、女、虚、危、室、壁
西方白虎七宿	奎、娄、胃、昴、毕、觜、参
南方朱雀七宿	井、鬼、柳、星、张、翼、轸

【注】古代为观测日、月、五星(木星、火星、土星、金星、水星)在星空中的运行及其他天象,选定二十八个星官作为相对标志,并分为四组,每组七宿,与四方(东、西、南、北)和四种动物形象(龙、龟蛇、虎、鸟)相配,即四象二十八宿。

L

lā

㕇 lā 拟声词,石头崩裂声。

垃 lā[垃圾]脏土和各种废弃物的总称,也比喻无用甚至有害的事物:～堆|生活～|～邮件。

拉 ㊀ lā ❶摧折;折断:～胁折齿|摧枯～朽。❷牵;拖;扯:～手|～网|～关系。❸用车运:～货。❹帮助:他有困难,大家～他一把。❺拖长;加大距离:～长声音|～开差距。❻使乐器或发音器发声:～胡琴|～汽笛|～警报。❼闲谈:～家常。❽排泄粪便:～屎。
㊁ lá 割开;切开:手上～了道口子。
㊂ là 丢;漏掉:一字不～地背诵出来。
㊃ la 后缀:扒～|拨～|划～。

应 lā 拟声词,房屋发出的响声。

柆 lā ❶折树。❷木栅栏。

拉 lā[拉𧝓](-sà)衣服破旧。

菈 lā[菈遝](-tà)萝卜。

啦 ㊀ lā 用于拟声词:呼～|哇～|哗～～。
㊁ la 助词,与"了"相近:好～|人早就走～!|哎哟,快要迟到～!

翋 lā[翋𦐇](-tà)飞的样子。

拾 lā 同"拉"。

𩨌(騙) lā[虎𩨌]也作"虎喇",马名。

搚 lā(又读 xié)折;折断:～干(幹)而杀之。

⿰女頁 lā 义未详。(《改并四声篇海》)

⿰牛習 lā 牛牴。(《玉篇》)

⿰習欠 lā[⿰習欠歁](-kǎn)不满。

⿰石習 ㊀ lā ❶[⿰石習碟](-shé)拟声词,破物声。❷折断:那枝枪～为两段。
㊁ lá 同"砬"。

⿱雨泣 lā 拟声词,雨声。

⿰習羽 lā[⿰習羽⿰習羽](-tà)也作"翋𦐇",飞的样子。

lá

吉 lá[𠮷吉](gā-)见 273 页"𠮷"字条。

旯 lá[旮旯](gā-)见 1077 页"旮"字条。

⿱大田 lá[⿺九回⿱大田](gé-)见 285 页"⿺九回"字条。

剌 ㊀ lá 同"拉㊁"。
㊁ là 乖张;违背常情或事理:乖～|～谬。

lǎ

喇 ㊀ lǎ ❶[喇叭](-ba)1.俗称唢呐及西洋铜管乐器:吹～|洋～。2.像喇叭,有扩音作用的东西:汽车～|广播～。❷[喇嘛](-ma)藏传佛教称僧侣,也称活佛。
㊁ lā 拟声词:呼～|哗～|忽～～。
㊂ la[哈喇](hā-)油或含油食物日久变质的味道:油～了|这块点心～了。

辣 lǎ 同"喇"。

藞 lǎ ❶[藞苴](-zhǎ)邋遢,不整洁;不利落:衣衫～|面目皱瘦,行步～。❷[藞䃺](-zhǎ)同"藞苴"。

là

⿱乔子 là 不能举足。

⿰王束 là 同"瓎"。

⿱乔早{⿱乔早} là[⿱乔早⿱乔早](qū-)见 799 页"⿱乔早"字条。

揦 ㊀ là 同"攋",使开裂。
㊁ lá[揦子]玻璃瓶。

㓸 là 拂。

砬 là 石。

㸹 là 同"瘌"。

㻝 là 同"蝲"。

腊 ㊀(臘)[❷❸臈] là ❶古代农历十二月举行的祭祀:～祭百神。❷农历十二月:～月|～八饭|～尽春初。❸冬季腌制后风干或熏干的(肉类制品):～肉|～肠。❹姓。
㊁ xī ❶肉干:～肉|干～。❷皮肤干燥皴裂:鼻槁～。
◆"臘"另见527页"臘"字条。
◆"臈"另见527页"臈"字条。

㡾 là ❶庵。❷狱室。

瑓 là 玉名。

㯿 là 树名,叶像槐,一说同"欄"。

㯿 là 研破。

瘌 là"瘌"的讹字。

㶘 là 火的样子。

䁓 là 眼睛不正。

蜡 ㊀(蠟) là ❶动物、植物或矿物所产生的一种油质,具可塑性,易熔化,不溶于水:蜂～|～笔|～像。❷蜡烛,用蜡和其他油脂制成的照明物,多为圆柱形,中心有捻,可点燃:～台|～泪|吹灯拔～。❸淡黄如蜡的颜色:～梅。
㊁ qù 同"蛆",蝇的幼虫。
㊂ zhà 祭名,古代于年终大祭万物:～日|百神俱来,群～毕通。

瘌 là ❶药物令人感到辛辣、疼痛,也指被虫刺痛或皮肤微痛。❷[瘌痢]生在人头皮的皮肤病,愈后留有疤痕,不长头发:～头。

辣 [辢] là ❶葱、蒜、辣椒、姜等带刺激性的味道:辛～|～酱|酸甜苦～。❷辣味刺激:怕～|～眼睛。❸凶狠;狠毒:毒～|心狠手～。❹热;温度高:太阳～得如火烧|火同样旺,锅同样～。

䶛 là 听不相当。

䶛 là 同"瞮"。

㯿 là 同"揧"。

蝲 là ❶[蝲蛄](-gǔ)甲壳动物,像龙虾而小。❷[蝲蝲蛄](--gǔ)也作"拉拉蛄",蝼蛄的俗称。❸[蝲蟽](-dá)1.虫名。2.不干净。

㗶 là 义未详。(《龙龛手鉴》)

辣 là 同"辢(辣)"。

蔍 là 同"臈(腊)"。

臈 ㊀ là"腊(臘)㊀❷❸"的异体字。
㊁ gé[臈胆](-dǎ)肥的样子。

臘 là 同"臘(腊)"。

䶛 là[譾䶛](lào-)语声杂乱。

爉 là 同"爉"。

皶 là[皶皶](-dā)也作"皶皶",皮的样子。

鯻(鯻) là 也作"鰳",鱼名,生活在热带和亚热带海中。

瀸 là 同"瀸"。

㵩 là 古滩名。(《集韵》)

蠟 là 同"蠟(蜡)",蜡烛:～烛。

臘 là 同"臘(腊)"。

䫲 là 风的样子。

䌷 ㊀ là 缯的一种。
㊁ liè[缴䌷](zhuó-)丝绳类。

鬎 là[鬎鬁](-lì)也作"瘌痢",秃发疮。

攋 ㊀ là(又读 lài)毁坏;毁裂:大～之阶。
㊁ lài[把攋]弃;弃去。

臘 ㊀ là"腊㊀"的繁体字。
㊁ liè 剑的两刃或剑身与剑柄交接处:剑～|古剑镡～图考。

爉 ㊀ là 火的样子。
㊁ liè 拟声词,火燃烧时发出的声音。

瓎 là 同"瓎"。

鬎 là 同"鯻(鯻)"。

礷 ㊀ là ❶石坠落的样子。❷一种含铜的矿石：白锡～。
㊁ liè［礷磓］(－jié)山石连接的样子：滩岩(巖)～不可攀。

镴(鑞) là ❶锡。❷锡和铅的合金，通常称焊锡、白镴、锡镴，用于焊接金属，也可制器。

鐴 ㊀ là 同"镴(鑞)"。
㊁ gě 金属元素"钆(釓)"的旧译写法。

襰 ㊀ là［襰䙖］(－sà)也作"拉䙖"，衣服破旧。
㊁ liè 衣服的样子。

皶 là［皶皶］(－dā)1.瘦而皮肤松弛的样子。2.腥膻。3.肮脏；不整洁。

䶛 là ❶用牙齿分开骨头。❷拟声词，用牙咬或分开骨头的声音。

齣 là 同"䶛"。

獵 là ❶［獵翢］(－tà)刚飞起的样子。❷飞的样子。

纕 là［纕飒］(－sà)纷杂的样子。

翋 là 同"獵"。

嚹 là 同"嚹"，拟声词，啃骨头声。

繷 là［繷缉］(－tà)衣服破旧。

鬣 là 同"齣(䶛)"。

齣 là 同"齣"。

鬎 là［鬎鬁］(－lì)也作"鬎鬁""瘌痢"，秃发疮。

鸝 là ❶［鸝鸈］(－dá)鸟初飞的样子。❷同"獵"，飞的样子。

鬣 là 同"䶛"。

la

瘩 la［疤瘩］(bā－)见15页"疤"字条。

鞡 la［靰鞡］(wù－)见1009页"靰"字条。

鞡 la［靰鞡］同"靰鞡"。

嚹 la 助词，表示祈使或确定语气：就有人客来～。

lái

来(來) ㊀ lái ❶小麦：贻我～牟。❷从别的地方到说话人所在的地方；由另一方面到这一方面：～宾｜～信｜～源。❸(事情、问题等)发生；出现：麻烦～了｜困难～了。❹来日，将来：往者不可谏，～者犹可追｜前事之不忘，～事之师也。❺做某一动作：～盘棋｜再～一个｜别～这一套。❻用在动词前，表示要做某事：我～问你｜大家～想办法｜你～念，我～写。❼用在动词后，表示动作趋向：上～｜拿～｜送～。❽助词，表示约略估计的数目：十～个｜两米～长｜六十～岁。❾用在诗歌等中作衬字：正月里～是新春。❿姓。
㊁ lài 勤勉；劝勉：劳～｜～百工｜力～农事。

俫(倈) lái ❶又称俚人，古代少数民族名，分布在今桂西一带。❷用于地名：大～庄(在山东)。

莱(萊) lái ❶藜：北山有～。❷郊野休耕的田地：田～之数。

郲 ㊀ lái ❶古国名，在今山东。❷古地名，一在今河南，一在今四川。❸姓。
㊁ lěi［郼郲］(wěi－)见990页"郼"字条。

崃(崍) lái 崃山，又称邛崃、邛崃山，山名，在四川。

徕(徠) ㊀ lái ❶同"来(來)"，来到：魂乎归～｜天马～，从西极。❷把人招来；使人前来：招～｜～三晋之民。
㊁ lài 慰劳：抚循劳～。

涞(淶) lái ❶古水名，即今河北的拒马河。❷用于地名：～源(在河北)。

唻 lái 台阶。

梾(棶) lái 又称毛梾、椋子木，落叶乔木，树和叶可制栲胶，木材可用于建筑和制器具，种子榨的油可制肥皂或润滑油。

逨 ㊀ lái 同"来(來)"，到来。
㊁ lài 同"勑(来，來)"，勤勉；劝勉。

猍 lái 狸。

庲 lái 房舍。

婡 ㊀ lái 用于女子人名。
㊁ lài 容貌美好。

琜 lái 同“瑬”。

鶆（鶆） lái ❶［鶆鸠］鹰的一种，今为鹰科灰脸鵟鹰的别称。❷［鶆鷞］（-ǎo）美洲鸵，鸟名。

铼（錸） lái 金属元素，可用来制合金、灯丝及催化剂，也用于航天工业。

秾（棶） lái 小麦。

箂 lái 同“箂”。

瑬 lái［瑬璷］（-dú）玉名。

粭 lái ❶至。❷勤。

睞 lái 荒田；休耕地。

瘶 lái ❶恶病。❷久治不愈的病。

䅘（麳） lái ❶小麦。❷同“秾（棶）”，泛指麦类作物。

䅘 lái ❶至。❷勤。

耒 lái 耕。

箂 lái 竹名。

猍（猍） lái 狸的别称。

䎝 lái 义未详。（《字汇补》）

綀 lái 同“㹕”，硬而卷曲的毛，可絮衣。

逨 lái 同“来（來）”。

䧒 lái 义未详。（《龙龛手鉴》）

踈 lái 把稻田里的杂草踩到泥里。

貍 lái 同“猍（猍）”。

猵 lái 传说中的怪物名，浑然一块，无头、眼、手、足，夜里发声如雷。

騋 lái 高七尺的马。

鯠 lái 鲥鱼。

黧 ㊀ lái［黧𪐝］（-tái）很黑的样子。
㊁ lí 同“黧”，赤黑色。

䴕 lái 同“䅘（麳）”。

lǎi

夈 lǎi 小船梢木。

䝨 lǎi 积聚。

碠 lǎi 磨。

銠 lǎi 连丝钓。

鑸 lǎi 同“銠”。

lài

勑（勑） ㊀ lài 勤勉，劝勉，也作“来（來）”：劳之～之。
㊁ chì 同“敕”。
◆“勑”另见118页“敕”字条。

赉（賚） lài ❶赏赐：赏～｜厚～。❷赠送：酬～｜敬～。

唻 ㊀ lài（又读lai）助词。1.表示呼唤语气：磨剪子～！2.表示应答或肯定语气：好～，这就去办｜不错的～。
㊁ lai（又读lái）助词，用于歌词中的衬字。

莿 lài 同“藾”。

睐（睞） lài ❶斜视；向旁边看：明眸善～。❷眺望：极目～左阔。

赖（賴） ［頼］lài ❶依靠；倚靠：依～｜要做好这项重要工作，有～于全体员工的共同努力。❷不承认以前发生的事、说过的话或应承担的责任：抵～｜～账｜事实俱在，别想～掉！❸责怪；推脱责任：考试不及格，只能～自己平时学习不努力｜事情没做好，不能光～别人。❹留在某处，不肯离开：～着不走｜～在家里。❺坏；不好：这活儿干得真不～｜他不懂好～。❻姓。

覶 ㊀ lài 内视。
㊁ lái 看。

䚅 lài 同“覶”。

賚 lài 同“赉（賚）”。

魌 lài 义未详。（《改并四声篇海》）

頼 lài 同“赖（賴）”。

濑（瀨） lài ❶从沙石上流过的水：石～兮浅浅｜沙～清且浅。❷急流：

抑减怒～|回湍曲～。❸湍急：混涛并～|千重水湍～。❹古水名。1.今广西的荔江。2.今江苏的溧水。

頪 ㊀lài 同“赖(賴)”，承蒙；依靠：～为如来亲加被|子孙有～。
㊁lái［頪髖］(-ái)头长的样子。

鶆 lài“鵣”的讹字。

賚 lài 同“赉(賚)”。

賴 lài 同“赖(賴)”。

噧 ㊀lài 也作“嚩”，声。
㊁tà 同“嚃”。

獱 lài 狂。

鵣 ㊀lài 鸟名。
㊁chì［鸂鵣］(xī-)同“鸂鶒”。

嚽 lài ❶叹词，表示惊讶：哼～！莫敢是蒸死了？❷拟声词：～～哇哇的叫了两声。

瀨 lài 寒冷。

癞(癩) ㊀lài ❶黄癣，一种皮肤病。❷像生了黄癣似的，或皮毛脱落或表皮凹凸不平：～皮狗|～蛤蟆|～瓜。❸同“赖(賴)”，坏；不好：～狗扶不上墙|好死不如～活着|好～你也是个男人！
㊁là 又称瘌痢(癞痢)，即黄癣。

襰(襰) lài ❶［襰褷］(-shǎi)也作“懶懈”，衣服破烂的样子。❷通“瀨”，坍塌；毁坏：祠之～兮。

壈 lài“攋”的讹字。

藾 lài ❶藾蒿，即艾蒿。❷荫庇：隐将芘其所～。

嚩 lài 同“噧”，声。

懶 lài［懶懈］(-shǎi)同“襰褷”。

籁(籟) lài ❶古代管乐器，三孔籥，也指箫。❷从孔穴发出的声音，泛指声音：地～|天～|万～俱寂。

廲 lài“癩(癞)”的讹字。

瀬 lài 同“濑(瀨)”。

繿 lài 乱丝。

攋 lài 同“攋”，毁坏；毁裂。

爦 ㊀lài 火之炎毒。
㊁là ❶毒。❷同“烲”。

襰 ㊀lài 坍塌；毁坏：祠之～兮眇何年。
㊁lǎn 惰于祭祀。

躝 lài 行走时身体重心不稳。

䓞 lài 舔：～嘴唇。

蹥 lài 同“躝”，也作“蹦跟”，行走时身体重心不稳。

鷡 lài 鸟名。

鸝 lài 同“鷡”。

鵣 lài 同“鷡”。

鰲 lài 同“鰳”。

鰳 lài 鮠鱼的别称。

lán

兰(蘭) lán ❶多年生草本植物。1.兰草，又称泽兰，茎叶可提取芳香油。2.兰花，花有香气，可制香料。❷姓。

岚 lán 同“岚(嵐)”。

岚(嵐) lán ❶山中的雾气：～气|～雾。❷［岚嵅］(-hán)古山名。(《玉篇》)

拦(攔) lán ❶遮挡；阻止：阻～|～劫。❷对准；正对着：～腰截断。

栏(欄) ㊀lán ❶用木、竹、石等制成的遮拦物：～干|石～|雕～玉砌。❷养牲畜的圈：猪～|牛～|～厩。❸纸、织物上的分格界线；表格中区分项目的大格子：乌丝～|界～|备注～。❹报纸、刊物上按内容划分的版块；出版物版面的某些部位：广告～|左～|通～。❺用于宣传、张贴的设施或地方：报～|寻人～|启事～。❻辛夷，又称紫玉兰，落叶小乔木或灌木，花可供药用。
㊁liàn 同“楝”。

惏 lán［惏儓］(-tái)愚笨；迟钝。

㳕 lán 同“啉”。

婪 ㊀［惏］ lán 贪爱财物：贪～|～酣大肚遭一饱。

㊁ lǎn 不谨。
◆“惏”另见 531 页“惏”字条。

啉 ㊀ lán ❶古代称行酒一巡，一说饮毕。❷同“婪”，贪。㊁ lìn 呆傻的样子：蠢～。㊂ lín 用于译音：喹～（有机化合物）。

惏 ㊀ lán “婪㊀”的异体字。㊁ lín［惏栗（慄）］（-lì）寒冷的样子：～密率，掩以绝灭。

葻 lán 风吹草动的样子。

惏 lán 古地名。（《广韵》）

嵐 lán 同“嵐（岚）”。

㢘 ㊀ lán 同“篮（籃）”，烘篮。㊁ lián 同“廉”。

阑（闌） lán ❶同“栏（欄）”，栅栏；栏杆：门～｜井～。❷同“拦（攔）”，阻拦；阻隔：有河山以～之｜潮退则以木～之。❸残尽；晚：歌～舞罢｜夜～人静。❹擅自出入：～入｜～出｜～亡。

蓝（藍） lán ❶蓼蓝，一年生草本植物，叶可提炼靛青做染料，也可供药用。❷用靛青染成的颜色，像晴朗天空的颜色：～天｜～黑墨水。❸伽蓝（梵语指佛寺）的简称：敕建僧～｜精～帝释尊。❹姓。
☞蓝/绿/青/苍/碧　见 786 页“青”字条。

㦨 lán 遮。

𦈖（繿） lán 同“褴（襤）”。

𥔲（礷） lán 用于地名：干～（在浙江）。

嚂 lán ❶胡乱喊叫：打你个蠢流民尽（儘）着～。❷愚笨、痴呆的样子：初出帐小哥～。

谰（讕） lán ❶抵赖：抵～｜～辞。❷诬赖；诬陷：相～｜盛造～言。

𧼺 lán［𧼺趛］（-yǐn）跑的样子。

厱 ㊀ lán［厱诸］磨玉的砺石。㊁ qiān 崖岸边的洞穴：～空。

澜（瀾） lán 大波浪；波浪：波～壮阔｜推波助～｜力挽狂～。

褴（襤） lán ❶无边饰的衣服。❷［褴褛］（-lǚ）衣服破烂不堪：衣衫～。

藍 lán 同“藍（蓝）”。

闌 lán “闌（阑）”的讹字。

篮（籃） lán ❶大竹笼。❷带提梁的盛物器，多用竹篾、柳条等编成：竹～｜花～｜菜～子。❸又称篮舆，竹轿：乘～城外去。❹又称篮网，篮球架上供投球的铁圈和网：投～｜扣～｜球进～了。❺指篮球运动：男～｜女～。

儖 lán［儖儳］（-chán）相貌丑恶。

斓（斕） lán［斑斓］（bān-）灿烂多彩：五彩～。

𣀮 lán 同“斓（斕）”。

𣀮 lán 同“斓（斕）”。

襤 lán 无边饰的短衣。

㨫 lán 同“爦”。

燣 lán ❶焦黄色。❷热：其气不～。

㜮 ㊀ lán 贪婪。㊁ jiàn 健。

襕（襴） lán ❶上衣与下衣相连的服装，像后代的长袍：白～。❷边栏，也指作为装饰的衣边：刻字画～｜袍下加～。

瓓 lán 玉名。

䰐 lán［䰐䰉］（-cán）脸长的样子。

𪘣 lán［𪘣𪘨］（-chān）少。

𣰰 lán（又读 rán）［𣰰毵］（-sān）也作“毶毵”，毛长的样子。

㬫 lán 日不到。（《玉篇》）

襤 lán［襜襤］（dān-）见 169 页“襜”字条。

𪘣 lán 同“𪘣”。

躝 lán 快步行走；快步行走的样子。

躝（躝） lán 越过：斜谷东～，威震河华之北。

鑭 lán［鑭鏒］（-sǎn）马口中铁。

讕 lán 同“讕”。

讕 lán 同"讕(谰)"。

籃 ㊀ lán［籃褴］(-tān)薄而大。
㊁ làn［籃褴］(-tān)1.不平。2.深穴。

顲 lán［顲顫］(-chán)俯首的样子。

欗 lán"欄(栏)"的讹字。

囒 lán ❶［囒哰］(-láo)言语絮烦而不易懂。❷同"谰(讕)"。

幱 lán 同"襕(襴)"。

燷 lán"燷"的讹字。

灆 lán ❶水清。❷腌制的瓜菜。

軉 lán［軉軃］(-chān)身材长大的样子。

爤 ㊀ lán 禽兽吃剩的食物。
㊁ làn 同"烂(爛)":脓～。

礷 lán［礷诸］也作"礛诸",磨玉的砺石。

矙 lán ❶看的样子。❷目相视。

襤 lán 同"襤(褴)"。

爛 lán 光色。

囒 lán ❶同"嚂"。❷［囒吨(噸)］(-dūn)伦敦(英国首都)的旧译写法。

幱 lán 同"幱"。

讕 lán［譂讕］(tān-)言语不正。

籣 lán 古代盛弩箭的器具,背负在身上。

灡 lán ❶淘米水。❷通"澜(瀾)",水波:～浅｜余～。

鬞 lán ❶头发长。❷毛发多。❸鬓发稀疏的样子。❹［鬞鬖］(-sān)1.毛发长的样子。2.毛发下垂的样子。

欗 lán 桂类树木,一说同"欄(栏)"。

鷜 lán［鷜鷜］(-lǚ)鸟名。1.郭公,即杜鹃。2.鹡鸰。

襴 lán 同"襕(襴)"。

韊 lán 同"籣"。

闌 lán 擅自出入,后作"阑(闌)"。

躝 lán 同"蹦(躝)"。

鸝 lán 同"鸝"。

鑭 lán 金属元素,也作"镧(鑭)"或"锒(鋃)"。

韊 lán ❶同"籣"。❷包容:～五帝。

lǎn

览(覽) lǎn 看;阅:阅～｜游～｜博～群书。

挚(擥) lǎn 同"揽(攬)"。

罱 lǎn 同"罱"。

惏 lǎn 悲愁的样子。

浨 lǎn 梨汁,一说藏梨汁。

婪 lǎn 容貌美好。

揽(攬) lǎn ❶握;把持:大权独～｜总～全局。❷采摘;摘取:上九天～月。❸拉到自己这边;承担:广～贤才｜招～游客｜自～责任。❹搂;抱:把孩子～在怀里。❺捆拢:用绳子把柴禾～紧。

缆(纜) lǎn ❶拴船用的粗绳或铁索:～绳｜解～(开船)。❷多股绞成的像缆的东西:钢～｜电～｜光～。❸用绳索拴(船):～舟｜～舸。

擥(擥) lǎn 同"擥(挚,揽,攬)"。

榄(欖) lǎn 橄榄:日食一～。

寁 lǎn 聚。

擥 lǎn 同"揽(攬)"。

罱 lǎn(又读 nǎn)❶捕鱼、捞水草或河泥的工具。❷用罱捞取水草或河泥:～河泥｜～泥船。

惏 lǎn 同"惏"。

漤 lǎn ❶用盐、糖等腌泡蔬果以去除生味。❷用热水或石灰水浸泡柿子以去除涩味。

醂 lǎn ❶浸藏生柿子,使熟软:～柿子。❷桃酱。

L

壈 lǎn［坎壈］同“坎壈”，境遇不顺利：终日～缠其身。

壈 lǎn［坎壈］路不平，比喻境遇不顺利：英雄～｜志～而不违。

覽 lǎn 同“覽(览)”。

懶(懒)㊀［嬾］ lǎn ❶怠惰，不喜欢劳作：手～｜～汉｜好吃～做。❷疲乏，没有精神：～散｜～洋洋｜浑身发～。

㊁ lài 嫌恶：此乐只自知，傍人任嫌～。

嵰 lǎn ❶［嵰山］古山名。(《隋书》) ❷石壁陡峭的山。

嵐 lǎn 同“嵰”。

壈 lǎn［坎壈］同“坎壈”，境遇不顺利：心中～君不见。

罱 lǎn 同“罱(罱)”。

欖 lǎn “欖(欖，榄)”的讹字。

欖 lǎn 同“欖(榄)”。

轞 lǎn 同“轞”。

轞 lǎn［輡轞］(kǎn-)见496页“輡”字条。

嬾 lǎn 同“懶(懒)”。

爦 lǎn 火乱。(《改并四声篇海》)

懶 lǎn 同“懶(懒)”。

孄 lǎn 同“嬾(懶，懒)”。

纜 lǎn 同“纜(缆)”。

醶 lǎn［醶醎］(-qiǎn)也作“醶醎”，醋味。

孏 lǎn 同“嬾(懶，懒)”。

獵 lǎn 古代对仡佬族一支的称谓。

艦 lǎn 义未详。(《龙龛手鉴》)

爦 ㊀ lǎn 同“爦”。
㊁ làn 同“爁”。

顲 ㊀ lǎn［顑顲］(kǎn-)同“顑颔”。
㊁ lǐn 脸变色的样子。

轞 lǎn 同“轞”。

顲 lǎn “顲”的讹字。

讕 lǎn 义未详。(《字汇补》)

làn

烂(爛) làn ❶给食物加热使熟，引申为食物因过熟而变得松软，也指某些物体因水分增加而变得松软或稀糊：肉～在锅里｜蚕豆煮得不太～｜～泥。❷腐败：腐～｜霉～。❸破碎；散乱：破～｜～纸｜废铜～铁。❹头绪混乱：～摊子｜一本～账。

彬 làn ❶有文采：粲～。❷鲜明；灿烂：明星有～。

殨 làn 同“烂(爛)”，破烂；破败。

滥(濫) ㊀ làn ❶江河、湖泊的水溢出：泛～。❷过度；无节制：～饮｜～砍～伐｜～用职权。❸质量低劣；不切实际：～竽充数｜陈词～调。❹古水名，在今甘肃。

㊁ jiàn ❶泉水涌出：～泉。❷浴盆：同～而浴。

糷 làn 同“糷(糷)”。

燗 làn “爛”的讹字。

燗 làn 同“爤(爛，烂)”。

嚂 ㊀ làn 饮食无节制，引申为贪求：以～其口｜～口利机。

㊁ hǎn 同“喊”。

镧(鑭) ㊀ làn 金光闪耀的样子。
㊁ lán 金属元素，其化合物可用来制光学玻璃、高温超导体等。

嬿 ㊀ làn ❶过度，无节制，后作“滥(濫)”。❷失礼。

㊁ lán 宫女：彩～宫娃。

爁 làn ❶焚烧；火蔓延：火～。❷火的样子。❸烤炙：煎～。

濫 làn 涌泉。

擟 làn 米再舂。

灠 làn［灠澖］(-tàn)水浮的样子。

讝 làn 脸病浮肿：面～嘴肿。

瓓 làn ❶［瓓玕］(－gān)同"琅玕"。❷玉的光彩。

醂 làn 又称泛齐，一种未去渣的薄酒。

殨 làn 同"殜(烂，爛)"。

贉 làn［贉賵］(－hàn)贪财。

礹 làn 同"礸"。

嚂 làn 同"嚂"。

糷 làn 同"糷"。

爤 làn 同"爛(烂)"。

灠 ㊀ làn ❶涌泉。❷同"滥(濫)"，泛滥；无节制：使诛伐不～。
㊁ lǎn ❶渍果，也作"滥(濫)"。❷染。

嬾 làn 同"嫾"。

礸 làn［礸礸］1. 玉石的样子。2. 玉名。

糲 làn 同"糷"。

糷 làn 米饭黏着成团。

lāng

啷 lāng ❶拟声词，摇铃声；器物撞击声：当～｜哐～。❷粗心；马虎：他太～了，当不了医生。

láng

郎 ㊀ láng ❶春秋时鲁国地名，在今山东。❷古代官名：侍～｜～中。❸女子对丈夫或情人的称呼：～君｜情～。❹对年轻男子的称呼：～才女貌。❺对某种人的称呼：货～｜放牛～。❻对别人儿子的称呼：令～。❼姓。
㊁ làng［屎壳郎］(－ke－)蜣螂。

勆 láng 有力。

狼 ㊀ láng ❶哺乳动物，像狗。❷姓。
㊁ lǎng［狼犺］(－gǎng)同"犺狼"。
㊂ làng［博狼］也作"博浪"，古地名，在今河南。
㊃ hǎng［都狼］(dū－)古地名。(《字汇》)

㫰 láng 高。

宸 láng ❶［康宸］(kāng－)屋宇空旷。❷空虚。

瓺 láng 器名。

欴 láng［欴欶］(－hāng)贪求的样子。

琅［瑯］ láng ❶［琅玕］(－gān)1. 像珠子的美石，也单称琅：美人赠我金琅玕｜琅海杳无岸。2. 传说中生于山间的玉树：谁采青壁红～。3. 翠竹的美称：窗外～弄翠影。❷拟声词，金石撞击声；响亮的读书声：～～翠饼敲玄笏｜豁～一声，茶杯打个粉碎｜书声～～。❸［琅玡］(－yá)也作"琅琊"。1. 山名，一在安徽，一在山东。2. 古邑名、古郡名、古县名，均在今山东。

蓈 láng［董蓈］(dǒng－)有壳无实的谷粒。

桹 láng ❶打渔人结在船舷上敲击以驱鱼入网的长木棒：鸣～。❷［桹桹］拟声词，木头相击声：～残夜木鱼响。

㝗 láng 死物。

娘 láng 甚。

浪 láng 甚。

廊 láng ❶走廊，有顶的过道：长～｜画～｜游～。❷廊檐，房屋前檐伸出的部分，可遮避风雨、烈日。❸大堂下四周的房屋：高～｜房～。

嫏 láng［嫏嬛］(－xuān)神话中天帝收藏图书的地方。

鄎 láng 同"郎"。

硠 láng［硠硠］1. 拟声词，石声等声响：刀尺声～。2. 坚：～高致。

锒(鋃) láng ❶［锒铛］(－dāng)1. 铁锁链：～入狱。2. 拟声词，钟声。3. 钟；铃铎：风动金～。❷金属元素"镧(鑭)"的旧译写法。

稂 láng 同"蓈"，又称董蓈，有壳无实的谷粒。一说狼尾草，危害禾苗的杂草。

筤 láng 穴。

䂈 láng 矛类兵器。

瑯 láng 同"琅"。

蒗 láng［蒗毒］也作"狼毒"，药草名。

蜋 ㊀ láng "螂"的异体字。
㊁ liáng［蜣蜋］（qiāng-）蜣螂。

鎯（鋃） láng［鎯头］也作"榔头"，锤子（多指较大的）。

筤 ㊀ láng ❶古代车盖的竹骨架。❷幼竹。❸竹丛。
㊁ làng 华盖，帝王车辇后用于仪仗的曲柄销金或锦绣伞盖。

艆 láng ❶［艆艄］（-zhōu）海中大船，也单称艆。❷船舷。

瘋 láng［㾗瘋］（háng-）见333页"㾗"字条。

㴁 láng 洗涮：～碗。

㝗 láng［㝗𡫴］（-kāng）也作"宸𡫴""宸康"，空虚的样子。

郒 láng 同"郎"。

輹 láng［轉輹］（táng-）见931页"轉"字条。

踉 ㊀ láng［踉蹡］（-páng）1. 将要走的样子。2. 行走的样子：苦弓鞋无任～。
㊁ liáng 跳跃：跳～。
㊂ liàng［踉跄］（-qiàng）也作"踉蹡"。1. 走路不稳的样子：脸色变成死白，手指簌簌地抖，一个踉跄就躺在烟榻上｜踉蹡越门限。2. 走路慢：已踉蹡而徐来。3. 世道、器物等不正：世途多踉跄｜俗不能为兔毫笔，率用鸡毛，其锋踉蹡不听使。
㊃ làng［踉蹡］（-páng）快步行走的样子。

螂［蜋］ láng［螳螂］见931页"螳"字条。
◆"蜋"另见535页"蜋"字条。

躴 láng［躴躿］（-kāng）1. 身材长大。2. 身材长大的人。

餦 ㊀ láng 羹。
㊁ náng 烤制的面饼，后作"馕（饟）"。

䅍 láng 同"稂"。

䯖 láng［骯䯖］（kuāng-）见515页"骯"字条。

鄉 láng 同"躴"。

鎯 láng"鎯（鋃）"的讹字。

駺 ㊀ láng 白尾的马。
㊁ liáng［吉駺］马名。

鯃 láng ❶［鯃鱧］（-hái）雄蟹。❷鱼脂。

䳾 láng［䳾鶗］（-gāo）鸠的别称。

𪍿 láng 同"鯃"。

lǎng

朗 lǎng 同"朗"。

㟍 lǎng［崆㟍］（kāng-）见497页"崆"字条。

㫰 ㊀ lǎng［㝩㫰］（kǎng-）见498页"㝩"字条。
㊁ làng 用于地名：～山（在湖南）｜大～（在广东）。

朗 lǎng ❶明亮：～月｜晴～｜天～气清。❷明白；清晰：书契以来，人文渐～｜旧志存者，～如编贝。❸说话声音清楚、响亮：～声｜～读｜～诵。

䁁 ㊀ lǎng ❶明亮。❷姓。
㊁ làng ❶晒：晒～｜～晒。❷将东西风干或阴干：～新丝｜置阴处～之。

朖 lǎng 同"朗"。

烺 lǎng ❶［爣烺］（tǎng-）同"爣阆"。❷同"朗"，明朗：炳～｜炳炳～～。

榔 ㊀ lǎng 又称榔榆、小叶榆、脱皮榆，落叶乔木，木材可制车轮、农具、家具。皮可做蜡纸及人造棉原料，也可制绳索。
㊁ láng ❶［榔头］锤子，敲打东西的工具。❷［榔槺］（-kāng）也作"榔杭""郎伉"，笨重长大；不灵便：奈我这口刀着实～｜只是水里的买卖（指泅水）有些～。

䃚 lǎng［䃚𥝉］（-sǎng）衣服破旧。

䚡 lǎng 同"朗"。

塱 lǎng 同"塱"。

蓢 lǎng 沼泽地或水边平坦处，多用于地名：～南（在广西）｜南～（在广东）。

䁁 lǎng ❶眼睛明亮。❷同"朗"。

㓪 lǎng 代词，表示疑问，怎么：你～个哟？

塱 lǎng 江边、湖边的低洼地，多用于地名：河～（在广东）。

樃 lǎng 树名，一说同"桹"。

誏 ㊀ lǎng ❶同"朗"，明朗。❷言之明。
㊁ làng 闲话；戏言：一时谑～皆文墨。

槩 lǎng［槩梨］地名，在湖南。

朖 ㊀ lǎng 同“朖（朗）”。
㊁ zhào 同“照”。

朤 lǎng 同“朗”。

làng

埌 làng 坟墓。

阆（閬） ㊀ làng ❶ 门高大；高大的门：～阙。❷ 高大：～宫。❸ 空旷：胞有重（chóng）～。❹ 用于地名：～中（在四川）｜～江（又称阆水，嘉陵江流经阆中的一段）。
㊁ láng［闶阆］（kāng-）见498页“闶”字条。
㊂ liǎng［罔阆］（wǎng-）也作“魍魉（魍魎）”，传说中的怪物。

浪 ㊀ làng ❶ 大波：波～｜海～｜惊涛骇～。❷ 像波浪起伏的东西：麦～｜声～｜汽～。❸ 放纵；无约束：～游｜～子｜～费。❹ 虚空的；无用的：～名｜扔不了的～东西。❺ 副词，空；白白地：～得虚名｜当年～自愁。
㊁ láng ❶［沧浪］（cāng-）水名，即汉水的中下游。❷ 液体滴落的样子：～然出涕｜揽茹蕙以掩涕兮，沾余襟之～～。

罠 làng［罠罠］广大的样子。

攘 làng 击。

蒗 làng［蒗荡］（-tàng）又称蒗荡渠，古运河名，在今河南。

哴 làng 义未详。（《字汇补》）

魊（魊） ㊀ làng 江鬼，也指江鬼丑陋的样子：江河边多～鬼。
㊁ chāng 同“伥（倀）”。

浪 làng 同“蒗”。

趤 làng 浪；波浪。

碭 làng［碭磄］（-dàng）同“莨菪”。

蘭 làng［蘭藹］（-dàng）同“莨菪”。

閬 làng［閬苑］也作“阆苑”，传说中神仙的居处。

lāo

捞（撈） lāo ❶ 从液体中取物：～取｜打～｜大海～针。❷ 用不正当手段获取：～取资本｜趁机～一把。

粩 lāo 长时间供斋饭。

láo

劳（勞） láo ❶ 劳动，人类创造物质和精神财富的活动：～而无功｜不～而获。❷ 疲惫；辛苦：～累｜疲～｜任～任怨。❸ 功绩：功～｜勋～｜汗马之～。❹（旧读lào）用言语或实物慰问：～军｜慰～｜犒～。❺ 烦劳（请人帮忙的客气话）：～驾｜～您走一趟。❻ 姓。

労 láo“痨”的讹字。

夆 láo 同“牢”。

牢 láo ❶ 关养野兽或牲畜的圈：虎～｜亡羊补～。❷ 监禁犯人的地方：～狱｜死～｜坐～。❸ 结实；坚固；经久：～固｜～记｜～不可破。❹ 祭祀用的牲畜：太～（猪、羊、牛各一）｜少～（猪、羊各一）。

劳 láo 同“劳（勞）”。

労 láo 同“劳（劳，勞）”。

倖 láo 粗大。

窂 láo 同“牢”。

坜（壢） láo［圪坜］（gē-）角落，也用于地名：山～｜周家～（在陕西）。

捞 ㊀ láo 闭。
㊁ lāo 同“捞（撈）”：那里～得着。

唠（嘮） ㊀ láo［唠叨］（-dao）说话啰唆，不停地说，单用“唠”义同：唠唠叨叨｜唠三叨四。
㊁ lào 说话；聊天：闲～｜有话慢慢～｜有空儿好好～～。
㊂ chāo［唠呶］（-náo）喧哗。

哰 láo ❶［哰哰］拟声词，鸟兽的叫声：燕～｜小犬～。❷［哰哰唔唔］（--wúwú）自言自语或言语不清的样子。❸［哰叨］同“唠叨”。

崂（嶗） láo 崂山，山名，在山东。

峍 láo［嵲峍］(gāo-)见282页“嵲”字条。
臾 láo 同“牢”。
浶 láo［浶浪］惊扰不安:独行无侣心～。
窂 láo 同“牢(牢)”。
㧯 láo 同“捞”。
捞(撈) láo 同“劳(勞)”,慰劳:赏～。
捞 láo 同“捞”。
硓 láo 同“磱”。
铹(鐒) láo ❶同“鉾”。❷金属元素,由人工合成获得,有放射性。
痨(癆) láo 结核病的俗称,通常指肺结核:～病|肺～。
啷 láo［啷嘈］拟声词,大而嘈杂的声音。
嶗 láo ❶［嶗嶆］(-cáo)山势深空险峻,单用“嶗”义同。❷古山名。(《集韵》)
崂 láo 同“嶗”。
僗 láo ❶同“劳(勞)”。❷助词,加强语气:囚～|馋～。
橑 láo 树名。
鉾 láo［鉾铲］(-lú)箭头的一种。
磱 ㊀ láo ❶石器。❷又称冷石,石名,滑石。㊁ luò［磱确］拟声词,石撞击声。
璙 láo 玉名。
磠 láo［磠嘈］同“啷嘈”,拟声词,大而嘈杂的声音。
䜲 láo［䜲䝁］(-cáo)物不精细。
憥 láo ❶心力困乏。❷同“劳(勞)”。
磱 láo 同“硓”。
耢 ㊀ láo 同“䓞”,野生豆名。㊁ lào 同“耢(耮)”,农具名。
䓞 láo 又称鹿豆、野绿豆,一种野生豆。
醪 láo ❶又称醪糟,江南地区称江米酒,省称米酒,浊酒,汁渣混合的酒:～醴之味。❷酒的总称:酒～|饮我玉色～。
蟧 ㊀ láo 小的蛁蟟。㊁ liáo 同“蟟”,蚱蚕。
簩 láo 竹名。
簩 láo 同“勞(劳)”。
鸐 láo［鸐鸐］(zhái-)见1232页“鸐”字条。
䝁 láo［䝁璈］(-áo)长大的样子。
蹽 láo 同“䓞”。
䝁 láo 䝁豆,即䓞豆。
醪 ㊀ láo 同“醪”。㊁ lào 以酒慰劳。
譊 ㊀ láo 话语声响亮:～然兴歌。㊁ lào 话语多。
㸚 láo 同“劳(勞)”。
髝 láo［髝髞］(-sào)1.性情粗鲁、急躁的样子。2.高的样子。
鰳 láo 鱼名。

lǎo

老 lǎo ❶年岁大;时间长:～年|～字号。❷老人:扶～携幼|男女～少。❸寿终:以备京中～了人口,在此停灵。❹疲惫:兵连师～。❺原来的:～家|～地方|～毛病。❻排行在最末的:～儿子|～妹子。❼副词。1.长久,长时间:～没见面了。2.经常;总是:～迟到|～提这件事。3.极;很:～早|～远|脖子伸得～长。❽前缀,用于称人、排行次序、某些动物名等:～张|～大|～虎。❾指老子,春秋时期思想家,道家学派创始人:抵排异端,攘斥佛～。
耂 lǎo 同“老”。
𠤕 lǎo 同“老”。
佬 lǎo 成年男子(多含轻视意):阔～|乡巴～|打鼓～。
𡆫 lǎo 同“老”。
栳 lǎo ❶［栲栳］同“栲栳”,用柳条或竹篾编成的圆形盛物器具,也指像栲栳一样的:打了个～圈围在垓心内。❷扛:右肩头～一根梭镖。

耂 lǎo 同“老”。

荖 lǎo ❶荖藤，又称浮留藤，植物名。❷［荖浓溪］水名，在台湾。

咾 lǎo ❶助词，表示语气，啦：那是顶好的法子～。❷用于佛经译音。

狫 lǎo［犵狫］（gē-）见284页“犵”字条。

恅 lǎo［慅恅］（cǎo-）见80页“慅”字条。

姥 lǎo 见668页mǔ。

栳 lǎo［栲栳］（kǎo-）见499页“栲”字条。

硓 lǎo 同“栳”。

铑（銠） lǎo ❶［铑劢］（-bǎn）古代铁钱名。❷金属元素，其合金可制化学仪器、测高温的仪器等。

痻 lǎo［痻痻］（gǎo-）见283页“痻”字条。

蛯 lǎo 日本汉字，虾。

笹 lǎo［箬笹］（kǎo-）见499页“箬”字条。

醎 lǎo 醉。

幓 lǎo 同“橑”，古代伞盖的骨架。

潦 ㊀lǎo ❶雨水大；雨后大水：雨～湍猛｜夏～。❷雨后的积水：积～｜行～。
㊁lào 同“涝（澇）”，水淹；雨多成灾：十年九～｜春忧水～。
㊂liáo ❶［潦草］草率；马虎：字迹～｜办事～｜浮皮～。❷［潦倒］衰颓；失意：穷困～｜形容～。❸水名。1.古水名，即今辽宁的辽河。2.修水支流，在江西。3.白河支流，在河南。

澇 lǎo 同“潦”。

鹩 lǎo 同“鸶鷯”，秃鹫。

鷯 lǎo［鸶鷯］（cí-）见144页“鸶”字条。

嘹 lǎo［嘈嘹］（cǎo-）见79页“嘈”字条。

獠 lǎo 同“獠”。

蘨 lǎo 同“藔”。

藔 lǎo 干梅，泛指干果。

藔 lǎo 同“藔（藔）”。

轑 ㊀lǎo ❶车篷骨架。❷车辐。❸车轴。
㊁láo 刮；捞取：～釜。
㊂liǎo 通“燎”，燃烧：鸣钟～烛。

獠 ㊀lǎo 也作“獠”，古代西南地区少数民族名。
㊁liáo 同“獠”，夜间狩猎。

藔 lǎo 同“藔”。

鄝 lǎo 黄色。

欞 lǎo 树名。

鄝 lǎo 同“鄝”。

lào

烙 lào 见617页luò。

涝（澇） ㊀lào ❶雨量过多：～灾｜排～｜旱～保收。❷浇灌：～田。
㊁láo ❶水名。1.又称潦水，在陕西。2.汾水支流，在山西。❷大波浪：飞～相磢，激势相沏。

悖 lào 同“嫪”。

榜（橯） lào 同“耢（耮）”。

焊 lào 义未详。（《改并四声篇海》）

耢（耮） lào ❶又称耱，用荆条或藤条编制的农具，用来平整土地和松土保墒。❷用耢平整土地：～地。

酪 ㊀lào ❶用牛、羊等乳汁制成的半凝固食品：奶～｜～果。❷用果实制成的糊粥状食品：杏仁～｜核桃～。
㊁lù 酒类饮料：马～｜～酒。

辂 lào 同“酪”。

貉 lào 同“酪”。

嫪 ㊀lào ❶恋惜；留恋：感物增恋～｜偶往心已～。❷姓。
㊁láo 忌妒。

蟧 ㊀lào 薅。
㊁láo 同“䒳”，一种野生豆。

躿 lào 身材长大。

憦 ㊀ lào［懊憦］(ào-)见 13 页"懊"字条。
㊁ láo 同"憥"。

覫 lào 义未详。(《改并四声篇海》)

軂 lào［軂䡾］(-dào)也作"軂䠮",身材长大。

嶗 lào 山谷空深的样子。

𧢱 lào"𧢱"的讹字。

㸲 lào ❶ 茎部粗大的麻。❷ 纳鞋底。

𧢱 lào 宽。

lè

劦 lè 才力是别人的十倍。

仂 ㊀ lè 余数;零数:丧用三年之～。
㊁ lì 同"力",尽力;不懈:～作九载。

阞 lè ❶ 地的脉理:不失地～。❷ 裂开:其石～然而转。

扐 ㊀ lè ❶ 古代数蓍草占卜,将零数夹在手指中间。❷ 手指之间:归奇于～以象闰。
㊁ lì ❶ 捆绑:结儿梢朵香红～。❷ 古国名、古县名,均在今山东。

芀 ㊀ lè ❶［萝芀］也作"罗勒",一年生草本植物,茎、叶可做香料或供药用。❷ 同"扐",古代数蓍草占卜,将零数夹在手指中间,也指零余数。
㊁ jí 又称羊矢枣,落叶乔木,果实可食或供药用。

乐(樂) lè 见 1204 页 yuè。

汷 lè 拟声词,泉水声;水声。

忇 lè ❶ 功劳大。❷ 思虑。

玏 lè 同"瓅(𤪌)"。

泐 lè 同"泐",凝合。

泐 lè ❶ 石头因水冲击形成的纹理,引申为裂痕、破损:石有时以～|～痕|残～。❷ 凝合。❸ 通"勒",铭刻,引申为书写:手～。

竻 ㊀ lè ❶ 竹根。❷ 同"簕":～竹。
㊁ jīn 同"筋"。

叻 lè 声。

砳 lè 拟声词,石头撞击声。

勒 ㊀ lè ❶ 带嚼子的马笼头:金～。❷ 给马套上笼头:～骐骥。❸ 拉紧缰绳使马停止前进:悬崖～马。❹ 强制;强迫:～令|～索。❺ 镌刻;刊刻:～石|～碑|镌功～成。
㊁ lēi ❶ 用绳子等捆绑或套住,再用力拉紧:～紧|～住|～断。❷ 绳类带状物捆或套得太紧,使疼痛或不适:～手|肩膀～红了。

㔹 lè 义未详。(《字汇补》)

䜗 lè 声音喧闹。

瓅 lè 同"𤪌"。

𤪌 lè 玉名。

簕 lè 俗称刺竹,一种枝节上有硬刺的竹子。

䃯 lè［䃯礋］(-zé)也作"礰礋",农具名,像碌碡,外有成列的齿。

䩶 lè 同"勒"。

𦞬 lè 同"乐(樂)",喜乐。

鳓(鰳) lè 鳓鱼,又称鲙鱼、曹白鱼、白鳞鱼,生活在近海。

㔹 lè 打。

lēi

勒 lēi 见 539 页 lè。

léi

累 ㊀(纍) léi ❶ 连缀;缠绕:南有樛木,葛藟～之。❷ 捆绑;拘系:～臣|～囚。❸ 约束:洁身～行。❹ 同"缧(縲)",绳索:以剑斫绝～。❺ 姓。❻［累累］1. 憔悴颓丧的样子:～若丧家之狗。2. 接连成串的样子:果实～。
㊁(❶纍) lěi ❶ 堆积;屡次;连续:危如～卵|～建军功|积年～月。

❷（旧读 lěi）牵连；拖累：牵～｜连～｜受～。❸ 姓。☞累 / 纍 两字在汉字简化前都用于姓，"累"读 lěi，"纍"读 léi，现已无法区分。
㊁ lèi ❶ 疲劳；使疲劳：～得头晕眼花｜今天有点儿～｜可别～着孩子。❷ 旧指妻子和资产：家～｜贱～。❸ 亏欠；损耗：不终岁，薄产～尽。

桑 léi 同"虆"。

雷 ㊀ léi ❶ 云层放电时发出的响声：～电｜打～｜电闪～鸣。❷ 比喻响亮、猛烈：掌声～动｜如～贯耳｜暴跳如～。❸ 比喻急速：千里～驰｜霆发～逝。❹ 具有爆炸性的武器：手～｜地～｜水～。❺ 古州名，在今山东。❻ 姓。
㊁ lèi 通"擂"，击鼓：城头逄逄～大鼓｜～鼓一通，吏士皆严。

睬 léi "瞟（矖）"的讹字。

塛 léi 草编的盛土器具。

蔂 léi ❶ 同"虆"，盛土的草编器具：劓鼻盈～。❷ 同"樏（欙）"，登山用具：山之用～。

靁 léi 同"靁（雷）"。

靁 léi 同"靁（雷）"。

嵘 léi［嵔嵘］（wēi-）1. 也作"嵔藟""嵔儡"，山的样子。2. 古山名。（《汉语大字典》）

傫 léi ❶ 下垂的样子。❷ 疲惫。

猥 ㊀ léi 哺乳动物，像狸。
㊁ lěi 同"鸓"，鼯鼠。

嫘 léi ❶ 姓。❷［嫘祖］传说中黄帝的元妃，发明养蚕。

缧（縲） léi 古代捆绑犯人的大绳索：～囚。

擦 léi 条理。

畾 léi ❶ 同"靁（雷）"，雷电。❷ 田间。❸ 同"壘（垒）"，筑土为营垒。

瓃 léi 同"甐"。

犦 léi ❶ 公牛。❷ 求子牛。

膘 ㊀ léi ❶［膘膗］（-chuái）形貌或样子丑恶。❷ 肉干。
㊁ lěi 皮肤隆起。

褸 léi "墚"的讹字。

擂 ㊀ léi ❶ 敲；打：～鼓｜自吹自～。❷ 用工具细磨：～钵｜～成细末。
㊁ lèi 擂台，为比武而搭的台子，泛指比赛场地：打～｜守～｜～主。

檑 léi ❶ 树的果实。❷ 扁盒类器物。

瞟 léi 同"矖"。

畾 léi 同"畾"，田间。

㒍 léi 同"憐"。

澑 léi 古泽名，在今山东。

甐 léi 砖。

檑 léi ❶ 树名。❷ 檑木，古代作战从高处推滚下以打击敌人的圆木。

甗 léi 屋栋瓦。

𢿢 léi 摧。

矖 léi 同"矖"。

鄙 léi 古地名。（《玉篇》）

攂 léi 同"擂"。

礌 ㊀ léi（又读 lèi）❶ 古代作战时从高处推下大石块或大木头以打击敌人：～石。❷ 从高处推下以打击敌人的大石块或大木头：下～。
㊁ lěi 同"磊"：～落｜～～落落。

靁 léi 同"雷"。

罍 léi 百囊渔网。

镭（鐳） léi ❶ 瓶、壶类器皿。❷ 金属元素，有放射性，可用于治疗恶性肿瘤和皮肤病，也用于勘探。

纍 léi 同"纍（缧，縲）"。

瓃 ㊀ léi ❶ 玉器名。❷ 玉名。
㊁ lěi 通"蕾"，含苞待放的花朵：红～。

櫑 ㊀ léi ❶ 同"罍"，古代盛酒器或食器。❷ 同"檑"，檑木：依山拒战，炮（礮）～如雨。
㊁ lěi［櫑具］古代剑名，单用"櫑"义同：带

櫑具剑|佩櫑讲武。

蠝 léi 虫名。

蠕 léi 海中的一种软体动物,像蚬子而大。

羸 ㊀ léi ❶ 瘦弱;弱小:～弱|以强服于～|以～息易柴米。❷ 疲惫:身病体～|疲～|～弊。❸ 贫困:贫～|矜恤孤～。❹ 劣;破旧:～车马|～服。❺ 姓。
㊁ lián[羸陵](-lóu)古县名,在今越南。

轠 léi 同"轠"。

礧 ㊀ léi(又读 lèi)❶ 同"礌"。❷ 撞击;冲击:～击巨石。
㊁ lěi ❶ 不平的样子:碨～。❷ 大石的样子。❸ 堆砌:～肉戴崿。

䨓 léi 同"雷"。

畾 ㊀ léi 同"靁(雷)",雷电。
㊁ huǐ 用于人名:仲～(即仲虺,商代人)。

曡 léi 同"櫑"。

罍 léi 同"罍",一说罾。

𤴐 léi 同"雷"。

嬴 léi 同"羸"。

𥙪 léi 剑饰。

藟 léi 同"虆(蘽)",草编的盛土器具。

靁 léi 同"䨻"。

罍 léi ❶ 古代盛酒器,形状像壶,多用青铜或陶制成:金～美酒。❷ 古代盥洗器:酌～水。

䍣 léi 同"累"。

轠 léi ❶ 碰击:为觜所～。❷ 古代的一种车:～车。

𤸫 ㊀ léi 膝病。
㊁ luán[𤸫㿲](-quán)腰膝痛。

嬴 léi 同"羸",瘦弱:～身归来。

靁 léi 同"雷",雷电。

器 léi 同"䨻"。

壘 léi 雷出于地,一说同"壘(垒)"。

壘 léi 同"鐳"。

儽 léi ❶ 困乏不振作的样子:～然而殆,就床暂寐。❷[儽儽]也作"累累",憔悴颓丧的样子:～若丧家之狗。

鐳 ㊀ léi ❶ 剑首装饰。❷ 同"櫑(罍)",古代盛酒器。
㊁ lěi[鍡鐳](wěi-)同"鍡鑸"。

𤸫 léi 同"𤸫"。

羸 léi 同"羸"。

攂 léi 同"擂(擂)"。

虆 léi ❶ 藤蔓。❷ 通"纍(累)",缠绕:葛藟～于桂树。❸ 草编的盛土器具:归反～梩而掩之。

㠥 léi 同"螺"。

巊 léi 同"㠥(螺)"。

瘰 léi 病疲,一说同"羸"。

嫘 léi 同"嫘"。

瓃 léi 同"瑠"。

瓃 léi 同"瑠"。

櫑 léi 食樽。

欙 ㊀ léi 古代走山路乘坐的小轿子,即梮:山行乘～。
㊁ luǒ 树名。

䨓 léi 雷鬼。

䨓 léi 同"䨓"。

犪 léi ❶ 求子牛。❷ 腾糶。

甐 léi 脊瓦,也指屋脊。

矋 léi 看的样子。

矋 léi 同"累"。

䨻 léi 同"櫑"。

L

罍 léi“罍(櫑)”的讹字。

靁 léi 同“雷”。

虆 léi 同“蔂(虆)”,盛土的草编器具。

纝 léi 同“缧(缧)”。

鼺 léi(又读 lěi)鼺鼠的别称。

靁 léi 同“雷”。

䨻 léi 同“罍”。

䨻 léi 同“雷”。

靁 léi 同“雷”。

lěi

耒 lěi ❶古代农具耜上端的曲木柄。❷[耒耜](-sì)古代像犁的翻土农具,也单称耒:耕于野,闻宾至,投～而归。

厽 lěi 累土块为墙。

郲 lěi 旧县名,在湖南。

郲 lěi[鲵郲](wěi-)见 990 页“鲵”字条。

诔(誄) lěi ❶古代叙述死者行状以示哀悼,并以此定谥,多用于上对下:贱不～贵,幼不～长。❷悼念死者的文章:～文|铭～尚实。❸祈祷,祷告,也作“讄”:～曰:祷尔于上下神祇。

厽 lěi 同“累”。

哢 lěi 以言语相遮。

垒 lěi 同“厽”。

垒(壘) ㊀ lěi ❶古代军营中用作防守的墙壁或工事:壁～|堡～|森严壁～。❷把砖、石、土块等堆砌起来:～墙|～猪圈。
㊁ lǜ[郁垒]1. 不平的样子。2. 古代传说中的神名。

瓃 lěi[瓃瓠](-něi)瓜中,一说瓜名。

磥 lěi 同“礧”。

塁 lěi 日本汉字。同“垒”。

膘 ㊀ lěi 皮起。
㊁ guò 皮肉红肿。

㠥 lěi 堆集;重叠。

絫 lěi ❶堆叠,积聚,后作“累”:～辑|～金。❷古代质量单位,一絫等于十黍,比喻较少的数量:不失黍～|无铢～之差。

儡 lěi ❶(又读 léi)同“儽”,疲惫;颓丧的样子:～～若丧家之狗。❷捆缚:系(係)～丁壮。

詸 lěi“誄(诔)”的讹字。

㠥 lěi“㠥”的讹字。

嵬 lěi ❶[嵬嵬]屈曲的样子。❷同“礧”。

蕌 lěi 同“蕾”。

樏 ㊀ lěi 古代盛食器,即扁榼,似盘,中有隔:举～掷其面。
㊁ léi 同“欙”,登山用具:山行乘～。

磊 lěi ❶众石堆积的样子:～然白石|怪石～～。❷垒;堆砌:银～就高台短砌|密丛丛乱石～。

嵔 lěi 山的样子。

謉 lěi 同“誄(诔)”。

蕾 lěi 含苞待放的花:花～|蓓～初开。

磥 ㊀ lěi ❶同“磊”,石累积的样子:砾～～而相摩。❷堆砌:以石～门。
㊁ léi ❶[磥硊](-wěi)磨。❷突。

篡 lěi 同“蔂(篡)”。

磈 lěi[磈磈]山石众多的样子。

篡 lěi ❶盛土的筐。❷用筐盛,引申为拘系、法律。

儡 lěi[傀儡](kuǐ-)见 313 页“傀”字条。

壨 lěi 同“壘(垒)”。

藟 lěi ❶葛类植物:绵绵葛～。❷缠绕:网罟相萦～。❸通“蕾”:梅～粉融连夜开。

奞 lěi 大。

躶 lěi［躶硌］（-luò）也作“磥硌”，壮大的样子。

畾 lěi 同“𡾋”。

𡾋 lěi 同“𡾋”。

𡾋 ㊀ lěi［𡾋嵬］（-wěi）1. 山的样子。2. 高耸的样子。
㊁ léi［嵔𡾋］（wēi-）也作“嵔㠑”，山的样子。

篡 lěi 同“篡”。

猵 lěi 哺乳动物。1. 鼯鼠。2. 一种长尾猿。

謉 lěi 同“讄”。

瘟 lěi 皮肤上隆起的小肿块、小疙瘩。

瀃 lěi ❶ 同“灅”，古水名。（《集韵》）❷［浘瀃］（wēi-）水波涌起的样子。

矋 lěi 义未详。

藟 lěi 同“藟”，又称山藟、诸櫖，木质藤本植物。

蘽 lěi 同“篡”。

膃 lěi［膃腇］（-huǐ）肿的样子。

譧 lěi 同“讄”。

礧 lěi 同“磊”。

礨 lěi 同“磊”。

礨 lěi ❶［礨空］也作“空礨”，小穴，一说小土堆。❷ 同“礌”。

𡽹 lěi 同“磊”。

儡 ㊀ lěi 同“儡”。
㊁ lèi 疲惫至极。

瘟 lěi 同“瘟”。

壘 lěi❶ 同“塁”。❶［堁壘］（wēi-）见985页“堁”字条。

擂 lěi ❶［魁擂］1. 丧乐。2. 同“傀儡”，木偶戏；木头人。❷ 同“擂（擂）”。

藟 lěi 古山名。（《集韵》）

蠝 lěi 同“鸓（鸓）”。

灅 lěi 水名。1. 古水名，即今河北的沙河。2. 桑干河上游，在山西。

纍 lěi［纍山］三累山，古山名，在今陕西。

纝 lěi［傀纝］同“傀儡”，木偶戏。

蘽 lěi 也作“藟”，木质藤本植物。

櫑 lěi［魁櫑］也作“傀儡”，木偶戏。

蘽 lěi 同“篡”。

轠 lěi 环转不停。

讄 lěi 同“诔（誄）”。1. 祷告；行善积德以求福。2. 哀悼死者的文章：朝廷有～。

礧 lěi ❶ 同“礌”。❷ 同“磊”。

雷 lěi 同“鸓”。

鸓 lěi 同“鸓”。

蠝 lěi 同“蠝（鸓，鸓）”。

巕 lěi 山。

濼 lěi 水名，又称治水，发源于山西，流至天津注入渤海。

礫 lěi 同“磥”。

鸓 lěi ❶ 鸓鼠，又称鼯鼠、小飞鼠，哺乳动物。❷ 传说中的怪鸟，像鹊。

鸓 lěi 同“鸓”，鸓鼠。

鑸 lěi［鍡鑸］（wěi-）见991页“鍡”字条。

讄 lěi 同“讄”。

鸓 lěi 同“鸓”。

虆 lěi 同“藟”。

鸓 lěi 同“鸓（鸓）”。

鸓 lěi 同“鸓（鸓）”。

lèi

肋 ㊀ lèi ❶ 肋骨，人和脊椎动物胸壁两侧的扁而弯的长条形骨：鸡～。❷ 胸部两侧：左～｜两～｜～下。

㊁ lē［肋脦］（-te，又读 -de）容貌举止不正，又指衣服肥大，不利落：瞧你那～样｜他穿衣服太～。

俫 lèi 亚。

泪［淚］ lèi ❶眼液：～水｜～痕｜～流满面。❷流泪；哭：～翟子之悲（翟子：墨翟，墨子）｜花农独为田农～。◆"淚"另见 544 页"淚"字条。

莱 lèi ❶草多的样子。❷果实下垂的样子。

酬 lèi 义未详。（《改并四声篇海》）

类（類） lèi ❶种属；相似或相同的综合体：种～｜人～｜～型。❷量词，用于相似或相同的事物：两～问题｜三～工具书。❸像；肖似：～人猿｜画虎不成反～犬。❹法式；法则：吾将以为～兮。

洡 ㊀ lèi 浸染。㊁ lěi 同"郲"，旧县名，即耒阳，在湖南。

淚 lèi 同"淚（泪）"。

殍 lèi 病。

睐 lèi 眼睛不正。

累 lèi 见 539 页 léi。

毪 lèi 毛色斑驳。

淚 ㊀ lèi"泪"的异体字。㊁ lì ❶水急流的样子：水～破舟。❷寒凉的样子：凄～。

淚 lèi 同"淚"。

踈 lèi 足跌。

頛 lèi 同"纇"。

鲡 lèi 鱼名。

頪 lèi 同"頛"。

酹 lèi 把酒洒在地上表示祭奠。

銇 lèi ❶銇钻；钻。❷同"錑"，平木器具。

頛 lèi 头颈部歪斜的病。

殢 lèi"殍"的讹字。

餟 lèi ❶门祭名。❷同"酹"，把酒洒在地上表示祭奠。

膞 lèi 同"肋"。

頪 lèi ❶事物相似而难分，后作"類（类）"。❷视力不清：～覤眼。

邉 lèi 行走急。

頛 lèi 同"頛"。

錑 ㊀ lèi 平木器具。㊁ lì ❶钻。❷锯。

騳 ㊀ lèi 马毛斑白。㊁ luò［騳岁］石騳岁，粟名。

勯 lèi ❶古代作战时从高处推下大石块以打击敌人。❷推滚笨重的或圆形的东西。

畾 lèi 同"勯"。

類 lèi 同"類（类）"。

類 lèi 同"類（类）"。

纇（纇） lèi ❶丝上的结。❷瑕疵；缺点：明月之珠，不能无～｜文章直使看无～。❸花苞：花～｜红桃破～柳染梢。

瀨 lèi 同"酹"。

礧 lèi 同"勯"。

礧 lèi 同"礧"。

竆 lèi 同"类（類）"。

闧 lèi 义未详。（《龙龛手鉴》）

櫑 lèi ❶稻名：香～。❷麦名：～麦。

纇 lèi 同"纇"。

黷 lèi 黑色。

礨 lèi ❶用砻磨稻谷去皮壳。❷脱去稻谷皮壳的器具，即砻。

蘱 lèi 蒲草的一种。

壘 lèi 土块的样子，一说土块。

礨 lèi 义未详。（《改并四声篇海》）

穲 ㊀ lèi 同“穤”。
㊁ léi 同“鑘”，剑首的装饰。

禷 lèi 祭名，因特别事故而祭祀天神。

鑸 lèi 用于人名：朱统～。(《明史》)

lei

嘞 ㊀ lei 助词，表示确定、催促等语气：我还担心你的安全～｜好～｜快走～！
㊁ lē［嘞嘞］(-le) 说：胡～｜～没完｜数他能～。

lēng

𪢞 lēng 拟声词，纺车等转动声：纺车～～转。

léng

呤 léng 拟声词：乒铃棒～。

躰 léng 身体瘦小：细～细～的身子。

塄 léng 田地边上的坡：地～｜～坎。

棱 ㊀［稜］ léng ❶ 方形有四角的木头。❷ 两个立体平面的交接处；拐角：～角｜三～镜｜桌子～儿。❸ 物体表面的条状凸起：瓦～｜眉～｜搓板～。
㊁［稜］ lèng 田埂，古代计量单位，用于约计田亩：千～湖田｜曾无一～田。
㊂ lēng［不棱登］也作“不愣登”，助词，多用于形容词后：红～｜花～｜圆～。
㊃ líng 用于地名：穆～(在黑龙江)。
◆“棱”另见 545 页“稜”字条。

稜 léng 同“棱(稜)”。

澇 léng［双澇］地名，在广西。

楞 ㊀ léng ❶ 同“棱㊀”，也用于地名：渍～(在陕西)。❷ 用于梵语译音：～伽｜～严。
㊁ lèng 同“愣”。1. 失神；发呆。2. 鲁莽；冒失。3. 横蛮；强硬。

碐 léng ❶［碐磳］(-zēng) 也作“崚嶒”，石不平的样子。❷ 石的样子。

𡁲 léng 用于佛经译音。

稜 ㊀ léng ❶“棱㊀”的异体字。❷ 打：～杀。
㊁ lèng “棱㊁”的异体字。

輘 léng 同“輘”。

睖 léng 瞪：～起眼睛。

䔖 léng 越过。

薐 léng［菠薐］菠菜。

輘 ㊀ léng［輘輷］(-hōng) 也作“輷輘”，拟声词，车行声或其他巨大响声。
㊁ líng ❶［輘轹］(-lì) 践踏；欺压。❷ 车轮辗压。

蔆 léng［菠蔆］也作“菠稜”，即菠菜。

篈 léng 竹名。

䈊 léng 骨高的样子。

䬋 léng 大风。

lěng

冷 lěng ❶ 温度低；感觉温度低：寒～｜～水｜天气很～。❷ 寂静，不热闹：～落｜～清。❸ 生僻；少见的：～僻｜～字。❹ 不热情：～淡｜～言～语。❺ 暗中的；突然而难防的：～箭｜～不防。❻ 比喻灰心或失望：心灰意～。❼ 姓。☞冷/寒/凉 见 566 页“凉”字条。

lèng

倰 ㊀ lèng ❶ 长。❷［倰僜］(-dèng) 拟声词，弦乐声：弦嘈～声。
㊁ líng 欺凌。

堎 lèng ❶ 小堆：大堆小～的砖头瓦片。❷ 用于地名：长坡～(在江西)。

愣 lèng ❶ 失神；发呆：两眼发～｜他～了半天没说话。❷ 鲁莽；冒失：～入｜～小子｜～头～脑。❸ 副词，偏偏；偏要：明明没理，却～要那么说。

睖 lèng ❶［睖瞪］(-dèng) 直视。❷ 瞪；怒视：她～了我一眼说：“快走！”❸ 通“愣”，发愣：他听了，也～了半晌。❹ 通“棱”，棱角：提起拳头来就眼眶际眉梢只一拳，打得眼～缝裂，乌珠迸出。

踜 ㊀ lèng ❶［踜蹬］(-dèng) 1. 行走的样子。2. 马病。❷［踜賸］(-téng) 同

“踜蹬”，行走的样子。
㊁ léng 跌倒。
㊂ chěng 同“踜”。

騬 ㊀ lèng［騬騬］（-tēng）马伤谷病。
㊁ líng 同“餕”。

lī

哩 lī 见 554 页 lǐ。

lí

劦 lí 姓。

刕 lí 割。

郦（酈） ㊀ lí ❶ 古地名，在今山东。❷ 古国名。（《龙龛手鉴》）
㊁ zhí 古县名，在今河南。
㊂ lì 姓。

厘［釐］ lí ❶ 治理；整理：～正｜～定。❷ 计量单位，10 厘等于 1 分。1. 长度，1 厘约合 0.333 毫米。2. 地积，1 厘约合 6.667 平方米。3. 质量，1 厘合 50 毫克。4. 利率，月利率 1 厘按千分之一计，年利率 1 厘按百分之一计。
◆“釐”另见 549 页“釐”字条。

秝 lí 同“犁（犂）”，用犁耕地。

堇 lí 羊蹄菜，多年生草本植物。

庲 lí 同“氂”。

犛 lí 同“犛（犛）”。

狸［貍］ lí 哺乳动物。1. 狸子，又称狸猫、山猫、豹猫，像猫。2. 黄鼠狼的别称。
◆“貍”另见 547 页“貍”字条。

离 ㊀（離） lí ❶［离黄］又称黄鹂，即黄莺，鸟名。❷ 分开；分散：～别｜～散｜～家。❸ 相距；隔开：距～｜～江边很近｜～元旦只有两天了。❹ 缺少：鱼儿～不开水｜发展工业～不了钢铁。❺ 八卦之一，代表火。
㊁ chī 传说中的山林精怪，后作“魑”。

婯（孋） ㊀ lí 姓。
㊁ lì ❶ 美：姣～｜～景。❷ 通“俪（儷）”，配偶：祁祁皇～。

骊（驪） lí 毛色纯黑的马。

剓 lí 同“劙”。

莉 lí ❶ 同“黎”：～庶。❷ 同“莉”。

梸 lí 同“梨”。

鄗 lí 同“鄽（郦）”。

醨 lí［醨酨］（-zhī）乳腐名。（《玉篇》）

梨［棃］ lí ❶ 落叶乔木，有白梨、秋子梨、沙梨、洋梨等，果实可食。❷ 通“黎”，众：～庶｜～民。

犁［犂］ lí ❶ 耕地翻土用的农具：～杖｜双铧～。❷ 用犁耕地：～地｜～田。❸ 毁坏：～沉敌船八十余只。

悡 lí 同“悡（黎）”。

犛 lí 同“犛”。

孷 lí［孷孳］（-zī）同“孷孳”。

婺 lí 同“婺”。

菞 lí 同“藜”。

鄗 ㊀ lí 古国名。（《字汇》）
㊁ lì 同“鬲”，古县名。（《字汇》）

鹂（鸝） lí［鹂黄］又称黄鸟、黄莺、仓庚，鸟名，即黄鹂。

毟 lí（又读 lái）同“氂”，硬而卷曲的毛。

犛 lí 同“犛”。

喱 lí 英美制质量单位的旧译写法，也作“英厘”“克冷”，现作“格令”，1 格令等于 1/7000 磅，合 64.79891 毫克。

崖 lí［峇崖］（bā-）见 502 页“峇”字条。

悡 lí 忧愁。

悡 lí 同“黎”。

剓 lí 割。

瓈 lí 小瓶。

挈 lí 手持物。

悡 lí 同"黎"。

鄹 lí 古乡名。(《玉篇》)

劙 lí 同"𠞐"。

𠞐 lí 割;划开:剑～面。

𢮤 lí 引;用手提物。

𢯼 lí 同"𢮤"。

𠢠 lí"𠞐"的讹字。

𧍙 lí 豆名。

蓠(蘺) lí [江蓠]1. 蘼芜的别称,也指一种香草。2. 又称龙须菜,红藻的一种,可提取琼胶供食用或做工业原料。

𡣍 lí 同"孋(婯)"。

蠡 ㊀lí 同"蠡"。
㊁lǐ 鳢鱼。

𪏉 lí 同"𢮤"。

蜊 lí 虫名。

蜊 lí [蛤蜊](gé-)见 286 页"蛤"字条。

嚟 lí [咮嚟](zhū-)也作"侏离(離)""吺嚟",旧时形容外族语言难懂。

蟍 lí 同"蜊"。

䁻 lí 闭着眼睛。

鹂(鸝) lí ❶同"鹂(鸝)"。❷[鸝黄]也作"黄鸝",即黄鹂,鸟名。

䔧 lí ❶竹名,蔓生,似藤。❷同"篱(籬)"。

𩶰 lí [䱻𩶰](qí-)见 754 页"䱻"字条。

𨤽 lí 义未详。(《龙龛手鉴》)

漓(❶❷灕) lí ❶水渗入地:渗～。❷水名。1. 古水名,通称大夏河,在今甘肃。2. 漓江,在广西。❸[淋漓]1. 液体湿淋淋往下滴落的样子:大汗～|墨迹～。2. 畅达;彻底:～尽致|痛快～。

㰀 lí ❶多端。❷思虑。

𥊿 lí 同"釐"。

𩀨 lí 同"離(离)"。

缡(縭) lí ❶用丝线装饰鞋头。❷古代妇女系在身前的大佩巾。❸带子。

緾 lí 纹理。

璃[瓈、琍] lí [琉璃](liú-)见 588 页"琉"字条。

𢅤 lí 断缯。

𡥈 lí [𡥈孖](-zī)也作"𡥈孳"。1. 人或动物生双胞胎。2. 生双胞胎男婴。

𡢁 lí 寡妇:～妇。

犁 lí ❶[新犁]古代民族名。一说古国名。(《集韵》)❷通"黎",民众:～蒸。

樆 lí 山梨。

㗚 lí 义未详。(《龙龛手鉴》)

𣯍 lí [接𣯍]也作"接䍦",古代一种头巾。

𧰡 lí"𢮤"的讹字。

黎{黎} lí 同"黎"。

𨚑 lí 同"釐"。

𨟾 lí 同"𠞐"。

𧎲 lí 同"蜊"。

褵 lí [褵褷](-shī)衣服破旧。

棃 lí ❶同"黎"。❷同"梨"。

𣚔 lí 破木。

貍 ㊀lí"狸"的异体字。
㊁mái 通"埋",放入坑中用土盖上:～之于地。

竰 lí 也作"竡",生的立脱尔(旧时法国容积单位译音)的略写,一升的百分之一。

禠 ㊀lí 幸福,吉祥。
㊁chī [禠袜](-mèi)也作"魑魅",传说中的山林精怪。

盠 lí ❶以瓢为饮器。❷古代官名,位于司徒、司马、司空之上,兼管东西军政。

樑 lí 树名,枝条可编大索。

𥶺 lí "𧂇"的讹字。

𧂇 lí "𧂇"的讹字。

𧂇 lí 细微的画纹。

𢡃 lí 忧愁的样子。

犂 lí ❶同"犁":新～。❷同"黎":惠我～庶。

𧕫 lí 同"蠡"。

䃰 lí 用于古地名:～门。(《读史方舆纪要》)

嚟 lí 用于佛经译音。

罹(羅) lí[羃罹](mì-)见 649 页"羃"字条。

鑗 lí 同"鏫",黑金。

勑 lí 同"黎"。

邌 lí 商代国名,在今山西,也作"黎"。

黎 lí ❶众多,特指民众:～民|～庶|救我残～。❷黑色,后作"黧":厥土青～|面目～黑。❸黎族,少数民族名,分布在海南。❹姓。

䅻 lí 量词,禾两把。

𪏭 lí 同"黎"。

𪏮 lí "𪏭(黎)"的讹字。

𧐔 lí 同"蠡(劙)"。

鲡(鱺) ㊀lí[鳗鲡](mán-)见 623 页"鳗"字条。
㊁lǐ 同"鳢(鱧)",乌鳢。

粴 lí 也作"粍",量词,长度单位"毫米"的旧译写法。

㦡 lí ❶[㦡怬](-xī)也作"㦡惿",欺骗;轻慢。❷同"謧",话多。

褵 lí 同"缡(縭)"。

兣 líkè(又读 gōnglí)质量单位"厘克"的旧译写法。

𥻦 lí[巨𥻦]弩名。

䁻 lí ❶同"𥆧",看。❷目眦。

罹{罹} lí ❶遭受灾难或不幸;触犯法网:～难|～祸|～法。❷忧患;苦难:民～|我生之后,逢此百～。

𥢦 lí 种植。

𪕭 lí[𪕭鼠]也作"犁鼠",即鼢鼠。

𪏯 lí 同"勑(黎)"。

𥢶 lí 同"鵹"。

鑗 lí 同"鏫"。

𪏰 lí "𪏭(黎)"的讹字。

篱(籬) lí 篱笆,用竹或枝条等编成的围墙或屏障:竹～|～墙。

䊍 lí ❶熬米坏。❷黏。

劙 lí 同"劙"。

縭 lí[系(繫)縭](xì-)劣质絮。

鬁 lí 头发卷曲。

𩧉 lí 同"骊(驪)"。

醨 lí ❶薄酒:薄～。❷浅薄;不醇厚:淳～。❸有机化合物"醛"的旧译写法。

𩅗 lí 同"𩆈"。

蠡 lí 同"蠡"。

蟍 lí[蝛蟍](jí-)见 404 页"蝛"字条。

𪏱 lí 恍。

𪏲 lí 同"𪏱"。

𪏳 lí 同"劙"。

𨞑 lí 同"邌"。

籬 lí[笊籬](zhào-)同"笊篱"。

𥴖 lí 竹名。

離 lí 同"離(离)",离开:死别与生～。

L

譧 lí ❶［譧詍］(-yì)话多。❷欺慢、戏弄的话。

劙 lí 同"劙"。

釐 ㊀lí "厘"的异体字。
㊁xī(又读 xǐ)❶同"禧",福;吉祥:祝～|有～。❷祭祀用过的肉:受～。❸用于人名。

藜［❸蒺］ lí ❶一年生草本植物,嫩叶可食。茎老后坚韧,可做拐杖。❷［藜芦］多年生草本植物,根或根状茎可供药用。❸［蒺藜］(jí-)见402页"蒺"字条。

麳 lí 麦酒。

䔧 lí 骂。

蹳 lí 快步行走的样子。

蠓 lí 同"蠓"。

嚟 lí ❶来:带三十六个病猫～。❷用于译音。

巙 lí［巙峨山］古山名,在今贵州。

穭 lí 同"穭"。

懰 lí 同"犁"。

鵹 lí ❶同"鹂(鸝)"。❷［鵹鶘］(-hú)鹈鹕。

黧 lí 同"黧"。

黎 lí 同"黎"。

邌 lí 同"邌"。

邌 ㊀lí ❶慢走的样子。❷迟缓,也作"黎":～三年而来也。
㊁chí 同"迟(遲)"。

鯏 lí 蛆鱼。

㦒 lí "㦒"的讹字。

巇 lí 山势险恶的样子。

氂 ㊀lí 硬而卷曲的毛,可絮衣。
㊁máo 通"犛",牦牛。
㊂tái 古邑名、古县名,均在今陕西。

樆 lí 树名。

麴 lí 同"黧"。

䍠 lí 叹词,唤狗声。

㰀 lí 同"犁"。

糎 lí 义未详。(《龙龛手鉴》)

黧 lí 同"黧"。

黎 lí 同"犁"。

黎 lí 同"藜"。

黎 lí 稠粥,也作"黎"。

黎 lí［麪黎］(pí-)见727页"麪"字条。

黎 lí ❶恨。❷懈怠。

黧 lí［黧鯠］(-lái)也作"鯬鯠",即鲥鱼。

盠 lí 同"蠡"。

鏫 lí［鏫鏫］(jí-)见404页"鏫"字条。

貍 lí 同"貍(狸)"。

鯬 lí 同"黧"。

黧 lí 同"黧"。

鬑 lí 同"鬑"。

驪 lí 驴子。

黧 lí 同"黧"。

瞜 lí ❶看。❷［瞜瞍］(-shōu)敛容:～而拜。

鵹 lí 同"雞(鵹)"。

黧 ㊀lí ❶黑里带黄的颜色。❷黑斑。
㊁lái［黳黧］(wā-)见1133页"黳"字条。

黎 lí 饘,稠粥。

鑗 lí 同"鑗"。

𧆍 lí［𧆍瘨］不坚固。

䮥 lí 同"驪"。

䮭 lí 同"驪"。

蘺 lí 草名。

𠜱 lí 同"劙"。

𢿜 lí 同"蘺"。

𠹷 lí 义未详。

巁 lí 义未详。(《龙龛手鉴》)

黐 lí "黧"的讹字。

籬 lí 竹名。

𧄍 lí 同"劙"。

廲 lí 厦，大屋子。

鸝 lí［黄鸝］同"黄鹂"，鸟名。

鵹 lí 同"鹂(鸝)"。

黧 lí 同"黧"。

驪 lí 同"騝(驪)"。

䮭 lí 同"騝(驪)"。

欐 lí ❶同"籬(篱)"，篱笆：～舍|芳枳树～。❷客栈：官～。

釐 lí 同"蘺"，用于人名：禽滑～(战国时人)。

黧 lí 同"黧"。

黧 lí 同"黧"。

䍦 lí［接䍦］也作"接離"，古代一种头巾，一说白色的帽。

𡐊 lí 义未详。(《改并四声篇海》)

黐 lí 赤黑色。

鵹 lí 同"鹂(鸝)"。

鱺 lí ❶［鳗鱺］同"鳗鲡"，鱼名。❷鱼名。

廲 lí［廲廔］(-lóu)绮窗，雕饰美而通透明亮的窗户。

戁 lí 同"慞"。

酈 lí 同"酈(郦)"。

鵹 lí 同"鴷(鸝，鹂)"。

黎 lí［黎黄］也作"鵹黄"，黄鹂。

鼶 lí［鼶鼳］(-ài)一种小鼠。

鏫 lí ❶金属，一说黑金。❷釜类炊具。❸剥；裂：自～面皮。

黧 lí 同"黧"。

褵 lí［褵褷］(-shī)也作"离(離)褷""褷褵"。1.羽毛刚生出来的样子：凫雏离褷|羽毛褵褷。2.纱幔：视物隔褷褵。

劙 lí 用刀、斧等切割或剖开。

蘺 lí［鶠蘺］(yán-)同"鶠离(離)"。

黧 lí 同"黧"。

霾 lí 同"霾"。

蠡 lí［螹蠡］(jiàn-)同"螹离"。

穲 lí ❶禾苗。❷黍行列。

黧 lí 同"黧"。

鑗 lí 金属元素"铈(鈰)"的旧译写法。

廲 lí 同"廲"。

驪 lí ❶［騊驪］(táo-)也作"騊騝"，马类动物。❷同"黧"，黑色。

蠡 ㊀ lí［蜋蠡］(cháng-) 见95页"蜋"字条。

㊁ shī 螺。

讕 lí 同"謧"，欺慢、戏弄的话。

鸝 lí 同"鸝(鹂)"。

鵹 lí 同"鵹(鴷)"。

鯬 lí 同"黧"。

觾 ㊀ lí 角。
㊁ shǐ 分。

黐 lí 同"黧(黧)"。

驪 lí 同"驪"。

鱺 lí 同"鱺"。

驪 lí 同"驪"。

鸝 lí 同"鸝(鹂)"。

鸝 lí 同"鸝(鹂)"。

lǐ

礼 lǐ 同"礼(禮)"。

礼(禮){禮、禮} lǐ ❶祭祀;敬神:设供具,以～神君。❷隆重举行的仪式:典～|婚～|丧～。❸表示尊敬的态度或动作:敬～|～貌|～让。❹以礼相待;敬重:～遇|～贤下士。❺礼物,表示敬意或庆贺而赠献的东西:送～|献～|大～包。

礼 lǐ 同"礼(禮)"。

囗 lǐ 义未详。(《改并四声篇海》)

李 lǐ ❶李子树,落叶乔木。果实称李子,可食。❷姓。

里(❹❺裏)[❹❺裡] lǐ ❶百姓聚居的地方;街坊:～巷|～弄|邻～。❷家乡:故～|返～|同～(同乡)。❸长度单位,1里等于150丈,合500米。❹衣服、被褥等的内层;纺织品的反面:衣服～儿|被～儿|这块布料的～子很光滑。❺里面;内部;一定范围内:屋～|车～|夜～。❻姓。

咢 lǐ 义未详。(《龙龛手鉴》)

㸚 lǐ[㸚尔(尒)]稀疏明朗的样子。

郦 lǐ 古亭名,在今河南。

峛 lǐ 同"峛"。

峛 ㊀ lǐ[峛崺](－yǐ)1.山势曲折连绵。2.古丘名。(《集韵》)
㊁ liè 用于地名:～屿(在福建)。

俚 lǐ ❶粗俗;鄙陋:～俗|鄙～。❷民间的;通俗的:～歌|～语。

陧 lǐ ❶同"郢",汉代亭名,在今河南。❷古邑名。(《篇海类编》)

逦(邐) lǐ[迤逦](yǐ－)见1139页"迤"字条。

逦 lǐ[迤逦](yǐ－)也作"迤逦(邐)",曲折绵延的样子。

峲 lǐ 山逐行的样子。

浬 lǐ ❶(又读 hǎilǐ)现作"海里",海洋上船只航行路程的计量单位,1海里等于1852米。❷用于地名:～浦(在浙江)。

娌 lǐ ❶双;二。❷[妯娌](zhóuli)见123页"妯"字条。

理 lǐ ❶治玉,打磨玉石使成器物:王乃使玉人～其璞而得宝。❷管理;整理:财|～发(髮)。❸对别人言行表示态度:～睬|～会|置之不～。❹玉石或其他东西的条纹:纹～|肌～|木～。❺道理,事物的规律:合～|讲～|～所当然。❻理科,对物理、化学、数学、生物等学科的统称,特指物理学:重～轻文|数～化。

梩 lǐ 同"李",李子树。

桹 lǐ 同"礼"。

锂(鋰) lǐ ❶丽金。❷金属元素,可用来制特殊合金、特种玻璃等,也用于核工业。

痢 lǐ 忧病。

蠡 lǐ 同"蠡",虫蛀食树木。

哩 lǐ 古地名。(《集韵》)

裏 lǐ 同"裏(里)"。

豊 ㊀ lǐ 祭祀用的礼器,后作"禮(礼)"。
㊁ fēng 同"豐(丰)":～年多黍|直廉而肉～。

羠 lǐ[羝羠羊](jī－－)传说中的羊名。

粴 lǐ 量词,长度单位"公里"的旧译写法。

鲤(鯉) lǐ ❶鲤鱼,生活在江河、湖泊中:赤～。❷比喻传递书信的

人或书信:双～迢迢一纸书|尺～。

𧍷 lǐ 同“蠡”。

蠃 ㊀lǐ 同“蠡”,虫蛀食树木。㊁luó[螟蠃]见659页“螟”字条。

𧑒 lǐ 同“蠡”。

邐 lǐ 同“邐(逦)”。

魒 lǐ 恶鬼。

鱺 lǐ 鱼名。

澧 lǐ 水名。1.澧水,在湖南。2.澧河,在河南。

澧 lǐ[澧濛](-méng)古驿站名,在今广东。

豊 lǐ 同“豊”,祭祀用的礼器。

欐 lǐ 同“欚”。

𣪠 lǐ 敌。

𥎊 lǐ 小矛。

𥎴 lǐ 小矛。

蠡 lǐ 同“蠡”。

簅 lǐ 竹名。

醴 lǐ ❶甜酒:设～|尊有～。❷甜美的泉水:泉～|玉～。❸通“澧”,澧水,水名,在湖南。

艣 lǐ ❶同“艣(欚)”,船。❷小船补。

鳢(鱧) lǐ 鳢鱼,又称乌鳢、黑鱼、乌鱼,生活在江河、湖泊中。

蠡 ㊀lǐ ❶虫蛀食树木。❷用于地名:～县(在河北)|彭～(古湖泊名,即今鄱阳湖,在江西)。❸用于人名:范～(春秋时人)。㊁lí 葫芦瓢:～器|以～测海|管窥～测。

飆 lǐ 义未详。(《改并四声篇海》)

𧯛 ㊀lǐ ❶数。❷布。㊁lí[鱼𧯛]也作“鱼丽”,古代战阵名。

藞 lǐ 赤草。

鱺 lǐ 同“鲤(鯉)”。

鱺 lǐ 同“鲤(鯉)”。

欚 lǐ ❶船。❷捕鸟兽的网。

艣 lǐ 同“艣(欚)”。

鱺 lǐ 鲖鱼,即乌鳢。

艣 lǐ 同“欚”,船,一说江中大船。

lì

力 lì ❶力量,动物肌肉的效能:～气|身强～壮|四肢无～。❷身体器官的效能:目～|脑～|记忆～。❸事物的效能:浮～|电～|说服～。❹尽力,用全力:～战|～争|纠正不～。❺物理学指改变物体形状或运动状态的作用。

朸 lì 同“力”。

飞 lì 义未详。(《字汇补》)

大 lì 同“立”。

历(❶-❸❺❻歷、❹曆)[❶-❸❻厯、❶-❸❻歴、❹厤] lì ❶经过:～险|简～|～尽艰辛。❷经过了的:～代|～次|～史。❸副词,遍;一个一个地:～数|～览|～访。❹历法,推算年、月、日、节气的书、表、册等:农～|日～|挂～。❺通“枥(櫪)”,马槽:伏～千驷。❻姓。

厉(厲) ㊀lì ❶磨刀石,后作“砺(礪)”:取～取锻|泰山若～。❷磨砺:秣马～兵|结发(髮)～戈。❸严格;切实:～禁|～行节约。❹严肃;猛烈:严～|正言～色|雷～风行。❺凶恶:～鬼。❻腰带下垂的样子:垂带而～。❼姓。㊁lài 春秋时国名,在今湖北。

地 lì 胫相交。

叻 ㊀lì 拟声词,响声:压得瓦面～～作响。㊁lè 用于译音:石～(华侨称新加坡)|～埠(华侨称新加坡)。

屴 lì[屴崱](-zè)1.山势高峻的样子:～西来势何壮。2.态度庄重:敛容还～。

岉 lì 同“屴”。

犳 lì 狗相争斗的样子。

L

立 lì ❶站立：～正｜鹤～鸡群｜坐～不安。❷竖立；竖起：～柜｜～竿见影｜把扁担～在门后。❸存在；生存：自～｜独～｜安身～命。❹设立；建树：建～｜～碑｜～功。❺制定；决定：～法｜～规矩｜～志。❻副词，即刻；马上：～见成效｜当机～断｜譬若锥处囊中，其末～见(xiàn)。

朸 lì ❶木的纹理。❷棱角。❸用于地名：～县(在山东)。

丽 lì 同"丽(麗)"。

朸 lì 同"丽(麗)"。

吏 lì ❶旧指官员：官～｜贪官污～。❷旧时官府中没有品级的小公务员或办事的差役：胥～｜书～｜刀笔～。☞吏/官 见308页"官"字条。

庂 lì 义未详。(《改并四声篇海》)

坜(壢) lì 坑，多用于地名：中～(在台湾)。

苈(藶) lì [葶苈](tíng-) 见953页"葶"字条。

丽(麗) ㊀ lì ❶成对的，后作"俪(儷)"：～马｜～辞。❷附着；依附：附～｜百谷草木～乎土。❸施加：越兹～刑。❹好看；漂亮：美～｜壮～｜风和日～。
㊁ lí ❶[高丽]又称高句丽。1.中国古县名，在今辽宁。2.朝鲜古国名(又称王氏高丽)。3.指朝鲜或朝鲜的(物产)：～人｜～纸｜～参。❷[丽水]地名，在浙江。

励(勵) lì ❶劝勉；奋勉：鼓～｜勉～。❷姓。

呖(嚦) lì ❶拟声词，鸟类清脆的叫声：嘹～｜～～莺声。❷助词，用于歌词中的衬字：我捱的结果收圆，～，咪嚟。

岇(巁) lì [岇崌](-jū)也作"嵥崌"，山名，在江西。

利 lì ❶锋利；锐利：～刃｜～剑｜～器。❷使锋利：工欲善其事，必先～其器。❸顺当；便利：顺～｜吉～｜无往不～。❹利益；好处：名～｜见～忘义｜争权夺～。❺使有利或得到好处：互～互惠｜良药苦口～于病。❻利润；利息：暴～｜一本万～｜高～贷。❼姓。

𠛎 lì 行。

沥(瀝) lì ❶滴；滴落：滴～｜呕心～血(形容费尽心思)。❷滤；渗：～液。❸渗出的酒或其他液体点滴：余～(残酒)。❹湖名，在广东。

䴡 lì 同"丽(麗)"。

苙 ㊀ lì ❶白芷，多年生草本植物。❷牲畜圈，圈养牲畜的地方：沼有鱼兮～有畜。
㊁ jí [白苙]白及，也作"白芨"，多年生草本植物。

枥(櫪) lì ❶同"栎(櫟)"，落叶乔木：松～｜～木。❷马槽，也指马棚：老骥伏～，志在千里｜入～闻秋风。❸[枥㯕](-xī)古代刑具，即拶指，夹手指的刑具。

呝 lì (又读 qì)[呝呝]拟声词，送舟声。

岦 lì 同"岦"。

岦 lì [岦岌](-jí)山耸立的样子。

𥝢 lì 同"利"。

例 lì ❶类；列：在此七人之～｜臣子一～也。❷可做依据的事物：举～｜～句｜史无前～。❸规则；体例：条～｜凡～｜文无定～。❹合于某种条件的事例：病～｜案～。❺按条例规定的；按成规进行的：～会｜～假。

位 lì 行走的样子。

疠(癘) lì (旧读 lài) ❶麻风病。❷瘟疫：～疫｜瘴～。❸恶疮。

浰 lì 同"沴"，水阻不畅。

沴 ㊀ lì ❶水阻不畅，引申为阻水的高地：跖魂负～。❷恶气；灾害：～气｜饥～洊叠。
㊁ zhěn [沴沕](-rěn)1.湿气相附。2.垢浊。

沵 lì 同"沴"，水阻不畅。

戾 lì ❶罪过；罪恶：罪～。❷怪僻；凶暴：乖～｜暴～。❸至；到达：鸢飞～天｜天灾降～。

隶 ㊀(隸)[隷、隸] lì ❶旧时地位低下而被奴役的人：奴～｜仆～。❷古代衙门里的差役：皂～｜～卒。❸附属；属于：～属｜直～中央。❹隶书，汉字的一种字体：真草～篆。
㊁ dài 及，捕获，后作"逮"。

珠(瓅) lì [玓瓅](dì-)见186页"玓"字条。

趆 lì [趆趩](-yì)行走的样子。

L

荔［茘］ lì［荔枝］常绿乔木,果实可食。

栃 lì 日本汉字,栎树。

栎（櫟） ㊀ lì ❶又称柞栎、麻栎,落叶乔木,木材可制作器物或用于建筑,皮可做染料,果实称橡子或橡斗。❷栏杆:重～|榱～。❸古地名,一在今河南,一在今山西。
㊁ yuè［栎阳］地名,在陕西。

朸 lì 同"剩"。

䴡 lì 同"朸(剩)"。

勒 lì ❶刷蠟具。❷彩。

砅 lì 踩着石头过河。

𦊕 lì ❶残帛。❷残余:秦余徙～。

轹（轢） lì ❶车轮碾压:值轮被～。❷欺凌;欺压:凌～诸侯|以富～贫。

㤡 lì 同"𦊕"。

剁 lì 同"利"。

秎 lì 同"秎(利)"。

俪（儷） lì ❶配偶;夫妇:鸟兽犹不失～|～影(夫妇合影)。❷成双成对的;对偶的:束帛～皮|～词|～句。❸偕同;并列:凤凰不能与之～|阴阳不可与～偕。

俐 lì［伶俐］见581页"伶"字条。

𢗅 lì 辽东狗名。

疬（癧） lì［瘰疬］(luǒ-)见616页"瘰"字条。

粝（糲） lì 粗糙的米,后作"粝(糲)":～粱之食。

炻（爄） ㊀ lì 止火。
㊁ liè 火断。

悷 lì 忧愁。

㤡 ㊀ lì 惊恐。
㊁ liè 同"烈"。

㕸 lì 同"戾"。

珕 lì 刀剑鞘上的蚌壳类饰物。

莉 ㊀ lì［茉莉］见662页"茉"字条。
㊁ lí 草名。
㊂ chí 姓。

莅［蒞、涖］ lì ❶来到;参加(含敬意):～临|～会|便中希～寓一谈为祷。❷监视,治理,引申为对待:君子以～众|～中国而抚四夷|矜庄以～之。

㭞 lì ❶树名。❷果名,像枇杷子。

鬲 ㊀ lì 古代炊具,像鼎,足部中空。
㊁ gé ❶［鬲俞］针灸穴位名。❷古县名,在今山东。❸用于古水名:～津河(即今漳卫新河,河北、山东的界河)。❹姓。❺用于人名:胶～(商末周初时人)。

栗 ㊀［❷慄］ lì ❶栗子树,落叶乔木,果实称板栗或栗子:山树枣～。❷身体因恐惧或寒冷而发抖:战～|不寒而～。❸姓。
㊁ liè 通"裂",裂开;破裂:～薪。
◆"慄"另见556页"慄"字条。

厤 lì 同"厉(厲,砺,礪)",磨刀石。

麻 lì［麻鹿］同"麗辘"。

砺（礪） lì ❶粗磨刀石:～石|金就～则利。❷磨:磨～|砥～。

砾（礫） lì 碎石,小石块:～石|沙～|瓦～。

砬 ㊀ lì 石药。
㊁ lá［砬子］1.岩石:石～|石头～地。2.用于地名:白石～(在黑龙江)。

㱹 lì 病。

哩 ㊀ lì 助词,用于词曲中的衬字:～～啰|～嗹花啰能堪听。
㊁ lī［哩哩啦啦］零零散散或断断续续的样子:黄豆～洒了一地|小雨～下了半个月。
㊂ li 助词。1.表示语气,呢:还未来～|想着他～|这才算真厉害～。2.表示列举:笔～,墨～,都在桌上放着。
㊃ lǐ(又读 yīnglǐ)英美制长度单位,现作"英里",1英里等于5280英尺,合1609.344米。

唎 lì ❶助词,嘞:好～,等我寻来。❷用于佛经译音。

崡 lì［崋崡］(huá-)见365页"崋"字条。

铦（鉝） lì ❶金属元素,有放射性。❷量词,里拉(意大利货币单位)的旧译写法。

秝 lì ❶稀疏而均匀的样子。❷通"历(曆)",历法:~算|~数。

悷 lì ❶愤怒。❷同"戾"。

㑦 lì 同"例"。

㓯 lì 割。

猁 lì[猞猁](shē-)见855页"猞"字条。

裐 lì 急缠。

羠(𦍧) lì ❶[羖羠](gǔ-)一种健壮的羊。❷阉割过的羊。

悧 lì[怜悧](líng-)见561页"怜"字条。

䆂 lì 同"栗"。

娳 lì 用于女子人名。

莀 lì ❶莀草,即狼尾草,多年生草本植物,嫩株可做饲料。❷荩草。

栃(欐) ㊀ lì ❶指房梁:余音绕梁~,三日不绝。❷小船:共乘一~。
㊁ lǐ[栃佹](-guǐ)1.支柱。2.木材重叠累积倾斜的样子:连卷~。

要 lì 同"丽(麗)"。

留 lì 陷。

盈 lì 器名。

蛎(蠣) lì 牡蛎,又称蚝,俗称海蛎子,软体动物。

蚸{蛎} lì[蟿蚸](qī-)见1017页"蟿"字条。

唳 lì 鹤高声叫,泛指大鸟鸣叫:风声鹤~|只雁云边~。

秝{䅄} lì 长禾。(《玉篇》)

笠 lì ❶竹篾等编的帽子,用于挡雨遮阳:竹~|斗~。❷笠形覆盖物:~盖|~覆。❸圈家禽的笼子,比喻牢笼:鸡~|鸭~|及其既入~,从而招之。

脷 lì 舌头。

猍 lì 传说中的动物,像彙(刺猬),全身赤红。

痢 lì 同"疠(癘)"。

㾐 lì 缠裹。

粝(糲) lì ❶粗糙的米:布服~食|脱粟粗~|疏~亦足饱我饥。❷粗糙:石质粗~|轮廓粗~。

粒 lì ❶米粒或谷粒,泛指粒状物:豆~|沙~|谁知盘中餐,~~皆辛苦。❷以谷米为食,引申为吃饭:~我烝民|三日不~|绝~而死。❸量词,多用于粒状物,颗:一~米|两~盐|三~珍珠。

悷 lì 悲伤的样子:恻~|心缘~而有哀。

鬁 lì[髭鬁](zī-)见1304页"髭"字条。

梾 ㊀ lì ❶机关,控制机械发动的部件:机~。❷弹奏琵琶等的拨子。
㊁ liè ❶南烛,落叶小乔木或灌木,枝叶及果实可供药用,有毒。❷通"捩",转动:放舟惟~柁。

剩 lì ❶断。❷削。

郦 lì 古地名。(《改并四声篇海》)

䃯 lì 同"砾(礫)"。

雳(靂) lì[霹雳]见725页"霹"字条。

㮚 lì 同"栗"。

跞(躒) ㊀ lì 跳跃;跨越:骐马一~,不能千里|跨~古今。
㊁ luò[卓跞]也作"逴跞""卓荦",超绝:~过人|英才~。

蝷 lì 同"珕"。

詈{詈} lì 骂:~骂|~辞(骂人的话)。

笏 ㊀ lì 筹。
㊁ liè 竹株的行列。

傈 lì[傈僳](-sù)傈僳族,少数民族名,主要分布在云南和四川。

脵 lì 同"踩",跛足。

㾖 lì 不正。

溧 lì 寒冷:~冽(非常寒冷)。

裏 lì 同"㾐"。

痢 lì 痢疾,肠道传染病。

L

裏 lì 同"裏"。

剟 lì 割破。

㻈 lì 堵塞。

摞 lì 以手理物。

蒚 lì ❶蒲草的穗轴。❷又称山蒚,草名。❸又称山蒜,菜名。

蒞 lì 草名。

蒜 ㊀ lì 草木稀疏的样子。
㊁ suàn 同"蒜"。

鬲 lì 同"鬲"。

歷 lì 同"歷(壢,坜)"。

歴 lì 同"歷(歷,历)"。

殧 lì 同"疬(疠,癘)"。

麗 lì 同"麗(丽)"。

㮚 lì ❶同"栗"。❷古代金工的一种。

睙 lì 转视。

㗚 lì [嘍㗚]说话啰唆。

嵥 lì 古山名。(《玉篇》)

傫 ㊀ lì 同"俪(儷)"。
㊁ lí [仳傫](pǐ-)也作"仳离",别离。

鴗 lì ❶一种像凫而小的鸟。❷鸠的别称。

鳨 lì 同"鴗",一种像凫而小的鸟。

䅄 lì 同"𪭢(𪭢)"。

㕞 lì 同"戾"。

鲡(鱱) lì 某些鲷科鱼的别称:红～(二长棘鲷)|白～(灰裸顶鲷)。

猓 lì [猓猓](-sù)旧时西南地区少数民族名,又称猓苏(蘇),今作"傈僳"。

詷 lì 言美。

麻 lì 同"歷(历)"。

逮 lì 同"莅",临;至:吉服～事|奭然师保～其前。

裏 lì 同"裏"。

溧 lì ❶古水名。1.在今江苏。2.今湖北的溧河。❷[溧阳]地名,在江苏。

慄 lì ❶"栗㊀❷"的异体字。❷忧愁;悲伤:憀～。

瑮 lì 玉的花纹排列有序。

甌 lì 同"鬲",古代炊具。

棘 ㊀ lì 荆棘。
㊁ jí 力。

厲 lì 同"𠠲"。

㮚 lì 同"栗"。

曆 lì 明。

蜧 lì ❶也作"蜦",传说中的神蛇。❷大蛤蟆。

膘 lì 同"𣅋"。

䇐 lì 同"粒"。

綟 ㊀ lì ❶黑黄近绿的颜色,一说绿色,一说紫色:～云|～绶。❷唐代、宋代计量单位,用于丝麻,一綟等于三斤。
㊁ liè 通"捩",扭转:捧拥～丝囊。

䴡 lì 同"麗(丽)"。

磿 lì 同"礰"。

歷 lì 同"壢(坜)"。

隸 lì 同"隸(隶,隸)",仆役、差役:顽愎之～。

䚕 lì ❶同"覼",查看;察看:～雰祲于清旭(清旭:清明的旭日)。❷偷看。

剌 lì 同"剩"。

踈 ㊀ lì 跛足:～脚。
㊁ lù [踈踛](-tú)也作"踛踈",徘徊不前。

蛴 ㊀ lì [螇蛴](qī-)同"螇蚸"。
㊁ xī [蛴易]也作"蜥易",同"蜥蜴"。

嵺 lì 同"巁"。

镉(鎘){鎘} ㊀ lì 同"鬲",古代炊具。
㊁ gé 金属元素,可用

来制合金、光电管，也用于电镀、核工业等。

稞 lì［稞稞］禾稼堆积的样子。

飈 lì 同“飈”。

隸 lì 同“隸(隶)”。

獂 lì 同“㺡”。

飈 ㊀ lì 风急速的样子：其风如～。㊁ liè 急风。

瀎 lì 同“溧”。

𪊨 lì 用爪择物。

𤸫 lì 义未详。（《龙龛手鉴》）

糲 lì 同“粝(糲,粝,糲)”。

詈 lì 同“詈”。

𨽿 lì 同“隸(隶)”。

䚕 lì 同“督(䚕)”。

督 lì 同“䚕”。

𣚍 lì 同“枥(櫪)”。

劚 lì 割。

鄽 lì 姓。

𠪚 lì 同“厤”。

歷 lì 同“鬲”。

𦢊 lì［𦢊腣］(-dī)强脂。（《玉篇》）

𠫌 lì 分。

㷴 lì 同“爏”。

歴 lì 同“歷(历)”。

隸 lì 同“隸(隶)”。

𨽾 lì “𨽿”的讹字。

㦒 lì 恭谨。

犡 lì 同“犡”。

䈥 lì 竹名。

𣤶 lì 法。

𢧵 lì 正。

㦘 lì 同“戾”。

颲 lì ❶ 风雨暴急。❷ 风急。❸ 暴风。

𧝞 lì 同“褭”。

𪊧 lì［𪍿𪊧］(lián-)小劣。

鴗 lì ❶ 又称天狗、鱼狗、水狗、鱼虎，水鸟名。❷ 部分翠鸟科鸟类的别称：斑～(冠鱼狗)｜山～(蓝翡翠)。

瀎 lì 同“溧”。

慄 lì 同“慄(栗)”，身体因恐惧而发抖。

禲 lì 同“禲”。

䰜 lì 同“鬲”，古代炊具。

䰛 ㊀ lì 同“鬲”，古代炊具。㊁ fèi 上蒸气。

縹 lì ❶［蒸縹］也作“烝栗”，彩色。❷ 黄色丝织品。

瓅 lì 玉名。

璟 lì 同“瑮”。

鬁 lì［鬎鬁］(là-)见 527 页“鬎”字条。

隸 lì 同“隸(隶)”。

櫟 lì 同“櫟(栎)”。

轢 lì ❶ 车。❷ 车名。❸ 拟声词，车行声。

䤙 lì 滤酒。

劙 ㊀ lì 割开。㊁ luǒ ❶ 相击。❷ 砍。

礫 lì 同“砾(礫)”。

𤩽 lì 玉名。

𥔲 lì ❶ 拟声词,石声。❷ 通"歷(历)",计算:数日,~月,计岁。

翼 lì 别。

䟐 lì 踩;踏。

𡾊 ㊀ lì 巍峨。
㊁ liè ❶ 山高的样子。❷ 用于姓:~山氏。

儷 lì 同"儷(俪)"。

飋 lì[飉飋](liáo-)1. 拟声词,风声。2. 也作"憭飋",凄凉。

厲 lì 同"厉(厲)"。

𡬶 lì "厲(厉)"的讹字。

灑 lì 同"砅"。

瀝 lì 同"瀝(沥)"。

懥 ㊀ lì 同"悷",惊恐。
㊁ là 恶。

璬 lì 同"瓅"。

趮 lì 义未详。(《改并四声篇海》)

欐 lì 树名。

𡭞 lì 同"瓅"。

礫 lì 同"礫(砾)"。

劚 lì 割。

酈 lì 古地名。(《集韵》)

𩈘 lì 同"曆"。

𩑕 lì 同"㽁"。

蠫 lì 虫名。

霖 lì[霖霖](lín-)同"霖靂"。

曞 lì 日光盛。

蠣 lì 同"蠣(蛎)"。

𡾰 lì[𡾰嵂](-jū)也作"蛎崌",山名,在江西。

犡 lì ❶ 白脊牛。❷ 牛病。

𠎝 lì 人名。(《集韵》)一说同"历(歷)"。

𨭚 lì 义未详。(《改并四声篇海》)

𨽁 lì 同"隸(隸,隶)"。

颲 lì 同"颲(飈)",急风。

𣽁 lì 水。

瀝 lì[瀝瀝]也作"瀝冽",寒冷的样子。

𢷑 lì 同"攊(㮚)"。

𤃮 lì[渧𤃮](dì-)同"渧𣽁"。

𤄃 lì "𣽁"的讹字。

禲 lì 厉鬼,死后无人埋葬和祭奠的鬼。

𨽸 lì 同"隸(隶)"。

𢷤 lì 裂。

𨖉 lì 同"𨖉"。

𥂕 lì 同"盭"。

酈 lì 同"酈"。

𨘂 lì 近。

𡾱 lì 古山谷名。(《集韵》)

𡃤 lì 咒语。

𠐍 lì 同"𨖉(𨖉)"。

飅 lì ❶ 风。❷ 同"飀",风雨暴急。

𤢣 lì 同"𤢣"。

𧬤 lì 同"𧬤"。

癧 lì 瘰疬。

L

𤅢 lì 滴。

𤄷 lì 同"瀝(沥)"。

𢤱 lì 心所营。

𥨣 lì 深。

𡣂 lì 用于女子人名。

𦇧 lì 系印的丝带。

瓑 lì ❶同"瓅"。❷同"珠(瓅)"。

𤩽 lì "瓑"的讹字。

𩦁 lì 马色。

𣟴 lì 树名,皮可造纸。

𣠲 lì 同"𣟴"。

䰛 lì ❶除去渣滓。❷同"鬲",古代炊具。

𠩂 lì 乱。

𩰾 lì 同"鬲",古代炊具。

𤻖 lì ❶殚𤻖,病死。❷[𤻖𤺋](-xī)欲死的样子。

𩅽 lì[霖𩅽](lín-)同"霖霳"。

𪘐 lì[𪘐𪙁](-là)拟声词,吃干燥或坚硬食物的声音,单用"𪘐"义同:𪘐如五马啖萁。

𪘑 lì "𪘐"的讹字。

𣋝 lì[冪𣋝](mì-)也作"冪𠪷",烟的样子。

𥌧 lì 怒目视人。

𤗚 lì 木障。

儷 lì 同"俪(儷)"。

皪 ㊀lì[的皪](dì-)1.白的样子。2.光亮;鲜明的样子:明月珠子,～江靡|～终难掩,晶荧愿见收。
㊁luò 白色:丝～岂常皓。

𧖯 lì 同"盭"。

爏 lì 火的样子。

𤅬 lì 同"沥(瀝)"。

𤗷 lì 床箦。

𦆚 lì 同"盭"。

盭 lì ❶同"戾",乖违:长肘而～|相背之～。❷通"綟",绿色:金玺～绶。

𥂽 lì 同"盭"。

𥃂 lì 同"盭"。

纚 lì 用于人名:～公长父。(《字汇补》)

鸝 lì[鸝鹠](-liú)鸟名,即黄鹂。

𡅾 lì 同"麗(丽)"。

覼 lì 很快地看,泛指看。

礰 lì[礔礰](pī-)见725页"礔"字条。

魔 lì 鬼名。

𩟗 lì[𩟗䭞](-zhāi)食相箸。(《集韵》)

𡒃 lì 积。

𥌮 lì[𥌮䁖](-lù)眼睛明亮的样子。

𡾊 lì 高大的样子。

𦌾 lì 盖食巾。

𥢶 lì 同"秝",稀疏而均匀的样子。

𥷼 lì 筋竹,一说同"簶"。

𥌯 lì 同"皪"。

𪊨 lì 雄性的獐子。

𪏭 lì 杂;杂糅食。

𥨤 lì 穿。

𡓾 lì 同"𪋆"。

攦 ㊀lì 折;折断:～指|～其肢。㊁shài ❶打扫。❷挥手甩出;甩动:～出|～手洋洋,出来下阶(堦)。

躒 lì ❶跳动;跳跃:骐骥一～,不能千步。❷跑,一说动:多庶～～。

聢 lì 仔细听。

蘼 lì 附丽;附着:草木～于地。

藶 lì 水草。

醽 lì 同"醽"。

鬲 lì 同"鬲"。

壢 lì 积。

靂 lì[霹靂](pī-)同"霹雳(靂)",响声很大的雷。

瞜 lì 同"覼",看。

囇 lì 同"嚟"。

蠣 lì "蠣(蛎)"的讹字。

蠇 lì 野蚕。

靡 lì 同"歷(历)"。

犡 lì 同"犡"。

犡 lì 同"犡"。

籙 lì 同"籙"。

簏 lì ❶竹编的圆形器具,用于晾东西。❷簸箕。❸晾东西用的卷席。

篋 lì 竹火约刀。(《集韵》)

艦 lì 船。

鱺 lì 同"鱳"。

觻 ㊀lì 角锋。㊁lù[觻得]古县名,在今甘肃。

𤸰 lì 同"瘞(疬)"。

灑 lì 同"沴",气不和,一说满。

屧 lì 鞋底。

纚 lì 以绳为界限。

趣 lì ❶[趣趚](-qì)也作"趣趣""趣趚"。1.行走的样子。2.行动敏捷:涛河鸟,脚趣趚|卖鞋老婆脚趣趚。❷书法的运笔方法:～笔紧收|～笔而行。

轣 lì[轣辘]1.缫丝车。2.拟声词,车行声;器物转动声。

醨 lì 同"醨"。

㔏 lì 刈。

鷅 lì 鸟名。

躒 lì 经过;经历。

籙 lì ❶篇,也作"觚",古代书写用的木简。❷竹鞭。

軅 lì[蟈軅](guó-)见322页"蟈"字条。

皪 lì 同"皪"。

貗 lì 哺乳动物。

讈 lì[謮讈](liáo-)见570页"謮"字条。

癧 lì 同"疠(疠,瘝)",瘟疫。

壢 lì 同"壢(蘼)"。

鬁 lì 同"鬎"。

驪 lì 同"驷(駕)"。1.马群按行列次序奔跑。2.马性驯服。

攭 ㊀lì 云气旋转的样子:～兮其相逐而反。㊁luó 无毛羽的样子。

蘼 lì 同"蘼"。

轣 lì ❶转动。❷同"轹(轢)",车轮碾压。

闔 lì 打开。

蠡 lì 同"蠡"。

鑶 lì 同"壢(鬲)"。

鑒 lì 同"鬲",古代炊具。

癰 lì ❶痈。❷又黑又瘦的样子。❸[瘰癰](luǒ-)同"瘰疬"。

𩨻 lì 同“騳”。

𧾓 lì［𧽹𧾓］（guó－）见 322 页“𧽹”字条。

𤬀 lì 星星的样子。

髍 lì ❶骨病。❷［赤骨髍］赤条条，形容光着身体。

飃 lì［飉飃］（xī－）拟声词，风声。

鱱 lì 鳢鱼。

鬁 lì 头发稀疏。

轣 lì 同“䡳”。

覼 lì ❶探视；查看：～海陵之仓。❷发怒而瞪着眼睛看人。

蠣 lì 同“蠣（蛎）”。

蠡 lì 瓠勺。

鱳 ㊀lì 同“鳨”，即䲗鱼。
㊁luǒ 鮯鱼。
㊂lù［鱳得］古县名。（《龙龛手鉴》）

蠡 lì 同“蠡（蠡）”。

齧 lì 同“齷”。

靂 lì［霖靂］（lín－）见 577 页“霖”字条。

麢 lì 同“历（歷）”。

鱺 lì ❶同“鳨”。❷鱺鱼，鱼名。

轣 lì 同“轣”。

䴡 lì 同“栗”。

覼 lì 同“覼”。

醾 lì［醾醾］（－mì）同“醾醾”。

黧 lì ❶黑的样子。❷［黧黸］（－lù）垢黑。

齧 lì 同“齧（齷）”。

鬣 lì 义未详。（《龙龛手鉴》）

鼷 lì 鼠名。

齺 lì ❶用鼻子辨别气味。❷鼻子高的样子。

齷 lì 齿病。

䴡 lì 同“栗”。

lián

奁（奩）［匳、匲、籢］ lián ❶古代女子梳妆用的镜匣，也指借镜子：镜～｜宝～｜起开妆（粧）阁笑窥～。❷泛指盛放器物的匣子：茶～｜方～｜一～饭。❸嫁妆：陪～｜嫁～｜妆～。

连（連） lián ❶连接：～环｜～衣裙｜藕断丝～。❷牵累：牵～｜株～｜～累。❸副词，连续，情况接连发生：～任｜～篇累牍｜～～叫好。❹介词，1. 连同，包括在内：～锅端｜野草～根煮｜～人带马摔进了沟里。2. 表示强调，后边常用“都”“也”呼应：～铁石心肠的人听了都落泪｜见面～招呼也不打。❺军队编制单位，在营之下，排之上：～队｜警卫～。❻姓。

☞连／联 “连”是“联”的后起分化字。现代汉语中分工较明显：“联”侧重于相结合，多用于空间上的联系，如“联网”“新闻联播”；“连”侧重于不间断，多用于时间上的延续，如“连日”“评书连播”。

峃 lián 山名。

怜 ㊀**（憐）** lián ❶怜悯；同情：可～｜～惜｜同病相～。❷喜爱；爱惜：爱～｜生相～，死相捐。
㊁líng ❶［怜悧］（－lì）也作“伶俐”，聪明；机灵。❷［怜牙悧齿］也作“伶牙俐齿”，口齿伶俐，能说会道。

帘（❷-❹簾） lián ❶旧时酒家等店铺挂在门前的标志，多用布制成：酒～。❷用布、竹、苇等做的遮蔽门窗的东西：门～｜窗～｜珠～。❸某些像帘的东西：眼～｜雨～｜水～洞。❹通“奁（奩）”，盛放器物的小匣子：箱～。

莲（蓮） ㊀lián 又称荷、芙蓉、芙蕖，多年生水生草本植物。地下茎称藕，种子称莲子，均可食。
㊁liǎn［莲勺］汉代县名，在今陕西。

涟（漣） lián ❶风吹水面形成的波纹：～漪。❷泪流不止的样子：泣血～如｜泣涕～～。❸水名，湘江支流，在湖南。

缝（縺） lián ❶丝线纠结不解，引申为连续：～缚诸树，展转相连｜筋骨相～｜牵～。❷一种渔网：～网｜修～横海。

䭠 lián 同"廉"。

梿（槤） ㊀lián ❶树名。❷楼阁边相连的小屋。❸［梿枷］也作"连枷"，打谷脱粒的农具。
㊁liǎn［瑚梿］也作"瑚琏"，祭祀时盛黍稷的器具。

烓 lián"现"的讹字。

联（聯） lián ❶连接；联结：～合｜～欢｜～盟。❷对联：春～｜上～｜挽～。❸古代户口或军事编制单位，百姓十家为一联，士兵十人为一联。❹量词：一～肥皂｜贯缣百～。☞联/连 见561页"连"字条。

聅 lián 同"聯（联）"。

㢘 lián"廉"的讹字。

遾 lián 同"匳（奁，奩）"。

奩 lián 同"奁（奩）"。

憐 lián 同"怜（憐）"。

裢（褳） lián 见"褡"字条"褡裢"。

嗹 lián ❶［嗹喽］也作"謰謱"，说话啰唆。❷助词，用于歌曲中的衬字：哩～花啰能堪听。❸丹麦王国（北欧国家）的旧译写法：～国。

嫌 lián ❶帷幔；门帘：帷～。❷同"缣（縑）"，细密的绢。

廉［廉、廉］ lián ❶古代堂屋的侧面，泛指侧边：锻铁为器，外～如鼎耳。❷品行端正，不贪污：清～｜～洁｜～耻。❸便宜，价钱低：～价｜价格低～｜物美价～。❹姓。

溓 ㊀lián ❶浅水；小水。❷水清而平静：河～海夷。
㊁liǎn 薄冰：水～～以微凝。
㊂nián 通"黏"，相黏着：虽有深泥，亦弗之～也。

憐 lián 同"遳"。

嗹 lián 联姻，姻亲关系，也作"连（連）"。

㜕 lián 绝。（《字汇补》）

覝 lián 察看。

遳 ㊀lián 哭泣的样子。
㊁liǎn 留意。

覝 lián 同"覝"。

䫙 lián 义未详。（《改并四声篇海》）

䅳 lián ❶小。❷少。

㷲 lián ❶断绝；断开。❷火不绝。

聅 lián 同"聯（联）"。

聨 lián 同"聯（联）"。

覝 lián 仔细看。

磏 ㊀lián ❶红色磨刀石。❷激励；磨炼：～勇｜～仁｜磨～。❸有棱角的石。
㊁qiān 用于地名：大～（在贵州）。

䁠 lián［䁠䀡］（-diān）眼睛低垂，单用"䁠"义同：䁠䀡眼子长长馨｜转䁠而为敬。

蠊 lián ❶同"蠊"。❷［蝛蠷］（-jìn）也作"蝛螓"，蛤类动物。

嗹 lián［嗹嗹］拟声词：满城敲鼓声～。

䯬 lián 同"瓣"。

鲢（鰱） lián 鲢鱼，又称白鲢、鲢子，生活在江河、湖泊中。

奩 lián 同"奁（奩）"。

劆 lián ❶轻刺。❷同"镰（鐮）"。

廉 lián 同"廉"。

瓣 ㊀lián 瓜子。
㊁liǎn 瓜名。

覝 lián 同"覝"。

嫾 lián 用于女子人名。

䄠 lián［䄠枷］（-jiā）连枷，用以脱粒的农具。

聫 lián［聫貼］（-diān）耳垂，耳朵的下端。

聯 lián 同"聯（联）"。

蒹 lián 未开花的荻。

奩 lián 同"匳(奁,奩)"。

蝋 ㊀lián[蜷蝋](quán-)见806页"蜷"字条。
㊁liàn[赤蝋]蛇名。

蠊 lián ❶蚌类动物,像蛤而长扁,生活在海中。❷蛇名。

幨 lián 同"嫌"。

幝 lián 同"嫌"。

亷 lián 同"廉"。

憐 lián 同"憐(怜)"。

濂 lián 水名。1.濂江,又称安远江,在江西。2.濂溪,一在湖南,一在江西。

澰 lián 同"濂"。

嫌 lián ❶清美。❷用于女子人名。

翴 lián ❶飞。❷飞的样子。

槤 lián 同"梿(槤)"。

槏 lián 草木稀疏的样子。

縺 lián 同"连(連)"。

蹥 lián[蹥蹇](-jiǎn)也作"连蹇",口吃的样子:~不比者为负。

奩 lián"籢(奁,奩)"的讹字。

臁 lián 小腿;也特指小腿两侧:外~|~骨|~疮。

謰 lián ❶[謰语]联绵词,联绵不可分割的双音节词,多为双声或叠韵,如"仿佛""逍遥"。❷[謰謱](-lóu)也作"謱謰",说话啰唆,一说小儿语:媒女诎兮~。

㪘 lián 第一遍击鼓,泛指击鼓。

䥥 lián 同"㪘"。

熑 lián 同"燫"。

𢗟 lián 同"逋"。

憐 lián 同"憐(怜)"。

聯 ㊀lián 同"聯(联)"。
㊁luán 同"挛(攣)",联系。

磏 lián 同"磏",红色磨刀石。

䨬 lián 久下不止的雨。

镰(鐮)[鎌、鐮] lián ❶镰刀,用于收割的农具:开~。❷古代用于切割的医疗器具:一切肿疾,悉宜~割。

䆂 lián 禾名。

䭠 lián 同"䭠(瓤)"。

鏈 lián[鏈馈](-kuì)馓子类食品。

鎌 ㊀lián 小吃。
㊁xiàn 同"馅(餡)"。

遼 lián 同"匳(奁,奩)"。

謙 lián 同"㪘"。

霖 lián 同"䨬"。

蠊 lián ❶[飞蠊]同"蜚蠊"。❷同"蝋"。

蠊 lián 同"蠊"。

蠊 lián 同"蠊"。

皞 lián 白光。

鎌 lián 义未详。(《改并四声篇海》)

獜 lián 同"獜"。

獜 lián ❶[獜猭](-chuān)1.野兽奔跑的样子。2.猿猴爬树的样子。❷狗发情的样子。

廉 lián 同"廉"。

燫 lián 同"嫌(熑)"。

縑 lián 质地薄而坚韧的丝织品,可用于写字、绘画:~素。

鬑 lián ❶鬓发长而下垂的样子。❷[鬑鬑]须发不长:~颇有须。

輚 lián 车辋。

賺 ㊀lián 卖。
㊁zhuàn 同"赚(賺)"。

賺 lián 同"賺"。

穠 lián 同“穮”,禾名。

籢 lián 同“籢(奁,匳)”。

獼 lián 同“獼”。

爊 lián 同“嫌(嗛)”。

瀨 lián 古水名,在今河南,一说济水。

聯 lián 同“联(聯)”。

靂 lián 同“靀”。

麷 lián 连枷,手工脱粒的农具。

穇 lián 禾黍稀疏的样子。

麯 lián［麯麳］(-lǒu)麳饼,又称寒具、馓子,油炸的面食。

籢 lián 同“籢(奁,匳)”。

敪 lián“籢(匳,奁)”的讹字。

贏 lián［贏陵］(-lóu)同“贏陵”,古县名,在今越南。

鼸 lián［鼸䪜］(-diān)鼻垂。

韇 lián 韇缀。(《篇海类编》)

鼙 lián 杖鼓。

鬗 lián 同“鬗”。

齴 lián 牙齿露出唇外。

齺 lián 同“齴”。

liǎn

琏(璉) ㊀ liǎn 古代宗庙中盛黍稷的器皿。
㊁ lián 同“连(連)”,连接;连缀:又宏～以丰敞。

敛(斂)［歛］ liǎn ❶收拢;聚集:聚～|收～|～足(止住脚步不前)。❷约束;检束:～迹|～行|闭门自～。❸给死者穿衣、入棺,也作“殓(殮)”:殡～|厚棺～之。

脸(臉) liǎn ❶两颊的上部,引申为面颊:笑从双～生|气得两～紫涨。❷眼睑:～下泪如丝。❸面孔,头的前部:～色|笑～|满～通红。❹某些物体的前部:鞋～儿|门～儿|东西房全是敞～的,是存车的所在。❺情面;面子:赏～|丢～|没～见人。☞脸/面/颜/色/颐 见651页“面”字条。

僆 ㊀ liǎn 孪生:～子。
㊁ lián［僆㑋］(-qiǎn)相从。
㊂ liàn 小鸡;鸡未长成。

歛 liǎn 同“歛(敛)”。

敜 liǎn 同“敛(歛)”。

溓 liǎn 薄冰。

裣(襝) ㊀ liǎn ❶［裣襜］(-chān)衣服下垂的样子。❷通“敛(斂)”,收拾;收缩;向上拉:～藏|～迹|～衽。
㊁ chān 同“襜”,蔽膝。

摙 ㊀ liǎn 担;运:～水|～石。
㊁ liàn 按;按压:极要快～紧密。

蔹(蘞) ㊀ liǎn 蔓生藤本植物,有白蔹、赤蔹等,块根可供药用。
㊁ xiān 草味辛毒。

薘 liǎn 功勤。

膦 ㊀ liǎn［膦腝］(-ruǎn)软弱无力。
㊁ lìn 有机化合物的一类,由磷化氢的氢原子被烃基取代而成。

鄻 liǎn 古地名。(《说文》)

蓮 liǎn 善美的样子。

羷 liǎn 角卷三匝的羊。

縿 liǎn ❶用以悬系蚕箔横柱的纽儿。❷绳索。

蘝 liǎn 同“蘝(蔹)”。

爁 liǎn 小燃火。

麣 liǎn［麶麣］(shàn-)见851页“麶”字条。

饟 liǎn 食无味。

爈 liǎn 同“爁”。

L

殮 liǎn 胎殮疮，又称奶癣，婴儿湿疹。

liàn

练（練） liàn ❶把生丝或织品煮得柔软洁白：黄缯～成素｜白纱入缁，不～自黑。❷使洁白纯正：～人之心，聪人之知。❸白绢：～丝｜江平如～。❹白色：～马｜～影挂楼台。❺古代居丧十三个月而举行的祭奠仪式：～祭｜～而慨然。❻反复操作：锻～｜～兵｜～习。❼经验多；熟悉：老～｜熟～｜～达。❽通"炼（煉）"，熔炼：～五色石以补其阙。❾姓。

娈（孌） ㊀liàn 同"恋（戀）"，男女相爱。㊁luán（又读 luǎn）❶容貌美好：姿容婉～｜～童｜～彼诸姬。❷用于女子人名。

炼（煉）㊀［鍊］ liàn ❶用火烧金石等，使纯净或坚韧：～钢｜～丹｜真金不怕火～。❷烹熬炮制：～乳。❸锻炼（身体或意志）：～身体｜～思想｜要～到泰山崩于前而色不变。❹用心琢磨使精练：～字｜～句｜寻师访友～五雷法。

㊁làn 同"爛（烂）"，给食物加热使熟。

◆"鍊"另见 565 页"鍊"字条。

恋（戀） liàn ❶想念不忘；不愿分离：留～｜～家｜～～不舍。❷男女相爱：～爱｜初～｜失～。

浰 ㊀liàn ❶水流急：～水。❷水名，又称和平水，在广东。因分为上、中、下三段，故又称三浰水。

㊁lì 用于古地名：～源（在广东）。

殓（殮） liàn 把死者装入棺材：入～｜大～｜小～。

僆 liàn 鸡未长成。

堜 liàn 用于古地名：～墟（在今山东）｜～塘（在今江苏）。

莶 liàn 白蔹，蔓生藤本植物，块根可供药用。

楝 liàn 同"炼（煉）"。

殜 liàn 同"殓（殮）"。

链（鏈） ㊀liàn ❶用金属环套连接成的长条物件：锁～｜表～｜项～。❷英美制长度单位，1 链等于 20.1168 米。❸计量海洋上距离的长度单位，1 链等于 1 海里的十分之一，合 185.2 米。

㊁lián 铅矿。

湅 liàn ❶练丝，煮生丝或织品使柔软、洁白：～丝染缕。❷通"炼（煉）"，冶炼：～冶银锡。

媡 liàn 用于女子人名。

媢 liàn 依从；顺从。

媗 liàn 依从；顺从。

琜 liàn 玉名。

楝 liàn 又称苦楝，落叶乔木，木材可用于建筑及制乐器、车船、家具，种子、皮、根、花、叶可供药用。

敹 liàn ❶捶打物。❷同"柬（拣，揀）"，选择。

牓 liàn 木板的纹理。

瓣 liàn ❶瓜瓣。❷天瓜。

潋（瀲） liàn ❶［潋滟］（-yàn）水波荡漾的样子：水光～。❷水际：翠～递明灭。❸古水名，贡水支流，即今江西的平江。

赖 liàn"赖"的讹字。

磏 liàn 同"链（鏈）"。

燫 liàn 光的样子。

蝀 liàn［赤蝀］同"赤蛙"。

瘗 liàn［疰瘗］（zhù-）恶病。

赖 liàn 同"煉（炼）"。

覼 liàn 瓜瓣。

潄 liàn 锻炼金属使纯净或坚韧，后作"炼（煉）"。

澰 liàn ❶清。❷浸渍：南～失崖，北洒天墟。❸［澰滟］（-yàn）同"潋滟"。

缌（纞） liàn 不断。

鍊 ㊀liàn ❶"炼（煉）㊀"的异体字。❷链条，后作"链（鏈）"：项～｜表～。

㊁jiàn［鍊鐏］（-duì）1. 包在车毂上的铁套子。2. 车辖，插在车轴两端的销钉。

L

鰊(鰊) liàn 鰊鱼,即鲱鱼。

𧼈 liàn 跑。

𦆭 liàn 蚕箔。

賺 ㊀ liàn 也作"膶",买卖东西时预付或预收钱。
㊁ biǎn 同"贬(貶)",损。
㊂ jiǎn 古代云南少数民族地区行政区划名,相当于汉族地区的州。

潋 liàn 同"瀲(潋)"。

欕 liàn[榩欕](yàn-)见 1106 页"榩"字条。

㶑 liàn 同"熑"。

熑 liàn"㶑"的讹字。

爁 ㊀ liàn 火。
㊁ yàn 同"爓(焰)",火焰:朱～绿烟。

糷 liàn 熬饵黏。

嚦 liàn 留恋:白沾热～。

𩠐 liàn"𩠐"的讹字。

𩠐 liàn[𩠐顲](-chān)头长的样子。

liáng

㫰 liáng 同"良"。

良 liáng ❶ 好;美好:～田 | ～药 | 消化不～。❷ 善良;善良的人:～人 | 意不～ | 除暴安～。❸ 副词。1. 的确;果然:～无磐石固 | 吃饭～艰难。2. 很;甚:～久 | 用心～苦 | 获益～多。❹ 古地名,在今江苏。

㒳{㒳} liáng 同"良"。

俍 ㊀ liáng 善;擅长:～乎人。
㊁ lǎng[儣俍](kuàng-)不平。

莨 ㊀ liáng[薯莨]多年生草本植物,地下块茎含胶质,可做染料。
㊁ làng[莨菪](-dàng)多年生草本植物,可供药用。
㊂ láng 狼尾草,多年生草本植物,嫩时可做饲料,茎叶可造纸。

凉[涼] ㊀ liáng ❶ 寒冷;温度低:～气 | ～菜 | 河水很～。❷ 灰心;失望:得知这个消息,我的心彻底～了。❸ 朝代名,十六国时有前凉(317-376 年)、后凉(386-403 年)、南凉(397-414 年)、北凉(401-439 年)、西凉(400-421 年)。☞ 凉 / 寒 / 冷 "凉"指微寒,"寒"和"冷"程度较深。古汉语的"寒"相当于现代汉语的"冷",古汉语的"冷"相当于现代汉语的"凉"。
㊁ liàng 把热东西放一会ㄦ,使温度降低:～一杯开水 | 把粥～一～再吃。

牨 liáng 犅。

梁[❶-❸樑] liáng ❶ 桥:桥～ | 津～ | 河～。❷ 物体中间隆起或成弧形的部分:山～ | 脊～ | 鼻～ | 提～。❸ 架在墙上或柱上支撑屋顶的横木,泛指横向的承重构件:大～ | 门～ | 水泥～。❹ 堤堰:无逝我～。❺ 周代国名,在今陕西。❻ 朝代名。1. 南朝之一,萧衍所建(502-557 年)。2. 五代之一,朱温(后改名朱全忠)所建(907-923 年),史称后梁。❼ 姓。❽[梁丘]姓。

综(綡) liáng 古代束发的布帛,也指冠上的丝带。

椋 liáng ❶ 椋子木,即梾。❷[椋鸟]鸟名。

辌(輬) liáng 古代的卧车,后也指丧车,也作"辒辌"。

犒 liáng 犅牛,毛色黑白交杂的牛。

䣼 liáng 薄。

湸 liáng 同"梁"。

梁 liáng 同"粱"。

粱 liáng"粱"的讹字。

𩡧 liáng 同"椋"。

筤 liáng 同"良"。

𥳑 liáng 同"良"。

𤗾 liáng 同"䣼"。

粮(糧) liáng ❶ 粮食,谷物、豆类等可吃的食物:五谷杂～ | ～仓 | 干～。❷ 旧时作为农业税上缴的粮食:公～ |

纳～｜完～。

湸 liáng 同“梁”。

粱 liáng ❶谷物优良品种的统称：稻～｜黄～美梦。❷精美的饭食：～肉｜膏～。

墚 liáng 西北地区黄土高原上呈条状延伸的山岗。

醇 liáng 浆水，也作“涼(凉)”。

賝 liáng 赋敛。

褬 liáng 义未详。(《改并四声篇海》)

糧 liáng 同“糧(粮)”。

輬 liáng 同“輬(辌)”。

颸 liáng 同“颸(飒)”。

輼 liáng 同“辌(輬)”。

闒 liáng 义未详。(《改并四声篇海》)

飄 liáng 同“飒”。

飒 liáng 北风。

轢 liáng 同“梁”，车梁。

踉 liáng［跳踉］也作“跳踉”“跳梁”，连跑带跳的样子：欢喜～，皆呼万岁。

糧 liáng 同“粮(糧)”。

liǎng

从 liǎng 义未详。(《说文》)

両 liǎng 同“两(兩)”。

吙 liǎng 义未详。(《改并四声篇海》)

两(兩) ㊀ liǎng ❶数词，二：～本书｜～个月｜～条毛巾。❷双方：～全｜～败俱伤｜～厢情愿。❸表示不定的数目，几：过～天就走｜他真有～下子。❹质量单位，1两等于50克，10两等于1斤(旧制十六两等于一斤)。☞①两/二 两字上古不同义，“二”用于基数和序数，“两”只用于成双成对的事物，如“太极生两仪”。汉代以后成为同义词，但有区别：习惯上序数不用“两”，如“第二”“早春二月”；一般量词前用“两”，不用“二”，如“两次”“两个人”；基数“十”前只用“二”，如“二十”“二十三”；基数、分数、小数的个位数只用“二”，如“一二三四、三十二、十分之二、十五点二”。②两/俩 见567页“俩”字条。

㊁ liàng 通“辆(輛)”，量词，用于车：武王之伐殷也，革车三百～。

兩 liǎng 同“兩(两)”。

倆 liǎng 同“倆(俩)”。

俩(倆) ㊀ liǎng［伎俩］(jì-)见407页“伎”字条。

㊁ liǎ ❶两个：你～｜夫妇～｜买～馒头。❷不多的几个：就这～钱儿，肯定不够。☞俩/两 “两”是单纯的数词。“俩”相当于数词加量词，后面不再加量词，如“两只手”可说“俩手”，但不说“俩只手”。

荋(萳) liǎng ❶草名。❷水边的坡地，多用于地名：～塘｜沙～圩(均在广东)。

勆 liǎng［勆勥］(-jiǎng)力拒。

唡(啢) liǎng(又读 yīngliǎng)英美制质量单位，后作“英两”，今作“盎司”。

掚 liǎng 整饰。

裲 liǎng 松脂。

脼 ㊀ liǎng ❶肉干。❷夹脊肉。❸多味。

㊁ lǎng 同“朗”。

蜽 liǎng 同“俩(倆)”。

裲 liǎng［裲裆］1.半臂，即背心：～双心共一抹。2.戎服：齐著铁～。

蜽 liǎng［蝄蜽］(wǎng-)见983页“蝄”字条。

緉 liǎng ❶古代计量单位，用于鞋，双：献文履七～。❷两股绳带交合。

踉 liǎng 足踞。

魉(魎) liǎng［魍魉］(wǎng-)见983页“魍”字条。

輛 liǎng 同“緉”，古代计量单位，用于鞋，双。

魎 liǎng 同“魎(魉)”。

颲 liǎng［颲颲］（wǎng-）见983页“颲”字条。

liàng

亮｛亮｝ liàng ❶明亮;光线强:敞～|天～了|这个电灯太～。❷光线:～光|屋里一点儿～儿也没有。❸清楚;明白:心明眼～|打开窗子说～话。❹显露;展示:～相|～出底牌|有本事～几手。❺坦率;高洁:执心忠～|～节难为音。❻声音响:响～|洪～。

哴 ㊀liàng［唴哴］（qiàng-）哭泣不止,也指痛哭过度而失声。
㊁láng［哴吭］（-háng）吹的样子。

悢 ㊀liàng ❶惆怅:临书～然,知复何云。❷［悢悢］（-liàng）1.悲伤:顾此～,如何可言!2.眷念:天之于汉,～无已。
㊁lǎng［慌悢］（kuǎng-）见516页“慌”字条。

谅（諒） liàng ❶诚信:友直,友～,友多闻。❷固执:君子贞而不～。❸信任;相信:母也天只,不～人只。❹体察并宽解他人:～解|体～|原～。❺料想:～必|～不为怪|～他不敢。

辆（輛） liàng ❶车辆,车的统称。❷量词,用于某些车:一～汽车|三～自行车。

踉 liàng 对不好的事所发出的鄙薄之词。

量 ㊀liàng ❶量具,用于测量东西多少的器物,如升、斗、斛等:度～衡。❷数量、数的多少:大～|流～|限～。❸能容纳或禁受的限度:酒～|气～|胆～。❹估计;审度:～力而行|～入为出|～才录用。
㊁liáng ❶用一定的器具测算东西的重量、长度、体积等:车载斗～|丈～|测～。❷估量;揣测(多读轻声):思～|掂～|打～。❸姓。

眼 ㊀liàng 眼睛斜视的病。
㊁lǎng ❶明。❷同“朖”,眼睛明亮。

晾 liàng ❶放在太阳下晒;放在通风、阴凉的地方使干燥:～干|～衣服|渔网～在沙滩上。❷同“凉”,把热东西放一会儿,使温度降低。❸冷落;不理睬:把客人～在一边。

喨 liàng 声音清远、响亮:清～|嘹～。

量 liàng 同“量”。

就 liàng 同“踉”。

痕 liàng 同“眼”,眼睛斜视的病。

湸 liàng 大水。

惊 liàng 同“悢”,悲伤。

輛 liàng 同“輛(辆)”。

踉 liàng 同“踉”。

踉 liàng “踉”的讹字。

睙 liàng 同“眼”,眼睛斜视的病。

眺 liàng 同“眼”,眼病。

锒（鍄） liàng 古代打击乐器。

就 liàng 同“踉”。

量 liàng 同“量”。

liāo

蹽 liāo ❶大步地跨:～开长腿向伙房跑去。❷跑:快点儿～呀!|一气～了三十多里路。

liáo

辽（遼） liáo ❶遥远:～远|～隔|～天。❷开阔:～阔|目远心～然。❸久远:音信～绝|～哉千载后|百年自言～。❹朝代名,契丹人耶律阿保机所建(907-1125年),初称契丹,938年(一说947年)改称辽。❺辽宁(地名)的简称:～西|～东半岛。

狐 liáo 同“獠(獠)”。

疗（療） liáo(旧读 liào)❶医治:～伤|治～|理～。❷治理;止:～贫|～渴。
◆“療”另见570页“療”字条。

宨 liáo 义未详。(《改并四声篇海》)

浙 liáo 义未详。(《改并四声篇海》)

膋(膫) liáo 肠子之间的脂肪,泛指脂肪:化作～血。

𡯌 liáo“尞”的讹字。

𣣬 liáo 义未详。(《改并四声篇海》)

𢈆 liáo 战国时赵国地名。

𤶛 liáo 疾,疾病。

聊 liáo ❶耳鸣:耳～啾而懺慌。❷依赖;倚靠:民不～生|百无～赖|身虑亡～。❸副词。1.姑且;暂且:～以自慰|～备一格。2.略;略微:～胜于无|～表谢忱。❹聊天,闲谈:闲～|～家常|又～了一会儿。

𤆶 liáo 同“燎”。

飉 liáo 风声。

𦗵 liáo 同“聊”。

𦖿 liáo 同“聊”。

𦕰 liáo 同“聊”,耳鸣。

𦰡 liáo 草名。

遼 liáo ❶同“遼(辽)”:议夹攻～。❷通“寮(僚)”,同僚:百～咸从。

嵺 ㊀ liáo[嵺廓](-kuò)也作“寥廓”,深远空旷的样子。
㊁ jiāo 山势高耸的样子。

𡻩 ㊀ liáo 同“嵺㊀”。
㊁ liù[𡻩愀](-qiù)萧条的样子:原野～。

僚 ㊀ liáo ❶官吏:官～|～吏。❷旧指在一块做官的人:同～|～属。❸朋友:朋～|～党。
㊁ liǎo 美好:月与佳人共～。

䜍 ㊀ liáo 古山谷名。(《广韵》)
㊁ láo[䜊䜍](hāo-)见334页“䜊”字条。

𨞨 liáo 古山名。(《字汇补》)

漻{潦} ㊀ liáo ❶水清而深的样子:～乎其清。❷通“寥”,寂静:寂～无声。
㊁ liú 变化的样子:油然～然,莫不入焉。
㊂ lǎo 通“潦”,大水;积水:降通～水以导河。

憀 liáo 同“憀”。

憀 liáo ❶依赖;寄托:吏民不相～|黄昏客枕无～。❷悲伤:～慄兮若在远行|云晴山晚动情～。

寥 liáo ❶稀疏;少:～若晨星|～～可数。❷空旷;静寂:～廓|寂～。❸[寥窲](-cháo)幽深的样子。

廫 liáo 同“𢉼(𢉼)”。

墽 liáo 围墙。

撩 ㊀ liáo ❶料理:～理。❷纷乱;缠绕:～乱|～绕|在这里～住他。❸取;取物:凡人取果,宜待熟时,不～自落|～摘。❹挑弄;引逗:～逗|春色～人。
㊁ liāo ❶掀起;提起:～起衣襟。❷用手洒水:往地上～点水再扫。
㊂ liào 扔;撂:持长戈～戟|拎起衣服往箱子里一～。

䕩 liáo 用于茶名。

敹 liáo ❶选择。❷缝缀;贯穿:～甲训兵|～上几针|穿～。❸修理:峙粮～械。

嘹 ㊀ liáo 声音响亮、悠扬:歌声～亮|～呖干云,哀声动人。
㊁ liào 病痛呼叫。

嶛 liáo 同“𡾰”。

𡾰 liáo 山高的样子。

𠐊 liáo 同“僚”。

獠 ㊀ liáo ❶夜猎,泛指打猎:～猎|～于蕙圃。❷凶恶的样子:～面|青面～牙。
㊁ lǎo ❶同“狫”,古代西南地区少数民族名。❷古代骂人之词:无赖险～|你这～子,好不达时务!

潦 liáo 见538页lǎo。

寮 liáo ❶小屋:竹～|僧～|～舍。❷小窗:绮～。❸同“僚”:同～|～佐|～属。

寮 liáo“寥”的讹字。

𢉼 liáo 同“𢉼”。

嫽 ㊀ liáo ❶戏弄;逗趣。❷扰乱;烦扰。❸聪明,多用于女子人名。

L

㊁ liǎo（又读 liáo）美好：～妙。
㊂ lǎo 称外祖母或尊称老年妇女。

缭（繚）㊀ liáo ❶缠绕：～绕｜翠竹江村～白沙。❷用针线斜着缝：～衣服｜～贴边｜～缝儿。❸用来固定船帆的绳索：帆～｜～手。❹量词，绺：剪发一～。
㊁ rǎo 用于人名：黄～（见《集韵》）。

璙 liáo 玉名。

橑 liáo（又读 lǎo）❶椽子：兰～。❷盖弓，即车、伞等上的构架或骨架：盖非～不能蔽日｜度如伞～。❸柴薪：～薪｜析～。❹栏，落叶小乔木或灌木：产杉～药草。❺用于地名：太平～（在福建）。

暸 liáo 明亮。

廫 liáo 同"廖（寥）"。

膫 liáo ❶牛肠脂肪：牛～。❷也作"屪"，男性或雄性动物的生殖器。❸汉代国名，在今河南。

獠 liáo 同"獠"。

燎 liáo 见 571 页 liǎo。

寥 liáo "寥"的讹字。

嫽 liáo 同"嫽"。

璙 liáo 同"璙"。

聊 liáo ❶同"聊"，耳鸣。❷［聊眇］（-yāo）耳鸣。

鹩（鷯）liáo ❶［刀鹩］同"鴭鹩"。❷鹌鹑。

嵺 liáo 同"嵺"。

廖 liáo 同"廖"。

镣（鐐）㊀ liáo ❶成色好的金或银：竞彼镠～，錙铢必尽。❷有孔的炉具：～灶刀机自随。
㊁ liào 套在脚腕上的刑具：脚～。

簩 liáo 竹名。

僗 liáo 盛大的样子。

療 ㊀ liáo（旧读 liào）"疗"的繁体字。
㊁ shuò 病，也作"瘵"：～入膏肓。

熮 liáo 同"燎"。

漻 liáo 同"漻"。

潦 liáo ❶同"漻"，水清澈的样子。❷古水名，在今湖北。

寥 liáo 同"寥"。

寮 liáo 同"寮"。

寥 liáo 同"寥（寥）"。

襻 liáo［襻裤（袴）］（-kù）小裤。

績 liáo 同"缭（繚）"。

撩 liáo 向上挑起。

蟟 liáo 草木茎叶稀疏的样子。

蓼 liáo 用于茶名：明月～｜碧涧～。

麸 liáo 义未详。（《改并四声篇海》）

膠 liáo 钱（隐语）。

蹘 liáo ❶跑。❷两腿相交叉的样子。

蟟 liáo 又称马蛐，蚱蝉。

簝 liáo ❶宗庙盛肉的竹器。❷竹名。❸用于地名：～箭坪（在湖北）。

艌 liáo ❶船。❷船小而长。

谬 liáo ❶空深的山谷：虚～。❷深。❸空。

獠 liáo 同"獠"。

廖 liáo 同"寥"。

寮 liáo 同"寮"。

屪 liáo 男子外生殖器。

蹽 liáo ❶阔步的样子。❷脚长的样子。

樤 liáo 柏树，一说同"橑"。

簝 liáo 同"簝"。

謰 liáo［謰謱］（-lì）1. 花言巧语。2. 说话不清楚。

燎 liáo 同"燎"。

繚 liáo 同"繚(缭)"。

雡 liáo 同"鷯(鹩)"。

髎 liáo ❶髋骨。❷骨节之间的空隙。

瘳 liáo 同"疗(療)"。

顟 liáo 头大、鼻高、眼睛深陷的样子。

飉 liáo 同"飂"。

髝 liáo 同"髎"。

鐐 liáo 同"鐐(镣)"。

飂 liáo［飂飂］单用义同。1. 微风。2. 拟声词，疾风声。

竂 liáo 同"寮"。

鬂 liáo 同"璙"，细长。

鐐 liáo 同"镣(鐐)"。

饎 liáo 糕饼。

liǎo

了 ㊀(❹瞭) liǎo ❶完毕；结束：～却｜敷衍～事｜没完没～。❷副词，完全：～不相涉｜～无畏惧。❸用于动词后，跟"得""不"连用，表示可能或不可能：受得～｜跑不～｜死不～。❹明白；懂得：明～｜～解｜～如指掌。❺姓。
㊁ le 助词。1. 用在动词或形容词后，表示动作或变化已完成：买～一台电视机｜价格高～三十元。2. 用在句末或句中停顿的地方，表示变化或出现新情况：天亮～｜下雨～｜休息一下，不要干～。
◆"瞭"另见 571 页"瞭"字条。

宁 liǎo 义未详。

钌(釕) ㊀ liǎo 马头上饰物，假借为金属元素，可用来制耐磨硬质合金、催化剂等。
㊁ liào［钌铞儿］(-diàor) 也作"钌吊""钌铞"，拴扣门窗、箱柜的金属构件。

秄 liǎo 谷类作物抽穗开花。

衦 liǎo［校衦］(jiǎo-) 见 437 页"校"字条。

舠 liǎo 小船：艕～叶叶轻于萍。

尞 liǎo 同"燎"。1. 燃烧：～原之火。2. 近火而焦：～了头发。3. 烘干：～干衣服。

鄝 liǎo 古国名，在今河南。

蓼 ㊀ liǎo ❶一年或多年生草本植物，种类多，有水蓼、红蓼、刺蓼等。❷辛苦：与士同甘～。❸古国名、古县名，均在今河南。❹姓。
㊁ lù 植物长大的样子：～彼萧斯。

鄡 liǎo 同"鄝"。

覞 liǎo 义未详。(《改并四声篇海》)

憭 ㊀ liǎo ❶聪慧；精明。❷明白；明了：其所发明，大义略举，为已～矣｜但太隐晦，已为一般读者所不～。
㊁ liáo［憭慄］(-lì) 凄怆：苍茫生远思，～起寒噤。

敹 liǎo 长的样子。

敹 liǎo ❶小长貌。❷同"撩"。

燎 ㊀ liǎo ❶放火焚烧；烧田除草：～之方扬。❷烘烤：对灶～衣｜烟熏火～。❸挨近火而烧焦：头发被火～了。❹通"瞭(了)"，明白；懂得：三数犹不能～。
㊁ liáo ❶同"燎㊀❶"：星火～原。❷火炬；大火烛：庭～｜～火。❸烫：～浆泡。
㊂ liào ❶照明：终夜～｜暗夜而烛～。❷祭祀名，焚柴祭天，引申为薪柴：积～。

瞭 ㊀ liǎo ❶眼睛明亮：目～则形无不分｜皎皎明眸，～然如新。❷"了㊀❹"的繁体字。
㊁ liào 远望：～望｜～见｜～哨。

蹽 ㊀ liǎo［蹽蹻］(-jiào) 也作"蹽跳"，长；长的样子。
㊁ liáo 细长。

醪 liǎo［醪醥］(-piǎo) 酒清。

礞 liǎo［礞碣］(-diǎo) 石下垂的样子。

鄵 liǎo 同"鄡"。

爎 ㊀ liǎo 同"爒"。
㊁ zhāo 同"爔"。

L

磟 liǎo 同"礞"。

簝 liǎo 火炙,也作"燎"。

醂 liǎo[醂醂]脸苍白无血色。

簝 liǎo 同"簝"。

liào

尥 liào 同"尥"。

尥 liào ❶走路时足胫相交:～腿。❷骡、马等用后腿向后踢:～蹄|～蹶子。

钌(釕) liào 见 571 页 liǎo。

尦 liào 同"尥"。

尥 liào 同"尦(尥)"。

庨 liào 同"廖"。

炓 liào 火光。

尥 liào 同"尦(尥)"。

料 liào 同"料"。

粆 liào 同"料"。

料 liào ❶计数;核计:隐实户口,～出无名万余人|文武备具,～民富贫。❷预测;揣度:～想|～事如神|不出所～。❸管理;处理:照～|～理。❹材质:原～|木～|～货。❺食物或营养物质:饮～|调～|肥～。❻量词。1.古代计量单位,用于载重,一料等于一石。2.旧时计量单位,用于木料,截面一尺见方、长七尺为一料。3.一定数量的全份称为一料:双～|多配一～丸药。

翏 liào 飞的样子。

尞 ㊀liào 同"燎"。㊁liáo 姓。

尞 ㊀liào 祭名,烧柴祭天,后作"尞(燎)"。㊁liǎo 同"燎",焚烧:若～毛发。

寮 liào 同"尞"。

撂 liào ❶放下;丢下:～挑子|他～下饭碗就走了|黛玉把剪子一～,说道……。❷摔倒;弄倒:～跤|手一使劲,就把他～倒了。

墂 liào 用于地名:圪～(在山西)。

廖 ㊀liào ❶古国名。(《集韵》)❷姓。㊁liáo 用于人名:召伯～(春秋时人)。

遛 liào 往。

賚 liào 同"尞"。

廫 liào"廖"的讹字。

殦 liào 败。

窷 liào 穿。

襘 liào 同"尞(燎)",祭名,烧柴祭天。

瞭 liào 见 571 页 liǎo。

罶 liào 渔网。

镣(鐐) liào 见 570 页 liáo。

顤 liào[顤顤]也作"顟顟",头长的样子。

魑 liào 惊。

鷚 liào[鷚鼼](-yào)鼻仰的样子。

liě

咧 ㊀liě 嘴角向两边伸展:龇牙～嘴|～着嘴笑。㊁liē[咧咧](-lie)1.乱说;嚷嚷:乱～|瞎～。2.小孩哭:这孩子～起来没完。3.后缀,形容蛮横无理、马虎随便等:骂骂～|大大～。㊂lie 助词,表示语气,了;啦:他来～|这就好～|快别哭～。

毑 liě 用于佛经译音,"里也"的合音字。

跇 ㊀liě 身不就的样子。㊁què 行不进。

蹳 liě 同"跇"。

liè

列 liè ❶分裂;分割:先王不货交,不～地,以为天下。❷排列;摆出:陈～|～队|～出名单。❸行列,排成的行:队～|出

～|前～。❹次序;范围:序～|不在此～。❺各;众多:～位|～国|～强。❻量词,用于成行列的事物:一～火车。❼姓。

劣 liè 弱;差;不好:～马|～等|恶～。

秝 liè 禾麦知多少。

𠕖 liè 水分流的样子。

𠔄 liè 同"𠕖"。

尐 liè 同"劣"。

㝕 liè 同"㝕"。

㔳 liè 有力。

冽 liè 寒冷:凛～|山高风～。

㓟 liè 同"列"。

𠕗 liè "巤(鬣)"的讹字。

巤 liè 同"鬣"。

𠚯 ㊀ liè 同"列":月宿其～。
㊁ zá[剌𠚯](là-)不干净;不卫生。

埒 liè 田埂。

挒 liè 捩;扭。

茢 liè ❶芦苇的花。❷笤帚。❸药草名,即石芸。

迾 liè ❶拦阻;列队警戒:遮～|巡～|～宫清中备盗贼。❷同"列"。1.排开;摆放:冀马～于淮南|樽俎具～。2.行列:巾冕成～。❸同"例":示条～十五纸。

𡝗 liè 美。

驷(䮚) liè ❶马群按行列次序奔跑。❷奔走。❸马名。

𥇂 liè 义未详。(《龙龛手鉴》)

㝕 liè 撮取。

𡚬 liè "㝕"的讹字。

猁 liè 义未详。(《改并四声篇海》)

冽 liè 同"冽"。

洌 liè ❶水清;酒澄:山泉清～|泉香而酒～。❷古水名,即今朝鲜的大同江。❸同"冽",寒冷:清～侵人肌骨|～～霜杀春。

埒 liè ❶矮墙;土围墙:时营垒未成,但立标～。❷田埂:阡陌纵横,塍～交经。❸边际;界限:游敖于无形～之野。❹山上的流水:一源分为四～,注于山下。❺相同;相等:相～|等～|富～王侯。

栵 liè ❶栵栗,又称栭栗、茅栗,树名。❷丛生的小树:丛～。

㭞 liè 粗劣不成材的树。

瓈 liè 同"甄"。

𤈶 liè 同"烈"。

烈 liè ❶火势猛:火～|～火|～焰。❷猛烈;厉害:～日|～风|～酒。❸气势盛大:轰轰～～。❹刚正;忠义:刚～|忠～|～士。❺为正义、国家而死难的人:先～|～属。❻功绩;功业:功～|～炳千秋。

㤠 liè 忧愁的样子。

𥈠 liè 同"𥇂"。

哷 ㊀ liè 鸡叫。
㊁ lǜ 同"嵂"。

㓊 liè 剖开。

㓐 liè 同"列"。

𤁝 liè 同"冽"。

𤇾 liè 同"烈"。

浖 liè 同"埒"。1.界限;边际。2.山上的水流。

㤡 liè 同"劣"。

捩 ㊀ liè ❶扭转:～转|转～点。❷回旋;转动:～孤影|～眼窥。
㊁ lì ❶弹奏琵琶的拨子:插～举琵琶。❷门闩;关键:关～子|机～。

䒶 liè 同"茢"。

𦲲 liè 同"茢"。

栵 liè ❶树名,汁液可做染料。❷桅杆。

梨 liè 同“栵”。

鴷(鴷) liè 啄木鸟。

犣 ㊀liè 白脊牛。
㊁luō 驳。

稭 liè ❶黍秆。❷禾苗行列整齐。

㪾 liè 量;测量。

脟 ㊀liè ❶肋骨部分的肉:~条肉。❷肠间脂肪。
㊁luán 同“脔(臠)”:~割|一~肉。

猎㊀(獵) liè ❶到野外射杀、捕捉禽兽:打~|围~|~手。❷寻求;设法得到:~奇|~取功名。❸经过;经历:~蕙草,离秦衡|上~秦、汉、魏、晋、南北二朝,逮贞观至长庆数千百年。❹拟声词,刮风声等:~若枚折|~~晚风遒。❺姓。
㊁xī 传说中的动物,像熊。

猟 liè 日本汉字。同“獵(猎)”。

㭞(㭞) liè[㭞㵭](-luò)行不正。

将 liè 同“㪾”。

洌 liè 同“洌”。

裂 liè 同“裂”。

綊 liè 结。

迾 liè 同“迾”。

埒 liè 同“埒”。

䓟 liè 同“䓟(茢)”。

栵 liè 同“栵”。

蛚 liè 同“蛚”。

裂 ㊀liè ❶缯帛的残余,引申为裂开、分离:~痕|破~|四分五~。❷剪裁;撕扯开;分割:~帛为旗|手~其卷|~地以封之。❸古代将人体肢解的酷刑:车~|九~不恨。
㊁liě 向两边敞开;分开:~着怀。

畷 liè ❶翻耕土地:犁细浅~。❷同“埒”,田塍,田埂:畦~。

蛚 liè[蛚蟩](-quē)也作“蛚蚗、列缺、烈缺”,闪电。

裂 liè 同“裂”。

迾 liè 多节目。(《改并四声篇海》)

洌 liè 同“洌”。

迾 liè 同“迾”。

鬣 liè 同“栵”。

烈 liè 同“烈”。

趔 liè[趔趄](-qie)身体歪斜、脚步不稳的样子,单用“趔”义同:这脚趔趄站不定|老人歪趔了一下。

聗 liè ❶头巾。❷同“䎆”,耳垂,耳的下端。

㯿 ㊀liè 同“栵”。
㊁lì 同“例”。

瓾 liè ❶拟声词,瓦破声。❷瓦薄。

㙯 liè 坚结的土壤。

蛶 liè 虫名。

䑲 liè 同“脟”,肋骨部分的肉。

㤠 liè 同“烈”。

㤠 liè 同“烈”。

㯿 liè 同“梨(栵)”。

㯿 liè 同“梨(栵)”。

瓾 liè 同“瓾”。

鴷 liè 同“鴷(鴷)”。

躐 liè[躐蹷](-jué)也作“蹷躐”,跳越;跳跃的样子。

獦 liè 同“猎(獵)”。

㯿 liè 同“裂”。

鬣 liè 同“鬣”。

擸 liè 同“擸”。

䕲 liè 同“䕲”。

䎟 liè 耳垂,耳朵下端。

蛚 liè 同“蛚”。

颲 liè ❶[颲颲]烈风,单用义同。❷风雨急至。

烮 liè 同“烈”。

𧚔 liè 同“裂”。

巤 liè 毛发。

䴕 liè 同“鴷(䴕)”。

𢸽 liè 同“挒”,一说“䟹”的讹字。

䓟 liè 草叶稀疏的样子。

𣯎 ㊀ liè 车翣,古代仪仗中的大扇形饰物,可挡风尘。
㊁ hé 同“毼”,粗毛布:衣多毛～。

嚦 liè[嚦呾](-dié)同“咧呾”。

𥮁 liè 竹笭,用于晒干物品的竹器。

𩗬 liè 同“颲”。

鬛 liè ❶头发稀疏。❷头发稠密。

𣗯 liè 树木稀疏的样子。

𤏸 liè 拟声词,火燃烧声。

㤠 liè[㤠惵](-dié)轻薄的样子。

鮤 liè 鮤鱼,即鱽鱼,又称鮆鱼。

儠 liè 长壮;高大。

𩙠 liè 同“颲”。

𩶇 liè 同“鮤”。

獵 liè 同“獵(猎)”。

𠞰 liè 同“𠞰”。

𠞰 liè ❶断。❷削。

𣤶 liè 同“獵(猎)”。

壏 liè 土的样子。

𡓮 liè 土的样子。

擸 ㊀ liè 持;执。
㊁ là ❶折:～得一枝。❷碾:～碎|～糁子。❸[擸撍](-zá)秽杂;邋遢:～年|～衫。

蘱 liè 草摇动的样子。

嚦 liè[嚦呾](-dié)也作“嚦呾”,话多。

𠻘 liè 拟声词,啃骨头声,泛指啃咬声。

𩘒 liè 同“颲”。

㲱 liè 拟声词,水流动声。

𩣵(驪) ㊀ liè ❶马。❷马行的样子。
㊁ là[𩣵𩢺](-tǎ)1.马行不进。2.同“邋遢”,不精彩;不整洁。

邋 ㊀ liè 同“躐”,逾越;践踏:～军|～级。
㊁ lā[邋遢](-ta)1.行走的样子:眼见得路迢遥,芒鞋～|～云游。2.不整洁:形龌龊,身～|这孩子真～。3.做事不利落:办事～。

𩭱 liè 同“鬣”。

𩮜 liè 同“鬣”。

𩯒 liè 同“鬣”。

欌 ㊀ liè ❶勺柄。❷紫藤,落叶藤本植物。
㊁ là 水蜡树,树名。

𧟉 liè “䙰”的讹字。

䘸 liè 虫行动的样子。

䙰 liè 衣相着。

𧖧 liè “䘸”的讹字。

𣋝 liè 太阳即将落山。

躐 liè ❶同“躐”,践踏:及葬,毁宗而～行。❷通“猎(獵)”,经过;经历:涉～冢廓。

𪚩 liè 同“鬣”。

犣 liè ❶牦牛。❷公牛。

䅀 liè 同“秝”。

𣯍 liè 同“𪚩(鬣)”。

𩬓 liè 同“鬣”。

𥌝 liè ❶目暗。❷病视。

𧭄 liè［𧭄呭］(-dié)同“啢呭”，话多。

𤎰 liè 同“𤎰”。

𩯅 liè 同“鬣”。

𤏫 liè 同“𤏫”。

䴕 liè“䴕”的讹字。

𩆷 liè 同“𩆷”。

𩇓 liè 小雨。

𥷚 liè 同“䉭”。

䉭 liè ❶竹名。❷竹编的篷席。

𩮨 liè 同“鬣”。

𩯆 liè 同“鬣”。

𩯇 liè 同“鬣”。

䮽 liè 同“䮽(鬛)”。

𨄦 liè 同“躐”。

獵 liè ❶同“鬣”。❷猪。

躐 liè ❶践踏：脚～南山｜各安其分而不相～。❷超越：～进｜学不～等。❸摄取：～取｜巧～无名。❹通“擸”，持：～缨整襟｜～来～去的，带了这东西，不怕累赘么？

𤁷 liè ❶［𤁷馀聚］古村落名，在今山西。❷古山谷名。(《广韵》)

𧭹 liè［𧭹𧭹］话多。

𣋝 liè 日落。

𤜁 liè 义未详。(《改并四声篇海》)

鱲(鱲) ㊀liè 鱲鱼，又称桃花鱼，生活在溪流中。㊁là 腌鱼。

𪔃 liè 拟声词，鼓声。

䩢 liè 鞊，马笼头上对着马额部位的金属饰物。

𩸞 liè 鱼名。

𥶰 liè 竹缆。

𩙩 liè［𩙩𩙩］拟声词，风声，单用义同。

鬣 liè ❶头发上指冲冠的样子，引申为胡须：须～｜使长～者相。❷马、狮子等动物颈或头上的长毛：马～｜狮～｜奋蹄振～。

𩯭 liè 同“鬣”。

𩰅 liè 同“鬣”。

līn

拎 līn(又读 līng)用手提：～水｜～提包。

𢬴 līn 同“拎”。

lín

厸 ㊀lín 同“邻(鄰)”，邻居：东～。㊁miǎn 张口。

邻(鄰)[隣] lín ❶古代居民组织单位，五家、四家或八家为邻。❷邻国；邻居：四～｜～人｜远亲不如近～。❸位置接近的；附近的：～国｜～居｜～近。

林 lín ❶大片的树木或竹子：树～｜竹～｜～区。❷会聚、汇集的人或事物：儒～｜艺～｜碑～。❸林业的简称：农～牧副渔。❹姓。

临(臨) ㊀lín ❶从高处往下看：居高～下｜日居月诸，照～下土。❷来到；到达：降～｜身～其境｜喜事～门。❸挨着；靠近：～街｜～河｜～近。❹面对着：面～｜～危不惧｜如～大敌。❺将要；快要：～别｜～产｜～终。❻照着字画模仿：～摹｜～帖。

㊁ lìn 吊丧哭泣:缪公闻之,素服庙～。

瑯 lín 同“璘”。

㖁 lín 同“邻(鄰)”。

琳 lín 倒塌。

磷 lín 同“磷”,石的样子。

啉 lín 山石。

崊 lín［崊嵚］(-qīn)山石险峻的样子。

淋 lín 见 580 页 lìn。

痳 lín 深。

瑯 lín 同“璘”。

琳 lín ❶美玉:玫瑰碧～,珊瑚丛生。❷传说中神仙居所的美称,也指道观:～堂｜～馆｜～阙。

瑯 lín 同“璘”。

粼 lín 同“邻(鄰)”。

碁 lín 同“磷”。

啉 lín［啉啉］想要知道的样子。

𣏾 lín［佛𣏾］也作“拂菻”,古国名,隋唐时指东罗马帝国及其所属西亚地中海沿岸一带,宋时指塞尔柱突厥人统治下的小亚细亚一带。

碄 lín［碄碄］深的样子。

痳 ㊀ lín 疝病。
㊁ lìn “淋㊀❷”的异体字。
㊂ má 同“麻❸-❺”:～疹｜两脚发～｜～痹。

崊 lín 同“嶙”。

嶙 lín 古山名。(《集韵》)

箖 lín ❶竹名:～竹。❷用于地名:白～(在广东)。❸［箖箊］(-yū)竹名。

𠠴 lín 削;刮。

粦 lín 碎米。

粼 lín［粼粼］水、石等清澈明净的样子:碧波～｜白石～。

燐 lín 同“粦”。

粦 lín 磷火,后作“粦(磷)”。

潾 lín 同“瀶”。

璘 lín 同“璘”。

嶙 lín［嶙峋］(-xún)1. 山石重叠不平的样子:怪石～。2. 人瘦得皮包骨的样子:瘦骨～。3. 刚正有骨气:傲骨～。

𡸫 lín 同“嶙”。

獜 ㊀ lín 狗健壮,泛指健壮。
㊁ lìn 传说中的动物,身像狗,爪像虎。

麐 lín 同“麐(麟)”。

粼 lín “粼”的讹字。

粼 lín “粼”的讹字。

潾 lín［潾潾］1. 水清澈的样子:泗水～～弥(瀰)以清。2. 波光闪烁的样子:月随波动碎～。

隣 lín 同“隣(鄰,邻)”。

驎(驎) lín ❶［骐驎］(qí-)1. 良马名。脊背黑色的白马。2. 同“麒麟”。❷黑唇的马。❸身有鳞状斑纹的马。

璘 lín［璘瑞］(-bīn)也作“璘玢”,花纹驳杂或光彩缤纷的样子。

臨 lín “臨(临)”的讹字。

霖 lín ❶久下不止的雨:～雨｜秋～。❷［霖霪］(-lì)下雨不止的样子。

辚(轔) ㊀ lín ❶车轮:转～。❷［辚辚］(-lín)拟声词,车行走声:车～,马萧萧。❸门槛:牛车绝～。
㊁ lìn 车轮碾压,引申为践踏,也作“躏”:自相～藉。

暽 lín 人名(汉代人)。

獜 lín 同“獜”。

𪍿 lín 义未详。(《改并四声篇海》)

𣂼 lín 同“𠠴”,削;刮。一说同“粼”。

燐 lín ❶ "磷㊀❷"的异体字。❷ 萤火，萤火虫飞时发出的光。

鄰 lín 同"鄰(邻)"。

粼 lín 同"粼"。

隣 lín 同"隣(鄰,邻)"。

顜 lín[顜顐](-cén)俯首,低头。

磷 ㊀[❷燐、❷粦] lín ❶ 矿石名,即云母。引申为非金属元素,常见的有白磷、红磷和黑磷。白磷又称黄磷,可制烟幕弹、燃烧弹等;红磷又称赤磷,可制火柴及各种磷化物;黑磷又称紫磷,是白磷在高压下加热而产生的。❷ 磷火,俗称鬼火,人和动物尸体腐烂时分解出的磷化氢自燃发光现象:走～飞萤。❸[磷磷](-lín)也作"粼粼"。1. 石、水等明净清澈的样子:～水中石|突突～生瑞气。2. 色泽鲜明的样子:～烂烂,采色澔旰。

㊁ lìn ❶ 磨损而变薄:坚磨而不～。❷ 瑕疵:澄玉无缁～。❸ 玷污:苍蝇白璧未尝～。

◆"燐"另见578页"燐"字条。

瞵 ㊀ lín 注视;注视的样子:鹰～鹗视|～悍目以旁睐。

㊁ lián[斑瞵]同"斑斓",色彩斑驳:忘青紫之～。

嶙 lín 同"嶙"。

膦(𬬭) lín ❶ 同"獜",健。❷ 一类有特定结构的含磷有机化合物的总称。

獜 lín 同"獜"。

麐 lín 同"麐(麟)"。

麐 lín 同"麐(麟)"。

璘 lín 同"璘"。

臨 lín 同"临(臨)"。

麟 lín[麟馂](-jùn)一种粗食。(《新书》)

鱗 lín "鳞(鳞)"的讹字。

麐 lín 同"麐(麟)"。

翷 lín 飞的样子。

粼 ㊀ lín 同"鳞(鳞)"。

㊁ lián "憐(怜)"的讹字。

粼 lín 同"粼"。

燐 lín 同"燐"。

繗 lín ❶ 继承。❷ 理丝。

蔾 lín 同"蔾(磷,燐)",磷火。

貛 lín[闻貛]传说中的动物,像猪,黄身,白头,白尾。

瞵 lín 同"瞵"。

鳞 lín 义未详。(《龙龛手鉴》)

䢯 lín 同"鄰(邻)"。

燐 lín 同"粦(燐)"。

霖 lín 久雨。

䗲 lín 菜畦;菜地的垄。

饎 lín 义未详。(《龙龛手鉴》)

鱗(鳞) lín ❶ 鱼类、爬行动物和少数哺乳动物身体表层的角质或骨质薄片状组织,有保护作用:鱼～|龙～|振～奋翼。❷ 像鱼鳞的:～茎|～次栉比|遍体～伤。❸ 指鱼鳞状的铠甲片:黑云压城城欲摧,甲光向日金～开。❹ 鱼的代称,泛指有鳞甲的动物:～集仰流|沈(沉)～竞跃|～汇万殊。

翷 lín 同"翷"。

瀶 lín ❶ 山谷;河谷。❷ 寒冷。

轔 lín 同"轔(辚)"。

驎 lín 同"瀶"。

鱗 lín "鱗"的讹字。

巂 lín 同"嶙"。

鱗 lín ❶ 鱼名。❷ 同"鳞(鳞)"。

鱗 lín "鱗"的讹字。

鱗 lín 同“鱉”。

麟［麐］ lín ❶大雄鹿。❷麒麟：祥～｜凤毛～角（比喻罕见而珍贵的东西）。

䳁 lín 同“翷”。

驎 lín 同“驎（骣）”。

鳞 lín 同“鳞（鳞）”。

麟 lín 同“麟”。

嶙 lín 古山名。（《集韵》）

霖 lín 同“淋”，浇。

麟 lín 同“麟”。

臨 lín 同“臨（临）”。

lǐn

亩 lǐn 同“廪”。

畣 lǐn 火舒。（《龙龛手鉴》）

掭 lǐn ❶杀。❷打。

菻 ㊀lǐn ❶莪蒿。❷［拂菻］同“拂箖”。㊁má 同“麻”。

蒜 lǐn 同“菻”。

亩 lǐn 同“廪（廪）”。

禀［稟］ ㊀lǐn 同“廪（廪）”，粮仓：今～无见粮，难以持久。㊁bǐng ❶官府把谷物赏赐给人，泛指赐与：～其家五岁｜人之才乃天相～。❷领受；承受：～受｜～承｜～命。❸下级向上级报告：～报｜～告｜～明。

粦 ㊀lǐn 忧愁。㊁lìn 哺乳动物。

禀 lǐn 同“廪（廪）”。

禀 lǐn 同“禀（廪，廪）”。

粦 lǐn 同“菻”。

撛 lǐn 挺；拔：～白刃。

廪 lǐn “廪（廪）”的讹字。

凛 lǐn ❶寒冷：～冽。❷严肃；严厉：～然｜～若冰霜｜威风～～。

澶 lǐn 同“凛”。

凜 lǐn 同“凛”。

廩 lǐn “廪（廪）”的讹字。

廪 lǐn ❶粮仓，也指收藏宝物的仓库：仓～。❷米粟类粮食：陈～。❸公家发给官吏的粮食，泛指俸禄：月～｜薄～｜～禄。

廩 lǐn 同“廪”。

㶑 ㊀lǐn 火燃烧的样子。㊁yǐn 火旺盛。

澟 lǐn 同“凜（凛）”。

懔 ㊀lǐn 畏惧；害怕：～然｜心～～以怀霜。㊁lǎn［坎懔］也作“懔坎”，困窘不得志：～难归来。

懍 lǐn 同“懔”。

藁 lǐn 同“藁”。

檩 lǐn 檩子，架在房梁上托住椽子的横木，又称桁条、檩条。

檁 lǐn 同“檩”。

瘭 lǐn “瘭（瘭）”的讹字。

廩 lǐn “廪”的讹字。

癛 lǐn 同“瘭”。

瘭 ㊀lǐn ❶寒病。❷同“凛”，寒。㊁bǐng 病。

藁 lǐn［藁蒿］莪蒿。

懔 lǐn 同“懔”。

䕲 lǐn 义未详。（《改并四声篇海》）

lìn

叐 lìn 同“吝”。

吝 lìn 同"吝"。

吝 lìn 同"吝"。

吝[悋] lìn 过分爱惜;舍不得用或舍不得给:~惜|不~赐教。

陖 lìn 义未详。(《改并四声篇海》)

啉 lìn 同"吝"。

崊 lìn 山。

啫 lìn 同"吝"。

咯 lìn 同"吝"。

咳 lìn 同"吝"。

哆 lìn 同"吝"。

赁(賃) lìn ❶租入;借入:~屋而居|奇花~地栽。❷租出;借出:出~|把房子~给人家住。

恪 lìn 同"悋(吝)"。

悋 lìn 同"吝"。

咳 lìn 同"吝"。

淋 ㊀[❷痳] lìn ❶过滤:过~|~盐|把药渣子~出去。❷淋病,性病的一种:小便黄赤,甚则~。
㊁lín 浇:~雨|~浴|给花~点水。
◆"痳"另见577页"痳"字条。

閵 lìn 火燃烧的样子。

賝 lìn 同"賂"。

閵 lìn 同"閵",火燃烧的样子。

閵 ㊀lìn 同"閵"。
㊁lǐn 烛熄火存。

蔺(藺) lìn ❶灯芯草,多年生草本植物,茎秆可做编织材料。茎髓俗称灯草,可做油灯的灯芯或供药用。❷姓。

賂 lìn 贪财。

僯 ㊀lìn 同"遴",行走困难。
㊁lín[僯站]古地名,今作"伶站",在广西。

粼 lìn 同"粼",哺乳动物。

遴 lìn 同"遴"。

蕣 ㊀lìn 草名。
㊁lín 同"磷(燐)",磷火。

遴 ㊀lìn ❶行走困难,引申为审慎:~集。❷通"吝",吝啬:贪~。
㊁lín 谨慎或慎重选择:~选|~才|阅之博,~之精。

遴 lìn 同"遴"。

屪 lìn 人的生殖器。

橉 lìn ❶又称橝、橉筋木,乔木,叶可酿酒,花可供药用。❷树皮。❸门槛:枕户~而卧。

閵 lìn ❶[今閵]鸟名。❷通"躏(躪)",践踏。

膦 lìn 棱角。

甐 lìn ❶器。❷因磨损而变薄:虽敝而不~。

驎 lìn 牡马,公马。

疄 ㊀lìn 车轮碾压田地,后作"躏(躪)"。
㊁lín ❶田垄。❷菜畦,也作"塍"。

遴 lìn 同"遴"。

藺 lìn 同"閵"。

蟒 lìn 萤火虫。

簰 lìn 实心竹。

蹸 ㊀lìn ❶车轮辗过:甘心于跞~。❷同"躏(躪)",践踏:蹂~|藉~。
㊁lín[蹸蹸](-lín)行走的样子。

疄 lìn 同"疄"。

嚪 lìn 拟声词,鸟叫声。

臨 lìn[臨修](-shèn)向前低头。

覵 lìn ❶亲。❷看。

澗 lìn 古水名。(《玉篇》)

簰 lìn 竹名。

䗲 lìn［䐜䗲］(zhěn-)见1250页"䐜"字条。

躏(躪) lìn 蹂躏;践踏:～玄鹤|～其稼乃还。

蹸 lìn 同"躏"。

魕 lìn ❶鬼名。❷鬼火。

𩔊 lìn 同"𪏓"。

䉮 lìn ❶植。❷损。

𥷽 lìn 同"䉮"。

轥 lìn 同"轥",践踏。

𪏓 lìn 同"𪏓"。

蹸 lìn ❶蹂躏;践踏:遂～封豨。❷同"躏",车轮辗过。

𩕊 lìn 同"𪏓(𪏓)"。

轥 lìn ❶拟声词,车行声。❷车轮碾过:～践。❸经过:～青门|～中庸之庭。❹践踏,欺凌,后作"躏(躪)":蹂～。❺［轥轹］(-lì)超越:～于前载。

𧓍 lìn 蚊虫。

līng

𢹿 ㊀līng 同"拎"。
㊁lìng 插空的样子。

líng

〇 ㊀líng 同"零",数词,表示数的空位:七～九室|二～一三年。☞〇/零 "零"与表数目的"一、二、三、四、五、六、七、八、九"连用时,可用"〇"替代。
㊁xīng 同"星"。

伶 líng ❶伶人,旧时称以唱戏为业的人:优～|名～|坤～(女的)。❷［伶仃］也作"零丁",孤独;没有依靠:孤苦～。❸［伶俐］聪明;灵活:聪明～|口齿～。❹［伶俜］(-pīng)孤独的样子:～无依。

㔂 líng 撞。

刢 líng［刢利］同"伶俐"。

灵(靈) líng ❶女巫。❷神仙:神～|天之～|山神海～。❸(药物、办法等)有效验:～验|～丹妙药|这个办法真～。❹灵魂;精神:在天之～|英～|～感。❺有关死人的:～柩|～位|～堂。❻善;美好:～雨|～苗|～迹。❼轻捷好用;活动迅速:～巧|～便|刹车失～。❽聪明;机敏:机～|～性|心～手巧。

夌 líng 超越,侵犯,后作"陵"。

坽 líng 高峻陡峭的崖岸,也用于地名:～头(在广东)。

苓 ㊀líng ❶［苓耳］苍耳。❷茯苓的简称:根头更有千岁～。
㊁lián 同"莲":蔓草芳～。

呤 ㊀líng 也作"呤呤",小声说话。
㊁lìng 用于译音:嘌～(有机化合物)。

囹 líng［囹圄］(-yǔ)监狱,也作"囹圉"。

彾 líng ❶［彾俜］(-pīng)独自行走的样子。❷［彾行］(-dīng)独自行走。

狑 líng ❶良狗名。❷南方地区一些少数民族的旧称。

庈 líng 屋宇通透的样子。

泠 líng ❶水名。1.安徽的青弋江。2.潇水的上游,在湖南。❷清凉:～风|～然夜遂深。❸姓。❹［泠泠］1.清凉的样子:清清～。2.声音清越:音～而盈耳。

姈 líng ❶女子聪明伶俐。❷用于女子人名。

玲 líng［玲珑］1.也作"玲玲",拟声词,金石碰击声:和(龢)鸾玲珑|玲玲盈耳|玲玲如振玉。2.器物细致精巧的样子:小巧～|～剔透。3.聪明伶俐的样子:～活泼|天生百样～。

柃 líng ❶常绿灌木或小乔木,枝、叶可供药用。❷［柃楔］(-xié)也作"柃椴",熬麦的器具。

瓴 líng 同"瓴"。

昤 líng［昤昽］(-lóng)日光。

㗲 líng ❶众声。❷众鸟。

㸳 líng 同"䴇"。

毤 líng 毛长而打结。

瓴 líng ❶古代瓦制盛水器，像瓶：高屋建～。❷仰盖在房顶等处的瓦，可承接覆瓦流下的水。❸［瓴甋］（-dì）长方砖。

昤 líng［昤胧］月光。

陵 líng 同"陵"。

㱥 líng 同"欞"。

勎 líng 同"陵"。

㖫 líng 同"靈(灵)"。

砱 líng ❶石。❷石孔敞亮。❸拟声词，石声。

铃（鈴） líng ❶金属制作的响器：～铛｜～声｜摇～。❷形状或声音像铃的东西：哑～｜门～｜棉～。

秢 líng ❶谷物刚成熟。❷同"龄(齡)"，年。

昤 líng 同"䰱"。

瓴 líng 小瓜名。

鸰（鴒） líng［鹡鸰］（jí-）也作"鶺鴒"，也单称鸰，水鸟名。

凌 líng ❶冰：冰～｜～汛。❷欺侮；侵犯：欺～｜～辱｜盛气～人。❸升高；高出：～空｜～云｜～霄。❹迫近；接近：～晨。❺姓。

痎 líng 同"䉖"，瘦。

跉 líng［跉跰］（-pīng）也作"伶俜"。1.行走不稳的样子：高步觉～。2.孤独的样子：春半客～。

竛 líng 井。

陵 líng ❶大土山：丘～｜深谷为～。❷坟墓：～墓｜～园｜十三～。❸逐渐衰微：世风～夷｜朝纲日～。❹凌驾；欺侮：少不～长｜强不～弱。☞"陵/墓/坟/冢/丘 见669页"墓"字条。

琌 líng"陵"的讹字。

琭（瓌） líng 同"玲"。

掕 líng 勒；止马。

聆 líng ❶听；侧耳细听：～听｜～教｜耳～其歌。❷明白；清楚：～然若聋之通耳。

菱［蔆］ líng 又称菱角，一年生水生草本植物，果肉可食。

棂（欞） líng 旧式房屋门、窗、栏杆等上的格子：窗～｜疏～。

霎 líng 同"霻(靈,灵)"。

唛 líng 用于古代少数民族人名译音。

蛉 líng ❶［白蛉］昆虫，像蚊子而小。❷［螟蛉］见659页"螟"字条。

崚 líng（又读léng）［崚嶒］（-céng）1.山高的样子：西岳～。2.节操崇高坚贞：铁骨～。3.气势不凡：意象～。

夌 líng 同"崚"。

鈴 líng 同"鐳"。

笭 líng ❶同"軨"，古代车箱前的遮挡物：车～。❷古代船舱中堆放东西的床形垫板。❸竹笼，常用以盛鱼：日暮空～归。❹［笭篁］（-tīng）1.竹器。2.古代车中座垫。❺［笭箵］（-xǐng）也作"箵笭"。1.竹笼或竹篮。2.鱼篓，泛指渔具。

倰 líng 姓。

衑 líng 道路。

舲 líng ❶有窗的小船，泛指小船或船：～船｜空～。❷船窗：开～望月华。

翎 líng ❶鸟翅和尾上的长羽毛：雁～｜孔雀～。❷箭羽：鹫～｜铁～。❸清代官帽上表示品级的羽毛装饰品：花～｜红～顶子。❹昆虫的翅翼：蝶～｜蝉～。

羚 líng ❶小羊。❷羚羊，哺乳动物，像山羊，角可供药用。

粭 líng 同"稄(穤)"。

淩 líng ❶古水名，在今江苏。❷古县名，在今江苏。❸同"凌❷-❹"。

憦 líng ❶哀怜：～惋。❷惊恐：百禽～遽。

陵 líng 同"陵"。

陎 líng 同"陵"。

婈 líng 用于女子人名。

绫（綾） líng 细薄、有花纹的织品，像缎子：细～｜～罗绸缎。

紷 líng ❶絮名。❷经过精细染练的丝或布。❸［紷緋］（-bì）絮。

敥 líng 同"倰",欺凌。

軨 líng ❶车箱的木格栏。❷车,特指小车:～轩|～猎车。

霊 líng 同"靈(灵)"。

酃 líng ❶同"醽",湘东美酒。❷通"令",使:～穿。

豲 líng[猪豲]同"豬豲"。

夌 ㊀ líng[夌殑](-jīng)鬼魂出现的样子:魂鬼以行,中道～兮。
㊁ lèng ❶[夌殄](-dèng)也作"夌殑",生病的样子。❷同"愣",失神:发～。

跉 líng ❶[跉盯](-chēng)1.行走的样子。2.歪斜地行走。❷[跉盯](-zhēng)脚细长的样子。❸[跉盯](-dīng)独自行走。❹[跉娉](-pīng)也作"跉娉",孤单或独行的样子:四顾～,傍无一人。❺徐行不正的样子。

躰 líng 同"聆"。

朡 líng 同"凌"。

詅 líng 叫卖:～羹于市。

祾 líng ❶祭名。❷神灵的威福。

陵 líng 同"陵"。

瑨 líng 义未详。(《改并四声篇海》)

䔖 líng 去。

蔆 líng 同"蔆(菱)"。

蔆 líng 同"菱"。

勬 líng 同"勬(陵)"。

霗 líng[霗中]也作"零中",古关名。(《字汇补》)

零 ㊀ líng ❶细雨徐徐降下:～雨其濛。❷坠落;散落:感激涕～|凋～|～落。❸散碎;细碎的:～件|～食|～钱。❹数词。1.表示数的空位,同"〇"或阿拉伯数字的"0":贰圆～伍分|一百～八。2.无数量,泛指没有:～数|～距离|效果等于～。❺姓。☞零/〇 见581页"〇"字条。
㊁ lián[先零]西羌,汉代羌族的一支,在今甘肃、青海一带。

龄(齡) líng ❶岁数:年～|高～|芳～。❷年数:工～|教～|党～。❸某些动植物生长期中划分的不同阶段:一～虫|七叶～。

閝 líng 门上小窗。

崚 líng 同"崚(崚)"。

䮚 líng 同"崚"。

圙 líng 同"零"。

錂(錂) líng 金属名。

餕 líng 饵;糕饼。

彪 líng 哺乳动物,像虎而小。

䘕 líng 马腹带。

䦭 líng 义未详。(《改并四声篇海》)

羚 líng 羊子。

䛬 ㊀ líng 同"灵(靈)"。
㊁ wū 同"誣(诬)"。

霝 líng 同"靈(灵)"。

龄 líng 同"龄(齡)"。

聆 líng 耳声。

酃 líng 同"酃(酃)"。

骹 líng ❶[骹骶](-tīng)也作"骹骶",骨的样子。❷脆骨。

篓 líng 竹名。

魿 líng 鬼名。

䠲 líng 同"凌"。

飌 líng 寒风。

稜 líng[乌稜]稻名。

䰱 líng 同"灵(靈)"。

髮 líng 头发稀疏。

L

駖 líng［駖盖］拟声词，车马声，单用"駖"义同。

𢿓 líng 义未详。(《改并四声篇海》)

𣤷 líng 同"𢿓"。

𦕓 líng 耳声。

𧰲 líng［豬𧰲］(zhū-)也作"猪豨""猪苓"，一种像猪粪的真菌，可供药用。

𩃏 líng 同"靈(灵)"。

霊 líng 同"靈(灵)"。

𨝜 líng 同"酃"。

𩄰 líng 同"靈(灵)"。

𦨌 líng 同"䑲(灵,靈)"。

𪔕 líng 多声。

蕶 líng 草木凋零。

𩅂 líng 同"𩆩(靈,灵)"。

𩅦 líng 零落，也作"零"。

䴇 líng 盐。

𡒉 líng 同"靈(灵)"。

餕 líng ❶马伤谷病。❷马食粟。

鲮(鯪) líng ❶鲮鱼，又称十鲮鱼，生活在江河、湖泊中。❷［鲮鲤］又称龙鲤、石鲮鱼、穿山甲，哺乳动物，爪锐利，善于掘土。❸也作"陵鱼"，传说中的怪鱼，身像鱼，面像人，有手。

鲮 ㊀líng ❶鱼相跟着游动。❷鱼名，生活在江河、湖泊中。
㊁lín ❶同"鳞(鱗)"，鱼鳞。❷鱼鳍。

澪 líng ❶古水名。(《广韵》)❷［浒澪］(xǔ-)地名，在江苏。❸同"泠"。

䕘 ㊀líng 同"苓"。1. 苓耳。2. 茯苓。
㊁lǐng 草名。

櫺 líng 同"櫺"。

𩇕 líng 同"靈(灵)"。

霝 líng ❶降雨，也作"零"：～雨大洒。❷坠落；失落：古官私印之～落人手也。

𩂳 líng 同"靈(灵)"。

𩆜 líng 同"靈(灵)"。

𩆩 líng 同"靈(灵)"。

齡 líng 同"齡(龄)"。

䁼 líng 同"𥆧(昤)"。

䧙 líng 同"崚"。

䉖 líng ❶竹名。❷竹器。

𤍣 líng 同"爧"。

𤗚 líng 同"㸳"。

䌍 líng 同"紷"。

䔖 líng 同"蔆(菱)"。

䴁 líng 同"砱"。

𪓵 líng 同"龗"，龙。

𨝛 líng 同"酃"。

𧇖 líng 同"靈(灵)"。

䁼 líng 同"䉹"。

䄥 líng 同"䉹"。

𩋡 líng 同"笭(軨)"，古代车箱前的遮挡物。

䴇 líng［鼩齡］(píng-)见739页"鼩"字条。

𥉮 líng 同"䉹"。

䴫 líng 同"陵"。

䄥 líng 同"䉹"。

𢷕 líng "櫺"的讹字。

𧽒 líng "𧾌"的讹字。

酃 líng ❶旧县名,在今湖南。❷[酃湖]湖名,在湖南。❸姓。

⿱霝刀 líng 用刀剖物。

⿰舟零 líng 同"舲"。

⿰犭零 líng 同"狑"。

⿰米零 líng 同"⿰米霝"。

⿰纟零 líng 絮。

⿰扌霝 líng 义未详。(《汉语大字典》)

蘦 líng ❶药草名,味极苦。❷通"零",零落。

⿺辶蔆 líng 同"蔆(菱)"。

⿰酉零 líng 同"醽"。

⿱雨要 líng 同"靈(灵)"。

⿱雨⿸户⿰丬卩 líng 同"⿱雨弱(靈,灵)"。

⿱霝龟 líng 同"靇"。

⿰犭霝 líng 同"狑"。

⿸广霝 líng "麢(羚)"的讹字。

⿰氵霝 líng 水流曲折。

⿰木⿱雨品 líng "櫺"的讹字。

櫺 líng ❶同"欞(棂)"。❷屋檐。❸有屋的船。

⿱霝王 líng 同"靈(灵)"。

⿱霝瓦 líng 同"瓴"。

⿰霝殳 líng 击;打。

⿱雨⿱吅龟 líng 同"靇"。

⿰零隹 líng 同"⿰零鳥(鸰)"。

⿵門霝 líng 同"⿵門霝(閝)"。

⿰饣零 líng 吃饱。

⿱今龍 líng 同"靇"。

⿸鹿令 líng 同"麢"。

⿰米⿱雨亚 líng 同"⿰米零(⿰米霝)"。

⿰米⿱雨灵 líng 同"⿰米零(⿰米霝)"。

⿰豕霝 líng 猪粪。

⿰阝鴒 líng 鸟名。

⿰衤霝 líng 同"⿰礻霝"。

⿱霝王 líng 同"靈(灵)"。

⿱雨⿰幵幵 líng 同"靈(灵)"。

⿱雨⿰而而 líng 空。

⿱雨囟 líng[天⿱雨囟]同"天灵(靈)",人的头顶骨。

⿱雨零 líng 同"零"。

⿱霝是 líng 同"靈(灵)"。

⿰目霝 líng 目光。

⿰骨零 líng[⿰骨零⿰骨廷](-tīng)1. 骨的样子。2. 长骨的样子。

⿰自霝 líng 同"⿰目霝"。

⿰舟⿱雨亚 líng 同"⿰舟霝"。

⿰车⿱雨亚 líng 同"⿰车霝(軨)"。

⿱霝缶 líng 同"⿰钅霝"。

⿰虫霝 líng[螟⿰虫霝]同"螟蛉"。

⿰钅霝 líng 也作"瓴",古代盛酒或水的容器,用瓦或青铜制成。

⿰舟霝 líng ❶同"舲"。❷船行。

⿸广⿱霝鸟 líng "麢(羚)"的讹字。

⿸广⿱霝鹿 líng 同"麢(羚)"。

⿰羊霝 líng 同"麢(羚)"。

L

⿰米霝 líng 同“⿰米靈”。

⿺走霝 líng 狗相互追逐的样子。

⿰車霝 líng 同“軨”。

⿰酉霝 líng 同“醽”。

醽 líng［醽渌］(-lù)酒名，湘东美酒，也单称醽。

⿱霝器 líng ❶古代器物名。❷古代跳舞降神的巫师，也作“靈(灵)”。

⿰霝見 líng 同“⿰靈見(⿰霝鬼)”。

⿰零鳥 líng ❶鹤的别称。❷小天鹅。❸同“鸰(鴒)”。

龗 ㊀ líng 同“龗”。
㊁ lóng［龗龗］(-lóng)同“隆隆”，拟声词，雷声。

⿰鹿零 líng 同“麢(羚)”。

⿸广零 líng 同“麢(羚)”。

⿱雨⿴囗品 líng 同“⿱雨⿴囗令”。

⿱雨泠 líng 同“零”，徐徐而下的细雨。

⿵門霝 líng 同“閝”。

⿰禾霝 líng 一种蔓生的草。

⿰金霝 líng “⿰金靈”的讹字。

⿸鹿霝 líng 鹿。

⿰氵零 líng 同“⿱雨泠(零)”。

⿰霝刂 líng 同“刢”。

⿰靈阝 líng 同“酃”。

⿰霝頁 líng ❶［⿰霝頁⿰霝頁］脸瘦的样子，单用义同。❷瘦。

⿰霝鬼 líng ❶山神名。❷龙名。

⿱霝鬼 líng 同“⿰霝鬼”。

⿱霝音 líng 同“⿰言靈”。

⿺鬼霝 líng 同“⿰霝鬼”。

⿰阝靈 líng 缝隙。

⿱髟霝 líng 同“⿱髟令”。

⿱艹靈 líng 草名，旱荷。

⿱山靈 líng 同“岭(嶺)”。

⿰犭靈 líng 同“狑”。

⿸厂靈 líng 岩洞。

⿰氵靈 líng 同“⿰氵霝”。

⿰忄靈 líng 同“怜”，聪慧。

⿰片靈 líng 同“⿰爿靈”。

⿱靈邑 líng 同“酃”。

⿰靈瓦 líng 同“瓴”。

⿰靈鳥 líng 同“⿰霝鳥(鸰，鴒)”。

⿰日靈 líng［⿰日靈昽］(-lóng)同“昤昽”，日光。

⿰牛靈 líng 牛名。

⿰鹿靈 líng 同“羚”。

⿸鹿靈 líng 同“羚”。

⿰火靈 líng 火光的样子。

⿰礻靈 líng 神名。

⿰爿靈 líng ❶床箦。❷床梯。

⿰石靈 líng 同“砱”。

⿱靈玉 líng 同“靈(灵)”，善；美好。

⿰禾靈 líng 草稀疏。

⿰白靈 líng 白色。

⿱穴靈 líng 穴。

⿰衤靈 líng 衣光。

L

蠕 líng 萤火虫。

籯 líng 同"笭"。

艜 líng ❶［艜舰(艦)］有屋的船。❷同"舲"。

羷 líng 同"麢(羚)"。

糯 líng 米饼。

轜 líng 同"軨"。

醽 líng 同"醽"。

覷 líng 同"魎",山神名。

䉖 líng 同"廬"。

餽 líng 鬼求食。

魗 líng 同"魎"。

龗 líng ❶龙。❷同"靈(灵)"。1. 神灵。2. 善;好。

讔 líng 声音。

鷊 líng 同"鸰(鴒)"。

龗 líng［黄龗］龟名。

lǐng

陊 ㊀ lǐng 同"岭(嶺)"。
㊁ líng ❶［颠陊］古山坡名。(《集韵》)❷同"邻(鄰)",邻居:东舍与西～,霎时星散无踪影。

岭 ㊀(嶺) lǐng ❶山;山脉:山～|崇山峻～|大兴安～。❷五岭(越城岭、都庞岭、萌渚岭、骑田岭、大庾岭)的简称,在湖南、江西南部和广西、广东北部交界处:～外|～南。
㊁ líng［岭巆］(-yíng)山深邃的样子:～嶙峋。

岺 lǐng 同"岭(嶺)"。

罜 lǐng［罜罜］(tīng-)见 952 页"罜"字条。

袊 lǐng ❶同"领(領)",衣领。❷裙:佩～香展。

领(領) lǐng ❶脖子:～带|～巾|引～而望。❷衣服围绕脖子的部分:衣～|～口|开～。❸带;引导:～队|～唱|～袖。❹统属;管辖:～域|～海|～空。❺接受;取:～情|～奖|～工资。❻量词,用于衣服、席子等:一～青衫|一～草席。
☞领/颈/项/脖 "领"本指脖子的整体。"颈"本指脖子的前部,泛指脖子。"项"本指脖子的后部,泛指脖子。"脖"本指脖胦,即肚脐;用于脖子,是后起义。

嶺 lǐng 同"嶺(岭)"。

篏 lǐng［篁篏］(nǐng-)见 697 页"篁"字条。

lìng

另 lìng ❶代词,别的;此外:～日|～眼相待。❷副词,表示在所说范围之外:～议|～买一件。

令 ㊀ lìng ❶上级指示下级:命～|责～|电～。❷上级给下级的指示:下～|军～|法～。❸使;使得:～人生疑|利～智昏。❹时节:时～|夏～。❺敬辞,用于称对方亲属:～妹|～尊(称对方的父亲)|～爱。
㊁ lǐng 量词,用于原张的纸,1 令等于 500 张。
㊂ líng［令狐］1. 古地名,在今山西。2. 姓。

炩 lìng 炩火。(《改并四声篇海》)

痠 lìng 风病。

壷 lìng 以玉事人。

㓯 ㊀ lìng 割。
㊁ líng 同"霛"。

霗 lìng 义未详。(《改并四声篇海》)

貐 lìng(又读 líng)同"豿"。

liū

嘧 ㊀ liū 拟声词:唏～哗喇。
㊁ liáo［嘧喨］(-liàng)同"嘹亮",清晰响亮。

溜 liū 见 591 页 liù。

熘 liū 跟炒相似的烹饪法,作料中加淀粉汁,也作"溜":～肉片|醋～白菜。

L

瞝 liū 扫视：～了一眼。

澑 liū 同“溜”。

蹓 ㊀ liū ❶［蹓跶］（-da）也作“溜达”，闲走；散步：到街上～｜～了一圈。❷ 也作“溜”，偷偷走开：他自觉没趣，便～开了｜有几个茶客好像预感到什么灾祸，一个个往外～。
㊁ liù 同“遛”，牵或带着牲畜、鸟等慢慢走：把马～一～｜～狗｜～鸟。

瀏 liū 同“溜”。

liú

汓 liú 同“流”。

刘（劉） liú ❶ 斧钺类兵器：执～。❷ 杀；杀戮：见～｜虔～。❸ 古邑名，在今河南。❹ 姓。

㳅 liú 同“流”。

汖 liú 同“流”。

㐬 liú 同“旒”。

沶 liú 同“流”。

畄 liú 同“留”，停留；留下：～守。

泳 liú 同“流”。

畄 liú 同“留”。

玦 liú 同“琉”。

斿 ㊀ liú 古代旌旗上的飘带，后作“旒”。
㊁ yóu 同“游”，遨游：如鸟～之状。

流 liú 同“流”。

浏（瀏） liú ❶ 水流清澈的样子，引申为清凉、清爽：溱与洧，～其清矣｜～若清风。❷ 又称浏江，古水名，即今湖南的浏阳河。❸［浏览］粗略地看：～一过。

留［畱、畄、㽞］ liú ❶ 停止在某处：停～｜～校｜～学（居于国外求学）。❷ 阻止别人离开：～客｜挽～｜～不住。❸ 收下；接受：收～｜把礼物～下。❹ 保存：保～｜～余地｜～下了宝贵的遗产。

流 liú ❶ 液体移动；淌：～水｜～汗｜痛哭～涕。❷ 像水一样流动：～通｜空气对～。❸ 像水一样流动的液体、人或物：水～｜人～｜电～。❹ 移动不固定的：～沙｜～寇。❺ 虚浮；放任：～于形式｜放任自～。❻ 品类；派别；等级：不入～｜三教九～｜第一～产品。❼ 旧时一种刑罚，放逐到偏僻的远方：～刑｜～放。

弡 liú 义未详。（《龙龛手鉴》）

珋 liú［璧珋］琉璃。

琉［瑠、璢］ liú［琉璃］1. 用某些矿物原料烧制成的有色半透明的釉料，可加在黏土外层，烧制成砖瓦、缸、盆等：～瓦｜～碗｜～榻。2. 特指琉璃瓦，涂有彩色釉的瓦：～碧瓦｜碧～瑞烟笼罩。

旈 liú 同“旒”。

硫 liú 见 131 页 chù。

㽌 liú 义未详。（《改并四声篇海》）

眑 liú 卧视。

罶 liú 捕鸟兽的器具。

游 ㊀ liú 同“斿”，古代旌旗上的飘带，后作“旒”：建大常，十有二～。
㊁［❷-❻遊］yóu ❶ 水流：上～｜下～｜溯（遡）～从之。❷ 人或动物在水中移动：～泳｜～鱼｜～来～去。❸ 流动、不固定，引申为闲散：～资｜～牧｜～手好闲。❹ 游逛；观赏：旅～｜春～｜～览。❺ 与人交往：交～。❻ 姓。

裗 liú ❶ 衣缕，衣襟的装饰。❷ 古代妇女长袍上的装饰。

隃 liú［隃隍］（-huáng）地名，在广东。

瑬 liú 同“鎏”。

畱 liú “畱（留）”的讹字。

蒥 liú 香草名。

蓅 liú 菜名。

㔷 liú 同“刘（劉）”。

嵧 liú［岣嵧］（gǒu-）山的样子。

獶 liú 同“䬟(飀)”。

旈 ㊀ liú（又读 yóu）同“斿”，古代旌旗上的飘带。
㊁ yǎo 同“旟”。

旒 liú ❶ 古代旌旗上的飘带：旌～。❷ 同“鎏”，帝王冠冕前后悬垂的玉串：冕～。

漻 liú［漻浗］（-qiú）手足受冻的样子。

梳 liú［桴梳］（fú-）见 264 页“桴”字条。

懰 liú 同“懰”。

媹 liú 用于女子人名。

骝（騮） liú 黑鬃、黑尾的红马。

統 liú 同“旒”，古代旌旗上的飘带。

榴 liú 石榴，落叶灌木或小乔木，果实可食，根、皮可供药用。

對 liú 同“刘（劉）”。

𣟴 liú 同“流”。

膗 liú 同“瘤”。

飗（飀） liú ❶ 拟声词，风声，也说飗飗：芦苇萧萧奏轻飗。❷ 同“飂”。1. 急风；西风。2. 古国名，在今河南。

澵 liú 同“流”。

駠 liú“駵（骝，騮）”的讹字。

駵 liú 同“駵（骝，騮）”。

磂 ㊀ liú 同“硫”：～黄（硫黄）。
㊁ liù 同“镏（鎦）”，铁锅。

對 liú“對（刘，劉）”的讹字。

𣟴 liú“𣟴”的讹字。

镏（鎦） ㊀ liú ❶ 同“劉（刘）”，杀；杀戮。❷ 镏金，把溶解在水银里的金子涂在银胎或铜胎器物表面的工艺：范～质良。❸ 金属元素“镥（鑥）”的旧译写法。
㊁ liù ❶ 釜。❷ 甑。❸ 镏子，戒指的俗称：手～｜金～子。

熘 liú 同“瘤”。

稻 liú ❶ 禾名。❷ 禾茂盛的样子。

鉚 liú 同“镠（鏐）”，成色好的金子。

飕（飂） ㊀ liú ❶ 同“飂”。1. 急风；西风。2. 拟声词，风声：风之～～。❷ 发出风声：树未～而涧音。
㊁ liǔ［飗飗］（yǒu-）同“飗飗”。

貓 liú 同“獶”。

鹠（鶹） liú ❶［鹠鹂］（-lí）也作“留离”“流离”，鸟名，即枭。❷ 鸺鹠。

皺 liú 同“瘤”。

瘤［瘤］ liú ❶ 身体各器官生长的赘生物：肉～｜毒～。❷ 物体表面隆起的块状物或疙瘩：根～｜木～。

澝 liú 同“斿（旒）”，古代旌旗上的飘带。

鎏 liú ❶ 帝王冠冕前后悬垂的玉串，后作“旒”。❷ 同“旒”，古代旌旗上的飘带。

駵 liú 同“骝（騮）”。

橊 liú 同“榴”。

蟉 liú 虫名。

蝤 liú ❶ 虫名。❷［蝤蛄］（-gū）蝼蛄。

畱 liú ❶ 把地上长的草木烧成灰做肥料，挖坑下种：时东土大旱，鄞县多～田。❷ 掘沟灌田：开江西～田千余顷。❸ 用于地名：后～（在江苏）。

镠（鏐） ㊀ liú ❶ 成色好的金子。❷ 弩眉。❸ 姓。
㊁ liù 弩牙，弩上钩弦发箭的机件。
㊂ liáo 同“镣（鐐）”，白金。

篕 liú 竹名。

簹 liú 同“篕”。

篮 liú 同“篕”。

臅 liú 同“瘤（瘤）”。

膠 liú“鰼（鰡）”的讹字。

縲 liú 绮的别称。

瑠 liú“瑠(琉)”的讹字。

駵 liú 同“騮(骝,騮)”。

騳 liú 同“骝(騮)”。

摎 liú“摎”的讹字。

蹓 ㊀ liú 蹓豆,即豌豆。
㊁ liáo 豆的别称。

蟉 ㊀ liú[蛐蟉](yōu-)见 1173 页“蛐”字条。
㊁ liào[蜩蟉](diào-)见 949 页“蜩”字条。

穭 liú 同“穞”。

駠 liú 同“骝(騮)”。

摎 liú ❶ 斩刺。❷ 同“摎”,纠结;缠绕。

蓼 ㊀ liú[蓼弋](-yì)草名。
㊁ liǔ 商陆,多年生草本植物,根可供药用。

嚠 liú 同“浏(瀏)”。

篘 liú 同“篘”。

鼺 liú[竹鼺]也作“竹鼦”,竹鼠,哺乳动物。

鐂 liú ❶ 金名。❷ 杀。

鰤 liú 同“鰡”。

觩 liú 角不正。

麍 liú 麻。

麍 liú 鹿类动物。

鎏 liú ❶ 成色好的金子。❷ 同“镏(鎦)㊀❷”。

懰 ㊀ liú ❶[懰慄](-lì)忧怨;悲伤:志怀逝兮~|~不言。❷ 停留:~檄朵(糴)以奔遨。
㊁ liǔ 美好的样子:佼人~兮。

橊 liú 杙,树名。

樹 liú 树名。

觩 liú 同“觩”。

顲 liú[顤顲](qiáo-)见 778 页“顤”字条。

懰 liú 定意。(《玉篇》)

鼦 liú 同“鼺”。

鼺 liú 同“鼺”。

鐂 liú 同“鎦(镏)”。

駵 liú 同“騮(骝)”。

瀏 liú 同“瀏(浏)”。

闅 liú 绞杀。

騮 liú 同“騮(骝)”。

懰 liú“懰”的讹字。

篘 ㊀ liú 竹声。
㊁ liǔ 竹名。

籕 liú 竹名。

鰡 liú ❶ 吹沙鱼。❷ 鲨鱼。

鰡 liú 同“鰡”。

飀 liú 同“飗(飀)”。

鷚 liú ❶ 水鸟名。❷ 古水名。(《改并四声篇海》)

飅 liú 同“飗(飀)”。

騮 liú 同“騮(骝)”。

欕 liú ❶[扶欕]藤名。❷ 檐霤,屋檐,也指屋檐下的接水长槽:承甍绕~。

鶹 liú 同“鶹(鹠)”。

篘 liú 同“篘”。

鼦 liú 竹鼠,又称竹鼦,鼠名,生活在竹林中。

飀 liú 同“飀(飗)”。

鷚 liú[鷚鵤](-zhòng)又称飞鸓,即鼯鼠。

飂 liú“飀(飗)”的讹字。

𦣿 liú 义未详。(《改并四声篇海》)

鷚 liú 鸭蛋。

𠟺 liú 同"罶"。

𡢃 liǔ ❶寡妇。❷艳丽;美好。

liǔ

𠜾 liǔ 割。

㧕 liǔ 扪。

珋 liǔ 有光彩的美石。

𤥑 liǔ "珋"的讹字。

柳［桺、栁］ liǔ ❶落叶乔木或灌木,有垂柳、旱柳、红皮柳等。❷古代整套棺盖饰的总称。❸通"绺(綹)",量词,用于须发等线状物:细细三～髭须。❹姓。

桺 liǔ 同"柳"。

罶 liǔ 同"罶"。

𣏌 liǔ "栁(柳)"的讹字。

绺(綹) liǔ ❶丝缕编成的线,引申为系物的带子:长命～。❷弯曲下垂:打～。❸量词,用于成束的丝线、须发等:一～丝|三～线|两～头发。

栁 liǔ 同"柳"。

輺 liǔ ❶丧车,也作"柳"。❷丧车饰物,也作"蒌(蔞)"。

锍(鋶) liǔ ❶又称冰铜,有色金属冶炼过程中产生的各种金属硫化物的互熔体。❷含有四价硫的有机化合物。

𨍭 liǔ 同"輺"。

颵 liǔ［飀颵］(yǒu-)见1178页"飀"字条。

罶 liǔ 笱,捕鱼的竹器。

熮 liǔ ❶火的样子。❷烧;烂。

槱 liǔ 同"柳"。

罾{罾} ㊀liǔ 同"罶",捕鱼的竹器。㊁lóu［罜罾］(lù-)网。

轁 liǔ ❶同"輺",丧车。❷车停止。

liù

六 ㊀liù ❶数词,五加一的和,也表示序数第六:～国会议|～叔|～连。❷中国民族音乐音阶上的一级,也是乐谱记音符号,相当于简谱的"5"。

㊁lù ❶(又读liù)用于地名:～安(在安徽)|～合(在江苏)。❷姓。

𠑹 liù 同"六"。

𤆬 liù 火炉。(《玉篇》)

𧙕 liù 同"褶"。

坴 ㊀liù ❶菜畦。❷耕地翻土。㊁jiù 耕陇中。

𣲗 liù 义未详。(《改并四声篇海》)

翏 ㊀liù 高飞的样子。㊁lù［翏翏］(-lù)拟声词,远处传来的风声。

窌 liù 同"窌":石～(春秋时齐国地名)。

塯 liù 古代盛饭食的粗劣瓦器:饭土～。

褶 liù 同"褶"。

遛 ㊀liù ❶散步,缓步随意行走:～大街|～公园|到外边～～。❷牵或带着牲畜、鸟等慢慢走:～狗|～鸟|是骡子是马,拉出去～～。

㊁liú［逗遛］也作"逗留",停留不进:～不进|～无功。

馏(餾) ㊀liù 把凉了的熟食蒸热:～馒头|把剩菜～一～。

㊁liú 用加热等办法使物质分离或分解:蒸～|干～|分～。

廇 liù ❶［宋廇］(máng-)房屋的大梁:～㕍剥。❷堂屋的中央:中～。

溜 ㊀liù ❶古水名,又称潭水,在今广西。❷急流:瀑～|大～|船过其～。❸同"霤",屋檐下滴落的雨水,也指承接雨水的长槽:承～|檐～|水～。❹顺畅;纯熟:玩得～|笛子吹得～。❺填补缝隙:～墙缝儿|～窗缝儿。❻量词,用于成行列的东西:站成

两～｜门前种了一～柳树｜一～烟跑了。

㊁ liū ❶滑动,引申为光滑:～冰｜顺坡往下～｜～光水滑。❷偷偷走开:暗地～了｜～走了。❸顺着;沿着:～边儿｜～墙根儿走。❹同"熘",烹饪方法:～肉片｜醋～白菜。❺逢迎;谄媚:～须拍马｜这个人很会～。❻词缀,用在形容词后:直～｜酸～～｜灰～～。

慁 liù 怨恨。

褶 liù［祝褶］祝由,祈祷治病。

墰 liù 同"增"。

遛 liù 同"遛"。

徿 liù［锈徿］(xiù-)见1072页"锈"字条。

廇 liù 同"廇"。

窌 liù 窖。

窗 liù 同"窗"。

窗 liù 同"窗"。

磟 liù(又读lù)❶［碌磟］(xiāo-)见1047页"碌"字条。❷"碌㊁"的异体字。

鎦 liù 甑。

䄂 liù 同"褶"。

鹨(鷚) liù ❶又称天鹨、天鷚,即云雀。❷鹡鸰科鹨属鸟类的通称:树～｜水～｜田～。❸也作"雡",小野鸡,也指小鸡。❹鸭蛋。

醽 liù 酒名。

謧 liù 同"褶"。

窗 liù 穴。

襣 liù 同"袖(褶)"。

霤 liù ❶屋檐的流水:檐～｜晨～承檐滴。❷向下流的水:悬～空中注。❸屋檐,也指屋檐下的接水长槽:水～｜承～｜～槽。

臘 liù 温习;复习。

霤 liù 同"霤"。

霤 liù 同"霤"。

矆 liù ❶复习。❷定意。(《篇海类编》)

雡 liù ❶较大的幼鸟。❷小鸡。

䨨 liù ❶甑。❷也作"馏(鎦)",把熟食蒸热。

霤 liù 同"霤"。

餾 liù 同"鎦(馏)"。

飂 ㊀ liù ❶急风;西风:～兮若无止。❷风声;长风声:万壑松涛～。❸古国名,在今河南。❹姓。

㊁ liáo［飂戾］1.拟声词,风声。2.急速的样子。

飄 liù 同"飂"。

霤 liù 同"霤",屋檐的流水。

飄 liù 同"飂"。

霤 liù 同"霤"。

甗 liù 同"甗"。

鷚 liù 同"鹨(鷚)"。

甗 liù 屋脊。

lóng

龙(龍) ㊀ lóng ❶传说中的神异动物,身长,有鳞、角、爪,能在天上飞、水中游、兴云降雨:飞～｜叶公好～。❷象征帝王:～体｜～颜｜～床。❸形状像龙或装饰有龙的图案的:～舟｜～灯｜车水马～。❹近代古生物学指某些有脚、有尾或有翼的爬行动物:恐～｜翼手～。❺姓。

㊁ lǒng 通"垄(壟)"。1.冈垄:有私～断焉。2.坟墓:～在建木西。

屸 ㊀ lóng 山的样子。

㊁ hóng 古山名。(《集韵》)

茏(蘢) ㊀ lóng ❶草名:其山之浅,有～与斥。❷［茏葱］也作"葱茏",草木繁茂青翠的样子。

㊁ lǒng［茏茸］聚集的样子:攒罗列聚丛以～。

咙(嚨) lóng［喉咙］又称咽喉，咽和喉。

泷(瀧) ㊀ lóng ❶［泷泷］(-lóng)1. 细雨绵绵的样子。2. 拟声词，流水声：谷中暗水响～。❷古水名，即今山东的孝妇河。❸湍急：～流｜涛～阻绝八万里。❹急流的水；湍急的河流，也用于地名：～鸣｜～吼｜七里～(在浙江)。
㊁ shuāng ❶古水名，即今广东的罗定江。❷古州名，在今广东。❸［泷岗］山名，在江西。

駥(驡) lóng 同"龙(龍)"。

珑(瓏) lóng［玲珑］见 581 页"玲"字条。

栊(櫳) lóng ❶圈养禽兽的栅栏：～槛。❷窗户，也指房舍：房～｜帘～。

轳(轆) lóng 车轴头，也作"笼(籠)"。

昽(曨) lóng［曚昽］(méng-)见 640 页"曚"字条。

峣 lóng［崆峣］(kōng-)见 506 页"崆"字条。

㡣 lóng 同"龙(龍)"。

胧(朧) ㊀ lóng［朦胧］(méng-)见 640 页"朦"字条。
㊁ lǒng 肥的样子。

夆 lóng 多。

烧(爖) lóng ❶火的样子。❷点燃：劈柴～火。

隆 lóng 同"隆"。

茸 lóng 同"蓈(龙，龍)"。

蓈 lóng 同"龙(龍)"。

砻(礱) lóng ❶磨：造兹宝刀，既～既砺。❷脱去稻谷皮壳的器具，多为木制，略像磨。❸用砻磨稻谷去皮壳：～谷舂米｜～了两担稻子。

眬(矓) lóng［蒙眬］也作"矇眬"，见 640 页"矇"字条。

笄 lóng 义未详。(《改并四声篇海》)

龟 lóng 同"龙(龍)"。

竜 ㊀ lóng ❶宠。❷同"龍(龙)"：～章凤彩｜如～出水。
㊁ néng 同"能"：况日不悛，其～久乎！

隆 lóng 同"隆"，兴盛：～盛｜～起花楼。

隆 lóng 同"隆"。

隆 lóng 同"隆(隆)"。

隆 lóng 同"隆"。

龟 lóng 同"龙(龍)"。

聋(聾) lóng 耳朵听不见声音；听觉迟钝。

峣 lóng 同"峣"。

笼(籠) ㊀ lóng 用竹篾、柳条、金属丝等制作的器物：鸟～｜灯～｜蒸～。
㊁ lǒng ❶包罗；拢藏：无不～取｜～在袖里。❷遮；罩住：烟～雾罩。❸生火：～上两盆炭火。❹竹箱，泛指较深大的箱子：箱～。

舻(艫) ㊀ lóng ❶船名。❷小船的盖。
㊁ lǒng 通"拢(攏)"：伸～伸开。

癃 ㊀ lóng 同"癃"，衰弱多病：老弱～病。
㊁ pāng 同"膖"，肿胀，多指腹肿胀。

裥 ㊀ lóng 同"襱"。
㊁ tǒng 短袖衣。

隆 lóng 同"隆"。

隆 ㊀ lóng ❶高；凸出：～准(高鼻梁)｜～起。❷丰；盛大：～富｜～重。❸兴盛；使兴盛：～唐｜兴国～家。❹多：功薄赏～｜礼不～而德有余。❺深厚；程度深：～情厚谊｜知遇之～｜～冬。❻拟声词，雷、炮等发出的巨大响声：轰～｜雷声～～｜黄洋界上炮声～。❼古州名，在今四川。❽姓。
㊁ lōng［黑咕隆咚］形容很黑暗：地下室里没有点灯，～的。

跜(躘) ㊀ lóng［跜踵］(-zhōng)也作"跜踵""龙钟"。1. 老人行走的样子：卢子～也，贤愚总莫惊。2. 行走不稳的样子：忽然打个～。
㊁ lǒng 行走端正。

瘽 lóng 同"癃"。

竜 lóng 同"龙(龍)"。

漋 lóng 同"瀧"。

隆 lóng 同"隆"。

嚨 lóng 同"嚨(咙)"。

L

𥪖 lóng 同“龍(龙)”。

𥫨 lóng 同“龍(龙)”。

滝 lóng 同“泷(瀧)”。

𡑒 lóng 同“隆”。

𨺗 lóng 同“隆”。

𣟍 lóng 同“栊(櫳)”。

𡃖 lóng 拟声词,也作“隆”:呼～|～～的炮声。

嶐 lóng 高;隆起。

𤸇 lóng 同“癃”。

𥪰 lóng 同“竜(龍,龙)”。

漋 lóng 从高处流下的水,也用于地名:永～河(在湖北)。

㦕 lóng 意。

𥧡 lóng 天形。

䨙 lóng 雨声。

𧒍 lóng 虫名。

䈶 lóng 同“笼(籠)”。

癃 lóng ❶ 足跛不能行:老羸～疾|久～之夫。❷ 衰弱多病:～病|疲～。❸ 癃闭,中医指小便不畅或不通的病。

𪚢 lóng 同“龙(龍)”。

𪚗 lóng 同“龍(龙)”。

窿 lóng ❶[窿穹](-qióng)也作“穹隆”“穹窿”,中央高,四周下垂,泛指隆起的样子,单用“窿”义同:穹窿石卧阶|冈阜窿然。❷ 采矿的坑道:煤～|老～|～门口。

𥗽 lóng[硡𥗽](hóng-)见 350 页“硡”字条。

𨇮 lóng 行走不稳的样子。

𧓍 lóng 同“𧒍”。

𥶡 lóng 篁。

𩄾 lóng 雷声。

儱 ㊀ lóng[儱倲](-dōng)劣。㊁ lòng[儱偅](-zhòng)走路歪斜不稳。

𪚐 lóng 同“聾(聋)”。

𪔵 lóng[𪔵𪔵]拟声词,鼓声。

霳 lóng[豐霳](fēng-)也作“丰(豐)隆”“丰(豐)霳”。1. 神话传说中的雷神。2. 雷。

巄 lóng 同“巃”。

巃 lóng[巃嵸](-zōng)1. 峻拔高耸的样子:崇山～。2. 云气蒸腾的样子:山气～。

𪚏 lóng[𪚏历]古代宫廷内左右小门名:～左门|～右门。

𤢳 lóng 哺乳动物。

𧮩 lóng 大声。

𡾊 lóng 同“巃”。

𢅥 lóng 义未详。(《改并四声篇海》)

龒 lóng 同“龍(龙)”。

𪚑 lóng 同“𪚏”。

𣩼 lóng 同“䆍”。

𦌾 lóng 同“笼(籠)”。

朧 lóng 赤色。

𪚠 lóng ❶ 窗上格木,窗,后作“栊(櫳)”。❷ 同“栊(櫳)”,圈养禽兽的牢笼。

𤮐 lóng 同“砻(礱)”。

𪚧 lóng 击。

𢥞 lóng[𢥞怱(匆)]急遽的样子。

龔 lóng 同“龍(龙)”。

𪔷 ㊀ lóng 同“𪔵”,拟声词,鼓声。㊁ qī 守夜鼓。

礲 lóng ❶ 同“砻(礱)”,磨砺:～砺|不～不错。❷ 穿过石洞的急流:有～有泷。

䆍 lóng ❶ 已割倒而未打捆的谷物。❷ 禾病。

L

龒 lóng 同"龙(龍)"。

襱 ㊀ lóng ❶ 裤筒。❷ 裤裆。
㊁ lòng［襱褈］(-chóng) 衣服宽大的样子。

驡 lóng 同"珑(驡)"。

瓏 lóng 有龙纹的圭。

鼜 lóng 同"鼟"。

矓 lóng 同"聋(聋)"。

蠪 lóng［蠪蜂(蠭)］昆虫,传说可据其鸣声清浊占卜吉凶。

蠪 lóng ❶ 又称蠪蟜,一种大蚂蚁,身上有赤色斑点。❷［蠪蚳］(-chī) 传说中的动物,像猪,有角。

鼞 lóng 声。

豅 lóng ❶ 长大的山谷:南～|百丈苍～。❷ 山谷空深的样子。

龕 lóng 同"豅"。

龗 lóng 巫。

躘 lóng［躘蹤］(-cōng) 行走;行走急遽的样子。

鼜 lóng 同"鼟"。

鑨 lóng ❶ 器名。❷ 同"礱(砻)",磨;磨砺:～墓石。

饚 lóng 饼类食品。

鼟 lóng［鼟鼟］拟声词,鼓声,单用义同。

鼞 lóng 同"鼟"。

韛 lóng［韛头］也作"笼头",套在骡、马等头上用来系缰绳或挂嚼子的器具,也单称韛。

飍 lóng 义未详。(《改并四声篇海》)

寵 lóng 义未详。(《字汇补》)

驡 lóng 同"驡(珑)"。

驡 ㊀ lóng ❶ 野马。❷ 姓。
㊁ zǎng［驶驡］(yǎng-) 马容。

籠 lóng 筐。

龔 lóng 同"饚"。

鸗 lóng 同"鸗"。

鸗 lóng 野鸭。

鼟 lóng 拟声词,鼓声。

龘 lóng 义未详。(《改并四声篇海》)

lǒng

陇(隴) lǒng ❶ 同"垄(壟)"。1. 坟墓:黄土～头埋白骨。2. 高丘:桃树万株,被～连壑。3. 田界,也指田埂:小麦覆～黄。❷ 山名,在陕西、甘肃交界的地方。❸ 古州名,在今陕西。❹ 古县名,在今甘肃。❺ 甘肃(地名)的别称:～剧|～海铁路。

垅(壠) lǒng ❶ 同"垄(壟)"。❷ 用于地名:～坪(在湖南)。

拢(攏) lǒng ❶ 汇集;合上:～万川归～|她笑得嘴都合不～了。❷ 停靠;靠近:～岸|靠～。❸ 使不松散或不离开:收～|她把孩子～在怀里。❹ 梳,整理头发:～一～头发。

垄(壟) lǒng ❶ 坟墓:邱～被掘。❷ 高丘:山～|柏～。❸ 田界;田埂:麦～|宽～密植|辍耕之～上。❹ 像田埂的东西:瓦～(屋顶用瓦铺成的凹凸相间的行列)。

恾(儱) lǒng［恾悷］(-lì) 也作"恾戾",凶狠难以制伏:～难驭。

泷 lǒng 同"埿"。

埿 lǒng 抹泥。

隴 lǒng 同"陇(隴)"。

朧 lǒng 同"胧(朧)㊁"。

竉 lǒng ❶ 孔穴。❷ 用于地名:～洲。

礲 ㊀ lǒng ❶ 兼有:纠枝～房。❷ 牵。
㊁ lóng 马笼头。

礱 lǒng 同"礲"。

軄 lǒng［軄䡛］(-tǒng) 身体不端正。

壟 lǒng 同"垄"。

䥌 lǒng［䥌䥌］(dǒng-)见 203 页"䥌"字条。

lòng

郉 lòng 古邑名,在今山东。

哢 lòng 同"哢"。

倂 lòng 同"㛞"。

埲 lòng 同"穽"。

哢 lòng ❶鸟叫:鸟～|佳禽～翠树。❷用于地名:～村(在广东)。

峅 lòng 同"穽"。

峅 ㊀lòng 山间的平地:～场|千山万～。㊁lóng［峅关］村名。(《汉语大字典》)

庠 lòng 同"弄(衖)",巷子;胡同。

浵 lòng 古水名。(《玉篇》)

㛞 lòng ❶［㛞㑝］(-dòng)愚蠢的样子。❷［㛞戇］(-zhuàng)愚蠢的样子。

屏 lòng 同"弄(衖)",巷子;胡同。

娦 lòng 用于女子人名。

梇 lòng ❶树名。❷［梇栋］古县名,在今云南。

穽 lòng 洞穴。

袶 lòng 衣服一套。

䘚 lòng 同"袶"。

衖 lòng 同"衖"。

詳 lòng 同"哢"。

衖 ㊀lòng［衖衝］(-chōng)行不正。㊁lǒng［衖衕］(-tǒng)直行。

瘲 ㊀lòng［瘰瘲］(léi-)病。㊁lóng 同"聋(聾)",失去听觉。

朧 lòng ❶龙的样子。❷贫穷。

lōu

搂(摟) ㊀lōu ❶强加;牵合:～诸侯以伐诸侯|～他人之力。❷用手或工具把东西聚拢:～柴火|～树叶。❸搜刮:～钱。❹挽起;拎起:～起袖子|～着裤腿过河。❺用手指朝自己方向拨:～枪机。㊁lǒu 两臂合抱,用手臂拢着:～抱|一手～着一个孩子。

瞜(瞜) ㊀lōu(旧读 lóu)看:～了他一眼|让我～～。㊁lou［眍瞜］(kōu-)眼窝深陷:他大病一场,眼睛也～了。

lóu

剅 lóu(又读 dōu)❶堤坝下排水、灌水的小孔。❷小水道:～口|～眼。❸割。❹用于地名:～河|蒋家～(均在湖北)。

圔 lóu 同"娄(婁)"。

娄(婁) ㊀lóu ❶物体中空。❷某些瓜果过熟而变质:这个西瓜～了。❸星名。❹姓。㊁lǚ 通"屡(屢)",副词,多次:～举贤良文学之士|绥万邦,～丰年。

唛 lóu"嘍(喽)"的讹字。

嫢 lóu 同"婁(娄)"。

圔 lóu 义未详。(《改并四声篇海》)

㜢 lóu 同"婁(娄)"。

婁 lóu 同"婁(娄)"。

嘍 lóu 同"嘍(喽)"。

㟺 lóu 同"婁(娄)"。

偻(僂) lóu ❶(又读 lǚ)脊背弯曲,引申为弯腰表示恭敬:行步伛～|～行|一命而～。❷(又读 lǚ)弯曲:～身。❸［偻㑩］(-luó)同"喽啰"。

瞘 lóu 同"婁(娄,娄)"。

蒌(蔞) lóu ❶蒌蒿,多年生草本植物,嫩叶可食,花可供药用。❷［蒌叶］又称蒟酱,常绿藤本植物,叶和果实可供药用。果实有辣味,可做调味品。

喽(嘍) ㊀ lóu[喽啰]也作“偻㑩”。1.伶俐;狡猾:~儿。2.旧称强盗头目的部下,比喻追随恶人的人:小~。
㊁ lou 助词,表示语气,啦:来~|过年~|知道~。

猡(㺏) lóu 同“貗”,种猪。

溇(漊) lóu 见 607 页 lǚ。

偻(僂) lóu ❶ 恭谨的样子:~诚以为尔。❷ 喜悦。

骒(騝) ㊀ lóu 大骡。
㊁ lǘ 同“驴(驢)”。

楼(樓) lóu ❶ 两层以上的房屋:阁~|~房|办公~。❷ 指楼房的一层:二~|~板|~梯。❸ 指某些高的建筑物或上层:炮~|岗~|城~。❹ 用于带楼层的商家店铺及景观等的名称:酒~|茶~|大观~。❺ 姓。

剅 ㊀ lóu 穿。
㊁ lòu[剅剩](-zòu)细切。

鄋 lóu 古乡名,在今河南。

膢(膢) lóu (又读 lǘ)祭祀名。

熡(熡) lóu 火炎。(《改并四声篇海》)

陾 lóu[羸陾](lián-)见 541 页“羸”字条。

塿(塿) lóu ❶ 疏松的土壤。❷ 小的坟冢。

遱 lóu[连遱]接连不断的样子:尺许小人,~而出,至不可数。

帺 lóu[帺篼](-dōu)装马饲料的袋子。

婁 lóu 同“婁(娄)”。

廔 lóu ❶ 窗。❷ 屋脊。

褛(褸) ㊀ lóu 衣襟。
㊁ lǚ ❶ 衣服破烂。❷ 缝补。

嫢 lóu 同“婁(娄)”。

耧(耬) ㊀ lóu 又称耧车、耧子,用来开沟播种的农具。
㊁ lǒu 也作“耬”,松土。

蝼(螻) lóu ❶[蝼蛄](-gū)又称蝼蛞、天蝼,俗称蝲蝲蛄、土狗子,昆虫。❷ 被蝼蚁蛀蚀:户枢不~。

㛿 lóu 同“婁(娄)”。

慺 lóu 同“慺(偻)”。

瓾 lóu[瓠瓾](gōu-)见 296 页“瓠”字条。

遱 lóu 同“遱”。

艛 lóu 有楼的大船。

羮 lóu[土羮]一种像羊的动物,四只角。

䁖 lóu 蹓豆。(《龙龛手鉴》)

貗 lóu ❶ 种猪。❷ 母猪。❸ 豮子,小猪。

瞜 ㊀ lóu 贪。
㊁ lòu[睺瞜](hòu-)见 354 页“睺”字条。

遱 lóu 同“遱”。

覰 lóu ❶ 同“瞜(瞜)”,看。❷ 不住地看。

髅(髏) lóu[髑髅](dú-)见 210 页“髑”字条。

軁 ㊀ lóu[軃軁](yǎn-)驼背。
㊁ lǚ 同“偻(僂)”,脊背弯曲:肉消脊~。

謱 lóu[謰謱](lián-)见 563 页“謰”字条。

屢 lóu “樓(楼)”的讹字。

甊 lóu[瓿甊](guā-)见 305 页“瓿”字条。

鞻 lóu[鞮鞻氏](dī--)周代乐官名。

顭 lóu ❶ 同“髏(髅)”。❷ 通“镂(鏤)”,刻:~河南之尺牍。

韄 lóu[鞮韄氏](dī--)周代乐官名。

耬 lóu 同“耬(耧)”。

軁 lóu 同“軁”。

鞻 lóu 大青鱼。

䝏 lóu 同“貗”。

欔 lóu 同“楼(樓)”。

lǒu

庘 lǒu 草室。

搂(摟) lǒu 见596页lōu。

嵝(嶁) lǒu 山顶。

趗 lǒu 义未详。(《改并四声篇海》)

𢺐 lǒu ❶高的样子。❷同“偻(僂)”。

㪹 lǒu 同“𢺐”,高的样子。

𡝤 lǒu 同“嵝(嶁)”。

䣚 lǒu 同“𢺐”,高的样子。

甊 lǒu[瓿甊](bù－)见71页“瓿”字条。

斢 lǒu[㪗斢](tǒu－)抢夺。

篓(簍) ㊀lǒu 用竹篾、荆条等编的盛物器具:竹～|鱼～|字纸～。
㊁lǚ 车篷。
㊂jù[篱篓](jǔ－)见475页“篱”字条。

䁖 lǒu 石名。

穛 lǒu 同“耧(耬)”,松土。

䝏 lǒu 多。

𩘏 lǒu[䨲𩘏](lián－)见564页“䨲”字条。

lòu

㔷 lòu 同“陋(陋)”。

陋 lòu 隐匿,后作“陋”。

陋 lòu ❶(居住的地方)狭小;简陋:～室|～巷|我居一何～,举手屋可扪。❷见闻不广:～识|浅～|孤～寡闻。❸卑贱;粗俗:～民|门族寒～|～习。❹丑;猥琐:丑～|貌～身单。❺鄙视;轻视:～今而荣古。

陑 lòu 同“陋”。

㢅 lòu 同“屚(漏)”。

瘺 lòu 同“瘘(瘘,瘻)”。

屚 lòu 同“漏”,屋顶漏水:仓～。

𨞻 lòu 古地名,也作“䣚”。(《玉篇》)

鄛 lòu 古地名。(《字汇补》)

𨞼 lòu 古地名。(《集韵》)

𦿆 lòu[𦿆芦]同“漏芦”,多年生草本植物,根可供药用。

镂(鏤) ㊀lòu ❶质刚硬的铁,可做雕刻工具。❷雕刻:～空|金石可～|～骨铭心。❸开凿;打通:～灵山。❹姓。
㊁lǘ[属镂](zhǔ－)剑名。

𨧀 lòu 金属元素“铑(鈩、鑪)”的旧译写法。

瘘(瘻) ㊀lòu ❶瘘管,空腔脏器与体表,或空腔脏器之间不正常的通道,病灶里的分泌物可由此流出:外～|肛～。❷颈项肿大的病,即颈部淋巴结核。
㊁lǘ 驼背:病～,隆然伏行。

𣸧 lòu 同“漏”。

漏 lòu ❶漏壶,古代计时器,借指时辰:更～|～尽更深|三～始入土门庄。❷物体从缝隙、孔洞中渗出或透过;破损:～水|～气|水壶～了。❸泄露;传出:透～消息|走～风声|～个话儿。❹遗忘;失落:疏～|挂一～万|捡～儿。❺中医病名,指人的体液流出不止的病症或疮疡:痔～|崩～|其疮成～,终身不痊。

㪲 lòu[㪲䞣](－hòu)小儿凶恶。

𣹢 lòu “漏”的讹字。

镉(鎘) lòu[镉锈](－zhòu)铁齿耙,也指用这种耙耙地:～块壤。

瘺 lòu 同“瘘(瘻)”。

鏤 lòu 同“镂(鏤)”。

踊 lòu 踏。

謱 lòu[謱诟](－gòu)突然发怒。

lū

撸（擼） lū ❶捋，手顺着条状物表面移动：～起袖子｜把树枝上的叶子～下来。❷撤销（职务）：把他的队长给～了。❸训斥；斥责：挨了一顿～。❹用手掌击打：～了他几嘴巴子。

噜（嚕） lū ❶［噜苏（嚕）］啰唆，说话絮烦，也指事情琐碎、麻烦：她说话～｜这件事真～。❷训斥：挨～｜～了他一顿。❸拟声词，喘息声；鼾声：呼～呼～地喘着｜呼～～的鼾声｜打呼～。

謢 lū 口头应承。

lú

卢（盧） lú ❶黑色弓，引申为黑色：～弓。❷古地名，在今山东。❸姓。

垆 lú 同"垆（壚）"。

芦（蘆） ㊀lú ❶芦苇，多年生草本植物，多生于水边，秆可编席或造纸，叶可包粽子，根茎可供药用：～叶｜～花。❷［芦菔］（-fú）萝卜。❸［芦荟］又称油葱，多年生草本植物，其叶汁浓缩干燥的制成品可供药用。❹姓。
㊁lǔ［油葫芦］昆虫，像蟋蟀而大。

庐（廬） lú ❶房屋，多指简陋的或临时性的房舍：茅～｜草～｜～舍。❷古州名，在今安徽：～剧。

垆（壚） lú ❶黑色而坚结的土壤，一说黄黑色土壤：～土｜～坂（阪）。❷旧时酒店里安放酒坛、酒瓮的土台，借指酒店：酒～｜当～（卖酒）。❸同"炉（爐）"，火炉：茶～。

护（攎） lú ❶持；执。❷收敛。

栌 lú 同"栌（櫨）"。

呼（嚧） lú ❶叹词，唤猪声。❷用于译音。

炉（爐）［鑪］ lú 用于取暖、做饭、冶炼等的器具或设备：手～｜微波～｜炼钢～。
◆"鑪"另见599页"铲"字条。

泸（瀘） lú ❶古水名，即今四川的金沙江下游一段。❷［泸州］地名，在四川。

栌（櫨） lú ❶柱或房梁上承重的方木，又称欂栌：千栌赫奕，万拱崚嶒｜标林欂栌，以相支持。❷又称黄栌，落叶灌木，木材可制家具或做黄色染料。❸［栌橘］又称甘栌，柑橘的一种。

枰 lú 黄栌。

轳（轤） lú［辘轳］（lù-）见604页"辘"字条。

眬（矑） lú 日色。

胪（臚） lú ❶皮肤。❷肚腹前部：～胀。❸陈列；陈述：～列｜～情（陈述心情）｜～其罪状。

弦 lú 同"玈"。

鸬（鸕） ㊀lú ❶［鸬鹚］（-cí）又称鱼鹰、水老鸦，水鸟名。❷雉的古名。
㊁lù 通"鹭（鷺）"：鸿～兮振翅。

铲（鑪） lú ❶同"垆（壚）""罏"，酒店放置酒瓮的土台子，借指酒肆，小酒店：酒～。❷金属元素，由人工合成获得，有放射性。
◆"鑪"另见599页"炉"字条。

軳 lú 同"轳（轤）"。

颅（顱） lú 头盖骨，引申为头：～骨｜头～。

盧 lú ❶盛酒的小口瓦器。❷盛饭的器皿。

虚 lú 同"盧"。

虚 lú 同"盧"。

躹 lú 同"炉（爐）"，炼丹炉。

舻（艫） lú 船头，也指船尾，泛指船：接～｜巨～｜画～。

玈 lú ❶黑色：～弓｜～箭。❷黑色的弓，泛指弓：彤～。

弦 lú 同"玈"。

軳 lú 同"轳（轤）"。

鲈（鱸） lú 鲈鱼，生活在近海和河口。

盧 lú ❶同"盧"，盛饭的器皿。❷虎纹。

鑪 lú 同"虘"。

艫 lú 同"虘"。

鲈 lú 同"鲈(鱸)"。

蘆 lú[蘆会]同"芦荟"。

靁 lú 义未详。(《龙龛手鉴》)

黸 lú 黑弓。

璷 ㊀ lú 玉名。
㊁ fū[璷璷](kūn－)美玉。

嶁 lú 古山名。(《玉篇》)

膔 lú 同"髗"。

獹 lú 古代良狗名。

廬 lú 同"廬(庐)"。

彇 lú 同"兹"。

壚 lú 碧玉。

殏 lú 皮殏,皮肤,也作"臚(胪)"。

顱 lú 同"顱(颅)"。

甗 lú 同"罏(罏)",古代盛酒的小口瓦器。

敼 lú 收敛。

盧 lú 同"盧(卢)"。

瓥 lú[瓥瓥](pú－)见 745 页"瓥"字条。

瓠 lú[瓠瓠](hù－)同"葫芦"。1.瓜名:烂蒸～。2.用干葫芦做成的盛酒饭的器具:有道士过求饮,留一～与之。

虘 lú ❶同"臚(胪)"。1.皮肤。2.肚腹前部。❷离,一说"虘"的讹字。

矑 lú ❶看。❷瞳仁;眼珠子:清～|双～特明秀。

蠦 lú 同"虘"。

瓐 lú 同"瓠"。

瀘 ㊀ lú ❶痈类。❷通"廬(庐)",用于地名:～江。
㊁ lù[痔瀘](bù－)同"痔瀘"。

蠦 lú ❶[蠦蜰](－féi)也作"蠦蜚""蜚蠦",即蜚,蝽类小飞虫。❷[蠦蟺](－chán)守宫,即壁虎。

罏 lú ❶同"罏",古代盛酒的小口瓦器:～焦听酒沸。❷同"垆(壚)",酒店放置酒瓮的土台子,借指酒肆,小酒店:酒～。❸炉子:药～|废～。

籚 lú ❶矛、戟的柄。❷筐形盛饭器。❸竹名。

纑 lú ❶麻线:纺～|辟～聊易米。❷苎麻类植物:结苇蠽～。

鑪 lú 同"鑪(铲)"。

躘 lú 传,传语,也作"胪(臚)"。

黸 lú 同"黸"。

鸕 lú 同"鸕(鸬)"。

鑪 lú 同"罏(虘)"。

轤 lú[辘轤](lù－)见 606 页"辘"字条。

髗 lú 同"颅(顱)"。

鬛 lú ❶头发竖起的样子。❷马鬣。

鸕 lú 同"鸕(鸬)"。

黸 lú ❶黑。❷极黑。

鼳 lú 鼠名。

鱸 lú 同"鲈(鱸)"。

lǔ

卤(鹵、❶-❺滷) lǔ ❶盐碱地:地～。❷盐卤,熬盐时剩下的黑色汁液,味苦有毒。❸用盐水、酱油加多种调味品的浓汁煮制食品:～肉|～鸡|～豆干。❹饮料浓汁或食物汤羹:茶～|打～面。❺卤素,又称卤族,氟、氯、溴、碘、砹五种元素的统称,典型的非金属元素,也是重要的化学原料。❻通"鲁(魯)",鲁莽;迟钝:～人|～钝|顽～。❼通"橹(櫓)",大

盾牌:流血漂～。

炭 ㊀lǔ 同“鲁(魯)”。㊁lǔ 同“𣥽(旅)”。

𡵓 lǔ 同“炭”。

虏(虜)[擄] lǔ ❶俘获:俘～|～取|～获。❷抢劫;掠夺:剽～|～略。❸战俘:俘～|亡～。❹对敌人的蔑称:通～|不战屈敌～。❺奴隶;奴仆:逃亡之～。

卤 lǔ 同“鹵(卤)”。

掳(擄) lǔ 强取:～掠|～夺。

硇(磠) lǔ[硇砂]硇砂。

鲁(魯) lǔ ❶愚笨;莽撞:愚～|～钝|粗～。❷周代国名,在今山东。❸山东(地名)的别称:～菜。❹姓。

屚 lǔ 同“履”。

菡 lǔ 同“菡(蓾)”,一说杜衡的别称,多年生草本植物。

匔 lǔ[匔匔]伏地。

廘 lǔ 同“虜”。

塷 lǔ 同“卤(鹵)”。

擄 lǔ 掳掠;强取:～掠。

蓾 lǔ 同“蓾”。

塷 lǔ ❶沙。❷同“卤(鹵)”。

㝼 lǔ 同“鲁(魯)”。

㢚 lǔ[㦄㢚](mǔ-)见668页“㦄”字条。

澛(澛) lǔ ❶同“卤(鹵)”。❷用于地名:～港(在安徽)。

橹(櫓)[❶樐、❶艪、❶艣、❷樐] lǔ ❶划船的用具,比桨长大,安在船旁或船尾,也指大船:摇～|泛洪～于中潮。❷古代防卫兵器,大盾牌:伏尸百万,流血漂～。❸顶部没有遮盖的望楼:楼～|高～。

嚕 lǔ[嚕嚕]叹词,唤猪声。

氇(氌) lǔ(又读lu)[氆氇](pǔ-)见746页“氆”字条。

魯 lǔ 同“鲁(魯)”。

廬 lǔ ❶堂屋周围的屋子。❷庵舍。

㯭 lǔ 同“㢚”。

镥(鑥) lǔ 金属元素,可用于核工业。

蓾 lǔ 草名。

䜌 lǔ 豆名,古代盛食器。

㔃 lǔ[猓㔃](lù-)旧时对彝族的称谓。

謧 lǔ[謧謩](-mǔ)也作“卤莽”。1.言不定。2.苟且。

磨 lǔ 同“虜”。

鑥 lǔ 同“鑥”。1.古代熬胶的器具,像釜。2.刀柄。

毹 lǔ 同“氇(氌)”。

簵 lǔ 竹名。

鑪 lǔ ❶古代熬胶的器具,像釜。❷刀柄。❸金属元素“钚(鈈)”的旧译写法。

鬞 lǔ ❶鬣。❷头发。

氌 lǔ[氆氌](pǔ-)同“氆氇”。

鱸 lǔ 鱼名。

鷜 lǔ[鷜鸊](-bì)鸊鷉的别称。

鱷 lǔ 鱼名。

lù

尢 lù 同“𡯁”。

甪 lù ❶用于地名:～直(在江苏)|～堰(在浙江)。❷[甪里]1.古地名,在今江苏。2.姓。

陆(陸) ㊀lù ❶陆地;陆路:登～|水～并进。❷大土山:丘～。❸跳跃:翘足而～|豺狼翘～。❹古国名,在今山东。❺古州名,在今广西。❻姓。❼[陆费]姓。
㊁liù 数词“六”的大写。

L

陸 lù 同"陆(陸)"。一说同"跌"。

峚 lù[菌峚]地蕈。

坴 lù ❶大土块。❷用于古地名,也作"陸(陆)"。(《说文解字注》)

傫 lù[傫魁]大的样子。

犾 lù 射箭。

勠 lù 同"勠"。

录{彔}(録){錄} lù ❶记载;抄写:记～|登～|～音。❷记载言行或事物的书刊:语～|回忆～|备忘～。❸采用;任用:收～|～取|～用。

捙 lù ❶揪住。❷捋;摩:～身而过。

峍 lù[峍屼](-wù)也作"嵂屼",山崖。

崋 lù[崋崒](-zú)也作"嵂崒",山高的样子。

录 lù 同"录"。

勎 lù 同"勠"。

奤 lù 同"陆(陸)"。

菉 lù 盛在竹筒内的暗箭。

赂(賂) lù ❶赠送财物;割让土地:以大鼎～公|争割地而～秦。❷为达到某种目的而以财物买通他人:贿～。❸赠送的财物,泛指财物:取～而还|货～。

笲 lù 竹名。

淕 lù 寒冷。

摝 lù(又读 jué)义未详。(《改并四声篇海》)

摝 lù 同"摝"。

菉 ㊀lù ❶荩草:霜翦江南～。❷用于地名:梅～(在广东)。
㊁lǜ ❶"绿(綠)㊀㊁❷"的异体字。❷[菉豆]即绿豆,一种绿色的小豆,可食或酿酒。

硉 lù ❶礌;击:～岩腰而沫沸。❷[硉矹](-wù)也作"硉兀"。1. 崖石高耸突出的样子:险狖眠～。2. 沙石随水流滚动的样子:巨石～以前却。3. 雄健不凡:狂教诗～。

啜 lù ❶笑。❷拟声词,鸟叫声。

嵂 lù 同"硉"。

崚 lù 同"峚"。

峚 lù 山间平地。

猔 lù 义未详。(《改并四声篇海》)

鹿 lù ❶哺乳动物,种类多,一般雄性头上有树枝状的角:梅花～|～角。❷猎获的对象,比喻政权或爵位:逐～|～死谁手。❸[鹿茸]雄鹿带茸毛的嫩角,可供药用。❹[鹿藿](-huò)又称鹿豆,草质缠绕藤本植物,种子可食或供药用。❺姓。

鹿 lù 同"鹿"。

漉 lù ❶凝雨。(《玉篇》)❷古泽名。(《集韵》)

渌{淥} lù ❶同"漉",捞取;过滤:～酒|洗～。❷清澈:～水|～波。❸渌江,水名,湘江支流,在湖南。❹同"醁",美酒:～酒|平生且尽杯中～。

逯 lù "逯"的讹字。

逯 ㊀lù ❶任意;随意:浑然而往,～然而来。❷姓。
㊁dài 同"逮"。

勠 lù 同"勠"。

娽 lù 用于女子人名。

娽 ㊀lù 随从。
㊁lo[謯娽](zhā-)见 442 页"謯"字条。

騄(騄) lù[騄駬](-ěr)良马名。

琭 lù ❶玉名。❷玉的样子:～～如玉。

椂 lù 树名。

睩 lù 太阳无光。

膔 lù ❶脂肪。❷肥。

敀 lù[敀攱](-kū)不滑利;不稳。

敀 lù 同"敀"。

禄 lù 见。

禄{祿} lù ❶福：薄～相｜下民百～。❷古代官吏的俸给：俸～｜高官厚～｜无功受～。❸姓。

敎 lù ❶击。❷拟声词，剥声；扑声。

翏 lù 同"戮"。

翏 lù 同"戮"。

跢 lù 同"路"。

蔍 lù［蔏蔍］(shāng-)同"商陆"，多年生草本植物，根可供药用。

碌 lù 同"硉"。

碌 ㊀lù ❶石头的样子。❷平庸，无所作为：庸～｜～～无为。❸事务繁忙，辛苦：忙～｜劳～。

㊁［磟］liù［碌碡］(-zhou)农具名，圆柱形石磙，用来轧脱谷粒或轧平场院。

㊂luò［碌礴］(-cù)1.地多沙石而不平。2.石。

◆"磟"另见592页"磟"字条。

睩 lù 谨慎而恭敬地注视。

路 ㊀lù ❶道路，往来通行的途径：公～｜铁～｜～不拾遗。❷路程：山高～远｜八千里～｜～遥知马力。❸仕途；官职：失～者委沟渠｜进士同年，后俱得～。❹门道：～子｜生～｜棋～。❺条理：思～｜笔～。❻线路；地域；方面：五～公共汽车｜南～货｜各～人马。❼种类：一～货色｜两～人。❽宋代、元代地方行政区划名：总管府～｜发运使总六～之赋入。❾姓。☞路/道/途/径/蹊 见177页"道"字条。

㊁luò［虎路］竹篾编的藩篱。

踛 lù 同"踜"。

罜{𦊯} lù［罜䍡］(-sù)同"罷䍡"，下垂的样子。

稑 lù 晚种而先成熟的谷物。

䘵 lù 一种白色动物。

僇 lù ❶行动迟缓。❷通"戮"。1.杀戮：～于社。2.侮辱；羞辱：国残身死，为天下～。❸通"勠"，合力；齐力：～力。

諑 lù 同"录(録)"。

禄 lù［禄䙬］(-sù)拟声词，衣服的摩擦声。

盝 lù ❶渗漏，滤去水：～之澄之，重者在下。❷竹箱或小匣，也作"簏"：漆～｜脂～妆(粧)具。

剹 lù 同"戮"。

勠 lù 同"勠"。

勠 lù 合力；齐力：～力。

皾 lù［皾䃚］(-cù)也作"皾痴"，皮肉瘦恶。

鬲 lù 义未详。(《改并四声篇海》)

墂 lù 用于地名：～口城。

攎 lù ❶振动；摇动：～铎｜以手排～。❷捞取：捞～｜掏～｜河里失钱河里～。

睩 lù ❶同"聰"，耳鸣。❷私听。❸［睩听(聽)］(-tīng)同"蝚听"，虫名。

蔍 ㊀lù 又称鹿蹄草，多年生草本植物，可供药用。

㊁cū 同"麤(粗)"：～衣淡斋。

蛙 lù［魁蛙］也作"魁陆"，又称魁蛤，即蚶子。

蝚 lù［蝚听(聽)］虫名，像蜥蜴。

箓 lù 同"箓(籙，簏)"，竹器。

箓(籙) lù ❶同"簏"，竹篾编的箱、筐、篓等盛物器。❷帝王自称受天命的神秘文书：膺～受图，顺天行诛。❸簿籍：鬼～｜仙～｜前～。❹道教的秘籍、文录：《上清～》｜躬受道家之～。

廘 lù 露天堆积谷物的场所。

麤 lù［磨麤］也作"磨鹿"，即辘轳。

敫 lù 不安。

熝 lù 火爆米。

漉 lù ❶使干涸；使竭尽：竭泽～鱼｜毋～陂池｜焚林～渊。❷渗；沥：～汁洒地。❸过滤：千淘万～｜～豉以为汁。❹古水名，即今湖南的渌水。

漉 lù 从水中捞取东西。

㦇 lù 心闲。

𡢺 lù 用于女子人名。

𠢞 lù 同“勠”。

𠛬 lù 同“戮”。

𢽤 lù 同“戮”。

𦑇 lù ❶ 在水面上飞。❷ 向上飞的样子。

𧼑 lù ❶［趢趗］(-cù) 1. 也作“趢䞘”。小的样子：乃似趢趗。2. 小步，步子细碎：～胡马蹄。❷［趢𧻓］(-chǒng) 小儿行走的样子：子又～往来，哭于父母旁。

𡾊 lù 同“𡾟”。

𦺇 lù［𦺇蔌］(-sù) 同“䔞蔌”。

䔞 lù［䔞蔌］(-sù) 也作“𦺇蔌”，草名。

㯝 lù［㯝木］又称醉鱼草，落叶灌木，茎叶有毒，投水中可使鱼麻醉，以便捕捉。

輂 lù ❶［轓輂］(fān-) 1. 车箱。2. 三箱车。❷ 轴。

𨍥 lù ❶ 拟声词，车行声。❷ 同“辘(轆)”，车辙。

醁 lù 美酒名。

㼾 lù［㼾𣨼］(-wèi) 也作“鹿𣨼”，古代益州人杀鹿，把鹿肉埋入土中数日，待去除腥膻后取出食用。

𣩵 lù 同“戮”。

辘(轆) lù ❶［辘轳］(-lu) 1. 起重工具，多指安在井上绞起汲水的器具。2. 机械上的绞盘。❷［辘辘］拟声词，车轮声；饥饿时肠胃发出的响声：车声～｜饥肠～。

踛 lù ❶［𧾷踛］跳跃着前行。❷ 翘脚。

𨂐 lù 同“𨇴”，行走；行走的样子。

膔 ㊀ lù 腹鸣。
㊁ biāo 同“膘”，肥肉：～壮｜～满肉肥。

𧤇 lù 同“𧤙”，古代五音之一，东方音。

𧩛 lù 开玩笑。

甗 lù 砖。

𣀮 lù “𢿾”的讹字。

𢿾 lù 同“𢿾”。

爈 ㊀ lù 炼。
㊁ āo 熬煮：～牛头｜～萝卜。

禄 lù 祭名。

𥜰 lù 同“禄”。

覼 lù ❶ 笑着看。❷ 共同看。

𦡅 lù 同“戮”。

戮［❶剹］ lù ❶ 杀：杀～｜屠～。❷ 通“勠”，合力；齐力：～力。☞戮/诛/弑/杀 见842页“杀”字条。

雡 lù 同“鹭”。

𢷾 lù［𢷾桌布］擦桌布，泛指抹布。

蕗 lù［蕗蕨］附生蕨类植物，可供药用。

𦺊 lù 同“蓤”。

𧅛 lù 同“蠡”。

𦾬 lù 同“麓”。

𥗍 lù 石。

𥇩 lù［𥈐𥇩］(lì-) 见559页“𥈐”字条。

嘞 ㊀ lù 助词，用于歌曲中的衬字。
㊁ lou 助词，了：伊看着～。

罶｛䍡｝ lù 用小网捕鱼：溪边～小鱼。

𡾦 lù 同“路”，山路，泛指道路。

穋 ㊀ lù 同“稑”。
㊁ jiū ❶ 草名。❷ 姓。

𥰛 lù 竹名。

鋍 lù 金属元素“铑(銠)”的旧译写法。

𩞄 lù 食。

獵 lù[子獵]熊名。

皽 lù 兽皮有纹的样子。

潞 lù ❶ 水名。1. 潞水,古水名,即今山西的浊漳河。2. 潞江,即云南的怒江。3. 潞河,即北京通州的北运河。❷ 用于地名:～城(在山西)。

盝 lù 同“盝”。

盪 lù 同“盝”。

璐 lù 美玉。

䎑 lù 耳鸣。

蘪 lù[蘪菌]地木耳。

韣 lù[胡韣]也作“胡簶”,盛箭的袋。

蔆 lù 同“蓼”,长大的样子。

菉 lù 同“菉”。

蔍 lù 同“麓”。

橊 lù 树名,即桐。

轄 lù 同“輅”。

螰 lù[螇螰](xī-)见 1017 页“螇”字条。

蠦 lù 同“螰”。

醁 lù 同“陆(陸)”。

穋 lù “穋”的讹字。

簏 lù ❶ 竹篾编的箱、筐、篓等盛物器:书～|字纸～|用大～藏之。❷ 量词:古器数～|金银各一～。

鴼 lù 同“鹭(鷺)”。

艣 lù 船名。

褸 lù 同“禄”。

陽 ㊀ lù 同“陆(陸)”。
㊁ yáng 同“阳(陽)”。

頿 lù 颈项。

纑 lù 纯。

騄 lù 健壮的马。

趢 lù ❶[趢趚](-sù)拟声词,跑的声音。❷ 跑的样子。

樚 lù[樚心]柿子的一种。

蹃 lù 同“踛”。

鹭(鷺) lù ❶ 水鸟名,常见的有白鹭、苍鹭、绿鹭等。❷[鹭鸶](-sī)又称白鸟,鸟名,即白鹭。❸ 地名“鹭门”(即厦门,在福建)的简称:避地～左。

蹗 lù ❶[蹗蹗]希望:故人之忧喜,非为～焉往生也。❷ 行走;行走的样子:长骑着马每日～街道。

蹠 lù 同“蹗”。

罶 lù 捕鱼具。

罏 lù[罏罟](-gù)取鱼具。

簶 lù[胡簶]也作“弧簶”,盛箭的器具。

瘺 lù 同“瘻”。

癵 lù 病。

穋 lù 同“稑”。

巃 lù “嶡”的讹字。

鵱 lù[鵱鷜](-lǘ)又称鸿雁,野鹅。

麓 lù ❶ 山脚下的林木:林～。❷ 山脚:山～|武夷～|西～。

麴 lù[麴麴](dú-)见 210 页“麴”字条。

霔 lù 大雨;暴雨。

蹔 lù 同“踛”。

䡎 lù 义未详。(《龙龛手鉴》)

簬 lù 同“簵”。

簵 lù 竹名,可做箭杆。

騼 lù 同“鵱”。

鵦 lù 鸟名。

鏕 ㊀ lù ❶ 釜名。❷［钜鏕］(jù-) 同"钜鹿"。
㊁ áo 同"鏖"。

鯥 lù ❶ 传说中的怪鱼，像牛，蛇尾，有翅膀。❷ 鯥鱼，生活在海中。

鯟 lù 鱼名。

轆 lù［轆轤］(-lu) 同"辘轳(轆轤)"，安在井上汲取井水的装置。

賂 lù 同"赂(賂)"。

騄 lù 同"騼"。

瀘 lù［瘇瀘］(bù-) 见71页"瘇"字条。

騼 lù［騼騉］(-dú) 1. 野马，也单称騼。2. 绘有騼騉图案的军旗。

露 ㊀ lù ❶ 露水，空气中靠近地面的水蒸气夜间遇冷而凝成的小水珠：～珠｜朝～｜甘～。❷ 用花果、药材等制成的饮品：果子～｜枇杷～｜杏仁～。❸ 稀酒精中加香料制成的化妆品：花～水。❹ 显现；表现：吐～｜揭～｜锋芒毕～。❺ 室外或野外的：～天｜～营｜～宿。❻ 败坏；破败：败～｜故田荒室～，衣食不足。❼ 姓。
㊁ lòu 同"露㊀ ❹"，用于口语：～面｜～怯｜～出马脚。

鹭 lù 同"鹭(鷺)"。

鏴 lù ❶ 金饰的车。❷ 金属元素"镥(鑥)"的旧译写法。

嵡 lù 同"岕"。

轒 ㊀ lù［轒轳］(-lu) 同"辘轳"。
㊁ dú 车名。

麓 lù 同"麓"。

驪 lù［驪騼］(lì-) 见561页"驪"字条。

陸 lù 同"陆(陸)"。

麤 lù［天麤］也作"天禄""天鹿"，传说中的奇异动物。

隣 lù 同"陆(陸)"。

虂 lù［蘩虂］(fán-) 也作"蘩露"，即菸葵。

蹓 lù 同"鹭(鷺)"。

鷺 lù 同"鹭(鷺)"。

鷺 lù 同"鹭(鷺)"。

蟻 lù 同"陆(陸)"。

簬 lù 同"簬"。

麤 lù 同"麤"。

蟻 lù 同"陆(陸)"。

lú

驴(驢) lú 哺乳动物，也是家畜，像马而小，可供人骑、驮东西或拉车等。

毪 lú 同"氀"。

闾(閭) lú ❶ 里巷的大门，泛指门：倚～而望。❷ 邻里；乡里：～里｜乡～。❸ 古代户籍编制单位，一闾等于二十五家。❹ 姓。❺［闾丘］姓。

榈(櫚) lú［花榈］小乔木，木材可制家具、工艺品，根、枝、叶可供药用。

馿 lú 同"驴(驢)"。

瑪 lú 同"驴(驢)"。

駈 lú 同"驴(驢)"。

氀 ㊀ lú［氀毼］(-hé) 一种毛织品：刺韦作文绣，织～。
㊁ dōu［氀毼］(-dā) 少数民族衣服名，后指人愚钝：只有～的男女们不晓得伤春。

毽 lú 同"氀"。

膢 lú［腧膢］(shū-) 见880页"腧"字条。

褸 lú 同"膢(膢)"。

藘 lú［蒘藘］(rú-) 见825页"蒘"字条。

蔄 lú［菴蔄］(ān-) 见5页"菴"字条。

潤 lú 古水名。(《玉篇》)

憪 lú 忧愁。

氀 lú 同"氀"。

氀 lú 同"氀"。

鸕 lú 同"鸕"。

簏 lú 竹名。

鸕 ㊀ lú［鵱鸕］(lù-)见 605 页"鵱"字条。㊁ lǘ［鸕鸕］(lán-)见 532 页"鸕"字条。

鸕 lú 同"鸕"。

驢 lú 同"驢(驴)"。

lǚ

吕{呂} lǚ ❶ 脊梁骨：尻髋脊膂腰背～。❷ 乐律名，古代用竹管校正乐律，从低音管起，成单数的叫律，成双数的叫吕：律～。❸ 姓。

寽 ㊀ lǚ ❶ 同"捋"。❷ 五指。㊁ lüè 量词，古代质量单位，后作"锊(鋝)"。

㫛 lǚ 同"旅"。

郘 lǚ ❶ 古邑名，在今山西，也作"吕"。❷ 古亭名。(《玉篇》)

侣{侶} lǚ 同伴；伙伴：伴～｜情～｜旧～。

挔 lǚ 同"挔(旅)"。

挔 lǚ 同"旅"。

挔 lǚ "挔(旅)"的讹字。

茵 ㊀ lǚ (又读 lóu) 也作"蒌(蔞)"，蒿草。㊁ lóu［钩茵］同"瓠瓤"，即王瓜，多年生攀缘草本植物，块根可供药用。

毭 lǚ 毡类制品。

启 lǚ 人名(晋代人)。

怊 lǚ 慢。

娟 lǚ 女子容貌丑的样子。

旅 lǚ 同"娟"。

梠 lǚ ❶ 屋檐：梁～。❷ 同"稆"，野生稻：采～拾橡填饥喉。

梀 lǚ ❶ 树名。❷ 通"梀"，古代礼器。

㪥 lǚ 同"屡(屢)"。

胎 lǚ 脊柱。

旅 lǚ 同"旅"。

旅 lǚ "旅"的讹字。

旅 lǚ ❶ 军队编制单位。1. 古代一旅为五百人，一说两千人。2. 现代为团的上一级：炮兵～｜第三～。❷ 军队：军～｜劲～。❸ 副词，共同：～进～退。❹ 出行在外：～行｜～途｜～客。❺ 通"稆(穞，穭)"，野生，不种而自生的：～生｜～葵。

焒 lǚ 野生谷物成熟的颜色。

祣 lǚ 对山川的祭祀。

指 lǚ 同"旅"。

莔 lǚ 小蒿草。

铝(鋁) lǚ 见 608 页 lù。

稆 lǚ 也作"穞(穭)"，野生的稻或谷物：采～。

痦 lǚ ❶ 久病。❷ 疮病。

傻 lǚ 同"履"。

旅 lǚ 同"旅"。

旅 lǚ 同"旅"。

溇(漊) ㊀ lǚ 雨水连绵不绝的样子。㊁ lóu 水名，发源于湖北，流至湖南注入澧水。㊂ lǒu 沟渠：～渎。

屡(屢) lǚ 副词，多次；不止一次：～次｜～见不鲜｜～战～败。

嵝(嶁) ㊀ lǚ 女子品行不端。㊁ lóu 用于女子人名。

缕(縷) lǚ ❶ 麻线、丝线等：丝～｜千丝万～｜不绝如～。❷ 线状物：云～｜香～｜玉匣金～。❸ 量词，用于纤细或条状的事物等，束；股：一～头发｜一～炊

L

烟｜一～柔情。❹有条理地；细致地：～言｜～陈｜条分～析。❺刺绣：纫针～彩（綵）｜鹤氅～金。

絽 lǚ 缝衣。

櫖 lǚ 同"梠"。

膂 lǚ ❶脊梁骨：腰～｜同心共～。❷力量：～力｜效悃～勤。

僂 lǚ 同"嫂（婁）"。

璷 lǚ 玉。

履 lǚ ❶鞋：草～｜衣～不整｜削足适～。❷踩；踏：～霜而来｜如～薄冰。❸就任（官职或职位）：～任｜～新。❹脚步：步～。❺执行；实行：～行｜～约。

屨 lǚ 同"履"。

簶 lǚ 同"筥"，又称筊簶，圆形竹器。

膂 lǚ 姓。

膂 lǚ 同"膂"。

穭（穞） lǚ ❶同"稆"。❷野生，不种而自生的：～生｜～葵。

簶 lǚ "簶"的讹字。

儢 lǚ 懒散；不勤奋：～～然。

儢 lǚ "儢"的讹字。

嫭 lǚ 同"儢"。

霻 lǚ 下雨的样子。

蔞 lǚ［蔜蔞］（sǎo-）见838页"蔜"字条。

襤 lǚ 同"褛"。

膐 lǚ 细切肉。

鞻 lǚ 义未详。（《改并四声篇海》）

屨 lǚ 同"履"。

顩 lǚ 同"履"。

鸕 lǚ［鸕鷜］（lán-）也作"鸕鶁"，又称郭公，即杜鹃鸟。

lǜ

剬 lǜ 义未详。（《龙龛手鉴》）

埠 lǜ 土埂子，也用于地名：段～（在河南）。

律 lǜ ❶古代校正乐音、测量气温的竹管、玉管或铜管，引申为审定乐音的标准、节气：吹～听声｜六～｜～到重九春。❷法则；规则：～令｜～条｜纪～。❸以规则约束：自～｜他～｜严于～己。❹律诗，旧诗体裁名，有一定的格律和字数：五～｜七～｜排～。

虑（慮） lǜ ❶思考；谋划：思～｜考～｜深思远～。❷忧愁；担忧：忧～｜过～｜不足为～。❸打扰；妨害：无～吾农事。

罶 lǜ 网。

铝（鋁） ㊀lǜ 同"鑢"，磋磨金属、骨角等。
㊁lǚ 金属元素，用途广泛，是重要的工业原料。

绿（綠）｛緑｝㊀［菉］ lǜ ❶绿色，一般草和树叶的颜色，可由黄和蓝合成：～地｜红花～叶｜青山～水。❷绿叶，也指绿色的东西：～肥红瘦｜披红戴～。❸乌黑色，多形容鬓发：～发翁｜短鬓无多～。☞绿／青／蓝／苍／碧 见786页"青"字条。
㊁［❷菉］ lù ❶帝王受命的符箓，后作"箓（籙）"：～图。❷野菜名：终朝采～，不盈一匊。❸［绿林］1. 古山名，在今湖北。2. 原指聚集绿林山的农民起义军，后泛指聚集山林、反抗封建统治的人们，也指上山为匪、抢劫财物的团伙。❹［鸭绿江］水名，中国和朝鲜两国的界河，源出吉林，流至辽宁注入黄海。
◆"菉"另见602页"菉"字条。

捛 lǜ 去滓汁。

葎 lǜ 葎草，俗称拉拉藤，多年生缠绕草本植物，茎纤维可造纸，全草可供药用。

蜯 lǜ 同"蝉"。

唻 ㊀lǜ 鸣叫。
㊁liè 鸡叫。

崒 lǜ［崒崒］（-zú）山高峻的样子。

氯 lǜ 气体元素，浅黄绿色，味臭，有毒，可用来消毒、漂白或制造漂白粉、合成盐酸等。

䏨 lǜ［䏨䏨］（jǔ-）见 475 页“䏨”字条。

箻 lǜ 射鸟的竹管。

膟 lǜ“膟（膟）”的讹字。

膟 lǜ 同“膟”，祭祀所用的牲血。

滤（濾） lǜ 除去杂质、毒气等使纯净：过～｜～渣｜～色镜。

葎 lǜ 草新生，引申为开始。

䖮 lǜ 杀。

慮 lǜ 忧闷。

蜦 lǜ 虫名。

氯 lǜ 气体元素“氯”的旧译写法。

箻 lǜ 同“箻”。

膟 lǜ ❶ 祭祀所用的牲血。❷ 肠间脂肪。

騄 lǜ 同“䮩（騄）”。

稓 lǜ 同“䅦”。

綠 lǜ 同“绿（綠）”，帛青黄色。

䰁 lǜ 同“䰁”。

勴 lǜ 同“勴”。

勴 lǜ 同“勴”。

嚧 lǜ［嚧嚧］叹词，呼唤猪、狗声。

勴 lǜ 同“勴”。

䅦 lǜ 糙米。

繂 lǜ 粗绳索，一说井绳。

勴 lǜ 同“勴”。

嵂 lǜ 古山名。（《玉篇》）

櫖 ㊀ lǜ［诸櫖］又称山櫐，蔓草名。㊁ chū 同“樗”，即臭椿。

䖮 lǜ 侵。

爈 lǜ ❶ 山火。❷ 烧山：爈～（焚烧野草）。

䮩 lǜ 驿站所用的快马。

䮩 lǜ“䮩”的讹字。

礷 lǜ 石名。

魖 lǜ 鬼名。

繂 lǜ ❶ 帛。❷ 同“繂”，粗绳索。

繂 lǜ 同“繂”。

蠦 lǜ［诸蠦］虫名。

䕡 ㊀ lǜ［郁（鬱）䕡］（yù-）不平的样子。㊁ léi［嵔䕡］（wēi-）同“嵔嵔”，山的样子。

篻 lǜ 船中供人坐卧的垫子。

濾 lǜ 同“濾（滤）”。

鑢 ㊀ lǜ 同“鑢”，磋磨金属、骨角等。㊁ lú 矛、戟插柄的部位。

謯 lǜ 欺诈。

鑢 lǜ ❶ 磋磨金属、骨角等的用具。❷ 磋磨；打磨：～物｜～磬。❸ 修省；修养：大其虑，躬自～。

勴 lǜ 赞助；勉励：未尝～于人。

繂 lǜ 同“繂”。

勴 lǜ 同“勴”。

luán

峦（巒） luán ❶ 小而尖的山：登石～而远望。❷ 迂回连绵的山，泛指山峰：山～｜峰～｜重～叠嶂。

孪（孿） luán 双生，一胎两个：～子｜～生兄弟。

娈（孌） luán 见 565 页 liàn。

栾（欒） luán ❶ 又称栾华、灯笼树，落叶乔木，叶可制栲胶，花可制黄色染料和供药用，木材可制器具，种子可榨油。❷栱。❸姓。

挛(攣) luán 手、脚蜷曲不能伸直：痉～|～缩。

鸾(鸞) luán ❶传说中的凤凰类鸟：～飞凤舞|～凤呈祥。❷铃；车铃：～铃|～车。

脔 ㊀(臠) luán ❶把肉切成块状：～分|～杀|～割。❷切成小块的肉：尝一～肉，而知一镬之味。㊁jì 同"迹"。

滦(灤) luán ❶水名。1.古水名，即今河北的滦河。2.滦河，在河北，入渤海。❷用于地名：～州|～县(均在河北)。

⿰男男 ㊀luán 同"⿱䜌孚(孿,孪)"，双胞胎男孩。㊁niǎo 同"嬲"，戏弄；纠缠。

銮(鑾) luán ❶君王车上配置的铃铛：～铃|～声哕哕。❷皇帝的车驾，借指皇帝：～舆|随～并(併)入青云上|迎～。

⿱䜌幸 luán 同"孌(䜌)"。

⿱䜌女 luán 同"䜌"。

⿸疒戀 luán 同"⿸疒戀(癵)"。

⿱䜌婁 luán 同"孌(娈)"。

⿰⻊恋(⿰⻊戀) luán［⿰⻊恋踡］(-quán)弯曲身体：～寝睡。

⿱䜌烏 luán 同"鸾(鸞)"。

䜌 luán 乱。

⿰扌䜌 luán ❶聚：～展。❷择。

⿱艹䜌 luán 同"⿱艹攣"。

圝 luán 圆：团～。

奱 luán 系；捆绑。

⿱䜌帶 luán 衣带。

⿰氵䜌 luán 同"灓"。

⿰女䜌 luán 同"孌(娈)"。

⿰䜌攵 luán 同"孌(娈)"。

⿰月䜌 luán 同"⿱䜌月"。

⿱夂䜌 luán 同"脔(臠)"。

曫 luán ❶黄昏。❷夜晚：大桥潮水日～流。

⿱䜌月 luán 瘦的样子。

灓 ㊀luán 渗水；漏水：～水。㊁luàn 横渡江河。

⿰䜌欠 luán ❶欠的样子。❷迷惑不解。

⿱䜌尣 luán 同"挛(攣)"。

⿱䜌毛 luán 同"奱"。

羉 luán 捕野猪的网。

癵 luán ❶病。❷病人身体拘曲。❸同"⿱䜌月"，瘦的样子。

⿱䜌孚 luán 同"孿(孪)"。

⿱艹⿱䜌桀 luán 同"⿱艹攣"。

⿱艹攣 luán 莼。

⿰⻊䜌 luán［⿰⻊䜌踞］足病，也单称⿰⻊䜌。

⿴囗欒 luán 同"圝"。

⿴囗戀 luán 同"圝"。

⿱䜌身 luán 同"⿰⻊䜌"。

⿰木欒 luán 同"栾(欒)"。

⿸广⿱䜌帛 luán 攀。

⿰口臠 luán 辩解：强～。

⿸广攣 luán 同"癵❷"。

⿸疒戀 luán 同"癵❷"。

⿱䜌骨 luán 同"癵"，病人身体拘曲，泛指病。

⿰虫攣 luán［⿰虫攣蜛］(-jū)虫名。

⿸疒臠 luán 同"癵❷"。

躝 luán［躝跧］(-quán)也作“踡踡”,(身体)弯曲,形容劳累:受此～。

luǎn

卵 luǎn ❶某些动物的蛋:～生|鸟～|覆巢之下无完～。❷动植物的雌性生殖细胞,受精后产生第二代;昆虫的受精卵:虫～|产～|～巢。

嫋 ㊀luǎn 顺从。
㊁luàn 同“敿(乱,亂)”。

䜌 luǎn 同“卵”。

孌 luǎn 顺从,也作“娈(孌)”。

luàn

乱(亂) luàn ❶没有秩序或条理:纷～|杂～|～七八糟。❷战争;武装骚扰:战～|叛～|避～。❸扰乱,使混乱或混淆:以假～真|小不忍则～大谋。❹男女关系不正当:淫～|始～终弃。❺繁盛:～花渐欲迷人眼。❻治理:华夏肃清,五服攸～。❼副词,任意;随便:～说|到处～跑|不准在墙上～写～画。❽词赋的结束词:～曰:已矣哉,国无人莫我知兮。

乿 luàn 同“乱(亂)”。

殑 luàn 临死时神志不清。

尚 luàn 同“爵(乱,亂)”。

釠 luàn 同“乱(亂)”。

乱 luàn 同“乱(亂)”。

䜌 luàn 同“乱(亂)”。

䍧 luàn 同“乱(亂)”。

乳 luàn 同“乱(亂)”。

爰 luàn 同“爵(乱,亂)”。

𤔔 luàn 同“乱(亂)”。

𤔗 luàn 同“乱(亂)”。

𤔲 luàn 同“亂(乱)”。

𠅢 luàn 同“乱(亂)”。

𤔦 luàn 同“乱(亂)”。

𤔨 luàn 同“乱(亂)”。

敿 luàn 同“乱(亂)”。

敽 luàn 同“乱(亂)”。

敿 luàn 同“敿(乱,亂)”。

敿 luàn “敿”的讹字。

𤔱 luàn 同“乱(亂)”。

𤕌 luàn 同“乱(亂)”。

𤔰 luàn 言语烦乱。

𤕂 luàn 同“乱(亂)”。

𤔺 luàn 同“乱(亂)”。

䜌 luàn 同“乱(亂)”。

䜌 luàn 同“乱(亂)”。

lüè

拆(擽) ㊀lüè ❶击打;敲击:～合其跗。❷冲击:跨马～阵。
㊁luò 石坚的样子:～然。

砉 lüè ❶石。❷磨刃使锋利。❸拟声词:大音叱咤,洞虚～裂|～然一声震雷拔。

掠 lüè ❶抢夺;强取:～夺|～取|烧杀抢～。❷轻轻擦过或拂过:秋风～面|浮光～影|一群白鸥～过湖面。❸撂下;丢弃:将这～下的两贯钱都送与你|弃甲～盾,抱头如鼠奔。❹顺手拿或抄:他～起一根棍子就打。

略［畧］ lüè ❶疆界:东尽虢～。❷计谋:策～|战～|雄才大～。❸同“掠”,抢;掠夺:侵～|攻城～地。❹大致;不详细:～表|～知一二|详～得当。❺省去;简化:～去不计|忽～|细节从～。❻简要的叙述:要～|文学概～|中国史～。❼副词。1.全:两岸连山,～无阙处|凡有水旱,～不怜恤。2.稍微:～知其意|～表

我心。☞略／微　二字在古汉语中都做副词,“略”可表示稍微的意思,但“微”最初表示暗中,如“与其客语,～察公子”,后来才表示稍微的意思。

䂮{𥐻} lüè［𥏼䂮］(yuē－)见1203页“𥏼”字条。

䂮 ㊀lüè 锋利,也作“略”。㊁è同“咢(锷,鍔)”。

𤧨 lüè同“䂮”。

掠 lüè同“掠”。

锊(鋝) lüè古代质量单位,三锊等于旧制二十两。

𧮫 lüè赞美。

稤 lüè“掠”的讹字。

䌎 lüè传说中的神仙名。

𨥁 lüè“鋝(锊)”的讹字。

蛶 lüè同“蜋”。

啳 lüè［嘮啳］(kū－)见622页“嘮”字条。

圙 lüè［圐圙］(kū－)见509页“圐”字条。

擘 lüè同“掠”。

𨨇 lüè“鋝(锊)”的讹字。

蜋 lüè［蝨蜋］(qú－)见801页“蝨”字条。

鴷 lüè同“鷟”。

蟘 lüè同“蝷”。

縏 lüè缝。

螺 lüè同“蜋”。

蝷 lüè［蝨蝷］(qú－)同“蝨蜋”。

蟟 lüè同“蝷”。

蟍 lüè［渠蟍］同“蝨蜋”。

蠟 lüè同“蟍”。

擽 lüè同“擽(掠)”。

鑠 lüè同“锊(鋝)”。

鷟 lüè鸟名。

蠡 lüè同“蝷”。

蠹 lüè同“蝷”。

lún

仑(侖)[❷崘、❷崙] lún ❶条理,伦次,后作“伦(倫)”。❷［昆仑］见521页“昆”字条。

伦(倫) lún ❶同类;同等:不～不类｜无与～比｜荒谬绝～。❷条理;次序:语无～次｜是故众异不得相蔽以乱其～也。❸人伦,人与人之间的关系,特指长幼、尊卑之间的关系:～理｜天～之乐｜书同文,车同轨,人同～。❹姓。

抡(掄) ㊀lún挑选;选择:～选｜～材。㊁lūn挥动;挥舞:～刀｜～大锤。

囵(圇) lún［囫囵］(hú－)见357页“囫”字条。

沦(淪) ㊀lún ❶水兴起波纹;水波纹:河水清且～漪｜清风吹不起半点漪～。❷沉没;陷入不利境地:沉～｜～陷｜～为奴隶。
㊁guān［泠沦］(líng－)姓。

纶(綸) ㊀lún ❶古代官员系印的青丝带子:青～｜新～。❷钓鱼用的丝线:垂～长川。❸整理丝线:之子于钓,言～之绳。❹某些合成纤维:锦～｜涤～。❺古地名,在今河南。❻姓。
㊁guān［纶巾］古代男子配有青丝带的头巾。传说三国时诸葛亮常戴这种头巾,故又称诸葛巾。

轮(輪) ㊀lún ❶车轮,泛指机器上能转动的圆形部件:独～车｜齿～｜飞～。❷像车轮的东西:滑～｜日～｜年～。❸代指车:又副以瑶华之～十乘,随王之后,以载其书。❹轮船:海～｜渡～｜油～。❺依照先后次序更替:～班｜～训｜下一个～到我了。❻量词,用于圆形物、循环的事物或动作等:一～明月｜第二～足球赛｜我比他小两～(以生肖纪年,十二年为一轮)。

L

❼高大：美哉～焉，美哉奂焉。
㊁lūn 通“(掄)”，挥动：长稍侵天半，～刀耀日光。

炝(熗) lún 化学名词苯的旧称，又称安息油。

铊(鉈) lún ❶金。❷金属元素，由人工合成获得，有放射性。

侖 lún 同“仑(侖)”。

侖 lún 思。

陯 ㊀lún ❶土山塌陷，也作“沦(淪)”，泛指沦没。❷古山名。(《刊谬补缺切韵》)
㊁lùn 坎陷。

蒿 lún ❶树名。❷香草名。

喻 lún 助词，用作词曲中的衬字。

惀 ㊀lún 思虑；想知道某事。
㊁lùn 愤懑。

婨 lún 用于女子人名。

綳 lún 同“綸(纶)”。

棆 lún 大叶钓樟，樟树的一种，落叶灌木，果皮、枝叶可提制芳香油，根、皮可供药用。

侖 lún 同“侖(仑)”。

腀 lún 皮肤。

痛 lún 指病。

蜦 ㊀lún ❶传说中的神蛇，能兴云作雨。❷又称田父，大蛤蟆，能食蛇。
㊁lǔn［蝹蜦］(yūn－)见1207页“蝹”字条。

嵛 lún［嗢嵛］(wà－)整个儿吞咽：～本典。

篇 lún［篇子］船具。

艑 lún ❶船前横木。❷船。

侖 lún 同“侖(仑)”。

貐 lún 哺乳动物。

踚 lún 行走的样子。

碖 lún 石头滚落的样子。

鯩 lún 鯩鱼，传说中的鱼名。

lǔn

埨(埨) ㊀lǔn 土垄；田埂：锄地分～，使无积水。
㊁lùn 同“陯”，坎陷。

惣 lǔn 同“惣”。

惣 lǔn 同“惣”。

惣 lǔn［睡惣］(tǔn－)见969页“睡”字条。

碖 ㊀lǔn［碖硱］(－kǔn)石坠落的样子：石乳下～。
㊁lùn ❶石头的形态。❷大小均匀的样子。

畇 lǔn 同“埨(埨)”，土垄。

稐 lǔn 禾束，成捆的禾。

稐 ㊀lǔn ❶束禾，把禾捆扎起来。❷同“稐”，禾束，成捆的禾。
㊁lún 耕。

稛 ㊀lǔn 同“稐”，禾束，成捆的禾。
㊁kǔn 同“稇”，捆扎：～载而归。

lùn

论(論) ㊀lùn ❶议；说明事理：～点｜辩～｜高谈阔～。❷阐明事理的言辞、著述和学说：宏～｜定～｜进化～。❸衡量；评定：～功行赏｜～处｜盖棺定～。❹定罪：今犯法已～｜～了大辟(bì)。❺介词，按某种类别或标准行事：～斤卖｜～天算｜～件计酬。❻古代文体的一种：～则析理精微。❼姓。
㊁lún［论语］书名，儒家经典之一，主要记载孔子及其弟子的言行。

淪 lùn 水中拖船。

踚 lùn 击丸为戏。

僐 lùn 同“论(論)”。

論 lùn 同“論(论)”。

嗡 lùn 用于梵语译音。

L

luō

𠠇 luō 削。

捋 ㊀luō ❶握住条状物，顺着向一端滑动：～桑叶｜～起袖子。❷抹：～下脸儿不害羞。❸劣：低～｜本事～。
㊁lǚ 用手指顺着抹过去；整理：～胡子｜～不出头绪。

頱 luō［頱頢］（-kuò）脸丑。

黳 luō 黑。

luó

罗（羅）{羅} ㊀luó ❶捕鸟的网：～网｜天～地网。❷用网捕鸟：门可～雀。❸搜寻；招致：网～｜搜～｜～致。❹分布；排列：～列｜星～棋布。❺筛细粉末或过滤流质的筛子：绢～。❻用罗筛：～面。❼质地轻软而经纬稀疏的丝织品：～纱｜绫～绸缎。❽古国名，在今湖北。❾姓。
㊁luō［罗唆］（-suo）同"啰唆"。1. 说话絮絮叨叨。2. 办事使人感到琐碎、麻烦。
㊂luo 助词，表示语气：他要来唠叨，当然～，是维持风化。

㑩（儸） luó［偻㑩］（lóu-）见596页"偻"字条。

萝（蘿） luó ❶某些能爬蔓的植物：藤～｜茑～｜女～。❷［萝卜（蔔）］（-bo）二年生草本植物，块根是常见蔬菜。

啰（囉） ㊀luó ❶［啰唣］（-zào）吵闹寻事：不消～。❷助词，用于歌曲中的衬字：唻～｜～哩～｜～哩唻。
㊁luō［啰唆］（-suo）也作"啰嗦"。1. 说话絮烦：这人说话太～。2. 琐碎；麻烦：这事有点儿～。3. 反复地说：她～起来没完。
㊂luo 助词，表示语气，了；啦：来～｜再加把劲儿～！

逻（邏） luó（旧读 luò）❶巡行；巡查：巡～｜～卒｜～骑。❷遮拦：遮～。❸山溪的边缘：溪～｜翠～。

脶（腡） luó 手指纹：～纹。

猡（玀） ㊀luó［猡猡］（-luó）也作"倮倮""猓猓"，彝族的旧称。
㊁ě［猡猍］（-pǒ）弯腰行走。

椤（欏） luó ❶［桫椤］（suō-）见915页"桫"字条。❷篱笆。

锣（鑼） luó 铜制打击乐器，像浅盘，捶击发声。

𦝏 luó 同"𧖋（骡，驘）"。

羂 luó 同"羅（罗）"。

箩（籮） luó ❶竹编的筐，多为方底圆口：～筐。❷同"罗（羅）"。1. 筛细粉末或过滤流质的筛子：筛～｜过～。2. 用箩筛：～面｜捣成面面用箩～过。

𧖋 luó 同"𦝏（𧖋，骡，驘）"。

骡（騾）［驘］ luó 哺乳动物，也是家畜，公驴与母马交配所生的杂种。

覶 luó 同"覼"。

镙（鏍） luó 同"鏮"。

稞 ㊀luó ❶谷堆：谷～。❷堆聚：堆～摊晒。
㊁suì 同"稯（穟）"，禾四把。

蔂 luó 草编的盛土器具，也作"蔂（虆）"。

螺 luó ❶软体动物，有回旋形贝壳：田～｜海～｜～蛳。❷法螺，海螺壳做成的乐器，用于军队或僧道：吹～击鼓｜～呗间作。❸［螺蛳］（-sī）淡水螺类动物的通称。❹［螺蜔］（-diàn）也作"螺钿""螺甸"，用螺壳、贝壳为原料在器物表面镶嵌图案的手工工艺：～屏风。

𣠲 luó 树名，可做箭杆。

𦢋 luó 同"螺"。

𥢧 luó 同"稞"。

𥣬 luó 谷积。（《篇海类编》）

覼 ㊀luó 好视。
㊁luǎn 看的样子。

𦆽 luó 绫纹。

䯁 luó 同"𧖋（骡，驘）"。

鬤 luó ❶头发。❷头发稠密。

L

覶 luó 繁琐;琐细:～琐|～举。

𦌾 luó 同“镙”。

攞 ㊀ luó 拣;取。
㊁ luǒ ❶扯;撕裂:～下窗户纸。❷向上提或捋(衣服):～起衣服|～袖揎拳。

虆 luó 菜名,水生,叶像竹。

𡾊 luó 同“巏”。

巏 luó ❶[峞巏](wěi-)高的样子:阿阁～。❷古山名。(《集韵》)

灑 luó[汨灑](mì-)同“汨罗”,水名,即汨罗江。

㑩 luó 用于女子人名。

玀 luó[珂玀版](kē--)即珂罗版。

欏 luó 同“蠃”。

臝 luó 胣臝,驴子腹下的肉。

𤮊 luó ❶瓦名。❷瓦器。❸烟囱所用的圆筒瓦。

鏍 luó“镙”的讹字。

䊨 luó 同“蠃(骡,騾)”。

鸁 luó ❶[须鸁]鸟名,即鹔鹴。❷[果鸁]也作“过鸁”,又称桑飞鸟,鸟名,即鷦鷯。

𧍧 luó 传说中的动物,像鱼,有翅膀。

𧃱 luó“蓏”的讹字。

𣌭 luó 阳光。

𨭮 luó“镙”的讹字。

鑹 luó[锉镙]小锅。

饠 luó[饆饠](bì-)饽饽,饼类食品,也单称饠。

𦢊 luó ❶驴的肠胃。❷同“臝”,驴子腹下的肉。

𩋾 luó 义未详。(《龙龛手鉴》)

囉 luó 同“啰(啰)”。

𩴸 luó 鬼名。

𩧭 luó 同“蠃(骡,騾)”。

𩧮{𩧭} luó 同“蠃(骡,騾)”。

𪍿 luó 饼。

𪇰 luó 鸟名。

𩻉 luó 又称八带鱼,章鱼类,生活在海中。

luǒ

剆 luǒ ❶击。❷斫。

砢 ㊀ luǒ[磊砢]也作“碟砢”“礧砢”。1.众石堆积的样子:积石～。2.壮大的样子:万楹丛倚,～相扶。3.(人物、诗文)卓越;奇特:其人～而英多|君怀～有至宝。
㊁ kē 同“珂”,像玉的美石。

倮 luǒ ❶同“裸”,赤裸:～足。❷用于地名:～柱(在贵州)|～格(在四川)。

淶 luǒ 义未详。(《龙龛手鉴》)

𠜱 luǒ 同“剆”。

𣂎 luǒ 相击。

艆 luǒ 船橹的别称。

𣨼 luǒ 义未详。(《改并四声篇海》)

𪉫 luǒ 搔痒时手指大动。

蓏 luǒ 瓜类植物的果实。

𥈻 luǒ 义未详。(《改并四声篇海》)

裸[躶、蠃] luǒ ❶赤身露体:～体|～女|赤～～。❷无包裹的;无遮掩的:～线|～芽|～麦。
◆“蠃”另见 616 页“蠃”字条。

晢 luǒ[晢哆](-chǐ)嘴角松弛下垂的样子。

𢋿 luǒ 同“蓏”。

蓏 luǒ 同"蓏"。

𤩋 luǒ 玉华。

瘰 luǒ［瘰疬］(-lì)病名,颈项间淋巴结核。

蠃 luǒ"蠃"的讹字。

耦 luǒ 义未详。(《龙龛手鉴》)

攞 luǒ［掗攞］(yǎ-)见1097页"掗"字条。

𤩋 luǒ 同"𤩋"。

鏍 luǒ 曳钓。

𤸰 luǒ"𤸰(瘰)"的讹字。

橴 luǒ［橴椏］(-yā)也作"椏橴",树木斜生的样子。

㼈 luǒ"瘰"的讹字。

蠃 ㊀ luǒ［蜾蠃］(guǒ-)见322页"蜾"字条。
㊁ luó 同"螺"。1.蚌类动物。2.蜗牛。

羸 luǒ 同"裸"。

㿚 luǒ 同"瘰"。

鄹 luǒ 义未详。(《改并四声篇海》)

蠃 ㊀ luǒ ❶［果蠃］栝楼。❷"裸"的异体字。
㊁ luó 通"骡(騾)":乘六～。

㦬 luǒ 裂缯。

㦬 luǒ［㦬㦬］(mǒ-)见662页"㦬"字条。

曪 luǒ［䁳曪］(mǒ-)见662页"䁳"字条。

儽 luǒ 同"倮(裸)"。

䂯 luǒ 同"砢"。

贏 luǒ 同"裸"。

㒩 luǒ"儽(倮,裸)"的讹字。

囉 luǒ 用于佛经译音。

蠃 luǒ 同"蠃"。

瘰 luǒ［族瘰］也作"瘯瘰(瘰)",皮肤病。

瘰 luǒ 同"瘰"。

䂯 luǒ［䂯硌］(-hè)同"䂯硌"。

䂯 luǒ［䂯硌］(-hè)山的样子。

䯁 luǒ［䯁䯁］(mǒ-)见662页"䯁"字条。

luò

剳 luò 剔去。

泺(濼) ㊀ luò ❶水名,在山东。❷用于地名:～口(在山东)。
㊁ pō 同"泊",湖泊。
㊂ lì(又读 shuò)贯众,蕨类,多年生草本,根状茎和叶柄可供药用。

㽽 luò 义未详。(《改并四声篇海》)

荦(犖) luò ❶毛色不纯的牛。❷明显;分明(多叠用):卓～|～～大者。❸古地名,在今河南。

峈 luò［峈峄］(-yì)山峦连绵的样子。

洛 luò ❶古作"雒",洛河,水名,在陕西。❷［洛阳］地名,在河南。

骆(駱) luò ❶黑鬃、黑尾的白马。❷姓。

络(絡) ㊀ luò ❶粗絮,引申为缠绕:～纱|～丝|盘～。❷网,泛指网状物:振天维,衍地～|橘～|梅花～。❸用网状物兜住:～住|头上～着一个发网。❹马笼头:五马如飞龙,青丝结金～。❺中医学指人体内气血运行通路的旁支或小支:经～|脉～。
㊁ lào［络子］1.线绳结成的网状袋子。2.缠绕纱或丝线的器具。

珞 ㊀ luò［璎珞］(yīng-)见1163页"璎"字条。
㊁ lì 同"砾(礫)"。1.碎石。2.石的样子:～如石。

殆 luò 零落;死亡。

㓢 luò 同"洛"。

㭊 ㊀ luò 同"剳"。
㊁ gé 同"茖"。

L

烙 ㊀ luò 灼、烧,也是古代酷刑:炮～|只见九间殿上～得皮肤筋骨臭不可闻,不一时化为灰烬。
㊁ lào ❶用烧热的金属器物等烫、熨:～铁|～印|～衣服。❷把食物放在锅或铛中加热使熟:～饼|～馍。

硌 ㊀ luò ❶山上大石。❷像玉的美石。❸同"摞",重叠堆起:他却搬张桌子,又～张椅子,坐在上面。
㊁ gè ❶身体接触硬物而难受或受损伤:～牙|～得骨头痛。❷拟声词:～吱～吱|只听～噔一声。

𡰪 luò 不正。

眳 luò ❶斜视,泛指看。❷大眼睛。

皠 luò ❶大的样子。❷同"皪",白色。

落 ㊀ luò ❶树叶脱落,泛指由上往下降、掉下:草木零～|降～|～泪。❷凋零;衰颓:破～|沦～|没～。❸掉队;遗留下来:～伍|～后|～选。❹停留下来:～户|～脚|散～各地。❺停留或聚居的地方:下～|着～|村～。❻归属;获得:金牌～入囊中|～个清闲。❼写下;记下:～款|～账。❽通"摞",量词:一～砖。❾姓。
㊁ là ❶遗漏;丢下:丢三～四|这里～了一句话。❷跟不上,被甩在后面:他～下了,大家等一等。
㊂ lào ❶同"落㊀",用于某些词语:～枕|～色|～埋怨。❷[落子]1. 指莲花落等曲艺形式:～馆。2. 评剧的旧称:唐山～。
㊃ luō[大大落落](dàda--)态度豁达大方的样子:他是一个～的爽快人。

硦 ㊀ luò[礴硦](guǒ-)拟声词,石声。
㊁ lòng 同"窿",洞穴。

蛒 luò 同"蛩"。

箬 luò ❶又称篝,用于盛放杯、盘等器皿的竹笼,也作"落"。❷缠缚,笼络,也作"络(絡)":秦篝齐缕,郑绵～些。

翎 ㊀ luò[翎翻](-pò)飞的样子。
㊁ pò 飞去。

溌 luò 同"濼(泺,濼)"。

咯 luò 用于梵语译音。

皠 luò ❶白;大白。❷大的样子。❸同"皠",羽毛洁白而有光泽。

摞 luò ❶重叠着往上堆放:把书～起来。❷量词,用于重叠堆放的东西:一～碗|三～笔记本。

零 luò 下雨,后作"落"。

雒 luò "雒"的讹字。

雒 luò ❶同"洛",用于古水名、古地名:～水(即今河南洛河)|～阳(即今河南洛阳)。❷姓。

鞜 luò 生革缕带,也指生革。

落 luò 篱笆。

儸 luò 弱。

𦄇 luò 同"络(絡)"。

榙 luò[欐榙](lí-)也作"篱落",篱笆。

𥿫 luò 同"络(絡)"。

礫 luò "犖(荦)"的讹字。

箈 luò 篱笆。

嚛 luò[啅嚛](zhuó-)也作"卓荦",有口才;口才好。

鮥 ㊀ luò 较小的鲟类鱼。
㊁ gé 鳄鱼。

鵅 ㊀ luò 水鸟名。
㊁ gé 鸲鵅。

𪍿 luò[𪍿䴴](-suò)粟粥。

籙 luò 用竹编的床垫。

羸 ㊀ luò 身体某部分萎缩或失去机能。
㊁ nuò[逶羸](wò-)站立的样子。

鞹 luò[鞹䠷](-xué)也作"鞻䠷",皮坚。

濼 luò 同"泺(濼)"。

𤅢 luò 同"鵅"。

攭 luò 击。

𢺵 luò 击物之名,也作"攭"。

轠 ㊀ luò ❶拟声词,车轮转声。❷[轠轠](-luò)车名。
㊁ léi 同"轠"。

䳄 luò 同"雒"。

讈 luò［讈謊］（-huǎng）狂言。

䯁 luò［䯁觷］（-xué）皮坚。

𤢺 luò同“瘰”。

𤸫 luò❶畜产疫病。❷病。

騄 luò同“骆（駱）”。

轢 luò同“轣”。

瘰 luò病。

襬 luò妇女上衣。

纙 luò同“纚”。

纚 luò钱贯，用来贯钱的丝绳。

纝 luò❶不均匀。❷丝有节。

贏 luò贝壳。

躒 luò［躒跐］（-cuò）同“蹭蹬”，比喻遭受挫折，潦倒失意。

鸁 luò鸟名，像雕。

纙 luò“纚”的讹字。

驝 luò同“骆（駱）”。

十二时辰表

干支记时	序数记时	异称
子时	半夜23时至次日凌晨1时	夜半
丑时	凌晨1时至3时	鸡鸣
寅时	3时至5时	平旦
卯时	5时至7时	日出
辰时	7时至9时	食时
巳时	9时至11时	隅中
午时	11时至13时	日中
未时	13时至15时	日昳
申时	15时至17时	晡时
酉时	17时至19时	日入
戌时	19时至21时	黄昏
亥时	21时至23时	人定

【注】旧时记时单位，一昼夜分为十二个时辰，每一个时辰合现在的两小时。

ḿ

呣 ㊀ ḿ 叹词，表示疑问、惊讶等：～，你说什么？｜～，竟有这种事？
㊁ m̀ 叹词，表示应承等：～，我知道了｜～，你去吧！

mā

妈（媽） mā ❶ 称呼母亲：我～身体一直很好。❷ 称呼跟母亲同辈或年长的已婚女性：大～｜姑～。❸ 旧时称呼老年女佣：刘～。

抹 ㊀ mǒ ❶ 涂：涂～｜～粉｜～黑。❷ 揩；擦：～拭｜哭天～泪。❸ 除去；勾销：～零｜～杀成绩。❹ 量词，用于阳光、霞光等：一～余晖｜一～晚霞。
㊁ mò ❶ 涂上泥、灰后弄平：～墙｜～石灰。❷ 紧靠着绕过去：拐弯～角。
㊂ mā ❶ 擦：～桌子。❷ 用手按着向下移动：把手表～下来。

má

麻［❶蔴］ má ❶ 一年或多年生草本植物，种类有大麻、苎麻、亚麻等，茎皮纤维可织布、制绳索，也指其茎皮纤维：～织品｜～绳｜心乱如～。❷ 古代丧服，用麻布制成，也指穿丧服：披～戴孝。❸ 表面粗糙，不光滑：这种纸一面光，一面～。❹ 像腿、胳膊被压一阵后的不舒服感觉：手脚发～｜吃了花椒，舌头有点～。❺ 感觉不灵或丧失：～木｜～痹｜～醉。❻ 姓。❼［麻麻］副词，将近；刚刚（多用于天色）：～黑｜天～亮就起床了。

痳 má 同“麻❸-❺”：～疹｜两脚～了｜～痹。

蔴 má“皶”的讹字。

嘛 ㊀ má ❶ 代词，什么：为～｜你这是为的～呀？❷ 用于佛经译音。
㊁ ma 助词，表示理应如此等语气：有事就说～｜不会就学～。

䧞 má 古山名。（《集韵》）

䫻 má 义未详。（《改并四声篇海》）

犘 má 一种大牛。

㦄 má［㦄㦤］（-xiá）同“顢顸”，难语，拗口词。

皶 má［皶嘐］（-xī）闭口的样子。

䁖 má 同“䁖”。

蟆［蟇］ ㊀ má 蛤蟆：～肠｜月中～。
㊁ mò 蚊子的一种，色黑而小。

䁖 má 缓慢看的样子。

蟖 má 同“蟆”。

麿 málǚ（又读 mó）“麻吕”的合体字，日本汉字，同代词“我”，用于男子人名。

䯦 má 骨。

䳸 má 鸡名。

䪽 má［䪽顸］（-xiá）同“顢顸”，难语，拗口词。

顢 má［顢顸］（-xiá）难语，拗口词。

䴳 má ❶ 雁。❷ 麻雀。

䵚 má 穄，即縻子。

䵳 má［䵳䵳］（mí-）见 645 页“䵳”字条。

mǎ

马（馬） mǎ ❶ 哺乳动物，也是家畜，可供人骑或拉车等。❷ 大：～蜂｜～豆｜～勺。❸ 姓。

犸（獁） ㊀ mǎ［猛犸］又称毛象，已绝种的古代哺乳动物，像象，全身有长毛，门齿向上弯曲。
㊁ mà 哺乳动物，像獾，长尾。

玛（瑪） mǎ［玛瑙］（-nǎo）矿物名，质硬耐磨，色泽鲜艳，可做轴承、装饰品等。

码（碼） mǎ ❶ 代表数目的符号：数～｜价～｜页～。❷ 计算数目的用具：筹～｜砝～。❸ 堆叠：～砖头｜～积木｜把木柴～成两堆。❹ 量词，用于一件事或一类事：两～事｜一～事。❺ 英美制长度单位，1 码等于 3 英尺，合 0.9144 米。

钨（鎢） mǎ ❶ 金属元素“锝（鎝）”的旧译写法。❷ 金属元素“钐（釤）”的旧译写法。

蚂（螞） ㊀ mǎ ❶［蚂蚁］昆虫，多在地下筑巢群居。❷［蚂蟥］也作“蚂蝗”，又称蛭，环节动物。
㊁ mà［蚂蚱］蝗的俗称。
㊂ mā［蚂螂］蜻蜓。

影 mǎ 同“马（馬）”。

馸 mǎ 同“马（馬）”。

鄢 mǎ［存鄢］也作“郙鄢”，古县名，在今四川。

影 mǎ 同“马（馬）”。

溤 mǎ 马路。

影 mǎ 同“马（馬）”。

溤 mǎ 古水名。（《玉篇》）

寫 mǎ 穴名。

駆 mǎ 同“鄢”。

鷌 mǎ 鸟名，即黄雀。

鰢 mǎ ❶ 鱼名。❷ 海马。

mà

㐷（傌） mà ❶ 汉代刑罚之一。❷ 同“骂（罵）”。

杩（榪） ㊀ mà 杩头，床两头或门扇上下两端的横木。
㊁ mǎ［杩槎］（-chá）也作“杩杈”，三角木架。

祃（禡） mà 古代军队在郊外驻扎营地举行的祭祀，以求神灵保佑战斗得胜。

閁 mà［閁閁］（-xiā）乜斜，斜视，单用“閁”或“閁”义同。

骂（駡）［罵、傌］｛罵｝ mà ❶ 用粗野的话侮辱人：辱～｜咒～｜破口大～。❷ 斥责：贪玩回家晚了，挨了一顿～。

殩 mà 无。

隲 ㊀ mà ❶ 增益。❷ 筹码。
㊁ fù 同“駙”。

駡 mà 同“骂（駡）”。

睰 mà 视睰。（《广韵》）

傝 mà［傝傄］（-xiā）健壮的样子。

厲 mà 庵，草屋。

搯 mà 打。

靹 mà 皮鞋。

骴 mà［骴骺］（-huá）所以碍。（《集韵》）

睸 mà 看的样子。

駡 mà 同“罵（骂）”。

瘍 mà ❶ 眼病。❷ 牲畜病。❸ 败疮。

魭 ㊀ mà 鱼名。
㊁ háng “魧”的讹字。

禡 mà 同“禡”。

謓 mà 话多。

礣 mà［礣砎］（-jiè）1. 坚硬。2. 小石；坚石。3. 雷声。

鬕 mà ❶ 绕在发髻上的装饰品。❷ 扎束在额上的巾。

礣 mà “礣”的讹字。

髍 mà［髍骱］（-jiá）1. 也作“骱髍”，小骨。2. 骨坚硬，引申为坚硬。

黷 mà 黑。

髍 mà “髍”的讹字。

ma

吗(嗎) ㊀ ma 助词。1. 用于句末,表示疑问或反问:你在家～?|这么简单的事,还用你来教我～?2. 用于句中,表示停顿语气:这钱～,我不能要|天若冷～,我就不去了。
㊁ mǎ 用于译音:～啡(有机化合物)|～丁啉(西药名)。
㊂ má 代词,什么:想干～呀?|有～事?

mái

𢙐(𢡟) mái[𢙐㥍](-xié)心中不平。

埋 ㊀ mái ❶ 掩埋;用沙、土等盖住:～藏|～葬|～地雷。❷ 隐藏;隐没:～伏|～名隐姓|～下伏笔。
㊁ mán[埋怨]也作"埋冤",抱怨;责怪:相互～|落～。

𤇆 mái 少。

𧳜 mái 同"貍"。

𡝗 mái 意黠。(《集韵》)

薶 mái ❶ 掩埋;埋葬,后作"埋":生～工匠。❷ 填充;填塞:～挂。

䁲{䁲} mái 偷看:哭且～。

霾 mái 同"霾"。

貍 mái 聪慧。

覔 mái 同"䁲"。

鞻 mái[鞻鞵](-xié)鞋,也单称鞻。

霾 mái ❶ 空气中因悬浮着大量的烟、尘等微粒而形成的混浊现象,俗称落黄沙:阴～|尘～|终风且～。❷ 遮蔽:万里阴云～日光。❸ 隐没:贤人多自～|累世修德～田间。❹ 通"埋",掩埋:以传国玉玺仓卒坎地而～之。

𩃴 mái 同"霾"。

mǎi

买(買){買} mǎi ❶ 拿钱换进东西:～菜|～椟还珠。❷ 换取;求取:黄金～醉未能归。☞买/购 见297页"购"字条。

荬(蕒) mǎi[苣荬菜](qǔmai-)见475页"苣"字条。

贾 mǎi 同"買(买)"。

咩 mǎi 拟声词,羊叫声。

嚒 mǎi 喷。

䳱 mǎi 同"䳱"。

䳱 mǎi[䳱鸔](-guǐ)杜鹃鸟。

mài

劢(勱) mài 勉力;努力。

迈(邁) mài ❶ 抬脚向前跨步:～步|～进|小河沟一～就过。❷ 超过;超越:超今～古|三王可～,五帝可超(三王:指夏、商、周三代君主。五帝:指黄帝、颛顼、帝喾、唐尧、虞舜)。❸ 时光流逝:岁月逾～。❹ 年老;老:老～|朽～|年～力衰。❺ 计量单位,英里或千米(公里),用于机动车行驶速度,即每小时行驶的距离。

麦(麥) mài ❶ 谷类作物,分大麦、小麦、燕麦等多种,通常指小麦,籽实磨成面粉可食,也可制糖、酿酒。❷ 姓。

休 mài 同"昧",昏暗不明:弥久远而愈～。

卖(賣) mài ❶ 拿东西换进钱:～菜|～唱|～身。❷ 背叛:～国|～友求荣。❸ 显示、表现自己:～功|～俏|～弄。❹ 尽量使出(力气):～力|～劲儿。

脉[脈]㊀[衇、䘑] mài ❶ 分布在人和动物体内的血管:血～|动～|静～。❷ 脉搏,心脏收缩输送血液引起的动脉跳动:～象|诊～|把～。❸ 像血管一样系统分布的东西:山～|矿～|叶～。
㊁ mò[脉脉](-mò)用眼神默默表达爱慕情意的样子:含情～|～注视。

唛(嘜) mài 用于译音,也作"唛头""嘜头",旧指进出口货物上的商标及各种运输标记。

衇 mài 同"衇(脉)"。

脉 mài 同"脉(脈)"。

𥈿 mài 义未详。(《改并四声篇海》)

𫟱(鿏) mài 金属元素,由人工合成获得,有放射性。
◆“鿏”另见981页“鿏”字条。

𥥳 mài 同“𣯔(脉)”。

𩌏 mài 义未详。(《龙龛手鉴》)

𦠎 mài 同“脉”,脉络。

𨪕 mài 同“鿏(𫟱)”,金属元素。

𧫎 mài[𧫎䛼](-huài)顽恶。

霡 mài[霡霂](-mù)也作“霢霂”,小雨。

𧷓 mài 同“賣(卖)”。

𧸇 mài 同“賣(卖)”。

霢 mài 同“霡”。

𧸘 mài 同“賣(卖)”。

𧸨 mài 同“賣(卖)”。

霾 mài[霾霂](-mù)同“霡霂”。

譪 ㊀ mài 夸大。
㊁ hài(又读 hǎi)[譀譪](xiàn-)见332页“譀”字条。

邁 mài“邁”的讹字。

𥈿 ㊀ mài 斜视。
㊁ yá 同“睚”。1. 眼角。2. 怒视。
㊂ shù 看的样子。

䯦 mài[䮄䯦](zhé-)也作“馲駞”,骡类动物。

邁 mài 同“邁(迈)”。

譪 mài 同“譪”。

𧷤 mài[𧷤䞐](-huài)垢腻的样子。

䴌 mài 鸟名。

譪 mài 同“譪”。

譪 mài 同“譪”。

黣 mài[黣黬](-hèi)黑的样子。

譪 mài 同“譪”。

mān

颟(顢) mān[颟顸](-hān)1. 大脸:～冰面莹池心。2. 糊涂;不明事理:～庸懦。3. 马虎;做事漫不经心:不至以～了事|这个人太～,做事靠不住。

mán

芇 mán 相当。

姏 mán 老年妇女的自称。

悗 ㊀ mán ❶ 迷惑;糊涂:夫说以智通,而实以过～。❷ 烦闷:烦～|令人～心。
㊁ mèn 不在意的样子:～乎忘其言。

㒼 mán ❶ 彼此平匀、相当。❷ 平匀而严实地遮盖住。

嘐 ㊀ mán 同“谩(謾)”,欺骗。
㊁ kū[嘐喻](-lüè)同“圐圙”,也作“库伦”,蒙古语指围起来的草场,多用于村镇名:马家～(在内蒙古)。

蛮(蠻) mán ❶ 虫名。❷ 古代南方地区少数民族名,泛指少数民族:南～|～方|～夷。❸ 粗野,不通情理:野～|～横|～不讲理。❹ 鲁莽;强悍:～干|一身～力|一味～为。❺ 副词,很:～好|～漂亮|～幸福的。

僈 ㊀ mán 健。
㊁ màn ❶ 通“慢”。1. 轻慢:敬～。2. 怠惰:宽而不～。❷ 通“漫”,放纵;没有约束:流～。❸ 通“曼”,无:～差等。

谩(謾) ㊀ mán ❶ 欺骗:谮下～上|久丧伪哀以～亲。❷ 诋毁:鄉(向)则不若,偝(背)则～之。
㊁ màn ❶ 轻慢无礼:～骂|桀纣暴～。❷ 冗繁:大(太)～,愿闻其要。❸ 空自;虚枉:学诗～有惊人句|卫青～作大将军。❹ 副词,莫;不要:～叹息|王霸～分心与迹。

𡋝 mán ❶ 同“墁”,抹墙。❷ 铁朽。

摱 ㊀ mán 引。
㊁ màn 击;打。

槾（樠） mán ❶又称松心木，树名：山多松～。❷树木汁液溢出的样子：液～。

瞞 mán 同"瞞（瞒）"。

馒（饅） mán［馒头］用发酵面粉制成的面食，一般上面圆形，无馅儿。

㦛 mán ❶糊涂，不明事理。❷欺瞒。

鬘 mán 同"鬘"。

蔄 mán 同"㦛"。

瞒（瞞） ㊀ mán ❶垂下眼睑；闭着眼睛的样子：酒食声色之中，则～～然。❷隐藏实情，不让他人知道：欺～｜不～你说｜这事～不了他。
㊁ méng ❶惭愧：子贡～然惭，俯而不对。❷辈；们（宋元时俗语）：贤～。

䐽 mán 肉；肉干。

謾 mán 同"谩（謾）"，欺骗；慧黠。

鬗 ㊀ mán 同"鬘"，花鬘，印度人和中国南方妇女的首饰。
㊁ mián 同"鬠"，烧烟画眉。

㨼 mán 同"摱"。

鞔 mán ❶鞋帮。❷鞋子。❸鞔鞋，把布蒙在鞋帮上，也指用皮革补鞋。❹蒙鼓，把皮革鼓面绷紧并固定在鼓框的周围。

䅼 ㊀ mán 通"瞒"，欺骗：昧己～心。
㊁ màn ❶眼花缭乱：观者盖～然。❷通"漫"，不经意：娥眉～睇使情移。

穫 ㊀ mán ❶稻名。❷同"耰"，种。
㊁ màn 同"耰"，种子田。

䆼 mán 穴黑的样子。

𧜽 ㊀ mán 一种少数民族服装。
㊁ màn 同"幔"。

鬘 mán 同"鬘"。

耰 ㊀ mán 种。
㊁ màn 不莳田，即种子田。

篗 mán 竹名。

糢 mán ❶同"馒（饅）"，馒头。❷饭泽。

䡬 mán 同"鬘"。

𧼮 mán 同"趧"。

趧 mán 同"趧"。

䟂 mán ❶迟缓；缓慢行走的样子。❷行走的样子。

䩌 mán 同"鞔"。

豬 mán 猪的一种。

䗈 mán 同"僈"。

䣖 mán［䣖鄡］（-qiú）古亭名，在今山西。

䜱 mán 同"谩（謾）"。

鬘 mán 同"鬘"。

趧 mán 同"趧"。

䅼 mán 同"耰"。

篗 mán 同"篗"。

鄤 mán 同"䣖"。

鳗（鰻） mán［鳗鲡］（-lí）鱼名，又称白鳝，体长似蛇，生活在河口和近海，也单称鳗。

謾 mán 同"謾（谩）"。

鬗 mán 头发长，泛指长。

鬘 mán 同"鬘"。

鬘 mán 头发美好的样子。

䡬 mán 画车轮。

鬘 ㊀ mán 同"鬘"。
㊁ mián 同"鬠"。

䊡 mán［䊡头］同"馒头"，一种面食。

䨲 ㊀ mán 雨露浓厚的样子：濛～。
㊁ màn 云的样子。

鳗 mán 同"鳗（鰻）"。

鬘 mán 同"鬘"。

鬘 mán 同"鬘"。

鳗 mán 同"鳗(鰻)"。

蹣 mán 义未详。(《龙龛手鉴》)

蠻 mán 同"蠻(蛮)"。

慲 mán 恐惧。

鸞 mán 同"鸞"。

蠻 mán [蠻蛀](-quán)像龙的动物,古代常塑其形象于殿脊上。

鸞 mán 又称蛮蛮,即鹣鹣。

mǎn

屘 mǎn 同"屘"。

屘 mǎn 小儿子。

娨 mǎn 古乡名,在今山西。

満 mǎn 同"滿(满)"。

峖 mǎn 以血涂地。

滿 mǎn "滿(满)"的讹字。

满(滿) mǎn ❶容量达到极限;充盈:水～|客～|～载而归。❷(斟酒)使满:～上一杯。❸足;全:～月|期～|～分。❹副词,极;很:～不错|～不在乎。❺满族,少数民族名,主要分布在辽宁、黑龙江、吉林、河北、北京。❻姓。

𡇼 mǎn 同"𡇼"。

篇 mǎn 同"篇"。

餔 mǎn 喂幼儿吃奶等。

滿 mǎn 同"滿(满)"。

醃 mǎn 涂面。

螨(蟎) mǎn 节肢动物的一类,有的寄生在人或其他动物身上并吸食血液,能传染疾病,有的危害农作物。

㒼 mǎn 同"满(滿)"。

僈 mǎn 同"满(滿)"。

餔 mǎn 同"餔"。

𢟍 mǎn "𢟍"的讹字。

篇 mǎn ❶[篇篗](-huǎn)简牍。❷竹器。

鏋 mǎn ❶金。❷金属元素"镅(鎇)"的旧译写法。

饝 mǎn 同"满(滿)"。

𢟍 mǎn 指用两个汉字拼合标记梵语的发音。

簒 mǎn 同"篇"。

矕 ㊀ mǎn ❶看;看的样子:长～远引。❷眼睛秀美的样子,泛指容貌美丽:文虎～采。❸披;覆盖:～龙虎之文。
㊁ mán 目光昏暗。

虋 mǎn 草名。

màn

沥(澫) ㊀ màn [沥沥]同"漫漫"。
㊁ wàn 用于地名:～尾|白沙～(均在广西)。

苘(蔄) màn ❶用于地名:～山镇(在山东)。❷姓。

曼{曑} màn ❶长;远:～声而歌|～思故国|路～～其修远兮,吾将上下而求索。❷柔美:轻歌～舞|舞姿～妙。❸细腻;润美:～颊皓齿|～泽怡面。

㬅 màn 同"曼",一说"嫚"的讹字。

㵘 màn 同"漫"。

鄤 màn ❶古地名,在今河南。❷姓。

墁 màn ❶同"镘(鏝)",抹墙的工具,也指抹墙,涂饰:圬～屋宇。❷墙壁上的涂饰:画～|瓦～。❸用砖、石等材料铺地:～砖|方砖～地。

蔓 ㊀ màn ❶植物细长能缠绕的茎:兔丝附蓬麻,引～故不长。❷比喻矿脉或

矿苗:其精莹坚致,异于常～,此玛瑙之上品。❸蔓延;滋长:～草|～延|滋～。❹姓。
㊁ mán[蔓菁](-jīng)芜菁。
㊂ wàn 同"蔓㊀❶",用于口语:豆～|爬～|顺～摸瓜。

嫚 màn 同"谩(謾)"。

嵲 màn 古山名。(《集韵》)

幔 màn ❶帐幕;帷幕:～幕|窗～|用青布为～。❷幌子,酒店门前的标志物:酒～。❸覆盖:～了顶上|上～青布。

猵 màn 同"㹴"。

㹴 màn 哺乳动物。

漫 màn ❶水势浩大无边,引申为广远、深长:～乎洋洋|路～长|夜～～。❷涨;满溢:水～上来了|～出堤外|～过头顶。❸充满;遍布:～山遍野|～天大雪|大雾～天。❹随意;无拘束:～谈|散～|～不经心。❺副词,莫;不要:～道|～说。

慢 màn ❶怠惰,懈怠,引申为轻视、冷淡:怠～|傲～|轻～。❷迟,迟行,引申为迟缓:缓～|～节奏|～～来。❸唐、宋词的一种体裁,因调长声缓而得名:《木兰花～》|《卜算子～》。

嫚 ㊀ màn ❶傲慢,不恭敬:僭～|词～|～而侮人。❷辱骂:诋～|～书。❸通"慢",懈怠;迟缓:惰～|职事不～。
㊁ yuān[嫚嫚](-yuān)柔美的样子。
㊂ mān 嫚子,女孩儿:小～。

缦(縵) màn ❶无花纹的丝织品:～帛|庶人衣～。❷弦索:不学操～,不能安弦。❸帷幕:卷～看天色。❹环绕:～山多红树。❺通"慢",缓慢:有坚有～。

槾 ㊀ màn ❶同"镘(鏝)",抹子,泥工抹墙的工具。❷屋檐的别称。
㊁ wàn 荆,灌木或小乔木。

㪧 màn "㪥"的讹字。

㪥 màn "㪧"的讹字。

㪥 màn[㪗㪥](tàn-)见929页"㪗"字条。

幔 màn 同"幔"。

熳 màn[烂漫]1.花等色彩艳丽:山花～|～开山城。2.放浪:郢人～醉浮云。3.坦率自然;毫不做作:天真～。

㵘 màn 同"㵘"。

墁 màn 同"墁"。

蔄 màn 同"蔓"。

嫚 màn 同"谩(謾)"。

㵘 màn 水势浩大的样子:水～～。

镘(鏝) màn ❶镘子,又称抹子,泥工抹墙的工具:不敢一日舍～以嬉。❷抹墙;涂饰:～我新屋。❸钱币的反面,也指钱币:字～|铜～。

獌 màn 同"㹴"。

漫 màn 同"漫"。

慢 màn 同"慢"。

嫚 màn 同"嫚",轻侮;傲慢。

蔄 màn 草名。

缦 màn 同"缦(縵)"。

幔 màn ❶车盖;车幔。❷车;兵车。

貓 màn 同"㹴"。

貘 màn ❶同"㹴"。❷貙的别称。

蔄 màn 同"蔄"。

霫 màn[霫霫]没有边际的样子,也作"漫漫"。

缦 màn 同"缦(縵)"。

镘 màn 同"镘(鏝)"。

貓 màn 同"貘"。

瀬 màn[瀬湎](-àn)水的样子。

māng

牤 māng 公牛:～牛|大～子。

奆 māng 壮实；高大：这人长得真～。

犻 māng 同"牤"。

餖 māng［餖餖］饭（小儿语）。

máng

邙 máng ❶古邑名，也作"亡""芒"，在今河南。❷山名，在河南。❸古县名。（《广韵》）❹姓。

苎 máng 同"芒"。

芒 ㊀ máng ❶多年生草本植物，叶细长有尖，秆皮可造纸、编草鞋：～履。❷某些种子壳上或草木上的细刺：麦～｜草～。❸像芒的东西：锋～｜光～。❹古山名，在今河南。❺姓。❻［芒果］同"杧果"。
㊁ huǎng［芒芴］（-hū）同"恍惚"，模糊不清。

岇 máng 同"硭"。

盲 máng 叹词，表示不肯的应答声。

汒 ㊀ máng 同"茫"，模糊，不清楚：今吾闻庄子之言，～焉异之。
㊁ mǎng 同"漭"，水浩大的样子：～洋。

忙 máng 同"忙"。

忙 máng ❶急促；急迫：～着往外走｜先别～着下结论｜来时长缓去时～。❷事情多，没有空闲：繁～｜农～｜最近很～。❸急着做：大家都在～｜最近～什么呢？

杧 máng［杧果］也作"芒果""檬果"，常绿乔木，木材可制木器，果皮可供药用，也指其果实。

尨 ㊀ máng ❶多毛的狗：～夜不惊。❷杂色：～眉皓发｜～裘金玦。❸杂乱：纷～。
㊁ méng［尨茸］乱的样子：狐裘～。
㊂ páng 通"庞（龐）"，高大：～然大物。

宋 máng 屋的大梁。

砬 máng ❶山石的样子。❷［砬砀］（-dàng）也作"芒砀"，古山名，在今安徽。

秔 máng 同"芒"，禾芒。

盲 máng ❶眼睛失明而看不见：～人｜～文｜～区。❷昏暗：旦暮晦～。❸对事物不能辨认；对事理识别不清：文～｜色～｜～从。

亩 máng 同"甿"，旷野。

氓 máng 见 638 页 méng。

茫 ㊀ máng ❶广大无边：鸿濛沆～。❷模糊不清；全无知晓：迷～｜～然无知｜～无头绪。❸［茫茫］（-máng）面积大，看不清边际的样子：大海～｜雾气～。
㊁ huǎng 模糊；不真切：因言天外事，～惚使人愁｜本始之～，诞者传焉。

厖 máng ❶大：～大｜～臣。❷丰厚；厚重：隆～。❸杂乱：政～｜意绪～。❹同"尨"，长毛狗，泛指狗：守护～。❺姓。

笀 máng 同"芒"。

鄳 máng 古郡名、古乡名，均在今陕西。

浝 máng 同"茫（汒）"。

恾 máng 惊慌失措：～然。

哤 máng 言语杂乱，泛指杂乱：～聒｜杂处则其言～｜吏喻民～。

巄 máng［五巄］古山名，在今四川。

狵 ㊀ máng 同"尨"，多毛的狗。
㊁ zhuó 同"豩"。

庬 ㊀ máng 同"厖"。
㊁ měng［庬澒］（-hòng）元气未分的混沌状态。

浝 máng 古水名。（《说文》）

恾 ㊀ máng［恾懞］（-měng）昏闷。
㊁ màng［恾戇］（-zhuàng）愚笨。

娏 máng 神话中女神的名字。

硥 máng 同"硭"。

硭 máng ❶［硭硝］即芒硝，矿物名，工业上用于制玻璃、造纸等，医药上用作泻剂。❷同"砬"，山名。

铓（鋩） máng ❶刀、剑等的尖端，也指物体外部的尖端部分：剑～｜石～｜红丝玉斗紫毫～。❷光芒：雄戟耀～。❸流行于云南少数民族地区的打击乐器：敲锣打～。

牻 máng ❶毛色黑白交杂的牛。❷乱。

秏 máng 同"杧"。

釯 máng 同"铓(鋩)"。

蘣 máng "蘣"的讹字。

眬 máng 眼睛不明。

蛖 máng "蛖"的讹字。

狵 ㊀ máng［狼狵］也作"狼忙"，急忙；匆忙。
㊁ huāng 狼类动物。

猇 máng 同"狵"。

痝 máng ❶病困。❷肿起：有病～然如有水状。

蘣 ㊀ máng 草名。
㊁ hè 拟声词，猪叫声。

蛖 ㊀ máng［蛖蝼］（-lóu）蝼蛄的一种。
㊁ bàng 同"蚌"。

瘖 máng 同"盲"。

寣 máng ❶梦话。❷睡着。

槺 máng［槺果］杧果。

菸 máng 同"芒"。

鋩 máng 同"鋩(铓)"。

寵 máng 睡眠。

群 máng 用于佛经译音。

頩 máng 头；头的样子。

髦 máng ❶毛发苍白。❷头发散乱。

駹 máng ❶青色的马。❷杂色的牲畜。

鮀 máng［真热带鮀］鱼名，生活在澜沧江流域。

驉 máng 同"駹"。

蘉 máng ❶勉力而为：汝乃是不～。❷［蘉然］同"茫然"：其～而莫辨。

蠎 máng 冥暗；阴私。

mǎng

茻{茻、芔} mǎng 同"茻"。

窒 mǎng［窒窞］（-láng）1.空。2.穴。

崆 mǎng［崆嵣］（-dàng）山高大的样子。

傥 mǎng［傥傋］（-jiǎng）也作"傋傥"，粗而不媚。

莽 mǎng ❶丛生的草，引申为草木丛生处：草～｜林～。❷广阔；辽阔：～原｜～苍苍。❸粗鲁；冒失：鲁～｜～汉。❹粗重：嗓音又粗，又哽，又～，又沙。❺姓。

莾 mǎng 同"莽"。

胧 ㊀ mǎng 丰肉。
㊁ měng ❶丰大。❷肿。

硥 ㊀ mǎng 石的样子。
㊁ bàng 同"蚌"。

膵 mǎng 粗壮：腰肢～。

茻 mǎng 从生的草。

韷 mǎng 用于人名：孙～（三国时吴国君主孙休第三子）。

漭 ㊀ mǎng［嵣漭］（dàng-）同"嵣崆"，山的样子。
㊁ máng 古山名。（《集韵》）

箵 mǎng 一种节距很短的竹子。

漭 mǎng ❶水广大的样子：～沆｜～～沧沧｜天水～相围。❷原野广阔：～弥（瀰）非垠。

韷 mǎng "韷"的讹字。

暡 mǎng 太阳无光。

雉 mǎng 同"鵬"。

瞒 mǎng ❶无一目。❷［瞒晄］（-huǎng）眼病。

蟒 mǎng 同"蟒"。

䖟 mǎng［䖟䖟］（pǎng-）见715页"䖟"字条。

蟒 ㊀ mǎng ❶蟒蛇，又称蚺蛇，一种无毒的大蛇。❷蟒衣、蟒袍的简称，明清两代皇子、亲王及高官所穿的衣袍，绣有蟒形图案：赐～｜绣～｜披～腰玉。

㊁ měng 同“蜢”，蚱蜢。

蠎 mǎng 同“蟒”。

䶘 mǎng“䶘”的讹字。

茻 mǎng 同“莽”。

蟒 mǎng 同“蟒”。

矇 mǎng 同“矇㊁”。

䲧 mǎng［䲧鸱］(-chī)鹈鸱。

霿 mǎng［霿霿］云色。

䶢 mǎng 同“䲧”。

䶙 mǎng［骯䶙］(kǎng-)见 498 页“骯”字条。

龏 mǎng 义未详。(《改并四声篇海》)

䉜 mǎng 义未详。(《龙龛手鉴》)

龔 mǎng 义未详。(《改并四声篇海》)

màng

吂 màng 问而不答。

㡆 màng［㡆浪］也作“孟浪”，鲁莽；冒失。

笀 màng 屋箦，房上铺的粗篾席或苇席。

māo

猫［貓］ ㊀ māo ❶ 哺乳动物，也是家畜，善于捕鼠。❷ 躲藏：～冬｜别老～在家里。❸ 姓。❹［猫头鹰］鸟名，昼伏，夜出觅食，常在深夜发出凄厉的叫声，旧俗将其视为不吉祥的鸟，又称夜猫子。
㊁ máo［猫腰］弯腰。

𤘀 māo 义未详。(《改并四声篇海》)

máo

毛 máo ❶ 动植物表皮的丝状物：眉～｜鸡～｜茸～。❷ 小；细：～孩子｜～细血管｜～～雨。❸ 粗糙；未加工的：～坯。❹ 不纯净的：～利｜～重。❺ 慌忙；粗心：～躁｜～手～脚。❻ 惊慌；害怕：心里发～｜把他吓～了。❼ 角，货币单位：～票｜三块五～钱。❽ 草，也通称五谷、蔬菜等植物：不～之地(不长草或庄稼的贫瘠土地)｜山陬海澨，丽土之～，足以活人者多矣。❾ 无；没有：饥者～食，寒者裸跣。❿ 姓。

矛 máo 古代兵器，长柄，一端有金属枪头，可直刺。

忹 máo［幢忹］(chuáng-)同“幢旄”。

茅 máo ❶ 茅草，多年生草本植物，可做牲畜饲料及造纸原料。根茎可供药用，称茅根。❷ 茅屋，简陋的房屋：有～数龛嵌峡底｜结～野中宿。❸ 姓。

枆 máo 同“楙”。

牦［犛、氂］ máo 牦牛，牛的一种，身有长毛，可用于拉犁、驮运货物，肉和乳可食用。
◆“犛”另见 629 页“犛”字条。
◆“氂”另见 629 页“氂”字条。

𢦵 máo 同“矛”。

𢧵 máo 同“矛”。

𣬾 máo 同“旄”。

𣭌 máo 同“氂”。

罞 máo 捕麋鹿的网。

牨 máo 同“牦”。

旄 ㊀ máo ❶ 用牦牛尾装饰的旗子，泛指旌旗：白～。❷ 牦牛尾，古代常用作旗杆的饰物：庶～翠旌。
㊁ mào 同“耄”。1. 老；老人：～期。2. 昏乱：～不知人。

𢦵 máo 同“矛”。

𥍝 máo 同“矛”。

𣬛 máo 同“髦”。

𣭏 máo 同“髦”。

軞 máo 古代君主的兵车，也作“旄”。

酕 máo［酕醄］（-táo）醉；大醉的样子。

峁 máo 山名，即茅山，在江苏。

犛 máo 同“氂”。

髦 máo“毦”的讹字。

渵 máo 水势盛大的样子。

蚤 máo 同“蝥”。

髳 máo 同“髦”。

皃 máo 同“髦”。

戠 máo 同“矛”。

猫 máo 同“犛”。

犛 máo 同“氂”。

堥 ㊀ máo 前高后低的土丘。
㊁ móu 陶土炊器。
㊂ wú 瓦器。

犛 máo“犛”的讹字。

氂 máo 同“氂”。

楙 máo 又称冬桃，桃树的一种。

锚（錨） máo 固定船只的用具，多为铁制，锚身有钩爪，用锚链连接船只，抛入水底或岸边，可使船停住。

穮 máo［穮穮］（pāo-）见 53 页“穮”字条。

鉾 máo 同“矛”，兵器名。

漻 máo 古水名。（《玉篇》）

髦 máo ❶毛发中的长毛，泛指毛发：～毛。❷马颈上的长毛：白马黑～｜拂～振铎。❸儿童垂在前额的短头发，代指儿童：两～｜童～。❹杰出的人物：～士｜英～｜俊～。

髦 máo 马鬃毛长。

蟊 máo［螌蟊］（bān-）同“斑蝥”。

氂 máo 同“氂”。

犛 máo 同“犛”。

氂 máo 同“氂”。

鉾 máo 同“矛”。

氂 máo 同“氂”。

犛 ㊀ máo“牦”的异体字。
㊁ lí［犛靬］（-jiān）汉代西域国名。

氂 ㊀ máo ❶“牦”的异体字。❷牦牛尾，也指马尾：松叶如～，团簇满林中｜执而不释，马～截玉。❸长毛：以～悬虱（蝨）于牖｜天雨～，长尺许。
㊁ lí 量词，后作“釐（厘）”：豪～（毫厘）｜因度尺而求～。

髳 ㊀ máo 同“髾”，少女发式。
㊁ mán 同“髻（鬘）”。

髳 ㊀ máo ❶古代幼儿垂在前额的短头发：两～。❷古代西南少数民族名。
㊁ méng［覭髳］（míng-）见 659 页“覭”字条。

犛 máo 义未详。（《改并四声篇海》）

蝥 ㊀ máo［斑蝥］昆虫，可供药用。
㊁ wú［蛑蝥］见 1282 页“蛑”字条。

蟱 máo［蟱蛧］（-wáng）青蛉，即蜻蜓。

蟊 máo 同“蟊”。

蟊 máo ❶吃苗根的害虫：去～而禾茂。❷［蟊蠈］（-zéi）也作“蟊贼”，比喻危害人民、国家的官吏或人。

蝥 máo［螌蝥］（bān-）同“斑蝥”。

髳 máo 同“髳”。

鶜 máo［鶜鸱］（-chī）猫头鹰，鸟名。

錨 máo 同“錨（锚）”。

犛 máo 义未详。（《改并四声篇海》）

蟊 máo ❶［蟊蜩］（-tiáo）又称蟊蠿，一种青色小蝉。❷同“蟊”，食苗根的害虫。

矛 máo 同“矛”。

蟊 máo 食苗根的害虫，后作“蟊”。

蟊 máo 同“蟊”。

mǎo

冃 mǎo 重复。

冇 mǎo 没有。

卯［夘、戼］mǎo ❶地支的第四位。❷卯时，指早晨5时至7时。❸旧指点名报到：点～｜应～｜～簿。❹器物部件利用凹凸方式连接的凹入部分：～眼｜凿个～。

扪 mǎo 持。

茆 ㊀mǎo 莼：～草。
㊁máo ❶通“茅”，茅草：～亭｜～屋｜～庐。❷姓。

峁 mǎo 顶部浑圆、斜坡较陡的黄土丘陵，泛指小山顶。

戼 mǎo 开门。

泖 mǎo ❶又称三泖，古湖名，在今上海，现已淤为平地。❷水面平静的小湖，也用于地名：～桥｜横～头（均在上海）。

丣 mǎo 同“卯”。

茒 mǎo 同“茒（茆）”。

昴 mǎo 星名。

茒｛茒｝mǎo 同“茆”。

聊 mǎo［聊胶］（-jiǎo）也作“胶聊”，斜视。

非 mǎo 同“卯”。

铆（鉚）㊀mǎo ❶用铆钉把金属物品或构件连接在一起：～接｜～钉｜～工。❷集聚；使：～～劲儿｜～足了劲儿。
㊁liǔ 成色好的金子。

非｛兆｝mǎo 同“卯”。

聊 mǎo 同“卯”。

昴｛昴｝mǎo 同“昴”。

笷 mǎo 俗称笆篱竹，竹名。

陽 mǎo 义未详。（《改并四声篇海》）

昴 mǎo 同“昴”。

蓩 mǎo ❶葶苈。❷草木茂盛。

mào

冃 mào 便帽，后作“帽”。

毛 ㊀mào 择取，也作“芼”。
㊁náo 同“挠（撓）”。

芼 mào ❶草在地上蔓延。❷拔取；择取：参差荇菜，左右～之。

皃 mào 同“貌”。

皃 mào 同“貌”。

玥 mào 同“瑁”。

耄 mào 同“耄”。

茂 mào ❶植物生长繁盛：～盛｜～密｜枝繁叶～。❷丰富且美好：图文并～｜声情并～｜风华正～。

冐 mào 同“冒”。

怀 mào 同“悉”。

玥 mào 同“瑁”。

枆 mào 同“楙”。

尝 mào 义未详。（《字汇补》）

眊 mào ❶眼睛失神，看不清楚：眼神昏～｜胸中不正，则眸子～焉。❷昏愦；惑乱：失在～悖｜～然如醒。❸通“耄”，衰老：哀夫老～。

冒 ㊀［冐］mào ❶帽子，后作“帽”：著黄～。❷覆盖；蒙蔽：乃～其眼，使之击筑。❸冲犯；干犯：～犯｜犯上～禁。❹轻率；鲁莽：～失｜～进｜～昧。❺假充；假托：～认｜～牌｜假～。❻往上升；向外透：～汽｜～烟｜浑身～汗。❼不顾（恶劣的环境或危险等）：～雨｜～险｜～着敌人的炮火前进。
㊁mò［冒顿］（-dú）汉代初年匈奴族一个君主的名字。

皇 mào 同“貌”。

毦 mào 同"耄"。

贸（貿） mào ❶进行交易;买卖:～易|商～|外～。❷杂乱:粲于辞而～名|是非相～,真伪舛杂。❸冒失;轻率:～然|～～然来。

柔 ㊀mào 同"懋"。
㊁róu 心安。

毷 mào 同"耄"。

耄 mào ❶年老,八九十岁的高龄:老～|～耋之年。❷年老昏乱:～逊于荒|纵欲不戒,匪愚伊～。

蓩 mào 同"芼"。

冐 mào ❶抵触;冒犯。❷同"冒"。

帽 mào 古代妇女的发饰。

逸 mào 同"皃"。

猊 mào 同"貌"。

眘 mào［眘睮］(-yú)忌妒人的目光。

紑 mào 有毛刺的缯帛。

琨 mào 玉名。

殑 mào 歹。

殐 mào 同"皃"。

眊 mào 同"贸(貿)",蒙昧不明。

毦 mào 同"覒"。

昴 mào 同"冐(冒)"。

冒 mào 同"冒"。

覒 mào ❶选择,也作"芼"。❷斜视。

傚 mào 愚昧无知。

貿 mào "貿(贸,貿)"的讹字。

湄 mào "湄"的讹字。

愪 mào 同"愪"。

寬 mào "冐"的讹字。

貿 mào 同"贸(貿)"。

揖 mào ❶手扶。❷抵。

鄚 mào ❶古地名,在今河北。❷［鄚州］地名,在河北。❸姓。

萺 ㊀mào ❶草名。❷草盖住地表的样子。
㊁mù［萺蓿］(-xí)同"苜蓿"。

莪 mào 细草丛生。

楣 mào 同"楣"。

楙 mào 同"楙"。

散 mào 手扶。

散 mào 同"散"。

圕 mào 同"冒"。

圙 mào 同"冒"。

帽［帽］ mào ❶帽子:草～|游泳～。❷形状或作用像帽子的东西:笔～|螺丝～。

稚 mào 同"芼"。

貿 mào 同"貿(贸)"。

貿 mào 同"貿(贸)"。

湄 mào 水向上涌。

愪 mào 贪。

慠 mào 同"慠"。

慠 mào 愚昧无知。

媢 mào ❶丈夫忌妒妻妾,泛指忌妒:有才者相～。❷怒目相视。

瑁 mào(旧读 mèi)［玳瑁］(dài-)见165页"玳"字条。

毣 mào 同"耄"。

楣 mào 门框上的横木。

楙 mào ❶同“茂”,茂盛;美盛:长大～盛|芳华益～|灯花开～。❷木瓜,落叶灌木或小乔木,果实可食或供药用。❸通“贸(貿)”,交易:～迁有无。

賀 mào 同“贸(貿)”。

皵 mào 同“㧅”。

毷 mào[毷氉](-sào)也作“氉毷”。1.烦恼;烦闷。2.烦躁不安。

㡌 mào 同“耄”。

毣 mào[毣毶](-sào)同“毷氉”。

㥜 mào 同“㒵”。

毫 mào 同“耄”。

瞀 mào 同“瞀”。

愗 mào ❶同“懋”。❷[怐愗](kòu-)见476页“怐”字条。

鄚 mào 同“鄮”。

貿 mào 同“貿(贸)”。

耄 mào 同“耄”。

軞 mào 同“軞”。

軞 mào ❶车伏兔。❷捕鸟兽的工具。

軞 mào 同“軞”。

眊 mào 同“瞀”,低头向下看;眼睛昏花。

帽 mào[䲦帽](dài-)见166页“䲦”字条。

圂 mào 同“冒”。

皃 mào 同“貌”。

貌 mào 同“貌”。

貌 mào 同“貌”。

貌 ㊀mào ❶相貌;面容:容～|美～|才～双全。❷外表;外观:外～|～似|～合神离。❸样子:全～|原～|新～。❹也作“皃”,注解用字(多见于古书、字词典),表示状态,相当于“……的样子”:踖踖,敏捷而恭敬～|徘徊,回旋飞翔之～。☞貌/容 两字都表示人的面容、相貌,“容”多指面部表情所反映的内心状态,侧重于神情、脸色;“貌”多指面部形状,侧重于外貌、面相。
㊁mò 描绘:无工可～此|屡～寻常行路人。

鄮 mào ❶古县名,在今浙江。❷姓。

鄮 mào 同“鄮”。

毷 mào 同“毷(毣)”。

湄 mào 同“湄”。

褶 mào 同“帽”。

貿 mào 同“貿(贸)”。

劕 mào “鄮”的讹字。

瞀 ㊀mào ❶低头向下看:闷～守闺阁。❷眼睛昏花:～病|蒙～。❸心绪烦乱:～乱|～惑。❹愚昧:～儒|何其～欤!❺姓。
㊁wú[雊瞀](gòu-)见298页“雊”字条。

蕺 mào 毒草。

殆 mào 义未详。(《龙龛手鉴》)

瞐 mào 同“眊”。

蝐 mào[蝳蝐](dài-)见209页“蝳”字条。

鶜 mào 鸟轻毛。

髦 mào 同“鶜”。

覒 mào 杂色文采的缯帛。

皚 mào 饱潓。

貌 ㊀mào 同“貌”。
㊁ní 同“猊(貎)”。

瞀 mào 昏乱;眩惑。

穃 mào 同“瞀”。

蘇 mào 草名。

薹 mào 同“耄”。

貇 mào 同“貌”。

貎 mào “貌”的讹字。

兒毛 mào 同“耄”。

鄚 mào 同“鄚”。

薹 mào 同“耄”。

懋 mào ❶勤勉;努力:无戏怠,～建大命|～力以耘耔。❷劝勉;勉励:～稽劝分,省用足财。❸盛大:～典|～勋|～绩。❹美好:乌呼～哉!❺姓。

鋂 mào 金属元素“钼(鉬)”的旧译写法。

薹 mào 同“薹(耄)”。

褻 mào 同“袤”。

鶻 mào［鵎鶻］(pán-)见712页“鵎”字条。

me

么㊀(麼) me ❶后缀:这～|怎～|什～。❷助词,表示句中停顿,也用于歌词中的衬字:不让你走～,你却非走不可|太阳出山岗～依哟。

㊁(麼) ma 同“吗(嗎)”,助词,表示语气。

㊂ yāo “幺”的俗字。

◆“麽”另见661页“麽”字条。

広 me 同“麽(么)”。

嚒 me 同“麽(么)”。

麼 me 同“麽(么)”。

嚰 me 同“嚒(麽,么)”。

méi

尸 méi 同“眉”。

坆 ㊀ méi 同“梅”。
㊁ fén 同“坟(墳)”。

呆 méi 同“某(梅)”。

没 méi 见662页mò。

玫 méi 同“玫”。

玫 méi ❶美石名。❷［玫瑰］(-gui)1.又称火齐珠,美石名。2.珍珠:湄蚌之胎有～。3.灌木名,也指这种灌木的花:一朵白～。

苺 méi 同“莓”。

枝 méi 同“枚”。

枚 méi ❶树干:伐其条～。❷古代行军为防止喧哗暴露目标而衔于口中的筷形用具:衔～而行。❸量词,个;支;件:一～奖章|几～硬币|不胜～举。

某 ㊀ méi 酸果,后作“梅”。
㊁ mǒu 代词。1.指代不明确指出的人、地、事物等:～人|～国|～种办法。2.指代自己:我李～人。

栂 méi ❶同“梅”。❷日本汉字,一种松科常绿植物。

脄 méi 同“脥(脢)”。

眉 méi ❶眉毛,长在眼眶上方的毛:～清目秀|扬～吐气|喜上～梢。❷书刊页面上端的空白处:书～|～批。

坶 ㊀ méi 尘土。
㊁ mù 同“坶”,坶野,也作“牧野”,古地名,在今河南。

莓 méi ❶灌木或多年生草本植物,果实很小,聚生于球形花托上:草～|山～|蛇～。❷苔藓:～苔。

昌 méi 同“眉”。

脥 méi 同“脢”。

珻 méi 同“玫”。

莈 ㊀ méi 草名。
㊁ bì “蔽”的讹字。

蕮 méi 同“莓(莓)”。

梅［楳、槑］ méi ❶楠:墓门有～|终南何有,有条有～。❷落叶乔木,耐寒,早春开花,果实可食。花有红、白、粉红等色,气味芳香,可供观赏。❸梅花:数枝～|冲寒早放～。❹节候名。初夏江南多雨潮湿,正值梅子成熟,俗称此时为梅或梅雨季节:上海刚刚出～,即连日大热。❺姓。

湄 méi 义未详。(《海篇直音》)

睂 méi 同"眉"。

槑 méi 同"梅"。

脢 méi 背上的肉,也特指脊背肉。

郿 méi ❶古邑名,一在今陕西,一在今山东。❷古乡名,在今陕西。❸用于地名:~县(今作"眉县",在陕西)。

塺 méi 同"埋"。

堳 méi 古代建在坛墠(祭祀场所)四周的矮墙。

葿 méi[茈葿](chà-)见 86 页"茈"字条。

罞 ㊀méi ❶捕鸟的网。❷用网捕获:迹其出没而薙~之。
㊁mǒu 同"罺"。

嵋 méi[峨嵋]今作"峨眉",山名,在四川。

睂 méi 同"眉"。

猸 méi 猸子,又称白猸,即鼬獾,哺乳动物,像猫而小。

湈 méi 坏。

湄 méi 岸边水与草交接的地方:在水之~。

媒 ㊀méi ❶介绍、撮合男女婚姻的人:~人|~妁之言。❷使双方或多方产生关系、联系的人或事物:~体|大众传~|新闻~介。❸招致:~怨|~利。
㊁mèi[媒媒](-mèi)糊涂、愚昧的样子:~晦晦,无心而不可与谋。

瑂 méi 像玉的美石。

楣 méi ❶门框上的横木,又称门楣。❷房屋的横梁,即二梁。❸屋檐板:檐~。

煤 méi 同"湈"。

𢅤 méi 义未详。(《龙龛手鉴》)

睂 méi 同"眉"。

腜 méi 妇女怀孕的征兆。

梅 méi 同"酶",酒曲。

煤 méi ❶烟气凝结的黑灰:~炱|轻~飞入郭。❷用来制墨的烟灰:桐~。❸墨,引申为黑色:磨~|蜀纸麝~|山色烧~了。❹灯花,灯芯余烬:灯~|烬~。❺煤炭,是重要的燃料和化工原料:褐~|无烟~|~矿。

禖 méi 求子的祭祀,也指求子所祭之神:立~|祀~。

䁖 méi 同"眉"。

鹛(鶥) méi 鸟媒,用以诱捕鸟类的鸟。

酶 méi ❶酒曲。❷旧称酵素,有机化合物的一大类,可对生物化学变化起催化作用,如消化食物、发酵等。

镅(鎇) méi 金属元素,由人工合成获得,有放射性。

鄙 méi 同"郿"。

塺 méi 灰尘;尘土。

鹛(鶥) méi ❶[鹛鸹](-guā)也作"麋鸹",又称鸧鸹,鸟名。❷画眉亚科鸟类的通称:红顶~|黑脸噪~。

霉(黴) méi ❶衣物、食品等受潮热而变质:发~|~变|~烂。❷霉菌,真菌的一类,像细丝,常寄生或腐生在衣物、食品的表面:毛~|曲~|青~。
◆"黴"另见 635 页"黴"字条。

嵋 méi 同"嵋"。

䤂 méi 同"脢"。

鋂 méi 一大环套两小环的子母链环。

湄 méi 同"湄"。

湄 méi 同"湄"。

瑂 méi 同"瑂"。

薇 méi[茈薇](chà-)同"茈葿"。

醂 méi ❶醋的别称。❷同"酶",酒曲。

䠊 méi 义未详。(《龙龛手鉴》)

貊 méi 哺乳动物。

䅆 méi 同"黣(黴,霉)"。

徾 méi［徾徾］相随的样子。

䍚 méi 同“槑(梅)”。

䩈 méi 义未详。(《龙龛手鉴》)

矀 méi 同“䁢”,伺视。

䁢 méi 同“矀(䁢)”。

鶥 méi 鸟媒,用以诱捕鸟类的鸟,一说“鶥”的讹字。

攗 méi［蕨攗］(jué–)菱角。

黴 méi 同“黴(霉)”。

瀿 méi 同“湄”。

瀷 méi 同“湄”。

櫗 méi 同“攗”。

黴 ㊀ méi ❶“霉”的繁体字。❷脸面垢黑:～黧。
㊁ mèi ❶点笔。❷濡笔。

糜 méi 糜子,即穄子,一种不黏的黍。

麋 méi“糜”的讹字。

měi

毎 měi“每”的讹字。

每 měi ❶代词,指全体中的任何一个或一组:～人|～天|～次。❷副词,表示同一动作行为反复发生:～战必胜|～到周日,他都去看望老母亲。❸［每每］1. 草茂盛的样子:原田～。2. 副词,经常;常常:～忙碌到深夜|～遭人非议。

毐 měi 同“每”。

𠷎{𦫻} měi 草茂盛的样子,也作“每”:原田～～。

浼 měi 同“浼”。

美 měi ❶味道可口:～味|脍炙与羊枣孰～?❷漂亮;好看:～人|她长得真～。❸使漂亮、好看:～容|～化。❹好;令人满意的:～景|～德|物～价廉。❺称赞;以为好:赞～|～言|溢～之词。❻美洲(地名)的简称:南～|欧～。❼美国(国名,主要在北美洲中部)的简称:～元|～籍华人。

挴 měi ❶贪求。❷惭愧。

浼 měi ❶污染:素尚修洁衣冠,乡人难～。❷水面平静的样子:河水～～。❸央求;恳托:～入言之|特来相～。

嵄 měi 同“𠷎(每)”。

挴 měi 贪。

媄 měi 草名。

嵋 měi 山。

渼 měi ❶水波。❷用于地名:小水～(在云南)。❸［渼陂］(–bēi)古池名,在今陕西。

媄 měi 美丽的样子:娇～。

㳉 měi 无㳉。(《玉篇》)

𡟯 měi 同“美”,美好:民殷俗～。

䓺 ㊀ měi 碎豆茎。
㊁ méi 豆茎下边的叶。

镁(鎂) měi 金属元素,可用来制合金、闪光粉、照明弹、烟火等,镁铝合金用于航空、航天工业。

嬍 měi 同“𡟯(美)”。

羙 měi 同“美”。

𡡉 měi 同“美”。

燘 měi 熟,烂熟,一说“爛(烂)”的讹字。

𡣍 měi 同“媄”。

黣 měi 同“黴(霉)”,肤色晦黑:手足胼～。

靡 měi 深靡的样子。(《改并四声篇海》)

mèi

抹 mèi 摸。

味 mèi“昧”的讹字。

帛 mèi 布帛幅边。

妹 mèi ❶称同父母而年龄比自己小的女性，泛称年龄比自己小的女性：姐～｜表～｜师～。❷泛称年轻女性：外来～｜打工～。

枺 mèi 树名。

昧 ㊀ mèi ❶昏暗：幽～。❷糊涂；不明白：蒙～｜愚～｜～于事理。❸隐藏：～于信义｜拾金不～。❹冒犯：冒～｜～死进言。
㊁ mò 用于人名：馀～（春秋时人）。

昒 ㊀ mèi ❶眯着眼睛往远看。❷长时间地看。❸眼睛不正。❹黎明：～昕寤而仰思兮。
㊁ wù 瞑；昏：数千年暗（闇）～。

𥇀｛𥇀｝ mèi 同"昧"。

𥃝 mèi 同"昒"。

袂 mèi 衣袖。

𧙕 mèi 同"魅"。

袜 mèi "𧙕"的讹字。

彔 mèi 同"魅"。

眛 mèi 眼睛模糊，也指不明事理。

秣 mèi 饲养。

㔝 mèi 不会：亲仔～如亲夫妻。

录 mèi 同"魅"。

彖 mèi 同"魅"。

㲋 mèi 同"魅"。

㲌 mèi 同"魅"。

彙 mèi "魅"的讹字。

嵬 ㊀ mèi 同"魅"。
㊁ wéi 同"嵬"。

魈 mèi 同"魅"。

魆 mèi 同"魅"。

鬽 mèi 同"魅"。

痗 mèi ❶病：沉～。❷忧伤：～然。

𩲃 mèi 同"魅"。

𩲸 mèi 同"魅"。

寐 mèi 同"寐"。

寐 mèi 睡着：～语（梦话）｜梦～以求｜夜不能～。☞寐／寝／睡／卧／眠 见785页"寝"字条。

媚 mèi ❶喜爱：～兹一人｜～君姿｜～酒。❷美好；可爱：妩～｜阳光明～。❸巴结；逢迎：谄～｜奴颜～骨。

䰨 mèi 同"魅"。

魅 mèi 同"魅"。

鬽 mèi 同"魅"。

鬽 mèi 同"彪"。

煝 mèi ❶旱热。❷纸煝，用质粗易燃的纸搓成的圆条，供引火。

寐 mèi "寐"的讹字。

䫫 mèi 尾巴长。

䪹 mèi 人脸的样子。

睸 mèi 眼睛闭合，一说"瞑"的讹字。

魅 mèi ❶传说中的鬼怪：鬼～｜魑～。❷魅惑，迷惑：～人｜蛊～。❸［魅力］迷惑人的力量，泛指很能吸引人的力量。

寐 mèi 同"寐"。

韎 ㊀ mèi（又读mò）❶把皮革染成赤黄色。❷赤色皮革：～弁。❸古代东北地区少数民族乐名。
㊁ wà 同"韈（袜）"，袜子。

蝞 mèi 一种水生动物，像虾，寄居于龟壳中。

篃 mèi 竹名，笋冬生。

魅 mèi 同"魅"。

彙 mèi 同"魅"。

䰨 mèi 同"媚"。

𡋯 mèi 义未详。(《龙龛手鉴》)

媢 mèi 同"媚"。

魅 mèi 同"魅"。

𩲃 mèi 同"魅"。

寐 mèi 寝。

𥈻 mèi 同"媚"。

䵢 mèi ❶浅黑色。❷深黑色。

𩴂 mèi 同"魅"。

嚜 ㊀ mèi ❶言语不实:～杘(奸诈;无赖)。❷通"默",不说话;不出声:～然莫对|～～弗答。

㊁ me (又读 ma)助词,表示感叹语气,嘛:有钱～!|算了～。

篃 mèi 同"篃"。

𥶭 mèi 同"篃"。

䰨 mèi 同"魅"。

𩴃 mèi 鬼名。

𩴄 mèi 同"魅"。

䰨 mèi 同"魅"。

𥶭 mèi 同"𥶭(篃)"。

𧭼 mèi 同"魅"。

mēn

闷(悶) mēn 见 638 页 mèn。

mén

门(門) mén ❶建筑物、车、船等的出入口:城～|～卫|～可罗雀。❷安装在建筑物、车、船等出入口上能开关的装置:～锁|铁～|防盗～。❸形状或作用像门的东西:球～|柜～|电～。❹诀窍;方法:窍～|入～|歪～邪道。❺家族或家族的一支:～第|～风|一～老小。❻学术思想或宗教的派别:儒～|佛～|左道旁～。❼类别:分～别类|五花八～。❽生物分类系统的等级,在界之下,纲之上:脊索动物～|被子植物～。❾量词:一～大炮|两～亲戚|三～功课。❿姓。☞门/户 "户"本指单扇门,泛指门;"门"本指双扇门,也指门的整体。"门户"泛指门。

们(們) mén 见 638 页 mèn。

扪(捫) mén ❶按;抚摸:～虱而言|～心自问。❷擦拭:将手在毛巾上～了一下。❸[扪搎](-sūn)摸索:忽有人以手探被,反复～。

玧 ㊀ mén 同"璊(𤩽)"。

㊁ yǔn 古代贵族冠冕两旁悬挂的玉饰,用以塞耳,表示不听信谗言。

亐 mén 同"門(门)"。

钔(鍆) mén 金属元素,由人工合成获得,有放射性。

閅 mén 同"門(门)"。

琊 mén 同"璊(𤩽)"。

苚 mén[苚冬]同"门冬",药草名。

䫒 mén 同"顝(𩓹)"。

璊(𤩽) mén 红玉。

𣰰(毭) mén 细毡类制品,多为赤色。

𤩽 mén 同"𤩽(璊)"。

𥢄 mén 同"糜"。

穈 mén 同"糜"。

穈 ㊀ mén 一种谷物。

㊁ mí ❶同"糜"。❷糜粥。

顝 mén 病名,昏迷无知觉的样子。

𥽯 mén ❶粉泽。❷粥凝。

𩓹 mén 同"顝"。

虋 ㊀ mén 同"虋"。

㊁ wěi 草名。

M

瀿 mén 同"亹"，山峡两侧对峙如门的地方。

虋 mén 同"虋"。

虋 mén 谷(粟)的良种。

mèn

们(們) ㊀ mèn［们浑］丰满；肥满。
㊁ mén ❶［图们江］水名，在吉林。❷［图们］地名，在吉林。
㊂ men 后缀，表示人的复数：你～｜同学～。

闷(悶) ㊀ mèn ❶心烦，不痛快：烦～｜愁～｜～～不乐。❷隐藏，不说出来：有事别～在心里。❸密闭，不透气：～葫芦｜～罐车。
㊁ mēn ❶气压低或空气不流通给人带来的不舒服的感觉：～热｜这屋子矮，窗户又小，太～了。❷呆在家里不出门：今天休息，在家里～了一整天。❸密闭，使不透气：～大米饭｜茶刚沏上，～一会儿再喝。❹声音不响亮或不出声：～声～气｜～声不响。

𧶘 mèn 财长。(《改并四声篇海》)

焖(燜) mèn (又读 mēn)盖严锅盖，用微火把食物做熟：～饭｜红～羊肉。

㥃 mèn 同"悶(闷)"。

閅 mèn 同"悶(闷)"。

瞞 mèn 暗。

悶 mèn 同"闷(悶)"。

㶈 mèn ❶水充盈的样子。❷烦闷。❸用开水泡茶再合上盖儿：～些普洱茶喝。

懑 mèn 同"懣(懑)"。

㦖 mèn 同"懣(懑)"。

懑(懣) mèn ❶烦闷；郁闷：烦～｜忧～｜悲哀志～。❷气愤；愤慨：愤～不平。❸通"们(們)"：你～｜他～｜儿郎～。

méng

𡍴 méng 义未详。(《改并四声篇海》)

甿 ㊀ méng 古代指农民：～庶。
㊁ máng 旷野。

氓 ㊀ méng 由外地迁来的平民，泛指普通百姓：～之蚩蚩，抱布贸丝｜不忧民～。
㊁ máng［流氓］1. 原指无业游民，后指品德败坏，不务正业，为非作歹的人：地痞～。2. 指调戏妇女等恶劣行为：耍～｜～成性。

甿 méng 同"氓"。

莔 méng 同"莔"。

甿 méng "甿"的讹字。

虻［蝱］ méng 昆虫。1. 牛虻，像蝇而稍大：搏牛之～。2. 蚊类小虫：蚊～。
◆"蝱"另见 640 页"蝱"字条。

䖟 méng 同"虻(蝱)"。

𤰈 méng 同"氓"。

莔 ㊀ méng 贝母，多年生草本植物，鳞茎可供药用。
㊁ qǐng 同"苘"。
㊂ xī 用于人名：孙～(三国时吴国君主孙休长子)。

鄳(鄸) méng ❶［鄳阸］(-è)冥阸，古隘道名，即今河南的平靖关。❷古县名，在今河南。

盟 méng 同"鏿(鑖)"。

𤘩 méng "氓"的讹字。

冡 méng 覆盖；蒙住。

掹 méng ❶拉；拽：～～扯扯。❷拔：～草。

𧁼 méng 同"瞢"。

萌 méng ❶植物的芽，也指发芽：～芽｜百草～兮华荣。❷开始发生：～发｜～动｜故态复～。❸通"氓"，民，普通百姓：四鄙之～人。

䒐 méng 同"莔"，即贝母，药草名。

甍 méng 同"甍"。

𥂕 méng 同"盟(鑖)"。

𦱤 méng "莔"的讹字。

蕄 méng 同"瞢(瞢)"。

萠 méng 同"莔",即贝母,药草名。

瞢 méng 同"瞢",目不明。

蹞 méng[覭蹞](míng-)同"覭髳",草木繁茂的样子。

罞 méng 覆网。

盟 méng 同"盟"。

萺 méng 草名。

蒙 ㊀(❺❻曚、❼懞、❽濛)méng ❶草名,既菟丝子,一说女萝:群药安生,姜与桔梗,小辛大～。❷覆盖:～头盖脑|～上一个毛毯。❸承受:～难|～害|～差遣。❹敬辞,受到:～教|承～关照|寻～国恩。❺愚昧无知:～昧|启～|发～解惑。❻眼睛失明或模糊不清:～瞍|～眬。❼朴实敦厚:～直|敦～。❽形容雨点细小:细雨其～|～～细雨。❾姓。

㊁(❶❷矇)mēng ❶欺骗:～骗|～人|谁也～不了他。❷胡乱猜测:这次～对了。❸昏迷:脑袋发～|自行车被撞倒在地,他一下子摔～了。

㊂ měng ❶蒙古(国名,在亚洲中部)的简称:中～建交。❷蒙古族的简称。1.中国少数民族名,主要分布在内蒙古、辽宁、新疆、黑龙江、吉林、青海、甘肃。2.蒙古国人数最多的民族。❸内蒙古自治区(行政区划名)的简称。

◆"矇"另见640页"矇"字条。
◆"懞"另见640页"懞"字条。
◆"濛"另见640页"濛"字条。

暡 méng[瞈暡](yīng-)见1164页"瞈"字条。

盟 ㊀ méng ❶在神灵前宣誓、缔约和联合,泛指发誓:～誓|歃血为～|海誓山～。❷团体、阶级、国家或个人之间的联合:联～|～国|～兄～弟。❸内蒙古自治区的行政区划单位,包括若干旗、县、市。

㊁ mèng[盟津]孟津,古地名,在今河南。

幪 méng ❶覆盖物体的巾:墨～。❷帐幔:锦～。❸同"蒙",覆盖:～首|以墨巾～其头。

盟 méng 同"盟(盟)"。

篃 méng 竹名。

濛 méng 同"濛"。

盌 méng 同"饛"。

犎 méng 羌中牛名。

甍 méng 屋脊:雕～画栋。

瞢 méng[瞢瞪](-sōng)日无光。

萠 méng 同"萌"。

盟 méng 同"盟"。

蝱 méng 同"蝱(虻)"。

郻 méng 同"郿(鄳)"。

簢 méng 竹名。

曚 méng 同"蒙"。

蝱 méng 同"寍(虻)"。

蕄 méng[蕄蕄]也作"萌萌",存在;自在。

蕄 méng 同"萌"。

瞢 méng 同"瞢"。

瞢 ㊀ méng ❶眼睛看不清楚:青白其眼,～而前行。❷昏暗不明:物失明贞,莫不～～。❸愚昧:于时事大势,～未有知。❹[瞢瞶](-hòng)眼睛看不清楚。❺[瞢瞪](-céng)眼睛模糊不清。

㊁ máng 同"盲",失明。

㊂ mèng 同"夢(梦)":告其所～|云～(云梦,古泽名,在今湖北)。

鄸 méng ❶古地名,在今山东。❷姓。

鄸 méng 古邑名。(《集韵》)

檬 méng ❶树名。❷树心。

鼆 méng 同"盟"。

瞢 méng 同"矒(瞢)"。

鄳 méng 同"鄳(鄳)"。

儚 méng 同"懜",昏昧无知。

儚 méng 同"蒙",蒙昧无知:~子。

艨 méng 同"艨"。

𧍙 méng ❶"虻"的异体字。❷传说中的怪鸟,一只爪,一个翅膀,一只眼睛。

隊 méng 古土山名。(《类篇》)

墰 méng 泽名,也作"夢(梦)"。

擝 méng 收敛。

擝 méng 同"掹"。

蕄 ㊀ méng 草生嫩芽。
㊁ mèng 长草的沼泽。

鄸 méng "鄸"的讹字。

醟 méng 同"醟"。

噱 méng 同"譹"。

嶫 méng 古山名。(《集韵》)

幪 méng 也作"幏",覆盖物体的巾:锦~|~黑巾。

盟 méng 同"盟"。

曾 méng 同"瞢"。

濛 méng ❶"蒙㊀❽"的繁体字。❷(烟雾)笼罩:白雾~身|烟~官树晚。❸古水名。1. 在今甘肃。2. 沱江支流,在今四川。3. 即今蒙江,在广西。❹古州名,在今四川。❺用于地名:~江(旧县名,即今靖宇县,在吉林)|~阳镇(在四川)。☞《通用规范汉字表》把"濛"作为"蒙"的繁体字,今又作规范字。

懞 ㊀ méng "蒙㊀❼"的繁体字。
㊁ měng 同"懵",懵懂,昏昧无知。

褸 méng 同"褸"。

蘉 méng 草名,像苕,可做扫帚。

薆 méng 义未详。(《字汇补》)

毲 méng [毲毦](-tóng)同"毦毲"。

檬 méng 树名,像槐。

醽 méng 浊酒。

醿 méng ❶霉菌。❷细屑。

甍 méng 义未详。(《改并四声篇海》)

霿 méng 同"霿"。

曚 méng ❶昏暗;不明:~弱|才短力弱,识又~焉。❷[曚昽](-lóng)也作"晻曚",天未明。

氋 méng 同"毲"。

篹 méng ❶竹名。❷竹笋。❸竹筒。

儚 méng ❶同"懜"。❷闷。

鏳 méng ❶同"鏳",销。❷削。

膯 méng 同"膯"。

朦 ㊀ méng ❶欺瞒:~官取咎|~天未必逃天谴。❷暗:烟~沙昏|星眼微~。❸[朦胧]1. 月光不明:月色~。2. 模糊不清:烟雾~|往事~。
㊁ mǎng 同"胧",丰肉。

鯍 méng [鯁鯍](gèng-)也作"鯁鰽",鲟类鱼。

鯍 méng 同"鯍"。

甍 méng 屋上的瓦。

懜 méng 大。

鹲(鸏) méng ❶[鹲鸏](-tóng)又称越王鸟、鹤顶,水鸟名。❷鸟纲鹲科鹲属鸟类的通称:红嘴~。

欞 méng 同"甍",脊檩。

礞 méng [礞石]矿物名,有青礞石、金礞石两种,可供药用。

瞢 méng 同"瞢"。

矇 ㊀ méng ❶"蒙㊀❺❻"的繁体字。❷眼睛半睁半闭:~着眼。❸[矇眬](-lóng)今作"蒙眬",刚睡醒或将要睡着时，眼睛半张半闭，看东西模模糊糊的样子：睡眼～。❹［矇哄］（-hǒng）眼睛不明。❺［矇矙］（-xiān）憨直人的目光。
㊁ mēng "蒙㊁ ❶❷"的繁体字。
㊂ měng［瞈矇］（wěng-）见 999 页"瞈"字条。

穞 méng 果名。

饛 méng 同"饛"。

鯍 méng 同"鯍"。

鯍 méng"鯍"的讹字。

㦽 méng 襤裆衣。（《类篇》）

襛 méng 衣。

蒙 méng 屋上瓦蒽。（《篇海类编》）

㒱 méng［㒱㒱］丑的样子。

矒 méng［瞠矒］（kēng-）见 1166 页"瞠"字条。

艨 méng［艨艟］（-chōng）也作"艟艨""蒙衝"，古代战船，也单称艨。

膥 méng 昏沉。

襛 méng 同"襛"。

𦆰 méng 丝头纷乱的样子。

鬡 méng 同"鬡"。

騄 méng 同"驜"。

蘈 méng 同"䴌"。

𪇖 méng 同"鄸"。

醿 méng 同"醿"。

醲 méng 浊酒。

獴 méng 哺乳动物。

矒 méng 同"瞢"。

譢 méng 也作"嚎"，说话不清楚。

𤺋 méng 病人行。

艴 ㊀ méng［艴艴］（-sēng）精神不爽。
㊁ mèng［艴艴］（-sēng）色恶。

䴌 méng ❶ 酒曲。❷ 米、麦的碎末。

霿 méng ❶［霿霿］也作"濛濛"，小雨；下雨的样子。❷ 通"蒙"，覆盖：白云～。

霿 ㊀ méng 天色昏暗：昏～｜层云～雾。
㊁ mào 愚昧无知：区～无识。
㊂ wù 同"雾（霧）"：寒～｜尘～。

饛 méng 同"饛"。

饛 méng 器皿中盛满食物的样子。

䴿 méng 同"儚（懜）"，昏昧；昏暗：地启瞶，天开～。

魌 méng 鬼。

䴌 méng 同"䴌"。

鬡 méng［鬡鬆］（-zōng）模糊不清。

驜 méng 小驴。

霿 méng 同"霿"。

鑛 méng ❶ 销。❷ 飞矛。

蝱 méng 同"蝱（虻）"。

黽 ㊀ méng 冥。
㊁ měng ❶ 虫名。❷［句黽］（gōu-）春秋时鲁国邑名，在今山东。

䴌 méng 同"䴌"。

鸏 méng 同"鹲（鹲）"。

鬠 méng［鬠鬆］（-sōng）模糊不清。

鱦 méng［鮰鱦］（gèng-）见 291 页"鮰"字条。

měng

黾（黽） ㊀ měng 蛙的一种。
㊁ mǐn［黾勉］也作"黾免"，勤勉；努力：～同心｜～从事。

㥂 měng 同"猛"。

黾 měng 同"黾(黽)"。

黽 měng 同"黾(黽)"。

勐 měng ❶同"猛"。❷傣语译音，意为小块平地，多用于地名：～海(在云南)。

䁅 měng 义未详。(《改并四声篇海》)

猛 měng ❶健壮的犬，引申为健壮：张～马，出腾虬。❷气势大；力量大：～烈｜勇～｜攻势很～。❸凶暴：～兽｜苛政～于虎。❹副词，忽然；突然：～然惊醒｜突飞～进。

瞢 ㊀ měng［瞢瞢］(gěng-)见291页"瞢"字条。
㊁ mèng［瞢盯］怒视的样子。

罨 měng 同"黽(黾)"。

锰(錳) měng 金属元素，可用来制锰钢、锰铁等合金。

㝥 měng 同"黽(黾)"。

盩 měng 义未详。(《康熙字典》)

蜢 ㊀ měng［蚱蜢］见1229页"蚱"字条。
㊁ mèng 蛤蟆、青蛙、蟾蜍的统称。

黽 měng 同"黽(黾)"。

𤡱 měng 用于人名：刘～(汉代人)。

艋 měng［舴艋］(zé-)见1222页"舴"字条。

鼆 měng 同"黽(黾)"。

獴 měng 哺乳动物，种类较多，常见的有蛇獴、蟹獴、赤颊獴等。

懵 měng 同"懵"。

鼃 měng 同"黽(黾)"。

矇 měng［矇盯］1.直视的样子。2.也作"瞢盯"，怒视的样子。

懜 měng "懵"的讹字。

蠓 měng 义未详。(《龙龛手鉴》)

曚 měng 物上白醭。

鼆 měng 同"黽(黾)"。

懵 ㊀ měng ❶心迷乱的样子：～憧。❷昏昧无知的样子：上帝～～，莫知我冤。❸欺诈：你瞧他南边人老实，不懂你那～劲儿，你就～开了。❹［懵懂］(-dèng)神志不清醒的样子：睡眼～。
㊁ mèng 同"懜"，不明。

蠓 měng ❶［蠓蠛］(-miè)也作"蠛蠓"，俗称蠓虫，一种小飞虫，雌虫叮咬人、畜，吸食血液，能传染疾病。❷［蠓蛢］(-pài)小飞虫。

鯭 měng［胡鯭］也作"胡蜢"，青蛙、蟾蜍类动物。

㝱 ㊀ měng［㝱㝅］(-gěng)痴。
㊁ mèng "㝱"的讹字。

𩕄 měng［𩕄顸］(-hǒng)头昏。

mèng

孟 mèng 同"孟"。

㒱 mèng 义未详。(《改并四声篇海》)

孟{孟} mèng ❶老大，旧时兄弟、姊妹排序中的第一位：～兄｜～孙。❷指农历每季的第一个月：～春｜～冬。❸姓。❹指孟子，战国时期思想家，继孔子之后儒家的主要代表人物：孔～之道。

盉 mèng 同"孟"。

䀄 mèng 狼尾草。

梦(夢) mèng ❶睡眠时因体内外各种刺激或残留在大脑里的外界刺激而引起的脑中幻象：～幻｜做～｜～寐以求。❷比喻愿望、理想：儿时的～今天终于实现了。

㖼 mèng［㖼雅喇］孟加拉国的旧译写法。

盉 mèng "盉(孟)"的讹字。

瞢 mèng 同"夢(梦)"。

㝱 mèng 同"夢(梦)"。

懜 mèng 同"懜"。

寢 mèng 同"寢(夢，梦)"。

瞈 ㊀ mèng［瞈瞍］(-zōng)看的样子。
㊁ méng 同"矇"。

溞 mèng［溞津］也作“澠津”“孟津”，渡口名，在河南。

壕 mèng 云谷。

澠 mèng 同“溞”。

懜 ㊀ mèng 不明。
㊁ méng 惭愧：仰～先灵。
㊂ měng ❶同“懵”，迷乱的样子；昏昧无知的样子。❷［懜憕］（-téng）同“懵憕”。

趞 mèng［趞趥］（-xiòng）行走疲倦的样子。

瞢 mèng［瞢瞪］（-dèng）刚睡醒的样子。

薔 mèng 同“夢（梦）”。

霥 mèng 雷声，一说同“濛”。

鎵 mèng 凿刀。

嫪 mèng ❶容貌美丽。❷用于女子人名。

寢 mèng 同“夢（梦）”。

鸏 mèng［鸏鸠］鸟名。

鏌 mèng 重环，套在一起的两个环。

寱 mèng ❶［寱寱］（sèng-）睡醒。❷同“梦（夢）”。

鑏 mèng 同“鏌”。

鸏 mèng 鸟名。

霿 mèng 霿雨。（《改并四声篇海》）

鸏 mèng［鸱鸏］（chī-）见111页“鸱”字条。

mī

咪 ㊀ mī［咪咪］（-mī）1. 拟声词，猫叫声：小猫～叫。2. 叹词，唤猫声：～，过来！3. 微笑的样子：笑～。
㊁ mǐ 用于译音，米突（法国长度单位）的省称，今作“米”。

mí

床 mí 縻子，又称穄子，一年生草本植物，籽实不黏，可食。

罙 ㊀ mí 同“罙”，深入：～入其阻。
㊁ shēn 同“深”。

罙 mí ❶深入；冒：～入其阻。❷同“弥（彌）”，更加：～切｜～多。

弥 mí 同“弥（彌）”。

弥（彌）㊀（❶瀰）mí ❶遍布；满：马畜～山｜～月｜～天大谎。❷填补；缝合：～补｜～合。❸副词，更加：欲盖～彰｜老而～坚。❹姓。
㊁ mǐ 同“弭”，止息：～兵｜～灾。
◆“瀰”另见645页“瀰”字条。

困 mí 地名。

迷 mí 同“迷”。

迷 mí ❶迷路，引申为失去判断能力，分辨不清：舜行不～｜执～不悟｜当局者～。❷醉心于某种事物：入～｜痴～｜他～上了围棋。❸醉心于某种事物的人：球～｜歌～｜财～。❹使沉醉或分辨不清：～魂阵｜景色～人｜纸醉金～。❺失去知觉：昏～。

洣 mí 同“弥（瀰）”。

蒾 mí 同“弥（薾）”。

弥（薾）mí 草名。

宷 mí 同“罙”。

眯 ㊀［瞇］mí（旧读 mǐ）❶灰沙等进入眼内，使睁不开眼：沙子～了眼睛。❷同“眯”，眼睛小的样子。
㊁［瞇］mī ❶眼皮微微合拢：～缝双目｜～起眼睛望望窗外。❷小睡，短时间睡眠：～一会儿。
㊂ mì（又读 mí）同“寐”，做恶梦：彼不得梦，必且数～焉。
◆“瞇”另见644页“瞇”字条。

杲 mí 同“眯”。

哧（嚩）mí 用于佛经咒语译音。

罙｛罙｝mí ❶网。❷深：～入空界（空界：虚空的境界）。

㟜 mí 同“嵻”。

猕（獼）mí［猕猴］猴的一种。

M

渁 mí 同"瀰(弥)"。

谜(謎) mí ❶谜语,影射、暗示事物或文字的隐语:字～|灯～|猜～。❷比喻疑惑难解的事物:宇宙之～|有许多问题,至今仍是个～。

婆 mí 同"婺(孁)"。

婺(孁) ㊀ mí 古代称呼母亲:阿～老且病。㊁ xiǎn 用于女子人名。

蒾 mí[荚蒾]落叶灌木,树皮可制绳,果实可食,种子可榨油。

眯 mí 眼睛小。

覛 mí 病人看的样子。

覞 mí 同"覛"。

絼 ㊀ mí 同"縻"。㊁ yì 同"貤",重复;重叠。

睞 mí 眼睛小。

篨 mí 竹篾。

鼌 mí 同"鼊"。

脒 mí[脒睽](-xié)也作"眯睽",媚眼相视。

誺 mí 同"谜(謎)"。

麿 mí 同"靡",分散:以逞博～。

瓕(瓕) ㊀ mí 玉名。㊁ xǐ 弛弓。

醚 mí"醚"的讹字。

瞴 mí 污脸。

瞇 ㊀ mí"眯㊀"的异体字。㊁ mī"眯㊁"的异体字。㊂ mì 斜视。

篃(籋) mí 同"簺"。

腦 mí 污面的样子。

謎 mí"謎(谜)"的讹字。

瞼 mí 污脸。

曆 mí 日光。

靡 mí 同"靡",分散:以逞博～。

糜 mí 同"糜",烂。

麋 mí 同"麋"。

瞴 mí 同"瞴"。

醚 mí ❶醉。❷有机化合物的一类,由一个氧原子连接两个烃基而成,多为液体:甲～|乙～。

鍒 mí 同"鎏(鑋)"。

鴸 mí 同"鸍"。

鎏(鑋) mí 镰刀。

擟 mí[擟拘](-jū)古山名。(《广韵》)

鼳 mí 鼠类动物。

糜 ㊀ mí ❶较稠的粥:～粥|豆～|糕～。❷烂;损伤:～烂|～百物|粉骨碎首～臣躯。❸浪费:～财妨农。❹姓。㊁ méi 同"糜",即穄,一种不黏的黍。

縻 mí ❶牵牛的绳:羁～|揽～。❷绳索:鸿～|咎击～系。❸束缚;牵制:为物所～|～军。

靡 mí ❶帝王所乘车上的金饰车耳。❷同"缉(緝)",辔多的样子。

麋 mí ❶麋鹿,哺乳动物,头像马,身像驴,蹄像牛,角像鹿,整体看却不像这四种动物,故又称四不像。❷姓。

麊 mí 同"麋"。

縻 mí 同"縻"。

醾 mí[醭醾](bú-)醭。

醿 mí 同"醾"。

麛 mí 同"麛"。

瓕 mí[瓕颐](-yí)头下垂的样子。

蘼 mí 同"瀰(弥)"。

瞴 mí 同"睞"。

𥶾 mí同“𥸩”。

𪓰 mí同“鼊”。

𩶘 mí鱼名。

劘 mí同“縻(靡)”。

𪊽 mí同“麛”。

𪓿 mí同“鼊”。

𪔀 mí同“鼊”。

𥎊 mí矛类兵器。

𦿆 mí同“蘪”。

蘪 mí[荼蘪](tú-)见961页“荼”字条。

蘪 mí ❶[蘪芜]同“蘼芜”。❷野草丛生的样子。

𧆅 mí同“蘪”。

㳽 mí山的样子。

𥸩 mí同“𥸩”。

𪎇 mí“糜”的讹字。

𪎌 mí同“糜”,稠粥。

𪋯 mí ❶用于诱引以捕猎野鹿的鹿。❷同“麛”。

麛 mí ❶幼鹿。❷幼兽。

瀰 ㊀mí(又读mǐ)“弥㊀❶”的繁体字。
㊁nǐ水流。

𤨽 mí“瓕”的讹字。

𢐀 mí同“彌(弥)”。

镾 mí同“彌(弥)”。

𥸩 mí竹篾。

鼊 mí[鼊𪓰](-má)龟类动物。

瓕 mí ❶放松弓弦。❷同“弥(彌)”,大。❸玉名。

镾 mí同“彌(弥)”。

攠 ㊀mí ❶钟因受撞击而磨损发光的部位。❷消灭:东~乌桓。
㊁mó同“摩”,摩擦;切磋。

蘼 mí[蘼芜]又称江蓠,芎䓖的苗。

𩁭 mí同“鸍”。

懡 ㊀mí散。
㊁mó心病。

𪔃 mí同“鼊”。

𪎉 mí同“糜”。

𪎊 mí同“爢”。

爢 mí ❶熟。❷破烂,引申为碎末,后作“糜”。

𪋻 mí鹿类动物。

𪎋 mí碎。

爢 mí同“爢”。

𥧌 ㊀mí做恶梦。
㊁mǐ ❶熟睡。❷安。

醾 mí[酴醾](tú-)1.酒名,不去渣的麦酒。一说重酿的酒:二月好景吃~。2.花名,蔷薇科木本植物:花列~香结局。

𨣧 mí同“醾”。

醿 mí同“醾”。

𪏰 mí麹糵,酿酒用的发酵剂。

鸍 mí又称沉凫,即野鸭。

𥸩 mí同“𥸩”。

䊳 ㊀mí ❶粉碎:~米麦|蔑视~躯。❷屑。
㊁mó精。

醿 mí同“醾”。

𪇼 mí同“鸍”。

𪋿 mí同“麛”。

M

mǐ

米 mǐ ❶去壳的谷物或其他植物的籽实，特指去壳的稻的籽实：小～｜花生～｜～饭。❷颗粒小而像米的食物：虾～｜海～。❸长度单位，旧称米突、公尺，1米等于10分米，合3尺。❹姓。

尒 mǐ 同"米"。

侎 mǐ 同"敉"。

洣 mǐ 水名，又称茶陵江、泥水，湘江支流，在湖南。

悀 ㊀mǐ 同"敉"。㊁mí 心迷惑。

弭 mǐ ❶弓两端的弯曲处：桦皮装弓，两端骨～。❷角弓，末端用兽骨、角装饰的弓：挥～。❸止息；清除：消～｜～谤｜～乱。❹姓。

殂 mǐ 同"弭"。

殎 mǐ 米半坏。

眯 ㊀mǐ 同"眯"，杂物进入眼睛。㊁pàn "胖"的讹字，祭祀用的半体牲。

脒 mǐ 有机化合物的一类。

敉 mǐ ❶安抚：亦未克～公功。❷安定：以于～宁武图功｜计日～平。

粎 mǐ 量词，长度单位"米"的旧译写法。

弭 mǐ 同"弭"。

葞 mǐ 莽草，可毒鱼。一说白薇，药草名。

粣 mǐ 同"絉"。

渳 mǐ ❶饮。❷去汁。

㥝 mǐ ❶淬炼；磨砺。❷同"弭"，停止。

絉 mǐ 像细米一样密集的绣纹。

寐 mǐ 同"𥨍"，熟睡。

蔝 mǐ［蔝子］菜名。

嵻 mǐ 同"𡾰"。

徾 mǐ 同"蹝"。

銤 mǐ ❶金属元素"锇（鋨）"的旧译写法。❷金属元素"镅（鎇）"的旧译写法。

麿 mǐ 用于女子人名。

寐 mǐ 同"𥨍"，熟睡。

靡 mǐ "靡"的讹字。

鮇 mǐ ❶鱼卵。❷鱼名。

䴢 mǐ 义未详。（《改并四声篇海》）

濔 ㊀mǐ（又读mí）水满，也作"瀰（弥）"：河水～～。㊁nǐ［濔濔］（-nǐ）众多的样子：垂辔～。

瀰 mǐ 同"濔"。

靡 ㊀mǐ ❶散乱；倒下：旗～｜草～｜望风披～。❷无；没有：～日不思｜～不有初｜～所控告。❸美好；华丽：～丽｜～衣玉食。㊁mí ❶浪费：～费｜奢～｜～民之财。❷分；散：我有好爵，吾与尔～之｜～财单币。

彌 mǐ 松弛的弓。

𡾰 mǐ ❶［迤𡾰］（yǐ-）微斜而平缓的样子。❷古山名。（《玉篇》）

㠧 mǐ 同"𡾰"。

𢕟 mǐ 同"蹝"。

灖 mǐ 水流动的样子，一说同"濔（瀰）"。

嬷 mǐ ❶［嬷密］舒缓：行～而妍详。❷用于女子人名。

䊳 mǐ 同"絉"。

瀰 mǐ 同"濔"。

纚 mǐ "𢕟"的讹字。

蹝 mǐ 行走；行走的样子。

mì

冖 ㊀mì 覆盖，后作"幂"。㊁称秃宝盖，汉字偏旁或部件。

纟 ㊀mì 同"糸"。
㊁xuán ❶同"玄":～羽|～冠。❷姓。

糸 ㊀mì ❶细丝。❷量词,丝的二分之一。
㊁sī 同"丝(絲)",蚕丝。
㊂汉字偏旁或部件,在下时称绞丝底。

汨 mì ❶水名,发源于湖南、江西交界处,是汨罗江的上游。❷汨罗江,水名,在湖南。❸[汨罗]1.水名,即汨罗江。2.地名,在湖南。

杳 mì 不见。

冐 mì 同"杳"。

觅(覓)[覔] mì ❶寻找;寻求:寻～|～食|踏破铁鞋无～处。❷质量单位,唐代南诏以贝十六枚为一觅。
☞觅/寻/求　见794页"求"字条。

怽 mì 心被迷惑。

宓 ㊀mì ❶安静;寂静:～穆休于太祖之下。❷姓。
㊁fú 姓。

峚 mì 同"密"。

峾 mì 同"密"。

𣅈 mì 同"杳"。

崟 mì 峚山,山名,在陕西。

冐 mì "冐(杳)"的讹字。

祕 mì ❶"秘"的异体字。❷姓。

秘[祕] ㊀mì ❶不公开的;不让人知道的:～方|～史|隐～。❷不被人知的;难以捉摸的:神～|奥～。❸保守秘密:～不示人|～而不宣。❹罕见的;稀有的:～宝|～籍。❺秘书,掌管文书并协助领导处理日常事务的人员:文～|一～。
㊁bì ❶[秘鲁]国名,在南美洲西北部。❷姓。
◆"祕"另见647页"祕"字条。

𡨴 mì 同"密"。

监 mì 拭器。

葂 mì 同"蔤"。

䀣 mì 用于梵语译音。

覛 mì 同"覓(觅)"。

覛 mì 同"覓(觅)"。

淧 mì 同"滵"。

淽 mì[淽洼](-jí)泥淖。

蛍 mì 同"蜜"。

密 mì ❶形状像堂屋的山:堂～。❷深;幽深:～屋。❸不公开;不公开的事物:～谋|保～|泄～。❹事物间距离短或空隙小:～植|～封。❺靠近;亲近:～切|～友|亲～。❻精致;细致:精～|细～。❼姓。

虙 mì 白虎。

謐 mì 同"谧(謐)"。

慛 ㊀mì 忖度。
㊁mí 同"怽",心迷惑。一说同"迷"。

㥁 mì 同"密"。

幂[冪] mì ❶覆盖东西的方形的巾:盖～。❷覆盖;遮盖:老树～新青。❸数学上表示一个数自乘若干次的形式和结果:三次～。

谧(謐) mì ❶寂静;安宁:静～|安～|下安上～。❷静止:五弦～响。

檗 mì[檵檗](jì-)树名。

㜸 mì 对母亲的称呼。

塓 mì 抹墙,涂饰墙壁:或～馆舍盛供具。

摸 mì 同"塓"。

搵 mì 拭。

虙 mì 同"虙"。

脈 ㊀mì 同"䁒(覛)",斜视。
㊁shèn 脤质。(《康熙字典》)

䁒 mì 同"覛"。

幎 mì ❶覆盖物体的巾:为～以冒面而死。❷覆盖:舒之～于六合。

覛 mì ❶斜视。❷看;察看:顺时～土|登山顶～群峰。❸同"觅(覓)",寻找;寻

M

求:～往昔之遗馆|向～其书甚难,今得刊印本。

覔 mì 同"覓(觅)"。

滵 mì[滵滵]水的样子。

䁇 mì ❶急速地看一眼。❷仔细观看:～瞭目以雾披兮。

㲽 mì 用于佛经译音。

趧 mì 义未详。(《改并四声篇海》)

蓂 mì 草名。

蔤 mì 荷花在泥中的茎。

蜜 mì 同"蜜"。

榓 mì 树名,有香味,像槐。

䖑 mì 同"䖑"。

嘧 mì 用于译音:～啶(有机化合物)。

鼏 mì 同"鼏"。

熐 mì[熐蠡](-lí)匈奴村落。

溟 mì ❶同"汨"。❷石名,产于甘肃陇西,可制砚:～石砚。

滵 mì 水急流的样子:滭浡～汩。

蜜 mì ❶蜂蜜,也指像蜂蜜一样甜的东西:酿～|琼浆～勺|糖～。❷甜;甜美:～桃|～月|甜言～语。❸通"密",精细;细致:见事敏而虑事～。

𡪢 mì 同"密"。

鼏 mì ❶鼎盖:扃～。❷古代盖酒尊的布巾:布～。

樒 mì 同"榓"。

醑 mì 同"醾"。

醉 mì 同"醾"。

醢 mì 同"䤈"。

謐 mì 同"謐(谧)"。

濵 mì 同"汨"。

𥧌 mì 同"蜜"。

䆲 mì 同"宓",安静;寂静。

䄒 mì 同"幦"。

䗄 mì 同"蓥(蔤)"。

䁾 mì 斜视。

䁇 mì[䁇䁇]不可测量。

㥝 mì 同"密",安宁;安静:～而牧之。

㵋 mì 水浅:涓流～注。

濫 mì 同"滵"。

幦 mì ❶漆布。❷古代车前横木上的覆盖物。

蜜 mì 同"蜜"。

醾 mì 同"醢"。

䤈 ㊀ mì ❶[䤈醿](-lì)1.酪渣。2.酒渣。3.酪母。❷同"爊",干酪。㊁ yīn 醉声。

醢 mì ❶饮酒时喝光。❷酱;榆酱。

蠠 mì[蛩蠠](cì-)见147页"蛩"字条。

嬭 mì 古代对母亲的俗称。

纆 mì 绳索。

繢 mì 同"密",细密;周密。

趩 mì[趩趯](-tì)狂跑的样子。

櫁 mì 同"榓"。

貘 mì 黑头的白猪。

䖑 mì 同"䖑"。

瀎 mì 水流的样子。

瞴 mì 同“瞴”。

幦 mì ❶同“冖(幂)”,覆盖:解纻衣以～之。❷[幦羃](-lí)古代妇女所戴的头巾。❸[幦㡦](-lì)也作“幂历”。1. 烟的样子:～野烟起,苍茫岚气昏。2. 披覆的样子:～女萝草,蔓衍旁松枝。

篾 mì (又读 miè)同“幭”,古代车轼上的覆盖物。

爒 mì[爒蠡](-lí)1. 干酪。2. 同“煤蠡”,匈奴村落。

䤉 mì“䤉”的讹字。

䵋 mì 同“䵋”。

鶓 mì 同“鶓”。

鶓 mì 同“鶓”。

蠠 mì 同“蜜”。

鶓 mì 同“鶓”。

䌐 mì 同“蜜”。

蠠 mì 同“蜜”。

驥 mì ❶马嗤。❷马惊视。

醾 mì[醾蠡](-lí)同“爒蠡”,干酪。

䵋 mì 同“䵋”。

鶓 mì 同“鶓”。

䵋 mì 草木丛。

鶓 mì[鶓肌]也作“密肌”,鸟名。

蠠 mì 同“蜜”。

鶓 mì 同“鶓”。

䵋 mì 同“䵋”。

蠠 mì ❶[蠠没](-mò)也作“黾没”,黾勉;努力。❷同“蜜”,蜂蜜。

蠠 mì 同“蜜”。

mián

宀 ㊀ mián 古代一种房屋。
㊁称宝盖或宝盖头,汉字偏旁或部件。

芇 mián ❶相当;相抵。❷下围棋不分胜负。

㝑 mián 同“芇”。

杣 ㊀ mián 同“櫋”。
㊁ shān 日本汉字,从山林采伐的木材。

柄 mián 同“棉”。

媔 mián 同“媔”。

眠 ㊀ mián ❶合眼;瞑目:有兽见人则～|虽九死而不～兮。❷睡觉:失～|催～曲|竟夕不～。❸某些动物一段时间内像睡眠那样不食不动:冬～|蚕～。❹躺;横卧:巨柢交柯,龙翔虎～|～琴绿阴,上有飞瀑。

☞眠/寐/寝/睡/卧 见785页“寝”字条。

㊁ miǎn[眠娗](-tiǎn)欺骗或没有礼貌。

蝒 mián“蚵(蝒)”的讹字。

蚵 mián 同“蝒”。

媔 mián 邪行。

婂 mián 同“媔”。

绵(綿)[緜] mián ❶丝绵,也指丝絮状物:～绸|～里藏针|海棠如雪柳飞～。❷延续不断;联结细密:～延|长毂五百乘,～地千里|～日月而不衰。❸久远:～邈|～远|去家邈以～。❹薄弱;软弱:～薄|～弱|～力。

棉 mián ❶木棉,又称攀枝花、英雄树,落叶乔木,种子表皮可装枕头、垫褥。❷棉类作物泛称,草本或灌木。果实称棉桃,有白色纤维包着种子。白色纤维称棉花,可做棉絮或供纺织。❸像棉花纤维的絮状物:石～|腈纶～。

媔 ㊀ mián 眼睛秀美的样子。
㊁ miǎn 忌妒:妒～。

櫋 mián 同“棉”。

碥 mián[碥砂]丹朦,即印泥。

𪖐 mián 同“𪖐”。

蝒 mián 同"蝒"。

蝒 mián 蚱蝉，又称马蜩、马蝉，一种大蝉。

䅎 ㊀ mián ❶ 不见。❷ 远眺的样子。
㊁ biān 同"笾(籩)"。

瞑 ㊀ mián 听；注意听。
㊁ míng 行而上听。(《集韵》)

蝒 mián 同"蝒"。

𠋫 mián［𠋫𠋫］低的样子。

矏 mián 远视。

寡 mián 同"寡"。

嫎 mián 用于女子人名。

𡐓 mián 平整土地的器具。

檰 mián 同"櫋"。

櫋 mián "櫋"的讹字。

櫋 mián 杜仲，落叶乔木，花、果实、皮可供药用。皮、叶和果实可提取绝缘性杜仲胶，是重要工业原料。

矈 mián 同"矏"。

懪 mián 忘记。

寡 mián ❶［冥寡］不见。❷ 室内无人。

鬕 mián "鬘"的讹字。

櫋 mián 楣，屋檐板。

櫋 ㊀ mián 同"櫋"。
㊁ miàn 屋笮。

矏 mián ❶ 视。❷ 同"矏"，细密；致密。

矈 mián 同"矏"。

矏 mián 同"矏"。

矊 mián ❶ 瞳仁黑，引申为眼睛：怒～以相向。❷ 含情欲吐的样子：靡颜腻理，遗视～些。❸ 同"矈(矏)"。

蝒 mián "蝒(蝒)"的讹字。

矏 mián 细密；致密。

矊 mián 同"矊"，一说"矊"的讹字。

矏 mián 瞑。

謾 mián 聪明而狡猾。

顠［顠］ mián 双；双生。

鬘 mián ❶ 头发的样子。❷ 烧烟画眉。

櫋 mián 树木密集的样子。

miǎn

丏 miǎn 遮蔽；看不见。

沔 miǎn 同"沔"。

苪 miǎn 草名。

免 miǎn ❶ 去掉；除去：～职｜～礼｜～费。❷ 赦免；释放：～公子者为上，死者为下。❸ 避开：避～｜～疫｜提前做好准备，以～措手不及。❹ 不要；不可：～谈｜闲人～进。❺ 通"勉"，勉励：移书劳～之。

沔 ㊀ miǎn 水名，古代指汉江，今指汉江上游，在陕西。
㊁ mí 通"瀰(弥)"，盈满：湖水演～。

忶 miǎn "忶(愐)"的讹字。

忶 miǎn 同"愐"。

俛 ㊀ miǎn 同"勉"，勤勉；努力：不敢不～焉以尽其力。
㊁ fǔ "俯 ❶"的异体字。

勉 miǎn ❶ 努力；尽力：奋～｜勤～｜不敢不～。❷ 鼓励，使人更努力：互～｜有则改之，无则加～。❸ 力量不够或不情愿，还尽力做：～为其难。

殍 miǎn 矜，一说"殍"的讹字。

晚 miǎn 同"晒"。

挽 miǎn 同"娩"，分娩。

娩 ㊀ miǎn ❶ 分娩，妇女生孩子：～身。❷ 繁殖：～息。

㊁ wǎn ❶容貌美好:婉～。❷姓。
㊂ wèn 用于女子人名。

酾 miǎn 同"湎",沉迷。

勔[勔] miǎn 勤勉;劝勉。

冕 miǎn ❶帝王、诸侯、公卿大夫戴的礼帽,后专指帝王王冠:加～。❷像冕的事物:日～。❸比喻竞赛中冠军的荣誉地位:卫～。

偭 miǎn 乖背;违背:～规矩。

勉 miǎn 同"勉"。

葂 miǎn 用于人名:将闾～(见《庄子》)。

晚 miǎn 看。

喕 miǎn 不说话。

幎 miǎn 幕。

偭 miǎn 同"偭"。

鮸 miǎn 同"晚"。

湎 miǎn 沉迷于酒,泛指沉迷:～于酒,淫于色|沉～嬉戏。

愐 miǎn ❶想;思念。❷勉力;勤勉。

缅(緬) miǎn ❶细丝。❷遥远;久远:苍冥邈～|～怀|～想。❸沉思:～然引领南望。❹卷:把那佛青粗布衫子的衿子往一旁一～。

緬 miǎn "缅(緬)"的讹字。

鞆 miǎn 同"鞧"。

犅 miǎn 同"缅(緬)"。

腼 miǎn ❶脸面。❷[腼腆](-tiǎn)因害羞而神情不自然:小姑娘很～。

勉 miǎn 同"勉"。

絻 ㊀ miǎn 同"冕",帝王、诸侯、公卿大夫戴的礼帽:冠～|乘轩戴～。
㊁ wèn 古代丧服之一,不戴冠,用布包裹头发:君吊(弔)虽已葬,主人必～。
㊂ wàn 牵引船的大绳索:绲～。

揙 ㊀ miǎn 饰。
㊁ mén 同"扪(捫)"。

偭 miǎn "偭(偭)"的讹字。

鞧 miǎn 同"鞧"。

醽 miǎn 同"湎"。

鮸(鮸) miǎn 鮸鱼,又称米鱼、鳘鱼,生活在近海。

醽 miǎn 同"湎",饮酒无度:沉～酖荒。

嵋 miǎn 古山名,在今四川。

鞧 miǎn 马笼头对着马面额部位的柔软皮革。

醽 miǎn 同"湎"。

miàn

肟 miàn 同"眄(眄)"。

宆 miàn 同"寅"。

眄 miàn 同"眄"。

回 miàn 同"面",脸。

寅 miàn "寅"的讹字。

寅 ㊀ miàn 吻合。
㊁ bīn 同"賓(賓,宾)"。

穸 miàn 义未详。(《龙龛手鉴》)

面 miàn 同"面"。

靣 miàn 同"面",脸。

面(❻-❽麵)[❻-❽麪] miàn ❶脸,头的前部:白～郎君|掩～而泣|笑容满～。❷用脸对着;向着:背山～水。❸当面:～谈|～议。❹外表,物体的表层:水～|地～|被～儿。❺方面;边;部分:正～|里～|～～俱到。❻粮食磨成的粉,特指小麦磨成的粉:～粉|玉米～|白～馒头。❼面粉制成的条状食品:挂～|炸酱～|方便～。❽粉状物:胡椒～儿|药～儿|粉笔～儿。❾量词,用于扁平的物体:一～锣|两～镜子|三～彩旗。❿姓。☞面/脸/颜/色/颐 古汉语以"面"表示今天所说的脸,即头的整个前

部。"脸"是后起字，本指人面的颧骨部分，后来与"面"成为同义词。现代汉语中"面"多用于书面语，"脸"多用于口语。"颜"本指额头、前额，一说两眉之间，引申为面容、面部表情。"色"本指面部表情，如"察言而观色"；也特指怒色，如"太后之色少解"。"颜""色"二字连用仍然表示神情气色，如"颜色憔悴"。（现代汉语中的"颜色"指色彩。）"颐"本指脸的下半部，包括腮和下巴；用于"解颐"，指开颜而笑。

䀎 miàn 同"眄"。

眄 miàn（又读 miǎn）斜着眼看：～视｜～睐｜～睨。

𡨚 miàn 同"宀"，吻合。

靣 miàn 同"面"，脸。

䛉 miàn 诱言。

㴐 ㊀ miàn［滇㴐］（tián-）水大的样子：～渺（淼）漫。
㊁ miǎn［淟㴐］（tiǎn-）水的样子。

麪 miàn 同"麵（面）"。

麫 miàn 同"麵（面）"。

麪 miàn 同"麪（面）"。

麪 miàn 同"麪（面）"。

糆 miàn ❶同"糗"，米屑。❷同"麪（面）"，面粉。

麵（麵）miàn 同"面 ❻-❽"。

蕌 miàn［蕌蕌］草的样子。

䩄 ㊀ miàn 同"面"。
㊁ tǐ 同"体（體）"。

䊂 miàn 米屑。

䤄 miàn［䤄炫］汗血。

miāo

喵 miāo 拟声词，猫叫声：小猫～～叫。

miáo

苗 miáo ❶植物的幼小阶段：禾～｜秧～｜树～。❷某些蔬菜的嫩茎或叶：蒜～｜豌豆～｜萝卜～。❸某些初生的人工喂养的动物：猪～｜鱼～。❹子孙后代：～裔｜他是家里的独～。❺形状像苗的：火～｜笤帚～儿。❻事物显露出的迹象或发展趋势：～头｜矿～｜祸～。❼疫苗，能使人或动物机体产生免疫力的微生物制剂：牛痘～｜卡介～。❽苗族，少数民族名，主要分布在贵州、云南、湖南、广西、重庆、四川：～寨｜～绣。❾姓。

姉 ㊀ miáo 同"媌"，女子美的样子。
㊁ liǔ 美好。

姉 miáo 同"姉"。

蚼 miáo 新生的蚕。

偛 miáo 同"媌"。

描 miáo 依照原样写、画或重复涂写：～红｜～画｜～眉画眼。

媌 miáo ❶容貌美好：娥～靡曼。❷妓女。

㝞 miáo 同"苗"。

鹋（鶓）miáo 鸟名。

瞄 miáo 注意看；把视力集中在一点上：～准。

媌 miáo 同"媌"。

緢 ㊀ miáo 牦牛尾的细毛，引申为细密：惟～有稽。
㊁ máo 丝、线旋转打结：线纰～。

䁾 miáo 睁眼。

魡 miáo 蛊鬼。

鶓 miáo 同"鶓（鹋）"。

䖢 miáo［三䖢］也作"三苗"，古国名。

miǎo

杪 miǎo ❶树梢：树～｜舟行木～间。❷末尾；末端：岁～｜秋～｜剑～。❸微小；细微：～小。❹通"秒"，量词：一～时可行六十余万里｜日蚀之分～。

眇［眇］ miǎo ❶眼睛小。❷一目失明，后也指双目失明：～目跛足｜生而～者不识日。❸细小；微小：～小｜～～之身。❹远；高远：～然绝俗离世。❺［眇瞪］（-yǎo）看的样子。

秒 miǎo ❶禾芒，禾穗的芒尖。❷细微：无～忽之失｜虽铢～罪不贷。❸末端：缒石其～｜七月之～。❹计量单位。1. 时间，60秒等于1分，60分等于1小时。2. 弧或角，60秒等于1分，60分等于1度。3. 经纬度，60秒等于1分。4. 古代用于长度，一寸的万分之一。

莧 miǎo 同"藐"。

萈 miǎo 同"藐"。

仯 miǎo 同"纱(紗)"，细微；细小。

莏 miǎo 细小的草。

淼 miǎo ❶"渺❶"的异体字。❷用于地名：～泉（在江苏）。❸用于人名。

渺［渺、❶淼］ miǎo ❶水势大，辽阔无边：浩～。❷遥远：～无涯际｜白云～无边。❸渺茫，模糊不清或莫测难料：～若烟云｜虚无飘～｜音信～然。❹微小；少：～小｜～不足道｜大漠～人烟。

◆"淼"另见653页"淼"字条。

缈（緲） miǎo 微小：浩～｜～寒。

篎 miǎo 同"藐"。

篎 miǎo 古代管乐器。

惝 miǎo 同"眇"，一说同"渺"。

嫹 miǎo 义未详。（《龙龛手鉴》）

篍 miǎo 同"篎"。

邈 miǎo 同"邈"。

邈 miǎo 同"邈"。

攪 miǎo 打；击。

藐 miǎo ❶轻；微小：～小｜～身。❷看不起：～视。❸广阔；遥远：～蔓蔓之不可量。

瞄 miǎo 同"眇"。

邈 ㊀miǎo ❶遥远；久远：～远｜～不可见｜太古之事～矣。❷渺茫；模糊不清：千载眇～｜～若坠雨。❸同"藐"，小看；轻视：上小尧、舜，下～三王（三王：指夏、商、周三代君主）｜高眄～四海。❹姓。

㊁miáo 同"描"，描绘：山色虽言如画，想画时难～。

懇 miǎo 同"懇"。

藐 miǎo 同"藐"。

邈 miǎo 同"邈"。

鶓 miǎo 同"鷅"。

鷲 miǎo 同"鷅"。

鷅 miǎo［鷦鷅］（jiāo-）鸟名，即鷦鷯。

懇 miǎo ❶美：～哉缅矣。❷凌越：～名贤之高风。❸通"貌"，描绘：更有飞天之鬼，未～其形。

邈 miǎo 同"邈"。

稥 miǎo 同"秒"。

miào

妙［玅］ ㊀miào ❶精微：故常无欲，以观其～。❷美好；美妙：～品｜～龄少女｜～不可言。❸奇巧；神奇：奇～｜巧～｜～计。❹姓。

㊁miǎo 通"邈"，远；深远：承皇考之～仪｜闳大广博，～远不测。

庙（廟） miào ❶旧时供奉祖先牌位的地方：祖～｜宗～｜家～。❷供奉神佛或前代圣贤和英雄的地方：龙王～｜孔～｜关帝～。❸庙会，定期设在寺庙或附近的集市：赶～。☞庙/寺/观(guàn)/庵见895页"寺"字条。

竗 miào 同"妙"。

玅 miào 同"玅(妙)"。

悗 miào 依恃。

庿 miào 同“庙(廟)”。

篎 miào ❶乐名,也作“箹”。❷中药名。

𤸫 miào 同“庙(廟)”。

𪈔 miào 白色。

miē

乜 ㊀ miē ❶因醉酒或困倦而眼睛眯成一条缝;眯着眼斜视(常指不满意或看不起的神情):～斜的睡眼｜醉眼～斜｜～着眼说道。❷抿:～着嘴儿,轻轻摇头。
㊁ niè 姓。

芈 ㊀ miē “羋”的讹字。
㊁ gān[蔽芈](kuǎi-)草名。
㊂ gǎn 薏苡米。

芉 miē “羋”的讹字。

吀 miē “哶”的讹字。

羋{芈、芉} ㊀ miē(旧读 mǐ)拟声词,羊叫声,后作“咩”。
㊁ mǐ ❶用于地名:绵～(在四川)。❷姓。

咩[哶、哔]{哔} miē ❶拟声词,羊叫声:小羊～～地叫着。❷助词,表示语气,吗:你得空儿帮我搬好佢～?

𡥁 miē 背负:～仔(背负小孩)。

𠹭 miē ❶佛教六字真言之一。❷同“浬”,海里的旧译写法。

mié

𦉪 mié 目小。

miè

灭(滅) miè ❶火熄;停止发光:熄～｜～火器｜灯～了。❷尽;消亡;使不存在:磨～｜消～｜毁～。❸被水淹没:过涉～顶。❹掩盖;埋没:妒贤畏能而～其功。

烕 miè(又读 jiǎn)同“戒(戬)”。

威 miè 同“滅(灭)”。

烕 miè 熄灭,灭亡,后作“滅(灭)”。

粅 miè 米、麦的碎屑。

烕 miè 同“威”。

纟丙 ㊀ miè 细丝。
㊁ miǎn 同“缅(緬)”,遥远;久远:～怀｜～想。

粎 miè 同“䉾(䉾)”。

媢 miè 神女。

䁾 miè 同“䁾”。

滅 miè 同“灭(滅)”。

覕 ㊀ miè 隐蔽而看不见。
㊁ piē 同“瞥”,看一眼:譬之犹一～也。

搣 miè ❶用手拔;揪。❷按摩。

䁾 miè ❶目不明。❷通“蔑”,纤细。

𤺺 miè 同“灭(滅)”。

㩢 miè 同“搣”,按摩。

𢷾 miè “搣”的讹字。

蔑(❹衊) miè ❶眼睛模糊不明:其风中人……得目为～。❷轻视,引申为小、轻:～视｜～称｜轻～。❸轻侮:侮～｜～祖辱亲。❹造谣诽谤:诬～｜污～。❺抛弃:～而不议｜不～民功。❻无;没有:～以复加｜～不济矣。
◆“衊”另见655页“衊”字条。

蔑 miè 同“蔑”。

篾 miè 用于梵语译音。

幭 miè 同“幭”,古代车轼上的覆盖物。

𡒉 miè 同“滅(灭)”。

𦿇 miè 同“蔑”。

䁾 miè 污脸。

篾 miè 同“篾”。

篾 miè“篾”的讹字。

蔑 miè同“蔑”。

篾 miè同“篾”。

篾 miè同“篾”。

篾 miè“篾”的讹字。

篾 miè同“篾”。

儴 ㊀miè[儴偕](-tiě)狡诈。
㊁wà[儴羯](-jié)古代北方地区少数民族名。

鴓 ㊀miè ❶又称继英,鸟名。❷鸟名(冕柳莺的旧称),也是某些小鸟的俗称:树鲁～(树鹨)|红麦～(斑鹟)。
㊁bì[鵖鴓](bù-)见743页“鵖”字条。

搣 ㊀miè击。
㊁mì ❶裁。❷拭。

蔑 ㊀miè同“穫”。
㊁mò同“秣”,牲畜饲料。

瞢 miè ❶目眵。❷眼眶红肿。

戳 miè同“灭(滅)”。

瞏 miè不明。

幭 miè ❶覆盖物体的巾,特指古代车轼上的覆盖物:浅～。❷头巾:援素～以裹首。

篾 miè ❶剖开的薄竹片或竹条,也泛指苇子、秫秸等剖下的茎皮,可编制器物:竹～|～席|～篓。❷竹名,即桃枝竹。

篞 ㊀miè同“篾”。
㊁mì一种有瓤的小竹。

懱 miè ❶轻慢;蔑视:荒宴椒房～尧圣。❷微小。

櫗 ㊀miè木索。
㊁mèi[櫗楔](-xiē)1.细小的样子。2.木不方正。

翵 miè义未详。(《改并四声篇海》)

蔑 miè目无瞳仁,一说“䁾”的讹字。

瞒 miè瞒頞。

䁾 miè ❶眼眶红肿。❷眼睛模糊不清。

蠛 miè同“蠛”。

幭 miè同“幭”。

幭 miè同“幭”。

覔 miè义未详。(《改并四声篇海》)

篾 miè同“篾”。

蠛 miè[蠛蠓](-měng)同“蠓蠛”,即蠓虫,也单称蠛。

穫 miè禾名。

衊 miè ❶污血;鼻出血:衄～。❷涂染:粪秽～面。❸“蔑❹”的繁体字。

纗 miè细纗。(《玉篇》)

醿 miè[醿醏](-dū)酱。

鸈 miè同“鸈”。

鑖 ㊀miè ❶铤,箭头插入箭杆的部分。❷小锥。
㊁mì小釜。

黴 miè义未详。(《改并四声篇海》)

纗 miè细丝,一说“纗”的讹字。

醿 miè[醿尐](-jié)1.脸小。2.小。3.老年妇女所生的男婴。

蠛 miè[蠛蠓](-měng)同“蠛蠓”。

鱴 miè同“鴓”。

鱴 miè鲨鱼。

鸈 miè又称巧妇,鸟名,即工雀。

鸈 miè同“鸈”。

鱴 miè同“鱴”。

鬻 miè同“鬻”。

鬻 miè同“鬻”。

鬻 miè粥类食品。

mín

民 mín ❶人民;百姓:～意|为～除害|为国为～。❷指某种人:渔～|灾～|股～。❸民间的:～俗|～歌。❹非军人;非军事的:拥军爱～|～用|～航。

㒁 mín 同"民"。

岷 mín 同"岷"。

玟 ㊀mín 同"珉"。
㊁wén 玉的纹理。

苠 mín ❶庄稼生长期较长,成熟期较晚:～麦|黄谷子比白谷子～。❷[苠苠]也作"碈碈",众多的样子:人～而处乎中。

旼 mín ❶[旼旼]和;和睦:～睦睦,君子之能。❷同"旻"。

旻 mín ❶秋;秋天:～天。❷天空:穹～|清～|～苍。

岷 mín ❶岷山,山名,在四川北部及甘肃南部。❷古州名,在今甘肃。

崏 mín 同"岷"。

忞 ㊀mín 自强努力:在受德～。
㊁wěn[忞忞](-wěn)乱。

怋 ㊀mín 混乱。
㊁mén ❶懑闷。❷不明。

岷 mín 同"岷"。

弝 mín 张挂旌旗的竹弓。

姄 mín 用于女子人名。

珉 mín ❶像玉的美石。❷[珉瑧](-chén)淫乱人的目光。

砇 mín 同"玟(珉)"。

眅 mín 看的样子。

旻 mín 同"旼"。

炆 mín 义未详。(《龙龛手鉴》)

昬 mín 平。

碈 mín 同"珉"。

罠{罠} mín ❶钓鱼绳。❷捕兽网:张修(脩)～。

痻 mín 同"痻"。

捪 mín 同"揢",抚;摹:～之而弗得。

贻 mín 本钱。

峄 mín 同"岷"。

崏 mín 同"岷"。

崏 mín 同"岷"。

缗(緍) mín 同"缗(緡)"。

紙 mín 同"罠"。

瑉 mín 同"珉"。

瑉 mín 同"珉"。

揢 ㊀mín 抚;摹:～天之山。
㊁wěn 同"抆"。

碈 mín[碈碈]同"苠苠",众多的样子。

軗 mín ❶车辋。❷同"輴(轞)"。

跃 ㊀mín 走路一拐一瘸。
㊁mǐn 兽蹄甲。

嵋 mín 同"岷"。

崏 mín 同"岷"。

缗(緡) ㊀mín ❶钓鱼的丝线:钓～|振～。❷古代穿铜钱的绳:初算～钱。❸成串的铜钱,也用于量词,一缗等于一千文:夜夜算～眠独迟|岁铸钱四万五千～输京师。❹古国名,在今山东。❺姓。
㊁hún 盛;茂盛:丘陵草木之～。

瑉 mín 同"珉"。

碈 ㊀mín 同"碈(珉)",像玉的美石。
㊁hūn 类似涵洞的较小的地下排水建筑,多用于地名:赵家～(在湖南)。

崏 mín 同"民"。

鍲 ㊀mín ❶同"鍲",算税。❷铁叶。
㊁mǐn 同"刡",削。

鹛(鶥) mín 鸟名,像翠鸟而赤喙。

瘖 mín 同"瘖"。
雎 mín 同"鴖（鹛，鶥）"。
碈 mín 同"珉"。
蝱 mín 虫名。
睧 mín ❶同"旼"，看的样子。❷俯视。
痻 mín 病；精神恍惚。
頣 ㊀mín ❶强。❷彊头。㊁kuò 同"頣（頢）"。
擟 mín 同"捪（揢）"。
敯 mín 同"崏"。
䳟 mín 同"鶥（鹛，鶥）"。
鍲 mín 同"鍲"，本钱。
䳟 mín 同"䳟"。
敯 mín 同"崏"。
鴖 ㊀mín 同"鶥（鶥）"。㊁wén［鴖母］也作"蚊母"，即夜莺。
鍲 mín ❶本钱。❷算税，后作"缗（緡）"。
䳟 mín 同"鶥（鹛，鶥）"。
鬏 mín 掘土的样子。
鶥 mín 同"鶥（鶥）"。
鶥 mín 同"鶥（鹛）"。
鶥 mín 同"鴖"。
鞞 mín 同"軙"。
䪸 mín 同"頣"。

mǐn

皿 mǐn（旧读 mǐng）器皿，泛指碗、盘、杯、瓶、盂等。
闵（閔） ㊀mǐn ❶吊唁，引申为哀怜、怜悯，后作"悯（憫）"：其情可～｜～兴衰。❷忧虑；担心：～其苗之不长｜～友邦之殃厉。❸忧患；丧事：～凶。❹姓。㊁mín［闵天］也作"旻天"，泛指天。
刡 mǐn 削。
岷 mǐn 黄昏。
抿 mǐn ❶揩拭；蘸水或油涂抹：～泣而应之｜～头发｜把头发～了～。❷（嘴、翅膀等）收敛，稍稍合拢：～着嘴｜她冲我～嘴一笑｜～起翅膀。❸收拢双唇稍喝一点：～酒｜～了一小口酒。
呡 ㊀mǐn 收拢双唇稍喝一点，今作"抿"：～一口酒。㊁wěn 同"吻"。
泯［泯］ mǐn ❶消灭；丧失：消～｜～灭｜童心未～。❷混合；混淆：禅能～人我｜～五声之大介。
䀪 mǐn 䀪米。
勄 mǐn 同"敏"。
闽（閩） mǐn ❶古代少数民族名，越族的一支，分布在今福建和浙江南部一带。❷古国名，在今福建。❸朝代名，五代十国时期，909-945 年。❹福建（地名）的别称：～剧｜～菜。❺姓。
敃 mǐn 同"敏"。
敃 ㊀mǐn 同"暋"。1. 强横。2. 勉力。㊁fēn 杂乱的样子，后作"纷（紛）"。
黾（黽） mǐn［黾 俛］（-miǎn）同"黾勉"，努力；勉力。
悯（憫） mǐn ❶怜恤；同情：怜～｜其情可～。❷忧愁；烦闷：～默｜乐恬而憎～。
皿 mǐn 皮肤纹理细。
笢 mǐn ❶竹皮，可剖成篾条。❷用于理发的刷子。
敏 mǐn ❶反应迅速；灵活：～捷｜机～｜灵～。❷聪慧：～慧｜聪～。❸勤勉；努力：～行不怠｜好古～以求之。
敯 mǐn 同"敃（暋）"，强横；勉力。
暋 mǐn 同"暋"。
潪 mǐn 义未详。（《观林诗话》）
暋 mǐn 同"湣"，古代谥号。

敯 mǐn 同"敃(敃)"。

敯 mǐn 同"敃"。

暋 ㊀mǐn ❶强横;顽悍:～不畏死。❷勉力;勉强。
㊁mín 烦闷:慰～。

愍 mǐn ❶悲痛;忧伤:吾代二子～矣。❷忧患;祸乱:惜诵以致～兮|少遭～凶。❸怜悯;哀怜:怜～|下～百鸟在罗网。

㥸 mǐn 同"愍"。

䁕 mǐn 同"愍"。

輡 mǐn 同"轗"。

䋋 mǐn 传说中的动物,像牛,苍黑色,大眼睛。

慜 mǐn ❶聪敏:彼欲知我知之,人谓我～。❷同"愍",悲痛;忧伤:离～而长鞠。

潣 mǐn 同"浼"。1. 水流平缓的样子。2. 污。

輱 mǐn 同"轗"。

閔 mǐn 同"憫(悯)"。

閔 mǐn 同"憫(悯)"。

瘽 mǐn 痫病。

澠 mǐn 同"潣"。

䃉 mǐn［䃉免］也作"黾免""黾勉",勤勉;努力。

蕄 mǐn 草名。

黾{黽} mǐn 孔眼细密的网。

篃 mǐn 竹名。

豱 mǐn 猪名。

篃 mǐn 同"篃"。

鳘(鰵) mǐn ❶鮸鱼。❷鳕鱼的别称。

䵥 ㊀mǐn［䵥没］(-mò)黾勉;努力。
㊁mián 同"蝒"。

篃 mǐn 同"篃"。

轗 mǐn 同"轗"。

鷶 mǐn ❶鹗。❷鹗的别称。

鰵 mǐn 同"鰵(鳘)"。

轗 mǐn 缚在车伏兔下面的皮革。

闅 mǐn 同"閩(闽)"。

轗 mǐn "轗"的讹字。

míng

名 míng ❶人、事物的名字或名称:～单|书～。❷说出;称说:莫～其妙|无以～之。❸名义;名分:～不正言不顺|～存实亡。❹名誉;声誉:有～|出～|闻～。❺出名的;有声誉的:～医|～画|～产。❻量词。1. 用于人:五～学生。2. 用于名次:第三～。

冝 míng 同"冥"。

明 ㊀míng ❶光线充足;亮:～亮|光～|月～星稀。❷明净;亮丽:山～水秀|柳暗花～。❸清楚:～确|去向不～|黑白分～。❹公开;显露在外:～信片|～码标价|～查暗访。❺表明;显示:申～|开宗～义|赋诗～志。❻懂得;理解:～事理|深～大义|不～真相。❼眼力好;眼光敏锐、正确:眼～手快|～察|贤～。❽次于今年、今天的:～年|～日|～晨八点。❾朝代名,朱元璋所建(1368-1644 年)。❿姓。
㊁mèng［明津］也作"盟津""孟津",古地名,在今河南。

鸣(鳴) míng ❶鸟、兽、昆虫等叫:凤～|鹿～|蝉～。❷泛指各种物体发出声响:耳～|电闪雷～|钟鼓齐～。❸使发出声响:～炮|孤掌难～|～锣开道。❹表达(情感、意见、主张):～冤|～不平|百家争～。

茗 míng ❶茶树的嫩芽,一说晚采的茶。❷泛指茶:香～|品～|～汁。

眀 míng 同"明"。

洺 míng ❶洺河,水名,在河北。❷古州名,在今河北。

冥 míng 同"冥"。

宜 míng 同“冥”。

冥[冥、寘] míng ❶昏暗;幽暗:晦~|幽~。❷愚昧;糊涂:~顽不化。❸深奥;深沉:~想|~思。❹阴间,迷信的人称人死后进入的世界:~府|~衣|~钞。

眳 míng ❶眉睫之间:~藐流眄,一顾倾城。❷[眳睛](-qǐng)不高兴的样子。

朙 míng 同“明”。

铭(銘) míng ❶在金石器物上刻字,比喻深刻记忆:~勒|~记|刻骨~心。❷铸、刻在金石器物上的有关人物生平、历史事件、颂扬功德等的文字:鼎~|碑~|墓志~。❸文体的一种,常用来警戒、勉励自己:陋室~|座右~。

鮝 míng 溃米。

淜 míng 清代帮派三合会专用字,用以代“明”字。

冥 míng 同“冥(冥)”。

郥 míng “鄍”的讹字。

粠 míng 渍米。

鄍 míng 古邑名,在今山西。

絡 míng 细丝。

蓂 míng “蓂”的讹字。

蓂 ㊀ míng[蓂荚]又称历荚,古代传说中的瑞草,也单称蓂:悲蓂荚之朝落|蓂草全无叶。
㊁ mì[菥蓂](xī-)见1013页“菥”字条。

猽 míng 同“貖”。

溟 ㊀ míng ❶小雨蒙蒙:~蒙(濛)小雨|密雨~沐。❷迷茫;不清晰:夜色~濛|天理~漠。❸海:北~|东~|四~。
㊁ mǐng[溟涬](-xìng)同“涬溟”。

寘 míng 同“冥(冥)”。

寘 míng 同“冥”。

媔 ㊀ míng[嫈媔]小心谨慎的样子。
㊁ mǐng[媔奵](-dǐng)自持。
㊂ méng[嫈媔](yīng-)新婚女子的样子。

榠 míng[榠樝](-zhā)也作“榠查”“榠楂”,落叶乔木,果实可供药用。

殞 míng 同“冥”。

暝 míng ❶黄昏;天黑:~色|暗暗日欲~。❷昏暗:夕阳度西岭,群壑倏已~。

禥 míng 福。

榠 míng 同“榠”。

瞑 ㊀ míng ❶闭上眼睛,也指眼睛失明:死不~目|~臣。❷眼睛昏花:耳聩而目~。❸昏暗:~氛|道路~不分。❹夕;傍晚:入~|~色。
㊁ méng 同“矇”,眼睛模糊不清。
㊂ mián 同“眠”,睡:达旦不~。

嫇 míng 同“媔”。

嫇 míng 同“媔”。

螟 míng ❶螟虫,螟蛾的幼虫,多对农作物有害。❷[螟蛉]1.一种绿色小虫。2.蜾蠃常捉螟蛉存放窝内并产卵于其体中,待卵孵化成幼虫后即以其为食物,古人误以为蜾蠃不生子,而养螟蛉为子,故将抱养的孩子称为螟蛉子。比喻抱养的孩子:自己无男无女,有心要收他做~女儿。❸[螟蠡](-luó)匈奴部落名。

䒌 míng 用于人名:陆~之。(《新唐书》)

貖 míng 小猪。

鄍 míng 古县名,在今湖北。

覭 míng ❶[覭髳](-méng)草木繁茂的样子,引申为看不清楚、笼统:~阔略。❷眉目之间:方颐庞~。

鵬 míng 鵧鵬。

鸎 míng 同“鵬”。

顯 míng 眉睫之间,也作“名”。

䫤 míng 眉阔。

齺 míng 牙齿。

蠠 míng 同“螟”。

鵬{鵬} míng 同"鵬"。

mǐng

佲 mǐng ❶ 同"酩",大醉。❷ 好。

姳 mǐng 好。

眳 mǐng 同"冥",昏暗。

盜 mǐng 洞穴,可做土屋。

慏 mǐng ❶ 同"酩"。❷ 好。

溟 mǐng[溟冷]寒冷的样子。

酩 mǐng[酩酊](-dǐng)醉得迷迷糊糊的样子:～大醉|～任扶还。

嫇 mǐng[嫈嫇](yǐng-)1. 古山名。(《玉篇》)2. 山高的样子。

慏 mǐng[慏 悜](-chěng)1. 意 不 尽。2. 忧愁。

憤 mǐng 同"慏"。

駡 mǐng 汗马。

mìng

西{西} mìng 同。(《玉篇》)

命 mìng 同"命"。

命[叅] mìng ❶ 上级指示或差遣下级:～令|～火速前往。❷ 上级对下级的指示:奉～|遵～|待～。❸ 命运,迷信的人指生来注定的贫富、寿数等:算～|认～|～中注定。❹ 生命;性命:救～|拼～|丧～。❺ 给予(名称等):～名|～题。

奓 mìng 同"命"。

詺 mìng ❶ 辨别物名:方家所～。❷ 同"铭(銘)",铭记;镂刻:～辞。

䳟 mìng 无色。

䳟 mìng 同"䳟"。

䳟 mìng ❶[䳟䳟](-qīng)1. 也作"䳟䳟",青黑色。2. 无色。❷ 闭目。

鴨 mìng 义未详。(《改并四声篇海》)

鲶 mìng 鲶鱼,鱼名。

miǔ

䴏 miǔ 义未详。(《改并四声篇海》)

miù

谬(謬){謬} miù ❶ 荒诞;错误:荒～|～论|失之毫厘,～以千里。❷ 欺诈;虚伪:薄俗～为恭|～言失信。❸ 姓。

mō

摸 ㊀ mō ❶ 用手接触或轻按着移动:抚～|触～。❷ 用于寻找或取出:～鱼|～奖。❸ 揣测;试探:～底|～索。❹ 在黑暗中行动:～哨|～黑儿。
㊁ mó 同"摹",仿效;描摹:～本|得国本,绝人事而～得之|两处堪悲,万愁怎～?

稹 mō "摸"的讹字。

嚰 mō 慢;缓慢:食得～。

mó

示 mó 同"麽",细小。

尛 mó 同"嬷"。

尛 mó 同"麽",细小。

尛 mó 同"麽",细小。

悔 mó 同"嫫"。

谟(謨)[謩] mó ❶ 计谋;谋划:宏～|雄～|～士。❷ 同"无(無)",没有:～信。

暮 mó 同"谟(謨)"。

蓦 ㊀ mó 同"嫫"。
㊁ mò 静。

馍(饃)[饝] mó 又称馍馍,饼类食品,也指馒头。

劘 mó 同“劘”。

嫫 mó［嫫母］传说中的丑女，泛指丑女。

摍 ㊀ mó 同“攠（摩）”，摩擦。
㊁ mā 用手按着并向下移动：把帽子～下来｜～了～袖子。

摹 ㊀ mó ❶ 谋划，引申为法度：规～宏远｜规万世而大～。❷ 仿效；照着样子写或画：～写｜临～｜描～。
㊁ mō 同“摸”，摸索；探求：参～而四分之。

模 ㊀ mó ❶ 法式；规范：～式｜～型｜楷～。❷ 仿效：～仿｜～拟。❸ 同“摹”，照样子写或画：～字｜孰真孰假丹青～。
㊁ mú ❶ 物体的形状：～样｜奇形异～。❷ 模子，压铸或浇注等用的范具：铅～｜铸～。

麽 mó 同“麽”，细小。

膜 ㊀ mó ❶ 动植物体内像薄皮的组织：耳～｜角～｜竹～。❷ 像膜一样薄的东西：面～｜塑料薄～。
㊁ mò 通“漠”，沙漠：西～。

麽 ㊀｛麽｝mó ❶ 细小；微小：～虫｜幺～小丑。❷ 姓。
㊁ me“么㊀”的繁体字。
㊂ ma“么㊁”的繁体字。

麼 mó 女子美称。

濂 mó 水濂。（《篇海类编》）

嬷 ㊀ mó 同“嬷”。
㊁ má ❶ 祖母：阿～。❷ 用于女子人名。

膙 mó 漏病。

摩 ㊀ mó ❶ 摩擦；接触：～拳擦掌｜～肩接踵。❷ 抚摸：～弄｜按～｜手～其顶。❸ 切磋；研讨：观～。❹ 摩尔（物质的量）的简称。
㊁ mā［摩挲］（-sa）也作“摩沙”“摩娑”，用手轻轻按着一上一下地抚动：～头顶｜床单有些皱纹，用手～平了。

嚒 mó 同“摩”。

𤍠 mó 同“模”。

橅 mó ❶ 同“模”。1. 法式；规范：规～。2. 照着样子写或画：属～副本。❷ 同“撫（抚）”，抚摩：～玩｜～书鼓琴。

䏧 mó 同“膜”。

磨 ㊀ mó ❶ 磨治石器：如琢如～｜铸之金，～之石。❷ 物体互相摩擦：～刀｜～墨｜袜子～破了。❸ 逐渐消失或消灭：百世不～｜～灭。❹ 阻碍；困难：～难｜折～｜好事多～。❺ 切磋、研究：友以～之｜八十年～勘至此。❻ 拖延；耗时间：～蹭｜～洋工。
㊁ mò ❶ 碾碎粮食的工具：石～｜～盘｜毛驴拉～。❷ 用磨碾碎：～面｜～豆腐。❸ 掉转（方向）：～车｜～过身子｜～不开身。

𥂕 mó 杯。

㾃 mó 同“麽（么）”，细小。

䴲 mó［䴲尼］也作“摩尼”“牟尼”，波斯人，摩尼教创始人。

糢 mó ❶［糢糊］也作“模糊”，不清楚；不分明：心里～。❷ 古代质量单位，用于计微量。

燌 mó 同“模”。

蘑 mó 同“蘑”。

嬷 ｛嬷｝mó［嬷嬷］1. 旧时称奶妈。2. 称呼老年妇女。

嫲 mó 同“嬷”。

擵 mó 同“摩”。

蘼 mó ❶［蘼蒚］（-hè）草名。❷［萝蘼］芄兰。

𡾰 mó 山。

㦄 mó［㦄㦬］（-luǒ）同“㦄㦬”。

饃 mó 同“饃（馍）”。

蘑 mó 蘑菇，蕈类生物，无毒的可食：口～｜鲜～｜松～。

嚤 mó 用于佛教咒语译音。

礳 mó 同“摩”。

髍 mó 同“䃺”，偏瘫，即半身不遂。

䃺 mó ❶ 偏瘫，即半身不遂。❷ 同“麽”，细小：幺～。

魔 mó ❶ 宗教或神话传说中指能迷惑人、害人性命的恶鬼：恶～｜～鬼｜群～乱舞。❷ 比喻邪恶势力：～爪｜～掌｜～窟。❸ 奇异，不平常：～法｜～术｜～力。

麿 ㊀mó ❶［麿麿］（-mo）也作"馍馍"，一种面食。❷食。❸喂幼儿。
㊁mí 同"糜"，较稠的粥。

鄜 mó ❶古国名。(《字汇补》)❷同"磨"，物体相摩擦：～其手。

礳 mó 同"摩"。

蹷 mó［独蹷］也作"笃麽""突磨"，徘徊；盘旋：醉时节麦场上闲～。

劘 ㊀mó ❶削；切：刀～｜校～。❷磨；磨砺：～觜整毛｜～灭。
㊁mí 同"靡"，分；分割：急束其发而～角过于耳。

纆 mó 用于佛经译音。

饝 mó 同"馍(饃)"。

癠 mó "膺"的讹字。

朦 mó 同"脲"。

礳 mó 同"磨"。

饝 mó 同"饝(麿)"。

镳 mó 金。

饝 mó 同"麿"。1. 食。2. 喂幼儿。

mǒ

麽 mǒ 母。

麽 mǒ 同"麽"。

懡｛懡｝ mǒ［懡㦬］（-luǒ）1. 羞惭的样子：被祖诟骂，～而退｜茫乎若失，～自惭。2. 稀疏的样子：人烟～不成村。

曪 mǒ［曪㬳］（-luǒ）太阳无光。

䵿 mǒ［䵿䵹］（-luǒ）1. 脸色发青。2. 同"懡㦬"，羞惭的样子。

醾 mǒ 同"䵿"。

髍 ㊀mǒ 漏病。
㊁mó 同"膺"，偏瘫，半身不遂。

醾 mǒ 同"䵿"。

醾 mǒ 同"䵿"。

mò

殳 mò 同"沒(没)"。

末 ㊀mò ❶树梢，引申为尖端：～大必折｜秋毫之～｜细枝～节。❷最后；终了：～尾｜～期｜秋～冬初。❸不是根本的、重要的事物：本～倒置｜舍本逐～。❹碎屑；细粉：锯～｜茶叶～儿｜煤～子。❺戏曲里扮演中年男子的角色：正～｜副～｜小～。❻通"莫"：虽欲从之，～由也矣｜如命穷病困，则虽扁鹊～如之何。❼姓。
㊁me ❶助词，表示疑问语气，吗：兀那卖酒的，有酒～？❷后缀，同"么(麽)"：那～｜这～好看｜问甚～父子情肠。

伤 mò 义未详。(《字汇补》)

坶 mò 同"殁(没)"。

叟 mò 同"殳(沒，没)"。

休 mò ❶肥胖的样子。❷古代乐曲名。

助 mò 勤。

没｛沒、沒｝ ㊀mò ❶沉入或潜入水中：沉～｜～于渊，得千金之珠。❷隐藏；消失：出～无常｜神出鬼～｜鸟与浮云～。❸漫过；高过：～过头｜大雪～膝｜庄稼长得～人。❹收缴；扣留：～收｜罚～｜抄～。❺终；尽：～世｜～齿不忘。❻同"殁"，死：父在观其志，父～观其行｜老姊妹三个，这是极小的，又～了！
㊁méi ❶无；没有：～票｜～工作｜～办法。❷不如；不及：水平～人家高｜谁都～她会说话。❸未；不曾：天还～亮｜衣服～干｜事情～办完。

玫｛玫、玫｝ mò 玉名。

坋 mò 尘土。

茉 mò 同"莫"。

茉 mò［茉莉］也作"末利"，常绿灌木。

殁 ㊀mò 同"殁"。
㊁wěn 同"刎"，用刀割颈。

殁｛殁、殁｝ ㊀mò ❶死：病～｜～于异乡。❷同"没"，落；沉没：既夕～西枝｜因～虏中，不知存亡。
㊁ wěn 同“刎”，用刀割颈。

帓 ㊀ mò ❶ 头巾：绛～。❷ 带子：巾～。
㊁ wà 同“韈”（袜），袜子：草～。

訒 mò 义未详。（《龙龛手鉴》）

沫 mò ❶ 古水名，即今四川的大渡河。❷ 液体形成的小泡：泡～｜唾～｜相濡以～。❸ 止；尽：至今犹未～｜澹雅之风，于兹～矣。

沒 mò 同“没”。

怽 mò 遗忘。

陌 mò ❶ 田间东西向的小路，泛指田间小路、道路：阡～｜绿杨～上送行人。❷ 量词。1. 同“佰”，用于钱：一～黄钱值几文？2. 用于祭奠所烧的纸钱，叠：手里提着一～纸钱。

妺 mò 用于女子人名。

枺 mò ❶ 榕（柏），落叶乔木。❷ 柱子等。

殎 mò 朽余。

苜 mò 目不正，一说同“瞴”。

昧 mò 日中不明。

眽 mò “眽”的讹字。

帞 mò 头巾。

劰 mò 勤。

眛{脉} mò 肚子。

貊 mò 同“貘”。

茾 mò 同“莫(莫)”。

炢 mò 火色。

袹 mò 皮。

莫 mò 同“莫”。

莫 mò 见 669 页 mù。

菝 mò 药草名。

硃 mò 碎石。

眜 ㊀ mò ❶ 眼睛不正或不明。❷ 冒（危险）：～险搜奇。
㊁ miè 春秋时地名，在今山东。

眿 mò 同“眽”。

秣 mò ❶ 牲畜饲料：粮～。❷ 饲养；喂（牲畜）：～马厉兵｜瘦马～败草。

眛 mò［帗眛］（pō-）见 740 页“帗”字条。

湜 mò 同“没”。

祇 mò 神。

瑅 mò 同“玫”。

瑕 mò 同“玫”。

瑘 mò “瑅（玫）”的讹字。

艳 mò［鲆艳］（pō-）见 740 页“鲆”字条。

貉 mò 猪的别称。

眽 ㊀ mò 斜视，相视，泛指看：～隆周之大宇。
㊁ mì［眽蜴］（-xī）欺慢。

覓 mò 寻找。

秣 ㊀ mò 同“秣”。
㊁ mǐ 同“米”。

笑 mò 捕鱼竹器。

昧 mò 把米舂碎。

粖 mò（又读 miè）也作“䉾”，粥类食品。

湐 mò ❶ 水流的样子。❷ 与“洦(泊)”同，浅水。

絈 mò 同“帞”。

勱 mò 动。

殁 mò 同“殁”。

殎 mò 同“殇(殁)”。

跊 mò 行过。

蛨 mò［蚝蛨］（zhé-）见 1243 页“蚝”字条。

貊 mò 同"貊"。

覛 mò 同"脉(脈)"。

帞 mò 同"莫"。

𣢍 mò 同"没"。

塻 mò 尘土。

趏 ㊀ mò ❶ 行走的样子。❷ 越过。
㊁ pò 风吹水的样子。

嘋 mò 同"嗼"。

募 mò 同"寞"。

蓦(驀) mò ❶ 骑上:～六驳(駮)。❷ 超越;跨过:～波|～岭登山。❸ 跳跃:跳～|～墙。❹ 忽然;突然:～地|～听得|～抬头。

嗼 mò 同"嘆"。

嘆 mò 同"寞",寂寞;清静:～然|～寂。

圎 mò 见文。(《玉篇》)

嵮 mò[嵮帕](-pò)也作"漠泊",细密的样子。

貊 mò 古代东北地区少数民族名。

餗 mò 同"秣",饲养;喂(牲畜):～马。

獏 mò 同"貘"。

頞 mò ❶ 头潜入水中,后作"没"。❷ 雨水多。

嫫 mò ❶ 定。❷ 空。

漠 mò ❶ 沙漠,地面为沙石覆盖的地区:荒～|大～|～北。❷ 广大:冥～|广～。❸ 冷淡;不经心:冷～|～视|～不关心。❹ 同"默",寂静无声:～然莫有对者。

寞 mò[寞俟](-qí)同"万俟",复姓。

寞 mò 寂静;清静:～然|～～。

頢 mò[頢顟](-hé)1.健壮的样子。2.脸部平。

靺 ㊀ mò ❶ 同"靺"。1.把皮革染成赤黄色。2.古代东方地区少数民族乐名。❷[靺鞨](-hé)1.古代东北方地区少数民族名。2.宝石名。
㊁ wà 同"韈(袜)",袜子。

募 mò 死寂寞。

慕 mò 同"熯"。

貘 mò 同"貘"。

殯 mò 同"募"。

瞙 mò ❶ 傍晚。❷ 昏暗。

鉬 mò[鉬刀]古代兵器。

熯 mò 火的样子。

靺 mò 同"靺"。

䒬 mò 同"莫"。

駯 mò ❶ 马走或跑的样子。❷ 马名。

趙 mò 同"趏"。1.行走的样子。2.越过。

磸 mò 同"漠",沙漠。

霡 mò 下雨。

瞙 mò 眼睛看不清楚。

皛 mò ❶ 美丽的眼睛。❷ 美丽的样子。❸ 眼睛深陷。

默 mò 同"默"。

皿皿 mò 同"皛"。

墨 mò ❶ 以松烟、煤烟制成的黑色颜料,用于写字或绘画:～汁|笔～纸砚。❷ 用于写字、绘画、印刷的各色颜料:油～|红～水。❸ 名家写的字或绘的画:～宝|～迹|遗～。❹ 黑色或近于黑色的:～镜|～菊。❺ 古代在犯人脸或额上刺刻涂黑的刑罚,又称黥:～刑。❻ 贪污;不廉洁:贪～|～吏。❼ 姓。

镆(鏌) mò[镆铘](-yé)也作"镆釾、莫邪、镆鎁",宝剑名,也单称镆:复仇(讎)者不折镆干|镆刚必折。

魩 mò 鱼尾。

瘼 mò ❶病;弊病:政～。❷疾苦:民～|人～。

嫼 mò 因忌妒而发怒。

䳮 mò[䳮鸊](-pǐ)鸭的别称。

䮬 mò[馲䮬](zhé-)见1244页“馲”字条。

蘾 mò 同“䬴(秣)”。

䴲 mò 粮食磨成的粉。

默 mò ❶不说话;不出声:沉～|～哀|～～不语。❷无形中;暗中:～而识之|～改政治|潜移～化。❸凭记忆写出:～写|～生字。

䘃 mò“默”的讹字。

䫝 mò 同“䪷”。

䈾 mò[䈾箣](-yé)竹名。

䱅 mò 海鱼名,像鲍。

爅 mò 同“爅”。

𪑲 mò 同“𦱤(莫)”。

䁼 mò“䁼”的讹字。

貘 mò ❶哺乳动物,像豹,毛色黑白交杂。❷哺乳动物,像犀,较矮小,鼻端无角。

瀎 ㊀ mò 同“抹”,抹拭:～布。
㊁ miè[瀎泧](-sà)也作“瀎潏”,水的样子。

霢 mò 下雨的样子。

蟔 mò 蛅蟴,蛓的别称。

纆 mò 丝。

嬷 mò 同“嫼”。

纆(纆) mò 绳索。

縸 mò 同“纆(纆)”。

鞲 mò[鞊鞲](jié-)皮革。

䴲 ㊀ mò 同“䳮”,鸟名。
㊁ chǎo 同“麨(麨)”,干粮。

䴴 mò 同“䴷”。

䜆 mò 义未详。(《龙龛手鉴》)

爅 mò 火的样子;光的样子。

䁼 mò[䁼䀛](-sè)视无所见。

驀 mò ❶鸟惊疑地看:靡闻而惊,无见自～。❷惊疑:在前在后,心～～不敢久留。

騲 mò[腾騲]公马与母驴交配所生的杂种。

𤸫 mò 痣。

䅬 ㊀ mò 谷物的粉末。
㊁ miè 同“䉾(䉾)”。

䴲 mò 义未详。(《龙龛手鉴》)

䴷 mò[䴷麧](-yè)砻皮,砻磨麦类作物,脱去皮壳。

䃺 mò 用于地名:～石渠(在山西)。

蟔 mò ❶同“蟔”,虫名。❷[蚔蟔](zhí-)见1261页“蚔”字条。

䁼 mò 吃惊。

𪑾 mò“黯”的讹字。

䳮 mò 同“䳮”。

䆀 mò ❶又称耢,平整土地的农具。❷用䆀平整土地:犁了一遍,～了三遍。

䳮 mò 同“䳮”。

黩 mò 义未详。(《字汇补》)

黯 mò 黑。

蠛 mò 小蚊虫。

䗬 mò[䗬蜩](-tiáo)螳螂。

䆀 mò 耕。

mōu

哞 mōu 拟声词,牛叫声。

móu

毋 móu 蒙,一说"毋"的讹字。

牟 ㊀ móu ❶ 拟声词,牛叫声:～然而鸣。❷ 谋取:～取|～利。❸ 姓。
㊁ mù ❶ 用于地名:～平(在山东)。❷ 姓。

杵 móu 同"桙"。

侔 móu ❶ 相等;齐:相～。❷ 同"牟",求取;谋取:～农夫之利。

劺 móu 勉励。

昬 móu 同"谋(謀)"。

苿 móu ❶ 草名。❷ 同"麰"。

倸 móu 同"侔"。

恈 móu 贪爱:～～然唯饮食之见。

恳 móu 同"谋(謀)"。

桙 ㊀ móu 器名。
㊁ yú 同"杅",浴盆;盂。

脌 móu 脊。

眸 móu 眼珠,泛指眼睛:明～皓齿|回～一笑。

蛑 móu 同"鉾"。

袤 ㊀ móu 长衣。
㊁ mào 南北距离的长度,泛指距离长度:广～千里。

谋(謀) móu ❶ 商议:不～而合|与虎～皮。❷ 考虑;计划:～划|预～|深～远虑。❸ 计策;策略:计～|阴～|足智多～。❹ 思寻;营求:～职|～生|～幸福。

喋 móu 同"谋(謀)"。

蛑 móu (又读 máo) ❶ 同"蟊"。❷ 螳螂的别称。❸ 蝤蛑的简称:罗列蛤与～。

幞 móu 妇女的衣巾。

㸗 móu 同"牟"。

譬 móu 同"谋(謀)"。

絣 móu 义不相扶。(《改并四声篇海》)

惎 ㊀ móu 同"谋(謀)",计谋。
㊁ mǔ 同"慔"。

蝆 móu 同"蝶"。

閈 móu 开。

踎 móu ❶ 蹲:习惯～往食。❷ (在某处)混日子:度～。

鉾 ㊀ móu 剑锋。
㊁ máo 同"矛"。

缪(繆) ㊀ móu ❶ 十捆麻。❷ [绸缪] 1.紧密缠绕;修缮:未雨～。2.缠绵:情意～。
㊁ miù ❶ 欺诈;虚伪:～惑|～巧|～为恭敬。❷ 不相同:千变万化,事各～形。❸ 通"谬(謬)",错误;荒谬:错～|多辞～说。
㊂ liǎo 同"缭(繚)",缠绕:～绕玉绥。
㊃ miào 姓。

蝶 móu [蝤蝶] (yóu-) 同"蝤蛑"。

蝥 ㊀ móu [蛀蝥] (zhuō-) 同"蛀蟱"。
㊁ wù [蝥蛷] (-qiú) 也作"蟱蛷",蛷螋(蠼螋)的别称。

雟 móu 义未详。(《改并四声篇海》)

繆 móu 绢。

麰 móu "麰"的讹字。

鉾 móu ❶ 同"鮇",黄花鱼。❷ 墨鱼。

麰 móu ❶ 大麦。❷ 大麦曲,即酒曲。

鍪 móu 同"鍪"。

鉾 móu 鱼名。

鸨 móu [鸨鹉] (-wú) 也作"鸨鷡""鸨毋",鹦鹉类鸟。

鍪 móu ❶ 鍑、釜类炊具。❷ 古代武士的头盔:兜～。❸ 像头盔的帽子:冠有～。

麰 móu 同"麰"。

鮇 ㊀ móu 黄花鱼。
㊁ méi 鱼游动的样子。

鍪 móu "鍪"的讹字。

䋷 móu 同“袤”，长衣。

𩏄 móu 同“鍪”。

𠤛 móu 义未详。（《改并四声篇海》）

𩐩 móu 同“鍪”。

𩏯 móu 同“鍪”。

mǒu

𡗝 mǒu 义父。

某 mǒu 见 633 页 méi。

罞{罙} mǒu 同“罺”。

罜 mǒu 张网。

罶 mǒu 同“罺”。

䒽 mǒu 草名。

罺 mǒu 网。

mú

㑄 ㊀ mú 爱。
㊁ wǔ 同“侮”，欺凌；轻慢。

毪 mú 毪子，西藏地区产的羊毛织品。

𩋟 mú 义未详。（《字汇补》）

氁 mú ❶ 毛缎，一种毛织品。❷ 翻毛衫。

墲 ㊀ mú 规划墓地。
㊁ wú 墓冢；墓地。

𩚵 mú 同“醔”。

醔 mú［醔醶］（－tú）又称蒿蒌，榆酱。

醭 mú［酤醭］（cú－）见 151 页“酤”字条。

鰵 mú 鱼名。

mǔ

母 ㊀ mǔ ❶ 母亲；妈妈：～女｜～爱｜贤妻良～。❷ 对女性长辈的称呼：祖～｜姑～｜姨～。❸ 雌性的：～羊｜～猪｜这只狗是～的。❹ 事物所从产生或滋生出来的：～校｜工作～机｜失败是成功之～。❺ 一套东西中可包容其他部分的：螺丝～｜子～扣。❻ 通“亩（畝）”，田垄：唐叔得禾，异～同颖。❼ 姓。
㊁ wú 同“毋”：～忘｜～少四斗。

坶 mǔ 同“牡”。

畂 mǔ 同“畝（亩）”。

牡 mǔ ❶ 雄性的鸟兽，泛指雄性的：～牛｜～骏｜～麻（植物麻的雄株）。❷ 古代作战所布阵名。❸ 古代锁具的插键部分，相当于后来的门闩、锁须。❹ 丘陵。

亩（畝）［畮、𤱈、晦、畆、畒］ mǔ ❶ 田垄，引申为田野：艺麻如之何？衡从其～｜舜起农～。❷ 地积单位，1 亩等于 10 分，约合 666.7 平方米。

坶 mǔ（又读 mù）又称坶野（牧野），古地名，在今河南。

拇 mǔ 手、脚的大指，即第一个指头：～指｜手～。

峔 mǔ［峔矶角］（－jī－）岬角名，在山东。

狇 mǔ［狓狇］（fēng－）见 255 页“狓”字条。

姆 ㊀ mǔ ❶ 古代传授妇道的女教师。❷ 乳母，奶妈。❸ 丈夫的嫂子。❹［保姆］受雇为他人照料儿童、老人或料理家务的女工。
㊁ m̄［姆妈］1. 母亲。2. 尊称年长的妇女：赵家～。

峔 mǔ 古山名，又称慈母山，在今安徽、江苏交界处。

𡵫 mǔ 同“峔”。

牳 mǔ 牛名。

胟 mǔ 同“拇”。

畒 mǔ 同“畝（亩）”。

畂 mǔ 同“畮(亩)”。

姥 ㊀ mǔ ❶ 老年妇女:孤居～|逸民里～。❷ 母亲,也称丈夫或妻子之母:公死～更嫁|便可白公～。❸ 旧指传授妇道的女教师。❹ 姓。
㊁ lǎo ❶ 同“老”:有妇人四五,或～或少。❷［姥姥］(-lao)1. 外祖母。2. 接生婆,旧时接生的女人。3. 老年妇女。

畞 mǔ 同“畮(亩)”。

畮 mǔ 同“畮(亩)”。

碍 mǔ［云碍］也作“云母”,矿物名,耐高温,不导电,是重要的电力绝缘材料,也可供药用。

铒(鉧) mǔ［钴铒］(gǔ-)也作“钴鉧”,熨斗。

痗 mǔ 病。

娒 ㊀ mǔ 同“姆”,古代传授妇道的女教师。
㊁ wǔ 通“侮”,轻慢;欺负:嫚～。

馬 mǔ 马行走的样子。

豣 mǔ ❶ 猪。❷ 猪名。❸ 母猪。❹ 动物名,像猪。

踇 mǔ 踇指,脚的大拇指。

躳 mǔ 义未详。(《字汇补》)

畝 mǔ 同“畮(亩)”。

嗽 mǔ (又读 yīngmǔ)英美制地积单位,今作“英亩”。1 英亩等于 4840 平方码,合 4046.86 平方米。

憮 mǔ［憮慺］(-lǚ)心惑。

髳 mǔ 义未详。(《龙龛手鉴》)

踇 mǔ ❶ 行走的样子。❷［踇偶］山名。(《广韵》)

犃 mǔ 同“牡”。

譕 mǔ 义未详。(《龙龛手鉴》)

謰 mǔ［謰謱］(-lǚ)同“謱謰”。

鉧 mǔ［钴鉧］(gǔ-)见 301 页“钴”字条。

麈 mǔ 同“牡”。

麿 mǔ 麻麿。(《篇海类编》)

mù

木 mù ❶ 树、木本植物的通称:乔～|草～皆兵|十年树～,百年树人。❷ 木料;木制的:梓～|红～|～器。❸ 棺材:棺～|行将就～。❹ 呆滞,不灵敏,引申为失去知觉:～然|神气痴～|手脚发～。❺ 五行之一。❻ 古代八音之一,指木制乐器,如柷。❼ 姓。☞木/树 “木”本指树木,是名词;“树”本指栽种或种植(树木、花草),是动词,后来引申为名词树木,与“木”成为同义词。

朩 mù 同“木”,汉字部件。

扨 ㊀ mù “杒”的讹字。
㊁ dāo［扨蹬］(-deng)同“叨蹬(叨登)”,折腾;拉扯;翻腾。

目 mù ❶ 眼睛:～光|闭～养神|耳闻～睹。❷ 看;注视:侧～|一～十行|一～了然。❸ 以目示意;男女以目传情:范增数～羽击沛公,羽不应|满堂兮美人,忽独与余兮～成。❹ 网眼,引申为大项中的小项:纲举～张|项～|条～。❺ 目录,按一定次序列出的内容名称:书～|剧～。❻ 名称;标题:题～|巧立名～。❼ 生物分类系统的等级,在纲之下,科之上:鸽形～|银耳～。

仫 mù［仫佬族］少数民族名,主要分布在广西。

宋 mù 义未详。(《龙龛手鉴》)

炑 mù 同“宋”。

㒴 mù 同“目”。

狇 mù［狇狫］(-lǎo)旧时对仫佬族的称谓。

沐 mù ❶ 洗头发:盥～|栉风～雨。❷ 洗:～浴|雨过松如～。❸ 润泽;被润泽:春不燠～|～东风|～朝恩。❹ 姓。

苜 mù［苜蓿］(-xu)多年生草本植物,可做牲畜饲料及肥料。

苗 mù 同“苜”。

牧 mù 同“牧”。

牧 mù ❶ 放养牲畜:～羊|～场|游～。❷ 古代指放牧的地方或远郊:麋鹿在～。❸ 统治;治理:以～军民。❹ 古代州

的长官:州～。❺畜牧业的简称:农林～副渔。

炑 mù 火炽。

苗 mù“苗”的讹字。

㒸 mù“㒸”的讹字。

首 mù 同“睦”。

莫 ㊀mù ❶日落的时候,后作“暮”:不夙则～。❷晚;时间将尽:岁亦～止。
㊁mò ❶无;没有:天保定尔,以～不兴。❷代词,表示没有谁或没有哪一种东西:～不痛心疾首|～名之灾|讳～如深。❸副词。1.表示否定,不:～衷一是|爱～能助|一筹～展。2.不要:～哭|请～见怪|闲人～入。❹姓。

䒬 mù 草名。

蚞 mù[蜓蚞](tíng-)见192页“蜓”字条。

钼(鉬) mù 金属元素,可用来制合金钢、无线电及航天器材,也是农业重要的微量元素肥料。

毣 mù 同“毣”。

痗 mù 病。

毣 ㊀mù ❶美好的样子。❷[毣毣](-mù)1.思念的样子:～之思|临风～。2.风吹动的样子:但觉风～而过。
㊁mào 同“眊”,眼睛看不清楚。

絉 mù 绳索。

莯 mù[莯蓿](-xu)同“苜蓿”。

䒬 mù“䒬”的讹字。

蚞 mù“蚞”的讹字。

㒸 mù 精细的花纹。

艒 mù 同“艒”。

畜 mù 同“睦”。

募 mù 广泛征求:～招|应～|～捐。

莔 mù 同“苜”。

毣 mù 鸟类用嘴润泽羽毛。

晦 mù 眼病。

䀲 mù 同“目”。

沐 mù 义未详。(《改并四声篇海》)

袡 mù 衣缝。

莔 mù 同“苜”。

墓 mù 坟墓;陵园:～地|～碑|陵～。☞墓/坟/冢/丘/陵 五字都指坟墓。有堆土而高出地面的墓葬称为“坟”,无堆土而不高于地面的称为“墓”,规模大的坟称为“冢”;规模大的冢称为“丘”或“陵”,通常指君王的坟冢。

幕[幙] mù ❶帐篷,引申为覆盖在上面的大块布帛等:帐～。❷垂挂着的大块布帛等:银～|拉～|开～。❸古代将帅或地方军政长官办公的场所:～府|～僚。❹量词,戏剧的较完整的段落:独～剧|第二～|三～喜剧。

睦 mù ❶亲近;和好相处:～邻|和～|婆媳不～。❷古地名,一在今湖北,一在今浙江。

穆{穆} mù 同“穆”。

畜 mù 同“睦”。

穆 mù 同“穆”。

慔 mù 勉力;尽力。

楘 mù 车辕上绑扎的用于加固的皮带,兼做装饰,引申为装饰:五～梁辀|～旗振旅。

嫛 mù 美的样子。

畜 mù 同“睦”。

慕 mù ❶思念:思～|～想|翘首～远人。❷羡慕;仰慕:～名而来|～虚名而处实祸。❸姓。❹[慕容]姓。

暮 mù ❶傍晚,日落时:日～|～色苍茫|朝三～四。❷时间靠后;将尽:～春|～年|岁～。❸迟;晚:学德未～|公来何～?

慕 mù 同“慕”。

穆 mù 同"穆"。

艒 mù 同"艒"。

繫 mù"楘"的讹字。

㮘 mù 同"楘"。

霂 mù 霡霂,小雨:三月淋春~。

𦒎 mù 同"𦒎"。

穆 mù 同"穆"。

𣀔 mù 同"穆"。

艒 ㊀ mù[艒艏](-sù)小船,也单称艒:龙舟凤~。
㊁ mò[艒艆](-tū)钓船。

鉌 mù 鱼名。

𩶑 mù 同"𩶑"。

穆 mù ❶美好:于~清庙|清~之风。❷温和;和谐:~如清风|鸟喙谐~。❸恭敬;严肃:肃~|静~|古~。❹古代宗庙的排列次序,始祖居中,以下父子递为昭穆,左为昭,右为穆。❺通"默",静默:~然深思。

篡 mù 竹筥。

穌 mù 同"穆"。

𣀔 mù 同"穆"。

鲌 mù"鳓"的讹字。

鞪 mù ❶车辕。❷同"楘",车辕上绑扎加固的皮带,兼有装饰作用。

纂 mù 绳索。

縸 ㊀ mù 劣质絮。
㊁ mò[络縸]也作"络幕",张开罗网的样子:纤罗~。

穆 mù 同"穆"。

鳓 mù 鱼名。

穆 mù 同"穆"。

鞪 ㊀ mù 同"楘",用来绑扎紧固车辕的皮带,兼有装饰作用。
㊁ móu[鞮鞪](dī-)兜鍪,头盔,古代兵器。

轃 mù ❶同"鞪(楘)",用来绑扎紧固车辕的皮带。❷车辕名。

穋 mù 义未详。(《字汇补》)

艨 mù 同"艒"。

ná

菝 ná［蕏菝］（zhā-）见 129 页“蕏”字条。

㕊 ná 同“㕊”。

㕎 ná［爬㕎］以收除。

㕊 ná［爬㕊］搔，一说敛。

拏 ná ❶ 牵引；连结：纷～｜遂根～而固结。❷“拿”的异体字。

拿［舒、拏、挐］ ná ❶ 用手取，握在手里：～笔｜～枪｜他左手～弓，右手拉弦。❷ 抓获；攻占：擒～｜～下敌人碉堡。❸ 取得：～名次｜～奖金。❹ 掌握，把握：～主意｜这件事他也～不准。❺ 刁难；要挟：～人｜～一把。❻ 故意做出：～架子｜～腔～调。❼ 介词，用；把：～事实证明｜～他没有办法｜我～你当亲人。

◆“拏”另见 671 页“拏”字条。

◆“挐”另见 824 页“挐”字条。

詉 ná［丝詉］言语不好理解。

誽 ná 同“誽”。

袲 ná 破旧的衣服。

拏 ná 同“拏”。

㩌 ná 义未详。（《改并四声篇海》）

㴸 ná［溠㴸］（zhā-）见 962 页“溠”字条。

㦊 ná 心乱。

嗱 ná 叹词，表示让人注意所指事物：～，畀你（喏，给你）。

誽 ná 同“詉”，言不正。

镎（鎿） ná 金属元素，有放射性，可用来制钚的同位素。

䑚 ná 古水名。（《改并四声篇海》）

nǎ

乸 nǎ ❶ 母的；雌性的：鸡～｜牛～｜木瓜～。❷ 母体：连仔带～一起要。

哪 ㊀ nǎ 代词。1. 表示疑问：～个？｜～天？｜你在～儿？2. 表示不确定；泛指：～好去～｜指～打～｜～儿都不去。3. 表示反问或否定：～有什么鬼？｜他～知道。

㊁ na 助词，表示惊叹语气，啊：这么多～！

㊂ nǎi（又读 něi）“哪㊀ 1.”的口语音（多用于数量）：～个？｜～年？｜～些人？

㊃ né［哪吒］（-zhā）也作“那吒”，神话中的神名。

砟 nǎ［䃎砟］（zhǎ-）见 1228 页“䃎”字条。

㚷 nǎ 同“䅞”。

䅞 nǎ［䅟䅞］（zhā-）见 1227 页“䅟”字条。

䶧 nǎ 义未详。（《改并四声篇海》）

nà

冂 nà 物低垂的样子。

邢 ㊀ nà 也作“那”，周代诸侯国名，在今湖北。

㊁ nuó 古代西夷国名，后作“那”。

㊂ nǎ 同“那㊂”：世间反复～能知。

那 ㊀ nà ❶ 同“邢（邮）”，周代诸侯国名。❷ 代词，指示较远的人或事物：～个｜～里｜～时。❸ 连词，表示顺承上文语意，申说应有结果或做出判断：平时不努力，～怎么能有好成绩呢？｜既然大家都同意，～就这么办吧。

㊁ nuó ❶ 同“邢（邮）”，古代西夷国名。❷ 多：受福不～｜～解我意。❸ 奈何：～作商人妇，愁水复愁风。❹ 移动，后作“挪”：～移｜～步。❺ 姓。

㊂ nǎ 代词,表示疑问或反问,后作"哪":～得自任专?|～可葬于其边乎?
㊃ nèi 同"那㊀❷",用于口语:～边|～些|～三年。
㊄ né [那吒](-zhā)佛教神话中的神名,也作"哪吒"。
㊅ nā 姓。

郍 nà 同"郍(那)"。

呐{呐} ㊀ nà 大声叫喊:～喊。
㊁ nè 同"讷(訥)",说话迟钝;不善言辞。
㊂ na 语气词:谁希罕～|别忘了今天～。

狎 nà 同"貀"。

饷(餉) nà[饷饷]吃的样子,单用义同。

妠 ㊀ nà ❶ 纳,娶。❷[婠妠](wān-)小儿肥胖的样子。
㊁ nàn 用于女子人名。

纳(納) nà ❶ 丝濡湿的样子:衣～～而掩露。❷ 入;使进入:秦伯～之。❸ 收藏;接收:十月～禾稼|藏污～垢|吐故～新。❹ 接受:采～|～谏|～降。❺ 享受:～凉|～福。❻ 娶妻;招婿:～妾|～婿。❼ 交付;上缴:～税|～贡|缴～。❽ 补缀;密缝:多～几针|～鞋底。❾ 姓。

軜(軜) ㊀ nà 弱;软;柔软的。
㊁ dā 低头欲睡的样子。

昍 nà 日入色。(《改并四声篇海》)

肭 ㊀ nà[腽肭](wà-)见 975 页"腽"字条。
㊁ nǜ 同"朒"。

肥 nà 同"肥"。

貀 nà 同"貀",哺乳动物。

㕯 nà[庘㕯](yā-)狭隘。

荝 ㊀ nà 用于地名:～拔林(在台湾)。
㊁ nuó 用于地名:～溪(在湖南)。

眲 nà 义未详。(《龙龛手鉴》)

㖠 nà 义未详。(《改并四声篇海》)

㗙 nà 动口。

钠(鈉) ㊀ nà ❶ 打铁。❷ 金属元素,是重要的工业原料。
㊁ ruì ❶ 同"枘",榫头。❷ 同"鋭",尖锐。

衲 nà ❶ 缝补;缀合:补～|百～衣。❷ 密密地缝:～鞋底。❸ 僧衣:～衣|破～芒鞋。❹ 僧人自称或代称:～子|老～。

瓬 nà 即甑,牡瓦。

甴 nà 同"瓬"。

娜 nà 见 704 页 nuó。

㛎 nà 静。

肥 nà[脮肥](wǎ-)见 975 页"脮"字条。

胗 ㊀ nà 肥腻。
㊁ ná[腠胗](zhā-)不密。
㊂ chǐ 肉类肥美。

袦 ㊀ nà 带襦。
㊁ jué 同"裲"。

婠 nà 同"妠"。

捺 nà ❶ 用手按:～头向水下|～手印。❷ 抑制:他按～不住激动的心情。❸ 汉字笔画之一,由上向右斜下的一种笔形,形状是"㇏"。

瓸 nà 同"瓬"。

軜 nà 古代四匹马拉车时,两旁骖马内侧系于车轼上的缰绳。

挹 nà 同"郍(那)"。

跀 nà ❶ 脚挫伤:～折。❷ 行走的样子。

蚎 nà ❶ 毒虫咬或刺。❷ 疼痛。

㗉 nà[唽㗉](shà-)也作"唽嗫",言语轻薄的样子。

篛 nà ❶ 拴船的竹索。❷ 修补篱笆。

豽 nà ❶ 同"貀"。❷ 猴类动物。

腩 nà 同"肭"。

粡 nà 粘。

絮 nà 同"絮",丝纷乱。

瓹 nà 同"瓬"。

甗 nà 同"瓬"。

N

貀 nà 猪。

甈 nà 同"瓬"。

箘 nà 同"笝"。

貀 ㊀ nà 哺乳动物。
㊁ duò［豰貀］（gǔ－）见 303 页"豰"字条。

搻 nà 打。

靹 nà 松软的土壤。

蒳 nà 又称蒳子、槟榔孙，槟榔的一种，较小。

蜹 nà 虫动的样子。

疓 ㊀ nà 同"蛆"。
㊁ niè 同"疟"，疮痛；创痕。

湬 nà 水的样子。

虢 nà 虎行的样子。

翋 nà 向上飞的样子。

秵 nà 柔。

瘵 ㊀ nà 痛。
㊁ niè 同"疟"，疮痛；创痕。

瘞 nà 病。

麳 nà 麳剂。（《改并四声篇海》）

魶 nà ❶ 鲵鱼。❷ 鲸的别称。❸ 同"鰊"，又称魟。

㵐 nà ❶ 影子晃动。❷ 水流动的样子。

篛 nà 同"笝"，拴船的竹索。

鬖 nà［髱鬖］（bà－）见 708 页"髱"字条。

髻 nà 细毛。

齣 nà ❶ 啮。❷ 咀嚼不停。

檂 nà 同"那"。

鰊 nà 魟鱼的别称。

孏 nà 美的样子。

鰧 nà 同"鰊"。

臑 ㊀ nà ❶ 肉消。❷ 牲畜前肢。
㊁ niè 肉动：～腹牵气。
㊂ zhé 同"膟"。

䎎 nà 同"那"。

na

哪 na 助词，"啊"的变音，表示惊叹语气或语气停顿，也作"哪""那"。

nái

痆 nái ❶ 疾病。❷ 大臀撅起；撅起的大臀。

髵 nái［鬡髵］（dēng－）见 180 页"鬡"字条。

脫 nái 乳汁。

㒶 nái 同"脫"。

羪 nái［羪羺］（－nóu）一种卷毛羊。

熊 nái 热，一说同"熊"。

搱 ㊀ nái［揩搱］（kāi－）磨；摩拭。
㊁ zhì 搱蒲，古代博戏名。

孻 nái 美。

孻 nái 老年妇女最后生育的幼子或幼女。

nǎi

㇌ ㊀ nǎi 同"乃"。
㊁称横折折折钩，汉字笔画或部件。

乃［迺、廼］ nǎi ❶ 代词，你；你的：～父｜～兄｜～翁。❷ 副词。1. 是；就是（表示判断，多含强调意味）：失败～成功之母｜此～至理名言。2. 才；就：吾求之久矣，今～得之｜知己知彼，胜～不殆。❸ 连词，于是：以为诸侯莫足游者，～西入关见卫将军｜连日暴雨，路上～延误了一些时间。
◆"迺"另见 674 页"迺"字条。

㐷 nǎi 同"乃"。

𠄎 nǎi 同"奶"。

艿 ㊀ nǎi［芋艿］（yù-）芋头。㊁ réng 旧草未割，新草又生。㊂ rèng 同"艿"。

𢎗 nǎi 同"乃"。

奶［❶-❸嬭、❶-❸妳］nǎi ❶ 乳房，哺乳的器官：～头。❷ 乳汁：～水｜牛～｜喝～。❸ 用自己的乳汁喂孩子：～孩子｜他是由姨妈给～大的。❹［奶奶］1. 祖母：我～八十多岁了。2. 对老年妇女的称呼：老～。

◆"嬭"另见 674 页"嬭"字条。

◆"妳"另见 685 页"你"字条。

氖 nǎi 通称氖气，气体元素，无色无味，可用来制霓虹灯、指示灯等。

𠄎 nǎi 同"乃"。

疓 nǎi ❶ 病。❷ 欲。

廼 ㊀ nǎi 同"迺（乃）"。㊁ réng 拟声词，惊讶声。

㔨 nǎi 同"乃"。

妳 nǎi 同"嬭（奶）"，乳房：马～｜牛～。

㚷 nǎi 同"嬭（奶）"。

迺 nǎi ❶ 往；到达。❷ 拟声词，惊讶声。❸"乃"的异体字。❹ 姓。

廼 nǎi 同"廼"。

倷 nǎi 代词，你。

釢 nǎi 金属元素"钕（釹）"和"镎（鎿）"的旧译写法。

𠧧 nǎi 同"乃"。

𠃿 nǎi 同"嬭（奶）"。

𢇲 nǎi 同"乃"。

𧁇 nǎi 草名。

𠧪 nǎi 同"廼"。

𠧭 nǎi 同"乃"。

腇 nǎi 肥。

嬭 ㊀ nǎi ❶"奶 ❶-❸"的异体字。❷ 母亲。㊁ ěr 姐姐。㊂ nì 用于女子人名。

𡡉 nǎi 同"嬭"。

nài

耏 nài 同"耏"，古代剃去面颊胡须的轻度刑罚。

奈 nài ❶ 对付；处置：～愁何？｜何计～秋风？❷ 如何；怎样：～何｜无～｜怎～。❸ 同"耐"，经得起；忍得住；受得了：～看｜心情～｜不可～。

取 nài［脞取］（cuǒ-）见 160 页"脞"字条。

柰 nài ❶ 林檎的一种，落叶小乔木。❷ 同"奈"，处置；对付：将～其士众何？｜颜色不～东风吹。

耐 ㊀ nài ❶ 禁得起；受得住：～用｜～火砖｜俗不可～。❷ 通"耏"，古代剃去面颊胡须的轻度刑罚：～罪。❸ 适合；适宜：宜春～夏｜江田～插秧。❹ 副词，宁；愿：燕怯轻寒不～飞。❺ 代词，你：～还有个令妹｜还是～自家写子出来末哉。㊁ néng 通"能"：所以～取火者，摩拭之所致也。

耏 ㊀ nài 古代剃去面颊胡须的轻度刑罚：小罪～｜～为鬼薪。㊁ ér ❶ 同"而"，面颊上的胡须：以麝揉苏（蘇），泽～颜鼻耳。❷ 兽多毛；兽毛：毛～复生。❸ 古水名，在今山东。❹ 姓。

㮈 nài 同"耐"。

萘 nài 有机化合物，其衍生物可制染料、树脂等。

渿 nài［渿河桥］也作"奈河桥"，佛教传说中所谓恶人死后灵魂经过的桥，桥身很窄，桥下河水称渿河，都是污血。

𡨖 nài 义未详。（《改并四声篇海》）

㮏 nài 同"㮏"。

萘 ㊀ nài 草名。㊁ nà 菜名。

㮈 nài 同"㮈"。

𦓤 nài"耐"的讹字。

𣮷 nài 同"𣮷"。

渿 nài［渿沛］(-pèi)1. 水波的样子。2. 拟声词，水声。

嫊 nài 用于女子人名。

毹 nài 兽毛密。

榛 ㊀ nài 同"柰"，落叶小乔木。
㊁ nì 树立着枯死。
㊂ nà 蘖生的样子。

熊 nài 小熊。

鼐 nài 大鼎。

䨀 nài［埃䨀］浓云密布；太阳无光。

彰 nài 同"耏"。

褦 nài［褦襶］(-dài)1. 斗笠，引申为戴上斗笠：长夏～烈日下。2. 比喻愚蠢；不明事理：反嗤～子，但守一经籍。3. 比喻失态的样子：酩酊何辞～行。4. 衣着厚重臃肿；笨拙：～云衣拨不开｜躯干庞硕，～无比。

䁧 nài 看不清楚。

錼 nài 金属元素"镎(鎿)"的旧译写法。

螚 ㊀ nài 小虻虫。
㊁ nái 鳖类动物。
㊂ něng 蜂类昆虫。

翁 nài 同"螚"。

鯨 nài 同"鰊"。

鰊 nài 鱼名。

鰊 nài 同"鰊"。

䲒 nài 同"螚"。

nān

囡 nān 小女孩，泛指小孩儿：白～｜小～。

nán

抩 nán 兼持两物。

助 nán 同"男"，一说同"留"。

男 nán ❶ 男性；男人：～孩｜～女平等。❷ 儿子：长(zhǎng)～｜一～附书至，二～新战死。❸ 儿子对父母的自称：～病已愈，胃口亦渐开，请勿念。❹ 古代五等爵位(公、侯、伯、子、男)的第五等：～爵。

抩 nán 同"抩"。

枏 nán 同"楠"。

南 ㊀ nán ❶ 方向，早晨面对太阳时右手的一边：～方｜指～针。❷ 姓。❸［南宫］姓。
㊁ nā［南无］(-mó)佛教用语，表示对佛尊敬或皈依。

柟 nán 同"楠"。

偄 nán 同"男"。

萬 nán［萓萬］(yí-)见 1135 页"萓"字条。

枬 nán 同"楠"。

畘 nán ❶ 古代地积单位，一畘等于十亩。❷ 田多。

喃 nán 同"喃"。

峚 nán 同"南"。

娚 nán 同"喃"，拟声词。

难(難) ㊀ nán ❶ 也作"鶧"，鸟名。❷ 不容易：～写｜～产｜自身～保。❸ 使人不好办：刁～｜这事可～不住我｜应侯欲攻赵，武安君～之。❹ 不好：～听｜～看｜～闻。
㊁ nàn ❶ 灾祸；困苦：灾～｜逃～｜大～临头。❷ 质问：责～｜问～｜非～。❸ 仇怨：调人掌司万民之～而谐和之。❹ 论说：死生之说，存亡之～。
㊂ nuó ❶ 茂盛的样子：其叶有～。❷ "奈何"的合音：罪犹及之，～不慎也！

諵 nán［諵諵］也作"喃喃"，拟声词，低语声。

湳 nán 冰薄。

莔 ㊀ nán 草名。
㊁ nǎn 草长得稀疏柔弱的样子。

楠 nán 同"楠"。

喃 nán ❶［喃喃］拟声词。1. 连续不断的低语声：～细语｜～地说话。2. 鸟啼声：

N

野花香径鸟～。3.读书声:树下读～。❷助词,表示语气,呢:今天不去,以后又如何～?

䨝 nán 义未详。(《龙龛手鉴》)

諵 nán 同“喃”。

䔳 nán “䔳”的讹字。

䓹 nán［葱(蒽)䓹］也作“葱苒”,藜芦的别称。

楠［枏、柟］nán 常绿乔木,木材可用于建筑、制作器物及造船。◆“柟”另见812页“柟”字条。

暔 nán 古国名。(《集韵》)

䛁 nán 同“闉”。

諵 nán 同“諵”。

䔳 nán 同“䓹”。

䛁 nán 门人。

㬮 nán 语声。

䰰 nán 用于清代帮派三合会的旗号。

𨿑 nán 同“鶧(難,难)”。

諵 ㊀ nán 也作“喃”,语声;语声嘈杂。
㊁ nàn［諵謏］(-sòu)怒骂;私下责骂。

䦲 nán 义未详。(《龙龛手鉴》)

𨿑 nán 同“鶧(難,难)”。

𨿑 nán 同“鶧(難,难)”。

𨿑 nán 同“鶧(難,难)”。

𨿑 nán 同“鶧(難,难)”。

䱽 nán 䱽鱼,即大鳞白鲢,生活在海南南渡江。

鶧 nán 同“鶧(難,难)”。

鶧 nán 也作“難(难)”,鸟名。

𨿑 nán 同“鶧(難,难)”。

𨿑 nán 同“鶧(難,难)”。

𨿑 nán 同“鶧(難,难)”。

㦓 nán 同“戁”。

戁 nán ❶恭敬。❷恐惧:不～不竦。❸惭愧。

𨿑 nán 同“鶧(難,难)”。

𨿑 nán 同“鶧(難,难)”。

𨿑 nán 同“鶧(難,难)”。

𨿑 nán 同“鶧(難,难)”。

𨿑 nán 虫名。

𨿑 nán 同“鶧(難,难)”。

𨿑 nán 同“鶧(難,难)”。

𨿑 nán 同“鶧(難,难)”。

𨿑 nán 同“鶧(難,难)”。

𨿑 nán 同“鶧(難,难)”。

𨿑 nán 同“鶧(難,难)”。

nǎn

囝 nǎn 义未详。(《改并四声篇海》)

囝 nǎn 义未详。(《改并四声篇海》)

囝 nǎn 义未详。(《改并四声篇海》)

䘌 nǎn 同“赧”。

赧 nǎn 因羞愧而脸红:～然｜～颜。

㬮 ㊀ nǎn 温暖而湿润。
㊁ nàn 赤色。

揇 nǎn 搦;拿住。

赧 nǎn 同“赧”。

湳 nǎn 古水名,黄河支流,在今内蒙古。

赧 nǎn 同“赧”。

腩 nǎn 同“腩”，肉羹。

腩 nǎn ❶肉干。❷煮肉。❸肉羹。❹用调味品浸渍肉类以备炙食：以盐、豉汁～之。❺牛、鱼等肚子上松软的肉，可用来做菜肴：牛～｜鱼～。

煵 nǎn 微炒：～青椒｜～牛肉。

醂 nǎn“醂”的讹字。

赧 nǎn 同“赧”，惭愧。

赧 nǎn 同“赧(赧)”。

赧 nǎn“赧(赧)”的讹字。

蝻 nǎn 蝻子，蝗的幼虫：～虫｜蝗～。

篮 ㊀ nǎn 竹弱。
㊁ lǎn 通“罱”，捞水草或河泥的工具，也指捞取水草或河泥：竹～｜～泥。

鍣 nǎn［鍣铁］打银具。

楠 nǎn 糁茹。

赧 nǎn 同“赧”。

醂 nǎn 同“腩”。

醂 nǎn 同“醂”。

醂 nǎn 同“赧”，惭愧。

nàn

皲 nàn 柔软的皮革。

揞 nàn 鱼吃食物的样子。

腩 nàn［腩腪］(-tàn)肥的样子。

婻 nàn ❶容貌美。❷稍胖。

嫩 nàn 同“戁”。

濡 nàn ❶泥。❷雨淖。

嘫 nàn 同“戁”。

戁 nàn［安戁］温和；温存。

戁 nàn 組，一说“戁”的讹字。

nāng

囔 ㊀ nāng［囔囔］(-nang)小声说话：你～什么呢？
㊁ nang［嘟囔］(dū-)见 208 页“嘟”字条。

náng

囘 náng 广东称曲折的流水。

截 náng 同“囊”。

螭 náng 同“蠰”。

毷 náng 同“髲”。

囊 náng 同“囊”。

矃 ㊀ náng 眼睛模糊不清。
㊁ nóng 怒视。

聣 náng 耳鸣：听雷者～。

譨 ㊀ náng 同“哝(噥)”，说话不清楚。
㊁ nóu［譨譨］(-nóu)言杂；话多：群司兮～。

囊 ㊀ náng ❶口袋：皮～｜～空如洗｜探～取物。❷像口袋的东西：胆～｜肾～。❸姓。
㊁ nāng［囊膪］(-chuài)猪腹部肥而松软的肉。

鬞 ㊀ náng ❶［鬞鬤］(-ráng)头发散乱。❷毛发多。❸毛发长。
㊁ nàng［鬟鬞］(zhuàng-)见 1293 页“鬟”字条。

蠰 ㊀ náng［蟷蠰］(dāng-)同“蟷螂(蜋)”。
㊁ shàng 昆虫，像天牛。
㊂ rǎng［蠰谿］(-xī)蚱蜢。

橐 náng 同“囊”。

馕(饢) ㊀ náng 烤制的面饼，维吾尔、哈萨克等少数民族的主食：～食。
㊁ nǎng 拼命往嘴里塞食物：～糠。

N

鬞 náng 同“鬤”。
欜 náng ❶树名。❷盛东西的器具。
齉 náng［齉巴］懦弱无能。
㶞 náng 同“囊”。
𧮧 náng 同“囊”。
蠰 náng［螳蠰］见 931 页“螳”字条。
蠰 náng 同“蠰”。
饢 náng 同“饢(馕)”。

nǎng

攮 nǎng ❶撞。❷同“攮”,刺。
𩞻 nǎng 咫尺之间。
㶞 nǎng 同“灢”。
曩 nǎng 从前;以往:～日｜～与吾祖居者,今其室十无一焉。
灢 nǎng ❶同“瀼”,水流的样子。❷水名。
攮 nǎng ❶推:推来～去｜推的推,～的～,不由你不走。❷用刀刺,泛指刺:一刀～到他的肚子上。❸跌;栽倒:随着两声枪响,敌人一头～在了地上。
灢 nǎng［泱灢］(yāng-)水浊;浑浊。

nàng

㒄 nàng 宽㒄。(《改并四声篇海》)
儾 nàng ❶宽缓:看我面上,再～他一～。❷软弱:～软。❸同“齉”,鼻子不通气:鼻子捏～了,就如重伤风一般。
壤 nàng ❶［坱壤］(yǎng-)尘土。❷土窟。
㠡 nàng 山的曲折处。
儴 nàng 行走的样子。
蘘 nàng［蘘蘘］草的样子。
礞 nàng 同“𡾋”。
襛 nàng 同“儾”,宽缓。
蘘 nàng “囊”的讹字。
纕 nàng 同“儾”,宽缓。
鬤 nàng 头发乱。
齉 nàng 鼻子不通气,发音不清。

nāo

孬 nāo “不好”的合体字。1. 坏;不好:人品～｜走了～运。2. 怯懦;无能:～种｜他这人太～。

náo

㺀 náo 同“硇”。
𡵈 náo 山势平缓。
㧑 náo 同“挠(撓)”。
呶 ㊀ náo ❶喧哗;叫喊:纷～｜～号｜载号载～。❷叹词:～,信在这里,你看嘛!❸［呶呶］(-náo)唠叨;也用作拟声词,喧闹声:～不休。
㊁ nǔ 同“努”,突出:向外～了～嘴｜用嘴向屋内～了一下。
㴨 náo 同“硇(硇)”。
怓 ㊀ náo ❶喧哗;争吵:以谨惽～。❷心里烦乱。
㊁ niú 忧愁。
挠(撓) ㊀ náo ❶扰乱;阻止:～乱｜阻～。❷弯曲(比喻屈服):百折不～｜一木易折,而束矢难～。❸搔,轻轻地抓:～痒｜抓耳～腮｜心痒难～。
㊁ xiāo［挠挑］宛转:孰能登天游雾,～无极。
㧑 náo “㧑”的讹字。
碙(磠) ㊀ náo［碙砂］同“硇砂”,矿物名,也单称碙。
㊁ gāng 山冈;石岩:～崩崖溺。
硇 náo 同“硇”。

猱 náo 古山名。(《龙龛手鉴》)

侬(儂) ㊀ náo[懊侬](ào-)见13页"懊"字条。
㊁ nǎo 同"恼(惱)",怨恨:心怀惭愧,懊～躄地。

㤥 náo"恼"的讹字。

桡(橈) ㊀ náo ❶ 弯曲的树木,引申为弯曲、使弯曲:钩不伸,竿不～|～木为耒|～直就曲。❷ 屈服,后作"挠(撓)":重死持义而不～。❸ 使屈枉:枉～|已～功臣。
㊁ ráo ❶ 船桨,代指船:持～夜济|远征～。❷ [桡骨]前臂靠拇指一侧的骨头。

硇 náo 同"硇"。

硇 náo 同"硇"。

硇 náo 同"硇"。

硇 náo 同"硇"。

峱 náo 同"峱"。

峱 náo ❶ 古山名,在今山东。❷ 用于地名:狍～(在山东)。❸ 狗。

硇 náo ❶ [硇砂]矿物名,广泛用于工业和医药。❷ [硇洲]岛名,在广东雷州湾外东海岛东南海中。

硇 náo[硇洲]同"硇洲"。

铙(鐃) náo ❶ 古代军用乐器,像铃铛而无舌,锤击发声。❷ 铜质打击乐器,比钹大,而中间隆起部分较小,两片相击发声。

猲 ㊀ náo 同"猱",猿类动物。
㊁ hū 猲猣(-lǜ)也作"猲律",鳄鱼。

桡 náo 同"桡(桡)"。

硇 náo 同"硇"。

蛲(蟯) ㊀ náo 蛲虫,虫名,寄生于人体小肠下部和大肠内。
㊁ rào 虫动的样子。

猱 náo ❶ 猿类动物。❷ 古琴弹奏指法之一。❸ 旧时杂剧中的一种角色行当。

詉 náo 同"呶"。

譊 ㊀ náo 同"呶",喧哗:号～。
㊁ ná[詀譊](zhā-)见1227页"詀"字条。
㊂ nù 恶言。

㺀 náo 劣。

鐃 náo 鐃子。

颾 náo 义未详。(《改并四声篇海》)

𢙐 náo 同"呶"。

詉 náo ❶ 欢喜。❷ 谜。

蝚 ㊀ náo 同"猱",猿猴类动物。
㊁ róu ❶ 蝼蛄的一种。❷ 蛭蝚,水蛭,即蚂蟥。

獳 ㊀ náo 同"獶",长毛狗。
㊁ nà 狗吃食的样子。
㊂ rú 同"獳"。

巙 náo 同"峱"。

巙 náo 高险的样子。

䴀 náo 同"蛲(蛲)"。

磽 náo 同"硇"。

夒 náo 猿类动物,后作"猱"。

嶩 náo 山上不长草木,一说"巎"的讹字。

獶 náo 同"獳(獶)",长毛狗。

譊 ㊀ náo ❶ 争辩;喧噪:喧～|嚣～ ❷ 挑逗:怒而～之。❸ [譊譊]拟声词,争辩或喧噪的声音:千口音～。
㊁ xiāo 同"哓(嘵)",因恐惧而发出的叫声。

䴃 náo 同"鸋"。

㺀 náo 同"獿"。

巎 náo 同"峱"。

㺀 náo 同"㺀"。

瓇 náo 玉名。

瓇 náo 同"瓇"。

鸋 náo[鴟鸋](zhāo-)见193页"鴟"字条。

N

硇 náo 同“硇”。

嶩 náo 同“猱”。

憹 náo 同“憹(侬)”。

磠 náo 同“硇”。

巙 náo 同“嶩”。

nǎo

葘 nǎo 同“脑(腦)”。

傠 nǎo 姓。

妠 nǎo 同“嫐(惱,恼)”。

垴 nǎo 也作“堖”,小山头、小山岗,多用于地名:削～填沟|南～(在山西)|高虎～(在江西)。

獵 nǎo 同“獶”。

恼(惱) nǎo ❶怨恨;愤怒:～恨|～火|惹～了他。❷苦闷;烦闷:苦～|烦～|懊～。❸使烦恼:多情却被无情～。

惱 nǎo 同“恼(惱)”。

娙 nǎo 同“嫐(惱,恼)”。

嫍 nǎo 同“嫐(惱,恼)”。

匘 nǎo 同“脑(腦)”。

瑙 nǎo 同“瑙(碯)”。

剆 nǎo 同“脑(腦)”。

偿 nǎo 姓。

脑(腦) nǎo ❶脑髓,人和高等动物神经系统的主要部分,位于头部,主管全身知觉、运动、思维、记忆等活动。❷脑部;头部:～袋|摇头晃～。❸指思维、记忆的能力:～筋|动～子。❹指从物质中提取的精髓:樟～|薄荷～。❺乳白色的半固体食品:豆腐～儿。

腦 nǎo 同“腦(脑)”。

熖 nǎo 同“燶”。

憹 nǎo 同“惱(恼)”。

惱 nǎo 同“惱(恼)”。

桼 nǎo 义未详。(《龙龛手鉴》)

垗 nǎo 同“垴(堖)”。

堖 nǎo 同“腦(脑)”。

毭 nǎo [毭毾](－nǎng)毛厚而乱的毛毯类制品。

碯 nǎo 同“碯(瑙)”,玛瑙。

磁 nǎo 同“碯(瑙)”。

胸 nǎo 同“脑(腦)”。

毺 nǎo “毭”的讹字。

㛴 nǎo 同“脑(腦)”。

瘖 nǎo 同“瘤”。

媤 nǎo 同“嫐(惱,恼)”。

堖 nǎo ❶同“腦(脑)”。❷同“垴”,小山头;小山岗:削～填沟。

獶 nǎo 哺乳动物,雌貉。

廇 nǎo 义未详。(《改并四声篇海》)

瘤 nǎo 同“瘟(瘤)”。

嫐 nǎo 同“惱(恼)”。

瑙 nǎo [玛瑙]见620页“玛”字条。

髫 nǎo 头发柔软。

䠛 nǎo [䠊䠛](ǎo－)见12页“䠊”字条。

碯 nǎo 同“碯(瑙)”。

嵴 nǎo 同“腦(脑)”。

膃 nǎo 同“腦(脑)”。

N

獿 nǎo 同"猱"。
𤒹 nǎo 义未详。(《龙龛手鉴》)
㛴 nǎo 热的样子。
嫐 nǎo 戏弄。
𨀩 nǎo "䠷"的讹字。
碯 nǎo "碯(瑙)"的讹字。
磠 nǎo 同"瑙"。
䜩 nǎo 同"㓤(脑,腦)"。
餂 nǎo 熟食。
𤸱 nǎo 同"瘔(瘜)"。
瘜 nǎo 病。
髫 nǎo "髾"的讹字。
髓 nǎo 同"脑(腦)"。
諰 nǎo 同"譊"。
𡦨 nǎo 闹。
𡡌 nǎo 同"嫍(惱,恼)"。
嬲 nǎo 同"嫍(惱,恼)"。
髾 nǎo ❶ 头发。❷ 头发的样子。
騷 nǎo 同"騳"。
貎 nǎo 哺乳动物,雌貉。
腦 nǎo 同"脑(腦)"。
腮 nǎo 同"脑(腦)"。
譊 nǎo 言语相侮。
癡 nǎo 同"瘜"。
𧩠(譊) nǎo 同"譊"。

碰 nǎo 同"碯(瑙)"。
貎 nǎo 同"貎"。
瘡 nǎo 同"瘜"。
瘛 nǎo ❶ 同"嫍(惱,恼)"。❷ 同"瘜",病。
嬲 nǎo 同"嫍(惱,恼)"。
䐉 nǎo "腦(脑)"的讹字。
獶 ㊀ nǎo 狗受惊的样子。
㊁ yōu[獶狻](-sōu)狗名。
騷 nǎo[褭騷](niǎo-)马名。
貓 nǎo 同"貎"。
貎 nǎo 同"貓(貎)"。
臘 nǎo 义未详。(《改并四声篇海》)
貎 nǎo 雌貉。
獿 ㊀ nǎo[獿獿](-xiāo)狗受惊吓而叫。
㊁ náo ❶ 同"夒(猱)",猿类动物。❷ 古代善于抹墙的匠人,泛指抹墙匠人:～人。

nào

内 nào 同"吏(闹,鬧)"。
吏 nào 同"闹(鬧)"。
帝 nào 同"闹(鬧)"。
丙 nào 同"吏(闹,鬧)"。
夸 nào 同"闹(鬧)"。
闹(鬧)[閙] nào ❶ 嘈杂,不安静:～市|吵～|～哄哄。❷ 搅扰;要笑:哭～|大～天宫|～着玩。❸ 发生(疾病、灾害等不好的事):～病|～水灾|～笑话。❹ 发泄;发作:～情绪|～脾气。❺ 搞;干:～生产|～春耕|问题还没～清楚。❻ 浓;盛:红杏枝头春意～。
殀 nào 恨。

淖 ㊀nào ❶泥沼;烂泥:泥～|陷于～。❷［淖尔］湖泊,多用于地名:达里～(即达里泊,在内蒙古)|罗布～(即罗布泊,在新疆)。
㊁zhuō 姓。

婥 ㊀nào 妇女病名。
㊁chuò［婥约］1. 同"绰约",姿态柔美的样子。2. 妇人柔弱的样子。

䀴 nào 义未详。(《改并四声篇海》)

閙 nào"鬧(閙、闹)"的讹字。

䪷 nào 同"鞜"。

鞜 nào 质量好的皮革。

臑 ㊀nào ❶人的上肢或牲畜的前肢:～骨。❷中医指从肩到肘前侧靠近腋部的隆起的肌肉:上～。
㊁rú 同"蠕",慢慢爬行或动的样子:喘而言,～而动。
㊂nuǎn 温暖;使温暖:视左右而不～|～酒。

䰭 nào 胡须多。

nè

疒 ㊀nè ❶病,也指妇女病弱的样子。❷同"疾",急速:追奔不过十里,～回守城。
㊁称病字框、病字头或病字旁,汉字偏旁或部件。

讷(訥) nè 说话迟钝;不善言辞:口～|～口少言|～言敏行。

抐 ㊀nè 按物于水中;纳入:～之而有物。
㊁nì［抴抐］(yì-)中制,指乐器技法的抑按合于音调和节拍。

呐 nè 同"讷(訥)",说话迟钝。

疔 nè 同"疒"。

㦊 nè［瘟㦊］忧闷。

㱮 nè［殟㱮］(wēn-)心乱。

㱠 nè"㱮"的讹字。

䛕 nè 轻视。

䅞 nè 谷穰,谷物脱粒后剩下的茎秆和谷壳:谷～。

䎪 nè ❶谷类作物脱粒后的秸秆。❷槌击谷类作物以脱粒的农具。

𠷈 nè 同"讷(訥)"。

餮 nè ❶小儿少食。❷懒食。❸饼类食品,像烧饼。

䚚 ㊀nè 同"觤",角似鸡距。
㊁lì 同"䚕",角锋。

néi

䤆 néi 一䤆饭。(《广韵》)

䨲 néi 义未详。(《龙龛手鉴》)

㑲 néi 偄。

㠎 néi ❶用巾抹拭漆过的地面。❷涂抹。

𠑃 néi 偄。

𡢻 néi"㠎"的讹字。

𢅏 néi 同"㠎"。

něi

馁(餒) něi ❶饥饿:冻～。❷丧失或缺少勇气:气～|胜不骄,败不～。❸鱼腐烂发臭,泛指食物腐败变质:鱼～而肉败|食物～败。

脮 ㊀něi 同"鮾",鱼或肉类腐败变质。
㊁tuǐ 同"腿":两～。

㼏 něi 伤热的瓜。

腇 něi ❶同"脮(鮾)",鱼或肉类腐败变质。❷同"餧",饥饿。❸［萎腇］软弱。

䅖 něi 草木籽实下垂的样子。

䬲 něi 风动;风动的样子。

餧 ㊀něi 同"馁(餒)"。1. 饥饿。2. 鱼腐烂。
㊁wèi"喂❶❷"的异体字。

鮾 něi 鱼肉腐烂。

鯘 něi 同"鮾"。

鯑 něi"鯘"的讹字。

nèi

内{内} nèi ❶里面;内部:室～|～衣|～情。❷指体内或内心:～伤|～疚。❸指妻子或妻子的亲属:～人|～弟|～侄。❹指皇宫:大～|～侍。

㐻 nèi 人名。(《集韵》)

肉 nèi 同"内"。

㶧 nèi 旗下垂的样子。

氝 nèi "氖"的旧称。

抐 ㊀ nèi ❶内。❷姓。
㊁ ruì 扨。

枘 nèi [枘枘]草木果实下垂的样子。

㨅 nèi 思。

㷔 nèi 同"㨅"。

髮 nèi [鬑髮](zuì-)见1315页"鬑"字条。

錗 ㊀ nèi 侧意,一说"歪"。
㊁ zhuì 器名,一说同"锤(錘)"。

nèn

焫 nèn 温暖;热。

𦣻 nèn 义未详。(《改并四声篇海》)

𦑻 nèn 同"嫩"。

𥈒 nèn 同"嫩"。

嫩[嫰] nèn ❶初生而柔弱:～芽|娇～|鲜～。❷轻微:～晴|～寒清晓|凉意～侵团扇底。❸幼稚;不老练:～手|诗虽～弱,有清上之句|他办事认真,就是处理问题还～点儿。❹颜色浅淡:～绿|～黄。❺某些食物短时间烹调即熟,且容易嚼:肉炒得很～|鸡蛋蒸得太～了。

㯎 nèn [㯎㮔](-dùn)愚笨;痴呆。

𪁐 nèn 同"嫩"。

néng

能 néng 见1069页xióng。

𦙠 néng 同"能"。

䏻 néng 同"能"。

𨂄 néng [𨂄𨂄]俗称打𨂄𨂄,脚立未稳,身体摇晃。

𪕊 néng 义未详。(《改并四声篇海》)

něng

㴰 něng 话多。

𨶳 něng 义未详。(《改并四声篇海》)

nèng

𣯀 nèng [𣯀𣯀](bìng-)见61页"𣯀"字条。

ńg

叽 ńg 同"嗯"。

唔 ㊀ ńg(又读 ń)❶同"嗯",叹词,表示疑问:～,又是那声音?❷代词,我:待～丧点良心,照府尊的意思办去便了。
㊁ ḿ 副词,不:～怕|～浮华|～知死。
㊂ wú [咿唔](yī-)拟声词,读书声:～吟诵。

嗯 ㊀ ńg(又读 ń)叹词,表示疑问:～?你说什么?|怎不说了,～?
㊁ ňg(又读 ň)叹词,表示不以为然或出乎意料:～!我看不见得|～,怎么就算了!
㊂ ǹg(又读 ǹ)叹词,表示赞许或答应:～,我看可以|～,就这么定了!

ňg

㕶 ㊀ ňg 同"嗯",叹词,表示出乎意料或不以为然:～!这手怎么再也提不起?
㊁ ň 代词,你:～拿了银子|～笃好爷。

nī

妮 ㊀nī(旧读ní)婢女,泛称女孩子:～子|小～子。
㊁ní通"泥"。1.亲昵:寡女～人娇。2.狎昵:～一蛮妓。3.拘泥:～古。

ní

尼 ní ❶亲近,后作"昵":悦～而来远。❷比丘尼(梵语音译词)的省称,通称尼姑,信佛出家修行的女子:老～|僧～。

伲 ní[伲俥](-hún)假装不知道的样子。

𡰥 ní同"尼"。

坭 ní ❶同"𡋯(泥)":～团|鸦片～。❷用于地名:白～|赤～(均在广东)。

呢 ㊀ní ❶[呢喃](-nán)拟声词。1.婉转的低语声:～细语|诵声～。2.燕子、虫发出的细小鸣叫声:～燕语|秋虫～。❷呢子,一种毛织品:雪花～|～大衣|毛～衣料。
㊁ne 助词。1.表示疑问、确定等语气:怎么办～?|天还早着～!2.表示语气停顿:田间没有活～,就外出打工|愿意～,就谈;不愿意～,就算了。

𡵶 ní古山名,也作"尼"。(《集韵》)

泥 ㊀ní ❶古水名。1.泾水支流,在今甘肃。2.湘江支流,在今湖南。❷土和水的混合体:～沙|抹一脸～。❸像泥的东西:枣～|蒜～|土豆～。❹姓。
㊁nì ❶滞陷不通,引申为呆板、固执:致远恐～|拘～。❷堵塞;涂抹:～砖缝|～玻璃(给玻璃框边加抹泥子)。❸[泥子]也作"腻子",为使铁器、木器、墙壁等平整而涂抹的泥状物。

怩 ní[忸怩](niǔ-)见698页"忸"字条。

𡋯 ní同"泥"。

㲻 ní同"呢",呢子,一种较厚较密的毛织品。

籾 ㊀ní义未详。(《改并四声篇海》)
㊁rèn日本汉字,带壳的糙米。

𣢟 ní ❶声音。❷和悦。

㞾 ní同"怩"。

𦀔 ní同"𠁅"。

铌(鈮) ní见686页nǐ。

秜 ㊀ní(又读lí)❶稻谷落在地里到来年又长出来。❷小麦。
㊁nì早熟的稻。

𠁅 ní ❶顶部有水洼的山丘。❷同"𡵶",古山名。(《集韵》)

郳 ní ❶周代诸侯国名,在今山东。❷姓。

倪 ㊀ní ❶幼儿:垂髫之～。❷端;边际:端～(头绪)|～限。❸姓。
㊁nì同"睨",偏斜:日～。

𥩟 ní"埿(泥)"的讹字。

𧙔 ㊀ní戴在头上的丧礼服饰。
㊁nǐ[裿𧙔](yǐ-)见1140页"裿"字条。

𤤃 ní义未详。(《龙龛手鉴》)

蚭 ní[蚴蚭](nǜ-)见702页"蚴"字条。

𥝈 ní同"秜"。

猊 ní狻猊。

淣 ní水边,泛指边际。

埿 ㊀ní ❶同"泥",湿泥:～土|～污|～造像。❷水名,易水的支流。
㊁nì同"泥",粉刷;涂抹:～以石灰。
㊂bàn同"湴",烂泥:赤～|～而不滓。

屔 ní同"尼"。

婗 ㊀ní ❶婴儿,也指幼女。❷拟声词,婴儿啼哭声:～然。❸妇女容貌丑。
㊁nǐ[媞婗](tí-)1.美好可爱。2.迟疑不决。

𡎊 ní同"泥"。

棿 ㊀ní同"𫐐(輗)",古代大车车辕和横木相衔接的插销。
㊁niè[杌棿](wù-)不安:圜方～。

輗 ní ❶车轼。❷止轮木,引申为止住:～朱轮。

𫐐(輗) ㊀ní古代大车车辕和横木相衔接的插销。
㊁yì[軿𫐐](pì-)见730页"軿"字条。

跜 ní[躨跜](kuí-)见519页"躨"字条。

䚳 ní［鞁䚳］（bǐ-）见 39 页“鞁”字条。

貎 ní 哺乳动物，毛皮可做裘。

誽 ㊀ní 呼唤人。
㊁nì ❶言不同。❷央求：须～奇章置一筵。❸拘泥，泥滞，也作“泥”：其词意远而不～。

馜 ní 饵。

腝 ㊀ní 带骨的肉酱。
㊁ruǎn 软脚病。
㊂nèn 肉柔软脆嫩：甘～。

埿 ní 同“坭”，顶部有水洼的山丘。

袦 ní 衣缕，衣襟的装饰。

蜺 ní ❶“霓❶”的异体字。❷寒蝉，一种小蝉，深秋时鸣叫。

䝚 ní 同“馜”。

臡（臡） ní 同“臡（臡）”。

齯 ní 老人牙齿脱落后再生。

輗 ní 同“輗（輗）”。

㖂 ní 同“呢”，小声啰唆。

觬 ní 角弯曲不正。

輗 ní“輗（輗）”的讹字。木

霓［❶蜺］ ní ❶副虹：雌～贯秋城。❷古代指凶气：吐～翳日。
◆“蜺”另见 685 页“蜺”字条。

齯（齯） ní ❶［齯齿］也作“兒齿”，年寿高，也指年寿高的人，单用“齯”义同：～童｜耋～。❷老人牙脱落后又长出新牙：齿～。

鲵（鯢） ní ❶两栖动物，有大鲵、小鲵两种。大鲵俗称娃娃鱼，叫声像婴儿啼哭，生活在山溪中。小鲵生活在水边草丛中。❷雌鲸：长鲸吞航，修～吐浪。❸小鱼：尺泽之～。❹通“齯（齯）”，老人牙脱落后又长出新牙：～齿。

鲵（鯢） ní［鲵鳅］同“泥鳅”。

䯵 ní 骨的样子。

醎 ní 同“腝”，带骨的肉酱。

麑 ní ❶［狻麑］（suān-）同“狻猊”。❷同麛，幼鹿：衔草鸣～。

鯢 ní 鱼名。

臡 ní 同“臡”。

臡 ㊀ní 也作“腝”，带骨的肉酱。
㊁luán 同“脔（臠）”。

臡 ní 同“臡”。

nǐ

拟（擬）［儗］ nǐ ❶揣度；斟酌：～之而后言。❷仿照；模仿：～人｜比～｜～古之作。❸起草；初步设计：～稿｜草～计划。❹打算；准备：～近日返京｜～去信联系。
◆“儗”另见 686 页“儗”字条。

伱 nǐ 同“你”。

你［妳］ nǐ 代词。1. 称对方：～校｜～方｜～死我活。2. 用于泛指或不定指：～追我赶｜～一言，我一语。
◆“妳”另见 674 页“奶”字条。

伲 ㊀nǐ 同“你”。
㊁nì 代词，我；我们。
㊂ní 姓。

抳 ㊀nǐ 止：～其辕。
㊁ní 研磨：～则美浊。

苨 nǐ［苨苨］草木繁茂的样子。

狔 nǐ（又读 ní）同“猊”，哺乳动物。

伱（儞） nǐ 心弱。

柅 nǐ 同“檷”。

柅 ㊀nǐ ❶树名，果实像梨。❷塞在车轮下的木块，用于制动：行无所牵，止无所～。❸遏止；停止：情动不可～｜～而不行。❹络丝工具：络～。
㊁chì 同“尿”。

㫿 nǐ 同“睨”。

䘦 nǐ 义未详。（《龙龛手鉴》）

狔 nǐ 同“狔”。

袮 nǐ 同“祢(禰)”。

祢(禰) ㊀ nǐ ❶ 祭祀故去的父亲的宗庙:既去～祖,惟怀惟顾。❷ 古代称随军队行动的神位:其在军,则守于公～。❸ 效法;仿效:唐祖李、杜,宋～苏、黄。❹ 古地名,在今山东。
㊁ mí(旧读 nǐ)姓。

孨 ㊀ nǐ ❶ 同“𣍃”,兴盛的样子。❷ 前。
㊁ jìn 同“进(進)”。

铱(鉨) ㊀ nǐ ❶ 金属元素,由人工合成获得,有放射性。❷ 同“鈮(柅)”,络子,络丝工具。
㊁ niè 同“镊(鑷)”。
㊂ xǐ 同“鉩(玺,璽)”,印章:古～|印～。

铌(鈮) ㊀ nǐ 同“柅”。
㊁ ní 金属元素,可用来制合金钢、电子管和超导材料等,也用于增加钢的硬度和防腐性能。

抳 ㊀ nǐ 模拟;比拟:～拟。
㊁ niè ❶ 编造;捏造:编～|诡～。❷ 姓。
㊂ yì 蜷曲:终日握而手不～。

浞 nǐ 草根上的露水,引申为露水浓重。

旎 nǐ[旖旎](yǐ-)见 1140 页“旖”字条。

旇 nǐ “旎”的讹字。

祢 nǐ 同“祢(禰)”。

晲 nǐ ❶ 太阳西斜。❷ 明亮。

跡 ㊀ nǐ 脚破。
㊁ niǎn 同“跈”,蹈;踩。

閖 nǐ 同“闟(闟)”。

𣍃 ㊀ nǐ 兴盛的样子。
㊁ nì 聚集的样子。
㊂ yì 众多。

㹸 nǐ 同“𣍃”。

靴 nǐ ❶ 髻下垂的样子。❷ 软。

馜 nǐ 香气浓厚。

閛 nǐ 同“闟”。

鬏{鬏} nǐ 同“鬍”。

檥 nǐ 雨泊船。

儞 nǐ 同“你”。

儗 ㊀ nǐ ❶ 僭越:僭～。❷ “拟(擬)”的异体字。
㊁ yí 同“疑”,疑惑:～怎。

隬 nǐ 古地名。(《玉篇》)

鞿 nǐ 同“靴”。

薿 nǐ[薿薿]草木茂盛的样子:黍稷～。

㠜 nǐ 巾。

黐 ㊀ nǐ ❶ 黏。❷ 性疲缓。
㊁ chī 树脂,树木分泌出的黏性物质。

薾 nǐ 同“苨”。

檷 ㊀ nǐ 同“柅”。1. 络丝工具,俗称络子。2. 塞在车轮下的木块,用于制动。
㊁ mí[檷枸](-jǔ)古山名。(《集韵》)

𤕤 nǐ 同“檷”。

㠜 nǐ 同“拟(擬)”。

㰯 nǐ 同“薿”。

藙 nǐ 草茂盛的样子。

儞 nǐ 同“你”。

縌 nǐ 带子。

禰 ㊀ nǐ 同“禰(祢)”。
㊁ xiǎn 同“獮(狝)”。

闟 nǐ 同“闟”。

籋 nǐ 箱。

禰 ㊀ nǐ 同“禰(祢)”。
㊁ xiǎn 同“祢(祢,禰)”。

鞴 nǐ 同“靴”,髻下垂的样子。

闟 nǐ ❶ 智少力弱。❷ 褊狭。

鬍 nǐ 头发的样子。

檷 nǐ 络丝的架子,一说“檷”的讹字。

闏 nǐ 同"𨷾"。

nì

氼｛⿱人水｝ ㊀ nì 同"⿰亻水(溺)",沉没;沉溺。㊁ mèi 潜水,人沉入水下。

⿰亻水 nì 沉没,沉溺,后作"溺"。

屰 ㊀ nì 同"逆",不顺。
㊁ jí 同"戟",古代兵器。

⿷匸虫 nì 齿病。

⿷匚虫 nì 同"⿷匸虫"。

⿰氵囡 nì[湿⿰氵囡]水的样子。

迡 ㊀ nì 近。
㊁ chí 同"迟(遲)":应速不～。

⿹戈兒 nì 义未详。(《龙龛手鉴》)

昵 ㊀[暱] nì ❶ 亲近:～称｜亲～。❷ 宠幸的人:官不及私～,唯其能。❸ 距离近:～道。
㊁ zhì 粘合:疏而不～。

⿰口屰 nì 呕。

胒 nì ❶ 杂骨肉酱。❷ 肥;脂肪多:油～。

逆 nì ❶ 迎接:～客｜～旅。❷ 方向相反:～行｜～流而上｜倒行～施。❸ 抵触;不顺从:大～不道｜忠言～耳。❹ 不顺利:～境。❺ 背叛;背叛者:叛～｜～贼｜～党。❻ 预先;事先:～料｜不可～知。

匿 nì 隐藏;躲避:隐～｜藏～｜～名信。

⿱艹抐 nì[蓺⿱艹抐](yì-)见 1147 页"蓺"字条。

⿱尼心 nì 同"惄"。

眤 nì ❶ 眼睛小。❷ 同"昵";亲热;亲近:～洽｜～女色。

⿰目⿸尸匕 nì 同"昵"。

⿱⿰山山夬 nì 同"嶷"。

⿰忄差 nì 义未详。(《字汇补》)

⿰阝兒 nì[埤⿰阝兒](pì-)同"埤堄"。

⿺走尼 nì 义未详。(《字汇补》)

堄 nì[埤堄](pì-)见 726 页"埤"字条。

惄 nì 忧思;忧伤:我心忧伤,～焉如捣(擣)。

睧 nì 眼睛深陷的样子。

⿰口逆 nì[欧⿰口逆]也作"呕⿰口逆""呕逆",因气逆而感到要呕吐。

⿱泥心 nì 心柔密。

婂 nì 姥嫱。(《玉篇》)

⿰糹屰 nì 同"縌"。

⿱匿女 nì 同"嫟"。

⿰至頁 nì 义未详。(《改并四声篇海》)

睨 nì ❶ 斜着眼睛看:持其璧～柱。❷ 偏斜:日方中方～。❸ 看;望:向晚～城邑｜临～飞云。❹ 回头看;寻找:～玉石之嵾嵯｜世无智愚,得～而知之。

⿱衄心 nì "⿱衂心(惄)"的讹字。

⿱衂心 ㊀ nì 同"愵(惄)",忧。
㊁ nǜ 同"衂(衄)"。

腻(膩) nì ❶ 食物中油脂过多:油～｜肥～。❷ 腻烦,因过多而厌烦:看～了｜听～了｜玩～了。❸ 光滑;细致:细～。❹ 积存的污垢:尘～｜垢～。

溺 ㊀ nì ❶ 淹没:～水｜～死。❷ 陷入:～于祸难｜久～苦闷。❸ 沉湎;无节制:沉～｜～爱｜～于利。
㊁ niào 同"尿":喝马～｜沙沙的～了一砂盆。
㊂ ruò 水名,也作"弱水",又称额济纳河,在甘肃。

㥾 nì 惭愧。

愵 nì 同"惄"。

⿸尸弱 nì 同"溺"。

⿱弱土 nì 水土相和。

嫟 nì ❶ 亲昵,关系密切。❷ 用于女子人名。

⿱艹⿰糹囟 nì 同"⿱艹抐"。

檷 nì 树名。

惄 nì 同"惄"。

溺 nì 浓糟。

愵 nì 同"愵"。

暱 nì 同"昵"。

秵 nì 同"秵"。

覞 nì 同"睨"。

惄 nì 同"惄"。

誽 ㊀ nì 用言语刺探。㊁ ná 言语不正。

潋 nì 同"溺"。

慝 nì 快性，一说迟疑不决。

縌 nì 佩玉的丝带。

匿[蠠] nì ❶ 虻虫。❷ 也作"匿"，虫食病。

醌 ㊀ nì 愁容满面。㊁ nǜ 忧愁。

黏 nì ❶ 黏。❷ 亲近：相～甚欢。

黐 ㊀ nì 黏的样子。㊁ lí 同"黎"。

覞 nì 同"睨"。

潘 nì ❶ [湒潘]（jí-）拟声词，水翻腾涌动声。❷ 水流动而产生波纹。

嫕 nì[婗嫕]（yì-）见 1145 页"婗"字条。

嶷 nì 同"嶷"。

嶷 ㊀ nì ❶ 高；高峻：山～～而怀影。❷ 高尚；杰出：其德～～｜气调英～。❸ 坚定；镇定：～然。❹ 年幼聪明：幼而明～。㊁ yí[九嶷]又称苍梧山，山名，在湖南。

嫟 nì 同"嫟"。

膩 nì 同"膩(腻)"。

膩 nì 同"膩(腻)"。

膩 nì"膩(腻)"的讹字。

蠠 nì 同"蠠"。

鯢 nì 鱼名。逆水而游，故又称逆鱼。

黏 nì 义未详。(《字汇补》)

隬 ㊀ nì[陒隬]（yì-）见 1144 页"陒"字条。㊁ gé"隔"的讹字：其妻孥，～宅而居之。

鱷 nì 鱼名。

黐 nì 黏。

齯 nì 齿病。

鬻 nì 义未详。(《字汇补》)

niān

拈 ㊀ niān ❶ 用手指搓捏或夹取：～须｜～轻怕重。❷ 姓。㊁ diān 同"掂"，用手估量轻重：～掇｜～斤播两。

蔫 niān ❶ 植物因失水或病害而萎缩：天热，花都～了｜菜放～了。❷ 精神萎靡不振；性子慢；不活泼爽快：～头耷脑｜～性子｜～脾气。

粘 niān[积粘]也作"滞黏"，不爽直；不痛快。

殗 niān 同"蔫"，草木枯萎发黄；物不新鲜。

nián

年[秊] nián ❶ 谷熟；一年中庄稼的收成：～成｜～景｜丰～。❷ 时间单位，公历平年 365 天，闰年 366 天：去～｜今～｜～～岁岁。❸ 年节，一年的开始：过～｜～画｜～货。❹ 每年的：～会｜～鉴｜～产量。❺ 岁数；人生年龄段：～老｜延～益寿｜壮～。❻ 帝王年号：改～为延康。❼ 姓。☞年／岁 指时间单位，两字同义，但习惯用法不同，如"成年、年成、忘年交"不用"岁"，"守岁""望岁"不用"年"。表示年龄时，"年"放在数字前，如"年

N

七十三”“年且五旬”；“岁”放在数字后，如“七十二岁”“只有两岁”。

秊 nián 同“年”。

邾 nián 古乡名，在今陕西。

季 nián “秊（年）”的讹字。

秊 nián 同“年”。

秆 nián 同“年”。

秊 nián 同“年”。

哖 nián 用于地名：噍吧～（在台湾）。

秊 nián 同“年”。

邾 nián 同“邾”。

秥 nián 糯稻。

邾 nián 同“邾”。

䏓 nián “年月”的合体字。

𡕥 ㊀ nián 同“年”。
㊁ shì 同“事”。

菻 nián 草名。

䩞 nián 同“邾”。

飳 nián 古代指相见后以麦粥招待。

鲇（鮎） nián 鲇鱼，无鳞，皮黏滑，生活在河、湖、池沼中。

䄭 nián 同“年”。

鲶（鯰） nián 同“鲇（鮎）”，鲇鱼。

黏 nián ❶ 粘连，用糨糊或胶水等使两物相连接：～接｜～雀张鸟。❷ 具有像糨糊或胶水等能粘东西的性质：发～｜～液｜黄米很～。☞黏／粘　见 1233 页“粘”字条。

䵲 nián “黏”的讹字。

黏 nián 心有所附着。

鱇 nián 鱼名。

niǎn

𡰪 niǎn 同“㞋”。

㞋 niǎn 同“㞋”。

㞋 niǎn 柔皮。

莶 niǎn 草名。

㭃 niǎn 树名。

涊 niǎn［淟涊］（tiǎn－）见 946 页“淟”字条。

碾 niǎn 同“碾”。

䑙 niǎn 劣。

涊 ㊀ niǎn 出汗的样子：～然汗出｜汗～力疲。
㊁ rěn 古水名，在今山西。

淰 ㊀ niǎn ❶ 浊。❷ 水流动的样子。
㊁ shěn 群鱼惊散的样子：鱼鲔不～。

辇（輦） niǎn（旧读 liǎn）❶ 车名，秦汉以前指人拉或推的车，后多指皇帝、皇后乘坐的车：龙车凤～。❷ 乘车而行：季桓子病，～而见鲁城。

輾 ㊀ niǎn 用轮状物碾轧，也指轮状物，也作“辗（輾）”“碾”。
㊁ ruǎn 同“輭（软，軟）”，柔软。

跈 ㊀ niǎn 蹈；踩。
㊁ jiàn 同“践（踐）”，践踏。

跡（𨅬） niǎn 同“跈”。

踉 niǎn 同“蹍”。

焾 niǎn［灯焾］同“灯捻”，又称灯捻子，油灯里用以点燃照明的条状物或线状物。

㮟 ㊀ niǎn 磨㮟，一说同“碾”。
㊁ kā［㮟㮟］（－kā）角落，缝隙，也指狭窄或偏僻处：～角角挂花灯｜爬得拢竹林～里去。

撚 niǎn 同“撚（捻）”，一说“撇”的讹字。

閵 niǎn 义未详。（《龙龛手鉴》）

滺 niǎn 同“淰”。

撵（攆） niǎn ❶ 赶走；驱赶：把他～出去｜狗～鸭子。❷ 追赶：我～

不上他。

撚 niǎn 同“捻”。

碾 niǎn ❶用于滚压或研磨的工具：石～｜汽～。❷滚压；研磨：～米｜～药｜～场。❸磨制玉石：～一个南海观音。❹撵，赶，后作“撵(攆)”：～鸡｜～那老婆子。

嬗 ㊀niǎn ❶贪顽。❷弱。
㊁tiǎn 女子身材细高的样子。
㊂tán 用于女子人名。

輾 niǎn 车輾。(《玉篇》)

灉 niǎn 同“灉”。

蹍 niǎn(又读 zhǎn)踩；践踏：～市人之足｜以展足～之。

簐 niǎn[恭簐弓]钓。

韡 niǎn 同“辇(輦)”。

躔 niǎn 同“蹍”。

蓬 niǎn 同“辇(輦)”。

灉 niǎn 水。

蹨 niǎn ❶踩踏；蹂躪：～两步。❷追赶：兔是狗～的。

礶 niǎn 同“碾”。

醶 niǎn[靦醶](miǎn-)1.小的样子。2.色少的样子。

黏 niǎn[䩄黏](tiàn-)见947页“䩄”字条。

黵 niǎn[点黵]一种草书笔势。

輾 niǎn“輾(辗)”的讹字。

蹍 niǎn 追赶：手拿枪刀放马～。

磤 niǎn 同“碾(辗，輾)”。

嬗 niǎn 同“嬗”。

niàn

廿{卄} niàn 数词，二十。

汈 ㊀niàn 古水名，在今山西。
㊁rěn[涊汈](zhěn-)见553页“涊”字条。

念 niàn 同“念”。

念[❹❺唸] niàn ❶思考；考虑：反复～之，思令两善。❷惦记：想～｜怀～｜～～不忘。❸想法：～头｜信～｜邪～。❹诵读：～经｜～课文｜心思口～。❺指上学：～书｜～小学｜～完了博士。❻通“廿”，二十：三月～六夜。❼姓。
◆“唸”另见191页“唸”字条。

姩 ㊀niàn 美女。
㊁nián 用于女子人名。

隐 niàn 遇在岸。

埝 ㊀niàn ❶田地里防水的土筑堤坝：堤～｜土～。❷淮北盐场交货、换船的地方。
㊁diàn 同“垫(墊)”，下陷。
㊂niè 增益。

唸 niàn 见191页 diàn。

婞 niàn 同“姩”，美女。

艌 niàn 船木。

簽 niàn 拉船的长大绳索。

艌 ㊀niàn 用桐油掺和石灰等填补船缝：～船。
㊁qiàn 纤，拉船的长大绳索。

緂 niàn 拉船的长大绳索。

緫 niàn 同“緂”。

䁂 niàn 月亮出现。

澮 niàn 消。

䉆 niàn 同“簽”。

niáng

娘[❸孃] niáng ❶少女；年轻女子：姑～｜新～｜见～喜容媚，愿得结金兰。❷妇女的通称：渔～｜厨～｜～们儿。❸母亲：～家｜爹～｜～老子。❹称长辈或年长已婚妇女：婶～｜大～。
◆“孃”另见814页“孃”字条。

niǎng

䴊 niǎng“黸”的讹字。

黸 niǎng 黑。

niàng

酿（釀） niàng ❶ 利用发酵作用制造：～酒｜～造。❷ 酒：佳～。❸ 蜜蜂做蜜：～蜜。❹ 逐渐形成：～成大祸。

醸 niàng 同“釀（酿）”。

糵 niàng 杂；杂米。

蘸 niàng 同“蘸”。

蘸 niàng ❶［蘸菜］（-róu）香薷，一年或多年生草本植物。❷ 腌菜。

niǎo

鸟（鳥） ㊀ niǎo ❶ 脊椎动物的一类，有翅膀，一般能飞。❷ 姓。
㊁ diǎo 人或畜的雄性生殖器，多用于骂人的话：～人｜～男女。

茑（蔦） niǎo ❶ 常绿小灌木，茎能攀缘其他树木。❷［茑萝］一年生草本植物，茎细长而缠绕。

梼（樢） ㊀ niǎo 同“茑（蔦）”，一种攀缘在其他树木上的小灌木。
㊁ mù ❶ 鸟名，一说鹧鸪的别称。❷ 日本宫舍门外悬榜用的木柱。

㚁 niǎo 软美。

袅（裊）［嫋、嬝、褭］ niǎo ❶ 细长柔美、纤弱的样子：树～游丝上。❷ 轻轻摇曳：宜春苑外最长条，闲～春风伴舞腰。❸ 缭绕：渔市孤烟～寒碧。❹［袅袅］1. 烟气缭绕上升的样子：炊烟～。2. 细长柔软的东西随风摆动的样子：垂柳～。3. 声音婉转悠扬的样子：余音～。
◆“褭”另见 691 页“褭”字条。

嬲 niǎo 义未详。（《龙龛手鉴》）

㜵 niǎo 匿气。

㒟 niǎo“㒟”的讹字。

鳥 niǎo 同“鳥（鸟）”。

嬈 niǎo 同“㜵”。

䮍 niǎo 在沙子上行走的用具。

㒟 niǎo 同“褭（袅，裊）”。

䟁 niǎo“䮍”的讹字。

嫋 niǎo［嬝嬝］也作“嬝嬝”“袅袅”，摇曳或摇摆的样子：～婷婷。

㩎 niǎo 同“擾”。

䙚 ㊀ niǎo 同“嬲”，戏弄；纠缠。
㊁ ní 同“婗”，婴儿啼哭声。

鸐 niǎo 同“鸐”。

䙚 niǎo 同“褭”。

撓 niǎo 同“擾”。

褭 niǎo ❶ 用丝带系或装饰马，引申为马名。❷“袅（裊）”的异体字。

䰘 niǎo［䰘䰘］（yǎo-）见 1123 页“䰘”字条。

擾 niǎo 同“擾”。

嬲 niǎo ❶ 戏弄：堂中走相～。❷ 搅扰：无车尘马足之～。

裊 niǎo 同“裊（袅）”。

裊 niǎo 同“裊（袅，裊）”。

䴉 niǎo 同“嬲”。

㝰 niǎo［㝰㝰］（yǎo-）见 1122 页“㝰”字条。

褭 niǎo 同“㝰”，用于人名：王士～（宋代人）。

隝 niǎo 偃低的样子。（《集韵》）

擾 niǎo 摘。

巎 niǎo［㟪巎］（ào-）山的样子。

嫋 niǎo 同“㜵”。

㜵 niǎo 树高而枝条柔顺的样子。

磭 niǎo 同“礇”。

礇 niǎo ❶石名。❷山势曲折。

穛 niǎo 衡不举。(《集韵》)

鳥 niǎo 鸟名。

鸁 niǎo 义未详。(《改并四声篇海》)

鸁 niǎo ❶鸟名。❷同“鸟(鳥)”。

niào

尿 ㊀niào ❶小便，从肾脏滤出，由尿道排出体外的液体：～布|屁滚～流。❷排泄小便：～尿|～床。
㊁suī 同“尿㊀❶”：尿(niào)～|～脬(膀胱)。

溺 niào 同“尿”。

屌 niào 同“尿”。

屎 niào 同“尿”。

脲 niào 尿素，有机化合物，可用于肥料、饲料或制造炸药、塑料等。

屍 niào 同“尿”。

屪 niào 同“尿”。

尿 niào 同“尿”。

溺 niào 同“尿”。

嬝 niào 柔长。

niē

捏[揑] niē ❶用拇指和其他手指夹住：～钢笔|～鼻子。❷用手指把软的东西做成一定的形状：～饺子|～面人儿。❸假造;虚构：～造罪名。

捻 ㊀niē ❶捏;握持：～筋|～着鼻子。❷按：吹笙～管。❸拈;取：～香沥酒为誓。
㊁niǎn ❶用手指搓、转：～麻绳|～毛线。❷搓成的绳状物：纸～|灯～儿。

nié

苶 nié ❶倦怠;无精打采：那人不知在发什么～|～然疲役而不知其所归。❷呆傻;迟钝：不傻不～。

茶 nié 同“苶”。

niě

伲 niě 皮宽。

niè

不 ㊀niè 锯去树干后留下的树墩子。
㊁dǔn［不子］1. 制瓷器用的砖状瓷土块。2. 墩子，根基部分。

囚 niè 同“囡”。

図 niè ❶摄取。❷捕捉鱼或鸟的长柄小网。

聿 niè ❶手巧。❷竹聿。(《佩觿》)

聿 niè 同“聿”。

坾 niè ❶深。❷空。❸静。

囲 niè 同“図”。

卒 ㊀niè 古代刑具，像手铐。
㊁xìng 同“幸”：侥～|～免。

捁 niè 采。

枡 niè 同“蘖”。

岜 niè 山高的样子。

坴 niè 古代织机上的踏板。

陧 niè［杌陧］(wù-)见1008页“杌”字条。

岿 niè 高而险。

埕 niè ❶同“涅”。❷堵塞。

N

捆 niè 同"囷(因)"。

聂(聶) ㊀ niè ❶附耳小声说话，后作"嗫(囁)"：～许。❷古地名，在今山东。❸姓。
㊁ shè 通"摄(攝)"，提起；牵引：为人出手～其耳。

菫 niè 菜名。

哩 niè ❶怒。❷呵斥。

咱 niè 同"齧(啮，嚙)"，咬。

臬 niè ❶箭靶的中心位置，泛指箭靶：竹～。❷古代用于测量日影的标杆：陈圭置～，瞻星揆地。❸标准；法度：奉为圭～。❹终；极：其广无～。❺通"闑(闑)"：镂檀栋～。

瓻 niè［瓻甈］(-wù)同"鮠隗"，动荡不安的样子。

疷 ㊀ niè 疮痛；创痕：疤～。
㊁ nì 痒。

涅 niè 同"涅"。

涅［湼］ niè ❶矿物名，古代用作黑色染料，也指黑泥：石～｜～石｜白沙在～，与之俱黑。❷染，染黑，比喻人品受到玷污：～其面｜其心不～于尘垢。❸古水名。1. 今山西的沁河。2. 今河南的赵河。3. 今广东的东江。

搽 niè 同"擝(擵)"。

揑 niè"桦"的讹字。

荵 ㊀ niè ❶草名。❷［地荵］又称铺地锦，多年生草本植物，可供药用。
㊁ rěn 同"棯"，枣树的一种。

啮(嚙)［齧、嚙］ niè ❶咬；啃：～咬｜～食｜虫咬鼠～。❷比喻侵蚀：～其涯。

跰 ㊀ niè 同"躡(躡)"。
㊁ jiǎn 同"趼"，趼子。

峴 niè［峣峴］(yáo-)1. 不安的样子。2. 危险。

崀 niè 同"峴"。

苶 niè ❶［苶箽］(-jǐn)竹名，一种白皮竹。❷竹苶，小箱。

笶 ㊀(籋) niè ❶竹制的镊子：不受刀～。❷用镊子夹取：霜髯～更疏(疎)。❸通"蹑(躡)"，踏：～浮云。
㊁ nié 同"苶(茶)"。

痣 niè 压。

惗 niè ❶爱。❷相忆；思念。

陧 niè 同"陧"。

揑 niè 同"揑(桦)"。

埕 niè 同"埕"，堵塞。

墚 niè"墚"的讹字。

菫 niè 菜名，像蒜。

桦 niè 同"枿"。

桦 niè 同"櫱(蘖)"。

嗱 ㊀ niè 与"讞(讞)"同，判案定罪。
㊁ zá［嘈嗱］喧闹声，也指鼓声。

嶭 niè 同"嶭"。

箒 niè ❶同"笶(籋)"，镊子；用镊子夹取。❷竹。

敜 niè ❶堵塞；封闭：～乃阱。❷同"捻"，按。

痘 niè ❶疾病。❷痛。

隉 niè［阢隉］同"阢隉(杌隉)"。

踂 niè 长。

墚 niè 小山。

蒕 niè 同"菫"。

棒 niè 同"枿(蘖)"。

棒 niè 同"枿"。

颪 niè 同"諗"。

硷 niè 石名。

熄 niè 义未详。(《篇海类编》)

蜺 niè 虫行的样子。

N

嵲 niè 高峻的山岭。

嵲 niè 同"嵲"。

臬 niè 肿。

闑（闑） niè 大门中间所竖的短木橛；门槛：门～。

涅 niè 古水名。（《集韵》）

聂（聶） niè 同"踂"。

缀（纟聶） niè ❶丝接歧。❷古代计量单位，一缀等于五丝。

镊 niè 长。

趘 niè 行走。

揲 niè 同"攝"。

碑 niè ❶矾石。❷泥淤。

踂 niè ❶绊脚病，两腿并连不能相过。❷小步行走的样子。

嗫 niè 同"齧（啮，嚙）"，咬。

箑 niè 竹名。

諽 niè 同"諽"。

諽 niè 同"哩"。

槷 ㊀ niè ❶不安。❷同"臬"。1.古代观测日影的标杆：置～以悬。2.箭靶的中心。
㊁ xiē 同"楔"。1.木楔：无～而固。2.楔（揳）入：小者～之。
㊂ yì 同"槸"，树枝相摩。

槷 niè ❶木楔。❷门南旁木。

孽 niè 同"孽"。

孽 niè 同"孽"。

薛 niè 同"孽（孽）"。

槸 niè 同"槷"。

籹 niè 曲蘖，酒曲。

踂 niè 同"踂"。

踗 niè 走路脚步轻。

孼 niè 同"孽"。

镊（鑷） niè ❶镊子，拔除毛发或夹取细小东西的器具。❷拔除毛发；理发：休～鬓毛斑｜坐～肆栉发。❸古代织机上的提花装置，也指用镊提花：机用一百二十～｜数～经无乱。

镍（鎳） niè 金属元素，可用来制特种钢、有色金属合金、催化剂及铸币等，也用于电镀。

毿 niè 毛发多的样子。

頨 ㊀ niè 脸丑。
㊁ pò 同"顊"，脸大而丑。

颞（顳） niè［颞颥］（-rú）1.又称颞骨，颅骨中的一块，也单称颞。2.口腔活动时面部肌肉牵动的样子：～目瘴。3.头部两侧靠近耳朵上方的部位。4.又称脑空，针灸穴位名。

蘖 niè "蘖（孽）"的讹字。

蘖 niè "蘖"的讹字。

蹑 niè 同"踂"。

嶭 niè 姓。

篞 niè 古代一种中型管乐器。

鯢 niè［鯢鮠］（-wù）动荡不安的样子。

鑷 niè ❶插在鬓发上的小钗。❷小钉；小头钉。

鯢 niè 同"鯢"。

驓 niè 马跑得快：～骢。

鞢 niè［鞍鞢］薄。

蹑（躡） niè ❶踩；踏：～足其间｜纵矢～风。❷登攀：～梁父，登泰山｜有飞空～壁之能。❸追踪；跟随：使轻兵～之｜一少年骑青驹～其后。❹穿鞋：农夫～丝履｜我～着芒鞋踏入家村。❺放轻脚步：～足潜踪｜～着脚走了｜～手～脚。

瘸 niè［瘸瘸］（sù-）见906页"瘸"字条。

䶑 niè 声音停止。

䌜 niè 絮乱的样子。

𧭒 niè 同“齧(啮,啮)”,咬。

𦾶 niè 树木砍伐后再生的枝条。

𧓍 niè 同“蠥”。

𪘂 niè 同“𪘒”。

𪘒 niè 同“啮(啮)”,咬。

𩙶 niè ❶鸟飞的样子。❷鸟名。

孽[孼] niè ❶庶子,妾所生之子:庶~。❷不孝顺;不忠诚;邪恶:~子|~臣|~党。❸坏事;罪过:作~|造~|罪~。❹邪恶的人;灾害:妖~|余~。

𡤻 niè 同“孽”。

𪌭 niè ❶[𪌭头]麦坚硬,不易脱壳。❷同“饸(餄)”,饼。

闑 niè 同“闑”。

𡾊 niè[巀𡾊](jié-)高峻的样子。

𡦶 niè 同“孼(孽)”。

孼 niè 同“孼(孽)”。

𡾰 niè 同“嶭”。

䯀 niè 奴仆衣。

䌰 niè ❶缝。❷补衣。❸用绳子缠束:~缚。

櫱 ㊀niè ❶树木被砍伐后残留部分长出的新枝条,也指稻、麦等的幼苗在接近地面主茎处的嫩芽或分枝:若颠木之有由~|芽~细微|荍麦断萌~。❷姓。
㊁bò 同“檗”。

𡾯 niè 同“嶭”。

𣡌 niè 同“櫱”。

𢸇 niè 同“𢹿”。

𨘢 niè 行走的样子,也作“蹑(躡)”。

𣟴 niè “櫱(糵)”的讹字。

𧔥 niè 同“齧(啮,啮)”,咬。

钀(钀) ㊀niè 马嚼子两头露在马嘴外的部分。
㊁yǐ 同“轙”,车衡上贯穿缰绳的大环。

𢿢 niè[𢿥𢿢](yè-)见1128页“𢿥”字条。

𧓍 niè 同“蠥(孽)”。

糵 niè ❶麦、豆等的芽。❷酒曲:曲(麯)~迷神。

𪙞 niè 同“齧(啮,啮)”,咬。

𣉞 niè 同“㸎”,暖。

𣰶 niè 毛柔软的样子。

鑈 ㊀niè 镊子,也作“镊(鑷)”。
㊁nǐ 同“檷(柅)”。1.络丝工具。2.塞在车轮下的木块,用于制动。

㸎 niè ❶暖。❷火。

蠥 niè ❶妖孽,后作“孽”:妖~。❷忧:卒然离~。

𥽈 niè 同“糵”。

𢹿 niè[擫𢹿](yè-)见1128页“擫”字条。

𡿈 niè[嵑𡿈](jié-)山高的样子。

𨬍 niè 同“鑈”。

𣟴 niè 同“糵”。

齾 ㊀niè 同“啮(啮)”,咬:虫~。
㊁yá[齾齺](-zá)1.龃龉。2.物品残缺不齐的样子。

𡿖 ㊀niè[屼𡿖](wù-)山的样子。
㊁yà[屹𡿖](yì-)山脉中断的样子。

𨯖 niè “鑰”的讹字。

𪚏 niè 同“齧(啮,啮)”,咬。

𩪐 niè 义未详。(《龙龛手鉴》)

讘 niè 话多。

𪎺 niè 牙麦。

N

蘖 niè 同“糵”。

轙 ㊀ niè［轙轙］(-niè) 车载高的样子，泛指高的样子：飞檐～。
㊁ yǐ 同“轙”，车衡上贯穿缰绳的大环。

轙 niè 同“轙”。

nín

囜 nín 贤。

您 nín 代词。1. 同“你”：～言冬至我疑春。2. “你”“你们”的敬称：～好！|～是贵客|欢迎～二位再来！

㻒(䋻) nín 纺织。

nǐn

拰 nǐn ❶搦。❷摇。

níng

宁(寧)［寍、甯］ níng 见1286页 zhù。

拧(擰) ㊀ níng ❶握住物体的两端向相反的方向用力：～手巾。❷用手指扭住皮肉转动：～耳朵。
㊁ nǐng ❶扭转，控制住物体并扭转：～开瓶盖|～紧螺丝。❷相反；别扭：他把意思听～了|他俩闹～了。
㊂ nìng 倔强；不驯服：～脾气|犯～。

苧 ㊀(薴) níng ❶草乱，泛指散乱：须发～悴(顇)。❷有机化合物，由柑橘类果皮中提取，有柠檬香味，可制香料。
㊁ zhù “苎”的繁体字。

咛(嚀) níng［叮咛］反复嘱咐：再三～|千～，万嘱咐。

狞(獰) níng ❶凶猛：毒水多～鳞。❷凶恶；变得凶恶：～视|～笑|～起眼睛望着。❸通“儜”，怯懦；软弱或柔弱：花楼玉凤声娇～。

柠 ㊀(檸) níng ❶［柠檬］(-méng) 常绿小乔木。果实可食，也可制饮料。❷［柠头］木桴。
㊁ zhù 梧桐。
㊂ chǔ 同“楮”，落叶乔木。

㝕 níng 同“寍(寧，宁)”。

宩 níng 同“寧(宁)”。

聍(聹) níng 耳聤，一说耳垢。

㲰 níng 同“毀”。

寕 níng 同“寧(宁)”。

寗 níng “寧(宁)”的讹字。

寘 níng 同“寘”。

甯 ㊀ níng “宁(寧)㊁ ❶-❺”的异体字。
㊁ nìng ❶“宁(寧)㊂”的异体字。❷姓。❸用于人名。

甯 níng 同“甯”。

寍 níng 同“寧(宁)”。

薴 níng “鬡”的讹字。

嬣 níng 同“毀(毀)”。

寘 níng ❶天。❷大。❸明。

甯 níng 同“甯”。

寍 níng 同“寧(宁)”。

寧 níng 同“寧(宁)”。

獰 níng 同“獰(狞)”。

寍 níng 同“寧(宁)”。

聹 níng 告。

薴 níng 同“薴(苧)”。

毀 níng 同“毀”。

毀 níng “毀”的讹字。

獰 níng 同“獰(狞)”。

獰 níng 同“獰(狞)”。

寘 níng ❶大。❷明。

嚀 níng 乱，治理。

𥢟 níng 同"䆨"。

儜 níng ❶ 怯懦；软弱或柔弱：～人｜～儿。❷ 代词，表示第二人称（含敬意），今作"您"：劳～驾。

𤺄 níng 病。

凝 níng ❶ 液体遇冷变成固体；气体因温度降低或压力增加变成液体：～结｜～固｜油～住了。❷ 注意力等集中：～视｜～神｜～思。

寍 níng 昊天。

寍 níng 同"寧（宁）"。

嬣 níng ❶ 女子姿态舒缓。❷ 用于女子人名。

聹 níng 同"聹（聍）"。

蘘 níng "䔭"的讹字。

䆨 níng 同"䭢"。

毹 níng 犬多毛的样子。

䔭 níng［䑣䔭］（zāng－）见 1217 页"䑣"字条。

矃 ㊀ níng "眝㊀"的繁体字。
㊁ chēng 通"瞠"，瞪着眼睛看：～目磋齿，形貌可恶。

嚀 níng 同"嚀"。

穠 níng 禾芒长的样子，也指禾芒。

饓 níng 同"䭢"。

癣 níng 病。

薴 níng "䔭"的讹字。

軉 níng 同"軉（聍，聹）"。

鑏 níng 同"鑏"。

䭢 níng 肥。

䭢 níng 同"鬡"。

軉 níng 同"聍（聹）"。

譺 ㊀ níng 谄谀的话。
㊁ nìng 也作"佞"，谄谀，谄媚阿谀：～言。

薴 níng "䔭"的讹字。

鑏 ㊀ níng 刀柄。
㊁ nǐng 刀柄入处。

饓 níng ❶ 充食。❷ 食。❸［饓䭢］（－nóng）勉强吃。

鸋 níng 同"鸋"。

雜 níng 同"鸋"。

鸋 níng 同"鸋"。

鬡 níng［鬇鬡］（zhēng－）见 1254 页"鬇"字条。

蠅 níng 虫名，一说蝼蛄。

鸋 níng ❶［鸋鴂］（－jué）鸲鹆。❷ 鴽雏，鹌鹑类鸟。

寧 níng 同"宁（寧）"。

nǐng

拧（擰） nǐng 见 696 页 níng。

檸 nǐng 树名。

簹 nǐng［簹篂］（－lǐng）籯，筐、笼类器具。

䑙 nǐng 耳垢。

顟 nǐng 同"顟"。

顟 nǐng［顶顟］头顶，也单称顟：顶顟去天尺五｜穴顟插齿吁何为？

nìng

佞 nìng ❶ 有口才，能言善辩：仁而不～。❷ 才能；有才智：不～（没有才智，旧时谦称自己）。❸ 巧言谄媚，也指善于巧言谄媚的人：奸～｜～人｜邪～满朝。

倿 nìng 同"佞"。

泞（濘） nìng 见 1286 页 zhù。

倿 nìng 同“佞”。

竚㊀(𩻼) nìng［蝙𩻼］(jiǒng-)也作“蝙蠕”，动物名。
㊁ zhǔ 虫名。

諵 nìng 同“佞”。

薴 nìng［葶薴］(dǐng-)见 953 页“葶”字条。

譺 nìng 同“詊(佞)”。

濘 nìng 同“濘(泞)”。

濘 nìng 同“濘(泞)”。

澺 nìng 同“濘(泞)”。

磬 nìng 白。

濘 nìng 同“濘(泞)”。

儜 nìng［儜儜］行走的样子。

蠕 nìng 蝉名。

蠕 nìng 同“蠕”。

蠕 nìng 同“蠕”。

蠕 nìng 同“蠕”。

niū

妞 niū 见 336 页 hào。

姍 niū 同“妞”。

niú

牛 niú ❶哺乳动物，也是家畜，常见的有黄牛、水牛、牦牛等。❷比喻固执、倔强：～脾气｜～性子。❸比喻傲慢、骄傲：～气｜这支球队很～｜他当了干部，就～起来了。❹星名。❺量词，牛顿(力的单位)的简称，1 牛是使 1 千克物体获得 1 米／秒^{2}的加速度所需的力。❻姓。

芉 niú 草名，一说牛膝，多年生草本植物，根可供药用。

汼 niú 古水名。(《玉篇》)

㖻 ㊀ niú［㖻呢］(-ní)拟声词，小儿声。
㊁ ròu 恶言。

魁 niú 鬼。

魚牛 ㊀ niú 牛鱼。
㊁ wěi 同“鮠”，鱼名。

闖 niú 取。

niǔ

邒 niǔ ❶古地名。(《说文》)❷姓。

扭 ㊀ niǔ ❶转动；扳转：～头｜～亏为盈。❷拧；拧伤：强～的瓜不甜｜～了腰。❸身体摇摆转动：～动腰肢｜～秧歌。❹揪住；纠缠：～打｜他俩～成一团。
㊁ zhòu 双手揉搓：～搜出些眼泪儿来。

狃 ㊀ niǔ ❶习以为常而掉以轻心，引申为习惯、使习惯：将叔无～｜～于山者，使之居泽｜～之以赏庆。❷因袭；拘泥：～以故习｜～于成见。❸贪爱：～于功利。
㊁ nǜ 哺乳动物。

忸 niǔ［忸怩］(-ní)1. 羞怯、不大方的样子：～而避｜士人～，吃吃而言。2. 犹豫：～含毫久之。3. 畏缩不前：临阵～。

纽(紐) niǔ ❶缠束；打活结：结绞不～。❷连结：～紫要金｜名实玄～。❸纽子，可扣合衣物的球状物或片状物：～襻｜～扣。❹器物上用以提起或系绳带的部件：秤～｜印～｜龟～之玺。❺量词，用于玺印：玉玺三～｜送章二～。❻通“扭”：以布～汁｜强把身躯～。❼汉语音韵学指辅音或声母：声～｜匣～。

班 niǔ 印鼻，后作“钮(鈕)”。

杻 ㊀ niǔ 檍，树名。
㊁ chǒu 同“杽”。

殂 niǔ［殑殂］(yǒu-)见 1177 页“殑”字条。

昍 niǔ 同“狃”。

牞 niǔ 同“杻”。

肚 ㊀ niǔ 吃肉。
㊁ zhǒu 同“肘”，上臂与下臂交接处向外凸起的部分。

㊂ nǜ 同“衄”，鼻子出血。

炄 niǔ［㤊炄］（yǒu-）见 1177 页“㤊”字条。

沑 niǔ 古水名，在今河南。

粈 niǔ 同“狃”。

钮（鈕） ㊀ niǔ ❶ 印鼻，又称印纽，印章上端的把手或雕饰：环～｜龟～｜狮～。❷ 同“纽（紐）”。1. 器物上用以提起或系绳带的部件：桥型～｜铜镜～。2. 纽扣：～扣。❸ 器物上用于开关或调节的部件：按～｜旋～｜电～。❹ 姓。

㊁ chǒu 同“杻”，刑具名：以铁～贯手。

秈 niǔ 弱苗。

袓 niǔ 同“纽（紐）”，衣服纽扣。

䀔 niǔ 刺。

莥 niǔ 鹿豆，鹿藿的果实。

菗 niǔ 同“莥”。

軞 niǔ 车軞。

閸 niǔ 门闩。

靵 niǔ 同“纽（紐）”。

蒁 niǔ 同“莥”。

䊵 niǔ［䵴䊵］（yǒu-）见 1178 页“䵴”字条。

黏 niǔ 黏。

䗫 niǔ 义未详。（《篇海类编》）

蠕 niǔ 同“䗫”。

niù

飳 niù 同“粈”。

粈 niù 杂饭。

䎋 niù 飞。

nóng

农（農）［莀］ nóng ❶ 耕种，泛指农业劳作：力于～穑｜～谚｜～产品。❷ 农民：老～｜菜～｜工～联盟。❸ 姓。

侬（儂） nóng ❶ 代词。1. 我：～知｜～愁。2. 你：劝～莫上北高峰。❷ 侬人，清代少数民族名，分布在云南。❸ 姓。

哝（噥） ㊀ nóng ❶ 味道浓厚，也作“浓（濃）”：甘而不～。❷ 小声说话：数量着～过｜唧唧～～｜你俩在那儿～～什么呢？❸ 将就；敷衍：一日日～下去，终究勿是道理。

㊁ náng 说话不清楚。

浓（濃） nóng ❶ 露水多：零落～～。❷ 某种成分含量多：～茶｜～烟。❸ 深厚；酣畅：～厚｜～妆｜兴味正～。

脓（膿） nóng ❶ 皮肉发生化脓性病变所形成的黄白色汁液：～汁｜～肿｜～疮。❷ 腐烂：草悉～死。❸ 同“醲（醲）”，浓厚；浓烈的酒：甘脆肥～，命曰腐肠之药。

䢉 nóng“農（农）”的讹字。

秾（穠） nóng ❶ 草木茂盛的样子：夭桃～李｜柳暗（闇）花～步步迷。❷ 浓；深：云气～郁｜青山兴已～。❸ 华丽；艳丽：～姿秀色｜～歌艳舞不成欢。❹ 丰满；肥胖：～纤得中｜不～不细。

辳 nóng 同“農（农）”。

酞（醲） nóng ❶ 浓烈的酒：肥～甘脆，非不美也。❷ 厚；浓厚：雾～而螳不能游也｜细叠轻绡色倍～。❸ 酝酿；陶冶：～酿｜薰～。

㶶 nóng 同“農（农）”。

獶 nóng“獶”的讹字。

襛 nóng 同“禯”。

盥 nóng 同“脓（膿）”。

蕽 nóng［蓬蕽］芦花。

獶 nóng ❶ 长毛狗。❷ 旧时对部分苗族的称谓。

㺜 nóng［㹺㺜］（shān-）传说中的鬼名。

檂 nóng ❶ 树名。❷ 树木茂密的样子。

燶 nóng 烧糊或烧焦：煮～饭。

禯 nóng 厚祭。

䢉 nóng 同“农（農）”。

襛 nóng ❶ 衣厚的样子。❷ 茂盛：何彼～矣，唐棣之华。❸ 肥大：～纤得衷，修短合度。

辳 nóng 同“农（農）”。

䁸 nóng 同“脓（膿）”。

䵜 nóng ❶ 多：纷～塞路。❷ 这；这么：我～大个人。

䢚 nóng 多。

農 nóng 同“農（农）”。

䢅 nóng 同“农（農）”。

䢆 nóng 同“农（農）”。

檂 nóng 同“农（農）”。

欁 nóng 同“農（农）”。

齈 nóng［齈齈］也作“浓浓（濃濃）”，露水多的样子。

饟 nóng 也作“餺饟”，勉强吃。

濃 nóng 同“濃（浓）”。

獿 nóng 同“獶”。

濃 nóng 同“濃（浓）”。

鸙 nóng 鸿雁的别称。

鸗 nóng 同“鸙”。

濃 nóng 同“濃（浓）”。

黷 nóng［黵黷］（chōng-）极黑。

襛 nóng 同“襛”。

齈 nóng 同“齈”。

醲 nóng 同“醲（酞）”。

靅 nóng 云广的样子。

nǒng

縷 nǒng［纷縷］多而杂乱，引申为不善：～塞路，凶虐播流。

穠 nǒng ❶ 耕种。❷ 果子总称。

nòng

卉 nòng 同“弄”。

卡 nòng 同“弄”。

㚒 nòng 同“弄”。

弄 ㊀［挵］nòng（旧读 lòng）❶ 用手拿着或逗引着玩：玩～｜戏～｜～鸽子。❷ 做；搞：～饭｜把手机～坏了｜这件事终于～出了结果。❸ 搅扰：网上的假消息～得人心不安。❹ 耍；炫耀：～权｜～手段｜舞文～墨。

㊁［衖］lòng 小巷；胡同：里～｜～堂｜一条小～。

◆“衖”另见 1045 页“衖”字条。

挊 nòng 同“挵（弄）”。

㑚 nòng 义未详。（《改并四声篇海》）

聋 nòng［聋聋］耳鸣。

濃 nòng［冻濃］寒冷的样子。

癑 ㊀ nòng ❶ 痛。❷ 疮溃。❸ 病。
㊁ nóng 同“脓（膿）”，疮溃脓。

癑 nòng 同“癑”。

齈 nòng 鼻疾，多涕。

nóu

啂 nóu 咒语。

㲜 nóu 同“䨲”，兔。

㝹 nóu 同“䨲”。

獳 nóu 狗发怒的样子。

羪 nóu 同“羺”。

㝹 nóu 同“䨲”，小兔，泛指兔。

涜 nóu ❶水沤浇。（《玉篇》）❷同“㝹（䨲）”，小兔，泛指兔。

頙 nóu［䫖頙］（ōu-）见 706 页“䫖”字条。

觬 nóu “䨲”的讹字。

獳 nóu 同“羺”。

䔈 nóu 同“䔈”。

䩊 ㊀nóu 柔革。
㊁rǎn 柔皮。

䔈 nóu 同“䔈”。

羺 nóu 胡羊。

䢈 nóu 同“獳（羺）”。

䨲 nóu “䨲”的讹字。

䨲 ㊀nóu 小兔，泛指兔。
㊁wàn 姓。

䨲 nóu 同“䨲”，小兔。

䔈 nóu 草名。

nǒu

乳 nǒu ❶小的样子。❷乳子。

吼 nǒu 喂乳婴儿，一说同“㝅”。

浮 ㊀nǒu ❶古水名。（《说文》）❷哺乳。
㊁rǔ 同“醹”，醇厚的酒。

乳 nǒu 小乳的样子。

㜲 nǒu［㜲婆］（-pò）女子肥胖的样子。

乳 nǒu 同“乳”。

㝅 ㊀nǒu ❶乳。❷给婴儿喂奶。
㊁gòu 取乳。

nòu

㐃 nòu 小乳。

槈 nòu 同“耨”。

䅶 nòu 同“耨”。

耨 nòu ❶古代除草农具，像小锄。❷除草：～田｜深耕易～。

鎒 nòu 同“耨”。

獳 ㊀nòu ❶狗发怒的样子：～犬。❷姓。
㊁rú［猪獳］（zhū-）见 1282 页“猪”字条。

檽 ㊀nòu 树名，皮可制染料。
㊁ruǎn ❶檽枣，又称黑枣、软枣，枣树的一种。❷同“萸”，木耳。
㊂rú 房梁上的短柱。

鎒 ㊀nòu 同“槈（耨）”，古代除草农具，像小锄。
㊁hāo 同“薅”，拔掉、除去杂草。

譨 nòu 同“譳”。

鎒 nòu 同“鎒（耨）”。

譳 nòu［誀譳］（dòu-）见 207 页“誀”字条。

䰭 nòu 义未详。（《改并四声篇海》）

nú

伖 ㊀nú 同“奴”。
㊁wǔ 同“侮”。

奴 nú ❶丧失人身自由，受压迫、剥削、役使的人：～隶｜～婢｜农～。❷谦辞，多用于女子自称：～家｜～是薄福人，不愿入朱门。❸对人的鄙称：狂～｜田舍～｜守财～。❹指为偿还贷款而拼命工作的人：房～｜车～。

伮 nú 同“帑”。

安 nú 安室。（《玉篇》）

孥 nú ❶子女：妻～。❷妻子和儿女：罪人不～｜请归取其～。

驽（駑）nú ❶劣马，跑不快的马：～马十驾，功在不舍。❷劣等家畜：～牛｜～犬。❸愚钝无能：愚～｜～钝。❹软弱无力：筋～肉缓。

笯 nú 鸟笼，引申为关起、囚禁：凤皇在～兮｜～鸾囚凤。

䉤 nú 机䉤。（《改并四声篇海》）

㚢 nú 汗，由身体毛孔排出的液体。

簩 nú 同"笯"。

nǔ

伮 nǔ 同"努",努力;用劲。

努 nǔ ❶奋勉;尽量使出(力量):～力。❷突出;鼓起:～嘴|～着眼睛|桑芽才～青鸦嘴。❸因用力太猛而使身体内部受伤:～着腰了|小心别～着。❹书法术语,汉字的竖画。

抝 nǔ ❶凸出;突出:～嘴儿。❷挪;移动:～椅子。

弩 nǔ 一种利用机械力发箭的弓。

砮 nǔ 同"砮"。

㕸 nǔ 同"砮"。

呶 nǔ 凸出;鼓起:～嘴(向人噘嘴示意)|～了～嘴|～着眼珠。

砮 ㊀nǔ 石制的箭头。
㊁nú 磨刀石。

督 nǔ 瞪着眼睛:～目|～瞅。

蝅 nǔ[水蝅]也作"水弩",又称蜮,传说中的水怪。

胬 nǔ[胬肉]又称胬肉攀睛(努肉攀睛),省称攀睛,中医指眼球结膜增生而凸起的肉状物。

㢐 nǔ 同"砮"。

㢐 nǔ"㢐(砮)"的讹字。

nù

怓 nù 同"怒"。

怒 nù ❶生气;发火:愤～|恼羞成～|～容满面。❷气势盛大:～吼|～潮|百花～放。❸怒族,少数民族名,主要分布在云南。

傉 nù 用于姓、人名:库～官(三字复姓)|秃发(髮)～檀(东晋时南凉国君)。

搙 ㊀nù 捻。
㊁nuò 擦;拭。

褥 nù 爱小儿,一说"㝛"的讹字。

㝛 nù 义未详。(《直音篇》)

謥 nù 同"詉",恶言。

nǘ

䰭 nǘ 义未详。(《龙龛手鉴》)

nǚ

女 ㊀nǚ ❶女性、女人,也特指未婚女子:妇～|舞～|～二十而嫁。❷女儿:亲生～|生儿育～|无儿无～。❸雌性的:～狗|～猫。❹幼小;柔弱:～桑|～风|～墙。❺星名。☞女/妇 在古汉语中,"女"指未婚女子,泛指女性,包括未婚和已婚;"妇"指已婚女子,不用于未婚。到了近代,"妇"逐渐用于女性的通称。
㊁rǔ ❶通"汝",代词,你;你的:岁在丁丑,当与～相见。❷姓。

妄 nǚ 同"女"。

尾 nǚ 同"女"。

钕(釹) nǚ 金属元素,可用来制特种合金、激光材料、催化剂及有色陶瓷、搪瓷等。

籹 nǚ[粔籹](jù-)见476页"粔"字条。

粲 nǚ 同"籹"。

nǜ

沑 nǜ ❶水纹。❷泥。

衂 nǜ 同"衄(衄)"。

搦 nǜ ❶用手指甲按压。❷[搐搦](suō-)同"缩朒",退缩。

朒 nǜ 看。

恧 nǜ 惭愧:惭～|心神愧～。

蚰 nǜ[蚰蜒](-ní)蚰蜒。

衄 nǜ 鼻出血。

衄[衂、❶䶊] nǜ ❶鼻子出血:鼻～|血～。❷泛指人体各部位出血:耳～|齿～|大～(九窍出血)。❸挫败;损伤:败～|折～|～于谗间。

㶊 nǜ 同"衄"。

朒 nǜ ❶农历月初月亮出现在东方。❷不足;亏缺:盈～算法|上国固已～矣。❸皱缩,不伸展;迟缓的样子:缩～。❹挫伤:挫～|闪～腿。

跀 nǜ 行走。

訒 nǜ 同"恧"。

衂 nǜ 同"衄"。

㖡 nǜ 同"恧"。

䶊 nǜ 惭愧;羞愧。

䏔 nǜ 忧愁的样子。

䎂 nǜ 同"恧"。

瀫 nǜ 湿。

䶗 nǜ"䶊"的讹字。

䘐 nǜ 同"衄"。

nuán

奻 nuán 争吵。

㛯 nuán 同"奻"。

nuǎn

灵 nuǎn 同"暖"。

㬉 nuǎn 同"暖"。

渜 ㊀ nuǎn 热水,特指洗澡用过的脏水:～濯弃于坎。
㊁ nuán 古水名,即今河北的滦河。

㬵 nuǎn 同"煗(暖)"。

暖 ㊀[㬉、煖、煗] nuǎn ❶暖和;不冷:温～|风和日～|春风送～。❷使温和、不冷:～手|快进屋～一～。
㊁ xuān 柔婉:～姝。
◆"煖"另见 703 页"煖"字条。

煖 nuǎn(又读 xuān)❶"暖㊀"的异体字。❷火气。

曘 nuǎn 同"暖"。

燸 nuǎn 同"煖"。

餪 ㊀ nuǎn ❶给刚出嫁的女儿送食物:～女。❷在喜庆事之前设宴:～生(预庆生日)|～房(预庆婚事)。
㊁ nuàn 新婚第三日设宴。

䎡 nuǎn 同"餪"。

nuàn

麢 nuàn 同"䴞"。

䴞 nuàn ❶幼鹿。❷小儿。

麢 nuàn 同"麢"。

麢 nuàn 同"䴞"。

nüè

杳 nüè"杳(虐)"的讹字。

杳 nüè 同"虐"。

虐 nüè 同"虐"。

疟(瘧) ㊀ nüè ❶疟疾,由疟原虫引起的急性传染病。❷暴虐,凶恶残酷,也指受虐待:德～想成|其～有不堪言者。
㊁ yào[疟子]疟疾的俗称:发～。

㾮 nüè 同"虐"。

虐 nüè ❶残害:～其民|～忠助谗。❷残暴:暴～|～杀|～待。❸暴烈;厉害:～疾|～暑。❹灾害:大～|火腾为～。

虐 nüè 同"虐"。

䖈 nüè 同"虐"。

雪 nüè 同"虐"。

雹 nüè 同"虐"。

虐 nüè 同"虐"。

虐 nüè 同"虐"。

虐 nüè 同“虐”。

硸 nüè ❶石磨。❷[硸礭](-chuò)大唇的样子。

nún

馩 nún ❶[温馩]也作“馧馩”，温暖芳香。❷香。

nuó

冄 nuó 同“那㊁”。

犕 nuó 哺乳动物，像牛，白尾。

犕 nuó “犕”的讹字。

犕 nuó 同“犕”。

傩 nuó 用于梵语译音。

郍 ㊀nuó 同“那”，多：～解我意。㊁nǎ 同“哪”：上清～与俗尘同。

挪 ㊀nuó 移动；移用：～动｜～移｜～用公款。㊁ruó 同“挼”，揉搓。

哪 nuó 同“難”。

犕 nuó 同“犕”。

犕 nuó 同“犕(犕)”。

俙 nuó 同“傩(儺)”。

娜 ㊀nuó[婀娜](ē-)见224页“婀”字条。㊁nà 用于女子人名。

童 nuó “䨥”的讹字。

梛 nuó 树名。

䋾 nuó 多。

挪 nuó “挪”的讹字。

娜 nuó 同“娜”。

挼 nuó “榱”的讹字。

傩(儺) nuó 旧指为驱除瘟疫而举行的迎神赛会。

䋾 nuó 同“䋾”。

𨇤 nuó 挪动；移步：幸喜疾病渐渐好，拄着棍脚也能～。

䨥 nuó 同“傩(儺)”，除疫。

椎(欐) nuó[榱欐](ē-)也作“榱榱”，枝条柔软细长的样子。

舿 nuó 船名。

榱 nuó(又读 nuǒ)[榱榱](ē-)见224页“榱”字条。

腥 ㊀nuó ❶肥丑。❷同“䐇(腝)”，带骨的肉酱。㊁nié 鸣物叫聒声。(《字汇》)

魌 nuó 同“魌”。

魌 nuó ❶见到鬼而发出的惊讶声。❷高声驱逐疫疠之鬼。

䑅 nuó 哺乳动物。

飍 nuó “飍”的讹字。

㔮 nuó 古山名。(《集韵》)

魌 nuó 同“魌”。

飍 nuó 同“傩(儺)”。

nuǒ

妒 nuǒ 同“娜”。

妒 nuǒ 同“娜”。

㑚 nuǒ 储藏室。

妒 nuǒ 弱小的样子：不宜荧且～。

㛂{㛂} ㊀nuǒ 同“㑚”，储藏室。㊁chǐ 同“侈”，奢。

娜 nuǒ 同“娜”。

旖 nuǒ[旖旎](ě-)同“旖旎”，旌旗随风飘扬的样子。

㑚 nuǒ 同“㑚”。

㑚 nuǒ 容受，一说“㑚(㑚)”的讹字。

䡹 nuǒ “䡹”的讹字。

䨥{䨥} nuǒ 同“㑚”。

鮾 nuǒ 鱼名。

鬤 nuǒ 同“輠”。

輠 nuǒ 輗，车轴头。

鵫 nuǒ 义未详。(《改并四声篇海》)

nuò

吶 nuò 同“喏”，应答声。

㤕 ㊀(㦚) nuò 同“懦 ❶”：倦于事，愦于忧，而性～愚。
㊁ zhù 有智慧。

愞 nuò 同“愞”。

觻 nuò 同“觿(觻)”。

诺(諾) nuò ❶ 应答声：一呼百～｜唯唯～～。❷ 答应；应允：允～｜一～千金｜轻～必寡信。❸ 古代在公文末端批示用字，表示许可，与今天的签字类似：画～｜事入～出。

掿 nuò ❶ 握持：木不钻不透，冰不～不寒。❷ 揉；捏：手足～搓｜胭脂粉～成的孩儿，眼角头传芳事。❸ 挑惹：～他出战。

逽 nuò 跑。

㥾 nuò 同“愞”。

觻 nuò 同“觿(觻)”。

偌 ㊀ nuò 心以为然。
㊁ rě 同“惹”。

㪍 nuò 羊叫。

觻 nuò 调整弓。

粫 nuò 同“糯”。

愞 nuò ❶ 同“懦”。❷［愞愞］(-sǔn)也作“愞愞”，软弱的样子：愞愞偷惰。

𦄿 nuò 绵丝纹。

搦 nuò ❶ 按压：～取汁｜～一痕。❷ 握；持拿：两手～得紧紧的｜～素笔｜抚弦～矢。❸ 捕捉：～取｜～得。❹ 惹；挑动：引兵～战。

榒 nuò 树名。

𢹂 nuò 同“搦”。

𢿐 nuò 同“搦”。1. 按。2. 持。

𢿐 nuò 同“𢿐(搦)”。

緒 nuò 缭；络：不为禾叶所～。

踷 ㊀ nuò 踏脚的样子。
㊁ rè［蹠踷］(wà-)见 975 页“蹠”字条。
㊂ nà［蹠踷］(wà-)见 975 页“蹠”字条。

鯙 ㊀ nuò 握。
㊁ chuò 古水名。(《集韵》)

稬 nuò［稬稬］黏着的样子：稠紧紧粘～带着淤泥。

𥼚 nuò 同“糯”。

懦 nuò 同“懦”。

糑 nuò 米粉饼。

㦚 nuò 同“偌”，心以为然。

闟 nuò［閵闟］(niǔ-)牵引。

嚅 nuò 险峻。

穤 nuò 同“稬(糯)”。

觻 ㊀ nuò 同“觻”，调弓。
㊁ ruò 弓偏弱。

懦 nuò ❶ 胆小软弱：～弱｜～夫｜怯～。❷ 柔软：～毛。

穤 nuò 同“糯”。

糯［穤、❶稬］ nuò ❶ 有黏性的稻，引申为有黏性的：～稻｜～米｜～高粱。❷ 酒的别称：香～｜黄～。

𩞄 nuò 义未详。(《改并四声篇海》)

O

ō

噢 ㊀ō 叹词,表示应承、知道、惊异等:～,明白了|～,是你呀!
㊁yǔ[噢咻](-xiū)1.抚慰病痛声:～未息。2.安抚;笼络:以～之|温柔～之手段。

ōu

讴(謳) ōu ❶歌唱:～歌|歌～思东归。❷歌曲:吴～|越～|～谣。

坭(塸) ㊀ōu ❶沙土堆;坟墓。❷同"瓯(甌)",瓦制小盆类器皿。
㊁qū 用于地名:郇～(在江苏)。

沤(漚) ㊀ōu 水泡:浮～。
㊁òu ❶长时间浸泡或堆积捂盖:～麻|～肥|衣服～烂了。❷长期憋闷在心里:有意见不说～在肚里。

怄(慪) ㊀ōu ❶吝惜。❷同"讴(謳)"。
㊁òu ❶逗弄;嘲笑:老太太也会～他|奴才们背地里还～姑娘不害羞。❷惹人生气:你不要～我|我让他～得难受。❸生闷气:～气。

瓯(甌) ōu ❶瓦制小盆类器皿。❷杯;小碗:茶～|酒～|饮两三～酒。❸古代陶制打击乐器:击～。❹浙江温州(地名)的别称。

欧(歐) ㊀ōu ❶通"讴(謳)",歌唱:百姓～歌。❷欧洲(地名)的简称:～美|～盟|～亚大陆。❸欧姆(电阻单位)的简称,导体两端的电压是1伏,通过的电流是1安时,电阻是1欧。❹姓。❺[欧阳]姓。
㊁ǒu 通"呕(嘔)",吐;呕吐:～丝|醉～|字字皆～心血铸成。

殴(毆) ㊀ōu(旧读ǒu)击打:～打|～伤|斗～。
㊁qū 同"驱(驅)":～民于兵。
㊂kōu[殴蛇](-chí)也作"曲池",春秋时鲁国地名,在今山东。

熰(熰) ㊀ōu 旱;酷热。
㊁òu 温暖。
㊂ǒu 柴草等未充分燃烧,常产生许多烟:～了一屋子烟|把堆积的树叶～了。

瓯 ōu 同"殴(毆)"。

鸥(鷗) ōu 水鸟名:海～|银～|燕～。

謳 ōu 同"謳(讴)"。

䙔 ōu 义未详。(《龙龛手鉴》)

𨀆 ōu 足筋。

箮 ōu ❶竹器。❷草名。

膒 ōu 眸子不正的样子。

䆰 ōu[暗(闇)䆰]一种少数民族居住的土屋。

敺 ㊀ōu 同"殴(毆)",殴打:～伤。
㊁qū"驱(驅)"的异体字。

甌 ㊀ōu 同"殴(毆)",击打。
㊁ǒu 瓦器。

斪 ㊀ōu[斪斪](-dōu)偃钽。(《集韵》)
㊁kōu 同"剾(剅)"。

鴎 ōu 同"鷗(鸥)"。

犕 ōu 公牛。

膒 ōu ❶存放已久的油脂。❷用油脂浸渍皮革。❸同"沤(漚)"。

褔 ōu ❶未绩过的麻编织的粗衣。❷幼儿或少数民族的头衣。❸幼儿的围嘴。

篕 ōu 养蚕的竹器。

緼 ōu 沤麻。

蘠 ōu 同"櫙"。

櫙 ōu ❶刺榆。❷树木枯死。

鏂 ㊀ōu ❶[鏂鉶](-hóu)1.门铺,浮沤钉。2.护颈铠甲。❷古代容积单位,一鏂等于一斗二升八合,一说二斗,也作"区(區)"。❸古代盛酒器,像簋。
㊁kōu 同"剅(剾)",剜。

頣 ōu[頣頭](-nóu)脸凹不平,单用"頣"义同。

襺 ōu 同"褔"。

篕 ōu 同"篕"。

匴 ōu 同"鏂"。

篕 ōu 摇篮类器具。

驅 ōu 同"鷗(鸥)"。

鏉 ōu 金属元素"铕(銪)"的旧译写法。

óu

緺 óu 隅。

齵 óu 不平。

齵 ㊀ óu 牙齿参差不齐：～齿而笑。
㊁ yú ❶ 牙脱落后长出新牙。❷ 牙齿歪斜。

ǒu

㔶 ǒu 山名、地名，均在安徽。

呕(嘔) ㊀ ǒu 吐：～吐｜～血｜作～(恶心，形容非常厌恶)。
㊁ òu 怄气，闹别扭；生闷气：好孩子！不要～了，快起！
㊂ ōu ❶ 拟声词：～呀｜～哑初学语。❷ 叹词，表示打招呼：～，干脆就给他吧。

吽 ǒu 和；和吽。(《玉篇》)

疘 ǒu 义未详。(《龙龛手鉴》)

欨 ǒu 同"歐(呕，嘔)"，呕吐。

欲 ǒu 缩鼻；呕吐。

喒 ㊀ ǒu 同"呕(嘔)"。
㊁ zán "咱"的异体字。

偶 ǒu ❶ 用木头、泥土等做成的人形：木～｜～像｜～人。❷ 双数；成双或成对：～数｜无独有～。❸ 配偶：佳～｜丧～。❹ 副词，表示非经常发生的：～合｜～遇｜～发事件。

甌 ǒu 又称瓿甌，瓦盆。

腢 ǒu 肩头。

蕅 ǒu 同"藕"。

㒖 ǒu 同"藕"。

㗃 ǒu 同"歐(呕，嘔)"，呕吐。

寓 ǒu 义未详。(《龙龛手鉴》)

耦 ǒu ❶ 耜类农具。❷ 古代两人一组的耕作方法，泛指两人或两个一组：～耕｜车中八牛，以为四～。❸ 配偶：嘉～｜良～。❹ 偶数，双数：十也者，始为五之～焉。❺ 姓。

藕 ǒu 同"藕"。

耦 ㊀ ǒu 同"耦"，古代两人一组的耕作方法。
㊁ lì 同"粝(糲)"。

諰 ǒu 同"偶"。

𪌉 ǒu 义未详。(《字汇补》)

麢 ǒu 哺乳动物。

藕 ǒu 莲的根茎，可食：～粉｜～断丝连。

噢 ㊀ ǒu 呕吐。
㊁ ōu ❶ 叹词，表示醒悟、明白、惊叹等：～，我想起来了｜～，是你啊｜～，太神奇了。❷ 拟声词：哭得～～的｜他捧着嘴～～叫唤。
㊂ ou 助词，表示语气，啊：你这种人是什么心肠～！｜你很关心他～！

òu

𦬁 òu 古地名，在今湖北。

苕 òu 同"𦬁"。

瞘 òu 同"熰"，温暖。

潚 òu 冬天把草放入水中聚鱼以便捕捉。

緸 òu 古代装殓时套在死者手上的一种丧具，也作"握"。

潜 òu 同"潚"。

滀 òu 饮水，一说"沤(漚)"的讹字。

雕 òu 鸟声。

䮷 ㊀ òu 奔驰不齐。
㊁ dú 同"騳"。

pā

矶 ㊀ pā 拟声词,石破裂声。
㊁ bā 同"叭",拟声词,玉声。

妑 pā ❶ 梳成双髻的少女发(髮)式:通草细花宝石坠,初扎～角末上头。❷ 用于女子人名。

苩 ㊀ pā 同"葩",草木的花。
㊁ bó 姓。

死 pā 义未详。(《改并四声篇海》)

粑 pā ❶ 食物熟透而柔软,泛指柔软:～柿子|萝卜煮～了。❷ 身体软弱无力,泛指软弱:脚～手软|全身发～|比起前几次,口气～多了。

趴 pā ❶ 身体向前倚靠:～在桌子上睡觉。❷ 胸腹向下卧倒,引申为躺着:～下|～在地上|干活儿有点儿累,～一会儿就好了。❸ 爬:他淋着雨在湿地里向前～着|吃了这药,明天一定～得起来的。

盼 pā 分明的样子:纷纷～～,终而复始。

皅 ㊀ pā 草花白色,泛指花,后作"葩"。
㊁ bà 色不真。

舥 pā ❶ 舥脚船。(《广韵》) ❷ 许多船连成的浮桥。❸ [舥艚](-cáo)地名,在浙江。

翇 pā 飞的样子。

軳 pā 拟声词,车破声。

啪 pā 拟声词,拍打、撞击、爆裂等响声:～的一记耳光|～～的枪响|～的一声,玻璃碎了。

觰 pā 牛角向左右张开。

葩 pā ❶ 草木的花:奇～|百卉含～。❷ 华美;华丽:文奇而～。

䶕 pā ❶ 脸黄。❷ 脸宽。

髱 ㊀ pā 发髻的样子。
㊁ bà[髱鬖](-nà)头发散乱的样子。

蓜 pā 草花茂盛的样子。

䳊 pā 同"葩"。

pá

杷 ㊀ pá ❶ 一种带齿的长柄农具,后作"耙"。❷ 用耙类农具梳理、聚拢,也指用手扒:～土|～沙。❸ 姓。
㊁ bà ❶ 碎土、平地的农具:犁～|拽～扶犁。❷ 用耙子碎土、平地:速耕～劳(耮)。❸ 也作"把",器物的柄。

爬 pá ❶ 搔,抓挠:～梳|～痒。❷ 人手脚并用向前或向上移动;虫或兽类向前或向上移动:～行|～山|～树。

耙 pá 见 16 页 bà。

琶 pá[琵琶](pípa)见 726 页"琵"字条。

掱 pá[掱手]同"扒手",小偷,掏包的贼。

筢 pá 搂柴草的耙子,多为竹制。

觪 pá 角弯曲的样子。

琶 pá 同"琶"。

潖 pá ❶ 潖江,水名,在广东。❷ [潖江口]地名,在广东。

櫂 pá 棠梨(杜梨)。

蚆 pá 虫名。

pǎ

跁 pǎ 低矮;矮的样子:矮～。

pà

汃 ㊀ pà 拟声词,波涛声:澎～。
㊁ pā 烂熟;疲软:～烂。

奺 pà 婼奺。(《改并四声篇海》)

帊 pà 同“帕”。

杊 pà 同“汃”。

帊 pà ❶两幅宽的帛：布～。❷头巾：巾～。❸帐子：拂枕薰红～。❹手帕：罗～。

怕 pà 同“怕”，畏惧。

帕 pà ❶佩巾；手帕：丝～｜香罗～。❷量词，帕斯卡(压强单位)的简称，物体每平方米面积上受到的压力为1牛时，压强是1帕：百～(常用于天气预报)。

怕 pà 见63页 bó。

怘 pà 同“怕㊁”。

袙 pà ❶同“帊”。1.帐子。2.头巾。❷覆盖：～耳。

齨 pà 拟声词，齿声。

懪 pà 同“怕”，畏惧。

pāi

拍 pāi ❶用手掌或片状物轻轻击打，泛指击打：～手叫好｜惊涛～岸。❷击打东西的用具：球～。❸乐曲的节奏：节～｜二分之一～。❹摄影：～照｜～电影。❺发出(电报等)：～电报。❻巴结；吹捧：～马屁｜能吹会～。

捬 pāi 同“拍”。

䊁 pāi 同“拍”。

皛 pāi 义未详。(《龙龛手鉴》)

𣘦 pāi［𣘦挞］(-tà)拍挞，田垅被暴雨拍平。

䭪 pāi［䭔䭪］(duī-)也作“䭔拍”，饼类食品。

pái

俳 pái ❶古代指杂戏、滑稽戏，也指以舞乐、杂戏为业的人：～优｜优～。❷诙谐；滑稽：～谐｜～说。❸讲求字句工巧、重视对偶声律的文体：～句｜～体。

排 ㊀ pái ❶除去；推开：～雷｜～忧解难｜～山倒海。❷摆放或站成行列：～字｜～队。❸摆放或站成的行列：～头｜前～就座。❹在演出前练习：～练｜彩～。❺竹、木平摆着编扎成的水上交通工具：竹～｜放～。❻用大而厚的肉片煎炸的菜肴：牛～。❼军队编制单位，在班之上、连之下：侦查～。❽量词，用于成行列的东西：一～树｜一～～高楼。
㊁ pǎi［排子车］一种用人力拉运东西的车。

徘 pái［徘徊］(-huái)1.来回不停地走：～往来。2.比喻犹豫不决：～观望。3.比喻上下波动：股价在25元左右～。

猅 pái 短头狗。

棑 ㊀ pái 同“簰❶”。
㊁ bèi ❶树名。❷船后木棑。

牌 pái 同“牌”。

牌 pái ❶用木板、金属等制作的标志或凭信物：招～｜路～｜车～。❷商标：名～｜老～｜冒～。❸盾，古代兵器：盾～｜藤～｜挡箭～。❹词曲的曲调名：词～｜曲～。❺娱乐或赌博用具：纸～｜扑克～｜打～。

䊧 pái “簰❶”的讹字。

輫 pái 车箱。

𦩍 pái 同“簰❶”。

篺 pái 同“簰❶”。

櫋 ㊀ pái 同“簰❶”。
㊁ bēi 树名，像柿。

䈾 pái 同“簰❶”。

簰 pái ❶筏子。❷用于地名：～洲湾(在湖北)。

犤 pái 矮小、腿短的牛。

鯶 ㊀ pái 黑鲤。
㊁ bēi 鯶鱼，也作“婢鱼”。

犤 pái 同“犤”。

pǎi

擺 pǎi 两臂向左右两边伸开。

pài

𠩵 pài“𠂢(𠂢)”的讹字。

𠂢 pài 同“𠂢(派)”。

𠂢 pài 水的支流，后作“派”。

汖 pài 同“派”，水的支流。

泒 ㊀pài 同“派”，水的支流。
㊁gū 古水名，在今山西。

𣏟 pài 麻纻，苎麻，一说治麻。

哌 ㊀pài 用于译音：～嗪（有机化合物）。
㊁gū 同“呱”。

派 ㊀pài ❶江、河的支流，泛指水流：流九～乎浔阳｜万～潮声迥。❷事物的不同分支；派别：～系｜宗～｜～生。❸作风；风度：正～｜气～｜有～。❹责令；分配：～遣｜委～｜摊～。❺量词，片：一～胡言｜一～春光。
㊁pā 用于译音：～司（旧指厚纸印成的或订成本的出入证、通行证等，也指通过或准予通过检查、关卡、考试等）。

柨 ㊀pài 藤属，一说树皮，四川人用于织布。
㊁bà 筘，织布机上的机件。

浿 ㊀pài 同“湃(澕)”。
㊁pì 同“渒”。

𣐄 pài 同“𣏟”。

𥾯 pài“䲨”的讹字。

渒 pài 同“浿”。

蒎 pài“澕”的讹字。

蒎 pài［蒎烯］(-xī)有机化合物，是松节油的主要成分。

蛃 pài［蠓蛃］(měng-)见 642 页“蠓”字条。

嗠 pài 用于译音。

湃 ㊀pài［澎湃］见 720 页“澎”字条。
㊁bá 用冰镇或用凉水浸水果等：送了好些果子来，都～在那水晶缸里呢。

貴 pài 出。

䲨 pài ❶散丝。❷未经搓捻的散麻。

簰 pài 竹片。

簶 pài 同“簰”。

䅛 pài 种植。

鎃 pài 金属元素“镤(鏷)”的旧译写法。

溗 pài 同“澕”。

澕 pài 古水名。（《说文》）

pān

廾{𠬞} ㊀pān 同“癶(攀)”。
㊁jiǔ 同“九”。

癶{𣥠} pān 同“攀”。

攀 pān 同“攀”。

𠂢 ㊀pān 同“攀”。
㊁zhòng 同“众(衆)”。

眅 pān ❶白眼珠多。❷反目的样子。❸以眼角的余光斜视。

萠 pān 姓。

㸋 ㊀pān 时居。（《玉篇》）
㊁bān 储存物品。

潘 ㊀pān ❶淘米水：遗之～沐。❷古水名，在今河南，一说汴水。❸姓。
㊁pán 漩涡：止水之～。
㊂fān 溢出：决～渚。

甂 pān［甂瓳］(-hú)大砖。

䤮 pān［䤮瓳］(-hú)同“甂瓳”。

㿲 pān ❶病死。❷病名。

審 pān 洄漩的水流，也作“潘”。

㩯 pān 同“攀”。

攀 pān ❶抓住东西向上爬或移动：～树｜～登｜～升。❷跟地位高的人拉关系或结亲：～附｜～亲｜高～。❸拉住；牵连：～住他的肩膀｜诬～｜胡～乱指。❹折；摘取：～花赠远人｜～月中仙桂一枝。

瀊 pān 同“潘”，淘米水。

pán

目 pán 同“爿”。

盓 pán 同“盘(盤)”。

肦 pán 片。

洀 ㊀ pán 同“盘(盤)”，回旋：～桓。㊁ zhōu 水波纹。

砕 pán 同“磐”。

舩 pán 同“般”。

般 ㊀ pán 同“盘(盤)”。1. 旋转：～旋。2. 盘桓：～桓。㊁ bān ❶ 同“搬”，搬运：～至太仓｜自行～运。❷ 助词，一样；似的：四张弓箭飞蝗～望后射来｜摩天建筑排山倒海～扑到眼前，忽地又没有了。❸ 量词，种；种类：六～物件｜十八～武艺｜万～无奈。❹ 姓。㊂ bō［般若］(-rě)梵语音译词，智慧：金刚～心经｜欲修～，发心为先。

盘(盤) pán ❶ 盛放物品的扁而浅的用具，多为圆形：菜～｜托～｜和～托出。❷ 形状或功用像盘的东西：磨～｜棋～｜算～。❸ 回旋地绕：～旋｜～香｜～根错节。❹ 垒；砌：～炕｜～锅台。❺ 仔细清点或查问：～账｜～货｜～问。❻ 市场或股市成交价格：开～｜收～｜平～。❼ 量词，用于形状像盘的东西或某些体育比赛等：两～水果｜三～录像带｜打了一～乒乓球。

胳 pán 同“磐”。

脟 pán 同“磐”。

跘 ㊀ pán［跘旋］周旋进退。㊁ bàn ❶ 双脚交叉地盘腿坐。❷ 跌倒；摔：～倒｜南瓜～得稀巴烂。

槃 pán 同“盘(盤)”，盘子。

蒰 pán ❶ 草名。❷ 草纠结在一起的样子。

跦 pán 同“跘”。

幋 pán ❶ 大披巾。❷ 头巾。

媻 ㊀ pán ❶ 大；张大：侈～。❷ 妾。㊁ pó 老年妇女。

獙 pán［獙狐］短尾狗。

搬 pán 同“槃”。

槃 pán ❶ 同“盘(盘)”。1. 承盘；盘子：珠～。2. 量词：各打大磨一～。❷ 犁辕前可转动的部分：耕～。❸ 快乐；游乐：考～在涧｜不敢～于游田。

瞂 pán 同“瞥”。

嚁 pán 同“嚂”。

嚂 pán 盘问，后作“盘(盤)”。

鉥 pán 同“盤(盘)”。

磐 pán ❶ 大石头：安如～石｜风雨如～暗(闇)故园。❷ 水边小土丘：～干。❸ 通“盘(盤)”，盘桓不进的样子：室第相望，久～京邑。

瞥 ㊀ pán 以眼角的余光斜视。㊁ pān 同“盼”，白眼珠多。

蹉 pán ❶ 徒步涉水，引申为渡过：日头～云障。❷ 幼儿匍匐而行，也指动物爬行：盘门路里～乌龟。

鞶 pán 小袋。

蹒(蹣) pán［蹒跚］(-shān)1. 走路摇摆或缓慢的样子，单用“蹒”义同：步履蹒跚｜小鸭放在地上，便蹒跚的走｜蹒行于市。2. 回环而行的样子：婆娑～，绰约文质。

蹳 pán ❶［蹳跚］(-shān)1. 也作“蹒跚”，走路摇摆或缓慢的样子：君急逃避，吾～难以相随。2. 徘徊不前的样子：脚力未～。❷ 同“蹩”。

蹩 pán 屈足，盘腿坐；盘腿而坐的样子：上了禅床，～了膝，端端正正的坐在上面。

臔 pán 同“蹩”。

蹵 pán 同“蹉”。

嚂 pán 同“嚂”。

鎜 pán 承盘，盘子，后作“槃”或“盤(盘)”。

蟠 pán 同“蟠”。

P

䃑 pán 义未详。(《改并四声篇海》)

瀊 pán 水回旋。

鞶 pán ❶佩玉的革带：～厉游缨。❷又称鞶囊，用以装手巾等零碎物件的小囊，像今天的荷包。❸马腹大带。❹车轴上系軔的皮环。

鬆 ㊀pán 盘起的发髻，后作“盤(盘)”。㊁bān 头发斑白：虞童发(鬓)未～。

磻 pán 同“磐”。

蠑 pán 同“蟠”。

瘢 pán 脚病。

䰉 pán 义未详。(《改并四声篇海》)

鵌 pán［鵌鶅］(－mào)鸺鹠。

黨 pán［黨姗］也作“黨黰”，下色，恶劣的颜色。

鬗 pán 同“鬆”。

pǎn

坢 ㊀pǎn ❶平坦。❷山坡：阳～(向阳的山坡)。
㊁bàn 粪肥：猪栏～｜牛栏～。

趕 pǎn 跑的样子。

闆 ㊀pǎn 门中视。
㊁bǎn “板❺”的繁体字。

pàn

泮 pàn 同“泮”，冰融化：冰～。

判 pàn ❶分开；分离：～为十二，合为七国｜上下有～。❷分辨；区别：～别｜～断｜～若鸿沟。❸评定；裁决：～案｜～决｜裁～。❹古代官名：州～｜通～。

沜 pàn ❶水流。❷水边：湖～｜江～｜灵潭之～。❸同“泮”。

衩 pàn 同“襻”。

拌 ㊀pàn ❶同“拚”，舍弃；不顾惜：～命前进｜～死得至。❷耗费：～数十年之力。
㊁bàn ❶搅和；使混杂：搅～｜～草料｜小葱～豆腐。❷争吵：～嘴｜两口子～起来，就说咱(偺)们使了他家的银钱。

肦 pàn 肉。

迷 pàn 去。

炍 pàn 光明，光亮，也作“叛”：～赫戏以辉煌。

泲 pàn 同“泮”。

泮 pàn ❶融解；分散：迨冰未～｜剖～。❷泮宫，诸侯举行乡射礼所设的学宫，后也指地方所设学宫：～池(旧时学宫前的水池)｜入～(考中秀才)。❸泮河，水名，在山东。❹姓。

袢 pàn 同“襻”。

柈 ㊀pàn 树名。
㊁pán 同“槃(盘，盤)”。
㊂bàn［柈子］劈开的大块木柴。

盼 pàn ❶眼珠黑白分明，多形容眼睛美：美目～兮。❷看：流～｜左顾右～。❸热望；期望：～望｜企～｜年迈的母亲～着游子归来。

牉 pàn ❶半，两结合中的一方，如夫妻。❷分为两半，引申为区别、差别：岁月乃～｜积～而差。

胖 ㊀pàn ❶祭祀用的半体牲。❷半边；一半：两～。❸夹脊肉。
㊁pán 宽舒；舒坦：～肆自安｜心广体～。
㊂pàng 肥；肥大：肥～｜～小子｜肥头～耳。

衮 pàn 同“襻”。

叛 pàn 背离；反叛：背～｜～变｜众～亲离。

祋 pàn 同“襻”。

拚 ㊀pàn 舍弃，不顾惜，也作“拌”或“拚”：先～一饮醉如泥。
㊁biàn 同“拚”，拍手：坐者不期而～皆如一。
㊂fān 同“翻”，飞；飞的样子：～然起之｜尔来千载～悠悠。

畔 pàn ❶田界，泛指界限：耕者不侵～｜疆～｜越～。❷边；旁边：江～｜耳～｜身～并无分文。❸通“叛”。1.违背：无～于前人之绳墨。2.叛变：恐天下闻武王崩而～。3.离开：无敢～其范围。

䏺 pàn 同“胖”，祭祀用的半体牲。

鈆 pàn 同"鋬"。

詊 pàn 花言巧语。

嫛 pàn［嫰嫛］（tàn－）见 928 页"嫰"字条。

掽 pàn 义未详。(《改并四声篇海》)

溿 pàn 同"泮"。

頖 pàn ❶ 分别；涣散：～人事于一朝｜主失立(位)则国芒(荒)，臣失处则令不行，此之胃(谓)～国。❷［頖宫］同"泮宫"，古代学宫(学校)，也单称頖：在頖六年｜思继頖水。

𧼛 pàn 同"叛"。

鋬 pàn 器物的提梁或把手。

𢷬 pàn 同"拚"，舍弃，不顾惜：～一半与游人。

𥋤 pàn ❶ 小儿白眼。❷ 视；看：回首左～。

𧝓 pàn 同"襻"。

灊 pàn 义未详。(《改并四声篇海》)

𧞠 pàn 同"襻"。

襻 pàn ❶ 系衣裙的带子：腰～。❷ 布做的衣扣：纽～｜扣～。❸ 形状或功能像襻的东西：鞋～｜车～｜提篮～。❹ 用绳、线等使分开的东西连在一起：用绳子～上｜～上几针。❺ 底细：提起来大概都知道他个根儿～儿。

鑻 pàn 同"襻"。

pāng

乓 pāng 拟声词，枪声、物体碰撞声等：传来～的一声枪响｜门～的一声关上了。

趽 pāng 爬：～上墙头。

胮 pāng ❶［胮肛］肿胀，单用"胮"义同：形躯顿胮肛｜择去胮烂者。❷ 肥大：巨躯鼓～肚。

𣁽 pāng 同"斛(斛)"。

膖 pāng 肿胀：～烂。

滂 pāng 同"滂"。

雱 ㊀ pāng 雨雪下得很大的样子：北风凉，雨雪～。
㊁ fāng［雰雱］（fēn－）下雪的样子。

𨋩 pāng 义未详。(《改并四声篇海》)

𦝫 pāng 同"胮"。

斛 pāng 同"斛"。

滂 pāng［滂溏］（－táng）冻结在一起。

磅 pāng 同"磅"。

滂 pāng 同"滂"。

滂 pāng ❶ 古水名。(《山海经》) ❷ 水涌出而漫流的样子：～湃｜醴泉～流。❸［滂沱］（－tuó）雨下得很大的样子，比喻泪流得很多：大雨～｜涕泗～。

膖 pāng 同"胮"。

斛 pāng ❶ 谷物装满量器而溢出。❷ 古代质量单位，一斛等于一斗。

磅 ㊀ pāng ❶ 拟声词，石坠落等声音：砰～｜～的一声。❷ 击石。
㊁ páng ❶［磅礴］（－táng）也作"旁唐"，广大的样子。❷［磅礴］（－bó）1. 也作"旁薄"，（气势）盛大，广大无边的样子：气势～｜～立四极。2.（气势）充满：～宇内。
㊂ bàng ❶ 量词，英美制质量单位，1 磅等于 16 盎司，合 0.4536 千克。❷ 磅秤，一种有底座的秤：过～｜用～称一称。❸ 用磅秤称重量：～体重｜～一～这袋大米。❹ 量词，印刷上旧称活字和字模大小的单位，约等于 0.35 毫米，今称点。

镑(鎊) ㊀ pāng ❶ 削：～错为末。❷ 铲的别称，刃似锄而宽。
㊁ bàng 英国、埃及、爱尔兰等国的本位货币：英～｜埃及～。

韸 pāng 也作"韸韸""韸韸"，拟声词，鼓声：社鼓～～。

霶 pāng［霶霈］（－pèi）也作"雱霈"，大雨。

膖 pāng 同"膖(胮)"。

霶 pāng 同"雱"。

䨦 pāng 黑的样子。

鼟 ㊀pāng 同"韸"，拟声词，鼓声。
㊁péng 同"鼟"。

霶 pāng 同"雱"，雨雪很大的样子：～然｜京邑大雨～。

膖 pāng 腹满。

páng

庞(龎) páng 同"庞(龐)"。

㝑 páng 同"旁"。

彷 ㊀páng［彷徨］(－huáng)犹豫不决，不知往哪走才好：～歧路。
㊁fǎng［彷佛］(－fú)同"仿佛"。

旁 páng 同"旁"。

㫄 páng 同"磅"。

㫃 páng 同"旁"。

庞(龐) páng ❶高大的房屋，引申为大：～大｜～然大物。❷杂乱，多而杂：～杂。❸脸盘：脸～｜面～。❹姓。

㫙 páng 同"旁"。

郱 páng 同"郱"。

㫛 páng 同"旁"。

胮 páng 同"膀"，胁：牛～｜腰～。

旁 ㊀páng ❶广泛；普遍：～征博引｜触类～通。❷左右两侧；两边：身～｜～观｜～若无人。❸代词，其他；另外：～人｜～的话。❹汉字偏旁：单人～｜竖心～。
㊁bàng 通"傍"，依傍；靠近：～日月｜～南山下。

鄗 páng 同"郱"。

蒡 páng 同"蒡"。

艕 ㊀páng 吴船名。
㊁féng 船名。

膀 páng 同"膀"。

郱 páng ❶古亭名，在今河南。❷古乡名，在今安徽。

蒡 ㊀páng 荠苨(甜桔梗)的幼苗。
㊁bàng［牛蒡］又称恶实，二年生草本植物，根和嫩叶可做蔬菜，果实、茎叶和根可供药用。

徬 páng［徬惶］恐惧的样子：～尘垢。

磅 páng 弦急。

嫎 páng 用于女子人名。

瑭 páng［瑭瑭］(－táng)玉名。

膀 ㊀páng ❶胁。❷［膀胱］人和高等动物体内暂存尿液的器官。
㊁pāng ❶胀；浮肿：～肿｜脸都～了。❷(嘴、脸)向外突出或鼓起：～腮｜把那付奴脸～的有房梁高。
㊂［髈］pǎng 牲畜的大腿：猪～子｜中席又名肉八碗，大抵红肉、烧白、～、笋子、海带汤之类的菜肴。
㊃［髈］bǎng 肩膀，也特指鸟的翅膀：～大腰圆｜左～右臂｜信鸽的一只～子受伤了。
㊄bàng［吊膀子］调情。

雱 páng［雱霈］(－pèi)雨雪很大的样子。

稖 páng［稖程］(－huáng)1. 谷类作物。2. 穄子。

螃 ㊀páng［螃蟹］蟹的通称。
㊁bǎng 动物名，像蛤蟆而大。

篣 ㊀páng ❶竹名。❷竹箕。
㊁péng ❶笼。❷同"搒"，击打：～格酷烈。

艕 páng 同"艕"。

糖 páng 同"稖"。

踌 páng ❶［踉蹡］(láng－)见535页"踉"字条。❷［踉蹡］(làng－)见535页"踉"字条。

鳑(鰟) páng 见243页 fáng。

鼟 páng［鼟蒙］同"鼟门"，人名(见《洪武正韵》)。

嚯 páng 声音杂乱：发喊～声｜军扰攘，声沸～。

pǎng

䏺 pǎng 同"䏺"。

耪 pǎng 用锄松土：～地。

䠙 pǎng［䠙䠙］（-mǎng）1. 无色。2. 明晰；晴朗。

覫 pǎng 看的样子。

髈 ㊀ pǎng 大腿，后作"膀"。
㊁ bǎng 同"膀"，肩膀。

pàng

咩 pàng 拟声词，打击声。

胖 pàng ❶（又读 pāng）肿胀：遍身～胀。❷肿胀发臭的样子。❸臭味浓重：～臭底。

炐 ㊀ pàng 拟声词，烈火燃烧声。
㊁ fēng 同"烽"。

胖 pàng 见 712 页 pàn。

腁 pàng 同"胖"。

酻 pàng 面肿。

韸 pàng 拟声词，鼓声。

pāo

抛｛拋｝ pāo ❶舍弃；丢下：～弃｜～荒。❷投；扔：～掷｜～售（低价大量卖出）｜～砖引玉。❸露；暴露：～头露面。

毞 pāo 同"毪"。

毪 pāo ❶毛起的样子。❷轻。

萢 pāo 姓。

砲 pāo 同"抛"。

脬 pāo ❶膀胱，引申为鱼鳔：羊～｜鱼～。❷同"泡"，量词，用于屎、尿：一～屎。

颮 pāo ❶轻风。❷轻的样子。

橐 pāo "橐"的讹字。

橐 pāo 囊张大的样子，也指囊、包裹。

橐 pāo 同"橐"。

橐 pāo 同"橐"。

橐 pāo 长大，一说"橐"的讹字。

霻 pāo 下雪的样子。

páo

尥 páo 义未详。（《改并四声篇海》）

刨 ㊀［❶鉋］páo ❶挖掘：～坑｜～土豆。❷用刀类工具刮削：把皮～了，只要净肉。❸减掉；除去：～去他俩，还有十个人。

㊁［鉋、鑤］bào ❶用刨子（木工工具，用来推刮木料使平滑）或刨床（用来加工金属平面的机器）推刮：～平｜不太光滑，再～一下。❷刨子，也指刨床：平～｜～刃｜槽～。

垉 páo 义未详。（《龙龛手鉴》）

咆 páo ❶猛兽吼叫：熊～龙吟｜虎啸狼～。❷［咆哮］人、猛兽怒吼；水流奔腾轰鸣：狮虎～｜～如雷｜黄河在～。

狍 páo ❶狍子，鹿的一种。❷传说中的动物，身像羊，面像人，眼在腋下。

庖 páo ❶厨房：～人｜～厨。❷厨师：名～｜越俎代～（比喻超越自己的职务范围，去做别人分内的工作）。

炮 páo［炮娲］（-wā）也作"庖娲"，即女娲，传说中的女神。

爮 páo 义未详。（《龙龛手鉴》）

爮 páo 扒；搔：～芋艻。

炰 ㊀ páo 同"炮"，把带毛的肉用泥裹住放在火上烧烤：烹羊～羔。
㊁ fǒu 蒸煮：～鳖。

魚 páo "炰"的讹字。

袍 páo ❶夹层中有棉絮的长衣，泛指长衣：棉～｜冬月衣～｜旗～。❷军服：战～｜脱我战时～。❸衣服前襟：反袂拭面，涕沾～。

匏 páo ❶匏瓜，葫芦的一种，果实老熟后可对半剖开做水瓢。❷古代八音之一，指簧管乐器，如笙、竽。

奅 páo 同"袍"，夹层中有棉絮的长衣。

P

軳 páo 车轸。

跑 ㊀ páo ❶ 牲畜、野兽用脚刨地：～槽｜～土悲号｜虎～泉（泉名，在浙江）。❷ 通“刨”：将嫩苗～土栽。
㊁ pǎo ❶ 奔跑：～步｜赛～｜～进屋里。❷ 逃走；避开：小偷吓～了｜活儿没干完，他就～了。❸ 去；来：往乡下～｜～到城里。❹ 为某事奔走：～买卖｜～码头｜～人情。❺ 离散；偏离：风筝刮～了｜球踢～了｜他唱歌老～调。❻ 散发；泄露：～油｜车胎～气。
☞跑 / 行 / 走 / 奔 / 步 / 趋 / 亡 见 333 页“行”字条。

軳 páo“軳”的讹字。

瓟 páo 同“鞄”。

靶 páo 同“鞄”。

鞄 páo ❶ 鞣制皮革的匠人。❷ 通“枹”，鼓槌：鼓～。

韇 páo 同“鞄”，鞣制皮革的匠人。

麃 ㊀ páo 同“麅”。
㊁ biāo［麃麃］（-biāo）1. 勇武的样子：驷介～。2. 盛大的样子：雨雪～。

麅 páo“麅”的讹字。

嚗 páo 同“咆”。

颮 páo 风。

麅 páo 麅子，即狍子，鹿的一种。

麃 páo 鹿。

韇 páo 柔。

鞄 páo 同“鞄”。

嚗 páo ❶ 鸣。❷ 同“咆”。

嚗 páo 古山名。（《集韵》）

篦 páo 竹名。

pǎo

跑 pǎo 同“跑”。

跑 pǎo 见 716 页 páo。

敳 pǎo 击虚声。（《集韵》）

翑 pǎo 飞。

pào

奅 pào ❶ 虚大。❷ 说大话骗人：车大～（说大话）｜大～佬（说大话的人）。❸ 同“炮㊀ ❶”：投～。

泡 ㊀ pào ❶ 泡沫，液体中的气泡：水～｜冒～儿｜～影。❷ 泡状物体：灯～｜手磨起了～。❸ 浸渍：～茶｜～澡｜～衣物。❹ 长时间逗留；消磨（时间）：～病号｜在网吧～了一上午。
㊁ pāo ❶ 鼓起而松软的东西：眼～儿｜豆腐～儿。❷ 松软；不坚实：枕头发～｜馒头有点儿～。❸ 量词，用于屎、尿：拉～屎｜撒～尿。❹ 小湖，多用于地名：月亮～（在吉林）。

奅 pào 醉起。

胈 pào 同“皰（疱）”。

炮 ㊀［❶砲、❶礮］pào ❶ 古代以机发射石块或石弹的作战工具：～石｜发～若雷。❷ 火炮，以火药发射炮弹的远距离杀伤武器：高射～｜枪～｜～兵。❸ 爆竹：鞭～｜～仗。
㊁ páo 烧；烤：～烧｜～烙（古代酷刑）｜～制（用烘、炒等方法把原料加工制成中药。引申为编造、制作，多含贬义）。
㊂ bāo ❶ 烘；烤：～干。❷ 在旺火上急炒（肉片等）：～羊肉｜～肚丝。
◆“砲”另见 716 页“砲”字条。

砲 ㊀ pào“炮㊀ ❶”的异体字。
㊁ báo［砲硖］（-dié）石文。

奅 pào 同“奅”。

疱［❷❸皰］pào ❶ 肿病。❷ 皮肤上长的像水泡一样的小疙瘩：～疹｜水～。❸ 面部生的小疮，俗称粉刺。
◆“皰”另见 716 页“皰”字条。

皰 pào ❶“疱 ❷❸”的异体字。❷ 眼皮。

䩛 pào 起。

疱 pào 同“疱”。

P

渿 pào 用水浸物，即"泡"：温汤～饭｜换了热水来，～了又～，洗了又洗。

炰 pào 同"皰(皰,疱)"。

軳 pào 飞石车，也作"礮、砲(炮)"。

胞 pào 同"皰(疱)"。

橐 pào 同"橐"。

橐 pào 古代质量单位，其制因物而异。

雹 pào 义未详。(《龙龛手鉴》)

礟 pào 同"礮(炮)"。

麭 ㊀ pào 将漆灰(腻子)涂在木器上，待干后磨平再涂漆。
㊁ páo 赤黑色的漆。

麭 pào 糕饼。

軳 pào 同"軳"。

橐 pào 囊张大的样子。

膔 pào 肿。

礮 pào 同"礮(炮)"。

嚗 pào 大声。

皰 pào 同"皰(疱)"。

醃 pào 同"皰"，面疮。

皰 pào "皰(皰,疱)"的讹字。

臕 pào 同"膔"。

pēi

呸 pēi 叹词，表示鄙视、唾弃：～！不知廉耻的东西｜～！原来也是个银样镴枪头。

怌 pēi ❶ 恐惧；害怕。❷ 怠慢。

妚 ㊀ pēi 同"胚"。
㊁ bǐ 姓。

杯 ㊀ pēi［杯治］郁郁不乐。
㊁ bēi 同"杯"，盛饮料的器皿：玉～。

胚［肧］ pēi ❶ 初期发育的生物体，比喻事物的开端：～胎。❷ 半制成品：毛～｜钢～。

衃 pēi ❶ 肉脔未成酱。❷ 同"肧(胚)"。

盃 pēi 同"衃"，黑紫色的瘀血。

衃 ㊀ pēi ❶ 黑紫色的瘀血：～血。❷ 同"肧(胚)"，胚胎：兆～。
㊁ fǒu［蚍衃］(pí-)见 726 页"蚍"字条。

酥 pēi 同"醅"。

粧 pēi 滫粉面以为剂。

瓿 pēi 瓜瓿。(《集韵》)

坏 pēi 同"坯"，一重的山丘。

醅 pēi 同"醅"。

醅 pēi ❶ 醉饱。❷ 未经过滤的酒：旧～｜白～。

鲊 pēi ❶ 鱼名。❷ 未经加工的鱼块。

奤｛套｝ pēi 副词，表示否定，不会：做吃～空，坐吃山空。

鲊 pēi 同"鲊"。

péi

阫 péi 墙。

崀 péi［甲崀］也作"甲裴"，日本州名。

脈 péi 同"陪"。

負 péi 传说中的河神名，也作"倍"。

陪 péi ❶ 重叠的土堆。❷ 辅佐；协助：～审｜～练。❸ 伴随：～伴｜～同｜失～。❹ 通"赔(賠)"，赔偿；亏损：当～半价｜～了夫人又折兵。

堷 péi 同"培"。

培 ㊀ péi ❶ 向植物或堤、墙等根基部分堆土：～土｜栽者～之，倾者覆之。❷ 培养(人才)：～训｜～才｜～植奖励后进。❸ 凭借：～风。❹ 房屋的后墙：凿～而遁之。

㊁ pǒu ❶［培塿］(-lóu)墓冢；小土丘：登泰山者卑～。❷田侧：高～则拔。
㊂ pī 同“坯”。

崹 péi 同“培”。

䧟 péi 义未详。(《龙龛手鉴》)

赔(賠) péi ❶补偿损失：～偿｜退～｜照价～款。❷做生意亏损：～本｜不～不赚。❸道歉；认错：～礼｜～罪｜～不是。

毰 péi［毰毸］(-sāi)也作“毰毢”。1.鸟羽张开的样子：翅～。2.飞舞的样子：瑞凤舞～｜杨柳～。

棓 péi 踏板，也作“棓”。

陪 péi 同“陪”。

碩 ㊀ péi 下巴弯曲而稍微向前。
㊁ bāi(又读 pī)脸宽大。

郝 ㊀ péi 古乡名，一在今陕西，一在今安徽。
㊁ pěng ❶古国名，在今内蒙古。❷姓。

菲 péi 草名。

棓 péi ❶版。❷同“棓”，姓。

碩 péi 同“碩”。

裴 ㊀ péi ❶长衣下垂的样子。❷姓。
㊁ féi［即裴］也作“即裴”“柳裴”，汉代国名、古县名，均在今河北。

貊 péi 貔。

裵 péi 同“裴”。

毰 péi［毰毸］(-sāi)同“毰毸”。

邳 péi ❶［邳乡］古地名，在今山西。❷也作“裴”，姓。

頿 péi 同“碩”。

褢 péi 同“裴”。

pěi

俖 pěi ❶不可；不肯。❷诳妄。

pèi

邶 pèi ❶古郡名，在今安徽，也作“沛”。❷姓。

帗 ㊀ pèi 大布。
㊁ bó 布。

伂 pèi 同“沛”。

沭 pèi 同“沛”。

沛 pèi ❶古水名，在今辽宁一带。❷盛大；充盈：丰～｜充～。

怖 pèi［怖怖］也作“迈迈(邁邁)”，怨恨；不高兴的样子。

帔 ㊀ pèi ❶裙子。❷披肩，古代披在肩背上的服饰：蔼～｜修～。
㊁ pī 古代戏曲服装，帝王、官吏、后妃及贵族妇女的常服。

佩 pèi ❶古代系在衣带上的装饰物：玉～｜环～。❷佩带；挂：～刀｜～玉｜腰间～着手枪。❸佩服，心悦诚服：钦～｜赞～｜可敬可～。

㳈 pèi 同“佩”。

忋 pèi 怨恨，也作“怖”。

怽 pèi 同“怖”。

掱 pèi ❶拨。❷转戾。

昁 pèi(又读 fèi)同“昲”。

旆 pèi 同“旆”。

祢 pèi “沛”的讹字。

姵 pèi 用于女子人名。

珮 pèi 同“佩”，古代系在衣带上的玉饰。

配 pèi ❶相当；够得上：德～天地｜般～｜他～称先进工作者。❷成婚，也指动物雌雄交配：婚～｜～牛｜～种。❸配偶，夫妻的称呼，后多指妻：择～｜原～。❹按适当的标准或比例加以调和：～色｜～药｜～方。❺把缺少的补足：～零件｜～钥匙｜～套。❻衬托；陪衬：红花～绿叶｜～音｜～角。❼分派；分发：分～｜支～｜～置。❽充军；流放：～军｜发～｜刺～。

旆 pèi 旐的末端形如燕尾的垂饰,泛指旗帜。

旆 pèi 同"旆"。

浿(浿) ㊀ pèi 古水名,即今朝鲜的清川江和约当今的大同江。
㊁ bèi 用于地名:虎～(在福建)。

粺 pèi 古代用来和羹的米粉子。

颫 pèi 义未详。(《龙龛手鉴》)

痞 ㊀ pèi 痂。
㊁ pēi ❶ 疮疤。❷ 弱:形衰气～。

辔(轡) pèi ❶ 驾驭牲口用的嚼子和缰绳:鞍～|缓～徐行。❷ 牵:～马。

駍 pèi 马健壮的样子。

霈 pèi ❶ 大雨:甘～|～为霖而复敛。❷ 雨雪多的样子,也作"沛":～然下雨|既溥既～。❸ 阴云密布的样子:玄云～而垂阴。❹ 比喻帝王的恩泽:～泽|大～。

蓜 ㊀ pèi 山崩塌声;石块陨落声。
㊁ pǐ 毁。

轡 pèi 同"辔(轡)"。

轡 pèi 同"辔(轡)"。

懥 pèi 同"懥"。

懥 pèi 极其用力。

轡 pèi 同"辔(轡)"。

轡 pèi 同"辔(轡)"。

轡 pèi 同"辔(轡)"。

轡 pèi 同"辔(轡)"。

pēn

呠 pēn 同"喷(噴)"。

喷(噴) ㊀ pēn ❶ 急剧地涌射、散射:～泉|～漆|～洒。❷ [喷嚏](-tì)也作"嚏喷",鼻黏膜受刺激而引起的猛烈带声的喷气现象:打～。
㊁ pèn ❶ 香气浓郁扑鼻:～香|香～～。❷ 指果蔬、鱼虾等大量上市期:西瓜正在～上。❸ 量词,植物开花、结实或成熟的次数,茬:头～棉花|豆角结二～了。

嗌 ㊀ pēn 同"喷(噴)",吐。
㊁ fèn 同"湓"。

噴 ㊀ pēn 同"喷(噴)"。
㊁ pǔ [噴噜]也作"氆氇",像呢绒的毛织品。

歕 pēn 同"喷(噴)"。

pén

瓫 pén 同"盆"。

盆 pén ❶ 盛东西或用于洗涤的容器:饭～|花～|洗衣～。❷ 形状像盆的东西:～地|骨～。❸ 量词:端来一～水|新买了两～小草花。

嶭 pén 山形像盆。

嶭 pén "嶭"的讹字。

湓 ㊀ pén ❶ 水上涌;漫溢:～溢|热血～涌。❷ 古水名,今称龙开河,在江西。
㊁ pèn 拟声词,水声:～流雷呴而电激。

鵮 pén[鵮鸠]同"鹎鸠"。

pěn

呠 pěn 喷,气体等冲出:～地哭起来。

翉 pěn 飞的样子。

pèn

喯 ㊀ pèn ❶ 同"喷(噴)",香气扑鼻。❷ 拟声词,哭声:～地一声哭了。
㊁ bēn [打喯儿]说话或诵读时不连贯或间歇而接不下去:老～|他讲话从来不～。

喸 pèn 义未详。(《改并四声篇海》)

pēng

辺 pēng 义未详。(《改并四声篇海》)

P

匉 pēng［匉訇］(-hōng)拟声词,很大的声响。

抨 pēng 用言语、文字攻击或批评:～击。

怦 pēng ❶忠谨的样子:志心～～而内直兮。❷拟声词,心跳声:～然心动|激动得心～～直跳。

𡚸 pēng ❶急。❷忠谨的样子。

𤘽 pēng 同"𤙖"。

𤙖 pēng 毛色斑驳如星的牛。

胓 ㊀pēng 腹胀:行气令～～满藏。
㊁píng［胓𦢊］(-zhè)也作"胓胹",油脂,也专指牛羊的油脂。

恲 pēng ❶慷慨;心情激动:夙夜自～性。❷流露:而仁发～以见容。

㧸 pēng 打:捶～。

𦯷 pēng 石头露出水面。

砰 pēng ❶拟声词,撞击声;重物落地声:门～的一声关上了|～的一声,有东西掉了下来。❷抨击;撞击:～激|重重将门～上。

𦙶 pēng 腹胀的样子。

𢻎 pēng 拟声词,击声。

㤳 pēng ❶满:～腹脓痛。❷同"恲"。

𣏐 pēng 木弩。

硑 ㊀pēng 同"砰",拟声词:～烈。
㊁píng 同"瓶":水～。

烹 pēng ❶煮:～调|～饪|～茶。❷古代用鼎镬煮人的酷刑。❸冶炼:～炼。❹把食物用热油略炒后,再加酱油等作料迅速翻炒:～对虾|～豆芽菜。❺烹熟的菜肴:珍～。

𦍒 pēng ❶使;使羊。❷杂色羊。

㶙 pēng 同"烹"。

𢏳 ㊀pēng 拉开弓。
㊁bēng 弹奏;敲击:～黄钟。

軯 pēng 拟声词,车马声;霹雳声;钟鼓声。

𨡊 pēng 酿酒,拌酒曲。

𣀮 pēng 击。

硼 ㊀pēng ❶石名。❷拟声词,大的响声:伐灵鼓之～隐|～的把房门关上。❸碰:头上～了些大疙瘩|手帕正～在眼睛上。
㊁péng 非金属元素,广泛应用于工农业和制药业。

𨵥 pēng 同"閛",拟声词,开关门声。

閛 ㊀pēng ❶拟声词,开关门声:辟之～然|～然而合。❷门无缝隙的样子。
㊁pèng 开关门。

𨶒 pēng 同"閛",拟声词,开关门声。

𩨍 pēng 同"砰"。

漰 pēng 拟声词,波涛激荡声:～湃|～浡洞踏。

嘭 pēng 拟声词:门～地一声关上了|响起～～的敲门声|噼里～啷地关好了窗。

塴 pēng 崩。

𧯄 ㊀pēng 虚胀。
㊁gāng 同"肛"。

澎 ㊀pēng 溅:～了一身油。
㊁péng ❶［澎湃］(-pài)波浪相撞击的样子,比喻声势浩大,气势雄伟:汹涌～|热情～。❷［澎湖列岛］群岛名,在台湾海峡。

磞 ㊀pēng ❶击石。❷［磞硠］(-láng)拟声词,大声:～震隐。
㊁pèng 同"碰"。1.碰击;撞击:～死在地|把头～破了。2.遇到:～见。

𥗁 pēng ❶同"硼",石名。❷同"砰",拟声词。

𩱦 pēng "鬺"的讹字,烹煮。

𨣧 pēng 同"烹"。

𨭉 pēng 炼金。

péng

芃 péng ❶［芃芃］草木茂盛的样子,单用义同:我行其野,芃芃其麦|大雨时行黍稷芃。❷兽毛蓬松的样子:有～者狐,率彼幽草。

朋 péng ❶古代货币单位,初以贝壳为货币,一朋等于五贝,或两贝、十贝:锡我

百～。❷同学;彼此友好的人:～友|～辈|亲～好友。❸朋党:以同道为～。❹成群;结党:群居而～飞|～比为奸。❺聚集;汇聚:聚戏～游|怪石层～。❻共同;一致:～心合力。❼比较;比得上:使小人君子臭味得～|硕大无～。

芃 péng 同"髼(篷)"。

倗 péng ❶辅助。❷委托。

梵 ㊀péng[梵梵](-péng)同"芃芃",草木茂盛的样子:～黍稷。
㊁fàn ❶指古印度,也指有关古印度的事物:～语|～文|虽叶(葉)书横字,华～不同。❷因佛经原用梵语写成,故指与佛教相关的:～宫|～钟|～音。❸梵文音译词"梵摩"的略音或省称,清静;寂静:～行。❹诵经,也指诵经声:朝～林未曙|午～隔林知有寺。❺姓。

軥 péng "輣"的讹字。

怋 ㊀péng[惆恟](-hōng)发怒的样子。
㊁pēng 同"怦",慷慨。

弸 péng ❶弓强劲有力的样子。❷弓弦:箭在～。❸充满:～中而彪外。

彭 péng ❶拟声词,鼓声:～～魄魄。❷古国名,在今四川。❸古地名,在今河南。❹姓。

棚 péng ❶用竹木等材料架构的篷架或简易屋舍:凉～|牲口～|工～。❷楼阁,传统楼房建筑的一种,用于远眺、休憩、藏书、供佛等:～阁|高～。❸清代军队编制单位。❹指天花板:顶～|灰～。

榜 péng 同"棚"。

颫 péng ❶风的样子。❷大风声。

颭 péng 同"颫"。

𡧂 péng 同"棚"。

埄 péng ❶尘土。❷尘土被风刮起。

搒 ㊀péng ❶掩藏;掩门。❷用棍棒或竹板打:～讯|敲～。
㊁bàng 摇橹使船往前行:～船。
㊂bēng 相牵。

塳 péng 同"埄",尘土。

蓬 péng ❶蓬草,又称飞蓬,多年生草本植物,籽实有毛,随风飞扬:飞～满天|～生非无根,飘荡随高风。❷松散杂乱:～松|乱～～|～头垢面。❸同"砰",拟声词:～的一声,头上着了很粗的一下。❹量词,用于花草等:两～翠竹|一～茅草。❺姓。

䅣 péng ❶禾茂密。❷禾排列成行。

篣 péng 同"篷"。

鹏(鵬) péng 见257页fèng。

甏 péng 屋响。

樥 péng 梁上榍。

蟚 péng 虫名。

熢 ㊀péng[熢焞](-bó)同"蓬勃"。
㊁fēng 同"烽(烽)"。

祊 péng[祊禖](-huáng)祭名。

髼 péng 同"鬔(鬔)"。

輣 péng ❶兵车。❷楼车。❸水波激荡声。

踫 péng 跑。

憉 péng ❶[憉悙](-hēng)自强。❷[憉愊](-bì)涕泪纵横交流的样子:孝子～。

殦 péng(又读bēng)[殦殍](-hēng)死尸肿胀,泛指肿胀。

噔 péng 拟声词:哾咿呀,嘶碧～。

篷 péng ❶遮蔽风雨和阳光的用具,用篾席、帆布等制成:船～|车～|帐～。❷船帆:～帆|小船扯起～来|一箭射断～索,船帆堕下落水。

錋 ㊀péng 古代兵器。
㊁bèng 同"镚(鏰)",小型硬币:～子|钢～儿。

膨 péng ❶(旧读pèng)胀大;胀满:～胀|～大。❷[膨脝](-hēng)1.肚子胀大的样子:老子腹～。2.物体庞大笨重的样子:豕腹胀～|煮药～鼎。❸[膨腥](-gōng)也作"膨膹",大腹。

鵬 péng 同"鹏(鵬)"。

韸 péng 也作"韸韸""逢逢",鼓声;鼓声和谐。

鬅 péng 同"髼"。

鬔 péng 头发散乱的样子，也作“鬔鬆”。

韸 péng 同“鬔”。

鞛 péng［鞛鞛］也作“韸韸”“逢逢”，鼓声，单用义同。

輣 péng 拟声词，车行声。

軿 péng ❶车。❷同“棚”，兵车。❸拟声词，车行声。

貏 péng 哺乳动物。

㾟 péng 同“膨”。

髼 péng［髼鬙］（－sēng）1. 头发披散：白发～。2. 山石、花木参差散乱：石山～｜白杨～。3. 事物散乱的样子：雪～。

髽 ㊀ péng［髽鬤］（－ráng）头发散乱的样子。
㊁ pèng 同“碰”，碰见；遇到：～到。

騯 péng 同“騯”。

聸 péng［聋聸］耳聋的人。

蟚 péng［蟚蜞］（－qí）同“蟛蜞”。

麷 péng ❶煮酒曲。❷熬麦。

霶 péng 拟声词，雨声。

蟛 péng ❶［蟛蛾］（－yuè）也作“蟛蚏”“蟛蚏”，动物名，像蟹而小。❷［蟛蜞］（－qí）也作“蟚蜞”“彭其”，一种小蟹。

艕 péng［艕仔］船名。

鬅 péng 同“鬔”。

蘕 péng 同“蓬”，蓬松，松散杂乱。

轒 péng 同“軿”，拟声词，车行声。

篷 péng 同“篷”。

艂 péng 船篷，也作“篷”。

韼 péng 同“韸”。

馡 péng［馡馞］（－bó）也作“馞馡”，香气浓烈。

纄 péng“鑝”的讹字。

鬔 péng［鬔鬆］也作“鬔鬆”“蓬松”，头发散乱的样子。

鬅 péng 同“髼”。

騯 ㊀ péng［騯騯］（－péng）也作“彭彭”，马行走的样子。
㊁ bǎng［騯驦］（－shuāng）也作“騯騻”，浅黄色的马。

鼙 péng 同“鞛”。

轋 péng 同“輣”。

韼 péng 同“篷”，车、船的顶篷。

貗 péng 同“貏”。

鑝 péng 戴上头盔。

鼟 péng 同“鼕”。

鰟 péng 蝠鲼，鱼名。

轓 péng 同“軿”。

pěng

扷 pěng 同“拌”。

拌 ㊀ pěng 同“捧”，捧着，双手托物。
㊁ bàng 打。

抔 pěng 同“拌”。

捧 pěng ❶双手托着：手～鲜花｜～腹大笑。❷奉承人；代人吹嘘：仗着宝玉疼他们，众人就都～着他们｜～场｜吹～。❸搀扶：俄而红娘～崔氏而至。❹量词，用于能以手捧的东西：一～红枣。

皏 pěng 浅白色：色～然白。

淎 pěng 古水名。（《玉篇》）

殎 pěng 死。

崩 pěng ❶一种海蚌。❷同“鄘”，古国名。（《集韵》）

pèng

瓶 ㊀ pèng 罂类器皿。
㊁ bèng 瓮类器皿。

P

㶽 pèng 拟声词,砍树木声。

椪 pèng[椪柑]又称芦柑,柑的一种。

碰[掽、踫] pèng ❶撞击:～撞｜～钉子｜头～破了。❷遇到:～到一些无聊的事｜路上～见老同学。❸试探:～一～机会｜～一下运气。
◆"踫"另见723页"踫"字条。

椪 pèng 同"樥"。

踫 ㊀pèng "碰"的异体字。
㊁pán 同"蹩",徒步涉水。

樥 pèng "樥"的讹字。

髼 pèng[髼髼](bìng-)见61页"髼"字条。

樥 pèng (又读péng)草木茂盛的样子。

磞 pèng[碰磞](bìng-)同"碰髼"。

磅 pèng 同"髼"。

鬔 pèng[蹦鬔](bìng-)同"蹦鬔"。

鯆 pèng ❶大鱼。❷鱼名,又称绷鱼。

pī

丕 pī 大:～业｜～绩。

伾 pī 同"丕"。

怀 ㊀pī 同"伾"。
㊁bèi 通"背",背离;背叛:反义～宗｜～约。
㊂bù 通"不",副词,表示否定:～通｜～容。

批 pī ❶用手掌打:～颊(打嘴巴)｜～而杀之。❷口头或用文字判定是非、优劣、可否:～语｜～阅｜～评。❸批示的文字或评语:朱～｜眉～｜夹～。❹大量的:～购｜～发｜～量生产。❺量词,用于数量众多的人或物:大～游客｜一～货物。❻棉、麻等未捻成线、绳时的细缕:线～儿。

邳 pī ❶古地名,在今山东。❷古国名,在今江苏。❸用于地名:～州(在江苏)。

伓 pī 同"丕"。

伾 pī[伾伾]众多、有力的样子。

纰(紕) ㊀pī ❶布帛、丝缕等破坏而披散:线～了。❷疏忽;错误:～漏｜～缪｜吏惰政～。
㊁pí 在衣冠或旗帜上镶边,也指所镶的边,泛指边缘:素丝～之｜缟冠素～｜不见天地之～,古今之大。
㊂chǐ 量词,用于绩苎。

坯 ㊀pī ❶未经烧制的砖瓦、陶瓷等:砖～｜土～｜脱～。❷半制成品:毛～｜钢～｜～布。
㊁huài 同"坏(壞)"。

抷 ㊀pī 披。
㊁pēi 用双手捧。

披 pī ❶打开:～抉其闺门而杀之。❷分开;裂开:木实繁者～其枝｜竹竿～了。❸翻开;散开:～阅｜～露｜～头散发。❹搭、盖在肩和背上:～肩长发｜～星戴月。

砙 pī 同"坏(坯)",未经烧制的砖瓦。

炁 pī 同"炋"。

髬 pī 假发(髮)。

吱 pī 同"破"。

敀 pī 器物出现裂纹或破损。

欯 pī 气出声。

犃 pī 同"犻"。

征 pī ❶行走的样子。❷同"伾"。

狉 pī ❶同"豾"。❷[狉狉]群兽奔跑的样子:鹿豕～。

炋 pī 火。

妭 pī 用于女子人名。

驲(駓) pī 又称桃花马,毛色黄白相杂的马。

䫌 pī ❶[䫌覞](-xiàn)开口的样子。❷同"披",张开。

秠 pī 同"髬"。

砒 pī ❶砷的旧称。❷砒霜,又称信石、红矾,有剧毒的无机化合物,多为白色粉末,有的略带黄色或红色。

P

殔 ㊀pī 割肉。
㊁pǐ 折。

皱 pī ❶同"皮"。❷同"披"。

钚(鈈) ㊀pī 同"鉟"。
㊁bù 金属元素，有放射性，可作为核燃料用于核工业，也用于制造业。

毴 pī ❶毛。❷女性的外生殖器。

犃 pī 叹词，驱使牛的吆喝声。

秠 pī 同"秠"。

旇 pī 同"鲏(鮍)"。

郱 pī 同"邳"。

畋 ㊀pī 同"耚"，耕田。
㊁pǒ[畯畋](tuǒ-)见972页"畯"字条。

铍(鈹) ㊀pī ❶中医用的长针，可刺破痈疽，排出脓血。❷古代兵器。1. 剑类。2. 大刀。3. 大矛。❸镵，刨土工具。❹锄。
㊁pí 金属元素，可用来制合金，用于飞机、火箭制造业和原子核工业等。

秠 pī ❶黑黍的一种，一个外壳包着两粒米。❷谷子外壳。

秛 pī 禾租。

剫 pī 削：更将明月～来薄。

䣯 pī 同"坏(坯)"，未经烧制的砖瓦、陶器。

鈚 pī 同"錍"，箭头。

狉 pī 同"豾"。

性 ㊀pī 谬误。
㊁bī 意并。(《集韵》)
㊂pǐ 谨慎。

耚 pī 耕田。

砒 pī 同"霹"。

旇 ㊀pī 旌旗披散的样子。
㊁bì ❶旌旗。❷衣服的样子。

翍 pī 同"翍"。

翍 ㊀pī ❶张开翅膀的样子。❷同"披"，张开；分散：～桂椒|阴雾离～。
㊁pō 飞的样子。

秠 pī 同"秠"。

鈚 pī 同"剫"。

鈚 ㊀pī ❶犁刃。❷一种箭头宽而薄、箭杆较长的箭，泛指箭头：长～逐狡兔。
㊁bī 同"鎞"，发(髮)钗：金～。
㊂bǐ 同"匕"，古代食具，金属制，像汤匙。

釽 ㊀pī ❶裂开，引申为剖判、分析：擿其微言，～其大义。❷剑身呈现的文采。❸农具名。
㊁zhāo 炼铜时铜液的浮渣。

鈲 pī "鈲"的讹字，一说"釽"的讹字。

豾 pī 狸子。

攙 pī 同"批"，用手击打。

攙 pī 同"殔"，割肉。

嚓 pī[嚓咓](-wā)口的样子。

噼 pī 叹词，表示鄙视、唾弃：～！罢职即民。

鉟 pī ❶同"铍"，古代兵器，形如刀，两面有刃。❷熔化：～金|～销。

鲏(鮍) ㊀pī ❶鱼名。❷剖开洗净的鱼：鱼～。
㊁pí[鳑鲏](páng-)见243页"鳑"字条。

憵 ㊀pī 性恶。
㊁bī 通。

屁 pī 穴。

䌘 ㊀pī 同"纰(紕)"。
㊁bī 并；比。

鬈 ㊀pī 同"髬"。1.[鬈髵](-ér)同"髬髵"，猛兽鬃毛竖起。2. 披发(髮)狂奔。
㊁pēi[鬈鬛](-sāi)多胡须的样子：竖剑眉阔口～|～下垂。

髬 pī 同"鬈"。

敂 pī[敂敼](-pū)房屋将坍塌损坏。

鈚 pī 器。

鈚 pī ❶[灵姑鈚]古代旗名。❷圆鈚。

鈚 pī ❶裁截；劈破：钩～析乱|～槻兼呈。❷分析：～验|～之扬之。

鈚 pī 同“鈹”。

諀 pī 误，错误，也作“纰(紕)”。

髬 pī ❶［髬髵］(-ér)也作“髬髵”，猛兽鬃毛竖起。❷披发(髪)狂奔。

磇 pī 同“砒”。

噼 pī“噼”的讹字。

鵧(鴄) ㊀pī［鵧鵊］(-jiá)又称鹎鵊，鸟名。
㊁pí［鵧鷺］水鸟名。

劈 ㊀pī ❶用刀、斧等破开：～木头｜一刀～成两半。❷冲着；正对着：～脸泼去｜～头浇下｜～胸一拳。❸雷电击毁或击毙：大树被雷～了｜诅咒他出门遭雷～。
㊁pǐ 分开：～柴｜～叉(两腿朝相反方向分开，臀部着地)｜～成两份儿。

鎞 pī 锄。

髲 pī 同“鬘”。

駓 pī 同“驱(駆)”。

噼 pī 拟声词或用于拟声词：～啪｜～哩啪啦。

頼 pī 同“額”。

魾 ㊀pī 大鳠。
㊁pí 鲂鱼的别称。

鎜 pī 同“鑒”。

駱 ㊀pī 同“驱(駆)”。
㊁bǐ 野兽快跑的样子：群兽～騃。

額 pī 同“額”。

謉 pī 叹词，呵斥声。

劈 pī 同“劈”。

懯 pī［懯朴］急速。

縪 pī 同“紕”。

礔 pī［礔礰］(-lì)同“霹雳”，响声很大的雷，也用作拟声词：～激而增响｜雷雨～｜～响。

顉 pī 同“額(額)”。

諀 pī 同“諀”。

礕 pī ❶［礕礰］(-lì)同“礔礰”。❷破开，后作“劈”：～头山。

額 pī 短须发的样子。

鮍 pī 同“鲏(鮍)”。

霹 pī ❶［霹雳］1.响声很大的雷，常比喻重大的突发事件，单用“霹”义同：晴天霹雳｜震如当空之霹。2.传说中的雷神名。❷雷电击毁或击毙，也作“劈”：雷霆～长松｜天雷～汝粉碎。

鶅 pī 同“鵧(鴄)”。

礔 pī 同“霹”。

鮍{鰵} pī 鱼名。

pí

皮 pí ❶人和动植物体的表层组织：牛～｜树～｜膝盖碰破了～。❷皮革：～包｜～鞋｜～袄。❸表面：地～｜水～儿。❹包在外层的东西：书～｜封～｜包袱～。❺薄如皮层的东西：粉～｜铁～柜｜海蜇～。❻韧性大；不松脆：～糖｜酥饼放时间长了有点儿～。❼顽皮；淘气：这孩子太～。❽姓。

阰 pí 古山名，在今湖北。

芘 ㊀pí［芘芣］(-fú)锦葵，又称荆葵，二年或多年生草本植物。
㊁bǐ 有机化合物，可用来制合成树脂和染料等。
㊂bì 通“庇”，荫蔽；庇护：西～。

皮 pí 同“皮”。

皮 pí 同“皮”。

伾 pí 同“坯”。

刺 pí 割开：～面自刑。

刺 pí 同“刺”。

枇 ㊀pí［枇杷］(-pá)1.常绿小乔木，果实可食，叶可供药用。2.同“琵琶”，弹拨乐器。
㊁bǐ 同“朼(匕)”，古代长柄取食器具。
㊂bì 栉，篦子，也指篦头：头不～沐，体生疮肿。

P

㈣ pī 也作“桊”，即榔栗，树名。

毞 pí“芘”的讹字。

毪 pí 古代西北、西南地区少数民族用兽毛织的一种布，也作“纰（紕）”。

甿 pí 同“毗”。

昮 pí 同“皮”。

㞺 pí 同“皮”。

岯 pí ❶［大岯］也作“大伾”，古山名，在今河南。❷山一重：崇数尺以成～。

岻 pí 二重山。

肶 ㊀ pí 同“膍”。
㊁ bì ❶（又读 bǐ）同“祉”，祭祀。❷同“髀”，大腿。

狓 pí［狓猖］猖狂；不遵法而胡作非为：共肆～。

庀 pí 房舍。

毗［毘］ pí ❶依附；接连：倚～｜～连｜～邻。❷辅佐；辅助：～佐｜～辅。

罜 pí 同“笓”，捕虾的竹器。

窋 pí 器。

毪 pí“毪”的讹字。

蚍 pí ❶［蚍蜉］（-fú）也作“蚍蜉”，一种大蚂蚁，单用“蚍”义同：蚍蜉撼大树｜蚍结蝇营。❷［蚍衃］（-fǒu）也作“芘芣”，即锦葵，又称荆葵，二年或多年生草本植物。

殶 pí 义未详。（《龙龛手鉴》）

罢（罷）｛罷｝ ㊀ pí 同“疲”，疲困；疲惫：庶民～敝｜有逸无～。
㊁ bà ❶释放罪人，引申为遣归：乃～魏勃｜请～二十万还农。❷免除；解除：～免｜～官｜～职。❸停止：～休｜～手｜欲～不能。❹完了；完毕：吃～饭｜一曲唱～，台下响起一片掌声。
㊂ ba 助词，表示语气：天色晚了，咱回去～！｜下雨了，快避雨去～。

笓 ㊀ pí ❶捕虾的竹器。❷用竹或荆柳等编织的遮挡物：～篱笆｜树～格。
㊁ bì ❶同“篦”，篦子。❷编次；排列。

郫 pí ❶郫县，地名，在四川。❷古邑名，在今河南。❸郫江，水名，岷江支流，在四川。❹姓。

䫌 pí 同“毗”。

䏘 pí ❶同“䫌（毗）”。❷小笼子。

疲 pí ❶劳累；倦乏：～倦｜～乏｜精～力尽。❷厌倦：乐此不～。❸瘦；瘦弱：～马｜不知形～，不惮苦骨。

陴 pí 女墙，城墙上呈凹凸形的矮墙，泛指城墙：令妇人守～，悉兵拒之｜升～慰勉。

埤｛𡐦｝ ㊀ pí 增加：～益｜削长～短｜～学识，广见闻。
㊁ pì［埤堄］（-nì）也作“埤院”，城墙上呈凹凸形的矮墙，有孔可瞭望、射击，单用“埤”义同：白日挥戈，埤堄益张其羽翼｜完埤自如。
㊂ bì 地势低而潮湿处：松柏不生～。
㊃ bēi 同“卑”，低下；卑俗：～下｜～车小马｜～污庸俗。

蓖 pí 同“蓖”。

椑 pí 树名。

蚽 pí 虫名。

蚾 ㊀ pí 虫名。
㊁ bǒ［蚵蚾］（hé-）见 340 页“蚵”字条。

曼 pí 义未详。（《龙龛手鉴》）

啤 ㊀ pí 用于译音：～酒（以大麦为主要原料制成的酒）。
㊁ bēi 喉病的一种，不能大声说话。

崥 ㊀ pí［崥崹］（-tí）山上地形逐渐平缓的样子。
㊁ bǐ［峡崥］见 1027 页“峡”字条。

笣 pí 同“皮”。

䠘 pí［䠙䠘］（kuā-）见 511 页“䠙”字条。

䧝 pí 同“岯”。

貔 pí 同“貔”。

琵 pí［琵琶］（-pa）木制弦乐器。

捭 pí“椑”的讹字。

蓖 ㊀ pí 蒿类植物。
㊁ bì［蓖麻］同“蓖麻”。

椑 pí 同“椑”，古代一种椭圆形酒器。

甈 pí 古代盛水防火的瓦器。

豼 pí 义未详。(《改并四声篇海》)

胼 pí 同"脾"。

脾{脾} ㊀ pí 脾脏,人和高等动物的内脏器官,有更新血液,调节脂肪、蛋白质、碳水化合物的新陈代谢等作用。
㊁ pái 牛胃。
㊂ bì 同"髀",大腿。

腗 pí 同"脾"。

焷 pí 用火烧熟。

陴 ㊀ pí 同"阰"。
㊁ bī 同"陛"。

豾 pí 同"坯"。

貔 pí 同"貔"。

琵 pí 同"琵"。

萆 pí 草名。

椑 pí 树名。

棍 pí 屋檐前板。

槐 pí 同"棍"。

蜱 pí ❶ 壁虱,节肢动物,种类多,大多数吸食人、畜血液,能传染疾病。❷ [蜱蛸](-xiāo)也作"螵蛸",即螵蛸。❸ 同"蠯(蚍)"。

罴(羆){羆} pí 熊的一种,即棕熊,又称人熊、马熊。

躷 pí 同"躭"。

骳 pí 同"躭"。

膍 pí ❶ 牛肚。❷ 鸟胃。❸ 厚赐:福禄~之。

騑 ㊀ pí 马名。
㊁ pēng 同"軯",拟声词,车马声。

麮 pí [麮麳](-lí)即麸(麩)。

櫠 ㊀ pí [櫠榹](-xī)向下生长的树枝。
㊁ bī [櫠榹](-xī)小树苗。

篦 pí 笼。

魮 ㊀ pí 又称鮤魮、文魮,瓣鳃纲中能产珍珠的珠母贝。
㊁ bǐ 鱼名,尾有毒。

麀 pí 哺乳动物,像鹿而小。

隦 pí [隦堄](-nì)同"埤堄"。

䫌 pí 同"罴(羆)"。

䳤 pí 又称钦䳤,即鹗。

駓 pí 同"䳤"。

䡟 pí 城上矮墙。

纰 pí 细布。

鼙 pí 同"鼙"。

箄 pí 也作"猈",用于人名:史~(春秋时人)。

䮰 pí 同"躭"。

貔 pí 猛。

貔 pí ❶ 古书上说的猛兽,像虎豹,比喻勇猛的军队:北军百万虎与~。❷ 狸的别称。

貔 pí 同"貔"。

颭 pí 风。

㢰 pí 同"蠯"。

蠯 pí (又读 bì)同"蚍"。

鵧 pí [鵧鶅](-jí)鶅鸠。

䫌 pí 同"䫌(罴,羆)"。

髍 pí 同"罴(羆)"。

蠯 pí 虫名。

颱 pí 同"颭"。

䨽 pí 同"罴(羆)"。

鼙 pí "鼙"的讹字。

麴 pí 成小饼形的酒曲。

䀔 pí 同"毗"。

蠯 ㊀pí［蠯蛸］(-xiāo)螵蛸。㊁bī 同"螕"，寄生在牛、马、鸡、狗等牲畜身上的小虫。

䑀 pí 同"䏘"。

鼙 pí ❶骑鼓，古代军中用的一种小鼓：鼓～|～声。❷小鼓：～鼓|朔～。

麛 pí 同"麬"。

蠶 pí 同"蚍"。

饆 pí 增加，增补，后作"裨"。

鲏 pí 同"魮"。

䴽 pí "䴽"的讹字。

鼛 pí 同"鼙"。

蠵 pí 同"䗘(蚍)"。

䖩 pí 同"蚍"。

䗪 pí 同"䗪(螷)"。

䪏［䪏］ pí 同"陴"，城墙上的女墙。

癖 pí 同"䗪"。

蠹 pí 同"蚍"。

䖩 pí 同"蚍"。

蠯 pí 同"蚍"。

pǐ

匹［❶❸疋］ pǐ ❶比得上；相当：～敌|～配|难于为～。❷单独：～夫～妇|～马单枪。❸量词。1. 用于整卷的布或绸缎等：一～布|两～绸子。2. 用于马、骡等：三～马|两～骡子。

◆"疋"另见 879 页"疋"字条。

庀 pǐ ❶治理；办理：不～农政。❷准备；聚集：鸠工～料。❸同"庇"，庇护；遮蔽：～郑|～风雨。

圮 pǐ ❶坍塌；破败：山门～于河|人空庵～。❷毁坏；断绝：～毁|～族|宗绪中～。❸摧伤；伤害：是以悲恸，肝心～裂。

䢁 pǐ 义未详。(《改并四声篇海》)

否 pǐ 同"否"，坏；恶；不顺：休～(止息厄运)。

仳 ㊀pǐ 分别；离别：～别|～离(夫妻分离，也指妻子被遗弃)。㊁pí［仳倠］(-huī)古代有名的丑女。

肞 pǐ 吹肉，一说同"脴"。

肶 pǐ 次肉。

苉 pǐ 有机化合物，由煤焦油中提炼。

坒 pǐ 义未详。(《改并四声篇海》)

吡 pǐ［吡吡］拟声词，唾声。

妣 pǐ 用于女子人名。

呸 pǐ 同"吡"。

訛 ㊀pǐ 同"諀"，准备。㊁é 同"讹(訛)"。

菝 pǐ 草名。

脴 pǐ 同"痞"，中医指腹内结块的病症。

訿 pǐ 同"庀"，准备。

痞 pǐ ❶痞块，中医指腹腔里可摸得到的硬块：～疾|～结|病～。❷俗称流氓无赖：～子|地～。

嶏 pǐ 崩塌；崩毁。

踎 pǐ 义未详。(《字汇补》)

鴄 pǐ 又称鷑鴄，鸭。

䳑 pǐ "鴄"的讹字。

諀 pǐ 同"諀"。

諀 ㊀pǐ 诽谤。㊁bēi［諀訾］(-zǐ)喜欢评论人的是非。

嚭 pǐ 同"嚭"。

擗 ㊀pǐ ❶捶胸：～踊｜～膺。❷掰；劈：～棒子｜被他一枷梢打重，把脑盖～得粉碎。❸分开；裂开：垣墙皆顿～。
㊁bò 同"擘"。

鴭 pǐ "鳴"的讹字。

皵 pǐ 列名。

䤟 pǐ 同"嚭"。

酵 pǐ 同"醇"。

頼 pǐ 头倾斜。

魓 pǐ ❶鬼名。❷妖魅。❸丑陋。

頨 pǐ 同"頼"。

癖 pǐ ❶痞块，腹中积块的病：食～｜痰～。❷嗜好，对某类事物偏爱成瘾：～好｜洁～｜嗜酒成～。

躄 pǐ 义未详。（《龙龛手鉴》）

嚭 pǐ 大，多用于人名。

醕 pǐ ❶酒的颜色。❷同"圮"，毁坏；坍塌。

顖 ㊀pǐ 同"頨（頼）"。
㊁xìn 同"顖（囟）"。

pì

屁 pì ❶从肛门排出的臭气：放～。❷比喻无用的、不值一提的事物：～话｜～事。

㽬 pì 牛具。

肶 pì 肚肥。

脾 pì 同"肶"。

泙 pì 同"浯"。

㞎{䊧} pì 同"屁"。

浯 pì 古水名。（《集韵》）

宩 pì 同"屁"。

萆 ㊀pì 蓑衣。
㊁bì ❶［萆薢］（-xiè）多年生藤本植物，块茎可供药用。❷［萆荔］同"薜荔"。
㊂bēi 蒿类植物。

副 ㊀pì 剖分；破开：～之以吴刀｜为天子削瓜者～之。
㊁fù ❶居第二位的；辅助的：～厂长｜～教授。❷辅助的职务；担任辅助职务的人：团～｜队～｜大～。❸附带的；次要的：～业｜～食｜～作用。❹相称；符合：名不～实｜名实相～。❺量词。1. 用于成组成套的东西：一～手套｜一～对联｜全～武装。2. 用于面部表情、态度等：一～严肃的表情｜一～和蔼面孔｜一～强盗嘴脸。

淠 ㊀pì ❶水名。1. 又称白露河，在河南。2. 淠河，在安徽。❷船行驶的样子：～彼泾舟。❸淹没：淹～。
㊁pèi［淠淠］（-pèi）1. 飘动的样子：其旗～。2. 茂盛的样子：萑苇～。

淠 pì 古水名。（《改并四声篇海》）

隔 pì 同"陕"，地裂。

揊 ㊀pì ❶击。❷拟声词，击声：～拍。
㊁chè 撤去。

闢 pì 同"闢（辟）"。

闟(闔) pì 充满；拥塞：～塞。

淠 pì 同"浉"。

屁 pì 同"屁"。

敲 pì 同"揊"，击；击声。

睤 pì 同"睥"。

睥 pì［睥睨］（-nì）1. 斜视，厌恶或傲慢的样子，单用"睥"义同：过者莫不左右睥睨而掩鼻｜他举着酒杯，用威严的睥睨一切的目光向全场一扫｜贪奇恋景不知倦，侧睥又复心瑟缩。2. 窥视：～良久。3. 城上的小墙：高垣～，连亘六七里。

潎 pì ❶拟声词，流水声。❷同"淠"，水名，在安徽。

澼 pì 同"漵"。

辟(闢) pì 见43页bì。

媲 ㊀pì ❶配偶；比配：妇顺不逆，阴阳胥～｜险语破鬼胆，高词～皇坟。❷匹敌，比得上：这件高科技仿制品足以与原件～美。

P

㊁bī［嫛媲］（yī－）小的样子。
㊂pí 用于女子人名。

媲 pì 同“媲”，配偶；比配。

揊 pì 同“副（副）”。

磇 pì 石落。

闢 pì 同“闢（辟）”。

犤 pì 牛名。

稫 pì［稫稄］（－zè）禾苗茂密的样子。

潎 ㊀pì ❶在水中捶击棉絮。❷鱼游水中：～～鱼相逐。
㊁piē［潎洌］（－liè）水流轻快、迅急的样子：横流逆折，转腾～。

轉｛轉｝ pì［轉輗］（－yì）车名。

廦 pì 仄。

僻 pì ❶偏僻，距离中心地区远的：～远｜～陋｜穷乡～壤。❷不常见的：生～｜冷～｜～字。❸性情古怪，不合群：怪～｜孤～。

澼 pì 同“潎”。

甓 pì 同“僻”。

闢 pì 同“闢（闢，辟）”。

闔 pì 开门。

澼 pì［洴澼］（píng－）见 738 页“洴”字条。

瞥 pì 同“睥”。

躄 pì 踦。

嚊 ㊀pì 拟声词，喘息声：吸～潚率。
㊁xiù 同“嗅”：狗用鼻子～着。

餢 pì 饱；饱的样子。

膍 ㊀pì ❶肚脐。❷腑。
㊁pǐ 同“癖”，病名，指消化不良或腹内结有硬块。

廦 pì “癖”的讹字。

濞 ㊀pì 拟声词，水暴至声：～汹汹其无声｜～焉汹汹。

㊁bì ❶古水名，在今云南。❷用于地名：漾～（在云南）。

潞 pì ❶鱼虾类腐败的样子。❷鱼名。

甓 pì ❶砖：古～｜亭～。❷用砖砌：～其城。

澼 ㊀pì 水中陆地。
㊁bó 水分流。

辟 pì 同“譬”。

睥 pì 同“睥”。

膞 ㊀pì ❶盛。❷肥壮。
㊁yì 腺肉，即瘜肉，今作“息肉”。

糟 pì 同“屁”。

潳 pì 水溃散。

䴙（鸊） ㊀pì ❶［䴙鴟］（－qí）鸡，也单称鴟。❷［䴙䴘］（－tī）也作“䴙鹈”，又称油鸭，水鸟名。
㊁bì［䴙鶷］（－gāo）鸟名，一种小鸠。

避 pì 跑的样子。

轓 pì［轓輗盖］（－yì－）曲柄车盖。

副｛副｝ pì 同“副”，剖分；破开：～瓜。

譬 pì ❶比喻；打比方：～喻｜～如｜设～。❷通晓；明白：闻之未～。❸晓喻；告诉：～诸外戚。

鷿 pì 同“鷿”。

癖 pì 气满。

鸊 pì 同“鸊（䴙）”。

鷿 pì 同“鸊（䴙）”。

癖 pì 同“癖”。

濞 pì 败坏的样子。

癖 pì 同“癖”。

piān

囨 piān 唾声。（《玉篇》）

偏 piān ❶不正;不在中间:～差|不～不倚|太阳～西了。❷单独注重某方面;不公正:～爱|～信|～见。❸冷僻的;边远的:～僻|～远|～题。❹副词,表示跟愿望、预料或一般情况不同:不让他去,他～去|正是庄稼需要雨水的时候,可是～不下雨。

刷 piān 削。

扁 piān 废。

弸 piān 弓反张。

媥 piān ❶[媥姺]-xiān 衣裳轻盈飘摆舞动的样子。❷身体轻盈的样子。

犏 piān ❶牦牛。❷母牦牛和公黄牛交配而生的杂种牛。

瘺 piān 半身不遂。

篇 piān ❶书籍;简册:著之于～|总括群～。❷完整的诗文:诗～|文～|～什。❸著作中的一个组成部分:～章结构|作《孟子》七～。❹单张的:歌～儿。❺量词,用于文章、纸张等的数量:几～论文|三～稿纸。

翩 piān ❶快速地飞:～彼飞鸮。❷摇曳飘忽的样子:～若惊鸿|～然梦中蝶。❸旌旗飘扬的样子:旗旐有～。❹风流潇洒的样子:～何姗姗其来迟?|妹发垂垂弟貌～。❺[翩跹](-xiān)同"蹁跹"。

猵 piān 同"翩",快速地飞:～彼飞雉。

騗 piān 义未详。(《龙龛手鉴》)

覑 piān 斜看。

鶣 ㊀piān[鶣鷅](-piāo)轻盈的样子。㊁biǎn 同"扁",姓:～鹊(即扁鹊,战国时名医)。

pián

便 ㊀pián ❶安适:暖(煖)衣饱食,～宁无忧|食不甘味,卧不～席。❷[便便](-pián)腹部肥胖的样子:大腹～。❸[便宜](-yi)1. 物价较低:大白菜很～。2. 小利;私利:占～。3. 使得到不应得的好处:今天～了他。
㊁biàn ❶有利;合宜:～利|方～|轻～。❷方便的时候;顺便的机会:得～|趁～|～中。❸简单平常的;非正式的:～条|～衣|家常～饭。❹排泄屎尿;屎尿:小～|大～|粪～。❺副词,就:没有刻苦努力,～没有优异成绩。❻[便宜]方便;便利:～行事(经特许可自行做出决定以处理公事)|～坊烤鸭店。

骈(駢){騈} pián ❶两马并列驾车:～驰翼驱。❷成双的;对偶的:～俪|～句|～文(旧时一种文体,使用对偶的句子,讲究声韵和谐,辞藻华丽)。

胼{胼} pián ❶[胼胝](-zhī)手、脚上的茧子,也单称胼:手足胼胝|胼手足。❷腹胀。

谝(諞) ㊀pián ❶花言巧语,也作"便":巧～|～佞|无以利口～言为足信。❷欺骗;诈骗:诓～博弈。
㊁piǎn 夸耀;显示:～能|卖～|光～他的扇子。

萹 pián[萹蔞](-lǚ)同"蒌蔞"。

哽 pián 能说会道,也作"辩(辯)"。

阓(闠) pián[阓阗](-tián)也作"骈阗",充塞。

媥 pián[媥娟]1. 美好的样子:帝子渺何许,～远水湄。2. 回环曲折的样子:旋室～以窈窕。

楩 pián 古书上说的一种树,也用于地名:～树岔(在福建)。

楄 pián ❶短方木。❷匾额:署～。❸木屐底板。❹传说中的树名。

賆 pián 增益;增多。

駢 pián 同"骈(駢)"。

駢 pián 同"骈(駢)"。

跰(踫) pián 并牙;重叠的牙:～齿。

徧 pián 同"傷"。

胼 pián 同"瓟"。

瓟 pián 瓜名。

騈 pián 同"骈(骈)"。

蝙 pián[蝙蝂](-xuán)又称沙虱、恙虫,昆虫。

骿 pián ❶ 肋骨并成一片。❷ 同"胼",手、脚上的老茧。

楩 pián 同"蝙"。

諚 pián 义未详。(《字汇补》)

貆 pián 猪。

蹁 pián 行走;行走的样子。

蹁 ㊀ pián 腿脚不端正,也指行走姿势不正。㊁ piān [蹁跹] (-xiān) 也作"翩跹",旋转起舞,舞姿轻快飘逸的样子:舞～|～起舞|～鹭羽振。

諞 pián 同"諞(谝)"。

蹮 pián 同"蹁(蹁)"。

蹁 pián 同"蹁"。

piǎn

覑 piǎn 看的样子。

㮁 piǎn 狭长的低地,多用于地名:长河～(在四川)。

貵 piǎn 财源长久。

piàn

片 ㊀ piàn ❶ 把木头分成两半,引申为剖分:瓠匏可盛粟二十斛,～之可为舟航。❷ 扁平而薄的物体:肉～|明信～。❸ 切削成薄片状:～羊肉|把豆腐干～一～。❹ 少;零星不全的:～刻|～面|～言只语。❺ 较大地区内划分的较小地区:分～儿开会讨论。❻ 电影、电视剧等:影～|故事～。❼ 量词。1. 用于成片或成块的东西等:一～汪洋|一～绿油油的庄稼|三～药。2. 用于景色、声音等:一～凄凉景象|一～欢呼声。
㊁ piān 同"片㊀ ❷❻",用于口语:相～儿|唱～儿|动画～儿。

吤 piàn 闲谈:闲～|～一～。

肦 ㊀ piàn 躯体的一半。
㊁ pàn 同"胖"。

㤳 piàn 同"片",量词:一～心。

骗(騙) piàn ❶ 侧身抬起一条腿跨到马上:一～腿骑了上去。❷ 说假话欺蒙别人:欺～|诈～|～人。❸ 用欺蒙的手段谋取:诓～|～财|～取信任。

辧 piàn 皮革中间断开。

騗 piàn 同"骗(騙)"。

䮁 piàn 同"騙(骗)",侧身抬腿跃上马:蜀马临阶～。

piāo

嘌 piāo 同"漂"。

剽 piāo ❶ 掠夺:～掠。❷ 抄袭:～窃。❸ 轻快而敏捷:～轻|～悍。

漂 piāo 同"漂"。

摽 ㊀ piāo ❶ 击:入手能～逆子头。❷ 高举的样子:～然若秋云之远。
㊁ biào ❶ 落下:～有梅,其实七兮。❷ 紧紧地捆绑物体使其相连:椅子腿活动了,用铁丝～住。❸ 用胳膊紧紧地钩住:他俩～着胳膊走。❹ 亲近;依附(多含贬义):大伙儿～成一股劲儿|他们两人老～在一块儿。❺ 比着(干);暗中使劲:～劲儿。
㊂ biāo ❶ 挥去;抛弃。❷ 通"标(標)",标志:皆著黄巾为～帜。

勡 piāo 同"剽"。

彯 ㊀ piāo ❶ 飘带:旓～。❷ 飘飞;飘卷:～沙|～华缨。❸ 同"摽",抛弃:～节。
㊁ piào 图画;彩饰。

嘌 ㊀ piāo ❶ 迅疾:匪车～兮。❷ 说(用于贬义):胡～。
㊁ piào 用于译音:～呤(有机化合物)。

螵 piāo [螵蛸] (-xiāo) 螵蛸。

漂 ㊀ piāo ❶ 浮,浮动,引申为奔波:血流～杵|～在水上|四处～泊。❷ 同"飘",吹;使飘荡:风其～女|烈风～霰。
㊁ piǎo ❶ 用水冲洗:～洗|～朱砂。❷ 用化学制剂浸渍使织物变白:～白|～染。
㊂ piào ❶ 水名。❷ 落空,将要成功的事突然失败:恐防要～|生意～了。❸ [漂亮] 1. 美;好看:长得～|衣服～。2. 完美;出色:活儿干得～|文章写得～。

澴 piāo 同"漂"。

慓 piāo（又读 piào）❶ 急速；迅捷：其气～疾滑利。❷ 性情急躁：～虐嫌忌。

飘（飄）[飃] piāo ❶［飘风］旋风，暴风，也单称飘。❷ 随风飞动或摆动：～荡｜～扬｜天上～着几朵白云。❸ 吹：～然而起｜风～雨洒。❹ 流浪：～泊｜万里～如不系船。

◆“飃”另见 733 页“飃”字条。

𠟃 piāo 用于地名：～水巖（也作“飘水岩”，在江西）。

𦩾 piāo 同“旚（㠒）”。

𢷾 piāo 同“摽”。

𠟈 piāo 同“飘（飄）”。

𤅢 piāo 同“漂”。

嫖 piāo 用于女子人名。

翲 piāo ❶ 飞的样子。❷ 高飞。❸ 轻：～忽｜～然。

螵 piāo［螵蛸］（-xiāo）1. 又称螳螂子，螳螂的卵块，附着在桑树上的称桑螵蛸，干燥后可供药用。2. 又称海螵蛸，乌贼鱼骨。

旚 piāo 旌旗飘扬的样子，后作“飘（飄）”：～摇。

嫑 piāo 用于女子人名。

𧽤 piāo ❶ 悄然行走的样子：其行～捷。❷ 快走的样子。

𢹂 piāo 同“摽”。

蹦 piāo 同“𧽤”。

𨇤 piāo 同“蹦（𧽤）”。

犥 ㊀ piāo ❶ 黄白色牛。❷ 白苍色牛。
㊁ pào 牛名。

飃 piāo 同“飘（飄）”。

𠠍 piāo 同“剽”。

魒 piāo 斗星名。

飃 piāo ❶ “飘（飄）”的异体字。❷ 风声。

飃 piāo［飃飂］（-liáo）风吹的样子。

擙 piāo 同“摽”。

嘌 piāo 同“嘌”。

𠠎 piāo 同“𠟈（剽）”。

旚 piāo 同“旚”。

𤄶 piāo 同“漂（漂）”。

𢥾 piāo 同“慓”。

𪈍 piāo 鸟飞的样子：倏鸿～。

飃 piāo［飃飃］（pōu-）见 743 页“飃”字条。

旚 piāo 同“旚”。

𧽤 piāo 同“𧽤”。

瓢 piāo 同“飘（飄）”。

piáo

鄠 piáo 古地名。（《玉篇》）

嫖 piáo 见 734 页 piào。

瓢 piáo 同“瓢”。

瓢 piáo ❶ 舀水、盛酒等的器具，多用葫芦或木制成：水～｜酒～｜一～冷水。❷ 瓠瓜。

薸 piáo 浮萍。

橐 piáo 橐。

𧀼 piáo 同“薸”。

闞 piáo 同“嫖”。

嫖 piáo 同“嫖”。

𤬫 piáo 同“瓢”。

麃 piáo 鹿类动物。

瓢 piáo 同“瓢”。

𤬪 piáo “𤬫（瓢）”的讹字。

𤬫 piáo 同“瓢”。

瓢 piáo 同"瓢"。

薸 piáo[薸薂](-bó)香的样子。

piǎo

莩 ㊀ piǎo ❶ 草名。❷ 通"殍",饿死;饿死的人:野有饿～。
㊁ bì 草木枯落。

殍 piǎo 同"殍"。

殕 piǎo 同"殍"。

殍 piǎo 饿死;饿死的人:～者满道|饿～。

獡 ㊀ piǎo 狡猾。
㊁ jiào 健壮。

聛 piǎo 同"殍",饿死。

莩 piǎo 同"殍",饿死。

缥(縹) ㊀ piǎo ❶ 青白色的绢:翠～。❷ 青白色;浅青色:～青|～色|～丝绳。
㊁ piāo[缥缈](-miǎo)也作"缥乎""缥缥",隐隐约约、若有若无的样子:山在虚无缥缈间|缥乎忽忽,若神仙之仿佛|凤缥缥其高逝。

瞟 ㊀ piǎo ❶ 斜视;偷看:宝玉脸望着黛玉说,却拿眼睛～着宝钗。❷ 眼睛小的样子。
㊁ piāo 明察。

瞟 piǎo 同"瞟"。

篻 ㊀ piǎo ❶ 竹名,即筋竹,质坚厚,可做弓及长枪的杆等。❷ 竹笋。❸ 竹门。
㊁ biāo 竹高大的样子。

澩 piǎo 水的样子。

覭 piǎo 同"瞟"。

醥 piǎo ❶ 清酒:清～|馨～。❷ 酒清:醁醅寒且～。

瞟 piǎo 同"瞟"。

曝 ㊀ piǎo 阳光温暖的样子。
㊁ pù 同"曝(暴)"。

顠 piǎo ❶ 头发斑白的样子:～鬓白|余发(鬓)渐～。❷ 头发蓬乱的样子。

瞟 piǎo 同"瞟"。

皫 piǎo ❶ 白色。❷ 鸟毛色暗淡无光泽,泛指物品失去光泽:鸟～色。

縹 piǎo 同"缥(縹)"。

縹 piǎo 同"缥(縹)"。

瞟 piǎo 同"瞟"。

縹 piǎo 同"缥(縹)"。

覭 piǎo 同"覭(瞟)"。

piào

溦 piào 水的样子。

票 piào 见 52 页 biāo。

勡 piào 抢劫,强取,也作"剽"。

僄 piào 轻捷;敏捷:～悍|～狡。

僄 piào "犥"的讹字。

犥 piào ❶ 同"僄",轻捷;敏捷:～狡。❷[犥猜](-zé)也作"僄猜",轻便敏捷。

嫖 ㊀ piào 轻便;迅速。
㊁ piáo 男子玩弄妓女:～娼|～客|吃喝～赌。
㊂ biāo 用于女子人名。

骠(驃) ㊀ piào ❶ 马快跑的样子:～骑。❷ 勇猛:～勇。
㊁ biāo 有白色斑点或白鬃、白尾的黄马。

暩 piào 曝晒。

僄 piào 同"僄"。

瞟 piào 同"瞟"。

僄 piào 同"僄"。

聽 piào 听;道听途说:～闻盛事。

聽 piào 同"聽"。

霯 piào 云的样子。

彯 piào 同"彯"。

勡 piào 同"勡"。

僄 piào 同"僄"。

顠 ㊀ piào 头发白的样子。
㊁ piǎo 头发散乱。

僄 piào 同"僄"。

驃 piào 同"驃(骠)"。

鬀 piào 同"顠"。

驫 piào 同"骠(驃)"。

蘨 piào 义未详。(《改并四声篇海》)

驃 piào 同"驃(骠)"。

piē

氕 piē 氢的同位素之一,是氢的主要成分。

撆 piē 牵。

嫳 piē 削;斜砍。

嫳 piē 同"嫳"。

馝 piē 微香。

馝 piē 同"馝"。

瞥 piē 日落的情形。

瞮 piē 同"瞥"。

瞥 ㊀ piē ❶ 目光掠过,很快地看一下:~见|偷~|他很看不起似的斜~了我一眼。❷ 副词,忽然:耳所~闻,不忘于心|一鸡~来,径进一啄。
㊁ bì 眼睛有白内障。

顥 piē 义未详。(《改并四声篇海》)

聻 piē 暂时听到。

獙 piē 飞的样子。

覕 piē 同"瞥"。

piě

丿 piě 汉字笔画或部件。

苤 ㊀ piě [苤蓝](-lan)又称球茎甘蓝,二年生草本植物,球茎可食。
㊁ pī 花繁盛的样子。

蒸 piě 同"苤"。

撇 ㊀ piě ❶ 拂拭:~涕抆泪。❷ 平着扔出去:~石子。❸ 嘴向外或往下倾斜:~嘴|把嘴一~。❹ 汉字的一种笔画,形状是"丿"。
㊁ piē ❶ 丢开;抛弃:~开|~弃|被远远~在后边。❷ 轻轻舀取液体表面的东西:~油|把沫儿~掉。

撆 piě 同"撇"。

橵 piě "撇"的讹字。

鐅(鐅) piě 烧盐的敞口浅锅,也用于地名:潘家~(在江苏)。

鐅 piě ❶ 锸尖端所安装的刃口。❷ 同"鐅(鐅)",烧盐的敞口浅锅。

橵 piě "撇"的讹字。

橵 piě "橵(撇)"的讹字。

piè

嫳 piè ❶ 急性子;易怒。❷ 轻薄的样子。

嫐 piè 同"嫳"。

瓸 piè 古代盛茶、酒的器皿。

pīn

拼 pīn ❶(旧读 pàn)不顾一切地干;豁出去:~搏|~死|~命挣扎。❷ 连接;凑合:~音|~版|七~八凑。

姘 pīn 一方或双方已婚的男女,非夫妻关系而同居:~居|~妇。

帲 pīn 衣服破旧的样子。

憌 pīn ❶ 恭敬。❷ 心服。

P

磌 pīn 同“磌”。

礗 pīn 碎石声。

馪 pīn 香气。

馪 pīn 香气浓厚。

驞 pīn［驞駍］(-pēng)响声隆隆。

驞 pīn 同“驞”。

pín

穷 pín 同“贫(貧)”。

玭 pín ❶蚌名。❷珍珠。

贫(貧) pín ❶贫困，收入少，生活困难：～穷｜脱～。❷缺乏；不足：～乏｜～血。❸絮叨可厌：～嘴｜他老翻来覆去地说，真够～的。☞贫/穷 “贫”本指生活方面缺少钱财、衣食，与“富”相对；“穷”本指事业、仕途方面不得志而受困或没有出路，与“通”或“达”相对。后来都用于贫困义。

姘 pín 妾。

穷 pín “穷(贫，貧)”的讹字。

娦 pín 同“嫔(嬪)”。

嫔 pín 同“嫔(嬪)”。

嫔 pín 同“嫔(嬪)”。

琕 ㊀pín 同“玭”，珍珠。
㊁bǐng 同“鞞”，刀、剑的鞘。

频(頻) ㊀pín ❶皱眉，后作“颦(顰)”：忧则～，喜则笑。❷危急；紧急：国步斯～｜门外声～。❸屡次；连续：～繁｜捷报～传｜～年服役。❹并列；邻近：群神～行｜杭～海，水泉咸(鹹)苦。❺频率。1.单位时间内振动或振荡的次数或周数：～道｜调～。2.一定时间、范围内重复出现的次数：字～｜词～。❻姓。
㊁bīn 通“濒(瀕)”“滨(濱)”，水边：池之竭矣，不云自～？

嫔(嬪) pín ❶嫁人为妇，引申为古代妇女的通称：～于虞｜～妇。❷帝王的妾，也指皇宫中的女官：～妃｜宫～。❸已婚妇女：婉彼幽闲女，作～君子室。❹嫁：以青梅～于生。

蘋(蘋) pín 大萍，即四叶菜，又称田字草，多年生蕨类植物，可做猪饲料或供药用。
◆“蘋”另见738页“苹”字条。

蠙(蠙) pín 同“玭”。

薲 pín 同“蘋(蘋)”，大萍。

嬪 pín 同“嫔(嫔)”。

㯭 pín［㯭伽］(-jiā)用于梵语译音，鸟名。

矉 pín ❶怨恨地看。❷皱眉，后作“颦”：效其～｜惟端居深～太息而已。

嚬 pín ❶笑的样子。❷同“颦(顰)”，皱眉：一～一笑｜笔墨生涯不必～。

嚬 pín 同“颦(顰)”。

嬪 pín 同“嫔(嫔，嬪)”。

櫇 pín ❶也作“槟(檳)”，即槟榔。❷［櫇婆］果实名。

螾 pín 同“蠙(玭)”。

蠙 pín 同“蠙(蠙，玭)”。

颦(顰) pín 皱眉头(多表示忧愁或愁闷)：～蹙｜一～一笑｜东施效～。

髕 pín 同“嫔(嬪)”。

蠙 pín 蟑螂。

繽 pín 捣衣。

軰 pín 车名。

䰋 pín ❶匹偶。❷话多。

顰 pín 同“䰋”。

䪻 pín 匹。

顰 pín 同“颦(顰)”。

pǐn

㕯 pǐn 并。

品{品} pǐn ❶众多：～物(各种东西)|～事(诸多事情)。❷东西；物件：食～|礼～|～名。❸种类；等级：精～|～类|上～。❹古代官吏的等级：九～|七～芝麻官。❺格调；德行：人～|～德|～学兼优。❻鉴别；体味：～茶|～头论足|～不出其中滋味。

砶 pǐn石。

榀 pǐn量词，一个屋架称一榀。

pìn

朩 pìn剥取麻类植物的茎皮。

牝 pìn ❶雌性的鸟兽；雌性的：～马|～鸡。❷古代作战所布阵名：～阵。❸古代锁具的受键部分，相当于后来的闩孔、锁孔。❹溪谷：有似黄金掷虚～。

牨 pìn同"牝"。

聃 pìn同"聘"。

娉 ㊀pìn ❶古代婚姻礼仪，男方请媒人询问女方名字和出生时辰：～取(娶)|诸国交～，并不许。❷嫁或娶：一旦～得狂夫。❸国家之间遣使访问：朝～。
㊁pīng[娉婷]女子姿态优美的样子，也指美女，单用"娉"义同：娉婷过我庐|把盏常恨无娉婷|南国娉人，酌(灼)然不及。

媗 pìn同"聘"。

躬 pìn同"聘"。

聘 pìn(旧读pìng)❶访问，问候，特指古代天子与诸侯，或诸侯之间遣使访问：报～|来～|～使往来。❷邀请；请人担任职务或工作：～请|～任|～书。❸订婚；女子出嫁：行～|～礼|～金。

聤 pìn"聘"的讹字。

聠 pìn"聘"的讹字。

躸 pìn同"聘"。

麛 pìn同"牝"。

軿 pìn同"躸(聘)"。

pīng

乒 pīng ❶拟声词，枪声或物体撞击声：传来～的一声枪响|～！一块石头砸在车窗上。❷指乒乓球：～坛|～协|世～赛。

甹 pīng豪爽轻财的人。

粤 pīng代词，俺(表示第一人称)：～家。

俜 pīng[伶俜](líng-)见581页"伶"字条。

砯 pīng拟声词，水击岩石声：～崖转石万壑雷。

甹 pīng同"甹"。

徝 pīng同"德"。

涄 pīng水流的样子。

硑 pīng同"砯"。

竮 pīng同"竮"。

聠 pīng耳闭。

竮 pīng[竛竮](líng-)同"伶俜"，孤独的样子：倚竹～翠袖寒。

艵 pīng丝织物的青白色。

箳 pīng船篷；车篷。

綼 pīng吴地人数絮。

諤 ㊀pīng言。
㊁chōu[諤譂](-tán)不决。

竮 pīng[竛竮](líng-)见582页"竛"字条。

䶄 pīng面色发黄。

頩 ㊀pīng面色光润：～颜鹤发(鬓)。
㊁pǐng发怒时脸色变青的样子：～然疑薄怒。

䠷 pīng[跉䠷](líng-)同"竛竮"。

儜 pīng同"俜"。

骿 pīng肋骨。

德 pīng使。

P

píng

旁 píng 同“平”。

平 píng ❶表面无凹凸；不倾斜：～坦｜～原。❷均等：～均｜～分｜公～。❸安定；安静：风～浪静｜～心静气。❹使安定：～定｜～叛。❺经常的；一般的：～常｜～淡。❻平声，汉语声调之一。普通话的平声分阴平、阳平两类。❼通“评(評)”，评议；衡量：～议古人｜权衡之～物。❽姓。

冯(馮) ㊀píng ❶马快跑，引申为乘、登：～虚御风｜～昆仑。❷徒涉；蹚水：暴虎～河。❸愤懑：羌～心犹未化。
㊁féng 姓。

评(評) píng ❶议论；判定：～论｜～估｜～判。❷评论的语言或文章：总～｜短～｜书～。

坪 píng ❶平坦的场地；山区或高原上的小块平地，也用于地名：草～｜停机～｜茨～(在江西)。❷地积或房屋面积单位，用于台湾地区和日本，1坪等于3.3057平方米。

苹(❸蘋) píng ❶藾蒿，即艾蒿：呦呦鹿鸣，食野之～。❷通“萍”，浮萍：有潦而后有～。❸［苹果］落叶乔木，果实是常见水果。
◆“蘋”另见736页“蘋”字条。

坙 ㊀píng 同“坪”。
㊁bìng 古地名。(《广韵》)

瓶 píng 同“瓶”。

呯 píng 拟声词，突发的声音：～然一声｜～～作响。

凭(憑)[凴] píng ❶靠着：～栏｜～几。❷依靠；依赖：～依｜～仗｜～借。❸证据：～据｜～证｜不足为～。❹介词，根据：～票入场｜～大家的意见做决定。❺连词，无论：～你怎么说，他也不相信。

郱 píng ❶古邑名，在今山东。❷姓。

泙 ㊀píng ❶河谷。❷姓。
㊁pēng 水声或水势，也作“泙”：～湃｜花低池小水～～。

玶 píng 玉名。

苹 píng 同“萍”。

荓 ㊀píng 又称马蔺，即蠡实，多年生草本植物，叶可造纸，根可制刷子，花和种子可供药用。
㊁pēng 使：民有肃心，～云不逮(云：助词，表示语气)。

枰 píng ❶棋盘；棋局：推～敛手｜其所志不出一～之上。❷枰床，独坐的板床。❸又称枰仲(平仲)，树名。

帡{帲} píng ❶帷幕；帐幕：～帏｜～幪。❷覆盖：～覆｜～天极地。

平 píng 同“平”。

淜(㵗) píng［淜濞］(-bèi)水势相激的样子。

淜 píng 同“淜”。

洴 píng［洴澼］(-pì)漂洗：以～絖为事。

屏{屛} ㊀píng ❶影壁，对着门的小墙：天子外～，诸侯内～。❷遮挡风及视线的家具：云～｜画～。❸阻隔；遮挡：～蔽｜～障｜～风。❹挂在墙上的字画条幅：四扇～。
㊁bǐng ❶除去；排除：～除｜～弃｜～退。❷抑止；忍住：～气｜～息。

玶 píng ❶玉名。❷同“玭”。

荓 píng 同“荓”。

蓱 píng ❶同“荓”。❷同“萍”。

䓑 píng 同“瓶(缾)”。

凴 píng 同“凴(凭)”。

瓶{甁}[缾] píng 口小腹大的器皿，颈部多细长，用陶瓷、玻璃等制成，可盛液体或做装饰品。

萍 píng ❶［浮萍］又称水萍，多年生草本植物，浮生于水面，可做饲料、绿肥，也可供药用。❷比喻行踪漂泊不定或偶尔相遇：～踪侠影｜～水相逢。

甁 píng 罂类器皿。

蛢 píng 蛢，米象。

䶄 píng “䶄”的讹字。

䈂 píng 用竹篾、芦苇等编制的器具。

鉼 píng 同"缾(瓶)"。

㵗 píng 同"凴(凭)"。

淜 ㊀píng 涉水过河,也作"冯(凴)"。
㊁péng ❶[淜湃](-pài)同"澎湃",波浪撞击声:汹涌~。❷用于地名:普~(在云南)。

塀 píng 日本汉字,版筑土墙。

荓 píng ❶同"萍",浮萍。❷[荓翳](-yì)也作"萍翳",传说中的雨神。

蛢 píng 金龟子,昆虫,幼虫称蛴螬,对农作物有害。

帡 píng 同"屏"。

竮 píng 竹名。

凴 píng 同"凭"。

㶄 píng 同"焩"。

焩 píng 火的样子。

蓱 píng 同"荓(萍)",浮萍。

軿{軿} ㊀píng ❶古代一种有帷幕的车,也专指妇女乘坐的:~车|翠~|花~。❷拼合;比并:加料双~|市井~接。
㊁pēng[軿訇]拟声词。1.车马声。2.鸟疾飞声。

鲆(鮃) píng 鲆鱼,比目鱼的一类,常见的有牙鲆、斑鲆等。

凴 píng 同"凴(凭)"。

蝂 píng 同"䶄(蛢)"。

㵱 píng 同"淜"。

𦈢 píng 用蒲草、竹篾等编的盛饭器具。

䈂 píng[䈂䈂]下雨的样子。

缾 píng 同"鉼(瓶)"。

箳{箳} píng[箳篂](-xīng)也作"箳星"。1.古代车箱后遮挡尘土的竹席。2.指安有箳篂的马车:~州乘送。

凭 píng 同"凴(凭)"。

摒 píng 同"凭"。

輧 píng 同"軿"。

檘 ㊀píng 同"枰",即枰仲。
㊁bò 同"檗"。

鼦 píng "鼱"的讹字。

鼱 píng 义未详。(《龙龛手鉴》)

䶄 píng 同"蛢"。

鼩 píng ❶[鼩鼨](-líng)斑鼠。❷山鼠,又称红毛耗子,哺乳动物,多栖居林区或草原。

蘯 píng[蘯蘯]草木茂盛的样子。

鼱 píng 鼠。

籂 píng 蚕箔。

pìng

涪 pìng[沍涪](bìng-)见60页"沍"字条。

聘 pìng 看。

pō

㧊 ㊀pō ❶擦拭。❷击打:以手~。
㊁bá[㧊扈](-hù)同"跋扈",专横暴戾,欺上压下。

吥 pō 义未详。(《改并四声篇海》)

钋(釙) ㊀pō 金属元素,有放射性。
㊁pò 金矿。

陂 pō[陂陀](-tuó)也作"陂陁""陂陁",不平。

坧 pō 义未详。(《改并四声篇海》)

拨 pō 同"㧊"。

坡 pō ❶山的倾斜面;地势倾斜处:山~|下~|黄土~。❷倾斜:~度|梯子~着放。❸低注的大片田地:往~里砍草去|俺爹下~了。

**�同"坡"。

岥 pō同"坡",山坡。

泼(潑) pō ❶抛洒;倾出:～水|瓢～大雨|～了一地。❷横蛮;撒野:～妇|撒～。❸无所顾忌,有魄力:～辣。

柭 pō拂取。

帗 pō[帗袜](-mò)浅白色。

袚 ㊀pō衣袖。㊁bō同"袯"。

钷(鉕) ㊀pō[钷锣]也作"叵罗",古代一种敞口浅酒杯。㊁pǒ金属元素,由人工合成获得,有放射性,可制荧光粉、原子电池等。

钹(鏺) pō ❶一种两面有刃的长柄镰刀。❷用长柄镰刀等成片地割除,引申为讨平、扫平:春～草棘|～广济,掀蕲春。

羘 ㊀pō ❶牯羊。❷阉割。㊁fèi姓。

袙 pō衣服的样子。

酦 pō ❶酒的颜色。❷酒气。

醗 pō酒气。

笈 pō捕鱼的竹笼。

颇(頗) pō ❶头偏,引申为偏、不正:偏～。❷副词。1.略微;些许:～采古礼。2.很;相当地:～感兴趣|～有建树|～为不易。

䥽 pō[䥽艳](-mò)1.无色。2.色不深。

酦 pō同"酦",酒气。

酦(醱) ㊀pō再次酿酒。㊁fā[酦酵](-jiào)同"发酵"。

㗶 pō妄说。

潑 pō同"泼(潑)"。

頗 pō同"颇(頗)",头偏。

剟 pō同"鏺(钹)"。

嚩 pō呵。

醱 pō同"醱(酦)"。

蹳 pō ❶拟声词,踏草声。❷用脚踏平草。

鏺 pō同"鏺(钹)"。

潑 pō水的样子。

鏺 pō两刃刈。

鱍 pō同"鱍"。

pó

婆 pó ❶老年妇女:老太～|苦口～心。❷丈夫的母亲:～媳|公～。❸祖母或跟祖母同辈的女性亲属:外～|叔～|姑～。❹旧时指从事某些职业的妇女:媒～|接生～。

媻 pó同"婆"。

𡡉 pó同"擎",清扫;扫除。

搽 pó敛聚,一说"擵"的讹字。

皤 pó同"皤"。

嫓 pó同"婆"。

蔢 ㊀pó[蔢蔢](-suō)1.也作"婆娑",草木繁茂的样子。2.草根。㊁bò[蔢荷](-hè)同"薄荷"。

嘙 pó用于译音,多见于佛经咒语。

𡣍 pó义未详。(《龙龛手鉴》)

鄱 ㊀pó[鄱阳]1.地名,在江西。2.鄱阳湖,湖名,在江西。㊁pí古县名,在今山东。

縢 pó(又读tāo)"縧(绦)"的讹字。

暑 ㊀pó ❶因疼痛而大声叫喊:舍人不胜痛,呼～|痛～田田,狂呼气竭。❷声音。㊁páo[阿暑](ē-)痛甚。

皤 pó ❶老人白头的样子,引申为白色、白:两鬓～|须发～然。❷大腹的样子:～其腹。

𡣖 pó同"婆"。

檲 pó［檲檲］（pín－）也作"檲婆"，果实名。

蹳 pó 足蹶。

皤 pó 同"䪷"。

擪 pó 同"擊"。1.清扫；扫除。2.敛聚。

蘩 pó 白蒿，一年或二年生水生草本植物，嫩时可食。

額 ㊀pó 同"皤"，老人须发皆白的样子。㊁fán 白喙。

pǒ

叵 pǒ 副词，不可：～信｜～耐｜居心～测。

尀 pǒ "尀（叵）"的讹字。

尀 pǒ 同"叵"，副词，不可：～耐。

哸 pǒ 声，一说同"叵"。

岂 pǒ ❶［岂我］也作"岂峨"。起伏不平、摇动不安的样子。❷同"岻"。

洰 pǒ 水的样子。

狱 pǒ［猡狱］（ě－）见614页"猡"字条。

笸 pǒ［笸箩］用竹篾、柳条等编制的盛物器具：针线～。

粄 pǒ 米皮。

跛 pǒ［距躃］（－bì）跛足。

駊 pǒ［駊騀］（－ě）也作"駊騀"。1.马行走的样子。2.马不肯前进的样子。

駊 pǒ［駊騀］（－ě）1.马摇头。2.马行走的样子。3.马不肯前进的样子。4.高大的样子。

巔 pǒ［巔峩］（－é）山的样子。

蹞 pǒ 跛足不正。

pò

迊 pò 义未详。（《改并四声篇海》）

帕 pò［嵲帕］（mò－）见664页"嵲"字条。

迫［廹］㊀pò ❶逼近：～近｜～临｜～在眉睫。❷强逼，用强力促使：强～｜胁～｜～不得已。❸急促；紧急：紧～｜～不及待｜从容不～。❹狭窄：地势局～。㊁pǎi［迫击炮］一种火炮。

狛 pò 哺乳动物，像狼。

珀 pò［琥珀］见361页"琥"字条。

貼 pò 余财。

昢 ㊀pò 日始出而光未盛明的样子：～明。㊁pèi 向晴。

昷 pò 同"昢"。

䏳 pò 同"狛"。

攴 pò 同"敀"。

敀 pò ❶同"迫"。❷大打。

洦 pò 浅水，后作"泊"：～流。

袙 pò 同"魄"。

砶 pò 同"珀"。

破 pò ❶碎；不完整：衣服～了｜石～天惊｜牢不可～。❷使毁坏：～坏｜～釜沉舟。❸剖开；劈开：一～两半｜势如～竹。❹攻下；打败：～阵｜大～敌军。❺揭穿；使真相露出：～案｜～除迷信｜一语道～。❻超出：～例｜～格｜～纪录。❼花费；耗费：～费｜～财。❽把整钱换成零钱：把这张100元的票子～开。❾不好的；令人嫌弃的：～戏｜～玩意儿。

哱 ㊀pò 拟声词，吹气声。㊁bā［哱拜］也作"巴拜"，鞑靼族的一支。㊂bō ❶［呼哱哱］鸟名，戴胜的俗称。❷用于地名：西～罗寨（在山东）。

粨 pò 禾未结籽实。

朊 pò 同"膈（脈）"。

脈 pò 剖开物体。

烞 pò 拟声词，烈火燃烧时发出的爆裂声：爆～｜烞烞～～。

婷 pò［婷乳］用于女子人名。

P

翍 pò［翍翍］（luò-）也作"翍翍"，飞的样子。

粕 pò［糟粕］酒糟、豆楂等，比喻粗劣而无价值的东西：～不厌｜剔除～，吸收精华。

湐 pò同"岶"。

䎊 pò同"翍"。

趋 pò ❶逼迫。❷超越；涌涨：～涨。

酟 pò同"粕"。

胷 pò同"霸（魄）"，月魄，月始生。

昋 pò"萷"的讹字。

萷 pò舂。

湘 pò同"洦（泊）"。

㧳 pò同"破"。

䖷 pò同"翍"，飞去。

蒪 pò［蒪苴］（-jū）也作"苴蒪"，即蘘荷。

䪙 pò同"䖷"。

靶 pò静。

魄 ㊀pò ❶迷信指依附于人的形体而存在的精神、精气：魂～｜失魂落～。❷精神；精力：气～｜体～｜～力。❸（旧读tuò）［落魄］（luò ）也作"落拓"。1.潦倒失意：家贫～｜一生～。2.豪放不羁：～江湖载酒行。
㊁bó 拟声词：其声～｜彭彭～～。

䰹 pò同"魄"。

膊 ㊀pò ❶将肉晾晒使干。❷切成块的肉干。❸分割尸体：杀而～诸城上｜出其尸～之。
㊁bó 胳膊，肩膀以下、手腕以上的部分。

䪖｛䪖｝ pò同"䫶"。

嚩 pò声。

擈 pò［擈擈］（-bó）拟声词，击中物体的声音：流镝～。

蒪 pò［蒪苴］（-jū）同"蒪苴"。

䎊 pò［翍翍］（luò-）同"翍翍"，飞的样子。

髆 pò同"髆"，腰骨。

䨰 pò同"萷"。

翻 pò"翍"的讹字。

蹼 pò零落。

霸 pò ❶雨水沾湿皮革使隆起。❷雨。

䫶 pò ❶［欺䫶］脸丑。❷脸大的样子。

蘗 pò同"蹼"。

䎊 pò［翍翍］（luò-）见617页"翍"字条。

霪 pò ❶雨。❷同"泺（濼）"。

䈬 pò ❶竹名。❷箨，笋皮；笋壳。

霸［覇］ ㊀pò同"魄"。1.农历每月初始见的月亮或月光。2.月体的黑暗部分。
㊁bà ❶古代诸侯联盟的首领：～主｜春秋五～。❷称霸，做诸侯的首领：～诸侯，一匡天下。❸强势、强权、仗势横行的人：恶～｜～权｜当地一～。❹强行占有：～占｜独～一方。❺文采、才能等过人：文采必～｜何日重生此～才。❻古州名，在今河北。❼姓。

礴 pò拟声词，石声。

䍜 pò网。

pōu

剖 pōu同"剖"。

剖 pōu ❶破开；切开：～瓜｜～腹｜解～。❷分析；分辨：～析｜～明｜～白。

婄 ㊀pōu不肖；不像。
㊁bǐ姓。

剖 pōu同"剖"。

葋 pōu ❶草名。❷通"剖"，分开：三～符守。

䚀 pōu看。

P

飄 pōu［飄飄］(-piāo)风吹动的样子，单用“飄”义同：大波其飄。

飃 pōu同“飄”。

póu

抔 póu ❶双手捧取：～饮｜～土以食。❷量词，捧；把：一～土｜食草一～，乳如江流。

抙 póu同“捊”。

掊 póu同“抔”。

捊 ㊀póu引取；聚集：蝼蚁～于大树。
㊁pōu以手捧物。

掊 ㊀póu ❶用手、工具等扒土或物：～坑｜～沙。❷搜括；聚敛：～敛｜～聚。
㊁pǒu ❶击破；毁坏：～斗折衡。❷击；抨击：～击。
㊂péi姓。

锫（錇）㊀póu（又读fú）［锫鏂］(-ōu)也作“鉜鏂”，大钉子。
㊁péi金属元素，由人工合成获得，有放射性。

餢 póu［餢飳］(-yù)饱食。

箁 ㊀póu竹箨，笋皮；笋壳。
㊁pú［箁篨］(-shī)也作“蒲篨”，小竹网。
㊂fú竹名。
㊃bù竹叶。

蔀 póu草菹。

髻 póu同“髻(髻)”。

髻 póu同“髻”。

髻 ㊀póu头发的样子；美好的头发。
㊁bǎo也作“髼”，发髻。

鬄 póu ❶短须。❷头发白。

䫊 póu ❶短须。❷头发白。❸同“髻”，头发的样子；美好的头发。

pǒu

婄 ㊀pǒu ❶女人的样子。❷没有才能。
㊁péi容貌丑。
㊂bù用于女子人名。

犃 pǒu ❶雄性。❷短头牛。

欯 pǒu语不受。

䧵 pǒu同“鵏”。

鵏 ㊀pǒu雀名。
㊁bù［鵏鷎］(-bì)鸟名。

pū

攴 ㊀pū ❶小击：～更瞭望。❷同“扑”，戒尺。
㊁称敲字边，汉字偏旁或部件。

攵 ㊀pū同“攴”。
㊁称反文或反文旁，汉字偏旁或部件。

仆 ㊀pū向前跌倒；倒在地上：前～后继｜其碑文今～。
㊁（僕）pú ❶被雇到家里做杂事、供役使的人：～人｜女～｜～役。❷谦辞，古代男子称自己：～非敢如是也。❸姓。

扑（撲）㊀pū ❶轻打；拍击：～粉｜～蝇｜～打。❷用力向前冲；烟气等猛烈刺激人的感官：～向敌人｜香气～鼻｜寒风～面。❸跌倒；伏：～地｜～倒｜～在桌上看书。
㊁bǔ［扑桃］古西域地名。

扙 pū同“攴”。

攴 pū同“扙(攴)”。

抪 pū同“撲(撲，扑)”。

芣 pū ❶草生长的样子。❷同“攴”，小击。

炇 pū火烈。

炇 pū同“炇”。

陠 ㊀pū ❶偏斜。❷裂。
㊁bū同“庯”，平顶屋。

笀 pū同“攴”。

娽 pū用于女子人名。

鋪 ㊀pū［鋪鋪］(pī-)见724页“鋪”字条。
㊁bǔ同“补(補)”。1.缝补衣服。2.数词，古代指一千兆。

敷 pū同“敷”。

秉 pū同“铺(鋪)”。

铺(鋪)[舖]{舗} ㊀pū ❶铺首，用金属做成兽面或鼓凸形，衔环置于门上的东西。❷古代铜器，像豆。❸把东西平面展开或摊平：～床｜～轨｜～平道路。❹水、液体溢出或流出：锅～了｜眼泪直～。❺量词，用于炕、被褥、佛像等：一～炕｜两～被褥｜敬画释迦尊像一～。
㊁pù ❶商家经营的小店面：饭～｜药～｜杂货～。❷床：上～｜卧～｜～位。❸驿站，多用于地名：黄牛～(在陕西)｜十里～(在江苏)。

痡 ㊀pū(又读fū)❶疲困：夜半归来人亦～。❷衰竭：财殚力～｜祸由德～。❸害：毒～四海。
㊁bù同“瘏”，痞病。

踊 pū ❶马蹄踩踏的痕迹，也指小碎步：～多尘乱飞｜态聚～还急。❷涂抹；敷上：埒污泥～其中，而独身居。

黜 pū同“黩”。

噗 pū拟声词：～哧｜～喇｜～～冒着热气。

稗 pū大豆。

撲 pū同“撲(扑)”。

穙 pū同“稗”。

騗 pū马名。

撲 pū同“撲(扑)”。

豧 pū猪名。

皷 pū[鞻皷](pú－)见746页“鞻”字条。

鼓 pū同“皷”。

暻 pū物气蒸白。

鯆 ㊀pū[鯆鲟](－fū)江豚，哺乳动物，像鱼，生活在江河中。
㊁bū[鯆魮](－bǐ)又称海鳐鱼，有的尾有毒。

糀 pū米糀。(《篇海类编》)

鰰 pū同“鯆”，鱼名。

鯆 pū同“鯆”，鱼名。

諩 pū以言蔽。(《集韵》)

鯆 pū江豚。

黩 pū ❶色暗。❷浅黑色。

穙 pū同“秉”。

pú

仆(僕) pú见743页pū。

圤 pú同“墣”。

夙 pú同“叐(叐)”。

卧 pú同“墣”。

叐 pú同“叐”。

叐 pú同“叐”。

叐 pú同“叐”。

叐 pú行走急迫。

菩 pú菩薩弘名。

匍 pú[匍匐](－fú)也作“匍伏”。1.爬行：～前进。2.伏在地上：西瓜藤蔓～在地面上。

郙 pú城。

莆 ㊀pú ❶蒲草，多年生水生草本植物。❷[莆田]地名，在福建。❸姓。
㊁fǔ[蒫莆](shà－)见844页“蒫”字条。

纀 pú同“纀”。

菩 ㊀pú ❶[菩萨]梵语音译，佛教称修行到了相当程度、地位仅次于佛的人，泛称佛和众神，也比喻心肠慈善的人。❷[菩提]梵文音译，意译为正觉，佛教指对真理的彻底觉悟。❸[菩提树]常绿乔木，传说佛教创始人释迦牟尼曾坐在菩提树下顿悟佛法，故又称圣树。
㊁bèi ❶草名。❷同“蔀”，席棚。

酺 pú 同"酺"。

脯 pú 见 267 页 fǔ。

葡 pú［葡萄］藤本植物,果实可食或酿酒。

菐 pú 烦琐。

蒱 pú 摴蒱,古代类似掷色子的博戏,后指赌博:好群聚～博｜以～戏得罪。

蒲 pú ❶ 蒲草,又称香蒲,多年生水生草本植物,可编蒲席、蒲包和扇子等,嫩叶可食,花粉可供药用。❷ 姓。

霝 pú 云的样子。

莆 pú 同"篅"。

蒱 pú ❶ 家禽胸部的肉,引申为人的胸部,也作"脯":杀鸡炙股烹～｜胸～。❷ 脯鱼,切成块的鱼干。

酺 pú 朝廷特许的聚会饮酒,泛指聚会饮酒:～五日｜～聚饮食｜天下大～。

䑑 pú 同"濮",古代西南地区少数民族名。

墣 pú 土块。

僕 pú 同"僕(仆)"。

獛 pú［獛铅］也作"濮铅",简称濮,古代西南地区少数民族名。

璞 pú ❶ 含玉的矿石、未经雕琢的玉,泛指其他未经加工的粗坯:矿～｜玉之在～必衔石｜铸干将之～。❷ 天真;淳朴:民敦俗～。

墣 pú 同"墣"。

蔢 pú［蔢蕳］(-hè)同"薄荷"。

䌷 pú［䌷䌷］(biàn-)见 51 页"䌷"字条。

篅 pú［篅篨］(-shī)小竹网。

㯷 pú 大墙板。

僕 pú 同"僕(仆)"。

䑑 pú 同"濮",古代西南地区少数民族名。

墣 pú 同"墣"。

䁽 pú 目暗。

镤(鏷) pú ❶ 金属矿石,一说生铁。❷ 金属元素,有放射性,可提取核材料。

䑑 pú 身材矮小的人。

穙 pú ❶ 谷类作物堆积。❷ 禾或草稠密。

篅 pú 沉在水底捕鱼的竹器。

濮 pú 同"濮"。

濮 pú ❶ 古水名。1. 在今河南。2. 今安徽的茨河上游。❷ 又称百濮,古代西南地区少数民族名。❸ 姓。❹［濮阳］1. 地名,在河南。2. 姓。

樸 pú ❶ 又称白蒲枣,枣树的一种。❷ 同"樸(朴)",丛生的树木。

䑑 pú 同"僕(仆)"。

蹼 ㊀ pú［蹼蝀］(-sù)也作"蹼蝀",虫名。㊁ pù［蹼螺］也作"蹼蠃",蜗牛类动物。㊂ pǔ 蛇类动物。

穙 pú 稷。

濮 pú "濮"的讹字。

墣 pú 同"墣(圤)"。

䑑 pú 租佃。

穙 pú 同"穙"。

濮 pú 同"濮"。

濮 pú 同"濮"。

纀 ㊀ pú 诸侯、大夫、士居家所穿衣服的下衣。㊁ fú 同"幞",头巾。

䑑 pú 用骨镞制的箭。

鏷 pú 同"镤(鏷)"。

䴆 ㊀ pú［䴆鶵］(-bǔ)鸟名。㊁ pū 传说中会占卜的鸟,据说能预测吉凶祸福。

䴆 pú 鹿相随。

蠃 pú［蠃蠃］(-lú)螟蛉。

鬟 pú 同"毾"。

鼷 pú［鼷鼥］(-pū)也作"鼷鼥",鼠名。

鼷 pú"鼷"的讹字。

pǔ

朴 ㊀(樸) pǔ ❶未经加工成器的木材:良工不示人以～。❷本质;本性:见素抱～,少私寡欲|故知知一,则复归于～。❸朴实;朴素:质～|俭～|辞愈～而文愈高。

㊁(樸) ❶pú 丛生的树木:芃芃棫～。❷附着;依附:奸(姦)民无～。

㊂ pò ❶树皮:肤如桑～。❷落叶乔木,有朴树、小叶朴等。

㊃ pō［朴刀］旧时一种窄长的刀。

㊄ piáo 姓。

砉 pǔ［砉硝］(-xiāo)药石。

圃 pǔ 同"圃"。

圃 pǔ 种植蔬菜、瓜果、花草的园子。

浦 pǔ ❶水边:淮～|江～。❷河流汇合处或入海的地方:～口|～海(入海口)。❸用于地名:～江|乍～(均在浙江)。❹姓。

烳 pǔ ❶火的样子。❷手持火把等行走。

普 pǔ ❶普遍;全面:～查|～选|～天同庆。❷广大:若天之高,若地之～。

圑 pǔ 同"圃"。

溥 ㊀ pǔ ❶广大;丰厚:瞻彼～原|获利甚～。❷普遍,后作"普":～天之下|～开诸仓。❸姓。

㊁ fū ❶通"敷",分布;散布:凌青烟而～天际。❷［溥溥］(-fū)散布的样子:凉露～。

㊂ pò［溥漠］大水的样子,特指鸟翅击水的样子:又象飞鸿,泛滥～,浩浩洋洋。

普 pǔ 同"普"。

谱(譜) pǔ ❶按类别或系统编的书册:家～|年～|食～。❷乐曲以符号表示节拍的高低、长短,也指为歌词配曲、作曲:简～|五线～|～曲。❸大致的标准、构想或打算:离～|不靠～|心里没个～儿。

譜 pǔ 同"谱(譜)"。

潽 ㊀ pǔ 水名。

㊁ pū 液体因沸腾而溢出:锅～了|稀饭～了。

䙨 pǔ 久视。

氆 pǔ［氆氇］(-lu)也作"毾毲",西藏和西北地区产的毛织品。

犦 pǔ ❶公牛。❷未阉割过的牛。❸小牛。

毾 pǔ 同"氆"。

樸 pǔ 同"樸(朴)"。

镨(鐠) pǔ 金属元素,可用来制特种合金、有色玻璃等。

䑑 pǔ ❶"蹼"的讹字。(《汉语俗字丛考》)❷［鼠䑑］足踝之下。(《字汇补》)

樸 pǔ 同"樸(朴)"。

諩 pǔ 同"谱(譜)"。

檏 pǔ 同"樸(朴)"。

蹼 pǔ ❶某些动物脚趾中间相连的皮膜:鸭～。❷像蹼的用具:脚～|～泳。

蹼 pǔ 同"蹼"。

譜 pǔ 同"譜(谱)"。

䲣 pǔ 义未详。(《龙龛手鉴》)

pù

杲 pù 同"暴"。

祁 pù 义未详。(《改并四声篇海》)

铺(鋪)［舖］ pù 见 744 页 pū。

誧 pù 谏。

暴 pù 同"暴"。

暴 ㊀ pù 晒;晒干,后作"曝":～晒|一～十寒。

㊁ bào ❶急骤;猛烈:～病|～怒|～风骤

雨。❷急躁,易冲动:～躁|粗～|脾气很～。❸凶狠;残酷:～行|～徒|残～。❹损害;糟蹋:～殄天物|自～自弃。❺鼓起;突出:～眼睛|腿上青筋～起。❻显露;显现:～露|～光。❼徒手搏击:不敢～虎,不敢冯(píng)河。(冯河:徒步过河。)❽姓。

㬥 pù同"暴"。

曓 pù同"暴"。

曝 pù同"暴(暴)",曝晒。

㬥 pù"暴(暴)"的讹字。

暴 ㊀pù同"暴",曝晒;暴露:日以～之|～骸骨无量数。

㊁bó[暴乐]也作"爆烁",树叶脱落稀疏的样子。

瀑 pù见28页bào。

曝 ㊀pù晒:～晒|一～十寒。

㊁bào[曝光]1.使照相底片、感光纸等感光材料感光。2.将s隐秘的事(多为不光彩的)揭露出来,使众人知道:环境污染的事件在媒体上～后引起了轰动。

㬥 pù同"暴(暴)"。

瀑 pù同"瀑"。

曝 pù同"曝"。

五 更 表

名　称	记　时
一更(一鼓)	19时至21时
二更(二鼓)	21时至23时
三更(三鼓)	半夜23时至次日凌晨1时
四更(四鼓)	凌晨1时至3时
五更(五鼓)	3时至5时

【注】旧时记时法,一夜分为五更,又称五鼓。

qī

七 qī ❶数词，六加一的和，也表示序数第七：～斤｜～月。❷旧习人死后每七天一祭，俗称七，至四十九日为止称满七：头～祭坟。❸姓。

与 qī 同"七"。

迟 qī［迟迡］(-chí)也作"棲(栖)遲""遲遲"，游息，游玩与休息。

朋 qī 同"期"。

晉 qī 同"期"。

育 qī 同"期"。

吸 qī 同"暱"。

肵 qī 同"期"。

沏 qī 见 780 页 qiè。

窀 qī［窶窀］(jiū-)见 465 页"窶"字条。

桼 qī 树名。

妻 ㊀qī 男子的配偶：夫～｜娶～｜贤～良母。
㊁qì ❶以女嫁人：遣宗室女江都公主往～乌孙。❷娶女子为配偶：～帝之二女。❸奸淫：～略妇女。

柒 qī 同"桼(漆)"。

萋 qī 同"萋"。

妻 qī 同"妻"。

戚 qī 同"戚"。

妛 qī 同"妻"。

妛 qī 同"妻"。

泶 qī ❶同"漆"。1.古水名，在今陕西。2.漆树。3.涂料。❷数词"七"的大写。

恓 ㊀qī 同"凄(悽)"，悲伤难过：～楚｜～切｜自家早是贫困，日受饥～。
㊁xī ❶［恓惶］1.匆忙、惊慌的样子：～奔走。2.悲伤、烦恼的样子：两眼～泪。❷［恓恓］(-xī)1.惶惶不安：圣人～忧世。2.凄凉：～无片屋。
㊂xù 同"恤"。

栖［棲］ ㊀qī ❶鸟类歇息，泛指居住、停留：鸡～于埘｜～身之所｜两～动物。❷停息的地方：羁禽思故～。❸用于地名：～霞(在山东)。
㊁xī ❶［栖栖］(-xī)忙碌不安定的样子：六月～，戎车既饬。❷［栖迟］也作"屖迟"，滞留不进。

桤(榿) qī 落叶乔木，木材可用于建筑和制家具。

桼 qī 同"桼(漆)"。

戚 qī 同"戚"。

郪 qī ❶古地名，在今安徽。❷古县名，在今四川。❸郪江，水名，在四川。❹姓。

倛 qī 古代驱除鬼和瘟疫时用的面具。

攲 ㊀qī 崎岖；倾斜不正：～陬｜柏偃松～。
㊁guǐ 重叠；累积：谍～其中。
㊂guì 瘦极：柳～花辩。

攲 qī "攲"的讹字。

攲 qī 同"攲(攲)"。

凄［❶❷淒、❶❸悽］ qī ❶寒凉；寒冷：～风苦雨｜风雨～～。❷冷落萧条：～清｜～凉。❸悲伤难过：～惨｜～然｜～切。
◆"淒"另见 749 页"淒"字条。

泩 qī 同"漆"。

捿 qī 同"棲(栖)"。

Q

萋 qī ❶［萋萋］1. 草木茂盛的样子：芳草～。2. 云飘动的样子：有渰～，兴云祁祁。❷通“緀”，丝帛有文采的样子：～兮斐兮，成是贝锦。

桼 qī 同“槭”。

桼 qī 同“漆”。

戚［❸慼、❸㥠］qī ❶也作“鏚”，古代兵器，像斧：操干～以舞。❷忧伤；悲哀：忧～｜悲～｜休～与共。❸亲近；亲密：兄弟相～｜二人相友甚～。❹因婚姻联成的亲属关系：亲～｜皇亲国～。❺姓。

踦 qī 同“踦”。

妻 qī 同“妻”。

嘁 ㊀qī［嘁嘁喳喳］拟声词，也作“嘁嘁喳喳”。
㊁cuì ❶同“啐”，尝。❷叹词，表示轻蔑或嘲笑：～，老爷乃是外江佬，只识得唱京腔西梆子。

涑 qī 同“漆”。

淒 ㊀qī ❶“凄❶❷”的异体字。❷模拟乐音：其音若熙熙～～锵锵｜～锵闻雅音。❸水名。
㊁qiàn［淒浰］（-liàn）迅急的样子。

漆 qī［漆原］古朝鲜国郡名。

犄 qī［㥠犄］（qiān-）见 765 页“㥠”字条。

娸 qī ❶容貌丑。❷丑化；诋毁：诋～｜丑～。

娸 qī 同“娸”。

期 ㊀qī ❶约会，约定时日相会：不～而遇｜～我乎桑中。❷约定的时日；一定的期限：定～｜过～｜～限。❸盼望；希望：～望｜～待｜～盼。❹量词，用于分期或分时段的事物：《大众科学》第 86～｜出版了两～刊物｜办了三～培训班。❺姓。
㊁［朞］jī ❶周期，指一周年，一整月，一昼夜：～年｜～月｜～日。❷指人寿命百岁：～颐。❸期服，古代丧服：无～亲｜～功之惨，遂不制服。

欺 qī ❶骗；欺诈：～瞒｜～世盗名｜自～～人。❷欺压；欺负：～侮｜仗势～人。

攲 qī 也作“敧”，倾斜不正：虚则～，中则正。

殑 qī 弃；死亡：大～｜焚～。

踦 qī ❶犬齿，又称虎牙，门齿与臼齿之间的锐齿。❷邪。

㯃 qī 同“桼（漆）”。

㒝 qī 同“戚”，忧愁。

敧 qī 同“攲”，倾斜不正。

㯃 qī 同“漆”。

涑｛涞｝qī 同“漆”。

潻 qī 同“漆”。

緀 qī 同“緀”。

郪 ㊀qī 古地名，在今山东。
㊁xī 同“郋（膝）”。

敧 qī 同“攲”，倾斜不正。

䫔 qī［䫔䫙］（-shī）面柔。

䏌 qī 一只眼。

蛴 qī 同“螇”，土蜂，昆虫。

㗤 qī ❶亲近：犹～则疏之。❷腠理：躬～。

魌 qī 同“鲯”。

䏌 qī ❶侧耳。❷“䏌”的讹字，一只眼。

萋 qī 草名。

葳 qī 草名。

慼 qī 同“戚”。

㬤 qī 同“曝”，曝晒。

嘁 qī 拟声词，细微杂乱的说话声（多叠用）：～喳｜～～低语｜～～喳喳。

㥠 qī 同“戚”。1. 悲愁：哀～以送终。2. 亲戚：贵～。

㒅 qī 同“倛”。

僛 qī 带着醉意起舞的样子:屡舞～～|爱～垂。

漆 ㊀ qī ❶古水名,今称漆水河,渭水支流,在陕西。❷[漆树]落叶乔木,树汁可制涂料,树汁干后可供药用。❸用漆树汁等制成的黏液状涂料:生～|油～|刷～。❹刷漆,用漆涂:～门窗|～家具。❺黑;染黑:～黑|～皮鞋|以草～齿。❻姓。
㊁ qiè[漆漆](-qiè)庄重恭敬的样子:养亲不以菽水弛～之敬。

緀 qī ❶丝帛有文采的样子。❷缝衣。

攲 qī 扱取,收取。

㩦 qī[不㩦𣪘](--guǐ)古代器物名。(《攈古录金文》)

榛 qī 同"桼(漆)"。

郪 qī 同"郪",古地名,在今山东。

頍 qī[頍頔](-shī)也作"戚施",蟾蜍,喻指伛偻病,形丑,脸不能仰起。

䁈 qī 眼睛动。

踦 ㊀ qī ❶一只脚:一～屦。❷脚跛,行走不便:～跂毕行|两～不能相扶。❸偏:～重。
㊁ jī ❶单;只:俯愧只影～。❷奇数,旧指机遇不好:猿臂封侯数本～。
㊂ yǐ 用膝部使劲顶住:足之所履,膝之所～。

螇 qī[螇蚗](-guì)也作"𧯶䲜",盛饭用的竹器。

崎 qī 高。

諆 qī ❶欺;欺骗:彼分轩轾,亦无～也。❷谋划:～议国事。

潻 qī 同"漆"。

霋 qī 同"桼(漆)"。

霎 qī ❶雨停,天放晴:曙色～。❷云飘动的样子。

䳢 qī 同"鶈"。

䁭 qī 看见。

諿 ㊀ qī 和谐。
㊁ xǔ 智谋。

䞈 ㊀ qī 同"戚"。
㊁ chèn 至:～巡远方。

䫏 qī ❶丑。❷[䫏头]古代驱疫鬼时扮神者所戴的面具,也单称䫏。

槭 qī 树名,可做手杖。

螱 qī 同"蝛",蟾蜍。

蝛 qī ❶蟾蜍。❷软体动物的一类,介壳无螺旋,壳背隆起如笠,故又称笠贝或帽贝。

魌 qī 同"䫏"。

鼜 qī 古代夜间守备所用的鼓。

䫏 qī 方相,古代驱疫辟邪的神象。

㬤 qī ❶曝晒或用沙土等吸收水分:把地上的水用沙子～一～。❷东西湿后将干而未全干的样子:雨后天晴,路上渐渐～了。

嘁 qī 同"嘁"。

𧯶 qī[𧯶䲜](-guì)筲箕,盛饭用的竹器,一说小畚箕。

磬 qī 同"䓫(鼜)",守夜鼓。

鶈 qī[鶈鸎](-yīng)古代东部的一种怪鸟。

僛 qī ❶同"䫏"。❷同"僛"。

鏚 qī 古代兵器,像斧。

𣅀 qī 同"期"。

敧 qī 同"攲",崎岖;倾斜不正。

䱭 qī 同"攲",倾斜不正。

鏚 qī 同"鏚"。

鼜 qī 同"鼜",守夜鼓。

櫀 qī 同"槭",落叶小乔木。

鶀 qī 鸟名。

䫔 qī 义未详。(《改并四声篇海》)

鰫 qī 鱼名。

鵸 qī[鵋鵸](jì-)同"鵋鵸"。

螑 qī 同“螇”，土蜂，昆虫。

䫔 qī［䫔黳］(-mì) 1. 色败黑。(《集韵》) 2. 暗。

黬 qī 同“䫔”。

qí

亓 qí ❶同“其”，代词：葆而去～冠。❷姓。❸［亓官］姓。

阣 ㊀qí 古国名，在今山西，也作“耆”。
㊁wéi 高大。

阸 qí 同“阣”。

帆 qí［伊帆］也作“伊耆”，古代天子名号、古地名。(《集韵》)

务 qí 同“齐(齊)”。

齐(齊) ㊀qí ❶禾麦吐穗上平整，泛指整齐：～等｜参差不～。❷同时；一起：～声高唱｜百花～放。❸整治：欲治其国者先～其家。❹完备；完全：～备｜～全｜人都到～了。❺达到某高度；跟某点或某直线平：水～腰深｜～根儿剪断。❻肚脐，后作“脐(臍)”：若不早图，后君噬～，其及图之乎？❼周代国名，在今山东北部和河北东南部。❽朝代名。1. 南朝之一，萧道成所建(479-502年)，又称南齐。2. 北朝之一，高洋所建(550-577年)，又称北齐。❾姓。
㊁jì 调配，分量，后作“剂(劑)”：夫匠者手巧也，而医者～药也｜调和之事，必以甘酸苦辛咸，先后多少，其～甚微。
㊂zhāi ❶祭祀或祭祀前整洁身心，以示虔诚，后作“斋(齋)”：～三日｜必～以静心。❷庄重；肃敬：～色｜～肃｜思～大任。

祁 qí ❶大：～寒。❷众多的样子：采蘩～～。❸用于地名：～县(在山西)｜～阳县(在湖南)｜～门县(在安徽)。❹姓。

圻 ㊀qí ❶方圆千里的地方。❷通“畿”，古代称国都附近地区：京～。
㊁yín 同“垠”，边际：莫达～岸｜通于无～。

芪 ㊀qí ❶黄芪，多年生草本植物，根可供药用。❷［芪母］知母，多年生草本植物，根茎可供药用。
㊁chí 同“茌”。

岐 qí ❶岐山，山名，在陕西。❷古州名，在今陕西。❸通“歧”：～途｜～误。❹姓。

岐 qí 同“岐(岐)”。

岐 qí “岐”的讹字。

岓 qí 山旁的石头。

岸 qí 同“岓”。

忯 qí 喜爱：余～而易之以金。

其 qí 见395页jī。

枝 qí 寄生枝。

奇 ㊀qí ❶特殊的；少见的：～迹｜～闻｜千～百怪。❷出人意料的；令人难测的：～兵｜～袭｜出～制胜。❸惊异：惊～｜～异｜不足为～。
㊁jī ❶单数的；不成对的：～数｜～偶。❷零数；余数：～零｜舟首尾长约八分有～。

軝(軝) qí ❶也作“軝”，车毂上的装饰：朱～。❷车轮。

歧 qí ❶岔开的道路；大路分出的小路：～路亡羊｜～途(比喻错误的道路)。❷分开：～而为二。❸不相同；不一致：～视｜～义｜大家的意见有分～。

跂 qí 同“歧”。

畀 ㊀qí 举。
㊁bì 同“畀(畀)”。

岐 qí 同“歧”。

肵 qí ❶［肵俎］(-zǔ) 祭祀时盛祭牲的心、舌的食具。❷恭敬：主人羞～俎。

脊 qí 同“脐(臍)”。

齐 qí 同“齐(齊)”。

衹 qí 同“祺”。

祇 qí 同“祇”。

祈{䄢} qí ❶向天或神灵求福：～祷｜～福｜～年。❷请求；希望：～求｜～望｜敬～光临。❸姓。

祇 ㊀qí ❶传说中的土地神，泛指神灵：神～｜惟～是庐。❷大：～悔。❸代词，此：～身焉足乐。
㊁chí 病：壹者之来，俾我～也。
㊂zhǐ “只㊁❷”的异体字。

陦（隑） ㊀ qí 同“碕”，弯曲的堤岸。㊁ ái［陦陦］（-ái）踮起脚跟而立的样子。㊂ gài ❶ 梯子。❷ 倚靠。

亝 ㊀ qí 同“齊（齐）”。㊁ zhāi “斋（齋）”的异体字。

㫷 qí 同“其”。

萁 qí 缫丝择取丝头。

耆 qí 同“耆（耆）”。

畀 qí 同“畀”，举。

斉｛斉｝ qí 参差不齐；不合拍：～板。

疷 qí 病不止。

疧 qí 同“疷”。

竒 qí 同“奇”。

帢 ㊀ qí 同“齊（齐）”。㊁ zhāi 同“齋（斋）”。

紝 qí 同“綦”。

耆 ㊀ qí ❶ 六十岁以上，泛指老：～老｜～年｜～叟。❷ 强横：不懦不～。㊁ shì 通“嗜”，特别爱好：～酒｜～饮食｜贪～钱。

剘 qí 割；截。

蘄 qí 同“芹”，水芹。

趀 qí 义未详。（《改并四声篇海》）

蚑 qí ❶ 虫爬行，泛指动物行走：～行蠕动。❷ 又称长蚑，即蟏蛸：泽及～、蛲，而不求报。❸ 蚂蟥。❹ 传说中的山中怪兽，像小孩，一条腿。

蚚 qí 生于米谷中的小黑虫。

蚔 qí ❶ 蝎类动物。❷ 虻虫。

崎 qí 同“蚚”。

畁 qí 同“畀（畀）”。

颀（頎） ㊀ qí ❶ 头俊美。❷ 身体修长的样子：～长｜～伟。❸ 姓。

㊁ kěn 极其哀痛的样子。

舸 qí 同“艩”。

跂 qí 同“跂”。

脐（臍） qí ❶ 肚脐，脐带（胎儿肚子连接母体胎盘的管状物，出生后结扎剪断）脱落的地方。❷ 螃蟹腹部下面的甲壳，公蟹为尖脐，母蟹为圆脐。

蚳 qí 同“蚔”。

使 qí 义未详。（《改并四声篇海》）

齊 qí “斉（齐，齊）”的讹字。

紊 qí 同“綥”。

旂 qí ❶ 帛上画有两龙，旗杆上系铃的旗子：四牡龙～。❷ “旗❶”的异体字。

旗 qí 同“旗”。

枝 qí 同“粎”。

粎 qí 红米。

丵 qí 同“其”。

脊 qí 同“齊（齐）”。

綨 qí 同“紊（綥）”。

鼓 qí［长鼓］古国名。（《玉篇》）

棋 qí［矜棋］（qín-）坚勇。

埼 qí ❶ 也作“碕”，弯曲的堤岸。❷ 用于地名：～石（在湖南）。

赽 ㊀ qí ❶ 攀援大树。❷ 行走的样子；麋鹿奔跑或行走的样子。㊁ kuí 猱攀树的样子。

耆 qí 同“耆”。

棋 qí 同“帺”。

萁 ㊀ qí 豆秆，豆类作物的茎，泛指茎秆：豆～｜春叶秋～。㊁ jī ❶ 草名，像荻而细：～服。❷ 树名：爨燧火～。

萕 qí［萕莱主山］（-lái--）山名，在台湾。

桪 qí 同"岐"。

軝 qí 同"軧(軝)",车毂上的装饰。

萩 ㊀ qí ❶ 同"祾",寄生枝。❷ 横首枝。
㊁ chì 同"勑(敕)"。

郂 ㊀ qí ❶ 古地名,在今陕西。❷ 姓。
㊁ zhī 古邑名,在今河南。

眂 qí 同"蚔"。

畦 qí(旧读 xī)❶ 古代地积单位,一畦等于五十亩:秋园五~。❷ 田园中分成的小区,泛指田园:花木成~|蔬~|稻~。❸ 田界:町~|~陌。

跂 ㊀ qí ❶ 多长出的脚趾:枝者不为~。❷ 慢走。❸ 通"蚑",虫爬行,泛指爬行:~行。
㊁ qǐ ❶ 通"企",踮起脚跟:~而望归|~踵延颈以望。❷ 也作"跂",倾斜;不正:~彼织女|~然如隅。
㊂ qì 垂足而坐:横刀~坐。
㊃ zhī [踶跂](zhì-)见 188 页"踶"字条。

帺 ㊀ qí 同"綦"。
㊁ jì ❶ 巾。❷ 同"系(繫)"。

崎 ㊀ qí [崎岖]山路险阻,高低不平:~不便|鸟道~。
㊁ qǐ 山的样子。

嵜 qí [嵚嵜](qīn-)山石怪异的样子,比喻品格不寻常。

歧 qí 婴儿早慧,也作"岐":生而~然。

釮 qí 同"鉥"。

猉 qí 狗崽。

淇 qí 淇河,水名,在河南。

骐(騏) qí ❶ 有青黑色纹理的马。❷ 哺乳动物:游~。

骑(騎) qí ❶ 骑马,引申为两腿左右分开跨坐:胡服~射|~虎难下|~自行车。❷ 兼跨两边:~缝盖章。❸(旧读 jì)骑兵,泛指骑马的人:轻~|铁~|翩翩两~。❹(旧读 jì)骑的马:坐~|舍~步行。❺(旧读 jì)量词,匹,用于马:一~马。

琪 qí 美玉。

琦 qí ❶ 美玉。❷ 美好;珍贵:珍~|~行|~辞。

耆 qí 同"耆"。

萁 qí 同"豰"。

基 qí 同"琪"。

掑 qí 同"掑"。

棋[棊]㊀[碁] qí ❶ 博弈、娱乐的工具:围~|下~|~盘。❷ 棋子,这种博弈、娱乐工具的子:举~不定。
㊁ jī 树根。

齊 qí 同"齊(齐)"。

蛴(蠐) qí [蛴螬](-cáo)又称螬蛴,也单称螬,俗称地蚕,金龟子幼虫。

蜞 qí [蚷蜞](yī-)见 1132 页"蚷"字条。

蜝 qí 同"蜞"。

啀 qí 同"鬐",嫌食;厌食。

鉥 qí 锋利。

旗 qí "旗"的讹字。

禥 qí 同"祺"。

祺 qí ❶ 吉祥;吉利:寿考维~|惟春之~。❷ 用于书信中祝颂之词:近~|时~|文~。

隑{隑} qí 同"隑(隑)",弯曲的堤岸。

琦 qí 同"琦"。

騏 qí 同"骐(騏)"。

耆 qí 同"耆"。

軝 qí 同"軧(軝)"。

靸 qí ❶ 也作"靰",靴:靴~。❷ 同"軧(軝)",车毂两端有皮带装饰的部分。

碁 qí 同"碁(棋)"。

碕 ㊀ qí ❶ 弯曲的堤岸:石~|北~。❷ 弯曲:~岸|径路~仄。
㊁ qǐ [碕礒](-yǐ)山石错落不平的样子。

埼 qí 弯曲的堤岸。

嵜 qí 古山名。(《字韵合璧》)

骮 qí 同"跂",慢走。

锜(錡) ㊀qí ❶古代一种三足的釜:蒸于~。❷古代凿木工具:既破我斧,又缺我~。
㊁yǐ ❶悬挂弓弩的架子。❷姓。

䓅 qí 弓硬的样子。

魕 qí 古代星名。

錤 qí 同"鉟"。

痮 qí ❶[痮疬](-lì)又称痮疡疬,生于乳房和大腿根部的痈疖。❷用于人名:魏~(见《字汇》)。

愭 qí ❶恭顺。❷畏惧。

祺 qí 同"帺"。

禥 qí 同"祺"。

䄎 qí 义未详。(《龙龛手鉴》)

騏 qí 同"骐(騏)"。

毷 qí 毛文会。(《集韵》)

蟇 qí 同"蜞"。

䗁 qí 义未详。(《字汇补》)

綦 qí ❶青黑色:缟衣~巾。❷鞋带,也指鞋上花纹:履~|~履。❸脚印;印迹:履~|~迹。❹通"极(極)",副词,很;甚:~大|衔恨~深|言之~详。❺姓。

基 qí 同"綦"。

蜞 qí 水蛭,即蚂蟥。

䖵 qí 同"䖵(蠐)"。

魌 qí 星名。

艥 qí[艥艃](-lí)船。

䵂 qí 多。

旗[❶旂] qí ❶画有熊、虎图案的军旗,泛指旗帜:摇~呐喊|国~|红~。❷清代的军队和户口编制之一,有满族八旗、蒙古八旗和汉军八旗。❸属于八旗的,特指属于满族的:~人|~袍|~装。❹八旗兵屯驻地,后用于地名:正黄~|蓝~营。❺内蒙古自治区行政区划单位,相当于县。
◆"旂"另见752页"旂"字条。

粸 qí 饼类食品。

彅 qí 弓硬。

彅 qí 弓硬,也作"彅"。

䰢 qí 同"䰢"。

䐡 qí 同"臍(脐)"。

綨 qí 同"綦"。

綥 qí 同"綥"。

綥 qí ❶帛苍艾色。❷草鞋。

琪 qí 同"璂"。

鬐 qí 同"鬐"。

綦 qí 同"綦"。

蘄(蘄) ㊀qí ❶草名。❷通"祈",求:不~畜乎樊中|所以~有道行有义者,为其赏也。❸古州名,在今湖北。❹用于地名:~春(在湖北)。❺姓。
㊁jī 古县名,在今安徽。
㊂qín[山蘄]当归,多年生草本植物,根可供药用。

棊 qí 同"棋"。

萁 qí 同"萁",豆茎。

䁒 qí 同"覬"。

嵜 qí 同"崎"。

嵜 qí 同"嵜(崎)"。

稽 qí 播下麦种,也作"䅲"。

鶀 qí ❶鹏鶀,也单称鶀。❷雉的别称。❸雁。

鮨 qí 同"鯕(鰭)"。

蘄 qí 同“麒”。
齌 qí 同“齌”。
憣 qí 同“懠”。
禥 qí ❶同“祺”。❷用于人名:赵～(南宋度宗皇帝)。
璂 qí 同“璂”。
斯 qí 同“鵙”。
樭 qí 同“棊(棋)”。
雗 qí 同“鶀”。
睹 qí 同“睹(覩)”。
稽 ㊀ qí 播下麦种。
㊁ shì 同“莳”,分苗栽种。
駈 qí “駈”的讹字。
鏤 qí 同“鈽”。
蝨 qí 同“蚳”,虻虫。
鲯(鯕) qí ❶鳊鱼。❷[鲯鳅]鱼名,生活在海中。
鮴 qí 同“鮨”,鱼酱。
癄 qí “癒”的讹字。
癒 qí 义未详。(《字汇补》)
齎 qí 同“臍(脐)”。
癠 qí 病。
齋 qí 同“臍(脐)”。
覩 qí 侦察;观察。
綦 qí 又称紫綦,即紫蕨,蕨类植物,嫩叶可食,根茎可供药用。
躾 qí 义未详。(《改并四声篇海》)
魌 qí 同“魃”,小儿鬼。
艖 qí 同“艩”。
鴖 qí 同“駈”。
鮨 ㊀ qí ❶鱼酱。❷细切的肉。
㊁ yì ❶传说中的像鲵的鱼。❷鮨科鱼类名,有鳜鱼、鲈鱼、石斑鱼等。
鴋 ㊀ qí 同“錤”,多。
㊁ dàn 同“鴅(鴅)”。
㊂ chú 同“雏(雛)”。
齊 qí 美的样子。
齎 qí ❶人才整齐。❷美好。
濝 qí 古水名,在今河南。
懠 ㊀ qí 愤怒:天之方～。
㊁ jì 忧愁。
㊂ jī [懠疑]猜疑。
璂 qí 皮帽上的玉饰。
鬐 qí 同“鬐”。
鬐 qí 同“鬐”。
鬠 qí “鬐”的讹字。
鶀 qí 鸟名,像翠鸟而赤喙。
檱 qí 同“棋”。
櫀 qí 同“棋”。
鐖 qí 轴端铁。
鳍(鰭) qí 鱼类和其他水生脊椎动物的运动器官,有调节运动速度、变换运动方向及保护身体等作用。
鯺 qí 同“鮨”,鱼酱。
蘷 qí 同“蘷”。
齎 qí 同“齌”。
齎 qí 同“臍(脐)”。
饑 qí 小食。
頎 qí 义未详。(《改并四声篇海》)
鑶 qí 同“鑶”。

鶀 qí 小雁。

鵸 qí 同"鶀"。

麒 qí 同"粸"。

鵸 qí［鵸鵌］(-yú)也作"鵸鵌"，传说中的怪鸟。1. 有三个头、六只尾的鸟。2. 有五彩和赤纹的鸟。

齗 qí 同"麒"。

騏 qí 同"鶀"。

麒 qí［麒麟］1. 传说中象征祥瑞的神异动物，像鹿而大，有角和鳞甲。2. 比喻杰出人物：得～｜吾家～。

齌 qí 同"臍(脐)"。

鬐 qí ❶ 马等动物颈上的长毛：马～｜白首长～。❷ 鱼类的脊鳍，代指鱼类：鳞～｜～介之族。❸ 比喻彩虹的拱部：如宛虹之奋～。

䶞 qí 马鬣，也作"鬐"。

騹 qí 同"騹(骐，騏)"。

鬐 qí 同"䶞"。

蠤 qí 同"蚔"。

䗁 qí 同"畦"。

艩 qí［橹(艣)艩］船上用以承橹的部件。

蠐 qí 同"蛴(蛴)"。

臍 qí 同"臍(脐)"。

纃 qí［纃縗］(-cuī)齐缞，古代用粗麻布做的丧服。

騹 qí 同"骐(騏)"。

鶀 qí 义未详。(《改并四声篇海》)

魕 qí 同"鬾"。

鬾 qí ❶ 信奉鬼的风俗。❷ 南方之鬼。

驥 qí 马。

蟣 qí ❶ 完成一件事之后的欢乐。❷ 欲；希望：～平治海内｜有所～。

獑 qí 狗一胎生一崽。

齎 qí 相等。

㢆 qí 同"祈"。

齮 qí 咬。

䶗 qí 同"畦"。

鰭 qí 鱼名。

麡 qí 麡狼，哺乳动物。

鰭 qí ❶ 鱼名。❷ 好的样子。

蠐 qí 同"蛴(蛴)"。

齮 qí 齿危。(《玉篇》)

qǐ

乞 qǐ 同"乞"。

乞 qǐ ❶ 向人讨要，多指讨饭：今死士之孤饥饿～于道｜～食｜行～。❷ 请求；希望：小树不禁攀折苦，～君留取两三条｜～求｜～怜。

㞢 qǐ 同"起"。

邔 qǐ 古县名，在今湖北。

芑 qǐ ❶ 又称白粱粟，谷类作物良种。❷ 菜名，像苦菜：薄言采～，于彼新田。❸ 地黄的别称，多年生草本植物。

屺 qǐ 不长草木的山。

岂 qǐ "屺"的讹字。

屺 qǐ "屺"的讹字。

岂(豈) ㊀ qǐ 副词，表示反问。1. 哪里；怎么：～敢｜～有此理？2. 难道：～能如此？｜～非怪事？
㊁ kǎi 通"恺(愷)"，欢乐：宜兄宜弟，令德寿～。

企 qǐ ❶ 踮起脚跟：～足而待｜日夜～而望归。❷ 仰望；仰慕：～望｜～盼｜生平～仁义。❸希求：～图｜～及。

岂 ㊀qǐ 同"屺"。㊁jié 同"岊"，山高的样子。

迉 qǐ 同"起"。

迟 qǐ 同"起"。

玘 qǐ ❶美玉。❷佩玉。❸用于地名：张～屯（在河北）。

玘 qǐ "玘"的讹字。

杞 qǐ ❶枸杞。❷杞柳，又称红皮柳，落叶灌木，枝条可用来编制箱、筐等器物。❸周代诸侯国名，在今河南：～人忧天。

盀 qǐ 古代器物名。

杏 ㊀qǐ 同"启（啓）"。㊁mèn 用于地名：～塘（在广西）。

启（啓）［敔、晵］ qǐ ❶开门，引申为打开、张开：开～｜～封｜难以～齿。❷开导；引导：～迪｜～发｜～示。❸开始：～用｜～动｜～程。❹书信：书～｜小～。

䅤 qǐ 同"芑"，谷子良种，又称白粱粟。

杞 qǐ "䅤"的讹字。

攴 qǐ 同"启（敔）"。

攴 qǐ 同"启（敔）"。

耔 qǐ ❶耒类农具。❷用升斗量物。

芑 qǐ 药草名。

𧘲 qǐ 义未详。（《龙龛手鉴》）

耔 qǐ 同"耔"。

笆 qǐ 簟。

企 qǐ 同"企"。

企 qǐ "企（企）"的讹字。

郶 qǐ 同"邵"。

起 qǐ ❶由躺而坐，由坐卧而站立，特指起床：～来｜～立｜鸡鸣而～。❷离开原来位置；取出：～身｜～飞｜～货。❸发生；发动：～风｜～疑｜～兵。❹开始：～笔｜～点｜自今日～。❺长出；凸起：～痱子｜～大包｜隆～。❻建造；建立：白手～家｜万丈高楼平地～。❼草拟：～草｜～稿。❽表示动作趋向、动作开始等：举～红旗｜从我做～。❾表示力量是否够得上，是否达到某种标准：买不～｜经得～考验。❿量词，批；件：外面来了一～人｜出了两～交通事故。

峐 qǐ 山高的样子。

起｛記｝ qǐ 同"起"。

𠷎 qǐ 同"启（敔）"。

赳 qǐ 同"起"。

曩 qǐ 同"曩（杞）"，古国名，在今河南。

啓 qǐ 同"啓（启）"。

戾 qǐ 同"啓（啓，启）"。

峈 qǐ 山名。

啓 qǐ 同"啓（启）"。

婍 qǐ 容貌美好。

绮（綺） ㊀qǐ ❶有花纹或图案的丝织品：～罗。❷华丽；精美：～丽｜～虹｜～食。❸纵横交错：～错｜～陌。㊁yǐ 用于人名：士成～（见《集韵》）。

峕 qǐ 义未详。（《龙龛手鉴》）

㩻 qǐ 开衣领。

戚 qǐ 同"棨"。

脊 qǐ 同"脊"。

裛 qǐ 同"𧘲"。

棨 qǐ ❶古代木制的关口出入凭证，又称传：～传。❷古代官吏出行时用作前导的仪仗，木制，像戟，上有赤黑色缯衣：～戟。

晵 ㊀qǐ ❶雨过转晴。❷姓。㊁dǔ 用于人名：仉～（见《字汇补》），一说"瞀"的讹字。

Q

胷 qǐ ❶小腿肚子。❷肉的连接处。

綮 qǐ 同"綮"。

裿 qǐ 同"婍"。

萓 ㊀qǐ 菜名。
㊁ái 干菜。

藄 qǐ 草名。

軗 qǐ 妨碍:弓弩多匡～。

跂 qǐ 同"企"。

軞 qǐ 同"軗"。

硻 qǐ 问。

傺 qǐ 开衣领。

胬 qǐ 同"胷"。

綮 qǐ 同"綮"。

綮 ㊀qǐ ❶细密的缯帛。❷同"棨",古代官吏出行时用作前导的仪仗:上昭祖考,下传旌～。
㊁qìng[肯綮]筋骨结合的地方,比喻事物的关键:技经～之未尝|切中～。

趌 qǐ 同"赼",行走的样子。

䭫 qǐ[䭫首]同"稽首",古代一种跪拜礼。

綺 qǐ 同"綺(绮)"。

䭫 qǐ 同"䭫(稽)"。

䭫 qǐ 同"䭫(稽)"。

棨 qǐ 同"啟(启,启)"。

䭫{䭫} qǐ 同"䭫(稽)"。

䭫 qǐ 叩首至地,后作"稽"。

綮 qǐ 细密的丝织物。

闙 qǐ 同"启(启)",开门;打开。

qì

丯 ㊀qì "㓞(契)"的本字。
㊁jiè 草芥,后作"芥"。

气㊀(氣) qì ❶云气,泛指空气、气体:～流|氧～|毒～。❷自然界寒、暖、阴、晴等现象:～候|～温|秋高～爽。❸呼吸时出入的气:喘～|唉声叹～|憋一口～。❹鼻子闻到的味:～味|香～。❺指精神风貌或行为状态:傲～|～馁|～壮山河。❻发怒;使发怒:～愤|不要～我了。❼中医指人的精气或某种病象:～虚|～血两亏|痰～。❽古代哲学概念,指形成万物的最根本物质或主观精神:天地合～,万物自生|其为～也,至大至刚。❾古代文论术语,指作者的才能、作品风格等:文以～为主|体～高妙。❿风尚:风～|俗素朴,无造次辨丽之～。☞气/氣/汽 "气"本指云气、空气。"氣"本读xì,义为赠送人的粮食、饲料等,后作"饩(餼)";又读qì,义为云气、空气。"汽"本指水干涸,引申为水蒸气。汉字简化把"氣"与"气"合并。现代汉语中与空气有关的词语通常用"气",如"气球、气锤(空气锤)、气垫船";与水蒸气或内燃机等动力有关的词语多用"汽",如"汽车、汽笛、汽锤(蒸汽锤)"。
㊁qǐ 乞求,后作"乞":胥行～食。
◆"氣"另见1024页"氣"字条。

讫(訖) qì ❶止,引申为完毕、终了:起～|收～|～无定论。❷同"迄",至;到:声教～于四海|从古～今。❸副词。1.尽;都:万物～出。2.终究:～无毁玷。

迖 qì 同"迄"。

芞 qì 同"芞"。

芞 qì[芞蒢](-yú)也作"芞舆",又称藒车(揭车),香草名。

歧 qì 倾斜;不正。

氕 qì 同"氣(气)"。

迄 qì ❶到:以～于今|～今不改。❷终了:至旹～,复结幡旗,止鼓。❸副词,始终;一直:～未成功|～无音信|～不为变。

汔 qì 同"汔"。

汔 qì ❶水名。❷水干涸,也作"汽"。❸副词,将近;差不多:民亦劳止,～可小康｜虽无蓄积，～可无饥。

忔 ㊀qì ❶喜悦；高兴。❷拟声词：～扑扑地把不住心头跳｜～蹬蹬马蹄踏破。
㊁yì 厌烦；心里不乐意：病得之心忔，数～食饮。

芞 qì 同"艺"。

迏 qì ❶避开。❷行走。

砌 qì 同"砌"。

矵 qì 同"砌"。

䢀(軗) qì 义未详。(《龙龛手鉴》)

迄 qì 同"迄"。

吃 qì 同"气(氣)"。

肐 qì 同"肐"，身体振动。

肐 ㊀qì 身体振动。
㊁gē "胳"的异体字。

弃［棄］ qì 舍去；扔掉：抛～｜～权｜前功尽～。☞弃/捐　见479页"捐"字条。

汏 qì 同"泣"。

汽 qì ❶水干涸。❷水蒸气；液体或某些固体受热后变成的气体：～笛｜～车｜～轮机。☞汽/气/氣　见758页"气"字条。

䒗 qì 义未详。(《字汇补》)

炁 qì 同"气(氣)"。

盵 qì 姓。

呩(噐) qì 同"吃(气，氣)"。

迟 qì ❶绕道而行。❷弯曲：～曲。

氝 qì 同"氣(气)"。

肣 qì 同"肐"，身体振动。

泣 qì ❶无声或低声哭，泛指哭：哭～｜抽～｜～不成声。❷眼泪：掩～｜饮～｜～下如雨。☞泣/号(háo)/啼/哭　见509页"哭"字条。

挈 qì 同"契"。

契 qì 同"契"，契约。

契 ㊀qì ❶用刀刻划：遽～其舟。❷用刀刻的文字：书～｜殷～(甲骨文)。❸券证；凭证：～约｜～据｜房～。❹心意相合：相～｜默～｜～合。
㊁xiè 也作"偰"，传说中的商族祖先。

砌 ㊀qì ❶台阶：阶～｜雕栏玉～。❷把砖石层层垒起，用泥灰黏合：～墙｜～烟囱｜～房子。❸堆积：堆～｜～成银世界｜～成此恨无重数。
㊁qiè ❶［砌末］也作"切末"，元杂剧演出时所用的简单布景和道具。❷代指戏剧：诸杂～。

眀 qì ❶看。❷同"䁈"。

盻 qì 看。

咠 qì ❶私下耳语。❷进谗言的样子：群奸(姦)～～。

䀈 qì 同"氣(气)"。

肹 qì 义未详。(《改并四声篇海》)

肐 ㊀qì 羹。
㊁lā［肐臜］(-sà)肉杂。

袳 qì 袖。

肩 ㊀qì 臀部。
㊁jī 男子外生殖器：～巴｜～儿。

契 qì "契"的讹字。

栔 qì 同"契"，雕刻。

趌 qì 走路气喘。

聠 qì 同"䁈"。

瞀 qì "瞀(眥)"的讹字。

欯 qì 吹火。

佱 qì［佱集］人多的样子。

脃 qì 义未详。(《改并四声篇海》)

弃 qì 同"棄(弃)"。

遊 qì 同"弃(棄)"。

葺 qì 同"葺"。

葺 qì 同"葺"。

㞓 qì 山。

唭 qì[唭嶷](-yì)1.说话含糊不清。2.笑的样子。

啦 qì[啦啦]也作"啦啦",拟声词,送舟声。

崎 qì 山的样子。

欷 qì 拟声词,吹声。

徛 qì[徛集]人众多的样子。

訖 qì 同"訖(讫)"。

裓 qì[裓膝]裙子正中开衩的地方。

弃 qì 同"棄(弃)"。

絜 qì 同"栔(契)"。

契 qì 同"契",雕刻。

栔 qì 同"契",雕刻。

堦 qì[堦堨](-zhí)❶累土。❷草木枝茎交错的样子:~鳞接。

墄 qì 同"堦"。

甈 qì 同"甈(瓶)"。

葺 qì ❶用茅草等覆盖屋顶,引申为修缮房屋:缮完~墙|~其墙屋。❷修饰;修整:随见补~|句读不~之诗。❸整顿;治理:~理|~业。❹通"缉(緝)",捉拿:~捕盗贼。

督 qì 同"督"。

罊 qì 同"器"。

舙 qì 同"憩"。

徛 qì 小步行走的样子。

徛 qì[徛徛]行走的样子。

䜴 qì 多。

湆 qì ❶幽湿。❷羹汁:美~|五牲之~。

湇 qì 同"湆",羹汁。

愒 qì 忧思。

愒 ㊀qì 休息,后作"憩":小~|释杖聊一~。
㊁kài ❶贪:无所~欲。❷荒废:玩岁而~日。
㊂hè 恐吓:恐~诸侯以求割地。

䄢 qì 同"䄢"。

屆 ㊀qì ❶[屆屐](-jié)层层叠积。❷少。
㊁zhǎ 楔子。

趚 qì 侧行。

棄 qì 同"弃(棄)"。

碛(磧) qì ❶浅水中的沙石;沙石积成的浅滩:~砾|险~要害之处。❷沙漠:沙~|茫茫大~。

䅲 qì 同"䄢"。

徛 qì 同"徛"。

棄 qì "棄(弃)"的讹字。

䀈 qì 同"督"。

䁈 qì 同"督"。

督 qì ❶看。❷窥视。

褄 ㊀qì 衣边。
㊁shà[褦褄](lā-)也作"褦襶",衣服破旧。

甈 qì 同"憩"。

擦 qì 祭:~鬼。

䃀 qì 古山名。(《玉篇》)

碶 qì 石砌的拦水闸,也用于地名:五乡~(在浙江)。

碏 qì 石的样子。

蹟 qì 蹀,跺,顿足。

嵠 qì 古山名。(《玉篇》)

䅲 qì 种。

䅲 qì 同"䅲"。

甈 qì ❶破瓦壶。❷盎、缶类器皿。❸燥裂;破裂:刚则～,柔则坏。

㲒 qì 敕戒。

鮆 qì ❶鱼游。❷鱼名。

䙊 qì 衣服重合处的边缘。

䙊 qì 同"䙊"。

屭 qì 同"憩"。

覣 ㊀qì 同"覣"。
㊁qīn 同"親(亲)"。

䞫 qì[䟄䞫](lì-)同"䟄䞫"。

㲒 qì 同"甈"。

藒 ㊀qì[藒车]也作"藒车""揭车",又称艺舆(艺舆),香草名。
㊁è 菜名。

槭 ㊀qì(旧读 qī)落叶小乔木,木材可制器具。
㊁shè(又读 sè)❶树木凋零的样子:庭树～以洒落兮。❷[槭槭](-shè)拟声词,风吹叶动的响声:树～兮,虫啷啷。

闙 qì 门。

器 qì 同"器"。

器 qì 同"器"。

艒 qì 船。

棄 qì 同"棄(弃)"。

惕 qì 惊恐。

濝 qì 义未详。(《改并四声篇海》)

覣 qì ❶看。❷通"䫔",恐惧。

䋍 qì 难。

䴢 qì 兽懒散不动的样子。

磩 ㊀qì ❶像玉的美石:玻璃～。❷通"砌",台阶:～阶|阶～。
㊁zhú 柱子底下的石墩:础～。

䃭 qì 同"砌",也用于地名:～头(在福建)|～下(在江西)|黄～(在广东)。

䁈 qì ❶查看:瞽者无目,而耳不可以～,精于听也。❷斜视。

器 qì ❶用具的统称:容～|兵～|～具。❷生物的生理机能部分:～官|脏～|生殖～。❸人的心胸、才干:～量|成～|大～晚成。❹赏识;看重:～重|深得～之。

憩[憇] qì 休息:小～|休～|同作同～。

㥓 qì 同"憩"。

憇 qì 同"憩"。

䭼 qì 同"㥓(憩)"。

䟚 qì 跑的样子。

䀹 qì ❶听。❷听觉灵敏。

䕸 qì(又读 qiè)[䕸车]同"藒车",又称芎舆,香草名。

𢡈 ㊀qì ❶疲惫。❷害怕。
㊁jì 忧愁。

㠎 qì 义未详。(《龙龛手鉴》)

艥 qì 船危。

㾙 ㊀qì ❶头疡。❷伤肱。
㊁jì 秃。

䩓 qì 同"鞕",皮革坚硬。

䫔 ㊀qì ❶伺人。❷恐惧。
㊁qiè[䫜䫔](bié-)见56页"䫜"字条。

覞 qì 观看。

趞 ㊀qì ❶立步。❷仓促。
㊁zuó ❶狡诈的样子。❷同"趚",快跑。
㊂zé 跑的样子。

䐚 qì 弯曲的肉干。

𢡈 qì 同"𢡈"。

螿 ㊀qì[螿螽](-zhōng)蝗的一种。
㊁jì 蛙类动物。

Q

罊 qì 尽；容器中空而无物。

𥌹 qì 目睛中枯。（《集韵》）

蟿 qì 同"蟿"。

𪗄 qì "𪗄"的讹字。

覿 qì 同"覿"。

器 qì 同"器"。

𤺺 qì 病。

鼜 qì ❶鼓无声。❷鼓的余音。

鼜 qì 同"鼜"。

鼜 ㊀qì ❶古代守夜巡逻用的鼓。❷鼓声。㊁cào 击鼓巡夜。

𥶖 qì 气。

𪔵 qì 同"鼜"。

𪗄 qì 以新谷汁渍旧谷。

𩧐 qì 义未详。（《改并四声篇海》）

𪔵 qì ❶拟声词，鼓声。❷守夜鼓。

𪔵 qì 同"𪔵"。

qiā

忦 ㊀qiā 恐惧。㊁yà［忦忭］（-zhà）心多奸诈。

𢙣 qiā 同"忦"。

𢹂 ㊀qiā 拔着。（《改并四声篇海》）㊁jié 同"拮"。

掐 qiā ❶用指甲按或截断；用手指使劲捏：～尖儿｜～头去尾｜把烟～灭。❷用手的虎口紧紧握住：～住他的脖子。❸量词，很小的把：一～小葱。

袷 ㊀qiā［袷袢］（-pàn）维吾尔、塔吉克等民族常穿的对襟长袍。㊁jiá"夹（夾）㊁❶"的异体字。

葜 qiā 同"葜"。

葜 qiā［菝葜］（bá-）见16页"菝"字条。

欱 qiā 出气。

𣖳 qiā 树名，一说"椵"的讹字。

齣 ㊀qiā 咬；狠咬：～颈擘腴。㊁qiǎ 骨头夹在牙缝里取不出。㊂kè ❶［齣齾］（-è）牙齿的样子。❷同"嗑"，用上下门牙咬开有壳的或硬的东西：～瓜子儿。

𡝗 qiā ❶［㝳𡝗］（yā-）女子做姿态。❷［𡝗虎］吓人的模样。

qiá

拤 qiá（又读qiǎ）双手用力掐住：～腰｜～脖子。

𡘋 qiá ❶跨：往外～。❷用于四川少数民族名或人名：～哈疏（踈）｜阿～。

qiǎ

卡 ㊀qiǎ ❶设在交通要道用以检查或收税的关口：关～｜税～｜哨～。❷控制；阻拦：～紧手头的钱｜～住敌人的退路。❸夹在中间，不能活动：～壳｜鱼刺～在嗓子里了。❹用手的虎口紧紧掐住：～脖子。❺夹较小物品的器具：头发～子｜皮带～。㊁kǎ ❶卡片，小的纸片或片状物：资料～｜贺年～｜信用～。❷卡车，载重的大汽车：十轮～。❸卡路里（热量计量单位）的简称，1卡等于4.1868焦。

峠 ㊀qiǎ 同"卡"。㊁kǎ 日本汉字，山岭顶部的下坡处。

䣜 qiǎ 苦酒。

跒 qiǎ ❶［跁跒］（bà-）见17页"跁"字条。❷［跁跒］（pá-）见17页"跁"字条。

qià

扴 qià 同"㓞"。

㓞 qià（又读qì）同"契"。1.刻：巧～｜～铭。2.契约。

𡉐 qià 古地名。（《改并四声篇海》）

刭 qià"㓞（㓞）"的讹字。

剕 qià 同“㓞”。

剕 qià “剕(㓞)”的讹字。

刮 qià 剥面,割破脸皮。

剅 ㊀ qià 陷入;刺入。
㊁ gē 同“割”。

冾 qià 同“洽”。

㓞 qià ❶ 刀刃。❷ 刀名。

硈 qià 同“硈”。

帢 qià 帛制的便帽。

洽 ㊀ qià ❶ 沾湿;浸润:~濡|内~五脏|~于民心。❷ 广;周遍:~闻|博~|普~。❸ 和谐;协调:融~|意见不~。❹ 联系或商谈:接~|面~|~谈。
㊁ hé 古水名,即今陕西的金水河。

恰 qià ❶ 合适;适当:~当|问君能有几多愁,~似一江春水向东流。❷ 副词。1. 正巧;刚刚:~巧|~到好处|~如其分。2. 却;岂:我一发都杀了,~不怜悯。

㓣 qià 击。

㰤 qià 叹声。

㓣 qià 同“刮”。

㡊 qià 同“帢”。

㧌 qià 箭。

㪊 qià 入。

剆 qià 同“剅”。

㓣 qià 入。

㼤 qià 劲。

硈 qià 石头坚硬的样子。

殎 qià 干枯。

姶 qià 殆。

帢 qià 同“帢”。

𪨊 qià[𧿒𪨊](bá-)见 16 页“𧿒”字条。

㾏 qià 同“㓣”。

㡊 qià 同“帢”。

㡊 qià 同“帢”。

㓣 qià 同“剅”,刺入。

愘 ㊀ qià[愘㤶](-yà)多心计。
㊁ qiā[㤉愘](qiāo-)同“㤉㤶”。
㊂ kè 同“窓(恪)”:敬~恭俭。

胳 ㊀ qià 同“髂”,髂骨。
㊁ kē 同“颏(頦)”,下巴:下巴~子。

㝿 qià 不重。

袷 qià 同“帢”。

𦮦 qià[𦮦𦮦](bá-)同“茇葜”。

䨐 qià ❶ 同“洽”。❷ 古关名,在今四川。

䁎 ㊀ qià 眸子枯陷;眼睛失明。
㊁ kān 看。

骬 ㊀ qià ❶ 同“髂”,髂骨。❷ 骨鲠在喉:~鱼骨头。
㊁ kē 膝骨。

䠍 qià 同“髂”。

謑 qià[謑诟](-gòu)善于花言巧语。

髂 ㊀ qià 髂骨,腰部下面腹部两侧的骨,左右各一,下缘与耻骨、坐骨联成髋骨。
㊁ gé 同“骼”。

䯊 qià 同“髂”。

鬜 qià[鬜鬠](-yà)秃。

籺 qià 敔,又称木虎,古代终止奏乐时所敲击的乐器。

鮯 qià 鱼名。

騞 qià 马色驳杂。

𪓐 qià 同“帢”。

䶗 qià[䶗齖](-yá)牙齿突出的样子。

qiān

千（❹韆） qiān ❶数词，十个一百。❷表示很多：～军万马｜万紫～红｜～里之行，始于足下。❸姓。❹［秋千］见 793 页"秋"字条。

邗 qiān 同"郡"。

仟 qiān 数词"千"的大写。

阡 qiān ❶田间南北向的小路，泛指小路、道路：为田开～陌｜驱牛向东～。❷田野：东～西陌稼如云｜田畴漠漠～连陌。❸通往坟墓的道路，也指坟墓：松～渺何处？｜几处有新～。

圱 qiān ❶也作"犾"，方圆三里左右的地方。❷用于地名：清～（在安徽）。

扦 qiān ❶插；插进去：～插｜～门｜～刃而死。❷扦子，用金属或竹、木制成的一种针状器具，有的带底座：铁～｜蜡～｜牙～。❸削；修剪：～脚｜～高粱穗。❹打扦，旧时满族男子下对上行礼的礼仪，右手下垂，同时左腿向前屈膝，右腿微曲：向张大爷打了个～。

芊 ㊀ qiān［芊芊］（-qiān）1. 草木繁茂的样子：古碑无字草～。2. 青翠色：仰视山巅，肃何～。
㊁ qiàn［芊蒨］（-liàn）草木青葱的样子：涯灌～，潜荟葱茏。

迁（遷） qiān ❶由原处转移：～移｜～居｜由沿海～往内地。❷变更；改变：～怒｜变～｜见异思～。❸官职晋升或调动：升～｜超～｜左～。❹贬官；放逐：～谪｜～客｜必蒙～削贬黜之罪。

犾 ㊀ qiān ❶同"圱"。❷同"阡"。
㊁ sú 同"俗"。

䇂 qiān 罪过，一说"愆"的古字。

汘 qiān 古水名。（《说文》）

阰 qiān 同"岍"。

奷 qiān 用于女子人名。

䒾 qiān［秦䒾］药草名。

杄 qiān 常绿乔木，有白杄、青杄、大果青杄等，木材可用于建筑。

瓩 qiānwǎ 旧时电的功率单位，现作"千瓦"。

岍 qiān ❶岍山，古山名，在今陕西。❷用于地名：石～（在重庆）。

佥（僉） qiān ❶副词，全；都：众意～同。❷众；众人：～望所归。

㡨 qiān 同"廞"。

辛 qiān 同"䇂"，罪；犯罪。

汧 qiān ❶古水名，即今千河，在陕西。❷用于古地名：～阳（今作"千阳"，在陕西）。

臤 ㊀ qiān 坚固。
㊁ xián 同"贤（賢）"。

盰 qiān［盰瞑］（-míng）也作"芊眠"，远视而晦暗不明：青冥～。

钎（釺） qiān 钎子，打凿孔眼的工具：钢～｜打～。

㑒 qiān 同"僉（佥）"。

欦 ㊀ qiān（又读 hān）同"歁"，含笑。
㊁ xiān ❶贪欲；贪求。❷笑。

迁 qiān 同"迁（遷）"，迁移：～先茔。

竏 qiān 也作"竰"，启罗立脱尔（旧时法国容积单位译音）的略写，一升的千倍。

衦 qiān 祈。

䛗 qiān 同"佥（僉）"。

拪 qiān 同"迁（遷）"。

掔 qiān 同"迁（遷）"。

孶 qiān 同"牵（牽）"。

要 qiān 同"䙴（遷，迁）"。

迺 qiān 同"迁（遷）"。

牵（牽） qiān ❶拉；引领着：～引｜手～手｜顺手～羊。❷连带；连累：～连｜～涉｜～制。❸缠连；挂念：～记｜～挂｜～肠挂肚。

兛 qiānkè 质量单位"千克"的旧译写法。

粁 qiān 量词，长度单位"千米"的旧译写法。

㪁 qiān 同"臤"。

欿 qiān ❶多智慧。❷含笑。

蚈 qiān 百足虫，即马陆，节肢动物，一说萤火虫。

铅（鉛）［鈆］ ㊀ qiān（旧又读 yán）❶金属元素，可用来制合金、蓄电池和电缆外皮等。❷用石墨或掺入颜料的黏土制成的材料：～笔。❸古代又称锡：～刀为铦。❹鲁钝：磨淬～钝｜驽～虽自勉。

㊁ yán ❶通"沿"，顺着：必反～过故乡。❷用于地名：～山（在江西）。❸姓。

搟 qiān 同"搟（迁，遷）"。

硟 qiān［硟硟］也作"芊芊"，草木青葱的样子。

倧｛㥶｝ qiān 同"愆"。

欦 qiān 多智慧。

谸 qiān ❶古山名。（《改并四声篇海》）❷同"阡"，道路。

悭（慳） qiān ❶吝啬：～吝｜取时难，得后～。❷缺少；欠缺：缘～一面｜倾泪眼，海水犹～。

帣 qiān 义未详。（《海篇直音》）

孯 qiān 同"掔"。

嫛 ㊀ qiān 美。
㊁ jǐn 用于女子人名。

欦 qiān 同"欿"。

骬 qiān 义未详。（《改并四声篇海》）

逓 qiān ❶经过。❷同"愆"，过失：失道之～。

遝 qiān 同"逓"。

徳｛德｝ qiān 同"愆"。

羟（羥） ㊀ qiān 羊名。
㊁ qiǎng 羟基，又称氢氧基，有机化合物中含有氢和氧的基。

雃 ㊀ qiān ❶又称雝渠，鸟名，即鹡鸰。❷用于人名：士～（春秋时人）。
㊁ jiān 同"鳽"，鸟名，即鸡鹊。

搧 qiān 同"迁（遷）"。

掔 ㊀ qiān ❶使牢固：～纬。❷牵引：肉袒～羊以迎。❸除去：君将黜耆欲，～好恶，则耳目病矣。

㊁ wàn 同"腕"，手腕：扼～。

䙴 qiān 同"遷（迁）"。

遷 qiān 同"遷（迁）"。

衍 qiān 同"愆"。

鈆 ㊀ qiān "铅（鉛）"的异体字。
㊁ zhōng 铁；好铁。

攐 qiān 同"鹐（鵮）"。

攐 qiān 同"攐"。

牽 qiān 同"牵（牽）"。

慊 qiān［慊悕］（-qī）不安的样子。

谦（謙） qiān 虚心；不自满：～让｜～虚｜满招损，～受益。

擊 qiān 同"掔（掔）"。

遷 qiān 同"遷（迁）"。

嗛 qiān 欢乐。

馯 qiān 义未详。（《改并四声篇海》）

签（簽、❶-❺籤） qiān ❶用于标志的小条形物件：标～｜书～。❷用于占卜、赌博、决定次序等的条形竹木棍或纸条等：卦～｜抽～｜上上～。❸旧时差役拘捕犯人的凭证，多用竹、木制作：朱～｜火～｜发～捉拿。❹尖头的棍状物：竹～｜牙～｜铁～。❺粗粗地缝合：～贴边｜把开线的地方～一下。❻在文件、单据等上画押、署名或题写文字：～押｜～名｜～署意见。

愆［諐］ qiān ❶过错；罪过：～谬｜引～自责｜惹罪招～。❷失掉；错过：举不～法｜～期｜途中被雨，日暮～程。

鹐（鵮） qiān ❶鸟或家禽用尖嘴啄：老鼠偷，鸟鸟～｜手被大公鸡～了一下。❷比喻用言语讥讽人：冷句儿诂，好话儿～。

皱 qiān 不平的样子。

骞（騫） qiān ❶马腹病，腹部亏损低陷。❷亏损；损坏：大厦之～｜终古不～。❸昂首的样子：～龙首。❹高：

～轩。❺高举;飞腾:～举|～腾。

釗 qiān "釗"的讹字。

揅 ㊀ qiān 同"牵(牽)",拉:～红绳|～马过来。
㊁ qiàn 同"纤(縴)",用于拉船、拉车等的长绳:～索。

䵖 qiān 耳。

鄿 qiān 古地名。(《说文》)

僁 qiān 同"愆"。

僣 qiān 同"愆"。

儊 qiān 同"僣(愆)"。

𧬢 qiān "譻"的讹字。

衍 qiān 同"愆"。

鈃 qiān 曲头凿。

獌 qiān 哺乳动物。

戩 qiān 古代兵器,像戈。

寨 qiān 同"寋(愆)"。

搴 qiān ❶拔取:斩将～旗。❷同"褰"。

寋 qiān 同"愆",过错;过失。

褰 qiān 同"褰",套裤。

撁 qiān 同"牵(牽),一说同"掔"。

攐 qiān 同"扦",插:～之使活。

摙 qiān 拔取,后作"搴",拔取:～木茹皮。

遷 qiān 同"迁(遷)"。

遷 qiān 同"迁(遷)"。

羥 qiān 同"羟(羥)",羊名。

懴 qiān 同"愆"。

靦 qiān 同"靦"。

攓 qiān 同"搴"。

櫏 qiān[桾櫏](jūn-)同"桾櫏"。

遷 qiān 同"迁(遷)"。

䙴 qiān 同"迁(遷)",升高。

輿 qiān 同"䙴"。

鏉 qiān 孔隙:钻～。

鋟 qiān 同"铅(鉛)"。

劁 qiān 切割。

羥 qiān "羟(羥)"的讹字,羊名。

褰 qiān ❶套裤。❷把衣服等撩起或提起来:～裳|～帷|珠帘高～。❸张开;散开:～微罟|烟～雨霁。

攓 qiān ❶[攓攓]一瘸一拐行走的样子,单用义同。❷蹇足跟。(《广韵》)

攓 qiān 同"搴"。

掔 qiān ❶坚。❷拟声词,坚破声。

籤 qiān 竹名。

䙴 qiān 同"䙴(迁,遷)"。

鄿 qiān 用于古代器物人名。(《两周金文辞大系图录考释》)

廞 qiān 柜子。

辡 qiān 艰苦。

騫 qiān ❶奔跑的样子。❷同"攓",行走艰难。

顅 qiān ❶同"鬜",鬓发稀少或脱落的样子。❷颈长的样子。

襘 qiān 同"褰"。

鬝 qiān 同"鬜(鬜)"。

櫶 qiān 同"杴",泄水器。

豜 qiān ❶猪。❷同"豣"。

劖 qiān 同“劖”。

簪 qiān［箬簪］（jùn-）见 491 页“箬”字条。

罨 qiān 同“罨”。

罨 qiān 同“罨”。

罨 qiān 同“迁(遷)”。

僊 qiān 同“愆”。

僁 qiān 同“愆”。

譧{譧} qiān 同“谦(謙)”。

攑 qiān 举。

攗 qiān 同“搴(扦)”。

攓 qiān 同“褰”，把衣服提起或撩起。

欔 qiān［桾欔］（jūn-）见 489 页“桾”字条。

顣 qiān［顣顩］（-qiàn）脸长的样子。

寋 qiān 同“寋(愆)”。

攑 qiān 同“攑”。

攐 qiān ❶ 同“搴”，取；拔取：～取｜～蓬。❷ 同“攓(褰)”，把衣服提起或撩起：～衣。

欅 qiān 树名。

鄹 qiān 同“鄹”。

欆 qiān 同“欅”。

遷 qiān 同“迁(遷)”。

籛 qiān ❶［箬籛］（jùn-）也作“箬簪”，竹名。❷ 收稻工具。

遷 qiān 同“遷(迁)”。

鵮 qiān 同“鵮(鹐)”。

襻 qiān 同“褰”。

鬜 qiān 同“鬜”。

鬝 qiān 鬓发脱落的样子。

黚 qiān 义未详。(《字汇补》)

鬜 qiān［鬜鬞］（-yán）也作“鬞鬜”，骨高的样子。

寨 qiān 同“寋(愆)”。

寨 qiān 同“寋(愆)”。

覸 qiān 凶狠地注视。

襻 qiān 同“褰”。

攐 qiān 同“褰”，把衣服提起或撩起。

鬑 qiān 鬑谨。

鵮 qiān 义未详。(《康熙字典》)

禴 qiān 祭祀。

遷 qiān 同“遷(迁)”。

襻 qiān 裤。

䙴 qiān 同“䙴(迁，遷)”。

䙴 qiān 同“䙴”。

qián

虔 qián 同“虔”。

拑 ㊀ qián ❶ 基业。❷ 记。㊁ qín 同“捡(擒)”，捉：～尽妖邪归地网。

岒 qián 布帛名。

岭 qián ❶ 古山名。(《集韵》) ❷［岭峨］高低不平的样子。

怜 qián 心急。

拑 qián 夹住；胁持：～口｜～制。

肯 qián “歬(前)”的讹字。

虔 qián “虔”的讹字。

荨(蕁) ㊀ qián［荨麻］多年生草本植物，茎皮纤维可做纺织原料，叶可供药用。
㊁ xún［荨麻疹］俗称风湿疙瘩、鬼风疙瘩，一种过敏性皮疹。
㊂ tán 知母，多年生草本植物，根茎可供药用。

钤(鈐) qián ❶车辖，插入轴头孔固定车轮的销钉，引申为管束：～辖｜～压。❷锁；关闭：～键｜天地～结。❸盖印章：～印｜用印～盖。❹钤记，旧时较低级官吏所用的印：接～任事。❺［钤鏞］（-duò）古代农具，大犁。

前 qián ❶向前行进：勇往直～｜裹足不～。❷空间在正面的：～门｜楼～｜向～走。❸时间较早的或已过去的：～天｜事～｜～所未有。❹次序靠头里的：～言｜～排｜～五名。❺未来的（用于展望）：～程｜～途｜～景。

赶 ㊀ qián ❶野兽、牲畜等翘着尾巴奔跑。❷马跑的样子。
㊁(趕) gǎn ❶追；追逐：追～｜～超｜你追我～。❷从速；加快行动：～路｜～任务｜～造文书。❸驱逐：驱～｜～走｜～出国门。❹驱使；驾驭：～羊｜～牲口｜～马车。❺遇到或碰上（某种情况）：～在这个节骨眼上｜下车时正～上下雨。❻介词，趁；等到（某个时候）：明日～早行｜～年底再回家｜今天忙，～明天再说。

䓣 qián 同"前"。

虔 qián "虔"的讹字。

虔 qián ❶虎行的样子。❷杀戮；杀害：～刘我边陲。❸恭敬而有诚意：～敬｜～诚｜～心。

钱(錢) qián ❶金属货币，特指铜钱：铸～。❷货币：～财｜～包｜十元～。❸款子；费用：房～｜饭～｜车～。❹形状像铜钱的东西：榆～儿｜纸～儿。❺质量单位，1钱等于10分，10钱等于1两。❻姓。

钳(鉗) qián ❶夹或夹断东西的用具：台～｜火～｜老虎～。❷用工具夹住或夹断，引申为强制、胁迫、约束等：～制｜～口。❸古代刑罚，以铁圈束颈，也指这种刑具：束缚～梏｜私解脱～釱。

偂 qián 同"掮"。

㪘 qián 同"虔"。

隁 qián 同"乾"。

掮 qián 用肩扛东西：～木头｜～着行李卷。

揵 ㊀ qián ❶举起；扬起：～鳍掉尾，振鳞奋翼。❷竖立：～六枳而为篱。
㊁ jiàn ❶连接；接壤：北薄海，南～淮。❷通"楗"，门闩：排～陷扃。

乾 ㊀ qián ❶八卦之一，代表天。❷天：夜观～象｜仰测～图。❸代表西北方：～位。❹代表男性：～造｜～宅。❺用于地名：～县（在陕西）。
㊁ gān ❶"干㊀❹-❽"的繁体字。❷姓。

軡 qián 同"黔"，用于古地名。(《集韵》)

㥶 qián 同"虔"。

偂 qián 同"前"。

騝(騝) qián ❶［騝騝］健壮的样子：右骖～。❷黄脊的骝马。

鉗 qián 义未详。(《龙龛手鉴》)

葥 qián 乖。

鄿 qián 古村落名，在今山西。

劆 qián 背东西。

� ㊀ qián 笑。
㊁ jiān 煎。

鈐 qián 义未详。(《字汇补》)

舶 qián 觜。

媊 qián［女媊］星名。

骝(騚) qián 又称踏雪马，四蹄全白的马。

搋 qián 相援：非健莫～。

乹 qián 同"乾"。

釠 qián 同"钤(鈐)"。

嫱 qián 同"媊"。

墘 qián ❶旁边，附近，也用于地名：海～｜田～（在广东）｜港～（在台湾）。❷器物的边沿：碗～｜帽仔～。

㯠 qián ❶同“榩”。❷麎。

榩 qián 劈木头时垫在下边的木砧。

箝 qián 同“钳(鉗)”。

箝 qián 同“箝(钳,鉗)”。

篛 ㊀ qián 造纸漂浆用的竹帘。
㊁ zhān 汁液。

篬 qián 同“篛”。

錢 qián 同“钱(錢)”。

髡 ㊀ qián 古代刑罚,剃去头发,在颈部箍上铁圈。
㊁ gàn 头发青绀色。

蕁 qián［蕁麻］同“荨麻”。

礥 qián 磌。

乹 qián 同“乾”。

箝 qián 同“钳(鉗)”。

羬 ㊀ qián 六尺长的羊。
㊁ xián 细角大山羊。
㊂ yán 一种大野羊。

潜［潛］ qián ❶没入水中:～泳｜～水｜～艇。❷隐藏不露的:～藏｜～力｜～伏。❸暗中;秘密地:～行｜～逃｜～出城门。❹专一:～心研究｜～志百氏｜心大有所～。❺古水名。1. 汉水支流,即今湖北的芦洑河。2. 嘉陵江支流,即今四川和重庆的渠江。

嫺 qián 同“嫺”。

繝 qián 织一番。(《集韵》)

橬 ㊀ qián ❶将柴木放置水中使聚鱼,以便捕获。❷量词,束:玉箫一～。
㊁ qín 同“梣”。

黔 qián ❶黑色;黑:～突(黑色的灶旁出烟口)｜～首(古代称老百姓)。❷晒黑;染黑:日～｜烟～。❸贵州(地名)的别称:～剧｜川～铁路。❹姓。

瞻 qián 同“瞻”。

瞻 qián ❶忧。❷闭目思,一说闭目。

黚 ㊀ qián 浅黄黑色。
㊁ jiān 古水名,在今四川。

黔 qián 同“黔”。

䭈 qián 筋鸣。

蘵 qián 草名。

乾 qián 同“乾”。

潛 qián 同“潛(潜)”。

乾 qián “乾(乾)”的讹字。

灊 qián 同“灊”,古县名,在今安徽。

鰬 qián 同“鰬”。

鰬 qián 鱼名,即大鳠。

羬 qián 同“羬”。

灊 qián 同“灊”。

灊 qián ❶古水名,也作“潛(潜)”,即今四川的渠江及重庆合川以下的一段嘉陵江。❷古县名,在今安徽。

籤 qián 细削竹。

籤 qián 同“篛”。

灊 qián 同“灊”。

鷣 qián 鸟名。

qiǎn

扲 qiǎn 以手取物。

言 qiǎn［言言］(-yǎn)唇急的样子。

浅(淺) ㊀ qiǎn ❶水不深;从外到内的距离小或程度不深:～水｜山洞～｜阅历～。❷时间不长:年代～。❸不浓;不厚:颜色～｜～绿｜～薄。❹明白易懂:深入～出｜～显易见。❺副词,略;稍微:～笑｜～尝偷巧。
㊁ jiān［浅浅］(-jiān)1. 水流急的样子:石濑兮～。2. 拟声词,流水声:流水～。

Q

㝚 ㊀ qiǎn ❶ 窗子。❷ 小门。
㊁ hù 同“户”。

𡍱 qiǎn 小土块。

𥫣 ㊀ qiǎn 小竹。
㊁ qiàn 竹名。

胠（䏶） ㊀ qiǎn 腋下。
㊁ qū 同“胠”，腋下。
㊂ jiá 同“颊（頰）”，面颊：左右腮～。

陜 qiǎn 同“㣙”。

掮 qiǎn 不安。

㥏 qiǎn 心绪不宁。

㰈 qiǎn ❶ 同“㱿”。❷ 不安。

㹂 qiǎn ❶ 牛不驯服。❷ 大的样子。

㥦 qiǎn［㦁㥦］（lián-）见564页“㦁”字条。

麉 qiǎn 鹿名。

遣 qiǎn ❶ 派；指派：派～｜差～｜调兵～将。❷ 打发；放逐：～送｜～返｜～戍。❸ 排解；发泄：～愁｜排～｜消～。❹ 运用；使用：应弦～声｜发言～辞｜～言措意。❺ 使；让：务～深细，不得趁多｜春风知别苦，不～柳条青。

嗛 ㊀ qiǎn 猴、鼠类动物两颊贮存食物的地方：自食其～。
㊁ xián ❶ 口中含物，后作“衔（銜）”：乌～肉。❷ 怀恨：心～之而未发。
㊂ qiàn 通“歉”，不足：寒肤～腹｜自视～然如弗及。

嵰 qiǎn 山险峻的样子。

㿝 qiǎn “㣙”的讹字。

撖 ㊀ qiǎn ❶ 挂。❷ 危。
㊁ hàn 姓。

槏 ㊀ qiǎn ❶ 门户。❷ 窗户两侧的柱子。
㊁ lián 同“廉”。

蜸 qiǎn［蜸蚕］（-tiǎn）又称蝭蟧，即蚯蚓。

䫡 qiǎn［䫡頜］（-qiǎn）也作“䫡顩”，脸部不平，泛指不平。

膁 ㊀ qiǎn 牲畜腰身两旁肋和胯之间的软凹处。
㊁ xiàn 同“𨿞”，肉馅。
㊂ yán 美。

灊 qiǎn 同“浅（淺）”。

顩 qiǎn［顩頣］（-yǐn）丑的样子，单用“顩”义同。

頣 qiǎn “顩”的讹字。

谴（譴） qiǎn ❶ 责问；责备：～责｜～黜｜自～。❷ 贬谪，旧时官吏因犯罪等被贬职或派遣到边远地区：滥官放～｜弟因菲材获～。❸ 罪过：改政思～｜消伏灾～。

𡓽 qiǎn 土堆。

㣙 qiǎn［㣙商］小块。

𨗴 qiǎn［𨗴𨗴］欲近的样子，一说欲进的样子。

顅 qiǎn 同“顩”。

𨿞 qiǎn 不动。

缱（繾） qiǎn ❶［缱绻］（-quǎn）1. 联结牢固而不分散：～从公，无通外内。2. 情意深厚而不分离：以后对饮对唱，缠绵～。❷ 拴系；牵住：偶然间心似～，梅树边。❸ 通“纤（縴）”，拉船的长大绳索：归舟挽～。

𧩨 qiǎn 稍微休息。

𢈪 qiǎn “顅（顩）”的讹字。

篟 qiǎn［篟䈴］（-xiǎn）户籍。

䭤 qiǎn 同“𩞁”。

𦆠 qiǎn 缩。

𥸮 qiǎn 同“篟”。

𩞁 qiǎn ❶ 噍，嚼。❷ 干面饼。

灊 qiǎn 同“浅（淺）”。

繾 qiǎn 同“繾（缱）”。

𪘋 qiǎn［𪘋齞］（-yǎn）牙齿露出唇外的样子。

顩 qiǎn 同“頜”，丑；脸部不平。

qiàn

欠 qiàn ❶疲倦时张口出气：～伸｜哈～｜打哈～。❷不足；缺乏：～缺｜～妥｜身体～安。❸亏欠：拖～｜～债｜～命。❹身体或身体某部分稍微向前或向上移动：～身｜～脚。

刋 qiàn 切。

伣（俔） qiàn 譬喻；好比。

佽 ㊀qiàn 同“欠”。
㊁cì 姓。

纤（縴） qiàn 见 1031 页 xiān。

芡 qiàn ❶又称鸡头，多年生水生草本植物。种子称芡实，可食或供药用。❷烹调时用芡实粉或其他淀粉调成的浓汁：勾～。

欣 qiàn 义未详。（《改并四声篇海》）

茜 ㊀qiàn ❶茜草，多年生草本植物，根黄红色，可做红色染料或供药用。❷深红色，也指染红：～裙｜谁家茜草～的，也会落色来。
㊁xī ❶（又读 qiàn）用于人名。❷用于外国女子名字的译音：～～公主。

帑 qiàn 古代男子束发用的巾。

欿 qiàn 同“欠”。

倩 ㊀qiàn ❶古代男子的美称：长～｜魏～。❷笑靥美好的样子：巧笑～兮，美目盼兮。❸美丽；美好：～女｜～影｜～装。❹请人代做：～人执笔。
㊁qìng ❶女婿：黄氏诸～。❷请；使：笑～旁人为正冠。❸借助：诗成～鸟吟。

悓 qiàn 同“伣（俔）”。

堑（塹） qiàn ❶坑；壕沟：～谷｜～壕｜天～变通途。❷陷阱，比喻挫折：吃一～，长一智。❸挖掘；挖沟：～土堙谷｜环而～之。

欠 qiàn 同“欠”，亏欠，借钱、物等未归还：～钱。

帑 qiàn 木制符信上系的小旗。

绮（綪） ㊀qiàn ❶赤色缯：雕刻～画。❷青赤色。
㊁qīng 浅碧色。

㊂zhēng 通“绛”，曲折：～缴。

蒨 qiàn 同“茜”。

棈 qiàn 树名。

椠（槧） qiàn ❶古代用于书写记事的木椟（薄木片）：脱～｜怀铅握～。❷简札；书信：时作寄我～｜密以～问。❸书的版本；刻成的书籍：宋～｜古～｜～本。

嵌 qiàn ❶险峻的山岩：～岩。❷把东西卡在空隙或低凹处：镶～｜～金｜～入。

傔 ㊀qiàn ❶从；跟随：～旗。❷侍从：充～｜～已足。
㊁jiān 同“兼”，加倍：～奏（走）偷路而行。

歉 qiàn 同“欠”。

蒨 qiàn 同“茜”。

蒨 qiàn ❶同“茜”。1. 茜草：绛生于～。2. 深红色：～绛｜～裙。❷草木青葱的样子：夏晔冬～｜～～嘉苗。

晴 qiàn 白色。

渹 qiàn［渹浰］（-liàn）水流急的样子。

猜 ㊀qiàn ❶衣有皱褶。❷美衣。
㊁jīng 同“旌”。

壍 qiàn 同“堑（塹）❶❸”。

蒨 qiàn 同“蒨”。

蒨 qiàn 同“蒨”。

壍 ㊀qiàn 同“堑（塹）”，壕沟；护城河。
㊁zhǎn 同“崭（嶄）”。

婆 ㊀qiàn 美；漂亮：村姑～。
㊁cán 用于女子人名。

艙 qiàn 轻快的船。

歉 qiàn ❶收成不好：～收｜～年。❷吃不饱：腹～。❸同“欠”，不足；缺少：田土虽多～人力。❹觉得对不住人：～意｜抱～｜道～。

蒨 qiàn 同“茜”。

榛 qiàn 横木。

輤 qiàn ❶也作“猜”，古代覆盖在载柩车上的饰物。❷载运棺柩的车，代指灵柩：归～｜灵～。

篏 qiàn 同"嵌"。

傔 qiàn 开。

虦 qiàn 虎发怒的样子。

篟 qiàn ❶竹名。❷竹茂盛的样子。

篏 qiàn 笼。

謙 ㊀qiàn 謙散。(《广韵》)
㊁xuàn 相责;指责。

壍 qiàn 同"堑(堑)❶❸"。

嬱 qiàn 同"婜",美;漂亮:掩镜羞看脸儿～。

鰜(鳒) ㊀qiàn 鰜鱼,即大青鱼。
㊁jiān 鳒鱼,比目鱼的一类,生活在海中。

鏲 qiàn 同"纤(縴)"。

糜 ㊀qiàn 穄,即糜子,籽实不黏。
㊁qīn 稔。

韆 qiàn 皮腰带。

穇 qiàn 同"糜",即穄,又称糜子。

鑳 qiàn 纺锤。

糨 qiàn 粉糨。(《字汇补》)

Q

qiāng

呛(嗆) ㊀qiāng ❶鸟吃食。❷因水、食物等刺激引发气管不适或咳嗽:～了一口水|吃饭～着了。❸咳嗽:打～。
㊁qiàng ❶指气味等对感官的强烈刺激:烟～嗓子|眼睛～得睁不开|辣味～得慌。❷[够呛]也作"够戗",形容过度,难以承受:忙得～|冻得～|活儿～能完成。

羌[羗、羗] qiāng ❶又称西戎,古代西部地区的民族:西～|～语|～笛。❷羌族,少数民族名,主要分布在四川。❸连词,乃;反而:余以兰为可恃兮,～无实而容长|吾谊先君而后身兮,～众人之所仇。❹助词,用于句首:～内恕己以量人兮,各兴心而嫉妒(妒)。
◆"羗"另见772页"羗"字条。

玱(瑲) ㊀qiāng 拟声词。1.玉器相碰击声。2.乐声:管磬～～。
㊁chēng 声音。
㊂cāng 玉的色泽。

枪(槍)㊀[❶❷❹鎗] qiāng ❶兵器。1.旧式兵器,像长矛:长～|红缨～。2.火枪,可发射枪弹:手～|冲锋～|～林弹雨。❷形状或性能像枪的器具:标～(体育器械)|焊～|水～。❸冲撞;碰撞:决起而飞,～榆枋|头～地。❹代人应考:～替|～冒顶替。❺姓。
㊁chēng[欃枪](chán-)彗星。
◆"鎗"另见107页"鎗"字条。

戕 qiāng 同"戕"。

戗(戧) ㊀qiāng ❶逆,反方向:～风|～水。❷(言语)冲突:说～了。
㊁qiàng ❶支撑;支持:墙要倒,取根大木头～住。❷在器物图案凹陷处填嵌金银等作为装饰:～金盒子。

羌 qiāng 同"羌(羌)"。

戕 ㊀qiāng ❶杀害;残害:～害|自～(自杀)。❷毁坏:～舟而发梁(发:毁坏。梁:桥)。
㊁zāng[戕牁](-kē)同"牂牁",古地名,在今贵州。

斨 qiāng 方孔的斧子。

羗 ㊀qiāng "羌"的异体字。
㊁yǒu 同"羑"。

猐 qiāng 同"羌"。

羗 qiāng 古水名,也作"羌"。(《集韵》)

戕 qiāng 同"戕"。

羫 qiāng 同"腔",人和动物身体中空的部分。

啌 qiāng 空谷的样子。

薔 qiāng 菜名。

椌 ㊀qiāng 柷,古代打击乐器。
㊁kōng 塔下的宫室,即龛。

嗴 qiāng 哭泣不止。

崈 ㊀qiāng 同"羌"。
㊁huà 同"崋(華,华)"。

嵹 qiāng 同"羌"。

将(蔣) qiāng[将将]也作"将将"。1.拟声词,水击石声:激神岳之

～。2. 高的样子：观秦门之～。

腔 ㊀ qiāng ❶ 人和动物身体中空的部分：腹～｜口～｜鼻～。❷ 量词，用于宰杀的家畜：一～羊｜两～猪。❸ 某些器物中空的部分：炉～｜灶台～子。❹ 说话的语气或语调：娘娘～｜打官～｜南～北调。❺ 乐曲的调子：唱～｜昆～｜字正～圆。
㊁ kòng 同"羫"，羊肉干。

羫 qiāng 同"羌(羌)"。

溬 qiāng 同"洸"。

䍾 qiāng 动。

蜣 qiāng［蜣螂］(-láng) 又称蜣蜋、蛣蜣，昆虫。常把粪滚成球形，产卵其中，故俗称屎壳郎。

锖(錆) qiāng ❶ 粗大：腹胀粗(麤)～。❷ 精。❸［锖色］某些矿物表面因氧化形成薄膜所呈现的色彩，通常与矿物本来的颜色不同。

瘔 qiāng 喉中病。

摤 qiāng 同"戗(戧)"，逆，反方向：遂把剑尖放入口内，一～一～的只管插入喉去。

锵(鏘) qiāng［锵锵］1. 拟声词，銮铃声；金属撞击声：四牡彭彭，八鸾～｜锣声～。2. 拟声词，凤凰鸣声：凤皇于飞，和鸣～。3. 拟声词，音乐声：其音若熙熙凄凄～。4. 众多的样子：门人从者～。5. 高大的样子：逾(踰)高阁之～。

蜣 qiāng 同"蜣"。

羫 ㊀ qiāng 同"腔"。
㊁ kòng 羊肉干。

䥐 qiāng 同"锵(鏘)"。

䪪 qiāng 同"䥐(锵，鏘)"。

䧲 qiāng 拟声词，鸟禽觅食声。

豵 qiāng 猪肉浑中空者。(《正字通》)

䖭 qiāng 虎类动物。

蜣 qiāng 同"蜣"。

鶬 qiāng 同"䧲"。

槍 qiāng 同"枪(槍)"。

篬 ㊀ qiāng 竹名。
㊁ cāng 竹子的颜色。一说同"苍(蒼)"，青色。

䅚 qiāng 麻。

䟫 qiāng 同"蹡"。

䤌 qiāng 用青稞酿成的酒。

骯 qiāng 尾骨。

謒 qiāng 语轻。

䮾 qiāng 马行的样子。

闛 qiāng 拟声词，门声。

蹡 ㊀ qiāng (又读 qiàng) 行走；行走的样子：～步诵神歌以祷｜你等取经，怎么不走正路，却～到我这里来｜吓得那些人东倒西歪，乱～乱跌。
㊁ qiàng［踉蹡］(liàng-) 同"踉跄"。

鏘 qiāng 同"锵(鏘)"。

䠳 qiāng 快跑的样子。

䟫 qiāng 同"蹡"，行走；行走的样子。

䪫 qiāng 同"腔"。

鶬 qiāng 鸟名。

鏹 qiāng "锖(锖)"的讹字。

鏘 qiāng 同"鏘(锵)"。

䪪 qiāng 同"齺(齆)"。

蘐 qiāng 同"羌"。

齆 qiāng ❶ 齿旁小齿。❷ 啮物声。

齺 qiāng 同"齆"。

qiáng

爿 ㊀ qiáng 床，后作"牀(床)"。
㊁ pán ❶(又读 qiáng) 劈开的片状竹子或木柴：竹～｜木～｜柴～。❷ 量词。

1. 用于田地,相当于“片”“块”:河西那～田。2. 用于商店、工厂等:那～纱厂|一～水果店。㊂ 称将(將)字旁,汉字偏旁或部件。

弜 qiáng 同“强”。

垪 qiáng 同“墙(墻,牆)”。

弻 qiáng 同“强”。

嶈 qiáng 山势高峻。

廧 qiáng 同“墙(墻)”。

牀 qiáng 同“樯(檣)”。

强［強、彊］ ㊀ qiáng ❶ 弓有力;强劲有力的弓:～弓劲弩|引～持满以拒之。❷ (力量或势力)大:～大|～劲|国富兵～。❸ 使用强力:～制|～渡|～行通过。❹ 健壮:～壮|身～力壮。❺ 使强大或强壮:富国～兵|～身健体。❻ 好;优胜:要～|他的工作能力比你～。❼ 程度高:责任心～|原则性不～。❽ 有余;略多:雪深三尺～|赏赐百千～。❾ 姓。

㊁ qiǎng ❶ 迫使,使人做不愿做的事:～迫|～人所难。❷ 勉强:牵～|～颜欢笑。

㊂ jiàng ❶ 执拗;固执:倔～|～嘴(顶嘴;狡辩)。❷ 僵硬:三日不读,便觉舌本间～。

廧 qiáng 同“廧(廧)”。

墙(墻)［牆］ qiáng 围绕建筑物、居住地等用砖石、泥土等修建的障壁,也指支撑房顶或隔开内外的建筑:城～|围～|～壁。

蔷(薔) ㊀ qiáng［蔷薇］(-wēi)落叶或常绿灌木,花、果、根可供药用。

㊁ sè ❶ 草名。❷ 姓。

嫱(嬙) qiáng ❶ 古代宫廷中的女官名,次于妃。❷ 用于女子人名。

蔃 ㊀ qiáng ❶［蔃莯］(-qiú)百合,多年生草本植物,鳞茎可食或供药用。❷ 用于地名:木～(在广东)。

㊁ jiàng 草名。

樯(檣)［艢］ qiáng 桅杆,引申为船只:帆～|万里连～|灵～千艘。

溓 qiáng 古水名,在今河南。

嬊 qiáng 用于女子人名。

孂 qiáng 同“嬊”。

擅 qiáng 扶持的样子。

墻 qiáng 同“墙(墻)”。

廧 qiáng 同“墙(墻)”。

檣 qiáng 同“樯(檣)”。

檣 qiáng 同“樯(檣)”。

廧 qiáng 同“廧”。

嬙 qiáng 同“嫱(嬙)”。

墻 qiáng 同“墙(墻)”。

檣 qiáng 同“樯(檣)”。

檣 qiáng 同“樯(檣)”。

艢 qiáng ❶“樯(檣)”的异体字,桅杆。❷ 船傍板。

牆 qiáng 同“牆(墙,墻)”。

蘠 qiáng［蘠蘼］(-mí)也作“蔷蘼”,又称营实,蔷薇的苗。

廧 qiáng 同“廧”。

謒 qiáng 义未详。(《改并四声篇海》)

牆 qiáng 同“牆(墙,墻)”。

鰽 qiáng 鱼名。

蠹 qiáng 生于米中的小黑虫,也作“强”。

牆 qiáng 同“牆(墙,墻)”。

qiǎng

抢(搶) ㊀ qiǎng ❶ 夺;硬拿:～劫|～夺。❷ 赶快;争先:～占|～购|～收～种。❸ 刮;擦:磨剪子～菜刀|膝盖～破了皮。

㊁ qiāng 碰;撞:呼天～地。

娆 qiǎng 乱的样子。

嬈 qiǎng "娆"的讹字。

磋 qiǎng 石名。

襁{襁} qiǎng 同"襁"。

勥 ㊀ qiǎng ❶强迫：非其诚勿～。❷强悍：倔～。
㊁ jiàng[勨勥](liǎng-)见567页"勨"字条。

墏 qiǎng 基。

摤 qiǎng 同"抢(搶)"。

弶 qiǎng 筋头。

镪(鏹) ㊀ qiǎng 成串的铜钱，泛指钱币，也指银子或银锭：藏～百万|累金积～。
㊁ qiāng[镪水]又称镪酸，盐酸和氯化锌的混合溶液，用于焊接。

襁[繦] qiǎng ❶背负婴儿的背带或布兜：～负其子而至。❷背负(婴儿)：仁者养之，孝者～之。❸[襁褓](-bǎo)包裹婴儿的被子：在～中。
◆"繦"另见775页"繦"字条。

繈 qiǎng 同"繦(襁)"。

襁 qiǎng 同"襁"。

彊 qiǎng 同"勥"。

彊 qiǎng 同"勥"。

繦 qiǎng ❶穿钱的绳，也指成贯的钱：藏～百万。❷绳索：以～自经而死。❸"襁"的异体字：荷～|天下～负归之。

篬 qiǎng 竹名。

襁 qiǎng 同"襁"。

繦 qiǎng 同"繦(襁)"。

qiàng

呛(嗆) qiàng 见772页qiāng。

炝(熗) qiàng ❶把菜肴放在开水中焯一下，取出后加香油等作料搅拌：～豆芽。❷把菜肴放在热油中略炒，再加作料和水煮。也指先把葱等作料放入热油中急炒，再放入主菜烹饪：～锅。

哾 qiàng 哭泣不止，也指痛哭过度而失声。

跄(蹌) qiàng(旧读qiāng)❶行走有节奏：巧趋～兮。❷[跄跄]1.起舞的样子，单用义同：鸟兽跄跄|连轩以跄然。2.行走合乎礼仪的样子，单用义同：跄跄济济|衣冠跄跻。

蓉 qiàng 义未详。(《南齐书》)

嗆 qiàng 拟声词，敲小铜锣等的声音：咚咚～|哧～哧。

篬 qiàng 竹笼。

篬 qiàng 用于人名：陈～(见《集韵》)。

麪 qiàng 面馊。

qiāo

怺 qiāo 同"悄"。

恷 ㊀ qiāo[恷惬](-yà)也作"恷恪"，感情含蓄；神色不外露。
㊁ qiǎo 虚伪，也作"巧"。

埆 qiāo 义未详。(《改并四声篇海》)

鄡 qiāo 同"鄡"。

悄 qiāo 见778页qiǎo。

揪 qiāo 高。

硗(磽) qiāo ❶坚硬的石头。❷(土地)多石而瘠薄：地有肥～。

砍 qiāo[砍磝](-áo)古地名，后称济州，在今山东。

鄡 qiāo 古县名，在今河北。

鄡 qiāo 古县名，在今河北。

乘 qiāo 饭勺类炊具。

寮 qiāo[寮寥](-liáo)空。

搞 ㊀ qiāo 短杖，也作"敲"：执～朴以鞭笞天下。
㊁ gǎo 做；弄；从事；设法获得：～实验|～明

Q

白｜～科研｜～情报。

跷（蹺）㊀［蹻］ qiāo ❶抬起（腿）；踮起脚后跟：～后立多时｜～起一条腿｜～起脚来往台前看。❷跛：～子｜一～一拐地走着。❸高跷，在传统戏剧、舞蹈中，表演者绑在腿上的有踏脚装置的木制道具：踩着～在台上扭来扭去。❹同"趬"，举步轻捷的样子：他三～两蹦追上来了。❺竖起（指头）：～起大拇指。

㊁ qiào 同"翘（翹）"，物体的一头向上仰起：小唇一～｜两撇胡须一根根都～了起来。

◆"蹻"另见777页"蹻"字条。

嵪 ㊀ qiāo 同"墽"，坚硬。
㊁ kāo［嵪嶅］（-áo）1. 古地名。（《晋书》）2. 山高峻的样子。

骹 qiāo 同"骹"。

稾 qiāo 同"秉"。

鄡 qiāo ❶古县名，在今河北。❷古亭名，在今河南。❸［鄡阳］古县名，在今江西。❹姓。

鄥 qiāo"鄡"的讹字。

踍 qiāo 同"骹"，小腿：斜幅缠～。

锹（鍬）［鍫］ qiāo ❶铁锹，用于挖掘、撮取的工具。❷一种缝纫方法，卷起布帛的边缝，不露针脚。

犒 qiāo 同"搞"。

勪 qiāo 同"蹻"。

劁 ㊀ qiāo 阉割：～猪。
㊁ qiáo 割：～刈。

敲 qiāo 同"敲"，击打。

敲 qiāo ❶叩；击打：～锣｜～门｜～打。❷敲诈，讹诈财物或抬高价格：～竹杠｜被～了一笔钱。

敲 ㊀ qiāo 同"敲"。
㊁ xiāo 用于汉代地名：～阳。（《字汇补》）

毃 qiāo 击打，后作"敲"。

𨽶 qiāo 义未详。（《改并四声篇海》）

墝 ㊀ qiāo 墝埆，土地瘠薄：视～肥，序五种，君子不如农人。
㊁ qiào 同"墽"，土地不平。

𫐐（轎） ㊀ qiāo ❶古代行山路所乘坐的器具。❷表演高跷时脚踏的木棍：踏～。
㊁ qiáo 鞍上的拱起部分，也作"桥（橋）"：鞍～。

幧 qiāo 裤纽；裤带。

骹 ㊀ qiāo ❶小腿。❷胫骨挨近脚的较细部分。
㊁ xiāo 同"髇"，响箭：鸣～。

蹻 qiāo 同"橇"。

僬 qiāo［僬侥］多智。

頝 qiāo［頝顤］（-āo）头凹不平，不美观，单用"頝"义同。

㪣 qiāo 敲击。

𣪠 qiāo 同"㪣"。

𣫂 qiāo 同"敲"。

墽 ㊀ qiāo 也作"硗（磽）""墝"，土壤坚结、瘠薄：地～民险。
㊁ qiào 土地不平。

橇 qiāo ❶古代在泥地上行走的船形鞋，中有绳索缚在脚上：泥行乘～。❷在冰雪上滑行的交通工具：雪～。

蹻 qiāo 同"跷（蹺）"。

瞟 qiāo［窅瞟］（yǎo-）脸面不平。

幧 qiāo ❶又称幧头，古代男子束发的巾。❷帽子。

敲 qiāo 同"敲"。

鄡 qiāo 古亭名。（《字汇补》）

熇 ㊀ qiāo 火行。（《集韵》）
㊁ xiāo 同"熇"，炎热之气。

𩨭 qiāo 义未详。（《改并四声篇海》）

縞 qiāo 同"繑"。

蹻 qiāo 同"蹻"。

蹻 ㊀ qiāo 同"骹"，胫骨挨近脚的较细部分。
㊁ kào 止步不前。

墽 qiāo 同"墽"。

繑 ㊀ qiāo ❶ 套裤上的带子。❷ 同“缲（繰）”，一种缝纫方法。

㊁ juē 同“屩”，草鞋。

趬 qiāo ❶ 举步轻捷的样子：～悍。❷ 向上翘起：把尾子～了一～｜两片嘴唇阔又～。

蹻 ㊀ qiāo “跷（蹺）㊀”的异体字。

㊁ jiǎo ❶［蹻蹻］（-jiǎo）1. 骄傲：小子～。2. 健壮的样子：四牡～。3. 威武强盛的样子：～王之造。❷ 同“趫”，矫健：～夫｜行步～捷。

㊂ juē ❶ 不稳定的样子：意气易动，～然不固。❷ 同“屩（屩）”，草鞋。

顈 ㊀ qiāo 头大额宽。

㊁ fén 众多的样子，也作“颁（頒）”。

鐰 ㊀ qiāo 同“鏊（锹，鍬）”。

㊁ sào 干燥。

䫜 qiāo 面不平。

䆻 qiāo ❶ 同“䆿”，麻因多日连续下雨而根部坏死。❷ 雀斑。

qiáo

乔（喬）{高} qiáo ❶ 高：～木｜～迁之喜。❷ 假装；做作：～扮｜～装躲闪｜分明是长嘘气，～说是歌绕（遶）画梁飞。❸ 姓。

侨（僑） qiáo ❶ 古代指寄居在外乡，后指寄居在国外：～居｜～民｜～胞。❷ 寄居在外国而保留本国国籍的人：华～｜外～。

荞（蕎）[荍] qiáo［荞麦］谷类作物，籽实磨成粉可食，籽实壳晒干可填充枕芯等。

◆“荍”另见 777 页“荍”字条。

荍 qiáo ❶ 锦葵，又称荆葵，二年或多年生草本植物。❷“荞（蕎）”的异体字。

峤（嶠） ㊀ qiáo 高而尖的山：～岳｜～角。

㊁ jiào 山路：～道｜～路。

㖸 qiáo 义未详。（《改并四声篇海》）

桥（橋） ㊀ qiáo ❶ 架在水上或空中便于通行的建筑：拱～｜天～｜立交～。❷ 树名。❸ 姓。

㊁ jiāo 桔槔，也指桔槔上的衡：～直植立而不动｜～衡。

㊂ jiǎo 通“矫（矯）”。1. 矫正：～饰其情性。2. 伪；虚假：其与～言无择。

菬 qiáo（又读 zhǎo）草名。

硚（礄） qiáo 用于地名：～口（在湖北）｜～头（在四川）。

盉（䀉） qiáo 碗、盂类器皿。

翘（翹） ㊀ qiáo ❶ 鸟尾上的长毛，也指鸟尾：摇～奋羽。❷ 抬起；向上：～首｜～足｜～望。❸ 翘棱，木板、纸等由湿变干而弯曲不平：桌面晒～了｜这张硬纸板有点儿～。❹ 特出；突出：～楚｜～秀｜～材。❺ 古代妇女首饰：金～。

㊁ qiào 物体的一头向上仰起：～着两撇胡子｜～尾巴（比喻骄傲自大）｜～辫子（指人死）。

槗 qiáo 同“橋（桥）”。

鄡 qiáo ❶ 古地名。（《玉篇》）❷ 古县名。（《广韵》）

墧 ㊀ qiáo ❶ 同“桥（橋）”。❷ 古水名，在今广西。❸ 姓。

㊁ què 同“埆”。

䵲 qiáo 同“醮”：颜色～顇。

㠐 qiáo 不顺。

嘺 ㊀ qiáo 拟声词，鸟叫声：～～喈喈。

㊁ qiào 口不正。

嶠 qiáo 同“嶠（峤）”。

憔［顦、癄］ qiáo［憔悴］1. 人身体瘦弱，气色不好，也指草木枯萎：面容～｜木不见水则～也。2. 困苦；困顿：民之～于虐政｜志士～守蒿蓬。3. 忧愁的样子，单用“憔”义同：身憔悴而考旦兮｜人心憔然。

◆“顦”另见 778 页“顦”字条。

◆“癄”另见 778 页“癄”字条。

僑 qiáo 同“侨（僑）”。

嫶 ㊀ qiáo ❶［嫶妍］（-yán）忧伤的样子。❷ 同“憔”。

㊁ jiāo 用于女子人名。

㰐 qiáo 同“樵”。

樵 qiáo ❶ 柴薪：采～｜贩～｜薪～。❷ 砍伐；打柴：～树｜斧柯而～。❸ 打柴的人：老渔～｜～牧徒悲哀。

翘 qiáo 同“翹”。

犞 qiáo 肉干。

𪎿 qiáo 同"檇"。

毷 qiáo［毷毹］(-xiāo)毛毯类制品。

鲕 qiáo 又称鱎,即鲌鱼。

瞧 qiáo 偷看,泛指看、看望:怕别人～见咱|让我～一～|去～一位朋友。

癄 qiáo ❶"憔"的异体字。❷萎缩;缩减。❸病。

蕖 qiáo"蕉"的讹字。

翻 qiáo ❶飞。❷高飞。❸侧飞。

𧯖 qiáo 同"翘(翹)"。

𤢷 qiáo 同"翻"。

趫 ㊀ qiáo ❶善于攀树登高:轻～。❷行动敏捷,能跑善走:～勇|～者幸脱。❸矫健;壮:～猛|以其气之～与力之盛。❹凶悍:～悍|～恶。❺脚往上翘,泛指物体端部上翘:～足|～着脚儿|腰间细两头～。

㊁ jiào 快跑;跑开:各各～之。

穛 qiáo 同"樵"。

樵 qiáo 同"樵"。

蹻 qiáo 行走。

蕉 qiáo 同"樵"。

鐈 qiáo ❶长足鼎。❷釜。❸用铁片牢固勾连物体两端或接缝处,形如桥梁。

蘒 qiáo［连蘒］同"连翘",落叶灌木,果实可供药用。

蘸 qiáo"蕉(蕉)"的讹字。

𪍈 qiáo 同"醮"。

醮 qiáo［醮頪］同"憔悴"。

顦 qiáo ❶"憔"的异体字。❷［顦顟］(-liú)哺乳动物,像兔。

𪎭 qiáo 同"荞(蕎)"。

qiǎo

阝丂 qiǎo 古地名。(《玉篇》)

巧 qiǎo ❶技巧;技能:材有美,工有～|公输子之～。❷心思灵敏;技术高超:灵～|～妙|心灵手～。❸擅长;善于:舜～于使民,而造父～于使马。❹(言语等)虚华不实;欺诈:花言～语|～取豪夺。❺恰好,正遇在某种机会上:～遇|～合|来得早不如来得～。

扝 qiǎo 同"巧",技巧;技能。

𡛟 qiǎo 用于女子人名。

悄 ㊀ qiǎo ❶忧愁的样子:劳心～兮。❷寂静无声;声音很小:穷巷～然车马绝|～语低声。❸［悄悄］(-qiǎo)1.忧愁的样子:追念其～之忧。2.寂静的样子:山郭恒～。

㊁ qiāo［悄悄］(-qiāo)1.没有声音或声音很小:静～|～话。2.副词,没有声音或声音很小地:他～走了|她～地翻开书。

硚 ㊀ qiǎo 同"硗(磽)",贫瘠的山田。

㊁ diào ❶同"碑",石名。❷同"铫(銚)",煮物瓦器。

釥 qiǎo ❶成色好的金。❷美好;俊俏。

愀 ㊀ qiǎo ❶脸色变得严肃、不愉快等:孔子～然变容|感旧色已～。❷忧愁的样子:见不善～然,必以自省也。❸恭谨的样子:闻其言者～如也。

㊁ qiù 萧条的样子:原野寥～。

䅬 qiǎo 同"鸋"。

㭟 qiǎo 粉。

𩑅 qiǎo 同"𩑔"。

㢗 qiǎo 把弓拉开。

𪄬 qiǎo 同"鸋"。

鸋 qiǎo［鸋妇］也作"巧妇",鹪鹩的别称。

𩑔 qiǎo 高。

膲 qiǎo 胁膲。(《玉篇》)

qiào

壳(殼){殻} ㊀qiào(文读,用于书面语)坚硬的外皮:皮～|甲～|地～。
㊁ké(白读,用于口语)同"壳㊀":贝～儿|鸡蛋～儿|子弹～儿。

俏 ㊀qiào ❶漂亮,相貌美好:俊～|～丽|老来～。❷商品的销路畅通:～货|走～|紧～。❸烹饪方法,做菜时加上少量的青蒜、香菜等:～点儿青蒜。
㊁xiào 通"肖",相似:～成|～败。

诮(誚) qiào ❶呵斥,责备,也作"谯(譙)":～责|怒～|王亦未敢～公。❷嘲讽:讥～|鏊～林嘲,苦被浮名牵绊。

㲉 qiào 同"窍(竅)"。

郻 qiào 古县名。(《改并四声篇海》)

峭[陗] qiào ❶山高而险峻:陡～|悬崖～壁。❷神色严峻;严厉:冷～|～直(严峻刚直)|重刑～法。

帩 qiào ❶缚。❷[帩头]古代男子束发用的巾。

窍(竅) qiào ❶窟窿;孔洞:一～不通|七～流血(七窍:口,双眼,两耳,两个鼻孔)。❷比喻事情的关键:～门儿|诀～儿|开～儿。

梈 qiào[枳梈]同"枳壳",中药名。

焍 qiào 义未详。(《改并四声篇海》)

翘(翹) qiào 见777页qiáo。

骹 qiào 同"鞘(鞘)",刀鞘。

蔯 qiào 同"峭"。

竨 qiào 立的样子。

㴸 ㊀qiào 同"㴸(㴸)",大浪。
㊁xiào 江水上涨,大浪冲塌堤岸:江～。

竅 qiào 同"窍(竅)"。

㵞 qiào ❶巨浪。❷[㵞㳩](-tān)波涛汹涌的样子。

潚 qiào 同"㵞"。

毃 qiào ❶高。❷翘起:嘴唇～。

谯(譙) ㊀qiào 同"诮(誚)",呵斥;责备:力足荡游不作,老者～之。
㊁qiáo ❶谯楼,古代建在城门之上的瞭望楼:～门|危～依岳(嶽)势。❷古县名,在今安徽。❸姓。

撬 qiào ❶用棍、棒、刀、锥等插入并用力挑起或拨开:溜门～锁|把瓶盖～开|把这块大石头～下来运走。❷举起;翘起:拨断了两股线,那皮就有些～起来|论家事,这里是踊一头儿～一头儿的,弹压不住。

㠐 qiào 长的样子。

廧 qiào 高屋。

㪣 ㊀qiào 同"擎",从旁边击打:～以马捶。
㊁jī 同"击(擊)",打;敲打。

鞘 ㊀qiào 盛刀、剑的套子:刀～|剑～。
㊁shāo 鞭鞘,拴在鞭子末梢的细皮条。

礉 qiào 同"礉"。

觳 qiào[觳觫](-yào)不平;不安。

竅 qiào 同"竅(窍)"。

竅 qiào "竅(竅,窍)"的讹字。

鞘 qiào 同"鞘"。

擎 qiào 同"擎"。

擎 ㊀qiào 从旁边击打。
㊁jiǎo 持。

鞘 qiào 同"鞘"。

黯 qiào[黯黰](-yìng)脸上的黑斑点,即雀斑。

䠁 qiào 脊骨的末端,肛门。

䩴 qiào 同"翘(翹)",物体的一头向上翘起。

qiē

切 ㊀qiē ❶用刀等器具从上往下把物品截开:～割|～断|～瓜。❷几何学上指直线与弧线或两个弧线相接于一点:～线|～点|两圆相～。

㊁ qiè ❶ 贴近；亲近：～近｜～身｜亲～。❷ 紧急：急～｜迫～｜回家心～。❸ 副词，务必：～记｜～勿擅入。❹ 中医指用手指按脉以诊断病情：～脉｜望闻问～。❺ 反切，旧时汉语注音方法，取上一字声母与下一字韵母和声调相拼：东，德红～。❻ 姓。

姡 qiē 用于女子人名。

娑 ㊀ qiē 轻薄，言行轻佻。
㊁ suō 用于女子人名。

㥫 qiē［㦙㥫］（yuē-）见 1203 页“㦙”字条。

磍 ㊀ qiē 石名。
㊁ jū 同“砠”，覆盖着土层的石山。

䁽 qiē 聪，听觉灵敏。

qié

㐌 ㊀ qié ❶ 用于西北地区少数民族地名。❷ 姓。
㊁ bié［㐌藏］（-zàng）地名，在甘肃。

㐖 qié 同“㐌”。

伽 ㊀ qié 用于译音：～蓝（僧众所住的园林；佛寺）。
㊁ gā 用于译音：～马射线（一些放射性元素的原子能放出的射线，波长极短）。
㊂ jiā 用于译音：～倻琴（朝鲜族弦乐器）｜～利略（意大利物理学家、天文学家）。

迦 qié 义未详。（《改并四声篇海》）

茄 ㊀ qié ❶ 茄子，又称落苏，一年生草本植物，果实是常见蔬菜。❷［番茄］（fān-）又称西红柿，一年生草本植物，果实是常见蔬菜。
㊁ jiā ❶［雪茄］用烟叶卷成、较普通香烟粗而长的烟。❷ 荷花的茎：～蕎倒植，吐被芙蕖。

㚗 qié 大口的样子。

qiě

丌 ㊀ qiě 同“且”。
㊁ jī 同“几”。

𠀇 qiě 同“且”。

且 ㊀ qiě ❶ 连词。1. 表示并列或进一层：干得既快～好｜水既深～急。2. 尚且，表示让步：死～不怕，还怕困难吗？❷ 副词。1. 将要：年～八十。2. 表示暂时：～慢｜～先听听大家的意见。3. 表示经久：这双鞋～穿呢。❸ 叠用，表示两个动作同时进行，相当于“一边……一边……”：～战～走。❹ 姓。
㊁ jū ❶ 众多的样子：笾豆有～。❷ 助词，表示语气，啊：狂童之狂也～。

qiè

厒 qiè 崖岸。

沏 ㊀ qiè ❶ 波浪冲击：激势相～｜星错波～。❷ 古水名。（《篇海类编》）
㊁ qī 用开水冲泡：～茶｜～碗糖水。

厗 qiè 同“厒”。

㹤 qiè 同“怯”。

妾 qiè ❶ 女奴：仆～｜臣～逋逃。❷ 旧时男子在正妻之外娶的女子：纳～。❸ 谦辞，古代妇女称自己：君当作磐石，～当作蒲苇。

怯 qiè ❶ 胆小；畏惧：胆～｜～懦｜～场。❷ 土气；俗气：～头～脑｜颜色有点儿～。❸ 虚弱：身小力～｜瘦～～的。

匧 qiè 同“箧（篋）”。

疚 ㊀ qiè 困倦时张口打哈欠。
㊁ cí［具疚］同“具茨”，山名，在河南。

窃（竊） qiè ❶ 偷盗：盗～｜行～｜～为己有。❷ 比喻用不合法、不合理的手段取得：～位｜～国｜剽～。❸ 暗地里；偷偷地：～听｜～笑。❹ 旧时谦辞，指自己：～以为不可｜久失闻问，～意近况未必佳也。

㼤 qiè 瓮、缶类器皿。

洯 ㊀ qiè 水名，在陕西。
㊁ jié 同“潔（洁）”。

挈 ㊀ qiè ❶ 提起：提纲～领。❷ 带领：～眷｜扶老～幼。
㊁ qì 通“契”。1. 刻：～龟。2. 契约：租～。

呦 qiè（又读 jié）［呦呦］声，单用义同。

痃 ㊀ qiè 病弱。
㊁ qǔ 病。

㥦 qiè 同“惬”。

婡 ㊀qiè ❶得志的样子:得志～～。❷少气的样子。
㊁xiǎn[婡㛉](-hù)性不端良。

㛍 qiè 心不平。

㓶 qiè 同"锲(鍥)"。

絜 qiè[活絜头]旧称离婚改嫁的女子。

惒 qiè 思念的样子,一说恐惧而喘息。

跒 qiè 跌。

笡 qiè ❶牚,斜柱。❷歪斜:嘴～|依字写～脱勒。

淁 qiè ❶古水名。(《说文》)❷水支流。

惬(愜)[悏] qiè ❶畅快;满足:～意|～怀|意犹未～。❷恰当;合适:～当|词～事当|轻重相～。

蛪 ㊀qiè ❶虫名。❷[蛪蚼](-qú)也作"蛪蚼",虫名,像蝉而小。
㊁ní 同"蜺(霓)",副虹。

㾀 qiè 病人气息微弱。

㛙 qiè 同"婡"。

㨮 qiè 同"挈"。

趄 qiè 跳的样子。

趚 qiè 同"趄(趔)",脚斜着站立。

踋 qiè 同"趄"。

䘀 qiè ❶衣衿。❷同"緁",衣边。

揩 qiè"揩"的讹字。

揩 qiè 斜拄着;斜支撑着。

朅 qiè ❶离去:富贵弗就而贫贱弗～。❷勇武的样子:庶士有～。

㕒 qiè 同"厒(厗)"。

㪊 qiè 同"窃(竊)"。

嗏 qiè 小声细语:～～沈湘语。

锲(鍥) qiè ❶镰刀类农具。❷用刀刻:～而不舍|～船求剑。

蕒 qiè 同"蒷",多节目。

箧(篋) qiè 小箱:书～|藤～|～底多词赋。

瘱 qiè ❶呼吸浅短。❷同"㾀",病人气息微弱。

緁 qiè ❶缝衣边:～以偏诸。❷衣边:腰锦～。

㙝 qiè 界。

鬜 qiè 同"䯰"。

㰥 qiè 同"窃(竊)"。

踥 qiè[踥蹀](-dié)同"躞蹀"。

䞦 qiè 同"朅"。

藒 ㊀qiè 香草名。
㊁hé 菜名。

䫔 qiè 义未详。(《龙龛手鉴》)

䤿 qiè 接。

藒 qiè[藒车]也作"藒车""揭车",香草名。

鬜 qiè 同"䯰"。

嚓 qiè 同"嗏"。

穕 qiè 土穕,古代农具名。

竊 qiè 同"窃(竊)"。

竊 qiè 同"窃(竊)"。

縎 qiè 同"緁"。

䖤 qiè[䖤蚼](-qú)同"蛪蚼"。

騀 qiè 同"怯",马怕石而不能行。

鍥 qiè 同"鍥(锲)"。

譗 qiè ❶正言。❷小声说话。

鯜 qiè ❶鱼名。❷妾鱼,即鳑鲏。

縺 qiè 连绪，一说“緁”的讹字。

䠞 qiè 义未详。（《字汇补》）

䋧 qiè 丝坏。

鍥 qiè 同“锲(鍥)”，镰类农具。

竊 qiè 同“竊(窃)”。

竊 qiè “竊(窃)”的讹字。

竊 qiè “竊(窃)”的讹字。

竊 qiè 同“竊(窃)”。

譪 qiè 同“諜”。

攈 qiè 同“櫼”。

櫼 qiè 饭臿，竹、木制的盛饭器具。

齸 qiè 同“齸”。

齸 qiè 同“齸”。

齸 qiè 同“齸”。

齸 qiè 上下牙齿相摩切。

竊 qiè 同“竊(窃)”。

qīn

沁 qīn 同“浸”。

𡵓 qīn 古山名。（《佩觿》）

欦 ㊀ qīn 打喷嚏。
㊁ kēng 咳。

钦(欽) qīn ❶ 疲倦时打哈欠的样子。❷ 敬重；恭敬：～佩｜～敬｜～仰。❸ 指皇帝亲允、手批的：～定｜～赐｜～差。❹ 通“顉”，下巴上曲，泛指弯曲：～颐折頞｜～身罷外。

侵 qīn ❶（敌人）进入境内；（外来的或有害的事物）进入内部：入～｜～犯｜～蚀。❷ 临近；渐近：～晨｜～晓｜～渐。

亲(親) ㊀ qīn ❶ 父母：双～｜养～。❷ 有血统或婚姻关系的：～人｜～属｜～兄弟。❸ 婚姻：结～｜定～｜～事。❹ 新媳妇：娶～｜迎～。❺ 本身；自己的：～笔信｜～眼所见｜～身经历。❻ 感情好；关系密切：～近｜～密｜～热。❼ 吻（表示喜爱）：～吻｜妈妈不住地～着孩子的小脸蛋。
㊁ qìng［亲家］（-jia）1. 两家儿女婚配结成的亲属关系：老张和李婶结了～。2. 夫妻双方父母彼此间的关系和称呼：～母。

浸 ㊀ qīn 冷。
㊁ qǐn［浸浸］（-qǐn）寒冷的样子。

唚 ㊀ qīn 亲吻：抱住他～几个嘴。
㊁ qìn 同“吣”，贬称人说话：胡～。

㒹 qīn 同“侵”。

衾 qīn ❶ 大被：生则同～，死则同穴。❷ 覆盖尸体的单被：衣～｜举～观尸。

亲 qīn 同“親(亲)”。

衾 qīn 同“衾”。

𧠯 qīn 同“親(亲)”。

骎(駸) qīn［骎骎］1. 马快跑的样子：青骊逝～。2. 迅速：岁月～。3. 比喻事业进展很快：～日上。

衾 qīn 同“衾”。

㬟 qīn 日光。

𡌛 qīn 义未详。（《改并四声篇海》）

嵚(嶔) qīn ❶ 山势高峻：～然｜～岩。❷［嵚崟］（-yín）1. 山势高峻的样子。2. 嵚崟山，即崤山，山名，在河南。

㑴 qīn 同“侵”。

寴 qīn 同“亲(親)”。

𡝗(嬸) qīn 同“亲(親)”。

𥝱 qīn 锥。

𤺏 qīn 因患疟疾恶寒而战栗。

𢿍 qīn 同“亲(親)”。

親 qīn 同“亲(親)”。

Q

綅 ㊀ qīn 线:朱～|～绳。
㊁ xiān 黑经白纬的织物,多做祭服,也作"纤(纖)":～冠。

䝹 qīn ❶ 豆豉。❷ 野生豆。

欽 qīn 同"欽(钦)"。

誛 qīn ❶ 私语。❷ 用言语侵犯。

寴 qīn 同"亲(親)"。

嶔 qīn 同"嶔(嵚)"。

谽 qīn[谺谽](xiā-)山谷空深的样子。

縵 qīn 同"綅"。

磤 qīn ❶ 石名。❷ 同"嵚(嶔)",山势高而险峻。

顉 qīn ❶ 点头;摇头:～其颐,则歌合律。❷ 下巴向上翘起的样子,也作"顩":～颐折頞。

鮼 qīn 鱼名。

駸 qīn 同"駸(骎)"。

寴 ㊀ qīn 同"親(亲)"。
㊁ qìn 屋空的样子。

駸 qīn[駸駸]也作"骎骎",马快跑的样子。

qín

圴 qín 土壁,也用于地名:者～关。

伒 ㊀ qín 古代北方地区少数民族乐曲名,也作"禁"。
㊁ jīng 同"矜",骄傲自大。

邻 qín 古亭名,在今湖南。

衸 qín 义未详。(《龙龛手鉴》)

芹 qín ❶ 一年或二年生草本植物,有水芹和旱芹,是常见蔬菜:薄采其～。❷ 比喻微薄:～敬|～献|～意。❸ 芹藻,旧时喻指生员入学宫即取得功名:行年二十有奇,尚不能掇一～。

芩 ㊀ qín ❶ 草名:～草|食野之～。❷[黄芩]多年生草本植物,根黄色,可供药用。
㊁ yín 同"莾"。

庈 qín 用于人名:费～父(春秋时人)。

钕 ㊀ qín 持。
㊁ qián 同"拑",胁持。

殁 qín "殷㊁"的讹字。

郚 qín 同"邻"。

疹 qín ❶ 寒。❷(又读 jìn)同"矜",牛舌病。

矜 ㊀ qín 矛、戈、戟等兵器的柄,也指做兵器的杖:奋棘～。
㊁ jīn ❶ 怜悯;怜惜:～愚爱能|不～细行。❷ 慎重;拘谨:～行|～持。❸ 骄傲;夸大:不～其能|～夸|～张。
㊂ guān ❶ 同"鳏",无妻的人:不侮～寡。❷ 同"瘝",病:何人不～?

秦 qín ❶ 周代国名,在今陕西中部、甘肃东部。❷ 朝代名。1. 秦始皇嬴政所建(公元前 221- 公元前 206 年),是中国历史上第一个统一的中央集权的封建王朝。2. 十六国时有前秦(350-394 年)、后秦(384-417 年)、西秦(385-431 年)。❸ 陕西(地名)的别称:～腔。❹ 姓。

珡 qín 同"琴"。

埁 qín ❶ 土。❷ 山形。❸ 同"岑"。

聆 qín ❶ 音。❷[聆隧](-suì)古地名。(《汉语大字典》)

莚 qín 同"芹",一年或二年生草本植物。

䃣 qín 石地。

蚙 ㊀ qín[蚙穷]蚰蜒。
㊁ qián 虾、蟹的爪。

矜 qín 同"矜"。

珡 qín 同"珡(琴)"。

捦 qín 执持;捉,后作"擒":～捕|被～。

莶 ㊀ qín[黄莶]同"黄芩",多年生草本植物。
㊁ qīn 草名,像蒿。
㊂ jīn[莶蒪](-dēng)又称金蒪草,草名。

勤 qín 同"勤"。

琴[栞] qín ❶古琴，弦乐器，有五根弦，后增至七根弦，也指弹琴：鼓瑟鼓～｜人之善～者，有悲心则声凄凄(悽悽)然。❷某些乐器的统称：提～｜胡～｜钢～。

鈙 qín 同"擒"，拿；用手按住。

鈫 qín 同"鈙"。

禽 qín ❶鸟兽的总称：五～之戏。❷鸟类动物：鸣～｜家～｜飞～走兽。❸捕获；捉拿，后作"擒"：不～二毛(二毛：头发半黑半白的老人)。

雂 qín ❶鸟名。❷用于人名：公子苦～(春秋时人)。

勤[❺懃] qín ❶尽力做；不偷懒：辛～｜～劳｜～学苦练。❷经常；次数多：～洗手｜～来往｜夏天雨～。❸规定时间的工作或学习：出～｜缺～｜考～。❹分派的公共事务：值～｜内～｜外～。❺[殷勤]见1154页"殷"字条。

靲 qín ❶皮制鞋带。❷皮带子。❸竹篾。

嗪 qín 用于译音：哌～(有机化合物)。

雓 qín"雂"的讹字。

禽 qín 同"禽"。

軡 ㊀qín 同"靲"，竹篾。
㊁qián[韬軡]也作"韬钤"，《六韬》和《玉钤》的合称，指用兵谋略。

嫀 ㊀qín 用于女子人名。
㊁shēn 古国名，也作"㜪"。(《玉篇》)

锥 qín"雂"的讹字。

矜 qín 同"穜(矜)"。

棽 qín 同"矜"，矛柄。

琹 qín 同"琴"。

琹 qín 同"栞(琴)"。

斳 qín"靳"的讹字。

靳 qín"靳"的讹字。

犊 qín 牛名。

禽 qín 同"禽"。

澿 qín 寒冷。

慬 ㊀qín ❶忧愁；烦恼。❷勇敢：无以立～于天下。
㊁jǐn 谨慎：于是累改九锡之文，以冀事缓而变生，其亦～矣。
㊂jìn 副词，仅仅：其～而免于死者，非巨源计之所及也。

秦 qín 同"秦"。

擒 qín 捉拿；抓捕：～拿｜欲～故纵｜～贼先～王。

䔷 qín 三棱草，莎草的一种，块状茎可供药用。

靳 qín 同"芹"，芹菜。

噙 qín 嘴里或眼中含着：口～药物｜眼中～着泪。

鴰 qín ❶也作"雂"，勾喙鸟。❷鸟啄食。

鈐 ㊀qín 鱼鲊。
㊁yín 鱼名，像鳖。
㊂shèn 鱼名。

琴 qín 同"琴"。

琹 qín 同"琴"。

撩 qín 同"捡(擒)"，捉：～住双脚。

檎 qín"檎"的讹字。

檎 qín[林檎]又称花红、沙果，落叶小乔木，果实可食。

闉 qín 同"琴"。

螓 qín 一种小蝉，方头广额，借以形容女子头额之美：～首蛾眉。

篫 qín ❶古代击弦乐器，像筝：曲里～声第一歌。❷小竹。

瘽 qín 因劳成疾。

懄 qín ❶同"慬"，忧愁；烦恼。❷通"勤"：～～懆懆。

穜 qín 同"矜"，矛柄。

𥡴 qín 同"秦"。

歁 qín 掘。

鑫 qín 同"秦"。

䦦 qín 同"琴"。

䦮 qín 同"琴"。

䥉 qín 同"琴"。

蘄 qín 同"芹"。

螓 qín 虫名。

鳹 qín 同"鳹"。

琹 qín 同"琴"。

琹 qín 同"琴"。

蕲 qín 同"蓁"。

鵭 qín 同"鸲",勾喙鸟。

䘳 qín 同"矜(矜)"。

龕 qín 义未详。(《改并四声篇海》)

䖨 qín 同"秦"。

䨂 qín 同"琴"。

䨂 qín 同"琴"。

矡 qín 矛类兵器。

黬 qín 同"黚",浅黄黑色。

黔 qín ❶黄色。❷同"黚",黄黑色。

qǐn

坅 qǐn 挖坑,引申为坑:筑～坎。

屾 qǐn 义未详。(《字汇补》)

伞 qǐn 同"屾"。

昑 qǐn 明亮。

搇 qǐn 持物。

梫 qǐn"梫"的讹字。

㑴 qǐn 义未详。(《改并四声篇海》)

䔷 qǐn 覆盖。

笉 qǐn ❶笑的样子。❷笅。

㝲 qǐn 同"寝(寑)"。

赾 qǐn ❶行难。❷跛行的样子。

梫 qǐn (又读 qīn)肉桂,常绿乔木。

寑 qǐn 同"寝(寑)"。

锓(鋟) qǐn (又读 qiān)刻,特指雕刻书版:～板|～梓|补～。

㾛 qǐn ❶形貌丑陋:生而貌～。❷㾛痛。

䆻 qǐn"㝲(寑)"的讹字。

蕈 qǐn 同"䔷"。

㓎 qǐn 皮厚的样子。

寝(寑)[寖] qǐn ❶睡;睡觉:～室|～具|废～忘食。❷睡觉的地方;卧室:就～|寿归正～。❸帝王家庙中放置祖先衣冠的地方,也指帝王坟墓:～庙|陵～。❹停止;搁置:兵～|事～。❺相貌丑陋:貌～。☞寝/寐/睡/卧/眠 古汉语中,"寝"通常指夜间躺下睡觉,无论睡着与否。"寐"专指睡着了,如"归寝不寐"。"睡"本指坐寐,即白天坐着打盹儿,如"苏秦读书欲睡,引锥自刺其股"。古诗文中的"睡觉(jué)"指睡醒,与今天所说的"睡觉(jiào)"意义相反。"卧"本指白天伏身休息,如"隐几而卧"。"眠"同"瞑",本指闭上眼睛,引申为睡着了。唐宋以后"睡"的词义扩大,指睡眠、入睡,在这个意义上"寐"和"眠"使用渐少。

㝲 qǐn 同"寖"。

櫏 qǐn 同"梫"。

嶜 qǐn 长在嘴唇上的疮。

趣 qǐn 行走的样子。

寖 qǐn 同"寝(寑)"。

Q

寑 qǐn 同“寢(寝)”。
頋 qǐn 丑的样子。
寢 qǐn 同“寢(寝)”。
螼 qǐn（又读 jǐn）蚯蚓。
寖 qǐn 同“寢(寝)”。
趣 qǐn 同“趣”。
寣 qǐn 看的样子。
顩 qǐn［顩顮］(-yǐn) 同“頎顮”。
趛 qǐn 低头快走。
簆 qǐn 小竹。
顩 qǐn 同“顩”。
寢 qǐn 同“寢(寝)”。
寢 qǐn 同“寢(寝)”。
齽 qǐn［齽龂］(-yín) 牙齿的样子。

qìn

𡵓 qìn 近。
㞞 qìn 义未详。(《改并四声篇海》)
扲 qìn ❶插。❷播。
吣 qìn ❶也作“𠲍”，猫、狗呕吐：～食。❷贬称人说话：满嘴胡～。
沁 qìn ❶水名。1. 发源于山西，流至河南注入黄河。2. 沁河，在河北。❷渗入；浸透：～人心脾｜凉～股骨。❸纳入水中：把头～到水里。❹头向下垂：倒～着头睡。
怎 qìn 悲伤。
𠲍 ㊀ qìn 猫、狗呕吐：吐酒犹如猫狗～。㊁ cèn 呕吐。
疢 qìn 痛。
𠛌 qìn 刳。
迊 qìn 近。
㪊 qìn 义未详。(《改并四声篇海》)
𠲍 qìn 同“𠲍”。
菣 qìn 青蒿，又称香蒿，二年生草本植物，茎、叶可供药用。
殑 ㊀ qìn 草木萎死。㊁ qīn 螟食苗心死。
揿(撳)［搇］ qìn 摁；用手按：～按钮｜～门铃。
霠 qìn 云行；云行的样子。
揿 qìn 插。
新 qìn 义未详。(《龙龛手鉴》)
藽 qìn 同“菣”。
梫 qìn 同“䈜”，用墨汁浸笔。
䈜 qìn ❶画墨线的笔：墨～。❷用墨汁浸笔，后作“沁”。
搇 qìn 同“撳(揿)”。
藽 qìn 同“櫬(梓)”，即木槿。
顮 qìn［顮嚬］(-yín) 头颤动的样子。
瀙 qìn 古水名，即今河南的沙河。
櫬 qìn 同“藽(櫬，梓)”，即木槿。

qīng

卯 qīng 同“卿”。
𡘋 qīng 同“青”。
青〔青〕 ㊀ qīng ❶蓝色：～天｜～，取之于蓝而～于蓝。❷黑色：～布｜～衣｜满头～丝。❸春季绿叶的颜色：～草｜～苔｜～山绿水。❹青草或未成熟的庄稼：踏～｜看～｜～黄不接。❺年轻；年轻人：～年｜老中～相结合。❻青海(地名)的简称：～藏高原。❼姓。☞青／绿／蓝／苍／碧 “青”在上古指今天所说的蓝色，中古后又转指黑色或绿色。“绿”指绿色。“蓝”本指植物名，中古后又表示蓝色。“苍”本指草色，引申为深蓝或暗绿色。“碧”本指青绿色的玉石，引申为青绿色、淡蓝色。“青、苍、碧”三字界线不分明，如“青天、青苔、青草”也作“苍天、苍苔、碧草”。
㊁ jīng［青青］（-jīng）也作“菁菁”，茂盛的样子：绿竹～｜秋兰兮～。

顷（頃） ㊀ qīng 倾斜，后作“倾（傾）”：采采卷耳，不盈～筐。
㊁ qǐng ❶ 很短时间：～刻｜有～。❷ 副词，刚才，不久之前：～闻｜～接来信。❸ 地积单位，1 顷等于 100 亩，约合 66666.7 平方米。

轻（輕） qīng ❶ 轻车，引申为轻快：～车熟路｜作～舟，治水军。❷ 分量小：体重～｜～装上阵｜身～如燕。❸ 程度浅；数量少：～伤｜年纪～｜家庭负担～。❹ 用力不猛：～手～脚｜小心～放。❺ 认为没价值，不重视：～视｜～敌｜～财重义。❻ 不庄重；随便：～浮｜～狂｜～举妄动。❼ 减少；减轻：～徭薄赋以抚民。

岺 qīng 同“青”。

𤯞 qīng 同“青”。

氢（氫） qīng 气体元素，是已知元素中最轻的，无色无味，在工业上用途很广。

𡶨 qīng 同“青”。

𡸁 qīng 同“青”。

𡺀 qīng 同“青”。

𠨯 qīng 同“卿”。

䝼 qīng 古地名。（《改并四声篇海》）

倾（傾） qīng ❶ 歪；斜：～斜｜左～｜身体向前～。❷ 倒塌：～覆｜大厦将～。❸ 全部倒出或拿出：～盆大雨｜～箱倒箧｜～吐。❹ 倾慕；钦佩：一坐尽～。

卿 qīng ❶ 古代高级官名：上～｜三公九～。❷ 古代男子的敬称：孟～｜～何所疑难？❸ 君主对臣子的爱称：朕方自比于金，以～为良匠而加砺焉。❹ 旧时夫妻之间亲切的称呼：～婿｜亲～爱～。❺ 姓。

𠨲 qīng “卿”的讹字。

𣳨 qīng 同“清”。

𣶒 qīng 同“清”。

埥 ㊀ qīng 青精土。
㊁ zhēng 同“埩”。

䞍 qīng 同“轻（輕）”，轻车。

圊 qīng ❶ 茅坑；厕所：～中粪下。❷ 清除（污秽）：～浓血。

清｛淸｝ qīng ❶ 纯净透明：～水｜天朗气～。❷ 纯洁；廉洁；纯粹：～白｜～官｜～一色。❸ 使干净、纯洁：～扫｜肃～。❹ 查点清楚：～仓｜～账。❺ 安静：～静｜冷～。❻ 明晰；秀美：～楚｜～晰｜眉～目秀。❼ 朝代名，女真族人爱新觉罗·努尔哈赤所建（1616–1911 年），初称后金，1636 年改为清。

𤯕 qīng 同“青”。

輕 qīng 同“輕（轻）”。

傾 qīng 侧。

頙 qīng ❶ 同“倾（傾）”，倾斜。❷ 危险。

掅 qīng 扶助清朝（清代末年义和团新造字）。

蜻 ㊀ qīng［蜻蜓］也作“蜻蝏”，俗称蚂螂，昆虫。
㊁ jīng［蜻蛚］（-liè）蟋蟀。

軽 qīng 同“輕（轻）”。

䡠 qīng 同“輕（轻）”。

靘 qīng 传说中的霜雪女神，即青女。

鲭（鯖） ㊀ qīng ❶ 青鱼。❷ 鲐鱼。
㊁ zhēng 同“胵”，将肉和鱼合在一起烧成的杂烩菜。

𩘋 qīng 义未详。（《改并四声篇海》）

䞍 qīng 义未详。（《字汇补》）

氫 qīng 气体元素“氢（氫）”的旧译写法。

𨁈 qīng 同“躄”。

躄 qīng 一条腿行走的样子：～然而前。

鑋 qīng ❶ 拟声词，金属碰击声。❷ 断。

鏨(上巠下金) qīng 同"罄"。
𪈓 qīng 义未详。(《改并四声篇海》)
罄(上殸下皿) qīng 不可进的样子。
罊 qīng 义未详。(《改并四声篇海》)
𪈧 qīng 义未详。(《改并四声篇海》)

qíng

姓(夕生) qíng 天空中无云或云很少,后作"晴"。
昡(日生) qíng 同"晴"。
㚻 qíng 见定。(《改并四声篇海》)
剠 ㊀ qíng 同"黥":～刖。
㊁ lüè 同"掠":劫～。
勍 qíng 强劲有力。
殑 ㊀ qíng ❶[殑殅](-shēng)欲死,单用"殑"义同:魂欲～。❷[殑殑](-qíng)寒冷的样子:冷～。
㊁ jīng[殑殑](líng-)见583页"殑"字条。
㊂ jìng[殑伽](-jiā)古印度河名,即恒河。
情(心在下) qíng 同"情",感情:六～。
勍 qíng 同"勍"。
情 qíng ❶人的一切心理状态和感受:心～｜爱～｜～不自禁。❷面子;私情:～面｜求～｜托人～。❸事物的状况:～况｜灾～｜不知～。❹格调;趣味:～致｜～趣｜诗～画意。❺道理:常～｜合～合理。
葝 ㊀ qíng 山薤,又称野藠头,多年生草本植物,可食。
㊁ jìng 鼠尾草,可做染料。
梵(木下凡) qíng 树名。
晴 qíng ❶天空无云、云很少或雨停云散:～朗｜～空万里｜雨过天～。❷比喻泪止、泪干:泪不～｜泪眼不尝～。
氰 qíng 碳与氮的化合物,无色气体,有剧毒,燃烧时发紫红色火焰。
暒 qíng 同"晴"。
䝼 qíng 化合物"氰"的旧译写法。

剠 qíng 同"剠"。
黥 qíng 同"黥"。
黥 qíng 同"黥"。
擏 ㊀ qíng ❶同"擎",举。❷矫正弓的器具,也作"檠":～不正,而可以正弓。
㊁ jǐng 同"儆",警戒:～其谬戾。
弊 qíng 同"擎"。
㢾 qíng 同"檠",矫正;纠正:～偏抗弊。
檍 qíng 凿柄。
殑 qíng[殑殑](lèng-)生病的样子。
檠 ㊀ qíng ❶矫正弓弩的器具,引申为矫正(弓弩):榜～矫直｜～弓弩。❷烛台;灯架:灯～｜短～。❸烛;灯:古～昏无膏｜孤～长夜雨来时。❹通"擎",托;举:扶～｜～茶碗。
㊁ jìng 檠子,有足的盘碟:木～。
擎 qíng ❶举;向上托:～天柱｜众～易举。❷持:～一朵柳丝儿。
檾 qíng 同"檠"。
殑 qíng 同"殑",寒冷:冷～～。
䨝 ㊀ qíng 同"晴",天空无云或少云:天～。
㊁ xǐng 同"醒"。
鯨 qíng ❶鱼名。❷鲂鱼的别称。
黥 qíng ❶古代文身习俗,在人体上刺带颜色的文字、花纹或图形:～面文身。❷古代刑罚,即墨刑,清代称刺字,在犯人脸、额、颈、臂等处刺字涂墨,也指受过黥刑的人。❸古代在奴婢、士兵身上刻字做记号,以防逃走。❹姓。
鱉 qíng 同"弊(擎)"。
鱉 qíng 鱼名。

qǐng

苘 qǐng 苘麻,又称青麻、白麻,一年生草本植物,茎皮纤维可织麻布、制绳索,种子可供药用。

顷（頃） qǐng 见 787 页 qīng。

浧 qǐng 寒冷。

请（請） qǐng ❶谒见：朝～希阔｜公卿相造～禹。❷求；要求：～假｜～教｜～功。❸告诉：主人答，再拜，乃～。❹邀；延聘：宴～｜敬～光临｜～个保姆。❺敬辞，希望对方做某事：～坐｜～便｜～多关照。❻旧指买神佛造像、敬鬼神的物品等：～一尊佛｜～香烛｜～经书。

庼（廎） ㊀qǐng 小厅堂。㊁qīng ❶屋侧。❷同"倾（傾）"：～写输渊。

屖 qǐng 洞穴。

高 ㊀qǐng 同"庼（廎）"，小厅堂。㊁qìng 瓜屋。

蹟 qǐng 同"檾（苘）"。

檾 qǐng 同"檾"。

漀 ㊀qǐng 从侧面流出的泉。㊁qīng 将酒器倾斜倒出酒浆。

熒 qǐng 火干出。（《集韵》）

蕻 qǐng 同"檾"。

頔 qǐng "頴（頃，顷）"的讹字。

廎 qǐng "廎（庼）"的讹字。

檾 qǐng 同"檾"。

頴 qǐng 同"顷（頃）"。

擷 qǐng 竟。（《方言》）

謦 qǐng［謦欬］（-kài）1. 咳嗽：蹀足～，疾言。2. 谈笑：如闻～精神振。

檾 qǐng 也作"苘"，麻类植物：～叶｜～麻。

頴 qǐng 同"顷（頃）"，地积单位。

擷 qǐng 竟；究竟。（《广雅疏证》）

嚮 qǐng 同"謦"。

檾 qǐng 同"檾"。

qìng

庆（慶） qìng ❶祝贺：～贺｜欢～胜利。❷值得祝贺的事或纪念日：国～｜大～。❸吉祥；幸福：吉～｜喜～。

声 qìng 同"磬"。

清 qìng 冷；凉：冬暖而夏～。

悥 qìng 同"庆（慶）"。

掅 qìng 揪住；抓住。

殸 ㊀qìng 同"磬"，古代乐器，石制。㊁shēng 同"聲（声）"，声音：用力甚少，名～章明。

窒 qìng 同"罄"。

甈 qìng 石器。

碃 qìng 石，也用于地名：大金～（在山东）。

硜 qìng 同"磬"。

慶 qìng 同"慶（庆）"。

慦 qìng 同"庆（慶）"。

靘 ㊀qìng［靘䩂］（-mìng）也作"䩂靘"，单用"靘"义同。1. 青黑色：靘笙｜色至于靘。2. 混沌：与世开䩂靘。㊁jìng ❶同"靓（靚）"，妆饰艳丽：～饰｜～妆清唱。❷竹林或树林幽深：深～。

箐 ㊀qìng ❶山间大竹林，也指竹木丛生的山谷：山广～深｜田少～多｜前临危～，后倚峭峰。❷古代棺车上的覆盖物。❸用于地名：梅子～｜杉木～（均在云南）。㊁jīng 又称苓箐，小笼。㊂qiāng 竹名。

磬 qìng 同"磬"。

磬 qìng ❶古代打击乐器，像曲尺，悬挂在架子上，用玉、石或金属制成。❷佛教打击乐器，像钵，用铜制成。❸缢杀；自缢：自～。

篹 qìng 义未详。（《改并四声篇海》）

瀞 qìng 同"瀞"。

罄 qìng ❶ 器皿内空而无物。❷ 尽；用尽：告～｜售～｜～竹难书。

儬 qìng 同“瀙”，水冷。

瀙 qìng 同“瀙”。

瀞 qìng 同“瀙”，寒冷。

瀙 ㊀ qìng 水冷；寒冷。
㊁ jìng 同“淨（净）”。

嚽 qìng 拟声词，长声。

qiōng

硐 qiōng 拟声词，石声。

qióng

卬 ㊀ qióng “邛”的讹字。
㊁ yǎng “卬（仰）”的讹字。

邛 qióng［邛崃］（－lái）又称崃山，山名，在四川。

闶 qióng 同“穹”。

忊 qióng 同“惸”。

穹 qióng 同“穹”。

茕（煢） qióng ❶ 同“茕（煢）”。1. 孤单：～独。2. 忧愁：～～相视。❷ 骰子，古代博戏的一种用具。

怐 qióng 同“惌”。

穷（窮） qióng ❶ 困窘不得志；走投无路：～且益坚｜～寇勿追。❷ 尽；完结：无～无尽｜日暮途～｜理屈词～。❸ 推究到极限：～物之理｜～原竟委｜欲～千里目，更上一层楼。❹ 彻底；极其：～追猛打｜孤城～守｜～凶极恶。❺ 贫困：贫～｜一～二白｜家境很～。❻ 荒凉；偏僻：～山恶水｜～乡僻壤｜～城小邑。☞穷／贫 见 736 页“贫”字条。

苬 qióng 蕒荚的种子。

苋（煢） qióng “茕（煢）”的讹字。

茕（煢） qióng ❶ 举目无亲；孤独：～独｜～～孑立。❷ 忧愁：忧心～～。

穹 qióng（旧读 qiōng）❶ 中间隆起，四面下垂的样子：～窿｜～庐。❷ 天：上～｜苍～｜青～。❸ 大：～石｜～岫｜～鱼。❹ 高：～崖｜东南地～。❺ 深：～谷｜～若洞谷｜～然甚远。❻ 穷尽：～窒熏鼠。❼ 通“穷（窮）”，贫困：舍用振～。

玔 qióng 玉环。

垩 qióng（又读 gǒng）也作“碧”，水边大石。

拲 qióng 举双手取，一说同“巩”。

桏 qióng 树名，一说柜柳（榉柳）。

垡 qióng 同“垩”。

赵 qióng 同“趋”。

琛 qióng 和谐。

琛 qióng 同“琛”。

碧 qióng 石。

蒡（藭） qióng［芎䓖］（xiōng－）见 1068 页“芎”字条。

趋 qióng 独行的样子。

琛 qióng 同“琛”。

蛩 qióng 同“蛩”。

瑆 qióng 佩玉。

琛 ㊀ qióng 晚稻。
㊁ jiòng 收割庄稼。

蛩 qióng 同“蛩”。

睘 qióng “瞏”的讹字。

岕 qióng 同“嵤”。

嵤 qióng［嵤嵘］（－qióng）山的样子。

笻 qióng 同“筇”。

筇 qióng ❶ 一种实心竹子，节长，适宜作手杖：～杖。❷ 手杖的代称：扶～而出。

傑 qióng 同“傑（㑋）”。

舼 qióng 一种小船。

䪦 qióng 同“頙”。

㮲 qióng 同“焭(茕)”。

琼(瓊) qióng ❶红玉，一说美玉：～琚｜～瑶。❷光彩如玉的：～英｜～华｜～莹。❸美好；精美：～姿｜～闺秀玉｜玉液～浆(美酒)。❹海南(地名)的别称：～剧。

蛩 ㊀ qióng ❶蝗：飞～满野。❷又称吟蛩，蟋蟀：秋～挟户吟。❸蝉蜕。❹[蛩蛩](-qióng)1.传说中的动物，像马：～距虚必负而走。2.忧虑的样子：心～而怀顾。㊁ gǒng 蚰蜒，一说马陆，节肢动物。

粠 qióng 精米。

蒆(藭) qióng ❶草缠绕的样子。❷草木果实下垂的样子。

蛬 qióng 同“蛩”，蟋蟀。

𧑅 qióng 同“蛬(蛩)”。

䓖 qióng 把东西晒干。

䢵 qióng 义未详。(《改并四声篇海》)

㑋 qióng 同“傑”。

傑 qióng[傑倯](-sōng)可恶(骂人的话)。

舼 ㊀ qióng 同“梥”，一种小船。㊁ hóng 船。

焪 qióng ❶烤干；晒干。❷灰烬。

惸 qióng 无兄弟(独生子)；孤独：～独｜夫亡子夭，～然无归。

惛 qióng 忧愁的样子。

㷀 qióng 同“惸”。

䆳 qióng 同“穷(窮)”，尽：其用不～。

䪫 qióng 面上。(《五音集韵》)

嬛 qióng 同“嬛”，孤独：哀彼妇之～～。

瓗 qióng 同“琼(瓊)”。

趜 qióng 同“趍”。

銎 qióng “銎”的讹字。

跫 qióng ❶踏地声。❷脚步声，也指脚步声很重：闻人足音～然而喜。❸喜悦的样子：辞高义丰，读之～然。

蛩 qióng 同“蛩”。

蛬 qióng 同“蛬”。

瞏 qióng 同“睘”。

䠻 qióng[崆䠻](qióng-)见 790 页“崆”字条。

儝 qióng 同“儝(茕，煢)”。

㷓 qióng 同“嬛(茕，煢)”，孤独。

焪 qióng 同“焪”。

銎 qióng 斧子上安装柄的孔，泛指农具等上的孔：其刃长寸许，上带圆～。

橩 qióng 一种小船。

蛩 qióng 同“蛬”。

䐄 qióng 脉。

儝 qióng 同“茕(煢)”。

䠗 qióng “䠗”的讹字。

髳 qióng “髳”的讹字。

銎 qióng 同“銎”。

鴌 qióng “鴌”的讹字。

睘 qióng ❶吃惊地看：目～绝系。❷忧愁：～～在疚。❸孤独无依的样子：独行～～。

儝 qióng 同“茕(煢)”。

躳 qióng ❶弯身。❷同“竆(窮，穷)”。

藭 qióng ❶话多。❷询问。

璚 ㊀ qióng 同“琼(瓊)”。㊁ jué ❶同“玦”，环形有缺口的佩玉。

❷像玦的日晕：～气。

髸 qióng ❶[髸鬆](-sōng)头发散乱。❷[髸⿱髟從](-cōng)同"髸鬆"。

⿱艹⿱𤇾几 qióng "⿱艹⿱𤇾丸(⿱艹榮,⿱艹⿱冖木)"的讹字。

⿰扌⿱𤇾丸 qióng 博子,又称投子(也作"骰子"),游戏用具或赌具。

⿱巩馬{⿱巩鳥} qióng 哺乳动物,像马。

⿱艹⿱𤇾丸 qióng 同"⿱艹榮(⿱艹⿱冖木)"。

⿰木⿱𤇾丸 qióng 博子,游戏用具或赌具。

⿱巩蚰 qióng 同"蛬"。

蠑 qióng 同"蛬"。

⿰亻榮 qióng 特。

⿰舟榮 qióng 同"⿱𤇾木"。

⿱⿰金匀心 qióng 忧愁。

⿱穴⿰耳吕 qióng 同"穷(窮)"。

⿱巩鳥 qióng ❶水鸟名。❷游禽类鸥科燕鸥亚科部分鸟类的旧称：小～(白额燕鸥)。

藑 qióng [藑茅]旋花,多年生缠绕草本植物,根茎可酿酒或供药用。

匑 qióng [匔匑](gōng-)见293页"匔"字条。

⿱𤇾車 qióng ❶车辋规,制作车轮使圆的器具。❷独轮车。

⿱巩⿱几金 qióng 同"銎"。

⿱艹⿱冋夊 qióng 同"藑"。

⿰山窮 qióng 同"窮"。

⿱⺮蛩 qióng [⿱⺮蛩笼]车弓,古代车上的弓形篷架。

⿵門巩 qióng 同"⿵門巩"。

⿳𦥑冖丁 qióng 同"⿵門巩"。

⿰身⿱宀貝 qióng 同"穷(窮)"。

⿰犭窮 qióng 又称穷奇,哺乳动物,像虎。

竆 qióng 同"窮(穷)"。

⿰王嶲 qióng 同"瓗"。

⿱日躬 qióng 谨敬。

⿵門巩 ㊀qióng 支撑鬲的足架。㊁gǒng ❶舂器。❷姓。

⿳𦥑冖丁 qióng 同"⿵門巩"。

⿱穴⿰身邑 qióng 传说中夏代有穷国君主后羿的封国,在今山东,后作"窮(穷)"。

⿱艹⿱冋夊 qióng "藑(⿱艹⿱冋夂)"的讹字。

⿱艹竆 qióng 同"藭(䓖)"。

瓗 ㊀qióng 同"琼(瓊)"。㊁wěi 美好的样子。㊂wèi 玉多的样子。

⿱艹⿱穴⿰身邑 qióng 同"藭(䓖)"。

qiòng

⿰亻曲 qiòng ❶小：卑门～役。❷寒冷的样子。

⿰扌穹 qiòng 捺。

⿰氵穹 qiòng 水流湍急的样子。

⿱雨⿰亻曲 qiòng 同"⿰亻曲"。

qiū

⿱⿰斤丨一 qiū 同"丘"。

⿱⿰⺈⺈一 qiū 同"丘"。

⿱⿰丨丨一 qiū 同"丘"。

丠 qiū 同"丘"。

丘[❶-❸坵] qiū ❶小土山；土堆：土～｜沙～｜～陵。❷坟墓：～墓｜～冢｜坟～。❸量词,用于分隔开的水田：一～田。❹姓。☞丘/陵/坟/墓/冢 见669页"墓"字条。

⿱亚一 qiū 同"丘"。

⿱北一 qiū 同"丘"。

邱 qiū 同“邱”。

邱 qiū ❶也作“丘”。1.小土山;土堆:山～。2.坟墓:祖宗～墓。3.废墟:古～。4.古州名,在今云南。❷姓。

北 qiū 同“丘”。

邺 qiū 同“邱”。

呸 qiū ❶声。❷口。

垄 qiū ❶同“丘”。❷同“邱”。

泟 qiū 古水名。(《玉篇》)

姤 qiū 用于女子人名。

秋(❻鞦)[❶-❹烁、❶-❹龝] qiū ❶庄稼成熟;庄稼成熟的时节:大～|麦～|处处田畴尽有～。❷秋季,四季中的第三季:～收|深～|～高气爽。❸年;一年的时间:千～万代|存亡三十～。❹指某个时期:多事之～|这便是男儿得志～。❺姓。❻[秋千]运动或游戏的器具。

◆“鞦”另见 794 页“鞦”字条。

秌 qiū 同“烁(秋)”。

怺 qiū 戾。

丠 qiū 同“丘”。

眗 qiū 盯:～住他。

筍 qiū ❶竹名。❷箍:桶～。

㤹 qiū 同“怺”。

蚯 qiū[蚯蚓]也作“丘蚓”,俗称曲蟮,环节动物,可供药用。

萩 ㊀ qiū ❶蒿类植物。❷通“楸”,落叶乔木:山居千章之～。

㊁ jiāo 也作“菽”或“椒”,人名(春秋时楚国人)。

菻 qiū 同“萩”。

嫯 qiū 用于女子人名。

邕 qiū 同“邱”。

貙 ㊀ qiū 哺乳动物。

㊁ chū 同“貙(貙)”。

楸 qiū ❶落叶乔木,木材可用于建筑、造船及制作器具,种子可供药用。❷棋盘:闲对弈～倾一壶。

脉 qiū 膝盖弯。

腦 qiū 同“脉”。

藲 ㊀ qiū[蔦藲](wū-)见 1003 页“蔦”字条。

㊁ ōu 同“櫙”,即刺榆。

㊂ xū(又读 òu)同“煸”,温暖:阳～万物。

㊃ fū[藲蕍](-yù)也作“藲萮”“苗萮”,花开的样子。

鹙(鶖) qiū[秃鹙]又称鹙鸏、扶老,水鸟名,头颈无毛。

䄂 qiū 义未详。(《改并四声篇海》)

蝨 qiū 同“蠹”。

蝵 qiū 同“蠹”。

箂 qiū 口吹发音的竹管,古人用以示警或督役,像后世的哨子。

篍 qiū 同“箂”。

緧 qiū 同“緧(鞧)”。

緧 qiū 同“鞧”,套车时拴在牲口屁股后的皮带。

緤 qiū 同“緧(緧,鞧)”。

趥 ㊀ qiū ❶徒步行走的样子。❷伏在地上爬行。

㊁ cù 驱迫。

鰍 qiū 辐。

蠹 qiū[次蠹]蜘蛛。

蹭 qiū 同“趥”。

緮 qiū 同“緧(鞧)”。

鶖 qiū 同“鹙(鶖)”。

𪆎 qiū 用于清代帮派三合会的旗号。

雈 qiū 雈子,雏鸡。

锹 qiū［锹划子］（-chàn-）食品名。

鳅（鰍）［鰌］ qiū ❶鳅科鱼类的统称，常见的有泥鳅、沙鳅、花鳅，生活在江河、湖泊中。❷海鳅，鲸类动物，生活在海中。

◆"鰌"另见796页"鰌"字条。

鞦 qiū ❶同"鞧"。❷"秋❻"的繁体字。

鞧 qiū ❶后鞧，套车时拴在牲口屁股后的皮带。❷收缩：～着屁股｜～着眉毛。

蝵 qiū［次蝵］蜘蛛的别称。

龝 qiū同"穐（秋）"。

龜 qiū［龜兹］同"龟兹"。

麬 qiū粮精，干粮。

鶖 qiū同"鹙（鹙）"。

鰍 qiū同"鳅（鳅）"。

穐｛龝｝ qiū同"穐（秋）"。

䵸 qiū［鼀䵸］（qù-）见804页"鼀"字条。

鼀 qiū同"䵸"。

龝 qiū同"穐（秋）"。

穮 qiū同"穐（秋）"。

龝 qiū同"穐（秋）"。

龝 qiū同"穐（秋）"。

龝 qiū同"穐（秋）"。

qiú

玌 qiú玉名。

扏 qiú缓。

艽 ㊀qiú荒远：至于～野。
㊁jiāo［秦艽］多年生草本植物，根可供药用。

叴 qiú同"叴"。

囚 qiú ❶拘禁：～禁｜～车｜～犯。❷被拘禁的人：死～｜罪～｜阶下～。

叴 qiú ❶［叴叴］傲慢、盛气凌人的样子。❷［叴犹］（-qiú）也作"叴犹（猶）"，古县名，在今江苏。

犰 qiú［犰狳］（-yú）1.传说中的动物，身像鱼，尾像蛇，眼像猪。2.哺乳动物，身有角质鳞片，趾有锐爪，善掘土。

𤤚 qiú同"玌"。

杋 ㊀qiú又称檕梅，即山楂。
㊁guǐ同"簋"。

钆（釓） ㊀qiú同"釚"。
㊁gá金属元素，白色或淡黄色，可做磁性材料。

肍 qiú熟肉酱，一说干肉酱。

戏 qiú矛饰，一说同"厹"。

汓 ㊀qiú同"泅"，游水。
㊁yóu同"游"，旌旗的下垂饰物。

芁 qiú［芁莶］（-zī）白芨的别称。

朹 qiú"机"的讹字。

求 qiú ❶寻找；设法得到：刻舟～剑｜～职｜～名～利。❷请求：～人｜～援｜～救。❸要求：～生存｜力～改进｜精益～精。❹需要：需～｜供～｜供不应～。☞求／寻／觅 三字都有寻找义，上古用"求"，中古以后又用"寻"和"觅"。"寻"的对象多为物品，"觅"的对象多为人，但无严格区别。

虬［虯］ qiú ❶虬龙，传说中的无角龙：譬如～虎兮来风云。❷蜷曲；弯曲：枝干～曲离奇｜～髯｜～文。❸［虬蟉］（xiù）也作"赳蟉"，龙仲颈低昂飞翔的样子：龙～其且蛰兮。

迺 qiú拘留。

舡 qiú同"觩（斛）"。

泅 ㊀qiú游泳：～水｜～渡。
㊁yōu同"攸"，水流的样子。

怓 qiú思虑。

纨 qiú ❶幼小：～牛。❷同"絿"，急。

扸 qiú同"扏"。

郰 qiú ❶古地名。（《说文》）❷古乡名，在今河南。

殏 qiú 残。

俅 qiú ❶[俅俅]恭顺的样子：戴弁～。❷通"救"：当贫贱或急难时，资人～援。❸通"毬(球)"，球形体育用品：原来会踢气～！❹[俅人]少数民族独龙族的旧称。

䊵 qiú[䅋䊵](mán-)见623页"䅋"字条。

觓 qiú 兽角弯曲的样子：～角。

㥢 qiú 逼迫。

𧥺 ㊀ qiú 逼迫：～书。㊁ kāo 戏言。

訄 qiú 同"𧥺"。

汓 qiú[漻汓](liú-)见589页"漻"字条。

酋 qiú ❶久酿的酒。❷部落的首领：夷～｜～长。❸盗匪、侵略者的头目：匪～｜敌～。❹通"遒"，短：长戟～矛。

莍 qiú 果实外皮上密布的小凸起中的腺体。

梵 qiú ❶古亭名，在今湖北。❷荆。

逑 qiú ❶聚合：惠此中国，以为民～。❷配偶；匹配：窈窕淑女，君子好～｜此文无匹～。

遒 qiú 同"遒"。

唒 qiú[苦唒]也作"苦蝤"，汉代人名。

峍 qiú 古山名。(《集韵》)

崷 qiú 同"崷"。

釚 qiú 弩机上钩弦发箭的机关，也指弩机。

釻 qiú 同"釚"。

猉 qiú 旧时称独龙族，分布在云南。

庲 qiú 偏厦。

浗 qiú 古水名。(《集韵》)

悚 ㊀ qiú 同"絿"。㊁ jiù 同"救"，援救；救助：～人。

宲 qiú 同"求"。

屎 qiú 男子外生殖器。

婌 qiú 用于女子人名。

絿 qiú 蜀锦名。

球[❸❹毬] qiú ❶美玉：～琳。❷玉磬：泉石激韵，和若～锽。❸某些球形体育用品，也指球类运动：篮～｜～赛｜～迷。❹从中心到表面各点距离都相等的立体物；球形物：～体｜眼～｜气～。❺地球，泛指星体：全～｜星～｜月～。◆"毬"另见795页"毬"字条。

趥 ㊀ qiú 脚不伸。㊁ jū 同"跼"，蜷曲而不伸展。

莤 qiú 草名。

梂 qiú ❶栎树的果实。❷凿子柄。❸器物底座。

毬 ㊀ qiú 同"毬(球)"：飞～舞盏。㊁ qú 同"氍"，毛毯类制品。

殏 qiú 终。

赇(賕) qiú ❶贿赂：受～枉法。❷受贿：墨吏以～亡｜官暗(闇)而吏～，故冤不得直也。

毬 qiú ❶"球❸❹"的异体字。古代体育运动用的球，外皮为皮革，内部以毛等柔软物填充。泛指球形物体：彩～｜水晶～。❷男性生殖器，常用于骂人的话：回头客人来了，炒不出菜，我管个～！

犰 qiú 同"觓"。

脙 qiú 同"脙"。

煪 qiú 酒的颜色。

脙 qiú[膹脙](fén-)见253页"膹"字条。

陏 qiú[厹陏](qiú-)见794页"厹"字条。

莤 qiú"莤"的讹字。

銶 qiú 同"球"。

盚 qiú 盒子的俗称。

赇 qiú 同"毬(球)"，古代体育运动用的球。

崷 qiú 山高的样子：山石～崒。

Q

崷 qiú 同“嶀”。

铱(鍅) qiú ❶古代的凿子，一说独头斧。❷析，破开。

銶 qiú 同“釚”。

觓 qiú 角。

慦 qiú 怨恨。

遒 ㊀qiú ❶迫近；急迫：～相迫些｜～白露之为霜｜而驱来轸～。❷尽；终：～尽｜惊呼岁月～。❸强健；有力：～健｜～劲｜笔势～放。❹美好：～文丽藻。❺姓。
㊁qiū 古县名，在今河北。

湭 qiú ❶汁液。❷水名，在陕西。❸同“泅”，游水。

湨 ㊀qiú 水源。
㊁hū 拟声词，水流出的声音。

愃 ㊀qiú ❶傲慢。❷忧郁。
㊁jiū 思虑。

寁 qiú 深。

屆 qiú 女子外生殖器。

巯(巰) qiú 巯基，有机化合物中由氢和硫组成的一价原子团。

蛍 qiú 同“蛷”。

裘 qiú ❶皮衣：狐～｜集腋成～。❷通“求”：舟人之子，熊罴是～。❸姓。

蛷 qiú[蛷螋](-sōu)蠼螋。

筞 qiú 笼；小笼。

鮂 qiú 也作“鯄(鯄)”，鱼名。

裘 qiú 同“裘”。

蝨 qiú “蛍”的讹字。

猷 qiú 耳中声。

煎 qiú 同“煪”。

煪 qiú ❶火的样子。❷干燥。

絿 qiú 急；急躁：不竞不～。

趥 qiú 违背。

踈 qiú 踈踏。

觩 qiú ❶同“觓”。❷[觩觺](-liú)弯曲而有棱角。

觰 qiú 同“觰”。

璆 qiú ❶同“球”。1.美玉：岂无和氏识荆～？2.玉磬：戚施直镈，蘧蒢蒙～。❷拟声词，玉饰相碰击声：环佩玉声～然。

璟 qiú 义未详。(《龙龛手鉴》)

䶁 qiú 耳鸣。

聠 qiú 同“䶁”。

蝤 ㊀qiú[蝤蛴](-qí)天牛的幼虫，形如白色圆筒，常借喻女子脖颈之美：领如～。
㊁yóu ❶(旧读jiū)[蝤蛑](-móu)也作“蝤蝶”，海蟹的一种。❷[蜉蝤](fú-)同“蜉蝣”。

鯄(鯄) qiú 鱼名。

龜 qiú 同“虯(虬)”。

頯 qiú[頯頯]也作“俅俅”，恭顺的样子。

醔 ㊀qiú 酒官，也作“酋”。
㊁chōu 同“篘(篘)”，滤酒。

鼽 qiú ❶因感冒等引起的鼻子堵塞不通：鼻～。❷鼻流清涕：春不～衄。

颼 qiú 小风。

鮂 qiú ❶白鯈，即白鲦鱼。❷乌贼。

鼻 qiú 同“鼽”。

觰 qiú 古代射鸟时收回系箭绳的器具。

慦 qiú 同“愃”。

氉 qiú 同“裘”。

龍 qiú 同“虯(虬)”。

鼽 qiú 同“鼽”。

鰌(鰌) qiú 通“遒”。1.蹴踏：～我亦胜我。2.逼迫：～之以刑罚。
◆“鰌”另见794页“鳅”字条。

𢿦 qiú 同"觩"。

頯 qiú 义未详。(《改并四声篇海》)

𧑅 qiú 同"蝤(蛷)"。

𧓷 qiú［次𧓷］蜘蛛的别称。

鰽 qiú ❶鲚鱼的别称。❷同"鰌",即鲥鱼。

𧕋 qiú 同"𧓷"。

qiǔ

搝 qiǔ［搝揭］手举。

𦥣 qiǔ 舂。

糗 qiǔ ❶炒熟的米、麦:炒～|～粮。❷饭或面食粘连成块状或糊状:面条～了。

𩞄 qiǔ ❶食物变质发臭。❷同"糗",炒熟的米、麦:饭～。

𥼶 qiǔ 同"糗"。

䤛 qiǔ［𨠐䤛］(yǒu-)见12页"𨠐"字条。

𪏮 qiǔ "糗"的讹字。

qiù

趉 qiù 同"蹼",跛行。

𧿒 ㊀ qiù［𧿒𧿒］(-qiù)行走的样子。
㊁ qū 同"岖(嶇)":踦～(崎岖)。

㑶 qiù［嵺㑶］(liáo-)山秃;山上草木稀少的样子。

𨔝 qiù 进。

𨅀 qiù "蹼"的讹字。

蹼 ㊀ qiù 行走时身体重心不稳。
㊁ xiòng ❶跳的样子。❷同"趥"。

䪁 qiù［䪁𪖌］(-yào)仰鼻。

qū

厶 qū［厶卢］同"笑篪"。

区(區) ㊀ qū ❶隐匿:仆～之法。❷分别;划分:～别|～分。❸地域等一定范围:山～|郊～|防～。❹范畴:总括其名,并归杂文之～。❺行政区划单位:自治～|市辖～|朝阳～。
㊁ ōu ❶古代容器。❷量词,容积单位,四升为一豆,四豆为一区。❸姓。

曲 ㊀(❺麯)［❺麴］ qū ❶弯曲:～线|～折|～径通幽。❷使弯曲:～臂|～膝|～背。❸弯曲的地方:河～。❹不公正;不合理:～解|是非～直。❺酒曲,用来酿酒或制酱的发酵物,也用于酒名:红～|～霉|洋河大～。❻姓。☞曲/麴 两字都用于姓,读音相同,但不能混淆。
㊁ qǔ ❶歌,能唱的文辞:～调|奏～|小～儿。❷一种韵文体裁,盛行于元代:套～|～牌。❸歌谱:作～。❹量词,首:高歌一～。
◆"麴"另见799页"麹"字条。

岖(嶇): **伛(傴)**

阹(隑) ㊀ qū［䧢阹］(qī-)道路不平;心情不安,单用"阹"义同。
㊁ ōu［阹窬］(-yú)深下的样子。

匤 qū 匣子。

岖(嶇) qū［崎岖］见753页"崎"字条。

𡧍 qū 山湾的最后部,多用于地名:上～(在甘肃)。

佉 qū ❶同"祛",除去;驱逐。❷用于梵语译音:～卢(古印度的一种文字)|～沙(古西域国名)。

伹 qū 迟钝,笨拙,也指笨拙的人。

凪 qū 同"飓"。

诎(詘) qū ❶言语迟钝:辩于心而～于口。❷弯曲,屈服,冤屈,也作"屈":俯仰～伸|～敌国|因怒而～杀之。❸穷尽;匮乏:其兵不～|私费多而公赋～。❹声音戛然而止的样子:～然声尽疑刀截。

阹 qū 依山谷建牛、马等的栏圈:～兽网鱼。

驱(驅)［駈、敺］ qū ❶催促马等前行:～马前进。❷快跑:驰～|长～直入|并驾齐～。❸赶走:～逐|～散|～虫剂。
◆"敺"另见706页ōu。

抾 qū ❶捕捉：～封豨。❷驱赶；除去：譬蚊虻螫人，～之而已。

坥 qū ❶混杂蚯蚓粪便的土。❷用于地名：东～坡（在河北）。

苲 ㊀qū 草编器具。
㊁qù 草名。

岖 qū［崎岖］同"崎岖"。

迲 qū 同"驱（驅）"，驱使：～韩、魏以伐齐。

居 qū 义未详。（《字汇补》）

屈 qū ❶弯曲；使弯曲：～折｜～指可数｜卑躬～膝。❷低头；让步：～服｜～从｜宁死不～。❸冤枉；委屈：冤～｜叫～｜～就。❹亏欠；缺少：理～词穷。❺姓。

茧 qū 同"苗"。

苗 qū 蚕箔，也作"曲"。

柭 qū 放置驴背上用以驮载东西的木板。

迪 qū 义未详。（《龙龛手鉴》）

呥 qū ❶问罪；审讯。❷小声说话：说～～话｜有人在背后～。

岫 qū 用于地名：峠～（在河南）。

沮 qū 藏菜。

胠 qū ❶腋下：两胁～满。❷从旁侧打开：～其囊｜～箧探囊（指偷窃）。

胆 qū 同"蛆"。

油 qū［油池］也作"曲池"，地名，在山东。

祛 qū ❶祭神以求去祸消灾。❷除去；消除：～痰｜～暑｜～疑。❸开；启：合～于天地神祇。

抾 qū 同"抾"，捕捉。

岐 qū 义未详。（《改并四声篇海》）

胆 qū 同"胆（蛆）"。

胐 qū［胐脉］（-qiū）膝关节。

袪 qū ❶衣袖，也专指袖口：斩其～｜羔裘豹～。❷撩起：～黼帷。❸分开：合～｜天地未～。❹除去，也作"祛"：～疾苦｜一悟～万结。

苴 ㊀qū［苴蓋］（-yú）菜名，像韭。
㊁cú［苴菇］也作"菲菇"，即慈姑（茨菰），多年生草本植物，地下球茎可食或供药用。

萹 qū ❶（又读gǔ）刷子。❷药草名。❸有机化合物。

蛆 ㊀qū ❶蝇类幼虫，也指像蝇蛆的虫类：长～｜水～｜雪～。❷酒面上的浮沫：瓮面浮～拨已香。
㊁jū［蝍蛆］（jí-）见403页"蝍"字条。

蚰 ㊀qū［蛣蚰］（jié-）同"蛣蝠"。
㊁zhuō［蚰蟱］（-móu）也作"蚰蝥"，蜘蛛的一种。

豊 qū ❶骹曲，骨弯曲。❷玉名。

胠 qū 同"胠"。

笑 qū［笑篪］（-lǔ）又称厶卢、筥箕，古代盛饭食的圆形竹器。

躯（軀） qū 身体：～干｜七尺之～｜为国捐～。

脚 qū 同"胠"，腋下。

胎 qū 同"胠"，腋下。

畚 qū 同"屈"。

屈 qū 同"屈"。

絃 qū ❶继。❷束。

趋（趨） ㊀qū ❶（小步）快走：畏不能～｜～而迎之｜～之若鹜。❷迎合：～奉｜～附｜～炎附势。❸趋向，情势向着某方面发展：～势｜日～繁荣｜大家的意见～于一致。❹志趣；意趣：三子者不同道，其～一也｜深得其～。☞趋/走/跑/行/奔/步/亡 见333页"行"字条。
㊁cù ❶急速；赶快：～射｜～织布。❷敦促；催促：劝教化，～孝弟。❸通"促"，短促：有人于彼，修（脩）上而～下。

麈 qū 同"厶（笑）"。

蛐 qū ❶［蛐蛐］蟋蟀。❷［蛐蟮］（-shàn）也作"曲蟮""曲蟺"，即蚯蚓。

笛 qū 蚕薄，养蚕的器具。

躯 qū 同"躯（軀）"。

粬 qū 同"麯（曲）"，酒曲。

屗 qū 同"屈(屈)"。

趉 qū 同"趨(趋)"。

麯 qū 同"麴(曲)",酒曲。

闋 qū 同"曲",弯曲。

镼(鑺) qū[镼䥌](-xù)也作"屈膝""屈戌",门窗、箱柜等器物上的环纽、搭扣。

屈{屈} qū 同"屈"。

駆 qū 同"驅(驱)"。

趣 qū 同"趣",趋向。

趍 qū 同"趣",快走;趋向。

趜 qū 同"趣",趋向。

蝁 qū[蛣蝁](jié-)见 445 页"蛣"字条。

嶇 qū 山丘:昆仑之~。

嶮 qū 同"岖(嶇)"。

趨 qū 同"趋(趨)"。

箚 qū ❶竹名。❷水泽。

駈 qū 同"駈(驱,驅)"。

颫 qū 风。

糷 qū 义未详。(《龙龛手鉴》)

憈 qū 怯懦。

屢 ㊀ qū 此。
㊁ cù 同"覷(覻)",偷看。

蝊 qū[蝊䗛](-là)拟声词,蛇在草丛中爬行声。

麹(麴){麹} qū ❶同"曲(麯)",酒曲。❷酒。❸淡黄色,也作"鞠":~衣|~尘。❹姓。
◆"麹"另见 797 页"曲"字条。

駈 qū 同"驱(驅)"。

墨 qū 同"驱(驅)"。

駈 qū 同"驱(驅)"。

趣 ㊀ qū ❶跑;快走:遇司空马门,~甚疾。❷奔赴;去往:~水火|以舟~新步。❸向;趋向:左右~之|骛外者渐转而~内。❹驱赶:~群牛。❺追求:农赴时,商~利。
㊁ cù ❶督促;催促:~山人断伐|~诸子敬事。❷副词,赶快;急于:~治|~言之|~取无用。
㊂ qù ❶旨意;意向:旨~|志~。❷兴趣;兴味:有~|相映成~|自讨没~。❸使人觉得有兴趣的:~事|~闻|~谈。

攄 qū 击。

敺 qū 同"敺(驱,驅)"。

誳 ㊀ qū 同"诎(詘)",诘诎。
㊁ juè 同"倔",倔强。

鬝 qū[鬝鬻](-jú)卷发的样子。

駈 qū 同"驱(驅)"。

駈 qū 同"驱(驅)"。

麩 qū 同"麴(曲)",酒曲。

蛆 qū 同"蛆"。

趣 qū 同"趣"。

鮎 ㊀ qū 同"鰈(鰈)",即比目鱼。
㊁ xié 鱼的肋骨。

駈 qū 同"駈(驱,驅)"。

麩 ㊀ qū 同"麴(曲)",酒曲。
㊁ chǎo 同"麨(麨)"。

蛆 qū 同"蛆",蝇类的幼虫。

麴 qū 同"麴(曲)",酒曲。

駈 qū 同"驱(驅)"。

驅 qū 同"鷗"。

軀 qū 同"驱(驅)"。

踽 qū 跛;行走时身体重心不稳。

驅 qū[驅产]也作"屈产",良马名。

趧 qū同“趣”，趋向：展转六～。

黢 qū黑：～黑｜黑～～。

麹 qū同“麴（曲）”，酒曲。

軀 ㊀qū同“躯（軀）”，身体。
㊁shū軀骨。

謳 qū同“詘（诎，詘）”。

䖑 qū同“苖”。

嚯 qū拟声词。1.吹哨子声：～——，有人吹着哨子。2.附耳低语声：～～地说了句什么。3.虫鸣声：～～～，草虫弹起了琴。

䗇 qū同“蛐”。

鞠 qū同“麴（曲）”，酒曲。

籁 qū同“鞠”。

鰸 qū鰸鱼，像虾而无足。

鱋 qū同“魼”，即比目鱼。

龜 qū龟行。

趨 qū行进的样子。

qú

戋 qú义未详。（《字汇补》）

佢 qú代词，他，也作“渠”：收到谷子～来量。

劬 qú辛劳：～劳。

毦 qú同“氍”。

朐{朐} ㊀qú ❶弯曲的肉干：与之壶飧（飧），脯二～。❷弯曲：恋～之智。❸古县名，在今江苏。❹用于地名：临～（在山东）。
㊁xū［朐衍］古代北方地区少数民族名。
㊂chǔn［朐忍］也作“朐肕”，古县名，在今重庆。

斪 qú锄类农具。

葋 qú同“蒟”。

菃 qú用于人名：宋～（北齐时人）。

衢 qú大道；大路。

軥 qú同“朐”，弯曲的肉干。

鸲（鴝） ㊀qú ❶［鸲鹆］（-yù）1.又称八哥，鸟名。2.古代舞蹈鸲鹆舞的省称：癫狂舞～。❷鶲科、鸫亚科部分鸟类的通称：蓝歌～｜红尾～。
㊁gōu［鸲鴿］（-gé）鸺鹠。

䀠 qú义未详。（《龙龛手鉴》）

軥 qú同“軥”。

毹 qú同“氍”。

翑 ㊀qú羽毛末端的弯曲部分。❷同“鸜”，鸟羽。
㊁yù箭羽。

渠 ㊀qú ❶人工开凿的水道：水～｜沟～｜水到～成。❷水名。1.渠江，在四川中部和重庆北部。2.渠水，在湖南。❸代词，也作“佢”，第三人称，他：～会永无缘｜必是～所窃。❹同“巨”，大：～魁｜～帅。❺姓。
㊁jù通“讵（詎）”，副词，岂；怎么：使我居中国，何～不若汉。

㻏 qú［㻏拏］（-rú）也作“渠拏”，杷的别称。

屦 qú同“絇”，古代鞋头上的一种装饰。

㼦 qú同“㼦”。

翑 qú同“翑”。

絇 qú ❶用布、麻、丝缕等搓绳。❷古代鞋头上的装饰。❸古代计量单位，用于丝，一絇等于五两。

璖 qú同“璩”。

趜 ㊀qú同“趯”，边跑边回头看的样子。
㊁qǔ行走的样子。

蒟 qú草名。

䳢（鶋） qú［䳢鹆］（-yù）同“鸲鹆”，鸟名。

軥 ㊀qú古代车轭两边下伸反曲用来系革带的部分，也指轭。
㊁gōu车伏兔。

毴 qú 同"氍"。

蚼 qú 同"蚼",蚍蜉。

豯 qú 猛。

淭 qú 同"渠",一说"渠"的讹字。

蒟 qú 同"蒟"。

磲 qú 同"磲"。

傢 qú 同"渠",代词,他:银匠铺首饰由～打。

跔 qú 同"趋"。

璖 qú 义未详。(《改并四声篇海》)

鞫 qú ❶马鞍。❷古代兵器。

蘧 qú 同"蘧"。

蕖 qú ❶芋头。❷[芙蕖]荷花。

榛 qú[榛檸](-rú)也作"渠挐",农具名,即杷。

軥 qú 同"軥"。

毸 qú 同"氍"。

毹 qú 同"氍"。

鬳 qú 同"絇"。

彊 qú ❶弓力强的样子。❷弓末梢。

媟 qú 用于女子人名。

緱 qú 同"縹"。

絇 qú 同"絇"。

璩 qú 同"璩"。

璖 qú ❶琕璖,同"砗磲"。❷同"璩",耳环。

麮 qú 麦不成熟。

鄜 qú 古村落名。(《广韵》)

璪 qú 义未详。(《龙龛手鉴》)

氍 qú[氍毹](-shū)同"氍毹"。

隊 qú 阶。

蘧 qú 又称苣、苦苣、苦菜,多年生草本植物,可供药用。

磲 qú[砗磲](chē-)见99页"砗"字条。

蝨 ㊀qú[蝨蟟](-lüè)也作"渠略",蜉蝣的别称。
㊁jù 哺乳动物。

駒 qú[駒掇](-duō)虫名。

籧 qú 同"蘧"。

鼩 qú 同"鼩(鼱)"。

鴝 ㊀qú[鴝鵒](-yù)同"鸲鹆",鸟名。
㊁duó[鴝鳩]鵽鸠。

騧 qú 马后足皆白。

璩 qú ❶耳环:耳～。❷玉名。❸姓。

櫨 qú 藩篱。

駏 qú 同"騧"。

氀 qú "氀"的讹字。

蠷 qú[蠷螲](-lüè)同"蝨蟟"。

襣 qú 系。

縹 qú ❶彩色丝织品。❷鞋头上的装饰。

氍 qú[氍毹](-shū)同"氍毹"。

毽 qú 同"氍"。

鼩 qú 同"鼩"。

鼩 qú 鼩鼱,又称鼱鼩,哺乳动物,像小鼠。

貗 qú[貗貗](-sōu)也作"貗貗""渠叟",哺乳动物。

鼱 qú 同"鼩"。

鼁 ㊀qú 蛙类动物。
㊁gōu[鼁鼊](-bì)龟类动物。

𥨊 qú 孔;穴。

𣰶 qú 同"氍"。

𡽑 qú 帅,也作"渠"。

𧾩 qú ❶小跑的样子。❷小步跳跃。❸快;迅速。

𧆼 qú 同"蘧"。

𨏉 qú 车轮的外框。

𧇧 qú 同"鄘"。

𪓰 qú 同"鼩"。

𣾘 qú 同"渠"。

蘧 qú[蘧麦]同"蘧麦(瞿麦)"。

氍 qú[氍毹](-sōu)同"氍毹"。

𪊭 qú 同"鸜(鼩)"。

戵 qú"戵"的讹字。

鼩 qú 同"鸜",鸟左足白,一说同"鸜(鸜)"。

𢕟 ㊀qú 同"躣",行走的样子。
㊁jù 行走。

𢋀 qú 仓库。

灈 qú ❶古水名,即今河南的石羊河。❷用于地名:~阳(在河南)。

嬰 qú ❶古代民歌名。❷用于女子人名。

欋 qú ❶农具名,四齿耙。❷树根盘错。❸同"耀"。

戵 qú 古代兵器,像戟。

氍 qú[氍毹](-shū)1.一种毛织或混织的毯子:醉睡~满堂月。2.旧时因舞台多用氍毹铺垫,故借指舞台:站在红~上歌唱。

斸 qú 同"斪"。

氍 qú 同"氍"。

籧 ㊀qú[籧篨](-chú)1.用竹篾、芦苇编的粗席:以~裹尸。2.不能俯身的病:~不可使俯。
㊁jǔ 同"筥",箱、笼等盛物器:~筐。

𥂴 qú 树种。

鱋 qú[鳙鱋](yōng-)见1170页"鳙"字条。

臞 qú ❶同"癯",消瘦:形容甚~。❷耗;减消:河~。

𪚏(𪚏) qú 同"鼩(鼩)"。

𤎺 qú 姓。

鸜 qú 同"鸜"。

磲 qú[磫磲](zōng-)见1310页"磫"字条。

瞿 qú 姓。

鸜(鸜) qú[鸜鹆](-yù)同"鸲鹆"。

𩴵 qú 同"魋"。

衢 qú 同"衢"。

鼩 qú 同"鼩"。

癯 qú 也作"臞",消瘦:清~。

蠼 qú[蠼螋](-lüè)同"蠼螋"。

耀 qú 犁上的铧。

麴 qú 长得矮小的麦。

鸜 qú 同"鸜"。

蠼 qú ❶猿猴类动物:赤猿~蝚(猱)。❷[蠼螋]同"蠼螋"。

衢 qú ❶道路;大路:街~|通~|填街盈~。❷用于地名:~州(在浙江)。

𦢊 qú 人名。(《字汇补》)

趯 qú 边跑边回头看的样子。

躣 qú 行走或腾飞的样子:腾身时作龙~~。

鑺 qú 古代兵器,像戟、戈。

䶚 qú 古代迷信指鬼求食。

䴧 qú 鬼物名。

䮶 qú 马行走;马行走的样子。

騳 qú 马后足全白。

鸜 qú "鸜"的讹字。

鑺 qú 鱼名。

臞 qú 同"鼩"。

𪆷 qú[霩𪆷](kuò-)也作"霩衢",古驿站名,在今浙江。

qǔ

曲 qǔ 见 797 页 qū。

取 qǔ ❶抓到战俘,割下左耳以计功,后称斩获敌人首级:获者～左耳|恨君不～契丹首。❷捕获;捉拿:～彼狐狸,为公子裘|闻悼公欲使人～己。❸拿到手里:～书|～款|～邮件。❹得到;招致:～暖|～信于人|自～灭亡。❺选取;采用:～材|～景|录～。❻通"娶":～妻|～妇。❼助词,着;得:歌声苦,词亦苦,四座少年君听～|肯与邻翁相对饮,隔篱呼～尽馀杯。

㪯 qǔ 迫。

㖆 qǔ 同"跔"。

竘 qǔ 同"竘"。

囲 qǔ 同"曲"。

竘 ㊀ qǔ ❶雄健;雄壮:～然。❷匠人:～匠。
㊁ kǒu ❶治。❷巧。

趣 ㊀ qǔ 催促:督～军粮。
㊁ còu 跑。

娶 ㊀ qǔ 男子把女子接到自己家成亲:～妻|迎～。
㊁ jū(又读 shū)用于女子人名。

蛣 ㊀ qǔ[蛣蚁](-fǔ)又称鼀䵴,即蟾蜍。
㊁ jié[石蛣]也作"石蜐",甲壳动物。

詓 qǔ 拟声词,呼吸声:卧之～～。

㚁 qǔ[妪㚁](yǔ-)伛偻,腰背弯曲。

䝣 qǔ 同"齲(齲)"。

竬 qǔ 站立。

𧽝 qǔ(又读 jù)[䞣𧽝](chà-)见 86 页"䞣"字条。

䁢 qǔ 目往,一说"䁢(眍)"的讹字。

龋(齲) qǔ 蛀牙,俗称虫牙,牙齿病,也指患病的牙齿:齿～|～齿。

麌 qǔ 小鹿。

𪘏 qǔ 同"龋(齲)"。

齲 qǔ "齲(龋)"的讹字。

qù

去 qù ❶离开:～留|～职|～世。❷除掉;减掉:～皮|～痰|太多了,～一半。❸距离:相～万里|～今十载。❹过去的:～年|～冬。❺赴,从所在地到别处:来～|～上海|～封信。❻表示离开原处或动作的持续:进～|带～|一眼望～。❼去声,汉语声调之一。☞去/往/如/适/之/赴 见 982 页"往"字条。

厺 qù 同"去"。

厾 qù 同"去"。

㕣 qù 同"去"。

䟊 qù 同"耝",耕地,翻松土壤。

厺 qù 同"去"。

呿 ㊀ qù 张开口:口～而不合。
㊁ kā 用于梵语译音。

㹞 qù 牛行的样子。

㰦 qù 张开口出气:张口～～。

䀠 qù 义未详。(《龙龛手鉴》)

郥 qù 古亭名,也作"阒"。(《汉语大字典》)

庢 qù 同“厺”。

厺 ㊀ qù ❶关闭:门～着。❷拟声词,关门声。
㊁ hé 姓。

呿 qù 同“呿”。

粗 ㊀ qù ❶耕地,翻松土壤。❷古地名,在今河南。
㊁ chú 同“锄(鉏)”。

覰 qù 同“覷”,窥视。

阒(闃) qù ❶寂静:～寂｜～无人声。❷寂静的山林深处:～林｜深～。❸断绝:流风未～。

趣 qù 见 799 页 qū。

刦 qù 同“去”。

觑(覷) ㊀ qù ❶也作“覰”,看;偷看:偷～｜面面相～。❷照看;照顾:照～｜蒙足下相～,感激不尽。❸距;离:～天远,入地近。
㊁ qū 把眼睛眯成一条细缝;仔细瞄准:～着眼看｜～着豹尾绒绦较亲处,飕的一箭,恰好正把丝绦射断。

閴 qù 同“阒(闃)”。

鴡 qù 鸟名。

麮 qù ❶大麦粥。❷糗,米、麦炒熟后制成的干粮。

瞿 qù 同“觑(覷)”。

闃 qù 同“闃(阒)”。

闃 qù “闃(阒)”的讹字。

趉 qù 踞。

麲 qù “麮”的讹字。

鼁 qù[鼁䵶](-qiū)蟾蜍。

覻 qù 窥视,泛指看:～视｜小～｜～月。

闃 qù 同“闃(阒)”。

覷 qù 同“覰”。

鼀 qù 同“鼁”。

quān

刡 quān 剔;削。

峑 quān 山顶。

悛 ㊀ quān 谨慎。
㊁ zhuān 卷曲。

骓(駩) quān 白马黑唇或黑脊。

悛 quān ❶悔改:惧过之不～。❷停止:长恶不～。

圏 quān 水圈。(《龙龛手鉴》)

圈{圏} ㊀ quān ❶环形;环形的东西:圆～｜铁～｜花～。❷一定的范围:～里｜出～｜小～子。❸围住;囚禁:～地｜把这里～起来｜～闭亲戚,幽囚子弟。❹画环形做记号:～阅｜把错别字～出来。
㊁ juàn 饲养牲畜的栅栏:猪～｜羊～｜牛～。
㊂ juān 把家禽、家畜等关起来,也比喻囚禁:把鸡～起来｜把人犯～起来。

棬 ㊀ quān ❶曲木制成的盂:杯(桮)～｜柳～。❷圆圈形:两边用石随～势补填令平。
㊁ juàn 同“桊”,穿在牛鼻上的小铁环或小木棍。

帣 quān 小儿帽子,一说小帻(小头巾)。

罨 quān 同“帣”。

盏 quān 同“棬”,曲木制成的盂。

圏 quān 同“圈”。

箞 quān 曲竹。

鋑 ㊀ quān 同“鐉”。
㊁ juān 同“鐫(镌,鎸)”。

騡 quān 同“骓(駩)”。

鐉 quān ❶门框上承受门枢的铁环。❷通“钻(鑽)”,钻凿:～烧大石｜～山夷途。

䊎 ㊀ quān ❶头巾。❷同“帣”,小儿帽子。
㊁ quán 蜀地产的布名。

quán

仝 quán 同"全"。

权（權） quán ❶古代指秤锤，也指秤：～量｜～衡。❷称量：～，然后知轻重。❸衡量；比较：～其利弊｜两害相～取其轻。❹权力：政～｜掌～｜全～处理。❺权利：人～｜发言～｜选举～。❻有利的形势：制空～｜主动～。❼变通；便宜处置：～变｜～宜之计。❽副词，暂且；姑且：～做人情。❾姓。

全 quán ❶纯色玉：天子用～。❷完备；齐备：这套书不～｜店里的货物很～。❸保全，使完整无缺或不受损伤：成～｜两～其美｜幸～其妻子。❹整个；遍：～家｜～局｜～力以赴。❺副词，都：朋友～来了｜这几间房子～都装修一新。❻姓。

峑 quán 箕。

佺 quán［偓佺］（wò-）见1001页"偓"字条。

泉 quán 同"凫(泉)"。

凫 quán 同"泉"。

郐 quán 剔。

诠（詮） quán ❶说明；解释：～释｜～证｜此意何由～。❷权衡；比较：～较天下事。❸事理；真理：真～｜发必中～。

荃 quán ❶菖蒲，有香气，比喻君主：～不察余之中情兮。❷通"絟"，细布。

畎 quán 同"泉"。

泉 quán ❶泉水，从地下涌流出的水：清～｜甘～。❷水源：源～。❸地下有水的地方，旧指人死后所在之处：九～之下｜命丧黄～。❹古代称钱币：～币｜古～。

洤 quán 同"泉"。

岑 quán 同"峑"。

岑 quán 古地名。(《字汇补》)

辁（輇） ㊀quán ❶古代没有辐条的木制车轮。❷同"輲"，载运棺柩的车。❸小；浅薄：～才。

㊁chūn 同"輴"。

衷 quán 飞虫投入火中的样子。

圙 quán 义未详。(《改并四声篇海》)

牷 quán 用于祭祀的毛色纯一的牛，泛指毛色纯一的全牲或牲畜：牲～。

泉 quán "泉"的讹字。

拳 quán ❶拳头，五指向掌心收拢的手：～击｜猜～。❷一种徒手的武术：太极～｜～不离手，曲不离口。❸肢体弯曲，现多作"蜷"：身体～作一块｜手不得～，膝不得屈。❹量词，用于以拳头打人的动作：打他几～。

卷 quán［卷毛］卷毛䯄，古代良马名。

烇 quán 火的样子。

琹 quán 像玉的美石。

搼 quán 同"拳"。

硂 quán 同"铨(銓)"。

睑 quán ❶一只眼睛眨，泛指眨眼。❷眼睛不明。

啳 ㊀quán［啳睽］（-kuí）同"臛睽"，相貌丑。

㊁jué 骂：叫他爹给～了回来。

铨（銓） quán ❶秤，称重量的器具：考量以～。❷衡量：～度｜～轻重｜～时论道。❸旧时称量才选授官职：～选。

鄍 quán 用于古泉名：仲邮～（在今山西）。

腕 quán 月。

痊 quán 痊愈，病好了：病少～｜疗伤可～。

巻 quán 同"拳"。

婘 ㊀quán 美好的样子。

㊁juàn 同"眷"，亲属。

菉 quán［苹菉］（yáng-）见1114页"苹"字条。

夐 quán 同"夐"。

夐 quán 大视。

Q

蛑 quán［蠻蛑］（mán-）见 624 页“蠻”字条。
嵲 quán 同“泉”。
帛 quán 同“泉”。
嵢 quán［嵢嵍］（-wù）同“巏务”，古山名，在今河北。
耠 quán 耕。
犈 quán ❶ 黑脚牛。❷ 黑耳牛。
筌 quán ❶ 像笱的捕鱼具，泛指捕鱼用具：罗～｜得鱼忘～。❷ 比喻牢笼、羁绊：使民入～｜凡心怎得出凡～？
佺 quán 同“全”。
觠 quán 同“惓”。
湶 quán ❶ 古水名。（《龙龛手鉴》）❷ 同“泉”。
絟 quán ❶ 细布。❷ 细麻丝。❸ 同“拴”：～了牛驴｜离情～恨锁眉山。
瑔 quán ❶ 玉名。❷ 贝名。
捲 quán 同“拳”。
踡 quán ❶ 踹；踢：决屦以～之。❷ 蜷伏：僵卧如鼠～。❸ 屈膝盘足：～坐于炕。❹ 弯腰：曲身若～摺。❺ 屈服：猛龙～铁锁。
嵲 quán 同“巏”。
龕｛龕｝ quán 同“全”。
瘥 quán ❶ 手足屈病：手足～缩。❷ 困倦：疲～。❸ 卷：腮边～结淡红须（鬚）。
觠 quán ❶ 兽角弯曲：～角。❷ 弯曲；蜷曲。
匵 quán 也作“匵旋”，古代整理博戏筹码的竹器。
嘣 quán 同“眔（泉）”。
蜷 quán ❶ 虫形诘曲，泛指屈曲、弯曲：～起｜～成一团｜～着身子睡。❷［蜷蠕］（-chuǎn）蚯蚓的别称。❸［蜷蜷］（-lián）也作“蜷蜷”，盘曲的样子：神虬或蜷蜷。
箬 quán 同“筌”。
臬 quán 同“泉”。
毯 quán 同“鬈”。
趯 quán 同“趯”。
権 quán 同“權（权）”。
踡 ㊀ quán ❶ 蜷曲不伸：～曲在床头｜～跼而谛。❷ 亏损：外内不～。❸［踡躔］（-chǎn）高大而屈曲的样子。
㊁ juǎn 踢：三脚将我～下寒桥。
蜾 quán［馀蜾］也作“馀泉”，贝名。
孏 quán 同“嬗”。
縓 quán（又读 quàn）帛赤黄色，也指浅红或红色。
驞 quán 懒惰。
闂 quán 雨意。
鐉 quán 同“銓（铨）”。
鳈（鰁） quán 鳈鱼，生活在江河、湖泊中。
顴 quán 同“觠”，弯曲的兽角。
鬈 quán ❶ 头发好。❷ 头发弯曲：～发。❸ 把头发分开扎束，垂在两侧。
飅 quán 风。
攉 quán 同“拳”。
瓘 quán［瓥瓘］（luán-）见 541 页“瓥”字条。
巏 quán［巏务］也作“巏嵍”，古山名，在今河北。
彏 ㊀ quán 弓曲。
㊁ guàn 容器，后作“罐”：铁～。
嬽 ㊀ quán 同“婘”。
㊁ huān 同“歡（欢）”。
犫 quán 牛角弯曲。
臛 ㊀ quán［臛䐶］（-kuí）相貌丑。
㊁ huān［臛疏］传说中的动物，像马，一只角。
齤 quán ❶ 缺齿。❷ 曲齿。❸ 笑而露齿的样子：～然而笑。
穳 quán 禾黄的样子。
瓙 quán 瓜转。

孏 quán 同"婘"。

颧(顴) quán 颧骨,又称頯骨、辅骨,眼下腮上稍微突出的部位。

蠸 ㊀ quán 又称瓜萤、守瓜、黄守瓜,瓜类植物的主要害虫。
㊁ huàn 大鳖。

䟫 quán ❶［䟫趗］(-lù)行曲脊的样子,单用"䟫"义同。❷曲脊。

躣 quán 同"踡"。1.弓背行走。2.蜷曲不伸:形且挛～。

齤 quán 同"齤"。1.缺齿。2.曲齿。

髖 quán 同"颧(顴)"。

䜩 quán 义未详。(《字汇补》)

欟 quán［欟鹆］(-yù)也作"鸜鹆",鸟名,即鸲鹆。

quǎn

く ㊀ quǎn 同"甽",田间小沟。
㊁称撇点,汉字笔画或部件。

犬 quǎn ❶狗:猎～|警～|牧羊～。❷旧时用于自谦,有时也用于贬斥他人:～子。

甽 quǎn 同"畎",田间小沟。

汱 ㊀ quǎn 水落下的样子,一说同"汏(汰)",除去:严～冗兵。
㊁ fú 同"洑",洄流。

甽 ㊀ quǎn ❶同"畎",田间小沟:～达于沟。❷古代地积单位,一甽等于一亩的三分之一。
㊁ zhùn 山下小沟。

畖 quǎn 同"畎",田间小沟。

畎 quǎn ❶田间小沟:浚(濬)～及川。❷山谷通水处:使岱～之水,涓滴皆入运河。❸疏通;流注:～流|～水|～引江海以灌田。

浂 quǎn 同"汱",一说同"汏(汰)"。

舩 quǎn 船近。

徺 quǎn 缓慢而行。

畎 quǎn 同"畎"。

绻(綣) quǎn ❶收缩;屈曲:兵横行天下而无所～|愁漠漠缩肩～腿双合眼。❷殷勤;恳切:殷～|勤～|勤勤～～。❸眷念:～怀|故交发达还谁～。

淃 quǎn 在泥淖里耕作。

稀 quǎn 禾相近的样子。

粠 ㊀ quǎn 同"粠",粉。
㊁ huán 米粉饼。

粠 ㊀ quǎn 粉。
㊁ qǔn 粥稠的样子。

粶 quǎn 同"粠"。

糬 quǎn 同"粠"。

糭 quǎn 同"粠"。

䝴 quǎn 同"䝴"。

虇 quǎn 芦苇、竹类植物的嫩芽。

虪 ㊀ quǎn 猛兽。
㊁ xuàn 同"䝴"。

quàn

劝(勸) quàn ❶勉励;奖励:～勉|～学|惩恶～善。❷讲明道理说服人,使听从:～告|～解|规～。

券 ㊀ quàn 票据或用作凭证的纸片等:奖～|入场～|胜～在握。
㊁ xuàn 拱券,门窗、桥梁等的弧形部分:打～。

桊 quàn 牛鼻木;牛鼻绳。

絭 quàn 贯穿在牛鼻上用以连接牵牛绳的环状物。

勧 quàn 同"勸(劝)"。

䊎 quàn ❶祭祀。❷福。

䊎 quàn "䊎"的讹字。

鞬 quàn ❶弯曲。❷车上用的皮革。

韏 quàn 同"鞬"。

䍻{䍻} quàn 罥网。

Q

quē

呹 quē 同"缺"。

缺 quē ❶残破;破损:残～|～损|完整无～。❷短少;不足:～少|～乏|人手短～。❸官职或职务的空额:出～|补～|肥～。❹衰微:周道始～,怨刺之诗起。❺不完善:～点|～陷。❻该到而未到:～席|～勤|～课。

帙 quē"呹"的讹字。

鈌 quē 同"缺"。

䀤 quē[䀤旻](-xuè)眼睛深陷的样子。

缺 quē 同"缺",短少;残破:残～|有碑～坏磨灭。

𦐇 quē 同"闕"。

葜 quē[葜葐](-pén)覆盆子,落叶灌木,果实可食或供药用。

𨈜 quē 手足疾的样子。

骩 quē 同"𨈜"。

𩨷 quē 同"骩(𨈜)"。

蛈 quē[蛚蛈](liè-)见574页"蛚"字条。

𨷿 quē 同"缺"。

闕 quē 城阙,古代城门两边的望楼。

礐 que 石名。

闕 quē"闕"的讹字。

qué

僪 qué 同"瘸"。

瘸 qué 手或脚偏废的病,后专指腿脚有伤病,走路身体不平衡:摔～了腿|他走起路来一～一拐的。

què

青 què 帩帐。

却[卻、郄] què ❶后退:退～|望而～步。❷使后退:～敌。❸退还;推辞不受:推～|～之不恭|盛情难～。❹去;掉:～病|抛～|望～。❺副词,表示转折:天气炎热,她～穿得很多。

𨚗 què 同"卻(却)"。

肯 què 同"青"。

𧵊 què 皮皱。

𩚔 què 同"𣪊"。

𣪊 què ❶从上击下:以马箠～其心。❷坚硬的外皮,后作"㱿(殼,壳)"。

埆 ㊀què ❶土地瘠薄:土地墝～。❷地不平,也用于地名:烧高～(在山西)。㊁jué 考核;判定:～功考德。

𣪈 què 同"𣪊"。

峪 què[峣峪](yáo-)见1119页"峣"字条。

猎 què 古代良狗名,后泛指狗。

𧾷 què 恐惧。

岩(礐) ㊀què ❶水击石声:彯沙～石。❷坚硬;坚定:～然有定|坚～其志谊。❸用于地名:～石(在广东)。㊁hú ❶石名:～石。❷玉名。

琷 què 用于人名:段～宝(唐代人)。

𣪊{𣪊} què"𣪊"的讹字。

悫(愨){慤} què ❶恭谨:～士。❷忠厚;诚实:～诚。

雀 ㊀què ❶鸟名,特指麻雀。❷[雀斑]长在部面的褐色小斑点。㊁qiǎo 同"雀㊀",用于口语:家～儿。㊂qiāo 雀子,雀斑。

囼 què 拟声词,鞭声。

御 què 同"御(卻,却)"。

𨿕 què 同"雀",一说同"爵"。

𢫬 què 义未详。(《改并四声篇海》)

榷 què 同"榷"。

硞 ㊀ què ❶石声。❷坚固。
㊁ kè［岩硞］（què-）水激石险的样子。
㊂ kù［碌硞］（lù-）石不平的样子。

确 ㊀（❷❹確）què ❶同"埆"，土地多石而贫瘠：其地～石｜善商肥～之异。❷坚固；坚定：～立｜～信｜～定不移。❸真实；符合事实：～实｜正～｜千真万～。❹副词，的确；确实：～有其事｜～系实情。
㊁ jué 通"角"，角逐；竞争：数与虏～。

皵 què［嶨皵］（xué-）见1088页"嶨"字条。

舄 ㊀ què ❶鸟名，后作"雔（鹊，鵲）"。❷姓。
㊁ xì ❶木底的鞋，泛指鞋：赤～絇履｜衣～｜女～店。❷通"潟"，盐碱地：～卤｜襄陵广～。

傕 ㊀ què 姓。
㊁ jué 用于人名：李～（汉代人）。

御 ㊀ què 同"卻（却）"，撤退：～军。
㊁ jué 疲惫。

瘹 què 同"瘸"。

阕（闋） què ❶祭祀完毕后关上祖庙大门，引申为终了；停止：乐～（奏乐结束）｜服～（服丧期满）｜繁肴既～。❷量词。1. 词或歌曲的一首：骊歌一～。2. 词的一段：上～｜下～。

塙 ㊀ què ❶牢固不可动摇，后作"确（確）"。❷土高。
㊁ qiāo 同"墽"，土壤坚结、贫瘠。

搉 què ❶敲击：～其眼｜～其子。❷"榷❷❸"的异体字。

鹊（鵲） què 鸟名，相传听到鹊叫为喜兆，故俗称喜鹊。

皵 què ❶树皮粗糙而开裂：皮青不～。❷皮肤皴裂。❸与人不和睦，也指难于分析的事情。

碏 ㊀ què ❶石杂色。❷用于地名：～下（在浙江）。
㊁ xī 碍。

闋 ㊀ què 同"阕（闋）"。
㊁ guān 同"關（关）"。

愲 què ❶惊惧的样子。❷恭敬。

阙 **（闕）** què 同"阙（闕）"。

阙（闕） ㊀ què ❶古代王宫、祠庙门前两边的楼台：宫～｜东～｜西～。❷神庙、陵墓前所立的石雕或石牌坊：石～｜太室～｜汉家陵～。❸宫殿，也指帝王的居室：承明之～｜倒戈犯～。
㊁ quē ❶同"缺"，空缺；短少：～员｜～疑｜～如。❷过失；错误：～失｜违命之～｜裨补时～。
㊂ jué 通"掘"，挖掘：～沟｜～地及泉，隧而相见。

潅 ㊀ què ❶浇灌；灌溉。❷沾湿；浸渍。❸濯；洗。
㊁ hú 拟声词，水声。

䧿 què 同"皵"。

皵 què 皮断。

搉 què 同"搉（榷）"。

愨 què 同"慤（悫）"。

榷［榷、❷❸搉］ què ❶独木桥。❷专营；专卖：～茶｜～盐｜～税。❸商讨；研讨：商～｜～而为论。
◆"搉"另见809页"搉"字条。

雀 què 同"雀"。

闕 què 空缺。

瘸 què 疮病。

歓 què 同"塙"，牢固不可动摇。

趞 ㊀ què ❶行走轻捷的样子。❷书法运笔轻健：磔抑～以迟移。
㊁ qì 同"趚"，侧行。

慤 què 同"慤（悫）"。

榖 què 同"确"。

礐 què 同"确"。

毃 què 同"毃"。

毃 què 同"毃"。

碻 ㊀ què 同"確（确）"。1. 坚固。2. 确实；真实：～证｜此论甚～。
㊁ qiāo［碻磝］（-áo）1. 地多石不平的样子：田～兮一跬九折。2. 古城名，在今山东。

雀 què 同"雀"。

闕 què 同"阙（闕）"。

Q

闋 què 同“闕”。

㲉 què 暴虐:曷～彼龙兮,以重厥刑。

㱿 què 同“㱿(壳)”。

䧿 ㊀ què 同“鹊(鵲)”。
㊁ xī 雉名。

闕 què 同“阙(闕)”。

礐 què “礐(岩)”的讹字。

䧿 què 古地名。(《玉篇》)

㱿 què ❶ 卵:禽～|白龟生～。❷ 物体坚硬的外皮,多指卵壳:雏出～|蠡～。

㰤 què 同“散”,树皮粗糙。

醋 què 同“榷”,专营;专卖。

礭 què 石破。

闋 què 同“闕”。

皵 què 同“散”。

踖 què 同“踖”。

燩 què ❶ 烤干。❷ 干燥。

䧿 què 义未详。(《改并四声篇海》)

㱿 què 同“㱿”。

闕 què 同“阙(闕)”。

闕 què 同“阙(闕)”。

闋 què 同“阕(闋)”。

趞 què 同“趞”。

䧿 què 皮淡黄色。

㱿 què 同“㱿(㱿,壳)”。

㱿 què 同“壳(㱿)”。

榷 què 同“榷”。

㱿 què ❶ 至;达。❷ 高。

㱿 què 高。

䧿 ㊀ què 古乡名,在今山西。
㊁ jué 古地名。(《玉篇》)
㊂ quān 用于地名:蒙～(在天津)|柳树～(在河北)。

闕 què 同“阙(闕)”。

䧿 què 同“鹊(鵲)”。

礭 què ❶ 同“確(确)”,也作“塙”,坚固不可动摇:～然之大节|～然免于疑论。❷ 敲击:～床。❸ 水激石险的样子:破～巨石,随波塞川而下。

礐 què 同“岩(礐)”,拟声词,水激石声:～确。

䧿 què 皮淡黄色。

䧿 què 雀鼠。

䧿 què 除灾的祭祀。

覰 què 看的样子。

覰 què 看的样子。

qūn

夋 qūn 行走舒缓的样子。

囷 qūn 古代一种圆形粮仓。

㚬 qūn 同“逡”。

峮 qūn[峮嶙](-lín)也作“峮嶙”,山相连的样子。

峮 qūn ❶[峮嶙](-lín)同“峮嶙”。❷ 古山名。(《玉篇》)

俊 ㊀ qūn 同“逡”。
㊁ zūn 通“遵”,依从;按照:～俭隆约。

逡 ㊀ qūn ❶ 退让:有功者上,无功者下,则群臣～。❷[逡巡]1.徘徊不前,迟疑不决:～不进|目光～。2.(时间)短暂;顷刻:命在～|笑语～即隔年。
㊁ xùn[逡遒]也作“浚遒”,古县名,在今安徽。
㊂ suō 流淌:汗珠从脸庞～到颈上。

囷 qūn 同"困"。

峮 qūn 同"峮"。

歅 qūn 义未详。(《龙龛手鉴》)

踆 ㊀ qūn ❶［踆踆］(-qūn)1. 野兽行走的样子：麒麟～而在郊。2. 人行走的样子，单用义同：踆踆而独往｜弟子千里走以踆。3. 运行，单用义同：乃复委顿车舟之上，而踆踆于百里之遥｜吐气日月踆。❷止，退，也作"竣"：千品万官，已事而～。
㊁ cún 踢：逆而～之。
㊂ dūn 同"蹲"：东向立不～。

䐃 qūn 马。

qún

帬 qún 同"裙"。

宭 qún ❶群居，引申为某种事物荟萃之处：学～。❷通"窘"，窘迫；穷困：～于内。

郡 qún 同"帬(裙)"。

䑧 qún 同"𢿌"。

敓 qún 同"䑧"。

裙［裠、帬］qún ❶古代指下衣，今专指围在下身的服装：出入无完～｜连衣～｜超短～。❷像裙子的东西：围～｜墙～。❸鳖甲边缘的肉质部分：愿鳖长两重～。

羣 qún 同"羣(群)"。

群［羣］qún ❶聚集在一起的动物、人或其他事物：羊～｜楼～｜成～结队。❷事物的种类：羽～｜物以～分。❸众人：～策～力｜～起而攻之。❹众多的：～山｜～居｜博览～书。❺量词，用于聚集在一起的人、动物或事物：一～人｜一～马｜一～别墅。

㞒 qún 同"羣(群)"。

䭽 qún 同"群(羣)"。

㿏 qún 肢体麻痹。

䣗 qún 古地名。(《集韵》)

䊿 qún 同"群"。

𢿌 qún 同"𢿌"。

㿏 qún 同"㿏(㿏)"。

㿏 qún 同"㿏"。

𢿌 qún 群盗。

qǔn

麕 qǔn 束缚。

rán

呥 rán［呥呥］1. 安然自得的样子：无安肆逐浮名，～而已。2. 也作"呥呥"，咀嚼的样子：～而噍。

徆 rán 同"徆"。

呥 rán ❶咀嚼的样子：～～而噍｜耳弭口不～。❷同"䎃"，吐舌：～舌摇尾。

徆 rán 迟行。

肰 rán ❶狗肉。❷同"然"：宛～｜卓～。

枏 ㊀ rán 梅。
㊁ nán "楠"的异体字。

䑙 rán 同"䑙"。

袡 rán ❶衣边。❷古代女子出嫁时穿的盛装。❸蔽膝。

袇 rán 同"袡(袡)"。

聃 rán 用于古人名。(《宋史》)

蚦｛蚦｝ rán 同"蚺"。

䑙 rán 同"䑙"。

䎃 rán 同"䛁"，多言。

袡 rán 同"袡"。

絅 rán 同"袡"。

蚺 ㊀ rán ❶蟒蛇：～胆｜～蛇。❷三国时西方地区少数民族名：～氏。
㊁ tiàn［蚺蜒］(-tàn)同"甜䐁"。

䏣 rán 同"肰"。

脉 rán 同"肰"。

䄸 rán［䄸䄸］(chān-)见88页"䄸"字条。

䌧 rán 同"䌧(袡)"。

䎃 rán 义未详。(《龙龛手鉴》)

脉 rán "脉"的讹字。

䎃 rán 同"䎃"。

然｛䖄｝ rán ❶燃烧，点燃，后作"燃"：烈火～柴｜～百千灯。❷明白：虽有明智，弗能～也。❸是；对；同意：不以为～｜～其计，从之。❹代词，这样；如此：不尽～｜知其～，不知其所以～。❺连词，然而，表示转折：问题虽小，～不容忽视。❻后缀，表示状态：突～｜显～｜毛骨悚～。

䖄 rán 同"然"。

䏣 rán 同"肰"。

䏣 rán 狗肉。

髯［髥］ rán ❶两颊上的胡须，泛指胡须：长～｜白发(鬓)苍～。❷胡须多或胡须长的人：未及～之绝伦逸群｜老～。

蕤 rán 野豆。

嘫 rán 同"然"，应答声，表示肯定。

猣 rán 同"狨"。

狨 rán 又称"猓狨"，猿类动物，一说长尾猿。

嬫 ㊀ rán 姓。
㊁ rǎn 女子姿态。

燃 rán ❶烧起火焰：～烧｜～料｜自～。❷用火点着：～灯｜～香｜～放花炮。

䑙 rán 同"䑙"。

䑙 rán 龟甲边缘。

䍀 ㊀ rán［䍀毿］(-sān)同"毵毵"。
㊁ gān［䍀尬］(-gà)同"尴尬"。

篍 rán 竹名。

繎 rán ❶丝纠结在一起而难以理顺。❷深红色。

䑙 rán 同“䑙”。

䚯 rán 同“䑙”。

䕼 rán 草名。

䗿 rán 龟甲边缘。

䚯 rán 同“䑙”。

䕼 rán 同“然”，燃烧：～柴。

蘸 rán 同“䕼(然)”。

鷋 rán 同“鷋”。

鷋 rán 鸟名。

燃 rán 同“䕼(然)”。

蘸 rán 同“䕼”。

蘸 rán 同“然”，燃烧。

蘸 rán 同“䕼(然)”。

䗿 rán 龟甲边缘。

蘸 rán 同“䕼”。

rǎn

冉［冄］ rǎn ❶［冉冉］1. 柔弱下垂的样子：柔条纷～。2. 副词，渐渐地；慢慢地：老～其将至兮｜国旗～升起来了。❷姓。

苒 rǎn 同“苒”。

姌 rǎn 体态柔弱纤细。

苒 rǎn［苒苒］1. 草木茂盛或枝条柔软的样子：～齐芳草｜新叶初～。2. 气味或烟尘轻轻飘动的样子：香～｜烟～。3. 副词，渐渐地：～几盈虚｜～老已至。

毷 rǎn 同“䫇(髥,髯)”。

姌 rǎn 同“姌”。

䛁(䛁) rǎn ❶周朝国名。❷姓。

玬 rǎn 玉。

呥 rǎn 口动的样子。

染 rǎn ❶用颜料使纸、帛等物着色：～布｜～毛线｜笔墨渲～。❷沾上或传上：～病｜～指｜传～。❸指男女性关系：不曾有～。

媣 ㊀ rǎn 同“媣”。
㊁ ràn 古代淮南地区对母亲的称呼。

姌 rǎn 容貌美好的样子。

䎃 rǎn 同“䎃”。

笧 rǎn 同“䇦”。

染 rǎn “染”的讹字。

䎃 rǎn “䎃”的讹字。

䎃 rǎn 鸟翅膀下的细毛，泛指羽毛。

䇦 rǎn 细竹柔弱的样子。

䎃 rǎn 同“䎃”。

䎃 rǎn 同“髥(髯)”。

媣 rǎn ❶整理。❷安详的样子。

髯 rǎn 高。

䣸 rǎn 同“䣸”。

䫇 rǎn 同“䫇(髯)”。

䣸 ㊀ rǎn［䤤䣸］(jiàn－) 见 430 页“䤤”字条。
㊁ nǎn 酱。

䤡 rǎn 铁。

䫇 rǎn 同“䫇(髯)”。

㒄 rǎn ❶意志不坚定。❷恐惧。

㚩 rǎn 同“嬬”。

騈 rǎn 同“驹(騈)”。

橪 ㊀ rǎn ❶ 橪枣,又称酸小枣,枣树的一种。❷ 染。
㊁ yān [橪支] 也作“撚支”,香草名,一说树名。

䫇 rǎn 同“髯(髯)”。

頿 rǎn 同“髯(髯)”。

䲓 rǎn [䲓遗] 传说中的鱼名,有六足。

䨲 rǎn 沾湿,后作“染”。

䫇 rǎn 同“髯”。

顜 rǎn 同“䫇(髯)”。

䞣 rǎn 柔皮。

䶉 rǎn 同“髯(髯)”。

ràn

穤 ràn [穤草] 用麦秸和泥涂墙壁。

ráng

獽 ráng 同“獽”。

穰 ráng 同“穰”。

儴 ㊀ ráng 因循;沿袭:～道者众规之。
㊁ xiāng [儴佯] (-yáng) 徘徊;游荡不定的样子:招摇乎～。

鄸 ráng ❶ 古地名,在今河南。❷ 姓。

蘘 ㊀ ráng [蘘荷] 又称阳藿,多年生草本植物,花穗和嫩茎可食,根块茎可供药用。
㊁ xiāng [青蘘] 同“青葙”,一年生草本植物。

獽 ráng ❶ 猿类动物。❷ 古代西南地区某少数民族名,分布在今四川和重庆。

瀼 ㊀ ráng ❶ 露水浓厚,多叠用:风波零～|宿露～～。❷ 用于水名、地名:～河(在河南)|～溪(在江西)。
㊁ ràng ❶ 涧水横通山谷注入江河,多用于地名。❷ 瀼渡河,水名,在重庆。
㊂ rǎng 水淤;沤渍:以纯粪～之。

孃 ㊀ ráng ❶ 烦扰。❷ 肥大。
㊁ niáng “娘❸”的异体字。

䍴 ㊀ ráng 同“䙤”。
㊁ nǎng [䍴䍴] (náng-) 毛毯的毛长而乱的样子。

禳 ráng 除邪消灾的祭祀,泛指除去邪恶:祈～|～解|～恶。

蠰 ráng 外甥女。

穰 ㊀ ráng ❶ 稻、麦等植物脱粒后的茎秆:～草|秫秸～|豆～子。❷ 五谷丰收:～岁|丰～|饥～。❸ 众多;丰盛:繁～|人稠物～。❹ 饱满的稻粒。❺ 同“瓤”,果实的肉:桃～|取莲房,去柄截底,剜～留其孔。❻ 通“禳”,除邪消灾的祭祀:祝～|～田。
㊁ rǎng ❶ 通“攘”,扰乱;纷乱:扰～|不由咱心绪～。❷ 古县名,在今河南。

䉴 ráng 同“瓤”。

瓤 ráng ❶ 瓜、橘等皮内包着种子的肉或瓣:沙～西瓜|橘子～儿。❷ 包裹在某些皮或壳内的东西:甘蔗～儿|信～儿。❸ 松软:这根梁,虫咬伤,一头实心一头～。❹ 身体软弱;没本事;技术差:病后身子骨～|修车技术真不～。

䙤 ráng ❶ 衣类物品。❷ 肮脏:衬衣～了。

篨 ráng ❶ 收藏东西的竹器。❷ 淘米的竹器。

䠂 ráng 同“鬤”。

䨾 ráng [䨾䨾] 也作“瀼瀼”,露水浓厚的样子。

鬤 ㊀ ráng 头发散乱的样子。
㊁ níng [鬡鬤] (zhēng-) 同“鬡鬡”。

䉴 ráng 同“瓤”。

rǎng

㚂 rǎng 同“攘”。

壤 rǎng ❶ 松软的泥土;可供耕作的泥土:红～|沃～。❷ 地:霄～|天～之别。❸ 地区;疆域:穷乡僻～|两国接～|茫茫九～。

攘 ㊀ rǎng ❶ 排除;抵御:～除|～外安内。❷ 把袖子挽起来:～袖|～腕|～臂高呼。❸ 侵夺;窃取:～夺|～窃|～善。

❹ 扰乱;纷乱:扰～|心劳意～|～天下,害百姓。
㊁ ràng 推让,退让,后作"讓(让)":～辟|随流而～。

嚷 ㊀ rǎng ❶ 喊叫:叫～|吵～|大～大叫。❷ 吵闹:一直～到森罗殿|怕～啊,当初别贪便宜呀!
㊁ rāng [嚷嚷](-rang) 1. 吵闹:别～了! 2. 声张;张扬:这事可别～出去呀!

彉 rǎng 弓曲。

纕(纕) ㊀ rǎng ❶ 捋袖露出手臂。❷ 扎束衣袖的绳。
㊁ xiāng ❶ 马腹带:缨～。❷ 佩带:佩～。

殰 rǎng 同"壤",土地。

膿 rǎng ❶ 肥胖:彘既～而必烹。❷ 植物长得茁壮:六谷～。

皾 rǎng 同"攘"。

爙 rǎng 火;火星。

礦 rǎng 矿物名,劣质的雌黄。

墨 rǎng 同"壤"。

皾 rǎng "皾"的讹字。

攘 rǎng 同"攘"。

瀼 rǎng 同"瀼",水淤;沤渍。

躟 rǎng ❶ 急速行走的样子。❷ [躟踓](-cuī) 特别急。

羣 rǎng 同"壤"。

ràng

让(讓) ràng ❶ 责备;指责:责～|公使～之。❷ 谦退;不争:～位|礼～|当仁不～。❸ 转移所有:出～|转～|禅～。❹ 邀请:～酒|～进书房。❺ 次于;逊于:巾帼不～须眉。❻ 容许;任由:～我想想|～他去吧。❼ 介词,被:～雨淋了|～蚊子咬了|～他猜着了。

纕 ràng 同"讓(让)"。

譲 ràng 同"讓(让)"。

懹 ràng 畏惧。

讓 ràng 同"讓(让)"。

ráo

荛(蕘) ㊀ ráo ❶ 柴草:薪～。❷ 打柴草,也指打柴草的人:刍～。
㊁ yáo [荛花] 又称黄芫花,落叶灌木,纤维可造纸,花可供药用。

饶(饒) ráo ❶ 吃得饱,引申为富足、多:富～|～有情趣。❷ 额外增添或多给:～头|～上一个。❸ 免除处罚:～恕|不依不～|绝不轻～。❹ 连词,任凭;尽管:～这么跟他反复解释,他还是不明白。❺ 姓。

餞 ráo 同"饒(饶)"。

襓 ráo 剑套。

艞 ráo 同"桡(橈)",船桨。

犪 ráo 同"犪"。

犪 ráo ❶ 牛性情温驯。❷ 和善,顺从,也作"擾(扰)"。

rǎo

扰 ㊀(擾) rǎo ❶ 乱;混乱:纷～|～攘。❷ 打搅;搅乱:干～|～乱。❸ 增添麻烦:叨～|庸人自～。
㊁ yòu ❶ 福。❷ 动。

娆(嬈) ㊀ rǎo 烦扰;扰乱:其魂不躁,其神不～|废去淫末,除苛解～。
㊁ ráo ❶ 柔弱:优～～以婆娑。❷ 美好;娇媚:桃李弄～|妖～,满面儿扑堆著俏。
㊂ yǎo [娆嫋](-niǎo) 同"偠嫋",娇美。

傒 rǎo 同"獿"。

隢 rǎo 古地名。(《玉篇》)

䠁 rǎo 远。

獿 rǎo(又读 náo)同"猱",哺乳动物。

擾 rǎo 同"擾(扰)"。

蹺 rǎo [蹺躟](-rǎng) 走动。

R

rào

绕(繞)[❸❹遶] rào ❶缠：缠～｜～线｜化为～指柔。❷纠缠(不清)：一时被～住了｜问题始终～在脑海中。❸围：～场一周｜儿孙～膝｜嘉木～通川。❹迂回：～远｜～弯儿｜～过暗礁。❺不顺：～嘴｜～口令。❻姓。

圞 rào 同"绕(繞)"。

rě

喏 ㊀ rě 古人作揖时表示敬意的招呼声：敬～｜唱～(对人作揖，并出声致敬)｜躬身唱个～。
㊁ nuò ❶叹词，表示提醒人注意：～，这是你的｜～，不要这样写。❷同"诺(諾)"，应答声：～～连声答道。

惹 rě ❶招引；招致：～祸｜～是生非｜招～麻烦。❷触动；触犯：～不起｜别～他生气｜那人不好～。

惹 rě 心乱。

嚈 rě 同"喏"，古人作揖时表示敬意的招呼声：唱～奉茶。

rè

热(熱) rè ❶温度高：炎～｜～水｜天气～。❷加热，使温度变高：把饭菜～一下。❸情意深：～情｜亲～。❹非常羡慕或急切想得到：眼～｜～衷。❺广受欢迎的：～门儿｜～门货。❻指某事物风行而形成热潮：旅游～｜集邮～。

爇 rè 同"爇(熱，热)"。

焫 rè 同"热(熱)"。

䓕 ㊀ rè 如。
㊁ rě 同"喏"。

爇 rè 同"熱(热)"。

爇 rè 同"热(熱)"。

爇 rè 同"熱(热)"。

熙 rè 同"热(熱)"。

rén

人 rén ❶能制造并使用工具进行劳动的高等动物：～类｜～口｜男～。❷某种人：工～｜军～｜客～。❸别人：～云亦云｜助～为乐｜待～接物。❹人手；人才：我们公司正缺～。❺人的品质、性情、人格等：他～比较老实｜小李～不错｜丢～。❻人的性行为：小郎子病阉，十八岁而不能～。❼通"仁"。1. 仁爱：君子责人则以～，责己则以义。2. 果核或果壳最里边的部分：服枣核中～二七枚，辟疾病。

亻 rén 同"人"。

四 rén 同"人"。

壬 rén ❶天干的第九位，常用作顺序的第九。❷奸佞：辟邪说，难～人。

仁 rén ❶对人亲善；友爱：～慈｜～心｜～至义尽。❷敬辞，用于称对方：～兄｜～弟。❸手脚不灵活或失去知觉称"不仁"：两手不～｜麻木不～(形容反应迟钝或漠不关心)。❹果核或果壳最里边的部分：杏～｜花生～。

尸 ㊀ rén 同"仁"。
㊁ yí 同"夷"，消灭；杀光：诛～。

忎 rén 亲；仁爱。

朲 rén ❶屋间木人。❷屋上间。

生 rén 同"人"。

芢 rén 草名。

秂 rén 禾将结出实。

忈 rén 同"仁"。

庄 rén 下。

訒 rén 念，一说同"誑"。

魜 rén ❶俗称人鱼，即儒艮，哺乳动物，前肢呈鳍形，后肢退化像鱼尾，生活在海中。❷古代指鲵鱼。

誑 ㊀ rén 信。
㊁ nín 话多。

雈 rén 同"雂(鴒)"。

雔 rén 同"鵀"。

鵀 rén 同"鵟"。

鵟 rén［戴鵟］戴胜，又称鸡冠鸟、臭姑鸪，鸟名，也单称鵟。

魜 rén 鱼名，形似乌贼。

䪾 rén 义未详。（《改并四声篇海》）

rěn

芉 rěn 刺。

苆 rěn ❶［苆冬］同"荵冬"。❷草名。

忉 rěn 同"忍"。

忍 rěn ❶耐；容受：～耐｜容～｜是可～也，孰不可～也。❷抑制；克制：～让｜～气吞声｜～俊不禁。❸狠心；残酷：～心｜不～｜残～。❹愿意；舍得：久游不～还｜宁见朽贯千万，不～赐人一钱。

荏 rěn ❶白苏，一年生草本植物，叶可提取芳香油，种子可榨油，茎、叶和种子均可供药用。❷软弱；怯懦：～弱｜色厉内～。❸［荏苒］（-rǎn）时间渐渐流逝：光阴～。

啱 rěn［啱哰］（-rǎn）口动的样子。

荵 rěn［荵冬］也作"忍冬""苆冬"，即金银花，半常绿缠绕灌木，花、茎、叶均可供药用。

栣 rěn ❶禁止；抵御：～众恶于内｜苟无恶者，心何～哉？❷同"栠"。

栠 rěn 柔弱的样子。

秹 rěn 禾弱。（《集韵》）

棯 ㊀ rěn 枣树的一种。
㊁ shěn 同"樒"。

䄒 rěn 同"棯"。

荏 rěn 同"荏"。

稔 rěn ❶庄稼成熟：～熟｜丰～｜登～。❷年；一年：三～｜竹之为瓦，仅十～。❸熟悉：～知｜相～｜素～。

䏕 rěn 义未详。（《改并四声篇海》）

rèn

刃｛刄｝ rèn ❶刀口，刀剑、剪子等锋利的部分：刀～｜迎～而解｜剪子卷～了。❷刀：利～｜白～战｜游～有余。❸用刀杀：手～之。

认（認） rèn ❶识；分辨：～字｜～清是非。❷承认；表同意：～账｜默～｜～罪伏法。❸与他人建立某种关系：～干爹｜～贼作父。❹甘愿承担：～吃亏。

仞 rèn 古代长度单位，一仞合七尺或八尺。

仭 rèn 同"仞"。

讱（訒） rèn 言语缓慢谨慎：～言｜仁者其言也～。

扨 rèn "杒"的讹字。

叨 rèn 同"讱（訒）"。

屻 rèn 山高的样子。

帄 rèn 巾；枕巾。

任 ㊀ rèn ❶抱；担；载：负～担荷｜我～我辇。❷担当，承受：～职｜连～｜～劳～怨。❸委派担当职务：～用｜委～｜～人唯亲。❹职务；职责：重～｜就～｜一身而二～。❺量词，用于担任同一官职或职务的次数：第一～校长｜首～大使｜为官一～，造福一方。❻听凭；由着：～意｜～性｜听之～之。❼连词，不论：～你怎么劝，他都听不进去。
㊁ rén ❶周代国名，在今山东。❷用于地名：～县｜～丘（均在河北）。❸姓。

纫（紉） rèn ❶捻线，搓绳，也指绳子：～茅丝以为索｜～绳｜麻～。❷引线穿针：～针。❸用针缝：缝～｜～补。❹连缀；联结：～秋兰以为佩｜腰～双佩｜以～王教。❺敬辞，感念不忘（多用于书信）：敬～高谊。

韧（韌）［靭、韧、靱］ rèn 柔软结实，不易折断：柔～｜～性。

杒 rèn ❶树名。❷同"轫（軔）"，放在车轮下阻止其滚动的木头。

轫（軔）［軔］ rèn 放在车轮下阻止其滚动的木头：去～轮动而车行｜发～（拿掉阻止车轮的轫，使车前进，比喻事业或新局面开始）。

眲 rèn 眩瀎。

帞 rèn 同“㸾”。

牣 rèn ❶满；充满：充～。❷牛肥。❸通“韧（韌）”，柔软而结实：坚～｜既坚且～。

肕 rèn ❶坚硬的肉。❷同“韧（韌）”，柔韧而结实：柔～｜筋～而骨强。

饪（飪）［餁］ rèn 煮熟（食物）；做饭做菜：烹～。

恁 rèn 同“恁”。

妊 ㊀［姙］ rèn 怀孕：～妇｜传言黄帝～二十月而生。

㊁ rén 姓，后作“任”。

纴（紝） rèn ❶织布帛的纱缕；缯帛：织～｜组～。❷纺织：纺绩织～｜～器。

眲 rèn 看的样子，一说眼睛昏花。

胚 rèn ❶同“饪（飪）”。❷肉汁。

衽 rèn “衽”的讹字。

帪 rèn 同“衽”。

娎 rèn 同“妊㊀”。

征 rèn 同“任”。

舠 rèn 同“肕”。

恁 rèn 同“恁”。

衽［袵］ rèn ❶衣襟：左～｜连～成帷。❷卧席，引申为睡卧：～席｜摄～抱机｜～金革，死而不厌。

䏕 rèn 牢。

㸾 rèn 同“㸾”。

赁［焦］ rèn 同“饪（飪）”。

恁 ㊀ rèn 思念；念及：此意可勤～。

㊁ nín 同“您”：未知何日得见～｜～儿一一依爹分付。

㊂ nèn 代词。1. 那：～时节｜～时方有音书至。2. 那么；那样：～大｜～高｜～些。3. 怎；怎么：羞答答的看他～么｜却～地教甚么人在间壁吱吱的哭。4. 何；什么：前夕～人在此房内宿？5. 如此；这么：一双眼却～凶险｜桂花开的～早。

紉 rèn “紉（纫）”的讹字。

梕 rèn 同“杒”。

㸾 rèn 同“牣”。

饪（飪） ㊀ rèn ❶饱。❷同“饪（飪）”。

㊁ niè［饪头］饼类食品，也单称饪。

筎 rèn 古代铺在床上的竹席，也作“衽（袵）”。

裠 rèn 同“袵（衽）”。

絍 rèn 同“紝（纴，紝）”。

鈓 rèn 同“鉦”。

腍 rèn 同“饪（飪）”。

腍 ㊀ rèn ❶同“饪（飪）”。❷味美。❸饱。

㊁ diàn 美。

紝 rèn 同“纴（紝）”。

袵 rèn 同“姙（妊）”。

鉦 ㊀ rèn（刀口）卷曲：啮（齧）缺卷～。

㊁ rěn［鍖鉦］（chěn-）见 105 页“鍖”字条。

魛 ㊀ rèn 鱼名。

㊁ dāo “魛（鮉）”的讹字。

鼿 rèn 鼠。

餁 rèn 同“飪（饪）”。

譵 rèn 同“讱（訒）”。

rēng

扔 rēng 见 819 页 rèng。

réng

仍 réng ❶依照；遵循：一～其旧｜汉～其谬，知患莫改。❷副词，仍然；照旧：病～不见好｜革命尚未成功，同志～须努力。

陑 réng 古地名。(《玉篇》)

迺 réng 往;走。

杋 réng ❶树名。❷又称轫,放在车轮下阻止其滚动的木头。

礽 réng 福。

㖡 réng［㖡嘣］(-bēng)动作快而突然的样子。

㖡 réng 义未详。(《龙龛手鉴》)

秇 réng 禾名。

㺯 réng 玉器。

訒 réng ❶厚。❷重。

詶 réng 同"訒"。

詾 réng 同"訒"。

陾 ㊀ réng［陾陾］(-réng)众多的样子,一说筑墙声:捄之～。㊁ ér 同"隭(陑)"。

訪 réng 同"訒"。

𩕢 réng 不知。

rěng

梛 rěng［梛桐］树名。

rèng

扔 ㊀ rèng ❶牵引;拉:攘臂而～之。❷摧毁:窜伏～轮。㊁ rēng ❶抛;投掷:～球｜～手榴弹。❷丢弃;舍弃:～弃｜～掉｜～下皮包就走了。❸姓。

芿 rèng ❶割去又生的新草:～草。❷杂乱的草:垦畛剿～。

rì

日 rì ❶太阳:烈～｜～光｜～落西山。❷白天:～场｜～班｜夜以继～。❸一昼夜,地球自转一周的时间:今～｜多～不见｜再过十～大桥全部竣工。❹每天;一天天:～记｜～见消瘦｜蒸蒸～上。❺特定的某一天:节～｜生～｜独立～。❻泛指某一段时间:昔～｜来～方长｜旷～持久。❼日本(东亚的岛国)的简称:～语｜中～邦交。

囗 rì 同"日"。

合 ㊀ rì 男子主动与女子性交。㊁ cái 同"财(財)"。

坦 rì 义未详。(《改并四声篇海》)

苜 rì 草名。

囨 ㊀ rì 同"日"。㊁ guó 同"国(國)"。

囩 rì 同"日"。

狚 rì ❶狩猎。❷哺乳动物。

驲(馹) rì ❶古代驿站专用的车或马。❷用于地名:～面(在广西)。

囸 rì 同"日"。

匼 rì 同"囸"。

舯 rì 船饰。

釰 ㊀ rì 钝。㊁ rèn 剑刃。㊂ jiàn 同"剑(劍)",古代兵器。

鈤 rì 金属元素"锗(鍺)"和"镭(鐳)"的旧译写法。

馹 rì 同"驲(馹)"。

𡆸 rì 同"日"。

róng

戎 róng 同"戎"。

戎 róng ❶兵器;武器:五～(五种兵器:弓箭、殳、矛、戈、戟)。❷军队;军事:～装｜～马生涯｜投笔从～。❸古代称西部地区少数民族:西和诸～。❹古国名,在今山东。❺姓。

公 róng 同"容"。

肜 róng ❶商代祭祀名,指第二天又进行的祭祀。❷姓。

㝐 róng 同"容"。

昖 róng 同"融"。

㑀 róng 同"戎"。

茙 róng［茙葵］蜀葵，二年生草本植物，根和花可供药用。

茸 róng ❶草萌芽时纤细柔软的样子：庭草滋深～｜绿～～的草地。❷毛、头发等细软而稠密：～毛｜毛～～｜一头～～黑发。❸鹿茸的简称：参～丸｜闲看春山鹿养～。❹通"绒(絨)"，刺绣用的丝缕：绣～｜五色～线。

荣(榮) róng ❶梧桐，落叶乔木：采采～木，结根于兹。❷草本植物的花，泛指花：绿叶素～｜草木生～。❸繁茂；兴盛：繁～｜欣欣向～。❹显达；富贵：～显｜一损俱损，一～俱～。❺荣誉；光荣：～名｜～耀｜～获冠军。❻姓。

戟 róng 同"戎"。

狨 róng ❶哺乳动物，即金丝猴。❷狨皮做成的坐垫、鞍垫等：金～系马。

绒(絨)[羢、毧] róng ❶细布：窗～。❷绒毛，柔软细小的毛：驼～｜羽～服｜棉花～。❸带绒毛的纺织品：丝～｜长毛～｜灯芯～。

㝐 róng 同"容"。

栨 róng 树名，像槐树。

㟪 róng 同"嵘(嶸)"。

容 róng ❶容纳；包含：～器｜～量｜瓶子小，～不下。❷宽容；不计较：～忍｜大度～人｜情理难～。❸让；允许：～许｜不～分说。❹副词，或许；也许：～或有之｜～有异同。❺相貌；脸上的神色：美～｜笑～｜一脸病～。❻事物的外观或状态：市～｜阵～。❼姓。☞容/貌 见632页"貌"字条。

軵 róng 车行进的样子。

䂰 róng 石。

㷝 róng ❶火气。❷火红色：其光～～。

䘬 róng 褣衣。（《改并四声篇海》）

搑 róng 捣；推捣。

嵘(嶸) róng［峥嵘］见1253页"峥"字条。

𠟠 róng 刃器。

䇯 róng 可做箭杆的小竹，也指竹箭杆。

茸 róng 一种顶端有花纹的竹子。

傛 róng［傛华］1. 汉代宫中女官名。2. 古县名。

媶 róng［妦媶］(fēng-)女子貌美。

搈 róng 动；动摇。

毧 róng ❶同"毧(绒，絨)"，毡类制品。❷同"鞲"，覆在鞍上的细毛毡，兼有衬垫和装饰作用。

䒆 ㊀róng 同"毧"，毡类制品：衣毛结～。㊁rǒng［䒆䒆］(bèng-)见37页"䒆"字条。

軞 róng 同"鞲"。

蓉 róng ❶瓜果、豆类作物等制成的粉状物，常用作糕点馅儿：椰～｜豆～。❷四川成都(地名)的别称：～城。

楉 róng 树名，像檀。

毪 ㊀róng 同"毧(鞲)"，覆在鞍上的细毛毡。㊁rǒng［毾毪］(tà-)猥杂的样子。

毽 róng 同"毧"。

毺 róng 同"毽"。

嵤 ㊀róng 同"嵘(嶸)"。㊁yǐng［岭嵤］同"岭嶝"。

溶 róng ❶溶化；溶解：～液｜～消｜易～物质。❷水盛大的样子，泛指盛大：鸿～溢而滔荡｜氛旋～以天旋兮。☞溶/熔/镕/融 见821页"融"字条。

嫆 róng 用于女子人名。

毲 róng ❶细毛。❷同"毧"。

瑢 róng［璁瑢］(cōng-)见148页"璁"字条。

榕 róng ❶常绿大乔木，木材可制器具，皮、叶、气根可供药用。❷福建福州(地名)的别称：～城。

毹 róng 细毛。

R

穃 róng ❶稻秆。❷稻穗。

鎔 ㊀ róng 同"镕(鎔)"。
㊁ yáng［盐鎔］醚分子中氧原子上的未共用电子对接受强酸中的质子所生成的化合物。

彤 róng 同"容"。

熔 róng 某些物质在高温作用下由固体变为液体：～化｜～炼｜～炉。☞熔/镕/溶/融 见821页"融"字条。

瓺 róng 盎、缶类器皿。

穃 róng 矛类兵器。

猹 róng 同"穃"。

鞾 róng 同"鞲"。

榕 róng 同"榕"。

蝾 róng ❶虫名。❷虫爬行的样子。

蝾(蠑) róng［蝾螈］(-yuán)也作"蝾蚖"，两栖动物，像蜥蜴，生活在水中。古代也指蜥蜴。

镕(鎔) róng ❶铸造器物的模型：方圆薄厚，随～制尔。❷同"熔"，熔铸；熔化：～钱｜～金｜～银。❸比喻陶冶(思想品质)：习礼仪，～气质。❹矛类兵器。☞镕/溶/熔/融 见821页"融"字条。

甋 róng 同"瓺"。

毦 róng 同"毦"。

褣 róng［褈褣］(chōng-)宽大的直襟单衫，单用义同：绿丝文布素轻褣。

縙 ㊀ róng 丝饰。
㊁ rǒng 索。

髶 róng 乱发；头发多而散乱。

駥 róng 八尺高的马，引申为马健壮有力。

瑢 róng［瑽瑢］(cóng-) 见150页"瑽"字条。

融［螎］ róng ❶消溶，固体受热变软或变为流体：～化｜～解｜雪～之时。❷融合；调和：通～｜～会贯通｜水乳交～。❸和乐；恬适：大适～然｜其乐也～～。❹流通：金～(货币的流通)｜～通资金。❺姓。☞融/溶/熔/镕 四字都有消溶义。"溶"指溶解，强调溶剂是液体；"溶化"指固体(主要指盐、糖等化合物)在水中或其他液体中化开。"熔"指固体(主要指金属、晶体等)受热而变形，"熔化"指固体受热变成液体或胶质。"镕"用于熔铸、熔化义时与"熔"同。"融"强调融合现象，而不是相关条件。"融化"指冰雪化成水，也指固体变软或化为流体。"融合"指几种不同的事物合成一体。

醶 róng ❶酒。❷重酿。

蹖 ㊀ róng 行走的样子。
㊁ rǒng 同"迈"，行走。

簬 róng ❶文竹。❷［簬箕］(-róng)箭。

軞 róng 同"毦"。

鬤 róng ❶打扮容貌。❷头发长。

軺 róng 同"軞"。

嵘 róng 啼。

躵 róng 同"瑢"。

嫆 róng 用于女子人名。

曧 róng 同"茸"。

鞲 róng ❶覆在鞍上的细毛毡，兼有衬垫和装饰作用。❷皮革。

禜 róng 义未详。(《改并四声篇海》)

爃 róng 用于人名：朱日～。(《字汇补》)

鬞 róng 同"髶"，乱发；头发多而散乱。

鬠 róng "髶"的讹字。

驡 róng 同"駥"。

瀜 róng 同"融"，融合：～结。

毲 róng 同"毧"，毛盛。

鬡 róng ❶头发长。❷修饰；打扮。

韼 róng 义未详。(《改并四声篇海》)

R

曧 róng 日正。(《篇海类编》)

䡆 róng 同"䡈"。

䡈 róng ❶除。❷毳饰。(《篇海类编》)

䩸 róng"䩷"的讹字。

鶧 róng[鶧鸀](-chǔ)鸟名。

䡤 róng 同"䡣"。

蠑 róng 烂,也作"蝙(融)"。

䖠 róng 同"融"。

rǒng

冗[宂] rǒng ❶多余无用的;闲散的:～笔|～词赘句|～员。❷平庸:愚～|人品～末。❸繁杂;烦琐:～杂|～务|繁～。❹繁杂的事物:拨～出席。

宂 rǒng 长毛。

坈 ㊀rǒng 用于古地名:曹阳～。(《水经注》)
㊁kēng 同"坑",地面洼陷处:盐～|深～。

坈 rǒng 古地名。(《玉篇》)

吭 rǒng 义未详。(《改并四声篇海》)

沉 rǒng[沉沉]水的样子。

远 rǒng 行走。

城 rǒng 古地名。(《玉篇》)

拔 rǒng 推;推车。

牨 rǒng 水牛。

犺 rǒng 吴地牛名。

軵 rǒng 同"軵"。

軳 rǒng"軏(軵)"的讹字。

軏 rǒng 同"軵"。

㦕 rǒng 戟类兵器。

傇 rǒng 多。

㲰 rǒng[㲰㲰]众多。

㲝 rǒng 同"毧(氄)"。

軵 ㊀rǒng(又读 fǔ)❶反推车,泛指推车:～车奉饟。❷引物向后,再往前推。
㊁fù 车箱外的立木:左～。

軏 rǒng 同"軵"。

毧 rǒng"毧"的讹字。

䬯 rǒng 食。

軜 rǒng 车軜。(《龙龛手鉴》)

軥 rǒng 同"軜"。

毧 rǒng 鸟、兽细软而茂密的毛,后作"氄"。

䢇 rǒng 同"傝"。

䢇 rǒng 同"傝"。

䩸 rǒng 同"茸",草初生的样子。

䣴 rǒng"䣴"的讹字。

傝 rǒng ❶[傝傝](tà-)不肖;劣。❷繁冗:帐牍云～。

䢇 rǒng 同"傝"。

䡥 rǒng ❶轻。❷同"軵"。

䣴 rǒng[阘䣴](tà-)不肖。

毹 rǒng 同"氄"。

氄 rǒng 鸟、兽细软而茂密的毛。

䶕 ㊀rǒng 鼠名。
㊁chén 水鼠名。

䶕 rǒng 鼨鼠。

㣑 rǒng[阘㣑](tà-)劣;不肖。

䩸 rǒng 同"氄"。

R

䶳 rǒng 义未详。(《改并四声篇海》)

䲓 rǒng 鲐鱼。

róu

内{厹} róu 同“蹂”,野兽脚掌踏地,引申为野兽足迹。

厹 ㊀ róu 同“蹂”。
㊁ qiú ❶［厹矛］三棱矛。❷［厹由］古国名,在今山西。

柔 róu ❶ 草木初生,引申为嫩、软:～桑｜～嫩｜～枝。❷ 使变软:～皮(加工皮革使变软)。❸ 柔和;温顺:～顺｜～情｜以～克刚。❹ 安抚:怀～｜～远。

㕟 róu 同“柔”。

郛 ㊀ róu 古乡名。(《玉篇》)
㊁ shòu 古乡名。(《集韵》)

瓹 róu 小兔。

粈 róu 同“糅”。

䟪 róu 同“蹂”。

脜 róu 面色温和。

鄈 róu 同“郛”。

揉 róu ❶ 也作“煣”,使木条弯曲或伸直:～木为耒。❷ 用手来回擦、搓:～搓｜～眼睛。❸ 团弄;搓成团:～面｜～泥球。

葇 róu［香葇］又称香薷,一年或多年生草本植物。

渘 róu ❶ 古水名。(《玉篇》) ❷ 同“柔”:寔～寔刚｜守～抱德。

媃 róu ❶ 女人娇柔可爱的样子。❷ 用于女子人名。

瑈 róu 玉名。

辋(輮) róu ❶ 车辋。❷ 通“揉”,使直木弯曲:木直中绳,～以为轮。❸ 通“蹂”,践踏:～蹈｜践～。❹ 通“柔”,柔软:～刚。

腝 róu ❶ 柔软。❷ 同“脜”,面色温和。

腬 róu ❶ 好肉;肥美的肉。❷ 面容和蔼的样子。

雓 róu ❶ 鸟名。❷ 姓。

煣 róu 用火烘烤木条使弯曲或伸直,也作“揉”:～木为耒。

睬 róu ❶ 良田。❷ 春秋时郑国地名,在今河南。

稞 róu 驾车碾禾脱粒。

蕠 róu 同“葇”。

猱 róu 同“鞣”。

糅 róu ❶ 杂饭。❷ 混杂;混合:杂～｜～合｜具～五味。

緥 róu 同“糅”。

蕼 róu 同“葇”。

蹂 róu ❶ 野兽脚掌踏地,泛指践踏:～践｜蹈～厚土。❷ 以暴力欺压、侵凌:～强翼弱。❸［蹂躏］(-lìn)践踏,比喻以暴力欺压、侮辱、侵害:～百姓｜饱受～。

䰆 róu 同“濡”,柔忍。

鍒 róu 软铁,即熟铁。

鞣 róu ❶ 熟皮革。❷ 用栲胶、鱼油等将兽皮制成柔软的皮革:～料｜～皮子。

瓇 róu 同“瑈”。

鬆 róu ❶ 多而美的马鬃。❷ 黄头发。

騥 róu 青黑色而鬃毛多的马。

鄾 róu 同“郛”。

鰇 róu 也作“柔鱼”,即鱿鱼。

鶔 róu［鶝鶔］(fú-)见 266 页“鶝”字条。

𪏮 róu 商代国名。(《字汇补》)

rǒu

猱 ㊀ rǒu 往来。
㊁ niǔ 同“狃”。

楺 ㊀ rǒu 同“煣”,使木弯曲。
㊁ ròu 树名。

䐓 rǒu ❶ 古代车上的木质制动装置。❷ 柔韧。

䰆 rǒu 多。

ròu

肉 ròu ❶动物或人的皮肤和肌体软组织物质，某些动物的肉可食用：猪～｜剜～补疮｜挂羊头卖狗～。❷使长出肉：使亡魂复归，死骨更～。❸瓜果中可食用的部分：果～｜瓜～｜桂圆～。❹果实质地软，不酥脆：～瓤儿西瓜。❺行动迟缓，性子慢：～脾气｜这孩子做事太～。☞肉／肌　见394页“肌”字条。

宍 ròu 同“肉”。

㝈 ròu 同“肉”。

宑 ròu 同“肉”。

肏 ròu 同“肉”。

餜 ㊀ ròu 馏。
㊁ niù 同“鈕”。

rú

仨 rú 同“儒”。

㚰 ㊀ rú ❶同“㚰”，古地名。（《集韵》）❷古国名。（《奇字名》）
㊁ fù 同“妇（婦）”。

如 rú ❶顺从；依照：～命｜～约｜～法炮制。❷往；到……去：～厕｜公将～齐，与夫人皆行。❸好像；如同：～虎添翼｜快步～飞｜十年～一日。❹比得上：自愧弗～｜我不～他｜天这么热，与其去打篮球，不～在家看电视。❺连词，假使；如果：～可赎兮，人百其身｜～下雨，就改天去。❻后缀，表示某种状态：空空～也｜突～其来。❼表示举例：例～｜譬～｜北京有多所重点大学，～北大、清华等。☞如／适／之／往／赴／去　见982页“往”字条。

侞 rú 均匀。

鄏 rú 古地名。（《说文》）

絮 rú 同“孺”。

茹 rú［纷茹］也作“纷如”，交错杂乱。

茹 rú ❶喂牛马，引申为吃、吞咽：～素｜～毛饮血。❷忍受；包含：～痛｜含辛～苦｜～古涵今。❸柔软；软弱：～蕙｜柔～而寡断。❹蔬菜的统称：菜～有畦｜～菽不足。❺姓。

㖌 rú 同“吺㊁”。

𡚬 rú 义未详。（《改并四声篇海》）

帤 rú ❶大幅的巾。❷手巾。❸破旧的巾。

毠 rú 同“毠”。

架 rú 树名。

拏 ㊀ rú（又读 nú）❶连续；持续：～兵｜祸～未解，兵连不息。❷纷乱；杂乱：烦～｜～繁。❸姓。
㊁ ná “拿”的异体字。

毠 rú 多毛犬。

铷（鉫） rú 金属元素，可用来制光电池、真空管、原子钟等，也用于航天工业。

秵 rú 臭草。

痂 ㊀ rú 病。
㊁ rù［痂瘀］（-zhù）不达，不进不达的样子，也作“痂瘀”。

袽 rú 破衣败絮：衣～。

䋈 rú 义未详。（《改并四声篇海》）

絮 ㊀ rú 旧絮。
㊁ nǎ［縿絮］（zhǎ-）见1229页“縿”字条。

䓯 rú 桑树皮。

筎 rú 刮竹皮形成的竹絮，古代用以堵塞船缝，也可供药用。

溽 rú 同“濡”。

蛪 rú 虫名。

袈 rú 同“袽”。

蒘 rú 义未详。（《直音篇》）

蒘 ㊀ rú［蘮蒘］（jì-）见413页“蘮”字条。
㊁ ná［藸蒘］（zhū-）见129页“藸”字条。

翟 rú 同"翟(鴽)"。

檽 rú［渠檽］(qú-)也作"渠挐""渠拏"，农具名，即杷。

傿 rú 同"儒"。

翟 rú 同"鴽"。

蒘 rú ❶［蒘藘］(-lǘ)也作"茹藘"，茜草。❷麻絮：纻～。

蝡 rú（旧读 ruǎn）❶"蠕 ❶"的异体字。❷蛇名。

濡 rú ❶同"濡"，沾湿：相～以沫。❷通"儒"：～术之宗。

濡 ㊀ rú ❶同"濡"。❷通"儒"：～术。㊁ ruán 通"壖"，空地；余地。

蒣 rú 同"孺"。

孺 rú 同"孺"。

嬬 rú 同"嬬"。

檽 rú 同"檽"，房梁上的短柱。

蝡 rú 同"蠕"。

儒 rú ❶上古指掌握知识、技艺，担任教育、礼仪等方面职务的人，后泛指读书人：老～｜腐～｜硕学鸿～。❷儒家，春秋战国时以孔子、孟子为代表的学派，推崇仁德，主张以德治国：～学｜～术。

鴽 rú 同"鴽"。

薷 rú ❶［香薷］一年或多年生草本植物，茎、叶可提取芳香油，全草可供药用。❷木耳。

霑 rú［霑濡］(zhān-)也作"沾濡"，浸湿，引申为恩泽普及：雨露～日月明。

嚅 rú［嗫嚅］(niè-)见 1244 页"嗫"字条。

濡 ㊀ rú ❶沾湿；润泽：～笔｜～墨｜遇雨若～。❷沾染：耳～目染。❸停留；迟缓：～滞｜～迹。❹古水名，分北濡水、南濡水，均在今河北。㊁ nuán 同"渜"，古水名，即今河北的滦河。

襦 rú 同"襦"。

孺 rú 幼儿；小孩子：～子｜妇～皆知。

嬬 ㊀ rú ❶女子柔弱的样子。❷妾。㊁ nòu 用于女子人名。

鴽 rú 鹌鹑类鸟。

鮞 rú 鱼名。

曘 rú ❶日色。❷昏暗；不明：～昧。

蠕 rú 同"蠕"。

燸 ㊀ rú ❶温。❷烧。㊁ ruǎn 同"便"，懦弱。

糯 rú 同"糯"。

醹 rú 同"醹"。

鮞 rú 鱼名。

寱 rú "寱"的讹字。

襦 rú ❶短衣；短袄：布～｜绣～。❷幼儿围嘴：小绣～。❸通"繻(繻)"，细密的网：罗～。

颥(顬) rú［颞颥］(niè-)见 694 页"颞"字条。

蠕［❶蝡］ rú ❶虫子爬行的样子，比喻慢慢地行动：～行｜～动｜鼓～。❷［蠕蠕］同"芮芮"，即柔然，古代少数民族名。

◆"蝡"另见 825 页"蝡"字条。

蠕 rú 同"蝡"。

鰾 rú 同"鱬"。

寱 ㊀ rú 睡；睡着。㊁ yù 打盹。

燸 ㊀ rú 火色。㊁ yú 褪色。

醹 rú 醇厚的酒。

顬 rú 同"颥(顬)"。

魗 rú 同"魗"。

蠕 rú 同"蠕"。

鼒 rú 哺乳动物。

魗 rú［魗魗］拟声词。1. 鬼叫声：若有声～，行见遗骼委于地。2. 人凄惨的哭声：～的哭起来。

魗 rú 同"魗"。

鱬 rú 同“鱩”。

鱩 rú 传说中的动物，身像鱼，面部像人。

rǔ

汝 rǔ ❶水名。1. 古水名，上游即今北汝河，在河南。2. 江西盱江下游的别称。❷代词，你：～等｜～父｜～将何往？

肗 rǔ 鱼或肉类腐败变质。

乳 rǔ ❶乳房，分泌奶汁的器官：兄弟共～。❷奶汁：母～｜～白色｜代～粉。❸像奶汁的东西：豆～｜麦～精。❹生；繁殖：孳～。❺初生的；幼小的：～燕｜～虎。

敄 rǔ 同“肗”。

娴 rǔ 鱼腐败变质。

辱 rǔ ❶羞耻：耻～｜屈～｜奇耻大～。❷使受到羞耻：侮～｜～骂｜丧权～国。❸玷污；辜负：～没｜～命。❹谦辞，表示承蒙：～临｜～赐｜～蒙指教。

孱 rǔ 同“乳”。

擩 rǔ 同“擩”。

鄏 rǔ ❶［郏鄏］（jiá－）古山名，在今河南。❷姓。

䏞 rǔ 同“乳”。

𠈌 rǔ 义未详。（《改并四声篇海》）

㦺 rǔ 同“辱”。

㼋 rǔ 同“辱”。

黐 rǔ 黏。

鎒 rǔ 钝。

擩 rǔ ❶染：～染｜目～耳染。❷按；揉：～祭。❸插；塞：把棍子～到草堆里｜不知道把钱包～到哪里去了。

黷 rǔ 黑垢。

鞣 rǔ 鞋鞣。（《玉篇》）

rù

入 rù ❶由外边进到里边：纳～｜～场｜～不敷出。❷交纳；进献：～粟补官及罪人赎罪｜魏～三县请和。❸收入：丈夫尽于耕农，妇人力于织纴，则～多｜竭其庐之～。❹参加：～学｜～会｜～伙。❺合乎：～时｜～情～理。❻入声，汉语声调之一。存在于古汉语和某些方言中，普通话没有。

忕 rù 揣度。

洳 rù ❶潮湿；低湿的地带：沮～｜云梦之～。❷洳河，发源于北京，流至河北注入泃河。

㞐 rù ❶同“辱”。❷钝。

秾 ㊀ rù 厚。
㊁ rǒng 黑黍。

蓐 rù ❶草席，草垫子，泛指铺在身下的垫子：～席｜卧～七年｜常在床～。❷枯草再生，引申为厚；多：秣马～食。

蓐 rù 同“蓐”。

嗕 rù 古代北方地区少数民族名，一说为匈奴种。

溽 ㊀ rù ❶潮湿而闷热：～热｜～暑｜林无不～。❷味浓：饮食不～。
㊁ rú 同“濡”。

澛 rù 同“洳”。

媷 rù 松懈，懒惰。

缛（縟） rù ❶繁密的彩饰：采饰纤～。❷繁多；烦琐：礼～仪丰｜繁文～节。❸通“褥”，褥子：坐芳～。

戭 rù ❶戟的横刃弯曲部分，泛指戟、矛等兵器两边伸出的锋刃。❷戟。

戭 rù 同“戭”。

鎒 rù 同“缛（縟，褥）”，褥子。

褥 ㊀ rù 棉花、兽皮等做的坐卧时铺垫的东西：坐～｜被～｜～单。
㊁ nù 小孩衣服。

衂 ㊀ rù 同“䶊（衄）”。
㊁ xuè 鱼卵被水草损伤而不能孵化成鱼。

犒 rù ❶牛胫。❷牛名。

䰛 rù 同"鬻"。

䰞 rù 大鼎。

鬻 rù 同"鬻(鬻)"。

ruán

堧 ㊀ ruán 城下、宫殿外或水边的空地：税城郭～及园田｜楚昭王庙～地广九十亩｜河～弃地。
㊁ nuò 沙土。

抨 ruán 去急，一说"揳"的讹字。

瞑 ruán 目垂。

㬉 ruán ❶ 同"堧"，城下、宫殿外或水边的空地：城～。❷ 松软的土地：麋～。

䙇 ㊀ ruán ❶ 粗布衣。❷ 衣缝褶纹。
㊁ nuǎn 短衣。

壖 ruán 同"堧"。

濡 ruán 倲，跟随；侍从。

壖 ruán 同"堧(㬉)"，城下、宫殿外或水边的空地。

䨲 ruán 同"㬉"。

䨲 ruán 同"㬉"。

䨲 ruán 同"㬉"。

ruǎn

阮 ㊀ ruǎn ❶ 商代末期国名，在今甘肃。❷ 阮咸(拨弦乐器)的简称，像月琴，多为四根弦，今也有三根弦的：大～｜小～｜～声。❸ 侄子的代称：贤～。❹ 姓。
㊁ yuán ❶ 古山名。(《玉篇》) ❷ [五阮关] 古关名，在今河北。

𠬺 ruǎn 同"甍"。

亮 ruǎn 同"兖"。

朊 ruǎn 同"甍"。

软(軟)[輭] ruǎn ❶ 物体组织内部疏松，容易变形：柔～｜质地较～。❷ 柔和；温和：～风｜～语｜口气～了下来。❸ 懦弱：～弱｜欺～怕硬。❹ 容易被感动或动摇：心～｜耳朵根子～。❺ 没有力气：身子发～｜吓得腿都～了。❻ 质量差；不高明：货色～｜牌子～｜功夫～。
◆"輭"另见828页"輭"字条。

兖 ruǎn 倚。

㤇 ruǎn 同"偄(㑖)"，懦弱。

㲽 ruǎn 同"甍"。

耎 ㊀ ruǎn ❶ 弱；软弱：人有惧心，精锐销～。❷ 软，不硬：～脆｜咸(鹹)～。
㊁ nuò 同"懦"，懦弱。

逕 ruǎn 行迟。

耎 ruǎn ❶ 退缩：～其心，中无勇也。❷ 柔弱：～弱｜三春～柳。

㼱 ruǎn 同"甍"。

㼱 ruǎn 同"甍"。

㓴 ruǎn 刺。

偄 ㊀ ruǎn(又读nuò)懦弱：～弱。
㊁ rú 同"儒"：～宗。

䓴 ruǎn 木耳，真菌的一种，像人耳，可食。

媆 ㊀ ruǎn 柔美的样子。
㊁ nèn 同"嫩"。

瑌 ruǎn 同"碝"。

楩 ruǎn ❶ 同"檽"，一说木耳。❷ 又称软枣，即樗枣。❸ 红兰，又称红花，一年生草本植物，可供药用。

甍 ruǎn ❶ 鞣制皮革。❷ 柔软：～滑。

甍 ruǎn 同"甍"。

蝡 ruǎn 光。

碝 ruǎn 像玉的美石。

甍 ruǎn 同"甍"。

嫰 ruǎn 同"媆"。

䞂 ruǎn 义未详。(《改并四声篇海》)

蝡 ruǎn 草名，即红花，一年生草本植物，果实可榨油，花可做染料或供药用。

甍 ruǎn 同“甍”。

甍 ruǎn 同“甍”。

篔 ruǎn 竹名。

緛 ruǎn ❶衣褶皱；衣缝。❷缩短：大筋～短｜得之拘且～。

檽 ruǎn 同“楔”。

輭 ㊀ ruǎn “软（軟）”的异体字。㊁ ér 同“輀”，载运棺柩的车。

惡 ruǎn 义未详。（《改并四声篇海》）

劀 ㊀ ruǎn 同“剽”，刺。㊁ rú（皮革）柔软。

腝 ruǎn 稍有一些钱财。

篔 ruǎn 同“篔”。

㲃 ruǎn 义未详。（《改并四声篇海》）

礝 ruǎn 同“礝（碝）”。

甍 ruǎn 同“甍”。

瞤 ruǎn 形状乖劣。

瑌 ruǎn 像玉的美石。

韶 ruǎn 古代乐器。

韏 ruǎn 同“甍”。

碝 ruǎn 同“碝”。

賱 ruǎn 同“腝”。

蹨 ruǎn 同“灭”。

穤 ruǎn “穤”的讹字。

軟 ruǎn 同“软（軟）”。

穤 ruǎn 软弱。

ruàn

鎮 ruàn 柔银。

鏌 ruàn 同“鎮”。

鐗 ruàn 银。

ruí

屪 ruí 同“绥”。

桵 ruí 白桵，即棫。

婑 ㊀ ruí 女人的样子。㊁ wǒ 同“婐”。㊂ něi 同“婑”。

甤 ruí ❶草木花实下垂的样子。❷草秀不实。

稜 ruí 量词，禾四把。

緌 ruí ❶缨饰，帽带结子的下垂部分：挂冠顾翠～。❷像缨饰的下垂物：垂～饮清露。❸系结：蹑履～冠。

蕤 ruí［葳蕤］（wēi-）同“葳蕤”，枝叶下垂的样子。

蕤 ruí ❶花：芳～｜玉～。❷花蕊：百花之～。❸饰物下垂，也指下垂的饰物：大白冠、缁布之冠皆不～｜羽旄扬～。

甤 ruí 同“蕤”。

䅑 ruí 同“颷”。

颷 ruí 同“颷”。

颷 ruí 风低缓的样子。

䶑 ruí “䶑”的讹字。

䶑 ruí 拿扯。

ruǐ

㲃 ruǐ［氵 沝㲃］（shuǐ-）见 890 页“沝”字条。

䌪 ruǐ 同“䌪（蕊）”。

蕊［❶蘂、❶䌪、❶蘂］ruǐ ❶种子植物的繁殖

器官,也指花:花～|～粉|莲～。❷草名。◆"橤"另见829页"橤"字条。

榮 ruǐ ❶树名。❷同"橤(蕊)"。

橤 ruǐ ❶"蕊❶"的异体字。❷下垂的样子:～～芬华落。

惢 ruǐ ❶新生的笋。❷竹叶再生。❸同"蕊"。

𧄸 ruǐ 同"橤"。

繠 ruǐ ❶下垂的样子:佩玉～兮。❷通"蕊(蘂)",花蕊:眉瑶～以为粮兮。

蘂 ruǐ 同"蘂(蕊)",花蕊。

蘃 ruǐ ❶同"蘂(蕊)",花蕊。❷攒聚。

ruì

芮 ㊀ruì ❶[芮芮](-ruì)草新生时短小柔细的样子:其叶～短小。❷小的样子:蕞～于城隅者,百不处一。❸柔软:不衣～温。❹古国名,在今陕西。❺用于地名:～城(在山西)。❻姓。

㊁ruò[芮芮](-ruò)又称蠕蠕,即柔然,古代少数民族名。

汭 ruì ❶水流汇合处;河流弯曲的地方。❷水名。1.在山西。2.江西的上饶江支流。3.发源于宁夏,流至甘肃注入泾水。❸用于地名:～丰(在甘肃)。

枘 ㊀ruì ❶榫头:方～圆凿(比喻格格不入)。❷揳入:～木亘铁。

㊁nèn 树木砍伐后再生的枝条。

䄲 ruì ❶内。❷[䄲䄲](chuì-)人心薄言而语。

蚋 ruì 昆虫,像蝇而小。

眘 ruì 同"睿"。

𥈿 ruì "睿"的讹字。

笍 ruì 锐。

𢐗 ruì 同"𢏳"。

𢏳 ruì 张弩。

莌 ruì 草新生的样子,引申为细小。

䂱 ruì 磨使消。

𨳺 ruì 入内。

锐(鋭){**銳**} ㊀ruì ❶尖而锋利:～利|尖～。❷细微:且吾以玉贾罪,不亦～乎?❸机敏;精明:敏～|目光～利。❹勇猛的气势:养精蓄～|～不可当。❺骤;急剧:～进|～增|～减。

㊁duì 矛类兵器。

瑞 ruì ❶瑞玉,古代朝廷所用玉制信物,相当于后来的印信:请～|传～。❷征兆,多指吉兆:圣～|祥～|喜乐之～。❸吉祥(用于美称):～雪|～花|～草。

蜹 ㊀ruì ❶同"蚋",蚊虫。❷蠓虫:醯酸而～聚焉。❸毒蛇名。

㊁wèi 毒虫。

𥈠 ruì 同"睿"。

睿{**𥈌、𥉂、𥉅、𥊓**}[**叡**] ruì 聪慧通达;看得深远:～智|～哲。

鋭 ㊀ruì 尖锐。

㊁zhuì 同"錣",赶马杖(或马鞭)前端用来刺马的铁针。

叡{**𣦸**} ruì 同"叡(睿)"。

𣪫 ruì "叡(睿)"的讹字。

𣪮 ruì "叡(睿)"的讹字。

壡 ruì 同"叡(睿)",用于人名:朱载～(明代人)。

𧄻 ruì "𧅄"的讹字。

𧅀 ruì 义未详。(《改并四声篇海》)

𧅄 ruì 同"叡(睿)"。

rún

𪃺 rún 雏鸡。

𩀱 rún 同"𪃺"。

鶽 rún 同"𪃺"。

rǔn

㖹 rǔn 吮。

rùn

闰(閏){閠} rùn ❶历法术语。地球围绕太阳运行一周的时间是365天5时48分46秒。公历规定一年365天,余下时间约每四年积累成一天,加在二月里,这一天称闰日。农历规定一年354天或355天,余下时间约每三年积累成一个月,加在某年里,这一月称闰月。公历有闰日的一年称闰年,有366天;农历有闰月的一年也称闰年,有十三个月。❷偏、副(对"正"而言):～位|区别正～。

润(潤) rùn ❶湿;不干燥:湿～|肥～|～泽。❷加油或水使不干燥:～滑|～湿|～～嗓子。❸细腻光滑:细～|红～|光～。❹修饰,使有光彩:～色|～饰|新～之房。❺余额;红利:利～|分～。❻古水名,淮河支流,在今安徽。

肕 rùn 同"韧(韌)",结实而柔软:柔～。

銮 rùn 同"闰(閏)"。

閠 rùn 同"闰(閏)"。

嶐 rùn 用于古地名:白～。(《集韵》)

橍 rùn 树名。

ruó

挼 ㊀ruó 同"挼",揉搓:把纸条～成一团。㊁ruá ❶(纸、布等)皱;不平展:这张纸～了。❷(布)将要磨破:裤子穿～了。

捼 ruó 同"挼",揉搓;按摩:～手|两手自相～。

撋 ㊀ruó 同"捼",揉搓;按摩:熟～。㊁rún 拭。

ruò

叒 ruò 同"若"。1.顺,和顺。2.[叒木]也作"若木",即扶桑,传说中的海外神树,据说太阳从这棵树上升起。

若 ㊀ruò ❶杜若,香草名:沐兰泽,含～芳。❷和顺:曾孙是～|风雨时～。❸好像;如同:～无其事|旁～无人|～明～灭。❹连词,如果;假如:～不学习,就会落后。❺代词,你;你的:～辈。❻古县名,在今湖北。❼姓。

㊁rě[般若](bō-)见711页"般"字条。

若 ruò 同"若"。

埶 ruò[埶埶]动的样子。

宕 ruò 同"若"。

叒 ruò 同"叒(若)"。

鄀 ruò ❶春秋时国名。1.上鄀,后为楚国都城,在今湖北。2.下鄀,后为晋国邑名,在今河南。❷用于地名:～太(在广西)。❸姓。

偌 ruò 代词,这么;那么:～大|～多。

弱{弱} ruò ❶(力气、势力)小或差:～小|软～|不甘示～。❷年纪小:老～病残。❸不足;不够:三分之一～。

䓱 ruò 同"若"。

焫 ruò(又读rè)❶同"爇(爇)",点燃;焚烧:举炎火以～飞蓬|遇草而～。❷中医疗法,用火烧针或砭石、艾绒以刺激体表穴位:灸～|刺～|砭～。

渃 ㊀ruò ❶水名,在四川。❷溪名,在湖北。㊁rè 古城名,在今四川。

叒 ruò 同"叒"。

肭 ruò 义未详。(《改并四声篇海》)

蒳 ruò 同"爇"。

楉 ruò[楉榴]石榴。

焫 ruò 同"爇(爇)"。

爇 ruò 同"爇"。

蒻 ruò ❶嫩蒲草:～笠|～席。❷细软的蒲席:～阿拂壁。❸蒲、荷等水生植物茎没入泥中的白嫩部分:～白。

踒 ruò 脚掌上的纹理。

喏 ruò "若"的讹字。

箬[篛] ruò ❶竹皮。❷箬竹,竹名。❸箬竹叶,可包粽子等,也用于编制器物:青～裹盐|～笠|～篓。

膈 ruò ❶皮肉之间的薄膜。❷脆软。❸肉。

𦶟{𦷔} ruò 同“若”。

𩍐 ruò 同“若”。

𡖆 ruò“爇”的讹字。

𥉱 ruò 同“若”。

𦪇 ruò 船名。

𧆄 ruò 同“爇”。

爇 ruò ❶焚烧;点燃:～香|～烛。❷烘烤:煨湿木～衣。

鰙 ruò 鰙鱼,比目鱼的一种。

𤢖 ruò 草名。

𧆍 ruò 同“若”。

鰯 ruò 鰯鱼,即沙丁鱼,又称鳁鱼。

鶸 ruò ❶昆鸟。❷雀科金翅雀属某些鸟类的别称:黄腰绿～(金翅雀)。

R

六十甲子表

1	甲子	11	甲戌	21	甲申	31	甲午	41	甲辰	51	甲寅
2	乙丑	12	乙亥	22	乙酉	32	乙未	42	乙巳	52	乙卯
3	丙寅	13	丙子	23	丙戌	33	丙申	43	丙午	53	丙辰
4	丁卯	14	丁丑	24	丁亥	34	丁酉	44	丁未	54	丁巳
5	戊辰	15	戊寅	25	戊子	35	戊戌	45	戊申	55	戊午
6	己巳	16	己卯	26	己丑	36	己亥	46	己酉	56	己未
7	庚午	17	庚辰	27	庚寅	37	庚子	47	庚戌	57	庚申
8	辛未	18	辛巳	28	辛卯	38	辛丑	48	辛亥	58	辛酉
9	壬申	19	壬午	29	壬辰	39	壬寅	49	壬子	59	壬戌
10	癸酉	20	癸未	30	癸巳	40	癸卯	50	癸丑	60	癸亥

【注】十天干的首位是甲,十二地支的首位是子,天干与地支依次相配,统称甲子。自甲子至癸亥,计六十,故称六十甲子,用以纪年、月、日、时。

sā

仨 sā"三"和"个"的合音，三个：～人｜哥～儿｜～瓜两枣。

毢 sā［毾毢］（tà-）内部用鸟羽毛衬垫的鞋底。

厁 sā同"仨"。

撒 ㊀sā ❶松开；放开；发出：～网｜～腿｜～气。❷尽量施展或表现出来：～娇｜～谎｜～酒疯。❸排泄出：～尿｜～气。
㊁sǎ ❶把颗粒物或片状物分散着抛出去：～种｜～播｜～传单。❷散落；分散着掉下：把酒端平，别～了。❸姓。

挱 sā同"撒"。

瞰 sā以目示意：那眼不住的～那路径。

𢁉 sā数词，三个：咱～。

sǎ

洒㊀（灑） sǎ ❶将水散布在地上：～水｜～扫｜水碰～了。❷流出；散布：～泪｜米～了一地｜阳光～在树叶上。❸无拘束：～脱｜潇～。❹代词，用于自称，咱：～家｜～是厮杀汉。
㊁xǐ洗涤，后作"洗"：～濯其心｜一～俗儒破碎拘挛之陋。
◆"灑"另见832页"灑"字条。

訯 ㊀sǎ强事言语。
㊁sà（又读shǎ）同"謏"，言语强拗。

𣽂｛𣽂｝ sǎ同"灑（洒）"。

𣸣 sǎ同"洒（灑）"。

靸 sǎ ❶古代儿童穿的一种鞋，前帮深而无后帮，也指类似的鞋：草～。❷穿布鞋时不提起鞋后帮，拖着行走：～着鞋｜～上鞋子。

漍 sǎ同"洒（灑）"。

𩋙 sǎ ❶同"靸"，鞋，特指童鞋。❷轻举的样子。

䊛 sǎ辣味。

灑 sǎ同"灑（洒）"。

躠 sǎ同"躠"。

灑 ㊀sǎ"洒㊀"的繁体字。
㊁lí［淋灑］连续不断：被～其靡靡兮。
㊂shī［离灑］雕有花纹的样子：镂镂～，络唇错杂。

躠 ㊀sǎ［跋躠］（bá-）见16页"跋"字条。
㊁xiè［蹩躠］（bié-）见56页"蹩"字条。

𥳯 sǎ瑟。

sà

卅 sà数词，三十：五～运动。

𠦃 sà ❶同"卅"，三十：～八。❷量词，用于贝，一𠦃等于八十枚。

𡜲 sà女子容貌。

钑（鈒） sà ❶古代兵器。1.铁柄短矛。2.戟的一种。❷用金、银等在器物上嵌饰花纹：涂黄金～云龙于上。

泧 ㊀sà［滅泧］（miè-）1.去除，引申为抚慰：～他一把。2.水的样子。
㊁xuè水势大的样子。

唰 ㊀sà音变。
㊁shài［喝唰］声音沙哑。

飒（颯）［䬃］ ㊀sà ❶［飒飒］拟声词，风声：寒风～起。❷微风掠过：徐行时若风～芙蓉。❸衰落：庭草～以萎黄。
㊁lì［飒飁］（-xí）大风。

脎 sà有机化合物的一类，由同一分子内的两个羰基和两个分子的苯肼缩合而成。

薩(薩) sà ❶菩萨的简称：闻彼行道唱～声。❷姓。

𠾕 sà 同"卅"。

骰 sà[骰髅](-è)头摇晃的样子。

馺 sà 马快跑，引申为迅疾：～而走｜轻先疾雷而～遗风。

摋 ㊀ sà ❶侧手击：臂～。❷按揉：以手背～眼瞖。❸抛散：抛～。
㊁ shā[弊摋]杂糅。

𨻳 sà 义未详。

薩 sà "薩(萨)"的讹字。

𦱀 sà 失𦱀。(《广韵》)

鎝(鎝) ㊀ sà 镂。
㊁ dā 古代农具，用于翻土：铁～。

𠋐 sà 同"偅"。

颯 sà 同"飒(颯)"。

𡓻 sà[𡓻𡓻]土堕的样子。

𦶑 sà 拟声词，草摇动声。

𧃘 sà 失𧃘。

𠼸 sà 同"㗎"。

偅 sà[傝偅](tà-)见 919 页"傝"字条。

颾 sà[颾颾](sāo-)风。

𣪠 sà "𣪠"的讹字。

騗 sà 同"馺"。

𡎼 sà 义未详。(《越谚》)

𦾨 sà 同"𦶑"。

蹡 sà 行走的样子。

㗎 sà[㗎㗎]1. 丑。2. 吃的样子。

𥻦 sà ❶抛撒：～米。❷流放：～窜顽奸(姦)。

𤭱 sà ❶器破。❷唐大曲中乐段名。

颾 sà[飔颾](sāo-)也作"飔飁"，风。

糤 sà ❶碎米。❷同"𥻦"。

𣞄 sà 同"𥻦"。

𣟴 sà 枯𣟴。(《篇海类编》)

𣪠 sà 起。

𣪠 sà ❶[𣪠跂](-guì)起，以木支物。❷[𣪠子]支物小木。

𢕟 sà ❶众行的样子。❷行不进的样子。❸不及。

臘 sà[脸臘](lā-)见 759 页"脸"字条。

襍 sà[襍拉](-lā)也作"拉襍"，衣服破旧。

櫒 sà 拟声词，同"檫(檫)"，草木摇动声。

𧝓 sà 同"襍"。

𡂝 sà ❶用于梵语译音。❷[𡂝王]古代西戎族名。

躠 sà[躠躠]行走的样子。

𩅲 sà 下雨。

闒 sà 闭。

𧭭 sà 散言。

𠪴 sà 厌。

sa

𠮿 sa(又读 san)助词，表示语气：好～｜慢些～。

sāi

毢 sāi[毰毢](péi-)同"毰毸"。

揌 sāi ❶振动；敲击。❷填入；放入：把袈裟～在包袱内。

愢 ㊀ sāi 心意不合。
㊁ sī[愢愢](-sī)同"偲偲"，互相勉

S

励、督促：四方有志之士，～然常恐天下之不久安。

毸 sāi ❶（又读 suī）鸟张开羽翅的样子：翡翠～。❷胡须：赤支～（红胡须）。

腮［顋］ sāi ❶两颊的下半部：尖嘴猴～｜抓耳挠～。❷同"鳃（鰓）"，鱼类等水生动物的呼吸器官。

塞 sāi 见 840 页 sè。

搴 sāi 同"塞"，堵；填满空隙。

噻 sāi ❶闭口不言：～默而退。❷用于译音：～唑｜～吩（均为有机化合物）。

䚡 sāi 角中骨。

鳃（鰓） ㊀ sāi 鱼类等水生动物的呼吸器官。
㊁ xǐ 通"葸"，害怕；畏惧：小～｜虽地广兵强，～～常恐天下之一合而共轧己也。

鬛 sāi 短小的头发。

鸘 sāi 鸟名。

sǎi

篥 sǎi 同"簺"。

簺 ㊀ sǎi 竹名。
㊁ xǐ 竹簁。

嚽 sǎi ❶吃；嚼：路上～他要子。❷助词，表示语气：我来给你照个相～。❸拟声词：唉～，唉～，咴哟～。

sài

宻 sài 同"赛（賽）"。

搴 sài 同"塞"。

賽 sài［貸賽］（dài-）见 166 页"貸"字条。

赛（賽） sài ❶旧时举行祭典以酬报神灵：～社（酬报土地神）｜～神｜～会。❷比较强弱，决出胜负：～跑｜～马｜球～。❸胜过；比得上：一个～一个｜足智多谋～诸葛｜悠闲自在～神仙。❹姓。

僿 sài ❶轻薄；不诚恳：救～莫若以忠。❷阻塞；闭塞：必开其～。❸朴质；粗鄙：士～民贫｜～野之民。

賽 sài "賽（赛）"的讹字。

簺 sài ❶又称格五、格五戏，古代一种博戏：博～。❷用竹木编成的拦水捕鱼器具。

䐶 sài 义未详。（《字汇补》）

sai

嗮 sai 助词，表示语气。

sān

三 sān ❶数词，二加一的和，也表示序数第三：～足鼎立｜一鼓作气，再而衰，～而竭。❷多数或多次：～思｜～番五次｜举一反～。

毛 ㊀ sān［毛郎］也作"三郎"。三郎神，神名。
㊁ shān［毛阳］古镇名，在今山东。

帀 sān 义未详。

弎 sān 同"三"。

彡｛忄彡｝ sān 衣破的样子。

或 sān 同"弎（三）"。

杉 sān 同"彡"。

叁 sān 数词"三"的大写。

朋 sān 萌肋。（《改并四声篇海》）

册｛冊、冊｝ sān 羊、猪等的脂肪。

毵（毿） sān 同"毵（毿）"。

㚒 sān 同"册（冊）"。

毵 sān 同"毵（毿）"。

毵（毿） sān［毵毵］毛发、枝条等细长物披散的样子；散乱的样子。

猵 sān 猪。

簈 sān 一种竹箱。

斜 sān ❶古山名。❷用于古地名。

篃 sān 同"籋"。

犙 sān 三岁的牛。

犙 sān 同"犙"。

膸 sān 同"𦟛"。

毵 sān 同"毵(毵)"。

鬖(鬖) ㊀ sān［鬖髿］(-suō)单用"鬖"义同。1.毛发下垂的样子：绿鬓垂鬖髿。2.头发散乱：抱头拜舞发(髮)鬖髿。3.头发秀美：寻得石榴双叶子，凭寄与，插云鬖。
㊁ sàn 毛长的样子：麦苗～马鬃(騣)。

䟃 ㊀ sān［䟃䟃］(-sān)游水的样子：其游～。
㊁ cún 跑。

㪚 sān 厌。

鬖 sān 同"鬖(鬖)"。

鬖 sān 同"鬖(鬖,鬖)"。

䟃 sān 同"䟃"。

sǎn

伞(傘)［繖、❶繖］ sǎn ❶挡雨或遮阳光的用具：雨～｜阳～。❷像伞的东西：灯～｜降落～｜～兵。

揌 sǎn［撼揌］摇动。

傘 sǎn 同"傘(伞)"。

磣 sǎn 碎石。

傘 sǎn 同"伞(傘)"。

糁 sǎn 同"糂(糁,糝)"。

傘 sǎn 同"傘(伞)"。

傘 sǎn 同"傘(伞)"。

糁 sǎn "糁(糂)"的讹字。

糁 sǎn 蜜渍瓜实。

俕 ㊀ sǎn［顉俕］(qīn-)摇头的样子。
㊁ sàn［俕俕］(-sàn)行走的样子。

糁 sǎn 同"糂(糁,糝)"。

糁(糝) ㊀ sǎn ❶以米掺和羹，也指用米掺和其他食物做成的食品：藜羹不～｜～羹。❷饭粒，泛指散粒：～粒｜～饭｜红～铺地。❸散开；撒落：杨花玉～街｜骤雨过，珍珠乱～。
㊁ shēn 玉米等谷物磨成的碎粒：玉米～。

䔾 sǎn 草名。

㦬 sǎn 同"繖(伞,傘)"。

馓(饊) sǎn ❶馓饭，把糯米煮后煎干制成。❷馓子，油炸食品，细条相连，多为栅形。

糂 sǎn 同"糁(糝)"。

糁 sǎn 同"糂(糁,糝)"。

鏒 sǎn 同"鏒"。

𦃬 sǎn 麻木束。

篹 sǎn［篙篹］(gé-)见287页"篙"字条。

糤 sǎn 同"馓(饊)"。

糣 sǎn 同"糂(糁,糝)"。

鏒 ㊀ sǎn 金鏒。(《玉篇》)
㊁ càn 锄。
㊂ qiāo 同"缲(繰)"，一种缝纫方法。

䭀 ㊀ sǎn 同"糂(糁,糝)"。
㊁ chěn 食物中杂有沙子。

糝 sǎn 同"糁(糝)"。

㪚 sǎn 义未详。(《改并四声篇海》)

㪚 sǎn ❶坏。❷飞。

鏾 ㊀ sǎn 弩，也指弩机松弛。
㊁ xiàn 阉割雄鸡的睾丸：～鸡。
㊂ sà 金属元素"钐(釤)"的旧译写法。

饊 sǎn 同"䭀"。

顡 sǎn［顉顡］(qīn-)摇头;摇头的样子,单用"顡"义同。

顙 sǎn 同"顡"。

繖 sǎn 同"繖(伞,傘)"。

籔 sǎn 同"篸"。

饊 sǎn 同"饊(馓)"。

sàn

闬(閐) sàn 覆盖:～首。

枚 sàn 同"椒(散)"。

倸 sàn［儃倸］(tàn-)见929页"儃"字条。

帴 ㊀ sàn ❶披肩。❷抹胸;兜肚。
㊁ jiǎn ❶裹婴儿的布。❷狭窄。

散 sàn "散"的讹字。

毿 sàn 同"散"。

散［散］ ㊀ sàn ❶分开;由聚集而分离:分～|～会|烟消云～。❷分发;撒:～发|～传单|天女～花。❸排遣(郁闷等):～心|～闷|一酌～千愁。
㊁ sǎn ❶松开;没有约束:松～|披～|绳子没系紧,包裹～了。❷零碎的;不集中的:～页|～装|～居。❸闲的;不太要紧的:闲～|～官|～职。❹粉末状药物(多用于中药名):丸～膏丹|健胃～。❺姓。

椒 sàn 同"散"。

橵 sàn 同"椒(散)"。

鼓 sàn 同"㪚(散)"。

潵 ㊀ sàn 水散。
㊁ sǎ ❶撒;散落,后作"洒":～在池子里|弄～了人家的药。❷潵河,水名,在河北。

㪔 sàn 同"散"。

㪚 sàn 同"散"。

𢿀 sàn 同"㪚(散)"。

㩉 sàn 同"散"。

穇 sàn［顉穇］(qīn-)摇头的样子,单用"穇"义同。

䉈 sàn 同"㪚(散)"。

䊉 sàn 杂肉。

𣀔 sàn 同"散"。

嵾 sàn 抵嵾。(《篇海类编》)

𣀶 sàn 同"㪚(散)"。

𢿎 sàn ❶把系着丝线的箭用弓射出去。❷飞散。❸鸟形。

sāng

桑 sāng［家桑］家中日用器物。

丧(喪) ㊀ sāng 与人去世有关的事:～事|治～。
㊁ sàng 丢掉;失去:～失|～命。

丧 sāng 同"喪(丧)"。

桑 sāng 同"桑"。

桑［桒］ sāng ❶落叶乔木,叶可喂蚕。果实称桑葚或桑椹,可食,也可酿酒。木材可制器具,枝条、树皮可造纸。❷种桑养蚕:农～|耕～|～农。❸姓。

丧 sāng 同"喪(丧)"。

丧 sāng 同"喪(丧)"。

桑 sāng 同"桑"。

丧 sāng 同"喪(丧)"。

桑 sāng 同"桑"。

嫊 sāng 古地名,在今河南。

橾 sāng 同"桑"。

𧄑 sāng "𧄑"的讹字。

蚤 sāng 虫名。

𡔭 sāng 同"喪(丧)"。

䡦 sāng ❶乳酒。❷酪的一种。

𡜻 sāng 同"喪(丧)"。

𡄷 sāng 同"喪(丧)"。

𡆜 sāng 同"喪(丧)"。

𡆝 sāng 同"喪(丧)"。

䋚 sāng 浅黄色。

𡅗 sāng 同"喪(丧)"。

騥 sāng 同"驦"。

𩋡 sāng 鼓框。

驦 ㊀ sāng 白尾巴的黄马。
㊁ shuāng［騻驦］(bǎng－) 见 722 页"騻"字条。

sǎng

搡 sǎng ❶用力推：推推～～｜～个跟头。❷顶撞：甭拿这话堵～我。

嗓 sǎng ❶嗓子，喉咙。❷声带及发出的声音：～音｜～门儿｜哑～儿。

磉 sǎng 垫鼓的石墩。

𠻞 sǎng 同"嗓"。

膆 ㊀ sǎng［膆磕］也作"嗓磕"，讥笑；讽刺：～老夫不识贤。
㊁ sào 同"臊"，害羞。

磉 sǎng 柱子底下的石墩：～墩。

𤺊 sǎng 马病。

褬 sǎng［裉褬］(lǎng－) 见 535 页"裉"字条。

颡(顙) sǎng ❶额头：大～虬髯。❷头：巨～｜自～及趾，靡有所遗。❸同"嗓"，嗓子；喉咙：颃～之间｜呼天吁(籲)地，破～裂喉。❹［稽颡］(qǐ－)叩头，单用"颡"义同：再拜颡。

轑 sǎng ❶车毂的空腔。❷车辋。

鎟 sǎng 铃声。

𪔂 sǎng 鼓框木。

鰇 sǎng［黄鰇鱼］同"黄颡鱼"，生活在江河、湖泊中。

𪔋 sǎng 制鼓框的木材。

𪔌 sǎng 同"𪔂"。

sàng

丧(喪) sàng 见 836 页 sāng。

暡 sàng［眼暡］(làng－)曝晒；晒干。

暸 sàng［眼暸］(lǎng－)戏。

sāo

抰 sāo 同"搔"。

傜 sāo 骄。

搔 ㊀ sāo ❶用手指甲抓挠：～头｜隔靴～痒。❷通"骚(騷)"，骚动；骚乱：万人～动｜以兵屯界上，界上惊～。
㊁ sào 攫取：种园得果廑偿劳，不奈儿童鸟雀～。
㊂ zhǎo 通"爪"，手指甲：沐浴栉～剪。

慅 ㊀ sāo［慅徇］(－táo)缓慢行走的样子。
㊁ sào 同"躁"。

猺 sāo 哺乳动物。

溞 ㊀ sāo ❶［溞溞］(－sāo)也作"溲溲"，淘米声。❷洗：～身。
㊁ zǎo 生活在淡水中的小水虫，可做鱼类饵料。

愯 sāo 忧愁。

慅 ㊀ sāo 骚动不安：城中～扰｜军中～～。
㊁ cǎo 忧愁：劳心～兮｜～～孤月帷。

骚(騷) sāo ❶扰乱，不安定：～扰｜～动｜～乱。❷放荡；轻佻：风～｜～和尚。❸通"臊"。1. 猪、狗脂膏的气味。2. 臭；狐臭：～气。❹诗体的一种，有时专指屈原所著《离骚》，也泛指诗或文学：～体｜～人｜～客。

S

橾 sāo 同“搔”。

暚 sāo 日色。

㛮 sāo 同“搔”。

膢 sāo 同“臊”。

䐹 sāo 同“臊”。

獟 ㊀ sāo ❶ 传说中的山魈类怪兽。❷ 淫贱。
㊁ lǎo 同“獠(獠)”，古代西南地区少数民族名。

缫(繅) ㊀ sāo 把蚕茧浸在沸水里抽出丝：茧～｜～丝。
㊁ zǎo ❶ 五彩丝绳：玉圭垂～。❷ 圭、璋等玉器的垫子：～三采六等。

篸 sāo［篸篸］拟声词，竹声。

缲 sāo 同“缫(繅)”。

膆 sāo 同“臊”。

S

鲹(鰺) ㊀ sāo 同“鱢”，腥味。
㊁ shēn 鲹科鱼类的总称，常见的有竹筴鱼、圆鲹、鰤等，生活在热带和亚热带海中。

獿 ㊀ sāo 山獿，即山猱，传说中的像人的怪物，身矮小。
㊁ shān 狗毛很长的样子。

缲(繰) ㊀ sāo 同“缫(繅)”，缫丝：丝细～多女手疼。
㊁ zǎo ❶ 微带红色的黑帛，也指青色或微带红的黑色。❷ 双丝厚绢。❸ 同“璪”，用五彩丝绳贯玉做成的冕饰：葵首垂～。
㊂ qiāo 把布帛的边往里卷，然后缝合，使针脚不外露：～边儿｜～衣带。

繅 sāo 同“缫(繅)”。

臊 ㊀ sāo ❶ 像尿一样难闻的气味：狐～｜腥～｜～臭。❷ 丑恶的；难听的：～声。
㊁ sào ❶ 害羞；难为情：害～｜羞～｜～得她满脸通红。❷［臊子］细剁的肉末：～面。

鳋(鰠) sāo 传说中的鱼名，像鳣。

鱢 sāo 同“鳋(鰠)”。

飕(颾) sāo［飕飕］拟声词，也作“飕飕”，风声。

鐰 sāo［鐰鉾］(-láo)铜器。

攓 sāo 同“搔”。

蕠 sāo 细草。

縿 sāo 同“缫(繅)”。

鬖 sāo［鬖鬖］头发的样子。

羺 sāo 同“臊”，像尿一样难闻的气味。

鰺 sāo 同“鱢”。

鱢 sāo 腥味：恶其～。

鼜 sāo 义未详。(《字汇补》)

sǎo

扫(掃) ㊀ sǎo ❶ 拿笤帚等除去尘土、垃圾：～地｜打～｜清～。❷ 清除；消灭：～雷｜～盲｜～兴。❸ 迅速地横掠而过：～射｜～视｜一～而过。❹ 全；尽其所有：～数归还。
㊁ sào［扫帚］(-zhou)用竹枝等扎成的扫地用具。

㛮 sǎo 同“嫂”。

埽 ㊀ sǎo 同“掃(扫)”。
㊁ sào 治河工程中以树枝、秫秸、芦苇等夹土石捆成的捆儿，用来护堤岸和堵缺口，也指用埽做成的临时性堤防：堤～。

嫂 sǎo ❶ 哥哥的妻子：姑～｜表～。❷ 泛称同辈已婚妇女：阿～｜张～。

嫂 sǎo 同“嫂”。

摉 sǎo 同“掃(扫)”。

蕿 sǎo 同“蔢”。

蔢 sǎo［蔢蔆］(-lǚ)繁缕，又称鹅肠草，一年生草本植物，可做饲料或供药用。

蓡 sǎo “蔢”的讹字。

sào

掻 sào “搔”的讹字。

搡 sào 同"搔",攫取:攫～。

愺 sào 快。

毷 sào 毛的样子。

瘙 sào ❶疥疮。❷[瘙痒]1.皮肤发痒:～难耐。2.用指甲等挠痒:用手～。

慅 sào 快性。

鍎 sào 碎铁。

躁 sào 跳。

毸 sào 毛。

毽 sào[毷毽](mào-)见632页"毷"字条。

臊 sào 见838页sāo。

睰 sào[眊睰](mào-)失意;烦恼。

蟧 sào 疥疮。

瘶 sào 同"瘙"。

傓 sào 性情疏放:性～。

謲 sào 同"譟"。

譟 sào[譊譟](láo-)见537页"譊"字条。

麯 sào 同"麷"。

麷 sào 干面。

sè

色 ㊀sè ❶面部表情:脸～|谈虎～变|和颜悦～。❷美女;妇女的姿容:女～|姿～|～艺双绝。❸情欲;性欲:～情|～欲|好～。❹颜色:蓝～|～盲|五颜六～。❺光景;景象:秋～|月～|水光山～。❻品类;种类:货～|各～各样|各～人等。❼物品的质量:成～|足～纹银。☞色/脸/面/颜/颐 见651页"面"。
㊁shǎi ❶同"色㊀❹":掉～|褪～|变～。❷[色子]骰子,小立方体的赌具,用骨头、木或塑料等制成。

砮 sè 同"涩(澀)"。

歰 sè 同"涩(澀)"。

歮 sè 同"涩(澀)"。

窒 sè 同"塞"。

嗇 sè 同"涩(澀)"。

涑 ㊀sè 小雨零落的样子,一说雨声。
㊁qì 古水名,在今甘肃。
㊂zì 同"渍(漬)",浸泡。

翜 sè 飞的样子。

爽 sè 同"瑟"。

栜 ㊀sè 梀,常绿乔木。
㊁cì 榍类。

涩 sè 同"涩(澀)"。

涩(澀)[澁、濇] sè ❶不滑润:滞～|眼睛发～|干～。❷蔬果未熟的不适味道或味觉:生～|～口|苦～。❸文字不畅,难读难懂:生～|艰～|晦～。

啬(嗇){嗇} sè ❶收获谷物,泛指农业劳作,后作"穑(穡)":贬食省用,务～劝分。❷爱惜:～神养和。❸小气,当用的财物舍不得用:吝～|用财不可以～。

霎 ㊀sè[霎霎](-sè)拟声词,雨声;小雨声:修修复～,黄叶此时飞。
㊁xí[霅霎](chì-)同"霅霫"。

啬 sè[咠啬](qì-)口声。

啬 sè 义未详。(《改并四声篇海》)

铯(銫) sè 金属元素,可用于光学原子钟、航天工业等。

歮 sè 同"涩(澀)"。

爽 sè 同"瑟"。

瑟 sè ❶古代拨弦乐器,像古琴:鼓～吹笙。❷庄严的样子:～兮僩兮,赫兮咺兮。❸众多的样子:～彼柞棫,民所燎矣。❹明洁的样子:～彼玉瓒,黄流在中。❺[瑟瑟]1.拟声词,轻微的风声等:秋风～|～有声。2.颤抖的样子:～发抖。

S

嗇 sè 同“嗇(嗇,啬)”。

瘷 sè 同“瑟”。

澀 sè 同“澀(涩)”。

懎 sè 同“懎”。

塞 ㊀ sè ❶ 堵;填入(空隙):堵～|闭～|闭目～听。❷ 充满;充实:其为气也……～于天地之间。
㊁ sāi ❶ 同“塞㊀ ❶”:～车|～老鼠洞|把帽子～进背包。❷ 堵器物口的东西,多为木制:木～|瓶～。
㊂ sài 边境上的险要地方或建筑:边～|要～|～外。

嗇 sè 同“嗇(啬)”。

雭 sè 同“涑”,小雨飘零的样子。

霵 sè 霰。

懎(𢡟) sè ❶ 悲恨。❷ 恐惧:～然毛竖。

簺 sè 同“塞”。

澀 sè 同“涩(澀)”。

瑟 sè 同“瑟”。

㴔 sè 刺。

璱 sè 同“瑟”。

𠠐 sè 刺。

勫 sè 帮助。

嗇 sè 同“啬(嗇)”。

嗇 sè 同“嗇(啬)”。

霎 sè 同“霎”。

雭 sè “雭(涑)”的讹字。

儓 sè 同“啬(嗇)”。

嗇 sè 同“嗇(嗇,啬)”。

譅 sè 话多。

濏 sè 同“涑”,小雨零落的样子。

澁 sè 同“涩(澀)”。

賽 sè[瞐賽](mò-)视无所见。

㥶 sè 同“色”。

擌 sè[黐擌](chī-)捕鸟的器具。

鞡 sè 坚硬。

霡 ㊀ sè ❶ 雨。❷ 霰。
㊁ xī[霡霡](-xī)小雨。

𠹗 sè 叹词,呵斥声。

穡(穑) sè ❶ 收获谷物,泛指农业劳作:稼～|仕者不～。❷ 谷类作物的穗:吐～|禾～。❸ 收获的谷物:曾孙之～,以为酒食。

篢 sè 见足。(《改并四声篇海》)

儮 sè[儮譶](-tà)语多而快;说话不停。

瘷 sè[瘮瘷](shèn-)同“瘮痓”,寒病。

濏 sè 用于古水名:～～(又称濏濏水,在今河南)。

澁 sè 同“涩(澀)”。

璱 sè 玉光彩鲜明的样子。

䔼 ㊀ sè[䔼䔼](-sè)拟声词,草摇动声。
㊁ zé 香菜。

㱇 sè“歃”的讹字。

歃 ㊀ sè 恐惧:～然而骇。
㊁ xì 悲意。(《说文》)

嗇 sè 说话不流利,结巴。

𤛇 sè 义未详。(《龙龛手鉴》)

瀒 sè 同“澀(涩)”。

㯕 sè 悭。(《集韵》)

櫼 sè 树木茂盛的样子。

𩅦 sè同“霹”,雨。

𪏰 sè同“穑(穡)”。

廧 sè同“穑(穡)”。

𣿅 sè同“濇(澀、涩)”。

𤄴 sè用于译音。

𡫳 sè同“塞”。

寘 sè同“塞”。

𥪲 sè殳立的样子。(《集韵》)

虩 ㊀sè虎受惊。
㊁xì拟声词,虎吼声。

蟋 sè[蟋蟀](-shuài)又称蟋蟀,即蟋蟀。

𥳧 sè筛。

譅 sè同“譅”。

𡫳 sè同“塞”。

繬 sè ❶[繬繬]碧色,也作“瑟瑟”。❷紫色的绉纱。

繬 sè ❶缝合。❷绳索。

虩 sè同“虩”。

轖 sè ❶古代车箱旁或车前曲栏上用皮革交错缠缚的障蔽物。❷阻塞;气结不通:结～|郁～困苦。

𨇾 sè义未详。(《龙龛手鉴》)

穡 sè同“穑(穡)”。

穡 sè同“穑(穡)”。

𨮻 sè铁枪。

鯴 sè义未详。(《海篇直音》)

𩮜 sè赤青色。

𩮜 sè同“色”。

譅 sè ❶话太多。❷同“嚃”,说话结巴:言语讷～。

𡫳 sè同“塞”。

𨶉 sè短小的矛。

䡬 sè ❶车马络带。❷同“轖”,古代车箱旁或车前曲栏上用皮革交错缠缚的障蔽物。

𩔻 sè面颊。

飋 sè[飋飋]拟声词,秋风声,单用义同:微生飋飋风|飋萧条而清泠。

𡫳 sè同“塞”。

歰 sè同“色”。

轖 sè同“轖(轖)”,古代车箱旁或车前曲栏上用皮革交错缠缚的障蔽物。

𨭟 sè义未详。(《字汇补》)

𥳧 sè义未详。(《改并四声篇海》)

sēn

森 sēn ❶树木高大而繁茂:～林|林木～然。❷众多:～罗万象。❸阴沉幽暗的样子:阴～|一径～然四座凉|阴～～。❹[森严]整肃,严密,单用“森”义同:壁垒森严|戒备森严|快剑长戟森相向。

椮(槮) ㊀sēn树木高耸的样子:萧～以奋扬。
㊁shèn同“罧”,把成捆的树枝放到水中,引鱼聚集以便捕捉:布网收鱼～。

橚 sēn同“椮(槮)”。

襂 ㊀sēn[襂纚](-lí)羽毛、衣裳、旌旗等下垂的样子。
㊁shān ❶同“縿”,旌旗下边悬垂饰物的正幅。❷同“衫”,单衣。

蔘 sēn禾长的样子。

槮 sēn同“椮(槮)”,树木高耸的样子。

sěn

𩕄 sěn[䫈𩕄](shèn-)懦弱的样子。

sēng

僧 sēng 佛教指出家修行的男人;和尚:～人|高～。

鬙 sēng[鬅鬙](méng－)见641页“鬅”字条。

鬙 sēng[鬅鬙](péng－)见722页“鬅”字条。

sèng

𪾢 sèng 睡醒。

shā

布 shā 同“杀(殺)”。

杀{杀}(殺) shā ❶戮;致死:～生|～敌|～身成仁。❷拼斗:博～|冲～|～出重围。❸消减;消除:拿人～气|～价|～暑气。❹收束:～尾|～账。❺身体因药物等刺激感到疼痛:～皮肤|肥皂～眼睛|伤口～得慌。❻用在某些动词或形容词后,表示程度深:气～|恨～|笑～。☞杀/诛/弑/戮　在古汉语中四字都有杀死义,“杀”是通称,适用范围广泛;“诛”指以上杀下,含有治罪、惩处的意味;“弑”指以下犯上,杀害尊长;“戮”多指处以死刑,作为刑罚,陈尸示众称为戮尸。

帴 ㊀shā 细丝。㊁miáo 细孔的网。

沎 shā 同“沚(沙)”。

沙 ㊀shā ❶沙子,细小的石粒:～土|风～|飞～走石。❷沙漠:千里旱～赤|～中白骨堆何年?❸像沙子的东西:铁～|金～|豆～。❹颗粒松散的:～瓤西瓜。❺声音不清脆、不响亮:～哑|～喉咙|嗓子发～。❻姓。☞沙/砂　“沙”产生较早,多用于与土有关的自然状态的物质;“砂”是后起字,多用于与建筑、铸造、金属、矿物等有关的需要人手加工的物质或器物。
㊁shà ❶通过摇动使盛器里的杂物集中,以便清除:把米里的沙子～一～。❷汰除;淘汰:～汰。

沚 ㊀shā 同“沙”。㊁jié 小水。

纱(紗) ㊀shā ❶轻细的丝麻织物,泛指棉、麻、化学纤维等制成的有网眼的布状物:轻～|尼龙～|窗～。❷棉、麻等纺成的细缕,可捻线或织布:棉～|纺～|～缕。
㊁miǎo 细微;细小:蠓蠛～～。

茜 shā 草名。

刹{刹} ㊀shā 止住(车、机器等):～车|～闸|～住。
㊁chà 刹多罗(梵语译音)的省称,指佛教寺庙或佛塔:宝～|古～。

剎 shā 同“刹”。

涎 shā 同“沚(沙)”。

砂 shā ❶同“沙㊀❶”,细小的石粒:～纸|暴风雷电,扬～折木|吐雾喷风,飞～(沙)走石。❷细碎如沙的物质:矿～|～糖|～轮。❸无机化合物,是炼汞的主要矿物,可供药用或做颜料:朱～|硇～|丹～。☞砂/沙　见842页“沙”字条。

殺 shā 同“杀(殺)”。

痧 shā 同“痧”。

粆 shā 同“魦”。

莎 shā 见914页suō。

耆 shā 义未详。(《改并四声篇海》)

敍 shā 同“杀(殺)”。

敍 shā 同“杀(殺)”。

唦 shā ❶吹奏:笛儿～|唱唱～～。❷助词,表示语气,吧;啊;嘛:莫是赚人～(莫非是骗人吧)|快点～|好～,你等着。❸拟声词:～～的脚步声|树叶～～作响。

敉 shā 同“杀(殺)”。

敍 shā 同“杀(殺)”。

剎 shā 同“刹”。

猀 shā 古代南方地区少数民族名,分布在今广西。

效 shā 同“杀(殺)”。

粆 ㊀ shā 蔗糖。㊁ chǎo 干粮;炒米:～糒|～袋。

桬 shā 同"沙",细小的石粒:～秽。

莎 shā 草名。

敆 shā 同"杀(殺)"。

铩(鎩) ㊀ shā ❶ 古代的长刃矛。❷ 摧残;伤害:摧～|飞鸟～羽。❸ 金属元素"钐(釤)"的旧译写法。㊁ sè 铁柄短矛:植～。

毵 shā 同"毟"。

殺 shā 同"殺(杀)"。

桬 shā[桬棠]树名,果味像李子,无核。

牶 shā 母牛。

毟 shā 毛长的样子。

涾 shā "硰"的讹字。

敆 shā 同"杀(殺)"。

敍 shā 同"杀(殺)"。

殺 shā 同"殺(杀)"。

煞 shā 同"杀(殺)"。

痧 shā ❶ 中医指霍乱、中暑等急性病:发～|刮～|绞肠～。❷ 疹子,麻疹的俗称:红斑～(猩红热)。

敍 shā 同"杀(殺)"。

敍 shā 同"杀(殺)"。

硰 shā[硰石]古地名,在今山西。

鞦 shā 同"鞦"。

蔱 shā ❶ 同"榝",茱萸。❷[蔱蘠](-qiáng)莶黄(芜黄)。

帴 shā 薄扉。

煞 ㊀ shā ❶ 同"杀(殺)",杀死;弄死:杖～|打～。❷ 消除;消减:拿别人～气|大～风景。❸ 收束;停住:～住脚|～账。❹ 勒紧;扣紧:～车|～腰带。❺ 助词,表示程度深:愁～|羡～|急～。㊁ shà ❶ 迷信的人指凶神:凶～|凶神恶～。❷ 副词,极;很:～白|～容易|～费苦心。

蚻 ㊀ shā[蚻鸡]也作"莎鸡",即纺织娘,昆虫,像蚱蜢。㊁ shuō[呼蚻]病名。

裟 shā[袈裟](jiā-)见415页"袈"字条。

紗 shā 同"纱(紗)"。

溦 ㊀ shā ❶ 古水名。(《广韵》)❷ 寒冷。㊁ shài 水流迅急。

敫 shā 同"杀(殺)"。

紗 shā 同"纱(紗)"。

樧{樧} shā 茱萸,落叶乔木。

噥 shā 义未详。(《字汇补》)

鎩 shā 同"鎩(铩)"。

煞 shā 同"煞"。

鲨 shā 同"魦"。

鈔 shā[鈔锣]也作"筛锣""沙锣",铜器。1. 锣的一种。2. 洗脸盆。3. 酒器。

儸 shā 同"杀(殺)"。

魦 ㊀ shā 同"鲨(鯊)"。1. 又称鲛,海中鲨鱼。2. 吹沙小鱼。㊁ suō 同"鮻",鱼名。

敫 shā 同"杀(殺)"。

鲨(鯊) shā ❶ 吹沙小鱼,生活在溪涧中。❷ 鲨鱼,也作"沙鱼",又称鲛,生活在海中。

摋 shā 拘引。

鞦 ㊀ shā[鞈鞦](jiǎ-)见418页"鞈"字条。㊁ suō[鞦鞄](-páo)又称马尾,古代乐器。

幧 shā 两幅宽的巾。

儸 shā 同"杀(殺)"。

緞 shā 同"杀(殺)"。

S

䊊 shā 同"煞(杀,殺)"。

𣛧 shā 同"榝"。

鎩 shā 同"铩(鎩)"。

𢾛 shā 同"杀(殺)"。

麨 ㊀ shā 碎麦。
㊁ suō 同"莎"。

鎩 shā[鎩锣]同"鈔锣"。

䌓 shā "綱"的讹字。

魦 shā 同"鯊(鲨)"。

䰸 shā 同"杀(殺)"。

鬖 shā 义未详。(《改并四声篇海》)

鎩 shā 同"铩(鎩)"。

S

鷔 shā 鸟飞得很快。

鯊 shā 同"魦"。

𣟌 shā 义未详。(《改并四声篇海》)

shá

倽 shá 同"啥":任是～都不怕。

啥 shá(又读 shà)代词,什么:姓～|干～|有～吃～。

儭 shá 同"啥":怕他作～呀!

shǎ

傻 shǎ ❶ 愚蠢;不明事理:～头～脑|说～话|吓～了。❷ 死心眼,不知变通:～干|这么好的事你就是不同意,可真～!

誜 shǎ 同"謏"。

儍 shǎ 同"傻"。

謏 shǎ 言语强拗。

shà

庍 shà 同"厦"。

耷 shà 姓。

萐 shà 同"萐"。

萐 shà[萐莆](-fǔ)也作"萐脯",一种大叶植物,可做扇子。

唼 ㊀ shà ❶ 水鸟、鱼等吃食:～食|～藻|～喋。❷[唼唼](-shà)拟声词,水鸟、鱼等吃食声。❸ 通"歃",歃血为盟:～血。
㊁ qiè[唼佞](-nìng)谗言。

㗭 shà 同"唼"。

帹 ㊀ shà[帹䍿]又称面衣,远行时遮挡风尘的面帽。
㊁ qiè 束发用的巾。

歃 shà 同"歃"。

猚 shà 母猪。

楗 ㊀ shà 木理凸起的样子。
㊁ jié 连接:～爵兮建瓴。

厦[廈] ㊀ shà ❶ 高大的房子:广～|高楼大～。❷ 房子后面突出的部分:前廊后～。
㊁ xià 用于地名:～门(在福建)。

喥 shà 同"嗄"。

啑 shà ❶ 同"歃":～血。❷[啑嗱](-nà)言语轻薄的样子。

歃 ㊀ shà 贪欲。
㊁ qiè 吹气。

楗 shà 同"楗"。

嗄 ㊀ shà ❶ 嗓音嘶哑:～哑|～着声音说|骤歌喉易～。❷ 代词,表示疑问,什么:告诉我做～?
㊁ á 叹词,表示疑问或醒悟,啊:～!好怪,好怪,连我白须胡子那里去了?|～!是了,早间听得老爷说,有什么说话分付你。
㊂ a 助词,表示语气,啊:阿曾用饭～?|好苦～!|看这雪越下得大了～。
㊃ xià[嗄饭]1. 下饭的菜肴:诸般～|铺下菜蔬、果子、～等物。2. 下饭(就着菜吃饭):这一大尾鲜鱼,～够了。

歃 shà“歃”的讹字。

歃 shà ❶歃血，古人盟会时稍饮祭牲的血，或含于口中，或涂于口旁，以示诚意。❷饮；喝：古人云此水，一～怀千金。

歃 shà 同“歃”。

猹 shà 同“㨘”。

翜 shà ❶飞得快；快速。❷减少：～穗。❸同“翣”，垂于棺材两旁的饰物。

𧼯 shà 行走的样子。

歃 shà 同“嗄”，声音嘶哑。

䀐 shà 眨眼的样子：一～眼睛。

箑 shà ❶扇子。❷同“㨘”，行书。

箑 shà ❶同“箑”，扇子：执轻～｜暑不御～。❷同“翣”，垂于棺材两旁的饰物。

翣 shà ❶垂于棺材两旁的饰物：绋～。❷扇子，也指古代仪仗中的大扇形饰物：童子持～｜舆辇有～。❸钟鼓架上的饰物：璧～。

猹 shà 同“㺐”。

䝖 shà 同“䝖”。

閯 shà 开。

䢾 shà 运笔。

䑺 shà 船。

䝖 shà 哺乳动物。

㾪 shà 同“厦”。

䴥 shà 同“㨘”，悬挂肉类的竿子。

霎 shà ❶拟声词，雨声，风雨声（多叠用）：～～雨声来｜窗寒～～风。❷时间极短促：一～时｜～时微雨送新凉。❸通“眨”，眨眼：露出一颗两颗的星，闪闪缩缩，像对着我们～眼。

𧔣 shà 义未详。（《改并四声篇海》）

䬊 shà 风急。

濈 shà 水漫溢而出。

䢾 shà 疾行，一说同“疌”。

䢾 shà“䢾”的讹字。

䉢 shà 同“箑”。

廈 shà 同“厦”。

䝖 shà 母猪。

廈 shà 同“厦”。

sha

沙 sha 同“抄(挲)”。

shāi

筛（篩） ㊀ shāi ❶筛子，用竹篾、金属丝等制作的网眼器具，用以去粗取精，漏选东西：铜网～｜细眼儿～。❷用筛子过或漏东西；经挑选后淘汰：～煤｜～选｜第一轮笔试就被～下来了。❸斟（酒）：～满｜把酒～上。❹敲（锣）：～锣｜～了三声锣。❺量词，用于酒：十来～酒｜一同入席吃酒，又添了五六～。

㊁ shī ❶竹名。❷传说中的一种异草。

㴓 shāi 淘米。

摋 shāi 散失。

簁 shāi ❶同“筛(篩)”。1. 筛子。2. 用筛子过或漏东西。❷过滤：～酒。

簁 shāi 同“簁”。

籭 shāi 同“簁(筛，篩)”。

shǎi

𢅥 shǎi［懒𢅥］（lài-）见530页“懒”字条。

繺 shǎi 同“𢅥”。

繺 shǎi 同“𢅥”。

S

shài

晒(曬) shài ❶阳光照射：日～雨淋｜太阳～的人直流汗。❷在阳光下吸收光和热：～衣服｜～太阳。❸对人置之不理；慢待：大家都不管，就那么～着他。

霎 shài 骤雨。

霅 ㊀shài"霎"的讹字。㊁yīng"霙"的讹字。

䙕{䙕} shài 同"魒"。

褷 ㊀shài 衣缝。㊁shǎi［襰褷］(lài-)见530页"襰"字条。

曬 ㊀shài 同"晒(曬)"，日晒；晒干：风吹兼日～｜不向中庭～蒿草。㊁shā 通"煞"。1.甚；极：凋零～｜所言～是。2.虽：往日～曾来，不曾见这般物事。

醋 ㊀shài 簧酒。㊁zhà 同"醡(榨)"。1.榨酒，压糟取酒。2.榨酒器具。

魒 shài 鬼名。

爔 shài 同"曬"。

䵘 shài ❶不黏的样子。❷同"曬(晒)"，物在阳光下曝干。

shān

山 shān ❶地面上由土石等自然构成的相当高的凸起部分：高～｜雪～｜爬～。❷蚕族，供蚕吐丝做茧的设备：蚕～｜蚕上～了。❸山墙，房屋两头的墙：房～。❹姓。

彡 ㊀shān ❶须毛。❷花纹。㊁称三撇儿，汉字偏旁或部件。

邖 shān ❶古地名。(《说文》)❷姓，也作"山"。

汕 shān［潋汕］(liàn-)水波的样子。

芟 shān ❶除草；割：～草｜～我枝叶。❷除掉；消灭：～除｜～夷｜～繁剪秽。❸割草用的大镰刀：樵竖持～。

杉 ㊀shān 又称沙木、沙树，常绿乔木，木材可用于建筑、制作家具。树皮、根、叶、种子及木材中的油脂等可供药用。㊁shā 同"杉㊀"，用于"杉木""杉篙"等。

删[刪]{刪、刪} shān 除去(文字中不妥当的部分)：～除｜～改｜～繁就简。

苫 ㊀shān ❶草编的盖或垫子：草～子｜寝～枕块。❷姓。㊁shàn ❶用席、布等遮盖：～屋｜～上麦囤。❷通"赡(贍)"，供养：一生～鳏寡孤独。

彤 shān ❶瞻视。❷同"睒"，暂见。

郉 shān 同"删"。

狦{狦、狦} shān ❶健壮而凶猛的狗。❷哺乳动物，像狼。

衫 shān ❶短袖单衣，泛指单衣：汗～｜单～｜九月衣～，二月衣袍。❷衣服的通称：长～｜棉毛～｜不～不履，锡裘而来。

姗[姍]{姍} ㊀shān ❶诽谤；诋毁：～笑三代｜怒骂～侮。❷美好的样子。❸姓。❹［姗姗］(-shān)走路缓慢从容的样子：～来迟。㊁xiān［便姗］(pián-)衣裳盘旋舞动的样子。

玥 shān 同"珊"。

珊[珊] shān ❶［珊瑚］许多腔肠动物珊瑚虫分泌的石灰质外骨骼聚集而成的东西，像树枝，多为红色或白色，可做装饰品：玫瑰碧琳，～丛生。❷拟声词，佩玉相碰击声(多叠用)：时闻杂佩声～～。

挻 shān ❶长，不短：～枝。❷引发；延及：～祸｜～乱四方。❸取；夺取：共起而～之。

狦{狦} shān 匈奴单于的别称。

岀 shān 同"山❶"：高～。

剼 shān 同"删(刪)"。

舢 shān［舢板］也作"舢舨"。1.小船。2.清代一种内河战船。

䡪 shān［䡪子］顶端有席子覆盖的轿子，用骡马驮着行进。

脡 shān 同"脠"。

脠 ㊀shān 生肉酱。㊁chān 鱼酱。

痁 ㊀shān ❶疟疾的一种。❷病。㊁diàn 通"阽"，临近(危险)：君子行礼，不以人之亲～患。

莜 shān"菽"的讹字。

雱 shān 同"霰"，小雨。

幓(㡌) ㊀ shān 同"縿",旌旗上的飘带。
㊁ qiāo 同"幧",古代男子束发的巾。
笘 shān ❶竹枝做的简易马鞭。❷古代儿童习字用的竹简或木牍。
裧 shān ❶车蔽。❷巾。
菻 shān 禾把。
跚{蹣} shān ❶踩踏:则我这绣鞋儿莫不~着那青苔溜。❷碰;跌:~破脚。
姗 shān 同"姗"。
搧 shān ❶扇动:~扇子|~炉子|鸟儿~动双翅。❷批;用手掌或手背打:~耳光|一巴掌~到木柱上。
椮 shān 义未详。(《改并四声篇海》)
獮 shān 同"猵"。
裬 shān 同"衫"。
郶 shān 古地名。(《玉篇》)
蹛 shān 行走。
嘇 ㊀ shān 嘴中含东西:嚼之无复~。
㊁ shěn ❶凄惨可怕:~可可|~磕磕。❷[噤嘇]同"噤瘆":~山花冷。
搧 shān 同"搧"。
㺑 shān 同"猸"。
猻 shān 同"猸"。
猸 ㊀ shān ❶狗从狭窄处钻过去。❷残害。
㊁ sāo[山猸]传说中的像人的怪物,身矮小。
㊂ shǎn[猸獭](-hàn)拟声词,狗叫声。
羴 shān 同"羶(膻)"。
煽 shān ❶火旺,引申为气势炽盛:内宠方~。❷扇风使火旺盛:~风点火|~复古之焰。❸鼓动;鼓惑:~动|~惑。
襂 shān ❶同"縿",旌旗下边悬垂饰物的正幅。❷缝帛。
埏 shān 同"埏",揉和:~埴而为器。
蕫 shān 古人居丧时睡的草席。
潸 shān 同"潸"。
潸 shān ❶流泪的样子:~然泪下|泪~~。❷流泪:抛珠滚玉只偷~|肠断离家泪暗~。
璥 shān 同"珊"。
韄 shān 同"鞯"。
睒 ㊀ shān 暂见。
㊁ sǎn 看。
羶 shān 同"羶(膻)"。
羴 shān 同"羶(膻)"。
檆 shān 同"杉"。
黵 shān[黵黵](pán-)同"蹒跚"。
膻[羶、羴] shān 见172页 dàn。
鱓 ㊀ shān 鱼酱。
㊁ shěn 鱼名。
羼 shān 同"羶(膻)"。
縿 ㊀ shān 旌旗下边悬垂饰物的正幅,泛指旗上的飘带。
㊁ xiāo ❶同"绡(綃)",生丝:五色之~。❷有花纹的丝织品:陈晦~裂。
鼈 shān 义未详。(《改并四声篇海》)
羴 shān ❶群羊。❷"膻㊀"的异体字。
躝 shān 同"跚"。
羶 shān ❶"膻㊀"的异体字。❷令人羡慕的:~地|~意。❸向往;趋附:~慕|~附。
鞶 shān ❶旌旗下边悬垂的饰物。❷马鞍绦饰下垂的样子。
櫼 shān 树木的果实。
韂 shān 同"鞶"。
羶 shān 同"羶(膻)"。
韂 shān 同"韂"。
羴 shān 同"羶(膻)"。

轞 shān 拟声词，车行声。

羴 shān 同"羶(膻)"。

羴 shān 同"羶(膻)"。

襳 shān 同"衫"。

纖 shān［霏霺］(lián－)也作"霏霺"，细雨连绵的样子。

shán

誎 shán 言语不实。

shǎn

闪(閃) shǎn ❶从门中窥视。❷(光辉等)突然显现或忽明忽暗：电～雷鸣｜～金光｜门后～出一个人来。❸天空放射的雷电光：～电｜打～。❹迅速侧转身躲避：～身｜～开｜～躲不及。❺因动作过猛而把筋肉扭伤：～了脚腕｜不小心把腰～了。❻抛开；丢下：抛～｜他一个人被孤零零～在一边。

夾 shǎn 偷东西藏在怀里。

晝 shǎn 姓。

陕(陝) shǎn ❶古地名，在今河南。❷［陕县］县名，在河南。❸陕西(地名)的简称：～北｜～甘宁边区。❹姓。

陜 shǎn 同"陕(陝)"，古地名，在今河南。

陝 ㊀shǎn 同"陕(陝)"，古地名，在今河南。
㊁yáng 同"阳(陽)"。

晉 shǎn 姓。

炶 shǎn 同"煔"。

炶 shǎn 同"煔"。

炌(烱) shǎn ❶同"煔"，闪烁。❷闪电，后作"闪(閃)"：雷～俱作。

貟 shǎn 姓。

敓 shǎn［敓敷］(－shuò)不定的样子。

焁 shǎn 同"煔"。

睒 shǎn ❶闪电。❷晶莹的样子。

貟 shǎn 同"貟"。

婆 shǎn 走路忽进忽退，姿势不美。

陵 shǎn "婆"的讹字。

掤 ㊀shǎn 闪；迅疾的样子：～降丘以驰敌。
㊁shàn 同"掞"，舒展；铺张。

䁡 shǎn［䁡䁡］眼睛的样子。

睒 shǎn ❶急速地看一眼：～䁡。❷窥视：～天｜西～。❸闪烁：～忽｜～闪。

煔 shǎn 同"煔"，闪烁。

煔 ㊀shǎn ❶闪烁，后作"闪(閃)"：～灼｜烈烈～～。❷火光。
㊁qián 古代把祭祀用肉放在开水中煮至半熟，泛指煮肉，也作"燖(爓)"。

潣 shǎn 水流迅急的样子。

談 shǎn 诱言。

覢 shǎn 忽然出现。

敹 shǎn 窄。

毅 shǎn 击。

嚺 shǎn 视面色变，一说"瞳"的讹字。

䠾 shǎn 躲闪；躲避。

霅 shǎn 下雨的样子；雨浸湿的样子。

䨛 shǎn 电光。

shàn

讪(訕) shàn ❶毁谤；讥讽：讥～｜相议而～之。❷难为情；尴尬：～笑｜脸上发～｜～～地离去。

剼 shàn 刈。

汕 ㊀shàn ❶鱼在水中游动的样子：南有嘉鱼，烝然～～。❷捕鱼的鱼笼：起～。

❸ 用鱼笼捕鱼：鲂鳟可罩～。❹ 骗人：做成圈套儿来～你的。❺ 冲洗：～刷｜宽洗～胸中四海。❻ 用于地名：～头｜～尾（均在广东）。
㊁ shuàn 同"涮"，把鲜肉片放在开水里烫熟：～鬲（鬲）子。

扻 ㊀ shàn 同"擅"。
㊁ quán 扯；拔取：鸭毛难～。

苫 shàn 见 846 页 shān。

彡 shàn 相接物。

钐（釤） ㊀ shàn ❶ 钐镰，又称钐刀，长柄的镰形工具。❷ 割；砍：～禾｜顺着手把戒刀～。
㊁ xiān ❶ 刀名。❷ 同"铦（銛）"，锋利；敏锐：～利。
㊂ shān ❶ 金属元素，有放射性，可用来制激光、永久磁性材料，也用于核工业、陶瓷工业。❷ 姓。

疝 shàn ❶ 心腹气痛。❷ 疝气，病名，腹腔内某器官通过周围较薄弱的组织而隆起，通常指小肠疝气。

譱 shàn 同"善"。

赸 shàn ❶ 跳跃：马蹄儿泼刺刺旋风～。❷ 离去；离开：你也～，我也～。❸ 同"讪（訕）"，勉强装笑：～笑。

狹 shàn［祐狹］（yín-）行走摇晃的样子。

訯 shàn 同"讪（訕）"。

扇 ㊀ shàn ❶ 门或板状遮挡物：门～｜隔～。❷ 摇动、转动使空气流通，以取凉或换气的用具：蒲～｜电风～｜换气～。❸ 量词，用于门、窗等：两～门｜三～窗户｜一～石磨。
㊁ shān ❶ 摇动扇子或其他片状物，使空气流动生风：～扇子｜他热得浑身是汗，手里拿着本子不停地～。❷ 同"煽"，怂恿；鼓动（别人做不应该的事）：～动。❸ 用手掌打：～耳光｜～他几个大嘴巴。

墠（墠） shàn ❶ 古代为祭祀、会盟等在野外清理出的场地，泛指祭祀的场地：东门之～｜将帅及士卒集于～地所。❷ 同"禅（禪）"，祭祀名：往～阴山。

掞 ㊀ shàn ❶ 舒展；铺张：三月正芳菲，桃李～余晖。❷ 尽；竭尽：上穷王道，下～人伦。
㊁ yàn 光照；明艳：～光耀明｜～丽。
㊂ yǎn 通"剡"，削：～木为楫。

椾 shàn 接檐。

莑 shàn 姓。

樿（樿） shàn 又称白理木，树名，木材可制梳、勺等。

偏 shàn 炽盛，后作"煽"。

瞻 shàn 同"澹"，满足；供给。

善 shàn ❶ 吉祥；美好：尽～尽美｜完～。❷ 好的：～策｜～行｜隐恶扬～。❸ 交好；友好：友～｜亲～｜彼此相～。❹ 擅长；长于：～于言辞｜骁勇～战｜能歌～舞。❺ 喜好；容易：～变｜～疑｜多愁～感。❻ 熟悉：这个好生面～｜～其用，定其体。❼ 副词，好好地：～自珍重｜～待家人。

剧 shàn 同"骟（騸）"。

禅（禪） ㊀ shàn ❶ 祭祀天、山川、土地的仪式：封～｜封泰山而～梁甫。❷ 帝王让位：～让｜受～。❸ 传受，替代，引申为继承：万物皆种也，以不同形相～｜～其家学。
㊁ chán ❶ 梵语音译词禅那的省称，静思：参～｜坐～｜～定。❷ 与佛教有关的事物：～师｜～堂｜～杖。

蓍 shàn 同"善"。

蔚 shàn 草名。

幓 shàn 同"扇"。

鏾 shàn ❶ 铁器。❷ 成色好的金子。

訕 shàn 同"讪（訕）"。

諌 shàn 同"讪（訕）"。

譱 shàn 同"善"。

骟（騸） shàn 割去马、牛、猪等牲畜的睾丸或卵巢：～马｜～猪。

壇 shàn 同"墠（墠）"。

麯 shàn［麧麯］（gé-）饼状酒曲，泛指酒曲，也单称麯。

僐 shàn 做姿态。

S

鄯 shàn ❶古州名,在今青海。❷[鄯善]1.又称楼兰,古西域国名,在今新疆。2.古县名,在今新疆。3.地名,在新疆。❸姓。

剡 shàn 同"剡",古地名,在今浙江。

墡 shàn 白土。

撡 shàn 同"掞"。

磶 shàn 雕琢玉器的石块。

钐(釤) shàn ❶同"钐(釤)",钐镰;大片地割。❷金属元素"钐(釤)"的旧译写法。

僐 shàn 同"僐"。

𧦅 shàn 同"善"。

缮(繕) shàn ❶修补;修整:修～|～甲利兵。❷保养;保持:～性。❸工整抄写;编录文籍:～写|～奇缵异。

擅 shàn ❶独揽;占有:～权|～国|～美。❷独断;自作主张:～断|专～独行|～离职守。❸长于;善于:～长|不～辞令。

磰 shàn 义未详。(《龙龛手鉴》)

蟮 shàn 蝇类昆虫摇动翅膀。

篇 shàn ❶竹。❷同"扇",扇子。

儋 shàn 行走迅速的样子。

膳[饍] shàn ❶置备食物;厨师:损～省宰。❷饭食,多特指精美食品:晚～|用～|丰～。❸吃;吃饭:问所～|淹留～茶粥。

遰 shàn 同"儋"。

鉭 shàn 同"鳝(鱔)"。

鉏 shàn "鉭"的讹字。

𢿙 shàn 同"缮(繕)"。

𢿛 shàn 同"𢿙"。

嬗 ㊀shàn ❶传与;传递,后作"禅(禪)":相～|～天下|无尺土以～其子孙。❷更替;演变:～变|递～升降|古今代～。
㊁chán 同"婵(嬋)"。

軕 shàn 车扇。

礃 shàn 同"墡"。

赡(贍) shàn ❶以财物供养:～养|～家。❷以财物帮助:振～|以～贫穷|赒～亲故。❸丰富;充足:～博|丰～|力不足,财不～。❹姓。

镨(鐥) shàn 同"钐(釤)",钐镰。

䄠 shàn 同"擅"。

謆 shàn 用言语迷惑人。

甗 shàn 陶器边沿。

㾯 shàn[㾯贡头]也作"蟮拱头",即蝼蛄疖。

禅 shàn 同"禅(禪)",禅让:受～。

䁔 shàn[淹䁔]深通;精研:～名理之学。

蟮 shàn ❶[蛐蟮](qū-)见798页"蛐"字条。❷同"鳝(鱔)",鳝鱼。

䥇 shàn 同"甗"。

蟺 ㊀shàn ❶又称曲蟺,即蚯蚓。❷同"鳝(鱔)",鳝鱼:蛇～之穴。❸蜕变:变化而～。
㊁dàn 土蜂,昆虫。
㊂chán 同"蝉(蟬)"。
㊃tuó 同"鼍(鼉)",爬行动物,鳄鱼的一种。

䱇 shàn "鳝(鱔)"的讹字。

䌳 shàn 同"缮(繕)"。

鳝(鱔)[鱓] shàn 鳝鱼,又称黄鳝,体长像蛇,生活在小河、池塘、水田的泥洞或石缝中。
◆"鱓"另见851页"鱓"字条。

譱 shàn 同"善"。

𧬂 shàn 同"譱(善)"。

䆄 shàn 同"缮(繕)"。

䦂 shàn 同"赡(贍)",以财物供养或帮助。

䵣 shàn 屋上。

䮚 ㊀ shàn 同“骟(騸)”,割去雄性牲畜的睾丸。
㊁ huō 同“骓(騞)”。

贍 shàn 同“赡(贍)”。

灗 shàn［蜿灗］(wǎn-) 见 977 页“蜿”字条。

䊲 shàn［䊲䊴］(-liǎn) 用新熟大麦制作的糕饼。

鄯 shàn 同“鄯”。

儃 shàn 同“僐”。

鱓 ㊀ shàn “鳝(鱔)”的异体字。
㊁ tuó 同“鼍”,扬子鳄:鼍～与处。

譱 shàn ❶正。❷同“缮(繕)”。

譱 shàn 同“善”。

譱 shàn 同“善”。

籥 shàn 竹名。

shāng

伤(傷) shāng ❶身体或物体受损害的地方:外～|虫～。❷损害:～筋动骨|～感情。❸诋毁:中～。❹妨碍:无～大体|无～大雅。❺因某种致病因素而得病:～风|～寒。❻因饮食过度而感到厌烦:～食|吃萝卜吃～了。❼悲哀:忧～|～感|～心。

凮 shāng 同“商”。

殇(殤) shāng ❶人未到二十岁而死,泛指未成年就死了:～折。❷战死的人:国～|～魂。

商 shāng ❶计算:～财贿之有亡|明计算,能～功利。❷算术中指除法运算的得数:六被三除,～数是二。❸商量,两个以上的人在一起计划、讨论:面～|协～|有事相～。❹生意;买卖:～业|经～|通～。❺做买卖的人:布～|客～|富～。❻古代五音之一。❼朝代名,成汤所建(公元前 1600－公元前 1046 年)。❽姓。

觞(觴) shāng ❶古代称盛有酒的酒杯:举～称贺|引壶～以自酌。❷劝酒,也指自斟自饮:～咏。

啇 shāng 同“商”。

鄗 shāng 同“商”。

塲 ㊀ shāng ❶耕作过的疏松土壤。❷蚂蚁、蚯蚓、蚡鼠等在穴口翻起的小土堆或松散泥土。
㊁ cháng “场(場)㊀”的异体字。
㊂ chǎng “场(場)㊁”的异体字。

墒 shāng ❶翻耕过的土壤。❷土壤适合种子发芽和作物生长的湿度:～情|保～|抢～点种。

蔏 shāng［蔏蒌］(-lóu) 白蒿,一年或二年生水生草本植物,嫩时可食。

嘀 shāng 同“商”,商议研讨:对面～议。

煬 shāng 伤。

湯 ㊀ shāng 同“湯(汤)”,水流的样子。
㊁ tàng 烫伤:治～。

滳 shāng 古水名,即今发源于山西,流至河南的漳河。

慯 shāng ❶同“伤(傷)”,忧伤;哀痛。❷思念。

鸧 shāng 同“煬”。

賫 ㊀ shāng 同“商”,做生意:～讼。
㊁ shǎng 同“赏(賞)”,赏赐:～毕土方五十里。

啻 shāng 同“商”。

熵 shāng ❶为了衡量不能利用的热能,用温度除热能所得的商,泛指某些物质系统状态的一种量度或可能出现的程度。❷信息论用来描写不肯定性的大小。熵越大,信息的不肯定性就越大。

暴 shāng 明。

蔏 shāng 同“商”。

鍚 shāng 同“煬”。

觴 shāng 同“觞(觴)”。

蔏 shāng 同“蔏”。

螪 shāng［螪蚵］(-hé) 也作“螪何”,虫名,蜥蜴类动物。

蔏 shāng 同“商”。

𧶠 shāng 同“觞(觴)”。

𨡼 shāng ❶嗜酒。❷同“觴(觞)”,酒器。

謪 shāng 同“商”,度量:～议|～德而定次,量能而授官。

𧷓 shāng 同“商”。

𧸗 shāng 同“商”。

𠫚 shāng 同“商”。

𨵦 shāng 义未详。(《改并四声篇海》)

𠷑 shāng 同“商”。

𩱡 shāng 烹煮。

𩱢 shāng 同“鬺”。

觴 shāng “觴(觞)”的讹字。

𠻆 shāng 同“商”。

鸧 shāng[鸧鹒](-gēng)也作“商庚”,又称鸧鹒,鸟名,即黄鹂。

𠼒 shāng 同“商”。

黥 shāng 黑色。

鬺 shāng 煮。

shǎng

垧 shǎng 见 462 页 jiōng。

晌 shǎng ❶正午或午时前后:～觉|前～|歇～。❷泛指一天里不长的一段时间,片时;一时:干了一～|大雨下了好半～才停。❸半天的时间:上半～|下半～。❹通“垧”,地积单位,其制各地不同。

扃 ㊀ shǎng 户耳。
㊁ jiōng 同“扃”。

埫 ㊀ shǎng 同“垧”,地积单位。
㊁ chǒng[埫塎](-yǒng)不安宁。
㊂ tǎng 山间平地,泛指平地,多用于地名:贾～(在宁夏)|都家～(在陕西)。

赏(賞) shǎng ❶赐予;奖给:～罚分明|无功不～。❷赐或奖给的东西:悬～|重～。❸欣赏;观赏:～花|雅俗共～。❹宣扬;称赞:～识|赞～。

𧡒 shǎng 信。

餳 ㊀ shǎng 同“饟”。
㊁ xiǎng 同“饷(餉)”。

𩞋 shǎng 午饭。

𧶮 shǎng 同“赏(賞)”。

𨬍 shǎng 磨,也作“鋿”。

shàng

𠄞 shàng 同“上”。

丄 shàng 同“上”。

上 ㊀ shàng ❶位置在高处的;次序或时间在前的;等级或质量高的:～空|～文|～周|～等|～品。❷君主;尊长:犯～作乱|欺～瞒下。❸由低处到高处;去往;进呈:～山|～街|～书。❹登载;增补;安装:～榜|～货|～螺丝。❺拧紧发条:给表～弦。❻按规定时间进行某种活动:～班|～课|～操。❼放在名词后,表示在表面、中间或一定范围内:墙～|心～|书～。❽放在动词后,表示趋向、完成等:骑～马|锁～门|考～大学。❾中国民族音乐音阶上的一级,也是乐谱记音符号,相当于简谱的“1”。❿姓。⓫[上官]姓。
㊁ shǎng 上声,汉语声调之一。

𨑘 shàng 同“上”。

尚{尙} shàng ❶尊崇;注重:崇～|～武|不～空谈。❷因喜好而形成的风气习惯:时～|风～。❸副词,还;仍:～不可知|条件～可|为时～早。❹姓。

恦 shàng 念。

𤵸 shàng(又读 shāng)❶同“慯”。❷忧疾。

绱(緔) shàng[绱鞋]上鞋,把鞋帮和鞋底缝合。

𧆸 shàng 义未详。(《改并四声篇海》)

𤷪 shàng 同“𤵸”。

𤸁 shàng 同“𤵸”。

鞝 shàng 同“绱(緔)”,缝合鞋帮和鞋底。

shang

裳 shang 见 95 页 cháng。

shāo

烎 shāo 同“烧(燒)”。

捎 ㊀ shāo ❶ 拂;掠:拂鹭鸟,～凤皇|上～云根,下拂地足。❷ 顺便给人带去东西或传话:～带|～本书|～口信。
㊁ shào 稍微向后倒退(多指骡马、马车等)。

莦 ㊀ shāo 杂草。
㊁ xiāo ❶ 草根。❷ 草名。

烧(燒) shāo ❶ 使物体着火:燃～|焚～|～毁。❷ 加热使发生变化:～水|～炕|～炭。❸ 先把食物用油炸,再加汤汁炒或炖,也指烤:～茄子|～羊肉|～鸡。❹ 因病而体温增高;高于正常的体温:发～|高～|退～。

弰 shāo 弓的末端。

梢 shāo ❶ 树尖或树枝末端:树～|林～|枝～。❷ 条状物的末端或时间的末尾:眉～|发(髮)～|年～。❸ 舵尾,也指船上挂帆的木柱、船夫:与舟船执～|～公(艄公)。❹ 竿子:持～牧猪。❺ 量词,支;伙:新竹两三～|下来一～人。

䈾 shāo 击。

㪢 shāo 同“䈾”。

稍 shāo 福。

睄 shāo 义未详。(《龙龛手鉴》)

稍 ㊀ shāo ❶ 禾的末端,引申为事物的末端、枝叶:四郊之赋,以待～秣|月上柳～头。❷ 副词。1. 逐渐:蔽林间窥之,～出近之|魏晋以来,～务文丽。2. 颇;很:紫台～远,关山无极。3. 略微:～等一会儿|～纵即逝|病情～有好转。❸ 姓。☞稍/渐/少/小 “稍”用于副词,在先秦时指逐渐,宋代以后才指略微。“渐”用于副词的时代稍晚。“少”在先秦时可做副词,表示略微,这个意义也可用“小”。
㊁ shào [稍息]军事或体操口令,命令从立正姿势变为休息姿势。

焼 shāo 同“燒(烧)”。

褙 shāo 衣襟。

蕱 shāo 同“莦”。

筲[䈾] shāo ❶ 古代盛饭食的竹器。❷ 筲箕,淘米或洗菜用的竹器。❸ 竹或木制作的水桶:水～|两～水。

艄 ㊀ shāo ❶ 船尾:后～。❷ 船舵:掌～|撑～|～公(掌舵人,泛指船夫)。❸ 本,本钱:指望翻个～。
㊁ shào 船名。

旓 shāo 旌旗的下垂饰物。

䥲 shāo 同“烧(燒)”。

䯽 shāo 毛发。

髾 shāo 少女发式,短发垂在眼睛上方,头顶长发扎成偏髻。

輎 shāo 古代用鹿皮装饰的兵车。

蕱 shāo 恶草,杂草。

㜊 shāo 同“娋”,大姐。

颵 ㊀ shāo 拟声词,风声。
㊁ xiāo [颵颵](-xiāo)拟声词,风声。

髾 ㊀ shāo ❶ 头发梢:发(髮)～。❷ 旌旗上垂挂的羽毛:飞～|绿～。
㊁ shǎo 毛发长。

綃 shāo 系船。

籍 shāo 筲箕,后作“筲”。

鮹 shāo 鱼名,生活在深海。身体细长,故又称马鞭鱼、烟管鱼。

燓 shāo 同“烧(燒)”。

sháo

勺 ㊀ sháo ❶ 一种有柄的可舀取东西的器具:饭～|汤～|铁～。❷ 容积单位,10 撮等于 1 勺,10 勺等于 1 合。❸ 形状像勺的半球形物体:后脑～。
㊁ zhuó ❶ 舀取:～椒浆。❷ 调和:琼浆蜜～。

芍 ㊀ sháo [芍药]1. 多年生草本植物,根可供药用。2. 一种调料。

S

㊁ xiào 荸荠。
㊂ què［芍陂］（-bēi）蓄水湖泊名，在今安徽，是古代著名水利工程。

⿰木勿 sháo "杓"的讹字。

杓 ㊀ sháo 同"勺"，有柄的舀取东西的器具：木～｜锅～｜饭～。
㊁ biāo ❶勺柄。❷星名，指北斗七星柄部的三颗星，又称斗柄。
㊂ dí ❶横木。❷标准；准则：我其～之人耶？

⿰立勺 sháo 同"遖"。

玿 sháo 美玉。

柖 ㊀ sháo ❶树木摇动的样子。❷箭靶。
㊁ shào 浴床。

⿰爿召 sháo 床。

䒚 sháo 草名。

昭 sháo 义未详。（《改并四声篇海》）

韶 sháo ❶古代乐曲名：～夏之音。❷美；美好：～光｜～华｜～颜。❸姓。

⿱殸召 ㊀ sháo 同"韶"，古代乐曲名。
㊁ táo 同"鞀（鼗）"，长柄摇鼓，与今拨浪鼓相似。

⿰⿱人网戈 sháo 同"韶"。

⿱壴召 sháo 同"韶"。

shǎo

少 ㊀ shǎo ❶数量小：～量｜～见｜稀～。❷缺：缺～｜一个也不能～。❸丢失：屋里～了一些东西。❹副词。1. 稍；略微：汉军～却｜太后之色～解。2. 暂时；短时间：～候｜～待。☞少/小/稍/渐 见853页"稍"字条。
㊁ shào ❶年纪轻：～女｜～年｜年～无知。❷年纪轻的人：阔～｜遗老遗～。

⿰少阝 shǎo 古地名，在今山东。

䒚 shǎo 草名。

⿰少巴 shǎo 同"⿰少阝"。

⿱少邑 shǎo 同"⿰少阝"。

⿰牛肖 shǎo 同"觘"。

⿰身少 shǎo［⿰身少⿰身少］身体高大的样子。

⿰⿱由女支 shǎo 同"数"。

⿰婁攴 shǎo ❶同"捎"，击。❷搅。

蕱 ㊀ shǎo 根细的藕。
㊁ shāo 同"梢"，树尖或树枝末端。
㊂ shuò 同"矟（槊）"。

觘 ㊀ shǎo 牛角向左右张开的样子。
㊁ shào 角锐上。

⿱艹⿰镸肖 shǎo 草长的样子。

⿱⺮⿰镸肖 shǎo 竹枝长。

shào

⿰少刂 shào ❶刺。❷细切而不使断。

⿰召卜 shào 卜问。

卲 shào 同"劭"，高尚；美好：年高德～。

邵 shào ❶古地名，在今河南。❷古州名，在今福建。❸古郡名，在今湖南。❹邵水，水名，在湖南。❺姓。

劭 shào ❶劝勉：～农（鼓励农业生产）。❷美好（多指道德、人品）：清～｜年高德～。

绍（紹） ㊀ shào ❶继续；接续：～继｜～天明意｜～复先王之大业。❷介绍；引荐：～介｜～其所长｜诸侯之交，～而相见。❸浙江绍兴（地名）的简称：～剧｜～酒。
㊁ chāo 舒缓：王舒保作，匪～匪游。

⿰肖阝 shào ❶古代大夫受封的土地。❷古地名。（《集韵》）

哨 ㊀ shào ❶巡逻；侦察：巡～｜～探。❷警戒、防守等的岗位：～兵｜～卡｜观察～。❸用金属、竹、木、陶瓷等制成的发声器具，能吹出尖锐的声音：吹～｜～声。❹叫：行者又嚎，沙弥又～｜野树春风～画眉。❺吹：顺西风低把纱窗～。
㊁ xiào 同"啸（嘯）"：大～一声｜～聚山林。
㊂ sào［哨子］同"臊子"，烹调好后加盖在其他食物上的肉末或肉丁之类的菜肴：羊肉炒～｜～面。

袑 shào ❶裤裆,也指裤子:褰衣大～。❷衣襟。

娋 ㊀shào 蚕食,逐渐侵占。
㊁shāo ❶偷。❷对大姐的称呼。

砶 shào 倒悬钩。

䏴 shào ❶视力模糊。❷物件顶端尖锐。

睄 ㊀shào 眼光掠过,略看一眼:～了一眼|～着自己铺子里的两个伙计。
㊁qiáo 同"瞧",看:开窗～～看|黛玉～了,撂在一边。

𧠣 ㊀shào 见。
㊁jiāo 远。

𥻂 ㊀shào 遍种。
㊁shāo 种植。

䬰 shào ❶小食。❷用泔水、米糠、野菜煮成的饲料。

䋰{䋰} shào 同"绍(紹)"。

潲 shào ❶雨水在风中斜着洒落:雨往南～|往屋里～雨。❷洒水:～马路|给青菜～点水。❸泔水,多用于猪食:～水|猪～。

𧳆 shào 哺乳动物。

shē

奓 ㊀shē 同"奢":宣～竞纵。
㊁chǐ 同"侈",奢侈;过分:～秦法,佚周令。
㊂zhà ❶张大;张开:大抵服者下体虚～,取观美耳。❷宽阔:海口之～狭。❸勉强鼓起勇气:～着胆子走过了独木桥。
㊃zhā 用于地名:～山|～湖|～河(均在湖北)。

輋(䡬) shē 同"畲"。1.輋人,即畲民,畲族的古称,少数民族。2.用于地名:大～坳|登～镇(均在广东)。

𧵳 shē 同"赊(賒,賖)"。

奢 shē ❶过分挥霍钱财;不节俭:～侈|～靡|骄～淫逸。❷过分的:～望|～愿|～求。❸夸张:～言|～谈。❹姓。

赊(賒) shē ❶买卖货物时,买方延期付款或卖方延期收款:～账|～欠|～贷。❷长;久远:千里关山道路～|三十年前事已～。❸迟缓:且耕今未～。

猞 shē[猞猁](-lì)又称猞猁狲,俗称土豹,哺乳动物。

絁 shē 用于佛经译音。

畲 shē 也作"畬"。畲族,少数民族名,主要分布在福建、浙江、江西、广东、安徽等地。

賖 shē 同"赊(赊)"。

𪡄 shē 用于佛经译音。

䞌 shē 同"赊(賖,赊)"。

㰒 shē 杧果(芒果)。

𨡜 shē 义未详。(《改并四声篇海》)

𩩲 shē 骨名。

𡅢 shē 义未详。(《龙龛手鉴》)

shé

它 ㊀shé 蛇,后作"蛇":避～城(古地名,在今浙江)。
㊁[牠] tā 代词。1.另外的;其他的:～山之石,可以攻玉。2.指人以外的事物:桌子上的灰尘很多,你把～擦一擦。
☞它/他/她 见918页"他"字条。
◆"牠"另见970页"牠"字条。

舌 shé ❶舌头,人和动物嘴里辨别滋味、帮助咀嚼和发音的器官:张口结～。❷像舌的东西:火～|帽～|笔～。❸铃或铎中的锤:金铃木～|吴铎以其～自破。❹言语;言辞:～战|～锋|驷不及～。

佘 shé 姓。

虵 ㊀shé "蛇㊀"的异体字。
㊁yě[虵咥](-dié)少数民族姓。

荼 shé 姓。

𢳆 shé 同"揲"。

剢 shé 同"鞨",治皮革。

蚫 ㊀shé 同"蛇",爬行动物。
㊁yán[蜿蚫](wān-)同"蜿蜒",曲折延伸的样子:仅存一港～。
㊂yí[委蚫](wēi-)同"委蛇""逶迤",弯曲而绵延的样子:云～而上布。

蛇㊀[虵] shé ❶爬行类动物，种类多，有的有毒。❷姓。
㊁yí[蛇蛇](-yí)通“訑訑”：～硕言。
㊂chí[殴蛇](kōu-)见706页“殴”字条。
◆“虵”另见855页“虵”字条。

虵 shé 同“虵(蛇)”。

揲 ㊀shé ❶按定数更迭查点物品，古代多用于数蓍草以占卜吉凶：～蓍以占。❷积累：横廓六合，～贯万物。
㊁dié 折叠：～被铺床。
㊂yè 箕舌，指接在簸箕底部向前延伸的板。

蛥 shé[蛥蚗](-jué)蝉的一种，即蟪蛄。

虵 shé 同“蛇”。

蛇 shé 草名。

灺 shé 水。

浌 shé 古水名。(《玉篇》)

蚚 shé 虽断犹连。

揲 shé 同“揲”，按定数更迭查点物品。

shě

舍(捨) shě 见856页shè。

捨 shě ❶“舍㊁”的繁体字。❷姓。

庴 shě 小室。

餕 shě 饱食。

餂 shě 同“餕”。

shè

弽 shè 同“射”。

厍(厙) shè 村庄，多用于村庄名。

灸 shè 同“赦”。

设(設) shè ❶陈列；布置：陈～|～置|天造地～。❷建立：～立|开～|创～。❸筹划：～计|～法。❹完备：居处兵卫甚～。❺假定：～想|～若|～身处地。❻连词，假设；假如：～未得其当，虽十易之不为病。

社{社} shè ❶传说中的土地神；土地神的牌位：建邦立～|殷人之礼，其～用石。❷古代指祭祀土地神的地方、日子或祭礼：～稷|～日|～于新邑。❸指某些团体或机构：商～|出版～|旅行～。

射 shè 同“射”。

㚃 shè 义未详。(《改并四声篇海》)

社 shè 同“社”。

舍{舍} ㊀shè ❶客馆，泛指居住的房屋：身御至～|旅～|宿～。❷住宿；歇息：～于故人之家|尔之安行，亦不遑～。❸量词，古代行军一宿或三十里称一舍：退避三～(比喻对人让步)。❹谦辞，用于对别人称亲属中比自己年龄小或辈分低的：～亲|～妹|～侄。❺养家畜的圈：猪～|牛～。
㊁(捨) shě ❶放弃：～弃|～近求远|四～五入。❷把财物给出家人或穷人：施～|～粥|～药。
◆“捨”另见856页“捨”字条。

䞌 shè 同“赦”。

射㊀[䠶] shè ❶用弓放箭；用枪、炮射击；把足球踢入球门：～箭|扫～|～门。❷投壶，古代游戏，把箭投入壶里，以投中多少决胜负：～者中，弈者胜。❸液体受到压力从孔中迅速排出：喷～|注～|～精。❹放出光、热、电波等：照～|折～|光芒四～。❺有所指：影～|暗～|含沙～影。❻[射干](-gàn)多年生草本植物，根茎可提取芳香油或供药用。
㊁yè ❶[仆(僕)射](pú-)秦汉时官名，相当于唐宋时期的宰相。❷[姑射]古山名，在今山西。

赦 shè 同“赦”。

涉 shè ❶蹚水过河，泛指渡水：跋山～水|远～重洋。❷经历：～世|～险。❸关联；牵连：～及|～嫌|～外。❹泛泛阅读，泛指阅览：～猎书记|博～群书。

赦 shè ❶宽免罪过；减轻或免除刑罚：～罪|～免|特～。❷释放；舍弃：～囚|乃～前所系者|醉中未肯～空瓶。❸减免租税：大～钱粮。

赦 shè 同“赦”。

𠷎 shè 话多，一说“唽”的讹字。

㭙 shè 同“社”。

䠶 shè 同“射”。

涉 shè “涉”的讹字。

涉 shè “涉”的讹字。

㴇 shè 古水名。(《说文》)

袿{䄕} shè 同“社”。

䄕 shè 同“社”。

䞌 shè 同“䞌(韘)”。

𡸣{𡸣} shè 同“涉”。

䀹 shè 同“曬”。

𣟪 shè 同“涉”。

牶 shè 雌性牲畜。

𥁕 shè 器。

䞌{䞌} shè 同“䞌(韘)”。

䞌 shè 同“韘”，扳指，射箭时戴在手指上用来钩弦。

摄(攝) ㊀ shè ❶提起;牵引：～衣|～车从之。❷收敛：～神|～心守道。❸吸取;取得：～食|～取养分|～入过量脂肪。❹保养：～生|珍～|护～。❺管辖;代理(多指统治权)：～理|～政|～位。❻摄影，拍照实物影像：～制|～像|拍～。
㊁ zhé 折叠：衣～叶(葉)以储与兮。
㊂ niè 安静;静谧：天下～然，人安其生。

𥁕 shè 器名。

㰒 shè 义未详。(《改并四声篇海》)

𤢺 shè 同“麝”。

滠(灄) shè ❶水名，在湖北。❷用于地名：～口(在湖北)。❸筏子、木排等：浮～。

慑(懾)[慴] shè ❶害怕：豺狼～窜。❷以威力使害怕或屈服：威～|～服|声～海内。

䄕 shè 同“社”。

㩵 ㊀ shè ❶捎：子弟每殊无相搀～。❷通“槭”，树枝光秃，树叶凋落的样子：秦地草木，～然已黄。
㊁ mí 批;击：～碎。

蔎 shè ❶香草名。❷茶的别称。

㢵 shè 义未详。(《改并四声篇海》)

𥔲 shè 同“𪊭(麝)”。

𪊭 shè 同“麝”。

𪊭 shè 同“麝”。

歙 ㊀ shè 古地名，在今安徽。
㊁ xì 古邑名。(《集韵》)

㜈 shè 同“㩵”。

𦁼{𦁼} shè 缯类织品。

𣟪 shè 同“涉”。

䠶 shè 同“射”。

鉩 shè ❶铁鉩。(《玉篇》)❷金饰。

𧗍 shè 义未详。(《改并四声篇海》)

𤸊 shè 多病。

韘 shè 同“韘”。

騇 shè 母马。

𣟪 shè[宜𣟪]神名。

蠂 shè 蝗，昆虫。

舍 shè 同“舍”。

韘 shè 又称扳指，射箭时套在拇指上钩弓弦的用具。

𩮰 shè 义未详。(《改并四声篇海》)

謋 shè［詟謋］(tà－)言语有失。

麝 shè ❶又称香獐,哺乳动物,像鹿而小,无角。❷麝香,雄麝脐部腺囊分泌物,干燥后呈颗粒状或块状,有香气,可供药用:～散｜兰～(兰花和麝香,指名贵香料)。

欇 shè ❶紫藤,落叶藤本植物。❷枫。❸手杖。

矖 shè 眼睛动。

麢 shè 同"麝"。

颯 shè 风的样子。

shéi

谁(誰) shéi(又读 shuí)❶代词,用于人。1.表示询问或反问,什么人;哪个人:～来了?｜～说的?2.表示虚指或泛指:门外好像有～来了｜～都不许走!❷助词,无实义:知而不已,～昔然矣。

S

shēn

扟 shēn 同"抍"。

申{申} shēn ❶伸展,舒展,后作"伸":屈～无常。❷陈述;说明:～辩｜～冤｜三令五～。❸地支的第九位。❹申时,指下午15时到17时。❺上海(地名)的别称:～报(报刊名)。❻姓。❼［申屠］姓。

叺 ㊀shen 同"呻"。
㊁yǐ "以"的异体字。

抍 shēn 从上捊取或择取。

屾 shēn 两山并立,一说同"山"。

肙 shēn 同"身"。

妽 shēn 用于女子人名。

叀 shēn 义未详。(《字汇补》)

伸 shēn ❶(肢体或物体的一部分)舒展开:～手｜～直｜～懒腰。❷表白;洗雪:～冤｜～雪。

身 ㊀shēn ❶怀孕;怀胎:大任有～,生此文王｜我怀～大肚地走不动。❷人和动物的躯体:～躯｜上～｜藏～之地。❸物体的主要部分:车～｜桥～｜树～。❹生命:献～｜护～符｜舍～报国。❺亲身,亲自:～临其境｜以～作则｜言传～教。❻身份;地位:出～｜～价百倍｜～败名裂。❼量词,用于衣服等:买了一～儿西服｜夹道两边作菩萨五百～。
㊁yuán(又读 yuān)［身毒］印度的古译名。

呻 shēn ❶吟诵:学业荒～毕。❷因痛苦而发出声音:孰～孰叹｜无病～吟。

伂 shēn "伸"的讹字。

侁 shēn［侁侁］1.拟声词,行走往来的声音:往来～些。2.众多的样子:贤豪～,满盈江湖。

粇 shēn 同"粃"。

粆 shēn 米滓。

忡 shēn 忧愁。

诜(詵) shēn ❶众人言。❷［诜诜］众多的样子:～然｜螽斯羽,～兮。

弻 shēn 义未详。(《龙龛手鉴》)

妽 shēn 用于女子人名。

绅(紳) shēn ❶古代官员束腰的大带:垂～正笏。❷用带子约束:～束｜～之束之。❸旧称地方上有权有势的人:乡～｜土豪劣～。

珅 shēn 玉名。

柛 shēn 树木自死,也指枯死的树木。

曱 shēn 同"申"。

軙 shēn 同"呻"。

畕{畕、畕} shēn 同"申"。

氠 shēn "氙"的旧称。

侚 shēn ❶怀孕。❷神名。

侁 shēn 同"侁"。

胂 ㊀shēn 夹脊肉。
㊁chēn 伸展身体:～懒腰。

㊂ shèn 有机化合物的一类，由砷化氢分子中的氢被烃基替换而成。

糂 ㊀ shēn 粮食、油料等加工后剩下的渣滓：麻～。
㊁ xùn 通“餸（飵）”：青～饭（青餸饭）。

罙 shēn ❶ 同“突”，烟囱。❷ 幽深。

姺 ㊀ shēn（旧读 xiǎn）❶ 古国名，在今山东。❷ 姓。❸ 用于女子人名。
㊁ xiān［便姺］（pián-）也作“便姗”，衣裳轻盈飘摆舞动的样子。

駪（駪） shēn［駪駪］群马急速奔跑的样子，单用义同。

莘 ㊀ shēn ❶ 众多：～～学子。❷ 古地名。1. 春秋时属蔡国，在今安徽。2. 春秋时属虢国，在今河南。3. 春秋时属卫国，在今山东。❸［莘县］县名，在山东。❹ 姓。
㊁ xīn ❶［细莘］细辛，多年生草本植物，可供药用。❷［莘庄］地名，在上海。

㞟 shēn 同“娠”。

砷 shēn 旧称砒，非金属元素，有剧毒，可用来制硬质合金、药物、杀虫剂等。

眒 shēn ❶ 睁大眼睛：睒～欺苟。❷ 疾速的样子：鹰犬倏～。

㖰 shēn 同“呻”。

䆿 shēn 传说中的动物，身有五彩花纹，头上长角。

甡 shēn 众多的样子。

𢓭 shēn 同“侁”。

䚓 shēn 古代计量单位，二十枚。

㑗 shēn 同“身”。

㴱 shēn 同“深”。

突 ㊀ shēn ❶ 同“深”：～于骨随（髓）。❷ 灶上烟囱：黔～。
㊁ shèn 掩埋（死者棺木）。

娠 shēn ❶ 胎儿在母体内微动，引申为怀孕：妊～｜有～。❷ 含；孕育：水～黄金山空青｜芳苞先暖初～。

㛛 shēn 同“娠”。

𡍖 shēn 土地深陷。

蓡 shēn 同“蔘”。

棽 shēn 同“㚔”，枝条茂密的样子：木～～。

𠭗 shēn 同“申”。

𣍘 shēn 同“申”。

㬸 shēn 引。

㑘 shēn 治理。

深［滚］ shēn ❶ 水深，泛指物体上下或内外的距离大，也指上下或内外的距离：桃花潭水～千尺｜～山｜宅～。❷ 色彩浓重：～绿｜颜色～。❸ 感情浓厚：情～｜爱～｜友谊～。❹ 历时久：～夜｜～远｜年～日久。❺ 副词，表示程度高：～信｜～知｜～有同感。

㝷 shēn 同“突”。1. 深。2. 灶上烟囱。

蓡 ㊀ shēn “参（參）㊃ ❷”的异体字。
㊁ shān 同“苫”。

㚔 shēn（又读 chēn）❶ 枝条茂密，引申为纷垂繁茂的样子：凤盖～丽。❷ 华丽：～钟。

𥇈 shēn 引目。

䀢 shēn 同“眒”。

兟 shēn 进。

籸 shēn 同“糂”。

𦝪 shēn 病。

㽎 shēn 多。

訷 shēn 申说。

㾕 shēn 同“呻”。

痒 shēn 寒病；寒颤：～肌｜～栗（慄）无人色。

粩 shēn 同“糂”。

𣿅 shēn 同“深”。

𥦗 shēn 烟囱。

裑 shēn 衣身。

S

䰠 shēn 麻滓。

桬 shēn 草木繁茂的样子。

㚔 shēn 众多。

𥦶 shēn "突"的讹字。

𦧝 ㊀ shēn ❶同"㚔",众多。❷同"莘",春秋时虢国地名,在今河南。
㊁ cí 同"辞(辭)"。

𦑣 shēn 羽毛丰满。

𨚵 shēn 古地名。(《集韵》)

紳 shēn 同"绅(紳)"。

鞞 shēn ❶同"绅(紳)",古代官员束腰的大带。❷驾车马的皮带。

䔒 shēn 同"莘"。1. 古地名。(《玉篇》)2. 姓。

蓡 shēn 嫩蒲草。

蔘 shēn ❶同"薓(参,參)",人参。❷(又读 sēn)同"槮",树木高耸的样子:纷容萧~,旖旎从风。

樼 ㊀ shēn 床前横木。
㊁ zhēn 同"榛",落叶灌木或乔木。

曑 shēn 同"参(參)",星名。

蓁 shēn ❶草名。❷草茂盛的样子。

蔘 shēn 同"蔘"。

㮐 shēn 同"㚔"。

䅘 ㊀ shēn 谷类作物。
㊁ zú 草木丛生,也作"萃"。

薓 shēn 同"薓(参,參)",人参、党参的统称。

瞫 shēn 同"眒"。

𨛱 shēn 义未详。(《改并四声篇海》)

駪 shēn 同"駪(骁)"。

㜑 shēn 同"㜪",古国名。(《玉篇》)

燊 shēn 炽盛。

曑 shēn 星名,即参星,后作"参(參)"。

𡟉 shēn 同"㜑"。

䈑 shēn 篁。

𩿝 shēn 义未详。(《改并四声篇海》)

鯓 shēn 用于地名:青鲲~(在台湾)。

鯵 shēn 同"鯵"。

鰺 shēn 同"鰺(鲹)",鱼名。

蘐 shēn "薓"的讹字。

鯵 shēn 鱼尾长。

shén

什 shén 见 869 页 shí。

神{神、神} ㊀ shén ❶天神,传说中万物的创始者和主宰者,迷信的人指神仙或所崇拜的人死后的魂灵:~主|~灵|鬼使~差。❷高超;奇异的:~速|~机妙算。❸人的精神、注意力:劳~|留~|聚精会~。❹表情:~色|~采奕奕。☞神/仙/佛 "神"指天神,有的正直的人死后也被尊为神;"仙"指道家所谓长生不老的人;"佛"指佛教的得道的人。
㊁ shēn [神荼](-tú)神名。

钟(鉮) ㊀ shén 一类含砷的有机化合物。
㊁ shēn 非金属元素"砷"的旧译写法。

榊 shén 日本汉字,常绿树的总称,也指椿科常绿树。

䄕 shén 同"神"。

魁{魁} shén 神,特指山神。

䰠 shén 同"魁"。

𩴳 shén 同"神"。

shěn

邥 shěn ❶[邥垂]古地名,在今河南。❷同"沈"。1. 古国名。(《广韵》)2. 姓。

吷 shěn 同"弞"。

矤 shěn 同"矧"。

沈 ㊀(❶❷瀋) shěn ❶ 汁液:墨～未干(乾)。❷ 沈阳,地名,在辽宁。❸ 姓。
㊁ chén 同"沉"。
㊂ tán[沈沈](-tán)宫室深邃的样子。
◆"瀋"另见 861 页"渖"字条、861 页"瀋"字条。

弞 shěn 同"哂",笑;微笑:匆～。

审(審) shěn ❶ 详细;周密:详～|精～|～慎。❷ 检查核实:～查|～核|请再～一遍。❸ 审问,讯问案件:～讯|～判|公～。❹ 知道:不～近况安好?|未～意下何如? ❺ 副词,果真;确实:～如其言。

弡 shěn 同"矧",连词,况且:～无人兮,雾封霜销。

弫 shěn 同"哂"。

哂 shěn ❶ 笑;微笑:～纳|聊博一～|闻言点头微～。❷ 讥笑:～笑。

敓 shěn 同"矧"。

欥 shěn 同"矧"。

矧 shěn ❶ 连词,况且:死且不惮,～伊刑罚。❷ 齿龈:笑不至～。❸ 大笑:何～?|坏吾颜以逐人～。

庡 shěn 房屋倾斜。

宷 shěn 同"审(審)"。

谂(諗) shěn ❶ 规谏;告知:果敢者～之,则过不隐|以书来～。❷ 思念:是用作歌,将母来～|不忘～国。❸ 知悉:必有能～之者|抑未～其必然。

谉(讅) shěn 同"审(審)",熟悉;详知:～知|～悉。

弞 shěn 长。

森 shěn 恐怖。

笗 shěn 竹名。

訠 shěn 同"矧",况且。

渖(瀋) shěn 也作"沈",汁液:墨～未干(乾)。
◆"瀋"另见 861 页"沈"字条、861 页"瀋"字条。

婶(嬸) shěn ❶ 叔母,叔叔的妻子:三～|老～。❷ 称呼与母亲同辈而年龄较小的已婚妇女:大～儿|张二～。

矤 shěn 同"矧"。

詉 shěn 同"哂"。

寀 shěn 同"審(审)"。

瀋 shěn[澿瀋](jìn-)见 456 页"澿"字条。

頣 shěn 抬头看人的样子。

蕈 shěn 古山名。(《玉篇》)

蕈 shěn 同"蕈"。

魫 shěn ❶ 鱼脑骨,可做装饰品。❷ 鱼子。

魫 shěn 同"魫"。

瀋 shěn 同"瀋"。

瘮 shěn 除。

熄 shěn 同"魫"。

瞫 shěn 日所次隅。(《字汇补》)

瞫 shěn "瞫"的讹字。

鲹 shěn 大鱼。

燊 shěn 义未详。(《龙龛手鉴》)

瞫 shěn ❶ 往深处或下处看。❷ 偷看。

播 shěn[播酒]也作"橎酒"。用橎树汁酿成的酒。

蕃 shěn 草名。

瀋 ㊀ shěn ❶ "沈㊀ ❶❷"的繁体字。❷ "渖"的繁体字。
㊁ pán 水回流,也作"潘":鲵旋之～为渊。

橎 shěn 树名,汁可酿酒。

覾 shěn 同"瞫"。

瀋 ㊀ shěn［瀋瀹］(-yuè)水流迅急的样子。
㊁ tàn［瀋氾］(-fàn)水浮的样子。

覾 shěn ❶看的样子。❷仔细地看。

矉 shěn 同"瞫"。

shèn

瓜 shèn 义未详。(《字汇补》)

昰 shèn 同"甚"。

肾(腎) shèn 肾脏，俗称腰子，人和高等动物的泌尿器官。

甚{㽺} shèn ❶过分：过～｜欺人太～。❷超过；胜过：更有～者｜日～一日。❸副词，很；极：～佳｜～快｜～为得意。❹代词，什么：～事｜做～｜有～说～。

眘 shèn 同"昚(慎)"。

侺 shèn［傓侺］(lìn-)见 580 页"傓"字条。

甚 shèn 同"甚"。

昚 shèn 同"昚(慎)"。

脤 shèn 同"脤"。

腎 shèn 同"腎(肾，腎)"。

渗 shèn 同"渗(滲)"。

欱 shèn 指而笑。

脤 shèn 祭祀社稷之神所用生肉。

渗(滲) shèn ❶液体慢慢浸入或透出：～透｜～漏｜～入地下。❷通"瘆"，使人害怕：自己惊醒了，越躺着越发起～来。

祳 shèn 帝王祭祀天地神时供奉的生肉，盛在海蚌壳内，祭礼后分赐给同姓诸侯。

眘 shèn 同"慎"。

葚 ㊀ shèn 桑葚，桑树的果实，可食。
㊁ rèn 同"葚㊀"，用于口语：桑～儿。

聛 shèn［儵聛］(shū-)疾速的样子。

蜃 shèn ❶大蛤蜊。❷传说中的蛟龙类神异动物，能吐气形成海市蜃楼：黑～之气。❸海市蜃楼，一种大气现象，因光线折射作用形成的幻景，古人误以为蛟龙吐气而成：～市｜～景｜～气。

蜄 ㊀ shèn 同"蜃"。
㊁ zhèn 也作"踬"，振动。

罧{槑} shèn 把成捆的树枝放到水中，引鱼聚集以便捕捉。

瘆(瘮) shèn ❶寒病；寒栗：～如覆瘝于躬｜肌革～栗(慄)。❷令人害怕；惊恐的样子：～人｜墓地里阴森森的让人～得慌｜一霎价心儿～。

澿 shèn 寒冷的样子。

慎{慎} ㊀［❶昚］ shèn ❶小心；注意：谨～｜～重｜～赏罚以示劝惩。❷姓。
㊁ zhēn［慎阳］也作"滇阳"，古地名，在今安徽。

腎 shèn ❶同"肾(腎)"。❷肉瘤。

閖 shèn ❶守门。❷生涩不滑的样子。

甚 shèn 同"甚"。

㾕 shèn［廕㾕］(yìn-)大屋。

罧 ㊀ shèn 同"罧"。
㊁ yú 网。

鋠 shèn 圆铁。

滲 shèn 同"渗(滲)"。

罧 shèn ❶同"罧"。❷网。

甚 shèn 同"甚"。

瘆 shèn 同"瘆(瘮)"。

瘮 shèn 同"瘆(瘮)"。

鯳 shèn 鱼名。

蜃 shèn 同"蜃"。

䅵 shèn 同"葚"。

㞩 shèn 同“蜃”。

shēng

升［❶-❸昇、❷❸陞］ shēng ❶由低空向高空移动：～旗｜卫星～空｜旭日东～。❷登；上：～阶｜～堂入室｜～车正立。❸提高；晋级；升官：～温｜～学｜连～三级。❹成熟：五谷不～为大饥。❺旧时量粮食的器具，容量为斗的十分之一。❻容积单位。1.1 升等于1000 毫升。2. 旧制一升等于十合，十升等于一斗。❼姓。

◆“昇”另见 863 页“昇”字条。

◆“陞”另见 863 页“陞”字条。

生 shēng ❶长出：～长｜～根｜～芽。❷人、动物等出生，有了生命：～子｜诞～｜新～的小猫。❸活着：～擒｜贪～怕死｜苟且偷～。❹发生；产生：～效｜熟能～巧｜急中～智。❺使柴、煤等燃烧：～火｜～炉子。❻未长熟或没有烧煮熟的；没有经过炼制的：～瓜｜～肉｜～铁。❼不常见的；不熟悉的：～词｜～人｜陌～。❽指正在学习的人：学～｜师～｜实习～。❾传统戏曲中扮演男子的一种角色：老～｜小～｜武～。❿副词。1. 生硬；勉强：～搬硬套｜～拉硬拽。2. 很；非常：手挤得～疼｜～怕吵醒了孩子。⓫后缀：好～写｜怎～是好？

𡉀 shēng 同“生”。

㦳 shēng 同“升”。

阩 shēng 同“升”，登上。

声（聲） shēng ❶声音，也特指乐音：响～｜～如洪钟｜笛～悠扬。❷发出声音：～钟（鐘）而转鼓｜不～不响。❸宣告；张扬：～称｜～张｜～东击西。❹名声；声望；声势：～誉｜～威｜先～夺人。❺音讯；消息：寄～谢我。❻声调（字音的高低升降）：平～｜轻～｜四～。❼声母（字音开头的辅音）：双～｜～韵。❽量词，用于声音发出的次数：一～不吭｜几～凄厉，几～抽泣。

☞声/音　两字都指声音，但有细微差异，古人说：“知声而不知音者，禽兽是也。”“声”本义为声音，也特指乐音，多指动物、人发出的声音；“音”本义为乐音，泛指声音，多指乐器发出的声音。现代汉语中仍保留一些这类区别，如“声乐（指人歌唱的音乐）”“人声鼎沸”“听话听声，锣鼓听音”。

呏 shēng 英美制容积单位“加仑”的旧译写法，英制 1 加仑等于 4.546 升，美制 1 加仑等于 3.785 升。

夗 shēng 义未详。（《改并四声篇海》）

苼 shēng 古地名，在今山东，也作“笙”。

枡 shēng 人名。（《宋史》）

昇 shēng ❶“升❶-❸”的异体字。❷姓。❸用于人名：毕～（宋代人）。

狌 ㊀shēng 同“鼪”，鼬鼠，指黄鼠狼。㊁xīng 同“猩”，猩猩。

泩 shēng ❶水上涨。❷水深广的样子。

祏 shēng 享。

珄 shēng 金色。

殅 shēng 复苏；复活。

毨 shēng［毨氀］（-shū）毛竖起的样子。

牧 shēng 同“笙”。

欨 shēng 同“笙”。

牲 shēng ❶古代用于祭祀的全牛，泛指祭祀用的牛、羊、猪、马、狗、鸡等：献～｜～醴。❷牲口，牛、马、驴、骡、猪、羊等家畜：～畜｜宰～。

竔 shēng 立脱尔（旧时法国容积单位译音）的略写，即升，1 升等于 1000 毫升。

陞 shēng ❶“升❷❸”的异体字。❷用于人名。

殑 shēng［殑殑］（qíng-）见 788 页“殑”字条。

呯 shēng 同“声（聲）”。

昪 shēng 同“昇”。

陹 shēng ❶同“昇（升）”，太阳升起。❷古州名，也作“昇”。

跰 shēng 同“升（陞）”，登。

笙 shēng ❶簧管乐器：鼓瑟吹～。❷簟，竹席。❸竹名。

甥 shēng 同“甥”。

甥 shēng ❶姐姐或妹妹的子女(多指男性):外～|诸～绕膝啼。❷女儿的儿子,即外孙:前日为客,今日为我～婿也。❸女婿:西戎～舅礼,未敢背恩私。

甥 shēng 同"甥"。

焺 shēng[焺点]鼓铸。(《字汇补》)

湦 shēng 用于人名:终～。(《集韵》)

䞩 shēng[䞩䞩]旧称卜卦算命的盲人。

牲 shēng 义未详。(《改并四声篇海》)

䅞 shēng 麻类植物。

鉎 shēng 铁锈。

䟫 shēng 同"陞(升)",登。

䎴 ㊀ shēng 无形而响。
㊁ wén 同"闻(聞)"。

鴩 shēng ❶鸟名。❷同"鼪"。

麈 shēng 哺乳动物,像鹿而小。

鍟 shēng 同"鉎"。

鼪 shēng 鼪鼠,指黄鼠狼,哺乳动物。

䚇 shēng 腾。

鼮 shēng 同"鼪"。

shéng

渑(澠) ㊀ shéng 古水名,在今山东。㊁ miǎn 用于地名:～池(在河南)。

绳(繩){縄、繩、繩} ㊀shéng ❶用两股以上的棉麻、金属丝等拧成的条状物:麻～|钢丝～|～索。❷绳墨,俗称墨斗,木工用以正曲直的工具,引申为准则、法度:垂～取正|准～|畏法循～。❸衡量;弹纠;依法制裁:以己意～人|以～不公之情|～之以法。❹姓。
㊁ mǐn[绳绳](-mǐn)众多;没有边际;连续不断:殷殷海内,～八区|子孙～。

塍 shéng 稻田畦,也指田界或低湿之地。

憴 shéng ❶[憴憴]谨慎小心的样子:～救过(过:过失)。❷同"譝"。

縄 shéng "繩(绳)"的讹字。

譝 shéng 赞誉:群臣而～之。

䋲 shéng 同"绳(繩)"。

韁 shéng 同"绳(繩)"。

鱦 shéng 同"绳(繩)"。

shěng

冼 ㊀ shěng[浕冼](jìng-)见460页"浕"字条。
㊁ xiǎn 姓。

㼳{㼳} shěng 同"省"。

省 shěng 见1066页xǐng。

眚 shěng 清心。

眚 shěng ❶眼睛生翳,泛指病症、疾苦:目～|～病|勤恤民隐,而除其～。❷日食或月食:非日月之～|日有～,忽青黑无光。❸灾祸;灾异:无～|～物。❹过失;罪孽:不以一～掩大德|罪～。

痒 shěng 同"瘖"。

㾪 shěng 同"省"。

都 shěng ❶同"渻",古水名、古丘名。(《广韵》)❷古地名。(《集韵》)

㽈 shěng 同"省"。

䚇 shěng ❶直的样子。❷长的样子。

㝈 shěng 同"省"。

䇄 shěng 草名。

啙 shěng 缄口,慎言,一说同"省"。

渻 shěng ❶减少,后作"省"。❷水门,水出丘前像门:～丘。❸古水名。(《广韵》)

宭 shěng 宫中的官署。

婿 shěng 减少,后作"省"。

梢 ㊀ shěng 三根木头交叉构成的支架,用于支撑滤筲。
㊁ sì 同"杫",案板;砧板。

甑 shěng[瓬甑](xìng-)见 1067 页"瓬"字条。

渻 shěng 同"渻"。

瘖 shěng 瘦:容貌癯~。

蛸 ㊀ shěng 虫名。
㊁ nìng 昆虫,像蝉。

稍 shěng 麦。

躍 shěng 长的样子。

覩 shěng ❶ 仔细观察。❷ 量词,一覩合三寸:十八~眠床。

閣 shěng 古代官署。

䯋 shěng 同"瘖"。

shèng

圣(聖) shèng ❶ 通达事理:乃~乃神,乃武乃文。❷ 最崇高的;最有智慧的:~地|~火|~明。❸ 称学问、技能有极高成就的人:~贤|诗~|棋~。❹ 古代尊称帝王:~上|~旨|~恩。

郕 shèng 古县名,在今浙江。

耶 shèng 同"圣(聖)"。

胜㊀(勝) shèng ❶ 赢;胜利:得~|打~仗|大获全~。❷ 打败对方:以少~多。❸ 超过:~过|~似|今~于昔。❹ 优美的;优美的地方或境界:~地|名~|引人入~。❺(旧读 shēng)担得起;能承受:~任|不~其烦。❻(旧读 shēng)尽;尽数:不~枚举|不~感激。
㊁ xīng 同"腥":臊~。
㊂ shēng ❶ 饪肉。(《集韵》)❷ 肽的旧译写法,有机化合物,由氨基酸脱水而成。

亜 shèng 同"圣(聖)"。

晠 shèng ❶ 同"晟",光明。❷ 同"盛",盛大。

晟{晟} ㊀ shèng ❶ 光明:俯瞰旭日~。❷ 同"盛",盛大:自秦创兴,于周转~。
㊁ jīng 同"晶",光亮。
㊂ chéng 姓。

脮 shèng 肥。

盛 ㊀ shèng ❶ 众多;丰富:兵甲日~|~宴|~馔。❷ 兴旺:旺~|百花~开|繁荣昌~。❸ 盛大;隆重:~会|~况。❹ 强烈;炽烈:年轻气~|火势很~。❺ 深厚:~意|~情。❻ 普遍;广泛:~行|~传。❼ 姓。
㊁ chéng ❶ 把食物、饮料等放入容器内:~饭|~菜|再~一碗汤。❷ 容纳:口袋太小,~不下|这个礼堂能~八百多人。

眚 shèng 同"圣(聖)"。

蛈 shèng 刺。

剩 shèng 同"剩"。

跓 shèng 同"圣(聖)"。

聑 shèng 同"圣(聖)"。

賸 shèng 财富。

嵊 shèng 同"嵊"。

剩[賸] shèng 多余;余下:~余|家无~财。
◆"賸"另见 866 页"賸"字条。

兖 shèng 同"胜(勝)"。

尧 shèng 同"胜(勝)"。

髩 shèng 同"圣(聖)"。

墅{望} ㊀ shèng 同"圣(聖)"。
㊁ wàng 同"望",姓。

嵊 ㊀ shèng ❶ 山名,在浙江。❷ 用于地名:~州|~县(均在浙江)。
㊁ chéng 古亭名,在今江苏。

壂 shèng 同"圣(聖)"。

墭 shèng 盛物的器皿。

夓 shèng 同"胜(勝)"。

夓 shèng 同"胜(勝)"。

𨈬 shèng 同"圣(聖)"。

勝 shèng 同"勝(胜)"。

縢 shèng 筘，织布机部件，用来确定经纱的密度和位置。

剩 shèng 同"剩"。

嬒 shèng 同"娍"，女子身材高而美好的样子。

蕂 shèng［苣蕂］（jù-）见 475 页"苣"字条。

嵊 shèng 同"嵊"。

𡎺 shèng 同"圣(聖)"。

𡎼 shèng 同"圣(聖)"。

覴 shèng 义未详。(《龙龛手鉴》)

𦡆 shèng 同"縢"。

𡐓 shèng 同"圣(聖)"。

𡒄 shèng 同"圣(聖)"。

𡓵 shèng 同"圣(聖)"。

𡔖 shèng 同"圣(聖)"。

𨏉 shèng 车乘。

賸 shèng ❶增益；增加：～添。❷赠送：～春迎夏。❸"剩"的异体字。

𧬨 shèng 促言。

𦢳 shèng 同"賸"，赠送。

賸 shèng 同"賸"，剩余。

鷕 shèng 鸟名，即戴胜。

shī

尸｛尸｝［❶屍］ shī ❶尸体：～骨｜停～｜行～走肉。❷代表死者受祭的人：～祝。❸占据职位而不做事情：～位｜～禄。

叧 shī 义未详。(《改并四声篇海》)

失 shī ❶丢掉：～而复得｜～物招领｜坐～良机。❷找不到：迷～｜～踪｜～群之雁。❸没有掌握住：～手｜～足｜～言。❹没有达到目的：～意｜～望｜～策。❺违背：～信｜～约。❻错误；疏忽：～误｜千虑一～。

旡 shī 同"失"。

师（師） shī ❶军队编制单位，古代以二千五百人为师，现代是团的上一级。❷军队：出～｜百万雄～｜正义之～。❸老师，传授知识、技能的人：导～｜拜～学艺｜尊～爱徒。❹由师生或师徒关系而产生的：～母｜～叔｜～妹。❺掌握某种专门知识或技能的人：技～｜律～｜魔术～。❻姓。

㐌 shī 同"施"。

㐌 shī 同"施"。

佚 shī 同"失"。

㕥 shī 宜。

𠆲 shī 同"施"。

𠆲 shī 同"施"。

狮 shī 同"狮(獅)"。

陆 shī 同"师(師)"。

岐 shī 施行，敷布，后作"施"。

𢻫 shī 同"岐"。

𤤽 shī 同"瑡"。

邿 shī ❶古国名，在今山东。❷古山名，在今山东。❸用于地名：大～城(在山东)。❹姓。

呞 shī(又读 chī)同"齝"，牛反刍：牛～。

诗（詩） shī 文体名，多用韵：古～｜律～｜～情画意。

鸤（鳲） shī［鸤鸠］杜鹃鸟，又称布谷鸟。

虱［蝨］ shī ❶虱子，寄生在人、畜身上的昆虫，吸食血液，能传染疾病。比喻寄生作恶的人或弊病：富则淫，淫则有～，有～则弱。❷置身之中：我亦～其间。

㭈 shī 同"施"。

䞓 shī 义未详。(《改并四声篇海》)

䒗 shī 同"蓍"。

鸤(鳲) shī ❶同"鳾(鶳)",鸟名。❷鸟纲鳾科各属鸟类的通称。

㠰 shī 同"师(師)"。

䔖 shī 同"施",一说"䞓"的讹字。

狮(獅) shī 狮子,哺乳动物。

施 ㊀shī ❶散布:云行雨~|~于四体。❷加上;铺陈:己所不欲,勿~于人|~粉|~肥。❸给予:~予|~礼|~舍。❹实行:~工|实~|无计可~。❺姓。
㊁yí ❶邪:邪~。❷弯弯曲曲:~行。

浉(溮) shī 浉河,水名,在河南,注入淮河。

䞉 ㊀shī 同"䞓(施)",敷布。
㊁tuó 击。

㪾 shī 同"䞓(施)",敷布。

帀 shī 同"师(師)"。

铊(鉈) ㊀shī(又读shé)也作"鍦",短矛。
㊁tuó ❶同"砣",秤砣。❷装置在转轴上的铁质圆形工具,用于切割、碾磨玉料等:铡~|匀~|轧~。
㊂tā 金属元素,可用来制合金、光学材料等,其化合物用于医药。

䙾 shī 同"䙾"。

䅾 shī 同"鍦"。

㹷 shī 姓。

𠂤 shī 同"师(師)"。

釶 ㊀shī 同"铊(鉈,鍦)",短矛,泛指矛。
㊁yí 同"匜",古代盛酒或水的器具。
㊂yě 金属元素"钇(釔)"的旧译写法。

訑 shī 同"诗(詩)"。

溼 shī "溼(湿,濕)"的讹字。

雎 shī 同"鸤(鳲)"。

鳲 shī 同"鸤(鳲)"。

絁 shī 一种粗绸子。

䊓 shī 义未详。(《改并四声篇海》)

蒒 shī 同"蓍"。

葹 shī 苍耳。

㠰 shī 同"师(師)"。

㖷 shī 叹词,驱鸡声。

䙾 shī ❶邪语。❷同"䙾"。

㒾 shī 同"鍦"。

𡟓 shī 用于女子人名。

湿(濕)㊀[溼] shī ❶沾了水:~润|~透|雨过地皮~。❷所含水分多:~地|阴~|潮~。
㊁tà 水名,古黄河下游支流,在今山东。

㴓 shī ❶古水名。(《玉篇》)❷水的样子:淹泼而~。

䙾 shī 等候,后作"伺"。

䙾 shī ❶用引诱人的眼光看。❷等候,也作"䙾"。

蓍 shī ❶蓍草,多年生草本植物,茎、叶可提取芳香油,全草可供药用:~艾为席。❷蓍草茎,古代用以占卜:取~筮之。

蒒 shī 草名,种子可食。

𡟓 shī 女巫。

鉇 ㊀shī 同"鉈(鍦)",短矛。
㊁yí 同"匜",古代盛水或酒的器具。

湿 shī 同"湿(溼)"。

䙾 shī 同"䙾"。

䖢 shī 同"虱(蝨)"。

䴓 shī 同"𡟓"。

㻗 shī 玉名。

駴 shī 同"鰤"。

麡 shī 同"师(師)"。

釃(釃) shī(又读 shāi)❶ 滤(酒):击牛～酒,劳飨军士。❷ 斟(酒、茶):～酒临江|瓶内～茶。❸ 疏导(河渠):～二渠以引其河。

螄 shī 同"虱"。

鰤(鰤) shī ❶ 又称老鱼,传说中的鱼名。❷ 鰤鱼,生活在海中。

鯴 shī 义未详。(《改并四声篇海》)

頣 shī[頍頣](qī－)见750页"頍"字条。

鳲 shī 同"鳲(鸤)"。

穐 shī 同"鍦",短矛。

鬏 shī 义未详。(《改并四声篇海》)

箷 ㊀ shī 竹名。
㊁ yí 同"椸"。1. 衣架;晾衣竿。2. 床前的几案。

鰤 shī 同"鰤"。

癣 shī 义未详。(《龙龛手鉴》)

簁 shī[蛄簁](gū－)见299页"蛄"字条。

褷 shī[褵褷](lí－)见547页"褵"字条。

褷 shī[攕褷](xiān－)毛羽入的样子。(《龙龛手鉴》)

纚 shī 同"纚"。

欷 shī 叹词,呵喝声。

嘻 shī 用口腔运气的方法。

鳾(鳾) shī 鱼鳾,节肢动物,鱼的寄生虫。

譤 ㊀ shī 话多。
㊁ yǐ 自得之语。

褷 shī[褵褷](lí－)见550页"褵"字条。

嘀 shī 嘱。

鳷 shī 鸟名。

鍦 shī(又读 shé)古代兵器,短矛。

釃 shī 同"釃(釃)"。

鼓 shī 同"施"。

蟲 shī 同"虱(蝨)"。

溼 shī 同"溼(湿,濕)"。

濕 shī 同"濕(湿)"。

蝨 shī 同"蝨(虱)"。

驝 shī 野马。

聣 shī 牛、马摇动耳朵的样子。

鬠 shī 同"湿(濕)"。

鵂 shī 同"鳷"。

蝨 shī 同"虱"。

纚 ㊀ shī 同"纚"。
㊁ zhǐ 剑衣。

鶳 shī ❶ 鸟名。❷ 大雀名。

鰤 shī 同"鰤"。

禠 shī 祭名。

釃 shī 同"釃(釃)",滤酒。

襹 shī[襳襹](shān－)见1033页"襳"字条。

鼁 shī 蟾蜍。

纚 shī 一种粗疏的丝织品。

纚 shī"纚"的讹字。

鼁 shī[鼀鼁](qiū－)蟾蜍。

shí

十 shí ❶ 数词,九加一的和,也表示序数第十:～面埋伏|～月。❷ 表示完备或达到顶点:～足|～分|～全～美。

邿 shí［邿郝］（-fāng）古地名，今作"什邡"，在四川。

什 ㊀ shí ❶以"十"为一个单位的计数：十家为～｜境内不～数。❷同"十"，数词，多用于分数或倍数：～一（十分之一）｜～百（十倍或百倍）。❸多种的；杂样的：家～（家用杂物）｜～物｜～锦。
㊁ shén［什么］代词。1. 表示疑问：那是～？｜你在干～？｜～叫音律？2. 指不确定的事物或任何事物：他～都吃不下｜～困难都不怕。3. 表示惊讶或不满：～？都半夜了，还没回家！｜这是～话！

阩 shí［阩郝］（-fāng）也作"什方""什邡"，古地名，在今四川。

叶 shí 义未详。（《改并四声篇海》）

辻 shí 日本汉字。两条小路汇合或交叉的地方，多用于姓名。

石 ㊀ shí ❶构成地壳的坚硬的矿物质：岩～｜～雕｜他山之～，可以攻玉。❷石刻；碑碣：镂于金～｜纪～功名立。❸古代用作武器的石块：蹈白刃，被矢～。❹治病用的石针、药石：扁鹊怒而投其～。❺古代八音之一，指石制乐器，如石磬。❻古地名，在今河北。❼古州名，在今陕西。❽姓。
㊁ dàn（旧读 shí）❶古代质量单位，一石等于一百二十斤。❷旧时地积单位，其制不一，一石等于十亩或一亩。❸容积单位，1石等于10斗，合100升。

石 shí 同"石"。

旪 shí 同"旹（时，時）"。

后 shí 同"石"。

时（時）［旹］ shí ❶季节；节令：～令｜农～｜应～瓜果。❷时间：～空｜计～器｜～过境迁。❸量词，时间单位。1. 小时，1小时是一昼夜的二十四分之一：～速｜上午九～。2. 时辰，古代把一昼夜分为十二个时辰，每一时辰是两小时：午～三刻｜辰～启程。❹比较长的一段时间：古～｜战～｜汉～明月。❺限定的或一定的时间：定～｜准～｜按～。❻机遇；机会：～机｜～来运转。❼副词。1. 表示间断性地重复发生：～有所闻｜～来问候。2. 表示一会这样，一会那样：～走～停｜～明～暗。❽姓。

咁 shí 义未详。（《龙龛手鉴》）

竍 shí 也作"斗"，特卡立脱尔（旧时法国容积单位译音）的略写，一升的十倍。

识（識） ㊀ shí ❶认；知道：～字｜～别｜老马～途。❷见解：学～｜见～｜远见卓～。
㊁ zhì ❶记；记住：博闻强～｜默而～之。❷标记；记号：标～（今作"标志"）｜表～。❸刻在古代钟鼎等器物上的文字：款～。

姼 ㊀ shí 同"姼"。
㊁ shì 通"氏"：正姓～，通媒妁。

柢 shí 磨上的横木。

庢 shí 义未详。（《改并四声篇海》）

旹 shí 同"时（時）"。

哂 shí 量词，英制质量单位，1哂等于14磅。

実 shí 同"实（實）"。

实（實）［寔］ shí ❶富裕：国～民富。❷充实；充满：填～｜～心球｜～足年龄。❸果实；种子：开花结～｜华而不～。❹事实：史～｜不～之词｜名不副～。❺真诚，不虚假：～情｜～事求是｜～心～意。
◆"寔"另见870页"寔"字条。

拾 ㊀ shí ❶捡起；从地上拿起：～贝壳｜～金不昧｜～人牙慧。❷整理：～掇｜收～行李。❸碰撞：一头～在老太太的怀里｜女儿只是～头撞脑要寻死。❹数词"十"的大写。
㊁ shè 经由；轻步登上：～级而上。

兙 shíkè 质量单位"十克（10克）"的旧译写法。

峕 shí "旹（时，時）"的讹字。

飠｛飠食｝ shí 同"食"。

𠊊 shí 同"食"。

食 ㊀ shí ❶吃：～肉｜～堂｜废寝忘～。❷吃的东西：面～｜零～｜丰衣足～。❸因太阳被月球遮蔽，或月球被地球遮蔽，人在地球上看到的日、月亏缺或完全看不到的现象：日～｜月～。❹背弃（诺言）：～言。
㊁ sì 拿东西给人吃；喂养：饮之～之。
㊂ yì 用于人名：郦～其（lìyìjī，西汉人）。

蚀（蝕） shí ❶虫等蛀伤物：蛀～｜楼板被白蚁～坏了。❷损伤；亏缺：

侵～|腐～|～本。❸同“食”，日、月亏缺：日～|月～。

炻 shí 炻器，介于陶器和瓷器之间的陶瓷制品，如水缸、砂锅。

祏 shí 古代宗庙中藏神位的石匣：宗庙主～。

姼 ㊀shí 美女；美。
㊁tí［姼姼］（-tí）同“媞媞”，女子仪容美好的样子。

埘（塒）shí 在墙壁上凿洞而成的鸡窝：鸡～|鸡栖于～。

旹 shí 同“時（时）”。

柘 shí 同“石”，古代质量单位，一石等于一百二十斤。

䄷 shí 同“䄷”。

宲 ㊀shí 同“实（實）”。
㊁bǎo 同“宗（寶，宝）”。

蚀 ㊀shí［蚀螂（蜋）］（-láng）螳螂。
㊁zhè 同“䗪”。

飠 shí 同“食”。

誋 shí（又读zhì）同“识（識）”。

湜 shí“湜”的讹字。

遈 shí 同“遈”。

趧 shí 同“嘿”。

遈 shí ❶流行的样子。❷行走。

嘿 ㊀shí 鸟叫。
㊁tí 同“啼（嗁）”，出声地哭：子生孩～。

旹 shí“旹（時，时）”的讹字。

湜 shí 水清澈见底的样子：～～其沚。

寔 shí ❶通“是”，此；这：～繁有徒。❷“实（實）”的异体字。

鉐 ㊀shí［鍮鉐］（tōu-）见958页“鍮”字条。
㊁zú 姓。

鼭 shí 义未详。（《龙龛手鉴》）

煶 shí 同“湜”。

溡 shí 古水名，通称时水，在今山东。

湁 shí 义未详。（《龙龛手鉴》）

榯 shí ❶竹子、树木直立的样子：若松～。❷落榯，支持门枢的木件。

瘖 shí 同“蚀（蝕）”，虫等蛀伤东西。

瘖 shí 同“瘖”。

寔 shí 同“寔（实，實）”。

䶡 shí 毒出虿尾。

鲥（鰣）shí 鲥鱼，生活在近海和河口。

識 shí（又读zhì）同“识（識）”。

湜 shí 同“湜”。

實 shí 同“實（实）”。

䤱 shí 同“食”。

鸤 ㊀shí［鸤鸟］也作“石鸟”，又称鹡鸰，鸟名，即雁。
㊁diǎo［䯏鸤］（liǎo-）见571页“䯏”字条。

蝕 shí 同“蚀（蝕）”。

鰣 shí 同“鲥（鰣）”。

䤱 shí（又读zhì）同“识（識）”。

寔 shí 同“实（實）”。

鼫 shí 鼠名。

鼭 shí 鼠名。

戠 shí（又读zhì）同“识（識）”。

戴 shí（又读zhì）同“识（識）”。

鸤 shí 同“鸤”。

實 shí 同“实（實）”。

蘵 shí［苦蘵］苦参，落叶亚灌木，可供药用。

鼭 shí 同“鼭”。

齰 ㊀shí 拟声词，咬物声。
㊁zé 同“齰”，咬。

shǐ

凧 shǐ 义未详。(《字汇补》)

币 ㊀ shǐ 同“豕”。
㊁ hài 同“亥”。

史 shǐ ❶古代官名:长～｜御～。❷历史,自然或社会以往发展变化的过程,也指有关的记载文字和研究学科:文明～｜近代～｜～无前例。❸姓。

矢 shǐ 同“矢”。

矢 shǐ ❶箭:流～｜飞～｜有的放～。❷陈述:来游来歌,以～其音。❸通“誓”,起誓;发誓:～志不渝｜～口否认｜愿～来世。❹通“屎”,粪便:马～｜遗～。

叏 shǐ 同“史”。

弃 shǐ 同“矢”。

帀 ㊀ shǐ 同“豕”。
㊁ diǎo 同“屌”。

乱 shǐ 同“始”。

豕 shǐ 猪。

昊 shǐ 同“矢”。

苵 ㊀ shǐ 菜名。
㊁ sì 蒿草。

岆 shǐ 山。

岺 shǐ 同“使”,让;叫:～人定其心。

使 shǐ ❶命令;差遣:～唤｜支～｜～人前往。❷奉命办事的人:来～｜特～｜～节。❸用:～用｜～劲｜这支笔不好～。❹让;叫:迫～｜～他放心｜～人失望。

乱 shǐ 同“始”。

戻 shǐ 同“屎”。

始 shǐ ❶最初;开头:开～｜～祖｜有～有终。❷开始:周而复～｜千里之行,～于足下。❸副词,才:唯有如此,心中～能稍安｜千呼万唤～出来,犹抱琵琶半遮面。

驶(駛) shǐ ❶(车、马等)快跑:疾～｜行～。❷操纵;开动(车、船等交通工具):驾～｜～入。

祫 shǐ 同“始”。

使 shǐ 同“使”。

狭 shǐ 哺乳动物,像狗。

来 shǐ 同“屎”。

扅 shǐ 用于人名:謵～。(《庄子》)

屎 shǐ ❶粪便;大便:拉～｜狗～。❷眼、耳等器官的分泌物:眼～｜耳～。

叓 shǐ 同“使”。

砄 shǐ 石名。

矢 shǐ ❶拟声词,石坠落声。❷石制箭簇。

豙 shǐ 同“豕”。

晪 shǐ 明亮。

叓 shǐ 同“使”。

飴 shǐ 同“茹”。

茹 shǐ 草名。

笑 shǐ “笑(矢)”的讹字。

笶 shǐ 同“矢”。

屎 shǐ 同“屎”。

菌 shǐ 粪,后作“屎”:～尿。

屜 shǐ 同“屎”。

屍 shǐ 同“屎”。

鉂 shǐ ❶环。❷刺。

粎 shǐ 同“戻(屎)”。

闍 shǐ ❶[闍水]古水名。(《山海经》)❷门。

鲥 shǐ 同“駛”。

糠 shǐ 同“屎”,粪便。

駛 shǐ 同“駛(驶)”。

醷 shǐ 酒气酷烈。

麌 shǐ 义未详。(《改并四声篇海》)

駛 shǐ 同“駛(驶)”。

齭 shǐ 牙齿好。

shì

士 shì ❶未婚的青年男子,泛指男子,又用为人的美称:人～|志～|壮～。❷古代社会阶层之一。1. 先秦时期贵族的最低等级,次于大夫,引申为官吏的通称:乡无长游,里无～舍。2. 士民,农、工、商以外学艺、习武的人:～籍。❸指读书人:～人|～林|名～。❹指军人:战～|将～|～气。❺现代军衔的一级,在尉之下:上～|中～|下～。❻指某些有专门技艺的人员:医～|护～|助产～。

丗 shì 同“世”。

氏 ㊀shì ❶姓,原为姓的支系,后混而为一:刘～。❷旧时称已婚妇女,通常先夫姓、次父姓,后加“氏”:刘王～(夫姓刘,父姓王)。❸古代少数民族支系的称号:慕容～|拓跋～|宇文～(均为鲜卑族)。❹对前代有影响的人的称呼:神农～|陈～定理|摄～温度。☞氏/姓 见1067页“姓”字条。
㊁zhī ❶[月氏]见1203页“月”字条。❷[阏氏](yān-)见228页“阏”字条。
㊂jīng[狋氏](quán-)见1134页“狋”字条。

示{朩、朩、礻} shì ❶表明,使事物显现出来让人知道:～范|～威|暗～。❷敬辞,称别人来信:惠～|赐～|～复。

世 shì ❶古代称三十年为一世,引申为人的一辈子:人生一～|今生今～。❷代,有血统关系的人相传的辈分:五～单传|第十～孙。❸辈辈相传的:～谊|～仇|～医。❹时代:当～|近～|太平盛～。❺世界;宇宙;全球:～上|～人|人～间。☞世/代 父子相继为一世,如“祖孙三世”;朝代更迭相替为一代,如“夏商周三代”。唐代因避太宗李世民庙讳,遇到“世”字改为“代”,两字遂成同义词,如“祖孙三代”即“祖孙三世”。

丗 shì 同“世”。

仕 shì ❶旧指做官:出～|～途。❷同“士”,用于中国象棋红方棋子。

市 shì ❶集中进行买卖交易的地方:集～|菜～|～场。❷买;卖:～恩|沽酒～脯|转以～人。❸人口密集,工商业和文化较发达的地方:城～|都～|～容。❹行政区划单位,有直辖市和省(自治区)辖市等:北京～|长春～|～政府。❺属于中国度量衡市用制的:～斤|～尺|～升。

式 shì ❶标准;榜样:永为后～。❷特定的规格:格～|程～|古～。❸物体的外部形状:样～|款～|新～。❹典礼:仪～|开幕～|阅兵～。❺用来表明某些规律的一组符号:公～|方程～|分子～。❻助词,用于句首,表示语气:～号～呼,俾昼作夜。

卋 shì 同“世”。

卋 shì 同“世”。

狏 ㊀shì 狏狼,传说中的动物,像狐,白尾,长耳。
㊁shé 同“蛇”。

忕 ㊀shì 习惯;惯于:忸～小利。
㊁tài 同“忲”,奢侈:侈～。

阺 shì 山边凸出而将要崩坠的崖石:响若～隤。

丗 shì 同“世”。

叓 ㊀shì 同“事”。
㊁lì 同“吏”。

狧 shì 同“狏”。

伏 shì “忕”的讹字。

户巴 ㊀shì ❶门轴。❷门槛:属兵列护门～。❸台阶旁的斜石:阶～|～下。
㊁yí 同“𢈘”。

卮 shì 同“户巴”。

皇 shì 义未详。(《龙龛手鉴》)

进 shì 游步。(《玉篇》)

势(勢) shì ❶力;力量:所谓强弩之末,～不能穿鲁缟者也。❷威力;权力:～力|倚～欺人|狗仗人～。❸事物表现出来的情况。1. 自然界的:地～|山～。2. 动作的:姿～|手～|来～凶猛。3. 政治、

军事及其他社会活动的:局～|时～|大～所趋。❹男子或雄性动物的生殖器或睾丸:去～。

奭 shì 义未详。(《改并四声篇海》)

事{亊} shì ❶官职;职务,引申为职业:无功而受～|以屠狗为～|谋～。❷事情,自然界、社会中一切现象和活动:大～|国～|～假。❸事故,由于某种原因而发生的不幸事情:出～|平安无～。❹从事;做:不～生产|大～宣扬|无所～事。❺服事;侍奉:治人～天|天下共立义帝,北面～之。❻关系;责任:不关你的～|你走吧,没你什么～。

哷 shì 同"嗜"。

唶 shì 贪吃喝,一说同"哷(嗜)"。

侍 shì ❶服侍;伺候:～立|～侧。❷伺候人的人:近～|～从|女～。

饰(飾) ㊀shì ❶刷;擦洗:～其牛牲。❷装点;打扮:装～|修～|油～门窗。❸供装点、打扮用的物品:窗～|服～|首～。❹遮掩;伪装:掩～|粉～|文过～非。❺装扮;扮演(角色):在影片中～警察。
㊁chì ❶通"饬(飭)",命令;整治:严～护疆|～城请罪。❷通"敕",端正;谨慎:难为非则行～。

浉 shì 古水名,在今河南。

恃 shì 同"恃"。

试(試) shì ❶用;使用:百僚是～|刑不～而民咸服。❷非正式地探索:～行|～航|～一～。❸测验;考核:～题|应～|跃跃欲～。

视(視)[❶-❹眎、❶-❹眡] shì ❶看:近～|～野|～而不见。❷考察;观察:巡～|监～|～察。❸看待;对待:重～|～如己出|一～同仁。❹治理;处置:～事。❺生存;活着:长生久～之道。☞视/见/睹/看 见210页"睹"字条。

拭 shì 揩;擦:拂～|～泪|～目以待。

迹 shì 同"迹"。

眂 shì 义未详。(《改并四声篇海》)

贳(貰) shì ❶赊买;赊欠:～酒|～账|赊～。❷出赁;出借:～器店(旧时出租婚丧、喜庆用品的店铺)。❸宽纵;赦免:～其罪|犯法不～。

柹 shì 同"柿"。

梯 shì 同"柿"。

柿[柹] shì 落叶乔木,木材可制家具。果实称柿子,可食,也可制柿饼、柿酒等。
◆"柹"另见247页"柹"字条。

眎{眎} shì 同"视(視)"。

眡 shì 同"眡(视,視)"。

昰 ㊀shì "是"的异体字。
㊁xià 同"夏"。

是[昰] shì ❶对;正确:似～而非|一无～处|实事求～。❷代词,这:如～|由～知之|～可忍,孰不可忍?❸表示判断:小王～中学生|这本书～新书|小说《子夜》的作者～茅盾。❹表示存在:他满身～泥|屋前～一片竹林|漫山遍野都～柿树。❺表示适合:这场雨下得～时候。❻表示凡是、任何:～金子总会发光|～重活就抢着干。❼表示加重语气:～谁在外面大喊大叫?|他那天～没来|这本书～好。❽表示让步,有"虽然"的意思:这东西好看～好看,可不适用|衣服旧～旧,可穿起来挺舒服。❾用于选择问句、是非问句中:你～走～留?|你～不去了吗?❿表示肯定态度的应答词:～,我马上去|～,我知道了。
◆"昰"另见873页"昰"字条。

眡 shì 同"视(視)"。

逝 shì 同"逝",超越。

帙 shì 同"拭"。

𪃊 shì 义未详。(《龙龛手鉴》)

适㊀(適) shì ❶去;往:无所～从|使五尺之童～市。❷女子出嫁:～人|有女未～。❸切合;相合:～合|～度|削足～履。❹正好;恰好:～得其反|～可而止。❺方才;刚才:～才|～从何处来?❻舒服:安～|舒～|身体不～。☞适/之/往/如/赴/去 见982页"往"字条。
㊁kuò ❶迅疾。❷姓。❸用于人名:洪～

(宋代人)|南宫~(周代人)。☞适/適 见876页"適"字条。
◆"適"另见876页"適"字条。

䑛 shì 同"舓(舐)"。

叓 shì 同"事"。

䏡 shì 同"弑"。

䏡 shì ❶肉生。❷有机化合物,是食物蛋白和蛋白胨的中间产物。

昬 ㊀shì 同"眂",看。
㊁hūn 同"睧",目暗。

洓 shì 同"泚"。

恃 shì ❶倚仗;凭借:仗~|有~无恐|自~聪明。❷母亲的代称:生有甥女,早失~。

室 shì ❶内室,泛指房屋、房间:入~又弗见也|~内|三~一厅。❷家:十~九空|丈夫生而愿为之有~。❸妻子;娶妻:妻~|继~|丈夫二十而~。❹家族;王朝:皇~|帝~之胄。❺坟墓:百岁之后,归于其~。❻机关团体内部工作单位:收发~|会计~|图书~。☞室/宫/堂/房/屋 见293页"宫"字条。

㫑 shì 软硬适中的饭。

㝬 shì 义未详。(《改并四声篇海》)

䂓 shì 同"䂓"。

逝 shì ❶(流水、时间)过去:~水|消~|时光易~。❷死去(多含敬重义):~世|病~|长~。❸跑:时不利兮骓不~。❹通"誓",表示决心:~将去女(rǔ),适彼乐土。

莳(蒔) ㊀shì ❶分种,移栽(秧苗):~秧。❷栽种;种植:播~|~花种竹。❸姓。
㊁shí[莳萝]又称小茴香,一年或多年生草本植物,果实可提取芳香油或供药用。

栻 shì ❶古代占卜时日的用具,后称星盘。❷树名。

耒 shì 同"事"。

轼(軾) shì 古代车箱前面用作扶手的横木。

昰 shì 同"是"。

眂 shì 同"眡(视,視)"。

唑 ㊀shì 同"噬",啮;吃:海~风雨愁相煎。
㊁zuò 用于译音:噻~|咔~(均为有机化合物)。

铈(鈰) shì ❶剑名。❷金属元素,可用来制合金、火箭喷气燃料等。

舐 shì ❶也作"舓",以舌舔物:~痔|老牛~犊。❷像用舌舔一样:~岸的海声|火苗儿~着锅底。

筬 shì(又读shī)钥匙:玉~金钥。

胘 shì 几。(《广雅》)

烒 shì 火的样子。

䣵 shì 义未详。(《改并四声篇海》)

貰 shì 同"贳(貰)"。

莳 shì 同"莳(蒔)"。

菩 shì 同"莳(蒔)"。

䀵 shì 眼睛看到的。

睗 shì 同"视(視)"。

䝶 shì 义未详。(《改并四声篇海》)

跒 shì 立;伫立。

豨 shì 同"豕"。

䑛 shì 同"舓(舐)"。

舐 shì 同"舐"。

笹 shì 日本汉字,一种枝干短小、叶宽大的竹子,多用于人名。

笰 shì 传说中的一种巨竹,高百丈,粗三丈。

飾 shì 同"飾(饰)"。

轼 shì 同"弑"。

窒 shì 穴。

衬 shì 同"襫"。

谡(諟) ㊀ shì 正;订正:～正文字。㊁ dì 同“谛(諦)”,审慎。

㔭 shì 割肉。

𢘑 shì 义未详。(《改并四声篇海》)

揓 shì 把;握持:～网。

𧺝 shì 同“崼”。

眎 shì 同“示”,呈现。

蚀 shì[蚀蠼](-mò)同“蚬蠼”。

崼 ㊀ shì 山。
㊁ dié[崼峴](-niè)高低不齐的样子。

帍 shì 巾。

㓷 shì 同“㸷”。

徥 shì ❶ 相偕而行或行走的样子。❷ 通“恃”,倚仗:强徒～势。

弑{弒} shì 古代指臣子杀死君主、晚辈杀死长辈等。☞弑/戮/诛/杀见842页“杀”字条。

释(釋) shì ❶ 放开;放下:～放|如～重负|爱不～手。❷ 把监押服刑的人释放:保～|开～|获～。❸ 说明;解说:解～|注～|～文。❹ 消融;消除:冰～|稀～|～疑。❺ 释迦牟尼(佛教创始人)的简称,泛指佛教:～教|～门|～典。❻ 姓。

貏 shì 同“𧳜”。

誺 shì 誺志,发誓。

寔 shì “寔”的讹字。

谥(謚)[諡] shì ❶ 古代帝王、贵族、大臣死后,依其生前事迹所给予的褒贬称号:～法|～号|赠～美显。❷ 加给谥号;定谥号:～君为忠武侯|宜～曰靖节徵士。❸ 称:身死无名,～为至愚。

媞 ㊀ shì ❶ 仔细审视。❷ 巧慧。❸ 对母亲的称呼。
㊁ tí[媞媞](-tí)1.步态安详、舒缓:～步东厢。2.美好的样子:西施～而不得见。

㸷 shì 两角竖直的牛。

貰 shì 同“貰(贳)”。

䤭 shì[䤭䤵](-yì)也作“䤵䤭”,人脸的样子。

䚡 shì 同“誓”。

睗 shì ❶ 很快地看一眼:睒～。❷ 赐;赏给:王～乘马。

䀹 shì 同“视(視)”。

嗜 shì 喜爱;贪求:～酒|～睡|～利。

䙾 shì[䙾䙿](-yù)也作“䙿䙾”,覆盖头和脸的巾帕。

踶 ㊀ shì 同“遰”,超越。
㊁ zhuǎi 体胖不灵活,走路左右摇摆:走起路来,两条腿一～一～的。

筮 shì ❶ 用蓍草做的占卜用具:取～于西塾。❷ 占卜吉凶:不卜～而事吉。

鉃 ㊀ shì 箭头。
㊁ zú 同“镞(鏃)”。1.箭头。2.锐利。

餙 shì ❶ 粔籹,古代用蜜和米粉制成的食品。❷ 食品名。

𧳜 ㊀ shì 狸类动物。
㊁ shǐ 同“狭”。

諫 ㊀ shì 忘记。
㊁ jiàn 同“谏(諫)”。

遰 shì 超越。

㸷 shì 同“㸷”。

誓 shì ❶ 告诫将士,约束行为;表示决心的言辞:～军旅|～言|宣～。❷ 发誓;表决心:立～|～不罢休|～死不二。

蒔 shì 同“莳(蒔)”。

䚡 shì 同“誓”。

䙾 shì “䙾”的讹字。

䑛 shì 以舌舔物,后作“舐”。

鉽 shì 鼎类炊具。

餝 shì 装饰。

䬐 shì 贪吃。

䏡 shì 同“嗜”。

𩣥 shì 哺乳动物。

S

適 ㊀shì ❶"适㊀"的繁体字。❷姓。☞適/适 两字都用于姓,读音有别,汉字简化后已混淆。
㊁dí ❶随从;顺从:一国三公,吾谁~从|处分~兄意,那得自任专。❷亲近;器重:心无~莫|秦王~贤。❸专主:军无~主,一举可灭。
㊂tì[適適](-tì)惊视自失的样子:窥见女,~惊。

奭 shì ❶盛大:酣~。❷赤色:路车有~。❸恼怒:两官~将军|伤心罔不~。❹姓。

銴 ㊀shì ❶车樘结。❷铜锈。
㊁zhì ❶小车车钩。❷古代器物上系绳处。

舐 shì 同"舐"。

諟 shì 同"是",对;正确。

舓 shì 同"舐"。

䑛 shì 同"舐"。

箟 ㊀shì ❶簧管乐器上的簧。❷钥匙,后作"匙":~短不及鏁。
㊁tí 同"簴"。
㊂jī 同"笄",簪子。

銽 shì 同"銴"。

鉃 shì 同"誓"。

鍦 shì ❶饰:首~。❷推。

貖 shì 同"貖"。

餝 shì 同"饰(飾)"。

飭 shì 同"飾(饰)"。

鳀 shì 同"鳀"。

颫 shì 义未详。(《改并四声篇海》)

諡 shì 同"謚(谥,諡)"。

遾 shì 同"適(适)"。

䊓 shì ❶黏的样子。❷红米。

隵 shì 同"澨",涯岸。

鄯 shì 古乡名,在今河南。

鄰 shì 古乡名。(《集韵》)

噬 shì ❶咬;吃:~啮|吞~|~脐莫及(比喻后悔莫及)。❷侵吞:横~诸侯。

筭 ㊀shì 同"筮"。
㊁shé 也作"揲",数蓍草以占卜吉凶。

遾 shì ❶相及,赶上。❷远。

簭 shì 同"筮"。

餙 shì 同"饰(飾)"。

餺 shì 同"餕"。

鳀 shì "鳀"的讹字。

螫 shì 同"螫"。

澨 shì ❶水边;涯岸:漳~|海~|南~。❷古水名,在今湖北。

嬕 shì 用于女子人名。

奭 shì 同"奭"。

螫 shì(又读zhē)❶蜇;毒虫咬人:蜂~|~噬|~手解腕。❷毒害;危害:~毒|毒~|遗~。❸恼怒而加害:有如两官~将军。❹蝎的前螯。

奭 shì 同"奭"。

醏 shì 同"嗜"。

蠘 shì 同"螫"。

讁 shì 同"適(适)"。

犗 shì 义未详。(《改并四声篇海》)

𩾔 shì 同"弑"。

襫 shì 装织。

嫡 shì 女子出嫁:女有~。

鞢 shì 刀、剑的鞘。

瞾 ㊀shì 看;看的样子。
㊁yì 眼睛明亮。

䁺 shì 同"䁺"。

簭 shì 同"筮"。

䭄 shì 同"嗜"。

謚 shì"謚(谥)"的讹字。

𤒸 shì 义未详。(《龙龛手鉴》)

䆊 shì 淘米。

𥻸 shì 同"䆊"。

簭 shì"簭(筮)"的讹字。

襫 shì[袯襫](bó-)见64页"袯"字条。

𥼶 shì"䆊"的讹字。

𧝬 shì 同"襫"。

𥳍 shì 同"筮"。

䶛 shì ❶凿开山陵的通道。❷土山。

𠼪 shì 同"释(釋)"。

籂 shì 同"𥳍(筮)"。

䶡 shì 同"舐"。

齸 shì 同"舐"。

shōu

収 shōu 同"收"。

𠂶 ㊀shōu 同"收"。
㊁jiū 同"摎",纠缠;纠结。

収 shōu 同"收"。

收 shōu ❶逮捕;拘禁:～捕|～监。❷聚集;接到:～集|～拢|信～到了。❸招回:～兵。❹藏或放置妥当:把钱～好。❺获取;接受:～入|～徒弟。❻割取成熟的农作物:秋～|～割。❼控制;约束:～敛|～心|～住脚步。❽结束:～工|～场|～尾。

倏 shōu 古县名。(《集韵》)

㪎 shōu 同"收"。

𤛘 shōu 牛名。

䀼 shōu[瞜䀼](lí-)见549页"瞜"字条。

犙 shōu 牛三岁。

shǒu

手 shǒu ❶人体上肢前端能使用工具的部分:～心|～拉～|爱不释～。❷拿着:人～一册|谁能～斧柯。❸亲自动手:～稿|～写。❹技能;本领:留一～|眼高～低|～狠心辣。❺量词,用于技能、本领等:露两～|学得一～绝活儿。❻做某种事情或擅长某种技能的人:歌～|神枪～|生产能～。❼小巧易拿的:～枪|～册|～电筒。❽姓。

㝊 shǒu 同"守"。

守 shǒu ❶护卫;保持:～卫|～城|墨～成规。❷看护;看管:～护|～门|～株待兔。❸遵守;依照:～法|～时|因循～旧。❹依靠;靠近:厮～|孤儿寡母,相～相依|～着个超市,买东西很方便。

百 ㊀shǒu 同"首",头;脑袋。
㊁bǎi 同"百"。

㝊 shǒu 同"㝊(守)"。

𦣻 shǒu 同"首"。

𥄫 shǒu 义未详。(《龙龛手鉴》)

首{𩠐} shǒu ❶头;脑袋:～饰|回～|昂～挺胸。❷头领;带头的:～长|～犯|罪魁祸～。❸第一;最高;最先:～席|～次|～创。❹自我告发或告发别人:自～|出～。❺量词,用于诗歌、乐曲等:一～诗|两～歌。

𦂔 shǒu 义未详。(《改并四声篇海》)

𩠐 shǒu 同"首"。

𥄉 shǒu 义未详。(《龙龛手鉴》)

𠂋 shǒu 同"手"。

䛳 shǒu 同"守"。

㝊 shǒu 同"守"。

𢬵 shǒu 同"手"。

艏 shǒu ❶船体的前端或前部:船～|～柱|～楼。❷船。

𦨂 shǒu 同"艏"。

𩠐 shǒu ❶长子。❷顺产。

𩠑 shǒu 同"𩠐"。

𩠔 shǒu 同"首"。

𩠗 shǒu 同"首"。

shòu

寿(壽) shòu ❶长久:如南山之～,不骞不崩。❷长命,活得岁数大:福～|～星|人～年丰。❸岁数;生命:～命|高～|延年益～。❹寿辰;生日:祝～|～礼|～桃。❺敬酒、献物等以祝人长寿:以为先生～。❻婉辞,装殓死人用的:～材|～衣|～帽。❼姓。

受 shòu ❶接受;接纳:～礼|～贿|～教育。❷遭受;遭到:～风|～苦|～害。❸忍受;忍耐:～不了|～得住|不好～。❹适合:～吃(吃着可口)|～看(看着顺眼)|～听(听着入耳)。

㖟 shòu 叹词,逐鸟声。

狩 shòu ❶君主冬季打猎,也借以阅兵习武,泛指打猎:冬～|～猎。❷君主出巡:巡～。

授 shòu ❶给;交付:～奖|～权|～意。❷教;教导:口～|传～技能|面～机宜。❸通"受",接受:登,再拜～币|关者所以关藏呼吸之气,以禀～四气也。

㨨 shòu"䄍"的讹字。

𠰭 shòu 口头接受。

售 shòu ❶卖出去:～票|出～|销～。❷嫁出去:更遭丧乱嫁不～。❸施展(奸计):其计不～|以～其奸。

㾟 shòu 同"瘦"。

兽(獸) shòu ❶哺乳动物的通称,多指野兽:禽～|走～|百～之王。❷牲畜:～医|～力车。❸野蛮;下流:～性|～欲|～行。

涭 ㊀ shòu 水的样子。
㊁ tāo 同"涛(濤)"。

𢙏 shòu ❶忧思:舒～受兮。❷用于人名(汉代武安侯)。

䄍 shòu 祈求久年的祭祀。

绶(綬) shòu 用来拴系玉饰、印纽等的丝带:～带|印～。

㥅 shòu 同"寿(壽)"。

𠍃 shòu 同"售"。

𠬢 shòu 同"受"。

𤸫 shòu 同"瘦"。

𤺖 shòu 同"㾟(瘦)"。

𤸊 shòu 同"瘦"。

𣄏 shòu 同"受"。

𦝯 shòu 同"瘦"。

𧝂 shòu 衣。

㝵 shòu 同"壽(寿)"。
{壽}

𦒐 shòu"𦒐(寿,壽)"的讹字。

𧎫 shòu 虫名。

𥢑 shòu 同"𥢑(授)"。

𠍃 shòu 同"售"。

𤻲 shòu 同"瘦"。

𤸴 shòu 同"瘦"。

瘦 shòu ❶脂肪少;肌肉少:～弱|消～|骨～如柴。❷食用肉脂肪少或基本不带脂肪:～肉|这块肉肥～适中。❸土地瘠薄:～田。❹衣服、鞋袜等窄小:～腿裤|脚肥偏嫌鞋～。❺笔画纤细而峭削有力:～金体|字势疏～|书贵～硬方通神。

瘦 shòu 同"瘦"。

鶱 shòu 同"寿(壽)"。

鶱 shòu 同"寿(壽)"。

䩭 shòu 同"狩"。

穟 shòu 同"授"。

謏 shòu 同"授",口授:使其密号～诸军。

瘦 shòu 同"瘦"。

褎 shòu 衣衿。

鶱 shòu 同"寿(壽)"。

锼(鎪) ㊀ shòu ❶锋利。❷箭头。❸[锼镂](-lòu)铁锈,也单称锼。
㊁ sōu 刻镂:雕～。

穟 shòu 同"授"。

猾 shòu 义未详。(《改并四声篇海》)

瘦 shòu 同"瘦"。

獣 shòu 同"獸(兽)"。

䛵 shòu 德。

壽 shòu 同"寿(壽)"。

穟 shòu 同"授"。

瘦 shòu 同"瘦"。

寠 shòu 卸。

獸 shòu 同"獸(兽)"。

穟 shòu 同"授"。

魗 shòu 义未详。(《龙龛手鉴》)

膄 shòu 同"瘦"。

寠 shòu "寠"的讹字。

䝊 shòu "鏂(锼,鎪)"的讹字。

鎪 shòu 同"锼(鎪)"。

鮍 shòu 琵琶鱼,又称华脐鱼。

䝊 shòu 同"锼(鎪)"。

瘦 shòu 同"瘦"。

壽 shòu 用于清代帮派三合会的旗号。

壽 shòu 同"寿(壽)"。

鶤 shòu 义未详。(《改并四声篇海》)

shū

几 shū ❶[几几]1.短羽鸟飞的样子。2.患病的样子:腰痛侠脊而痛,至头～然。❷同"殳"。

殳 shū 古代兵器,用竹、木等制成,一端有棱无刃,有的顶端装有刺球和矛。

书(書) shū ❶写字:～法|大～特～。❷汉字字体:楷～|隶～。❸装订成册的著作:古～|读～|～店。❹信:家～|～柬|来～已悉。❺文件:证～|申请～|说明～。

㕛 shū 同"殳"。

疋 ㊀ shū ❶足;脚:问～何止?❷疏记,注疏,后作"疏"。❸小吏,后作"胥"。
㊁ yǎ ❶正,后作"雅":风～|大～。❷平素,向来,后作"雅":～善。
㊂ pǐ "匹❶❸"的异体字。

尗 shū ❶同"菽"。❷同"叔"。

抒 shū ❶舀出;汲出:～井易水|～清去浊。❷表达;倾吐:～情|各～己见|直～胸臆。

朱 shū 同"叔"。

殳 shū 同"殊",特殊;不同。

姝 shū 同"姝"。

纾(紓) shū ❶解除:～忧|毁家～难。❷宽缓;延缓:民力稍～|身之贰也,姑～死焉。❸舒展;抒发:～散|何以

S

～幽情?

荓 shū“菽”的讹字。

枢(樞) ㊀ shū ❶旧式门的门臼或转轴:铁～|户～不蠹。❷事物的关键或中心部分:机～|～纽|中～。❸星名,北斗第一星,也借指天子之位:建天～,执斗柄|应天受命,握纪登～。❹姓。
㊁ ōu 刺榆:山有～。

杸 ㊀ shū 同“殳”,古代兵器名。
㊁ duì 树名。

毂(轂) shū 竹竿。

叔 shū ❶拾取:九月～苴。❷兄弟排行中指老三:伯仲～季。❸叔父,父亲的弟弟,也用于称跟父亲同辈而年龄较小的男子:二～|大～|～～。❹丈夫的弟弟:小～子。❺衰;末:三辟之兴,皆～世也。❻通“菽”,豆类植物:食以刍～。❼通“淑”,善良;美好:忆尔才名～。

朹 shū 同“殊”。

村 shū 同“叔”。

倈 shū 动。

陎 shū ❶[陎陵](-lóu)古县名。❷姓。

椗 shū 同“梳”。

尌 shū 同“叔”。

竖 shū“尗(叔)”的讹字。

笁 shū 同“叔”。

疋 shū 同“疏”。1.疏通。2.疏远。

尗 shū 同“叔”。

殊 shū 同“殊”。

姝 shū ❶容貌美好,泛指美好:姿颜～丽|新作语尤～。❷美女:名～|绝代之～。❸顺从的样子,也作“姝姝”:所谓暖姝者,学一先生之言,则暖暖～～而私自说也。

梳 shū 同“梳”。

菽 shū 同“菽”。

殊 shū ❶斩;杀死:太子自刑,不～。❷断;绝:断其后之木而弗～|骨肉之亲粲而不～。❸差异;不同:特～|～途同归。❹特别突出:～荣|～勋|谋～功异。❺副词,极;很:～佳|～可钦佩|今者～不欲食。

眐 shū 窗。

瓶 shū 小罂。

牀 shū ❶[牀膢](-lǘ)挡水板。❷横木渡水。

倏[倐、儵] shū 极快地;忽然:～忽|～尔|～已半载。
◆“儵”另见882页“儵”字条。

倏 shū“倏(倐)”的讹字。

昮 shū 八觚杖。

郐 ㊀ shū 地名,也作“舒”。(《汉语大字典》)
㊁ shè 古邑名。(《集韵》)

疨 shū 同“疋”。

泶 shū 同“淑”。

练(練) shū ❶一种像苎布的粗织物:葛帔～裙。❷纺粗丝。

掓 shū 拾取,也作“叔”。

菽 ㊀ shū 大豆,大豆的苗,后总称豆类植物:稻～|不能辨～麦|殒霜杀～。
㊁ jiāo[菽藟](-lěi)草名。

梳 shū ❶梳子,整理头发的用具:木～|银～。❷用梳子整理:～头|～妆|～洗。

毹 shū 同“毹”。

崊 shū 用于古地名:盘～村(在今浙江)。

毬 shū 同“毹”。

焂 shū 光动的样子。

鄃 shū 古县名,在今山东。

訏 shū 同“舒”。

淑 shū ❶清澈:日月～清而扬光。❷善良;美好:贤～|～人君子|～女。

綎 shū 同“疏”,分条记录、陈述。

綀 shū“紓(纾)”的讹字。

𣲙 shū同“疎(疏)”。

𠩾 shū同“倏”。

㡏 ㊀ shū 裁剪缯帛的正幅。
㊁ shù 裁剪所剩余的废布。

毹 shū同“毹”。

毺 shū同“毹”。

倐 shū同“儵(倏)”。

𤕟 ㊀ shū ❶ 门上雕刻的窗格。❷ 窗格稀疏的窗子。
㊁ xū 滤酒的器具。

舒 shū ❶ 伸展;宽解:~张|~经活血|~了一口气。❷ 缓慢;从容:~缓|~声。❸ 愉快;安适:~心|~适|~畅。❹ 姓。

舒 shū同“舒”。

疏［❶-❻疎］ shū ❶ 使畅通;分散:~通|~导|~散。❷ 空隙大;空虚:~密不均|~远|志大才~。❸ 散开;分散:~散|仗义~财。❹ 忽略:~忽|~漏。❺ 粗;粗劣:~食。❻ 不熟悉:生~|人生地~|学业荒~。❼ 分条记录或陈述;封建时代臣下向帝王陈述事情的奏章:~记|上~|奏~。❽ 对古书旧注所作的阐释,多用于书名:注~|《尔雅义~》。

覦 shū同“疎(疏)”。

䎉 shū飞的样子。

摅（攄） ㊀ shū ❶ 发表或表示出来:~怀|~意|各~己见。❷ 姓。
㊁ lù［捗摅］(bù-)见70页“捗”字条。

䔡 shū草名。

梳{梳} shū同“梳”。

输（輸） shū ❶ 运送:运~|~出|~血。❷ 送给;捐献:捐~|~财助学。❸ 在较量或比赛中失败:认~|不服~|官司打~了。

𨧫 shū义未详。(《龙龛手鉴》)

𣰿 shū同“毹”。

毹 shū(又读yú)［氍毹］(qú-)见802页“氍”字条。

䟽 shū“𤕟”的讹字。

綀 shū同“舒”。

璛 ㊀ shū 笏,大臣朝会时所执手板。
㊁ tú同“瑹”,美玉。

暑 shū晒。

踈 shū同“疎(疏)”。

踈 shū同“疏”。

儵 shū同“倏(倏)”。

倏 ㊀ shū同“跾”。
㊁ chōu 脚病。

跾 ㊀ shū ❶ 急速,也指快跑。❷ 长远。
㊁ chōu 脚病。

𢘏 shū同“跾”。1.急速。2.长远。

潄 shū同“淑”。

蔬 shū 可做菜食用的植物的统称:~菜|野~|布衣~食。

橾 shū同“梳”。

書 shū同“書(书)”。

𦺮 shū菜名。

虪 shū虎行入林。

儵 shū同“倏”。

𩲸 shū义未详。(《龙龛手鉴》)

雓 shū同“鸗”。

𦟛 shū同“疏”。

鯈（鯈） shū ❶ 同“鮛”,鱼名,小鲔。❷ 传说中的毒鱼。

橾 ㊀ shū 车轮的轴孔。
㊁ qiāo 同“锹(鍬)”,用于挖掘、撮取的工具。

𣯶 shū同“毹”。

𨖹 shū“疏”的讹字。

䱙 shū 寂。

鮛 shū 较小的鲟类鱼。

䈹 shū 竹名。

儵 ㊀ shū“倏”的异体字。
㊁ tiáo 同“鯈”,鱼名。

𣰚 shū 同“毹”。

䳉 shū 同“鸀”。

𣿰 shū 水上运输。

𡣡 shū 同“儵”。

氀 shū[㲣氀](shēng-)见 863 页“㲣”字条。

鸀 shū 鸟名,像野鸭。

䝪 shū 滤酒。

𩆓 shū[𩆓昱](-yù)急速的样子。

S

shú

秫 shú 谷类作物,也指高粱,多指有黏性的,可酿酒:～米|～秸|春～做美酒。

孰 shú ❶同“熟”。1. 食物烧煮到适宜吃的程度:腥其俎,～其肴(馐)。2. 谷物等成熟:禾黍将～。3. 深思熟虑:行不可不～。❷代词,表示疑问。1. 谁:～谓不知?|我与城北徐公～美?2. 何;什么:是(这个)可忍,～不可忍?3. 哪个:～胜～负,尚未可知。

婌 shú 古代宫中女官名。

赎(贖) ㊀ shú ❶用财物等换回人或抵押的东西:～金|～身|从当铺～回了首饰。❷用行动抵消或弥补(罪过):立功～罪。
㊁ shù ❶购买:～药。❷姓。

𡖍 shú 同“孰”。

𧼯 shú 同“数”,姓。

𥸤 shú 同“秫”。

𠫩 shú 同“孰”。

塾 shú ❶古代建于宫门外东西两侧的房屋:西～|四门之～。❷旧时家族为其子弟办的学堂,也指私人授课的地方:家～|私～|～师。

𦔡 shú 义未详。(《字汇补》)

𤎩{𤏶} shú 同“熟”。

熟 ㊀ shú ❶食物烧煮到适宜吃的程度:～食|饭做～了。❷植物的果实或种子长成:麦子～了|苹果～了。❸经过加工或炼制的:～皮子|～铁。❹因常接触而知道得清楚:～悉|～人|这条路我不～。❺对某种工作富有经验:～练|纯～|～能生巧。❻程度深:～睡|深思～虑|～读唐诗三百首。
㊁ shóu 同“熟㊀”,用于口语:～肉|西瓜～了。

璹 shú“璹(璹)”的讹字。

𤩽 shú 同“璹”。

𤪎 shú 同“璹”。

𦓗 shú 红色。

𥖎 shú ❶石名。❷石声。

𣟴 shú 树名。

𨫼 shú ❶同“熟”。❷牲体。

璹 shú ❶玉器。❷玉名。

𣀦 shú 义未详。(《字汇补》)

𨵮 shú 同“塾”,古代建于宫门外东西两侧的房屋。

𩈌 shú 同“熟”。

𩏂 shú 同“熟”。

𨶉 shú 同“塾”,古代建于宫门外东西两侧的房屋。

𩏄 shú 同“塾”,古代建于宫门外东西两侧的房屋。

𧸙 shú 同“贖(赎)”。

shǔ

孒 shǔ 义未详。(《改并四声篇海》)

𢦏 shǔ 义未详。(《龙龛手鉴》)

𦉶 shǔ 同“蜀”。

𡱝 shǔ 同“鼠”。

𧺆 shǔ ❶姓。❷人名(晋代人)。

𡳐 shǔ 同“鼠”。

𪏆 shǔ 同“黍”。

越 shǔ “𧺆”的讹字。

𡲈 shǔ 同“鼠”。

𧐖 shǔ “蜀(蠋)”的讹字。

𥝖 shǔ 同“黍”。

𦚟 shǔ 同“鼠”。

𪕋 shǔ 同“鼠”。

睹 ㊀ shǔ 天明,后作“曙”。
㊁ dǔ 明显;显露。

暑 shǔ ❶天气炎热:～天｜～假｜寒来～往。❷中医指致病因素之一,多发生在夏季:～邪｜～瘟｜～热症。

贖 shǔ 送财礼卜问。

黍 shǔ ❶谷类作物,籽实似小米而略大,碾成米称黄米,性黏,可食或酿酒。❷古代度量衡定制的基本依据,长度一黍为一分,一百黍为一尺;容积一千二百黍为一合,十合为一升;质量一千二百黍为十二铢,二十四铢为一两。

属(屬) shǔ 见 1285 页 zhǔ。

署{署} shǔ ❶布置;安排:部～。❷官衙;办公处所:官～｜公～｜海关总～。❸代理某职务或官职:～理｜暂～钦差大臣。❹签名;题字:签～｜～名。❺疏陈;陈述:别～状上。

蜀 shǔ ❶周代国名,在今四川。❷朝代名。1. 蜀汉的简称,三国之一,刘备所建(221-263 年)。2. 五代十国时期有前蜀(903-925 年),后蜀(933-965 年)。❸四川(地名)的别称:～绣。❹姓。

鼠 shǔ 老鼠,俗称耗子,哺乳动物,能传染疾病。

㑮 ㊀ shǔ[㑮倲](-sù)摇(头):首～作态。
㊁ dú[㑮倲](-sù)矮小丑陋的样子。

𠒙 shǔ 同“鼠”。

𢋺 shǔ 舍。

𣻿 shǔ 古水名。(《玉篇》)

𨻰 shǔ 同“曙”,天刚亮:出山秋云～。

薯[藷] shǔ ❶薯类作物的统称,有甘薯、马铃薯等,块根可食。❷[薯蓣](-yù)通称山药,多年生缠绕草本植物,根状茎可食或供药用。
◆“藷”另见 883 页“藷”字条。

𧅗 ㊀ shǔ 蜀葵,二年生草本植物。
㊁ zhú[羊蘛𧅗](-zhí-)同“羊蘛蘛(羊踯躅)”。

𧹏 shǔ 同“贖”。

𤡽 shǔ[𤡽猡](-luó)古地名,在今云南。

𤩷 shǔ 玉名。

曙 shǔ 天刚亮:～色｜～光｜天将～。

𤸴 shǔ 中暑。

𧞣(襹) shǔ 同“襡”。

藷 ㊀ shǔ ❶“薯”的异体字。❷[藷萸](-yù)同“薯蓣”。
㊁ zhū[藷蔗]甘蔗,一年或多年生草本植物。

𧕥 shǔ[蝽𧕥](chōng-)见 122 页“蝽”字条。

𥞤 shǔ[𥞤秫](-shú)也作“蜀黍”,高粱。

𧐖 shǔ 同“𧕥”。

癙 shǔ ❶因内心忧郁而生的病:～忧抑郁。❷瘘疮。

襡 ㊀ shǔ ❶长衣。❷衣袖。
㊁ dú 通“韣”。1. 弓套:弓～。2. 收藏:敛箪而～之。

S

蕍 shǔ“藷”的讹字。

蜀鼠 shǔ［蝑蝜］(-fù)也作“蟳蝜”，螽斯的别称。

鼬 shǔ 同“蝑”。

糬 shǔ 同“薯”。

藷 shǔ［藷萸］(-yù)也作“藷芋”，同“薯蓣”。

襩 shǔ 同“褔(襡，裋)”。

蠴 shǔ 同“薯”。

襩 shǔ 同“襩(褔，襡，裋)”。

襩 shǔ 同“襩(裋)”。

斸 ㊀ shǔ 击。
㊁ zhǔ 同“属(屬)”。

斸 shǔ 同“斸”。

shù

术(術) shù 见 1283 页 zhú。

戍 shù 防守；保卫：～守｜～边｜卫～。

束 shù ❶ 捆缚：～缚｜～手无策。❷ 限制；控制：约～｜拘～｜～手～脚。❸ 成捆或成条的东西：花～｜光～。❹ 量词，用于成捆的东西：一～花｜一～茅草。❺ 姓。

忞 ㊀ shù 同“恕”，宽恕。
㊁ nù 同“怒”，愤怒。

坾 shù 高。

尗 shù 老人走路迟缓。

尗 shù 同“尗(尗)”。

述 shù ❶ 遵循；依照：祖～尧舜，宪章文武。❷ 传承：～而不作。❸ 讲说；叙说：～评｜陈～｜毋庸赘～。

咻 shù 同“述”。

杋 shù 义未详。(《改并四声篇海》)

狅 shù 同“墅”。

沭 shù 沭河，水名，发源于山东，流至江苏注入新沂河。

柔 shù 同“杼”，即栎，树名。

茂 shù［蓬莪茂］(-é-)也作“蓬莪蒁”，即莪术。

树(樹) shù ❶ 种植；栽培：十年～木，百年～人。❷ 木本植物的通称：植～｜果～｜～林。❸ 量词，用于树木，株；棵：一～红梅花｜桃花千万～。❹ 立；建立：～碑｜～敌｜～威信。☞树／木 见 668 页“木”字条。

忞 shù 细密。

竖(竪)[豎] shù ❶ 直立；直立的：～起大拇指｜在路边～了一块标语牌｜～轴。❷ 从上到下的；从前到后的：～排版｜横～交错｜～着挖了一道沟。❸ 汉字的一种笔画，形状是“丨”。❹ 古代指未成年的仆人，也用于对人的蔑称：又请杨子之～追之｜世无英雄，遂使～子成名。

哾 shù 叹词，指使狗的声音。

侸 shù ❶ 立。❷ 同“树(樹)”，树立。

狘 shù 狗。

猻 shù 同“墅”。

疨 shù“痳”的讹字。

捒 ㊀ shù ❶ 装；装束。❷ 束缚。❸ 姓。
㊁ sōu［搂捒］(lōu-)同“搂搜”，取。

尗 shù 同“尗”。

钛(鉥) ㊀ shù ❶ 长针：一女必有一刀、一锥、一箴、一～，然后成为女。❷ 刺：～其左足。
㊁ xù 通“訹”，诱导；引导：吾请为子～。

毧 shù 毛。

痳 shù 狂跑。

袜 shù 剑衣。

恕 shù ❶ 仁爱；推己以及人：忠～｜～己以量人。❷ 原谅：宽～｜饶～。❸ 客套话，请对方谅解：～难从命｜～不远送。

壴 shù 义未详。(《龙龛手鉴》)一说“壴”的古字。

莯 shù ❶草名。❷［蓬莪莯］（-é-）莪术。

蒁 shù 同“莯”。

遯 shù 行，一说“逑”的讹字。

庻 shù 同“庶”。

庽 shù 同“庶”。

犆 shù 同“束”。

侸 shù 同“树（樹）”，树立。

庶［庻］{庻} shù 见1287页zhù。

裋 shù 同“腧”。

隃 ㊀ shù 西隃，又称雁门山，古山名，在今山西。

㊁ yú ❶［隃麋］（-mǐ）古县名，在今陕西。❷通“逾（踰）”，逾越；超过：卑不～尊｜毋敢～岁。

㊂ yáo 通“遥”，遥远：兵难～度｜远被绣衣，～瞻彩（綵）仗。

絉 shù 绳索。

尌 shù ❶同“树（树）”，树立；建立：定风～信。❷同“竖（竖）”，童仆。

遠 shù 跑。

翜 shù 明亮。

庻 shù 同“庶”。

昫 shù ❶明亮。❷暖。

偲 shù 同“侸”。

術 shù 同“術（术）”，学问：仁义道～。

裋 shù 古代僮仆所穿的粗布衣服，泛指粗布衣服。

婧 shù 同“嫿”。

敼 shù 同“樹（树）”。

㢊 shù 同“庶”。

遯 shù 同“述”。

腧 ㊀ shù 中医指人体穴位，特指背部的背腧穴、四肢的五腧穴：～穴｜胃～｜肩外～。

㊁ yú ❶［腧腧］（-yú）妩媚的样子。❷同“腴”，丰满：肤极～，体胖无恙。

数（數） ㊀ shù ❶数目：～量｜人～｜次～。❷几；几个（表示不确定的数目）：～人｜～次｜～日。❸算数，数学，也指古代天文学、古代占星术等。❹规律；法则：自然之～｜知其～之固然。❺旧指气数，即命运：在～难逃｜吉凶成败，各以～至。

㊁ shǔ ❶逐个计算：～不清｜～不胜～。❷算在内；值得重视：除此之外，余不足～。❸列举过错或罪状，责备或谴责：～落｜～说｜面～其罪。❹审查；考辨：细～从前｜欲观千岁，则～今日。❺比较起来最突出：在座的就～老张年纪大。

㊂ shuò ❶屡次：频～｜～见不鲜。❷细；密：～罟｜疏～偃仰。❸中医脉象之一，指脉来急速，一呼一吸在六次左右：～脉｜左寸沉～。

嫿 shù 用于女子人名。

竪 shù 同“竖（竖）”。

尌 shù 同“樹（树）”。

樹 shù 同“樹（树）”。

豉 shù 豆。

㢊 shù “庻（庶）”的讹字。

㢊 shù 同“庶”。

墅 shù ❶庐舍，田野间的简陋房子：草～｜田～｜垂老卧村～。❷在郊野营建的田庄园林、馆舍等：别～｜有旧～在钟山｜又于土山营～。

獁 shù 同“墅”。

漱［潄］ shù ❶含水荡洗口腔：～口｜洗～。❷洗：～裳｜～涤五藏（脏）。❸冲刷：波涛～古岸｜悬泉瀑布，飞～其间。

潊 shù 同“沭”，水名。（《集韵》）

潳 shù 古水名。（《玉篇》）

憈 shù 耻。

㷂 shù 野火。

𠷐 shù 义未详。(《龙龛手鉴》)

𢿙 shù 同"數(数)"。

𢿛 shù 同"數(数)"。

𪻲 shù 板。

𩳁 shù 同"黦"。

𢼂 shù 同"数(數)"。

澍 ㊀ shù ❶ 及时的雨;透雨:～雨立应|甘～及时至。❷ 降雨:甘霖大～|连～百日雨。❸ 滋润(比喻恩惠):群生～濡|已～之施。
㊁ zhù 通"注",灌注;倾泻:交灌互～|纷纷客泪,两行如～。

趨 ㊀ shù ❶ 马跳。❷ 马跑到前边。
㊁ yú 同"逾",越过;超过。

𩬊 shù 同"树(樹)"。

𩯢 shù 同"树(樹)"。

𪐞 shù 黑。

𨉖 shù [䠷𨉖](fù-)见270页"䠷"字条。

鉥 shù 同"钵(鉥)",长针。

𤁝 shù ❶ 沟。❷ 同"潴(瀦)",水积聚:渚水～涨。

𡡾 shù 用于女子人名。

豎 shù 同"豎(竖)"。

𥳑 shù 筐。

𠑬 shù ❶ 同"竖(豎)"。❷ 神名。

鞧 ㊀ shù 刀鞘。
㊁ shū 同"𣓬",裁剪缯帛的正幅。

𪌎 shù 义未详。(《改并四声篇海》)

襩 shù 短布衣。

𪅟 shù 又称鹬,翠鸟。

䠼 ㊀ shù 同"尌(树,樹)",树立。
㊁ chú [踟䠼](chí-)同"踟蹰",徘徊不前:～山隅。

數 shù 同"数(數)"。

鏣 shù 器名。

襡 shù ❶ 同"裋"。❷ 短袄。

𤅎 shù 水流迅急的样子。

𩅦 shù 同"澍",及时的雨:甘～。

黦 shù 黑虎。

shuā

刷 shuā 割。

刷 ㊀ shuā ❶ 刷子,用成束的毛、棕、塑料丝、金属丝等制成的清除尘垢或涂抹东西的用具:牙～|鞋～|板～。❷ 用刷子或类似的用具来清除、涂抹:～牙|～鞋|～墙。❸ 去掉;淘汰:因成绩不好被～下来了。❹ 同"唰",拟声词:小雨～～地下着|树叶被风吹得～～响。
㊁ shuà [刷白]白色而略微发青:气得脸色～|月光下,大地一片～。

㕞 shuā 同"刷",拂拭;清扫。

𠫸 shuā 同"刷"。

唰 shuā ❶ 鸟用嘴梳理羽毛。❷ 拟声词:～的一声,窜出一条蛇|雨～～地下着|风吹树叶～～作响。

𠹌 shuā 同"唰"。

shuǎ

耍 shuǎ ❶ 游戏;玩:玩～|戏～|～闹。❷ 玩弄;戏弄:～猴|被别人～了。❸ 舞动;施展:～大刀|～威风|～手腕。❹ 赌博:～钱|～金～银。

𠨔 shuǎ 义未详。(《龙龛手鉴》)

𨡕 shuǎ 脸丑。

𩓷 shuǎ 同"𨡕"。

龲 shuǎ 所言不当。

䨮 shuǎ 义未详。(《改并四声篇海》)

shuāi

衰 shuāi 见915页 suō。

𧙂 shuāi 同"衰"。

獴 shuāi ❶狗名。❷[猥獴]猥琐;丑陋:模样~。

摔 shuāi ❶用力往下扔;碰撞:~东西|~打。❷迅速落下:他从山上~了下来。❸因落下而破损:~坏|碗~碎了。❹跌倒:~跤|~跟头。❺摆脱:~手要走|~不脱。

毸 shuāi ❶[毵毸](sān-)毛长的样子,一说狐的样子。❷毛稀而下垂的样子。

𩅻 shuāi 同"衰"。

𤻧 shuāi ❶疾病减轻。❷衰老,也作"衰":积瘁早~。❸疾病。

㾠 shuāi 病。

蹿 shuāi 同"摔",跌倒:~倒|~了一跤。

𧝐 shuāi 同"衰"。

shuǎi

甩 shuǎi ❶抡;摆动:~手|~胳膊|~袖子。❷扔出去:~手榴弹|~包袱|~闲话。❸抛开;抛弃:~开|~掉|~卖。

shuài

帅(帥) shuài ❶佩巾。❷军队中最高指挥官:三军可夺~|元~|统~。❸通"率",率领;带领:~其徒数百|~车三百乘以伐京。❹英俊;漂亮;潇洒:小伙子长得挺~|字写得真~|他的投篮动作~极了。❺姓。

呴 ㊀shuài 饮酒。
㊁xún 同"询(詢)"。

咰 shuài 饮酒的样子。

率 ㊀shuài ❶古代捕鸟用的长柄网,引申为用网捕鸟兽:悉~百禽。❷带领;统领:~领|~队|~师出征。❸沿着;遵循:~西水浒|~由旧章。❹榜样;做榜样:表~|人不~则不从。❺直爽;坦白:直~|坦~|~真。❻轻易;不慎重:轻~|草~|粗~。❼副词,大概;大略:~皆如此。
㊁lǜ 比率,两个相关的数在一定条件下的比值:利~|增长~|出勤~。

㣐 shuài 行走的样子。

衛 shuài 同"衛"。

衛 shuài ❶率领;带领。❷遵循。

䢦 ㊀shuài 割断。
㊁chì 同"刺"。

𢕍 shuài 行走的样子。

遳 shuài ❶也作"率""帅(帥)",先导;引导:~卿大夫来聘|~弟子使笔其言以自制一经。❷遵循:敢不~从此明质之言。

滐 shuài[滐州]古地名,在今湖北。

㮚 shuài 树名。

𧌐 shuài[蟋𧌐](xī-)同"蟋蟀"。

𧝎 shuài 兽毛或粗麻做的衣服。

蟀 shuài 蟋蟀:秋~载吟。

𩙈 shuài 风声。

䢦 shuài 同"率"。

shuān

闩(閂) shuān ❶门闩,关门后横插在门内侧的棍子,使门推不开。❷用闩把门插上:把大门~上。

拴 shuān ❶用绳子等缠绕并打上结:~马|有几条小船~在岸边。❷把门闩插上:~门户。❸门闩:门~|他轻手轻脚把~拽了。

栓 shuān ❶器物上用于开关的机件:门~|枪~|消火~。❷塞子,也泛指形状、作用像塞子的东西:~塞|~剂|血~。

S

栓 shuān 连枱木。

搌 shuān 同"攙(欆)"。

扊 shuān ❶门闩:门腰～。❷闩上门:关紧～好。

擐 shuān 同"欆"。

欆 shuān 同"闩(閂)"。

櫖 shuān 同"欆(閂,闩)"。

欄 shuān 竖木桩,一说同"关(關)"。

shuàn

揰 ㊀ shuàn 按照墨绳取正。
㊁ tuán 同"摶(抟)",揉捏成球形。

摶 shuàn 同"揰"。

涮 ㊀ shuàn ❶在水中摆动,略为漂洗:～洗|把毛巾～一～|～～笔。❷把水倒入器具中摇动,冲洗:～瓶子|～缸。❸把肉片、蔬菜等生食物放入沸水中稍煮即取出(蘸作料吃):～羊肉|～火锅。❹耍弄:～人|被人～了。❺茶的别称。
㊁ shuā 水名。

腨 shuàn 胫骨后肉,即小腿肚子。

蒖 shuàn 草名。

腨 shuàn "膞"的讹字。

踳 shuàn 同"腨"。

膞 shuàn 古代酒器。

簨 shuàn ❶旋治车轴。❷车轴:铁～。

瀼 shuàn 同"灇"。

灇 shuàn 洗马。

shuāng

双(雙) shuāng ❶鸟两只,泛指两个、一对:～手|～方|成～结对。❷偶数的:～数|～号。❸加倍的:～份|～料。❹量词,用于成对的东西:一～鞋|两～袜子|三～筷子。

蚬(蠖) shuāng 虫名。

雙 shuāng 同"雙(双)"。

霜 shuāng ❶水气在低温下结成的白色细微晶体,附着在地面或靠近地面的物体上:～冻|冰～|雪上加～。❷像霜的东西:柿～|盐～|茯苓～。❸比喻白色:～刃|～鬓。❹比喻志向、品行高洁:心懔懔以怀～|松柏有～操。❺比喻冷酷、严厉:～威|宜从～典。❻年的代称:白骨横千～|蒲柳春光又十～。

霎 shuāng 同"雙(双)"。

雙 shuāng 同"雙(双)"。

霜 shuāng 也作"潚""霜",霜降冻杀植物。

雙 shuāng 同"雙(双)"。

灀 shuāng 同"霜(霜)"。

孀 shuāng 寡妇:～妇|～居|遗～。

骦(驦) shuāng[骕骦](sù-)见905页"骕"字条。

騻 shuāng 同"骦(驦)"。

蘱 shuāng 草名。

艭 shuāng 同"欆"。

孇 shuāng 用于女子人名。

欆 shuāng 棹船羽。(《玉篇》)

礵 shuāng ❶[砒礵](pī-)即砒霜。❷用于地名:南～岛|四～列岛(均在福建)。

鹴 ㊀ shuāng[鹔鹴](sù-)见906页"鹔"字条。
㊁ shuǎng[鹴鸠]也作"爽鸠",鸟名,即鹰。

鹴(鸘) shuāng 鹔鹴,鸟名。

缃 ㊀ shuāng 同"缃(緗)"。
㊁ shuǎng 同"緓"。

篗 shuāng ❶用竹席做成的船帆。❷酒笤,滤酒的竹笼。

艭 shuāng 船名。

䉶 shuāng［䂅䉶］（xiáng-）见 1043 页“䂅”字条。

䉶 shuāng 并立。

䗮 shuāng 虫名。

䨾 shuāng 同“雙(雙，双)”，两；对：～童｜～垂线(線)。

䉶 shuāng “䉶”的讹字。

䨾 shuāng 同“䨾(雙)”。

鱨 shuāng 比目鱼。

shuǎng

爽｛爽、爽、爽｝ shuǎng ❶明朗；清亮：秋高气～｜神清目～。❷清凉；洁净：凉～｜清～。❸直率；痛快：～利｜～快｜豪～。❹舒适；畅快：身体不～｜人逢喜事精神～。❺违背；差错：～约｜毫厘不～｜屡试不～。❻伤害；破坏：五音令人耳聋，五味令人口～。

㕠 shuǎng 清爽可口，也作“爽”：五味使人之口～。

㸑 shuǎng 同“爽”。

㼽 shuǎng 皮肤受伤。

㵾 shuǎng 寒冷的样子。

塽 shuǎng ❶［塽垲］（-kǎi）也作“爽垲”，地势高而干燥：畴垄～。❷明朗：天晴地～。

䓪 shuǎng ❶草名。❷草木稀疏生长的样子。

㸑 shuǎng 同“爽”。

䏔 shuǎng 同“㼽”。

㵾 ㊀ shuǎng 净；冷。
㊁ chuǎng 通“磢”，摩擦：飞涝相～。

慡 shuǎng 同“爽”，性格爽朗。

塽 shuǎng 地势高而敞亮的地方，也作“爽”。

樉 shuǎng ❶树名。❷树木茂盛的样子。

䆹 shuǎng 禾的样子。

縔 shuǎng 中茧。

樉 shuǎng 同“䆹”。

䗮 shuǎng 虫名。

䆹 shuǎng 同“䆹”。

䉶 shuǎng 竹子的样子。

縔 shuǎng 鞋底绳。

㸑 shuǎng 哺乳动物。

纕 shuǎng 鞋，一说“縔”的讹字。

顙 shuǎng 丑恶。

shuàng

䯷 shuàng 使船固定的木桩。

䉶 shuàng 用竹木刺物。

䉶 shuàng 同“䉶”。

shuí

脽 shuí ❶臀部。❷尾椎骨。❸古地名，在今山西。

䔪 shuí 草编器具。

shuǐ

水 shuǐ ❶透明、无味的液体：泉～｜雨～｜自来～。❷河流，泛指一切水域：河～｜海～｜跋山涉～。❸泛指液体：墨～｜药～｜铁～。❹额外附加的费用，也指钱：贴～｜汇～｜薪～。❺差；低劣：～货｜文章写得太～。❻五行之一。❼量词，衣服洗的次数：衣服洗了两～就破了。❽姓。❾［水族］1. 少数民族名，主要分布在贵州、广西：～人民。2. 生活在水中的动物的总称：～馆。☞水／江／河　上古称河流为“水”，如“汉水、渭水、淇水”；“河”是黄河的专名；“江”

S

是长江的专名。“江”“河”后来泛指一般的河流。受其本义的影响，北方的河流多称河，南方的河流多称江。

氼 shuǐ 同“氵”。

㲴 shuǐ 义未详。(《改并四声篇海》)

灵 shuǐ 用于人名：王知～(明代人)。

㳓 shuǐ[㳓㳓](-ruǐ)短小的样子。

脉 shuǐ 同“水”。

扇 shuǐ 义未详。(《龙龛手鉴》)

筞 shuǐ 竹名。

蘂 shuǐ 同“水”。

鬊 shuǐ 发髻。

shuì

庛 shuì 屋深。

哾 shuì 同“啐”。

痳 shuì 水肿病。

跡 shuì 义未详。(《龙龛手鉴》)

帨 shuì ❶佩巾：结～｜小～。❷抹布。❸用巾擦手：～手。❹覆盖：～以文锦。

逆 shuì 同“税”：以其取食～之多。

涚{涗} shuì ❶温水。❷澄清；滤清。❸揩；拭：～手。

祱 ㊀ shuì 同“餟”，祭祀时把酒洒在地上。㊁ lèi 门祭。

税{稅} shuì ❶税收，政府依法征收的货币或实物：征～｜纳～｜～率。❷征税或纳税，也指征调劳力：藉而不～｜～彼农夫修玉殿。❸租赁：～屋｜～居其中。❹以物赠人：未仕者不敢～人。❺姓。
☞税/赋 见270页“赋”字条。

裞 shuì 给死者送葬的衣被，也作“襚”。

睡 shuì ❶坐着打盹，泛指睡觉：将士被介胄而～｜沉吟久不～｜入～。❷躺；卧：～在躺椅上，捧着书看。☞睡/眠/寐/寝/卧 见785页“寝”字条。

婎 ㊀ shuì 不悦的样子。㊁ wěi 怒。

啐 ㊀ shuì 饮，尝，也作“啐”。㊁ sū 拟声词，细碎的声音：嗉嗉～～。

睞 shuì 同“睡”。

餟 ㊀ shuì 祭祀时把酒洒在地上。㊁ duì[汤餟]饼类食品。

甀 shuì ❶鹞子。❷鸟名，即杜鹃鸟。

䐧 shuì 同“睡”。

髄 shuì 刮膏灰，用漆和灰涂抹器物。

瞓 shuì 眼睛明亮。

鵻 ㊀ shuì 同“甀”，鹞子。㊁ zhù 不飞。

雖 shuì 同“甀”。

鐫 ㊀ shuì 同“餟”。㊁ juǎn 同“臇”。

鑴 shuì 同“餟”。

shǔn

吮 shǔn 撮拢嘴唇吸；嘬：吸～｜～奶｜～血。

㧑 shǔn 同“吮”。

楯 shǔn 台阶。

楯 shǔn 同“楯”，栏杆的横木，也指栏杆。

shùn

顺(順) shùn ❶道理，引申为循着(事理)：孝悌，天下之大～｜不识不知，～帝之则。❷沿着同一方向：～路｜～风｜～水。❸协调；洽合：风调雨～｜～从民意｜一门和～。❹通畅，无阻碍：通～｜～利｜文从字～。❺适合；如意：～耳｜～心｜～意。❻介词，沿着：～山而行｜雨水～着脸颊往下流。❼趁便：～便｜～手牵羊。

㑞 shùn 同“顺(順)”。

眹 shùn 同“瞬”，以目示意。

䎘 shùn 义未详。(《改并四声篇海》)

瞤(瞤) shùn ❶眼皮跳动：目～耳鸣｜心动眼～。❷掣动；颤抖：肌肉～酸｜～动。❸同“瞚(瞬)”，眼球转动；眨眼：～息不可复省｜眼～息微。

瞚 shùn 同“眹”，以目示意。

舜 shùn ❶一种蔓生植物。❷木槿，落叶灌木或小乔木，后作“蕣”：～华｜～英。❸传说中的上古帝王名：尧～。

慎 shùn 同“顺(順)”。

㞼 shùn 同“舜”。

㞼 shùn 同“舜”。

蕣 shùn 木槿，落叶灌木或小乔木，树皮可造纸，花、根和树皮可供药用。

㲌 shùn 同“䑞(舜)”。

橓 shùn 同“蕣”。

䑞 shùn 同“舜”。

瞚 shùn 同“瞬”，眼球转动；眨眼。

瞤 shùn 同“瞤(瞤)”。

瞬 shùn ❶眼珠转动；眨眼：尔先学不～，而后可言射矣｜目～如电。❷一眨眼的工夫(形容时间短暂)：～间｜～时｜～息万变。❸看；注视：不暇他～。

瞚 shùn 同“瞚”。

鬊 shùn 同“鬊”。

鬊 shùn 篦落的头发。

蕣 shùn 同“蕣”。

瞤 shùn 同“瞤(瞤)”。

鬊 shùn 同“鬊”。

鶽 shùn［鷢鶽］(jué-)鸟名。

shuō

说(説) ㊀shuō ❶解释：～明｜解～｜一～便明。❷讲；讲话：～话｜演～｜道听途～。❸言论；主张：学～｜成～｜著书立～。❹古代文体的一种，主要解释经文，言事理：杂～｜三家～｜《师～》。❺批评；数(shǔ)落：让老师～了｜挨了一顿～。❻介绍；撮合：～亲｜～媒｜～成一桩婚事。
㊁shuì ❶劝说他人使听从自己的意见：游～｜～客｜此必周郎教来～我也。❷停止；歇息：～于桑田。
㊂yuè ❶通“悦”。1. 高兴：学而时习之，不亦～乎！2. 喜爱：女为～己者容。3. 讨好：君子易事而难～也。❷姓。

哾 ㊀shuō 尝，一说同“歠”，饮；喝。
㊁yuè［铜哾］鱼名，又称姜公鱼。

䛷 shuō 同“说(説)”。

shuò

妁 shuò 旧指媒人：媒～之言。

烁(爍) shuò ❶火光明亮的样子：～亮｜闪～。❷烤灼；烫：～热。

眎(䀹) ㊀shuò 眼睛美。
㊁lì 用眼睛短时间看。

唻 shuò 同“欶”，吮吸：～指食。

铄(鑠) ㊀shuò ❶熔化：～金｜～石流金。❷销毁；耗损：暗～潜销。❸同“烁(爍)”，光亮的样子：闪～｜～古灼今。
㊁yuè 烙；烧：～绝竽瑟｜天气炎热，焦～千里。

胏 shuò 同“朔”。

脟 shuò 同“朔”。

朔 shuò ❶月相名，农历每月初一，月球运行到太阳和地球之间，从地球上看不到月光。❷朔日，农历每月初一日，也指每月初一至初十日。❸凌晨；清晨：朝菌不知晦～。❹初始：皆从其～｜最～之时。❺北方：～方｜～漠｜～风。❻古州名、旧县名，均在今山西。

欶 ㊀shuò 吮吸；饮：酒醪欣共～。
㊁sòu 同“嗽”，咳嗽。

硕(碩) shuò 大：丰～｜～果｜～大无朋。

S

溯 shuò 水。

棚 shuò 同"槊"。

梨 shuò 同"槊"。

渆 shuò[渆濯](-zhuó)淘米水。

稍 shuò 同"槊",长矛:手舞铁～。

搠 shuò ❶扎;刺:～蟹|在他身上～了几刀。❷插:～旌旗|脚～不进去。❸提;持:～笔|～戟在手。❹掉换:～包ㄦ。❺摔或用力推:将盘子一～,且不收拾。

蒴 shuò ❶蒴果,果实的一种,由两个以上的心皮构成,内有许多种子,成熟后裂开:荞麦～|芝麻～。❷[蒴藋](-zhuó)也作"蒴擢",又称陆英、芨、接骨草,灌木状草本植物,可供药用。

朔 shuò "槊"的讹字。

槊 shuò ❶树名。❷栅栏:整～待援。❸同"稍(槊)",长矛:手舞铁～。

獡 shuò 同"獡"。

㾌 shuò 治病。

槊 shuò 古代兵器,长矛:横～赋诗。

潚 shuò[溹潚](xiào-)见1052页"溹"字条。

㮶 shuò ❶绒。❷索。

箾 ㊀shuò ❶以竿击人。❷古代舞者所执的杆:舞象～。
㊁xiāo ❶[箾韶](-sháo)也作"韶箾""箫韶",传说为虞舜时的乐曲。❷同"箫(簫)"。
㊂qiào 同"鞘",盛刀、剑的套子。

獡 ㊀shuò 惊惧不安的样子。
㊁xī 同"猎",传说中的动物,像熊。
㊂què 同"猘",古代良狗名。

獡 shuò 同"獡"。

槊 shuò 封。

鎙 ㊀shuò 镬。
㊁xuē 同"削"。

箾 ㊀shuò 洗刷锅碗的炊帚。
㊁shāo ❶动,也作"稍":其应清风也,纤末奋～。❷同"梢",树尖;树枝末端。

獡 shuò 同"獡"。

欶 shuò[欶虏(虜)]古县名,在今江苏。

嗽 ㊀shuò 同"嗽",吮吸:还令蛇(虵)～,毒气乃尽。
㊁shù 叹词,指使狗的声音。

鎙 shuò 也作"槊""稍",长矛。

獡 ㊀shuò 同"獡",惊惧不安。
㊁lì 同"𤢖",哺乳动物。

數 shuò[敥數](shǎn-)见848页"敥"字条。

䁻 shuò 同"眎(䁻)",眼睛秀美的样子。

嫌 shuò ❶[於嫌](wū-)叹词,表示赞美:～我君。❷同"铄(鑠)"。

矆 shuò 同"䁻(眎)"。

鑠 shuò 同"鑠(铄)"。

爍 shuò 同"爍(烁)"。

鑠 shuò 同"鑠(铄)"。

sī

厶 ㊀sī 同"私",私人;利已的:无～|背～谓之公。
㊁mǒu 同"某":～地|～年～月。
㊂称三角或私字边,汉字偏旁或部件。

司 ㊀sī ❶掌管;主持:～仪|～法|各～其职。❷古代官名;官署:十轨为里,里有～|图书之府,鼎鼐之～。❸中央各部委中的一级单位,在部之下,处之上:人事～|礼宾～|～长。❹姓。❺[司马]姓。❻[司空]姓。❼[司徒]姓。
㊁sì 探察;侦察:～男女之无夫家者而会之|平明,令门下候～。

丝(絲){絲} sī ❶蚕丝,蚕吐出的像线的东西,可用来织绸缎:～绸|～厂。❷像蚕丝的东西:铜～|萝卜～ㄦ。❸古代八音之一,指弦乐器,如琴、瑟。❹古代长度和质量单位,一丝等于十忽,十丝等于一毫。❺量词,表示极少、极小的量:一～不差|一～微笑|一～风也没有。

玜 sī 像玉的美石。

玆 sī 玉名。

㤄 sī 义未详。(《改并四声篇海》)

私 sī ❶禾,庄稼。❷私人,属于个人的或为了个人的:~事|~生活|泄~愤。❸只顾个人的;利己的:~心|自~|大公无~。❹秘密的;不公开的:~访|~藏|隐~。❺不合法的;不合法的财货:~货|~刑|缉~。❻指男人或女人的阴部,生殖器:~处|~病。

祈 sī 同"斯"。

㸺 sī 同"斯"。

咝(噝) sī 拟声词,导火线点燃、子弹飞过等声音:导火索发出~~的响声|子弹~~地飞过|~的一声点燃了。

峒 sī 用于地名:~峿山|~峿镇(均在江苏)。

私 ㊀ sī 同"私":~走。
㊁ xiù 同"秀"。

㑷 sī "傂"的讹字。

炏 sī 火熄。

娿 sī 同"媤"。

㡿 sī 义未详。(《改并四声篇海》)

思 sī ❶想;考虑:~前想后|三~而后行。❷想念;挂念:~念|相~。❸想法:~路|构~。❹心情;心绪:哀~|乡~。❺姓。

俬 sī[家俬]家什;家具。

㒋 sī 同"思"。

㥁 sī 同"思"。

㥂 sī 同"缌(緦)"。

菘 sī 茅草的穗。

䀄 sī 同"覗",看,一说偷看。

㥹 sī 同"思"。

恖{恖} sī 同"思"。

虒 ㊀ sī ❶[委虒]传说中的动物,像虎而有角。❷用于地名:~亭(在山西)。
㊁ tí[虒奚](-xī)古县名,在今北京。

䰄 sī 同"缌(緦)"。

鸶(鷥) sī[鹭鸶](lù-)见605页"鹭"字条。

㥑 sī 同"思"。

㴲 sī 同"凘"。

偲 sī 姓。

瓶 sī 同"瓶(甀)"。

𤮓 sī 同"瓶(甀)"。

斯 sī ❶劈开:斧以~之。❷代词,此;这:~处|~人|逝者如~。❸连词,乃;就:闻风~起|有备~可以无患。

蛳(螄) sī[螺蛳]见614页"螺"字条。

傂 sī[傂祁](-qí)古地名,在今山西。

㞢 sī 厚。

媤 sī 用于女子人名。

缌(緦) sī ❶制作丧服的细麻布:服~。❷较疏远的亲属关系:~亲|功~已绝。

楒 sī[相楒]也作"相思",又称相思树,指某些有红色种子的树种。

鈳 sī 金属元素"钪(鈧)"的旧译写法。

獄 sī 同"獄"。

飔(颸) sī ❶飔风,疾风:疾~。❷凉风,引申为凉爽:清~|凉~|晨风~。

㡳 sī 同"虒"。

虒 sī 古地名。(《玉篇》)

㴲 sī ❶古水名,在今河北。❷水边。

禗 sī[禗禗]心神不安而想离开的样子:灵将往,眇~。

𤓰 sī 菰瓜。

榹 sī ❶木盘。❷又称山桃、毛桃，落叶乔木，果实可食。

厮［廝］ sī ❶旧时称在权贵家中服杂役的男子：～仆｜小～。❷旧时对人的蔑称：这～｜那～。❸互相：～杀｜～守｜～混。

罳｛罳｝ sī［罘罳］（fú-）见262页“罘”字条。

㒋 sī 同“厮(廝)”。

㺇 sī ❶狱官。❷察看。

凘 sī 解冻后顺流而下的冰块：流～。

禠｛禠｝ sī 福：祈～。

撕 ㊀sī 扯开；揭下：～碎｜～邮票｜～心裂肺。
㊁xī［提撕］提醒；警觉：～子孙｜日夕～｜经先生～，我们才恍然大悟。

蕲 sī 草名。

蒣 sī ❶［菟蒣］（tù-）同“菟丝”。❷草名。

磃 ㊀sī［磃氏］汉代宫苑馆名。
㊁tí［磄磃］（táng-）怪石。

嘶 sī ❶马、牛、虫等鸣叫：牛马～｜战马～鸣｜蝉～。❷声音沙哑：～哑｜声～力竭。❸拟声词：～的一声扯下一页纸｜有细微的～～声在空中流荡。

褫 sī 治禾。

箟 sī 又称涩竹、箟簩竹，竹名。

鍉 ㊀sī 也作“鐁”，平木器具。
㊁tuó 金属元素“钍(釷)”的旧译写法。

澌 sī ❶水竭，泛指竭尽：行自～灭｜雅道未～。❷死尸：腐～干沟。❸同“凘”，解冻后顺流而下的冰块。❹［澌澌］拟声词，下雪、刮风等声音：雪～｜风～。

㒋 ㊀sī 恐惧。
㊁xī［惿㒋］（tí-）见939页“惿”字条。

嘶 ㊀sī 用于女子人名。
㊁xī 女人的样子。

㮐 sī 木柴。

㽄 sī 同“甀”。

甀 sī ❶瓮类器皿。❷拟声词，器物破裂声。

䗐 sī 同“蛳(螄)”。

䐩 sī “嘶”的讹字。

燍 ㊀sī 烧焦的糊味。
㊁xī［烴燍］（jǐng-）烧焦的样子。

緦 sī 同“缌(緦)”。

蘍 sī 草名。

磿 sī 磨。

㽄 sī［婢㽄］（bī-）短小的样子。

颸 sī 同“飔(颸)”。

𧝑 sī［磿𧝑］（lì-）也作“楼撕”，古代城墙四角的岗楼。

蟴 sī［蛅蟴］（zhān-）见1233页“蛅”字条。

螹 sī 同“蟴”。

簛 ㊀sī ❶竹枝。❷竹节。
㊁shāi 同“筛(篩)”。

騦 sī ❶马行。❷马名。

䡳 sī ❶车。❷车轮。

顋 sī［䪥顋］（jīng-）见458页“䪥”字条。

霺 sī 小雨。

𩪚 sī 同“䶵”。

鐁 sī 平木器具。

䲉 sī 义未详。（《篇海类编》）

䫢 sī 风的样子。

䶵 sī 同“䶵”。

鐁 sī［鐁锣］也作“鈔锣”，洗脸盆。

㟰 sī 穴。

鷥 sī［鸒鷥］（yù-）同“鸒斯”。

鸂 sī 同“鷥”。

鱇 sī 鱇鼠，即大田鼠，像鼬鼠。

鼶 sī 同"鱇"。

鼶 sī 同"鱇"。

鰤 sī ❶鱼名。❷鲕的别称。

鷥 sī 同"鸞(鸶)"。

鸞 sī 义未详。(《字汇补》)

籭 sī "籭"的讹字。

纚 ㊀ sī 经纬。
㊁ chī 粗绸。

霹 ㊀ sī 小雨刚落，泛指小雨。
㊁ xiàn 同"霰"。

籭 sī "籭"的讹字。

sǐ

芖 sǐ 同"死"。

夗 sǐ 同"夗(死)"。

死 sǐ ❶生物失去生命：～亡｜被车撞～了。❷丧失；失去：恶言～焉。❸副词，拼死，不顾惜生命；态度坚决：～守｜～战｜～不认罪。❹不可调和：～敌｜～对头。❺不流动；不通畅；不灵活：～水｜～胡同｜～心眼。❻达到极点：～顽固｜笑～了｜高兴～了。

歹 sǐ 同"死"。

夙 sǐ 同"死"。

夗 sǐ 同"死"。

兂 sǐ "兂(死)"的讹字。

兂 sǐ 同"死"。

荒 sǐ 同"死"。

妃 sǐ 同"死"。

嶌 sǐ 同"死"。

欸 sǐ 香美：馨～。

甏 sǐ 同"死"。

sì

巳 sì ❶地支的第六位。❷巳时，指上午9时至11时。

亖 sì 同"四"。

厶 sì 同"似"。

西 sì 同"四"。

四 sì ❶数词，三加一的和，也表示序数第四：～方｜有东西南北～个城门｜～曰金，五曰土。❷通"驷(駟)"，一车四马：不得～从，不载奇兵。❸中国民族音乐音阶上的一级，也是乐谱记音符号，相当于简谱的"6"。

寺 sì ❶古代官署：府～｜大理～。❷佛寺，佛教的庙宇：～庙｜禅～｜相国～。❸伊斯兰教徒礼拜、讲经的场所：清真～。

☞寺／庙／观(guàn)／庵 "寺"指佛寺；"庙"指祖庙、神庙；"观"指道观，是道教供奉神仙的地方；"庵"指尼姑修行和居住的地方。

罒{**兕**} sì 同"四"。

尭 sì 义未详。(《龙龛手鉴》)

似 ㊀[**佀**] sì ❶像；相类：类～｜近～｜～是而非。❷副词，似乎；好像：～属可行｜～欠妥当｜～为不必。❸介词，表示比较，有超过的意思：个头一个高～一个｜生活一年好～一年。
㊁ shì［似的］(-de)助词，表示跟某种事物或情况相似：像雪～那么白｜瓢泼～大雨｜乐得什么～。

汜 sì ❶分流出去后又流回主流的水：江有～。❷汜水，又称汜河，水名，在河南。

杞 sì 同"相(耜)"。

叺 sì 同"呞"。

兕 sì 古书上指雌性犀牛。

伺 ㊀ sì 暗中观察；守候：窥～｜～隙｜～机而动。

S

㊁ cì［伺候］(-hou)在人身边侍奉或供使唤，照料起居饮食：～主子｜～病人。

泤 sì 同"洍"。

祀［禩］{禩} sì ❶祭祀：～天｜～祖｜～典。❷商代称年：元～｜十有三～｜数逾千～。❸世；代：传于后～。

姒 sì ❶姊的古称：吾今嫁～矣已。❷妯娌或众妾之间称年长者：长叔～生男。❸姓。

兕 sì 同"兕"。

笥 sì 同"笥"。

兕 sì 同"兕"。

価 sì 像。

兕 sì 同"兕"。

饲(飼)[飤] sì 喂养(多指动物)：～粥｜～养｜～料。

迉 sì 同"竢(俟)"。

泗 sì ❶鼻涕：涕～滂沱｜悲～淋漓。❷泗河，水名，在山东。❸用于地名：～州｜～县(均在安徽)。

泀 sì 古水名，在今山东。

孠 sì 同"嗣"，继承；继承人：继～。

娌 ㊀ sì 同"姒"。
㊁ yí 同"姬"，众妾的总称。

驷(駟) sì 古代同驾一辆车的四匹马，也指四匹马拉的车：一言既出，～马难追。

相 sì ❶古代锹形挖土工具，后作"耜"：耒～。❷古代运土工具。

柶 sì 古代礼器，像匙，用于舀取食物。

枱 ㊀ sì 同"耜"，耒的下端。
㊁ cí 同"柌"，镰柄，泛指柄。
㊂ tái 同"檯(台)"，桌子类家具，喻指社交场合或公开场合：坍～｜上不得～面。

呬 sì 用于佛经译音。

䦙 sì 同"泗"。

耜 sì 同"耜"。

牭 sì ❶四岁的牛。❷牛凶狠。

俟㊀[❷竢] sì ❶［俟俟］兽类缓慢行走的样子。❷等待：君命召，不～驾而行｜～机行事。❸姓。
㊁ qí［万俟］(mò-)见980页"万"字条。

肆 ㊀ sì 同"隶"。
㊁ lù［貗肆］(hū-)见679页"貗"字条。

涬 sì "涘"的讹字。

祠 sì 同"祀"。

祫 ㊀ sì 同"祀"。
㊁ tái 秋祭。

䛐 sì 同"伺"。

㬶 sì 义未详。(《改并四声篇海》)

㜷 sì 同"姒"。

耜 sì 同"耜"。

肂 sì ❶把死者棺柩停放在路旁，暂不下葬：～九月不得葬。❷埋棺之处：掘～见衽。

昪 sì 同"俟"。

耜 sì 同"耜"。

俟 sì 同"俟"。

飤 sì 同"饲(飼)"。

飤 sì 同"飤(饲,飼)"。

庡 sì 同"竢(俟)"。

洍 sì 古水名。(《说文》)

涘 sì ❶水边，岸边，也用于地名：在河之～｜两～渚崖之间｜南港～(在山东)。❷界限；止境：求取无～。

屎 sì 同"竢(俟)"。

耜 sì ❶古代锹形挖土工具。❷古代农具耒下端的掘土部分，初为木制，后改为金属制。❸以耜掘土：冬日至而～之。

梩 ㊀ sì(又读 lí)同"相(耜)"，古代锹形挖土工具。

㊁qǐ 同“杞”。

𡜪 sì 同“肂”。

𤉢 sì 同“兕”。

𢍈 sì 同“兕”。

𤚴 sì ❶牛名。❷一岁的牛。

笥 sì 古代用竹、苇编制的箱子或盛食器：衣裳在～|馈（餽）饵一～。

侣 sì 同“似”。

饲 sì 把食物喂给人吃。

鈶 sì ❶箭头插接箭杆的部分。❷金子。

粞 sì 糟。

涘 sì 同“涘”，水边。

涘 sì “涘”的讹字。

裡 sì（又读 lǐ）同“梩”。

絗 sì 义未详。（《改并四声篇海》）

竢 sì 拟声词，石坠落声。

𡿨 sì 同“兕”。

觗 sì ❶角。❷器名，用兽角做的饭勺。

㾐 sì 同“俟（竢）”。

覗 sì 窥视；偷看：窥～。

耜 sì 同“耜”。

肆 sì ❶陈设；陈列：或～之筵，或授之几。❷铺子；商店；手工作坊：市～|茶坊酒～|百工居～，以成其事。❸放纵，毫无顾忌，任意妄为：放～|～意|～虐。❹尽力：愈～其力，逆流而上。❺副词，极；很：其风～好，以赠申伯。❻数词“四”的大写。❼姓。

豨 sì 阉割过的猪。

貄 sì 同“貄”。

嗣 sì ❶继承；接续：～位|～续|～绍家烈。❷继承人；后代子孙：后～|罚弗及～|可出继与我为～。❸副词，接着；随后：～还自相戕|～见西人选述梵文典，条例彰明。

鉏 sì 箭头插接箭杆的部分，后作“鈶”。

鉛 ㊀sì ❶同“耜”，耒的下端。❷矛类兵器。

㊁tái 金属元素“铊（鉈）”的旧译写法。

貄 sì 同“貄”。

閁 ㊀sì 同“寺”，古代官署名。

㊁shì 近侍的内臣，通常指宦官。

鮀 sì 鱼名。

觬 sì 同“兕”。

麀 sì 鹿二岁。

嗣 sì 同“嗣”。

𩫖 sì 同“肆”。

貄 sì 同“貄”。

肆 sì 同“肆”。

糇 sì 同“俟”。

𡿨 sì 义未详。（《改并四声篇海》）

箎 sì 同“笥”。

貄 sì 哺乳动物，即狸子。

觬 sì 同“觬（兕）”。

瘬 sì 同“枱”，耒的下端，泛指耒，古代用于翻地的农具。

麀 sì “麀”的讹字。

澌（㵩） sì ❶停水；障水。❷泄水门：石～。

髶 sì 同“肆”。

蕼 sì ❶赤蕼，草名。❷通“肆”，宽舒的样子：士君子之容……祺然，～然。

澌 sì ❶死。❷尽：～尽其财。

S

犕 sì 同"牭",四岁的牛,一说二岁的牛。

肆 sì 同"貄",拟声词,猪叫声。

鋅 sì 同"枱"。

鐭 ㊀ sì 同"枱",耒的下端。
㊁ cí 同"枱(柌)",镰柄,泛指柄。

貄 sì 同"貄"。

貄 sì ❶ 帬类动物。❷ 拟声词,猪叫声。

騃 ㊀ sì 马行走有气势的样子。
㊁ ái ❶ 愚钝;幼稚无知:童～无所识|娇儿～女。❷ 感情痴迷:痴牛～女|蜂痴蝶～。

儩 sì 完;尽:敖庾之藏有时而～。

鬃 sì 同"肆"。

蕼 sì 同"蕼"。

蕮 sì 草名。

鯱 sì 义未详。(《龙龛手鉴》)

禩 sì 同"禩(祀)"。

㣈 sì 同"肆"。

sōng

松(❷-❺鬆) sōng ❶ 松树,多为常绿乔木,籽可食用或榨油,木材和树脂可用于工业和医药。❷ 散,不紧密:土质～|捆得太～。❸ 宽;不严格;不紧张:纪律～弛|管理太～|经济宽～。❹ 使舒展;放开:～手|～绑|～一～腰带。❺ 用瘦肉做成的绒毛状或碎末状食品:肉～。
◆"鬆"另见 899 页"鬆"字条。

枩 sōng 同"松"。

枀 sōng 同"松"。

枩 sōng 同"松"。

枀 sōng 同"松"。

俽 sōng 姓。

倯 sōng 姓。

娀 sōng ❶ 又称有娀,古国名,在今山西。❷ 姓。

倯 sōng ❶ 懒。❷ 愚蠢;懦弱无能:～种。

凇 sōng 雾凇,天气寒冷时雾或水汽凝结在树枝等上面形成的白色松散冰晶。

髪 sōng 长的样子。

菘 sōng 蔬菜名,即大白菜。

崧 sōng 同"崧"。

崧 sōng ❶ 同"嵩"。❷ 用于地名:～厦镇(在浙江)。

倯 sōng 恐惧地小步而行的样子。

庺 sōng 同"松"。

淞 sōng 水名,通称吴淞江,发源于太湖,流至上海与黄浦江汇合注入长江。

菘 sōng 同"松"。

蜙 sōng 虫名。

娀 sōng 同"娀"。

毧 sōng 细毛。

醔 ㊀ sōng ❶ 酒名。❷ 农作物名。
㊁ nóng 同"酦(醲)"。

硹 sōng 古地名。(《广韵》)

嵩 sōng ❶ 山大而高,泛指高大:～峻|～岩。❷ 嵩山,山名,在河南。

鬆 sōng 同"鬆",头发散乱的样子。

蚣 sōng[蚣蝑](-xū)同"蜙蝑"。

蜙 sōng[蜙蝑](-xū)同"蜙蝑"。

锶(鍶) ㊀ sōng 铁器。
㊁ sī 金属元素,可用来制合金、光电管、烟火、药品等。

濍 sōng 同"濍"。

窼 sōng 同"松"。

檧 sōng 小笼。

霿(雺+凇) sōng［霧雺］(wù-)同"雾凇"。

潨 sōng 水声。

憽 sōng［惺憽］同"惺忪"。

鬆 sōng 细头发。

檧 sōng 又称桶檧，小笼。

霚 sōng［霧霚河］(wù--)古水名，在今内蒙古。

曽 sōng 白的样子，一说"皤"的讹字。

鵟 sōng 同"鶇"。

鶇 sōng 又称爵鶇，鸟名，像鹰而小。

皤 sōng 素白。

潨 sōng 同"潨"。

憽 sōng 同"憽"。

鬆 sōng ❶头发散乱的样子：鬔影～。❷不中用：～驸马｜～小子。❸"松❷-❺"的繁体字。

櫶 sōng 同"檧"。

鵋 sōng 同"鶇"。

鯆 sōng 松鱼，又称海鳙，海鲇科鱼类名，生活在海中。

篵 sōng 同"檧"。

sóng

屣 sóng ❶精液的俗称。❷讥讽人软弱无能：～包｜这人真～。

髋 sóng 精液，引申为骂人的话。

sǒng

扨(摗) sǒng ❶挺；耸：～身。❷推：～他出了大门。

怂(慫) sǒng ❶惊惧：～兢。❷［怂恿］(-yǒng)鼓动别人去做事(多含贬义)，单用"怂"义同：怂恿他闹事｜自己站在干岸上，怂起他下水。

崍 sǒng 同"竦"，耸立：峻～层云。

耸(聳) sǒng ❶耳聋：～昧｜听～｜言无所闻常～耳也。❷矗立；高起：～立｜高～｜层峦～翠。❸身体部位短暂而迅速地往上抬或向前移：～肩｜将身一～｜向外一～。❹通"悚"，惊动；使人吃惊：～人听闻｜危言～听｜毛骨～然。

悚 sǒng 恐惧；害怕：～惧｜毛骨～然。

掞 sǒng 推，一说同"扨(摗)"。

竦 sǒng ❶伸直脖子，抬起脚后跟站着，表示盼望：士卒皆山东人，～而望归。❷耸立：两岸对～。❸恭敬：～然｜～慕｜高行可倾～。❹通"悚"，恐惧；害怕：～惧｜怒形则千里～。

揀 sǒng 同"摗(竦)"。

摗 sǒng 同"摗(扨)"。

樬 ㊀ sǒng 落叶灌木或乔木。皮又称海桐皮，可供药用。
㊁ cōng 用于挑柴草的尖头扁担：～担。

傱 sǒng［傱傱］快速通过的样子：风～。

從 sǒng 同"從(傱)"。

徚 sǒng 同"聳(耸)"。

愯 sǒng 恐惧：群盗环跪～听。

閪 sǒng 门臼。

嵷 sǒng［嵱嵷］(yǒng-)见1171页"嵱"字条。

從 sǒng 同"傱"。

擻 sǒng 同"竦"，肃静；恭敬。

駷 sǒng 掣动马嚼子催马快跑：～马。

駥 sǒng 同"駷"。

竦 sǒng 同"竦"。

篵 sǒng 筷笼子。

嵻 sǒng 山峰耸起的样子。

㩳 sǒng 同"㩳"。

sòng

讼(訟) sòng ❶争辩;争论:争～|聚～纷纭|往者不能～当否。❷诉诸法律;打官司:诉～|～案|～端。❸为人申辩:～太子冤。❹责备:自～|诘屈内～知缘因。❺通"颂(頌)",颂扬:深～莽功德。

宋 sòng ❶周代国名,在今河南。❷朝代名。1.又称刘宋,南朝之一,刘裕所建(420-479年)。2.赵匡胤所建(960-1279年),史分北宋(960-1127年)、南宋(1127-1279年)。❸指宋代刊本或宋体字(一种汉字印刷体):影～|老～|仿～。❹姓。

㖧 sòng 义未详。(《改并四声篇海》)

送 sòng ❶送行,陪伴人到某一地点:～别|欢～|～孩子上学。❷把东西运到指定地点并交付给对方:～信|～货|雪中～炭。❸赠给:～礼|赠～|奉～。❹丢掉;丧失:～命|断～|葬～。

诵(誦) sòng ❶朗读:朗～|吟～|默～。❷述说:传～|称～|～尧之言。❸背诵,凭记忆念出:暗～|过目成～。❹诗篇:家父作～。❺通"颂(頌)",颂扬:～功德|天下～而歌舞之。❻通"讼(訟)",公开宣布或说明:未敢～言诛之。

菘 sòng 草名。

嵸 sòng 量词,响度单位,也作"宋"。1嵸等于1000毫嵸,1毫嵸约相当于人耳刚能听见的声音响度。

颂(頌) ㊀sòng ❶赞扬;称扬:歌～|～赞。❷祝愿(多用于书信):祝～|顺～大安。❸以诵扬为主旨的诗文:祖国～|青春～。❹通"诵",朗读:～其诗,读其书。❺姓。
㊁róng 仪容,后作"容":～仪。

迸 sòng 同"送"。

倕 sòng 同"送"。

遥 sòng 同"送"。

蓫 sòng 草名。

遊 sòng 同"送"。

馊(餸) sòng 主食以外的菜肴。

樕 sòng "馊(送)"的讹字。

遨 sòng 同"送"。

謥 sòng 同"訟(讼)"。

箵 sòng 竹诜。(《改并四声篇海》)

詷 sòng 同"訟(讼)"。

遬 sòng "遨"的讹字。

遬 sòng 同"送"。

頌 sòng 同"颂(頌)"。

sōu

涑 sōu 同"漱"。

搜 sōu 同"搜"。

毹 sōu 同"毵(毶)"。

鄋 sōu 春秋时北方地区少数民族的一个小国,在今山东。

㔆 sōu 同"㔆"。

鄋 sōu 同"鄋"。

㔆 sōu 刈。

搜 ㊀[❶蒐] sōu ❶寻求;寻找:～集|～刮|～索枯肠。❷检查:～查|～身|～捕。❸掏;挖:绰刀子～开这墙|拿镬头把根子～出来。
㊁xiāo[搜搜](-xiāo)也作"叟叟",摇动的样子:风瑟瑟,木～。
㊂shǎo[搜搅]也作"搅搜",扰乱:炎风日～。
◆"蒐"另见900页"蒐"字条。

捘 sōu 同"搜"。

茰 ㊀sōu[茱茰](qiú-)椒类植物果实簇生的样子。
㊁sǒu 同"薮(藪)",湖泽。

蒐 sōu ❶草名,即茜草:其阳多玉,其阴多～。❷春季打猎:春～。❸检阅军队;

军事演习：～阅以时，军政大治。❹聚集：～卒丰财。❺"搜㊀❶"的异体字。

嗖 sōu 同"嗖"。

狻 sōu ❶[獶狻](nǎo-)古代良狗名。❷同"蒐"，春季打猎：～狩。

猤 sōu 同"狻"。

馊(餿) sōu ❶饭菜等因变质而发出酸臭味：菜～了，不能吃了。❷差；不高明：～主意|～点子。

廋 sōu ❶隐匿：～语|匿～。❷同"搜"，求索：～索。

廋 sōu 同"廋"。

骢(騪) sōu ❶[驺骢](zhōu-)同"驺駿"。❷同"挍(搜)"，搜索。

搜 sōu "搜"的讹字。

搜 sōu 同"搜"。

楱 sōu 同"艘"。

梭 sōu（旧读 sāo）❶同"艘"，船的总称。❷树名，像白杨。

毯 sōu[氍毯](qú-)同"氍毯"。

毯 sōu[氍毯](qú-)有花纹的毛毯。

毲 sōu 同"毯"。

飕(颼) sōu ❶[飕飕]1. 拟声词，风声，也形容行动快速如风，单用义同：秋风飕飕|飕飕一连射了九箭|那汉飕的把那口刀擎将出来。2. 拟声词，雨声：雨声飕飕催早寒。3. 寒冷，清凉，单用义同：寒飕飕|冷飕飕|东风晓渐飕。❷[飕飗](-liú)1. 拟声词，风声，也单称飗。2. 风，引申为行动迅速如风：～～的写下几行。3. 寒冷：寒～。❸风吹(使变干或变凉)：被风～干了。

飕(颼) ㊀ sōu 同"飕(颼)"。
㊁ sāo[飕飕](-sāo)拟声词，风声：冷～|秋风～。

溲 sōu 寒冷。

毲 sōu 同"毯"。

毲 sōu 同"毯"。

擞 sōu[搂擞](lōu-)取。

嫂 sōu 用于女子人名。

镂(鎪) sōu ❶同"锹(鍬)"，刻镂：雕～。❷侵；侵蚀：霜风～病骨。❸铁锈。

鎪 sōu 同"鎪(镂)"。

猤 sōu 同"猤(狻)"。

螋 sōu[蠷螋](qú-)见 488 页"蠷"字条。

螋 sōu 同"螋"。

箥 ㊀ sōu 竹名。
㊁ huái 高竹节。

艘 sōu ❶船的总称：～楫|轻～|粮～。❷海中大船。❸量词，用于船：两～渔船|一～航空母舰。

艘 ㊀ sōu 同"艘"。
㊁ sāo 船槽。

颾 sōu 同"飕(颼)"。

趖 sōu ❶欲跳的样子。❷同"趍"。

醙 sōu ❶同"酸"，白酒。❷酒的再酿。

醙 sōu ❶白酒。❷黍酒。

艘 sōu 同"艘"。

貗 sōu[貗貗](qú-)见 801 页"貗"字条。

颾 sōu[颾颾]拟声词，风声。

嫂 sōu 同"嫂"。

搜 sōu 同"搜"。

搜 sōu 同"搜"。

餿 sōu 同"馊(餿)"。

鱐 ㊀ sōu 干鱼。
㊁ sào[鱐子]炒熟的碎肉：羊肉～。
㊂ xiào ❶切肉合糅。❷同"臛"，肉羹。

鞻 sōu 同"鞍"。

鞍 sōu 治过的软皮。

鎪 sōu 同"镂(鎪)"。

S

颼 sōu“颼”的讹字。

颼 sōu 同“飕(颼)”。

飕 ㊀ sōu ❶［飕飉］(－liáo)同“飕飂”。❷同“飕(颼)”。
㊁ xiāo 同“飍”,凉风。

鬉 sōu［毭鬉］(dōu－)也作“毭鬉”,头发散乱。

駿 sōu 同“捘(搜)”,搜索。

颼 sōu 同“飕(颼)”。

飆 sōu 拟声词,风声。

鞦 sōu 同“鞖”。

鰒 ㊀ sōu 姓。
㊁ qiū 同“緧(鞧)”,套车时拴在牲口屁股后边的皮带。

鮻 sōu 同“鰒”。

鬷 ㊀ sōu 同“鬉”。
㊁ nà 同“鬖”。

鬷 sōu［毭鬷］(dōu－)见 205 页“毭”字条。

醙 ㊀ sōu 同“酸”。
㊁ zāo 同“糟”,酒渣。

sǒu

夲 sǒu 同“叜(叟)”。

夊 sǒu 同“叟”。

叟 sǒu 年老的男人:老～|童～无欺。

叜 sǒu 同“叟”。

傁 sǒu 同“傻(叟)”。

窙 sǒu 同“叜(叟)”。

窙 sǒu 同“叜(叟)”。

窶 sǒu 同“叜(叟)”。

廋 sǒu 同“廋”。

傁 sǒu 同“叟”。

傻 sǒu“傻”的讹字。

傻 ㊀ sǒu 同“叜(叟)”。
㊁ zhòu 同“㑳(㑇)”。

奒 sǒu 同“叟”。

宊 sǒu 同“叟”。

陵 sǒu 阬。

廋 sǒu ❶山或水的弯曲处。❷通“叟”,老人。

叀 sǒu［叀崮］(－gù)山名,在山东。

傻 sǒu 义未详。(《改并四声篇海》)

傻 sǒu 义未详。(《改并四声篇海》)

溲 ㊀ sǒu ❶浸泡;沾湿:～种(zhǒng)如麦饭状|罗帕～。❷用液体调和粉状物;揉和:倴面新且细,～摄如玉墩(指和面)|以苏合油～烟为墨。
㊁ sōu ❶排泄大小便;尿:前～(小便)|后～(大便)|矢～(屎尿)。❷淘洗:析薪～米。❸同“馊(餿)”。1. 饭菜等因变质而发出酸臭味:饭～。2. 差;不高明的:～话。❹水名,又称秋河,发源于湖北,流至河南注入澧河。

浚 sǒu 同“溲”。

嗾 sǒu 同“嗾”,叹词,指使狗时发出的声音。

嗾 sǒu 同“嗾”,叹词,指使狗时发出的声音。

嵕 sǒu 同“叟”。

瞍 sǒu 眼睛失明,也指盲人:矇～。

瞍 sǒu 同“瞍”。

瞍 sǒu 同“瞍”。

嗾 sǒu ❶叹词,指使狗时发出的声音;发出声音指使狗:～犬猲猲。❷教唆;指使:～使|为人所～。

聤 sǒu 聪。

聤 sǒu 同“聤”。

蓃 sǒu 白滓。

箋 sǒu 同“籔(籔)”。

擻(擻) ㊀ sǒu ❶［抖擻］1. 振动：～尘埃衣。2. 振作；振奋：我劝天公重～｜精神～。❷ 颤抖的样子：吓得～抖抖的颤。
㊁ sòu 用通条插到火炉里捅或拨动，除灰通风：～火｜～炉子。

薮(藪) sǒu ❶ 水浅多草的沼泽，泛指湖泽：～泽｜林～。❷ 人或物聚集的地方：渊～｜铜～｜惟德之～。❸ 通“搜”，求：耽道穷～，老而弥新。

箵 sǒu 同“籔(籔)”。

藪 sǒu 同“薮(藪)”。

欆 sǒu［欆檽］(-nòu) 树木茂盛。

籔(籔) ㊀ sǒu 淘米的竹器。
㊁ shǔ 量词，古代计量单位，一籔等于十六斗。

礈 sǒu 石名。

叜 sǒu 义未详。(《字汇补》)

謏 sǒu 同“溲”。

sòu

嗖 ㊀ sòu 叹词，驱鸟声。
㊁ sōu 拟声词，物体迅速移动或通过的声音：他～地一声冲上前去｜汽车～的一声从身边驶过｜子弹～～地从头上飞过。

嗽［嗽］ sòu 见 915 页 suō。

篓 sòu 小竹。

瘶 sòu 咳嗽。

蠳 sòu 义未详。(《龙龛手鉴》)

sū

苏(❶-❼❾蘇、❽囌)［❸甦、❶-❼❾蘓］ sū ❶ 一年生草本植物。1. 紫苏，花紫黑色，叶和种子可供药用。2. 白苏，花白色，茎、叶和种子可供药用。❷ 须状下垂的饰物：流～。❸ 晕厥后醒过来；假死后活过来：～醒｜死而复～。❹ 江苏(地名)的简称：～剧｜～南。❺ 江苏苏州(地名)的简称：～绣｜～白。❻ 苏维埃(俄国 1917 年革命建立的政权，借指中国第二次国内革命战争时期的工农民主政权)的简称：～区。❼ 苏联(旧国名，即苏维埃社会主义共和国联盟，在欧洲东部和亚洲北部)的简称：～共中央｜留～学习。❽ 姓。❾［噜苏(嚕囌)］见 599 页“噜”字条。
◆“甦”另见 903 页“甦”字条。

窣 sū 同“窣”。

趚 sū 跑的样子。

甦 sū ❶“苏(蘇)❸”的异体字。❷ 用于人名。

酥 sū ❶ 酥油，用牛、羊等乳汁凝结的薄皮制成的食品：～乳｜～酪｜牛～。❷ 含油多而松脆的食品：桃～｜芝麻～。❸ 松脆(多指食品)：～脆｜～糖。❹ (肢体)软弱无力：～软｜骨软筋～。

窣 sū 同“窣”。

穌(穌) sū ❶ 同“蘇(苏)”，苏醒；死而复生。❷ 用于译音：耶～(基督，基督教徒所信奉的救世主)。

窣 sū ❶ 从穴中突然窜出，引申为纵跃：～身入水。❷ 突然：～然排户｜～里闻莺。❸ 细小的声音：坠崖鸣～～｜～泠泠树梢。

甦 sū 同“甦(苏)”。

魼 sū［魼魖］(-wú) 鬼怪。

煿 sū 同“殎”。

麻(麻) sū［廜麻］(tú-) 见 962 页“廜”字条。

醂 sū 同“酥”。

殎 sū 烂。

䲆 sū 同“穌(穌)”。

撫 sū 摸。

橅 sū 橅枋，树名，可做染料。

膴 sū 同“酥”。

鯂 sū“鮂(稣,稣)”的讹字。

𪎭 sū同“𪎊(麻)”。

蟦 sū义未详。(《改并四声篇海》)

癬 sū病。

醿 sū同“酥”。

𦡾 sū同“酥”。

sú

俗 sú ❶风俗;习惯:旧～|习～|移风易～。❷大众的;通行习见的:通～|～语|～字。❸趣味低;不高雅:庸～|～气|～不可耐。❹没出家的人(区别于出家的佛教徒等):僧～|还～|～家弟子。

㑛 sú同“俗”。

𠈇 sú同“俗”。

𦏴 sú义未详。(《改并四声篇海》)

sù

𠆶 sù同“宿”。

王 sù ❶朽玉;有瑕疵的玉。❷琢玉工人。❸古西域国名。

夙 sù同“夙”。

夙 sù ❶早晨:～兴夜寐。❷一向有的;旧有的:～愿|～怨|～敌。

𠙓 sù同“夙”。

㚻 sù同“夙”。

诉(訴)[❶-❸愬] sù ❶告知;述说:～说|～苦|陈～。❷讼;控告:～状|上～|胜～。❸毁谤;进谗言:～公于晋侯|～无罪者,国之贼也。❹求;求助:～诸武力|～诸法律。◆“愬”另见906页“愬”字条。

㑉 sù同“夙”。

泝 sù同“泝(溯)”。

肃(肅){粛} sù ❶恭敬:～敬|～立|～然起敬。❷庄重;威严:～穆|严～。❸草木凋零;天气转冷:寒气时发,草木皆～|正故国晚秋,天气初～。❹清净;安静:法令严明,地方清～|～静。❺彻底清除:～清|有反必～,有错必纠。

玊 sù玉名。

倲 sù[僫倲](shǔ-)见883页“僫”字条。

𠒚 sù同“粟”。

洬 ㊀sù[洬洬](-sù)拟声词,雨声。
㊁shuò大风雨的样子。

泝 sù同“泝(溯)”。

𤦒 sù同“塑”。

素 sù ❶本色的生帛,泛指丝织品:织～|缟～|粮储～积。❷本色,白色,比喻纯、不艳丽:～丝|～服|～净。❸原本的:～质|～材。❹事物的基本成分:色～|元～。❺蔬果类食物:～食|吃～|两荤两～。❻平时;向来:平～|～不相识。

速 sù ❶快:～记|～冻|欲～不达。❷速度,快慢的程度:风～|航～|时～。❸邀请:不～之客|以～远朋。❹招致;引来:～怨于民|去顺效逆,所以～祸。☞速/迅/快/疾/急 五字都表示快速义,古汉语中“速”指一般的行进快速;“迅”多指来势猛烈、急迫,速度往往比较快;“疾”有紧迫、急切的色彩,速度一般也比较快;“急”指速度快而猛烈;“快”用于快速义,时代较晚。

𠔉 sù同“粟”。

㑉 sù同“夙”。

𡝩 sù同“夙”。

餗(餗) sù鼎中食物,泛指美味佳肴。

涑 ㊀sù水名。1.涑水河,在山西。2.在山东费县。
㊁shù同“漱”,漱口。

㮦 sù同“素”。

梀 ㊀sù短椽。
㊁yìn束。

粟 sù同“粟”。

殐 sù［殆殐］（gǔ-）见301页“殆”字条。

㻋{璺} sù 同“玉”。1.有瑕疵的玉。2.琢玉工匠。

訴 sù同“訴(诉)”。

溯 sù同“泝(溯)”。

滷 sù碱土。

涊 sù未加工鞣制的皮革。

溯 sù同“溯”。

潚(潚) sù ❶水深而清。❷迅疾：迅飙～其媵我兮。

宿［宿］ ㊀sù ❶住；夜里睡觉：住～｜露～｜～舍。❷旧有的；原有的：～疾｜～怨｜～愿。❸年老的；长期从事某种工作的：～将｜～儒｜～贼。❹姓。
㊁xiǔ 量词，用于计算夜：一～没睡｜住了两～｜谈了半～。
㊂xiù 古代天文学家称某些星的集合体：星～｜二十八～。

𣽊 sù同“肅(肃)”。

骕(驌) sù［骕骦］（-shuāng）良马名。

粟 sù ❶农作物名，又称谷子，带壳的籽实又称粟，去壳后称小米：～米。❷旧时泛称谷类粮食：征赋钱～，以实仓库。❸姓。

㯈 sù同“粟”。

𫓧(鋉) sù ❶金。❷镯子：足圈金～。

傃 sù ❶面向；向着：～关西而东。❷平素；平常：一得适其～。❸遵守：循其名，～其分。

飔(飀) sù ❶寒风。❷风声。

訴 sù同“訴(诉)”。

毸 ㊀sù毛短。
㊁zú毛生的样子。

溯 sù同“泝(溯)”。

谡(謖) sù ❶起；起来：～足以进｜乌尾城角～。❷肃敬整饬的样子：～尔敛袂。❸［谡谡］1.挺拔的样子：～劲松。2.风声：风～而妄作。

𣽊 sù同“肅(肃)”。

䅇 sù姓。

塐 sù同“塑”，塑造：为妇人～像。

㨞 sù暗中取物。

摗 sù同“摍”。

埧 sù尘。

蔌 sù［蕂蔌］（lù-）见604页“蕂”字条。

甋 sù不能行。

㮚 sù同“粟”。

嗉 sù ❶鸟类食管下端储存食物的袋状器官，俗称嗉子：～囊｜珠藏其～。❷像鸟嗉的东西：猴子颏下有～袋｜～宿(星名张宿的别称)。

猿 sù哺乳动物。

𧴤 sù［𧴤𧴤］（gǔ-）见302页“𧴤”字条。

塑 sù ❶塑造，用泥土等材料做成人物的形象：～像｜雕～｜泥～。❷塑料，以树脂等高分子化合物为基本成分制成的材料：～钢｜～封｜全～家具。

遡 sù ❶“溯㊀”的异体字。❷向着；面对：～风直翅｜～空帷兮欲归。❸通“愬(诉,訴)”，诉说：跣行告～。

㸉 sù火炽盛的样子。

溹 sù ❶同“泝(溯)”。❷船中向外舀水的工具。

潚 sù同“泝(溯)”。

溯㊀［泝、遡］ sù ❶逆流而上：～源｜～江而上。❷往上推寻；回忆：追～｜～诸历史｜回～往事。
㊁shuò古水名。(《改并四声篇海》)
◆“遡”另见905页“遡”字条。

愫 sù诚意；真情实意：披腹心，见情～。

𣽊 sù同“肅(肃)”。

𦺻 sù 同"肅(肃)"。

𦺹 sù 同"肅(肃)"。

鷫(鸘) sù ❶[鷫 鷞](-shuāng)也作"鷫鸘""肃爽"。1. 传说中的西方神鸟。2. 雁的一种:钓射鷫鷞。3. 骏马名:浅草遥迎鷫鸘马。4. 用鷫鷞羽毛做成的裘:鷫鸘换美酒。❷[鷫鸘](-shuāng)也作"鷫鷞",鸟名,也单称鸘。

𦺾 sù 同"肅(肃)"。

䉤 sù 同"餗(餗)"。

𡟫 sù 用于女子人名。

𧾷 sù[𧾷𧾷]跑的样子:麀鹿～|～蹋沙人似鬼。

𦺶 sù 同"蔌"。

蔌 sù 蔬菜的总称:山肴野～。

𣚋 sù 器物未经修饰,也作"素"。

𣚗 sù 同"樕"。

遬 sù ❶同"速",迅速:水平而不流,无源则～竭。❷局促不安的样子:见所尊者齐～。

𠟂 sù 细切。

𥿺 sù 同"素"。

傈 sù[傈傈](lì-)见 555 页"傈"字条。

膆 sù ❶肥。❷同"嗉",嗉子,鸟类食管下端储存食物的囊。

𤢖 sù[𤢖𧓯](-zhū)同"樕𧓯"。

觫 sù[觳觫](hú-)同"觳𧥄"。1. 恐惧而发抖的样子:～求哀。2. 代指牛:御此老～。

𣴑 sù 同"溯"。

愬 ㊀ sù ❶"诉(訴)❶-❸"的异体字。❷通"遡",向着;面对:～黄巷而济潼|～皓月而长歌。❸用于人名:李～(唐代人)。
㊁ sè 惊惧的样子:～而再拜|履虎尾～～。

𤎩 sù 同"𤎩"。

𣹰 sù 湿。

𡟭 sù 春人。

𣚡 sù 同"樕"。

樕 sù ❶[朴樕](pú-)1. 小树:林有～。2. 比喻平庸之才:～散材|～不足齿。❷[樕𧓯](-zhū)传说中的山名。

𣙩 sù 马槽。

𥓐 ㊀ sù 磨。
㊁ xiè 碎石。

𣝣 sù 同"粟"。

𤢩 sù[𤢩𤢩](lì-)见 556 页"𤢩"字条。

𧩾 sù 向。

𧪌 sù 同"訴(诉)"。

𤸎 sù[𤸎𤺋](-niè)痴呆的样子。

𣿭 sù 古水名。(《改并四声篇海》)

慄 sù 阿谀逢迎。

𡫼 sù 同"宿"。

𧜗 sù[禄𧜗](lù-)见 603 页"禄"字条。

𢸑 sù ❶击。❷拟声词,击声。

𪌇 sù 麦屑。

𣯧 sù[𣯧𣰈](-róng)一种细毛毯。

𧒂 sù[蹼𧒂](pú-)见 745 页"蹼"字条。

蝤 sù 同"蝤"。

𦋺 sù 同"𦋺"。

𦋺 sù[罷𦋺](lù-)下垂的样子。

𥿽 sù 同"素"。

𩴾 sù 鬼名。

𥿿 sù 同"素"。

𤟧 sù 牲白色,也作"素"。

𧬒 sù 同"訴(诉)"。

𧭅 sù 义未详。(《龙龛手鉴》)

𣽈 sù 没,沉入水中。

㥕 sù[愫㥕](tū-)见960页"愫"字条。

𦅷 sù 生帛。

𤩽 sù 同"王",琢玉工匠。

𣫨 sù[𣫨𣫨](dú-)见209页"𣫨"字条。

𧃗 sù 白茅类植物。

𧃘 sù[𧃘𧃘]也作"蔌蔌",简陋。

橚 ㊀ sù 树木高耸直立的样子:~矗森萃|~植。
㊁ xiāo[橚槮](-sēn)同"櫹槮"。
㊂ qiū 同"楸",落叶乔木。

嘯 sù ❶燥。❷暴。

蝋 sù[蝶蝋](pú-)同"蝶蛷"。

蝙 sù[蝍蝙](jí-)见403页"蝍"字条。

簌 sù ❶抖动;摇动:一捣一~|待月帘微~。❷[簌簌]1.拟声词:土动~|风声~|~作响。2.肢体抖动的样子:~发抖。3.眼泪纷纷落下的样子:~泪下|泪珠~。

僳 sù[僳伥](-chāng)古西域国名。

艏 sù[艒艏](mù-)见670页"艒"字条。

謜 sù 熟悉。

謶 sù 同"诉(訴)"。

𧬳 sù 同"謶"。

𧅿 sù 同"𢹣"。

𥳑 sù 同"𣫨"。

𧪶 sù "𧪶"的讹字。

𧪷 sù 同"速"。

𥗥 sù 黑色磨刀石。

蹜 sù ❶[蹜蹜]小步快走的样子:执龟玉,举前曳踵,~如也。❷收缩;蜷曲:俛首~步|卷~短黄须发。

蟰 sù 同"蝙"。

𧗳 sù 行不住。

艏 sù 同"艏"。

饎 sù 蔬菜类食物,也作"素"。

𥽥 sù 同"素"。

餗 sù 同"餗(𫗧)"。

繌 sù 皱纹。

攟 sù 同"𢹣"。

𣮆 sù 同"毹"。

𦪐 sù 同"艏"。

鵴 sù[鹁鵴](bó-)见64页"鹁"字条。

翽 sù ❶鸟飞。❷拟声词,飞声。

趚 sù 跑的样子。

𪏭 sù[𪏭𪏭](hú-)见359页"𪏭"字条。

餮 sù 同"𫗧(餗)"。

𩞄 sù 同"𫗧(餗)"。

鏉 sù 金。

饆 sù 同"𫗧(餗)"。

飍 sù ❶风吼。❷同"飕(颼)"。1.寒风。2.风声。

𥷳 sù 义未详。(《龙龛手鉴》)

鷫 sù 同"鹔(鷫)"。

驌 sù 同"驌(骕)"。

S

䐹 sù 同“䏋”。

麈 sù ❶鹿的踪迹。❷幼鹿。

鷫 sù［鷫爽］同“鹔鹴”。

攄 sù 同“摗”。

觳 sù［觳觳］（dū－）见208页“觳”字条。

膆 sù 同“䏋”。

鵏 sù［䴋鵏］（bó－）同“䴋鵏”。

鬻 sù 同“餗（餗）”。

鷫 sù 同“鷫（鹔）”。

鱐 sù ❶剖开晾干的鱼。❷鱼名，又称鲍母。

齅 sù 鼻鸣。

鬻 sù 同“餗（餗）”。

櫜 sù 同“粟（粟）”。

suān

狻 ㊀suān［狻猊］（－ní）传说中的凶猛动物，一说狮子。
㊁jùn 狡兔。

䣢 suān 义未详。（《改并四声篇海》）

痠 suān 瘆。

痠 suān ❶同“酸”，酸痛：～懒｜腰～腿痛。❷［痠㾡］（－xī）疼痛。

痠 suān 同“痠”。

酸 suān ❶醋：大苦醎～，辛甘行些。❷像醋的气味或味道：～菜｜～枣｜～臭。❸迂腐：穷～｜寒～｜～秀才。❹悲痛；伤心：悲～｜心～｜～楚。❺微痛无力：～疼｜腰～背痛｜腿都站～了。❻能在水溶液中产生氢离子的化学物质，分无机酸、有机酸两类：盐～｜硝～｜硫～。

貌 suān［貌猊］（－ní）也作“狻猊”“貌猊”，狮子。

蓚 suān 草名。

麌 suān 同“狻”。

酸 suān 同“酸”。

䤈 suān 同“酸”。

霰 suān 小雨。

齱 suān 义未详。（《改并四声篇海》）

齩 suān 齿酸。

齾 suān 同“齩”。

suǎn

匴 suǎn 义未详。（《改并四声篇海》）

篹 suǎn “匴”的讹字。

匴 suǎn ❶古代淘米用具。❷古代行冠礼时放帽子的竹器。

篹 ㊀suǎn ❶笾类器具。❷同“匴”，古代行冠礼时放帽子的竹器。
㊁zuǎn ❶同“䉵”，盛勺、筷子的竹笼。❷“纂❸”的异体字。
㊂zhuàn ❶同“撰”，编写；著述：～诵此书，独不取其说。❷同“馔（饌）”。1.制作或摆设食品：～食。2.饭食；食物：具器用，丰～食。

籑 suǎn 同“篹”，笾类竹器。

suàn

祘 suàn 同“筭”。

祘 suàn 同“筭（算）”。

笇 suàn ❶同“筭（算）”：筹～相应。❷竹器。

筭 suàn 同“算”。

蒜 suàn 大蒜，多年生草本植物，叶和花轴（蒜薹）嫩时可食。地下茎味辣，可做调味品或供药用。

筭 suàn ❶古代用于计数和计算的筹码。❷同“算”，计算；谋划：持筹而～之｜长～屈于短日。

筭 suàn 同“算”。

算 suàn ❶计数，引申为核计、衡量、谋划：～账｜～计｜盘～。❷计算进去；承认有效力：～在内｜～一个（当一个数）｜说了不～（不当数；不顶事）。❸料想；推测：～他今天该回国了｜～得红尘里，谁知此兴长。❹通“筭”，古代用于计数和计算的筹码：执笔握～计其数。❺作罢；为止：不同意就～了。❻副词，终于；终归：最后～把这个问题搞明白了。❼姓。

㔯 suàn 同“筭（算）”，计算；谋划：身往虚空～日月。

𨗨 suàn 同“筭”，竹器。

𤳳 suàn 面馎。（《改并四声篇海》）

篹 suàn 器。

suī

夊 suī 行走缓慢的样子：雄狐～～。

芕 suī［野芕］草名。

芆 suī 同“荾”。

姕 suī 不正。

虽｛虽｝（雖）｛䧌｝ suī ❶虫名，像蜥蜴而较大。❷连词，表示让步或转折，即使；纵然：～死犹生｜文章～短，内容深刻。❸副词，只；仅仅：譬如平地，～覆一篑。❹［虽然］1. 连词，表示让步或转折：～工作比较累，但是心情很快乐。2. 虽然如此：大王加惠，以大易小，甚善。～，受地于先王，愿终守之，弗敢易。

陖 suī 古地名。（《玉篇》）

荽 suī［芫荽］（yán-）见 1199 页“芫”字条。

荾 suī ❶同“荽”，芫荽。❷同“葰”，廉姜，姜类植物。❸花蕊：春华函～。

葰 suī 同“荽”。

哸 suī 同“嚾”，催促饮酒。

浽 suī［浽溦］（-wēi）小雨，也单称浽。

娞 ㊀ suī（又读 suí）同“绥（綏）”。
㊁ něi［娞娞］（wěi-）见 990 页“娞”字条。

毸 suī 同“绥（綏）”。

葰 ㊀ suī 廉姜，姜类植物。
㊁ jùn 大：～茂｜实叶～林。
㊂ suǒ ❶［葰人］汉代县名，在今山西。❷姓。

蓃 suī 同“荾”。

菨 suī 同“葰”，廉姜，姜类植物。

蓶 suī 同“菨（葰）”。

帷 suī 同“雖（虽）”。

㒸 suī 偏。

滖 suī ❶［滖瀰］（-mǐ）霜雪的样子：雪霜～。❷同“浽”，小雨。

䕭 suī［䕭䕭］同“蓑蓑”。

蓤 suī 同“葰”。

霺 suī［霺溦］（-wēi）也作“浽溦”，小雨。

熣 ㊀ suī［熣煤］烟尘。
㊁ cuǐ［熣灿］同“璀璨”，色彩鲜明的样子。

鞖 suī 同“鞼”，马鞍的绦饰。

䅗 suī 同“葰”，廉姜，姜类植物。

濉 suī 水名。1. 濉河，发源于安徽，流入江苏，注入洪泽湖。2. 濉江，也作“绥江”，在福建。

鏙 suī 瓦器名。

䭲 suī 饭。

鞾 suī ❶鞍皮。❷鞘。

韉 suī 同“鞾”，鞍皮。

鬌 ㊀ suī 头发散乱下垂的样子。
㊁ cuǐ 毛发的样子。

䩧 suī 同“鞼”。

䁞 suī 眼睛不正：目辟眼～。

鞼 suī ❶马鞍的绦饰。❷鞍。

䜔 suī 义未详。(《改并四声篇海》)

suí

㛵 suí 同"绥(綏)"。

绥(綏) suí ❶古代登车时用于拉手的绳:正立执～|失～堕车。❷安抚:～靖|～远|以～四方。❸临阵退却:将军死～,咫步无却。❹平安:顺颂时～。

隋 suí 见 222 页 duò。

遀 suí 同"随(隨)"。

随(隨) suí ❶跟着,引申为照着办:～入|～从|萧规曹～。❷顺从;听任:～风转舵|入乡～俗|嫁鸡～鸡,嫁狗～狗。❸顺便:～笔|～手关门|晓妆～手抹。❹副词,随即;接着:良殊大惊,～目之|既克郢州,～破溢城。❺像:她长得～母亲。

遀 suí 同"随(隨)"。

浽 suí 水名,在河南。

瓍 suí[瓍琟](-wéi)玉名。

遺 suí 同"随(隨)"。

瓍 suí 珠名。

豴 suí 母猪。

譢 suí 顺着别人的意思说话。

篴 suí 竹笼。

䯝 suí 同"随(隨)"。

䬐 suí 风行的样子。

suǐ

夊 suǐ 并颈。

雄 suǐ 义未详。(《字汇补》)

雈 suǐ 同"雄"。

𣸣 suǐ 同"瀡"。

𣸣 suǐ 同"瀡"。

膸 ㊀ suǐ 同"髓"。
㊁ wěi 膸孔。

餢 suǐ "饝"的讹字。

隋 suǐ 同"髓"。

饝 suǐ ❶豆面与糖合成的食品,跟豆沙相似。❷餹餻,糕饼类食品。

瀡 suǐ 使食物柔滑,也指一种柔滑的食品。

䯝 suǐ 同"髓"。

髓 suǐ 同"髓"。

膸 suǐ 同"膸(髓)"。

蓨 suǐ 草名。

髓 suǐ 同"髓"。

饝 suǐ 同"饝"。

髓 suǐ 同"髓"。

饝 suǐ 同"饝"。

髓 suǐ ❶骨髓,骨头里像脂肪的胶状物质:敲骨吸～。❷像骨髓的东西:脑～|玉～。❸比喻事物的精华部分:精～|笔头滴滴文章～。

髓 suǐ 同"髓"。

饝 suǐ 同"饝"。

髓 suǐ 同"髓"。

suì

嵗 suì 同"岁(歲)"。

岁(歲)[嵗] suì ❶木星,星名:～在星纪|今朝～起东。❷年:去～|～月|～末年初。❸一年的农业收成:丰～|富～|歉～。❹计算年龄的单位,一年等于一岁:三～口的马|爷爷今年八十～。☞岁/年 见 688 页"年"字条。

𡷟 suì 同"瓻"。

𡶒 suì 同"岁(歲)"。

㡖 suì 灰集屋。(《改并四声篇海》)

𡉙 suì"祟"的讹字。

𡵂 suì 同"岁(歲)"。

砕 suì 同"碎"。

祟 suì 同"祟"。

眸 suì 同"睟"。

采 suì 同"穗"。

㒸 suì ❶同"遂",顺;顺从。❷同"岁(歲)",年龄:八十二~。

𥦗 suì 深。

𡶡 suì 山。

𥧌 suì 同"㴸"。

谇(誶) suì ❶责骂:诟~|~语|打门而~。❷诘问:虞人逐而~之。❸直言劝谏:謇朝~而夕替。❹告知:占水火而妄~。

祟 suì ❶旧指鬼神祸害人或带来灾祸,引申为灾祸:鬼神骤~|作~。❷行为不光明正大:鬼鬼~~。

埣 ㊀suì 不黏的泥土。
㊁sù 土颓落。

𢧐 suì 同"岁(歲)"。

𡻕 suì 同"岁(歲)"。

𡿪 suì 同"岁(歲)"。

㲞 suì 颠。

遀 suì 同"遂"。

遂 suì 同"遂"。

遂 suì 同"遂"。

𢧞 suì"𢧐"的讹字。

祟 suì 同"祟"。

瓻 suì 破碎,后作"碎"。

遂 ㊀suì ❶逃亡。❷前进:不能退,不能~。❸通达:何往而不~?❹成功;实现:未~|功成事~。❺顺心;如意:~心|顺~|这一来正~他的心愿。❻副词。1.竟;终于:寻向(嚮)所志,~迷,不复得路。2.于是;就:病三月~不起。❼姓。
㊁suí[半身不遂]身体一侧发生瘫痪。

㴸 suì 同"遂"。

㒸 suì 心思深邃。

𣫹 suì ❶古代祭祀名。❷卜问吉凶。

㜳 suì 同"燧"。

橡 suì 同"檖"。

碎 ㊀suì ❶完整的东西分裂成零片或零块:破~|~纸机|粉身~骨。❷零星;不完整:~布头|~瓦片|琐~。❸说话絮叨;啰唆:嘴~|~嘴子|闲言~语。
㊁cuì 通"啐",叹词,表示轻蔑或斥责:~!我直恁这般呆!

𢧐 suì 同"岁(歲)"。

歲 suì 同"歲(岁)"。

睟 suì ❶看。❷润泽的样子:~面盎背。

嵗 suì 同"歲(岁)"。

稜 suì(又读 ruí)❶同"桵"。❷禾积。❸禾的样子。

粹 suì 同"碎"。

㷥 suì 同"燧"。

祟 suì 同"祟"。

璲 suì 同"璲"。

蓫 suì[出蓫]也作"出隧""蘧蔬",茭白的嫩茎。

歳 suì 同"歲(岁)"。

稼 suì 同"穟"。

豬 ㊀suì 母猪。㊁wěi 同"豬",阉过的猪。

憓 suì 谨慎。

隓 suì 相毁。

㲞 suì 同"歖"。

欸 ㊀suì 问。㊁kuǎn 同"款"。

隧 ㊀suì ❶墓道:丘~|幽~。❷地道,引申为挖地道:~道|大~之中,其乐也融融|阙地及泉,~而相见。❸路;道路:大风有~|货别~分。❹人体血、气、津液等运行分泌的通道:五藏之道,皆出于经~|其糟粕、津液、宗气,分为三~。㊁zhuì 通"坠(墜)",坠落:危亡之祸,不~如发(髮)。

䍁 suì 虫名。

墜 suì 同"隧",墓道。

蓫 suì 同"穟"。

賥 suì 财货:破家残~。

䅗 suì 深赤色。

穗 suì 同"穟"。

猹 suì 同"豬"。

燧 suì 同"燧"。

澻 suì 田间小水沟。

憊 suì 同"憓"。

邃 suì 同"邃"。

隧 suì 同"燧"。

嬘 suì 用于女子人名。

㪚 suì 破碎。

䍁(繸) suì ❶古代贯穿佩玉的带子,泛指丝绸带子。❷覆盖尸体的衣衾。

繸 suì 同"䍁(繸)"。

璲 ㊀suì 玉名。㊁xuán 同"璿(璇)"。

璲 suì 美玉;佩玉。

檖 suì ❶山梨,又称赤萝,果实可食。❷顺:披断拨~。

轊 suì 同"䡵(轊)"。

殪 suì 瘦病。

䡵(轊) suì 车饰。

彧 suì 义未详。(《改并四声篇海》)

䁔 suì 同"䁺"。

蹜 suì 深。

穟 suì 同"穟"。

旞 suì 同"旞"。

䆳 suì 同"燧"。

燧 suì ❶古代早期的取火器具:钻~取火|火~。❷火炬;火把:火~|举~。❸点燃:~火|~松明。❹古代边防夜间报警点燃的烽火:举~。❺烽火台:饬烽~|边海亭~相望。

禭 suì ❶祭名。❷神名。

䍁 suì 也作"䍁",口袋。

隧 suì 同"隧"。

䍁 suì 卷丝为纬。

蘧 suì 同"䔹"。

䃤 suì 小石。

䁺 suì 流盼,转动目光看。

䥙(鐩) suì 阳燧,古代用来在阳光下取火的铜杯或铜镜。

穗 suì ❶稻、麦等簇生在茎顶端的花或果实:麦~|吐~|抽~。❷用丝线、绸布、纸条等扎束成的下垂的装饰物:旗~|灯~。❸像穗的东西:烛花垂~|檐冰才结~。❹广东广州(地名)的别称:~市。

穟 suì ❶禾穗成熟的样子。❷禾芒:间不容~。❸同"穗":白花半落紫~香。

篠 suì ❶籧篨，用竹篾、芦苇编的粗席。❷竹径。

餯 suì 义未详。(《龙龛手鉴》)

䫲 suì 破碎。

獶 suì 同"獢"。

㴚 suì 风病。

邃 suì ❶(时间、空间)深远：～古｜～远｜深～。❷精深；精通：精～｜～密｜精于学，～于文。

襚 suì ❶给死者穿衣：使公亲～。❷向死者赠送衣被：～以一品礼服。❸串连玉佩等饰物的丝带：以彩组连结于～。

䅗 suì 蜀地产的白细布。

繀 ㊀suì ❶纺车上的收丝器具。❷收丝，也指织纤。
㊁cuǐ 丝大的样子。

篴 ㊀suì 同"篨"，籧篨。
㊁dí 同"篴(笛)"。

旞 suì 古代前导车旗杆上的饰物，用五色羽毛制成。

憓 suì 同"憓"。

㒸 suì 同"憓(㒸)"。

燧 suì 同"燧"。

繐 suì ❶细而疏的麻布，古代多用来做丧服：～帐｜～帷。❷用丝线等结扎的穗状饰物：丝～子｜辫～子。

醚 suì 义未详。(《改并四声篇海》)

賥 suì 同"襚"。

蹆 suì 深。

穗 suì 同"穗"。

鐩 suì 同"镃(鐩)"。

譢 suì 同"谇(誶)"。

鐆 suì 同"镃(鐩)"。

繸 suì ❶经过练制的布。❷同"繐"，细而疏的麻布。

闧 suì 门偏斜。

篴 suì 同"篨"。

韢 suì 同"韢"，扎口袋的绳子。

韢 suì 同"缝(繸)"。

旞 ㊀suì 同"旞"。
㊁wéi 旌。

韢 ㊀suì ❶扎口袋的绳子。❷古代盛敌人首级的袋子。
㊁huì 纽襻。

繐 suì 同"䅗"。

䨻 suì 同"祟"。

䭲 suì 同"隧"。

韢 suì 同"韢"。

䥩{燧} suì 同"燧(燧)"。

䥩 suì 同"燧(燧)"。

sūn

孙 sūn 同"孙(孫)"。

孙(孫) ㊀sūn ❶孙子，儿子的儿子：子～满堂。❷跟孙子同辈的亲属：～女｜外～｜侄～。❸孙子之后的各代：曾～｜玄～｜第十二代～。❹植物再生的：稻～｜～竹。❺姓。
㊁xùn 通"逊(遜)"。1.谦恭：今言不～。2.逃亡：公～于齐。

荪(蓀) sūn 香草名。

狲(猻) sūn [猴狲]猕猴的一种，泛指猴，也单称狲。

蕵 sūn 同"荪(蓀)"。

飧 sūn 同"飧"。

飧[飱] sūn ❶晚饭：不～而寝。❷熟食；简单的饭食：命人设具盘～，邀他共食。
◆"飧"另见 74 页"飧"字条。

搎 sūn [扪搎](mén-)见 637 页"扪"字条。

槂 sūn [公槂]又称公孙树，即银杏，落叶大乔木。

S

飧 sūn 同“飱”。

飧 sūn 同“飱”。

蕵 sūn 同“荪(蓀)”。

搎 sūn 同“搎”。

蕵 sūn［蕵芜］又称酸模，多年生草本植物，嫩茎可食，全草可供药用。

蓀 sūn 同“荪(蓀)”。

蝌 sūn［虰蝌］(wáng-)同“虰孙”。

蘻 sūn 同“荪(蓀)”。

sǔn

损(損) sǔn ❶减少；丧失：～耗｜亏～｜～兵折将。❷使失去原有的效能；伤害：破～｜完好无～｜～人利己。❸用刻薄话挖苦人：～人。❹刻薄；毒辣：嘴～｜这话太～了。

笋［❶❸筍］ sǔn ❶竹类植物的嫩茎、芽：竹～｜冬～。❷小而嫩的：～鸡｜～鸭。❸通“榫”，榫头：～头卯眼｜两下里错了～。

◆“筍”另见914页“筍”字条。

隼 sǔn 又称鹘，鸟名，性凶猛，种类多。

㥏{㥏} sǔn 惊惧；惊惧的样子。

筭 sǔn 同“簨”。

笲 sǔn 同“簨”。

筍 ㊀sǔn“笋❶❸”的异体字。
㊁yún 俗称篾青，竹子的青皮，可编竹席，后作“筠”：蒲褥～席。
㊂xùn 竹轿：～舆(舆：轿子)。

搙 sǔn 同“榫”。

槙 sǔn 同“簨”，古代悬挂钟、鼓、磬的架子上的横木。

筒 sǔn 同“筍(笋)”，竹笋。

愻 sǔn 同“㥏(㥏)”。

榫 sǔn ❶榫头，利用凹凸方式组合构件中的凸出部分。❷比喻联系；连结：死的节跟活的现实脱了～｜又是全不接～的呓语。

敱 sǔn 同“损(損)”。

腪 sǔn ❶把切碎的熟肉放在血中拌和成肉羹。❷膑属。(《广韵》)

睊 ㊀sǔn 眼病。
㊁qióng 同“罠”。

箕 sǔn 同“簨”。

箰 sǔn 同“筍(笋)”。

僎 ㊀sǔn［懦僎］(nuò-)见705页“懦”字条。
㊁xuàn 喜悦。

篡 sǔn 同“筍(笋)”。

篿 sǔn 同“筍(笋)”。

膞 ㊀sǔn ❶把熟肉切了再煮：肺～｜持肉偶～。❷同“腪”，把切好的熟肉放在血中拌和成肉羹。
㊁zhuàn 同“馔(饌)”。

篹 sǔn 同“筍(笋)”。

簨 ㊀sǔn 古代悬挂钟鼓、磬的架子上的横木，泛指某些器物的横梁。
㊁zhuàn 竹器。

鎨 sǔn 金的萌生。

鶽 ㊀sǔn 同“隼”，雕。
㊁xùn 飞。

鵻 sǔn 同“鶽”。

suō

傞 suō ❶行走。❷同“傞”，舞蹈的样子。

衰 suō 同“衰”，蓑衣。

挲 suō“抄(挲)”的讹字。

蓑 suō 同“蓑”。

莏 suō［挼莏］(ruó-)两手互相搓摩。

莎 ㊀suō 莎草，多年生草本植物。地下块茎可供药用，称香附或香附子。
㊁shā ❶用于地名：～车(在新疆)。❷用于女子人名。

唆 suō ❶(用言语)怂恿或指使：～使｜教～｜～讼。❷吸吮：～面条｜用嘴～了一遍｜～出老些血来。

衰 ㊀ suō 蓑衣,后作"蓑(簑)"。
㊁ cuī ❶等级;等次:等~。❷同"缞(縗)"。
㊂ shuāi 事物、力量等由强转弱:~落|~弱|年老力~。

娑 ㊀ suō ❶[婆娑]1.盘旋舞动的样子:~起舞。2.枝叶纷披的样子:树影~|杨柳~。3.泪水下滴的样子:泪眼~。❷逗弄:舞东风剪尾~人。
㊁ suǒ[馺娑](sà-)汉代建章宫的宫殿名,在今陕西西安。
㊂ suò[逻娑]唐代吐蕃都城名,即今西藏拉萨。

娑 suō 用于女子人名。

桫 suō 树名。

桫 suō[桫椤](-luó)又称蕨树,木本蕨类植物,茎可食。

梭 ㊀ suō ❶梭子,牵引纬线的织具:往来穿~|日月如~。❷量词,用于子弹:一~子弹。
㊁ xùn 树名。

傞 suō ❶[傞傞]起舞的样子:屡舞~。❷同"龇(齜)",露出牙:~牙。

挲[抄] ㊀ suō[摩挲](mó-)抚摸。
㊁ sā[摩挲](mā-)用手掌轻轻按着移动使平展。
㊂ sha[挓挲](zhā-)见1226页"挓"字条。

睃 suō 偷看。

睃 ㊀ suō(旧读 jùn)斜着眼睛看;快速地瞥一眼:冷眼~见|她佯嗔地~了表哥一眼。
㊁ juān 人名(汉代诸侯王)。

傃 suō[僻傃](zhāi-)恶。

眻 suō ❶偷看。❷眼光掠过。

溹 suō[溹盘]也作"婆娑",盘旋舞动的样子。

蓑㊀[簑] suō ❶蓑衣,用草或棕毛编的雨衣:孤舟~笠翁。❷草名,即龙须草,可编雨衣。
㊁ suī[蓑蓑](-suī)下垂的样子:花叶何~|满叶珠~。

蔢 suō[蔢蔢](pó-)见740页"蔢"字条。

莏 suō 桄榔。

嗦 suō[嗦嗦]拟声词:树叶发出~的声响。

嗍 suō(旧读 shuò)吮吸:~冰棍|~口奶|刮民膏,~民髓。

簑 suō 同"梭"。

髿 suō 同"髿"。

駗 suō[駞駗](tuó-)马行走的样子。

趖 suō ❶跑的样子。❷快跑。❸太阳偏西移动:日头~西|豆蔻花间~晚日。

摍 suō 同"摍"。

摍 suō 抽;引。

桫 suō 同"桫"。

嗽[嗽] ㊀ suō(旧读 shuò)用嘴吮吸:~吮|仰~饮之。
㊁ shù 同"漱",漱口:~水|日~三升。
㊂ sòu 咳嗽:干~|~声|~了一大阵。

毸 suō 同"毸"。

諿 ㊀ suō 奸佞。
㊁ zuò 以言语折服人。

毸 suō 毛羽婆娑的样子,也作"娑"。

缩(縮){縮} ㊀ suō ❶捆束:其绳则直,~版以载。❷长度、体积或数量减少:~短|~小|节衣~食。❸收回;退回;不伸展:收~|退~|~手~脚。❹短;不足:盈~之期|不~不盈。❺滤去酒滓:尔贡苞茅不入,王祭不共,无以~酒。❻取:~剑将自诛。❼姓。
㊁ sù[缩砂密]又称缩砂,多年生草本植物,种子可供药用。

㜉 suō 同"缩(縮)"。

腧 suō 同"缩(縮)"。1.亏欠;不足:盈~。2.卷缩;退缩:朒~。

㝡 suō 同"衰"。

𥨸 suō 同"𥨸(摍)"。

𥨸 suō 同"摍"。

趖 ㊀ suō[趜趖](jú-)体不伸。
㊁ sōu[趙趖](zhōu-)同"趙趖"。

䁔 suō 同"睃",一说同"眇"。

䵀 suō 义未详。(《改并四声篇海》)

S

髿 suō［鬖髿］（sān-）见835页“鬖”字条。

桫 suō同“梭”。

溤 suō同“䲧(䴖)”。

䲧 suō同“䴖”。

潸 ㊀suō ❶饮;喝。❷吮吸。㊁shàn洗马。㊂shuài同“啐”,品尝。

鞖 suō义未详。(《龙龛手鉴》)

鮻 suō同“鲹(鮻)”。

鮻 suō ❶传说中的怪鱼,身像鱼,面像人,长有手。❷鮻鱼,生活在近海和河口。

㴖 suō同“潸”。

蘇 suō同“莎”。

suǒ

所 suǒ同“所”。

所 suǒ ❶处所;地方:住～|场～|流离失～。❷明代边疆驻兵的地方,现多用于地名:千户～|海阳～(在山东)。❸某些机关或单位名:派出～|研究～|托儿～。❹量词,用于房屋、学校、医院等:三～楼房|两～中学|一～医院。❺助词。1.代表接受动作的事物:有～贡献|各尽～能|倾其～有。2.跟前边的“为”字呼应,表示被动关系:为人～笑|为群众～喜闻乐见。

昕 suǒ同“所”。

㡉 suǒ同“所”。

索 suǒ ❶大绳子;大链子:绞～|～道|铁～桥。❷搜寻;寻求:搜～|探～|按图～骥。❸讨取;要:～取|～价|～赔。❹空尽;没有意味:～然无味。❺孤单:离群～居。❻姓。

肖{貨} suǒ ❶拟声词,贝壳相碰撞声。❷小贝,引申为细碎,后作“琐(瑣)”。

唢(嗩) suǒ［唢呐］(-nà)簧管乐器名,形制大小不一,常用的有八个孔,像喇叭,俗称喇叭。

扉 suǒ“㡉”的讹字。

惢 suǒ义未详。(《改并四声篇海》)

㞫 suǒ义未详。(《改并四声篇海》)

隊 suǒ同“硁”。

琑 suǒ同“琐(瑣)”。

琐(瑣)［瑣］ suǒ ❶拟声词,玉件相击的细碎声(多叠用):玉珂声～～。❷细小;零碎:～事|～闻|～碎。❸卑微;平庸:～薄|～材|猥～。❹通“锁(鎖)❷”:巖洞幽深门尽～。

紊 suǒ同“索”。

䓨 suǒ“蓑”的讹字。

削 suǒ切。

鄭［鄭］ suǒ古亭名,在今河南。

锁(鎖)［鎖］ suǒ ❶加在门、箱、抽屉等上的安全装置或器具:车～|弹簧～|密码～。❷用锁关住:～门|把抽屉～上。❸刑具:枷～|～镣。❹用细密的针法缝缀:～边儿|～扣眼儿。❺紧皱(眉头):愁眉深～|紧～双眉。

惢 ㊀suǒ疑心;疑虑:内有～,下有事。㊁ruǐ ❶沮丧的样子:神～形茹。❷祭祀名:天子祀于太～。

隕［隕］ suǒ古地名。(《字汇》)

摖 suǒ同“索”,摸索;求取:暗中摸～|～数。

揁 suǒ揣击。

蓑 suǒ草名。

碑 suǒ同“硁”。

硁 suǒ拟声词,碎石坠落声。

剸 suǒ削;割。

暛 suǒ明朗。

湞 suǒ古水名。(《说文》)

索 suǒ ❶入室搜索。❷寻求。

榡 suǒ(又读sè)❶树木枝条向上生长。❷树梢。❸通“索”,索求:三以～数。

颾(飁) suǒ［颾颾］拟声词，风声，单用义同。
䗢 suǒ 衣长的样子。
䂹 suǒ 小石。
䅴 suǒ ❶禾的样子。❷禾穗。
篓 suǒ ❶竹名：～竹。❷捕鱼的竹笼。
䐝 suǒ 同"鏁"。
瘯 suǒ 脉动。
褬 suǒ 拟声词，衣服摩擦声。
䌇 suǒ "索"的讹字。
螓 suǒ 虫名。
蜻 suǒ［蜻蛣］(－qiè)也作"璅蛣"，又称海镜，蚌的一种。
簺 suǒ ❶竹索。❷用于烤肉的竹签。
糠 suǒ 煮米多水。
縩 suǒ 同"索"。
䟽 suǒ 僵仆的样子。
輜 suǒ 同"鞼"。
鎈 ㊀ suǒ 金光。
㊁ chā ❶钱。❷锉，使工件平滑的工具。❸摩擦使平滑：受～复现黄光。
繨 suǒ 同"縩(索)"。
䖛 suǒ 虎的样子。
鏉 ㊀ suǒ 铁绳，后作"索"。
㊁ sè 铁弗，烤肉用的铁签子。
縒 suǒ 大绳索，一说同"错(错)"。
鞣 suǒ［鞣鞮］(－duó)古代少数民族的靴子，前头不加护套。
鞼 suǒ 革锁。
䯯 suǒ 锁骨。
髓 suǒ 同"䯯"。

鏁{鎻} suǒ 同"鎖(锁)"，用于佛名。
鏁 suǒ 同"锁(鎖)"。
鬤 suǒ 头发硬而竖起的样子。
韄 suǒ 同"鞼"。
麲 suǒ 干饼。
髞 suǒ 同"䯯(髓)"。
韊 suǒ 同"韄(鞼)"。
麬 suǒ 麲麬。(《改并四声篇海》)
麵 ㊀ suǒ 小麦的粗屑。
㊁ suò 面粉不精细。
鎖 suǒ 也作"鱳"，鱼名。
麷 suǒ 同"麵"，小麦的粗屑。

suò

亢 suò 义未详。(《龙龛手鉴》)
逤 suò［逻逤］也作"逻娑""逻些"，唐代吐蕃的都城，即今西藏拉萨。
溹 suò 寒冷的样子。
溹 ㊀ suò ❶大水的样子。❷古水名，即今河南的索河。
㊁ suǒ ❶［溹泸河］(－lú－)索泸河，水名，清凉江支流，在河北。❷用于地名：后～泸(在河北)。
㊂ sè［溹溹］(－sè)下雨的样子。
䐹 suò "䐡(脂)"的讹字。
蜶 suò 虫名。
䐡 suò 脂肪肥厚。
䐡 suò "䐡"的讹字。
摵 ㊀ suò 拂拭：以拂子～师口。
㊁ cè 同"簎"，击。
䐹 suò 同"䐡(䐡)"。
䅸 suò［䅸䅸］(luò－)见617页"䅸"字条。

tā

他 tā 代词。1. 另外的；其他的：～人｜～乡｜另有～用。2. 第三人称，称自己和对方以外的某个人，一般指男性，也用于泛指：～是独生子｜跟～是同学｜不知～年纪有多大。3. 虚指（用于动词和数量词中间）：好好睡～一觉｜打～个措手不及。☞他／她／它　汉语人称代词本无性的区别，第三人称作“他”或“它”。五四运动以后受西方文化影响发生分化：男性用“他”，女性用“她”，中性用“它”或“牠”。在指代的性别不明或没必要区分性别时用“他”。在指代人的复数时，全是女性用“她们”；含男女两性用“他们”，不作“他（她）们”。“其他”不作“其它”。

它 tā 见855页 shé。

她 tā 代词。1. 称自己和对方以外的某个女性：～长得很漂亮。2. 指代敬爱或珍爱的事物：伟大祖国，～永远在我心中。☞她／他／它　见918页“他”字条。

祂 tā 代词，称上帝、耶稣或神的第三人称。

䖳 tā ❶草名。❷用于梵语译音。

蓪 tā 同“䖳”。

䓡 tā 义未详。（《篇海类编》）

趿 ㊀ tā（又读 sǎ）趿拉，穿鞋时把鞋后帮踩在脚后跟下：～着鞋走将出来。
㊁ qì 行走：不载香车稳，～的鞋鞓断。

陼 tā 同“塌”。

塌 ㊀ tā ❶倒；下陷；凹下：坍～｜～方｜～鼻梁。❷安定；镇定：～下心来扎根基层｜说一声，我就～心了。❸量词：一～泥。
㊁ dā（旧读 tā）❶下垂的样子，引申为拙劣：林下有～翼｜冻禽～翅｜衰童～妓。❷处；地方：但不知那～儿里，把我来磨勒死！｜苍蝇纸和秘密文件搅在一～。

溻 tā 湿；汗水浸湿：衣服～湿了｜背心～在身上。

愒 tā 心平气和。

禢 tā ❶在衣物上缝或镶花边：～花边儿。❷贴身的单衫：汗～儿。

榙 tā［榙樤］（-tà）同“榙樤”。

墹 tā 同“塌”。

闒 tā 宫中的小门。

tǎ

塔 ㊀［墖］ tǎ ❶佛塔，佛教建筑物，分多层，尖顶：宝～｜舍利～｜琉璃～。❷塔形的东西或建筑：～松｜灯～｜金字～。❸姓。
㊁ dā 处；地方：这～｜那～。

阘（闒） tǎ［闛阘］（tāng-）也作“镗鞳”“鞺鞳”，拟声词，钟鼓声。

䍁（䍁） tǎ［獵䍁］（là-）见575页“獵”字条。

嗒 ㊀ tǎ 忘怀的样子：意授神说，～焉忘言。
㊁ dā ❶［羞嗒嗒］（--dā）也作“羞答答”，害羞的样子。❷拟声词：～～嗤嗤的赶着马。

獭 tǎ 同“獭（獺）”。

墖 tǎ 同“塔”。

獭（獺） tǎ 哺乳动物，水獭、旱獭、海獭的统称，通常指水獭。

鳎 tǎ 同“鳎（鰨）”。

鳎（鰨） ㊀ tǎ 鳎鱼，又称鳎目鱼，即比目鱼，生活在浅海泥沙中。
㊁ dié 同“鲽（鰈）”，比目鱼的一类。

鳛 tǎ 鳛鱼。

鰯 ㊀ tǎ［鰯鳗］（-mán）也作“鳎鳗”，比目鱼的一种。
㊁ dá［鲊鰯］（zhà-）也作“鲊答”，生于野兽或牲畜肝胆之间的结石，形微圆，是名贵

药物。

獭 tǎ 同"獭(獭)"。

tà

少 tà 踏。

𣥠 tà 同"少"。

沓 ㊀ tà ❶ 多;繁复:复～|杂～|纷至～来。❷ 拟声词:并起跪靴履飒～之响。❸ 姓。
㊁ dá ❶ 折叠的纸张等:此诗今在案～卷中。❷ 量词,用于重叠、成摞的纸张或其他薄的东西:一～儿钱|两～儿纸|整～子信封。

㐰(㒓) tà ❶ 逃。❷ 同"达(達)",行不相遇。

挞(撻) tà ❶ 用鞭、棍等打(人):鞭～|大张～伐。❷ 拂拭;拍打:悬红云,～凤尾|便脱下鞋底,将字迹～没了。

佮 ㊀ tà 行走的样子。
㊁ huì 同"会(會)"。

舥 tà ❶ 登船。❷ 船名。

狧 ㊀ tà ❶ 狗吃食。❷ 狗咬人。
㊁ shì 同"舐(舓)",狗舔食,泛指舔食:～糠及米。

狢 tà(又读 dá)同"狧",狗吃食。

闼(闥) tà ❶ 门;小门:绣～|排～直入。❷ 迅疾:～尔奋逸。

汏(澾) tà 光滑:稀泥滑～。

𦐇 tà 高飞的样子。

眔{眔} tà ❶ 目相及。❷ 连词,及;与:王令士上～史寅殷于成周。

鉈 tà 平底缶。

墖 tà ❶ 东西落地声,也作"塔"。❷ 累土。

揩 tà 指套,缝纫时戴在手指上的皮革套,可防针刺。

荅 tà 泽泻,多年生草本植物,茎叶可做饲料,根茎可供药用。

椙 tà 同"楷"。

逯 tà 行立。

嗒 tà 言语纷杂,也作"沓"。

嵱 tà 山峦重叠的样子。

幍 tà 帐幔上的覆盖物。

遝 tà[遝遝]行走的样子。

鉦 tà 同"鉈"。

偖 tà "㒓(㐰)"的讹字。

猹 tà 同"狧"。

涾 tà 沸而溢出:华鼎振～。

媘 tà ❶ 俯伏;悦服。❷ 安宁的样子。

楂 tà 柱上支承房梁的方木,即枓。

踏 tà 脚步重的样子。

噏 tà 狗吃食的样子。

䑜 tà 义未详。(《康熙字典》)

傝 tà[傝㒉](-sà)1. 恶劣:做驿丞没～。2. 不谨慎:～闲游负此身。

猠 tà 同"猹"。

惜 tà[惜然]同"嗒然"。

䈞 tà[䈞布]一种粗厚的布。

菜 tà 同"荅"。

毾 tà 同"毾"。

碴 tà ❶ 再次舂糙米使精良。❷ 用脚踏碓舂米。

遢 ㊀ tà ❶ 稳行的样子。❷ 急行的样子。
㊁ tā[邋遢](lāta)见 575 页"邋"字条。

跶 tà 同"蹹(踏)"。

遝 tà ❶ 同"逮",及:城之外,矢之所～|未～诛讨,乱作不旋。❷ 通"沓",纷纭杂乱:杂～|贵贱相～。

罯 tà 网。

毾 tà[毾㲪](-dēng)同"毾㲪"。

𨟏 tà 饮。

猹 tà 狗吃食。

𤞣 tà 同"猹(𤞣)"。

獦 tà 野兽奔跑的样子。

阘(闒) tà ❶楼上小门。❷低下;卑微:~茸|~懦。❸狭长而低矮的坐卧用具,后作"榻"。

𦁤(𦃏) tà 用绳索套取物件、猎物等:飞索以~。

鞈 tà 同"𩍐"。

榻 tà ❶狭长、低矮似床的坐卧用具:竹~|卧~|下~。❷几案:合~对饮。

㯓 tà[㯓㯓](dá-)同"㯓樑"。

𣪻 tà 同"挞(撻)"。

毾 tà[毾㲪](-dēng)有花纹的细毛毯。

蝌 tà[蝲蝌](gé-)见287页"蝲"字条。

𦧯 tà 喝;食。

翗 tà[翋翗](lā-)见526页"翋"字条。

毾 tà 同"毾"。

𦧹 tà ❶同"𦧯",喝;食。❷同"猹(𤞣)",狗吃食。

箬 tà ❶竹名。❷竹制覆盖物:竹~。

漯 tà 同"涾(𣼃,汰)"。

𣼃 tà 同"涾(𣼃,汰)"。

漯 ㊀tà ❶漯河,古水名,在今山东。❷低湿,潮湿,后作"濕(湿)":冬避重~。❸出汗的样子:~~然汗出。
㊁luò[漯河]地名,在河南。
㊂lěi ❶同"灅",古水名,在今山西,上游即桑干河,下游即永定河。❷同"㶟",古水名,即今河北的沙河。

禢 tà 姓。

䶀 tà[䶁䶀](lā-)也作"䶁𦐇""翋翗",飞的样子。

𨋺 tà 车毂内的包铁。

踏 ㊀tà ❶踩:~步|~青|脚~实地。❷到现场勘查:~勘|以时检~|亲往各处~明边基。
㊁tā[踏实]1.切实,不浮躁:小伙子很~|听他一讲,心里~多了。2.情绪稳定:睡不~。

䌋 ㊀tà ❶犬食。❷饮:~觞(饮酒)。
㊁tiè ❶舐。❷同"䑜",小舌。

𢓎 tà 同"躂(𨁥)"。

誻 tà ❶胡言乱语。❷[誻誻]话多的样子:愚者之言,~然而沸。

𣼃 tà 同"涾(汰)"。

𦄽 tà 𦄽子绢。

遝 tà[拉遝](lā-)见526页"拉"字条。

𨔵 tà 同"遝"。

𣛮 tà 古代泄水器具。

𣙰 tà ❶同"榻",床类坐卧用具。❷同"𥳫",用竹篾编成的窗扇,可遮挡阳光。

闒 tà 卑下。

蹋 tà ❶跳:击鼓~舞。❷俗称趿拉,踩着鞋后帮行走。

𡃔 tà 不咀嚼而吞咽:~食|~羹。

翻 tà ❶[翻翻]前后相随而飞的样子。❷一个跟着一个地飞。

𣯶 tà 同"毾"。

㒓 tà 抵。

𦪇 tà 同"𦧹"。

𥳫 tà 用竹篾编成的窗扇,可遮挡阳光。

𦪉 tà 大船。

錔 tà ❶金属套。❷用金属套罩:以金~距。

𣰋 tà 同"毾"。

𣼃 tà 同"涾(汰)"。

䨿 tà 鸟毛。

䵬 tà［狫䵬］（lā-）见 526 页"狫"字条。

䩚 tà 同"挞（撻）"，鞭打。

鞜 tà ❶皮鞋。❷同"鼕"，鼓声。

榻 tà［榙榻］（dá-）见 164 页"榙"字条。

䢳 tà 同"遝"。

𨓈 tà 同"挞（撻）"。

蹋 tà ❶同"踏"，踩：～涧石｜邻里救火者～门入。❷踢：～鞠｜以足～人而死。❸［蹋跆］（-tái）也作"踏跆"，连手唱歌。

䈳 tà 同"䑜"，饮。

𦑣 tà ❶重沓；累积：～～语。❷［𦑣伯］1. 放纵；豁达。2. 用人不辨贤愚、是非。

諵 tà［諵譠］（-kē）也作"譂譠"。1. 话多。2. 不实的话。

謋 tà 同"誻"。

襽 tà 同"毾"。

鞳 tà 同"搨"，缝纫时戴在手指上的皮革套，可防针刺。

皽 tà 表皮凸起：～皮。

鞈 tà 古代兵器。

䨻 tà 同"䵬"。

艪 tà ❶两船并连。❷同"艒"，大船。

撽 tà 同"撻（挞）"。

鼛 tà 敲击鼙鼓声，一说敲击瓦缶。

鼕 tà 敲击鼙鼓声。

鞺 tà 同"挞（撻）"，鞭打。

鞻 tà "鞺"的讹字。

鞨 tà ❶古代兵器。❷也作"鼕"，鼓声。

鞻 tà 同"鞻"。

鞺 tà［镗鞺］（tāng-）也作"镗鞳"，拟声词，钟鼓声。

蹹 tà 同"踏"。

蹹 tà 同"踏"。

蹋 tà 同"踏"。

鶅 tà ❶鸟名。❷鸟食。

蹹 tà 同"蹹（踏）"。

嚃 tà 同"嚃"。

黭 tà ❶黑。❷"黯"的讹字。

𨗽 tà 行立。

譢 tà ❶［譢誻］（-tà）语相及。❷妄言。

攉 tà 同"挞（撻）"。

擽 tà 同"挞（撻）"。

鼕 tà ❶鼓宽。❷鼓声杂沓。

礈 tà 石名。

齾 ㊀ tà（又读 hé）❶吃。❷咀嚼声。㊁ xiá 把很多食物全部塞进嘴里。

蹨 tà 同"踏"。

鶅 ㊀ tà 鸟名。㊁ dá［鸝鶅］（là-）见 528 页"鸝"字条。

譶 tà 同"譶"。

譶 tà（又读 zhí）说话快；言语不休。

蠨 tà 虫名。

齺 tà 物湿而附着。

爛 tà ❶烂。❷堕。

鼕 tà 同"鼕"。

躝 tà "躝（蹋）"的讹字。

讇 tà "譢"的讹字。

躢 tà同“蹋”。

⿰言闒 tà话多。

⿰虫闒 tà[蝲⿰虫闒](là-)也作“蝲蟽”,虫名。

⿰金闒 tà物体坠落声,也作“塔”。

⿱⿰言言⿰言言 tà同“譶”。

⿱⿰善善⿰善善 tà同“譶”。

龖 tà(又读dá)❶龙飞的样子。❷两条龙。

⿱龖言 tà同“詟(讋)”,多言,话多。

龘 tà(又读dá)龙飞的样子。

tāi

囼 tāi同“胎”。

孡 tāi同“胎”。

胎 tāi ❶人和哺乳动物母体内未出生的幼体:胚～|怀～|～生。❷量词,用于怀孕或生育的次数:头～|两～|第二～。❸事物的根源:祸～|谬见之～。❹养育;孕育:～靖康之变|～之于思想。❺器物的粗坯或衬里:泥～|铜～|软～儿帽子。❻车轮外围的橡胶部分:轮～|车～。

⿰虫台 tāi黑贝,也作“贻(貽)”。

⿱髟台 tāi[⿱髟台鬌](-zhuǐ)妇女假髻。

⿰言臺 tāi订正。

tái

台㊀(❷-❼❾❿臺、❼檯、❽颱) tái ❶又称三台,星名:三～六星,两两而居。❷土筑的方形高坛,供人登临观望,泛指高而平的建筑物:烽火～|戏～|讲～。❸古代官署名,后为某些单位或机构名:尚书郎初入～为郎中|电视～|气象～。❹敬辞,用来称呼对方或跟对方有关的动作:兄～|～鉴|～启。❺量词,用于戏剧、机器或仪器等:一～戏|两～拖拉机|三～计算机。❻通“薹”,薹菜:南山有～。❼桌子或类似桌子的器物:写字～|梳妆～|柜～。❽台风,发生在太平洋西部热带海洋和南海上的一种极猛烈的风暴,风力常达10级以上,同时有暴雨。❾台湾(地名)的简称:～商|～胞|港～。❿姓。☞台/臺 “台”用于星名,“臺”用于古代官署名,古人以三台星比喻三公重臣,故两字往往混用。用于敬辞,多作“台”,也作“臺”。作为姓,二字本来不同,汉字简化后无法分别。

㊁ tāi ❶台州,地名,在浙江。❷[天台]山名,在浙江。

㊂ yí ❶代词,我:天曷～怒?|察～深意。❷喜悦,后作“怡”:～尔多贤。❸姓。

◆“檯”另见923页“檯”字条。

灸 tái同“炱”。

旲 ㊀ tái日光。
㊁ yǐng大。

邰 tái ❶古国名,在今陕西。❷古地名,在今山东,也作“台”。❸姓。

坮 tái同“臺(台)”。

抬 tái ❶向上举;提高:～头|～价。❷合力共举或搬运:把她～上车|～担架。

苔 ㊀ tái又称水衣、地衣,苔藓植物的一类,根、茎、叶的区别不明显:青～。
㊁ tāi舌苔,中医指舌面上的一层苔状物,观察其变化有助于诊断病症:黄～|～滑。

⿰台彡 tái同“台”。

骀(駘) ㊀ tái ❶马嚼子脱落:马～其衔。❷劣马,比喻庸才:驽～|朽～。
㊁ dài ❶疲钝:疲～。❷[骀荡]1.令人心情舒畅:春风～。2.放荡,不受拘束:～而不得。

⿱台土 tái同“臺(台)”。

炲 tái同“炱”。

炱 tái ❶燃烧产生的烟气凝积而成的黑灰,即烟尘:松～|煤～。❷黑色。

⿱吉土 tái同“臺(台)”。

菭 ㊀ tái青苔,后作“苔”:华殿尘兮玉阶～。
㊁ chí[菭蘠](-qiáng)也作“治墙(牆)”,菊的别称。

⿱金土 tái同“臺(台)”。

跆 tái ❶［跆籍］践踏,引申为冒犯:兵相～|～贵势。❷［跆拳道］体育运动项目,来源于朝鲜半岛的民族传统武术。

炱 tái 同"炱"。

臺 tái 同"臺(台)"。

炱 tái 日出。

鲐(鮐) ㊀ tái ❶ 鲐鱼,又称鲭鱼,生活在海中。❷ 代称老年人:耇～。㊁ yí 河豚的别称。

臺 tái 同"臺(台)"。

臺 tái 同"臺(台)"。

炲 tái 炱煤。

壔 tái 同"臺(台)"。

欯 tái［欯欯］(xì-)欢喜;欢笑。

篙 tái ❶ 竹笋。❷ 笋皮。❸ 同"苔",苔藓类植物。

鴭 tái 同"骀(駘)"。

壈 tái 同"臺(台)"。

箈 tái"籉"的讹字。

儓 tái 古代对官府中末级奴仆的称呼:～隶。

鲐 tái 鸟名。

擡 tái 同"抬"。

墪 tái 同"臺(臺,台)"。

薹 tái ❶ 薹菜,又称芸薹,即油菜,一年生草本植物,种子可榨油。❷ 油菜、韭菜、蒜等长出的花茎,嫩时可食:四月抽～。

燺 tái 同"炱"。

嬯 tái 迟钝。

檯 tái ❶ 树名。❷"台㊀❼"的繁体字。

㸀 tái"㸀"的讹字。

㸀 tái 同"㸀(炱)"。

籉 tái 斗笠类用品。

㸀 tái 同"炱"。

儓 tái 头低垂的样子。

驝 tái 同"骀(駘)"。

黱 tái 黕黱。

tǎi

奤 ㊀ tǎi ❶［奤子］1. 对肥胖、笨拙的人的谑称。2. 旧时南方人对北方人的贬称。❷ 外地口音;说话带外地口音:～调。㊁ hǎ［奤夿屯］(-bā-)地名,在北京。

嚘 tǎi［嚘嗿］(-dài)也作"嗿嚘",言语不正。

臺 tǎi 从下端向上削木。

tài

太 tài ❶ 高;大:～空|～学|～仓一粟。❷ 用于称呼大两辈的尊长:～婆|～老伯|～老师(老师的父亲;父亲的老师)。❸ 副词。1. 最;极:～古|～好|～伟大了。2. 过分;过于:～多|～长|～冷淡。❹［太叔］姓。

夳{夳} tài 同"泰(太)"。

汏 ㊀ tài 同"汰"。㊁ dà 洗。

坺 tài 同"汰"。

汰 tài 淘洗,引申为清理、除去:淘～|裁～|～除。

忲 tài 奢侈:骄侈僭～。

埮 tài 同"汰"。

态(態) tài ❶ 神情;对事情采取的立场或看法:神～|失～|表～。❷ 形状;样子:形～|动～|常～。

肽 tài 有机化合物,由氨基酸脱水而成,旧称胜(shēng)。

夵 tài 同"太"。

T

钛（鈦） tài 金属元素，钛合金可用于制耐腐蚀化工设备及机械零件，也用于航天、航空和航海工业。

舦 tài 同"舦"。

泰 tài ❶ 滑，引申为通畅、通达：履而～，然后安｜三阳交～。❷ 平安；安定：国～民安｜～然自若。❸ 佳；美好：否～消息｜～运已交，百金何足言！❹ 宽裕；奢侈：船炮用财，不得不～｜克勤克俭，去～去奢。❺ 骄纵；傲慢：骄～。❻ 副词，极；过于：简略～甚｜富贵～盛｜～古｜～西（旧指西洋，主要指欧洲）。❼ 姓。

蚨 tài［蚨阿］（-ē）虫名。

舦 tài 船行进。

酞 tài 有机化合物的一类，由一个分子的邻苯二甲酸酐与两个分子的酚缩合而成：酚～。

㑷 tài［㑷㑷］（-bǐng）同"离𥿞"。

㤥 tài 同"泰"。

㑷 tài 同"态（態）"，形状：～状。

㤥 tài 同"泰"。

溙 tài ❶ 水的样子。❷ 同"汰"。

㥭 tài 同"忕"。

离 tài［离𥿞］（-bǐng）泰丙，西周周穆王的陪乘卫士。

𪐏 tài 很黑。

𪉖 tài 同"𪉖（离）"。

𪉖 tài［𪉖𥿞］（-bǐng）也作"𪉖𥿞"，同"离𥿞"。

𪉖 tài "𪉖（离）"的讹字。

熪 ㊀ tài［熪烗］（-ài）也作"爔烗"，烟的样子。
㊁ liè 火断。

醅 tài 同"酞"。

𦒹 tài 义未详。（《改并四声篇海》）

䲀 tài 同"太"。

T

tān

坍 tān 同"坍"。

坍 tān 岸堤崩塌，泛指崖岸、建筑物等倒塌：～塌｜～方｜～台。

渹 tān 同"坍（坍）"。

埫 tān 同"坍"。

墒 tān 同"坍"。

贪（貪） tān ❶ 爱财；利用职权非法取得财物：～污｜～官｜～赃枉法。❷ 求多；不知足：～玩｜～吃｜～得无厌。❸ 十分留恋：～恋｜～生怕死。

肦 tān 肤肉坏。

浺 tān 同"坍"。

炊 tān 也作"歆"，贪；贪欲。

您 tān 代词，"他"的敬称：我来伺候～。

腩 tān 同"肦"。

甜 tān 同"舑"，吐舌。

㳘 tān［潲㳘］（qiào-）同"潲溯"。一说巨浪。

溯 tān 水名。

啴（嘽） ㊀ tān［啴啴］（-tān）1. 喘息的样子：～骆马。2. 众多、盛大的样子：戎车～｜王旅～。
㊁ chǎn 声音宽舒：其声～以缓｜～缓之音。

舑｛䑙｝ ㊀ tān［舑舕］（-tàn）也作"舕舑"，吐舌的样子。
㊁ rán［䑙舑］（tiàn-）见 947 页"䑙"字条。

浺 tān［潲浺］（qiào-）波涛汹涌的样子。

浺 tān 同"溯"。

擹 tān 击。

舑 tān 义未详。（《改并四声篇海》）

灘 tān 水。

摊(攤) tān ❶摆开;展开:～开|把问题～到桌面上。❷分派;分担;碰上:～派|分～|～上事了。❸设在路旁、广场空地的售货处:菜～|～位。❹把糊状物倒在锅里做成薄片:～鸡蛋|～煎饼。❺量词,用于摊开的糊状物:一～血|一～稀泥。

㳚 tān 同"𣶐"。

菼 tān[菼薀](-hàn)腌瓜。

灘 tān 古水名。(《玉篇》)

潬 ㊀tān 古水名,在今四川。㊁tàn[潬泛]同"瀾汎",水浮的样子。

蕁 tān 草长的样子。

瘫(癱) tān ❶因神经功能发生障碍,部分身体无法正常运动:～痪|偏～|他～在床上三年了。❷身体软弱无力:她吓得软～在地上。

潬 ㊀tān 同"滩(灘)㊀":沙～|石～。㊁shàn[浣潬](wǎn-)同"宛潬",水流回旋的样子:～胶盭(戾)。

灘 tān 水名。

䆱 tān ❶[䆾䆱](lán-)薄而大。❷[䆾䆱](làn-)1.不平。2.深穴。

攤 tān ❶[攤蒲](-pú)赌博。❷同"摊(攤)",展开;铺开。

䜚 tān[䜚誕](-tiān)言语不正。

灘 tān 同"灘(滩)㊁"。

攤 tān 同"攤(攤,摊)"。

tán

弓 tán 同"弹(彈)"。

弓 tán 同"弹(彈)"。

弓 tán 同"弹(彈)"。

犰 tán 同"弞"。

弘 tán 同"弹(彈)"。

弘 tán 同"弹(彈)"。

弞 tán 同"弹(彈)"。

坛(❶-❺壇、❻❼罈)[❻❼墰、❻❼罎] tán ❶古代为举行祭祀、会盟、封拜等建的高台,后发展为有殿堂的建筑群:祭～|拜将～|天～。❷园林庭院中点缀景色的台子:花～。❸僧道进行宗教活动的场所;某些会道门设立的组织或举行活动的场所:法～|戒～|乩～。❹指文艺界、体育界等:文～|体～|棋～。❺指讲学、演讲或发表舆论的地方:讲～|论～|评～。❻坛子,一种肚大口小的陶器,泛指容器:酒～|酱菜～|～～罐罐。❼量词,用于坛装的物品:一～酒|半～醋|两～咸菜。

庍 tán 阴。

庍 tán 阴。

坛 tán ❶同"壇(坛)":～台。❷同"墰(坛)":两～酒。

昙(曇) tán ❶多云;云彩密布:暮云～,晓山岚|细雨～天结伴游。❷[昙花]常绿灌木,花白色,多在夜间开放,开花时间很短:～一现(比喻事物出现不久就很快消逝)。

郯 tán 同"郯"。

覃 tán 同"覃"。

倓 ㊀tán 恬静;安然不疑:～然。㊁tàn 通"赕(賧)",古代南方地区某些民族称以财物赎罪:～钱赎死。

郯 tán ❶古国名、古县名,均在今山东。❷[郯城]地名,在山东。❸姓。

谈(談) tán ❶说;对话:～笑|～论|咱俩～一～。❷言论:奇～|美～|老生常～。❸姓。

峜 tán 义未详。(《龙龛手鉴》)

舦 tán ❶角。❷试。

舦 tán "舦"的讹字。

惔 ㊀tán 火烧:如～如焚|忧心如～。㊁dàn 通"憺",安然:～而无为。

婒 tán 用于女子人名。

覃 ㊀tán ❶滋味深长,泛指长,悠长:实～实訏。❷蔓延;延及:葛之～兮|西～积

石山。❸ 深:研精～思。❹ 姓。
㊁ qín 姓。

㑽 tán 同"倓"。

䊤 tán 黏。

㷋 tán 灰烬。

弹 tán 同"彈(弹)"。

戡 tán[戡戡]宫室深邃的样子。

㯋 tán 坑、水塘,多用于地名。

锬(錟) ㊀ tán 长矛。
㊁ xiān ❶ 同"銛(銛)",臿类工具。❷ 锋利:强弩在前,～戈在后。
㊂ yǎn 利刃。

䣤 tán 同"醰"。

痰 tán 肺泡、支气管和气管分泌的黏液:吐～|～盂。

郯 tán ❶ 古国名,在今山东。❷ 古县名。(《广韵》) ❸ 姓。

啖 tán[唵啖](ān-)见6页"唵"字条。

䣥 tán 同"醰"。

䫲(䫲) ㊀ tán 脸长。
㊁ shǎn 同"闪(閃)",光;闪光:打～(闪电)。

𨝌 tán 同"郯"。

谭(譚) tán ❶ 同"谈",谈论:～笑|此老生之常～。❷ 广大,引申为延及:修业居久而～|不称而祀～,次祖。❸ 姓。

墰 tán 同"坛(壜)"。

壜 tán 同"墰(坛,壜)"。

壇 tán 同"壜(坛)"。

覃 tán 同"覃"。

覃 tán 同"覃"。

𠁍 tán 同"覃"。

幝 tán 同"憛"。

䲭 tán 角。

潭 ㊀ tán ❶ 深水池:～渊|古～|龙～虎穴。❷ 深;深邃:～根|～壑|～思。❸ 水坑:泥～。❹ 古水名,即今广西的柳江。❺ 姓。
㊁ xún 同"浔(潯)",水边;水边深处:轻鸿戏江～。

憛 tán ❶ 忧思。❷[憛悇](-tú)贪欲:无不～痒心而悦其色矣。

蕈 tán ❶ 草名。❷ 草在地面蔓延。

橝 ㊀ tán ❶ 栎,乔木。❷ 通"覃",长:～枝。
㊁ diàn ❶ 屋檐。❷ 门闩。

𡈽 tán 同"覃"。

曇 tán 同"曇(昙)"。

簟 tán ❶ 洗马用的竹刷子。❷ 去除污垢。

䫱 tán 味道好。

檀 ㊀ tán ❶ 落叶乔木,有黄檀、紫檀、青檀等。❷ 梅檀的简称,又称檀香。❸ 姓。
㊁ shàn 人名。(《集韵》)

𩪵 tán 义未详。(《龙龛手鉴》)

潭 tán 同"潭"。

曋 tán 喧闹嘈杂。

蕁 tán 同"藫"。

藫 tán 水苔,也指海藻,藻类植物。

橝 tán 同"檀"。

磹 tán 同"壇(坛)"。

糫 ㊀ tán ❶ 以菜拌和羹。❷ 同"糁(糝)"。
㊁ dàn 稀饭。

䊤 tán 义未详。(《改并四声篇海》)

趯 tán ❶[趯趯]驱步:～前骑居上头。❷ 跑:日光忽跃金乌～。

藫 tán 同"蕁"。

蕁 ㊀ tán 同"荨",知母的别称,多年生草本植物。
㊁ xún 又称海萝,海藻,可供药用。

醰 tán ❶ 酒味醇厚:～～而有味|～乎其隽永。❷ 美:眇思～说。❸ 甜。

醰 tán 同"醰"。

鄿 tán 同"鄿"。

覃 tán 同"覃"。

簟 tán ❶ 竹名。❷ 拉船的长大绳索。

貚 tán［貙貚］(chū-)貙类动物。

覃 tán 同"覃"。

鄿 tán 同"鄿"。

甗 tán 同"壜(坛)"。

譚 tán 同"谭(譚)"。

譠 tán 欺。

鼘 tán［鼘鼘］拟声词,鼓声。

覃 tán 同"覃"。

醰 tán［醃醰］(ān-)见 6 页"醃"字条。

彈 tán 梵汉对译时用汉字标记梵语的发音。

醰 tán 味长。

鄿 tán 同"鄿"。

灛 tán 同"潭"。

橝 tán 同"橝"。

髑 tán 义未详。(《改并四声篇海》)

寱 tán 和衣睡觉。

糟 tán 同"糟"。

醰 tán 同"醰"。

鄿 tán 同"鄿"。

tǎn

忐 ㊀ tǎn［忐忑］(-tè)心神不定;心中不安:～不安。
㊁ kěng［忐忑］(-dǎo)诚恳:心心～,尽一皈正。

但 ㊀ tǎn 脱衣露出上身,后作"袒":～割而和之。
㊁ dàn ❶ 副词,只;仅:～求无过|～愿如此。❷ 连词,但是;不过:我喜欢旅游,～最近没有闲暇时间。❸ 姓。

坦 tǎn ❶ 平而宽:平～|～途|履道～～。❷ 安闲;宽舒:～步|～然|君子～荡荡。❸ 同"袒",坦露:～腹东床。❹ 旧称女婿:令～|未留信于～。❺ 开朗;直率:～率|～言。

肒 ㊀ tǎn 多汁的肉酱,后作"醓"。
㊁ dàn［肒脈］(-jué)又矮又丑的样子。

昍 tǎn 明亮。

钽(鉭) tǎn 金属元素,可用来制合金钢,也用于化工、无线电、航空、医疗器材等。

袒 ㊀［❶襢］ tǎn ❶ 脱掉衣服,露出上身或胳臂:肉～负荆|～而大哭。❷ 开,引申为表白:～橐|～怀。❸ 偏护:偏～|～护|难左右～。
㊁ zhàn 衣缝裂开,泛指开裂,后作"绽(綻)"。
◆"襢"另见 928 页"襢"字条。

赼 tǎn［赼踔］(-chuō)且行且退。

菼 tǎn 新生的荻。

赶 tǎn 行走的样子。

毯 tǎn 毯子,厚实有毛绒的成片织品。

毵 tǎn 同"毯"。

盗 tǎn 同"監(醓)"。

菿 tǎn 同"菼"。

閰 ㊀ tǎn ❶ 推开门后插在门两旁的长木桩，用来固定门板。❷ 门中间下部所竖立的短木橛。
㊁ dǎn 门闩。

监 tǎn “監”的讹字。

盐 tǎn 同“監(醓)”。

盗 tǎn 同“監(醓)”。

䫲 tǎn 脸平的样子。

踚(躙) tǎn 以足踏地而歌：连臂～地以为节。

嗿 tǎn 众人饮食声：哺～。

監 tǎn 同“醓”。

绿 tǎn 同“毯”。

綫 tǎn “綠(毯)”的讹字。

頣 tǎn 脸不平。

醓 tǎn 同“監(醓)”，肉酱。

慯 tǎn［慯忒］(-tè)心不安。

菼 tǎn 同“菼”。

監 tǎn 同“監(醓)”。

醓 tǎn ❶ 肉酱。❷ 肉汁。❸ 酸。

曋 tǎn 同“暺”。

䌫 ㊀ tǎn 青黑色的丝织品。
㊁ chān［䌫䌫］(-chān)衣衫飘动的样子。

毯 tǎn “毯(毯)”的讹字。

憻 tǎn 同“坦”。

䊤 tǎn 苍白色。

璮 tǎn 玉名。

醓 tǎn 醋。

襢 ㊀ tǎn “袒㊀❶”的异体字，裸露：～裼暴虎。
㊁ zhàn 素色，无花纹。
㊂ dàn［袇襢］(zhuó-)同“袇繵”。

躝 tǎn 同“躙(踚)”。

罈 tǎn 渔网。

譠 tǎn［譠謙］(-hàn)言语不定。

tàn

叹(嘆)[歎] tàn ❶ 因忧闷、悲痛而呼出长气：～气｜仰天长～。❷ 因赞赏、羡慕而发出长声：赞～｜～为观止。❸ 吟咏；唱诵：咏～｜一唱三～。

𡶒 tàn 同“炭”。

訃 tàn 同“叹(歎)”。

炭 tàn ❶ 木炭，把木材加高温烧制成的黑色燃料：～火。❷ 像炭的东西：山楂～(中药)。❸ 煤：煤～｜挖～。

涣 tàn［长涣］传说中的地名。

埮 ㊀ tàn［壏埮］(làn-)见 1040 页“壏”字条。
㊁ tán 同“壜(坛)”，瓦坛子。

探 tàn ❶ 伸手摸取远处的东西，引申为寻求、试图弄清：～囊取物｜钻～｜～本穷源。❷ 侦察打听：～案｜～查｜刺～军情。❸ 做侦察工作的人：敌～｜密～。❹ 访问；看望：～亲｜～病｜～监。❺ 头或上身向前伸出：～头～脑｜～身。

㵅 tàn 同“憛”，忧思。

赕(賧) ㊀ tàn 古代南方地区某些民族称以财物赎罪，也指所输货物：～布｜～物。
㊁ dǎn 傣族称以财物等献佛，以求消灾赐福：～佛。

湠 tàn［湠漫］水势广阔的样子。

娭 tàn［娭娑］(-pàn)仪容不加修饰。

撢 tàn 同“探”。

嵅 tàn “敓”的讹字。

敓 tàn “敓”的讹字。

敳 tàn［敳敳］（-màn）无色彩、无文采的样子。

僋 tàn［僋俕］（-sàn）痴呆的样子。

碳 tàn 非金属元素，在工业和医药上用途很广。

蛟 tàn［蚺蛟］（tiàn-）见812页"蚺"字条。

錟 tàn［錟耼］（-rán）同"耼錟"。

撢 ㊀ tàn ❶同"探"，探求；寻求：择～群藝。❷秉持：～持。
㊁ dǎn 同"掸（撣）"，拂除：～尘｜～扫。

舝 tàn［舝踫］（-pán）不能行走：～不动。

撢 tàn 同"撢"。

腪 ㊀ tàn 食物味美。
㊁ tán 同"醰"，酒味醇厚。

驔 tàn 马行步向前。

嘆 tàn 同"嘆（叹）"。

橝 tàn 树名。

醰 tàn［醰醰］（gàn-）也作"醰醰"，无味，单用"醰"义同。

歎 tàn 同"歎（嘆，叹）"。

鷬 tàn 同"歎（嘆，叹）"。

tāng

汤（湯） ㊀ tāng ❶热水；沸水：扬～止沸｜赴～蹈火｜见不善如探～。❷温泉：～泉｜洗～。❸食物的汁液，也指中药汤剂：米～｜鸡～｜～药。❹菜少汁多的菜肴：白菜～｜三鲜～。❺姓。❻商汤，又称成汤，商代第一位君主。☞汤／羹／浆见290页"羹"字条。
㊁ shāng［汤汤］（-shāng）水流大而急的样子：浩浩～，横无际涯。

剒（劏） tāng 宰杀。

募 ㊀ tāng［蓫募］（zhú-）也作"蓫薚"，即商陆，多年生草本植物，根可供药用。
㊁ dàng［傥募］（tǎng-）也作"傥荡"，行为不检点的样子。

耥 tāng ❶又称耥耙、田耥，农具名，用于稻田平整土地，松土除草。❷用耥平整土地，松土除草。

嘡 tāng 拟声词，锣声、枪声等：～的一声锣响｜～～地打了几枪。

螳 tāng［蛈螳］（tiě-）见950页"蛈"字条。

羰 tāng 羰基，有机化合物中含碳和氧的基。

趟 ㊀ tāng ❶往前跑。❷跑的样子。❸从浅水中走过。
㊁ tàng 往返闲步。

薚 tāng［蓫薚］（zhú-）见131页"蓫"字条。

镗（鏜） ㊀ tāng ❶同"嘡"，拟声词，钟鼓声等：击鼓其～｜大时钟～～地响了九下。❷同"钖（鍚）"，小锣。
㊁ táng 对零件上已有的内孔进行切削加工：～床｜～孔。

搪 tāng 用手推止。

鼞 tāng ❶同"鼞"，鼓声。❷大声。

薚 tāng 同"薚"。

蹚［蹚］ ㊀ tāng ❶踩踏；探路：大洋马一纵一纵的～起漫天尘土｜～路。❷从浅水中走过去：～水。❸用犁等翻地除草：～地。
㊁ tàng 也作"趟"，量词，次；回：每天两～｜白跑一～｜到城里走一～。

踼 tāng 同"蹚"。

鞺 tāng［鞺鞳］（-tà）拟声词，钟鼓声等，单用"鞺"义同。

闛 tāng 同"鼞"。

鼞 tāng 鼓声：击鼓其～。

táng

坍 táng 义未详。（《改并四声篇海》）

坣 táng 同"堂"。

唐 táng ❶夸大；虚夸：荒～｜～大无验。❷空虚；徒然：～肆｜～捐。❸朝代名。1. 传说尧所建。2. 唐高祖李渊和其子李世民所建（618-907年）。3. 五代之一，李存勖所建(923-936年),史称后唐。4. 五代十国时期,南唐(937-975年)。❹姓。

堂 táng ❶人工筑成的方形土台,也指屋基:吾见封之若～者矣。❷前室,后世又称正房:殿～|前～后室|升～入室。❸君主祭祀、理政的处所,后指官员议事、审案的房屋:大～|坐～|政事～。❹专供举行某种活动的房屋:礼～|课～|食～。❺指同祖父的亲属关系:～兄|～叔|～姐妹。❻敬辞,称别人的母亲:令～|～萱。❼量词。1. 用于成套的家具、连续的授课等:一～家具|两～课。2. 用于审理案件:过了一～|老爷才问了他一～。☞堂/室/宫/房/屋见293页“宫”字条。

劚 táng 义未详。(《改并四声篇海》)

棠 táng 同“棠”。

棠 táng ❶又称甘棠、棠梨,即杜梨。❷[棠棣](-dì)也作“唐棣、棠棣、常棣”,树名。

啺 táng 同“唐”。

傏 táng[傏傑](-tū)也作“唐突”,冒犯;莽撞。

鄌 táng ❶古国名。(《玉篇》)❷[鄌郚](-wú)古地名,在山东。

溏 táng[滂溏](pāng-)见713页“滂”字条。

粓(糛) táng 同“糖”。

隚 táng 同“塘”,堤坝;堤防。

塘 táng ❶堤坝;堤防:海～|分水～|环～以取龟。❷水池:鱼～|荷～|方～。❸浴池:澡～。❹屋里生火取暖用的坑:火～。❺田地里点播作物的坑窝:打～点种。

搪 táng ❶抵挡:～风|～寒|～饥。❷敷衍;应付:～塞|～账。❸均匀地涂上泥或涂料:～瓷|～炉子。❹荡;划:那只船忽地～将开去。

蓎 táng[蓎蒙]菟丝子。

鄌 táng 古地名,在今江苏。

嘡 táng[啁嘡](tóng-)大话。

僜 táng 同“傏”。

猏 táng[猏猊](-ní)哺乳动物,古代多用其皮做铠甲。

漟 táng ❶水池,后作“塘”:～淀。❷泥浆,引申为糊状的、半流动的:～心鸡蛋|大便～者虚。

隚 táng 同“堂”。

媜 táng 用于女子人名。

瑭 táng 玉名。

榶 táng ❶又称榶棣,即棠棣。❷碗。

磄 táng 同“甐”。

䣘 táng 同“歖(唐)”。

歖 táng 同“唐”。

犝 táng 牛名。

膅 táng 肥。

甐 táng ❶瓷器。❷有耳的小瓶。

氃 táng ❶[氃毦](-èr)一种有曲纹的毛织品。❷冠缨上的一种装饰品。

煻 táng ❶灰火:～火。❷烘焙。

澢 táng 溪。

禟 táng 福祐。

螳 táng 同“媜”。

蓎 táng[泥蓎山]古山名,在今北京。

樘 táng[樘棣]同“棠棣”。

輔 táng ❶铁轴。❷同“轋”,兵车。

磄 táng[磅磄](páng-)见713页“磅”字条。

犆 táng 同“犝”。

糖 táng[糖稆](-jū)黍。

膛 táng ❶胸腔:胸～|开～。❷某些器物中空的部分:炉～|枪～。❸(又读tāng)肥胖的样子。

餳 táng ❶精米。❷同“饧(餳,餹)”。

蓎 táng［蕇蓎］(diàn－)见192页“蕇”字条。

樘 ㊀táng 车木。
㊁chēng 同“橕”，支柱；支撑。

踼 ㊀táng 跌；跌倒：～跌。
㊁shāng［躩踼］(jué－)见487页“躩”字条。

螗 táng ❶又称蝘、螗蜩、螗蛦、螗蜣、胡蝉、冠蝉，一种较小的蝉。❷螳螂的简称：～斧讵能磔。

鄌 táng 同“鄌”。

篖 táng［筕篖］(háng－)见333页“筕”字条。

艚 táng［艚船］船名。

螳 táng 同“堂”。

糖［❶餹］táng ❶从甘蔗、甜菜、米、麦等提取出的有甜味的东西，也指糖制品：白～｜砂～｜奶～。❷又称碳水化合物，有机化合物的一类，是人体内产生热能的主要物质：葡萄～。
◆“餹”另见931页“餹”字条。

縳 táng 大绳索。

赯 táng 赤色。

輔 táng［輔輬］(－láng)也作“軘軨”，兵车。

醣 táng 有机化合物中碳水化合物的旧称，今作“糖”。

豯 táng ❶猪名。❷急行。

踼 táng 同“踼”，跌；跌倒：～跌。

螳 táng ❶［螳螂］昆虫，前腿像镰刀，故俗称刀螂。❷［螳蠰］(－náng)也作“螳蠰”，即螳螂。

糛 táng 同“糖”。

轄 ㊀táng ❶大车。❷同“輔”，兵车。
㊁chēng 小车辕，也作“樘”。

輋 táng 同“轄”，大车。

䣘 táng 同“鄌”。

瞁 táng 瞁视。

闛 táng 高大的门。

蹚 táng 同“踼”。

篖 táng 罩。

鎕 táng［鎕銻］(－tí)也作“唐銻”，又称火齐、火齐珠，宝石名。

餹 táng ❶饴糖。❷“糖❶”的异体字。

鄌 táng 同“鄌”。

鶶 táng 同“鶶”。

闛 ㊀táng［闛闛］(－táng)盛大的样子。
㊁tāng 鼓声，也作“镗(鏜)”。

蟷 táng 同“螗”。

饄 táng 同“餹(糖)”。

䣣 táng ❶风起。❷风的样子。

鶶 táng 同“唐”。

驝 táng 马的毛色。

蹚 táng 同“踼”，跌倒。

鰽 táng 同“䲞”，古代指某些口大的鱼。

鶶 táng［鶶鷵］(－tú)鸟名。

鱛 táng［鱄鱛］(bó－)见67页“鱄”字条。

糃 táng 同“糖”。

tǎng

帑 ㊀tǎng ❶古代指国家收藏钱财的府库：官～｜～藏虚尽。❷府库里的钱财：重～｜非赃非～。
㊁nú ❶俘虏：降～。❷同“孥”。1.子孙：乐尔妻～。2.妻子、儿女的合称：送其～。

倘 tǎng ❶连词，假使；如果：～若｜～能努力，定可成功。❷副词，或许：恐其～不就。

傥（儻）tǎng ❶精神恍惚的样子：～然无措。❷连词，倘若；如果：～所谓天道，是邪非～？❸［倜傥］(tì－)见942页“倜”字条。

矘 tǎng 白色。

瓞 tǎng ❶大瓜名。❷［瓞瓞］瓜长的样子。

镋（鎲、钂） tǎng 古代兵器，像叉。

躺 tǎng ❶睡；平卧：～在床上。❷车辆、器具等倒伏在地上：路上～着一辆车｜一棵大树～在路边。❸死的婉辞：先母～了下来。

巘 tǎng［巘嶙］（－mǎng）山路不平的样子。

戃 tǎng［戃慌］也作“惝怳”，失意或恍惚的样子：心～其不我与兮｜神色久～。

曭 tǎng 日光不明亮。

矘 tǎng［矘朧］（－huǎng）也作“矘朦”，月不明的样子。

爣 tǎng［爣阆］（－làng）也作“爣朗”“爣烺”，火光或宽敞明亮的样子。

矘 tǎng 眼睛无神，茫然直视的样子。

皫 tǎng ❶明。❷同“皢”，白色。

tàng

烫（燙） tàng ❶物体温度高：锅烧～了｜洗脚水太～｜额头有点儿～（发烧）。❷皮肤接触温度高的物体感觉疼痛或受伤：～手｜～伤｜小心别～着！❸利用温度高的物体使其他物体发生变化：～酒（加热）｜～衣服（使平整）｜～头发（美容）。

铴（鐋） ㊀tàng ❶平整木料的工具。❷把酒加热。
㊁tāng 铴锣，小铜锣。

摥 tàng 推，也指划船：移船出港，～入湖中。

趟 tàng 见1254页zhēng。

鎕 tàng 同“铴（鐋）”，削平木料的工具。

䠀 tàng 体弱。

鐊 tàng “鐋（铴）”的讹字。

tāo

仐｛仐｝ tāo 拿取。

夲 tāo 快速前进：莫得而～。

叏 tāo 同“叏”。

叏 tāo ❶取。❷滑；轻佻。

夲 tāo 同“夲”。

夵 tāo 小步向前快走。

半 tāo 同“夲”。

叏 tāo “叏”的讹字。

弢 tāo 同“弢”。

弢 tāo 同“弢”。

弢 tāo ❶盛弓的袋子，泛指袋子或套子：弓～｜琴～。❷同“韬（韜）”。1.隐藏：～光。2.用兵的谋略：六～。

睼 tāo 眼睛重睑。

叟 tāo 同“偹”。

牫 tāo 牛行缓慢。

牬 tāo “牫”的讹字。

佟 ㊀tāo 牛鼻绳头的铜饰。
㊁tóng 同“佟”。

韬（韜） tāo 同“弢”，盛弓的袋子。

弢 tāo 同“弢”。

偹 tāo 白色。

饀 tāo 同“饕”。

涛（濤） tāo ❶大波浪：波～｜惊～骇浪。❷像大浪的声响：林～｜松～。

滔 tāo 同“滔”。

浧 tāo 同“濤（涛）”。

绦（縧）［絛、縚］ tāo 用丝线编织的花边或扁平的带子，可做装饰。

掏［搯］ tāo ❶挖：～洞。❷探取；掏取：～耳朵｜～鸟窝｜～水洗脸。❸择取：～摭。
◆“搯”另见933页“搯”字条。

𢼊 tāo 义未详。(《改并四声篇海》)

𠥫 tāo 同"匋(𠥫)",古代器物名。

𤙆 tāo 同"牫"。

䑬 ㊀ tāo 船。㊁ yào 大船。

𠥮 tāo 同"匋"。

𧧼 tāo ❶[𧧼詢](-táo)言语无节制。❷小儿语不正。

㴞 tāo 同"滔"。

飸 tāo 同"饕"。

搯 ㊀ tāo"掏"的异体字。㊁ qiā"掐"的讹字。

梼 tāo"掏"的讹字。

岹 tāo 山名。

幍 tāo ❶帽子。❷同"縧(绦,縧)",丝绳。

𢃱 tāo 同"绦(縧)"。

滔 tāo ❶大水弥漫;充满:白浪~天|~~江汉|~天大罪。❷范围或气势很大;时间极长:~乎莫知其所止|武夫~~|自死而天下无穷尔~矣。❸傲慢;散漫:士不滥,官不~。❹涌聚:无器而民~乎前。

慆 tāo ❶喜悦:非以~心|抑~耳之声。❷怠惰:~慢天命。❸逝去:日月其~。❹通"韬(韜)",隐藏:以乐~忧。

媌 tāo 用于女子人名。

瑫 tāo 玉名。

韬(韜) tāo ❶盛弓、剑的袋或套子。❷隐蔽;隐藏:~晦|~光养晦。❸用兵的谋略:~略|六~。

槄 tāo 楸的一种,落叶乔木。

𩞄 tāo 同"饕"。

𩚵 tāo 同"饕"。

犒 tāo 同"㹗"。

𥫱 tāo"箌"的讹字。

絛 tāo 同"縚(绦,縧)"。

蓧 ㊀ tāo 草名。㊁ tiáo 同"蓨",羊蹄菜,多年生草本植物。

𨎺 tāo 同"韜(韬,韜)"。

匋 tāo ❶古代器物名。❷喂牛的饲料筐,后作"箌"。

濤 tāo 同"濤(涛)"。

𩋐 tāo 同"韬(韜)"。

𤛓 tāo 同"㹗"。

箌 tāo 喂牛用的筐。

艒 tāo 同"䑬"。

𤮍 tāo 同"匋",古代器物名。

𣽅 tāo 同"濤(涛)"。

轁 ㊀ tāo 同"韬(韜)"。㊁ kǎn 同"轁"。

謟 tāo ❶疑;疑惑:天道不~|其言也~,其行也悖。❷僭越,超越本分:帝念不~。❸隐瞒:不~过,不责得。

饕 tāo 同"饕"。

㹗 tāo 牛羊不生子。

鞱 tāo 函。

𡈼 tāo"匋"的讹字。

饀 ㊀ tāo ❶同"饕",贪。❷食;给食:拨火出芋以~之。㊁ táo 同"麴",糕饼。㊂ xiàn 同"馅(餡)",包在面食、糕点里的东西:馒头~。

𩏠 tāo 同"韬(韜)"。

韜 tāo 同"韜(韬)"。

叨 tāo"饕"的讹字。

縧 tāo 同"絛(绦,縧)"。

韜 tāo 同"韬(韜)"。

號 tāo 同"饕"。

饕 tāo 同"饕"。

濤 tāo 同"濤(涛)"。

騊 tāo 马缓慢行走的样子。

匵 tāo 同"圖"。

饕 tāo 同"饕"。

輿 tāo 同"畱"。

騊 tāo 同"騊"。

饕 tāo 同"饕"。

圖 tāo 同"圖"。

鮂 tāo 鱼名。

饕 tāo ❶贪;贪吃:老～(指贪吃的人)。❷[饕餮](-tiè)传说中的凶猛而贪吃的动物,比喻凶恶的人或贪吃的人。

táo

匋 ㊀táo 同"陶"。㊁yáo 同"窑"。

迯 táo 同"逃"。

咷 táo 哭;大哭:号～(大哭)|颠于马下,我咷君～。

逃 táo ❶逃跑;逃走:～亡|～窜|临阵脱～。❷躲避;避开:～学|～税|在劫难～。❸离开;离去:与其勤而不入,不入～之|三谏而不听,则～之。

疾 táo 疾疾。

洮 ㊀táo ❶水名。1.洮河,黄河上游的支流,在甘肃。2.古水名,一在今山西,一在今广西。❷同"淘",淘洗:水～。
㊁yáo 洮湖,又称长荡湖、长塘湖,湖名,在江苏。

迯 táo 同"逃"。

桃 táo ❶落叶乔木,果实可食,桃仁、花可供药用,木材可制器具。❷形状像桃的东西:棉～儿|核～。❸核桃,又称胡桃,落叶乔木,木材可做器物。果仁可食,也可榨油和供药用:～仁|～酥。

兆 táo 同"桃"。

逃 táo 同"逃"。

瘦 táo 病。

洮 táo 同"洮"。

陶 táo 同"陶"。

陶 ㊀táo ❶用黏土烧制的器物:～器|～瓷|彩～。❷制作陶器,也指制作陶器的人:一人～|土坚瓦可～|犹埴之在埏也,唯～之所以为。❸教育;培养:熏～|～情|延师择友,～成佳士。❹喜悦;快乐:～然|～醉|乐～～。❺姓。
㊁yáo 通"窑",窑灶:～复～穴,未有家室。
㊂dào[陶陶](-dào)驱驰的样子:驷介～。

萄 táo ❶草名。❷葡萄的简称:～酒|～糖。

梼(檮) ㊀táo ❶[梼杌](-wù)1.折断的树干。2.传说中的凶猛动物,像虎。3.传说中被舜流放的四凶之一,是桀骜不驯的少数民族首领,一说鲧。4.春秋时代楚国史籍名。❷通"捣(擣)",捣碎:～木兰以矫蕙兮。
㊁chóu ❶刚木。❷通"筹(籌)",数码:～筞。
㊂dào 棺材。

啕 táo ❶同"詢"。❷[啕气]同"淘气"。1.顽皮:这孩子很～。2.生闲气:总是孩儿不肖,带累爹爹母亲～。

衜 táo[衜衜](sāo-)见837页"衜"字条。

逃 táo 同"逃"。

飕(䬞) táo ❶风;大风:秋～。❷风声;大风声。

淘 táo ❶洗并汰除杂质,引申为除去:～米|～金|～汰。❷疏浚;清除:～河|～井|～缸。❸顽皮:～气|这孩子真～。

骟(騊) táo[騊駼](-tú)良马名。

绹(綯) táo ❶绳索,特指拴系在牛、马后面的绳索:宵尔索～|曲～。❷纠绞:～绞。

絝 táo 同"绹(綯)"。

逃 táo 同“逃”。

詾 ㊀ táo 同“訋”。
㊁ páo［詾譟］（-zāo）胡言乱语。

祹 táo ❶ 福。❷ 神。

犆 táo 义未详。（《改并四声篇海》）

裪 táo［裪襹］（-jué）衣袖。

裪 táo 同“裪”。

鞀 táo 同“鼗”。

蜪 táo ❶ 又称蝮蜪，蝗的幼虫。❷［蜪伴］伙伴，同伴，也单称蜪。众人相伴随如蝗飞结群，故名。❸［蜪犬］传说中的恶兽，像犬，食人。

鞉 táo 同“鞀（鼗）”。

靴 táo 同“鼗”。

醄 táo［酕醄］（máo-）见 629 页“酕”字条。

謟 táo 往来传闲话，挑拨是非。

駣 táo 三四岁的马。

鞉 táo 同“鼗”。

檮 táo 同“檮（梼）”。

醄 táo 同“醄”。

篍 táo［篍枝］竹名。

錭 ㊀ táo 钝。
㊁ diāo 同“雕”，雕刻：～琢刻镂。

鋾 táo ❶ 鋾铸。❷ 同“錭”，钝。

餇 táo 同“馅”，糕饼。

颵 táo 同“飖（飉）”。

駣 táo 同“駣”。

鞉 táo 同“鞉（鼗）”。

槖 táo 同“檮（梼）”。

鼗 táo 同“鼗”。

麴 táo 糕饼。

鼗 táo 古代乐器，长柄的摇鼓，与今拨浪鼓（俗称货郎鼓）相似。

鞉 táo 同“鼗”。

鼗 táo 义未详。（《龙龛手鉴》）

飉 táo 同“飖（飉）”。

tǎo

讨（討） tǎo ❶ 公开谴责：声～｜～贼。❷ 征伐；诛杀：～伐｜兴兵～群凶。❸ 探索；研究：～论｜研～｜～究。❹ 索取；求取：～饭｜～债｜～教。❺ 娶：～亲｜～老婆。❻ 招惹：～好｜～厌｜自～苦吃。

訨 tǎo 同“讨（討）”。

稻 tǎo［稻黍］蜀黍，即高粱。

tào

夻 tào 同“套”。

奃 tào 同“套”。

套｛套｝ ㊀ tào ❶ 罩在物体表面的东西：手～｜枕～｜外～。❷ 罩在物体表面：～在上边｜毛衣外面又～了件背心。❸ 装在衣被里的棉絮、丝绵等：袄～｜被～｜棉花～子。❹ 用绳子等做成的环：牲口～｜活～。❺ 互相衔接、间杂或重叠：～种｜～裁｜～印。❻ 按已有的样子做：生搬硬～｜这不像他自己写的，是～来的。❼ 一定的格式、程序或方法：俗～｜乱～｜各有一～。❽ 拉拢，表示亲近：～交情｜～近乎。❾ 量词，用于同类的一组事物：一～西服｜一～茶具。
㊁ tǎo 长；长大。

殆 tào 义未详。（《改并四声篇海》）

淊 tào ❶ 水湾，也作“套”：船～。❷ 用于湖泊、港湾名：青菱～｜荷叶～（均在湖南）。

tè

忑 ㊀ tè ❶［忐忑］（tǎn-）见 927 页“忐㊀”字条。❷受惊：～一片撒花心的红影儿吊（弔）将来半天。
㊁ dǎo［忐忑］（kěng-）见 927 页“忐㊁”字条。

忒 ㊀ tè 差错：差～｜四时不～。
㊁ tuī 副词，太；过分：～大｜～坏｜～不合适。

忎 tè 同“忒”。

䖹 tè 同“蛍（蟘）”。

蛍 tè 同“蟘”。

蚮 tè 同“蛍（蟘）”。

㤹 tè 贪㤹。

㥂 tè 同“忒”，差错。

貣 tè ❶向人乞求物品：乞～｜行～而食。❷借贷：假～无所得。❸宽恕：厚～｜有犯治不～。

貸 tè 同“貣”。

哋 tè 拟声词：扑～。

特 tè ❶公牛，泛指牛或雄性牲畜。❷特殊，不平常或超出一般的：～产｜～效｜奇～。❸副词。1. 格外；非常：颜色～黑｜天气～冷｜态度～坚决。2. 专门；单一：～意｜～设｜～派。3. 但；只：不～如此｜～不知其故。

挦 tè 拳打；打击。

犆 tè 同“特”。

㥁 tè ❶心里畏惧。❷［㥁㥁］1. 快。2. 动心。

揟 tè “挦”的讹字。

铽（鋱） tè 金属元素，有放射性，可用来制高温燃料、激光材料及杀虫剂，也用于治疗皮肤病。

㹋 tè ❶同“特”。1. 公　牛。2. 单　一。❷钝。

慝 tè ❶恶；邪恶：凶～｜作～｜吏无苛政，民无怀～。❷恶人；坏人：国平而民无～｜众～惊心。❸灾害；祸患：以伏蛊～｜阴～将萌。❹通“忒”。1. 改变；更改：之死矢靡～。2. 差错：无有差～。

樴 tè 同“特”。

螣 tè 同“蟘”。

蟔 tè 同“螯（蟘）”。

螯 tè 同“螣（蟘）”。

䁻 tè［䁻䁯］（-mò）目欲卧的样子。

蟘 tè 同“蟘”。

蟘 tè 一种食苗叶的害虫。

䜪 tè 同“慝”。

䑶 tè 同“䁻”。

蠈 tè 同“螣（蟘）”。

te

肽 te（又读 de，旧读 tè）［肋肽］（lē-）见 544 页“肋”字条。

tēng

㽱 tēng 愚笨的样子。

熥 tēng（旧读 tōng）把凉了的熟食蒸热：～馒头。

䲍 ㊀ tēng ❶饱。❷鸡或鸭的胃。
㊁ tūn 同“涒”，吃完再吐出来。

䔲 tēng（又读 dèng）古代少数民族名。

䗅 tēng 用力使物体伸长。

膯 tēng 同“䲍”，饱。

䨬 tēng 小水流相互添补的样子。

鼟 tēng 同“鼟”。

鼟 tēng［鼟鼟］拟声词，鼓声，单用义同。

䠲 tēng［倰䠲］（lèng-）长；长的样子。

𪚩 tēng 同"澄"。

téng

胗 téng 同"疼"。

疼 téng ❶ 湿病,泛指病。❷ 痛:～痛|头～。❸ 爱怜;喜爱:～爱|心～|老太太最～小孙子。

痋 ㊀ téng(又读 tóng)同"疼",疼痛:寒热酸～。
㊁ chóng 病。

幐 téng"幐"的讹字。

㾓 téng 同"痋(疼)"。

幐 téng 囊。

腾(騰) téng ❶ 跳跃;奔跑:暂～而上胡儿马|～驾步游|奔～。❷ 上升:升～|～空|～云驾雾。❸ 空出地方或位置:～箱子|～出一间房|～出位子。❹ 后缀,用在某些动词后,表示动作反复连续:倒～|翻～|闹～。

腁 téng 同"滕"。

誊(謄) téng 抄写;转录:～写|～清|～在本上。

滦 téng 同"滕"。

滕 téng 波浪。

㥂 téng[懵㥂](měng-)同"懵懂",一说迷乱。

㡖 téng 同"幐"。

滕 téng ❶ 周代诸侯国名,在今山东。❷ 旧县名,在今山东。❸ 姓。

邆 téng[邆川]邓川,古州名,在今云南。

縢 téng 同"縢",封闭;缠束。

䲍 téng 眼睛秀美的样子。

螣 ㊀ téng 螣蛇,也作"腾蛇",传说中的能飞的蛇。
㊁ tè 同"蟘":螟～|食禾有百～。

縢 téng ❶ 封闭;缠束:竹闭绲～|启～|开～。❷ 绳索;衣带:朱英绿～|布衣～履|甲不组～。

㾳 téng 同"疼",痛。

䲢 téng 同"腾(騰)"。

䱼 téng 同"滕",周代国名。

䲍 téng ❶ 美目。❷ 大视。❸ 双;二。

䠬 téng[踜䠬](lèng-)见 545 页"踜"字条。

藤[籐] téng ❶ 蔓生植物,有白藤、紫藤等多种:醉卧古～下。❷ 蔓生植物匍匐攀缘生长的茎,有的可编器物:葛～|～椅|顺～摸瓜。
◆"籐"另见 937 页"籐"字条。

䲍 téng"䲍(䲢)"的讹字。

䲢 téng 同"螣",螣蛇。

䯺 téng 皮肉坚厚处。

儯 téng[倰儯](lèng-)长的样子。

䲢 téng 同"螣"。

䲍 téng 行䲍。

䲢(䲢) téng ❶ 鱼名,像鳜,赤尾,生活在江河中。❷ 鱼名,生活在热带及亚热带浅海。

䲢 téng 同"螣"。

䲍 téng 同"縢"。

䕨 téng 同"藤"。

㬺 téng 同"滕"。

㥂 téng[懵㥂](měng-)见 643 页"懵"字条。

䠬 téng 同"䠬"。

㾳 téng 同"疼"。

騰 téng 同"腾(騰)"。

䠮 téng[䠮瞢](-méng)同"瞢瞢"。

籐 téng ❶ 竹制器具。❷"藤"的异体字。

䲍 téng 空中鬼。

䒅 téng 多言。

𤺥 téng 同"𤸯(疼)"。

籐 téng 同"籘(藤)"。

䲍 téng ❶ 同"腾(騰)"。❷ 同"滕"，周代国名。

艠 téng 同"䲍"。

騰 téng 同"騰(腾)"。

䲢 téng 同"䲍(䲍)"。

藤 téng[停藤]妥当。

T

𨄹 téng 同"腾(騰)"。

䲍 téng 同"䲍(䲍)"。

䲍 téng 同"䲍"。

驣 téng 同"腾(騰)"。

驣 téng 同"腾(騰)"。

螣 téng 同"䲍(䲍)"。

䲍 téng 同"腾(騰)"。

䲍 téng 黑虎。

黱 téng 黑的样子。

tèng

霯 tèng 大雨。

tī

㔸 tī 同"匿(匿)"。

㔸 tī 同"剔"。

虒 tī 同"匿"。

剔 ㊀ tī ❶ 把肉从骨头上刮下来：～肉｜～骨头。❷ 剜，从缝隙或孔洞里往外挑拨：～牙｜～指甲。❸ 把不好的或不要的挑除：～除｜挑～(过分严格地在细节上指摘)。

㊁ tì 同"剃"，用刀刮去毛发：～首｜剪～。

梯 tī ❶ 梯子，便于人上下的器具或设备：云～｜楼～｜电～。❷ 像梯子的：～田｜滑～｜～队。❸ 攀登：～山航海｜无级可～。

遞 tī 同"遞(递)"，交替：～相残噬。

匿 tī 承盘。

㓳 ㊀ tī 削。

㊁ chǐ 剥。

擿 tī ❶ 同"剔"，剔除：攘之～之。❷ 同"擿"，挑出。

踶 tī 践踏。

㼩 tī 牌。

踢 tī 抬起脚击物：～球｜拳打脚～｜一脚把茶几～翻了。

鹈(鵜) ㊀ tī[鹈鹈](pì－)见 730 页"鹈"字条。

㊁ sī 鸟名。

虒 tī"虒"的讹字。

䫏 tī[䫏䫏](jīng－)头不正。

擿 ㊀ tī ❶ 挑出；挑剔：～辨｜～抉。❷ 揭露；揭发：～举｜～奸发伏。

㊁ zhì ❶ 搔；挠：～痒｜指～。❷ 投掷，后作"掷(擲)"：～珠毁玉。

虒 tī ❶ 卧。❷ 虎卧息微。

鷈 tī 同"鹈(鵜)"。

鵜 tī 同"鷉(鵜,鹈)"。

鵜 tī 同"鷉(鵜,鹈)"。

鷉 tī 同"鵜(鹈)"。

剔 tī 同"剔"。

騠 tī 骏马名。

䶏 tī 同“䶏”。

鷉 tī［鶅鷉］（biǎn-）见49页“鶅”字条。

鷈 tī 同“鷉(䴘)”。

tí

荑 ㊀ tí 同“荑”。
㊁ dì 同“第”。

荑 ㊀ tí ❶茅草等草木新生的嫩芽：柔～｜新～。❷发芽：原隰～绿柳。❸通“稊(䅠)”，像稗的杂草：五谷者，种之美者也。苟为不熟，不如～稗。
㊁ yí 割除田间杂草：芟～。

厗 tí［唐厗］也作“磄厗”，石名。

秲 tí“稊”的讹字。

祇 ㊀ tí 同“缇(緹)”，橘红色或红色的丝织物。
㊁ zhǐ“只㊀ ❶”的繁体字。
㊂ qí［祇祋］（-zhī）僧尼的法衣。

苐 tí 同“荑”。

咈 tí ❶同“啼(嗁)”。❷通“嚏”，喷嚏：喷～｜打～。

徲 tí［犀徲］（xī-）休息。

绨(綈) ㊀ tí 光滑厚实的丝织品：～袍｜～纻(紵)。
㊁ tì 表面纹理较粗、较厚实的纺织品：线～。

偍 tí 行动迟缓：难进曰～。

瓶 tí ❶瓷。❷同“題”，小盆。

裓 tí 衣名，像背心。

提 ㊀ tí ❶拎；垂手拿着有环、柄或绳套的东西：～灯｜～篮叫卖｜～心吊胆(比喻十分担心或害怕)。❷由下往上或由后往前移：～价｜～前｜～携。❸说起；举出：～案｜～问题｜相～并论。❹取出；带出来：～取｜～炼｜～犯人。❺汉字笔画之一，由下斜着向上的一种笔形，形状是“㇀”。
㊁ dī［提防］小心防备。
㊂ shí［朱提］古山名、古县名，均在今云南。

酟 tí［酟醐］（-hú）同“醍醐”。

啼［嗁］ tí ❶某些鸟兽鸣叫：雄鸡～明｜杜鹃～血｜虎啸猿～。❷悲哀地哭；出声地哭：悲～｜～哭｜～笑皆非。☞啼／哭／泣／号(háo) 见509页“哭”字条。

罤 ㊀ tí 兔网，泛指兽网：俯惮～罥｜别从雉兔较罟～。
㊁ kūn 同“罤(昆)”，兄。

崹 tí［崥崹］（pí-）见726页“崥”字条。

锑(銻) ㊀ tí［鎕锑］（táng-）见931页“鎕”字条。
㊁ tī 金属元素，其合金可用来制铅字、轴承等，也用于化工和医药。

稊 tí ❶同“䅠”，像稗的杂草：～稗交生。❷杨柳新生的枝叶：河边弱柳渐生～。

徲 tí 同“徲(徲)”。

徲 tí 同“徲”。

䬾 tí 同“䬾”。

䬾 tí 同“䬾”。

猅 tí 狗名：灵～。

猘 tí 义未详。(《改并四声篇海》)

鹈(鵜) ㊀ tí［鹈鹕］（-hú）又称鴮鸅、淘河，也单称鹈，水鸟名。
㊁ tī［䴘鹈］（pì-）同“䴙䴘”。

渧 tí 淘米水。

惿 ㊀ tí［惿㥧］（-xī）胆怯；害怕：～心怯。
㊁ shì 同“谡(諟)”。

騠(騠) tí［駃騠］（jué-）见483页“駃(駃)”字条。

缇(緹) tí ❶橘红色或红色的丝织物：有～五两。❷橘红色：张～绛帷。❸古代军服的颜色，代指将士：～骑。

瑅 tí 玉名。

梯 tí 同“渧”，研米槌。

踶 tí 同“蹄”。

蛦 tí［螗蛦］（táng-）螗，蝉名。

嵘 tí［㟪嵘］（hè-）见344页“㟪”字条。

犻 tí 同“蹄”。

㮛 tí 墙壁一方丈。

䶡 tí 同“䶡”。

𫗧 tí 同“䶡”。

䶡 tí［䶡餬］(-hú) 1. 也作“醍醐”，酪酥。2. 寄食，单用“䶡”义同。

𫘤 tí 义未详。(《龙龛手鉴》)

㴓 tí ❶ 研米槌。❷ 同“㴓”，淘米水。

㮩 tí 研米槌。

䃤 tí 同“㢑”。

碮 ㊀ tí 砧。
㊁ dī 同“隄(堤)”。

鳺 tí 跛。

䳇 tí 同“鳺”。

䨑 tí 云开雨止。

鶗(鷤) ㊀ tí［鶗鴂］(-guī) 也作“鹈鴂”，杜鹃鸟，也单称鶗。
㊁ chí［鶗鶼］(-jiān) 鹞子。

稊 tí 同“䅠”。

偍 tí 同“徲”。

餟 tí 寄食。

禔 ㊀ tí 衣厚的样子。
㊁ shì 衣服整齐的样子，引申为使品行端正：～身｜～躬。

䪘 ㊀ tí 草名。
㊁ tái 除草。

蕛 ㊀ tí 同“䪘”，草名。
㊁ tái 草木叶下垂。

䅠 tí 也作“稊”，像稗的杂草。

䗖 tí 同“蕛”。

题(題) ㊀ tí ❶ 额头：黑牛白～｜赤首圜～。❷ 物体的一端：箭～｜椽～。❸ 题目，写作或讲演内容的总名目：命～｜离～太远｜文不对～。❹ 问题：试～｜算～｜宿～。❺ 写上；签署：～词｜～字｜～名。
㊁ dì 看；视：～彼脊令，载飞载鸣。

䁩 tí ❶ 看。❷ 同“䚣”。1. 显示。2. 看的样子。

䦀 tí 义未详。(《龙龛手鉴》)

蝭 ㊀ tí ❶［蝭蟧］(-láo) 蝉的一种，即蟪蛄。❷［蝭蛙］(-jué) 也作“题鴂”，子规，即杜鹃鸟。
㊁ chí［蝭母］也作“茋母”，即知母，多年生草本植物。

蹄 tí［蹄蟧］(-láo) 同“蝭蟧”。

稺 tí 同“稊”。

徲 ㊀ tí ❶ 久。❷ 久待。❸ 迟到。
㊁ chí［徲徲］(-chí) 往来的样子。

餙 tí 同“鍉”。

鍗 tí［餹鍗］(táng-) 1. 糕饼类食品，也单称鍗。2. 黍膏。

謕 tí 言语不懈。

㶇 tí 同“㴓”，研米槌。

禵 tí［禵鴂］(-guī) 也作“鹈鴂”，杜鹃鸟。

趧 tí ❶［趧娄］(-lóu) 也作“趧鞻”，古代少数民族舞曲名。❷［趧趉］(-guì) 跑的样子。

䚣 tí 同“题”。

題 tí 看得清楚；明显。

𩡧 tí 同“鯷”。

𧡶 tí 同“题”。

蹏 tí 同“蹄”。

蹄 ㊀［蹏］ tí ❶ 马、牛、羊等生在趾端的角质物，也指有这种角质物的脚：～筋｜马～｜兽～鸟迹。❷ 捕兔的网：筌～｜得兔而忘～。❸ 量词，用于计算马、牛等：牧马二百～｜牛千～。❹ 姓。
㊁ dì 踢：驴不胜怒，～之。

𩞄 tí 同“䶡”。

觬 tí ❶ 兽角不正。❷ 簪子。

𥡷 tí 同“蕛”。

鶙 ㊀ tí［鶙胡］同“鹈鹕”，也单称鶙。
㊁ yí［鶙鸺］（-yóu）又称飞生，即鼯鼠。

鍗 tí ❶ 金名。❷ 同“鍉”。

𫗦 tí［𫗦餬］（-hú）酪酥，用牛、羊等乳汁制成的食品。

鳀（鯷） tí ❶ 同“鮷”，大鲇鱼。❷ 鳀鱼，又称黑背鳁，生活在浅海。幼鱼的干制品叫海蜒。❸ 古代东方海中种族名：～人｜东～人。

鮧 ㊀ tí ❶ 指鲇鱼，又称鮷鱼。❷ 鱼肚的别称。
㊁ yí ❶ 河豚。❷ 鮧鱼，鲱科鱼类名，生活在西双版纳傣族自治州的溪水中。

謕 tí “謕”的讹字。

謕 tí 同“嗁（啼）”，出声地哭：～号。

鞮 tí 常。

䔶 tí 同“蕛”。

䨑 tí 莎草的果实。

蹏 tí 同“蹄”。

罤 tí 网绳。

簶 tí 竹名。

銻 tí 同“鍉”。

鍉 tí ❶ 器。❷ 釜类炊具。

鮷 tí 鲇鱼，也指大鲇鱼。

騠 tí 同“騠（騠）”。

蕛 tí［羊蕛］多年生草本植物，根可供药用。

蝭 tí 食苗虫。

鯷 tí 同“鮷”。

蝭 tí 食苗虫。

鶗 tí 同“鶗（鶗）”。

鮷 ㊀ tí ❶ 鲵鱼。❷ 鲇鱼的别称。❸ 鱼黑色。
㊁ dì 大鳢。

篪 tí ❶ 竹名。❷ 竹器。

鷤 ㊀ tí［鷤鴂］（-guì）杜鹃鸟。
㊁ tán ❶［鸛鷤］（huān-）同“鸛鷤”。❷ 雉子。

tǐ

体（體） ㊀ tǐ ❶ 人、动物的全身或部分：躯～｜～温｜～无完肤。❷ 亲身（经验）；设身处地（着想）：～验｜～会｜身～力行。❸ 事物的本身或全部：物～｜～积｜全～。❹ 文字或作品的形式：字～｜楷～｜文～。
㊁ tī［体己］（-ji）也作“梯己”。1. 家庭成员个人积蓄的（财物）：～钱。2. 亲近的；贴心的：～话｜～人。

挮 ㊀ tǐ 擦去鼻涕、眼泪。
㊁ tì 擦拭物体。

珶 tǐ 小孩子。

㔸 tǐ 横首杖。

躰 tǐ 同“体（體）”。

骵 tǐ 同“体（體）”。

醍 ㊀ tǐ ❶ 较清的红色酒：粢～在堂。❷ 酒红色：～酒盈觞。
㊁ tí［醍醐］（-hú）精制的奶酪，佛教比喻佛性或最高佛法：如饮～｜～灌顶（比喻灌输大智慧，使人彻底觉悟）。

躰 tǐ 同“体（體）”。

髍 tǐ 同“体（體）”。

緹 tǐ 缠。

軆 tǐ 同“體（体）”。

軆 tǐ［軆軦］（-nǐ）柔软的样子，单用“軆”义同。

tì

歾 tì 同“殀”。

殀 tì ❶ 喘。❷ 殃。

戻 tì 古代车箱两侧的门。

衭 tì 同"褅"。

屉 tì 器物中可拿出的匣形盛物器或分层格架:抽～|笼～|三～桌。

胐 tì 同"屉"。

剃［鬀、薙］ tì 用刀刮去或除去(毛发、胡须):～头|～刀。
◆"鬀"另见 943 页"鬀"字条。
◆"薙"另见 943 页"薙"字条。

洟 tì ❶鼻涕:～出|涕～(眼泪、鼻涕)。❷擤鼻涕;流鼻涕:不敢唾～。

笶 tì 古代车盖的竹制骨架。

倜 ㊀ tì［倜傥］(-tǎng)洒脱,不拘束:～不羁|风流～。
㊁ diào［倜傺］(-yào)呆傻的样子。

逖 tì ❶遥远:～远|震遐～。❷离;使远离:离～尔土|诛逐仁贤,离～骨肉。

涕 tì ❶眼泪:痛哭流～。❷流泪;哭:破～为笑。❸鼻水:鼻～|～泪交横。

悐 tì 同"愁"。

悌 tì 敬爱兄长:为人弟必～|入则孝,出则～。

掦 tì 挑剔。

逷 tì 同"逖"。

碭 tì 山名。

倣 tì 同"睇"。

愁 tì ❶同"惕":卒无怵～忧。❷劳。

惕 tì ❶小心,保持警觉:警～|无日不～,岂敢忘职。❷忧伤:暴病而死,悼～无已。

屜 tì 同"屉"。

替 tì ❶废弃;衰败:废～|兴～|衰～。❷代换:～换|～班|代～。❸介词,为;为了:～别人着想|请～我办一件事|大家都～他高兴。❹通"屉",器物中可拿出的匣形盛物器或分层格架:～棺|抽～小箱。
☞替/代 见 165 页"代"字条。

戴 tì［有戴氏］古国名。

揥 ㊀ tì 古代一种首饰,可用来搔发。
㊁ dì 舍弃;捐弃:意徘徊而不能～。

薙 tì 同"洟"。

惖 tì 同"惕"。

悿 tì［宁(寧)悿］心安。

屟 tì 同"屉"。

殢(殢) tì ❶滞;滞留:～长安|～日色。❷纠缠;困扰:～着春风|～君王。❸迷恋;沉溺:～于酒色。

詎 tì 同"詆"。

普 tì 同"朁(替)"。

悿 tì［宁(寧)悿］心安。

屧 tì 义未详。(《字汇补》)

擿 tì 手取。

瞜 tì 同"睇"。

嚏 tì 同"嚔"。

僁 tì 同"惕"。

褅 tì 补。

禘 tì 同"褅"。

踢 tì 义未详。(《改并四声篇海》)

髢 tì (又读 dì)同"鬄"。

趯 tì［趯趯］(mì-)见 648 页"趯"字条。

樜 tì 同"屉"。

歟 tì 唾声。

瞭 tì "睇"的讹字。

睇 tì 失意视。

謕 tì ❶僻。❷狡猾。

朁 tì 同"替"。

歒 ㊀ tì［歒欷］(-xī)小儿嬉笑的样子。
㊁ xiāo 同"歊"。

裼 tì 同"裼"。

題 tì 同"鬀"。

髢 tì ❶同"鬄"，假发(髲)。❷头发。

薙 ㊀ tì ❶除草，引申为删削：～草｜～圣籍之荒芜。❷割下的杂草：烧～行水。❸"剃"的异体字。
㊁ zhì［辛薙］木兰，落叶小乔木或灌木，花蕾可供药用。

睹 tì 同"睹"。

朁 tì 同"替"。

稀 tì ❶稀疏点播种子：～种。❷禾大。

愓 tì 同"惕"。

䙗 tì "裼"的讹字。

禘 tì 同"禘"。

䵱 tì 把发育有差异的蚕分别放到不同的蚕箔里。

䅠 tì 种植：至春～种。

𨽹 tì ❶除；消除：阳气伤～。❷忧：往益来～。

鬀 tì ❶给儿童剃发。❷"剃"的异体字。

嚏 tì 同"嚏"。

嚔 tì 喷嚏；打喷嚏。

髑 ㊀ tì 黄骨髓。
㊁ xī 胯骨之间。

禘 tì 补禘。

禘 tì 包裹婴儿的被子。

遰 tì 同"趯"，跳跃。

䵼 tì 选蚕换箔。

穉 tì 同"䅠"。

璃 tì 玉的斑点或瑕疵：瑕～。

嚏 tì 同"嚏"。

鬄 tì 同"鬄"。

鬄 tì ❶也作"剃"，剃去毛发、胡须等。❷除去：～除。

䶏 tì 同"嚏"。

篷 tì［篷篷］竹竿细长的样子：～竹竿。

鼿 tì 同"鼿(嚏)"。

嚏 tì 同"嚏"。

鼶 tì 鼠。

鴺 tì 同"洟"。

䴘 tì "鶗"的讹字。

鼶 tì 同"鼿(嚏)"。

麸 tì 涤面。

鼿 tì 同"鼿(嚏)"。

鼿 tì 同"嚏"。

tiān

天 tiān ❶天空：蓝～｜航～｜坐井观～。❷在顶部的；在高处的：～窗｜～桥｜～线。❸自然的；天生的：～险｜～才｜巧夺～工。❹一昼夜；白天：明～｜一整～｜～不早了，该走了。❺季节；时节：春～｜三伏～。❻气候：～旱｜阴～｜～寒地冻。❼天命；命运：～意｜听～由命。❽所依存、所依靠的事物：民以食为～。❾［天干］甲、乙、丙、丁、戊、己、庚、辛、壬、癸的统称，常用来表示次序。❿［天牛］昆虫，幼虫蛀食农作物和果树等。

丙 tiān 同"天"。

靝 tiān 同"天"。

兲 tiān 同"天"。

兲 tiān 同"天"。

宎 tiān 同“天”。

芺 tiān 草名。

先 tiān 同“天”。

佚 tiān 数学名词,微积分符号之一。

忝 ㊀ tiān 同“添”,增加。
㊁ pāng 同“滂”,水势盛大。

萸 tiān 同“天”。

昳 tiān 仰视。

罘 tiān 渔具。

莄 tiān “萸”的讹字。

舔 tiān 舌伸出的样子。

訞 tiān 大声呵斥。

添 tiān ❶ 增加:～饭菜｜～麻烦。❷ 生育:～丁｜直闹到天快亮,小牛才～下来。

婖 tiān 用于女子人名。

靝 tiān 同“天”。

靔(䨐) tiān 同“天”。

酟 tiān ❶ 掺和;调味:甘酒醴不～饴蜜。❷ 同“添”,增加:～以春梅。

琌 tiān 义未详。(《字汇补》)

誕 tiān[誕譂](-tān)也作“譂誕”,言语不正。

蒸 tiān 同“天”。

黇 tiān ❶ 浅黄色。❷ 黄色。

黗 tiān 浅黄色。

𨃨 tiān 同“添”。

𨅔 tiān 同“𨃨”。

鶙 tiān 鸭。

tián

田 tián ❶ 种植农作物的土地:麦～｜农～｜耕～。❷ 可供开采的蕴藏某些资源的地带:煤～｜油～｜盐～。❸ 打猎,后作“畋”:焚林而～。❹ 姓。

佃 ㊀ tián 耕种田地:～作。
㊁ diàn ❶ 租种土地:～租｜～夫｜～农。❷ 租赁;租借:～屋｜～铺面。

阗 tián 地名。

狧 tián 同“畋”。

庙 tián 平。

淟 tián ❶[淟淟]水势广大无际的样子。❷ 用于地名:～泾(在江苏)。

屇{扁} tián 穴。

珊 tián 同“瑱”,玉石。

眴 ㊀ tián 眼珠转动而视的样子。
㊁ xián 眼睛很大的样子。

畋 tián ❶ 平整田地;耕种:～尔田。❷ 打猎:出～｜～于有洛之表。

胋 tián ❶ 大羹。❷ 肥。

畑 tián 日本汉字,旱地,多用于姓名。

恬 tián ❶ 安静;平静:～静｜～适｜风～浪静。❷ 安然;泰然:～不为怪｜～不知耻。❸ 平淡;淡漠:～淡｜～于荣辱。

甜 tián 同“甜”。

钿 tián 非金属元素,由人工合成获得,有放射性。

畛 tián 同“畋”。

钿(鈿) ㊀ tián ❶ 用金银、珠玉等镶制成的首饰:～钗｜金～｜花～。❷ 硬币;钱:六分～｜铜～｜车～。
㊁ diàn 用金属、玉石、贝壳等镶嵌器物,也指这种工艺:～以玫瑰｜翠～｜螺～。

胡 tián 同“甜”。

畠 tián 日本汉字,旱地,多用于姓名。

甛 tián 同“甜”。

菾 tián 菾菜，即甜菜，又称糖菜、糖萝卜，二年生草本植物，主根块状含糖质，可制糖。

甜 tián ❶像糖、蜜一样的味道：～食｜这个瓜真～。❷使人感觉舒服的：～美的生活｜～言蜜语｜这孩子睡得真～。

菾 tián 药草名。

輀 tián 同"輷"。

甛 tián 拟声词，踏地声。

餂 tián 同"餂(甜)"。

湉 tián［湉湉］水平静的样子：微涟风定翠～。

填｛塡｝ ㊀ tián ❶填塞；补充：～坑｜～仓｜义愤～膺。❷填写：～词｜～表｜～报志愿。❸拟声词，鼓声：～然鼓之｜鞉鼓～～。❹［填填］(-tián)1.稳重的样子：至德之世，其行～。2.满足的样子：其容简连，～然。
㊁ chén 长久：孔～不宁，降此大厉。
㊂ zhèn 同"镇(鎮)"，安定；安抚：～国家，抚百姓。

搷 tián 击；击打：～鸣鼓些。

闐 tián 同"阗(闐)"。

嗔 ㊀ tián［嗔嗔］(-tián)声势浩大的样子：振旅～。
㊁ chēn ❶生气：～怪｜～怒｜转～为喜。❷责怪：～怨｜～他多事｜枯荣不等～天公。

嵮 ㊀ tián 同"填"，填塞。
㊁ diān 同"巅(巔)"，山顶。

阗(闐) tián ❶满；充满：～溢｜宾客～门。❷［阗阗］拟声词，击鼓、打雷、车马等声音。❸［于阗］古西域国名，在今新疆。❹［和阗］古地名，今作"和田"，在新疆。

䡘 tián［䡘䡘］也作"䡘敂"，喜悦的样子。

輷 tián［輷輷］拟声词，众车行声，也作"輀輀"。

緂 ㊀ tián ❶织物名。❷搓：～麻考缕。
㊁ tǎn 毛毯。

磌 tián ❶拟声词，石坠落声：闻其～然，视之则石。❷柱子底下的石墩：雕玉～以居楹。

戱 tián 同"畋"。

鹹 tián 同"甜"。

頲 tián 塞。

寘｛寘｝ tián ❶同"填"。1.充塞：负薪～决河。2.充实的样子：物～然尽满厥意。❷同"阗(闐)"：佩于～(于阗)玉。

塡 tián 同"填"。

鴫 tián 日本汉字，鹬科鸟类的总称。

璸 tián 玉的光彩。

甜 tián 同"甜"。

䐌 tián 义未详。(《改并四声篇海》)

䫇 tián［䫇䫇］也作"填填"，拟声词，鼓声。

鎮 tián 同"钿(鈿)"。

鷆｛鷏｝ tián 又称蚊母、吐蚊鸟、夜鹰，鸟名。

鑈 tián 同"钿(鈿)"。

tiǎn

劧 tiǎn 同"殄"。

忝 tiǎn ❶辱没；有愧于：～世灭姓｜有才真不～。❷谦辞，表示辱没他人，自己有愧：～列门墙｜～附同名。

忝 tiǎn 同"忝"。

殄 tiǎn 同"殄"。

殄 tiǎn ❶灭绝：暴～天物(任意糟蹋东西)｜誓～元凶。❷疾病：～病｜邦国～瘁。❸昏迷：人～不悟。

殄 tiǎn 同"殄"。

栝 tiǎn 同"桰"。

桰 ㊀ tiǎn ❶拨火棍，用于拨动灶中柴火，使火旺或熄灭。❷木棍：木～。
㊁ guā ❶桧树，柏树的一种。❷［栝楼］也作"苦蒌"，多年生攀援草本植物，茎、叶、种子和块根均可供药用。块根入药称天花粉。

㊂ kuò 箭末扣弦处:机～|弓无弦,箭无～。

蚕 tiǎn[蜸蚕](qiǎn-)也作"蜸蚕",蚯蚓。

倎 tiǎn 同"腆"。

淟 tiǎn[淟涊](-niǎn)厌恶酒的样子。

隩 tiǎn[隩华]药草名。

埂 tiǎn 同"腆"。

梧 tiǎn 同"栝"。

喺 tiǎn 同"舔",用舌擦拭或取东西。

唺 tiǎn 吐。

秵 tiǎn 古地名,在今山东。

淟 tiǎn[淟涊](-niǎn)1. 污浊;卑劣,单用"淟"义同:淟涊而不鲜|佞者淟涊以自谋|输写淟浊|淟然不鲜。2. 软弱;怯懦:～弗振|惟～而悲已。3. 闷热的样子:温风～,动静增烦。

悿 tiǎn[悿𢤱](-tuǎn)心惑;糊涂。

倎 tiǎn 惭愧:夙宵～赧,形影徬徨。

琠 ㊀ tiǎn 玉名。
㊁ tiàn 同"瑱"。

晪 tiǎn 明亮。

睺 tiǎn"𥈤"的讹字。

䐶 tiǎn 同"腆"。

觍(靦) tiǎn ❶ 脸上流露出惭愧的样子:～然|～颜。❷ 厚着脸皮,不知羞耻:他居然～着脸矢口抵赖。

赟(賟) tiǎn 厚;重:浓～。

腆 tiǎn ❶ 饭菜丰盛:肴馔甚～。❷ 丰厚:～赠|～仪。❸ 善;美好:不～之文|辞无不～。❹ (胸部或腹部)挺起、凸起:～着胸脯|～着肚子。❺ 厚着脸皮:～颜|～着脸。

䩄(靦) ㊀ tiǎn ❶ 如人脸的样子:～然人面。❷ 惭愧:面露～容。
㊁ miǎn[䩄䩆](-tiǎn)同"腼腆"。

䁄 tiǎn 同"倎"。

睺 tiǎn[睺𥉻](-tuǎn)同"町疃"。

锘(鍩) ㊀ tiǎn 古代农具:锄头铁～耕田畔。
㊁ nuò 金属元素,由人工合成获得,有放射性。

㾐 ㊀ tiǎn[㾐痶]生病而头发脱落的样子。
㊁ diǎn 同"踮",跛足人走路用脚尖点地:～其脚。

跃 tiǎn 恭敬。

聑 tiǎn"倎"的讹字。

䩄 tiǎn 同"䩄(靦)",惭愧。

靦 tiǎn 同"䩄(靦)",人脸的样子。

腼 tiǎn 同"䩄(靦)",惭愧。

蛦 tiǎn 虫名。

舔 ㊀ tiǎn ❶ 用舌擦拭或取东西:～笔|～伤口|～着嘴上的汗。❷ 像用舌舔一样:终于伸出无数火焰的舌头来,一伸一缩的向上～。
㊁ tān[舔𦧇](-tàn)也作"舑𦧇",吐舌的样子。

餂 ㊀ tiǎn ❶ 取;诱取:以利～之|以巧言～我。❷ 用舌头取物,后作"舔":～膻腥。
㊁ tián 同"甜"。

醎 tiǎn 酒味醇厚:不～之酒。

䩄 tiǎn 同"䩄(靦)"。

踸 tiǎn ❶ 行迹;踪迹。❷ 行走的样子。

譠 tiǎn[譠𧮂](-tuǎn)言不定。

錪 tiǎn 釜的别称。

瑱 tiǎn 同"琠"。

䩄 tiǎn 同"䩄(靦)"。

䉀 tiǎn 同"腆",饭菜丰盛。

䟔 ㊀ tiǎn 同"踸",行走的样子。
㊁ yǎn 行迹;踪迹。

𥴊 tiǎn 同"腆",饭菜丰盛。

醰 tiǎn 脸色发黄。

𥫣 tiǎn 同"𥫣(腆)"。

𩈫 tiǎn 同"覥(靦)"。

𩏂 tiǎn 同"覥(靦)"。

tiàn

丙 tiàn ❶用舌头舔。❷席子。

阴 tiàn 同"阽"。

阽 ㊀tiàn 古亭名,在今陕西西安。
㊁niǎn 古亭名,在今河南。

函 tiàn 同"丙"。

犾 tiàn 牛吃的草。

联 tiàn 同"䶒(瑱)"。

联 tiàn "联"的讹字。

掭 tiàn ❶用毛笔蘸墨汁在砚台上弄均匀:～笔|饱～浓墨。❷轻轻拨动:～～灯草。

桥 tiàn ❶同"栝",拨火棍;木棍。❷古式板门上的柱形部件,有立桥、拨桥之分。

䑙 tiàn 同"丙",用舌头舔。

䑚 ㊀tiàn(又读 tiān)同"𦧺"。
㊁huà 同"䛡(话,話)"。

桥 tiàn "桥"的讹字。

䁀 tiàn "䁀"的讹字。

瑱 ㊀tiàn ❶又称充耳,冠冕两侧垂到耳旁的玉饰,用以塞耳,表示不听信谗言。❷填充:金精玉英～其里。❸耳饰:小囊宜粟～。❹玉名:碧～。
㊁zhèn 同"镇(鎮)",压:王用～圭|瑶席兮玉～。

㹹 tiàn[㹹𤟤](-niǎn)恶劣的样子。

睼 tiàn ❶看:亲所～而弗识。❷远看。

瞋 tiàn 同"䶒"。

䶒 tiàn 同"瑱",古代冠冕的玉饰,君王用玉塞耳,表示不妄听奸佞之言。

𦧺 tiàn(又读 tiān)[𦧺䑙](-rán)也作"𦧺甜""𦧺談",吐舌的样子,单用"𦧺"义同:似舔丹鼎垂𦧺䑙|交惊舌互𦧺。

瓀 tiàn 同"瑱"。

䬯 tiàn 同"𦧺"。

tiāo

朷 tiāo 日晦。

庣 tiāo 同"庣"。

佻 tiāo ❶轻薄;不庄重:轻～|～薄|～巧。❷偷;窃取:～窃。

㓨 ㊀tiāo 剔。
㊁diāo 同"刁"。

庣 tiāo 庙。

挑 tiāo 见 949 页 tiǎo。

㓮 tiāo 同"㓨"。

𢓜 tiāo 也作"佻",独自行走的样子。

庣 tiāo 凹陷或不满之处。

恌 ㊀tiāo 轻薄;轻佻:性微轻～,颇以功名自许。
㊁yáo 同"愮",忧惧:人～莫知。

𢬈 tiāo 同"斛(斛)"。

祧 tiāo ❶祭祀远祖、始祖的庙,泛指祖庙。❷把远隔几代的祖宗神位迁入远祖的庙。❸继承上代:承～|兼～|～续。❹超越:～诗而言词。

朓 tiāo 祭名。

聎 tiāo ❶耳鸣。❷耳病。

𣂌 ㊀tiāo 斫,锄类农具。
㊁qiāo 同"锹(鍬)",农具。

斛 tiāo 同"斛"。

䠷 tiāo 义未详。(《改并四声篇海》)

㧟 tiāo 同"斛(斛)"。

眺 tiāo 同“朓”。

軞 tiāo 同“佻”,轻薄;不庄重。

舭 tiāo 同“觥”,拨。

斛 tiāo(又读 qiāo)古代量器。

斛 tiāo 同“斛(斛)”。

穛 tiāo 同“祧”。

tiáo

艾 tiáo 同“艿”。

艿 tiáo 同“艿”。

艿 tiáo 同“苕”,芦苇的花穗。

条(條) tiáo ❶树名,即柚,一说山楸:终南何有?有～有梅。❷树木等植物的细长枝:柳～|荆～|枝～。❸泛指细长的东西:面～|布～|电焊～。❹项目;分项目的:～例|～款|律～。❺顺序;层次:有～不紊|井井有～。❻分条列举或陈述:谨～宜所施行七事表左。❼量词。1. 用于长形的东西:一～鱼|两～腿|三～香烟。2. 用于分项目的事物:头～新闻|合同第三～。

苕 ㊀ tiáo ❶凌霄花,又称紫葳,落叶藤本植物,花可供药用:～之华。❷芦苇花穗,比喻出类拔萃:系之苇～|聚民间子弟～秀者教之。❸[苕子]一年生草本植物,可做绿肥。
㊁ sháo 红苕,即甘薯,一年或多年生草本植物,块根可食。

匼 tiáo 古代农具。

岹 tiáo 同“岧”。

岧 tiáo[岧嶢](－yáo)1. 也作“岧峣”,山、楼阁等高耸的样子。2. 品德高尚。

迢 tiáo ❶路途远;时间长:～远|更深夜～。❷[迢迢]1. 路途遥远的样子:千里～|～牵牛星。2. 时间久长的样子:夜～|～四十载。❸[迢遰](－dì)也作“迢递”。1. 遥远的样子:游子方～。2. 高峻的样子:～层峻。

卣 ㊀ tiáo 草木果实下垂的样子。
㊁ yǒu 同“卣”。

祒 tiáo 人名(见《集韵》)。

毰 tiáo[毰毹](－xiāo)1. 毛多而密。2. 鸟尾上的翘毛。3. 羽毛凌乱的样子。

调(調) ㊀ tiáo ❶协调;比例均匀:失～|风～雨顺|众口难～。❷使均匀:～味|～色|～整。❸劝说(化解不和):～解|～停。❹训练;驯养:～驯鸟兽|善～鹰隼。❺戏弄;挑逗:～戏|～情|～侃。❻挑拨,搬弄是非:～唆|～词架讼|～唇弄舌。
㊁ diào ❶调动;分派:～度|借～|～兵遣将。❷计算:～立城邑,毋下千家。❸言辞:义心多苦～|陈词滥～。❹有关音、声、乐律的:语～|腔～|民间小～。❺风格;才情:格～|情～。❻查考;了解:～研|外～|函～。

菬 tiáo 同“苕”。

菬 tiáo[菬遰](－dì)同“迢遰”“迢递”,高远的样子:仰视则～百寻。

峒 tiáo 山名。

笤 ㊀ tiáo[笤帚](－zhou)清扫用具,用细竹枝或去粒的高粱穗、黍子穗等扎成。
㊁ shào 占卜用具,也指占卜所得的卦象:灵～|乞赐圣～。

桊 tiáo 同“条(條)”,即楸,落叶乔木。

蓚 tiáo 同“蓨”。

蜩 tiáo 同“蜩”,蝉名。

俤 tiáo 同“鯈(鲦)”。

鰷 tiáo[鰷鳙](－yóng)传说中的动物,像黄蛇,身有鱼鳍,出现时大旱。

趒 tiáo ❶(又读 tiào)跳跃:雌前～,子后跃|波静响鱼～。❷逃;遁去:～形。❸高行阔步:七～八超。

蓨 tiáo ❶羊蹄菜,多年生草本植物。❷古地名,在今河北。

龆(齠) tiáo ❶儿童脱落乳牙,长出恒牙:～齿。❷指儿童:～年(童年)|～男稚女。❸同“髫”,男孩下垂的头发,代指未成年男子:垂～执简|玄～巷歌。

螀 tiáo[螀螗](－yóng)同“鰷鳙”。

鲷 tiáo 同“鲦(鰷)”。

嫶 tiáo［媌嫶］（miáo-）同"苗条"。

樤 tiáo 同"條(条)"。1. 小枝条。2. 柚，常绿乔木。

蜩 ㊀ tiáo ❶蝉名。❷传说中的动物，像猴。㊁ diào［蜩蟉］（-liào）龙首摆动的样子。

鋚 tiáo 用于鬼物名。

髫 tiáo 古代儿童发式，长发扎起来，短发下垂。

鋚 tiáo 同"鋚"。

鋚 tiáo ❶铁。❷辔首上的铜饰：鋈旗（旂）～勒。

儵 tiáo 同"鞗"。

鲦（鰷） tiáo 鲦鱼，又称白鲦，生活在江河、湖泊中。

鞗 tiáo 古代马辔上连接缰绳和嚼子的小铜环，也指马缰绳。

鞗 ㊀ tiáo 也作"调(調)"，训练；驯服。㊁ tāo 缠裹在旗杆顶端的套。

儵 ㊀ tiáo（又读 yóu）儵鱼，即白鲦，鱼名。㊁ chóu 小鱼。

髫 ㊀ tiáo 头发多。㊁ diāo 幼儿留发。

鎥 tiáo 金石。

鮋 ㊀ tiáo 同"鰷(鲦)"，白鲦鱼。㊁ chóu 同"儵"，鱼卵。

檑 tiáo 树名。

龆 tiáo 同"齠(龆)"。

篠 tiáo 竹名。

鬌 tiáo 同"髫"。

鹵 tiáo 同"卤"。

tiǎo

挑 ㊀ tiǎo ❶用细长物的一头举起或支起：～起帘子。❷用细长的东西拨开或弄出来：～刺｜～灯芯。❸扬起：～起大拇指｜他猛地一～鱼竿。❹拨弄；引发：～拨｜～战｜～衅。❺汉字笔画之一，即提，由下斜着向上的一种笔形。

㊁ tiāo ❶选；拣：～选｜～剔｜～肥拣瘦。❷用肩担物：～土｜～夫｜～重担。❸挑子，指扁担和挂在扁担两头的东西：菜～子。❹量词，用于计算成挑的东西：一～白菜｜两～黄土。

㊂ tiao 高长、纤细的样子，常用于形容词后缀：高～～的旗杆｜细～身材。

宨 tiǎo 轻佻；放肆：在大不～（大：指高位）。

抭 tiǎo 同"挑"。

晀 tiǎo 明亮。

朓 ㊀ tiǎo ❶农历月末时月亮出现在西方：月西～，日升东。❷盈；有余。

㊁ tiào ❶月侧。❷祭名，迁徙宗庙的祭祀。❸祭肉。

窕 ㊀ tiǎo ❶有间隙；不充满：充盈大宇而不～。❷闲暇：闲～。

㊁ tiāo 通"佻"，轻佻：轻～｜～巧。

䠷 tiǎo 身材长大。

誂 ㊀ tiǎo ❶挑逗，引诱，后作"挑"：楚人有两妻，人～其长者。❷戏弄：朴重寡～笑。

㊁ diào 猝然，仓促：～合刃于天下。

篠 tiǎo 同"窱"。

撨 tiǎo 书法上指写字布局结构平稳相称。

嘵 tiǎo 同"誂"。

誂 tiǎo 同"誂"。

嬥 tiǎo 同"窱"。

窱 tiǎo［杳窱］也作"窈窕"，宫室、山水幽深的样子。

窱 tiǎo 同"窱"。

窱 tiǎo 同"窱"。

嬥 ㊀ tiǎo ❶身材匀称好看。❷古代巴蜀一带流行的歌舞。❸调换：～包儿。

㊁ diào［嬥娆］（-rǎo）不仁。

攉 tiǎo［攉扬］拣物之精者。

tiào

朓 tiào 同"朓㊁❷❸"。

眺[❷覜] tiào ❶目光不正:邪～旁剔。❷往远处看:～望|高台～飞霞。❸也作"跳",眼跳,眼睑肌肉因紧张而跳动:这两日耳热眼～,好不放心。

◆"覜"另见950页"覜"字条。

㚁 tiào 同"跳",跳跃:～灶王(以舞蹈动作驱逐疫鬼)。

䠷 tiào 箭。

粜(糶) tiào 卖出粮食:～米|～谷。

䀏 tiào 同"眺"。

跅 ㊀ tiào 同"跳"。一说读fù,同"趴",快速跳越。

㊁ zuò 同"阼",大堂前的台阶,引申为官位:践～州郡。

絩 ㊀ tiào 量词,用于文缯或丝的数量。

㊁ dào 五色丝。

跳 tiào ❶腾身跃起:～高|～水|连蹦带～。❷越级:～班|连～两级。❸起伏;闪动:心～|眼～|烛光～动。❹跳板,接通船与岸供人上下的过渡用具:搭～|走在～上。❺古代建筑斗拱挑出的层次:压～。❻搞:我家里还有几两银子,借给你～起来就是了。

覜 tiào ❶诸侯每三年行聘问相见之礼:～聘|享～。❷"眺❷"的异体字。

㮤 tiào 同"粜(糶)"。

跻 tiào 同"跳"。

趒 tiào 同"跳"。

頫 tiào 同"頫",低头听。

䠷 tiào 义未详。(《改并四声篇海》)

蹽 tiào 同"跳"。

䢴 tiào 行走的样子。

糶 tiào 同"糶(粜)"。

tiē

帖 tiē 见951页tiè。

怗 ㊀ tiē ❶安定;平服:安～|～服。❷安静:～然无声。

㊁ zhān[怗懘](-chì)也作"沾懘",乐音不和谐。

贴(貼) tiē ❶典当;典押:卖舍～田。❷把片状的东西粘在别的东西上:粘～|～标语|墙上～着地图。❸紧挨;靠近:～身|～心话|～着耳朵说悄悄话。❹补助;添补:～补|倒～|我们再～他一点钱。❺贴补的费用:津～|房～。❻量词,用于膏药等:一～膏药。

萜 tiē 有机化合物的一类,多为有香味的液体。

聑 ㊀ tiē ❶耳垂,耳朵下端。❷安适;妥帖。

㊁ zhé 同"䝕"。

跕 ㊀ tiē ❶拖着鞋走路:～屣。❷贴近:～水飞。

㊁ dié[跕跕](-dié)堕落的样子,单用义同:眼花跕跕飞坠|万里听鸢跕。

㊂ zhàn 同"站"。1.站立:连门口也不准～一～。2.驿站:驿～|逐～换骑,快马飞驰。

tiě

铁(鐵) tiě ❶金属元素,是重要的工业原料,用途极广。❷铁制的兵器、农具等:～器|手无寸～。❸比喻坚硬;强势:～拳|～骑|～腕。❹比喻确定不移的:～证|～案|～的纪律。❺比喻无情;表情严肃:～着脸。❻姓。

䴴 tiě[蛈蝪](-tāng)同"蝗蝪"。

锇(鋨) ㊀ tiě 同"铁(鐵)"。

㊁ é 金属元素,可用来制合金及耐磨、耐腐蚀性材料等。

僣 ㊀ tiě 狡诈。

㊁ jiàn 同"僭":～侈|骄～。

鐟 tiě 同"銕"。

銕 ㊀ tiě 同"铁(鐵)":～枪|铜～。

㊁ yí[嵎銕](yú-)同"嵎峓",山名。

僣 tiě "僣"的讹字。

𢷾 tiě 捅𢷾。

𦅺 tiě "僣"的讹字。

鐡 tiě 同"鐵(铁)"。

銕 tiě 同"铁(鐵)"。

騹 tiě 同“驖”。

鐵[鐵] tiě 同“鐵(铁)”。

驖 tiě 同“驖”。

驖 tiě 同“驖”。

鐵 tiě 同“鐵(铁)”。

鐵 tiě 同“鐵(铁)”。

驖{驖} tiě 赤黑色的马。

驖 tiě 同“驖”。

tiè

帖 ㊀ tiè ❶ 古代写在帛上的书签。❷ 铭功纪事的书疏，也指石刻、木刻的拓本，书法、绘画的临摹范本：碑～｜字～｜画～。㊁ tiě ❶ 写有邀请、祝贺、生辰八字等内容的纸片或信函：请～｜喜～｜庚～。❷ 旧时对某些钱票的俗称：官～｜羌～。㊂ tiē ❶ 妥当；合适：妥～｜安～。❷ 顺从：～伏｜俯首～耳。

狜 tiè 同“碟”，舐，一说“狧”的讹字。

娺{媛} tiè 同“餮”。

黏(黏) ㊀ tiè 饼类食品。㊁ nián ❶［青黏］又称地节、黄芝，药草名。❷ 同“黏”。

餂 tiè 同“餮”。

餘 tiè 同“餮”。

餮 tiè 同“餮”。

餮 tiè 同“餮(餮)”。

䀎 tiè 血流。

䑜 tiè 小舌。

鞊 ㊀ tiè 障泥，用于遮挡尘土的马具：鞍～｜戎鞍小～。㊁ diē［鞊鞢］(-xiè) 鞍具。

鼛 tiè 同“鼛”。

鼛 tiè ❶ 鼓宽。❷ 鼓无声。

餮 tiè 贪吃。

鞨 tiè “鞨”的讹字。

鞨 tiè 同“鞊”。

tīng

厅(廳) tīng ❶ 官府办公之处：府吏下～帘(簾)。❷ 官府机构名，后指政府机关的办事部门：办公～｜财政～。❸ 聚会或会客用的大房间：客～｜餐～｜舞～。

汀 tīng 冰的样子。

芋 ㊀ tīng［芋荧］草名。㊁ dǐng［茗芋］(míng-) 同“酩酊”：～无所知。

庁 tīng 同“廳(厅)”。

汀 ㊀ tīng ❶ 水边平地；水中小洲：绿～｜沙～｜～洲。❷ 古州名，在今福建。㊁ tìng［汀滢］(-yíng) 1. 细小的水流：不测之渊，起于～。2. 水清澈：曲江～水平杯。㊂ dìng［汀泞］(-nìng) 稀泥浆：处于穷泽，渐渍～。

牛 tīng 义未详。(《改并四声篇海》)

穽 tīng 同“玎(汀)”。

玎 tīng 同“汀”。

听 tīng 同“听(聽)”。

町 ㊀ tīng (又读 tǐng) ❶ 田界；田间小路：～畦。❷ 田地：秋～。❸ 区，地区：西门～｜东门～。㊁ tiǎn［町疃］(-tuǎn) 也作“町畽”，田舍旁空地：～鹿场｜衡纵～，周绕屋庐。㊂ dīng［畹町］(wǎn-) 地名，在云南。

听㊀(聽) tīng ❶ 用耳接受声音：～课｜～报告｜～音乐。❷ 治理；审断：～政｜～讼。❸ 顺从：～从｜～话｜说了他不～。❹ (旧读 tìng) 任随：～凭｜～便｜～其自然。❺ 金属等制的筒状容器：～装啤酒｜两～奶粉。☞听／闻 见996页“闻”字条。

㊁yǐn 笑的样子:～然而笑。

罒 tīng ❶［罒罖］(-lǐng)也作“罖罒”,小网。❷网。

庰 tīng 同“庁”。

庁 tīng 同“廳(厅)”。

耓 tīng 耒下端的耜。

軒 tīng 车失。

厛 tīng 同“廳(厅)”。

豿 tīng 猪的样子。

绖(綎) tīng 古人系佩玉的丝带。

聑 tīng 同“聽(听)”。

矴 tīng 碑材。

聑 tīng 同“聽(听)”。

桯 ㊀tīng ❶床榻前的几案。❷横木:门～|耙～。❸桯子,锥子的细长金属杆:锥～。

㊁yíng ❶古代车盖柄下较粗的一段。❷同“楹”,厅堂的前柱。

骬 tīng 胫骨。

訂 tīng 评议。

聤 tīng 同“聽(听)”。

綎 tīng 同“緾”。

鞓 tīng 同“鞓”。

骳 tīng［髎骳］(líng-)见 585 页“髎”字条。

綒 tīng 同“绖(綎)”。

緾 ㊀tīng 缓。

㊁yíng 丝带。

鞓 tīng ❶皮腰带:腰～|白玉～。❷带子:黄～|鞋～。❸人或物体的杆状部分:腿～|椅～。

聴 tīng 同“聽(听)”。

聴 ㊀tīng 同“聽(听)”。

㊁tè“聴”的讹字。

聽 tīng 同“聽(听)”。

廰 tīng 同“廳(厅)”。

廰 tīng 同“廳(厅)”。

廳 tīng 同“廳(厅)”。

聽 tīng 同“聽(听)”。

廳 tīng 同“廳(厅)”。

廳 tīng 同“廳(厅)”。

tíng

邒 tíng ❶古乡名。(《玉篇》)❷古亭名。(《集韵》)

瓦 tíng 砖。

廷 tíng 朝廷,君主接受朝见和处理政务的地方。

甹 tíng“甹”的讹字。

甼 tíng“甹”的讹字。

甹 tíng 安定;停息。

莛 tíng (旧读 tǐng)❶某些草本植物的茎:麦～|以蠡测海,以～撞钟。❷通“梃”。1. 棍棒:削木为～,以～叩钟,则铿然而鸣。2. 量词,用于条状物,根;枝(支):有草一～。

狏 tíng 猿猴类动物。

亭{亭} tíng ❶古代设在大路旁,供旅客暂停食宿的驿馆:凿山通路,列～置驿|何处是归程?长～连短～。❷亭子,有顶无墙的小型建筑物:凉～|古～。❸像亭子的小房子:书～|报～|邮～。❹适中;均匀:～匀|～午(正午;中午)。

庭 tíng ❶正房前的空地或院子:～院|前～后院。❷厅堂:中～|大～广众。❸司法机关审理案件的处所:法～|开～|当～释放。

迋 tíng 同“庭”。

逴 tíng 同“庭”。

停 tíng ❶止住不动：～息｜～火｜雨～了。❷暂时不继续前进：～留｜中途在北京～了几天。❸量词，总数分成几份，其中一份称一停：三～去了两～｜十～有七～是好的。

窏 tíng 穴。

葶 ㊀tíng ❶［葶苈］（-lì）一年生草本植物。种子称葶苈子，可供药用。❷花葶，由水仙、葱类植物的地下部分抽出的无叶花茎：茭笋叶间擢～，开花如苇。
㊁dǐng［葶薴］（-nìng）传说中的一种毒草。

蜓 tíng 见192页diàn。

崥 tíng 古山名，在今山西。

嵉 tíng 同"崥"。

筳 tíng ❶小竹片、小竹枝或小树枝：以竹～导其脈｜以～撞钟。❷簪子。❸竹笼。❹络丝、纺纱或卷棉条的用具：木棉卷～｜随手抽～。

狿 tíng 同"艇"。

渟 ㊀tíng ❶水积聚不流：～滀｜淤～｜决～水致之海。❷深邃：如海之～，如渊之邃。
㊁tīng 同"汀"，水边平地。

婷 tíng ❶美好修长的样子：娉～｜～～玉立。❷面容和蔼可亲。❸同"娗"，妇科病名，指子宫脱出。

珽 tíng 用于人名：张～（明代人）。

楟 tíng 山梨。

榳 tíng［楟榳］（líng-）树木修长的样子。

牓 tíng 亭榭。

㝑 tíng 义未详。（《龙龛手鉴》）

脝 tíng 肉干。

遻 tíng"霆"的讹字。

霆 tíng ❶暴雷；疾雷：如～如雷｜闻雷～之相激。❷震动：天冬雷，地冬～。❸闪电：疾～不暇掩目。

閮 tíng 同"廷（庭）"。

稃 tíng 小麦、高粱秆上长穗的一节：拔～。

痵 tíng 同"聤"。

聤 tíng 耳病出脓。

遻 tíng"霆"的讹字。

霆 tíng 同"霆"。

蝏 tíng［蝏蛢］（-bìng）蛙。

䗴 tíng 虫名。

躃 tíng 同"聤"。

諪 tíng［调諪］同"调停"，单用"諪"义同。

霆 tíng 同"霆"。

鋌 ㊀tíng 同"鯙"，又称鲀魠，即黄颡鱼。
㊁tǐng 全鱼酱。

蝬 tíng 又称纺锤虫，古代无脊椎动物。

篚 tíng 义未详。（《改并四声篇海》）

䳆 tíng 用于佛经译音。

鼮 tíng 鼮鼠，又称豹文鼠。

霐 tíng 同"霆"，疾雷。

蠕 tíng 蚕第二次休眠。

鯙 tíng 鱼名，即黄颡鱼。

tǐng

壬 ㊀tǐng ❶挺立。❷善。❸朝廷。
㊁tíng 同"莛"。

圢 tǐng ❶平坦。❷田舍旁空地。❸用于地名：上～坂（在山西）。

㝷 tǐng 空。

𡈼 tǐng 同"壬"。

㝷 tǐng"㝷"的讹字。

闫（閅） tǐng 门闩。

竻 tǐng 竹匣子。

侹 tǐng 挺直地躺着：～在床上。

挺 ㊀ tǐng ❶拔；拔出：～剑而起。❷伸直；凸出：～起腰｜向前～进｜昂首～胸。❸直：笔～｜～立｜～拔。❹勉强支撑：～不住｜别硬～着。❺副词，很：～好｜～香。❻量词，用于机关枪：两～机关枪。
㊁ tíng 古县名，在今山东。

涏 tǐng 水流直。

娗 ㊀ tǐng ❶妇科病名，指子宫脱出。❷女子身材修长而美。
㊁ tiǎn 欺骗；轻慢：眠～(欺骗或没有礼貌)。

珽 tǐng ❶大圭。❷玉名。

梃 ㊀ tǐng ❶植物的干：木～｜竹～。❷直；挺直：虽有槁暴不复～者。❸棍棒：杀人以～与刃，有以异乎？❹量词，用于条状物，根；枝：甘蔗百～｜巨竹千～。❺梃子，门框、窗框等：门～｜窗～。
㊁ tìng ❶梃猪，猪杀后，在腿部割一个口子，用铁棍捅进并吹气，使猪皮绷紧以便去毛除垢。❷梃猪用的铁棍。

㼩 tǐng 尽。

㽧 tǐng［㽧㽧］尽。

脡 tǐng ❶条形肉干：具杯酒，一～肉。❷直，不弯曲：～直｜～祭(用煮熟的鲜鱼祭祀)。❸牲畜脊梁的中部：～脊。

烶 tǐng 火燃烧的样子。

䅍 tǐng 稻、麦直立的样子。

閛 tǐng 同“閮”，门闩。

閮 ㊀ tǐng 门闩。
㊁ rùn 同“閏(闰)❶”。

颋(頲) tǐng 头部挺直的样子，引申为正直：神骨清～，豪迈不羁。

艇 tǐng ❶轻便的小船：汽～｜游～｜救生～。❷小型军用船只：舰～｜潜水～。

艇 tǐng 同“艇”。

䋼 tǐng 义未详。(《改并四声篇海》)

㹦 tǐng 震动：～动｜～崩五山之势。

頲 tǐng ❶同“颋(頲)”。❷头部疾病。

稂 tǐng 同“梃”。

艇 tǐng 同“侹”。

誔 tǐng 欺慢；诡诈。

㴫 tǐng 冰的样子。

頲 tǐng 头頲。

墹 ㊀ tǐng 同“町”，田界。
㊁ dǐng［墹墥］(-dǒng)蚂蚁窝穴口的小土堆。
㊂ tiǎn［墹疃］(-tuǎn)也作“町疃”，田舍旁空地。

艇 tǐng 同“艇”。

墹 tǐng 同“墹”。

麲 tǐng 鹿奔跑的样子。

tìng

㕍 tìng 承。

䁍 tìng 眼睛凸出。

耓 tìng 同“听(聽)”，用耳朵接受声音。

tōng

囲 tōng 策。

㠉 tōng 同“幡”。

炵 tōng ❶火盛的样子：火焰～～。❷火的颜色。

逌 tōng 同“通”。

徸 tōng 同“通”。

通 ㊀ tōng ❶无阻碍，可穿过，能到达：～行｜四～八达｜京九铁路直～香港。❷交往；连接：～好｜～邮｜互～有无。❸传达；使知道：～报｜～信｜～电话。❹用工具疏浚：～炉子｜～下水道。❺全部了解；彻底明白：～晓｜精～｜博古～今。❻指熟

知某一方面的人:中国～|万事～。❼全部;整个的:～宵|～篇|～力合作。❽一般的;共同的:～称|～病|普～。❾量词,用于文书、电报等:发布一～告示|发了三～电报。❿姓。
㊁ tòng(旧读 tōng)量词,用于某些动作,次;遍:敲了三～鼓|发了一～牢骚|夜卧觉,常更叩齿九～。

痌 ㊀ tōng 同"恫",痛:深～。㊁ tóng 创伤溃烂。

蓪 tōng 蓪草,也作"通草"。通脱木(常绿灌木或小乔木)茎髓,可供药用。

踊 tōng 跑的样子。

嗵 tōng 拟声词,物体坠落、爆炸、心跳等声音:噗～(扑通)|～的一声巨响|心～～直跳。

樋 tōng[樋裙]古代南方少数民族服装。

狪 ㊀ tōng 哺乳动物。㊁ tóng 同"狪(狪)",野猪。

湧 tōng 拟声词,水声。

嫍 tōng 用于女子人名。

樋 tōng 树名。一说"木通"的合体字,木通科植物。

篷 tōng 竹名,即通竹。

tóng

仝 tóng ❶"同㊀"的异体字。❷姓。❸用于人名。

同 ㊀[仝] tóng ❶聚集;会合:我稼既～,上入执宫功。❷一样,没有差异:～等|雷～|大～小异。❸跟……相同:～上|～前|情～手足。❹共同;一起:陪～|～甘共苦|～吃～住。❺介词,跟:你～他好好谈谈|她的容貌～三年前差不多。❻连词,和:我～你都不会忘记这段历程。❼姓。
㊁[衕] tòng 胡同,巷,较窄的街道:小～|后～环村。
◆"仝"另见955页"仝"字条。
◆"衕"另见958页"衕"字条。

庝 tóng 同"庝"。

佟 tóng 姓。

彤 tóng 朱红;红色:～霞|红～～。☞彤/赤/朱/丹/绛/红/赫 见117页"赤"字条。

郮 tóng 同"桐",地名。

峂 tóng 同"峂"。

峂 tóng 用于地名:～峪(在北京)。

帔 tóng 抹布,擦拭用的巾。

侗 ㊀ tóng ❶幼稚无知。❷通"僮",幼童。㊁ dòng 侗族,少数民族名,主要分布在贵州、湖南和广西。
㊂ tǒng ❶形状。❷直;通达无碍:～然。❸[侗胴](-dòng)1.形状。2.直的样子。

佟 ㊀ tóng 同"佟"。㊁ tāo 牛鼻绳头的铜饰。

庝 tóng 深屋。

㣚 tóng 忧愁:一见一心～。

筒 tóng 圆盖。

茼 tóng[茼蒿]一年或二年生草本植物,嫩茎、叶可食。

哃 tóng ❶胡言乱语:～疑。❷用于地名:哃～(在上海)。

峒[峝] ㊀ tóng[崆峒](kōng-)见506页"崆"字条。
㊁ dòng ❶山洞,也用于地名:寒～|～中(在广西)。❷旧时泛称南方少数民族:～民|～寨。

狪 ㊀ tóng 同"狪"。㊁ dòng 旧时对侗族的称谓。

烔 tóng 房屋发出的响声。

弜 tóng 弓两端用兽骨做的装饰。

桐 ㊀ tóng ❶落叶乔木,有泡桐、油桐、梧桐等,木材可制器具。油桐种子榨的油称桐油,可用作涂料。❷春秋时国名,在今安徽。❸古地名,在今河南。❹姓。
㊁ dòng 古水名,在今安徽。

砼 tóng 混凝土。

甋 tóng 同"瓺(甋)"。

眮 tóng 同"瞳"。

T

蚒 tóng ❶同“彤”，用红颜料涂饰器物。❷同“赨”。

桐 tóng ❶树林。❷同“桐”。

瓯 tóng 同“甋”。

犝 tóng 同“犝”。

爹 tóng 继父。

烔 ㊀tóng ❶[烔烔](-tóng)热气蒸腾的样子。❷用于地名：～炀(在安徽)。㊁dòng 火燃烧的样子。

浵 tóng 古水名。(《玉篇》)

硐 ㊀tóng 磨。
㊁dòng ❶石洞，也作“洞”“峒”：山～。❷矿坑：矿～。

眮 tóng 瞋目顾视；转目顾视：瞋目～视。

铜(銅) tóng ❶金属元素，可用来制合金、导线等，是重要的工业原料。❷铜器的省称。1. 乐器：太师吹～。2. 玺印：半通之～。3. 钱：～臭。4. 铜镜：窥～只自怜。❸比喻坚固、坚强：～墙铁壁|铁胆～心。

秱 tóng ❶禾茂盛的样子。❷禾的总花梗：长～长穗。

郜 tóng 古国名。

窌 ㊀tóng 通。
㊁dòng ❶通穴。❷同“洞”，窟。

瓶 tóng 圆筒形的覆瓦，多用于宫殿、庙宇。

殀 tóng 刺。

赨 tóng 同“赨”。

酮 tóng 酒、醋腐坏。

酮 tóng“酮”的讹字。

蛔 tóng 虫名。

舸 tóng 船。

童 ㊀tóng ❶古代有罪为奴的男子，后指未成年的男仆：～仆|书～|家～。❷小孩子：儿～|～年|～谣。❸未有过性生活的：～男|～女。❹秃的，牛羊无角，山无草木，人无头发：～牛角马，不今不古|山不～，泽不涸|头～齿豁，竟死何裨？❺通“同”，相同：状与我～者，敬而爱之。❻姓。
㊁zhōng[夫童]也作“夫锺”，古地名，在今山东。

羪 tóng 同“羶”。

粡 tóng ❶粽子。❷粗米。

浵 tóng“浵”的讹字。

赨 ㊀tóng ❶赤色。❷赤虫。
㊁xióng 同“雄”：～黄(雄黄)。

酮 ㊀tóng ❶用马奶制成的酪：马～。❷醋。❸有机化合物的一类，由羰基和两个烃基相结合而成：丙～。
㊁dòng 酒、醋腐坏。

狪 tóng 也作“狪”，传说中的动物，像猪。

蛛 ㊀tóng 同“赨”，赤色。
㊁shì 同“螫”。

銿 tóng 钓具。

皷 tóng 同“皰”。

皰 tóng 击空声。

赨 tóng 赤色。

虤 tóng 用于清代帮派三合会的旗号。

僮 ㊀tóng ❶未成年的男子：孌～|～谣。❷受役使的未成年人(多指男性)：～客|书～。❸蒙昧无知：～蒙|～然。
㊁zhuàng 少数民族壮族的“壮”的旧写法。

鉵 ㊀tóng 古代农具。1. 大犁具。2. 大锄。
㊁zhuó 同“镯(鐲)”。

餇 tóng 食。

鲖(鮦) ㊀tóng ❶鲖鱼，即鳢鱼。❷鲖蟹，也作“铜蟹”，海蟹的一种。
㊁zhòu[鲖阳]汉代古县名，在今安徽。

鄣 tóng ❶古地名。(《玉篇》)❷姓。

勭 ㊀tóng 长大成人。
㊁dòng 同“動(动)”。

鞧 tóng 同“鞧”。

嶝 tóng ❶[嶝嵘](-méng)山的样子。❷山上不长草木。❸光秃的崖石：千尺～。❹山谷：～深凭绠汲。

䶱 tóng 猪、羊的腿骨。

獞 ㊀tóng 狗名。
㊁zhuàng 旧时对壮族的称谓，后作“僮”，今作“壮”。

潼 tóng ❶水名。1. 在四川。2. 在安徽。3. 在陕西。❷用于地名：～关｜临～（均在陕西）｜～南（在四川）。

穜 tóng 义未详。（《改并四声篇海》）

橦 ㊀tóng 木棉：～华｜～布。
㊁chuáng 竿子；柱子：决帆摧～｜修～。

曈 tóng ❶［曈曈］日出时光亮的样子：初日～｜千门万户～日。❷［曈昽］（-lóng）1. 日出渐明的样子：初日～艳屋梁。2. 看不分明：突兀～，乍明乍曚。

犝 tóng 无角小牛。

朣 ㊀tóng［朣胧］月亮刚升起；将明：月～｜星月掩映云～。
㊁chuáng［朣腔］（-qiāng）同“𦜗腔”，尾骨。

𥫗 tóng 同“童”。

甋 ㊀tóng 井壁。
㊁zhòng 瓮类器皿。

毭 tóng［毭毹］（-méng）也作“毹毭”，羽毛松散的样子。

燑 tóng 同“烔”。

瞳 tóng ❶瞳孔，又称瞳仁，眼球虹膜中心进光的小圆孔，位于眼珠中心。❷懵懵懂懂地瞪着眼睛看（无知的样子）：～曚｜汝～焉如新生之犊。❸看见：上～格子下～人。

䲯 ㊀tóng［䲯渠］鸟名，像山鸡。
㊁tōng 鸟名。
㊂xiāo 同“鸮”，水獭类动物。

鵰 tóng 鸟名。

罿｛罿｝ tóng（又读 chōng）❶罦，覆车网。❷渔网。

穜 ㊀tóng ❶先种而晚成熟的谷物：～稑。❷木棉：～树｜～花。
㊁zhǒng 同“种（種）”，种类：牛～｜不详其～。
㊂zhòng 同“种（種）”，播种；种植：～树。

䆚 tóng 义未详。（《康熙字典》）

䪜 tóng 同“童”。

翪 tóng 飞的样子。

羶 tóng 无角羊。

醣 tóng 同“酮”，用马奶制成的奶酪。

𥫗 tóng 同“童”。

轒 tóng 车被具饰。

䶴 tóng 龟名。

驌 tóng ❶马名。❷小马。

龟 tóng 龟名。

鸗 tóng 同“驌”。

騳 tóng 同“鸗”。

䶴 tóng 同“龟”。

鱆 tóng 同“鲖（鮦）”，鱼名。

鸏 tóng［鸏鸏］（méng-）见 640 页“鸏”字条。

飌 tóng 风声。

憧 tóng 同“恸”。

鑪 tóng 同“䶱”。

tǒng

侗 ㊀tǒng［儱侗］（lǒng-）见 596 页“儱”字条。
㊁tòng 同“衕（同）”。

统（統） tǒng ❶丝的头绪，引申为事物的头绪、纲纪、首领：～绪｜～领｜～帅。❷事物的承继关系：血～｜传～｜系～。❸治理；管辖：～治｜～辖。❹总括；综合：～筹｜～称｜～计。❺同“筒”，衣服的筒状部分：长～靴｜短～袜。❻副词，全；全部：～不知晓｜～～归还。

捅 tǒng ❶用尖物戳、刺：～破窗户纸｜～马蜂窝。❷碰；触动：这纸真薄，一～就破。❸揭穿；暴露：别把这事给～出去｜把问题全～出来。

㛚 ㊀ tǒng ❶ 整齐的样子。❷ 用于地名：黄～铺（在江西）。
㊁ yǒng 用于女子人名。

桶 tǒng ❶ 盛物的容器，多为圆柱形，有的带提梁：水～｜铁～｜一～油。❷ 古代量器名，方斛。

敨 tǒng 同“捅”。

筒 ㊀［❶❷筩］ tǒng ❶ 粗竹管，泛指较粗的管状物：竹～｜烟～｜笔～。❷ 衣服的管状部分：袖～｜裤～｜长～袜。❸ 钓筒，捕鱼用具：渔人收～及未晓。❹ 又称射筒竹，竹名。
㊁ dòng 洞箫，管乐器箫的一种，因下端不封底而得名。
◆ “箫”另见 958 页“筩”字条。

搄 tǒng 同“捅”。

筩 ㊀ tǒng “筒❶❷”的异体字。
㊁ yǒng 箭室，装箭的器具：援矢于～。

䡢 tǒng［龓䡢］（lǒng-）见 595 页“龓”字条。

統 tǒng “統（统）”的讹字。

麷 tǒng 饼类食品。

tòng

恸（慟） tòng 大哭；十分悲痛：～哭｜悲～｜不觉～倒山坡之上。

衕 ㊀ tòng “同㊁”的异体字。
㊁ dòng 病名，腹泻：食之已腹痛，可以止～。

痛 tòng ❶ 因疾病或创伤引起的疼的感觉：剧～｜腹～｜腰酸腿～。❷ 悲伤；难过：～心｜悲～｜～不欲生。❸ 憎恨；怨恨：愤～｜怨～｜神怒民～。❹ 副词，尽情地；彻底地：～饮｜～骂｜～改前非。

䆚 tòng 穴。

慟 tòng 同“慟（恸）”。

憅 tòng 同“慟（恸）”。

tōu

㐜 tōu 义未详。（《改并四声篇海》）

偷｛偸｝［❶媮］ tōu ❶ 苟且敷衍，只顾眼前：～安｜～生｜～合苟从。❷ 盗窃：～盗｜～窃｜～东西。❸ 窃贼：小～｜惯～。❹ 比喻通奸：～汉子｜～女人。❺ 副词，行动瞒着人，偷偷地：～看｜～袭｜～渡。❻ 抽出（时间）：忙里～闲｜～空儿。
◆ “媮”另见 958 页“媮”字条。

媮｛媮｝ ㊀ tōu ❶ 欺诈；狡诈。❷ 轻视：晋未可～也。❸ “偷❶”的异体字。
㊁ yú 安乐，也作“愉”：将从俗富贵以～生乎？

鍮（鍮） tōu［鍮鉐］（-shí）也作“鍮石”，简称鍮，一种黄色有光泽的矿石，即黄铜矿或自然铜。

鋀 ㊀ tōu 同“鍮（鍮）”，黄色而有光泽的矿石。
㊁ dòu 同“鐙”，盛酒器。
㊂ tù 金属元素“钍（釷）”的旧译写法。

tóu

亠 tóu 称点横头、玄字头或京字头，汉字偏旁或部件。

头（頭） tóu ❶ 脑袋：～颅｜～破血流｜焦～烂额。❷ 头发或发式：剃～｜分～｜梳了个大背～。❸ 物体的顶端或一端：山～｜船～｜中间粗，两～儿细。❹ 事情的起点或终点：开～｜这件事得从～说起｜这种苦日子什么时候是个～儿呀！❺ 次序在最前的：～等｜～号｜～班车。❻ 某些物品的残余部分：布～儿｜烟～儿。❼ 头目；首领：工～｜孩子～｜选他当～儿。❽ 量词：一～牛｜两～蒜。❾ 后缀：石～｜前～｜苦～。

投 ㊀ tóu ❶ 有目的地扔、掷：～篮｜～弹。❷ 跳进去：～河｜自～罗网。❸ 放入；送入：～资｜～标。❹ 加入；靠拢：～宿｜～师｜弃暗～明。❺ 寄送；递交：～递｜～稿。❻ 迎合：～合｜意气相～。
㊁ dòu 同“酘”。1. 酒再酿：酒之始萌也，甚烈而微苦，盖三～而后平也。2. 因饮酒过量，第二天再饮以解酒：昨日喝多了，必得～一～。

衣 tóu 同“头（頭）”。

投 tóu 同“投”。

㟝 tóu［㟝嵭］（-bèng）山高峻的样子。

殶 ㊀ tóu 同"投"，投掷。
㊁ duì 同"祋"。

剢 tóu 剢。

牏 ㊀ tóu ❶ 粪槽。❷ 木槽。
㊁ yǔ 同"庾"。

缑（緰） ㊀ tóu［缑帍］（－zī）也作"缑赀"，上等细布。
㊁ xū ❶ 帛，一说古代帛制的出入关隘的通行证。❷ 同"缥（繻）"，彩色丝织品。

剢 tóu 同"剢"。

鹼 tóu 卤地。

鶂 tóu［鷕鶂］（yǎo－）也作"鷕头"，水鸟名，即鱼鸡。

蘣 tóu 草名。

鹼 tóu 同"鹼"。

麻 tóu 俗称苘麻，白麻。

黀 tóu 同"麻"。

闀 tóu 义未详。（《改并四声篇海》）

鋀 tóu 金属元素"钍（釷）"的旧译写法。

tǒu

㪷 tǒu［㪷乡］传说中的地名。

妵 tǒu ❶ 美好。❷ 用于女子人名。

钭（鈄） ㊀ tǒu（又读 dǒu）酌酒器，像勺。
㊁ dǒu 用于地名：～家山（在甘肃）。

瓿 ㊀ tǒu 瓶。
㊁ kǎo 器名。

紏 tǒu 丝黄色。

訏 tǒu 引诱。

敨 tǒu 同"敨"。

敨 tǒu 把包着或卷着的东西打开。

飳 tǒu［餢飳］（bù－）见 71 页"餢"字条。

䪑 tǒu 同"鸡"。

斢 ㊀ tǒu ❶ 黄色。❷ 黈纩。
㊁ tiǎo 调换：刚～的夜班｜把种～。

黈 tǒu ❶ 黄色。❷ 黈纩，君主冠冕上用丝带悬挂的黄绵球，垂在两耳旁，表示不妄听、不轻信。❸ 衍；增加：～益。

麸 tǒu［麰麸］（bù－）见 71 页"麰"字条。

鮏 tǒu 同"鲏"。

鸡 tǒu 水鸟名，像野鸭。

餾 tǒu［餢餾］（bù－）同"餢飳"。

鲏 tǒu 鱼名。

蘣 tǒu ❶ 美好的样子。❷ 树苗萌发而出。

麰 tǒu 同"麸"。

擹 tǒu "黈"的讹字。

黊 tǒu 同"斢"。

tòu

透 tòu ❶ 通过；穿通：～光｜渗～｜力～纸背。❷ 泄露；显露：～漏风声｜脸蛋白里～红｜一双大眼睛～着精明。❸ 深入而明白；彻底：～彻｜～辟｜讲～道理。❹ 达到充分的程度：一场～雨｜苹果熟～了｜恨～了敌人。

超 ㊀ tòu ❶ 跑。❷ 纵身跳下。❸ 登高不稳。
㊁ yì［趨超］（zhī－）跑的样子。

欧 ㊀ tòu ❶ 相与语唾而不受。❷ 唾声。
㊁ hòu［歔欧］（lòu－）见 598 页"歔"字条。

逗 tòu 自投下。

跥 tòu 同"超"，纵身跳下。

逳 tòu 同"逗"。

趦 tòu 同"透"。

檵 tòu 古地名，在今陕西。

T

tū

去 tū忽然出现,后作"突"。

凸 tū中间高,周围低:～起|～透镜|凹～不平。

毛 tū同"秃"。

宊 tū同"突"。

秃{秃} tū ❶头顶没有头发,也指鸟兽的头、尾没有羽毛或长毛:～顶|～鹰|～尾巴狗。❷山上没有树木;树木没有枝叶或尖梢:～山|～树|半死梧桐～。❸物体磨去尖端,不锐利:～针|～笔|镐头使～了。❹文章结构不完整,首尾不周全:～头文章|这篇小说的结尾有点儿～。

㐬 tū同"去(突)"。

宊 ㊀tū同"突"。
㊁jiā同"家"。

㚖 tū入水又出来的样子。

㳧 tū义未详。(《改并四声篇海》)

怢 ㊀tū忽视;不经意:习乱安危,～不自睹(覩)。
㊁dié[怢荡]也作"佚荡",洒脱,不拘束。

宊 tū同"突"。

突 tū ❶狗从窝中猛然窜出,引申为冲撞、突然进攻:冲～|狼奔豕～|夜～敌营。❷副词,突然:～发事件|风云～变。❸突破;超出;凸起:～围|～出|～起。❹烟囱:灶～|曲～徙薪。

挐 tū杖指。

唋 tū叹词,表示呵斥:～!什么人?

唋 tū吐。

峹 ㊀tū古山名。(《广韵》)
㊁tú同"嵞"。

涋 tū滑涋。

宊 tū同"突"。

宊 ㊀tū同"突":～厥(突厥)。
㊁bá"胈"的讹字。

捸 tū滑利。

梌 tū同"捸"。

嵑 tū同"嵑"。

偀 tū[傏偀](táng-)见930页"傏"字条。

堗 tū同"突",古代灶旁砌起的烟火口;烟囱:见灶直～,旁有积薪。

葖 tū萝卜。

㗝 tū ❶同"突",向前冲。❷拟声词:机器～～～地欢叫。

崪 tū[崪屼](-wù)也作"屼崪",山高的样子。

鵚(鶟) tū[鵚鹫](-jiù)也作"秃鹫",鸟名。

瘓 tū同"秃",头疮。

湥 tū水流动的样子。

悿 tū[悿憟](-sù)惭愧。

劕 tū刺入的样子。

晱 tū日阴。

趃 tū[趃趚](-bū)同"趚趃"。

嵑 tū古山名,在今浙江。

嵲 tū同"嵑"。

貐 tū哺乳动物。

誗 tū[诋誗](dǐ-)狡猾。

瘯 tū下部病。

琈 tū同"瑦"。

瑦 tū[瑦琈](-fú)玉名。

瑼 tū同"瑦"。

鵚 tū同"鵚(鶟)"。

筡 tū竹器。

艈 tū 艒艈。

鋵 tū 金属元素"铥(銩)"的旧译写法。

𠠠 tū 同"𠟻"。

鵚 tū 同"鵚(𪄳)"。

鼵 tū 鼵鼠,又称兀鼠、鮎鼵,与鸟同穴而居的一种鼠。

tú

仸 tú 义未详。(《龙龛手鉴》)

迏 tú 同"徒"。

仕 tú 同"徒"。

舤 tú 同"徒"。

図 tú 同"图(圖)"。

图(圖) tú ❶考虑;计议:诛亦失,不诛亦失,天子其～之。❷谋取;谋求:～省事|～财害命|唯利是～。❸计划;计谋:良～|蓝～|雄～大略。❹绘画:画影～形。❺图画,用绘画表现出的形象:插～|地～|～穷匕见。

舧 tú 同"徒"。

囲 tú 同"图(圖)"。

郐 tú 古地名,在今山东。

涂 tú 姓。

赴 tú 同"徒"。

埣 tú 同"涂"。

捈 ㊀ tú ❶横引。❷锐。
㊁ shū 同"摅(攄)",抒发:～中心之所欲|试～闷闷,毋谓平平。

荼 ㊀ tú ❶一种苦菜,比喻痛苦:谁谓～苦,其甘如荠|～毒。❷茅草、芦苇等的白花,引申为白色:如火如～|～首之孙。❸通"涂(塗)",烂泥,比喻苦难:陷～炭之艰。❹[荼蘪](-mí)也作"酴醾",即木香,落叶小灌木。
㊁ chá 茶叶,后作"茶"。
㊂ yé 姓。

峹 tú 同"嵞"。

囻 tú 义未详。(《改并四声篇海》)

圗 tú 同"图(圖)"。

钍(鈯) tú ❶钝:～斧。❷小型刀类工具。

徒 tú ❶步行:～步|～行。❷空:～手。❸副词。1.白白地:～劳往返|～费力气。2.仅仅:～托空言。❹弟子;学生:～弟|门～|学～。❺信仰宗教的人:信～|佛教～。❻同一类的人(多指坏人):歹～|不法之～。

徍 tú 同"徒"。

赱 tú 同"迏(徒)"。

峹 tú 同"嵞"。

途 tú ❶道路:坦～|半～而废|道听～说。❷途径:仕～|仁义之～。❸官职;职位:当～之臣|时辈多得～。☞途/路/道/径/蹊 见177页"道"字条。

庩 tú 同"徒",副词,仅仅:厚糠多粃,～辟米。

庩 tú 偏屋。

涂 ㊀(❷-❽塗) tú ❶水名。1.古水名,即今云南的牛栏江。2.洞涡水(潇河)支流,在山西。❷道路,后作"途":大朱～广|荒草满沟～。❸泥泞:～炭(比喻极为困苦的境地)。❹海涂,由泥沙淤积而成的浅海滩:滩～|围～造田。❺抹;刷:～饰|～脂抹粉|～上一层漆。❻写;画;删改:～写|乱～乱画|～改。❼姓。❽[涂山]古山名,在今安徽,一说在今浙江或重庆。☞涂/塗 两字都用于姓,"涂"姓源于涂水,"塗"姓源于塗山,后来混淆。
㊁ chú 同"滁",古水名,即今安徽的滁河。

悇 ㊀ tú 忧愁;忧惧。
㊁ yú 乐。

骔(駼) tú[騊駼](táo-)见934页"騊(騊)"字条。

琮 tú 美玉。

梌 ㊀ tú ❶楸,落叶乔木。❷枫。
㊁ chá 刺木。

圗 tú 同“图(圖)”。

㻌 tú 有虎纹的黄牛。

徒 tú 同“徒”。

峹 tú ❶止。❷同“途”,道路。

庩 tú 同“庩”。

屠 tú ❶宰杀(牲畜):～宰｜～狗｜～户。❷残杀(人):～杀｜～烧(杀人放火)｜～城(攻破敌城并杀害全城军民)。❸姓。❹[屠苏(蘇)]1. 草名。2. 酒名,用屠苏草泡的酒,可防治瘟病。3. 小草屋;平顶屋。

捺 tú[搪捺](táng-)同“唐突”,乱闯;冲突。

鄈{鄈} tú 古地名,在今山东。

梌 tú ❶树枝四布。❷同“梌”,即楸。

圖 tú “圖(图)”的讹字。

圖 tú 同“圖(图)”。

稌 ㊀ tú 粳稻,糯稻,泛指稻。
㊁ chú 甘薯,又称山芋、山药。

猤 tú 哺乳动物。

塗 tú 同“塗(涂)”。

瑹 tú 同“瑹(琮)”,美玉。

琜 tú 悬挂在冠冕两旁的玉饰,用以塞耳,表示不听信谗言。

蒤 tú ❶虎杖,又称花斑竹根,多年生草本植物,根可供药用。❷杂草。

梌 ㊀ tú ❶关锁门户用的立木。❷树疙瘩;短木头:猥～餉笋。
㊁ chán 同“棎”。

屠 tú 同“廜”。

嵞 tú 水草名。

嵞 tú[嵞屼](-wù)山的样子。

筡 tú ❶剖竹;剖取竹篾。❷竹篾;竹条。❸竹名,中空。

嵞 tú 嵞山,也作“塗山”,即会稽山,山名,在浙江。

腯 tú 猪肥,泛指牲畜肥壮:野豕～甚｜牲～酒馨。

脿 tú 同“腯”。

瘏 tú 病;疲乏:～悴。

粖 tú 同“稌”。

鄌 tú 古地名,在今陕西。

稌 tú “稌”的讹字。

酴 tú ❶酒曲。❷酒名,俗称酒酿。

跿 ㊀ tú[跿跔](-jū)赤足,光着脚。
㊁ duó 光着脚的样子。

圖 tú 同“图(圖)”。

圖 tú 同“圖(图)”。

詠 tú[詢詠](táo-)说话没完没了。

廜 tú[廜廯](-sū)同“屠苏(蘇)”。

潳 ㊀ tú 古山名、古水名,均在今湖北。
㊁ zhā[潳滓](-ná)沾湿。

裣 tú 开裆裤。

稌 tú 耕。

闍 tú 古地名。(《玉篇》)

踈 tú ❶[踈踛](-lù)同“踛踈”。❷践踏。

稌 ㊀ tú ❶禾穗。❷同“稌”。
㊁ chú 草名。

瘏 tú 同“瘏”。

盭 tú 义未详。(《改并四声篇海》)

鞣 tú[鞴鞣](bó-)见 67 页“鞴”字条。

蒤 tú 同“途”。

醏 tú[瞀醏](mú-)见 667 页“瞀”字条。

䖘 tú[於䖘](wū-)同“於菟”,虎的别称。

馟 tú 香。

鵌 tú 同“鵌(塗)”。

䖘 tú 同“䖘”。

瘏 tú 同“瘏”。

䅷 tú 同“稌”。

蹤 tú 同“跿”。

鍎 tú ❶覆鍎。❷枪。

鋓 tú 同“鍎”,枪。

鵌 tú 同“鵌”。

鵌 ㊀ tú 一种与鼠同穴而居的鸟。
㊁ yú［鶀鵌］(qí-)见756页“鶀”字条。

鵌 tú 同“駼(騟)”。

䖘 tú 同“䖘(菟)”。

黝 tú 义未详。(《改并四声篇海》)

駼 tú 同“駼(騟)”。

䖘 tú 同“䖘(菟)”。

鵌 tú［鵌鶦］(-hú)又称白头鹎、白头翁,鸟名。

鵌 tú ❶［鵌鸠］鸟名。❷同“鵌”,鸟名。❸与(與)鵌,传说中的怪鸟。

鵌 tú 同“鵌”。

鶶 tú［鶶鶶］(táng-)见931页“鶶”字条。

tǔ

土 ㊀ tǔ ❶土壤;泥沙:黄～｜粪～｜～崩瓦解。❷土地;疆域:国～｜领～。❸本地的;地方性的:～话｜～产。❹产于民间的;民间沿用的:～布｜～法｜～洋结合。❺俗气;不时尚:～里～气｜她的穿着很～。❻粗制的鸦片:烟～。❼五行之一。❽古代八音之一,指陶制乐器,如埙。❾土族,少数民族名,主要分布在青海、甘肃。❿姓。
㊁ chǎ［土苴］(-jū)粪土,糟粕,比喻微贱的东西。

圡｛土｝ tǔ 同“土”。

圡 tǔ 古乡名。(《集韵》)

吐 ㊀ tǔ ❶使东西从嘴里出来:～痰｜～唾沫｜春蚕～丝。❷呼:～纳｜～气｜～故纳新。❸说出;泄露出:～露｜谈～｜坚不～实。❹长出;冒出:～穗｜～绿｜新棉～絮。
㊁ tù ❶消化道或呼吸道内的东西从嘴里涌出:呕～｜～血｜上～下泻。❷比喻被迫退还(侵吞的财物):～出赃款。

钍(釷) tǔ 金属元素,有放射性,可用于核工业,医学上用于治疗恶性肿瘤。

tù

迌 tù 狡猾的样子。

兔［兎、兔］ tù 兔子,哺乳动物,善于跳跃,跑得快。

莵 tù 同“菟”。

堍 tù 桥两端向平地倾斜的部分:桥～｜断桥西～。

菟 ㊀ tù ❶［菟丝子］又称菟丝,一年生草本植物,多缠绕寄生于豆科植物上,种子可供药用。❷通“兔”:厥利维何,而顾～在腹?
㊁ tú［於菟］(wū-)见1003页“於”字条。

鲍(鮸) tù 鱼名。

䖘 tù 同“鵵”。

騘 tù［騑騘］(fēi-)见245页“騑”字条。

鵵 tù 老鵵,又称木兔、鵂鶹,猫头鹰类鸟。

鵵 tù 同“鵵”。

tuān

猯 tuān 也作“貒”。1.哺乳动物,像小猪。2.野猪,也用于地名:～窝(在山西)。

湍 ㊀ tuān ❶急流;水流急:急～｜～流｜～急。❷冲刷:水～石｜流必～之。
㊁ zhuān 水名,白河支流,在河南。

猯 tuān 同“猯(貒)”。

圕 tuān 图书馆。

煓 tuān 火炽盛的样子。

䐅 tuān 同“黈”，黄色。

貒 tuān 同“猯(貒)”。

貒 tuān 同“貒(猯)”。

貒 tuān 同“猯”。

黇 tuān 同“黇”。

黇 tuān 黄色。

黇 tuān ❶ 黄黑色。❷ 黄色。❸ 明亮：日～。

黇 tuān 黄色。

黇 tuān 同“黇”。

鷒 tuān 同“黇”。

黇 tuān 同“黇”。

tuán

团 ㊀(團、❷糰) tuán ❶ 圆形的；球形的：～扇｜蒲～｜纸～。❷ 球形的食品：饭～｜汤～｜菜～子。❸ 把东西揉捏成球形：～泥球｜～饭团子。❹ 聚合在一起：～聚｜～结｜～圆。❺ 从事某种工作或活动的集体：剧～｜代表～｜旅游～。❻ 特指中国共产主义青年团：～章｜～员｜入～。❼ 军队编制单位，在师之下，营之上：～部｜骑兵～。❽ 量词，用于球形的东西或某些抽象的事物：两～毛线｜一～糟｜一～和气。❾ 姓。
㊁ qiú 义未详。(《龙龛手鉴》)

団 tuán 同“团(團)”。

抟(摶) ㊀ tuán ❶ 同“团(團)”。1. 揉捏成球形：～作丸子，大如李。2. 圆形；圆形的：苍苍者天，～～者地。3. 周围：四～。❷ 回旋；盘旋：～风｜～扶摇而上。
㊁ zhuàn 量词，束；捆：百羽为～｜十步积～。
㊂ zhuān 同“专(專)”，专一：～心揖志。

栲(槫) tuán 房梁或脊檩。

椢(欒) tuán 大树。

溙 tuán 同“漙”，露水多的样子。

摶 tuán 同“摶(抟)”。

搁 tuán 同“抟(摶)”。

馔(饂) tuán 用米或粉制成的球形食品，也作“团(團，糰)”。

溥 tuán 同“漙”。

剸 ㊀ tuán 割；截断：～犀革｜～愁。
㊁ zhuān 专擅；独断：不～己，不预谋。

蓴 ㊀ tuán 蒲丛，也指蒲穗。
㊁ chún “莼(蒓)”的异体字。

箮 tuán 同“篿”。

漙 ㊀ tuán 露水多的样子：丛花红湿露初～。
㊁ zhuān 同“湍”，水名。

慱 tuán 愁苦的样子：我心～兮｜劳心～～兮。

糐 tuán 同“糰”。

褍 tuán “摶(抟)”的讹字。

靊 tuán［靊靊］也作“漙漙”，露水多的样子。

摶 tuán 同“抟(摶)”。

蟳 tuán 同“鱄”，传说中的怪鱼。

噂 tuán 拼凑；揉合：略～万余言，讲论古今。

篿 ㊀ tuán 圆形竹器。
㊁ zhuān 古代结草、折竹以占卜：索藑茅以筳～兮，命灵氛为余占之。

糰 tuán 米粉饼。

趣 tuán 盘旋的样子。

鏄 tuán 酒器。

䨵 tuán 同“漙”。

鏄 tuán 铁块。

蟺 tuán 俗称团鱼，即鳖。

鶉 tuán 同“鷒”。

颸 tuán 抟风。

鷒 tuán［鸛鷒］（huān-）见 310 页“鸛”字条。

䵎 tuán 同“鷒”。

鷻 tuán 鸟名，即雕。

鶨 tuán 同“鷻”。

鷲 tuán 同“鷻”。

鷒 tuán 鸟名，即雕。

㫁 tuán 同“剸”，割；截断。

鸇 tuán 同“鷻”。

鷱 tuán 同“鷻”。

tuǎn

畽 tuǎn 同“疃”。

暖 tuǎn 同“疃”。

疃 tuǎn ❶田舍旁空地：～畔｜麋鹿～。❷村庄，也用于地名：村～｜走村串～｜柳～（在山东）｜白家～（在北京）。

㦘 tuǎn［㤿㦘］（tiǎn-）见 946 页“㤿”字条。

譠 tuǎn［㖽譠］（tiǎn-）见 946 页“㖽”字条。

tuàn

彖 tuàn ❶论断；推断：～凶吉。❷《周易》中总括一卦基本含义的言辞：～辞。

彖 tuàn “彖”的讹字。

湪 ㊀ tuàn 水名。
㊁ nuǎn 同“渜”，热水；洗澡用过的脏水。

褖 tuàn ❶王后的便服。❷有边缘装饰的衣服，多为礼服。

tuī

推 tuī ❶使物体向前移动或转动：～车｜～碾子｜长江后浪～前浪。❷使事情开展：～广｜～行｜～销。❸由已知点判断、猜测其余：类～｜～论｜～测。❹举荐；选举：～荐｜～举。❺赞美；重视：～许｜～崇｜～重。❻辞让；借故拒绝：～让｜～辞｜～病不去。❼延迟：～延｜会议往后～几天。

虒 tuī 义未详。（《改并四声篇海》）

輴 tuī 同“輴”。

屦 tuī 同“屦”。

蓷 tuī 又称茺蔚，即益母草，一年或二年生草本植物。

屦 tuī ❶粗麻鞋。❷靴子。

輴 tuī 车多的样子。

蘈 tuī 牛蘈，草名。

tuí

崖 tuí 山崩。

遺 tuí 同“隤（隤）”。

㢈 tuí 房屋倾倒。

𢊁 ㊀ tuí 同“㢈”，房屋倾倒。
㊁ duī 击打：以石～之。

陨（隤） tuí ❶崩塌；坠落：响如坻～｜～崖落石｜灼灼西～日。❷败坏：既负国又～家声。❸跌倒：～陷。❹降下（福祉）：发祥～祉｜～祥应运。

㒑 tuí 同“㒑”。

盔 tuí 器名。

㢑 tuí 下重。

颓（頹）{頺}［穨］ tuí ❶秃；头秃。❷下坠；崩塌：～石｜断井～垣。❸衰败；衰落：～败｜世风日～。❹委靡；消沉：～废｜～唐。

颓（颓） tuí ❶风；风的样子：清～。❷暴风，也作“颓（頹）”。

㢂 tuí 同“㢈”。

積（穨） tuí 同“瘢（癞，㿉）”。

瘃 tuí 同"瘨"。

㾯 tuí 放纵。

墤 ㊀ tuí 同"隤(隤)"。
㊁ kuài 同"块(塊)"。

櫆 ㊀ tuí［尯櫆］(huī-)见 379 页"尯"字条。
㊁ zhài 遗。

𨗾 tuí 不进。

廥 tuí 同"瘨"。

頽 tuí 同"頹(颓)"。

膭 tuí［膗膭］(cuī-)见 155 页"膗"字条。

䫋 tuí 不进。

魋 ㊀ tuí ❶ 传说中的奇异动物。❷ 哺乳动物,像小熊。❸ 高大;魁伟:～悍。
㊁ zhuī 同"椎",椎形的(发髻):～结(椎髻)。

顡 tuí ❶ 额头凸出的样子。❷ 骨节的隆起部分。

㿉 tuí 人阴部疾病。

襀 tuí 棺木上的覆盖物。

隤 tuí 同"隤(隤)",坠落。

隤 tuí 同"隤(隤)"。

墤 tuí 同"墤"。

㿗(㿗) tuí 同"瘨"。

蘈 tuí 牛蘈,草名。

蹪 tuí 跌倒:～陷。

穨 tuí 同"穨(颓,頹)"。

𨘒 tuí 同"隤(隤)"。

蹪 tuí 在后。

籄 tuí 竹笔。

癀 tuí 同"瘨"。

蹪 tuí 同"蹪"。

穨 tuí 同"穨(颓,頹)"。

讉 tuí 同"讉"。

讉 tuí 喧闹。

tuǐ

俀 tuǐ 弱。

㞂 tuǐ［㞂㞂］(wěi-)见 990 页"㞂"字条。

㞂 ㊀ tuǐ 同"㞂"。
㊁ kuì 同"尯㊀"。

㱣 tuǐ 不平。

腿［❶骽］ tuǐ ❶ 人和动物用来支持身体和行走的部分:大～｜前～｜迈开～向前走去。❷ 器物下部像腿一样起支撑作用的部分:桌子～儿｜椅子～儿。❸ 火腿,用盐腌制的猪腿:云～｜南～。☞腿 / 胫 / 股 见 460 页"胫"字条。

僓 ㊀ tuǐ 长大的样子。
㊁ tuí 通"隤(隤)",崩坏。

㿉 tuǐ［瘣㿉］(huī-)见 380 页"瘣"字条。

䠍 tuǐ 同"腿"。

tuì

迌 tuì 同"退"。

衲 ㊀ tuì 同"復(退)"。
㊁ nà 同"㕯",行走的样子。

㥆 tuì 同"㥆"。

退 tuì ❶ 向后移动:～却｜～避三舍｜进～两难。❷ 使向后移动:～兵｜击～｜斥～。❸ 离开;脱离:～席｜～场｜～休。❹ 逐渐消失;衰减:～色｜～烧｜衰～。❺ 送回;交还:～还｜～票｜～赔。❻ 把已定的事取消:～亲｜～婚｜～租。

𨒏 tuì 同"退"。

逷 tuì 同"退"。

復 tuì 同"退"。

娧 tuì 容貌美好的样子。

復 tuì 同"退"。

腿 tuì 肥的样子。

悇 tuì ❶肆欲；纵欲。❷忘记。

遏 tuì 同"退"。

哏 tuì 叹词，表示呵斥：～！这个村老子好无礼！

蜕{蛻} ㊀tuì ❶蛇、蝉等脱皮，也指所脱下的皮：～皮｜蛇～｜蝉～。❷脱去：牙～而角生｜～了一层皮。❸变化；变质：～变｜～出｜～化变质。❹死的讳称，也指尸体或动物化石：已～则两忘，身后谁毁誉？｜遗～｜得一龙～。
㊁yuè［蚴蜕］(yǒu-)见1179页"蚴"字条。

煺 tuì 同"煺"。

煺 tuì 把已宰杀的猪、鸡等用滚水烫后去掉毛：～毛｜～猪。

憬 tuì 同"悇"，忘记。

憾 tuì 同"悇"。

擿 tuì 同"煺(煺)"。

頣 tuì 痴呆。

螁 tuì 同"蜕"。

魋 ㊀tuì 苦热病。
㊁tì 带来苦热病的鬼。

駾 tuì 马奔跑的样子，引申为行动急速而突然。

篚 tuì 同"篚"。

篚 tuì 断。

tūn

吞{呑} ㊀tūn ❶不经咀嚼地整个咽下：～食｜狼～虎咽｜囫囵～枣。❷忍受而不发作：忍气～声。❸侵占；兼并：侵～｜～并。
㊁tiān 姓。

呑 tūn "吞"的讹字。

吨 ㊀tūn 同"暾"，初升的太阳。
㊁zhùn［吨吨］(-zhùn)诚恳。

陌 tūn 坑。

涒 ㊀tūn ❶［涒滩］申(十二地支之一)的别称，用来纪年：岁在～。❷吃完再吐出来，引申为倾注：～水。
㊁yūn［涒邻］水流回旋曲折的样子。

啍 tūn 吐气缓慢，泛指迟缓：大车～～。

脝 tūn 同"臌"。

焞 ㊀tūn ❶光明：～耀。❷火的颜色。
㊁tuī 盛大：啴啴～～，如霆如雷。
㊂jùn 同"焌"，燃火灼龟甲，占卜吉凶。

嗷 ㊀tūn 同"啍"。
㊁kuò 敲击声。

黗 tūn 同"黗"。

鋍 tūn 金属元素"钇(釔)"的旧译写法。

葻 tūn 人名(见《字汇补》)。

暾 tūn ❶朝阳，初升的太阳：朝～｜～既明。❷朝阳照物的样子：一寸闲田晓日～。❸热；暖：炎～。

黗 tūn ❶黄黑色。❷黑的样子。

臌 tūn 月光。

蠍 tūn［蠍蝺］(-yú)昆虫，即青蚨。

鲀 tūn 鱼名。

蘑 tūn 同"蘱"。

嘻 tūn 同"啍"。

蘱 tūn ❶黄色。❷人名(春秋时鲁国公子)。

燉 tūn 同"焞"。

曦 tūn 同"暾"。

tún

屯 tún 见 1295 页 zhūn。

囤 tún ❶古西域国名。(《字汇补》) ❷工业机械设备中贮存水、油、气体等的大柜。

邨 ㊀ tún 地名。
㊁ cūn 同"邨"。

坉 tún 堆名。

犭屯 tún 同"豚(豚)"。

坉 ㊀ tún ❶用草袋包土堵水或筑城。❷田垄。❸寨子,多用于地名:~脚镇|石~(均在贵州)。
㊁ dùn ❶同"沌"。❷堵塞(水流):~水。

芚 ㊀ tún 草木萌芽的样子:春木之~兮。
㊁ chūn 忠厚、愚钝的样子:愚~。

㞘 tún 也作"坉""屯",防御工事;寨子:筑~四百余处|五~堡。

独 tún 同"豚"。

豘 tún 同"豘(豚)"。

饨(飩) tún 馄饨。

炖 tún 同"炖"。

忳 ㊀ tún 忧伤苦闷:~郁。
㊁ zhūn 同"谆(諄)"。1. 告晓。2. 诚恳的样子。
㊂ dùn 愚昧无知的样子:不知治乱存亡之所由,~~然犹醉也。

瓲 tún 同"瓲"。

炖 ㊀ tún ❶有风而火盛的样子。❷赤色。
㊁ dùn ❶煨煮食物使烂熟:~鸡|清~。❷把汤药、酒等盛在碗中,放在热水里加温:~药|~酒。

屍 tún 同"臀"。

瓲 tún [瓲瓲](wēn-)见 996 页"瓲"字条。

肙 tún 同"豚"。

颩 tún 同"瓲"。

羏 tún 同"羏(豚)"。

屍 tún 同"臀"。

軘 tún 同"軘"。

豘 tún 同"豘(豚)"。

羏 tún 同"豚"。

粌 tún 同"饨(飩)"。

軘 tún 古代兵车名。

豘 tún 同"豚",小猪,泛指猪。

飩 tún 同"饨(飩)"。

豚 tún ❶小猪,泛指猪:~肩|~蹄。❷[海豚]哺乳动物,生活在海中。❸[河豚]鱼名。

豰 tún 同"豚"。

豨 tún 同"豚"。

霕 tún 大雨;下大雨的样子。

閰 tún 闉门,盈门。

臀 tún 用于人名,也作"臀":胜~(战国时人)。

腞 tún 同"豚"。

鲀(魨) tún ❶[河鲀]即河豚,鱼名,血液和部分器官有剧毒。❷鲀形目鱼类的统称,生活在海中:鳞~|三刺~。

臀 tún 同"臀",也作"臀",用于人名:胜~(战国时人)。

颱 tún 风。

黗 tún 黄色。

豰 tún [豰耳]也作"豚耳",草名,即马齿苋。

腞 tún 同"豚"。

臀 tún 同"屍(臀)"。

黇 tún ❶黄色。❷同"黇"。

麪 tún [麪麪](hún-)同"馄饨",一种面食。

㹠 tún 同"䐁"。

𢿞 tún 同"篹"。

𧰼 tún 同"豚"。

𧱄 tún 同"豚"。

䵣 tún 云大的样子，一说同"黿"。

燉 ㊀ tún（又读 dūn）❶ 火旺盛的样子。❷ 火的颜色。
㊁ dùn 同"炖"，把食物煮熟煨烂。

臀［臋］ tún ❶ 俗称屁股，人和某些动物背部腰和两腿连接的部分：～部。❷ 器物底部：其～一寸，其实一豆。

𥳇 tún 同"篹"。

篹 ㊀ tún 揉制弓弩使其成型的工具。
㊁ diàn 击。

𦞠 tún 同"臀（臋，臀）"。

𦟘 tún 同"臋（臀）"。

𥷐 tún 同"篹"。

𥸁 tún 同"𥷐（篹）"。

tǔn

氽 tǔn ❶ 漂浮：木头在水上～。❷ 用油炸：油～花生米。

𠼨 tǔn 痴呆的样子。

涒 tǔn 同"氽"。

䐁 tǔn 烹肉。

𦞃 tǔn 同"䐁"。

畽 ㊀ tǔn［畽𣍩］（-lǔn）也作"𣍩畽""黗𣍩"，行无廉隅。
㊁ tuǎn 同"疃"：町～鹿场。

䐁 tǔn 豚肉。

䜚 tǔn［䜚𧮢］（-hěn）狠的样子。

黗 tǔn 黗𣍩（-lǔn）同"畽𣍩"。

𪒹 tǔn［𪒹𪓉］（-gǔn）不明。

tùn

捪 tùn 㨬。

㾯 tùn 病善食。

𨂷 tùn 踏。

褪 ㊀ tùn ❶ 脱去衣装，引申为去掉盖着、套着的东西：～了帽子｜把被子～到脚下｜～下手镯。❷ 藏在袖子里：～手缩肩｜袖～万章集。❸ 凋萎：～花时。
㊁ tuì ❶ 颜色、痕迹等变淡或消失：～色｜微～红痕。❷ 鸟类换去旧毛，长出新毛：小鸡～毛。❸ 同"退"，后退：趋前～后。

黗 tùn［黗䵪］（-hùn）不做事。

tuō

侂 ㊀ tuō 寄托：～生（生：生命）。
㊁ chà 骄逸：欲以～鄗县。

讬（託） tuō ❶ 寄托：不～于音。❷ 夸。◆"託"另见 969 页"托"字条。

托｛托｝［❹-❼託］ tuō ❶ 用手掌承着东西：～着盘子｜两手～着下巴。❷ 某些物体下面起支撑作用的部分：枪～｜花～。❸ 陪衬；铺垫：衬～｜烘～。❹ 依靠；凭借：～福｜依～。❺ 请别人照料或代办：～付｜～儿所｜委～。❻ 帮助行骗者诱人上当的人：医～儿｜给人当～儿。❼ 借故推诿或躲闪：推～｜～病｜～故。❽ 量词，压强（物体单位面积所受到的压力）的计量单位，1 托等于 1 毫米汞柱的压强，合 133.322 帕，旧作"毛"。
◆"託"另见 969 页"讬"字条。

扡 ㊀ tuō 同"拖（拕）"。
㊁ chǐ 同"褫"。1. 顺着木纹劈开或剖开：析薪～矣。2. 强夺：～其衣裘。

饦（飥） tuō 饼。

汑 tuō 滑。

玉乇 tuō 玉名。

杔 ㊀ tuō［杔栌］（-lú）树名。
㊁ zhé［杔栌］（-lú）1. 滤酒器。2. 屋柱上的横方木。

秅 tuō 同"托"。

佹 tuō 同“侂”。

拖㊀[拕] tuō ❶牵引;拉:～车|～儿带女。❷下垂:～着辫子|～着尾巴。❸推迟;耽搁:～延|～欠。
㊁chǐ 同“搋”,强夺:～其衣被。

拸 tuō 同“拖”。

迱 ㊀tuō 同“託(托)”。
㊁hòu 同“逅”。

咃 tuō 野兽等将物衔走,也作“拖”:小猫来～。

咜 tuō 用于佛经译音。

吒 tuō 同“咃”。

侂 tuō 寄托:～生(生:生命)。

袥 tuō 同“袥”。

挩 tuō 同“挩”。

茺 tuō 同“莌”。

侻 ㊀tuō ❶简单;直率:其行～而顺情。❷轻率;洒脱不羁:疏～|轻～。❸通“脱”,除去;脱离:～衣|鱼不可～于渊。
㊁tuì 恰好;相宜:～薄装。

捝{挩} ㊀tuō ❶解脱,遗漏,后作“脱”。❷捶打:～杀。
㊁shuì 擦拭:～手。

莌 tuō[活莌]通脱木,常绿灌木或小乔木。茎髓称通草,可供药用。

㖨 tuō 同“咃”。

袥 tuō ❶裙子正中开衩的地方。❷开拓,使广大,后作“拓”:开～|宇宙～坦。

棁{梲} ㊀tuō 木棒:～杖|挥～而呼狗。
㊁zhuō 房梁上的短柱。

㑼 tuō 同“侂”。

脱{脫} ㊀tuō ❶剔去肉皮和骨头。❷离开;落下:～离|～落|～轨。❸逃离不利环境:～逃|～身|走～。❹遗漏(文字):～误|这一行～了两个字。❺取下;除去:～帽|～衣服|～脂。
㊁tuì ❶蛇、蝉等脱去皮壳,也作“蜕”:～骨|～化。❷[脱脱](-tuì)身心愉快的样子:舒而～兮。❸姓。

痑 ㊀tuō(又读 tān)马疲乏,泛指疲乏:～～骆马|力～|担夫～软。
㊁shǐ ❶众多的样子:衍曼流烂～以陆离。❷自我放纵:～者斯挤,悍者斯怒。

粐 tuō 同“飥”。

涶 ㊀tuō 古黄河渡口名。
㊁tuò 同“唾”,唾液。

詑 tuō 毁谤。

蓎 tuō 同“莌”。

麧 tuō[麳麧](bó-)见67页“麳”字条。

䑽 tuō ❶同“脱”。❷地名。

魠 tuō 古代指某些口大的鱼。

讀 tuō 同“讁”。

馲 tuō[馲驼]也作“馲駞”“驝驼”,即骆驼。

飥 tuō 糕饼。

讀 tuō 同“讁”。

讁 tuō ❶退言。❷聪明。

擿 tuō 同“拓”,用手推物。

驝 tuō 同“驝”。

饦 tuō[馎饦](bó-)也作“馎饦”,饼类食品。

驝 tuō[驝驼]也作“馲驼”,即骆驼。

tuó

扡 tuó 义未详。(《改并四声篇海》)

驮(馱)[䭾] ㊀tuó ❶牲口用背负载重物,引申为背负:马背上～着两袋粮食|他把伤员～在背上。❷挨;受:～打|～骂|板子难～。
㊁duò ❶骡、马等负载的成捆的货物:解～|千车万～。❷量词,用于骡、马等所负载的物品:十～茶|金银罗锦二十～。

牠 ㊀tuó 同“牠(牰)”。
㊁tā “它㊀”的异体字。

佗 ㊀tuó ❶负荷:～负。❷用于人名:华～(东汉末名医)|赵～(秦汉时人,南越国国王)。
㊁tuō 通“他”,代词,别的:～邑|～计|～

人。

陀 tuó 见 222 页 duò。

坨 tuó ❶ 成块或成堆的东西：泥～子｜粉～子。❷ 露天盐堆或盐场。❸ 面条、饺子等面食煮熟后粘在了一块儿：面条煮～了｜把饺子翻一下，别～了。❹ 用于地名：苏家～（在北京）｜黄沙～（在辽宁）。

㐧 tuó 同“墒”。

岮 tuó［岥岮］（pō-）1. 崩塌的样子。2. 倾斜不平的样子。

狏 ㊀ tuó 同“狏”，哺乳动物。
㊁ yí 同“㺐”，哺乳动物。

狏 tuó 哺乳动物。

沲 tuó 同“沱”。

沱 ㊀ tuó ❶ 沱江，长江的支流，在四川。❷ 可停船的水湾，多用于地名：江～｜石盘～（在四川）｜牛角～（在重庆）。
㊁ chí 同“池”，池塘。

阤 tuó［沙阤］也作“沙陀”，古部落名。

驼（駝）［駞］ tuó ❶ 骆驼，哺乳动物，背部有肉峰，耐饥渴，适于驮重物在沙漠远行：～峰｜～绒。❷ 人的脊背像驼峰一样隆起：～背｜累得背都～了。❸ 同“驮（馱）”，用牲口负物，泛指背负：～衣甲｜妹夫将俺～上。
◆ “駞”另见 972 页“駞”字条。

琢 tuó 义未详。（《龙龛手鉴》）

牠［牠］ tuó 无角牛。

肔 tuó ❶ 弯曲：腰～难立。❷ 成团的肉：肉～子。

羝 tuó 同“羝(羜)”。

瓵 tuó 瓦碗。

𢏡 tuó 义未详。（《龙龛手鉴》）

砣 tuó 同“砣”。

砣 tuó ❶ 碾盘上的石磙子：碾～。❷ 秤锤：秤～。❸ 打磨玉器的砂轮，也指打磨玉器：～了一副玉镯。❹ 量词，用于成团或成块状物体：三～石头｜两～肉。

秅 tuó 同“砣”，秤砣。

鸵（鴕） tuó 鸵鸟，现代鸟类中最大的鸟，不能飞，生活在沙漠中。

瘛 tuó 同“疮”。

疮 tuó 驼背：～子。

滝 tuó 同“沲(沱)”。

袉 tuó 衣服大襟。

䣁 tuó 用于咒语译音。

嵎［嵩］ tuó 碾轮形的山。

羝 tuó 同“羜”。

羜 tuó ❶ 羖羜。❷ 无角羊。

詑 tuó 用于佛经咒语。

紽 tuó 量词，古代计量单位，一紽等于五丝。

墒 tuó 古代用作投掷游戏的砖瓦片：抛～之戏｜飞～。

軟 tuó ❶ 车疾驰。❷ 兵车名。

㼠 tuó 囊；连囊。

酡 ㊀ tuó 酒后脸红，泛指脸红：～颜｜～红｜青史当前面易～。
㊁ duò 将醉：半～。

跎 ㊀ tuó 同“跎”。1.［蹉跎］同“蹉跎”：末路～｜时节易～。2. 用背驮运：马～行。
㊁ yí［踒跎］（wēi-）见 1000 页“踒”字条。

跎 tuó ❶ 驼背：两肩酸痛脊背～。❷ 用背扛运：～了包袱回家。

躮 tuó 同“驮(馱)”。

觚 tuó 同“舵”，角。

觟 tuó ❶ 角。❷ 同“牠”。

詑 ㊀ tuó 同“詑”，欺罔。
㊁ xī 话多的样子。

詑 ㊀ tuó 欺罔。
㊁ yí（又读 yí）［詑詑］（-yí）自得的样子。

甋 tuó 同“墒”。

碢 tuó 同“砣”，碾盘上的石磙子。

鮀（鮀） tuó ❶ 鲇类鱼。❷ 吹沙小鱼。❸ 扬子鳄，爬行动物。

駄 tuó 同“馱(驮)”。

駦 tuó 同“驼(駝)”。

槖 tuó 同“橐”。

鞄 tuó 同“鞁”。

鞁 tuó 驾车时拴在牲口屁股周围的皮带。

碢 tuó ❶ 同“砣(砣)”，碾盘上的石磙子。❷ 投掷砖瓦片的游戏。

鮀 tuó 同“鮀(鮀)”。

㸰 tuó 飞的样子。

鼧 tuó 同“鞁”。

駞 ㊀ tuó “驼(駝)”的异体字。㊁ tuō 同“拖”，拉：横～竖拽。

槖 tuó 同“橐”。

橐 tuó 同“橐(橐)”。

橐 tuó ❶ 袋子：囊～｜私～。❷（用袋子）装；敛藏：～甲束兵。❸ 同“韝”，鼓风用的皮囊，俗称风箱：巨～自鼓。❹［橐橐］拟声词，物体撞击声：木鱼声～地响｜传来～的皮鞋声。

䨏 tuó［雱䨏］(pāng-) 同“雱沱”，也作“滂沱”。

沱 tuó［雱沱］(pāng-) 也作“滂沱”，大雨的样子：雨～｜大雨～。

鴕 tuó 鴕鸟，又称楚鸡，鸟名。

鮀 tuó 同“鮀(鮀)”。

犄 tuó 无角牛。

鞁 tuó 皮帖履。

騨 tuó 同“駞(驼,駝)”。

鼧 tuó 同“鼧”。

鼧 tuó［鼧鼥］(-bá) 又称旱獭、土拨鼠，哺乳动物。

駝 tuó 同“驼(駝)”。

鮀 tuó 同“鮀(鮀)”。

鼉 tuó 同“鮀(鮀)”。

驒 tuó 同“驒”。

鼉（鼍） tuó 鼍龙，俗称猪婆龙，即扬子鳄，爬行动物。

驒 ㊀ tuó 毛色有鳞状斑纹的青马。㊁ diān［驒騱］(-xí) 也作“驒奚”，野马名。

齷 tuó 齿不正。

齷 tuó 马齿长。

蠹 tuó［涉蠹］也作“涉蠹”，传说中的怪兽，像人，三条腿。

鼉 tuó 同“鼉(鼍)”。

蠹 tuó［蠹围］传说中的怪兽，身像人，角像羊，爪像虎。

蠹 tuó 同“蠹”。

鼉 tuó 同“鼉(鼍)”。

鼉 tuó 同“鼉(鼍)”。

tuǒ

佗 ㊀ tuǒ 缓慢行走。㊁ yí［委佗］(wēi-) 见 985 页“委”字条。

妥 tuǒ 同“妥”。

妥 tuǒ ❶ 安坐，引申为稳定、适当：稳～｜～当｜～为保存。❷ 齐备；停当：事已办～｜尚未谈～。

妥 tuǒ 同“妥”。

岮 ㊀ tuǒ 山脉绵长的样子。㊁ tuǐ［岮嵬］(-zuì) 山高的样子。

徥 tuǒ 安稳行走的样子。

陏 tuǒ 毁。

睬 tuǒ［睬䏼］(-pǒ) 稍微隆起的样子。

毲 tuǒ 同“妥”。

庹 tuǒ ❶ 量词，成人两臂左右平伸时两手之间的长度：长有三～。❷ 姓。

椭（橢） tuǒ ❶ 古代指某些长圆形的容器：～杅盘案。❷ 狭长；长圆形：其方圆锐～不同，盛水各异｜～圆形。

湷 tuǒ 古水名。(《玉篇》)

媠 ㊀ tuǒ 容貌美好:形～服兮扬幽若。㊁ duò 同“惰”,不敬;懈怠:轻～|懒(嬾)～。

椭 tuǒ 同“橢(椭)”。

脪 tuǒ 牲肉。

踒 tuǒ 义未详。(《龙龛手鉴》)

墮 tuǒ[倭墮](wǒ-)见984页“倭”字条。

嫷 tuǒ 同“媠”。

隓 tuǒ 同“崜”。

檃 tuǒ 同“橢(椭)”。

瘄 tuǒ 腰痛病。

櫎 tuǒ 狭长的器物。

櫙 tuǒ 同“橢(椭)”。

鵎 tuǒ 鸟名。

鰖 ㊀ tuǒ ❶鱼名。❷同“鰖”,刚孵化出的鱼苗。
㊁ wěi 同“鰖”,小蟹。

tuò

拓 tuò 见1260页zhí。

拆 tuò 同“拓”。

柝 tuò ❶旧时巡夜用以敲击报更的竹木梆子:击～。❷通“拓”,开拓;扩充:攘夷～境。

肟 ㊀ tuò ❶肚子大的样子。❷[肟脪](-chī)畜水肠。
㊁ dù 大肚子。

梓 tuò “榜(柝)”的讹字。

毤 tuò 同“毻”。

萚(蘀) tuò ❶草木脱落的壳、皮、叶子等:～兮～兮,风其吹女。❷也作“箨(籜)”,传说中的草名。

跅 tuò[跅跑](-chí)同“跅弛”:以～使酒,至罹重法。

唾 tuò ❶口液:～液|～沫。❷吐;啐:～唾沫|～血|～弃(轻视、鄙弃)。

毻 tuò 鸟换毛。

菜 tuò 同“萚(蘀)”。

梈 tuò 同“柝”。

跅 ㊀ tuò[跅弛]放纵不羁:～之士|才者～而弃。
㊁ chì 赤足。

魄 tuò[落魄]也作“落魄”“落拓”,贫困潦倒,失意。

榜 tuò 同“柝”。

毻 tuò 鸟、兽换毛:～毛。

毻 tuò 同“毻”。

箨(籜) tuò ❶笋皮;笋壳:竹～|绿竹半含～。❷传说中的草名,根像葵,叶像杏,开黄花,结荚实。

橐 tuò 树叶脱落。

唾 tuò 同“唾”。

蹄 tuò[蹄弛]同“跅弛”:～不羁。

袥 tuò 无袖衣。

攈 tuò 同“拓”。

蘀 tuò 同“萚(蘀)”。

榛 tuò 同“欜(柝)”。

霹 tuò 下雨的样子。

欜 tuò 同“柝”,旧时巡夜用以敲击报更的竹木梆子。

橐 tuò 穿。

籜 tuò 同“籜(箨)”。

wā

屲 wā 山坡，斜坡，多用于地名：山～｜耙子～（在宁夏）｜水沟～（在宁夏）。

劸 wā 逼。

偢 wā［歄偢］（guā-）见305页“歄”字条。

挖 wā ❶掘；掏：～野菜｜～墙脚｜～空心思。❷敲打：混账东西，再讲，～你一烟壶脑壳！

哇 ㊀wā 拟声词，大声哭叫、呕吐等声音：～～地哭着｜～～乱叫｜～的一声吐了。
㊁wa 助词，“啊”的变音：好～｜快走～｜你让我找得好苦～！

洼㊀（窪） wā ❶凹陷的地方：山～｜水～｜坑坑～～。❷凹陷：低～｜～地｜大病一场，眼眶都～进去了。
㊁guī 姓。

窐 wā 穿。

敔 wā 同“嗗”。

黾 wā 同“鼃（蛙）”。

呱 wā 用于地名：～留（古地名，在今山西）｜～底（在山西）。

㗘 wā 同“劸”。

窊 wā ❶同“洼”，低凹；低下：～隆｜～处。❷卷缩的样子：舌～。

娲（媧） wā ❶女娲，神话中的人类始祖，曾用泥土造人，又炼五色土补天。❷姓。

哾 ㊀wā［哾呕］（-ōu）婴儿口中发出的声音，引申为慈爱：垂事养民，拊循之，～之。
㊁ér［嚅哾］（rú-）也作“儒儿（兒）”，强颜欢笑的样子。

唲 wā 同“哾”：～呕。

啘 wā “唲（哾）”的讹字。

溛 wā 同“洼”。

蛙㊀［鼃］ wā ❶两栖动物，种类多，青蛙较常见：～鸣｜～泳。❷淫邪：曲类～歌，听之丧本。
㊁jué［蝭蛙］（tí-）见940页“蝭”字条。

嗗 ㊀wā 拟声词，饮声；吞咽声：～～有声。
㊁gū 拟声词或用于拟声词，今作“咕”：～碌｜～嘟嘟｜～喇喇。

敱 wā 义未详。（《改并四声篇海》）

搲 ㊀wā 手捉物。
㊁wǎ ❶以手攀爬：从銎底～而上。❷舀：～了些米。
㊂wà 挽。

霟 wā 同“窊”。

歄 wā ❶气哽。❷大咽。

詬 wā［諣詬］（guā-）见367页“諣”字条。

漨 wā ❶［漨瀤］（-wāi）水不平的样子：浙沦～，乍浥乍堆。❷同“窊”，低洼；凹陷。

鼃 wā 同“蛙”。

腂 wā［腂臝］（-luó）驴子腹下的肉。

漥 wā 同“窪（洼）”。

鴮 wā 鸟名。

噉 wā ❶噎声。❷同“歄”，气哽。

嫶 wā 同“娲（媧）”。

鼁 wā 同“蛙”。

霪 wā ❶牛、马足迹坑内的积水。❷同“洼（窪）”。

䨟 wā 义未详。（《龙龛手鉴》）

鎁 wā 剜取。

䵷 wā 同"鼃(蛙)"。

𪗌 wā 义未详。(《改并四声篇海》)

wá

𣢗 wá［歄𣢗］(guā-)也作"歄㰪",微弱的样子。

狌 ㊀ wá 黄色小狗。
㊁ kuáng 同"狂"。

娃 ㊀ wá ❶美好的样子。❷美女:娇～|官～。❸小孩子:小～|胖～|女～。❹某些幼小的动物:猪～|鸡～。❺旧时南方地区某些少数民族对奴隶的称呼:三滩～子。
㊂ guì 姓。

䯉 wá［䯉髃］(-kuā)也作"髃䯉",髂上骨。

wǎ

瓦 ㊀ wǎ ❶用陶土烧成的器物;瓦质的:～罐|～盆|～器。❷指纺锤,古代用泥土烧制的纺织工具。❸用泥土、水泥等烧制成的建筑材料,多覆盖屋顶:青～|琉璃～|～房。❹瓦特(功率单位)的简称,1秒钟做1焦的功,功率是1瓦。
㊁ wà ❶盖(瓦):～瓦(-wǎ,给屋顶覆瓦)。❷［瓦刀］瓦工工具,像菜刀,用来砍断砖瓦,涂抹泥灰。

邷 wǎ ❶春秋时卫国地名。❷抓:抛弹子,～麽儿。

佤 wǎ 少数民族名,主要分布在云南。

抏 wǎ 以勺、瓢等凹状器皿盛起散状物,也指用手做凹状拿起物品:拿瓢～点米|偷生～熟。

咓 wǎ 用于译音。

𡶴 wǎ 山的样子。

𦙶 wǎ 断足。

宽 wǎ 同"瓬(瓦)"。

桏 wǎ 鼓框。

𠴚 wǎ "咓"的讹字。

搲 wǎ 同"抏"。

砙 wǎ 大砖。

腂 wǎ ❶［腂腇］(-nà)肥的样子。❷肥。

wà

瓬 wà 同"瓦",给屋顶盖瓦。

宼 wà 用瓦盖屋:～屋|西舍厅堂初～了。

聣 wà 耳朵掉落。

袜 ㊀(襪)［韈、韤］ wà 袜子,穿在脚上的纺织品或布制品:丝～|长筒～。
㊁ mò 抹胸,兜肚:～小称腰身。

妺 wà 同"韈(袜)",袜子。

聉 ㊀ wà 无知。
㊁ tuǐ［聉頯］(-yì)痴呆的样子。

䛂 wà ❶怒。❷大声呵斥。

𦍩 wà［𦍩羯］(-jié)1.羊的一种。2.珠宝名:紫～。

絉 ㊀ wà 同"袜(襪)",袜子。
㊁ mò 束衣的带子。

嗢 wà［嗢咽］也作"咽嗢",吞咽:到口复嗢咽|饮恨吞声空咽嗢。

㖧 wà 拟声词,婴儿哭声。

膃｛膃｝ wà ❶［膃肭］(-nà)肥胖。❷［膃肭兽］又称海狗,哺乳动物。

䠚 wà ❶［㮆䠚］(niè-)不安。❷屈。

䨟 wà 色败。

𨂿 ㊀ wà ❶［𨂿跮］(-rè)踏地用力的样子。❷［𨂿跮］(-nà)幼儿初学走路的样子。
㊁ wǎ ❶［𨂿跨］(-kuǎ)1.行走或迟疑不前的样子。2.行走时身体重心不稳。❷挪蹭,慢步移动:～出门。

韤 wà 同"袜"。

擸 wà 同"搲",挽。

W

wāi

咼（咼） ㊀ wāi 口歪不正，泛指歪斜：～斜。
㊁ guǎ 同“剐（剮）”：～于市。
㊂ guō 姓。

歪 wāi ❶不正；偏斜：～嘴｜～戴着帽子｜这幅画挂～了。❷不正当的；不正派的：～理｜～门邪道｜～风邪气。

㖞（喎） wāi ❶嘴歪斜：口眼～斜。❷歪斜不正：醉戴野巾～。

哇 wāi 叹词，表示招呼：～，你小心着点儿！

猚 wāi 同“歪”。

闖 wāi 义未详。（《改并四声篇海》）

竵 wāi（旧读 huā）同“歪”，不正。

竵 wāi 同“竵”。

竵 wāi 同“竵”。

齷 wāi［齫齷］（wēn-）同“齫齾”。

䫥 wāi［齫䫥］（wēn-）同“齫齾”。

wǎi

郲 wǎi 古地名，一说同“耶（邪）”。

擓 wǎi ❶扭伤：脚～｜～了腰。❷舀：～水｜～了一勺盐。

踒 wǎi 同“崴”，（脚）扭伤：～了脚｜脚脖子～肿了。

wài

外｛外、夘｝ wài ❶外面；外部：室～｜～柔内刚。❷非自己这方面的：～地｜～族。❸外国：～语｜～宾。❹称母亲、姐妹或女儿方面的亲戚：～祖母｜～孙。❺关系疏远的：～人。❻另外：～加｜～带。❼非正式的：～号｜～史。

吙 ㊀ wài ❶代词，表示远指，那：～是一条狗｜我就不信你～话。❷叹词，喂，表示打招呼：～！你把绳子带来。
㊁ wai 助词，表示语气，呀；啦：这把你吓成这个～｜我～老到上年纪啦！

玏 wài 义未详。（《龙龛手鉴》）

舺 wài［舺甥］（-shēng）同“外甥”，姐姐或妹妹的儿子。

瘶 wài 洁癖。

頪 wài［薮頪］痴呆。

贗 ㊀ wài 人名。（《玉篇》）
㊁ kuì 同“聩（聵）”，聋。

䫼 wài 人名。（《集韵》）

虤 wài 虎。

聵 ㊀ wài 极聋。
㊁ wà 没有耳翼。

馨 wài 义未详。（《字汇补》）

鱠 ㊀ wài ❶鼻息；鼾声。❷喘息声。
㊁ huì 鼻子的样子。

wān

刓 wān 同“剜”。

弯（彎） wān ❶拉开（弓）：～弓。❷使弯曲：～腰。❸曲；不直：～曲｜～路。❹曲折的部分：臂～｜转～抹角｜前边路上有个～儿。

剜 wān 刻；削。

剜 wān 用刀等挖；挖去：～菜｜～肉补疮。

帵 wān［帵子］布头，剪裁后的布帛余料。

蜿 wān 同“蜿”。

婠 wān（又读 guàn）人品好，容貌美丽。

塆（壪） wān ❶山沟。❷山沟里的小块平地。

圂 wān 水湾。

豋 ㊀ wān ❶豆饴。❷同“豌”，豌豆。
㊁ yuè 同“䬇”，豆沙。

劏 wān 同“剜”。

湾（灣） wān ❶水流弯曲的地方：河～｜水～。❷海岸向内凹进的地

方：海～|港～|大连～。❸停泊：～泊|把船～在桥边。❹量词，用于水或水面：池水一～|一～逝水|地上积了一～水。❺村庄名：车盆～（在贵州）|毛家～（在湖南）。

蜿 ㊀wān ❶屈曲；弯曲：螣蛇～而自纠。❷［蜿蜒］（-yán）1.蛇等屈曲爬行的样子：～蠕动。2.山水、道路等曲折延伸的样子：山路～|溪水～。❸［蜿蟤］（-zhuān）1.龙或虫类蜷曲不伸展的样子：龙屈兮～。2.蛇名。

㊁wǎn ❶［蜿蟺］（-shàn）1.蚯蚓的别称。2.屈曲盘旋的样子：虬龙腾骧以～。❷［蜿潬］（-shàn）也作"涴潬"，水流回旋的样子：～胶戾。

㴉（灣） wān［㴉潫］水势回旋的样子。

𨰴 wān同"剜"。

𧑴 wān同"蜿"。

豌 wān［豌豆］一年或二年生草本植物，种子、嫩茎叶可食。

踠 wān身体弯曲：或偻或～。

潫 wān水回旋、深广的样子。

𥧌 wān同"豌"。

䠨（蹮） wān［䠨跧］（-quán）同"踡跧"，弯曲（身体）：满身风雪～卧。

䨲 ㊀wān用于人名：孙～（三国时吴国君主孙休长子）。

㊁dān海雾，也指飞沙如雾。

𠟬 wān削。

𢺐 wān同"彎（弯）"，曲折；不直：～拳。

𡾤 wān同"湾（灣）"，河湾；水湾。

𡤨 wān用于女子人名。

𣛦 wān弯曲的树木。

𧕚 wān［蝘𧕚］（yán-）见1104页"蝘"字条。

wán

丸 wán ❶小而圆的东西：弹～|药～|肉～子。❷丸药，中成药的一种：～散膏丹|牛黄上清～。❸量词，用于丸药：每次服两～。

凡 wán同"丸"。

刓 wán ❶刻；削：～方以为圆。❷磨损；损坏：～刃|碑～墓尽平。

芄 wán［芄兰］又称萝藦，多年生蔓生草本植物，茎、叶、果实均可供药用。

仉 wán［儹仉］（cuán-）也作"儹忨"，迷路的样子。

汍 wán［汍澜］哭泣流泪的样子：泪～而雨集。

纨（紈） wán ❶白色细绢：～素|～绔|～扇。❷幼小：～牛。

𠛀 wán同"刓"。

抏 wán ❶消耗；损耗：～精殚思。❷按摩：案～毒熨。❸通"玩"：悬乐奢泰，游～之脩。

岏 wán［巑岏］（cuán-）见154页"巑"字条。

岸 wán同"岏"。

忨 wán［儹忨］（cuán-）见153页"儹"字条。

忨 wán（又读wàn）贪爱；苟安：～日。

完 wán ❶完整；齐全：～满|～璧归赵|体无～肤。❷尽，没有剩余：用～|卖～|钱花～了。❸结束；了结：～工|～婚|～成任务。❹交纳：～粮|～税。❺［完颜］姓。

玩［❷-❹翫］ wán ❶玩耍；做游戏：～球|～扑克|从小一起～的伙伴。❷欣赏；观赏：赏～|游～|游山～水。❸供欣赏或观赏的东西：古～|珍～。❹轻慢；用不严肃的态度对待：～世不恭|～忽职守|寇不可～。❺耍弄；使用（不正当的手段）：～花招儿|～阴谋。

◆"翫"另见978页"翫"字条。

窏 wán洞窟。

顽（頑） wán ❶鲁钝；无知：冥～|愚～。❷坚硬；不易变化：～根|～固|～似铁。❸强暴；强暴的人：～狠|～敌|凶～。❹坚强：～强|～健。❺玩耍；淘气、调皮：～耍|～童|别说～话。

捖 wán（又读guā）❶刮；刮摩：～摩。❷打；击：～其头，唾其面。

琓 wán玉名。

瑖 wán 同“玩”。

朊 wán 同“玩”。

䟃 wán［躜䟃］（zuān－）见160页“躜”字条。

貦 ㊀ wán 貉类动物。
㊁ hé 同“貈（貉）”，哺乳动物，像狐。

烷 wán ❶ 火。❷ 烷烃，有机化合物的一类：甲～｜乙～。

䵹 wán 同“刓”。

䨍 wán 兔子。

骪 wán 髂骨。

瑗 wán 同“玩”。

鳭 wán［鳭鸆］（－yú）鸟名。

髋 wán 同“骪”。

䯈 wán 同“髋（骪）”。

翫 wán（旧读 wàn）❶“玩 ❷－❹”的异体字。❷ 习惯：他整哭了两三日，这两日才～下些儿来了。

䵻 wán“翫（玩）”的讹字。

䵹 wán 义未详。（《龙龛手鉴》）

瘰 wán 痹病。

wǎn

夗 wǎn（又读 wàn）❶ 脑盖。❷ 马头上的装饰品，后作“錽”：金～。

皃 wǎn 姓。

朊｛朊｝㊀ wǎn 同“脘”，胃。
㊁ ruǎn ❶ 人的阴部或生殖器的别称。❷ 蛋白质。

宛 ㊀ wǎn ❶ 屈曲；曲折：～曲｜～转。❷ 副词，仿佛；好像：～若游龙｜音容～在。❸ 姓。
㊁ yuān 古县名，在今河南。

皀 wǎn 姓。

挽［❷❺輓］wǎn ❶ 拉；用手臂勾着：～弓｜手～手｜用手～着她的腰。❷ 牵引（车辆）：～车｜～具。❸ 卷起；编结：～裤腿｜把头发（髮）～起来。❹ 努力使局势好转或恢复原状：～救｜～回败局｜力～狂澜。❺ 哀悼死者：～歌｜～联｜～幛。

◆“輓”另见979页“輓”字条。

哯 wǎn 微笑的样子。

唍 wǎn［唍尔］也作“莞尔”“莧尔”，微笑的样子。

俒 wǎn 欢乐。

盌 wǎn 同“畹”。

埦 ㊀ wǎn 同“碗（盌）”。
㊁ wān 穴。

莧 wǎn“莞”的讹字，微笑的样子。

梚 wǎn 树名。

晚｛晩｝wǎn ❶ 太阳落山时：～霞｜～会｜从早到～。❷ 夜间：～安｜夜～｜昨～没睡好。❸ 迟，比规定的或合适的时间靠后：～点｜大器～成｜再不快走就要～了。❹ 后来的；时间上靠后的：～期｜～秋｜～稻。❺ 旧时后辈对前辈，或下级对上级的谦称，多用于书信：～生｜恕治～不能躬送了。

峗 wǎn 古山名。（《广韵》）

㛄 wǎn 同“夗”。

舨 wǎn 同“䑱”。

脘 ㊀ wǎn ❶ 胃的空腔：胃～｜中～。❷ 胃脯。
㊁ huàn 肉。

勉 wǎn 同“晚”。

㲜 wǎn 同“夗”。

惋 wǎn 哀伤；叹息：～伤｜～惜。

婉 wǎn ❶ 和顺；温和：～顺｜～言｜委～。❷ 美好：～然｜～丽｜华颜～如玉。❸ 简约：大而～，险而易。

绾（綰）wǎn ❶ 系挂；佩戴：～墨绶｜金铃轻～赤阑边。❷ 牵挂；挂念：不与行人～离别｜这垂柳丝丝也曾～住我的心。❸ 把头发或其他条状东西盘起或打结：～起头发｜～个扣儿｜～作同心结。❹统管；控制：独擅～事｜兼～水陆交通。❺贯通；联系：北有小山～坞口｜～毂通衢。❻同"挽"：～着手｜～起袖子。

琬（駹） ㊀ wǎn 良马名。㊁ wò 通"涴"，污染：泪沾红袖～。

琬 wǎn 琬圭，上端浑圆而无棱角的圭。

椀 wǎn ❶"碗"的异体字。❷［橡椀］橡（即栎树）的果实外壳，是一种重要的植物鞣料。

晼 wǎn［晼晚］1. 太阳偏西：白日～其将入兮。2. 迟暮；年老：时飘忽其不再，老～其将及。

稅 wǎn 禾名。

㼝 wǎn 船㼝木。

脘 wǎn 同"脘"，胃腔。

菀 wǎn 引。

碗［盌、瓫、椀］ wǎn ❶盛饮食的器皿，多为圆形，口大底小：饭～｜茶～。❷像碗的东西：橡～子｜轴～儿。❸量词：一～饭｜两三～灯笼。

◆"椀"另见 979 页"椀"字条。

睕 ㊀ wǎn 眼睛张开的样子。㊁ wàn［睕䀹］（-huàn）1. 大眼睛的样子。2. 眼珠转动。㊂ wān［睕睕］（-wān）眼睛凹陷的样子。

畹 wǎn（旧读 yuǎn）❶古代地积单位，一畹等于三十亩或十二亩：一曲池台半～花。❷泛指花圃或园地：分香多是～中兰。

稅 wǎn 麦名。

裷 wǎn ❶袜。❷袖筒。

婉 wǎn 同"婉"。

鞔 wǎn 又称鞔下，履（鞋）名。

輓 wǎn ❶用车运输，泛指运输：～输。❷"挽❷❺"的异体字。❸通"晚"：～近。

輐 ㊀ wǎn 引。㊁ wàn 车。

䑱 wǎn ❶船名。❷船䑱木。

鋺 wǎn 同"鞔"。

鞔 wǎn 同"鞔（鞔）"。

綩 wǎn ❶古代冠冕上的纽带。❷网：～囊。❸［綩綖］（-nuò）少数民族布名。

賟 wǎn 稍有一些钱财。

踠 ㊀ wǎn ❶马脚与蹄间相连的屈曲处，也指人的脚腕：～欲得细而促｜掌～不能动作。❷弯曲：骥騄～趾而不驰。㊁ wò（又读 wō）手、脚等猛折而筋骨受伤，也作"踒"：马～足｜～折瘀血。

䩊 wǎn 同"䩊"。

鋔 wǎn 同"挽"，牵引。

諕 wǎn 同"婉"，顺从。

皷 wǎn 同"皷"。

䩊 wǎn 同"䩊"。

䴷 wǎn 麻丛。

䩩 ㊀ wǎn 皮脱离。㊁ mán 皮。

䀹 ㊀ wǎn 美好，姣好，后作"婉"。㊁ wò ❶眼睛睁开的样子。❷面容狰狞。

鍐 wǎn 马头上的装饰。

鑁 wǎn 用于佛经咒语译音。

戫 wǎn 刃。

韈 wǎn 同"鞔"。

嫚 wǎn 同"皷"。

黫 wǎn 暗；暗行。

䩊 wǎn 传说中的人名。

鋄 wǎn 同"鍐"。

麑 wǎn 鹿。

鵷 ㊀ wǎn 同"䩊"。㊁ yuān 同"鹓（鵷）"，凤凰类的鸟。

wàn

万㊀(萬) wàn ❶ 数词,十个一千。❷ 形容很多:~物|~年历|~紫千红。❸ 副词,极;很;非常:~幸|~难照办|~不得已。❹ 姓。
㊁ mò[万俟](-qí)姓。

丏 wàn 同"万(萬)"。

卐{卍} wàn 佛教相传的吉祥标志,也作"卍"。

卍 wàn 吉祥符号"卍"或"卐"的变体。

𢀖 wàn 行走的样子。

𠃕 wàn 同"万(萬)"。

㐵 wàn 同"万(萬)"。

妧 ㊀ wàn 女子美好的样子。
㊁ yuán 用于女子人名。

㛷 wàn ❶ [㛷胡]传说中的动物,身像麋鹿,眼像鱼。❷ 同"婉",美好。

胥 wàn 同"腕"。

掔 wàn 同"腕"。

菱 wàn "萲"的讹字。

乿(薍) ㊀ wàn 新生的荻:渔钓老葭~。
㊁ luàn[乿子]小蒜的根,可供药用。

兙 wànkè 质量单位"万克"的旧译写法。

掔 wàn 同"腕"。

捥 ㊀ wàn 同"腕":偏袒扼(搤)~。
㊁ wǎn 取;挖取:~菜|~下眼来。

萲 wàn "萲"的讹字。

萲 wàn 荒芜。

蔓 wàn "萲"的讹字。

萲 wàn "萲"的讹字。

𢌬 wàn 同"万(萬)"。

腃 wàn 同"腕"。

脕 ㊀ wàn 丰满艳美的样子:~容。
㊁ wèn 同"莬",草新生;新生草。

訦 wàn 用于人名:赵与~(宋代人)。

夐 wàn 同"萬(万)"。

睕 wàn 同"腕",手腕。

掔{擥} wàn 同"腕"。

鋄 ㊀ wàn 同"鋄",马头上的装饰,多做兽面形。
㊁ fàn 同"盌",杯。
㊂ biān 同"砭",以针刺治病:~剂。

腕 wàn ❶ 胳膊下端与手掌,或小腿与脚相连的部分:手~|脚~|双~。❷ 低等动物口附近的用于捕食或运动的伸长物:口~|~足。❸ 手段、伎俩:何功使愿果,尽力输老~。

擥 wàn 同"掔(腕)"。

𢯷 wàn 同"腕"。

輐 wàn 同"乿(薍)"。

堅 wàn "堅"的讹字。

䮝 wàn 义未详。(《龙龛手鉴》)

輐 ㊀ wàn[輐断]圆转无棱角的样子。
㊁ yuǎn 车具。

㼝 wàn 像玉的美石。

嶌 wàn 同"萬(万)"。

膵 wàn 同"腕"。

贃(賟) wàn ❶ 支财货。❷ 赚:~钱|~得数十万。

嶌 wàn 同"萬(万)"。

鋄 wàn 同"鋄"。

𦥑 wàn 同"萬(万)"。

䊴 wàn 同"綄",牵引船的大绳索。

鄤 wàn ❶ 古乡名。(《说文》)❷ 也作"鄤",古地名,在今河南。

虇 wàn 同"乿(薍)",新生的荻。

䐮 wàn 妄弃财物。

鋄 wàn "鋄(鋔)"的讹字。

鋔 ㊀ wàn 马头上的装饰，多为兽面形：金～镂钖｜首冠～钖。
㊁ jiǎn 在金属器皿上雕刻阴文并捶入金银丝：～金方铁版。

鄤 wàn 同"鄤"。

䯈 wàn 面曲，脸歪斜的样子。

蟃 wàn ❶ 桑虫，俗称桑蟃，即螟蛉。❷［蟃蜒］(-yàn)传说中的怪兽，像狸。

䯘 wàn ❶ 膝䯘。❷ 同"腕"，手腕：左～。❸ 用漆和灰涂抹器物。

鏝 wàn 同"鋔"。

贎 wàn 财物。

鏋 ㊀ wàn(又读 jiǎn)"鋔(鋔)"的讹字。
㊁ mài "镃"的繁体字。

贎 wàn 同"贎"。

贎 wàn 同"贎"。

䶵 wàn 姓。

wāng

尢 ㊀ wāng 同"尢"，跛。
㊁ yóu 同"尤"。
㊂称尤字旁，汉字偏旁或部件。

尣 wāng 跛。

尩{尫} wāng 同"尢"。

尪 wāng ❶ 同"尢"，跛。❷ 中医指胸、脊等部位骨骼弯曲的病症：～痹。❸ 瘦弱：～弱｜～羸。

尫 wāng 同"尪"。

汪 ㊀ wāng ❶ 水大而深的样子：～洋｜有大溪～然。❷ 液体积聚在一处：地上～着水｜眼中～着泪。❸ 拟声词，狗叫声：～的一声｜～的一口咬下来。❹ 量词，用于液体：一～水｜一～血。❺ 姓。❻［汪汪］(-wāng)1. 充满水或泪的样子：水～｜泪～。2. 拟声词，狗叫声：小狗～叫。
㊁ wǎng［汪陶］古县名，在今山西。

迋 wāng 同"尫(尪)"。

恇 ㊀ wāng 残疾人。
㊁ kuāng［恇儴］(-ráng)也作"劻勷"，急迫不安的样子。

尩 wāng 同"尪"。

尳{尳} wāng 同"尪(尢)"。

㛪 wāng 用于女子人名。

涏 wāng 同"汪"。

㳹{㳹} wāng 同"汪"。

尳 wāng 同"尳"。

眐 wāng［眐眐］眼眶里充满泪水的样子。

㾯 wāng 瘦。

𤸎 wāng 同"㾯"。

𤺭 wāng 同"尫(尪)"。

鸉 wāng ❶ 雉名。❷ 雉鸣。

wáng

亡［亾］{亾} ㊀ wáng ❶ 逃；逃跑：逃～｜流～｜～命天涯。❷ 失去；丢失：～羊补牢｜唇～齿寒。❸ 灭；被消灭：灭～｜消～｜～国。❹ 死；死去的：死～｜阵～｜～友。❺ 通"忘"，忘记：～其身失其国者殆。☞亡/趋/走/跑/行/奔/步 见333页"行"字条。
㊁ wú 通"无(無)"。1. 没有：抱布贸丝，交易有～。2. 不：所过～得卤掠，秦民皆喜。

王 ㊀ wáng ❶ 君主，最高统治者：帝～｜国～｜先～之道。❷ 古代最高爵位：～爵｜～侯｜亲～。❸ 朝见天子：宋公不～。❹ 某一族类或群体的首领：蜂～｜花～｜占山为～。❺ 大；辈分高：～父(祖父)｜～母(祖母)。❻ 姓。
㊁ wàng ❶ 称王，统治一国或一地：～此大邦｜先破秦入咸阳者～之｜使子孙～千万世。❷ 封……为王：宜悉～诸功臣。❸ 通"旺"，旺盛：神虽～，不善也。

亾 wáng 同"亡"。

𡈼 wáng 同"王"。

仼 wáng 同"彺"。

𠕎 wáng 义未详。(《字汇补》)

㞷 wáng 同"王"。

彺 wáng 急急行走的样子:不～见。

𡖇 wáng 同"王"。

𦬒 wáng 同"莣"。

莣 wáng 又称芒草、杜荣,多年生草本植。

蚟 wáng[蚟孙]也作"蚟蟓",蟋蟀。

𡶐 wáng 古山名。(《集韵》)

𧿈 wáng 义未详。(《龙龛手鉴》)

𦏹 wáng 义未详。(《改并四声篇海》)

𩵽 wáng 鲔。

wǎng

𠔿 wǎng 同"网"。

冈 wǎng 同"网"。

㓁 wǎng 同"网"。

𠕎 wǎng 同"网"。

网(網) wǎng ❶用绳、线等结成的捕鱼或鸟的器具:渔～|鸟～。❷用网捕捉:～鱼|～鸟|～蝴蝶。❸像网的东西:蜘蛛～|铁丝～|～兜。❹像网一样纵横交错的组织或系统:法～|通讯～|火力～。❺互联网,若干计算机相互连接的网络:～站|～页|上～。

𦉪 wǎng 同"网"。

𦊁 wǎng 同"罔"。

𦉫 wǎng 同"网"。

𣲗(瀇) wǎng 水深且广阔的样子:～滉困泫。

𡧊 wǎng 同"罔"。

𫞩 wǎng 同"枉"。

𦱊 wǎng 同"菵"。

菵 wǎng 同"𦱊"。

𢃏 wǎng 同"网(網)"。

𦉰 wǎng 同"网"。

𦊂 wǎng 同"网(網)"。

𡇈 wǎng 同"网"。

𡧋 wǎng 同"罔"。

枉 wǎng ❶弯曲;不直:矫～过正|立直木而求其景(影)之～|走了不少～路。❷不正直,引申为错误:事有～直|矫秦之～。❸使歪曲:贪赃～法。❸受屈:冤～|～遭诬陷。❹副词,徒然;白白地:～费心机。

𦉲 wǎng 同"网"。

𦊃{𦊄、𦊅、𦊆} wǎng 同"网(網)"。

罔[罔] ㊀ wǎng ❶同"网(網)",狩猎工具:四面张～,焚林而猎。❷编织:～薜荔兮为帷。❸害;陷害:～民|～陷其民|～人以自利。❹蒙蔽:欺～|欺下～上|鉴别稍疏,即为所～。❺迷惘无所得:学而不思则～。❻邪僻;不正直:人之生也直,～之生也幸而免。❼无;没有:药石～效|置若～闻。❽副词,不;不要:～知所措|～失法度,～游于逸,～淫于乐。

㊁ wáng 姓。

往[徃] wǎng ❶去;到:～返|～来|前～。❷介词,朝;向:～上看|人～高处走,水～低处流。❸过去:～年|～昔|～事。☞往/之/适/如/赴/去 在古汉语中,"往、之、适、如"是同义词,都指到某地去,但"之、适、如"都是及物动词,可带宾语,而"往"是不及物动词,不带宾语。"之秦"(到秦国去)也可说"如秦""适秦",但不说"往秦"。"赴"本指奔向,常特指投身

于水火等凶险的地方。"去"本指离开某地，"去秦"指离开秦国，而不是到秦国去。

迋 wǎng 同"往"。

菵 wǎng 莽草。

徍 wǎng 同"往"。

䋄 wǎng 同"䋞"。

蛧 wǎng［蛧蜽］（-liǎng）同"魍魉（魉）"。

迬｛迬｝ wǎng 同"往"。

迲 wǎng"迬"的讹字。

衎 wǎng 同"往"。

徃｛徃｝ wǎng 同"往"。

紵 wǎng 义未详。（《改并四声篇海》）

菵 wǎng ❶ 菵草，也作"茵草"，又称菵米、水稗子，一年生草本植物，可做饲料。❷ 一种毒草：～露夜沾衣。

梑 wǎng 同"枉"。

輞 wǎng 同"辋（輞）"。

誷 wǎng 同"誷"。

淽 ㊀ wǎng ❶ 大水的样子。❷ 古水名，在今安徽。❸［淽陶］同"汪陶"，古县名，在今山西。
㊁ wāng 积水处，也作"汪"。

溰 wǎng［溰陶］同"汪陶"，古县名，在今山西。

潤 ㊀ wǎng 水名，在四川。
㊁ mǎng［潤沆］（-hàng）也作"漭沆"，水大的样子。

浧 wǎng 同"往"，特指从水路前往：横江、湘以南～。

惘 wǎng 怅然失意的样子：怅～｜迷～｜～然若失。

敱 wǎng ❶ 放逐。❷ 同"枉"。

棢 wǎng 同"辋（輞）"。

跮 wǎng 违背。

辋（輞） wǎng 车轮的外框：车～。

閍 wǎng 水。

暀 wǎng 同"暀"，用于人名：刘～（唐代人）。

暀 ㊀ wǎng 光；日光。
㊁ wàng 同"旺"，兴盛：气甚清～。

蛧 wǎng 同"蜩"。

溰 wǎng 池水不流动。

網 wǎng 同"網（网）"。

輞 wǎng 同"輞（辋）"。

颰 wǎng ❶ 经风。（《字汇补》）❷［颰颲］（-liǎng）同"魍魉"，传说中的怪物。

誷 wǎng 同"誷"。

逛 wǎng 义未详。（《字汇补》）

聜 wǎng 耳病。

蝄｛蝄｝ wǎng［蝄蜽］（-liǎng）"魍魉"，传说中的山川精怪。

罔鬼 wǎng 同"魍"。

罒｛罒｝ wǎng 同"網（网）"。

魍 wǎng 同"魍"。

誷 wǎng 也作"罔"，欺罔；蒙骗：空借鬼神以～将来。

罖 wǎng 同"网"。

魍 wǎng［魍魉］（-liǎng）1. 传说中的山川精怪：魑魅～。2. 影子的轮廓：～移深树。3. 渺茫无据：～不知所往。

wàng

妄｛妄｝ wàng ❶ 荒谬不合理：狂～｜虚～｜～言。❷ 副词，任意；胡乱：～动｜～加猜疑｜～作主张。

迋 wàng 到；前往：～劳于东门之外。

朢 wàng 同"望"。

𡶖 wàng 古山谷名。（《玉篇》）

忘{㤀} wàng ❶不记得：～记｜健～｜备～。❷遗失；舍弃：不愆不～，率用旧章｜贫贱之知不可～。❸无：天下～干戈之事。❹通"妄"：不知常，～作，凶。

旺 wàng ❶兴盛；繁盛：～盛｜兴～｜～季。❷火势大：～火｜火着得很～。❸多；充足：奶水～｜井水很～。

𥃝 wàng［𥃝洋］也作"望洋"，仰视的样子：～向若而叹。

𡶖 wàng"𡶖"的讹字。

朢 wàng 同"望"。

望{朢}[朢]{朢、朢、朢} wàng ❶往远处看：眺～｜一～无际｜登高远～。❷盼，内心期待：盼～｜喜出～外｜大失所～。❸名声；声誉：名～｜威～｜德高～重。❹探访问候：看～｜拜～。❺月相名，农历每月十五日（有时是十六或十七日），地球运行到太阳和月球之间，从地球上可看到圆形的月亮。❻介词，朝；向：～外走｜～前看｜～多说。❼姓。

𢗰 wàng 狡诈。

𡵨 wàng 同"望"。

𣫼 wàng 同"望"。

𦣠 wàng 同"望"。

䀮 wàng 看。

𧪿 wàng 同"妄"，欺骗；瞒哄。

𥅰 wàng 同"旺"。

𧩼 wàng 同"謹"。

誑 wàng 同"謹"。

𥳑 wàng ❶竹名。❷竹子的颜色。

醟 wàng［泼醟］也作"酦醟"，酒。也单称醟：糟醟。

謹{譁} wàng ❶责备。❷欺骗。

𧮭 wàng 义未详。（《改并四声篇海》）

wēi

𠂊 ㊀ wēi ❶高。❷仰头。❸同"危"，危险。
㊁ yán 同"檐"，屋檐。

𡶒 wēi 同"危"。

𡶨{𡶨} wēi 同"危"。

岺 wēi"𡶨（危）"的讹字。

危 wēi ❶高；高处：～楼｜～峰｜拱木不生～。❷不安全：～险｜～急｜转～为安。❸人将要死亡：病～｜临～。❹损害：～害｜～及生命。❺端正：～坐。❻姓。

𡶙 wēi"𡶨（危）"的讹字。

威 wēi ❶使人敬畏的力量或气势：示～｜权～｜狐假虎～。❷凭借力量或势力：～胁｜～逼。❸威慑；震慑：刑以～四夷｜吾三战而三胜，声～天下。

𠴨 wēi［𠴨呀］叹词，表示焦急、痛苦等。

𢼸{𢼸} wēi（旧读 wéi）微小，后作"微"。

倭 ㊀ wēi［倭迟］同"逶迤"。
㊁ wō 古代称日本：～寇。
㊂ wǒ［倭堕］（-tuǒ）古代妇女发髻歪在一侧的发式：头上～髻。

烓 wēi 古代便于移动或携带的火炉。

逶 wēi［逶迤］（-yí）也作"委蛇"。1. 道路、河流、山脉等弯曲而绵延的样子：山路～｜深谷～｜五岭～腾细浪。2. 曲折行进：～复道｜～来至怡红院中。3. 婉转：醉舞婆娑，笑语～。4. 从容自得的样子：～退食，足抑苟进之风。

㟪 wēi 同"崴"。

偎 wēi ❶隐藏；不明晰：～人｜不～不爱。❷紧挨着；亲密地靠着：～依｜～山靠水｜小孩儿～在母亲的怀里。❸安慰；劝诱：只怕女儿不肯，须是缓缓的～他。

倭 wēi［倭他］（-yí）同"逶迤"。

㞏 wēi 同"危"。

痿 ㊀（瘖）wēi 叹词，呼喊声：于临阵之际，齐声大喊"阿～～"，以助军威。

㊁ yìn 同"瘖"。

隇 wēi［隇陕］（-yí）也作"威夷"，险阻；危难：历魂～。

隈 wēi ❶ 山、水弯曲的地方：一山之～｜～隩｜水～。❷ 角落：墙～｜城～｜四～。

隗 wēi 同"隈"。

堿 wēi ❶ 决塘。❷ 掩盖；埋藏：～沙。

搣 wēi 使细长的东西弯曲：把铁丝～个弯儿。

堒 wēi［堒壘］（-lěi）高低不平的样子。

揋 wēi 掎。

葳 wēi［葳蕤］（-ruí）1. 草木茂盛、枝叶下垂的样子：兰叶春～｜枝叶～。2. 羽毛饰物的样子：望翠华兮～。3. 华美；艳丽：妾有绣腰襦，～自生光。4. 柔弱；萎靡不振：～自守｜纷纶～，堙灭而不称。5. 也作"委蕤"，又称玉竹，多年生草本植物，根茎可供药用。

蒠 wēi 草名。

椳 ㊀ wēi 农具名。

㊁ ruí 同"桵"。

喴 wēi ❶ 拟声词：～地一声，火车开动了。❷ 助词，表示招呼的语气：你过来～！

崴 ㊀ wēi［崴嵬］（-wéi）1. 山高的样子。2. 高低不平的样子。

㊁ wǎi ❶［崴𡾰］（-huài）山谷不平的样子。❷ 山、水的弯曲处，多用于地名：南～子｜三道～子（均在吉林）。❸（脚）扭伤：～了脚。

嵔 ㊀ wēi［嵔礧］（-léi）也作"嵔垒"，山名。

㊁ wěi 山高不平的样子。

㟪 wēi 同"嵔"。

㣲 wēi 同"微"。

𢕟 wēi 同"微"。

渨 wēi ❶ 沉没。❷ 水弯曲处：碧水～。❸［渨涹］（-wō）也作"溾涹"，污秽：荡～之奸咎。

溾 wēi ❶［溾涹］（-wō）污秽。❷ 古水名，在今湖北。

愄 wēi 中善。

㵟 wēi［㵟夷］西陵名。

媙 wēi 女子貌美的样子。

缌（緦）wēi 五彩丝做成的节状饰物，像莙草。

薇 wēi 同"微"。

楲 wēi ❶ 小便器：～窬（便筒）。❷ 决塘木，蓄水塘连通沟渠的闸栅。

椳 wēi 门臼，承托门户转轴的物件：～闑居楔，各得其宜。

𢽾 wēi 同"微"。

微 wēi ❶ 隐蔽、藏匿，引申为不显露：物有出～而著｜君子隐而显，～而明。❷ 暗中；秘密地：～谏不倦｜使人～捕得李牧。❸ 精妙；深奥：～妙｜～言大义。❹ 小；细小：～风｜防～杜渐。❺ 衰落；衰败：衰～｜式～。❻ 地位低下；卑贱：卑～｜人～言轻。❼ 无；没有：～赵君，几为丞相所卖。❽ 副词，稍稍；稍微：～感不适｜面色～红。❾ 量词，古代极小的量度单位，一寸的百分之一；一两的百万分之一。❿ 与某物理量度单位连用，表示百万分之一：～米。☞微／略见 612 页"略"字条。

㣲 wēi 同"微"。

諉 wēi 呼人；呼声。

煨 wēi ❶ 余烬；热灰：～炭｜民争取～以汰宝。❷ 在有余火的灰里把食物烧熟：～白薯｜～栗子。❸ 用微火炖熟或加热：～鸡汤｜～牛肉。❹ 焚烧：～帛纸｜～于火。❺ 中药制法之一，把药材裹在湿润的面粉或多层纸里加热，以减少油分：～木香。

溦 ㊀ wēi 小雨。

㊁ méi 水边，也作"湄"。

䘙 wēi 脏衣服。

䅏 wēi 同"桵"，农具名。

螴 ㊀ wēi ❶ 同"蜲"。❷［蝛蝛蜿蜿］（-wēiwǎnwǎn）龙蛇盘曲的样子：振鳞奋翼，～。

㊁ wěi［蝛蝛］（-shǔ）也作"委黍"，即鼠妇，

甲壳动物。

𡽉 wēi 同“微”。

𧝎 wēi 脏衣服。

㞇 wēi［屣㞇］（zuī-）见 1317 页“屣”字条。

蝛 wēi 蚆蝛。

蜲 wēi 水蜲，虫名。

覣 wēi 以眼色挑逗、引诱。

㮃 wēi［㮃舭］（-hū）独木船。

逶 wēi［逶迤］（-yí）同“逶迤”。

煨 wēi 同“烓”。

薇 wēi 野豌豆。

𤍽 wēi 同“烓”，古代便携式三角暖炉。

𢕌 wēi 同“微”。

𧣨 wēi 角中部的弯曲处。

𣽏 wēi 同“溦”。

𩔈 ㊀ wēi 女随人。
㊁ tuí 同“隤（隤）”，坠下。

鳂（鰃） wēi 鳂鱼，生活在热带海洋中。

𤎩 wēi 同“煨”。

𤃵 wēi“溦（微）”的讹字。

𪊨 wēi 供食用的腐制鹿肉。

巍 wēi 高大：～峨｜～垣｜～～高山。

𡿆 wēi 同“巍”。

𡾛 wēi 同“巍”。

鰄 wēi 鱼名。

𩙤 wēi 义未详。（《改并四声篇海》）

𩆭 wēi 同“溦”，小雨。

黴 wēi 污。

𪒠 wēi 同“黴”。

鰴 wēi 鱼名。

wéi

囗 ㊀ wéi 同“围（圍）”。
㊁ guó 同“国（國）”：有道之～。
㊂称方框或国字框，汉字偏旁或部件。

韦（韋） wéi ❶背离，后作“违（違）”：依～｜又怕～了老人家。❷熟皮，去毛鞣制过的兽皮：～裤｜～弦｜制履之～。❸姓。

为（爲）｛為｝ ㊀ wéi ❶制作，泛指做、干：散木也，以～舟则沉｜～所欲为｜事在人～。❷当作；充当：拜他～师｜俯首甘～孺子牛。❸变成：一分～二｜化～乌有｜变沧海～桑田。❹是；称为：言～心声｜十升～一斗｜北冥有鱼，其名～鲲。❺参与：道不同不足～谋。❻介词，被；向：～人所笑｜不足～外人道。❼助词，表示语气等：何以家～？｜一人专心致志，惟弈秋之～听。❽后缀：广～传播｜极～重要｜颇～便利。
㊁ wèi ❶介词。1. 表示行为的对象：～人民服务。2. 表示行为的目的：～中华之崛起而读书｜～美好的明天而努力。3. 表示行为的原因：～此而抱恨终生｜别～一点儿小事而争吵不休。❷通“伪（僞）”，虚假：～诈而巧，言无用而辩。

圩 ㊀ wéi（又读 yú）❶低洼之处挡水护田的堤坝：～岸｜筑～防水。❷有圩围着的地方：～田｜盐～。
㊁ xū 也作“墟”，集市：赶～｜～场｜～日。

㕒 wéi 同“违（違）”，违反：～法。

违（違） wéi ❶离别；远离：～远以来｜久～了。❷背离；不遵从：～反｜～法｜事与愿～。❸避开：～害就利｜举族东迁，以～患难。❹邪恶；错失：昭德塞～｜鉴前事之～，存矫枉之志。

围（圍） wéi ❶环绕；四周拦挡起来：～绕｜～墙｜包～。❷四周：周～｜外～。❸某些物体的周长：腰～｜胸～。❹围起来用作拦挡的东西：墙～｜堤～。❺量词。1. 两手拇指与食指合拢的长度：腰粗十～。2. 两臂合拢的长度：树粗十～。

帏(幃) wéi ❶香囊:佩~。❷帐子;幔幕:罗床~|翡翠~。

闱(闈) wéi ❶古代宫室的侧门:宫~(宫殿内)。❷科举考场或考试:春~|秋~|入~。❸女子居住的屋室:绣~|房~。

沣(湋) wéi ❶古水名,在陕西。❷用于地名:~源口(在湖北)。

沩(溈) ㊀wéi 水名,在湖南。
㊁guī 古水名,在今山西。

爲 wéi 同"爲(為,为)"。

溈 wéi 水名,松滋河支流,在湖北。

桅 wéi 桅杆,立于帆船上用于挂帆的长杆:~樯|高~。

圍 wéi 同"圍(围)"。

凬 wéi 义未详。(《字汇补》)

涠(潿) wéi ❶污浊的积水:湍~亦腾声。❷用于地名:~洲(岛名,在广西北海南部海域)。

爲 wéi 同"为(爲)"。

蔿 wéi 同"蔿"。

帷 wéi 同"帷"。

唯 wéi ❶(旧读 wěi)叹词,应答声,表示答应:伏而~~。❷副词,也作"惟""维(維)"。1.独;只:~恐|~利是图。2.听凭;任随:~公所赐|~所用之。❸助词,也作"惟""维(維)",表示肯定:如月如日,~君之节。☞唯/惟/维 三字本义不同,有时通用。现在一般写法是:"唯独、唯恐、唯利是图、唯其、唯一、唯有"不写"惟";"恭维、思维、进退维谷"不写"惟";"惟妙惟肖"不写"维"。

帷 wéi 围在四周的帐幕:~幕|窗~。

惟 wéi ❶思考,后作"维(維)":窃~天下之事,变不可测。❷同"唯"。1.单单;只:孤帆远影碧空尽,~见长江天际流。2.犹;还:地薄~供税,年丰尚苦贫。3.则:德威~畏,德明~明。4.用于句首,无实义:~十有三祀,王访于箕子。❸(旧读 wěi)[惟惟]也作"唯唯",应答之词:~而亡者诽也。☞惟/唯/维 见987页"唯"字条。

维(維) wéi ❶系物的大绳,引申为纲纪;纲要:系~于巨舟之尾|国有四~。❷系;连结:~系|统而~之。❸保持;保全:~持|~护。❹思考:思~。❺几何学及空间理论的基本概念:一~(指直线)|二~(指平面)|三~(空间、立体的)。❻助词,表示语气:~鹊有巢|百工~时。☞维/唯/惟 见987页"唯"字条。

琟 ㊀wéi 像玉的美石。
㊁yù[鸀琟](zhú-)同"鸀鳿",水鸟名。

嘩 ㊀wéi ❶叹词,呼声。❷失声。
㊁wèi 拟声词,小儿啼哭声。

嵬 wéi ❶(山势)高大:~然。❷[嵬峨](-é)也作"巍峨",高大雄伟的样子。

惟 wéi 同"惟"。

艉 wéi[艉艧](-huò)帆船。

爲 wéi 同"为(爲)"。

潙 wéi 同"溈(沩)"。

惟 wéi 同"惟"。

違 wéi 同"違(违)"。

媁 ㊀wéi 不高兴的样子。
㊁wěi ❶容貌丑。❷放纵自己。❸美好的样子。

醀 wéi 酒醉的样子。

爲 wéi 同"为(為)"。

韋 wéi 同"韋(韦)"。

韙 wéi 同"违(違)"。

韙 wéi 同"韙(违,違)"。

韙 wéi 同"韙(违,違)"。

䦱 wéi 义未详。(《玉篇》)

蓶 wéi 菜名。

蔿 ㊀wéi ❶蓝、蓼类植物抽穗开花。❷又称莎蔿,莎草。
㊁wěi ❶花或瓜果的蒂。❷草木叶新长出的样子。

䧦 wéi 同“帷”。
闈 wéi 门危。
鄬 wéi ❶ 古地名，在今河南。❷ 同“隝”。❸ 姓。
鮠（鮠） wéi ❶ 鳠鱼、又称鮰鱼。❷ 又称江团，鮠科鮠属鱼类名，生活在长江流域。
䔺 wéi 同“韋(韦)”。
潍 wéi 同“潍(濰)”。
潍（濰） wéi 潍河，水名，在山东。
隝 wéi 也作“鄬”，春秋时郑国坂名，在今河南。
煒 wéi 同“韦(韋)”。
醀 ㊀ wéi 肉酒。㊁ zhuì 病。
𡽅 wéi［崛𡽅］(jué-)山名，在山西。
貛 wéi 哺乳动物。
䩈 wéi 同“𥳑(违，違)”。
𩏂 wéi “韡(韡)”的讹字。
蘬 wéi 飞的样子。
䲁 wéi 义未详。(《龙龛手鉴》)
䉠 wéi 同“薇”。
䩐 wéi 义未详。(《改并四声篇海》)
䙟 wéi 同“褢(襹)”。
䔺 wéi 同“韦(韋)”。
韡 wéi 同“韡”。
韡 wéi 同“韡”。
鄬 wéi 同“鄬”。
薩 wéi 同“蓶”。
闈 wéi 同“闈(闱)”。

䦱 wéi 同“䔺(韦，韋)”。
鍏 wéi 臿，耕地农具。
𡖖 wéi 邪僻；不正。
䔺 wéi 同“韦(韋)”。
襹 wéi ❶ 重衣的样子。❷ 下垂。
韡 ㊀ wéi 同“韦(韋)”。㊁ xuē 同“韡(靴)”。
豶 ㊀ wéi 阉割后的猪。㊁ duò 同“豶”。
褢 wéi 同“襹”。
镟（鑶） wéi 悬物钩。
䧦 wéi 义未详。(《龙龛手鉴》)
讙 ㊀ wéi 就；依就。㊁ chuī 责；指斥。
褢 wéi 同“襹”。
瘣 wéi 足疮。
豶 wéi 同“豶”。
䉠 wéi 竹名，即箽竹。
膭 ㊀ wéi 肥。㊁ wèi 肉病。
䴧 wéi 义未详。(《改并四声篇海》)
韡 wéi 束，一说花盛开。
䧦 ㊀ wéi 同“䧦”。㊁ huī 鸟飞的样子。
瞶 wéi 眼病。
䁿 wéi 窥视。
𨑝 ㊀ wéi 同“䁿”。㊁ wěi 身随。
覹 wéi 同“䁿”。
襹 ㊀ wéi 衣。㊁ suì 同“襚”。
䧦 wéi 鸟飞。

蘬 wéi 同“蔿”。

犩 wéi 又称犪牛(夔牛),古代西南山区的一种大野牛。

䰎 wéi ❶神名。❷鬼。

䲁 wéi 同“䲁(䴟)”。

豶 wéi 同“䴟”,阉割后的猪。

䳐 wéi 同“䲾”。

蘬 wéi 同“蘬(蔿)”。

䲁 wéi 同“䴟”。

覹 wéi 看。

鰃 wéi 鱼名。

wěi

伟(偉) wěi 高大;卓越:魁～|宏～|丰功～业。

伪(僞){偽} wěi ❶虚假,不真实:虚～|～造|去～存真。❷不合法的;非正统的:～政府|～军|～组织。

苇(葦) wěi 苇子,芦苇:～席。

芀(蔿){蒍} wěi ❶草名。❷茨草的茎秆。

茾 wěi 草木新生的花。

尾{尾、尾} ㊀ wěi ❶鸟、兽、虫、鱼等躯体末端突出的部分:牛～|虎头蛇～|摇头摆～。❷末端;后部:排～|年～|～灯。❸在后边跟着:～随|～追|～其后。❹量词,用于鱼:买了两～鲤鱼。
㊁ yǐ ❶同“尾㊀❶”:～巴。❷马尾上的长毛;蟋蟀尾部的针状物:马～罗|三～儿(雌蟋蟀)。

纬(緯) wěi ❶织物的横线:～线|～纱。❷东西向的道路:国中九经九～。❸地理学指沿地球表面跟赤道平行的线:～线|南～|北～。❹治理:经天～地|～国以文。❺纬书,东汉以神学附会儒家经义一类的书:谶～|五经六～。

玮(瑋) wěi ❶美玉。❷贵重;珍贵:珍～|明珠～宝。❸珍爱;珍视:～其照乘之珠|～其区域,美其林薮。

炜(煒)

杫(椲) ㊀ wěi 树名。
㊁ huī 同“楎”,钉在墙上挂衣物的木橛。

玮(暐) wěi ❶光很盛的样子:宠华～映。❷日光。

委 ㊀ wěi ❶顺从:优柔～从。❷托付;交付:～托|～派|～以重任。❸抛弃;丢弃:～弃|～之于地。❹推卸;推脱:～过|～罪于人。❺曲折:～曲|～婉。❻颓丧,不振作:～顿|～靡不振。❼水流的下游,比喻事情的末尾:有源有～|究其原～。❽副词,的确;确实:～实|～系实情。❾委员、委员会的省称:编～|党～|省～。
㊁ wēi[委蛇](-yí)1.周旋、应付:虚与～(假意敷衍)。2.同“逶迤”。

炜(煒) ㊀ wěi 色红而有光彩:彤管有～。
㊁ huī 同“烰(輝,辉)”,光辉:青～。

𦬕 wěi “芛”的讹字。

峗 ㊀ wěi 山高峻的样子:～巍。
㊁ wéi 用于地名:三～(在甘肃)|～家湾(在四川)。

峞 ㊀ wěi 同“峗”。
㊁ wéi 覆盖着土的石山。

洧 wěi ❶古水名,即今河南的双洎河。❷古州名,在今河南。❸用于地名:～川(在河南)。

屗 wěi 同“尾”。

蒍 ㊀ wěi 草名。
㊁ wěi 草下垂的样子。

㖂 wěi 叹词,唤鸭声。

崺 wěi 古山名。(《集韵》)

崣 wěi 同“崺”。

浘 wěi ❶泉底。❷[浘浘]水流动的样子:清流自～。❸[浘澗](-lǘ)海水泄处,也作“尾闾”。

诿(諉) wěi ❶烦劳:～大事|执事不～上。❷推托,推卸,也作“委”:推～|～过于人|争功～过。

屖 wěi 同“尾”。

娓 wěi ❶顺从。❷[娓娓]谈论不倦或说话动听的样子:～道来|～动听。

萎 ㊀wěi ❶(植物)干枯;凋落:枯～|～黄|～谢。❷(口语中也读wēi)衰竭;衰落:～缩|气～了|买卖～了|价格～下来了。❸比喻人卧病不起而将死:哲人其～乎?
㊁wèi 喂牛、马等牲畜。

梶 wěi 树梢。

硊 ㊀wěi 同"峗",山高峻的样子。
㊁huì(又读guì)[石硊]地名,在安徽。

峞 wěi 同"魄"。

崣 wěi 同"崣"。

崣 wěi[摧崣](zuǐ-)山高的样子。

骫 wěi 同"骩"。

鄓 wěi ❶[鄓郲](-lěi)不平。❷同"魄"。

覹 wěi 同"骫(骩)"。

痏 ㊀wěi ❶创伤。❷瘢痕。
㊁yù 病。

隗 ㊀wěi ❶高峻的样子。❷倒塌:～若山颓|江～为潭。❸古国名,在今湖北。❹姓。
㊁guī 古山名。(《集韵》)

捔 ㊀wěi ❶抛弃。❷抚摸。
㊁tuǒ 脱落。

㙔 ㊀wěi 同"炜(煒)"。
㊁hán 同"韩(韓)"。

㨗 ㊀wěi 逆追。
㊁huī 同"挥(揮)"。

碨 wěi 同"磈"。

㟪 wěi[㟪㞇](-tuǐ)中风病。

痿 ㊀wěi ❶同"痿",病。❷同"萎",草木枯死。
㊁wèi[鹿痿]同"痲痿"。

磈 wěi 同"魄"。

骪 wěi 同"骩"。

骩 ㊀wěi ❶骨骼弯曲:积～。❷树木弯曲:林木茷～。❸同"委",委曲;枉曲:～天下正法|～于用法。❹[骩骳](-bèi)胫骨弯曲,引申为屈曲:骨衰则～无坚直矣|转觉字画～不成。
㊁wán[骩骳](-pí)同"顽皮"。

骫 wěi 同"骩"。

魄 wěi[魄邦](-lěi)墝埆,土地瘠薄。

僞 wěi 行走的样子。

颓(頠) wěi ❶头俯仰自如,也指头。❷安静;闲逸:闲～。

猥 ㊀wěi ❶多;庞杂:～多|～杂|公务繁～。❷鄙陋;卑鄙:庸～|～贱|～劣。❸谦辞,旧时用于自谦:嘉命～临|～劳屈高就下。
㊁wèi 群狗乱叫。

愇 wěi 同"韪(韙)",是;正确:岂余身之足殉兮?～世业之可怀。

媁 ㊀wěi[媁婑](-něi)容貌美好的样子。
㊁wēi 用于女子人名。

鍉(鍉) ㊀wěi 同"韪(韙)"。
㊁dī[鍉鞻氏](-lóu-)也作"鞮鞻氏",周代乐官名。

碨 wěi 同"碨"。

㟪 wěi 同"㟪"。

殨 wěi ❶[殨殊](-chì)也作"殨殁",不知人。❷[殨殁](-tuǐ)弱。

韪(韙) wěi ❶是;正确:五不～|冒天下之大不～。❷赞美:京室密清,罔有不～。❸美好:～德。

䇻 wěi ❶竹名。❷帚。

艉 wěi 船体的尾部。

䫋 wěi 同"㟪"。

腲 wěi ❶[腲脮](-něi)舒缓的样子:鸱、鸦(鴉)饱～。❷[腲脮](-tuǐ)肥;肥的样子:形裁～。

痿 wěi ❶中医指身体某一部分萎缩或失去功能的病:～病|下～|阳～。❷衰竭;枯萎:病者～黄|百草～死。

屗 wěi 同"尾"。

䩻 wěi 赤色。

撱 ㊀wěi 同"捔",抛弃;抚摸。
㊁tuǒ 同"椭",椭圆形;使成椭圆形。

磈 wěi 同"碨"。

碨 ㊀wěi ❶[碨磊]也作"碨礧",山石或山势不平的样子:～山垒。❷[碨碨]

(-yā)地形不平的样子：磈礏而～。
㊁ wèi 石磨，也用于地名：～峪(在陕西)。

磈 ㊀ wěi ❶［磈硊］(-wěi)山石的样子。❷高峻的样子：奇～。❸同"硊"。
㊁ kuǐ［磈磊］(-lěi)1. 石不平的样子：～冲波白。2. 淤积在胸中的不平之气：为舒～凭栏眺。

隗 wěi 同"嵬"，山势险峻。

愧 wěi 同"魄"。

鲔(鮪) wěi ❶鲟鱼和鳇鱼的古称。❷白鲟的古称，又称象鱼、剑鱼、琴鱼。❸鲔鱼，生活在海中。

瘴 wěi 弱病。

羻 wěi 众羊挤在一起。

飛 wěi 同"鯤"。

違 wěi 姓。

煒 wěi 同"炜(煒)"，光。

踓 ㊀ wěi 跑的样子。
㊁ cù 同"蹴"，踩；践踏。

篔 wěi 筐。

篳 wěi ❶竹名。❷同"苇(葦)"，芦苇。

餵 ㊀ wěi 食余。
㊁ wèi 同"粻"，粥。

腐 wěi 美。

羵 wěi ❶［羵羵］羊相互追逐的样子：其类～然。❷公羊。

寪 ㊀ wěi 屋檐外伸的样子。
㊁ wéi［隉寪］(niè-)不安的样子。

蓫 ㊀ wěi ❶草名。❷姓。
㊁ yuǎn［蓫志］同"远志"，多年生草本植物，根可供药用。

蘒 wěi 同"韡"，盛大的样子。

闈 wěi ❶门高大。❷高大的门。

暐 wěi 日光。

犪 ㊀ wěi 牛名。
㊁ wéi 同"犩"。

餵 wěi 同"尾"，尾巴。

颹 wěi［颹颹］(-yí)也作"颹颹"，风偃物。

蔿 wěi 青黄色；青黑色。

磈 ㊀ wěi ❶［礶磈］(cuī-)也作"礶嵬"，山高。❷众石的样子。
㊁ kuǐ 同"磈"。

矏 wěi［矏矏］眼睛秀美的样子。

蝰 wěi 虫名。

艬 wěi 船摇晃的样子。

鍡 wěi［鍡鑸］(-lěi)不平的样子，也作"鍡鑘、碨礧、碨磊"。

鍡 wěi 金鍡。

颹 wěi 同"颹"。

瘍 wěi 口角歪斜。

癓 wěi［癓㿉］(-tuǐ)同"㟪㿉(㟪㞜)"。

濆 wěi 同"澧"。

壝 wěi ❶祭坛或行宫周围的矮墙，也指祭坛：三重～墙｜礼皇地于北～。❷筑土建围墙：～宫。

擴 wěi 同"捨"，抛弃。

嘬 wěi 相欲伏。

篙 wěi 笋皮，一说竹皮。

飀 wěi 刮大风的样子。

澧 ㊀ wěi［澧澧］(-wěi)鱼行相随的样子。
㊁ duì［澧沱］(-duò)沙石随水流动的样子。

瀆 wěi 水流动的样子。

飄 wěi 同"飀"。

韓 wěi 同"韡"，明盛的样子。

貗 wěi 猪名。

韡 ㊀ wěi［韡韡］(-wěi)明盛的样子。
㊁ xuē 同"鞾(靴)"。

⿵門爲 ㊀ wěi 开门：～门。㊁ kuā 门不正开：开门～｜门常～。

⿰亻颹 wěi 同“颹”。

⿰魚鬼 wěi 鱼名。

⿰黄戉 wěi 同“蔿”。

⿵門蔿 wěi 同“⿵門爲”。

⿰亻⿰風韋 wěi 同“颹”。

⿱文亹 wěi 同“亹”。

⿰飠盧 wěi “饐”的讹字。

饐 wěi 食后复吐。

⿰月巂 ㊀ wěi ❶ 疮。❷ 同“⿸疒巂”。㊁ juǎn 同“臇”。

亹 ㊀ wěi［亹亹］(-wěi) 1. 勤勉不倦的样子：～文王。2. 水缓缓流动的样子：清流～。3. 委婉动听：余音～。㊁ mén ❶ 山峡两岸对峙如门的地方：凫鹥在～。❷ 用于古地名：～源（今作“门源”，在青海）。

⿱文⿱目盅 wěi 同“⿱文亹(亹)”。

⿰韋雩 wěi 同“韡”，明盛的样子。

⿰飠盧 wěi “饐”的讹字。

⿰魚⿱盧 wěi 鱼名。

⿸疒巂 ㊀ wěi ❶ 疮裂。❷ 疾病。㊁ huà 愚昧。

⿱亹豕 wěi 同“亹”。

⿱文亹 wěi 同“亹”。

⿱亹灬 wěi ❶ 同“亹”。❷ 数量极多的样子：～～恒沙。

wèi

卫（衛） wèi ❶ 保护；防护：保～｜自～｜门～。❷ 防护人员：警～｜后～｜～队。❸ 明代屯兵驻防的地方，后用于地名：天津～（即天津）。❹ 周代诸侯国名，在今河南北部和河北南部一带。❺ 姓。

为（爲） wèi 见 986 页 wéi。

未 wèi ❶ 地支的第八位。❷ 未时，指下午 13 时至 15 时。❸ 将来：～来｜征（徵）其～。❹ 副词。1. 不：～必｜～便｜～知可否。2. 没；不曾：～曾｜～婚｜防患于～然。❺ 助词，表示疑问，否：寒梅著花～？｜君知其意～？

⿰未阝 wèi 地名。

位 wèi ❶ 人所在的地方：座～｜到～｜就～。❷ 地位；职位：名～｜学～｜身居高～。❸ 君主的地位：皇～｜即～｜退～。❹ 每个数码在数中所占的位置：个～｜十～｜百～。❺ 量词，用于人（含敬意）：三～｜各～｜诸～。

茉 wèi 同“菋”。

味 ㊀ wèi ❶ 舌头品尝东西时得到的感觉：酸辣～｜菜～偏咸｜五～俱全。❷ 鼻子闻东西时得到的感觉：香～｜辣～｜闻到一股臭～。❸ 指某些食物的品类：海～｜野～。❹ 人对事物的体会或感觉：玩～｜趣～｜人生百～。❺ 量词。1. 用于食物：酒过三巡，菜过五～。2. 用于中草药的种类：这个药方还缺两～｜六～地黄丸。㊁ mèi ❶ 光泽：瓦不成～。❷ 姓。

⿱田巳｛⿱田⿻巳丨、⿱田⿻巳丨｝ wèi 同“畏”。

⿰山未 wèi 山名。

⿰忄为 wèi 同“烩(憎)”。

⿱田⿱丄厶 wèi 同“⿱丰⿱田口”。

⿱申去 ㊀ wèi 同“⿱丰⿱田口”。㊁ sháo 望。

⿱田区 wèi 同“畏”。

畏 ㊀ wèi ❶ 害怕：～惧｜无～｜不～艰险。❷ 担心：娇儿不离膝，～我复却去。❸ 敬佩：～天｜敬～｜后生可～。☞畏／惧／恐／怕 四字都表示害怕。“畏”的对象最初为天地、鬼神，故常含敬畏义，如“畏我父母”“后生可畏”。“惧”在害怕中常含警戒义，如“豕人立而啼，公惧”。“恐”所指的害怕程度较深，常含恐怖义，如“星坠木鸣，国人皆恐”。“怕”本指恬淡，中古以后才用于害怕义。㊁ wēi ❶ 同“威”：天明～｜～乎如雷霆。

❷ 姓。❸［畏垒］也作"畏(𡷊)垒",古山名,在今山东,一说在今陕西。

胃 wèi ❶ 胃脏,人和某些动物的消化器官之一,能分泌胃液,消化食物。❷ 星名。

㷉 wèi"畏(畏)"的讹字。

貊(獩) wèi［貊貊］(-mò)也作"貊貊",古国名,在今中国东北和朝鲜北部。

烩(憒) ㊀ wèi 嫌恶;憎恶。㊁ kuài 通"快":～马高缠鬃。

𡗗 wèi"軎"的讹字。

軎 wèi 古代套在车轴两端的圆筒形部件,用青铜或铁制成。

㷉 wèi 同"畏"。

㷉 wèi 同"畏"。

㷉 wèi 同"畏"。

㷉 wèi 同"尉"。

莯 wèi 五味子,落叶藤本植物,果实可供药用。

硙(磑) ㊀ wèi ❶ 石磨:造制碾～。❷ 磨碎:～茶。㊁ ái［硙硙］(-ái)1. 洁白光亮的样子:白～|白刃～。2. 坚硬:石～|行积冰之～。

谓(謂) wèi ❶ 说;告诉:所～|可～恰到好处|勿～言之不预。❷ 称呼;叫作:称～|～虎於菟|何～良知? ❸ 认为;以为:窃～不可|予～菊,花之隐逸者也。❹［无谓］没有意义;说不出道理:～的牺牲|这种争论实在～。

尉 ㊀ wèi ❶ 古代官名(多为武职):太～|都～|校～。❷ 军衔名,在校级之下:上～|少～|～官。❸ 用于地名:～氏(在河南)。㊁ yù ❶ 用于地名:～犁(在新疆)。❷ 姓。❸［尉迟］姓。㊂ yùn 同"熨"。1. 熨斗:以～安天下。2. 熨烫:淬醯中以～。

覞 wèi 见。

蔇 wèi ❶ 草名。❷ 草木茂盛的样子。

蔇 wèi 同"蔇"。

𣐻 wèi 同"𢍷"。

𢍷 wèi 同"𢍷"。

𢍷 wèi 草木茂盛的样子。

𩲡 wèi［𩲡𩲃］(-tuǐ)病名。

𩲡 wèi 同"𩲡"。

㬚 wèi(又读 huì)"彙(汇)"的讹字。

𨁈 wèi 践,踩踏。

喂［❶❷餵、❶❷餧］ wèi ❶ 把食物等送入人的嘴里:～饭|～乳|～孩子。❷ 拿东西给动物吃;畜养:～牲口|～猪。❸ 叹词,用于招呼、提醒等:～,该走了|～,上哪去?|～,你是谁? ❹ 同"畏",恐惧。

◆"餧"另见 682 页"餧"字条。

𡇱 wèi 同"胃"。

稩 wèi 同"粡"。

猬［蝟］ wèi 刺猬,哺乳动物。

㢈 wèi 隐蔽处。

渭 wèi 渭河,水名,发源于甘肃,流至陕西注入黄河。

愲 wèi［愲怦］(-pēng)不得志的样子。

㷉 wèi 同"尉"。

媦 wèi ❶ 古代对妹妹的称呼。❷ 传说中的动物,像猪。

䮹(䮹) wèi 驴的别称,也作"卫(衛)"。

𣐻 wèi 同"𢍷"。

蔚 wèi 同"蔚"。

嘳 wèi 怒恨声。

䐳 wèi 同"胃"。

腡 wèi 同"胃"。

䪘 wèi 皮。

㢈 wèi 映㢈。

粻 wèi 粥。

熭 wèi ❶光明的样子。❷火光。❸兴盛：～兴｜～然一变。

㷉 wèi 同"粻"。

𩰵 wèi 同"粻"。

頮 wèi 面前；面俯前。

墛 wèi 土地平坦。

蔚 ㊀ wèi ❶草木繁盛；气势盛大的样子：茂树荫～｜～成大国｜～为大观。❷云气弥漫：云蒸霞～｜流云～初展。❸华美；有文采：～为辞宗｜～而不耀。
㊁ yù ❶［蔚蔚］（-yù）忧闷的样子：愁～以慕远。❷用于地名：～县（在河北）。❸姓。

蜼 ㊀ wèi 一种长尾猿，像猕猴而大。
㊁ wěi 虫名，像蜥蜴。
㊂ tóng［蜼渠］同"螐渠"。

㥜 wèi 同"慰"。

𦵏 wèi 同"𦾑"。

𦾑 wèi 曝晒；晒干。

瑇 wèi 同"璏"。

𥊖 wèi 因生气而瞪起眼睛的样子。

螱 wèi［蛒螱］（luò-）见286页"蛒"字条。

𧓊 wèi 同"犚"。

艒 wèi 运船。

𩙲 wèi 义未详。（《玉篇》）

潿 wèi 混乱的样子。

寱 wèi 鱼名，也作"鳚"。

犚 wèi 黑耳牛。

擊 wèi 以手布物。

慰 wèi ❶安抚，使人心安：安～｜～问｜～劳。❷自己感到心安：自～｜欣～｜甚～。❸抑郁：心若县（xuán）于天地之间，～暋沈屯。

𢤺 wèi 同"慰"。

緭 wèi ❶一种丝织品。❷丝絮。

璏 wèi（又读 zhì）剑鞘旁的玉制附件，中有孔，可穿带系在腰间。

踝 wèi 人坐着扭动：莫把黄土～成坑。

罻｛罻｝ wèi ❶捕鸟小网。❷渔网。

错（鐥） wèi（又读 huì）鼎的一种，形制不一。

衞 wèi 同"衛（卫）"。

猬 wèi 哺乳动物，像豪猪，有毛刺。

膭 wèi 肉疾的样子。

鳚 wèi 古代称嘉鱼，也作"寱"。

𧖴 wèi 同"蝟（猬）"。

㷉 wèi 同"𦡪"。

嬇 wèi 同"媦"。

醖 wèi 醉的样子。

殨 wèi［残殨］死物。

蝟 wèi 同"螱"。

魏 wèi ❶周代诸侯国名，在今河南北部、陕西东部、山西西南部一带。❷朝代名。1.三国之一，曹丕所建（220-265年），史称曹魏。2.北魏，北朝之一，鲜卑族拓跋珪所建（386-534年），后分裂为：东魏，元善见所建（534-550年）；西魏，文帝元宝炬所建（535-556年）。❸姓。

䓐 wèi ❶［䓐清］古国名。❷药草名。

螱 wèi 白蚁，一说柱中白蚁所化的飞蚁。

𦡪 wèi ❶卧席。❷垫在下面：枕瓠～芦。

㷉 wèi 同"𦡪"。

𧃒 wèi 同"𦾑"。

藯 wèi［茺藯］（chōng-）同"茺蔚"。

轊 wèi ❶同"䡝"，代指车：～折车败｜羽～｜浮～。❷通"槥"，小棺：归～｜～车。

蟦(𧕋) wèi［肥蟦］同"蜰蟦"。

𧗿 wèi 同"衞(衛，卫)"。

䑊 wèi 运船。

䬑 ㊀ wèi 大风。
㊁ yù 风声。

㿉 wèi ❶［㿉 尵］(-tuǐ) 同"𨇖 㾽"。❷痤。

䡺 wèi 忘记。

轗 wèi 同"䡝"，代指车。

霨 wèi 云起的样子。

蝟 wèi 同"蝟(猬)"。

䳫 wèi 又称火斑鸠，一种小鸠。

𢡟 wèi 说梦话。

鮇(𬶐) wèi ❶鲔的别称。❷鮇科鱼类的通称，生活在近海。

䴳 wèi 哺乳动物，像鼠。

䫻 wèi 用于佛经咒语译音。

蘶 wèi 草、树木割或采伐后再生。

𢖾 ㊀ wèi ❶牛践踏。❷牛蹄。
㊁ guì 牛触人。

獩 wèi 古代东北地区少数民族名。

鮹 wèi 鮹鱼，传说中的怪鱼，像蛇，有四足。

謂 wèi 同"謂(谓)"。

䖶 wèi ❶小虻虫，吸食牛马的血液。❷蛘，米象。

篲 wèi 同"篲"。

䉠 wèi 细竹名。

饖 wèi 食物放置时间过长而变臭。

䛬 wèi 恨言。

轊 wèi 同"䡝"，代指车。

䞔 wèi 同"遗(遺)"，赠。

䘐 wèi 同"躛"。

䜄 wèi ❶称誉坏人：訾～之人，勿与任大。❷虚伪；欺诈：～词｜～言。

䬐 wèi 同"䬑"。

䲁 wèi 同"鮇(𬶐)"。

䮹 ㊀ wèi［䮹䮭］(-mì)马暴跳。
㊁ guì 马性暴烈。

蝛 wèi 蝛蚕。

𧝇 wèi 同"䝐"。

躛 wèi ❶牛用蹄踢以自卫。❷谬误：～言｜此语谅非～。

䜄 wèi 同"躛"。

𧒕 wèi 同"蝛"。

䡺 wèi 丝绳。

䰩 wèi［阿䰩］也作"阿魏"，中草药名，用于消积、解毒、杀虫等。

䝐 wèi 豚类动物。

𧝇 wèi 同"䝐"。

𧞬 wèi 同"䝐(䝐)"。

wēn

昷{𥁕} wēn 同"温"，冷热适中。

塭 wēn 土地温暖。

鄔 wēn 古地名，在今四川。

温{溫} wēn ❶冷热适中：～暖｜～泉｜～带。❷轻度加热使暖：～酒｜～水｜放锅里～一～。❸温度，冷热的程度：气～｜体～｜高～。❹(性情、态度)平和：～和｜～顺｜～良。❺重复体会某种事情：～书｜重～旧事｜～故知新。❻中医指热病：人有寒～之病｜冬伤于寒，春必病～。❼古水名。1.今贵州的洪江。2.今四川的温江。❽姓。

瑥 wēn 用于人名：翟～（晋代人）。

殟 wēn ❶突然失去知觉。❷心闷。

辒（輼）{轀} ㊀wēn 古代的卧车，也指丧车。
㊁yūn［轒辒］（fén-）见 251 页“轒”字条。

昷 wēn 日出而温暖：～凉既竟。

㼔 wēn“瓠”的讹字。

瓰 wēn［瓰瓲］（-tún）瓜名。

𢈈{𢈈} wēn 同“瓰”。

瘟 ㊀wēn ❶瘟疫，急性传染病，也指染上瘟疫：鸡～｜～羊｜～鸡。❷比喻灾祸：遭～。❸发瘟的（用于咒骂）：这个～世界。❹神情呆滞，没有生气；表演乏味：～头～脑｜戏演得太～了，根本抓不住观众。
㊁yūn［瘟瘟］（-yūn）微痛的样子。

豱 wēn 一种头短的猪。

鳁（鰛）{鰮} wēn 鳁鱼，即沙丁鱼，生活在海中。

驅 wēn［驅骊］（-lí）骏马。

轀 wēn 同“辒（輼）”。

䪢 wēn［䪢䪦］（-huái）也作“䪢䪦”“䪢䫈”，古代某些少数民族对盐的称呼。

wén

文 wén ❶彩色交错，引申为花纹、在肌肤上刺画花纹或文字：木器无～｜断发～身。❷文采：言之无～，行而不远。❸礼节仪式：虚～｜繁～缛节。❹文字：中～｜外～｜～盲。❺书面形式的作品：～章｜散～｜作～。❻文科，对文学、语言、哲学、历史、经济、政治、法律等学科的统称：～理分科｜他是学～的。❼自然界或人类社会某些规律现象：天～｜水～｜人～。❽量词，用于旧时的铜钱：两～钱｜一～不值｜分～不取。❾姓。

芠 wén ❶草名。❷［芒芠］古代指宇宙形成前的混沌状态。

彣 wén ❶错综驳杂的花纹或色彩：～彩｜～彰。❷文采：～～彧彧。

驳（駮） wén 红鬃、黄眼的白马。

纹（紋） ㊀wén ❶丝织品上的花纹：条～｜刺绣～。❷物体上呈线条状的纹路：～理｜波～｜皱～。
㊁wèn 同“璺”，缝隙：裂～。

耳{耳} wén 同“闻（聞）”，听见：～风。

炆 wén ❶没有火焰的微火。❷用微火炖食物或熬菜。

疚 wén 义未详。（《字汇补》）

鸡（鳼） wén 幼鹑。

闻（聞） wén ❶听见：风～｜～鸡起舞｜耳～目睹。❷消息，听到的事情：新～｜奇～｜趣～。❸有名望的；出名：～人｜默默无～｜风流天下～。❹名声：丑～｜令～（好名声）。❺用鼻子嗅（气味）：～到一股烧焦味｜这菜～着真香。❻姓。❼［闻人］姓。☞闻/听 在古汉语中，“听”指听的动作；“闻”指听的动作的结果，相当于现代汉语的“听见”“听到”。成语“听而不闻”指好像在听却跟没听见一样，形容不重视或漠不关心。

蚊［螡、蟁］ wén 蚊子，昆虫，种类多，雄蚊吸食花果汁液，雌蚊吸食人、畜血液，能传染疾病。

䎹 wén 同“闻（聞）”。

蚉 wén 同“蚊”。

䎽 wén 同“闻（聞）”。

玟 wén 同“玟”，玉的纹理。

蚊 wén 同“蟁（蚊）”。

鳼 wén 同“鸡（鳼）”。

阌（閺） wén 用于地名：～乡（在河南）。

蟁 wén 同“蟁（蚊）”。

雯 wén 像花纹的云彩。

閺 wén 同“閺（阌，閺）”。

聋{聋} wén 同“闻（聞）”，听见：名～丛林。

駮 wén 同“駮（驳）”。

聕 wén 同“闻(聞)”，听见：～之于先王之法。

敲 wén 摩拭。

敮 wén ❶糜上汁。❷摩。

聋 wén “聋”的讹字。

䮞 wén ❶同“駇(驳)”。❷马不纯。

瘟 wén ❶痴呆的样子。❷失去知觉：天大雪，士～仆。

魰 wén ❶文鱼，又称鳢。❷文鳐鱼。

鳼 wén ❶青鸾，传说中的怪鸟，身五色，面部像人而有头发。❷同“鴍(鸿)”。

鳼 wén 同“魰”。

䎹 wén 同“闻(聞)”。

闅 wén “闅”的讹字。

闅 wén 同“闅(閺，阌)”。

蟁 wén 同“蚊”。

鬝 ㊀ wén 剪发。
㊁ kūn 同“髡”。

䰚 wén 树木威壮的样子。

闅 wén 同“阌(閺)”。

鼤 wén 班(斑)鼠。

闅 wén 古县名。(《改并四声篇海》)

闅 wén 义未详。(《龙龛手鉴》)

蠹 wén 同“蚊”。

蠹 wén 同“蚊”。

䎽 wén 同“闻(聞)”，用鼻子嗅：臊气难～。

wěn

刎 wěn ❶用刀割脖子：执刃～颈｜自～。❷割断；砍断：抽刀而～其蹄。

抆 wěn 擦；擦拭：～泪｜～饰器用、车服。

吻 wěn 同“吻(吻)”。

吻[脗] wěn ❶嘴唇，也指低等动物的口器或头端凸出部分：～部｜接～｜～角(昆虫的嘴或触角)。❷用嘴唇接触表示爱意：亲～｜～别｜～了她一下。❸符合；密合：～合｜与事实相～。

呅 wěn 同“吻”。

忟 wěn 同“忞”，乱。

稳 wěn 同“稳(稳，穩)”。

㪺 wěn 同“抆”。

肳 wěn 同“吻”，动物的嘴。

胷 wěn 同“肳(吻)”。

莇 wěn [钩莇]也作“钩吻”，又称断肠草，常绿缠绕灌木，有剧毒，可做杀虫剂。

㝂 wěn 同“稳(穩)”。

紊 wěn (旧读 wèn)乱；杂乱：～乱｜有条不～。

阌(閺) ㊀ wěn 同“稳(穩)”。
㊁ chuài [阘阌](zhèng-)见1256页“阘”字条。

㝂 wěn 同“稳(穩)”。

㝂 wěn 隐。(《改并四声篇海》)

㓱 wěn 同“吻”。

笏 wěn 截竹。

脗 ㊀ wěn 同“吻”。
㊁ chún 同“唇(脣)”。

㝂 wěn 稳坐。

脗 wěn ❶同“吻”，嘴唇。❷聚筋。

㝂 wěn 同“稳(穩)”。

稳(穩) wěn ❶不晃动；不动摇：～固｜～如泰山｜把椅子放～了。❷不波动；不动荡：～定｜安～｜时局不～。❸使稳定：～住阵脚｜想法～住他。❹沉着，不浮躁：～重｜沉～｜～步前进。❺可靠，有把握：～操胜券｜十拿九～｜～扎～打。

脗 wěn 同“脗”。

穩 wěn 同“稳(穩)”。

穏 wěn 同“穩(稳)”。

穏 wěn 同“穩(稳)”。

噫 wěn［噫嚯］(-yǔn)小口。

蹘 wěn 同“㥲(稳,穩)”。

W

wèn

问(問) wèn ❶请人解答自己不知道或不明白的事情:询～|答非所～。❷慰问,表示关切:～候|～安|～好。❸审讯;追究:审～|～罪|胁从不～。❹管;干预:过～|不闻不～。❺介词,跟;向:～他借笔记本|从不～别人要东西。❻探讨;研究:善～者如攻坚木,先其易者,后其节目。❼通“闻(聞)”,声望;名声:行尽而声～远。❽姓。

㕧 wèn 义未详。(《改并四声篇海》)

汶 ㊀wèn ❶汶河,水名,在山东。❷用于地名:～川(在四川)。
㊁mén［汶汶］污垢,引申为耻辱:受物之～者乎?
㊂wén(又读wèn)姓。

妏 wèn 用于女子人名。

莬 ㊀wèn 草新生;新生的草。
㊁wǎn 草名。

帵 wèn 同“絻”,丧事中用以束发的头巾。

𠁢 wèn 同“问(問)”。

酳 wèn 酒器名。

渂 ㊀wèn 同“汶”。
㊁mín 同“岷”。

溂 wèn 同“汶”,古水名。(《集韵》)

揾{搵} wèn ❶浸入;浸没:～透|～湿。❷按;按住:～住|～倒|～在胸前。❸擦;揩拭:～泪|～不干泪点。❹吻;啃:檀口～香腮|跌了个嘴～地。

裷 wèn 同“絻”,古代丧服之一。

㺳 wèn 同“揾”。

壆 wèn 同“璺”。

㒍 wèn 同“翫(玩)”,戏耍。

顐 ㊀wèn 秃头,也作“顅顐”。
㊁hún［顐顐］(kūn-)秃头。
㊂hùn 同“诨(諢)”,打诨:谐臣～官,怡愉天颜。

璺 wèn 陶瓷、玻璃类器物上的裂纹。

璺 wèn “璺”的讹字。

𡐦 wèn 语之微损。

璺{璺} wèn 同“璺”。

饂 wèn［饂飩］(-èn)1.古代指用麦饭招待来客。2.吃饱;将吃饱。

wēng

翁 wēng ❶鸟头、颈部羽毛:有鸟焉其状如鹑,黑文而赤～。❷父亲:尊～|家～。❸丈夫的父亲;妻子的父亲:～姑(公公和婆婆)|～婿(岳父和女婿)。❹泛指年老的男子:老～|渔～|塞～失马。❺姓。

閔 wēng 同“閔”。

鄒 wēng 古邑名。

滃 wēng 同“翁”。

鞃 wēng 同“鞥”。

裹 wēng 衣;外国衣。

嗡 wēng 拟声词。1.昆虫飞动声:蜜蜂～～地飞在花丛中。2.轰鸣声:耳边～的一声|～～直响。

嵡 wēng 古山名。(《类篇》)

獮 wēng 猪。

閔 wēng ❶让力士举重锤比试强弱。❷一种测量力气的锤。

橳 wēng 又称水橳子，树名。

磂 wēng 拟声词，岩洞、山谷发出的回音：～然而钟。

鎓（鎓） wēng ❶锹形农具。❷有机化合物：～盐。

鹟（鶲） wēng ❶鸟名。❷鸟类的一科：鸟～｜白眉～。

螉 wēng［蠓螉］（méng－）衣名。

蠮 wēng［蠮蠑］（－zōng）寄生于牛、马等家畜皮肤、肌筋上的小虫，也单称螉。

篛 wēng 竹茂盛的样子。

縇 wēng 同“鞥”。

鞥 wēng 靴鞠，也指棉鞋。

頟 ㊀ wēng 同“翁”，鸟颈毛。
㊁ wěng［頟肮］（－yà）也作“勜肮”，倔强的样子。

鹟 wēng 同“翁”。

鰯 wēng 鱼名，生活在海中。

wěng

囨 wěng 圆穴。

奣 wěng ❶天色清明。❷用于地名：～子桥｜～子港｜～子铺。

勜 wěng ❶［勜肮］（－yà）倔强的样子。❷［勜頏］（－xiàng）力气大。

塕 wěng（又读 wēng）❶尘土：高举出埃～。❷［塕然］起风的样子：庶人之风，～起于穷巷之间。

蓊 wěng ❶草木繁茂的样子：～郁葱茏。❷聚集；密集：～胡沙而四塞｜～湛湛而弗止。❸蒜、韭菜、油菜等长花的茎。

嵡 wěng 山的样子。

滃 ㊀ wěng ❶云气升腾：～为云雾｜白云～然四合。❷水势大；水涌出的样子：中有清泉，～然而仰出｜江～奔澜叠。❸浓：～淡失宜｜水墨～染。
㊁ wēng 滃江，水名，在广东。

暡 wěng 室中暗。

暡 wěng ❶［暡曚］（－méng）天未明。❷气盛的样子。

膷 wěng ❶发臭的样子。❷同“臃”，肥。

臃 wěng 肥。

燳 wěng 烟气。

瞈 wěng［瞈矇］（－měng）眼睛模糊不清。

聬 wěng［聬聬］拟声词，耳鸣声。

霸 wěng［霸霸］云的样子。

撸 wěng 叹词，唤牛声。

馞 wěng 香。

鬏 wěng 同“蓊”，草木茂盛的样子。

鼷 wěng 同“馞”。

wèng

瓮［甕、罋］ wèng ❶盛水、酒等的陶器：水～｜～中捉鳖。❷重浊的声气：～鼻｜～声～气。

埯 wèng 墙。

滃 wèng 小水。

齆 wèng 臭气。

甕 wèng 同“瓮（甕）”。

齆 wèng 鼻道堵塞，呼吸不畅，发音不清。

罋 wèng 同“瓮”。

齆 wèng 同“齆”。

齆 wèng 同“齆”。

罋 wèng ❶同“瓮”。❷瓶。

齆 wèng 同“齆”。

爂 wèng 焚烧；点燃。

wō

莴(萵) wō［莴苣］(-jù)又称莴笋,一年或二年生草本植物,是常见蔬菜。

涡(渦) ㊀ wō ❶ 回旋的水流:旋～|水～。❷ 涡状;涡状的东西:～旋(水流回环旋转)|～轮机。
㊁ guō ❶ 涡河,水名,发源于河南,流至安徽注入淮河。❷ 古州名,在今安徽。❸ 姓。

喔 ㊀ wō 小孩啼哭。
㊁ wěi 助词,用于歌曲中的衬字:哎哟～。

猧 wō 小狗。

倭 ㊀ wō 同"猧"。
㊁ wēi［倭猗］(-yī)一种狗。

鳵 wō 鸟猎食后吐出的丸状废物。

涹 wō ❶ 污浊:浞～。❷ 沤;浸渍:～丝。

喔 ㊀ wō 拟声词,公鸡叫声:～～晓鸡鸣。
㊁ ò 叹词,表示了解、领会:～,原来是这样!|～,我想起来了。
㊂ o 表示疑问:到了家,就可吃橘子了～?

煨 wō ❶ 暖的样子。❷ 烧:提水～浴汤。

窝(窩) wō ❶ 鸟、兽、昆虫等的巢穴:鸡～|狼～|马蜂～。❷ 人的安身处;人、动物或物体所占的位置:安乐～|狗趴在门口不动～儿|把保险柜挪个～儿。❸ 凹进去的地方:眼～|酒～儿|山～～。❹ 藏匿(犯法的人或物):～藏|～赃|～主(窝藏罪犯或赃物的人)。❺ 蜷缩不活动;人力、物力等不能充分发挥作用:～在家里|～工|～着大批物资。❻ 郁闷不得发泄:～火|～心。❼ 量词,用于一胎所生或一次孵出的动物:一～猪崽|两～小鸡。

蜗(蝸) ㊀ wō ❶ 蜗牛,软体动物,爬行缓慢。❷ 姓。
㊁ luó 同"蠃(螺)"。1. 蚌类动物。2. 蜗牛。
㊂ guǒ［蜗蠃］(-luǒ)同"蜾蠃"。

痿 wō 同"踒"。

窦 wō 同"窝(窩)"。

堝 wō 土坑,一说同"窝(窩)"。

踒 ㊀ wō 足骨折,泛指骨折或筋骨受伤:折臂～足|手～了。
㊁ wēi［踒跪］(-yí)同"逶迤"。
㊂ ruí［蹯踒］(fán-)见 240 页"蹯"字条。

嗡 wō［嗡咧］(-lie)助词,用于词曲中的衬字。

踷 wō 同"踒"。

wǒ

扼 wǒ"扼"的讹字。

成 wǒ 同"我"。

我 wǒ 代词,用于第一人称,称自己,也泛指自己的一方:自～批评|～家|～国。

犾 wǒ 同"我"。

戎 wǒ 同"我"。

戫 wǒ 同"我"。

扼 wǒ 摘取。

珴 wǒ 同"我"。

挧 ㊀ wǒ 差。
㊁ é 搓。

捤 wǒ"扼"的讹字。

倮 ㊀ wǒ［倮扼］(-wǒ)摘取。
㊁ luò 卷;捋:揎拳～袖。
㊂ luǒ［厮倮］(sī-)揪住推搡;互相拉扯:那妮子把孩儿每～|俺待和这厮,～的见官司。

躭 wǒ 同"我"。

婐 wǒ ❶ 侍候:舜为天子,二女～。❷ 果敢:人风～划。❸［婐妮］(-nuǒ)女子柔媚的样子:珠佩～戏金阙。

觞 wǒ 同"我"。

睋 wǒ 明亮。

奆 wǒ 同"我"。

碅 ㊀ wǒ［碅砈］(-ě)石的样子。
㊁ kē 同"颗(顆)",颗粒。

絼 wǒ 多。

䂺 wǒ 小盛酒器。

䁊 wǒ 义未详。(《龙龛手鉴》)

䅜 wǒ 同"䂺"。

䂺 wǒ 多。

㮧 wǒ 枝条下垂。

鬡 wǒ 也作"鬡鬌""鬟鬌",漂亮的发髻;发髻漂亮。

䰀 wǒ[䰀堕]头发秀美,单用"䰀"义同:䰀髻。

鬌 wǒ[鬌鬌](-chuí)头发美好的样子;美好的头发。

wò

㑅 wò 古地名。(《玉篇》)

肟 wò 有机化合物的一类,由羟胺与醛或酮缩合而成。

炣 wò 煨暖:把夜壶～在被窝里。

沃 wò ❶浇灌:～灌|～水盥手|雪～大地。❷土地肥:～野|～土|肥～。❸古水名,在今山西。❹姓。

枂 ㊀ wò 去树皮。
㊁ yuè 鞍瓦。

卧{臥} wò ❶(人)伏着休息;(动物)趴伏:隐几而～|藏龙～虎|鸡～在窝里。❷躺倒;睡眠:～倒|～病|坐～不安。❸睡觉用的:～室|～具|～铺。❹平放;横陈着:长桥～波|～箜篌。☞卧/睡/眠/寐/寝 见785页"寝"字条。

䀝 ㊀ wò 挖眼睛。
㊁ nài[睉䀝](zhuài-) 见159页"睉"字条。

䓕 wò "䓕(沃)"的讹字。

䔔 wò 英蒻。

䓕 wò 同"沃"。

䔡 wò 英蒻。

斡 wò 同"斡"。

斡 wò ❶用斗取物。❷舀水。

渁 wò 同"沃"。

揞 wò 掏取;挖取。

偓 wò ❶[偓佺](-quán)传说中的仙人。❷[偓僼](-fēng)传说中的仙人。

涴 ㊀ wò 同"汙(污)",污染;弄脏:富贵尘沾～|眉黛猩红～战袍。
㊁ wǎn ❶[涴演]水流回曲的样子:洪澜～而云回。❷姓。
㊂ yuān ❶水名,也作"溾"。❷用于地名:～市(在湖北)。

埢 wò 同"垩(泥)"。

握 ㊀ wò ❶手指弯拢来拿或抓:～手|紧～双拳|手～宝剑。❷掌管;控制:把～|掌～|胜券在～。❸同"捂",遮盖;封闭:两手～起脸来|那里～的住众人的嘴?❹量词,一把:寺后觅方竹数～|掬了一～水来尝尝滋味。
㊁ òu 古代葬俗,死者入殓时把某物握在死者手中:～手(套在入殓死者手上的丧具)。

殗 ㊀ wò 臭气。
㊁ wǎn 人死的样子。

幄 wò 像宫室的帐幕。

焥 ㊀ wò 火烟升起的样子。
㊁ ài[爣焥](tài-) 见924页"爣"字条。

渥 ㊀ wò ❶沾湿:浇洒～成泥。❷厚;丰盈:优～|台爱至～|芳郁～而纯美。
㊁ wū ❶水声。❷陷入泥中:车在泥洼子里～住了。
㊂ wǔ 通"捂",遮盖或封闭:～汗|脚冻得发木,脱鞋上炕～一～。

媉 wò 容貌美丽。

䔲 wò 聚集。

楃 wò 木帐。

斡 wò 同"斡"。

斡 wò "斡"的讹字。

䁔 wò 眼眶深陷的样子。

腛 wò 脂肪丰厚:～脂。

䠎 wò ❶瘦弱。❷弱立的样子。

斡 ㊀ wò ❶瓢把。❷运转;旋转:回～|～旋(扭转;居中调停)|力能排天～九

地。❸姓。
㊁ guǎn 车毂孔外围用金属包裹的圆管状部分，一说小车轮。

輴 ㊀ wò 同"斡(斡)"，运转。
㊁ huò 车轴槽。

䁊 wò 恶视。

幄 wò 同"幄"。

𤢜 wò［猳𤢜］(jiā-)猴类动物。

𧝎 wò 同"幄"。

𡙉 wò 同"握"。

斵 wò 斫。

䚌 wò 义未详。(《改并四声篇海》)

擭 ㊀ wò 取；捕取：探揣～撮。
㊁ huò 柞擭，装有机关的捕兽木笼：罟～陷阱。

䠎 wò［䠎踀］(-chuò)同"齷齪"。

嶹 wò 古地名。(《广韵》)

嚄 wò 叹词，赞叹声。

觟 wò 角似鸡距。

瘑 wò (又读 guō)同"瘑"。

瓁 wò 玉璞，未经雕琢的玉。

䨋 wò 同"渥"。

龌(齷) wò［龌龊］(-chuò)1. 牙齿细密。2. 气度狭隘的样子：小人自～，安知旷士怀。3. 事物狭小、局促：～之甚｜琐碎～。4. 肮脏；不干净：～破烂。5. 人的品质恶劣：～邪佞｜～琐鄙。

臒 ㊀ wò 好肉，一说羹肉。
㊁ yuè ❶大。❷善。

濣 wò 取水。

䀹 wò 眼睛睁开的样子。

鹱 wò 水鸟名。

䲊 wò 鱼名。

𦆸 wò 未经练制的麻缕。

䵆 wò 臭气。

𤃵 wò 同"𦆸"。

𩃎 wò 同"渥"，沾湿：～时雨。

䬎 wò 无味；味薄。

𩾀 wò 义未详。(《改并四声篇海》)

𩧼 wò ❶马行走的样子。❷马腹下鸣。

𦢎 wò 同"臒"。

wū

乌(烏) ㊀ wū ❶乌鸦，鸟名，羽毛黑色：～啼。❷黑色：～云｜～木。❸代词，表示疑问，哪；何：～足道哉？
㊁ wù［乌拉］(-la)东北严寒地区冬天穿的鞋，用皮革制成，里面垫有乌拉草，保暖较好，也作"靰鞡"。
㊂ yā［乌秅］(-ná)古西域国名。

汅 wū 同"污(汚)"。

汙 wū 同"污"。

圬 wū ❶低洼：空～｜～而平。❷也作"杇"。1. 涂墙抹泥灰的工具。2. 抹灰涂墙：粪土之墙，不可～也。

帍 wū 投。

钨(鎢) wū ❶除田草的工具。❷修剪：～树。

邬(鄔) wū ❶古地名。1. 春秋时属郑国，在今河南。2. 春秋时属晋国，在今山西。❷姓。

污［汚、汙］ wū ❶不清洁的：～浊｜～秽｜～点。❷不廉洁：贪～｜贪官～吏。❸使脏，使蒙受损害或耻辱：玷～｜～染｜～辱。
◆"汙"另见 1181 页"汙"字条。

弙 wū 拉满弓对准目标。

弙 wū 同"弙"。

弙 wū 同"弙"。

杇 wū ❶泥镘,俗称抹子,抹墙或涂墙的工具。❷涂饰;粉刷:粪土之墙不可~。

朽 wū 同"杇"。

巫 wū ❶以装神弄鬼替人祈祷的人:~师|女~|小~见大~。❷古代称医师:人而无恒,不可以作~医。❸姓。

呜(嗚) wū ❶[呜呼]1.叹词,表示叹息:~!孰知赋敛之毒,有甚是蛇者乎!2.借指死亡:一命~。❷拟声词:~~的哭声|风~~地刮着|~的一声,轮船开了。

坌 wū 义未详。(《改并四声篇海》)

乌 wū 同"烏(乌)"。

於 ㊀ wū ❶同"乌(烏)",乌鸦,鸟名:~鹊与处。❷叹词,表示赞美:~!慎其身修。❸[於戏](-hū)也作"呜呼",叹词,表示叹息:~哀哉! ❹[於菟](-tú)虎的别称:文采似~。

㊁ yú ❶同"于",介词:会诸侯~涂山|己所不欲,勿施~人。❷用于古地名:~陵(在今山东)|~潜(在今浙江)。❸用于传统注音反切:~乔切。☞於/于 见1181页"于"字条。

㊂ yū 姓。

钨(鎢) wū ❶金属元素,可用来制合金钢、灯丝等,也用于光学、化学仪器等。❷[钨錥](-yù)俗称汤罐,古代用于烧热水的小釜。

瓪 wū 义未详。(《改并四声篇海》)

洿 wū 同"洿",停滞的水,也指池塘。

洿 ㊀ wū ❶低洼;低洼的地方:~下|~泽|~池。❷挖;掘:~我宫,坏我室。❸不流动的水,引申为污秽、不洁:数罟不入~池|~秽不修。❹污染;玷污:~涂|~其衣。

㊁ hù 深:九州安错?川谷何~?

汻 wū 同"汙(污)"。

诬(誣) wū ❶言语虚妄不实:~言|非愚则~|可知家学渊深,真不~矣。❷欺骗:邪说~民|来者难~。❸污蔑;毁谤:~告|~陷|~良为盗。❹滥用刑罚:~杀|其刑娇~。

屋 wū ❶像宫室的帐幕,后作"幄":~幕|尚不愧于~漏。❷房屋:~顶|房前~后|~上无片瓦。❸房间:我们住一~。☞屋/宫/室/堂/房 见293页"宫"字条。

峬 wū 巫山,山名,在重庆和湖北交界处。

郚 wū 同"鄔(鄔)"。

於 wū 同"乌(烏)"。

臺 wū 同"臺(屋)"。

覡 wū 同"巫"。

盓 wū ❶同"汙(污)"。❷同"盄"。

窏 wū[窏窔](-è)低下潮湿的样子。

屋 wū 同"屋"。

剭 wū 诛杀,古代指贵族、大臣在室内受刑。

臺 wū 同"屋"。

慮 wū 义未详。(《改并四声篇海》)

蔦 wū[蔦藞](-qiū)也作"乌藞",新生的芦苇。

誈 wū 同"诬(誣)"。

誈 wū "誣(诬)"的讹字。

楀 ㊀ wū ❶[楀楠]木中箭笴。❷[楀椑](-bēi)又称青柿,树名。

㊁ wēn[楀桲](-po)同"榅桲"。

雓 wū 同"鴮"。

舞 wū "舞(巫)"的讹字。

稏 wū 禾芒。

歍 ㊀ wū ❶作呕;恶心。❷呕吐。❸呵气。❹[歍歑](-hū)同"呜呼",叹词,表示叹息。

㊁ yāng[歍唈](-yì)也作"呜邑""呜咽",失声抽泣。

鎢 wū 同"乌(烏)"。

謊 ㊀ wū 同"诬(誣)"。

㊁ huǎng 同"謊"。1.梦话。2.恍惚。

蕪 wū 义未详。(《龙龛手鉴》)

篁 wū 竹子茂密。

誣 wū 同"誣(诬)"。

汙 wū 同"污(污)"。

巫 wū 同"巫"。

蝺 wū[蝺蠋](-zhú)也作"乌蠋",蛾、蝶等幼虫,像蚕,大如手指。

鍬 wū ❶"鎢(钨)"的讹字。❷金属元素"铀(鈾)"的旧译写法。

靈 wū 同"巫"。

軥 ㊀wū[軥头]车。
㊁wǔ 车头中骨。

鴮 wū[鴮鸅](-zé)也作"洿泽",即鹈鹕。

䖺 wū[䖺䖘](-tú)同"於菟",虎的别称。

螐 wū 田虫。

鎢 wū 义未详。(《龙龛手鉴》)

黫 wū ❶墨刑名。❷同"剭"。

鴮 wū 同"乌(烏)"。

鰞 wū[鰞鰂](-zéi)同"乌贼",又称墨鱼,软体动物。

wú

无(無) ㊀wú ❶没有:～名|～私|从～到有。❷不:～须|～论|～妨。❸连词,不论:事～巨细,都亲自过问。
㊁mó[南无](nā-)见 675 页"南"字条。

旡 wú 同"无(無)"。

毋 wú ❶副词。1.别;不要:～妄言|～多让|宁缺～滥。2.不:～敬|～作|～为师。❷代词,没有谁;没有人:～敢夜行。❸通"无(無)",没有:～益有扰。

吾 wú 同"吾"。

凫 wú 同"无(無)"。

庑 wú 同"庑(廡)"。

芜(❶-❹蕪) wú ❶田园荒废,杂草遍地:荒～|田园将～胡不归?❷丛生的草:孤城覆绿～。❸繁杂;杂乱:～杂|～词|举要删～。❹[芜菁](-jīng)又称蔓菁,一年或二年生草本植物,根和叶可食。❺草名。

吾 ㊀wú ❶代词,我;我的:～师|～辈|～日三省～身。❷棒名:执金～(又为汉代官名)。❸姓。
㊁yú[吾吾](-yú)疏远的样子:暇豫之～,不如鸟乌。
㊂yá[允吾]古县名,在今甘肃。

吴{呉、吳、吳} wú ❶周代诸侯国名,在今江苏南部、浙江北部及淮河下游一带。❷朝代名。1.三国之一,孙权所建(222-280年),又称孙吴、东吴。2.十国之一,杨行密所建(902-937年)。❸地名,指江苏南部和浙江北部一带:～语|～歌。❹姓。

庑 wú 同"凫"。

珷 wú 同"璑"。

旿 wú 同"吴"。

吳 wú 同"吴"。

眣 wú "旿(吴)"的讹字。

郚 ㊀wú ❶古邑名,在今山东。❷姓。
㊁yú[郚乡]汉代县名。(《汉书》注)

莁 wú[莁荑](-yí)也作"芜荑",又称大果榆,落叶小乔木或灌木。

菩 ㊀wú 草名,像艾。
㊁yú 同"萮"。

莫 wú 同"菩",草名。

粟 wú 同"無(无)"。

㡍 wú 欲空。

峿 wú[峿嵘]同"峿峿""岨峿",山的样子。

捂 ㊀wú 同"吾":～不敢日可。
㊁hú[捂衕](-tòng)同"胡同"。

珸 wú 猿的一种。

猉 wú 同"珸"。

浯 wú ❶浯河,水名,在山东。❷浯山,山名,在山东,又称巨平山、壶山。

淏 wú 用于译音。

娪 ㊀ wú 美女。
㊁ wù（又读 yú）女子。

珸 wú［琨珸］（kūn-）1. 像玉的美石。2. 同“锟铻”，传说中的山名，产赤铜，以其铸刀剑，削铁如泥。

琨 wú ❶ 次于玉的美石。❷［琨琨］（kūn-）剑名。

梧 ㊀ wú ❶ 梧桐，又称青桐，落叶乔木，木材可制乐器和家具，种子可榨油：碧～。❷ 屋梁两头起支撑作用的斜柱。❸ 支撑：～鼎而爨。❹ 古地名，一在今河南，一在今江苏。❺ 姓。
㊁ yǔ 同“敔”，古代打击乐器。

瓿 wú 瓯。

牾 ㊀ wú 哺乳动物。
㊁ wǔ 同“牾（忤）”。

犑 wú 牛名。

祦 wú 福。

蔀 wú 草名。

鹀（鵐） wú 雀科鹀属鸟类的通称，像麻雀：赤～｜白头～。

蜈 wú 同“鼯”。

蜈 wú［蜈蚣］节肢动物，有毒，可供药用。

箬 wú 竹名。

艉｛艉｝ wú 船名。

禑 wú 同“祦”。

蘁 wú 同“菩”。

遻 wú 同“吾”。

鋙 wú 哺乳动物。

隝 wú 古地名，在今河南。

雓 wú 同“鵐”。

閤 wú ❶ 古国名。（《龙龛手鉴》）❷ 同“郚”。

璑 wú 质地较差的玉。

嵘 wú 同“無（无）”。

頶 wú 大头。

橆 wú 同“無（无）”。

闟 wú 同“闍”。

魅 wú ❶ 神名。❷ 大；鬼大。

墲 wú 同“无（無）”。

騇 wú［騉騇］（kūn-）马名。

磃 ㊀ wú［磃磃］（sù-）石名。
㊁ wǔ 同“碔”。

籍 wú 竹名。

廡 wú 同“庑（廡）”。

頵 wú “頶”的讹字。

鵟 wú 同“鼯”。

蟱 ㊀ wú［蟱蝺］（-yú）青蚨。
㊁ móu［蚰蟱］（zhuō-）见 798 页“蚰”字条。

篻 wú 黑皮竹。

鯃 wú 同“鯸”。

鯸 wú［鯸鮈］（-jū）鱼名。

蘨｛蘨｝ wú ❶ 茂盛，茂密，后作“蕪（芜）”。❷ 没有，后作“無（无）”。

鵡 wú 同“鹀（鵐）”。

舞 wú 同“無（无）”。

譕 ㊀ wú 诱词。
㊁ mó 同“谟（謨）”，谋议：～臣。

麃 wú 同“无（無）”。

廡 wú 同“庑（廡）”。

鼯 wú 同“鼯”。

鼯 wú 鼯鼠，哺乳动物，像松鼠而大。

鼳 wú 同“鼯”。

蟱 wú 同“蟱”。

隬 wú同"橆"。

䨚 wú同"無(无)"。

𪋻 wú同"庑(廡)"。

鷡 wú[鴾鷡](móu-)同"鸺鹠"。

鯃 wú鱼名。

wǔ

乂 ㊀wǔ同"五"。㊁汉字部件。

五 wǔ ❶数词,四加一的和,也表示序数第五:～谷|～祖|～连。❷中国民族音乐音阶上的一级,也是乐谱记音符号,相当于简谱的"6"。❸[五行]指金、木、水、火、土五种物质,古人认为是构成万物的基本物质。❹[五音]五声音阶上的五个级,相当于现代简谱上的1,2,3,5,6,古代称宫、商、角、徵、羽。

㐅 wǔ同"五"。

午 wǔ ❶地支的第七位。❷午时,指上午11时至下午13时。❸姓。

𠆳 wǔ义未详。(《改并四声篇海》)

伍 wǔ ❶古代军队最小编制单位,由五人组成,后泛指军队:入～|行(háng)～。❷同类;同伙:羞与为～。❸数词"五"的大写。❹姓。

伎 wǔ同"侮"。

仵 wǔ ❶等同:等～。❷违背;抵触:不虚则～于物。❸通"捂",用手遮盖住:将两手搓热,～住他的七窍。❹[仵作]旧时官府中负责检验死伤的人。

迕 wǔ"迕"的讹字。

迕 wǔ ❶相遇;遇见:相～。❷违背;不顺从:～犯|违～。❸交错;夹杂:错～|其间～忧乐,歌笑杂悲叹。

侮 wǔ同"侮"。

庑(廡) wǔ ❶古代正房对面及两侧的屋子,泛指房屋:～门|两～|千～万室。❷古代正房周围的走廊:廊～|～下。

沅(潕) wǔ水名。1.古水名,汝水支流,在今河南。2.发源于贵州,流至湖南注入沅江。

怃(憮) wǔ ❶爱抚。❷怅然失意的样子:～然不应。❸惊愕的样子:～然有惧色。

忤[啎] wǔ(旧读wù)❶抵触,不顺从:～逆|无所干～。❷交错:阴阳散～。

妩(嫵) wǔ ❶女子姿态美好:～媚|晓窗(牕)照眉～。❷美女。

武{武} wǔ ❶脚步;足迹:步～整齐|踵～前贤。❷有关军事或技击的:～器|～术|能文能～。❸勇猛:英～|威～。❹姓。

玝 wǔ用于人名:李～(后蜀人)。

旿 ㊀wǔ明亮;光明。㊁wù同"晤",明白;醒悟。

瓬 wǔ同"旿"。

肵 wǔ同"旿"。

炣(熓) wǔ ❶煨;煮:～汤|烂猪头满锅～。❷火熄。

俉 ㊀wǔ同"迕",对面相遇;迎接:逢～。㊁wù代词,你:～到哪里去?㊂wú[魁俉]同"魁梧",身材高大健壮。

侮 wǔ ❶欺负;欺凌:欺～|外～|御～。❷轻慢;轻视:～慢|～蔑|～辱。

翌 wǔ同"舞"。

舞 wǔ同"舞"。

捂 wǔ ❶逆;对面:～受之。❷斜拄着;撑持:支～不住。❸抵触:抵～不合。❹严密地遮盖住或封闭起来:用手～住耳朵|问题是～不住的。

捑 ㊀wǔ同"捂",逆;对面:～而听之。㊁wū同"杇",泥瓦工涂泥的工具。

哥 wǔ逆。(《字汇补》)

㐨 wǔ人名(见《改并四声篇海》)。

屋 wǔ屋舍。

䒾 wǔ同"舞"。

赿 wǔ同"啎(忤)",违逆;抵触。

啎 wǔ 同"牾(忤)",逆。

㲈 wǔ 义未详。(《龙龛手鉴》)

㹳 wǔ "牾"的讹字。

娬 wǔ 同"妩(嫵)"。

珷 wǔ[珷玞](-fū)像玉的美石。

甒 wǔ 同"甒"。

隖 wǔ 同"午"。

㷻 wǔ (又读 mǔ)抚爱;怜爱。

鹉(鵡) wǔ[鹦鹉]见1163页"鹦"字条。

捂 ㊀ wǔ 同"捂",遮盖;封闭:坛子好～,人口难～|～住他的嘴巴。
㊁ chuǎi 同"揣"。

碔 wǔ[碔砆](-fū)也作"珷玞",像玉的美石。

潕 wǔ 清。

䳇 wǔ 同"䳇"。

瑦 wǔ 像玉的美石。

圂 wǔ 无矩。

舞 wǔ ❶按一定的节奏转动身体表演各种姿势或动作,也指舞蹈艺术:～剑|载歌载～|芭蕾～。❷挥动:挥～|手～双刀。❸耍弄:～弊|～文弄墨。

儛 wǔ ❶慢。❷同"憮(怃)"。

䟼 wǔ 足迹,也作"武"。

䢷 wǔ 同"䟼",足迹。

䲲 wǔ 鲈鱼的别种。

㾃 wǔ 病。

䫓 wǔ 义未详。(《字汇补》)

䫔 wǔ 义未详。(《改并四声篇海》)

䥑 wǔ 同"武"。

䟾 wǔ 刀鞘。

橆 ㊀ wǔ 同"蕪(芜)",丰茂;富庶:庶草(艸)繁～|岁则孰(熟)兮收者～。
㊁ wú 同"無(无)",没有:故～魂构。

甒 wǔ 古代瓦制盛酒器。

儛 wǔ 同"舞"。

鵡 wǔ 同"鹉(鵡)":鹦～。

䟻 wǔ 轻步小跑的样子。

瞴 ㊀ wǔ (又读 móu)[瞴娄](-lóu)悄悄看一眼。
㊁ mí 眉目秀美的样子。

䍢 wǔ 同"舞"。

潕 wǔ 同"沅(潕)"。

嫵 wǔ 同"妩(嫵)"。

䦍 wǔ 门;小门。

䑲 wǔ 哺乳动物。

瞴 wǔ 同"瞴"。

䍢{䍢} ㊀ wǔ 像网络形的窗棂。
㊁ wú 网。

䟼 wǔ 同"䟼"。

甒 wǔ 同"甒"。

艞 wǔ 长艇船。

躌 wǔ 同"䟼"。

瀩 wǔ 同"潕(沅)"。

䍢 wǔ 同"舞"。

wù

兀 ㊀ wù ❶高耸突出的样子:～立|突～。❷光秃:～鹫|蜀山～,阿房出。❸茫然无知的样子:彻卷～若无。
㊁ wū[兀秃]也作"乌涂"。1.水不凉也不热:～水。2.不爽快;不干脆:你怎么这么～。

W

勿 wù ❶古代大夫、士所建旗帜，半赤半白，后作“物”。❷副词，不；不要：～得浮华｜请～吸烟｜闻声～惊。

卼 wù 同“兀”。

卼 wù 义未详。（《龙龛手鉴》）

戊 wù 天干的第五位，常用作顺序的第五。

仡 wù ❶同“兀”。❷同“卼”。

务（務） wù ❶专力从事；致力：～农｜当～之急｜不～正业。❷事；事情：家～｜杂～。❸副词，必须；一定：除恶～尽｜～请准时出席。❹古代掌管贸易和税收的官署，后用于地名：河西～（在天津）｜商酒～（在河南）。

阢 ㊀ wù ❶上边覆盖着土的石山。❷[阢陧]（-niè）同“杌陧”。
㊁ wéi 高。

扤 wù ❶摇动：～紫茎。❷掐住：以手～其吭（吭：喉咙）。

抏 wù 同“扤”。

芄 wù 艾草类植物。

岉 wù ❶山秃的样子。❷[屹岉]（yì-）山峻拔的样子。

屼 wù ❶山秃的样子：峣～。❷高耸、直立的样子：～高｜～立。

岏 wù 同“屼”。

伆 wù ❶乖离。❷断开。

坞（塢）[隖] wù ❶土石构筑的小城堡：～壁｜村～｜结～自守。❷山坳，泛指四周高、中间低的地方：山～｜花～｜竹～。❸建在水边以供泊船或修造船只的港湾：船～。

芴 ㊀ wù ❶葸菜，又称菲、宿菜，一年生草本植物，可食。❷有机化合物，由煤焦油中提炼，可制染料、杀虫剂及药物等。
㊁ hū 通“忽”，忽然：～乎若亡。

杌 ㊀ wù ❶树木无枝：残～｜枝干既～。❷砍伐剩下的树桩。❸杌子，小凳子：～凳｜小～｜马～。❹[杌陧]（-niè）局势、心情等不安定，也指动荡不安的局势：邦国之～艰屯｜这使他～不安｜无计匡～。
㊁ wò[桦杌]（zú-）见1315页“桦”字条。

岉 wù[崛岉]（jué-）陡立而高耸的样子。

旿 wù 同“晤”。

迗 wù 远。

沕 ㊀ wù ❶[沕穆]深微：～无穷。❷没：～身不怠。
㊁ mì 潜藏的样子：～深潜以自珍。

忢 wù 同“悟”。

矹 wù[硉矹]（lù-）见602页“硉”字条。

物 wù ❶杂色牛：三十维～，尔牲则具。❷杂色旗或绢帛：杂帛为～｜赐～六百段。❸自然界存在的物体：万～｜～产｜～尽其用。❹自己以外的人或环境，多指众人：～我两忘｜待人接～｜不以～喜，不以己悲。❺说话或文章的实质内容：言之有～｜空洞无～。❻观察；选择：～土之宜，而布其利。❼量词，件：先秦古器十有一～，制作精巧。

舠 wù ❶船行不稳。❷船。

疣 wù 同“痦”。

䠒 wù 同“卼”。

晤 wù 同“悟”。

卼 wù[臲卼]（niè-）见694页“臲”字条。

蚖 wù 甲壳动物，像蟹。

毴 wù 毛多而密。

肕 wù 义未详。（《改并四声篇海》）

舠 wù 同“舠”。

艈 wù 同“卼”。

痦 wù[痦子]同“痣子”，凸起的痣。

误（誤） wù ❶错：谬～｜～会｜～入歧途。❷耽搁；妨害：～事｜～人子弟｜～国～民。❸迷惑：～于乱说。

敄 ㊀ wù 强勉，后作“務（务）”。
㊁ móu 同“劺”，勉励。

紪 wù 义未详。（《改并四声篇海》）

逜 ㊀ wù 抵触；忤逆：下之所～，上之所蔽｜～下蔽上，使事两乖。

㊁ wǔ 同"迕"。

痦 wù 病名。

㧉 wù 同"勿❶"。

㸳 wù［㸳㸳］细粉的样子。

㤬 wù 贪。

悟 wù ❶理解；明白；觉悟：此理世间多未～｜恍然大～｜执迷不～。❷通"寤"，睡醒：卧厌不～｜众大惊呼，儒士方～。❸通"忤（牾）"，抵触：大意无所拂～。

悮｛悞｝ wù ❶疑惑。❷通"误（誤）"，错；谬：～杀｜～饮。

寤 wù 同"寤"。

害 wù "害（寤）"的讹字。

秭 wù 同"務（务）"，从事；致力：～兴胜福。

㐅 wù 同"悟"。

砽 wù 碔砽。

殕 wù 义未详。（《改并四声篇海》）

晤 wù ❶同"悟"，受启发而明白：病深理方～。❷聪明：英～｜年少秀～。❸相遇；见面：～面｜～谈｜会～。

閜 wù ❶括。❷倔强。

焐 wù 用热的东西接触凉的东西，使凉的东西变暖：～手｜～脚｜把被窝～一～。

務 wù 同"務（务）"。

靰 wù［靰鞡］（-la）同"乌拉"。

㐅 wù 同"悟"。

焐 wù 义未详。（《改并四声篇海》）

痦 wù ❶心痴。❷痞子，凸起的痣。

嵍 wù 古山名。（《说文》）

帑 wù ❶漆布，即油布。❷束发（髮）的巾。

婺 ㊀ wù ❶不顺从。❷婺女，星名。❸婺水，又称婺江，古水名，在今江西。❹古州名，在今浙江金华一带：～剧（流行于浙江金华一带的地方剧种）。

㊁ móu 女人的样子。

骛（騖） wù ❶纵横奔驰：驰～。❷迅速：雁行高且～。❸谋求；致力追求：旁～｜不～厚入｜好高～远。

晤 wù 同"晤"，聪明。

雾（霧） ㊀ wù ❶雾气，气温下降时，空气中所含水蒸气凝结成的小水点，飘浮在接近地面的空中：云消～散｜腾云驾～。❷像雾气的东西：～剂｜喷～器。❸［雾凇］（-sōng）又称树挂，天冷时，雾或水汽凝结在树枝、电线等上面形成的白色松散冰晶。

㊁ méng 通"雺（霿）"，天色昏暗，泛指昏暗：遭世～乱，莫显其荣。

雺 ㊀ wù 同"雾（霧）"，雾气：云～。

㊁ méng 同"霿"，天色昏暗：天地～墨｜连月～晦。

嵨 wù ❶古山名。（《集韵》）❷同"隖（坞，嵨）"。

幠 wù 头巾。

嵍 wù 同"嵍"。

遻 wù 同"迦"。

軏 wù 同"甈"。

溩 wù ❶水溩。❷水名。❸水势大的样子。

惡 wù 同"恶（惡）"，厌恶。

寤 wù "寤"的讹字。

敄 wù 同"婺"。

雅 wù 同"骛（騖）"。

嵍 wù 大。

嵍 wù 同"嵍"。

噁 wù 同"悟"，明白；醒悟。

毷 wù［毷毸］（-sù）毛的样子。

寤 wù ❶睡醒：～寐。❷同"悟"，醒悟。

𥓉 wù 同"敄"。

鹜(鶩) wù（又读 mù）❶野鸭，泛指鸭子：鸡～｜趋之若～｜落霞与孤～齐飞。❷游水：～水。❸通"骛(騖)"，奔驰；追求：驰～｜～名｜～远。

𤇯 wù 主火。

𥗃 wù 同"隖(坞,塢)"。

䑎 wù 同"悟"。

鋈 wù 义未详。(《改并四声篇海》)

誣 ㊀ wù 诽谤。
㊁ è 同"哑(啞)"，笑；笑声。

鋈 wù ❶白铜、白银类金属。❷镀：～金印｜～银铁器。

寤 wù 同"寤"。

𦍩 wù ❶六个月的小羊。❷小羊。

蟱 wù 同"蜐"。

𥨍 wù ❶灶。❷同"寤"，睡醒：卧而～。

𥨈 wù "寤"的讹字。

䟻 wù［踜䟻］(cháng-)见 95 页"踜"字条。

蝥 ㊀ wù 同"蟱(蜐)"。
㊁ móu 同"蟊"，食苗根的害虫。

䫓 wù 同"嵨"。

霚 wù 同"霧(雾)"。

膴 wù ❶脂肪肥厚的样子。❷油膜。

鼿 ㊀ wù ❶鼻子。❷鼻仰。
㊁ huī 同"豗"，猪用鼻子拱地。

颮 wù 风。

譕 wù 同"誣"。

顖 wù［顖顡］(-zú)脸短的样子。

𪅉 wù 也作"鹜(鶩)"，雏鸡。

𦍶 wù 同"𦍩"。

䥹 wù 义未详。(《龙龛手鉴》)

𨃅 wù 同"踜"。

𨇁 wù 义未详。(《龙龛手鉴》)

霿 wù 同"寤(寤)"。

𩄼 wù［𩄼凇］同"雾凇"。

𪖐 wù "鼿"的讹字。

鵐 wù 同"隖(坞,塢)"。

㦜 wù 同"悟"。

䲧 wù 同"骛(騖)"。

噩 ㊀ wù 违逆，不顺从：不敢～立。
㊁ è ❶通"噩"，惊愕：～梦。❷同"萼"。

䨁 wù 同"霧(雾)"。

譕 wù ❶同"誣"，诽谤。❷同"恶(惡)"，耻；憎恨。

騖 wù 同"骛(騖)"。

霧 wù "霧"的讹字。

鼿 wù 同"鼿"。

𪖿 wù 同"䶑(鼿)"。

鶩 wù 同"騖(骛,騖)"。

𦄂 wù 同"𦃓"，缫丝剩下的渣滓。

𥨍 wù 同"寤"。

鶩 wù 同"鶩(鹜)"。

𥨈 wù 同"寤"。

X

xī

夕 xī ❶日西斜;傍晚:朝~|~阳|~照。❷夜:今~|风雨之~|竟~未眠。

兮 xī 助词,表示感叹语气,啊:归去来~|大风起~云飞扬。

兮 xī 同"兮"。

汐 xī 河道、池塘等干涸,一说同"汽"。

件 xī 义未详。(《字汇补》)

扱{扱} ㊀xī 收取;敛取:以箕自乡(鄉)而~之。
㊁chā 插:~衽而登。
㊂qì 及;至:妇拜~地。

西 xī ❶鸟类歇宿,后作"棲(栖)":棹歌惊起乱~禽。❷方向,黄昏太阳落下的那一边:~方(也指欧美各国)|~风。❸西天(佛教指佛祖所在的极乐世界)的简称:~游。❹内容、样式、方法等属于西洋或西方的:~学|~服|~餐。❺姓。❻[西门]姓。

屏 xī 倒地。

吸 xī ❶用口、鼻把气体或液体引入体内:呼~|~氧|~吮。❷引取;摄取:~水|~取|~收。❸因磁性引力等相附着:~铁石|正负~引。❹拟声词:他~~的笑道|接着就听见拖长的一声"~!——"。

吚 xī[唸吚](diàn-)见191页"唸"字条。

犮 xī 行。

癹 xī"犮"的讹字。

汐 xī 晚潮,夜间的海潮:潮~。

怈 ㊀xī[慴怈](lí-)见548页"慴"字条。
㊁liě[怈怈](-liě)心里不乐意。

夈 xī 同"希"。

奚 xī ❶野兽踪迹。❷古邑名,在今河南。

扸 ㊀xī 同"析":常变错,故百事~。
㊁zhé 折散:舆之~。

肴 xī 同"希"。

卤 xī 同"西"。

咿 ㊀xī[念咿]同"唸吚"。
㊁yī"咿"的异体字。

希 xī ❶也作"稀",少;罕见:~少|物以~为贵。❷盼望:~望|敬~准时出席。

畓 xī 义未详。(《龙龛手鉴》)

帣 xī 同"希"。

奚 xī 义未详。(《改并四声篇海》)

汐 xī 同"汐"。

怜 xī 义未详。(《改并四声篇海》)

欣{屄} xī 呻吟,也作"吚"。

昔 xī ❶肉干,后作"腊"。❷通"夕",夜晚:通~不寐。❸从前;往日:~日|~年|虎踞龙盘今胜~。❹久远:天下~无事。❺姓。

枴 xī 同"析"。

析 ㊀xī ❶劈开木头,引申为分开:~薪|分崩离~|条分缕~。❷解释;辨别:解~|~疑|剖~。❸古邑名,在今河南。❹姓。
㊁sī ❶[脾析]牛羊的重瓣胃。❷草名,像燕麦。

矽 xī 硅的旧称:~尘|~肺。

卤{卤} xī 同"西"。

斯 xī 同"析"。

欯 xī 也作"吚",呻吟。

肹 ㊀xī ❶[肹响(蠁)]也作"肹蠁",散布;传播:众香发越,芬馥～。❷振动:振～。❸[肹頡](-xié)同"月氏"。
㊁bì 古地名,在今山东。

肸 xī 同"肹"。

肹 xī[肹蠁](-xiǎng)同"肹响(蠁)"。

脪 xī"肹"的讹字。

欭 xī[唸欭](diàn-)同"唸吚",呻吟。

恞 xī[慴恞](lí-)同"慴㣥"。

穸 xī ❶也作"窀穸"。1.埋葬。2.墓穴:幽～|泉～。❷通"夕",夜;晚上:朝～。

欰 xī 戏笑;讥笑:～鄙。

豯 xī 同"希"。

菥 xī 草名。

恓 xī ❶同"悉"。❷牛膝,多年生草本植物,根可供药用。

盻 xī 看。

盻 xī"盻"的讹字。

昔 xī 明昔。(《字汇补》)

俙 xī 感动:～然改容。

徆 xī 行走。

郗 xī ❶同"郄"。❷用于人名:曹～时(汉代人)。

郗 xī 骨节之间。

郗 ㊀xī ❶古地名,在今河南。❷姓。
㊁chī 姓。

盻 xī 小盆。

豨 xī 同"希"。

饻(餏) xī 老解放区曾用过的货币单位(多计算工资),一饻等于几种实物价格的总和。

恙 xī 同"悉"。

怞 xī 同"息"。

诶(誒) ㊀xī ❶助词,表示语气,相当于"兮":勤～厥生。❷强笑:～笑狂只。
㊁yì(又读 xī)可恶之辞。

屖 xī 同"犀"。

卤 xī 同"西"。

珚 xī 义未详。(《改并四声篇海》)

捪 xī 持。

茵 xī 同"茵",人名(唐代人)。

莃 xī 菟葵,又称野葵,植物名,茎叶嫩时可食,干后可供药用。

莫 xī 义未详。(《字汇补》)

蚚 ㊀xī[蚚蜴]同"蜥蜴"。
㊁jí[螏蚚](xī-)见 1017 页"螏"字条。

唏 xī ❶哀叹;叹息:嗟～|仰天而～。❷啼哭:～嘘|嘘～。❸笑;笑声:～～哈哈大笑三声|～～哈哈地笑着进来。❹拟声词:～～赫赫|～嗗哗喇。

恩 xī"恩(悉)"的讹字。

氥 xī"氙"的旧称。

牺(犧) xī ❶用于祭祀的毛色纯一的全体牲畜:攘窃神祇之～|不慕太庙～。❷(旧读 suō)牺尊,古代酒器,用木或青铜制成,上面刻有动物图形。❸[牺牲]1.为供祭祀而宰杀的牲畜。2.为某种目的而献出生命,或舍弃权利、利益等:流血～|～休息时间|～了一切。

息 xī 用于佛经译音。

息 xī ❶呼吸;呼吸时进出的气:喘～|鼻～|一～尚存。❷消息;讯息:信～|声～。❸停歇;休止:～怒|作～时间|经久不～。❹熄灭,后作"熄":俄而家果失火,邻里共救之,幸而得～。❺繁衍滋生:蕃～|休养生～。❻子女:子～|门衰祚薄,晚有儿～。❼存放款所得的利钱:月～|年～|无～贷款。❽通"瘜",瘜肉,即息肉:夫痈气之～者,宜以针开除去之。

徯 xī 同"徯"。

翕 xī 合。

㹫 xī ❶黄疸病人的脸色。❷疼痛时的叫声。

奚 xī ❶古代奴隶:~三百人。❷代词。1.什么;哪个:三山~所赖?|~预乎天邪?2.怎么;为什么:子~不为政?|骨肉~无情?❸姓。

胎 xī 同"脅(胁)",敛缩。

狶 ㊀xī ❶同"豨",猪。❷叹词,唤猪声。
㊁shǐ[狶韦]1.传说中的远古帝王号。2.古代官名。

訏 ㊀xī ❶笑声。❷[唸訏](diàn-)同"唸吚",呻吟。
㊁xiē 同"謵",笑。

浠 xī 浠水,又称浠河,水名,长江支流,在湖北。

悕 xī ❶心愿:绝~龙津。❷悲伤:呜呼~哉!

屖 xī ❶坚固,后作"犀":~利。❷[屖迟]同"栖迟",滞留不进。

娣 xī 用于女子人名。

娭 ㊀xī ❶游戏;玩乐:儿女灯前~笑。❷对妇女的贱称。
㊁āi ❶婢女。❷[娭毑](-jiě)1.祖母。2.老年妇女的尊称。

琋 xī 也作"晞"或"禧",用于人名:刘~(晋代人)。

嫠 ㊀xī 裂开;裂纹。
㊁chí 治理。

欯 xī ❶笑的样子:笑~~。❷拟声词,笑声:~~地笑出声来。❸赤,红色。

歖 xī 同"欷"。

菥 ㊀xī[菥蓂](-mì)又称遏蓝菜,一年生草本植物,全草可供药用。
㊁sī 草名。

桸 xī ❶树名,汁可饮。❷同"橀"。

硒 xī 非金属元素,易导电,导电能力随光照强度增减而改变,可用来制晶体管、光电管和光度计等。

睎 xī 同"晞"。

唽 xī[唽唽]也作"嘕嘕",拟声词,鸟叫声。

閪 xī 闹。

晞 xī ❶干;干燥:晨露未~。❷晒:~发(髮)|~轻翮。❸破晓;天明:东方未~|~阳。❹通"睎",望;眺望:~白日|~嵩阜。

跃 xī 迹。

嘕 xī[嘕嘕]拟声词,鸟叫声。

焱 xī[焱歔](-xū)馋的样子。

咴 xī 和声。

恩 xī 同"悉"。

矽 xī 非金属元素"硅"的旧译写法。

豨 xī 同"狶"。

欷 xī 叹息;抽泣:长~|~叹之声。

悉{㤺} xī ❶详尽;详细:至孅至~|不可~数。❷知道;知晓:获~|得~一切|来函敬~。❸副词,全;都:~听尊便|诸侯~至。

痐 xī 同"瘬"。

焱 xī 同"焱"。

烯 xī ❶火的颜色。❷同"晞",干燥;晒干。❸烯烃,有机化合物的一类。

淅 xī 同"淅"。

淅 xī ❶淘米;淘过的米:~米|接~而行。❷水名,也作"析水",又称淅川、淅河,在河南。❸[淅沥](-lì)拟声词,轻微的风雨声、落叶声等:小雨~|~作响。

惜 xī ❶遗憾;感伤:可~|痛~|~余年老而日衰兮。❷爱护;看重:爱~|珍~|~墨如金。❸因看重而舍不得:~别|~力|武臣不~死。

㿇 xī 同"𥨌"。

煕 xī 同"熙"。

婧 xī 用于女子人名。

娭 xī 用于女子人名。

晳 xī 同"晳(晰)"。

憖 xī 恭敬。

嫳 xī［嬖嫳］(bì-)见 46 页“嬖”字条。

皙 xī ❶“晰”的异体字。❷同“皙”，皮肤白：扬且之～也。

悊 xī ❶忧愁。❷恭敬。

鞆 xī 鞑鞆。(《改并四声篇海》)

㺣 xī［㺘㺣］(bì-)见 45 页“㺘”字条。

虗 xī 同“虗”。

晴 xī 同“焟”。

晰［皙］ xī ❶清楚；明白：清～｜明～｜辨之甚～。❷明辨：～疑必寻根。
◆“皙”另见 1014 页“皙”字条。

睎 xī ❶望；眺望：偶～窗外，海景奇丽。❷仰慕；爱慕：人乃漻然休然，相～以生，相持以成。❸希望：葵藿之心，～见太阳。

稀 xī ❶事物之间距离远；各部分之间空隙大：～疏｜地广人～。❷少，不经常出现：～少｜～客｜～有金属。❸含水多；浓度小：～泥｜～饭｜～薄。❹副词，很；极：～烂｜～松。

傒 xī 同“傒”。

傒 ㊀ xī ❶同“徯”，等待：阳气有～。❷通“蹊”，小路：若道～近。
㊁ xì 通“系(繫)”，拘禁：～人之子女。

郋 xī ❶古国名，在今河南。❷春秋时齐国地名。(《左传》)

舾 xī ❶船舶装备品。❷［舾装］1. 船上锚、舵、缆绳、桅杆、救生设备、航行仪器、管路、电路等的总称。2. 船体主要结构造完后，安装上述设备和喷刷油漆等工作。

翖 xī 同“翕”。

翕 xī ❶收敛；闭合：～翼｜～张。❷聚集：～集。❸和好；和顺：兄弟既～｜亦能～其心。❹协调一致：纷纶～响。❺［翕然］1. 协调一致：～从之｜君民～。2. 安定的样子：郡境～。

昝 xī 同“昔”。

腍 xī［腍蠁］(-xiǎng)同“肸蠁”，散布；传播。

脪 xī ❶臀部。❷呻吟。

訢 xī 嬉笑不止的样子。

瘟 xī 同“㾙(瘜)”。

粞 xī ❶碎米：糠～。❷糙米经碾压而脱落的皮，可做饲料。

焟 xī 干，干燥。

焬 ㊀ xī 干燥的样子。
㊁ yì 同“烣”，火光：～耀。

湁 ㊀ xī 同“潝”，水急流声。
㊁ jí 水流很急的样子，也用于地名：汩～漂疾｜～滩(在河南)。
㊂ sè 同“涩(澀)”。

犀｛犀｝ xī ❶犀牛，哺乳动物，像牛，鼻子上有一只或两只角。❷坚固：～利(坚固而锐利)。

剻 xī 同“剻”。

屖 xī 同“犀”。

隠 xī 古地名。(《集韵》)

豨 xī 同“翕”。

趚 xī 同“趘”。

欯 ㊀ xī 猝喜。
㊁ yǐ［欯欯］(-yà)驴叫。

堘 xī 同“溪”。

葸 xī［葸菜］又称菲、二月兰，一年生草本植物，嫩叶茎可食，种子可榨油。

皙 xī ❶皮肤洁白：白～。❷白色；白：～帻。

榏 xī 同“榼”。

虘 xī 古代陶器，像豆。

跍 xī 行。

蜥 xī［蜥螰］(-mì)1. 壁虎。2. 也作“蜇螰”，即蟑螂。

蜥 xī 虫名。

嗯 xī［哱嗯］(pò-)叹词，表示斥责或唾弃，呸：～！老畜生，倒吃你识破了！

巂 xī 同“巂(巂)”。

嵠 xī 同"谿(溪)"。

恩 xī 同"悉"。

锡(錫) ㊀ xī ❶金属元素,可用来制合金,也用于镀铁、焊接金属等。❷锡杖(僧人所用)的省称:携～上扁舟|振～西巡。❸姓。
㊁ cì 通"赐(賜)",赐予:赏～期于功劳|必～尔勤。

熈{煕} xī "熈(熙)"的讹字。

徯 xī ❶等待:日～吉语|以～国家他日之用。❷同"蹊",小路:～径。

膝 xī 同"膝"。

膝 xī 同"膝"。

腊 ㊀ xī 同"腊",肉干:獾脯豕～。
㊁ wèi 同"胃"。

脲 xī [唸脲](diàn-)同"唸呎",呻吟。

徯 xī 古代北方部族名,泛指北方地区少数民族。

滮 ㊀ xī 同"瘬"。
㊁ nüè 同"瘧(疟)",疟疾。

滮 xī ❶水的样子。❷古水名。(《玉篇》)

溪[谿] xī(旧读 qī)❶山间小河沟,泛指小河沟:山～|清～|～水。❷古州名,在今湖南。
◆"谿"另见 1017 页"谿"字条。

㝒 xī ❶夜。❷丧。

裼 ㊀ xī ❶敞开或脱去外衣,露出部分身体:袒～|捐甲徒～以趋敌。❷古代加在裘外的无袖衣,也指在裘外加衣:～裘而来。
㊁ tì 包裹婴儿的被子:乃生女子,载寝之地,载衣之～。

䣛 xī "膝"的讹字。

熈 xī "熈(熙)"的讹字。

嫇 ㊀ xī 女奴:老～。
㊁ xì ❶胆怯。❷爱忌妒的女人。

趚 xī 跑的样子。

蒵 xī 同"膝"。

熈 xī 同"熙"。

熙[熈、煕]{熙} ㊀ xī ❶晒干:仰～丹崖。❷光明;明亮:～冰之采。❸和乐:～和|～怡。❹兴盛;兴旺:～隆|庶绩咸～。❺通"嬉",嬉戏:～戏|谐～。❻通"禧":福～|累洽重～。
㊁ yí 人名。(《集韵》)

蜥 xī 同"蜥"。

槵 xī 树名。

蜤 ㊀ xī 同"蜥"。
㊁ sī [蜤螽](-zhōng)也作"斯螽",即螽斯。

榽 xī [榽橀](-xī)树名,像檀。

醯 xī 同"醯",醋,酸味调料。

醯 xī "醯"的讹字。

豨 xī ❶猪跑的样子。❷猪;大猪。❸古代楚人对小猪的称呼。

瞦 xī 姓。

豨 xī 义未详。(《改并四声篇海》)

蜥 xī 同"蜥"。

蜥 xī [蜥蜴]也作"蜥易",俗称四脚蛇,爬行动物。

蜴(蝲) xī 同"蜥"。

嘻 xī 拟声词,各种细微声响:～律律|～～嗶嗶。

嘻 xī 拟声词,忍受寒冷的战栗声:～～门外,不敢扣关,抱膝宿檐(簷)下。

熈 xī 同"熈(熙)"。

僖 xī 喜乐;快乐。

傒 xī 同"徯"。

翕 xī 同"翕",收敛:将欲～之,必固张之。

傒 xī [傒僁](-xiè)摇动。

鬩 xī 同"鬩"。

X

𠞰 xī 欲割。

欷 xī 叹息。

膝 xī 同"瘜(息)"。

謑 ㊀xī 语声。㊁xīn 说大话。

粞 xī 同"淅",淘米。

熄 xī ❶火灭;使火灭:～灭|炉火已～|～灯。❷止息;消亡:殄～|元声几～。

剓 ㊀xī 皮肤受伤。㊁chí 破开;划开:～一小槽。

緆 xī ❶细麻布。❷加工处理麻布。

趰 xī "趘"的讹字。

赫 xī 义未详。(《改并四声篇海》)

蓆 xī [蓆鱙](-biāo)鱼苗。

磎 xī(旧读 qī)同"谿(溪)",山谷:石～。

嘻[譆] xī ❶喜笑的样子或声音:～笑|笑～～|～～哈哈。❷叹词。1.表示赞叹:～,善哉!2.表示惊讶:～,异哉!3.表示遗憾、不满:～,其甚也!

蹊 xī ❶同"蹊"。❷同"溪"。

噏 xī ❶同"吸":～动|～清云之流瑕。❷收敛:将欲～之,必固张也。

嶲 xī 也作"嶲"。1.[越嶲]古地名,今作"越西",在四川。2.古代西南地区少数民族名。3.姓。

鳲 xī 水鸟名。

艒 xī 义未详。(《改并四声篇海》)

䨛 xī 义未详。(《改并四声篇海》)

雞 xī 同"鵗"。

谿 xī 同"谿(溪)"。

豯 xī 同"豯(㹢)"。

豀 xī 同"谿"。

膝[厀] xī 膝盖,大腿和小腿相连的关节的前部。

颸 xī 风的样子。

猹 xī 义未详。(《改并四声篇海》)

觽 xī 同"觿"。

膝 xī 同"膝"。

瘗 xī 义未详。(《字汇补》)

瘜 xī 瘜肉,今作"息肉",身体局部因黏膜发育异常而形成的肉疙瘩,多发生在鼻腔或肠道内。

瘯 xī [瘦瘯](suān-)见908页"瘦"字条。

糦 xī 同"粞"。

澺 ㊀xī 古水名。(《五侯鲭字海》)㊁qīng "清"的讹字。

潝 xī ❶拟声词,水急流声。❷[潝潝]也作"翕翕""歙歙",相互附合、吹捧的样子:～訿訿,亦孔之哀。

憘 xī 心热的样子。

㦻 xī 同"惜"。

屖 xī 同"犀"。

嬉 ㊀xī ❶游戏,玩乐:～戏|业精于勤而荒于～。❷容貌美丽。㊁xǐ 用于女子人名。

嬆 xī ❶庄重,严肃。❷女子洁净。

攗 xī 同"㩗"。

熹 xī 同"熹"。

熹 xī ❶烤(肉)。❷炽热;炽盛。❸光明:晨光之～微(日光微明)。

槭 xī [枥槭](lì-)见553页"枥"字条。

榼 xī [榽榼](xī-)见1015页"榽"字条。

樨 xī [木樨]也作"木犀"。1.桂花树及桂花的别称:～清露。2.搅碎后烹调的鸡蛋:～汤|～肉。

醯 xī 同"醯"。

戲 xī 缶。

曦 xī 利用阳光把东西晒干。

螅 xī ❶［螅蟀］（-shuài）同"蟋蟀"。❷［水螅］腔肠动物。

蟀 ㊀ xī ❶［蟀蚚］（-jí）水虫名。❷［蟀蟷］（-lù）蟪蛄，也单称蟀：独不见季夏之蟀乎？
㊁ qī ❶［蟀蛎］（-lì）也作"蟀蟒"，蝗的一种。❷土蜂，昆虫。

箟 xī 簊箟。（《广韵》）

歙 xī 击。

歙 xī 同"歙"。

歙 ㊀ xī ❶用鼻吸气，泛指吸入：～风吐雾。❷同"翕"，收敛；敛藏：以简慢、～习、舒徐相尚。
㊁ shè ❶县名，在安徽。❷地名歙溪的简称：～砚（砚石名，产于江西婺源歙溪）。

頹 xī［頹頊］（-xū）头颤动的样子。

篞 xī "篞（腊）"的讹字。

篞 xī 同"昔"。

熂 xī 同"䒳"。

膝 xī 同"膝"。

鯑 xī 同"鱲"。

熙｛熙、熙｝ xī 同"熙"，兴盛：庶绩咸～。

羲｛羲｝ xī ❶气舒展而出。❷姓。❸用于人名。

燨 xī ❶同"熹"。❷通"饎"，烹煮食物。

熻 xī ❶燃烧；热：～干之火。❷火光；明亮：～煜。

熻 xī 同"熻"。

窸 xī ❶从穴出。❷［窸窣］（-sū）拟声词，轻微细小的摩擦声：纸钱～鸣飕风｜风吹枯草～作响。

褬 xī "膝"的讹字。

樥 xī 同"檅"。

醯 ㊀ xī 同"醯"。
㊁ hǎi 同"醢"。

豯 xī 小猪。

蠵｛蠵｝ xī 同"羲"。

甗 xī 缶。

戲 xī 相笑。

瞦 xī 眼睛发光有神。

瞺 ㊀ xī 同"翕"，收敛；闭合：～眼（眨眼）。
㊁ yè 同"瞸"，目眇视。

嘻 xī［嘻嘻］叹词，表示不以为然。

閪 ㊀ xī［閪罅］（-xià）墙壁的裂缝。
㊁ qí 割截。

曦 xī 同"曦"。

蹊 ㊀ xī ❶小路：～径｜桃李不言，下自成～。❷踩；践踏：牵牛以～人之田。❸足迹：山径之～。❹途径：血脉之～｜读着便令人识～径。☞蹊/径/途/路/道见177页"道"字条。
㊁ qī［蹊跷］（-qiāo）也作"跷蹊"，奇怪；可疑：～事｜走得～｜无甚～。

蟋 xī［蟋蟀］也作"螅蟀"，又称促织，俗称蛐蛐儿，昆虫，雄虫好斗。

鄎 xī 同"鄎"。

犧 xī 同"犧（牺）"。

齂 xī 鼻息声：～齁（打鼾）。

豀 xī ❶空：天下道～，则臣不及其君。❷山谷中戾石。❸同"谿（溪）"。

豯 xī ❶小猪。❷又称豯养，古泽名，在今山东。

谿 xī（旧读 qī）❶"溪"的异体字。❷山间低凹狭长的地带：～谷。❸同"蹊"，小路：～径｜万径千～。❹古代少数民族名，东汉至宋代分布在今湖南、贵州、四川一带。❺姓。❻用于人名。

膝 xī 同"膝"。

飁 xī［飁飁］拟声词，风声。

鯑 xī 同"鱲"。

鰆 xī 同"鯑（鱲）"。

X

諰 xī 同"息"。

㾷 ㊀ xī 声破;沙哑:其声～破。
㊁ sī ❶ 噎,食物堵塞食管:～噎。❷ 通"斯",服杂役的男仆:门阑之～。

糨 xī 同"淅"。

㸏 xī 同"爔"。

嬆 xī 对妇女的称呼。

髻 xī 头发。

蕮 xī 同"羲"。

攕 xī 同"攕"。

瓻 xī 瓠瓢。

曦 xī 同"曦"。

嚱 ㊀ xī [嚱霵](-jí)也作"嚱嚗",众声急骤而作:万壑～鸣。
㊁ yì 同"呓"。

鼳 xī 义未详。(《改并四声篇海》)

巇 xī 同"巇"。

鴹 xī 雉。

腊 xī 同"腊",肉干。

餼 xī 气息。

燨 xī 同"熙"。

鸂(鸂) xī(旧读 qī)[鸂鶒](-chì)也作"鸂鸡""鸂鶒",水鸟名,像鸳鸯而稍大。

巂 xī "巂"的讹字。

嬉 xī 同"嬉"。

蒺 xī [牛蔡]同"牛膝",多年生草本植物,根可供药用。

攕 xī 同"攕"。

醯 xī ❶ 醋:食俭盐～薄。❷ 酰的旧称。❸ [醯鸡]蠓虫,一种小飞虫,古人误以为酒醋上面的白霉变成,故名。

噏 xī 同"嘻"。

巇 xī 同"巇"。

巂 xī 同"巂(巂)"。

巇 xī 同"巇(巇)"。

戲 xī "歔"的讹字。

錫 xī 金属元素"铯(銫)"的旧译写法。

鱅 xī 同"鱅"。

觽 xī 同"觿"。

譆 xī 言语急促。

䧍 xī 同"緆"。

麡 xī 同"䧍(緆)"。

瀸 xī 同"瀸"。

隵 xī 同"巇"。1. 高而危险;险恶:颓～。2. 间隙;可乘之机:抵～。

磎 xī 义未详。(《改并四声篇海》)

䱱 xī 忌惧。

壥 xī [险壥]也作"险巇",高而危险。

攕 xī 击。

歔 xī 吹气。

櫼 xī 同"櫼"。

鑴 ㊀ xī 古代兵器。
㊁ xì 鑴笑。(《改并四声篇海》)

曦 xī 阳光:晨～|春～。

蟋 xī 同"蠵"。

嚱 ㊀ xī 拟声词:～～|～然有叹息声。
㊁ xì ❶ 叹息:拔剑长～。❷ 叹词,表示感叹:噫吁～,危乎高哉!

巇 xī ❶ 高而危险;险恶:～道|危～。❷ 间隙;可乘之机:小人司～|乘机抵～。

酅 xī ❶ 古地名,在今山东。❷ 姓。

曦 xī 月光。

獭 xī ❶哺乳动物。❷猪。

觿 xī 同"觿"。

巇 xī［嵚巇］（qiàn-）山势险峻的样子。

爔 xī ❶火。❷同"曦"，阳光。

瀸 xī 古水名，在今陕西。

樲 xī 瓢、勺类炊具。

歔 xī ❶口发声。❷同"歔"。

曦 xī 眼睛动。

蠵 xī 同"蠵"。

鶍 xī 同"鶍"。

鸂 xī ❶鸟名。❷鸟食。

鼷 ㊀xī（旧读 qī）［鼷鸡］（-chì）同"鸂鶒"。

㊁jī 同"雞（鸡）"。

觿 xī 同"觿"。

灖 xī 同"灖"。

歖 xī 同"歔"。

蠘 xī 同"樲"。

觿 xī 同"觿"。

觿 xī 同"觿"。

蠘 xī 同"樲"。

鼷 xī ❶古代指一种有螫毒的鼠，今指小家鼠。❷传说中的动物。

鑴 xī（又读 huī）同"鑴"。1. 大盆。2. 日旁云气。

爔 xī ❶火赫。（《字汇补》）❷同"焟"。

醯 xī 同"醯"。

豯 xī ❶猪的一种。❷哺乳动物。

蠵 xī 蠵龟，又称蠵蠵，一种大龟。

爔 xī 爔火。（《改并四声篇海》）

鼶 xī 鼠名。

鑴 xī 同"锡（錫）"。

鑴 xī 义未详。（《改并四声篇海》）

觿 xī ❶古代解结的用具，像锥，用骨、玉等制成，也用作佩饰：玉～｜童子佩～。❷开瓶口、匣盖的工具：大～｜小～。❸同"蠵"，蠵龟，一种大龟。

醯 xī 同"醯"。

鑴 xī（又读 huī）❶鬹，大盆。❷大镬，鼎类炊具。❸同"觿"，古代解结的用具，像锥。❹日旁云气。

鑴 xī 同"鑴（锡，錫）"。

觿 xī 同"觿（蠵）"。

觿 xī 同"蠵"。

xí

习（習） xí ❶雏鸟练习飞翔，引申为反复学，使熟练掌握：～字｜自～｜实～。❷对某事物熟悉：～以为常｜～非成是。❸习惯，长期形成的不自觉的行为：～俗｜恶～｜相沿成～。❹副词，经常；常常：～见｜～闻｜～用。❺姓。

㕧 xí 同"席"。

郋 xí 古地名，在今河南。

㕧 xí 同"席"。

浠 xí 露光。

郗 ㊀xí 古国名、古乡名，均在今四川。

㊁jí（又读 zuó）同"郗"。

跙 xí 屈膝坐。

跙 xí 同"跙"。

席［❶蓆］ xí ❶用蒲草、芦苇等编成的供坐卧时铺垫的东西：草～｜

炕～|凉～。❷座位:出～|缺～|退～。❸酒席,成桌的饭菜:设～饯行|摆了八桌～。❹量词,用于酒席、谈话等:两～酒|一～话。❺姓。

椺 xí ❶农具名,即耧。❷[柃椺](líng-)同"柃榍"。

觋(覡) xí 巫师(多指男性)。

袭(襲) xí ❶丧葬礼俗,给死者穿新衣,引申为衣上加衣,泛指穿衣:妇人～裳|寒不敢～。❷累积;合并:重仁～义|天地之～精为阴阳。❸继承;按照原样继续做:世～|沿～|抄～。❹趁敌人或对方不备而攻击:～击|突～|夜～。❺量词,用于成套的衣服、被褥:一～棉衣|赐衣被一～。

悤 xí 姓。

喺 xí 在:你～边度等我?(你在哪儿等我?)

魆 xí 鬼名。

隰 xí 同"隰"。

隰 xí 同"隰",低湿的地方:原～。

葵 xí[菟葵](tù-)款冬,多年生草本植物。

槢 xí 钟槢。(《玉篇》)

隰 xí 同"隰",低湿的地方:峦～夷改。

隰 xí 同"隰"。

媳 xí ❶儿子的妻子,也指弟弟或晚辈的妻子:儿～|弟～|侄～。❷[媳妇]儿子的妻子。❸[媳妇儿]1.妻子。2.泛指已婚年轻妇女:大姑娘,小～。❹已婚妇女的谦称:老～。

骒(騱) xí 前足全白的马。

趘 xí 跑。

蓸 xí[蓸茵](-yīn)水草名。

磶 xí 同"席"。

嶍 xí ❶山名,在云南。❷[嶍峨山]嶍山与峨山的合称,在云南。

峫 xí[新峫]地名,在云南。

溜 xí ❶影。❷水的样子。

嬉 xí 同"媳"。

槢 xí ❶又称坚木,树名。❷楔,指相互接合的木料:析杨椄～。

戳 xí 同"袭(襲)"。

蔜 ㊀xí 莲子。
㊁xiào 同"芍",荸荠。

瘤 ㊀xí 痹疾。
㊁xì 微痛。

隰 ㊀xí ❶低湿的地方:原～|～则有泮。❷新开垦的田地:千耦其耘,徂～徂畛。❸古州名,在今山西。❹用于地名:～县(县名,在山西)|～宁堡(在宁夏)。❺姓。
㊁xiè 也作"湿(濕)",人名,春秋时蔡国公子。

檄 xí ❶檄文,书写在木简上用于征召、晓喻、声讨等的官方文书,泛指此类文书:～书|羽～。❷用檄文征召、晓喻、声讨:严～诸将|按察司行文～了知县去|～其人士。

蝤 ㊀xí[蝤蝤](-xí)虫的样子。
㊁yì[蝤蝓](-yuè)萤火虫。

槃 xí 同"檄"。

艒 xí ❶系于大船后,用以接送乘客或货物上岸的小船。❷战船:乘舸～于江中迎战。❸同"簹",修船的工具。

鎴 xí 金属元素"锶(鍶)"的旧译写法。

謵 ㊀xí 用话吓唬人。
㊁chè ❶小声说话。❷姓。

襲 xí 同"襲(袭)"。

霫 xí ❶[霫霫]雨;下雨的样子:晚凉如有意,～到山家。❷古代东北地区少数民族名。

隰 xí 同"隰"。

顙 xí 头不正。

鳛(鰼) xí ❶鳛鱼,即泥鳅。❷传说中的怪鱼,像鹊而有十个翅膀。

雝 xí 同"鸐"。

劓 xí ❶剜。❷削;减。

觷 ㊀xí ❶装饰在杖头的角制品。❷用角装饰马鞭头。

㊁ qiāo（又读 áo）同“㪣（㪠）”，敲击。

飁 xí 同“飁”。

飁 xí ❶风。❷［飒飁］（lì-）大风。

騽 xí ❶马小腿多长毛。❷脊背黄色的黑马。

驨 xí 同“驨（驨）”。

鼷 ㊀ xí 同“鼷”，鼠名。
㊁ xié 银鼠。

䉶 xí 同“䉶”，覆盖船的用具。

鹝 xí［鸪鹝］（gū-）见 299 页“鸪”字条。

䵷 xí 蛙。

驨 xí 同“驨”。

驨 xí ❶哺乳动物，像马，一只角。❷骐驨，良马名。

襲 xí 同“袭（襲）”。

襲 xí 同“袭（襲）”。

xǐ

㐂 xǐ 同“喜”。

辻 xǐ 同“徙”。

征 xǐ 同“徙”。

埩 xǐ 同“壐（壐，玺）”。

埩 xǐ 同“壐（壐，玺）”。

枲 ㊀ xǐ 树名。
㊁ sì 砧板。

珝 xǐ 玉印。

偭 xǐ 偭足。（《字汇补》）

洗 ㊀ xǐ ❶用水等清除污垢：～脸｜～衣服｜～油污。❷清除；清除干净：～耻｜血～｜～劫。❸洗雪：～冤｜～耻。❹洗礼，一种宗教仪式：受～｜领～。❺把扑克、麻将等掺和整理，以便继续玩：～牌。❻摄影的显影和定影：～照片｜冲～胶片。❼洗刷用的器具：铜～｜笔～。
㊁ xiǎn 同“冼”，姓。

枲 xǐ 大麻的雄株，有花无实，也泛称麻：麻～｜布～。

粟 xǐ 同“洗”。

玺（璽） xǐ ❶印章，也专指帝王的印章：玉～｜开国之～。❷姓。

屣 xǐ 同“蹝”。

赵 xǐ 移。

葈 xǐ［胡葈］苍耳。

遳 xǐ 同“徙”。

郻 xǐ 汉代国名。（《集韵》）

徙 xǐ ❶迁移：迁～｜～居。❷调换官职：～齐王信为楚王。❸流放犯人到边远地方：～边｜驱逐～拨，死叛殆尽。

喜 xǐ 同“喜”。

喜 xǐ ❶高兴；快乐：欢～｜大～过望｜～形于色。❷喜爱；爱好：～新厌旧｜～闻乐见｜好大～功。❸喜庆；可喜的（事）：～酒｜贺～｜乔迁之～。❹俗称妇女怀孕：有～｜～脉。❺需要或适宜于：～光植物｜海带～荤。

葸｛諰｝ xǐ 恐惧；畏缩：畏～不前。

葉 xǐ ❶［葉耳］苍耳。❷同“枲”。

鉩 xǐ 同“鉩（玺、壐）”，印章。

狶 xǐ ❶狗名。❷同“葸”，害怕；畏惧：心～～而发悸。

憙 xǐ 同“憙”。

蒠 xǐ 同“葸”。

廙 xǐ 石片锐利。

鉩 ㊀ xǐ 同“玺（壐）”，印章。
㊁ niè 同“镊”，也作“籋（箝）”，镊子。

絫 xǐ 同“徙”。

屣 xǐ 同“徙”。

蓰｛縰｝ xǐ ❶草名。❷五倍：倍～。

縰 xǐ 毛下垂的样子。

觹 xǐ 好角。

㾓 xǐ 移动。

漇 xǐ 润泽:凄凄兮~~。

屣 xǐ ❶ 鞋子:朱~|革~。❷ 拖着鞋子走:~履。

聭 xǐ "諰"的讹字。

橲 xǐ 同"杫"。

鄎 xǐ 古地名,在今山东。

蹝 xǐ 同"蹤"。

䰴 xǐ "諰"的讹字。

縰 xǐ 毛下垂的样子。

壐 ㊀ xǐ "璽(玺)"的讹字。
㊁ tāo 同"瑫"。

憘 ㊀ xǐ 同"喜":不~其情。
㊁ xī 叹词,表示叹息:~! 以乐召我而有杀心,何也?

歖 ㊀ xǐ 同"喜",快乐:自~得证。
㊁ yǐ [歖欬](-yà)也作"欬欬",驴叫。

憙 xǐ ❶ 喜悦,后作"喜":秦人~|今朝有~谁能识。❷ 喜好;爱好:陈侯~猎|豪侠~功名。❸ 容易发生某种变化:有叶者~烂。

暿 ㊀ xǐ ❶ 盛大、繁盛的样子。❷ 热。
㊁ xī 同"熹",烤(肉);炽热。

瞦 xǐ 同"矖"。

諰 ㊀ xǐ ❶ 言且思。❷ 恐惧:虽然,则有其~矣|疾而毋~。
㊁ shāi 言语有失。

䙴 xǐ 毛下垂。

禧 xǐ(又读 xī)福;吉祥:年~|恭贺新~。

鞢 xǐ 同"鞿(屣)"。

壐 xǐ 同"璽(玺)"。

锫(鍻) xǐ 金属元素,由人工合成获得,有放射性。

諰 xǐ 同"諰"。

謑 ㊀ xǐ [謑诟](-gòu)也作"謑詬",辱骂:違群小兮~。
㊁ xí [謑髁](-kē)不正的样子:~无任,而笑天下之尚贤也。

㐂 xǐ 同"喜"。

縰 xǐ ❶ [縰縰]众多的样子:~莘莘|~云轻。❷ 同"纚",古代束发(髮)的布帛:冠~|戴~垂缨而谈。

璽 xǐ 同"璽(玺)❶"。

蹝 xǐ 同"躧"。1. 舞鞋:~履起而彷徨。2. 草鞋:舜视弃天下,犹弃敝~也。

蟢 xǐ 蟢子,也作"喜子",即蟏蛸。

蓰 xǐ 同"蓰(徙)"。

韆 xǐ 同"屣"。

韃 xǐ 同"屣"。

囍 xǐ 同"囍"。

蓰 xǐ 同"徙"。

鱚(鱚) xǐ 鱚鱼,又称沙钻鱼,生活在近海沙底。

鰓 xǐ 同"枲"。

囍 xǐ 双喜,多用于婚嫁等喜庆场合。

齂 xǐ ❶ 鼻子排出鼻涕:~鼻。❷ 鼾声。

䄂 xǐ 同"齂"。

璽 xǐ 同"璽(玺)"。

璽 xǐ 金印。

囍 xǐ 同"囍"。

矖 ㊀ xǐ 看;远看:目~鼎俎|南~炎国。
㊁ lí [矖瞜](-lōu)也作"离娄",传说中眼力特别好的人,能于百步之外看清鸟兽新生的细毛。

纚 ㊀ xǐ ❶ 古代束发(髮)的布帛。❷ 连续不断的样子:~乎淫淫。
㊁ lí ❶ 系住:~舟|~朱鸟。❷ 绳索:泛泛

(汎汎)扬舟,绋～维之。
㊂lǐ 连续;相连:若幽星之～连|落笔～属不止。
㊃sǎ ❶一种渔网,也指撒网捕鱼:～鰋鲉。❷飞扬的样子:罗袖飘～。

躧 xǐ ❶舞鞋:跕～拈抹弦。❷草鞋:去天下若遗～。❸踩;踏:～了一条绊脚索|～平了黑风洞。❹漫步;缓慢行走:振玉～丹墀|～步出闲门。❺追踪:～获|协同～缉。

韉 xǐ 同"躧"。1. 舞鞋。2. 步。

xì

匸 xì 掩藏。

卌{卌} xì 数词,四十:～日|～年。

肸 ㊀xì(又读 qì)振动:振～。
㊁yì 同"佾"。

戏(戲)[戲]{戲} ㊀xì ❶偏师,古代指中军的侧翼:军～某爰书。❷角力;角斗:请与君之士～。❸玩耍:游～|嬉～|儿～。❹嘲弄;开玩笑:～弄|～言|～谑。❺戏剧;杂技:京～|马～|看～。
㊁hū[於戏](wū-)见 1003 页"於"字条。

匸 xì 物曲;曲受。

系 xì 同"系"。

饩(餼、鎎) xì ❶同"氣",赠送人的粮食、饲料等:～食|马～。❷赠送(粮食、饲料、牲畜等):～之粟。❸活的牲畜;生肉:～羊|牲～。

系 ㊀(❶❸❹❺❽係、❶❸❹繫) xì ❶连接;关联:～连|联～|干～。❷系统,有连属关系的:～列|世～|水～。❸捆绑;拘禁:～颈|～狱。❹牵挂:～念|情～于民。❺表示判断,是:确～实情。❻高等学校中按学科划分的教学单位:中文～|～主任。❼地层系统分类单位的第三级,在界之下:侏罗～|白垩～。❽姓。☞系/係/繫 三字都读 xì,在古文中音同义通,但习惯用法有区别,如"世系"不用"係"或"繫",《周易》"繫辞"不用"系"或"係"。"系"和"係"用于不同的姓,汉字简化后不再区分。

㊁(繫) jì 打结;扣:～鞋带|把领带～上。

☞"系、係、繫"三字在古文中音同义通,但用法有区别:"世系"不用"係"或"繫",《周易》"繫辞"不用"系"或"係",连接义、捆绑义一般写作"係"或"繫",挂念义写作"繫",表示判断义写作"係"。"系"和"係"用于不同的姓,汉字简化后不再区分。

屃(屓) xì[赑屃](bì-)见 42 页"赑"字条。

卌 xì 同"卌"。

欯 xì 气起的样子。

呬 ㊀xì 喘息;呼吸:口中～暖气。
㊁chì 同"詍",暗中窥察。

罒 xì 同"呬"。

钇(釳) xì ❶马头上的金属饰物。❷结着车辕两侧,用于防马冲突的器具。

忥 xì ❶痴呆的样子。❷安静。

郄 xì 同"郤"。1. 也作"隙",孔隙:刺～中大脉|虽锢南山犹有～。2. 地名。3. 姓。

怬 xì ❶喜悦。❷休息:～河林之蓁蓁兮。

细(細) xì ❶细丝,引申为条状物横剖面小、颗粒小:～腰|～流|～沙。❷精致;精密:～致|～瓷|做工～。❸周密;认真:～密|精打～算|胆大心～。❹微弱;悄无声息的:～声～气|和风～雨|润物～无声。❺琐碎的;不大、不重要的:～碎|～节|事无巨～。

搇 ㊀xì 同"搽(揳)"。
㊁cā[滑搇]又作"滑擦",路滑难行。

欰 ㊀xì 气越名。(《广韵》)
㊁huì[欰欨](-xū)笑意。

匸 xì 同"匸"。

眘{眘、昚} xì 肥大:肥～。

盻 ㊀xì ❶仇视;怒视:瞋目～之。❷看:瞻～|～纤腰之楚楚兮。
㊁pǎn 同"盼",眼睛很美的样子:美目～兮|～倩淑丽。

咥 ㊀xì 大笑的样子;笑(多用于讥笑):兄弟不知,～其笑矣|～～笑轻薄。
㊁dié 咬:虎～人|今反欲～我。

峆 xì 古山名。(《集韵》)

徆 xì 行走。

X

X

郤 xì ❶古邑名，在今山西。❷通"隙"。1.空隙；间隙：人生天地之间，若白驹之过～。2.嫌隙：今者有小人之言，令将军与臣有～。❸姓。

洶 ㊀xì 古水名，在今河南。
㊁náo［洶沙］同"硇砂"，矿物名，可入药。

恄 xì 恐惧；害怕。

隙 xì 同"隙"。

婳 xì 用于女子人名。

郄 xì 同"郄"。

欯 ㊀xì 欢喜；欢笑。
㊁kài 声音。

搮 xì 同"摞"，改换。

莃 ㊀xì 草茂盛的样子。
㊁hè 同"赫"，赤的样子。
㊂kè［莃莃］（-kè）恐惧。

椢 ㊀xì［椢阳］古山名。（《集韵》）
㊁xìn 篋，经丝器具。（《集韵》）

复 xì "复"的讹字。

寬{寬、寬} xì 同"隙"。

峪 xì 同"绤（綌）"。

氥（蟚） xì 同"蟥"。

悈 xì 心中不安。

绤（綌） xì 粗葛布。

揳 xì 同"摞"。

夏 xì［夏夏］肥。

嚱 xì 凶恣。

氣 ㊀xì 赠送人的粮食或饲料，后作"饩（餼）"。
㊁qì "气㊀"的繁体字。☞氣／汽／气 见758页"气"字条。

餏 xì 同"餼"。

郤 xì 同"郤"。

餼 ㊀xì ❶同"餼（饩）"，赠送：～客。❷咬嚼：饮～。
㊁gē［餼饉］（-da）一种面食，形如疙瘩，煮熟后食用。现多作"疙瘩"。

訫 xì 同"呬"，话多。

阋（鬩）{鬩} xì 争斗；争吵：私～｜相～｜兄弟～于墙。

赩 xì 跑的样子。

棨 xì 持止。

舄 xì 同"舄"，鞋。

欯 xì 流鼻涕；流眼泪：～欷。

傒 xì ❶愤怒；恼怒。❷同"忾（愾）"，叹息。

釳 xì 同"釳"。

禒 xì 同"褉"，带子。

隙 xì ❶墙壁裂缝，泛指缝隙：墙～｜门～｜白驹过～。❷漏洞；可乘之机：乘～逃脱｜无～可乘。❸隔阂；怨恨：嫌～｜疑～｜有～。❹空闲：闲～｜农～。

隟 xì 同"隙"。

緆 xì 同"细（细）"。

綌 xì［絺綌］（chī-）葛衣。

赩 xì ❶大赤色：～红。❷无草木的样子。❸发怒的样子。

摞 ㊀xì ❶改换：改～衣裳。❷揭。
㊁xié ❶挟物。❷扶。

蕮 xì 同"蕮"，鞋带。

赩 xì 同"赩"。

膆 xì 同"膠"。

潟 ㊀xì 古水名。（《玉篇》）
㊁qì 同"汽"：～车。
㊂xiē 盐池，一说以甘水和咸水为盐。

傒 ㊀xì 恨。
㊁xié［傒傒］（mái-）见621页"傒"字条。

禊 xì ❶古代民俗，春秋两季在水边举行祭祀，以消灾免祸：祓～。❷洗濯：汉水滴滴～我衣。

𧷝 xì 同"𢢍",息。

隙 xì 同"隙"。

𨼆 xì 同"隙"。

𪁗 xì 鸟名。

𤛑 xì ❶牛病。❷牛驯服。❸牛饲料。

稧 ㊀xì ❶插秧。❷同"禊":祓～|～辰。㊁qiè 禾秆。

𥳍 xì 同"篟"。

𦡝 xì ❶块病。❷同"饩(餼)"。

䜁 xì 同"阋(鬩)"。

𤓣 xì 义未详。(《玉篇》)

𤒃 xì 烧除野草:～山(烧山)。

𦤀 xì 伯名。(《改并四声篇海》)

蕮 xì ❶[马蕮]车前,多年生草本植物,叶和种子可供药用,种子称车前子。❷泽泻,多年生草本植物,茎叶可做饲料,根茎可供药用。

𪀗 xì 鸟名,一说"鳺"的讹字。

䖒 xì 义未详。(《改并四声篇海》)

䚷 xì[䚷䚷]惊恐的样子:客乃～然惊。

餼 xì 同"饩(餼)",饱。

𤢖 xì(又读 yì)❶同"𤢕"。❷哺乳动物。

𦅻 xì 同"𦅻"。

𨂝 xì 等待。

潟{潟} xì 盐碱地:～卤|海濒广～。

𧑅 xì 同"虩(蝕)"。

槩 xì 同"氣(饩,餼)",赠送人的粮食或饲料。

𩋢 xì 绣。

𧷝 xì ❶同"䤫",弩战。❷战。❸弩具。

𦃙 xì 同"褉",带子。

𦅻 xì 同"绤(绤,綌)"。

𦅻 xì 同"绤(綌)"。

𨽹 xì "鞙"的讹字。

𣝋 xì 木鞋。

𧒃 xì 虫名,身上的毛如针。

𪒞 xì 不明的样子。

篟 xì 小而高的箩筐,用于盛谷物以灌入斗斛内。

篾 xì 所以安重船。(《广韵》)

𦪙 xì 同"篾"。

𨽹 xì 同"隙"。

𩜋 xì 同"饩"。

綌 xì 同"系"。

膝 xì ❶喉膜。❷腹。

槅 xì 木屑。

𦅻 xì 同"系(繫)"。

𩦵 xì 马跑的样子。

鞙 xì 同"舄",加木底的鞋,泛指鞋。

𣂯 xì 同"誓"。

繫 xì 同"繫(系)"。

𣤹 xì ❶将唾声。❷小笑。

磶 xì 柱子底下的石墩。

𧲾 xì 猪喘息。

𪓐 xì 罪止。(《玉篇》)

噼 xì 声。

歙 xì "欯" 的讹字。

谿 xì 同 "隙"。

觿 xì 好角。

諰 xì 同 "謑"，辱骂。

譆 ㊀ xì 同 "咥"，笑。
㊁ zhǐ 言语。

譩 xì 语气。

赩 xì 赤色。

蕮 xì［马蕮］也作 "马舄"，即车前，多年生草本植物，叶和种子可供药用，种子称车前子。

虩 ㊀ xì ❶［虩虩］（-xì）1. 恐惧的样子：履虎尾～。2. 拟声词，雷声：雷声～。❷ 蝇虎，虫名，像蜘蛛，善捕蝇。
㊁ sè 虎受惊的样子。

隙 xì 同 "隙"。1. 空隙。2. 嫌隙；怨恨。

愾 xì 瞋怒的样子。

誓 ㊀ xì ❶ 悲声。❷ 呻吟。
㊁ sī ❶ 谅。❷ 同 "嘶"，声音沙哑。

虩 xì ❶ 同 "虩"。❷ 通 "隙"，缝隙；裂缝：石～。

澌 xì 同 "誓"。

譿 xì 同 "諰"。

憪 xì ❶ 惊慌、恐惧的样子。❷ 惭愧。

驟 xì 同 "騱"。

磶 xì 同 "碣"。

闟 ㊀ xì ❶ 副词，忽然：～然止。❷ 安定：寝兵休卒养马，世世昌乐，～然更始。❸ 戟名：～戟（长戟）。
㊁ tà ❶ 拟声词，东西掉落地上发出的声音：～然投镰于地。❷ 床榻，也作 "榻"：石～。

虩 xì 恐，一说 "虩" 的讹字。

閺 xì 同 "阋（鬩）"。

赩 xì 同 "赩"。

鞨 xì 同 "舄"，加木底的鞋。

虩 xì 同 "虩（虩）"。

爔 xì 烧。

瀾 xì［瀾沭］（-shù）也作 "憪沭"，惊慌、恐惧的样子。

騱 xì 马奔跑。

甈 xì［瓻甈］（yǐ-）见 4 页 "瓻" 字条。

霼 ㊀ xì 遇雨而停止不前。
㊁ xī 雨停止的样子。

闟 xì 义未详。（《改并四声篇海》）

虩 xì 同 "虩"。

蠹 xì 同 "蠹"。

蠹 xì 同 "蠹"。

蠹 xì 同 "蠹"。

鷂 xì 鸟名。

鬩 xì 同 "繫（系）"。

黠 ㊀ xì ❶ 赤黑色。❷ 青黑色。
㊁ xī 黑。

蠹 xì 悲伤，痛苦：夙夜疾心，～如焚灼。

xiā

岈 xiā 同 "岈"。

岈 ㊀ xiā 山深的样子：～然。
㊁ yá［嵖岈］（chá-）见 84 页 "嵖" 字条。

虲 xiā 同 "虾（蝦）"。

呷 ㊀ xiā ❶ 吸饮；小口喝：～了一口酒｜～几口醉虾的醋。❷ 用于古地名：～洛（在四川，今作 "甘洛"）。
㊁ gā 同 "嘎"，拟声词。1. 鸭、鹅、大雁等的叫声：鸭鸣～～｜～～叫。2. 笑声：兴来时笑～～。

㊂ jiǎ 同“甲”。

盂 xiā 盂。

� xiā 鼻息。

閃 xiā［閃閃］(mà－)见620页“閃”字条。

虾(蝦) xiā 见324页“虾”há。

勴 ㊀ xiā［勴勴］(－xiā)拟声词,用力的声音。
㊁ hé 勷力。

倄 xiā 同“傄”。

谺 xiā［谽谺］(hān－)见326页“谽”字条。

諕 xiā 义未详。(《改并四声篇海》)

傄 xiā［傜傄］(mà－)见620页“傜”字条。

颬 xiā ❶风吹。❷［颬颬］1.开口吐气的样子:虎豹～。2.拟声词,风声:悲风带雪吹～。

煆 xiā(又读xià)❶热;火气:讹火亟生～(讹火:野火)。❷干燥。

暍 xiā 同“瞎”。

虓 xiā 义未详。(《改并四声篇海》)

懗 xiā［懗价］(－jiá)无志气。

瞎 xiā ❶眼睛失明:眼睛～了｜盲人骑～马。❷炮弹发射出去不爆炸;爆破装置引火后不爆炸:～炮｜～火。❸种子没有发芽出土;籽实不饱满:种下的谷子都～了｜～穗｜～稻子。❹副词,胡乱地;没有效果地:～忙｜～花钱｜～操心。

嘲 xiā 口张开的样子。

鰕 xiā 同“蝦(虾)”。

蹋 ㊀ xiā 脚下。
㊁ xiá 鞋。
㊂ qiá(又读qié)跨;跨步:～门限｜几步～出巷口。

蝳 xiā 同“蝦(虾)”。

鬗 xiā［鬗鬒］(－qià)也作“鬒鬗”,秃。

谽 xiā［谽谺］(hān－)同“谽谺”。

谽 xiā 同“谺”。

鰕 xiā ❶魵鱼,又称斑鱼、斑文鱼。❷大鲵。❸鰕虎鱼。❹同“蝦(虾)”:枯鱼杂干～。

xiá

匣 xiá ❶匣子,收藏东西的较小器具,有盖:木～｜铁～｜两～糕点。❷用匣子收藏:～其瑶瑟。

伊 xiá 同“狎”。

叚 xiá 猪。

匣 xiá 同“柙”。

侠(俠) xiá ❶旧指依仗个人力量扶弱济贫:～义｜行～仗义。❷旧指依仗个人力量扶弱济贫的人:武～｜游～｜～客。

狎 xiá ❶亲近,也指亲近而不庄重:～近｜～昵。❷玩弄;戏弄:～玩｜～妓｜翻巨浪,～长风。

怈 xiá 快乐;喜悦。

柙 ㊀ xiá ❶关猛兽或牲畜的笼子:虎兕出于～｜禽槛豕～。❷用囚笼、囚车关押或押解:拱～｜～以予齐。❸通“匣”,匣;柜:～中｜～而藏之。
㊁ jiǎ 树名:木则枫、～、櫲、樟。

厌 xiá 狭窄,狭隘,后作“狹(狭)”。

峡(峽) xiá ❶两山夹水的地方:～谷｜长江三～。❷两块陆地之间连接海域的狭窄通道:海～。❸［峡崥］(－bǐ)山脚。

牪 xiá 义未详。(《龙龛手鉴》)

狭(狹)[陿] xiá ❶窄:～窄｜～长｜～路相逢。❷小、少,也指小看、轻视:卑～｜广种不如～收｜～三王(三王:指夏、商、周三代君主)。
◆“陿”另见1028页“陿”字条。

浹 xiá［浹渫］(－dié)冰冻。

烚 xiá ❶火的样子。❷烤干。

陜 xiá ❶同“狹(狭)”,狭窄;狭隘:广～。❷同“峽(峡)”,峡谷:～中。

玪 xiá ❶玉玪。(《玉篇》) ❷蜃壳饰物。

庨 xiá 墙壁。

虏 xiá 虎练习捕食的样子。

烚 xiá 火的样子。

㥦 xiá 怨。

袷 ㊀ xiá 衣服的交领。
㊁ jiá 短衣。

祫 xiá 祭名,集合远近祖先的神位在太庙举行大合祭。

陜 xiá 同"陿(狭,狹)"。

虓 xiá 虎。

椰 xiá 同"匣"。

硖(硤) xiá ❶山峡:山～。❷用于地名:～石(在浙江)。

虏 xiá 同"覡"。

翈 xiá 羽瓣,羽干两侧由羽支连合成的瓣状结构。

舺 xiá 船。

陿 xiá ❶"狭(狹)"的异体字。❷同"峡(峽)",两山夹水的地方:山～。

睞 xiá 同"睞"。

睞 xiá 沟相接。

呷 ㊀ xiá ❶吞咽。❷拟声词,抽噎声:哀哀怨怨不敢放声哭,只管嗒嗒～～地。
㊁ ya 助词,表示请求:我可是问你～!

諕 xiá 话多。

㗇 xiá 同"慝"。

勯 xiá 用力。

遐 xiá ❶远:～思|～想|～方。❷长久:～龄|～福。❸往昔:～迹|～轨。

犨 xiá 同"舝(辖,轄)"。

瑕 xiá ❶带红色的玉:赤～|～英。❷红色;红色的:深～而泽|清云之流～。❸玉的斑点或瑕疵,比喻缺点或过错:～不掩瑜|白璧微～|论文期摘～。❹裂缝;空隙:审乎无～|自门～处钻将进去。

鞎(鞎) xiá 鞋:麻～。

蕸 xiá 野苏,一年生草本植物。

覡 xiá ❶虎练习搏斗。❷同"狎"。

暇 xiá(旧读 xià) ❶空闲,无事的时候:闲～|无～顾及|自顾不～。❷从容;悠闲:神意甚～|优游不迫以为～。

䤗 ㊀ xiá 尽。(《广韵》)
㊁ guī 同"鍷(銈)",铁锹,挖土工具。

䤗 xiá "䤗"的讹字。

箧 xiá ❶竹名。❷同"匣",箱、匣类器具。

慝 xiá[麽慝](má-)见 619 页"麽"字条。

舝 xiá 同"辖(轄)"。

鞢 xiá[鞢鞢](-xiè)也作"鞢鞢",花叶繁茂重叠的样子。

楁 ㊀ xiá 校正弓弩的木器。
㊁ qià 古代用于终止奏乐的虎形木器。

碬 xiá[礣碬](xiá-)高下。

辖(轄) ㊀ xiá ❶穿在车轴两端,防止车轮脱落的插栓:车～。❷管理;管束:管～|统～|～区。
㊁ hé[輵辖](è-)见 287 页"輵"字条。

蕸 xiá 同"霞"。

鞢 xiá[鞢鞢](-xiè)花叶繁茂重叠的样子。

遐 xiá 荷叶。

槅 xiá 同"柙"。

礣 ㊀ xiá[碣礣](yà-)见 446 页"碣"字条。
㊁ qià 剥。

箬 xiá 拾。

赮 xiá ❶红色:～火。❷同"霞",彩霞:晨～。

犨 xiá 同"舝(辖,轄)"。

轄 xiá 同"轄(辖)"。

圔 xiá 穴。

篕 xiá 拾篕。(《广韵》)

鰕 ㊀ xiá 鱼名:青～|黄～。
㊁ xiā[鰕鰈](-zhá)鳞次重叠的样子:～参差。

縖 xiá 缠束。

瑻 xiá 美玉。

霞 xiá ❶日出、日落前后天空及云层受日光斜照而出现的彩光或彩云:～光|云～|晚～。❷彩色,也指色彩艳丽:～色|～冠|～杯。❸通“遐”,远:轩然～举|～想游赤城。

鍜 xiá“鍜”的讹字。

鍜 xiá[钲鍜](yā-)见1095页“钲”字条。

鞎 xiá同“鍜(鞎)”。

黠 xiá ❶聪慧;机灵:慧～|～者|小～大痴。❷狡猾;奸诈:狡～|～吏|～鼠。

鎋 xiá同“辖(轄)”,插在车轴两端防止车轮脱落的插栓。

餢 xiá食饱。

顆 xiá[顢顆](má-)见619页“顢”字条。

騢 xiá红白色相杂的马。

蝦 xiá同“蠚”。

韓 xiá同“辖(轄)”,穿在车轴两端,防止车轮脱落的插栓。

轄 ㊀ xiá拟声词,车行声,也作“辖(轄)”。
㊁ kě[輷轄](hōng-)拟声词,车行声。

鴰 xiá“鶷”的讹字。

齬 xiá 拟声词,牙齿咬或啃坚硬食物的声音。

鶷 xiá[鶷鶡](-yà)鸟名。1.反舌鸟,又称白舌。2.白头鸟。

蠚 xiá同“蠚”。

蠚 xiá蝼蛄。

蠚 xiá同“蠚”。

齧 xiá ❶齿曲生。❷缺齿。❸拟声词,咀嚼声。

齾 xiá同“齧”。

蠚 xiá蝼蛄。

xiǎ

閜 ㊀ xiǎ ❶大开;大裂:豁～。❷大杯:酒～。
㊁ ě[閜砢](-kē)互相扶持。

xià

丅 xià同“下”。

丅 xià同“下”。

下 xià ❶位置在低处的;次序靠后的;等级或质量低的:楼～|～篇|～级|～策。❷由高处到低处;降落;进入;去往:～楼|～雨|～水|～乡。❸减除;卸掉;攻陷:～货|～枪|连～数城。❹使用:～刀|～功夫|对症～药。❺在规定时间结束某种活动:～班|～课|～操。❻低于或少于(某数):看球赛的不～八百人。❼(动物)生产:鸡～蛋|母牛～小牛了。❽放在名词后,表示在里面、属于一定范围、当某个时节:意～|部～|年～。❾放在动词后,表示结果或完成、趋向等:打～基础|躺～|停～。❿量词,用于动作次数:打了一～|轮子转了两～就停了。

抷 xià义未详。(《字汇补》)

吓 ㊀(嚇) xià害怕;使害怕:惊～|～了一跳|这可～不倒我。
㊁(嚇) hè ❶威胁而使害怕:恐～|恫～。❷叹词,表示不满、惊讶等:～,真够狠的!|～,怎么能这样做呢!|～,东西真不少!
㊂ hà助词,表示语气,啊;呀:好～!

忭 xià义未详。(《改并四声篇海》)

疜 xià痢疾。

夏 xià同“夏”。

夏 xià ❶古代汉族人自称,泛指中国人,引申为中国:～民|华～。❷大:～屋。❸夏季,四季中的第二季,气候最热:盛～|冬暖～凉。❹朝代名。1.夏代,传说禹(一

说启)所建(约公元前2070－公元前1600年)。2.十六国之一,匈奴族赫连勃勃所建(407－431年)。3.西夏,党项族元昊所建(1038－1227年)。❺姓。❻[夏侯]姓。

寊 ㊀xià 同“墟(罅)”,缝隙;裂缝。㊁sāi 同“塞”,堵塞。

埬 xià 古地名,在今山西。

欨 ㊀xià 喘息。㊁hè[欨欱](-xiē)气逆;喘息。

雫 xià 雨滴;水滴。

夓 xià 同“夏”。

傻 xià 同“夏”。

虒 xià 同“罅”。

夓 xià 同“夏”。

猇 ㊀xià 犹声。(《改并四声篇海》)㊁xiāo 同“唬”,虎吼声。

埭 xià[埭沟]高田出泥之窊垗。

夏{夏} xià 同“夏”。

岘 xià 山。

潋 xià[潋澱](-shà)湍急的水流。

欱 ㊀xià 饮。㊁xiá[歈欱](hóu-)见352页“歈”字条。

隙 xià 同“墟(罅)”,裂;裂开。

墟 xià 同“罅”,裂;裂开。

暇 xià 悠闲地慢慢看。

夓 xià 同“夏”。

罅 xià “罅”的讹字。

墟 xià ❶同“墟(罅)”,裂开;裂缝。❷春秋时晋国地名。

欱 xià 尝。

趚 xià 义未详。(《改并四声篇海》)

罅 xià 同“罅”。

蝦 xià[虮蝦](bà-)见16页“虮”字条。

罅 xià “罅”的讹字。

夓 xià “夓(夏)”的讹字。

夓 xià 同“夏”。

嗄 xià 同“夏”。

罅 xià 同“罅”。

罅 xià ❶裂;裂开:～发|中～|当中还～着几寸宽一个空当儿。❷裂缝;缝隙:石～|冰～|云～。❸漏洞;缺陷:～漏|补～|毫发之～。

罅 xià 同“罅”,裂缝。

罅 xià “罅”的讹字。

谇 xià 欺骗;迷惑。

嚇 xià 同“謼(謑)”。

夓 xià 同“夏”。

霞 xià 缝隙。

虒 xià 用于清代帮派三合会的旗号。

罅 xià 同“罅”。

謼 xià 同“謑”,欺骗。

罅 xià “罅”的讹字。

夓 xià 同“夏”。

罅 xià “罅”的讹字。

鶷 xià 鸟名。

罅 xià 墟,也作“罅”,裂;裂开。

夓 xià 同“夏”。

xiān

仙[僊] xiān ❶神话中称能长生不死,并有特殊能力的人:成～|～

人｜～姑。❷指不同凡俗的人：诗～｜剑～｜酒～。❸婉辞，死：～逝｜～游。☞仙/神/佛 见860页"神"字条。

屳{屳} xiān ❶人在山上。❷同"仙"。

扟 xiān 同"仙"。

先 xiān ❶前进，走在前面，引申为次序或时间在前的：争～恐后｜领～｜～知～觉。❷对死去的人的尊称：～父｜～烈｜～贤。❸祖先；上代：～人｜～辈｜～世。❹副词。1. 表示某一行为或事件发生在前：他～到车站｜我～说两句。2. 暂时：这件事～放一放，过些日子再说。

仚 xiān 同"仙"。

仦 xiān 义未详。(《字汇补》)

妕 xiān 用于女子人名。

纤 ㊀(纖) xiān ❶细纹织物：～缔｜被文服～。❷细小；微细：～尘｜～细｜～弱。❸吝啬：性～啬。❹黑经、白纬的织物，多做祭服：～服。

㊁(縴) qiàn 绳索，多指拉船的长大绳索：马牛有～｜～绳｜拉～。

氙 xiān 气体元素，无色无味，可用来充填光电管、闪光灯等。

佡 xiān 轻。

忺 xiān ❶愿意：不～妆扮。❷高兴；欢乐：今日遇君～｜精神绝尽，情绪不～。❸思念：饮食不～。

妗 ㊀xiān ❶美。❷喜悦的样子。❸女子言行轻佻的样子。

㊁jìn ❶舅母：舅～。❷妻兄、妻弟的妻子：大～子｜小～子｜表～子。

苮 xiān 草名：～席。

杴 ㊀xiān 同"锨(鍁)"，古代农具，像锹，长柄。

㊁qiān 泄水器。

邒 xiān 义未详。(《康熙字典》)

郑 xiān 同"姺"，古国名，在今山东。

欣 ㊀xiān 同"杴"，古代农具，像锹。

㊁kǎn 板。

祆 xiān ❶祆教，又称火祆教、拜火教，宗教名，以礼拜圣火为主要仪式。❷天。

搟 xiān 持。

枮 ㊀xiān 树名。

㊁zhēn 同"椹"，砧板。

思{思} xiān 同"憸"。

秈 xiān 义未详。(《改并四声篇海》)

籼[秈] xiān 籼稻，水稻的一种，米粒细长，无黏性。

珗 xiān 同"铣"。

莶(薟) ㊀xiān [豨莶](xī-)一年生草本植物，可供药用。

㊁liǎn 同"蔹(蘞)"，多年生蔓生藤本植物，品种多，有白莶、赤莶等。

梻 xiān 梻梻。(《改并四声篇海》)

铦 xiān 牛舌。

掀 xiān ❶举起：乃～公以出于淖。❷揭起；打开：～锅盖｜～帘子｜大风把屋顶～起来了。❸翻动；翻腾；兴起：～翻桌子｜～风鼓浪｜学雷锋活动～高潮。

䅺 xiān 同"秈"。

硄 xiān 像玉的美石。

铦(銛) ㊀xiān ❶臿类工具。❷利器：对客口如～。❸锋利：宝刀～｜制器必～。❹姓。

㊁tiǎn 挑；挑取：～开。

㊂guā 断。

稴 xiān 同"秈(籼)"。

笕 xiān 竹名。

毨 xiān[毨毻](-zhī)细毡类制品。

烌(爓) ㊀xiān ❶火的样子。❷味辛。

㊁yàn 同"焰"。

髟 xiān 同"鬗"。

栿 xiān ❶同"锨(鍁)"，农具名，像锹，长柄。❷[嘲栿]哄闹：俺这新女婿，那～，瞅(瞧)的我两三番斜僻了新妆(粧)面。

閑 ㊀xiān 门关闭。

㊁xiǎ 同"閜"，大开；大裂：豁～。

稴 xiān 施肥不当而伤禾。

絖 xiān 用于人名:叔～。(王明清《挥麈后录》)

粍 xiān 义未详。(《改并四声篇海》)

酰 xiān 酰基,由含氧酸的分子除去一个羟基而成的原子团。

廞 ㊀ xiān 同"欦"。1. 笑。2. 贪欲;贪求。
㊁ xiàn 叫。

酟 xiān 酟酟。

猀 xiān 猪。

跹(躚) xiān [蹁跹](piān-)见 732 页"蹁"字条。

锨(鍁) xiān 用于铲或撮取东西的长柄工具:铁～|木～。

粍 xiān "秥"的讹字。

酟 ㊀ xiān 同"酟"。
㊁ hān 同"酣"。

嘕 xiān 喜笑的样子:宜笑～只。

跣 xiān 行走。

僊 xiān 同"僊(仙)"。

僊 xiān 同"僊(仙)"。

䙴 xiān 行走的样子。

鲜(鮮) ㊀[❶-❺鱻] xiān ❶ 活的或新鲜的鱼、虾等:鱼～|海～。❷ 鲜美的食物:时～|尝～。❸ 滋味好:～美|鱼汤很～。❹ 新的,没有枯萎或变质的:～果|～花|～肉。❺ 有光彩的:～明|～亮|～艳。❻ 姓。❼ [鲜于]姓。
㊁[鱻、尟、尠] xiǎn 少:～见|～有|寡廉～耻。
㊂ xiàn 通"献(獻)",进献:乃～羔开冰,先荐寝庙。

蘚 xiān [蒚蘚](pián-)见 47 页"蒚"字条。

嗛 xiān 同"馦"。

暹 xiān ❶ 太阳升起:起看朝日～|争奉回銮日已～。❷ [暹罗]泰国(东南亚中南半岛国家)的旧称。

仚 ㊀ xiān 同"仙(僊)"。
㊁ líng 同"零",用于地名。

餡 xiān 义未详。(《改并四声篇海》)

㾾 ㊀ xiān ❶ 同"瘷"。❷ [瘌㾾](hú-)见 359 页"瘌"字条。
㊁ lián 瘦病。

骞(騫) xiān 鸟高飞的样子。

遷 xiān "暹"的讹字。

憸 xiān 奸邪;奸佞:～人|心逆而～。

嬐 ㊀ xiān ❶ 敏捷迅速。❷ 庄重恭敬的样子。
㊁ yǎn 妇女齐整的样子。

鬜 xiān ❶ 头发。❷ 头发下垂的样子。

僊 xiān 同"僊"。

韱{韯} xiān ❶ 山韭,又称山葱,多年生草本植物。❷ 通"纖(纤)",细;少:微密～察。

䙴 xiān [褊䙴](pián-)见 49 页"褊"字条。

綫 xiān 同"纖(纤)"。

攕 xiān 同"攕"。

䵸 xiān ❶ 赤黄色。❷ 黄色。

廯 xiān 义未详。(《改并四声篇海》)

賺 xiān 有贿。

僲 xiān 同"仙(僊)"。

獫 xiān 同"獫"。

瘷 xiān ❶ [瘷瘻](-huò)物在喉中。❷ 物毒喉中的病。❸ 毒虫螫伤。

櫼 xiān 同"杴",农具名。

躚 xiān 同"躚(跹)"。

馦 xiān ❶ [馦馦]香气充溢,单用义同:瑶草馦。❷ 香味;香气。

翾 xiān 飞。

攓 xiān [拈攓](niān-)以手称物。

攕 ㊀ xiān ❶ 手纤细的样子。❷ 削:斜～竹为签。

㊁ jiān 同“攕”，揩拭。

蘞 xiān 同“韱”，山韭。

獵 xiān 哺乳动物。

廯 xiān 仓廪。

孅 ㊀ xiān 同“纖(纤)”，细小;细微：至～至悉。
㊁ qiān 巧佞;奸佞：～人。

鶱 xiān 鸟名。

氍 xiān 毛。

僊 xiān 同“僊(仙)”。

僲 xiān 同“僊(仙)”。

纎 xiān 同“纖(纤)”。

穖 xiān 禾草不结实。

鱻 ㊀ xiān 同“鲜(鮮)”。
㊁ sū 同“稣(穌)”，苏醒;死而复生。

翺 xiān 同“翾”。

襳 ㊀ xiān ❶ 小袄;短衫。❷ 妇女上衣的长饰带。
㊁ shān ❶［襳襹］(-shī) 羽毛等下垂的样子。❷ 同“縿”，旌旗下边悬垂饰物的正幅。

鷴 xiān 鸟名，像鹤而碧色。

籭 ㊀ xiān 竹名。
㊁ xiǎn［篸籭］(qiǎn-) 见 770 页“篸”字条。

䊨 xiān 米粉饼。

蹮 xiān ❶ 行走。❷ 舞蹈的样子。

蹮 xiān 同“躚”。

躚 xiān 同“躚”。

曨 xiān［矇曨］(méng-) 见 641 页“矇”字条。

xián

㫕 xián(又读 hàn)同“柬”。

柬［柬］ xián(又读 hàn)同“柬”。

伭 xián 同“伭”。

戸 xián 义未详。(《龙龛手鉴》)

伭 xián ❶ 凶狠;暴戾。❷ 姓。

肱 xián 同“胘”。

刻 xián 自刎。

闲(閑)[❸-❼閒] xián ❶ 木栏类遮拦物，也指马厩：内之～中｜天子十有二～，马六种。❷ 防御;防止：防～｜建极～邪。❸ 熟习，熟练，后作“娴(嫻)”：閑于兵甲｜不閑典训｜养六畜，閒树艺。❹ 没有事情做：～暇｜～居｜～职。❺ 没有事情做的时候：农～｜忙里偷～。❻ 放着不使用：～置｜～房｜打印机～着不用。❼ 无关紧要的;与正事无关的：～谈｜～话｜～事。
◆“閒”另见 1034 页“閒”字条。

弜 xián 同“弦”。

贤(賢) xián ❶ 有道德的;有才能的：～士｜～明｜～良。❷ 才德出众的人：圣～｜见～思齐｜任人唯～。❸ 好;善：～惠｜～淑｜～内助。❹ 胜过;超过：师不必～于弟子。❺ 敬辞，用于平辈或晚辈：～弟｜～侄。

咁 ㊀ xián 同“嗛(衔、銜)”，嘴含物。
㊁ gàn(又读 gān 或 hān)代词，这;这样：如何～蠢变生妖｜～多士兵｜唔好死得～易。

弦[❶❷絃] xián ❶ 弓上发射箭的绳状物：弓断～｜箭在～上，不得不发。❷ 乐器上用来发声的线：琴～｜～乐器｜～外之音。❸ 月亮半圆：上～(农历初七或初八的月亮)｜下～(农历二十二或二十三的月亮)。❹ 钟表等的发条：表～｜给表上～。❺ 数学名词。1. 连接圆周上任意两点的线段。2. 古代称不等腰直角三角形中的斜边：勾股～。
◆“絃”另见 1034 页“絃”字条。

妶 ㊀ xián 同“娹”。
㊁ xuán 用于女子人名。

挦(撏) xián(又读 xún) ❶ 扯;拔(毛发)：～扯｜～鸡毛。❷ 摘取：～字摘句。

咸(❷鹹) xián ❶ 副词，全;都：群英～至｜～觉其不可。❷ 像盐的

味道;含盐分多:~菜|菜不要太~。❸姓。
◆“鹹”另见 1036 页“鹹”字条。

唌 xián 同“涎”,唾液:喷浪飞~。

胘 xián ❶又称牛百叶,牛的重瓣胃:牛~。❷泛指胃,也特指胃的厚肉。

胘 xián 同“弦”。

湺 xián 同“次(涎)”。

涎[次] ㊀xián ❶唾液,口水:垂~|嘴角流~。❷嬉笑的样子:~着脸笑道。
㊁yàn[湎涎](miǎn-)也作“沔涎”,水流的样子。

絃 xián 同“弦”。

柬 xián 草木的花盛开。

涋 xián 同“次(涎)”。

洰 xián 同“涎”。

惤 xián 同“慈”。

陖 xián 同“涎”,唾液。

娴(嫺)[嫻] xián ❶文静;文雅:~雅。❷熟练:~熟|~于辞令。

婳(嫺) xián 同“娴(嫺)”。

㧋 xián “幰”的讹字,古县名,在今山东。

葴 xián 草名。

賢 xián 同“賢(贤)”。

蚿 xián 马蚿,即马陆,节肢动物。

幰 xián ❶布名。❷古县名,在今山东。

烈 xián 用于佛经咒语译音。

烈 xián 同“烈”。

衔(銜)[啣、❷❸啣] xián ❶马嚼子,用铜或铁制成,横放在马口内,用以驾驭。❷用嘴含或叼:燕子~泥|~木填海。❸心里怀着:~恨|~冤。❹互相连接:~接|首尾相~。❺接受:秦~赂以自强。❻遵奉:~君命而使。❼某些职务和级别的称号:官~|军~|授~。
◆“銜”另见 1035 页“銜”字条。

舷 xián ❶船、飞机等左右两侧的边沿:左~|~窗|~梯。❷特指船的两侧:将两~的帆布卷起来。

湫 xián 同“次(涎)”。

浉 xián 同“涎”。

滆 xián 同“涎”。

諴(諴) xián ❶和洽:~民|其丕能~于小民。❷诚;有诚意:至~感神。

弦 xián 同“弦”。

弦 xián 同“弦”。

婹 xián 同“婱”。

婱 xián 寡妇守节操,不再嫁。

絃 ㊀xián “弦❶❷”的异体字。
㊁xuàn 绳索:井上辘轳床上转,水声繁,~声浅。

趚 xián 同“趚”。

㰖 xián “㧋(幰)”的讹字。

閒 xián 同“閒”。

閒 ㊀xián “闲(閑)❸-❼”的异体字。
㊁jiān 同“間(间)”。
㊂jiàn 同“間(间)”。

蚿 xián ❶马陆,节肢动物。❷蝮蜪。❸蚂蚁卵。

敓 xián 同“涎”。

㰹 xián 同“次(涎)”。

㑪 xián 同“涎”。

痫(癇) xián 癫痫,病名,又称羊痫风、羊角风。

康 xián 同“柬”。

鹇(鷳) xián ❶鹞子,一说猫头鹰,鸟名。❷白鹇,鸟名。

氵+㬎 xián 同“涎”。

悘 xián ❶性急。❷［悘亭］古地名，在今河南。

弜+系 xián 同“弦”。

娊 xián 女子不洁净。

啣 xián 同“衔（銜）”。1. 用嘴含：～酒杯。2. 马嚼子：辔～。

衘 ㊀ xián “衔（銜）”的异体字。㊁ yù 同“御”。

濕 xián 同“涎”。

慊 ㊀ xián 同“嫌”，疑惑；嫌疑：～惧自思｜避～。㊁ qiàn ❶怨恨；不满：贵不～于上｜生也无～，死亦无憾。❷不足；缺少：吾何～乎哉？｜宫室舆服，盖～如也。❸俭省：略无～吝。❹诚意：出于诚～。㊂ qiè 满足；快意：不～于心｜尽去而后～。

弜+糸 xián 同“弦”。

嫌 xián ❶怨恨：小～｜挟～报复｜捐弃前～。❷怀疑；不信任：～疑｜涉～｜避～。❸不满意；厌恶：～弃｜讨人～｜他～菜太咸。❹近似；近于：固～于危｜送葬之者不哀不敬，则～于禽兽矣。

槶 xián 同“椷”，杯子。

啣 xián 同“衔（銜）”。

稴 xián 同“稴”。

甋 xián ❶干瓦屋。❷在屋顶上盖瓦。

湺 xián 同“㳄（涎）”。

趍 xián 快跑。

蓄 xián 义未详。（《字汇补》）

翾 xián［翾翻］（-huò）疾飞。

稴 ㊀ xián 籼稻，无黏性的稻。㊁ liàn［稴穇］（-shān）也作“稴䅟”，禾穗未结实。

譀 xián 急迫：谋稽乎～，知出乎争。

㵎 xián 空旷而无边际的样子：甘瞑于㵎～之域。

漾 ㊀ xián 同“涎”，唾液。㊁ yàn 水满溢出的样子。

憪 xián 同“憪”。

憪 xián 同“憪”。

憪 ㊀ xián 愉悦；闲适：安排秖自～。㊁ xiàn ❶不安的样子：～然不自安。❷愤激的样子：～然谓天下无人。

橺 xián 树名。

輱 ㊀ xián 拟声词，车行声。㊁ kàn［輱轲］（-kě）同“轗轲”。

醎 ㊀ xián ❶同“鹹（咸）”，味不淡，特指像盐的味道：调乎酸～。❷盐渍：有生鸡大如鹅，～为腊鸡。㊁ jiǎn 同“醶”，卤水。

殈 xián 同“痫（癇）”。

殈 xián 同“痫（癇）”。

閑 xián ❶习。❷法。

晛 xián 姓。

嗛 xián 同“啣（衔，銜）”，用嘴含或叼。

嗛 ㊀ xián 同“涎”。㊁ xiàn 同“羡（羨）”。

膶 xián 同“瞯”。

綅 xián 汤爚肉。（《玉篇》）

糠 ㊀ xián ❶同“稴”，籼稻。❷红茎黍。㊁ jiān 青稻白米。

蕳 xián 茅类植物。

瞯 xián 同“瞯”。

瞯 xián 同“瞯”。

瞯 ㊀ xián ❶斜视。❷眼睛向上看，露出白眼。❸姓。㊁ jiàn ❶偷看：使人～听之。❷同“覸”，看。

嗡 xián 同“衔（銜）”。

篏 xián 箭杆。

衡 xián 义未详。（《改并四声篇海》）

餓 xián 义未详。(《龙龛手鉴》)

癇 xián 同"痼(痫)"。

瘤 xián 同"痼(痫)"。

嬸 xián 同"嫌"。

蕒 ㊀ xián 铡草,也指铡成小段的草茎。
㊁ qiān 草名。

嚽 xián ❶ 声。❷ 同"礥",难。

糰 xián 人名。(《韩非子》)

虢 xián 拟声词,虎吼声。

攕 xián 同"攀"。

騏 xián ❶［騏驩］(-huān)1. 马名。2. 也作"咸驩",古县名,在今越南境内,也单称騏。❷ 马性温顺。

幨 xián ❶ 巾。❷ 覆盖。

蘞 ㊀ xián 菜名,一说可染色的草。
㊁ qián ❶ 草名。❷ 荨麻。

蘞 xián 菜名。

燫 xián 光。

鬵 xián 釜。

嫺 xián ❶ 马步娴习,也作"闲(閑)"。❷ 同"驧"。

攀 xián 同"挦(撏)",扯;拔(毛发):偷～白发。

橏 xián 树名,叶细小。

鹹 xián 同"鹹"。

鶮 xián 鸟名。

礥 ㊀ xián ❶ 艰难的样子:动而～～。❷ 刚强。
㊁ xín 坚硬:～闲如石。

鹹 ㊀ xián ❶ "咸 ❷"的繁体字。❷ 苦。❸ 古地名,在今河南。
㊁ jiǎn 同"碱",盐卤。

麙 ㊀ xián 同"羬",大羊。
㊁ yán 同"麣",力气极大的猛兽。

鹹 xián 义未详。(《字汇补》)

贒 xián 同"贤(賢)"。

驧 xián 同"驧"。

驧｛驧｝ xián "驧"的讹字。

驧 xián 马一只眼睛因病发白。

鼘 xián 鼓声。

諴 xián 同"诚(諴)"。

鷳 xián 同"鷳(鹇)"。

鷴 xián 同"鷳(鹇)"。

攀 xián 同"攀(挦,撏)"。

鰔 xián 鱼名,生活在热带和温带近海底层。

齸 xián 义未详。(《改并四声篇海》)

xiǎn

忓 ㊀ xiǎn 同"憸"。
㊁ gàn 布袋。

狝 xiǎn 同"狝(獮)"。

狝(獮) ㊀ xiǎn ❶ 君主秋天打猎:秋～|～场。❷ 杀:遂并薙～之|～其什七八。
㊁ mí 哺乳动物,即猕猴。

挄 ㊀ xiǎn［抻挄］(chēn-)手捡物。
㊁ shēn 同"扟",从上把取或择取。

荛 xiǎn 草名。

显(顯) xiǎn ❶ 冠冕上的玉饰,引申为露在外的、易看出的:～露|明～|～而易见。❷ 表现;露出:～示|大～身手|他～出不屑的神情。❸ 有名声、权势、地位的:～学|～要|达官～贵。❹ 旧时子孙对先人的敬称:～考|～妣。

阋 ㊀ xiǎn 古地名。(《玉篇》)
㊁ xiàn 限。

险(險) xiǎn ❶ 地势高峻,引申为险要的地方:～岭高峰|凭～固守|长江天～。❷ 危险:～症|冒～|脱～。❸ 阴险难测:～猾|～诈|用心～恶。❹ 副词,几乎;差点儿:～遭毒手|～些受骗。

桄 xiǎn 树名。1. 桄树。2. 枣树。

显 xiǎn 同“显(顯)”。

毨 xiǎn 鸟兽新换的羽毛整齐、鲜亮的样子。

毨 xiǎn 同“毨”。

毨 xiǎn 同“毨”。

筅 xiǎn“筅”的讹字。

猃(玁) xiǎn[猃狁](-yǔn)同“猃狁”。

猃(獫) xiǎn ❶ 嘴巴长的狗,也指头部黄色的黑狗。❷[猃狁](-yǔn)也作“猃狁”,古代北方地区少数民族名,匈奴的祖先。

烧 xiǎn 烧杂草。

赻 xiǎn ❶ 同“鲜(鮮)”,少。❷ 跑不及,一说赻不及。

铣(銑) ㊀ xiǎn ❶(金属)最有光泽的:惟金有~。❷ 古代称钟口的两角:自角及~竟体作云雷纹。❸ 初炼的铁:~铁。❹[铣鋧](-xiàn)小凿,也单称铣。❺ 姓。

㊁ xiān 同“锨(鍁)”,掘土或铲东西的工具:舞~弄镐。

㊂ xǐ 用能旋转的多刃刀具切削金属工件:~削|~床|~个槽。

筅 xiǎn ❶ 筅帚,洗刷锅、碗等的竹刷帚。❷ 又称筤筅、狼筅、狼牙筅,古代竹制长兵器。

搟 xiǎn 同“攇”,一说“搟”的讹字。

槲 xiǎn[蜥槲](dǎn-)蔄。

跣 ㊀ xiǎn 赤脚,光着脚:~足|~着脚|~出击鼓。

㊁ xiān[蹁跣](piān-)同“蹁跹(翩跹)”。

骱 ㊀ xiǎn 少。

㊁ sǎn 骨轻骱,比喻人轻浮,不稳重。

觥 xiǎn 角。

祿 xiǎn 祭祀剩下的肉,一说“禄”的讹字。

㬎{㬎} xiǎn ❶ 同“显(顯)”,明显;显著。❷ 丝结,一说同“茧(繭)”。

毨 xiǎn 同“毨”。

筅 xiǎn 洗刷锅、碗的刷帚。

㓹 xiǎn 削。

攇 xiǎn ❶ 同“搀”,转。❷ 同“唧(衔)”,用嘴含:嘴唇~土。

藓(蘚) xiǎn 苔藓植物的一类,茎和叶很小,无根,生长在阴湿的地方。

銑 xiǎn 鱼名。

鍌 xiǎn ❶ 同“铣(銑)”,钟口的两角。❷ 用于人名:窦维~(见《集韵》)。

燹 ㊀ xiǎn ❶ 火;野火。❷ 焚烧:乃~山林|蕙棺被~。❸ 兵祸;战乱:兵~|烽~。

㊁ bìng 火燃烧的样子。

爛 xiǎn 同“燹”。

攇 xiǎn 以手约物。

顯 xiǎn 同“顯(显)”。

幰 xiǎn ❶ 车上的帷幔,泛指帷帐:通~|翠~。❷ 车:绣~|路狭~难回。

韅 xiǎn 同“韅”。

鞙 xiǎn 同“韅”。

櫶 xiǎn[櫶木]蚬木,常绿乔木,木材可用于建筑、造船、机械。

轞 xiǎn 同“𫐄(轞)”。

𫐄(轞) xiǎn 同“幰”,车上的帷幔:车~|轿~。

蠔 xiǎn 同“蚬(蜆)”,蚬子,软体动物。

韅 xiǎn 同“韅”。

顯 xiǎn 同“顯(显)”。

巘 xiǎn ❶ 小山与大山不相连。❷ 古山名。(《玉篇》)

獮 xiǎn 同“獮(獮,狝)”。

灦 xiǎn 古水名。(《玉篇》)

㦥 xiǎn 惭愧。

韅 xiǎn 同“韅”。

櫶 xiǎn 树名。

玁 xiǎn 同“獮(狝)”。

瀗 xiǎn 寒病。

蠔 xiǎn［蹇蠔］(hán-)见328页“蹇”字条。

鑞 xiǎn 同“劂”。

獮 xiǎn 同“獮(狝)”。

禰 ㊀xiǎn 同“狝(獮)”,君主秋天打猎。㊁jiǎn 恭敬。

韅 xiǎn 胡被。(《广雅》)

韅 xiǎn 套拉车的牛、马等用的肚带,拴在腹下,一说马腹带。

蠏 xiǎn 蛇名。

邏 xiǎn 义未详。(《改并四声篇海》)

獮 xiǎn 同“獮(狝)”。

譹 xiǎn［譹搏］凶暴;狠毒。

韅 xiǎn 同“韅”。

巖 xiǎn 义未详。(《改并四声篇海》)

夔 xiǎn 义未详。(《改并四声篇海》)

灝 xiǎn［灝涣］(-huàn)水深而清澈。

韅 xiǎn 同“韅”。

韅 xiǎn 同“韅”。

xiàn

吅 xiàn 闻,听到。

苋(莧) ㊀xiàn 苋菜,一年生草本植物,嫩茎叶是常见蔬菜。
㊁wǎn［苋尔］同“莞尔”“唍尔”,微笑的样子。

哯 xiàn 同“哯(晛)”。

县(縣) xiàn 见1083页xuán。

哯(晛) xiàn 不作呕而吐,泛指呕吐:幼儿～乳不止,服此立效。

岘(峴) xiàn 小而高的山,多用于地名:～山(在湖南)｜～口(在浙江)｜～塬(在甘肃)。

现(現) xiàn ❶玉的光彩,引申为显露、表露:出～｜呈～｜～原形。❷此刻;目前:～状｜～代｜～有条件。❸副词,当时;临时:～做的｜～买～卖。❹实有的;当时就能拿出来的:～金｜～款｜～货。❺现金或现款的简称:兑～｜贴～。

晛(晛) xiàn ❶阳光:雨雪瀌瀌,见～曰消。❷明亮:天气自佳日色～。

臽{臽} xiàn ❶小坑:地～。❷同“陷”,陷入:～之深｜～铁之矛。

限 xiàn ❶阻隔:筑长城以～中外。❷限定,指定范围:～制｜～期完工｜时间不～。❸限度,指定的范围:界～｜权～｜期～。❹门槛:门～｜履满～穿。

䭮(䮗) ㊀xiàn 急行。㊁jiàn 低贱。

线(綫)[線] xiàn ❶丝、棉、麻等制作的细长物,泛指线状的:棉～｜电～｜光～。❷道路,泛指通路:铁路～｜航～｜～路。❸边缘、交界的地方:海岸～｜死亡～｜录取～。❹比喻政治主张:左倾路～｜上纲上～。❺量词,多用于抽象事物,表示细微或极少:一～阳光｜一～希望｜一～生机。
◆“線”另见1039页“缐”字条。

睍(睍) xiàn ❶眼睛凸出的样子。❷眼睛小的样子。❸［睍睆］(-huǎn)鸟羽美丽或鸣声清婉:～黄鸟｜小院伫闻莺～。

㡉 xiàn 门槛。

𫔭(閬) xiàn 同“限”,门槛。

㥦 xiàn 怜爱。

宪(憲) xiàn ❶法令:～令｜～章。❷宪法,国家根本法,具有最高法律效力,是其他法规的基础和依据:立～｜违～。

祆 xiàn 用于人名:子～(唐代人)。

䧟 xiàn 同“限”。

陥 xiàn 同“陷”。

嫈 xiàn 容貌美好的样子。

垷 xiàn 用泥涂抹墙壁。

蚬（蜆） ㊀ xiàn 缢女。
㊁ xiǎn ❶ 蚬子，软体动物，介壳圆形或心脏形。❷ 疍民小姑娘：～妹。

覍 xiàn 同“蜆（蚬）”。

敍 xiàn ❶ 散。❷ 琴的低音。

宪 xiàn 同“闲（閒）”。

涀 ㊀ xiàn 古水名。1. 在今陕西。2. 在今河南。
㊁ jiǎn 小沟。

晛 xiàn 同“限”。

陷 xiàn ❶ 穴；坑：～阱｜虎可使之入～。❷ 下坠；落入；凹进：天塌地～｜～入泥中｜眼窝深～。❸ 坑害：～害｜谋～｜被～者甚众。❹ 刺入；穿透：吾楯之坚，物莫能～也。❺ 攻克；被占领：城～｜失～｜沦～。❻ 缺少；不足：缺～（缺点）｜满如～，实如虚。

陥 xiàn 同“陷”。

婩 xiàn 傲慢。

娊 ㊀ xiàn ❶ 女子细腰的样子。❷ 用于女子人名。
㊁ dān 同“妉（媅）”。

晵 xiàn 妨。

麲（麲） ㊀ xiàn 麦屑。
㊁ yàn 陈麦。

覞 xiàn 同“哯（哯）”。

硍 ㊀ xiàn 石声。
㊁ kěn 通“啃”：跌了个嘴～地。
㊂ yín 用于地名：六～圩（在广西）。

垷 xiàn 大斜坡，用于地名。

䁂 ㊀ xiàn 腹䁂。
㊁ chēn 同“䀼（䚀）”，悄悄探出头看。

猏 xiàn 拟声词，狗叫声。

馅（餡） xiàn 包在面食、糕点等食品内的肉、菜、糖、豆沙等。

陥 xiàn 同“陷”。

現 xiàn “現（现）”的讹字。

㦓 xiàn 强健的样子。

硯 xiàn 同“硍”。

䐄 ㊀ xiàn ❶ 吃肉吃不够。❷ 又称膇䐄，脚肿。
㊁ hàn 烧肉使熟。

羡｛羨｝ ㊀ xiàn ❶ 因喜爱而希望得到：～慕｜艳～｜临渊～鱼，不如退而结网。❷ 多；盈余：富～｜～余。❸ 超越；超过适当限度：功～于五帝｜～刑｜河灾之～溢，害中国也尤甚。❹ 姓。
㊁ yí ［沙羡］古县名，在今湖北。

害 xiàn 同“憲（宪）”。

陷 xiàn 同“陷”。

缐（線） xiàn ❶ 姓。❷ 用于人名。
◆“線”另见 1038 页“线”字条。

綫 xiàn 同“线（綫）”。

䧟 xiàn 跑的样子。

献（獻） xiàn ❶ 恭敬、庄重地送上：～宝｜～花｜把青春～给祖国。❷ 表现出来给人看：～技｜～媚｜～殷勤。❸ 有价值的图书、文物等：文～。☞献／贡／供 见 295 页“贡”字条。

槩 xiàn 同“㯀”。

䁂 xiàn 大眼睛。

䃸 ㊀ xiàn 石名。
㊁ kàn 叹词，表示轻蔑或斥责：～！原来是梦。

獻 xiàn 同“獻（献）”。

罳 xiàn 渔网。

罳 xiàn 同“憲（宪）”。

腺 xiàn 生物体内由腺细胞组成的能分泌某些化学物质的组织：汗～｜腮～｜扁桃～。

欿 xiàn 同“臽”，小陷阱。

獫 xiàn ❶ 狗叫；狗叫不停。❷ 两狗相争。

粯 xiàn 米屑:麦~。

垷 xiàn 同"壏",坚结的土壤。

䙹 xiàn 同"覫"。

䑗 xiàn 同"䑗"。

僩 xiàn 同"僴"。

僴 xiàn 胸襟开阔的样子。

徾 xiàn 危。

誢 xiàn 诤语。

憪 ㊀ xiàn 怒。
㊁ hān 同"憨"。

憲 xiàn 同"憲(宪)"。

撊 xiàn 同"撊"。

撊 xiàn ❶ 猛;凶猛:~然授兵登陴。❷ 遮防禁止:发~渎盗贼。

霰 xiàn 同"霰"。

霓 xiàn 同"霰"。

艦 xiàn 船名。

鋧 xiàn 古代兵器,小矛。

献 xiàn 同"獻(献)"。

廠 xiàn 同"廠"。

㢘 xiàn 房舍。

㢘 ㊀ xiàn 同"㢘"。
㊁ sān 同"㪔"。

糮 xiàn 涂抹。

㦑 ㊀ xiàn 意难。(《玉篇》)
㊁ rǎn 同"燃"。

綫 xiàn 同"线(線)"。

橌 xiàn 同"橌"。

橌 xiàn ❶ 树木高大的样子。❷ 大树。

輱 ㊀ xiàn 田车。
㊁ jiàn 同"轞"。

霰 xiàn 同"霰"。

闞 xiàn 同"限",门槛。

㬎 xiàn ❶ 同"晛(晛)",日光;明亮。❷ 暖。

範 xiàn 同"範"。

範 xiàn 竹名。

鋡 ㊀ xiàn 连环。
㊁ qiàn 用金银丝饰铁。

䐄 xiàn 同"脂"。

䐄 xiàn "䑗"的讹字。

壏 ㊀ xiàn 坚结的土壤。
㊁ làn[壏埮](-tàn)地势平坦;宽广。

壍 xiàn 同"壏",坚结的土壤。

䜶 xiàn ❶ 豆半生。❷ 糕饼中的豆馅。

䤼 xiàn 同"餡(馅)"。

礤 xiàn 钻石;金刚钻:~石|~笔(镶有金刚钻的割玻璃的刀具)。

錄 xiàn 金属线,用于传热导电。

瀨 xiàn 瀑布飞泻的样子。

檃 xiàn ❶ 柜子。❷ 同"壏",坚结的土壤。

甗 xiàn 大瓮。

霰 xiàn 同"霰"。

臔 xiàn 同"䜶",肉馅。

䜶 xiàn 肉馅,后作"馅(餡)"。

隰 ㊀ xiàn 古地名。(《篇海类编》)
㊁ xiǎn 同"显(顯)"。

監 xiàn "壍"的讹字。

德 xiàn 同"𧽮"。

臔 xiàn ❶ [臔臔]肥,脂肪多。❷ 肉急。(《广韵》)

鮥 xiàn 鳡鱼。

㢘 xiàn 房舍。

瀗 xiàn 古水名。(《广韵》)

𧆸 xiàn 同“甗”。

礹 xiàn 同“礆”。

獻 xiàn 同“獻(献)”。

霰 xiàn 水蒸气在高空中遇冷而凝结成的白色小冰粒,多在下雪前或随着雪花降落:～粒。

𩆬 xiàn 同“霰”。

䌈 xiàn[禫䌈](diàn-)见192页“禫”字条。

䉳 xiàn 竹枯。

礥 ㊀xiàn[礥磹](-diàn)电光:～裂电目。㊁jīn 楔子。

鑦 xiàn 同“鋧”。

䞁 ㊀xiàn 跑。㊁xiǎn 跑的样子。

𪎊 xiàn “驟”的讹字。

𩆵 xiàn 同“霰”。

齴 xiàn 怒齿。(《集韵》)

鼸 xiàn(又读qiǎn)一种颊内能藏食的鼠,古代也浑称田鼠。

𪕮 xiàn 同“鼸”。

䌟 xiàn 同“线(綫)”。

䮗 xiàn 马跑;马跑的样子。

霰 xiàn 同“霰”。

𧒽 xiàn 同“蚬(蚬,蜆)”。

xiāng

乡(鄉) xiāng 见1044页xiàng。

芗(薌) xiāng ❶用于调味的香草或香菜。❷同“香”,芳香:芬～。

抭 xiāng 及。

相 xiāng 见1044页xiàng。

香 xiāng ❶谷物成熟后的气味,引申为气味好闻、芬芳:～味|～水|桂花飘～。❷味道好:饭～|～米|这肉真～。❸有香味的东西:檀～|麝～|蚊～。❹胃口好;睡得舒服:吃得～|睡得～。❺指女子或女子的:怜～|～魂|～消玉殒。

㿡 xiāng 同“香”。

厢[廂] xiāng ❶厢房,正房前面两旁的房屋:东～|一正两～。❷像房间一样隔开的地方:车～|包～。❸靠近城的地区:城～|关～。❹边;方面:这～|两～情愿。

啌 ㊀xiāng ❶叹词,怒斥声。❷咳嗽:～嗽。㊁qiāng 同“痊”,喉中病。

瘬 xiāng ❶肿。❷病。

葙 xiāng[青葙]又称野鸡冠,一年生草本植物。种子称青葙子,可供药用。

焩 xiāng 火坑。

湘 xiāng ❶湘江,水名,发源于广西,流至湖南注入洞庭湖。❷湖南(地名)的别称:～绣|～剧。

缃(緗) xiāng 浅黄色的帛,也指浅黄色:～帙|～素|～绮为下裙。

䊑 xiāng 同“𩏩”。

𪏹 xiāng “香”的讹字。

𧛂 xiāng 同“襄”。

𦺏 xiāng “薌(芗)”的讹字。

䅬 xiāng 同“香”。

瘬 xiāng 病。

箱 xiāng ❶箱子,存放衣物的方形器具:衣～|书～|工具～。❷像箱子的器物:风～|音～。❸车内供人乘坐或装载物品的地方,后多作“厢”:车～|睆彼牵牛,不以服～。

X

膷 xiāng ❶牛肉羹。❷肉中生息肉。❸香。

舙 xiāng 同“香”。

馫 xiāng 同“香”。

襄 xiāng ❶除去：墙有茨，不可～也。❷完成：不可～事｜共～盛举。❸帮助；协助：～助｜～理｜共～朝政。❹举；昂：～首奋翼｜云起龙～。❺高：河中竦石杰出，势连～陆。❻姓。

䣼 xiāng 同“馫”。

馫 xiāng 大香。

颾 ㊀xiāng 风声。㊁qiǎng 刮风。

䢽 xiāng 同“襄”。

䘸 xiāng 同“襄”。

𡣭 xiāng 同“襄”。

𡅐 xiāng 同“襄”。

勷 ㊀xiāng 同“襄”，帮助；成全。㊁ráng ❶跑的样子。❷同“瓤”。

鸌 xiāng 同“鴺”。

鴺 xiāng 鸟名。

儴 ㊀xiāng［儴徉］（－yáng）1.徘徊。2.逍遥。㊁rǎng 同“躟”，快走的样子。

䣼 xiāng 同“麘”。

麘 xiāng 同“香”。

骧（驤） xiāng ❶右后足白色的马，泛指马。❷马昂首飞奔；跳跃、腾飞：腾～｜麟游龙～。❸昂首；上举；扬起：～首｜高～｜～眉。

瓖 xiāng ❶玉名。❷马带上的玉饰：钩膺玉～。❸镶嵌：～攒｜裁～。

欀 ㊀xiāng ❶树名，又称莎木。❷木器内衬。❸支撑屋架的部件：～崩梁坏｜析～上承。㊁ràng 行道树。

馫 xiāng 同“香”。

镶（鑲） ㊀xiāng ❶嵌入物体或在物体边缘加边饰：～钻｜～牙｜～金边。❷古代兵器，像刀剑：手持白头～。㊁ráng 铸铜铁器模型的瓤子。

䭴 xiāng 同“馫（香）”。

䙳 xiāng 同“襄”。

驤 xiāng 同“驤（骧）”。

䪥 xiāng 同“䫵”。

䫵 xiāng 打击。

䫶 xiāng 击。

䫷 xiāng “䪥（䫵）”的讹字。

xiáng

洚 xiáng 同“瓨”。

瓨 ㊀xiáng 长身的瓮坛：醯酱千～。㊁hóng 陶器。

夅 xiáng 不伏。

䜣 xiáng 具。

详（詳） xiáng ❶细说；说明：内～｜余容再～。❷细致；全备：～尽｜～略得当｜不厌其～。❸清楚；明晰：年代未～｜地址不～。❹审慎：～刑慎法｜齐人多诈，宜且～之。❺从容；庄重：安～｜举止～妍。❻旧指下级将案情向上级呈报请示，也指呈报的案情公文：～至案下｜听候转～。❼通“祥”，吉利：百炼利器，以辟不～。

捀 xiáng 䉶帆，用竹席做成的船帆。

峄 xiáng 古山名。（《集韵》）

狰 xiáng［獽狰］（yāng－）见1113页“獽”字条。

庠 xiáng ❶古代学校，特指乡学：上～｜下～｜～序之教。❷泛指学校：省～｜县～。

栙 xiáng［栙双］也作“栙䉶”，用竹席做成的船帆，一说帆未张。

殍｛姘｝ xiáng 女子未嫁人而死变成的鬼。

彸 xiáng 同“祥”。

翔 xiáng 同“翔”。

瓩 xiáng 同“瓩”。

祥 xiáng ❶幸福;吉利:作善,降之百～|～瑞|吉～。❷善;好:不仁不～|共讨不～。❸吉凶的预兆,特指吉兆或凶兆:吉凶之～|观妖～,辨吉凶|将有大～,民震动,国几亡。❹通“详(詳)”,详细;详审:观阴阳之术,大～而众忌讳。❺姓。

㟄 xiáng 古山名。(《集韵》)

跭 xiáng 同“跭”。

翔 xiáng 盘旋地飞:翱～|滑～。

絴 xiáng 高。

葐 xiáng 菜名。

䜶 xiáng［䜶䨇］(-shuāng)豇豆。

跭 xiáng［跭䟀］(-shuāng)1. 竖立。2. 徘徊不前。

跭 xiáng 快步行走。

瓩 xiáng 罂。

䴬 xiáng 鸟名。

詳 xiáng 同“詳(详)”。

䳗 xiáng 同“䴬”。

䳗 xiáng 同“䴬”。

䴬 xiáng “䴬”的讹字。

xiǎng

享 ㊀［亯］xiǎng ❶祭祀:祭天～地|以～祖考。❷享受;受用:～福|～用|资源共～。
㊁ pēng 通“烹”,煮:～牛食士。

响(響) xiǎng ❶回声,泛指声音:空～|声～|～彻云霄。❷发出声音:钟声～了|掌声～起来|一声不～。❸声音大:～亮|鞭炮声真～|声音太～了。❹形容名声大、出色:这个品牌叫得～|～当当的科学家。❺量词,用于声音发出的次数:鸣炮十～|见人说得不切事情,便喊一～。

饷(餉)［饟］xiǎng ❶用酒食等款待:有童子以黍肉～。❷赠送:～米|～遗。❸军粮;旧指军人、警察的薪金:存～|发～|月～。

蚃(蠁) xiǎng ❶土蛹,昆虫。传说能知方向,故又称知声虫。❷蠛虫。

䦳 xiǎng 明。

亯 xiǎng 同“享”。

亯 xiǎng 同“享”。

亯 xiǎng 同“享”。

䖮 xiǎng 恐惧声。

蚼 xiǎng 同“蚃(蠁)”。

粡 xiǎng 同“饷(餉)”。

飨(饗) xiǎng 用酒食款待人,泛指满足人的需要:～客|以～读者。

絧 xiǎng 绵。

想 xiǎng ❶思;思索:感～|～办法|～一～。❷思念;惦记:～念|～家|朝思暮～。❸推测;估料:～当然|～必是|我～他不会来了。❹打算;希冀:妄～|试～|异～天开。❺好像;如同:云～衣裳花～容。

亯 xiǎng 同“享”。

亯 ㊀ xiǎng 同“享”。
㊁ gāo 同“高”,高尚:事～嫔则。

慯 xiǎng［慃慯］(yǎng-)见1116页“慃”字条。

鉤 ㊀ xiǎng 同“饷(餉)”,馈赠。
㊁ jiōng 同“鍽(扃)”。

膷 ㊀ xiǎng 肥的样子。
㊁ gōu 同“沟(溝)”:股间～间。

鲞(鯗) xiǎng ❶剖开晾干的鱼;腊鱼:～鱼。❷腌腊食品:笋～|茄～。

糋 xiǎng 同“饷(餉)”。

䊑 xiǎng 义未详。(《龙龛手鉴》)

響 xiǎng 回声,也作“響(响)”。

曏 xiǎng 同“响(響)”。

䆗 xiǎng 同“响(響)”。

䆗 xiǎng 同“响(響)”。

餉 xiǎng 同“饷(餉)”。

䫨 xiǎng 斜视。

䊑 xiǎng 同“响(響)”。

鮝 xiǎng 同“鲞(鯗)”。

饟 xiǎng 同“饷(餉)”,用酒食等款待。

𩟄 xiǎng 同“饟(饷,餉)”。

饗 xiǎng“飨(飨)”的讹字。

鮝 xiǎng 同“鲞(鮝,鯗)”。

響 xiǎng 同“响(響)”。

鱶 xiǎng 同“鮝”。

xiàng

乡(鄉){鄉} ㊀ xiàng ❶ 两人相向而坐进食。❷ 同“嚮(向)”。1. 面向;朝着:秦伯素服郊次,～师而哭｜当此之时也,天下莫敢以兵南～｜～壁虚造。2. 方向;趋向:矢来有～｜明利害之～。❸ 副词,将要:夜如何其?夜～晨。
㊁ xiāng ❶ 古代地方行政区划单位,所辖范围历代不一,今在县或区之下:五州为～｜～政府。❷ 城市以外的区域:～村｜下～｜城～差异。❸ 自己的出生地或祖籍:家～｜同～｜背井离～。❹ 处所;地区:无人～｜温柔～｜鱼米之～。❺ 某种境界或状态:睡～｜梦～｜醉～。

郷 xiàng 同“巷”,邻道,也作“䢽”。

向(❷❸❻嚮)[❻曏] xiàng ❶ 朝北开的窗子,泛指窗子:闭户塞～。❷ 面对;朝着:～阳｜～东｜相～而行。❸ 方向;目标:朝～｜志～｜风～。❹ 介词,表示动作的方向或对象:～南走｜～前看｜～英雄人物学习。❺ 偏袒:偏～｜妈妈老～着小儿子。❻ 从前:～日。❼ 副词,向来:～无此例。❽ 周代诸侯国名,在今山东。❾ 古地名,在今河南。❿ 姓。☞向/牖/窗/囱 见136页“囱”字条。
◆“嚮”另见1045页“嚮”字条。
◆“曏”另见1045页“曏”字条。

闳(闀) xiàng ❶ 两阶之间:阶～。❷ 窗户:达～｜～幙(幕)。

㖮 xiàng[捞㖮]古代用于窃贼的隐名。

项(項) xiàng ❶ 脖子的后部,泛指脖子:不能望其～背｜～链｜～圈。❷ 事物的种类或条目:～目｜事～｜强～。❸ 钱款;经费:款～｜进～｜欠～。❹ 量词,用于分项目的事物:一～任务｜下列各～。❺ 代数中指不用加号、减号连接的单式。❻ 姓。☞项/颈/领/脖 见587页“领”字条。

巷 ㊀ xiàng 乡里中的小路,引申为较窄的街道:～无居人｜街头～尾｜大街小～。
㊁ hàng[巷道]采矿或探矿时挖的坑道。

相 ㊀ xiàng ❶ 察看:～面｜～马｜～机而作。❷ 样子;面容:品～｜面～｜照～。❸ 辅助;辅佐:～夫教子｜吉人天～｜周公～成王。❹ 官名:宰～｜首～｜外～。❺ 司仪礼赞或接待宾客的人:傧～。❻ 姓。❼[相里]姓。☞相/像/象 见1045页“象”字条。
㊁ xiāng ❶ 看:～亲｜～中。❷ 质地;实质:金～玉质。❸ 副词。1. 表示双方交互:～视而笑｜～亲～爱。2. 表示一方加给另一方:～告｜好言～劝｜以身～许。❹ 姓。

郒 xiàng 同“巷”。

姠 xiàng 用于女子人名。

珦 xiàng 玉名。

䦵 xiàng 同“㣿”。

㣿 xiàng 同“向”,朝北的窗户。

㳟 xiàng 义未详。(《龙龛手鉴》)

鄉 xiàng 同“鄉(乡)”。

䣈 xiàng 同“巷”。

象{象} xiàng ❶ 哺乳动物,长鼻圆筒形,多有一对长大的门牙突出

唇外:大～|～牙。❷外表;形状:表～|景～|万～更新。☞象/像/相 三字的区别要点是:1.表示如同,用于"好像""像……一样",不写"象"。2.用于"想象"(想出不在眼前的事物形象、设想),不写"像"。3.用于"照相、照片、相册"不写"像"。

鄉 xiàng 同"鄉(乡)"。

嚮 xiàng 同"向"。

鄉 xiàng 同"鄉(乡)"。

衖 xiàng 同"巷"。

膷 xiàng 菜和肉混合做成的羹。

殤 xiàng ❶死胡同。❷死后腐败。

缿 xiàng ❶古代陶制或竹制储钱器,小口,易入难出:钱～。❷古代接受告密文书的像瓶的器具,长颈小孔,可入不可出:投～购告言奸|以～首下狱。

衖 ㊀xiàng 同"巷",胡同。
㊁lòng "弄㊁"的异体字。

為{爲} xiàng 同"象"。

宣 xiàng 同"嚮(向)"。

巷 xiàng 同"巷"。

香 xiàng 黍香。

像 xiàng ❶相似:他长得～父亲|这花有点儿～牡丹。❷比照人物制成的形象:画～|雕～|肖～。❸比如;比方:我喜欢各种文体活动,～唱歌、跳舞、游泳等。❹副词,好像;似乎:～要刮风了|病情～是加重了。☞像/象/相 见1045页"象"字条。

勨 xiàng ❶徭役宽缓。❷勉。

蒙 xiàng 草名。

𨞰{䣈} xiàng 巷道,一说邻邑。

嶑 xiàng 山名。

幨 xiàng 同"襐"。

嵣 xiàng 义未详。(《改并四声篇海》)

勨 xiàng 同"勨"。

邊 xiàng 行走的样子。

瑑 xiàng[瑑瓠](-gū)也作"象觚",酒器。

瓓 xiàng 同"珦"。

蕒 xiàng 草名。

橡 xiàng ❶栎,落叶乔木或灌木,多指栎树的果实。❷橡胶树,常绿乔木,可产胶乳,用于制作橡胶品。

鄉 ㊀xiàng "向❻"的异体字。
㊁shǎng 顷刻,不多久,后作"晌"。

衕 xiàng 同"巷"。

傾 xiàng[勜傾](wěng-)见999页"勜"字条。

襐 xiàng ❶盛装:～饰|珠帽～服。❷未成年人戴的首饰。

蟓 xiàng ❶桑蚕。❷[蟓蛉]蝼蛄的别称。

禓 xiàng 同"襐"。

鄉 xiàng 同"鄉(乡)"。

嚮 ㊀xiàng "向❷❸❻"的繁体字。
㊁xiǎng 通"响(響)"。❶回音,泛指声音:若形之于影,声之于～|砉然～然|始兼泉～细。❷发出响声:裙上环珮,叮叮当当的～。☞《通用规范汉字表》把"嚮"作为"向"繁体字,今又作规范字。

䐟 xiàng 同"相"。

襐 xiàng 同"襐"。

穟 xiàng 柔。

鐌 xiàng 鐌鼻,器物上的装饰,一说器纽。

禓 xiàng 同"襐"。

闀 xiàng 直视。

䣈{䢽} xiàng 同"巷"。

𨞰{䣈} xiàng 同"鄉(乡)"。

鱌 xiàng 鱼名，像魟。

鱌 xiàng［鱌雕（鵰）］（-diāo）鹲鹯的别称。

磘 xiàng 山有大小石。

蠁 xiàng 义未详。（《篇海类编》）

xiāo

灲 xiāo 同“灱”。

灱 xiāo ❶ 干枯；干燥：谷种仔细晒，唔～会生虫（唔：不）。❷ 热。

肖 xiāo 见 1050 页 xiào。

枵 xiāo［玄枵］同“玄枵”，十二星次之一。

枵 xiāo 同“嚣（囂）”，一说“枵”的讹字。

侾 xiāo 骄。

枭（梟）{梟} xiāo ❶ 也作“鸮（鴞）”，即鸱鸮，猫头鹰类鸟。❷ 勇猛；不驯顺：～将｜～雄｜贪残气更～。❸ 魁首；头领：毒～。❹ 斩；把人头砍下并悬挂起来示众：回手又把那瘦和尚头～将下来｜～首于市。❺ 诛灭：王室将危，贼臣未～。❻ 旧指私贩食盐的人：盐～｜私～。

枵 xiāo ❶ 大树的树干中空，引申为空虚：～中之木｜～腹从公。❷ 布的丝缕稀疏而薄：～薄｜价贱而质～，不可为衣。❸ 玄枵（十二星次之一）的省称：～鹑列野（鹑：星宿名）。

翛 xiāo 羽毛。

哓（嘵） xiāo ❶ 因恐惧发出的叫声：～呼｜予维音～～。❷ 唠叨，话多不止：不复～述｜诡巧之～～。

侾 xiāo 大的样子。

侥（僥） xiāo 勇猛：～悍。

骁（驍） xiāo ❶ 好马。❷ 勇猛：～勇｜～将。

撨 xiāo 义未详。（《龙龛手鉴》）

痟 xiāo 同“痟”，酸痛；头痛。

虓 xiāo 同“虓”。

虓 xiāo 同“虓”。

逍 xiāo［逍遥］1. 缓步行走的样子：步～以自虞。2. 自由自在，无拘无束：～自在｜～法外。

鸮（鴞） xiāo ❶ 山鸮，又称鹏。❷ 鸱鸮科鸟类的通称：角～｜雕～。

峭 xiāo［峭嵺］（-jiāo）山势险峻的样子。

徜 xiāo 行走的样子。

虓 xiāo ❶ 虎吼：～吼震地｜～然之声。❷ 猛兽叫声，泛指较大的声音：～赫奔突｜～如醉虎。❸ 勇猛；凶猛：～虎｜～士｜其状～如虎。❹ 发怒的样子：～怒。

猇 ㊀ xiāo ❶ 猪、狗受惊。❷ 同“猇”，狗受惊吓而叫。㊁ xiào 同“豨”，猪奔跑的样子。

猾 xiāo ❶ 狂病；狂。❷ 同“魈”：山～。

㛠 xiāo 宫室高峻深邃的样子。

痟 xiāo 同“痟”。

消 xiāo ❶ 溶化；分解：冰雪～融｜烟～火灭｜～化。❷ 灭；除去：～亡｜取～｜云～雾散。❸ 耗费；把时间度过：花～｜～闲｜～夜。❹ 须；需要：不～说｜不～费神。❺ 经得住；禁得起：吃得～｜更能～几番风雨。❻ 消息：传～寄信｜问息寻～。

宵 xiāo 气向上蒸腾。

宵 xiāo 夜：通～｜良～｜～禁。

绡（綃） ㊀ xiāo 生丝，也指用生丝织成的东西：～衣｜～帐。㊁ shāo 通“梢”，船上挂帆的木柱：维长～，挂帆席。

萧（蕭） xiāo ❶ 香蒿：～艾｜～兰｜彼采～兮。❷ 凋零；衰冷；了无生气：～肃｜～条｜～瑟。❸ 洒脱：～洒｜～然物外。❹ 姓。❺［萧萧］拟声词。1. 马鸣声：～马鸣。2. 风雨声；草木摇落声：秋风兮～｜池阁雨～｜无边落木～下。

毷 xiāo ❶ 同“翛”。❷ 毛的样子。

睄 xiāo 同“宵”。

哓 xiāo 同"哓(嘵)"。

氰 xiāo 同"霄"。

毷 xiāo 同"毹"。

猇 xiāo ❶同"虓",虎怒吼,也形容言语粗野:~声狺语,旦暮无休。❷古县名,在今山东。❸[猇亭]地名,在湖北。

焇 xiāo ❶干,干燥。❷同"销(銷)",销熔。❸曝晒。

婋 xiāo 女子聪明。

刟 ㊀ xiāo[刟毹](-xiāo)毛的样子。㊁ tiáo[刟毹](-xiāo)也作"毰毹"。1.鸟尾上的翘毛。2.羽毛凌乱的样子。

莦 ㊀ xiāo[莦蔘](-shēn)树干高耸的样子。㊁ shāo 同"梢",树梢:~櫹槮之可哀。㊂ shuò[莦藋](-zhuó)同"蒴藋"。

硣 xiāo[硣磟](-liù)山势。

硝 xiāo ❶矿物名,主要有硝石和芒硝。硝石又称火硝,可制火药和肥料。芒硝是工业原料,其粗制品称朴硝或皮硝,可用来鞣制皮革。❷用芒硝或朴硝等鞣制皮革使变柔软:~皮子。❸经过鞣制变软的皮革:短毛革~。

睄 xiāo[睄瞎]眼睛干涩不明。

畓 xiāo 同"消"。

销(銷) xiāo ❶熔化金属,引申为销毁:~金|虎门~烟。❷耗费;除去:花~|报~|撤~。❸出售:供~|~路|脱~。❹销子,插在器物孔中起固定作用的零件:铁~|门插~。❺把销子插上:把门窗~好|~上门栓。

翛 xiāo ❶[翛翛]1.羽毛凋敝的样子:尾~。2.树木摇动声:树木何~。3.错杂的样子:五色~。❷[翛然]1.无拘无束的样子:~而往,~而来。2.萧条冷落的样子:林木~。

痚 xiāo ❶[痚嗽](-sòu)喉病。❷哮喘。

痟 xiāo ❶酸痛;头痛。❷病名,消渴病,即糖尿病。❸衰微:然已~矣。

窙 xiāo ❶同"孝",气向上蒸腾:台桑莽莽云气~。❷开阔的样子:~寥|~豁。

婎 xiāo 先女之称。

奞 xiāo ❶长(cháng)大。❷肥。

剿 xiāo 削尖;尖细。

掣 xiāo ❶手臂细长漂亮。❷细长:~纤。

翛 xiāo ❶羽毛无光泽的样子。❷羽毛。

蛸 ㊀ xiāo ❶章鱼的别称。❷[蛸螵](-bó)螵蛸。❸姓。㊁ shāo 蟏蛸的简称:眇眇~挂网。

咻 xiāo[炰咻](páo-)也作"炰休",同"咆哮",形容人、猛兽怒吼或水流奔腾轰鸣。

翛 xiāo"翛"的讹字。

鴞 xiāo 同"枭(梟)",猫头鹰类鸟。

鄡 xiāo 同"枭(梟)",猫头鹰类鸟。

猺 xiāo 同"獢"。

猲 xiāo 同"猤",狗受惊吓而叫。

貧 xiāo 烦。

蕭 xiāo 同"萧(蕭)"。

踃 ㊀ xiāo[跳踃]动;跳:丑怪兼~。㊁ qiào 脚或腿抽筋。

嘐 ㊀ xiāo 自大,骄矜,一说同"骄(驕)":其志~~。㊁ jiāo[嘐嘐](-jiāo)拟声词:山鸟~|~聱聱(鼠咬物声)|~譊譊(琴声)。㊂ láo[嘐啁](-dāo)同"唠叨",话多。

氰 xiāo 同"消"。

箫(簫) xiāo ❶吹奏乐器,或单管直吹,又称洞箫;或由长短不一的竹管编排而成,又称排箫,古今形制均不同。❷又称弭头,弓的末端:凡遗人弓者……右手执~,左手承弣。

貓 xiāo 山魈。

獟 xiāo 骁勇,多作"枭(梟)":~悍称雄。

颵(飇) xiāo[颵颵]风吹的样子。

猤 ㊀ xiāo 狗受惊吓而叫。㊁ qiāo[猤犽](-yà)狡猾。

膙 xiāo 同"膘"。

歊 xiāo ❶气上升:～浮云|～素烟|～雾。❷热气,引申为炎热:～景|～暑。

嚻 xiāo 同"嚣(囂)",喧哗。

潇(瀟) xiāo ❶水清而深,引申为清凉、清爽:水波澹～照|～然庭户秋清。❷水名,在湖南。❸[潇潇]刮风下雨的样子:风雨～|～微雨。❹[潇洒]自然大方;无拘束:举止～|笔墨～。

鴞 xiāo 同"枭(梟)"。

撨 ㊀xiāo 择;择取。
㊁sōu 推。

霄 xiāo ❶霰;下霰:风助～仍汹(洶)。❷云;云气:云～|平川横赤～。❸天空:重(chóng)～|九～|～壤之别。❹通"宵",夜:有昼盲,有～见。

嵺 xiāo[嵺嶅]也作"庨豁",高峻深邃的样子。

嚣 xiāo 古山名。(《集韵》)

嘐 xiāo 同"嚣(囂)"。

鴞 xiāo 同"枭(梟)"。

鸮 ㊀xiāo 同"鸡(鴞)",水鸟名,即鵁头。
㊁jiāo[鸡鶄](-jīng)鵁鶄。

膮 xiāo 哮喊。

獢 xiāo 同"獢"。

獢 xiāo 同"骁(驍)":为人凶悍～勇。

燆(爊) xiāo 焚烧。

綃 ㊀xiāo 同"绡(綃)"。
㊁shuò 同"絜"。

綃 xiāo 同"绡(綃)"。

翏 xiāo 同"嘐"。

髇 xiāo 同"髇"。

歊 xiāo 同"歊"。

魈 xiāo[山魈]1.传说中的山林鬼怪。2.猕猴的一种。

膮 xiāo ❶猪肉羹。❷香。

膘 xiāo[臕膘](biāo-)见53页"臕"字条。

彇 xiāo 弓末梢的弯曲处。

翛 xiāo 羽翼凋敝。

蒿 ㊀xiāo ❶草的样子。❷禾伤肥。
㊁hào 物体因变形而不平:毂虽敝不～。

蟏(蠨) xiāo[蟏蛸](-shāo)长脚小蜘蛛,旧时认为其出现是喜庆的预兆,故俗称喜蛛(蟢蛛)、喜子,也单称蟏。

蟂 xiāo ❶[蟂獭](-tǎ)水獭类动物,对鱼有危害。❷传说中的害人动物,身像蛇,四只脚,生活在水中。

穘 ㊀xiāo 同"蒿"。1.草的样子。2.禾伤肥。
㊁rào 禾的样子。

簫 xiāo 同"箫(簫)"。

鴞 xiāo 同"枭(梟)",猫头鹰类鸟。

瘴 ㊀xiāo 肿欲溃的样子。
㊁jiāo 肿。
㊂yāo[痤瘴](cuó-)见159页"痤"字条。

瀟 xiāo 同"潇(瀟)"。

趬 ㊀xiāo 起。
㊁chāo 竞跑。

鮹 xiāo 盐。

鵃 xiāo 鸟名。

闟 xiāo ❶门大开的样子。❷撤除(祭品):公祠未～。

嚣(囂) ㊀xiāo ❶喧哗;放肆:叫～|甚～尘上|～张。❷悠闲自得的样子:～然而乐世|人知之,亦～～,人不知,亦～～。
㊁áo ❶众口诋毁的样子:无罪无辜,谗口～～。❷传说中的鸟,四个翅膀,一只眼,尾巴像狗。❸传说中的动物,像长臂猿。❹同"嗷"。

瘴 xiāo"瘴"的讹字。

鷅 xiāo 姓。

霩 xiāo 同"霄",霰。

蠨 xiāo 同"蠨(蟏,蠨)"。

蟰 xiāo 同"蟏(蠨)"。

髇 xiāo 响箭:飞～|鸣～。

䴛 xiāo 义未详。(《篇海类编》)

蠨 xiāo 同"蟰"。

嬶 xiāo 用于女子人名。

櫹 ㊀ xiāo［櫹槮］(-sēn)也作"櫹椮"。1. 草木茂盛的样子:郁(鬱)蓊薆蓊,櫹爽～。2. 草木凋零的样子:萷～之可哀。㊁ qiū 楸,落叶乔木:杞～椅桐。

飍 xiāo 同"飍(飍)"。

蠚 xiāo［紫蠚］也作"紫蠚""紫薾",即石蜐,甲壳动物,肉可食或供药用。

嚻 xiāo 同"嚻(嚣)"。

髐 xiāo ❶ 枯骨暴露的样子,引申为骷髅:～然暴百骸。❷ 同"髇",响箭:～箭。

鴞 xiāo 同"枭(梟)"。

鐃 xiāo 分一木。(《类篇》)

灕 xiāo 同"潇(潚)"。

磬 xiāo 古代乐器,大磬。

儑 xiāo ❶ 傲。❷ 同"嚣(嚻)"。

蓢 xiāo 白芷,多年生草本植物。

蘘 xiāo 同"蓢"。

獢 xiāo 同"獢"。

獟 xiāo ❶ 黄白色的狗。❷ 狂犬。❸ 群狗的叫声。

獢 xiāo "獢(獟)"的讹字。

飉 xiāo ❶ 北风;凉风。❷［飉飉］风的样子。

驍 xiāo［驍騷］(-yáo)马名,也作"逍遥"。

嚻 xiāo 同"嚻(嚣)"。

䰫 xiāo 炊气;炊气蒸腾的样子。

䰫 xiāo ❶ 同"嚻(嚻,嚣)"。❷ 炊气蒸腾的样子。

龥 xiāo 同"箫(簫)"。

龥 xiāo 同"箫(簫)"。

xiáo

茭 xiáo 同"殽"。

岮 xiáo 同"崤"。

校 xiáo 椧,搁架蚕箔的柱子。

洨 xiáo ❶ 水名。1. 洨河,在河北。2. 古水名,在今安徽,一说即今沱河。❷ 古县名,一在今安徽,一在今江苏。

郩 ㊀ xiáo ❶ 古地名。(《玉篇》) ❷ 山名,在河南,也作"崤"。㊁ ǎo 古邑名。(《广韵》)

綅 xiáo ❶ 黄缯。❷ 同"絞"。

䣭 xiáo 同"酘"。

䣭 xiáo 同"酘"。

唷 xiáo ❶ 声。❷ 声杂。

崤 xiáo "崤"的讹字。

崤 xiáo(又读 yáo)崤山,又称崤陵、嵚崟山,山名,在河南。

婆 xiáo 姣淫。

詨 xiáo 同"誵"。

淆［❶殽］xiáo ❶ 混杂;混乱:混～|～乱。❷ 浊水;水浑。

◆"殽"另见 1049 页"殽"字条。

倄 xiáo 吝啬。

椼 xiáo［椼桃］栀子。

殽 ㊀ xiáo "淆❶"的异体字。㊁ yáo ❶(又读 xiáo)古山名,后作"崤",又称嵚崟山,在今河南。❷ 通"肴",肉;菜肴:珍～。

㮁 xiáo 蚕槌。（《集韵》）

䤚 xiáo 沽，买酒。

𤷒 xiáo 义未详。（《龙龛手鉴》）

𣽊 xiáo 同“洨”。

𧍐 xiáo 义未详。（《改并四声篇海》）

𧃸 xiáo 茅根。

誵 xiáo 言语不恭谨。

xiǎo

小 xiǎo ❶面积、容量少；体积占空间少：～山｜～河｜～鸟。❷数量少：数目～｜一～半｜～股敌人。❸程度浅：～学｜学问～｜～题大做。❹声音低：响动～｜～声说话。❺年幼；年纪轻：～妹妹｜他比我～两岁｜～时了了，大未必佳。❻排行最末的：～姑｜～儿子。❼谦辞，称自己或有关己方的：～弟｜～女｜～文。❽小看；轻视：登泰山而～天下。❾副词，稍微；略微：～不如意｜牛刀～试｜其为人也～有才。❿通“少”：劝你耶娘～怅望。☞小/少/渐/稍见 853 页“稍”字条。

苶 xiǎo ❶［苶草］远志，多年生草本植物，根可供药用。❷草木茂盛的样子。

𢨶 xiǎo 义未详。（《字汇补》）

晓（曉） xiǎo ❶天刚亮时：～雾｜东方欲～｜雄鸡报～。❷知道；懂得：知～｜家喻户～。❸告知；开导：～喻｜～以利害｜～之以理，动之以情。

晓 xiǎo “晓（曉）”的讹字。

谀（諛） ㊀ xiǎo 小：～才｜～闻｜名～者所成寡。
㊁ sǒu［谀詸］（-xù）引导或引诱的话。
㊂ sòu［讁谀］（nàn-）见 676 页“讁”字条。

𡭕 xiǎo 同“小”。

暁 xiǎo 同“曉（晓）”。

扁 xiǎo 义未详。（《改并四声篇海》）

曉 xiǎo 同“曉（晓）”。

皢 xiǎo 同“曉（晓）”。

筱 xiǎo ❶小竹，细竹，后作“筿（篠）”：丛～。❷同“小”，多用于人名。❸平水韵上声韵目名，因位列十七，故旧时用作每月十七日的代称：抚院印，～。

篠 xiǎo 同“筿（篠）”。

筿（篠） xiǎo ❶小竹；细竹：～竹。❷竹器。❸通“莜（蓧）”，古代农用器具，可盛杂草：荷～。

碊 xiǎo 小石。

魡 xiǎo 细小的鱼。

謏 xiǎo 同“謏（謏，谀）”。

磓 xiǎo 同“碊”。

皛 ㊀ xiǎo（又读 jiǎo）❶明；明亮：天～无云｜～清｜～旷。❷洁白：～如积雪。❸用于地名：～店（在河南）。
㊁ pāi 拍打；打：～貙氓于葽草（貙氓：部族名）。

礄 xiǎo 破。

謏 xiǎo 同“謏（谀）”。

覍 xiǎo 同“晓（曉）”。

曉 xiǎo 同“曉（晓）”。

篠 xiǎo “筿（篠）”的讹字。

鐃 xiǎo 铁的纹理。

䚡 xiǎo 义未详。（《改并四声篇海》）

xiào

孝 xiào ❶尊敬、奉养父母：～敬｜～心｜～子贤孙。❷旧指居丧期间遵守的礼俗：守～｜居～。❸丧服，居丧期间的服饰：～服｜披麻戴～。

肖 ㊀ xiào 像；相似：不～子孙｜惟妙惟～。
㊁ xiāo 姓。

恔 xiào 同“佼”，畅快。

孝 xiào 养。

茭 ㊀ xiào 草根,也指竹笋。
㊁ jiāo ❶［茭白］菰经黑粉菌寄生后膨大的嫩茎,是常见蔬菜,也指菰。❷用作饲料的干草:刍～。

聛 xiào 古亭名。(《改并四声篇海》)

莦 xiào 同“芍”,荸荠。

校 xiào 见 439 页 jiào。

哮 ㊀ xiào ❶猛兽怒吼:～吼|兽群～而游(遊)。❷哮喘,呼吸道疾病:治～治积方。
㊁ xuē 同“狗”,猪叫。

笑 xiào 同“笑”。

笑［咲］ xiào ❶因喜悦而欢颜或发出快乐声:～颜|～声|哈哈大～。❷讥讽;嘲笑:见～|贻～大方|五十步～百步。❸欣羡;喜爱:可～是林泉|却～渊明强。❹敬辞,用于希望接受赠物:～纳|伏冀～领|望乞～留。

俲 xiào 同“傚(效)”。

效［❶傚、❸効］ xiào ❶模仿;仿照:仿～|～法|上行下～。❷功用;成果:～果|见～|无～。❸尽;献出:～力|～劳|～命。❹姓。

涍 xiào ❶古水名,在今河南。❷姓。

莦 xiào 同“芍”,荸荠。

哮 xiào “哮”的讹字。

啸(嘯) xiào ❶撮口发出长而清越的声音:登高而～|长～一声。❷长而清越或大的声响:虎～猿啼|海～|传来炮弹的呼～声。❸召唤;号召:～侣|～聚山林。

筊 xiào 义未详。(《字汇补》)

敩(斅) xiào 同“教(斅)”。

敩(斆) ㊀ xiào 教导,后作“教”:惟～学半|以～学为业。
㊁ xué 学习,效法,后作“学(學)”。

咲 xiào 同“笑”。

咲 xiào 同“笑”。

詨 xiào ❶呼唤;大叫:有鸟其鸣自～。❷拟声词:～然有声。

㰫 xiào［㰫㰫］拟声词,狗叫声。

潡 xiào 用于地名:五～(在上海)。

豨 ㊀ xiào ❶猪。❷猪奔跑的样子。
㊁ xiāo 同“哮”,猪惊叫声。

嗷 xiào 同“哮”。

嘯 xiào 同“嘯(啸)”。

謼 xiào 同“詨”,呼唤;大叫。

鞍 xiào 同“茭”。

歊 xiào 同“校”。

嫑 xiào “休要”的合体字,不要。

齀 xiào ❶割。❷拌有姜桂的肉末。

蔽 xiào 同“茭”。

筊 xiào 同“篍”。

歗 ㊀ xiào 悲意。
㊁ yǒu 同“欲”,忧愁。

熽 xiào 火炽盛的样子。

瀟 xiào 混。

歗 xiào 同“啸(嘯)”。

藃 ㊀ xiào 同“茭”,草根,也指竹笋。
㊁ jiǎo ❶藕根。❷弓臂两端与弓梢相接处。

斆 xiào 误。

嚣 ㊀ xiào 误。
㊁ hào 古地名。(《集韵》)

麟 xiào 旧称象征祥瑞的神异动物。

歗 xiào 把酒喝光。

灂 xiào［渺灂］(miǎo-)水流长远的样子,单用“灂”义同:沧川灂漫。

貗 xiào 传说中的动物。

獿 xiào 义未详。(《改并四声篇海》)

糒 xiào 糜。

滧 xiào ❶同"涍(梟)"。❷[滧湔](-shuò)拟声词，水声。

𪂘 xiào 同"鷞"。

鷞 xiào 传说中的动物。

櫹 xiào 古代器物名。

蹵 xiào 行走的样子。

𪃋 xiào 同"鷞"。

膷 ㊀xiào ❶肉羹。❷切肉合糅。㊁sōu 剖开晾干的鱼尾。

𪊅 xiào 同"鷞"。

𪊈 xiào 同"鷞"。

攪 xiào 挠，一说"攪(搅)"的讹字。

篧 ㊀xiào 竹笋。㊁jiǎo 同"筊"，竹索。

斆 xiào 同"孝"。

鼁{鼁} xiào 龟缩头。

xiē

𡭴 xiē 同"些"。

些 xiē 量词。1. 表示不定的数量：有～｜这～｜前～年。2. 用在形容词后，表示微小的程度：简单～｜病轻～了｜时间更长～。

𡯍 xiē 少。

𡯂 xiē 同"些"，少许。

欰 xiē[欱欰](hè-)见1030页"欱"字条。

𡭵 xiē 同"些"。

歇 xiē 同"歇(欰)"。

偞 xiē 同"些❶"，细小：小的每声价儿～。

䜣 xiē 讼。

呰 ㊀xiē 少：清光～。㊁jiē 古代宫中私室名。

椝 xiē 树名。

猲 ㊀xiē[猲獢](-xiāo)也作"歇骄"，短嘴巴的狗。㊁gé[猲狚](-dàn)传说中的动物，身像大狼，头红色，眼像鼠。㊂hài 狗的气味。

揳 xiē 挺出物。

楔 xiē ❶楔子，上平厚、下扁锐的木块或木片，用来加固木器榫头或填充缝隙：凳子腿活动了，加个～儿。❷同"揳"，钉，引申为牢固地安插：～入｜～个钉子｜以上院～乎政府与下院之间而收调节之效。❸门两旁的木柱：根闑居～。❹樱桃树：柽(樫)松～樱。❺一种像松而有刺的树：棕(椶)枒～枞。

歇 xiē ❶休息：～息｜～一会儿。❷睡觉；住宿：～了一夜。❸停止：～工｜～手｜～业。❹竭尽；凋零：灯青兰膏～｜江皋绿芳～。❺量词。1. 番；次(表示动作次数)：又嘱咐两三～。2. 一会儿(表示不长的一段时间)：过了一～｜好半～到岸。

歇 xiē 同"欰"。

瘕 xiē 痒。

㰦 ㊀xiē 笑的样子：～嘘(开口而笑)。㊁ǎi 笑声。

蝎 ㊀[蠍] xiē 蝎子，又称钳蝎，节肢动物，可供药用。㊁hé 树木中的蛀虫：～盛则木朽。

艞 xiē 同"艥"。

鍇 xiē 金属元素"锴(鍇)"的旧译写法。

貓 xiē 哺乳动物。

獥 xiē 同"猲"。

瘑 xiē 痒。

蠆 xiē 同"蠚(蝎)"。

蠍 xiē 同"蠍(蝎)"。

艥 xiē[艥艎](-huáng)大船。

蝎 xiē 同"蝎(蠍)"。

瞲 ㊀ xiē 眼睛模糊不清。㊁ miè 瞲颉。

蠚 xiē 同"蝎(蠍)"。

蠍 xiē 同"蠚(蝎,蠍)"。

蠆 xiē 同"蝎(蠍)"。

蠹 ㊀ xiē 同"蝎",蝎子。㊁ wén 同"蚊"。

蠽 xiē 同"蠚(蝎,蠍)"。

xié

协(協) xié ❶共同合作:～作｜～商。❷辅助;帮助:～助｜～办。❸调和;使和谐:～调｜～和。

页(頁) ㊀ xié 人头。㊁ yè ❶旧时也作"葉(叶)"。1. 书、册、纸的篇或张:活～｜插～｜版权～。2. 量词,原指印刷物的一张纸,现指其一面:一～纸｜两～稿子｜第三～。❷指互联网的网页:主～｜～面。

邪 xié 同"邪"。

邪㊀[衺] xié ❶不正当;不正派:～说｜歪风～气｜改～归正。❷奇怪;不正常:～门｜一股～劲。❸妖异怪诞的:～术｜～教。❹迷信的人指妖魔鬼怪给予的灾祸:驱～｜避～。❺中医指一切致病因素:风～｜寒～｜灸刺和药逐去～。❻倾斜;歪斜:如鼓翼～飞,趋西北之隅。❼通"徐",缓慢:其虚其～,既亟只且。
㊁ yá[琅邪](láng-)同"琅玡"。
㊂ yé ❶同"耶",助词。1. 表示疑问或反诘语气:天之苍苍,其正色～? 2. 表示判断语气:皆小人～。❷[莫邪]古代宝剑名。

叶 xié 同"协(協)"。

劦 xié 同"协(協)",合力;同力:其风若～。

乩 xié[乩毒]印度的古译名。

頁 xié 同"頁(页)"。

胁(脅)[脇] ㊀ xié ❶从腋下到肋骨最下端的部分:～下｜两～。❷以强力逼迫:威～｜～迫｜～制。
㊁ xī(又读 xié)收敛:～翼｜～肩谄笑。

旮 xié 同"盿"。

奊 ㊀ xié 头不正的样子。㊁ xǐ[奊诟](-gòu)忍受耻辱:～无节。

挟(挾) xié ❶用胳膊夹着;夹持:～着讲义｜～山超海。❷逼迫;强迫服从:要～｜～制。❸心里怀着(怨恨等):～恨｜～怨。

拾 xié 堤水。

拹 xié 摧折。

盿 ㊀ xié ❶遮人视线。❷直视。㊁ jī 躁视。

昇 xié 同"盿"。

峫 ㊀ xié 山的样子。㊁ yé 古山名。(《集韵》)

愶 xié 束带。

狧 xié[猪狧](tà-)哺乳动物。

恊 xié 同心协力,也作"協(协)"。

衺 xié 同"衺(邪)"。

弽 xié 弓强劲有力。

𤙖 xié ❶牛健。❷牛去势,割掉公牛的生殖器。

脇 xié 同"脇(胁)"。

奊 ㊀ xié 同"奊",头不正的样子。㊁ liè[奊奊](-qiè)多节目。(《集韵》)

脅 xié 同"脅(胁)"。

歙 xié 同"歙"。

毒 xié 姓。

萛 xié 同"䓛",茅穗。

唧 ㊀ xié 用于佛经译音。㊁ yé 叹词,表示怀疑语气:～,车子装不下?

嗋 xié 义未详。(《改并四声篇海》)

嵽 xié 姓。

偕 xié ❶共同;一同:~同|~行|~老。❷同"谐(諧)",和谐;调和:~情。☞偕/携 "偕夫人抵京""偕全体员工恭贺"中的"偕"指跟别人一起(到某处或做某事),不用"携"。

斜 xié 不正:歪~|~坡|~对面。

谐(諧) xié ❶和洽;协调:和~|~音|以~万民。❷成;成功:今事不~|克~大事。❸诙谐;滑稽:~谑|~谈|亦庄亦~。

揳 ㊀xié 度量;比较,也作"絜":不揣长,不~大,不权轻重。
㊁xiē 捶打,特指把钉、橛等捶打进其他东西里:在墙上~个钉子。

颉(頡) ㊀xié ❶脖颈僵直的样子。❷鸟向上飞:燕燕于飞,~之颃之。❸[颉颃](-háng)1.鸟忽上忽下地飞。2.不相上下:他的水平与专家相~。
㊁jié[仓颉]传说中创造汉字的史官。

翓 xié 鸟向上飞。

垩 xié 姓。

覔 xié 见。

睫 xié 昏暗的样子。

隽 xié "隽(隽)"的讹字。

隽 xié "隽"的讹字。

慀 xié 怨恨。

瑎 xié 像玉的黑石。

携[攜、擕、攜、攜] xié ❶随身带着:~带|~款。❷手拉着:~手并进|扶老~幼。☞携/偕 见1054页"偕"字条。

𡎺 xié 堤。

𨋩 xié 同"挟(挾)"。

嗋 xié 同"歙",抑制呼吸不出声,也指合拢嘴唇:口张而不能~。

𦋈 xié 姓。

潳 xié ❶水。❷水流动的样子。

愶 xié ❶威胁:迫~。❷胆怯:老马亦甚畏,~~不敢蹴。

𢤱 xié 同"慀"。

賫 xié 财。

綊 xié ❶同"綖(綖)",古代覆在帽上的装饰。❷[紝綊](zhēng-)见1253页"紝"字条。

蒣 ㊀xié ❶茅穗。❷蒿类植物。
㊁tú 禾穗。

閕 ㊀xié[閕閱](-dié)也作"桔柣",春秋时郑国的城门。
㊁xiá 门开关声。

䟴 xié[䟴跌]姓。

𨺐 xié[麦𨺐]地名,在江西。

𦜡 xié ❶肉干,泛指存储的腌制食物:城中围逼既久,~味顿绝。❷肉;肉食。

熁 xié ❶熏烤:文武火~之。❷中医指熏灸、熏蒸等疗法:~肿毒。

㴤 xié[㴤濑水]水名,在湖南。

𢜩 xié 同"慀"。

歙 xié 屏气,抑制呼吸不出声:~气。

擷 ㊀xié 束缚:系~。
㊁jié[擷槔](-gāo)同"桔槔"。

撷(擷) xié ❶提起衣襟(用以兜东西):~裾。❷采摘;摘取:采~|~英|~其纲要。

鞋[鞵] xié 穿在脚上,走路时着地的物品,有保护、保暖作用。

敼 xié "敼"的讹字。

蝢 xié[蚧蝢](xī-)见1012页"蚧"字条。

勰 xié 同"龤"。

縻 xié 麻绳;带子:履穿系之以~(履穿:鞋破损)。

㩦 xié 同"襭"。

襭 ㊀xié 衣袖:衫~|旧~。
㊁xì 带子。

龤 xié 和谐,协调,也作"协(协)"。

缬(纈) xié ❶有花纹的丝织品：奴婢悉不得衣绫绮～。❷眼花时所见的星星点点：神迷耳热眼生～。❸草名：红～。

𧢲 xié ❶系牛胫。❷捆紧。

𨏧 xié 登车。

𩰶 xié 甑下孔。

𢿆 xié 裁至。(《类篇》)

蝢 xié 虫名。

螇 xié ❶蠸，瓜类植物的主要害虫。❷蝗类昆虫。

嚽 xié 吓唬，一说"嗜"的讹字。

鞵 xié 同"鞋"。

鞋 xié 同"鞋"。

𥊯 xié［瞨𥊯］(miè－)眼睛红肿。

闠 xié 门声。

蠏 xié 同"蝢"。

䝟 xié 财物。

遳 xié 同"撷(擷)"。

𩸄 xié 义未详。(《龙龛手鉴》)

熁 xié 火气。

歙 xié"歙"的讹字。

攜 xié 同"携(携)"。

擷 xié"撷(撷)"的讹字。

𧄍 xié 荭草的别称。

鞜 ㊀ xié 同"鞋"。
㊁ kài 鼓名。

嚡 ㊀ xié［嚡里］哪里：伊从～进去格？(你从哪里进去的？)
㊁ hái 粗糙：太～唻(太糙了)。

蠍 xié 同"蝢"。

𥢶 xié 麦粒坚实未破。

𤢺 xié 传说中的动物，像狗，有鳞。

𢥠 xié 同"㒨"。

𩥉 xié 马性温顺。

𧄝 xié［鸿𧄝］荭草的别称。

襭 xié 把衣襟掖在腰带上兜东西：采～。

𤮕 xié 下空，一说"甗"的讹字。

𤢻 xié 哺乳动物。

𢥡 xié 离心，有二心：～贰。

讗 xié 同"讗"。

𨶹 xié 义未详。(《改并四声篇海》)

𧞤 xié 古代男子束发的绢巾。

纗 xié 同"撷(撷)"，摘取。

𨏩 xié ❶车轮转一周。❷车轴。

𩫆 xié［𪊍𩫆］(dī－)见182页"𪊍"字条。

讗 xié 同"讗"。

𧮪 xié ❶说话语气壮的样子；自夸。❷说话很急的样子。

龤 xié 乐声和谐，也作"谐(諧)"。

𪊇 xié 同"𩫆"。

xiě

写(寫) xiě ❶用笔在纸或其他东西上画出字来：～字｜抄～｜书～。❷写作：～诗｜～文章。❸绘画；描绘：～生｜速～｜～景。

㝍 xiě 同"写(寫)"。

钨(鎢) xiě 用模子浇铸金属器物，也作"写(寫)"。

㕛 ㊀ xiě 仄。
㊁ xiè 倾。

寫 xiě 同"寫(写)"。

䲒 xiě 哺乳动物。

蒵 xiě[蘀蒵](zé-)见1223页"蘀"字条。

榽 xiě 案,古代盛食物的短腿木托盘。

謑 xiě ❶言以写志。❷同"寫(写)"。

X

xiè

伳 xiè 奢侈。

灺 xiè ❶灯烛余烬,泛指余烬:灯～|香～|焚～。❷灯烛,泛指烛光:剔残红～|摇曳残灯～。❸(灯烛)熄灭,泛指绝灭:人静灯～|国典未～。

汼 xiè 同"泄"。

卸 xiè 同"卸"。

欨 xiè 同"歆"。

忦 ㊀xiè ❶忽略;遗忘。❷无忧虑的样子。㊁jiá 忧愁。

炧 xiè 同"灺"。

泄 ㊀[❶❷洩] xiè ❶发散,引申为液体、气体排出:～恨|排～|水～不通。❷漏;透露:～密|～老底儿。❸姓。

㊁[洩] yì ❶古水名,即今安徽的汲河。❷[泄泄](-yì)1.缓飞的样子:～其羽。2.悠闲的样子:桑者～。3.和乐的样子:其乐也～。

泋 xiè 同"泄"。

泻(瀉) xiè ❶水急速流动:倾～|一～千里。❷拉稀屎:腹～|～药|上吐下～。❸抒发;表露:以～心事。

祄 ㊀xiè 福佑。㊁jiè "祄"的讹字。

媟 xiè 同"媟"。

迦 ㊀xiè[迦逅]同"邂逅",不期而遇。㊁jiā ❶[迦互]同"迦互",相互牵制,令不得行。❷用于译音:～太基(非洲北部的古国)|释～牟尼(佛教创始人)。

㊂qié 用于译音:～蓝(同"伽蓝",僧众所住的园林;佛寺)。

绁(紲)[❶❷緤] xiè ❶牵牲口或捆绑犯人的绳索:羁～|缧～。❷捆绑;拘禁:～子婴。❸古代一种保护弓的器具:中夜时掣～。

◆"緤"另见1057页"緤"字条。

奊 xiè 瞪大眼睛怒视。

奊 xiè 同"奊"。

卨(禼) xiè 用于人名:万俟～(mòqíxiè,宋代人)。

咔 xiè 同"喊"。

卸 xiè ❶把装载的东西搬或拿下来:～载|～货|～车。❷解除;推脱:～责|～任|推～。

鉌 xiè "卸"的讹字。

炧 xiè 同"灺"。

炨 xiè 同"灺"。

屓 ㊀xiè 睡觉时发出的鼾声。㊁xì[屭屓](bì-)见46页"屭"字条。

屑 xiè 同"屑"。

媟 xiè 同"媟"。

搣 xiè 持。

契 xiè ❶[契㜷](-qiè)得志的样子。❷喜悦的样子。

聀 xiè 使。

禼 xiè 同"禼"。

喊 xiè 吆喝;呵斥。

咔 xiè "咔(喊)"的讹字。

偞 xiè 同"偞"。

胁 ㊀xiè 同"膎",脂肪,特指胸部的脂肪。㊁mài 同"脉",血脉:龙～。

瘕 xiè 痢疾,泛指病。

㳦 xiè 古水名。(《广韵》)

屑 xiè ❶碎末:煤～|木～|铁～。❷细小;琐碎:琐～|～尘。❸[不屑]1.认为不值得(做):～一顾。2.轻视:脸上露出～的神情。

紲 xiè 同"绁(绁)"。

炧 ㊀xiè 火气。
㊁chè 火燃。

焎 xiè 同"炧"。

迣 xiè 同"迣"。

迣 xiè 同"迣"。

械 xiè ❶枷锁、镣铐类刑具:布～于前示囚|自去其～。❷拘束:坐受外物～。❸器物;用具:～具|器～|机～。❹武器:军～|缴～|～斗。

烒 xiè 同"炧"。

禼 xiè ❶虫名。❷同"偰"。

偰 xiè ❶也作"契",传说中的商族祖先。❷姓。

偞 xiè ❶因害怕而自卑:～卑。❷容貌美好:奕～。

躲 ㊀xiè 使。
㊁zhī 同"肢",四肢。

徢 xiè 走路轻快的样子。

訡 xiè 言善。

瘕 xiè 同"瘗"。

渫 xiè 同"渫",疏通;消散:士怒未～。

媟 xiè 治。

媟 xiè 同"媟"。

迣 ㊀xiè[迾迣](dié-)见196页"迾"字条。
㊁zhuì 同"迣",足不前。

离 xiè 同"禼"。

齘(齘) xiè ❶牙齿相摩切:～齿。❷比喻物体相接处不吻合:齿～|衣之欲其无～。❸[齘契](-guā)刮。

离 xiè 同"禼"。

离 xiè 同"禼"。

㖑 xiè 大怒声。

閄 xiè 同"閉"。

閉 xiè 门扇。

閉 ㊀xiè 同"閉"。
㊁fēn 同"閉(𨵘)"。

楔 xiè ❶[楔楪](-dié)小楔。❷筒。

偦 xiè 同"偦"。

皱 xiè 义未详。(《龙龛手鉴》)

亵(褻) xiè ❶内衣,贴身的衣服:～衣|～服。❷轻慢,亲近而不庄重:～慢|～渎。❸淫秽:～语|猥～。

谢 xiè 同"谢(謝)"。

滅 xiè 同"泧"。

渫 ㊀xiè ❶除去泥污:井～不食。❷排泄;疏通:尾闾～之而不虚|百川潜～。❸污浊:人去～污,气益苏。❹止歇:为欢未～。
㊁dié[渫渫](-dié)流泪的样子:泪下～。
㊂zhá ❶(又读xiè或dié)水名,澧水支流,在湖南。❷把生蔬菜等放在沸水里涮熟。

谢(謝) xiè ❶道歉;认错:～过|～罪|以～天下。❷推辞;婉绝:～客|辞～|敬～不敏。❸告辞;告别:～政|～世。❹告诉:多～后世人,戒之慎勿忘。❺表示感激;答报:感～|～恩|～天～地。❻凋落;衰败:凋～|萎～|新陈代～。❼姓。

屟 ㊀xiè 同"屧"。
㊁tì 同"屉"。

媟 xiè ❶轻慢;不恭敬:虽时辈亲狎,莫能～也。❷过分亲昵而不庄重:伤之者不敬,吮之者过～,是以圣贤不为也。❸污秽:淫～|污言～语。

绁 ㊀xiè "绁(紲)❶❷"的异体字。
㊁yì 同"袣":褕～(褕袣)。

絬 xiè 坚韧;牢固。

塮 xiè 用家畜粪便沤成的圈肥:猪～。

惎 ㊀xiè 不安的样子。
㊁dié 同"惵"。

薢 xiè 一种有毒的菜。

X

蒣 xiè 草名。

榍 xiè 同"榍"。

歙 xiè 气的样子。

殝 xiè 同"薤"。

睬 xiè 同"䁯",闭上一只眼睛。

㥟 xiè 拟声词,草摇动声、鸟叫声等:不闻声～屑。

徢 xiè[徶徢](bié-)见 56 页"徶"字条。

豨 xiè 同"獬"。

澥 xiè 古水名,在今河南。

渭 xiè 同"㴮"。

㥨 xiè 忧愁。

屧 xiè 同"屟"。

媟 xiè 小的样子。

蛩 xiè "蟹"的讹字。

离 xiè 同"离"。

榭 xiè ❶ 建在高台上的木屋:水～|歌楼舞～|宫室台～。❷ 无房室的厅堂,用于讲武、习射或存放器物等。

榍 xiè ❶ 门槛。❷ 树名。❸ 同"楔",木楔。❹ [榍石]矿物名,可提炼金属元素钛。

霄 xiè 霰。

离 xiè 石实。(《改并四声篇海》)

䁯 ㊀ xiè ❶ 闭上一只眼,泛指闭上眼睛:张目视钱,～眼讨贼,怯于战功。❷ 同"䁯",目眇视。
㊁ zhé 目光不正的样子。

蛤 ㊀ xiè 同"蝑",蟹酱。
㊁ shè 虫名,像蟹。

蝋 xiè 同"蝑",蟹酱。

幧 ㊀ xiè 残帛。
㊁ xuě[幧缕]剪缯为绢花。

艓 xiè 船行进。

豨 xiè 同"獬"。

膎 xiè 胸部的脂肪。

㴮 xiè[瀎㴮](miè-)水流动的样子。

歚 xiè 急气的样子。(《集韵》)

褉 xiè 褉襦,短袄。

緤 ㊀ xiè 同"緤(绁,紲)",拴系:冥鸿羁～断。
㊁ dié 布名:～布。

暬 xiè 同"亵",亲狎;轻慢。

暬 xiè "暬"的讹字。

聊 xiè 闻。

蕮 xiè 同"薤",草名。

离 xiè 同"离"。

嗋 xiè 声音高而话多。

蝍 xiè 同"蝑",蟹酱。

獬 xiè 雌貉。

燮 xiè 同"燮"。

瀢 xiè 注。

澥 xiè 同"澥"。

䙝 xiè 衣。

褙 xiè 义未详。(《龙龛手鉴》)

屧 xiè ❶ 古代鞋的木底:斫～。❷ 木屐,泛指鞋:停～|画～|倒～。❸ 步履;行走:步～。

屟 xiè 同"屧"。

嶰 xiè 山间小河沟。

緤 xiè ❶ 同"绁(紲)"。1. 绳索:执～|投～|控～。2. 拴;捆绑:～马|黄绶不能

～。❷通"渫",消除:万虑一时顿～。

䜏 xiè 同"㬍(㬍)"。

䩡 xiè 急系。

薤 xiè 又称藠头,多年生草本植物,鳞茎和嫩叶可食。

䕧 xiè 同"䕨",草名。

蘚 xiè［蘚茩］(-hòu)1. 菱的别称。2. 芙明(决明)。

䕨 xiè ❶草名。❷同"屧(屟)",古代鞋的木底。

㰔 xiè 同"榭"。

䝵 xiè 同"㜸"。

䨝 xiè 下雪的样子。

䵵 xiè ❶同"薤",藠头。❷［䵵课］也作"䵵果",心地褊狭而行为果敢。

嶰 xiè 同"謑",辱骂。

嶰 xiè［嶱嶰］(gé-)争高峻之状。

嶰 ㊀xiè 山涧,沟壑(有水称涧,无水称嶰):幽～。
㊁jiè 古山名。(《集韵》)

㒠 xiè 同"偰"。

獬 ㊀xiè［獬豸］(-zhì)1. 传说中的奇异动物,一只角,据说能辨别是非曲直,用角顶理亏的一方。2. 獬豸冠的简称,古代法官戴的冠。
㊁jiě［獬獬］(zhǎi-)见 1232 页"獬"字条。
㊂hǎ［獬犰狗］(-ba-)哈巴狗。

䲒 xiè 古地名。(《玉篇》)

邂 xiè［邂逅］(-hòu)1. 偶然相遇:～千途|不期～。2. 偶尔;一旦:～泄露,则受夷灭之祸|～身死,方可以过失杀定拟。3. 怡悦的样子:今夕何夕,见此～。

廨 xiè 官署,旧时官吏办公的地方。

糏 xiè 米、麦碾压成的碎屑。

燮 xiè 同"燮(燮)"。

澥 xiè 同"澥"。

澥 xiè ❶靠陆地的海湾:勃～(也作"渤澥",即渤海湾,也指渤海)。❷海,也指湖汊:湖～|碧～|豹子～(在湖北)。❸由稠变稀;加水使稀释:糨糊～了|粥太稠,加点儿开水～一～。

懈 xiè 懒散;不紧张;不坚持:～怠|松～|坚持不～。

䙊 xiè 同"䩫"。

獬 xiè 同"獬"。

䵱 xiè 斩。

䬅 xiè 同"䬊"。

懈 xiè 同"懈"。

燮［燮］xiè 调和;谐和:～和|～理阴阳。

燮 xiè 同"燮"。

䊝 xiè 流放。

瀉 xiè 同"瀉(泻)"。

襶 xiè 燥。

䕨 xiè 同"䩫"。

鞢 ㊀xiè ❶鞊鞢。❷马缰绳。
㊁dié［鞢䩞］(-xiè)也作"鞊鞢",古代胡服上的金属饰件。

䙗 xiè 同"䙗"。

䲒 xiè 同"薤"。

䜐 xiè 才然;方出言。(《改并四声篇海》)

䜑 xiè 义未详。(《龙龛手鉴》)

䵦 ㊀xiè 堨污。
㊁wū 同"汙(污)"。

篤 xiè 古代用于写字的竹简。

㒠 xiè ❶狭隘。❷快速。

燮 xiè 同"燮"。

燮 xiè 义未详。(《改并四声篇海》)

𤢺 xiè 矛;豯矛。

韢 xiè[鞨韢](xiá-)见1028页"鞨"字条。

䪥 xiè 同"薤"。

𧀓 xiè 同"屟(屧)"。

齘 xiè 同"齘(齘)"。

齡 xiè 同"齘(齘)"。

𡅅 xiè 同"薤"。薤露,古代挽歌。

籋 xiè 竹名。

㒨 xiè[僁㒨](dié-)见196页"僁"字条。

蟹[蠏] xiè 俗称螃蟹,节肢动物。

𩐘 xiè 义未详。(《改并四声篇海》)

𧭈 xiè 同"謝(谢)"。

燮 xiè"燮"的讹字。

𤢺 xiè 同"獬"。

爕 xiè 同"燮(燮)"。

瀣 xiè[沆瀣](hàng-)见334页"沆"字条。

𢡠 xiè 忖度。

𡤡 xiè 同"媟"。

𡤢 xiè 用于女子人名。

𦇠 xiè ❶洗衣服:女工针~,不习而精。❷旧衣服。

𢹿 xiè 取。

𥽵 xiè 同"糏"。

𪘨 ㊀xiè 羊反刍。㊁shì 同"噬",咬。

𪙊 xiè"齘(齘)"的讹字。

𢥞 xiè ❶惆怅。❷同"懈"。

𡅆 xiè 坏声。

𪎭 xiè 鄙陋。

𢤱 xiè 意不平。

瓕 xiè 像玉的美石。

𪍣 xiè ❶同"糏",米、麦碾压成的碎屑。❷粉末。

㰔 xiè[桎㰔](dié-)见1244页"桎"字条。

𪙆 xiè 同"齛"。

𧓍 xiè 虫名。

篹 xiè 同"篛"。

𤮿 xiè 拟声词,瓦破声。

𨐩 xiè 大车悬缚轭的皮带。

𥌧 xiè 闭上眼睛。

𪖯 xiè ❶鼻息;鼾声。❷止息:~泗。

懘 xiè 同"㒨"。

屟 xiè 同"屟(屉)"。

䪥 xiè 菜名,即藠头,后作"薤"。

躠 xiè[蹩躠](bié-)同"蹩躠"。

𧮚 xiè 诚。

𤮿 xiè 同"㼭"。

𥌻 xiè"𥌧"的讹字。

躞 xiè[躞蹀](-dié)也作"蹀躞",小步行走的样子:~身轻山上走|~至西舍。

𩸋 xiè 同"蟹"。

蠏 xiè 同"蟹"。

𤔁 xiè 和。

屧 xiè 同"屉"。

䙗 xiè 同"眉"。

齘 xiè 同"齘"。

韢 xiè［韘韢］（dié-）见 1059 页"韘"字条。

齥 xiè 同"齛"，羊反刍。

躞 xiè 同"蹀"。

飁 xiè 风的样子。

鱕 xiè 鱼名。

xīn

心 xīn ❶心脏，人和高等动物体内推动血液循环的器官：～房｜～室。❷指人的思维器官和思想、意识、感情等：～思｜～情｜自尊～。❸比喻事物的中央、中间、重点、紧要关键处等：手～｜重～｜核～。

邤 xīn ❶古地名。（《玉篇》）❷邻。

䜣（訢）㊀xīn ❶姓。❷用于人名。㊁xī［䜣合］1. 和气交感：天地～，阴阳相得。2. 意气相投：如他生旧识，一见～。㊂yín［䜣䜣］（-yín）谨敬的样子。

◆"訢"另见 1061 页"欣"字条。

芯 ㊀xīn ❶草名。❷某些物体的中心部分：笔～｜机～｜岩～。❸［灯芯］也作"灯心"，油灯上点火照明的灯草、线或纱等。㊁xìn［芯子］1. 装在器物中心的捻子、引线等：爆竹～｜蜡烛～。2. 蛇的舌头：蛇吐～。

孞 xīn 同"新"。

忈 xīn 同"心"。

辛 xīn ❶罪；犯罪：妻子入～者库，财产入官。❷辣；辣味：～辣｜余～。❸葱、蒜、椒、姜等带刺激味的菜蔬：五～｜不沾荤～。❹劳苦；艰难：～劳｜艰～｜千～万苦。❺悲伤；痛苦：悲～｜苦～｜～酸。❻天干的第八位，常用作顺序的第八。❼姓。

忻 xīn ❶喜悦；欢欣：～喜｜～然而欢。❷姓。

妡 xīn 用于女子人名。

斨 xīn 义未详。（《改并四声篇海》）

杺 xīn ❶树名。❷车钩心木，又称车伏兔。

昕 ㊀xīn 拂晓；黎明：～夕｜昏～｜天未～。㊁xuān［昕天］旧指天体北高南低。

欣［訢］xīn 快乐；喜悦：～喜｜～闻｜欢～。

◆"訢"另见 1061 页"䜣"字条。

𨐋 xīn 同"辛"。

炘 xīn ❶也作"焮"，烤炙：～烂。❷［炘炘］火焰炽盛的样子。

昕 xīn ❶看不清楚的样子。❷喜；欣喜。

埝 xīn 义未详。（《龙龛手鉴》）

捦 xīn 义未详。（《龙龛手鉴》）

梆 xīn 机。

斵 xīn 义未详。（《改并四声篇海》）

俽 xīn 同"欣"，欣喜；喜悦：～余志之精锐。

𨐲 xīn 同"䊃"。

䒖 xīn 同"婞"。

惢 ㊀xīn 同"芯"。㊁suō［惢题］古县名，在今河北。

婞 ㊀xīn 用于女子人名。㊁qiè 同"妾"。

莘 xīn 螟食苗心死。

軐 xīn 也作"杺"，车伏兔。

䊃 xīn 义未详。（《玉篇》）

廞 xīn 同"廞（廞）"，兴；作。

新 xīn 同"新（新）"。

惞 xīn 同"欣"，喜悦。

㥑 xīn 后缀，然：冷如鬼手～。

锌（鋅）xīn 见 1307 页 zǐ。

焮 xīn 同"焮"。

鈊 ㊀xīn 金；金名。㊁qìn 利。

X

廞(廞) xīn ❶摆放;陈设:～裘|～五兵。❷兴;作:大丧,～其乐器|诸废～举。❸(河渠)淤塞:～淤|～塞|～废。

𣂺 xīn 同"新"。

炘 xīn(又读 xìn)❶烤炙;烧:火弥～洲渚|焚～。❷晒;曝晒:赤日～逵道。❸炽盛:乱离方～。❹发炎肿痛:火～满背|头～如斗|高肿～红。

𣃁 xīn 同"新"。

新 xīn ❶第一次出现的;出现不久的:～苗|～方法。❷刚开始使用的;从未使用的:～笔|～鞋。❸结婚时的;刚结婚不久的:～娘|～房。❹使变新:粉刷一～|改过自～。❺副词,刚;最近:～买的书包|～上映的影片。❻朝代名,王莽代汉称帝,国号为新(9-23年)。❼新疆(地名)的简称。

歆 xīn ❶羡慕:～羡|～慕|可～之极。❷祭祀时鬼神享受祭品的香气:～享。

羚 xīn"𦍒"的讹字。

𦍒 xīn 同"㸑"。

新 xīn 同"新"。

經 xīn 久缓的样子。

𣂮 xīn 义未详。(《龙龛手鉴》)

㤴 xīn 忠心不二。

鵋 xīn 鸟黑色。

鸋 xīn[鸋鹯](-zhān)小鸟名。

槃 ㊀xīn 饮食:～饪。
㊁gǔ 同"穀(谷)",谷物:五～丰登。

薪 xīn ❶用作燃料的木柴:柴～|伐～烧炭。❷砍伐或拾取木柴:芃芃棫朴(樸),～之槱之。❸薪水(工资):～金|年～|月～。

噺 xīn 日本汉字,话;说话。

㜪 xīn ❶吝惜。❷贪。

𧨣 xīn 同"䜣(訢)"。

馨 xīn 同"馨"。

馨 xīn ❶散布很远的香气,比喻流芳后世的声誉:芳～|垂～千祀。❷美:明德惟～。❸助词,表示赞美语气,多作"宁馨":～儿|几人雄猛得～?

鑫 xīn 义未详。(《改并四声篇海》)

鑫 ㊀xīn 多金,钱财兴旺(多用于商家字号、人名):～百万|王金～。
㊁xùn 盂器。

馫 xīn ❶同"馨",散布很远的香气。❷香气。

馨 xīn 同"馨"。

xín

枔 xín 树叶。

颬 xín 同"飒",姓。

镡(鐔) ㊀xín ❶又称剑鼻、剑口,剑柄与剑身连接处两旁的突出部分。❷古代兵器,像剑而小。
㊁chán 姓。
㊂tán 姓。

𩱦 xín 同"鬵(䰝)"。

鬵 ㊀xín 古代炊具,像锅。
㊁qín 同"甑"。

𩱼 xín 同"𩱦"。

䰝 xín 同"鬵"。

䰝 xín 同"鬵"。

璕 xín 像玉的美石。

鬵 xín 同"鬵"。

鐔 xín 同"镡(鐔)"。

xǐn

伈 xǐn[伈伈]恐惧的样子。

遂 xǐn[迎遂](yǐn-)见1159页"迎"字条。

xìn

囟 xìn 同"囟"。

伩 xìn 同"信"。

阠 xìn 古陵名。(《十驾斋养新录》)

扟 xìn 振。

芯 xìn 药草名。

仸 xìn 同"信"。

囟{囟} xìn 囟门,又称囟脑门,婴儿头盖骨未合缝的地方。

囟 xìn 同"囟"。

狚 xìn 哺乳动物,像小猫。

玐{玐} xìn 玉名。

杋 xìn 树名。

阠 xìn 待。

㐰 xìn 同"胴(囟)"。

忎 xìn 同"信"。

信 ㊀ xìn ❶信用;守信用:～誉|言而有～。❷真实可靠:～史|～而有征。❸相信;信任:半～半疑|偏听偏～。❹崇奉;信仰:～教|～徒|善男～女。❺凭证;凭据:～物|印～。❻书信;信件:家～|匿名～。❼音讯;消息:音～|通风报～。❽任凭;随意:～口开河|～手拈来。❾姓。
㊁ shēn 通"伸"。1. 伸展;伸直:机牙任～缩|今有无名之指,屈而不～。2. 伸张;申明:～威北夷|令廉白守道者得～其操。

胴 xìn 同"囟"。

疒 xìn ❶同"脪",伤口愈合时新生的皮肉比原来略微凸起。❷发生影响:～起。

軐 ㊀ xìn 车。
㊁ xiàn[转軐]车迹;车辙。

訫 xìn 同"信"。

䜣 xìn 同"信"。

衅(釁) xìn ❶祭祀礼仪,用牲畜血涂抹器物的缝隙,泛指血祭:～钟|～鼓|～宝刀。❷缝隙;裂痕:涂～必周|后者不粘,～所由生。❸过失;祸患:无～|后～。❹嫌隙;争端:启～|寻～|边～。
◆"釁"另见1064页"釁"字条。

脪 ㊀ xìn ❶伤口愈合时新生的皮肉略微凸起。❷发炎而肿胀。
㊁ chī[胹脪](tuò-)见973页"胹"字条。

脖 xìn 同"脖"。

訫 xìn 同"信",诚信,守信用。

豿 xìn 同"貐"。

脈 xìn ❶同"瘬",疮中冷。❷同"脪",伤口愈合时新生的皮肉略微凸起。

瘬 ㊀ xìn ❶同"脪㊀"。❷疮中冷。
㊁ xì 痛。

園 xìn 气恶。

貐 xìn 哺乳动物。

瘀 xìn 同"脪",伤口愈合时新生的皮肉比原来略微凸起。

駍 ㊀ xìn 马重。
㊁ jìn 车中马。

脖 ㊀ xìn 同"囟"。
㊁ zǐ 带骨肉酱。

訡 xìn 同"信"。

頣 xìn 同"頗(囟)"。

頗 xìn 同"囟"。

衟 ㊀ xìn[衟衟](-xìn)悄然而行的样子。
㊁ xiān 打开的样子。

鼳 xìn 狐臭。

癯 xìn 鸟奋飞。

廞 xìn 向往。

勸 xìn[勸勬](-jìn)用力;使劲。

勸 xìn 同"勸"。

顖 xìn"顖"的讹字。

顖 xìn 同"囟"。

璺 xìn ❶同“釁(衅)”。1.血祭：～鼓。2.熏;涂:三～三浴。❷同“璺”,玉的裂缝,泛指裂痕、缝隙:纤微～。❸嫌隙,感情裂痕:敌国之～｜～隙。❹罪过:负罪婴～｜负～。

顖 xìn 同“顖(囟)”。

膷 ㊀xìn ❶同“腪”。❷疮中冷。
㊁xìng 同“臖”。

譀 ㊀xìn［譀訡］(-yìn)怒言。
㊁hàn［譀譀］(tǎn-)见928页“譀”字条。

舋 xìn 瓦器出现裂纹。

饠 xìn 食物未熟而变质发臭。

釁 xìn 同“釁(衅)”。

獯 xìn 义未详。(《字汇补》)

釁 xìn ❶“衅”的繁体字。❷姓。

xīng

兴(興) ㊀xīng ❶举办;发动:～办｜～师动众｜～修水利。❷起身;起来:晨～｜～起｜夙～夜寐。❸旺盛;昌盛:～盛｜～旺｜复～。❹流行;盛行:时～｜新～｜如今不～这一套了。❺副词,或许;大概:他～来,～不来。❻姓。
㊁xìng ❶兴趣:雅～｜助～｜～高采烈。❷喜欢:不～其艺,不能乐学。

㒷 xīng 同“興(兴)”。

星 xīng ❶宇宙间能发光或反射光的天体,按物理性质和运动状态分为恒星(如太阳)、行星(如地球)、卫星(如月球)、彗星和流星,一般指夜空闪亮的天体:繁～点点｜月明～稀｜天上～亮晶晶。❷形状像星的东西:五角～｜肩章上一杠三～。❸零碎的或细小的东西:火～｜油～儿｜唾沫～。❹秤杆上表示质量单位的符号:秤～｜定盘～。❺喻指某些突出的、有特殊才能或作用的人:明～｜球～｜救～。

垶 xīng 红色坚结的土壤。

骍(騂) xīng ❶赤色的马、牛等。❷赤色:～衣｜～弓。

牸 xīng 红色牛,泛指红色的牲畜。

曐 xīng 同“星”。

曐 xīng 同“星”。

猩 xīng ❶［猩猩］1.猿类动物,比猴子大,无尾,略像人。2.鸟名。❷鲜红色:～红｜～色｜～袍。

惺 xīng ❶醒悟;睡醒:～悟｜唤起未～人。❷［惺忪］(-sōng)刚睡醒时视觉模糊不清的样子:睡眼～。❸［惺惺］1.聪明;机灵:一半～一半愚。2.聪明的人:～惜～。

缐(綅) ㊀xīng 麻缯。
㊁xǐ 同“枲”。

瑆 xīng 玉的光彩。

垶 xīng 红色坚结的土壤,后作“垶”:～土顽石。

殅 xīng 惺。

蛵 xīng［丁蛵］同“虰蛵”。

腥 xīng ❶病猪肉中像星或米粒的息肉。❷生肉、生鱼,泛指肉、鱼等:荤～。❸腥气,像生鱼虾散发的气味:血～｜～臭。

煋 xīng ❶火烈。❷火光或光芒四射:～白眼(眼睛放光)。

暒 ㊀xīng 同“星”。
㊁nián 同“年”。

鮏 xīng 车。

碮 xīng 石名。

蜈 xīng 乘飞的样子。

曐 xīng 同“星”。

程 xīng 禾苗稀疏。

典 xīng 同“興(兴)”。

憓 xīng 同“兴(興)”。

觲 xīng 同“觲”。

烇 xīng 赤。

裎 xīng 磷光着衣。

瞠 xīng 聪。

蝗 xīng［蝗蜓］同“蜻蜓”。

篂 xīng［箳篂］(píng-)见739页"箳"字条。

⿰舟星 xīng 船。

羶 xīng 同"腥"。

⿰牛幸 xīng 同"骍(騂)"。

⿰興井 xīng 同"興(兴)"。

鮏 ㊀xīng 鱼腥气：血～。
㊁zhēng 鱼名。

曐 xīng 同"星"。

⿰角華 xīng"觲"的讹字。

觪 xīng 同"觲(觲)"。

觲 xīng［觲觲］弓调和的样子，也作"骍骍"。

⿰火幸 xīng 赤。

⿰馬辛 xīng 同"騂(骍)"。

⿰興阝 xīng 古地名。(《说文系传》)

⿱⿱白田生 xīng 同"星"。

⿱⿱白田大 xīng 同"星"。

⿱艹興 xīng［蕻蘧］(-qú)菜名。

⿰馬⿱羊辛 xīng 同"骍(騂)"。

⿱畾生 xīng 同"星"。

鯹 xīng 同"鮏"。

⿸疒興 xīng 用于古代器物名：～壶。

⿰钅興 xīng 用于人名：朱聿～。(《清史稿》)

⿱興辛 xīng 同"興(兴)"。

xíng

⿰丿丨 xíng 同"行"，行走：路上～。

刑{刑} xíng ❶对犯人所施行的各种处罚的总称：～罚｜判～｜缓～。❷对犯人的体罚：受～｜动～｜严～拷打。❸杀；割：～人｜自～｜～其耳。❹铸造器物的模子，引申为法式、典范，后作"型"：～范正，金锡美，工冶巧｜虽无老成人，尚有典～。❺效法：仪式～文王之典。

㓝 xíng 同"刑"。

邢{邢} xíng ❶周代诸侯国名，在今河北。❷古州名，在今河北。❸姓。

行 xíng 见332页háng。

饧(餳) ㊀xíng ❶糖稀，含水分较多的麦芽糖。❷糖块、面团等变软：糖～了｜面刚活(huò)好，需要～一会儿。❸眼睛半睁半闭，精神不振：眼睛发～。
㊁táng 同"餹"。

形 xíng ❶形状；样子：圆～｜地～｜三角～。❷形体；身体：无～｜～影不离。❸表露；显现：～诸笔墨｜喜怒不～于色。❹对照；比较：相～见绌｜长短相～。

⿰井彡 xíng 同"形"。

⿱一州 xíng 义未详。(《改并四声篇海》)

陉(陘) ㊀xíng ❶山口，山脉中断的地方：绝～。❷古地名。1.春秋时一属楚国，一属周国，均在今河南。2.战国时属韩国，在今山西。❸［井陉］地名，在河北。❹姓。
㊁jìng［海陉］春秋时鲁国的一条险要通道。

⿰卌井 xíng 古代酒器。

⿰开瓦 xíng 同"钘(鈃)，古代酒器。

侀 xíng 同"形"，形体，也指形成定式的事物：～者成也(成：一成不变)。

⿰彳亍 xíng 同"⿰彳丂(行)"。

⿰彳丂 xíng 同"行"。

娙(娙) xíng ❶女子身材修长而美好。❷奴婢。

⿰⿱井土刂 xíng 同"刑"。

型 xíng ❶模型，铸造器物的模子：砂～。❷类型；样式：发(髮)～｜血～｜流线～。

X

荥(滎) ㊀xíng ❶很小的水：～水｜～泽之水。❷荥泽，古水名，在今河南。❸古州名，在今河南。❹[荥阳]地名，在河南。
㊁yīng[荥潆](-yíng)波浪回旋涌起的样子：漩濙～。
㊂yíng[荥经]地名，在四川。

郉 xíng 古乡名。(《玉篇》)

峬 xíng 古山名。(《玉篇》)

钘(鈃){銒} ㊀xíng ❶古代酒器，像盅而颈长。❷同"铏(鉶)，古代盛羹器。❸同"鋞"，用于温热东西的器具。❹用于山名：～山(即井钘山，也作"井陉山"，在河北)。
㊁jiān 用于人名：宋～(见《荀子》)。

徆 xíng 行走的样子。

陘 xíng 同"陘(陉)"。

娦 xíng 同"娙(婙)"。

垩 xíng 同"型"。

垈 xíng 同"型"。

垘 xíng 同"型"。

鈃 xíng 同"钘(鈃)"，古代酒器。

衎 xíng 行走的样子。

陉 xíng 同"陘(陘，陉)"。

郱 xíng 同"邢"。

硎 ㊀xíng ❶磨刀石：砺刃于～。❷磨：～铓。❸同"型"，式样：新～。
㊁kēng ❶石：薄～｜顽～。❷同"坑"，坑穴：深～｜～泉。

瓶 xíng 同"钘(鈃)"。

铏(鉶) xíng ❶古代盛羹的小鼎，多用于祭祀：～鼎｜～羹(铏鼎所盛的肉菜羹)。❷同"硎"，磨刀石。

陘 xíng 同"陘(陘，陉)"。

蛢 xíng 虫名。

蛵 xíng 义未详。(《改并四声篇海》)

瘖 xíng 义未详。(《龙龛手鉴》)

滎 xíng 渫水，祭祀时酌酒灌地。

鋞 xíng 同"钘(鈃)"，古代酒器，像盅而颈长。

鉶 xíng 同"铏(鉶)"。

鄉 xíng 同"铏(鉶)"。

詽 xíng[詽笑]也作"形笑"，嘲笑。

鉶 xíng 同"铏"。

鉶 xíng 同"铏"。

鋞 ㊀xíng ❶用于温热东西的器具。❷同"钘(鈃)"，酒器。
㊁xìng 长钟。

熒 xíng 小瓜。

脛 ㊀xíng 骨。
㊁jìng 同"胫(脛)"。

餳 xíng 同"餳(饧)"。

鈃 xíng 同"钘(鈃)"。

xǐng

省 ㊀xǐng ❶考察；检查：～察｜～视｜反～。❷看望父母、尊亲；问候：～亲｜归～｜昏定而晨～。❸觉悟；知觉：～悟｜发人深～｜不～人事。
㊁shěng ❶节俭；节约：～钱｜～吃俭用｜～些力气。❷简略；减免：～略｜～事｜～一道工序。❸宫禁之地：遣使者入～，夺得玺绶。❹古代官署名：尚书、门下、中书、秘书、殿中、内侍为六～。❺行省，古代行政区域名，简称省：故内立都～，以总宏纲。❻行政区划单位，直属中央：～会｜浙江～｜两～交界。❼省行政机关所在地：～城｜到～里办事。❽姓。

揝 xǐng 同"擤"。

酲 xǐng 同"醒"。

惺 xǐng 同"惺",醒悟。

睲 ㊀xǐng 看。
㊁xìng 目睛照。

箵 ㊀xǐng[笭箵](líng-)见582页"笭"字条。
㊁shěng 竹名。

㸤 xǐng 同"省"。

㝭 xǐng 醒悟。

𡪧 xǐng 同"㝭"。

醒 xǐng ❶酒醉、昏迷或麻醉后神志恢复常态:酒已经~透了|~酒|苏~。❷睡眠状态结束,也指尚未入睡:刚睡~|梦中惊~|~目常不眠。❸觉悟,明于事理:~悟|提~|猛~。❹明白;明显:~目|~眼。

鵿 xǐng 同"鶄"。

𥧲 xǐng 同"㝭"。

擤 xǐng 在鼻孔外部捏住鼻子,用气排出鼻涕:~鼻涕。

𥨍 xǐng 醒悟。

鶄 xǐng[鸧鶄](cāng-)见77页"鸧"字条。

xìng

兴(興) xìng 见1064页xīng。

杏 xìng ❶落叶乔木,果实可食。❷像杏子的:~红|~黄旗|柳眉~眼。

幸[❶❻倖] xìng ❶意外地得到好处或免去灾难:~存|~免。❷幸福,称心如意:荣~|不~|三生有~。❸认为幸福而高兴:庆~|欣~|~灾乐祸。❹敬辞,表示对方如这样做将使自己感到庆幸:~勿推却|~勿见怪。❺君主出行驾临某处:巡~|临~|行~甘泉宫。❻受到君主信任、宠爱:~臣|宠~。

𡚲 xìng 同"幸"。

𤘍 xìng 同"姓"。

性 xìng ❶人和事物的特点、性质:人~|药~|黏~。❷人和动植物的性属:女~|雄~|~器官。❸生命:~命|果殒其~,以及厥宗。❹性格:~情|个~|本~难移。❺后缀,表示在思想、感情等方面的表现,或一定的范畴、方式:党~|组织纪律~|系统~|艺术~。

姓 ㊀xìng 表示家族系统的字:~名|复~|尊~大名。☞姓/氏 两字在上古不同义。"姓"产生于母系氏族社会,起自女系,是家族的称号。同姓人有共同的祖先,因而同姓不婚。"氏"是姓的分支,用于区分同姓中不同祖先的后代子孙,源自男系。战国以后姓和氏逐渐合而为一,到汉代统称为姓。现在所说的姓其实是上古的氏。
㊁shēng 通"生":取(娶)妇~子阳,有丧阴。

荇 xìng[荇菜]也作"莕菜",多年生水生草本植物,可供药用,也可做饲料或绿肥。

㤯 xìng 同"性"。

𡴘 xìng 同"幸"。

𣢟 xìng 含笑的样子。

莕 xìng 同"荇"。

𡗗 xìng 同"幸"。

涬 xìng[涬冷]寒冷。

悻 xìng 同"悻",恼恨。

眚 xìng 同"姓"。

涬 xìng[涬溟](-míng)也作"溟涬"。1.天地形成以前的自然之气的混沌状态:大同乎涬溟。2.大水茫茫的样子:四海溟涬。

㴛 xìng 同"涬"。

悻 xìng ❶刚直;固执:~直非养寿。❷恼恨:则怒,~~然见(xiàn)于面。

婞 xìng ❶倔强;刚直:性~刚洁。❷同"幸"。1.侥幸。2.宠幸,偏爱。

瓶 xìng[瓶甑](-shěng)盎、缶类器皿。

䓷 xìng 同"莕(荇)"。

婞 xìng"婞"的讹字。

㴛 xìng 同"涬"。

嚮 xìng 同“姓”。

睦 xìng 瞑目的样子。

嚮 xìng 同“姓”。

婞 xìng［婞娗］（-yǐng）小的样子。

婞 xìng 同“婞”。

婞 xìng“婞”的讹字。

綷 xìng 丝直。

魼 xìng ❶鬼。❷斗星名。

鋞 xìng 似钟而长。

諱 xìng ❶言。❷嗔语。

諱 xìng 同“諱”。

緈 xìng 同“綷”。

醒 xìng［酖醒］（dàn-）见171页“酖”字条。

緈 xìng 同“綷”。

嬹 ㊀ xìng 同“兴（興）”，喜爱；喜欢：不～其艺。
㊁ xīng 用于女子人名。

臖 xìng ❶肿痛、肿起，今中医特指淋巴结肿大：～肿作痛。❷［臖胥］（-zhèng）肿。

臖 xìng 同“臖”。

鱷 xìng 同“性”。

xiōng

凶［❸-❺兇］ xiōng ❶不幸；不吉利：～兆｜～信｜吉～。❷庄稼收成不好：～年。❸凶暴；凶恶：～狠｜～猛｜穷～极恶。❹杀害或伤害人的行为；行凶作恶的人：行～｜～器｜帮～。❺厉害；过甚：闹得太～｜雨下得很～。

匂 ㊀ xiōng 同“匈”。
㊁ yún 日本汉字，香气；香味。

兄 xiōng ❶哥哥，亲属中跟自己同辈而年长的男子：长～｜表～｜～嫂。❷敬辞，对同辈男性的尊称：老～｜仁～｜学～。

芎 xiōng［芎䓖］（-qióng）又称川芎，多年生草本植物，根茎可供药用。

匈 xiōng ❶同“胸”，胸膛；心胸：伤～｜～肝。❷［匈奴］古代少数民族名，主要生活在北方。

夃｛㐫｝ xiōng 同“凶”。

讻（訩） xiōng ❶争辩：不告于～｜此～未定。❷祸乱：昊天不傭，降此鞫～。❸喧哗、纷扰不安的样子：天下～～｜其声～动。

哅 xiōng 同“詾（讻，訩）”。

汹［洶］ xiōng ❶水向上腾涌：～涌。❷气势猛，声响大，多叠用：风助雷仍～｜气势～～｜听波声之～～。

忷 xiōng 同“恟”。

殈 xiōng 同“凶”，不幸；不吉利：～气。

肖 xiōng 同“胸”。

胸 xiōng 同“胸”。

兇 xiōng 同“凶”。

恼 xiōng 同“忷”。

妐 xiōng 嬉。

哅 ㊀ xiōng 同“讻（訩）”。
㊁ hōng 同“訌”，大声。

肖 xiōng 同“胸”。

恟 xiōng 恐惧；惊骇：～惧｜～惊。

旯 xiōng 同“兇（凶）”。

胸［胷］ xiōng ❶躯干前部从颈到腹之间的部分：～前｜～毛。❷内心：心～｜～襟｜～无大志。

胷 xiōng 同“胸”。

衰 xiōng 旧时的长孝衣。

跫 xiōng 同“跫”，脚步声，也指脚步声很重。

訩{詈} xiōng 同"詾(讻)"。

澋 xiōng 同"洶(汹)"。

营 ㊀ xiōng[营蒡](-qióng)同"芎䓖"。
㊁ gōng 草名。

銎 xiōng 同"銎"。

詾 xiōng"詾"的讹字。

匈 xiōng 同"胸"。

銎 xiōng 同"銎"。

銎 xiōng"銎(銎)"的讹字。

朐 ㊀ xiōng 货。
㊁ mín 同"盷"。

説 xiōng 同"詾(讻,訩)"。

詾 xiōng 同"訩(讻)"。

滃 xiōng 同"汹(洶)"。

朐 xiōng 同"朐",货。

魈 xiōng[魈魂]鸮的别称。

鞫 xiōng 同"胷(胸)"。

xióng

能 ㊀ xióng 哺乳动物,后作"熊"。
㊁ néng ❶能力;才干:才～|技～|无～之辈。❷有能力的;有才干的:～人|～手|～工巧匠。❸能够;胜任:～说会道|～按时完成任务。❹应该:不～这样做。❺能量,度量物质运动的一种物理量,即物质做功的能力:动～|电～|原子～。❻亲善;和睦:柔远～迩|积不相～。
㊂ nài 同"耐",经受得住:～毒。

豿 xióng ❶豕特,公猪。❷同"熊"。

雄 xióng ❶雄鸟,泛指生物中能产生精细胞的:～鸡|～蕊|～性。❷威武;强有力的:～师|～辩。❸宏伟;有气魄的:～心|～图|～伟。❹杰出的人物;强有力的国家:英～|战国七～。

雄 xióng 同"雄"。

猴 xióng 同"熊"。

熊 xióng ❶哺乳动物,种类较多,有棕熊、白熊、黑熊等。❷批评;斥责:被他～了一顿。❸怯懦;无能:这人真～|～包(怯懦、无能的人)。❹姓。❺[熊熊]火势旺盛的样子:烈火～。

遡 xióng[天遡]迷信称丙辰日鬼名。

鴆 xióng 同"雄"。

熊 xióng 同"熊"。

襛 xióng 强。

鱇 xióng 同"熊"。

鑢 xióng 用于人名:应～。(查继佐《罪惟录》)

xiǒng

芃 ㊀ xiǒng 草名。
㊁ huǎng[敞芃]同"惝恍",失意的样子。

xiòng

诇(詗) xiòng ❶密告;探听:～候朝廷事|无须～我山中事。❷求:～诸史乘,历历可稽。❸明悟了知:今民儇～智慧。

眪 xiòng 眼珠转动。

昗 xiòng 日中风。

鈃 xiòng 孔鈃。

寎 ㊀ xiòng 老弱。
㊁ hùn 同"惛",老年健忘。

宼 xiòng 同"寎"。

炟 ㊀ xiòng 火光。
㊁ yīng 明。
㊂ gǔ 人名。(《广韵》)

焸 xiòng 同"炟"。

烱 xiòng 同"焸(炟)"。

敻 xiòng 同"夐"。

𥨍 xiòng 老弱。

夐 xiòng 远；深远：辽～｜遥～｜～古。

詗 xiòng 同"詗(诇)"。

𡗓 xiòng 同"夐"。

𡗔 xiòng 同"夐"。

𥩭 xiòng 同"𥨍"。

𢢫 xiòng 义未详。(《改并四声篇海》)

䞎 xiòng ❶行走。❷跑的样子。

𢡗 xiòng 义未详。(《改并四声篇海》)

𧰴 xiòng 老弱。

𥪂 xiòng 同"𥨍"。

𥪃 xiòng 同"𥨍"。

騥 xiòng 马暴跳。

𩡶 xiòng 义未详。(《字汇补》)

xiū

休 xiū ❶歇息，暂时停止活动：～假｜～养｜～整。❷停止；完结：～业｜～学｜争论不～。❸旧指丈夫把妻子逐回娘家，断绝夫妻关系：～妻｜～书。❹副词，表示禁止或劝阻：～想｜～要性急｜闲话～提。❺吉庆；欢乐：实万世无疆之～｜～戚相关。❻健壮：～健。❼助词，表示语气，吧；了：要来小酌便来～｜戴荷叶归去～。

㐰 xiū 废。

庥 xiū 同"休"，健壮：～健。

𠇗 xiū"休"的讹字。

俢 xiū 同"修"。

咻 ㊀ xiū ❶吵嚷；喧闹：众口同一～。❷[咻咻](-xiū)1.拟声词，喘气声、某些动物叫声、炮弹飞过声等：气～然｜草中～有寒兔｜～～的几颗炮弹。2.形容忧戚的神情：无以解忧兮，我心～。

㊁ xiāo[咆咻]咆哮。

修[脩] xiū ❶使完美；恢复完美：～饰｜～理｜装～。❷建造；建筑：～建｜～铁路。❸编纂；书写：～史｜编～｜～字数行。❹学习；钻研：进～｜自～｜～业。❺削；剪：～铅笔｜～指甲。❻高；长(cháng)：茂林～竹｜路漫漫其～远兮。❼大；广大：面～原而带流水。❽姓。

◆"脩"另见1070页"脩"字条。

狣 xiū 同"貅"。

庥 xiū ❶树荫，引申为庇荫、保护：山川之神，克～于人。❷同"休"：得大木而～焉。

洂 xiū 水流走的样子，一说水的样子。

妺 xiū 用于女子人名。

烋 xiū 同"烋"。

烋 ㊀ xiū 同"休"，美好；福禄；吉庆。

㊁ xiāo[炰烋](páo-)也作"咆烋"，同"咆哮"。

脩 xiū ❶条形肉干：束～(一捆条形肉干，古代弟子送给老师的见面礼，后指给老师的酬金)。❷"修"的异体字。

䃾 xiū 同"修"。

脙 xiū 腹脊之间。

羞 xiū ❶美味食品，后作"馐(饈)"：膳～｜珍～。❷耻辱；感到耻辱：～辱｜遮～布｜～与为伍。❸害臊；难为情：害～｜怕～｜～得脸通红。❹使难为情：闭月～花｜别～我了。

烌 xiū 灰。

䐧{䐧、䐧} xiū 同"羞"。

鸺(鵂) xiū[鸺鹠](-liú)1.又称鸱鸺，鸟名，像猫头鹰。2.鸱鸮科的横纹小鸮，像猫头鹰，无毛角。

脩 xiū 同"脩"，条形肉干。

貅 xiū 同"貅"。

𦙶 xiū ❶瘦：～槁寒栗。❷同"脙"，腹脊之间。

㾋 ㊀ xiū[㾋息]休息痢，又称㾋疤痢，屡发屡止、日久不愈的下痢。

㊁ xiù 漆疮。

䟝 xiū ❶习。❷进。

䆾 xiū 禾名。

𧳜 xiū "貅(貅)"的讹字。

䐰 xiū 同"脙"。

嫶 xiū 用于女子人名。

犙 xiū ❶牛。❷牛无尾。

貅 xiū 古书上说的猛兽,像虎豹,比喻勇猛的军队:天兵十万拥貔～。

馐(饈) xiū ❶进献食品。❷精美食品:珍～。

庥 xiū 树荫。

髤 xiū 同"髹"。1. 赤黑漆。2. 给器物涂漆:不雕不～。

樇 xiū 树名。一说同"修",长。

𡸦 xiū 息。

銝 xiū 长针。

蛛 xiū 蜘蛛。

䐹 xiū 同"羞(馐,饈)",进献。

䐮 xiū 同"羞(馐,饈)",进献。

稵 xiū 同"稀"。

鵂 xiū 同"鸺(鵂)"。

鮴 xiū 怪鸟。

饈 xiū 馔。

髹 xiū ❶赤黑漆;给器物涂漆:～筒|～了漆的木鱼。❷头发散乱:鬓～。

駯 xiū 同"鵂"。

蝑 xiū 又称竹节虫,昆虫。

騪 xiū 骏马名。

饎 xiū 蒸饭。

滫 xiū 汗流满脸的样子。

髼 xiū 龙车(帝王或神仙所乘的车)边侧的漆饰。

轋 xiū[轋轊](-lù)丧车。

鸺 xiū 同"鸺(鵂)"。

餐 xiū 同"餐"。

艌 xiū 进船。

鏅 xiū 铜铁矿石。

㾋 xiū 同"㾋"。

䐹 xiū 同"瞍"。

䭴 xiū 香气。

鎀 ㊀ xiū 铤,铜铁矿石。
㊁ xiù 锻。

饈 xiū 同"餐"。

瀀 xiū 同"滫"。

髶 xiū 同"髼"。

飧 xiū 同"餐"。

䬟 xiū 风。

瞍 xiū 泪水多。

鬏 xiū 同"髤"。

齅 xiū 义未详。(《改并四声篇海》)

鱃 ㊀ xiū 海鲇鱼,又称赤鱼、松鱼,生活在热带海中。
㊁ qiū ❶鱼名。❷同"鳝(鱔)",泥鳅。

飍 xiū ❶风。❷大风刮起的样子。❸受惊奔跑的样子:～矞。

xiú

苬 xiú 木灵芝,菌类植物。

xiǔ

朽 xiǔ ❶腐烂:腐～|～烂|～木不可雕。❷衰老:老～|～迈|年～发(髮)落。❸消失;磨灭:沉冤难～|永垂不～。

杔 xiǔ 同"朽"。

歹丂 ㊀xiǔ 同"朽"。㊁guǎ 同"冎(咼,剐,剮)",剔肉。

歽 xiǔ 同"朽"。

殉 xiǔ 同"殉"。

殉 xiǔ 同"歹丂(朽)"。

缅(緬) xiǔ ❶绊住野兽的前两足,也作"緌"。❷连缀铠甲的带子:以麝皮为～。

滫 xiǔ 同"滫"。

滫 xiǔ ❶泔水;污水:及渐之～,则不能保其芳。❷用淀粉拌和食物使柔滑,也指一种柔滑的食品:～瀡膏饵。

滫 xiǔ"滫"的讹字。

糔 xiǔ 糔溲,用水调和粉面。

饈 xiǔ 义未详。(《改并四声篇海》)

xiù

秀 xiù ❶植物抽穗开花,多指谷类作物抽穗开花:～穗|苗而不～|六月六,看谷～。❷草木茂盛:佳木～而繁阴。❸特别优异:优～|～异。❹特别优异的人:新～|后起之～。❺俊美;美丽:～丽|俊～|山清水～。❻聪明;灵巧:内～|心～|聪～。❼表演;展示:作～|时装～|模仿～。

岫 xiù ❶山洞:～居。❷山;山峰:岩～|远～。

岀 xiù 同"岫"。

琇 xiù 也作"王",有瑕疵的玉。

臭 ㊀xiù ❶用鼻子闻,辨别气味,后作"嗅":三～之不食也。❷泛指气味:乳～|鼻不闻香～|纯净的水是无色无～的。

㊁chòu ❶香气:同心之言,其～如兰。❷气味难闻;难闻的气味:～味|恶～|遗～万年。❸丑恶;令人厌恶的:～排场|～架子|～名远扬。❹低劣:～棋|这个主意真～。❺副词,狠狠地:～骂一顿。

琇 xiù[琇霤](-liù)也作"宿留",行相待。

窗 xiù 同"岫"。

袖 xiù ❶衣袖,衣服从肩到腕的部分:长～善舞。❷把手或东西藏在衣袖里:～着手|～手旁观|～四十斤铁椎。

绣(綉)㊀[繡] xiù ❶用丝线等在绸、布上缀出花纹或文字:刺～|～花|～像。❷有彩色花纹的丝织品,也指绣花衣服:湘～|苏～|素衣朱～。❸华丽的;精美的:银鞍～毂|疏帘(簾)～阁。❹姓。

㊁tòu 古代计量单位,吴地人指锦一片。

琇 xiù ❶同"琇",次于玉的美石:如～如英。❷同"秀",美。

裒 xiù 同"袖"。

锈(銹)[鏽] ㊀xiù ❶金属表面生成的氧化物:铁～|铜～|螺丝生～了。❷生锈:刀～了|锅～了|锁～住了。❸指植物因真菌类锈菌寄生而产生的病害:～病|查～灭～。

㊁yòu 同"釉",用石英、长石、硼砂、黏土等的粉末加水调制成的物质,用于涂陶器、瓷器的表面。

◆"鏽"另见1073页"鏽"字条。

甾 xiù 同"岫"。

嗅 xiù 闻,用鼻子辨别气味:～觉|～之则香。

嗅 xiù 同"齅(嗅)"。

褎 xiù 同"袖"。

琇 xiù 次于玉的美石。

齅 xiù"嗅"的讹字。

貅 xiù 哺乳动物,像熊。

褏 xiù 同"袖"。

褎 ㊀xiù 衣袖,后作"袖":羔裘豹～|奋～。

㊁ yòu 服饰华丽的样子：～然。

螑 xiù［虬螑］（qiú-）见 794 页“虬”字条。

鏥 xiù 同“锈(銹)”。

鏽 ㊀ xiù “锈(銹)”的异体字。
㊁ sù 通“肃(肅)”，恭敬：～然奏而独听之。

齅 xiù 同“嗅”。

齅 xiù “齅”的讹字。

齅 xiù 同“齅(嗅)”。

xū

丂 xū 同“吁(吁)”。

订(訏) ㊀ xū ❶大：我罪实～。❷诡诈：～则诬人。❸用于人名。
㊁ xǔ 讦讦］(-xǔ)广大的样子：川泽～。

圩 xū 见 986 页 wéi。

戌 ㊀ xū ❶地支的第十一位。❷戌时，指晚上 19 时至 21 时。
㊁ qu［屈戌儿］门窗、箱柜上用来挂钌铞或锁的金属环。

吁 ㊀ xū ❶叹词，表示惊疑：～，是何言欤！❷叹气：长～短叹。❸姓。❹［吁吁］(-xū)拟声词，较粗重的呼吸声：气喘～｜～喘着粗气。
㊁ yū 叹词，让牲口停步的吆喝声。
㊂(籲) yù 为某种要求而呼喊：呼～｜～求｜～请。
◆“籲”另见 1197 页“籲”字条。

旴 xū 同“吁”。

吘 xū 同“吁”。

号 xū 同“吁”。

忬 xū 忧伤。

忬 xū 同“忬”。

肻 xū 同“肝(吁)”，叹词。

灬 xū 同“虚”。

盱 xū ❶太阳刚出时的样子：～日始旦。❷［盱江］水名，在江西。

旴 xū 同“盱”。

肝 xū ❶同“吁”，叹词。❷古乡名。(《玉篇》)

扝 xū 同“揟”。

亵 xū 同“盱”。

盱 xū ❶睁大眼睛：～目而环伺。❷仰望；观望：～衡厉色｜～文之士。❸用于地名：～眙(在江苏)。

盱 xū 同“盱”。

昳 xū 日始旦。(《改并四声篇海》)一说“盱”的讹字。

胥 xū 同“胥”。

䏌 xū 同“胥”，等待：～臣之友而行。

疗 xū 病。

㽳 xū 同“疗”。

炧 xū 同“欻”。

庡 xū 义未详。(《改并四声篇海》)

砉 ㊀ xū(又读 huò) ❶拟声词，皮骨相离声：～然嚮然｜騞～嚗赫。❷迅疾的样子：～如寒隼｜禅关～然破。❸豁然开朗的样子：～然开其幽｜～然发蒙。
㊁ huā 拟声词，迅速动作的声音：鸟～的一声从树上直飞起来｜白兔～的一声直跳上来。

虍 xū 同“虚”。

虖 xū 同“虍”。

虖 xū 虎吼。

须(須、❶❷鬚) xū ❶胡子，嘴周围和鬓角下长的毛：胡～｜～眉｜剃～刀。❷像胡子的东西：触～｜花～｜～根。❸等待；等到：太后盛气而～之｜～晴日。❹必要；应该：必～｜不～亲自前往｜白日放歌～纵酒。❺通“需”，需要：敛以时服，不～器物｜化民～礼义，礼义～文章。☞须/需 见 1074 页“需”字条。

欨 xū ❶呵气使温暖。❷笑意。

胥 xū ❶蟹酱：蟹～。❷察看；视察：于～斯原。❸须臾，短时间：～时而乐。❹副词，全；都：万事～备｜民～然矣。❺古代掌管捕捉盗贼的官，泛指小官吏：～吏。❻通"须(須)"，等待：四者备体，则～时而王。❼疏远：～疏于江湖之上。❽助词，表示语气：君子乐～，受天之祐。❾姓。

顼(頊) xū ❶颛顼，传说中的上古帝王名：祖轩而父～。❷姓。❸[顼顼]失意的样子：～然不自得。

蒢 xū"茜"的讹字。

欨 xū 喜乐。

旴 ㊀ xū 同"盱"，日始出。 ㊁ kuā 人名。(《集韵》)

砉 xū"砉"的讹字。

袘 xū 宽大的裙子。

砉 xū 同"砉"。

萗 xū 蛇床子，一年生草本植物，果实可供药用。

蒣 xū 草花。

蒟 xū 芋。

虗 xū 同"虚"。

虚{虛} xū ❶大土山，废墟，集市，后作"墟"：升彼～矣｜凡十三岁而社稷为～｜去逾四十里之～所卖之。❷空；空着：空～｜～位以待｜弹不～发。❸空隙；弱点：乘～而入｜避实击～。❹假，不真实的：～伪｜～荣｜～张声势。❺胆怯；心里没把握：做贼心～｜心里发～。❻体质衰弱：～弱｜气～｜身子太～。❼副词，徒然；白白地：～度年华｜不～此行。

虛 xū 同"虚"。

晇 xū 同"盱"。

猾 xū 同"猾"。

谞(諝) xū ❶才智：谋无遗～，举不失策。❷计谋：诈～｜韬～勋业。

書 xū 同"砉"。

頊 xū[額頊](xī-)见1017页"額"字条。

揟 ㊀ xū ❶滤水。❷[揟次]古县名，在今甘肃。 ㊁ jū 取鱼。

犂 xū 牛不驯顺。

雯 xū 同"需"，等待。

盢 xū 同"虚"。

虛 xū 同"虚"。

幁 xū 束发(髮)用的巾。

媭(嬃) xū ❶古代楚国人对姐姐的称呼：女～。❷用于女子人名。

𤰞 xū 义未详。(《龙龛手鉴》)

猾 xū 猿类动物。

䠥 xū 同"媭"。

欻 ㊀ xū ❶有所吹起。(《说文》)❷迅疾；突然：～而生｜野火～起。 ㊁ chuā ❶拟声词，急促的声响：～的一声抽出刀来。❷[欻欻](-chuā)拟声词，有节奏的声响：传来～的脚步声。

惰 xū 同"愲(谞，諝)"。

愲 xū 同"谞(諝)"，才智。

楈 xū ❶[楈枒](-yē)椰子树。❷犁。

墟 xū ❶大丘；大土山：昆仑之～。❷坟墓：～墓。❸废址，从前有人居住而现已废弃的地方：废～｜殷～｜闾里成～，门庭易主。❹村庄：～落｜～茅｜依依～里烟。❺同"圩"，集市：～市｜～镇｜赶～。

需 xū ❶等待：略举数端，以～善择。❷迟疑：率故多尤，～为事贼。❸需要，应备有或必须有：国之～贤｜必～物品｜按～分配。❹需要的东西：军～｜供其所～。☞需/须 二字在古汉语中都有需要义，在现代汉语中都可与"要"搭配。"需要"是动词，如"我需要一支红颜色的笔"；也用作名词，如"满足群众的需要"。"须要"是助动词，即一定要，如"教育孩子须要耐心"。

煦 xū[煦瞜](-lōu)笑的样子。

嘘{噓} ㊀ xū ❶呵气;吹:～气|～～手|他嘴里～着好听的调子。❷吐:～噏(吐纳)|～沫。❸叹气:长～短叹|仰天而～。❹拟声词:气愤地"～"了一声|空中充满炮弹飞掠的～～声。❺火或热气熏炙:当心～着手|把馒头放在锅里～一～。
㊁ shī 叹词。1.表示驱逐:～,～(驱赶鸡、鸟等声音)。2.(又读 xū)表示制止:～,小点儿声!

頋 xū 义未详。(《改并四声篇海》)

窨 xū 同"箐"。

魆 xū ❶副词。1.突然:～地跳将起来|～地里惊了一跳。2.悄悄:～地里追随|～地里思抄窃。❷暗:～黑|黑～～。

顼(頊) xū 等待,后作"须(須)":下车立,～过,乃就车(过:别人过去)。

頊 xū 同"嬃"。

墟 xū 古地名。(《玉篇》)

蕦 xū 蕵芜。

戫 xū 义未详。(《改并四声篇海》)

鄦 xū 义未详。(《改并四声篇海》)

歔 xū ❶哽咽;抽泣:～欷|～泣。❷呵气以温物:吹～赋手。

蝑 ㊀ xū[蚣蝑](zhōng-)见293页"蚣"字条。
㊁ xiè 蟹酱,一说盐蟹(用盐腌制储存的蟹):蟹～。

嚬 xū 同"须(須)"。

箐 xū ❶竹名。❷箕的一种。

繻 xū ❶缯帛的布头。❷束发的带子:青裙白～。

縇 xū[帵縇](diǎo-)缯头,也单称縇。

顉 xū 同"嬃"。

獹 xū[狚獹](jù-)同"駏驉"。

颹 xū 小风。

謂 xū 同"諝(谞)"。

竭 xū 同"嬃"。

緍 xū 同"胥"。

毹 xū 同"氌",义未详。(《龙龛手鉴》)

矑 xū 眼睛眯成缝。

蹞 ㊀ xū 行走。
㊁ lǚ 同"履"。

氌 xū 义未详。(《龙龛手鉴》)

鍑 xū 古代起土工具。

歘 xū 同"欻",突然:～有羊角风起。

褔 xū 同"魖"。

礘 xū 石的样子。

魆 xū "魆"的讹字。

嬃 xū 同"顼(頊)"。

艫 xū 义未详。(《改并四声篇海》)

鲻(鰖) xū 鲻鱼,鱼名。

諝 xū 同"諝(谞)"。

𦈡(繻) xū(又读 rú)❶彩色丝织品:绮～。❷细密的网。❸古代帛制的出入关隘的通行证:关门已合～。❹通"襦",短袄:～衣|绣～。

籲 xū 捕鱼的竹笼。

縟 xū 同"縇"。

纇 xū 同"縇"。

謔 xū 妄言。

繻 xū 同"𦈡(繻)"。

繻 xū 缚。

纈 xū 绊住野兽的前两足。

鬚 xū 同"鬚(须)"。

蹞 xū 同"蹞",行走。一说跑。
嘘 xū 同"歔"。
貗 xū 同"魖"。
鱊 xū 同"鰖(鱊)"。
譳 xū 同"媭"。
魌 xū 同"魖"。
魖 xū 古代称能使人财物虚耗的鬼:野～。
鑐 xū 同"鑐",锁牡,锁簧装置。
驉 xū［駏驉］(jù-)见 477 页"駏"字条。
䰢 xū 同"魖"。
鸆 xū 义未详。(《改并四声篇海》)
鑐 ㊀ xū 锁牡,锁簧装置:无～锁子。
㊁ rú 铁水,也作"濡"。
㊂ róu 同"鍒",熟铁:～铁。
鬚 xū 同"鬚(须)"。
齸 xū 齿所居。(《一切经音义》)

xú

迬 xú 同"徐"。
俆 xú 同"徐",缓慢。
䶛 xú 急速。
晸 xú 用于人名:李～(唐代人)。
徐 xú ❶缓慢;慢慢地:～步 | 清风～来。❷周代诸侯国名,在今安徽。❸姓。
羚 xú 同"羚"。
蒢 ㊀ xú 草名。
㊁ chú 同"稌",甘薯,又称山芋、山药。
羜 xú 野羊。
輮 xú 车軨。

xǔ

许(許) ㊀ xǔ ❶准允;应允:准～ | 封官～愿。❷称赞;认可:称～ | 赞～ | ～为佳作。❸地方;处所:何～人也? ❹代词,如此;这样:多如～ | 月落庭空影～长。❺助词。1.表示约略的数目:百～人 | 年五十～。2.表示语气:空有恨,奈何～! ❻副词,或者;可能:她～没看见 | 他没来,～是病了。❼周代诸侯国名,在今河南。❽姓。
㊁ hǔ［许许］(-hǔ)也作"所所""浒浒(滸滸)",拟声词,集体劳动时共同出力发出的呼声:伐木～。
岵 xǔ 古山名。(《玉篇》)
陏 xǔ 古乡名,在今河南。
呴 ㊀ xǔ ❶慢慢吐气;嘘气;哈气:吹～ | ～濡 | ～沫。❷［呴呴］(-xǔ)温和的样子:言语～。
㊁ hǒu 同"吼",吼叫:～嘷 | 牛～。
㊂ gōu［呴犁湖］汉代匈奴单于名。
偵(傾) xǔ 姓。
诩(詡){詡} xǔ ❶夸耀;说大话:夸～ | 自～ | 眩～。❷妩媚:～美 | 犹闻画眉～。
姁 ㊀ xǔ ❶老年妇女。❷安乐:～然。
㊁ xū［姁媮］(-yú)姿容美好:姣服极丽,～致态。
珝 xǔ 玉名。
栩 ㊀ xǔ ❶栎,又称麻栎,落叶乔木:肃肃鸨羽,集于苞～。❷姓。❸［栩栩］(-xǔ)欢畅或生动活泼的样子,单用义同:栩栩然蝴蝶也 | 栩栩如生 | 蝶栩向西园。
㊁ yǔ［栩阳］古地名。(《集韵》)
冔 xǔ 殷商时一种帽冠名。
㖅 xǔ 同"冔"。
喣 xǔ 同"呴"。
罚 xǔ "冔"的讹字。
偦 xǔ 古代掌管捕捉盗贼的小官吏。
湑 xǔ 同"湑"。

喣 xǔ 同"煦"。

㖔 xǔ 同"呴",呼气,引申为张口哈气以温润对方:～沫|相～以沫。

嵋 xǔ[岳(嶽)嵋山]古山名。(《集韵》)

馉(餶) xǔ 同"糈",粮饷:军～。

湑 ㊀ xǔ ❶滤酒去渣滓,引申为清酒、清澄:尔酒既～|零露～兮。❷茂盛:其叶～兮。
㊁ xù 水名,又称湑水河,在陕西。

禑 xǔ 同"稰"。

翻 xǔ 轻快:～车。

暊 xǔ 明亮。

昦 xǔ 同"昫"。

粔 xǔ 同"糈"。

禤 xǔ 祭神的器物,特指祭神的精米,也作"糈"。

蒣 xǔ[虎蒣]续断,二年或多年生草本植物,果实可供药用。另有川续断,根可供药用。

鄦 xǔ ❶古国名,在今河南,后作"许(許)"。❷姓。

稰 xǔ ❶草名。❷草生禾中。

稰 xǔ 同"糈"。1.晚稻;粮食。2.祭神用的精米。

瘠 xǔ 痛病。

糈 xǔ 同"糈"。

粈 xǔ 同"糈"。

醑 xǔ 同"醑"。

㽤 xǔ 同"糈",粮食。

糈 xǔ ❶晚稻,引申为粮食:重(chóng)～。❷祭神用的精米:椒～。❸粮饷:三倍其～。

縜 ㊀ xǔ(又读 xū)同"繻",绊住野兽的前两足:～麋麖。
㊁ xié 蜀锦名。

輴 xǔ 车下。

醑 xǔ ❶用器物滤酒,去粗取清:既～既酢。❷美酒:清～。❸醑剂,挥发性药物的乙醇溶液:樟脑～|氯仿～。

昦 xǔ"昦(昫)"的讹字。

鱮 xǔ 鱼。

糈 xǔ 同"糈"。

盨 xǔ 古代食器。

醑 xǔ 同"醑"。

盨 xǔ"盨"的讹字。

鄦 xǔ 同"鄦"。

翻 xǔ 同"翻(栩)"。

伵 xù 同"伃",长大。

旮 ㊀ xù 同"旭"。
㊁ gā[旮旯](-lá)1.角落:门～|墙～。2.偏僻的地方:山～|背～。

旭 xù ❶太阳初升的样子;初升的太阳:～日东升|朝～|初～。❷光;明亮:～月霁野|寒灯无～。

阹 xù 同"序",古代房屋中堂的东西两墙。

圩 xù 同"序",古代房屋中堂的东西两墙。

侐{㑔} xù 同"侐"。

序 xù ❶古代房屋中堂的东西两墙,也指东西两侧的厢房:负～而立|东～|西～东向。❷古代学校:庠～之教。❸次序:顺～|长幼有～。❹排列次序:～次|～齿(按年龄排列)。❺正式内容之前的:～文|～曲|～幕。❻正文之前的介绍、评论性文体,也作"叙":作～|写一篇～。

汿 xù ❶沟。❷泄水。

鱮 xù ❶[堪鱮]传说中的鱼名。❷鱼子。

砉 xù 义未详。(《龙龛手鉴》)

杼 xù 同"汿"。

侐 xù 清静;寂静:神宫有～。

衄 xù 义未详。(《龙龛手鉴》)

肷 ㊀ xù 牛肉。
㊁ qiǎn ❶ 狐狸胸腹部和腋下的皮毛:青～披风。❷ 躯干两侧肋骨和胯骨之间的部分(多指野兽的):～窝。

欰 xù 急怒声。

洫 xù "侐"的讹字。

怴 ㊀ xù 疯狂。
㊁ xuè ❶ 愤怒。❷ 怨恨。

矜 xù 矛类兵器。

豫 xù［堪豫］(kān-)见 495 页"堪"字条。

球 xù 同"珬"。

郈 xù 同"邮(恤)"。

迿 xù 众人奔跑的样子。

哦 xù 用口吹的样子,也指口哨声:口鸣～～。

昫 ㊀ xù ❶ 日出而温暖。❷ 日光。
㊁ xiǒng［发昫］古代军中旦明击鼓五通。

叙［敘、敍］ xù ❶ 次序,也作"序":四时不失其～。❷ 排列次序:～紫微之星次。❸ 评议等级次第:～功｜～奖｜～用。❹ 记述:记～｜～述｜～事。❺ 述说:～谈｜～家常｜闲言少～。❻ 序文,正文之前的介绍、评论性文体,也作"序":许慎《说文解字·～》。

淢 xù 水流动的样子。

洫 xù ❶ 田间水道,泛指沟渠:沟～。❷ 护城河:城～。❸ 使空虚:满者～之,虚者实之。❹ 败坏:所行之备而不～。❺ 古水名,即今河北的滦河。

恄 xù "怴"的讹字。

恤［卹、䘏、賉］ xù ❶ 忧虑;顾虑:失得勿～｜一身不自～,忧国涕纵横。❷ 怜悯;同情:怜～｜体～｜怜贫～老。❸ 救济;周济:抚～｜赈～｜～金。

陫 xù 义未详。(《字汇》)

殺 xù 同"殺(矜)"。

殺 xù 同"矜"。

珬 xù 玉名。

埒 xù 天子、诸侯宴会时放置酒杯等的土台。

葶 xù 草名。

殈 xù 卵未孵成而破裂。

眛 ㊀ xù 同"瞲",眼眶深陷的样子。
㊁ xuè 同"瞲",害怕地看。
㊂ yù 眼睛动。

畜欠 xù ❶ 鸣。❷ 也作"哦",拟声词,虫鸣声;口哨声。

虒 xù 义未详。(《改并四声篇海》)

烅 xù 火光。

屐 xù 鞋的一种。

聟 xù 同"壻(婿)"。

酗 xù 无节制地饮酒,也指醉后撒酒疯:淫～｜～酒。

鄐 xù 同"邮(恤)"。

豞 xù 拟声词,猪叫声。

眓 xù 同"瞲",眼眶深陷的样子。

晟 xù 同"眓(瞲)"。

晀 xù 义未详。(《改并四声篇海》)

勖［勗］ xù 勉励;鼓励:～勉｜～励。

敘 xù "叙(敍)"的讹字。

腹 xù 肥的样子。

勔 xù 同"勗(勖)"。

烼 xù ❶ 干,干燥。❷ 煨。

潊 xù［潊潊］水流动的样子。

袖 xù［T 袖衫］T 恤衫,省称 T 恤,一种无领短袖套头上衣。

屦 xù 同"孱"。

狐 xù 飞的样子。

䄂 xù 同"矜(矜)"。

䂆 xù 同"矜(矜)"。

绪(緒){緖} xù ❶丝的头,比喻事情的开端、开头:丝～|～言|千头万～。❷连绵的情思:思～|愁～无端不可寻。❸残余;留下的:～余|流风～论。❹事业;功业:开千代之～|续未竟之～。❺通"絮",多而连绵不断:～谈|温言～语。

续(續) xù ❶连接:继～|狗尾～貂。❷在原有的上面添加:～酒|～柴。❸后面接上的:～编|～集。❹妻死再娶:～弦|妻子刚死,他就～了一房媳妇儿。❺姓。☞续/继 见409页"继"字条。

壻 xù 同"壻(婿)"。

聟 xù 同"聟(壻,婿)"。

酗 xù 同"酗"。

翓 xù ❶飞走的样子。❷同"矞",惊惧的样子。

殈 xù 残裂。

豚 xù 同"膝"。

勗 xù 同"勖"。

蝑 xù 海蛘。

喅 xù 同"喊",声。

嘪 xù 同"喊",声。

眘 xù 看。

訹 xù ❶诱惑:不为利～。❷诱导;劝说:以前途粮乏～。❸惧怕:～于盛名|仁者不～愚痴之万死。

溆 xù ❶水边:芰荷～浦。❷水名,又称双龙江,沅江支流,在湖南。

鄐 xù 同"隙"。

隙 xù 颊下。

絮 ㊀xù ❶粗丝绵,也指棉花纤维:丝～|棉～|吐～。❷像棉絮一样轻柔、洁白的东西:柳～|雪压冬云白～飞。❸在衣物里铺棉花、丝绵等:～棉袄|～棉被。❹说话连续重复,惹人厌烦:～烦|～叨|～了许多闲话。

㊁chù 调拌:～羹|～汤剂。

㊂nà 丝纷乱。

㊃nǜ 姓。

婿[壻] xù ❶丈夫:夫～。❷女儿的丈夫:女～|翁～。

㺛 xù 同"翊"。

䂆 xù 义未详。(《改并四声篇海》)

蓄 xù ❶积聚;储备:积～|储～|～水池。❷保留;生养;怀有:养精～锐|～发(髮)修行|素～异志。❸等待:孰谓时之可～?❹冬菜。

酗 xù 同"酗"。

酗 xù 同"酗"。

酗 xù 同"酗"。

䀌 xù 视䀌。(《改并四声篇海》)

瞁 xù 同"瞁"。

煦 xù 同"煦"。

煦 xù ❶热;温暖:～而为阳春|春风和～。❷恩惠:承～绍宗。

嗅 xù 吹口嗅。(《改并四声篇海》)

鄐 xù "鄐"的讹字。

瞁 xù 视。

諴 xù 同"訹"。

詸 xù[譿詸](yù-)见1196页"譿"字条。

䜅 xù ❶静。❷同"恤"。

㿺 xù 头痛。

煖 xù 同"瞁"。

燸 xù 同"烼"。

慉 ㊀xù ❶起;扶持:不我能～,反以我为雠。❷聚积;蓄积:～痛之时|久阔情～。
㊁chù 牵痛:一二指～,身虑无聊。

䬔 xù 逆风声,一说风雨迅速的样子:～然。

䟉 xù 不能行动。

䟉 xù 同"䟉"。

X

嬃 xù ❶谄媚。❷忌妒。

聟 xù 同"壻(婿)"。

䀦 xù 同"煦(眗)"。

榗 xù 同"慉"。

翓 xù 振羽声;鸟飞声。

瞁 xù 惊视:～然失色。

賉 xù 财长。(《改并四声篇海》)

閪 xù ❶同"闆(侐)"。❷门限。

闆 xù 同"侐"。

盬 xù[盬町](-tīng)古山名,在今云南。

聟 xù 同"壻(婿)"。

鉥 ㊀xù 锯声。
㊁huì[鉥鉥](-huì)也作"哕哕",拟声词,车铃声:车銮～～。

藚 ㊀xù 同"畜"。
㊁zī 同"嗞"。

潊 xù 同"溆"。

潊 xù 同"溆"。

屦 xù 同"屖"。

甗 xù 不能行。

䟉 xù 同"䟉"。

媾 xù 同"婿"。

緰 xù 同"續(续)"。

越 xù 盗物后逃跑。

嗽 xù[呵嗽](hē-)不明的样子:～掩郁(鬱)。

穑 xù 同"蓄",积聚:物贱而豫～之。

鲓 ㊀xù 同"鱮",鲢鱼。
㊁yú 鲓科鱼类名,生活在海中。

獉 xù 哺乳动物。

獝 ㊀xù ❶狂放:狂～。❷同"矞",惊惧的样子:鸟不～。
㊁yù 野兽奔跑的样子。

稸 xù 蓄藏。

駴 xù 群马奔跑的样子。

赫 xù 赭色。

萸 ㊀xù 酒醇美的样子:酾酒有～。
㊁yú[艺萸](qì-)见758页"艺"字条。
㊂yù[藷萸](shǔ-)见884页"藷"字条。

瞜 xù 眼睛动。

嗽 xù 不明亮的样子。

煎 xù 义未详。(《改并四声篇海》)

熩 xù 火煨。

潩 xù 同"溆(溆)",水名。

戫 xù "䬔"的讹字。

赫 ㊀xù 绛。
㊁huò 赤。

瞲 ㊀xù 眼眶深陷的样子。
㊁xuè 害怕地看:～然视之|两雀目相～。

闉 xù 小门。

蝹 ㊀xù 幺蚕,虫名。
㊁òu 蚕眠。

熩 xù 火煨。

藚 xù 泽泻,多年生草本植物,茎叶可做饲料,根茎可供药用。

蓄 xù 同"蓄",冬菜。

髋 xù 同"髋"。

𪏿 xù 同“畜”，惊惧的样子。

𥎊 xù 矛类兵器。

𩌄 xù ❶“𩏹”的讹字。❷［𩌄耳］马耳的装饰。

鱮 ㊀ xù（又读 huò）鱼名，生活在海中。㊁ yì 同“鮨”，鲵鱼。

𩏹 xù ❶ 古邑名。（《字汇补》）❷ 也作“𩌄”，马耳的装饰。

𩋳 xù 鞋。

𨢏 xù 同“蕒”，酒醇美的样子。

𪇖 xù 同“鷚”。

髗 xù 骷髅。

𩕐 xù 禄。

顲 xù［顲頊］也作“项顼”，髑髅。

爊 xù 同“煴”。

醹 xù 同“𨢏（蕒）”。

齀 xù 蹙鼻。

鷚 xù 小鸟名。

闟 xù 同“阛”。

𪈬 xù“鷚”的讹字。

鬻 xù 同“鱮”，鲢鱼。

鱮 ㊀ xù 鲢鱼。㊁ yú［鳠鱮］（huáng-）鱼名。

𩏼 xù 古邑名。（《字汇补》）

韣 xù 同“鞻（鞢）”。

鱮 xù［泥鱮］鱼名。

韂 xù 同“鞢”。

xu

蓿 xu（旧读 sù）［苜蓿］（mù-）见 668 页“苜”字条。

蓿 xu 同“蓿”。

xuān

吅 ㊀ xuān 同“喧”，大声呼叫；声音杂乱。㊁ sòng 同“讼（訟）”，争讼。

亘 xuān“亘㊁”的讹字。

亘 xuān 同“亘㊁”。

轩｛轩｝（軒） xuān ❶ 古代有围棚而前顶较高的车：皮～｜乘～。❷ 高：～昂｜～敞｜～然大波。❸ 有窗的长廊或小室，常用于书斋、茶馆、饭店的字号：南～｜闲～｜～馆。❹ 姓。❺［轩辕］姓。

昍 xuān 明亮。

𡥉 xuān 同“孯（嬛）”。

孯 ㊀ xuān 同“嬛”。㊁ qióng 孤独。

𠛕 ㊀ xuān 角毛。㊁ jiē 理角。

宣｛宣｝ xuān ❶ 发表；公开说出：～告｜～传｜心照不～。❷ 疏通；疏导：～泄｜～导｜～畅。❸ 宣纸，一种吸墨均匀的高级纸张：生～｜夹～｜虎皮～。❹ 用于地名。1. 指安徽宣城：～纸。2. 指云南宣威：～腿（一种火腿）。❺ 姓。

𢙱 xuān 急。

弲 xuān ❶ 用角镶饰的弓。❷ 弩弓。

弮 xuān 弓弯曲的样子。

梋 ㊀ xuān ❶ 树名。❷ 碗类器皿。❸ 制作圆规的模具。㊁ xié［柃梋］（líng-）见 581 页“柃”字条。

晅 xuān 同“暄”。

谖（諼） xuān ❶ 欺诈：诈～｜怀～罔上。❷ 忘记：久要誓不～｜更残乐已～。

揎 xuān 掀。

塇 xuān 同“暄”，疏松；松软：～土｜大馒头又白又～。

揎 xuān ❶ 捋起袖子露出手臂：～臂大呼｜～拳捋袖。❷ 用手推：～开大门。

萲 xuān ❶“萱”的异体字。❷同“谖(諼)”。

萱[萲、藼、蕿、蘐] xuān ❶萱草，又称忘忧草，多年生草本植物，根可供药用。花蕾可食，称黄花菜或黄花。❷母亲的代称：～堂｜～帏。

◆“萲”另见1082页“萲”字条。

喧[諠] ㊀xuān ❶声音大而嘈杂：～闹｜～哗｜锣鼓～天。❷同“咺”，威仪显赫的样子：赫兮～兮。

㊁xuǎn 哀哭不止：～不可止。

◆“諠”另见1082页“諠”字条。

镅(鋗) xuān ❶用于温热东西的器具，有环，像盆。❷玉器的响声：展诗应律～玉鸣。

㝁 ㊀xuān ❶遵循。❷用手顺着摸。

㊁shòu 同“受”。

猏 xuān 义未详。(《改并四声篇海》)

愋 xuān ❶智。❷同“援”：～立圣主。

愃 xuān ❶心广体胖的样子。❷通“諠(谖，諼)”，忘记：遗风令歌，永矢不～(矢：通“誓”)。

媗 xuān 用于女子人名。

瑄{瑄} xuān 用于祭天的大璧。

揎 xuān 同“揎”。

萱 xuān[萱于]也作“萱芋”，即莸，一种有臭味的水草。

暄 xuān ❶阳光、气候等温暖：天气～热｜风～草欲薰。❷松软；松散：一身～肉｜馒头蒸得很～｜沙土地～，不大好走。

翧 ㊀xuān 同“翾”，轻快地飞。

㊁líng 同“翎”。

觛 xuān ❶用兽角做的饭勺。❷牛角一俯一仰。

煊 xuān ❶同“煖(暖)”，温暖。❷[煊赫]名声大；气势盛：～一时。

猷 xuān 同“猏”。

亶 xuān 同“宣”。

亘 xuān 同“宣”。

豐 xuān 同“萱”。

暖 xuān(又读hàn)眼睛大：目～。

暅 xuān 大眼睛。

翲 xuān“翾”的讹字。

觛 xuān 同“觛”。

譞 xuān 同“諠”。

亶 xuān 同“宣”。

撊 xuān 同“揎”，捋起袖子露出手臂。

蝖 xuān ❶虫飞或动的样子：～飞蠕动，各乐其性。❷[蝖螜](-hú)又称蛴螬，即蛴螬。

圎 xuān 同“顨”，圆脸。

管 xuān 竹花。

儇 xuān ❶小聪明；轻浮：～子｜词句～浅。❷敏捷：～才。

鰚 xuān 同“鱹”。

翧 xuān[翧翧]飞，单用义同。

䆯 xuān 穴；穴中。

禤 xuān 姓。

谖(譞) ㊀xuān 同“儇”，小聪明。

㊁huán 话多。

翾 xuān 飞的样子。

駽 xuān 同“駽”。

輲 xuān 同“轩(軒)”，古代一种有围棚而前顶较高的车。

觹 xuān 挥角。

諠 xuān ❶“喧”的异体字。❷同“宣”，宣布：～言｜～谕。❸同“谖(諼)”。1.忘记：～已而遗形。2.欺诈：弄～｜有定无～。

懁 ㊀xuān 性急：～急｜有顺～而达。

㊁huān ❶性情乖戾。❷轻慢。

嬛 ㊀xuān[便嬛](pián-)轻巧美丽的样子。

㊁qióng 同“茕(煢)”，孤独：一～～女子。

㊂huán 用于女子人名。

䝮 xuān 同“翾”，轻快地飞。

駽 xuān 青骊马，俗称铁青马，青黑色的马。

壡 xuān 空隙。

儇 xuān 同“儇”。

鍹 xuān 铫，大口、有柄有流的罐形烹煮器。

館 xuān 吃：～五碗有零。

雗 xuān 同“䴉”。

轓 xuān 同“輡(轩，軒)”。

蠉 xuān ❶ 虫行动的样子。❷ 虫飞。

嬛 xuān 同“嬛”。

矎 ㊀ xuān 直视。
㊁ xuàn［矎矎］(-xuàn) 1. 眼睛不正，一说眼睛模糊不清：目～而丧精。2. 眼睛有神：目～而有光。

蠉 xuān ❶ 虫类屈曲盘旋爬行或飞的样子：～飞蠕动。❷ 也作“蜎”，孑孓。

翾 xuān ❶ 轻快地飞：～飞。❷ 飞鸟：泽泊～走丨坠轻～。❸ 通“儇”，轻薄；轻佻：喜则轻而～丨～轻。

懁 ㊀ xuān 同“愋”，智。
㊁ xiǎn 恨。

䮄 xuān［䮄䳘］(-é) 也作“䮄额”，马名。

獧 xuān 同“翾”。

趯 xuān ❶ 急速。❷ 快跑的样子：～～狡兔。

鰚 xuān 同“䴉”。

䴉 xuān［䲰䴉］(xún-) 见 1092 页“䲰”字条。

蠉 xuān 同“蠉”。

翾 xuān 同“翾”。

顐 xuān ❶ 头圆形。❷ 圆脸。

顐 xuān 同“顐”。

顯 xuān 义未详。(《改并四声篇海》)

譞 xuān 同“谖(譞)”。

觽 xuān ❶ 挥角的样子。❷ 古亭名，在今河南。

讂 xuān 同“喧”。

xuán

玄 xuán ❶ 赤黑色，泛指黑色：兄弟毕袗～丨～狐丨～铁。❷ 远，引申为离常理太远而不真实：～古丨你说得太～了，没人相信。❸ 深奥而难以理解的：～理丨～机丨～妙。

县｛県｝(縣) ㊀ xuán “悬(懸)”的古字。1. 悬挂：～貆丨～旌。2. 悬殊，相差大，距离远：君子小人所以相～者丨带河阻山，～隔千里。
㊁ xiàn ❶ 王畿，古代天子所治理之地，在京都周围千里之内：宇～。❷ 行政区划单位，周代以前大于郡，秦代以后属于郡，今归属省、自治区或市领导：～城丨～志丨～政府。

旬 xuán 人名。(《玉篇》)

狖 xuán 性情急躁，一说同“狷”。

弦(駭) xuán ❶ 一岁的马。❷ 马黑色。

玹 ㊀ xuán ❶ 玉色。❷ 次于玉的美石。
㊁ xuàn 玉名。
㊂ xián 姓。

弆｛弆、弆｝ xuán “弆”的讹字。

玄 xuán 同“玄”。

琁 xuán 同“琁(璇)”。

捥 xuán 同“旋”。

弆 xuán 人名(三国时吴国君主孙休次子孙𩅦的字)。

胃 xuán 小虫。

圓 ㊀ xuán 圆规：范～。
㊁ yuán 同“圆(圓)”。

痃 xuán 同“痃”。

痃 xuán ❶ 中医指腹中的痞块。❷［横痃］由下疳引起的腹股沟淋巴结肿胀、发炎的症状。❸ 同“眩”，头晕：头～丨风～。

X

漩 xuán 水中的大漩涡，后作“漩”。

琁 ㊀ xuán 同“璇”。1. 美玉。2. 北斗第二星名。
㊁ qióng 同“瓊(琼)”。

悬(懸) xuán ❶挂或吊在空中；无所依傍：～挂｜～空｜～腕书。❷张挂布告；公布：～赏｜～购｜～无政之令。❸系连；牵挂：命～一线｜在家～望｜心～万里外。❹凭空设想：～想｜～拟｜～断是非。❺距离远；差别大：～殊｜～隔｜迟速天～。❻久拖不决的；无法推知的：～案｜～而未决｜～念。❼危险；不可靠：真～！差点儿出车祸｜这件事交给他办，有点儿～。

旋 ㊀ xuán ❶转动：～转｜盘～｜回～。❷圆圈：～毛｜打～儿。❸返回；归来：～里(回家乡)｜凯～｜我行尚未～。❹不久；随即：～即离去｜既斩吴、蜀，～取山东。❺姓。
㊁(❸❺鏇) xuàn ❶回旋的：～风。❷副词。1. 临时(做)：～吃～买。2. 频繁；多次：久坐～更衣。❸温酒的器具：酒～。❹温(酒)：～酒。❺用刀子或车床转着圈地切削：～苹果皮｜～个零件｜～床。

婝 xuán 同“旋”。

悬 xuán 同“悬(懸)”。

蜁 xuán［蜁蜗］(-luó)又称蜗螺，一种小螺。

澴 xuán 寒冷。

漩 xuán ❶回旋的水流：～洑。❷水流回旋，引申为卷入：～涡｜打～｜最好是不再～进去。

嫙 xuán 同“嫙”。

嫙 xuán 容貌美好。

璇[璿] xuán ❶美玉：～玉。❷像玉的美石：白～珠。❸星名，北斗第二星。

匴 xuán 古代器物名。

暶 xuán ❶明。❷美的样子。

膱 xuán(又读 xuǎn)短小。

璃 xuán “璃”的讹字。

璃 xuán 同“璿(璇)”。

璿 xuán 同“璿(璇)”。

暶 xuán ❶眼睛秀美。❷通“嫙”，容貌美好。

鴳 ㊀ xuán 玄鸟，即燕。
㊁ yuān 同“鸢(鳶)”。

襁 xuán 襁褶，明代男子便服，像短袿。

蝝 xuán［蝒蝝］(pián-)见 731 页“蝒”字条。

蝨 xuán 同“蝝”。

儇 xuán 同“悬(懸)”。

叡 xuán 同“璿(璇)”。

巏 xuán 义未详。(《龙龛手鉴》)

圞 xuán 同“县(縣)”，悬挂。

欓 xuán［欓味］枣树类树木。

叡 xuán 同“璿(璇)”。

蠉 xuán 虫名。

鐇 xuán 同“璿(璇)”。

鱹 xuán 鱼名。

鸒 xuán 同“鴳”。

魕 xuán 同“旋”。

xuǎn

扷 xuǎn “扷”的讹字。

扷 xuǎn 揘。

咺 ㊀ xuǎn 小儿哭泣不止：～然啼号。
㊁ xuān 威仪显赫的样子：赫兮～兮。

选(選) xuǎn ❶挑拣；择取：～择｜～种｜节～。❷推举：～民｜～票｜落～。❸被选中的人或物：人～｜上～药材。❹挑选出来编在一起的作品：诗～｜

文～｜～集。

㳙 xuǎn 穴。

晅 xuǎn ❶光明。❷日光。❸晒干：日以～之。

烜{烜} xuǎn（又读 xuān）❶曝晒；晒干：日～露濡。❷明亮；显著：～赫。❸照亮：～天｜华灯～于永夜。

選 xuǎn 同"选(選)"。

㾌 xuǎn 同"癣(癬)"。

宣 xuǎn 穴。

選 xuǎn 同"選(选)"。

暅{暅} ㊀xuǎn 日光：～日敷祥。㊁gèng ❶曝晒。❷干燥。

匴 xuǎn 古代器物名。

暅 xuǎn 同"晅"，日光。

罾 xuǎn 同"罥"。

爆 xuǎn "烜"的讹字。

靓 xuǎn 义未详。(《改并四声篇海》)

罥 xuǎn 同"罥"。

蹎 xuǎn 同"罥"。

癣 xuǎn 同"癣(癬)"。

覵 xuǎn 看。

蹼 xuǎn 同"蹼(罥)"。

罥 xuǎn 缠挂野兽脚掌以捕猎的网，也指渔网。

癬 xuǎn 同"癣(癬)"。

颵 ㊀xuǎn 风。㊁juān 风动。

蹼 xuǎn 同"罥"。

罥 xuǎn 同"罥"。

癣(癬) xuǎn 由真菌引起的皮肤病。

罥 xuǎn 同"罥"。

篹 xuǎn ❶竹的边缘。❷竹名。

xuàn

旬 ㊀xuàn 目摇。㊁xún 同"眴"，目眩。

陔 xuàn 同"陏(隋)"。

帹 xuàn 义未详。(《玉篇》)

泫 ㊀xuàn ❶水珠或泪水下滴的样子：花上露犹～｜～然流涕。❷露珠晶莹的样子：零露～月蕊(藥)｜～～露盈条。㊁juān ❶古水名，在今山西。❷［泫氏］古县名，在今山西。

伭 xuàn 出卖。

陏 xuàn 坑。

拘 ㊀xuàn 击。㊁hōng ❶同"揈"，挥。❷拟声词，击声。

昡 xuàn 日光。

炫 xuàn ❶光亮耀眼：精芒～目｜光彩～耀。❷显示；夸耀：华不可～｜美价初～｜～耀武力。

陏 xuàn 同"陏"。

绚(絢) ㊀xuàn ❶色彩华丽：～丽｜～烂。❷点缀；照耀：含烟～碧彩｜幽思～道德。❸使眩惑迷乱：色～于目。㊁xún 同"紃(紃)"，圆形饰带。

琄 xuàn 同"琄"。

眩 xuàn ❶眼睛昏花；视力模糊：～晕｜头昏目～。❷迷惑；迷乱：～惑｜～于名利。

罢 xuàn 网。

铉(鉉) xuàn ❶横贯鼎耳用于举或抬的器具，比喻国家重臣：负载弃鼎～｜位不及～。❷通"弦"，弓弦；琴弦。

袨 xuàn ❶盛服：都人士女，～服靓装。❷黑衣：武力鼎士～服丛台之下｜尸祝袀～。

琄 xuàn ❶玉的样子。❷佩玉。

X

椗 xuàn 同"楦"。

軥 xuàn 车弓。

眴 ㊀ xuàn(又读 xún)目摇;眼晕:目～转而意迷。
㊁ shùn 同"瞚""瞬",眨眼;使眼色:～兮杳杳。

啘 xuàn 箭括,一说"吮"的讹字。

衒 xuàn ❶ 沿街叫卖,泛指卖出:自～其书画笔札。❷ 古代指女子未经媒人介绍而与男子交往,也指士人不待征聘而主动来谋求官职。❸ 炫耀:～能|～功名|～长而耻短。

腚 xuàn 短。

慈 xuàn 同"怰"。

眩 xuàn 同"衒"。

渲 xuàn ❶ 小水流。❷ 中国画技法,把水墨淋在纸上,再擦得浓淡适宜:～染(也比喻夸大形容)。

靹 xuàn ❶ 也作"鞙",车上悬缚轭的皮带。❷ 同"軥",车弓。

楥 ㊀ xuàn "楦"的异体字。
㊁ yuán ❶ 柜柳。❷ 栅栏;篱笆:柴～|编竹成～。

楦[楥] xuàn ❶ 楦子,又称楦头,制鞋、帽的模具:鞋～|帽～。❷ 用楦子或其他东西塞满物体的中空部分:～鞋子|把枕头～满|凭他～得大肚饱。
◆"楥"另见1086页"楥"字条。

衕 xuàn 同"衒"。

綻 xuàn 同"縼"。

搋 ㊀ xuàn 手挑物。
㊁ xuán ❶ 引。❷ 同"旋"。

鞂 ㊀ xuàn 同"鞙"。
㊁ xiǎn 同"韅(韅)"。

蔙 xuàn[蔙葍](-fù)旋覆花,又称金沸草、金钱花,多年生草本植物,可供药用。

輴 xuàn 同"軥"。

碹 xuàn 也作"碳"。1. 桥梁、涵洞、巷道等工程建筑的拱形部分:拱～。2. 用砖石、混凝土等材料筑成拱形:～窑|～拱。

踬 xuàn 慢走。

旋 xuàn 同"踬"。

頍 xuàn 腮后,一说"頣"的讹字。

檈 xuàn 鹰犬绁所系。

敻 xuàn 同"夐",营求。

夐 ㊀ xuàn 营求:～求。
㊁ xiòng 同"夐",远;深远:遥～|汉人之作,～不可追。

缳(繯) xuàn ❶ 悬持蚕箔柱的绳索。❷ 蜀锦名:～衣。

絢 xuàn 同"绚(絢)"。

鞙 ㊀ xuàn ❶ 大车上悬缚轭的皮带。❷ 悬挂:～铜鼓。
㊁ juān ❶ 带有嚼子的马笼头。❷ 马尾。

碳 xuàn 同"碹"。

霎 xuàn 露水的样子。

镟(鏇) xuàn ❶ 圆炉。❷ 同"旋㊁❸-❺"。

飃 xuàn ❶ 风旋转。❷ 旋风,也作"旋"。

縼 xuàn 用长绳牵着牛马放牧。

趫 xuàn 开始跑。

趫 xuàn "趫"的讹字。

鞙 xuàn "鞙"的讹字。

鞻 xuàn 同"鞼"。

鞼 ㊀ xuàn 同"楦"。
㊁ yùn 同"韗"。

贙 xuàn 同"贙"。

羼 xuàn 未满周岁的小羊。

潠 xuàn 含水喷出。

飃 xuàn 同"飃"。

瞏 xuàn 瞳仁。

縼 xuàn 同“缳(繯)”。

譞 ㊀ xuàn(又读 juàn)❶流言。❷营求;追求:～求。
㊁ xuān 同“谖(譞)”,话多。

麲 xuàn 麦。

虥 xuàn ❶哺乳动物,像狗。❷两虎相争,泛指对争。❸分别:兼葭～。

贙 xuàn 同“虥”。

xuē

扸 xuē 扐。

削 ㊀ xuē ❶用刀平着或斜着切去物体表层或一部分:～平|～足适履。❷减少:～减|～弱|剥～。❸免除:～职为民。
㊁ xiāo 同“削㊀❶”:～果皮|～铅笔。

眦 xuē 眼睛动。

葜 xuē 姓。

薛 xuē 同“薛”。

瑆 ㊀ xuē 玦。
㊁ dié[瑆瓔](-xiè)拟声词,金属类碰击声。

靴[鞾] xuē 有长筒的鞋:皮～|雨～|隔～搔痒。

屦 xuē 同“靴”。

鞢 xuē 同“靴”。

薛 xuē ❶藾蒿,即艾蒿。❷周代诸侯国名,在今山东。❸姓。

嗤 xuē 吐气声。

辥 xuē 同“薛”。

薛 xuē 同“薛”。

薛 xuē 同“薛”。

鷽 xuē 鸟名。

鞾 xuē 同“鞾(靴)”。

鞽 xuē 同“鞾(靴)”。

韡 xuē 同“鞾(靴)”。

xué

冂 xué 同“穴”。

穴 xué ❶远古时代人所居的土室;岩洞:～居野处|洞～|空～来风。❷动物的巢窠,比喻敌人或坏人盘踞处:蚁～|龙潭虎～|匪～。❸墓坑:墓～|死则同～。❹水道;河流:江河既导,万～俱流。❺中医指人体可进行针灸的部位:～位|太阳～|点～。

斈{斈} xué 同“学(學)”。

孝 xué 同“学(學)”。

挈 xué ❶持。❷拈取。

茓 xué ❶茓子,狭长的粗席子,多用高粱秆篾或芦苇篾编成,可围起来囤粮食。❷用茓子围起来囤粮食。

岤 xué 同“穴”,山洞。

岀(嶨) xué ❶山上有很多大石头。❷用于地名:～口(在浙江)。

学(學) xué ❶学习,通过听、读、模仿等获得知识技能:～文化|～无止境|活到老,～到老。❷模仿:～鸡叫|～书法。❸学到的知识:～问|饱～之士|博～多能。❹分门别类的系统知识:科～|数～|物理～。❺学校,从事教育的专门机构:大～|入～|办～。

泶(澩) ㊀ xué ❶夏天有水,冬天无水的泉。❷水名,渭水支流。
㊁ xiào ❶[泶漻](-qiāo)众相交错的样子。❷波涛激荡声:瀰涛～灂。

鸴(鷽) xué ❶又称鵫鸴(也作“翰鸴”),即长尾蓝鹊,山鹊,鸟名。❷[鸴鸠]也作“学鸠”,小鸠。❸鸟纲雀科灰雀属鸟类的旧称。

袕 xué ❶衣服开孔。❷长衣。

挈 xué ❶同“搅”,拈。❷同“茓”,干枯。

蚗 xué 虫名。

絖 xué ❶一条缕。❷麻线;丝线。❸死人衣。

𦹛 xué ❶干枯：～的你那眼睛不见。❷剥刮：～刮。

𢹄 xué 拈。

𦨣 xué 同"觷"。

𡔖 ㊀xué 土壤坚结。
㊁jué 器物上的裂缝。
㊂bó 垅：锄薯～。

鴬 xué 同"鷽(鸴)"。

㶅 xué 燥。

𤿥 ㊀xué［𤿥䵶］(-què)干；皮肤干燥。
㊁qiào 𤿥起，粘物不平整。

鱟 xué［䲆鱟］(gōng-)见293页"䲆"字条。

壆 xué 同"嶨"。

㰒 xué 义未详。(《改并四声篇海》)

𧬆 xué 又称鼠姑，草名，可供药用。

觷 ㊀xué 加工兽角，使成器具。
㊁hú 角声。

𪇑 xué 同"鷽(鸴)"。

鷽 xué 同"鷽(鸴)"。

xuě

雪 xuě ❶从云中降下的白色晶体：下～｜～花｜雨～霏霏。❷比喻像雪一样的白色：～白｜～亮｜朝如青丝暮成～。❸洗掉；除去：～恨｜～耻｜平反昭～。

䨮 xuě 同"雪"。

鳕(鱈) xuě 鳕鱼，又称鳘、大头鱼，生活在海中。

xuè

血 ㊀xuè ❶血液，人和高等动物体内的红色液体：～迹｜～压｜输～。❷同一祖先的：～统｜～缘｜～亲。❸与杀害、流血有关的：～案｜～债。❹比喻刚强；热烈：～性男儿｜～气方刚。
㊁xiě 同"血㊀❶"，用于口语(多单用，也用于常用词)：流了点儿～｜鸡～｜～块子。

殈 xuè 同"殘"。

吒 ㊀xuè 怒声。
㊁ma 同"嘛"，助词，表示语气：羞也～，羞也～！

吷 ㊀xuè 以口吹物发出的小声：～然如风过｜犹吹一～。
㊁chuò 同"啜"，饮；喝。
㊂jué ❶鸟叫声。❷骂：挨～。

迼 xuè 跑。

坹 xuè ❶空而深的样子。❷同"穴"。

残 xuè 尽。

岤 xuè 山的样子。

狘 xuè ❶兽跑的样子：麟以为畜，故兽不～。❷哺乳动物。

茓 xuè 草名。

㱮 xuè 尽。

旻 xuè ❶抬起眼睛使人。❷眼睛小动。❸同"瞲"，害怕地看。❹同"映"。

桖 xuè 树名，木材血红色。

殦 ㊀xuè 同"殈"。
㊁xù 死亡。

䀗 ㊀xuè ❶直视。❷同"瞲"，害怕地看。
㊁yuē (又读jué)同"䀹"，眼眶深陷的样子。

翃 xuè 同"狘"。

狨 xuè 小鸟飞。

葩 xuè 草声。

䀉 xuè［瞸䀉］(dié-)见198页"瞸"字条。

岙 ㊀xuè 同"窨"。
㊁zhú 凿穴而居。

谑(謔) xuè ❶戏言；开玩笑：戏～｜调～｜嗜酒善～。❷喜乐：斗酒十千恣欢～。

狘 xuè 飞；飞跑：鸟～而去之。

関 xuè［闋関］(què-)无门户。

訙 xuè 怒呵。

趐 ㊀ xuè ❶进。❷飞；群飞：群鸟万数，挟舟～焉。
㊁ chì ❶同"翅"，鸟翼：停云趐高～。❷同"啻"，只；仅：不～千有余年。

㲢 xuè 哺乳动物。

飈 xuè 小风。

颵 xuè ❶从孔洞吹入的小风。❷也作"飈"，小风。❸风声。

滅 xuè 同"滅"。

㓕 xuè 灭。

䬂 xuè 小风。

䫻 xuè 小风。

膰 xuè 同"膰㊁"。

潏 xuè［潏瀑］（-bó）也作"滈瀑"，水腾涌的样子。

窩 xuè ❶孔穴的样子。❷深的样子。

謔 xuè 同"謔（谑）"。

觳 xuè 紧箍。

鞸 xuè 同"觳"。

澩 xuè 同"滈"。1. 拟声词，水激荡声。2.［澩瀑］（-bó）也作"滈瀑""潏瀑"，水腾涌的样子。

鞾 xuè 同"觳"。

鐩 xuè 义未详。（《改并四声篇海》）

鞶 xuè 同"觳"。

醭 ㊀ xuè ❶醋。❷醋味。❸苦酒。
㊁ hù 同"嚛"，味浓烈而刺激口腔。

譿 xuè 妄言。

xūn

坃 xūn 同"壎（埙，塤）"。

肕 xūn 同"臐"。

勋（勛）［勳］ xūn ❶特别突出的功绩：功～｜～章｜屡建奇～。❷勋章，代表突出功绩的证章：授～。

埙（塤）［壎］ xūn 古代吹奏乐器，多以陶土烧制。

焄 xūn 同"焄"。

焄 xūn 同"焄"。

焄 ㊀ xūn ❶同"熏"，火烟上出，熏炙，引申为权势逼人：与香俱～｜权～天下。❷香、臭的气味：～蒿｜凄～。
㊁ hūn 葱、韭等有辛辣味的蔬菜：食～（也作"食荤"）。

塤 xūn 同"塤（埙，壎）"。

勛 xūn 同"勋（勛，勳）"。

熏 xūn "熏"的讹字。

熏 ㊀［❶-❸燻］ xūn ❶火烟升腾：金炉扬～。❷火烟或气味接触物品；烘烤：～鱼｜白灰墙～黑了｜用茉莉花～茶叶。❸烟气、气味等刺激人或动物：臭气～人｜～蚊子｜～老鼠。❹比喻影响：～染｜～陶｜利欲～心。❺烧灼：忧心如～。❻和暖；温和：～风｜～然慈仁。
㊁ xùn 煤气使人窒息中毒：注意别被煤气～着。

嶲 xūn 同"熏"。

嶲 xūn 同"熏"。

駨 ㊀ xūn［骈駨］（bēn-）马奔跑的样子。
㊁ xuān 同"駽"，青骊马。

薫 xūn 同"薰"。

嚑 xūn "嚑"的讹字。

勳 xūn 同"勳（勋，勛）"。

薰 xūn ❶薰草，又称零陵香，即蕙草，香草名，比喻好人：风来艾蒿气如～｜～莸不同器。❷花草的香气：陌上草～｜奇草芬花，能逆风闻～。❸同"熏"，熏烤；熏染：～肉｜～以桂椒。❹有刺激气味的菜：～辛害目。

蹞 xūn 站立。

嚑 xūn 陶制吹奏乐器。

㷛 xūn 同"熏"。

獯 xūn［獯鬻］（-yù）古代北方地区少数民族名，也单称獯，匈奴的祖先之一。

纁（纁） xūn ❶浅红色：焰～黄。❷通"曛"，落日的余光：与～黄以为期。

曛 xūn ❶日落；黄昏时：～雾｜一枕高眠到日～。❷落日的余光：夕～｜一带斜～归路。❸昏暗：天地～黑｜林西烟景～。

臐 xūn ❶羊羹。❷香。

蘍 xūn 也作"薰"，有刺激气味的菜。

矄 xūn 目光暗淡。

䑕 xūn 同"臐"。

𫌀 xūn 同"纁（纁）"，浅红色。

壦 xūn 同"壎（埙，塤）"。

蠕 xūn ❶虫名。❷暖生的蚕。

燻 xūn 同"熏"。

爋 xūn 同"熏"。

黧 ㊀xūn 同"纁（纁）"，浅红色。
㊁yuè 同"黦"，黄黑色。

醺 xūn ❶醉：酒～｜微～。❷浸染：醉红～脸｜国恩当报敢不勤，但愿不为世所～。

髓 xūn 同"臐"。

纁 xūn 同"纁（纁）"。

醺 xūn 同"醺（熏）"。

鼘 xūn 鼓鸣。

xún

旬 xún ❶十天称一旬，一个月分上、中、下三旬：上～｜～日｜～刊。❷指十岁（一般用于较大年龄）：七～老人｜年过六～。

寻（尋）［尋］ xún ❶古代长度单位，一寻等于八尺，一说七尺或六尺。❷找；搜求：～找｜～人｜～根究底。❸副词，不久：～转蜀郡太守。☞寻/求/觅 见794页"求"。

紃（紃）｛紃｝ xún ❶鞋的圆形饰带，泛指圆形饰带：青～。❷通"训（訓）"，法则；准则：以道为～。❸通"循"，遵循；顺着：反～察之。

巡［廵］ xún ❶往来查看：～视｜～逻｜～诊。❷量词，遍：酒过三～｜杖策窥园日数～。

杊 xún 同"栒"。

迿 xún "巡"的讹字。

㚫（㜪） xún 姓。

眴 xún 令。

㡄 xún 同"旬"。

亘 xún 同"旬"。

郇 ㊀xún ❶周代诸侯国名，在今山西。❷姓。
㊁huán 姓。

询（詢） xún ❶问；征求意见：～问｜探～｜咨～。❷查考：～察｜～事考言。

鄩（鄩） xún ❶古地名，在今河南。❷古国名，在今山东。❸姓。

荀 xún ❶草名。❷古国名，在今山西。❸姓。

荨（蕁） xún 见768页qián。

畇 xún 均匀。

㖊（噚） xún（又读yīngxún）英美制计量水深的单位，现作"英寻"，1英寻等于6英尺，合1.828米。

峋 xún［嶙峋］（lín-）见577页"嶙"字条。

帕 xún 衣领。

旬 xún 同"旬"。

洵 ㊀xún ❶水名。1. 洵河，也作"旬河"，汉水支流，在陕西。2. 古水名，在今山西。❷副词，诚然；实在：～有情兮｜～属可贵。❸通"泫"，流泪的样子：～涕。
㊁xuàn 通"夐"，远：于嗟～兮。

浔（潯） xún ❶水边：游于江～。❷水名。1. 浔水，在山东。2. 浔江，在广西。❸古州名，在今广西。❹［浔阳］

1. 古县名、古郡名，均在今江西。2. 江名，长江流经浔阳县境的一段。❺ 江西九江（地名）的别称。

恂 ㊀ xún ❶ 诚信：迪知忱～于九德之行。❷ 畅通：思虑～达。❸ 恐惧：～惧。㊁ shùn 通“瞬”，眨眼：～目。

珣 ㊀ xún［珣玗琪］（-yúqí）玉名。㊁ xuān 通“瑄”，大璧。

珜（璕） xún 次于玉的美石。

栒 ㊀ xún ❶ 树名。❷ 树的枝干：其木多～。❸ 古邑名，在今陕西，即旬邑。㊁ sǔn 同“簨”，古代鼓架或钟磬架上的横木。

桪（樳） xún 传说中的一种奇树，枝长千里，像槐。

軐 xún 同“巡”。

毥 xún 毛；毛初生的样子。

䢵 xún 同“巡”。

鱏 xún 同“欨”。

欨 xún 气逆。

焊（燖） xún（又读 qián）❶ 把祭祀用肉放在开水中使半熟，泛指煮肉：祭礼有腥、～、熟三献。❷ 宰杀猪或鸡时用开水烫后去毛：～鸡｜扬汤～毛。❸ 同“爓”，烤熟：～鹅。

郇 xún 古地名，在今山东。

紃 ㊀ xún 同“纠（紃）”，鞋的圆形饰带，泛指圆形饰带。㊁ jī 缠。

砶 xún［磷砶］（lín-）同“嶙峋”，山石突兀、重叠的样子。

偱 xún 述说。

尋 xún 同“寻（尋）”，古代长度单位。

鄩 xún 同“郇”。

皴 xún 脚皮肤皲裂。

袀 ㊀ xún 同“恂”。㊁ xuàn ❶ 冠缨：丹绩之～。❷ 同“袨”，盛服。

揗 ㊀ xún 择。㊁ sǔn 拒。

揗 xún ❶ 抚摩。❷ 顺；顺从。

蒪 xún 用于人名：韩～（三国时人）。

樳 xún 同“樳”。

蛔 ㊀ xún 虫名。㊁ zōng［蝍蛔］（qiè-）同“蝍蝩”。

噚 xún “噚（㖊）”的讹字。

循 xún ❶ 顺着；沿着：～墙绕柱。❷ 遵从；依照：遵～｜～规蹈矩｜～序渐进。❸ 通“巡”，巡视：～行郡国。

鄩 xún 同“郇”。

踃 xún 义未详。（《龙龛手鉴》）

㝷 xún 同“寻（尋）”。

循 xún “循”的讹字。

惰 xún 同“恂”。

墦 xún 同“㙴”。

樳 xún 长大树枝，可做锄柄。

鲟（鱘） xún 鲟鱼，主要生活在江河、湖泊中。

褤 xún ❶ 衣。❷ 同“𦁗”，衣背中缝。

𠞊 xún 除毛；拔毛。

鄩 xún 同“鄩（郭）”。

隠 xún 小土山名。（《玉篇》卷子本）

揗 xún “揗”的讹字。

墫 xún 古地名。（《集韵》）

潯 xún 同“尋（寻）”。

燅 xún 同“燅（焊，燖）”。

謪 xún 同“询（詢）”。

滫 xún 出汗的样子：流汗出～。

𦁗 xún 衣背中缝。

燅 xún 同"𬊈(燖)"。

𧾩 xún 长：～枝。

𤛘 xún 牛名。

䑄 xún 姓。

𦃰 xún 同"燅"。

燚 xún 同"燅"。

𧩷 xún 同"询(詢)"。

燂 xún（又读 qián）❶烧热；热：～汤｜～烁热暑。❷烤熟：～鸡。❸把肉放在开水中使熟，也指用微火长时间煨熟：～汤。

駨 xún[駨鵍](-xuān)同"鸲鵍"。

𬩽 xún 同"𬩽(鄩)"。

鄩 xún 同"𬩽(鄩)"。

鸲 ㊀ xún[鸲鵍](-xuān)鸲鵍。㊁ xīn[鸲鹯](-zhān)也作"鸲鹯"，小鸟名。

𧮪 xún 同"询(詢)"。

䙉 xún 衣服宽大。

𤩎 xún 同"燅"。

蟳 xún 古称蝤蛑，俗称梭子蟹，海蟹的一种。

𥲤 xún 传说中的大竹。

潯 xún 同"浔(潯)"。

𦆮 xún 同"䋸"。

䋸 xún 同"寻(尋)"。

𤏸 xún 同"𬊈(燖)"。

𪒾 xún 同"𬊈(燖)"。

膶 xún 同"燅(𬊈,燖)"。

灊 xún 义未详。(《改并四声篇海》)

𧾩 xún ❶同"趍"，跑的样子。❷跳。

𧽤 xún 同"趍"。

𨆏 ㊀ xún 跑的样子。㊁ xuàn ❶跑：向南～。❷大。

鱏 xún 白鲟；鲟鱼。

爓 xún 同"燂"。

灥 ㊀ xún 众流。㊁ quán 同"泉"，水源。

鱘 xún 同"鱏"。

xùn

卂 xùn 迅疾，后作"迅"。

训(訓) xùn ❶教诲；申斥：～诫｜～斥｜教～。❷教诲、告诫的话语，引申为准则、规范：家～｜遗～｜不足为～。❸使受教育、锻炼：培～｜集～｜～练。❹解说；解释：～诂｜互～。

讯(訊) xùn ❶问：～之占梦｜问～。❷审问：传～｜审～｜刑～。❸音信；消息：音～｜电～｜喜～。❹告诉：凡百君子，莫肯用～｜仰～高云。❺词赋的结束语：～曰：已矣。

迅 xùn 同"䭀(飢,飪)"。

伨 xùn 同"徇"。

汛{𣲙} xùn ❶洒水：～扫。❷江河季节性的涨水：～期｜春～｜防～。❸某些鱼类在一定时期成群聚集的现象：鱼～。

迅 xùn 快；疾速：～速｜～捷｜～雷不及掩耳。☞迅/快/疾/急/速　见904页"速"字条。

驯(馴) xùn（旧读 xún）❶使动物顺从：～服｜～养｜～马。❷动物顺从：～顺｜温～｜桀骜不～。

㣌 xùn 同"徇"，巡行示众：斩以～。

迿 xùn 同"迅"。

侚 xùn ❶疾速。❷通"殉"，为某种目的而死：用～｜以身～物。

哅 xùn 同"讯(訊)"。

徇[狥] xùn ❶巡行;巡视:～师而誓。❷当众宣布命令:以～三军。❸依从;曲从:～情|～私舞弊。❹同"殉",为达到某种目的而死:～国|～名|～财。

迿 xùn 争先:朋友相卫而不相～。

饳(飿) xùn[青饳饭]又称青饳、青精饭、乌饭,原为道家食品,后来佛教也用以供佛,也单称饳。

巺 xùn"哭(巽)"的讹字。

哭 xùn 同"巽"。

巺 xùn 同"巽"。

逊(遜) xùn ❶逃遁:抱其书而远～。❷退避;退让:～位(把帝王的权力让给别人)。❸谦让;恭顺:谦～|～言恭色|出言不～。❹差;比不上:～色|稍～一筹。

殉 xùn ❶古代逼迫活人陪葬,也指用偶人、器物随葬:～葬。❷为某种理想或目的而舍弃生命:～国|～难|以身～职。❸贪;追求:心之于～也殆|游子～高位。

咰 xùn"哅(讯,訊)"的讹字。

訙 xùn 同"訊(讯)"。

浛 xùn 同"沓"。

弢 xùn 弓的末端。

愻(愻) xùn 谦逊,恭顺,后作"逊(遜)":谦～。

皐 xùn 同"训(訓)"。

訔 xùn 同"训(訓)"。

奞 xùn 鸟张开翅膀待飞。

訔 xùn ❶同"訔(训,訓)"。❷用于人名:赵孟～(宋代人)。

傳 ㊀xùn 同"徇",疾速。
㊁qióng 孤独的样子。

𢓜 xùn"𢓜(徇)"的讹字。

詠 xùn 同"训(訓)"。

陖 xùn 古亭名。(《龙龛手鉴》)

殺 xùn 筑。

噀 xùn 同"噀"。

噀 xùn 同"噀"。

稄 ㊀xùn 草。
㊁zè[稫稄](pì-)见730页"稫"字条。

傳 xùn 同"徇"。

潠 xùn 同"潠"。

巽{巽} xùn 八卦之一,代表风。

巺 xùn 同"巽"。

奞 xùn 同"奞"。

噀 xùn 同"潠",喷水。

𢓜 xùn 同"徇"。

飳 xùn 同"飿(饳)"。

詾 xùn 同"讯(訊)"。

潯 xùn 古水名。(《集韵》)

睃 xùn 同"睹"。

鴚 xùn[鴚狐]鸟名。

鱏(鱏) xùn 鱼名。

蕈 ㊀xùn 真菌的一类:松～|香～。
㊁tán 一年生草本植物,可编席。

噀 xùn ❶把含在口中的液体等喷出:～唾|～酒|～玉喷珠(形容说话悦耳动听)。❷诵念:～呪(咒)。

詾 xùn 同"讯(訊)"。

潠 xùn ❶同"噀",喷出:含酒三～。❷水涌出。❸刷洗。

鞍 xùn 义未详。(《玉篇》)

噝 xùn 同"讯(訊)"。

諎 xùn 同"讯(訊)"。

巽 xùn 同"巽"。

賰 xùn 同“⿰貝睿”。

⿰黑色 xùn 物体被熏后的颜色。

顨 xùn 八卦之一，后作“巽”。

⿰貝睿 xùn 益。

⿱頁共 xùn “顨”的讹字。

⿰貝睿 xùn “⿰貝睿”的讹字。

鑂 xùn 金变色。

⿱艹亶 xùn 同“蕈”。

⿰熏鳥 xùn［⿰熏鳥鹕］（-hú）鹈鹕。

⿰薰鳥 xùn 同“⿰熏鳥”。

二十四节气表

春季	立春 2月3—5日交节	雨水 2月18—20日交节	惊蛰 3月5—7日交节
	春分 3月20—22日交节	清明 4月4—6日交节	谷雨 4月19—21日交节
夏季	立夏 5月5—7日交节	小满 5月20—22日交节	芒种 6月5—7日交节
	夏至 6月21—22日交节	小暑 7月6—8日交节	大暑 7月22—24日交节
秋季	立秋 8月7—9日交节	处暑 8月22—24日交节	白露 9月7—9日交节
	秋分 9月22—24日交节	寒露 10月8—9日交节	霜降 10月23—24日交节
冬季	立冬 11月7—8日交节	小雪 11月22—23日交节	大雪 12月6—8日交节
	冬至 12月21—23交节	小寒 1月5—7日交节	大寒 1月20—21日交节

【注】为表示气候变化和划分农事季节，把全年分成二十四个段落，每个段落即一个节气，统称二十四节气。

Y

Y

yā

丫[❶椏、❶枒] yā ❶草木上端分叉处：～杈｜树～｜枝～。❷丫形的发髻，引申为女孩子：山童双髻～｜小～。

◆"椏"另见1095页"桠"字条。

◆"枒"另见1125页"枒"字条。

圧 yā 同"压(壓)"。

压(壓) ㊀ yā ❶从上向下施加重力；施加的重力：～扁｜～碎｜减～。❷用强力制服：～制｜镇～｜欺～。❸超过；胜过：～倒一切｜技～群芳。❹抑制；控制：～惊｜～咳嗽｜～不住火儿。❺迫近；逼近：大军～境｜太阳～树梢。❻搁置不动：积～｜这批货在库房里～了三年。❼通"押"，押韵：筠为文能～强韵。

㊁ yà[压根儿]副词，根本；从来：问题～没解决｜她～不知道这件事。

杈 yā[杈杈](-chà)树枝分叉的地方。

呀 ㊀ yā ❶叹词，表示惊疑：～，孩子长这么高了！❷拟声词，哭声、门窗开关声等：她～的一声哭了｜～的一声，门开了。

㊁ ya 助词，"啊"的变音：大家快来～！｜你怎么还不去～？｜这个瓜～，长得真大！

阾 yā 义未详。(《龙龛手鉴》)

押 yā ❶作为凭证而在文书、契约上签的名或画的记号：画～｜签～。❷把财物交给人做担保：～金｜抵～。❸拘留：扣～｜关～。❹跟随看管：～送｜～运。❺[押韵]也作"压韵"，诗词歌赋中某些句尾用韵母相同或相近的字，以使音调和谐优美：合辙～。

庘 yā ❶破损的房屋。❷猪舍。

垭(埡) ㊀ yā (又读yà)两山之间狭窄的地方，多用于地名：大～｜马头～(在湖北)｜黄桷～(在重庆)。

㊁ è 同"垩(堊)㊀❶❷"。

鸦(鴉)[鵶] yā ❶乌鸦，鸟名，身黑色：群～｜～雀无声。❷比喻颜色黑如乌鸦：教看鬓方～。

刭 yā 用刀割颈：明心欲自～。

桠(椏) yā ❶草木分枝处及分枝，今作"丫"：树～｜～杈。❷掩；闭：朱扉半～。❸用于地名：～溪镇(在江苏)。❹[桠枫]三角枫，落叶乔木，叶分裂成三片，木材可制家具。❺[五桠果]常绿乔木，根和皮可供药用。

◆"椏"另见1095页"丫"字条。

鸭(鴨) yā ❶水鸟名，通常指家禽家鸭：野～｜烤～。❷形状像鸭的香炉：金～香消欲断魂。❸媒人：～媒娇｜与人做～。❹骂人的话，乌龟：含鸟(diǎo)猢狲，倒骂得我好！我的老婆又不偷汉子，我如何是～？

痈 yā 屋坏。

痖 ㊀ yā ❶病劣。❷秃疮下凹的样子。

㊁ xiā[痖落]众佳而此独劣。

窜 yā ❶用针刺穴位治病。❷窄小而凸起的样子。

铔(鋀) ㊀ yā[铔鍜](-xiá)护颈铠甲。

㊁ yà ❶刚柔兼济的铁。❷金属元素"铵(銨)"的旧译写法。

㑇 yā 义未详。(《改并四声篇海》)

窑 yā[窑奈](-chá)1.故作娇媚的样子。2.不正。

孲 yā[孲犽](-yá)也作"孲孾"，婴儿；幼儿。

雅 ㊀ yā 同"鸦(鴉)"，乌鸦：飞～｜～噪。

㊁ yǎ ❶正规的；合乎标准的：～道｜～言｜～声(指诗歌)。❷高尚不俗；美好：～致｜～观｜优～。❸敬辞，多用于称对方的情意或行为：～意｜～鉴｜～教。❹交往：与左右无一日之～。❺副词。1.平素；向来：～善鼓琴。2.甚；极：～以为美｜～好慷慨。

鴨 yā 同"鸭(鴨)"。

髩 yā[髩环]同"丫环"，年轻女仆。

Y

砑 yā 石名。

𤰯 yā 媚。

𢶓 yā 同"𠠾"。

鳶 yā 义未详。(《字汇补》)

𡒄 yā 同"壓(压)"。

鴉 yā "鴉(鸦)"的讹字。

鴉 yā "鴉(鸦)"的讹字。

鬤(鬤) yā[鬤鬟]同"丫鬟",也作"丫环",年轻的女仆。

鴨 yā 同"鴨(鸭)"。

鴨 yā 同"鴨(鸭)"。

鐚 yā[鐚鍜](-xiá)也作"铔鍜",护颈铠甲。

鴉 yā 同"鴉(鸦,鵶)"。

壓 yā 同"压(壓)"。

鴉 yā 同"鸦(鵶)"。

鴨 yā 同"鸭(鴨)"。

鴨 yā 同"鸭(鴨)"。

鐚 yā[鐚鍜](-xiá)同"铔鍜"。

yá

牙 ㊀yá ❶牙齿:门～｜镶～｜～科。❷特指象牙:～雕｜～筷｜～章。❸形状像牙齿的东西:弩～｜～轮(齿轮)｜抽屉～子。❹旧指牙商,介绍买卖从中获利的人:市～｜～侩｜～行。❺古代军队将军的旗帜:高～大纛｜黄龙大～。❻古代官署,后作"衙":～门｜公～｜南～。❼通"芽",发芽;萌发:一亩之稼,则粪溉者先～｜利端始萌,害渐亦～。
㊁yà 车辋,车轮的外周部分。

𤘅 yá 同"牙"。

伢 yá 小孩子:～子｜细～。

枒 ㊀yá[杈枒](chā-)不正。
㊁yà 同"砑",碾压。

芽 yá ❶植物刚长出的可发育成茎、叶或花的部分:发～｜麦～｜嫩～。❷样子像芽的东西:肉～。

厊 yá 同"厓"。

犽 yá 儿童,后作"伢"。

岈 yá 见1026页xiā。

玡 yá 像玉的骨头。

厓 yá ❶同"崖",山边:断～。❷同"涯",水边:水～。❸边际:无～。

㸦 yá 同"牙",牙齿。

枒 yá ❶稷。❷同"芽",禾苗初生。

疨 yá[痄疨](zhà-)见1229页"痄"字条。

琊 yá ❶[琅琊](láng-)同"琅玡"。❷用于地名:～川(在贵州)。

㖃 yá 同"牙"。

𦧇{𦧇} yá 同"牙"。

蚜 yá 蚜虫,俗称腻虫,昆虫,种类多,有棉蚜、麦蚜、菜蚜、桃蚜等。

笌 yá 竹笋。

堐 yá 用于地名:洛河～(在山东)。

崕 yá 同"崖"。

崖 yá 山石或高地陡立的侧面:山～｜悬～｜～谷。

雅 ㊀yá ❶鸟名。❷古水名,在今河南。
㊁wèi 同"蜼",哺乳动物,一种长尾猿。

涯 yá ❶水边;边际:无～｜天～｜大海亦有～。❷方面;区域:各在天一～｜各在一～居。

琊 yá[琅琊]也作"瑯琊",即琅玡,古郡名,在今山东。

䶩 yá 同"齖"。

衙 yá"衙"的讹字。

睚 yá ❶眼角或眼眶。❷[睚眦](-zì)怒视:百口嘲谤,万目～。❸通"挨",

困难地度过；拖延：许多日子如何～？|～不过暮秋。

骬 yá 髂骨。

衙 yá 见1184页yú。

崖 yá 遥远的样子。

漄 yá 同"涯"。

㴓 yá 雨声。

睚 yá 同"睚"。

齖 ㊀yá ❶[齖䶩](-zhā)1.嘴唇遮不住牙齿。2.牙齿不整齐。❷同"牙"。
㊁yà[齰齖](zhà-)见1223页"齰"字条。

蝦 yá 义未详。(《改并四声篇海》)

齵 yá[齹齵](zī-)也作"齹齸"，牙齿不齐。

齸 yá "齸"的讹字。

齷 yá 同"齖"。

齸 ㊀yá[齹齸](zī-)牙齿不齐。
㊁yí[齹齸](zī-)牙齿露出唇外的样子。

齹 yá 同"齸"。

yǎ

疋 yǎ 正，后作"雅"。

厊 yǎ[厏厊](zhǎ-)见1228页"厏"字条。

庌 yǎ ❶马棚，引申为饲养：夏～马，冬献马。❷客堂；厅堂：前～。

掗(挜) ㊀yǎ ❶[掗搖](-luǒ)摇，挥动，单用"掗"义同：掗枪相待|掗着金蘸斧，立马在阵前。❷取；舀取：满满的～了一钵盂。❸推开：朱扉半～。
㊁yà ❶硬把东西送人或卖给人：将银子～在他的袖内，推他转身|拼命的来向我～卖。❷压：低～斜坠|～入巴豆肉一粒在根里。

哑(啞) ㊀yǎ ❶口不能言：～巴|装聋作～。❷不说话；不发声：～剧|～口无言|～炮。❸嗓子干涩或发声困难：沙～|嗓子喊～了。❹(旧读è)拟声词，笑声：笑言～～|～然而笑。
㊁[哑哑](-yā)拟声词，小儿学语声、乌鸦叫声等：～学语|乌之～，鹊之唶唶。

唖 yǎ 同"啞(哑)"。

㖿 yǎ 同"哑(啞)"。

盃 yǎ 酒杯。

瘂(痖) yǎ 同"哑(啞)"。

㱦 yǎ 同"雅"。

雅 yǎ 见1095页yā。

瘂 yǎ 同"瘂(痖)"。

瓮 yǎ 同"盃"。

㼘 yǎ 义未详。(《龙龛手鉴》)

謌 yǎ[詐謌](zhà-)见1230页"詐"字条。

㰳 yǎ 同"哑(啞)"。

蕥 yǎ 幼小的谷类作物未开花。

踄 ㊀yǎ 行走不端正的样子。
㊁yā 岔路。

㿿 yǎ 同"瘂(痖)"。

㿼 yǎ 同"哑(啞)"。

yà

圠 yà[翁圠](wěng-)见999页"翁"字条。

圠 yà ❶山曲。(《玉篇》)❷坚结的土壤。

叱 yà 拟声词，鸟声。

屹 yà 同"圠"。

轧(軋) ㊀yà ❶碾压：～谷子|～花机|把马路～平。❷拟声词，某些碾轧器具的转动声：轧花机～～～地响着。❸排挤：倾～。❹姓。
㊁zhá 把钢坯压成一定形状的钢材：～钢|～轨|～辊。

㊂ gá ❶挤：那批货还～在那边｜～到洋人队里。❷结交：～朋友。❸结算；核对：～账｜这笔账怎么也～不平。

弖 yà 同“亚(亞)”。

亚(亞){亜} yà ❶古代聚族而居的建筑，引申为次第、次一等的：～宗｜～军｜～热带。❷亚洲(地名)的简称：西～｜东南～｜～运会。

襾 yà 覆盖；包裹。

⿰石乙 yà 石的样子。

⿰牙刂 yà 同“砑”。

穵 ㊀ yà ❶空。❷深。
㊁ wā 同“挖”：剜墙～壁｜～开楼窗。

讶(訝) yà ❶惊奇；诧异：惊～｜～然失色。❷同“迓”，迎接：～宾于馆。

迓 yà ❶迎接，也作“讶(訝)”：迎～｜恭～｜净扫门庭～国宾。❷迎击；抵御：～侮。❸溜走；逃跑：望着直南下便～。

⿰虫乙 yà 虫声。

犽 yà ❶哺乳动物，像獾，长尾。❷古代少数民族名。

⿱丝一 yà 同“亚(亞)”。

⿱山亚 yà ❶[⿱山亚庄]地名，在安徽。❷姓。

砑 ㊀ yà ❶碾磨物体使密实而有光泽：～绫｜～光。❷碾压：～成肉泥烂酱。❸打：往长老脊背上～了一下。❹拟声词，开门声：门～的一声开了。❺用于地名：石～(在重庆)。
㊁ xiā [硌砑](hán-)见 328 页“硌”字条。

⿺辶亞 yà 同“迓”。

娅(婭) ㊀ yà 连襟，姐夫和妹夫之间的亲戚关系：姻～。
㊁ yā [娅姹](-chá)姿态。
㊂ yǎ [娅姹](-chà)1. 妖娆的姿态：～含情娇不语。2. 明媚：垂柳五株春～。3. 鸟飞或鸟鸣的样子：～不知缘底事，背(bèi)人飞过北山前。

⿱亞山 yà “⿱亞山”的讹字。

氩(氬) yà 气体元素，无色无味，可用来填充灯泡或灯管。

俹 yà 倚靠：～息｜～卧。

⿰扌軋 yà 手捺，一说同“扎”。

⿱亞山 yà 同“⿰山亞”。

⿺辶亞 yà 也作“亚(亞)”，次；次第。

⿰石疋 yà 石光。

⿰口軋 yà [咿⿰口軋](yī-)拟声词：晚风～桔槔声｜～雁声起。

⿰山亞 yà 同“垭(埡)”，两山间狭窄的地方，多用于地名。

⿰山軋 yà [⿰山軋岈](-jiā)群山森列高峻的样子。

⿱宀軋 yà 同“⿰山軋”。

稏(⿰禾亚) yà [䆉稏](bà-)见 17 页“䆉”字条。

⿰忄亞 yà 心情抑郁。

⿰忄厓 yà 恨。

揠 yà ❶拔；拔起：～苗助长。❷提拔：～士为相。

⿱亞日 yà 同“罯”。

⿰亞欠 ㊀ yà [欭⿰亞欠](yīn-)驴叫。
㊁ yā 气逆。

聐 ㊀ yà 痴呆而听不懂话。
㊁ jī [聐聒](-guō)拟声词，窃窃私语声：他俩在一边～了半天。

圔 yà 骆驼叫声。

⿺辶卸 yà 迎。

⿰月亞 yà [⿰月亞膪](-zhà)肥的样子。

⿰鱼乚 yà [⿰鱼央⿰鱼乚](yāng-)见 1113 页“⿰鱼央”字条。

⿰犭挈 yà 同“猰”。

猰 ㊀ yà [猰貐](-yǔ)也作“窫窳”，传说中的吃人恶兽。
㊁ jiá 杂种狗。

⿸广亞 yà 关闭。

⿴囗亞 yà [⿴囗亞窊](-wā)声音低微。

䂂 yà［矲䂂］（bà-）见 17 页“矲”字条。

𤢔 yà 同“猰”。

𦋆 yà 同“亚（亞）”。

窫 yà［窫窳］（-yǔ）1. 古国名。（《广韵》）2. 传说中的吃人怪兽。3. 残害：～其民。

𧳜 yà 同“猰”。

𧳋 yà［𧳋貐］（-yǔ）也作“猰貐”，传说中的恶兽。

𨶛 yà 门声。

𩭾 yà［髂𩭾］（qià-）见 763 页“髂”字条。

𧭈 yà［謑𧭈］（shà-）见 1229 页“謑”字条。

齾 yà 器皿残损；牙齿缺损。

鶕 yà［鶷鶕］（xiá-）见 1029 页“鶷”字条。

𪘲 yà ❶ 缺，一说同“齾”。❷ 缶类器皿。

𪙊 yà 同“齾”。

𪙏 yà 同“齾”。

𪙎 yà 同“齾”。

齾 yà ❶ 缺齿。❷ 器物缺损。

yān

㘖 yān 鲎，同“煙（烟）”。

咽 yān 同“咽”。

㓹 ㊀ yān 剜。
㊁ yuān 同“削”，挑取；剜。

𢒼 yān 同“焉”。

咽 ㊀ yān ❶ 食物和气息的共同通道，位于鼻腔、口腔的后部，喉腔的上方，通常混称咽喉：甚长年抱渴，～如焦釜。❷ 比喻险要之地：扼其～领，前后拒守。
㊁［嚥］yàn ❶ 将口中食物等吞入食管：细嚼慢～｜狼吞虎～｜～了一口唾沫。❷ 比喻忍耐、克制、止住：～不下这口气｜话说一半儿，又～了回去｜～气（呼吸停止，死亡）。
㊂ yè 声音滞涩、阻塞，多指悲哀声：悲～｜哽～｜喇叭声～。

恹（懨）yān［恹恹］也作“懕懕”，因患病而精神不振的样子：～愁闷多｜尽日～。

珚 yān 玉名。

㷑 yān 黑色牛。

胭［❷臙］yān ❶ 同“咽”，咽喉。❷ 胭脂，红色颜料，多用作化妆品。

烟 ㊀［煙、❹菸］yān ❶ 物质燃烧时产生的气体：炊～｜冒～｜～筒。❷ 像烟一样的东西：～雾｜～霞｜过眼云～。❸ 烟熏所积聚的黑灰，可制墨：墨取庐山松～。❹ 烟草，一年生草本植物，可制香烟、杀虫剂等：～叶｜烤～｜种～。❺ 烟草制品：香～｜旱～｜室内禁止吸～。❻ 鸦片，一种毒品：～土｜～枪｜大～。
㊁ yīn［烟煴］（-yūn）也作“氤氲”。1. 古代指元气、天地间阴阳二气交合：天地～。2. 云气弥漫的样子：衮青气之～。
◆“菸”另见 1181 页“菸”字条。

焉 yān ❶ 鸟名，假借为于此（介词加代词），在这里：心不在～｜罪莫大～。❷ 代词，表示疑问或反问，哪里；怎么：其子～往？｜杀鸡～用牛刀？｜不入虎穴，～得虎子？❸ 连词，乃；才：必知疾之所自起，～能攻之。❹ 助词，表示肯定语气：听命～｜有厚望～｜因以为号～。

䞁｛𧻘｝yān 古代东方地区少数民族舞蹈。

崦 yān ❶ 山；山的曲折处：万～｜山～。❷［崦嵫］（-zī）山名，在甘肃。

菴 yān 同“崦 ❶”：～花。

㜝 yān 女子思想不纯正。

𠜂 yān 刑。

䏙 yān 同“腌”。

阉（閹）yān ❶ 割除男人的睾丸或动物的生殖腺，使丧失生殖能力：～割｜～鸡｜～猪。❷ 被阉割的人，特指宦官：～人｜～党｜凶～。

烟 yān 同“㷑”。

烟 yān“烟”的讹字。

淹 yān ❶古水名，指今金沙江自青海发源地至四川攀枝花市的一段。❷浸没；覆没：～没｜～埋｜水～七军。❸用盐浸渍食物，后作“腌(醃)”：以盐一斗～之。❹汗液等浸渍皮肤使人痛痒：胳肢窝被汗～得难受。❺时间久：～留｜～病｜～望。❻广博；深入：～博｜～究经术。☞淹/湮 两字音同义近。“淹”指洪水漫过地面，说洪水浸没时用“淹没”，如“村庄被大水淹没”；“湮”指以土石阻塞水流，说沙土埋没时用“湮没”，如“古城楼兰湮没在黄沙之中”。

俺 yān 爱：乏亲戚怃～之者。

煚 yān 同“烟(煙)”。

鳶 yān 同“焉”。

嚥 ㊀yān 同“咽”。
㊁yè 噎，食物阻塞食管：服者不～。

圛 yān 同“煙(烟)”。

崦 yān 同“崦”。

腌 ㊀［醃］ yān 用盐或糖浸渍肉等食物：～鹅脯｜～鸭蛋。
㊁ā(又读āng) ❶脏；弄脏：不分明的～勾当｜枉～了他金屋银屏。❷恶劣；穷酸：～见识。❸副词，极甚：～受苦｜～穷俭。❹［腌臜］(-zā)也作“腌臢”，脏，不干净。❺［腌臢］(-zā) 1. 脏，不干净：这里～，你那里受得？2. 不明不白：这一场～病得来蹊跷。3. 恶劣，也专指情绪恶劣：～泼才｜事情没办成，～极了。
◆“醃”另见1100页“醃”字条。

翑 yān 同“羥”。

湮 ㊀yān ❶埋没：～没｜～灭而不称。❷淤塞；阻塞：～塞｜气有～而复畅｜～洪水，决江河。☞湮/淹 见1100页“淹”字条。
㊁yīn ❶古水名，伊水支流，在今河南。❷同“洇”，渗：～开｜啼红～透。

窴 yān 同“煙(烟)”。

㫃 yān 同“咽”。

鄢 yān ❶周代诸侯国名，在今河南。❷古邑名，一在今湖北，一在今山东。❸古水名，在今湖北。❹［鄢陵］地名，在河南。❺姓。

䌸 yān 同“䌸”。

樫 ㊀yān［樫支］同“燕支”，树名。
㊁yīn 同“禋”，祭祀。

歅 ㊀yān 通“湮”，淤塞；凝滞。
㊁yīn 用于人名：九方～(春秋时秦国善于相马的人)。

硽 ㊀yān 石名。
㊁yǎn 山崖。

㮒 yān 同“烟”。

稀 ㊀yān［稀稀］(-yān)禾苗茂盛的样子。
㊁yǎn ❶禾不结实。❷耕作中把土覆盖在种子或肥料上。

傿 yān ❶传说中的神仙名。❷同“鄢”。1. 古地名，在今河南。2. 姓。

腰 yān 同“咽”，咽喉。

䆴 yān 同“煙(烟)”。

渰 yān 同“淹”。

䤶 yān 同“腌”，用盐或糖浸渍肉等食物。

穃 ㊀yān［穃穃］(-yān)禾苗长得整齐的样子。
㊁yìn 同“荫(蔭)”。

溒 yān 古水名。1. 在今山西。2. 今湖北的蛮河。

䆊 yān 同“煙(烟)”。

嫣 yān ❶身材高而美。❷美好(多指笑容)：丰韵～然｜～然一笑。❸颜色鲜艳：姹紫～红｜日斜柳暗花～。

醃 ㊀yān“腌㊀”的异体字。
㊁ā［醃臢］(-zā)同“腌臢”，脏，不干净：有些～臭气。

䴏 yān ❶熟。❷细米。

嚈 yān 同“咽”。

蝘 yān 虫名。

嚥 yān 同“咽”。

嶖 yān 同“崦”。

黫 yān 同“黫”。

羥 yān ❶羊疫。❷黑羊。

焉 yān 精神不振、不活泼,后作“蔫”:筋力俱～。

熛 yān 同“煙(烟)”。

潭 yān 同“湮”。

䞁 yān [䞁赤](－zhī)也作“胭脂”,一种红色化妆品。

猒 yān 同“懕”。

㷔 yān 同“煙(烟)”。

𣣍 yān “𣣍”的讹字。

歅 yān 同“煙(烟)”。

𡢃 ㊀ yān 容貌美丽。
㊁ yàn ❶[𡢃嬱](－qiàn)美女。❷用于女子人名。

䵫 yān 面黑子。

篶 yān 黑竹。

䬙 yān [䬙䬍](－hū)也作“奄忽”,急遽的样子。

隒 yān [隒陵]同“隔陵(鄢陵)”。

駰 yān 马行的样子。

駂 yān 同“駰”。

醃 ㊀ yān 同“醃(腌)”,腌制。
㊁ yǎn 同“掩”,掩盖:以大蒜捣烂～蒂上。

懕 ㊀ yān ❶安详;沉静。❷[懕懕](－yān)1.安闲:～夜饮。2.因患病而精神不振的样子,也作“恹恹”:病～。
㊁ yàn 同“厌(厭)”。1.满足:不～。2.厌恶:～久生而乐速死。

醼 yān 同“醃”。

羶 yān “羥”的讹字。

羴 yān 同“羥”。

歋 yān 同“煙(烟)”。

懕 yān 心不知足。

羥 yān 同“羥”。

䭓 yān “駰”的讹字。

懕 yān “懕”的讹字。

黫 yān 同“黰”,黑色:～然黑色甚明。

黰 yān 同“黫”。

𦢊 ㊀ yān 同“咽”。1.(又读yàn)吞食。2.咽喉。
㊁ yǐng 同“瘿(瘿)”。

𤗬 yān 义未详。(《改并四声篇海》)

䕾 yān 竹名。

𩑶 yān 义未详。(《字汇补》)

𩑻 ㊀ yān 怒;含怒。
㊁ yǎn 同“嬐(俨,儼)”,庄重:有美一人,硕大且～。

yán

延 yán ❶伸展变长:～长|～伸|蔓～。❷展缓;推迟:拖～|顺～|～期。❸迎接:乃令宾者～之而上,分级而立。❹邀请;接纳:馀人各复～至其家,皆出酒食|开宽裕之路,以～天下英俊。❺聘请:～聘|～师|～医。❻迎击:秦人开关～敌。

闫(閆) yán 姓,也作“阎(閻)”。☞闫/阎 两字本是不同的姓,近年来混用而难以区分。

炏 yán 同“炎”。

严(嚴) yán ❶紧急;急促:事～,虞不敢请|声中～鼓之节。❷程度深;厉害:～冬|～寒|～刑。❸威严:威不能惧,～不能恐。❹指父亲:家～大喜|迫于～命。❺尊敬:凡学之道,～师为难。❻紧密,无缝隙:～密|～丝合缝|缸口盖～了。❼认真;不放松:～格|～办|校规～。❽姓。

岎 yán 同“沿(沿)”。

诞 yán 同“延”。

Y

言 ㊀yán ❶说；表述：知无不～｜诗～志。❷话语；学说：～听计从｜听其～观其行｜天下之～，不归杨（杨朱）则归墨（墨翟）。❸语言或文章中的字、句：三～两语｜一～九鼎｜洋洋万～。❹助词，无实义：～既遂矣｜驾～出游。❺姓。
㊁yàn ❶诉讼：互相～讼｜何敢～我！❷通"唁"，慰问：必有不蕲～而～。
㊂yín［言言］（-yín）和敬的样子：二爵而～斯。

沿 yán 同"沿"。

阽 ㊀yán 古地名。（《玉篇》）
㊁yǔn 同"阭"，高。

妍｛姸｝ yán ❶巧慧：～捷。❷美丽：娇～｜百花争～。

㕣 yán 同"𧿹"。

咩 yán 羊叫。

昖 yán 同"昭"。

岩［❶-❹巖、❶-❹巗、❶-❹嵒］ yán ❶岩石，构成地壳的矿物质：～层｜沉积～｜花岗～。❷高峻的山峰，也用于地名：嶂石～（在河北）｜七星～（在广东）。❸高峻；险要：～邑｜～墙。❹山中的洞穴，石窟，也用于地名：下则中空成～｜芦笛～（在广西）｜七星～（在广西）。❺姓。

郔 yán 古地名，在今河南。

狿 yán 同"狿"。

炎 ㊀yán ❶火苗升腾；焚烧：火之～上｜秦火不能～。❷火势旺盛，泛指盛大的样子：～火千里｜霸力不久～。❸热或极热，也比喻炙人的权势：～热｜世态～凉｜附～趋势。❹身体某部位出现的发热、肿痛等症状：～症｜发～｜肺～。❺指炎帝，传说中的上古帝王：～黄子孙。
㊁tán［炎炎］（-tán）言辞华丽而富于雄辩的样子：大言～。

沿 ㊀yán ❶顺流而下，引申为介词，顺着、沿着：～溯（泝）阻绝｜～路而行｜～街乞讨。❷因袭；继承：～用｜相～成习。❸边；边缘：河～｜炕～｜前～。❹在衣物等边缘上饰边：～衣边｜～鞋口。
㊁yǎn 同"沇"。

盐 yán ❶碗。❷盏。

埏 ㊀yán ❶边远之地；大地边际：上畅九垓，下泝八～。❷墓道：～道｜～隧。
㊁shān ❶揉和：～埴而为器。❷用于地名：梧～（在浙江）。

莚 yán ❶草名。❷蔓莚，蔓延不断；牵缠：风连～于兰皋。

研｛硏｝ ㊀yán ❶细磨：～药｜～墨｜～成粉末。❷研究，深入探求：～求｜～讨｜钻～。
㊁yàn 同"砚（硯）"。1.一种光滑的石头：～苔。2.砚台：笔～。

昖 yán 日行。

狿 yán 又称獌狿，哺乳动物，像狸（貍）。

㢟 yán 义未详。（《龙龛手鉴》）

娫 yán ❶女子仪容美好的样子。❷用于女子人名。

綖（綖） ㊀yán ❶古代冠冕上的装饰：金刚～带。❷延缓：莫敢愉～。
㊁xiàn 同"线（綫）"：以彩～缝其裾。

盐（鹽） ㊀yán ❶食盐，食用咸味调味品，也广泛应用于染料、陶瓷、冶金、医药等方面。❷盐类，酸类中的氢离子被金属离子（包括铵离子）置换而成的化合物的通称。❸姓。
㊁yàn ❶用盐腌：～而藏之。❷古代乐曲名，特指曲引（一支曲子的开头）：昔昔～｜阿鹊～｜曲终闻～，供知音重翻检。

菩 yán 草名。

訮 yán 同"訮"。

娮 yán 用于女子人名。

琂 yán 像玉的美石。

䇾 yán 同"言"。

䢥 yán 相顾视而行，后作"䀽"。

䀽｛䀽｝ yán 相顾视而行。

𧿹 yán［越𧿹］锦类织品。

啱 yán ❶行；对；可以：～啦。❷合适：唔知～唔～（不知道合适不合适）。❸刚才；恰好：～食完饭。

𦝫 yán 短的样子。

訮{訮} yán 易怒而好与人争论。

訮 yán “訮”的讹字。

㢂 yán 热。

阎(閻) yán ❶里巷的门：接～邻舍。❷里巷：穷～陋屋。❸春秋时晋国地名。❹姓。☞阎/闫 见1101页“闫”字条。

𨒗 yán “𨒗(㢟)”的讹字。

𧼨 ㊀yán 相互回头看。㊁qù 同“趣”，旨趣。

莚 yán 同“莚”，蔓延不断。

碞 yán 同“研”，研考。

遃 yán “𨒗(㢟)”的讹字。

蜒 ㊀yán ❶蜿蜒，蛇等屈曲爬行的样子：蝮蛇～只。❷[蜒蚰](-yóu)又称蛞蝓，俗称鼻涕虫，软体动物，像去壳的蜗牛。㊁yàn[蝘蜒](wàn-)见981页“蝘”字条。㊂dàn 同“蜑”。

嵒 yán 同“嵒(岩)”。

嵓 yán ❶同“嵒(岩)”：～冈。❷癌，肿瘤：乳～。

筵 yán ❶古人席地而坐时铺在最下层的席子，引申为席位、座位：蒲～|讲～|议论风生，惊四～之雄辩。❷铺设席子，也指登席就座：主人～于户西|宾之初～，左右秩秩。❸宴会；酒席：喜～|大摆～席。

羬 ㊀yán ❶羊大而有力。❷母羊。㊁gǎn ❶狗名。❷狗叫得凶。

訮 yán 同“訮(訮)”。

遃 yán “𨒗(㢟)”的讹字。

塩 yán 同“盐(鹽)”。

椼 yán 树名，像橦。

揅 yán 同“研”。

揅 yán 同“揅”。

硯 yán 同“研”。

睒 yán 义未详。(《改并四声篇海》)

嵒 yán “嵒”的讹字。

𩨗 yán 义未详。(《改并四声篇海》)

管 yán 大箫，也作“言”。

狺 yán ❶狗争斗。❷拟声词，狗叫声。

蔅 yán 同“妍”。

酟 yán 义未详。(《改并四声篇海》)

颜 yán 同“颜(顏)”。

嵒 yán 同“嵒(岩)”。

喦 yán ❶同“巖(岩)”。❷僭越，超出本分：用顾畏于民～。

㦲 yán 同“巖”。

閰 yán 同“阎(閻)”。

閻 yán 同“阎(閻)”。

閆 yán 同“阎(閻)”。

蝣 yán[蚰蝣](yóu-)同“蚰蜒”。

㗙 yán 也作“㹮”，狗争斗。

𡈠 yán 同“言”。

㰤 yán 同“言”。

蜑 yán ❶[蚰蜑](yóu-)同“蚰蜒”。❷虫行的样子。

㹮 yán 同“㹮”。

㹮 ㊀yán 狗争斗的样子。㊁xiàn 猛。

顔 yán 同“颜(顏)”。

顔 yán 同“颜(顏)”。

颜(顏){顔} yán ❶额头；印堂(两眉之间)：隆准而龙～。❷面容；面部表情：容～|～如玉|和～悦色。❸脸面；面子：厚～无耻|无～见江东父老。

❹ 色彩：～料｜五～六色。❺ 堂上或门上的匾额：堂～｜大书其～。❻ 姓。☞颜 / 颐 / 面 / 脸 / 色 见 651 页“面”字条。

檐 yán “檐”的讹字。

礹 yán 古山名。(《集韵》)

鹽 yán 同“鹽(盐)”。

虤 yán 虎怒，泛指发怒的样子：众诮瞋～～。

玁 yán 狗。

厳 yán 同“嚴(严)”。

檐 ㊀［簷］yán ❶ 屋顶伸出的边沿部分：房～｜飞～。❷ 某些物体像檐的部分：帽～儿。
㊁ dàn 同“擔(担)”。1. 担子；扁担：樵父弛远～｜荷～杖。2. 量词：禄万～｜不受～遗。
㊂ dān 同“擔(担)”，举；负荷；肩挑：～竿｜负～荷以丈尺｜蹑跷(蹻)～簦。

甗 yán 熊、虎绝有力。

閻 yán 同“閻(阎)”。

蝘 ㊀ yán［蝘蠻］(-wān) 1. 虫名。2. 虫曲息的样子。
㊁ yān［蝘渊］古地名。(《山海经》)

巽 yán 义未详。(《改并四声篇海》)

簷 yán 同“檐”，屋檐。

閻 yán 同“閻(阎)”。

嵒 yán 同“岩”。

䶮 yán［䶮䶭］(-qiān) 骨高的样子。

篖 yán 竹。

蝹 ㊀ yán［蛩蝹］(wān-) 同“蜿蜒”，蛇类动物屈曲爬行的样子。
㊁ dàn 同“蜑”，古代南方地区少数民族名。

壛 yán 同“鹽(盐)”。

壛 yán ❶ 同“阎(閻)”，里巷的门；里巷。❷［步壛］长廊：曲屋～。

醃 yán 同“鹽(盐)”。

嚴 yán 同“嚴(严)”。

巖 yán 同“巖(岩)”。

讝 yán 戏言。

顏 yán 同“颜(顏)”。

顩 ㊀ yán ❶ 头狭脸长的样子。❷ 面颊。
㊁ qiàn［顩𩕳］(-yàn) 脸长的样子。
㊂ qiān［顩顩］(-qiān) 丑的样子。

鵮 yán［鵮离(離)］传说中的怪鸟，雌雄同体。

濶 yán ❶ 相污。❷ 水进。

孄 yán 用于女子人名。

櫩 ㊀ yán ❶ 同“檐”，屋檐：～榱。❷ 檐下的走廊：步～周流。
㊁ yǎn 也作“㰖”，把折断的树木接续上。

壛 yán 同“盐(鹽)”。

壛 yán 同“鹽(盐)”。

瞯 yán 味美；味甜。

闎 ㊀ yán 宗庙门上的檐子，也指宗庙的门，也作“檐”。
㊁ chān 窥看。

噸 yán［噸噸］争斗的样子：一栖两雄，其斗(鬭)～。

黬 ㊀ yán 黑色：梅～｜杨～。
㊁ yǎn 同“黡(黶)”，黑痣。

癌 yán 疮。

顏 yán 同“颜(顏)”。

壧 yán 同“巖(岩)”。

巖 yán 同“嚴(严)”。

囒 yán 呻吟。

嚴 yán 同“嚴(严)”。

籋 yán 竹病。

灡 yán［灡凝］也作“瀝凝”，寒冷。

孍 ㊀ yán 用于女子人名。
㊁ yǎn 美好的样子。

巖 yán 同"嚴(严)"。

礹 ㊀ yán 同"巖(岩)"。
㊁ yǎn［礸礹］(chán-)也作"嶄礹",山石险峻的样子。

巗 yán 同"嚴(严)"。

櫩 yán 同"檐",屋檐。

巖 yán 同"嚴(严)"。

䉷 yán 同"簷"。

簷 yán 同"簷"。

簷 yán ❶缴射飞鸟时的隐蔽物体。❷籞,帝王的禁苑。

囐 yán 同"囐"。

玁 yán 哺乳动物。

灩 ㊀ yán 同"灩"。1. 相污。2. 水进。
㊁ yàn 用盐腌物。

櫨 yán 树名,胶可做香。

穮 yán 禾。

黶 yán 山羊。

巘 yán 同"巘"。

醃 yán 酯(有机化合物)的旧称。

鬫 yán 义未详。(《字汇》)

yǎn

伈 yǎn［掩伈］痴呆。

㕣 yǎn ❶山间泥沼地。❷古州名,后作"兖(兖)"。

夵 ㊀ yǎn 物体上大下小。
㊁ tāo 同"夲"。

言 yǎn［言言］(qiǎn-)见769页"言"字条。

庈 yǎn 卑下的样子。

㫃 yǎn ❶旌旗飞扬的样子。❷旌旗上的飘带。

奵 yǎn 同"嬐",妇女齐整的样子。

抁 yǎn 动;摇动。

沇 yǎn ❶水名,即济水。❷用于地名:～河村(在河南)。

奄 ㊀ yǎn ❶覆盖;包括:～有四方。❷副词,忽然;突然:～忽｜～然｜狼～至。❸［奄奄］(-yǎn)气息微弱:～一息(生命垂危,只剩下一口气)。
㊁ yān 后天丧失生殖能力的男人,后作"阉(閹)":～侍｜～儿。

昗 yǎn 同"眼"。

郔 yǎn 同"陑"。

沿 yǎn 行;走。

㡉 yǎn 大土山。

兖{兗} yǎn 用于地名:～州(在山东)。

乵 yǎn 进。

陑 yǎn 古亭名,在今陕西西安。一说"阩"的讹字。

㧅 yǎn "掞"的讹字。

匽 ㊀ yǎn 同"偃",停止:兴文～武。
㊁ yàn ❶路边厕所,一说阴沟:井～｜如～。❷同"宴",安乐:用～以喜。

龑(龑) yǎn ❶高明的样子。❷用于人名:刘～(五代时南汉主刘龑)。

俨(儼) yǎn ❶恭敬;庄严:望之～然。❷整齐:屋舍～然。❸很像真的:～如｜～若｜这孩子说话～然是个大人。

衍 yǎn ❶延长;展开;发挥:推～｜流～。❷书籍中因缮写、刻版、排版错误而多出的(字句):～字｜～文。

弇 ㊀ yǎn ❶覆盖;遮蔽:～陋｜塞其涂,～其迹。❷器物上下狭小,中部宽大:侈～。
㊁ yān［弇兹］(-zī)1. 山名,即崦嵫山。2. 传说中的神名,身像鸟,面部像人,两条青蛇贯耳,脚踏两条赤蛇。

㡉 yǎn ❶险峻。❷大土山。

穽 yǎn 掩;闭。

翈 yǎn 飞的样子。

翖 yǎn 飞的样子。

郁 ㊀ yǎn 古国名,在今山东,也作"奄"。㊁ yān 古邑名。(《集韵》)

崄(嶮) ㊀ yǎn 山高而险峻的样子。㊁ xiǎn 同"险(險)"。

旃 yǎn 旃翳。

旃 yǎn "旇"的讹字。

剡 ㊀ yǎn ❶削:~木为矢。❷锐利:~芒。㊁ shàn 用于地名:~县(古县名,在今浙江)|~溪(水名,在浙江)。

掩 yǎn ❶遮蔽;遮盖:~饰|~人耳目|瑕不~瑜。❷关上;合上:门虚~着|~卷而思。❸关合门、窗、箱、柜等时夹住了东西:~了手。❹乘人不备(袭击或捉拿):~杀|~袭|~捕。

菀 ㊀ yǎn 草名。㊁ juàn 柔弱。

郾 ㊀ yǎn ❶旧县名,在今河南。❷[郾城]地名,在河南。㊁ yān 同"燕",古国名。(《汉语大字典》)

酓 yǎn ❶酒:梨~。❷同"酓",酒味苦。

厣(靨) yǎn ❶螺类动物介壳口圆片状的软盖。❷蟹腹下面的薄壳,即蟹脐。

容 yǎn 同"台",山间泥沼地。

眼 yǎn ❶眼睛,人或动物的视觉器官:~底|~疾手快|眉开~笑。❷小洞;窟窿:枪~|针~|泉~。❸见识;对事物的看法:~界|独具只~。❹关键的地方;精要的地方:诗~|节骨~儿。❺民族音乐和戏曲中的节拍:一板一~|有板有~。❻量词,用于井、泉或窑洞等:一~井|三~窑洞。

罨 yǎn 同"罨"。

崄 yǎn 同"嶮(崄)"。

偃 yǎn ❶仰面倒下;放倒:~卧|~旗息鼓。❷停止:~武修文。❸隐藏:~兵戈。

酓 ㊀ yǎn 酒味苦。㊁ yàn 同"醶",苦味。㊂ yǐn 同"歈(饮,飲)"。

㺄 yǎn 传说中的人名。

旃 yǎn "旇"的讹字。

旇 yǎn "旇"的讹字。

旇 ㊀ yǎn 覆车网,张设在两辕之间,用以捕鸟兽。㊁ yè 手网。

穽 yǎn 同"弇"。

郾 yǎn "郾"的讹字。

隒 yǎn 高的样子。

琰 yǎn 美玉。

掰 yǎn 舒布。

揜 yǎn ❶罩取;捕获:~狡兔|备~雉之网罗。❷承袭:~迹。❸同"掩",掩藏;遮蔽:~形|盗钟而~耳。

掩 yǎn 同"扰"。

攙 yǎn 同"扰"。

莾 yǎn 同"菀"。

棯 ㊀ yǎn 柰,落叶小乔木,一说死树。㊁ yàn[棯櫼](-liàn)树名。

棪 ㊀ yǎn ❶又称棣其,树名,果实像柰。❷用于地名:~树村(在福建)。㊁ yàn 一种有胶质的树。

殑 yǎn 同"琰"。

眼 yǎn 同"眼"。

䁙 yǎn 义未详。(《改并四声篇海》)

踊 yǎn 同"踊"。

踊 yǎn 快步行走的样子。

嶇 yǎn 山的样子。

嵃 ㊀ yǎn 山势险峻的样子。㊁ yàn 古山名。(《集韵》)

㡋 yǎn ❶屋檐端板。❷户坏。(《龙龛手鉴》)

衍 yǎn[螾衍](yǐn-)见 1160 页"螾"字条。

遃 yǎn 行走的样子。

滓 yǎn 同"滓"。

渰 yǎn ❶云兴起的样子:玄云～兮将雨。❷通"淹",淹没:一半水中～死|已被黑水～没。❸用于地名:店～(在山东)。

渷 yǎn 古水名。1. 也作"沇",古济水的别称。2. 在今福建。

愝 yǎn[愝慑](-biǎn)心地狭窄。

扊 yǎn[扊扅](-yí)门闩。

裺 yǎn 祈祷消灾免祸。

隒 yǎn ❶层叠的山崖:冈～。❷山旁,泛指旁边:崖～|水～|边～。

媕 ㊀yǎn 女子以眉目传情的样子。
㊁è 用于女子人名。
㊂ān[媕娿](-ē)也作"媕婀",犹豫不决;没有主见:～当位,左掣右痤。

暥 yǎn 味美;味甜。

棪 yǎn 树名。

罨{罨} yǎn ❶又称撒网,一种从上覆下的捕鱼或捕鸟的网。❷覆盖;掩盖:重峰～映|天际浓云～。❸腌渍:～生软羊面|豆豉久～始能成。

傿 yǎn 义未详。(《字汇补》)

徼 yǎn "衔"的讹字。

奄 yǎn 覆盖某些东西,使改变性质:生红柿欲易熟者,用水梨子～之|染旧红缨,以酱～之。

敨 yǎn 同"散"。

敨 yǎn 弃。

敨 yǎn 同"敨"。

晻 yǎn 掩光。

窨 yǎn 同"掩"。

寏 yǎn 同"弃"。

裺 ㊀yǎn ❶衣领。❷幼儿的围嘴。❸衣边。
㊁ān[裺篼](-dōu)盛饲料喂马的竹器。
㊂yàn 衣服宽大的样子。

棪 yǎn ❶耕。❷锋利的铧。

聣 yǎn 耳。

鶠(鷃) yǎn ❶凤的别称:～阁。❷鸩雀:篱～何曾识凤凰。

噞 yǎn 大笑。

奄 yǎn 古代小国君主名。(《改并四声篇海》)

箢 yǎn 编得密实的篾篓,一说"罨"的讹字。

偃 yǎn 同"偃"。

旜 yǎn 旌旗的样子。

燄 yǎn ❶火光。❷[舚燄](tiàn-)也作"舚談、舚舑、舚甜",吐舌的样子。

渷 yǎn 古水名。(《改并四声篇海》)

演 yǎn ❶水长流:东～析木(析木:古地名,在今辽宁)。❷推衍;阐发:～说|～绎|～义。❸不断变化:～变|～化|～进。❹按一定程式练习:～习|～武|～算。❺当众表演技艺:～奏|～唱|～戏。

褗 yǎn 衣领。

戭 yǎn 三刃或两刃戟。

缜(縯) ㊀yǎn 长;延长。
㊁yǐn 引:～之于此喻。

縯 yǎn 拴牛马的绳索。

魇(魘) yǎn ❶做可怕的梦,梦中感觉身体被重物压住无法动弹而惊叫,也指恶梦:梦～|病～|梦中～住了。❷妖邪:～魅|～镇|解～。

踆 yǎn 快步行走:步之～～。

蝘 yǎn ❶一种较小的蝉。❷[蝘蜓](-diàn)也作"蝘蛎",壁虎,也单称蝘。

罨 yǎn 同"罨"。

瘌 yǎn 伤。

戭 ㊀yǎn 长矛;长枪;长戈。
㊁yǒu 长盾。

霮 yǎn 同"渰",云兴起的样子:山村～难识。

躽 yǎn 迹,足迹。

Y

噞 yǎn ❶鱼嘴在水面一开一合呼吸的样子:水浊则鱼~。❷品尝:~之则知其味薄。❸猛烈:威~秋霜。

巘(巚) yǎn ❶形状像甗一样的山:重~。❷险峻的山峰或山崖:绝~危崖。❸险恶:山路险~。

躽 ㊀yǎn ❶身体向前弯曲:~啼上视。❷下陷;下坠:~气不止(躽气:中医指气虚下陷,致小腹睾丸下坠疼痛,通称疝气)。❸驼背。
㊁yàn ❶[躽体]腹部胀大。❷怒目而视。

演 yǎn 同"演"。

趨 yǎn 跑。

鼴 yǎn 同"鷗(鶠)"。

厴 yǎn 护心甲。

甗 yǎn "甗"的讹字。

蹶 yǎn[蹶斯]古代指擅长玩蹴鞠戏的杂技艺人。

鋠 yǎn ❶同"裺",三刃或两刃戟。❷器物的边沿:窄~小铁锅。

渰 yǎn 同"奄"。

趨 yǎn 跑的样子。

檿 yǎn 同"檿"。

棪 yǎn[篕棪](hé-)也作"篕棪",粗竹席。

黡(黶) yǎn ❶黑痣:~记|披毛索~。❷黑痕:粗~|青~|物~。

檿 yǎn 檿桑,又称山桑,落叶乔木,木材可制弓、车辕。

魇 yǎn 同"魇(魘)"。

齞 yǎn 牙齿外露的样子。

黭 yǎn 同"黤"。

傿 yǎn 同"偃"。

鰋 yǎn 同"鰋"。

渰 yǎn 水波。

禋 yǎn 消灾求福的祭祀。

擱 ㊀yǎn 同"繝",续。
㊁yán 同"櫚(檐)",屋檐。

㕭 ㊀yǎn 疮痂:冻疮~。
㊁yè 鱼鳞。

齴 yǎn 同"齞"。

齴 yǎn 齴齿不齐。(《改并四声篇海》)

𧖣 yǎn "蠹"的讹字。

穇 yǎn 禾未结实。

儼 yǎn 同"儼(俨)"。

龔 yǎn 同"龔(龚)"。

禴 yǎn 义未详。(《玉篇》)

醃 yǎn 同"黤"。

齞 yǎn 嘴唇合不拢而牙齿外露的样子。

甗 yǎn ❶古代炊器,青铜或陶制,多为圆形,也有方形,中部有带孔的箅子间隔。❷上大下小,像甗的山,后作"巘(巚)"。❸周代齐国地名,在今山东。

嗽 yǎn 同"噞"。

黤 yǎn(又读 ǎn)❶青黑色。❷同"黯",深黑色;阴黑:~~烟云。

鼹 yǎn 同"鼴"。

鰋 yǎn ❶鲇鱼。❷鲌,即白鱼。

蝘 yǎn 同"蝘",蝘蜓。

齴 yǎn 同"齴"。

黭 yǎn ❶果实变坏发黑。❷同"黤",暗黑色:璧色~幽。❸昏昧不明:鄙人~浅。

鰋 yǎn 同"鰋"。

趨 yǎn 跑。

黭 yǎn 同"黭"。

鼴 yǎn ❶"鼹"的异体字。❷又称鼳,哺乳动物。

顩 ㊀yǎn 牙齿不齐并露出唇外,俗称暴牙。

㊁ qìn ❶下巴向上翘起：～颐折頞。❷脸窄腮尖的样子。❸脸。
㊂ hàn［頫顩］（dàn-）见1250页"頫"字条。
㊃ qiǎn［顩顲］（-yǐn）也作"顩顲"，脸部不平。

鰋 yǎn 鱼名。

縯 yǎn 续。

曮 yǎn 太阳运行；太阳运行的度次。

巘 yǎn 同"巚（巘）"。

巚 yǎn 同"巘（巚）"。

黬 yǎn 同"黭"。

鼴［鼹］ yǎn 鼴鼠，俗称地排子，哺乳动物，像老鼠，生活在土穴中。
◆"鼹"另见1108页"鼹"字条。

甗 yǎn 玉甑。

齴 yǎn ❶笑。❷同"齞"，牙齿露出唇外。

黶 yǎn 同"黡（黶）"。

黤 yǎn 云色阴暗。

鰜 ㊀ yǎn［鰜鯛］（-yú）鱼名。
㊁ yán［鰜喁］（-yóng）也作"噞喁"，鱼口动的样子。

黭 yǎn 同"黤"。

繝 yǎn 同"縯"。

yàn

厌（厭） ㊀ yàn ❶满足：贪得无～｜学而不～。❷嫌恶；憎恶：～恶｜～弃｜不～其烦。
㊁ yā ❶抑制：东～诸侯之权。❷堵塞：～其源，开其渎，江河可竭。

晏 yàn ❶安：以～父母。❷日出清明。

觃（覎） yàn［觃口］地名，在浙江。

猏 yàn 凶猛的狗，也指猎狗。

彦 yàn 同"彥"。

牪 yàn 牛伴。

砚（硯） yàn ❶砚台，写毛笔字研墨用的文具：～池｜笔～｜鲁～（产于山东的名砚）。❷因同学常共用笔砚，故旧指同学关系：同～｜～兄｜～友。

咽［嚥］ yàn 见1099页yān。

彥｛彦｝ yàn 有才学、品德高尚的人：～士｜硕～名儒。

姲 yàn 用于女子人名。

艳（艷）［豔、豓］ yàn ❶女子相貌美好，身材高挑，泛指女子美：美而～｜少妇多妖～。❷美女，也指美丽的花：不婚权～｜怕娇偏得～｜一枝秾～。❸关于男女情爱方面的：～情｜～史｜～福。❹色泽鲜明好看：鲜～｜～丽｜百花争～。

晏 yàn ❶晴朗：天清日～｜景色清～。❷平静；安逸：～闲｜～眠｜河清海～，黎庶宽安。❸柔和；温和（多叠用）：言笑～～，信誓旦旦。❹晚；迟：早睡～起｜你们今天怎么回来得这样～？❺姓。

唁 yàn ❶对遭遇非常变故的人表示慰问：为有司所劾削阶，朋友～之。❷对死者家属或团体表示慰问：吊～｜～电｜～函。

烻 ㊀ yàn 光强盛、明亮的样子：～光盛起。
㊁ shān 光闪烁的样子：晨光内照，流景外～。

宴［❷❸醼、❷❸讌］ yàn ❶安逸；安乐：～安｜～乐｜新婚～尔。❷请人或聚在一起吃酒饭：～客｜～会｜～请。❸酒席：设～｜国～｜盛～。
◆"讌"另见1111页"谳"字条。

隁 yàn 同"堰"。

验（驗）［❷❸騐］ yàn ❶马名。❷察看；审核：检～｜～血｜～车。❸有效果：应～｜灵～｜屡试屡～。

硱 ㊀ yàn 同"砚（硯）"。
㊁ qìng 同"硁（硜）"。

殗 yàn 同"唁"。

覎 yàn 同"觃（覎）"。

晻 yàn "暥"的讹字。

偐 yàn 同"赝（贋）"。

Y

偣 yàn 匽。

猒 yàn 同"犴"。

谚(諺) yàn 谚语,长期积累、广泛流传的固定的词句或常言:古~|俗~|农~。

匽 ㊀ yàn 同"堰",拦河修建的低坝。㊁ yǎn 山坡。

婩 ㊀ yàn ❶ 同"譣",诬陷;诽谤。❷ 婢女。❸ 用于女子人名。㊁ yān 女人的样子。

燕 yàn 同"燕"。

堰 yàn ❶ 挡水的低坝,有的拦河修建,可提高上游水位,便利灌溉和航运:堤~|围~|都江~(在四川)。❷ 筑堰挡水:~水为塘|水来土~。❸ 池塘:一口~|一~水。

雁[鴈] yàn 鸟名,常成行列飞行,是候鸟。

猒 yàn 同"厭(厌)"。

喭 yàn ❶ 同"唁",吊唁:往~。❷ 同"谚(諺)",谚语:鄙~。❸ 莽撞;粗俗:畔~。

彥 yàn 同"谚(諺)"。

揜 yàn 比较物体的长短。

焰[燄] yàn ❶ 火苗:火~|鼓风煽~|风吹巨~作。❷ 燃烧:其光自土而出,若~薪火。❸ 光亮:雨昏陋巷灯无~。❹ 比喻气势:气~|妖~|衙门凶~。

焱 yàn "焱"的讹字。

燄 ㊀ yàn 以手散物。㊁ jiǎo 同"敫(烄)"。

焱 ㊀ yàn 火花;火焰:火~。㊁ yì 同"焲",火光。

渰 yàn 水名,赣江支流,在江西。

滻 yàn 古地名。(《中国古今地名大辞典》)

愝 ㊀ yàn 痛快:~意。㊁ yān 同"俺"。

隁 yàn 同"匽"。

覎 yàn[覎覎](biàn-)见1188页"覎"字条。

椻 ㊀ yàn 堆积木头设置障碍。㊁ yà 通"揠",拔。

椻 yàn "椻"的讹字。

歅 yàn ❶ 大呼用力。❷ 怒腹。

鴈 yàn 同"鴈(雁)"。

殗 yàn "喭"的讹字。

諺 yàn 同"谚(諺)"。

熖 yàn 同"焰"。

滟(灩) yàn[滟滪堆](-yù-)长江瞿塘峡口凸起的巨石,为整治航道,已被炸除。

潅 ㊀ yàn 大水的样子。㊁ guì 古水名。(《集韵》)

宴 yàn 同"宴"。

裺 yàn 同"魘"。

猒 yàn 同"猒(厭,厌)"。

隁 ㊀ yàn ❶ 同"堰",挡水的堤坝:塘~。❷ 战国时楚国地名,在今湖北。㊁ yān ❶ 古地名。1. 春秋时属郑国,汉代属颍川郡,在今河南。2. 古县名,在今河南。❷[隁陵]后作"鄢陵",地名,在河南。

墕 ㊀ yàn 同"堰"。㊁ yān 用于地名:梁家~(在山西)。

酽(醶) yàn ❶ 汁浓;味厚:~茶|这碗茶太~了|江城白酒三杯~。❷ 颜色深:云霞色~|傅色明~。

焰 yàn 同"焰"。

艶 yàn 同"艳(艷)"。

暥 yàn ❶ 同"晏"。❷ 安定:~然行乡里间。

閼 yàn 同"閼(晏)"。

曕 yàn 广远。

踆 yàn 走路不端正。

鳫 yàn 同"鴈(雁)"。

熖{熖} yàn "焰"的讹字。

奟 yàn 同"晏"。

雁 yàn 同"鴳"。

䎦 yàn ❶剑羽。❷敛羽。

䋑 yàn 缫丝时理出头绪。

䁙 yàn 耳戏。

猒 yàn 同"猒(厭,厌)"。

䝟 yàn 同"嬿"。

䤷 yàn ❶苦味。❷同"酽(釅)",汁浓;味厚:酒～。

餍(饜) yàn ❶吃饱:必～酒肉而后返。❷满足:～足|终身不～。

䁙 yàn ❶以目光挑逗。❷看。❸仰视。

䁙 yàn 同"䁙"。

鷃(鴳) yàn 鷃雀,一种小鸟。

䞁 yàn 同"䞁"。

䶮 yàn ❶同"䤷",苦味。❷苦菜。

䛳 yàn 诬陷;诽谤。

諺 yàn 语鬼。

䧝 yàn 同"餍(饜)"。

䢥 yàn ❶遮遏。❷行走的样子。

谳(讞) yàn ❶判案定罪;判别:定～|详～|刺～其诚伪。❷案件:狱～|治～|议～。❸呈报判案结果:狱成,有司～于公。

䀾 yàn 同"䀾"。

䴏 yàn 同"燕"。

燕 ㊀[❶鷰] yàn ❶燕子,鸟名:莺歌～舞。❷同"宴"。1.宴饮:盛～|欢～。2.安乐:～乐|～居。
㊁yān ❶周代诸侯国名,在今河北北部和辽宁西南部。❷朝代名,十六国时有前燕(337-370年)、后燕(384-407年)、南燕(398-410年)、北燕(407-436年)。❸地名,旧指河北或河北北部:～草如碧丝|大雨落幽～。❹姓。

䲜 yàn 同"鳫(雁)"。

赝(贋)[贗] yàn 假的;伪造的:～品|～币|～鼎。
◆"贗"另见1112页"贗"字条。

㷳 yàn 火色;火。

㷳 yàn 同"㷳"。

䲓 yàn 鬲类炊具。

䁙 yàn ❶两物价值相当。❷以两物互相比较长短。

䞁 yàn 大的样子。

䁙 ㊀yàn 小的样子。
㊁qiān 柜。

爓 yàn 同"㷳"。

䳛 yàn 同"爓"。

曕 yàn 晒。

魘 yàn 污浊。

䭳 yàn 饴糖。

䁙 yàn 证。

鴳 ㊀yàn[鴳雀]又称老雇、冠雀,鹑的一种。
㊁è[幽鴳]传说中的怪兽,像禺,身有纹。

鄢 ㊀yàn 古地名。(《说文》)
㊁yǎn 人名(春秋时人)。

䦲 yàn 同"晏",晚;迟:～然而住。

䳺 yàn 同"鷃"。

䯉 yàn 同"餍(饜)",吃饱。

鑀 yàn 金属元素"铟(錮)"的旧译写法。

鳫 yàn 大雁,鸟名。

䳛 yàn 同"鳫(雁)"。

谳(讌) yàn ❶相聚叙谈:欲与亲知时共欢～。❷同"宴",用酒席招待,也指酒席:饮～|良～。
◆"讌"另见1109页"宴"字条。

嚥 yàn“嚥(咽)”的讹字。

騐 yàn 同“验(驗)”。

嬿 yàn 同“嬿”。

贗 yàn 同“贋”。

艶 yàn 同“艷(艳)”。

鴈 yàn 同“鴈(雁)”。

覎 yàn 濡墨。

鷃 ㊀ yàn 同“鷃”。
㊁ zhuī 同“騅”。

鮨 ㊀ yàn 鱼名。
㊁ qí 用小鱼虾腌制的鱼酱。

燄 yàn 同“燄(焰)”。

䜩 yàn 同“饜(饜)”。

嬿 yàn ❶ 美好：～服而御。❷ 安乐：生无荣～，没望归魂。❸ 用于女子人名。

騴 yàn 尾巴根白色的马。

曣 yàn 同“曣”。

醶 ㊀ yàn 醋。
㊁ liǎn［醶醶］(－qiǎn)醋味。
㊂ jiǎn 同“醎”，卤水：～可去茶迹。

曕 yàn ❶ 晴朗无云。❷ 暖。

饜 yàn 同“餍(饜)”。

讞 ㊀ yàn 验问；验证：以经为～。
㊁ xiān 通“憸”，奸邪；奸佞：勿用～人。

贋 yàn 同“贋(赝)”。

爓 ㊀ yàn 同“焰”，火焰：烟～张天。
㊁ xún 同“燖(爓)”。

驗{騐} yàn 同“驗(验)”。

甗 yàn 瓢，一说同“甗”。

曣 yàn 同“暥”。

饜 yàn 同“饜(餍)”。

爓 yàn“焰”的讹字。

灩 yàn 同“灩(灩)”。

贗 ㊀ yàn“贋(贋)”的异体字。
㊁ yán 财货不好。

豔 yàn“豔(艳)”的讹字。

爓 yàn“爓”的讹字。

灧 yàn 同“灧(滟)”。

孍 yàn 同“艶(艳)”。

豔 yàn 同“豔(艳)”。

饜 yàn 同“餍(饜)”，吃饱。

鷰 yàn 同“燕”，鸟名。

讌 yàn 同“讌(谯)”。

讞 yàn 判案定罪，后作“讞(谳)”：～狱。

㶄 yàn 义未详。(《改并四声篇海》)

饜 yàn 同“餍(饜)”。

齞 yàn 牙齿参差不齐。

驠 yàn ❶ 白臀的马。❷ 动作轻捷的小儿。

灩 yàn 同“灩”。

鷰 yàn 同“燕”，燕子：～雀｜飞～。

鷰 yàn 同“燕”。

孍 yàn 同“艶(艳)”。

灩 yàn 同“灩”。

灩 yàn 水满波动的样子，也指光耀的样子，也作“灧(滟)”。

齴 ㊀ yàn ❶ 齿美的样子。❷ 同“齞”，牙齿参差不齐。
㊁ yán［巉齴］(chán－)见 91 页“巉”字条。

yāng

央 ㊀ yāng ❶ 中心：中～。❷ 尽；完了：夜未～。❸ 恳求：～求｜～告｜～人帮忙。

㊁ yīng［央央］（-yīng）1. 鲜明的样子：白旆～。2. 声音和谐：和铃～。

㕧 yāng 同“映”，应答声。

抰 yāng 拿牲口驾车用的皮带击打。

盳 yāng［盳瞳］（-tóng）阴险狠毒的目光。

映 ㊀ yāng 应答声。
㊁ yǎng［映咽］（-yè）1. 悲伤。2. 水流阻滞不通：泉流迸集而～。

狭 yāng 同“貁”。

泱 yāng ❶ 流；淌：潏湟淴～｜急得我口里水～。❷［泱泱］1. 云气聚起的样子：天～以垂云。2. 水深广的样子：瞻彼洛矣，维水～。3. 气势、声势宏大的样子：振～之风｜～大国。

姎 yāng 女子自称，也用于男子自称：老～们｜～徒。

秧 yāng 义未详。（《改并四声篇海》）

殃 yāng ❶ 灾祸；祸害：灾～｜遭～｜城门失火，～及池鱼（比喻牵连受害）。❷ 残害：祸国～民。☞殃／灾／祸 见391页“祸”字条。

胦 yāng［脖胦］肚脐。

袂 yāng 同“殃”。

眏 ㊀ yāng 眼睛模糊。
㊁ yìng 同“暎”，看。

鸯（鴦） yāng［鸳鸯］见1197页“鸳”字条。

秧 yāng ❶ 水稻的幼苗，泛指植物幼苗：插～｜树～｜瓜～。❷ 某些植物的茎：豆～｜白薯～。❸ 某些饲养的幼小动物：鱼～｜猪～子。

庾 yāng 同“殃”。

蒸 yāng 姓。

鞅 yāng［軮轧］（-yà）1. 漫无边际的样子：忽～而亡垠。2. 拟声词，响声：～浑忱地轴摧。

貁 yāng 狸类动物。

霙 yāng ❶［霙霙］也作“英英”“泱泱”，白云的样子。❷ 雪花：飞～。

稵 yāng 同“秧”。

鉠 yāng［鉠鉠］同“镆镆（鏌鏌）”，拟声词，铃声：和铃～。

瘗 yāng 同“殃”。

鞅 ㊀ yāng 套在拉车的牛、马颈部的皮带，借指车马：轮～｜迅～载途。
㊁ yàng 牛、马拉东西时架在脖子上的器具：牛～（又称牛鞅子）。

魅 yāng 同“殃”。

鞯 yāng 同“鞅”。

鞴 yāng 同“鞅”。

傹 yāng［傹降］（-xiáng）不伏。

鸠 yāng 同“鴦（鸯）”。

鉠 yāng［鉠魺］（-yà）鱼名，体表无鳞，生活在溪涧中，也单称鉠。

獚 yāng［獚狰］（-xiáng）狗不服从牵引。

龍 yāng 同“鼂”。

鼂 yāng 龟的一种。

yáng

昜（昜） yáng ❶ 同“阳（陽）”。❷ 汉字偏旁或部件。

扬（揚）［❶-❹颺、❶-❹敭］ yáng ❶ 高举；向上：～手｜～帆｜～眉吐气。❷ 簸动；向上播散：～场（cháng）｜～汤止沸。❸ 在空中飘动：飘～｜飞～。❹ 称颂；传播：表～｜～言。❺ 容貌好；英俊：其貌不～。❻ 指江苏扬州（地名）：～剧。❼ 姓。
◆“颺”另见1114页“飏”字条。

羊 yáng ❶ 哺乳动物，也是家畜，常见的有山羊、绵羊、羚羊等。❷ 吉利，后作“祥”：大吉～｜阴谋不～。❸ 细密，完备，后作“详（詳）”：～计某言。❹ 姓。❺［羊舌］姓。❻［羊踯躅］（-zhízhú）也作“羊蹢躅、羊躏躅、羊蹢蔔”，又称闹羊花，落叶灌木，花有毒，可供药用。羊误食则原地转圈至死，故名。

⺷ ㊀ yáng 同“羊”。
㊁称羊字头，汉字部件。

阳（陽） yáng ❶ 山南或水北（多用于地名），也泛指南面：衡～（在衡

Y

山之南)|洛～(在洛水之北)|横带国之～。❷正面,向阳的一面:碑～|～坡。❸明亮;鲜明:乍阴乍～|时无重至,华(花)不再～。❹凸出的;外露的:～文|～沟|～奉阴违。❺太阳:～光|朝～|向～。❻活人的;人间的:～寿|～宅|～界。❼男性生殖器:～萎|壮～。❽带正电的:～电|～极。❾姓。

阦 yáng 同"阳(陽)"。

杨(楊) yáng ❶落叶乔木,有白杨、大叶杨、小叶杨等多种。❷姓。

旸(暘) yáng ❶日出:～谷(传说中的日出之处)。❷太阳:初～|新～。❸晴;日晒:雨以润物,～以干(乾)物。❹明亮:悲白日之不～。

飏(颺) yáng ❶同"扬(揚)❶-❹"。❷(船)缓慢前行的样子:舟遥遥以轻～。❸用于人名。

◆"颺"另见1113页"扬"字条。

㐌 yáng 同"鍚"。

炀(煬) yáng ❶炽烈:炎～|～旱|～然焚如。❷烘烤:持就火～之。❸熔化(金属):金～则液。

钖(鍚) yáng ❶马额上的金属饰物。❷车上的镂金饰物。❸盾背面的金属饰物。❹车轮外圈包的铁皮或铁箍。

氜 ㊀yáng 同"阳(陽)"。
㊁rì "氦"的旧称。

佯 yáng 假装:～装|～攻|～死。

疡(瘍) yáng ❶头疮,泛指痈疮:脓～|手～。❷皮肤破损;溃烂:溃～。

劷 yáng 劝。

垟 yáng 田地,多用于地名:田～|～溪(在浙江)|上家～(在浙江)。

苹 yáng[苹蒬](-quán)蜀羊泉,多年生蔓生草本植物,可供药用。

昜 yáng 同"昜"。

徉 yáng 同"佯",假装。

狣 yáng[狣猺](-huáng)古代西南地区部分少数民族名。

逆 ㊀yáng 进退的样子。
㊁nì 同"逆":～顺斯悬|人生几～旅。

羏 ㊀yáng 美好。
㊁xiáng 同"翔"。

洋 ㊀yáng ❶水名。1.洋河,桑干河支流,在河北。2.洋水,又称西乡河,在陕西。❷地球表面上比海更大的水域:太平～|大西～|北冰～。❸[洋洋]1.盛大;多:～万言|～大观。2.自得、懒散等样子:喜～|暖～|懒～。❹外国;外国的:～人|～货|～为中用。❺现代的;时尚的:土～结合|～气。❻银币;银圆:大～|～钱。
㊁xiáng ❶古水名,在今山东。❷古州名,即今山西的洋县。

弬 yáng 弓弯曲。

玶 yáng 古地名。(《龙龛手鉴》)

狣 yáng[狣猺](-huáng)同"狣猺"。

烊 ㊀yáng ❶同"炀(煬)",熔化(金属):～铜。❷溶化:糖～了。
㊁yàng[打烊]商店晚上关门停止营业。

敭 yáng 同"扬(揚)"。

砓 yáng 义未详。(《改并四声篇海》)

貹 yáng 义未详。(《改并四声篇海》)

眻 yáng ❶美目。❷眉间。

颺 yáng 同"扬(揚)"。

蛘 ㊀yáng 蛘子,又称米象,生于米谷中的小黑甲虫。
㊁yǎng 皮肤发痒,后作"痒(癢)":～不敢搔。

崵 yáng 古山名。(《龙龛手鉴》)

崸 yáng 同"崵"。

崵 ㊀yáng ❶[首崵山]也作"首阳山",古山名,有多处,在今河北、河南、山西等。❷古山谷名。(《说文》)
㊁dàng 古山名,即芒砀山,芒山、砀山的合称,在今河南。

笀 yáng 竹名。

羘 yáng 多。

詳 yáng 同"羘"。

𨏒 yáng 车名。

Y

𢿫 yáng ❶戈。❷钺,大斧。

𢿯 yáng 同“𢿫”。

𣀓 yáng 同“𢿫(扬,揚)”。

𤍊 yáng 同“煬(炀)”。

蛘{蛘} yáng 同“蛘”。

𣿅 yáng 同“洋”。

𣸭 yáng 用于佛经译音。

禓 ㊀yáng 道路上的祭祀,也指路神。㊁shāng 旧指横死的鬼,也指驱逐其的祭祀。

𥅍 yáng 同“睰”,明亮。

暘 yáng 同“眻”。

𥈠 yáng 明亮。

𥊡 yáng ❶明亮。❷焦。

𨼆 yáng 同“阳(陽)”。

𨻗 yáng 同“阳(陽)”。

𨽃 yáng 同“阳(陽)”。

𡾎 yáng(又读 lóng)同“㟖”。

𥛦 yáng 同“禓”。

𦼫 yáng 草名。

輰 yáng[輰𨍭](-suì)车。

諹 yáng ❶赞扬。❷喧哗。❸谨慎。

𤸫 yáng“瘍(疡,瘍)”的讹字。

篖 yáng[箷篖](yǐ-)见 1140 页“箷”字条。

𤡨 yáng 义未详。(《改并四声篇海》)

鸉 ㊀yáng[鷸鸉](shāng-)也作“商羊”,传说中的鸟,也单称鸉。㊁xiáng 同“翔”,飞翔:凤鸟～。

鞨 yáng 同“钖(鍚)”,佩在马额上的金属饰物。

𥂕 yáng 杯。

飏 yáng 同“颺”。

𩎻 yáng 同“陽(阳)”。

瘍 yáng 同“疡(瘍)”。

𧐠 yáng 同“蛘”,米象。

騆 yáng 马名。

𣊾 yáng 同“阳(陽)”。

鍚 yáng 同“钖(鍚)”。

鶡 yáng 同“鸉”。

鰑 yáng 赤鲡,鱼名。

𣞣 yáng 同“鸉”。

霷 yáng 农历十月的别称。

𪉹 yáng 义未详。(《改并四声篇海》)

鼶 yáng 鼠名。

鸉 yáng 鸟名,即白鹞子。

鸉 yáng 同“鸉”。

yǎng

卬 ㊀yǎng 脸向上,仰望,后作“仰”:高山～止|瞻～昊天。㊁áng ❶代词,我:招招舟子,人涉～否。❷通“昂”,抬头向上:～其首|自～|～然。❸姓。

卭 yǎng“卬”的讹字。

仰 yǎng ❶抬头;脸朝向上面:～望|～天大笑|人～马翻。❷仰视:～之弥高。❸敬慕;佩服:～慕|敬～|久～。❹依赖;依靠:～仗|～人鼻息(依赖别人,看人脸色行事)。

佒 yǎng ❶驼背;身体弯曲。❷同“仰”,抬头:偃～。

Y

坱 yǎng ❶尘土：尘～。❷污秽：忍使翠尘珠～。❸充盈的样子：～然凝气。

岟 yǎng ❶山脚。❷古山名。(《集韵》)

驶(駚) yǎng［驶犇］(－fèn)野兽跳跃自扑。

茚 yǎng(又读 áng)同"茚"，菖蒲的别称。

柍 ㊀ yǎng ❶柍梅，树名，也指梅花：～柘檍檀｜残～若飞雪。❷屋中央；中央：日月才经于～棖。
㊁ yàng 连枷，打谷脱粒的农具。

旇 yǎng 旗旌。

养(養) yǎng ❶抚育，供给生活品和费用：抚～｜赡～｜～家糊口。❷生育：生～｜～了一儿一女。❸饲养(动物)；培植(花草)：～狗｜～鱼｜～花。❹调养，使身心得到滋补或休息：～病｜～神｜休～。❺培养，使形成某种品质、习惯等：～成勤俭节约的好习惯。❻抚养的；非亲生的：～女｜～父。❼(品德、学业等)良好的积累：修～｜涵～｜学～。❽保护；维修：～护｜～路。

炴 yǎng 火光。

氧 yǎng 气体元素，无色无味，是人和动植物呼吸所必需的气体，在工业中用途很广。

羖 yǎng 同"养(養)"。

敹 yǎng 同"养(養)"。

鉠 yǎng 气流的样子。

翁 yǎng 同"慃"。

痒㊀(癢) yǎng ❶皮肤或黏膜受轻微刺激想要抓挠：搔～｜腿上被蚊子叮得很～。❷刺激：戟喉～肺，幽闷不聪。❸比喻受外界因素影响很想做某事：技～｜心里～～。
㊁ yáng ❶忧思成病，泛指病害：哀我小心，瘋忧以～｜降此蟊贼，稼穑卒～。❷痈疮：～疥。

紻 yǎng 卷曲的冠带。

楧 yǎng 同"柍"，梅。

梜 yǎng "楧"的讹字。

羖 yǎng 同"养(養)"。

映 yǎng ❶无财。❷无极限；无限量。

㑾 yǎng 同"慃"。

氱 yǎng 气体元素"氧"的旧译写法。

羪 yǎng 同"养(養)"。

慃 yǎng［慃慷］(－xiǎng)乖戾。

㾶 yǎng 同"癢(痒)"。

鞅 yǎng 治皮。

鴦 yǎng 同"駚(驶)"。

勨 yǎng 勉。

䩘 yǎng 颜色深而不鲜艳。

勸 yǎng 劝勉。

攁 yǎng 发动。

蕎 yǎng 同"養(养)"。

懩 yǎng ❶心想显示某种本领：技～(技痒)。❷心神不定。

羪 yǎng［羪羪］想吐。

礢 yǎng 同"痒(癢)"。

蝆 yǎng 同"痒(癢)"。

癢 yǎng 同"癢(痒)"。

yàng

怏 yàng ❶不高兴；不满意：～然不乐｜～～而去。❷勉强：无夜无明～着他。

恙 yàng 同"怏"。

样㊀(様) yàng ❶法式；标准：立～｜取～｜～本。❷形状；形象：变～｜以面为蒸饼～｜能画鸷鸟～。❸量词，用于事物的种类：两～菜｜四～糕点｜～～都行。

㊁ yáng 搁架蚕箔的柱子。
◆“槎”另见 1117 页“槎”字条。

皲 yàng ❶青的样子。❷面色青黑:朱发～狠。

羕 yàng“羕”的讹字。

恙 yàng ❶忧虑:何～不已。❷祸患:安然无～|转祸为福,永无～兮。❸疾病:偶染微～。

羕 yàng 同“羕”。

軮 ㊀ yàng 轿。
㊁ ǎng ❶车名。❷竹舆。

訉 yàng 止。

羕 yàng 水流长,泛指长、长大:江之～矣。

怏 yàng 同“怏”。

窐 yàng 冲荡:～石成窟。

詇 yàng ❶早知;预知。❷求告。

儾 yàng 立动的样子。

猄 yàng 狮子等猛兽。

漾 yàng“漾”的讹字。

攁 yàng 同“樣(样)”。

樣 yàng 同“樣(样)”。

様 yàng 义未详。(《字汇补》)

軮 yàng 同“軮”。

煬 yàng 同“炀(煬)”,烘烤。

餅 yàng 同“餻”。

獇 yàng 同“猄”。

遠 yàng 跑。

瀁 yàng 同“漾”。

瀁 yàng ❶古水名,即今嘉陵江上游的西汉水,发源于甘肃,流至陕西。❷水流长:江之～兮|川既～而济深。❸水面轻微动荡的样子:荡～|波～流溪|碧波微～。❹液体溢出:～奶|～酸水。❺散发;流露:室内～着花香|脸上～着笑容。

憹 yàng 怅恨。

嫌 yàng 用于女子人名。

擟 yàng 同“攁”。

攁 yàng 式样,法式,后作“樣(样)”。

樣 ㊀ yàng“样㊀”的繁体字。
㊁ xiàng 橡果,即栎果,后作“橡”。

嬚 yàng 用于女子人名。

軮 yàng 同“軮(軮)”。

瀁 ㊀ yàng 同“漾”,水流长:流～不一。
㊁ yǎng[瀁瀁](-yǎng)广大无边的样子:～旦潮平|心～而无所终薄兮。

轅 yàng 义未详。(《龙龛手鉴》)

餻 yàng 糕饼。

謙 yàng 声变。

樣 yàng“樣(样)”的讹字。

餻 yàng 同“餻”。

黮 yàng ❶赤黑色。❷浅青色。

饟 yàng 同“餻”。

yāo

幺 ㊀ yāo ❶细小;幼小;排行在末尾的:～小|～妹|他是家里的老～。❷在某些说数字的场合用来代替“一”,以避免与“七”音近混淆。❸姓。❹[幺麽](-mó)微小;微不足道:～小丑。
㊁ 称幼字旁,汉字偏旁或部件。

夭[❷❸殀] yāo ❶(草木)茂盛:繁杏～桃|其草惟～。❷未成年人死去:～亡|～折|寿～。❸摧折:终然谢～伐。

麦 yāo 同“夭”,摧折:未秋截霜,稼苗～残。

吆 yāo 大声呼喊,用于斥责人、驱赶牲口、叫卖、喊劳动号子等:～喝|～唤|喝五

～六｜～着号子。

囟 yāo［灶(竈)囟］(zào-)传说中的影神名。

窅 yāo 深目的样子。

宎 yāo 同“窅”。

屄 yāo 同“夭”。

妖 yāo ❶艳丽;美好:～艳｜～娆｜美女～且闲。❷妖怪,传说中有奇异法术而害人的东西:～魔｜照～镜。❸祸害:不～其身,必～于人。❹邪恶;荒诞;迷惑人的:～术｜～风｜～言惑众。❺装束、神态不正派或不正经:～媚｜～里～气。

纱 ㊀yāo ❶急戾。❷小。
㊁miào 同“妙”。

杌 ㊀yāo 草木幼嫩而茂盛的样子,也作“夭”。
㊁yǎo 树名。

祅 yāo 同“妖”。

纱 yāo［纱缊］(-yì)1.短小的样子。2.急戾。

耴 yāo［聊耴］(liáo-)见570页“聊”字条。

要 ㊀yāo ❶人的腰部,后作“腰”:细～｜量～以带之。❷强求;强迫:～挟。❸求;追求:～求｜言虽多而不～其中。❹邀请,后作“邀”:便～还家。❺姓。
㊁yào ❶重要;重大:～事｜～点｜身居～职。❷重要的内容:提～｜纪～｜纲～。❸总括;概括:～而言之。❹索取;希望得到:～饭｜～账｜～强。❺请求;要求:～他早点儿来｜～我去送货。❻应该;必须:遇事～冷静｜学习～勤奋。❼将要:天～下雨了｜火车～开了。❽连词,要是;假如:明天～下暴雨,飞机就可能晚点｜她～来了,你就把书交给她。

殀 yāo 同“殀(夭)”。

图 yāo 同“囟”。

媄 yāo ❶同“妖”,艳丽;美好。❷女子笑的样子。❸同“夭”,茂盛:南国桃～。

纱 yāo“纱”的讹字。

楧 yāo 同“杌”。

遖 yāo 遥远的样子。

殀 yāo 害物。(《集韵》)

訞 yāo ❶同“妖”,怪异:～怪狡猾｜诽谤～言之罪。❷花言巧语的样子。

粆 yāo 米未熟。

褋 yāo 同“祅(妖)”。

墺 yāo 用于地名:寨子～｜打石～(均在山西)。

葽 ㊀yāo ❶葽草,又称苦葽,草名:四月秀～。❷草生长茂盛的样子:丰草～,女罗施。
㊁yǎo［葽绕］远志,多年生草本植物,根可供药用。

喓 yāo ❶［喓喓］拟声词,虫叫声:～草虫｜～深草里。❷［喓喝］同“吆喝”。

頝 yāo 同“頝”。

頝 yāo 头小的样子。

樓 yāo 枣树的一种。

臋 yāo 同“腰”。

魊 yāo 同“妖”。

腰 yāo ❶胯上胁下的部分,在身体中部:～围｜～带｜折～。❷腰子,肾脏的俗称:猪～｜～花。❸裤、裙等围在腰上的部分:裤～｜裙～。❹事物的中间部分:山～｜树～｜～庭。❺中间像腰部一样狭小的地势:土～｜海～。

邀 yāo 同“邀”。

謏 yāo 同“訞(妖)”。

褄 ㊀yāo ❶衣的腰身。❷衣襻;束腰的带子。
㊁yào 衣带。

蝩 yāo 毒蛇名。

叜 yāo［大叜］也作“大要”,古地名,在今甘肃。

鴁 ㊀yāo［鴁鵂］(-fū)传说中的怪鸟,像鸡,三个头,六只眼。
㊁ǎo 同“鴹”,鸟名。

緌 yāo ❶同“褄”,系衣服的带子。❷绳索。

䚕 yāo［青䚕］哺乳动物。

邀 yāo ❶迎候：～于郊。❷拦截；阻留：～击｜四面～截。❸求取；求得：～取｜～功｜～赏。❹约请：～请｜～集｜特～。❺同"约(約)"，用秤称量：光荣这玩艺儿不能论斤～，也不能用尺量。

䁏 yāo 同"妖"。

雓 yāo 同"鴹"。

嬰 yāo 同"妖"。

飺 yāo 饧。

䶩 yāo 同"妖"。

鴹 yāo［鸰鴹］(líng-)鸟名，也单称鴹。

yáo

爻 yáo 组成八卦的长短横画符号，如"—"为阳爻，"--"为阴爻。

声 yáo 义未详。(《改并四声篇海》)

尧(堯) yáo ❶极高的样子：～～。❷传说中上古帝王名：～舜｜～天舜日。

兟 yáo 同"堯(尧)"。

芫 yáo 同"堯(尧)"。

羌 yáo 同"堯(尧)"。

匋 yáo 同"鞠"。

肴［❶餚］ yáo (旧读 xiáo) ❶做熟的鱼、肉等，也指精美的菜：佳～｜酒～。❷通"淆"，纷乱：～乱日甚。

庴 yáo 义未详。(《改并四声篇海》)

陶 yáo［皋陶］(gāo-)同"皋陶"。

肴 yáo 同"肴"。

垚 yáo ❶土高的样子，后作"堯(尧)"。❷用于地名：炭～坪(在山西)。

砓 yáo ❶石名。❷石不平。❸难；困难：欲胜那僧人～上～。

轺(軺) ㊀ yáo ❶一种小而轻便的马车：～车｜乘～。❷兵车：征～｜出师～。
㊁ diāo 车名。

峣(嶢) yáo ❶［峣峣］也作"嶤嶤"，高峻的样子：直～｜览高冈兮～。❷［峣嵪］(-què)(土地)贫瘠：土田～。

㛤 yáo 同"姚"。

姚 ㊀ yáo ❶妖艳、美好的样子：美丽～冶。❷通"遥"，远：其功盛～远｜不时怒，民将～去。❸姓。
㊁ yào［剽姚］(piāo-)勇猛而迅疾的样子：～校尉。

珧 yáo ❶又称江珧，软体动物，生活在海边泥沙中。闭壳肌干制后称江珧柱，是珍贵食品。❷蜃的甲壳，古代用作刀、弓等的装饰。

肴 yáo 同"肴"。

揺 yáo 同"摇"。

搖 yáo 同"摇"。

傜 ㊀ yáo 刺击。
㊁ wèi 因痛苦而发出的呼叫声。

䌛 yáo 同"䌛"。

逄 yáo 同"遥"。

烑 yáo 光亮；明亮。

窑 yáo 同"窑"。

媱 yáo 女子貌美。

䋂 yáo (又读 xiáo) 黄色，苍黄色，也作"绞(絞)"。

㙘 yáo 同"窑(窯)"。

嵺 yáo "嶢(峣)"的讹字。

铫(銚) ㊀ yáo ❶古代农具，一种大锄。❷姓。
㊁ tiáo 古代兵器，长矛。
㊂ diào 铫子，煎药或烧水用的器具，像壶：药～｜沙～。
㊃ yào (又读 yáo)［铫芅］(-yì)又称苌楚、羊桃，植物名。

遥 yáo 同"遥"。

脩 yáo 同"肴"。

脂 yáo 同“䍃(谣,謡)”。

䍃 yáo“䍃”的讹字。

媱 yáo 同“䍃”。

䍃 yáo 同“谣(謡)”,歌谣。

詨 yáo 同“谣(謡)”。

窑[窯、窰]{窰} yáo ❶烧制砖瓦、陶瓷等的建筑物:砖～|石灰～。❷为采煤而开凿的洞:煤～。❸人居住的石洞;在土坡上为住人而挖的洞或土屋:～洞。❹旧指妓院:逛～子|～姐儿。☞异体字“窰”,今改为新字形。

窐 yáo 同“窯(窑)”。

遥 yáo 同“遥”。

摇 yáo 同“摇”。

蜹 yáo ❶虫名。❷同“珧”,又称江珧,一种海蚌。

倄 yáo 义未详。(《改并四声篇海》)

傜 yáo 喜悦。

傜 yáo 同“徭”。

颻 yáo 同“繇”。

䌛 yáo 同“繇”。

谣(謡){謠} yáo ❶不用伴奏的歌唱:自～|我歌且～。❷歌谣,民间流行的韵语:民～|童～。❸凭空捏造的话:～言|～传|辟～。

堯 yáo 同“窑”。

摇{搖} yáo ❶摆动;晃动:～篮|摇头～尾|地动山～。❷上升;飘扬:～举|风举云～。

搖 yáo 同“摇”。

蒥 ㊀ yáo ❶传说中的一种草。❷蒲叶。㊁ yào 菟丝子。

嗂 yáo 喜;高兴。

嶢 yáo ❶山的样子。❷古山崖名。(《山海经》)

傜 yáo 同“徭”,徭役。

徭 yáo ❶劳役:～役|征～|轻刑薄～。❷旧时称瑶族。

遥{遙} yáo ❶远:～远|～望|～控。❷长久:～～无期|～夜何漫漫。❸飘荡:魂魄归徕,无远～只。

猺 yáo ❶哺乳动物。❷旧时对瑶族的称谓。

愮 yáo ❶忧惧。❷惑乱。

穃 yáo 房屋。

窰 yáo“窰(窑)”的讹字。

媱 yáo ❶曲肩行走的样子。❷美丽动人。

瑶{瑤} yáo ❶像玉的美石,也指美玉:琼～|～簪。❷美好;珍贵:～函|～札|～花仙果。❸少数民族名,主要分布在广西、湖南、云南、贵州。

搖 yáo“搖(摇)”的讹字。

揺 yáo“摇”的讹字。

搖 yáo 同“摇”。

榣 yáo ❶树名。❷树摇动。

暚 yáo ❶日光。❷明。

犞 yáo 牛名。

飖(颻) yáo[飘飖]单用“飖”义同。1.扶摇,自下而上的旋风。2.随风摇动:香袖风飘轻举。

餆 yáo 糕饼类食品。

歋 ㊀ yáo[歋歋](-yáo)气出的样子。㊁ yǎo 出气。

遙 yáo 同“遥”。

斛 yáo 同“铫(銚)”,大锄。

歊 yáo 同“歋”。

搖 yáo 同“摇”。

墝 yáo 同“窑”。

磘 yáo 用于地名：灰～（在台湾）。

𡾰 yáo 同“𡾰”。

嶢 yáo 同“峣（峣）”。

僥 yáo 同“傜”。

䰘 yáo 鬼名。

𤗲 yáo 同“䌊”。

𪂅 yáo 义未详。（《改并四声篇海》）

瓝 yáo 同“䌊”。

瓢 yáo 同“䌊”。

歈 yáo 同“歈”。

窰 yáo 同“窯（窑）”。

䔄 yáo 同“䔄”，蒲叶。

蝔 yáo 同“珧”。

嗂 yáo 同“嗂”。

嶤 yáo 同“嶤”。

䌊 yáo 梢瓜；菜瓜。

𡾰 yáo 座。

窯 yáo 同“窯（窑）”。

𢐗 yáo “𢐗（𢐗）”的讹字。

䌛 yáo 同“䌛”。

瑤 yáo 同“瑶”。

䠛 yáo ❶［䠛䠛］行走；行走的样子。❷跑的样子。

鞉 ㊀ yáo 鼓。
㊁ táo 鼓框木。

䒒 yáo［䒒芅］（-yì）也作“铫芅”，即苌楚。

軺 yáo 同“轺（轺）”。

䠛 yáo 跳。

遙｛遙｝ yáo 同“遥”。

䌛 ㊀ yáo ❶草木茂盛的样子，也作“䌛”：厥草惟～。❷同“徭”，劳役：民无一日之～。❸通“遥”，远：～其期，足之日。❹姓。
㊁ yóu ❶通“由”。1. 介词，自；从：福～德兴。2. 缘由：不知所～。❷用于人名：钟～（三国时人）。
㊂ zhòu 通“籀”，古代占卜的文辞：～文｜～辞。

䚻 yáo 硬。

歈 yáo 同“歈”。

䌛 yáo 同“䌛（䌛）”。

䚻 yáo 义未详。（《改并四声篇海》）

𢐗 yáo 同“𢐗”。

䚻 ㊀ yáo 酒器。
㊁ zú 姓。

鰩（鳐） yáo 鱼的一种，有的身上有放电器，能放电，生活在海底。

䌛 yáo 同“䌛”。

颻 yáo 同“飖（飖）”。

䌛 yáo “䌛（䌛）”的讹字。

窯 yáo 同“窯（窑）”。

䌛 yáo（又读 yóu）同“䌛”。

騷 yáo［驍騷］（xiāo-）见 1049 页“驍”字条。

䌛 yáo 同“䌛”。

䭐 yáo 同“尧（堯）”。

䫏 ㊀ yáo 头狭长的样子。
㊁ qiào 抬头。

䌛 yáo 草茂盛的样子：厥草惟～。

𢐗 yáo 同“𢐗”。

𢐗 yáo 弓便利。

yǎo

𣅺 yǎo 远望浑然不分的样子。

伒 ㊀ yǎo 瘦弱。
㊁ fó 同"佛㊀"：～号|～国。

昖 yǎo "昖(窅)"的讹字。

岆 yǎo 古山名。(《集韵》)

宎 yǎo ❶ 同"窔(窔)"，室内东南角。❷ 风入孔洞发出的声音。

穾 yǎo 同"窈"。

抭 {抭} ㊀ yǎo 同"舀"，舀取：或舂或～。
㊁ tāo 舀具。

苭 yǎo [苭茮](-niǎo)草长的样子。

杳 yǎo ❶ 幽暗；幽深：～冥|～不可窥。❷ 宽广：川原～何极|霜泽与天～。❸ 远得不见形影、声息：～如黄鹤|～无音信。

昖 yǎo 同"窅"。

柪 yǎo 靴袜筒。

狕 yǎo 哺乳动物，像豹。

㑧 ㊀ yǎo ❶ [㑧嫋](-niǎo)同"偠嫋"，娇美。❷ [㑧𡝰](-qiāo)不顺。
㊁ yāo 用于女子人名。

柼 yǎo 义未详。(《改并四声篇海》)

咬 ㊀ [齩] yǎo ❶ 上下牙对合或夹住东西：～牙|～碎|让狗～了。❷ 钳子、齿轮等夹住或卡住：钳子松了，～不住管子|裤腿叫车链子～住了。❸ 牵扯、供出或伤害他人：～出一连串的名字|反～一口。❹ 比喻紧跟不放：～住敌人的尾巴。❺ 读字音或品读文字：～字不清|～文嚼字。
㊁ jiāo [咬咬](-jiāo)拟声词，鸟叫声，也作"交交"：～好音|黄鸟飞相追，～弄音声。

宧 yǎo 同"窔(窔)"。

宎 yǎo ❶ 同"窔"，室内东南角。❷ 拟声词，风声：四海无云，风～～波翻海沸。

窔 yǎo 同"窔"，室内东南角。

窈 yǎo 同"窈"。

窔 yǎo 同"窔"，室内东南角，引申为隐蔽、幽深：巖～洞房|～奥。

眑 yǎo ❶ 同"窅"，眼睛深陷的样子：趺鼻～目。❷ 幽静：清思～冥。

旿 yǎo 同"舀"。

眈 yǎo 同"舀"。

舀 yǎo ❶ 同"舀"。❷ 臼。

舀 {舀} yǎo ❶ 用瓢、勺等取东西(多用于流质)：～水|～菜汤。❷ [舀子]舀取物体(多为流质)的器具。

宧 ㊀ yǎo 同"窔(窔)"，室内东南角。
㊁ xiǎng 同"响(響)"。

窅 yǎo ❶ 眼睛深陷的样子：风荡日晕晴微～。❷ 远望：归径～如迷。❸ 深远：下有决涧，～然无底。❹ 深奥：元道～冥。

窙 yǎo [窙窱](-tiǎo)同"窈窕"。

窈 yǎo ❶ 深远；幽深：幽谷～然。❷ 昏暗：千仞之深谷而～黑。❸ 美好：青山～多姿。❹ [窈窕](-tiǎo)1. 美好的样子：～淑女|春花～。2. (山水、宫室)幽深：幽岫～|～九重闺|白壁丹楹，～连亘。

窙 yǎo "窙(窈)"的讹字。

偠 yǎo ❶ [偠绍]体态轻盈。❷ [偠嫋](-niǎo)娇美。

皢 {皢} yǎo 同"舀(舀)"。

窔 yǎo ❶ 幽深。❷ 远。

窔 yǎo ❶ 幽深：巖～洞房|天门～辽。❷ 室内东南角。❸ 隐暗处：奥～。

㔕 ㊀ yǎo [㔕𠢕](-niǎo)长而不劲。
㊁ ǎo 同"夭"。

㗛 yǎo 同"咬"。

㟱 ㊀ yǎo 古山名。(《集韵》)
㊁ yào [㟱崄](-xiǎn)两山之间像马鞍的地方，多用于地名：白马～(在陕西)。

窞 yǎo 同"窙"。

嫈 yǎo ❶ [嫈嬈](-niǎo)细弱。❷ 同"偠"。

蒵 ㊀ yǎo 草的样子。
㊁ zhuó 同"䅵"。

暚 yǎo 同"瞭"。

嵺 yǎo 山的样子。

餡 yǎo 同"舀"。

溔 yǎo［浩溔］也作"灏溔"，大水浩瀚无涯的样子：浩溔东流｜灏溔潢漾。

溍 yǎo［溍溟］（-míng）深不可测。

嫖 yǎo 同"嫽"。

麭 yǎo 义未详。（《改并四声篇海》）

駚 yǎo 同"騕"。

榚 yǎo 树高的样子。

瞭 yǎo ❶远视。❷［瞭眇］（-miǎo）远望的样子，一说烟焰飞腾的样子：～蝉蜎｜～日月光。

骬 yǎo ❶肩骨。❷同"髇"。

鴢 yǎo 同"鴁"。

䚺 yǎo 深视的样子。

髟 yǎo ❶同"黝"。❷［髟髟］（-niǎo）长而不劲。

駣 yǎo 驾在车两旁的马。

瑶 yǎo ❶美丽的眼睛。❷同"瞭"，远视。

皜 yǎo 臼。

麇 yǎo "麌"的讹字。

麌 yǎo 幼麌。

旚 yǎo ❶旗类标志。❷旗的样子。

窵 yǎo "窅"的讹字。

嬈 yǎo 同"嫖(嫽)"。

黝 yǎo 义未详。（《改并四声篇海》）

髇 yǎo 同"髇"。

髇 yǎo ❶腰部左右虚肉处：右～。❷肋骨。

犪 yǎo ❶哺乳动物。❷牛、马腾跃。

鼬 yǎo 同"鴁"。

嬈 yǎo 同"窈"。

鴁 ㊀yǎo 又称鴁头，水鸟名，即鱼鸡。㊁āo［鴁鶀］（-qí）鸟名。

闄 yǎo 遮拦；隔断：心以有意而为形之所～。

髇 yǎo 同"骬"。

髇 yǎo "髇"的讹字。

騕 yǎo［騕褭］（-niǎo）也作"要褭"，良马名。

齩 yǎo 同"齩(咬)"。

雋 yǎo "鷕"的讹字。

噍 yǎo 同"鷕"。

鷕 ㊀yǎo 拟声词，野鸡叫声，泛指禽鸟叫声：有～雉鸣｜其声～～。㊁xiào 野鸡：见～及獭深居。

齩 yǎo 同"齩(咬)"。

yào

岸 yào 岸上见人。

旯 yào 眼眶深陷。

㞢 yào 同"靿"。

药（❶葯、❷-❺藥） yào ❶白芷，多年生草本植物，也指白芷的叶。❷能治病的植物等：中～｜农～｜～店。❸用药治疗或毒杀：不可救～｜～老鼠｜～死。❹某些可发生化学作用的物质：火～｜炸～｜焊～。❺姓。

要 yào 见1118页yāo。

尥 yào ❶行为不正。❷足肿。

尦 yào 同"尥"。

钥（鑰） yào 见1204页yuè。

偠 yào 同“旭”。

袎 yào 袜筒。

眉 yào 卧息。

盁 yào 器中不平。

覞 yào 昂。

箹 yào 同“箹”，竹节。

跳 yào “蹺”的讹字。

緻 yào 同“袎”。

昗 yào 同“曜”。

筂 yào 同“箛”。

箛 yào 铺在椽上瓦下的竹席或苇席。

詏 yào 言逆，说不顺从的话。

恷 yào 怨恨。

靿 yào 同“勒”。

尷 yào 同“旭”。

曽 yào 同“耀”。

嗅 yào 叫。

斁 yào 同“要”。

僺 yào［倜僺］（diào-）见 942 页“倜”字条。

剸 yào 削。

靿 yào 鞋、袜子的筒儿：高～靴｜短～儿袜子。

覞 yào 相对而视。

熎 yào 灰烬。

頔 yào 颈项转动不自如。

鼿｛鼽、鼽｝ ㊀ yào ❶ 仰鼻：鼻～而刺天。❷ 鼻子折断。

㊁ yà 鼻子的样子。

鹞（鷂） ㊀ yào ❶ 鹞子，又称鹞鹰、雀鹰，鸟名。❷ 鹰科鹞属鸟类的通称：鹊～｜白头～。

㊁ yáo 鸟名，野鸡的一种。

嬰 yào 同“要”。

獟 ㊀ yào 狂狗。

㊁ xiāo 狂悍：诛～悍。

魏 yào 丑的样子。

藥 yào 同“藥（药）”。

虧 yào［虈虧］（qiào-）见 779 页“虈”字条。

藥 yào 同“藥（药）”。

寠 yào 同“要”。

覞 yào 同“覞”。

覞 yào 同“覞”。

蹺 ㊀ yào［踔蹺］（diào-）见 195 页“踔”字条。

㊁ qiáo 踮起脚跟等待，后作“翘（翹）”。

曜 yào ❶ 光明；光亮：日出有～｜隐～即伏于内。❷ 照耀：明月～夜｜白日～紫微。❸ 炫耀；显示：～威中原｜各～辞锋。❹ 指日、月、星。旧时将日、月和火、水、木、金、土五星合称七曜，分别用来指称一个星期中的七天，如日曜日是星期天，月曜日是星期一，其余依次类推。

鼽 yào “鼽（鼿）”的讹字。

艞 ㊀ yào 同“艞”，大船。

㊁ tiào［艞板］搭在船边与岸之间，便于人上下的长板。

臑 ㊀ yào 瘦瘠：清～多须。

㊁ shào 同“脂”，物件顶端尖锐。

雞 yào 同“鹞（鷂）”。

燿 ㊀ yào ❶ “耀”的异体字。❷ 日、月和火、水、木、金、土五星合称七燿，后作“七曜”。

㊁ shuò ❶ 把食物放在开水中稍煮一下即捞出。❷ 同“烁（爍）”，熔化金属：～金为刃。

韇 yào 同“曜”。

瞺 yào 同“瞺（覦）”。

曜 yào 同“覞”。

皭 yào 白色。

癯 yào 病。

鸛 yào 同“曜”。

耀〔燿〕 yào ❶光线强烈照射：照～｜闪～｜～眼。❷光芒；光辉：电光时见(xiàn)，大若火之～｜悲真理之匿～。❸显示；显扬：～武扬威｜～德不观兵。❹显贵；光荣：至老幽不～｜荣～。◆“燿”另见1124页“燿”字条。

幰 yào 张幕为屋。

𩵚 yào 道教专用字，自己口中的唾液。

𩵛 yào 义未详。(《字汇补》)

擽 yào ❶宫名。(《改并四声篇海》) ❷“擽(拣)”的讹字。(《正字通》)

譥 yào 同“譥”。

濼 ㊀yào ❶古水名，在今河南。❷水波翻腾的样子：踔踔湛～，沸溃渝溢。
㊁shuò 同“濼(泺)”，贯众，蕨类，多年生草本植物，根状茎和叶柄可供药用。

纅 ㊀yào 丝的色彩鲜明。
㊁lì 治丝。

矐 yào 同“覞”。

鬗 yào〔鬗鬗〕髻高。

繘 yào 丝。

覞 yào 眼花；目眩。

讑 yào ❶谬误。❷喧哗。❸觉悟。

yē

吔 ㊀yē ❶叹词，表示惊讶或惊疑：～，是你呀！｜～，不会是他吧？❷助词，表示感叹、惊讶等：哎呀！我的妈～！
㊁yě 用于佛经咒语译音。

耶 yē 见1126页yé。

枒 ㊀yē 同“椰”。
㊁yā “丫❶”的异体字。
㊂yà〔枷枒〕(jià-)见415页“枷”字条。

徆 yē〔傲徆〕(ào-)见12页“傲”字条。

梛 yē 同“椰”。

倻 yē〔伽倻琴〕(jiā--)朝鲜族弦乐器，像筝。

掖 yē 见1127页yè。

椰 yē 椰子，常绿乔木，叶可编席和盖棚，木材可用于建筑，果肉可食或做饮料、榨油。

暍 yē ❶中暑：～疾｜大旱，民多～死。❷热：炎～｜昼晦夜～。

焬 yē 同“暍”。

噎 ㊀yē ❶食物等堵塞食管：慢点儿吃，别～着｜因～废食。❷呼吸或说话困难：～得上不来气｜哭得气～喉干｜被他～得说不出话来。❸阻塞：城门～不得关。❹拟声词，虫叫声：～～暝蛩啼。
㊁yè 喉痛。

壹〔䵝〕 yē ❶填。❷噎。

澺 yē 水流动的样子。

曄 yē 同“暍”。

饐 ㊀yē 同“噎”。1.食物等阻塞食管：祝～在前。2.呼吸或说话困难：仰长叹兮气～结。
㊁yì ❶同“餲”，食物因受湿热而腐臭。❷臭味。

蝘 yē 同“蠮”。

蝪 yē 同“蠮”。

饐 yē 同“饐(噎)”。

螁 yē〔螁螉〕(-wēng)同“蠮螉”。

蠛 ㊀yē〔蠛螉〕(-wēng)同“蠮螉”。
㊁yǎn〔蠛蜓〕(-diàn)同“蝘蜓”。

蠮 yē〔蠮螉〕(-wēng)蜾蠃。

yé

爷(爺) yé ❶父亲：～娘｜阿～无大儿。❷祖父：～～奶奶。❸对长一辈或年长男子的尊称：大～(ye)｜三～｜赵～。❹旧时对主人、上级官吏或尊贵者的称呼：老～(ye)｜相～｜少～(ye)。❺对神佛的称呼：灶王～｜阎王～｜佛～。❻对从事某些行业的人的称呼：板儿～(蹬三轮车的人)｜倒儿～(倒卖票据等的人)。

Y

咊 yé(又读yíng)[咊嗽]也作"咊漱"，宋代书名。

耶 ㊀yé ❶助词，表示疑问语气：是～，非～？｜然则何时而乐～？❷通"爷(爺)"，父亲：～娘(孃)妻子走相送｜军书十二卷，卷卷有～名。
㊁yē 用于译音：～稣(即基督，基督教徒所信奉的救世主)｜～路撒冷(地名，在亚洲西部)。

耶 yé 同"耶"。

揶 ㊀yé[揶揄](-yú)同"揶揄"。
㊁yú[胥揶](xū-)残余。

苿 ㊀yé ❶草名。❷菜名。
㊁yē 同"椰(椰)"。

荐 yé 同"葤"。

铘(鋣) ㊀yé[镆铘](mò-)同"镆铘"，宝剑名。
㊁yá 金属元素"镓(鎵)"的旧译写法。

聏 yé 义未详。(《龙龛手鉴》)

葤 yé 同"荐(葤)"。

爺 yé 同"爺(爷)"。

揶 yé[揶揄](-yú)耍笑；嘲弄。

葤 yé 麻类植物，茎皮可做绳索。

帷 ㊀yé 古代男子用以束发的巾。
㊁ān[帷篼](-dōu)装马饲料的袋子。

铘(鎁) yé[镆铘](mò-)见664页"镆(鏌)"字条。

箣 yé 同"箾"。

歈 yé 同"歋"。

䎬 yé 父。

箾 yé 竹名。

歋 yé[歋歈](-yú)也作"揶揄"，耍笑；嘲弄。

椰 yé 树名。

鎁 yé[镆鎁](mò-)同"镆铘"。

擨 yé[擨歈](-yú)同"揶揄"，嘲弄；取笑。

鰤 yé 鱼名，像蛇。

yě

也 yě ❶助词。1. 表示判断语气：廉颇者，赵之良将～。2. 表示疑问或感叹语气：何～？｜是可忍，孰不可忍～？3. 表示句中停顿：大道之行～，天下为公。❷副词。1. 表示同样：他擅长绘画，～擅长书法。2. 叠用，表示并列：她～喜欢唱歌，～喜欢跳舞。3. 表示转折或让步：即使延长一个月，～完不成任务。4. 表示语气的加强：再～不敢登高了｜连男人们～惊慌起来。5. 表示语气的委婉：这件事～只好作罢。❸姓。

乜 yě 同"乜(也)"。

亓 yě 义未详。(《改并四声篇海》)

乜{乜} yě 同"也"，助词，表示语气：金石刻，尽始皇帝所为～。

芒 yě 同"乜"。

犽 yě 同"野"。

冶 yě ❶熔炼(金属)：～炼｜～金。❷(女子)装饰、打扮过分艳丽：～容｜妖～。

埜 yě 同"漜"。

野[埜、壄] yě ❶郊外；村外：旷～｜～外｜～炊。❷民间，指不当政的地位：在～｜下～｜朝～同庆。❸野生的，非人工养殖或培植的：～兔｜～草｜～菜。❹蛮横；粗鲁：～蛮｜撒～｜粗～。❺不受约束；难于约束：～性｜这个人太～｜放了几天假，孩子的心都玩～了。❻界限；范围：分～｜视～。

墅 yě 同"野"。

嘢 yě 助词，表示疑问等语气：何不唱几枝(支)～，祝吓酒兴呢。

漜 yě 泥水。

壄 ㊀yě 同"埜(野)"，郊外：田～。
㊁shù 同"墅"。

㙒 yě“壄(野)”的讹字。

𧕁 yě 虫名。

yè

业(業) yè ❶古代乐器架上悬挂钟、鼓、磬的大板:设～设虡。❷古代书册的夹版,引申为书:修～不息版。❸学习的功课或过程:学～|毕～|结～。❹事业;事情;工作:创～|失～|各行各～。❺从事某种工作:～农|～商|～医。❻财产:产～|家～|～主。❼已经:～经公布|～已完成。❽梵语羯磨的意译,分为善业和恶业,多表示命运或缘分,也特指恶业:生死所趋,善恶～缘|～报|～满劫脱,正宜相贺。

叶㊀(葉) yè ❶叶子,植物的营养器官:树～|根深～茂。❷像叶子的东西,比喻小而轻:百～窗|一～扁(piān)舟。❸书页,后作“页(頁)”:册～|活～|一～空纸。❹较长历史时期的分段:唐代末～|19世纪中～。❺姓。
㊁ xié 同“协(協)”,谐调;相合:～韵。
◆“葉”另见1128页“葉”字条。

页(頁) yè 见1053页xié。

曳 yè ❶拖拉;牵引:长裙～地|～光弹|弃甲～兵。❷摇动:摇～。

㚤 yè 义未详。(《改并四声篇海》)

拽 yè 义未详。(《改并四声篇海》)

邺(鄴) yè ❶古地名、旧县名,均在今河北。❷姓。

抴 yè 同“曳”。

㹎 yè 义未详。(《改并四声篇海》)

枼 yè 薄的样子。

抴 yè 同“曳”,拉;牵引:大呼～蛇。

㛳 yè 穿衣。

夜[亱] yè 从天黑到天亮的一段时间:～间|～不闭户|昼～不停。

𡖍 yè 同“夜”。

㝈 yè 同“夜”。

拸(㩎) yè 同“擫”。

拽 ㊀ yè ❶同“抴(曳)”,拉;牵引:长绳百尺～碑倒|木船～满了风篷。❷揣带:把札子～在身上。❸书法的一种用笔方法。
㊁ zhuài 拉;拖:～不动|生拉硬～。
㊂ zhuāi ❶用力扔:把球～过来。❷胳膊有毛病而转动不灵:胳膊～了。

枼 ㊀ yè ❶树叶,后作“葉(叶)”。❷薄木片:木～。❸同“楪”,窗子。
㊁ shì 通“世”,世代:三～之后。

𡖔 yè 同“夜”。

㙫 yè 同“夜”。

㖡 yè 怒;怒气。

㬥 yè “曳”的讹字。

㺊 yè[猰㺊](áo-)传说中的动物,像牛,四只角。

㳘 yè 同“液”。

捙 yè “拽”的讹字。

菒 yè 同“枼(葉,叶)”。

㭨 yè 同“叶(葉)”。

晔(曄) yè ❶明亮;有光彩:光～|光荣～流离。❷繁盛的样子:～兮如华|～然复扬。

烨(燁)[爗] yè 火光很盛的样子;明亮:～然。
◆“爗”另见1130页“爗”字条。

掖 ㊀ yè ❶搀着别人的胳臂:～杀国子。❷搀扶;提携:扶～|～而进之。❸通“腋”,胳肢窝:洞胸达～。❹旁边:～门。❺用于地名:张～(在甘肃)。
㊁ yē ❶把东西塞在衣袋或夹缝里;藏:把钱～进兜里|别藏着～着。❷把东西插在腰带上:～上那把刀就往外走。

䈎 yè 同“葉(叶)”。

㖸 yè 鸟夜鸣。

啘 ㊀ yè 干呕:呕～。
㊁ wā 助词,表示语气,啊:犯勿着～(犯

不上啊)!

液 ㊀ yè 液体,流动的、有体积而无定形的物质:津～|血～|溶～。
㊁ shì 浸泡:凡为弓,冬析干(幹)而春～角。

谒(謁) yè ❶禀告,引申为告发:臣请～其故|诛毋～而罪同。❷请求:～巫而祷之。❸进见;拜见:～见|拜～|参～。❹名帖:吏持～入|一人出刀笔书～。

葉 ㊀ yè "叶㊀"的繁体字。
㊁ shè ❶古邑名,春秋时属楚国,在今河南。❷姓。

䭬 yè[䭬齾](-niè)相及;接触。

𩓬 yè 同"䭬"。

殗 ㊀ yè ❶[殗殜](-dié)1.微病的样子:后虽小差,犹尚～。2.不动的样子:盛服～。❷重叠:重葩～叶。
㊁ yàn 同"魘",污浊:尤忌血腥臭膿～秽之气。

業 yè "業"的讹字。

晻 yè 用于古地名:洄～(在今云南)。

郋 yè 臭。

腋 yè ❶腋窝,又称胳肢窝,人的上肢和肩膀相连处靠里凹入的部分:～下夹着皮包。❷禽兽翅膀或前腿内侧和胸部相连的部分:弓不虚发,中必决胔,洞胸达～|珍裘非一～。❸同"掖",扶助;提携:好提～士。

㝷 yè 房屋狭窄。

焲 yè 同"燁"。

跩 yè 同"拽"。

揲 yè 同"擛",箕舌。

堨 yè 埠堨。(《龙龛手鉴》)

蕖 yè 同"葉(叶)"。

蘖 yè 同"葉(叶)"。

楪 ㊀ yè ❶窗子。❷[楪榆]汉代地名,在今云南。
㊁ dié ❶同"牒",床板。❷同"碟",盛食物的小盘。❸用于地名:～村(在广东)。

晻 yè ❶眼睛。❷闭目。

牒 yè 同"牒"。

䶵 yè[姑䶵]也作"姑射",古山名。(《汉语大字典》)

馌(饁) yè 给在田里劳作的人送饭。

煠 ㊀ yè 爚。
㊁ zhá ❶把食物放在油或汤中做熟,或开锅即捞出:～鱼|采苗叶～熟。❷把物品放在沸油中加工处理:先～胶令焦,取出不用。❸加工金属器物,使现出光泽:以飞箔梅锅内～白。

裓 yè ❶襜,蔽膝。❷衣袖。

隟 yè 同"牒"。

絕 yè 臭衣。

耩 ㊀ yè 耕种。
㊁ ǎn 同"晻",耕种田地。

瑋 yè 同"烨(燁)"。

䰷 yè 引。

鄴 yè "鄴(邺)"的讹字。

暈 yè 同"曄(晔)"。

穕 yè 禾败不生。

篥 yè ❶竹。❷同"箕"。

僷 yè 容貌美好。

腤 yè 义未详。(《篇海类编》)

擛 yè[擛擛]动的样子。

擸 yè ❶同"擫"。❷[擸攝](-niè)手持物的样子。

靥(靨) yè ❶酒窝儿,嘴两旁的小圆窝儿:笑～。❷古代女子面部的装饰:浅～|黄星～|～黄。

鲃 yè 同"鄓(郏)",也作"鉋"。

剸 yè 接续。

瞱 yè ❶眼睛动的样子。❷怒视。

晻 yè 同"晻"。

曅 yè 同"曅(曄,晔)"。

𨂝 yè 义未详。(《改并四声篇海》)

𥳽 yè 书、画、纸等的张或页,后作"葉(叶)"。

曄 yè ❶ 草木白花的样子。❷ 明。

𥻵 yè 同"饁"。

㷸 yè 同"燁(烨)"。

𨻶 yè 山崖高而险的样子。

緤 yè 续。

緆 yè 缯破。

𣠞 ㊀ yè 树叶摇动的样子。
㊁ yǎn 山桑。

𤓥 yè 同"業(业)"。

矆 yè 同"曄(晔)"。

擪 yè 同"擪"。

嗑 ㊀ yè 声音嘶哑,也作"噎"。
㊁ hè 同"嗬(喝)",大声呼喝:震瀑之敲～,天呵地吼。

喋 {喋} yè 口动的样子。

𡼏 yè 同"嶪"。

嶪 yè ❶ 高耸的样子:～然摩天。❷ 声响巨大:～犹地倾。

𧓎 yè 虫名。

鞥 ㊀ yè 椎。
㊁ ān 用于温热东西的器具。

鍱 yè 铜镜。

鍱 yè 同"鍱"。

饁 yè 糕饼或糍粑类食品。

𩀨 yè 同"鹈"。

𤅊 yè 横水大板。

𢥞 yè 危;惧。

𧝒 yè 同"裓"。

𨼬 yè 地势险要。

𣯔 yè 多毛。

殜 yè[殗殜](yè-)也作"殗殜",病。

𣤳 yè 同"噗"。

𥊞 yè ❶ 眼睑。❷ 目眇视。(《集韵》)

䁋 yè 同"䁋(曄,晔)"。

䁋 yè 同"曄(晔)"。

𣋞 yè 同"曄(晔)"。

𡁧 yè ❶ 同"咽":～气(人死时断气)|～了气。❷[𡁧哒](-dā)古西域国名、民族名(又称白匈奴)。

𡃤 ㊀ yè 同"噎",声音嘶哑。
㊁ kài 声。

𡾊 yè 山谷形。

𢣃 yè 同"業(业)",古代乐器架上悬挂钟、鼓、磬的大板。

𨞐 yè 同"鄴"。

鍱 yè ❶ 金属薄片,后作"葉(叶)":铁～|铜～。❷ 用金属薄片包裹:～之以铁,必坚|著一重锁,钉～坚固。

𨯛 yè 同"饁(馌)"。

𩞄 yè 饼类食品。

𦢊 yè 月亮移动的样子。

擪 yè ❶(用手指)按压:～笛作蝉声|～息脉血,知病之所生。❷ 压;压抑:藏～|窠～。❸ 书法执笔法之一。

礏 yè[磼礏](zá-)见 1213 页"磼"字条。

殗 yè[殗殜](-dié)病。

𥉃 yè 同"曄"。

鎑 ㊀ yè ❶ 金坚。❷ 铁器。
㊁ gé[鎑𨪕](-mǔ)用于温热东西的器具。

𩙻 yè 风动的样子。

䱇 yè ❶盐渍鱼。❷鱼名。❸河豚。

𧬊 yè 古代乐器。

𥽷 yè 粽子类食品。

爗 yè ❶盛：～～震电。❷"烨(燁)"的异体字。

𪍂 yè［䮬𪍂］(mò-)见665页"䮬"字条。

𪆺 yè 眼睛动的样子。

𨟑 yè 古地名。(《玉篇》)

𪖾 yè 物体腐败发出的臭气。

𥴺 yè 竹名。(李衎《竹谱详录》)

𥌒 yè 同"曄"。

鐷 yè 同"鍱"。

𩸓 yè 同"䱇"。

𪈴 yè 又称白鶮，传说中的鸟，像雉。

𧖴 yè 血。

𪖉 yè 同"業(业)"。

𥌓 yè 同"曄"。

鍻 yè 以铁为楬。

𨯯 yè 同"鍱"。

𩟗 yè 同"饁"。

𤓐 yè 同"烨(燁)"。

𤒦 yè 火不明。

𨢿 yè 同"靨(靥,靨)"。

𪙊 yè 同"靥(靨)"，酒窝儿，嘴两旁的小圆窝儿。

𪑾 yè 同"黦"，颜色变坏。

𥍞 yè 同"曄"。

𨰁 yè 同"鍱"。

𤓢 yè 同"爗(烨,燁)"。

𧄼 ㊀yè 取。
㊁chè［𧄼𧄼］(-chè)气动的样子。

𧮣｛𧭈｝yè 乐声。

𩧴 yè 马高大健壮的样子。

𪇰 yè 传说中的鸟，能以叫声预示人事吉凶。

𩽿 yè 鱼名。

𪋻 yè 鹿相随。

𪐉 yè 义未详。(《篇海类编》)

𪑿 yè 义未详。(《改并四声篇海》)

𩼰 yè 鱼多的样子。

yī

一 ㊀yī ❶数词，最小的正整数，也表示序数第一：～分为二｜～曰水，二曰火。❷另外的：番茄～名西红柿。❸相同：～样｜大小不～。❹统一，使一致：校定科比，～其法度。❺满；全：～头汗｜～地水｜～辈子。❻纯；专一：纯～｜～心～意。❼表示动作只一次或时间不长，也表示动作是试试的：看～眼｜歇～歇再干｜让我闻～闻。❽表示动作一下子发生：两眼～瞪｜不由得～愣。❾副词。1. 又；或者：～张～弛，文武之道。2. 都；一概：～如既往｜举事无所变更，～遵萧何约束。3. 一旦；一经：不飞则已，～飞冲天。❿中国民族音乐音阶上的一级，也是乐谱记音符号，相当于简谱的"7"。☞ 一／壹　两字音同义近。"一"是数词。"壹"本指专一，是形容词，后假借为数词，在账目、票据上用于"一"的大写形式。
㊁称横，汉字笔画或部件。

丷 yī 同"伊"。

弌 yī 同"一"。

伊 yī ❶代词。1. 表示近指，这；此：所谓～人，在水一方。2. 用于第三人称，他；她

（"五四"运动前后多指女性）：～伏在地上，车夫便也立住脚。❷助词，加强语气：下车～始｜～谁之力？❸姓。

衣 ㊀yī ❶上衣，泛指衣服：绿～黄裳｜上～｜～食无忧。❷器物的外套：书～｜弓～｜剑～。❸胎盘；胎膜：胞～。❹表皮或表面的：花生～｜苔～｜糖～。❺姓。☞衣／裳／服 先秦时，"衣"本指上衣，"裳"本指下衣（即裙裳），"衣裳"连用泛指衣服。"服"本指穿着，也指衣服，又特指丧服；"衣服"连用本指衣裳、服饰，后只指衣裳。

㊁yì ❶穿衣；穿戴：解衣～我｜～冕。❷覆盖：裂裳～疮｜古之葬者，厚～之以薪。

医㊀（醫） yī ❶治病：～疗｜～治｜头痛～头，脚痛～脚。❷医生：牙～｜名～｜～嘱。❸医学：中～｜西～｜学～。

㊁yì 古代盛弓箭的器具：兵不解～。

◆"醫"另见1132页"醫"字条。

吚 yī 呢。

庡 yī 义未详。（《改并四声篇海》）

依 yī ❶靠着：～于庭墙而哭｜～山傍水。❷依仗；仰赖：相～为命｜孤独无～。❸顺从；同意：～顺｜～违｜不～不饶。❹介词，按照：～次前进｜～我看，这件事行不通。

祎（褘） yī 美好；珍贵：汉帝之德，侯其～而。

陭 ㊀yī［天陭］古山坡名、古县名，均在今甘肃。

㊁yǐ 古陵名。（《集韵》）

苃 yī 义未详。（《改并四声篇海》）

咿［吚］ yī 拟声词，小孩说话、读书、摇桨等声音：～呀｜～唔｜～～哑哑。

◆"吚"另见1011页"吚"字条。

咻 yī ❶叹词，表示感叹：～！多因是那逆贼哄他为不善。❷助词，用于唱词中的衬字：哩嚁莲花呀～呀朵梅花。

咴 yī ❶助词，用于歌曲中的衬字：～嘟噜～嘟噜呦。❷叹词，表示惊讶：～，真的还有。

觙 yī 同"伊"。

觺｛觺｝ yī 同"伊"。

洢 yī ❶也作"伊"。1.古水名，即今河南的伊河。2.旧县名，即今河南的伊川县。❷水名，在湖南。

浓 yī 古水名。（《玉篇》）

婩 yī 用于女子人名。

嫁 yī 用于女子人名。

欹 yī 同"伊"。

椅 yī［椫椅］（shàn-）树名，一说箭筒。

蛜 yī ❶［蛜蚗］（-jué）蛁蟟。❷［蛜蝛］（-wēi）也作"伊威"，即鼠妇，甲壳动物。

陭 ㊀yī ❶歪斜；不正：本不正者未必～。❷［陭氏阪］古山坡名，在今山西。

㊁yǐ 梯子。

揖 yī 同"揖"。

壹 yī 同"壹"。

嗾 yī 用于佛经译音。

铱（銥） yī 金属元素，可用来制笔头、电器、科学仪器等。

猗 ㊀yī ❶阉割过的狗，假借为长大：有实其～。❷美盛的样子：绿竹～～。❸叹词，表示赞美：～嗟昌兮｜～哉！至理之代也！❹助词，表示感叹语气，啊：河水清且涟～。

㊁yǐ［猗犯］（-nǐ）同"旖旎"，柔弱美好：～从风｜音调～。

㊂ē［猗傩］（-nuó）同"婀娜"，轻盈柔美的样子：～其枝。

誃 ㊀yī 诚言。

㊁xì 戏谑，开玩笑。

漪 yī 同"漪"。

郼 yī 商代后期国名。（《广韵》）

揖 ㊀yī 古代的拱手礼：作～｜～别｜开门～盗。

㊁jí 会集：抟心～志｜远招近～。

壹 ㊀yī ❶专一：诚～｜专心～意。❷数词，后作"一"的大写：～之为甚，其可再乎？｜～仟捌佰元。❸另外的：番茄～名西红柿｜民之无良，相怨～方。❹统一，使一致：圣人之为国也，～赏，～刑，～教。❺副词。1.都；一概：～遵旧例｜然后天下之宝～为我用。2.又；或者：～阴～阳｜～饥～饱，则神～怒～喜矣。3.竟；居然：今～不免其身，以弃社稷，不亦惑乎！❻姓。☞壹／一见1130页"一"字条。

㊁ yīn［壹壹］（-yūn）同“氤氲”“细缊”，天地元气或阴阳二气交合的样子：天地～。

蛜 yī ❶［蛜蝛］（-wēi）也作“蛜威”，俗称地鸡、地虱，即鼠妇，甲壳动物。❷［蛜蜞］（-qí）蝎子。

犄 ㊀ yī ❶阉割过的公牛。❷牛名。㊁ jī ❶牛角、羊角对向的样子：角双～。❷牵制：～其后。❸［犄角］1. 棱角：桌子～。2. 角落：墙～。3. 兽角：牛～｜羊～。

㥋 yī 哀痛声：闻公讣，设位哭而～。

蛍 yī 同“蛜”。

㢞 yī 同“黟”。

㩘 yī 同“揖”。

稦 yī 同“稦”。

痬 ㊀ yī（又读 yǐ）身急弱病，泛指疾病。㊁ qǐ 病疽。㊂ ǎi ❶同“矮”，不高。❷姓。

蓩 yī 同“稦”。

堅 ㊀ yī 尘土。㊁ yì 同“墙（噎）”。

嫛 yī［嫛婗］（-ní）婴儿。

黔 yī 同“黔（黟）”。

稦 yī 禾茂盛。

㢞 yī 急。

漪 yī ❶水波纹：清～｜涟～｜～澜。❷水波动的样子：激水不～｜水结东溪冻未～。❸岸边：芦之～。

撎 yī 同“揖”，拱手行礼。

葺 yī 草名。

檕 yī 同“黟”，黑木，俗称乌木，常绿乔木，木材黑色。

璧 yī 同“鑒”。

猗 yī 同“猗”。

嫛 yī［嫛嫛］（-yuē）也作“嫛厥”，女人的样子。

壹 yī 同“壹”。

壹 yī 同“壹”。

檹 yī 同“檹”。

鑒 yī ❶也作“瑿”，黑色美石或玉。❷黑琥珀。

瑿 yī 黑色美石。

鷖（鷖） ㊀ yī 鸥的别称：凫～在泾。㊁ yì ❶凤凰类的鸟：拂～鸟，捎凤皇。❷通“繄”，青黑色的缯：安车，彫面～總（總：古代车马的饰物）。

噷 yī 噷声。（《龙龛手鉴》）

黔 yī 同“黟”。

壹 yī 同“壹”。

醫 yī “醫（医）”的讹字。

褻 yī［褻袼］（-luò）也作“繄袼”，幼儿的围嘴。

繄 ㊀ yī ❶戟衣。❷青黑色的缯。❸助词，表示强调语气，唯：～我独无｜～公之功，赫焉如昼。❹是：一雨三日，～谁之力？㊁ yì 叹息声：见有艳女，～然蒙袖｜自古豪烈，胡为此～。

頎 ㊀ yī 好。㊁ qī 同“頎”。

㥋 yī 呻吟声。

壹 yī 同“壹”。

檹 yī ❶［檹施］树木茂盛或枝条柔顺多姿的样子，也作“旖旎”。❷椅，山桐子。

毉 yī ❶同“醫（医）”，治病的人；治病：上～～国。❷通“鑒”，黑色琥珀。

醫 ㊀ yī “医㊀”的繁体字。㊁ yǐ ❶饮名。❷梅浆。

譩 yī 叹词，答应声。

㬼 yī 同“一”。

黟 yī 同“黟”。

黟 yī ❶黑木。❷黑；黑色：孕石惟～。❸古山名，即今黄山，在安徽。❹县名，在安徽。

籎 yī 杓（勺），有柄的舀取东西的器具。

鹝 yī 鸟鸣。

𧬤 yī 同“噫”，叹词，表示叹息、惊异。

𡔛 yī 同“壹”。

𡔜 yī 同“壹”。

譩 yī ❶同“噫”，叹词，表示悲痛、叹息等。❷应答。

𩕂 yī 同“𩖃”。

嬄 yī 同“嫛”。

𩯩 yī 同“𩯨”。

𩯨 yī 黑头发。

䮊 yī 黑色的马。

噟 yī［噟嘘］1.叹声：天为之～。2.风声：风发而～。3.开口笑。

𩕄 yī 同“𩖃”。

𪐕 yī 同“黳”，（须发）黑色：反白鬓如～。

譺 yī 同“噫”，叹词，表示叹息、惊异等。

黳 ㊀yī ❶小黑痣。❷（须发）黑色：～发。❸黑玉：削～｜色似～。
㊁wā［黳黧］（-lái）浅黑色。

𩖃 yī 同“𩖃”。

𩖃 yī ❶睇眄的样子。❷容貌美的样子。

𪆂 yī 同“鷖”。

讛 yī 同“噫”，叹词，表示悲痛、叹息等：～，蔽也久矣。

𩖃 yī “𩖃”的讹字。

𪇴 yī 同“鷖”。

𪈗 yī 凫。

yí

乁 ㊀yí 移动。
㊁称横折或横捺，汉字笔画或部件。

匜 yí 古代盛水或酒的器具，像瓢，有足和柄。

㐌 yí 古代称广东一带的瑶族。

仪（儀） yí ❶人的外表、举止：～表｜～容｜威～。❷仪式；礼节：司～。❸礼物：贺～｜谢～｜寿～。❹仪器，供实验、计量、观测、绘图等用的较精密的器具或装置：～表｜地球～｜光谱～。

𢁀 yí 同“彝（彞）”。

圯 yí 桥。

抬 yí 持救。（《字韵合璧》）

夸 yí 同“夷”。

夷｛𡗝｝ yí ❶平定：勒兵而～之耳。（勒兵：带兵。）❷消灭；杀光：～灭｜～族｜诛～。❸弄平：塞井～灶｜～为平地。❹平坦；平安：大道甚～｜履险如～｜化险为～。❺古代称东方地区民族，泛指四方的少数民族：东～｜四～｜华～辑睦。❻旧时称外国或外国人：查验他国～船｜～务｜华～杂处。

臣｛𦣞｝ yí 同“颐（頤）”。

杝 ㊀yí 也作“椸”，即椴树。
㊁lí 同“篱（籬）”，篱笆：藩～。
㊂zhì ❶顺着木纹劈开：析薪～矣。❷扩大：地～其绪。
㊃duò 船舵，后作“舵”。

匜 yí 同“匜”。

㕥 yí 同“矣”。

肔 yí 肔羹。（《五音集韵》）

肊（臆） yí 量牲畜体骨。

吴 ㊀yí 同“矣”。
㊁xián 同“贤（賢）”。

沂 ㊀yí ❶沂河，水名，发源于山东，流至江苏注入黄海。❷用于地名：～山｜～源｜临～（均在山东）。❸姓。
㊁yín 河岸；边际：淮～｜愁苦来无～。

庡 yí 同“㢱”。

宜 yí 同“宜”。

Y

豆 yí 同"宜"。

肔 yí 同"椸"。

圯 yí 同"圮"。

眲 yí 同"怡"。

剌 yí 义未详。(《龙龛手鉴》)

肔 yí 膏泽。

秕 yí 同"移"。

侇 yí ❶安放:奉尸～于堂。❷同"夷",平坦;平易:～易。

侇 yí 同"侇"。

狋 ㊀yí 狗发怒的样子,也指狗相争斗。
㊁quán[狋氏](-jīng)汉代县名,在今山西。

饴(飴) ㊀yí ❶糖稀,用米、麦芽熬成的糖浆:甘之如～。❷一种质软的糖果:～糖|高粱～。
㊁sì 同"饲(飼)"。

荑 yí 花名。

洍 yí 同"溮"。

沶 ㊀yí 水名,在湖北。
㊁chī 同"坻",水中小洲或高地:京～。
㊂shì 用于地名:～乡(古县名,在今湖北)。

怡 yí ❶喜悦;快乐:～然自得|面有～色。❷安适;舒畅:～然自乐|心旷神～。

宜{宐、宧} yí ❶适合;适当:适～|～人|老少皆～。❷应该;应当:事不～迟|不～操之过急。❸当然;无怪:～其无往而不利。

迤 yí ❶移:～官|韶华半已过,风流幸未～。❷[逶迤](wēi-)也作"委蛇",从容自得的样子。

庖 yí 同"扅"。

袘 yí 同"袘"。

陕 yí 古地名。(《玉篇》)

詑 yí 阳气。

珆 ㊀yí 同"瑿"。
㊁tāi ❶玉名。❷圭名。

柂 ㊀yí 椴树,又称白椴,像白杨。
㊁duò 同"舵",船舵:凌波纵～。

梠 yí 船名。

㕦 yí 饮。

㕦 yí 同"㕦"。

埃 yí 同"疑"。

咦 yí ❶叹词。1.表示嘲笑、鄙夷:～,不害臊!2.表示惊讶:～,怎么是他?❷助词,歌曲中的衬字:冒着那个风雪呀,送上前线～呀嗨。

瓯 yí "瓯"的讹字。

峓 yí[嵎峓](yú-)也作"嵎夷",古山名。(《广韵》)

帙 yí 衣服的样子。

贻(貽) yí ❶赠送:作诗～君|～我青铜镜。❷遗留:～祸|～害无穷|～误后学。

敂 yí 同"迻(移)"。

俀 yí[俀俀]人多的样子。

侇 yí 平坦,后作"夷"。

匙 yí 疑惑未定,后作"疑"。

狭 yí ❶哺乳动物。❷同"夷",古代称少数民族。

狢 yí 又称狢即,哺乳动物,像狗,红眼赤嘴,白尾。

炬 yí 火烧的样子。

怏 yí 喜悦;高兴:～然。

亥 yí "亥(宜)"的讹字。

扅 yí 同"扅"。

袘 yí 弯曲。

袉 yí 弯曲。

屡 yí 蹲踞。

瓵 yí 同"椸"。

姨 yí ❶妻的姊妹:小～子|东宫之妹,邢侯之～。❷母亲的姊妹,泛称母亲辈的女性:～母|二～|阿～。

瓵 yí 瓮、缶类器皿。

巸 yí ❶宽下巴。❷同"嫛",喜悦:行之～。❸同"熙",和乐:众人～～。

椸 yí 船上的舀水用具。

桋 ㊀yí 又称赤栜,常绿乔木,木材可制车毂、农具。
㊁tí ❶[桋桑]又称女桑,嫩桑条。❷树枝的长条。

栘 yí 棠棣。

欼 yí 饮;喝。

豙 yí 义未详。(《改并四声篇海》)

眙 yí 看。

眲 ㊀yí 同"胰"。
㊁dì 同"睇",斜视。

瓳 yí "瓵"的讹字。

秡 yí 同"移"。

胰 yí ❶夹脊肉。❷人和高等动物的腺体,能分泌胰液,帮助消化等:～腺|～岛素|猪～。

宧 yí 同"宜"。

訑 ㊀yí[訑訑](-yí)浅薄而自大的样子:～之声音颜色,拒人于千里之外。
㊁dàn 通"诞(誕)",放纵:僻陋慢～。

烪 yí 烧炼:红炉任百～,真金自坚。

詒 yí[詒嗞](-zī)惭愧的样子。

宧 yí ❶室内东北角。❷用于地名:杨～村(在江苏)。

郿 yí ❶古乡名。(《玉篇》)❷古邑名。(《篇海类编》)

㝖 yí 同"宜"。

㢾 yí[㢾㢾](yǎn-)见1107页"㢾"字条。

袘 ㊀yí 衣袖。
㊁yì 裳裙的下缘。

㣂 yí 同"疑"。

弬 yí 弓名。

㘈{芺} yí "疑"的讹字。

耛 ㊀yí(又读sì)同"枱",耒的下端。
㊁chí[耘耛]除草。

珆 yí ❶像玉的美石。❷玉名。

揩 yí 义未详。(《改并四声篇海》)

萓 yí[萓蒳](-nán)也作"宜男",萱草。

瓯{瓯} yí ❶砖。❷同"瓵"。

欧 yí 同"巸"。

㷅 ㊀yí 然。
㊁xī 同"熙"。

眤 yí "眲"的讹字。

移 ㊀[❶-❸迻] yí ❶挪动:～动|迁～|～花接木。❷改变;变动:～风易俗|潜～默化|贫贱不能～。❸旧时公文的一种:北山～文。❹姓。
㊁chǐ 通"侈"。1.多;多余:饮食～味。2.大,特指衣袖宽大:主妇被锡衣～袂。

胆 yí 猪胰腺体,后作"胰"。

痍 yí 创,创伤:伤～|满目疮～。。

粭 yí 同"饴(飴)",糖稀。

涐 yí 水的波纹。

椬 yí[椬梧](-wú)1.地名,在台湾。2.常绿大灌木,果实可食,根、叶可供药用。

酏 ㊀yí 同"酏"。1.酒:琼～。2.稀粥:～饮|汤～。
㊁tuó 同"酡",酒后脸红,泛指脸红:朱颜～兮思自亲|玉颜半～。

遗(遺) ㊀yí ❶丢失:～失|～落。❷漏掉;疏漏:～忘|～漏。❸丢失或漏掉的东西:补～|路不拾～。❹抛弃:～弃|～世独立|故旧不～。❺留下,特指死者留下的:～址|～言|烈士～孤。❻排泄(多指不自主的):～尿|～精|梦～。❼姓。
㊁wèi 给予;赠送:～书|馈～|～之千金。

蛦 yí[蜱蛦](biē-)见55页"蜱"字条。

Y

𥈠 yí 同“宜(宜)”。

𩚇 yí 粥。

𩛏 yí 同“饴(飴)”。

𧩓 yí 同“訑”。

訑 ㊀ yí 同“詑”,自得的样子:六国既除,～～乃亡。
㊁ tuó 同“詑”,欺罔。

羠 yí ❶ 阉割过的羊。❷ 母野羊。

𨛐 yí 古地名。(《玉篇》)

𩒇 yí 同“颐(頤)”。

颐(頤){頥} yí ❶ 面颊;腮:君～始生须|右手持～以听。❷ 牙床骨。❸ 保养:～神|～养天年|养～之福。☞颐/面/脸/颜/色 见651页“面”字条。

䙌{䙌} ㊀ yí 喜悦。
㊁ xī 善。

椸 yí ❶ 衣架;晾衣竿:男女不杂坐,不同～枷|～无完衣。❷ 床前的几案。

𨡆 yí “酏”的讹字。

㕥 yí 义未详。(《改并四声篇海》)

𩑶 yí 同“颐(頤)”。

䞐 yí 同“贻(貽)”。

閪 yí 门臼。

暆 yí ❶ 太阳缓慢移动的样子。❷ 太阳西斜。

跠 yí 踞,蹲踞,也作“夷”:却负载而蹲～。

𥝩 yí 同“移”。

𢕌 yí 彰。

𧨟 yí 同“迻(移)”。

𧳊 yí 同“狢”。

誃 ㊀ yí 同“謻”,门名;台名。
㊁ chí 同“謻”,离开;脱离:～离。

𣸣 yí 同“謻”,冰室门名。

𢟪 yí 毛革。

溰 ㊀ yí [溰溰](-yí)1. 洁白的样子:浩浩～,如素车白马帷盖之张。2. 露水浓重的样子,单用义同:零露溰溰|桂华窅洼(窪)甘露溰。
㊁ ái [潅溰](cuī-)见155页“潅”字条。

㔾 ㊀ yí 不忧其事。
㊁ tí 惭愧。

𣚺 yí 同“椸”。

𥸦 yí [𥸦㯕](-xī)弓弩的楔木。

𦺁 yí [萎𦺁]草摇动的样子。

䞾 yí 义未详。(《改并四声篇海》)

𨳯 yí 同“閪”。

𧒆 yí 同“𧒂”。

㗊 yí 用于译音。

𡸣 yí 古山名。(《玉篇》)

𥢈 yí “椸”的讹字。

遺 yí 同“遗(遺)”。

𦈧 yí 同“彝”。

𩜁 yí 同“饴(飴)”。

𩙪 yí ❶ 微风。❷ 同“飏”。

𩙫 yí ❶ 风停止。❷ 大风。

𫚉(鮧) yí 传说中的毒鱼。

疑 yí ❶ 怀疑;不信:可～|～心|半信半～。❷ 不能断定的;不能解决的:～问|～案。❸ 疑难问题:释～|存～。

𩙬 yí 小旋风。

觺 yí 兽角。

𤄏 yí 同“𣸣”。

Y

𥪰 yí 同"宜"。

𧜤 yí 同"衪(袘)"。

鞦 ㊀yí ❶熟皮。❷鞍饰。㊁tì 鞍、辔等马具的统称。

椅 yí[委椅](wēi-)同"委蛇(逶迤)"。

遗 yí 同"遗(遺)"。

遗 yí 同"遗(遺)"。

遗 yí 同"遗(遺)"。

徿 yí 同"蛇(迤)"。

飴 yí 同"饴(飴)",一说同"饔"。

颐 yí 风停止。

膈 yí 猪肉。

謻 yí 同"訑"。

謻 yí 同"謻"。

鄯 yí 古地名,在今安徽。

頤 yí 同"颐(頤)"。

熪 yí[爈熪](lián-)火不绝的样子。

頤 yí 同"颐(頤)"。

騠 yí 马名。

蹈 yí"蹈(颐,頤)"的讹字。

螔{蛦} ㊀yí[螔蝓](-yú)蜗牛。㊁sī[螔蛥](-hóu)壁虎类动物,像蜥蜴,大而有鳞。

賔 yí 义未详。(《字汇补》)

儆 yí[儆儆]拟声词,狐狸叫声。

儆 yí[儆廠](-yú)也作"儆愉",动的样子。

衙 yí 义未详。(《改并四声篇海》)

觾 yí 同"彝"。

彝 yí 同"彝"。

嬰 yí 同"娶"。

彝 yí 同"彝"。

彝 yí 同"彝"。

頣 yí"頣(颐,頤)"的讹字。

蹈 yí 同"颐(頤)"。

賬 yí 同"贻(貽)"。

嶷 yí 见 688 页 nì。

簃 yí 楼阁旁的小屋。

鵖 yí ❶鸟名。❷众鸟总名。

頣 yí 同"颐(頤)"。

頣 yí 眉目。

疑 yí ❶察。❷难。

彝 yí 同"彝(彝)"。

彝 yí 同"彝(彝)"。

頣 yí 同"颐(頤)"。

騠 yí 马名。

遺 yí 同"遗(遗)"。

頣 yí 颔。

鮧 yí 河豚的别称。

謻 ㊀yí ❶门名。1. 古代冰室门:~门曲榭。2. 宫殿侧门:~门旦空。❷古台名,在今河南。㊁chí 离开;脱离:曲阻~榭。

巇 yí ❶同"儀(仪)"。❷正。

灝 yí 同"颐(頤)"。

彝 yí 同"彝"。

彝 yí 同"彝"。

彝 yí ❶古代盛酒器，泛指宗庙的青铜祭器：～器｜鼎～。❷常规；法度：～训｜～宪｜前～。❸彝族，少数民族名，主要分布在四川、云南、贵州和广西。

彛 yí 同"彝"。

䞁 yí 同"遗（遺）"。

鐷 yí 同"饴（飴）"，一说"饌"的讹字。

鏔 yí 无刃的戟。

鮧 yí 鱼名，雄鲸。

䕒 yí 同"𧬈（儀，仪）"。

䯆 yí 看。

蟻 yí［蟻蝓］（-yú）同"螔蝓"。

𢑱 yí 同"彝"。

饙 yí 同"饴（飴）"。

䞀 yí 同"遗（遺）"。

觺 yí［觺觺］1.角锐利的样子：其角～些｜其角～然。2.角斗激烈：两龙斗～。3.尖锐；突出：头角～。

檥 yí 树名。

讉 ㊀ yí 译恶言。（《玉篇》）
㊁ tuī 欺诈。

彝 yí 同"彝"。

䰅 yí 同"疑"。

齝 ㊀ yí［齹齝］（zī-）也作"齹齵"，牙齿露出唇外的样子。
㊁ yà［齹齝］（chái-）切齿，咬紧牙齿。

鬞 yí［駿鬞］（jùn-）见491页"駿"字条。

鱶 yí ❶鱼卵。❷鱼名。

鷬 yí 同"鬞"。

䬁 yí 同"宜"。

鱙 yí 鱼名。

黐 yí 黏的样子。

yǐ

乙 yǐ ❶天干的第二位，常用作顺序的第二：～等。❷画乙字形符号，旧时读书时用于标记大的段落，也用于改正颠倒或遗漏的字。❸中国民族音乐音阶上的一级，也是乐谱记音符号，相当于简谱的"7"。❹姓。

乚 yǐ 同"䰥"：非鬼则～。

已 yǐ ❶停止；罢了：痛哭不～｜学不可以～｜不鸣则～，一鸣惊人。❷副词。1.太；过：不为～甚｜其细～甚。2.后来；过了不多时：～而｜～忽不见。3.已经，表示时间过去或事情完成：时间～到｜饭～吃完｜他～来了。❸同"以"，表示时间、方位、数量等的界限：自汉～后｜长江～北｜年八十～上。

吇 yǐ ❶［吇吆］（-āo）拟声词，摇船声：我～～，摇船也摇过十来年。❷同"乙"。

以［㠯、𠇍］ yǐ ❶用；使用：大臣怨乎不～。❷认为：自～寿不得长。❸原因：古人思炳烛夜游，良有～也。❹介词。1.用；拿：～少胜多｜～身作则｜～理服人。2.依；按照：～貌取人｜～次入座｜物～类聚。3.因为；由于：不～人费言，不～言废人。4.于；在：～近｜～上｜～外。❺连词，表示目的、并列关系等：发展农业生产，～提高人民生活水平。❻表示时间、地位、方向或数量的界限：三天～内｜中级～上｜长江～南｜三百～下。❼通"已"。1.停止：无～，则王乎！2.已经：今华夏～平，荆汉知亡矣。3.太；过：四月无君则吊（弔），不～急乎？◆"𠇍"另见858页"𠇍"字条。

钇（釔） yǐ ❶金属元素，可用来制特种玻璃和合金等。❷金属元素"镧（钆，釓）"的旧译写法。

迆 ㊀ yǐ（又读yí）同"迤"，地势斜着延伸、倾斜：自南～北｜大河右～。
㊁ tuó［迆逗］挑逗；引诱：日日芳情～。

苡 yǐ［芣苡］（fú-）同"芣苢"。

𢀓 ㊀ yǐ 同"矣"。
㊁ zhí 同"执（執）"。

吚 yǐ ❶可。❷然。

佁 ㊀yǐ 静止不动的样子:~然不动。
㊁sì 沉思的样子:~美。

攺 yǐ 同"改"。

攺 yǐ[刻攺](gāi-)见274页"刻"字条。

欥 yǐ 咳嗽。

毀 yǐ[刻毀](gāi-)同"刻攺"。

矣 yǐ 助词。1.表示直陈语气:俱往~|艰难险阻,备尝之~。2.表示感叹语气:大~哉!|甚~,汝之不惠!3.表示命令语气:先生且休~,吾将念之。

苢 yǐ[芣苢](fú-)见261页"芣"字条。

砹 ㊀(礒) yǐ[碕砹](qǐ-)见753页"碕"字条。
㊁chāi 小石。

扆 yǐ 隐藏;掩蔽。

笖 yǐ 竹。

迤 ㊀yǐ ❶也作"迆",地势斜着延伸;倾斜,也指时间的延续:由西南~向东北|立戈~戛|~于天宝,其体渐变。❷介词,往;向:小桥~西|故宫~北。❸[迤逦](-lǐ)曲折而连绵不断:群山~|~而行。
㊁yí[逶迤](wēi-)见984页"逶"字条。

飢 yǐ 同"以"。

饳(飿) yǐ 用油和稻米粉制成的粥状食品。

蚁(蟻) yǐ ❶蚂蚁:~穴|白~。❷黑色:麻冕~裳。❸酒面上的浮滓:浮~|白~泛金瓯。

舣(艤) yǐ ❶使船靠岸:~轻舟|舟才~。❷用于地名:黄~(在四川)。

猗 yǐ ❶南方地区少数民族的姓。❷古代称南方地区少数民族。

迤 yǐ "迤"的讹字。

庡 yǐ 隐蔽。

悘 yǐ 哀。

尾 yǐ 同"矣"。

葼 yǐ 蒿。

酏(醿) yǐ[醁酏](lù-)酒上泛起的绿色泡沫,也代称酒:酒斟~共分饮。

酏 yǐ(又读 yí)❶古代用黍米酿成的酒。❷甜。❸稀粥。❹酏剂,用药、糖和挥发油等配制的酒精水溶液,多用于调配处方时做矫味剂:芳香~。

笖 yǐ 笋。

倚 ㊀yǐ ❶靠着:~靠|~门而立。❷仗恃:~仗|~势欺人|~老卖老。❸偏;歪:不偏不~|官殿垣屋倾~。❹依照:~瑟而弦歌。❺沿着:~沼畦瀛兮遥望博。
㊁jī 奇异:~物怪变,所未尝闻也。

扆 yǐ ❶古代宫殿门和窗之间的地方。❷置于门和窗之间的屏风。❸倚靠;背靠:乘龙~云|~山带海。❹用于地名:~家庄(在山西)。

逘 ㊀yǐ 进。
㊁sì 同"竢(俟)",等待。

硋 yǐ 石声。

偯 yǐ ❶哭声的余音曲折悠长:三曲而~。❷曲折委婉:宛转~隐。

倚 yǐ 同"倚"。

壩 yǐ "蟻(蚁)"的讹字。

椅 ㊀yǐ ❶[椅柅](-nǐ)树木枝条柔软的样子:~芳若斯。❷椅子,有靠背的坐具:藤~|躺~|桌~。
㊁yī 山桐子,落叶乔木,种子可榨油,木材可制家具。

旑 yǐ[旖旑](lǐ-)见551页"旖"字条。

颉(顗) yǐ ❶安静。❷恭谨庄重的样子。❸悠闲;安乐。

鳦{鳦} yǐ 燕子。

鉹 yǐ 同"鼓"。

釔 yǐ 一种未经证实的金属元素。

旖 yǐ 同"旖"。

犄 yǐ ❶短的样子。❷同"痔",疾病。

旖 ㊀yǐ［旖旎］(-nǐ)衣服华丽的样子。
㊁qǐ 美好。

敼 yǐ ❶大口的三足釜。❷淘米用具。

旖 yǐ［旖旎］(-nǐ)1.旌旗随风飘扬的样子，引申为柔和美好：万般～|风光～。2.云朵的样子：云蜺之～。3.茂盛的样子：苦李～。

鳦 yǐ 鸟名。

輢 yǐ ❶车箱两旁可凭倚的栏板，兵车上可插兵器。❷凭倚：枕～。

嶬 yǐ 山。

野 yǐ 义未详。(《龙龛手鉴》)

螘 yǐ 同"蚁(蟻)"。

隱 yǐ［岌隱］(jí-)见400页"岌"字条。

鼓 yǐ 嬉戏。

醃 yǐ 同"酏"。

齮(齮) ㊀yǐ ❶咬；嚼：～嚼|相～。❷侵犯：～我海疆。
㊁qǐ 切齿，咬紧牙齿。

螘 yǐ 同"蚁(蟻)"，蚂蚁：天下～动。

嶬 yǐ［崎嶬］1.山势高峻的样子：苍梧之山郁～。2.比喻人骨瘦如柴：形枯槁以～。

巇 yǐ ❶［崄巇］(yǎn-)高峻的样子。❷山名。

筒 yǐ［筒陽］(-yáng)也作"倚阳"，即符篨，竹编的粗席。

攡 yǐ［攡匜］(-yí)不正。

檥 yǐ ❶树名。❷同"艤(舣)"，使船靠岸：～船而待。

齮 yǐ［齮䬼］(-nǐ)香。

蟻 yǐ 同"蚁(蟻)"。

籭 yǐ 竹器。

轙 yǐ ❶车衡上贯穿缰绳的大环：龙辀华～。❷整车待发：～辀整旅。❸车：龙～。

嗡 yǐ 同"齮(齮)"。

齮 yǐ 义未详。(《龙龛手鉴》)

蟻 yǐ 同"蚁(蟻)"。

轙 yǐ 同"轙"。

蟻 yǐ 同"蟻(蚁)"。

齸 yǐ 同"齮(齮)"，咬；嚼。

yì

厂 ㊀yì 牵引。
㊁称反字框，汉字偏旁或部件。

乂 ㊀yì ❶割草，后作"刈"。❷治理：保国～民。❸安定：海内～安。❹才德优异的人：英～|俊～。
㊁ài 惩戒：惩～。

弋{弋} yì ❶木桩，后作"杙"：钩～。❷带有绳子的箭：矰～。❸用带有绳子的箭射猎：～猎|～凫。❹取：～窃(用不正当的手段占有)。❺姓。

亿(億) yì 数词，一万万，旧时也指十万。

义(義) yì ❶合乎正义的事情或行为：道～|～不容辞|舍生取～。❷合乎正义或公益的：～举|～卖|～演。❸情谊：情～|～气|结～。❹意义；意思：字～|定～|含～。❺因拜认或抚养关系而成为亲属的：～父|～子|～女。❻人工制造的(人体的某部分)：～齿|～肢。❼通"议(議)"，议论：秦王不听群臣父兄之～而攻宜阳。
◆"義"另见1147页"義"字条。

艺(藝) yì ❶种植：耕～|树～五谷。❷才能；技能：才～双全|多才多～|～高人胆大。❸指源于生活又高于生活，形象反映且更具典型性的社会意识形态，如文学、音乐、美术、戏剧、舞蹈、曲艺、电影等：文～|～术|～德。❹准则：用人无～。❺极限：贪欲无～|索要无～。

刈 yì ❶割；除：～麦|～草|～除。❷斩断；杀：斩～|～旗|～百姓。

忆 yì 同"怈"。

忆(憶) yì ❶回想；追念：回～|～旧|～江南。❷记住；不忘：记～|失～。

玊 yì 同"瘗(瘞)"。

刈 yì 同“刈”。

夬 yì 同“亦”。

肊 yì 同“臆”。

汉 ㊀yì 古水名。(《广韵》)
㊁chà 同“汊”,港汊:海～。

议(議) yì ❶评论:评～|街头巷～|无可非～。❷谈论;商讨;谋划:～论|商～|从长计～。❸言论;意见:提～|异～|协～。❹文体名:奏～|驳～。

刋 yì 义未详。(《改并四声篇海》)

� yì 切断。

扡 yì 拭。

圪 ㊀yì 墙高大的样子:崇墉～～。
㊁gē ❶用于拟声词:骑着瘦马～登登的又上长安道|～～嗤嗤笑个不住。❷[圪垯](-da)1.土疙瘩。2.小土丘,也用于地名:～上乡(在山西)。❸[圪蹴](-jiu)蹲:～在大树下抽烟。

芅 yì 同“艾(乂)”,治理:离木～金。

艺 yì[铫芅](yào-)见1119页“铫”字条。

厗 yì 义未详。(《龙龛手鉴》)

屹{岂} yì 同“屹”。

屹 ㊀yì 山峰直立高耸的样子,比喻坚定不可动摇:～立|～然不动。
㊁gē[屹刺刺](-lala)拟声词,响声。

仡 yì 同“仡”,强壮勇敢的样子。

役 yì 同“役”,驱使;使唤:天下苦其～而反之。

彳弋 yì 行走。

刘 yì 同“刈”。

忞 yì ❶(又读 ài)鉴戒,也作“乂”“艾”:惩～。❷困苦忧患。

肊 yì 气满。

归 yì 同“抑”。

庂 yì 屋头。

亦 yì 副词,也;又:～步～趋|～真～幻|人云～云。

众 yì 同“亦”。

庣 yì 食庑。

忔 yì 心动。

异[異] yì ❶不同的;有分别的:～议|～口同声|日新月～。❷特别的;非同一般的:～香|奇才～能|大放～彩。❸怪异;灾害:乖气致～|上天降～,大变随之。❹另外的;其他的:～日|～地。❺惊奇;新奇:惊～|深以为～|标新立～。❻分开:离～|～居。

妀 yì 宫廷女官名。

忍 yì 怒。

玙 yì 同“屹”,高。

弜{弜} yì 也作“羿”,人名(传说中善于射箭的勇士)。

圪 yì 同“圪”,墙高大的样子。

刜 yì 同“刈”。

邒 yì 古邑名。(《玉篇》)

抑 yì ❶往下按;压制:压～|～强扶弱|～恶扬善。❷低;低沉:天音扬,地音～|～扬顿挫,入耳动心。❸连词,表示选择或转折:～或|多则多矣,～君似鼠。

坄 yì ❶砖瓦窑的烟囱。❷古代丧家用土坯临时垒成的灶。

耴 yì[蝤耴](yóu-)见10页“蝤”字条。

苅 yì 同“刈”。

杙 yì ❶又称刘、刘杙,树名,果实像梨。❷小木桩;一头尖的短木:以～抉其伤而死。❸拴系于木桩上:杨柳中间～小舟。❹戮;刺:～其胸。

甙 yì 能。

瓷 yì ❶瓶瓮骨。❷瓦坯。

肓 yì 锁骨上窝,也指锁骨。

呓（囈）yì 说梦话；梦话：梦～｜～语。

邑{邑} yì ❶国：春秋时费为鲁季氏之～。❷国都；京城：汤及盘庚，五迁其～。❸城镇：通都大～｜挺立罗霄山脉上，纵跨赣、湘六～。❹旧时县的别称：郡～｜本～。❺通"悒"，愁闷不乐的样子：愤～惴恐｜无～怜之心。

囘 yì 同"邑"。

劮 yì 同"逸"，安乐。

忥 yì 同"疙"，痴呆的样子。

伿 yì 懒惰；不恭敬。

佚 yì ❶也作"逸"，散失；失传：散～｜～文｜～名。❷姓。

役 yì ❶服兵役：现～｜退～｜预备～。❷战事：战～｜毕其功于一～。❸需要出劳力的事：劳～｜徭～。❹驱使；使唤：～使｜奴～。❺旧时称被人使唤的人：杂～｜仆～｜差～。

舣 yì 船行进。

匜 yì 同"医"，古代盛弓箭的器具。

狋 yì 同"毅"。

忽 yì 同"亦"。

弃 yì 同"弈"。

疫 yì 病。

亣 yì 义未详。（《龙龛手鉴》）

投 yì 用心。

祋 yì 祭祀。

译（譯）㊀ yì 翻译；解析：笔～｜破～密码｜孰～彼梦？
㊁ zé 通"择(擇)"，选择：相土～居。

沝 yì 水流的样子。

戜 yì "瓷"的讹字。

坄 yì 古邑名。（《集韵》）

抑 yì 同"归(抑)"。

苊 yì［苊靡］(-mí)也作"迤靡"，连绵不绝的样子。

枍 yì［枍栺］(-yì)也作"枍诣"。1.檍，树名。2.汉代宫殿名，在今陕西西安。

奔 yì 同"弈"。

歾 yì 同"殪"。

呭 yì［呭呭］啰唆：只顾～沓沓的令人叵耐。

易 yì ❶交换：交～｜贸～｜以物～物。❷改变：～名｜～曲成直｜移风～俗。❸容易，不费力不费时：轻而～举｜通俗～懂｜来之不～。❹轻视：贵货～土｜素～诸吏。❺平坦：～则利车｜广～之地。❻平和：平～近人。❼姓。

呹 ㊀ yì ❶牛羊吃草的样子。❷迅疾：芗(薌)～肸以棍批。
㊁ chì 声响。

昇 yì 同"异(異)"。

峄（嶧）yì ❶峄山，山名，在山东。❷用于地名：～庄(在山东)。

钇（釴）yì 一种方鼎。

秇 yì ❶同"麸(麩)"，麦糠。❷谷子。

秇 ㊀ yì 同"艺(藝)"，种植：～稷｜～而不实，植而罕茂。
㊁ zhí 同"执(執)"，拘捕。

伇 yì 同"役"。

佾 yì 古代乐舞的行列，一行八人为一佾。一说横排与竖排的人数相等。地位、等级不同，用佾多少有别：八～舞于庭。

㑊 yì［解㑊］(xiè-)中医学病症名。

帟 yì 幡。

庡 yì 同"庋"，放置器物的架子。

疙 ㊀ yì ❶痴呆。❷头疮。
㊁ gē［疙瘩］(-da)1.皮肤或肌肉上肿结凸起的小硬块：鸡皮～｜额头上撞起了个～。2.指小球形或小块状的东西：铁～｜榆木～｜在线端头系了个～。3.比喻想不通或不易解决的问题：思想～｜两人为了一点儿

小事,竟结下了难解的～。

斉 yì 同"裔"。

兖 yì 同"裔"。

炈 yì 同"投"。

泏 yì 同"溢"。

泆 ㊀ yì ❶满溢;泛滥:沟洫决～|潰潦奔～。❷放荡;放纵:骄奢淫～。
㊁ dié[泆荡]涤荡;荡涤。

怈 yì 同"愧"。

怿(懌) yì ❶喜悦;高兴:不～|忧不可常,常则谁～? ❷悦服:既夷既～。

劮 yì 同"逸"。

戹 yì 义未详。(《改并四声篇海》)

衪 yì ❶上衣。❷黑衣。

袣 yì 祭名。

诣(詣) yì ❶前往;到(多用于往尊长处):～门|～师问学|未得～前。❷(学问、技艺)达到的境地或程度:造～|苦心孤～|天资既高,趣～又远。

勚 yì 同"勩(勩)"。

屚 yì 同"帟"。

驲(馹) yì 马快跑。

帟 yì ❶哺乳动物,有长毛。❷猪的别称。

驿(驛) yì ❶古代指传递文书的马或人:驰命走～|后数日,～至,果地震陇西。❷书信;消息:寂无音～。❸驿站,古代指传递文书的人或往来官吏中途休息、换马的处所,多用于地名:桥～镇(在湖南)|龙泉～(在四川)。

绎(繹) yì ❶抽丝,引申为理出头绪、寻求、分析:抽～|寻～|演～。❷连续不断:络～|～然相续不绝。

劮 yì 动。

勚 yì 动的样子。

珊{珊} yì 同"玴"。

玴 yì 同"弜(弜,羿)"。

赽 yì 跑的样子。

抴 yì 同"抑"。

枻 ㊀ yì ❶船舷,引申为船:桂棹(櫂)兮兰～|宿～涉圻。❷短船桨(一说船舵),引申为用桨划:鼓～而去|～船。
㊁ xiè 矫正弓弩的器具:檠～。

帟 yì 同"亦"。

杙 yì 同"笓"。

殁 ㊀ yì 危。
㊁ lā 朽折。

轶(軼) yì 也作"逸"。1.超出一般:～群(比一般的人强)|～材(突出的才干)。2.散失;失传:～事(史书未记载的事)|～闻(史书未记载的传说)。

昱 ㊀ yì 明天,后作"翌"。
㊁ yù ❶光明;明亮:焜～|～奕。❷照耀,也作"煜":日以～乎昼。

呭 yì 同"呭",啰唆,话多。

呀 yì 义未详。(《改并四声篇海》)

铃(鈠) yì ❶器。❷小矛。

笓 yì 竹索。

㣼 ㊀ yì 合板㣼缝。
㊁ chì 刻。

帟{帟} yì 办法:汝又何～以治天下感予之心为?

佁 yì[佁佁]耕地的样子。

伇 yì 同"役"。

舣 yì 同"舣"。

飠 yì 同"饐",食物因受湿热而腐臭。

独 yì 同"貄",狸子。

弈 yì ❶围棋:博～。❷下棋:～棋|对～。

奕 yì ❶大而美:赫～。❷姓。❸[奕奕]精神焕发的样子:神采～。

Y

帟 ㊀yì 张设在帷中座位上方用以承接灰尘的小幔幕。
㊁luán 同"欒"。

庡 yì 仓库。

疙 yì 同"疙",痴呆。

疫 yì 流行性急性传染病:瘟～|鼠～|免～力。

泆 yì ❶同"泆"。❷涯。

怈 yì 习。

衵 yì(又读rì)贴身内衣。

袣 yì 祭祀。

隉 ㊀yì[陧隔](-nì)狭窄。
㊁yà[陧陈](-cā)山崖峻狭。

羿{羿} yì ❶鸟展翅旋风而上:～风。❷后羿,传说中夏代有穷国的君主,善于射箭。❸传说中唐尧时的射师。❹姓。

翋 yì 同"翼"。

翌 yì 同"翼"。

翊 yì 同"羿"。

翍 ㊀yì 同"翐"。
㊁chí 同"翅"。

𦈌(𦈌) yì 同"翼",翅膀:维～其绳。

珴 yì 像玉的美石。

麸(麸) yì 麦糠,也指稻糠。

𡘾 yì "𡘾"的讹字。

挹 ㊀yì ❶舀,把液体盛出来:～取|～酒浆。❷牵引;拉:～袖|奖～(奖励,提拔)。
㊁yī ❶推崇:推～|～其风。❷通"揖",拱手行礼:拱～指麾。

㡼 yì 残帛。

萒 yì[菸萒](yū-)也作"菸邑""萒菸",草木枯萎的样子:叶～而无色。

莜 yì 芡,多年生水生草本植物。

栧 yì 同"枻",楫,一说舵。

酏 yì ❶酒色。❷甜。

厇 yì 土地瘠薄多石。

虒 yì 虎的样子。

暆 yì 同"貤",重叠物的次第。

貤 yì ❶重叠物的次第。❷重复;重叠:～缪(谬)。❸延展;延续:～丘陵|余庆～衍|～及子孙。

蛡 yì[蛡蛪](-cì)虫名。

唈 yì ❶[唈僾](-ài)抑郁不乐的样子:憆诡～而不能无时至焉。❷呜咽:悲～。

嗌 yì[嗌嗌]众声。

欭 ㊀yì 气逆。
㊁yīn ❶[欭歖](-yōu)感叹。❷[喑欭](yīn-)感叹。

骫 yì 同"骪"。

傷 yì ❶轻慢:兴事不当,则民～指。❷交易:贸～。❸平:道～车利。

役 yì 同"役"。

虒 yì ❶虎的样子。❷虎息。

逸 yì 同"逸"。

詍 yì 同"詍"。

脊 yì 同"脊"。

益 yì ❶水涨,后作"溢":澭水暴～。❷增加:增～|进～|延年～寿。❸利益;好处:有～|满招损,谦受～。❹有好处的:～处|～虫|良师～友。❺副词,更加:日～好转|精～求精|多多～善。

消 yì ❶肥泽。❷润。

浥 ㊀yì ❶沾湿;润湿:厌～行露|朝雨～轻尘。❷香气盛的样子:～～野梅香入袂。❸姓。
㊁yà ❶水往下流的样子:乍～乍堆。❷洼地;水洼:逾波趋～。

悒 yì 忧愁不安:郁～|～～不安。

㝋 ㊀ yì 洞穴。
㊁ dié 凸。

袣 yì ❶［褕袣］(yú-)衣袖。❷衣被长大的样子。

谊(誼){谊} yì ❶交情：友～｜乡～｜厚～。❷同"义(義)"：～不容辞｜比类合～｜～女。❸通"议(議)"，议论：举贤良方正之士，论～考问。

勚 yì 同"勩(勩)"，劳苦；辛劳。

㛕 ㊀ yì［㛕婗］(-nì)妇女的样子。
㊁ è 同"娥"，美好的样子。

㹭 yì 同"翼"。

勩 yì 同"勩(勩)"。

墿 yì 同"圪"，墙高大的样子。

趉 yì 跑。

埸 yì ❶田界：疆～有瓜。❷边界；边境：怒君之疆～｜边～弛警。

埶{埶} ㊀ yì 同"藝(艺)"。1. 种植：我～黍稷。2. 技艺；技能。
㊁ shì "势(勢)"的古字：蔽于～而不知知。

㦿 yì "欬"的讹字。

㙠 yì 同"殪"。

勚(勩) yì ❶劳苦；辛劳：～劳｜～勤。❷器物磨损失去棱角、锋芒等：石磨用～了｜螺丝扣～了。

㽈 yì 同"㹭(㹭)"。

萟 yì 同"藝(艺)"。

䓈 yì 同"苃"。

殹 yì ❶呻吟声。❷助词，用于句尾，表示语气：其于久远～。

㥯 yì ❶恭敬。❷安静。

㺠 yì 同"毅"。

豙 yì 汉代上谷郡(在今河北)对猪的称呼。

雃 yì 同"弋"，用带绳子的箭射猎。

雈 yì 同"雃"。

虤 yì 同"虓"。

虒 yì 同"虓"。

跇{跇} yì 同"跇"。

㦉 yì 同"肄"。

秇 yì 稻名。

虓 yì 虎的样子。

佾 yì 同"佾"。

毅 yì 同"毅"，果决。

逸 yì ❶逃跑：逃～｜奔～。❷隐居：隐～｜～民｜～士。❸散失；失传：～亡｜～事｜～书。❹放纵；放荡：骄奢淫～｜耳不闻～声。❺安闲；安乐：安～｜劳～结合｜一劳永～。❻超过一般：超～｜～群｜～才。❼姓。

訲 yì ❶同"啻"，痛快，高兴。❷用于人名：赵～(宋代人)。

意 yì 同"意"，满。

虒 ㊀ yì 邪。
㊁ sī 同"虒"，用于古地名。(《字汇》)

豙 yì 同"豪"。

翊 yì ❶飞的样子：神之徕，泛～～。❷通"翼"。1. 翅膀：～从。2. 辅佐；帮助：～赞。❸通"翌"，明天：～日。

羛 ㊀ yì 同"義(义)"。
㊁ xī［羛阳］古地名，在今河南。

溢 yì 添；满。

湑 yì 小水。

㴔(㴔) yì 火烧松枝所获取的汁液：松～｜香～。

㝊 yì 义未详。(《改并四声篇海》)

裑 yì 同"袣"。

裓 yì 长衣。

扆 yì 同"易"。

㹭 yì 同"㹭"。

翌 yì ❶翅膀:布～伏地而死。❷辅佐:三辅九～。❸通"昱"。1.时间上次于今日、今年的:～日|～年|～晨。2.昭明;明亮:～明|～室。

帠 yì 同"帟"。

瑰 yì 同"玴"。

琙 yì 玉的光彩。

勩 yì 同"勚(勩)"。

翊 yì 同"翽(羿)"。

飠 yì 同"飻(饐)"。

棭 yì 树名。

殹 yì "殹"的讹字。

硙 yì 古地名。(《正字通》)

殔 yì 芟夷草木。

殔 yì 埋棺下葬:藁～。

飻 yì 同"饐"。

啻 yì 同"薏"。

胣 yì 同"貤"。

暘 yì 太阳在云层中忽隐忽现。

敡 yì ❶轻侮;怠慢。❷转变;改易。

跇 yì ❶超越:骋容与兮～万里。❷跳。❸[跇踰](-chū)兽跑的样子。

蛜 yì 虫名。

蛡 yì 虫行动的样子。

蜥 yì 同"蜴",蜥蜴。

蛡 ㊀yì ❶蜂房。❷虫行的样子。㊁xǔ ❶虫名。❷虫飞;龙飞:雨走～龙青天上。

幧 yì 褊狭,衣服狭小。

幆 yì 古代妇女上衣的直领。

骮 yì ❶小骨。❷同"肻"。

笹 yì 同"笸"。

笸 ㊀yì ❶长。❷箪。㊁yè 校缝箪。

儀 yì 同"義(义)":白～(古代良马名)。

帠 {帠、帠} yì 狸子。

剠 yì 同"劓"。

詍 yì 话多:无然～～。

痘 yì 同"悒"。

瘕 yì 同"疫"。

啻 yì ❶痛快;高兴。❷通"薏(億,亿)":永传～龄|～载扬声。

孌 yì 妇女病胎。

粇 yì 同"秵"。

鄋 yì 古地名。(《玉篇》)

焲 yì 火光。

渀 yì ❶[潋渀](yóu-)水流动的样子:～茫洋。❷古水名。(《玉篇》)

湙 yì 同"渀"。

窫 yì ❶静。❷安。

堥 yì 同"瘗"。

陸 yì 同"瘗",埋。

媟 yì 姥。

翐 yì 飞;飞的样子。

翼 yì 同"翐"。

豙 yì 同"帟"。

緆 yì 急戾。

絲 yì 络丝。

瑆 yì 用于人名(唐代人)。

訲 yì 贪婪;吝啬。

䎈 yì 同"耴"。

蓺 yì[蓺薾](-nǐ)1. 草名。2. 草茂密的样子。

蓋 yì 益母草,又称茺蔚,一年或二年生草本植物,可供药用。

蓼 yì 同"瀷"。

輗 yì ❶曳车。❷同"轙",赠送车马给家有丧事的人。

匜 yì ❶古代农具。❷大鼎。

壁 yì 同"墿"。

㺿 yì 同"毅"。

雺 ㊀ yì 大露。
㊁ ài 雾。

𢌭 yì 义未详。(《改并四声篇海》)

𢍰 yì 同"異(异)"。

嗌 ㊀ yì 咽喉,比喻交通要道:~不容粒|据南北之喉~。
㊁ ài 咽喉窒塞;话语突然中断:~不能言|说到这里,~住了。
㊂ wò[嗌嗌](-wò)拟声词,笑声:疾笑~。

睪 ㊀ yì ❶窥视;侦察。❷姓。
㊁ gāo 通"睾",睾丸:民病少腹控~。
◆"睪"另见 1325 页"圣"字条。

睪{睾} yì 同"睪"。

黓 ㊀ yì 同"黝",深黑色。
㊁ yà 黑色。

黝 ㊀ yì 深黑色。
㊁ yān 同"黫",黑。

䅗 yì 禾终亩。(《集韵》)

箷 yì 捕鱼竹器。

鹝(鷊) yì ❶同"鹢(鷁)",水鸟名。❷鹰科某些鸟类的俗称:大山~(金雕)|乌小~(乌雕)。❸[鹝鹝]拟声词,鹅叫声。

㑊 yì "億"的讹字。

臆 ㊀ yì 臆,胸部:~下迫颐。
㊁ huān[腸吺](-dōu)也作"驩兜",传说中尧舜时流放的四族首领之一。

肄{肆} yì ❶学习;练习:~习|~业(没有毕业或尚未毕业)。❷检查;查验:关吏税~郡国出入关者。❸劳苦:陈教则~。

猺 yì 一种不怕风浪的水鸟,其形象多画于船头上以求避风。

膉 yì 同"臆",臆,胸部。

詍 yì 同"詍"。

裛 yì ❶书套。❷缠绕:~以藻绣。❸用香熏衣:麝~战袍香。

褎 yì 同"裔"。

瘗 yì 同"瘗(瘞)"。

瘍 yì ❶狂疾。❷病相互传染。

瘕 ㊀ yì[瘕疵](-jì)恨。
㊁ yá 同"睚",眼眶,一说怒视。

裔 yì ❶衣服的边缘,泛指边缘,引申为边远地区:自领至~|江浔海~|谪官去南~。❷后代子孙:后~|华~。❸姓。

意 ㊀ yì ❶意思;含意:本~|来~|词不达~。❷心愿;愿望:好~|民~|心满~足。❸感情:情~|盛~|情投~合。❹情趣:~味|~境|诗情画~。❺推测;料想:~外|~料|出其不~。
㊁ yī 通"噫",叹词,表示叹息、惊异等:~!仁义其非人情乎!

竩 yì 同"谊(誼)"。

意 yì "蔓"的讹字。

義 ㊀ yì "义"的繁体字。
㊁ yí 同"仪(儀)"。

藝 yì 同"藝(艺)"。

溢 yì ❶水满而外流:不~不涸|江河四~。❷满;充满:德教~乎四海|热情洋~。❸过度;超出:~美|~出此数|词出~其真。❹通"镒(鎰)",古代质量单位:黄金百~。

毅 yì 同"毅"。

㴰 yì 同"逸"。

嫕 yì 用于女子人名。

𧎘 yì 义未详。(《篇海类编》)

缢(縊) yì 吊死;勒死:自~|~杀。

𥜒 yì 同"𥜒"。

耪 yì 同"釋",耕。

馲 yì 同"驮(馱)"。

駅 yì 日本汉字。同"驿(驛)"。

壒 yì 同"殪"。

壒 yì 同"殪"。

埶 yì ❶ 同"藝(艺)"。1. 种植,也指种植的作物:~麻|采~。2. 才能;技艺:多材多~。❷ 刈割:杀人如~。

鞇 yì 古代灵车上陈设的马缰绳或马鞍。

蒜 yì 同"益"。

葷 yì 同"鞇"。

莫 yì ❶ 大麻的雌株。❷ 连翘,落叶灌木,果实可供药用。

榏 yì 同"艗"。

豷 yì 同"豙"。

殪 yì ❶ 物凋死。❷ 手脚小病。

鳶 ㊀ yì 同"弋",用带绳子的箭射鸟。㊁ yuān 同"鳶(鸢)",鸟名。

異 yì 同"異(异)"。

蜴 ㊀ yì [蜥蜴] 见 1015 页"蜥"字条。㊁ xī [脈蜴](mì-) 见 663 页"脈"字条。

艗 yì 同"艗"。

膉 yì ❶ 颈部的肉:左~。❷ 肥。

誼 yì 同"誼(谊)"。

瘱 yì 同"瘱"。

廙 yì ❶ 类似帐篷的可移动的住房。❷ 谨慎;恭敬:先聆其音,~之。

瘗(瘞) yì ❶ 埋;埋葬:夭殂~此|蹇驴秋毙~荒田。❷ 隐藏:石笋~苍云|~谷(穀)敌兵畏。❸ 坟墓:发~出尸。

豙 yì ❶ 猪发怒,毛竖起。❷ 删除;剔除。

竭 yì 急戾。

嗌 yì 同"嗌"。

溰 yì 古水名,又称清流水,今称清溰河,在河南。

肆 yì 同"肄"。

肆 yì 同"肄"。

嫕 yì 柔顺;和善。

嫕 yì "瘱"的讹字。

嬑 yì 同"嫕"。

豨 yì 同"希"。

肄 yì 同"肄"。

壹 yì 同"曀",天色昏暗,且有尘土被风刮起:~~其阴。

蓺 yì 同"藝(艺)"。

鞇 yì 同"鞇"。

蕾 yì 同"薏"。

藻 yì 同"濼"。

槷 yì 树枝相摩。

麸 ㊀ yì 同"麸(麩)",破碎的麦壳。㊁ shú 姓。

鹝(鷊) yì ❶ 也作"鶂",水鸟名。❷ 绶鸟,鸟名,即吐绶鸡。

霬 yì [霬霍](-huò) 也作"霬霩",大雨;下大雨的样子。

囈 yì 同"囈(囈,呓)"。

蝗 yì [蝗蝓](-yuè) 同"蝤蝓"。

噫 yì 快。

默 yì 黑色。

镒(鎰) yì 古代质量单位。1. 用于黄金,一镒等于二十两或二十四两。

2. 用于米，一镒等于一升的二十四分之一。

𩟝 yì 同“饐”。

䰙 yì 鬼名。

𧝋 yì 同“褭(裔)”。

𢕟 yì 同“䳭”。

鎰 yì 同“鈠”，小矛。

饐 yì 食物因受湿热而腐臭。

𩸆 yì 同“鮨”。

肄 ㊀ yì ❶同“肄”。1. 学习；练习：～旧。2. 劳苦。❷姓。
㊁ lì 同“隸(隶)”，奴隶：有～有台。

瀷 yì 同“瀷”。

癔 yì 同“瘱”。

𤸎 yì 病。

毅 yì ❶果断；坚决：刚～｜～然｜壮颜～色。❷残酷；严厉：政清～，吏下无敢犯。❸通“艺(藝)”，极限：～贪无厌。

鹢(鷁) yì ❶也作“鹝(鷊)”，水鸟名。❷船头画有鹢鸟图案的船，泛指船：蹉跎长泛～。

熼 yì 火光。

熠 yì 光彩鲜明：金流玉～｜文采～～。

燡 yì 用于人名：张～。(《集韵》)

㵝 yì 烝葱。(《玉篇》)

澺 yì 同“澺”。

懿 yì 同“懿”。

𡰪 yì ❶治；治理：有能俾～？❷安。

𩎟 yì 皮。

翳 yì 同“翳”。

騴 ㊀ yì 马行走的样子。
㊁ sà 同“馺”。

𧾷 yì 同“趩(跇)”。

墿 ㊀ yì 同“驿(驛)”，道路。
㊁ tú 同“途”，路途。

歖 yì 同“懿”，德行美好。

蘙 yì 草名。

薏 yì ❶［薏苡］(-yǐ)一年生或多年生草本植物。种仁称薏仁米，可食或供药用。❷莲子心，即莲子中的青嫩胚芽。

𣪠 yì “埶(蓺)”的讹字。

𣪠 yì “埶(蓺)”的讹字。

檍 yì 同“檍”。

殪 yì ❶死；杀死：～此大兕。❷跌倒：奔～｜～车中。❸灭绝：～灭｜歼～。

曀 yì ❶天色昏暗，且有尘土被风刮起：终风且～｜天气日～。❷昏暗不明：时无明后，道～不行。

𦝢 yì 同“貤”。

嗌 yì 同“嗌”。

𨃚 yì 同“趩(跇)”。

螠 yì ❶［螠女］也作“缢女”，蝶类昆虫的幼虫，常吐丝悬于草木、屋檐等处，像自缢，故称。❷又称海肠子，无脊椎动物的一纲，身体呈圆筒状，生活在海底泥沙中。

嶧 ㊀ yì 古川名。(《广韵》)
㊁ háo 同“嗥”。

睪 ㊀ yì 引给。(《说文》)
㊁ zé 同“择(擇)”，选择。

圛 yì ❶迂回行走。❷云气稀疏。

𥟖 yì 同“埶(藝，艺)”。

𥢷 yì 耕。

𥣬 yì 黍稷茂盛的样子。

𥮋 yì 置。

劓 yì ❶古代割掉鼻子的酷刑。❷割去；除去：屠～。

鼻阝 yì “劓”的讹字。

艗 yì ❶[艗艏](-shǒu)也作"鹢首",船头,因古代富贵人家常在船头画有鹢的图案而得名。❷船:画~|巨~。

餶 yì "餲"的讹字。

膉 yì ❶瘦。❷同"饐",食物因受湿热而腐臭。

瘱 yì ❶安静;文静:婉~。❷深邃:清净厌~。

瘼 yì 同"瘼"。

薏 yì ❶满。❷同"億(亿)",数词,十万,后指一万万:光乎~年。

襄 yì 同"裔"。

燚 yì 火的样子。

騺 yì 古代良马名。

澬 yì ❶[溶澬]也作"容澬",水动荡的样子。❷通"裔",边缘:浙~|海~。

澺 yì 古水名,即今河南上蔡以下的洪河。

寱 yì 同"寱(寐)"。

褹 ㊀yì[筒(箭)褹]短袄。
㊁niè 布襦。

皶 yì 皮。

嬑 yì 用于女子人名。

嬟 ㊀yì 用于女子人名。
㊁yǐ[婍嬟](qǐ-)容貌美好。

隸 yì 同"肄"。

繶(繶) yì ❶鞋上作为装饰的圆丝带:青絇黄金~。❷古代酒器口和足底之间的篆文装饰:宾长洗~爵三献。

耭 yì 耕种。

鞨 yì[素鞨]鞋。

鞥 yì 同"鞸"。

檍 yì 俗称万年木,树名,木材可造车、制弓弩。

螠 yì 虫名。

翳[❸瞖] yì ❶用羽毛编制的车盖:左手操~。❷隐藏;遮蔽:潜~|掩~|乌云~日。❸眼角膜上所生障碍视线的白斑:白~|运针如运斤,去~如拆屋。❹起障碍作用的东西:云~|氛~|纤~。❺副词,只;唯:岁晚托深期,~君独桃李|~我祖国,以最大之民族,聪明强力,超绝等伦,而沉梦不起,万事堕坏。

醷 yì[酏醷](shì-)见875页"酏"字条。

賹 ㊀yì 同"镒(鎰)",古代质量单位,一賹等于二十两或二十四两。
㊁ài 记人;记物。

曎 yì 同"燡",光明。

鷁 yì 鶂鸼。

螘 yì 虫名。

嶷 ㊀yì 小儿懂事的样子。
㊁nǐ 声。

斁 yì "斁"的讹字。

斁 yì 同"斁"。

斁 ㊀yì ❶厌倦;懈怠:久持毋~。❷嫌弃;厌恶:食之无~|掩耳~其喧。❸终;终止:眷念无~|有永无~。❹盛大的样子:庸鼓有~。
㊁dù 败坏:法以~,民以不康。
㊂tú 涂饰:饰以丹漆,~以明光。

斁 yì "斁"的讹字。

斁 yì 同"斁"。

穖 yì 同"秇(䵒,麩)",麦糠。

篴 yì 置。(《集韵》)

谥 yì 同"賹"。

臆 yì ❶胸骨,引申为胸部:胸~|人生有情泪沾~。❷主观的;猜测的:~说|~断|~测。

鮨 yì 鱼多的样子。

瘗 yì 同"瘗(瘞)"。

襄 yì 同"裔"。

燡 yì ❶火很盛的样子。❷光明的样子。

燡 yì 同"燡"。

熼 yì 用于人名:惟～。(《字汇补》)

寱 yì ❶同"呓(囈)",说梦话;梦话:狂～|寐中～言。❷惊。

襗 yì 周代祭名,指正祭之后的第二天再祭。

䞣 yì 同"逸"。

嬑 yì 同"瘱"。

翼 yì ❶翅膀,鸟类或昆虫的飞行器官:鸟～|蝉～|羽～未丰。❷像翅膀的东西:鼎～(鼎耳)|屋～(屋檐两头高起处)|机～(飞机等两侧伸出的部分,有支撑机身、产生升力等作用)。❸作战时阵形两侧;左右两侧中的一侧或政治活动派别之一:两～阵地|侧～|左～作家联盟。❹辅佐;帮助:辅～|扶～|～助。❺春秋时晋国都城,在今山西。

懿 yì 同"懿"。

鹝 yì 同"鶂"。

虉(虉) yì ❶也作"虉",绶草,即盘龙参,多年生草本植物,可供药用。❷虉草,又称草芦,多年生草本植物,茎秆可编器物或造纸。

藙 yì 又称艾子、辣子,即食茱萸。

櫂 yì 同"槸"。

蓺 yì 同"埶(埶)"。

賢 yì 益;多。

覽 yì ❶看物象不清晰。❷同"賢",益;多。

嶷 yì 同"額"。

囈 yì 同"囈(呓)"。

𪘲 yì 同"𪘲"。

賢 yì 拏。

罿 yì 同"羿",引给。(《字汇补》)

镱(鐿) yì 金属元素,可用来制特种合金,也用作激光材料等。

億 yì 同"億(亿)"。

瞖 yì 同"瘞",埋。

鷁 yì [鷁鸠]又称鹏鸖、荆鸠,一种小鸠。

鮨 yì 义未详。(《汉语大字典》)

鯣 yì 鲵鱼。

甈 yì ❶大罂。❷瓶。

瘞 yì ❶病相互传染。❷同"瘍"。

癔 yì 癔症,又称歇斯底里,精神病的一种。

毅 yì 同"毅"。

䍤 yì 同"翼"。

歝 yì 义未详。(《改并四声篇海》)

耭 ㊀ yì 耕。
㊁ shì 耕的样子。

懿 yì 同"懿"。

殪 yì 美。

豷 yì 猪喘息。

霬 yì 人名(三国时人)。

鼒 yì 大鼎。

燡 yì 光明。

螠 yì 蠮螉。

鶂 yì 同"鹢(鷁)"。

鷊 yì 同"鹢(鷁)"。

颾 yì 疾风。

鰑 yì [鰑鱺](-lí)鱼名。

譩 yì [譩譆](-dì)审慎。

𣪠 yì 同“毅”。

𥨥 yì 同“寱”。

繹 yì 同“繹(绎)”。

懿 yì 同“懿”。

䕈 yì ❶草木繁盛的样子：翠～|～荟。❷遮蔽：～于榛薄|众草～之。❸草名。

蘙 yì 同“蘙”。

虉 yì 同“虉”，即连翘，落叶灌木，果实可供药用。

檍 yì 同“檍”。

醳 ㊀yì ❶古代酒名。1.酿造时间长的酒。2.新酿成的酒。3.醇酒。4.苦酒。❷赏赐酒食：～兵。
㊁shì 通“釋(释)”，释放：～臣。

醳 yì 同“醳”，古代酒名。

醷 ㊀yì ❶梅浆。❷酪的一种。
㊁ài [噫醷](yǐn-)聚气的样子。

巍 yì 山高的样子。

鱚 yì 义未详。(《改并四声篇海》)

饐 ㊀yì ❶食物因受湿热而腐臭：粟米～热生虫。❷腌渍的食物。
㊁yē ❶同“噎”，食物等堵塞食管：～死|小饭防～。❷同“咽”，声音滞涩：哽～。
㊂èn 吃饱。

譯 yì 同“譯(译)”。

廙 yì 屋通。

䫆 ㊀yì [痴(癡)䫆]痴呆；不聪明。
㊁zhuài ❶击头声。❷脸丑恶。

瀷 yì ❶古水名，在今河南。❷积聚的雨水：泽受～而无源。❸水急流。

𨘋 yì 同“𨘋”。

翼 yì 同“翼”。

燡 yì ❶火灾；灾害。❷焚烧：炎～圣经。

蠧 yì “蠧(螠)”的讹字。

鷧 yì 痛声。

䴊 yì “鷁”的讹字。

藙 yì 同“藾(蓺)”。

檍 yì “檍(檍)”的讹字。

䫆 yì “䫆”的讹字。

齸 yì [齌齸](jì-)见414页“齌”字条。

闠 yì 开门。

髓 yì 同“髓”。

髓 yì 同“髓”。

篾 yì ❶竹节。❷竹名。❸小竹。

饐 yì 饱。

饆 yì ❶饭坏。❷糕饼。❸祭名，也作“绎(繹)”。

議 yì 同“議(议)”。

鹢 yì 同“鹢”。

懿 ㊀yì ❶(德行等)美好：～德|～行|～旨。❷赞美；称颂：～其行|～其功。❸深：～筐|幽～。❹姓。
㊁yī 同“噫”，叹词，表示叹息、惊异等：～厥哲妇。

韂 yì ❶同“繶(繶)”，鞋上作为装饰的圆丝带。❷鞋头。

鷊 yì 同“鷊(虉,鷊)”。

曀 yì 同“噎”。

臆 yì 胸骨，也作“臆”。

髓 yì “臆”的讹字。

穓 yì 同“稆”。

鱳 yì 病名。

翳 yì “翳”的讹字。

瘱 yì 病。

驛 yì 同“驛(驿)”。

鷧 yì 鸬鹚。

虉 yì 同“虉(虉)”。

藙 yì 同“藙”。

檍 yì “檍”的讹字。

黳 yì 黄白。

鼸 yì 鼠名。

鷧 yì 同“鷧”。

魕 yì 恐惧。

鬹 yì 同“魕”。

藙 yì 同“藙”。

襼 yì 衣袖。

趯 yì 快走的样子。

鷁 yì［鷁鸸］(-ér)燕子。

蠹 yì 同“蟪”。

虉 yì 数。

齸 yì ❶麋鹿反刍，也指麋鹿的反刍胃。❷泛指牛羊类动物。

鱃 yì 义未详。(《改并四声篇海》)

讛 yì 同“呓(囈)”。

嬺 yì 同“懿”。

虉 yì 同“藙”。

籁 yì 竹名。

瀷 yì 水流的样子。

癔 yì 同“瘱”。

yīn

侌 yīn 同“雺(阴,陰)”。

因［囙］yīn ❶依靠;凭借:～势利导|～地制宜。❷沿袭:～循|陈陈相～。❸原因;缘故:内～|外～|事出有～。❹介词,因为;由于:～故暂停|～病休假。❺连词,因为:～粗心大意,把手机丢了。

阥 yīn 同“陰(阴,陰)”。

阴(陰)［隂］㊀yīn ❶水南或山北(多用于地名),也泛指北面:淮～(在淮河之南)|蒙～(在蒙山之北)|讵忆长城～。❷背面,背阳的一面:碑～|镜～。❸云层密布遮住阳光;不见阳光的:～天|～雨|～暗。❹光线被遮住形成的影:树～|背～。❺凹下的;不显露的:～文|～沟|～私。❻秘密的;诡诈:～谋|～情|这个人很～。❼死人的;冥间的:～宅|～间|～司地狱。❽男女生殖器:～茎|～部|以布束其～。❾带负电的:～电|～极。❿姓。

㊁yìn 通“荫(蔭)”。1.遮盖:骨肉蔽于下,～为野土。2.庇护:既为～女,反予来赫。

囜 yīn 义未详。(《龙龛手鉴》)

狄 yīn 古代少数民族名,分布在今广西。

枂 yīn 同“阴(陰)”。

氤 yīn 同“阴(陰)”,阴天:多～多雨。

侌 yīn 同“阴(陰)”。

狨 yīn “狄”的讹字。

洇 yīn 同“湮”。

除 yīn 同“阴(陰)”。

姻 yīn 同“姻”。

垔 yīn 同“堙”。

捆 yīn 同“因”,依靠;凭借。

茵 yīn ❶古代车上铺垫的席子或垫子,引申为车:车～|端策拂～|乘～步辇。

❷泛指铺垫的东西:～褥|绿草如～。❸[茵陈]多年生草本植物,嫩茎、叶可供药用。

荫(蔭) ㊀yīn ❶同"阴(陰)",光线被遮住形成的影,引申为树荫:树～|垂～万亩。❷姓。
㊁[廕] yìn ❶遮盖:榆柳～后檐(簷)。❷见不到阳光,又潮又凉:这房间太～了。❸庇护:～庇|托赖众长上福～。❹封建时代帝王给功臣的子孙封赏或特权:封妻～子|少以父～。

垔{垔} yīn 堵塞;填塞,后作"堙":鲧～洪水。

𡋯 yīn 古地名。(《改并四声篇海》)

𡉏 yīn 同"堙"。

㫚 yīn 同"姻"。

㶣 ㊀yīn 同"因"。
㊁yān 同"烟(煙)"。

氤 yīn[氤气]元气。

㥯 yīn 同"阴(陰)"。

音 yīn ❶乐音,泛指声音:～律|杂～|扩～器。❷音乐:寡人窃闻赵王好～,请奏瑟。❸语音:方～|口～|配～。❹字音;音节(语音单位):注～|双～词|汉语拼～。❺言辞:德～|庸～|寄辞於瘁～。❻消息:～信|佳～。☞音/声 见863页"声"字条。

洇 yīn ❶水名。❷渗;发散:纸～透了|～成一片|～湿。

陰 yīn 同"阴(陰)"。

姻[婣] yīn ❶婚事;嫁娶:婚～|联～|完～。❷因婚姻而结成的亲戚:～亲|～弟。❸婿家。❹女婿的父亲。

骃(駰) yīn 毛色黑白相杂的马。

细(絪) yīn ❶[细缊](-yūn)同"氤氲"。1.天地元气或阴阳二气交合的样子:天地～|～相感。2.烟云弥漫的样子:天香瑞彩含～。❷通"茵",垫褥:象牙床上布红～。

梱 yīn 树名。

𡋯 yīn 同"垔"。

氤 yīn[氤氲](-yūn)1.天地元气或阴阳二气交合的样子:万物～。2.烟云弥漫的样子,也形容某种气氛强烈:云烟～|杀气～。

殷 ㊀[❸❼慇] yīn ❶众多;富足:～实|～富|家～人足。❷深厚;恳切:～切|情意甚～。❸忧伤;忧伤的样子:～忧|忧心～～。❹古都邑名,在今河南:～墟。❺朝代名,商代后期从盘庚迁都至殷到纣亡国(公元前1300-公元前1046年)。❻姓。❼[殷勤]热情周到。
㊁yǐn ❶拟声词,雷声:雷声～～。❷震;震动:～天动地|哭声～野。
㊂yān 赤黑色:～红|朱～。

袙 yīn 同"裀"。

裀 yīn ❶成就。❷同"禋"。

𡋯 yīn 同"垔"。

䚾 yīn 同"姻"。

铟(銦) yīn 金属元素,可用来制低熔点合金、轴承合金、电光源等。

稛 yīn 稻花。

𠆸 yīn 同"阴(陰)"。

䇂 yīn 元气。

湮 yīn 寒冷的样子。

滛 yīn 古水名。(《龙龛手鉴》)

谭(譚) yīn 恭敬。

裀 yīn ❶夹衣。❷内衣。❸通"茵",铺垫的东西:草绿如～|～褥重陈。

堙[陻] yīn ❶填塞;堵塞:夷灶～井|河渠～窒。❷埋没;泯灭:～没|～灭。❸为攻城而堆起的土山或土台:筑大～以临之。

堇 yīn[堇蔯](-chén)同"茵陈"。

雺 yīn 同"霒(阴,陰)"。

蛔 yīn[蛔螉](-yōng)蠮螉。

喑 ㊀[❸❹瘖] yīn ❶小儿啼哭不止。❷因悲伤过度而哽咽,哭不出声来:语声～～然不彻。❸哑,不能出声:～哑|～不能言。❹缄默不语;无声:～默|～抑衔冤|万马齐～。❺忍耐:～气吞声。

㊁ yǐn［喑醷］(-ài)聚气的样子。
㊂ yìn ❶［喑噁］(-wù)发怒的样子：～叱咤。❷声音相应和：白鹤叫相～。
◆“瘖”另见1155页“瘖”字条。

筃 yīn ❶竹名。❷同“茵”。

殷 yīn 同“殷”。

廕 yīn ❶古地名。(《玉篇》)❷同“阴(陰)”：重～。

闉(闉) yīn ❶城门外小城的门，也指城门外的小城：城～|颓～废郭。❷通“堙”，堵塞：～池。

湺 yīn“湺”的讹字。

愔 yīn 安详和悦的样子：澹清静其～嫕兮。

圁 yīn 同“垔”。

隂 yīn 同“陰(阴,陰)”。

緸(緸) yīn［緸冤］摇动的样子：～蜿蟺。

蒑 yīn ❶菜名。❷草色青：采英怀中，飘飘其～。

㙬 yīn 同“垔”。

溵 yīn ❶同“濦”，古水名。❷古州名，在今河南。❸用于地名：～溜(在天津)。

慇 yīn 同“慇(殷)”，忧伤：愤然～痛。

禋 yīn 祭名，把牲体、玉帛等放在柴上烧，烟气上升以祭天，泛指祭祀：～祀。

陻 yīn 同“陻”。

蔭 yīn 同“蔭(荫)”。

蔭 yīn 同“荫(蔭)”。

瘖 ㊀ yīn“喑㊀❸❹”的异体字。
㊁ yìn 剧痛。

禋 yīn 同“裀”。

隱 yīn 同“阴(陰)”。

鞇 yīn 同“茵”，古代车上铺垫的席子或垫子。

垔 yīn 同“垔”。

㦤 yīn 欲仆。

㓄 yīn ❶敬。❷塞。

禋 yīn 同“禋”。

鞇 yīn 同“鞇(茵)”。

豷 yīn ❶豆豉。❷豆名。

醅 ㊀ yīn 醉声。
㊁ yìn 用密闭发酵的方法腌制食品。

黔 yīn 同“雺”。

雺 yīn 云遮住太阳，引申为遮蔽，也作“阴(陰)”：溪云水上～。

雺 yīn 同“雺”。

韽 yīn 同“豷”。

䅧 yīn“䅧(禋)”的讹字。

禋 yīn 同“禋”。

霒 yīn 同“雺”。

霠 yīn 同“雺”。

噾 yīn 同“喑”。

鮣 yīn［鮣鱣］(-chuí)鱼名。

濦 yīn 古水名，后作“㶏”，在今河南。

䅧 yīn 同“禋”。

霠 yīn“雺”的讹字。

圁 yīn 义未详。(《改并四声篇海》)

隂 yīn 同“阴(陰)”。

㶏 yīn 古水名，在今河南。

磬 yīn 声音安和。

闉 yīn“闉(闉)”的讹字。

闉 yīn 同“闉(闉)”。

䅧 yīn 同“禋”。

䤃 yīn 同"禋"。

隂 yīn 同"阴(陰)"。

Y

yín

冘 ㊀ yín 行走的样子：～然而行。㊁ yóu［冘豫］同"犹豫"，迟疑不决。

尖 ㊀ yín 助。㊁ cén 同"岑"。

圻 ㊀ yín 同"崟"。㊁ qín 同"厪"。

似 ㊀ yín 众人站立。㊁ zhòng 同"众(衆)"。

䜣 yín 众人站立。

苂 yín 同"炏"，光明。

吟 ㊀［❶-❹唫］yín ❶ 唱；咏诵：～诵｜～诗作赋｜浅唱低～。❷ 古代诗体名：《梁甫～》《白头～》。❸ 叹息：呻～｜昼～宵哭。❹ 鸣；叫：蝉～｜虎啸龙～。❺ 姓。
㊁［唫］jìn 通"噤"，闭口不言：～而不言。

犾 yín 同"犬"。

犷 ㊀ yín 同"狺"。1. 狗叫声。2. 狗相争斗。㊁ yá 同"啀"，狗相争斗时龇牙咧嘴的样子。

烎［炏］yín 同"炏"，光明。

犾 yín ❶ 两狗相咬或相吠。❷ 用粗野的言语相争吵的样子。

斦 ㊀ yín 二斤。㊁ zhì 砧木；铡刀垫座。

㐆 yín 行走的样子。

坙 ㊀ yín 妄取；贪求。㊁ jīng 织。

狆 yín 古地名。(《字汇补》)

垽 yín 同"垠"。

垠 yín ❶ 边际；尽头：绝～之外｜平沙无～。❷ 岸，水边陆地：鲸波靖海～。❸ 形状；形迹：进退屈伸，不见朕～。

帍 yín 义未详。(《改并四声篇海》)

泿 yín 古水名，在今广西。

宨 yín 深。

珢 ㊀ yín 像玉的美石。㊁ kèn 有凸起纹理的玉。

垠 yín 同"垠"。

䒡 yín 菜名，像蒜，生于水中。

䓀 yín ❶ 草多的样子。❷ 草名。

狠 yín 同"龈(齦)"。

哻 yín "岑(崟)"的讹字。

岑 yín 同"崟"。

訔 yín［訔訔］争辩或纷争的样子：何后世之～也？

圁 yín ❶ 圁水，古水名，在今陕西北部。❷ 用于古地名。(《广韵》)

狺 yín 也作"犷"。1. 拟声词，狗叫声：～～狂吠。2. 狗相争斗；争吵(贬称)：投骨于地，～然而争｜无～争之狂子。

訚(誾) yín ❶ 心平气和地据理争辩：～争｜～侃。❷ 谦和恭敬的样子：颀而～。

浛 yín［浛沦］水流回旋的样子。

寀 yín "寅(寅)"的讹字。

寅 yín 同"寅"。

訔 yín 同"訔"。

琂 yín 同"珢"。

埕 yín 人名。(《中国美术分类全集·中国玺印篆刻全集》)

菰 yín "䓀"的讹字。

峎 yín 同"垠"。

崯 yín 同"崟"。

崟 yín［岑崟］(cén－)山石高峻、奇特的样子。

嵚 yín 两山相向。

银（銀） yín ❶金属元素，可用来制货币、器皿、首饰、电镀、感光材料等，是贵重金属，古称白金，通称白银或银子。❷货币；钱：～两｜～元｜～行。❸像银子的颜色：～发（髮）｜～河｜～燕（比喻飞机）。

迬 yín 过。

訡 yín 同"吟"。

淫［滛、❺婬］{滛} yín ❶浸；浸渍：善防者水～之。❷过度；过甚：～雨｜～威｜～逸。❸惑乱；迷惑：富贵不能～。❹邪僻；不正当的：～辞｜～行。❺特指在男女关系上不正当的：～荡｜～乱｜奸～。☞异体字"滛"，今改为新字形。

寅{寅} yín ❶地支的第三位：甲～年｜壬～日。❷寅时，指夜里3时至早晨5时。❸恭敬：～畏｜～奉。

𠪚 yín 义未详。（《改并四声篇海》）

桯 yín 古代通水用具。

龂（齗） ㊀yín ❶同"龈（齦）"，牙龈，牙根肉：轻香冷韵，袭人～腭（齶）。❷［龂龂］（-yín）争辩的样子：～如也。㊁yǎn［龂龂］（-yǎn）笑的样子：醉歌喜～。

虒 yín 拟声词，虎声。（《说文》）

鈝 yín 用于佛经咒语译音。

愮 yín "淫"的讹字。

寅 yín 同"寅"。

鄞 yín 用于地名：～州（在浙江）。

硍 yín ❶同"崟"，山高峻的样子。❷石。

廞 yín 同"廞"。

𢊁 yín 同"廞"。

廞 yín 同"廞"。

廞 yín［廞崟］（-yín）也作"崟廞"，山崖险峻的样子。

𢤱 yín 义未详。（《改并四声篇海》）

𥲅 yín 同"齗"。

𥳊 yín 同"齗"。

𡗜 yín 同"夤"。

𡗝 yín 同"㚑（夤）"。

瘖 yín ❶疾病。❷病情逐渐加重。

龄 yín 同"吟"。

寅 yín 同"寅"。

墳 yín 场。

黄 yín 菟瓜。

墼 yín 同"垠"。

㷟 yín "墪"的讹字。

霒 ㊀yín［霒雨］淫雨，久下不止的雨。㊁ái 雨声。

龈（齦） ㊀yín 牙龈，牙根肉：齿～。㊁kěn 咬啮，后作"啃"：～瓜皮。

筌 yín 竹名。

鉅 yín 马饰器。

夤 yín ❶深：～夜。❷恭敬：～缘（攀附权贵）｜～献厥诚。

㚑 yín 同"夤"。

𢽎 yín 同"廞"。

璌 yín 用于人名：田～（汉代人）。一说"墳"的讹字。

檭（檭） yín 银杏，又称白果，落叶乔木，木材可用于雕刻、建筑。果仁可食，也可供药用。

𡓖 yín 同"嚚"。

墪 yín 同"垠"。

𡑞 yín 同"墪（垠）"。

殥 yín 偏远之地:八~。

𩃎 yín 同"霪"。

噖 yín 同"吟"。

㗈 yín 同"嚚",一说同"要"。

𨦈 yín 同"銀(银)"。

腪 yín 脊骨两旁的肉。

𣹆 yín 同"淫(霪)",淫雨,下得过量的雨。

𡜋 yín 用于女子人名。

𡎺 yín 同"嚚"。

𠿃 yín[顉𠿃](qìn-)见786页"顉"字条。

𡖍 yín 同"寅"。

𧧩 yín 顽。

𨞃 yín 同"鄞"。

𡃝 yín 同"嚚"。

𡹷 ㊀yín 同"寅"。㊁yīn 同"垔"。

𡖑 yín 同"寅"。

蟫 ㊀yín 又称蠹鱼、衣鱼、白鱼,蛀食衣物、书籍的小白虫。㊁xún[蟫蟫](-xún)1.相随而行的样子:貓貉兮~。2.爬行的样子:蠕蠕(蝡蝡)~,充衢塞隧。

㗊 yín 同"嚚"。

嚚 yín ❶哑;能发声,不能说话:~瘖不可使言。❷言语不实;奸诈:~讼。❸愚蠢而顽固:~顽|~然而不顾。

𪊨 yín 传说中的动物,身像貉,眼像人。

𨞧 yín 古地名。(《说文》)

霪 yín 霪雨,也作"淫雨",下得过量的雨。

𨶹 yín 同"訚(誾)"。

𡖟 yín 同"寅"。

𩏖 yín 同"鸇"。

𧇖 yín 两虎争斗声。

𩅳 yín 同"霪"。

𪘏 yín 同"齦(龈)"。

𡔛 yín 同"嚚"。

𡔜 yín 愚。

龥 yín 大篪,古代管乐之一。

𧅟 ㊀yín 同"荶"。㊁yán 草名。

𪙊 yín"𪘏"的讹字。

𪘐 yín 同"齦(龈)"。

齗 ㊀yín 同"龂(齗)""龈(齦)",牙根肉。㊁niè 同"齧(啮,嚙)",咬。

𡔚 yín 同"嚚"。

鷣 yín 鹞子的别称。

蟫 yín 同"蟫"。

yǐn

乚 ㊀yǐn 同"隐(隱)"。㊁称竖折,汉字笔画或部件。

廴 ㊀yǐn ❶长行。❷同"引",开弓。㊁称建之旁,汉字偏旁或部件。

尹 yǐn ❶治理:管叔~之|登太阶而~天下。❷古代官名:令~|府~|道~。❸姓。

引 yǐn ❶拉弓,引申为拉、伸:~弓|~颈|~而不发。❷带领;招来:~导|~狼入室|抛砖~玉。❸用来做证据、凭借或理由:~证|~经据典|旁征博~。❹退避;离开:~退|~避|~去。❺旧时长度单位,一引等于十丈。❻古代一种文体,类似序:恭书短~。❼古代一种乐曲体裁:休唱莲舟之~。

弘 yǐn 同"引"。

扨 yǐn 同“引”。

㸒{㸓、㸔、㸕} yǐn ❶归依。❷同“隐(隱)”。

扨 yǐn 同“引”。

苜 yǐn 草名。

吲 ㊀yǐn 用于译音：～哚(有机化合物)。
㊁shěn ❶同“哂”，嗤笑：匈奴～之。❷虫、鸟鸣叫：秋蝉～于南垅。

饮(飲){飮}[歓] ㊀yǐn ❶喝：～水｜～酒｜～鸩止渴。❷特指喝酒：宴～｜对～｜畅～。❸可喝的东西：～料｜冷～｜开心暖胃门冬～。❹隐没；(心里)忍着：～弹｜～冤｜～恨吞声。❺中医学病症名：痰～(痰多而清稀如水)。
㊁yìn 给人、牲畜吃或喝：呼饭～之｜～马｜～牲口。

帬 yǐn 同“尹”。

昕 yǐn 同“引”。

㣧 yǐn 涂炭，处于极困苦的境地。

㱃 yǐn 同“歓(饮，飲)”。

迎 yǐn[迎遂](-xǐn)跑。

帬{帬} yǐn 同“尹”。

帬{帬} yǐn 同“尹”。

帬{帬} yǐn 同“尹”。

蚓 yǐn[蚯蚓]见 793 页“蚯”字条。

笋 yǐn 笑的样子。

筍 yǐn 竹名。

尹 yǐn 同“尹”。

㣧 yǐn 同“㣧”。

㥯 yǐn 同“隐(隱)”。

粌 yǐn 也作“粨”，量词，长度单位“百米”的旧译写法。

赺 ㊀yǐn ❶快步行走。❷同“趛”。
㊁qǐn 同“趛”，低头快走。

躬 yǐn 义未详。(《龙龛手鉴》)

㥯 ㊀yǐn 同“隐(隱)”。
㊁jí 同“急”。

乳 yǐn ❶进。❷同“靷”。

㳄 yǐn 同“歓(饮，飲)”。

隐(隱) ㊀yǐn ❶藏匿；隐瞒：～蔽｜～居｜直言不～。❷深藏的；未显露的：～患｜～情｜～私。❸隐秘的事：难言之～。❹精微；微妙：探赜索～｜推见至～。❺姓。
㊁yìn 凭倚：～几而坐｜其高可～。

㥯 yǐn 同“螾”。

㦩 yǐn 同“尹”。

㱃 yǐn 同“歓(饮，飲)”。

㱃 yǐn 同“歓(饮，飲)”。

釿 yǐn 锡的别称，一说白锡。

飲 yǐn 同“歓(飲，饮)”。

憖 yǐn“慭”的讹字。

憖 yǐn 疾人忧。(《改并四声篇海》)

靷 yǐn 马拉车用的皮带。

檃 yǐn 古地名，在今山东。

螾 yǐn 小鼓。

㱃 yǐn 同“歓(飲，饮)”。

隱 yǐn 同“隱(隐)”。

隱 yǐn 同“隱(隐)”。

蘟(蘟) yǐn[蘟荵](-rěn)也作“隐忍”，蕨类植物，可食。

輑 ㊀yǐn 车前横木。
㊁qūn ❶车轴。❷车轴相连，泛指相连的样子：堤(隄)塍相～。

螾 yǐn 同“螾”。

輑 yǐn 小鼓。

慐 yǐn ❶谨慎。❷忧愁;哀伤。

趛 yǐn 低头快走。

輑 yǐn "輑"的讹字。

磤 ㊀yǐn 同"殷",雷声:声訇～其若震。㊁yīn[砏磤](pīn-)见57页"砏"字条。

噾 yǐn ❶声。❷同"韽",声音微小、不清脆。

嶔 yǐn 山小而高的样子。

醔 yǐn ❶酒。❷同"饮(飲)"。

歓 yǐn 同"饮(飲)"。

醟(醬) yǐn 同"醬"。

歆 yǐn 同"歓(饮,飲)"。

瘾(癮) yǐn ❶内病。❷特别深的嗜好;极浓厚的兴趣或爱好:烟～|过～|下棋成～。❸[瘾胗](-zhēn)也作"癮胗"。1.荨麻疹。2.搥痕。

隱 yǐn 同"檃"。

檃 yǐn[檃栝](-kuò)也作"檃括"。1.矫正弯曲的竹木的工具,引申为矫正:檃栝烝(蒸)矫|严檃括于性理。2.就原有文著剪裁、修改:檃括情理,矫揉文采|少加檃括,皆为新奇。

蘟 yǐn[蘟堇](-jǐn)草名。

輵 yǐn 同"轗"。

螾 ㊀yǐn ❶蚯蚓,后作"蚓":～无爪牙之利。❷动的样子:万物始生～然。❸[螾衙](-yǎn)蚰蜒。
㊁yín 寒蝉,一种小蝉,深秋时鸣叫。

巙 yǐn[巙嶙](-lín)山势高峻的样子。

嶾 yǐn 同"巙"。

濥{濦} yǐn 水脉潜行地中:潜～。

绠(縯) yǐn 缝合。

檼 ㊀yǐn 同"檃"。
㊁yìn 房梁或脊檁。

瀵 yǐn[瀵濼](-yào)同"湛濼",波浪翻腾的样子。

縞 yǐn "纆(缦)"的讹字。

礥 yǐn 拟声词,鼓声或雷声:鼓鼙硡～|～～春雷。

櫽 yǐn 同"巙"。

癮 yǐn[癮胗](-zhēn)同"瘾胗"。

懚 yǐn 同"慐"。

蠙 yǐn 同"螾(蚓)"。

廞 yǐn 大屋。

廞 yǐn 同"廞"。

隱 yǐn 同"檼(檃)"。

轗 yǐn 拟声词,车行声。

輑 yǐn 同"靷"。

鞭 yǐn 同"靷"。

轗 yǐn 同"靷"。

轗 yǐn 同"靷"。

轗 yǐn 同"轗"。

讔 yǐn ❶隐语:不听而好～。❷应答的话。

譍 yǐn 同"讔"。

齾 yǐn "齾"的讹字。

顩 yǐn[顅顩](qiǎn-)见770页"顅"字条。

顩 yǐn "顩"的讹字。

靐 yǐn[靐靐]云的样子。

齾 yǐn ❶笑而露齿。❷牙齿长整齐:童子未～。

轗 yǐn 同"靷"。

yìn

印 yìn ❶图章：～章|～泥|钢～。❷痕迹：～痕|手～|烙～。❸把文字或图画等留在纸或其他东西上面：～花|打～|复～。❹彼此符合：～证|心心相～。❺姓。

岇 yìn 义未详。（《龙龛手鉴》）

抈 yìn 舀取水、流质肥料浇庄稼或花木。

卬 ㊀yìn 同"印"。
㊁luǎn "卵"的讹字。

茚 yìn ❶草名。❷有机化合物，是制合成树脂的原料，也可做油漆的溶剂。

肙 yìn 同"胤"。

荫（蔭）[廕] yìn 见1154页yīn。

胤 yìn 子孙后代，也用于人名：赵匡～（宋太祖皇帝）。

洕 yìn 小水。

𦙫 yìn 同"胤"。

胤 yìn 同"胤"。

痆 yìn 义未详。（《改并四声篇海》）

垽 yìn 渣滓；沉淀物：～油|～淀（澱）。

酳 yìn 少饮，后作"酳"。

𦙳 yìn 同"胤"。

𦙫 yìn 同"胤"。

詌 yìn 怒言。

㰲 ㊀yìn 啼不止。
㊁xī 呻吟。

湚 yìn 同"垽"。

堷 yìn 同"窨"，墓穴，地下墓室。

猌 yìn 狗发怒龇牙的样子。

軯 yìn 车名。

脸 yìn 心病。

訡 yìn 义未详。（《改并四声篇海》）

滆 yìn 古水名。（《改并四声篇海》）

音 yìn［颠音］也作"攧窨"，怅惘。

膗 yìn 同"瘾"，心病。

鲫（鮣） yìn 鲫鱼，也作"印鱼"，又称印头鱼，体方正如印，一说体有像篆文的黑文，生活在海中。

瘖 yìn 同"瘾"。

㩦 yìn ❶同"揾"，平量：～米|～出|～进。❷浇（水或肥料）：～了两次。

輰 yìn "軯"的讹字。

酭 yìn 同"酳"。

酳 yìn ❶吃完后用酒漱口：执爵而～。❷同"酌"，少饮。

霠 yìn 气；气行。

䏌 yìn 同"胤"。

䟠 ㊀yìn 卧；仆。
㊁zhì 趋赴。

㾙 yìn 同"瘾"。

澰 yìn 同"印"。

㥯 ㊀yìn 依止。（《玉篇》）
㊁yān 忆。

窨 ㊀yìn ❶地窖：地～子。❷窖藏；深藏：在地窖～一个月|面靠着湖山背阴里～|一瓮～下的好酒。❸封闭使冷却：熟则止火，～一昼夜。
㊁xūn 同"熏"，窨制茶叶，在茶叶中放入茉莉花等，使染上花香：珠兰～片。

鬠 yìn ❶头发散乱。❷头发整洁的样子。

醷 yìn 同"酳"。

憖（憗） ㊀yìn ❶愿意；宁肯：不瞉虽不能用，吾～置（寘）之于耳。❷忧伤；损伤：～然毕同。
㊁xìn 笑的样子：～其既欢兮。
㊂yín［厥憖］古地名。（《左传》）

𪏻 yìn[𪏻厄]不平声。

癊 yìn ❶心病:消食去～。❷(血)痕:血～。

𣀓 yìn 捣。

憖 yìn 同“慭(憗)”。

醟 yìn 同“酳”,吃完后用酒漱口。

㥯 ㊀yìn 依人。
㊁wěn 同“稳(穩)”,安稳。

𨇨 yìn 同“𨃓”。

𢷮 yìn 用容器等衡量。

𢅧 yìn ❶卷曲。❷裹;包。

蚓 yìn 牵扯不断。

鼵 yìn 鼠名。

𨇨 yìn 同“𨃓”。

𤢦 yìn 哺乳动物,即野驴。

㥯 yìn ❶[㥯㥯]烦闷。❷同“㥯”,依人。

𪈹 yìn 义未详。(《字汇补》)

𧞣 yìn 同“𢅧”。

𪔷 yìn 拟声词,鼓声。

yīng

𠮙 yīng[𠮙𠯗](-yāng)叹词,呼应声。

甖 yīng 同“罂”。

应(應) yīng 见 1167 页 yìng。

英 ㊀yīng ❶花:舜～|落～|野菊残～。❷出众;杰出;美好:～俊|～才|～姿。❸英勇:其人勇且～。❹杰出的人物:群～会|天下之～。❺精华:铁～|含～咀华。❻英国(欧洲西部岛国)的简称:～尺|～镑|中～贸易。❼姓。
㊁yāng 新生的幼苗,后作“秧”:芜菁～|毋伐木,毋夭～。

𢈐 yīng 同“应(應)”。

郹 yīng 古地名。(《玉篇》)

莺(鶯)[鸎] yīng ❶鸟类羽毛有文采的样子:有～其羽。❷又称黄莺、黄鹂、黄鸟、仓庚,鸟名:～啼|～歌燕舞|草长～飞。
◆“鸎”另见 1164 页“鸎”字条。

偀 yīng 同“英”。

瑛 yīng 同“瑛”,光泽;光华。

䓨(罃) yīng ❶一种长颈瓶。❷同“罂(罌)”。

唶 ㊀yīng[唶呤](-líng)也作“呤呤”,小声说话。
㊁qíng ❶静。❷同“情”。

䁐 yīng 用于译音,指英国,后作“英”。

𢃄 yīng[𢃄𢃄]同“央央”,鲜明的样子。

婴(嬰) ㊀yīng ❶古代妇女的颈饰,与现代的项链相近。❷系在脖子上;戴:～宝珠|被甲～胄。❸环绕;缠绕:～以百珪百璧|以人事自～|～疾(得病)。❹触犯:无敢～其锋|兵劲城固,敌国不敢～。❺出生不久的小孩:～儿|女～|弃～。❻姓。
㊁yìng[婴累]幼弱。

猤 yīng[罗猤山]山名,在湖北。

渶 yīng 古水名,约在今山东。

媖 yīng 对女子的美称。

绬(緓) yīng 同“缨(纓)”。

瑛 yīng ❶玉的光彩:玉～仁宝|金沙逐波而吐～。❷像玉的美石:～瑶|琼～|瑶～。❸通“英”,杰出人物:揽～雄之迹|翼翼～彦。

朠 yīng 月色。

煐 yīng 用于人名:张～。(《集韵》)

甇 yīng 罂。

䓨(罃) ㊀yīng ❶也作“䓨(罃)”,古代一种长颈瓶。❷用来磨光金属的器具。
㊁ yíng ❶采铁。❷[华蓥]山名,在四川和重庆交界处。

碤 yīng ❶水中石。❷有花纹的石。

瑛 ㊀ yīng 眼睛深陷。
㊁ yìng 看。

锳(鍈) yīng (又读 yāng)[锳锳]也作"鉠鉠",拟声词,铃声。

雁 yīng ❶同"鹰(鷹)"。❷用于人名:~疵(汉代人)。

帶 yīng 覆盖。

嫈 ㊀ yīng ❶小心的样子。❷好。
㊁ xīng 女子洁净的样子。
㊂ yíng[缭嫈]汉代国名。(《集韵》)

𦓦 yīng 用羽毛装饰矛,也作"英"。

䒦 yīng 草茸。

撄(攖) yīng ❶扰乱;纠缠:病相~。❷遭受:~兵燹。❸接触;触犯:~其锋|~怒|莫之敢~。

蓥 yīng 同"蓥(鎣)"。

嬰 yīng 同"罂(罌,甖)"。

賏 yīng 以贝串连做成的颈饰。

蝧 yīng ❶[继蝧]同"蠟英"。❷蜂类昆虫。

嘤(嚶) yīng 拟声词,鸟叫声及其他声音(多叠用):鸟鸣~~|~~啜泣|她只"~"了一声,也不说话。

罂(罌)[甖] yīng ❶陶制容器,大腹小口。❷[罂粟]一年或二年生草本植物,果实球形,未成熟时有白浆,可制鸦片或供药用。

粀 yīng 精米。

罃 yīng 同"罂(罌)"。

缨(纓) yīng ❶古代用以系在颔下的冠带,泛指带子:结~而死|许嫁系~。❷绳索:请~(自请上阵杀敌)|长~在手。❸用丝线等做成的穗状物,也指类似的东西:帽~|红~枪|玉米~。❹牵;系:方解~络|~弁束衽(袵)。

璎(瓔) yīng ❶像玉的美石。❷[璎珞](-luò)也作"缨络",简称璎,珠玉串成的颈饰品。

樱(櫻) yīng ❶[樱桃]落叶乔木或灌木,木材可制器具,果实可食,也称其果实。❷[樱花]落叶乔木,春季开花,白色或红色,也称其开的花。

軮 yīng 兵车。

雁 yīng 同"鹰(鷹)"。

䃣 yīng 古山谷名。(《玉篇》)

瘫 yīng 同"鹰(鷹)"。

鶯 yīng 同"鸑(莺)"。

霙 ㊀ yīng ❶霰:珠~条间响。❷雪花:祥~普被|晚雨纤纤变玉~。❸花;花瓣:飞~。
㊁ yāng[霙霙](-yāng)也作"英英",白云的样子。

罌 yīng 同"罂(罌)"。

甖 yīng 同"罂(罌,罌)"。

闀 yīng 门中。

闉 yīng 门中。

鹦(鸚) yīng[鹦鹉]也作"鹦鴞",又称鹦哥,鸟名,能模仿人说话声。

膺 yīng 同"膺(應,应)"。

褮 ㊀ yīng 又称鬼衣,古代入殓时蒙在死者脸上的布巾。
㊁ yìng 衣服上的皱褶。

膺 yīng ❶胸;内心:抚~长叹|义愤填~|服~(佩服)。❷接受;承受:~选(当选)|荣~英雄称号。❸抵御;打击:戎狄是~|~惩。

䪰 yīng[五䪰]也作"五英",上古时乐曲名。

鶧 yīng 继鶧(继英),鸟名。

霙 yīng 同"霙",霰。

鹰 yīng "鹰(鷹)"的讹字。

膺 yīng 同"膺"。

鹰(鷹) yīng 鸟名,也是鹰科部分鸟类的通称。

𠠎 yīng 修剪(枝条)：～梨枝。

鷪 yīng 同“鹅”。

𤸷 yīng 同“膺”。

䣐 yīng 古地名。(《说文》)

𥁰 yīng 义未详。(《改并四声篇海》)

𩸔 yīng 鱼名。

𤻪 yīng 同“應(应)”。

𩿢 yīng 同“鶯(莺)”。

䁝 yīng 声音。

蘡 yīng［蘡薁］(－yù)又称野葡萄、山葡萄，落叶藤本植物，果实可酿酒，根可供药用。

𤣤 yīng［𤣤如］传说中的动物，像鹿，白尾。

攖 yīng 同“婴(嬰)”。

孆 yīng 同“婴(嬰)”。

礯 yīng 石名。

𪇉 yīng 同“鸎(莺，鶯)”。

譻 yīng 同“嘤(嚶)”。

䙬 yīng 同“甖(罂，罌)”。

𤜘 yīng 牛名。

瞸 yīng ❶［瞸矇］(－méng)露出挑逗的目光。❷［瞸瞠］(－chēng)眼睛没有光彩。

鑍 yīng 钫，方形壶。

矃 yīng［矃睖］(－lèng)专注地看。

𤓴 yīng 矮。

𦣦 yīng 同“膺”。

𪈧 yīng 同“鸎(莺，鶯)”。

蠳 yīng 又称摄龟，龟名。

𧓵 yīng 寒蝉，一种小蝉，深秋时鸣叫。

𤢦 yīng 同“膺”。

𤪌 yīng 同“罂(罌)”。

𤫊 yīng 同“罂(罌)”。

𧬐 yīng 怒。

𪇆 yīng［鶀𪇆］(qī－)同“鶀鸎”。

鸎 yīng ❶“莺(鶯)”的异体字。❷［鶀鸎］(qī－)见750页“鶀”字条。

𧡿 yīng 婴儿。

䨍 yīng 同“鹦(鸚)”。

𪈁 yīng 同“鹰(鷹)”。

𪇾 yīng 同“痽(鹰，鷹)”。

䴍 yīng 同“鹦(鸚)”。

𪈂 yīng 同“鹰(鷹)”。

yíng

夃 yíng 同“夃(盈)”。

迎 yíng ❶迎接：出～｜～来送往｜笑脸相～。❷向着；对着：～面｜～风｜～头赶上。❸奉承，着意使自己的言行合乎他人的心意：～合｜逢～｜～意承旨。

盁 yíng 同“盈”。

𠕒 yíng 义未详。(《改并四声篇海》)

茔(塋) yíng 墓地；坟墓：～地｜祖～｜坟～。

荧(熒) yíng ❶灯、烛或火的微弱光亮，泛指微光：～烛｜～光。❷光亮闪烁的样子：紫菜～晔｜画戟～煌。❸眩惑；迷乱：～惑｜觉汝耳目～。

盈 yíng ❶充满：喜～门｜热泪～眶｜恶贯满～。❷足够；满足：年且未～五十｜水阔不～丈，而中甚深｜～其愿而退。❸有

余;富余:~余|~利。

莹(瑩) yíng ❶光洁像玉的美石:充耳琇~。❷(珠、玉等的)光彩,引申为光洁、明亮:清~|晶~。

適 yíng 同"葵"。

萤(螢) yíng 萤火虫,昆虫。

营(營) yíng ❶军队驻扎的地方:~垒|军~|安~扎寨。❷军队编制单位,在团之下,连之上。❸为某种目的设置的集中居住的场所,多为临时性的:夏令~|集中~|难民~。❹建造;管理:~建|经~|合~。❺谋求:~私|~利|~救。

萦(縈) yíng ❶缠绕;盘绕:~绕|以朱丝~之|清江~山。❷系;牵挂:渔人~小楫|不为好爵~。

郢 yíng 姓,也作"盈"。

搵 yíng 同"攍"。

葢 yíng 同"蘏"。

嵤 yíng 山。

嵓 yíng 同"嵤"。

猛 yíng 哺乳动物,像黄狐。一说黄狐。

溁(濴) yíng ❶同"潆",水泉的样子。❷同"瀯",水流回旋的样子。❸用于地名:~湾(在湖南)|~溪(在四川)。

滢(瀅) yíng[渟滢](tìng-)见200页"渟"字条。

溋 yíng[溋溋]同"盈盈",蓄满的样子:~泪暗弹。

楹 yíng ❶厅堂的前柱,泛指柱子:~柱|门~|石~。❷量词,屋一间或一列称一楹:有庐三~|苦无余屋可租,后得数~。

僌 yíng 理。

膃 yíng ❶肥。❷人名。(《玉篇》)

滢(瀅) ㊀yíng[汀滢](tìng-)见951页"汀"字条。
㊁jiōng 古水名,在今湖北。

蝇(蠅) yíng 昆虫,种类多,通常指苍蝇。

瘖 yíng 病。

潆(瀠) yíng ❶水流回旋的样子:~洄|~绕。❷用于地名:~溪(在四川)。

鎣 yíng 治金。

籯 yíng 同"籯(籝)"。

瞢 ㊀yíng 迷惑;惑乱:~于目,炫于脑。
㊁yǐng ❶目光明净的样子:~目左右。❷清洁。

嬴{觾、嬴} yíng ❶女子美貌。❷满;有余:缓急~绌|东西五百里而~。❸担负;承担:~粮|负海内之责而~是非之尤。❹古邑名,在今山东。❺姓。

聳 yíng 声音。

灅 yíng 人名。(《玉篇》)

蘷 yíng 草名。

赢(贏){嬴} yíng ❶做买卖等获得的利益,也指获利、赚钱:取~|~利|~余。❷有余:~钱|~财|尚~糠覈。❸通"盈",充满;强盛:~饱|~极必静。❹胜;因成功而获得:打~|~球|~得全场喝彩。❺古邑名,在今山东。

覺 yíng 同"瞢",迷惑。

謍 ㊀yíng[謍謍](-yíng)1.拟声词,小声,也作"营营(營營)":~青蝇。2.往来的样子:~荐绅子,观书穷天府。
㊁hōng[謍謍](-hōng)拟声词,大声,单用义同:声激越,謍厉天|岂夫流俗之琤琤謍謍者哉!

瀯 yíng ❶[渟瀯](tìng-)同"渟滢"。❷同"瀯",水波回旋的样子:澴~。

嚶 yíng[琤嚶](zhēng-)见1253页"琤"字条。

攍 yíng 用肩膀担负:~粮。

蘏 yíng 菊花。

巆 ㊀yíng[岭巆](líng-)见587页"岭"字条。
㊁róng 同"嵘(嶸)"。

瀛 yíng ❶水名。❷池泽:倚沼畦~兮遥望博。❸大海:~海|大~|沧~。❹古州名,在今河北。❺[瀛洲]传说中的仙山:海客谈~。

Y

灐 yíng 同"濙(滢)"。

濴 yíng 水流回旋的样子:濦～|～～之声。

㦽 yíng 卫。

嬴 yíng 同"赢"。

櫿 yíng 同"楹"。

檾 yíng 树名。

蠑 yíng 同"萤(螢)"。

臝 yíng 粪便。

嬴 yíng 同"赢"。

瀴 ㊀ yíng 水绝远的样子:经途～溟|嵺阔～湾。
㊁ yǐng[瀴涬](-xìng)大水的样子。

礯 yíng ❶石名。❷研习。

譥 yíng (感情)炽热;炽烈:～然。

癭 yíng 患病。

瀛 yíng 同"瀛"。

蘡 yíng 菊花,一说"藏"的讹字。

蠮 yíng[蠮虰](-dīng)肠中寄生虫。

籯 yíng 同"籯"。

籝(籯) yíng ❶筐、笼类器具。❷盛勺、筷子的竹笼。

灜 yíng 同"瀛"。

yǐng

郢 yǐng 同"郢"。

郢 ㊀yǐng ❶古都邑名,在今湖北。❷姓。
㊁ chéng 古地名,在今陕西。

矨 yǐng 短小的样子。

䁝 yǐng 同"景(影)"。

剻 yǐng ❶刺。❷削。

𤟹 yǐng 狩。

浧 ㊀ yǐng 泥;泥滓。
㊁ yìng 水名。

梬 yǐng 梬枣,又称黑枣、梬櫏,落叶乔木,皮、枝可提取栲胶,果实可食或供药用。

𤴓 yǐng[𤴓𤴓](xìng-)见 1068 页"𤴓"字条。

庮 yǐng 长廊。

𣰠 yǐng ❶毛车。(《广韵》) ❷毛。

瞠 ㊀ yǐng 直视。
㊁ yà 看的样子。
㊂ kēng[瞠矇](-méng)也作"瞠矇",眼睛不明。

景 ㊀ yǐng 阴影,后作"影":二子乘舟,汎汎其～|日光射物,必有虚～。
㊁ jǐng ❶日光;风光:春和～明|风～|良辰美～。❷情况;现象:～况|情～|远～。❸敬慕;佩服:～慕|～仰。❹剧本的一幕中因布景不同而划分的段落:第一幕第二～。❺戏剧或影视表演的布景或摄影棚外的景物:内～|外～。

颍(潁) yǐng ❶水名,即颍河,发源于河南,东南流至安徽入淮河。❷古州名,在今安徽。❸姓。

䬬 ㊀ yǐng 同"饛",饱;满。
㊁ yàng 涌;溢,也作"漾":水往上～。

颎(熲) yǐng 同"颖(穎)"。

颖(穎)[頴] yǐng ❶禾穗末端,借指穗:异亩同～|实～实栗。❷泛指细而长的物体尖端:锋～|兔～|脱～而出。❸笔头;用笔写:～秃唇焦|临～。❹才能出众:～悟|聪～|当世秀～。

摬 yǐng 击中。

醒 yǐng 醒。

𢍰 yǐng 深水池,一说沼泽。

潁 yǐng 同"颖(颖)"。

䫴 yǐng 看。

壣 yǐng 同"颖(颖)"。

影 yǐng ❶物体挡住光线而形成的投射在其他物体上的暗像:阴～|树～|形～不离。❷形象;照片;图像:摄～|留～|剪～。❸描摹,照着写或画:～写|～抄|～宋本。❹电影的简称:～院|～迷|～评。

㬉 yǐng 同"影"。

䁝 yǐng 巫厌。(《集韵》)

䭊 yǐng 同"䭘"。

瘿(癭) yǐng ❶颈瘤,中医指长在脖子上的囊状肿物,俗称大脖子病,也指一般的肉瘤:发愤生～。❷植物体受害虫侵害发生变化而形成的木瘤:树～|根～。❸多余或累赘之物:宋人论诗甚严,无乃唐人之～欤?

䫙 yǐng 同"䫾"。

䫾 ㊀yǐng 高风;风高的样子。
㊁yīng 风。

䁐 yǐng ❶同"瘿(癭)",颈瘤。❷滞气。

噟 yǐng 拟声词,狗叫声。

麠 yǐng 鹿。

濙 yǐng 水洁净的样子。

犝 yǐng ❶叹词,唤牛声。❷小牛。

饙 yǐng 同"䭘"。

櫿 yǐng 同"䉚"。

䉚 yǐng 树名,可做手杖。

䫱 yǐng 喉大。

巊 yǐng ❶[巊冥]山雾迷蒙的样子。❷古山名。(《玉篇》)

㜲 yǐng 同"巊"。

犝 yǐng 同"犝"。

鐛 yǐng "䭘"的讹字。

䭘 yǐng ❶饱;满。❷糕饼。

廮 yǐng ❶安止。(《说文》)❷[廮陶]古县名,在今河北。

䁝 yǐng 怒气。

䪯 yǐng 同"瘿(癭)",颈瘤。

yìng

应(應) ㊀yìng ❶对应;适应:三公上～台宿|存亡继绝,以～天意。❷适合;配合:～景|～时|得心～手。❸对付;对待:～战|～急|随机～变。❹接受;答应:～承|～聘|有求必～。❺随声相和:呼～|山鸣谷～。
㊁yīng ❶应当;应该:～有尽有|罪有～得。❷允许:～许|～允|～他三日内交清欠款。❸副词。1.很快;立即:若当灸,不过一两处,每处不过七八壮,病亦～除。2.恐;恐怕:此曲只(衹)～天上有。❹古国名,在今河南。❺姓。

佚 yìng 同"倂(媵)"。

佚 yìng 同"倂(媵)"。

佚 yìng 同"倂(媵)"。

映 ㊀[❶-❸暎] yìng ❶照射:～照|～射。❷因光线照射而显出:塔影倒～在湖面|晚霞～红了天空|他的身影～在窗玻璃上。❸光影:余～。❹放映电影或播放电视节目:上～|播～|首～式。
㊁yǎng[映蟒](-mǎng)不明。

倂 yìng 同"媵"。

倰 yìng ❶钝。❷同"媵"。

硬 yìng ❶物体组织紧密,性质坚实,不易变形:坚～|～木|～度。❷坚强有力,也指坚强不屈的人或势力:～骨头|态度强～|欺软怕～。❸(能力)强;(质量)优:～功夫|一把～手|货色～。❹艰巨而不能推卸或改变的:～任务|～指标。❺副词,执拗地或勉强地(做某事):不让她说,她～要说|他有病也不去医院,～撑着上班。

䁐(䁐) yìng ❶日光。❷[䁐䁐]泛光发亮的样子:黍禾～。

鈅 yìng 义未详。(《龙龛手鉴》)

媵 yìng 同"媵"。

媵 ㊀ yìng ❶ 陪送出嫁的人;陪送出嫁:～婢|以官中善歌讴者为～。❷ 妾:买妾纳～。❸ 送;相送:鱼隣隣兮～予。❹ 承接:～句。
㊁ shèng 用于女子人名。

禉 yìng 祭祀。

媵 yìng ❶ 寄;托。❷ 同"媵",陪送出嫁。

賸 yìng ❶ 美目。❷ 大视。

鞕 ㊀ yìng 同"硬",坚硬:其根坚～。
㊁ biān 同"鞭":～杖。

嘤 yìng[嘤嘤]拟声词,野兽叫声。

鮣 yìng 同"鱦",小鱼。

瘿 yìng 讴声,用力大呼。

罂 yìng 冶器。

嚶 yìng"嘤"的讹字。

憕 yìng 也作"忊憕",怨恨。

鞕 yìng 同"鞕(硬)"。

鞕 yìng"鞕(鞕)"的讹字。

鱦 yìng 同"鱦"。

懘 yìng 同"憕"。

噟 yìng ❶ 同"膺(應,应)",应对;应答:休胡芦提二四～!❷叹词,表示恍然醒悟:～,待不你个(箇)小鬼头春心儿动也。

膺 yìng 同"應(应)"。

黽 yìng 同"黽"。

膺 yìng 同"膺(應,应)"。

黽 yìng 同"黽"。

褸 yìng ❶ 裙的皱褶。❷ 杂彩相映:～以兰红。

鱦 yìng 同"鱦",小鱼。

鱦 ㊀ yìng 小鱼。
㊁ shéng 鱼卵。

㊂ měng 蛙类动物。

黽 ㊀ yìng ❶ 黑。❷ 脸上的黑斑点:面～。
㊁ zèng[奸黽](gǎn-)见 277 页"奸"字条。

yō

哟(喲) ㊀ yō 同"唷",叹词,表示轻微的惊讶:～,画得不错嘛!
㊁ yo 助词。1. 表示祈使、感叹等语气:大家用力～|这里的山多美～!2. 用于歌词中的衬字:呼儿嗨～。

yōng

佣㊀(傭) yōng ❶ 雇用;受雇用:～工|～金。❷ 受雇用的人:女～。❸ 通"庸",平庸:铁中铮铮,～中佼佼。
㊁ yòng 佣金,佣钱,买卖交易时付给中介的报酬。
◆"傭"另见 1168 页"傭"字条。

拥(擁) yōng ❶ 抱;具有;领有:～抱|～有|～兵百万。❷ 围着;挤着:簇～|前呼后～|蜂～而至。❸ 推举;全力支持:～戴|～军爱民。

邕 yōng 同"邕"。

痈(癰) yōng ❶ 皮肤或皮下组织化脓性炎症,皮肤红肿变硬并化脓:～疽|破～溃痤。❷ 比喻祸害:养～遗患。❸ 鼻子病症,丧失嗅觉。

邕 yōng ❶ 四面环水的都邑。❷ 邕江,水名,在广西。❸ 广西南宁(地名)的别称:～剧。

硧 yōng 石名。

庸 yōng(旧读 yóng)❶ 用;须(用于否定):毋～讳言|无～置疑。❷ 平常;不高明的:～行|～言|～医。❸ 代词,表示疑问,何;哪:怠焉～归?|～知刀之能利用杀贼乎?❹ 副词,表示反问,岂;怎么:～独利乎?|～可废乎?

揂 yōng 同"拥(擁)"。

庯 yōng"庸"的讹字。

喁 yōng[喁喁]也作"噰噰"。1. 拟声词,众鸟和鸣声:听鸣凤之～。2. 和谐、融洽的样子:笑语咸～。

傭 ㊀ yōng"佣㊀"的繁体字。
㊁ chōng 均等;公平:昊天不～,降此鞠讻。

鄘 yōng ❶周代诸侯国名,在今河南。❷姓。

雍[❶❷雝] yōng ❶和谐:~谐|言乃~。❷和睦:~和|~睦。❸古州名,在今山西、陕西一带。❹古县名,在今陕西。❺姓。

𢋁 yōng 同"庸"。

滽 yōng ❶同"灉",河水决出复流入的支流。❷古湖名,又称翁湖、滃湖,在今湖南。❸滽水,水名,在江西。

陾 yōng 同"墉"。

嫞 yōng ❶女人的样子。❷用于女子人名。

墉 yōng 城墙,也指高墙:崇~|石~|石壁如铁~。

嵱 yōng 古山名。(《集韵》)

猵 yōng 同"鏞"。

廱 yōng 同"廱"。

滽 yōng[滽滽水]古水名,在今河南。

慵 yōng ❶懒;懒散:~惰|每日~将书去习。❷通"庸",平庸;庸俗:~夫。

嫞 yōng ❶懒惰的女人。❷用于女子人名。

雝 yōng 同"雝(雍)"。

槦 yōng ❶榕:结缆于大~树下。❷兵器架。

犝 yōng 单峰驼。

𩫖 yōng ❶享用。❷同"庸"。

戫 yōng 古代兵器,像戟。

褯 yōng 同"褯"。

牅 yōng 同"墉"。

壅 yōng 同"壅"。

蕹 ㊀ yōng 草木丛生的样子。
㊁ wèng 蕹菜,俗称空心菜,一年生草本植物,茎中空,嫩茎叶可食。

噰 ㊀ yōng[噰噰](-yōng)1. 鸟声和鸣:雁~而南游。2. 比喻人心归附而和谐:~喈喈,民协服也。
㊁ yǒng 气咽塞。

镛(鏞) yōng 又称鎛,古代乐器,像大钟。

䧙 yōng ❶多;大而多。❷动作迟缓,不轻快。

𩫏 yōng 同"庸"。

𩫖 yōng "亯"的讹字。

廱 yōng 同"壅"。

癕 yōng 同"痈(癰)"。

壅 yōng ❶堵塞;阻塞:~塞|川~为泽|路~绝而不通。❷防止:逞而不知,胡可~也?❸遮盖;蒙蔽:~蔽|吹沙所~|听言不厌其广,广则庶几无~。❹蓄积;堆积:富者日愈~|梅篱故叶~。❺给作物根部培土、施肥:~土|~肥|~养。

灉 yōng 古水名,一在今山东,一在今河南。

𢥞 yōng 忧愁。

𥩮 yōng[𥧻𥩮](yǔ-)见1188页"𥧻"字条。

臃 yōng ❶[臃肿]1. 肌肉凸起;痈疽。2. 树木瘿节多:~木。3. 过于肥胖而行动不便:衣着~。4. 机构过于庞大而工作效率低:机关编制~。❷同"痈(癰)",肿毒;毒疮:肠~|色将发~。

𩫏 yōng "𩫏"的讹字。

𦞦 yōng 同"臃"。

擁 yōng 同"擁(拥)"。

貗 yōng "鏞"的讹字。

䧙 yōng 壅蔽。

饔 yōng 同"饔"。

犝 yōng 又称犦牛,即犎牛,哺乳动物。

癰 yōng 同"癰(痈)"。

壅 yōng ❶玉器:神~。❷像玉的美石。

𦬁 yōng ❶同"壅",把泥土或肥料培在植物根部。❷芡实,睡莲科芡属果实,又称鸡头、鸡头米。

襛 yōng 袜筒。

韂 yōng 同“鞾”。

蝩 yōng 同“蜜”。

傭 yōng 同“鳙”。

鳙(鱅) yōng（旧读 yóng）❶ 传说中的怪鱼，身像牛，叫声像猪。❷ 鳙鱼，又称黑鲢、花鲢、胖头鱼，生活在江河、湖泊中。❸ 海鳙，即海鲇鱼。

貛 yōng 同“貔”。

鏞 yōng 同“墉”。

癰 yōng 同“痈(癰)”。

蠁 yōng 蛘，米象。

癕 yōng 同“癰(痈)”。

鞰 yōng 同“鞾(鞾)”。

貗 yōng 猿类动物。

瘖 yōng 疖。

攤 yōng 同“擁(拥)”。

噰 yōng 同“嗈”。

饔 ㊀ yōng 同“饔”。
㊁ yǒng 食饐。

鰫 yōng ❶ 鳙鱼。❷ 海鳙。

廱 yōng ❶［辟廱］(bì-) 也作“辟雍”，西周天子所设大学，后为祭祀之所。❷ 水泽；沼泽：西～。❸［廱廱］也作“嗈嗈”，鸟声和鸣：雁～而南游。❹ 古地名，在今陕西，也作“雍”。

灉 yōng ❶ 从黄河主河道分出又流回的水。❷ 古水名，在今山东。

壅 yōng 同“壅”。

鶅 yōng［鶅鶋］(-qú) 同“鳙鶏”。

鞴 yōng 靴、袜的筒儿。

鼅 yōng 同“邕”。

鳙 yōng［鳙鶏］(-qú) 也作“鹏鶏”“庸渠”，又称章渠，即鹡鸰，俗称水鸡。

鵬 yōng 同“鳙”。

饔 yōng ❶ 熟食，特指熟肉：～餲｜授～｜官～。❷ 早饭：～飧(飱)｜朝～夕餐。❸ 烹调：内～｜～人｜～子。

鞼 yōng 同“鞾”。

擘 yōng 同“擁(拥)”。

廱 yōng “廱”的讹字。

壅 yōng 同“壅”。

攤 yōng 同“攤(擁，拥)”。

壅 yōng 同“壅”。

鵗 yōng 同“鵬”。

鷛 yōng［鷛鶏］(-qú) 同“鳙鶏”。

鏞 yōng 同“墉”。

饔 yōng 同“饔”。1. 熟食。2. 烹调。

yóng

豣 yóng 哺乳动物，像猪。

迵 yóng 快跑。

喁 ㊀ yóng 鱼嘴露出水面咂动呼吸：水浊则鱼～。
㊁ yú 相互应和的声音：～唱｜前于后～。

颙(顒) yóng ❶ 头大，引申为大：其大有～。❷ 严肃端庄的样子：～坐。❸ 企盼；仰慕：～候来报，以慰我思｜～望。

蛹 yóng［鰷蛹］(tiáo-) 见948页“鰷”字条。

顒 yóng 义未详。(《改并四声篇海》)

騆 yóng ❶ 马跑的样子。❷ 同“颙(顒)”。

yǒng

永{羕} yǒng ❶游泳，后作"泳"。❷水势长流的样子：江之～矣。❸长久；永久：～恒｜～生｜～垂不朽。❹古州名，一在今湖南，一在今内蒙古。

柌 yǒng 树名，树籽可食。

羪 yǒng 同"永"。

甬 yǒng ❶古代乐器钟的柄。❷两边有墙垣遮蔽的通道：～道。❸水名，即甬江，在浙江东北，流经宁波。❹浙江宁波（地名）的别称：～剧｜杭～线。

咏［詠］yǒng ❶声调抑扬地诵读、吟唱：吟～｜歌～｜～叹。❷用诗词等形式叙述：～梅｜～史｜～怀。

咏 yǒng "咏"的讹字。

泳 yǒng 在水中游：仰～｜潜～｜蛙～。

詠 yǒng 同"咏"。

栐 yǒng 树名，木材可制笏。

恿 yǒng 同"勇"。

俑 yǒng 古代用来殉葬的偶人，多为木制或陶制：女～｜兵马～｜始作～者（比喻恶劣风气的创始者）。

勈 yǒng 同"勇"。

勇 yǒng ❶有胆量；敢干：～敢｜奋～｜智～双全。❷清代称临时招募的在编制之外的士兵：散兵游～。

埇 yǒng ❶给路面加土。❷用于地名：～桥（在安徽）。

㖊 yǒng［㖞㖊］（zhǒng-）同"㖞㗈"，想吐。

逿 yǒng 跑。

涌 ㊀［❶❷湧］yǒng ❶水、云气等向上冒出或升腾：～泉｜泪如泉～｜风起云～。❷像水涌般显现：～现｜人流～动｜往事～上心头。❸古水名，在今湖北一带。

㊁ chōng 河汊，多用于地名：小河～｜虾～（在广东）｜鲗鱼～（在香港）。

恿 yǒng ❶愤怒。❷欢喜：行人欢（懽）～。

舼 yǒng 行水底。

䑢 yǒng 船行进。

戫 yǒng 同"勇"。

恿［慂、㥥］yǒng ❶同"勇"，勇敢：～能屈，刚能柔。❷［怂恿］（sǒng-）见899页"怂"字条。

酜 yǒng 同"莤（醟）"。

硧 ㊀ yǒng 磨刀石。
㊁ tóng 同"硐"，磨。

㥂 yǒng 同"恿"。

䄣 yǒng 同"䑢"。

塎 yǒng［埇塎］（chǒng-）见852页"埇"字条。

蛹 yǒng 某些昆虫由幼虫过渡到成虫期间的一种相对静止形态，不食不动，其状如死，也特指蚕蛹。

㗈 yǒng［㖞㗈］（zhǒng-）见1276页"㖞"字条。

嵱 ㊀ yǒng［嵱嵷］（-sǒng）山峰连绵的样子。
㊁ yóng 山名。

𩅰 yǒng 人名（三国时吴国君主孙休第四子孙𩅰的字）。

衜 yǒng ❶巷道。❷官府或庭中的中间道路。

禜 yǒng 同"禜"。

㝘 yǒng 同"恿"。

㝘 yǒng 带饰下垂的样子。

戫 yǒng 同"勇"。

踊 yǒng ❶同"踊"，极其哀痛而顿足。❷行走的样子。

踊［踴］yǒng ❶向上或向前跳跃：～跃｜耸～｜望江里～身便跳。❷身子往上伸：～身直起。❸（物价）上涨：物价～腾。❹旧指受刖足刑的人所用的特制鞋：履贱～贵。❺通"涌"，喷涌；涌现：～水跃波｜辩士云～。

闒 yǒng 门人。

蛹 yǒng 同"蛹"。

Y

鯒 yǒng 同“𩜝”。

鲬（鰫） yǒng 鲬鱼，又称牛尾鱼，生活在温带和亚热带海底。

禜 yǒng（旧读yíng）为祛除或预防自然灾害而祭祀日月、星辰、山川。

踴 yǒng 行走。

踴 yǒng 同“踴(踊)”。

踴 yǒng 同“踴(踊)”。

鮴 yǒng 鱼名。

穓 yǒng“奥”的讹字。

𩜝 yǒng 食。

醟 yǒng“醟”的讹字。

霙 yǒng 云气。

醽 yǒng 酒坏。

蠭 yǒng ❶蚕。❷蛘。

yòng

用{用、𤰃} yòng ❶使用；凭借：～笔｜～兵｜利～。❷吃或喝(含恭敬意)：～饭｜～茶｜食～。❸费用，花费的钱财：日～｜家～｜零～。❹功能；用处：效～｜作～｜有～。❺需要：不～担心｜还～你费心吗？❻介词，以；因为：～纸包起来｜～无子故废耳。❼连词，于是；用来：既寿而昌，世～羡慕｜谨尔侯度，～戒不虞。

甪 yòng 同“用”。

岬 yòng ❶古山名。(《改并四声篇海》)❷山冲，山间平地：高田满～。

峅 yòng 山。

佣 yòng 见1168页yōng。

莆 yòng 草名。

庯{𤰃} yòng 同“用”。

瓶 yòng 同“盅”。

烿 yòng 工质的热力学状态参数，常用单位是“焦/千克”或“千焦/千克”。

硐 yòng 巷道；胡同。

盅 yòng 大罂。

甯 yòng 义未详。(《改并四声篇海》)

衶 yòng 长衣。

醟（醟） yòng（又读yǒng）❶酗酒以致失去理性：酗～。❷脓：化做～血。

䦶 yòng 义未详。(《改并四声篇海》)

yōu

凪 yōu 风。

呋 yōu 同“呦”。

优（優） yōu ❶杂戏、歌舞表演；表演杂戏、歌舞的人：陈氏、鲍氏之圉人为～｜～伶｜名～。❷充足；宽裕：～厚｜～裕｜养尊处～。❸美好；十分好：～美｜～等｜～胜。❹优待：～抚｜拥军～属。❺同“悠”，悠闲：～哉游哉，聊以卒岁。

呦 yōu 小声。

幺 ㊀yōu ❶细小；微小：朏～～(新月发出微弱的光)。❷隐暗不明。
㊁zī 同“兹”。

攸 yōu ❶水流的样子。❷迅疾：～然而逝。❸助词，所：性命～关｜责有～归。❹连词，于是；就：风雨～除，鸟鼠～去。

攸 yōu“攸”的讹字。

汥 yōu 同“攸”，水流的样子。

汷 ㊀yōu 同“攸”，水流的样子。
㊁zhōng 古水名。(《字汇补》)

忧㊀（憂） yōu ❶愁；担心：～思｜～心忡忡｜～国～民。❷担心、发愁的事：分～｜内～外患｜后顾之～。❸父母丧事：丁～(遭受父母丧事)｜王宅～。
㊁yòu 心动。

呦 yōu ❶叹词，表示惊异、意外：～，你什么时候来的？｜～，他还会写诗？❷助词，表示语气，啊：是～｜你也是个没性气的东西～！❸［呦呦］拟声词。1.动物叫声：～鹿鸣｜狐～有声。2.哭声、低微的声音：哭～｜喉中～有声。

俊 yōu 同“攸”。

攸 yōu“攸”的讹字。

兹 yōu 同“丝”。

泑 yōu ❶泑泽，古湖泊名，即今新疆的罗布泊。❷同“釉”，瓷器光滑亮泽：～色。

怮 yōu 忧愁的样子：～然慑然若不还。

丝 yōu 同“幽”。

幽 yōu ❶阴暗；僻静：～谷｜～林｜～室。❷隐藏；不公开的：～居｜～会｜～思。❸囚禁；关闭：弱者～之｜～我于广寒。❹阴间，迷信的人指人死后的世界：～灵｜～府｜～明永隔（明：指阳间，人世间）。❺使人感觉沉静、安闲的：～香｜～雅｜～美。❻幽州，古地名，在今河北北部和辽宁西南部。

攸 yōu 同“攸”。

丝 yōu 同“幽”。

悥 yōu 同“悥（憂，忧）”。用于人名：赵不～。（《续资治通鉴》）

逌 yōu 同“逌”。

逌 ㊀yōu ❶同“攸”。1.舒适自得的样子：终身～然｜主人～尔而笑。2.助词，所：九州～同｜八音七始，五声六律，度量权衡，历算～出。❷助词，无实义：取吊（弔）于～吉兮。
㊁yóu 同“由”：国非士无～安强。

呦 yōu 同“呦”。

恖 yōu 同“忧（憂）”。

悠 yōu 同“悠”。

悥 yōu 同“悥（忧，憂）”。

逌 yōu 同“逌”。

逌 yōu 同“逌”。

悠 yōu ❶思念；忧：～哉～哉，辗转反侧｜西北秋风至，楚客心～哉。❷远；长：山川～远｜～久｜～扬。❸闲适：～闲｜～然自得｜～哉游哉。❹摇动；摆动：晃～｜～荡｜晃晃～～。❺稳住；控制使适度：～着点儿劲儿｜～着来，别累着。

悠 yōu 同“悠”。

悥 yōu“悥（憂，忧）”的讹字。

𩙪 yōu 同“忧（憂）”。

逌 yōu 同“逌”。

呦 yōu［呦呦］同“呦呦”，拟声词，小虫、鹿等叫声：如缲如织暮～。

呦 yōu 同“呦”。

㞱 yōu 义未详。（《龙龛手鉴》）

嵺 yōu 山深杳。（《五侯鲭字海》）

滺 yōu 深。

悥 yōu 同“憂（忧）”。

悠 yōu 同“悠”。

麀 yōu ❶母鹿：～鹿。❷雌性禽兽：～牡｜～聚。

䥳 yōu 䥳酸，硫羟酸。

憂 yōu 同“憂（忧）”。

憂 yōu 同“憂（忧）”。

滺 yōu［滺滺］水流的样子：淇水～。

蚴 yōu（又读 yǒu）［蚴蟉］（-liú）也作“蚴蟉”。1.屈曲行动的样子：～蜿蜒。2.虫名。

瀀 yōu 同“幽”。

𢾃 yōu 同“忧（憂）”。

𨗨 yōu 同“忧（憂）”。

麀 yōu 同“麀”。

鄾 yōu 义未详。（《改并四声篇海》）

鄾 yōu ❶古地名，在今湖北。❷姓。

蓃 yōu 菜名。

嚘 yōu ❶言语不定的样子。❷气逆：婴儿于号，三日不～。

𢕟 yōu 同"优(優)"。

飀 yōu 拟声词，风声。

㾋 yōu 古地名。(《玉篇》)

瀀 yōu 浸渍；润泽：既～既渥。

𩥈 yōu 马行。

櫌 yōu 同"耰"。

𣤯 yōu ❶气逆。❷同"嚘"，啼哭以致声音嘶哑。

𢝊 yōu 同"憂(忧)"。

𥜀 yōu 义未详。(《改并四声篇海》)

𩟗 yōu 同"悠"。

䆗 yōu 量词，古代计量单位，用于禾稼。

麀 yōu 同"麀"。

耰 yōu ❶也作"櫌"，古代农具，像木榔头，可用来敲碎土块，平整土地：男辍鉏～女下机。❷播种后用耰把土覆盖在种子上，泛指耕种：～而不辍｜北山早归～。

𣣋 yōu 同"优(優)"。

𣤐 yōu 同"𣣋"。

𣺿 yōu ❶同"幽"。❷水中深隐处。

纋 yōu ❶簪子中央用来固定头发的部分。❷笄巾。

𢚻 yōu 同"憂(忧)"。

鎾 yōu 金属元素"铕(銪)"的旧译写法。

鰋(鰋) yōu 鱼名。

獶 yōu［俳獶］(pái-)也作"俳优"，古代以舞乐、杂戏为业的人。

yóu

尤 yóu ❶过失；罪过：罪～｜效～(学着做坏事)。❷怨恨；归咎：怨天～人。❸特异的；突出的：～异｜～物。❹副词，尤其；更加：～甚｜～妙｜～以楷书为佳。❺姓。

邨 yóu 义未详。(《改并四声篇海》)

尢 yóu 同"尤"。

由 yóu ❶原因：原～｜事～｜来～。❷经过：经～｜必～之路。❸听从；顺从：不～自主｜听天～命。❹介词。1. 自；从：～上到下｜～近及远。2. 表示凭借：～此可知｜调查组～十人组成。3. 某事归某人去做：春游的事～小张安排｜出了问题～我负责。❺姓。

甴 yóu 同"由"。

迂 yóu 同"遊(游)"。

芁 yóu 同"蕕"。

䏊 yóu 竟。(《改并四声篇海》)

迶 yóu 经过。

吰 yóu 狗叫。

邮(❶-❹郵) yóu ❶古代传递文书、供应食宿和车马的驿站：～置｜日行六七～。❷古代传递文书的人：致书～。❸由邮局寄递：～递｜～寄｜～信。❹有关寄递方面的，特指邮票等：～包｜集～｜～展。❺古亭名、古乡名，均在今陕西。

甹 yóu 树木生新枝。

囮 yóu 义未详。(《改并四声篇海》)

犹(猶) yóu ❶猴类动物，善攀援。❷如同；好像：虽死～生｜过～不及。❸副词，仍然；还：言～在耳｜记忆～新。❹姓。

沋 yóu ❶古水名，在今山东。❷同"游"。

妉 yóu 用于女子人名。

枕 yóu 樟类树木。

殑 yóu［殑殢］(-tì)"殑云殢雨"的省略，也作"尤殢"，迷恋于男欢女爱。

逌 yóu ❶气运行的样子。❷通"由"，介词，从:无～富贵。

粤 yóu"甹"的讹字。

犹 yóu 不动。

郵 yóu 同"郵(邮)"，古代驿站:～亭。

逰 yóu 同"遻(遊,游)"。

肬 yóu 同"疣"。

油 ㊀yóu ❶古水名，也作"繇"，在今湖北。❷动植物的脂肪:猪～｜菜～｜花生～。❸矿产的碳氢化合物的混合液:石～｜汽～｜柴～。❹用油、漆等涂抹:～门窗｜～家具。❺沾上油污:把衣服弄～了。❻圆滑;不诚实:～头滑脑｜这个人太～。❼熟练:他的电脑玩得很～。❽姓。❾［油然］1.云聚的样子:天～作云，沛然下雨。2.自然而然、情不自禁地:～而生敬意。
㊁yòu［浩油］春秋时地名，在今河南。

珇 yóu 义未详。(《龙龛手鉴》)

圎 yóu"卣(逌)"的讹字。

郈 yóu ❶古乡名。(《玉篇》)❷同"邮"，古亭名，在今陕西。

怣 yóu 同"尤"。

垐 yóu 冗。

疣 yóu ❶皮肤病名，皮肤上出现的小肉瘤，也作"肬"，通称瘊子:扁平～｜寻常～。❷多余无用的东西:赘～。

遻 yóu 同"遊(游)"。

莤 ㊀yóu 水草名，像细芦苇。
㊁sù 古代祭礼，将酒灌注在茅草捆上祭神。

莜 yóu 同"莜"。

莜 ㊀yóu［莜麦］也作"油麦"，又称裸燕麦，一年生草本植物，籽实磨面可食，茎、叶可做饲料。
㊁diào 草编的农具。

莸(蕕) yóu ❶一种有臭味的水草，比喻坏人:薰～不同器。❷落叶小灌木，一说多年生草本植物，可供药用。

逌 yóu 同"游(遊)"。

卣 ㊀yóu 同"逌"。
㊁yòu 惊声。

鹵 yóu 同"卣"。

崮 yóu 同"輶(輶)"。

莜 yóu［莜莜］传说中的动物，身像马，眼像羊，尾像牛，四只角。

遳 yóu 同"遻(遊,游)"。

铀(鈾) yóu 见1280页zhòu。

秞 yóu ❶禾黍茂盛的样子。❷物初生的样子:其生如何兮～～。

眈 yóu 义未详。(《改并四声篇海》)

娑 yóu 用于女子人名。

䍃{䍃} yóu 瓮、瓶类瓦器。

訧 yóu 同"訧"。

浟 ㊀yóu［浟浟］(-yóu)水流动的样子:湘水之～兮。
㊁dí［浟浟］(-dí)也作"逐逐"，贪利的样子:其欲～。

遊 yóu 同"遊(游)"。

猶 yóu 猪。

蚰 ㊀yóu［蚰蜒］(-yán)俗称草鞋虫，节肢动物，像蜈蚣而小。
㊁zhú［马蚰］马陆，节肢动物。

郵 yóu 同"郵(邮)"。

偤 yóu 侍。

訧 yóu 同"尤"，过失;罪过:以言为～。

遊 yóu 同"遊(游)"。

游 yóu 同"游"。

蕕 yóu 水草。

蒣 yóu 草名。

Y

梄 yóu 同"粤"。

柚 yóu 树木枯死或砍伐后重生新枝,也作"由"。

鱿(魷) yóu 鱿鱼,也作"柔鱼",即枪乌贼,软体动物,像乌贼,生活在海中。

痼 yóu 病。

游 yóu 见 588 页 liú。

莤 yóu 同"莸(蕕)",一种有臭味的水草。

莇 yóu 草名。

蔀 yóu 草名。

楢 yóu 树名,木材可造车。

輶(輶) yóu ❶ 古代一种轻便的车:～车。❷ 轻:～德|～亵。

蝣 yóu ❶［蜉蝣］(fú-)同"蜉蝣"。❷ 蛇毒。

鲉(鮋) ㊀ yóu 鲉科鱼类的通称,生活在近海岩石间。㊁ chóu 鱼名。

瘊 yóu 同"疣"。

猷 yóu ❶ 同"猶(犹)",猴类动物。❷ 谋略;计划:谋～|鸿～|有～有为。❸ 道;法则:厥～|清～|大～。

馱 yóu 马名。

輶 yóu 同"輶(輶)"。

覞 yóu 深视。

蝣 yóu 同"蝣"。

郵 yóu 同"郵(邮)"。

瘤 yóu 臭气;恶臭。

蝣 yóu 蜉蝣的简称:～羽楚楚。

嗜 yóu 同"游":优～乐业。

箬 yóu 竹名。

艏 yóu ❶ 船帷。❷ 船行进。

蘨 yóu 同"猶(莸)"。

鼬 yóu 鼯鼠。

黕 yóu 同"肬"。

圝 yóu 同"囮"。

翰 yóu［翰翰］鸟飞的样子。

貓 ㊀ yóu 同"猶(犹)",猴类动物。㊁ qiú 良狗。

飈 yóu［飘飈］凛冽。

遳 yóu 远。

覰 yóu 目光向下看。

圖 yóu 义未详。(《改并四声篇海》)

郵 yóu 同"郵(邮)"。

覰 yóu 深视。

籀 yóu［籀箁］(-wú)也作"柚梧",竹名。

飈 yóu 风。

儎 yóu 用于人名:应～(宋代人)。

遳 yóu 同"遳"。

騙 yóu［騙騙］也作"䘼䘼",传说中的动物。

遳 yóu 同"遳"。

圜 yóu 义未详。(《改并四声篇海》)

圝 yóu［圝子］同"囮子"。

徭 yóu 行。

遳 yóu ❶ 疾行。❷ 相随行。

鲉 yóu 鱼名。

醯 yóu 同"莤"。

櫾 ㊀ yóu 古书中一种高大的树。㊁ yòu 同"柚",常绿乔木。

圝 yóu 同“䌛”。

䌛 yóu 同“櫾”。

𨗿 yóu 同“邎”。

邎 yóu 同“𨗿”。

yǒu

友 yǒu ❶ 互助合作：出入相～，守望相助。❷ 朋友：师～｜难～｜～谊。❸ 相好；亲近：～爱｜～好｜窈窕淑女，琴瑟～之。❹ 有友好关系的：～人｜～军｜～邦。

𠬜 yǒu 同“友”。

有 ㊀ yǒu ❶ 领有，表示所属：占～｜拥～｜她～两本汉语词典。❷ 表示存在：～响声｜～办法｜～困难。❸ 表示发生或出现：面～难色｜情况～了变化。❹ 表示不定指或一部分：～一天｜～人不参加｜～人同意，～人反对。❺ 用在某些动词前组成套语，表示客气：～劳｜～请。
㊁ yòu 通“又”，用于整数与零数之间：二十～一年｜割地而朝者三十～六国。

苃 yǒu 草名。

酉 yǒu ❶ 卣，古代贮酒器。❷ 酒，后作“酒”：县（xuán）锺而长饮～。❸ 地支的第十位。❹ 酉时，指下午17时至晚上19时。❺ 酉水，水名，源出湖北，流至湖南入沅江。❻ 姓。

丣 yǒu 同“酉”。

卣 yǒu 古代盛酒器，多用于祭祀。

欧 yǒu 同“歒”。

坰 yǒu 古邑名。（《集韵》）

卤 yǒu 同“卣”。

㕛 yǒu 义未详。（《改并四声篇海》）

秀 yǒu 谷物不成熟。

𠬢 yǒu 同“友”。

𠬛 yǒu 同“友”。

垇 yǒu 同“坰”。

茇 yǒu 同“羑”。

荾 yǒu 同“羑”。

莍 yǒu 草名。

庮 yǒu “庮”的讹字。

殈 yǒu［殈殂］（-niǔ）欲死。

眑 yǒu［眑炄］（-niǔ）也作“炍炄”，欲干；半干。

羑 yǒu ❶ 诱导，后作“诱（誘）”：诞受～若。❷［羑里］古地名，在今河南。

炍 yǒu［炍炄］（-niǔ）欲干；半干。

畄 yǒu 义未详。（《改并四声篇海》）

欹 ㊀ yǒu 忧愁的样子。
㊁ yōu 同“呦”，鹿鸣声。

欼 yǒu 同“欹”。

莠 yǒu ❶ 俗称狗尾草，一年生草本植物，是常见杂草。❷ 比喻恶劣、不好的：～言｜～民｜良～不齐。

栯 ㊀ yǒu 传说中的树名。
㊁ yù［栯李］也作“郁李”，落叶小灌木，种子仁可供药用。

黝 yǒu 黑土壤。

庮 yǒu 同“庮（庮）”。

庮 ㊀ yǒu ❶ 老房子的朽木。❷ 木头腐烂发出的臭味：牛夜鸣则～。
㊁ yóu 屋檐。

庮 yǒu 同“庮”。

聈 yǒu 幽静，深远：清思～～，经纬冥冥。

槱 yǒu 树名。

铕（銪） yǒu ❶ 铅：～团（铅汁）。❷ 金属元素，可用于核工业、激光材料等。

羗 yǒu 同“羑”。

褎 yǒu 同“槱”。

䅎 yǒu“秀”的讹字。

㮋 yǒu 同“梄”。

䅐 yǒu“酒(槱)”的讹字。

䅎 yǒu 同“莠”,草名。

欿 ㊀ yǒu 悲泣时鼻孔急促吸气。㊁ ǒu 同“呕(嘔)”,呕吐。

庮 yǒu 同“庮”,木头腐烂发出的臭味。

湵 yǒu 古水名。(《玉篇》)

㴗 yǒu 大泽。

䣅 yǒu 同“友”。

䎛 yǒu 同“友”。

欿 yǒu 愁的样子。

覑 yǒu 义未详。(《龙龛手鉴》)

㕀 yǒu 同“𣢞”。

蜏 yǒu［朝蜏］(zhāo-)也作“朝秀”,传说中的虫名,生存时间短,朝生而暮死。

䄛 yǒu 同“禉(槱)”。

槱 yǒu“槱”的讹字。

𣢞 yǒu 意内言外之意。

𨘋 yǒu 同“𣢞”。

𨘌 yǒu 同“𣢞”。

飅 yǒu［飅飗］(-liǔ)也作“飅飀”“飅浏”。1. 拟声词,风声。2. 风的样子。3. 绪风。

麴 yǒu［麴䊴］(-niǔ)软。

穤 yǒu 同“莠”。

𤑿 yǒu 燃烧积薪以祭天。

槱 yǒu ❶ 聚集柴薪以备燃烧:薪之～之｜～燎(古代封禅祭天的仪式)。❷ 木柴:薪～｜～薪。❸ 烧;熏:熏若柴～｜被火烟～黑了。

牖 yǒu 同“牖”。

牖 yǒu“牖”的讹字。

牖 yǒu ❶ 朝南开的窗子,泛指窗子:窗～。❷ 通“诱(誘)”,引导:觉世～民。☞牖/窗/囱/向 见136页“囱”字条。

艏 yǒu 船名。

醑 yǒu 酒名。

𨘐 yǒu 同“𪏻”。

鲉 yǒu ❶ 鲉类动物。❷ 黄鲉鱼,又称船矴鱼。

𤃽 yǒu 古水名。(《改并四声篇海》)

𣝸 yǒu“槱”的讹字。

鴮 yǒu 雉类鸟,白鶮,即白鷮。

𣢡 yǒu 同“𪏻”。

𪏻 yǒu 同“𪏻”。

黝 ㊀ yǒu 青黑色;黑:～黑｜～色｜黑～～。㊁ yī 同“黟”。1. 黑木:～木。2. 县名。

𩉿 yǒu 同“有”。

𤍰 yǒu 同“湵”。

懮 ㊀ yǒu［懮受］体态轻盈的样子。㊁ yōu 同“忧(憂)”,忧愁;悲伤:伤余心之～～。

醶 yǒu“醑”的讹字。

𪏻 yǒu 遗玉,古代办丧事时赠送死者的玉。

𥜇 yǒu 福。

藲 yǒu 草名。

yòu

又 yòu ❶ 手。❷ 副词。1. 表示重复或连续:～看了一遍｜～去打篮球了。2. 表示并列关系:～高～大｜～快～好。3. 表示某种范围之外有所补充:除了放盐以外～又加了点儿白糖。4. 表示转折:刚才还用着呢,这会儿～找不到了。5. 表示加强语气:我～

不是小孩子,这事还能不懂?6. 表示整数之外再加上零数:十～三年|五～二分之一。

右 yòu ❶右手:左并辔,～援枹而鼓。❷面向南时靠西的一边:～边|～手|向～转。❸西方(以面向南时为准):江～|山～。❹上,品质、等级高的:无出其～|贵戚诸有势在己之～,不欲加礼。❺尊重;重视:～贤左戚,先民后己|～文。❻通"祐",神灵保佑:保～命尔。❼保守的、反动的(派系或思想):～派|～倾。

庍 yòu 同"尣"。

尣 yòu 义未详。(《改并四声篇海》)

匇 yòu 同"幼"。

各 yòu 同"右"。

幻[纫] yòu "幼"的讹字。

幼[务] yòu ❶初生的;年纪小的:～苗|～虫|～儿。❷小孩,年纪小的人:男女老～|扶老携～。

佑 yòu ❶辅助;帮助:～启我后人。❷保佑;保护:天命不～|除残而～仁。

佑 yòu 同"佑"。

犹 yòu 同"貁"。

疚 yòu 同"頄"。

侑 yòu ❶在筵席旁助兴,劝人吃喝:～饮|～食。❷报答;酬谢:～以重币。❸通"宥",宽恕:三～。

狖 yòu 同"狖"。

狖 yòu 同"貁"。

狁 yòu 同"狖(貁)"。

怮 yòu 心动。

宥 yòu 同"宥"。

纫 yòu "幼"的讹字。

珋 yòu 义未详。(《龙龛手鉴》)

柚 ㊀yòu 常绿乔木,果实称柚子,可食。
㊁yóu ❶落叶乔木,木材可供建筑或制作车、船、桥梁、家具等。❷[柚梧](-wú)竹子的一种。
㊂zhóu(旧读 zhú)织布机上的机件筘:杼～(指织布机,也泛指纺织)。

逌 yòu 行走;行走的样子。

哊 yòu ❶呕吐。❷拟声词,呕吐或呻吟声:～,～,宜死。

囿 yòu ❶蓄养动物的园林,四周有围墙或栅栏,后称苑:鹿～。❷局限;受限制:～于成见|不为陈规所～。

峟 yòu 山。

牰 ㊀yòu 黑眼眶的牛。
㊁chōu 求子牛。

庮 yòu 义未详。(《改并四声篇海》)

庣 yòu 同"幼"。

宥 yòu ❶宽恕;赦免:宽～|赦～|赦过～罪。❷宽容;宽待:在～天下|在～群生。❸通"侑",助兴:三～,皆令奏钟鼓。

蓆 yòu 同"釉"。

祐 yòu 旧指神灵保佑,泛指辅助、帮助:天～|惊女采薇,鹿何～?

诱(誘) yòu ❶引导;启发:～导|劝～|循循善～。❷引人上当:利～|～饵|～敌深入。❸男女之间的挑逗:有女怀春,吉士～之。❹吸引:景色～人。

姷 yòu 相助。

础 yòu 同"釉"。

盍 yòu 同"盍"。

唀 yòu 诱导;哄骗:～詸白衣男女。

婳 yòu 容貌丑。

盍 yòu ❶小盆。❷舀水的器具:水～。

蚴 ㊀yòu 绦虫、血吸虫、线虫等的幼体:毛～|胞～|尾～。
㊁yǒu ❶[蚴虬](-qiú)蜷曲、弯曲的样子:苍龙～于左骖|节目～堕残梗。❷[蚴蜕](-yuè)细腰蜂。
㊂niù(嘴)努动:～了～嘴巴|仅仅看见人家嘴巴～。

狖 yòu 同"狖"。

Y

羗 yòu 同“诱(誘)”。

宥 yòu 同“宥”。

頄 yòu 同“頄”。

莤 yòu 草名。

梎 yòu 树名。

釉 yòu 釉子,涂在瓷器、陶器表面,烧制后具有玻璃光泽的物质,可增加美观、机械强度及绝缘性能等。

貁 yòu ❶鼬鼠类动物,能捕鼠。❷也作“狖”,黑色长尾猿。

寙 yòu 飞。

羑 yòu 同“诱(誘)”。

趙 yòu 跑的样子。

酭 ㊀ yòu 报答;报酬:报～。
㊁ hǎi 同“醢”,肉酱:腐其骨肉,投之苦～。

頄 yòu 头部颤动病,引申为颤动。

閜 yòu 同“祐”。

鬽 yòu 鬼名。

碽 yòu 同“頄”。

羑 yòu 同“诱(誘)”。

禞 yòu 同“祐”。

魆 yòu 同“鯋”。

誘 yòu 同“诱(誘)”。

鼬 yòu 又称黄鼬,即黄鼠狼,哺乳动物。

鼪 yòu 同“鼬”。

魆 yòu 同“鯋”。

貁 yòu 同“狖”。

魆 yòu 鬼名。

鯋 yòu ❶神在山中。❷鬼名。

圝 yòu 同“囿”。

䅵 yòu 同“诱(誘)”。

櫾 yòu 同“櫾(柚)”,常绿乔木。

貁 yòu 同“貁”。

蘨 yòu 草名,后作“莤”。

䕰 yòu 同“囿”。

yū

込 ㊀ yū 同“迂”。
㊁ rù 日本汉字,进入;拥挤。

迂 yū ❶曲折;绕远:～回|～曲|～道千里。❷远:北渡～兮浚流难。❸缓慢:～缓|奇兵之效捷,正兵之效～。❹拘泥保守,不切实际:～腐|～论|他为人老实厚道,未免有点儿～。

迃 yū 同“迂”。

扜 ㊀ yū ❶指挥。❷拉;引:～弓而射之。
㊁ wū[扜零]古西域小宛国地名。

纡(紆) ㊀ yū ❶屈曲;环绕:萦～|～曲|盘～。❷郁积:志～郁其难释。❸系结;佩戴;携带:～青拖紫|～苏佩欓|何日～真果。❹姓。
㊁ ōu[阳纡]古山名。(《集韵》)

穻 ㊀ yū 窗户。
㊁ yǔ 同“宇”,房檐;房屋:堂～。

陓 yū[杨陓]古湖泽名,在今陕西。

虶 yū[蚨虶](fú-)见 263 页“蚨”字条。

蚼 yū 同“虶”。

紆 yū 同“紆(纡)”。

迃 yū 同“迂”。

隑 yū 同“陓”。

陓 yū 同“陓”。

埖 yū 同“淤”。

菸 ㊀ yū 枯萎:瓜不旋踵而～败。㊁ yān "烟㊀❹"的异体字。

唹 yū 笑的样子。

淤 yū(又读 wū)[盘淤]水旋流。

淤 yū ❶ 水中沉积的泥沙:～泥|河～|清～。❷ 水中泥沙沉积:～积|河底～了很多泥。❸ 堵塞;不流通:～塞|～血|～住了。

瘀 yū 玉名。

㸿 yū 叹词。

瘀 yū "瘀"的讹字。

瘀 yū ❶ 病名,积血,血液凝滞:～血|活血化～。❷ 郁结;积滞:～热|气～。

雩 yū 下雨的样子。

迂 yū 恕。

迂 yū 同"迂"。

雩 yū 同"雩"。

箊 yū 竹名:～竹。

醧 yū ❶ 宴。❷ 饮酒适度。

醞 yū 同"醧"。

窳 yū ❶ 山洞。❷ 古山名。(《集韵》)

軀 yū ❶ 在马上放置弓箭的器具。❷ 古代的一种鞋。

yú

于{亐} ㊀ yú ❶ 往;去:之子～归|～彼冀方。❷ 介词。1. 在:见～报刊|毕业～北京大学。2. 对于;对:忠～祖国|～健康有益。3. 给;到:强加～人|用之～民。4. 从;由:青出～蓝|发～内心。5. 向:有求～人|问道～盲。6. 在形容词后,表示比较,过:高～一切|重～泰山。7. 在动词后,表示被动:乙队败～甲队|见笑～大方之家。❸ 后缀:难～施行|易～见效。❹ 姓。☞于/於 1. 二字作为介词,在古籍中常通用,有的书多用"于"(如《诗经》《周易》《尚书》),有的书"于"和"於"并用(如《左传》),有的书多用"於",后来往往混用。现规定一律用"于"。2. 用于传统注音反切上字的"於"不宜改为"于"。3. "於"在异体字整理时曾作为"于"的异体字废止,现恢复为规范字。

㊁ xū[于嗟](-jiē)叹词:振振公子,～麟兮!

邘 yú ❶ 周代诸侯国名,在今河南,也作"于"。❷ 姓。❸[邘郃](-tái)地名,在河南。

邪 yú 同"邘"。

伃 ㊀ yú[倢伃](jié-)见 444 页"倢"字条。㊁ xù 长大:丰人～首。

汙 ㊀ yú 古水名,在今河北。㊁ wū "污"的异体字。

奸 yú 以礼相交。

玗{玙} yú 像玉的美石。

玙(璵) yú[玙璠](-fán)又称璠玙,简称璠或玙,美玉。

旟 yú 进。

扵 yú 同"於"。

杅 ㊀ yú ❶ 盛汤或食物的器皿。❷ 浴盆。㊁ wū[焚杅]牵掣:～君之国。

舁(舉) yú 同"舁",两人一起抬举东西,也作"举(舉)"。

◆"舉"另见 474 页"举(舉)"字条。

欤(歟) yú 助词。1. 表示疑问语气:彼吏士之顾忌者谁～?2. 表示感叹语气:论者之言,一似管窥虎～!

余(❷-❺餘) yú ❶ 代词,我:～一人。❷ 宽裕;丰足:游刃必有～地|煖衣～食。❸ 剩下;多出来:剩～|～粮|不遗～力。❹ 十、百、千等整数或度量单位后面的零头:十～吨|二百～人|丈～。❺ 某种事情、情况以外、以后的时间或剩下的东西:业～|工作之～|其～。❻ 姓。☞余/餘/馀 古汉语中表示剩余、多余义一般用"餘",有时也用"余"。"余"和"餘"都用于姓,但"余"姓常见。古音韵"余纽"不用"餘"。当"餘"简作"余"可能意义混淆时,简作"馀",如"馀(餘)年无多"与"余(我)年无多"不同。姓、人名、地名、书名中的"餘"一般应简作"馀"。

◆"餘"另见 1183 页"馀"字条。

狳 yú 同“㺞”。

弙 yú 弓。

妤 yú［婕妤］(jié-)见 445 页“婕”字条。

盂 yú ❶盛液体的器皿，古代也指盛饭的器皿：痰～｜漱口～｜几程村饭添～白。❷量词：黍饭一盘，醴酪一～。

㽣 yú 同“盂”。

㺞 yú［㺞㺞］大狗呼唤小狗。

㺞 yú［㺞㺞］叹词，唤狗声。

秆 yú 禾不开花结实。

秄 yú 同“秆”。

臾 yú 同“臾”。

臾｛臾｝ ㊀ yú ❶肥沃，后作“腴”：郡县上～之壤。❷［须臾］片刻；一会儿。

㊁ kuì 同“蒉(蕢)”，用草、竹编的筐。

㬰 yú 同“臾”。

㠯 yú 同“虞”。

鱼(魚)｛奠｝ yú ❶生活在水中的脊椎动物，种类多，通常体形侧扁，用鳃呼吸，用鳍游水，体温随外界温度而变化。❷姓。☞鱼/渔 “鱼”是名词，用于鱼名、鱼制品、与鱼有关的用品、类似鱼的事物等；“渔”是动词，用于与渔业、捕捞有关的事物。“渔”用于侵吞、谋取义，是比喻用法。

㺞 yú 同“㺞”。

於 yú 见 1003 页 wū。

衧 yú［诸衧］也作“诸于”，古代妇女穿的宽袖外衣。

衧 yú 同“衧”。

萸 yú 同“萸”。

砏 yú 石名。

禺 yú(又读 yù)传说中的动物，像猕猴而大，长尾，红眼。

盱 yú 同“畬”。

釪 yú 同“釪”。

釪 yú 同“釪”。

釪 yú 汲器。

秅 yú 草名。

竽 yú 古代管乐器，像笙而稍大：滥～充数。

竽 yú 同“竽”。

箬 yú 同“簍”。

舁 yú ❶两人一起抬举东西：～置其家。❷带；载：～疾而来｜～金归之。❸同“舆(輿)”，轿子：～人(轿夫)。❹用于地名：西南～(在山西)。

俞｛兪、兪｝ yú ❶答应；允许：～允｜男唯女～。❷姓。

衺 yú 同“衧”。

衺 yú 同“衧”。

㥚 yú 同“㥚”。

逾 yú ❶［窗(窻)逾］床。❷窗。

翌 yú 同“雩”。

雩 ㊀ yú ❶同“雩”，古代的求雨祭祀。❷飞的样子。

㊁ yù 古代以鸟羽编制的求雨祭祀用具。

瑍 yú 同“瑍”。

軒 yú 车。

軓 yú 同“舆(輿)”。

酐 yú 小饮。

殃 yú 同“腴”。

殃 yú 同“腴”。

欶 yú 同“㺞”。

舁 yú 同“舁”。

狳 yú［犰狳］（qiú-）见794页“犰”字条。

馀（餘） yú ❶同“余❷-❺”。❷姓。☞①《通用规范汉字表》未收“馀”，今补作规范字。②馀/餘/余 见1181页“余”字条。

谀（諛） yú ❶用言语奉承：～言｜谄～｜阿～奉承。❷奉承的话：唯～是信。

隅 yú同“隅”。

娱｛娛、娯｝ yú ❶欢乐；快乐：～悦｜欢～｜文～活动。❷使欢乐：～乐｜自～｜舒忧～悲。

雓 yú义未详。（《改并四声篇海》）

盂 yú［葋盂］（qū-）见798页“葋”字条。

萸 yú［茱萸］见1282页“茱”字条。

軒 yú同“軒”。

硬 yú“碘（碘）”的讹字。

雩 yú同“雩”。

雩 ㊀yú ❶古代求雨的祭祀，也指祭祀天或山川：～祭｜～坛。❷春秋时宋国地名，在今河南。
㊁xū［雩娄］古县名，在今河南商城东、安徽金寨北。

鄃 yú古地名。（《玉篇》）

舁 yú同“舁（舁）”。

釪 yú ❶［錞釪］（chún-）同“錞于”，古代打击乐器。❷同“盂”，盛饭的金属器皿：钵～｜银～。

腢 yú同“腴（腴）”。

渝 yú［湔渝］（jiān-）古水名，在今四川。

渔（漁） yú ❶捕鱼；捕捞：～网｜～船｜～区。❷侵吞；谋取：蠹国～民｜～利｜～色。❸古水名，在今北京一带。❹姓。☞渔/鱼 见1182页“鱼”字条。

悮 ㊀yú忧愁。
㊁yǔ畏惧。

隅 yú ❶（山、水）的弯曲处，引申为角落：山～｜海～｜向～而泣。❷事物的部分或片面：一～之学｜举端自理，滞～则失。❸边远的地方：边～｜经营四～。

隅 yú同“隅”。

瑀 yú次于玉的美石。

堣 yú ❶［堣夷］古地名，在今河北。❷同“隅”，靠边的地方：泣泪路～。

舁 yú同“舁”，共同抬举东西：两人可～。

揄 yú坟冢。

揄 ㊀yú ❶牵引；挥动：～袂｜～刀。❷带领：～兵而南。❸提出；称扬：～策｜～扬。
㊁yóu舀取：或舂或～。
㊂shū脱；抛弃：～弃。

軒 yú车轴上系靷的皮环。

軒 yú同“軒”。

萮 ㊀yú［莒萮］（fū-）见259页“莒”字条。
㊁yǔ［萮茈］（-cí）木耳，真菌的一种，可食。

楰 yú鼠梓，又称苦楸，楸的一种。

碲 yú石名。

睮 yú同“睮”。

睮 yú同“畬”。

蝓｛蝓｝ ㊀yú同“蝓”。
㊁shū［蠼蝓］（qú-）见488页“蠼”字条。

嵎 yú ❶古山名，在今浙江。❷山势曲折险峻处：岩～｜负～。❸通“隅”，偏僻处；角落：南～｜海～。

嵎 yú同“嵎”。

崳 yú用于地名：～次（在山西）。

嵛 yú ❶山名，在湖南。❷［昆嵛］山名，在山东。

骬 yú同“骬”。

骬 yú［髃骬］（hé-）见342页“髃”字条。

骬 yú同“骬”。

偷 yú行走的样子。

畬 ㊀ yú 开垦过两三年的土地。
㊁ shē ❶ 用刀耕火种的原始方法种田,把地上长的草木烧成灰做肥料,挖坑下种:~田。❷ 刀耕火种的田地:烧~|耕~。❸ 同"畲",少数民族名:~民|~客。

逾[❶踰] ㊀ yú ❶ 越过;超过:~越|~期|年~花甲。❷ 副词,更加:~甚|~远|~危。
㊁ tōu 通"偷",苟且:力事日强,愿欲日~|操事则苦,不知高下,民乃~处。
◆"踰"另见1185页"踰"字条。

腴{腴} yú ❶ 腹下的肥肉:纵腹垂~。❷ 丰满;肥胖:丰~|肤~。❸ 肥沃:沃~|膏~之地。❹ 丰厚充实:其诗散而庄,澹而~。❺ 美好:~美|丽衣~食。

㒁{㒁} yú 同"魚(鱼)"。

猰 yú[猰狨王](-róng-)神话故事中的妖怪名。

狳 ㊀ yú 同"貐"。
㊁ yǔ[猰貐](yà-)见1098页"猰"字条。

旟 yú "旟"的讹字。

湡 yú 水名,又称沙河,在河北。

渝 yú ❶ 改变;变更:舍命不~|坚贞不~。❷ 古水名。1. 今辽宁的大凌河。2. 今四川的南江及其下游渠江。3. 今江西的赣江支流袁江。❸ 重庆(地名)的别称:成~铁路。

惆 yú ❶ 欢乐。❷[惆惆]恍惚的样子:~憧憧。

愉 yú 舒畅;快乐:~快|~悦|面有不~之色。

㝢 yú(又读 yì)义未详。(《改并四声篇海》)

骬(騟) yú ❶[騧骬](guā-)马名。❷ 紫色马。❸ 杂色马。

瑜 yú ❶ 美玉:瑾~|碧~。❷ 玉的光彩,比喻优点:瑕不掩~。❸ 美好:~辞。

桼 yú "桼"的讹字。

榆{榆} yú ❶ 榆树,落叶乔木,木材可用于建筑或制作器具,皮纤维可代麻用。❷[刺榆]落叶小乔木,木材可制作器具。

酶 yú 同"酐"。

碼 yú 同"硬"。

硬{硬} yú 像玉的美石。

𥔵 yú 同"瓻"。

虞 yú ❶ 驺虞,传说中的兽名。❷ 猜度;预料:不~军至|以备不~。❸ 忧虑;忧患:无~|随时有被捕之~。❹ 欺诈;欺骗:尔~我诈|彼众我寡,遂落奸~。❺ 古代官名,掌管山泽、园囿之事,春秋战国时又称虞人。❻ 传说中的上古朝代名,舜所建。❼ 周代诸侯国名,在今山西。❽ 姓。

隅 yú 用于人名:周~(汉代人)。

禺 yú 同"隅"。

愚 yú ❶ 蠢笨;无知:蠢~|~钝|~昧。❷ 耍弄;蒙骗:~弄|为人所~|下民不可~。❸ 谦辞,指自身方面的:~意|~以为|敢陈~见。

犏 yú 黑牛。

舉 yú 同"舁(舁)"。

腧 yú ❶ 旧时筑墙用于两端的短板。❷ 通"窬",门旁小洞。

衙 ㊀ yú[衙衙](-yú)列队行进的样子:左右队列森~。
㊁ yá ❶ 旧时称官署:官~|~门|~役。❷ 姓。

艅 yú[艅艎](-huáng)也作"馀皇""艅艎",大船名。

瓻 yú 盎、缶类器皿。

觎(覦) yú 企求;希望得到:窥~神器|奸人虽有~心,无所乘而起。

歈 yú 投。

歈 yú 歌谣,也用作吴歌、巴曲专名。

諛 yú 同"諛(谀)"。

煸 yú 煮食。

㸓 yú 同"於"。

窬 yú 同"窬"。

𣪻 yú 同"於"。

蕍 yú 荏,又称白苏,一年生草本植物。

蕍 yú 同"萸"。

䰻 yú 义未详。(《龙龛手鉴》)

䣁 yú 同"碘"。

睮 yú[睮睮]巴结、逢迎的样子。

䳑(鷠) yú 传说中的怪鸟,像枭,面部像人,四只眼。

䣁 yú 义未详。(《字汇补》)

筫 yú 黑竹。

舆(輿) yú ❶车箱,车中载人、载物的部分。❷车:~马|舍~登舟。❸轿子:肩~|彩~。❹众人的:~论|~情。❺地域;疆域:~地|~图|方~。

餘 yú ❶同"余"。❷同"馀(餘)"。

䲣 yú 义未详。(《改并四声篇海》)

窬 yú ❶门边的圭形小洞。❷挖空:~木为舟。❸通"逾(踰)",越过:穿~之盗(凿墙或爬墙而过的贼)。

𥨨 yú "窬"的讹字。

褕 ㊀yú ❶[褕翟](-dí)也作"褕狄",王后祭祀时的礼服,上有雉的图案,泛指重大场合穿着的礼服。❷衣服华美:~衣甘食。❸短衣:裳~。
㊁tóu 内衣。

蕍 yú ❶泽泻,多年生草本植物,茎叶可做饲料,根茎可供药用。❷花盛开的样子。

䢓 yú 丧车的装饰,也作"鱼(魚)"。

蝺 yú[蟔蝺](tūn-)见967页"蟔"字条。

蝓 yú[蛦蝓](yí-)见1137页"蛦"字条。

篹 yú 同"篹"。

篗 yú 同"筫"。

艅 yú[艅艅](lún-)船名。

雓 yú 大种鸡的幼雏。

歈 yú 同"歈"。

䑞 yú 同"䑞"。

䲣 yú 同"䲣(䲣,渔)"。

羭 yú ❶母羊。❷黑毛羊。❸美好:攘~|攘公之~。

騟 yú 迅速。

墺 yú 同"虞",一说同"鬲"。

揄 yú 同"揄"。

䝲 yú ❶豆名。❷变色豆,也指豆变色。

䱷 yú ❶同"騟",也作"鱼(魚)",眼睛像鱼目,双眼眶长有白毛的劣马。❷同"鱼(魚)":赤~白肚。

踰 ㊀yú "逾❶"的异体字。
㊁yáo 通"遥",远:~望|~集|~言。
㊂chū[踸踰](yì-)见1146页"踸"字条。

噢 yú[嘘噢]叹词,劳动号子声。

遱 yú 同"趣"。

猰 yú ❶哺乳动物。❷拟声词,小猪叫声。

謣 ㊀yú 同"謣",妄言。
㊁huá 同"譁(哗,嘩)",喧闹。

廠 yú[邪廠]也作"歋歈""邪揄",举手相弃。

澞 yú 丘陵间的溪水。

漁 yú 同"渔(漁)"。

嫨 yú 用于女子人名。

䡶 yú 义未详。(《改并四声篇海》)

闟 yú 窥伺。

雓 yú 同"鹆(鷠)"。

蝓 yú 蠹鱼,蛀蚀衣物的蛀虫。

嵞 yú 古水名。(《改并四声篇海》)

鍝 yú 锯。

螸 yú ❶虫名。❷蜂、蝗等昆虫腹部肥大下垂。

Y

Y

旟 yú 同"旟"。

㵌 yú 同"渔(漁)"。

𢿌(𢿌) yú 同"渔(漁)"。

踰 yú 同"踰(逾)"。

髃 yú 中医指肩的前骨或前部。

𡐗 yú 同"玙(玙)"。

鸆 yú 义未详。(《改并四声篇海》)

鵌 yú［鵸鵌］(qí-)同"鵸鵌"。

鮽 yú 鱼名。

䰻 yú［䬓䰻］(àn-)见8页"䬓"字条。

謣 ㊀ yú 妄言;虚夸:～言败俗。
㊁ xū［謣與］也作"與謣",劳动号子:前呼～,后亦应之。

瘉 yú 同"揄"。

䖏 yú 山驴。

襖 yú 衣服扬起的样子。

闟 yú 古门名。(《玉篇》)

篹 yú 喂牛的圆竹筐。

羭 yú 羊。

旟 yú ❶画有鸟隼图案的军旗,泛指旌旗:建～｜旌～。❷扬;翘起:发～悬不起。

踰 yú 同"踰(逾)"。

趣 yú 安行的样子。

蕍 yú［苗蕍］(fū-)同"苗蓿"。

䢦 yú 耧,用于播种的农具。

鴺 yú 鸟名。

鰅 yú 鱼名。皮有花纹,故又称班鱼(斑鱼)。

璵 yú 同"玙(玙)"。

騟 yú 也作"睮""鱼(魚)",双眼眶长有白毛的劣马。

轝 yú 同"舆",竹子编成的舆床。

舉 yú ❶两人共举。❷轿子。

鴒 yú 鸟名。

䲆 ㊀ yú ❶二鱼。❷同"鱼(魚)"。
㊁ wú 大鱼。

澞 yú ❶古水名。(《说文》)❷水波荡漾的样子。

騶 yú［驺騶］(zōu-)同"驺虞"。

篹 yú 竹名,一说同"篹"。

驈 yú［驈驈］马行走的样子,单用义同。

鸆 yú［鸅鸆］(zé-)见1223页"鸅"字条。

轝 yú 同"舆(輿)"。

餘 yú 义未详。(《改并四声篇海》)

鷠 yú 鸟名。

瀗 yú 同"渔(渔)"。

鐬 yú 祭名。

yǔ

与(與) ㊀ yǔ ❶给予;给:赠～｜～人方便。❷交往:相～｜交～。❸帮助;赞许:～人为善｜～其进也,不～其退也。❹等待:日月逝矣,岁不我～。❺介词。1.跟;向:～困难做斗争｜～虎谋皮。2.替:尝～人佣耕。❻连词,和:是～非｜批评～表扬。
㊁ yù 参加:参～｜～会｜不～政事。

予 ㊀ yǔ ❶给:授～｜～以协助｜免～处分。❷赞许:主盛处贤,而自～雄也。
㊁ yú 代词,我:薪尽向～求。

序 yǔ 同"宇"。

舁 yǔ 同"與(与)"。

屿(嶼) yǔ (旧读 xù)小岛:岛～。

伛(傴) yǔ ❶驼背,背部弯曲:～人。❷[伛偻](-lǚ)驼背。

庌 yǔ同"宇"。

㝢 yǔ同"宇"。

宇 yǔ ❶房檐:八月在～。❷房屋:屋～|庙～。❸上下四方,所有的空间:～内。❹仪容;风度:器～|姿～魁秀|风～条畅。❺地层系统分类单位的最高一级,其下为界:显生～|太古～。❻姓。❼[宇文]姓。

宇 yǔ同"宇"。

亐 yǔ同"宇"。

羽{羽} yǔ ❶羽毛,鸟的毛:～翼|～扇。❷鸟或昆虫的翅膀:振～高飞|铩～(比喻失意)。❸鸟类的代称:倦～知还|～虫。❹量词,用于鸟类:一～信鸽|每日宰鸡量为800～。❺古代五音之一。

㥔(㥔) ㊀ yǔ[㥔㥔](-yǔ)步伐安稳的样子。
㊁ yú 恭敬的样子。

㒳 yǔ同"雨"。

𠈌 yǔ同"禹"。

𠕲 yǔ同"雨"。

雨 ㊀ yǔ ❶从云中降下的水:下～|～水|风～同舟。❷比喻密集的东西:箭～|枪林弹～。❸比喻众多:齐子归止,其从如～。❹比喻离散:今日之～绝|风流云散,一别如～。❺比喻朋友:卧病长安旅次,常时车马之客,旧～来,今～不来。
㊁ yù ❶降雨:～我公田|五日不～。❷降;落下:～雪霏霏。❸润泽,施惠;灌溉:吾不能以夏雨～人|流水自～田。❹密集地射击或投掷:沙石～之|以矢～之。

𠕳 yǔ同"雨"。

𥝢 yǔ同"禹"。

郚 yǔ汉代亭名,在今河南。

㺄 yǔ姓。

䓊 yǔ草名。

㒵 yǔ同"舆(与)"。

峿 yǔ义未详。(《改并四声篇海》)

俣{俁} yǔ ❶大:弱龄而志～。❷[俣俣]魁伟的样子:硕人～。❸日本汉字,胯。

禹 yǔ ❶虫名。❷又称大禹,传说中上古部落联盟首领,治理洪水有功,成为夏朝的第一个君主。❸姓。

㢱 yǔ同"庾"。

㰲 yǔ义未详。(《改并四声篇海》)

语(語) ㊀ yǔ ❶说;谈论:食不～|～焉不详|胡言乱～。❷话;言辞:～音|外～|豪言壮～。❸成语、谚语等:～曰:唇亡则齿寒|～云:不入虎穴,焉得虎子。❹字;词;句子:《老子》书五千～|～不惊人死不休。❺代替语言示意的动作或信号:手～|旗～|哑～。
㊁ yù 告诉:吾～汝|公～之故。

匬 yǔ同"庾"。

㥔 yǔ同"㥔(㥔)"。

圄 yǔ[囹圄](líng-)见581页"囹"字条。

峿 ㊀ yǔ[岨峿](jǔ-)见468页"岨"字条。
㊁ wú 峿山,山名,在山东。

俁 yǔ同"窳",粗劣:器械苦～。

㼌 yǔ ❶瓜结实多而大,根蔓细弱。❷劳病。(《玉篇》)

㾢 yǔ同"瘐"。

㾫 yǔ同"瘐"。

䘱 yǔ[祋䘱](duì-)见215页"祋"字条。

挧 yǔ击。

敔 yǔ"敔"的讹字。

敔 yǔ ❶禁御,后作"御"。❷又称楬,古代打击乐器,敲击表示雅乐演奏终止。

㼶 yǔ[瓯㼶](ōu-)古代容器,可容十六斗。

圉 yǔ ❶牢狱:小～。❷养马的地方:圈～。❸养马的人:～马。❹养马的人:隶

～|马～。

俌 yǔ 义未详。(《改并四声篇海》)

偊 yǔ[偊偊]也作“踽踽”。1.独自行走的样子:～而步。2.谨慎的样子:～尔慎耳目之观听。

Y

郾 yǔ ❶周代诸侯国名,在今山东。❷姓。

斎 yǔ 同“雨”。

庾 yǔ ❶露天的谷仓,泛指粮仓:仓～|野有～积。❷古代容积单位,一庾等于二斗四升或十六斗。❸姓。

瘐 yǔ 同“瘐(瘐)”。

堣 yǔ 同“寓(宇)”。

萬 ㊀yǔ 草名。
㊁jǔ 通“矩”,曲尺。

萸 yǔ ❶[薜萸](bò-)草名。❷同“萸”。

楀 yǔ 松,树名。

硦 yǔ[砠硦](jū-)见469页“砠”字条。

殓 yǔ 枯。

铻(鋙) ㊀yǔ 也作“鋤”,古代乐器。
㊁yú 锄类农具。
㊂wú[锟铻](kūn-)见522页“锟”字条。

偀 yǔ 义未详。(《字汇补》)

斞 yǔ 同“庾”,古代容积单位。

偶 yǔ 同“俣”。

寓 yǔ 同“宇”。

庽 yǔ 同“伛(傴)”。

庽 yǔ 同“宇”。

寓 yǔ 同“宇”。

瑀 yǔ 次于玉的美石。

楀 yǔ 树名。

偶 yǔ ❶同“俣”。❷受伤的样子。

鮽 ㊀yǔ 同“籞”,禁苑。
㊁yù 同“渔(漁)”,捕鱼。

瘐 yǔ 旧指囚犯在狱中因饥寒、受刑、生病而死:～毙|～死狱中。

窳 yǔ 懒惰。

窪 yǔ 同“窳”。

頙 yǔ “頨”的讹字。

緖 yǔ 丝。

敔 yǔ 同“敔”。

嵎 yǔ 古山名。(《玉篇》)

嶼 yǔ “嵎”的讹字。

舁 yǔ 同“舆(与)”。

斜 yǔ 同“斞”。

殟 yǔ 同“妪(嫗)”,禽类动物以体温孵卵:羽生病于不～。

齬(齬) yǔ 牙齿参差不齐。

蝺 ㊀yǔ[蝺偻](-lǚ)同“伛偻”。
㊁qǔ 外表装饰美好的样子:视之～焉美,无所可用。

偀 yǔ ❶谨。❷倚。

旟 yǔ 同“膂”。

窳 ㊀yǔ ❶凹陷;低下:山半稍前,则四旁隆起,其～处有清浊池。❷(器物)粗劣;不结实:～薄|～劣。❸恶劣;败坏:～劣|～败|～敝。❹瘦弱:羸～。❺[窳窬](-yōng)器物粗劣。
㊁yú 古地名,在今山西。

禩 yǔ 祭器。

頨 ㊀yǔ 头形美好。
㊁biàn[頨頨](-yàn)狡。

貐 yǔ 同“貐”。

闍 yǔ 小门。

噳 yǔ[噳噳]❶鹿类动物成群的样子:麀鹿～。❷笑的样子。

嶼 yǔ 同“屿(屿)”。

䶦 yǔ［龃䶦］（jǔ－）同"龃龉"。

𡺪 yǔ同"㠘(屿)"。

貐 yǔ［猰貐］（yà－）见1099页"猰"字条。

瘐 yǔ同"伛(偻)"，驼背。

𧥷 yǔ同"𧥷(斞)"。

𢢃 yǔ同"𢢃(惥)"。

鋙 yǔ［钽鋙］（jǔ－）也作"钽语""龃龉"，不协调;不相配合。

㪰 yǔ量。

𩃎 yǔ雨;下雨的样子。

歈 yǔ同"𦟛"。

𢤁 yǔ同"𢢃(惥)"。

鋙 yǔ古代乐器。

𩙻 yǔ同"雨"。

𦟛 yǔ肩骨。

䃌 yǔ同"屿(㠘)"。

𣂏 yǔ同"斞"。

麌 yǔ ❶雄性獐子。❷［麌麌］群聚的样子，单用义同。

鸆 yǔ鸟名，即商羊。

齬 yǔ同"齬(龉)"。

㥚 ㊀yǔ同"與(与)"，党与;朋党。
㊁yù转。

𦢊 yǔ同"𦢊(𦟛)"。

鋙 yǔ ❶同"语(鋙)"，古代乐器。❷白锡。

𩂣 yǔ同"雨"。

𪋻 yǔ［𪋻𪋻］同"噳噳"，数只麋鹿以口相凑的样子。

鐭 yǔ同"鋙"。

yù

玉 yù ❶玉石，质地细密而有光泽的矿物，可做高级装饰品或雕刻材料，泛指玉制品：美～｜宝～｜金～满堂。❷比喻精美的、珍贵的：～馔｜～酒｜～字。❸比喻洁白的、美丽的：～颜｜～烛｜亭亭～立。❹敬辞，称对方的身体或言行：～体｜～照｜～音。❺姓。

驭（馭） yù ❶驾驭，驱使车、马行进：～车｜～马｜～手。❷控制;统率：～下有方｜以简～繁。

𤣩 yù同"玉"。

𤤜 yù同"玉"。

圫 ㊀yù（又读ào）同"墺"。
㊁zhūn古地名。(《字汇补》)
㊂tuō用于地名：～坝｜大～铺(均在湖南)。

芋 ㊀yù芋头，又称芋艿，多年生草本植物，地下肉质球茎可食。
㊁yǔ［芋尹］春秋时楚国官名。

䒳 yù同"芋"。

𤤴 ㊀yù同"玉"。
㊁wáng同"王"：～室。

聿 yù ❶笔：弦执牍～。❷助词，用在句首或句中，起顺承作用：～求元圣，与之戮力｜二志靡成，～劳我心。

𢓊 yù义未详。(《改并四声篇海》)

𡰱 yù同"𡰯"。

𡰯 yù水流。

饫（飫） yù ❶君主招待同族的家宴：绎不尽～则退。❷宴饮：～宴。❸吃得饱;满足：～甘餍肥｜～闻而厌见。

忬 ㊀yù迟疑不决，也作"豫"。
㊁shū同"纾(紓)"，舒缓。

妪（嫗） ㊀yù ❶母亲;老年妇女。❷妇女的通称：老～｜少～｜翁～。
㊁yǔ ❶禽类动物以体温孵卵：羽者～伏。❷脸色和悦：欲色～然以愉。❸养育;抚育：～育。
㊂kōu用于女子人名。

弆 yù双手捧物。

Y

扻 yù ❶击;投掷。❷挖:~其目。

或 ㊀yù 邦国,后作"国(國)"。
㊁huò ❶代词,泛指人或事物,有的人;有的:人固有一死,~重于泰山,~轻于鸿毛|小石峰~朝~拱,参立前坞中。❷副词,也许:下月~可完工。❸连词,表示选择或不定:打电话~发电子邮件都可以|~多~少总要带点儿东西。

郁(❹❺❼鬱)[❹❺❼欎、❹❺❼鬰] yù ❶[郁夷]古地名,在今陕西。❷通"彧",有文采的样子:~然炳然|~~乎文哉!❸香气浓厚:馥~|~烈。❹草木茂盛:葱~|~~葱葱。❺忧愁;忧闷:忧~|~闷|~~不乐。❻姓。❼[郁金香]多年生草本植物,根和花可供药用。

欥 yù 助词,表示语气,用于句首:~无象之不移。

育 ㊀yù ❶生养:生~|节~|~龄。❷抚养;培植:~婴|~蚕|~林。❸培养;教育:~才|德~|体~。❹姓。
㊁yō[杭育]叹词,集体做重体力劳动时发出的号子声。

𡗗 yù 义未详。(《改并四声篇海》)

茟 yù 藜。

𡊄 yù 高土的样子。

秗 yù 同"饫(飫)"。

御 yù 同"御",治理:~九州。

狱(獄) yù ❶争讼:何以速我~?|禁民~。❷诉讼;罪案:冤~|断~|文字~。❸监狱,囚禁罪犯的地方:牢~|下~|锒铛入~。

悀 yù 心动。

㣃 yù 同"御"。

逳 ㊀yù ❶行走的样子。❷分布。
㊁lù 述。

彧{彧} yù 有文采:其文~然。

砡 yù 石块堆叠整齐。

峪 yù 山,山谷,多用于地名:~口(在北京)|嘉~关(在甘肃)|马兰~(在河北)。

钰(鈺) yù ❶珍宝。❷坚硬的金属。

㑨 yù 同"御"。

儥 yù 同"鬻",卖。

衙 yù 同"御"。

御 yù 同"御"。

飫 yù 饯行。

狳 yù 独狳,传说中的动物,身像白虎,头像狗,尾像马。

鸴(鴥){鴪} yù 鸟疾飞的样子。

淢 yù 同"减"。

浴 yù ❶洗澡;洗:~室|淋~|足~。❷水名。

阈 yù 同"域"。

预(預) yù ❶宴乐;安乐:虎丘时游~。❷事先准备:~备|凡事~则立,不~则废。❸事先:~测|~算|~兆。❹通"与(與)",参与;干涉:干~|请君无~|宦官不可令~政事。

域 yù ❶区域;疆域:海~|流~|异~。❷范围;境界:音~|境~。❸局限:~于一人一事。

堉 yù 肥沃的土壤,也指土地肥沃。

萭 yù 草木丛生。

蒮 yù 草名。

菀 ㊀yù 茂盛的样子:有~者柳|~彼青青。
㊁wǎn[紫菀]多年生草本植物,根可供药用。

堿 yù 同"域"。

奞 ㊀yù 大力的样子。
㊁xù 大。

睓 yù 看。

啷 yù 声音:叫卖喓~不可辨。

蜮 yù[蚳蜮](zhí-)见 1261 页"蚳"字条。

唷 ㊀yù 出声。
㊁yō ❶叹词,表示轻微的惊讶:～,你来啦|～,怎么变成这个样子?❷[喔唷](wō-)叹词,表示轻微的惊讶:～,这么高的楼!❸[哼唷]叹词,集体做重体力劳动时发出的号子声。

囻 yù 义未详。(《改并四声篇海》)

御 yù 同"御"。

衙 ㊀yù 同"御"。
㊁qú 同"衢"。

悆 yù ❶喜悦:怡养悦～|春游亦多～。❷舒适;安宁:安～|不～|少～。

谷 yù 同"浴"。

欲[❶慾] yù ❶欲望,想要得到某种东西或想达到某种目的要求:食～|性～|利～熏心。❷喜爱;爱好:鱼,我所～也;熊掌,亦我所～也。❸想要;希望:～罢不能|～擒故纵|畅所～言。❹要;需要:胆～大而心～小。❺副词,将要:呼之～出|摇摇～坠|山雨～来风满楼。

奚 yù 同"遇"。

斋 yù 同"誉(譽)"。

遂 yù 同"遇"。

逌 yù 行走。

裒 yù "袞(裕)"的讹字。

阈(閾) yù ❶门槛:履～|足不逾～。❷边界;界限:～值|视～。

粇 yù 义未详。(《龙龛手鉴》)

烜 yù 同"燠"。

淢 ㊀yù 急流:抑～怒濑。
㊁xù 同"洫",沟渠;护城河:沟～|筑城伊～。

淯 yù ❶淯河,又称白河,水名,发源于河南,流入湖北。❷通"育",生育;养育:天～阳。

惐 ㊀yù 痛心:恻～。
㊁xù 心惑。

慾 yù[慾懦](-zhù)不高兴:～怀瞋。

惰 yù 心动。

寝 yù 假寐,不脱衣服小睡。

裕 yù 祭祀。

谕(諭) yù ❶告知;使明晓(用于上对下):～知|～罪刑于邦国。❷旧指上对下的文告或指示,也特指皇帝的诏令:手～|圣～|持节宣～。❸知道;理解:晓～|未～|何闻而不～。❹同"喻",比喻:宣己～物|未足为～。

琙 yù 用于人名:公孙～(汉代人)。

趆 yù 跛。

掮 yù 掷。

棫 yù 又称白桵、蕤核,灌木,果实可食或酿酒,果仁可供药用。

梌 yù 古代礼器,祭祀时用来放置祭品的长方形木盘。

棛 yù 古代车的覆栏。

欥 ㊀yù 吹气。
㊁xù 吹的样子。

硲 yù 同"峪"。

遇 yù ❶相逢;碰到:～险|～害|巧～。❷投合;相合:不～故去|～于法则行。❸对待:礼～|冷～|知～之恩。❹机会:机～|际～。❺姓。

踁 yù 行走歪斜。

喅 yù 声音杂乱;喧哗。

喻{喩} yù ❶同"谕(諭)",告知:今将～子五篇之诗。❷说明;开导:～之以理|不可理～|善～。❸明白;了解:家～户晓|不言而～。❹打比方:比～|借～|隐～。❺姓。

郚 yù 古乡名。(《集韵》)

徆 yù ❶行走。❷急行的样子。

御 yù "御"的讹字。

御(❻禦) yù ❶也作"驭(馭)",驾驭(车马):～车|～者。❷驾驭车马的人:徒～不惊。❸乘:～风而行。

❹ 治理;统治:～宇|百官～事|～众以宽。❺ 称皇帝所用或与其有关的事物:～驾|～膳|～用。❻ 抵挡;抵抗:～敌|～冬|～寒。❼ 姓。

◆“禦”另见1194页“禦”字条。

Y

衙 yù 同“御”。

廊 yù 同“愈”。

鸹(鴿) yù[鸲鸹](qú-)见800页“鸲”字条。

腈 yù 同“育”。

歆 yù 惊辞。

燋 yù 同“燠”。

焴 yù 同“煜”。

寓[寓] yù ❶ 居住:～居|～所。❷ 居住的处所:公～|赵～。❸ 寄托,隐含在内:～言|～意|～以厚望。

寊 yù 火种。

窬 yù 同“愈”。

裕 yù ❶ 丰富;充足:富～|宽～|充～。❷ 使富足:～其众庶|富国～民。❸ 扩大:光～大德。❹ [裕固]少数民族名,主要分布在甘肃。

婾 yù 同“欲”。

嫗 ㊀ yù 女人忌妒男子。㊁ yú 用于女子人名。

豫 yù 同“豫”。

矞 ㊀ yù ❶ 以锥穿物。❷ 瑞云,象征祥瑞的彩云:～云翔龙|成～成卿,万朵祥云护帝霄。㊁ jué 同“谲(譎)”,诡诈:欺惑愚众,～宇嵬琐。㊂ xù 惊惧的样子:蟲駭矗～。

緎 yù ❶ 长的样子:～索。❷ 衣服长大的样子。

膏 yù 义未详。(《改并四声篇海》)

萑 yù 山韭菜。

蒮(蒮) yù[薯蒮]见883页“薯”字条。

楀 yù 木偶。

䳑 yù 同“䠜”。

睈 yù 同“煜”。

喐 yù 喉声。

鬻{鬻、鬻} yù[鬻麗](-shì)同“麗鬻”。

䧕 yù 同“域”。

䠜 yù 同“郁 ❶”,一说同“都”。

罭{罭} yù 捕小鱼的细孔网。

稢 yù 黍稷生长茂盛的样子。

艈 yù 同“毓”。

愈[❶瘉、❶癒] yù ❶ 病情好转;伤病消除:治～|痊～|～合。❷ 优;胜过:孰～(哪个好)|有～于此|以其～己而遂信之。❸ 副词,越;更加:～加|病情～甚|～演～烈。❹ 姓。

◆“瘉”另见1193页“瘉”字条。

飫 yù 同“飫(饫)”。

颶 yù 大风。

袬 yù 同“裕”。

煜 yù ❶ 照耀:日晶熠～。❷ 炽盛的样子:管弦烨～。❸ 火光;火焰:飞烽戢～。

滪(澦) yù[滟滪堆](yàn--)见1110页“滟”字条。

誉(譽) yù ❶ 称扬;赞美:称～|毁～|载～而归。❷ 名声;美名:声～|信～|～满天下。

褙 yù 车帷。

鞬 yù 义未详。(《龙龛手鉴》)

輍 yù 车枕之前的部位。

蜮 yù 同“蜮”。

遹 yù 同“御(禦)”,禁止;抵挡。一说通“篽”,禁苑。

韍 yù ❶ 同“彧”,有文采。❷ 迅疾的样子。

䞕 yù 脸红褐色。

䨞 yù ❶ 拟声词，水声，也作"羽"。❷ 同"羽"，羽毛：～翼。

𥇻 yù 短促地看一眼。

雓 yù 同"鹆"。

蜮 ㊀ yù ❶ 又称短狐、射工、射影、水弩等，传说中的水怪，像鳖三足，闻声则含沙(或水)射人(或人影)，令人害病而死：鬼～伎俩｜为鬼为～的权谋。❷ 同"蟘(蟘)"。
㊁ guō 同"蝈(蟈)"，蛤蟆。

蜟 yù［蝮蜟］(fù-) 见 271 页"蝮"字条。

嶎 yù 用于地名：～葎岭(又称东海岛，在广东)。

𦈪 yù 瓦器。

毓 yù 生育；养育：以～草木｜～兽。

鄓 yù 姓。

衙 yù 同"御(禦)"，抵抗：～侮。

御 yù 同"御"。

衘 yù 同"御(禦)"。

銉 ㊀ yù 针。
㊁ sì 也作"肆"，量词，古代计量单位，用于悬钟，一銉为十六枚。

𤸂 yù 疣病。

瘉 yù ❶ 病；害：父母生我，胡俾我～？｜废备自盈，秪益为～。❷ "愈❶"的异体字。

䍞 yù 同"䵻"。

鬻 yù 同"鬻"。

豫 yù 同"豫"。

緎 yù ❶ 羔裘的接缝。❷ 古代计量单位，用于丝，一緎等于二十缕。

緭 yù 用青色经线、白色纬线织成的帛。

鳿 {𬸚} yù［鸀鳿］(zhú-) 见 130 页"鸀"字条。

賣 yù ❶ 卖，走着叫卖：往来贩贱～贵，家累千金。❷ 卖弄；炫耀：与之论细人，则以为～重。

𢹂 yù 同"揟"。

𦾔 yù "薁"的讹字。

蘡 yù 同"薁(薁)"。

蓹 yù［蓹兒］(-ní) 古地名，在今浙江。

樍 yù 同"棛"。

輍 yù 同"輍"。

𪡏 yù 同"𣢾"。

䰥 yù 鬼的样子。

𤭢 yù "瓜"的讹字。

矐 ㊀ yù ❶ 望。❷ 眼睛明亮。
㊁ huò 挖出眼珠：仇家～其目去。

噎 yù 喉中鸣。

噊 yù ❶ 鸟叫。❷ 诡诈，也作"谲(譎)"。

圙 yù 义未详。(《改并四声篇海》)

稶 yù 同"稢"。

𦫿 yù 同"育"。

𢡊 yù 同"癒(愈)"。

𢕬 yù 同"蓹(蓹)"。

𨉲 yù 同"軉"。

墺 ㊀ yù (又读 ào) 同"墺"，水边，用于地名：马蹄～(在浙江)。
㊁ ào［墺门］同"澳门"，地名，在珠江口西岸。

𥜢 yù 同"禦(御)"。

鋊 yù ❶ 用来钩鼎耳和炉炭的工具。❷ 铜屑。❸ 器物用久而磨得光滑：石子峣峣～马蹄。

𩝺 yù 同"飫(饫)"。

饇 yù 拟声词，饥饿声。

雒 yù 同"鹆(鵒)"。

澚 yù 义未详。(《改并四声篇海》)

Y

滻 ㊀ yù ❶ 水或泉涌出的样子：～波｜泛～～其前后兮。❷ 水名。1. 又称沉水，在陕西。2. 汾水支流，在山西。
㊁ shù 水中垒筑的堤堰、水碓等土石工程：～堰。

慪 yù 意。(《五音集韵》)

遹 yù ❶ 遵循：～追先志。❷ 邪僻：偏颇回～。❸ 助词，无实义：～求厥宁，～观厥成。

豫 yù ❶ 大象，哺乳动物。❷ 安乐；安逸：逸～无期。❸ 欢喜；快乐：悦～｜～附｜不～之色。❹ 同"预(預)"，预先；事先：～为备。❺ 古地名，九州之一。❻ 河南(地名)的别称：～剧。❼ 姓。

駭 yù 同"驭(馭)"。

騂 yù 同"驈"。

趞 yù 同"谓"。

蔌 yù 同"箹"。

械 yù ❶ 同"彧"，有文采。❷ 急速的样子。

暵 yù 同"燠"，热。

駿 yù 同"御"。

塁 yù 高而平的陆地。

雉 yù 同"鴥"。

衞 ㊀ yù 同"御"。
㊁ sù 净。

衞 yù 同"衞(御)"。

鋊 yù［钨鋊］(wū-)见1003页"钨"字条。

飫 yù 同"饫(飫)"。

饙 yù 同"育"，培养。

㦸 yù 同"域"。

燠 yù(又读 ào) ❶ 热；暖：温～｜～暖。❷ 鲜明；光亮：鲜～｜辉～。

燏 yù 火光。

寓 yù 同"寓"。

鴥 yù 同"鴥(鴥)"。

豫 yù［獬豫］(xiè-)矛类兵器。

豫 yù 同"豫"。

賣 yù 同"賣"。

賣 yù 同"賣"。

韡 yù 同"緎"，羔裘的接缝。

櫹 yù 同"橡"。

蜮 yù 义未详。(《改并四声篇海》)

戫 yù 有文采，后作"彧"。

礇 yù 像玉的美石。

閾 yù 同"阈(閾)"。

鵯 yù "鹆"的讹字。

螆 ㊀ yù 昆虫飞的样子。
㊁ yú 同"蜚"。

嚳 yù 同"噔"。

圄 yù 同"狱(獄)"。

舉 ㊀ yù 抬运食物的器具。
㊁ yú 竹子编成的舆床。

儥 yù ❶ 卖：～慝。❷ 买：征～｜卖～之事。

肆 yù 同"鹬(鷸)"，鸟名。

魊 yù ❶ 传说中的害人动物：鬼～。❷ 同"蜮"。

禦 yù ❶ "御❻"的繁体字。❷ 祭祀以消灾免祸。

鐭 yù 用于温热东西的器具。

膺 yù "鹰"的讹字。

饔 yù 同"饫(飫)"。

馘 ㊀ yù 脸色发黄的样子。
㊁ guó 同"聝"：元凶授～。

鸛 yù 同"鹬(鷸)",鸟名。

畬 yù 生田。

韤 yù 毛皮衣。

鹬(鷸) ㊀ yù ❶ 水鸟名,生活在水边,常在天将下雨时鸣叫:~蚌相争。❷ 翠鸟,又称翡翠:~冠。❸ 鹬科众多鸟类的通称:丘~|阔嘴~。
㊁ shù[鹬子]鸟名,即鹞子。

繘 yù 出。

駥 yù 马名。

鞨 yù 皮;皮器。

醧 ㊀ yù ❶ 私宴饮。❷ 能者饮,不能者止。❸ 酒美。
㊁ ōu 酒甘。

蟈 yù[蟈蟥]金龟子,昆虫,幼虫称蛴螬,对农作物有害。

黬 yù"黓"的讹字。

黦 yù 黑。

稢 ㊀ yù ❶ 黍稷美好的样子:刈黍方~~。❷ 禾稼。
㊁ yǔ 禾苗茂盛。

籅 ㊀ yù 淘米的竹器,即筲箕。
㊁ ǎo 移蚕器具。

篽 yù ❶ 禁苑,帝王的园林,后作"籞":台观池~,侈丽不可名。❷ 在园林内养(野兽):激通川以~兽。

礜 yù 礜石,又称毒砂,即硫砒铁矿,是制砷及亚砷酸的原料。

膥 yù 脂膜。

鴥 yù 同"鸽(鴿)"。

鐭 yù 也作"鏕",用于温热东西的器具。

鬱 yù 义未详。(《改并四声篇海》)

翿 yù 同"翻"。

翻 yù 飞的样子。

繘 ㊀ yù ❶ 井上汲水用的绳索,泛指绳索:攀~蹋危石。❷ 用绳索汲水:如渴~泉。
㊁ jué 线。

驈 yù 同"驭(馭)"。

賣 yù 同"賣"。

欝 yù 同"鬱(郁)"。

櫲 yù 枕,樟树的一种,也作"豫"。

鵴 yù[鵴鷗](-bì)同"鷗鵴"。

鷸 yù 鸟名,一说同"鵴"。

黔 yù 黑的样子。

鵙 yù 同"鸽(鴿)"。

遹 ㊀ yù 同"遹"。
㊁ jú 同"趫"。

饇 yù ❶ 同"饫(飫)",古代君主招待同族的家宴。❷ 饱:如食宜~。

颶 yù 同"飅",风声。

麢 yù 哺乳动物。

澦 yù 同"滪(澦)"。

驈 yù 同"驭(馭)"。

蕍 yù ❶ 茂盛。❷[蘁蕍](fū-)见 793 页"蘁"字条。

籞 yù 通"籞",池水中养鱼的竹篱。

霱 yù 瑞云,象征祥瑞的彩云,也作"矞"。

黬 yù ❶ 同"緎",羔裘的接缝。❷ 黑色。

轝 yù ❶ 一种类似轿子的车:乘~。❷ 抬(轝):~至西便门。❸ 众多:人众车~,万物殷富。❹ 承载棺柩的器具。

鼵 yù[鼵屈]短的样子。

衞 yù 同"御"。

鐭 yù ❶ 用于温热东西的器具,也作"鏕"。❷ 金属元素"铕(銪)"的旧译写法。

頨 yù 同"预(預)"。

飅 yù 风声。

韤 yù 同"韤"。

Y

䒀 yù “𦦙”的讹字。

𦦨 yù 同“鸒”。

𨰲 yù 同“鐭”。

𡾦 yù 屈短的样子。

鐭 yù 钿。

𩞥 yù 义未详。(《改并四声篇海》)

颶 yù 急风。

飅 yù 同“颶”。

驈 yù 股或股间白色的黑马。

𩰪 yù 同“鬱(鬱,郁)”。

黬 yù 同“黬”。

籞 yù 同“籞”。

譽 yù 同“誉(譽)”。

譺 yù［譺詠］(-xù)闻香的样子。

寱 yù 同“寱”,打盹。

鬻 ㊀ yù ❶ 煮:～海为盐。❷ 卖:～画|～文为生|卖官～爵。❸ 通“育”,养育:孕～。❹ 姓。
㊁ zhōu 同“粥”,稀饭。

鬰 yù 同“鬱(郁)”。

籅 yù 竹器。

籞 yù ❶ 帝王的禁苑:宫～|禁～|池～。❷ 苑囿的墙垣、篱笆等:园～。❸ 池水中养鱼的竹篱。

鱊 yù ❶ 鱊鱼,又称鱊鲚、春鱼,生活在南方江河、湖泊中。❷ 鳀鱼的幼鱼。

鬻 yù ❶ 同“鬻”,粥。❷ 同“鬻”,卖。

鷸 ㊀ yù 传说中的鸟,像鼠。
㊁ yú ❶ 传说中的鸟,像秃鹫。❷ 同“鵑(鹃)”,传说中的怪鸟。

鬻 yù 同“鬻(鬻)”。

蠲 yù 育蚕器。

鬱 yù 同“鬱(郁)”。

籞 yù 同“籞(籞)”。

鬻 yù 同“鬻”。

鷽 yù 同“鸒”。

鸒 yù［鸒斯］又称鹎鶋,鸟名,即寒鸦,也单称鸒。

麢 yù 鹿类动物。

繘 yù 同“繘”。

鬱 yù 同“鬱(郁)”,郁金香草。

籲 yù 同“籲(吁)”。

鷸 yù 同“鷸(鹬)”,鸟名。

𨞛 yù 古县名。(《字汇补》)

𧴾 yù ❶ 道家指精气凝结。❷ 父母对小孩的爱称:～儿|阿～。❸［𧴾𧴾］小孩的自称。

鬱 yù 同“鬱(鬱,郁)”。

𡿂 yù “𡿂”的讹字。

鬱 yù 同“鬱(郁)”。

鬻 yù 同“鬻”。

爩 yù 同“爩”。

鷸 yù 同“鷸(鹬)”。

鬻 yù 粥。

繘 yù 同“繘”。

攭 yù 拗戾。

鬱 yù 同“鬱(郁)”,郁金香。

𡿂 yù 山中云雾笼罩的样子。

籲 yù 同“籲(吁)”。

籲 yù ❶“吁㊂”的繁体字。❷和谐；和顺：率～众惑｜以养我～。

灪 yù 水势大，也指浪涛高。

鬻 yù 同“鬻”。

爩 yù 烟出；烟气。

礨 yù 山石的样子。

黱 yù 同“黱”。

黦 yù 黑色。

yuān

夗 yuān 同“鸳(鴛)”。

肙｛肙｝ yuān 孑孓，小虫，后作“蜎”。

囦 yuān 同“渊(淵)”。

囥 yuān 同“囦(渊，淵)”。

圂 yuān 同“囦(渊，淵)”。

鸢(鳶) yuān ❶即老鹰，鸟名：～飞鱼跃。❷［纸鸢］风筝。

圎 yuān 同“囦”。

帑 yuān ❶抹布，擦拭用的巾。❷头巾：黄～。

葬 ㊀ yuān 幡。
㊁ zàng“葬”的讹字。

剈 yuān 同“削”。

削 yuān 挑取；剜。

肙 yuān“肙”的讹字。

剈 yuān 同“削”。

岃 yuān 同“渊(淵)”。

峭 yuān 山的曲折处。

剶 yuān 同“渊(淵)”。

眢 yuān ❶眼枯失明：目～血裂。❷井水枯竭：～井。

鸳(鴛) yuān［鸳鸯］1.鸟名，像野鸭而较小，雄的羽毛绚丽，平时成对生活而不分离，也单称鸳：无数鸳鸯争戏水｜风鸳藏近渚。2.比喻夫妻：愿作～不羡仙。3.比喻成双成对的：～瓦｜～椅。4.形状像鸳鸯的香炉：玉帐～喷沉麝。

浣 yuān 同“渊(淵)”。

涵 yuān 同“渊(淵)”。

悁 ㊀ yuān ❶气愤：肠愤～而含怒｜弃忿～之节。❷忧郁；愁闷：心～｜寸心独悲～。
㊁ juàn 急躁：～急。

寃 yuān“寃(冤)”的讹字。

冤［寃、寃］ yuān ❶屈缩；不舒展：～颈折翼。❷冤枉；屈枉：～屈｜～案｜伸～。❸仇恨；怨恨：～仇｜～家｜～孽。❹欺骗：～人。❺上当；吃亏：花～钱｜白跑一趟，真～。

淥 yuān 同“渊(淵)”。

渊(淵) yuān ❶回旋的水流。❷深水潭：深～｜天～之别。❸深：～深｜～博。

渆 yuān 同“渊(淵)”。

渕 yuān 同“渆(渊，淵)”。

渊 yuān 同“渆(渊，淵)”。

絻 ㊀ yuān［緐絻］(fán-)也作“緐帑”，乱。
㊁ wǎn 同“綩”。

菀 yuān 凋零；枯萎。

冕 yuān 同“冤”。

遈 yuān 行走的样子。

痟 yuān ❶疲劳。❷骨节酸痛：痿厥腨～。❸忧郁：心～体烦。

桊 yuān 同“棬”。

惌 ㊀ yuān ❶同“冤”，冤枉。❷同“怨”：非兰～而桂亲。
㊁ wǎn 病名，腹中积食。

弲 yuān 弓背弯曲处，也作“渊(淵)”。

惌 yuān 同“悁”。

Y

擮 yuān“擮”的讹字。

擮 yuān 冤屈。

葾 yuān［棘葾］远志，多年生草本植物，根可供药用。

棩 yuān 树木弯曲。

蜎{蹞} ㊀ yuān 绊倒。㊁ xuān 急速：～驰。

蜎 ㊀ yuān ❶［蜎蜎］（-yuān）虫类动物蠕动爬行的样子。❷弯曲：寒则～体不申｜有意地把腰肢～着。❸又称虷，孑孓。❹姓。
㊁ xuān 通“翾”，轻轻地飞：～飞蠕动。

鹃 yuān 同“悁”。

圈 yuān 义未详。（《龙龛手鉴》）

渷 yuān 同“涴”，古水名。（《集韵》）

鸳（鵷） yuān ❶［鹓鶵］（-chú）也作“鹓雏”，传说中的凤凰类的鸟，也单称鹓：鹓鶵虽饿死，不与雀争多｜欲凤翥而鹓随兮。❷同“鸳（鴛）”，鸳鸯。

裷 ㊀ yuān 褚裷。
㊁ gǔn 通“衮”：天子袾～衣冕。

鳶 yuān 同“鸢（鳶）”。

箢 yuān（又读 wǎn）❶竹名。❷［箢箕］又称箢篼，用竹篾编制的盛物器具。

窸 yuān 同“惌”。

輐 ㊀ yuān ❶古代镇在大车后部的东西，一说大车后面的遮蔽物。❷兵车。
㊁ yǔn［轒輐］（fén-）同“轒辒”。

蜎 ㊀ yuān ❶［蜎蜎］（-yuān）曲折深广的样子。❷同“蜎”，孑孓。
㊁ yūn［蜎蜎］（-yuān）虫名。

饒 ㊀ yuān 同“餵”，贪。
㊁ mán 贪吃。

駌 yuān 污面马。（《龙龛手鉴》）

潣 yuān 同“渊（淵）”。

遡 yuān 行走的样子。

窸 yuān“窸”的讹字。

嫚 yuān 蛾眉。

鵷 yuān 同“鹓（鵷）”。

鳶 yuān 同“鸢（鳶）”。

鴡 yuān 同“鸢（鳶）”。

蒍 yuān［蒍尾］也作“鸢尾”，又称蓝蝴蝶，多年生草本植物。

潣 yuān 同“渊（渊，淵）”。

餵 yuān 贪。

餵 yuān 同“餵”。

嬛 yuān ❶美好，后作“娟”：柔娆～～。❷美女。

鼘 yuān［鼘鼘］也作“鼝鼝”，拟声词，鼓声。

鼙 yuān 同“鼝”。

鴦 yuān 同“鸢（鳶）”。

鋺 yuān 锄头曲铁。（《广韵》）

潣 yuān 同“渊（淵）”。

嬛 yuān 美好。

鳶 yuān 同“鸢（鳶）”。

潣 yuān 同“渁（渊，淵）”。

鼝 yuān［鼝鼝］拟声词，鼓声，单用义同。

鼝 yuān 同“鼝”。

灁 yuān 同“渊（淵）”。

鼝 yuān 同“鼝”。

鼝 yuān 同“鼝”。

鸝 yuān 鸟群。

鸝 yuān 同“鸝”。

yuán

元 yuán ❶人头：陨首丧～，必无二志。❷为首的；居主要地位的：～帅｜～凶｜

~勋。❸开始的;第一:~旦|~年|建~。❹构成整体的一部分:~件|单~。❺副词,原来;本来:死去~知万事空。❻朝代名,蒙古孛儿只斤·铁木真所建(1206-1368年):~曲|~杂剧。❼同"圆(圓)",货币,也作货币单位:银~|美~|万~户。❽姓。

円 yuán 同"圆(圓)"。1.圆形:底~弦平。2.日本货币单位。

阮 ㊀yuán ❶[五阮郡]也作"五阮郡",地名。❷姓。

㊁(隫) guō 同"䥷(郭)",外城;外城墙。

邧 yuán 古邑名,在今陕西。

贠(貟) yuán 同"員(员)"。

芫 ㊀yuán[芫花]也作"芫华",落叶灌木,花蕾可供药用。

㊁yán[芫荽](-suī)又称胡荽,通称香菜,一年或二年生草本植物,嫩茎叶可做菜或调味,果实可做香料或供药用。

园 ㊀(園) yuán ❶种植蔬菜、瓜果、花草的地方:菜~|果~|花~。❷供人游玩娱乐的地方:公~|动物~|游乐~。❸开展某些活动的场所:艺术~|科技~。

㊁wán 同"刓",削去棱角使圆:员~。

员(員) ㊀yuán ❶圆,后作"圆(圓)":方~|~者常转|其穴竖而起,亦~如井。❷周围:幅~(指领土面积)|景~维河。❸指工作或学习的人;担任某种职务的人:演~|炊事~|公务~。❹指某个团体或组织中的成员:党~|团~|会~。❺量词,用于人:一~武将|家庭中的一~。

㊁yún ❶增益:无弃尔辅,~于尔辅。❷助词,表示强调语气,云:日月逾迈,若弗~来。❸用于人名:伍~(即伍子胥,春秋时人)。

㊂yùn 姓。

犹 yuán 同"猿"。

沅 yuán 沅江,发源于贵州云雾山,流至湖南注入洞庭湖。

杬 yuán ❶树名,皮煮汁呈红色,可用来腌制果品、禽蛋等。❷同"芫",即芫花。

忈 yuán 义未详。(《改并四声篇海》)

黿 yuán 同"鼋(黿)"。

垣 yuán ❶墙;矮墙:城~|颓~残壁。❷指城邑或官署:军于东~|省~(省城)|台~。❸古代粮仓:~窌仓廪。❹传统天文学术语,指划定的星座范围,有上、中、下三垣。

厡 yuán 同"原"。

原 yuán 同"原"。

蚖 yuán 同"螈"。

蚢 yuán "蚖"的讹字。

爰 yuán ❶援引,用手拉,后作"援"。❷连词,于是;就:道其能道,~为诗歌。❸代词,何处;哪里:~其适归?❹助词,补充音节,无实义:~有寒泉,在浚之下。

蚉 yuán ❶同"蠠"。❷同"蚖",蝾螈和蜥蜴类动物。

袁{袁、表} yuán 姓。

原 yuán ❶水的源头,后作"源":上见其~,下通其流。❷最初的;开始的:~始|~价|~装。❸未加工的:~油|~煤|~料。❹本来的样子:复~|还~。❺原来;本来:~地|~籍|~形毕露。❻宽广平坦的地方:平~|草~|星火燎~。❼宽恕;原谅:~其罪|情有可~。❽姓。

蚖 ㊀yuán 古代指蝾螈和蜥蜴类动物:龙蟠于泥,~其肆矣。

㊁wán 毒蛇:蜂蝎~蛇蝮。

圆(圓) yuán ❶圆形,从周边任何一点到中心点的距离都相等:~圈|~桌|月~。❷完备;周全:~满|话说得不~。❸使周全(掩饰矛盾):~谎|自~其说。❹推究;解释:~梦|觉来确实南柯一梦,便叫小校请军师~~。❺没有棱角,善于变通:~滑|~通。❻团圆,散而复聚:会良宵,人并~。❼圆形金属货币:银~|铜~。❽量词,货币单位,也作"元",1圆(元)等于10角。

笎 yuán ❶竹名。❷篮子:菜~。

皖 yuán 高。

羦 yuán 同"羱"。

鼋 yuán 同"鼋(黿)"。

原 yuán 同"原"。

援 yuán 同"援"。

Y

猨 yuán 同“猨(猿)”。

豲 yuán 同“垣”。

鼋(黿) yuán 鼋鱼,也作“元鱼”,俗称癞头鼋,爬行动物,像龟,生活在水中。

援 yuán ❶用手拉;牵引:攀～|～之以手。❷执;持:～枹而鼓|～琴而歌。❸救助;帮助:增～|～军|～藏干部。❹引用:～引|～据。

圎 yuán 同“圓(圆)”。

皖 yuán 圆形糕点。

羱 yuán 野羊名。

湲 yuán[潺湲](chán-)见90页“潺”字条。

陯 yuán 也作“源”,水流始出的地方。

邍 yuán 义未详。(《龙龛手鉴》)

缘(緣){縁} yuán ❶(旧读yuàn)装饰衣边;衣边的装饰:～其领|裙不加～。❷器物的边沿:杯～|屏～|边～。❸围绕;缠绕:～之以方城|绿萝～玉树。❹攀援;攀登:～木求鱼|猱木～崖。❺介词。1.沿着;顺着:～溪而行|～流而上。2.凭借;因为:～耳知声|～何至此?❻因由;原因:～起|～由|无～无故。❼关系:人～|血～|绝～。❽因缘,佛教指产生结果的原因、条件、力量等:结～|代～。

塬 yuán 西北黄土高原地区的一种地貌,中间呈台状,比较平坦,四周被流水冲刷形成沟,边缘陡峭,常用于地名:～地|董志～(在甘肃)|洛川～(在陕西)。

趄{趣} yuán 换田而耕。

蒝 ㊀yuán ❶草木茎叶四布的样子。❷[蒝荽](-suī)芫荽。㊁huán 草名。

嵃{嵃} yuán[崟嵃](yín-)山顶。

猿[猨、蝯] yuán 哺乳动物,像猴而大,无颊囊和尾巴,有的种类与人相近。

猭 yuán 同“猿”。

溒 yuán 水流的样子。

源 yuán ❶水源,水流始出的地方:～头|发～地|饮水思～。❷来源,事物的来路或根由:货～|能～|病～。

愿 yuán 测量。

嫄 yuán 用于女子人名。

嫄 yuán 姜嫄,传说中周代祖先后稷母亲的名字。

骉(騵) yuán 赤毛白腹的马。

榬 yuán ❶又称“篗”,络丝工具。❷悬挂钟、磬的架子。

榞 yuán 树名,果实像甘蔗,皮、核可食。

槓 yuán 用于人名:俞子～。(《清朝野史大观》)

厡 yuán 同“源”。

辕(轅) yuán ❶车前驾牲畜的部分,早期为独辕,一根弯曲的长木居中;汉代以后为双辕,两根直木左右各一:驾～。❷军营大门;官署:～门|行～。

犝 ㊀yuán 传说中的动物,像牛,三只脚。㊁wán 野牛。

瓠 yuán 瓜瓠。(《改并四声篇海》)

鴢 yuán 鸟名。

鳶 yuán 同“鴢”。

蒕 yuán 同“鲩”。

蝝 ㊀yuán ❶又称蝮蛸子,今称蝻,蝗的幼虫。❷蚂蚁卵。㊁yuān 同“蜎”,孑孓。

鼎 yuán 同“员(員)”。

龍 yuán 同“黿(鼋)”。

魭 ㊀yuán ❶鱼名。❷同“鼋(黿)”。㊁wǎn[魭断]形容人圆滑,没有锋芒、棱角。

薗 yuán 同“園(园)”。

薗 yuán 同“園(园)”。

橼(櫞) yuán 枸橼,又称佛手柑。

⿰鬲亘 yuán 同“垣”。

⿸厂蚕 yuán 同“蠠”。

螈 yuán ❶［蝾螈］(róng-)见821页“蝾”字条。❷同“蠠”。

圜 ㊀yuán ❶天体：～则九重。❷同“圆(圆)”，圆形：～者如圈｜～者中规。
㊁huán 环绕：～身｜～万山中。

⿱竹袁 yuán 同“椽”，络丝工具。

⿰豸爰 yuán 同“猿”。

羱 yuán 又称北山羊，大角野羊。

⿰鼠元 yuán 鼠名。

⿰豸員 yuán 同“猿(猿)”。

謜 ㊀yuán 缓慢地说话：见人无亲疏贵贱，皆与乎揖，欸欸～～也。
㊁quán 言语和悦。

⿱亠黿 yuán 同“黿(鼋)”。

⿰扌緣 yuán ❶把：往来拯～。❷［拘⿰扌緣］同“枸橼”，常绿小乔木或大灌木。

鎱 yuán 用于人名：朱蕴～(明代人)。

⿺辶⿱夂童 yuán 同“邍”。

邍 yuán 同“原”，原野。

鶢 yuán［鶢鶋］(-jū)也作“爰居”，海鸟名。

⿰魚彖 yuán 鱼名。

⿺辶豪 yuán 同“邍”。

⿰貝鳥 yuán 同“䲨”。

⿸厂⿰泉鳥 yuán 鸟名。

䲨 yuán ❶鸟名。❷长尾山雀类各种鸟的旧称，也专指银喉长尾山雀。

⿸厂⿱泉䖵 yuán 蠠蚕，又称晚蚕、再蚕、重蚕，即第二次孵化的蚕。

⿰巾邍 yuán 全巾。

⿰韋亘 yuán 同“垣”。

⿱元䖵 yuán 同“蠠”。

⿱⿰鬲目革 yuán 义未详。(《改并四声篇海》)

⿸厂⿱白⿰泉泉 yuán 同“原(源)”。

⿸厂⿱泉⿰原原 yuán 同“原(源)”。

⿸厂⿱泉⿰泉原 yuán 同“原(源)”。

yuǎn

远(遠) ㊀yuǎn ❶空间或时间的距离长：～郊｜～古｜舍近求～。❷差别大：差得～｜～非如此｜产量～～超过去年。❸血统关系不接近的；不亲近的：～亲｜～房｜关系疏～。❹不接近：敬而～之。❺深奥：言近旨～。❻姓。
㊁yuàn ❶离去；使离去：不仁者～矣｜驱虎豹犀象而～之。❷违背；乖离：法不～义｜貌合而情～。

迲 ㊀yuǎn 同“远(遠)”。
㊁日本汉字。细雨。

⿰目元 yuǎn 视；看。

⿺辶芫 yuǎn 同“薳”：～志(即远志，多年生草本植物)。

⿸厄⿱夕儿 yuǎn 小的样子。

逺 yuǎn 同“遠(远)”。

⿸⺈⿱口巳 yuǎn 小弱的样子。

⿱夗言 yuǎn 同“詉”。

⿰言宛 yuǎn ❶安慰：以～我心。❷怨恨。

⿺辶宣 yuǎn 古代乐曲名。

⿺辶袁 yuǎn 同“远(遠)”。

⿰彳袁 yuǎn 同“远(遠)”。

鋺 ㊀yuǎn 秤锤。(《玉篇》)
㊁wǎn 金属制的盛饮食器具，也作“碗”：银～｜铜～。
㊂wān 同“剜”。

⿰言怨 yuǎn 同“詉”。

鞔 yuǎn ❶同“鞔”。❷同“鞔”。

䫗 yuǎn 头脸歪斜。

韏 yuǎn ❶量物器。❷掏井取泥的器具。

願 ㊀yuǎn 脸短的样子。
㊁yuàn “愿❶-❸”的繁体字。

yuàn

夗 ㊀yuàn 身体侧卧弯曲的样子。
㊁yuān 同“鸳(鴛)”。

怨 yuàn 同“怨”。

苑 yuàn 同“苑”。

苑 yuàn 同“苑”。

苑 yuàn ❶专门圈起来养禽兽、植林木的地方,多指帝王游猎的场所或园林,泛指园林、花园:鹿～|林～|御～。❷学术或文艺聚集的中心:艺～|文～|翰～。❸(旧读yuān)姓。

杬 yuàn 树名,一说“杬”的讹字。

兖 yuàn 同“怨”。

命{命} yuàn 同“怨”。

忌 yuàn 同“怨”。

怨 yuàn ❶强烈的不满;仇恨:～恨|积～|非仇不～。❷责备;怪罪:埋～|任劳任～|不～你～谁?❸古代诗体的一种:《寒夜～》|《玉阶～》。

郤 yuàn 同“怨”。

院 yuàn ❶有墙围绕的房屋:四合～|大杂～|旧宅一～。❷围墙内的空地:前～|满～罗丛萱|场～。❸某些机关、学校、公共场所名称:法～|商学～|电影～。❹指医院:住～|转～。❺指学院:高等～校。

怨 yuàn 同“怨”。

帵 yuàn 曲裁。(《集韵》)

衏 yuàn[衏衏](háng-)见333页“衏”字条。

桊 yuàn 义未详。(《改并四声篇海》)

掾 ㊀yuàn ❶佐助。❷古代官署属员的通称:吏～|东曹～。
㊁chuán ❶[陈掾]驰逐:～其间。❷姓。

傆 yuàn 圆滑;随和。

惌 yuàn “惌(怨)”的讹字。

惌 yuàn 同“怨”。

裫 yuàn 衣袖。

弲 yuàn 弓的边缘。

媛 ㊀yuàn 美女:名～。
㊁yuán[婵媛](chán-)1.牵连;相连:垂条～。2.牵挂;眷恋:心～而伤怀。

瑗 ㊀yuàn ❶孔大边小的璧。❷玉名。
㊁huán 同“环(環)”。

圎 yuàn 义未详。(《改并四声篇海》)

筼 yuàn 竹名。

衏 yuàn[衏衏](háng-)同“衏衏”。

褑 yuàn 佩。

愿(❶-❸願) yuàn ❶心愿;欲望:～望|夙～|如～以偿。❷乐意:～意|自～|甘心情～。❸(事先的)许诺:发～|还～|封官许～。❹老实;谨慎:乡～|～而恭|山民～朴。
◆“願”另见1202页“願”字条。

褍 yuàn 衣襟和袖子接缝的部分。

褑 ㊀yuàn 衣襟上佩玉的带子。
㊁yuán 衣。

愿 yuàn 同“愿(願)”。

噮 yuàn 同“噮”。

簒 yuàn 同“筼”。

餶 yuàn 饱;厌腻:食而不～。

褤 yuàn 同“褑”。

噮 yuàn 味道过甜:甘而不～。

豩 yuàn(又读tuān)同“猯(貒)”。

�院 yuàn 同“飆”。

饐 yuàn 同“餇”。

飆 yuàn ❶小风。❷再次簸扬谷物。

衞 yuàn 同“衍”。

愿 yuàn 同“愿(願)”。

顐 yuàn 同“愿(願)”。

顯 yuàn 同“顯”。

顯 yuàn ❶头顶。❷愿意,后作“願(愿)”。

顯 yuàn 同“顯”。

yuē

曰 yuē ❶说:子～诗云|其谁～不然? ❷称作:国无九年之蓄～不足|名之～农民学校。

甲 yuē 取物。

囚 yuē 同“曰”。

忚 yuē 义未详。(《改并四声篇海》)

约(約) ㊀ yuē ❶绳子:绳～。❷缠束;缠缚:～之矢以射城中|裁裙～楚腰。❸节制;限制:～束|制～|～之以礼。❹节俭;简要;少:节～|由博返～|用物～而所及广。❺事先说定:～定|预～|不～而同。❻事先说定的事;共同订立的条款:条～|契～|违～。❼邀请:～请|～去做客。❽准备;具办:～车骑百余乘。❾副词,大概:～有三十人。❿姓。
㊁ yāo 用秤称重量:～一下|～二斤豆腐。

妜 yuē 同“嬮”。

約 yuē 同“约(約)”。

肥 yuē 手足痉挛。

詃 yuē 同“謣”。

飵 yuē 节制饮食。

鴃 yuē[鴃旻](-xuè)目深的样子。

謣 yuē 拒不回答。

睻 yuē(又读 jué)同“暗”。

罬{罽} yuē[罬罯](-lüè)渔网。

嬮 yuē 肥胖的样子。

瞂 yuē(又读 jué)眼眶深陷的样子。

篗 ㊀ yuē 古代一种小型管乐器。
㊁ yào 竹节。

㑭 yuē[㑭恒](-qiē)愚笨、痴呆的样子。

嬿 yuē 同“嬮”。

矱 yuē(又读 huò)尺度;法度:矩～。

蒦(彠) yuē(又读 huò)也作“矱”,尺度;法度:～矩。

齵 yuē 义未详。(《改并四声篇海》)

yuě

哕(噦) ㊀ yuě ❶气逆:～噎|脾胀者善～。❷呕吐:～吐|干～(要吐又吐不出)。
㊁ huì ❶[哕哕](-huì)拟声词,舒缓而有节奏的铃声、鸟叫声等:鸾声～|终日鸣～。❷鸟叫:凤～鸾吪孕古春。

㧾 yuě 抉目。(《龙龛手鉴》)

歲 yuě 同“哕(噦)”。

yuè

月 yuè ❶月亮,月球,地球的卫星:明～|日～星辰。❷形状像月亮的;圆的:～门|～饼|～琴。❸计时单位,一年分十二个月,每月三十天左右:～历|长年累～。❹每月的;按月出现或完成的:～刊|～票|～产量。❺[月氏](-zhī)也作“月支”,古代西域国名,在今新疆一带。

戉 yuè 古代兵器,像大斧,后作“钺(鉞)”。

乐(樂) ㊀ yuè ❶音乐:奏～|～曲|～队。❷唱;演奏:比音而～之|使相～曲。❸乐器:诸～皆和|太师抱～。❹[乐清]地名,在浙江。❺姓。❻[乐正]姓。
㊁ lè ❶泛指声色:今吴王淫于～而忘其百姓。❷快乐;高兴:欢～|～事|～而忘返。❸笑:可～|～得合不拢嘴|把大家都逗～了。❹乐于,对于做某事感到快乐:～此不疲。❺使人快乐的事:取～|逗～。❻姓。
㊂ yào 喜好;喜爱:智者～水,仁者～山。
㊃ luò[乐乐](-luò)坚定的样子:～兮其执道不殆也。

屵 yuè 崖岸高出的样子。

岀 yuè 同“岳(嶽)”。

刖 yuè ❶古代把脚砍掉的酷刑:再～不履地。❷截断:根～残树。

𫔎(閅) yuè 儿女。

抈 ㊀ yuè 折断:车轴折,其衡～。
㊁ wù 同“扤”,摇动:撼之不～。

𠤷 yuè “𠥊”的讹字。

𠩄 yuè 同“𠥊(月)”。

𫐄(軏) yuè 古代车辕前端与车横木衔接处的销钉。

𠥊 yuè 同“月”。

明 yuè 义未详。(《改并四声篇海》)

岄 yuè 古山名。(《玉篇》)

𡴐 yuè 同“岳(嶽)”。

𡆥 yuè 义未详。(《龙龛手鉴》)

𡗜 yuè 同“粤”。

肕 yuè 山。

𡵺 yuè 同“岳(嶽)”。

礿 yuè 祭祀名,夏、商两代指春祭,周代指夏祭:～祭|初～。

𡶳 yuè 同“岳(嶽)”。

𡶴 yuè “屵”的讹字。

妜 ㊀ yuè ❶眉目传情的样子。❷忧愤。
㊁ jué 美好的样子。

玥 yuè 传说中的神珠。

𬨝(朝) yuè 车釭。

𨑘 yuè ❶同“越”,逾越:杂而不～。❷跑散。

岳[❶嶽] yuè ❶高大的山:泰～|北～|五～(中国五大名山,即东岳泰山,西岳华山,南岳衡山,北岳恒山,中岳嵩山)。❷称妻家父母一辈长者:～母|叔～|～家。❸姓。

𫰯 yuè ❶轻扬。❷愚蠢。

𢧢 yuè 义未详。(《改并四声篇海》)

𣐿 yuè 树名。

𣧕 yuè 同“𣧗”。

𡷾 yuè 同“岳(嶽)”。

钥(鑰) ㊀ yuè ❶锁;门锁:关门下～。❷钥匙:锁～|管～。❸闭锁;关闭:～而置之卧所。❹镇守:留～。❺姓。
㊁ yào[钥匙](-shi)开锁的器具。

悅 yuè 同“悦”。

𡪄 ㊀ yuè ❶穿透。❷孔洞。
㊁ xuè 同“窬”,孔穴的样子。

𡶳 yuè 同“岳(嶽)”。

𧿹 yuè 同“跀”。

𧿳 yuè 同“𧿹(跀)”。

蚏 yuè 同“蠘”。

蚏 yuè 同“蠘”。

钺(鉞) yuè 古代兵器,像大斧。

𥩋 yuè 久立。

阅(閱){閲} yuè ❶查点;计算:～钱满亿。❷察看;视察:检～|～兵。❸看(文字、图画等):～读|～览|传～。❹经过;经历:～历|～世|～尽沧桑。

悦{悦} yuè ❶高兴;愉快:大～而笑|和颜～色|神情不～。❷使愉快:～耳动听|赏心～目。❸从心里佩服:～服|心～诚服|众乃信～。

窔 yuè 同"突"。

搉 yuè 捽;揪。

軏 yuè 同"轨(軏)"。

跀 yuè "趴"的讹字。

跃(躍) ㊀yuè ❶跳跃,比喻发展迅速:跨～|～进|一～而为实力最强的国家。❷物价上涨:物价腾～。
㊁tì[跃跃](-tì)快速跳跃的样子:～毚兔。

趼 yuè 同"刖",古代酷刑,把脚砍掉。

蚏 yuè 同"蠘(蚏)"。

囝 yuè 同"月"。

鉥 yuè 同"越"。

絾 yuè 有花纹的可做缘饰的织物。

越 ㊀yuè ❶跨过;度过:跨～|翻山～岭|～冬。❷不按一般次序;超出范围:～级|～轨|～俎代庖。❸(声音、情感)扬起;昂扬:清～|激～。❹越……越……,副词,表示程度加深:～来～冷|～干～有劲儿。❺周代诸侯国名,在今浙江东部、江苏、山东、安徽一带。❻地名,指浙江东部:～剧。❼姓。
㊁huó 结草为席:～席。

殈 yuè 猝死。

睨 yuè 目玩。(《集韵》)

跋 yuè 跑或快步行走的样子。

犵 yuè 同"犨"。

粤{粵} yuè ❶助词,用于句首或句中:～有唐宣城郡当涂县化城寺大钟者,量函千盈|尚～其几,沦神域兮!❷通"越",古代南方部族名:～人之俗,好相攻击。❸地名。1.广东和广西:两～。2.广东的别称:～剧|～菜。

鈅 yuè 古代兵器。

瓲 yuè 同"鬻"。

窫 yuè ❶穿透。❷孔穴。

戉 yuè 同"越"。

葯 yuè 白色的缟。

戣 yuè 同"越"。

楽 yuè 同"樂(乐)"。

跷 yuè ❶步楚。(《康熙字典》)❷通"税",税收。

犨 yuè 白色牛。

篗 yuè 又称篗篙,同"籰",络丝工具。

䫻 yuè 腐臭的气味。

鉞 yuè 同"钺(鉞)"。

龠 yuè 同"龠"。

雅 yuè 围棋术语,棋心并四面各据中一子称五雅(也作"五岳")。

鸑(鷟) yuè[鸑鷟](-zhuó)也单称鸑或鷟。1.凤的别称。2.水鸟名。

餈 yuè 同"餵"。

韍 yuè 装斧子的皮套。

㕣 yuè 义未详。(《改并四声篇海》)

虤 yuè ❶虎睡觉。❷虎困倦。

噦 yuè 呕吐:～了一床。

噚 yuè 同"粤",辞。

䠊 yuè 屈。

樾 yuè ❶树荫;树荫处:林～。❷道旁林荫树:道～。

樗 yuè 同"樾"。

鴂 yuè 同"鱴"。

䟻 yuè 同"跋"。

𩔲 yuè 同"頢"。

篗 yuè 同"籆"。

鱿 yuè 鸟名。

䟑 yuè 豆沙,用豆屑与糖合成的食品。

嬳 yuè ❶ 做姿态。❷ 爱惜;吝惜。

𦾓 yuè 同"蘥"。

樾 yuè 同"樾"。

矆 yuè 勇武的样子:~哉是翁也。

頟 yuè ❶ 鼻子高。❷[頟頟]也作"岳岳",旧时看相的用语,五岳朝拱。

龠 yuè ❶ 古代管乐器,用竹管编制而成,像笛而稍短小:左手执~。❷ 古代量器。❸ 量词,古代容积单位,两龠等于一合:乃铸铜为~、合、升、斗四物|胡麻数~充肠。❹ 通"钥(鑰)",锁钥:门户关~。

嶽 yuè 同"嶽(岳)"。

瀹 yuè 同"瀹"。

蘥 yuè 菜名。

蠘 yuè[蟛蠘](péng-)见722页"蟛"字条。

櫂 yuè 同"椎"。

鑵 yuè 大椎。

鸙 yuè 水鸟。

爚 yuè 同"爚"。

㦡 yuè 同"樂(乐)"。

嬫 yuè 美好:令德孔~(孔:很)。

籆 yuè 络丝工具。

彠 yuè 同"菂"。

䆕 yuè 义未详。(《龙龛手鉴》)

觵 ㊀ yuè 同"籆"。
㊁ jiàn 角成双。

爚 yuè 火气。

蘥 yuè 雀麦,一年生草本植物,可做饲料。

櫟 yuè 同"櫟"。

黦 ㊀ yuè ❶ 也作"黬",黑色带有花纹:漆~|消~。❷ 黄黑色,引申为玷污:画梁尘~|泪~轻罗袖。
㊁ yè 颜色变坏:败~|耐久不~。

㩻 yuè 同"椎"。

鉞 yuè 同"钺(鉞)"。

鑊 yuè 用于人名:聿~。(《明纪》)

籥 yuè 远。

闟(闟) yuè ❶ 一种直立的门闩,上穿横门闩,下插地上。❷ 关防:防~。

龥 yuè 同"龥"。

瀹 yuè ❶ 浸渍:菅筲三,其实皆~。❷ 煮:~祭|~茗。❸ 疏浚:疏~决排。

趯 yuè 同"躍"。

趯 ㊀ yuè 跳跃:涌~邪阴|南~朱垠。
㊁ tì ❶ 跳跃;跳的样子:~~阜螽。❷ 踢:~鞠|~倒葫芦。❸ 书法术语,即钩:钩~。

龥 yuè 仰。

爚 yuè ❶ 火光:华荣灼~。❷ 用火加热:~汤。❸ 消散:~乱天下。

禴 yuè 同"礿"。

櫟 yuè[櫟阳]也作"栎阳",县名。

黬 yuè 同"黦",黑色带花纹。

鸑 yuè 同"鷟(鸑)"。

爚 yuè "爚"的讹字。

䟑 yuè 行不住。

蘥 yuè[蘥子]菜名。

蠕 yuè［蟷蠕］（yì－）见 1020 页“蟷”字条。

黬 yuè“黦”的讹字。

籥 yuè ❶也作“龠”，古代管乐器，像短笛：管～｜左手执～，右手秉翟。❷古代儿童习字的竹片，引申为简册：启～见书。❸古代鼓风箱内的部件：橐～。❹通“钥（鑰）”，锁钥：关～。

臒 yuè 女。（《改并四声篇海》）一说少肉。

瀹 yuè 同“瀹”。

嬳 yuè 同“嬳”。

趯 yuè ❶［趠趯］（chào－）1. 行走的样子。2. 快跑。❷同“躍（跃）”。

蘥 ㊀ yuè［蘥蘥］（－yuè）风吹水的样子。㊁ lǎ［蘥苴］（－jū）衰败；凋谢；破烂：～余春｜衣衫～。

瞺 yuè 义未详。（《改并四声篇海》）

矆 yuè 明亮。

踚 yuè 跃；上拔。

黬 yuè 黑暗：黑～～的暗夜。

爚 yuè ❶同“礿”，祭祀名。❷同“爚”。

䶳 yuè 义未详。（《改并四声篇海》）

籰 yuè 同“籰”，络丝工具。

瀹 yuè 同“瀹”。

鬻 yuè 义未详。（《改并四声篇海》）

躪 yuè 同“踚”。

鸑 yuè 同“鷟（鸑）”。

鸙 yuè［天鸙］又称天鹨、鹨，鸟名，即云雀。

臒 yuè 少肉。

籰 yuè 捕鱼器具。

躍 yuè ❶出走，出走的样子，一说同“跃（躍）”。❷同“踚”。

鬻 yuè 把肉和菜放在沸汤中稍煮后取出。

鬻 yuè 同“鬻”。

yūn

㚃 yūn 同“㚃”。

㚃 yūn 壶。

晕（暈） yūn 见 1210 页 yùn。

壹 yūn 同“壹”。

壼 yūn［壹壼］（yīn－）见 1132 页“壹”字条。

蒀｛蒕｝ yūn 又称万年青，多年生草本植物，可供药用。

奫 yūn“奫”的讹字。

䅬 yūn ❶香。❷同“蒀”。

氲｛氳｝ yūn（又读 yùn ）同“愠”，发怒而脸变色：忽地生嗔，～地发怒。

煴｛熅｝ ㊀ yūn ❶没有火焰的微火：～火。❷暖和：雨暄风～。㊁ yùn 用烙铁等烫平衣物，后作“熨”。㊂ wěn［煴炳］（－nèn）热。

赟（贇） yūn（又读 jūn）❶头大的样子。❷人名（春秋时楚国国君）。

輼 yūn 兵车。

奫 yūn 水深广的样子：～～如渊。

蝹 ㊀ yūn ❶［蝹蜦］（－lǔn）龙、蛇盘曲而行的样子：神蜧～以沉游。❷［蝹蝹］（－yūn）龙的形貌，单用义同：水淬龙蝹蝹｜蝹若神龙之登降。
㊁ ǎo 传说中的怪兽，像猿（一说像羊非羊，像猪非猪），常伏在地下食死人脑。

赟（贇） ㊀ yūn ❶美好。❷能文能武。㊁ bīn 人名（汉代人）。

壼 yūn 同“壹”。

壼 yūn 同“壹”。

壼 yūn 同“壹”。

韫 ㊀ yūn［韫䅦］（-nún）温暖芳香。㊁ wò［韫䬡］（-bó）香气浓烈。

贇 yūn 同“贇（赟）”。

蝹 yūn 同“䡝”。

闅 yūn 义未详。（《改并四声篇海》）

鬵 yūn 义未详。（《改并四声篇海》）

yún

云（❶-❸❻❼雲）yún ❶ 由微小水滴或冰晶聚集形成的飘浮在空中的成团物体：白～｜～彩｜～消雾散。❷ 像云一样的：～集｜～游。❸ 比喻高：～梯。❹ 说：诗～｜人～亦～｜不知所～。❺ 助词，表示强调语气：～尔｜岁～暮矣｜盖记时也～。❻ 云南（地名）的简称：～腿（云南出产的火腿）｜～贵高原。❼ 姓。☞云／雲 两字在汉字简化前用于不同的姓，现已混淆。

匀｛匀｝ yún ❶ 平均；均匀：～称｜～速｜涂～。❷ 使均匀：这两份不一样多，～一～。❸ 从中分出一部分给他人或做他用：把你买的花生～给我一些｜～出两个房间做会务筹备处。

匀 yún 同“匀”。

邧 yún ❶ 同“郧（鄖）”。❷ 姓。

伝 yún［伝伝］行走不停的样子。

妘 yún 同“妘”。

芸 ㊀（❻蕓）yún ❶ 芸香，多年生草本植物，可供药用。❷ 菜名：～豆｜～蒿。❸ 通“耘”，除草：～草｜植其杖而～。❹ 姓。❺［芸芸］（-yún）众多的样子：～众生。❻［芸薹］（-tái）薹菜，通称油菜。
㊁ yùn 枯黄色：苕之华，～其黄矣。

囩 yún ❶ 回旋。❷ 古代土地计量单位，一囩等于十二顷。

沄（❷澐）yún ❶ 水流汹涌回旋（常叠用）：泫～｜流水兮～～。❷ 大波浪，也用于地名：涨涛涌～｜扬～滩（在四川）。

妘 yún ❶ 姓。❷ 用于女子人名。

纭（紜）yún 多而杂乱：纷～｜纷纷～～。

枟 ㊀（橒）yún ❶ 树名。❷ 树木的纹理。
㊁ yùn 有所失。

昀 yún 日光。

秐 yún 同“芸”。

砏 yún 石名。

眃 ㊀ yún［眩眃］看不清楚的样子：值几数而～。
㊁ hùn［眩眃］急速的样子，一说疾视的样子：倏～兮反常闾。

畇 ㊀ yún ❶ 开垦田地：～田｜东野辟原～。❷［畇畇］（-yún）也作“畇畇”，开垦田地的样子：～原隰，曾孙田之。
㊁ tián 古地名，在今山西。

郥 yún 同“郧（鄖）”，古国名。（《字汇补》）

郧（鄖）yún ❶ 也作“邧”，周代诸侯国名，在今湖北。❷ 用于地名。1. 古地名，在今江苏。2. 郧县，在湖北。❸ 姓。

秐 yún 同“耘”。

耘 yún ❶ 除草：～田｜春耕夏～。❷ 锄去；除掉：不战而～。❸ 培土：～藜藿与蘘荷。

耺 ㊀ yún ❶ 耳中声。❷ 钟鼓声：钟鼓不～。
㊁ yíng［耺耾］（-hóng）拟声词。

笃（篔）yún［笃筜］（-dāng）也作“篔筜”，竹名。

㚃 yún 同“雲（云）”。

匀 yún 遍；周。

涢（溳）㊀ yún 涢水，又称涓川，水名，汉江支流，在湖北。
㊁ yǔn 同“磒（陨，隕）”，坠落。

员（媜）yún 同“妘”。

芸 yún 同“芸”。

畇 yún 同“畇”。

䢵 yún［䢵䢵］（fēn-）见 250 页“䢵”字条。

熉(𤎖) yún 黄色的样子：～黄。

䰟 yún 同"妘"。

䆬 yún 同"耘"。

䆬 yún 同"耘"。

蒷 yún ❶同"芸"，芸香。❷同"蕓(芸)"，芸薹，油菜。

榅 yún 树名。

筠 ㊀yún ❶竹子的青皮，代指竹子：成行新笋霜～厚｜手握青～之杖｜偏爱新～十数竿。❷竹制笛类管乐器：大禹吹～，风云为之动。
㊁jūn ❶古州名，一在今江西，一在今四川。❷用于地名：～连(在四川)｜～阳(在江西)｜～山乡(在湖北)。

篔(篔) ㊀yún［篔筜］(-dāng)1.又称箪竹，竹名，泛指竹：～千尺相因依。2.地名，在福建。
㊁xūn 通"埙(塤、壎)"：～篪。

愪 yún 忧愁的样子。

䡝 yún 同"賱"。

賱 yún 多而杂乱：纷～｜凡物～～，各归其根。

䞫 yún 同"涢(溳)"。

鋆 ㊀yún 金子。
㊁jūn 用于人名：章～(清代人)。

畇 yún(又读 xún)同"畇"，开垦田地：伐山而～。

䆬 yún 同"耘"。

縜 yún 用来系牢箭靶上下两根大绳的纽襻。

䪢 yún 同"匀"。

䰟 yún 同"妘"。

嬶 yún 同"妘"。

䛠 yún 同"䛠"。

yǔn

允 yǔn ❶诚信：～哉汉德。❷公平；适当：公～｜平～｜～当。❸许可；答应：～诺｜应～｜不～。

阭 ㊀yǔn ❶高。❷石。
㊁yǎn 古地名。(《玉篇》)

抎 yǔn ❶失；丧失：失～。❷敲击发声：钟鼓不～。

会 yǔn ❶大。❷高。

狁 yǔn［猃狁］(xiǎn-)见 1037 页"猃"字条。

吮 yǔn 言。

笉 yǔn 竹索。

陨(隕) ㊀yǔn ❶坠落：～落｜～石｜星～如雨。❷坍塌；毁坏：景公台～｜世济其美，不～其名。❸丧失；失去：杀身～国｜年难留，特易～。
㊁yuán 通"员(員)"，周围：幅～既广，无意并(併)兼。

荺 ㊀yǔn 草根。
㊁yún 藕根。

蚘 yǔn 虫名。

㖇 yǔn 同"喗"。

殒(殞) yǔn ❶死亡；损毁：～命｜～没。❷同"陨(隕)"，坠落；凋落：～涕｜槁叶(葉)夕～。

喗 yǔn 大嘴，也指嘴大，牙齿难看。

䊔 yǔn "䊔"的讹字。

鈗 yǔn "鈗"的讹字。

鈗 yǔn 古代兵器，像矛。

䊔 yǔn 同"允"。

䊔 yǔn 同"允"。

䪳 yǔn 面目歪斜；脸部不平。

䮞 yǔn 马逆毛。

䞁 yǔn 跑的样子。

鈗 yǔn 同"鈗"。

褞 ㊀yǔn 用旧絮填充的棉袍：～袍糟食。
㊁wēn［褞褐］破旧的粗布衣：衮龙出

于～。

抎 yǔn 同“抎”。

趣 yǔn ❶（又读 qūn）跑。❷同“趄”，跑的样子。

搰 yǔn 拘束；困窘。

磒 yǔn 同“陨（隕）”，坠落。

霣 yǔn 雨。

賔 yǔn ❶同“霣”。❷同“殒（殞）”。

賱 yǔn［賱賰］（-chǔn）富有。

霣 yǔn ❶雷雨。❷通“陨（隕）”。1. 坠落：～霜｜夜中星～如雨。2. 废弃：受命以出，有死无～。3. 下垂：硕果～林梢。❸通“殒（殞）”，死亡；灭亡。

顛 yǔn 面急顛顛。

頵 yǔn ❶同“顛”。❷黄的样子。

霣 yǔn 同“霣”。

齫 yǔn 同“齫（齳）”。

齫 ㊀ yǔn 同“齳”。
㊁ kǔn ❶齿起的样子。❷啮。

齳 yǔn 同“齫”。

霣 yǔn 同“霣”。

齳 yǔn 老人牙齿全部掉光的样子：～然而齿堕。

霣 yǔn 同“霣”。

齳 yǔn “齳”的讹字。

yùn

孕 yùn ❶人或动物母体怀胎：～育｜～妇｜～期。❷胎儿：身～｜怀～｜有～在身。

孕 yùn 同“孕”。

运（運） yùn ❶旋转；循序移动：～转｜～行｜～动。❷成规模地转移物或人：～载｜托～｜押～。❸使用：～笔｜～算｜～斤成风。❹运气，人的生死、祸福、贫富等遭遇：幸～｜背～｜时来～转。

佨 yùn 同“孕”。

俊 yùn 同“孕”。

郓（鄆） yùn ❶古地名，在今山东。❷古州名，在今山东。❸古乡名，在今河南。❹［郓城］地名，在山东。❺姓。

娝 yùn 同“孕”。

孚 yùn “孕”的讹字。

鸡（鳿） yùn 又称鸡日，鸩的别称，一说雄鸩。

恽（惲） yùn ❶敦厚；浑厚。❷姓。

孯 yùn 同“孕”。

绎（緷） ㊀ yùn 纬线。
㊁ gǔn ❶同“衮”，帝王或诸侯穿的礼服：衣服～缔。❷古代计量单位，一百根羽毛扎成一束，泛指大捆。

晕（暈） ㊀ yùn ❶日光或月光通过云层时因折射作用而在其周围形成的光圈：日～｜月～而风。❷光影或色彩周围模糊的部分：灯～｜墨～｜红～。❸头发昏，感觉周围物体在旋转：～车｜～船。
㊁ yūn ❶昏迷；失去知觉：～厥｜～倒在地｜何大妈～过去了。❷头脑不清：头～｜～头转向。

脌（腪） yùn ❶膜。❷生长两个月的胚胎。❸［脌賰］（-shǔn）肥。

酝（醞）{醖} yùn ❶酿酒：～酿｜～造。❷酒：陈～｜佳～。

熨 yùn 同“尉（熨）”。

韗 yùn 同“運”。

傊 yùn 优。

運 yùn 同“運（运）”。

瘨（瘟） yùn 头晕眩病。

愠{慍} ㊀ yùn 恼怒；怨恨：面有～色｜人不知而不～。
㊁ yǔn 郁结：解吾民之～。
㊂ wěn［愠惀］（-lún）深忧远虑的样子：憎

～之修(脩)美兮。

孕 yùn 初次怀孕。

𡤿 yùn 同“孕”。

缊(緼){縕} ㊀ yùn 乱麻;旧絮:～袍|～褐。
㊁ yūn[细缊](yīn-)见1154页“细(絪)”字条。
㊂ wēn 赤黄色:～组绶。

辒(轀) ㊀ yùn 包含;收藏:石～玉而山辉|～椟而藏诸。
㊁ wēn 赤黄色;赤色。

榅{榲} ㊀ yùn 树木茂盛的样子。
㊁ wēn[榅桲](-po)落叶灌木或小乔木,果实可食或制蜜饯,也可供药用。

躲 yùn 同“孕”。

韵[韻] yùn ❶有节奏的和谐悦耳的声音:琴～|松～。❷韵母,字音中声母、声调以外部分,包括或不包括介音:～文|～脚(韵文句尾押韵的字)|押～。❸风致;情趣:风～|～致|神～。

温{溫} ㊀ yùn ❶积聚:～利|～蓄。❷草木茂盛。
㊁ wēn 水草名。

蕴(蘊){藴} yùn ❶聚积;包含;贮藏:～蓄|～涵|～藏。❷事理的深奥精妙处:底～|精～|奥义微机,莫探其～。

𡾰 yùn[大𡾰]古山名。(《集韵》)

熨 ㊀ yùn ❶用烙铁、熨斗等烫平衣物,泛指烙烫:～衣服|烧车釭以～头顶。❷紧贴:偎～|把猫抱了起来,～在胸前,就像抱了个婴儿。
㊁ yù[熨帖]也作“熨贴”。1.用字、用词妥帖:文中用词～。2.心情平静舒畅;令人满意:听了这番话,她心里十分～。
㊂ wèi 中医一种外治法,用药物热敷:汤～|毒～|以药～之。

尉 yùn 同“熨”,熨斗。

𩊠 yùn 同“韗(韗)”。

覞 yùn 同“䚋”。

𡣬 yùn 同“孕”。

䪳 yùn 同“韻(韵)”。

䚋 yùn 眼花;眼发晕。

鍂 yùn 同“熅”。

餫 ㊀ yùn ❶运粮食送人:粮～不继。❷粮食。❸运输,也作“運(运)”:～夫。
㊁ hún[餫饨]同“馄饨”。

𦡱 yùn 同“孕”,怀孕:～三年,生子六人。

韞 yùn 同“辒(轀)”。

韗 yùn 同“韗”。

韗 yùn 同“韗”,制鼓匠人。

𩋠 yùn 同“韗”,制鼓匠人。

韗 yùn ❶制鼓匠人。❷靴。

䰟 yùn 同“孕”。

䰟 yùn 鬼名。

䉙 yùn 染间色。

𧟿 yùn 同“缊(緼)”。

𪍿 yùn 酒曲。

𡁏 yùn 鸟叫,一说同“韻(韵)”。

韗 yùn 同“韗(韗)”。

𦦢 yùn 同“熨”。

Z

zā

匝［帀］zā ❶环绕一周，引申为周；圈：绕树三～｜围城三～。❷环绕：清渠～斤堂。❸周遍；满：～地｜～月。

帀 zā 同"匝"。

迊 zā 同"帀(匝)"，环绕：～岸水居。

咂 zā 用嘴唇吸吮，后作"咂"：～叶上垂露。

沞 zā ❶沸腾的样子。❷［湆沞］(qì-)暂湿；微微见湿。

咂 zā ❶吸吮；呷：～奶嘴儿｜～了口酒。❷仔细品味、体会：～摸｜～滋味。❸用舌尖与上颚接触并离开发声，表示称赞、羡慕、惊讶等：～嘴。

拶 ㊀zā 逼迫；挤压：排～｜～榨｜～得一家无去处。
㊁zǎn 压紧：～指(古代夹手指的酷刑)。

咂 zā 同"咂"。

啝 zā 同"咂"。

䶥 zā［䶚䶥］(bō-)见62页"䶚"字条。

鉔 zā 同"鉔"。

鉔 zā 香球，金属制的熏香器。

酢 zā 同"咂"。

砸 zā 同"拶"。

蝃 zā 虫多的样子。

鲊 ㊀zā 鱼名。
㊁shī 同"鰤(鰤)"，老鱼。

歡 zā 同"歡"。

臢 zā 义未详。(《字汇》)

臜 zā［腌臜］(ā-)见1100页"腌"字条。

䕢 zā 草名。

攢 zā 同"拶"。

籫 zā 义未详。(《改并四声篇海》)

矔 zā "矔"的讹字。

臢(臢) zā［腌臢］(ā-)见1100页"腌"字条。

歡 zā 鸣。

歡 zā 声。

懺 zā［懵懺］(cáo-)见149页"懵"字条。

矔 zā 白；白色。

zá

杂(雜)［襍］zá ❶五彩相合：画缋之事，～五色。❷掺；混合：夹～｜～糅｜～沙子。❸交错：错～｜寒暑～至。❹聚集：四方来～，远乡皆至。❺种类多；非单纯的：～货｜～粮｜～牌。❻无序；混乱：～乱无章｜人多手～｜声音嘈～。

杵 zá 日本汉字，框；范围。

砻 zá 同"㭝"。

湤 zá 水花四溅。

砸 zá ❶用沉重的东西撞击；沉重的东西落在物体上：～石头｜砖～了脚。❷打破：～碎锁链。❸事情没做好或失败：这件事搞～了。

湤 zá 同"湤"。

趣 zá 跑或快走的样子。

𡱝 zá 尿𡱝。(《篇海类编》)

𡲮 zá 同“𡱝”。

𢁞{𢁞} zá 恶。

𤡿 zá 义未详。(《龙龛手鉴》)

𣹱 zá 波浪拍击石头的样子。

𧦧 zá 断声。

𩀞 zá 同“雜(杂)”。

𢁸 zá 恶。

㩍 ㊀ zá[㩉㩍](là-)见 575 页“㩉”字条。㊁ sà ❶ 破声。❷ 持。

𣞌 zá 同“杂(雜)”。

𩀾 zá 同“雜(杂)”。

磼 ㊀ zá[磼碟](-yè)也作“嵲嶫”,山高峻的样子。㊁ shé[磍磼](lā-)见 526 页“磍”字条。

噆 zá[噆喋](-zhá)水鸟或鱼类动物争食的样子,比喻贪求:不～苛事。

𩀿 zá 同“雜(杂)”。

𧽑 zá 快跑的样子。

𧾊 zá“𧽑”的讹字。

𧭲 zá[𧭲𧭲]声音。

㩹 zá 砸:把秃驴头～了还～。

𦽙 zá 同“雜”。

𤅽 zá 雨声。

𣟖 zá 同“雜(杂)”。

囋 ㊀ zá[嘈囋]话多,声音繁杂,也指鼓声。㊁ zàn 同“讚(赞,賛)”,称赞;夸奖:～声好,跨进屏门。

𩁜 zá 同“雜(杂)”。

囐 ㊀ zá 同“囋”:嘈～。㊁ yàn 同“唁”,吊唁。

𥳑 zá 竹或草编制的帘子,多用于门上。

雥 zá ❶ 群鸟。❷ 聚集,相聚,后作“雜(杂)”:～集。

齰 zá[齖齰](yá-)见 695 页“齖”字条。

zǎ

咋 zǎ 见 1221 页 zé。

㗿 zǎ 同“咋”。

𠰷 zǎ 同“咋”,怎么:～样｜～办?

zà

𥜃 zà 祭祀。

zāi

巛 zāi 灾害,后作“災(灾)”。

𤆍 zāi 同“灾(災)”。

𢦏{𢦏、𢦏} zāi ❶ 伤害。❷ 助词,表示语气,后作“哉”。

𢦔 zāi 同“烖(灾,災)”。

灾[災、烖、菑] zāi ❶ 自然发生的火灾,泛指各种灾害:～情｜火～｜天～人祸。❷ 个人的不幸遭遇:飞～｜招～惹祸｜小病小～不要紧。☞ 灾 / 祸 / 殃 见 391 页“祸”字条。◆“菑”另见 1303 页“菑”字条。

𥘨 zāi 同“灾(災)”。

𥙍 zāi 同“𥘨”。

𢦒 zāi 同“哉”。

𣏍 zāi 同“灾(災)”。

𤆎 zāi 同“灾(災)”。

𢦓 zāi 同“栽”。

哉{哉} zāi ❶ 始;开始:惟三月～生魄。❷ 助词。1. 表示疑问或反问语

气：有何难～？|岂有他～？2. 表示感叹语气：壮～此言|呜呼哀～！

𢦏 zāi 同“烖(灾,災)”。

栽{𣑭} ㊀ zāi ❶ 种植；移植：～树|～花|～秧。❷ 秧子，可移植的幼苗：桃～|树～子。❸ 插上；安上：～绒|～赃。❹ 跌倒：～跟头|～了一跤。

㊁ zài 古代用于筑墙的立板。

𢦏 zāi 同“哉”。

浅 zāi 同“溨”。

㷧 zāi 同“災(灾)”。

烖 zāi 同“烖(灾)”。

𢧢 zāi 同“睵”。

𢦒 zāi “哉”的讹字。

𦳰 zāi ❶ 草名。❷ 同“栽”。

𣙙 zāi 同“栽”，种植。

㷙 zāi 同“烖(灾)”。

溨 zāi 古水名，也作“涐”，即今四川的大渡河。

𣚍 zāi 同“栽”。

𨈓 zāi 同“灾(災)”。

𦡝 zāi 目际。

𣿢 zāi “溨”的讹字。

睵 zāi ❶ 看。❷ 同“睽”，两眼不能集中视线同视一物。

𥲀 zāi 同“栽”。

賳 zāi 财货。

𤎜 zāi 同“㷙”。

菑 zāi 同“甾(灾,災)”，田地荒芜，没有收成。

zǎi

𤰞 zǎi 量词，袋：两～。

伞 zǎi 同“宰”。

载(載) zǎi 见 1215 页 zài。

𡧔 zǎi 同“宰”。

宰 zǎi ❶ 古代官名：太～|～相|～臣。❷ 主管；主持：～制|主～。❸ 杀：屠～|～割|～鸡。❹ 向顾客索取不应有的高价：～人|挨～。❺ 坟墓：～上之木拱矣。

酨 ㊀ zǎi ❶ 酒的色泽。❷ 甜。

㊁ gē 同“𨡉”，酒的颜色。

𡨊 zǎi 同“宰”。

崽 zǎi ❶ 儿子，泛指小孩子：二～|小～。❷ 幼小的动物：猪～儿|牛下～。❸ 骂人的话：～子|小兔～子。

𣓄 zǎi 用于人名：范元～|熊八～(见《字汇补》)。一说同“崽”。

𡩧 zǎi 同“宰”。

𣨼 zǎi 灭。

𣪘 zǎi 宰杀，后作“宰”。

𡩮 zǎi 烹。

𦗃 zǎi 半聋，听不清。

騂 zǎi 青白色的杂毛马。

zài

左 ㊀ zài 同“在”。

㊁ kū 同“圣”。

扗{𡉈} zài 同“在”。

再[再、再] zài ❶ 两次；第二次：一岁而～获之|一而～，～而三。❷ 第二次出现；重复发生：青春不～。❸ 副词。1. 表示又一次：～接～厉|～听一遍。2. 表示先后次序：准备好～做|先看看～说。3. 表示程度，更；更加：～快一点儿|～抬高些。☞再/复(復) “再”在古汉语中是数词，表示动作行为的次数，即两次或第二次；现代汉语用为副词，表示又一次，是指动作行为的重复。如“再会”，古汉语中的意思是见了两次或第二次见，现代汉语中的意思是下次再见。“复(復)”在古汉语中用为

副词,表示动作行为的重复,大致与现代汉语的"再"或"又"相当。

在{扗} zài ❶生存;存在:～世|健～|青春常～。❷处于某种位置或状态:～家|～职|书～架子上。❸在于;取决于:事～人为|为之～人,成之～天。❹副词,表示动作行为正在进行:～逃|他～吃饭|社会～发展,时代～前进。❺介词,表示时间、处所、范围、条件、行为主体等:故事发生～很久以前|会议～小礼堂举行|希望寄托～你们身上|～大家的帮助下,他完成了学业|～你眼里,这算不算是大事?❻与"所"连用,表示强调(多用否定式):～所难免|～所不惜。

𨊻 zài同"载(載)",用于古代器物名。

洅 zài雷声不断:雷声～～。

载(載){載} ㊀zài ❶用交通工具装运:装～|～货|满～而归。❷充满:怨声～道|风雪～途。❸事情:永言前～|多识前代之～。❹重复用在动词前,表示两个动作同时进行,又:～歌～舞。❺姓。
㊁zǎi ❶用文字记录(多指记录在书报上):记～|刊～|～入史册。❷年;岁:千～难逢|一年半～。

㹋 zài义未详。(《改并四声篇海》)

㦲 zài同"载(載)"。

𡍮 zài同"载(載)",一说"戴"的古字。

𡊴 zài同"在"。

㦸 zài"𢧐"的讹字。

𡘙 zài同"载(載)"。

傤(儎) zài ❶运载;承受:～负。❷运载的货物:卸～|过～|吃～很重。

鼓 zài豆豉。

𨡲{截} ㊀zài ❶醋。❷酒名,略带酸味。
㊁zuì浆汁等。

𢦏{𢦏} zài ❶也作"戴",古国名,在今河南。❷姓。

䟢 zài足。

𩞥 zài同"载(載)"。

𩚬{𩚬} zài ❶为宾客置备酒食。❷吃:～饭。❸助词:～西～北。

𩛩 zài同"载(載)"。

𩞆 zài同"𩞥"。

𪏭 zài[𪏭须]古代器物名。

𩞟 zài同"载(載)"。

餐 ㊀zài装饰。
㊁cān同"餐"。

縡 ㊀zài通"载(載)",事情:上天之～。
㊁zēng同"縡(缯,繒)",丝织品的总称。

戴 zài染。

𪐴 zài同"载(載)"。

zān

先 zān同"簪"。

兂 zān同"先(簪)"。

𥫗 zān同"簪"。

糌 zān[糌粑](-ba)青稞麦炒熟磨成的面,是藏族的主食,用酥油茶或青稞酒拌和,捏成小团吃。

嫸 ㊀zān用于女子人名。
㊁cān同"嫸(嬠)",贪婪。

橵 zān铺在屋瓦下的东西:木～子。

䐶 ㊀zān ❶[腤䐶](ān-)烹,单用"䐶"义同。❷(又读jǐn)唇病。
㊁qián成块的肉。

簪[簮] zān ❶簪子,旧时用于别住发髻的条状物,也指妇女首饰:玉～|银～|浑欲不胜～。❷插戴在头上:～花|～金戴玉。

䍼 zān同"羾"。

羾 ㊀zān ❶盐腌的羊肉。❷贮藏于土中的肉。❸一种像羊的动物。
㊁cán羊的膻气。

鐕 ㊀zān同"鐕"。
㊁tì金属元素"钛(鈦)"的旧译写法。

Z

鐕 zān ❶用于连缀、固定的钉或钉状物件：杂金～｜牛骨～。❷用鐕连缀物件。

鐟 zān 同"簪"，簪子。

zán

咱［喒、偺、偺、倃］ ㊀ zán ❶代词，我；我们：～家｜～爸｜～不知他咋想的。❷［咱们］代词，我们：～是一家人｜～是从小一起长大的。

㊁ zá ❶代词，我：问～｜～姓李。❷助词，表示语气：看觑女孩儿～｜我且闲玩（翫）～。

㊂ zan "早晚"二字的合音，指某个时段：这～（这会儿）｜那～（那时候）｜多～（什么时候）。

◆"喒"另见1216页"喒"字条。

◆"偺"另见707页"偺"字条。

◆"倃"另见466页"倃"字条。

喒 ㊀ zán "咱"的异体字。

㊁ zà 助词，表示提示的语气：哥～，休赶他！

zǎn

昝 zǎn ❶代词，同"咱"，我：用～也不用～？❷姓。

橬 zǎn 同"拶"。

沯 zǎn 姓。

寁 zǎn（又读 jié）迅速；快捷。

揝 ㊀ zǎn 同"攒（攢）"，积聚：莫～眉头债。

㊁ zuàn 同"攥"，抓；握住：～住腰带｜～着拳头。

湌 zǎn 地湿。

䞮 zǎn 同"寁"。

𩌏 zǎn 缯未缏。（《集韵》）

遳 ㊀ zǎn 远。

㊁ zhì 行走的样子。

撍 ㊀ zǎn 簪；插：～之以毛。

㊁ zēn 疾速。

𨘝 zǎn 迅速。

儧 zǎn 同"儹"。

攒（攢） zǎn 见153页 cuán。

儹 zǎn ❶同"攒（攢）"，聚集：一天怨气心中～。❷赶快；急忙：勤耘耔，～栽秧。

趱 zǎn 同"趲（趱）"。

趱（趲） zǎn ❶催促；催逼：皂隶挥鞭～行路｜催着牲口，～向前去。❷赶路；加快脚步等：～路｜～运｜冒雨～行。❸钻：从床底下～将出来。❹缩；耷拉：抱着两条胳膊，～着脑袋走回家里。❺通"攒（攢）"，积蓄；积聚：～钱｜～家私｜～下些干柴。

zàn

啐 zàn 同"囋"。

噆 zàn 同"濽"，用脏污泼洒，也指脏污溅到人身上。

㟛 zàn 山的样子。

𨓆 zàn 同"𢐀"。

暂（暫）［蹔］ zàn ❶时间短：～时｜短～。❷副词。1.表示短时间，暂时：～停｜～行办法｜工作～告一段落。2.突然；忽然：（李）广～腾而上胡儿马｜今夜闻君琵琶语，如听仙乐耳～明。3.时而；忽而：魑魅～出没｜～作行云，～为行雨。

◆"蹔"另见1217页"蹔"字条。

㞤 ㊀ zàn 同"鑽"。

㊁ zhān 同"饘（饘）"。

𠝏 zàn 同"劗"。

劗 zàn ❶刺。❷割；剪：～头斩首。

嘶 zàn 同"囋"，讥诮；调笑。

屩 zàn "㞤"的讹字。

𨃰 zàn 同"𢐀"。

嘶 zàn 同"暂（暂）"。

𢐀 zàn ❶弓弦：弦～。❷弓张弦。❸弓强。

𥗝 zàn 同"𢐀"。

錾（鏨） zàn ❶錾子，凿石头或雕刻金属的小凿子。❷在石头或金属上雕刻：～字｜～花。

赞(贊)[賛、❷❹讚] zàn ❶辅佐；帮助：～助｜能～大事｜交相为～。❷称颂；夸奖：称～｜～美｜～不绝口。❸参与：不～一辞。❹旧时一种文体，内容以称颂人或物为主：像～｜画～｜《三国名臣序～》。

鄼 zàn 同"酇(酂)"。

餍 zàn ❶用油和稻米粉制成的粥状食品：膏～。❷蘸；黏：～～糖。

穳 zàn 义未详。(《字汇补》)

蹔 ㊀zàn "暂(暫)"的异体字。㊁cán 往；去：一日最少也～过十来遍。

囋 zàn 同"嘳"。

嘶 zàn［撒嘶］也作"撒暂"，宋代小贩在酒楼向酒客兜售货物的方法，先向他们逐一分送货品，然后收钱。

酂(酇) ㊀zàn ❶周代地方组织单位，一酂等于一百家。❷古县名，一在今湖北，一在今安徽。❸姓。㊁cuó 古县名，在今河南。

篸 ㊀zàn 同"篸(篸)"。㊁zān 竹名。

濽 zàn 同"灒"。

嬻 zàn 同"嬻"。

瓉 zàn 同"瓒(瓚)"。

灂 zàn 义未详。(《龙龛手鉴》)

瓒(瓚) zàn ❶质地不纯的玉。❷祭祀用的勺形玉器，可舀酒。

蘸 zàn 切断的菖蒲根，可食或供药用。

饡 zàn 同"饡"。

遷 zàn 慢行。

篹 zàn 同"篸"。

鬢 zàn 同"鬢(鬢)"。

鬢(鬢) ㊀zàn 头发好而有光泽。㊁zuǎn 同"纂"，妇女梳在脑后的发髻。

蘻 ㊀zàn［牡蘻］草名。㊁zā 草木丛生。

讚 zàn 同"讚(赞，贊)"。

濽 ㊀zàn 用脏污泼洒，也指脏污溅到人身上，也作"溅(濺)"：以血～大王衣｜～了半衣襟臭水。㊁cuán 水集聚的样子。

蹟 zàn 同"蹭"。

嬻 zàn ❶色白而美好。❷不恭敬。

饡 zàn 同"饡"。

襸 ㊀zàn ❶美好；妍丽。❷衣服艳丽。㊁cuán 补。

鬢 zàn 同"鬢(鬢，鬢)"。

饡 zàn 用羹浇饭；用汤泡饭：～饭。

鬢 zàn 同"鬢(鬢)"。

zāng

牂 zāng 同"牂"。

牂 zāng 木桩。

匨 ㊀zāng 同"臧"，善。㊁cáng 同"藏"，隐藏。

戕 zāng 同"臧"。

赃(贓) zāng 贪污受贿或盗窃所得的财物：～款｜贪～枉法｜人～俱获。

牂 zāng 同"牂"。

脏(髒) zāng 见1218页zàng。

羘 zāng 公羊。

庄 zāng 壮立的样子。

牂 zāng ❶母羊。❷［牂蕽］(-níng)草名。❸［牂牁］(-kē)古水名、古地名，均在今贵州和云南。

牂 zāng "牂"的讹字。

羘 zāng 同"牂"。

滅 zāng 古水名。(《龙龛手鉴》)

Z

椢 zāng 木版盛物。(《字汇》)

赃{䁲} zāng 同"赃(贜)"。

羘 zāng 同"牂"。

溨 zāng 同"脏(髒)",弄脏:不怕～了手?

蔵 ㊀zāng 同"藏",藏莨,草名。
㊁cáng 同"藏",隐匿:～我华龙鳞。

臧 ㊀zāng ❶善;好;褒扬:～否(说好说坏,即褒贬、评论)。❷姓。
㊁cáng 收藏,后作"藏":秋获冬～。
㊂zàng ❶库藏,储存的东西,储存东西的地方,后作"藏":府库之～|水～|府～。❷内脏,后作"脏(臟)":吸新吐故以练～。

牂 zāng 义未详。(《改并四声篇海》)

㶓 zāng 同"臧"。

壏 zāng 同"臧"。

𡒄 zāng 同"臧",善;好。

㗘 zāng 义未详。(《字汇补》)

賍 zāng 同"贜(赃,贜)"。

㹥 zāng 牛善。(《改并四声篇海》)

嘁 zāng 拟声词,狗叫声:把个狗踹得～～成一团儿。

濽 zāng 水。

㯥 zāng 衣柜,收藏衣物的器具。

贜 zāng 同"贜(赃)"。

𤛗 zāng 同"㹥"。

騂 zāng 同"髒(脏)"。

驓 zāng 义未详。(《改并四声篇海》)

zǎng

驵(駔) ㊀zǎng ❶(又读zù)[繁驵]也作"烦且",骏马,也单称驵。❷[驵侩](-kuài)也作"驵会",马匹交易的中间人,泛指经纪人:子贷金钱千贯,节～。❸平庸:此则～工庸师服驯技能。
㊁zǔ 通"阻",阻止:下以～百姓之从事。

髒 zǎng 同"髒㊀"。

髒 ㊀zǎng[骯髒](kǎng-)见498页"骯"字条。
㊁zāng "脏㊁"的繁体字。

zàng

塟 ㊀zàng 同"葬"。
㊁zuò 同"坐"。

葬 zàng 同"葬"。

脏㊀(臟) zàng 体内器官的总称:内～|心～|五～六腑。
㊁(髒) zāng ❶污秽;不干净:～水|衣服又～又破。❷弄脏:也怕～了我的店。
◆"髒"另见1218页"髒"字条。

奘 zàng 同"奘"。

奘 ㊀zàng ❶粗;粗大:那短棒儿一头～,一头细。❷健,健壮,多用于人名:玄～(唐代高僧)。❸说话粗鲁;态度生硬。
㊁zhuǎng ❶同"奘㊀❶":身高腰～|那棵树很～。❷同"奘㊀❷":这个人真～!

塟 zàng 同"葬"。

奘 zàng ❶凶猛的狗。❷"奘"的讹字。

葬 zàng 同"葬"。

葬[塟、葖] zàng 掩埋或用其他方式处理死者尸体:埋～|火～|死无～身之地。

弉 zàng 同"葬"。

輂 zàng 修车。

鍌 zàng ❶铃。❷拟声词,铃声。

鼪{鼪、鼪} zàng 同"葬"。

㠸 zàng 石高险的样子:岹石～崔。

zāo

蕕 ㊀zāo 同"糟",带滓的酒。
㊁qiú 同"酒",汁液。

傮 ㊀zāo 同“遭”,周;次。
㊁cáo 同“嘈”,纷杂:～然｜～响。

⿰土曹 zāo[埃⿰土曹]扫除污秽之物。

蓸 zāo 同“糟”,酒滓,过滤的酒渣。

遭 zāo ❶碰上、遇上(不利或不幸的事):～难｜～罪｜～人毒手。❷量词。1.周;圈:用绳子绕了几～｜顺着操场跑道跑两～。2.次;回:一～生,两～熟｜大姑娘上轿头一～。

⿰巾曹 zāo 同“褿”,婴儿的垫布。

⿺辶曺 zāo 同“遭”。

⿰歹曹 zāo 同“傮(遭)”,周;次。

⿰火曹 zāo ❶木炭。❷烧。❸烧坏,泛指物体损坏。

⿺走曹 zāo 义未详。(《龙龛手鉴》)

⿺辶⿱㯥曰 zāo 同“遭”。

糟[❺蹧] zāo ❶带渣的酒;过滤的酒渣:清～｜酒～｜～糠。❷用酒或酒糟腌制食品:～鱼｜～肉｜～豆腐。❸腐朽;变质而不结实:椽烂柱根～｜布～了。❹坏;不好:～了,钥匙丢了｜事情办～了｜身体状况很～。❺损坏;破坏:～蹋｜～害｜将东西～完。

⿰木曺 zāo 树名。

醩 zāo 同“糟”。1.酒渣。2.浸渍。

⿰言曹 ㊀zāo[⿰言包⿰言曹](páo-)见935页“⿰言包”字条。
㊁zào 同“嘈”,声音嘈杂。

⿱㯥火 zāo 同“⿰火曹”。

⿰亻⿱㯥曰 zāo 同“傮”。

⿱㯥酉 zāo 同“糟”。

⿺辶⿱㯥曰 zāo 同“遭”。

⿰火⿱㯥曰 zāo 同“⿰火曹”。

⿰齒曹 zāo[鏖⿰齒曹]也作“鏖糟”,肮脏,人的品质恶劣。

⿰米⿱㯥曰 zāo 同“糟”。

záo

凿(鑿) záo ❶挖槽或打孔的工具:扁～｜平～｜菱形～。❷打孔;挖掘:～洞｜～井。❸(旧读zuò)榫眼,器物上容纳枘的孔:方枘圆～。❹(旧读zuò)明确;真实:确～可据｜言之～～。

⿺辶丵 záo 同“凿(鑿)”。

⿰丵殳 záo 同“⿰⿱丵臼殳(鑿,凿)”。

⿱丵金 záo “鑿(凿)”的讹字。

鋻 záo “⿱丵金(鑿,凿)”的讹字。

⿺辶業 záo “⿺辶丵”的讹字。

⿰⿱丵大殳 záo “⿰⿱丵臼殳(鑿,凿)”的讹字。

⿰⿱丵臼殳 záo 同“鑿(凿)”。

⿱⿰丵殳金 záo 同“鑿(凿)”。

⿰⿱丵曰殳 záo (旧读zuò)同“鑿(凿)”,穿凿。

⿱⿰⿱丵目殳金 záo 同“鑿(凿)”。

⿰⿱丵臾殳 záo 同“⿰⿱丵臼殳(鑿,凿)”。

⿱⿰医殳金 záo 同“⿰⿱丵臼殳(鑿,凿)”。

⿱⿰丵殳齒 záo 同“鑿(凿)”。

zǎo

早 zǎo ❶早晨,太阳出来时:～饭｜～操｜从～到晚。❷时间上靠前的:～秋｜～期｜～稻。❸在一定时间以前:～熟｜～睡～起｜比预定时间～半个小时到达。❹副词,强调事情的发生离现在已有一段时间:事情～已商定｜比赛～结束了｜他们两人～就见过面。❺早晨见面时问候的礼貌语:您～!

⿱𠂊木{⿱丷木} zǎo 同“枣(棗)”。

枣(棗) zǎo 枣树,落叶乔木,也指其果实。

⿱⺈虫 zǎo 同“蚤”,跳蚤。

Z

鄵 zǎo 古邑名,在今湖北。

乘 zǎo 同"枣(棗)"。

𣆸 zǎo 早晨。

蚤 zǎo 同"蚤"。

𣅺 zǎo 同"早"。

㺷 zǎo 义未详。(《改并四声篇海》)

蚤 ㊀ zǎo ❶虼蚤,俗称跳蚤,昆虫,寄生在人、畜身上,吸食血液,能传染疾病。❷通"早"。1. 早晨:四之日其～|私作都门,～闭晚开。2. 在一定时间以前:颜渊～死|明日～些走罢。
㊁ zhǎo 通"爪"。1. 指甲或趾甲:浴剔～鬋。2. 某些器物的爪形部分:大鋋前长尺,～长五寸。

蚤 zǎo 同"蚤",跳蚤。

𩃬 zǎo 同"棗(枣,棗)"。

棗 zǎo 同"枣(棗)"。

璅 ㊀ zǎo 像玉的美石。
㊁ suǒ 同"琐(瑣)"。

辗(轈) zǎo 车饰华丽。

蟗 zǎo 同"蚤",跳蚤。

蠡 zǎo 同"蚤"。

蝨 zǎo 同"蚤",跳蚤。

璪 zǎo 同"璪"。

棗 zǎo 同"棗(枣)"。

蟾 zǎo 同"蚤",跳蚤。

澡 zǎo ❶洗手:日三～漱,然后饮食。❷洗浴:洗～|～堂|～盆。

璪 zǎo ❶雕有像水藻花纹的玉饰。❷玉名。❸帝王冠冕上的用五彩丝绳穿玉片做成的饰物:戴冕～十有二旒。

藻 zǎo 同"藻"。

藻 zǎo 同"藻"。

璪 zǎo 同"璪"。

轈 zǎo 同"轈(辗)"。

藻 zǎo ❶植物的一类,生长于水中或阴湿的地方,也指某些水草:绿～|水～|海～。❷华美,也指华美的文辞:华～繁缛|～饰|辞～。

藻 zǎo 同"藻(藻)"。

鱢 ㊀ zǎo 鱼名。
㊁ cháo 鱼卵。

繰 zǎo 同"藻"。

zào

皁 zào 同"皁(皂)"。

皂[皁] zào ❶奴隶的一个等级,泛指奴仆,后指衙门里的差役:士臣～,～臣舆|～隶|门役～快。❷皂斗,栎树或柞树的果实,煮汁可做黑色染料。❸黑色:～色|～靴|不分～白。❹皂角,落叶乔木,其长荚可供洗衣去污。❺用于洗涤的化工制品:肥～|香～|药～。

灶(竈) zào ❶用土坯、砖、金属等砌或制成的生火做饭的设备:～台|炉～|煤气～。❷厨房:～屋|下～。❸指灶神(灶王爷):祭～|送～。

𨒪 ㊀ zào 同"造"。
㊁ suō 造作。

草 zào 同"皁(皂)",栎树或柞树的果实。

唣[唕] zào ❶吵闹:～人|啰～。❷叹词,表示呵斥:～!这厮将男作女,还说有德而无罪。

造 zào(旧读 cào)❶前往;去到:～访|～门叩谢|登峰～极。❷做;制作:～纸|闭门～车|粗制滥～。❸培养:深～|～就|可～之才。❹建设;建立:～林|营～|再～共和。❺编制;制订:～预算|～花名册|遣词～句。❻虚构;假编:向壁虚～|原本没有这回事,全是他～出来的。❼相对的两方面的人,特指诉讼双方:两～。

淖 zào 古水名。(《玉篇》)

窖 zào 义未详。(《改并四声篇海》)

梍 zào 同"皂(皁)"。1. 皂荚树,落叶乔木,刺、皮和荚果可供药用。2. 栎树的果实。

唕 zào 同“噪”,群鸟叫声。

䑚 zào 黑狗。

䢵 zào 同“造”。

喿 ㊀zào 同“噪”,虫鸟喧叫。
㊁qiāo 同“鍫(锹)”,农具。

𠿵 zào 同“喿(噪)”。

艁 zào 同“造”,制造:手～。

𤎊 zào 同“燥”。

慥 zào(旧读 cào)❶仓猝;急忙:～然避位|～～早夭。❷忠厚诚实的样子:君子胡不～～尔?

𢷾 zào 搅拌:以手～饭。

燥 zào 同“燥”,干燥:干～。

𥨨 zào 同“竈(灶)”。

噪[❷譟] zào ❶虫、鸟喧叫:蝉～|群鸦乱～。❷喧闹;嘈杂:聒～|～音。❸(声名)广为传扬:～起才名|名～一时|声名大～。

𥢑 zào 副词,极:滥眼堕贫～,看见东西件色要。

簉 zào(又读 chòu)❶副;附属的:～室(妾)|属车之～。❷杂;杂厕:承间～乏|时时～迹衿佩之末。❸齐;并排:～羽鹓鹭|径～青云。❹充满:英衮～朝,贤武满世。

𦨣 zào 同“艁(造)”。

𤏹 zào 同“燥”。

燥 ㊀zào ❶干,干枯:干～|～热|口干舌～。❷焦急:～心|～灼。
㊁sào ❶[燥子]臊子,肉末或肉丁(多指烹调好加在别的食物中的):擀～肉。❷快速:肉和豆腐都卖得生意又～,不到日中就卖完了。

磲 zào 用于地名:～头|～里|石家～(均在江西)。

𥨫 zào 同“竈(灶)”。

𨇸 zào 同“躁”。

竈 zào 同“竈(灶)”。

趮 zào ❶急速动而旁出:羽杀则～。❷躁动,也作“躁”:～者不静。

躁 zào ❶性急;不冷静:急～|烦～|不骄不～。❷不专一:浮～|蟹六跪而二螯,非蛇蟺之穴无可寄托者,用心～也。❸动:～动|～川静谷|九月而～。❹中医指脉盛急速:脉大而～。

竈 zào 同“竈(灶)”。

zé

则(則) zé ❶规范;榜样:常～|准～|以身作～。❷依照;效法:～先烈之言行|令民皆～禹。❸规章;制度:原～|守～|细～。❹副词,表示肯定判断,就是:此～余之罪也|故明据先王,必定尧、舜者,非愚～诬也。❺连词。1.表示因果关系,就;便:兼听～明,偏听～暗|寒往～暑来,暑往～寒来,寒暑相推而岁成。2.表示转折,却;而:今～不然|此寺甚好如法,～无水浆,如何居止?3.表示假设,若;如果:德～不竞,寻盟何为?|时～不至,而控于地而已矣。❻量词,用于文章等:随笔一～|新闻两～|录其纯无疵者六～。

択 zé 同“择(擇)”。

沢 zé 同“泽(澤)”。

责(責) ㊀zé ❶索取;要求(做成某件事或达到一定标准):秦～赂于魏,魏不与|求全～备|～己严,～人宽。❷质问;追问:～问|～难|斥～。❸批评;处罚:～罚|罪大～轻。❹分内应做的事:职～|～无旁贷|保护环境,人人有～。
㊁zhài 同“债(債)”:收～|偿～。

择(擇) ㊀zé ❶挑拣;挑选:选～|～优|饥不～食。❷区别:与死无～|其名则殊,其实何～焉?
㊁zhái 同“择㊀❶”,用于口语:～菜|～不开。
㊂yì 用于人名:司马无～(汉代人)。

咋 ㊀zé ❶咬;啃:～笔为吏|犬断索～女。❷[咋舌]因害怕、吃惊而说不出话来:～不敢言|令人～。
㊁zǎ 怎;怎么:～说?|不知～好|这可～办?
㊂zhā[咋呼]也作“咋唬”(也说咋咋呼呼)。

1. 大声叫嚷：～什么？| 谁在那儿～？2. 吹嘘；炫耀：没什么本事，就能～ | 光～没用，得拿出真本事来。

迮 zé（又读 zuò）❶ 逼迫；困窘：并见驱～ | 忧患所～。❷ 狭窄：山道～狭。❸ 仓促：～然而惭（慙）曰 | ～而观之。❹ 姓。

狰（獰） zé［白狰］也作"白泽"，传说中的奇异动物，可骑乘。

浰 zé ❶［瀺浰］（chán-）1. 拟声词，水落地声。2. 水落的样子。❷ 古水名，在今陕西。

泽（澤） zé ❶ 水积聚的地方：沼～ | 大～ | 水乡～国。❷ 湿润：润～。❸ 光亮：光～ | 色～。❹ 恩惠：恩～ | ～被天下。

矠 zé 同"矠"。

啧（嘖） zé ❶ 争辩：～言 | ～有烦言。❷ 争辩的样子：～然而不类 | ～～怒语。❸ 拟声词，用于咂嘴声：～然有声 | ～～称赞 | ～～野田雀。❹ 通"赜（賾）"，深奥；玄妙：探～研机，罔深不入。

唶 ㊀ zé ❶ 同"諎"，大声呼叫：～曰。❷ 吮吸：～吮 | ～血。
㊁ jiè 嗟叹；赞叹：嗟～ | ～曰。
㊂ jí［唶唶］（-jí）拟声词，鸟叫声：鹊之～。

帻（幘） zé 古代用以包束头发的巾。

峼 zé ❶［嵺峼］（liáo-）山的样子。❷ 古山名，在今山东。

笮 zé 同"笮"。

筰 zé 同"笮"。

笮 ㊀ zé ❶ 屋笮，用竹或苇秆编的铺在瓦下椽上的帘或垫子。❷ 竹制的盛箭器：甲胄干～。❸ 压；逼迫：足所履，蝼蚁～死 | ～之则服。❹ 狭窄，后作"窄"：路局～ | 市廛逼～。❺ 姓。
㊁ zhà 压出物体里汁液的器具，也指压出物体里的汁液，后作"榨"：～去其浆。
㊂ zuó 也作"筰"。1. 竹索：竹～ | 浮桥交万～。2. 笮都夷（即筰都夷）的简称：～羌 | ～马（笮都夷居处所产的名马）。

笫 zé 同"笮"。

舴 zé［舴艋］（-měng）小船。

湒 zé ❶ 挡水坝；挡水堰。❷ 堵水。

劕 zé 同"则（则）"。

嗊 zé "啧（啧）"的讹字。

骴 zé 同"骴"。

秸 zé 矛类兵器。

賫 zé 同"责（责）"。

霅 zé 下雨的样子。

睤 zé 同"则（则）"。

皟（皟） zé ❶ 洁净：～～之如雪。❷ 深白色。❸［皟澹］（-chě）不清洁。

滜 zé［滜減］（-yù）水波动荡。

逪 zé 同"迮"。

矠 ㊀ zé ❶ 矛类兵器。❷ 用鱼叉刺取鱼、鳖等。
㊁ zhuó 同"捔"，刺。

遺 ㊀ zé 同"趞"，跑的样子。
㊁ jì 同"迹"，足迹。

簀 zé 同"箦（簀）"。

賾 zé 同"责（責）"。

劕 zé 同"则（则）"。

鼎刂 zé 同"则（则）"。

箦（簀） ㊀ zé ❶ 又称笫，竹篾编的床席，也指床：床～ | ～床。❷ 粗篾席或苇席：卷以～置厕中。❸ 堆积；积聚：瞻彼淇奥，绿竹如～。
㊁ zhài（又读 zhà）同"醋"，榨酒器具。

筵 zé 同"笮"。

僨 zé ❶ 容貌平凡的人。❷ 同"趞"。

猜 zé［猵猜］（piào-）见 734 页"猵"字条。

澤 zé［漆澤］也作"漆泽"，传说中的地名。

嫧 ㊀ zé ❶ 整齐。❷ 美好。
㊁ cè 快速的样子。

粿 zé 义未详。（《改并四声篇海》）

Z

歚 zé［欪歚］（è-）见 227 页"欪"字条。

賾（賾）{賾} zé ❶幽深玄妙：幽～｜探～索隐。❷深入探求：～必然之理。

横 zé 柽柳。

嫧 zé"賾"的讹字。

䏿 zé 偏转：～耳。

䐑 zé 鱼子脯。

諎 ㊀zé 大声呼叫。
㊁zuò 酬言。

犆 zé 同"箦(簀)"。

隡 zé 同"泽(澤)"。

䟄 zé ❶正；齐；好。❷深；隐。

蘀 zé 葛类植物。

䔾 zé 义未详。(《龙龛手鉴》)

䚜 zé 睁开眼睛。

劕 zé 同"则(則)"。

幘 zé 同"帻(幘)"。

灂 zé 测。

澤 zé 同"澤(泽)"。

嫧 zé 同"娧"。

䅖 zé 矛类兵器。

槭 zé 树名。

䞍 zé"賾(赜)"的讹字。

嘖 zé 同"赜(賾)"。

䅘 zé 同"猎"。

䃎 zé［䃎砑］（-ē）也作"䃎碰"，传说中的奇异动物，身像人，头像羊，尾像猴。

䤈 zé 同"㟙"。

讀 zé ❶大呼，也作"啧(嘖)"。❷同"责(責)"，责备。

襗 ㊀zé（又读 duó）❶套裤。❷贴身内衣：内着～｜香衫画～。
㊁yì 长衣；长袄。

蘀 zé［蘀蔦］（-xiě）同"泽泻"，多年生草本植物，茎叶可做饲料，根茎可供药用。

霣 zé 下雨的样子。

蠌 zé（又读 duó）［蛸蠌］（huá-）见 365 页"蛸"字条。

簀 zé 同"簀(箦)"。

䛩 zé 同"諎"。

顛 zé 头不正。

䞙 zé 微小。

齚 zé 同"齰"，咬：饿犬～枯骨。

嘖 zé 同"赜(賾)"。

䨶 zé 同"鸐"。

齰 ㊀zé 咬：～断其舌。
㊁zhà［齰齖］（-yà）上下牙齿对不齐。

鸅 zé ❶［鸅鸆］（-yú）也作"泽虞"，鸟名，即护田鸟。❷鹈鹕。

齚 zé ❶上下牙齿整齐相对。❷啮；咬：～舌。

䶪 zé 同"齰"。

zè

夨 zè 倾头，侧头，引申为倾侧，后作"侧(側)"。

仄 zè ❶倾斜：日～｜～伞。❷狭窄：逼～｜～径。❸心中不安：歉～｜愧～。❹仄声，古汉语四声中上、去、入三声的总称：平～｜～韵。

夨 zè"夨"的讹字。

庂 zè 同"仄"。

汄{汄} zè 同"沂"。

庂 zè 同"仄"。

Z

厌 zè 同“仄”。

岸 zè ❶同“嵿”。❷岳。

疒 zè 同“仄”。

汄 zè 水流;水势:湢～(水势汹涌)。

佰 zè 同“昃”。

庂 zè 同“昃”。

昃 zè 太阳偏西:日中则～。

昗 zè 同“昃”。

晃{昗} zè 同“昃”。

毛 zè 毛初生。

挨 zè 小击。

庚 zè 同“昃”。

崀 zè 山。

昦 zè 明。

崀 zè 高峻的样子。

嵿 zè[嵿嶷](-nì)山高峻的样子。

捑 zè 打。

崱 zè ❶[崱屴](-lì)1.山势高大险峻的样子:超～。2.参差不齐:毛～。❷高峻的样子:～缯绫而龙鳞。❸古山名。(《玉篇》)

崱 zè 同“崱”。

稄 zè ❶禾把。❷[稫稄](pì-)同“稫稄”,禾苗茂密的样子。

稄 zè 同“稄”,禾把。

鴈 ㊀ zè 鸟名。
㊁ yàn 同“鴈(雁)”。

zéi

贼(賊) zéi ❶破坏;伤害:～仁|政不可～。❷偷东西的人:窃～|～喊捉～|做～心虚。❸危害国家和人民的坏人:奸～|卖国～|独夫民～。❹邪恶的;不正派的:～眉鼠眼|～头～脑。❺狡猾:老鼠真～|这家伙～得很。☞贼/盗 见177页“盗”字条。

戝 zéi 同“贼(賊)”。

賊 zéi 同“賊(贼)”。

鲗(鰂) zéi(又读 zé)乌鲗,即乌贼,软体动物,生活在海中。身体成袋状,体内有墨囊,遇危险时能放出墨色液体逃走,故又称墨鱼、墨斗鱼。

蠈 zéi 同“蟗”。

魬 zéi 同“鱡”。

蕺 zéi[木蕺]多年生蕨类草本植物,茎可打磨木器、铜器或供药用。

戭 zéi 同“贼(賊)”。

蟗 zéi 一种食苗节的害虫,也作“贼(賊)”。

蠈 zéi 同“蟗”。

蹶 zéi 践害;践害的样子。

鱡 zéi 同“鲗(鰂)”。

鱡 zéi “鱡(鰂,鲗)”的讹字。

zēn

璿 zēn 像玉的美石。

zěn

怎 zěn 代词,表示疑问,如何;怎么:已经到点了,他～还不来?|这次第,～一个愁字了得!

zèn

谮(譖) ㊀ zèn 诬陷;诽谤:～言|～下谩上|逢谗罹～。
㊁ jiàn 通“僭”,不诚信:朋友已～。

譛 zèn “譖(谮)”的讹字。

譖 zèn “譛(谮)”的讹字。

zēng

曾{曽} ㊀zēng ❶增加，后作“增”：动心忍性，～益其所不能。❷指与自己中间隔两代的亲属：～孙｜～祖父。❸姓。
㊁céng ❶副词，表示从前经历过：～经｜～几何时｜他～去日本留学。❷通“层(層)”，重叠：削薄其德，～累其刑。

縡 ㊀zēng ❶同“缯(繒)”，丝织品的总称。❷姓。
㊁jiē 同“緁(緁)”。

増 zēng 同“增”。

畬 zēng “曾”的讹字。

鄫 zēng(又读 céng)❶周代诸侯国名、古州名，均在今山东。❷姓。

增 zēng 加多；添加：～加｜～大｜～光。

搢 zēng “增”的讹字。

曽 zēng 蔃，香草名。

戠 zēng 同“矰”。

憎 zēng 厌恶；痛恨：～恶｜～恨｜爱～分明。

嶒 zēng 用于女子人名。

缯(繒) ㊀zēng ❶丝织品的统称：～帛。❷同“罾”，渔网：结～｜渔翁收～罢钓归家。❸通“矰”，弋射的箭：～缴。❹古国名、古县名，均在今山东。❺姓。
㊁zèng 绑；扎：～丝为弦｜～一～带子。

璔 zēng 玉的样子。

橧 ㊀zēng 远古时用柴草搭成居处：～巢。㊁céng 猪圈中猪睡卧的垫草，也指猪圈。

戩 zēng 同“矰”。

竲 zēng 把鱼放在竹筒里干烤。

煛 zēng 同“竲”。

熷 zēng 同“竲”。

磳 zēng 山崖；山麓：南～｜～田。

罾{罾、罾、罾} zēng ❶用竹竿或木棍做支架的方形渔网：渔人依石挽～。❷用罾捕鱼：罗于林，～于泽。

矰 zēng ❶古代系有丝绳的箭，用来射飞鸟：～弋。❷短箭：白羽之～。

翸 zēng 高飞。

翷 zēng 同“翸”。

鬙 zēng 编发(髮)绳。

譄 zēng 夸大其词，也作“增”。

覴 zēng 义未详。(《龙龛手鉴》)

嶒 zēng 山高的样子。

繒 zēng 同“缯(繒)”。

zěng

䁬 zěng 水田。

zèng

锃(鋥) zèng 器物经加工或摩擦后闪光发亮：～亮｜～光瓦亮。

赠(贈) zèng ❶送给：～品｜捐～｜临别～言。❷朝廷给死者追封官爵或荣誉称号：褒～｜不受爵～。

甑 zèng 同“甑”。

甑 zèng ❶蒸饭用的炊具：釜～｜饭～。❷蒸馏等用的器皿：曲颈～。

襘 zèng ❶短汗衫。❷夹衣。

贈 zèng 同“赠(赠)”。

鬸 zèng 同“甑”。

黯 zèng［皯黯］(gǎn-)也作“皯黯”，脸上有黑气。

齸 zèng 义未详。(《龙龛手鉴》)

鬵 zèng 同“甑”。

Z

zhā

扎 ㊀［❸紮、❸紥］zhā ❶刺：～针｜～花｜～手。❷钻进；插入：～根｜～猛子｜中弹的敌机冒着黑烟一头～入海里。❸驻扎：～营｜屯～｜在山前～住大寨。

㊁［紮、紥］zā ❶捆；缠束：～辫子｜～裤腿｜包～伤口。❷量词，把儿；捆儿：一～线｜一～小葱。

㊂ zhá ❶通“炸”，放在沸油里煎：下油锅～他一煠。❷［扎挣］(-zheng)勉强支持。

扐 zhā 同“扎”。

吒 ㊀ zhā ❶用于神话中的人名：哪～｜金～｜木～。❷用于地名：～祖村（在广西）。

㊁ zhà “咤”的异体字。

吜 zhā［呱吜］(guā-)拟声词，鸟叫声。

抯 zhā 取；夺：～格。

挓 zhā［挓挲］(-sha)也作“挓抄”“扎煞”，手、头发、树枝等张开或伸开。

柤 ㊀ zhā ❶木栅栏。❷同“樝（楂）”，山楂。❸渣滓：余～｜沉～｜泥沙污～。

㊁ zū 春秋时楚国地名，在今江苏。

哳 zhā［啁哳］(zhāo-)见1278页“啁”字条。

粚 ㊀ zhā 同“渣”，渣滓。

㊁ zuò 同“䵆”，舂过的精米。

揸 zhā ❶用手指抓取；拿取：～些撒帐钱回去。❷把手指伸张开：～开五指。❸同“搽”，涂抹：～那皮鞭伤痕｜乞药～鼻。

葙 zhā 水芹。

楂 zhā 同“樝（楂）”。

喳 ㊀ zhā ❶喧嚷：～呼｜休～｜胡言乱～。❷拟声词，鸟叫声：唧唧～～｜枝头喜鹊～～叫。❸叹词，旧时仆役对主人的应答声：～，小的明白。

㊁ chā ❶［喳喳］(-chā)1.拟声词，小声说话声：喊喊～。2.小声说话：两人在那打～。❷［喳咕］商量；议论：～一阵再做决定｜你俩～什么呢？❸拟声词：喊哩咔～｜咔～一声。

渣 zhā ❶同“溠”，水名。❷物质经提炼、加工或使用后剩余的东西：油～｜煤～｜～滓。❸碎屑：馒头～｜木头～。

䶥 ｛䶥｝ zhā 泥中取物，泛指取。

楂 zhā 见85页chá。

䶥 zhā ❶用手从高处向下面取物。❷伸开拇指、中指或食指以量长度。

喒 zhā 同“哳”。

膍 zhā ❶胷膍，不密。❷黏。❸同“瘆”，瘢，疮痕。

搋 zhā “摣”的讹字。

摣 ㊀ zhā 取；抓取。

㊁ zhuā 击。

皻 zhā 同“皻（齄）”。

䶦 zhā 厚嘴唇。

䶦 zhā 同“䶦”。

噡 zhā 同“哳”。

劄 ㊀ zhā ❶刺，后作“扎”：～青。❷屯扎，驻扎，后作“扎”：令在河中马～。

㊁ zhá 同“劄（札）”。

瘥 zhā 酒糟鼻子上的红斑：酒～鼻。

㜺 zhā 荒唐；虚妄。

樝 zhā “樝”的讹字。

樝 zhā 山楂，后作“楂”。

䶥 zhā ❶取。❷用手指按。❸量词，张开大拇指和中指（或小指）两端间的距离，也作“揸”：桥长数里，阔只三～。

膻 zhā 同“皻（齄）”，鼻上长的小红斑。

觰 ㊀ zhā ❶角根部粗大。❷两角上端向左右两边张开。❸［觰拏］(-ná)哺乳动物。

㊁ zhǎ［觰觟］(-guǎ)也作“觟觰”，牛角上端向左右两边张开的样子。

皻 ㊀ zhā 同“齄”，鼻上长的小红斑。

㊁ cū 同“皵”，皮肤粗糙皴裂。

䄍 zhā 红稻。

觰 zhā 同“觰”。

謯 ㊀ zhā［謯譇］(-ná)同“譇譇”。

㊁ chà 同“诧（詫）”。

瘡 zhā ❶疮痂壳。❷驼背。

膗 zhā“膗”的讹字。

摣 zhā 同“摣”。

觰 zhā 同“觰”。

譇 zhā［譇詉］（-ná）也作“譇拏”，词穷而窘，也指语不可解。

髽 zhā［髽髿］（-suō）发髻竖起的样子。

謯 zhā［謯詉］（-ná）同“譇詉”。

皻 zhā 同“齄”。

齄 zhā 大齿。

齇 zhā 同“齄”。

麰 ㊀ zhā［麰麰］（-nǎ）黏；黏着。㊁ zhǎ［麰麰］（-zhǎ）黏的样子。

皻 zhā 同“齇”。

齰 zhā 同“齇”。

齇 zhā 同“齇”。

齇 zhā 鼻上长的小红斑：～鼻（俗称酒糟鼻）。

齟 ㊀ zhā 牙齿不整齐。㊁ jǔ［齟齬］（-yǔ）同“龃龉”，上下牙齿对不齐。

齇 zhā 同“齇”。

齇 zhā 同“齇”。

zhá

札［❸❹劄、❸❹剳］zhá ❶ 古代书写用的小木片：笔～｜乍削柳枝聊代～。❷ 信件；文书：信～｜书～｜手～。❸ 札子，旧时的一种公文。❹［札记］读书时记下的要点、心得等。
◆“劄”另见 1227 页“劄”字条。
◆“剳”另见 1227 页“剳”字条。

杋 zhá 同“札”。

殅 zhá 同“殅”。

忩 zhá 义未详。（《龙龛手鉴》）

吒 zhá 猪吃食。

沎 zhá 同“泎”。

殏 zhá 同“殜（殅）”。

殜 zhá 同“殅”。

殅 zhá ❶ 疠疾。❷ 夭亡。

闸（閘）［牐］zhá ❶ 拦住水流的建筑物，有闸门可随时开关：～口｜水～｜船～。❷ 使机械减速或停止运行的装置：车～｜刹～｜～皮。❸ 较大型的电源开关：电～｜合～｜拉～限电。

泎 zhá［泎泎］1. 水流动的样子。2. 拟声词，水流动声。

剚 ㊀ zhá 同“铡（鍘）”，铡刀。㊁ zhé 草名。

痄 zhá 夭亡，未成年而死。

剒 ㊀ zhá 同“铡（鍘）”。1. 铡刀。2. 铡草。㊁ zhé 同“牒”，薄肉片。

剳 ㊀ zhá “札❸❹”的异体字。㊁ dá 钩；镰刀。

蚻 zhá 昆虫，像蝉而小。

蝈 zhá 虻虫的一种。

铡（鍘）zhá ❶ 铡刀，配有底槽，一端有柄，可上下开合的刀具：虎头～。❷ 用铡刀切：～草｜刀～。

蚻 zhá“蚻”的讹字。

遳 zhá 同“趏”。

㫄 zhá 好。

劄 zhá 力。

牐 zhá 同“牐（闸，閘）”。

鍘 zhá 同“铡（鍘）”。

賋 zhá 货。

劄 ㊀ zhá ❶“札❸❹”的异体字。❷［目劄］中医指儿童眨眼的病。

㊁ zhā 同“扎”。1. 刺：一个针～着便痛。2. 驻扎：围绕～寨。

劄 zhá 勤力。

偛 zhá ❶遇障碍而受阻：～即止。❷［偛㾚］（-zhì）不讲理；骂人。

㞞 zhá 同“㞞”。

霅 zhá 同“霅”，大雨。

牐 zhá 同“牐（闸，閘）”。

獼 zhá 野兽奔跑的样子。

渣 zhá 湿。

趏 zhá 快走；快走的样子：～来～去。

䟕 zhá［䟕洽］（-qià）路的样子。

趏 zhá 同“趏”。

鴘 zhá ❶鸟羽杂色。❷鸟名。❸部分羽毛杂色的水鸟的别称：水～（小䴙䴘）｜红腿～（红腿鹬）。

積 ㊀ zhá 农具。
㊁ zé 种植。

騂 zhá 同“騙”。

霅 ㊀ zhá 大雨。
㊁ zhǎ 雨声。

骱 zhá［骱骱］拟声词，筋响声。

鴍 zhá“鴘”的讹字。

䰍 zhá 丑陋。

濌 zhá（又读 zhà）古水名，后作“霅”。（《集韵》）

騠 ㊀ zhá 同“騙”。
㊁ yè 马行轻快的样子。

䮢 zhá 马行的样子。

騙 zhá［騙騙］马行走或奔跑的样子，单用义同。

驕 zhá 同“騙”。

諮 zhá［諮諨］（-zhì）说话无条理。

蘸 zhá 花突然开放。

蘸 zhá 同“蘸”。

鍘 zhá 同“铡（鍘）”，刀名。

鑭 zhá 同“劄（铡，鍘）”。

鑭 zhá 同“鑭（铡，鍘）”。

zhǎ

厏 zhǎ［厏厊］（-yǎ）不顺当；不相合：世事多～。

拃 ㊀ zhǎ ❶张开大拇指和中指量长度：用手～了～布面。❷量词，指张开大拇指和中指后两端的距离：两～宽。
㊁ zhà 压榨：手～｜～沈（渖）如其剂。

苲 ㊀ zhǎ 苲草，多年生水生草本植物。
㊁ zuó 也作“莋”。1. 苲都夷（古代西南地区少数民族）的简称。2. 苲都县，古县名，在今四川。

厏 zhǎ 同“厏”。

眨 zhǎ 眼皮快速地一合一开：～眼。

羡 zhǎ ❶束炭。❷晒干。

皶 zhǎ 同“皶”。

溠 ㊀ zhǎ 滴水。
㊁ zhá 同“渫”，把生的蔬菜等放在沸水里涮熟。

鲊（鮓） ㊀ zhǎ ❶用盐、米粉等腌制的鱼。❷泛指腌制品：～食｜扁豆～｜茄子～。
㊁ zhà 海蜇。

羨 zhǎ ❶束炭。❷晒干。

皶 zhǎ［皱皶］皮肤老化。

碴 ㊀ zhǎ ❶［碴砑］（-nǎ）石下垂的样子。❷同“砟”，小煤块：～炭。
㊁ zhà 用于地名：大水～（在甘肃）。

皻 zhǎ ❶破皻皮毛。❷同“皶”，皮肤老化。

鲝（鮺） zhǎ ❶同“鲊（鮓）”，用盐、米粉等腌制的鱼。❷用于地名：～草滩（在四川）。

𥈊 zhǎ 同“眨”，眼睛很快地一闭一张：把眼～～。

踷 zhǎ ❶行走不端正的样子。❷跛。

喔 zhǎ 拟声词,咀嚼食物声。

諎 zhǎ 姓。

縿 ㊀ zhǎ［縿絮］(-nǎ)丝絮敷贴在一起的样子。
㊁ nà 同"絮",丝纷乱。

緢 zhǎ 缝。

踊 zhǎ 腿或脚动的样子。

譗 ㊀ zhǎ［譐譗］(jì-)多言。
㊁ chā 插话。
㊂ shà［譗諜］(-yà)言语不定。

譇 zhǎ 同"譗"。

蘵 zhǎ［藞蘵］(lǎ-)见 526 页"藞"字条。

蹅 zhǎ［踻蹅］(guǎ-)见 305 页"踻"字条。

鮺 zhǎ 同"鲝(鲊)"。

縒 zhǎ 同"縿"。

鮺 zhǎ"鲝"的讹字。

鱯 zhǎ 同"鲝(鲊)"。

鲝 zhǎ 同"鲊",腌鱼。

譗 zhǎ 同"譗"。

鮺 zhǎ 同"鲝"。

鮺 zhǎ 同"鲊(鲊)"。

鲊 zhǎ 同"鲊(鲊)"。

鱧 zhǎ 同"鮺(鲝,鲊)"。

鮨 zhǎ 同"鲊(鲊)",腌鱼。

鱸 zhǎ 同"鲊(鲊)"。

鮨 zhǎ 同"鲊(鲊)"。

zhà

乍 zhà 同"乍"。

乍 zhà 见 1321 页 zuò。

炬 ㊀ zhà ❶ 火焰。❷ 拟声词,烈火燃烧时发出的声音:烨～。
㊁ yù 同"燠",热。

诈(詐) zhà ❶ 欺骗:～骗｜讹～｜兵不厌～。❷ 假装:～死｜～败｜～降。❸ 用言语试探,诱使说出实情:休要～我｜拿话～他。❹ 俊俏;矜夸:打扮得身子儿～｜扭捏着身子儿～。

眊 zhà 义未详。(《改并四声篇海》)

厏 ㊀ zhà ❶ 房屋。❷ 房屋未建成。
㊁ zhǎ［厏㢽］(-yǎ)不齐;不相合。

栅［柵］{柵} ㊀ zhà(又读 shān)栅栏,用竹、木、铁等做成的遮挡物:木～｜铁～。
㊁ shān［栅极］多极电子管中靠近阴极的一个电极。
㊂ cè［上栅］地名,在广东。

咤［吒］ zhà ❶ 因生气、发怒而大声叫嚷:叱～｜大～一声。❷ 痛惜;叹息:哀～良久｜慷慨悲～之声不闻。❸［叱咤］怒喝(hè):～风云。
◆"吒"另见 1226 页"吒"字条。

炸 ㊀ zhà ❶(物体)突然破裂:爆～｜玻璃瓶子～了。❷ 用炸药、炸弹爆破:轰～｜～桥梁。❸ 被激怒而突然发作:他一听就～了。❹ 因受惊而四处逃散:～市｜枪声一响,鸟儿都～了窝。
㊁ zhá ❶ 把食物放在沸油或开水中弄熟:～鱼｜～油条｜把菠菜～一～。❷ 加工旧金属器物,使重现光泽:妹妹的项圈我瞧瞧,只怕该～一～去了。

砟 ㊀ zhà ❶ 碑石。❷ 砍;割:刀～不入｜下田～稻。
㊁ zuò［砟硌］(-luò)山石不齐的样子。
㊂ zhǎ 砟子,小的石块、煤块等:道～｜煤～｜炉灰～。

跓 zhà 义未详。(《龙龛手鉴》)

痄 zhà ❶［痄疨］(-yá)创口不愈合,借指不相合:况今一病已到骨,兼与世事多～。❷［痄腮］(-sai)流行性腮腺炎的俗称,一种呼吸道传染病。

宱 zhà ❶ 宽。❷ 实。

蚱 zhà［蚂蚱］同"蚂蚱"。

蚱 zhà ❶［蚱蜢］(-měng)1. 昆虫,像蝗,不能远飞。2. 也作"舴艋",小船,因

Z

小且灵活而得名。3. 蟾蜍，又称去父。❷同“鲊(鮓)”，海蜇。

㑇 zhà(又读 zhā)同“奓”，张开：～开嘴。

窄 zhà[窋窄](zhú-)物在穴中的样子。

䖳 zhà 车裂。

蛇 zhà 水母，专指海蜇，腔肠动物，生活在海中。

痄 zhà 同“痄”。

溠 zhà(又读 zhā)❶水名，涢水支流，在湖北。❷水湾：江～。

䄍 zhà 年终祭名，也作“蜡”。

槎 ㊀zhà 斜砍；劈削：～棘枳｜山不～蘖。㊁chá ❶树枝；树杈：大节～｜枯木横～。❷同“茬”，庄稼收割后余下的短桩，也指没剃净或剃后复生的短须发：刨～的，打柴的｜满腮胡～。❸同“碴”，别人提到的事或刚说完的话：不答这个～。❹同“楂”，木筏：浮～｜乘～。

榨{槎} zhà 同“槎”。

㴽 zhà 用于人名：阿～。(《元文类》)

榨[❷搾] zhà ❶挤压出物体汁液的器具：油～｜酒～｜酒醲新出～。❷用榨机挤压，泛指挤压，引申为逼迫：～油｜～花生｜压～｜～取。

闸 zhà 同“栅”。

鲊(鮓) zhà 古代又称水母，多指海蜇，腔肠动物，生活在海中。

䛽 zhà[䛽䛩](-yǎ)言语不顺从。

詐 zhà 同“詐(诈)”。

髊 zhà 多毛；毛多的样子。

醡 zhà 造酒。

霅 ㊀zhà ❶[霅霅](-zhà)雷电交加的样子：～前溪白。❷拟声词。1. 水流激荡声：众水合流，～然有声。2. 众人说话声：闻者莫不～然称快。❸[霅溪]1. 古水名，在浙江。2. 浙江吴兴(今湖州市的别称)。❹姓。
㊁shà ❶散开的样子：帅而阴闭，～然阳开。❷时间极短，也作“霎”：～然而下，截然而止。
㊂sà[霅霅](-sà)下雨或下冰雹的样子，单用义同：霅霅箸(箬)篷尘万矢｜霅尔雹落。
㊃yì[霅霰](-jí)拟声词，雨声。

䟻 zhà 步立的样子。(《广韵》)

諎 zhà 同“詐”。

醡 zhà 同“醡”。

膪 ㊀zhà[膪膪](yà-)见 1098 页“膪”字条。
㊁zhài 挑取骨间肉。
㊂chuài[囊膪](nāng-)见 677 页“囊”字条。

襨 zhà 同“䄍”。

榽 zhà 树名。

醡 zhà 同“榨”。1. 榨酒，压糟取酒：～酒。2. 榨酒器具：～头｜上～。3. 打油器具。

䤋 zhà 同“醡(榨)”。

醡 zhà 同“醡(榨)”。

灑 zhà 同“溠”。

欃 zhà 同“槎”。

醣 zhà 同“醡(榨)”。

醶 zhà 同“醡(榨)”。

zhāi

条 zhāi 同“斋(齋)”。

粂 zhāi 同“斋(齋)”。

斋 zhāi 同“齋(斋)”。

捚 zhāi 用手掌托起。

斋(齋)[亝] zhāi ❶祭祀前洁身净衣，戒除嗜欲，以示虔诚：～戒。❷佛教、道教及信徒称素食：吃～｜用～。❸施舍饭食给僧人：～僧。❹书房、校舍，也用于店铺名：书～｜第一～｜荣宝～。

◆“叁”另见752页“叁”字条。

亲 zhāi同“斋(齋)”。

啫 zhāi同“齰”,咬啮声。

斋 zhāi同“斋(齋)”。

啫 zhāi同“齰”。

唶 zhāi惹。

斋 zhāi同“斋(齋)”。

倘 ㊀zhāi不惧怕;不畏惧。
㊁zhǎ[侣倘](guǎ－)见306页“侣”字条。

剳 zhāi弦乐的弹奏指法,也作“摘”。

摘 zhāi ❶采;拿下:采～|～花|～帽子。❷选取:～编|～要|寻章～句。❸因急用而临时借:东～西借|～几个钱救急。❹指斥;揭发:指～|讥～|发～奸盗。

榸 zhāi枯树根;树桩。

斋 zhāi同“齋(斋)”。

擿 ㊀zhāi同“摘”。
㊁zhì弃。

藦 zhāi地木耳。

斋 zhāi同“斋(齋)”。

擿 zhāi同“摘”。

擿 zhāi同“摘”。

斋 zhāi同“齋(斋)”。

斋 zhāi谨慎;慎行。

鏑 zhāi日食或月食。

癍 zhāi义未详。(《龙龛手鉴》)

斋 zhāi同“斋(齋)”。

齗 zhāi义未详。(《改并四声篇海》)

嚌 zhāi同“嚌”。

嚌 zhāi古代牢狱名。

廨 zhāi小茅舍。

齰 zhāi同“齰”。

齰 zhāi ❶啃咬;咀嚼:下口～|猴猿～。❷咬啮声。

齋 zhāi同“斋(齋)”。

齋 zhāi“齋”的讹字。

齋 zhāi同“齋”。

齰 zhāi同“齰”。

齋 zhāi同“斋(齋)”。

齋 zhāi同“斋(齋)”。

齋 zhāi同“斋(齋)”,斋戒。

齋 zhāi同“斋(齋)”。

齋 zhāi齿生。

zhái

庑 ㊀zhái同“宅”。
㊁duó同“度”,思忖:测～。

宅 zhái ❶住房;住处:住～|深～大院|方～十余亩,草屋八九间。❷居住:～酆镐|万姓始安～。❸处于;存:～忧(居丧)|～心仁厚。

择(韄) zhái[韄择](hù－)也作“择韄”,刀饰,也单称择。

垞 zhái同“宅”。

宅 zhái同“宅”。

翟 zhái见183页dí。

翻 ㊀zhái[翻翻](xù－)飞的样子。
㊁huò[翻翻](xù－)也作“翻翻”,快飞。

檡 ㊀zhái檡棘,树名,可制用于射箭的扳指。
㊁shì樗枣。
㊂tú[於檡](wū－)同“於菟”,虎。

Z

鸨 zhái［鸨鸫］（-láo）鸟名。

zhǎi

犱 zhǎi 豹纹。

狣 zhǎi 义未详。（《改并四声篇海》）

窄 zhǎi ❶狭小，不宽阔：处所逼～｜道路狭～。❷气量小，心胸不开阔：心眼儿～，想不开。❸生活贫困，不宽裕：手里～｜日子过得挺～。

鈬 zhǎi 残损的痕迹。

秕 zhǎi 禾。

趗 zhǎi 义未详。（《改并四声篇海》）

貂 zhǎi 豹犬。

鉙 zhǎi 金。

髩 zhǎi 义未详。（《改并四声篇海》）

傿 zhǎi［傿傂］（-jiě）也作"獯獬"，强横的样子。

徳 zhǎi［徳㣛］（-jiě）同"獯獬"。

獯 zhǎi［獯獬］（-jiě）强横的样子。

zhài

债（債） zhài 欠下的钱财：还～｜～务｜～主。

搾 zhài 尖；窄：尖～。

砦 zhài ❶"寨"的异体字。❷盛饲料的器具。❸姓。

欳 zhài 义未详。（《改并四声篇海》）

豸矛 zhài 矛类兵器。

揲 zhài 同"砦（寨）"，藩落。（《集韵》）

郪 zhài 古地名，在今河南。

塨 zhài 同"砦（寨）"。

寨［砦］ zhài ❶防卫用的栅栏，多用削尖的竹木制成：鹿～。❷军营；营垒：水～｜安营扎～。❸寨子，四周有栅栏或围墙的村庄，也用于地名：山～｜村～｜大～（在山西）。

◆"砦"另见1232页"砦"字条。

磜 zhài 同"砦"。

膪 zhài 挑取骨间肉。

箺 zhài 同"醡"，榨酒器具。

僿 zhài 同"䭞"。

瘵 zhài ❶病，多指肺结核病：痨～｜病～。❷疾苦：不恤疲～之有无。

攃 zhài 把衣袖及衣服上的附件缝上：～袖｜～纽扣儿。

毙 zhài［毙歹乱］（-luàn）临死时神智不清。

鄐 zhài 同"郪"。

䭞 zhài 大小便排泄不止。

賩 zhài ❶臭气大。❷事情败露。

黩 zhài 义未详。（《改并四声篇海》）

zhān

占 ㊀zhān ❶占卜，用龟甲、蓍草、铜钱、牙牌等判断吉凶：～卦｜～课。❷预测：～水火而妄讯。❸观测：仰～俯视，以佐时政。❹姓。

㊁［佔］ zhàn ❶具有，用强力取得：强～｜～据｜～领。❷处于某种地位或情势：～上风｜～优势｜～大多数。❸口述（文辞）：口～数首。

尖 zhān 锐。

诂（詁） ㊀zhān ❶话多。❷戏谑，开玩笑。

㊁chè［诂讘］（-niè）低声细语：～以取容。

㊂diān 花言巧语：～言～语。

沾 ㊀［❶❸霑］ zhān ❶雨水浸润：澍雨～洽｜大雨～足。❷浸湿：涕泣～襟｜露水～衣。❸接触；附着：～染｜～光｜～亲。❹古水名，发源于山西，流至河南注入淇水。

㊁ diàn ❶古水名，即今山西的松溪河。❷古县名，在今山西。

𣧑 zhān 义未详。(《改并四声篇海》)

𢼊 zhān 义未详。(《改并四声篇海》)

毡(氈)[氊] zhān 毡子，用兽毛或化学纤维制成的片状物：～帽｜油毛～｜如坐针～。

栴 zhān［栴檀］也作"旃檀"。1. 檀香，常绿小乔木。木材可制器具、扇骨等，也可制作香料、供药用。2. 山茶科紫茎属植物。

㮭 zhān 同"栴"。

毰 zhān 同"氈(毡)"。

旃 zhān 同"旜"。

旜 zhān ❶赤色旗，无饰，曲柄，泛指旌旗：左～｜修～｜旌～。❷助词，"之焉"的合音，表示语气：愿勉～，毋多谈｜舍～舍～，苟亦无然。❸通"毡(氈)"，一种毛织品：～裘。

㫋 zhān "旜"的讹字。

禃 zhān ❶祭祀。❷福。

𣗪 zhān 同"栴"。

蛅 zhān［蛅蟴］(-sī)也作"蛅蟖""蛅斯"，毛虫。

飦 ㊀ zhān 同"饘(饘)"，稠粥：～粥。
㊁ gān 干饭：～肉。

旃 zhān 同"旜"。

粘 ㊀ zhān(旧读 nián)粘贴；胶合：不～锅｜～皮带骨｜两块糖～在一起了。
㊁ nián ❶旧同"黏"，有黏性：胶水很～｜秫性～而可酿酒。❷姓。☞粘/黏 过去两字通用，现在"粘"除用于姓时读 nián 外，一般读 zhān，用于动词；"黏"用于形容词。

趈 zhān ❶同"站"，坐立不动的样子。❷马快速行走：～漫漫，路日远。

詹 zhān 同"詹"。

旜 zhān 同"旜"。

沾 zhān［沾滯］(-chì)1. 乐音不和谐：五音不乱，则无～之音矣。2. 烦乱：小有～之情。

惉 zhān "沾"的讹字。

毡 zhān 同"氈(毡)"。

㣶 zhān 义未详。(《字汇》)

閚 ㊀ zhān 站立着等候。
㊁ chān 同"觇(覘)"，窥视：窥～。

閚 zhān 站立着等候。

蝪 zhān 义未详。(《字汇补》)

衞 zhān 立侍。(《改并四声篇海》)

詹 zhān ❶话多：大言炎炎，小言～～。❷姓。

㮵 zhān［㮵檀］同"栴檀"。

䩇 ㊀ zhān［䩇䪻］(-xiān)1. 小头。2. 出头的样子。
㊁ diān［䩇䫉］(-duī)人脸丑陋的样子。

䊕 zhān 同"饘(饘)"。

劗 zhān 削。

邅 zhān "邅"的讹字。

谵(譫) zhān ❶话多。❷语无伦次；说胡话：～言｜夜里身热异常，便～语绵绵。

趈 zhān ❶移。❷趈走。(《刊谬补缺切韵》)

蒼 zhān［蒼棘］植物名。

䶍 zhān 咸味。

噡 ㊀ zhān 同"譫"，话多：～唯则节。
㊁ dān［噡噡］(-dān)啰唆，话多。

㠠 ㊀ zhān 山峰。
㊁ shàn 山坡。

澶 ㊀ zhān 走；离开：滹沱河～了府判。
㊁ chán［澶徊］(-huái)徘徊。

饘(饘) zhān ❶稠粥：～粥。❷用饭：早饥不能～。

邅 zhān ❶迟迟不能前进的样子：屯如～如。❷艰难；险恶：下江忘其险，入漕忘其～。❸改变行进方向：岁尽道若～｜静与动相递～。

䫲 zhān 同"旃"。

Z

䕎 zhān 义未详。(《改并四声篇海》)

䵡 zhān 同"氈(毡,毡)"。

䶋 zhān 同"瞻"。

瞻 zhān ❶往上看;往前看:～彼日月|前～|～前顾后。❷恭敬地看:～仰|～彼前修|临穴～遗容。

鞧 zhān 义未详。(《龙龛手鉴》)

䩆 zhān 同"鞧"。

鹯(鸇) zhān 又称鷐风,鹞类鸟。

䵭 zhān 黄色。

䠨 zhān 裸体。

𩕳 zhān 额。

旜 zhān 同"旃"。

糰 zhān 同"饘(饘)"。

蠘 zhān 虫名。

鬻 zhān 同"饘(饘)"。

邅 ㊀zhān ❶趁。❷移行。
㊁zhàn 循。

䰩 zhān 同"魙"。

鸇 ㊀zhān 同"颤(顫)"。
㊁jiān[鸇鸟]古山名:舍于～之山。(《穆天子传》)

䉾 zhān 至。

鳣 zhān 同"鳣(鱣)",又称大黄鱼。

𩕳 zhān "𩕳"的讹字。

鶔 zhān 同"鹯(鸇)"。

䴵 zhān 同"鹯(鸇)"。

鳣(鱣) ㊀zhān 鲟鳇鱼,又称大黄鱼。㊁shàn 也作"鱓(鳝,鳝)",即鳝鱼。

䲭 zhān 同"鹯(鸇)"。

鸇 zhān 同"鹯(鸇)"。

䰐 zhān 同"氈(毡)"。

驙 zhān ❶马负重而行走吃力:乘马～如。❷马名,黑脊的白马。

魙 zhān ❶鬼名。❷鬼死。

噡 zhān 难言。

𩕳 zhān "䴵"的讹字。

䡀 zhān 同"毡(氈)"。

鳣 zhān 同"鳣(鱣)",即鲟鳇鱼。

譫 zhān 同"讝"。

讝 zhān 病中说胡话;梦中说梦话:～语。

鸇 zhān 同"鹯(鸇)"。

䣶 zhān 同"氈(毡)"。

䵣 zhān 同"氈(毡)"。

齴 zhān[齴齺](-zōu)无牙而咀嚼的样子。

鬻 zhān 同"饘(饘)"。

鳣 zhān 同"鳣(鱣)"。

鳣 zhān 同"鳣(鱣)"。

zhǎn

斩(斬) zhǎn ❶砍杀;砍断:～首|～草除根|快刀～乱麻。❷断;断绝:君子之泽,五世而～。

飐(颭) zhǎn ❶[飐飐]风吹物使颤动,单用义同:惊风乱飐芙蓉水。❷风吹物落水:榴花～清渠。❸掀动;抖动:浪～沙|将旗一～。❹好汉,能干的人:好～|驰名第一～。

盏(盞)[❶❸琖、❶❸醆] zhǎn ❶浅而小的杯子,多指酒杯:茶～|酒～|推杯换～。❷像杯形的器皿:铁～|灯～。❸量词,用于饮料、灯等:一～酒|仙茗一～|许多

～电灯。

◆“醆”另见1235页“醆”字条。

盏{盞} zhǎn 同“盏(盞)”。

展 zhǎn ❶舒张;张开:～翅|～望|伸～。❷施行;发挥:施～|大～宏图|一筹莫～。❸陈列:～览|～示|摄影～。❹放宽;延长(期限):～缓|～期|～限。❺姓。

輾 zhǎn 同“辗(輾)”。

崭(嶄)[嶃] zhǎn ❶高峻;突出:～崖|～露头角。❷副词,非常;特别:～新|～亮|～绿。❸好;极好:棉衣的面子很～|这件衣服真～。

陻 zhǎn 古邑名。(《龙龛手鉴》)

紾 ㊀zhǎn 转绳。
㊁zhěn 单衣。

琺 zhǎn 同“展”。

豣 zhǎn 豕。

搌 zhǎn ❶轻轻地擦抹、按压,以除去液体:揩～|～布。❷移动:把桌子～到旁边去。

㟞(嶃) zhǎn 眨眼。

㠭 zhǎn[㠭奵](-dǐng)容貌美丽的样子。

榐 ㊀zhǎn 树名。
㊁zhèn 树名,树汁可酿酒。
㊂chǎn[樿榐](jiǎn-)见1235页“樿”字条。

醉 zhǎn[醉醾](-nǎn)1.老。2.脸有皱纹。3.面容惭愧。

皽 ㊀zhǎn 宽。
㊁nǎn 同“赧”,惭愧。

辗(輾) ㊀zhǎn ❶转;回转:万里青天～玉轮|俯窥～顾。❷[辗转]也作“展转”。1.身体翻来覆去转动,睡不安稳的样子:～反侧|～不眠。2.经过许多人或地方;非直接地:～交到他手里|～流传|～于全国各地。
㊁niǎn ❶同“碾”,碾压:晓驾炭车～冰辙。❷追赶,也作“撵(攆)”。

䥫 zhǎn 同“琖(盏,盞)”,酒器。

劗 ㊀zhǎn 阉割。
㊁chàn 削平。

䍐 zhǎn[䍐䍐]鹰类鸟疾飞袭击的样子,泛指鸟急飞的样子:鹰隼～|奋皓翅之～。

醆 zhǎn ❶“盏(盞)❶❸”的异体字。❷微清的浊酒:～酒|醴～宓芬。

觞 zhǎn 同“琖(盏,盞)”。

亶刂 ㊀zhǎn 同“鏟”,伐击。
㊁dǎn 割。

嫸 zhǎn ❶没等别人说完而插话。❷嘲笑;耻笑。

樿 ㊀zhǎn ❶树名。❷树瘤。❸枯树。
㊁jiǎn[樿榐](-chǎn)树木高大的样子。

蟨 zhǎn 虫名。

欃 zhǎn 树名。

檐 zhǎn 同“樿”。

瞻 zhǎn 同“䁪”。

嶄 zhǎn 同“崭(嶄)”,高的样子:高～～。

戱 zhǎn 同“戲”。

戲 zhǎn[戲㪣](-shǎn)举手的样子。

燼 zhǎn 同“盏(盞)”。

嬗 zhǎn 同“嫸”。

擅 zhǎn 手擅转。(《改并四声篇海》)

聸 zhǎn 耳门。

䁪 ㊀zhǎn 视而不止。
㊁shǎn 视面色变。

檀 zhǎn 束。

篕 zhǎn 义未详。(《改并四声篇海》)

鑢 zhǎn 灯盘,旧时油灯盛油的浅盆,后作“盏(盞)”。

醰 zhǎn 苦酒。

譂 zhǎn 格人言。(《字汇》)

襢 zhǎn 同“展”。

趫 zhǎn 快步前行的样子。

醴 zhǎn 酒苦。

軆 ㊀ zhǎn 裸体：～戏阶下。
㊁ zhàn 身体摇动。

黵 zhǎn 义未详。(《字汇补》)

鏟 zhǎn ❶ 击；伐击。❷ 割。

鳣 zhǎn 鱼名。

顲 zhǎn 傲视别人。

鐔 zhǎn 同“鏟”。

蠡 zhǎn 虫名。

顮 zhǎn 同“顲”。

孆 zhǎn 同“嬙”。

屭 zhǎn 虫名。

屭 zhǎn 同“屭”。

zhàn

占［佔］ zhàn 见 1232 页 zhān。

屰｛屰｝ zhàn 同“战(戰)”。

沍 zhàn 同“涅”。

栈(棧) zhàn ❶ 圈养牲畜的竹木棚或栅栏：马～｜羊～。❷ 在崖壁上凿孔架木而成的路：～道｜万山蜀道，古～岧峣。❸ 小桥：随引水木而东过一～，观水所出处。❹ 古代用竹木做成的车，也指灵柩车：～车｜宾奠币于～。❺ 存储货物或留宿旅客的房舍：货～｜客～｜堆～。

战(戰) zhàn ❶ 战斗；打仗：作～｜越～越勇｜百～百胜。❷ 战争；进行的战斗：停～｜持久～｜身经百～。❸ 争胜负；比高下：～天斗地｜论～｜舌～群英。❹ 发抖；哆嗦：寒～｜打冷～｜胆～心惊。

涅 zhàn 古地名。(《广韵》)

岦 zhàn 同“站”。

站 zhàn ❶ 两脚着地，身体直立：～岗｜～起身来｜～在领奖台上。❷ (思想观点)成立：这种观点～不住，因为论据不足。❸ 停；停留：没等车～稳，他就急忙跳了下来｜不怕慢，就怕～。❹ 古代驿站；车站：这番进京，若按～走时，本该出月到家｜起点～｜船到码头，车到～。❺ 为某种业务设置的机构：粮～｜水电～｜气象～。

拨 zhàn “棧(栈)”的讹字。

蕟 zhàn 草名。

峩 zhàn 同“巖”。

崟 zhàn 同“巖”。

偡 zhàn 齐整。

僝 zhàn ❶ 具备。❷ 看见。

㡯 zhàn 屋笮。

绽(綻) zhàn ❶ 衣缝裂开，泛指开裂、破裂：～开｜皮开肉～｜严冬过尽～春蕾。❷ 缝补；缝缀：新衣谁当～？｜这是一件～着黄铜圆纽的老式马褂。❸ 饱满；凸出：饱～｜额上的青筋条条～出。

組 zhàn 缝补，后作“绽(綻)”。

栈(巖) zhàn 特别高而险峻的山：绝～。

戦 zhàn 同“戰(战)”。

湛 zhàn 见 104 页 chén。

裂 zhàn 衣引。(《字汇补》)

㞡 zhàn 养羊的屋子。

裗 zhàn ❶ 缝补：补～决坏。❷ 同“袒(绽，綻)”，衣缝裂开，泛指开裂：不惜～漏。

陪 zhàn 同“隌”。

骣(驏) zhàn 马、狗等卧地打滚：～草。

蝬 zhàn ❶［马蝬］又称马陆，节肢动物。❷ 蝉名。

羬 zhàn 同“㞡”。

隌 zhàn 同“陪”。

Z

隮 zhàn 同“隵”。

輚 zhàn ❶卧车;寝车。❷载运棺柩的车。❸兵车。

虥 zhàn 古山谷名,在今山西,一说在今河南。

獲 zhàn 哺乳动物。

隵 zhàn 陷。

璿 zhàn 玉名。

虦 zhàn 虦猫,毛色浅的虎。

虥 zhàn ❶同“虦”,毛色浅的虎。❷猫。

戰 zhàn[戰戰]战栗,害怕。

襞 zhàn 同“襢”。

覽 ㊀ zhàn 逞显、放任的样子。
㊁ zhān 避开。

襄 zhàn 红色的细纱衣服。

懺 zhàn 同“懺”。

藨 zhàn[浛藨](hàn-)湿的样子。

蔪 zhàn 草名。

轏 zhàn ❶车名。❷同“輚”。

戳 zhàn 同“戰(战)”。

鯎 zhàn 鱼名,又称银鲞。

懺 zhàn 同“颤(顫)”,发抖。

驏 zhàn 同“骣(驏)”。

壛 zhàn 祭坛或坟墓的边界。

齺 zhàn 剔齿。

鳣 zhàn 同“鱶”。

譧 ㊀ zhàn 同“诂(詁)”,被诳骗。
㊁ lián[譧詌](-nán)言语不正。

齵 zhàn “齺”的讹字。

賰 zhàn 谋人财物。

犪 zhàn 牛角的样子。

牖 zhàn ❶版。❷水门。

蘸 zhàn 在汁液、粉状物或糊状物里沾一下即取出来:～墨水|～糖葫芦|小葱～酱。

贉 zhàn 同“賰”。

鏨 zhàn 同“蝬”。

齴 zhàn[齴齗](-yǎn)牙齿不正,单用“齴”义同。

鱶 zhàn 同“鯎”。

鬘 zhàn “鬞”的讹字。

鬞 zhàn 同“鬘”。

灢 ㊀ zhàn 水。
㊁ jiān 同“霡”,小雨。

躔 zhàn 行走;行走的样子:～兽。

韂 ㊀ zhàn 衬在鞍下的垫子。
㊁ shān ❶同“縿”,旌旗下边悬垂饰物的正幅。❷同“幓”,旌旗下边悬垂的饰物。

鬘 zhàn 头发;头发的样子。

驏 zhàn 同“骣(驏)”。

zhāng

弡 zhāng 同“张(張)”,弓上弦;拉开弓。

张(張) zhāng ❶弓上弦;拉开弓:～弓放箭|改弦更～。❷展开;伸展:～嘴|～牙舞爪|纲举目～。❸铺排陈设:～榜|～灯结彩。❹扩大;夸大:～大其词|虚～声势。❺设置;部署:大～旗鼓|多～疑兵。❻用网捕捉,泛指捕捉:举罗～之|赏募～捕。❼商店开始营业:开～|新～志喜。❽量词:一～弓|两～纸|三～桌子。❾姓。

章 ㊀ zhāng ❶音乐或诗文的较大段落:乐(yuè)～|篇～|第一～第三节。❷法规;条例:～程|简～|规～制度。❸条目;条款:约法三～。❹条理:杂乱无～。

Z

❺奏章，臣子向帝王呈递的意见书：屡奏封～。❻印章：图～｜公～｜盖～生效。❼佩带在身上的标志物：证～｜徽～｜肩～。❽花纹：白质黑～，其仪可嘉。❾显著，明显，后作"彰"：威盖海内，功～万里之外。❿姓。㊁zhàng 同"障"：四面有～｜～四时守诸开阖。

偉 zhāng［偉遑］（-huáng）也作"偉徨"，惊恐的样子。

徫 zhāng 急行的样子。

鄣 ㊀zhāng ❶周代诸侯国名，在今山东。❷古邑名，在今江苏。❸古郡名，在今浙江。❹古县名，一在今甘肃，一在今陕西。㊁zhàng ❶同"障"：保～｜蔽～。❷通"瘴"：～气（瘴气）。

蔁 zhāng 草名。

圔 zhāng 义未详。（《改并四声篇海》）

傽 ㊀zhāng［傽徨］行不正的样子。㊁zhàng［傽徨］行遽的样子。

獐［麞］zhāng 獐子，哺乳动物，像鹿而小，头上无角。

彰 zhāng ❶错综的花纹；斑斓的色彩：彣～。❷明显；显著：～明昭著｜相得益～。❸表扬；宣扬：表～｜～善瘅恶。

遖 zhāng 同"章（彰）"，彰明，显著。

粻 zhāng 粮食。

漳 zhāng 水名。1. 漳河，发源于山西，一流至河南与清漳水或浊漳水汇合，一流至河北注入卫河。2. 漳江，在福建。3. 漳水，在湖北。

慞 zhāng［慞惶］彷徨疑惧的样子。

嫜 zhāng ❶丈夫的父亲：姑～。❷［兄嫜］对丈夫之兄的称呼。

璋｛璋｝zhāng 半圭形的玉器。

樟 zhāng 又称香樟，常绿乔木，根、茎、枝叶可提取樟脑和樟脑油，木材可制箱柜。

暲 zhāng ❶明显，也作"章"。❷日光上进。

謒 ㊀zhāng ❶欺诳：～语。❷［诪謒］（zhōu-）同"诪张"，放肆。㊁zhèng［謒悙］（-hèng）同"伥悙"，疏率。

擲 zhāng 义未详。（《改并四声篇海》）

餦 zhāng ❶［餦餭］（-huáng）1. 馓子类食品：犬猫弃～。2. 饴糖：粔籹蜜饵，有～些。❷粮食：行～｜峙～以待。

蟑 zhāng［蟑螂］昆虫，蜚蠊的俗称。

蟦 zhāng 虫名。

蹱 zhāng 跑。

蹍 zhāng 脚跟：脚～。

麞 zhāng "麞（獐）"的讹字。

韇 zhāng［韇泥］障泥，马具，垫在马鞍下，垂于马腹两侧，用于遮挡尘土。

騿 zhāng 马名。

鱆 zhāng 又称章鱼、蛸、望潮，软体动物，生活在浅海。

麡 zhāng 同"麞（獐）"。

鷾 zhāng［鷾渠］也作"章渠"，即鱅鱢。

蘵 zhāng 义未详。（《改并四声篇海》）

zhǎng

仉 zhǎng 姓。

仈 zhǎng 同"仉"。

尣 zhǎng ❶绱（鞋底、鞋帮）：～底。❷鞋掌，为保护鞋底而钉的底子：脱了～儿转来缝。

涨（漲） ㊀zhǎng ❶水量增加；水位升高：～水｜～潮｜水～船高。❷增长；提高：～价｜～工资｜物价看～。㊁zhàng ❶因水浸泡等使体积增大，后作"胀（脹）"：热～冷缩｜豆子泡～了。❷增多：布～出半尺｜～出10元钱。❸头部充血：头昏脑～｜脸～得通红。㊂zhāng 南海的别称：溟～。

涱 zhǎng 同"漲（涨）"，水位升高：雨息～静。

掌 zhǎng ❶手掌，即手心；脚心：鼓～｜～上明珠｜易如反～。❷用手掌打：～嘴。❸把握；主管：～权｜～勺｜～柜。❹人脚底面，也指某些动物的脚：脚～｜熊～｜鸭～。❺鞋底或牲口蹄子底下钉的东西：鞋

～｜马～。

墇 zhǎng［五股墇］地名，在陕西。

蟐 zhǎng 草名。

幛 zhǎng 小手巾。

漳 zhǎng 古水名。(《字韵合璧》)

礃 zhǎng［礃子］也作"掌子"，又称礃子面(掌子面)，采矿或隧道工程中掘进的工作面。

鬤 zhǎng 头发：垂～。

篫 zhǎng 竹名。

黿 zhǎng 同"掌"。

zhàng

丈{丈} zhàng ❶长度单位，1丈等于10尺，约合3.33米。❷测量长度、面积：～量｜清～土地。❸对老年男子的尊称：老～｜～人。❹丈夫，妇女的配偶(用于一些亲属的尊称)：姑～｜妹～。

仗 zhàng ❶古代兵器的总称：仪～｜明火执～。❷战争；战斗：打～｜胜～｜败～。❸拿着(兵器)：～剑。❹凭借；依靠：依～｜～势欺人｜狗～人势。

扙 zhàng 伤。

妏 zhàng 用于女子人名。

杖 zhàng ❶走路时手拄的拐棍，泛指棍棒类用具：手～｜铁～｜擀面～。❷古代刑罚，用大竹板、棍棒等击打人的背、臀部或腿部，泛指拷打：～刑｜～四十大板｜殴～。❸倚仗，凭依，后作"仗"：～信以待晋。

帐(帳) zhàng ❶用纱、布等做成的帷幔：蚊～｜幔～｜～篷。❷旧同"账(賬)"：～本｜～户｜记～。☞帐/账 见1239页"账"字条。

掤 zhàng 整齐。

账(賬) zhàng ❶关于货币、财物出入的记载：～单｜记～｜结～。❷记载货币、财物出入的本子或单子：一本～。❸债；债务：欠～｜还～｜赖～。☞账/帐 古人在帐幕上记账目，故称账目为"帐"。"账"是后起字。现在用于账目、账簿、债务等义写作"账"，不写作"帐"。

胀(脹) zhàng ❶身体内壁受到压迫而产生不舒服的感觉：肿～｜肚子发～。❷膨胀，体积变大：～大｜热～冷缩。

疢 zhàng 病。

杖 zhàng 量词，长度单位"十米"的旧译写法。

釱 zhàng 同"杖"。

賬 zhàng 同"账(賬)"。

弜 zhàng 义未详。(《字汇补》)

瘬 zhàng 同"胀(脹)"。

障 zhàng ❶遮挡；阻隔：～碍｜～蔽｜垄北一岗，横～溪前。❷用以遮挡、阻隔的东西：屏～｜路～｜畦河修～。❸佛教用语，烦恼：业～｜能碍圣道，说以为～。

墇 zhàng 同"障"，阻隔：～洪水。

墭 zhàng 积沙成堆。

嶂 zhàng 像屏障一样耸立的山峰：层峦叠～。

幛 zhàng ❶幛子，上面题有词句的整幅布帛，用作庆贺或吊唁的礼物：喜～｜寿～｜挽～。❷遮蔽：以帽～面。

瘴 zhàng 同"障"。

瞕 zhàng 眼睛有白内障。

瘴 zhàng 瘴气，热带、亚热带山林中能致人生病的湿热空气或毒气。

痮 zhàng 同"胀(脹)"。

霻 zhàng 同"瘴"。

zhāo

钊(釗) zhāo ❶勉励：俯下士，无不～。❷削；磨损。❸远。

佋 ㊀ zhāo 同"昭"，宗庙排列的次序。
㊁ shào 同"绍(紹)"，介绍。

𠬝 zhāo 相背。

招 ㊀ zhāo ❶打手势致意或叫人来：～呼｜～手上车。❷用公开的方式征求：

～聘｜～兵买马｜失物～领。❸引来;逗引:～惹｜～笑｜樟树不～虫。❹承认有罪:～供｜不打自～。❺武术中的动作:～式｜一～一式。❻手段;计策:绝～｜高～｜花～。
㊁ qiáo 举:～仁义以挠天下。

㚧 zhāo 用于女子人名。

邵 zhāo［邵穆］同“昭穆”。

昭 ㊀ zhāo ❶光明:～明。❷明显;显著:～然若揭｜～示天下｜臭名～著。❸表明;显示:～雪｜以～信守｜宣～主德。❹明白;清楚:惜壅君之不～｜以其昏昏,使人～～。❺姓。❻［昭穆］1. 古代宗庙或皇族陵墓的排列次序,始祖居中,左昭右穆,以此区分长幼、亲疏:逆祀则是无～也。2. 祖先:悼丘墓之芜秽兮,恨～之不荣。
㊁ zhào 同“照”,照亮;照耀:恩～九族｜光辉～九域。

盄 zhāo 烧水或熬煮食物的器皿,又称吊子(铫子)。

皽 zhāo 同“皽”。

晁 ㊀ zhāo 同“朝”,早晨。
㊁ cháo 姓,也作“鼂(鼌)”。
㊂ zhào［晁阳］古县名,在今山东。

钊(釗) zhāo ❶镰刀:操～荷镈。❷用镰刀割。

炤 zhāo 用于人名。

皽 zhāo 皮肉上的薄膜。

盄 zhāo 同“盄”。

盄 zhāo 同“盄”。

盄 zhāo 同“盄”。

晁 zhāo 同“晁”。

朝 ㊀ zhāo ❶早晨:～霞｜～思暮想｜只争～夕。❷日;天:今～｜明～｜一～得势。❸姓。
㊁ cháo ❶臣子见君主,也指宗教徒参拜神、佛等:～拜｜～山｜～圣。❷朝廷,古代君臣议政之处:上～｜～政｜～野。❸朝代,建立国号的王朝连续执政的时期:王～｜唐～｜改～换代。❹向;面对着:～阳｜～南｜脸～外。❺朝鲜(国名,在亚洲东部的朝鲜半岛北部)的简称。❻姓。

䟴 zhāo 义未详。(《改并四声篇海》)

䎄 zhāo 箭。

朝 zhāo 同“朝”,早晨。

駋 zhāo 马名。

趙 zhāo ❶［趙趟］(-zhēng)1. 跳跃;跳跃的样子:杂队工～。2. 勇猛:百男～。❷［趙趟］(-zhèng)走路不稳。

䏲 zhāo 姓。

爥 zhāo 燃烧。

䩖 zhāo 同“朝”。

鍣 zhāo 锥。

窼 ㊀ zhāo 鸟巢。
㊁ kē 同“窠”。

䁷 zhāo ❶耳鸣。❷听觉受噪音干扰。

䵸 zhāo［蝘䵸］(yǎn-)虫名。

鍣 zhāo“鍣”的讹字。

皽 ㊀ zhāo 同“皽”,皮肉上的薄膜:去其～。
㊁ dǎn 面部皮肤病。

zháo

着 zháo 见 1298 页 zhuó。

zhǎo

爪{爪} ㊀ zhǎo ❶鸟、兽的脚趾或趾甲:鹰～｜龟～｜张牙舞～。❷人的手或指甲:手～。❸某些器物的末端或下端像爪的部分:铁锚四～皆折。
㊁ zhuǎ 同“爪㊀”:鸡～子｜狗～子｜这只铁锅有三个～儿。

叉 zhǎo 手或脚的指甲,后作“爪”。

找 ㊀ zhǎo ❶寻求;想要得到:寻～｜～水喝｜～答案。❷退回;补足:～钱｜～零。
㊁ huá 同“划”,划船。

芿 zhǎo 菜名,生于水中。

爪巾 zhǎo 帆头。(《广韵》)

瓜王 zhǎo 同"璪"。

杲 zhǎo 果木花盛开,一说"朵(朶)"的讹字。

沼 zhǎo 天然水池:池～|～泽。

豸爪 zhǎo ❶豸。(《玉篇》) ❷豾獠。(《广韵》)

璪 zhǎo 古代车盖弓端伸出的爪形部分,常用金玉装饰。

箔 zhǎo ❶竹名。❷竹的边缘。

瑵 zhǎo "璪"的讹字。

zhào

兆 zhào 同"召"。

召 ㊀ zhào ❶呼唤;招呼:～唤|～集|号～。❷引来;招致:～祸|感～。❸蒙古语译音,寺庙,多用于地名:乌审～(在内蒙古)。❹姓。

㊁ shào ❶周代诸侯国名,在今陕西。❷用于地名:～陵(在河南)。❸姓。

兆 zhào ❶古代占卜吉凶时烧灼龟甲、兽骨所成的裂纹:卜～。❷预兆,事前显露的迹象:征～|吉～。❸预示:瑞雪～丰年。❹数词。1. 指一百万。2. 古代也指一万亿。

垗{珧} zhào 同"兆"。

诏(詔) zhào ❶告;告诫:～告|～示|以～后世。❷皇帝下达命令,也指颁发的命令或文书:～焚之|密～|遗～。

陷 zhào 同"隉"。

朷 zhào 木刺。

𠦃 zhào 同"兆"。

赵(趙) zhào ❶周代诸侯国名,在今山西北部和中部、河北南部和西部一带。❷朝代名,十六国时有前赵(304-329年)、后赵(319-351年)。❸地名,指河北南部。❹姓。

赵 zhào 同"赵(趙)"。

垗 zhào ❶祭坛四周的边界。❷葬地;墓地。

狣 zhào 高大有力的狗。

庫 zhào 言语卑下。

炤 ㊀ zhào "照❶"的异体字:日月递～。
㊁ zhǎo 光。

屎 zhào 义未详。(《改并四声篇海》)

牬 zhào 姓。

笊 zhào ❶[笊篱](-li)竹篾、金属丝等编的漏勺类炊具,用以捞或滗取东西:用～捞面|用～滗滗水。❷用漏勺类炊具捞取:将笊篱～起沟内残饭。

狵 zhào 同"狣"。

肁 zhào ❶刚打开门。❷开始。

隉 zhào ❶用锹翻起板结的土壤。❷田间土埂。

挏 ㊀ zhào 刺。
㊁ zhōu ❶把重物从一侧或一端托起,或往上掀:把麻袋～到肩膀上。❷掀开;揭露:～一～他们的老底。

燛 zhào 同"照"。

棹㊀[櫂] zhào ❶船桨,也代指船:橹～|孤～|归～。❷划船:～孤舟|向邻家借了一只小船,自己～着。
㊁ zhuō ❶树名。❷同"桌",桌子:长～。
◆"櫂"另见1242页"櫂"字条。

曌 zhào 同"曌"。

旐 zhào ❶上面画有龟蛇的旗子。❷魂幡,旧时出殡时为棺柩引路的旗子。

旐 zhào 同"旐"。

羝 zhào ❶未满一岁的小羊。❷百斤左右的阉割过的羊。

昭 zhào 同"照"。

㷖 zhào 同"照"。

照[❶炤] zhào ❶光线射在物体上:～耀|日～|阳光普～。❷阳光:残～|连山晚～红。❸对着镜子看;反光

Z

物体映出：～镜子｜光可～人。❹摄影：～相｜拍～｜～了个全家福。❺照片；图像：小～｜遗～｜真实的写～。❻凭证：执～｜牌～｜护～。❼查对；对比：比～｜对～｜参～。❽知道；明白：心～不宣。❾按原样或某种要求做：～抄｜～办｜～搬。❿介词。1. 对着；向着：～靶子射击｜～着这个方向走。2. 按照：～葫芦画瓢｜～计划执行。

◆“炤”另见1241页“炤”字条。

罩{罩、罩、罩} zhào ❶捕鱼、鸟或养鸡的竹笼：笼～｜弛～出凤雏｜鸡～。❷用笼捕取：～鱼。❸覆盖；扣住；套在外面：把菜碟子～上｜外面～了件白大褂。❹像罩形的器物；穿在外面的衣物：灯～｜外～｜被～。

罹{罹} zhào 覆盖住禽鸟使不飞走，后作“罩”。

僺 zhào［僺僺］长大的样子。

羝 zhào 同“狣”。

菿 zhào［菿菜］同“焯菜”。

嘄 zhào 众声。

剹 zhào ❶大。❷同“罩”，捕鱼器。

箌 zhào 同“罩”。

艁 zhào 同“棹（櫂）”。

鮡（鮡） zhào ❶鱼名，即小鳠。❷鮡科鱼名，生活在山涧溪流中。

肇 zhào ❶同“肇”。❷戟类兵器。

肈 zhào 同“肇”。

肇 zhào ❶创始；开始：～始｜～端。❷引发；发生：～事｜～祸｜～乱。

肁 zhào 同“肇”。

晁 zhào 同“照”。

貇 zhào 豸。

燳 ㊀ zhào 火急煎的样子。
㊁ shào 积火急燃。

曌 zhào 明。

趙 zhào 同“搠”，刺。

罩 zhào 覆具。（《集韵》）

曌 zhào 同“照”。

曌 zhào 同“照”，唐代女皇武则天的名字。

曌 zhào 同“照”。

燳 zhào 同“照”。

肇 zhào 同“肇”。

肇 zhào 同“肇”。

櫂 ㊀ zhào “棹㊀”的异体字。
㊁ dí ❶树枝向上长的样子。❷盂。

曌 zhào 同“照”。

曌 zhào 同“曌（照）”。

羄 zhào ❶同“罹（罩）”，罩住禽鸟使不飞走。❷小网。

箌 zhào 同“箌（罩）”。

箌 zhào 同“罩”，捕鱼的竹笼。

鮡 zhào 同“鮡（鮡）”。

燿 zhào 同“燳”。

櫂 zhào 未燃尽的木柴。

盬 zhào 同“召”。

zhē

爹 zhē ❶父亲：高家～。❷古代对奶妈丈夫的称呼：阿～｜国～。

蜇 ㊀ zhē ❶毒虫叮咬或刺：黄蜂～人｜手被蝎子～了。❷刺痛；刺激：药水～伤口｜味道～眼睛。
㊁ zhé 水母，指海蜇，腔肠动物，生活在海中。

儦 zhē［儦㑩］（-luó）健而不德。（《广韵》）

遮 zhē 同“遮”。

遮 zhē ❶挡住；拦住：～挡｜～阳｜青山～不住，毕竟东流去。❷掩盖；掩饰：

～掩｜～丑｜～人耳目。❸代词,这:～个(箇)｜～里。

遮 zhē 同“遮”。

嫬 zhē 用于女子人名。

嗻 zhē［吱嗻］急走喘息的样子。

嗻 zhē 同“嗻”。

蟼 zhē 同“蜇”。

蟅 zhē 同“蜇”。

蠚 zhē［蠚鼞］(-zhé)也作“鼞蠚”。1. 有仪表。2. 做事轩昂太过:那厮常好是忒～。

zhé

乇 ㊀ zhé 草叶。
㊁ tuō ❶同“托”,委托。❷今作“托”,量词,压强的计量单位。

厇 zhé 开;张。

芼 zhé 药草名。

犵 zhé［犵狢］(-mò)同“馲駱”,骡类动物。

折 ㊀(❸❼❽摺) zhé ❶断;弄断:骨～｜～断。❷失败;损失:挫～｜损兵～将。❸弯曲;回转:曲～｜～射｜～返。❹佩服:～服｜令人心～。❺抵换;对换:～价｜将功～罪。❻按成数减价:打七～｜不～不扣。❼叠;对叠:～叠｜～椅。❽用纸叠起来的本、册:存～｜奏～。❾汉字的一种笔画,形状是“㇖、㇆、㇄”等。❿姓。
㊁ shé ❶断:绳子～了｜把树枝压～了。❷亏损:～本生意。
㊂ zhē 翻转;倒腾:～腾｜～跟头。
◆“摺”另见1244页“摺”字条。

耴 zhé 耳朵下垂。

乇 zhé 塞。

矺 ㊀ zhé ❶敲;击:～鼠。❷同“磔”,古代分裂肢体的酷刑:～死。
㊁ dā 拟声词,掷物于地声。

歽 zhé 也作“折”,夭折;夭亡。

牆 zhé 版。

䂞 zhé 同“矺”。

砓 zhé 义未详。(《改并四声篇海》)

砓 zhé 山势陡恶、重叠的样子。

虴 zhé ❶［虴蜢］(-měng)蚱蜢。❷［虴蛨］(-mò)灰蚱蜢,也指螽斯。

粍 zhé ❶屑米做成的饭食。❷黏。

㪿｛𣂷、𣃁｝ zhé 同“折”。

扻 ㊀ zhé(又读niè)拈取。
㊁ dié 打。

埑 zhé 同“哲”。

㪿 zhé 用于人名:李～(明代朝鲜国王名)。

哲［喆］ zhé ❶贤明;有智慧:～人｜～士｜知人则～(了解他人,自己也就聪慧了)。❷贤明的人;有智慧的人:先～｜前～｜圣～。❸哲学(研究自然、社会和思维发展的最一般规律的科学)的简称:文、史、～。
◆“喆”另见1244页“喆”字条。

菥 zhé 断草。

茸 zhé 小叶。

梼 zhé 蚕箔搁架的横挡。

幁 ㊀ zhé 衣领端部。
㊁ jiē 衣衿。

囸 zhé［囸囸］坚硬的样子。

豻 zhé 同“馲”。

挐 zhé 同“搩”,用手度量物体。

粍 ㊀ zhé“粍”的讹字。
㊁音未详。同“粴”。

袩 zhé ❶衣襟。❷同“䙃(幁)”,衣领端部。

㛸 zhé 用于女子人名。

㛸 zhé［㛸嫅］(-shà)女子不好的样子。

埠 zhé 同“磔”。

哲 zhé（又读 zhì）❶ 光亮；明亮：明星～～｜庭燎～～。❷ 明察；明智：昭～｜辨～至当。

悊 zhé ❶ 敬重；尊敬：召而～之。❷ 同"哲"，有智慧：知人则～。

椰 ㊀ zhé 树的小叶子。
㊁ dié［椰樱］（-xiè）蘑菇。

辄（輒）［輙］ zhé ❶ 古代车箱左右两侧的板。❷ 专擅；擅自：专～。❸ 副词，总是；就：动～得咎｜浅尝～止。

晣 zhé 同"哲"。

㬤 zhé 同"哲"。

㡇 zhé "㡇"的讹字。

㖶 zhé 同"哲"。

㺪 zhé 狗竖起耳朵的样子。

喆 zhé ❶ "哲"的异体字。❷ 用于人名。

蛰（蟄） zhé ❶ 动物冬眠，潜藏起来不食不动：入～｜～伏｜～虫始振。❷ 冬眠的动物：惊～｜～启于春霆。❸ 比喻人隐居而不出头露面：～居｜深～｜～处乡僻。

詟（讋） ㊀ zhé ❶ 恐惧；使惧怕：～服｜北～群夷。❷ 禁忌：因其资以～之。
㊁ tà 通"譶"，多言，话多：～谆。

㖿 zhé 同"晣(哲)"。

㪿 zhé 同"折"。

䐑 zhé "䐑"的讹字。

䐑 zhé "䐑"的讹字。

䐲 zhé 同"䐑"。

㔭 zhé 治皮。

庴 zhé 房屋不高的样子。

䙷 zhé 同"㡇"。

馲 ㊀ zhé［馲駞］（-mò）骡类动物。
㊁ tuō［馲驼］骆驼。

㙷 zhé 同"磔"。

嗫（囁） ㊀ zhé 话多。
㊁ niè［嗫嚅］（-rú）1. 说话吞吞吐吐的样子：口将言而～。2. 话多；窃窃私语：喜～而妄作。

䜣 zhé 同"䜣(折)"。

䈂 zhé 一种粗竹席。

䇊 ㊀ zhé 同"䎡"。
㊁ niè 同"笒(籋)"，竹钳，夹取东西的器具。

䐑 zhé 切成的薄肉片。

㵭 zhé 土壤得到水分。

谪（謫）［❶❷讁］ zhé ❶ 责备；谴责：指～｜内外交～。❷ 罚罪，古代官吏因罪被降职或流放：贬～｜～迁｜～居。❸ 罪；过失：善言无瑕～｜人多～过。❹ 天象变化，引申为变异：庚午之日，日始有～｜同～见于天文。

䨲 zhé 同"哲"。

㩾 zhé 同"磔"。

摺 ㊀ zhé "折㊀❸❼❽"的繁体字。
㊁ lā 同"拉"，摧折：折胁（脅）～齿。

嘀 ㊀ zhé 同"谪(謫)"。
㊁ dí［嘀咕］1. 小声私语：背后～｜～什么呢？2. 犹疑不定：心中直～｜别犯～了，想干就干。
㊂ dī 用于拟声词：～嗒（钟表摆动等声音）。

䜣 zhé 同"䜣(折)"。

䐲 zhé 弯曲的肉干。

䭾 zhé［䭾驝］（-mò）也作"馲駞"，哺乳动物。

㩾 zhé 同"磔"。

䃎 zhé "磔"的讹字。

慹 ㊀ zhé 不动的样子。
㊁ shì 情态。

㯰 zhé 搁架蚕箔的柱子。

磔 zhé ❶ 禳祭，古代分裂牲体以祭祀鬼神：九门～禳｜烦汝为攘～。❷ 车裂，古代

分裂肢体的酷刑，也指陈尸于市：恨不得～裂奸贼于都市，以谢天地！❸张开：张～网罗。❹书法术语，汉字的一种笔形，即捺：波～|为波必～。

喆 zhé［嘲喆］也作“嘲哳”“嘲唽”，拟声词，繁杂而细碎的声音。

噭 zhé 话多；唠叨。

銸 ㊀ zhé 铁钳、火夹类工具。
㊁ niè 拔去毛发，后作“镊(鑷)”。

䐲 zhé ❶肉半生半熟。❷切成薄片的肉：狗～。

鞳 zhé 义未详。(《改并四声篇海》)

檄 zhé 枣树。

碍 zhé 义未详。(《改并四声篇海》)

辙(轍) zhé ❶车轮压过的痕迹：车～|重蹈覆～。❷道路：当～|顺～儿|更弦易～。❸歌词、戏曲、杂曲所押的韵：合～|十三～。❹办法；主意：想～|没～。

闒 zhé 城门闸板。

蜇 zhé 有毒腺的昆虫蜇人或牲畜。

蠂 zhé 同“虴”。

曒 zhé 明。

慹 zhé 同“慹”，不动的样子。

𥨍 zhé ❶洞穴。❷兔窟。

䎛 zhé 竖起耳朵的样子。

䎗 zhé 耳朵。

橞 zhé 同“杔”。

踁 zhé 同“蹑”。

蹀 zhé 同“磔”。

蹛 zhé 同“磔”。

䲟 zhé 治皮。

糲 ㊀ zhé ❶黏；粘。❷抟。
㊁ chè［糲糠］(-chù)坏米。

喆 zhé 同“哲”。

嚞 zhé 同“哲”。

讋 zhé［讋讘］(-niè)1. 话多。2. 拾人话柄。

蜇 zhé 虫名。

蹀 zhé “蹀(磔)”的讹字。

鮿 zhé ❶剖开晾干的鱼。❷鮿鱼，即鳑鲏。

讘 ㊀ zhé 言疾，说话急。
㊁ niè 同“讘”，多言。

徹 zhé 衣服破烂。

讋 zhé 同“讋”。

蹾 ㊀ zhé 同“辙(轍)”，车轮辗过的痕迹：绝尘弭～。
㊁ chè 同“彻(徹)”，贯通。

蟄 zhé 同“蛰(蟄)”。

謫 zhé 同“謫(谪)”。

讋 zhé 同“詟(讋)”。

轍 zhé 同“辙(轍)”。

埇 zhé 同“甎”。

驔 zhé 哺乳动物。

蹑 zhé 豆。

獵 zhé 同“獵”。

櫜 ㊀ zhé 风吹树叶摇动的样子。
㊁ shè 同“欇”。

甎 zhé 盆类器皿。

轍 zhé 同“辙(轍)”。

躈 zhé 同“蹾(辙，轍)”。

櫜 zhé 风吹禾动的样子。

黐 ㊀ zhé ❶黏饭。❷黏。❸黏的样子。
㊁ zhí 黏黐。(《广韵》)

襵 zhé ❶(又读 zhě)衣裙、头巾等的皱褶：裙～|左右各三～。❷折叠：～叠。

❸同"輒",衣领端部。

貗 zhé ❶良猪。❷古代梁州对猪的称呼。

讋 zhé[讋讋](-zhē)同"讋讋"。

讋 zhé 唠叨;话多。

zhě

者 zhě ❶代词,这;此:～番望月月才圆|那边走,～边走,莫厌金杯酒。❷助词。1.表示语气完毕或停顿:人之疾病,希有不由风湿与饮食～|陈胜～,阳城人也。2.构成"者"字结尾的短语,表示人、事、物、时间等:读～|危～|为饮器～|古～。3.指代上文说的事:三～缺一不可|其危害性远大于前～。

啫 zhě ❶[啫喱](-lí)从天然海藻或某些动物皮、骨中提取制作的胶性物质,可用作糖果、点心和某些化妆品的原料,也指果冻(用水果汁和糖加工而成的半固体食品):～膏。❷助词,表示肯定、劝告等语气:唔系(係)～(不是的)。

赭 zhě ❶红土:上有～者,下有铁。❷古代用以饰面的红色颜料:赫如渥～。❸红褐色:～石|～袍。❹裸露;光秃:～其山|群山尽～。

䮶 zhě 马名。

zhè

这(這) ㊀zhè ❶代词。1.指称比较近的人、事物等:～人|～辆车|～件事。2.这时候,指说话的同时:饭～就好了|我～就走。❷金、元曲里的衬字,无实义:兀的不青天～白日|小生也非干(乾)的～病酒。
㊁zhèi 同"这(這)㊀❶1",用于口语:～个|～些|～三年。

柘 zhè ❶落叶灌木或小乔木,茎皮可造纸,根皮可供药用,木汁可染赤黄色。❷柘黄,用柘木汁制成的黄色颜料,也指赤黄色,多用为帝王服色:～袍。

㭙 zhè 同"柘"。

䂞 zhè 义未详。(《龙龛手鉴》)

浙[淛] zhè ❶浙江,古水名,即今钱塘江,发源于安徽,流至浙江省入杭州湾。❷浙江省(行政区划名)的简称:～赣线|江～一带。

胻 zhè ❶[胼胻](píng-)同"胼臜",油脂,也专指牛羊的油脂。❷胬皮。

䗪 zhè 肉羹类食品。

晬 zhè 日赫。(《集韵》)

淛 zhè 同"淛(浙)"。

睹 zhè 同"蔗"。

蔗 zhè 甘蔗,一年或多年生草本植物,茎是主要的制糖原料。

嗻 ㊀zhè ❶抢白,用言语阻止别人说话。❷叹词,旧时奴仆的应诺声,表示"是":早有两三个家人答应了一声"～",走进来垂首伺候。
㊁zhē[啅嗻](chē-)见99页"啅"字条。
㊂zhe 助词,表示语气:陈老儿去了,小姑姑好～。

臜 zhè "臜"的讹字。

䆗 zhè 同"柘"。

樜 zhè 同"樜"。

樜 zhè 同"柘",落叶灌木或小乔木。

䗪 zhè[肝臜](gān-)见276页"肝"字条。

臜 zhè "臜"的讹字。

臜 zhè 胬皮。(《篇海类编》)

臜 zhè[胼臜](píng-)见720页"胼"字条。

鹧(鷓) zhè[鹧鸪](-gū)又称越雉,鸟名。

蹠 zhè 同"蔗"。

螷 zhè 同"蟅"。

蟅 zhè ❶[蟅蜢](-měng)蚱蜢。❷同"䗪"。

䗪 zhè 地鳖,又称土鳖,昆虫,可供药用。

䗪 zhè[石䗪]又称石皮、石韦,药草名。

䵭 zhè 黑色。

zhe

着 zhe 见 1298 页 zhuó。

嚍 zhe 助词，表示语气。

zhēn

圳 zhēn［圳鄩］(-xún)也作"斟鄩""斟寻"，古国名；古地名。(《玉篇》)

贞(貞) zhēn ❶占卜；问卦：～卜。❷坚定；有节操：坚～｜忠～。❸旧指女子不改嫁、不失身的道德观念：～洁｜女～｜～节。

抌 zhēn ❶［抌鄩］(-xún)同"圳鄩"。❷涵洞：穿～于堤之下。

埍 zhēn 同"抌"。

针(針)[鍼] zhēn ❶缝织引线用的细长工具：缝衣～｜穿～引线｜～锋对麦芒。❷细长像针形的东西：松～｜秒～｜曲别～。❸注射用的针形器或医药针剂：～管｜打～｜防疫～。❹缝；刺：鹑衣寸寸～｜～之立死。❺中医用针刺治疗：～灸｜～砭｜～术。

◆"鍼"另见 1249 页"鍼"字条。

圁 zhēn 光。

侦(偵)[遉] zhēn(旧读 zhēng)探听；暗中察看：～探｜～查｜～缉。

刬 zhēn 刀。

珍[珎] zhēn ❶珠玉之类的宝物，泛指宝贵的东西：～宝｜山～海味。❷贵重的；宝贵的：～产｜奇～异兽。❸重视；看重：～视｜～惜｜～重。

枓 zhēn 同"斟"。

囸 zhēn 用于宋代科举取士编号。

帧(幀) zhēn(旧读 zhèng)❶画幅：装～(书、画等的装潢设计)。❷量词，幅，用于照片、字画等：一～旧照｜两～油画。

峥 zhēn 同"帧(幀)"，画幅：画～。

浈(湞) zhēn(旧读 zhēng)浈江，水名，在广东。

真{眞} zhēn ❶本质；本性：谨守而勿失，是谓反其～｜返璞归～。❷固有的；本来的：不识庐山～面目。❸真实不假，跟客观事物相符合：～迹｜～相｜千～万确。❹清楚；显明：听得～｜看得～。❺人的肖像或物的本样：写～｜传～。❻道家称修真得道或成仙的人：寻～误入蓬莱岛｜～人｜双～。❼真书，即楷书，汉字的一种字体：～草隶篆。❽副词，的确；实在：～好｜～高兴｜时间过得～快。

框 zhēn 同"桭"。

桢(楨) zhēn ❶一种木质坚硬的树。❷树木，即女贞，常绿灌木或乔木。果实称女贞子，可供药用。❸古代筑墙时竖立在两端的木柱，比喻主干、支柱：～干｜基～。

砧[碪] zhēn ❶捣衣石：～杵。❷捣衣声：遥听远村～。❸锻造时垫在下面的工具，用铁铸成：锻～｜铁～。❹切菜、肉等垫在下面的东西，多为木制：肉～｜～板。❺泛指垫在物体下部的东西：门～｜～木。

◆"碪"另见 1248 页"碪"字条。

砛 ㊀ zhēn ❶粗磨刀石。❷石不平的样子。❸［砛砛］(-zhēn)吃力的样子。㊁ zhěn 在河岸堆积石头。

帪 zhēn ❶口袋。❷饲马用的口袋。

钤(鈐) ㊀ zhēn 同"珍"，珍宝。㊁ zhèn 同"镇(鎮)"，压：以侧石～压。

䂦 ㊀ zhēn 古山谷名。(《玉篇》)㊁ jí(又读 jué)❶同"䂦"。❷同"㑺"，疲倦，一说极度疲劳。

祯(禎) zhēn(旧读 zhēng)吉祥；吉兆：～祥｜钻东龟以观～。

桭 ㊀ zhēn 屋檐。㊁ chén 两柱之间。

璽 zhēn 同"珍"。

斱 zhēn 同"酙"。

酙 zhēn 同"斟"。

硢 zhēn 同"砛"。

㒹 zhēn 同"真"。

亲 ㊀ zhēn 同"榛"，果木名。㊁ zhěn 草木众齐。

斟 zhēn 同“斟”。

葴 ㊀ zhēn ❶马蓝，多年生草本植物，叶、根和根茎可供药用。❷蒹蒋。
㊁ qián 也作“鍼”，用于人名：～虎（春秋时秦国人）。

蕈 zhēn［蕈蕈］也作“蓁蓁”，妇女头上戴着多件首饰的样子。

貞 zhēn 同“贞（貞）”。

賔 zhēn 人名。（《集韵》）

搸 zhēn ❶聚；聚集：地～园秃。❷拟声词，琴瑟声等：其声俱～～然。

竧 zhēn 品行纯正，不染邪曲。

蓁 ㊀ zhēn ❶［蓁蓁］（-zhēn）1.草木繁盛的样子：其叶～。2.积聚的样子：蝮蛇～。3.妇女头上戴着多件首饰的样子。❷通“榛”。1.丛生的荆棘：逃于深～。2.落叶灌木或小乔木：夜雨冈头食～子。
㊁ qín 草名。

斟 zhēn ❶往杯、碗等容器里倒（酒或茶）：～酒｜～茶｜自～自饮。❷［斟酌］思量；考虑：～办理。

蒖 zhēn 蒖荚的种子。

椹 ㊀ zhēn 同“椹”，引申为砧板：木～｜铁～。
㊁ shèn ❶同“葚”，桑树果实。❷用于地名：～涧（在河南）。

甄 zhēn ❶制作陶器：～陶。❷制作陶器所用的转轮：陶之在～。❸考察；识别：～其德｜～别｜～名理。❹选拔；选取：～拔｜～采｜～举数条。❺昭显；表彰：～勒勋绩｜～明旧仪。❻姓。

嵘 zhēn 用于地名：～屿（在福建）。

愼 zhēn［愼愼］仁厚。

獉 zhēn［獉狉］（-pī）也作“狉獉”“榛狉”，文化未开的原始景象：～之地｜～之族｜东南大海，海岛上都是獉獉狉狉的人。

溱 ㊀ zhēn ❶古水名。1.在今湖南。2.又称溱头河，今作“臻头河”，在河南。❷［溱溱］（-zhēn）众多；繁盛：室家～｜物出～。
㊁ qín 用于地名：～潼｜～东（均在江苏）。

嫃 ㊀ zhēn 用于女子人名。
㊁ zhěn 谨慎。

瑧 zhēn 同“臻”。

覘 ㊀ zhēn（旧读 chèng）❶传递情报。❷同“侦（偵）”，刺探情报。
㊁ chēng 同“竀”，正视。

蔵 zhēn 同“葴”，即蒹蒋。

榛 zhēn ❶榛子，落叶灌木或乔木，果实可食或榨油。❷丛生的树木：～莽｜～卉。❸［榛榛］树木丛生的样子：草木～。

甄 zhēn “甄”的讹字。

碪 ㊀ zhēn “砧”的异体字。
㊁ ǎn［碪硶］（-è）山高峻的样子。

磸 ㊀ zhēn ❶石山。❷石。
㊁ yīn 用于地名：～山｜～水。

殝 zhēn ❶尽。❷死。

諶 zhēn 坐立不动的样子。

禛 zhēn 以真诚感动神灵而得到福佑。

幀 zhēn 同“帧（幀）”。

幨 zhēn 同“幀（帧，幀）”。

箴 zhēn ❶缝衣或针灸治病用的工具，后作“针（針）”：纫～请补缀｜～石。❷规劝；告诫：～规｜～诫｜～言。❸古代一种文体，用以规诫：《虞～》｜乃以～、论、表、赞代诗、赋。

濊 zhēn 同“葴”，草名，酸浆草。

澘 zhēn 同“溱”，古水名，在今河南。

蓁 zhēn 同“蓁（榛）”。

藪 zhēn 又称豕首，即天名精，多年生草本植物，果实可供药用。

槇 zhēn 同“榛”。

臻 zhēn ❶至；达到：渐～佳境｜日～完善｜舟车所～，足迹所及，莫不被泽。❷来；来到：百福俱～。❸周到；完备：礼貌～备｜体面有些不～。

簎 zhēn ❶竹名，箭竹的一种，可做箭杆。❷器名。

鎭 zhēn 同“珍”。

澵 zhēn 古水名，约在今河南。

甄 zhēn 同“甄”。

蓁 zhēn 同“臻”。

蓁 zhēn 同“榛”。

榛 zhēn 同“榛”。

轃 zhēn ❶古代车箱板的衬垫。❷通“臻”，至；到：未～｜既～。

輤 zhēn 同“轃”。

稹 zhēn “槇”的讹字。

鍼 ㊀zhēn “针(鍼)”的异体字。
㊁qián ❶钳；夹取。❷春秋时卫国地名，在今河南。❸姓。

搸 zhēn 同“搸”。

籈 ㊀zhēn 古代敲击敌用的木板。
㊁jiān 竹器。

樼 zhēn 同“榛”。

幀 zhēn 同“帧(幀)”。

鱵 zhēn 同“鍼(针，鍼)”。

鸃(鸃) zhēn［鸃鹚］(-cí)水鸟名。

窸 zhēn “幀”的讹字。

鱵 zhēn 同“鸃(鸃)”。

鑶 zhēn 同“鍼(针，鍼)”。

鱵 zhēn 同“鱵”。

鷏 zhēn 同“鸃(鸃)”。

鱵 zhēn 鱵鱼，也作“针鱼”，生活在近海和河口。

zhěn

㐱 zhěn 同“鬒”。

㐱 zhěn 小鸟展开新生羽毛学飞的样子。

沴 zhěn 义未详。(《龙龛手鉴》)

彡 zhěn 同“㐱(㐱)”。

㐱 zhěn 同“㐱”。

劧 zhěn 用力。

诊(診) zhěn ❶察验；查考：群臣怪而～之｜～于人情。❷看病，检查病情：～疗｜～断｜确～。❸症状；征兆：～发乎面｜此天地之危～也。

劶 zhěn 用力。

抮 zhěn 扭转；旋转：千变万～。

枕 ㊀zhěn ❶枕头，睡卧时垫头的用具，泛指垫着的东西：高～无忧｜未敢安～｜～木。❷用头倚靠：～枕头｜～戈待旦｜～着沙发扶手。❸临；靠近：南近诸越，北～大江。❹姓。
㊁chén ❶拴牛的木桩。❷钓樟，又称乌樟，樟树的一种。

杺 zhěn 同“枕”。

殳 ㊀zhěn 同“扰”，击；深击。
㊁qín 治理；禁止。

弫 zhěn 弓强劲有力。

轸(軫) zhěn ❶古代车箱后边的横木，也指车箱底部四面的横木，引申为车：车～｜雕～｜连～而还洛。❷沉痛；悲痛：～怀｜～悼｜～恤。

昣 zhěn 同“昣”。

眕 zhěn 明亮。

胗 zhěn 同“胗”。

胗 ㊀zhěn ❶嘴唇溃疡：唇～。❷同“疹”，皮肤上起的小疙瘩，多为红色：肌肉～发。❸同“诊(診)”，诊断：～视。
㊁zhēn 鸟类的胃：鸡～｜鸭～。

弫 zhěn 弓强劲有力。

毶 zhěn 毛发整齐的样子。

姫 zhěn 谨慎。

眡 zhěn 同“眡(昣)”。

砛 zhěn 石头密集堆积的样子，一说同“碜”。

Z

眕 zhěn ❶ 自重;抑制。❷ 看。

昣 ㊀ zhěn 明。
㊁ mí 同“瞇(眯)”,眼睛小的样子。

畛 zhěn 同“畛”。

畛 zhěn ❶ 田间小路:长～徘徊。❷ 界限:有～|无～。

疹 ㊀ zhěn ❶ 皮肤病变而起的小疙瘩,多为红色:湿～|麻～|疱～。❷ 病:旧～|思百忧以自～。❸ 嘴唇溃疡,也作“胗”。
㊁ zhèn(又读 chèn)同“疢”,热病。

袗 zhěn ❶ 衣纯色:兄弟毕～玄。❷ 华美:～衣。❸ 穿衣:～却寒之裘。

㐱 zhěn 屋宇。

聄 zhěn 同“聄”。

聄 zhěn ❶ 听。❷ 向鬼神告祭,也作“畛”。

眡 zhěn 同“聄”。

趻 zhěn 同“昣”。

眐 zhěn 同“畛”。

紾 zhěn ❶ 扭转,引申为变化:～兄之臂而夺之食|千变万～。❷ 缠结:菱杼～抱。❸ 单衣:～絺避暑。

軫 zhěn 同“轸(軫)”。

軫 zhěn 同“轸(軫)”。

彰 zhěn “鬒”的讹字。

眡 zhěn 同“胗”。

䏦 zhěn 同“畛”。

躲 zhěn 身体端正。

覙 zhěn 同“诊(診)”,察看;验证。

䐦 zhěn 同“胗”。

覙 zhěn 同“覙”。

訡 zhěn 同“诊(診)”。

訡 zhěn 同“诊(診)”。

詠(𧬈) zhěn 同“诊(診)”。

裖 zhěn ❶ 同“袗”。❷ 重叠地紧密堆积在一起:～陈硊硊|槩石～崖。

戡 zhěn ❶ 捣石。❷ 同“抌”,击;搏:～之。

戡 zhěn 同“戡”。

瘢 zhěn 同“胗”,唇疡。

煩 ㊀ zhěn 枕骨。
㊁ dǎn[顲煩](lǎn-)丑。
㊂ dàn[煩顲](-hàn)痴呆的样子。

頏 zhěn 同“煩”。

鬒 zhěn 同“鬒”。

鬒 zhěn ❶ 羞惭。❷ [鬒鬒](-lǐn)1. 处事谨慎,不形于色。2. 头发稀疏的样子。

頽 zhěn 同“须(鬒)”。

頽 zhěn 同“鬒”。

鬒 zhěn 白发长。

駗 zhěn 同“駗”。

駗 zhěn ❶ [駗驙](-zhān)马负重而行走吃力。❷ 马色。

稹 zhěn ❶ 禾苗稠密,引申为草木丛生:樸、杞～薄于浔涘。❷ 细密:～理而坚。

鎭 zhěn 挖土或铲物的工具。

潫 zhěn 水流急。

觼 zhěn 角齐。

瘮 zhěn 同“疹”。

磩 zhěn 用石捶击。

䫬 zhěn 大笑的样子:～然而笑。

鬒 zhěn 头发黑而密。

顲 zhěn 同“顲”。

顲 ㊀ zhěn ❶ 头形尖而长。❷ 低头的样子。

㊁ qǐn 懦劣。(《集韵》)

黰 zhěn 同“黰”,衣物、粮食发霉而生的黑点。

黰 ㊀ zhěn ❶ 黑而美的头发:～黑|～发。❷ 黑;黑的样子:～漆。❸ 衣物、粮食发霉所生黑点。

㊁ yān 染色黑。

轃 zhěn ❶ 同“轸(軫)”,古代车箱后边的横木。❷ 车迹。

zhèn

圳 ㊀ zhèn 田间水渠,多用于地名:开～要修|～口(在江西)|深～(在广东)。

㊁ quǎn 同“甽(畎)”,田间小沟:掘～。

阵(陣) zhèn ❶ 军队的行列或作战队形,引申为群、伙:摆好～势|一字长蛇～|雁～。❷ 阵地;战场:～亡|上～杀敌|严～以待。❸ 量词,用于阶段性的事物、动作等:一～风|一～寒|～～掌声。

宊 zhèn 深。

阵 zhèn 同“阵(陣)”。

纼(紖) zhèn ❶ 穿在牛鼻上用以牵引的绳,泛指牵牲口的绳:执～。❷ 牵引灵车的大绳:不得举其～。

杋 zhèn 树名,灰可染色。

朋 ㊀ zhèn ❶ 伤痕。❷ 急遽。

㊁ yǐn 背脊肌肉。

抻 zhèn ❶ 赈济;救济。❷ 擦拭;擦干:乃沐栉,～用巾。

眲 zhèn ❶ 怒视。❷ 眼珠。

侲 ㊀ zhèn 儿童,特指用来驱鬼的童男、童女:～子。

㊁ zhēn 养马人。

瓞 zhèn 青皮瓜。

瓞 zhèn 同“瓞”。

鸩(鴆)[酖] zhèn ❶ 传说中的毒鸟,用其羽毛泡酒能毒死人。❷ 毒酒:饮～而死。❸ 用毒酒害人:～杀。

◆ “酖”另见168页“酖”字条。

絼 zhèn 同“纼(紖)”。

朕{朕} zhèn 登升。

振 ㊀ zhèn ❶ 救;拯救:～乏绝。❷ 奋起;兴起:～奋|萎靡不～|～兴中华。❸ 摆动;挥舞:～动|～幅|～臂高呼。❹ 通“震”。1. 震动;震撼:惊风～长道。2. 惊惧;惊恐:诚～畏慕大王之威|臣下～恐,不知所措。

㊁ zhēn[振振](-zhēn)1. 群飞的样子:～鹭。2. 盛大的样子:均服～。3. 仁厚的样子:～薛公。

栚 zhèn ❶ 搁架蚕箔的横木。❷ 常绿灌木或小乔木,果实可榨油,根、叶、花可供药用,木材可制器具。

跈 zhèn 同“踬”。

唇 zhèn 惊,也作“唇”。

剢 zhèn 同“朋”。

昚 zhèn 义未详。(《改并四声篇海》)

朕 zhèn ❶ 船缝,泛指缝隙:出无间,入无～。❷ 形迹;预兆:变化～迹|莫测其～。❸ 代词,我,我的,自秦始皇起专用作皇帝的自称:～皇考曰伯庸|～思天下事,丙夜(三更时)不安枕。

扆 zhèn 同“振”。

楁 zhèn 同“榐”,树名。

榺 zhèn 同“栚”。

唇 ㊀ zhèn 惊。

㊁ chún 同“唇(脣)”。

眹 zhèn ❶ 眼珠;瞳仁:目～。❷ 征兆;迹象:忽来倏去,孰睹其～。

赈(賑) zhèn ❶ 富裕;富饶:乡邑殷～|隐～流溢。❷ 以财物救济:～济|～灾|～款。

塍 zhèn 同“朕”。

旇 zhèn 同“阵(陣)”。

旇 ㊀ zhèn 同“陈(陳)”“阵(陣)”。

㊁ shēn 同“绅(紳)”。

揕 zhèn ❶ 刺:持匕首～之。❷ 击:奋拳～其顶。

賑 zhèn 同“赈(賑)”。

賑 zhèn 同“赈(賑)”。

眹 zhèn 同“朕”。

舼 zhèn 同“朕”。

寊 zhèn 同“宸”。

䧴 zhèn 同“鸩(鴆)”。

陣 zhèn 同“阵(陣)”。

鋴 zhèn 同“镇(鎮)”。

㴨 zhèn 水流动的样子。

䪴 zhèn 弹。

絼 zhèn 同“纼(紖)”。

桭 zhèn ❶同“栚”。❷同“栚”，搁架蚕箔的横木。

輾 zhèn 同“震”，震惧：～小变。

踬 zhèn 震动；振动。

㭙 zhèn 同“㨋(振)”。

艕 zhèn 同“朕”。

艌 zhèn 同“朕”。

䛙 zhèn 同“震”，震动：不～不止。

鴧 zhèn 同“鸩(鴆)”，鸟名。

鞕 zhèn 义未详。(《改并四声篇海》)

䩶 zhèn 义未详。(《改并四声篇海》)

震 zhèn ❶雷；雷击：大雨～电｜～夷伯之庙。❷振动；撼动：～荡｜～撼｜威～四方。❸地震：～源｜抗～救灾。❹惊恐等过度的情绪：～惊｜～恐｜～怒。❺威严：玩则无～｜其子何～之有？❻八卦之一，代表雷。

镇(鎮){鎭} zhèn ❶压，引申为压制、抑制、镇压：～纸｜～痛｜～服。❷安抚；安定：～静｜～定｜～国家，抚百姓。❸用武力守卫，也指守卫的地方：～守｜坐～｜重～。❹较大的集市：～东头｜近村远～。❺行政区划单位，一般由县级领导：乡～｜～政府。❻把饮料、水果等放入冰箱或跟冰、冷水放在一起使凉：冰～啤酒｜把西瓜～一～再吃。❼副词，时常；终日：十场～赢八九｜～相随，莫抛躲。

㨋 zhèn 同“振”。

鋴 zhèn 同“镇(鎮)”。

䪼 zhèn 丑的样子。

煩 zhèn 同“鸩(鴆)”。

黰 zhèn ❶同“黕”。❷赤黑色。

樼 zhèn 同“桭(栚)”。

顠 ㊀ zhèn 丑的样子。
㊁ cén［顲顠］(lín－)见 578 页“顲”字条。

霃 zhèn 云。

黰 zhèn 同“黰”。

黰 zhèn 长霉发黑。

纆 zhèn 同“纼(紖)”。

鷐 ㊀ zhèn 同“鷏”，鹭群飞。
㊁ chén［鷐风］也作“鷐”，即鹯，鹰类鸟。

霴 zhèn 同“霃”。

鷏 zhèn ❶鸟群飞的样子。❷白鹭，鸟名。

震 zhèn 同“震”。

霴 zhèn 同“震”。

zhēng

争{爭} zhēng ❶力求获得或达到，不退让：～夺｜～取｜～先恐后。❷意见冲突：～吵｜～论｜～端。❸代词，表示疑问，怎么；如何：～不｜～知｜～奈。

延 zhēng 同“证(征)”。

佂 zhēng［佂伀］(－zhōng)惊恐慌忙，手足无措的样子。

证 zhēng 同“征”。

Z

事 zhēng 同“争”。

𠄢 zhēng 同“争”。

帧 zhēng 箭靶。

征（❸-❻徵） zhēng ❶远行：长～｜～途｜～帆。❷出兵讨伐：～讨｜出～｜南～北战。❸由国家召集或收用：～兵｜～税｜应～入伍。❹寻求，希望得到：～求｜～文｜～稿。❺证明：有实物可～｜清定海内，信有～矣。❻迹象；现象：特～｜～兆｜～候。☞征(徵)/证/症 见1256页“证”字条。

◆“徵”另见1254页“徵”字条。

郑 zhēng 古国名。(《玉篇》)

怔 ㊀ zhēng［怔忪］(-zhōng)惊惧；惶恐。㊁ zhèng 发愣；发呆：发～｜～了半天也没答上来｜他听了问话，～了一～。

姃 zhēng ❶女子容貌端庄。❷用于女子人名。

朿 zhēng 同“争”。

埩 zhēng 开垦土地；耕种。

挣 zhēng 见1256页 zhèng。

苧 zhēng［苧薴］(-níng)草杂乱的样子。

菉 zhēng 同“蒸”。

唪 zhēng［唪嚶］(-yíng)蝉鸣声哀婉：吐～之哀声。

峥{崢、崝、崻} zhēng［峥嵘］1. 山石高峻：山势～｜～怪石。2. 不平凡；不寻常：头角～｜～岁月。

徰 zhēng 行不正。

脏 zhēng 煮鱼；煎肉。

狰{猙} zhēng ❶传说中的动物，像豹，一只角，五条尾。一说飞狐。❷［狰狞］(-níng)(模样)凶恶可怕：面目～。

烓 zhēng［烓爚］(-yuè)爍。

眐 zhēng ❶独视的样子。❷［眐眐］独行的样子。

钲（鉦） zhēng ❶古代乐器。1. 又称丁宁，像钟，口朝上，有长柄，行军中手执击打。2. 像铜锣，悬挂起击打。❷钟体正面偏上的部位。

箏 zhēng “筝”的讹字。

腈 zhēng 脚跟筋。

脛 zhēng 同“胥”，熟。

烝 zhēng 同“烝”。

祉 zhēng［祉松］(-zhōng)幼儿衣服。

胥{脀} ㊀ zhēng ❶把熟肉盛入鼎俎。❷盛在俎内的熟肉。❸熟。㊁ zhèng［䏲胥］(xìng-)见1068页“䏲”字条。㊂ chéng 愚笨；痴呆。

烝 zhēng ❶火气或热气上升，后作“蒸”：熏～。❷冬季祭祀名，泛指祭祀：～享。❸众多：～民。

掮 zhēng 引。

踭 zhēng［踭踭］独行。

踭 zhēng “踭”的讹字。

菉 zhēng 同“蒸”。

郎 zhēng 古地名。(《玉篇》)

睁{睜} zhēng ❶张开(眼睛)：～眼｜怒目圆～。❷看；望：上了花墙用目～。

崝 zhēng 高峻；陡峭：岸～者必陀。

帱 zhēng 同“崝”。

铮（錚） ㊀ zhēng ❶［铮铮］(-zhēng) 1. 拟声词，金属、玉器等撞击声，单用义同：铮铮作响｜铮铮悦耳｜剑铮成响。2. 比喻坚贞、刚强：～铁骨｜～守贞。3. 比喻声名显赫，出众：名响～。❷同“钲(鉦)”，古代乐器，像铜锣。㊁ zhèng 器物表面光亮耀眼：～明瓦亮｜台面擦得～亮。

隕 zhēng 古丘名。(《说文》)

綎 zhēng［綎綊］(-xié)乘舆马饰。

䋫{䋫} zhēng 犁上木。

Z

揁 zhēng 引;牵引。

敱 zhēng 同"征(徵)",征召。

敳 zhēng 同"征(徵)",征召。

筝{箏} zhēng 又称古筝,弦乐器,像瑟。因战国时流行秦地,故又称秦筝。

箂 zhēng ❶用竹子扎成的火把。❷一种皮有纹的竹子。

脨 zhēng 熟。

羚 zhēng ❶小羊。❷羚羊名。

媜 zhēng 用于女子人名。

綀 zhēng ❶盘绕绳索。❷曲折:九~。❸拟声词,急弦声:声~~然|一~一缓琴头轸。

鴭 zhēng 同"鬇"。

蒸 zhēng ❶细小的薪材:薪~|冬伐~。❷液态变成气态上升;像气态上升的:~发|~腾|~~日上。❸用热气使食物熟或热:~包子|~馒头。

輤 zhēng 拟声词,车行声。

踭 zhēng ❶脚跟:脚~。❷使劲;用力:~上树去,摘这花儿。

徰 zhēng 同"征"。

徾 zhēng 同"徵"。

衟 zhēng 同"徵(征)"。

飳 zhēng ❶饼类食品。❷同"蒸":~鲊食。

髩 zhēng 同"鬇"。

敳 zhēng 同"征(徵)"。

敼 zhēng 同"征(徵)"。

徵 zhēng 同"徵(征)"。

臊 zhēng 同"胥"。

烝 zhēng 同"烝"。

䥭 zhēng 击。

窢 zhēng 设幕。

鬇 zhēng 同"鬇"。

鬃 zhēng 同"鬇"。

趟 ㊀zhēng ❶跳跃的样子:相残雀豹~。❷[趙趟](zhāo-)跳跃;跳跃的样子。
㊁zhèng[趙趟](zhāo-)1. 走路不稳。2. 行走的样子。
㊂tāng 同"蹚":~过河|铲~。
㊃tàng ❶行进中的队列;步伐:赶不上~儿。❷量词。1. 遍;次:到处闲行百余~|看亲戚一~|火车每天有两~。2. 行;条:地上有两~脚印|中间只隔一~街。

盚 zhēng 肉酱。

徵 ㊀zhēng ❶"征❸-❻"的繁体字。❷用于人名:魏~(唐代人)|文~明(明代人)。
㊁zhǐ 古代五音之一。

颾 zhēng[风颾]同"风筝"。

窒 zhēng[窒宏]也作"窒宏",拟声词,房屋的响声。

鬇 zhēng[鬇鬡](-níng)1. 也作"鬇鬤",头发、胡须等散乱:蓬垢~|苔发(髮)红~。2. 同"狰狞",丑恶;凶恶:~辈|~怪异。

箏 zhēng 竹名。

鯖 zhēng 同"脏"。

癥 zhēng 同"癥(症)"。

醬 zhēng 同"脏"。

僜 zhēng "僜"的讹字。

鄭 zhēng 古国名。(《广韵》)

膶 zhēng ❶醋煮鱼。❷同"脏"。

罾 zhēng 同"醬"。

颾 zhēng 风声。

鯖 zhēng 竹丁鱼。

䛫 zhēng［䛫仍］言语絮烦。

䊝 zhēng 同“脏”。

䆸 zhēng［䆸宏］（-hóng）1. 阔大的样子。2. 屋响。

䰳 zhēng 醋煮鱼。

僜 zhēng［僜㑩］（-guǎ）不仁。

䦛 zhēng 义未详。（《改并四声篇海》）

癥 zhēng ❶“症㊁”的繁体字。❷足疮。

䭥 zhēng 同“蒸”。

𩹉 zhēng 醋煮鱼。

䬧 zhēng［䬧䫺］（-hóng）拟声词，风声。

鬇 zhēng 同“鬇”。

鬇 zhēng 同“鬇”。

zhěng

氶 ㊀zhěng ❶又称氶水河，水名，在山东。❷古县名，在今山东。
㊁chéng ❶同“承”。❷姓。

㑇 zhěng“抍(拯)”的讹字。

丞 ㊀zhěng 同“拯”，拯救：～民乎农桑。
㊁chéng ❶帮助；辅佐：有龙于飞，周遍天下。五蛇从之，为之～辅。❷古代起辅佐作用的副职官吏：～相｜府～｜县～。

抍 zhěng ❶同“拯”，上举。❷拔；拔出：～溺含弘。❸救助：～救。

𪐀 zhěng 皮肤急貌。（《集韵》）

拼 zhěng 同“抍”。

㧡 zhěng 同“拯”。

𡈼 zhěng 同“丞”。

紅 ㊀zhěng 丝绳绷紧的样子。
㊁zhēng 拉。

拯 zhěng ❶向上举：至其溺也，则捽其发（髮）而～。❷援救；救助：～救｜～民于水火之中。

掟 ㊀zhěng 张；挥张。
㊁dìng 同“定”。

㧛 zhěng 同“拯”。

䡕 zhěng 同“䡖”。

㱼 zhěng 同“愸(整)”。

𣇋 zhěng 日出的样子。

𨀆 zhěng 足，腿或脚。

䡖 ㊀zhěng 一种小车，一说登车石。
㊁shèng 同“䡖”。

愸 zhěng 同“整”。

𢿣 zhěng 同“整”。

𣦚 zhěng 同“整”。

撜 ㊀zhěng 同“拯”，救助：～溺。
㊁chéng 同“㲂”，触；碰：不为手所～。

𣀏 zhěng 同“整”。

𣁅 zhěng“整”的讹字。

㽀 zhěng 骨蒸病，即晚期肺结核病。

𢊱 zhěng 同“䡖”。

𣀐 zhěng 同“整”。

整 zhěng ❶整齐有序：～洁｜仪容不～。❷完整无缺：～体｜～套。❸整数，没有零数：～年｜化零为～｜一百元～。❹整理；整顿：～编｜～风｜～装待发。❺修理；做；搞：～旧如新｜～点酒菜｜把问题～清楚。❻使吃苦头：～人｜挨～｜这件事～得我好苦。

𠑘 zhěng 悍勇。

zhèng

正 ㊀zhèng ❶不偏斜；使不偏斜：～中｜对～｜其冠不～。❷合乎规范、标准或法度：～楷｜～当｜～派。❸改正；使端正：～误｜把帽子～一～。❹位置在中间的：～座｜～房｜～午。❺基本的；主要的：～文｜

Z

～编｜～职。❻(色、味等)纯;不杂:～红｜颜色很～｜味道不～。❼指相对的两方面中较积极的一面:～面｜～电｜～本。❽数学上指大于零的:～数。❾副词。1.恰好:～中下怀｜～合我意｜来得～是时候。2.表示动作在进行,状态在持续:他～睡觉呢｜现在～开着会｜外面～下着雨。❿姓。
㊁ zhēng ❶农历一年的第一个月:～月｜新～。❷箭靶的中心;目标:终日射侯(箭靶),不出～兮｜无所逃迹匿～。

⿱丿⿶凵正 zhèng 同"正"。

企 zhèng"正"的讹字。

⿱二正{⿱乛正} zhèng 同"正"。

⿰正阝 zhèng 义未详。(《龙龛手鉴》)

证{証}(證) zhèng ❶告发:其父攘羊,而子～之。❷用人、物、事以说明;验定:～明｜印～｜公～。❸凭据;依据:人～｜身份～｜以此为～。❹病症,后作"症":有失血之～｜可治一百二十种～。☞证/征(徵)/症 三字都构成医学名词,各有习惯用法:"证"用于"适应证(适合用于治疗)、禁忌证(不适合用于治疗)、证候(今作"症候")、辨证论治"等;"征"用于"征象、体征、综合征"等;"症"用于"病症、败血症、尿毒症、骨质疏松症"等。

⿱口正 zhèng 同"正"。

⿱一足 zhèng 同"正"。

郑(鄭) zhèng ❶周代诸侯国名,在今河南。❷原指郑国的民间音乐,后指不雅的音乐:雅～异音声。❸姓。

怔 zhèng 见 1253 页 zhēng。

诤(諍) zhèng(又读 zhēng)❶直言规劝:～言｜～友｜～谏。❷诉讼:～讼。❸通"争":～能｜论～。

政 ㊀ zhèng ❶治理国家事务的有关活动:～治｜～策｜参～。❷政令:～出多门,权去公家。❸权力;政权:周公阅与王孙苏争～。❹政府:拥～爱民。❺国家某部门主管的业务:财～｜民～｜邮～。❻旧指官长、主事者:学～｜盐～。❼家庭或集体的事务:家～｜校～。❽姓。
㊁ zhēng 同"征"。1.征伐:诸侯力～,不朝于天子。2.赋税;徭役:苛～猛于虎。

挣{掙} ㊀ zhèng ❶使劲摆脱:～脱｜他～开我的手。❷出力换取:～钱｜～饭吃｜～面子。
㊁ zhēng[挣扎](-zhá)尽力支撑或摆脱:拼命～｜垂死～。

⿵门争(⿵門爭) zhèng[⿵门争闼](-chuài)也作"挣挫"。1.勉强支持:好歹～些儿。2.努力谋取:徒～于末景。

弪 zhèng 拉开弓。

症 ㊀ zhèng 疾病的表现情状,泛指疾病:～候｜后遗～｜对～下药。☞症/征(徵)/证 见 1256 页"证"字条。
㊁(癥) zhēng ❶腹腔内结硬块的病。❷[症结]腹腔内结硬块的病,比喻事情出现问题的关键所在。
◆"癥"另见 1255 页"癥"字条。

雂 zhèng 同"鴊"。

⿱艹⿰耳氐 zhèng 同"证(證)"。

碮 zhèng ❶塞。❷同"锃(鋥)",打磨。

䝨 zhèng 同"挣",用劳力换取:～钱。

浧 zhèng 通。

徎 zhèng"浧"的讹字。

⿱艹⿰攵登 zhèng 同"证(證)"。

覴 zhèng 义未详。(《龙龛手鉴》)

⿱竹政 zhèng 竹名。

鴊 zhèng ❶䳗鶄(䴔鶄)。❷鸡。

⿱正鳥 zhèng 同"鴊"。

⿱癸金 zhèng 同"证(證)",验证。

⿰政瓦 zhèng 瓮、缶类器皿。

⿺黄正 zhèng 黄色。

⿱登壹 zhèng 同"证(證)"。

⿰目掌 zhèng 凝目而视。

⿵門爭 zhèng[⿵門爭闼](-chuài)同"⿵门争闼"。

鍃 zhèng 同“证(證)”。

鬇 zhèng 同“甑”。

蘵 zhèng 同“证(證)”。

鐆 zhèng 同“证(證)”。

𨭃 zhèng 同“证(證)”。

鐅 zhèng 同“证(證)”。

鄭 zhèng 同“鄭(郑)”。

鬇 ㊀ zhèng 同“证(證)”。
㊁ chū 同“𡔣(初)”。

撜 ㊀ zhèng 同“幀(帧,幀)”,画幅。
㊁ zhēng 同“罾”,设幕。

鐅 zhèng 同“证(證)”。

韇 zhèng 张皮。

蘵 zhèng 同“证(證)”。

鬻 zhèng 义未详。(《改并四声篇海》)

zhī

之 zhī ❶ 往;到:行不知所～|尔将何～? ❷ 代词。1. 指代人或事物:取～不尽|偶一为～|～二虫又何知! 2. 虚指:总～|久而久～。❸ 助词。1. 表示修饰或领属关系,的:星星～火|三分～一|人民～子。2. 用于主谓结构之间,使变成偏正结构:大道～行|世界～大。☞之/往/适/如/赴/去 见982页“往”字条。

支 zhī ❶ 枝条,后作“枝”:草木蒙茏,～叶茂接。❷ 四肢,后作“肢”:能全～体,以守宗庙。❸ 从主干、主流或总体中分出的:分～|～流|～行(háng)。❹ 量词,用于某些杆状的东西、队伍、歌曲等:一～笔|一～军队|两～曲子。❺ 支撑;支持;承受住:～帐篷|力不能～|乐不可～。❻ 领取或付给(钱款):～付|～出|～工资。❼ 借由使人离开:把小张～走了。❽ 姓。

戹 ㊀ zhī 同“卮”。
㊁ è 同“厄”。

㞢{㞢} zhī 同“之”。

只(隻) zhī 见1263页zhǐ。

卮[卮]{巵} zhī 古代盛酒器。

厄 ㊀ zhī 同“卮(巵)”。
㊁ è 同“厄”。

㞢 zhī 同“之”。

汁 ㊀ zhī 含有某种物质的液体:乳～|汤～|墨～。
㊁ shí[汁方]同“什邡”,古国名、古县名,均在今四川。

芝 zhī ❶ 芷,又称白芷,常与兰草并提,比喻人品高尚或环境清幽:～兰之室。❷ 灵芝,真菌的一种,可供药用,古代以为瑞草:～草延年。❸[芝麻]也作“脂麻”,又称胡麻,一年生草本植物,种子可食或榨油。

郊 ㊀ zhī 古邑名,在今河南。
㊁ qí ❶ 古地名,在今陕西。❷ 姓。

汇 zhī 同“泜”。

斋 zhī 同“支”。

眍 zhī 眼病。

吱 ㊀ zhī 拟声词,某些尖细声:车轮～～响|～的一声,门开了。
㊁ zī 拟声词,小动物的叫声:小鸟～～地叫|老鼠～的一声跑了。

㝵 zhī 拈物。

秖 zhī 义未详。(《改并四声篇海》)

时 zhī 白。

汥 ㊀ zhī 水积聚。
㊁ jì 水分流。

茁 zhī 同“芝”。

苠 zhī ❶[苠箕](-jī)草名。❷ 用于地名:～芨梁(在内蒙古)。

枝 ㊀ zhī ❶ 植物主干分出的茎条:树～|柳～|～条。❷ 宗族的分支,后作“支”:本～百世。❸ 也作“支”,分支的,由主体派生出来的:不许擅行另造～路|吞舟之鱼,不游～流。❹ 也作“支”,量词,用于植物、某些杆状的东西等:两～梅|一～笔|几～枪。❺ 姓。
㊁ qí 同“歧”,分歧;旁出:骈拇～指。

Z

隶{隶} zhī 同"支"。

廷 zhī［秖廷］(xiān-) 见 1031 页"秖"字条。

呮 ㊀ zhī［呮查］拟声词，鸟叫声：孤雁～叫。㊁ qì 同"跂"，垂足而坐。

枝 zhī 同"汥"。

知 ㊀ zhī ❶ 知道；了解：～无不言｜自～之明｜人所共～。❷ 使知道；使了解：通～｜告～｜～照。❸ 知识；学问：无～｜求～｜真～灼见。❹ 知己，相互了解而情谊深厚的人：故～｜贤～｜～交。❺ 主持；掌管：～政｜～府｜～县。
㊁ zhì ❶ 同"智"，智慧：见险而能止，～矣哉！❷ 姓。

卟 zhī 同"叶"。

肢 ㊀ zhī ❶ 人的两臂、两腿的总称，也指某些鸟类和野兽的足或腿：四～｜前～｜断～再植。❷ 指人体的腰部：腰～｜折～(弯腰)。
㊁ shì 身体弯曲。

胚 zhī 同"胝"。

胘 zhī 同"胝"。

胆 zhī 同"胝"。

庆 zhī 同"知"。

泜 ㊀ zhī 泜河，水名，在河北。
㊁ chí ❶ 古水名，即今槐河，在河北。❷ 古州名，在今河北。
㊂ zhì 又称滍水，古水名，即今河南的沙河。

祬 zhī 敬：～承。

织{织}(織) ㊀ zhī ❶ 用经纬线交叉的方法把纱、线制成布、绸、呢子等：～布｜纺～｜耕～。❷ 用交错、勾连的方法编制物品：～花边｜～毛衣｜～渔网。❸ 穿梭般往来交叉：游人如～｜飞觥往来～。❹ 搜集：罗～｜要什么东西？顺便～来孝敬。
㊁ zhì ❶ 用染丝织成的丝织品：士不衣～。❷ 通"帜(幟)"：～文鸟章｜五采幡～。

貳 zhī 义未详。(《龙龛手鉴》)

栀[梔] zhī［栀子］常绿灌木或小乔木，木材可用于雕刻，叶、花、果实、根可供药用。

秓 zhī ❶ 秆。❷ 禾名。

秐 zhī ❶ 禾穗。❷ 禾再生。

秖 ㊀ zhī 谷物刚成熟。
㊁ zhǐ "只㊀ ❶"的异体字。

肞 zhī 同"肢"。

胝 ㊀ zhī 胼胝，手、脚上的茧子。
㊁ chī 同"胵"，鸟胃；鸟兽五脏的总称。

疻 zhī 病。

痃 zhī 同"胘(胝)"，皮厚。

祓 zhī 裘衣。

祏 zhī 同"祇"。

祗{祇} ㊀ zhī ❶ 恭敬：～敬｜～请｜～候回音。❷ 通"振"，救；拯救：～民之死。❸ 通"祇"：天地神～，昭布森列。
㊁ zhǐ 同"衹(只)"，副词，仅仅：多言寡诚，～令事败。

蚪 zhī 义未详。(《改并四声篇海》)

菝 zhī 菹(葅)，腌菜。

菧 zhī 榆荚。

栺 ㊀ zhī［栺栭］(-ér) 树名。
㊁ yì［栘栺］(yì-) 见 1142 页"栘"字条。

迶 zhī 同"麸"。

知 zhī 同"知"。

秖 zhī ❶ 谷物刚成熟。❷ 同"衹(只)"，副词，仅仅：徘徊～自知。

秪 zhī 同"秖"。

脂 zhī 盖合。

倁 zhī 用于佛经译音。

脂 zhī ❶ 动植物所含的油质，泛指油脂、油膏：松～｜～肪｜肤如凝～。❷ 胭脂：唇～｜～粉。

麸 zhī 多：清酤～(清酤：美酒)。

疷 zhī 同"胝"，手、脚上的茧子。

郝 zhī 古乡名。(《改并四声篇海》)

袨 zhī 同“祇(祇)”。

禔 zhī 同“祇”。

絯 zhī［纤(縴)紩］(qiàn-)拉船的长大绳索。

菽 zhī［蘊菽］(yān-)见1101页“蘊”字条。

茹 zhī［茹母］知母,多年生草本植物,根茎可供药用。

菧 zhī 腌菜。

酟 zhī［酘酟］(lí-)见546页“酘”字条。

䜴 zhī 同“郝”。

矨 zhī 同“知”。

隻 zhī 同“隻(只)”。

躰 zhī 同“肢”。

鴲(鴲) zhī ❶［瞑鴲］(míng-)鸟名。❷刚孵出的幼鸟。

趆 zhī 行。

栽 zhī 同“织(織)”。

菁 zhī 葱的别称。

椥 zhī［槟椥］(bīn-)越南地名。

軝 zhī 同“軝”。

雉 zhī ❶鸟名。❷规划;计划。

臸 ㊀zhī(又读zhì)❶到达。❷如一。㊁jìn 前往。

躯 zhī 同“肢”。

胑 zhī 同“胝”。

戠 ㊀zhī(又读zhì)标志,记号,后作“識(识)”。㊁简化偏旁“只”的繁体。

逭 zhī 义未详。(《字汇补》)

搘 zhī 同“支”,支撑;支持。

戴 zhī(又读zhì)同“戠”。

肅 zhī 同“祇”。

稙 zhī 谷物早种或早熟,也指早种或早熟的谷物:～谷子。

潪 zhī ❶水的样子。❷古水名。(《广韵》)

滍 zhī 同“菧”。

禔 zhī ❶安;福:～身|～福。❷通“祇(只)”,副词,仅仅:三万人众不敌,～取辱耳。

綀 zhī 同“织(織)”。

織 zhī 同“织(織)”。

駛 ㊀zhī 马健壮,泛指强健。㊁shì 马病。

榰 zhī ❶柱下的木础或石础。❷拄;支撑:～之以木|英才相～柱。

蟙 zhī 虫名,像蜥蜴。

軝 zhī 车器。

戴 zhī 同“织(織)”。

蜘 zhī ❶［蜘蛛］节肢动物,也单称蛛。❷［蜘蟟］(-liáo)即知了,蝉的别称。

骮 zhī “职”的讹字。

積 zhī［積椇］(-jǔ)1.草木屈曲不伸的样子,泛指遇到障碍而不伸展。2.也作“枳枸”“枳椇”,又称拐枣,落叶乔木。

戴 zhī 同“织(織)”。

蘵 zhī 同“藏”。

檻 zhī 树木茂盛的样子。

鳷 ㊀zhī ❶［鳷鹊］1.松鸦的旧称,鸟名。2.传说中的异鸟,懂人语。3.古代楼观名。❷鸟名。㊁chì 同“翅”,翅膀。

醑 ㊀zhī 同“醑”,酒。㊁tǐ 同“醍”,酒红色。

藎 zhī 同“菧”。

廱 zhī 同“肅(祇)”。

Z

糊 zhī 同"支"。

糗 zhī 糗营。(《玉篇》)

縬 zhī 同"織(织)"。

蝫 zhī 虫名。

蜘 zhī［蜘蛛］也作"鼅鼄",即蜘蛛。

趨 zhī 跑的样子。

醖 zhī ❶ 酒。❷ 酒厚。

醙 zhī 同"醖"。

鷙 zhī 传说中的怪鸟,像大雁,一只爪。

蹊 zhī 同"卮(卮)"。

藏 zhī 又称黄蔟、龙葵,一年生草本植物。

蘵 zhī 同"藏"。

鼅 zhī［鼅鼄］(-zhū)同"蜘蛛"。

翗 zhī 义未详。(《改并四声篇海》)

鷜 zhī 义未详。(《改并四声篇海》)

禵 zhī 同"禔"。

韇 zhī 义未详。(《改并四声篇海》)

鞴 ㊀ zhī 鞍、辔等马具的统称。
㊁ chàn 障泥,用于遮挡尘土的马具。

鼊 zhī 同"鼅"。

鷃 zhī 义未详。(《改并四声篇海》)

zhí

执{执}(執) zhí ❶ 逮捕;捉拿:战败被～。❷ 拿着;握着:～鞭｜～笔｜明火～杖。❸ 掌握;主持:～政｜～教。❹ 坚持:固～｜～意｜各～一词。❺ 实行:～行｜～法｜～勤。❻ 凭单:～照｜回～｜收～。

坧 zhí 同"墌"。

拓 ㊀ zhí 拾取,也作"摭"。
㊁ tuò ❶ 开辟;扩充:～荒｜～展｜～宽道路。❷(又读 tuō)用手推物:把手～开｜尽～溪楼窗与户。❸［拓跋］姓。
㊂［搨］tà 在刻铸有文字或图像的器物上蒙上一层薄纸,捶打后使凹凸分明,再上墨,以显出文字或图像来:～印｜～片。
◆"搨"另见 163 页"搨"字条。

直{直} zhí ❶ 成直线的;不弯曲:～立｜笔～｜道路又平又～。❷ 把弯曲的伸展开使直:～起腰来。❸ 公正;合理:正～｜理～气壮｜是非曲～。❹ 爽快;坦率:～言不讳｜心～口快。❺ 副词。1. 一直:～达｜～通广州｜～飞上海。2. 一个劲儿地;不断地:～哭｜～发愣｜冻得～发抖。3. 故意:至良所,～堕其履圯下。❻ 同"值",价值;价钱:象床之～千金。

秇 zhí 同"执(執)"。

侄[姪、妷] zhí 弟兄或其他同辈男性亲属的儿子,也称朋友的儿子:叔～｜～女｜贤～。
◆"妷"另见 1260 页"妷"字条。

浧 zhí 嘴唇发出的声音。

㛅(嬂) zhí 用于女子人名。

妷 ㊀ zhí "侄"的异体字。
㊁ yì 女子放荡:淫～｜～女。

囸 zhí 同"直"。

职 zhí 同"職(职)"。

值{値} zhí ❶ 措置,引申为执持:无冬无夏,～其鹭羽。❷ 相对;相伴:武库正～其墓｜狂歌大笑谁对～? ❸ 遇到;碰上:夫子～狂生｜正～寒冷的冬季。❹ 当;轮到:～班｜～日｜～勤。❺ 价格;价钱:价～｜产～｜等～。❻ 物与价相当:～多少钱?｜良宵一刻～千金。❼ 值得,有意义或价值:不～一提｜花多少钱也～。

釞 zhí ❶ 铁器。❷ 锋利。

埴 zhí ❶ 细的黄黏土:陶～。❷ 土地:擿～以趋。

墌 zhí 同"埴"。

執 zhí 同"執(执)"。

职(職) zhí ❶同“识(識)”,记住:章画～墨兮,前度未改。❷掌管;主管:～掌|非博士官所～。❸职务;职位:就～|兼～|官复原～。❹旧时下属对上司的自称:卑～|～等奉命前往。❺赋税;贡品:工技不巧,贡～不美。

埴 zhí 同“埴”。

埶 zhí 同“執(执)”。

蚭(蟙) zhí ❶[蚭蠌](-mò)蝙蝠的别称。❷蟹的一种。❸[蚭蚢](-yù)虫名。

嵿 zhí 古山名。(《玉篇》)

峕 zhí 同“嵿”。

幁 zhí 同“犆”,缘饰。

𢑏 zhí 义未详。(《改并四声篇海》)

湏 zhí ❶古水名。(《说文》)❷草名,通称湏灌。

惪
㊀ zhí 专。
㊁ dé 同“悳(德)”。

縶(縶) zhí ❶拴绑马脚,泛指拴绑:霾两轮兮～四马|～其足。❷拘禁:幽～天子|夜～地牢。❸缰绳:执～马前|缠以羁～。

菒 zhí 菒卷。(《广韵》)

稟 zhí 同“直”。

植 zhí ❶从外关门时用以加锁的中立直木:与邑人争门关,决～。❷筑墙时两端所立的木柱:城上百步一楼,楼四～。❸栽种;补:～树|移～|～皮。❹培养;树立:培～|扶～|～党营私。❺搁架蚕箔的柱子。

㙷 zhí 同“執(执)”。

𡙇 zhí 同“執(执)”。

殖
㊀ zhí ❶生育;生长:生～|繁～。❷同“植”,种植:将妄凿垣墙而～蓬蒿也。
㊁ shi[骨殖]尸骨。

跖[蹠] zhí ❶脚面上接近脚趾的部分:～骨。❷脚掌;脚底:抵(觝)顶交～|鸡～。❸踩踏:下无～实之蹊。❹跳跃:～魂负沴。❺人名,春秋时奴隶起义领袖。

𡜸 zhí 同“姪(侄)”。

犆
㊀ zhí ❶阉割过的牛。❷缘饰。
㊁ tè 同“特”。1.公牛。2.单一:～吊(弔)|～礿。

膱 zhí ❶长一尺二寸的肉干。❷黏结:～腻|夏月采置发(髮)中令头不～。❸肥肠。❹肥。

禃 zhí 专一。

𢉖 zhí 同“𣄰”。

𡏶 zhí 同“墌”,低洼之地。

𥻘 zhí “稟(直)”的讹字。

𡈼 zhí 同“縶(縶)”,拴(马)。

𠐉 zhí 同“执(執)”。

𢕌 zhí 同“𨅔”。

𢕍 zhí “𢕌(𨅔)”的讹字。

鉄
㊀ zhí 同“紩”。1.索。2.缝,用针线连缀。
㊁ tiě 同“铁(鐵)”。

𥣐 zhí 同“直”。

𥣑 zhí 同“直”。

𥣒 zhí 同“直”。

馽 zhí 也作“縶(縶)”,绊住牛、马的腿,引申为束缚:羁～|千里足常～。

墌
㊀ zhí 地基:基～。
㊁ zhuó 打地基。

摭 zhí ❶拾取;摘取:～拾|采～。❷挑剔;指责:以此～之。

樴 zhí 同“樴”,小木桩。

樴 zhí[樴樴](qì-)见83页“樴”字条。

𣴬 zhí 得水。(《改并四声篇海》)

𥲤 zhí 笙。

𥠻 zhí 多。

𦰡 zhí “殖”的讹字。

𡌴 zhí 同“直”。

隲 zhí 同“郦(酈)”,古县名,在今河南。

𡰝 zhí 同“䵂”。

墌 zhí 同“埴”。

𤎴 zhí 出汗的样子:遍身～～,微似有汗。

慹 ㊀ zhí 惧怕;慑服:豪强～服|神武～海外。
㊁ zhé 不动的样子:方将被发(髮)而干(乾),～然似非人。

踆 ㊀ zhí 同“跖(蹠)”。
㊁ xuě 石土自陨。

踯(躑) zhí ❶[踯躅](-zhú)1.同“踟蹰”,徘徊不前:在花园里～|吞声～涕泪零。2.用脚踏地:立～而不安。3.羊踯躅,落叶灌木:内山夫人送给我的～正开着花|晚叶尚开红～。❷蹬;踢:怒则奋～|～踢惊嘶。

𢧐 zhí “戠(埴)”的讹字。

𢧤 zhí 同“埴”。

濈 zhí(又读 zhì)同“昵”,粘合。

樴 zhí 橛;小木桩。

𢣋 zhí 同“慹”。

𩣡 zhí 义未详。(《字汇补》)

𢕌 zhí “徝(䟈)”的讹字。

膱 zhí ❶条形肉干。❷油或肉类腐败变质。❸臭。

𧍯 zhí “𪘐”的讹字。

𡓰 zhí 同“墌(埴)”。

墌 ㊀ zhí ❶低洼地,一说田埂。❷累土。
㊁ zhé 田实。(《集韵》)

𧂐 zhí[羊𧂐蕏](--zhú)同“羊蹢躅(羊踯躅)”。

櫍 zhí 同“植”。

𥄜 zhí “膱”的讹字。

𠽿 zhí 鸣。

𥵔 zhí 箭竹、篃竹类植物。

䟈 zhí 同“𧾷(䟈)”。

𦆁 zhí 同“絷(縶)”。

𡂂 zhí[𡂂𡂂]也作“䵂䵂”,鸣叫。

𧾷 zhí 跑的样子。

𨈟 zhí 同“職(职)”。

𧿹 zhí 跑。

𪘐 zhí ❶咬;咀嚼。❷咀嚼声。

㶡 zhí[㶡㶡]下小雨的样子。

𧾲 zhí 同“䟈”。

蘵 zhí[羊蘵蕏](--zhú)同“羊踯躅”。

𩯁 zhí 毛发垢腻。

𪌷 zhí 磨碎的麦屑,也指碎米。

𪍓 zhí 同“𪌷”。

嬂 zhí 同“姪(侄)”。

𪘨 zhí 齿啮。

zhǐ

夂 ㊀ zhǐ 从后边赶到。
㊁ zhōng 同“终(終)”。
㊂称冬字头或折文儿、折文旁,汉字偏旁或部件。

𠮛 zhǐ 同“旨”。

止 zhǐ ❶脚,后作“趾”:当斩左～。❷停住:～步|停～|截～(到某个时候停止)。❸居住;栖息:邦畿千里,维民所～|交交黄鸟,～于桑。❹阻拦;使停住:～嗽|～血|制～。❺静的;不动的:静～|～如槁木|

Z

心如～水。❻副词，仅；只：～此一家｜不～一次。❼助词，表示语气：齐子归～，其从如云。

㞢 zhǐ 同“只”，助词，表示语气。

只 ㊀(❶祇)[❶衹、❶秖] zhǐ ❶副词，仅仅；唯一的：万事俱备，～欠东风｜～许州官放火，不许百姓点灯。❷助词，表示语气：母也天～，不谅人～！｜乐～君子。❸姓。

㊁(隻) zhī ❶单独的；极少的：～身一人｜～言片语。❷量词：一～手｜两～鸡｜三～小船。

◆“祇”另见939页“祇”字条。

◆“衹”另见751页“衹”字条。

◆“秖”另见1258页“秖”字条。

厎 zhǐ 致。(《龙龛手鉴》)

劧 zhǐ 功力坚实。

旨 zhǐ ❶味道美：甘～｜～酒。❷意义；目的：宗～｜主～｜要～。❸帝王的命令：圣～｜奉～｜传～。

百 zhǐ 同“旨”。

阯 zhǐ ❶“址”的异体字。❷通“趾”，足趾：刻木为蹬，状如鱼口，微容足～。

址[阯] zhǐ ❶基址；地基：遗～｜宫阙府寺，佥复故～。❷底部；山脚：褒禅山亦谓之华山，唐浮图慧褒始舍于其～。❸处所；地点：住～｜地～｜旧～。

◆“阯”另见1263页“阯”字条。

坁 ㊀zhǐ 止：物乃～伏。

㊁zhì 山坡。

抧 zhǐ ❶侧击；拍：～掌。❷抛弃：～璧于谷。

芷 zhǐ 白芷，多年生草本植物，可供药用。

㫖 zhǐ 同“旨”。

舌 zhǐ 同“旨”。

㡳 zhǐ ❶古山名。(《字汇补》)❷同“厎”。

㡳 zhǐ 山。

沚 zhǐ 水中的小块陆地。

泜 zhǐ 有所附着而止，也作“坁”。

纸(紙)[帋] zhǐ ❶纸张，可用于写字、绘画、印刷和包装等：信～｜图～｜～上谈兵。❷字据：但有人作中，也写了～的。❸冥钱，烧给死者的纸钱：化～｜少香没～。❹量词，用于书信、文件的张数：一～公文｜两～合同。

𣅀 zhǐ 同“旨”。

抧 ㊀zhǐ 打开；放开：冰河水～｜煞坝～水。

㊁zhǎi 击。

茝 zhǐ 同“𣅀(旨)”。

茋 ㊀zhǐ 同“茋”。

㊁dǐ 有机化合物，可制染料等。

眉 zhǐ 同“旨”。

㡳 zhǐ 居处卑下。

庢 zhǐ 同“㡳”。

浿 zhǐ 古水名。(《玉篇》)

祉 zhǐ ❶福：受～｜福～｜皇天降～。❷保佑；赐福：以～元吉｜玄祇～兆姓。

咫 zhǐ 同“咫”。

指 zhǐ ❶手指，手伸出的支体：～甲｜～纹｜伸手不见五～。❷(手指或物体尖端)对着、向着：～南针｜～手画脚｜他～着前方让我看。❸(头发)直立：令人发(髮)～。❹点明；告知：～导｜～引｜～出问题。❺依靠；期待：～望｜这事别～着他。❻量词，一个手指的宽度，用于宽窄、深浅等：一～宽｜三～深。

掮 zhǐ 同“指”。

菧 zhǐ 同“茋”。

枳 zhǐ ❶又称枸橘、臭橘，落叶灌木或小乔木。果实可供药用，中药称未熟果实为枳实，称成熟已干果实为枳壳。❷[枳椇](-jǔ)也作“枳枸”，又称拐枣，落叶乔木，果实似鸡爪，可食，也可供药用。❸连词，则：君～维国。❹古地名，在今重庆。

砋 zhǐ ❶捣衣服的石砧。❷磨刀石。

轵(軹) zhǐ 量词，古代车毂外端贯穿车轴的小孔，也指车轴末端。

洔 zhǐ ❶水积存，后作“滞(滯)”。❷同“沚”，水中小块陆地。

Z

恉 zhǐ 意旨，意图，今多作“旨”：意～｜无关宏～。

㫖 zhǐ 同“旨”。

咫 zhǐ ❶ 量词，古代长度单位，一咫等于八寸。❷ 距离近或空间狭小：～步而忘｜近在～尺｜争～尺之地。

萙 zhǐ 嫩蒲草。

跐 zhǐ “趾”的讹字。

笂 zhǐ 竹名。

疻 zhǐ 殴打人致使皮肉青肿而无创口：～痏｜瘢～。

滍 zhǐ 古水名。（《集韵》）

祇 zhǐ 同“只”。

梽 zhǐ 枝梽。（《玉篇》）

趾 zhǐ ❶ 脚：～高气昂｜停～愕顾｜血流没～。❷ 脚前端的分支：脚～｜～甲｜右～病伤。❸ 足迹，踪迹，引申为追踪：～余｜庶追芳～｜以～前美。❹ 停止；终了：问所何～｜有首有～。❺ 通“址”。1. 基址；地基：擢百寻之层观，今数仞之余～。2. 山脚：行近山～。

䟺 zhǐ 剫（剫）。

㪨 zhǐ 剫（剫）。

訨 zhǐ 同“䛗”。

疷 zhǐ 小病。

恀 zhǐ 快。

㧻 zhǐ 同“咫”，古代长度单位，八寸。

掓 zhǐ 掓和声。（《改并四声篇海》）一说“撴”的讹字。

黹 zhǐ 缝纫；刺绣：针～。

蚳 zhǐ 虫名。

毴 zhǐ 兽毛多。

鉙 zhǐ 金属元素“锗（鍺）”的旧译写法。

䛐 zhǐ 义未详。（《字汇补》）

橧 zhǐ ［橧橁］（-gōu）同“積椒”，草木屈曲不伸的样子。

䛗 zhǐ（又读 jì）斥责；揭发：～诘。

酯 zhǐ 有机化合物的一类，由酸中的氢原子被烃基取代而成。

䟿 zhǐ 义未详。（《龙龛手鉴》）

誀 zhǐ 同“䛗”。

緸 zhǐ “紙（纸）”的讹字。

䛉 zhǐ 同“䛗”。

檝 zhǐ 柠檝。（《篇海类编》）

嗩 zhǐ 义未详。（《龙龛手鉴》）

澌 zhǐ 同“洔”。

䵹 zhǐ 刺。

緉 zhǐ 同“黹（襦）”。

緉 zhǐ 同“黹（襦）”。

閙 zhǐ 义未详。（《龙龛手鉴》）

癥 zhǐ 下病。

襔 zhǐ ❶［衸襔］（zhǔ-）破旧的衣服。❷ 同“襦”。

鬠 zhǐ ❶ 头发秀美。❷ 马颈上的长毛。

樧 zhǐ 树枝。

鳷 zhǐ 同“鴃”。

㲳 zhǐ 义未详。（《改并四声篇海》）

鴃 ㊀ zhǐ［鴃鵌］（-yú）传说中的鸟名，像乌鸦，爪红色。
㊁ zhǐ 鸟声。

襦 zhǐ ❶ 缝补衣服。❷ 冕名：～冕。❸ 蔽膝的别称。

攥 zhǐ 刺。

薇 zhǐ 紫芋。

緸 zhǐ 同"襧"。

䝨 zhǐ 同"贎"。

贎 zhǐ 财物相当。

襧 zhǐ ❶无衣。❷缝衣服。

黹 zhǐ［黹黈］(-zhǔ)草书的笔势。

鑈 zhǐ ❶钻。❷紩衣。

欟 zhǐ 同"檷"。

贎 zhǐ 同"贎"。

鑈 zhǐ 钻。

zhì

阤 ㊀zhì ❶岸边;山坡:登～|巖～。❷崩塌;坏落:～崩|～坏|纲纪颓～。
㊁yǐ［阤靡］(-mǐ)山势绵延的样子:登降～。
㊂tuó［陂阤］(pō-)也作"陂陀",险阻:登～之长坂。

至 zhì ❶到:～今|由东～西|自始～终。❷最好的:～宝|～德|～理名言。❸节气名,指冬至或夏至:～日|长～|自～后起,数至九九,则春已分矣。❹大:法令～行|虽有～材,不生而能。❺副词,极;最:～少|～尊|～高无上。❻连词,至于:～国计民生之利害,则不可言命。❼通"致",招致;达到:～威而实之以德。❽通"窒",塞:事变日～。☞至/致/到　见177页"到"字条。

㓛 zhì 义未详。(《龙龛手鉴》)

利 zhì 同"制"。

扻 ㊀zhì 同"栉(櫛)"。1. 梳理:简发(髪)而～。2. 梳子、篦子的总称。
㊁sǔn 同"损(損)",减少。

志［❷❹誌］zhì ❶要有所作为的意愿或决心:立～|～大才疏|有～者事竟成。❷记在心里;记忆:～哀|永～不忘|博闻强～。❸记录;记载;记事的文字或文章:杂～|～怪|地方～。❹记号:标～。❺箭靶中心;目标:射之有～。❻称;量:用秤～一～|找个碗来～～。❼姓。

迣 zhì "迣"的讹字。

垔 zhì 同"至"。

忈 zhì 同"志"。

迟 zhì 近。

豸 zhì ❶猫、虎类动物。❷没有脚的虫子(如蚯蚓等):虫～。❸獬豸,古代法官戴的獬豸冠,省称豸冠。❹解决:官民之病,从何而～乎?❺(又读zhài)［冠豸山］山名,在福建。

垄 zhì 同"至"。

灬 zhì 平。

忮 zhì ❶违逆;不听从:苟～于众,俗所共去。❷嫉妒;怨恨:不～不求|今世之为礼者,恭敬而～。

陁 ㊀zhì 同"阤",崩塌:～崩。
㊁yǐ［陁靡］(-mǐ)同"阤靡"。
㊂tuó ❶［陂陁］(pō-)同"陂阤""陂陀"。❷同"驮(馱)",背负:以白马～经入中国。

垁 zhì 同"雉",古代计量单位,用于城墙面积。

迣 ㊀zhì 遮拦:男女遮～。
㊁chì 越;超越:夸以～|～万里。

庢 zhì 同"庢"。

郅 ㊀zhì ❶［郁郅］古县名,在今甘肃。❷通"至",大;极:～隆|～治。❸姓。
㊁jí［郅偈］(-jié)高耸矗立的样子。

制 zhì "制"的讹字。

𧘂 zhì 同"袠"。

哢(嚹) zhì［咇哢］(bì-)见40页"咇"字条。

帜(幟) zhì 旗子:旗～|独树一～。

帙［袠、袟］zhì ❶用来包书的套子,多用布帛制成:书～。❷量词,用于装套子的线装书:三～书。
◆"袠"另见1268页"袠"字条。

𡵺 zhì 同"陁"。

制(❶製) zhì ❶造;制作:～造|～图。❷限定;约束:限～|控～|

管～。❸规定;规划:～定计划|因地～宜。❹法度;行为准则:～度|全日～|百分～。❺姓。

质{質}(質) zhì ❶抵押;抵押品:～押|人～|以房子为～。❷责问:～问|～疑|对～。❸客观实体;事物的构成材料:物～|杂～|木～家具。❹事物的本性:性～|本～|～变。❺产品或工作的优劣程度:品～|优～|保～保量。❻朴实;诚信:～朴|遗华反～|～言。❼箭靶;目标:～的张而弓矢至焉|击方寸之～。

垦 zhì 同"至"。

炙 zhì ❶烤:～烤|～面为饵|～手可热。❷烤熟的肉:鱼～|残羹冷～|脍～人口(比喻诗文等受人欢迎)。❸把中药材与液汁辅料放在一起炒:酒～|蜜～。❹受熏陶;受教诲:薰～|～其言论,愈久而愈深。

治 ㊀zhì ❶治理;管理:～国|商君～秦,法令至行。❷治理得好,安定有序:～世|天下大～。❸依法惩处:惩～|～罪。❹诊疗;祛除:～病|～蝗|不～之症。❺修整;改造:～水|～山|～淮工程。❻从事某类专业或研究:～印|～学。❼旧称地方政府所在地:县～|府～|～所。❽姓。
㊁chí 古水名,在今山东。

恙 zhì 同"志"。

忠 zhì 同"志"。

垩 zhì 同"至"。

垒 zhì 同"至"。

挃 zhì ❶拟声词,割禾声:获之～～。❷捣;撞:以手～其背|～一体而他体不知其痛。❸刺:～头头知,～脚脚知。

茵 zhì 用草修补缺损的地方。

栉(櫛) zhì ❶梳子、篦子等梳头用具的总称:～比|银～。❷梳理:～发(髮)|～沐|～风沐雨。❸清除:～垢爬痒。

柣 ㊀zhì 门槛:卧～。
㊁dié[桔柣](xié-)见444页"桔"字条。

致 zhì "致(致)"的讹字。

制 zhì 同"制"。

峙 ㊀zhì 耸立;屹立:～立|对～|两峰相～。
㊁shì 用于地名:繁～(在山西)。

帙 zhì 同"帙"。

佊 zhì 同"陟"。

狾 zhì[蠪狾](lóng-)传说中的动物,九个头。

狛 zhì 同"猘"。

犳 zhì 同"豸"。

庤 zhì 储藏;储存:仓～盈羡。

庢 zhì 阻碍;遏止:～沓。

症 zhì 同"痔"。

洷 zhì ❶古水名。(《玉篇》)❷同"溦",湿。

沿 zhì 同"治"。

袟 zhì ❶祭祀有次序。❷[袟箇](-diāo)传说中的山名。

陟 zhì ❶登高,由低处向上走,引申为升天,比喻帝王之死:～彼高冈|所～卑者其所视不远|惟新～王。❷登程;上路:去国遐～。❸晋升:～上卿|～罚臧否,不宜异同。

剬 zhì 同"制"。

贽(贄) zhì 初次拜见尊长所送的礼物:～礼|～见|敬～。

挚(摯) zhì ❶捉;抓:～执妻子。❷亲密;诚恳:～友|～爱|真～。

荎 zhì[远荎]同"远志",多年生草本植物,根可供药用。

茵 zhì 补缺。

桎 zhì ❶古代用于拘束犯人两脚的刑具,引申为给脚戴上刑具:～梏(相当于脚镣和手铐)|～其右足。❷束缚;窒碍:徒以曲畏为梏,儒学自～。

轾(輊) zhì ❶也作"蛰",车顶往前倾,前低后高。❷轻视:不就后以虑～。

郅 zhì 同"至"。

致 zhì 同"致"。

致{致}(❺緻) zhì ❶送达;给予:～函|～敬|～钱

二十万。❷达到;使到来:故圣人者,人之所积而～也|～市民,聚万货|此人可就见,不可屈～也。❸招引;使达到:～富|～病|学以～用。❹意态;情趣:兴～|雅～|错落有～。❺细密;精细:细～|精～。❻极;极其:幅员～广|德行～厚。❼连词,以致:因一时疏忽,～将号码填错。❽姓。☞致/至/到 见177页"到"字条。

◆"緻"另见1271页"緻"字条。

茞 zhì 义未详。(《改并四声篇海》)

晊 zhì ❶明亮。❷大,一说"至"的讹字。

帙 zhì 同"帜(幟)"。

旹 zhì 同"茜"。

剬 zhì 同"制"。

秩 zhì ❶官吏的俸禄,也指官吏的职位或品级:厚～|官～|加官进～。❷秩序;次序:宗正明则宗室有～。❸常规:日有～|不知其～。❹十年(多用于老人的年纪):八～寿辰|已开第七～,饱食仍安眠。

偫 zhì 值。

徔 zhì "徏"的讹字。

徏 zhì 同"陟"。

觗 zhì 同"觯(觶)"。

猘 zhì ❶疯狗。❷狗疯狂:～犬。

豴 zhì 同"豸"。

炙 zhì 同"炙"。

恉 zhì 忘记。

蛭 ㊀zhì 蝗;蝗的幼虫。
㊁zhè 螟的幼虫。

娡 zhì 用于女子人名。

搘 ㊀zhì ❶投。❷拿着。
㊁zhí 拄杖。

挃 zhì 同"挃"。

鸷(鷙) ㊀zhì ❶凶猛的鸟:～鸟潜藏。❷凶猛;凶狠;严酷:～而无敌|天性忿～|以法家之～,终使民生。❸[卓鸷]行不平。
㊁zhé(鸟)攻击:鹰隼～而众鸟散。

掷(擲) zhì 扔;投:投～|～雪球|～地有声。

桎 zhì [桎木山]地名,在湖南。

楖 ㊀zhì 同"櫛(栉)"。
㊁jí ❶[楖栗]树名,可做拐杖,借称拐杖:病怜～随身惯。❷[楖裴](-féi)汉代国名、古县名,在今河北。

蛭 zhì 蛭石,矿物名,焙烧后膨胀系数大,结构疏松多孔,常用作保温材料。

殛 zhì 前。

皺 ㊀zhì [皺皱]皮不展。
㊁pí [皺懒](-lài)赖皮,无赖,耍无赖。

罝 zhì "置"的讹字。

畤 ㊀zhì 祭祀天地的祭坛:立～郊上帝|白草废～空坛垓。
㊁chóu 同"畴(疇)":～田。

剬 zhì 同"制"。

铚(銍) zhì ❶古代一种短镰刀。❷用镰刀割:～艾。❸割下的穗:纳～|～粟。

矪 zhì "智"的讹字。

矬 zhì 短。

袠 zhì 同"袠"。

翐 zhì 黑色:～衣。

翐 zhì 同"翐"。

鹰 zhì 同"鹰"。

秲 ㊀zhì 稻名。
㊁shì 同"莳(蒔)"。

稺 ㊀zhì 同"稺(稚)",禾苗。
㊁tí 同"稊",像稗的杂草:乱如禾黍～稗之相杂。

秷 zhì ❶收割。❷同"挃",割禾声。❸禾穗:～秸。

悳 zhì 同"志"。

偫 zhì ❶积蓄;储备:储～。❷具备;完备:休～。

偫 zhì 闭塞不通:俭而好～。

Z

徝 zhì 同“陟”,登;升。

徲 zhì 同“偫”。

庢 zhì [偺庢](zhá-)见1228页“偺”字条。

乿 ㊀zhì 同“治”。
㊁luàn 同“乱(亂)”。

胑 zhì 同“痣”。

脉 zhì 同“炙”,烤肉。

猘 zhì ❶疯狗:～狗。❷疯狗咬人:瘈犬旁～。❸凶猛:凶～。

觗 zhì ❶同“觯(觶)”。❷符合:外～亢贞。

觘 zhì 同“觯(觶)”。

誃 zhì 不知。

寘 zhì 同“彘”。

袠 zhì ❶“帙”的异体字。❷十年为一袠,也作“秩”:年已七～。

痔 zhì ❶痔疮,肛门疾病。❷耳、鼻所生赘瘤。

袟 zhì 同“跱”。

窒 ㊀zhì ❶填;塞:～穴|以一矢～之。❷阻塞不通:～碍|～息|上源～则下枯。
㊁dié [窒皇]甬道。

袏 zhì 衣裙上的褶纹。

翐 zhì ❶[翐翐]鸟飞舒迟或飞得不高的样子。❷飞的样子。

紩 zhì ❶用针线缝缀:缝～|补～。❷缝合处:不见其～。❸同“帙”,包书用的套子:我相公玉笈金书,牙签(籤)宝～。

瑅 zhì 玉。

瓆 zhì [瓆采]玉名。

揰 zhì ❶捣。❷节制:时～三乐。

桎(櫍) zhì ❶钟鼓支架及其他器物的腿,也指垫在柱子下的木头。❷用于劈柴、铡草或行刑等的砧木:斧～。

輊 ㊀zhì 同“轾(輊)”。
㊁qīng 同“轻(輕)”。

疐 zhì 同“疐”。

庢 zhì 同“猘”。

墆 zhì 垫。

紫 ㊀zhì 衣服有皱褶。
㊁zī 棉衣。
㊂jì 衣交领。

置 zhì “置”的讹字。

蛭 zhì ❶蚂蟥:蝦(虾,虾)与～不离尺水。❷一种哺乳动物:～蜩蠷蝚。❸通“垤”。

嗤 zhì 同“嗤”。

峙 zhì 同“峙”。

胔 zhì 鱼酱。

智 zhì ❶聪明;有见识:机～|明～|～者千虑,必有一失。❷见识;谋略:～勇双全|足～多谋|吃一堑,长一～。❸通“知”,知道:岂能～数百岁之后哉!|逃臣不～其处。❹姓。

恕 zhì 同“智”。

稙 ㊀zhì 同“穉”。
㊁jì 同“稷”。

筃 ㊀zhì 以竹补缺。
㊁jī 同“箕”。

儥 zhì 汇集物品:民财～。

乿 zhì 同“乿”。

腨 zhì 同“胔”。

腜 zhì 同“炙”。

琗 zhì 同“彘”。

痣 zhì 人体皮肤上生的略微隆起的有色斑点。

粭 zhì ❶用米汤浆衣。❷储藏;储存:～储。

滞(滯) zhì ❶凝积;止留:～郁|～留|停～。❷迟缓;不畅通:呆～|～销|～后。

踶 zhì 从远处弹击。

骘(騭) zhì ❶公马。❷安定:阴～下民。❸评定;评论:评～书画。

虒 zhì 古地名。(《玉篇》)

Z

嫦(嫦) zhì［蒂嫦］(chài-)也作“殢滞”,娇;刁:逞轻狂撒～。

豨 zhì矛。

彘 zhì ❶猪:鸡豚狗～之畜。❷古地名,在今山西。

彘 zhì同“彘”。

紩 ㊀zhì古代计量单位,一紩等于二十丝。㊁shì织机上未与纬线交织的经线。

瓆 zhì玉名。

擳 zhì ❶刺。❷到;直达:～北极|～斗魁。❸密集:～云。

戴 zhì“戠”的讹字。

墟 zhì落。

搱 ㊀zhì同“雉”,旧时掷骰子的采名。㊁nái摩挲;擦拭。

聁 zhì同“瞓”。

疐 zhì同“疐”。

費 zhì挥。

覟 ㊀zhì同“眰”,看。㊁dí同“觌(覿)”。

瞓 zhì眼睛明亮;看得清楚。

賕 zhì积聚钱财。

跱 zhì ❶止;驻扎:私募兵千余人,阴～雒阳城外。❷立,引申为对峙:鹤～而不食,昼吟宵哭|鼎～而立。❸特出:英～俊迈。❹通“偫”,积蓄;储备:～蓄之家|多设储～。

畤 zhì同“畤(庤)”。

蛶 zhì同“豸”。

犆 zhì耕作使用的农具。

置{置}［❷❸寘］ zhì ❶赦免;免除:若罪在难除,必不见～|～租赋,抚孤穷。❷废弃;放弃:～其本,求之末|至于实学则～而不问。❸安放;搁下:安～|搁～|～之不理。❹设立;建立:设～|装～|～以为宗庙。❺购买;备办:～地|添～家具|新～了一身衣服。❻驿站:十里一～,五里一候。❼驿车;驿马:乘疾～以闻。

◆“寘”另见1269页“寘”字条。

峙 zhì同“峙”。

峕 zhì同“峙”。

锧(鑕) zhì ❶铁砧。❷古代刑具。1.腰斩时行刑的垫座:伏于砧～。2.腰斩的刑具,像后来的铡刀:斧～|～笮被体。❸斩杀:反目～之。

雉 ㊀zhì ❶通称野鸡,又称山鸡,鸟名,雄性羽毛美丽,尾长。❷古代计量单位,用于城墙面积,长三丈高一丈为一雉。❸姓。㊁yǐ［下雉］古县名,在今湖北。

稚［❶-❸穉、❶-❸稺］ zhì ❶初生的禾苗,引申为幼小:～子|～气|幼～。❷孩子;儿童:童～|老～。❸晚熟的庄稼,引申为晚、迟:～禾|百谷～熟。❹姓。

◆“稺”另见1272页“稺”字条。

箈 zhì竹名。

質 zhì ❶竹器。❷同“质(質)”,正,朴实;诚信。

筫 zhì或。

傍 zhì同“陟”。

猘 zhì同“狾”。

廌{廌} zhì［解廌］(xiè-)同“獬豸”。

豒 zhì同“豸”。

粫 zhì“狾”的讹字。

滯 zhì“滞(滯)”的讹字。

濈 zhì湿。

滍 zhì ❶古水名,今河南的沙河。❷用于地名:～阳(在河南)。

寘 ㊀zhì“置❷❸”的异体字。㊁tián ❶通“窴(填)”,填塞:负薪～决河。❷［窴颜山］山名,在古代匈奴境内。

褹 zhì同“製(制)”。

鼓 zhì义未详。(《改并四声篇海》)

Z

摰 zhì 同“摯(挚)”。

墆 ㊀zhì ❶停留，贮积，也作“滞(滯)”：～积｜天运地～。❷堤坝。
㊁dì［墆翳］(-yì)遮蔽：举霓旌之～兮。

帙 zhì 礼巾。

墊 zhì 至。

覗 zhì 审视，仔细看。

䐈 zhì ❶入意。(《玉篇》)❷闻。(《玉篇》)

疐{**疐**} ㊀zhì ❶受阻而停滞：黏～有胶。❷跌倒，也作“踬(躓)”：后恐～尾｜伤股而～。
㊁dì 通“蒂”，去掉瓜果的蒂，也指瓜果的蒂。

彘 zhì 同“彘”。

畿 zhì 同“戴”。

戴 zhì 大，盛，后作“秩”：～～大猷。

晦 zhì 同“庤”。

蛭 zhì “蛭”的讹字。

嗟 ㊀zhì 呵斥。
㊁dié［嗟咄］(-duō)说话无节制。

羿 zhì 置。

閉 zhì 同“晢(脯)”。

稺 zhì 同“稺(稚)”。

德 zhì 施。

豒 zhì 同“廌”。

餫 zhì 古地名，在今安徽。

膣 zhì 肥。

猘 zhì 同“狾”。

觗 zhì 同“觶(觯)”。

觯 zhì ❶［解觯］同“解廌”。❷同“觿”。

瘈 ㊀zhì 同“狾”，疯狂，特指狗发狂：～狗｜病～。
㊁chì［瘈疭］(-zòng)也作“瘛疭”，痫病，俗称抽风，单用“瘈”义同：手足瘈疭｜行善瘈，脚下痛。

痔 zhì 同“痔”。

滍 zhì 水流阻塞不通。

勂 zhì 健康。

䎺 zhì 姓。

鉄 zhì 帆索。

擳 zhì 相当。

㮊 zhì 义未详。(《改并四声篇海》)

擿 zhì 持物使相当。

𡔷 zhì 同“䞇”。

疐 zhì “疐”的讹字。

輊 zhì 同“鞊”。

鞊 zhì 围束在车盖上使不前倾的皮绳。

轾 zhì 同“轾(輊)”。

醐 zhì 同“醬”。

遟 zhì ❶近。❷同“踕”，到达。

踖 zhì 立。

跱 zhì 同“跱”。

踬(**躓**) ㊀zhì ❶跌倒；被绊倒：～而颠，故获之｜马～堕沟涧中，伤足不能进。❷阻碍：独其所策国家百年大计，～于中道。❸(在事业上或做事)不顺利：屡～名场｜中年遭～。❹(文辞)晦涩：意深则词～｜意卓而辞～。
㊁zhī 同“胝”，手、脚上的茧子。

罬 zhì 同“置”。

醬 zhì ❶同“晢”，鱼酱。❷鱼子酱。

Z

賀 zhì 同“质(質)”,以财物做抵押。

穉 zhì 禾苗稠密。

偫 zhì 同“偫”。

鵗 ㊀ zhì 北方雉名。
㊁ xī 同“雞(鵗)”。

鴙 zhì 同“雉”。

德 zhì 施。

鋕 zhì 铭记,也作“志(誌)”。

鋞 zhì 同“銍(铚)”。

豴 zhì 义未详。(《字汇补》)

膌 ㊀ zhì 同“瘠”,赤白痢。
㊁ dì [膌胜](-guī)同“膌胜”,腹大;腹部肥胖。

膣 zhì ❶ 肉生。❷ 女性阴道的旧称。

蹸 zhì 逾越。

觶(觶) zhì ❶ 古代酒器,多为圆腹侈口,有盖。❷ 未盛酒的酒器。

觗 zhì [解觗](xiè-)獬豸。

謘 zhì 言语不正。

褰 zhì “袠”的讹字。

熫 zhì 同“炙”。

雉 zhì 同“雉”。

滍 zhì ❶ 水稍浸入土中。❷ 古水名。(《广韵》)

慸 zhì 志。

朁 zhì 同“智”。

騭 zhì ❶ 马高大。❷ 蛮横无理:~戾。

擳 ㊀ zhì 挃擳。(《广韵》)
㊁ jié 同“幯”,揩拭。

饐 zhì 腐败的气味。

趍 zhì 义未详。(《龙龛手鉴》)

鞊 ㊀ zhì ❶ 刀鞘。❷ 竹席。
㊁ dá 同“靼”,柔软的皮革。

䘥 zhì 义未详。(《改并四声篇海》)

穉 zhì 禾苗。

疐 zhì “疐”的讹字。

蹛 zhì 姓。

摯 zhì 同“摯(挚)”。

䝷 zhì 同“畤”。

嚏 zhì 同“嚏”。

嶧 zhì 古山名。(《玉篇》)

㹃 zhì 同“㹃(智)”。

䝶 zhì 同“智”。

鴙 zhì 同“雉”,野鸡。

稺 zhì 同“挃”。

鑕 zhì 割草;收割谷类作物。

鮇 zhì 鱼名。

瘵 ㊀ zhì ❶ 牛头疮。❷ 痢疾。
㊁ dài [瘵下]也作“带(帶)下”,妇科病,也专指白带或赤带病。

織 zhì 同“幟(帜)”。

瀄 zhì ❶ [瀄汩](-gǔ)1.水流激荡的样子:~漷漻。2.拟声词,流水声:涛声~。❷ [瀄汩](-yù)水急流的样子:惊飙兮~。

擿 zhì 同“掷”。

騭 zhì 同“騭(骘)”。

膱 zhì 同“治”。

緻 zhì ❶ 缝补过的衣服。❷“致❺”的繁体字。

緈 zhì 用针缝补。

蟄 zhì 同“轾(輊)”,车前重。

Z

䕌 zhì 义未详。(《改并四声篇海》)

輊 zhì 小车。

䞡 zhì ❶赈。❷同"质(質)",抵押:以身~物。

躓 zhì 同"踬(躓)"。

蹢 zhì 同"跱"。

螲 ㊀ zhì[蝼螲]蝼蛄。
㊁ dié[螲蟷](-dāng)又称颠当虫,俗称土蜘蛛,蜘蛛的一种。

罬 zhì"罬"的讹字。

稺 ㊀ zhì"稚❶-❸"的异体字。
㊁ tí 同"蕛"。

穉 zhì 同"稺(稚)"。

礜 zhì 姓。

儨 zhì 同"质(質)"。

劕 zhì 同"质(質)",抵押;票券。

鄭 zhì ❶古地名。(《汉语大字典》)❷姓。

觽 zhì ❶角倾斜不正。❷角中。

緻 zhì ❶鞋底。❷同"緻",纳鞋底。

觹 zhì 同"觽"。

觽 zhì 同"觽"。

遰 zhì 同"滞(滯)"。

瀇 zhì 身体受冻而发抖的样子。

懥 zhì 发怒的样子:身有所忿~,则不得其正。

擳 zhì 同"疐(疐)"。

鷙 ㊀ zhì 同"鸷(鷙)",凶猛的鸟。
㊁ zhé(鸟)攻击。

輊 zhì 同"輊"。

贄 zhì"贄(贽)"的讹字。

輊 zhì 车前低后高。

鴙 zhì 鸟名。

輊 zhì 同"輊"。

䆈 zhì 窒塞。

闋 zhì 致密。

䊷 zhì 同"䊷"。

嚌 zhì 乡野之人的话。

篪 zhì 竹茂密的样子:木森森兮竹~~。

櫛 zhì[秭櫛](bì-)见41页"秭"字条。

穉 zhì 同"稺(稚)"。

鵜 ㊀ zhì 同"雉"。
㊁ tí[鵜胡]同"鹈鹕"。

鶒 zhì 同"鶒(雉)"。

鯱 zhì 鱼名。

獵 zhì 同"狾"。

觿 zhì"觿"的讹字。

鍊 zhì 同"炙"。

諟 zhì[謫諟](zhá-)见1228页"謫"字条。

鏨 zhì 同"鏨"。

旘 zhì 同"帜(幟)"。

澍 zhì 同"溜",水稍浸入土中。

瀄 zhì 同"澍(溜)"。

瀇 zhì"瀇"的讹字。

懫 zhì ❶忿戾:叨~。❷阻止;阻塞。

嬻 zhì ❶通"质(質)":子观艳~,语载(软)言轻。❷用于女子人名。

瓆 zhì 用于人名:刘~(后汉人)。

鏊 ㊀ zhì 古代羊车棰端的针。
㊁ xiè 理苗除草的农具。

𨭉 zhì“鷙”的讹字。

𩎑 zhì ❶鞋底。❷纳鞋底。

𪀹 zhì 同“鷙(鸷,騺)”。

𨇍 zhì 同“踬(躓)”。

𦌵 zhì 同“置”。

䱥 ㊀zhì 䱥鱼,鱼名。
㊁jì 同“鰶(鰶)”,鱼名。

𥰡 zhì 幼竹。

𥢑 zhì 同“𥰡”。

𨬍 zhì 同“铚(銍)”。

䐭 zhì[䐭䏷](－hàn)治疗刀箭创伤的药。

鯯 zhì 同“䱥”。

𤢺 zhì 同“猘”。

𨯳 zhì 同“鷙(鷙)”。

𨻻 zhì 同“騭(骘)”。

𦇬 zhì 纳鞋底,用针线缝制鞋底。

𦆭 zhì 同“緻”。

𨰻 zhì 同“鷙”。

𨏒 zhì 同“轾(輊)”。

礩 zhì ❶础石,柱子底下的石礅。❷通“窒”:～滞。

𪘨 zhì 同“𪘾”。

躓 zhì 同“踬(躓)”。

𨅔 zhì 同“踬(躓)”。

蟙 zhì[蟙蠋](－zhú)虫名。

𨦘 zhì 爵的等级次序,也作“秩”。

穉 zhì 同“稺(稚)”。

𦆃 zhì 同“炙”。

𩤛 zhì“騺”的讹字。

騺 zhì ❶马负重而难以起步的样子:马～不行。❷止步不前:～距。

𨏤 zhì 同“轾(輊)”。

𪘾 zhì ❶咬嚼坚硬的食物。❷拟声词,咬嚼坚硬食物的声音。

𨆪 zhì 同“疐”。

蟄 zhì 同“蛭”。

𩹸 zhì 鱼名。

𩼠 zhì 同“鷙”。

𩽎 zhì 鱼名。

𨐉 zhì 同“轾(輊)”。

贄 zhì 同“质(質)”,抵押:以身～物。

𨆪 zhì 同“疐”。

𪅰 zhì 同“雉”。

𧬻 zhì 同“嚌”。

𨰻 zhì 同“鷙”。

𨐄 zhì 同“轾(輊)”。

𤓷 zhì 火轻脆。

𨯳 zhì 铡刀底座。

𩽜 zhì 鱼名。

𩧗 zhì 马名。

𪌴 zhì“𨦘(秩)”的讹字。

𪙉 zhì 同“𪘾”。

zhōng

中 ㊀zhōng ❶内部;里边:空～|胸～|暗～。❷中心,与四周、上下或两端距

Z

离相等的位置：～部｜居～｜～途。❸性质、等级在两端之间的：～性｜～等｜～级。❹适中；适当：统理失～｜文质之宜，取其～则。❺适于；合于：～看｜～听｜～用。❻用在动词后，表示动作正在进行：营业～｜排练～｜研究～。❼指中国：～文｜～药｜古今～外。

㊁ zhòng ❶恰好对上：命～｜～选｜百发百～。❷受到；遭受：～毒｜～弹｜～计。❸科举及第：～举｜考～。❹符合：城郭不必～规矩，道路不必～准绳。❺中伤：气不和者～人。

舟 zhōng 同"终(終)"。

申 zhōng 同"中"。

申 zhōng 同"中"。

伀 zhōng ❶同"公"。❷恐惧。

伞 zhōng 同"中"。

刣 zhōng 刮削物。

汷 zhōng 古水名，在今湖北。

弃 zhōng 同"终(終)"。

宍 zhōng 同"终(終)"。

宊 zhōng 同"终(終)"。

扴 zhōng"忪"的讹字。

苀 zhōng 草名。

帪 zhōng 同"𢥞(𢥞)"。

彸 zhōng［征彸］1. 同"怔忪"，惊恐失措的样子。2. 行走的样子。

犾 zhōng 义未详。(《改并四声篇海》)

夆 zhōng 同"中"。

忪 ㊀ zhōng 心里惊惧不安：心～。
㊁ sōng［忪惺］(-xīng)也作"惺忪"，刚睡醒的样子：梦忪惺｜睡眼惺忪。

妐 zhōng 丈夫的父亲或兄长。

刴 zhōng 同"刣"。

申 zhōng 同"中"。

忠 zhōng 真诚无私；尽心竭力：～诚｜～心｜～于职守。

狆 zhōng 狗名。

穼 zhōng 同"终(終)"。

炂 zhōng 热化。

汷 zhōng 同"汷"。

庈 zhōng 义未详。(《改并四声篇海》)

终(終) zhōng ❶终了；结尾：～点｜年～｜有始无～。❷最终；到末了：曲～人去｜愿将军缓心抑怒，～省愚辞。❸指人死：寿～｜临～｜百岁而～。❹完整的(时间)：～日｜～年｜～生。❺副词。1. 到底；终究：～将成功｜～必奏效｜事实～是事实。2. 表示动态，既：～风且暴｜～和且平。

柊 zhōng ❶常绿灌木或小乔木。❷［柊叶］多年生草本植物，叶子较宽，可用来包粽子。

歪 ㊀ zhōng 人亡绝。
㊁ yǎn 同"稴"，禾未结实。

殄 zhōng 同"终(終)"。

盅 ㊀ zhōng ❶没有把儿的小杯子：茶～｜酒～。❷量词：一～茶｜两～酒。
㊁ chōng 器皿空虚，也指人没有知识，后作"冲(沖)"。

钟(❶-❸❺❼鐘、❹-❽鍾) zhōng ❶古代打击乐器或响器：编～｜警～｜～楼。❷计时器：挂～｜闹～｜～表。❸时间；时刻：五分～｜一刻～｜八点～。❹旧同"盅"，盛酒、茶的器皿：酒～｜琥珀～｜茶～。❺古代容积单位，其制不一，春秋时齐国一钟等于六斛四斗，后改为八斛或十斛。❻(情感等)集中专注：～情｜～爱｜情有独～。❼姓。❽［钟离］姓。☞鐘/鍾(锺) 两字在明代以前用于不同的姓，后来有的发生混淆。

衷 zhōng 同"中"。

衳 zhōng 合裆的内裤。

弈 zhōng 同"终(終)"。

笖 zhōng 长节竹。

㚨 zhōng 同"终(終)",最后:其~存乎千代之后。

舯 zhōng 船体长度的中点或中部。

衷 zhōng ❶内心:~心感谢|由~之言|无动于~。❷通"中",正中:折~。

帪 zhōng 同"幒"。

帐 zhōng 同"幒"。

㥖 zhōng 同"幒"。

㳞 zhōng 古泉名。(《汉语大字典》)

㚸 zhōng 同"终(終)"。

閊 zhōng 门向外开。

幒 zhōng ❶满裆裤。❷书套。

𡖔 zhōng 同"终(終)"。

𡕗{𡕘} zhōng 同"终(終)"。

钟 zhōng 同"钟(鐘)"。

𧆦{𧇁} ㊀zhōng 虎纹赤黑。㊁dōng 用于清代帮派三合会的旗号。

𣅔 zhōng 同"终(終)"。

𣊾 zhōng 同"终(終)"。

𧘝 zhōng 同"衳"。

𧚹 zhōng 同"衳"。

蔠 zhōng[蔠葵]又称落葵、蘩露(蘩藘)、胭脂菜,俗称木耳菜,一年生缠绕草本植物,嫩茎叶可食,全草可供药用。

𣋍 zhōng 同"终(終)"。

幒 zhōng 同"幒"。

锺(鍾) zhōng 姓。☞鍾(锺)/鐘 见1274页"钟"字条。

𧝎 zhōng 同"衳"。

𣉢 zhōng "𣉢(终,終)"的讹字。

螽 zhōng 同"螽(螽)"。

锺 zhōng 同"钟(鍾)",量词,古代容积单位。

鏞 ㊀zhōng 同"钟(鐘)",古代打击乐器。㊁yōng 同"镛(鏞)"。

螽 zhōng 同"螽"。

鴤 zhōng 鸟名。

𧞾 zhōng 同"𧞾(衳)"。

篸 zhōng ❶竹。❷箧,小箱。

鼨 zhōng 同"鼨"。

𪕧 zhōng 同"鼨"。

螽 zhōng ❶昆虫,旧为蝗类总名,今分属蝗科、螽斯科等。❷[螽斯]也作"斯螽",昆虫,像蝗。

𦅷 zhōng 同"终(终)"。

蠓 zhōng 同"螽"。

蝩 zhōng 同"蝩",即蠡螽。

鼨 zhōng 豹文鼠,哺乳动物。

𧒍 zhōng 同"蠓"。

𧓕 zhōng 同"蠓(螽)"。

霻 zhōng 久下不止的雨。

𪓝 zhōng 同"𧆦"。

𨅖 ㊀zhōng[跜𨅖](lóng-)见593页"跜"字条。㊁chòng 酒醉昏睡,头因颠簸而上下震动的样子:骑一步,~一~,几番要攧下来。㊂dòng 通"动(動)",行动:~善时(善时:最合时宜)。

貜 zhōng 哺乳动物,像豹,有角。

𩅳 ㊀zhōng[𩅳𩅳](-zhōng)也作"冲冲(衝衝)",中医指气的往来运行:阴阳~。㊁chòng[𩅳𩅳](-chòng)无心而行:四民~。

Z

𧑒 zhōng 同“螽(𧒂)”。

籦 zhōng 簳,箭杆。

籦 zhōng 又称籦笼、笼籦,竹名,可做笛。

𧒂 zhōng 同“螽”。

zhǒng

肿(腫) zhǒng ❶痈;毒疮:疮～。❷肌肉浮胀:浮～|～胀|腿有点～。

种 ㊀(種) zhǒng ❶种子,植物果实中能长成新植物的部分,泛指生物赖以繁殖传代的东西:树～|配～|良～。❷具有共同遗传特征的人群:～族|人～|黄～人。❸种类;类别:品～|工～|语～。❹生物分类系统的等级,在属之下,其下还可分出亚种、变种:小麦是单子叶植物禾本科小麦属的一～。❺量词,表示类别、式样等:两～人|几～颜色|各～情况。❻指人的胆量或骨气:有～。❼姓。

㊁(種) zhòng ❶种植,把种子或幼苗埋在土里使生长:～田|～庄稼。❷把痘苗接种在人体上:～牛痘。

㊂(❶種) chóng ❶禾类作物早种晚熟。❷幼小。❸姓。☞种/種(zhǒng) 两字在汉字简化前是不同的姓,读音有别,现已不易区分。

㴳 zhǒng 水流的样子。

冢 zhǒng 同“冢”。

冢[塚] zhǒng ❶高大的坟墓,泛指坟墓:坟～|荒～|衣冠～。❷山顶:山～。☞冢/坟/墓/丘/陵 见669页“墓”字条。

尰 zhǒng 同“瘇”,脚肿病。

𡯽 zhǒng 同“尰”。

喠 ㊀ zhǒng ❶不能说话。❷[喠喑](-yǒng)想吐的样子:～欲吐。
㊁ chǒng ❶急喘。❷同“噇”,吃;大吃大喝:昨日～了几盅酒。

徸 ㊀ zhǒng 同“踵”。
㊁ dòng 同“动(動)”。

歱 zhǒng ❶脚后跟,后作“踵”:延颈企～。❷同“踵”,追随;跟着走:继～。

㙡 zhǒng 同“塚”。

㙡 zhǒng 古山名。(《玉篇》)

煄 zhǒng 火烧起。

湩 zhǒng 堵水。

瘇 zhǒng 同“瘇”,脚肿,泛指浮肿,肿胀:足胫～|眼痛且～|胸间～起如桃。

尰 zhǒng 同“瘇”,脚肿病。

𨂂 zhǒng 同“踵(踵)”。

踵 ㊀ zhǒng ❶脚后跟;鞋后跟;物体的底部:脚～|履穿～决|天宁寺塔忽变红色,自顶至～,表里透彻。❷追;追逐:来～|～败军。❸跟随;继承:～迹|～至|～事增华。❹到;前往:～门而告。
㊁ zhòng[跳踵](lóng-)同“跳蹱”。

𢔅 zhǒng 同“尰”。

𪎌 zhǒng 同“种(種)”。

𪎌 zhǒng 同“种(種)”。

瘴 ㊀ zhǒng 脚肿。
㊁ tóng 同“痌”,创伤溃烂。

𩨍 zhǒng 同“瘇”,脚肿。

zhòng

仲 zhòng ❶兄弟排行中的老二:～兄|～弟|伯～之间。❷指农历每季的第二个月:～春|～冬。❸在中间(介绍、调停):～裁|～买。❹姓。❺[仲长](-cháng)姓。❻[仲孙]姓。

众(衆)[眾] zhòng ❶众人,许多人:群～|观～|姿颜姝丽,绝异于～。❷多;许多:～多|～人|寡不敌～。❸一般的:鼎大异常于～鼎。
◆“衆”另见1277页“衆”字条。

狆 zhòng 也作“仲”,又称仲家,布依族(包括云南境内的壮族)的旧称。

妕 zhòng 用于女子人名。

氜 zhòng 心气。

神 ㊀ zhòng 神名。
㊁ chōng 同“冲(冲)”,淡泊。

茽 zhòng 草木花卉丛生的样子。

重 ㊀ zhòng ❶ 重量;分量:体～|举～|这个邮件～3千克。❷ 分量大:负担～|～于泰山。❸ 程度深:色～|病～|～伤。❹ 重要;要紧:～镇|军事～地|任～而道远。❺ 认为重要:～视|敬～|看～。
㊁ chóng ❶ 层叠:万～山|二～唱|～～包围。❷ 副词,重复;再次:～逢|～申|旧地～游。

𡱦 zhòng "㐺"的讹字。

㐺 zhòng 同"衆(众)"。

眾 zhòng 同"衆(众)"。

衶 zhòng ❶ 裤子。❷［衶襌］(-dàn)也作"冲(沖)澹",语言无味:～其辞。

蚛 zhòng 虫蛀;蛀蚀:无风～叶凋|齿皆～龋(牙齿蛀蚀)。

𡍮 zhòng 同"重"。

𠔉 zhòng 同"众(衆)"。

偅 ㊀ zhòng［儱偅］(lòng-)见594页"儱"字条。
㊁ tóng 同"僮":～仆。

堹 zhòng 池塘土埂。

𨤍 zhòng 同"重"。

𨤏 zhòng 同"重"。

筗 zhòng ❶ 竹名,一说中型竹子。❷ 中龠,古代乐器。

衆 zhòng ❶ "众"的繁体字。❷ 姓。

憅 zhòng ❶ 迟缓。❷ 通"恸(慟)",悲痛:悲～|惊～。

㮔 zhòng 义未详。(《龙龛手鉴》)

媑 zhòng 用于女子人名。

氬 zhòng "氙"的旧称。

犝 zhòng 牛有孕。

𠑽 zhòng 同"众(衆)"。

穜 zhòng 同"種(种)",种植。

鴤 zhòng［鹠鴤］(liú-)见590页"鹠"字条。

㽕 zhòng 厚。

𬭳(𨭎) zhòng 同"氙"。

糎 zhòng 义未详。(《改并四声篇海》)

𡐓 zhòng 同"重"。

𨉖 zhòng 怀孕。

貜 zhòng ❶ 乳。❷ 哺乳动物,像豹。

諥 zhòng ❶ 言语相触。❷ 言语谨慎。

𬶮(鮵) zhòng 乌鳢。

譂 zhòng 用于人名:李周～(唐代人)。

zhōu

𡿦 zhōu 同"州"。

𠘩 zhōu 同"州"。

𦨇 zhōu 同"舟"。

𡿧 zhōu 同"州"。

舟 zhōu ❶ 船:轻～|龙～|乘～。❷ 乘船;行船:方之～之|风卒起,不能～。❸ 用船运输:～米。

州 zhōu ❶ 水中陆地,后作"洲":自合浦、徐闻南入海,得大～。❷ 旧时地方行政区划,现多用于地名:九～(传说中的上古行政区划,后代称中国)|杭～(在浙江)|柳～(在广西)。❸ 自治州,民族自治区划单位,介于自治区和自治县之间。

𠣘 zhōu 同"周"。

诌(謅) ㊀ zhōu 随口编造(言辞):胡～|瞎～一气。
㊁ chōu［诌諦］(-chì)私语。

𠛎 zhōu 同"州"。

𣦼 zhōu 同"州"。

侜 zhōu 欺诳。

Z

周[❶❻週] zhōu ❶ 环绕,绕一圈:~而复始|~转。❷ 周围:~长|圆~|四~。❸ 普遍;完备:~身|~到|计划不~。❹ 量词,用于圈数:绕场一~。❺ 时间的一轮:~年|~岁|~期。❻ 一个星期:~日|~末|~刊。❼ 通"赒(賙)",接济;救济:~恤|~济。❽ 朝代名。1. 周武王姬发所建(公元前 1046- 公元前 256 年),其中公元前 1046- 公元前 771 年史称西周,公元前 770-公元前 256 年史称东周。2. 北朝之一,鲜卑人宇文觉所建(557-581 年),史称北周。3. 五代之一,郭威所建(951-960 年),史称后周。❾ 姓。

匊 zhōu 周遍,遍及,后作"周"。

荝 zhōu 草名。

咮 ㊀ zhōu 同"喌",叹词,唤鸡声。
㊁ jì 同"嘰",寂静无声。

啁 zhōu 同"喌"。

周 zhōu 同"周"。

周 zhōu 同"周"。

炠 zhōu "烐"的讹字。

洲 zhōu ❶ 水中陆地:沙~|三角~。❷ 大陆及附近岛屿的总称:亚~|七大~。

诪(譸) zhōu ❶ 诅咒。❷ [诪张]也作"侜张",放肆,单用"诪"义同:何敢诪张|中外诪张|黄冠诪愚氓。

弜 zhōu 同"州"。

驺(騶) zhōu [驺騪](-sōu)也作"驺骢",一种高大的马。

珛 zhōu 玉名。

辀(輈) zhōu ❶ 古代小车上的独辕,泛指车辕。❷ 车:龙~|来~。

鄁 zhōu ❶ 古国名。(《玉篇》) ❷ 姓。

烐 zhōu 火行。(《玉篇》)

陎 zhōu 大土山的样子。

菷 ㊀ zhōu 草名。
㊁ liè 同"茢"。

硧 zhōu 石。

啁 ㊀ zhōu [啁噍](-jiū)1. 也作"啁啾",拟声词,小鸟叫声:乳雀啁啾春意浓。2. 鸟名,即鹪鹩:啁噍巢于林。
㊁ zhāo [啁哳](-zhā)声音繁杂细碎:鹍鸡~而悲鸣。
㊂ dāo [嘐啁](láo-)见 1047 页"嘐"字条。

矪 zhōu 射鸟用的箭。

徟 zhōu [徟徸](-zhāng)行走的样子。

舟夭 zhōu 同"矪"。

鸼(鵃) ㊀ zhōu [鹘鸼](gǔ-)见 302 页"鹘"字条。
㊁ diǎo [鸼舠](-liǎo)细长的船。

淍 ㊀ zhōu ❶ 水回旋:水触石盘,~面狭底。❷ 古水名。(《集韵》)
㊁ diāo 通"凋",凋零;衰落:~枯。

婤 zhōu ❶ 容貌美好的样子。❷ 用于女子人名。

喌 zhōu ❶ [喌喌]叹词,唤鸡声:遭却白鸡呼~。❷ 同"呪(咒)":~物|~法。

赒(賙) zhōu 接济;周济:~济|~穷|~恤。

翢 zhōu ❶ 柔弱的羽毛。❷ 急。

敤 zhōu 御。

粥 ㊀ zhōu ❶ 稀饭,泛指用米、豆等煮成的半流质食品:大米~|豆~|八宝~。❷ 柔弱的样子:其貌~然。
㊁ yù ❶ 同"鬻",卖:~卖|不~祭器。❷ 养育:助厥母~。❸ 嫁出:~庶弟之母。

絅 zhōu 绵。

趙 zhōu [趙趡](-sōu)也作"趙趛",行不进。

䠥 zhōu 射鸟箭。

誗 zhōu 话多。

譶 zhōu 同"谄(謅)"。

矪 zhōu 同"䠥"。

艒 zhōu 同"艒"。

銂 zhōu 义未详。(《改并四声篇海》)

釽 zhōu 金刀。

糊 zhōu［糊糊］(jiāo-)见435页“糊”字条。

粥 zhōu 同“鬻(粥)”,稀饭。

輈 ㊀ zhōu 车重,泛指分量大:轩～。㊁ zhāo 通“朝”,早晨:以慰～饥。

踻 zhōu 踢倒;踢翻:把一筐果子给～了。

躲 zhōu 义未详。(《龙龛手鉴》)

觸 zhōu 龙角。

譸 zhōu 同“诌(謅)”。

敦 zhōu 同“盩”。

盩 zhōu 同“盩”。

霌 zhōu 下雨的样子。

虪 zhōu 虎练习捕获猎物的样子。

嚇 zhōu 义未详。(《龙龛手鉴》)

艑 zhōu ❶船。❷船舷。

謳 zhōu 同“譸(诪)”。

翏 zhōu 同“粥”。

盩 ㊀ zhōu ❶山、水弯曲的地方。❷［盩厔］(-zhì)古地名,今作“周至”,在陕西。
㊁ chóu［诸盩］周代先公名。

盩 zhōu 同“盩”。

盩 zhōu 同“盩”。

鲷 zhōu 鱼名。

騆 ㊀ zhōu 神马:神～。㊁ dòng “駧(騆)”的讹字。

盩 zhōu 同“盩”。

粥 zhōu 同“粥”。

矚 zhōu［矚賬］(-zhāng)眼睛动的样子。

嚋 zhōu 同“诪(譸)”。

䲢 zhōu 义未详。(《玉篇》)

鵃 zhōu［鵃鸠］鸟名。

譸 zhōu 同“诪(譸)”。

轉 zhōu ❶同“辀(輈)”,小车辕。❷同“輖”,车重。

zhóu

妯 zhóu 见123页 chōu。

轴(軸) ㊀ zhóu ❶车轴,贯穿轮子中间的圆柱形零件:轮～|转～|曲～。❷圆柱形的用来缠绕东西的器物:画～|线～儿。❸把平面或立体分成对称部分的直线:对称～|圆柱～|中～线。❹量词,用于缠绕在轴上的线及装裱的带轴字画:一～儿线|三～儿花鸟画。
㊁ zhòu 戏曲术语,剧目名:大～(演出中排在最末的)|压～(演出中排在倒数第二的)。

紂 zhóu 解。

椝 zhóu 树名。

碡 zhóu(旧读 dú)❶［碌碡］(liù-)同“碌碡”。❷石名。

zhǒu

肘 zhǒu ❶上臂与前臂相接处向外凸起的部分,也指用作食品的猪腿的最上部分:～弯|捉襟见～|猪～。❷古代长度单位,一肘等于二尺或一尺五寸、一尺八寸。

疛 zhǒu 心腹病。

帚［箒］ zhǒu 扫除尘土、垃圾的用具。

捬 zhǒu 弹奏;表演:～戏。

蚪 zhǒu 一种动物,像人肘,生活在海中。

着 zhǒu “止有”的合体字,只有。(《越谚》)

菷 zhǒu 同“帚”。

晭 zhǒu 同“晿”。

晿 zhǒu 明亮。

Z

疛 zhǒu 同“疛”。

睭 zhǒu［睭睭］深的样子：深哉～，远哉悠悠。

鵰 zhǒu 器；器成。

𤞚 zhǒu 传说中的动物。

鯞 zhǒu［鱖鯞］（jué－）见 318 页“鱖”字条。

zhòu

纣（紂） zhòu ❶套车时拴在驾辕牲口后的皮带。❷又称帝辛，商代最后一个君主，以残暴著称：助～为虐。

㤘 zhòu 同“甃”。

伷 zhòu 同“胄”，帝王或贵族的子孙。

㑇（㑳） ㊀ zhòu ❶（又读 chú）也作“㛩”，怀孕。❷固执；厉害：心数多，情性～。❸俊俏；乖巧：～梅香。
㊁ zhū［偢㑇］（chā－）见 83 页“偢”字条。

咒［呪］ zhòu ❶祷告：慷慨～曰｜～岭出飞泉。❷说希望他人不顺利或遭厄运的话：诅～｜～骂｜～人倒霉。❸某些宗教、巫术中用以除灾或降灾的密语：～语｜符～｜念～。

㼙 zhòu 同“甃”。

㤘（㑳） zhòu（旧读 chǎo）固执；倔强：～脾气｜情性～。

宙 zhòu ❶栋梁。❷古往今来的所有时间：同阅古今～。❸地质年代分期的最高一级，其下为代：显生～｜元古～。

驺（騶） zhòu 赛马争先：善～者不贪最先。

绉｛縐｝（縐） zhòu ❶有皱纹的丝织品：双～｜碧～｜湖～。❷有皱纹的（织物）：～纱｜～绸｜～布。❸同“皱（皺）”，产生皱纹：风乍起，吹～一池春水。

葤（葤） zhòu ❶草名。❷用草裹住东西。❸量词，用于以草绳捆成一捆的碗、碟等：一～碗。

胄 zhòu ❶帝王或贵族的子孙，泛指后代：贵～｜王室之～｜华～。❷对先辈的承续：～高阳之苗胤｜岂孤人之能～。❸古代作战时保护头部的头盔：甲～。

冑 zhòu 也作“胄”，古代作战时保护头部的头盔。

咮 ㊀ zhòu 喙，鸟嘴：孤雄束～。
㊁ zhū［譇咮］（tà－）话多的样子。

𣴑 zhòu 行走。

昼（晝） zhòu 白天，从日出到日落的一段时间：白～｜～夜不停。

酎 zhòu ❶经多次反复酿成的醇酒。❷酿酒。

晭 zhòu 光。

铀（鈾） ㊀ zhòu ❶同“胄”，头盔。❷同“宙”。
㊁ yóu 金属元素，有放射性，主要用于核工业。

枚 zhòu 义未详。（《改并四声篇海》）

㑳 zhòu 怀孕。

皱（皺） zhòu ❶皮肤松弛或物体表面因收缩、挤压而产生的褶纹：～纹｜褶～。❷产生褶纹：～眉头｜～褶｜衣服被压～了。

㾭 zhòu 同“瘷”。

皺 zhòu 同“皱（皺）”。

痖 zhòu 同“瘷”。

粙 zhòu 稻实。

皱 zhòu 同“皱（皺）”。

㥮 zhòu 同“𧞣”，衣不伸展。

詋 zhòu 同“咒”，祷告。

詶 zhòu 同“咒”。

晝 zhòu 同“晝（昼）”。

晝 zhòu 同“晝（昼）”。

縐 zhòu 同“绉（縐）”。

甃 zhòu ❶井壁：井泉添碧～。❷井：泥～｜石～。❸砖：阶～。

詶 ㊀ zhòu 同“咒”，祷告。
㊁ chóu ❶“酬❷－❺”的异体字。❷通“筹（籌）”，计算：积次～定。

瘟 zhòu 同"瘷"。

甃 zhòu 同"甃"。

皺 zhòu 同"皱(皺)"。

睭 zhòu ❶ 耳注。(《玉篇》)❷ 明。❸ 耳。

軸 zhòu 同"胄",头盔。

韋 zhòu 同"胄",头盔。

瘷 zhòu 收缩;缩短:蚌当雷声则～。

澅 zhòu 古水名。(《字汇补》)

皺 zhòu 同"皱(皺)"。

縐 zhòu 同"宙",古往今来的所有时间。

皺 zhòu 同"皱(皺)"。

皺 zhòu 同"皱(皺)"。

箹 zhòu 竹枯死。

僽 zhòu［僝僽］(chán－)烦恼;忧愁。

褶 zhòu 衣不伸展。

縐 zhòu 绪。

噣 ㊀ zhòu 鸟嘴:鸟～。
㊁ zhuó 同"啄",鸟啄食:俯～白粒。

皺 zhòu 同"皱(皺)"。

擫 zhòu 击。

皺 zhòu 同"皱(皺)"。

颺 zhòu 风的样子。

骤(驟) zhòu ❶ 马奔跑,泛指快跑:驰～。❷ 急速:～然风起丨暴风～雨。❸ 副词,突然;忽然:狂风～起丨气候～变。

鞧 zhòu 同"纣(紂)",套车时拴在牲口屁股后的皮带。

穋 ㊀ zhòu 聚积。
㊁ còng ❶ 麻束。❷ 聚禾。

籀 zhòu ❶ 读书:讽～丨重～《论语》诸书。❷ 又称籀文、大篆,汉字的一种字体:能属文,工篆～。❸ 通"抽",抽取;引出:而一偏于内～,则其不崇外～之事。

繇 zhòu 卦兆辞,也作"繇"。

籒 zhòu "籀"的讹字。

縐 zhòu 同"绉(縐)"。

韝 zhòu［韝臂］也作"胄臂",即臂沓,弩柄上的套子。

籒 zhòu 同"籀"。

謅 zhòu 众言汇集。

鼱 zhòu 鼠。

鞻 zhòu 鞍、辔等马具的统称。

驟 zhòu 同"驟(骤)"。

鷲 zhòu 水鸟名。

zhou

碡 zhou(又读 zhóu,旧读 dú)［碌碡］(liù－)见 603 页"碌"字条。

zhū

朱(❸硃) zhū ❶ 传说中的树名,树干和树皮为红色:～木。❷ 大红色:～红丨～漆丨近～者赤。❸ 朱砂,矿物名,化学成分为硫化汞,颜色鲜红,可提炼汞,也可做颜料或药材:～批丨～笔丨出赤盐如～。❹ 姓。☞朱/赤/丹/绛/红/彤/赫 见 117 页"赤"字条。

砌 zhū 强。

邾 zhū ❶ 周代诸侯国名,在今山东,后改称"邹(鄒)"。❷ 古邑名,在今湖北。❸ 姓。

侏 zhū 矮小:～儒(身材特别矮小的人)。

诛(誅) zhū ❶ 责备;谴责:～斥诟辱丨口～笔伐。❷ 惩罚:～赏丨～必行于有罪者。❸ 讨伐:～暴乱丨举兵而～。❹ 杀,引申为铲除:～戮丨罪不容～丨

Z

～锄异己。☞诛/戮/弑/杀 见842页“杀”字条。

抹 zhū止。

茱 zhū［茱萸］(-yú)1. 吴茱萸,落叶乔木,未成熟果实可供药用。2. 食茱萸,落叶乔木,果实可食或供药用。3. 山茱萸,落叶小乔木,果实可供药用。

猪 zhū［猪獳］(-rú)也作“朱獳”,传说中的动物,像狐,有鳞,有翅膀。

洙 zhū古水名,即今洙水河,在山东。

祋 zhū同“袾”。

珠 zhū ❶某些贝类壳体所生珍珠,圆润而有光泽,可做装饰品或入药:～宝|夜明～|鱼目混～。❷小圆粒形的东西:眼～|露～|滚～。

株 zhū ❶露出地面的树根或树桩:守～待兔。❷草木植物:植～|幼～|～距。❸株连,牵连:～戮舶商。❹量词,用于草木:几～桃|万～花|有桑八百～。

戕 zhū ❶杀,后作“诛(誅)”:安免碎剜之～。❷戈名。

诸(諸) zhū ❶众;众多:～事|～子百家|～如此类。❷“之于”的合音:藏～名山|付～实践|反求～己。❸“之乎”的合音:有～?|求善贾而沽～?|探赜索隐,其可略～?❹姓。❺［诸葛］姓。

珞 zhū义未详。(《改并四声篇海》)

彭 zhū同“诸(諸)”。

铢(銖) zhū ❶古代质量单位,旧制十六两等于一斤,二十四铢等于一两。❷比喻细微:～积寸累|～分邪正。❸钝,不锋利:器械～钝|～而无刃。

偖 zhū月行。(《集韵》)

猪［豬］ zhū哺乳动物,也是家畜,体肥多肉,肉可食,皮和鬃是工业原料。

袾 zhū ❶大红色的衣服。❷衣身。

烪 zhū同“诸(諸)”。

蛛 zhū ❶蜘蛛:～网|～丝马迹。❷［蛛蝥］(-wú)蜘蛛的别称。

銖 zhū义未详。(《龙龛手鉴》)

筞 ㊀zhū竹篾编织的船帆。㊁shū筞策。

賭 ㊀zhū同“豬(猪)”:牛畜～彘。㊁dǔ同“肚”,人和某些动物的胃:～子。

絑 zhū ❶纯赤色。❷赤色缯。

酴 zhū ❶酌。❷醅。

跦 ㊀zhū［跦跦］(-zhū)1. 行走的样子。2. 鸟跳跃的样子:～得食而舞。㊁chú［踟跦］(chí-)同“踟蹰”,徘徊不前的样子:逍遥携(攜)手,～步趾。

嵣 zhū义未详。(《改并四声篇海》)

裿 zhū诅咒。

槠(櫧) zhū又称青椆,常绿乔木,木材可做枕木、榨油设备及其他器具。

蝫 zhū［蝫蝫］(jū-)同“蝫蠩”。

䳺 zhū同“鴸”。

潴 zhū也作“瀦”,水积聚:～留|～积|停～。

輩 zhū ❶车。❷同“槠(櫧)”。

鞢 zhū义未详。(《改并四声篇海》)

獏 zhū古乡名。(《集韵》)

猸 zhū“㹧”的讹字。

橥 zhū也作“櫫”,用作标志的小木桩:楬～|～楬。

駯 zhū ❶马嘴黑色。❷红色:～鬃(騌)白马。

豬 zhū同“豬(猪)”。

䝒 zhū同“猪”。

鴸 zhū传说中的不祥怪鸟,身像鸱,头像人,有手。

䰞 zhū义未详。(《龙龛手鉴》)

鮢 zhū鱼名,像虾无足,鳞片上有红点,故又称负朱鱼。

蠡 zhū［橻蠡］(sù-)见906页“橻”字条。

䵠 zhū黏。

瀦 zhū同“潴”。1. 水积聚处:以～畜水|积～难泄。2. 水积聚:～溪水|流出复～。

潴 ㊀ zhū 古水名,在今河北。
㊁ chú 古水名,即涂水。

豬 zhū 同“猪”。

豨 zhū 同“䝒”。

鼄 zhū[鼄蝥](-wú)同“蛛蝥”。

鮨 zhū 同“蠩”。

麆 zhū[夫麆]也作“夫诸”,传说中的动物,四只角。

麈 zhū 鹿类动物。

濒 zhū“瀦”的讹字。

礑 zhū[磁礑](jiān-)同“磁诸”。

蠩 ㊀ zhū[蜛蠩](jū-)见470页“蜛”字条。
㊁ chú[蟾蠩]同“蟾蜍”,也单称蠩:蟾蠩捕蚤|玉蠩吐水。

譇 zhū 同“诸(諸)”。

zhú

术 ㊀{朮} zhú 多年生草本植物,有白术、苍术、莪术等。
㊁(術) shù ❶城邑中的街道:当衢向~。❷策略;方法:战~|催眠~|回天乏~。❸技艺;学问:技~|医~|不学无~。❹姓。
㊂ shú ❶同“秫”。❷姓。

竹 zhú ❶竹子,常绿植物,可用于建筑或制作器物:~林|~笋|~器。❷竹简:书之~帛|罄~难书。❸古代八音之一,指竹制管乐器,如箫、笛。❹[竹黄]又称竹白、竹柴,竹子的内层。

帇 zhú 草一帇。(《字汇补》)

茓 zhú 草名。

竺 ㊀ zhú ❶竹子。❷天竺,印度的古译名,也指有关印度的:~国|~经(佛经)|~学(佛学)。❸姓。
㊁ dǔ 厚,后作“笃(篤)”:遘此~旻。

泏 zhú 水、乳汁等流出的样子:原流~~,冲而不盈|母乳~。

宙 zhú 同“窋”。

紵 zhú 一。(《玉篇》)

茿 {筑} zhú[萹茿](biān-)也作“萹竹”,即萹蓄。

竻 zhú 同“竺”。

炢 zhú 冒烟;烟。

逐 zhú ❶追赶;追随:追~|~鹿|随波~流。❷驱赶;赶走:驱~|放~|~出门外。❸竞争:角~|竞~|争~。❹依次挨着:~步|~一清点|~字~句。

梲 zhú 义未详。(《改并四声篇海》)

笋 zhú 手脚因猛触另一物体而受伤:脚~了。

烛 ㊀(燭) zhú ❶蜡烛:红~|明~。❷照亮;照见:~照|火光~天。❸明察:洞~其奸。❹量词,烛光(发光强度单位)的简称。现作“坎德拉”,简称坎。
㊁ chóng 同“爞”,旱热之气。

窋 ㊀ zhú ❶物在穴中欲出的样子。❷空。
㊁ kū 同“窟”,洞穴:~室。

嗤 zhú 声,一说同“咄”。

笛 zhú ❶笋。❷竹笋长出的样子。

舳 ㊀ zhú ❶[舳舻](-lú)船头、船尾的合称,指首尾衔接的船:~千里|连锁的~。❷船:汉~|铁~。❸舵:楫~。
㊁ zhòu 船头:弘舸连~。

浣 zhú 古水名。(《玉篇》)

䇡 ㊀ zhú ❶塞:被气~|~著帝释鼻孔。
㊁ zhù 同“筑(築)”,捣土使坚实:将镬头~地三下。

菜 zhú 同“茿”。

遂 zhú 同“逐”。

魈 zhú 义未详。(《龙龛手鉴》)

瘃 zhú ❶冻疮:冻~|手足皲~。❷冻;受冻:~足堕指。

瘯 zhú 同“瘃”。

蓫 zhú 同“茓”。

艡 zhú 同“舳”。

欶 zhú 吹气。

敱 ㊀ zhú 击鼓。
㊁ ái ❶ 有所治理。❷ 姓。

敳 zhú 同"敱"。

毃 zhú "敱"的讹字。

魑 zhú 鬼头。

劚（劚） zhú 同"斸"。

雖 zhú 髣髴，同"仿佛"，一说头发。

螲 zhú 同"筑"。

鄐 ㊀ zhú 古县名。（《集韵》）
㊁ chù 用于人名：郈～（见《集韵》）。

筚 zhú 以手筑物，一说"挐（拏）"的讹字。

濲 zhú 同"筑"。1. 古水名，在今河南。2. 用于古地名：～阳（在今河南）。

孎（孎） ㊀ zhú 谨慎。
㊁ shǔ 用于女子人名。
㊂ chuò 同"娕"，谨慎。

欘（欘） zhú ❶ 同"斸（斸）"，锄类农具。❷ 斧、锄等的柄。❸ 树枝弯曲：百仞无枝，有九～。

蠋 zhú［马蠋］也作"马蚰"，即马陆，节肢动物。

鮢 zhú 鱼名。

斸（斸） zhú ❶ 锄类农具。❷ 掘；挖：～地｜～蕨根。❸ 砍；削：～取｜木可～。

𪇱 zhú 拟声词，小鸡的叫声或出壳声。

𪇱 zhú 同"𪇱"。

䰫 zhú 丑头。

躅 zhú 同"躅"。

瞩 zhú ❶ 看。❷ 专注地看。

蠋（蠋） zhú ❶［蠋蝓］（-yú）蜘蛛。❷ 同"蠋"。

餸 zhú ❶ 吃的样子。❷ 饼。

䎝 zhú 同"𪇱"。

纗 zhú 同"纗"。

躅（躅） zhú 同"躅"。

蠋 zhú 蛾、蝶类昆虫的幼虫。

纗 zhú 同"纗"。

騳 zhú ❶ 哺乳动物。❷ 群马互相追逐。

趰 ㊀ zhú 行走的样子。
㊁ shǔ 跳。

躅 ㊀ zhú ❶ 踩踏；顿足：天寒足～｜抶手～足。❷ 向上轻跳：鸟与鸟遇则相～。
㊁ zhuó 足迹，比喻人的行为、功绩：轨～｜前～｜遗～。

鱁 zhú 白鳖豚的别称。

蠾 zhú［羊蠾蠾］（-zhí-）同"羊踯躅"。

灟 zhú ❶ 泪水。❷ 灌注：水潦～焉。

曯 zhú 同"燭（烛）"，照：当日而～之。

爥 zhú 同"曯（烛，燭）"。

歜 zhú 同"欶"。

襡 zhú 装饰在衣襟上的带子：～带。

钃 zhú ❶ 同"斸（斸）"。❷ "金屬（属）"的合体字，旧时对金属元素的省称。

zhǔ

丶 ㊀ zhǔ 古人读书时断句的符号。
㊁称点，汉字笔画或部件。

主 zhǔ ❶ 君主，古代国家最高统治者：～倡而臣和。❷ 主人。1. 权力或财物的拥有者：当家作～｜物归原～。2. 接待宾客的人：宾～｜东道～。3. 占有奴隶或雇用仆役的人：奴隶～｜～仆。❸ 事件中的当事人：事～｜失～｜得～。❹ 主张；决定：～见｜～和｜独立自～。❺ 最重要的；最基本的：～力｜分清～次｜以预防为～。❻ 负主要责任：～持｜～办｜～讲。❼ 预示：～吉｜晚霞～晴。

讠（訁） zhǔ 也作"佇"，有智慧。

煑 zhǔ 同"煮"。

拄 zhǔ 支撑；手扶杖、棍以支撑身体：修（脩）剑～颐｜～着拐杖。

枓 ㊀ zhǔ 勺子，舀水用具：铜～。
㊁ dǒu［枓栱］（-gǒng）传统木建筑的承重结构，加在立柱顶端与横梁交接处的层层探出的弓形结构称栱，垫在两栱之间的方形木料称枓，合称枓栱，今作“斗拱”。

屎 zhǔ 同“属（屬）”，续；连缀。

哇 ㊀ zhǔ 口不正。
㊁ zhù（又读 zhòu）同“咮”，鸟嘴。

帾 zhǔ 覆盖在棺材上的布。

宔 zhǔ 古代宗庙中放置牌位的石函。

屌 zhǔ 同“属（屬）”。

炷 zhǔ 熏。

袓 zhǔ 同“宔”。

砫 ㊀ zhǔ 同“宔”。
㊁ zhù ❶ 同“柱”：砥～。❷ 用于古地名：石～（今作“石柱”，在重庆）。

罜{罣} zhǔ（又读 dú）［罜麗］（-lù）小渔网。

衧 zhǔ 破旧的衣服。

陼 ㊀ zhǔ 同“渚”。
㊁ dǔ 同“堵”，堵塞：东无～水。

渚 zhǔ ❶ 水中的小块陆地：江有～。❷ 水边：江～。

属 zhǔ 同“属（屬）”。

煮［煑］ zhǔ ❶ 把食物等放在水中，加热使熟：～饭｜～鸡蛋｜～酒。❷ 煮盐：有辽东之～。

煼 zhǔ 同“煮”。

褚 zhǔ “褚”的讹字。

属（屬） ㊀ zhǔ ❶ 连缀；连接：～文（写作）｜前后相～。❷（意念等）集中在一点：～意｜～望。❸ 通“嘱（囑）”。1. 委托：举国以～子之。2. 嘱咐：～余记之。
㊁ shǔ ❶ 归类；归于：～于自然科学｜这台电脑现在～你。❷ 同一家族的成员：家～｜亲～｜军～。❸ 种类；类别：种～｜金～。❹ 生物分类系统的等级，在科之下，种之上：狐～｜梨～。❺ 有管辖与被管辖关系的人或单位：隶～｜附～｜下～。❻ 是：纯～捏造｜一切～实。

褚 ㊀ zhǔ ❶ 囊；袋：置诸～中｜～小者不可以怀大。❷ 通“贮（貯）”，储藏：取我衣冠而～之｜不当独私囊～。❸ 姓。
㊁ chǔ 姓。

幯 zhǔ 同“帾”。

骴 zhǔ 义未详。（《龙龛手鉴》）

頊 zhǔ 同“主”。

嘱（囑） zhǔ 告诫；托付：～咐｜叮～｜遗～。

渚 zhǔ 同“渚”。

濐 zhǔ 同“渚”。

甗 zhǔ 盛米。

麈 zhǔ ❶ 驼鹿。❷ 一种像鹿的动物，尾巴可做拂尘：～尾｜挥～。❸ 用麈尾做的拂尘，泛指拂尘：玉～｜白犀～。

褚 zhǔ 同“褚”。

瞩（矚） zhǔ ❶ 看；望：～望｜高瞻远～｜听焉无闻，视焉无～。❷ 广泛地看：众情奔悦，～览无厌。

黈 zhǔ 同“、”，古人读书时断句的符号：点～｜失～。

鬻 zhǔ 同“煮”。

鬻 zhǔ 同“煮”。

鬻 zhǔ 同“煮”。

緒 ㊀ zhǔ 同“褚”。
㊁ zhù 同“纻（紵）”。

鬻 zhǔ 同“煮”。

甗 zhǔ 同“甗”。

鬻 zhǔ 同“煮”。

鬻 zhǔ 同“煮”。

zhù

宀 zhù 同“宁㊀”，贮存；积聚。

Z

宁 ㊀ zhù ❶ 贮存,积聚,后作"贮(貯)"。❷ 长时间站立,后作"伫(佇)"。❸ 古代宫殿的门和屏之间,也指正门内两侧房屋之间:当～而立|～南之位|中～。

㊁(寧)[甯、❶-❺甯] níng ❶ 安宁;安静:～静|国无～日|鸡犬不～。❷ 使安宁:息事～人。❸ 旧指已出嫁的女子回娘家看望父母:归～|～亲。❹ 江苏南京(地名)的别称:沪～线。❺ 宁夏(地名)的简称:今日抵～。❻ 姓。

㊂(寧)[甯、甯] nìng 副词。1. 宁可;宁愿:～死不屈|～为玉碎,不为瓦全。2. 难道:王侯将相～有种乎?

◆"甯"另见 696 页"甯"字条。

伫[竚、佇] zhù 长时间站着或停留:～立|～候|～留。

苎(苧) zhù 苎麻,多年生草本植物,茎皮纤维可用于纺织、编渔网和造纸,根可供药用。

◆"苧"另见 696 页"苧"字条。

芧 ㊀ zhù 又称荆三棱、三棱草,多年生草本植物,生长于沼泽,三棱茎可造纸,块茎可供药用。

㊁ xù 橡树,也指橡实。

庄 zhù 义未详。(《改并四声篇海》)

助 ㊀ zhù 帮;支援:帮～|互～|推波～澜。

㊁ chú 同"钼(鉬)",锄头。

住 zhù ❶ 停止;歇下:～手|～口|雨～了。❷ 居留;留宿:～宿|～在北京|在旅馆～了一夜。❸ 用作动词的补语。1. 表示牢固或稳当:记～|抓～|拿～。2. 表示停顿或静止:把他给问～了|她一下子就愣～了。3. 跟"得"或"不"连用,表示力量够得上:禁得～|抵挡不～|支持不～。☞住/驻 两字都有停留义。"住"指通常的停留、住宿,"驻"本指车驾停住,词义色彩庄重。指军队驻扎地或行政机关所在地时用"驻地",不用"住地"。

纻(紵) zhù ❶ 同"苎",苎麻,可用来纺织:沤～。❷ 用苎麻织成的布:～缟。

抧 zhù 同"柷"。

垈 zhù 累积的尘土。

杼 ㊀ zhù 织布机上的机件,古代指梭子,今指筘:机～|灯火照鸣～。

㊁ shù 栎,又称麻栎、橡,落叶乔木。

贮(貯) zhù ❶ 储存:～存|～藏|池中～满雨水。❷ 通"伫(佇)",等待:饰新宫以延～兮。

佇 zhù "佇(伫)"的讹字。

狂 zhù 黑头黄身的狗。

注[❹-❻註] zhù ❶ 灌;倾泻:～水|～射|大雨如～。❷(目光、精神等)集中;聚集:～目|全神贯～。❸ 赌博所押的财物:赌～|孤～一掷。❹ 用文字解释字句:～释|～解|校(jiào)～。❺ 解释字句的文字:～疏|～脚|附～。❻ 记载;登记:备～|～册|～销。

泞 ㊀ zhù ❶ 水停止的样子:～水停洿。❷[澹泞](dàn-)见 171 页"澹"字条。

㊁(濘) nìng 稀泥浆:泥～|向苇中～泥处拉了几步。

㊂(濘) nì 陷入泥中:不～车轮|～滞不通。

驻(駐) zhù ❶(车、马等)停住,泛指停留、留住:～马|～足|青春永～。❷ 驻扎;驻守:～军|～地|～外使节。☞驻/住 见 1286 页"住"字条。

壴 zhù ❶ 陈列乐器。(一说读 gǔ,为"鼓"的古字。)❷ 鼓架。

坾 zhù 同"坾"。

柷 ㊀ zhù ❶ 古代打击乐器,木制,像方斗,中有椎柄,敲击发声。❷ 树名。

㊁ chù 用于人名:李～(唐代哀帝)。

柱 ㊀ zhù ❶ 支撑房屋、桥梁等建筑物的直立构件:木～|顶梁～|水泥～。❷ 柱状的东西:水～|冰～|水银～。❸ 琴、瑟等弦乐器上的弦枕:张弦设～|胶～鼓瑟。

㊁ zhǔ 同"拄",支撑:～天|～门|～杖。

竚 zhù 前进的样子。

胠 zhù 身体挺直的样子:～腰。

庤 zhù 户屏。(《改并四声篇海》)

投 zhù 投注。

竚 zhù 同"竚(伫)"。

炷 zhù ❶ 灯芯,油灯中点火的纱线等:灯～。❷ 灯;烛:持～|赤～。❸ 点燃;烧:～灯|～火|～香。❹ 量词,用于点燃的线

香:烧一～香。

祝{祝} ㊀ zhù ❶古代掌管祭祀礼仪的人(即男巫),后称庙中掌管香火的人:工～致告|庙～。❷祈祷鬼神以求福佑,引申为向人表示美好愿望:一～不胜万诅|～愿|～福。❸断;削去:～发(髮)为僧。❹姓。
㊁ zhòu 诅咒:～树树枯|侯作侯～。
㊂ chù[祝栗]古国名。(《尔雅》)

莇 zhù ❶草名。❷商殷时的一种劳役租赋制度。

箸 zhù 同“著”。

眝 zhù 同“貯”。

眝 ㊀ zhù ❶远望:凝～|～美目其何望。❷睁大眼睛:～目观之。
㊁(聹) níng 通“聍(聹)”,耳垢:眵～不净。
◆“聹”另见697页“聹”字条。

岇 zhù 同“齡”。

崔 zhù 山崔。(《改并四声篇海》)

朏{朏} zhù 同“腐”。

鉒 zhù 古邑名。(《广韵》)

疰 zhù ❶病名,慢性传染病:痨～。❷流注,中医外科病名,多发性流窜不定的脓疮:其动暴折疡～。❸[疰夏]中医指发生在夏季的长期发热的病。

竚 zhù ❶等待。❷同“竚(伫,伫)”。

㤖 zhù 失。

宔 zhù 同“䃴”。

袾 zhù ❶诅咒。❷同“祝”,掌管祭祀礼仪的人(即男巫):～子。

祏 zhù “祝”的讹字。

屎 zhù 鞋。

豈 zhù 同“壴”。

著 ㊀ zhù ❶显明;凸显:显～|～名|成效颇～。❷记载;撰写;写作:～录|撰～|～书立说。❸作品;著作:译～|名～。
㊁ zhuó 同“着㊀”。
㊂ zháo 同“着㊁”。
㊃ zhāo 同“着㊂”。
㊄ zhe 同“着㊃”。

蛀 zhù ❶咬食衣物等的蛀虫:～耗米珠。❷蛀虫咬食:虫～|～蚀|内里～空。

鈝 zhù 同“齡”。

秼 zhù “袾”的讹字。

筑 zhù “筑”的讹字。

笙 zhù 琴瑟的弦纽,可转动调弦。

竽 zhù 同“杼”,织布的梭子。

鉒 zhù 同“铸(鑄)”,铸造:～为彝壶。

腧 zhù 同“腐”。

蛀 zhù 同“蛀”。

庶[庶]{庶} ㊀ zhù ❶煮。❷[庶氏]古代官名:～掌除毒蛊。
㊁ shù ❶众多:～民|～类|富～。❷宗法制度下家庭的旁支:～子|～出。❸副词,将近;差不多:～可及之|～免于难。

竚 zhù 同“竚(伫,伫)”。

羜 zhù 五个月的小羊,泛指小羊:肥～。

粎 zhù 盛米。

紸 zhù 置;留。

翥 zhù 同“翥”。

聍 zhù 呼声。

軴 zhù 停车。

齒 zhù 盛物于器。

貯 zhù 财貯,人多财。

跓 zhù 伫立,停步不前。

崔 zhù 古山名。(《玉篇》)

铸{鑄}(鑄) zhù ❶把金属液或其他液态物质注入型或模

中凝固成器：～铁｜～造｜铜～佛像。❷造就(人才)；塑造形象；熔炼(词句)：～之于学｜～奸｜自～伟辞。

䇡 zhù 同“筑”。

筑(❷-❺❽築) zhù ❶(旧读 zhú)古代弦乐器，像筝：高祖击～。❷夯土用的杵：身负板～｜举～殷雷。❸用杵夯或捣，使坚实：～土作堤｜～之登登。❹建造：建～｜～室｜～路。❺建成的屋室：小～｜卜～。❻(旧读 zhú)用于古水名、古地名，在今河南。❼(旧读 zhú)贵州贵阳(地名)的别称。❽姓。

䇶 zhù 同“筑”。

䠱 zhù 身直的样子。

䐢 zhù 同“䐁”。

㺛 zhù 同“㹥”。

賯 zhù 同“貯(贮)”。

䘚 zhù 义未详。(《改并四声篇海》)

馵 zhù ❶左后足白色的马。❷马膝以上皆白。

黗 zhù 佐；益。

築 zhù 同“筑(築)”。

鉒 zhù ❶矿藏：～银｜～金。❷古代送死者的器物。❸祭器。❹通“注”，赌注；下赌注：以瓦～者全，以金～者跛，以玉～者发。

餸 zhù 同“祝”。

䟉 zhù 古代贮米的器皿。

翥 zhù 鸟高飞，泛指飞。

嶀 zhù 古山名。(《集韵》)

箸 ㊀[❶筯] zhù ❶筷子：更杯洗～｜借～题筹。❷同“著”。1.明显：显～纲纪｜致忠信，～仁义。2.撰写；写作：～书｜为太常所论～。
㊁ zhuó 同“著”。1.穿戴；穿着：～新衣。2.附着，引申为以兵包围：兵～晋阳三年矣。

篧 zhù “箸”的讹字。

䐁 ㊀ zhù 皱缩：胝～。
㊁ zhòu 皱缩的肉干：～脝。
㊂ chù 美食。

瘃 ㊀ zhù 肿。
㊁ chú 瘃。

䞵 zhù 同“贮(貯)”。

鞋 zhù ❶皮裤。❷又称跗注，古代军服。

馵 zhù “馵”的讹字。

樦 zhù 同“䇡”。

㹥 zhù 同“䝬”。

䇧 zhù 同“築(筑)”。

䈾 zhù 竹名。

斸 zhù 斫。

署 zhù 同“翥”。

緒 zhù 同“纻(紵)”。

霔 zhù ❶及时雨：～雨。❷及时降雨：甘雨大～。

㘉 zhù 同“伫(佇)”。

䗖 zhù 同“䲭”。

䁤 zhù 同“䲭”。

擉 zhù 用手捣物。

䇧 zhù 同“築(筑)”。

鮝 zhù 鱼名。

䝬 zhù ❶古乡名，在今河南。❷古亭名。(《玉篇》)

麆 ㊀ zhù 幼獐。
㊁ cū 同“麤(粗)”。1.大：～大。2.大略：～备。3.远行。

䥍 zhù 同“铸(鑄)”。

翥 zhù 同“翥”。

署 zhù 同“著”。

篫 zhù 同"築(筑)"。

簹 zhù 同"築(筑)"。

簗 ㊀ zhù"築"的讹字。
㊁ liáng 日本汉字,竹木编的捕鱼具。

蠧 zhù 同"蛀"。

緒 zhù 同"緒(纻,紵)"。

櫡 ㊀ zhù 同"箸",筷子:无切肉,又不置~。
㊁ zhuó 斧、大锄类工具。

麢 zhù 同"麆",幼獐。

懙 zhù[悇懙](yù-)见1191页"悇"字条。

簹 zhù 同"築(筑)"。

篨 zhù 箩类器具。

餚 zhù 猪食或狗食。

齟 zhù 畚;筐。

蠹 zhù ❶ 蝉类昆虫。❷ 毒虫。

躇 zhù 同"跙"。1. 行走不端正。2. 马蹄痛病。

簹 zhù 同"築(筑)"。

鑄 zhù 同"鉒"。

嬻 zhù 美女。

纑 zhù 同"緒(纻,紵)"。

豬 zhù ❶ 母猪,也指小母猪。❷ 小猪。

邏 zhù 马不行走。

籦 zhù 同"齟"。

甗 zhù"甗"的讹字。

鑄{鑄} zhù 同"鑄(铸)"。

鑈 zhù 扑。

甗 zhù 器。

鑄 zhù 同"鑄(铸)"。

鼊 zhù[乌鼊]龟名。

籦 zhù 同"齟"。

邏 zhù 同"邏"。

zhuā

抓{抓} zhuā ❶ 用手或爪拿取:手~羊肉。❷ 用指或爪挠:~挠|~痒。❸ 捉捕:~贼|老鹰~小鸡。❹ 把握住;不放过:~时间|~机会|~住机遇。❺ 着重进行或领导:~教育|~重点。❻ 吸引(人注意):电影开头很精彩,一下子就~住了观众。

挝(撾) ㊀ zhuā ❶ 打;敲;击:鞭~|~鼓|~杀。❷ 同"抓":到油锅里去~钱|这个想法~住了她的心。
㊁ wō[老挝]国名,在中南半岛。

簻 zhuā 马鞭。

檛 zhuā ❶ 赶马的木杖:马~。❷ 古代兵器,像棍杖:铁~|执~候晨。❸ 击打:~捶|~杀。❹ 古代管乐器:修~内辟。

膼 zhuā ❶ 脆,脚肿。❷ 腿。

髽 zhuā 同"髽"。

髽 zhuā ❶ 古代妇女服丧时梳的发髻,用麻或布扎束:齐衰布~。❷ 年轻女子梳在头顶两旁的发髻:~髻|歪~|宫~。

簻 zhuā ❶ 赶马的竹鞭:马~|裁以当~便易持。❷ 乐管:修~内辟,馀箫外逶。

鬡 zhuā 同"髽"。

zhuǎ

粊 zhuǎ 手把物。

蚷 zhuǎ[蚷蚷](-zhuǎ)容貌好的样子。

zhuài

拽 zhuài 见1127页yè。

Z

zhuān

专(專)[耑] zhuān ❶专一,集中在一件事上;单一:～心|～用|～科。❷在某方面造诣较深:～家|～长。❸独自掌握或享有:～断|～权|～利。
◆“耑”另见212页“耑”字条。

岦{𡵘} zhuān 同“叀(專,专)”。

叀 ㊀zhuān ❶纺砖,古代收丝用的器具。❷同“專(专)”。
㊁huì 同“惠”。

亶 zhuān 同“叀(專,专)”。

㞐 zhuān 同“叀(专,專)”。

笁 zhuān 竹拆。(《改并四声篇海》)

砖(磚)㊀[甎、塼] zhuān ❶用黏土等做成坯,经高温烧制成的建筑材料:红～|瓷～|耐火～。❷形状像砖的东西:茶～|冰～|金～。
㊁tuán 用于人名:石～(见《集韵》)。
◆“磚”另见1290页“磚”字条。
◆“塼”另见1290页“塼”字条。

幓 zhuān 卷曲。

㕣 zhuān 同“叀(專,专)”。

媏 zhuān 同“嫥”。

婝 zhuān 同“嫥”。

鄟 zhuān ❶春秋时鲁国的附庸国,一说邾国邑名,在今山东。❷姓。

鄟 zhuān 同“鄟”,古国名、古邑名,均在今山东。

塼 ㊀zhuān ❶“砖(磚)㊀”的异体字。❷陶制的纺锤:纺～。
㊁tuán 同“抟(摶)”,把泥揉捏成球形:以～涂塞江海。

嫥 ㊀zhuān ❶专一,后作“专(專)”。❷可爱的样子。
㊁tuán 美。

瑼 zhuān 玉名。

軥 zhuān 义未详。(《字汇补》)

磗 zhuān “磚(砖)”的讹字。

颛(顓) zhuān ❶拘谨;愚昧无知:予性～而嗜古|～蒙|～愚。❷善良:～民。❸通“专(專)”,专擅:～制|～妄言|兼业～利。❹[颛顼](-xū)传说中的上古帝王名。

瑼 zhuān 玉名。

磚 ㊀zhuān “砖”的繁体字。
㊁tuán 用于人名:石～(见《集韵》)。

諯 zhuān 责备:互相～诿。

蟤 zhuān[蜿蟤](wān-)见977页“蜿”字条。

甎 zhuān 同“甎(砖,磚)”。

鱄 ㊀zhuān ❶鱼名,生活在洞庭湖中。❷姓:～诸(同“专诸”,春秋时吴国人)。
㊁tuán ❶传说中的怪鱼,鱼尾像猪尾,出现时天下大旱。❷蒲鱼,即魟、鲼类鱼。
㊂liàn 人名(春秋时人)。

zhuǎn

転 zhuǎn 同“轉(转)”。

转(轉) ㊀zhuǎn ❶用车运输,引申为把一方的物品、意见等间接传给另一方:～送|～告|～播。❷改换方向、情势等:～身|～危为安|多云～晴。❸副词,不久;很快地:凿地一丈,～见水源。
㊁zhuàn ❶旋转:车轮～得飞快。❷绕着某物、某中心移动或运动:～圈子|～来～去|目光一直围着他～。❸闲逛:上街～一～。❹量词,圈:在广场周围绕了两～。

腨(膞) ㊀zhuǎn ❶切成块的肉。❷膝头。
㊁chuán 同“䡅”,制作陶器的旋盘。
㊂chún 祭祀所用牲后体的一部分。
㊃zhuān 鸟类的胃:鸡～。

孨 ㊀zhuǎn ❶弱,懦弱,后作“孱”。❷孤儿。
㊁nì 同“孴”,聚集的样子。

啭 zhuǎn 囚刑固出。(《玉篇》)

㯼 zhuǎn[宛㯼](yuàn-)同“篅”,养蚕具。

腖 zhuǎn 同"膊(胯)"。

𥺧 zhuǎn 同"𥺥"。

躼 zhuǎn 同"转(轉)"。

𥺫 zhuǎn"𥺥"的讹字。

𥺥 zhuǎn 小盛酒器。

䡱 zhuǎn 均等;均齐:～本肇末。

轉 zhuǎn"轉(转)"的讹字。

𡨯 zhuǎn 义未详。(《字汇补》)

𨶜 zhuǎn 同"𨷿"。

嬶 zhuǎn 用于女子人名。

𨷿 zhuǎn ❶开门、关门的键。❷古代计量单位,用于丝缕,八十缕等于一总,十总等于一𨷿。

𨷼 zhuǎn 同"𨷿"。

𨸃 zhuǎn 同"𨷿"。

䡱 zhuǎn 义未详。(《改并四声篇海》)

zhuàn

叀 zhuàn 具。(《广韵》)

𤆍{𤆍} zhuàn 火种。

㢮 zhuàn 同"叀"。

啭(囀) zhuàn ❶鸟婉转地鸣叫:莺啼鸟～。❷婉转动听的歌唱:～喉|遗～|喉～引声。

僎 zhuàn 同"僎"。

隊 zhuàn 路边矮墙。

撰 zhuàn 同"撰"。

塚 zhuàn ❶翻耕田地。❷田地边的土垄。

篆 zhuàn 同"篆"。

瑑 zhuàn ❶玉器上雕出的凸起花纹。❷给玉器等雕刻花纹:治～金玉|常玉不～,不成文章。

腞 ㊀zhuàn 画饰,一说载柩车。
㊁dùn 拖着脚跟走。

䉵 zhuàn 义未详。(《改并四声篇海》)

新 zhuàn 斫。

赚(賺) ㊀zhuàn ❶获得利润:～钱|做生意多少～了一些。❷做买卖得的利润:～头儿|有～儿。❸挣(钱):干活儿～点零花钱。
㊁zuàn 诓骗:～人|又～我空欢喜一场。

僝 ㊀zhuàn 显现:～功。
㊁chán ❶烦恼;忧愁:自～|～僽。❷摧残;折磨:好花教风雨～。❸弱小;虚弱:～弱|～陋。

僎 ㊀zhuàn 才具;才能:异乎三子者之～。
㊁zūn 通"遵",赞礼,即典礼时辅佐主人导行仪节的人:～宾。

䙊 zhuàn 同"襈"。

撰㊀[❸譔] zhuàn ❶具备:司农～播殖之器。❷持;拿:～杖|～辔。❸写作;著述:～稿|编～|杜～。❹纂集:～其遗文,都为一集。
㊁xuǎn 同"选(選)",选择:～辰酌礼。
◆"譔"另见1292页"譔"字条。

䞼 zhuàn 同"䞼"。

槤 zhuàn 树名。

篆 zhuàn ❶运笔书写,特指用篆体书写:～额(在碑额上写篆文)。❷篆书,汉字的一种字体:真草隶～|大～|小～。❸用篆文雕刻,引申为铭刻、铭记:～刻|感～|铭～在心。❹官印的代称:涤～(洗印)|以经历署～。❺对他人名字的敬称:台～|雅～|次～(称字)。❻盘曲状的香,也指香的烟缕:香～销金鼎|心似风吹香～过,也无灰。

馔(饌)[籑] zhuàn ❶制作或摆设食品:～治|～于东方|唤妇出房亲自～。❷饭食;食物:肴～|盛～|设～招待。❸食用;吃喝:～酒食。❹以酒食款待:～客。
◆"籑"另见1292页"籑"字条。

嫸 zhuàn ❶讥刺。❷用于女子人名。

瑼 zhuàn 玉名。

Z

撰 zhuàn 同“撰”。

譔 zhuàn 同“譔”。

饌 zhuàn 同“饌(馔)”。

饌 zhuàn 同“饌(馔)”。

襈 ㊀ zhuàn 衣边：裳皆有～。㊁ juàn 有衣边的长衣。

蕵 ㊀ zhuàn 草名。㊁ sūn 同“荪(蓀)”。

顨 zhuàn 副词，皆；都：～有｜～好。

潠 zhuàn 义未详。(《改并四声篇海》)

瑑 ㊀ zhuàn 同“瑑”。㊁ chūn 玉名。

譔 ㊀ zhuàn ❶专心教导。❷具备：魂乎归徕，听歌～只。❸“撰㊀❸”的异体字。㊁ quán 善言。

鐉 zhuàn 专。

籑 zhuàn ❶“馔(饌)”的异体字。❷同“撰”，纂集；著述：自古书契之作而有史官，其载籍博矣，至孔氏～之。

籑 zhuàn 同“籑”。

鱏 zhuàn 鱼名。

zhuāng

妆(妝)[粧] zhuāng ❶修饰；打扮：梳～｜化～｜浓～艳抹。❷女子或演员脸上、身上的装饰：红～｜试～｜卸～。❸出嫁女子的陪送衣物：嫁～｜送～。

庄{庒}(莊){荘} zhuāng ❶草茂盛的样子。❷恭敬；严肃：～重｜～严｜端～。❸村落；田舍：村～｜农～｜赵家～。❹旧时皇室、贵族、地主及寺院等占有的成片土地：皇～｜～园。❺商店的一种传统名称：饭～｜茶～｜钱～。❻庄家，打牌或赌博等每一局的主持人：上～｜轮流坐～。❼姓。

妝 zhuāng 同“妝(妆)”。

疰{疰} zhuāng 同“庄(莊)”。

洤 zhuāng 同“庄(莊)”。

音 zhuāng 同“春(桩)”。

桩(樁) zhuāng ❶埋入地中的柱形物：木～｜桥～｜打～。❷量词，用于事情的件数：一～买卖｜一～往事｜～～件件。

娤 zhuāng 同“妆(妝)”。

牂 zhuāng 同“莊(庄)”。

妝 zhuāng 同“妆(妝)”。

梉 zhuāng ❶树名。❷同“妆(妝)”，梳妆：小女～成坐。

鸨(鴇) zhuāng[青鸨]也作“青庄”“青䲦”，水鸟名。

瘃 zhuāng 同“装(裝)”，衣服：衣～。

妝 zhuāng 同“娤(妆，妝)”。

装(裝) zhuāng ❶包裹；行囊：轻～｜行～｜整～待发。❷服装；衣服：西～｜时～｜中山～。❸产品的包装；书刊的装帧设计：散～｜简～｜精～。❹修饰；打扮：～束｜～潢｜～点。❺假扮；假作：～傻｜～懂｜～模作样。❻演员上场表演时穿戴、涂抹的东西：化～｜上～｜卸～。❼放入；搬运：～车｜～货｜～载。❽安装；配置：～电表｜～配｜组～。

湷 ㊀ zhuāng 拟声词，捶水声。㊁ hún 通“浑(渾)”，浑浊。

牀 zhuāng 同“莊(庄)”。

牂 zhuāng 同“莊(庄)”。

装 zhuāng “装(裝)”的讹字。

裝 zhuāng 同“装(裝)”。

糽 zhuāng “粧”的讹字。

粧 zhuāng 同“妆(妝)”。

湷 zhuāng 在深水中立桩。

蓙 zhuāng 同“庄(莊)”。

糚 zhuāng 同“妆(妝)”。

檶 zhuāng 掘。一说同“椿(桩)”。

鬇 zhuāng[鬇鬤](-náng)散乱的头发。

zhuǎng

奘 zhuǎng 不悦。

zhuàng

壮(壯){壯} zhuàng ❶身材高大，引申为强健；有力：强～|～士|年轻力～。❷雄伟；有气魄：～观|～志|理直气～。❸增加；加强(勇气或力量)：～胆|～军威。❹旧作“僮”。壮族，少数民族名，主要分布在广西、云南、广东、贵州：～乡|～锦。

弡 zhuàng 同“壮(壯)”。

状(狀) zhuàng ❶形态；样子：形～|～态|奇形怪～。❷情形；情况：～况|病～|罪～。❸描摹；陈述：写景～物|不可名～。❹陈述、嘉奖、委任的文字或凭证：诉～|奖～|委任～。

犾 zhuàng 同“状(狀)”。

壵 zhuàng 同“壮(壯)”。

揰 zhuàng 同“撞”。

淍 zhuàng ❶装米入甑。❷水势浩大的样子。

湺 zhuàng 波浪涌起声音的样子。

焋 zhuàng 熏蒸。

幢 zhuàng 同“幢”，车、船上形如车盖的帷幔。

瘇 zhuàng 病热。

踵 zhuàng 同“撞”。

僮 zhuàng 站立的样子。

緂 zhuàng 入绵。(《篇海类编》)

潨 ㊀zhuàng 水冲击：长河～石壕。
㊁chuáng 雨水急速降下：雨～山口。
㊂chóng ❶拟声词，水声：水滴午～～。❷潨河，水名，在安徽。
㊃shuāng 用于地名：～缺(在上海)。

䳷 zhuàng 同“壮(壯)”。

撞 zhuàng ❶猛然相碰；敲击：～车|～击|～钟。❷闯；鲁莽地行动：莽～|横冲直～。❸碰见，无意中遇到：～见。❹试探着做：～大运|招摇～骗。

霊 zhuàng 下雨的样子。

憧 zhuàng[戇憧](-zhuàng)同“戇憧”。

戆 zhuàng 同“戇(戆)”。

戆 zhuàng 同“戇(戆)”。

戆 zhuàng 同“戇(戆)”。

戆 zhuàng 同“戇(戆)”。

鬤 zhuàng[鬇鬤](-nàng)头发散乱的样子。

戆 zhuàng 同“戇(戆)”。

戇(戆) ㊀zhuàng ❶迂愚而刚直：～愚|莽～。❷[戇憧](-zhuàng)凶顽、愚顽的样子。
㊁gàng 鲁莽；冒失：～头～脑。

zhuī

隹 ㊀zhuī 短尾巴鸟的总名。
㊁cuī[畏隹]也作“崽崔”，同“崔嵬”，高峻的样子。

追 zhuī ❶跟在后面紧赶：～赶|～捕|奋起直～。❷探求；寻求：～查|～赃|～根问底。❸追求，积极争取；向异性求爱：～名逐利|他一直都在～这位姑娘。❹回溯过去，补做过去没有做完的事：～忆|～述|～认。❺事后补救：虽悔可～|往者不可谏，来者犹可～。

萑 ㊀zhuī ❶草多的样子。❷又称茺蔚，即益母草，一年或二年生草本植物。
㊁huán ❶荻类植物：八月～苇。❷同“萑”。

奞 zhuī“奞”的讹字。

骓(騅) zhuī 毛色青白相杂的马。

Z

椎 ㊀zhuī ❶树名。❷椎骨,构成脊柱的短骨:脊～。
㊁chuí ❶捶打的器具,后作"槌":木～|铁～。❷捶打,后作"捶":～鼓|拳～脚踢|～心泣血。❸质朴,也指迟钝:其～少文如此|～鲁无能|质性～钝。

萑 zhuī 树名,像桂。

唯 zhuī 口满的样子。

鼓 ㊀zhuī[皶鼓](hé-)见340页"皶"字条。
㊁qí 垂。

锥(錐) zhuī ❶锥子,尖头的钻孔工具:引～刺股|无立～之地。❷像锥形的东西:冰～|改～|圆～体。❸用锥刺:～眼儿|底太厚,～不透。

餟 zhuī 小。

搥 zhuī 同"揣",捶击:～而锐之。

靁 zhuī ❶雷。❷同"颐(頤)",下巴:颐～如矢。

髄 zhuī 也作"椎",颈椎骨。

鵻 zhuī 鳺鴀。

鮭 zhuī 鮭鱼,即河豚。

麈 zhuī 鹿一岁。

鼦 zhuī 老鼠。

鼱 zhuī 同"鼦"。

zhuǐ

沝 ㊀zhuǐ 二水,一说同"水"。
㊁zǐ 浅滩集凑的地方,多用于地名:石沝～|折沝～。

髾 zhuǐ 假发髻。

zhuì

队(隊) ㊀zhuì ❶坠落,后作"坠(墜)":～入深渊|星～木鸣。❷丧失,也作"坠(墜)":俾～其师|苏武困于匈奴,不～七尺之节。
㊁duì ❶排成的行列:～列|排～|站～。❷有组织的集体:乐～|连～|足球～。❸特指中国少年先锋队或生产队:入～|～旗|社～企业。❹成群的东西:石～|成群结～。❺量词,用于排成队列的人、鸟等:一～人马|一～大雁向南飞。

迶 ㊀zhuì 足不前。
㊁suì 同"遂"。

坠(墜) zhuì ❶掉落:～泪|～马|摇摇欲～。❷重东西向下垂:一树繁花快～到了地上。❸丧失;遗失:～言|～命|～典。❹系在器物或人体上的装饰品:扇～|耳～|项链～。

迹 zhuì 同"迶"。

笍 ㊀zhuì 古代一种马鞭,顶端有铁针。
㊁ruì 竹名。

腄 ㊀zhuì 同"腄",古县名,在今山东。
㊁yóu 同"肬(疣)"。

跡 ㊀zhuì 同"迶",足不前。
㊁bó 行走的样子。

逺 zhuì 同"迶"。

娷 ㊀zhuì 推诿;推脱。
㊁shuì ❶姓。❷用于女子人名。

缀(綴) zhuì ❶缝合;缝补:～网|补～|～扣子。❷连接:连～|～辑|～字成文。❸装饰:点～|～以骊龙之珠。❹物件边缘的装饰:耳～|网户朱～。

甀 zhuì ❶(又读chuí)瓮、坛类器皿。❷古乡名,在今安徽。

庴 zhuì 房屋坍塌。

惴 zhuì 恐惧;不安:～恐|愁～|～～不安。

裰 zhuì ❶在祭祀宗庙的第二天举行的祭礼。❷通"醊",把酒洒在地上表示祭奠。

缒(縋) zhuì 用绳子拴住人或物从上往下送:夜～而出|修绠下～|～而淘之。

綀 zhuì 同"缒(縋)"。

硾 ㊀zhuì ❶系上重物使下坠或下沉:拯溺而～之以石。❷垂挂:环～耳。❸捣,用锤子敲打:～铸。
㊁duǒ 石的样子。

畷 zhuì ❶田间小路:其四野则畛～无数。❷通"缀(綴)",连结:飨农,及邮表～。

䅑 zhuì 禾相连的样子。

膇 zhuì 脚肿:重～之疾。

惴 zhuì 同"惴"。

赘(贅) zhuì ❶ 抵押:卖爵～子。❷ 男子到女家结婚并成为女方的家庭成员:～婿｜入～｜招～。❸ 多余的;多而无用的:～述｜～言｜累～。❹ 恶;丑陋:见～于时｜～情鄙行。❺ 通"缀(綴)",连缀;汇聚:虎贲～衣｜～聚｜欲～天下之兵。

㙍 zhuì 同"墜(坠)"。

㙞 zhuì "墜"的讹字。

䃍 zhuì 同"坠(墜)"。

䄌 zhuì 舂。

𤸪 ㊀ zhuì 同"膇",脚肿:重～生疾。
㊁ tuí 同"㿗",人阴部疾病:热血阴～。

䄪 zhuì 同"缀(綴)"。

醊 zhuì ❶ 把酒洒在地上表示祭奠:奠～｜欲～棺前。❷ 连续祭祀:～食群神。

䘒 zhuì 同"䘒"。

䐾 zhuì 同"䄌"。

䬓 zhuì 义未详。(《改并四声篇海》)

諈 zhuì [諈诿](-wěi)嘱托:有朋～细料理。

隊 zhuì 同"坠(墜)"。

㙞 zhuì 断木为轴以申物。(《集韵》)

錣 ㊀ zhuì ❶ 针。❷ 赶马杖(或马鞭)前端的刺马针:马欲退则错～贯之。
㊁ chuò 计数的筹码:引～量用。

餟 ㊀ zhuì 同"醊",把酒洒在地上表示祭奠:～酹。
㊁ chuò 同"啜",喝;给人喝:～茗数碗。

䃍 zhuì 同"硾"。

䃍 zhuì 同"坠(墜)"。

贅 zhuì 同"赘(贅)"。

䬽 zhuì 同"坠(墜)",坠落。

䭔 ㊀ zhuì 饥。
㊁ duī 同"䭔"。

㾽 zhuì 肿瘤。

䶆 zhuì 同"䶆"。

䥯 zhuì 曲刀。

䃍 zhuì 同"硾"。

䶆 zhuì 古山名。(《玉篇》)

諈 zhuì 同"諈"。

贅 zhuì 同"赘(贅)"。

鑆 zhuì "䥯"的讹字。

贅 zhuì 同"贅(赘)"。

贅 zhuì 同"贅"。

轛 zhuì ❶ 车轼下边横直交接的栏木。❷ 车饰。

鐜 zhuì 同"鐜"。

鐜 zhuì 铜半熟。

鑆 zhuì "䥯"的讹字。

zhūn

屯{屯} ㊀ zhūn ❶ 艰难;危难:五子作乱,冢嗣遘～。❷ 六十四卦之一。❸ [屯邅](-zhān)同"迍邅"。
㊁ tún ❶ 聚集;积聚:～聚｜～垦｜～粮。❷ 驻扎:发闾左适戍渔阳九百人,～大泽乡｜～守｜～兵。❸ 村庄,多用于地名:出～北,有小溪自东山出｜唐官～(在河北)｜皇姑～(在辽宁)。❹ 姓。

迍 zhūn 同"迍"。

迍 zhūn [迍邅](-zhān)单用"迍"义同。1. 行走艰难,迟迟不敢前进的样子:仓皇归去,步步迍邅｜今子振衣去,焉能久迍羁?2. 蹭蹬不得志或艰难:英雄有迍邅,由来自古昔｜堪怜那一位穿红的道人遭迍,吾心

Z

不忍！

迍 zhūn 同“迍”。

宅 zhūn 棺材的样子。

肫 ㊀ zhūn ❶面颊。❷鸟类的胃：鸡～｜鸭～。❸恳切；真挚：～笃｜～诚｜～～其仁。
㊁ chún ❶祭祀所用牲后体的一部分。❷完整的肉干，也作“纯（純）”。
㊂ tún 同“豚”，小猪：携～一头、酒一壶来候。

肫 zhūn 同“肫”。

窀 zhūn 同“窀”。

窀 zhūn［窀穸］(-xī) 1. 埋葬：～有期。2. 墓穴：还修～。

谆（諄） zhūn ❶恳切；不厌倦的样子（也叠用）：～嘱｜再再～托｜～～教诲。❷忠诚；谨慎（也叠用）：怜子愚且～｜劳心～～，视人如子｜分一官，事一事，如是其～也。

淳［湻］ ㊀ zhūn 浇灌：～而渍之。
㊁ chún ❶清纯质朴；敦厚：～朴｜～厚｜～风。❷姓。❸［淳于］姓。

帩 zhūn 盛米的布袋。

禉 zhūn 同“谆（諄）”。

睶 ㊀ zhūn 目光迟钝；看不清楚。
㊁ guō 同“矌”，睁大眼睛的样子。

湻 zhūn 同“淳”。

衠 zhūn ❶真；纯粹：～钢斧｜～一味风清月朗。❷尽；总是：～不俗｜～倚赖脸儿得人惜。

潬 zhūn 同“淳”。

矃 zhūn 同“睶”。

諄 zhūn 同“谆（諄）”。

讟 zhūn 同“谆（諄）”。

zhǔn

准（❶-❼準） zhǔn ❶测定或确定平直的东西：水～｜～绳。❷箭靶，箭垛，引申为可作为依据的法则：～则｜标～｜以此为～。❸准确；正确：瞄～｜这一枪打得很～｜钟走得不～。❹依照：～此办理。❺前缀，表示可以作为某类事物看待的：～尉｜～平原。❻副词，一定；确实：明天～去｜～能完成任务。❼鼻子：隆～而龙颜。❽许可：批～｜不～随地吐痰。☞准／準　“准”是“準”的后起分化字，在汉字简化前多用于许可义。

埻 ㊀ zhǔn 同“準（准）”，箭靶，箭垛，引申为准则：射～｜此皆有成书，可以为～。
㊁ duī 古代贵族死后下葬前棺木上的覆盖物。
㊂ guō［埻端］也作“墎端”，古国名。（《集韵》）

凖 zhǔn 同“準（准）”。

绰（綧） zhǔn ❶布帛的宽度。❷同“准（準）”，标准；准则：丈尺一～制。

zhùn

訰｛訵｝ ㊀ zhùn［訰訰］(-zhùn) 杂乱：而～乎，群起以与之抗。
㊁ zhūn ❶话多；乱说的样子。❷心乱的样子。

稕 zhùn “稕”的讹字。

稕 ㊀ zhùn 稻、麦等的茎秆扎成的把子：缚芦为～。
㊁ zhǔn［草稕］酒招，古代酒店的标志：茆店小斜挑～。

蕣 zhùn 同“稕”。

穆 zhùn 同“稕”。

穆 zhùn 同“稕”。

zhuō

旺 zhuō 同“涿”，流下的水滴。

倁 zhuō 同“䮓”。

拙 zhuō ❶笨；不灵巧：笨～｜弄巧成～｜勤能补～。❷谦辞，称与自己有关的事物：～著｜～见｜～笔（称自己的文字或书画）。

竐 zhuō 健。

炪 ㊀zhuō ❶火不燃。❷通"拙",笨拙。㊁chù ❶烟雾弥漫的样子。❷火燃烧时发出的声音。

䶂 zhuō 同"拙"。

捉 zhuō ❶握:～笔|～襟见肘。❷抓;逮:～贼|～螃蟹|捕风～影。❸介词,把:向吾宅里坐,却～主人欺|身边铜钱又无,吃了却～什么还他?

桌[❶❷槕] zhuō ❶几案;桌子:饭～|书～|圆～。❷量词,用于以桌计的饭菜或人数:一～酒席|三～客人|摆了十～。❸同"卓",姓。

𡯂 zhuō ❶同"𪑾",短的样子。❷同"拙"。

倬 zhuō ❶高大;显明:～彼昊天。❷奇绝:～诡。

涿 zhuō 同"涿"。

䮓 zhuō 同"踔",特出;高超。

涿 zhuō ❶水名,在河北。❷用于地名:～州|～鹿(均在河北)。

棳 zhuō ❶树名。❷棁,又称侏儒柱,房梁上的短柱。

稅 zhuō 再生稻。

飑(颮) zhuō[飑 飑](bó－)见 63 页"飑"字条。

焯 ㊀zhuō ❶明亮;明白:～乎列于其前|～然察其有似。❷照耀:～群星|～云汉。❸显明:～著。
㊁chāo 把蔬菜等放在开水中略煮一下就捞出:～菠菜。

𥿋 zhuō 同"𪑾"。

䅵 zhuō 同"倬"。

濁 zhuō 同"涿"。

𪑾 zhuō 短或矮的样子:短～～。

䪼 zhuō 颧骨。

𤎩 zhuō 同"焯"。

𣸭 zhuō "涿"的讹字。

𪏧 zhuō 同"𪑾"。

䂐 zhuō 行。

穛 ㊀zhuō 同"穛"。1. 早熟稻。2. 物缩小。
㊁bó 禾成熟。

䪼 zhuō 短的样子;头短。

騲 ㊀zhuō ❶马行。❷马行不前的样子。
㊁chào 马快跑。

穛 zhuō ❶早收割的谷子。❷小的谷子。

蕉 zhuō 附子,多年生草本植物乌头侧根旁生出的块根,可供药用。

蘸 zhuō 同"蕉"。

蘸 zhuō 同"蕉"。

䅶 zhuō 同"穱"。

穱 ㊀zhuō ❶早熟的麦,泛指早熟的谷物:香～。❷选择:～麦。
㊁jué 没黏性的黍子。

zhuó

圴 zhuó 土迹。

彴 ㊀zhuó ❶独木桥:长～|孤～。❷山间溪流浅水中用以渡人的踏脚石,一说石桥。
㊁bó 同"彴"。

犳 zhuó "犳"的讹字。

犳 zhuó 哺乳动物。

汋 ㊀zhuó ❶水自然涌出:夫水之于～也,无为而才自然矣。❷拟声词,水激荡声:水声～～。
㊁yuè ❶同"鬻",煮:新菜可～。❷古水名。(《集韵》)
㊂què 春秋时宋国地名:～陵。
㊃chuò[汋约]同"绰约",姿态柔美的样子:外承欢之～兮。

忄勺 zhuó 同"犳"。

恂 ㊀zhuó ❶悲痛。❷惊恐:忆昔尚由怀战～。
㊁diǎo ❶忧愁。❷关心。

启 zhuó 同"豚",臀部。

灼 zhuó ❶烧;炙:～伤|心如火～|背～炎天光。❷照亮:～于四方|以烛～

Z

之。❸明亮;透彻:目光~~|真知~见|尤于文章,~若星日。

迸 zhuó 疾风。

茁 zhuó ❶草木初生的样子:一亭兰~,玉香初茂。❷生出:卉木~于根荄|天~此品,以遗其利。

卓 zhuó ❶高而直:~立。❷直立:朱旗~地|无地容锥~。❸高超;独特:~见|~越|~有成效。❹远:~行殊远。❺姓。

𠦝 zhuó 同"卓"。

袀 ㊀zhuó[袀襢](-dàn)也作"袀襢",单衣。
㊁bào 衣襟。

妰 zhuó 女子娴静的样子。

莑 zhuó 同"丵"。

斫[斲、斵、斮] zhuó ❶用刀、斧砍削:~伐|~木|~轮老手(指经验丰富的人)。❷斧刃:斧以金为~。❸攻击;袭击:~营。

帛 zhuó 同"卓"。

逴 zhuó 同"逴"。

皁 zhuó 同"卓"。

帠 zhuó 同"卓"。

浊(濁) zhuó ❶古水名。1. 今山东的北洋河。2. 今甘肃的白水江。3. 今江西的锦江。❷水浑,引申为不清净的:~流|浑~。❸混乱:~世|~代|~天。❹音质低沉粗重:~声~气。❺浊音,发音时声带颤动的音。

萻 zhuó 同"穛"。

酌 zhuó ❶斟酒;饮酒:自~自饮|小~|对~。❷酒:清~|洒飞泉以为~。❸酒饭;酒宴:菲~|便~。❹度量;考虑:~办|~定|~加修改。

剢 ㊀zhuó 同"斲(斫)"。
㊁dú 刀锄。

丵 zhuó 丛生的草。

崨 zhuó 古山名。(《五侯鲭字海》)

烵 zhuó[烵烁](-shuò)草木花色烂漫的样子。

浞 zhuó ❶淋湿;浸渍:让雨水~了。❷人名。(《晋书》)

诼(諑) zhuó 毁谤:谣~。

豖 zhuó 同"㞘(豚)"。

陼 zhuó 义未详。(《龙龛手鉴》)

琢 zhuó 同"琢"。

拯 ㊀zhuó 挑拨:~其子,令之争后。
㊁zú 凿;雕刻:取北极及衡各诚~之为轴|~锡方二寸余,高如之。

草 zhuó 有机化合物。

葽 zhuó 菜名。

椓 zhuó "椓"的讹字。

豟 zhuó 星名。

啄 ㊀zhuó ❶鸟类用嘴取食或叩击:鸡~米|~木鸟|叫鹰~了。❷野兽啃咬食物:虎豹九关,~害下人些。❸敲门,也指敲门声:几回欲把朱扉~|剥剥~~,有客至门。❹书法术语,指短撇。
㊁zhòu 同"咮",鸟嘴。

啅 ㊀zhuó 同"啄",鸟啄食:有鸟多情~梅蕊(蘂)。
㊁zhào 鸟叫声喧闹:~雀|雀~|灵鹊连声~。

腨 zhuó 同"腨"。

亭 zhuó 同"卓"。

犳 ㊀zhuó ❶凶猛的狗。❷狗猛咬。
㊁zhào ❶冬猎。❷哺乳动物。

着 ㊀zhuó ❶接触;挨上:附~|~陆|不~边际。❷使接触别的事物,或附着在别的事物上:~手|~色|不~痕迹。❸穿(衣):穿~|~装|身~西服。❹下落:~落|搜寻无~。❺派遣:~人前去办理。❻公文用语,表示命令语气:~即施行。
㊁zháo ❶接触;挨上:歪打正~|上不~天,下不~地。❷受到;感到:~凉|~迷|~慌。❸燃烧;发光:~火|柴火~得很旺|电灯~了。❹入睡:睡~了|刚躺下就~。❺助词,表示目的或效果:找~了|看得~|管不~。

㊂ zhāo ❶放置;搁放:花瓣儿随手～流水|菜里再～点儿盐。❷下棋时落一子或走一步:高人～盘|支～儿|一～走错,满盘皆输。❸计策;手段:出高～|此一～谁参破|三十六～,走为上～。❹用于应答,表示同意:～,就这么办|～,你说得对。
㊃ zhe 助词。1.表示动作正在进行,或状态正在持续:在路上走～|手里拿～一本书|墙上挂～一个奖状。2.表示程度深,常跟"呢"连用:这口井深～呢!|这孩子精～呢!3.表示祈使语气:你可记～,别忘了|快走,步子大～点儿!4.用在某些动词后,使变为介词:朝～天上开枪|沿～河边走|按～规章办事。

窢 zhuó "窡"的讹字。

㞾 zhuó 同"豚",臀部。

斛 zhuó 角长的样子。

嶌 zhuó ❶迅速。❷遥远。

婥 zhuó[婥娌](-lǐ)同"妯娌"。

婑 zhuó 敏捷彪悍。

琢 ㊀ zhuó ❶加工、雕刻玉石,使成器物:精雕细～。❷撰文时修改加工:细～歌词|老叟～新诗。
㊁ zuó[琢磨]反复思索、考虑:这件事～了很久。

琸 zhuó 用于人名:刘～(宋代人)。

斮 zhuó 斫。

斲 zhuó 同"斵(斲,斫)"。

戠 zhuó 同"斮(斫)"。

菥 zhuó "箣"的讹字。

蕞 zhuó 菜名。

椓 zhuó ❶敲,捶,引申为击杀:～之橐橐|以杵～筑之|～我天民。❷宫刑,古代割去男性生殖器的酷刑,后作"斀"。❸阉人,割了生殖器的男人:昏～靡共。

豥 zhuó 同"斀"。

敎 zhuó 同"斀"。

豥 ㊀ zhuó ❶敲打,也作"椓"。❷摘。
㊁ dū 击声。

斱 zhuó 同"斲(斫)"。

晫 zhuó 明亮的样子。

魁 zhuó 斗星名。

豚 ㊀ zhuó ❶臀部。❷肥。
㊁ dū 肛门。

腖 zhuó 义未详。(《改并四声篇海》)

𩫖 zhuó 同"卓"。

硺 zhuó 同"琢",雕刻:大璞不～。

睸 zhuó 明;看得清楚。

罬{罬} zhuó 罦,覆车网。

偖 zhuó ❶施。❷安。

糕 zhuó 同"穛"。

窡 zhuó ❶物在穴出现或从穴中出来的样子:窋～。❷洞穴:穴～。

搼 zhuó ❶置。❷击。

擉 ㊀ zhuó 同"捔",刺取;刺穿。
㊁ zú ❶执持:～管。❷收敛:～锋。

擆 zhuó 同"搼"。

蕞 zhuó 同"蕞"。

豴 zhuó(又读 dòu)星名。

豱 zhuó "豴"的讹字。

豨 zhuó "豨(豞)"的讹字。

斲 ㊀ zhuó 同"斲",砍。
㊁ dōu 同"剅"。

穛 zhuó "穛"的讹字。

貜 zhuó 同"豴"。

䆯 zhuó 同"䆯"。

窶 zhuó 同"窶"。

Z

禚 zhuó ❶春秋时齐国邑名，在今山东。❷姓。

遳 zhuó 同“踔”，迅速。

趰 zhuó 同“蹳”。

蘄 zhuó ❶同“镨(鐯)”。❷破裂。

蕞 ㊀zhuó 草聚集的样子，泛指聚集：～芮于城隅者，百不处一。
㊁zuì ❶［蕞尔(爾)］小的样子：～国｜～之躯。❷古地名，在今陕西。

櫡 zhuó 同“镨(鐯)”。

酴 zhuó 腌的咸菜。

豵 zhuó 同“豵”。

豵 zhuó 同“豝”。

蹳 ㊀zhuó 跳；跳行：～冰跻岸。
㊁jué 小跳。

劅 zhuó 同“斀(斀)”。

穛 zhuó 禾苗的皮。

箌 zhuó 淘洗米的竹器。

鋜 ㊀zhuó ❶锁脚的刑具。❷锁脚：鹤受～。❸脚镯，套在脚腕上的环形饰物：金～。
㊁chuò 同“镞(鏃)”，锄。

斵 zhuó 同“斲”。

諁 zhuó 用于人名：韩～(晋代人)。

諁 zhuó 话多不止，唠叨不停。

㸃 zhuó 火㸃。(《字汇》)

䃴 zhuó 同“斫”。

雗 zhuó 同“鷟”。

嬃 zhuó 同“婆”。

骲 zhuó 义未详。(《龙龛手鉴》)

锗(鐯) zhuó ❶镢类农具。❷刨地或刨茬儿：～玉米茬儿。

篧 zhuó 同“籗”。

鼩 ㊀zhuó 风鼠。
㊁jué 鼦鼠。

鎵 zhuó 用“椓”，敲；捶。

戩 zhuó 同“斮(斫)”。

斲 zhuó 同“斮(斫)”。

斲 zhuó 同“斲(斫)”。

鸑(鷟) zhuó［鸑鷟］(yuè-)见1205页“鸑(鷟)”字条。

濁 zhuó 心不安；不愉快。

嫈 zhuó ❶脸庞短的样子。❷娇姿。

䆯 zhuó 嘴里塞满食物。

斲 zhuó 同“斲(斫)”。

斲 zhuó 同“斲(斫)”。

嬻 zhuó 同“嫈”。

斲 zhuó 同“斲(斫)”。

缴(繳) ㊀zhuó ❶生丝线：于市中卖～。❷系在箭上的生丝绳：思援弓～而射之。
㊁jiǎo ❶交纳：～纳｜奉～｜～公粮。❷迫使交出：～械｜查～毒品。❸缠绕：～脚布｜薜荔累垂～古松。❹合：我们两个人～伙单干。❺通“搅(攪)”，搅拌；搅动：～拌｜只一～，那后生的棒丢在一边。

擆 zhuó 同“擆”。

擢 zhuó ❶抽；拔：～颖｜～发(髮)难数。❷提拔；选拔：～升｜量才～用。❸耸出：竦竦高云～。❹引；划(船)：～舟。❺同“戳”，捅：挺着长枪～将来｜望肋下～得几拳。

轐 zhuó 车具。

醝 ㊀zhuó 咸菜。
㊁tú 同“酴”：～醿。

斀 zhuó “斀”的讹字。

斀 ㊀zhuó 古代酷刑，即宫刑。
㊁zhú 击。

Z

䵵 zhuó 同“斲”。

穛 zhuó ❶卓然特立。❷树名。

獾 zhuó ❶哺乳动物,像鹿,白尾。❷同“蠗”,猴类动物。

𣂑 zhuó 同“斲(斫)”。

濯 ㊀zhuó ❶洗;洗涤:～足|～罍|～缨。❷洗澡用过的脏水:澳～弃于坎。❸姓。❹[濯濯](-zhuó)1.明净的样子:如～出水莲。2.光明的样子:～厥灵。3.肉肥的样子:麀鹿～。
㊁zhào 通“櫂”,船桨:～船(用桨划船)。

濁 zhuó 古水名,在今湖南。

騴 zhuó 又称的卢,白额的马。

矁 zhuó 同“䁍”。

瞎 zhuó 义未详。(《改并四声篇海》)

镯(鐲) ㊀zhuó ❶镯子,套在手腕或脚腕上的环形饰品:银～|玉～|手～。❷古代军乐器,像钟铃:以金～节鼓。
㊁shǔ 用于温热东西的器具。

𤎖 zhuó 同“缴(繳)”,生丝线。

斵 zhuó 斧、大锄类工具,也作“櫡”。

謶 zhuó 同“謶”。

謶 ㊀zhuó ❶谪。❷欺。
㊁shù 同“庶”,希冀。
㊂zhē[啰謶](luō-)也作“啰嗻”,话多。

斮 zhuó 同“斲(斫)”。

鸐 zhuó 同“䨥(隺)”。

䃗 zhuó ❶也作“櫡”“锗”,大锄。❷碎石。

鵫 zhuó ❶鵫雉,又称白雉,鸟名,即白鹇。❷同“鸀”。

鷟 zhuó 同“鵫”。

繁 zhuó 同“缴(缴)”。

䲹 zhuó ❶鱼名。❷同“罩”,捕鱼器具。

䈯 zhuó 同“鷟(鷟)”。

藋 zhuó[蒴藋](shuò-)同“蒴藿”。

𧟪 zhuó 同“𧟪(寠)”。

𧟪 zhuó 同“寠”。

蠗 zhuó 猕猴的一种。

䙚 zhuó 同“䙚”。

灂 ㊀zhuó 拟声词。1.水声;雨声:瀺～賈坠|霰雨～～。2.波涛激荡声:潝渋泶～。
㊁zé[瀺灂](chán-)见91页“瀺”字条。
㊂jiào 涂漆:环～|大和无～。

䙚 zhuó ❶衣长至地。❷补。

𧞽 zhuó 同“䙚”。

謶 zhuó 同“謶”。

籗 zhuó 同“籱”。

鐯 zhuó 同“櫡”,斧、大锄类工具。

𨯶 zhuó 同“斲(斫)”。

譅 zhuó 聋譅。(《篇海类编》)

斵 zhuó 同“斫”,砍削:～其指。

籗 zhuó ❶竹名。❷以竹伤物。

籗 ㊀zhuó 捕鱼的竹笼。
㊁zhāo 撩罟,即抄网。

䶂 zhuó 同“䶂”。

擉 zhuó 执持。

鐯 zhuó 同“斲(斲,斫)”。

灂 zhuó 同“灂”。

灂 zhuó 同“灂”。

霪 zhuó[霪霪]大雨。

灂 zhuó 同“灂”。

灂 zhuó 同“灂”。

Z

爝 zhuó 灶中烟。

鸀 zhuó 同"鷟"。

鷟 zhuó［鷟鸑］(-máo)同"蝃蝥"。

籗 zhuó 捕鱼的竹笼。

zhuò

拏 ㊀ zhuò 挽物。
㊁ bāi 摆开;陈列。

zī

甾 zī 同"甾"。

仔 ㊀ zī［仔肩］1. 担负;担任:维德之～,以迪祖武。2. 所担负的责任或职务:～至重,奚能独任?
㊁ zǐ ❶ 幼小的(牲畜、家禽等):～猪｜～鸡。❷［仔细］1. 细心:～一看。2. 小心;留神:列位～! 3. 俭省;节俭:日子过得～。
㊂ zǎi ❶ 同"崽",儿子;小孩子;小动物:有～有女｜船家～｜羊生了～。❷ 年轻男子:肥～｜打工～。

芓 ㊀ zī 草名。
㊁ zì 也作"荸",大麻的雌株。
㊂ zǐ 通"秄",给禾苗根部培土:或芸或～。

囟 zī 同"甾"。

畠 zī 同"甾"。

孖 ㊀ zī ❶ 双胞胎的男婴。❷ 双:～生。❸ 同"滋",滋长。
㊁ mā 相连成对:～仔｜～舲艇。

纣(紂) zī 同"缁(緇)",黑色:～衣。

玼 zī 定。

孜 zī［孜孜］勤勉,努力不懈怠的样子:～以求｜～不倦。

茊 zī 同"兹"。

郱 zī ❶ 古山谷名。(《广韵》)❷ 古县名。(《集韵》)

呲 zī 同"吡"。

茲 zī 同"兹"。

甾 zī 同"甾",古代盛酒器。

甾 ㊀ zī 古代盛酒器。
㊁ zāi ❶ 通"灾(災)",各种自然灾害:水旱昆虫草木不为～。❷ 又称类固醇,有机化合物的一类,如胆固醇、维生素D、性激素等。

兹 zī ❶ 草木茂盛:草～。❷ 草席:布～｜负～(古代指诸侯患病)。❸ 同"兹"。

甾 zī 同"椔"。

帀 ㊀ zī 上等细布。
㊁ cǐ 巾。

茇 zī 形状乖劣。

姕 ㊀ zī 妇女柔弱的样子。
㊁ cī［姕妓］妇女不媚的样子。

咨 zī ❶ 商议;询问:～询｜事无大小,悉以～之。❷ 旧时用于同级机构或同级官吏的公文,引申为发文通知:～报｜～送的文书。❸ 指某些国家的元首向国会提交的报告:～文。❹ 叹息:民怨民～不忍听。❺ 叹词,赞叹声:唧唧～～声不已。

姿 zī ❶ 美好的容貌:～色｜～容｜丰～。❷ 姿势;形态:～态｜舞～｜英～飒爽。❸ 资质,素质:蒲柳之～,望秋先零。

兹 ㊀ zī ❶ 同"兹",草席:负～。❷ 代词,这;这个:～日｜～事体大｜～理易明。❸ 年:今～｜来～。❹ 现在:～不赘述｜～订于明日召开会议。❺ 姓。
㊁ cí［龟兹］(qiū-)见313页"龟"字条。

湽 zī［具湽］也作"具茨",古山名,在今河南。

滋 zī 同"滋"。

紂 zī 同"纣(紂,缁,緇)"。

孳 zī 同"孳"。

呲 zī ❶ 呕吐。❷ 气逆。❸ 嗟叹。

赀(貲) zī ❶ 计算(价格或财物):不可～计｜所费不～。❷ 用于人名。
◆"貲"另见1303页"资"字条。

眦 zī 同"呲"。

貲 zī 同"赀(貲)"。

桼 zī(又读cì)又称欂栌,柱或房梁上承重的方木。

Z

资(資)[❶貲] zī ❶财物;费用:～财|物～|投～。❷用钱财、物品等帮助:～助|～敌。❸提供;给予:可～借鉴|以～参考|以～鼓励。❹凭借;依靠:劳力者必～土地乃能产物。❺材料:～料|谈～。❻人的禀赋、素质、性情等:～质|～性|天～。❼指地位、声望、经历等:～历|～格|论～排辈。❽姓。◆"貲"另见1302页"赀"字条。

兹 zī ❶黑;浊:何故使吾水～?❷同"兹"。

粢 zī 同"粢"。

紎 zī 同"缁(緇)"。

鄑 zī 古乡名。(《广韵》)

趑 zī 同"趑"。

菑 zī 同"兹"。

菑 ㊀ zī ❶开荒后新耕种的田地,泛指田亩:垦草发～|东～。❷开荒:可～麦田。❸姓。
㊁ zì ❶直立的枯树:作之屏之,其～其翳。❷矮墙:以人为～。
㊂ zāi "灾"的异体字:无～无害。

觜 zī "觜"的讹字。

趑 zī[趑且](-jū)同"趑趄(趑趄)"。

嵫 zī 同"嵫"。

嵫 zī[嵫嶷](-nì)参差不齐。

淄 zī ❶淄河,水名,在山东。❷通"缁(緇)",黑色,引申为染黑:染～蒙垢|道性故难～。

谘(諮) zī 同"咨"。

缁(緇) zī ❶黑帛:～带。❷黑绳索:大钩巨～。❸黑色:白纱入～,不染自黑。❹玷污;污染:道如天之苍,万物不能～。❺僧侣:资养～流|和尚率～属迎真骨于灵山。

揝 zī 义未详。(《龙龛手鉴》)

菑 zī 同"菑"。

鄑 zī ❶古地名、古邑名,均在今山东。❷用于地名:～州(在浙江)|徐家～水(在山东)。

椔 zī 直立着的死树。

菑 zī 同"椔"。

辎(輜) zī ❶古代一种有帷盖的车。❷载运军需物资的车。

蚩 ㊀ zī ❶昆虫,像蝉。❷同"鼒":～鼠。
㊁ cī 同"螆(螆)"。

嗞 zī ❶同"龇(齜)",张开嘴露出牙:～牙咧嘴。❷拟声词:～的一声点着了|～啦一声衣服扯破了|老鼠～～地叫。

嵫 zī[嵫釐](-lí)险峻的样子。

粢 ㊀ zī ❶稷,即谷子。❷谷类作物的总称。
㊁ cí 同"餈(糍)",稻饼,即糍粑。
㊂ cī[粢饭]以糯米为主要原料做成的饭团类食品。

奱{奱} zī 不正。

孳{孳} zī ❶生育;繁殖:年壮未～|蕃～。❷滋生;滋长:～生|～萌万物。

湽 zī 同"淄"。

滋 zī ❶润泽:～润。❷美味;味道:含甘吮～|余～|～味。❸蕃生;生长:～长|～蔓|～事。❹增益;加多:～补|～养|有～而无损。❺喷射:往外～水|～出火花。❻副词,愈;更加:～多|～甚|事～无成。

禌 zī 安。

欿 zī 同"资(資)"。

趾 zī 同"髭"。

趑 ㊀ zī[趑趄](-jū)1.也作"次且",行走困难:其行～。2.犹豫不前:～不前。3.小心依附、奉承的样子:～于卿士之门|～诡佞,专事权贵。
㊁ cì[趑趙](-qiū)1.不行。2.行不正。

葘 zī 同"菑(菑)"。

欪 zī[喫欪](jū-)无廉。

觜 ㊀ zī ❶猫头鹰类鸟头上的毛角。❷星名。
㊁ zuǐ ❶鸟嘴,后指人的口,也作"嘴":利～长距|～吻|～鼻。❷形状或作用像嘴的

Z

东西,后也作“嘴”:锴~瓶口|门开沙~静。❸啄;露出(牙):~春葱|獠牙~出。

跐 zī[跐跙](-jū)同“趑趄”。

錙(錙) zī 古代质量单位,其制不一,一锱等于六铢,或八铢、十二铢、六两、八两:~铢必较。

穧 zī ❶禾死。❷同“葘”,耕。

䑺 zī 义未详。(《改并四声篇海》)

毴 zī 同“頿(髭)”。

滋 zī 息。

緇 zī “緇(缁)”的讹字。

耔 zī ❶耕。❷同“菑”,开荒后第一年耕种的田地。

鍪 zī 同“鉴”。

薔 zī 同“菑”。

鄑 zī 同“鄑”。

霣 zī 同“齎”。

龇(齜) ㊀zī 张开嘴露出牙:~牙咧嘴。㊁chái 牙齿相摩切。

鉴 zī[鉴鉀](-bēi)短斧。

嵫 zī 古地名。(《玉篇》)

镃(鎡) zī ❶同“鼒”,口小的鼎。❷[镃錤](-jī)锄,也单称镃。

稵 zī ❶禾苗初生的样子。❷移栽。❸同“滋”,增益;加多。

鲻 zī ❶鲻鱼的别称。❷凤尾鲚的别称。

齎 zī 同“齎”。

澬 zī 同“淄”。

䘣 zī 衣袖。

齜 zī (又读 zhī)同“䶢”。

鼒 zī 同“鼒”。

䟽 zī 义未详。(《龙龛手鉴》)

鼒 zī 口小的鼎。

頿 zī 同“頿(髭)”。

鄑 zī 同“邺”。

糌 zī 碎米。

䶢 zī (又读 zhī)同“䶢”。

齝 zī (又读 zhī)同“䶢”。

髭 zī ❶嘴上边的胡须,泛指胡须。❷[髭髵](-lì)元代、明代称胡须。

趑 zī[趑趄](-jū)同“趑趄”。

蒷 zī ❶菜名。❷芜菁。

輜 zī 同“輜(辎)”。

輺 zī 同“辎(輜)”。

輹 zī 车辆。

䶢 zī (又读 zhī)同“䶢”。

餢 zī 饘,稠粥。

鲻(鯔) zī 鲻鱼,生活在浅海和河口。

齎 zī 同“齎”。

澬 ㊀zī ❶久雨积水。❷古水名,即资水,在今湖南。㊁cí 古水名,在今河北。

㥽 zī 同“资(資)”,人的禀赋、素质、性情等:天~。

䶢 zī (又读 zhī)同“䶢”。

䶢 zī (又读 zhī)手、脚上的茧子。

緇 zī 同“缁(緇)”。

鶅 zī 同“鶅”。

髭 zī 同“髭”。

䅡 zī 同“菑”,开荒后新耕种的田地。

櫅 zī[櫅欈](-wéi)树名,果实可食。

Z

𣡟 zī[𣡟欈](-wéi)同"欑欈"。

𧹔 zī同"资(資)"。

鎡 zī同"鎡(镃)"。

鍺 zī[键鍺]浅铁钵,僧人的食具。

𡖬 zī多的样子。

澬 zī古水名,也作"资(資)"。(《汉语大字典》)

緇 zī同"缁(緇)"。

輜 zī同"辎(輜)"。

䨷 zī同"䨼",雨声。

鄑 zī同"鄑"。

積 zī积;积禾。

穧 zī同"秶"。

穦 zī同"秶"。

頾 zī同"頿(髭)"。

頿 zī上唇的胡须,后作"髭"。

鍿 zī同"鎡(镃)"。

粢 zī义未详。(《改并四声篇海》)

𪕶 zī鸟名,身像鸡,尾像鼠,大如麻雀。

鼒 zī同"𪕶"。

齍 zī ❶古代盛谷物的祭器:玉～|明～。❷稷,谷物的总称,后作"粢":六～。❸通"资(資)",钱财:～财。

齋 zī ❶同"粢",稷,谷子。❷古代祭礼中的祭饭。

𥼺 zī同"资(資)",一说同"餈(糍)"。

濟 zī同"滋"。

襀 zī同"齋"。

鶅 zī ❶古代东方称野鸡。❷兔轨鸟,一说鵂鹠,猫头鹰类鸟。

趑 zī同"趑"。

鎡 zī同"鲻(鯔)"。

鰦 zī鱼名。

齌 zī ❶同"襀",下衣的锁边,特指丧服下部折转的边缘:～丧大功,三月不事。❷长衣的下缝:长～博袖。

䨼 zī ❶拟声词,下雨声。❷大雨。

𩄼 zī同"䨼"。

齜 zī同"龇(齜)"。

鯔 zī同"鲻(鯔)"。

黹 zī染黑。

齎 ㊀zī通"资(資)",钱财;费用:财～。㊁jī"赍(賫)"的异体字。

鼐 zī同"齍"。

𩯢 zī同"孳"。

鶿 zī鸟名。

鰦 zī"鰦"的讹字。

鯔 zī同"鲻(鯔)"。

𧕚 zī[𧕚蠵](-xī)一种大龟。

贙 zī义未详。(《改并四声篇海》)

齜 zī同"龇(齜)"。

䶅 zī[䶅蠵](-xī)也作"蠵蠵",一种大龟。

齍 zī盛黍稷的器具。

𦇧 zī同"孳"。

𦣻 zī同"孳"。

zǐ

子 zǐ ❶古代指儿女,现专指儿子:父～|独生～|～承父业。❷古代对男子或

Z

对方的尊称:夫~|诸~百家|以~之矛,攻~之盾。❸古代五等爵位(公、侯、伯、子、男)的第四等:~爵。❹植物的种子;动物的卵:莲~|结~|鱼~。❺派生的;从属的:~金|~公司。❻地支的第一位。❼子时,指半夜23时至翌日凌晨1时。❽后缀:盘~|胖~|打了几下~。❾姓。❿[子车](-jū)姓。

㐅 zǐ 止。

本 zǐ 同"㐅"。

仔 zǐ 见1302页zī。

阡 zǐ 古地名。(《玉篇》)

圩 zǐ 义未详。(《改并四声篇海》)

吇 ㊀zǐ[吇吇](-zǐ)拟声词,鸟叫声。㊁jí同"唧"。

岓 zǐ 古山名。(《玉篇》)

岸 zǐ "岓"的讹字。

学 zǐ 同"子"。

玗 zǐ 玉名。

茡 zǐ 同"䔂"。

杍 zǐ 同"梓"。

姉[❶姊] zǐ ❶姐姐:阿~|兄弟~妹。❷母亲:中州名汉,关右称羌,易臣以奴,呼母云~。

茅 zǐ 同"䔂"。

矷 zǐ 石名。

秄 ㊀zǐ 给禾苗根部培土:植杖而芸~。㊁zì 禾苗杂生。

胏 ㊀zǐ ❶剩余的食物:噬干~。❷肉干,特指带骨的肉干:受~。㊁fèi同"肺":~喘疲坐卧。

疗 zǐ 义未详。(《龙龛手鉴》)

阯 zǐ 义未详。(《龙龛手鉴》)

姊 zǐ 同"姉"。

耔 zǐ ❶培土:或耘或~。❷拥苗器。❸同"籽",植物种子:~粮农器。

批 ㊀zǐ 击取;以拳击人。㊁zhǐ同"抵",侧击。

茈 ㊀zǐ ❶紫草,多年生草本植物,根可制紫色染料及供药用。❷用于地名:~湖口(在湖南)。
㊁cí ❶[凫茈]同"荸荠",荸荠。❷用于地名:~碧(在云南)。
㊂chái[茈胡]同"柴胡",多年生草本植物,根可供药用。

呰 ㊀zǐ ❶诋毁;诽谤:何由羞五霸(五霸:指春秋时的诸侯齐桓公、晋文公、楚庄王、吴王阖闾、越王勾践),直自~三皇(三皇:一般指传说中的远古帝王伏羲、神农、黄帝)。❷弱;劣:~窳偷生。
㊁zī同"龇(齜)",露出(牙齿):直打的~牙咧嘴的。

虸 zǐ[虸蚄](-fāng)黏虫,粮食作物的主要害虫。

秭 zǐ ❶数词,古代指十亿,也指千亿或万亿。❷[秭归]地名,在湖北。

竽 zǐ 笙。

胐 zǐ 同"胔(胏)"。

皇 zǐ 同"胏"。

疖 zǐ 同"疵"。

疵 zǐ ❶瑕疵。❷病。

籽 zǐ 某些植物的种子:菜~|~实|~粒。

㞢 zǐ 同"子"。

勭 zǐ 同"事"。

事 zǐ 争役。(《改并四声篇海》)

秭 zǐ 义未详。(《改并四声篇海》)

秭 zǐ 同"秭"。

第 zǐ 竹篾编的床席,也指床:床~。

胇 zǐ 同"胏"。

梓 zǐ ❶落叶乔木,木材可制乐器、家具及用于建筑,皮可供药用。❷制作木器,也指木工：～人｜～匠。❸印书的雕版，引申为印刷：付～｜～其家集。❹故乡的代称：回～｜桑～｜～里。❺姓。

[illegible] zǐ 用于清代帮派三合会旗号。

[illegible] zǐ 同“[illegible]（胏）”。

釨 zǐ 刚。（《玉篇》）

[illegible]{[illegible]} zǐ 同“胏”。

[illegible] ㊀zǐ ❶单衣。❷衣缝。㊁zhì 同“裚”，衣服有皱褶。

呰 ㊀zǐ 弱；劣：～窳（引申为苟且不求上进）｜～败。㊁cī 同“疵”，瑕疵：阍尹之～，秽我明德。

紫 zǐ ❶红和蓝合成的颜色：～红｜～衣｜万～千红。❷紫色衣冠和丝带：怀金垂～｜朱～尽公侯。

锌（鋅） ㊀zǐ ❶金或金属的样子。❷同“釨”，刚。（《玉篇》）㊁xīn 金属元素，可用来制合金、白铁、干电池等。

[illegible] zǐ 竹名。

[illegible] zǐ “[illegible]”的讹字。

[illegible] zǐ 古水名，在今湖南。

[illegible] ㊀zǐ 用菜做羹。㊁zǎi 菜名。

[illegible] zǐ 树名。

訾 ㊀zǐ ❶诋毁；指责：不苟～｜～议｜相～纷纷。❷厌恶；恨：怨～｜深～出韵。㊁zī ❶算；计量：～粟而税｜财货无～。❷希求；考虑：不～重器｜临财而不～。❸古地名，在今河南。❹姓。

訿 zǐ 同“訾”。

滓 zǐ ❶渣子；沉淀物：渣～｜无～无秽。❷污浊；污秽：～浊｜～秽｜太清云不～。❸通“汁”，液体：目～流落。

[illegible] zǐ 同“子”。

[illegible] zǐ 同“茈”。

[illegible] zǐ 同“梓”。

[illegible] zǐ 义未详。（《改并四声篇海》）

[illegible] zǐ 同“訾”。

[illegible] zǐ 同“訾”。

[illegible] ㊀zǐ 渣子。㊁cuì 粉粒。

[illegible] zǐ 同“子”。

[illegible] zǐ 同“子”。

[illegible] zǐ 竹名。

[illegible] zǐ 同“訾”。

[illegible] zǐ “[illegible]（子）”的讹字。

[illegible] zǐ 同“子”。

[illegible] zǐ 义未详。（《龙龛手鉴》）

[illegible] zǐ 同“子”。

[illegible] zǐ 同“訾”。

zì

自 zì ❶鼻子。❷己身；本人：～己｜～力更生｜～强不息。❸介词，从；由：～古至今｜～北京到广州｜～改革开放以来。❹副词，当然；自然：欠债还钱，～不待言｜此事～有公论。

字 zì ❶生育；养育：妇人疏～者子活｜～人之孤。❷女子许嫁：待～闺中｜十年乃～。❸文字，用来记录语言的符号：～体｜别～｜常用～。❹字体，文字的不同形体或书法流派：篆～｜仿宋～｜柳～。❺书法作品：～帖｜～画｜取出名家写的一幅～。❻用文字写成的东西：～据｜～里行间｜见～速归。❼字音：～正腔圆｜咬～清楚。❽又称表字，别名，多与人名的含义相关联，有时也指姓名：岳飞～鹏举｜签～盖章。

[illegible]{[illegible]、[illegible]} zì 同“自”，鼻子。

[illegible] zì 同“自”。

[illegible] zì 口小。

[illegible] zì 同“[illegible]”。

Z

字 zì 同“字”。

孶 zì “孳”的讹字。

茡 zì 苴麻，大麻的雌株。

秄 zì “秭”的讹字。

恣 zì 同“恣”。

窂 zì 同“字”。

剚 zì ❶用刀刺入：～刃｜～虎。❷以物插地：～虚帜。

欰 zì 同“殨”。

殩 zì 同“殨”。

胔 zì 同“胔”。

髊 zì ❶聚积。❷按摩腮旁。

䏿 zì 义未详。(《改并四声篇海》)

牸 zì ❶母牛：～之舐犊。❷雌性牲畜：卷毛～。

倳 zì ❶树立；建立。❷同“剚”，插入；刺入：春日～耜｜～刃腹中。

胔 zì 同“胔(胔)”。

恣 zì ❶放纵：～欲自快｜～意妄为。❷副词。1. 任凭；听任：远近～所往。2. 肆意；尽情：群鱼～游泳。

眦［眥］ zì 眼角，上下眼睑接合处，靠近鼻子的称内眦，靠近两鬓的称外眦。

事 zì 刀。

秖 zì 稠密的样子。

渍(漬) zì ❶沤；浸泡：～麻｜淹～。❷积水：～水｜排～。❸沾染并积存难以除去的污垢；污垢、油腻过多而黏粘：～了一层茶垢｜齿轮～住了。❹沾染并积存的污垢：茶～｜油～｜血～。

紎 zì 理丝。

胾 zì 切成大块的肉。

椑 zì 树名。

殨 ㊀zì 复苏；复活。㊁sì 病。

胔 zì ❶人或禽兽带有腐肉的尸骨，也指尸体：死～｜骸～｜露～蔽野。❷腐烂的肉，泛指肉：毁～过体｜～酒淋漓。

腦 ㊀zì ❶腊腦。(《玉篇》)❷肥的样子。㊁nǎo 同“腦(脑)”。

羜 zì 母羊。

䣥 zì 同“胾”。

㱴 zì 同“殨(殨)”。

䐼 zì 同“自”。

諬 zì 同“字”，名字。

殰 zì ❶病。❷野兽死。❸同“骴”，人或鸟兽的骸骨。

睐 zì 同“眦”。

諪 zì 言入。(《集韵》)

鍏 zì ❶同“剚”，用刀刺入。❷刃。

漬 zì 同“漬(渍)”。

殰 zì 同“殨”。

羵 zì ❶多只羊挤在一起。❷羊疫。

蔶 zì ❶草名。❷积聚(草薪)：大～薪油。

犢 zì 同“羵”。

zōng

同 zōng 同“乳”。

纵(樅) zōng 鸡纵，真菌的一种，可食。

炏(燚) zōng［龍炏］(lóng－)见594页“龍”字条。

㞾 zōng 同“炏(燚)”。

宗 zōng ❶祖庙，引申为祖先：～庙｜祖～｜列祖列～。❷家族；同一家族的：同～｜～兄｜～法。❸派别：～派｜禅～｜各～各派。❹主旨：～旨｜开～明义｜万变

不离其～。❺尊崇;敬仰:～仰|莫不～其文以述作。❻被尊崇和效法的人:～师|一代文～。❼量词,件;批:一～案件|三～病例|大～邮件。❽姓。❾[宗政]姓。

畟{畟} zōng 用于古国名:三～。(《史记》)

倧 zōng 传说中的上古神仙名。

赹 zōng ❶急行的样子。❷纵身;腾跃。

睃 zōng "畯"的讹字。

踨(蹤) zōng 同"踪"。

唶 zōng 拟声词:手表～～地响着。

税 zōng 同"稯"。

腹 zōng "朡"的讹字。

陵 zōng 古国名。(《玉篇》)

骔(騌) zōng 同"鬃",马、猪等颈上的长毛。

综(綜) ㊀zōng ❶聚集;总和:错～其数|～括|～述。❷精通:贯～坟籍|兼～理数。
㊁zèng 织布机上使经线交错着上下分开以便梭子通过的装置:穿～就织。

堫 zōng ❶栽种。❷不耕而种。

揔 zōng ❶数。❷手捉头。

葼 zōng ❶树木的细枝,引申为细小:弱～系实|轻罪笞以柳～。❷草名。

棕[椶] zōng 棕榈,常绿乔木,叶鞘纤维可制绳索、毛刷、地毯、床垫、蓑笠等,木材可制器具。

嵏[嵕] zōng 数个山峰并立的山。

毴 zōng 同"鬃"。

偬 zōng ❶数。❷行。

遚 zōng 同"偬"。

腙 zōng 有机化合物的一类,由羰基和肼缩合而成。

猣 zōng 狗一胎生三只崽。

惾 zōng[困惾]壅塞不通。

嵸 zōng 用于女子人名。

朡 zōng ❶狂病。❷用刑具把双脚束缚住:为之奴而～。

踪 zōng 同"鬃"。

禝 zōng 神祇。

騣 zōng 同"鬉"。

碮 zōng 同"磫"。

磫 zōng 石名。

瞛 ㊀zōng 看;小看。
㊁zǒng 窥视,偷看:～视。

稯 ㊀zōng 古代计量单位。1.稻禾,一稯等于四十把。2.同"緵"。
㊁zǒng ❶[稯稯](-zǒng)也作"緫緫(总总)",聚集的样子。❷同"稳",成捆的禾。

艐 zōng ❶用以作战的船队:仝(同)～数百艘。❷战船:大～|开～。

䅵 zōng 锄头。

縱 zōng ❶花边类衣物饰品。❷车、马的饰物。

糉 zōng 同"堫",种;不耕而种。

鬃 zōng 同"鬉"。

蹤 zōng 车迹,泛指踪迹,后作"蹤(踪)"。

蹤 zōng 同"蹤(踪)"。

踪[蹤] zōng ❶足迹:～迹|失～|跟～。❷追随:继～前烈。❸纵身:闪的它回身处扑着空,转眼处乱着～。

蝬 zōng[三蝬]蛤类动物。

篸 zōng ❶竹鞭。❷树枝细。

毴 zōng[毴氍](-qú)一种精细的毛毯。

熧 zōng 火行穴中。

翪 zōng 同"翪"。

翪 zōng 鸟类振翅上下飞。

Z

緵 ㊀ zōng 古代计量单位。1. 布帛，一緵等于在二尺二寸幅度内含经线八十缕。2. 同“稯”。
㊁ zòng 一种网眼细密的渔网。

鬷 zōng 同“鬉”。

䤮 zōng 同“𩰫(鬷)”。

磫 zōng ❶［磫礭］(-qú) 细磨刀石。❷石路。

嵕 zōng 同“嵏”。

稯 zōng “稷”的讹字。

髳 zōng “鬉”的讹字。

椶 zōng 同“椶(棕)”。

𩰫 zōng 同“鬷”。

𩰬 zōng 同“鬷”。

豵 zōng 同“豵”。

蹤 zōng 蠮螉。

鏓 zōng 马头饰。

䐝 zōng 同“嵕”，用于古国名：三～。(《竹书纪年》)

緵 zōng 同“緵”。

鬃［❷鬉、❷騌、❷騣］ zōng ❶高发髻：无巾裹～角。❷马、猪等颈上的长毛：银～｜猪～。◆“鬉”另见 1310 页“鬉”字条。

輚 zōng 同“鞚”。

豵 zōng ❶六个月的小猪，泛指一岁兽。❷一胎生三只崽的猪。

蹤 zōng 同“蹤(踪)”。

鬉 zōng ❶毛发散乱。❷“鬃❷”的异体字。

鬆 ㊀ zōng 同“騣”，马鬃。
㊁ zǒng 也作“緫”，束发(髻)：～角。

櫻 zōng 同“椶(棕)”。

鬷 zōng ❶古代蒸煮食物的炊具，像锅。❷通“緫(总)”，汇集：～六校之飞将。

翪 zōng 同“鬷”。

鯮 zōng 鯮鱼，生活在江河、湖泊中。头前部细长呈管状，吻平扁像鸭嘴，故又称尖头鱤、鸭嘴鯮。

鬈 zōng “鬆”的讹字。

櫻 zōng 同“椶(棕)”。

鶵 zōng 同“豵”。

鯼 zōng ❶鯼鱼，即石首鱼，生活在近海。❷鯮鱼。

鬆 zōng 同“鬆”。

騌 zōng 同“騌(鬃)”。

鑁 zōng 同“鏓”。

䃥 zōng 同“䃥(磫)”。

豵 zōng 同“豵”。

鬉 zōng 同“鬉”。

騣 zōng ❶同“騣(鬃)”，马鬃：～尾。❷马：雪～。

鬷 zōng 同“鬷”。

鼨 zōng［鼨鼩］(-qú) 鼩鼠，又称鼱鼩。

鯼 zōng 同“鯼”。

zǒng

㧾 zǒng 同“总(總)”。

总(總) ㊀ zǒng ❶汇集；综合：汇～｜～起来说｜～共三千。❷全部的；全面的：～账｜～攻｜～动员。❸概括全部的；主要的；为首的：～纲｜～则｜～司令。❹副词。1. 一直；一向：～不肯听｜天天～下雨。2. 一定；无论如何：这件事～是要办的｜明天他～该出发了。3. 全；都：极目～无波｜万紫千红～是春。❺姓。
㊁ zōng ❶古代计量单位，用于丝，一总等于八十缕：素丝五～。❷绢的一种：缣～清河。

捴 zǒng 同“摠(总，總)”。

Z

縂 zǒng 同“总(總)”。
捴 zǒng 同“揔(总,總)”。
偬[傯] zǒng[倥偬](kǒng-)见 507 页“倥”字条。
揔 zǒng ❶持;揽:～干(持盾)。❷同“總(总)”。
捻 zǒng 同“总(總)”。
惣 zǒng “㧾”的讹字。
葼 zǒng 草细且茂密的样子,一说“葼(苁)”的讹字。
憁 zǒng 同“总(總)”。
㹅 zǒng 同“总(總)”。
熜 zǒng 同“熜”。
緫 zǒng 同“總(总)”。
摠 zǒng 同“总(總)”。
稯 zǒng 成捆的禾。
㢔 zǒng ❶众多的样子。❷两屋相合。
䙕 zǒng 同“䙕”。
緵 ㊀ zǒng 同“總(总)”。
㊁ cōng ❶青黄色。❷绸绢。
摠 zǒng 同“揔(总,總)”。
熜 ㊀ zǒng 用麻茎捆扎成的火炬。
㊁ cōng ❶微火;热气。❷同“囱”,烟囱:～无烟。
總 zǒng ❶同“總(总)”。❷古代车马的饰物。
総 zǒng 同“總(总)”。
鬉 zǒng 同“鬆”,头发。
輚 zǒng 车轮,也作“轗”。
穗 zǒng 同“稯”。
鍯 zǒng 同“鏓(鍯)”。
燪 zǒng 同“熜”。
䍟 zǒng 单衣。
摠 zǒng 同“揔”。
鏓 zǒng 同“鍯”。
鬆 ㊀ zǒng[鬆角]也作“总(總)角”,束发为髻。
㊁ zōng 马鬃毛。
轗 zǒng 车轮。
燪 zǒng 同“熜”。
鍯 zǒng(旧读 cōng)❶[鎗鍯](qiāng-)拟声词,钟声。❷以刀、凿等使木节贯通。
鬆 ㊀ zǒng ❶扎束头发。❷马鬃。
㊁ cōng[鬇鬆](qióng-)见 792 页“鬇”字条。
鏦 zǒng 同“鍯(鍯)”。

zòng

纵(縱) ㊀ zòng ❶松缓;放任、不加拘束:机关～缓|放～|～欲。❷放;放走:～火|～虎归山|欲擒故～。❸身体猛然向前或向上跳:～身一跃|扭动全身,～得很高。❹竖;直;南北方向的:～纹|～剖面|～横数十里。❺泛;广泛:～论|～览|～观古今。❻连词,虽然;即使:～江东父老怜而王我,我何面目见之?|～有千难万险,也挡不住突击队员。❼姓。
㊁ zǒng[纵纵](-zǒng)1.急遽的样子:丧事欲其～尔。2.众多:骑沓沓,般～。
昜 zòng 做工的人。
疭(瘲) zòng[瘛疭](chì-)见 119 页“瘛”字条。
偬 zòng 困倦的样子。
纵 zòng 同“纵(縱)”。
纲 zòng “纵(纵,縱)”的讹字。
勠 zòng 劝勉。
猔 zòng 同“猣”。
碂 ㊀ zòng 碎。
㊁ cóng 拟声词,石碰击声。

Z

䝔 zòng“䝝”的讹字。

䝞 zòng“䝢”的讹字。

罿 zòng［罿罟］(-gǔ)也作“緵罟”,网眼细密的渔网。

猣 ㊀zòng 狗一胎生一只崽。
㊁zōng 同“猣”。

粽［糉］ zòng 粽子,用箬叶、苇叶包裹糯米做成的食品。

縱 zòng 同“縱(纵)”。

瞛 zòng“瞛”的讹字。

豵 zòng ❶公猪。❷小猪。

豵 zòng 同“豵”。

錝 zòng 金毛,一说同“鍐”。

縱 zòng 同“縱(纵)”。

縱 zòng 同“縱(纵)”。

䝔 zòng［敠䝔］(duō-)见220页“敠”字条。

鞚 zòng［鞚鞚］(kòng-)驾马遽,一说驾马具。

糉 zòng 同“粽”。

縱 zòng 同“纵(縱)”。

zōu

刍 zōu 古代符信的左半部。

邹(鄒) ㊀zōu ❶周代诸侯国名,在今山东。❷旧县名,在今山东。❸姓。
㊁jù 用于人名:颜浊～(孔子的弟子)。

邹 zōu 同“邹(鄒)”。

邹 zōu 同“邹(鄒)”。

驺(騶) ㊀zōu ❶古代为王公贵族养马并驾车的人。❷古代贵族骑马时侍从的骑士。❸［驺虞］(-yú)传说中的仁义之兽,像白虎,身有黑色斑纹,长尾。
㊁zhòu 同“骤(驟)”,马奔跑。

郰 ㊀zōu 古邑名,在今山东。
㊁jǔ 古亭名,也作“鄹”,在今陕西。

菆 zōu 同“菆”。

菆 zōu 同“菆”。

诹(諏) ㊀zōu 聚谋;询问:～吉(谋议吉日)|咨～|～以敌情。
㊁zhōu 同“诌(謅)”,随口编造(言辞):信口胡～|闲呵～,歪嗑牙。

邾 zōu 同“邹(鄒)”。

郰 zōu 同“邹(鄒)”。

陬 ㊀zōu ❶山角落,泛指角落,引申为偏远的地方:岭～|城之～|荒～。❷水边:海～。❸农历正月的别称:孟～。❹春秋时鲁国邑名,在今山东。
㊁zhé［有陬］古国名。(《字汇补》)

掫 ㊀zōu ❶巡夜打更:宾将～,主人辞。❷聚集:～聚多人。❸古地名,在今陕西。❹姓。
㊁zhōu 从一侧或一端托起沉重的物体。

菆 ㊀zōu ❶麻秆,泛指草本植物的茎:御以蒲～。❷利箭:左射以～。
㊁chù 鸟巢。

偢 ㊀zōu 同“愀”,忧愁:～然。
㊁chǒu 通“瞅”,顾视;理睬:有谁～?
㊂qiào 傻:～货(傻子)。

取 zōu ❶玉名。❷玉的纹理。

棷 ㊀zōu ❶木柴。❷树名。
㊁sǒu 同“薮(藪)”,草泽。

鄒 zōu 古地名。(《篇海类编》)

埾 zōu 同“取”。

箃 zōu 竹黄。

緅 zōu 青赤色的帛,一说青赤色。

聰 zōu 同“郰”。

謷 zōu 同“諏(诹)”。

棷 zōu 草木籽聚生。

躖 zōu 同“蹓”。

鄹 ㊀zōu ❶同“邹(鄒)”,周代诸侯国名。❷同“郰”,古邑名,在今山东。

㊁jù ❶古亭名，在今江苏。❷同“聚”，村落。

鲰(鯫) zōu ❶白鱼，即鲌鱼。❷小鱼。❸比喻人渺小、愚笨：～生(小人，古代用于对人的蔑称，也谦称自己)。

諏 zōu 同“诹(諏)”，询问：不咨不～。

陬 ㊀zōu 同“陬”，山角。
㊁jù 同“聚”，村落。

躅 ㊀zōu ❶野兽脚掌。❷野兽踪迹。
㊁qū 同“趋(趨)”，跑。

箙 zōu 同“籔”。

騶 zōu 同“騶(驺，騶)”。

驺 zōu 同“驺(騶)”。

腏 zōu 皱眉头。

蔴 zōu ❶麻秆。❷聚麻。

籔 zōu 取鱼器具。

䕦 zōu 同“蔴”。

纇 zōu ❶麻类植物。❷麻未经沤泡。

齺 zōu 同“齱”。

齱 ㊀zōu［齱齵］(-óu)1.牙齿不正。2.牙齿聚在一起的样子。
㊁chuò 同“齪(龊)”。

齺 zōu 同“齺”。

齺 zōu ❶齿折断。❷牙齿相啮，比喻上下相迎，同心协力：～然上下相信，而天下莫之敢当。

鳜 zōu 同“鲰(鯫)”。

齺 zōu 同“齺”。

zǒu

赱 zǒu 同“走”。

岦 zǒu 同“走”。

走 zǒu ❶跑，引申为逃跑：～马观花｜兔～触株，折颈而死｜弃甲曳兵而～。❷走路；步行：～得慢｜还不会～就想跑。❸离开；离去：汽车刚～｜她明天就～了。❹婉辞，指人死：他已经～了。❺(物体)移动；挪动：这块手表～得很准｜这步棋～得不对。❻通过；经过：～大门｜～后门｜～手续。❼泄露；失去原样：～了风声｜～味｜～样。☞走/跑/行/奔/步/趋/亡 见333页“行”字条。

迩 zǒu 行走的样子。

㞫 zǒu 同“走”。

走 zǒu 同“走”。

歪{歪} zǒu 同“走”。

蝍 zǒu 虫名。

zòu

卬{卬} zòu ❶相合符节中的半个。❷同“奏”。

奏 zòu ❶吹弹乐器，进行表演：～乐｜合～｜伴～。❷呈现；做出：～效｜～功。❸臣子向帝王进言或上书：启～｜～议｜上～。

敄 zòu 同“奏”。

𡙛 zòu 同“奏”。

𢿥 zòu 同“奏”。

屏 zòu 同“奏”。

𡹔 zòu 同“奏”。

屐 zòu 同“奏”。

剹 zòu 同“剹”。

嵾 zòu 同“嵾(奏)”。

屛 zòu 同“奏”。

嶷 zòu 同“奏”。

剹 ㊀zòu ❶断。❷细切。
㊁cǒu 劈柴。

踌 zòu 踏。

Z

㑇（人+聚） zòu 聚。

㵵（氵+聚） ㊀ zòu 水流急促的样子。
㊁ jù 拟声词，水声。

鯫（鸟+奏） zòu 鸟名。

𨂿（足+聚） zòu ❶醉倒的样子。❷醉后行走的样子。

鯫（鸟+奏） zòu "鯫"的讹字。

zū

菹 zū 同"菹"。

租 zū ❶田赋，旧时的土地税：～税。❷出代价暂用别人的东西：～用｜～房｜～车。❸收取一定费用让人暂时使用：出～｜招～｜～书业务。❹出租可收取的钱或实物：～金｜房～｜减～减息。❺积蓄：予所蓄～。

菹 ㊀ zū ❶腌菜；酸菜：菜乞邻家作～美。❷肉酱，引申为把人剁成肉酱的酷刑：麋鹿为～｜～其骨肉于市。❸枯草：伐～薪。
㊁ jù ❶水草多的沼泽地带：驱蛇龙而放之～。❷同"沮"，湿：掘地之深，下无～漏。

葅 zū 同"菹"。

葅 zū 同"葅(菹)"。

葅 zū 同"菹"。

蒩 ㊀ zū ❶草席，祭祀时用作垫子：茅～。❷蕺菜。
㊁ jù 通"菹"，水草多的沼泽地。
㊂ jí 同"藉"，杂乱不堪。

蕰 zū 同"蕰(菹)"。

蕰 zū 同"菹"。

蕰 zū 同"葅(菹)"。

蕰 zū 肉酱，后作"菹"。

蘊 zū 同"菹"。

蘊 zū 同"菹"。

蘊 zū 同"蕰(菹)"。

䈎 zū 同"葅(菹)"。

䕐 zū "蘁(菹)"的讹字。

䉜 zū 同"䈎(菹)"。

齟 zū 牙齿不整齐的样子。

zú

夂 zú 同"卒"。

疋 zú "足"的讹字。

卆 zú 同"卒"。

𤴓 zú 同"足"。

𤴔 zú 同"足"。

足 ㊀ zú ❶脚；腿：濯～｜～迹｜～不出户。❷行走；脚步：空谷～音｜驽马有逸～之力。❸某些器物的腿或支撑部分：鼎～｜圈～｜折～的破躺椅。❹事物的基部：骊山之～｜长茎而短～。❺充盈；富裕：充～｜丰衣～食｜资金不～。❻满；满足；得到满足：知～｜人心不～｜寡欲易～。❼副词。1. 表示充分达到某种数量或程度：～有五十人｜～敷使用｜～能完成任务。2. 值得；能够：不～为凭｜微不～道｜品种之多，式样之奇，～以甲天下。❽姓。☞足／脚　在古汉语中，"足"泛指整个下肢（包括大腿、小腿），也特指小腿以下的脚部。"脚"本指小腿，如"孙子膑脚（孙膑遭受剔去膝盖骨的酷刑）"，后来转指小腿以下的脚部。
㊁ jù（又读 zú）补足；凑够：以一妇人而～九人之数｜预备～成八则《故事新编》。

𧾷 zú "足"的讹字。

𡴀 zú 同"族"。

卒［卒］{卆} ㊀ zú ❶步兵，泛指士兵：士～｜小～｜未损一兵一～。❷旧称低级差役：走～｜狱～。❸死亡：病～｜生～年｜～于某年某月。❹完毕；终结：～业｜～岁｜人始于生而～于死。❺副词，终于；最终：～成大业｜～胜敌军。
㊁ cù 通"猝"，副词，猝然，忽然：～报｜～来｜

～解。

捽 zú 收早熟禾。

族 zú 同“族”。

𥎊 zú 同“镞(鏃)”。

趀 zú 同“踤”，抵触；冲撞。

𢍱 zú 同“族”。

哫 zú ❶［哫訾］(-zī)奉承；讨好：将～栗斯。❷拟声词：(凑近耳朵)唼唼～～说几句。❸叹词，表示斥责：～！花子(叫花子，乞丐)！

𡿗 zú 同“族”。

崪 zú 同“崒”。

崒 ㊀zú ❶山高而险峻：～乎泰山不足为高。❷突兀；出类拔萃：是山～然起于莽苍之中｜其文～乎如恒华。
㊁cuì 通“萃”，聚集：番商～此。

崪 zú 同“崪(崒)”。

𨥺 zú 同“族”。

𫓹 zú 同“族”。

𥎊 zú 同“镞(鏃)”。

族 ㊀zú ❶聚居而有血统关系的人群：家～｜宗～｜灭～。❷灭族，古代酷刑，一人犯了死罪，把全家或包括母家、妻家的人都杀死：诽谤者～，偶语者弃市。❸民族：汉～｜壮～｜各～人民。❹有共同特点的某类人：上班～｜追星～。❺聚集：云气不待～而雨。❻品类；种类：水～｜芳香～｜万物百～。
㊁còu［太族］也作“太蔟”，古代音律名。
㊂zòu 通“奏”：调五声，使有节～。

椊 ㊀zú ❶柱端榫头。❷［椊杌］(-wò) 1. 以柄入孔。2. 木短出的样子。
㊁cuì ❶木朽。❷通“脆”，易折；易碎。

殚 zú ❶同“卒”。1. 死亡。2. 终。(《广韵》)3. 暴终。(《类篇》)❷绝。(《广雅》)

䶦 zú 义未详。(《改并四声篇海》)

欶 zú ❶吸吮。❷饮。

哦 zú［嚬哦］(pín-)也作“嚬蹙”，忧愁的样子。

嵝 zú 聚齐的样子。

䇃 zú 竹笼。

翙 zú 急飞的样子。

潄 zú 水的样子。

踤 ㊀zú ❶抵触；冲撞：冲～而断筋骨。❷用脚踢：帅军～陆。
㊁cù 同“猝”：苍～(仓猝)。
㊂cuì 通“萃”，聚集：鶤鸡朝飞～于北。

鋜 zú 同“镞(鏃)”。

觫 zú ❶角初生。❷挟。

䛤 zú 悬挂钟、磬的架子折断。

搴 zú 同“擴”，收敛：～锋。

蹴 zú ❶同“蹙”，紧迫；急促；逼近。❷用脚蹬：孩子抓手～脚地哭着。❸退：借故向后～。

蝉 zú “蝉”的讹字。

蝉 zú［蝉蝉］虫聚集的样子。

镞(鏃) ㊀zú 箭头：箭～。
㊁chuò 锄。

錊 zú 姓。

蹴 zú 义未详。(《字汇补》)

髀 zú 小骨。

鏠 zú 姓。

鏴 zú 姓。

螲 zú 虾虫头上距。(《集韵》)

糍 zú 熬米做成食品。

髼 ㊀zú 发髻。
㊁zuì［髼髼］(-nèi)头发蓬乱。

蹠 zú［蹠蹠］腿弯曲的样子。

蠛 zú［蟦蠛］(jí-)见143页“蟦”字条。

幭 zú 弓套。

稡 zú 草木丛生。

鲆 zú ❶ 鯈鱼，即白鲦鱼。❷ 鲔的别称。

䴴 zú 畚箕。

騚 zú“騚”的讹字。

褷 zú 衣服艳丽。

騚 zú 义未详。(《篇海类编》)

歒 ㊀ zú［歍歒］(wū－)作呕；恶心。
㊁ zā［歒欶］(－dà)发声。

鯸 zú 同“鱶”。

鱶 zú 鱼名。

齰 zú 咬；咀嚼。

zǔ

㕑 zǔ 同“祖”。

诅(詛) zǔ ❶ 求神加祸于他人；咒骂：～咒｜一国～之。❷ 誓；誓言：盟～｜闬中于信，以覆～盟。

阻 zǔ ❶ 险要，引申为险要之地：险～｜左据函谷、二崤之～。❷ 地势不平坦：道～且长｜以壁削路～，不得达。❸ 拦挡；障隔：～拦｜～止｜畅通无～。❹ 推却；拒绝：推三～四｜幸勿见～。

组(組) zǔ ❶ 宽而薄的丝带：尺～｜系颈以～。❷ 官印或官职的代称：解～。❸ 编织：素丝～之。❹ 结合；构成：～合｜～建｜改～。❺ 结合在一起的团体或单位：小～｜科研～｜工作～。❻ 成套的；成系列的：～诗｜～画｜～舞。❼ 量词，用于成套、成系列的：两～电池｜一～照片。

珇 ㊀ zǔ ❶ 玉质礼器琮上的花纹：珪～似浮云。❷ 美好：～丽。
㊁ jù ❶ 玉的纹理。❷ 玉名。

㚒 zǔ 同“祖”。

俎 zǔ ❶ 祭祀时盛放牛、羊等祭品的器具：～豆｜樽～。❷ 切肉或菜时垫在下边的砧板：刀～｜～上肉。

爼 zǔ 同“俎”。

祖{䄍} ㊀ zǔ ❶ 祖庙，祭祀祖先的宗庙：立其～｜左～右社。❷ 祖先：～宗｜～业｜～训。❸ 父母的上一辈：～父｜外～父｜～孙三代。❹ 某种事业或派别的创始人：佛～｜鼻～｜～师。❺ 效法，引申为法则：～述｜若常以为～。❻ 姓。
㊁ jiē［祖厉］(－lài)汉代县名，在今甘肃。

爼 zǔ 同“俎”。

䀛 zǔ 田。

咀 zǔ 助词，表示语气。

䝚 zǔ 义未详。(《改并四声篇海》)

葅 zǔ 蕺菜。

䖑 zǔ 义未详。(《改并四声篇海》)

虘 zǔ 生虎。

靻 zǔ ❶ 带嚼子的马笼头。❷ 马笼头上对着马额部位的金属饰物。

䖕 zǔ 同“虘”。

跙 zǔ 马伤足病。

䄍{䄍} zǔ ❶ 同“诅(詛)”。❷ 同“祖”。

䅛 zǔ 义未详。(《改并四声篇海》)

zù

䔃 zù 草名。

䞣 zù 且往。

䰆 zù 鬼怪名。

䖕 zù“䖕”的讹字。

䖕 ㊀ zù 姑且往。
㊁ cū 同“粗”。

zuān

汞 zuān 水入土。

钻(鑽) zuān 见1317页zuàn。

劗 zuān 同"劗"。

鬮 zuān 同"钻(鑽)",进入:～牛角。

劗 zuān 剪掉或剃掉(头发):～发。

輲 zuān 同"轒"。

欑 zuān 姓。

欑 zuān 同"欑"。

轒 zuān 同"轒"。

轒 zuān ❶车辕。❷同"轒"。

轒 zuān 同"轒"。

轒 zuān 把横木钻孔后用皮带捆缚在小车的曲辕上。

zuǎn

脎 zuǎn 脂肪。

簒 zuǎn 同"簒(纂)"。

熌(熌) zuǎn 一种烹调法,类似煎、煮:煎～|～石首鱼。

纂 zuǎn 同"纂"。

鋑 zuǎn 同"穳(穳)",小矛。

纗 ㊀zuǎn 同"纂"。
㊁zuī 同"纗"。

纂 zuǎn "纂"的讹字。

缵(纘) zuǎn ❶继承;继续:载～武功。❷通"纂",撰写:～言以为文。

纂[❸簒] zuǎn ❶赤色丝带:锦绣～组。❷汇集;收集:～就前绪|～论公察|～兵戒期。❸搜集材料编书:～集|～修|编～。❹修缮;修治:～修堂宇|～修其身。❺妇女盘在头后边的发髻:扬州～。❻通"缵(纘)",继承:～承|～乃祖考。
◆"簒"另见908页"簒"字条。

穳 zuǎn 同"穳(穳)"。

繓 zuǎn 积。

穳(穳) ㊀zuǎn ❶小矛。❷刺:～人。
㊁cuān 遥投矛。

繤 zuǎn 同"缵(缵)"。

穳 zuǎn 同"穳(穳)"。

穳 zuǎn 同"穳(穳)"。

籫 zuǎn 盛勺、筷子的竹笼。

鑽 zuǎn 刀、矛、杖等下端的金属套,也作"镈(鐏)"。

欑 zuǎn 同"穳(穳,穳)",小矛。

穳 zuǎn 同"穳(穳)",小矛。

穳 zuǎn 同"穳(穳)",小矛。

zuàn

钻(鑽)[鑚] ㊀zuàn ❶用来穿孔洞的工具:一车必有一～|手～|电～。❷钻石(金刚钻)的简称:～戒|镶～|17～的手表。
㊁zuān ❶(又读zuàn)用锥柱状工具在另一物件上转动或穿孔:～木取火|～孔|～眼儿。❷进入;穿过:～山洞|阳光从云中～出。❸深入研究:～研|～业务。❹为谋利而设法找门路:～营。❺古代兵器。1.矛头。2.箭头。

攥 ㊀zuàn 同"攥"。
㊁mó 同"摹"。

攥 zuàn 握;握住:～拳头|手里～着钱。

zuī

厜 zuī[厜㕒](-wēi)高而险的山峰。

痿 zuī 姿。

屡 zuī 同"朘"。

朘{朘} ㊀zuī 男孩生殖器:～作(作:指勃起)。
㊁juān ❶消减;收缩:～损用度|德日～,力日蹷。❷剥削:～人之财|～民脂膏。

❸通"臇",少汁的肉羹:马～。

趡 zuī 跑。

峻 zuī 男孩生殖器。

痽 zuī"厜"的讹字。

羧 ㊀zuī ❶羊病。❷羊毛织品。
㊁suō 羧基,有机化合物中含碳、氧和氢的基。

㓹 zuī 大。

樶 zuī 同"欈",树节。

㕒 zuī 同"厜"。

嗺 ㊀zuī 撮口发声。
㊁suī 催促饮酒:～酒|～送紫霞觞。

㿃 zuī"厜"的讹字。

蕞 zuī 地木耳。

欈 zuī ❶木节。❷古代走山路的底下带钉的鞋,可防滑:行险以～。

騹 zuī ❶马小的样子。❷马负重难行。

䮔 ㊀zuī 同"騹"。
㊁zhù 同"邁",马不行。

嶲 zuī 同"峻"。

蟕 zuī[蟕蠵](-xī)又称兹夷,一种大龟。

騋 zuī 同"騹"。

騗 zuī 同"騋(騹)"。

騷 zuī 同"騹"。

䮔 zuī 同"䮔(騹)"。

矔 ㊀zuī[矔眭](-huī)看。
㊁xié 同"眭",眼睛凶狠地看。
㊂huǐ 怒视。

纗 zuī ❶维纲中绳:绝其～。❷系;结:～幽兰之秋华。

zuǐ

㭰 zuǐ 义未详。(《改并四声篇海》)

㖢 zuǐ 同"觜"。

枈 ㊀zuǐ 同"觜(嘴)",口;鸟嘴。
㊁zuī 石针。

砦 zuǐ 瓶砦。(《改并四声篇海》)

嘴 zuǐ"嘴"的讹字。

㩗 zuǐ[㩗嶉](-cuī)也作"㩗崣""㩗巍",山高的样子。

㑺 zuǐ 义未详。(《字汇补》)

㢈 zuǐ[㢈㢈]下垂的样子。

䲁 zuǐ 鬼名。

嶲 zuǐ 同"觜",鸟嘴。

㗼 zuǐ 同"觜(嘴)"。

嘴 zuǐ ❶鸟嘴,泛指人和动物的口:灰鹤伸着长～啄蛇|噘～|～脸。❷物体突出像口的部位:山～|壶～|喷～。❸指说出的话:～甜|多～|别插～。

嶊 zuǐ 山高的样子。

㠑 zuǐ 山的样子。

嗺 zuǐ 同"觜"。

㘹 zuǐ ❶鸟嘴。❷拟声词,鸟叫声。

璻 zuǐ 玉的色彩。

䃅 zuǐ 义未详。(《改并四声篇海》)

zuì

晬 zuì 同"晬"。

脺 ㊀zuì 下拜失容。
㊁cuì 同"脺(脆)"。

祽 zuì 同"祽"。

栬 zuì 小木桩。

酔 zuì 同"醉"。

㱖 zuì 同"醉"。

秤 zuì 同"稡"。

袢 zuì 同"褳"。

絊 zuì 鲜洁。

最[冣、冣]{冣、冣} zuì ❶聚；聚合：～甄别纠绳之要|～其诗，得三卷。❷凡要，簿书的纲要、总目：～凡|～目|三年计～。❸同类中居首位的、没有比得上的人或事物：中华之～|以此为～|竞取园中～。❹副词。1. 表示程度，极；尤；无比地：～好|～热闹|～受欢迎。2. 表示时间，正；正在：游侠幽并～少年。

◆"冣（冣）"另见476页"冣"字条。

晬 ㊀zuì 周年，也特指婴儿满百日或满一周岁：未～已卒|三月能行，～而能言。㊁suì 通"睟"，润泽的样子：～容|～然|～穆。

綷 zuì 月祭名。

醉 zuì 同"醉"。

罪{罪}[❷-❻辠] zuì ❶捕鱼竹网。❷作恶或犯法的行为：有～|犯～|～大恶极。❸过失；错误：归～于人|言者无～。❹刑罚：判～|死～。❺把过错归到某人身上：～我|～己。❻祸殃；痛苦：自作的孽，自招的～|遭～|受～。

稡 ㊀zuì ❶庄稼抽穗而未结实。❷同"萃"，聚集：会～旧说。㊁zú[稡稡]（bó-）见41页"稡"字条。

寂 zuì 同"最"。

褳 ㊀zuì 单衣。㊁cuì 副衣。

槜 zuì ❶用木捶物。❷[槜李]1. 也作"醉李""就李"，李子树的一种。2. 古地名，在今浙江。

酻 ㊀zuì 酒醉而神志不清。㊁fú 同"浮"。1. 罚人饮酒：春中～觞。2. 漂浮在酒中浸泡：酒～浸七日。

匪 zuì 同"罪"。

皋 zuì 同"辠（罪）"。

辠 zuì 同"罪"。

醉 zuì ❶饮酒过量而神志不清：～态|～醺醺|喝～了。❷昏愦；糊涂：众人皆～，惟我独醒。❸沉迷；过分爱好：陶～|沉～|～心文学。❹用酒泡制；用酒泡制的：～鱼|～蟹|～枣。

殩 zuì 残败。

餈 zuì 装饰。

嶊 zuì 用于女子人名。

蟕 zuì 虫名。

檇 zuì 同"槜"。

嶊 zuì ❶[嶊嵬]（-wéi）也作"嶊巍"，山高不齐的样子。❷山的样子。

嶵 zuì ❶[嶵隗]（-wěi）高的样子。❷同"嶊"。

嶵 zuì 同"嶊"。

鋷 ㊀zuì 锥子类工具。㊁niè 镊子。

錊 ㊀zuì 炼；炼铁。㊁zú 姓。

欳 zuì 同"冣（最）"。

醉 zuì 用于人名：邯郸～（晋代人）。

篹 zuì ❶竹名。❷竹帚。

繀 zuì 终丝。（《改并四声篇海》）

檇 zuì 同"檇（槜）"。

辭 zuì 五彩相杂的缯帛。

檇 ㊀zuì 同"檇（槜）"。㊁wéi[樻檇]（zī-）见1304页"樻"字条。

zūn

尃 zūn 同"尊"。

尊{尊} zūn ❶古代酒器：夫人执～|有酒有酒香满～。❷尊贵，地位或辈分高：～长|～卑|年～。❸敬重：～敬|～重|～师爱徒。❹敬辞，称与对方有关的人或事物：～姓|～府|～口。❺量词，用于神佛塑像、炮：一～佛像|两～大炮。

Z

蓴 zūn 同“尊”。

𢍜 zūn 同“尊”。

墫 zūn 同“樽”，盛酒器。

嶟 zūn 山石高峻、尖削的样子：石～沓危立。

𢕟 zūn 同“遵”。

䢾 zūn 同“遵”。

遵 zūn ❶沿着；顺着：～海而行｜～四时以叹逝。❷依从；按照：～从｜～命｜～纪守法。

邍 zūn 同“遵”。

樽［罇］ zūn ❶酒杯类盛器：金～美酒。❷斟酒：～酒。◆“罇”另见1320页“罇”字条。

甑 zūn 同“䔿(尊)”，酒器。

選 zūn 同“遵”。

镈(鐏) zūn ❶戈柄末端的锥形金属套，可插入地中。❷盛酒器。

𢍉 zūn 同“遵”。

罇 zūn ❶“樽”的异体字。❷姓。

繜 zūn ❶古代妇女所穿的套裤。❷通“撙”，抑制；克制：恭敬～绌。

鳟(鱒) zūn（旧读zùn）鳟鱼，通常指赤眼鳟，又称红眼鱼，眼上缘呈红色，生活在江河、湖泊中。

鷷 zūn 野鸡名。

zǔn

僔 zǔn 谦恭：恭敬而～。

剸 zǔn 同“撙”，裁减；节省：富者亦当～节。

撙 zǔn ❶抑制；克制：恭敬～节。❷裁减；节省：～用｜～度。❸勒住；控制：～衔。❹退缩；缩短：腰带比去年～进一寸多。

蕁 zǔn 丛生的草；草丛生的样子：～莽。

噂 zǔn ❶聚议纷纭：～～所言。❷［噂沓］(-tà)聚在一起议论纷纷。

䐶 zǔn 膞。

譐 zǔn 同“噂”。

zùn

㖞 zùn 大口。

捘 zùn ❶推；挤：～手。❷按；捏：生扶之，阴～其腕。

䅵 zùn 秧苗堆积。

鐏 zùn 钻。

㮗 zùn “蕮(穧)”的讹字。

蕮 zùn 同“穧”。

瞛 zùn 赤目。

穧 zùn ❶禾穳。❷禾租。

艜 zùn 船底孔。

鬒 zùn 头顶无发。

zuō

㖩 zuō 拟声词，鼠叫声。

𠴫 zuō 同“嘬”。

嘬 ㊀zuō ❶撮拢嘴唇吮吸：～奶｜～手指头。❷（嘴唇）收拢：～起嘴唇，轻轻吹着一支歌。
㊁chuài ❶叮咬，引申为大口吞食：～食｜别硬～｜狼藉充一～。❷（喉咙）粗：喉咙忒～。

䟶 zuō 骨䟶。（《广韵》）

zuó

捽 zuó 同“捽”。

抙 zuó 同“捽”。

扰 zuó 同“捽”。

Z

帓 zuó 红纸，一说薄而小的纸片。

捽 zuó 同“捽”。

昨 zuó ❶今天的前一天：～日｜～夜｜～已平安抵京。❷泛指过去、往日：觉今是而～非。

牦 zuó 山牛名。

莋 ㊀zuó 同“苲”，苲都夷、苲都县的简称。㊁jí 茹草。

蓙 zuó 同“莋”。

秨 zuó ❶禾苗摆动的样子。❷禾稼。

捽 zuó ❶抓住头发，泛指揪、抓：～头发｜～着不放。❷拔（草）；拔取：～荒芜｜面辱之，～其冠。❸扔；摔：提起来，～得粉碎。

絬 zuó ❶粗大的绳索：修～｜解～。❷一种丝织品：暑薄青丝～。

趞 zuó 跑的样子。

貶 zuó ❶财。❷货。

㑇 zuó 古地名。（《字汇补》）一说“𨛬（𨛬）”的讹字。

稓 zuó ❶古乡名，在今四川。❷姓。

筰 zuó ❶竹名。❷同“笮”。1. 竹索。2. 筰都夷（即莋都夷）的简称。

銼 zuó ❶釜。❷甑。

㳻 ㊀zuó 古水名。（《玉篇》）㊁zhà 湿。

趡 zuó 快跑。

䋏 zuó ❶草绳。❷同“筰”，竹索。

筰 zuó 同“筰”。1. 竹名。2. 竹索。

寳 zuó 义未详。（《改并四声篇海》）

𣚛 zuó 同“𨛬”。1. 古地名，在今四川。2. 姓。

檫 zuó 木锥。

譬 zuó 责骂。

zuǒ

𠂇 ㊀zuǒ 同“左”，左手。㊁称左字框，汉字部件。

左 zuǒ ❶左手：～并辔，右援枹而鼓。❷面向南时靠东的一边：～边｜～手｜～顾右盼。❸东方（以面向南时为准）：江～｜山～。❹卑下，不重用：右贤～戚，先民后己。❺偏斜；不正常；错误：旁门～道｜～脾气｜想～了。❻不合；相反：身勤而事～｜意见相～。❼激进的、进步的（派系或思想）：～派｜～倾。❽姓。

佐 zuǒ ❶辅助；帮助：辅～｜～助｜～餐。❷治理；管理：廉于其事上也，以～其下。❸辅助别人的人：僚～｜丞～。

𠇋 zuǒ“佐”的讹字。

𣃚 zuǒ 同“佐”。

𨈸［𨈹］ zuǒ 走路歪斜不正。

咗 zuǒ ❶叹词，劳动号子声：嘿～｜加油干哪！嘿～，嘿～！❷助词，表示动作已完成，了：失～｜病～嘞。

祚 zuǒ 同“佐”，治理；管理：德感贤臣，匡～内外。

㹤 zuǒ 哺乳动物。

蹉 zuǒ［蹙蹉］（cù－）见153页“蹙”字条。

缊（緼） zuǒ ❶在条状物上打结。❷丝织品名。

濈 ㊀zuǒ 水满的样子。㊁jié 洒水：净水～散火上。

縒 zuǒ 同“缊（緼）”。

zuò

乍 ㊀zuò 起，兴起，后作“作”：文王若日若月，～照光于四方。㊁zhà ❶耸立；张开：遍体寒毛～｜～翅。❷副词。1. 忽然；突然：～冷～热。2. 刚开始：初来～到。3. 正；恰好：小院新池月～寒。

㑅 zuò 同“作”。

作 ㊀zuò ❶产生；兴起：周秦之际，诸子并～｜曹党起而乱贼～矣｜枪声大～。❷开始：天下难事必～于易。❸及；等到：

～其即位，乃或亮阴，三年不言。❹起立：舍瑟而～。❺劳动；制造：劳～｜～息｜深耕细～。❻从事某种活动：～揖｜～乱｜自～自受。❼写作：～文｜～曲｜述而不～。❽作品，写作或创作的产品：杰～｜佳～｜成功之～。❾姓。☞作／做 “做”是“作”的后起分化字。在现代汉语中，表示抽象意义的词语、书面语、成语多用“作”，表示具体的制作义、充当和举行等义用“做”。当不易判断时可用“作”。

㊁ zuō 作坊，手工业制造或加工的地方：石～｜酒～｜洗衣～。

作 zuò 同“作”。

坐 zuò ❶身体的一种姿势，两膝着地，臀部置于脚跟上，后指将臀部置于椅子、凳子等支撑物上：静～｜席地而～｜行走～卧。❷乘坐；搭乘：～轿｜～车｜～飞机。❸坐落，建筑物等处于(某方向)：～北朝南。❹将锅、壶等放在炉火上：～锅｜～一壶水。❺某些植物开始结实，引申为形成疾病：～果｜从那时～下了病根儿。❻不作为；不行动：～吃山空｜～视不救｜～观成败。❼旧指获罪、定罪：～死｜连～｜反～。❽副词，自然而然地：孤蓬自振，惊沙～飞。❾介词，因为；由于：～此解职｜停车～爱枫林晚。❿座位，后作“座”：～次｜置之～上。☞①坐／蹲／踞 在古汉语中，“坐”指两膝着地，臀部压在脚后跟上；“蹲”指臀部着地而坐；“踞”指两脚岔开而坐。②坐／跪／跽／拜 见317页“跪”字条。③坐／座 见1322页“座”字条。

㘴 zuò“㘴(坐)”的讹字。

阼 zuò ❶古代大堂前东面的台阶，是主人迎客的地方：～阶｜宾～。❷帝位，也作“祚”：莅(涖)～｜登～。❸国运，也作“祚”：又惧汉～将湮于地。

坐{坐} zuò 同“坐”。

岞 zuò ❶用于地名：～山(在山东)。❷同“岝”。

岝 zuò［岝崿］(-è)也作“岝崿”。1. 山石高峻的样子：后岭横～。2. 古山名，在今江苏。

作 zuò 同“作”。

作 zuò 同“作”。

㘴 zuò 同“坐”。

怍 ㊀ zuò ❶惭愧：愧～｜面无～色。❷脸色改变：颜色不～。

㊁ zhà［怍怍］(yà-)见762页“怍”字条。

柞 ㊀ zuò ❶柞木，常绿灌木或小乔木，木材可制家具，叶可供药用。❷柞栎，即栎，落叶乔木。

㊁ zé 砍；砍伐：～木。

㊂ zhà［柞水］水名、地名，均在陕西。

㘴 zuò ❶同“坐”：～涂炭。❷同“座”：神～。

飵 zuò 同“作”。

侳 zuò ❶安坐：～焉。❷挫辱；伤败：～廉。

胙 zuò ❶祭祀用的肉：致～于桓公。❷福佑：天地所～｜德薄位尊，非～惟殃。❸赏赐：～之以土(土：土地)。

祚 zuò ❶福：门衰～薄，晚有儿息。❷赐福；保佑：天～明德。❸皇帝的地位：平定海内，卒践帝～｜践～。❹年岁：初岁元～。

坐 zuò 同“坐”。

𡯁 zuò 尢坐。(《玉篇》)

睉 zuò 眼睛。

唑 zuò 见874页 shì。

座 zuò ❶供人坐的地方：～位｜入～｜～无虚席。❷器物的底部或托垫的部分：钟～｜碑～｜底～。❸敬辞，旧时称军队中的高级长官：师～(师长)｜军～(军长)。❹量词，用于某些较大而固定的物体：一～山｜两～水库｜三～大楼。☞座／坐 “座”是“坐”的后起分化字，用来表示其名词义。在现代汉语中，名词性的词语用“座”，动词性的词语用“坐”。

𥦗 zuò 安稳的样子。

袏 zuò ❶有右外襟的单衣。❷衣袋。

欑 ㊀ zuò 笮。

㊁ zǎn 同“欑(攒)”。

做 zuò ❶从事某种工作或活动：～工｜～买卖｜～报告。❷使：便～春江都是泪，流不尽，许多愁。❸酝酿；形成：积雪初融～晚晴。❹制造：～衣服｜～家具。❺写作：～诗｜～文章。❻充当；担任：～官｜～节

目主持人。❼举行:～寿|～祷告。❽结成(某种关系):～街坊|～朋友|～亲家。❾用作:用这些钱～资本|沼气可以～燃料。

☞做/作 见1322页“作”字条。

𣅊 zuò 同“粺(糳)”,舂过的精米。

怎 zuò 同“怍”,惭愧。

葄 ㊀zuò[葄菇]同“莋菇”。㊁zé 菜名。

蓙 zuò ❶以物铺垫,坐卧其上:～之枕之|枕经～史,博览群书。❷[蓙菇]同“莋菇”。

侳 zuò 同“侳”。

飵 ㊀zuò ❶古人相见以麦粥招待,也指麦粥:楚～。❷吃(饭)。㊁zé 蒸熟。

葅 zuò 同“醡”。

嘄 zuò ❶[嘄嘄]声。(《玉篇》)❷鸣。

䣢 zuò 同“飵”。

䤇 zuò 义未详。(《改并四声篇海》)

醡 zuò 鱼酱。

糳 zuò 同“糳”。

糳 zuò ❶舂过的精米:精～。❷舂米;舂:～申椒以为粮(申椒:花椒)。

䊁 zuò 同“糳”。

䉾 zuò “糳”的讹字。

䴰 zuò 蒸屑麦。

𪎖 zuò 油麻一榨。(《集韵》)

十二生肖表

生年(地支)	子	丑	寅	卯	辰	巳	午	未	申	酉	戌	亥
生肖	鼠	牛	虎	兔	龙	蛇	马	羊	猴	鸡	狗	猪

【注】以十二地支与十二种动物相配,即十二生肖,又称十二属相、十二属,用来记人的生年。

附录

音未详字、汉字部件

【说明】汉字部件(包括笔画、偏旁)除了正文已收的之外,列入本表。

【一部】

𠀀 汉字部件。

𡗗 称春字头,汉字部件。

𢀴 用于商代国名:亚~。

𠀉 "亏本"的合体字。

卅 涅槃。佛教指超脱生死的最高精神境界。也称佛或僧人逝世。

𠀐 "不直"的合体字。

【丨部】

𠃓(𦣝) 称览字头,汉字偏旁或部件。是"監(监)"的变体。

𠁣 拟声词,拳击声:拎起拳来,或上或下,~~𠁥𠁥,一气打有一二十拳。

𠁥 拟声词,拳击声:拎起拳来,或上或下,𠁣𠁣~~,一气打有一二十拳。

【丿部】

𠂉 称卧人,汉字部件。

𠆢 汉字部件。

𠈌 汉字部件。

【丶部】

龹 称卷字头,汉字部件。

【乛部】

乛 称横钩,汉字笔画或部件。

㇕ 称横折,汉字笔画或部件。

㇏ 称横折或提捺,汉字笔画或部件。

⺄ 称横折钩,汉字笔画或部件。

㇗ 称竖折折,汉字笔画或部件。

㐅 汉字部件。

𠀙 古山名。(《字汇补》)

【十部】

𠦃 "十枚"的合体字。

【冂部】

冂 称周字框、用字框,汉字偏旁或部件。

𠔇 [灶(竈)𠔇]影神名。(《字汇补》)

【八部】

丷 称倒八、八字头或兰字头,汉字部件。

𠀍 "不真"的合体字。

【人部】

亻 称单人旁或单立人,同"人",汉字偏旁或部件。

𠆢 称人字头,汉字部件。

𠀍 "世代"的合体字。

𠈹 伙;群。(袁于令《西楼记》)

𠉣 用于鬼名。(《酉阳杂俎》)

𠇿 "合共"的合体字,团结民众,共同努力。(《太平天国诗文选注》)

𠋫 用于人名:倪~。(《字汇补》)

僶 侦探。(《字汇补》)

𠐊 用于古代器物名。(《两周金文辞大系图录考释》)

儖 [儖伽](-jiā)用钱交易。(《字汇补》)

儹 [儹匜](-yí)古代器物名。(方濬益《缀遗斋彝器款识考释》)

【儿部】

𠒎 人名。(《路史》)

【几部】

⺇ 称风字头或凤字框,汉字偏旁或部件。

【亠部】

亦(䜌) 称变字头或弯字头。汉字部件或简化偏旁。

亶 人名。(《金史》)

【冖部】

⺍(𦥯) 称学字头。汉字简化偏旁或部件。

【刀部】

⺈ 称刀子头、斜刀头或负字头,汉字部件。

【力部】

𠡍 "無(无)力"的合体字。

【又部】

収(臤) 称坚字头,汉字部件或简化偏旁。

⺂(睪) 称择字旁。汉字部件或简化偏旁。

◆ "睪"另见1147页"睪"字条。

𨼆 [𨼆䝨]古山谷名。(《穆天子传》)

𠭾 用于人名:~奴。(《穆天子传》)

【厶部】

厼 语句的结束词。

【土部】

⺗ 称提土旁,同"土",汉字偏旁或部件。

𡋯 "不坐"的合体字。

𡎴 传说中的西岳神名。(《字汇补》)

墉 人名。(《临安府张君墓志铭》)

【艹部】

艹 同"艸",称草头或草字头,汉字偏旁或部件。

䒑(𤇾) 称劳字头,简化偏旁。

苷 同"芔"。(《字汇补》)

茾 菩提。(《直音篇》)

葸 传说中的神名。(《云笈七籤》)

𦵔 "英妹"的合体字。

【大部】

奞{奞} "大毒"的合体字。(《字汇补》)

奎 道教传说中神仙的姓。(《奇字名》)

奞 道教传说中神仙的姓。(《字汇补》)

奀 "不美"的合体字。

奤 "大眼"的合体字。

奫 道家所说的仙人法名。(《字汇补》)

奭 神名。(《字汇补》)

【尢(兀)部】

尭 人名。(《三尊谱录》)

【小(⺌)部】

⺍ 汉字部件。

⺌ 称尚字头,汉字部件。

䒑 "小拙"的合体字。

𡮡 "小刼(劫)"的合体字。

𡮢 "小枚"的合体字。

𡮣 "小門(门)"的合体字。

𡮤 "小兒(儿)"的合体字。

毒{毒} "小毒"的合体字。

𡮥 "小美"的合体字。

𡮦 "小笑"的合体字。

𡮧{𡮨、𡮩} "小閉(闭)"的合体字。

𡮪 "小欺"的合体字。

𡮫{𡮬} "小悶(闷)"的合体字。

𡮭 "小買(买)"的合体字。

𡮮 "小詩(诗)"的合体字。

𡮯{𡮰} "小賢(贤)"的合体字。

𡮱 "小鬱(郁)"的合体字。

【口部】

𠯑 用于古代器物名。(《积古斋钟鼎彝器款识》)

𠶷 商代地名,在今河南。(《汉语大字典》)

嘔 堵塞:气～。(《字汇补》)

𠹬 [海里𠹬]一种甜食。(《正字通》)

噌 日本汉字。用于地名。

【山部】

𡵂 "亡也"的讹字:贼心～。(《淮南子》王念孙注)

𡵃 日本汉字。用于地名。

𡵄 "山内"的合体字。

岼 日本汉字。用于地名。

峅 日本汉字。用于地名。

峊 大山名。(《字汇补》)

峅{峅} 人名。(《三国志》)

𡷊 用于神名。(《字汇补》)

峒 人名。(《唐诗纪事》)

崼 小山名。(《字汇补》)

𡹬 人名。(《新唐书》)

𡺃 传说中的中岳神名。(《字汇补》)

𡺄 日本汉字。山脚。

嶂 古山名。(赵吉士《守险分治永靖交山议》)

𡺅 日本汉字。1. 山脚低凹处。2. 用于地名。

𡺆 人名。(《字汇补》)

嵲 用于人名:张～。(徐鼒《小腆纪年》)

𡽗 东岳名。(《字汇补》)

𡽘 [𡽘宗]尊。(《逸周书》孔晁注)

𡽙 传说中的中岳神名。(《字汇补》)

𡽚 传说中的西岳神名。(《字汇补》)

𡽛 传说中的南岳神名。(《字汇补》)

𡽜 传说中的北岳神名。(《字汇补》)

𡽝 传说中的东岳神名。(《字汇补》)

𡽞 用于东岳神名。(《字汇补》)

𡽟 "山頭(头)"的合体字。

【彳部】

衜 ❶ 小儿戏物。❷ 胡同名。(《字汇补》)

【夕部】

名 姓。(《清稗类钞》)

【丬(爿)部】

丬 称将字旁,汉字偏旁或部件。

爿 汉字部件。

【广部】

唐 用于人名:黄～堂。(《随园诗话》)

廘 韩国汉字。处。

廣 日本汉字。胸部下凹处痉挛。

【门(門)部】

门(門){閄} 小门。

閊 日本汉字。1. 堵塞。2. 阻碍。

閖 日本汉字。用于地名。

閙 市门。(《广韵》)

閪 韩国汉字。失物。

閰 用于神名。(《云笈七籤》)

闖 韩国汉字。门风。

闃 门声。(《龙龛手鉴》)

【宀部】

寋 人名。(《新唐书》)

寗 用于古代器物人名。(《两周金文辞大系图录考释》)

宜 "不宜"的合体字。

寙 病。(《字汇补》)

寷 副词,实在。

【辶部】

辶 称走之或走之旁,同"辵",汉字偏旁或部件。

辷 日本汉字。滑溜;转动。

迖 [退迖]已未名"时通卿"。(《字汇补》)

逧 日本汉字。用于地名。

逩 旧时迷信称壬戌日鬼名。(《酉阳杂俎》)

逷 用于古代器物名:～甗。(《两周金文辞大系图录考释》)

逽 用于古代器物人名。(《字汇补》)

遆 "不通"的合体字。

邋 用于人名:王～。(《字汇补》)

【彐(彑)部】

彐 称横山或雪字底,汉字部首或部件。

彑 称录字头,汉字部件。

【弓部】

弝 [弝龙]真阳之气。(《字汇补》)

彍 日本汉字。割草工具。

【子部】

孲 割鈥草。(《字汇补》)

孴 用于人名:小喜～。(《明末农民起义史料》)

孯 "兒(儿)子"的合体字。

孹 "蚊子"的合体字。

【屮部】

屮 南岳神名。(《字汇补》)

【女部】

妏 投。(《广雅》)

姡 [独姡]鸟名。(《骈雅》)

娗 日本汉字。美貌如花的舞女或女子。

嫚 日本汉字。同"妻"。

嬶 日本汉字。贱人,对依赖丈夫生活的女人的辱称。

【马(馬)部】

騆 用于人名:李～。(《新唐书》)

騢 用于人名:张～。(《新唐书》)

驝 用于人名:李～。(《新唐书》)

【巛部】

巤 [重巤氏]古地名。(《字汇补》)

【王(玉)部】

王 称斜玉、斜玉旁或王字旁,同"玉",汉字偏旁或部件。

琫 [廖琫](liào-)空虚。(《字汇补》)

琓 韩国汉字。同"玩"。

璃 用于古地名。(《字汇补》)

鋈 "彩玉"的合体字。

璄 用于人名:龙汉～。(也作"龙溪璄",《字汇补》)

璌 [滕璌](téng-)古代氏族名。(《汉语大字典》)

璿 用于人名:李～。(《新唐书》)

璟 用于人名:薛～。(《新唐书》)

瓉 美玉。(《字汇补》)

【木部】

杢 韩国汉字。用于助词。

朳 日本汉字。用于地名。

朸 日本汉字。用于地名。

桂 韩国汉字。里程标记。

桛 日本汉字。用于缠线的工字型框子。

椛 日本汉字。1. 树名,叶有色似花。2. 用于地名。

梺 日本汉字。山麓,山脚。

椡 日本汉字。用于地名。

椙 日本汉字。同"杉",树名。

椚 日本汉字。1. 即栎,落叶乔木,果实叫橡子。2. 用于地名。3. [椚田][椚木]姓。

椣 日本汉字。1. 树名。2. 用于地名。

棑 人名。(《字汇补》)

椛 同"棑"。

棆 韩国汉字。1. 同"笕"。2. [比棆寺]寺庙名。

椨 日本汉字。用于地名。

榁 榁枨。(《字汇补》)

椮 日本汉字。桂树种子。

椂 日本汉字。厨具,用以注热水。

椌 日本汉字。杜松。树干高大,宜造木屋,故名。

榀 日本汉字。木窗格。

榿 日本汉字。用于地名。

橆 "木魚(鱼)"的合体字。

橲 日本汉字。用于地名。

檂 韩国汉字。用于地名。

槢 日本汉字。树名。

槵 日本汉字。用于地名。

櫑 韩国汉字。用于地名。

櫤 日本汉字。用于地名。

櫻 日本汉字。白胶木。

⿰麥叟 用于古地名。(《字汇补》)

欕 鹊不踏木。

【支部】

⿰豈支 驱。(《字汇补》)

【犬(犭)部】

犭 称反犬旁或犬犹,同“犬”,汉字偏旁或部件。

⿰犭寸 用于人名:狪～。(《字汇补》)

⿰犭亡 用于古地名。(严如熤《苗防备览》)

⿰犭告 [⿰犭告猖腔]秦腔曲牌名。(《汉语大字典》)

⿰犭典 山羊。(《汉字海》)

⿰犭屏 用于明代西南苗族人名:阿独～苗。(《字汇补》)

⿱令狐 “令狐”的合体字。

⿰犭⿱罒勿 [⿰犭⿱罒勿杖]古代刑具名。(《隋书》)

【车(車)部】

⿰車雪 日本汉字。1. 同“艝”。2. 用于地名。

⿰車容 人名。(《字汇补》)

【戈部】

⿰年成 “年成”的合体字。

【瓦部】

⿰瓦里 日本汉字。线底瓮或瓦。

⿰瓦鬼 “瓦塊(块)”的合体字。

⿸广瓦 用于古地名。(《元文类》)

【攴(攵)部】

⿰繇攵 古地名,在今陕西。(《中国历史地图集》)

【日(曰冃)部】

冃 称冒字头,汉字部件。

⿰日己 用于古人名。(《宋史》)

⿰日半 [⿰日半怯]古水名。(《字汇补》)

⿱刍日 古水名。(《宋书》)

⿱明八 用于人名:杨～。(《字汇补》)

⿱彐日 日本汉字。同“没”。

⿰日胃 用于人名:郭子～。(《新唐书》)

⿰日殿 [暀⿰日殿](wǎng-)古地名。(《元经世大典》)

【贝(貝)部】

⿰貝米 米。(《广雅》)

【水(氵氺)部】

氵 称三点水,同“水”,汉字偏旁或部件。

氺 称水底,汉字部件。

汢 日本汉字。用于地名。

⿱不水 “不水”的合体字,没有水。

⿱水少 “水少”的合体字。水少。

⿰氵申 用于古人名。(《侯马盟书》)

畓 韩国汉字。水田。

⿰氵戒 用于古水名。(《中国古今地名大辞典》)

⿰氵売 日本汉字。水沟。

⿰氵勘 用于人名:郑～。(《新唐书》)

⿰氵冏 [⿰氵冏門]古地名。(《类说》)

溂 日本汉字。泼辣。

溌 日本汉字。1. 鱼跃。2. 有精神;朝气蓬勃。

⿰氵晏 [⿰氵晏官县]古地名。(《中国古今地名大辞典》)

⿰氵害 古水名,沁水支流,在今山西。(《嘉庆重修一统志》)

湾 日本汉字。用于助词。

滓 用于人名:黎～。(《字汇补》)

渠 太平天国新造字。(《太平天国史料》)

澐 太平天国新造字。(《太平天国史料》)

漉 太平天国新造字。(《太平天国史料》)

漻 太平天国新造字。(《太平天国史料》)

澐 日本汉字。用于地名。

瀊 韩国汉字。1. 水清。2. 小水。

【见(見)部】

覞 用于人名:必～。(《宋史》)

覝 现;显示:内外～南、北极。(《广博物志》)

【牛(牜⺧)部】

牜 称牛字旁,同“牛”,汉字偏旁或部件。

⺧ 称牛字头,同“牛”,汉字部件。

【手(龵扌)部】

扌 称提手旁,同“手”,汉字偏旁或部件。

龵 同“手”,汉字偏旁或部件。

扖 日本汉字。1. 套上;戴上。使人上当。2. 拧。苦心思索。

掾 [掾橹]盾牌名。(《管子》)

掘 日本汉字。用于人名。

搉 日本汉字。用手拔毛,越拔越少。

揄 日本汉字。用于地名。

搉 树名。(《墨子简注》)

擗 搓。～纤根。(马融《长笛赋》)

【毛部】

毟 日本汉字。拔、揪(毛)。

毡 宋代科举取士用来编号的字:～为第三等。(《字汇补》)

毤 “毫克”(千分之一克)的旧译写法。(《汉语大字典》)

【斤部】

斵 用于地名:～多。(《字汇补》)

【爪(爫)部】

爫 称爪头或爪字头,同“爪”,汉字偏旁或部件。

【月(⺝)部】

股 用于地名:水～(在云南)。(《天下郡国利病书》)

膑 日本汉字。同“股”。

腿 向。(《禽经》张华注)

胥 [貔胥]见1325页“貔”字条。

糊 “光明”的合体字。

膂 用于人名:韦之～。(《渔洋诗话》)

膿 用于日本地名:～泉岛。(《小腆纪年附考》)

【欠部】

歅 用于人名。(《侯马盟书》)

歐 用于人名。(《魏书》)

歖 韩国汉字。同“喜”。

【风(風)部】

颪 日本汉字。刮风。

颻 用于人名:觻～。(《字汇补》)

飈 {䬓} “風(风)退”的合体字。

鳳 “風鳥(“鳥”讹为“鳥”)”的合体字,即风乌,又称伺风乌、相风乌、相风竿,古代测风向的器具。(《字汇补》)

飀 “微風(风)”的合体字。

飆 “暴風(风)”的合体字。

【殳部】

殸 姓。

𣪘 用于人名。

【方部】

㫈 韩国汉字。用于地名。

【火部】

炞 日本汉字。高兴。

焵 [焵焵(響)响]火光很明亮的样子。(刘复《瓦釜集》)

𤎖 被蚕吃剩下的桑叶碎片。(《农政全书》)

燵 日本汉字。[火燵]日本一种传统取暖设施。

燝 用于人名:一~。(《明纪》)

𤑳 用于人名:王缙~。(《字汇补》)

【斗部】

乫 韩国汉字。用于助词。

【心(忄⺗⺗)部】

忄 称竖心或竖心旁,同“心”,汉字偏旁或部件。

⺗ 同“心”,汉字偏旁或部件。

⺗ 称心字底或恭字底,同“心”,汉字部件。

怾 韩国汉字。用于山名。

𢙐 古地名。(《字汇补》)

惰 用于人名:余~。(《畴人传四编》)

𢞁 用于人名:赵~夫。(《吹剑录》)

懰 用于人名:解~。(《三国志》)

懒 用于人名:慈~。(《小腆纪年附考》)

𢥞 传说中鬼名。(《酉阳杂俎》)

【毋(母)部】

𣫬 日本汉字。1. 武士盔甲背后的饰物。2. 用于地名。

【示(礻)部】

礻 称示旁、示字旁或示补儿,同“示”,汉字偏旁或部件。

𥙊 [𥙊襤](-lán)树名,叶像茶。(《留青日札摘抄》)

褕 用于人名:李~。(《新唐书》)

禴 用于人名:罕~。(《读史方舆纪要》)

禧 用于人名:李~。(《新唐书》)

𥜥 人名。(《新唐书》)

【石部】

乭 韩国汉字。1. 用于地名。2. 用于人名。

砳 [砳麟]古代于阗对金翅鸟的称呼。(《文献通考》)

砯 韩国汉字。用于地名。

硴 日本汉字。用于地名。

碵 日本汉字。1. 柱子下面的石墩。2. 拟声词,落石的声音。

礜 用于人名:士~。(《续资治通鉴》)

【龙(龍)部】

龻 旧说丙戌日鬼名。(《酉阳杂俎》)

【目部】

䀹 用于人名:仰公~。(《字汇补》)

睺 看。(王元鼎《河西后庭花》)

䁺 “美目”的合体字。

瞺 “合眼”的合体字。

【田部】

畀 日本汉字。1. 行政区划名;市街区划单位。2. 同“町”。

畩 日本汉字。用于地名。

畳 日本汉字。日本式房间的榻榻米,一种狭长、低矮似床的坐卧用具。

【罒(冈罓罒)部】

罒 称四字头、扁四头或罗字头,同“网”,汉字偏旁或部件。

冈 同“网”,汉字部件。

罓 同“网”,汉字部件。

罒 同“网”,汉字部件。

罽 江豚的别称。(《草木子》)

【皿部】

盬 盐块。(《字汇补》)

【禾部】

秮 用于人名:不～。(《宋史》)

稣 用于人名:曹～。(《札朴》)

稕 用于人名。(《两周金文辞大系图录考释》)

榕 日本汉字。昆虫的背部或背部甲片。

鵟 日本汉字。布谷鸟。

穠 日本汉字。用于地名。

黍 传说中的神名。(《字汇补》)

穭 [穭豆]豆名。(《三农记》)

穃 [穃麦]麦名。(《皇明四夷考》)

【白部】

皝 用于人名:必～。(《宋史》)

皕 “三百”的合体字。

皪 船底木。(《字汇补》)

【瓜部】

瓞 古地名。(《管子》)

【鸟(鳥)部】

鳦 七鸟。(《康熙字典》)

鳪 鸟名。(《集韵》)

鳺 [慈鳺]母鸡。(《通诂》)

鳾 鸟名。(《说文》)

鴾 日本汉字。鸟名,一种鹭。

鵟 日本汉字。鸟名。

鶒 [鶒鸹](-yù)鸟名。(《字汇补》)

鷊 [石鷊洞]山洞名,在安徽。(《读史方舆纪要》)

鶍 日本汉字。也叫戴菊英,一种小鸟。

鶫 日本汉字。用于地名。

鶗 [鸮鶗](xiāo-)鲢鱼的别称。(陆玑《毛诗草木鸟兽虫鱼疏》)

鷗 鸟名。(《农政全书》)

鶈 [老鶈]鸟名。(《酉阳杂俎》)

鷍 “鳥(鸟)巢”的合体字。

鷟 “游鳥(鸟)”的合体字。

鷇 [谷(瀔)鷇]鸟名。(《破魔变文》)

【疒部】

疾 [疾痛](-gǎo)麻风病的俗称。(《中国谚语资料》)

痨 [痨疽](-jū)病名。(《中国医学大辞典》)

癆 [摆阶癆]古代荡秋千的游戏。(《中华大字典》)

【立部】

竡 “立等”的合体字。

【穴部】

窚 古代兵器。(《七国春秋平话后集》)

窜 日本汉字。从洞穴中突然奔出。

𥨬 [𥨬豆]古代食器。(陈维崧《齐景公墓中食器歌》)

【疋(⺪)部】

⺪ 称疏字旁,汉字部件。

【皮部】

皮 古国名。(周致中《异域志》)

𦇔 "細(细)皮"的合体字。

【老(耂)部】

耂 称老字头,汉字偏旁或部件。

【耳部】

聊 用于古地名:~川。(《续博物志》)

聢 日本汉字。1. 确实;可靠。2. 牢固;结实。

【页(頁)部】

頔 用于人名:梁弥~。(《梁书》)

顆 火光。(《集韵》)

顊 [顊骨]骨名。(许梿《洗冤录详义》)

顆 [顆岭]古山岭名,在今江西。(《嘉庆重修一统志》)

【虫部】

蛲 向前行进的样子。(刘基《愁鬼言》)

螁 哺乳动物。(《酉阳杂俎》)

【竹(⺮)部】

⺮ 称竹头或竹字头,汉字偏旁或部件。

笂 日本汉字。用于地名。

笽 日本汉字。用于地名。

筍 笑貌。(《海篇直音》)

筴 古代吹奏乐器。(《穆天子传》)

篰 日本汉字。1. 削尖竹子做成的一种乐器。2. 竹制刷子。

篩 用于人名。

篤 用于人名:赵与~。(《字汇补》)

簑 日本汉字。天气阴沉或人情绪低落的样子。

簲 日本汉字。用于地名。

籃 用于道教符书。(《字汇补》)

籃 用于道教符书。(《字汇补》)

籲 用于道教符书。(《字汇补》)

籃 用于道教符书。(《字汇补》)

【臼(𦥑)部】

𦥑 汉字部件。

釁 用于人名。(《字汇补》)

【舟部】

舸 小船。(徐枋《吴氏邓尉山居记》)

舻 日本汉字。船尾。

舳 [舳艍](-dá)船名。(《宋季三朝政要》)

艘 [艚艘](cáo-)船名。(《资治通鉴》)

艚 日本汉字。雪橇,滑雪工具。

【色部】

艳 "美色"的合体字。

【衣(衤)部】

衤 称衣字旁或衣补儿,同"衣",汉字偏旁或部件。

祢 日本汉字。用于地名。

袆 日本汉字。1. 上衣和裙裤。2. 日本江户时代武士的礼服。

裄 日本汉字。缝衣服。

褜 日本汉字。胞衣，胎膜。

褄 日本汉字。1. 衣摆。2. 用于地名。

襅 日本汉字。1. 女巫的礼服。2. 戏装。3. 儿童和服上的腰带。

䙅 "暖衣"的合体字。

䙝 日本汉字。车辕上的横木。

【羊(⺶⺷)部】

⺶ 称羊字头，汉字部件。

羲 一种像猪的动物，黄色。(《字汇补》)

翔 古代的一种鼓。(《字汇补》)

【米部】

粏 日本汉字。拌盐的米糠，发酵后用于腌菜。

粐 日本汉字。1. 糠皮。2. 用于地名。

粭 日本汉字。用于地名。

糆 一种米。(《新唐书》)

糘 日本汉字。用于地名。

糒 日本汉字。用于地名。

【聿(⺻)部】

⺻ 汉字部件。

⺺ 汉字部件。

⺻ 汉字部件。

【羽部】

翐 羽垂的样子。(《改并四声篇海》)

翃 用于人名：李～。(《新唐书》)

【糸(纟糹)部】

纟(糹) 称绞丝旁或乱绞丝，同"糸"，汉字偏旁或部件。

緫 日本汉字。墨绳。

縇 日本汉字。广大。

綐 日本汉字。武士服装后背上的布制饰物，用来防箭。

纐 日本汉字。轧染的一种方法。

【赤部】

赱 "赤足"的合体字。

【酉部】

酛 日本汉字。酒曲。

【足(⻊)部】

⻊ 称足字旁，同"足"，汉字偏旁或部件。

蹨 [蹨蹀](-dié)踏步：骆驼～弄琵琶。(姚茂良《精忠记》)

【邑(阝右)部】

阝 (右)称双耳旁、双耳刀或右耳刀，同"邑"，汉字偏旁或部件。

鄽 姓。(《字汇补》)

鄹 用于古代器物名：～父齋。(高宗《西清古鉴》)

【身部】

躮 日本汉字。1. 对自己儿子的谦称。2. 对少年的蔑称。

躷 "身孕"的合体字。

躵 日本汉字。1. 瞄准。2. 忍受。3. 伺机；隐藏；暗中做。

躻 日本汉字。骂人的话。

躾 日本汉字。1. 教育；管教。2. 缝纫分明的线。

𨉷 “身高”的合体字。

𨊶 “身軟(软)”的合体字。

躵 日本汉字。立即,召之即来。

軈 日本汉字。1. 不久。2. 几乎;大约。

【谷部】

𧮫 “不欲”的合体字。

【角部】

鵤 日本汉字。斑鸠。

【言(讠)部】

讠(訁) 称言旁或言字旁,汉字偏旁或部件。

誮 日本汉字。语言优美如花。

諕 用于人名:伯～。(《宋史》)

誏 用于人名:伯～。(《康熙字典》)

𧧻 “不詐(诈)”的合体字。

𧬊 “恭言”的合体字。

【𠦝部】

𠦝 称朝字旁,汉字偏旁或部件(本由“倝”简省而成)。

【雨(⻗)部】

⻗ 称雨字头,同“雨”,汉字部件。

雯 小雨。(《类篇》)

霒 用于人名:～孙。(清代人康放仁的字,刘献廷《广阳杂记》)

䨨 日本汉字。用于地名。

【齿(齒)部】

齣 啮。(王士禛《罗塞翁猿图》)

齷 露出牙齿的样子。(汤显祖《南柯记》)

【阜(阝左)部】

阝 (左)称双耳旁、双耳刀或左耳刀,汉字偏旁或部件。

陖 用于古代器物人名。(《两周金文辞大系图录考释》)

陗 古地名。(《读史方舆纪要》)

隮 古地名。(柳宗元《河间传》)

【金(钅)部】

钅(釒) 称金旁或金字旁,汉字偏旁或部件。

釻 日本汉字。石弓。

鈗 日本汉字。刀身与护手之间的部件。也指剑身与剑柄连接处的凸出部分。

鈇 用于人名:郑～。(《新唐书》)

鈣 绊。(《农政全书》石声汉校注)

鈩 日本汉字。用于地名。

鉀 用于人名:俨～。《明史》)

鋏 日本汉字。剪刀。

銓 用于人名。(《小腆纪年附考》)

鎹 日本汉字。1. 锔子;扒钉。2. 纽带。

鎊 日本汉字。用金属装饰的物品。

鋭 日本汉字。固定刀剑的金属栓。

鋲 日本汉字。1. 图钉。2. 鞋钉。3. 铆钉。

鋻 用于人名:在～。(《明史》)

錻 日本汉字。马口铁,也称镀锡铁,即镀锡钢板。

鋡 用于人名:宋聿～。(徐鼒《小腆纪传》)

鍁 用于人名:朱帅～。(《小腆纪年附考》)

鍟 “金星”的合体字。

鎹 日本汉字。锔子,连接金属的零件。

鉫 日本汉字。同“鈨”。

鐾 用于人名:统～。(《南疆逸史》)

鏢 用于人名。(《宋史》)

鍧 用于人名:寿～。(《清史稿》)

鐊 刺。(《字汇补》)

鏓 用于人名:在～。(《明史》)

鐢 日本汉字。樊篱。

鑐 用于人名:辛～。(《十六国春秋》)

鐃 一种铁器。(《云笈七籤》)

鏢 用于人名:翊～。(《明史》)

鑽 用于人名:鼐～。(《明史》)。

【鱼(魚)部】

魞 日本汉字。捕鱼用的篓子或笼子。

魣 用于人名:克～。(《字汇补》)

魹 日本汉字。用于地名。

鮗 日本汉字。鲇鱼。

鮹 鱼名。(《台湾澎湖志》)

鮖 日本汉字。1. 石首鱼。2. 用于地名。

魭 日本汉字。鲤鱼。

鮗 日本汉字。一种淡水鱼。

鮱 日本汉字。称长大的鲻鱼。

鯎 日本汉字。用于地名。

鮴 日本汉字。用于地名。

鮘 日本汉字。竹蛏,又称马刀,动物名。

鯐 日本汉字。称从出生到长至二三寸时的鲻鱼。

鯑 日本汉字。青鱼卵。

鯱(鯱) 日本汉字。神话传说中的一种海兽。

鯧 日本汉字。用于地名。

鯊 [海鯊]水生动物,生活在海中。(《太平御览》)

鯫 [白鯫]鱼名。(吴自牧《梦粱录》)

鯲 日本汉字。泥鳅。

鯊 鱼名,又称香鱼。(《太平御览》)

鰤 [鰤司]一种水生动物。(《西游记》)

鰚 日本汉字。鲻鱼或鳟鱼的别名。

鰘 日本汉字。用于地名。

鰰 日本汉字。银鱼。

鱓 [鱓子鱼]鱼名。(《清稗类钞》)

鰻 鱼名。(《古今图书集成》)

鱜 日本汉字。长大的鲇鱼。

鱚 鱚鱼,鱼名。(《古今图书集成》)

鱏 鱼名。(《农政全书》)

鰽 日本汉字。勒鱼,一种海鱼。

鱛 日本汉字。狗母鱼。

鱗 鯮鱼。(《古今图书集成》)

鱩 日本汉字。叉牙鱼,一种海鱼。

鱪 日本汉字。同“鰽”。

鱫 日本汉字。[鱫鱜]长大的鲇鱼。

鰺 [红鰺]鱼名,即蒙古红鲌,生活在江河、湖泊中。(《汉语大字典》)

鱵 鱼名。(《浙江通志》)

鱋 [田鱋]海鱼名。(屠本畯《闵中海错疏》)

鱙 鱼名。(《台湾府志》)

鱮 [鱮鱧]鱼名。(《古今图书集成》)

鰏 [婢鰏]又称青衣鱼,鳑鲏类鱼。(崔豹《古今注》)

【隶部】

隸 用于人名:李～。(《新唐书》)

【革部】

靟 日本汉字。布袜上的扣别子。

韀 革制马具。(吴曾《能改斋漫录》)

【韭部】

韭 用于古货币。(《字汇补》)

【骨部】

骬 “短骨”的合体字。

髃 “骨節(节)”的合体字。

髓 “骨斷(断)”或“斷骨”的合体字。

【香部】

馠 “香谷”的合体字。

馩 “芬香”的合体字。

馪 “香生内”的合体字。

【鬼部】

魊 “鬼火”的合体字。

【食(飠饣)部】

饣(飠){飠} 称食旁或食字旁,汉字偏旁或部件。

饋 饴糖。(《字汇补》)

饂 日本汉字。馄饨。

饆 糕饼。(《字汇补》)

饟(饟) “食量”的合体字。

饕 拟声词,鼓声。(《字汇补》)

【音部】

韽 用于古代器物名。(《两周金文辞大系图录考释》)

韾 “雷音”的合体字。

【高部】

髛 “高鼻”的合体字。

【黄部】

黊 用于人名:靳～。(《字汇补》)

【麻部】

縻 麻制鞋带。(《新唐书》)

【鹿部】

麂 鹿一岁。(《广韵》)

麒 鸟名。(《康熙字典》)

【黑部】

黖 “黑鳥(鸟)”的合体字。

【黍部】

黎 以杖挑灯。(阮葵生《茶余客话》)

【鼠部】

鼪 [鼪鼵]与鸟同穴而居的一种鼠。(《字汇补》)

鼵 [鼪鼵]见1337页“鼪”字条。

新旧字形对照表

（字形后圆圈内的数字是字形的笔画数）

新字形	旧字形	新字形举例	新字形	旧字形	新字形举例	新字形	旧字形	新字形举例
丷②	八②	兑卷曾	耒⑥	耒⑥	耕诔	疌⑧	疌⑨	捷萐
艹③	⺿④	花草	吕⑥	呂⑦	侣宫闾	咼⑧	咼⑨	渦窩過
廾③	卄④	卉莽	攸⑥	攸⑦	修倏	垂⑧	垂⑨	睡箠
及③	及④	吸笈	杀⑥	杀⑦	刹殺	卑⑧	卑⑨	牌萆
辶③	辶④	近速	争⑥	爭⑧	净筝	飠⑧	飠⑨	飯飽
彐③	⺕③	侵雪尋	次⑥	次⑦	盗羡	录⑧	彔⑧	菉碌逯
刃③	刄③	忍韧	产⑥	产⑥	彦産	𥁕⑨	𥁋⑩	温瘟蕴
丰④	丯④	蚌害峰	并⑥	幷⑧	拼瓶屏	骨⑨	骨⑩	蓇滑骼
开④	幵⑥	形研笄	𦍌⑥	𦍌⑦	差着	卸⑨	卸⑧	御禦
巨④	巨⑤	苣拒渠	良⑥	良⑦	郎朗	鬼⑨	鬼⑩	蒐槐魁
屯④	屯④	囤吨顿	羽⑥	羽⑥	翔翟翅	俞⑨	兪⑨	愉逾
瓦④	瓦⑤	瓶瓷瓩	糹⑥	糸⑥	红細	蚤⑨	蚤⑩	搔骚
反④	反④	板返	呈⑦	呈⑦	逞程	敖⑩	敖⑪	傲遨熬
户④	戶④	肩扁扇	吴⑦	吳⑦	娱虞	華⑩	華⑫	嘩鏵
礻④	示⑤	礼福	角⑦	角⑦	解觱	真⑩	眞⑩	填颠
丑④	丑④	扭羞	奂⑦	奐⑨	换痪	致⑩	致⑨	緻
术⑤	朮⑤	怵述術	免⑦	免⑧	挽冤	䍃⑩	䍃⑩	摇遥
犮⑤	犮⑤	拔茇	㡀⑦	㡀⑧	敝弊蔽	衮⑩	袞⑪	滚磙
业⑤	业⑥	並普虚	耳⑦	耳⑧	敢橄嚴	黄⑪	黃⑫	廣横簧
冉⑤	冄⑤	再篝遘	矦⑦	矦⑧	侯候	異⑪	異⑫	冀戴
印⑤	印⑥	茚鲫	非⑧	非⑧	排扉	象⑪	象⑫	像橡
令⑤	令⑤	冷苓领	青⑧	靑⑧	菁清静	奥⑫	奧⑬	澳襖
氏⑤	氏⑤	低邸底	者⑧	者⑨	诸都著	爲⑫	為⑨	僞蔿
艮⑤	皀⑦	即既厩	直⑧	直⑧	值置	鼠⑬	鼠⑬	鼬竄
龜⑰								

主要引用书目表

【说明】1. 本书个别字的释文引用古代字书、韵书等资料，为便于读者核对而编写本表。2. 本书引用时，书名字数较多的用简称（本表括注全称）。3. 书名按音序排列。

简称或全称	作 者
抱朴子	晋·葛洪
北梦琐言	宋·孙光宪
北史	唐·李延寿
博物志	西晋·张华
草木子	明·叶子奇
称谓录	清·梁章钜
畴人传四编	清·黄锺骏
吹剑录	宋·俞文豹
读史方舆纪要	清·顾祖禹
尔雅注	东晋·郭璞
方言	章太炎
封神演义	明·许仲琳
改并四声篇海（改并五音类聚四声篇海）	金·韩孝彦、韩道昭
庚辛纪事	清·柴萼
古今韵会举要	元·熊忠
古文苑	唐人旧藏本
观林诗话	宋·吴聿
管子	战国时人托名春秋·管仲
广群芳谱	清·汪灏等
广雅	三国·魏·张揖

简称或全称	作 者
广雅疏证	清·王念孙
广韵（大宋重修广韵）	宋·陈彭年等
广韵校勘记	周祖谟
桂海虞衡志	宋·范成大
国语	春秋·左丘明
海篇直音（新校经史海篇直音）	明·佚名
《汉书》注	唐·颜师古
汉语大字典（第二版）	本书编辑委员会
河西后庭花	元·王元鼎
红楼梦	清·曹雪芹、高鹗
《淮南子》高诱注	东汉·高诱
《淮南子》王念孙注	清·王念孙
皇明四夷考	明·郑晓
集韵	宋·丁度等
嘉庆重修一统志	清·穆彰阿等
金史	元·脱脱等
晋书	唐·房玄龄等
居延汉简（居延汉简甲乙编）	中国社科院考古研究所
攈古录金文	清·吴式芬
刊谬补缺切韵	唐·王仁昫

简称或全称	作者
康熙字典	清·张玉书等
类篇	宋·王洙、司马光等
梁书	唐·姚思廉
两周金文辞大系图录考释	郭沫若
留青日札摘抄	明·田艺衡
六书故	宋·戴侗
六书略(通志·六书略)	宋·郑樵
六书统	元·杨桓
龙龛手鉴	辽·行均
路史	宋·罗泌
马王堆汉墓帛书	出土文献 1974 年发掘
蛮书	唐·樊绰
梦溪笔谈	宋·沈括
明纪	清·陈鹤
明末农民起义史料	北京大学文科研究所,1952 年
明史	清·张廷玉等
墨子简注 (墨子城守各篇简注)	岑仲勉
墨子间诂	清·孙诒让
穆天子传	旧题晋·郭璞注
南疆逸史	清·温睿临
南齐书	南朝·梁·萧子显
农政全书	明·徐光启
佩觿	宋·郭忠恕

简称或全称	作者
篇海类编	明·宋濂
骈雅	明·朱谋㙔
奇字名	清·李调元
切韵	隋·陆法言
禽经	春秋·师旷
青琐高议后集	宋·刘斧
清稗类钞	徐珂
清朝野史大观	小横香室主人
清史稿	赵尔巽等
三代吉金文存	罗振玉
三国志	西晋·陈寿
三农记	清·张古甫
山海经	战国至西汉·佚名
《诗经》毛传	西汉·毛亨
十驾斋养新录	清·钱大昕
十六国春秋	北魏·崔鸿
水经注	北魏·郦道元
说文(说文解字)	汉·许慎
说文段注订	清·钮树玉
说文解字注	清·段玉裁
说文句读	清·王筠
说文系传	五代·徐锴
说文新附	宋·徐铉
宋史	元·脱脱等
宋书	南朝·梁·沈约
俗书勘误	明·焦竑

简称或全称	作 者
隋书	唐·魏徵等
随园诗话	清·袁枚
太平天国诗文选注	罗尔纲
太平天国史料	中央档案馆明清档案部,1963 年
唐诗纪事	宋·计有功
天下郡国利病书	清·顾炎武
通诂	清·李调元
通训定声(说文通训定声)	清·朱骏声
通志	南宋·郑樵
同文备考	明·王应电
宛署杂记	明·沈榜
魏书	北齐·魏收
文献通考	宋·马端临
吴下方言考	清·胡文英
五侯鲭字海	旧题明·汤海若(汤显祖)订正
五音集韵	金·韩道昭
物类相感志	旧题北宋·东坡先生(苏轼)撰
详校篇海	明·李登
小腆纪年附考	清·徐鼒
新书	西汉·贾谊
新唐书	北宋·欧阳修等
续博物志	宋·李石
续资治通鉴	清·毕沅
一切经音义	唐·玄应
《逸周书》孔晁注	晋·孔晁

简称或全称	作 者
酉阳杂俎	唐·段成式
渔洋诗话	清·王士禛
玉篇	南朝·梁·顾野王
元经世大典	元·赵世延等
元文类	元·苏天爵
越谚	清·范寅
云笈七签	北宋·张君房
云麓漫钞	宋·赵彦卫
札朴	清·桂馥
正字通	明·张自烈
直音篇	明·章黼
植物名实图考	清·吴其濬
中国古今地名大辞典	臧励龢
中国历史地图集	谭其骧等
中国谚语资料	兰州艺术学院文学系,1962 年
中国医学大辞典	谢观
中华大字典	陆费逵等
竹书纪年	战国·佚名
篆隶万象名义	唐·[日]空海
资治通鉴	北宋·司马光
字典考正	邓福禄、韩小荆
字汇	明·梅膺祚
字汇补	清·吴任臣
字韵合璧	旧题明·鄱东朱孔阳订正刊行
左传(春秋左氏传)	春秋·鲁·左丘明
《左传》注	西晋·杜预

后　记

陆费逵、欧阳溥存等编写的《中华大字典》收字48000多个，中华书局1915年出版，1935年重印，1978年之后又多次重印。《中华大字典》从出版至今一百年来没有修订，内容已远远落后于今天的时代。我在《〈中华大字典〉述评》一文（发表于《辞书研究》2008年第6期）的“结语”中指出：“《中华大字典》的编写体例具有很多特点，堪称一座承前启后的里程碑，在中国字词典编纂史上占据着重要的地位。但是，由于历史的局限，其中存在诸多不足之处，已不能适应今天读者的需要。只有对其进行全面的修订，才能使这部老品牌工具书焕发出青春。”

修订《中华大字典》是我的夙愿，多年来陆续做了一些选题调研和资料准备工作。由于原书内容陈旧，修订工作可以说是重新编写。本书收字头57806个，较之原书增加了近万个，编写体例也与原书完全不同。本书沿袭旧名，旨在踵武前贤，光大中华文化。

2006年春季谒曹先擢老师（原国家语言文字工作委员会副主任，中国辞书学会会长）府上讨教，曹老师给予热情鼓励，并应允担任本书学术顾问。曹老师在编纂体例、编纂方法等方面多次给予指导。曹老师于2018年11月7日因病逝世，谨致沉痛哀悼。

本书采取多收字头、精简音项和义项、扼要举例等办法，利用中型规模的空间浓缩了大型字典的主要内容，另外还补充了一些有查考价值而一般大型字典未收的字头。

关于本书体例方面，补充说明几点：

一、字头涉及简化字和繁体字、正字和异体字的对应关系时遵循《通用规范汉字表》，其中个别字做了微调。如：该字表未收“馀”，今据《简化字总表》补作“餘”的规范简化字；“穀”不仅是“谷”的繁体字，还作规范字；“紬”不仅是“绸”的异体字，还读chōu，类推简作“䌷”，作规范字。

二、字头的字形述而不作，基本依据《通用规范汉字表》和《信息技术中文编码字符集》。书中未对繁体字进行系统类推简化，以致个别复音词用字（如“軨盖、騕马、䮾产”）、联绵词上下字（如“驹駿、骄駒、䮵骊”）存在简繁不一现象，观感不协调，这是不得已而为之。如果全部繁体字都类推简化，势必产生大量新简化字。构成一个词的词素的字形，作为大型字词典无妨简繁并存，在日常使用简化字的书面语言中应一律类推简化。

书中收的传统旧字形仅限于《信息技术中文编码字符集》范围，未刻意追求系统化，以致偏旁或部件相同的旧字形或有或无。如：收“俞(俞)”“榆(榆)”，未收“愉”的旧字形；收“昷(昷)”“溫(温)”，未收“瘟”的旧字形。

三、注释中的“同‘某’”“后作‘某’”等的“某”如果有繁体字或异体字，一般简化字或正字在前，繁体字或异体字在后，如：䲜，同“尧(堯)”；秋，同“灾(災)”；潒，后作“荡(蕩)”。有的先列形体相近的繁体字或异体字，后附简化字或正字，如：尭，同“堯(尧)”；巛，同“災(灾)”；冎，后作“剮(剐)”。这样处理是有深意的，可以管窥汉字的传承演变关系。不过，形体相近与否见仁见智，其中难免存在不一致的地方。

四、计量单位采用国家标准，量的名称用“质量”，不用“重量”，如“斤、两、吨”；用“容积”，不用“容量”，如“升、斗、合”。单位名称用“千克”，不用“公斤”。市制质量单位、容积单位按习惯省略“市”，如不用“市斤、市两、市钱”和“市升、市斗、市合”。表示计量单位的换算数值，现代的用阿拉伯数字，古代和旧时的用汉字。

五、个别字的注释因照录古代字书或韵书，显得晦涩难懂，如：“步，见定”引自《改并四声篇海》，“儞，儞行”引自《广韵》，“豥，豕三毛聚居者”引自《集韵》。这是囿于古代文献的局限，加之编者研究不够，谨慎小心，不敢妄改。

六、书中收了一些音未详或义未详的字，这些字有待进一步考证。

本书是一部收字量很大的新型汉语字典，自2014年出版以来已印行十余次。毋庸讳言，由于经验不够，第一版存在这样那样的不足。编者和责编认真核查，反复推敲，精心打磨，每次重印都有个别改进之处。现在修订再版，增加336个字头，完善了体例，对释文、辨析提示、附录等内容也有一些修改或补充。虽说编者十年磨一剑，用心专且致力勤，然而限于水平，书中难免有疏漏之处，恳请专家和读者不吝赐教。

图书在版编目（CIP）数据

中华大字典 / 魏励主编 . —2 版 . — 北京：商务印书馆国际有限公司，2024. 1
ISBN 978-7-5176-0954-4

Ⅰ . ①中… Ⅱ . ①魏… Ⅲ . ①汉字—字典 Ⅳ . ① H163

中国国家版本馆 CIP 数据核字（2023）第 228402 号

ZHONGHUA DA ZIDIAN
中华大字典（第 2 版）

主　　编　魏励
排　　版　高碑店市格律图文设计有限公司
出版发行　商务印书馆国际有限公司
地　　址　北京市朝阳区吉庆里 14 号楼
　　　　　佳汇国际中心 A 座 12 层
邮　　编　100020
电　　话　010-65592876（编校部）
　　　　　010-65598498（市场营销部）
网　　址　www. cpi1993. com
印　　刷　三河市紫恒印装有限公司
开　　本　880 mm × 1230 mm　1/32
字　　数　3105 千字
印　　张　49.5
版　　次　2024 年 1 月第 2 版第 11 次印刷
书　　号　ISBN 978-7-5176-0954-4
定　　价　99.80 元